RICHARD I'ANSON/LONELY PLANET IMAGES ©

Eingerahmt von den Metropolen New York City und Chicago, geprägt von Dünen, Stränden, Bergen und Sümpfen und mit viel Rhythmus im Blut: So präsentiert sich der Osten der USA dem Traveller.

(links) Times Square, New York City (S. 69)
(unten) Herbststimmung, New Hampshire (S. 231)

CAROL POLICH/LONELY PLANET IMAGES ©

Schlemmerparadies

Gute Möglichkeiten zum Essen gibt's im Osten unglaublich viele – und so darf man sich nicht wundern, wenn schon nach kurzer Zeit die Hose ein bisschen spannt. Und das geben die Speisekarten so her: kolossale Hummer mit zerlassener Butter an Maines Imbissständen, Bagels mit Räucherlachs in den Feinkostläden von Manhattan, Gegrilltes in saftiger Sauce an den Raststätten in Memphis, Butterkekse in den Dinern North Carolinas, feurig scharfer Gumbo in den Cafés von New Orleans und – zum Nachtisch – Beerenkuchen in den Supper-Clubs im Mittleren Westen. Zu trinken gibt's beispielsweise liebliche Weißweine, Biere aus Kleinbrauereien und Bourbon-Whiskey.

Die Wiege der Kultur

Die Museen hier sind der Hit: Im Smithsonian scheint es einfach alles zu geben. Das Metropolitan Museum of Art ähnelt einem Stadtstaat voller Kostbarkeiten und im Art Institute of Chicago findet man große Impressionisten. Auch musikalisch ist viel los: Der Osten hat den Blues, Jazz und Rock'n'Roll hervorgebracht. Auf Spurensuche kann man vielerorts gehen: Im Sun Studio in Memphis, wo Elvis seinen Groove erfand, in der Rock and Roll Hall of Fame (mit Jimi Hendrix' Stratocaster-E-Gitarre) oder in Clarksdales Juke-Joints, wo Blues erstmals mit Slide-Gitarren gespielt wurde. Und in Chicago oder New York setzen die Architekten der Moderne ihre Ideen um.

Der Osten der USA

Top-Erlebnisse

SEITE 48

REISEZIELE IM OSTEN DER USA

ALLE ZIELE AUF EINEN BLICK
Fundierte Einblicke, detaillierte Adressen, Insider-Tipps und mehr

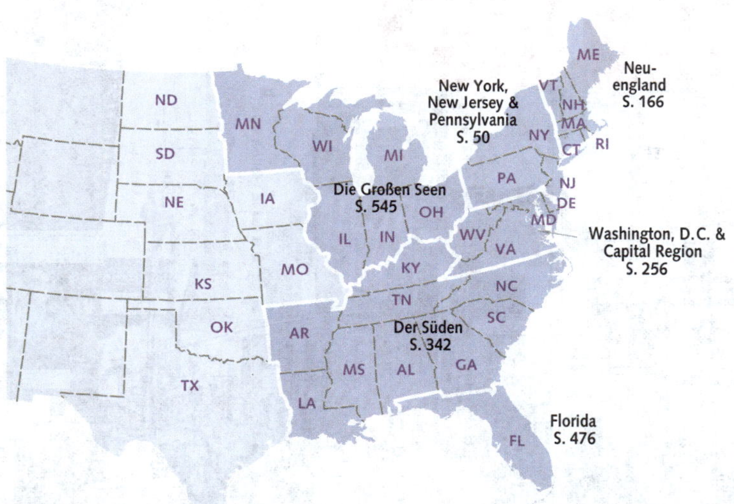

SEITE 693

PRAKTISCHE INFORMATIONEN

SCHNELL NACHGESCHLAGEN
Tipps für Unterkünfte, sicheres Reisen, Smalltalk und vieles mehr

Register

Karla Zimmerman
Glenda Bendure, Jeff Campbell, Ned Friary,
Michael Grosberg, Emily Matchar, Kevin Raub, Regis St. Louis

Willkommen im Osten der USA

Mächtige Metropolen

„New York, New York" – Schon Frank Sinatra besang diese Stadt, die es ganz nach oben geschafft hat. Die Megacity mit 8,3 Mio. Einwohnern ist das Mutterschiff des Ostens, mit einem atemberaubenden Angebot an Kultur, Gastronomie und Unterhaltung. Das hoch aufragende Chicago, Washington, D.C. als Mittelpunkt der Macht und die feurige Latino-Hochburg Miami sind ihr aber dicht auf den Fersen. Bezaubernde Altstädte wollen erkundet werden: In New Orleans (das sich noch immer von den Folgen des Hurrikans Katrina erholt) und im kantigen Detroit, dessen verlassene Innenstadt dank des Zustroms junger, kreativer Leute eine Transformation durchlebt.

Strände & Nebenstraßen

Die Ostküste ist das Strandparadies Amerikas, mit Dünen und von Walen heimgesuchten Gewässern am Cape Cod, Candy-Läden an den Promenaden von Ocean City und den Korallenriffen der Florida Keys. Das Landesinnere ist ein einziges Naturschauspiel: Floridas sumpfige Everglades, das Wolfsgeheul der Boundary Waters, die nebelverhangenen Appalachen und New Englands Wälder, die jeden Herbst in beeindruckender Farbenpracht erstrahlen. Von der Alltagshektik verschonte, landschaftlich reizvolle Nebenstraßen führen vorbei an historischen Bürgerkriegs-Schauplätzen und kitschigen Attraktionen.

Appalachian Trail
Von Georgia nach Maine wandern (S. 330)
Blue Ridge Parkway
Eine wundervolle Fahrt durch die Appalachen (S. 333)
Great Smoky Mountains
Den nebligen, waldigen, stark besuchten Park erkunden (S. 362)
Walt Disney World
Der großartigste Themenpark der Welt (S. 537)
Miami
Schick, sexy und voller Latinokultur (S. 481)
Florida Keys
Korallenriffe und Wahnsinnspartys (S. 505)
Everglades National Park
Im Sumpf nach Alligatoren Ausschau halten (S. 501)
New Orleans
Ein Cajun-Festmahl mit ordentlich Sazerac genießen (S. 443)
ATLANTIK
BAHAMAS
NASSAU
Golf von Mexiko
Kansas
Missouri
Kentucky
Tennessee
Oklahoma
Arkansas
North Carolina
South Carolina
Georgia
Alabama
Mississippi
Louisiana
Texas
Florida
Ohio River
Mississippi
Eastern Time
Central Time
Appalachia
Great Smoky Mountains National Park
Everglades National Park
Hays
Salina
TOPEKA
JEFFERSON CITY
St. Louis
Owensboro
Norton
Wytheville
Greensboro
RALEIGH
Corbin
Johnson City
Wichita
Independence
Springfield
NASHVILLE
Knoxville
Asheville
Charlotte
Fayetteville
Wilmington
Eureka Springs
Tulsa
Fayetteville
Jonesboro
Jackson
Greenville
Florence
Chattanooga
COLUMBIA
Memphis
Huntsville
ATLANTA
Athens
Augusta
Charleston
Clinton
OKLAHOMA CITY
Fort Smith
LITTLE ROCK
Tupelo
Birmingham
Franklin
Macon
Lawton
Pine Bluff
Columbus
Tuscaloosa
Savannah
Wichita Falls
Hope
Greenville
Columbus
El Dorado
MONTGOMERY
Tifton
Brunswick
Monroe
JACKSON
Meridian
Albany
Waycross
Fort Worth
Dallas
Shreveport
Vicksburg
Dothan
Jacksonville
Tyler
Hattiesburg
Brewton
Florala
TALLAHASSEE
St. Augustine
Natchez
Mobile
Gainesville
Daytona Beach
Waco
Alexandria
Leesville
Panama City
Ocala
Temple
Jasper
BATON ROUGE
Biloxi
Pensacola
Kinder
Orlando
Lafayette
New Orleans
AUSTIN
Port Arthur
Tampa
Lakeland
Houston
St. Petersburg
Galveston
San Antonio
Sarasota
Palm Beach
Victoria
Fort Lauderdale
Miami
Corpus Christi
Key West
Raymondville
Harlingen
McAllen
Brownsville

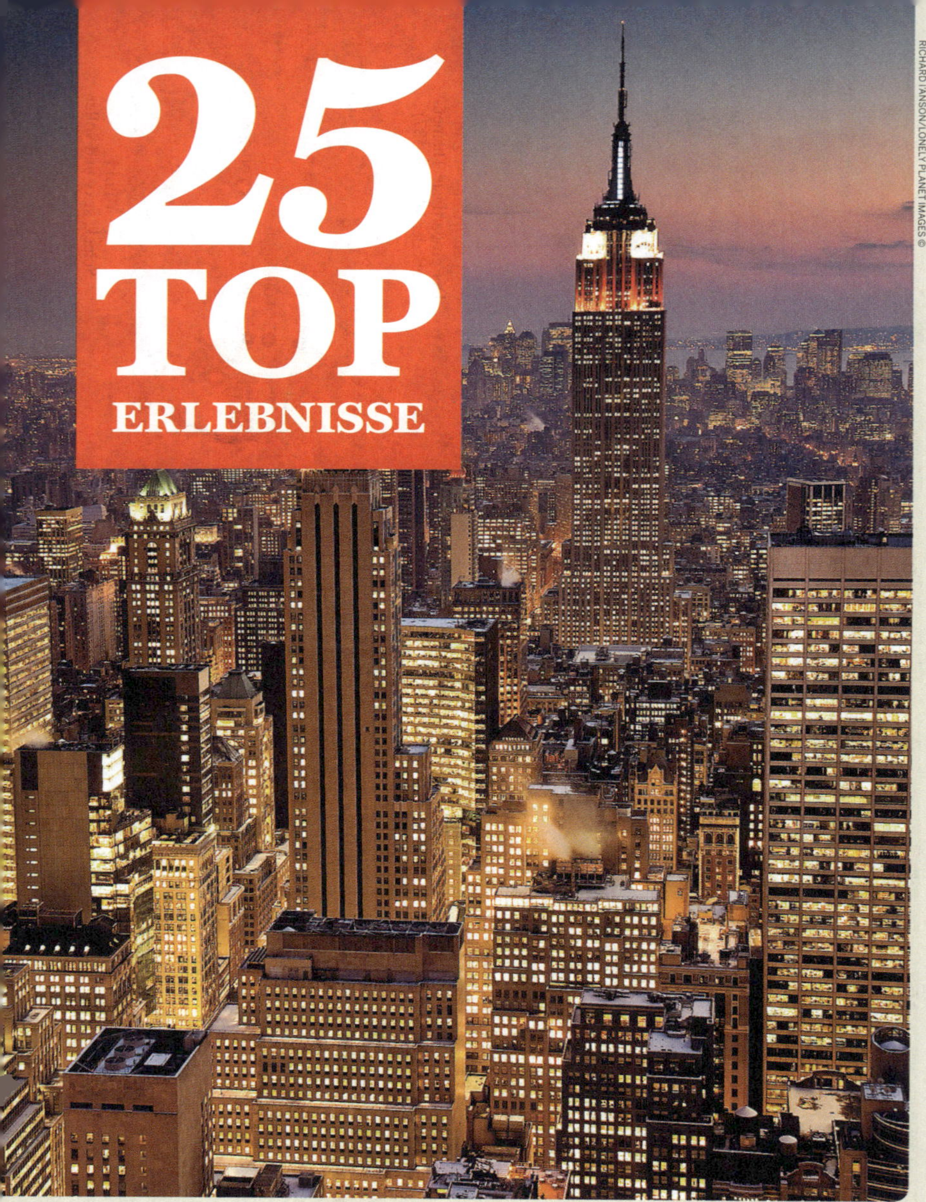

RICHARD I'ANSON/LONELY PLANET IMAGES ©

New York City

1 New York City (S. 54) ist die Heimat von aufstrebenden Künstlern, Hedgefonds-Millionären und Einwanderern aus allen Teilen der Erde. Die Stadt erfindet sich ständig neu und ist eines der wichtigsten Zentren für Mode, Theater, Essen, Musik, Verlagswesen, Werbung und Finanzen. Die vielen Museen, Parks und ethnischen Viertel in den fünf Stadtbezirken erkundet man am besten, indem man sich unerschrocken ins Getümmel stürzt. Jeder Block reflektiert den Charakter dieses schwindelerregenden Potpourris und auf einem kurzen Spaziergang durchquert man Kontinente.

CEDRIC WEBER/SHUTTERSTOCK ©

National Mall

2 Etwa 3 km lang und von Monumenten und ehrwürdigen Marmorgebäuden geprägt, bildet die National Mall (S. 264) das Herzstück des politischen und kulturellen Lebens in Washington, D.C. Im Sommer werden hier riesige Musikevents und kulinarische Festivals veranstaltet. Die besten Museen des Landes säumen die Rasenflächen und ziehen das ganze Jahr über viele Besucher an. Dieser Ort ist für eine Entdeckungstour durch die Geschichte Amerikas wie geschaffen, angefangen beim Vietnam War Memorial bis zu den Stufen zum Lincoln Memorial (S. 268), wo Martin Luther King Jr. seine berühmte Rede „I Have a Dream“ hielt. Lincoln Memorial

©DISNEY

Walt Disney World

3 Walt Disney World (S. 537) hängt die Messlatte ganz schön hoch und bezeichnet sich selbst als „glücklichsten Ort der Welt“. Hier werden alle Register gezogen, um jedem Besucher das Gefühl zu geben, die wichtigste Rolle in dieser Show zu spielen. Neben Rides, Unterhaltungsshows und Nostalgiegefühlen besteht die Magie darin, das Leuchten in den Augen der Kinder zu sehen, nachdem sie Goofy zum Lachen gebracht haben, Aschenputtel vor ihnen einen Knicks gemacht hat, sie mit Buzz Lightyear die Galaxie gerettet und wie ein Jedi-Ritter Darth Maul besiegt haben.

Chicago

4 Die Windy City (S. 550) raubt mit ihrer Architektur, den Stränden am Seeufer und Weltklasse-Museen jedem den Atem. Die wahre Anziehungskraft liegt aber im Mix aus höchster Kultur und irdischen Freuden. Oder gibt es sonst eine Metropole, die ihre Picasso-Skulptur in die Kleidung ihres Sportclubs packt oder deren Einwohner für Hotdogs, aber auch für das beste Restaurant Nordamerikas Schlange stehen? Der Winter ist lang, und sobald der Sommer da ist, wird er mit kulinarischen Events am Seeufer gefeiert. Crown Fountain (S. 553), von Jaume Plensa

RICK GERHARTER/LONELY PLANET IMAGES ©

MARK NEWMAN/LONELY PLANET IMAGES ©

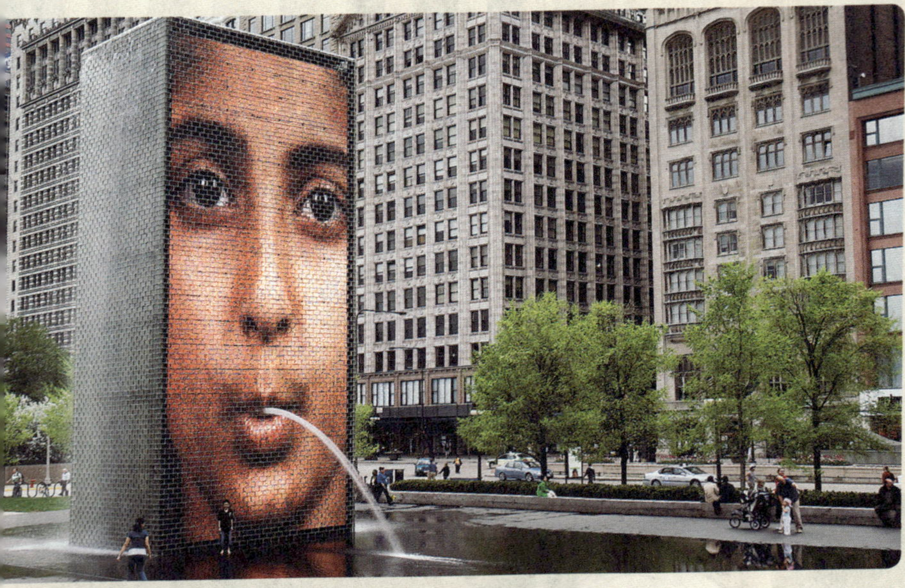

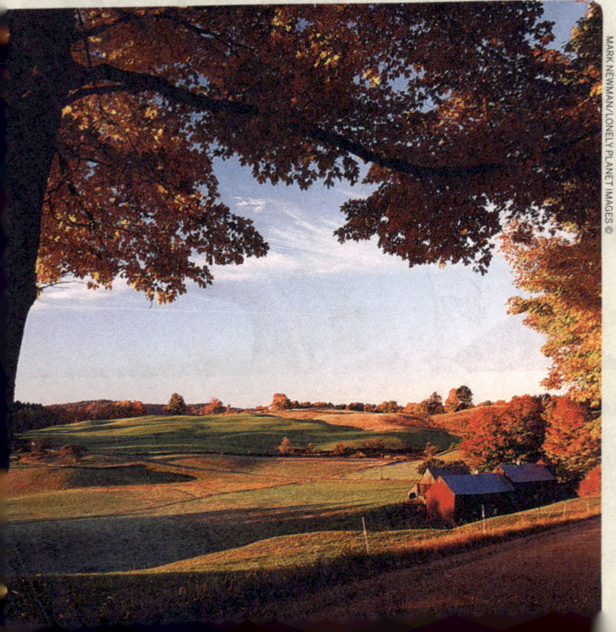

Farbenrausch in Neuengland

5 In Neuengland (S. 166) den Blättern bei ihrem Farbenspiel zuzusehen, hat etwas Episches. Möglich ist das überall, man braucht nur einen prächtigen Baum. Die meisten Menschen mögen aber viele Bäume gleichzeitig – und dann ist man z. B. in den Lichfield Hills in Connecticut, in den Berkshires in Massachusetts und in Stowe im Norden Vermonts gut aufgehoben. Hier färben sich ganze Hügelketten in Purpur-, Orange- und Gelbtönen. Brücken, weiße Kirchtürme und die Ahornbäume machen Vermont und New Hampshire zu einem Herbsttraum. Vermont (S. 220)

Route 66

6 Die etwas altersschwache Asphaltspur schlängelt sich quer durchs Land. Der Original-Roadtrip der USA (S. 583) verbindet seit 1926 Chicago und Los Angeles. Der größte Teil der Mutter aller Straßen verläuft durch den Westen, auf den 300 Meilen (480 km) in Illinois kann man jedoch einen klassischen, von der Zeit vergessenen Abschnitt der Route 66 erleben. In den Kleinstadt-Diners werden riesige Kuchenstücke serviert, am Straßenrand tauchen Neon-Schilder, Autokinos, eine Menge typisch Amerikanisches und allerlei Attraktionen auf, z. B. der Gemini Giant, ein riesiger Raumfahrer. Fotografieren nicht vergessen!

New Orleans

7 Während man anderswo isst, um zu leben, leben die Einwohner von New Orleans, um zu essen. Die kulinarische Mischung ist inspiriert von unglaublich vielen Ländern und macht New Orleans (S. 443) zur gastronomisch verrücktesten Stadt der USA. Natürlich gibt's hier auch Geschichte, großartige Architektur und tolle Musik; am Ende dreht sich aber alles ums Essen. Um das echte „N'awlins" zu kosten, verlässt man das French Quarter und speist wie die Einheimischen in Riverbend, Uptown, Faubourg Maringy und Bywater. Beignets, Cafe du Monde (S. 456)

Blue Ridge Parkway

8 In den südlichen Appalachen Virginias und North Carolinas genießen Besucher prächtige Sonnenuntergänge, halten nach wilden Tieren Ausschau und vergessen die Zeit, während ihr Blick über die endlose Wildnis entlang der 469 Meilen (750 km) langen Straße schweift (S. 333). Auf Wanderungen kann man weiter in die Natur vordringen – ob bei einem Spaziergang oder bei Kletterpartien in schwindelerregenden Höhen. Reisende können in kleinen Hütten im Wald übernachten und in den Dörfern der Umgebung die tolle Musikszene mit Bluegrass und Old-Time-Music erkunden.

BONNIEMARI/DREAMSTIME ©

KEVIN TAVARES/SHUTTERSTOCK ©

Niagarafälle

9 Überfüllt? Kitschig? Das mag schon sein. Die Niagarafälle (S. 125) sind eigentlich auch nicht besonders hoch – sie schaffen es gerade so in die Top 500 der Welt. Und dennoch: Wenn die Wassermassen sich wie flüssiges Glas über den Abgrund ergießen, wenn sie tosend ins Leere donnern, und wenn man sich in einem kleinen Boot der Nebelwand nähert, dann sind die Niagarafälle so was von beeindruckend! Betrachtet man nur das Volumen, so kann in ganz Nordamerika kein Wasserfall mithalten: Pro Sekunde stürzen über 1 Mio. Badewannen über ihren Rand.

Schauplätze des Bürgerkriegs

10 Überall im Osten der USA, von Pennsylvania bis Louisiana, findet man Orte, die durch die dunkelsten Stunden Amerikas berühmt wurden. Z. B. Antietam (S. 303), Maryland (wo am blutigsten Tag Amerikas 23 000 Soldaten fielen); Gettysburg (S. 156), Pennsylvania, wo Lincoln seine berühmte Rede „Gettysburg Adress" hielt; und Vicksburg (S. 436), Mississippi, mit einer 16 Meilen (über 25 km) langen Tour durch Gebiete, die General Grant 47 Tage lang belagerte. Im Sommer werden vielerorts Schlachten nachgestellt. National Military Park, Vicksburg

OLIVER STREWE/LONELY PLANET IMAGES ©

LOU JONES /LONELY PLANET IMAGES ©

Boston

11 Mit Kopfsteinpflaster und völlig ausgeflippten Sportfans ist Boston (S. 172) ziemlich vielfältig. Es ist die wohl geschichtsträchtigste Stadt der USA – Schauplatz der Boston Tea Party, von Paul Reveres berühmtem Kurierritt sowie der ersten Schlacht des Unabhängigkeitskrieges. Mehr erfährt man auf dem 2,5 Meilen (4 km) langen, ziegelsteingepflasterten Freedom Trail. Auf dem Campus von Harvard kann man in den Clubs den Rebellen geben. Stärkung für die Erkundungstouren bieten Bostons *oyster houses*" sowie Cafés und Trattorien, vorrangig im italienisch geprägten North End. Boston Red Sox, Fenway Park (S. 187)

BLAINE HARRINGTON III/CORBIS ©

Antebellum-Süden

12 Stolz und Geschichte durchdringen den „Antebellum-Süden" (der Begriff bezieht sich auf die Zeit vor dem Bürgerkrieg) – alles dreht sich um großartige Häuser, Baumwollplantagen, moosüberwucherte Bäume und Gärten voller Azaleen. In Charleston (S. 364) erlebt man dieses Flair am besten beim Spaziergang oder auf einer Veranda. Zu den Highlights gehören Virginia-Eichen, Alleen, Meeresfrüchte, Savannahs milde Nächte (S. 422) und die majestätischen Treppenaufgänge der Herrenhäuser in Natchez (S. 441), dem ältesten Ort am Mississippi. Charleston

RAY LASKOWITZ/LONELY PLANET IMAGES ©

Musikalische Wurzeln

13 An welches musikalische Genre man auch denkt: Seinen Ursprung hat es wahrscheinlich hier. Das Mississippi-Delta ist die Wiege des Blues, New Orleans war Wegbereiter des Jazz. Der Rock 'n' Roll wurde geboren, als Elvis ins Sun Studio (S. 379) in Memphis spazierte. Die Countrymusik schaffte es von den Appalachen bis nach Nashville (S. 389). Der Mississippi brachte die Musik gen Norden, wo Chicago und Detroit Electric Blues und Motown-Sound beisteuerten. Kein Wunder, dass es hier so tolle Livemusik gibt! Trompeter, New Orleans

Florida Keys

14 Diese Inselkette (S. 505) liegt so südlich, wie man in den USA nur kommen kann. Auf die Keys kommen die Menschen (außer zum Party machen), um aktiv zu sein: zum Angeln, Schnorcheln, Tauchen, Kajakfahren, Wandern, Radfahren und zum Schwimmen mit Delfinen. Die besten Korallenriffe Nordamerikas liegen hier im türkisfarbenen Meer und laden zu unvergesslichen Expeditionen ein. Und dann ist da natürlich noch Key West, das wunderbar struppige, abgefahrene Ausrufezeichen am Ende der Inselkette. Nach Einbruch der Dunkelheit strömen Hippies, Feuerjongleure, Künstler und andere Freigeister zusammen und verbreiten eine an Karneval erinnernde Atmosphäre. Islamorada (S. 507)

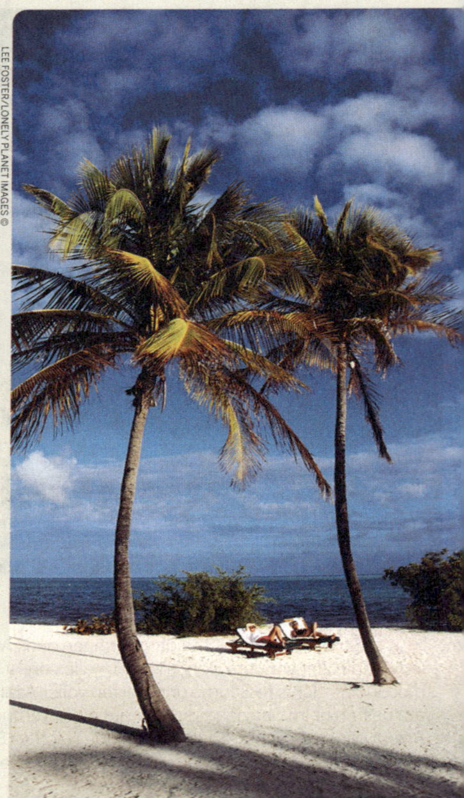

LEE FOSTER/LONELY PLANET IMAGES ©

Miami

15 Mit Miami (S. 481) verbindet man eine chaotische, angeberische Stadt mit Latino-Flair. Tatsächlich folgt Miami einem anderen Lebensrhythmus als der Rest der USA. In von Zigarrenrauch verqualmten Tanzpalästen feiern Havana-Auswanderer zu Son- und Boleromusik, während in exklusiven Nachtclubs brasilianische Models ihre Hüften zu lateinamerikanischem Hip-Hop schwingen. Hier holt man sich in einer haitianischen botánica ein Mittel für ein besseres Liebesleben, beobachtet alte Männern beim Dominospielen im Park und versetzt den Gaumen mit karibischen, argentinischen oder anderen Leckerbissen in Ekstase. Calle Ocho Festival, Karneval in Miami (S. 490)

Das Reich der Promenaden

16 An Uferpromenaden entlangzuschlendern ist Pflicht. Ob in Ocean City (S. 301), Maryland, am Rehoboth Beach (S. 306), Delaware, am Virginia Beach (S. 324), Virginia, oder in Atlantic City (S. 132), New Jersey, spielt keine Rolle. Es geht vor allem um die sommerlichen Freuden, die den Weg säumen: Backwerk, Go-Karts, Pizzabuden, Schwarzlicht-Minigolf und Toffee-Leckereien. Eltern schieben Kinderwägen, Knirpse kämpfen mit Eistüten und Teenager checken die Lage. Da könnte man glatt vergessen, den Meerblick zu genießen! Rehoboth Beach

Auf dem Mississippi

17 Wer dem Old Man River (S. 635) von den Northwoods in Minnesota bis zu dem von Palmettopalmen gesäumten Ende in Louisiana folgt, kommt an Adlerhorsten und Juke Joints, an Pinienwäldern und Plantagen vorbei. Auf über 2000 Meilen (3200 km) fließt er durch Städte wie Minneapolis, Memphis und New Orleans. Es gibt zwar noch Flussschiffe wie zu Mark Twains Zeiten, jetzt allerdings mit Kasinos oder Touristengruppen an Bord. Wer mit dem Auto unterwegs ist, folgt der mythischen Great River Road, die dem Fluss auf der ganzen Länge nicht von der Seite weicht.

STEPHEN SAKS /LONELY PLANET IMAGES ©

MARK NEWMAN/LONELY PLANET IMAGES ©

Appalachian Trail

18 Der längste Wanderweg des Landes (S. 255) ist über 3360 km lang, durchquert sechs Nationalparks und führt durch 14 Bundesstaaten zwischen Georgia und Maine. Tiefe Wälder, alpine Gipfel, Farmen und Bären auf Nahrungssuche – all das ist Teil dieser Erfahrung. Jedes Jahr gehen 2 bis 3 Mio. Menschen einen Abschnitt des Trails, genießen die frische Luft und die großartige Landschaft. Nicht mal 600 Wanderer schaffen die ganze Strecke. Wer sechs Monate Zeit und etwas Mut hat, wird reich belohnt. Aber auch kürzere Touren sind toll!

HAVESEEN/SHUTTERSTOCK ©

Everglades National Park

19 Die Everglades (S. 501) sind anders. Sie erreichen keine majestätischen Höhen und bieten nicht die Schönheit eines gletschergeformten Tals. Sie triefen, sind flach und wässrig, ein Fluss aus Gras, der von Sümpfen, Zypressenwäldchen und Mangroven durchzogen ist. Wandern kann man hier schwerlich. Um die Everglades zu erkunden und seine Bewohner (wie z. B. einen hübschen Alligator) zu sehen, muss man den festen Boden verlassen. Man stößt sein Kanu vom schlammigen Ufer ab und schluckt die Angst hinunter – anders, aber unvergesslich.

Neuenglands Strände

20 Der Sommer in Neuengland ist schwül, sodass die Einheimischen die kühlen Meeresbrisen schätzen. Die Insel Martha's Vineyard (S. 202) in Massachusetts hat tolle Strände. An der nahen Cape Cod National Seashore (S. 196) ist die Landschaft von Salzwiesen und Dünen durchzogen, während vor der Küste Buckelwale Wasser in die Höhe spritzen. Die unberührte Block Island (S. 214) hat Farmen, menschenleere Strände und ruhige Wander- und Radwege zu bieten – und das nur eine kurze Überfahrt von Rhode Island entfernt. Cape Cod National Seashore

JEFF GREENBERG/GETTY ©

Acadia National Park

MARK NEWMAN/LONELY PLANET IMAGES ©

21 Im Acadia National Park (S. 250) küssen die Berge das Meer. Kilometerlange Felsküsten und noch mehr Wander- und Fahrradwege machen diesen Park zur beliebtesten Attraktion im wunderbaren Maine – und das aus gutem Grund. Buchstäblicher Höhepunkt ist der Cadillac Mountain, dessen 466 m hoher Gipfel zu Fuß, mit dem Rad oder auch mit dem Auto bezwungen werden kann. Frühaufsteher können von dort aus die ersten Sonnenstrahlen des Landes genießen. Und wenn man sich unterwegs oder am Strand ordentlich Hunger geholt hat, erwarten einen am Jordan Pond Tee und Gebäck.

Great Smoky Mountains

22 Ihren Namen verdanken die Smokies (S. 362) dem Nebel über ihren Gipfeln. Zu ihrem Gebiet gehört auch ein Nationalpark, der mehr Besucher anzieht als jeder andere. Die von Appalachen-Wäldern bedeckte Fläche erstreckt sich über Teile Tennessees und North Carolinas. Die Bergrücken sind der Lebensraum von Schwarzbären, Weißwedelhirschen, Elchen, Truthühnern und über 1600 Blumenarten. Pro Jahr kommen 10 Mio. Menschen zum Wandern, Campen, Reiten, Raften und Fliegenfischen – doch den Massen entkommt man leicht. Mountain Farm Museum (S. 362)

JOHN ELK III/LONELY PLANET IMAGES ©

Fantastische Kunst

23 Man beginnt mit den Schwergewichten: In gigantischen Museen wie dem Metropolitan Museum of Art in New York (S. 80) oder dem Art Institute of Chicago (S. 557) kann man Tage verbringen. Das Andy Warhol Museum (S. 159) in Pittsburgh ist ein Gruselkabinett mit Pop-Art und bizarren Filmen. Das vom Architekturbüro HOK entworfene Dalí-Museum (S. 528) ist überwältigend und gibt St. Petersburg in Florida einen surrealen Touch. Kunst beschränkt sich nicht auf die Städte: Im Lower Hudson Valley im Bundesstaat New York gibt's im Storm King Art Center (S. 115) und im Dia Beacon (S. 115) moderne Kunst zu sehen. Dalí Museum, St. Petersburg, Florida

DON KLUMPP/GETTY IMAGES ©

Amish Country

24 Wer die Amish im Nordosten von Ohio (S. 599), im Südosten von Pennsylvania (S. 153) oder im Norden Indianas (S. 592) besucht – die größten Amish-Gemeinden der USA – kann mehrere Gänge zurückschalten. Jungs mit Strohhüten lenken Einspänner, bärtige Männer pflügen die Felder und sittsam gekleidete Damen gehen zum Markt. Die „Plain People" (einfache Leute) sind eine etwa 100 Jahre alte Sekte, die ohne Elektrizität, Telefon und motorisierte Fahrzeuge lebt. Berlin, Ohio, Lancaster, Pennsylvania und Middlebury, Indiana, sind gute Orte, um in diese Lebensweise einzutauchen.

Great Lakes – die Großen Seen

25 Die Great Lakes (S. 545) bestehen aus fünf Seen – dem Michigan-, dem Huron-, dem Ontario- und dem Eriesee sowie dem Oberen See (Lake Superior). In ihnen ruhen 20 % der Trinkwasservorräte weltweit und 95 % von Amerikas Trinkwasserreserven. Hier finden sich zahllose Strände, Dünen, Urlaubsorte und eine mit Leuchttürmen übersäte Landschaft. Nimmt man die von Wellen gepeitschten Klippen, die Inseln in Ufernähe und die Frachtschiffe, die in geschäftige Häfen einlaufen, dazu, wird klar, warum diese Region auch die „Dritte Küste" genannt wird. Angler, Kajakfahrer und selbst Surfer werden hier ihr Plätzchen finden. Lake Michigan (S. 618)

Gut zu wissen

Währung
» US-Dollar (US$)

Sprache
» Englisch

Reisezeit

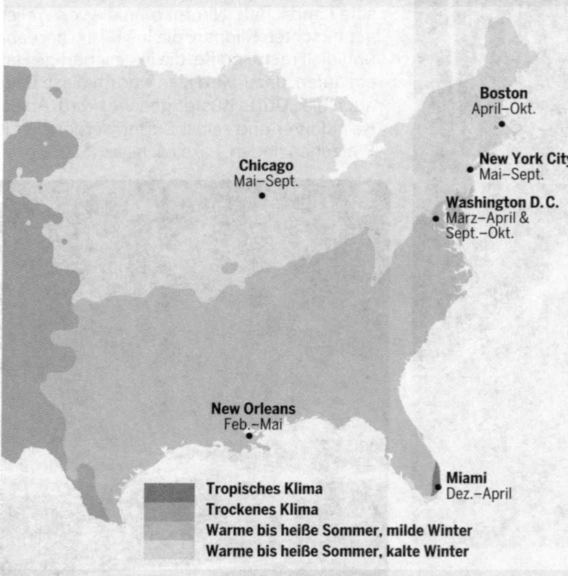

Hauptsaison (Juni–Aug.)

» Verbreitet warme, sonnige Tage und normalerweise hohe Temperaturen

» Hohes Besucheraufkommen und ebenso hohe Übernachtungspreise

Zwischensaison (April, Mai & Okt.)

» Mildere Temperaturen, weniger Touristen

» Blumenpracht im Frühjahr (April), feuriger Indian Summer im Herbst, besonders in Neuengland (Okt.)

Nebensaison (Nov.–März)

» kurze Wintertage mit Schneefall im Norden und starken Regenfällen

» niedrigste Übernachtungspreise (mit Ausnahme der Skiresorts und Winterdomizile in Florida)

Tagesbudget

Günstig – unter 100 US$

» Bett im Schlafsaal: 20–30 US$; Campingplatz: ca. 15–30 US$; Budget-Motel: ab 60 US$

» Kostenlose Aktivitäten (Museen, Konzerte)

» außerhalb der Saison reisen, Resorts meiden

Mittleres Budget 100–200 US$

» Doppelzimmer in Mittelklassehotels: 60–100 US$

» Essen in mittelteuren Restaurants: für 2 Pers. 50–80 US$

» Mietauto: ab 30 US$ pro Tag

Teuer – mehr als 200 US$

» Resorts: ab 250 US$

» Essen in Top-Restaurants: pro Pers. 60–100 US$ zzgl. Wein

» Ausgiebiges Unterhaltungsprogramm am Abend (Theater, Konzerte): 60–200 US$

Geld

» Geldautomaten gibt es so gut wie überall. Kreditkarten werden in den meisten Hotels, Restaurants und Läden akzeptiert.

Visa

» Besucher aus Deutschland, Österreich und der Schweiz benötigen für Aufenthalte unter 90 Tagen kein Visum, die vorherige ESTA-Onlineregistrierung ist obligatorisch.

Handys

» In den USA funktionieren nur Triband- oder Quadband-Handys. Ggf. sollte man die Anschaffung eines günstigen Handys mit Prepaid-Karte erwägen.

Autofahren

» Außerhalb städtischer Gebiete ist ein Auto sehr nützlich. Amtrak-Züge und Greyhound-Busse bedienen nicht alle Nationalparks und Ortschaften. Die Rush Hour meiden!

Infos im Internet

» **Lonely Planet** (www.lonelyplanet.com/usa) Reisezielinfos, Hotels und Traveller-Forum, Fotos

» **Away.com** (www.away.com) Unzählige Outdoor-Tipps und Städtereisen mit Abenteuerpotenzial.

» **Festivals.com** (www.festivals.com) Die besten Events der USA: Livemusik, Essen, Trinken, Tanz u. v. m.

» **Roadside America** (www.roadsideamerica.com) Die schrullige und schräge Seite der USA.

Wechselkurse

Eurozone	1 €	1,32 US$
	1 US$	0,76 €
Schweiz	1 SFr	1,10 US$
	1 US$	0,91 SFr

Aktuelle Wechselkurse gibt's unter www.xe.com.

Wichtige Telefonnummern

Um herkömmliche Anschlüsse zu erreichen, wählt man die Ortsvorwahl gefolgt von der siebenstelligen Nummer.

Vorwahl für internationale Gespräche	☎011
Landesvorwahl USA	☎1
Notruf	☎911
Hotline für Opfer von sexuellen Übergriffen	☎800-656-4673
Telefonauskunft	☎411
Internationale Telefonauskunft	☎00

Ankunft am …

» **JFK, New York**
Airtrain zur Jamaica Station, dann LIRR zur Penn Station: 12–14 US$ (45 Min.); Taxi nach Manhattan: 45 US$ (45 Min.)

» **Chicago O'Hare**
Zug der CTA Blue Line zur Downtown: 2,25 US$ (45 Min.); Shuttle-Van von Airport Express: 29 US$ (35 Min.); Taxi zur Downtown: 45 US$ (25 Min.)

» **Miami International**
Airport Flyer Express Bus 150 nach South Beach: 2,35 US$ (36 Min.); Taxi nach Miami Beach: 32 US$ (25 Min.)

Nationalparks

Einige Nationalparks verlangen keinen Eintritt, bei anderen kostet ein Sieben-Tage-Pass für ein Auto bis zu 25 US$. Gezahlt wird am Eingang, mitunter wird nur Bargeld akzeptiert. Wer mehrere Parks besuchen will, sollte sich die Anschaffung des **America the Beautiful Pass** (www.nps.gov/findpark/passes.htm; 80 US$/Jahr) überlegen, der sämtliche Nationalparkgebühren abdeckt und auch den freien Zutritt zu föderal verwalteten Wald- und Wildschutzgebieten etc. gestattet. Man kann den Pass online im Voraus oder vor Ort in jedem Park erwerben.

Lodges und Campingplätze in Nationalparks sollte man sehr früh reservieren – in den Sommermonaten bis zu sechs Monate im Voraus. Für mehrtägige und auch einige eintägige Wanderungen benötigt man eine Genehmigung. Die Kontingente sind oft limitiert, man sollte also auch die Genehmigungen rechtzeitig beantragen.

Wie wär's mit ...

Großstädte

Der Osten wird dominiert durch seine Großstädte – Schmelztiegel für Gutes und weniger Gutes, für Arm und Reich.

New York City Eine überwältigendere Stadt als Gotham gibt's wohl kaum. NYC ist mit 8,3 Mio. Einwohnern laut, schnell und voller Energie, gleicht einer Sinfonie, ist anstrengend, kommt nie zur Ruhe und entwickelt sich ständig weiter (S. 54).

Chicago Die drittgrößte Stadt des Landes (nach New York und Los Angeles) ist ein gigantischer Mix aus Wolkenkratzern, Kunst, großen Museen, Indie-Clubs, kostenlosen Festivals und unzähligen Restaurants (S. 550).

Baltimore Die düstere Hafenstadt hat sich zu einer hippen Schönheit gemausert – mit Museen von Weltrang, trendigen Shops, Ethno-Restaurants und Boutiquehotels (S. 286).

Philadelphia Die Geschichte verfolgt die Besucher der ersten Hauptstadt der USA auf Schritt und Tritt. Dennoch präsentiert sich Philly mit einer lebendigen Restaurant-, Musik- und Kunstszene sehr urban (S. 135).

Detroit Motor City ist ein Paradebeispiel für Aufstieg und Fall von Metropolen und – aber nur vielleicht – auch für einen neuen Aufstieg (S. 607).

Nationalparks

Der Osten kann mit einer ganzen Schar von Naturschönheiten aufwarten, von den windgepeitschten Küsten Neuenglands bis zu den Korallenriffs in Südflorida.

Great Smoky Mountains Lilafarbener Nebel umgibt die Gipfel, Schwarzbären, Wapitis und wilde Truthähne bevölkern die grandiosen Wälder der meistbesuchten Parklandschaft der USA (S. 362).

Acadia Maines unberührte Wildnis mit Bergen, Meeresklippen, von Wellen umtosten Stränden und stillen Seen ist ein Tummelplatz für Adrenalinjunkies und für Freizeitwanderer (S. 250).

Shenandoah Grandiose Blicke auf die Blue Ridge Mountains, großartige Wander- und Campingmöglichkeiten u. a. entlang des Appalachian Trail (S. 329).

Everglades Krokodile mit schiefen Zähnen, herumschleichende Panther, rosafarbene Flamingos und sanfte Seekühe tummeln sich in den karibischen Buchten und „Grasflüssen" Südfloridas – genau das Richtige für Tierliebhaber (S. 501).

Isle Royale Das bewaldete Fleckchen Land schwimmt im Lake Superior, es gibt keine Straßen und keine Menschenmassen, dafür streifen Wölfe und Elche umher (S. 625).

Großartiges Essen

Der Osten hat unzählige Leckereien zu bieten – Hummer in Maine, Cheesesteaks in Philly, Gegrilltes in Memphis und Cheddar in Wisconsin.

New York City Ob man nun Steak Frites, Linguini con Vongole, Sushi, Chicken Tikka Masala oder Gourmet-Hotdogs möchte: Der Big Apple hat's (S. 92).

Alinea Im besten Restaurant des Kontinents serviert Starkoch Grant Achatz in Chicago ein 24-Gänge-Menü, das nicht von dieser Welt ist (S. 572).

New Orleans Gürtel lockern und rein ins Vergnügen der kreolischen Cajun-Küche: Shrimps-Remoulade, Krabbenfleisch mit Ravigote-Sauce, Flusskrebsfleisch mit Gemüse, Austern, in Bourbon getränkter Brotpudding, Zichorienkaffee und vieles mehr (S. 455).

Providence Wie bitte? Noch nichts davon gehört, dass Providence, Rhode Island, ein Schlemmerparadies ist? Italienisch vom Feinsten und superfrisches Seafood (S. 210).

Madison Seit 30 Jahren ist es hier in, mit regionalen Produkten zu kochen. Neben Imbissen und Ethno-Lokalen gibt's in Madison auch die größten Bauernmärkte im Land (S. 632).

Wie wär's mit ... Wein
In der Finger Lakes Region in Upstate New York gibt es mehr als 65 Weingüter, die besonders für ihre Eisweine bekannt sind (S. 117).

Architektur

Nicht kleckern, sondern klotzen – das war von Anfang an die Devise der Städtebauer im Osten. Hoch aufragende Skylines und ästhetische Highlights in kleineren Städten prägen die Region.

Chicago Geburtsort des Wolkenkratzers und Heimat des höchsten Gebäudes der USA. Die Chicago Architecture Foundation setzt mit ihren coolen Besichtigungstouren alles ins rechte Licht (S. 558).

Fallingwater Ein paar Autostunden von Pittsburgh entfernt passt sich das Meisterwerk von Frank Lloyd Wright (1939) nahtlos seiner bewaldeten Umgebung und dem Wasserfall unterhalb an (S. 165).

Miami Miamis Art-déco-Distrikt ist ein wahr gewordener Traum in Technicolor – auf unserem Planeten gibt es wohl nirgendwo eine größere Ansammlung an Art-déco-Gebäuden (S. 482).

Taliesin Noch etwas für Frank-Lloyd-Wright-Fans: In Taliesin steht Wrights Haus und seine richtungsweisende Schule, zwei beliebte Pilgerziele in Spring Green, Wisconsin (S. 633).

Columbus Wahrlich: Im kleinen Columbus, Indiana, gibt's große Architektur – dank vorausdenkender Industrieller (S. 600).

Museen

Die Museen im Osten haben wirklich alles: von Klassik über Avantgarde bis hin zu schier Unglaublichem.

Smithsonian Institution Wäre Amerika ein schrulliger Großvater, wäre das Smithsonian sein Dachboden. Raketen, Dinosaurier, Skulpturen von Rodin, tibetanische Thangkas und Diamanten en masse. Eigentlich sind es mehrere Museen, die – es ist eigentlich kaum zu glauben – alle keinen Eintritt kosten (S. 265).

Metropolitan Museum of Art Die Hauptattraktion in NYC ist wie ein kultureller Stadtstaat mit einem Schatz von zwei Millionen Kunstwerken (S. 80).

Art Institute of Chicago Das zweitgrößte Kunstmuseum Amerikas (nach dem Met) hat unzählige Meisterwerke zu bieten, vor allem Gemälde von Impressionisten und Post-Impressionisten (S. 557).

Andy Warhol Museum Der Meister der Pop-Art mit seiner großen Brille bescherte Pittsburgh fantastische Arbeiten (S. 159).

Salvador Dalí Museum In St. Petersburg, Florida, kann eine hervorragende Sammlung seiner surrealistischen Ölgemälde bewundert werden (S. 528).

Themenparks

Amerikas Themenparks kommen in vielen Varianten daher – vom altmodischen Rummel mit Achterbahn und Zuckerwatte bis hin zu Scheinwelten à la Peter Pan, in denen man sich mehrere Tage lang amüsieren kann. Viele Parks sind so vielfältig, dass es sich lohnt, den Besuch vorab genau zu planen.

Walt Disney World Einfach eintauchen in die verzaubernde, märchenhafte Welt des „Happiest Place on Earth" und sich von nostalgischen und nervenkitzelnden Rides mitreißen lassen (S. 537).

Dollywood Eine Ode an die viel geliebte Countrysängerin Dolly Parton – Rides und Attraktionen mit Appalachen-Touch mitten in den Hügeln von Tennessee (S. 399).

Cedar Point Die Welthauptstadt der Achterbahnen ragt bei Sandusky, Ohio, in den Himmel. Masochisten stehen Schlange vor den 17 Bahnen, u. a. vor dem Top Thrill Dragster, eine der höchsten und schnellsten Achterbahnen der Welt (S. 598).

Universal Orlando Resort Wer mal zum Film wollte, ist hier richtig. Universal zeigt in dem actiongeladenen Themenpark Superhelden, Harry Potter, die Simpsons und andere (S. 533).

Wie wär's mit ... Bier

Die Fullsteam Brauerei in Durham, NC, offeriert echt Südliches: süßes Kartoffelbier, Kudzubier und vieles mehr (S. 356).

Outdoor-aktivitäten

Schuhe schnüren, Bretter wachsen und Paddel bereithalten! Der Osten wartet nur darauf, seinen Besuchern einen Adrenalinkick zu verpassen.

Appalachian Trail Auch wenn einem nicht der Sinn danach steht, die ganzen 3380 km dieser „Mutter aller Wanderwege" zu bewältigen, so lohnt sich doch eine Stippvisite, um in den Genuss der grandiosen Landschaft zu kommen (S. 694).

Boundary Waters Wer in der nördlichen Wildnis von Minnesota paddelt, kann Wölfe und Schwarzbären beobachten, unterm Sternenhimmel campen und vielleicht sogar das Nordlicht erleben (S. 653).

New River Gorge National River Wildwasser stürzt sich in West Virginia durch die urzeitliche Schlucht. Man fühlt sich wie im Garten Eden (S. 340).

Long Island Gute Surfbedingungen gibt's im Staat New York von Montauks Ditch Plains bis zum Long Beach in Nassau County – ein neuer Surfspot auf der Liste der Profis (S. 112).

Stowe Mountain Vermont hat das Snowboarden erfunden. Und den besten Steilhang des Bundesstaates sollte man nicht ungenutzt lassen (S. 227).

Geschichte

Im Norden gibt es viel Interessantes aus der Kolonial- und Revolutionszeit, in der Mitte und im Süden die meisten Schlachtfelder aus dem Bürgerkrieg.

Independence National Historic Park Dieser geschichtsträchtige Fleck bietet u. a. die Liberty Bell und die Independence Hall, in der die Verfassung unterzeichnet wurde (S. 136).

Bostons Freedom Trail Der 4 km lange Spaziergang führt zu Paul Reveres früherer Wohnstätte, zum Friedhof mit Gräbern von Patrioten aus dem 18. Jh. und zu 14 weiteren Orten der Revolutionszeit (S. 178).

Henry Ford Museum/Greenfield Village Diese Museen beherbergen echte Highlights: z. B. Rosa Parks Bus, der Stuhl, auf dem Lincoln ermordet wurde und die Flugzeugwerkstatt der Gebrüder Wright (S. 615).

Washington, D. C. Hier findet man das Theater, in dem John Wilkes Booth Abraham Lincoln erschoss, und den Ort, wo Martin Luther King Jr. seine Rede „I have a dream" hielt sowie das Watergate Hotel (S. 260).

Vicksburg Dieser Ort war im Bürgerkrieg von Bedeutung. 25 km weit geht es durch jenes Gebiet am Mississippi, das General Grant 47 Tage lang belagerte (S. 438).

Nachtleben

Wenn die Sonne untergeht, wird überall die Musik aufgedreht und die Clubs und Bierkneipen füllen sich.

New Orleans Alle reden von der Bourbon St, aber das Nachtleben ist abseits davon, in Vierteln, in denen kein Sazerac kredenzt wird und kein Jazz, Dixieland oder Zydeco aus den Clubs dröhnen (S. 457), eigentlich noch viel besser.

New York City Laut Frank Sinatra schläft diese Stadt niemals – und die Locations in der Lower East Side, in East Village, in Greenwich Village und im Meatpacking District geben ihm recht (S. 102).

Athens, Georgia Die kompakte kleine Universitätsstadt hat eine mächtige Musikszene zu bieten und war auch das Startbrett der B-52s, von REM und Widespread Panic. Und Bier wird natürlich auch ausgeschenkt (S. 420).

Minneapolis Hier spielt eigentlich jeder in einer Band. Und diese haben in den vielen Bars und Clubs die Gelegenheit, ihr Können unter Beweis zu stellen (S. 644).

Memphis Gefeiert wird in der Beale St – in rund um die Uhr geöffneten Bars, an Bier-to-go-Ständen und mit Live-Blues- und Rockmusik (S. 379).

H. MARK WEIDMAN PHOTOGRAPHY/ALAMY ©

» *Fallingwater (S. 165), Frank Lloyd Wright*

Skurriles Amerika

Wer keine Lust mehr hat, Museen und Sehenswürdigkeiten abzuklappern (weil vielleicht im Reiseführer stand, dass man sie gesehen haben muss), kann sich in die wundersame Welt des amerikanischen Kitsches stürzen.

Foamhenge Das Stonehenge-Remake aus Styropor ist maßstabsgetreu und bei Sonnenuntergang ebenso beschaulich. Sogar ein Zauberer (auch aus Styropor) wohnt hier(S. 333).

NashTrash Tours Die schrillen „Jugg Sisters" von Nashville entführen auf eine köstlich schräge Tour durch die schlüpfrigeren Stadtviertel (S. 390).

Spam Museum In Austin, Minnesota, der Geburtsstätte des Fleischs in blauen Büchsen, kann man mit dem Personal (den „Spambassadors") plaudern und selbst versuchen, das süße Schweinefleisch in Dosen zu pressen (S. 650).

Interstate Mullet Toss In Perdido Key an der Grenze zwischen Florida und Alabama treffen sich die Bewohner und üben Weitwurf: Meerbarben werden so weit wie möglich über die Grenze geworfen. Dieses raue Strandevent wird von einer Kneipe organisiert (S. 544).

Theater

New York City und Chicago sind die Stars. Kleinere Städte wie Minneapolis und Louisville geben jungen Talenten eine Chance.

Broadway Theater District Es gibt nichts Kultigeres als die hellen Lichter und glitzernden Schriften in dieser Straße in Midtown Manhattan – dem Inbegriff der Theaterwelt (S. 69).

Steppenwolf Theatre John Malkovich, Gary Sinise und andere berühmte Schauspieler haben die Chicagoer Theaterszene vor fast 40 Jahren in Gang gebracht. Bis heute wird hier fantastisches Schauspiel geboten (S. 576).

Guthrie Theater In Minneapolis gibt es so viele Theater, dass man der Stadt den Spitznamen „Mini Apple" gegeben hat; führend ist das wunderbare, mit dem Tony Award ausgezeichnete Guthrie (S. 645).

Hudson Valley Shakespeare Festival Shakespeare unterm Sternenhimmel – vor der Kulisse des märchenhaften Boscobel-Anwesens, hoch oben auf einem Felsen über dem Hudson River (S. 115).

Grand Ole Opry Das hier ist mehr als Countrymusik im Scheinwerferlicht: Es ist eine ausgewachsene Varietéshow, bei der es unmöglich ist, die Füße stillzuhalten (S. 394).

Strände

Strandfreaks haben jede Menge Auswahl an den Küsten des Atlantiks, des Golfs von Mexiko und an den Ufern der Great Lakes.

South Beach Hier steht nicht das kühle Nass im Vordergrund. An Miamis beliebtem Tummelplatz ist sehen und gesehen werden angesagt (S. 482)!

Cape Cod National Seashore Das berühmte Kap in Massachusetts lockt mit enormen Sanddünen, malerischen Leuchttürmen und kühlen Wäldern (S. 196).

Montauk Am östlichen Zipfel von Long Island, hinter Fire Island und den Hamptons, liegt Montauk mit seiner windumtosten Küste, den Strandcampingplätzen und einem (noch funktionierenden) Leuchtturm aus dem 18. Jh. (S. 113).

Michigans Gold Coast Endlose Sandstrände, Dünen, Weingüter, Obstplantagen und Städte mit unzähligen B & Bs säumen das Westufer des Lake Michigan (S. 618).

Outer Banks Fragile Sandbänke bilden North Carolinas Düneninseln, von denen einige übersät sind mit Läden, die Badelatschen, Sonnencreme usw. verkaufen, andere sind so abgelegen, dass dort wilde Ponys herumlaufen (S. 347).

Monat für Monat

Top-Events

1 **Mardi Gras**, Februar oder März

2 **National Cherry Blossom Festival**, März

3 **Chicago Blues Festival**, Juni

4 **Independence Day**, Juli

5 **Leaf Peeping**, Oktober

Januar

Das neue Jahr beginnt mit viel Kälte und Schnee, vor allem im Norden. Dann ist in den Skiorten der Bär los. Sonnenanbeter fliehen in wärmere Gefilde (z.B. nach Florida).

Mummers Parade

Diese großartige Parade ist Philadelphias größtes Event. Die Clubs in der Stadt basteln monatelang Kostüme und Umzugswagen, um am Neujahrstag Eindruck zu schinden. Für noch mehr gute Stimmung bei diesem altgedienten Fest sorgen Musikgruppen und Clowns (www.phillymummers.com).

Chinesisches Neujahr

Ende Januar oder Anfang Februar wird in jeder Stadt, die eine Chinatown hat, das chinesische Neujahr mit farbenfrohen Festen und Schlemmereien begangen. NYC und Chicago läuten das neue Jahr mit einer Parade, reich geschmückten Umzugswagen, Feuerwerk, Bands und einer ganzen Menge Trubel ein.

St. Paul Winter Carnival

Ende Januar ist es kalt in Minnesota – darauf kann man wetten. Das hindert die Bewohner aber keineswegs daran, sich in dicke Parkas und Snowboots zu hüllen, denn man rüstet sich für zehn Tage mit Eisbildhauerei, Eislaufen und Eisfischen (www.wintercarnival.com).

Februar

Wenn die Amerikaner nicht gerade im Winterurlaub in den Bergen sind, fürchten sie den Februar mit seinen langen dunklen Nächten und den eisigen Tagen. Für Traveller kann es die günstigste Reisezeit sein: Oft gibt's unglaubliche Preisnachlässe auf Flüge und Hotels.

Mardi Gras

Mardi Gras („der fette Dienstag") findet Ende Februar oder Anfang März am Tag vor Aschermittwoch als krönender Abschluss des Karnevals statt. Legendär sind die bunten Umzüge, Maskenbälle und die Vergnügungssucht in New Orleans.

März

Die ersten Vorboten des Frühlings zeigen sich (zumindest im Süden – im Norden herrscht noch immer klirrende Kälte). Während in den Bergen Neuenglands die Skisaison noch in vollem Gange ist, fallen in Florida bereits die Massen ein – Spring Break ist angesagt.

Baseball Spring Training

Im März findet in Florida das MLB-Frühjahrstraining der „Grapefruit League" statt: 13 Teams der Baseball-Profiliga treten in Vorbereitungs- und Testspielen gegeneinander an und locken ihre Fans nach Orlando, Tampa Bay und in den Südosten (www.floridagrapefruitleague.com).

St. Patrick's Day

Am 17. März wird der Schutzpatron der Iren mit Blaskapellen und Guinness in Strömen gefeiert. Riesige Umzüge gibt es in New York, Boston und Chicago (wo als Höhepunkt sogar der Chicago River grün eingefärbt wird).

National Cherry Blossom Festival (Kirschblütenfest)

Die wunderschönen Blüten der japanischen Kirschbäume rund um das Tidal Basin in Washington D.C. werden fünf Wochen lang mit Konzerten, Paraden, Taiko-Getrommel, Drachensteigen und 90 weiteren Events gefeiert. Mehr als eine Million Besucher kommen jedes Jahr zum Kirschblütenfest, also unbedingt rechtzeitig ein Zimmer reservieren (www.nationalcherryblossomfestival.org).

Maple Syrup Tasting

Am Vermont Maple Open House Weekend Ende März laden Vermonts Ahornsirupproduzenten in ihre „Zuckerhäuser" ein und zeigen, wie der süße Saft hergestellt wird (www.vermontmaple.org). In Maine werden die Türen am letzten Sonntag des Monats fürs Publikum geöffnet.

April

Langsam wird es wärmer, aber der April ist im Norden noch immer launenhaft. Doch ins kühle Wetter mischen sich betörend warme Tage. Im Süden herrscht wunderbares Reisewetter.

Boston Marathon

Zehntausende Zuschauer jubeln den Teilnehmern des ältesten Marathons des Landes zu, wenn sie am Patriots Day, einem Feiertag in Massachusetts am dritten Montag im April, am Copley Sq durch die Ziellinie laufen (www.baa.org).

New Orleans Jazz Fest

Big Easy hat das beste Jazzfestival des Landes aufzubieten. An den zehn Tagen Ende April treten erstklassige Hornisten und Pianisten auf. Fast noch besser als die Musik ist das Essen: Brötchen mit paniertem Krebs, Cajun-Küche mit Wurst, Reis und Schweinefleisch sowie Brotpudding mit weißer Schokolade (www.nojazzfest.com).

Tribeca Film Festival

Robert DeNiro ist Mitorganisator dieses Festivals in NYC, das Ende April an zwölf Abenden stattfindet. Die Besucher bekommen Dokumentarfilme und Features zu sehen. Seit der Gründung 2002 nimmt das Festival immer mehr an Bedeutung zu (www.tribecafilmfestival.com).

Mai

Im Mai ist der Frühling endgültig angekommen. Der Wonnemonat ist einer der schönsten zum Reisen: Nun blühen die Wildblumen, das Wetter ist mild und sonnig – und noch bleiben einem Menschenmassen und hohe Preise erspart.

Kentucky Derby

Am ersten Samstag des Monats werfen sich die oberen Zehntausend in Schale (Nadelstreifenanzüge und extravagante Hüte) und fahren nach Louisville zum Pferderennen – dieses ist auch als die „großartigsten zwei Minuten im Sport" bekannt (www.kentuckyderby.com).

Movement Electronic Music Festival

Am Memorial-Day-Wochenende findet auf der Hart Plaza in Detroit das größte Electronic-Music-Festival der Welt statt. Dem tanzwütigen Publikum werden Nachwuchstalente und große Namen wie Fatboy Slim, Carl Craig und Felix da Housecat präsentiert (www.movement.us).

Spoleto USA

Das 17-tägige Kunst- und Theaterfestival, das Ende Mai/Anfang Juni in Charleston stattfindet, hat viel Prestige. An mehreren Orten der Stadt gibt's Opern-, Theater- und Musicalaufführungen. Imbissbuden und Kunsthandwerksstände säumen die Straßen (www.spoletousa.org).

Juni

Endlich ist es Sommer. Die Amerikaner verbringen mehr Zeit auf den Terrassen von Cafés und Restaurants, sie fahren ans Meer oder in die Nationalparks. Es sind Schulferien, Urlauber bevölkern die Autobahnen und die Preise in den Ferienorten steigen.

Goombay Festival

Dieses Anfang Juni im Coconut Grove in Miami stattfindende, viertägige Straßenfest zieht mehr als 300 000 Feierwütige an, die die bahamaische Lebensart mit Musik, Tänzen und Umzügen zelebrieren. Es ist außerdem eines der größten Festivals, das der Kultur der Schwarzen gewidmet ist (www.goombay festivalcoconutgrove.com).

Chicago Blues Festival

Das weltweit größte kostenlose Bluesfestival bietet drei Tage lang die Musik, die Chicago berühmt gemacht hat. Mehr als eine halbe Million Menschen breiten Anfang Juni ihre Decken auf dem Rasen vor den vielen Bühnen im Grant Park aus (www.chicago bluesfestival.us).

CMA Music Festival

Legionen von Countryfans ziehen zu diesem Festival ihre Cowboystiefel an und treffen sich in Nashville, um ihren Country-Lieblingen zu lauschen. Mehr als 400 Künstler geben im Riverfront Park und auf dem LP Field ihr Bestes (www. cmaworld.com).

Mermaid Parade

In Brooklyn, Coney Island, wird der schweißtreibende Sommeranfang mit einem kitschigen Umzug gefeiert. Spärlich, aber wunderbar einfallsreich bekleidete Meerjungfrauen und Hörner blasende Meermänner marschieren durch Coney Island. Am Ende springt jeder (zumindest diejenigen, die keine Angst vor dem Wasser des New Yorker Hafens haben) ins kühle Nass.

Summerfest

Ende Juni/Anfang Juli veranstaltet Milwaukee elf Tage lang ein verdammt gutes Festival. Auf den zehn Bühnen direkt am See treten Hunderte von bekannten Rock-, Blues-, Jazz- und alternativen Bands auf. Kulinarisch begleitet wird das Ganze von lokalem Bier, leckeren Bratwürstchen und Käse (www.summerfest.com).

Juli

Im Hochsommer schmeißen die Amerikaner ihre Grills hinterm Haus an oder fahren an den Strand. Die Preise sind hoch und überall ist viel los – es ist eben Urlaubszeit.

Independence Day

Das ganze Land feiert am 4. Juli mit einem Riesenfeuerwerk seinen Geburtstag. In Philadelphia, wo die Unabhängigkeitserklärung verabschiedet wurde, läutet die Freiheitsglocke. Auch Chicago, Washington, D.C., New York und Boston lassen sich für diesen Tag einiges einfallen.

National Black Arts Festival

Unzählige Künstler treffen sich auf dem zehntägigen afroamerikanischen Musik-, Theater-, Literatur- und Filmfestival in Atlanta. Maya Angelou, Wynton Marsalis, Spike Lee, Youssou N'Dour und viele andere zeigen, was sie drauf haben (www.nbaf.org).

Newport Folk Festival

In Newport, RI, der Sommerfrische der Reichen, findet Ende Juli ein energiegeladenes Musikfestival statt. Folksänger aus allen Ecken Amerikas haben schon auf dieser geschichtsträchtigen Bühne gestanden, so auch Bob Dylan, der hier zum ersten Mal zur elektrischen Gitarre griff (www.new portfolkfest.net).

August

Im August sollte man sich auf sengende Hitze einstellen. Und je weiter man gen Süden kommt, umso unerträglicher werden Temperatur und Luftfeuchtigkeit. Die Strände sind überfüllt, die Preise hoch und die Städte an den Wochenenden ausgestorben, denn jeder flüchtet ans Wasser.

Lollapalooza

Bevor Chicago als feste Location gewählt wurde, fand dieses Riesenrockfestival abwechselnd in verschiedenen Städten statt. Am ersten Wochenende (Fr–So) im August treten auf den acht Bühnen im Grant Park 130 Bands auf – darunter sind auch viele hochkarätige (www.lollapalooza.com).

Maine Lobster Festival

Wer Hummer liebt, sollte Anfang August nach Rockland fahren. König Neptun und die Meergöttin wachen über die einwöchigen Feierlichkeiten, auf denen man Schalentiere noch und nöcher futtern kann (www. mainelobsterfestival.com).

September

Das Ende des Sommers naht, die Tage werden kühler und Ausflüge in die Region angenehmer.

BRIAN GORDON GREEN/NATIONAL GEOGRAPHIC SOCIETY/CORBIS ©

(oben) Independence Day, National Mall (S. 264), Washington, D.C.
(unten) Tänzer beim Chinesischen Neujahr, Philadelphia (S. 136)

MARGIE POLITZER/LONELY PLANET IMAGES ©

Die Kids gehen wieder zur Schule. Konzerthallen, Galerien und andere Veranstaltungsorte öffnen ihre Pforten für eine neue Saison.

New York Film Festival

Auf diesem Filmfestival in NYC (ein weiteres gutes Festival ist übrigens das Tribeca Film Festival Ende April) werden große Weltpremieren gezeigt. Außerdem stehen unabhängige und prominente Regisseure Frage und Antwort. Gastgeber ist das Lincoln Center (www.filmlinc.com).

Oktober

Die Temperaturen fallen und der Herbst bringt bunte Farben in den Norden. Hier ist jetzt Hochsaison, denn die Blätter leuchten in dieser Zeit ganz besonders schön (vor allem in Neuengland). Anderswo kann man jetzt mit geringeren Preisen und weniger Urlaubern rechnen.

Halloween

Halloween ist nicht nur etwas für Kinder, auch viele Erwachsene verkleiden sich gern und feiern Halloween-Partys. In NYC kann man sich in der Sixth Avenue dem Halloween-Umzug anschließen. Chicago geht die Sache mit dem skelettlastigen „Day of the Dead" (Tag der Toten) im National Museum of Mexican Art eher kulturell an.

Fantasy Fest

Key Wests Antwort auf den Mardi Gras bringt in der Woche vor Halloween mehr als 100 000 Feierwütige in die subtropische Enklave. Geboten werden Paraden, farbenfrohe Umzugswagen, die Wahl des Königs und der Königin der Conch-Republik und feuchtfröhliche Heiterkeit (www.fantasyfest.net).

Head of the Charles Regatta

Tausende Ruderer und noch viel mehr Zuschauer treffen sich am dritten Wochenende im Oktober zu diesem Spektakel auf dem River Charles in Boston. Die weltweit größte Ruderveranstaltung vermittelt ziemlich viel Ivy-League-Flair (www.hocr.org).

Championship Outhouse Races

Unglaublich, aber wahr: In Mountain View, Arkansas, feuern die Zuschauer „von Menschenhand fortbewegte Klohäuschen" an, damit das jeweilige Lieblingsklo als erstes die Ziellinie erreicht. Diese Veranstaltung findet meist in der letzten Oktoberwoche statt.

November

Egal, wohin man fährt, es ist überall Nachsaison. Der kalte Wind verleitet die Menschen dazu, zu Hause zu bleiben und die Preise fallen (Achtung: Zu Thanksgiving schießen die Flugpreise jedoch in die Höhe!). In den größeren Städten ist kulturell allerdings einiges los.

Thanksgiving

Am vierten Donnerstag im November treffen sich die Amerikaner mit ihren Familien und Freunden zum Festtagsschmaus: Putenbraten, Süßkartoffeln, Cranberry-Sauce, Wein, Kürbiskuchen und vieles mehr. In New York City findet eine riesige Parade statt und im Fernsehen gibt's Profifußball.

Dezember

Jetzt ist es Winter (aber die Bedingungen zum Skilaufen im Osten der USA sind erst im Januar ideal). Weihnachtsbeleuchtung und Weihnachtsmärkte bringen zur Adventszeit Leben ins Land.

Art Basel

Großartige, viertägige Kunstshow mit moderner Kunst, Film, Architektur und Design. Mehr als 250 Galerien aus der ganzen Welt stellen Werke von etwa 2000 Künstlern aus – und ganz nebenbei steht man mit der Hautevolee in Miami Beach natürlich auf Du und Du (www.artbaselmiamibeach.com).

New Year's Eve

Wenn es um Silvester geht, sind die Meinungen der Amerikaner sehr verschieden. Die einen stürzen sich begeistert in den Trubel, die anderen setzen alles daran, diesem zu entkommen. In jedem Fall sollte man aber früh im Voraus planen und muss dabei auf hohe Preise gefasst sein (vor allem in NYC).

Reiserouten

Ob man nun sechs oder 60 Tage Zeit hat – diese Routen bieten eine Orientierungshilfe für eine fantastische Reise. Lust auf weitere Anregungen? Auf www.lonelyplanet.de/forum kann man sich mit anderen Travellern austauschen.

Drei Wochen

Die Küste hinunter

Von Maine bis Miami sind es 1800 Meilen (fast 2900 km) – viel Zeit, um die Seeluft zu genießen. Zunächst verbringt man ein paar Tage im felsigen **Acadia National Park** mit Wandern und Radfahren. Dort den frischen Hummer kosten! Es folgen zwei Tage in **Boston**: Sehenswürdigkeiten anschauen, im North End speisen und in Cambridge eine Pubtour machen. Ein Abstecher nach **Newport** führt zu ausgefallenen Villen des Geldadels. Drei Tage gehören **New York City** und seinen Highlights – dem Aussichtspunkt Top of the Rock, den Museen der Upper East Side, dem Central Park –, dem Nachtleben und den kulinarischen Abenteuern, z.B. im East Village. Nächste Station ist **Washington, D.C.** mit Sehenswürdigkeiten und tollem Essen en masse (Krabbenschlemmerei und regionale Küche).

Für die letzten zehn Tage führt die Tour südwärts, immer entlang der Küste. Ein längerer Stopp lohnt sich an den **Outer Banks**, Inseln mit Dünen und wilden Ponys. **Charleston** und **Savannah** verführen mit ihrem Antebellum-Zauber. Nach dem Besuch des historischen **St. Augustine** geht es gen **Walt Disney World**. Das elegante Treiben in **Miami** wird danach vergleichsweise zahm wirken.

Ein Monat

Große Rundreise durch den Osten

Ein Road Trip wie er im Buche steht: Er führt durch die großen und kleinen Städte des Ostens und beginnt in **New York City** (das Auto besser im günstigeren New Jersey mieten). In der ersten Woche geht es Richtung Westen nach **Lancaster**, um die idyllischen Nebenstraßen des Pennsylvania Dutch Country zu erkunden. Nächste Station ist **Pittsburgh**, eine überraschende Stadt mit malerischen Brücken, vielen Grünflächen, hochmodernen Museen und lebhaften Stadtvierteln. Auf der Interstate fährt man nach Ohio, taucht aber im **Amish Country** mit seinen Pferdewagen und kleinen Straßen gleich darauf in die Vergangenheit ein. Wolkenkratzer am Horizont kündigen das gewaltige **Chicago** an, wo man ein paar Tage mit Spaziergängen am Seeufer, berühmten Kunstwerken und kulinarischen Entdeckungen in der gefeierten Restaurantszene verbringt.

In der zweiten Woche fährt man auf der alten Route 66 weiter, zumindest für ein paar Meilen voller Nostalgie. Nun heißt das Ziel **Memphis**, Mekka der Elvis-Fans, Barbecue-Genießer und Bluesfreunde. Die Great River Rd führt gen Süden nach **Clarksdale** mit den Juke Joints und zu den Antebellum-Herrenhäusern in **Natchez**. Jetzt ist es nicht mehr weit nach **New Orleans**, wo man auch nach Katrina Livejazz hören, Sazerac-Cocktails trinken, Voodoo-Priesterinnen konsultieren und auf dem Mississippi fahren kann.

In der dritten Woche beginnt die Rückreise. Sie führt an der Golfküste entlang zu den azaleengesäumten Boulevards von **Mobile** (*mo-biel*). Dann geht es landeinwärts nach **Montgomery**, wo in den Museen Bürgerrechtspioniere wie Rosa Parks geehrt werden, die sich in einem Stadtbus weigerte, für einen weißen Mann ihren Sitzplatz freizugeben. **Savannah** verzaubert Besucher mit riesigen Eichen, **Charleston** mit pastellfarbenen Häusern und verführerischem Essen. Dann hat man die Qual der Wahl zwischen **Durham** und **Chapel Hill**, zwei Universitätsstädten mit hippem Nachtleben.

Die vierte Woche ermöglicht eine Auffrischung der Geschichtskenntnisse in Virginia. In der Nähe von Richmond liegt **Jamestown**, wo Pocahontas den ersten englischen Siedlern beim Überleben half. In **Williamsburg** folgt ein Spaziergang durchs 18. Jh. Zwei Großstädte folgen noch: **Washington, D. C.**, ein einziges kostenloses Museum (der Eintritt in die Smithsonian Institution ist frei), und **Philadelphia** mit der Liberty Bell, Ben Franklin und den gewaltigen Cheesesteaks. Danach geht's zurück zu den Neonlichtern von NYC.

» (oben) Statue von Elvis Presley, geschaffen von Eric Parks, Memphis (S. 378)
» (links) Lou Mitchell's Restaurant (S. 571), Chicago, am Anfang der Route 66

Drei Wochen

Lichter der Großstadt

An großen Städten herrscht im Osten keinerlei Mangel. Die erste auf dieser Tour ist das geschichtsträchtige **Boston**. Ein Spaziergang auf dem Freedom Trail führt zum Haus von Paul Revere und dem ersten Schlachtfeld des Kampfs um die Unabhängigkeit. Danach nimmt man sich Zeit für Harvards Cafés und Buchläden und genehmigt sich in einer Trattoria oder einem *oyster house* in North End etwas Leckeres. Mit dem Zug geht's weiter nach **New York City**. Vier Tage sind Manhattan und dem Rest der Stadt vorbehalten. Ein Spaziergang durch den Central Park und die Wallstreet, ein Abstecher ins unkonventionelle Greenwich Village und die Freiheitsstatue zählen zum Pflichtprogramm. Einen Einblick in das Leben der New Yorker bekommt man auf der High Line, in den stylishen Geschäften in NoLita und in den coolen Cafés von Brooklyn.

Mit dem Zug geht es nach **Philadelphia** – praktisch nur „die Straße runter". Die Stadt ist der Geburtsort der amerikanischen Unabhängigkeit – davon zeugen die Liberty Bell und andere Relikte der Unabhängigkeitserklärung. Ein paar Tage vergehen schnell beim Besuch der historischen Stätten und der Gourmet-Stadtviertel wie Manayunk. Eine Tour durch den Nordosten ist ohne den Besuch von **Washington, D.C.** undenkbar. Neben den kostenlosen Museen und Monumenten, darunter das Air and Space Museum, das Lincoln Memorial, das Martin Luther King Jr. Memorial und der Hirshhorn Sculpture Garden, bietet die Hauptstadt in Georgetown, Adams Morgan und Dupont Circle auch viele Restaurants und Bars. Und wer weiß, welcher Politiker am Nachbartisch seinen Scotch trinkt?

Miami liegt ein ganzes Stück weg (am besten erreicht man es per Flugzeug), man sollte vier Tage einplanen, um die exotischen Museen und Galerien, den Art-déco-Bezirk, Little Havana und den heißen South Beach zu erkunden. Bei einer Tagestour zu den **Everglades** und seinen Krokodilen geht es gemächlicher zu. Südstaatenatmosphäre herrscht auch in **New Orleans**, der Stadt des Jazz, mit ansteckend lebhaften, funkigen Brassbands, dem leckeren kreolischen Essen und der Cajun-Küche. Drei Tage Völlerei mit den Einheimischen in Riverbend, Uptown, Faubourg Marigny und Bywater dürften fürs Erste reichen.

Schließlich taucht **Chicago** am Horizont auf – der Zug *City of New Orleans* fährt auf reizvoller Strecke in die Stadt. Man kann am Ufer Rad fahren, Kunst im Millennium Park sehen, in Al Capones Kneipe Martini trinken und Blues hören – in Chicago tobt das Leben!

Zwei Wochen

Abenteuer Natur

Dieser Trip ist das Richtige für alle, die wilde Natur lieben. Der **Shenandoah National Park** hat seinen Besuchern viel zu bieten. Er zieht sich am Kamm der Blue Ridge Mountains entlang, die so heißen, weil sie aus der Ferne bläulich schimmern. Hier ist neben den Scenic Drives in erster Linie Wandern angesagt: 500 km Wanderwege gibt es, darunter sind 100 Meilen (161 km) des Fernwanderwegs Appalachian Trail. Die Strecken führen vorbei an Wildblumen, Wasserfällen oder farbenprächtigem Herbstlaub. Der **Monongahela National Forest**, einige Stunden weiter westlich, lockt mit Aktivitäten wie Wanderungen auf dem Snowshoe Mountain, Klettern in den Seneca Rocks oder einer Fahrradtour auf dem Greenbrier River Trail. Wasserliebende Abenteuersportler kommen am **New River Gorge National River** auf ihre Kosten. Ausrüster stellen alles bereit, was für eine Raftingtour durch die berüchtigten Stromschnellen der Klasse V benötigt wird.

Nun steht der **Great Smoky Mountains National Park** auf dem Programm. Er ist zwar der meistbesuchte Nationalpark der USA, doch wer wandert oder rudert, wird nicht viele der 10 Mio. Besucher jährlich zu Gesicht bekommen. Untersuchungen haben gezeigt, dass 95% der Touristen sich nie weiter als 90 m von ihrem Auto entfernen! Nach einem Tag in der Wildnis, umgeben von Gipfeln in sanften Farben, ist die Ankunft in **Gatlinburg**, dem kitschigen Basisort des Parks, ein ziemliches Kontrastprogramm – mit Minigolfanlagen samt Country-Motiven, Kuriositätenkabinetten und „illegalen“ Schnapsbrennereien.

Jetzt wird aufgetankt für die kurvenreiche Fahrt durch die Berge und hinüber zur Küste zu den lohnenswerten **Outer Banks**. Die windumtosten Düneninseln sind mit entspannten Strandorten voller Eisläden und familienbetriebenen Motels gespickt. **Cape Hatteras** lockt mit unberührten Dünen, Sümpfen und Wäldern, und die Fähre bringt Besucher zur entlegenen **Ocracoke Island**, wo die wilden Ponys umherstreifen. Wilde Pferde leben übrigens auch auf der **Assateague Island**, die nördlich zwischen Virginia und Maryland liegt. Auch hier gibt es herrliche abgeschiedene Strände und eine Landschaft, die zur Vogelbeobachtung, zum Kajak fahren, Krabbensuchen und Angeln einlädt.

Lust auf noch mehr Wellen und Sand? Im familien- und schwulenfreundlichen **Rehoboth Beach** gibt es traditionelle Holzhäuser, vergnügliches Programm für Kinder und eine breite Promenade am Meer.

Roadtrips & Panoramastraßen

Vorbereitung

Es empfiehlt sich, einem Automobilclub (S. 707) beizutreten, der Pannenhilfe rund um die Uhr und Ermäßigungen für Unterkünfte und Sehenswürdigkeiten bietet.
Die Clubs einiger Länder arbeiten mit US-amerikanischen Automobilclubs zusammen – das prüft man am besten im Voraus und steckt die Mitgliedskarte ins Reisegepäck.
Es ist wichtig, sich mit den Verkehrsregeln in den USA (S. 709) und den häufigsten Gefahren im Straßenverkehr (S. 709) vertraut zu machen.

Wichtiges Gepäck

Unbedingt sicherstellen, dass der Mietwagen mit Ersatzreifen, Werkzeug (z. B. Wagenheber, Starthilfekabel, Eiskratzer, Reifendruckmesser) ausgestattet ist und dass die Notfallbeleuchtung (Warnblinkanlage) funktioniert!
Man sollte gute Landkarten mit auf den Trip nehmen, besonders auf Geländetouren oder Routen abseits der Highways; auf das GPS allein darf man sich nicht verlassen, da es versagen könnte und in abgelegenen Gegenden eventuell sowieso nicht funktioniert.
Immer den Führerschein (S. 707) und den Versicherungsnachweis (S. 708) mitführen!

Vollgetankt und angeschnallt: Jeder Kinogänger weiß, dass sich Amerika am besten mit dem Auto erkunden lässt! Also sucht man sich einfach einen Highway aus und bastelt sich seine eigene Route, oder man entscheidet sich für eine der berühmten ruhigen Nebenstrecken. Entlang des Lincoln Hwy laden Diners zur Rast ein, am Natchez Trace stehen herrliche Herrenhäuser, der Blue Ridge Parkway führt über die Appalachen und entlang der Great River Rd locken Blueskneipen. Die Erfahrungen, die man unterwegs macht, sind vielfältig: Bluegrass und Strände, Cajun-Küche und Farmers Markets, hügelige Weinbaugebiete und Hartholzwälder sowie große und kleine Städte am Ende von erlebnisreichen Tagen auf Tour. Es gibt keine bessere Art, den Osten in all seiner Komplexität und all seinen Widersprüchen zu erleben, als einen Roadtrip.

Mehr Ideen für Touren gibt's im Kapitel „Reiserouten" (S. 29).

Blue Ridge Parkway

Der Blue Ridge Parkway windet sich auf 469 Meilen (755 km) durch die Appalachen und führt durch eine Gegend, die ein Paradies für Wanderer und Vogelbeobachter und für traditionelle Musik und faszinierende Gebirgslandschaften berühmt ist. Das alles sorgt für einen eindrucksvollen Roadtrip, der zudem problemlos zu meistern ist.

Der Bau des neuen Parkways begann 1935 unter Präsident Franklin D. Roosevelt;

Panoramastraßen

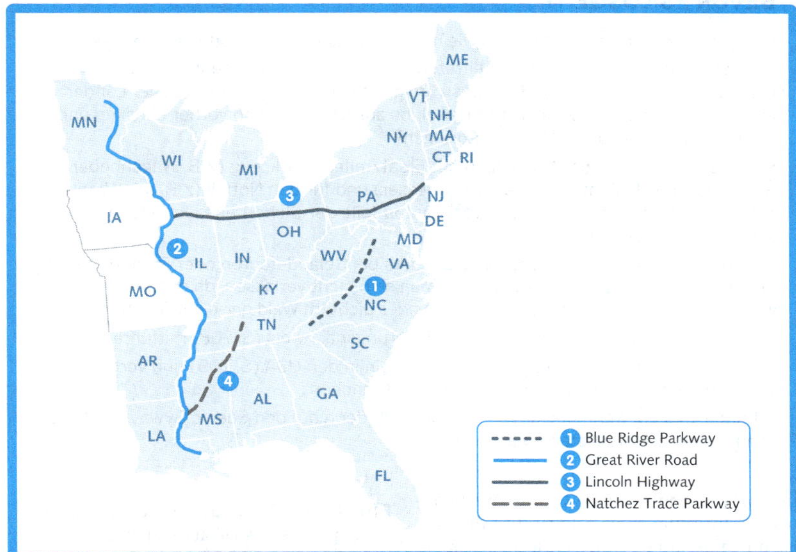

er war eines der großen Projekte des New Deal, der einst dabei half, den Menschen wieder Arbeit zu verschaffen. Bis zur Fertigstellung der gewaltigen Straße im Jahr 1987 vergingen mehr als 52 Jahre.

Auf zum Blue Ridge Parkway!

Wenn die Sonne über der riesigen Wildnis mit ihren Wäldern und Bergen, den ruhigen Flüssen und der himmlischen Stille untergeht, fühlt man sich ein paar Jahrhunderte in die Vergangenheit zurückversetzt. Der Blue Ridge Parkway führt zwar an Dutzenden Kleinstädten und ein paar Großstadtgebieten vorbei, trotzdem scheint er vom modernen Amerika Welten entfernt zu sein. In den Hügeln liegen rustikale Holzhütten mit knarrenden Schaukelstühlen auf der Veranda, und die Reklameschilder von Läden für Volkskunst und Bluegrass-Kneipen locken Traveller in verwinkelte Seitenstraßen. Die Luft dieser hinterwäldlerischen Berggegend scheint von Geschichte erfüllt zu sein. Früher lebten hier Cherokee, später ließen sich die ersten Siedler nieder, und während des Unabhängigkeitskrieges war die Region der Schauplatz von Schlachten.

Unterwegs gibt es tolle Unterkünfte und Restaurants. In den Bergen und an Seen liegen Resorts aus dem frühen 20. Jh., in denen Familien noch immer wie alte Freunde begrüßt werden, und in den Blockhaus-Dinern kommen Berge von Buchweizenpfannkuchen mit Brombeerkompott und Landschinken auf den Tisch.

Es ist kein Problem, die überzähligen Pfunde von der guten Küche des Südens wieder loszuwerden. Der Blue Ridge Parkway bietet Zugang zu über 100 Wanderwegen, von gemütlichen Spaziergängen in der Natur und leicht erreichbaren Gipfeln bis zu herausfordernden Wanderungen auf dem legendären Appalachian Trail. Die angenehm schattenspendenden Wälder können auch auf dem Pferderücken erkundet werden. Die Flüsse laden zum Kanu- und Kajakfahren sowie zum Tubing ein, und auf kleinen Seen kann man vom Ruderboot aus die Angel auswerfen. Und es geht auch ganz ohne Auto – der Parkway ist eine gigantische Langstreckentour für Radfahrer.

Die Route

Die idyllische Straße führt vom Shenandoah National Park in Virginia zum Great Smoky Mountains National Park und verläuft in etwa parallel zur Grenze zwischen North Carolina und Tennessee. Auf dem Weg liegen die Städte Boone und Asheville

BEVOR ES LOSGEHT

Damit der Roadtrip so problemlos wie möglich abläuft, unbedingt hieran denken:

» Einem Automobilclub (S. 707) beitreten, der 24-Stunden-Pannenhilfe und Ermäßigungen für Unterkünfte und Sehenswürdigkeiten bietet. Die Clubs einiger Länder arbeiten mit amerikanischen Automobilclubs zusammen – also vorher checken und die Mitgliedskarte von zu Hause mitbringen!

» Sicherstellen, dass der Mietwagen mit Ersatzreifen, Werkzeug (z. B. Wagenheber, Starthilfekabel, Eiskratzer, Reifendruckmesser) und für den Notfall (z. B. mit Warnblinkanlage) ausgestattet ist – wenn bei Mietautos Teile der Sicherheitsausrüstung fehlen, sollte man sie kaufen!

» Gute Landkarten sind essenziell, besonders bei Geländetouren oder Routen abseits der Highways; auf das GPS allein sollte man sich nicht verlassen, da das möglicherweise nicht richtig bzw. in tiefen Canyons oder dichtem Wald gar nicht funktioniert.

» Immer Führerschein (S. 707) und Versicherungsnachweis (S. 708) mitführen!

» Ausländer sollten sich mit den Verkehrsregeln in den USA (S. 709) und verbreiteten Gefahren im Straßenverkehr (S. 709) vertraut machen.

» Immer tanken, wenn die Möglichkeit besteht, denn auf den Scenic Byways im Osten kann die nächste Tankstelle weit sein!

in North Carolina sowie Galax und Roanoke in Virginia; auch Charlottesville, VA, ist nur eine kurze Fahrt entfernt. Größere Städte in der Nähe der Route sind Washington, D.C. (140 Meilen/225 km), und Richmond, VA (95 Meilen/153 km).

Viele verbinden den Blue Ridge Parkway mit dem Skyline Dr. Der 105 Meilen (169 km) lange, kurvenreiche Skyline Dr führt vom nördlichen Ende des Parkway durch den Shenandoah National Park und würzt die landschaftlich reizvolle Fahrt noch mit atemberaubenden Bergblicken.

Reisezeit

Das Wetter kann je nach Höhenlage stark variieren. Auf den Berggipfeln liegt im Winter Schnee, während es in den Tälern noch angenehm warm sein kann. Der Mai ist die beste Zeit, um Vögel zu beobachten und Wildblumen zu sehen, die meisten Besucher kommen aber wegen der Laubfärbung im Herbst. Sowohl der Frühling als auch der Herbst eignen sich zur Vogelbeobachtung – mehr als 160 Arten wurden über dem Parkway gesichtet. Im Sommer und Frühherbst herrscht viel Trubel.

Informationsquellen

Hiking the Blue Ridge Parkway von Randy Johnson enthält detaillierte Beschreibungen, topografische Wanderkarten und vieles, was noch für kurze und lange Wanderungen (auch mehrtägige) wichtig ist.

Blue Ridge Parkway (www.blueridgeparkway.org) Karten, Aktivitäten und Unterkünfte. Kostenloser *Blue Ridge Parkway Travel Planner*.

Recreation.gov (www.recreation.gov) Über diese Seite können für einige Zeltplätze Reservierungen vorgenommen werden.

Dauer & Strecke

Dauer: Man schafft den Parkway in zwei Tagen, sollte aber fünf Tage einplanen. Auf den steilen, kurvigen Straßen geht es langsam voran – und es soll ja Zeit zum Wandern, Essen und für die Attraktionen bleiben.
Strecke: 469 Meilen (755 km)

Great River Road

Die Ende der 1930er-Jahre entstandene Great River Rd gibt eine monumentale, 2000 Meilen (3219 km) lange Reise ab, die vom Quellgebiet des Mississippi an den Seen in Nordminnesota flussabwärts bis hinunter zur Mündung des Flusses im Golf von Mexiko nahe New Orleans führt. Diese Tour ist das Richtige für alle, die das Leben auf beiden Seiten der kulturellen Grenzen Amerikas – Norden/Süden, Stadt/Land, Baptisten/Alternative – kennenlernen wollen.

Auf zur Great River Rd!

Die eindrucksvollen Landschaften, durch die der längste Fluss Amerikas mäandert, sind geradezu ehrfurchtgebietend – von den hügeligen Ebenen im Norden bis zu den in der glühenden Sonne liegenden Baumwollfeldern des Mississippideltas. Vom Wind geformte Felsen, dichte Wälder, Wiesen voller Blumen und dunstige Sümpfe säumen den Weg, aber auch Schornsteine, Schiffskasinos und städtische Zersiedelung – das sind die beiden Gesichter des Mississippis. Und ohne die großartige Musik, das leckere Essen und das herzliche Willkommen in den Städten abseits der ausgetretenen Pfade wäre diese Route entlang des Flusses nicht vollständig.

Die Kleinstädte bieten Einblicke in verschiedene Facetten amerikanischer Kultur: Da ist Brainerd, MN, das aus dem Film *Fargo* der Coen-Brüder bekannt ist; da ist La Crosse, WI, mit dem größten Sixpack der Welt, und da ist Nauvoo, IL, eine Pilgerstätte für Mormonen mit dem weißen Tempel.

Der südliche Teil der Strecke folgt den Spuren der amerikanischen Musikgeschichte, vom Rock'n' Roll in Memphis über den Blues im Mississippidelta bis zum Jazz in New Orleans. Und hungern wird hier angesichts der Retro-Diner im Mittleren Westen, der Barbecue-Restaurants im Süden und der Cajun-Lokale und Tanzhallen in Louisiana garantiert niemand.

Die Route

Trotz ihres Namens ist die Great River Rd kein einzelner Highway, sondern setzt sich aus mehreren miteinander verbundenen Bundes-, Staats- und Landstraßen zusammen, die dem Verlauf des Mississippis durch zehn Bundesstaaten folgen. Guten Zugang zur Straße bieten u.a. New Orleans, Memphis, St. Louis und Minneapolis.

Reisezeit

Mai bis Oktober sind die besten Monate für die Tour, dann ist es am wärmsten. Im Winter sollte man sie nicht fahren oder sich auf den tiefen Süden beschränken, sonst hat man mit Schneestürmen zu kämpfen.

Informationsquellen

Ten states, one river („Zehn Staaten, ein Fluss") lautet der offizielle Slogan von **Mississippi River Travel** (www.experiencemississippiriver.com), einer tollen Infoquelle zu Geschichte, Erholungsmöglichkeiten in der Natur, Livemusik und mehr.

Dauer & Strecke

Dauer: Sechs Tage dauert die Fahrt von Norden nach Süden mindestens, bei zehn Tagen hat man mehr davon.
Strecke: ca. 2000 Meilen (3219 km)

Lincoln Highway

Amerikas erste transkontinentale Straße führt von New York City nach San Francisco. Mit ihrem Bau wurde 1913 begonnen, 1925 war sie fertig asphaltiert. Der 1000 Meilen (1609 km) lange Abschnitt im Osten verläuft auf einer unverwechselbaren Route durch das Herz Amerikas und bietet unterwegs gigantische Kaffeekannen-Statuen, Fried-Chicken-Diners, Wandbilder aus Jelly Beans und anderes typisch Amerikanisches. Und mancher ist vielleicht so begeistert, wenn er den Rand des Ostens erreicht hat, dass er sich entschließt, die ganze Strecke nach Westen weiterzufahren.

DOWNLOADS: BLUEGRASS

Wer nicht dazu kommt, sich eine Show im von Mai bis Oktober geöffneten **Blue Ridge Music Center** (www.blueridgemusiccenter.org) in Virginia anzusehen, kann sich einige beliebte Hillbilly-Klassiker auf den MP3-Player laden:

» *Blue Moon of Kentucky* – Bill Monroe and the Blue Grass Boys

» *Foggy Mountain Breakdown* – Earl Scruggs

» *Orange Blossom Special* – Rouse Brothers

» *Rocky Top* – Osborne Brothers

» *Windy Mountain*– Lonesome Pine Fiddlers

» *Flame of Love* – Jim and Jesse

» *I'm a Man of Constant Sorrow* – Stanley Brothers

» *Every Time You Say Goodbye* – Alison Krauss and Union Station

» *Like a Hurricane* – The Dillards

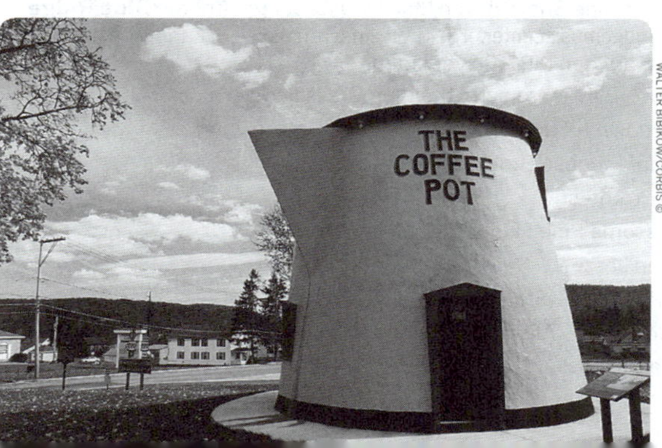

WALTER BIBIKOW/CORBIS ©

» (oben) Natchez Trace Parkway
» (links) The Coffee Pot, Pennsylvania

KURIOSITÄTEN AM RANDE: LINCOLN HIGHWAY

Lust auf kitschige, nostalgische oder einfach nur merkwürdige Attraktionen am Wegesrand? Hier sind für den Anfang ein paar Wahrzeichen des Lincoln Highway:

» Schräges mit großen Ohren in **Mr. Ed's Elephant Museum** (www.mistereds.com; Ortanna, PA)

» Ein Porträt von Ronald Reagan aus 14 000 Jelly Beans im **Dixon Historic Center** (www.dixonhistoriccenter.org; Dixon, IL)

» Ein fast 15 m langer, stiefelförmiger **Schuhladen** (www.shoehouse.us; York, PA)

» Eine gigantische **Kaffekanne** (www.lhhc.org/coffeepot.asp; Bedford, PA)

» Geister im **Mansfield Reformatory** (www.mrps.org; Mansfield, OH)

Auf zum Lincoln Hwy!

Der Lincoln Hwy gibt einen authentischen Roadtrip ab, ohne den Hype und die Kommerzialisierung anderer berühmter Byways. Die Strecke verläuft zwar durch einige der bekanntesten Städte des Ostens, u.a. N.Y.C. und Philadelphia, aber auch auf Nebenstraßen in Gegenden abseits der Touristenrouten. Sie durchquert sieben Bundesstaaten: New York, New Jersey, Pennsylvania, West Virginia, Ohio, Indiana und Illinois.

Die Route

Die Strecke führt zwischen New York City und Fulton, IL, durch die Mittelatlantikregion und den Mittleren Westen. Wichtig: Auf Karten ist der Lincoln Hwy nicht eingezeichnet, da er mittlerweile keine offizielle Straße mehr ist, sondern sich aus Bundes- und Staatsstraßen zusammensetzt. Ein guter, detaillierter Reiseführer (s. S. 39) hilft dabei, den Weg zu finden.

Die Reise beginnt am Times Square, wo die hellen Lichter des Broadway blinken. Von hier geht es nach New Jersey und ins schicke Princeton mit seiner Ivy-League-Universität. Dann kommt Pennsylvania; dort können in Philadelphia die Liberty Bell und die Independance Hall bewundert werden. Die nächste Station sind die Gemeinden der Amish nahe Lancaster, komplett mit Quilts und klappernden Pferdehufen. Weiter geht's zur weltbekannten Bürgerkriegsstätte Gettysburg und ins am Fluss gelegene Pittsburgh voller Pop-Art. In Ohio säumen Maisfelder und legendäre Gefängnisse den Weg. Lohnende Stopps in Indiana sind weitere Amish-Orte und die Stadt South Bend, in der sich ein erlesenes Studebaker-Automuseum und die fußballverrückte University of Notre Dame befinden. In Illinois führt die Route durch die Vororte von Chicago und weiter durch kleine, ländliche Ortschaften, die am Horizont auftauchen. Danach geht es über den Mississippi und durch Iowa, Nebraska, Colorado, Wyoming, Utah, Nevada und Kalifornien weiter gen Westen bis zum Pazifik.

Leichten Zugang zum Lincoln Hwy bieten u.a. die Städte New York City, Philadelphia, Pittsburgh und Chicago.

Reisezeit

Die beste Zeit ist von April bis Oktober. Im Winter schmälern verschneite Straßen das Vergnügen und kleinere Sehenswürdigkeiten haben reduzierte Öffnungszeiten oder schließen zwischen November und März.

Informationsquellen

Die offizielle **Lincoln Highway Association** (www.lincolnhighwayassoc.org) hat auf ihrer Website jede Menge kostenloser Infos. Außerdem verkauft sie detaillierte Karten, die der beste Wegweiser für die Tour sind.

The Lincoln Highway (2007) von Michael Wallis ist ein Hochglanzbuch mit herrlichen Fotos und Details zu interessanten Orten an der Strecke.

Dauer & Strecke

Dauer: Ohne große Pausen ist die Tour in zweieinhalb Tagen zu schaffen, doch um den eigentlichen Reiz des Highways zu erleben, braucht man vier oder fünf Tage.

Strecke: ca. 1000 Meilen (1609 km) für den östlichen Teil

Natchez Trace Parkway

Mit seinen grünen Hügeln, den jadefarbenen Sümpfen, opulenten Herrenhäusern, Saloons am Flussufer und den vielen Schichten amerikanischer Geschichte ist der Natchez Trace Parkway die lohnendste Autotour im Süden. Er führt von Nashville 444 Meilen (715 km) durch prächtiges bewaldetes Land bis nach Natchez im Süden Mississippis.

Auf zum Natchez Trace Parkway!

Geschichte – das meint hier die letzten 10000 Jahre. Der Old Trace war ein Korridor von den südlichen Ausläufern der Appalachen in Tennessee bis zum Süd-Mississippi, und die Völker der Natchez, Chickasaw und Choctaw hatten ihn schon lange genutzt, um ihre traditionellen Stammesgebiete zu durchqueren. Gegen Ende des 18. und Anfang des 19. Jhs., als die USA begannen, nach Westen zu expandieren, nutzten immer mehr Menschen die holprigen Pfade, und diese neuen Reisenden machten daraus bald deutlich erkennbare Wege. 1801 erklärte Präsident Jefferson den Trace zur offiziellen Postroute zwischen Nashville und Natchez, und die Bedeutung der Route wuchs.

Bei der Fahrt sollte man ruhig mal an die historischen Persönlichkeiten denken, die diesen Weg vor einem zurückgelegt haben, darunter Andrew Jackson (7. Präsident der USA, der auf der 20-Dollar-Note abgebildet ist), Jefferson Davis (Präsident der Konföderation), James Audubon (Naturforscher und Maler), Meriwether Lewis (berühmter Entdecker, der 1809 auf dem Trace starb),

EBENFALLS EINEN ABSTECHER WERT

Bisher sind hier nur einige der großartigen Roadtrips beschrieben, die der Osten der USA bietet. Doch durch die ganze Region ziehen sich unzählige andere Scenic Byways, Landstraßen und einsame Highways. In der folgenden Tabelle sind ein paar der besten aufgeführt; außerdem lohnt es sich, auf die „Panoramastraßen"-Kästen in den Kapiteln zu achten. Die Lonely Planet Serie *Trips* umfasst eine breite Auswahl von Roadtrips in den ganzen USA, von kurzen bis zu ganz langen.

STRECKE	STAAT	START/ZIEL	SEHENSWERTES & AKTIVITÄTEN	REISE-ZEIT	MEHR DAZU
Rte 28	NY	Stony Hollow/Arkville	Catskills, Seen, Flüsse; Wandern, Laubfärbung, Tubing	Mai–Sept.	S. 118
Old Kings Hwy	MA	Sagamore/Provincetown	Historische Viertel & Häuser, Küstenlandschaft	April–Okt.	S. 195
Hwy 13	WI	Bayfield/Superior	Seeufer, Wälder, landwirtschaftliche Gebiete, Spaziergänge	Mai–Sept.	S. 637
Hwy 61	MN	Duluth/kanadische Grenze	State Parks, Wasserfälle, idyllische Städte; Wandern	Mai–Sept.	S. 652
VT 100	VT	Stamford/Newport	Hügeliges Weideland, grüne Berge; Wandern, Skifahren	Juni–Sept.	S. 227
Kancamagus Hwy	VT	Conway/Lincoln	Felsige Berge, Wasserfälle; Camping, Wandern, Schwimmen	Mai–Sept.	S. 235
Hwy 12	NC	Corolla/Meer	Strände, Leuchttürme, Fährfahrten, Startplatz der Wright Brothers	April–Okt.	S. 349
Overseas Hwy	FL	Key Largo/Key West	Strände, geschützte Korallenriffs; Conch Fritters	Dez.–April	S. 505

ROUTE 66

Die gute alte Route 66 ist der Klassiker unter den Roadtrips. Die Route, die sich aus Kleinstadthauptstraßen und Landstraßen zusammensetzt und 1926 erstmals Chicago mit Los Angeles verband, bekam vom Schriftsteller John Steinbeck den Spitznamen „Mother Road" verpasst – Mutter aller Straßen.

Der größte Teil der Route 66 führt durch den Westen des Landes, doch der 300 Meilen (483 km) lange Abschnitt in Illinois gibt eine klassische, nostalgische Tour ab. In neonhellen Diners kann man ordentliche Stücke Pastete verputzen, unterwegs an Sehenswürdigkeiten wie dem Gemini Giant, einem in den Himmel ragenden Fiberglas-Astronauten, Schnappschüsse machen, und an Filmtheatern, familiengeführten Motels und anderem typisch Amerikanischen vorüberfahren. Details dazu s. S. 583.

Wer ein paar Wochen Zeit hat, kann die Fahrt hinter Illinois fortsetzen. Die restlichen 2100 Meilen (3380 km) führen vorbei an einzigartigen Attraktionen wie den Ständen mit Frozen Custard in Missouri, dem Totem Pole Park in Oklahoma, einem Stacheldrahtmuseum in Texas, dem Grand Canyon in Arizona und dem wilden, verrückten Santa Monica Pier in Kalifornien. Weitere Infos siehe **Historic Route 66** (www.historic66.com).

Ulysses S. Grant (18. Präsident der USA) und, man höre und staune, der junge Elvis Presley. Die Tour führt an verschiedenen kulturellen und historischen Stätten vorbei, in denen Besucher vieles über alle diese Menschen lernen können.

Die Route

Am einfachsten kommt man von Nashville zum Parkway, und für Freunde von Countrymusik und angehende Songwriter ist ein Trip nach Nashville die ultimative Pilgerreise. Hier lassen sich *honky-tonks*, in denen es heiß hergeht, die Country Music Hall of Fame und ein hübsches historisches Viertel erkunden. In den lokalen Cafeterias kann man auch wunderbar schlemmen – sie bieten die beste Gelegenheit, sich den Bauch mit allem Möglichen von Grillhähnchen über Schweinsfüße bis zu Rübenblättern und Bratäpfeln vollzuschlagen.

Etwa 10 Meilen (16 km) hinter Nashville führt die Straße bei Franklin an einem der am stärksten blutgetränkten Schlachtfelder des Bürgerkriegs vorbei: 20000 Soldaten der Konföderierten und 17000 Mann der Unionstruppen kämpften hier am 30. November 1864 gegeneinander. Später tauchen Grabstätten der Konföderierten für unbekannte Soldaten auf. Auch jahrhundertealte Grabhügel erheben sich am Straßenrand. Emerald Mound in der Nähe von Natchez ist eines der größten der USA, und die riesige grasbewachsene Pyramide verströmt noch heute die Energie der Ahnen.

Andere Höhepunkte entlang der Strecke sind die Stadt Tupelo, wo Besucher das bescheidene Haus besichtigen können, in dem Elvis aufwuchs und Gitarre spielen lernte, und der milchig-grüne Cypress Swamp, in dem Alligatoren leben. Und wer je wie Scarlett O'Hara im luxuriösen Schatten seiner Veranda niedersinken wollte, für den könnten die Boutiquehotels auf den historischen Plantagen der Stadt das Richtige sein.

Reisezeit

Das beste Wetter ist von April bis Juni und von September bis November. Im Sommer kann es unerträglich heiß werden.

Informationsquellen

Natchez Trace Parkway (www.nps.gov/natr) Der National Park Service unterhält die Route und informiert auf seiner Website über Baustellen und Straßensperrungen sowie über Aktivitäten und historische Stätten an der Strecke.

Natchez Trace Compact (www.scenictrace.com) Die Touristeninformationen der Staaten Tennessee, Alabama und Mississippi haben sich zusammengeschlossen, um gute Beschreibungen der Route, Landkarten und Infos zu Events anzubieten.

Dauer & Strecke

Dauer: Drei Tage sollte man einplanen, auch wenn die Tour in zwei Tagen zu schaffen wäre, denn die meiste Zeit führt sie über eine zweispurige Straße mit einer Höchstgeschwindigkeit von 50 mph (80 km/h), sodass es recht gemütlich voran geht.

Strecke: 444 Meilen (715 km)

Mit Kindern reisen

Top-Regionen für Kids im Osten

New York, New Jersey & Pennsylvania

New York City wartet mit Aktivitäten wie Rudern im Central Park und kinderfreundlichen Museen auf. An der Küste von Jersey gibt's coole Strandpromenaden und im Amish Country in Pennsylvania locken Kutschfahrten.

Neuengland

Bostons Küste bietet mit einem Aquarium, einem Kriegsschiff aus dem 18. Jh. und Walbeobachtungstouren Abenteuer für Kids. Auch die Plimoth Plantation mit den Dörfern Wampanoag und Pilgrim ist ein schönes Ziel.

Washington, D. C. & Capital Region

Washington ist mit seinen tollen, auf Kinder ausgerichteten Museen, einem Zoo mit Pandas und einem Karussell auf der Mall für Familien sehr attraktiv. In Williamsburg in Virginia wird bei Aktivitäten (wie gefakten Hexenprozessen und Geisterwanderungen) ein Stück der USA des 18. Jhs. lebendig.

Florida

Ein Besuch der Walt Disney World in Orlando kann gut im Zentrum des Urlaubs stehen. Danach können die Strände Floridas besucht werden.

Im Osten der USA sind Familien mit Kindern in der Regel gern gesehen. Im gesamten Gebiet gibt es tolle Attraktionen für alle Altersklassen: Sandstrände, Themenparks, Zoos, Aquarien und naturgeschichtliche Ausstellungen, Sience Centers, Campingabenteuer, historische Schlachtfelder, vergnügliche Radtouren (sowohl einfache als auch anspruchsvolle) und viele andere Aktivitäten, die kleine Reisende begeistern dürften. Die Natur ist ein wunderbarer Anfang: Die meisten National und State Parks haben Ausstellungen, Wanderwege und Programme (etwa Aktivitäten für Kids mit einem Ranger) für Familien mit Kindern.

Der Osten der USA mit Kindern

Außer Haus essen

Familienorientierter Service scheint das Fundament der örtlichen Restaurantsparte zu sein: Kinder werden nicht nur akzeptiert, ihr Besuch wird durch besondere Kindermenüs und niedrigere Preise regelrecht gefördert. In einigen Lokalen essen Kinder bis zu einem gewissen Alter sogar gratis. In den meistens Restaurants gibt es Hochstühle und Sitzauflagen, einige halten Malzeug und Puzzles bereit und bieten gelegentliche Auftritte von Cartoonfiguren.

Auch in Restaurants ohne Kindermenüs können Kinder willkommen sein, allerdings nicht in allen Spitzenrestaurants. Aber selbst in besseren Lokalen können Familien mit Kindern abends meist stressfrei essen, wenn sie rechtzeitig da sind (gleich

PLANUNG & INFORMATIONEN

Familienfreundliche Attraktionen und Aktivitäten, Lokale und Unterhaltungsangebote sind in diesem Buch mit dem Symbol [symbol] gekennzeichnet.

Reisezeit

» Hauptsaison ist von Juni bis August, wenn Schulferien sind und es am wärmsten ist. Die Preise sind dann hoch und es ist sehr voll: Das bedeutet langes Anstehen in Vergnügungs- und Wasserparks, ausgebuchte Resorts und volle Straßen. Bei beliebten Reisezielen empfiehlt es sich, im Voraus zu buchen.

» In den Winterferienorten (in den Catskills und den White Mountains) geht die Hauptsaison von Januar bis März.

Gut zu wissen

» In vielen öffentlichen Toiletten gibt es Wickeltische (manchmal auch in den Herrentoiletten) und auf den Flughäfen oft geschlechtsneutrale *family*-Toiletten.

» Die medizinische Versorgung in den USA ist von hoher Qualität. Mehr zu Gesuncheit und Krankenversicherung s. S. 698.

» Dinge wie Babynahrung oder Wegwerfwindeln gibt es im ganzen Land problemlos in Supermärkten – auch Bioprodukte.

» Einzelne Elternteile oder Reisende, die mit einem Kind unter 18 Jahren ohne dessen Eltern unterwegs sind, sollten einen Nachweis über das Sorgerecht oder einen notariell beglaubigten Brief des/der nicht mitreisenden Eltern(-teils) mitführen, in dem die Reise autorisiert wird. Das wird zwar nicht verlangt, hilft aber bei der Einreise.

Nützliche Infos

Weitere Infos und Tipps gibt's im Lonely Planet Band *Travel with Children.* Ratschläge zum Urlaub mit Kindern in der Natur bieten *Kids in the Wild: a Family Guide to Outdoor Recreation* von Cindy Ross und Todd Gladfelter sowie *Parents' Guide to Hiking & Camping von* Alice Cary.

Family Travel Files (www.thefamilytravelfiles.com) Konkrete Urlaubsideen, Profile von Reisezielen und Reisetipps.

Go City Kids (www.gocitykids.com) Tolle, umfassende Informationen über für Kinder geeignete Aktivitäten und Unterhaltungsangebote in über 50 Städten der USA.

Kids.gov (www.kids.gov) Riesige, vielseitige nationale Seite; Besucher können Songs runterladen und finden sogar Links zur Kinderseite der CIA.

nach Öffnung) – oft essen dann auch andere Gourmets mit ihren Kids. Auf Anfrage bereitet die Küche möglicherweise eine kleinere Portion eines Gerichts zu oder teilt ein Essen auf zwei Teller auf. Wählerischer Nachwuchs dürfte in chinesischen, mexikanischen und italienischen Lokalen gut aufgehoben sein.

Farmers Markets werden immer beliebter und in jeder nennenswerten Stadt findet zumindest einmal wöchentlich einer statt. Hier können sich Familien ein erstklassiges Picknick zusammenstellen, die lokalen Spezialitäten probieren und nebenbei unabhängige Farmer unterstützen.

Babysitter

Manche Hotels bieten einen Babysitter-Service an, wenn nicht, hilft man an der Rezeption bei der Suche. Immer darauf achten, dass die Babysitter lizenziert und registriert sind und danach fragen, wie hoch der Stundensatz pro Kind ist, ob ein Mindestpreis gilt und ob für Transport oder Mahlzeiten Zusatzkosten anfallen! Die meisten Visitor Centers haben Infos zu örtlichen Kinderbetreuungs- und Freizeiteinrichtungen, medizinischer Versorgung etc.

Ermäßigungen

Bei geführten Touren, Eintrittspreisen und Verkehrsmitteln erhalten Kinder oft Rabatt, manchmal bis zu 50% des vollen Preises. Die Definition von Kind variiert allerdings von „unter 12 Jahren" bis „unter 16 Jahren". Einige Sehenswürdigkeiten bieten auch ermäßigte Familientickets, mit denen sich sparen lässt, und die meisten gewähren Kindern unter zwei Jahren freien Eintritt.

KINDERLITERATUR AUS DEM OSTEN DER USA

» *Little Women* (1868, dt. u. a. als *Junge Menschen* veröffentlicht) von Louisa May Alcott ist ein wunderbares Buch über Mädchen, die im 19. Jh. in Concord aufwachsen.

» Der Klassiker *Paul Revere's Ride* (1861) von Henry Wadsworth Longfellow verbindet Geschichte, Poesie und Spannung.

» Die sechsjährige *Eloise* (Kay Thompson, 1955) lebt im Plaza Hotel in N.Y.C. – perfekt, um allerlei Unfug anzustellen.

» In *The Wright 3* (2006) von Blue Balliett entdecken Kinder ein Geheimnis um Geister, Schätze und Frank Lloyd Wrights Robie House in Chicago.

Fahren & Fliegen

Jede Autovermietung müsste passende Kindersitze haben, denn diese sind in allen Staaten Pflicht. Sie müssen beim Buchen bestellt werden und kosten pro Tag ca. 10 US$.

Inlandsfluggesellschaften nehmen Kinder unter zwei Jahren kostenlos mit. Ältere Kids müssen einen eigenen Sitzplatz haben und bekommen meist keine Ermäßigung. Ganz selten bieten einige Urlaubsanlagen (wie Disneyland) eine *Kids fly free*-Werbeaktion. Ähnliche Angebote haben gelegentlich Amtrak und andere Bahnunternehmen (z. B. Gratis-Fahrten für Kinder unter 15).

Unterkunft

Motels und Hotels haben meist Zimmer mit zwei Betten – perfekt für Familien. Manche haben auch Kinderbetten, die gegen Gebühr ins Zimmer gestellt werden. Das sind aber oft Klappbetten, in denen nicht alle Kinder gut schlafen. Einige Hotels haben *Kids stay free*-Angebote, dank denen Kinder bis 12 Jahre (oder 18 Jahre) kostenlos übernachten. Viele B&Bs nehmen keine Kinder auf.

Highlights für Kinder

Outdoor-Abenteuer

» In den Everglades Kajak- oder Kanufahren oder an einer geführten Wanderung teilnehmen

» Im New River Gorge National Park, WV, raften

» Bei einer Walbeobachtungstour ab Boston oder Provincetown, MA, Buckelwale sehen

» In Zentral-Kentucky eine unterirdische Bootsfahrt durch die Lost River Cave machen.

Themenparks & Zoos

» Walt Disney World besichtigen: vier Parks voller Action auf mehr als 8000 ha

» In Manhattan aus der U-Bahn springen und einen der besten Zoos der USA, den Bronx Wildlife Conservation Park, NY, besuchen

» In West Palm Beach, FL, zwischen 900 Wildtieren auf dem Gelände der Lion Country Safari umherfahren

» In den 21 Wasserparks und bei tollen Wasserski-Shows bei Wisconsin Dells planschen und staunen

Zeitreisen

» Trachten des 18. Jhs. anziehen und sich bei Plimoth, Williamsburg, Yorktown oder Jamestown unter die Leute in historischen Kostümen mischen

» Sich die Ohren zuhalten, wenn Soldaten in historischen Uniformen im Fort Mackinac, MI, Musketen und Kanonen abfeuern

» Mit Ben Franklin (bzw. seinem Doppelgänger) den Bostoner Freedom Trail erkunden

» Im Lincoln Presidential Museum in Springfield, IL, in die Fußstapfen des größten amerikanischen Präsidenten treten

Aktivitäten für Regentage

» Angehende Piloten im National Air & Space Museum in Washington, D.C., mit Raketen, Raumschiffen, Doppeldeckern und Flugsimulatoren inspirieren

» Das Planetarium, die Dinosaurierskelette und 30 Mio. andere Artefakte im New Yorker American Museum of Natural History entdecken

» Im Port Discovery Museum in Baltimore durch drei Etagen voller Abenteuer und (geschickt verstecktem) Wissenswertem streifen: einem ägyptischen Grab, einem Farmers Market, einem Kunstatelier und Physik-Stationen

Essen

» Beim *blue crab*-Essen in einem Open-Air-Restaurant an der Chesapeake Bay kleckern

» In N. Y. C. in Ellen's Stardust Diner im Stil der 1950er-Jahre die Uhren um Jahre zurückdrehen

» In Gino's East in Chicago ein Stück Pfannenpizza stemmen (und den eigenen Namen an die Wand kritzeln)

Der Osten im Überblick

New York City ist der Mittelpunkt des Ostens. Über 8 Mio. Einwohner drängen sich in der Megastadt, einem globalen Zentrum der Mode, des Essens, der Kunst und des Finanzwesens. In den Nachbarstaaten New Jersey und Pennsylvania wird es schon leerer, hier gibt's Strände, Berge und geradezu vorsintflutliche Dörfchen. Neuengland erstreckt sich Richtung Norden zu felsigen Küsten, Fischerdörfern mit Schindelhäuschen und Ivy-League-Universitäten. In der Capital Region beginnt der Weg nach Süden durch üppige Täler und vorbei an etlichen historischen Stätten. Im Süden scheinen die Uhren langsamer zu gehen, Pekannusskuchen duften, und aus den Juke Joints klingt Bluesmusik. Im surrealen Florida warten Nixen, Seekühe, Mickey Mouse und Miami, während das rationalere Gebiet um die Großen Seen Burger, Bier und seine natürlichen Sehenswürdigkeiten bevorzugt.

New York, New Jersey & Pennsylvania

Kunst & Kultur ✓✓✓
Geschichte ✓✓
Natur ✓✓

Mega-Kultur

Hier sind die MET, das MOMA und der Broadway zu finden – und das ist erst New York City. Auch in Buffalo, Philadelphia und Pittsburgh gibt es viele weltbekannte Kultureinrichtungen sowie boomende unkonventionelle Enklaven mit Livemusikszenen.

Liberty Bell & darüber hinaus

Von den Anwesen des Gilded Age im Hudson Valley über den Independence National Historic Park in Philadelphia bis zu den Stätten, die den entscheidenden Momenten bei der Gründung der Nation gewidmet sind – die Region bietet erstklassige interaktive Bildungserlebnisse.

Aktivitäten im Freien

Hinter der Stadt wartet die Natur – mit Wanderungen in den Adirondacks und Catskills, Raftingtouren auf dem Delaware River und Abenteuern am Atlantik an der Küste von Jersey oder in den Hamptons.

S. 50

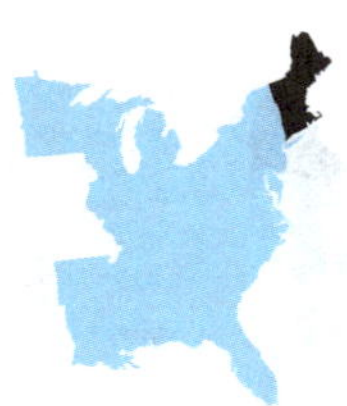

Neuengland

Essen & Trinken ✓✓
Geschichte ✓✓✓
Strände ✓✓✓

Meeresfrüchte

Neuengland ist zu Recht für seine Meeresfrüchte bekannt. An der Küste wimmelt es von Lokalen, wo man sich Austern, erstklassige Hummerscheren (am besten in Butter getunkt) und cremige Muschelsuppe schmecken lassen kann, während man beobachtet, wie die Fischerboote von ihren Tagesfahrten zurückkommen.

Kolonialgeschichte

Neuengland hat die amerikanische Geschichte geprägt – von der Landung der Pilgerväter in Plymouth und der Hexenhysterie in Salem bis zu Paul Reveres revolutionärem Ritt und der Boston Tea Party.

Strandvergnügen

Cape Cod, Martha's Vineyard und Block Island – Neuengland ist im Sommer ein Paradies für alle, die Sonne, Sand und Meer mögen. Die vielen Strände der Region reichen von kinderfreundlichem Watt bis zu wilder Brandung am Meer.

S. 166

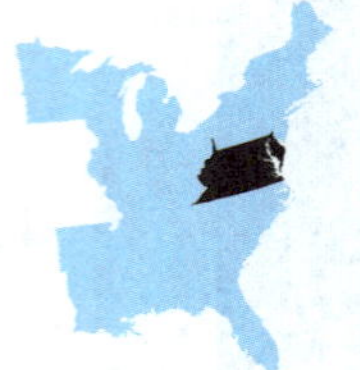

Washington, D.C. & Capital Region

Kunst & Kultur ✓✓✓
Geschichte ✓✓✓
Essen & Trinken ✓✓

Museen & Musik

Washington bietet tolle Museen und Galerien sowie kostenlose Sommerkonzerte und Aufführungen von Weltrang. Zudem gibt's bodenständige Musik aus den Bergen in Virginias Crooked Road, berühmte Regionaltheater und progressive Kunst in Baltimore.

Vergangene Zeiten

Jamestown, Williamsburg und Yorktown bieten Einblicke in die koloniale Geschichte Amerikas, und die ländlichen Gebiete Virginias sind mit Schlachtfeldern aus dem Bürgerkrieg gespickt. Zudem gibt's hier Präsidentenanwesen wie Mount Vernon und Monticello.

Schlemmen

Dekadente Festmahle warten: in Maryland Krabben, Austern und Meeresflüchteteller, in der Hauptstadt internationale Restaurants, und in Baltimore, Charlottesville, Staunton, Rehoboth und anderen Städten kommt das Essen frisch von der Farm auf den Tisch.

S. 256

Der Süden

Essen & Trinken ✓✓✓
Musik ✓✓✓
Südlicher Charme ✓✓✓

Kuchen & Barbecue

Barbecues, Brathähnchen und Wels, buttrige Kuchen, Maisbrot, Maisgrütze und pikante kreolische Cajun-Gerichte sorgen dafür, dass das Essen im Süden ein herrliches (aber nicht unbedingt gesundes) Vergnügen ist.

Berühmte Klänge

Der amerikanische Süden hat die Musik so stark beeinflusst wie keine andere Gegend der Welt. Die Mekkas der Musik bieten ein authentisches Erlebnis: Country in Nashville, Blues in Memphis und Big-Band-Jazz in New Orleans.

Südlicher Charme

Bilderbuchstädte wie Charleston und Savannah verzaubern seit Langem Besucher mit ihren von Bäumen gesäumten Straßen, der Antebellum-Architektur und ihrer bodenständigen Freundlichkeit. Andere Südstaatenschönheiten sind Chapel Hill, Oxford, Chattanooga und Natchez.

S. 342

Florida

Kunst & Kultur ✓✓
Natur ✓✓✓
Strände ✓✓✓

Kulturelle Vielfalt

Florida hat eine komplizierte Seele. Hier befinden sich Miami mit seinem farbenfrohen Art-déco-Bezirk und Little Havana, historische Sehenswürdigkeiten in St. Augustine, die riesigen Themenparks von Orlando und die Museen und historischen Stätten in Key West.

Naturbeobachtung

Florida ist der Ort, um beim Schnorcheln oder einem Tauchgang in die Unterwasserwelt einzutauchen. Wer große Tiere sehen will, kann eine Walbeobachtungstour machen oder in den Everglades versuchen, Krokodile, Reiher, Adler, Seekühe und andere Tiere zu erspähen.

Strände für jeden Geschmack

Eine berückende Zahl von Stränden lockt: vom lebhaften South Beach in Miami bis zum noblen Palm Beach, den reizvollen Inseln Sanibel und Captiva und dem lärmigen Pensacola im Panhandle.

S. 476

Die Großen Seen

Essen & Trinken ✓✓✓
Musik ✓✓
Tolles an der Straße ✓✓

Schlemmerparadies

Von preisgekrönten Restaurants in Chicago und Minneapolis bis zu Diners am Straßenrand, die Käse frisch aus der Molkerei anbieten – die Farmen, Obstgärten und Brauereien im Mittleren Westen sorgen für Gaumenfreuden.

Rock 'n' Roll

Die Region ist die Heimat der Rock and Roll Hall of Fame, von tollen Festivals wie Lollapalooza und Dylan und von Techno- und Trash-Clubs in allen Großstädten – hier kennt man sich eben mit Musik aus.

Outsider-Kunst?

Ein riesiges Garnknäuel, ein Senfmuseum, ein Wettbewerb im Kuhdung-Werfen: Von den Höfen und Nebenstraßen des Mittleren Westens stammen die schrägsten Ideen – von Leuten mit Leidenschaft, Fantasie und vielleicht etwas zu viel Zeit.

S. 545

❯ **Sämtliche Empfehlungen wurden von unseren Autoren getroffen, ihre Favoriten werden jeweils als erstes aufgeführt.**

❯ **Empfehlungen von Lonely Planet:**

Das empfiehlt unser Autor

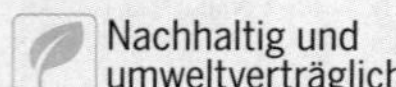
Nachhaltig und umweltverträglich

GRATIS Hier bezahlt man nichts

Alle in diesem Reiseführer vorgestellten Reiseziele listet das Register auf.

Reiseziele

New York, New Jersey & Pennsylvania

Inhalt »

Gut essen

» Blue Hill (S. 95)
» Morimoto (S. 147)
» The Breslin (S. 96)
» Anchor Bar (S. 124)
» Primanti Bros (S. 163)

Schön übernachten

» Bowery Hotel (S. 88)
» Mohonk Mountain House (S. 115)
» Saugerties Lighthouse (S. 117)
» Morris House Hotel (S. 145)
» Caribbean Motel (S. 134)

Auf nach New York, New Jersey & Pennsylvania!

Wo sonst könnte man in ein paar Tagen eine Amish-Farm besuchen, auf einem Berg zelten, die Unabhängigkeitserklärung lesen und vom 86. Stock eines Art-déco-Wahrzeichens aus New York bestaunen? Die Region ist zwar der am dichtesten bevölkerte Teil der USA, aber es gibt hier unzählige Orte, in die sich Städter auf der Suche nach dem einfachen Leben verziehen, in denen Künstler nach Inspiration suchen und mitten in einer bezaubernden Landschaft hübsche Häuser die kleinstädtischen Hauptstraßen säumen.

Das abenteuerliche New York City, das historische, lebendige Philadelphia und das von Flüssen geprägte Pittsburgh sind ein Muss. In unmittelbarer Nähe finden sich herrliche Strände – vom glamourösen Long Island bis zur teils stattlichen, teils kitschigen Jersey Shore. Und nur eine Tagesfahrt von New York City entfernt erheben sich im Norden die Berge und die Wildnis der Adirondacks.

Reisezeit

New York City

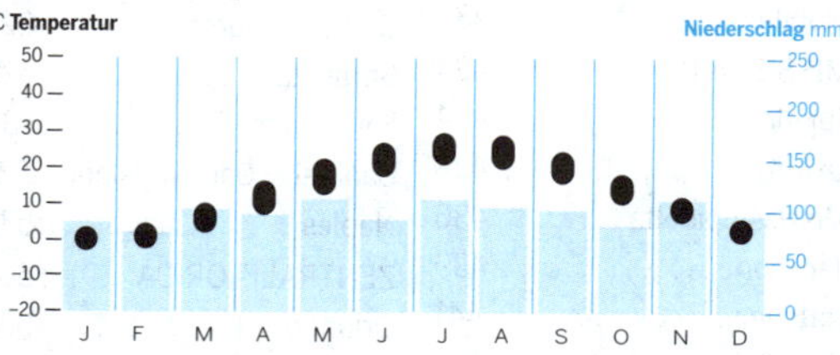

Okt.–Nov. Der Herbst bringt NYC kühle Temperaturen, Festivals und den Marathon.

Feb. Wintersportler zieht es in die Berge der Adirondacks, Catskills und Poconos.

31. Mai–5. Sept. Von Memorial Day bis Labor Day sind die Strände von Montauk bis Cape May angesagt.

Unterwegs vor Ort

Alle großen Städte haben Flughäfen, aber der New Yorker Flughafen John F. Kennedy ist das Drehkreuz der Region. Zu den Alternativen gehören der Newark Liberty International Airport und La Guardia in Queens (hauptsächlich Inlandsflüge). Philadelphia und Pittsburgh haben kleinere internationale Flughäfen.

Greyhound-Busse fahren in alle größeren Städte. **Peter Pan Bus Lines** und **Adirondack Trailways** sind zwei regionale Buslinien. **Amtrak** verbindet New York mit vielen Städten in New Jersey sowie mit Philadelphia und Pittsburgh. Die meisten der beliebten Tagesausflüge kann man zumindest von New York City aus leicht mit einer der drei Vorortbahnen erreichen. Für all diejenigen, die einen fahrbaren Untersatz zur Verfügung haben, ist die I-95 die wichtigste Nord-Süd-Verbindung.

NATIONALPARKS & STATE PARKS

In der Region gibt's jede Menge Park- und Erholungsgebiete. Viele Besucher, die diese Bundesstaaten nur mit großen Städten verbinden, sind verblüfft, dass es hier auch eine so reiche Tier- und Pflanzenwelt gibt. Schwarzbären, Rotluchse und sogar Wapitis tummeln sich in den hiesigen Wäldern; noch häufiger sind die verschiedenen Rotwildarten. Falken, Adler, Habichte und Zugvögel machen hier Halt, manche sogar nur einige Kilometer vor den Toren von New York City.

Allein in New York gibt es Hunderte von State Parks mit Wasserfällen wie bei Ithaca oder mit völliger Wildnis wie in den Adirondacks. In New Jersey kann man sich den Delaware River hinabtreiben lassen, am Strand von Cape May Sonne tanken und im Norden durch das Kittatinny Valley wandern. In Pennsylvania liegen viele Wälder, hügelige Parklandschaften und ein großer Abschnitt des Appalachian National Scenic Trail, der sich über 3500 km von Maine bis nach Georgia schlängelt.

Top 5: Panoramastraßen

» **Catskills, New York – von der Rte 23A über die 214 zur 28:** Die Fahrt führt an bewaldeten Hügeln, rauschenden Flüssen und spektakulären Wasserfällen vorbei.

» **North Central, Pennsylvvania – Rte 6:** Auf der Fahrt durch die zerklüftete Gebirgs- und Waldlandschaft erlebt man reißende Bäche, Tiere in freier Natur und Wälder.

» **Lake Cayuga, New York – Rte 80:** Von Ithaca geht's nach Norden an Dutzenden von Weingütern vorbei.

» **Delaware Water Gap, New Jersey – Old Mine Rd:** Eine der ältesten Straßen in den USA mit wunderschönem Blick auf den Delaware River und die ländliche Idylle.

» **Brandywine Valley, Pennsylvania – Rte 100, 52 und 163:** Die gerade mal 40 km lange Strecke führt durch hügeliges Pferdeland und schönes Ackerland.

DIE HIGH LINE

Die High Line ist eine Hochbahntrasse, die in den 1930er-Jahren erbaut wurde, um Güterzüge aus den Straßen Manhattans zu verbannen. Heute ist daraus eine tolle Parkanlage entstanden, die vom Meatpacking District bis Chelsea reicht.

Kurzinfos

» Größte Städte: New York City (8175000 Ew.), Philadelphia (1526000 Ew.)

» New York–Philadelphia: 97 Meilen (156 km)

» New York–Niagarafälle: 408 Meilen (656 km)

» Zeitzone: Eastern Standard Time (MEZ –6 Std.)

» Zahl der Politiker, die nach einem Skandal zurückgetreten sind oder ins Gefängnis kamen: würde ein Parlament füllen

Schon gewusst?

Seehunde ziehen zwischen November und April in die Gewässer an der Jersey Shore, im Long Island Sound und sogar vor NYC, von Staten Island bis zu den Stränden in der Bronx.

Infos im Internet

» New York State Tourism (www.iloveny.com) Infos, Stadtpläne und telefonische Auskünfte.

» New Jersey Travel & Tourism (www.visitnj.org) Sehenswürdigkeiten, Unterkünfte und Festivals.

» Pennsylvania Travel and Tourism (www.visitpa.com) Karten, Videos und Vorschläge zu Reiserouten.

Highlights

1. In den Stadtvierteln von **New York City** (S. 54) die Kulturen der Welt erleben
2. Den Kitsch und die Ruhe der **Jersey Shore** (S. 130) genießen
3. In Philadelphias **Independence National Historic Park** (S. 136) die Geschichte der Geburt einer Nation verfolgen
4. Durch die dichten Wälder der unberührten **Catskills** (S. 116) stromern
5. Die beeindruckende, wilde Schönheit der **Adirondacks** (S. 121) entdecken

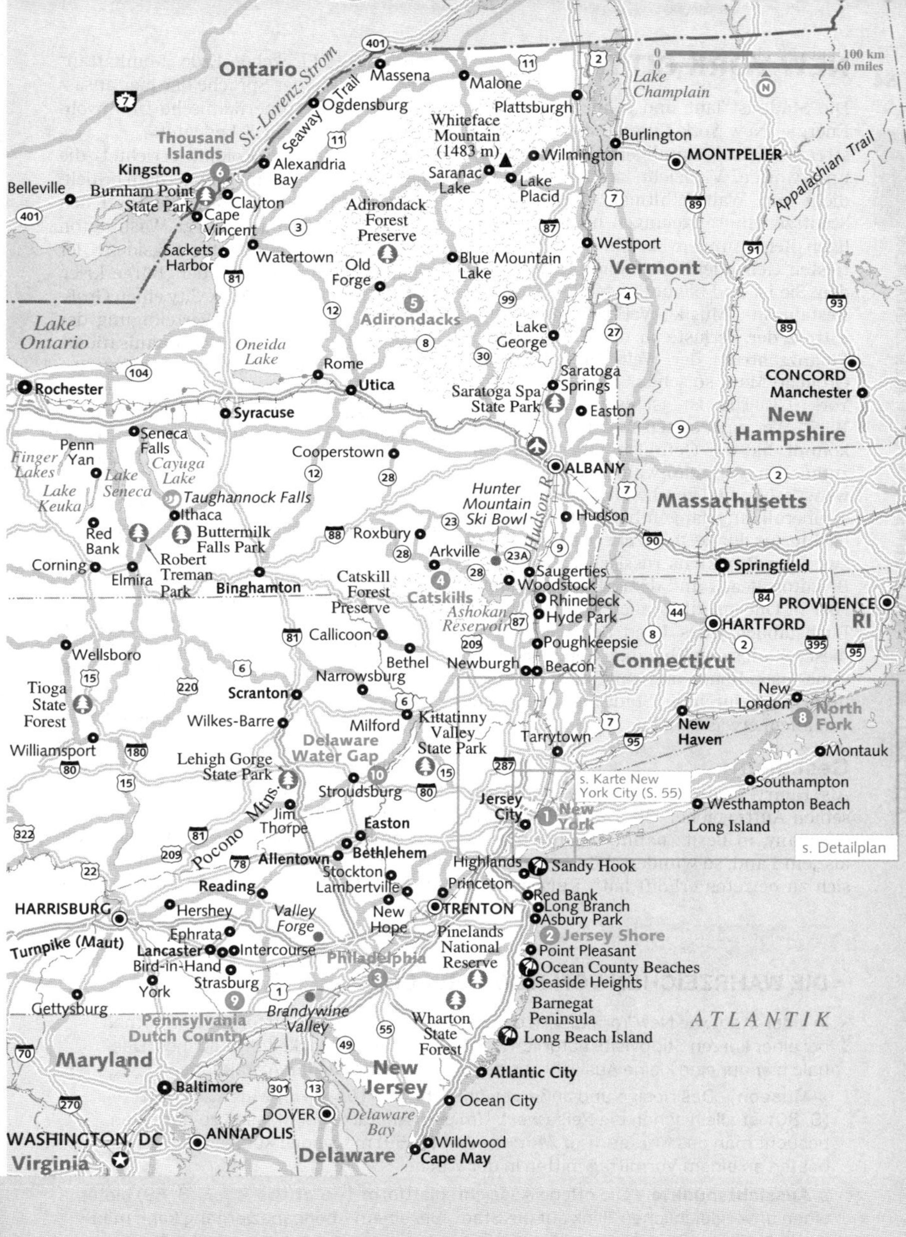

6 In den **Thousand Islands** (S. 122) an den Ufern des St.-Lorenz-Stroms zelten

7 Auf dem Strip in **Pittsburgh** (S. 158) von Bar zu Bar ziehen

8 In Long Islands **North Fork** (S. 113) Weine testen

9 Über abgelegene Landstraßen durch das **PennsylvaniaDutchCountry**(S. 153) radeln

10 Sich auf einem Boot durch die ländliche Idylle des **Delaware Water Gap** (S. 129) treiben lassen

NEW YORK CITY

Die Stadt ist laut und schnell und voller Energie, New York City ist sinfonisch, anstrengend und ständigen Veränderungen unterworfen. Vielleicht kann nur ein Gedicht von Walt Whitman über typische Stadtszenen – angefangen bei den armseligen Behausungen bis hin zu den prächtigsten Gebäuden – der Stadt gerecht werden. Sie ist und bleibt das Mode-, Theater-, Restaurant-, Musik-, Verlagszentrum und – trotz der Verluste in der Finanzkrise – Finanzzentrum der Welt. Und wie sagte Groucho Marx so schön? „Wenn es in New York 9.30 Uhr ist, ist es in Los Angeles 1937." Wer zum ersten Mal in diese Stadt kommt, hat das Gefühl in einen Film einzutauchen, den man wahrscheinlich unbewusst schon mal gesehen hat. Extreme gibt es überall, angefangen beim Times Square bis hin zur dunkelsten Ecke der Bronx. Und zwischen Brooklyns russischer Enklave in Brighton Beach und dem Mini-Lateinamerika in Queens gibt's noch sehr viel mehr. Buchstäblich jedes Land der Welt hat in dieser Stadt seine lebendige Gemeinde. Wer ohne feste Route und mit offenen Augen und Ohren durch die Stadt bummelt, lernt von allem etwas kennen.

Geschichte

Als Henry Hudson 1609 dieses Land für seinen Auftraggeber, die Dutch East India Company, in Besitz nahm, beschrieb er es als „ein Land, so wunderschön, wie man es sich zu betreten erhofft hat". Kurz danach wurde dieses Fleckchen Erde „Manhattan" getauft, was in der Sprache der hier ansässigen Munsee – amerikanische Ureinwohner – „Insel der Hügel" bedeutet.

1625 wurde eine Kolonie errichtet, die bald den Namen Nieuw Amsterdam erhielt. Später kaufte Peter Minuit die Insel den Munsee-Indianern ab. George Washington wurde hier 1789 als erster Präsident der Republik vereidigt. Als der Bürgerkrieg ausbrach, stellte New York City einen Großteil der Freiwilligen zur Verteidigung der Union und wurde zu einem Organisationszentrum der Sklavenbefreiungsbewegung.

Im ganzen 19. Jh. nahm die Bevölkerung ständig zu, da die Einwanderungswellen dicht aufeinander folgten. Iren, Deutsche, Engländer, Skandinavier, Slawen, Italiener, Griechen und Juden aus Zentraleuropa kamen zuhauf und schufen Industrie- und Finanzimperien. Wolkenkratzer läuteten ein goldenes Zeitalter ein.

Nach dem Zweiten Weltkrieg entwickelte sich New York dann zur führenden Weltstadt, aber sie litt an einem neuen Phänomen: Die weiße Mittelklasse floh in die Vorstädte. In den 1970er-Jahren war die graffitibeschmierte Subway zu einem Symbol für den zivilen und wirtschaftlichen Verfall New Yorks geworden. In den 1980er-Jahren erlangte NYC unter der Führung des schillernden Bürgermeisters Ed Koch (drei Amtszeiten) einen Großteil seines ehemaligen Stolzes zurück. 1989 wählte die Stadt ihren ersten afroamerikanischen Bürgermeister David Dinkins. Er wurde aber

NICHT VERSÄUMEN

DIE WAHRZEICHEN VON NEW YORK CITY

In einer Stadt wie New York City, in der es so viel zu sehen und zu tun gibt, kann man bei einer kurzen Stippvisite natürlich nicht alle Sehenswürdigkeiten besuchen. Deshalb hier nur eine kleine Auswahl aus der unendlichen Liste der Attraktionen:

» **Museen** – Das riesige und außergewöhnliche **Metropolitan Museum of Art** (S. 80) ist allein schon die Reise wert. Um dem Ansturm der Massen zu entgehen, besucht man das **Museum of Modern Art** (S. 69) mit seinen kultigen Werken am besten an einem Vormittag mitten in der Woche.

» **Aussichtspunkte** – Die offene Aussichtsplattform **Top of the Rock** (S. 69) bietet einen unvergleichlichen Blick auf die Stadt. Bei einem Abendspaziergang kann man in der Mitte der **Brooklyn Bridge** (S. 56) verweilen und eine romantische Aussicht auf die Stadt bewundern.

» **Grünanlagen** – Ein Bummel durch den **Central Park** (S. 75) gehört in jeder Jahreszeit zu einem New-York-Besuch einfach dazu. Um ein Gespür für das Leben in der Stadt zu bekommen, geht's am Wochenende auf ein Picknick nach Brooklyn in den **Prospect Park** (S. 86).

New York City

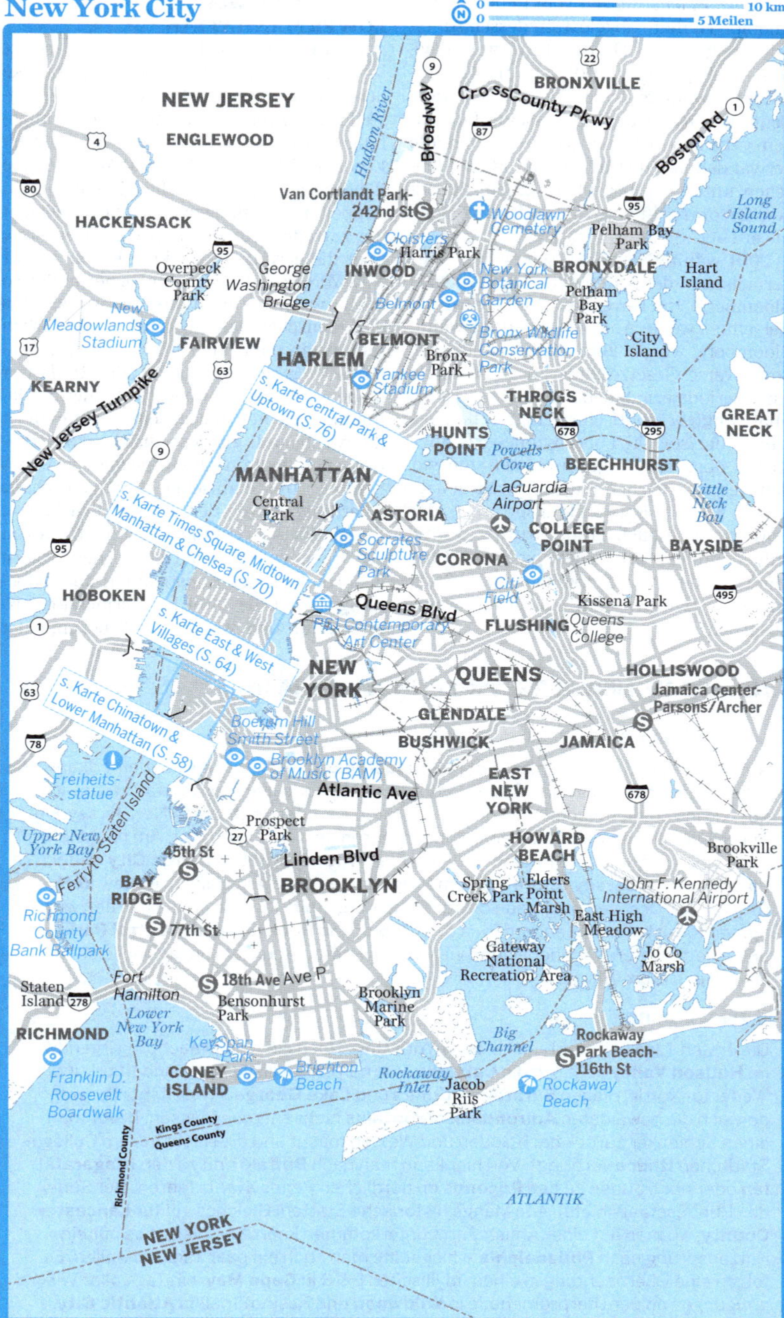

0 10 km
0 5 Meilen
NEW JERSEY
ENGLEWOOD
HACKENSACK
Overpeck County Park
George Washington Bridge
New Meadowlands Stadium
FAIRVIEW
KEARNY
New Jersey Turnpike
HOBOKEN
Hudson River
Broadway
Cross County Pkwy
BRONXVILLE
Boston Rd
Van Cortlandt Park-242nd St
Woodlawn Cemetery
Cloisters
Harris Park
INWOOD
New York Botanical Garden
Belmont
BELMONT
BRONXDALE
Pelham Bay Park
Hart Island
City Island
Long Island Sound
Bronx Park
Bronx Wildlife Conservation Park
HARLEM
Yankee Stadium
s. Karte Central Park & Uptown (S. 76)
THROGS NECK
GREAT NECK
HUNTS POINT
Powells Cove
BEECHHURST
MANHATTAN
Central Park
LaGuardia Airport
Little Neck Bay
ASTORIA
COLLEGE POINT
BAYSIDE
s. Karte Times Square, Midtown Manhattan & Chelsea (S. 70)
Socrates Sculpture Park
CORONA
Citi Field
Kissena Park
Queens Blvd
PS1 Contemporary Art Center
FLUSHING
Queens College
s. Karte East & West Villages (S. 64)
NEW YORK
QUEENS
HOLLISWOOD
Jamaica Center-Parsons/Archer
s. Karte Chinatown & Lower Manhattan (S. 58)
GLENDALE
Boerum Hill Smith Street
BUSHWICK
JAMAICA
Brooklyn Academy of Music (BAM)
Freiheitsstatue
Atlantic Ave
EAST NEW YORK
Ferry to Staten Island
Upper New York Bay
Prospect Park
HOWARD BEACH
Brookville Park
45th St
Linden Blvd
BAY RIDGE
BROOKLYN
Spring Creek Park
Elders Point Marsh
John F. Kennedy International Airport
East High Meadow
Richmond County Bank Ballpark
77th St
Gateway National Recreation Area
Jo Co Marsh
Staten Island
Fort Hamilton
18th Ave
Ave P
Bensonhurst Park
Brooklyn Marine Park
RICHMOND
Lower New York Bay
KeySpan Park
Big Channel
Rockaway Park Beach-116th St
CONEY ISLAND
Brighton Beach
Rockaway Inlet
Jacob Riis Park
Rockaway Beach
Franklin D. Roosevelt Boardwalk
Kings County
Queens County
Richmond County
ATLANTIK
NEW YORK
NEW JERSEY

nach nur einer Amtszeit vom Republikaner Rudolph Giuliani abgelöst. In dessen Amtszeit ereigneten sich die Terroranschläge vom 11. September 2001, als die 110-stöckigen Zwillingstürme des World Trade Centers von entführten Passagierflugzeugen getroffen wurden, sich in Feuerbälle verwandelten, einstürzten und 3000 Menschen unter sich begruben. Einen derartigen Terrorangriff hatte die Welt zuvor noch nie erlebt.

2001 wählte New York seinen 108. Bürgermeister, den Republikaner Michael Bloomberg. Im November 2005 wurde er für eine zweite Amtszeit wiedergewählt. Bloomberg wurde 2009 durch eine hoch kontroverse Gesetzesänderung eine dritte Amtsperiode ermöglicht. Bloomberg ist als unabhängiger politischer Pragmatiker bekannt, der sowohl Lobeshymnen als auch Kritik über sich ergehen lassen musste, denn er setzt sich für die Umwelt genauso ein wie für Entwicklungsprojekte (das städteweite Rauchverbot wurde positiv aufgenommen, die Erhebung einer City-Maut, um dem Verkehrskollaps in der Stadt entgegenzuwirken, fand jedoch nur wenig Zuspruch).

Sehenswertes

LOWER MANHATTAN

LP TIPP Brooklyn Bridge BRÜCKE

(Karte S. 58) Die erste Hängebrücke der Welt inspirierte schon vor ihrer Fertigstellung die verschiedensten Dichter, angefangen bei Walt Whitman bis hin zu Jack Kerouac. Marianne Moores Aussage, die Brücke sei ein „klimatisches Ornament, ein doppelter Regenbogen", ist aber vielleicht die zutreffendste Beschreibung. Der Gang über die gewaltige Brooklyn Bridge ist für New Yorker und Besucher gleichermaßen so etwas wie ein Initiationsritus. Angesichts der Menschenmassen kann es gefährlich sein, wenn mehr als zwei Personen nebeneinander gehen, weil Jogger oder Radfahrer einen anrempeln könnten. Mit einer bis dahin unerreichten Spannweite von 486 m ist die wundervoll graziöse Brückenkonstruktion auch heute noch ein beeindruckendes Symbol amerikanischer Errungenschaft. Allerdings wurde der Bau der Brücke von Budgetüberschreitungen und dem Tod von 20 Arbeitern überschattet. Zu den Opfern gehörte auch der Konstrukteur John Roebling. Er wurde 1869 bei Vermessungsarbeiten für den westlichen Brückenpfeiler

NEW YORK, NEW JERSEY & PENNSYLVANIA IN …

… einer Woche

Am besten beginnt man entspannt in **Philadelphia**, dem Geburtsort der amerikanischen Unabhängigkeit. Nach der Erkundung der historischen Stätten kann man sich abends ins quirlige Nachtleben der Stadt stürzen. Weiter geht's nach New Jersey, wo man im ländlichen **Cape May** eine wunderbar ruhige Nacht verbringt. Am nächsten Tag stehen noch weitere Küstenstädtchen wie **Wildwood** oder **Atlantic City** weiter nördlich an der **Jersey Shore** auf dem Programm, bis man schließlich in **New York City** landet. Dort verbringt man die restlichen Tage mit einer Mischung aus den wichtigsten touristischen Standards wie dem **Top of the Rock** und dem **Central Park** und einem bunten Nachtleben und vielfältigen Restauranterfahrungen, vielleicht im lebendigen **East Village**.

… zwei Wochen

Die ersten Tage verbringt man in **New York City**. Nach einer Übernachtung irgendwo im **Hudson Valley** geht's in die **Catskills**, wo man die idyllische Landschaft erkundet. Weiter im Norden liegen **Saratoga Springs** und **Lake George**. Freizeitsportler werden sich die bewaldeten **Adirondack Mountains** nicht entgehen lassen, bevor man einen Schlenker zurück nach Süden und Westen macht und die Nacht in dem College-Städtchen **Ithaca** verbringt. Von hier kann man nach **Buffalo** und zu den **Niagarafällen** oder nach Süden zu den **Poconos** im nördlichen Pennsylvania fahren. Der Süden des Bundesstaats bietet jede Menge historische Stätten. Gleiches gilt für **Lancaster County**, wo man auf einer Amish-Farm unterkommen kann. Von hier ist es nur ein Katzensprung nach **Philadelphia** – hier sollte man auch ein paar Tage verweilen. Es folgen eine Übernachtung in einem idyllischen B&B in **Cape May**, ein Tag voller Vergnügungen an der Uferpromenade in **Wildwood** und Kasino-Spaß in **Atlantic City**.

durch einen Unfall vom Pier geschleudert und starb daraufhin an einer Tetanusinfektion. Die Brücke und der gleich östlich der City Hall beginnende Fußgänger- und Fahrradweg bieten einen großartigen Blick auf Lower Manhattan und Brooklyn. An den Aussichtspunkten unterhalb der beiden steinernen Stützpfeiler findet man Illustrationen, die Panoramaansichten des Ufers zu verschiedenen Zeitpunkten in der Geschichte New Yorks zeigen. Auf der anderen Seite der Brücke, in Brooklyn, sind der ständig wachsende **Brooklyn Bridge Park** und die Restaurants von **Dumbo** tolle Ziele, um den Spaziergang ausklingen zu lassen.

Freiheitsstatue DENKMAL

(Karte S. 55; ☎212-363-3200; www.nps.gov/stli; New York Harbor, Liberty Island; ⌚9.30–17 Uhr) In einer Stadt voller amerikanischer Ikonen ist die Freiheitsstatue vielleicht die berühmteste. Bereits 1865 wurde sie von dem französischen Intellektuellen Edouard Laboulaye als Monument für die republikanischen Ideale, die sich Frankreich und die USA teilten, konzipiert. Noch heute ist die Lady für viele das Symbol für Chancen und für Freiheit. Der französische Bildhauer Frédéric-Auguste Bartholdi reiste 1871 nach New York, um den Standort für die Statue auszuwählen. Dann verbrachte er mehr als zehn Jahre in Paris und entwarf und erschuf die 46 m hohe Figur *Liberty Enlightening the World*. Sie wurde anschließend nach New York verschifft, auf der kleinen Insel im Hafen aufgebaut und 1886 enthüllt. Ihre Struktur besteht aus einem eisernen Skelett (entworfen von Gustave Eiffel); darauf wurde eine kupferne Außenhaut mithilfe von steifen, aber dennoch flexiblen Metall-Leisten montiert.

Die Krone darf man nun wieder besuchen. Die Anzahl der Besucher ist jedoch beschränkt, sodass rechtzeitiges Buchen – so früh wie möglich im Voraus – angesagt ist. Wer keine Reservierung für den Aufstieg in die Krone hat, für den bedeutet der Besuch des Statue of Liberty National Monument einen Spaziergang über das Gelände und der Blick vom Aussichtsdeck im 15. Stock, von wo man durch eine Decke aus Spezialglas in das beeindruckende Innere der Statue blicken kann. Der Fährtrip zur Insel ist normalerweise mit einem Besuch der nahe gelegenen Ellis Island verbunden. Die **Fähren** (Karte S. 58; ☎201-604-2800, 877-523-9849; www.statuecruises.com; Erw./Kind 13/5 US$; ⌚9–17 Uhr alle 30 Min., Sommer länger) legen am Battery Park ab. South Ferry und Bowling Green sind die nächstgelegenen Subway-Stationen. Im Preis des Tickets für die Fähre (zzgl. 3 US$ für die Krone) ist der Eintritt für beide Inseln enthalten, Reservierungen sind möglich.

Ellis Island MUSEUM

Ellis Island war von 1892 bis 1954 für mehr als 12 Mio. Immigranten Durchgangsstation auf ihrem Weg in ein neues Leben in den USA und erinnert an die demütigenden, manchmal armseligen Erfahrungen der ersten Stunden in Amerika – aber auch an die Erfüllung der Träume. Mehr als 3000 Menschen starben in dem Krankenhaus auf der Insel, und mehr als 2 % aller Neuankömmlinge wurde der Zutritt verweigert. Die Fähren zur Freiheitsstatue legen einen zweiten Stopp an der **Immigration Station** (Karte S. 55) auf Ellis Island ein. Das stattliche Hauptgebäude wurde restauriert und beherbergt heute das **Immigration Museum** (☎212-363-3200; www.ellisisland.org; New York Harbor; Audiotour 8 US$; ⌚9.30–17 Uhr). Es präsentiert faszinierende Ausstellungsstücke und zeigt einen Film über die Erfahrungen der Einwanderer, über ihre Abfertigung und ihren Einfluss auf die USA.

National September 11 Memorial & Museum MAHNMAL

Zehn Jahre lang war die Neubebauung des Geländes, auf dem das am 11. September 2001 zerstörte World Trade Center stand, von Kostenexplosionen, Verzögerungen und politischem Hickhack geprägt. Nun ist endlich ein Ende der Bauarbeiten in Sicht. Die Hälfte des 6,5 ha großen Geländes widmet sich dem Gedenken an die Opfer und der Bewahrung der historischen Erinnerung. Die restliche Fläche werden Bürotürme, ein Transport-Drehkreuz und ein Zentrum für darstellende Kunst einnehmen. Das Mahnmal wurde am 12. September 2011 der Öffentlichkeit übergeben. In seinem Zentrum stehen zwei große Becken mit Wasserfällen in den „Fußabdrücken" des Nord- und Südturms. Rund um die Becken sind die Namen der Opfer der Anschläge auf Bronzetafeln verewigt. Hunderte von Sumpfeichen spenden der Anlage Schatten. Besucherausweise sind kostenlos und können über die Website des Mahnmals (www.national911memorial.org) beantragt werden. Das Museum soll im September 2012 eröffnet werden. Prägendes Gebäude auf dem Grundstück wird das One World Trade Center, früher auch als Freedom Tower bezeich-

Chinatown & Lower Manhattan

net, werden. Anfang 2012 waren die Bauarbeiten an dem 3,2 Mrd. US$ teuren Turm bis zum 92. Stock vorangeschritten; die Eröffnung ist für 2014 geplant. Mit seiner Antennenspitze in der symbolischen Höhe von 1776 Fuß (541,32 m) wird der Turm das höchste Gebäude in den USA werden. Der von Santiago Calatrava entworfene WTC Transit Hub soll 2014 eröffnet werden. Den Fortschritt der Bauarbeiten kann man sich an Ort und Stelle oder unter www.wtcprogress.com anschauen. Man kann sich einen Besucherausweis reservieren, indem man an der **9/11 Memorial Preview Site** (Karte S. 58; ☎212-267-2047; www.911memorial.org; 20 Vesey St; ⏲10–19, So bis 18 Uhr) vorbeischaut, die Exponate und Infos bietet.

Das in der Nähe gelegene **Tribute WTC Visitor Center** (Karte S. 58; ☎866-737-1184; www.tributewtc.org; 120 Liberty St; Eintritt 10 US$; ⏲Mo, Mi–Sa 10–18, Di 12–18, So bis 17 Uhr) bietet Ausstellungen, Augenzeugenberichte und **Führungen** über das Gelände (15 US$/Pers. inkl. Eintritt ins Museum, So–Fr mehrmals 11–15 Uhr, Sa bis 16 Uhr). Es ist allerdings unklar, wie es mit dem Center weitergehen wird, wenn das Museum der Gedenkstätte eröffnet ist.

Mit den besten Blick auf die Baustelle hat man vom Atrium des One World Financial Center aus, einem Bürogebäude auf der anderen Seite des West Side Hwy.

GRATIS Governor's Island National Monument PARK

(Karte S. 55; ☎212-825-3045; www.nps.gov/gois) Die meisten New Yorker haben diesen mysteriösen grünen Landstreifen im Hafen, der weniger als 1 km vom Südzipfel Manhattans entfernt ist, jahrelang angestarrt, ohne auch nur eine Ahnung zu haben, wozu er gut ist. Früher hatten nur die Bediensteten der Armee oder der Küstenwache Zutritt zur Insel, die heute von jedermann besucht werden kann. Das fast 9 ha große Governor's Island National Monument erreicht man mit der **Fähre** (☎212-514-8285; www.nps.gov/gois; ⏲Mi–Fr 10–15, Sa & So 10–17 Uhr, nur Sommer) vom **Battery Marine Terminal** (Karte S. 58; Ecke South & Whitehall St) neben dem Staten Island Ferry Whitehall Terminal in Lower Manhattan. Die Parkverwaltung bietet anderthalbstündige **Führungen** (⏲Mi & Do 10–13 Uhr) an. Tickets gibt's, solange der Vorrat reicht, eine Stunde im Voraus am Battery Marine Terminal. Zu den Highlights gehören die beiden Befestigungsanlagen aus dem 19. Jh. – Fort

Chinatown & Lower Manhattan

Highlights
- Brooklyn Bridge Eingang für Fußgänger und Radfahrer ... C3
- National September 11 Memorial & Museum ... B4

Sehenswertes
- 1 9/11 Memorial Preview Site ... C4
- 2 African Burial Ground ... C2
- 3 Bowling Green Park ... C6
- Bronze Bull ... (siehe 3)
- 4 Castle Clinton ... C6
- 5 Eldridge Street Synagogue ... E1
- 6 Harrison Street Townhouses ... B2
- 7 Museum of American Finance ... D5
- 8 Museum of Jewish Heritage ... B6
- 9 National Museum of the American Indian ... C6
- 10 Skyscraper Museum ... B6

Aktivitäten, Kurse & Touren
- 11 Federal Reserve ... C4

Schlafen
- 12 Cosmopolitan Hotel ... B3
- 13 Gild Hall Wall Street ... D4
- 14 Wall Street Inn ... D5

Essen
- 15 Alfanoose ... C4
- 16 Amazing 66 ... D1
- 17 Big Wong King ... D1
- 18 Bridge Café ... E3
- 19 Bubby's Pie Company ... B2
- 20 Edward's ... B2
- 21 Joe's Shanghai ... D2
- 22 Ruben's Empanadas ... C4
- 23 Smorgas Chef Wall St ... D6
- 24 Table Tales ... E4
- 25 Zaitstaff ... C4

Ausgehen
- 26 Fresh Salt ... E4
- 27 Ulysses ... D5

Unterhaltung
- 28 Santos Party House ... C1
- 29 TKTS Ticket Booth ... D4

Shoppen
- 30 Century 21 ... C4
- 31 J&R Music & Computer World ... C4

Jay und das dreistufige Castle Williams aus Sandstein – sowie die Rasenflächen, die riesigen, Schatten spendenden Bäume und der unübertroffene Blick auf die Stadt.

South Street Seaport STADTVIERTEL
Diese elf Blocks einnehmende Enklave mit Kopfsteinpflasterstraßen und restaurierten historischen Gebäuden ist vor allem dank der Mall bekannt, die auf Pier 17 am East River angelegt wurde und dieser Gegend neues Leben einhauchte. Ein Spaziergang lohnt sich hier bestimmt. Der Fulton Fish Market ist schon lange verschwunden, dafür tummeln sich jetzt New Yorker und Touristen in einer Handvoll Bars und Restaurants, die in den restaurierten Gebäuden aus der Mitte des 19. Jhs. untergebracht sind.

Und wenn man gerade in der Gegend ist, kann man von Pier 11 (6 Blocks südlich des South Street Seaport) auch eine Fahrt mit dem **Ikea Water Taxi** (Karte S. 58; ⌚Mo–Fr 14–18.40, Sa & So 11–19.40 Uhr alle 40 Min.) bis zum Möbelhaus in Red Hook, Brooklyn, machen. So kommt man aufs Wasser und hat ganz nebenbei auch noch einen atemberaubenden Blick auf die Stadt – und für Kunden ist das alles umsonst (Sa & So kostenlos, sonst 5 US$).

Bowling Green Park & Umgebung PARK
(Karte S. 58; Ecke State St & Whitehall St) Im späten 17. Jh. relaxten die britischen Bewohner im **Bowling Green Park** beim friedlichen Spiel. Der riesige **Bronze Bull** ist ein beliebtes Fotomotiv für Besucher. Das **National Museum of the American Indian** (Karte S. 58; ☎212-514-3700; www.nmai.si.edu; 1 Bowling Green; Eintritt frei; ⌚10–17 Uhr, Do bis 20 Uhr) ist in dem großartigen, historisch bedeutsamen Alexander Hamilton US Customs House untergebracht. Es präsentiert eine umfangreiche Ausstellung zu Kunst und Handwerk der Indianer. Außerdem gibt's hier eine Bibliothek und einen tollen Souvenirladen. Von hier aus den Broadway hinauf liegt der **African Burial Ground** (Karte S. 58 ; ☎212-637-2019; www.nps.gov/afbg; Ted Weiss Federal Bldg, 1. OG, 290 Broadway; 290 Broadway zw. Duane St & Reade St; Eintritt frei; ⌚Di–Sa 10–16 Uhr), wo 1991 bei den Vorbereitungen zum Bau eines Bürogebäudes in Downtown die Gebeine von mehr als 400 freien und versklavten afri-

kanischen Männern und Frauen gefunden wurden.

WALL STREET & FINANCIAL DISTRICT

In der weltweiten Finanzkrise Ende 2007/Anfang 2008 gingen altehrwürdige Banken wie Lehman Brothers und Bear Stearns pleite, und Tausende Menschen verloren ihren Job. Inzwischen haben sich die Finanzwirtschaft und das Viertel aber wieder erholt. Trotzdem gilt auch heute noch die **Wall Street** für den Durchschnittsamerikaner als Inbegriff kurzsichtiger Profitgier und dekadenter Verantwortungslosigkeit. Die Straße ist metaphorisch gesehen die Heimat des US-Handels und wurde nach den Palisaden benannt, die holländische Siedler 1653 hier erbauten, um Nieuw Amsterdam vor den Indianern und Briten zu schützen. Einen umfangreichen Überblick über die Finanzwirtschaft der USA mit allen Fehlern, Nachteilen und Mängeln bieten die faszinierenden, topaktuellen Ausstellungen im **Museum of American Finance** (Karte S. 58; ☎212-908-4110; www.moaf.org; 48 Wall St; Erw./Kind 8 US$/frei; ⏲Di–Sa 10–16 Uhr), das in dem ehrwürdigen alten Gebäude der Bank of New York untergebracht ist. Wer einen tiefen Einblick in die Welt des Geldes erhalten will, kann sich für die rund einstündige Führung durch das **Federal Reserve** (Karte S. 58; ☎212-825-6990; www.nps.gov/feha; 26 Wall St; Eintritt frei; ⏲9–17 Uhr) anmelden.

Battery Park & Umgebung STADTVIERTEL

Der Battery Park liegt an der südwestlichsten Spitze von Manhattan Island, die über die Jahre durch Aufschüttungen erweitert wurde. Seinen Namen verdankt er den Geschützen, die hier einst an den Bollwerken postiert waren. **Castle Clinton** ist ein Fort, das 1811 zum Schutz Manhattans vor den Briten errichtet wurde. Es befand sich ursprünglich rund 270 m vom Ufer entfernt, steht aber heute am Rand des Battery Parks; nur noch seine Mauern sind übrig. Im Sommer verwandelt es sich in eine großartige Freiluftbühne für Konzerte. Das **Museum of Jewish Heritage** (Karte S. 58; ☎646-437-4200; www.mjhnyc.org; 36 Battery Pl; Erw./Kind 12 US$/frei; ⏲So–Di & Do 10–17.45, Mi bis 20, Fr bis 17 Uhr) zeigt Aspekte jüdischer Geschichte und Kultur in New York; es beherbergt auch ein Holocaust-Denkmal. Ebenfalls sehenswert ist das **Skyscraper Museum** (Karte S. 58; ☎212-968-1961; www.skyscraper.org; 39 Battery Pl; Erw./Kind 5/2,50 US$; ⏲Mi–So 12–18 Uhr). Es liegt im UG des Ritz-Carlton Hotels und zeigt Wechselausstellungen sowie eine Dauerausstellung zur Geschichte der Wolkenkratzer. Zu guter Letzt beginnt am Battery Place der großartige **Hudson River Park** (www.hudsonriverpark.org). Hier gibt's renovierte Piers, Rasenflächen, Gärten, Basketballplätze, eine Trapezschule, Imbissstände und, am allerbesten, einen Weg für Biker und Skater. Er erstreckt sich über 8 km bis zur 59th St.

TRIBECA & SOHO

Das „TRIangle BElow CAnal St", das im Osten grob vom Broadway und im Süden von der Chambers St begrenzt wird, ist der südlichere dieser beiden Stadtteile. Er beeindruckt durch alte Lagerhäuser, extrem teure Lofts und schnieke Restaurants. Die in der **Harrison Street Townhouses** (Karte S. 58; Harrison St) westlich der Greenwich St wurden zwischen 1804 und 1828 errichtet und sind New Yorks größte noch existierende Ansammlung von Gebäuden im Stil der Federal Architecture.

SoHo hat mit seinem Londoner Namensvetter nichts zu tun. Sein Name geht – wie der von Tribeca – auf die geografische Lage zurück: SOuth of HOuston St. In SoHo reiht sich ein Block aus gusseisernen Industriegebäuden an den nächsten. Diese Häuser stammen aus der Zeit kurz nach dem Bürgerkrieg, als hier der führende Handelsbezirk der Stadt war. Bohemiens und Künstler verhalfen diesem Viertel zu einer wahren Blütezeit bis in die 1980er-Jahre. Die dann folgende Super-Gentrifizierung verwandelte die Gegend in einen Shopping-Schwerpunkt New Yorks. Boutiquen und viele Ketten haben hier Niederlassungen, in denen sich hauptsächlich am Wochenende die Kaufwütigen scharenweise tummeln.

Die wirklich Hippen von SoHo bevölkern die Gegend nördlich der Houston St und östlich der Lafayette St, **NoHo** („North of Houston") und **NoLita** („North of Little Italy") stehen für ausgezeichnete Geschäfte – viele kleine, unabhängige, stylishe Boutiquen für Damenklamotten – und Restaurants. Bei einem Bummel durch SoHo und Tribeca dürfen diese beiden Viertel nicht fehlen: Schaufenster anschauen, hier und da einen Kaffee trinken, und der Nachmittag ist perfekt.

CHINATOWN & LITTLE ITALY

Mehr als 150 000 Chinesisch sprechende Menschen leben beengt in ihren überfüllten Wohnungen in **Chinatown**, der größten chinesischen Gemeinde außerhalb Asiens (und es gibt noch zwei große Chinatowns in der Stadt: Sunset Park in Brooklyn und Flushing in Queens). Seit den 1990er-Jahren kommen immer mehr vietnamesische Einwanderer nach Chinatown, die hier ihre eigenen Läden und ein paar unglaublich günstige Restaurants eröffnet haben. In einigen Straßen ist sogar mehr Vietnamesisch als Chinesisch zu hören.

Ein Besuch in Chinatown entpuppt sich als ein wahres Fest der Sinne. Wo sonst kann man in NYC ganze gebratene Schweine zu Gesicht bekommen, die in den Schaufenstern der Schlachter hängen, den Geruch von frischem Fisch genießen und die näselnde Aussprache von Kantonesen und Vietnamesen mit den Lockrufen der Straßenhändler vergleichen, die in der Canal St ihre gefakten Pradataschen anpreisen.

Museum of Chinese in America MUSEUM

(Karte S. 64; ☎212-619-4785; www.mocanyc.org; 215 Centre St; Erw./Kind 7 US$/frei; ⏲Mo 11–17, Do bis 21, Fr–So 10–17 Uhr) Die auffällig gestalteten, hochaktuellen interaktiven Ausstellungen widmen sich der Geschichte und dem kulturellen Einfluss der chinesischen Gemeinden in den USA. Es gibt auch Vorträge, Filmreihen und Führungen.

Little Italy STADTVIERTEL

Früher war **Little Italy** eine echte italienische Enklave mit italienischer Kultur und italienischen Restaurants. Jetzt ist es nicht mehr als ein ständig schrumpfendes Überbleibsel (das mehr und mehr von den Chinesen übernommen wird). Aber dennoch fallen loyale Italoamerikaner aus den Vororten noch immer hier ein und treffen sich in einem der wenigen Familienrestaurants an den mit rot-weiß-karierten Tischdecken geschmückten Tischen. Ein Spaziergang entlang der **Mulberry Street** führt zur **Old St Patrick's Cathedral** (Karte S. 58; 263 Mulberry St), die 1809 zur ersten römisch-katholischen Kathedrale der Stadt wurde und bis 1878 die einzige blieb – da war ihre berühmtere Nachfolgerin im oberen Teil der Stadt fertig. Der ehemalige **Ravenite Social Club** (Karte S. 64; 247 Mulberry St), heute ein cooler Schuhladen, erinnert an Tage vor nicht allzu langer Zeit, als Gangster das Viertel kontrollierten. Das Ravenite hieß ursprünglich Alto Knights Social Club; hier verbrachten große Fische wie Lucky Luciano ihre Zeit. Auch John Gotti hing hier bevorzugt herum (zusammen mit dem FBI), bevor er 1992 verhaftet und zu lebenslanger Haft verurteilt wurde.

LOWER EAST SIDE

Erst kamen die Juden, dann die Latinos und heute… natürlich die hippen Leute. In der Gegend, die früher das am dichtesten bevölkerte Viertel der Welt war, konzentriert man sich nun ganz darauf, cool zu sein – indem man sich in stimmungsvoll beleuchtete Lounges, Livemusikclubs und trendige Bistros zwängt. Luxuriöse Hochhäuser mit Eigentumswohnungen und Boutiquehotels stehen Seite an Seite mit großen öffentlichen Wohnungsbauten (einen unterhaltsamen Einblick in diesen Klassenkonflikt erhält man bei der Lektüre von Richard Prices Roman *Cash*). Ungeachtet dessen sind 40% der Einwohner in dem Viertel noch immer Einwanderer, und für zwei Drittel ist Englisch nicht die Muttersprache.

Eldridge Street Synagogue SYNAGOGE

(Karte S. 58; ☎212-219-0302; www.eldridgestreet.org; 12 Eldridge St, zw. Canal St & Division St) Die 1887 mit maurischen und romanischen Zierelementen erbaute Synagoge zog zu den jüdischen Feiertagen an der Wende zum 20. Jh. um die 1000 Gläubige an. Aber mit der Verschärfung der Einwanderungsgesetze in den 1920er-Jahren verringerte sich die Zahl der Gemeindemitglieder, und in den 1950er-Jahren wurde das Gotteshaus ganz geschlossen. 2007 waren die Restaurierungsarbeiten nach 20 Jahren endlich abgeschlossen. Jetzt finden wieder Gottesdienste (Fr abends & Sa morgens), Trauungen und **Führungen** (Erw./Kind 10/6 US$; ⏲So–Do 10–17 Uhr jede halbe Std.) statt. Der vielleicht atemberaubendste Aspekt in der Synagoge ist das neue, große runde **Buntglasfenster** über dem Thoraschrein. Die Synagoge ist auch Mitorganisator des Anfang Juni stattfindenden **Egg Cream & Egg Roll Festival**, bei dem jüdische und chinesische Traditionen der Kultur und Küche gefeiert werden.

Lower East Side Tenement Museum GEFÜHRTE TOUREN

(Karte S. 64; ☎212-982-8420; www.tenement.org; 90 Orchard St, an der Broome St; Führung 17 US$; ⏲Visitor Center 10–17.30 Uhr, Führungen 10.15–17 Uhr) Damit die bescheidene Vergangenheit des Viertels nicht in Vergessenheit gerät, rückt das Museum mithilfe mehrerer rekonstruierter Wohnungen das herzergreifende Erbe ins Zentrum. Es gibt auch Pläne für den Wiederaufbau einer Fleischerei und eines Saloons im Erdgeschoss. Museumsbesuche sind nur im Rahmen von Führungen mit verschiedenen Themenschwerpunkten möglich, die normalerweise alle 40 bis 50 Minuten stattfinden.

EAST VILLAGE

Das East Village wird grob von der 14th St, der Lafayette St, der E Houston St und dem East River eingerahmt. Sehr zum Leidwesen der hier seit vielen Jahrzehnten lebenden Bevölkerung und der jungen Hausbesetzerpunks ist die Gegend in den letzten zehn Jahren durch die Gentrifizierung gutbürgerlich geworden. Heute haben die Immobilienmakler die Oberhand gewonnen, obwohl der Kiez sein ausgefallenes, radikales und irgendwie auch natürliches Image noch nicht ganz verloren hat.

Tompkins Square Park — PARK

Dieser Park (zw. 7th St & 10th St und Ave A & Ave B) markiert die inoffizielle Grenze zwischen East Village (im Westen) und Alphabet City (im Osten). Früher tummelten sich hier Einwanderer aus Osteuropa, und man sieht immer noch alte Ukrainer und Polen im Park. Zu ihnen gesellen sich Punks, Studenten, Bettler und viele Yuppies, die ihre Hunde ausführen.

New Museum of Contemporary Art — MUSEUM

(Karte S. 64; ☎212-219-1222; www.newmuseum.org; 235 Bowery, an der Prince St; Erw./Kind 12 US$/frei; ⏲Mi, Fr, Sa & So 11–18, Do bis 21 Uhr) Das einzige Museum in der Stadt, das sich ausschließlich der zeitgenössischen Kunst widmet, ist in einem architektonisch recht gewagten Gebäude in der ehemals düsteren Bowery untergebracht. Ein weiteres Highlight ist die Aussichtsplattform, von der sich ein einmaliger Blick auf die ständig ihr Aussehen verändernde Nachbarschaft bietet.

Russian & Turkish Baths — SPA

(Karte S. 58; ☎212-505-0665; www.russianturkishbaths.com; 268 E 10th St; Eintritt 30 US$; ⏲Mo, Di, Do & Fr 12–22, Sa ab 9, So 8–13 Uhr) In dem historischen Bad kann man in einem der vier Dampfräume ganz wunderbar Stress abbauen oder sich mit traditionellen Massagen verwöhnen lassen. Es ist authentisch und abgefahren zugleich: Gut möglich, dass man sich die Sauna mit einem hippen Pärchen bei einem Date, einem bekannten Schauspieler auf der Suche nach einer Auszeit oder einem echten Russen teilt.

Astor Place & Umgebung — STADTVIERTEL

(Karte S. 64) Am Westende des St. Mark's Pl liegt das ehemalige Nobelviertel Astor Place. Ein paar der beeindruckenden Häuser im neoklassizistischen Stil haben die Zeit zwar überdauert, aber an der einen Ecke befindet sich jetzt ein großer Starbucks und an der anderen ein K-Mart. Auf der gegenüberliegenden Straßenseite ragt ein großes, verglastes Haus mit Eigentumswohnungen in den Himmel. Aber den „Cube", die sich drehende Skulptur, gibt's noch immer, und auch die jungen Skater haben sich nicht vertreiben lassen.

Cooper Union — HISTORISCHES GEBÄUDE

(Karte S. 64; www.cooper.edu; 51 Astor Pl) Das große Brownstone-Gebäude ist ein öffentliches College, das der Klebstoff-Millionär Peter Cooper 1859 gründete. Abraham Lincoln verdammte hier mit seiner Rede „Right Makes Might" die Sklaverei, bevor er in der Great Hall des Colleges ins Weiße Haus gewählt wurde.

WEST (GREENWICH) VILLAGE

Dieses geschichtsträchtige und beliebte Viertel war früher Symbol für alles Künstlerische, Ausgefallene und Unkonventionelle. Hier wurde die Schwulenbewegung geboren, und all die Beat-Poeten und bedeutenden Künstler hatten hier ihr Domizil. In diesem Viertel hat man den Eindruck, vom wuseligen Broadway Welten entfernt und vielleicht sogar in Europa zu sein. Die meisten Besucher kennen es als „Greenwich Village", obwohl die Einheimischen diese Bezeichnung nicht verwenden. Die von gepflegten, teuren Gebäuden gesäumten Straßen mit den vielen Cafés und Restaurants sind für einen Spaziergang prädestiniert.

Washington Square Park & Umgebung — PARK

(Karte S. 64) Früher war dieser Park ein Armenfriedhof und blieb deshalb lange Zeit unbebaut. Heute ist die komplett neu gestaltete Anlage ein erstaunlich viel genutzter Park. Vor allem am Wochenende ist hier viel los: Kinder tummeln sich auf dem Spielplatz, Studenten der NYU tanken Sonne, und Freunde treffen sich *under the arch*, dem restaurierten Wahrzeichen am Nordrand des Parks. Der Bogen wurde 1889 von dem Stararchitekten Stanford White entworfen. Die Gegend rund um den Park ist architektonisch und demografisch von der New York University geprägt, die eine der größten Universitäten des Landes ist

East & West Villages

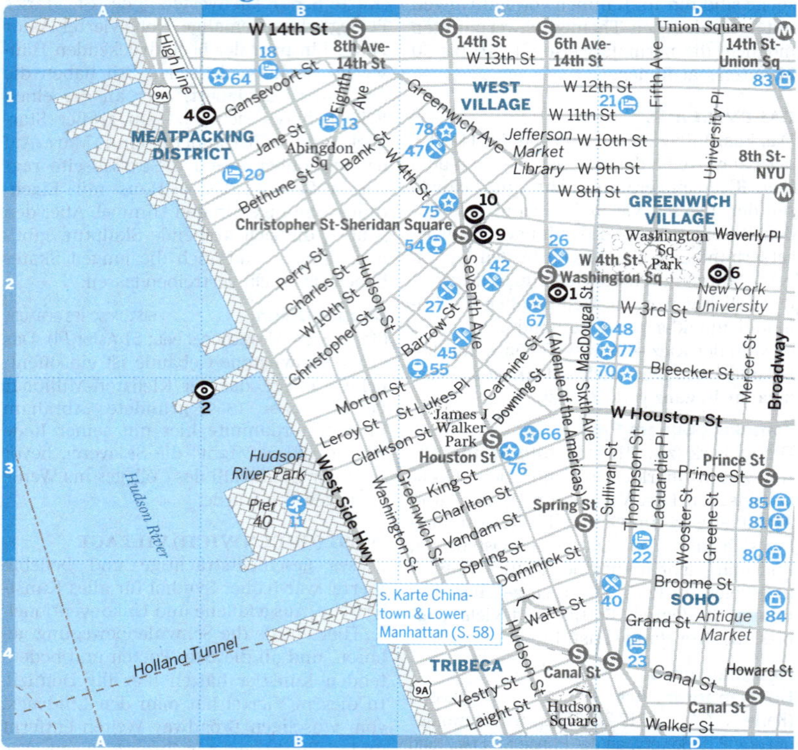

und ein großes Gelände mitten im Village einnimmt. Der zu klein geratene, **Cage** (Ecke Sixth Ave & W 3rd St) genannte Basketballplatz gilt als einer der beliebteren Spielplätze in der Stadt und lockt Schaulustige und Top-Spieler gleichermaßen an. Und je mehr Zuschauer, desto mehr Show und Theater gibt es.

Christopher Street Pier (Pier 45) PLAZA

(Karte S. 58; Christopher St, am Hudson River; ⏲bis 1 Uhr) Die Gestalter des Hudson River Park Project zollten diesem wichtigsten Uferabschnitt besondere Aufmerksamkeit und fügten eine Rasenfläche mit Blumenbeet, ein hölzernes Deck, schattenspendende Unterstände aus Zeltplanen, Bänke und einen prächtigen Springbrunnen aus Stein am Eingang hinzu.

Sheridan Square & Umgebung STADTVIERTEL

Am Westende des Village liegt der Sheridan Square. In dem kleinen dreieckigen Park ehren lebensgroße, von George Segal geschaffene weiße Statuen die Schwulengemeinde und die Gay-Pride-Bewegung, die im nahen, kürzlich renovierten **Stonewall Inn** gegenüber auf der anderen Straßenseite ihren Anfang nahm. Ein Block weiter östlich heißt eine abknickende Straße offiziell Gay St. Obwohl sich die Szene heute in Richtung Chelsea verlagert hat, ist die **Christopher Street** noch immer das Zentrum des schwulen Lebens im Village.

MEATPACKING DISTRICT

Zwischen dem äußersten Teil von West Village und der Südgrenze von Chelsea liegt der jetzt mondän gewordene Meatpacking District, dessen Name so ganz und gar nicht mehr zu dem Viertel passt. Früher gab es hier aber 250 Schlachthäuser – nur acht Metzger sind noch erhalten. Berühmt-berüchtigt war der Distrikt für seine transsexuellen Prostituierten, seine gewagten S&M-Sexclubs und natürlich auch für sein

Rindfleisch. Der weithin beliebte High Line Park hat den Zuwachs von trendigen Weinbars, Lokalen, Nachtclubs, topaktuellen Designerläden, schicken Hotels und teuren Eigentumswohnungen nur noch vorangetrieben.

LP TIPP **High Line** PARK

(Karte S. 58; www.thehighline.org; ⌚7–22 Uhr) Mit der Fertigstellung der High Line, einer 9 m hohen stillgelegten Hochbahntrasse, die in eine langgestreckte Parklandschaft umgewandelt wurde, ist endlich etwas Grün in den Asphalt-Dschungel eingezogen. Der Park reicht von der Gansevoort St bis zur W 34th St; Zugänge gibt's an der Gansevoort, 14th, 16th, 18th, 20th und 30th St (alle außer an der 18th St mit Aufzug). Nur drei Etagen über der Straße bietet der Park mit seinem gut durchdachten und sorgfältig gestalteten Mix aus zeitgenössischen, industriellen und natürlichen Elementen einen Ort der Erholung und Abwechslung. Direkt über der 10th Ave befindet sich ein **Amphitheater** mit einer Glasfassade und tribünenartigen Sitzbänken – etwas zu essen mitbringen und sich unter die Büroangestellten mischen, die hier ihre Mittagspause verbringen. Auf Betonstelzen erhebt sich über der High Line das **Standard Hotel**, eines der derzeit angesagtesten Ziele mit zwei Bars, einem Grill und teuren Hotelzimmern (in deren deckenhohen Fenstern sich manchmal Gäste nur mit einem Handtuch bekleidet – oder auch gar nicht bekleidet – zeigen). Der zweite, im Sommer 2011 eröffnete Abschnitt der High Line erstreckt sich über 800 m von der 20th St bis zur 30th St am Nordende der Hochbahntrasse, nicht weit entfernt von der Penn Station. Das **Whitney Museum of American Art** (das lange in der Upper East Side seinen Sitz hatte) hat mit der Errichtung seines neuen Domizils in der Gansevoort St im Meatpacking District begonnen, das 2015 eröffnet werden soll.

East & West Villages

Highlights

Lower East Side Tenement Museum....F3
New Museum of Contemporary Art......E3

Sehenswertes

1 Cage....C2
2 Christopher Street Pier....B3
3 Cooper Union....E2
4 High Line Southern Terminus....B1
5 Museum of Chinese in America....E4
6 New York University....D2
7 Old St Patrick's Cathedral....E3
8 Ravenite Social Club....E3
9 Sheridan Square....C2
10 Stonewall Inn....C2

Aktivitäten, Kurse & Touren

11 Downtown Boathouse....B3
12 Russian & Turkish Baths....F1

Schlafen

13 Abingdon Guest House....B1
14 Bowery Hotel....E2
15 East Village Bed & Coffee....G2
16 Gem Hotel....E3
17 Hotel Azure....E4
18 Hotel Gansevoort....B1
19 Hotel on Rivington....F3
20 Jane Hotel....B1
21 Larchmont Hotel....D1
22 Sixty Thompson....D3
23 Soho Grand Hotel....D4
24 SoLita SoHo....E4

Essen

25 Bánh Mì Saigon Bakery....E4
26 Blue Hill....C2
27 Buvette....C2
28 Counter....F2
29 Donut Plant....F4
30 Economy Candy....F3
31 Egg Custard King....F4
32 Fat Radish....F4
33 Focolare....E4
34 Fonda Nolita....E3
35 Il Bagatto....F2
36 Katz's Delicatessen....F3
37 Kuma Inn....F3
38 La Esquina Taqueria....E4
39 Momofuku Noodle Bar....F1
40 Mooncake Foods....D4
41 Peasant....E3
42 Perilla....C2
43 Ruby's....E3
44 Russ & Daughters....F3
45 Snack Taverna....C2
46 Souvlaki GR....F3
Spitzer's Corner....(siehe 19)
47 Taïm....C1
48 Thelewala....D2
49 Torrisi Italian Specialties....E3
50 Vanessa's Dumpling House....F4
51 Veselka....E1
52 Xi'an Famous Foods....F1

Ausgehen

53 Decibel....E1
54 Fat Cat....C2
55 Henrietta Hudson....C2
56 KGB Bar....E2
57 Mayahuel....E2
58 McSorley's Old Ale House....E2
59 Mulberry Project....E4
60 Schiller's Liquor Bar....F3
61 Welcome to the Johnsons....F3

Unterhaltung

62 Anthology Film Archives....E2
63 Beauty & Essex....F3
64 Cielo....B1
65 Delancey Lounge....G3
66 Film Forum....C3
67 IFC Center....C2
68 Joe's Pub....E2
69 Landmark Sunshine Cinema....F3
70 Le Poisson Rouge....D2
71 Mercury Lounge....F3
72 New York Theater Workshop....E2
73 Ontological Theater....E1
74 PS 122....F1
Public Theater....(siehe 68)
75 Smalls....C2
76 SOBs....C3
77 Sullivan Room....D2
Village Lantern....(siehe 77)
78 Village Vanguard....C1
79 Webster Hall....E1

Shoppen

80 Bloomingdale's SoHo....D3
81 Eastern Mountain Sports....D3
82 McNally Jackson Books....E3
83 Strand Bookstore....D1
84 Topshop....D4
85 Uniqlo....D3

CHELSEA

Chelsea hat zwei Hauptattraktionen: erstens tolle schwule Männer, die zärtlich „Chelsea Boys" genannt werden und durch die Eighth Ave zwischen Fitnesscentern und trendigen Happy-Hour-Bars hin- und herschlendern. Und zweitens trifft sich hier die Kunstszene in den Kunstgalerien. Zurzeit gibt's in dieser Gegend fast 200 Locations, die moderne Kunst ausstellen und sich vor allem westlich der Tenth Ave konzentrieren. Wer eine bestimmte Galerie sucht, sollte unter www.westchelseaarts.com nachschauen.

Rubin Museum of Art MUSEUM
(Karte S. 70; ☎212-620-5000; www.rmanyc.org; 150 W 17th St an der Seventh Ave; Erw./Kind 10 US$/frei; ⏲Mo & Do 11–17, Mi bis 19, Fr bis 22, Sa & So bis 18 Uhr) Das Museum widmet sich der Kunst im Himalaja und den umliegenden Regionen. Die eindrucksvolle Sammlung zeigt Exponate vom 2. bis 19. Jh., u.a. Brokatstoffe aus China, Metallskulpturen aus Tibet, kunstvolle Malereien aus Bhutan sowie Ritualobjekte und Tanzmasken aus verschiedenen Regionen Tibets.

Chelsea Piers GESUNDHEIT & FITNESS
(Karte S. 70; ☎212-336-6666; www.chelseapiers.com; W 23rd St, am Hudson River) In dem am Ufer gelegenen Sportzentrum kann sich jeder sportlich betätigen. Es gibt z.B. eine vierstöckige Driving Range, eine Eislaufhalle, großartige Bowlingbahnen, die Hoop City für Basketballer, eine Segelschule für Kids, Baseball-Übungskäfige, ein riesiges Fitnessstudio und eine Halle mit Kletterwänden.

FLATIRON DISTRICT

An der Kreuzung von Broadway, Fifth Ave und 23rd St steht das berühmte (und absolut großartige) **Flatiron Building** von 1902. Die unverkennbare dreieckige Form des Gebäudes ist dem Zuschnitt des Grundstücks geschuldet. Das „Bügeleisen" war New Yorks erstes Hochhaus mit Stahlrahmenkonstruktion und bis 1909 das höchste Gebäude der Welt. Rundherum liegt ein schickes Viertel mit vielen Boutiquen, Lofts und einem ständig wachsenden Hightech-Korridor, der sich als New Yorks Antwort auf das Silicon Valley bis ins benachbarte Chelsea erstreckt. Der ruhige **Madison Square Park** zwischen der 23rd und 26th St sowie der Fifth und Madison Ave bietet einen Hundeauslaufplatz, Wechselausstellungen von Skulpturen, schattige Parkbänke und einen beliebten Burger-Imbiss. Ein paar Blocks östlich findet man das **Museum of Sex** (Karte S. 70; ☎212-689-6337; www.museumofsex.com; 233 Fifth Ave, an der W 27th St; Eintritt 18 US$; ⏲So–Do 10–20, Fr & Sa bis 21 Uhr), eine etwas intellektualisierte Hommage an den Geschlechtsverkehr. Wer hier rein will, muss mindestens 18 Jahre alt sein.

UNION SQUARE

Der Union Square, ein echter Stadtplatz, allerdings mit Grünfläche in der Mitte, brodelt nur so vor Aktivität. Hier treffen alle möglichen New Yorker aufeinander, spielen Footbag und beäugen sich gegenseitig. Nach einer umfangreichen Renovierung gibt's hier auch einen Vorzeige-Spielplatz und öffentliche Toiletten am nördlichen Rand des Platzes. An den Stufen am Südende finden oft Antikriegs- und sonstige liberal ausgerichtete Demonstrationen statt.

Greenmarket Farmers Market MARKT
(Karte S. 70; ☎212-788-7476; www.grownyc.org; 17th St, zw. Broadway & Park Ave S; ⏲Mo, Mi, Fr & Sa 8–18 Uhr) An den meisten Tagen findet am Nordende des Union Square der beliebteste von annähernd 50 Obst- und Gemüsemärkten in den fünf Stadtbezirken New Yorks statt. Sogar Starköche kommen hierher, um frisch gepflückte Raritäten wie essbare Farne, alte Tomaten-Kultursorten und frische Curryblätter einzukaufen.

GRAMERCY PARK

Dieses Gebiet erstreckt sich über ca. 20 Blocks östlich der Madison Ave. Es wurde nach einem von New Yorks schönsten Parks benannt – aber nur die Anwohner dürfen da rein, denn man braucht einen Schlüssel! Wer am Park vorbeikommt, kann einen Blick durch die Tore werfen und einen Eindruck davon bekommen, was man verpasst.

Theodore Roosevelt's Birthplace HISTORISCHE STÄTTE
(Karte S. 70; ☎212-668-2251; www.nps.gov/thrb; 28 E 20th St zw. Park Ave & Broadway; Eintritt 3 US$; ⏲Di–Sa 9–17 Uhr) Eine National Historic Site. Aber das Gebäude ist nur ein Nachbau – das Geburtshaus des 26. Präsidenten wurde bereits zu dessen Lebzeiten abgerissen.

MIDTOWN

So stellt man sich NYC vor – glitzernde Wolkenkratzer, Unmengen von geschäftig wirkenden Angestellten, Schaufenster in der Fifth Ave, unzählige Taxis und einige der berühmtesten Sehenswürdigkeiten

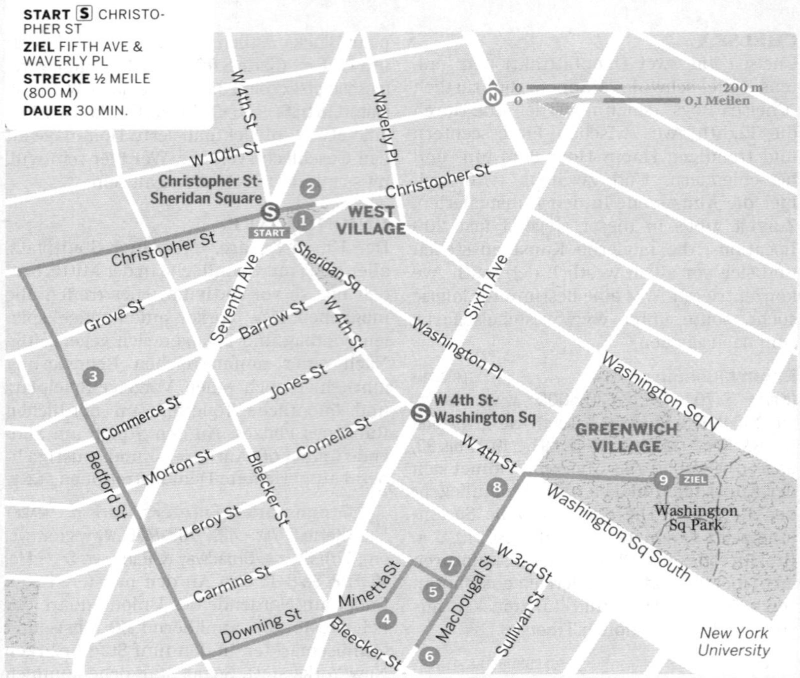

Stadtspaziergang

Das rebellische Village

Manhattans quirligste Straßen findet man in Greenwich Village, das früher eine Brutstätte für Aufsteiger, Radikale, Dichter, Folk-Sänger, Feministinnen und freiheitssuchende Schwule und Lesben war. Zunächst fährt man mit der Subway zur Christopher St und schaut sich im 1 **Christopher Park** um, in dem zwei weiße Statuen gleichgeschlechtlicher Pärchen (Gay Liberation, 1992) stehen. An der Nordseite steht das legendäre 2 **Stonewall Inn**. Dort setzte sich 1969 eine Gruppe aufgebrachter Drag-Queens für ihre Bürgerrechte ein und löste damit den Beginn der Schwulenrevolution aus. Man überquert die Seventh Ave South und läuft westwärts entlang der Christopher St. Nun geht's links in die Bedford St. Dort kann man im 3 **Chumley's** vorbeischauen, einer Flüsterkneipe, die von einem Sozialisten illegal während der Prohibition betrieben wurde. Die Bedford St ein paar Blocks weitergehen, an der Downing St links einbiegen und die Sixth Ave überqueren. Östlich an der Minetta St ist das Panchito's Mexican Restaurant, das kürzlich das verblasste Ladenschild des früher hier untergebrachten 4 **Fat Black Pussycat** übermalen ließ. 1962 hieß der Laden noch The Commons; der junge Bob Dylan schrieb hier „Blowin' in the Wind" und trat erstmals mit dem Lied auf. Nun geht's rechts in die Minetta Lane und wieder rechts zur MacDougal St, wo sich die 5 **Minetta Tavern** befindet, die 1922 als illegale Flüsterkneipe eröffnet wurde. Im selben Block war früher auch das 6 **Folklore Center** untergebracht, mit dem Izzy Young einen Treff für junge Folk-Künstler etablierte. Zu ihnen gehörte auch Bob Dylan, der erstmal im 7 **Cafe Wha?** vor Publikum auftrat. Es geht wieder über die MacDougal St zurück. Dort, wo heute das Research Fellows & Scholars Office der NYU School of Law ist, befand sich früher der 1913 gegründete 8 **Liberal Club**, ein Treffpunkt für Freidenker wie Jack London und Upton Sinclair. Geht man noch etwas weiter, kommt man zum Südwesteingang des 9 **Washington Square Park**, der auf eine lange Geschichte als Magnet für Radikale zurückblickt. Zum passenden Abschluss verlässt man den Park durch den berühmten Bogen und läuft die Fifth Ave hinauf.

der Stadt. Vor langer Zeit, als hier das gedruckte Wort zählte und Zeitungen und Illustrierte die kulturelle Währung des Tages darstellten, war Midtown auch der Literaturdistrikt New Yorks. Die wichtigsten Macher trafen sich im Algonquin Hotel. Und auch heute noch sind große Medienunternehmen wie die *New York Times* hier ansässig.

Museum of Modern Art MUSEUM

(MoMA; Karte S. 70; ☎212-708-9400; www.moma.org; 11 W 53rd St, zw. Fifth & Sixth Ave; Erw./Kind 20 US$/frei, Fr 16–20 Uhr frei; ⏲10.30–17.30, Fr bis 20 Uhr, Di geschl.) Das 75 Jahre alte Museum ist ein wahres Kunstuniversum mit mehr als 100 000 Ausstellungsstücken und einer der bedeutendsten Kunstsammlungen der Welt. Durch das umstrittene Renovierungsprojekt des Architekten Yoshio Taniguchi konnte die Ausstellungsfläche auf 58 500 m² verdoppelt werden und erstreckt sich nun über sechs Stockwerke. Die meisten der großen Publikumsmagnete – Matisse, Picasso, Cézanne, Rothko, Pollock usw. – findet man im zentralen fünfstöckigen Atrium. Auf lange Schlangen am Eingang und dichtes Gedränge vor den Werken einstellen.

Times Square & Theater District STADTVIERTEL

(Karte S. 70) Es gibt nur wenig auf der Welt, das mit der glitzernden Kugel mithalten kann, die sich in der Silvesternacht über dem Times Square heruntersenkt. Vor 100 Jahren fand das Schauspiel zum ersten Mal statt. Das Gebiet mitten in Midtown Manhattan rund um die Kreuzung von Broadway und Seventh Ave mit den knallbunten Reklamewänden und glitzernden Anzeigetafeln ist in den Köpfen von Nicht-New-Yorkern so sehr mit New York City verflochten, dass es völlig egal ist, wie stark dieser Platz „disneyfiziert" wurde – er ist und bleibt der Inbegriff New Yorks. Die „Crossroads of the World", an der nichts mehr an die Zwielichtigkeit der Striptease-Lokale, die Prostituierten und Taschendiebe der 1970er-Jahre erinnert, ziehen jährlich 35 Mio. Besucher an. Große Filialen von Ketten wie American Eagle und Erlebnisläden wie Hershey locken Kundschaft an. Auch Multiplexkinos mit Riesenleinwänden und Stadionsitzen finden enormen Anklang. Um die Gegend fußgängerfreundlicher zu gestalten und die ewigen Verkehrsstaus zu mildern, wurde der Broadway zwischen der 47th und der 42nd St zur autofreien Zone erklärt.

Der Times Square ist ebenso berühmt wie New Yorks offizieller **Theater District** mit Dutzenden von Broadway- und Off-Broadway-Theatern, die sich alle auf ein Gebiet konzentrieren, das sich von der 41st bis zur 54th St zwischen der Sixth und Ninth Ave erstreckt. Und mittendrin in der berühmten Kreuzung befindet sich der Times-Square-Ableger der **New York City & Company** (☎212-763-1560; www.timessquarenyc.org; 1560 Broadway zw. 46th & 47th St; ⏲Mo–Fr 9–19, So 8–20 Uhr) im wunderschön restaurierten Embassy Theater. Früher erstreckte sich der Broadway bis zum State Capitol in Albany.

Rockefeller Center HISTORISCHES GEBÄUDE, GEFÜHRTE TOUR

(Karte S. 70) Auf dem Höhepunkt der Weltwirtschaftskrise in den 1930er-Jahren hielt der Bau des 89 000 m² großen Rockefeller Center mit seinem Wahrzeichen, dem Art-déco-Wolkenkratzer, 70 000 Arbeiter neun Jahre lang in Lohn und Brot. Es war das erste Bauprojekt, das Einzelhandel, Unterhaltung und Büros unter einem Dach – der sogenannten „Stadt innerhalb einer Stadt" – vereinen sollte. Der Panoramablick von der dreistöckigen Aussichtsplattform **Top of the Rock** (☎212-698-2000; www.topoftherocknyc.com; Haupteingang 50th St, zw. Fifth & Sixth Ave; Erw./Kind 22/15 US$; ⏲8–24 Uhr) ist einfach umwerfend und deshalb ein absolutes Muss. An klaren Tagen hat man einen Blick über den Fluss bis nach New Jersey. Im 67. und 69. Stock gibt's Außenterrassen. Im Winter ist die Eisbahn im Außenbereich des Erdgeschosses rappelvoll, und auch der riesige Weihnachtsbaum dort zieht Unmengen Schaulustige an. In dem Gebäudekomplex befindet sich auch die 6000 Sitzplätze bietende **Radio City Music Hall** (☎212-247-4777; www.radiocity.com; 1260 Sixth Ave; Führung Erw./Kind 22,50/16 US$; ⏲Führungen Mo–So 11–15 Uhr) von 1932. Wer einen Blick in den unter Denkmalschutz stehenden ehemaligen Filmpalast werfen will, der in all seiner Art-déco-Pracht wundervoll restauriert wurde, kann an einer der Führungen teilnehmen, die jede halbe Stunde in der Lobby beginnen. Fans der NBC-Fernsehserie *30 Rock* werden das 70-stöckige GE Building als Network-Zentrale wiedererkennen. Führungen durch die **NBC Studios** (☎212-664-3700; www.nbcstudiotour.com; 30 Rockefeller Plaza; Erw./Kind 20/17 US$; ⏲Mo–Sa 8.30–17.30, Fr & Sa bis 18.30, So 9.15–16.30 Uhr) beginnen alle 15 Minuten in der Lobby des GE Building. Achtung: Kindern unter sechs

Times Square, Midtown Manhattan & Chelsea

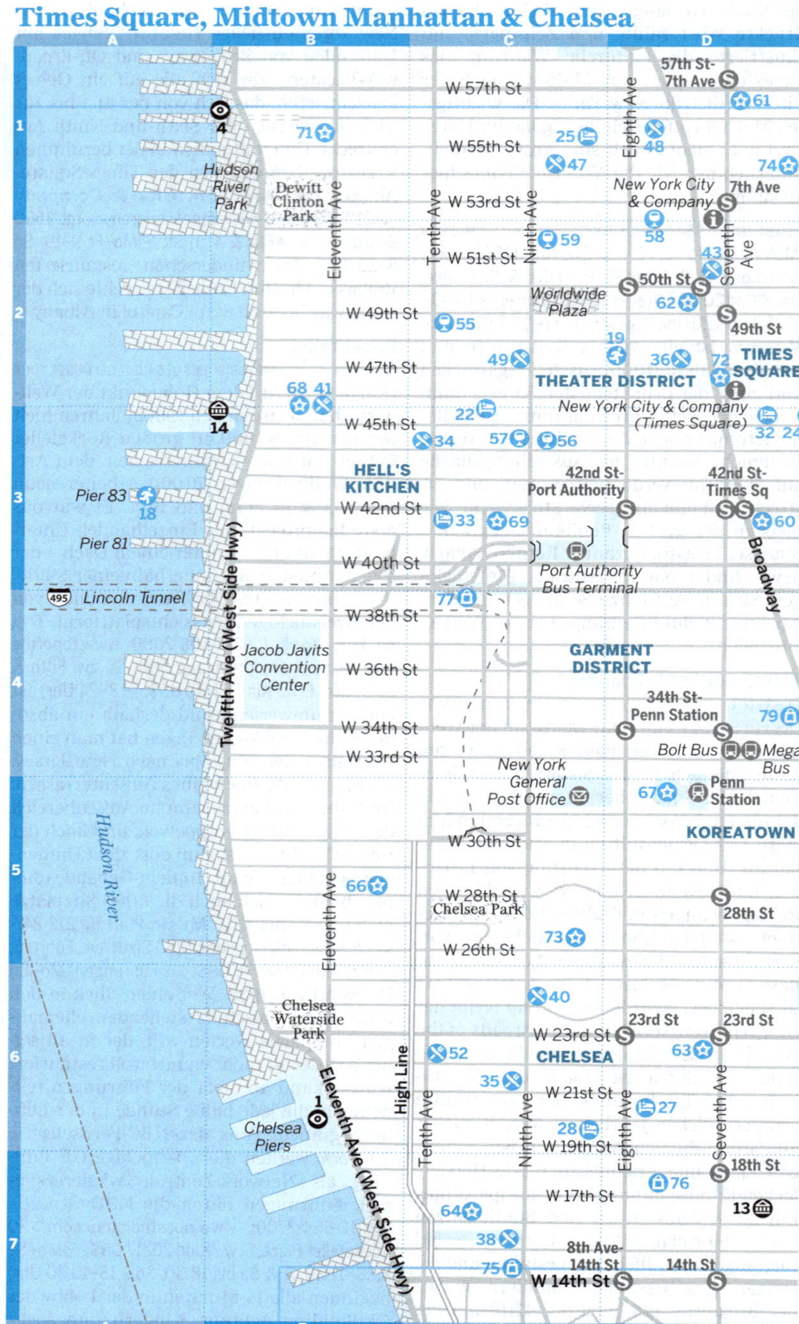

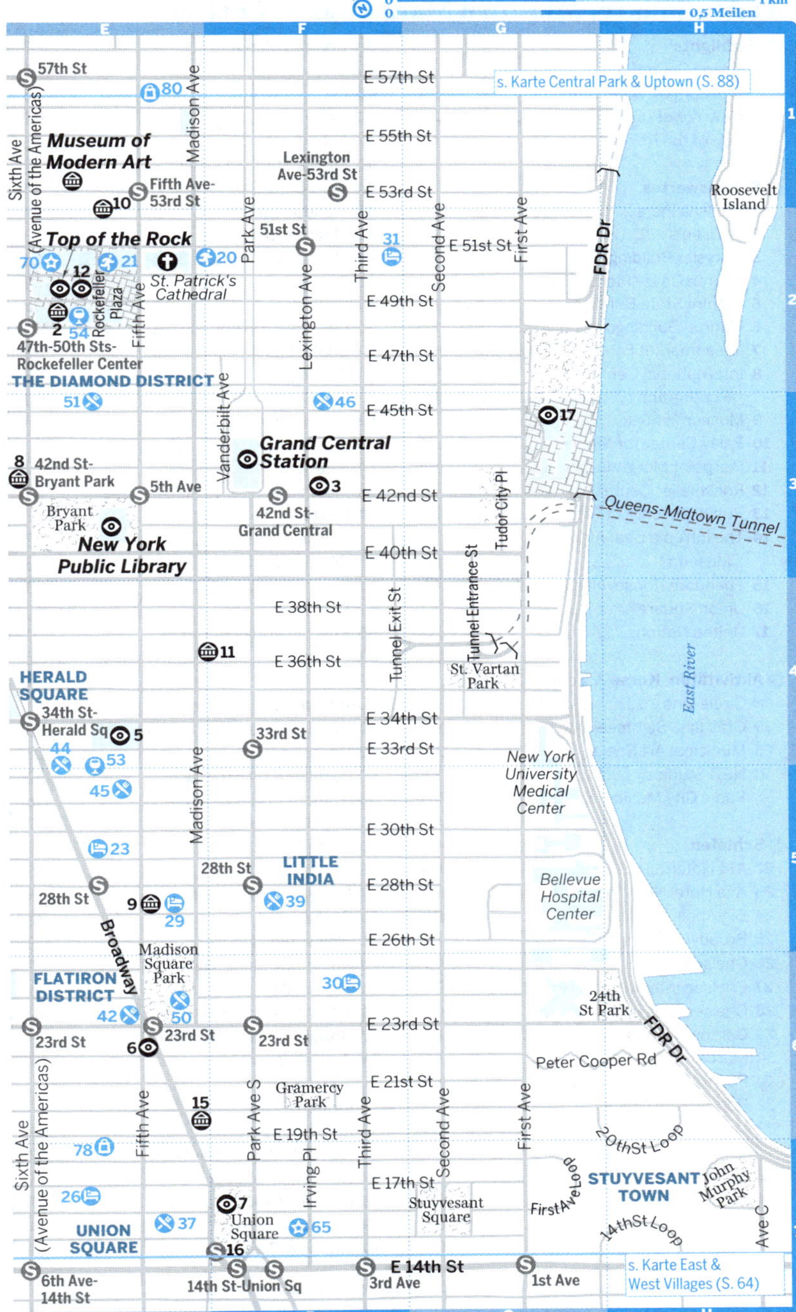
0 1 km
0 0,5 Meilen
s. Karte Central Park & Uptown (S. 88)
57th St
E 57th St
80
Madison Ave
Sixth Ave (Avenue of the Americas)
Museum of Modern Art
E 55th St
Lexington Ave-53rd St
E 53rd St
Fifth Ave-53rd St
10
Roosevelt Island
Top of the Rock
51st St
Park Ave
Third Ave
31
Second Ave
E 51st St
First Ave
FDR Dr
70
12
21
20
St. Patrick's Cathedral
Rockefeller Plaza
Fifth Ave
Lexington Ave
E 49th St
2
54
47th-50th Sts-Rockefeller Center
E 47th St
THE DIAMOND DISTRICT
Vanderbilt Ave
51
46
E 45th St
17
Grand Central Station
8
42nd St-Bryant Park
5th Ave
3
E 42nd St
Queens-Midtown Tunnel
Bryant Park
42nd St-Grand Central
New York Public Library
E 40th St
Tudor City Pl
E 38th St
Tunnel Exit St
Tunnel Entrance St
11
E 36th St
St. Vartan Park
HERALD SQUARE
34th St-Herald Sq
5
E 34th St
33rd St
E 33rd St
44
53
45
New York University Medical Center
East River
E 30th St
23
28th St
LITTLE INDIA
28th St
9
29
39
E 28th St
Bellevue Hospital Center
Broadway
Madison Square Park
E 26th St
FLATIRON DISTRICT
30
24th St Park
42
50
E 23rd St
FDR Dr
23rd St
6
23rd St
23rd St
Peter Cooper Rd
E 21st St
Gramercy Park
15
Park Ave S
E 19th St
20thSt Loop
78
Irving Pl
E 17th St
FirstAveLoop
STUYVESANT TOWN
John Murphy Park
26
7
Stuyvesant Square
37
Union Square
65
UNION SQUARE
14thSt Loop
Ave C
16
E 14th St
6th Ave-14th St
14th St-Union Sq
3rd Ave
1st Ave
s. Karte East & West Villages (S. 64)
E F G H
1 2 3 4 5 6 7

Times Square, Midtown Manhattan & Chelsea

Highlights
Grand Central Station ... F3
Museum of Modern Art ... E1
New York Public Library ... E3
Top of the Rock ... E2

Sehenswertes
1 Chelsea Piers ... B6
2 Christie's ... E2
3 Chrysler Building ... F3
4 Clinton Cove (Pier 96) ... B1
5 Empire State Building ... E4
6 Flatiron Building ... E6
7 Greenmarket Farmers Market ... F7
8 International Center of Photography ... E3
9 Museum of Sex ... E5
10 Paley Center for Media ... E1
11 Pierpoint Morgan Library ... F4
12 Rockefeller Center ... E2
13 Rubin Museum of Art ... D7
14 The Intrepid Sea, Air & Space Museum ... B3
15 Theodore Roosevelt's Birthplace ... E6
16 Union Square ... F7
17 United Nations ... G3

Aktivitäten, Kurse & Touren
18 Circle Line ... A3
19 Gray Line Sightseeing ... D2
20 Municipal Art Society ... F2
21 NBC Studios ... E2
Radio City Music Hall ... (siehe 70)

Schlafen
22 414 Hotel ... C3
23 Ace Hotel New York City ... E5
24 Big Apple Hostel ... D3
25 Broadway Rooms ... C1
26 Chelsea Inn ... E7
27 Chelsea International Hostel ... D6
28 Chelsea Lodge ... C6
29 Gershwin Hotel ... E5
30 Marcel ... F6
31 Pod Hotel ... F2
32 Room-Mate Grace ... D3
33 Yotel ... C3

Essen
34 44 & X ... C3
35 Blossom ... C6
36 Café Edison ... D2
37 Chat N' Chew ... E7
38 Chelsea Market ... C7
39 Chennai Garden ... F5
40 Co. ... C6
41 Daisy May's BBQ ... B2
42 Eataly ... E6
43 Ellen's Stardust Diner ... D2
44 Kum Gang San ... E4
45 Mandoo Bar ... E5
46 Mechango Tei ... F3
47 Mooncake Foods ... C1
48 Patsy's ... D1
49 Pietrasanta ... C2
Poseidon Bakery ... (siehe 57)
50 Shake Shack ... E6
51 Sophie's ... E3
The Breslin ... (siehe 23)
52 The Highliner ... C6

Ausgehen
53 Mé Bar ... E4
54 Morrell Wine Bar & Café ... E2
55 On the Rocks ... C2
56 Réunion Surf Bar ... C3
57 Rudy's Bar & Grill ... C3
Rum House ... (siehe 36)
58 Russian Vodka Room ... D1
59 Therapy ... C2

Unterhaltung
60 BB King Blues Club & Grill ... D3
61 Carnegie Hall ... D1
62 Caroline's on Broadway ... D2
63 Gotham Comedy Club ... D6
64 Highline Ballroom ... C7
65 Irving Plaza ... F7
66 M2 Ultra Lounge ... B5
67 Madison Square Garden ... D5
68 Pacha ... B2
69 Playwrights Horizons ... C3
70 Radio City Music Hall ... E2
71 Terminal 5 ... B1
72 TKTS Ticket Booth ... D2
73 Upright Citizens Brigade Theatre ... C5
74 Ziegfeld Theater ... D1

Shoppen
75 Apple Store ... C7
76 Barney's Co-op (Downtown) ... D7
77 Hell's Kitchen Flea Market ... C4
78 Idlewild Books ... E7
79 Macy's ... D4
80 Tiffany & Co ... E1

Jahren ist die Teilnahme untersagt. In dem gläsernen Studio im Erdgeschoss in der Nähe des Springbrunnens geht jeden Tag zwischen 7 und 11 Uhr live die *Today Show* auf Sendung.

GRATIS **New York Public Library** BIBLIOTHEK, MUSEUM

(Karte S. 70; ☎212-340-0833; www.nypl.org; Fifth Ave an der 42nd St; ⊙Di–Sa 10–18 Uhr)Die tolle Treppe, die zur **New York Public Library** führt, wird von zwei riesigen Marmorlöwen flankiert. Der ehemalige Bürgermeister Fiorello LaGuardia gab ihnen die Spitznamen „Patience" (Ausdauer) und „Fortitude" (Stärke). Das stattliche Gebäude im Beaux-Arts-Stil steht nicht nur für die Wichtigkeit von Lernen und Kultur in der Stadt, sondern auch für den Reichtum der Wohltäter, die die Errichtung des Gebäudes ermöglichten. Der traumhafte Lesesaal im 2. Stock mit viel Sonnenlicht hat eine großartige Decke. Er ist vollgestellt mit langen Holztischen, an denen Studenten, Schriftsteller und andere an ihren Laptops arbeiten. Hier kann man in Galerien Manuskripte und faszinierende zeitgenössische Exponate bewundern. Direkt hinter der Bibliothek befindet sich der wunderschön gepflegte **Bryant Park**, eine schöne Grünfläche mit Tischen und Stühlen. Im Sommer gibt's hier sogar eine Leihbücherei, Schachbretter und Tischtennisplatten (und kostenloses WLAN), im Winter kann man Schlittschuhlaufen.

Empire State Building HISTORISCHES GEBÄUDE

(Karte S. 70; ☎212-736-3100; www.esbnyc.org; 350 Fifth Ave, an der E 34th St; Erw./Kind 20/15 US$; ⊙8–2 Uhr) Als einer der berühmtesten Vertreter der New Yorker Skyline katapultierte sich das Empire State Building auch in Hollywood zum Star – etwa als Treffpunkt für Cary Grant und Deborah Kerr in *Die große Liebe meines Lebens* oder als vertikales Verhängnis für King Kong. Der Klassiker aus Kalkstein wurde in nur 410 Tagen bzw. 7 Mio. Arbeitsstunden auf dem Höhepunkt der Weltwirtschaftskrise für 41 Mio. US$ aus dem Boden gestampft. Nachdem am ehemaligen Standort des Waldorf-Astoria 10 Mio. Ziegelsteine vermauert, 6400 Fenster eingebaut und rund 30 500 m² Marmor verlegt waren, konnte 1931 das 102-stöckige, bis zur Antennenspitze 448 m hohe Empire State Building eröffnet werden. Mit dem Fahrstuhl kann man zu den Aussichtsplattformen im 86. und 102. Stock fahren (die Fahrt in den 102. Stock kostet 17 US$ zusätzl.). Es herrscht aber großer Andrang, weshalb man am besten sehr früh oder sehr spät herkommt, um die Aussicht optimal genießen zu können. Tickets im Voraus oder online kaufen oder sich den teureren „Express Pass" besorgen.

Grand Central Station HISTORISCHES GEBÄUDE

(Karte S. 70; www.grandcentralterminal.com; 42nd St, an der Fifth Ave) Die 1913 von der New York Central & Hudson River Railroad als prestigeträchtiger Bahnhof erbaute Grand Central Station ist schon lange nicht mehr der romantische Ausgangspunkt für eine Reise kreuz und quer durchs Land. Heute enden und starten hier nur noch die Metro-North-Pendlerzüge zu den Vororten im Norden und nach Connecticut. Aber auch wenn man nicht in einen Zug steigen will, lohnt sich ein Blick in die großartige gewölbte Haupthalle. Die restaurierte Decke zeigt den Sternenhimmel seitenverkehrt, also aus der Sicht Gottes. Es gibt hier einen ausgezeichneten Lebensmittelmarkt, und das Untergeschoss beherbergt ein paar hervorragende Lokale. Auf der Empore befindet sich die gemütliche, an die 1920er-Jahre erinnernde Bar **Campbell Apartment**.

Fifth Avenue & Umgebung STADTVIERTEL

Die Fifth Ave, die in zahlreichen Filmen und Songs verewigt ist, entwickelte ihr exklusives Image bereits Anfang des 20. Jhs. Damals war sie wegen ihrer „Landluft" und den Freiflächen begehrt. Die ehemalige **Millionaire's Row** mit einer Reihe von Herrenhäusern erstreckte sich bis zur 130th St. Die meisten Erben der Millionärsvillen in der Fifth Ave oberhalb der 59th St haben ihre Häuser inzwischen verkauft. Wenn sie nicht abgerissen wurden, sind sie in Kultureinrichtungen umgewandelt worden und bilden die heutige Museumsmeile.

Im Midtown-Abschnitt der Fifth Ave reihen sich Nobelgeschäfte und Luxushotels aneinander, u. a. auch der Trump Tower (725 Fifth Ave an der 56th St) und das Plaza (Ecke Fifth Ave und Central Park South). Viele exklusive Geschäfte sind inzwischen in die Madison Ave umgezogen – zurückgeblieben sind Filialen von Gap und H&M. Aber es herrschen auch noch einige Superstars der Branche über die Fifth Ave oberhalb der 50th St, z. B. Tiffany & Co.

Pierpont Morgan Library MUSEUM

(Karte S. 70; ☎212-685-0008; www.morganlibrary.org; 29 E 36th St an der Madison Ave; Erw./Kind 15/10 US$; ⊙Di–Do 10.30–17, Fr bis 21, Sa

& So 10–18 Uhr) Die wunderschön renovierte Bibliothek ist Teil des mit 45 Zimmern bestückten Herrenhauses, das einst dem Stahlmagnaten J.P. Morgan gehörte. Seine Sammlung umfasst eine phänomenale Vielfalt an Manuskripten, Wandteppichen und Büchern, ein Herrenzimmer mit Kunstwerken der italienischen Renaissance, eine Marmorrotunde und die dreistöckige Hauptbibliothek im East Room.

United Nations Headquarters GEFÜHRTE TOUR

(Karte S. 70; ☎212-963-8687; www.un.org/tours; First Ave, zw. 42nd & 48th St; Führung Erw./Kind 16/9 US$; ⊙Führungen 9.45–16.45 Uhr) Das UN-Gebäude mit Blick auf den East River befindet sich genau genommen auf internationalem Territorium. Bei der 45-minütigen Führung durch das Gebäude bekommt man die General Assembly, wo im Herbst die alljährliche Vollversammlung der Mitgliedsstaaten stattfindet, die Security Council Chamber (je nach Sitzungsplan) und die Economic & Social Council Chamber zu Gesicht. Im Park südlich des Gebäudekomplexes stehen mehrere Skulpturen zum Thema Frieden. Englischsprachige Führungen gibt es häufig, aber auch in anderen Sprachen werden Führungen angeboten.

Paley Center for Media MUSEUM

(Karte S. 70; ☎212-621-6800; www.paleycenter.org; 25 W 52nd St; Erw./Kind 10/5 US$, Kino 6 US$; ⊙Fr–Mi 12–18, Do bis 20 Uhr) Fernsehsüchtige, die ihre Kindheit vor der Glotze verbracht haben und mit Nachdruck eine Wiederholung der TV-Serie *Happy Days* mit Fonzi fordern, sind hier an der richtigen Adresse, denn dieses „Museum" ist das richtige für sie. Hier kann man an einem der Bibliothekscomputer den Katalog mit mehr als 100 000 amerikanischen TV- und Radiosendungen sowie Werbespots durchforsten und per Mausklick das Gewünschte abrufen. In dem gemütlichen Kino laufen einige tolle Specials über die Geschichte des Rundfunks, und es gibt häufig Events und Sondervorführungen.

Intrepid Sea, Air & Space Museum MUSEUM

(Karte S. 70; ☎212-245-0072; www.intrepidmuseum.org; Pier 86, Twelfth Ave an der 46th St; Erw./Kind 24/12 US$; ⊙10–17, Sa & So bis 18 Uhr) Die USS Intrepid ist ein riesiger Flugzeugträger, der im Zweiten Weltkrieg eine Bombe und Kamikaze-Angriffe überstanden hat und in ein Militärmuseum mit Hightech-Ausstellungen sowie Kampfflugzeugen und Hubschraubern auf dem Flugdeck umgewandelt wurde. Am Pier findet man auch das Raketen-U-Boot *Growler*, eine ausgesonderte Concorde und seit 2012 das Space Shuttle *Enterprise*.

International Center of Photography MUSEUM

(Karte S. 70; ☎212-857-0000; www.icp.org; 1133 Sixth Ave, an der 43rd St; Erw./Kind 12 US$/frei; ⊙Di–So 10–18, Fr bis 20 Uhr) Das Museum ist der wichtigste Ausstellungsort für New Yorks bekannte Fotografen, vor allem Fotojournalisten. In der Vergangenheit gab es Ausstellungen mit Arbeiten von Henri Cartier-Bresson, Matthew Brady, Robert Capa u. a.

Herald Square & Umgebung STADTVIERTEL

Hier, wo sich der Broadway, die Sixth Ave und die 34th St zu einem belebten Platz vereinen, ist die Heimat von **Macy's**. Die einzelnen Etagen, in denen es von Einrichtungsgegenständen bis hin zu Dessous fast alles gibt, sind über einige Original-Holzrolltreppen zu erreichen. Seinen Namen verdankt der geschäftige Platz der schon lange nicht mehr existierenden Zeitung *Herald*. In dem kleinen Park mit viel Grün, der erst kürzlich aufpoliert wurde, herrscht tagsüber ein wahres Menschengewusel. Dagegen gibt es in dem Einkaufszentrum südlich von Macy's in der Sixth Ave nur langweilige Filialen großer Ketten. Um den ewigen Verkehrsstaus in dieser Gegend entgegenzuwirken, wurde der Broadway von der 33rd bis zur 35th St für den Verkehr gesperrt und ist jetzt Fußgängerzone.

Westlich vom Herald Sq haben sich im **Garment District** die meisten New Yorker Modedesigner angesiedelt. Viel Kleidung wird hier aber nicht mehr hergestellt, es ist vielmehr ein Ort für all diejenigen, die gern in einer traumhaften Auswahl von Stoffen, Knöpfen, Pailletten, Spitzen und Reißverschlüssen wühlen.

Von der 31st St bis zur 36th St zwischen Broadway und Fifth Ave liegt **Koreatown**, ein sehr interessantes und lebendiges Viertel, in dem sich gute Restaurants und authentische Karaoke-Läden ansiedeln.

Hell's Kitchen (Clinton) STADTVIERTEL

Lange war der äußerste Westen von Midtown – ein Arbeiterbezirk mit Miets- und Lagerhäusern – unter dem Namen Hell's Kitchen bekannt. Vermutlich hat ein Polizist diese Worte während der Aufstände im

Viertel im Jahre 1881 vor sich hingemurmelt. Der wirtschaftliche Aufschwung in den 1990er-Jahren veränderte den Charakter der Gegend stark, und Investoren wollten den sauberen Namen Clinton durchsetzen, ein Spitzname aus den 1950er-Jahren. Die Bewohner verwenden heute beide. Auf der Ninth und Tenth Ave zwischen der 37th und 55th St sind neue Restaurants wie Pilze aus dem Boden geschossen. Hier kann man sich prima vor oder nach einem Theaterbesuch stärken. Antiquitätenfans sollten den **Hell's Kitchen Flea Market** (Karte S. 70; ☎212-243-5343; www.hellskitchenfleamarket.com; W 39th St zw. Ninth & Tenth Ave; ⌚Sa & So 7–17 Uhr) besuchen. 170 Händler bieten erlesene Kleidungsstücke, alten Schmuck, Stilmöbel und sonstige Schätze an.

Museum of Arts and Design MUSEUM

(Karte S. 76; ☎212-299-7777; www.madmuseum.org; 2 Columbus Circle; Erw./Kind 15 US$/frei; ⌚Di–So 11–18, Do bis 21 Uhr) An der Südseite des Kreisels zeigt dieses Museum eine facettenreiche internationale Sammlung mit modernen, volkstümlichen, kunsthandwerklichen und kunstgewerblichen Werken. Im 9. Stock gibt's ein elegantes **Restaurant**, dessen schräges Design den fantastischen Blick auf den Central Park nur noch vervollkommnet.

Chrysler Building HISTORISCHES GEBÄUDE

(Karte S. 70; 405 Lexington Ave) Das mit Automotiven verzierte Chrysler Building gleich östlich der Grand Central Station ist ein Meisterwerk des Art déco. Es wurde 1930 als Firmenzentrale für Walter P. Chrysler und sein Automobil-Imperium erbaut. Besucher dürfen in dem Gebäude nicht nach oben (dort gibt es nur Büros), aber glücklicherweise ist das Bauwerk aus der Ferne am beeindruckendsten.

UPPER WEST SIDE

Die Upper West Side stand immer für das liberale, fortschrittliche und intellektuelle New York – man denke nur an die Filme von Woody Allen (obgleich er an der Upper East Side lebt) und an *Seinfeld*. Das Viertel, das Manhattans Westseite vom Central Park bis zum Hudson River und vom Columbus Circle bis zur 110th St umfasst, ist heute aber nicht mehr so bunt und farbenfroh wie einst. Der Upper Broadway ist inzwischen fest in der Hand von Banken, Apotheken und Filialen landesweiter Kettenläden, und viele der alten Tante-Emma-Läden und Buchhandlungen sind längst verschwunden. Man findet hier aber noch große, reich verzierte Apartments, eine Mischung aus sozialen Aufsteigern (darunter auch viele Schauspieler und Musiker) und ein paar hübsche Grünanlagen. Der **Riverside Park** erstreckt sich zwischen der W 72nd St und der W 158th St auf einer Länge von 6,4 km entlang des Hudson River und eignet sich prima zum Schlendern, Joggen und Radfahren. Man kann aber auch einfach nur den Sonnenuntergang über dem Hudson genießen.

VERKAUFT!

Auch wenn man sich an Kunstwerken gerade einmal eine Van-Gogh-Postkarte leisten kann, sollte man den Besuch einer Kunstauktion in Betracht ziehen, die adrenalingeladene Spannung mit bestem Museumserlebnis und Luxusshopping verbindet. Sowohl **Christie's** (☎212-636-2000; www.christies.com; 20 Rockefeller Plaza) als auch **Sotheby's** (☎212-606-7000; www.sothebys.com; 1334 York Ave, an der 72nd St), zwei der New Yorker Auktionshäuser mit Weltruhm, sind für die Öffentlichkeit zugänglich. Ob eine Sammlung mit Warhol-Werken oder alte europäische Kunst – die Preise sind meist astronomisch. Deshalb behält man seine Hände lieber im Zaum; ansonsten könnte eine entspannte Handbewegung als ein Mitbieten gewertet werden, und man hätte im Nu Millionen von Dollar Schulden.

Central Park PARK

(Karte S. 76; ☎212-310-6600; www.centralparknyc.org; zw. 57th & 110th St & Fifth Ave & Central Park; 👪) Man kann sich nur schwer vorstellen, wie es in dieser Stadt zugehen würde, wenn man der Platzangst, den übervollen Bürgersteigen und verstopften Straßen nicht entfliehen könnte. Dieses riesige Juwel von einem Park befindet sich genau in der Mitte Manhattans und versorgt die New Yorker sowohl im übertragenen als auch wortwörtlichen Sinn mit Sauerstoff. Der 3,4 km² große Park wurde 1856 am sumpfigen Nordrand der Stadt angelegt. Die Landschaftsarchitektur (so etwas hatte es bis dato in keinem öffentlichen Park gegeben) von Frederick Law Olmsted und Calvert Vaux war mit ihrem naturverbundenen Stil äußerst innovativ: bewaldete Haine, ge-

Central Park & Uptown

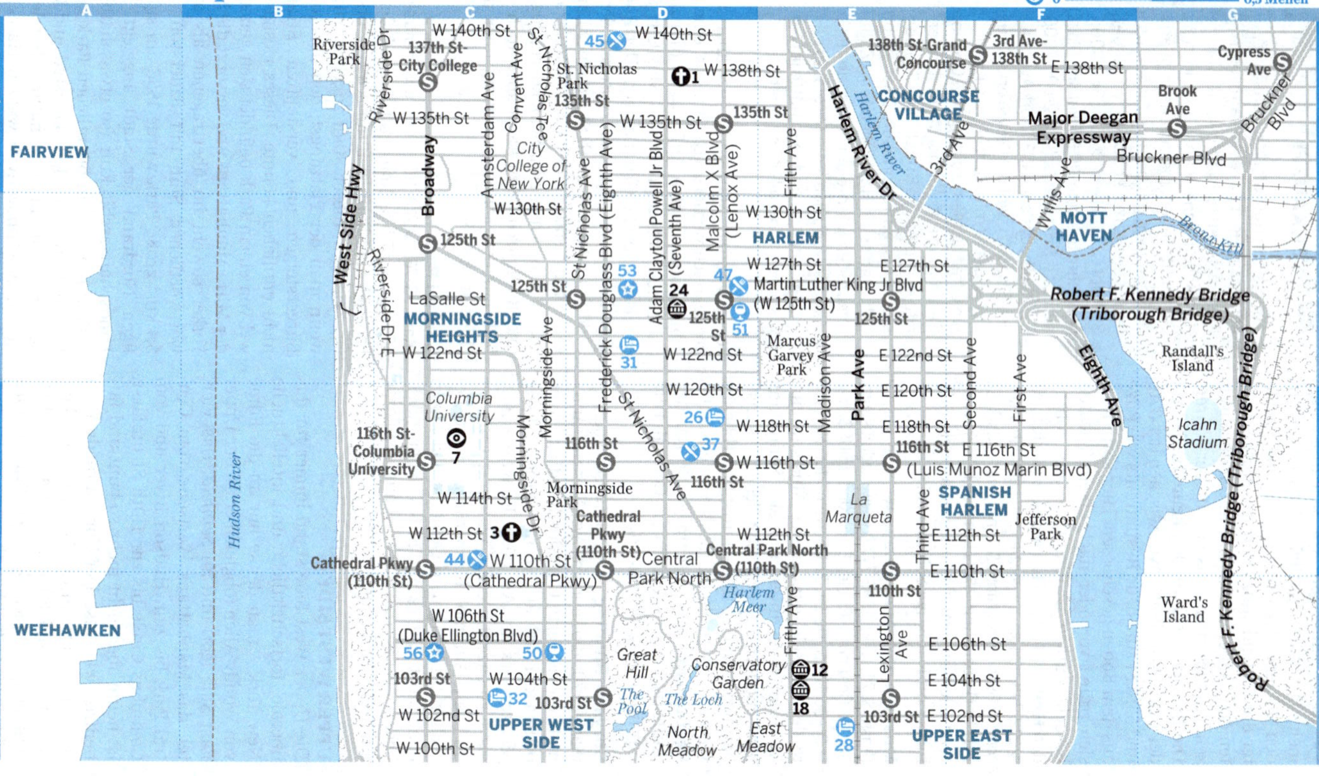

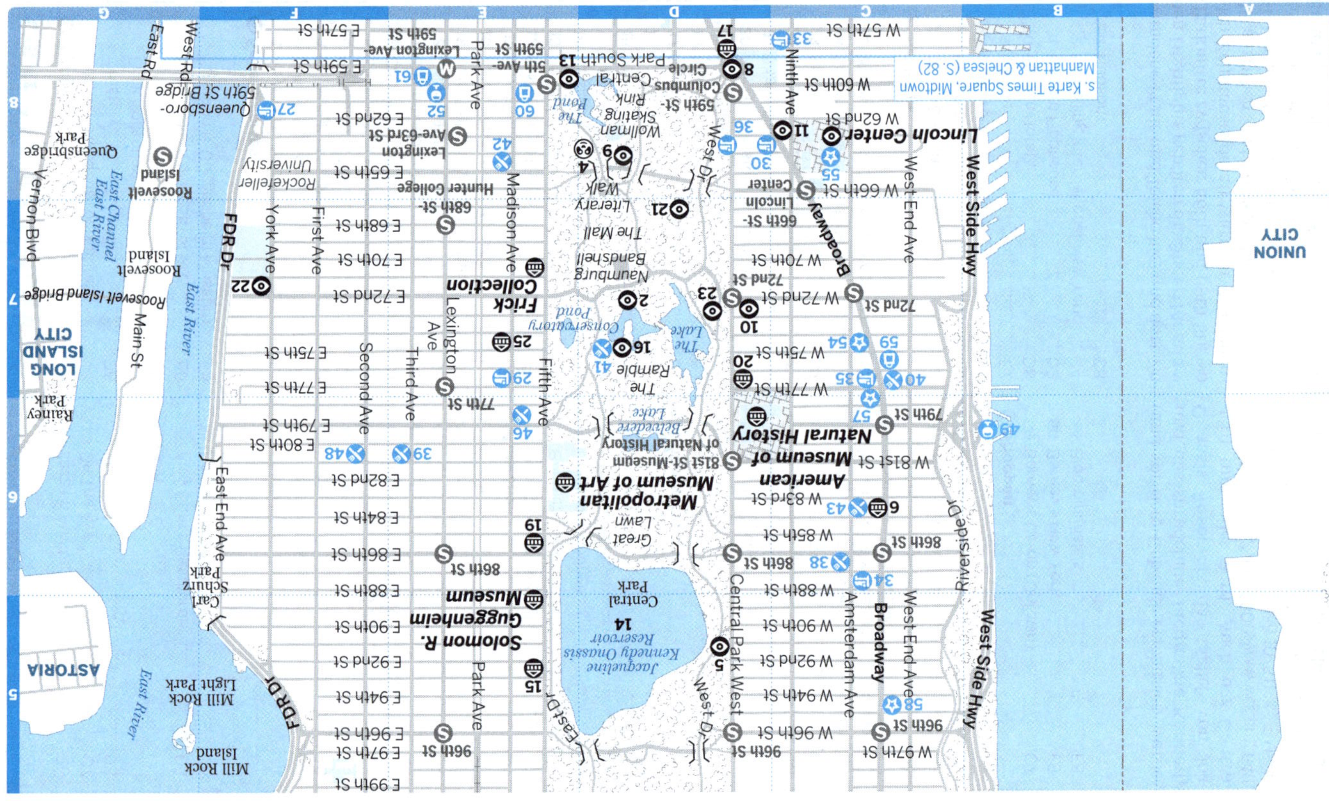
A
B
C
D
E
F
G
5
6
7
8
UNION CITY
West Side Hwy
Riverside Dr
W 97th St
96th St
58
W 96th St
West End Ave
Broadway
Amsterdam Ave
W 94th St
W 92nd St
W 90th St
W 88th St
34
38
86th St
W 85th St
6
43
W 83rd St
American Museum of Natural History
W 81st St
81st St-Museum of Natural History
49
79th St
57
40
35
W 77th St
20
59
54
W 75th St
10
72nd St
W 72nd St
23
W 70th St
Broadway
66th St-Lincoln Center
W 66th St
55
30
36
Lincoln Center
11
W 62nd St
Ninth Ave
W 60th St
59th St-Columbus Circle
8
33
17
W 57th St
s. Karte Times Square, Midtown Manhattan & Chelsea (S. 82)
Central Park West
West Dr
5
Jacqueline Kennedy Onassis Reservoir
14
Central Park
East Dr
Great Lawn
Metropolitan Museum of Art
Belvedere Lake
The Ramble
41
16
The Lake
Conservatory Pond
2
Naumburg Bandshell
The Mall
21
Literary Walk
4
9
Wollman Skating Rink
The Pond
Central Park South
13
15
Solomon R. Guggenheim Museum
19
Fifth Ave
46
29
25
Frick Collection
Madison Ave
42
60
5th Ave-59th St
Park Ave
86th St
77th St
Lexington Ave
68th St-Hunter College
Lexington Ave-63rd St
52
61
Lexington Ave-59th St
Third Ave
Second Ave
39
48
E 99th St
E 97th St
E 96th St
E 94th St
E 92nd St
E 90th St
E 88th St
E 86th St
E 84th St
E 82nd St
E 80th St
E 79th St
E 77th St
E 75th St
E 72nd St
E 70th St
E 68th St
E 65th St
E 62nd St
E 59th St
E 57th St
First Ave
York Ave
Rockefeller University
22
FDR Dr
East End Ave
Carl Schurz Park
27
Queensboro-59th St Bridge
Mill Rock Island
Mill Rock Light Park
East River
ASTORIA
Roosevelt Island
Main St
Roosevelt Island Bridge
East Channel East River
Roosevelt Island
West Rd
East Rd
LONG ISLAND CITY
Rainey Park
Vernon Blvd
Queensbridge Park

Central Park & Uptown

Highlights
American Museum of Natural History D6
Frick Collection E7
Lincoln Center C8
Metropolitan Museum of Art E6
Solomon R. Guggenheim Museum E5

Sehenswertes
1 Abyssinian Baptist Church D1
2 Bethesda Fountain D7
3 Cathedral of St. John the Divine C3
4 Central Park Zoo D8
5 Central Park's Safari Playground D5
6 Children's Museum of Manhattan C6
7 Columbia University C3
8 Columbus Circle D8
9 Dairy Building Visitor Center D8
10 Dakota Apartment Building D7
11 David Rubenstein Atrium C8
12 El Museo del Barrio E4
13 Pferdekutschen E8
14 Jacqueline Kennedy Onassis Reservoir D5
15 Jewish Museum E5
16 Loeb Boathouse D7
17 Museum of Arts & Design D8
18 Museum of the City of New York E4
19 Neue Galerie E6
20 New York Historical Society D7
21 Sheep Meadow D7
22 Sotheby's F7
23 Strawberry Fields D7
24 Studio Museum in Harlem D2
25 Whitney Museum of American Art E7

Schlafen
26 102 Brownstone D3
27 Bentley F8
28 Bubba & Bean Lodges E4
29 Carlyle E7
30 Empire Hotel D8
31 Harlem Flophouse D2
32 Hostelling International-New York C4
33 Hudson C8
34 Jazz on Amsterdam Ave C6
35 On The Ave C7
36 YMCA D8

Essen
37 Amy Ruth's Restaurant D3
38 Barney Greengrass C6
39 Beyoglu E6
40 Big Nick's C7
41 Central Park Boathouse Restaurant D7
42 Daniel E8
43 Flor de Mayo C6
44 Hungarian Pastry Shop C3
45 Londel's Supper Club D1
46 Nectar Café E6
47 Red Rooster D2
48 Totonno's F6

Ausgehen
49 79th Street Boat Basin B6
Bemelman's Bar .... (siehe 29)
50 Ding Dong Lounge C4
51 Lenox Lounge D2
52 Subway Inn E8

Unterhaltung
Alice Tully Hall .... (siehe 55)
53 Apollo Theater D2
54 Beacon Theater C7
Dizzy's Club Coca-Cola: Jazz at the Lincoln Center .... (siehe 55)
55 Lincoln Center C8
Metropolitan Opera House .... (siehe 55)
New York State Theater .... (siehe 55)
56 Smoke Jazz & Supper Club-Lounge C4
57 Stand-Up New York C6
58 Symphony Space C5

Shoppen
59 Barney's Co-op (Uptown) C7
60 Barney's New York E8
61 Bloomingdale's E8

wundene Pfade und Teiche hier und dort. Zu den Highlights gehören die **Sheep Meadow** (Parkmitte zwischen 66th und 69th St), wo sich Zehntausende an warmen Wochenende ausruhen und spielen, die **Strawberry Fields** an der 72nd St, die John Lennon gewidmet sind, der im **Dakota Apartment Building** auf der anderen Straßenseite lebte (und vor dem Gebäude erschossen wurde), und das sprudelnde **Jacqueline Kennedy Onassis Reservoir**, das täglich von Joggern umrundet wird. Auch der **Central Park Zoo** (☎212-439-6500; www.wcs.org; 64th St an der Fifth Ave; Erw./Kind 10/5 US$; ⏰Mo–Fr 10–17, Sa & So 10–17.30 Uhr) und die von Bäumen gesäumte, formalistische Promenade namens **Mall** mit der eleganten **Bethesda Fountain** an ihrem Ende sind einen Besuch wert. **Ramble** ist ein Ruheplatz für mehr als 250 Zugvogelarten, den man am besten morgens besucht. Touristen lieben es, an der 59th St (Central Park South) eine **Pferdekutsche** (Karte S. 76; 30 Min. 35 US$ zzgl. großzügiges Trinkgeld) zu mieten, oder man springt am Central Park West und an der 72nd St in ein Fahrradtaxi (30 Min. 30 US$). Weitere Infos gibt's beim **Dairy Building Visitor Centre** (Karte S. 76; ☎212-794-6564; Central Park an der 65th St; ⏲Di–Sa 10–17 Uhr) im südlichen Parkabschnitt.

Lincoln Center KUNSTZENTRUM

(Karte S. 76; ☎212-875-5456; www.lincolncenter.org; Ecke Columbus Ave & Broadway) Es fehlen nur noch ein paar Kleinigkeiten, bis der mehr als 1 Mrd. US$ teure Umbau des weltweit größten Zentrums für darstellende Künste abgeschlossen ist. Die grundlegend neu gestaltete Alice Tully Hall befindet sich an dem einen Ende der Anlage. Andere bezaubernde Veranstaltungsorte gruppieren sich um einen gewaltigen Springbrunnen. Auch öffentliche Plätze wie der Dachgarten an der North Plaza (darunter befindet sich ein teures Restaurant) wurden aufgebessert. Das üppig gestaltete **Metropolitan Opera House** (MET) bietet Platz für 3900 Personen und ist das größte Opernhaus der Welt. Die faszinierenden einstündigen **Führungen** (☎212-875-5350; Erw./Kind 15/8 US$, tgl. 10.30–16.30 Uhr) durch den Komplex beginnen in der Lobby der Avery Fisher Hall und konzentrieren sich auf verschiedene Themen von Architektur bis Backstage. Auf dem ganzen Gelände kann man kostenlos WLAN nutzen. Dies gilt auch für das **David Rubenstein Atrium** (Broadway, zw. 62nd & 63rd St), ein moderner öffentlicher Platz mit Loungebereich, Café, Informationsschalter und Ticket Center, das ermäßigte Karten für Veranstaltungen im Lincoln Center am selben Tag verkauft.

LP TIPP **American Museum of Natural History** MUSEUM

(Karte S. 76; ☎212-769-5100; www.amnh.org; Central Park West an der 79th St; empfohlener Eintritt Erw./Kind 16/9 US$, Space Shows, IMAX-Shows & Sonderausstellungen kosten extra; ⏲10–17.45 Uhr; 👪) Dieses 1869 gegründete **Museum** umfasst eine Sammlung von mehr als 30 Mio. Artefakten, interaktiven Ausstellungsstücken und Unmengen von Tierkörperpräparaten. Aushängeschilder des Museums sind die drei großen Dinosaurierhallen, der gigantische (aber nicht echte) Blauwal, der von der Decke der Hall of Ocean Life herabhängt, und das ausgezeichnete **Rose Center for Earth & Space**. Allein der Anblick der Fassade – ein wuchtiger Glaskasten mit einer Silberkugel im Inneren (mit Sternenkinos und Planetarium) – wirkt hypnotisierend, wenn all die außerirdischen Elemente zum Leuchten gebracht werden. Jedenfalls kann man sich gut vorstellen, was *Nachts im Museum* ablaufen könnte ... Dieser Film spielt hier, wurde aber natürlich nicht im Museum gedreht.

New York Historical Society MUSEUM

(Karte S. 76; ☎212-873-3400; www.nyhistory.org; 170 Central Park W, an der 77th St; Erw./Kind 10/6 US$; ⏲Di–So 10–18 Uhr) Das 1804 gegründete Museum, das weithin als das älteste der Stadt gilt, wurde 2011 gründlich renoviert. Die skurrile, umfangreiche Sammlung, zu der auch die Original-Aquarelle von John James Audubons *Birds of America* gehören, wird in einem aufgefrischten modernen Ausstellungsraum zu sehen sein. Es gibt auch ein neues Auditorium, eine Bibliothek und ein Restaurant.

MORNINGSIDE HEIGHTS

Der nördliche Nachbar der Upper West Side umfasst den Broadway und die Gegend westlich davon bis zur 125th St. Das Bild des Viertels wird von der **Columbia University** bestimmt. Sie ist eine der Elite-Universitäten der Ivy League und hat im Zentrum einen großen viereckigen Platz mit viel Grün.

Cathedral of St. John the Divine KIRCHE

(Karte S. 76; ☎212-316-7540; 1047 Amsterdam Ave, an der 112th St; ⏲7–18, So bis 19 Uhr) Die jahrzehntelange Restaurierung der Kathedrale der Episkopalkirche – dem größten Gotteshaus der USA – ist ein voller Erfolg. Bei der Sonntagsmesse um 11 Uhr halten oft bekannte Intellektuelle Predigten.

UPPER EAST SIDE

Die Upper East Side (UES) kann mit der höchsten Konzentration kultureller Einrichtungen New Yorks aufwarten, darunter die große alte Dame, das Metropolitan Museum of Art (S. 80). Viele bezeichnen die Fifth Ave oberhalb der 57th St daher auch als Museumsmeile. Die Immobilienpreise an der Fifth, Madison und Park Ave gehören zu den höchsten der Welt. Hier wohnen Ladys, die mittags gediegen essen gehen, und noble Jungs, die gern einen trinken. Je weiter man nach Osten kommt, desto weniger mondän wird das Viertel.

Metropolitan Museum of Art MUSEUM
(Karte S. 76; ☎212-535-7710; www.metmuseum.org; 1000 Fifth Ave an der 82nd St; empfohlene Spende 25 US$, Kind frei; ⏰Di–Do & So 9.30–17.30, Fr & Sa 9.30–21 Uhr) Mit mehr als 5 Mio. Besuchern jedes Jahr ist das **Met** New Yorks beliebteste Einzelattraktion. Es beherbergt eine der wertvollsten Sammlungen der gesamten Kunstwelt. Das Met ist eine Art autarke Kulturstadt mit 2 Mio. Objekten und einem Jahresetat von über 120 Mio. US$. Die Säle mit europäischen Gemälden und Skulpturen aus dem 19. Jh. wurden ausgebaut und renoviert.

Zu den Highlights gehören ägyptische Kunst, amerikanische Gemälde und Skulpturen, Waffen und Rüstungen, moderne Kunst, griechische und römische Kunst, europäische Gemälde und die traumhaft schöne Dachterrasse mit Bar und einem wahrhaft spektakulären Blick. Mit der empfohlenen Spende (die in der Tat eine *Empfehlung* ist) hat man am selben Tag auch Zutritt zu den Cloisters.

LP TIPP **Frick Collection** MUSEUM
(Karte S. 76; ☎212-288-0700; www.frick.org; 1 E 70th St; Eintritt 18 US$; ⏰Di–Sa 10–18, So 11–17 Uhr) Die spektakuläre Kunstsammlung befindet sich in dem Herrenhaus, das 1914 von Henry Clay Frick erbaut wurde. Leider ist der 2. Stock des Anwesens nicht für Besucher zugänglich. Die zwölf reich möblierten Zimmer im Erdgeschoss schmücken Gemälde von Titian, Vermeer, El Greco, Goya und anderen Meistern. Das vielleicht Beste an dem Museum ist aber, dass es nicht so überlaufen ist – eine willkommene Abwechslung zu den Menschenmassen in den größeren Museen, besonders am Wochenende.

Solomon R. Guggenheim Museum MUSEUM
(Karte S. 76; ☎212-423-3500; www.guggenheim.org; 1071 Fifth Ave; Erw./Kind 18 US$/frei; ⏰Sa–Mi 10–17.45, Fr bis 19.45 Uhr) Der schwungvolle Spiralbau von Frank Lloyd Wright ist an sich schon ein Kunstwerk und beherbergt Gemälde aus dem 20. Jh., darunter von Picasso, Pollock, Chagall und Kandinsky.

Neue Galerie MUSEUM
(Karte S. 76; ☎212-628-6200; www.neuegalerie.org; 1048 Fifth Ave, an der 86th St; Erw. 15 US$, Kinder bis 12 Jahren haben keinen Zutritt; ⏰Do–Mo 11–18 Uhr) Die in einem stattlichen, eleganten Herrenhaus in der Fifth Ave untergebrachte Galerie zeigt deutsche und österreichische Künstler, z. B. eindrucksvolle Werke von Gustav Klimt und Egon Schiele. Schon das **Café Sabarsky** im Erdgeschoss ist mit seinem Ambiente der europäischen Jahrhundertwende, den reichhaltigen Desserts (Apfelstrudel 8 US$) und den Kabarettabenden am Donnerstag (45 US$) einen Besuch wert.

Whitney Museum of American Art MUSEUM
(Karte S. 76; ☎212-570-3600; www.whitney.org; 945 Madison Ave, an der 75th St; Eintritt 18 US$; ⏰Mi, Do, Sa & So 11–18, Fr bis 21 Uhr) Eines der wenigen Museen, die sich auf amerikanische Kunst, vor allem auf Werke des 20. Jhs., und auf zeitgenössische Kunst konzentrieren. Zu sehen sind u. a. Werke von Hopper, Pollock und Rothko sowie Sonderveranstaltungen wie die vielgepriesene Biennale. Das Whitney wird 2015 in die Gansevoort St in den Meatpacking District umziehen.

Jewish Museum MUSEUM
(Karte S. 76; ☎212-423-3200; www.jewishmuseum.org; 1109 Fifth Ave an der 92nd St; Erw./Kind 12 US$/frei; ⏰Sa–Di 11–17.45, Do bis 20, Fr bis 16 Uhr) Dieses Museum ist eine Hommage an das Judentum und zeigt vor allem Kunstwerke über die Gebräuche und die Kultur in der 4000 Jahre alten jüdischen Geschichte. Es gibt auch ein großes Angebot an Aktivitäten für Kinder. Das prächtige Herrenhaus wurde 1908 für einen Bankier erbaut und beherbergt nun mehr als 30 000 Judaika, Skulpturen, Gemälde, dekorative Kunstwerke und Fotografien.

Museum of the City of New York MUSEUM
(Karte S. 76; ☎212-534-1672; www.mcny.org; 1220 Fifth Ave, an der 103rd St; empfohlener Eintritt Erw./Kind 10 US$/frei; ⏰Di–So 10–17 Uhr) Das Museum zeigt mit verschiedenen Ausstellungen die Geschichte der Stadt vom Handel mit Biberfellen bis zum Handel der Zukunft. Es gibt auch einen ausgezeichneten Buchladen für alle NYC-Fans.

El Museo del Barrio MUSEUM
(☎212-831-7272; www.elmuseo.org; 1230 Fifth Ave, an der 104th St; Erw./Kind 9 US$/frei; ⏰Di–So 11–18 Uhr) Das lateinamerikanische Kulturinstitut beherbergt eine Sammlung lateinamerikanischer und karibischer Kunstwerke mit Schwerpunkt Puerto Rico und Dominikanische Republik. Es gibt hier auch ein schönes Straßencafé.

HARLEM

Das Herz der afroamerikanischen Kultur schlägt in Harlem, das in den 1920er-Jahren als Enklave der Schwarzen entstand. Das Viertel nördlich des Central Park hat ganz außergewöhnliche Leistungen in Kunst, Musik, Tanz, Bildung und Literatur hervorgebracht, u.a. stehen dafür Frederick Douglass, Paul Robeson, Thurgood Marshall, James Baldwin, Alvin Ailey, Billie Holiday, Jessie Jackson und viele andere afroamerikanische Koryphäen. Nach dem steten Niedergang von den 1960er- bis in die 1990er-Jahre hinein erlebt Harlem inzwischen eine Art zweite Renaissance. Davon zeugen die zum Verkauf stehenden, 1 Mio. Dollar teuren Brownstone-Häuser und Eigentumswohnungen, die direkt neben den vernachlässigten Mietshäusern stehen, und die Filialen großer landesweiter Ketten an der 125th St.

Einen Eindruck vom traditionellen Harlem erhält man am Sonntagmorgen, wenn die Leute im Sonntagsstaat in die Kirchen ihrer Nachbarschaft strömen. Man sollte sich aber der Tatsache bewusst sein, dass die Menschen tatsächlich zum Gottesdienst gehen (und sich nicht etwa Besuchern zur Schau stellen). Solange man nicht von einem Mitglied einer kleineren Kirchengemeinde eingeladen wird, sollte man sich lieber an die großen Kirchen halten.

Abyssinian Baptist Church KIRCHE
(Karte S. 76; ☎212-862-7474; www.abyssinian.org; 132 W 138th St) Die Kirche hat einen ausgezeichneten Chor, und der charismatische Pastor Calvin O. Butts heißt Gäste gerne willkommen und betet für sie. Sonntagsgottesdienste finden um 9 und 11 Uhr statt; letztere ist sehr stark besucht.

Apollo Theater KUNSTZENTRUM
(Karte S. 76; ☎212-531-5300; www.apollotheater.com; 253 W 125th St) Nicht nur eine mythische Legende, sondern ein lebendiges Theater. Hier finden Konzerte (Prince trat 2009 auf) und die berühmte (wenn auch sehr touristische) Amateur Night (19–29 US$) statt, „wo Stars geboren und Legenden gemacht werden".

Studio Museum in Harlem MUSEUM
(Karte S. 76; ☎212-864-4500; www.studiomuseum.org; 144 W 125th St; empfohlene Spende 7 US$; ⏲Do & Fr 12–21, Sa & So bis 18 Uhr) Eine der wichtigsten Galerien für afroamerikanische Künstler. Hier gibt's ausgezeichnete Wechselausstellungen von Malern, Bildhauern, Illustratoren und Installationskünstlern.

ABSTECHER

LITTLE RED LIGHTHOUSE

Manhattans letzter erhaltener Leuchtturm hat seinen liebevollen Spitznamen von dem Kinderbuchklassiker *The Little Red Lighthouse and the Great Grey Bridge* (1942). Nach dem Bau der George Washington Bridge, die mit ihren gewaltigen Ausmaßen über seinem Kopf thront, wurde der Leuchtturm stillgelegt. Nur große öffentliche Proteste bewahrten ihn vor der Zerstörung. Wer den kleinen roten Leuchtturm besuchen will, überquert am Ende der 181st St die Fußgängerbrücke über den Henry Hudson Parkway und folgt dem gewundenen Pfad zum Park hinunter ans Ufer.

WASHINGTON HEIGHTS

Washington Heights in der Nähe von Manhattans Nordspitze (oberhalb der 155th St) ist nach dem ersten amerikanischen Präsidenten benannt, der hier während des Unabhängigkeitskriegs ein Fort für seine Armee errichten ließ. Bis Ende des 19. Jhs. war dies eine eher ländliche Gegend. Es hat jetzt aber viel frisches Blut bekommen, denn die New Yorker bekamen Wind von den erschwinglichen Mieten. Dennoch hat sich der Bezirk sein lateinamerikanisches (überwiegend dominikanisches) Flair bewahrt, und eine interessante Mischung aus zugezogenen Downtownern und alteingesessenen Bewohnern hat sich zu einer festen Gemeinde zusammengeschlossen.

LP TIPP **Cloisters** MUSEUM
(Karte S. 76; ☎212-923-3700; www.metmuseum.org/cloisters; Fort Tryon Park, an der 190th St; empfohlener Eintritt Erw./Kind 20 US$/frei; ⏲Nov.–Feb. Di–So 9.30–16.45 Uhr, März–Okt. bis 17.15 Uhr) Die meisten Besucher von Washington Heights lassen sich diesen Ableger des Metropolitan Museum of Art nicht entgehen. Das Gebäude wurde in den 1930er-Jahren aus Steinen und Fragmenten mehrerer französischer und spanischer Klöster aus dem Mittelalter erbaut. Die burgähnliche Anlage beherbergt mittelalterliche Fresken, Wandteppiche, Höfe, Gärten und Gemälde und bietet eine umwerfende Aussicht auf den Hudson River. Zudem hat man auch auf dem Weg von der Subway zum Museum durch den Fort Tryon Park einen tollen **Blick** auf den Hudson; im Park üben auch Kletterer.

BROOKLYN

Brooklyn ist eine Welt für sich. Die Brooklyner fahren manchmal tage- oder sogar wochenlang nicht nach Manhattan. Hier leben 2,5 Mio. Menschen, und es werden immer mehr. Junge Eltern sind auf der Suche nach stattlichen Brownstone-Häusern in Carroll Gardens, Bands haben ihren nächsten Gig in Williamsburg, und die Bandmitglieder hätten dort auch gern eine billige Bleibe. Dieser Stadtteil ist schon lange in die Fußstapfen von Manhattan getreten, denn hier ist es cool, und hier lässt es sich gut leben. Brooklyns Sandstrände, luftige Uferpromenaden, gute Restaurants, zahlreiche ethnische Enklaven, weltklasse Entertainment, hochherrschaftliche Häuser und endlose Einkaufsstraßen stehen in starker Konkurrenz zu Manhattan. Die Entdeckungstour sollte am recht informativen **Brooklyn Tourism & Visitors Center** (☎718-802-3846; www.brooklyntourism.org; 209 Borough Hall, Joralemon St; ⏲Mo–Fr 10–18 Uhr) in Brooklyn Heights beginnen.

LP TIPP Coney Island & Brighton Beach STADTVIERTEL

Mit der Subway rund 50 Minuten von Midtown entfernt liegen diese beiden benachbarten Uferviertel, die sich für einen Tagesausflug anbieten. Der breite Sandstrand von **Coney Island** hat sich seinen nostalgischen, kitschigen und leicht anrüchigen Charme erhalten. Es gibt hier eine Uferpromenade aus Holzplanken und die berühmte Achterbahn Cyclone von 1927. Bei der erst vor Kurzem erfolgten Renovierung des Vergnügungsparks sind ein paar adrenalingeladene Fahrgeschäfte hinzugekommen. Es gibt Pläne, das Gebiet in ein schickes Wohnviertel mit Hochhaushotels umzuwandeln. Das **New York Aquarium** (☎718-741-1818; www.nyaquarium.com; Surf Ave, zw. 5th & W 8th St; Erw./Kind 15/11 US$; ⏲Mo–Fr 10–18, Sa & So bis 19 Uhr; 👪) ist bei Kindern ein ganz großer Renner. Im **KeySpan Park** (☎718-449-8497; 1904 Surf Ave), dem am Ufer gelegenen Baseballstadion der in der Minor League spielenden Brooklyn Cyclones, kann man sich eines der Abendspiele anschauen.

Schlendert man auf der Uferpromenade nach Norden, vorbei an den Handballplätzen, wo sich ein paar der besten Spieler der Welt messen, kommt man in fünf Minuten nach **Brighton Beach** („Little Odessa"). Ältere Herrschaften spielen hier Schach, und Einheimische genießen in einem der vielen Lokale an der Uferpromenade Pirogen und Wodka-Shots in der Sonne. Weiter geht's zur geschäftigen Brighton Beach Ave, dem Zentrum des Viertels, wo man sich in den vielen russischen Geschäften, Bäckereien und Restaurants umschaut.

Park Slope & Prospect Heights STADTVIERTEL

Das Viertel Park Slope ist bekannt für klassische Brownstone-Häuser, viele tolle Lokale und Boutiquen (vor allem an der Fifth Ave, die noch innovativer ist als die andere große Einkaufsmeile Seventh Ave), für lesbische Einwohnerinnen und Kinderwagen schiebende Pärchen, die denen aus der Upper West Side ähneln, nur dass sie noch einen Hinterhof hinter ihrer Wohnung haben. Der 1866 angelegte 237 ha große Prospect Park gilt als Meisterleistung der Landschaftsarchitekten Olmsted und Vaux, die auch den Central Park entwarfen. Es gibt hier bewaldete Wanderwege, eine rund 5 km lange Joggingrunde, einen 24 ha großen See, auf dem man zwischen Mai und Oktober eine Bootsfahrt unternehmen kann, und im Winter eine neue Eisbahn. Direkt daneben ist der traumhafte, 21 ha große **Brooklyn Botanic Garden** (☎718-623-7200; www.bbg.org; 1000 Washington Ave; Erw./Kind 8 US$/frei, Di Eintritt frei; ⏲Di–Fr 8–18, Sa & So ab 10 Uhr), in dem man im Frühjahr die herrliche Kirschblüte bewundern kann. Nebenan zeigt das **Brooklyn Museum** (☎718-638-5000; www.brooklynmuseum.org; 200 Eastern Pkwy; empfohlener Eintritt 10 US$; ⏲Mi, Sa & So 11–18, Do & Fr bis 22 Uhr) eine umfangreiche Sammlung afrikanischer, islamischer und asiatischer Kunst. Hier ist auch das Elizabeth A. Sackler Center for Feminist Art untergebracht.

Brooklyn Heights & Downtown Brooklyn STADTVIERTEL

Als Robert Fultons Dampffähren Anfang des 19. Jhs. ihren fahrplanmäßigen Betrieb über den East River aufnahmen, begannen wohlhabende Einwohner Manhattans, in Brooklyn Heights traumhafte Häuser zu bauen – im neugotischen, romanischen, neugriechischen, italienischen oder einem anderen spektakulären Baustil. Bei einem Nachmittagsbummel durch die von Bäumen gesäumten Straßen kann man die vielen schönen Häuser bewundern. Auf jeden Fall ist das 1881 erbaute Gebäude im Queen-Anne-Stil sehenswert, in dem die **Brooklyn Historical Society** (☎718-222-4111; www.brooklynhistory.org; 128 Pierrepont St; Eintritt 6 US$; ⏲Mi–Fr & So 12–17, Sa 10–17 Uhr) ihren Sitz hat. Es hat eine Bibliothek (mit rund 33000 pixelig digitalisierten Fotos aus den vergangenen Jahrzehnten), ein Auditorium und ein Museum zur Geschichte des Bezirks. Die historische Gesellschaft veranstaltet auch diverse Stadtspaziergänge.

Folgt man der **Montague St**, der Hauptgeschäftsstraße in Heights', bis hinunter zum Ufer, trifft man auf die **Brooklyn Heights Promenade** über dem Brooklyn–Queens Expwy, von wo aus sich ein einmaliger Blick auf Lower Manhattan bietet. Unter dem Expwy liegt der **Brooklyn Bridge Park**. Die 34 ha große, landschaftlich schön gestaltete von Wegen durchzogene Anlage wurde auf Piers gebaut und erstreckt sich von der Brooklyn Bridge Richtung Süden bis zur Atlantic Ave.

Die 1848 im Beaux-Arts-Stil erbaute **Brooklyn Borough Hall** (209 Joralemon St) mit ihren vielen Höfen liegt genau zwischen Brooklyn Heights und Downtown Brooklyn. Das kleine, aber faszinierende **New York Transit Museum** (☎718-694-1600; www.mta.info/mta/museum; Boerum Pl, an der Schermerhorn St; Erw./Kind 5/3 US$; ⏲Di–Fr 10–16, Sa & So 12–17 Uhr) hat eine verblüffende Sammlung von originalen U-Bahn-Wagen und Erinnerungsstücken aus den letzten 100 Jahren. Nach langen Verzögerungen geht es endlich mit dem Bau des umstrittenen **Barclay's Center** voran. Es liegt gegenüber der Atlantic Center Shopping Mall in Downtown Brooklyn und soll die neue Heimat der in der NBA spielenden New Jersey Nets werden. Die umliegenden Viertel werden sich verändern, und auch der jetzt schon furchtbare Straßenverkehr wird nicht gerade geringer werden, wenn das Basketballteam 2012 hier einzieht.

Dumbo STADTVIERTEL

Dumbos Spitzname ist die Abkürzung seiner Lage: „Down Under the Manhattan–Brooklyn Bridge Overpass". Dieser Uferstreifen im Norden Brooklyns war früher reines Industriegebiet. Heute gibt es hier erstklassige Eigentumswohnungen, Möbelläden und Kunstgalerien. In den kopfsteingepflasterten Straßen findet man mehrere hoch angesehene Theater. Der **Empire-Fulton Ferry State Park** am Ufer bietet einen postkartenperfekten Blick auf Manhattan.

Boerum Hill, Cobble Hill & Carroll Gardens (& Red Hook) STADTVIERTEL

In diesen Stadtvierteln wohnen hauptsächlich italienischstämmige Familien, die hier seit Generationen leben, und ehemalige Einwohner Manhattans, die auf der Suche nach wahrem Leben sind. Die Straßen mit den schön restaurierten Brownstone-Häusern sind von Bäumen gesäumt. Die **Smith St** und die **Court St** sind die beiden Hauptstraßen, die bis zu **Carroll Gardens** führen, dem südlichsten Zipfel der drei Viertel. Die Smith St ist als Restaurantmeile bekannt. In der Court St gibt's noch immer alteingesessene Lebensmittelläden, Bäcker und italienische Lokale. Ein Block westlich von hier liegt der bei den Anwohnern beliebte **Cobble Hill Park**, eine schön gestaltete Grünfläche mit Bänken und Picknicktischen. Noch weiter westlich (und südlich) ist **Red Hook**, eine Gegend direkt am Wasser mit Kopfsteinpflasterstraßen und gewaltigen Industriegebäuden. Man muss zwar von der Subway aus ein gutes Stück zu Fuß gehen, dafür gibt's jetzt aber in dieser einst schmuddeligen Gegend einige Bars und Restaurants. Direkt am Wasser steht ein riesiger **Fairway** (⏲718-694-6868; 480 Van Brunt St), ein sehr beliebter Gourmet-Laden mit atemberaubendem Blick auf den New Yorker Hafen und die Freiheitsstatue. Außerdem ist hier ein Ikea-Megamöbelladen, der das nahe Hafenviertel in eine ansprechende Grünanlage und eine Wohlfühlzone verwandelt hat. Infos über kostenlose Wassertaxis nach Downtown Manhattan s. S. 60.

Williamsburg, Greenpoint & Bushwick STADTVIERTEL

Es gibt ihn, den Williamsburg-Look: hautenge Jeans, viele Tattoos, ein dezentes Body Piercing, zottelhaarige Männer und Frauen mit Retrofrisur. Die Bewohner des schäbigen, rauen und jenseits des East River an der Zugstrecke L gelegenen Viertels scheinen genug Zeit und Geld zu haben, um tagsüber in Cafés und nachts in Bars rumhängen zu können. Aber es ziehen immer mehr Ältere – Anfang 30-Jährige – aus Manhattan und Europa hierher. Die Hauptstraße ist die **Bedford Ave** zwischen der N 10th St und der Metropolitan Ave. Dort gibt's viele Boutiquen, Cafés, Bars und billige Lokale. Cool geht's mittlerweile auch an der N 6th St und der Berry St zu, und vielleicht ist es ein Zeichen der Zeit, dass die Trendsetter Williamsburg für out halten und deswegen ins benachbarte, traditionell polnische Viertel **Greenpoint** oder in die früheren Lagerhäuser in **Bushwick** weiterziehen. Die **Brooklyn Brewery** (☎718-486-7422; www.brooklynbrewery.com; 79 N 11th St; Eintritt frei; ⏲Fr 18–23, Sa 12–17 Uhr) bietet Führungen am Wochenende (12–18 Uhr zur vollen Std.), spezielle Events und Kneipenabende.

Fort Greene STADTVIERTEL

Das Wohnviertel mit Brownstone-Häusern und Gospelkirchen aus dem späten 19. Jh. ist die Heimat einer ethnisch gemischten Szene aus jungen Karrieretypen und Arbeiterfamilien. Das Juwel des Viertels ist die **Brooklyn Academy of Music** (Karte S. 64; ☎718-636-4100; www.bam.org; 30 Lafayette Ave), ein angesehener Komplex für darstellende Künste mit einem Kino. Sehr geschätzt ist auch die hier beheimatete Kunst- und Architektur-Schule **Pratt Institute**. Die meisten Leute, die im **Fort Greene Park** ihre Hunde ausführen oder die Sonne genießen, wissen nicht, dass unter den Grashügeln mehr als 11 000 Kriegsgefangene der Continental Army aus dem Amerikanischen Unabhängigkeitskrieg begraben liegen.

DIE BRONX

Brooklyns größter Rivale ist der 109 km² große Bezirk im Norden. Und der Ruhm der Bronx hat mehrere Ursachen: die Yankees, die liebevoll auch die Bronx Bombers genannt werden und die man im Frühjahr und Sommer in all ihrer Pracht im neuen **Yankee Stadium** (Karte S. 55; www.yankees.com; 161st St, an der River Ave) bewundern kann, das „echte" Little Italy bzw. **Belmont** (Karte S. 55; www.arthuravenuebronx.com), ein geschäftiges Gebiet zwischen der Arthur und Belmont Ave voller italienischer Feinkostläden und Lokale, und ein riesiges Ego, das dank Hollywood-Streifen wie *Der Pate* oder *Rumble in the Bronx* zum Mythos geworden ist.

Die Bronx hat aber noch weit mehr Asse im Ärmel: Ein Viertel der Bronx besteht aus Grünanlagen wie dem Stadtstrand Pelham Bay Park.

ABSTECHER

CITY ISLAND

Auf **City Island** fühlt man sich wie in einer anderen Welt – dabei liegt die Insel nur 15 Meilen (24 km) von Midtown entfernt. Sie ist fast 2,5 km lang und ist eine Fischergemeinde voller Slipanlagen, Jachtclubs, Fischrestaurants am Ufer und windumtosten kleinen Sandstränden. Die hübschen viktorianischen Schindelhäuser passen eher zu New England als in die Bronx.

Ebenfalls in der Bronx befindet sich die zauberhafte City Island, ein kleines Stück New England in der Stadt (s. Kasten unten).

LP TIPP **New York Botanical Garden** GARTEN

(Karte S. 55; ☎718-817-8700; www.nybg.org; Bronx River Pkwy, an der Fordham Rd; nur Außenanlagen Erw./Kind 6/3 US$, alle Gartenanlagen Erw./Kind 20/8 US$; ⊙Di–So 10–18 Uhr; 👪) Der 101 ha große botanische Park beherbergt uralte Bäume, einen Sumpf-Wanderweg, fast 3000 Rosen und Zehntausende neu gepflanzte Azaleen.

Bronx Wildlife Conservation Park ZOO

(Karte S. 55; ☎718-220-5100; www.bronxzoo.com; Bronx River Pkwy, an der Fordham Rd; Erw./Kind 16/12 US$; ⊙April–Okt. 10–17 Uhr; 👪) Der Bronx Zoo ist einer der größten, besten und fortschrittlichsten Zoos der Welt.

Woodlawn Cemetery FRIEDHOF

(Karte S. 55; ☎718-920-0500; www.thewoodlawncemetery.org; Webster Ave, an der 233rd St) Auf dem berühmten, historischen und faszinierenden 162 ha großen Friedhof liegen viele namhafte Amerikaner begraben, darunter Irving Berlin und Herman Melville.

QUEENS

Den typischen Queens-Touch à la Archie und Edith Bunker in *All in the Family* gibt's nicht mehr. Im größten (730 km²) und ethnisch buntesten Bezirk des ganzen Landes wird man wahrscheinlich Bengali und Spanisch – und 170 weitere Sprachen – hören. Die in Brooklyn so zahlreichen baumgesäumten Straßen mit Brownstone-Häusern sieht man hier kaum. Die meisten der Viertel entsprechen zumindest aus architektonischer Sicht so gar nicht dem großen Namen der Gegend. Da aber fast die Hälfte der 2,3 Mio. Bewohner von Queens nicht in den USA geboren sind, gestalten sich einige Teile des Bezirks ständig neu und bilden so eine lebhafte, aufregende Gegenwelt zu Manhattan. Außerdem gibt's hier zwei große Flughäfen, die Mets, eine hippe moderne Kunstszene sowie kilometerlange, wunderschöne Strände in **Rockaways** und Wanderwege in der **Gateway National Recreation Area** (Karte S. 55; www.nps.gov/gate), einem Tierreservat in der Jamaica Bay, nur ein paar Minuten vom Flughafen JFK entfernt. Die **Queens Historical Society** (☎718-939-0647; www.queenshistoricalsociety.org) organisiert Touren durch die verschiedenen Gegenden dieses riesigen Stadtteils.

Astoria STADTVIERTEL

Astoria ist die größte griechische Gemeinde außerhalb Griechenlands. Kein Wunder also, dass es hier herrliche griechische Bäckereien, Restaurants und Feinkostläden gibt – die meisten am **Broadway**. Der Zuzug von osteuropäischen, nahöstlichen (die Steinway Ave, auch „Little Egypt" genannt, ist die Adresse für Falafel, Kebabs und Wasserpfeifen) und lateinamerikanischen Einwanderern hat eine kontrastreiche Mischung hervorgebracht. Und auch junge Bohemiens haben sich hier niedergelassen und damit in Queens ein zweites Williamsburg geschaffen. Das kürzlich renovierte **American Museum of the Moving Image** (☎718-777-6888; www.ammi.org; 36-01 35th Ave, an der 36th St; Eintritt 7 US$; ⌚Di–Fr 10–17 Uhr) erinnert daran, dass die ersten Filme in Astoria in den 1920er-Jahren gedreht wurden. Mit den unglaublichen Ausstellungsstücken und Vorführungen im kürzlich renovierten schmucken Filmtheater lüftet das Museum ein paar der Geheimnisse der Kunst des Filmemachens. Im Sommer kann man sich im **Astoria Pool** (19th St, am 23rd Dr), dem größten und ältesten Schwimmbad der Stadt, Abkühlung verschaffen. An warmen Nachmittagen und lauen Abenden treffen sich Anwohner und Neugierige aus Manhattan in der **Bohemian Hall & Beer Garden** (2919 24th Ave, Astoria; ⌚Mo–Do 17–1, Fr & Sa bis 3 Uhr).

Long Island City STADTVIERTEL

Im benachbarten Long Island City säumen mehrere Apartment-Hochhäuser mit großartigem Blick auf Manhattan das Flussufer. Das Gebiet hat sich zu einem Zentrum für Kunstmuseen entwickelt. Das **PS 1 Contemporary Art Center** (☎718-784-2084; www.ps1.org; 22–25 Jackson Ave, an der 46th Ave; empfohlene Spende 10 US$; ⌚Do–Mo 12–18 Uhr) widmet sich ausschließlich neuen, topaktuellen Arbeiten. Von Anfang Juli bis September verwandelt sich samstags (15 US$, 14–21 Uhr) der Innenhof in einen Kunstraum mit Installationen, wo sich dann so viele Hipster drängen wie nirgendwo sonst diesseits des Mississippi. Bei gutem Wetter sollte man am Ufer einen Bummel im **Socrates Sculpture Park** (☎718-956-1819; www.socratessculpturepark.org; Broadway, am Vernon Blvd; Eintritt frei; ⌚10 Uhr–Sonnenuntergang) machen. Dort stehen riesige erklimmbare Skulpturen von Größen wie Mark di Suvero, der diesen Park begründete.

Flushing & Corona STADTVIERTEL

Die Kreuzung der Main St und der Roosevelt Ave in Downtown Flushing fühlt sich an wie der Times Square einer Stadt, die Welten von NYC entfernt ist. Einwanderer aus ganz Asien, vor allem Chinesen und Koreaner, lassen das Viertel mit Märkten und Restaurants voller leckerer, preiswerter Delikatessen fast aus den Nähten platzen. Die Long Island Rail Road Station ist der Endbahnhof der Linie 7; tagtäglich passieren ihn rund 100 000 Menschen. Im **Flushing Meadows Corona Park** findet man das **Citi Field**, das **USTA National Tennis Center** (im Aug. finden hier die US Open statt) und viele Seen, Sportplätze, Radwege und Rasenflächen. Das Gelände wurde 1939 und 1964 für Weltausstellungen genutzt, wovon eine ganze Reihe verblasster Überbleibsel zeugen. Eines davon ist das berühmteste Wahrzeichen von Queens, die 36,5 m hohe und 380 t schwere Unisphere aus Edelstahl. In der interaktiven Ausstellung der **New York Hall of Science** (☎718-699-0005; www.nysci.org; Erw./Kind 11/8 US$; ⌚Mo–Do 9.30–14, Fr bis 17, Sa & So bis 18 Uhr; 👪) erfahren Kinder spielend etwas über Wissenschaft und Technik. Auf dem Gelände gibt's auch einen Minigolfplatz. In dem riesigen Park ist auch das **Queens Museum of Art** (☎718-592-9700; www.queensmuseum.org; New York City Bldg, Flushing Meadows Corona Park; empfohlene Spende 5 US$; ⌚Mi–So 12–18 Uhr) zu finden.

Jackson Heights STADTVIERTEL

Dieses Viertel ist eine faszinierende Mischung aus indischer (74th St) und südamerikanischer (Roosevelt Ave) Kultur. Hier ist der richtige Ort, um Saris und 22-karätiges Gold zu kaufen, südindische *masala dosas* – riesige hauchdünne Reispfannkuchen, die mit einer würzigen Mixtur aus Masala-Kartoffeln, Erbsen, Koriander und anderen pikanten Leckereien gefüllt sind –, kolumbianische *arepas* (Maispfannkuchen) und argentinische Empanadas zu essen oder in einer der vielen Latino-Schwulen- und Lesbenbars einen Cocktail zu genießen. Die meisten Bars haben sich am mittleren Teil des Broadways angesiedelt.

STATEN ISLAND

Obwohl viele New Yorker der Meinung sind, dass Staten Island wegen seiner vorstädtisch geprägten Haus- und Autokultur mehr mit seinem Nachbarn New Jersey gemeinsam hat, gibt es doch zweifelsohne gute Gründe, dieses Viertel zu besuchen.

Zunächst einmal ist da die kostenlose **Staten Island Ferry** (☎718-876-8441; www.siferry.com; ⏲24 Std.; 25 Min.), die gelangweilte Pendler zur Arbeit und zurück befördert. Die Überfahrt bietet einen atemberaubenden Blick auf die Freiheitsstatue und die Skyline von Manhattan. In der Nähe des Fähranlegers auf Staten Island befindet sich der **Richmond County Bank Ballpark** (Karte S. 55; www.siyanks.com; Richmond Terrace), das Heimatstadion der zweitklassigen Staten Island Yankees, und das absolute In-Viertel St. George.

Aktivitäten

Radfahren

Hunderte von Kilometern ausgewiesener Radwege wurden dank des pro Fahrrad gesinnten Bürgermeisters Bloomberg in der ganzen Stadt angelegt – manchmal gegen Widerstände. Trotzdem kann für unerfahrene Radfahrer das Radeln durch die Straßen New Yorks ziemlich riskant sein, weil oft Lastwagen, Taxis oder in zweiter Reihe geparkte Autos die Radwege blockieren. Überwiegend am Flussufer verlaufende Strecken von insgesamt mehr als 45 km wurden in den **Manhattan Waterfront Greenway** integriert. Dieser Lauf- und Radweg setzt sich aus verschiedenen Parkwegen, Überführungen und ein paar Stadtstraßen zusammen und umrundet die gesamte Insel Manhattan. Der überwiegend nicht unterbrochene 16 km lange Abschnitt von der G. W. Bridge zum Battery Park, der auch durch den **Hudson River Park** führt, ist der wohl spektakulärste Teil. Natürlich gibt es auch im **Central Park** und in Brooklyns **Prospect Park** hübsche Radwege. Der schöne **Franklin D. Roosevelt Boardwalk** (Ecke Father Capadanno Blvd & Sand Lane) am South Beach in Staten Island verläuft 6,5 km an unberührten Stränden entlang.

Tipps zum Radfahren bekommt man beim **Five Borough Bicycle Club** (☎347-688-2925; www.5bbc.org), der auch Wochenendausflüge organisiert. Die gemeinnützige Radfahrer-Interessengruppe **Transportation Alternatives** (☎212-629-8080; www.transalt.org) ist ebenfalls eine gute Infoquelle. Schwule Radfans sollten auf die Website von **Fast & Fabulous** (www.fastnfab.org) klicken, denn der schwule Fahrradclub organisiert lange Wochenend-Radtouren. Fahrräder leihen kann man im **Loeb Boathouse** im Central Park, oder man sucht sich einen Fahrradverleih auf der umfangreichen Website **Bike New York** (www.bikenewyork.org). Bürgermeister Bloomberg plant darüber hinaus ein großes Fahrradverleihsystem in der ganzen Stadt.

Wassersport

Dies ist eine Insel; kein Wunder also, dass es hier jede Menge Möglichkeiten zum Boot- und Kajakfahren gibt. Das **Downtown Boathouse** (Karte S. 64; www.downtownboathouse.org; Pier 40, nahe Houston St; ⏲15. Mai–15. Okt. Sa & So 9–18 Uhr) bietet kostenlose 20-minütige Kajakfahrten (inkl. Ausrüstung) in der geschützten Bucht des Hudson River an. Zwei weitere Standorte sind das Pier 96 und die 72nd St.

Das **Loeb Boathouse** (Karte S. 76; ☎212-517-2233; www.thecentralparkboathouse.com; Central Park, zw. 74th & 75th St; 12 US$/St.; ⏲März–Okt. 10 Uhr–Sonnenuntergang) im Central Park verleiht Ruderboote für romantische Dates und im Sommer sogar venezianische Gondeln (30 US$/30 Min.). Wer Lust auf ein Segelabenteuer hat, sollte an den **Chelsea Piers** (Karte S. 70) an Bord des *Schooner Adirondack* gehen.

Wer ganz und gar ins kühle Nass eintauchen will, kann dies auf der coolen, neuen **Floating Pool Lady** (www.floatingpool.org) tun. Der 25 m lange Swimmingpool befindet sich auf einem großen Schiff, das auf dem Hudson unterwegs ist und an verschiedenen Orten in der Stadt andockt. Der Eintritt ist kostenlos, aber auf 175 Personen begrenzt – an warmen Tagen muss man also mit Wartezeiten rechnen.

Surfer werden überrascht sein, dass es in Queens am **Rockaway Beach** an der 90th St eine kleine Gruppe von Wellenreitern gibt. Aus Midtown braucht man nur 45 Minuten mit einem Zug der Linie A hierher zu fahren, und schon kann man sich aufs Brett schwingen.

New York mit Kindern

Man glaubt es kaum, aber New York kann richtig kinderfreundlich sein. Topmoderne Spielplätze sind vom Union Square bis zum Battery Park überall aus dem Boden gesprossen, und natürlich gibt's auch in den großen Stadtparks jede Menge davon, z. B. den **Safari Playground** (Karte S. 76) im **Central Park**. Es gibt auch mindestens genauso viele Attraktionen für Kinder und Jugendliche wie für Erwachsene: Da wären z. B. die zwei Kindermuseen, das **Children's Museum of Manhattan** (Karte S. 76; ☎212-721-1223; www.cmom.org; 212 W

83rd St, zw. Broadway & Amsterdam Ave; Eintritt 10 US$; ⊙Di–So 10–17 Uhr) und das **Brooklyn Children's Museum** (☎718-735-4400; www.brooklynkids.org; 145 Brooklyn Ave, Prospect Heights; Eintritt 7,50 US$; ⊙Mi–Fr 11–17, Sa & So ab 10 Uhr), die Zoos im Central Park und in der Bronx und nicht zuletzt das Coney Island Aquarium. Geeignet sind auch die thematisch gestalteten Megastores am Times Square und die benachbarten kinderfreundlichen Restaurants. Tipps zu kinderorientierten Veranstaltungen und Aufführungen findet man in der Wochenendrubrik *Arts* der *New York Times*.

Geführte Touren

Die im Folgenden genannten geführten Touren sind nur eine Auswahl:

Big Onion Walking Tours STADTSPAZIERGÄNGE
(☎212-439-1090; www.bigonion.com; Tour 15 US$) Beliebte und etwas abgedrehte Stadtspaziergänge, die sich auf bestimmte ethnische Gruppen und Stadtviertel beziehen.

Circle Line BOOTSFAHRTEN
(Karte S. 70; ☎212-563-3200; www.circleline42.com; Pier 83, W 42nd St; Ticket 16–34 US$) Fährfahrten mit Kommentar um die halbe/ganze Insel.

Gray Line Sightseeing BUS
(☎212-445-0848; www.coachusa.com/newyorksights; 49 W 45th St; Erw./Kind ab 42/32 US$) Mehrsprachige Stadtrundfahrt durch alle Bezirke (außer Staten Island) mit einem Doppeldeckerbus, in den man beliebig oft ein- und aussteigen kann.

Jetty Jumpers BOOTSFAHRTEN
(☎917-734-9919; www.jettyjumpers.com; Tour 275 US$) Bietet geführte Jetski-Touren auf den Wasserwegen von NYC.

Municipal Art Society STADTSPAZIERGÄNGE
(☎212-935-3960; www.mas.org; 457 Madison Ave; Tour Erw. 15 US$) Diverse Touren zur Architektur und Geschichte der Stadt zu verschiedenen Terminen.

New York City Audubon STADTSPAZIERGÄNGE
(☎212-691-7483; www.nycaudubon.org; Tour 8–100 US$) Touren mit Experten und sachkundigen Führern. Angeboten werden u.a. Vogelbeobachtungen im Central Park und in der Bronx sowie umweltorientierte Rundfahrten im Jamaica Bay Wildlife Refuge.

On Location Tours STADTSPAZIERGÄNGE
(☎212-209-3370; www.screentours.com; Tour 15–45 US$) Die *Gossip-Girl*-Tour ist neu auf der Liste der angebotenen Touren, auf denen man seine Carrie-Bradshaw- oder Tony-Soprano-Fantasien ausleben kann.

Feste & Events

In New York gibt's immer was zu feiern. Von Kulturstraßenmärkten über Gourmet-Events bis zu Open-Air-Konzerten ist man geradezu gezwungen, etwas Aufregendes zu erleben – und das unabhängig von der Jahreszeit. In den Sommermonaten finden so viele Open-Air-Events statt, dass man gar nicht weiß, womit man anfangen soll.

Restaurant Week ESSEN
(☎212-484-1222; www.nycgo.com) In Spitzenrestaurants gibt's Mahlzeiten für 20 bis 30 US$ – zuerst im Februar und dann wieder im Juli.

Armory Show KULTUR
(☎212-645-6440; www.thearmoryshow.com; Piers 92 & 94, West Side Hwy an der 52nd & der 54th St) New Yorks größte Kunstmesse berauscht die Stadt im März und präsentiert neue Werke von Tausenden Künstlern aus der ganzen Welt.

Tribeca Film Festival FILM
(☎212-941-2400; www.tribecafilmfestival.com) Robert De Niro ist mit an der Organisation dieses Filmfestivals in Downtown beteiligt. Es findet Ende April/Anfang Mai statt und wird immer angesehener.

Fleet Week MARINE
(☎212-245-0072) Jährliches Treffen der Seeleute, ihrer Marineschiffe und Luftrettungsteams. In ihren weißen Uniformen überschwemmen sie im Mai die Stadt.

Lesbian, Gay, Bisexual & Transgender Pride KULTUR
(☎212-807-7433; www.nycpride.org) Im Pride-Monat Juni ist der Veranstaltungskalender voll mit Partys und Special Events. Am letzten Sonntag des Monats besteht der Höhepunkt in einer großen Parade auf der Fifth Ave.

Mermaid Parade KULTUR
(www.coneyisland.com/mermaid) Eine Art Mardi Gras auf der Uferpromade, der Surf Ave von Coney Island in Brooklyn. Ein Ende Juni stattfindendes künstlerisch angehauchtes, irres, witziges und äußerst expressives Event.

New York Film Festival FILM
(www.filmlinc.com) Bei diesem Event im Lincoln Center kann man sich Ende September

große Weltpremieren prominenter Regisseure ansehen.

New Yorker Festival KULTUR
(www.newyorker.com) Mitte Oktober finden unzählige Interviews, Gespräche und Touren mit einigen der berühmtesten Literatur- und Kulturpromis der Welt statt.

Schlafen

Die Preise ändern sich je nach Kurs des Euro, Yen und der anderen Währungen. Auch die allgemeine Wirtschaftslage, der Wochentag und, nicht zu vergessen, die Jahreszeit beeinflussen den Preis, wobei Frühjahr und Herbst am teuersten sind. Hinzu kommt noch ein Steuerzuschlag von 13,25 % pro Übernachtung. Bei längeren Aufenthalten kann es sich lohnen, sich ein Apartment oder eine Ferienwohnung zu suchen (Mieten sind steuerfrei). Agenturen wie **City Sonnet** (212-614-3034; www.westvillagebb.com; Apt. ab 135 US$/Nacht) helfen dabei. Eine ganze Reihe von landesweit vertretenen Hotelketten wie Sheraton, Ramada und Holiday Inn bieten zu erschwinglichen Preisen Zimmer in Hotels, die nur ein paar Blocks voneinander entfernt rund um die 39th Ave in Long Island City, Queens, zu finden sind. Mit Zügen der Linien N, Q oder R kommt man schnell über den Fluss ins Zentrum von Manhattan.

LOWER MANHATTAN

Gild Hall Wall Street BOUTIQUEHOTEL $$$
(Karte S. 64; 212-232-7700; www.wallstreetdistrict.com; 15 Gold St; Zi. ab 225 US$;) Die Gild Hall ist eines der fabelhaften Hotels der Thompson-Gruppe in NYC. Die Lobby erinnert an eine englische Jagdhütte. Alle Zimmer, auch die kleinen, einfachen Standardzimmer, haben bemerkenswert bequeme Betten mit übergroßen, lederüberzogenen Kopfteilen. Nur ein paar Blocks von der Wall St und mehreren Subway-Linien entfernt, wird man sich nicht im Nirgendwo gestrandet fühlen.

Wall Street Inn LUXUSHOTEL $$$
(Karte S. 58; 212-747-1500; www.thewallstreetinn.com; 9 S William St; Zi. mit Frühstück ab 275 US$;) Früher war in diesem klassischen Kalksteingebäude die Pleite gegangene Bank Lehman Brothers untergebracht. In dem Hotel ist die Atmosphäre der sehr frühen amerikanischen Banker noch spürbar, aber man geht längst kein Risiko mehr ein, wenn man sein Geld hier investiert. Die altmodischen, eher warmen und nicht spießigen Zimmer mit luxuriösem Marmorbad sind für ihre Größe leicht vollgestopft.

TRIBECA & SOHO

Soho Grand Hotel BOUTIQUEHOTEL $$$
(Karte S. 64; 212-965-3000; www.sohogrand.com; 310 W Broadway; DZ 195–450 US$; @) *Das* Boutiquehotel des Viertels gibt mit seiner umwerfenden Treppe aus Glas und Gusseisen in der Lobby hier noch immer den Ton an. Die 367 Zimmer sind mit coolen sauberen Bettlaken und Luxusbettwäsche der Marke Frette, Plasma-Flachbildfernsehern und Pflegeprodukten von Kiehl's ausgestattet. In der Grand Lounge in der Lobby ist immer viel los.

Sixty Thompson BOUTIQUEHOTEL $$$
(Karte S. 64; 212-431-0400; www.60thompson.com; 60 Thompson St, zw. Broome St & Spring St; EZ/DZ 360/425 US$; @) Noch ein Hotel mit minimalistischem Charme. Die Zimmer hier sind mit Daunenbetten, Flachbild-TVs und gemütlichen Tweed-Sofas ausgestattet. Die umwerfende Thom Bar auf dem Dach ist der richtige Ort, um andere Leute zu sehen und selber gesehen zu werden.

Cosmopolitan Hotel HOTEL $$$
(Karte S. 58; 212-566-1900; www.cosmohotel.com; 95 W Broadway, an der Chambers St; DZ ab 200 US$;) Der Name täuscht – das Cosmopolitan ist nicht gerade kosmopolitisch und anspruchsvoll, sondern eher ein durchschnittliches amerikanisches Hotel. Mit seinen sauberen, mit Teppich ausgelegten, leicht beengten Zimmern ist es trotzdem eine erschwingliche Unterkunft in Downtown. Das zugehörige Café serviert Crêpes.

LP TIPP **Solita SoHo** HOTEL $$$
(Karte S. 64; 212-925-3600; www.solitasohohotel.com; 159 Grand St, an der Lafayette St; Zi. ab 220 US$;) Das Solita gehört zur Clarion-Hotelkette und ist eine saubere, funktionale Alternative mit erlesener Möblierung ganz in der Nähe von Little Italy, Chinatown, Soho und Lower East Side. Im Winter niedrigere Zimmerpreise.

Hotel Azure HOTEL $$$
(Karte S. 64; 212-925-4378; www.hotelazure.com; 120 Lafayette St; Zi. ab 220 US$;) Weitere Option nur einen Block weiter. Hat im Winter ebenfalls gute Angebote.

LOWER EAST SIDE & EAST VILLAGE

Bowery Hotel BOUTIQUEHOTEL $$$
(Karte S. 64; 212-505-9100; www.theboweryhotel.com; 335 Bowery, zw. E 2nd St & 3rd St; Zi.

ab 325 US$; ❄@📶) Die Zeiten des Browery als billige Absteige sind lange vorbei. Jetzt herrscht in dem atemberaubend stilvollen Hotel die Eleganz des 19. Jhs. vor. Die hellen Zimmer sind mit schicken Möbeln und Antiquitäten ausgestattet. Die Bar im Barockstil in der Lobby lockt junge, schicke Leute an, und im dazugehörigen Restaurant Gemma wird feinste italienische Küche geboten.

Hotel on Rivington BOUTIQUEHOTEL **$$**
(Karte S. 64; ☎212-475-2600; www.hotelonrivington.com; 107 Rivington St, zw. Essex St & Ludlow St; Zi. ab 160 US$; ❄@📶) Der glänzende 20-stöckige Turm thront hoch über den Wohnhäusern in der Lower East Side. Die Zimmer mit riesigen Fenstern bieten einen traumhaften Blick auf den East River und die ganze Downtown. Sie sind recht unterschiedlich – manche haben einen Balkon, andere einen aufgehängten Flachbild-TV. Das Restaurant im Erdgeschoss ist ein beliebter Treff für jugendliche Hipster.

Gem Hotel BOUTIQUEHOTEL **$$**
(Karte S. 64; ☎212-358-8844; www.thegemhotel.com; 135 Houston St, an der Forsyth St; Zi. ab 180 US$; ❄@📶) Das Gem hat von seinem Vorgänger, dem Howard Johnson Hotel, die einfache, kastenförmige Fassade geerbt. Aber die kleinen, gemütlichen Zimmer sind mit weichen Betten, kleinen Tischen und Flachbild-TVs ausgestattet. Man muss aber mit etwas Straßenlärm rechnen.

East Village Bed & Coffee B&B **$$**
(Karte S. 64; ☎212-533-4175; www.bedandcoffee.com; 110 Ave C, zw. 7th St & 8th St; Zi. mit Gemeinschaftsbad ab 115 US$; ❄📶) Die zehn luftigen Zimmer sind thematisch unterschiedlich gestaltet – mexikanisch (mit hellgelben Wänden und Spielereien aus Zinn), buddhistisch (mit einem kleinen Buddha und kühlen Farben) usw. Hübsch sind auch die Gemeinschaftsbereiche von der Küche mit hoher Zimmerdecke bis zum grünen Garten nach hinten hinaus.

WEST (GREENWICH) VILLAGE

Abingdon Guest House B&B **$$**
(Karte S. 64; ☎212-243-5384; www.abingdonguesthouse.com; 21 Eighth Ave, an der Jane St; Zi. ab 159 US$; ❄@📶) Wenn man nicht aus dem Fenster schaut, könnte man schwören, dass man in einem B&B in New England ist. Die eleganten, komfortablen Zimmer sind mit Himmelbetten, (nicht funktionsfähigen) Kaminen, vielen unverkleideten Ziegelwänden und wogenden Vorhängen ausgestattet. Außerdem gibt's nach hinten hinaus noch einen hübschen kleinen Garten.

Larchmont Hotel HOTEL **$$**
(Karte S. 64; ☎212-989-9333; www.larchmonthotel.com; 27 W 11th St, zw. Fifth Ave & Sixth Ave; EZ/DZ mit Gemeinschaftsbad & Frühstück ab 90/119 US$; ❄📶) Das Larchmont punktet mit seiner Lage. Es ist in einem Gebäude aus der Vorkriegszeit untergebracht, das hervorragend zu den anderen schönen Brownstone-Häusern in dem Straßenblock passt. Die schlichten Zimmer mit Teppichböden könnten mal wieder aufgefrischt werden. Gleiches gilt für die Gemeinschaftsbäder. Aber das Preis-Leistungs-Verhältnis stimmt.

Jane Hotel HOTEL **$$**
(Karte S. 64; ☎212-924-6700; www.thejanenyc.com; 113 Jane St; Zi. mit Gemeinschaftsbad ab 100 US$; ❄📶) Ursprünglich wurde das Hotel für Seeleute gebaut (was man an den kajütenkleinen Zimmern erkennen kann), dann war es ein Notquartier für Überlebende der *Titanic,* später eine YMCA-Jugendherberge und eine Rock'n'Roll-Spielstätte. Die Einzelzimmer haben Flachbild-TVs, und die Gemeinschaftsduschen sind ganz gut.

MEATPACKING DISTRICT & CHELSEA

Hotel Gansevoort LUXUSHOTEL **$$$**
(Karte S. 64; ☎212-206-6700; www.hotelgansevoort.com; 18 Ninth Ave, an der 13th St; Zi. ab 395 US$; ❄@📶🏊) Das Luxushotel mit 187 Zimmern im Meatpacking District punktet mit besonders fein gewebter Bettwäsche, hypoallergenen Daunenbetten, Plasma-TVs, dem schicken Spa im Untergeschoss und einer Dachbar mit toller Aussicht. Für Bodenständige ist es hier sicher zu trendig.

Ace Hotel New York City BOUTIQUEHOTEL **$$**
(Karte S. 70; ☎212-679-2222; www.acehotel.com/newyork; 20 W 29th St; Zi. ab 99–369 US$; ❄📶) Der Ableger einer hippen Hotelkette aus dem pazifischen Nordwesten befindet sich am Nordrand von Chelsea. Nette Details wie alte Plattenspieler und handgeschriebene Willkommensgrüße machen aus dem Ace etwas Besonderes. Trotzdem sind die gefängnisartigen Etagenbetten in einem der Zimmer ein Fehlgriff. Morgens gibt's Saft, Kaffee und Croissants.

Chelsea Lodge B&B **$$**
(Karte S. 70; ☎212-243-4499; www.chelsealodge.com; 318 W 20th St, an der Eighth Ave; EZ/DZ 124/134 US$; ❄) Die europäisch gestaltete Chelsea Lodge ist in einem unverkennbaren Brownstone-Haus untergebracht und hat 20

heimelige, gepflegte, aber etwas kleine Zimmer. Duschen und Waschbecken sind in den Zimmern, die Toiletten aber am Ende des Flurs. Es gibt noch sechs Suiten mit privatem Bad, zwei davon mit eigenem Gartenzugang. In der Lobby gibt's WLAN.

Chelsea International Hostel HOSTEL **$**
(Karte S. 70; ☎212-243-3700; www.chelseahostel.com; 222 W 20th St, zw. Seventh Ave & Eighth Ave; B mit/ohne Bad 70/65 US$, EZ/DZ mit Gemeinschaftsbad 70/155 US$; ❄@📶) Das Hostel in guter Lage lockt ein internationales Publikum, das an Partys und wenig Schlaf gewöhnt ist. Aber dafür kann man in der Gemeinschaftsküche leicht Bekanntschaften schließen.

UNION SQUARE, FLATIRON DISTRICT & GRAMERCY PARK

Marcel BOUTIQUEHOTEL **$$**
(Karte S. 70; ☎212-696-3800; www.nychotels.com; 201 E 24th St, an der Third Ave; DZ ab 175 US$; ❄📶) Das minimalistische, in Erdtönen gehaltene Marcel mit 97 Zimmern ist ein schickes Boutiquehotel für Arme – was nicht heißt, dass es schlecht ist. Die modernistischen Zimmer zur Straße hin haben eine tolle Aussicht, und die Lounge ist perfekt, um sich von einem langen Sightseeing-Tag zu erholen. Auf der Website sind noch weitere gute, erschwingliche Unterkünfte der Amsterdam Hospitality Group aufgeführt.

Chelsea Inn B&B **$$**
(Karte S. 70; ☎212-645-8989; www.chelseainn.com; 46 W 17th St, nahe Sixth Ave; Zi. ab 100 US$; ❄📶) Das witzig-charmante Refugium besteht aus zwei nebeneinanderliegenden vierstöckigen Stadthäusern ohne Aufzug. Die kleinen, aber komfortablen Zimmer wirken, als wären sie mit Sachen vom Flohmarkt oder von Omas Dachboden eingerichtet. Die meisten haben ein eigenes Bad; die zwei preiswertesten Zimmer teilen sich ein Bad.

Gershwin Hotel HOTEL **$$**
(Karte S. 70; ☎212-545-8000; www.gershwinhotel.com; 7 E 27th St, an der Fifth Ave; B/DZ/Suite ab 45/109/299 US$; ❄@📶) Die beliebte, abgefahrene Unterkunft ist halb Jugendherberge, halb Hotel. Das Haus ist voller origineller Pop-Art-Werke, tourender Bands und junger, kunstbeflissener Europäer.

MIDTOWN

Hudson HOTEL **$$$**
(Karte S. 76; ☎212-554-6000; www.hudsonhotel.com; 356 W 58th St, zw. Eighth Ave & Ninth Ave; Zi. ab 240 US$; ❄@📶) Hier haben sich der Designer Phillipe Starck und der Hotelier Ian Schrager zusammengetan und ein absolutes Schmuckstück hervorgebracht. Wer nicht gerade nach Ruhe sucht, ist hier genau richtig. Die Schönheit, halb Hotel, halb Nachtclub, hat mehrere Loungebars, in denen immer was los ist. Die winzigen Zimmer sind super gestylt mit viel Glas, hellem Holz und hauchdünnen Vorhängen.

Room-Mate Grace BOUTIQUEHOTEL **$$**
(Karte S. 70; ☎212-354-2323; www.room-matehotels.com; 125 W 45th St; Zi. mit Frühstück ab 185 US$; ❄📶🏊) Das ultra-hippe Hotel gehört zu einer spanischen Kette und bietet für seine Lage unweit der Action von Midtown ein gutes Preis-Leistungs-Verhältnis. Wie auch bei anderen Hotels dieser Art gibt's Größe nur gegen Aufpreis, und Coolness ist wichtiger als Wärme. Das Dampfbad, die Sauna und die muntere Poolbar sind die Gründe, die für das Mate sprechen.

Pod Hotel HOTEL **$$**
(Karte S. 70; ☎212-355-0300; www.thepodhotel.com; 230 E 51st St, zw. Second Ave & Third Ave; Zi. ab 129 US$; ❄@📶) Ein Traum wird wahr für alle, die in und mit ihrem iPod leben – oder zumindest mit ihm einschlafen wollen. Der erschwingliche Hotspot hat eine Reihe verschiedener Zimmer, die meistens kaum groß genug für ein Bett sind. Das Bettzeug im „Pods" ist strahlend weiß, die Zimmer haben kleine Schreibtische, Flachbild-TVs, iPod-Dock-Stationen und Regenduschen.

414 Hotel HOTEL **$$**
(Karte S. 70; ☎212-399-0006; www.414hotel.com; 414 W 46th St, zw. Ninth Ave & Tenth Ave; Zi. mit Frühstück ab 200 US$; ❄📶) Das 414 ist eher eine Pension denn ein Hotel und liegt nur ein paar Blocks westlich vom Times Square. Alle Zimmer sind gepflegt und hübsch möbliert, und es gibt einen kleinen Hof zwischen den zwei Gebäuden des Stadthauses und eine kleine Küche für die Gäste.

Yotel HOTEL **$$**
(Karte S. 70; ☎646-449-7700; www.yotel.com; 570 Tenth Ave, an der 41st St; Zi. ab 150 US$; ❄📶) In dem neuesten Ableger einer internationalen Hotelkette trifft Science Fiction auf Boutique-Stil und Flughafen-Charme. Es gibt hier super-hilfsbereite Angestellte, eine coole Bar, eine Lounge und ein Restaurant – sowie einen Roboter (eigentlich einen mechanischen Arm), der das Gepäck der Gäste verstaut.

Broadway Rooms HOTEL $$
(Karte S. 70; ☎212-397-9686; www.broadwayrooms.com; 337 W 55th St, zw. Eighth Ave & Ninth Ave; Zi. mit Gemeinschaftsbad 107–220 US$; ❄@) Das Hostel-Hotel hat zwar einen anderen Namen (früher hieß es 1291 B&B), aber immer noch Ecken und Kanten. Die privaten Zimmer sind recht klein; die Gemeinschaftszimmer mit einem Doppelstockbett und zwei Einzelbetten eignen sich am besten für Kleingruppen.

Big Apple Hostel HOSTEL $
(Karte S. 70; ☎212-302-2603; www.bigapplehostel.com; 119 W 45thSt, zw. Sixth Ave & Seventh Ave; B/Zi. 44/135 US$; ❄@📶) Triste Zimmer mit freiliegenden Rohren und Fenstern zur Feuertreppe. Zumindest aber gibt's einen kleinen Hof, wo man frische Luft schnappen kann.

UPPER WEST SIDE

Empire Hotel HOTEL $$$
(Karte S. 76; ☎212-265-7400; www.empirehotelnyc.com; 44 W 63rd St; Zi. ab 225 US$; ❄@📶🏊) Das schicke Empire ist das Gegenstück des W in der Uptown, direkt gegenüber vom Lincoln Center. Die Einrichtung ist in schönen Erdtönen gehalten, und die Zimmer haben für NYC eine recht ordentliche Größe. Es gibt auch eine Dachterrasse mit Pool und herrlichem Blick, die – wenn hier nicht gerade eine geschlossene Gesellschaft feiert – abends ein angesagter Treff ist.

On the Ave BOUTIQUEHOTEL $$$
(Karte S. 76; ☎212-362-1100; www.ontheave.com; 2178 Broadway, an der W 77th St; Zi. ab 225 US$; ❄@📶) Im Vergleich zu einem durchschnittlichen schicken Boutiquehotel hat dieses ein freundlicheres Ambiente und größere Zimmer. In Anbetracht des tollen Designs, der mit Edelstahl und Marmor ausgestatteten Bäder, der Federbetten, der Flachbild-TVs und der echten Kunst ist auch das Preis-Leistungs-Verhältnis sehr gut. In der Nähe von Lincoln Center und Central Park sowie jeder Menge guter Lokale.

YMCA HOSTEL $$
(Karte S. 76; ☎212-912-2600; www.ymca.com; 5 W 63rd St am Central Park West; Zi. ab 100 US$; ❄@) Nur ein paar Schritte vom Central Park entfernt bietet dieses großartige Art-déco-Gebäude einfache, aber saubere Zimmer auf mehreren Etagen (8.–13. Stock). Gäste können den großen, wenn auch altmodischen Fitnessraum, die Racquetball-Plätze, den Pool und die Sauna nutzen. Im Erdgeschoss gibt's WLAN. Weitere Ableger befinden sich in der Upper East Side und in Harlem.

Jazz on Amsterdam Ave HOSTEL $
(Karte S. 76; ☎646-490-7348; www.jazzhostels.com; 201 W 87th St an der Amsterdam Ave; B 44 US$, Zi. 100 US$; ❄@) Nur einen kurzen Spaziergang vom Central Park entfernt befindet sich der Upper-West-Side-Ableger dieser Hotelkette mit sauberen privaten Zimmern und Schlafsälen mit zwei bis sechs Betten. Kostenloses WLAN gibt's in der Lobby. Weitere Ableger befinden sich in Harlem und Chelsea.

Hostelling International-New York HOSTEL $
(Karte S. 76; ☎212-932-2300; www.hinewyork.org; 891 Amsterdam Ave, an der 103rd St; B 32–40 US$, DZ ab 135 US$; ❄@📶) Die Herberge hat saubere, sichere und klimatisierte Schlafsäle in einem prachtvollen Gebäude mit großem, schattigen Patio und einer super-freundlichen Atmosphäre.

UPPER EAST SIDE

Carlyle LUXUSHOTEL $$$
(Karte S. 76; ☎212-744-1600; www.thecarlyle.com; 35 E 76th St, zw. Madison Ave & Park Ave; Zi. ab 450 US$; ❄📶) Der legendäre New Yorker Klassiker ist der Inbegriff von altmodischem Luxus, den ausländische Würdenträger und Promis gleichermaßen genießen. Von der gedämpften Lobby mit ihrem glänzenden Marmorboden bis zu den englischen Landschaftsgemälden oder den Audubon-Drucken in den Zimmern herrscht hier überall Opulenz. Manche Zimmer bieten eine Terrasse oder sogar kleine Konzertflügel.

Bentley BOUTIQUEHOTEL $$$
(Karte S. 76; ☎888-664-6835; www.nychotels.com; 500 E 62nd St, an der York Ave; Zi. ab 200 US$; ❄📶) Das Bentley bietet einen traumhaften Blick auf den East River und den FDR Dr, soweit das Auge reicht. Das ehemalige Bürogebäude hat sich in ein schickes Boutiquehotel mit einer eleganten Lobby und hübschen Zimmern verwandelt.

Bubba & Bean Lodges B&B $$
(Karte S. 76; ☎917-345-7914; www.bblodges.com; 1598 Lexington Ave, zw. 101st St & 102nd St; Zi. ab 180 US$; ❄📶) Hartholzböden, blendend weiße Wände und hübsche blaue Bettdecken lassen die Zimmer des raffinierten B&B geräumig, modern und jugendlich erscheinen. Die Zimmer wirken eher wie kom-

plett ausgestattete Apartments (manche für bis zu 6 Pers.). Gute Winterangebote.

HARLEM

102 Brownstone HOTEL $$
(Karte S. 76; ☎212-662-4223; www.102brownstone.com; 102 W 118th St, zw. Malcolm X Blvd & Adam Clayton Powell Blvd; Zi. ab 120 US$; ❄📶) Prächtig restauriertes Reihenhaus im neoklassizistischen Stil in einer hübschen Wohnstraße. Die Zimmer mit gemütlichen Betten sind stilistisch unterschiedlich eingerichtet – von buddhistisch bis zum klassischen Boudoir-Stil.

710 Guest Suites APARTMENT $$
(☎212-491-5622; www.710guestsuites.com; 710 St Nicholas Ave, an der 146th St; Suite ab 174 US$; ❄📶) Das Brownstone-Haus bietet drei fabelhafte, schicke Suiten mit hohen Decken, modernen Möbeln und Holzböden. Mindestbuchung drei Übernachtungen. Die niedrigen Preise zwischen Januar und März sorgen für ein außergewöhnlich gutes Preis-Leistungs-Verhältnis.

Harlem Flophouse INN $$
(Karte S. 76; ☎347-632-1960; www.harlemflophouse.com; 242 W 123rd St, zw. Adam Clayton Powell Blvd & Frederick Douglass Blvd; Zi. mit Gemeinschaftsbad ab 125 US$) Die vier hübschen Schlafzimmer sind mit alten Lampen, lackierten Holzböden, großen Betten, klassischen Zinndecken und Holz-Fensterläden ausgestattet. Im Haus gibt's eine Katze.

BROOKLYN

LP TIPP **New York Loft Hostel** HOSTEL $
(☎718-366-1351; 248 Varet St; B/Zi. mit Frühstück 65/90 US$; ❄📶) In dem renovierten Loft-Hostel kann man es sich wie ein hipper Williamsburger oder gar Bushwicker gutgehen lassen. Ziegelwände, hohe Decken, eine schöne Küche und ein Whirlpool auf dem Dach lassen die Hostels in Manhattan wie Mietwohnungen erscheinen. Die nächstgelegene Subway ist die Linie L an der Morgan Ave.

Nu Hotel HOTEL $$$
(☎718-852-8585; www.nuhotelbrooklyn.com; 85 Smith St; DZ mit Frühstück ab 199 US$; ❄@📶) Die Lage, nur wenige Blocks von Brooklyn Heights entfernt mitten unter hübschen Brownstone-Häusern, ist absolut ideal – wäre da nicht das Gefängnis von Brooklyn genau gegenüber. Das schicke Hotel mit minimalistischem Ambiente hat saubere, weiße und komfortable Zimmer.

Hotel Le Bleu HOTEL $$
(☎718-625-1500; www.hotelbleu.com; 370 4th Ave; DZ mit Frühstück 169–349 US$; P❄@📶) Das Hotel liegt an einer geschäftigen Avenue mit rumpelnden LKWs und Autowerkstätten, aber das einladende, turbulente Park Slope ist nur einen kurzen Spaziergang entfernt. Die Zimmer des schicken, weißen, minimalistisch gestalteten Boutiquehotels haben riesige Betten und Balkone mit schönem Blick auf Manhattan.

3B B&B $$
(☎347-762-2632; www.3bbrooklyn.com; 136 Lawrence St; B/Zi. mit Frühstück 40/120 US$; ❄📶) Der 3. Stock des im Zentrum von Brooklyn gelegenen Brownstone-Hauses wurde in ein helles, modernes B&B mit vier Gästezimmern umgewandelt.

Essen

Wo anfangen in einer Stadt mit fast 19 000 Restaurants, in der jeden Tag neue dazukommen? Von Little Albania bis Little Uzbekistan – worauf immer man gerade Appetit hat, das passende Lokal ist nur eine kurze U-Bahnfahrt entfernt. New York Citys Restaurantszene ist eine Brutstätte kulinarischer Innovationen und Trends, die sich wie die Stadt selbst täglich neu erfindet und die zu erkunden sich wirklich lohnt – angefangen bei erfindungsreichen Donuts und Sandwiches mit frischem Bio-Schweinefleisch bis hin zu Haute-Cuisine-Variationen von Brathähnchen, Pizza und den guten alten Burgern mit Pommes. Der neueste süchtig machende Trend sind die Unmengen von umherfahrenden, hupenden Food Trucks – das zeitgemäße Äquivalent der klassischen Schiebekarren. Sie verkaufen alles von köstlichen Cupcakes bis hin zu Klößen und jamaikanischen Ziegen-Curry.

LOWER MANHATTAN

Bridge Café MODERN-AMERIKANISCH $$
(Karte S. 58; 279 Water St; Hauptgerichte 23 US$; ⏲11.45–23 Uhr) Schon seit 1794 bedient das schlichte, gemütliche Restaurant die Downtown und gilt weithin als das älteste in der Stadt. Die Speisekarte ist aber alles andere als eingestaubt. Geboten werden moderne Fleisch- und Meeresfrüchtegerichte mit saisonalen Zutaten. Und der Brotpudding mit Bananen und Schokolade ist die krönende Nachspeise.

Smorgas Chef Wall St SKANDINAVISCH $$
(Karte S. 58; 53 Stone St; Hauptgerichte 9–24 US$; ⏲10.30–22.30 Uhr) In der ruhigen, schmalen

Stone St (sie war die erste gepflasterte Straße der Kolonie New Amsterdam) serviert das gute Bistro skandinavische Speisen wie schwedische Fleischbällchen, aber auch leichtere Kost wie Fisch und Salate. In den Sommermonaten stellt das Smorgas Chef genau wie die angrenzenden Restaurants draußen Tische auf und verwandelt mit ihnen zusammen die Straße in eine große Partymeile.

Table Tales SANDWICHES $
(Karte S. 58; 243 Water St; Hauptgerichte 9 US$; ⌚Mo–Sa 11.30–22 Uhr) Wer eine Pause in der von Touristen belagerten und mit Filialen großer Ketten überzogenen Gegend am South St Seaport braucht, ist in diesem kostbaren, gemütlichen Treff, das von einem Catering-Unternehmen geführt wird, genau richtig. Neben der coolen Atmosphäre gibt's hier sättigende Café-Angebote und ebensolche Abendgerichte.

Ruben's Empanadas ARGENTINISCH, FASTFOOD $
(Karte S. 58; 76 Nassau St, an der John St; Empanada 4 US$; ⌚9–19 Uhr) In dem argentinischen Kettenlokal kann man mit fettfreien Empanadas in unzähligen Variationen von Hähnchen bis Apfel oder würzigem Tofu wieder auftanken. In dem Viertel gibt's noch zwei weitere Filialen.

Zaitstaff BURGER $
(Karte S. 58; 72 Nassau St; Hauptgerichte 9 US$; ⌚9.30–21.30, Sa & So 10.30–13 Uhr) Inmitten von Häuserblocks voller Delis und Fastfoodketten lockt das kleine Restaurant mit seinen Kobe-Rindfleisch-Burgern (es gibt auch vegetarische und Truthahn-Burger) viele treue Anhänger an.

Alfanoose NAHÖSTLICH $
(Karte S. 58; 8 Maiden Lane, zw. Broadway & Nassau St; Hauptgerichte 6 US$; ⌚Mo–Sa 11.30–21.30 Uhr) Auf der Karte stehen syrisch-libanesische Spezialitäten sowie viele vegetarische als auch Fleischgerichte und ein paar für Falafel-Imbisse untypische Speisen.

TRIBECA, SOHO & NOHO

Mooncake Foods ASIATISCH, SANDWICHES $
(Karte S. 64; 28 Watts St, an der Broome St; Hauptgerichte 8 US$; ⌚Mo–Fr 10–23, Sa & So 9–23 Uhr) Das bescheidene, familienbetriebene Restaurant serviert ein paar der besten Sandwiches im Viertel. Einfach das Sandwich mit geräuchertem Weißfisch-Salat oder mit vietnamesischen Schweinefleisch-Bällchen probieren. Weitere Filialen gibt's in Chelsea und uptown in Hell's Kitchen.

A, B, C

Die Buchstaben, die man in den Fenstern aller Restaurants in NYC sieht, sind nicht etwa die Zeugnisnoten der Kinder der Restaurantbesitzer. Vielmehr stehen sie für bestimmte Hygienenormen und werden nach einer Kontrolle vom New Yorker Gesundheitsamt ausgestellt. A ist die beste Note und C die schlechteste – alles, was darunter liegt, sollte man erst gar nicht probieren.

Edward's AMERIKANISCH $$
(Karte S. 58; 136 W Broadway, zw. Thomas St & Duane St; Hauptgerichte 13 US$; ⌚9–24 Uhr) Das Edward's in einem geschäftigen Straßenblock in Tribeca hat mit seinen hohen Decken, Spiegelwänden und Sitznischen aus dunklem Holz die Atmosphäre eines gemütlichen europäischen Bistros. Auf der Karte steht alles von Pasta bis Burger.

La Esquina Taqueria MEXIKANISCH $
(Karte S. 64; 114 Kenmare St, am Cleveland Pl; Hauptgerichte 6 US$; ⌚8–1.45 Uhr, Sa & So ab 12 Uhr) Der mexikanische Hotspot, den man nur an dem riesigen Neonschild „The Corner" (also *la esquina*) erkennt, ist Tag und Nacht rappelvoll – und das aus gutem Grund. Die köstlichen, authentischen Leckerbissen werden an der Theke oder in dem heiteren Café um die Ecke serviert.

Bubby's Pie Company AMERIKANISCH $$
(Karte S. 58; 120 Hudson St, an der N Moore St; Hauptgerichte 12–25 US$; ⌚Mo 1–12, Di 8–24 Uhr, Mi–So 24 Std.) Der kinderfreundliche Tribeca-Klassiker ist die Location für einfaches, üppiges und leckeres Essen wie langsam gegarte Grillspezialitäten, Grütze, Suppe mit Matzebällchen, Buttermilch-Kartoffelsalat, frittierte Okraschoten und riesiges, fettes Frühstück. Alles ist so gut, dass einem schon beim Gedanken daran das Wasser im Munde zusammenläuft.

CHINATOWN, LITTLE ITALY & NOLITA

Peasant ITALIENISCH $$$
(Karte S. 64; ☎212-965-9511; 194 Elizabeth St, zw. Spring St & Prince St; Hauptgerichte 20–30 US$; ⌚Di–Sa 18–23, So bis 22 Uhr) Gemütlicher Speisesaal mit nackten Eichentischen rund um einen Ziegelofen. Aus der offenen Küche kommen liebevoll zubereitete herzhafte, panitalienische Gerichte, meistens mit viel

ESSEN IN NYC: CHINATOWN

Chinatown mit seinen Hunderten von Restaurants – von winzigen Imbissen bis hin zu riesigen Speiseräumen – ist genau der richtige Ort, um den knurrenden Magen für wenig Geld zu füllen. Eines der besten Mittagslokale mit kantonesischer Küche ist das **Amazing 66** (Karte S. 58; 66 Mott St, an der Canal St; Hauptgerichte 7 US$; ⌚11–23 Uhr). Die besten Klöße gibt's im **Vanessa's Dumpling House** (Karte S. 64; 118 Eldridge St, an der Broome St; 4 Klöße 1 US$; ⌚7.30–22.30 Uhr). **Big Wong King** (Karte S. 58; 67 Mott St, an der Canal St; Hauptgerichte 5–20 US$; ⌚7–21.30 Uhr) serviert kleine Fleischstückchen auf Reis und gutes Congee (süße oder herzhafte Reissuppe). Das immer rappelvolle **Joe's Shanghai** (Karte S. 58; 9 Pell St; Hauptgerichte 10 US$; ⌚11–23 Uhr) ist touristenfreundlich und macht gute Nudelgerichte und Suppen. Und zu guter Letzt sollte man sich im **Egg Custard King** (Karte S. 64; Natalie Bakery Inc; 271 Grand St; Pudding 1 US$; ⌚7–21.30 Uhr) den gleichnamigen Nachtisch gönnen.

Fleisch. Zu den Spezialitäten des Peasant gehören Gnocchi mit Wildpilzen und im Ofen gebackenes Kaninchen. Nach dem Abendessen kann man runter in den dunklen, gemütlichen Weinkeller gehen.

Ruby's AMERIKANISCH **$$**

(Karte S. 64; 219 Mulberry St; Hauptgerichte 12 US$; ⌚10–23 Uhr) In dem kleinen Lokal muss man sich den Platz an einem der Picknicktische hart erkämpfen. Serviert werden gesunde Salate, Panini und Aussie-Burger (Rinderhack mit Zwiebeln, Paprika, gebratenen Eiern, roter Beete und gerösteter Ananas).

Torrisi Italian Specialties ITALIENISCH **$**

(Karte S. 64; 250 Mulberry St, an der Prince St; Sandwich 8 US$; ⌚11–22 Uhr) Tagsüber ist dies ein bescheidener Lebensmittelladen mit Restaurant, in dem Fleischwaren im Fenster hängen und Sandwiches wie Hühnchen-Parmesan und Lasagne verkauft werden. Abends serviert das Torrisi zum Festpreis (45 US$) einfallsreiche Abwandlungen typisch italienisch-amerikanischer Gerichte mit lokalen, saisonalen Zutaten.

Focolare ITALIENISCH **$$**

(Karte S. 64; 115 Mulberry St, zw. Canal St & Hester St; Hauptgerichte 15 US$; ⌚11–22 Uhr) Lust auf ein Abendessen in Little Italy? Eine gute Wahl ist das Focolare mit dem gemütlichen Innenraum und den klassischen Gerichten.

Bánh Mí Saigon Bakery VIETNAMESISCH **$**

(Karte S. 64; 198 Grand St; Hauptgerichte 5 US$; ⌚10–19 Uhr) Der schlichte Laden bietet ein paar der besten *bánh mì* (vietnamesische Sandwiches mit geröstetem Schweinefleisch auf dickem Baguette) der Stadt.

Fonda Nolita MEXIKANISCH **$**

(Karte S. 64; 267 Elizabeth St, nahe Houston St; Hauptgerichte 4 US$; ⌚8–24 Uhr) An dem geparkten VW bekommt man herzhafte Tacos (das Frühstücks-Chorizo probieren).

LOWER EAST SIDE

Spitzer's Corner MODERN-AMERIKANISCH **$$**

(Karte S. 64; ☎212-228-0027; 101 Rivington St; Hauptgerichte 9–19 US$; ⌚Mo–Sa 12–4, So 10–24 Uhr) Das Ecklokal bietet ein Gastropub-Erlebnis unter freiem Himmel. Die knappe Speisekarte wurde von dem mit einem Michelin-Stern ausgezeichneten Chefkoch kreiert, und es gibt mehr als 40 verschiedene Biere vom Fass. Dank der großen Gemeinschaftstische und dem langen Tresen mit Blick auf die Straße kommt man auch mit seinen Nachbarn ins Gespräch.

Katz's Delicatessen DELI **$$**

(Karte S. 64; 205 E Houston St; Sandwich 13 US$; ⌚Mo & Di 8–21.45, Mi, Do & So bis 22.45, Fr & Sa bis 2.45 Uhr) Das Katz's ist einer der letzten jüdischen Delikatessenläden in der Stadt. Die riesigen Sandwiches mit Pastrami, Corned Beef, Rinderbrust und Zunge locken Einheimische, Reisende und Promis (deren Fotos die Wände zieren) gleichermaßen an. Gewöhnungsbedürftig ist das Bezahlungssystem: Unbedingt den Zettel aufbewahren, den man beim Reingehen bekommt und nur bar bezahlen.

Kuma Inn ASIATISCH **$$**

(Karte S. 64; ☎212-353-8866; 113 Ludlow St, zw. Delancey St & Rivington St; Hauptgerichte 11 US$; ⌚18–23 Uhr) In dem sehr beliebten Restaurant muss man unbedingt reservieren. Es befindet sich geheimnisvoll im zweiten Stock und wirkt wie ein umgebautes Apartment. Hier gibt's die ganze Palette an philippinisch und thailändisch beeinflussten Tapas – von vegetarischen Frühlingsrollen bis Austern-Omelettes und gegrilltem Lachs mit Mungobohnen und eingelegten Zwiebeln.

Fat Radish MODERN-AMERIKANISCH $$$
(Karte S. 64; 17 Orchard St; Hauptgerichte 21 US$; ⌚8–24, Sa & So ab 11 Uhr, Mo geschl.) Das gedämpft beleuchtete Lokal mit unverkleideten Ziegelwänden und industriellem Chic hat ein junges, modisches Publikum. Hier ist immer viel los, und die Leute beobachten sich gegenseitig genau. Doch die Vorspeisen – typische saisonale Kneipenkost mit lokalen Zutaten – verdienen wirklich Aufmerksamkeit.

Economy Candy BONBONS $
(Karte S. 64; 108 Rivington St; Bonbons ab 4 US$; ⌚So–Fr 9–18, Sa 10–17 Uhr) Wer denkt nicht wehmütig an die vielen bunten Bonbons zurück, mit denen man sich als Kind vollgestopft hat? Der kleine Laden hat eine riesige Auswahl von allem, was bunt, verrückt und süß ist.

Russ & Daughters DELI $
(Karte S. 64; 179 E Houston St; Hauptgerichte 5 US$; ⌚Mo–Fr 8–20, Sa bis 19, So bis 17.30 Uhr) Der alteingesessene Laden mit einer Atmosphäre aus längst vergangenen Zeiten bietet osteuropäische jüdische Delikatessen wie Kaviar, Hering und Räucherlachs und natürlich Bagels mit viel Frischkäse.

Souvlaki GR GRIECHISCH $
(Karte S. 64; 116 Stanton St, nahe Essex St; Hauptgerichte 5 US$; ⌚11–24 Uhr) Die Inhaber eines Imbiss-Trucks haben dieses kleine Restaurant eröffnet, das wie die Kulisse für einen Film über eine griechische Insel wirkt.

Donut Plant DESSERTS $
(Karte S. 64; 379 Grand St, an der Norfolk St; Donut 2,75 US$; ⌚6.30–18.30 Uhr) Hier gibt's einfallsreiche Donuts aus natürlichen Zutaten (z. B. mit Erdnussbutter und Marmelade). Eine weitere Filiale findet man im Chelsea Hotel an der 222 W 23rd St.

EAST VILLAGE

Im East Village wird jede kulinarische Richtung angeboten, und die besten Restaurants sind hier eher locker als überkorrekt. Der St. Marks Place und die Gegend um die Third und die Second Ave sind zu Klein-Tokio geworden mit Unmengen japanischen Sushi- und Grillrestaurants. Indische Durchschnittsrestaurants reihen sich in der Sixth St zwischen First und Second Ave aneinander.

LP TIPP **Momofuku Noodle Bar** JAPANISCH $$
(Karte S. 64; 171 First Ave, an der 11th St; Hauptgerichte 9–16 US$; ⌚So–Do 12–16 & 17.30–23, Fr & Sa bis 24 Uhr) Ramen und Dampfklöße sind der Renner in diesem sagenhaft kreativen japanischen Lokal, das zum ständig größer werdenden Imperium von David Chang gehört. Man sitzt auf Hockern an der langen Bar oder an großen Tischen. Sehr zu empfehlen ist die Spezialität des Hauses: gedünstetes Hähnchen und Schweineklöße (2 Stück 9 US$).

Counter VEGETARISCH $$
(Karte S. 64; ☎212-982-5870; 105 First Ave, zw. E 6th St & 7th St; Hauptgerichte 15–25 US$; ⌚Mo–Do 17–24, Fr bis 1, Sa 11–1, So bis 16 Uhr; ✎) Diesem einzigartigen Lokal gelingt es erfolgreich, Wodka-Martinis mit vegetarischer Bio-Küche zu vereinen. Den futuristischen Speisesaal mit indirekter Beleuchtung und fantastischen Kunstwerken sowie die innovativen Gerichte wie Blumenkohl-Risotto sollte man unbedingt austesten.

Il Bagatto ITALIENISCH $$
(Karte S. 64; ☎212-228-0977; 192 E 2nd St, nahe Ave B; Hauptgerichte 18 US$; ⌚17.30–24 Uhr, Mo geschl.) Das geschäftige, zugleich aber romantische kleine Lokal bietet durch und durch köstliche italienische Kreationen zu außergewöhnlich vernünftigen Preisen und eine exzellente Weinkarte.

Xi'an Famous Foods CHINESISCH $
(Karte S. 64; 81 St Mark's Pl, an der First Ave; Hauptgerichte 6 US$; ⌚24 Std.) Das Original in Flushing (Queens) ist ein winziges Lokal mit einer interessanten Speisekarte, auf der vor allem würzige Nudelgerichte und Suppen zu finden sind. Es gibt noch zwei andere Filialen in Chinatown.

Veselka OSTEUROPÄISCH $$
(Karte S. 64; 144 Second Ave, an der 9th St; Hauptgerichte 12 US$; ⌚24 Std.) Generationen von East Villagern strömen zu dieser geschäftigen Institution, um sich mit Plinsen und mit Frühstück (egal zu welcher Stunde) zu verwöhnen.

WEST (GREENWICH) VILLAGE

Blue Hill MODERN-AMERIKANISCH $$$
(Karte S. 64; ☎212-539-1776; 75 Washington Pl, zw. Sixth Ave & MacDougal St; Hauptgerichte 22–50 US$; ⌚Mo–Sa 17.30–23, So bis 22 Uhr) Genau das Richtige für Slow-Food-Junkies. Das Blue Hill ist ein entspanntes, hochkarätiges Abendrestaurant, in dem man sicher sein kann, dass alles, was je nach Saison auf den Teller kommt, auch wirklich frisch ist. Beilage für alle Geflügel- und Fischgerichte ist dezent gewürztes Gemüse. Das

unterhalb des Straßenniveaus gelegene Restaurant ist eine mondäne Location mit heiterem Ambiente.

Buvette FRANZÖSISCH **$$**
(Karte S. 64; 42 Grove St; Hauptgerichte 12 US$; ⏲Mo–Fr 8–2, Sa & So 11–2 Uhr) Das romantisch beleuchtete Bistro könnte man je nach Stimmung als beengt oder gemütlich empfinden. Serviert werden Mini-Versionen inspirierter Tapas wie selbstgeräucherter Stockfisch in Olivenöl, aber auch Fleisch- und Käsewaren sowie belegte Brote.

Snack Taverna GRIECHISCH **$$**
(Karte S. 64; 63 Bedford St; Hauptgerichte 15–25 US$; ⏲Mo–Sa 12–23, So bis 22 Uhr) Wer es nicht bis zu den griechischen Restaurants in Astoria in Queens schafft, sollte dieses in West Village versuchen. Hier gibt's nicht nur Standardgerichte wie Gyros und Moussaka. Die kleinen Speisen wie geräucherte Forelle mit Gerstenzwieback, Tomaten, Käse und Balsamico sind hervorragend.

Perilla MODERN-AMERIKANISCH **$$**
(Karte S. 64; ☎212-929-6868; 9 Jones St; Hauptgerichte 22–27 US$; ⏲Mo–Do 17.30–23, Fr & Sa bis 23.30, So 11–22 Uhr) Das von der beliebten TV-Kochshow *Top Chef* betriebene Perilla ist ein überaus kreatives und dennoch typisch amerikanisches Bistro. Die würzigen Entenhackfleischbällchen und die gebratenen Sardinen sind hervorragende Vorspeisen.

Thelewala INDISCH **$$**
(Karte S. 64; 112 MacDougal St, nahe Minetta Lane; Hauptgerichte 5 US$; ⏲So–Do 11.30–2, Fr & Sa bis 5 Uhr) Das kleine, schicke Lokal liegt in einer stark frequentierten Schlemmermeile. Bei den köstlichen „Calcutta Rolls" und dem „Street Food" wird man garantiert nicht so schnell wieder wegkommen.

Taïm NAHÖSTLICH **$**
(Karte S. 64; 222 Waverly Pl, zw. Perry St & W 11th St; Hauptgerichte 7–9 US$; ⏲12–22 Uhr) Der winzige Falafel-Laden serviert Smoothies, Salate und köstliche Falafel von traditionell bis Varianten mit geröstetem roten Pfeffer oder mit scharfer Harissa.

CHELSEA, UNION SQUARE, FLATIRON DISTRICT & GRAMERCY PARK

LP TIPP **The Breslin** MODERN-AMERIKANISCH **$$**
(Karte S. 70; 16 West 29th St; Hauptgerichte 18 US$; ⏲7–24 Uhr) Hier kann man manchmal kaum sein eigenes Wort verstehen, und der Andrang der Hipster aus dem angeschlossenen super-trendigen Ace Hotel kann ebenfalls nerven. Was letztlich aber wirklich zählt, ist die fleischlastige, von Kneipengerichten inspirierte Karte der hochgefeierten Chefköchin April Bloomfield. Für große Gruppen gibt's den großen Tisch vor der offenen Küche, auf dem ein ganzes Spanferkel (65 US$/Pers. mit Beilage, Salat und Dessert) Platz findet. Keine Reservierung möglich; man muss also mit Wartezeiten rechnen.

Eataly ITALIENISCH **$**
(Karte S. 70; www.eataly.com; 200 Fifth Ave an der 23rd St; Hauptgerichte 7 US$; ⏲12–22 Uhr) Das Eataly ist das Macy's aller Foodcourts, in dem der Starkoch Mario Batali mit seinem Imperium in NYC Spuren hinterlassen hat. Dank der Handvoll Spezialitäten-Lokale mit verschiedenen Schwerpunkten (Pizza, Fisch, Gemüse, Fleisch, Pasta) und dem *pièce de résistance,* einem Biergarten auf dem Dach, ganz zu schweigen von dem Café, der Eisdiele und dem Lebensmittelladen, gibt's hier eine riesige Auswahl für Feinschmecker.

Co. PIZZERIA **$$**
(Karte S. 70; 230 Ninth Ave, an der 24th St; Pizza 16 US$; ⏲17–23 Uhr) Der Inhaber und Chefkoch der modernen Pizzeria ist zuallererst ein Bäcker. Es überrascht also nicht, dass die frisch und einfallsreich belegten Pizzen mit hauchdünnem Knusperboden die wohl besten in der Stadt sind. Am besten kommt man mit mehreren Leuten her, um verschiedene Varianten zu probieren.

Chat N' Chew AMERIKANISCH **$$**
(Karte S. 58; 10 E 16th St; Hauptgerichte 12–20 US$; ⏲Mo–Fr 11–24, Sa 10–24, So 10–23 Uhr) Hier gibt's bodenständige Hausmannskost von ausgezeichneter Qualität wie Makkaroni mit Käse, Kartoffelbrei und Brathähnchen. Der Teller mit Zwiebelringen reicht mindestens für vier Personen, die alle mächtig reinhauen müssen.

Blossom VEGANISCH **$$$**
(Karte S. 58; ☎212-627-1144; 187 Ninth Ave, zw. 21st St & 22nd St; Hauptgerichte 25–35 US$; ⏲Fr, Sa & So 12–22.30, Mo–Do 17–22 Uhr; 🌱) Kreatives, elegantes Restaurant für Veganer in einem Stadthaus in Chelsea. Die Speisekarte liest sich wie eine Reise um die Welt und regt die Geschmacksnerven an. Unbedingt probieren sollte man die Seitan-Empanada, Tempeh in Mojo-Marinade oder mit Cashew-Sesam-Sauce gefüllte Portobello-Pilze.

The Highliner DINER $$
(Karte S. 70; 210 Tenth Ave, an der 22nd St; Hauptgerichte 12 US$; ⌚11–23 Uhr) Früher war hier der beliebte Empire Diner untergebracht. Aber auch der Nachfolger wird mit seinem raffinierten, hochwertigen Essen jede Menge Menschen, die auf der High Line unterwegs sind, anlocken.

Shake Shack BURGER $
(Karte S. 70; Madison Ave, an der E 23rd St; Burger ab 4 US$; ⌚11–23 Uhr) Vor dem Imbiss am Madison Square Park stehen die Touristen wegen der Hamburger und der Shakes traubenweise Schlange.

Chennai Garden INDISCH $$
(Karte S. 70; 129 E 27th St, zw. Park & Lexington Ave; Hauptgerichte 9–15 US$; ⌚12–22 Uhr) Hier gibt's südindische Spezialitäten wie hauchdünne Dosa (Reis-Pfannkuchen), die mit einer würzigen Mischung aus Kartoffeln und Erbsen gefüllt sind. Die üblichen Currys gibt's natürlich auch.

Chelsea Market MARKT $$
(Karte S. 70; www.chelseamarket.com; 75 Ninth Ave, zw. W 15th & 16th St; ⌚Mo–Sa 7–22, So 8–20 Uhr) Die 245 m lange Einkaufsmeile ist der Himmel für Feinschmecker.

MIDTOWN

LP TIPP **Kum Gang San** KOREANISCH $$
(Karte S. 70; 49 W 32nd St, am Broadway; Hauptgerichte 12–26 US$; ⌚24 Std.) Das Kum Gang San ist eines der größeren und extravaganteren Restaurants in Koreatown. Hier gibt's hervorragende Grillgerichte, die man selbst am Tisch brutzelt. Wie in den meisten koreanischen Restaurants sind die Beilagen mindestens genauso lecker wie die Hauptspeise. Groß, laut und leicht kitschig, aber trotzdem ein zuverlässiger Auftakt für Koreatown.

Pietrasanta ITALIENISCH $$
(Karte S. 70; ☎212-265-9471; 683 9th Ave, an der 47th St; Hauptgerichte 16–24 US$; ⌚Mo–Do & So 12–22.30, Fr & Sa bis 24 Uhr) Das beste der vielen italienischen Restaurants in dieser Gegend. Hier werden Reisende vor oder nach einem Theaterbesuch genauso freundlich begrüßt wie die Stammgäste aus der Nachbarschaft. Das Kürbis-Ravioli ist der Renner, genauso wie der Hummus und die gewürzten Butterbrotaufstriche.

Café Edison DELI $
(Karte S. 70; 228 W 47th St, zw. Broadway & Eighth Ave; Hauptgerichte ab 6 US$; ⌚Mo–Sa 6–21.30, So bis 19.30 Uhr) Wo sonst bekommt man ein Mortadella-Sandwich? Den legendären New Yorker Laden gibt's schon seit den 1930er-Jahren. Serviert werden amerikanische Diner-Klassiker wie Grillkäse, warmes Corned Beef, Truthahn-Sandwiches und Käse-Plinsen. Nur Barzahlung.

Ellen's Stardust Diner DINER $$
(Karte S. 70; 1650 Broadway, an der 51st St; Hauptgerichte 15 US$; ⌚Mo–Do 7–24, Fr & Sa bis 1, So bis 23 Uhr) In diese Falle möchte eigentlich kein New Yorker geraten, aber dieser Diner-&-Dinner im Stil der 1950er-Jahre macht Riesenspaß, vor allem nach einer Show. Wenn die talentierte Bedienung beim Abkassieren Popsongs oder Musical-Lieder schmettert, kann man gar nicht anders als zu applaudieren.

44 & X MODERN-AMERIKANISCH $$
(Karte S. 70; 622 Tenth Ave, an der W 44th St; Hauptgerichte 16–30 US$; ⌚Mo–Fr 17.30–24, Sa 11.30–24, So bis 22.30 Uhr) Es lohnt sich, den Weg bis ganz in den Westen auf sich zu nehmen, denn in dem schicken, luftigen Restaurant findet jeder das Richtige für sich – von Makkaroni mit Käse bis hin zu gegrillten Schmorrippchen.

Mandoo Bar KOREANISCH $$
(Karte S. 70; 2 W 32nd St, nahe Fifth Ave; Hauptgerichte 10 US$; ⌚11.30–23 Uhr) Die koreanischen Klöße, die das kleine Lokal serviert, werden hinter dem kleinen Fenster zur Straße hin selbstgemacht und sind eine gute Alternative zu den Gerichten der Grillrestaurants im Block.

Mechango Tei JAPANISCH $$
(Karte S. 70; 45th St, zw. Lexington Ave & Third Ave; Hauptgerichte 11 US$; ⌚11.30–23.30 Uhr) In dem echten Nudelhaus sollte man sich unbedingt eine Schale mit der Spezialität des Hauses gönnen. Die Fotos in der Speisekarte helfen Neulingen bei der Auswahl. Eine weitere Filiale gibt's an der 55th St zwischen Fifth und Sixth Ave.

Poseidon Bakery BÄCKEREI $
(Karte S. 70; 629 Ninth Ave, an der W 44th St; Gebäck ab 2 US$; ⌚Di–Sa 9–19 Uhr) Die familienbetriebene griechische Bäckerei serviert köstliche handgemachte Baklava und Spanakopita (mit Feta und Spinat gefüllte Blätterteigtaschen).

Sophie's KUBANISCH $
(Karte S. 70; 21 W 45th St, zw. Fifth Ave & Sixth Ave; Hauptgerichte ab 6 US$; ⌚Mo–Fr 10–20, Sa bis 18 Uhr) Das geschäftige Mittagslokal ver-

kauft Rinder- und Ochsenschwanzsuppe, Grillhähnchen, Bohnen und Reis sowie Fleischbällchen zum Mitnehmen (2 US$). In der ganzen Stadt gibt's noch sieben andere Filialen.

Daisy May's BBQ GRILL **$$**
(Karte S. 70; 626 Eleventh Ave, an der 46th St; Hauptgerichte 12 US$; ⌚11–22 Uhr) Ideal für einen Zwischenstopp auf dem Weg zur Intrepid oder zum Hudson River Park. Eines der besseren Grillrestaurants in der Stadt mit Rippchen nach Memphis-Art.

Patsy's ITALIENISCH **$$$**
(Karte S. 70; 236 W 56th St, zw. Broadway & Eight Ave; Hauptgerichte 23 US$; ⌚12–21.30 Uhr) In dem italienischen Restaurant der alten Schule hat schon Sinatra gern gegessen.

UPPER WEST SIDE & MORNINGSIDE HEIGHTS

Big Nick's DINER **$**
(Karte S. 70; 2175 Broadway an der 77th St; Hauptgerichte 8 US$; ⌚24 Std.) Das Big Nick's ist wie ein nostalgischer Trip in die Vergangenheit, denn es sieht aus wie eine U-Boot-Kantine aus der Zeit des Kalten Kriegs und hat eine Speisekarte von der Größe des NYC-Telefonbuchs. Das heißt aber ganz bestimmt nicht, dass das Essen – u. a. Sumo Burger mit einem Pfund Fleisch, Gyros, Hotdogs, Quesadillas, Rippchen, Tofu-Pizza, Hefezopf Monte Christo – nicht schmecken würde. Denn es ist auf jeden Fall prima, und ein Lokal wie dieses findet man sonst nirgendwo mehr.

Barney Greengrass DELI **$$**
(Karte S. 76; 541 Amsterdam Ave, an der W 86th St; Hauptgerichte 8–17 US$; ⌚Di–Fr 8.30–16, Sa & So bis 17 Uhr) Stammgäste aus der Upper Westside und aus anderen Vierteln strömen am Wochenende zu diesem hundert Jahre alten „König der Störe". Hier gibt's eine lange Liste traditioneller, wenn auch teurer jüdischer Delikatessen von Bagels und Räucherlachs bis hin zu Stör mit Rührei und Zwiebeln.

Hungarian Pastry Shop BÄCKEREI **$**
(Karte S. 76; 1030 Amsterdam Ave, zw. W 110th & 111th St; Gebäck 2–4 US$; ⌚7.30–23.30, So bis 22.30 Uhr) Hier kann man sich gut mit einem zerfledderten Kierkegaard-Buch unter die Studenten der Columbia University mischen, die intensiv an ihren dampfenden Laptops arbeiten, während der Kaffee vor ihnen immer kälter wird. Es gibt auch ausgezeichnete Backwaren und Kuchen.

Flor de Mayo CHINESISCH, SÜDAMERIKANISCH **$$**
(Karte S. 76; 484 Amsterdam Ave, an der 83rd St; Hauptgerichte 9–14 US$; ⌚12–24 Uhr) Eines der wenigen bescheidenen Restaurants in NYC, die einen Mix aus peruanischer und chinesischer Küche bieten. Abends geht's manchmal recht hektisch zu, aber wo sonst kann man zwischen *egg foo young* und *ceviche de pescado* wählen.

UPPER EAST SIDE

Daniel FRANZÖSISCH **$$$**
(Karte S. 76; ☎212-288-0033; 60 E 65th St, zw. Madison Ave & Park Ave; 3-Gänge-Abendessen Festpreis 105 US$; ⌚Mo–Sa 17.30–23 Uhr) In dem französischen Edelrestaurant mit kunstvollen Blumenarrangements sitzen Gourmets mit weit aufgerissenen Augen vor Tellern mit würzigen Krebsen und Selleriesalat, Gänseleberpastete mit Gala-Äpfeln oder Hummer mit einer Kruste aus schwarzen Trüffeln – und das ist nur der erste Gang. Es gibt auch ein vegetarisches Menü.

Central Park Boathouse Restaurant AMERIKANISCH **$$$**
(Karte S. 76; ☎212-517-2233; Central Park Lake, Eingang Fifth Ave, an der 72nd St; Hauptgerichte 15–40 US$; ⌚12–21.30 Uhr) Das historische Loeb Boathouse am Seeufer im Central Park ist eine traumhafte Kulisse für ein romantisches Abendessen zu zweit. Ebenso erstklassig ist das Essen. Wer früh genug reserviert, bekommt draußen einen Tisch.

Beyoglu TÜRKISCH **$$**
(Karte S. 76; ☎212-650-0850; 1431 Third Ave an der 81st St; Hauptgerichte 15 US$; ⌚12–22.30 Uhr) Das gemütliche Restaurant liegt nur einen kurzen Spaziergang von der Met entfernt und serviert traditionelle kleine Speisen wie Joghurtsuppe, Döner und Auberginenpüree. Nach dem Essen gibt's noch einen Schluck Raki, den traditionellen türkischen Anis-Schnaps.

Totonno's ITALIENISCH **$$**
(Karte S. 76; 1544 Second Ave; Hauptgerichte 14 US$; ⌚Mo–Fr 12–16 Uhr) Der Manhattan-Ableger einer klassischen New Yorker Pizzeria mit Hauptsitz in Coney Island.

Nectar Café DINER **$$**
(Karte S. 76; 1022 Madison Ave an der 79th St; Hauptgerichte 13 US$; ⌚6–21 Uhr) Nur einige Blocks von mehreren großen Museen entfernt liegt der durchschnittliche Diner, dessen Preise nur seiner Lage wegen berechtigt sind – aber für dieses Viertel ist das Preis-Leistungs-Verhältnis trotzdem nicht übel.

HARLEM

Red Rooster MODERN-AMERIKANISCH $$$
(Karte S. 76; ☎212-792-9001; 310 Lenox Ave, nahe 125th St; Hauptgerichte 14–32 US$; ⊙11.30–22.30 Uhr) Chefkoch Marcus Samuelsons raffiniertes Lokal in der Uptown liegt nur ein paar Schritte vom Bahnhof der Linie 2 und 3 entfernt und hat die Atmosphäre eines Bistros in der Downtown. Es leistet wahre Pionierarbeit mit seiner Mischung aus südstaatlicher, afroamerikanischer und neuamerikanischer Küche mit Gerichten wie Wels nach Cajun-Art, Fleischbällchen mit Kartoffelbrei und Preiselbeeren oder kreativen Sandwiches. Im vorderen Bar- und Frühstücksbereich gibt es Gebäck, Kekse und Kaffee.

Amy Ruth's Restaurant SÜDSTAATENKÜCHE $$
(Karte S. 76; 113 W 116th St, zw. Malcolm X & Adam Clayton Powell Jr. Blvd; Hauptgerichte 10–16 US$; ⊙Mo 11.30–23, Di–Do & So ab 8.30, Fr & Sa bis 5.30 Uhr) Die Spezialität des Hauses, die scharenweise Gäste anlockt, sind Waffeln. Es gibt sie süß (mit Schokolade, Erdbeeren, Blaubeeren oder sautierten Äpfeln) oder herzhaft (mit Brathähnchen, Rippchen oder Wels). Favoriten sind auch Räucherschinken, Hühnchen und Klöße.

Londel's Supper Club CAJUN-KÜCHE $$
(Karte S. 76; ☎212-234-6114; 2620 Frederick Douglass Blvd; Hauptgerichte 12–24 US$; ⊙Di–Sa 11.30–23, So bis 17 Uhr) Die Fotos berühmter Leute an den Wänden zeugen von Status und Beliebtheit des eleganten Restaurants. Auf der Karte stehen europäisch gewürzte Cajun-Gerichte. Freitag- und Samstagabends gibt's dazu Livejazz.

BROOKLYN

Es ist ganz unmöglich, Brooklyns Restaurantszene gerecht zu werden. Genauso wie in Manhattan fühlt sich auch hier jedes Schleckermaul wie im siebten Himmel. Buchstäblich jede ethnische Küche ist irgendwo in Brooklyn vertreten. In Williamsburg wimmelt es nur so von Lokalen, auch in der Fifth und Seventh Ave in Park Slope reihen sich die Restaurants aneinander. Die Smith St ist die Restaurantmeile von Carroll Gardens und Cobble Hill. In der Atlantic Ave in der Nähe der Court St gibt's etliche ausgezeichnete arabische Restaurants und Lebensmittelgeschäfte.

LP TIPP **Frankies 457** ITALIENISCH $$
(457 Court St, Carroll Gardens; Hauptgerichte 15 US$; ⊙So–Do 11–23, Fr & Sa bis 24 Uhr) Das heimelige, romantische Frankies in Carroll Gardens hat viele Stammgäste und ist somit jeden Abend rappelvoll. Hier diniert man in sanftem Kerzenschein oder brunсht an warmen Tagen im schönen Garten im Hinterhof. Die kleinen Käseplatten, Crostinis und vegetarischen Beilagen kommen meist für den ganzen Tisch daher.

Blue Ribbon Brasserie MEERESFRÜCHTE, AMERIKANISCH $$$
(☎718-840-0404; 280 5th Ave, zw. 1st St & Garfield Pl, Park Slope; Hauptgerichte 15–27 US$; ⊙Mo–Do & So 17–24, Fr & Sa bis 2 Uhr) Das Restaurant im Herzen von Park Slope hat für jeden etwas: eine unglaubliche Auswahl an rohen Meeresfrüchten, Schweinerippchen, Matzebällchensuppe, Paella, Brathähnchen und Brotpudding mit Schokostückchen. Lange Öffnungszeiten. Reservierungen werden nur für Gruppen ab sechs Personen angenommen.

Farm on Adderly MODERN-AMERIKANISCH $$
(☎718-287-3101; 1108 Cortelyou Rd, Ditmas Park; Hauptgerichte abends 18 US$; ⊙11.30–23 Uhr) Dies ist eines jener Restaurants, in denen die Kellner die ganze Lebensgeschichte der Fische, Hühner oder Rinder (und vielleicht sogar ihre Namen) kennen, die hier ganz frisch auf den Teller kommen. Man kann im Innenhof hinten speisen. Auf jeden Fall sollte man den Cocktail Cascadia (Birnenschnaps, Gin, Absinth, Honig und Tonic) und als Nachspeise das salzige Mousse au Chocolat probieren.

Peter Luger STEAKHAUS $$$
(☎718-387-7400; 178 Broadway, Williamsburg; Hauptgerichte mittags 5–20 US$, abends 30–32 US$; ⊙Mo–Do 11.45–21.45, Fr & Sa bis 22.45, So 12.45–21.45 Uhr) Das schön abgehangene Porterhousesteak in dem altehrwürdigen, 100 Jahre alten deutschen Steakhaus am Fuß der Williamsburg Bridge wird nur allzu oft als das beste Steak des Landes bezeichnet. Reservierung erforderlich; Zahlung nur bar oder mit Debitkarte.

Tom's Restaurant DINER $
(782 Washington Ave, an der Sterling Ave, Prospect Heights; Hauptgerichte 6 US$; ⊙6–16 Uhr) Dieser altmodische Diner war für Suzanne Vega eine Inspiration für ihren gleichnamigen Song. Die Spezialität des Hauses sind Pfannkuchen verschiedenster Art (beispielsweise Mango-Walnuss). An den Wochenenden stehen die Leute morgens vor Tom's Restaurant für Kaffee und Gebäck Schlange.

Bar Tabac FRANZÖSISCH $$
(128 Smith St, an der Dean St, Cobble Hill; Hauptgerichte 15 US$; ⌚11–2 Uhr) Es gibt keinen besseren Ort für einen Brunch am Wochenende als dieses Bistro mit seinen Tischen auf dem Bürgersteig, während drinnen die Jazzband spielt.

Roberta's PIZZERIA $$
(261 Moore St, nahe Bogart St, Bushwick; Pizza 14 US$; ⌚12–24 Uhr) Der Ausflug zu dem düsteren Block in Bushwick lohnt sich, denn die Pizzeria macht Pizzas nach neapolitanischer Art mit kreativen Belägen.

Yemen Café NAHÖSTLICH $$
(176 Atlantic Ave, Brooklyn Heights; Hauptgerichte 9 US$; ⌚10–22.30 Uhr) Die einladende, authentisch jemenitische Cafeteria liegt über einem Friseurladen.

Ausgehen

Diese Stadt bietet viele Möglichkeiten zum Ausgehen: schicke Lounges, gemütliche Kneipen und verruchte Kaschemmen. Dank der New Yorker Gesetze ist Rauchen überall verboten. Die meisten Lokale sind bis 4 Uhr geöffnet, wobei die Öffnungszeiten doch recht unterschiedlich sein können. Im Folgenden eine kleine Auswahl.

DOWNTOWN

Decibel SAKE-BAR
(Karte S. 64; 240 E 9th St; ⌚18–3 Uhr) In dieser Bar ist es selbst in der hintersten Ecke eine wahre Herausforderung, sein Gegenüber zu verstehen. Einfach mit dem Kopf nicken und am Glas nippen. In der gemütlichen, dunklen Kellerbar fühlt man sich bei der großen Auswahl an Sake und köstlichen Snacks wie in einer echten Tokioter Kneipe.

KGB Bar BAR
(Karte S. 64; ☎212-505-3360; 85 E 4th St, an der 2nd Ave; ⌚19–3.30 Uhr) Seit Anfang der 1990er-Jahre hat East Village seinen eigenen schmuddeligen Literaturzirkel, der mit regelmäßigen Lesungen Literaturfreunde anlockt. Auch wenn gerade kein Künstler vor Ort ist, kann man wunderbar am abgewetzten Holztresen abschalten.

Mayahuel TEQUILA-BAR
(Karte S. 64; 304 E 6th St, an der Second Ave; ⌚18–2 Uhr) Das Mayahuel hat rein gar nichts mit der typischen Tequila-Bar zu tun, die in den Spring-Break-Semesterferien von saufwütigen Studenten bevölkert ist. Dies ist eher eine Art Klosterkeller, in dem Freunde des fermentierten Agavensafts sich den unterschiedlichsten Experimenten hingeben können (alle Cocktails 13 US$).

McSorley's Old Ale House BAR
(Karte S. 64; 15 E 7th St, zw. Second Ave & Third Ave; ⌚11–1 Uhr) Die gute alte Kneipe gibt's schon seit ungefähr 1854, und die Spinnweben und das Sägemehl auf dem Boden beweisen, dass das McSorley's nichts von der coolen Fassade des East Village hat. Hier trinkt man sein Bier unter Feuerwehrleuten, Wall-St-Flüchtlingen und ein paar Reisenden.

Fat Cat BAR
(Karte S. 64; 75 Christopher St, an der Seventh Ave; Grundpreis bis 3 US$; ⌚Mo–Do 14–5, Fr–So ab 12 Uhr; 📶) Da werden Studententräume wahr: In dem Spieleparadies kann man Tischtennis, Billard, Schach und sogar Shuffleboard spielen. Dazu gibt's preiswertes Bier und jeden Abend Livemusik.

Fresh Salt BAR
(Karte S. 58; 146 Beekman St; ⌚10–4 Uhr) Obwohl das Fresh Salt nur ein paar wenige Schritte vom schönen Pier am East River und ganz in der Nähe des Financial District liegt, gelingt es der Bar, die ungestüme Atmosphäre von lärmenden Wall-Street-Leuten nach der Arbeit nicht aufkommen zu lassen. Die kleine, rustikale Bar bietet Brettspiele (Boggle, Schach usw.) und fantastischen Hummus.

Mulberry Project COCKTAILBAR
(Karte S. 64; ☎646-448-4536; 149 Mulberry St, nahe Grand St; ⌚19–4 Uhr) Die kleine Bar in Little Italy hat im zweiten Stock eine offene Terrasse, auf der man prima an Cocktails nippen kann, die die Mixkünstler (Barkeeper kann man sie nicht nennen!) auf Kundenwünsche zugeschnitten fabrizieren.

Henrietta Hudson LESBEN-BAR
(Karte S. 64; 438 Hudson St, an der Morton St; ⌚Mi–So 17–4, Mo & Di bis 2 Uhr) Alle möglichen hübschen jungen Frauen strömen zu der schon lange bestehenden Lesben-Bar. Die ehemalige Bier- und Billardkneipe ist heute eine glitzernde Lounge mit wechselnden DJs.

Welcome to the Johnsons BAR
(Karte S. 64; 123 Rivington St; ⌚15–4 Uhr) In der Themenbar in Lower East Side fühlt man sich wie am Set von *Drei Mädchen und drei Jungen* oder *Die wilden Siebziger* – was sich mit oder ohne Ironie genießen lässt. Die kostenlosen Doritos kann man mit einem Jack Daniel's oder Root Beer runterspülen.

Schiller's Liquor Bar BAR
(Karte S. 64; 131 Rivington St, an der Norfolk St; ⏲Mo–Mi 11–1, Do bis 2, Fr bis 3, Sa 10–3, So 10–1 Uhr) Der trendige Laden serviert köstliche Cocktails und ebenso leckeres Essen (Hauptgerichte 12–25 US$).

Ulysses COCKTAILBAR
(Karte S. 58; 58 Stone St; ⏲11–4 Uhr) Das bei Finanzleuten alter Schule beliebte Ulysses ist eine Mischung aus Irish Pub und moderner Bar mit einem langen Tresen und einer Küche, die Austern und Sandwiches serviert. Draußen stehen Picknicktische auf der kopfsteingepflasterten Stone St.

MIDTOWN

LP TIPP **Russian Vodka Room** BAR
(Karte S. 70; 265 W 52nd St, zw. 8th Ave & Broadway; ⏲16–2 Uhr) Russen sind gar keine Seltenheit in der eleganten, einladenden Bar. In schummriger Beleuchtung kann man in intimen Ecknischen mit einem Dutzend aromatisierter Wodkas herumexperimentieren – die Varianten reichen von Preiselbeere bis zu Meerrettich. Osteuropäische Gerichte wie Kartoffelpuffer, Räucherfisch und Schnitzel besänftigen knurrende Mägen.

Rudy's Bar & Grill KNEIPE
(Karte S. 70; 627 Ninth Ave; ⏲8–4 Uhr) In dieser Kneipe amüsieren sich neu Zugezogene und Berufstätige Seite an Seite mit Hardcore-Trinkern. Wen es nicht kümmert, dass man hier nicht mal sein eigenes Wort versteht, der kann billiges Bier und fetttriefende Hotdogs schlucken. Im Sommer kann man im Hinterhof auf Kunstrasen an improvisierten Tischen sitzen.

Morrell Wine Bar & Café WEINBAR
(Karte S. 70; 1 Rockefeller Plaza, W 48th St, zw. Fifth Ave & Sixth Ave; ⏲ Mo–Sa 11.30–24, So 12–18 Uhr) Auf der Karte dieser Weinbar, die zu den ältesten in New York City gehört, stehen mehr als 2000 Weine. Davon werden sage und schreibe 150 Sorten auch im Glas ausgeschenkt. Nicht weniger berauschend ist der luftige Raum mit Galerie direkt gegenüber der berühmten Eisbahn.

Therapy SCHWULEN-BAR
(Karte S. 70; 348 W 52nd St, zw. Eighth & Ninth Ave; ⏲17–2, Fr & Sa bis 4 Uhr) Das mehrstöckige, luftige und schicke Therapy ist schon lange ein Treffpunkt für Schwule in Hell's Kitchen. Es werden unzählige Themenabende veranstaltet – von Stand-up-Comedy bis zu Musical-Shows.

Réunion Surf Bar BAR
(Karte S. 70; 357 W 44th St an der Ninth Ave; ⏲17.30–2, Do–Sa bis 4 Uhr) Die elegante Tiki-Bar mit Restaurant serviert köstliche Gerichte der französisch-südpazifischen Küche wie in Bananenblättern gedünstete Makrele.

Mé Bar DACH-BAR
(Karte S. 70; 14. OG, 17 W 32nd St nahe Fifth Ave; ⏲So–Di 17.30–2, Mi–Sa bis 4 Uhr) Die kleine Dachterrasse des Budgethotels La Quinta in Koreatown wirkt wie ein Geheimnis – aber eines mit einem tollen Blick aufs Empire State Building.

On the Rocks COCKTAILBAR
(Karte S. 70; 696 Tenth Ave, zw. 48th St & 49th St; ⏲17–4 Uhr) Whisky-Freunde werden die winzige Bar lieben.

Rum House COCKTAILBAR
(Karte S. 70; 228 W 47th St, zw. Broadway & Eighth Ave; ⏲11–4 Uhr) Die früher schmucklose Stammkneipe im Edison Hotel wurde umfassend renoviert und bietet heute Holztäfelung, Ledersitze und Barkeeper.

UPTOWN

79th Street Boat Basin BAR
(Karte S. 76; W 79th St, in Riverside Park; ⏲12–23 Uhr) Überdachte offene Party-Location unter den uralten Bögen einer ehemaligen Parküberführung in Upper West Side, die mit Beginn des Frühlings zum Leben erwacht. Einfach Bier und Snacks bestellen und den Sonnenuntergang über dem Hudson River genießen.

Subway Inn BAR
(Karte S. 76; 143 E 60th St, zw. Lexington Ave & Third Ave; ⏲11–4 Uhr) Klassische „Opa-Kneipe" mit preiswerten Getränken und jeder Menge Authentizität. Angefangen vom uralten Neonschild draußen bis zu den durchgesessenen roten Sitznischen und den alten Typen, die sich drinnen drängen, scheint einfach alles ein Relikt aus längst vergangenen Zeiten zu sein.

Lenox Lounge COCKTAILBAR
(Karte S. 76; ☎212-427-0253; 288 Malcolm X Blvd (Lenox Ave), zw. 124th St & 125th St; ⏲12–4 Uhr) Die klassische Art-déco-Lounge, in der früher Billie Holiday, Miles Davis und dergleichen ein- und ausgingen, war schon immer ein Favorit der Jazzfans vor Ort und ist es auch heute noch. Der luxuriöse Zebra Room hinten ist eine schöne, historische Kulisse, um Spitzenmusikern zu lauschen. Der Eintritt kann ziemlich heftig sein.

Bemelman's Bar BAR

(Karte S. 76; Carlyle Hotel, 35 E 76th St, an der Madison Ave; ⌚11–1 Uhr) Die Kellner tragen weiße Jacketts, im Hintergrund spielt immer ein kleiner Konzertflügel, und die Wände schmücken Wandbilder von Ludwig Bemelmans *Madeline*. Dies ist eine klassische Bar für einen guten Cocktail – von der Art, wie sie auch in einem Woody-Allen-Film auftauchen könnte.

Ding Dong Lounge BAR

(Karte S. 76; 929 Columbus Ave, zw. 105th St & 106th St; ⌚16–4 Uhr) Die ehemalige Crackhöhle, die in eine Punk-Bar umgewandelt wurde, ist für die vielen Studenten der Columbia University und für Gäste der nahen Hostels ein kleines Stück Downtown. Es gibt einen Billardtisch und ein paar Kuckucksuhren, und der DJ legt noch echten R&B auf.

BROOKLYN

Brooklyn Social BAR

(335 Smith St, an der Carroll St, Carroll Gardens; ⌚17–2, Fr & Sa bis 4 Uhr) Das Typische für diese Art Bar ist, dass es keine Beschilderung gibt und Diskretion angesagt ist. Junge Leute aus dem Viertel machen es sich an der Bar oder in einer der schummrig beleuchteten Sitzecken gemütlich.

Iona Bar BAR

(180 Grand St; ⌚13–4 Uhr) Hipster zieht es am Wochenende in diese schottisch-irische Bar; an anderen Abenden sieht man während der gut besuchten Happy Hour (Bier 4 US$) weniger American-Apparel-Klamotten. Im Sommer, wenn auf dem Grill im begrünten Hinterhof Hamburger und Hotdogs brutzeln, spielen Fleisch- und Gemüsepasteten nur noch die zweite Geige.

Turkey's Nest BAR

(94 Bedford Ave, an der N 12th St; ⌚10–4 Uhr) Das bunt gemischte Publikum liebt am Turkey's Nest in Williamsburg besonders das billige Bier in riesigen Styropor-Bechern und die in Plastikbechern servierten Cocktails. Hier kann man sich ein Spiel der Yankees oder der Mets ansehen oder sich im hinteren Bereich mit Videospielen amüsieren. Wer mal auf die Toilette muss, sollte vorher einen Schutzanzug anziehen.

Union Hall BAR

(702 Union St, an der Fifth Ave; ⌚16–4, Sa & So ab 12 Uhr) In Park Slope sollte man dieser eigenartig kreativen Bar einen Besuch abstatten. Lederstühle wie in einem protzigen Londoner Herrenclub, Wände voller Bücherregale, zwei Boccia-Bahnen, Livemusik im Untergeschoss und ein Hof im Freien.

Weather Up BAR

(589 Vanderbilt Ave; ⌚19–3 Uhr, Mo geschl.) Diese dunkle, schattige Bar in Prospect Heights ohne Schild draußen wirkt wie eine Flüsterkneipe zur Zeit der Prohibition. Die Leute aus der Nachbarschaft kommen gerne auf einen Cocktail her.

Radegast Hall & Biergarten BIERGARTEN

(113 N 3rd St; ⌚16–4 Uhr) Rauer Biergarten in Williamsburg mit exzellentem Kalbschnitzel.

Henry Public BAR

(329 Henry St, an der Atlantic Ave; ⌚17–2, Fr bis 4, Sa & So ab 12 Uhr) In Brooklyn sind Saloons wieder angesagt. Das Henry Public hat einen schönen Zinn-Tresen und ausgezeichnete Puten-Sandwiches.

☆ Unterhaltung

Wer großen Appetit und viel Energie hat, kann in dieser Stadt zwischen fast endlos vielen Unterhaltungsmöglichkeiten wählen – von Broadway-Shows bis hin zu Aktionskunst in irgendeinem Wohnzimmer in Brooklyn. Die Zeitschrift *New York* und die Wochenendausgabe der *New York Times* sind tolle Ratgeber in Bezug auf alles, was gerade hier los ist.

NACHTCLUBS

Die meisten Nachtclubs sind zwischen 22 und 4 Uhr geöffnet, manche machen auch schon früher auf.

SOBs CLUB

(Karte S. 64; ☎212-243-4940; www.sobs.com; 204 Varick St, an der W Houston) Brasilianischer Bossa Nova, Samba und andere lateinamerikanische Rhythmen locken alle möglichen Leute an, die sich gern sinnlich bewegen oder zuschauen wollen.

Santos Party House CLUB

(Karte S. 58; ☎212-584-5492; www.santosparty house; 96 Lafayette St; Grundpreis 5–15 US$) Der struppige Rocker Andrew W. K. ist der Gründer des 743 m² großen, höhlenartigen, kargen Tanzclubs auf zwei Ebenen. Hier sind gute Stimmung und viel Spaß angesagt. Gespielt wird alles von Funk bis Electronica, und an manchen Abenden betätigt sich W. K. persönlich als DJ.

Beauty & Essex CLUB

(Karte S. 64; ☎212-614-0146; www.beautyandes sex.com; 146 Essex St) Der Glamour des New-

JAZZ

Gleich nach New Orleans kommt in puncto Jazz Harlem, die frühe Heimat und das schlagende Herz einer blühenden Jazzszene. In diesem Viertel hatten Größen wie Duke Ellington, Charlie Parker, John Coltrane und Thelonius Monk ihre ersten Erfolge. In den klassischen Art-déco-Clubs und intimen Jazz-Schuppen von Harlem und in anderen bedeutenden Veranstaltungsstätten überall in der Stadt, vor allem im Village, wird noch immer von Bebop bis Free Jazz so ziemlich alles geboten – und dabei treten neben altbekannten Oldtimern auch viele talentierte Newcomer auf. Wer im Radio Jazz hören will, braucht einfach nur den Sender **WKCR** (89,9 FM) einzuschalten. Dort glänzt Phil Schaap seit 27 Jahren montags bis freitags von 8.20 bis 9.30 Uhr mit seinem Programm und verblüfft die Zuhörer mit seinem enzyklopädischen Wissen und seiner Begeisterung für diese Kunstform. Passionierte Jazzfreunde können im **National Jazz Museum in Harlem** (☎212-348-8300; www.jazzmuseuminharlem.org; 104 E 126th St, Suite 2D; Eintritt frei; ⊙Mo–Fr 10–16 Uhr) in Büchern, CDs und Fotos stöbern.

Das **Smalls** (Karte S. 64; ☎212-252-5091; www.smallsjazzclub.com; 183 W 4th St; Grundpreis 20 US$) ist ein Jazz-Keller, der mit dem weltbekannten **Village Vanguard** (Karte S. 64; ☎212-255-4037; www.villagevanguard.com; 178 Seventh Ave, an der W 11th St) im Wettstreit um die großen Talente steht. Natürlich stand in den letzten 50 Jahren jeder große Star irgendwann einmal auf der Bühne des Village Vanguard. Allerdings besteht hier Getränkezwang (mind. 2 Drinks) und striktes Redeverbot während der Gigs.

In der Uptown ist **Dizzy's Club Coca-Cola: Jazz at the Lincoln Center** (Karte S. 76; ☎212-258-9595; www.jalc.org/dccc; 5. OG, Time Warner Bldg, Broadway, an der W 60th St) einer der drei Jazzclubs im Lincoln Center. Er bietet einen tollen Blick auf den Central Park und allabendliche Shows mit Top-Besetzung. Weiter im Norden in der Upper West Side lohnt sich ein Besuch in der **Smoke Jazz & Supper Club-Lounge** (Karte S. 76; ☎212-864-6662; www.smokejazz.com; 2751 Broadway, zw. W 105th St & 106th St), die an den Wochenenden immer ein großes Publikum anlockt.

comers versteckt sich hinter der Fassade einer Pfandleihe und den Erinnerungen an sein vorheriges Leben als Möbelladen. Heute ist hier eine 930 m² große, schicke Lounge untergebracht, die ein gemischtes Publikum aus gut gekleideten Leuten um die 20 und 30 Jahre anzieht.

Sullivan Room CLUB
(Karte S. 64; ☎212-505-1703; www.sullivanroom.com; 218 Sullivan St, zw. Bleecker St & W 3rd St; ⊙Mi–So) Eine bunte Downtown-Mischung und erstklassige DJs machen den Sullivan Room zu einem der besten Clubs, um die Nacht durchzutanzen. Hierher kommt man nicht, um anzugeben – High Heels und feine Lederjacken können also im Schrank bleiben.

Cielo CLUB
(Karte S. 64; ☎212-645-5700; www.cieloclub.com; 18 Little W 12th St, zw. Ninth Ave & Washington St; Grundpreis 5–20 US$) Der außerirdisch anmutende Club im Meatpacking District ist für seine anheimelnden Räumlichkeiten und seine fantastische Musikanlage bekannt. Abends lockt er mit einem Mix aus Tribal, gutem alten House und Soul-Klängen ein modernes Multikulti-Publikum an.

Pacha CLUB
(Karte S. 70; ☎212-209-7500; www.pachanyc.com; 618 W 46th St, zw. Eleventh Ave & West Side Hwy) Riesiger, spektakulärer Club auf 2790 m² mit vier Ebenen voller Glitzer und Glanz. Gemütliche Sitznischen reihen sich rund um die größte Tanzfläche im Atrium. Hier legen immer bekannte DJs auf.

M2 Ultra Lounge CLUB
(Karte S. 70; ☎212-629-9000; www.m2ultralounge.com; 530 W 28th St, zw. Tenth Ave & Eleventh Ave; Eintritt 20 US$; ⊙Do–Sa) Dieser Megaclub zerreißt einem das Trommelfell und den Geldbeutel (Drinks kosten 15 US$). In gewisser Hinsicht ist dies ein typischer großer Club: lange Schlangen am Eingang, viele Sitznischen, Ausschank nur in Flaschen und sexy Go-Go-Tänzer.

LIVEMUSIK

New York City wird zwar weniger von der Indie-Musikszene dominiert als Austin oder Seattle, hat aber dennoch eine riesige Auswahl an Veranstaltungsstätten, die sich in Bezug auf ihre Größe, ihr Publikum und ihr Musik-Genre unterscheiden.

Le Poisson Rouge LIVEMUSIK
(Karte S. 64; ☎212-796-0741; www.lepoissonrouge.com; 158 Bleecker St, an der Sullivan St) Der Kellerclub in der Bleecker St ist eine der wichtigsten Locations für experimentelle moderne Musik von Klassik bis zu Indie-Rock und Electro-Acoustic.

Joe's Pub LIVEMUSIK
(Karte S. 64; ☎212-967-7555; www.joespub.com; Public Theater, 425 Lafayette St, zw. Astor Pl & E 4th St) Der kleine, nette Club ist teils Kabarett, teils Rock- und New-Indie-Schuppen und bietet eine wundervolle Mischung aus verschiedenen Stilrichtungen, Stimmen und Talenten.

BB King Blues Club & Grill LIVEMUSIK
(Karte S. 58; ☎212-997-4144; www.bbkingblues.com; 237 W 42nd St) Im Herzen des Times Square gibt's hier guten alten Blues neben Rock, Folk und Reggae.

Barge Music KLASSISCHE MUSIK
(☎718-624-2083; www.bargemusic.org; Fulton Ferry Landing) Außerordentlich talentierte Musiker, die sich der klassischen Musik verschrieben haben, treten in dieser intimen Location auf – einer stillgelegten Barkasse unter der Brooklyn Bridge.

Highline Ballroom LIVEMUSIK
(Karte S. 70; ☎212-414-5994; www.highlineballroom.com; 431 W 16th St, zw. Ninth Ave & Tenth Ave) Typische Chelsea-Location mit einem bunten Veranstaltungsprogramm von Mandy Moore bis Moby.

Beacon Theatre KONZERTSTÄTTE
(Karte S. 76; ☎212-465-6500; www.beacontheatre.com; 2124 Broadway, zw. W 74th & 75th St) Das Beacon in der Upper West Side zeigt große Acts für Leute, die die Shows lieber im intimeren Rahmen statt auf einer großen Konzertbühne sehen wollen.

Madison Square Garden KONZERTSTÄTTE
(Karte S. 70; ☎212-465-5800; www.thegarden.com; Seventh Ave, zw. W 31st St & W 33rd St) Die Arena in Stadiongröße lockt mit großen Konzerten, z. B. Green Day oder Andrea Bocelli, ein großes Publikum an.

Radio City Music Hall KONZERTSTÄTTE
(Karte S. 70; ☎212-247-4777; www.radiocity.com; Sixth Ave, an der W 50th St) In der architektonisch prächtigen Konzerthalle mitten in Midtown treten Größen wie Barry Manilow und der Cirque de Soleil auf. Natürlich findet hier auch das berühmte Christmas Spectacular statt.

Mercury Lounge LIVEMUSIK
(Karte S. 64; ☎212-260-4700; www.mercuryloungenyc.com; 217 E Houston St)

Delancey Lounge LIVEMUSIK
(Karte S. 64; ☎212-254-9920; www.thedelancey.com; 168 Delancey St, an der Clinton St) Hier treten tolle Indie-Bands auf.

Webster Hall KONZERTSTÄTTE
(Karte S. 64; ☎212-353-1600; www.websterhall.com; 125 E 11th St, an der 3rd Ave)

Irving Plaza KONZERTSTÄTTE
(Karte S. 70; ☎212-777-6800; www.irvingplaza.com; 17 Irving Pl)

Terminal 5 KONZERTSTÄTTE
(Karte S. 70; ☎212-260-4700; www.terminal5nyc.com; 610 W 56th St, an der 11th Ave) Große, erstklassige Acts.

Southpaw LIVEMUSIK
(☎718-230-0236; www.spsounds.com; 125 5th Ave) Befindet sich in Park Slope, Brooklyn, und hat jeden Abend etwas zu bieten.

THEATER

Allgemein finden „Broadway"-Produktionen in den verschwenderisch ausgestatteten Theatern aus dem frühen 20. Jh. rund um den Times Square statt. Ein Theater wählt man nach der Produktion aus, beispielsweise *The Book of Mormon*, *Spider-Man: Turn off the Dark* oder *The Lion King*. Die Abendshows beginnen um 20 Uhr.

Die Bezeichnung „Off Broadway" bezieht sich auf Shows, die in kleineren Theatern mit 500 oder weniger Plätzen stattfinden. Viele von ihnen findet man gleich um die Ecke vom Broadway, aber auch anderswo in der Stadt. Zu den „Off-Off Broadway"-Veranstaltungen gehören Lesungen, experimentelle und innovative Aufführungen sowie Improvisationen in Häusern mit weniger als 100 Plätzen. Sie befinden sich meist in Downtown. In diesen kleinen Theatern sind oft einige der besten Stücke der Welt zu sehen, bevor sie auf den Broadway umziehen. Zu den hervorragendsten Theatern gehören:

Public Theater THEATER
(Karte S. 64; ☎212-539-8500; www.publictheater.org; 425 Lafayette St, zw. Astor Pl & E 4th St)

St. Ann's Warehouse THEATER
(☎718-254-8779; www.stannswarehouse.org; 38 Water St)

PS 122 THEATER
(Karte S. 64; ☎212-477-5288; www.ps122.org; 150 First Ave, an der E 9th St)

Playwrights Horizon THEATER
(Karte S. 70; ☎212-564-1235; www.playwrighthorizon.org; 416 W 42nd St, zw. Ninth Ave & Tenth Ave)

New York Theater Workshop THEATER
(Karte S. 64; ☎212-780-9037; www.nytw.org; 79 E 4th St, zw. Second Ave & Third Ave)

Ontological Theater THEATER
(Karte S. 64; ☎212-420-1916; www.ontological.com; 131 E 10th St)

Hinweise auf aktuelle Veranstaltungen findet man in den Printmedien und auf Websites wie **Theater Mania** (www.theatermania.com). Eintrittskarten zum regulären Preis bekommt man bei **Telecharge** (☎212-239-6200; www.telecharge.com) und **Ticketmaster** (www.ticketmaster.com). Die **TKTS-Ticketschalter** (www.tkts.com; Downtown Karte S. 58; Front St, an der John St, South St Seaport; ⌚11–18 Uhr; Midtown Karte S. 70; unter den roten Stufen, 47th St, am Broadway; ⌚15–20 Uhr) verkaufen Karten für Broadway- und Off-Broadway-Musicals am selben Tag bis zu 50 % unter dem Normalpreis.

COMEDY

Von anspruchslosen Komödien bis hin zu experimentellen, humorvollen Stücken gibt's in New York City etwas für jeden Geschmack und Geldbeutel. In den etablierten Häusern wird mit verordnetem Mindestkonsum der Alkoholverkauf angekurbelt.

Upright Citizens Brigade Theatre COMEDY
(Karte S. 70; ☎212-366-9176; www.ucbtheatre.com; 307 W 26th St) In dem kleinen Kellertheater gibt's allabendlich Improvisations-Shows mit bekannten, aufstrebenden und weniger erfolgversprechenden Comedians.

Village Lantern COMEDY
(Karte S. 64; ☎212-260-7993; www.villagelantern.com; 167 Bleecker St) Unterhalb der gleichnamigen Bar kann man hier jeden Abend Alternativ-Comedy genießen.

Caroline's on Broadway COMEDY
(Karte S. 70; ☎212-956-0101; www.carolines.com; 1626 Broadway) Einer der bekanntesten Läden in der Stadt mit den größten Namen auf der Bühne.

Gotham Comedy Club COMEDY
(Karte S. 70; ☎212-367-9000; www.gothamcomedyclub.com; 208 W 23rd St, zw. Seventh Ave & Eighth Ave) Vornehme Spielstätte, hauptsächlich mit Mainstream-Comedy.

Stand-Up New York COMEDY
(Karte S. 76; ☎212-595-0850; www.standupny.com; 236 W 78th St; Ticket 5–12 US$) Überraschungsauftritte von Star-Comedians.

KINOS

Abends und am Wochenende gibt's an den Kinokassen immer lange Schlangen. Daher sollte man sich Kinokarten lieber im Vorverkauf besorgen (außer für Vorstellungen mitten in der Woche, mittags oder für einen Film, der schon seit Monaten läuft). Der Vorverkauf für die meisten Kinos läuft über **Movie Fone** (☎212-777-3456; www.moviefone.com) und **Fandango** (www.fandango.com). Die Vorverkaufsgebühr beträgt 1,25 US$ pro Kinokarte, aber die Investition lohnt sich. Überall in der Stadt findet man große Kinoketten mit Sitzreihen wie im Stadion, z. B. mehrere in der Gegend von Times Square und Union Square. Im Sommer werden viele Dachterrassen und Parks zu kostenlosen Freiluftkinos.

IFC Center KINO
(Karte S. 64; ☎212-924-7771; www.ifccenter.com; 323 Sixth Ave, an der 3rd St) Das frühere Waverly mit drei Kinosälen ist ein Programmkino, in dem neue Indie-Filme, Kult-Klassiker und ausländische Streifen laufen. Fürs Popcorn wird Mais aus biologischem Anbau benutzt.

Landmark Sunshine Cinema KINO
(Karte S. 64; ☎212-358-7709; www.landmarktheatres.com; 143 E Houston St) Ist in einem ehemaligen jiddischen Filmtheater untergebracht und zeigt Indie-Uraufführungen.

Anthology Film Archives KINO
(Karte S. 64; ☎212-505-5181; www.anthologyfilmarchives.org; 32 Second Ave, an der E 2nd St) Die Independent- und Avantgarde-Filme in dem Kino mit dem Aussehen eines Schulgebäudes sind genau das Richtige für Filmstudenten.

Brooklyn Academy of Music Rose Cinemas KINO
(BAM; ☎718-636-4100; www.bam.org; 30 Lafayette Ave) Das beliebte Kino in Brooklyn mit bequemer Bestuhlung zeigt neue Indie-Filme und Filmfestivalbeiträge.

Film Forum KINO
(Karte S. 64; ☎212-627-2035; www.filmforum.org; 209 W Houston St) Die langen, schmalen Kinos können die Liebe von Cineasten für

diese Institution nicht schmälern. Es laufen Revivals, Klassiker und Dokus.

Ziegfeld KINO
(Karte S. 70; ☎212-307-1862; www.clearviewcinemas.com; 141 W 54th St) Majestätisches altes Filmtheater mit mehr als 1000 Sitzplätzen, Kristallkronleuchtern und einer Leinwand, auf der Hollywood-Blockbuster laufen.

DARSTELLENDE KÜNSTE

Veranstaltungsorte und Künstler von Weltklasse machen die Stadt das ganze Jahr zu einem Mekka für Kunstliebhaber.

Jedes wichtige Genre hat eine Bühne im riesigen Lincoln Center. In der Avery Fisher Hall treten die New York Philharmonics auf, in der kürzlich umgestalteten Alice Tully Hall die Chamber Music Society of Lincoln Center; das New York State Theater beherbergt das New York City Ballet (die New York City Opera hat beschlossen, 2011 umzuziehen). Im Mitzi E. Newhouse und im Vivian Beaumont werden erstklassige Theaterstücke gezeigt. In der Juilliard School finden zahlreiche Konzerte statt. Die größte Attraktion ist aber das Metropolitan Opera House. Hier sind die Metropolitan Opera und das American Ballet Theater zu Hause.

Carnegie Hall KONZERTSTÄTTE
(Karte S. 70; ☎212-247-7800; www.carnegiehall.org; 154 W 57th St, an der Seventh Ave) Seit 1891 sind in der historischen Carnegie Hall schon Größen wie Tchaikovsky, Mahler und Prokofiev, aber auch Stevie Wonder, Sting und Tony Bennett aufgetreten. Heute spielen in den drei Sälen (Juli & Aug. meist geschl.) Philharmoniker aus aller Welt, das New York Pops Orchestra und verschiedenste Musiker von Weltklasse. Vor bzw. nach einer Aufführung kann man im kürzlich umgestalteten **Rose Museum** der Geschichte dieser Institution nachspüren.

Symphony Space DARSTELLENDE KUNST
(Karte S. 76; ☎212-864-5400; www.symphonyspace.org; 2537 Broadway, an der W 95th St) Ein echtes Juwel der Upper West Side, in dem die ganze Woche über auf verschiedenen Bühnen Aufführungen verschiedener Genres gezeigt werden – Theater, Kabarett, Comedy, Tanz und Weltmusikkonzerte.

Brooklyn Academy of Music DARSTELLENDE KUNST
(BAM; ☎718-636-4100; www.bam.org; 30 Lafayette Ave) Die Brooklyner Version des Lincoln Center – zumindest, was die All-inclusive-Politik angeht. Die Atmosphäre ist aber viel aufregender. Die spektakuläre Akademie bietet alles von modernem Tanz, Oper, innovativem Theater bis hin zu Konzerten.

SPORT

2009 haben die beiden bedeutendsten Baseballmannschaften ihre lang ersehnten neuen Stadien eingeweiht. Die extrem erfolgreichen **New York Yankees** (www.yankees.com) spielen im **Yankee Stadium** (Karte S. 55; Ecke 161st St & River Ave, Bronx), und die angesehenen **New York Mets** (www.mets.com) schwingen im **Citi Field** (Karte S. 55; Citi Field, 126th St an der Roosevelt Ave, Flushing, Queens) die Schläger. Wem eine weniger großartige Kulisse in netter Umgebung reicht, sollte einen Besuch bei den Zweitligisten in Betracht ziehen: die **Staten Island Yankees** (www.siyanks.com) im **Richmond County Bank Ballpark** (Karte S. 55; 75 Richmond Terrace, Staten Island) oder die **Brooklyn Cyclones** (www.brooklyncyclones.com) im **KeySpan Park** (Karte S. 55; Ecke Surf Ave & W 17th St, Coney Island).

Beim Basketball lässt sich die NBA hautnah mit den **New York Knicks** (www.nba.com/knicks) im **Madison Square Garden** (zw. Seventh Ave & 33rd St) erleben, was als „Basketball-Mekka" bezeichnet wird. Hier spielen die Knicks, die sich durch den Ankauf von Stars wie Carmelo Anthony und Amar'e Stoudemire erneuert haben. Die Konkurrenten auf der gegenüberliegenden Flussseite sind die **New Jersey Nets** (www.nba.com/nets), die irgendwann 2012 in die Atlantic Yards, einem großen Komplex in Downtown Brooklyn, umziehen. Im Madison Square Garden ist auch der WNBA-Frauenligist **New York Liberty** (www.wnba.com/liberty) zu Hause, bei dem alles etwas lockerer zugeht.

New York Citys NFL-Teams (Profi-Football), die **Giants** (www.giants.com) und die **Jets** (☎516-560-8200; www.newyorkjets.com), teilen sich das **New Meadowlands Stadium** in East Rutherford, New Jersey.

Shoppen

Ehemals besondere Blocks werden zu austauschbaren Einkaufszentren, weil immer mehr Filialen von Ketten eröffnet werden. Aber trotzdem gibt es in ganz Amerika doch keine bessere Stadt zum Shoppen als NYC. Und das Beste daran ist, dass die meisten Geschäfte, vor allem in Downtown, bis 22 oder 23 Uhr geöffnet haben.

DOWNTOWN

In Lower Manhattan findet man alle möglichen Schnäppchen. Hier sind auch die meisten kleinen, stylishen Boutiquen angesiedelt. Die coolsten Angebote gibt's in NoLita (direkt östlich von SoHo), im East Village und in Lower East Side. In SoHo sind die Modeläden zwar teurer, aber ebenso gut. Auf dem Broadway reihen sich zwischen Union Sq und Canal St die großen Einzelhandelsgeschäfte wie H&M und Urban Outfitters aneinander. Hier gibt's auch Dutzende von Jeans- und Schuhläden – und nicht zu vergessen der schon fast an ein Museum erinnernde Vorzeigeladen von Prada NYC. In den Straßen von Chinatown bekommt man Designerhandtaschen, Schmuck, Parfum und Uhren – natürlich alles gefälscht.

Begehrte Designerlabels findet man beim Bummel durch den Meatpacking District rund um die 14th St und die Ninth Ave.

LP TIPP **Strand Bookstore** BUCHLADEN
(Karte S. 64; 828 Broadway, an der E 12th St; ⏲Mo–Sa 9.30–22.30, So ab 11 Uhr) Der beste Buchladen der Stadt verkauft neue und gebrauchte Bücher.

Century 21 KAUFHAUS
(Karte S. 58; 22 Cortlandt St, an der Church St) Das vierstöckige Kaufhaus ist bei allen New Yorkern ungeachtet ihres Einkommens beliebt, weil man hier immer wieder Designer-Schnäppchen findet.

J&R Music & Computer World ELEKTRONIK
(Karte S. 58; 15-23 Park Row) Der Laden nimmt einen ganzen Straßenblock ein und stillt jeglichen Bedarf an Elektronikprodukten, insbesondere im Bereich Computer und Kameras.

Eastern Mountain Sports OUTDOOR-AUSRÜSTUNG
(Karte S. 64; 530 Broadway, an der Spring St) Erstklassiges Outdoor-Emporium, in dem man die Ausrüstung für allen erdenklichen Abenteuersport findet. Das freundliche Personal ist absolut sachkundig.

Bloomingdale's SoHo KAUFHAUS
(Karte S. 64; 504 Broadway) Der kleinere, jüngere Ableger der Legende in der Upper East Side konzentriert sich auf Designermode.

Topshop DAMENBEKLEIDUNG
(Karte S. 64; 478 Broadway, an der Broome St) Frauen auf der Suche nach glitzernden, hautengen Disco-Tops gehen in den trendigen britischen Megastore.

Uniqlo BEKLEIDUNG
(Karte S. 64; 546 Broadway) Japanischer Einzelhändler mit Männer- und Damenmode zu moderaten Preisen.

McNally Jackson Books BUCHLADEN
(Karte S. 64; ☎212-274-1160; 52 Prince St; ⏲Mo–Sa 10–22, So bis 21 Uhr) Ein NoLita-Refugium mit einem hübschen Café und regelmäßigen Autorenlesungen.

Idlewild Books BUCHLADEN
(Karte S. 70; ☎212-414-8888; 12 W 19th St; ⏲Mo–Fr 11.30–20, Sa & So 12–19 Uhr) Buchladen in der Nähe vom Union Square mit Belletristik und Sachbüchern, die nach Ländern und Regionen geordnet sind.

Apple Store ELEKTRONIK
(Karte S. 58; 401 W 14th St, an der Ninth Ave) Apple-Fans bekommen hier die allerneuesten Gadgets.

MIDTOWN & UPTOWN

In der Fifth Ave in Midtown und der Madison Ave in Upper East Side bekommt man berühmte internationale Designermode. Am Times Square befinden sich die Megastores vieler bekannter Ladenketten. In Chelsea gibt es dagegen etwas ausgefallenere Boutiquen, obwohl sich jetzt hier ebenfalls Banken, Drogeriemärkte und riesige Einzelhandelsgeschäfte niedergelassen haben.

Tiffany & Co SCHMUCK
(Karte S. 70; 727 Fifth Ave) Tiffany ist in NYC längst zum Synonym für Luxus überhaupt geworden. Der berühmte Juwelier hat mit Diamanten versehene Ringe, Uhren und Colliers sowie Kristall- und Glaswaren. Das Markenzeichen des Hauses ist der Atlas über der Tür, der auf seinen Schultern eine Uhr trägt.

Macy's KAUFHAUS
(Karte S. 70; 151 W 34th St) Die Grande Dame aller Kaufhäuser in Midtown verkauft alles von Jeans bis Küchengeräte.

Bloomingdale's KAUFHAUS
(Karte S. 76; 1000 3rd Ave, an der E 59th St) Das riesige, überwältigende Bloomingdale's in der Uptown ist für Shopper so etwas wie das Metropolitan Museum of Art.

Barney's Co-op BEKLEIDUNG
(Downtown Karte S. 70; 236 W 18th St; Uptown Karte S. 76; 2151 Broadway) Hier gibt's hippere, preislich erschwinglichere Versionen von Designermode.

Praktische Informationen

Internetzugang

In der ganzen Stadt gibt es viele WLAN-Hotspots, u. a. im Lincoln Center in Uptown, im Bryant Park in Midtown, am Union Square in Downtown und in Brooklyn in ganz Dumbo. Ein im Sommer 2011 gefasster Plan verspricht für die nahe Zukunft insgesamt 20 Parks in NYC mit kostenlosem WLAN. In Internetcafés kann man für 3 bis 12 US$ pro Stunde im Netz surfen. Wer einen Laptop hat, wird problemlos ein Café oder Restaurant mit kostenlosem WLAN finden. Und natürlich gibt es auch mehr als 200 Starbucks-Filialen und eine Handvoll Filialen von Barnes & Nobles mit kostenlosem WLAN.

Cybercafe Times Square (250 W 49th St, zw. Broadway & 8th Ave; 7 US$/30 Min.; ⌚Mo–Fr 8–23, Sa & So ab 11 Uhr)

Netzone Internet Cafe (28 W 32nd St, 5. OG; 5 US$/Std.; ⌚9–5 Uhr)

New York Public Library (✆212-930-0800; www.nypl.org/branch/local; E 42nd St, an der Fifth Ave) Hier kann man eine halbe Stunde lang kostenlos im Netz surfen. Aber auch die mehr als 80 Zweigstellen bieten kostenlosen Internetzugang.

Medien

Daily News (www.nydailynews.com) Täglich erscheinende Boulevardzeitung mit Faible für Sensationsnachrichten. Erzrivale der *New York Post*.

New York (www.newyorkmagazine.com) Wochenblatt mit Reportagen über das ganze Land sowie auf NYC bezogene Nachrichten und Infos zu Kunst und Kultur.

New York Post (www.nypost.com) Bekannt für seine gepfefferten Schlagzeilen, die mit Promi-Skandalen vollgestopfte Page Six und die guten Sportberichte.

New York Times (www.nytimes.com) Die graue Eminenz ist die maßgebende Zeitung in den USA und für einen großen Teil der englischsprachigen Welt.

NY1 Ausgezeichnete Quelle für lokale News. Nachrichten rund um die Uhr auf dem Kabelkanal Channel 1 von Time Warner.

Onion (www.onion.com) Wöchentlich aktualisierte Website mit Fake-News und Satire. Die gedruckte Ausgabe hat umfangreiche Auflistungen zu Veranstaltungen in der ganzen Stadt, vor allem zu Comedy.

Village Voice (www.villagevoice.com) Das wöchentlich erscheinende Boulevardblatt ist eine gute Infoquelle zu Events, Clubs und Musikveranstaltungen.

WFUV-90,7FM Die Fordham University in der Bronx betreibt den besten Radiosender für alternative Musik.

WNYC 820am oder 93,9FM Örtlicher Ableger des National Public Radio.

Medizinische Versorgung

Große Apotheken gibt's überall, und einige sind bis spät in die Nacht hinein geöffnet.

Interchurch Center Medical Office (✆212-870-3053; www.interchurch-center.org; 475 Riverside Dr) Diese Praxis in der Upper West Side kann jeder aufsuchen. Reiseimpfungen zu akzeptablen Preisen und fachärztliche Beratung.

New York University Langone Medical Center (✆212-263-7300; 550 First Ave; ⌚24 Std.)

Travel MD (✆212-737-1212; www.travelmd.com) Für Reisende und New Yorker rund um die Uhr abrufbarer Dienst für ärztliche Hausbesuche.

Telefon

An den Straßen in NYC stehen Tausende von Telefonzellen, aber die meisten funktionieren nicht. Manhattans Ortsvorwahlen lauten ✆212, ✆646, ✆917 und seit Neuestem auch ✆929; die der vier anderen Stadtteile ✆718 und ✆347. Vor der Ortsvorwahl muss man immer zusätzlich die 1 wählen, auch wenn man einen Anruf in dasselbe Stadtviertel macht, in dem man sich gerade befindet.

Über die tolle Service-Hotline ✆311 erhält man von überall aus in der Stadt Infos oder Hilfe, indem man weiterverbunden wird mit städtischen Behörden vom Parkplatz-Ticketbüro bis hin zur Abteilung für Beschwerden wegen Ruhestörung.

Touristeninformation

New York City & Company (Karte S. 70; ✆212-484-1222; www.nycgo.com; 810 Seventh Ave, an der 53rd St; ⌚Mo–Fr 8.30–18, Sa & So 9–17 Uhr) Der offizielle Infodienst des Convention & Visitors Bureau mit hilfsbereiten, mehrsprachigen Angestellten. Weitere Zweigstellen findet man in Chinatown (Karte S. 58; Ecke Canal, Walker & Baxter St; ⌚Mo–Fr 10–18, Sa bis 19 Uhr), Harlem (Karte S. 76; 144 W 125th St zw. Adam Clayton Powell Blvd & Malcolm X Blvd; ⌚Mo–Fr 12–18, Sa & So 10–18 Uhr), Lower Manhattan (Karte S. 58; City Hall Park am Broadway; ⌚Mo–Fr 9–18, Sa & So 10–17 Uhr) und am Times Square (Karte S. 70; 1560 Broadway, zw. 46th St & 47th St; ⌚Mo–So 8–20 Uhr).

An- & Weiterreise

Auto & Motorrad

Infos über Autovermietungen stehen auf S. 708. Aber Achtung: Das Mieten eines Autos in der Stadt ist eine teure Angelegenheit. Ein Mittelklassewagen kostet pro Tag mindestens 75 US$. Hinzu kommen weitere Kosten: 13,25 % Steuern und verschiedene Versicherungen.

Bus

Der riesige, verwirrende **Port Authority Bus Terminal** (Karte S. 70; 625 Eighth Ave, zw. 40th St & 42nd St) ist Manhattans Hauptbusbahnhof. **Short Line** (www.shortlinebus.com) betreibt zahlreiche Busse zu Ortschaften im nördlichen New Jersey und im oberen Teil von New York State. Die Busse von **New Jersey Transit** (www.njtransit.state.nj.us) bedienen ganz New Jersey.

Mehrere verlässliche Busunternehmen mit Sitz in Midtown, darunter **Bolt Bus** (www.boltbus.com) und **Megabus** (www.megabus.com), betreiben komfortable, sichere Busse von NYC nach Philadelphia (10 US$, 2 Std.), Boston (25 US$, 4 Std. 15 Min.) und Washington, DC (25 US$, 4 Std. 30 Min.); die meisten haben kostenloses WLAN. Die Busunternehmen, die ab Chinatown fahren, sind in Sachen Sicherheit zweifelhaft.

Fähre

Seastreak (www.seastreak.com; hin & zurück 43 US$) fährt nach Sandy Hook, New Jersey. **New York Waterway** (www.nywaterway.com) legt am Pier 11 am East River nahe der Wall St sowie am World Financial Center am Hudson nach Hoboken, Jersey City, und zu anderen Zielen ab.

Flugzeug

New York City hat drei Hauptflughäfen. Der größte (und bekannteste) ist der **John F. Kennedy International Airport** (JFK; www.panynj.gov/aviation/jfkframe) in Queens, wo auch der **La Guardia Airport** (LGA; www.panynj.gov/avia tion/lgaframe) liegt. Der **Newark Liberty International Airport** (EWR; www.panynj.com) befindet sich jenseits des Hudson in Newark, NJ. Er ist ebenfalls eine Alternative. Wer online buchen will, sollte lieber allgemein unter „NYC" suchen als unter einem bestimmten Flughafen, denn dann erfassen die meisten Suchmaschinen alle drei Flughäfen gleichzeitig. Den **Long Island MacArthur Airport** (ISP; www.macarthurairport.com) in Islip zu benutzen, ist eine (wenn auch zeitaufwändige) Möglichkeit, Geld zu sparen, vor allem, wenn man in die Hamptons oder in andere Teile von Long Island will.

Zug

Die **Penn Station** (Karte S. 70; 33rd St. zw. Seventh Ave & Eighth Ave), die nicht mit der Penn Station in Newark, NJ, verwechselt werden darf, ist der Abfahrtsbahnhof für alle Züge von **Amtrak** (www.amtrak.com), darunter der schnelle Acela Express nach Boston (3 Std. 45 Min.) und Washington, D.C. (2 Std. 52 Min.). Die Preise und die Fahrtdauer sind vom Wochentag und der angepeilten Abfahrtszeit abhängig. Neben Haltestellen in Brooklyn und Queens fährt die **Long Island Rail Road** (LIRR; www.mta.nyc.ny.us/lirr) auch die Penn Station (NYC) an und transportiert jeden Tag mehrere Hunderttausend Pendler. **New Jersey Transit** (www.njtransit.com) betreibt ebenfalls Züge ab der Penn Station (NYC), die in die Vorstädte und raus zum Jersey Shore fahren. Eine weitere Möglichkeit für die Reise nach New Jersey, allerdings in nördlicher Richtung, beispielsweise nach Hoboken und Newark, ist der **New Jersey PATH** (www.pathrail.com). Für diese Züge gilt ein separates Preissystem (1,75 US$). Sie fahren auf der ganzen Länge der Sixth Ave und halten an der 34th, 23rd, 14th, 9th und Christopher St sowie an der wieder eröffneten Station World Trade Center.

Die einzige Zuglinie, die immer noch von der Grand Central Station abfährt (Park Ave/42nd St), ist die **Metro-North Railroad** (www.mnr.org). Sie bedient die nördlichen Vorstädte, Connecticut und außerdem Ziele im Hudson Valley.

ℹ Unterwegs vor Ort

Auto & Motorrad

In dieser Stadt werden selbst die ausgeglichensten Fahrer von der aggressiven Fahrweise angesteckt. Der Verkehr ist ein immerwährendes Problem und in aller Munde.

Das Schlimmste an einer Fahrt durch New York ist das Hinein- und Herauskommen – man wird zwangsläufigh ein Teil der Massen, die versuchen, sich durch die Tunnel und über die Brücken zu zwängen, die über die verschiedenen Wasserwege rund um Manhattan führen. Auch müssen die hiesigen Gesetze beachtet werden. So darf man beispielsweise bei Rot nicht rechts abbiegen (was im restlichen Bundesstaat erlaubt ist). Außerdem ist jede zweite Straße eine Einbahnstraße.

Fähre

Seit Juni 2011 verbindet die East-River-Fähre (einfache Strecke 4 US$, alle 20 Min.) Orte in Brooklyn (Greenpoint, North und South Williamsburg sowie Dumbo) und in Queens (Long Island City) mit Manhattan (Pier 11 an der Wall St und E 34th St).

Vom/Zum Flughafen

An den drei großen Flughäfen kann man Autos mieten. Die Autofahrt nach NYC ist aber eine Strapaze, daher fahren viele Leute mit dem Taxi in die Stadt. Das kostet vom JFK und Newark 45 US$ (Festpreis) plus Maut und Trinkgeld. Von La Guardia nach Midtown kostet die Fahrt ca. 35 US$ (mit Taxameter).

Eine preiswertere und recht angenehme Alternative, um vom JFK in die Stadt zu kommen, ist der **AirTrain** (einfache Strecke 5 US$). Er hat Anschluss an die Subway-Linien in die Innenstadt (2,25 US$; stadtauswärts nimmt man den A-Train in Richtung Far Rockaway) und (was wohl die schnellste Art ist, um zur Penn Station zu kommen) an der Jamaica Station in Queens an den LIRR (einfache Strecke 7 US$).

Newark hat seinen eigenen **AirTrain**, der alle Terminals mit einem New-Jersey-Transit-Bahnhof verbindet, von wo aus man dann zur Penn Station in NYC kommt (Kombiticket NJ Transit/Airtrain – die einfache Strecke kostet 12,50 US$).

Eine verlässliche, aber zeitraubende Möglichkeit, um von La Guardia nach NYC zu kommen, ist der Bus M60 (2,25 US$). Er fährt über die 125th St in Harlem nach Manhattan und hält unterwegs mehrere Male am Broadway in der Upper West Side

Alle drei Flughäfen werden auch von Expressbussen (12–15 US$) und kleineren Shuttlebussen (20 US$) angefahren. Der **New York Airport Service Express Bus** (www.nyairport service.com) fährt alle 15 Minuten zur Port Authority, Penn Station (NYC) und zur Grand Central Station. Der **Super Shuttle Manhattan** (www.supershuttle.com) holt seine Fahrgäste nach Vorbestellung an jedem x-beliebigen Ort ab.

Öffentliche Verkehrsmittel

Die **Metropolitan Transport Authority** (MTA; www.mta.info) ist sowohl für die Subway als auch die Busse zuständig. Je nach Subway-Linie und nach Tageszeit und je nachdem, ob einem die Bahn vor der Nase wegfährt oder nicht, ist die 100 Jahre alte New Yorker Subway (2,25 US$/Fahrt) der beste Freund oder ärgste Feind ihrer Benutzer. Das Tollste an ihr ist, dass sie rund um die Uhr fährt. Auf den ersten Blick kann das 1055 km lange Netz einem Angst einjagen, es ist aber trotz aller Unzulänglichkeiten eine echte Errungenschaft. Die Züge fahren buchstäblich in alle Viertel. Netzpläne gibt's an jeder Haltestelle. Um mitfahren zu können, muss man sich eine MetroCard kaufen, die es an Kartenschaltern und Automaten gibt. Diese akzeptieren Münzen, Dollarscheine und Kreditkarten. Wer gleich mehrere Tickets kauft, kommt billiger weg.

Wenn man es nicht sonderlich eilig hat, kann man auch eine Busfahrt in Betracht ziehen (2,25 US$/Fahrt). So bleibt man über der Erdoberfläche und sieht die Welt draußen vorbeiziehen – und zwar rund um die Uhr. Und auch die Orientierung macht hier keine Probleme – die Busse fahren quer durch die Stadt in beide Fahrtrichtungen (z. B. auf der 14th, 23rd, 34th, 42nd, 72nd St und allen anderen zweispurigen Straßen) und nach Uptown und Downtown, abhängig von der Avenue, auf der sie fahren. Man kann mit einer MetroCard oder dem exakten Betrag in Münzen, aber nicht mit Dollarscheinen bezahlen. Mit einem Ticket kann man von einer Linie in die nächste umsteigen, ebenso von der und in die Subway.

Taxi

Das klassische, gelbe NYC-Taxi ist kein kastenförmiges, spritfressendes Monster mehr. Sondern eher ein stromlinienförmiges Hybridauto, das sogar Mini-TVs und Kreditkartenautomaten an Bord hat. Egal, welche Automarke das Taxi ist oder wie viele Jahre es auf dem Buckel hat, man muss sich auf eine ruckelige, manchmal außer Kontrolle geratene Fahrt gefasst machen. Aktuelle Preise: 2,50 US$ Startgebühr (für die ersten 300 m), dann jeweils 0,40 US$ alle 300 m bzw. 60 Sekunden, die man im Stau steht, 1 US$ Zuschlag in Spitzenzeiten (werktags 16–20 Uhr) und 0,50 US$ Nachtzuschlag (tgl. 20–6 Uhr). Die Fahrer erwarten ein Trinkgeld von 10 bis 15 %. In Großraumtaxis passen fünf bis sechs Personen. Wenn man ein Taxi anhalten kann, leuchtet das Licht auf seinem Dach. Zudem sollte man bedenken, dass man im Regen, zur Rushhour und gegen 16 Uhr nur sehr schwer ein Taxi bekommt. Zu dieser Zeit ist häufig Schichtwechsel.

Velotaxis – meistens Fahrradrikschas – gibt's rund um den südlichen Teil des Central Parks und an anderen Touristenhochburgen. Die Fahrt kostet etwa 10 bis 20 US$. Die Preise sind verhandelbar.

NEW YORK STATE

Es gibt Upstate New York und Downstate New York, aber sie konnten zueinander nicht kommen. Die beiden haben so viel gemeinsam wie die Upper East Side in NYC und die Bronx. Und dennoch teilen sie sich einen Gouverneur, und ihre schlecht funktionierenden Gesetze werden in der Hauptstadt Albany gemacht. Eine verfahrene Situation und ein Drama – auch auf Seiten des Gesetzgebers. Vor allem, wenn man alles gleichzeitig will: Ruhe und ländliche Idylle genauso wie die Bars in der Lower East Side und die Subway. New York State mit seinen Wasserwegen – dem Hudson River, dem 843 km langen Eriekanal, der Albany mit Buffalo verbindet, und dem St.-Lorenz-Strom – reicht bis an die kanadische Grenze mit den weltberühmten Niagarafällen und den Thousand Islands. Buffalo ist ein preiswertes Paradies für Leckermäuler. Weinliebhaber können sich hier mit ihrem Lieblingswein aus dem ganzen Bundesstaat, insbesondere aber aus der Finger Lakes Region unweit der Collegestadt Ithaca eindecken. Wanderungen durch die Wildnis, Campen, kleinstädtisches Amerika, kilometerlange Sandstrände, großartige historische Anwesen und Künstlerkolonien im Hudson Valley, die Catskills und die abgelegene Adirondacks-Bergkette – all dies ist Grund genug für viele Leute, der Stadt auf Nimmerwiedersehen den Rücken zuzukehren.

Praktische Informationen

New York State Office of Parks, Recreation and Historic Preservation (☎518-474-0456, 800-456-2267; www.nysparks.com) Infos über Camping und Unterkünfte sowie allgemeine Auskünfte über alle State Parks. Reservieren kann man bis zu neun Monate im Voraus.

511 New York: Traffic, Travel & Transit Info (www.511ny.org) Wetterbericht, Infos zur Verkehrslage u. a.

Uncork New York (☎585-394-3620; www.newyorkwines.org) Infos über Weine aus dem ganzen Bundesstaat.

Long Island

Kinder in der Kleidung von Privatschulen, albtraumhafte Pendlerfahrten, Malls mit Geschäften einheimischer Ketten, 08/15-Vorstädte, teure Resorts, vom Wind durchpeitschte Dünen und traumhafte Strände. All das hat Long Island, die lange Halbinsel, die an die Stadtbezirke Brooklyn und Queens grenzt. Und so erklärt sich auch der etwas komplizierte Ruf Long Islands. Die ersten europäischen Siedlungen, die 1640 errichtet wurden, waren Walfänger- und Fischerhäfen, wie das nur 40 km östlich von Manhattan liegende Levittown in Nassau County. Hier wurden die ersten Häuser in perfekter Massenproduktion errichtet. Aber abgesehen davon gibt's in Long Island breite Strände, bedeutende historische Stätten, renommierte Weinkeller, ländliche Gegenden und natürlich die Hamptons in all ihrer wunderschönen, sonnenbeschienenen Pracht.

NORTH SHORE

Außerhalb der Vorstadt Port Washington befindet sich das **Sands Point Preserve** (☎516-571-7900; www.sandspointpreserve.org; 127 Middleneck Rd; Eintritt 5 US$/Auto, Do frei; ⏲9–16.30 Uhr) mit Waldwegen und einem schönen Sandstrand an der Bucht, der zum Bummel einlädt. Hier steht auch das im Jahr 1923 erbaute **Falaise** (Eintritt 6 US$; ⏲Führungen Juni–Okt. Do–So stündl. 12–15 Uhr), eines der wenigen noch erhaltenen Herrenhäuser der Gold Coast. Heute fungiert das Gebäude als Museum. Östlich von hier liegt das ländliche Oyster Bay. Im hiesigen

KURZINFOS NEW YORK STATE

» **Spitznamen** Empire State, Excelsior State, Knickerbocker State

» **Bevölkerung** 19,5 Mio.

» **Fläche** 122 237 km²

» **Hauptstadt** Albany (94 000 Ew.) **Weitere Städte** Buffalo (261 000 Ew.)

» **Verkaufssteuer** 4 % zzgl. der Steuern des Countys und des Bundesstaats (insgesamt etwa 8 %)

» **Geburtsort von** Dichter Walt Whitman (1819–1892), Präsident Theodore Roosevelt (1858–1919), Präsident Franklin D. Roosevelt (1882–1945), First Lady Eleanor Roosevelt (1884–1962), Maler Edward Hopper (1882–1967), Filmstar Humphrey Bogart (1899–1957), Komikerin Lucille Ball (1911–1989), Filmemacher Woody Allen (geb. 1935), Schauspieler Tom Cruise (geb. 1962), Profisportler Michael Jordan (geb. 1963), Popstar Jennifer Lopez (geb. 1969)

» **Heimat** der Six Nations of the Iroquois Confederacy, der ersten US-amerikanischen Rinderranch (1747, in Montauk, Long Island), der US-amerikanischen Suffragetten-Bewegung (1872), des Eriekanals (1825)

» **Politische Ausrichtung** Gouverneur ist der Demokrat Mario Cuomo, NYC ist größtenteils demokratisch, der nördliche Teil des Staats konservativer

» **Berühmt für** die (eine Hälfte der) Niagarafälle, die Hamptons, die Cornell University, den Hudson River

» **Ungewöhnlicher Fluss** Der Genesee River ist einer der wenigen Flüsse der Welt, die von Süden nach Norden fließen – von South Central New York in den Lake Ontario bei Rochester

» **Entfernungen** NYC–Albany 160 Meilen (257 km), NYC–Buffalo 375 Meilen (603 km)

Sagamore Hill (☎516-922-4788; www.nps.gov/sahi; Erw./Kind 5 US$/frei; ⏲Mi–So 10–16 Uhr) verbrachte Theodore Roosevelt während seiner Präsidentschaft den Urlaub. Im Frühjahr und Sommer sind die Warteschlangen für eine Führung lang. Hinter dem ausgezeichneten **Museum** (Eintritt frei)

beginnt ein hübscher Naturpfad bis zum malerischen Strand.

SOUTH SHORE

Long Beach, über den ab und an Düsenjets jagen, ist der Strand, der am dichtesten an der Stadt liegt und mit der Bahn leicht zu erreichen ist. Die Hauptstraße ist übersät mit Eisdielen, Bars und Restaurants. Am Strand tummeln sich Surfer, trendige Städter und sonnengebräunte Anwohner.

An Sommerwochenenden wird der fast 10 km lange **Jones Beach** zu einem bunten, großstädtischen Mikrokosmos: Surfer, feierwütige Städter, Teenager, Nudisten, biedere Familien, Schwule, Lesben und viele Senioren. Hier trifft sich einfach alles. Auf der Long Island Rail Road (LIRR) nach Wantagh besteht eine Busverbindung zum Jones Beach.

Weiter östlich, nicht weit entfernt vom südlichen Ufer, liegt die Barriereinsel **Fire Island**. Hier befinden sich die **Fire Island National Seashore** (☎631-289-4810; www.nps.gov) und mehrere Sommerdörfer, die mit dem Schiff von Long Island aus zu erreichen sind. Die Gemeinden Fire Island Pines und Cherry Grove (beide autofrei) feiern ein historisches Schwulenfest, das in Scharen Männer und Frauen aus New York anlockt. Die Dörfer im West End sind eher auf Hetero-Singles und Familien ausgerichtet. Die Zahl der Unterkünfte ist begrenzt, und Buchen im Voraus wird dringend empfohlen (unter www.fireisland.com kann man sich über Unterkünfte informieren). In **Watch Hill** (☎631-567-6664; www.watchhillfi.com; Stellplatz 25 US$; ⏲Anfang Mai–Ende Okt.) ist Campen am Strand erlaubt, aber die Moskitos können eine ziemliche Plage sein. Reservierung erforderlich! Der **Robert Moses State Park** am westlichen Ende von Fire Island ist der einzige mit dem Auto erreichbare Ort. Die **Fire Island Ferries** (☎631-665-3600; www.fireislandferries.com) fahren zu den Stränden der Fire Island und zur National Seashore. Die Terminals liegen in der Nähe der LIRR-Stationen von Bayshore, Sayville und Patchogue (hin & zurück Erw./Kind 17/7,50 US$, Mai–Nov.).

DIE HAMPTONS

Die Meinungen über die Hamptons sind so unterschiedlich wie die vielen Maseratis und Land Rover, die durch die landschaftlich perfekt gestalteten Straßen kurven. Nichts kann aber die Schönheit der Strände und der noch erhaltenen malerischen Farmen und Wälder schmälern. Wer den Neid begraben kann, wird einen vergnüglichen Tag erleben, denn es gibt hier Einiges zu sehen. Eine Fahrt vorbei an den extravaganten, einerseits topaktuell-modernistischen, andererseits schlossartig-monströsen Domizilen der Reichen lohnt sich allemal. Allerdings gibt's auch viele Sommergäste, die ihre Wochenendpartys in bescheideneren Ferienwohnungen und an den Drehtüren der Clubs verbringen. Die einzelnen Hamptons liegen zwar nicht weit auseinander, aber der Verkehr kann zum Albtraum ausarten. Ein paar Geschichten über berühmte Personen aus der Gegend kann man in Dan Rattiners *In the Hamptons* nachlesen. Der Autor lebt schon lange in den Hamptons und ist Herausgeber der Lokalzeitung.

Southampton

Tagsüber erscheint Southampton makellos, als ob all seine Falten mit Botox geglättet wären, aber nachts zeigt es sich von einer ganz anderen Seite, wenn lärmende Clubber sich gehen lassen. Die riesigen Strände sind grandios; Parkplätze für Nicht-Anwohner gibt's aber vom 31. Mai bis zum 15. September nur am Coopers Beach (40 US$/Tag) und an der Road D (kostenlos). Das **Parrish Art Museum** (☎631-283-2118; www.parrishart.org; 25 Jobs Lane; Erw./Kind 5/3 US$; ⏲Juni–Mitte Sept. tgl. 11–17 Uhr) ist eine eindrucksvolle Institution in der Region. Am Ortsrand liegt ein kleines Indianer-Reservat. Hier leben die Shinnecock, die auch ein kleines **Museum** (☎631-287-4923; 45 Montauk Hwy; Erw./Kind 5/3 US$; ⏲Do–Sa 11–16, So ab 12 Uhr) betreiben. Der jahrzehntelange Kampf mit dem Gesetzesdschungel und anderen Hindernissen, um auf dem Land der Shinnecock ein großes Kasino zu bauen, dauert weiter an. Ein schnelles, gutes Essen bekommt man bei **Golden Pear** (99 Main St; Sandwich 9 US$; ⏲7.30–17 Uhr), das köstliche Suppen, Salate und Wraps serviert.

Bridgehampton & Sag Harbor

Weiter im Osten liegt Bridgehampton mit einer bescheidenen Hauptstraße, aber auch vielen trendigen Boutiquen und guten Restaurants. Das einfache, niedrige **Enclave Inn** (☎631-537-2900; www.enclaveinnn.com; 2668 Montauk Hwy; Zi. ab 99 US$; ❄📶🏊), das anderswo in den Hamptons noch vier weitere Ableger hat, befindet sich nur einige Blocks vom Ortszentrum entfernt und ist eine der preiswerteren Unterkünfte. Der altmodische Diner **Candy Kitchen** (☎646-

537-9885; Main St; Hauptgerichte 5–12 US$; ⌚7–18 Uhr) wartet mit einer Imbisstheke auf, an der es ein sättigendes Frühstück, Burger und Sandwiches gibt.

An der Peconic Bay, 7 Meilen (11 km) nördlich, liegt der hübsche, alte Walfängerort Sag Harbor. Die Fähren nach Shelter Island fahren ein paar Kilometer weiter nördlich ab. Im Ort kann man sich das **Whaling & Historical Museum** (☎631-725-0770; www.sagharborwhalingmuseum.org; Erw./Kind 5/1 US$; ⌚Mai–Okt. 10–17 Uhr) anschauen oder einfach nur einen Bummel durch die engen Straßen machen, die an Cape Cod erinnern. Feinschmecker kommen im **Provisions** (☎631-725-3636; Ecke Bay St & Division St; Sandwich 9 US$; ⌚8.30–20 Uhr) auf ihre Kosten, einem Bio-Markt mit leckeren Wraps, Burritos und Sandwiches zum Mitnehmen.

East Hampton

Von der ach so leger wirkenden Sommerkleidung, den Pastelltönen und den lässig um den Hals gebundenen Sweatshirts sollte man sich nicht täuschen lassen. Die Sonnenbrillen allein kosten bestimmt schon ein normales Monatsgehalt. Hier haben einige der größten Promis ihre Häuser. Lesungen, Theateraufführungen und Kunstausstellungen finden in der **Guild Hall** (☎631-324-0806; www.guildhall.org; 158 Main St) statt. Östlich vom Ort, auf dem Weg nach Bridgehampton, liegt das **Townline BBQ** (3593 Montauk Hwy; Hauptgerichte 9 US$; ⌚So, Mo & Do 11.30–21, Fr & Sa bis 22 Uhr), ein bodenständiges Grillrestaurant mit rauchigen Rippchen und Grill-Sandwiches. Gleich westlich, Richtung Amagansett, bekommt man im **La Fondita** (74 Montauk Hwy; Hauptgerichte 9 US$; ⌚Mi, Do & So 11.30–20, Fr & Sa bis 21 Uhr) preisgünstiges mexikanisches Essen. Die Nachtclubs kommen und gehen hier wie die Jahreszeiten. Und noch ein guter Rat zum Schluss: Von Clubs, die „Bottle Service“ anbieten, sollte man hier lieber Abstand nehmen.

Montauk & Umgebung

Montauk, die bescheidene Stiefschwester der Hamptons, hat eher die Atmosphäre von Jersey Shore als die eines Poloclubs, aber ebenso wunderschöne Strände. Hier gibt's eine Reihe relativ verlässlicher Restaurants und eine etwas lautere Barszene. An der äußersten, windumtosten Ostspitze von South Fork liegt der **Montauk Point State Park** mit seinem eindrucksvollen, 1796 erbauten **Montauk Point Lighthouse** (www.montauklighthouse.com; Erw./Kind 9/4 US$; ⌚10.30–17.30 Uhr, unterschiedliche Öffnungszeiten), dem viertältesten noch genutzten Leuchtturm in den USA. Einige Kilometer westlich vom Ort kann man im von Dünen durchzogenen **Hither Hills State Park** (☎631-668-2554; www.nysparks.com; New Yorker/Nicht-New-Yorker Mo–Fr 28/56 US$, Sa & So teurer; ⌚April–Nov.) direkt am Strand campen. Im Sommer aber frühzeitig reservieren. Mehrere Kilometer nördlich liegt der Hafen von Montauk mit Restaurants am Dock und Hunderten von Booten in den Jachthäfen.

In der Nähe vom Eingang zum Stadtstrand findet man einen Abschnitt mit einfachen Motels, darunter das **Ocean Resort Inn** (☎631-668-2300; www.oceanresortinn.com; 96 S Emerson Ave; Zi. 105–165 US$; ❄📶). Einige Kilometer westlich, gleich gegenüber vom Strand, liegt das **Sunrise Guesthouse** (☎631-668-7286; www.sunrisebnb.com; 681 Old Montauk Hwy; Zi. 115–145 US$; ❄), ein bescheidenes, komfortables B&B.

Zwischen Mai und Oktober kann man einen entspannten Tag mit Getränken und herzhaften, frischen Meeresfrüchten verbringen – und zwar in der **Clam Bar** (2025 Montauk Hwy; Hauptgerichte 7–22 US$; ⌚12–20 Uhr) oder im schon seit 50 Jahren bestehenden **Lobster Roll** (1980 Montauk Hwy; Hauptgerichte 11–26 US$; ⌚11.30–21.30 Uhr), auch „Lunch“ genannt. Beide Restaurants liegen zwischen Amagansett und Montauk am Highway.

NORTH FORK & SHELTER ISLAND

North Fork ist vor allem für sein unberührtes Ackerland und seine Weingüter bekannt. Es gibt hier fast 30 Weingüter, die hauptsächlich rund um die Orte Jamesport, Cutchogue und Southold zu finden sind. Der **Long Island Wine Council** (☎631-722-2220; www.liwines.com) informiert ausführlich über die Weinstraße entlang der Rte 25 nördlich von Peconic Bay. Einen der schönsten Außenbereiche für Weinverkostungen bietet die **Peconic Bay Winery** (☎631-734-7361; www.peconicbaywinery.com; 31320 Main Rd/Rte 25, Cutchogue). Das bedeutet aber auch, dass hier scharenweise Reisebusse und Partygruppen herkommen. Zuvor bietet sich aber ein Zwischenstopp in der beliebten **Love Lane Kitchen** (240 Love Lane; Hauptgerichte 10 US$; ⌚7–21.30, Mo–Di bis 18 Uhr) in Matituck an, um einen Happen zu essen oder am Wochenende zu brunchen.

North Forks Hauptort und Startpunkt der Fähren nach Shelter Island ist das charmante, entspannte **Greenport**. Hier gibt's auch viele Restaurants und Cafés, darunter die familienbetriebene **Claudio's Clam Bar** (111 Main St; Hauptgerichte 15 US$; ⌚11.30–21 Uhr) mit ihrer Rundumterrasse, die über der Marina thront. Sandwiches und Kuchen bekommt man im **Butta' Cakes Café** (119 Main St; Sandwich 9 US$; ⌚8–21.30 Uhr) – genau richtig für ein Picknick im **Harbor Front Park**, wo man dann auch noch eine Runde auf dem historischen Karussell drehen kann.

Zwischen North und South Fork liegt **Shelter Island**, erreichbar nur mit der Fähre von North Haven im Süden und von Greenport im Norden (Fahrzeug & Fahrer 9 US$, 10 Min., alle 15–20 Min.). Die Insel ist ein Mikrokosmos mit wunderschönen Anwesen. Im Süden liegt das 8 km² große **Mashomack Nature Preserve** (☎631-749-1001; www.nature.org/mashomack; ⌚9–17 Uhr, außer Juli & Aug. Di geschl.), das zum Wandern und Kajakfahren einlädt (Radfahren ist allerdings verboten).

In bester Lage auf Shelter Island, vom **Crescent Beach** gleich die Straße hinunter, liegt, von Bäumen umgeben, in einer Bucht das **Pridwin Beach Hotel & Cottages** (☎631-749-0476; www.pridwin.com; Zi. & Cottage ab 159–199 US$; P❄📶) mit Standardzimmern im Hotel sowie privaten Cottages, die aufs Wasser hinaus blicken und teilweise ein erstklassiges Design aufweisen.

ℹ Anreise & Unterwegs vor Ort

Die direkteste Strecke ist die I-495, die auch LIE (Long Island Expwy) genannt wird. Autofahrer sollten diese Route aber während der Rush Hour besser meiden, denn dann sind die ganzen Pendler unterwegs. Sobald man die Hamptons erreicht hat, führt eine Hauptstraße, der Montauk Hwy, bis zum Ende. Die **Long Island Rail Road** (LIRR; www.mta.nyc.ny.us/lirr) bedient alle Regionen von Long Island und damit auch die Hamptons (einfache Strecke 25 US$, 2 Std. 45 Min.) von der Penn Station (NYC), von Brooklyn und von Queens aus. Die Busgesellschaften **Hampton Jitney** (www.hamptonjitney.com; einfache Strecke Di–Do 26 US$, Fr–Mo 30 US$) und **Hampton Luxury Liner** (www.hampton luxuryliner.com; einfache Strecke 40 US$) betreiben Busse von Manhattans Midtown und Upper East Side zu verschiedenen Orten in den Hamptons. Hampton Jitney bietet auch Busse von/nach Brooklyn an (verschiedene Haltestellen).

Hudson Valley

Direkt nördlich von New York City wird Grün zur vorherrschenden Farbe, und die Blicke auf den Hudson River und die Berge pumpen neues Leben in den ermatteten Großstädter. Im 19. Jh. war hier die Hudson River School of Painting beheimatet. Die Geschichte der Region ist in den vielen großartigen Anwesen und den malerischen Dörfern allgegenwärtig. Das Lower Valley und das Middle Valley haben eine höhere Bevölkerungsdichte und vermitteln daher eher Vorstadtcharakter. Das Upper Valley mit seinen Hügeln, die in die Bergregion der Catskills übergehen, verbreitet hingegen ein ländliches Feeling. Weitere Infos über dieses Gebiet hat das **Hudson Valley Network** (www.hvnet.com).

LOWER HUDSON VALLEY

Kaum 65 km nördlich von New York City liegt der **Harriman State Park** (☎845-786-2701) mit unberührten Wäldern und kilometerlangen Wanderwegen. Er hat eine Fläche von 186 km² und bietet tolle Gelegenheiten zum Schwimmen, Wandern und Campen. Vom fast 400 m hohen Gipfel des benachbarten **Bear Mountain State Park** (☎845-786-2701; ⌚8 Uhr–Sonnenuntergang) hat man einen fantastischen Blick auf die Skyline Manhattans jenseits des Flusses und auf die grüne Landschaft der Umgebung. In dem Gasthof am Hessian Lake kann man recht gut essen und übernachten. In beiden Parks gibt's mehrere Panoramastraßen, die sich an abgelegenen Seen entlangschlängeln. Von den verschiedenen Aussichtspunkten bieten sich traumhafte Blicke auf die Umgebung.

In der Nähe von Tarrytown und Sleepy Hollow am Ostufer des Hudsons stehen etliche traumhafte Häuser mit wunderschönen Gärten. **Kykuit**, eines der Anwesen der Familie Rockefeller, zeigt eine beeindruckende Sammlung asiatischer und europäischer Kunstwerke. Vom wunderschön angelegten Garten genießt man einen atemberaubenden Blick. **Lyndhurst** gehört dem Eisenbahnriesen Jay Gould, und **Sunnyside** ist die Heimat des Schriftstellers Washington Irving. Auf der Website des **Historic Hudson Valley** (www.hudsonvalley.org) gibt's mehr Infos, auch über weitere Sehenswürdigkeiten in dieser Gegend.

Westlich der Rte 9W und 80 km nördlich von New York City befindet sich das

Storm King Art Center (☎845-534-3115; www.stormking.org; Old Pleasant Rd, Mountainville; Erw./Kind 120 US$/frei; ⏱April–Nov. Mi–So 10–17.30 Uhr), ein 2 km² großer Skulpturenpark im Freien mit sanft geschwungenen Hügeln, in dem es verblüffende Avantgardeskulpturen berühmter Künstler zu sehen gibt. Mit der kostenlosen Bahn kann man das Gelände erkunden. Das in der Nähe liegende **West Point** (☎845-938-2638; ⏱9–17 Uhr) können Besucher bei einer **Führung** (☎845-446-4724; www.westpointtours.com; Erw./Kind 12/9 US$) in Augenschein nehmen. 1802 wurde dieses strategische Fort in die US Military Academy umgewandelt. Nicht weit von hier liegt das Städtchen Newburgh mit zahlreichen Einkaufszentren. Es beherbergt die **Washington's Headquarters State Historic Site** (☎845-562-1195; Liberty St an der Washington St; Spenden willkommen; ⏱April–Okt. Mi–Sa 10–17, So 10–13 Uhr), General Georges dauerhaftestes Hauptquartier im Unabhängigkeitskrieg, mit einem Museum, Galerien und Landkarten.

In der Nähe der Ortschaft Cold Spring auf der anderen Seite des Flusses findet zwischen Mitte Juni und Anfang September das **Hudson Valley Shakespeare Festival** (☎845-265-9575; www.hvshakespeare.org) statt. Auf dem Boscobel-Anwesen werden beeindruckende Freiluft-Produktionen auf die Bühne gebracht.

Östlich der Rte 9W liegt Beacon, ein eher uninteressantes Städtchen, in dem aber regelmäßig die internationale Kunstszene bei **Dia Beacon** (☎845-440-0100; www.diaart.org; Erw./Kind 10/frei US$; ⏱Mitte April–Mitte Okt. Do–Mo 11–18 Uhr, zu anderen Zeiten telefonisch nachfragen) ihren Auftritt hat. Gezeigt wird eine Sammlung bekannter Werke von den 1960er-Jahren bis heute. Sehenswert sind insbesondere die Riesenskulpturen und Installationen.

MIDDLE & UPPER HUDSON VALLEY

Westlich des Hudson liegt **New Paltz** mit einem Campus der State University of New York, zahlreichen Bioläden und einer liberalen, umweltbewussten Haltung. In der Ferne hinter dem Ort erhebt sich der Bergrücken des Shawangunk (Shon-gum oder auch nur die „Gunks") über 610 m in die Höhe. Kilometerlange Wanderwege und ein paar der besten Klettermöglichkeiten in den östlichen USA findet man im **Mohonk Mountain Preserve** (☎845-255-0919; www.mohonkpreserve.org; Tageskarte für Wanderer/Kletterer & Radfahrer 12/17 US$). Das **Minnewaska State Park Preserve** in der Nähe ist eine 48 km² große wilde Landschaft, deren Herzstück ein fast immer eiskalter Bergsee ist. Bei **Alpine Adventures** (☎877-486-5769; www.alpineendeavors.com) erhält man Kletterunterricht und Ausrüstung.

Wie aus einem Märchenbuch wirkt das **Mohonk Mountain House** (☎845-255-1000; www.mohonk.com; 1000 Mountain Rest Rd; Zi. 320–2500 US$; ❄📶🏊), eine rustikale Burg, die über einem dunklen See thront. Die Gäste dieses All-inclusive-Resorts können sich den Bauch mit üppigen Fünf-Gänge-Menüs vollschlagen, durch die Gärten schlendern, kilometerlange Wanderungen unternehmen, Kanufahren, Schwimmen und vieles mehr. Im luxuriösen Spa kann man sich rundum verwöhnen lassen. Auch wenn man nicht hier übernachtet, kann man das Anwesen besuchen (Erw./Kind 25/20 US$ pro Tag, werktags weniger) – der Eintritt lohnt sich.

Östlich des Flusses liegt **Hudson**, ein schöner Ort mit einer hippen, schwulenfreundlichen Gemeinde aus Künstlern, Schriftstellern und Theaterleuten, die es in Scharen hierherzieht. Die Warren St ist die Hauptstraße durch den Ort; sie ist gesäumt von Antiquitätenläden, Luxusmöbelgeschäften, Galerien und Cafés. Das historische, etwa 1830 entstandene **Union Street Guest House** (☎518-828-0958; www.unionstreetguesthouse; 345–349 Union St; Zi. ab 125 US$; ❄📶) im klassizistischen Stil wurde in ein gemütliches Gästehaus mit Boutique-Charakter umgewandelt.

Weiter südlich liegt **Rhinebeck** mit einer hübschen Hauptstraße, Gästehäusern, Farmen und Weingütern. Hier findet man auch das **Aerodrome Museum** (☎845-752-3200; www.oldrhinebeck.org; ⏱Mitte Juni–Mitte Okt. 10–17 Uhr) und das Bistro **Terrapin** (☎845-876-3330; 6426 Montgomery St; Sandwich mittags 7 US$, Hauptgerichte abends ab 19 US$; ⏱11.30–23.30 Uhr), das allein schon die Fahrt hierher wert ist. Eine gute Wahl ist auch die **Bread Alone Bakery** (45 E Market St; Hauptgerichte 9 US$; ⏱7–19, 8–15 Uhr), die Mittagsspezialitäten wie Rinderbrust-Panini und Quiche mit Spinat und Feta serviert.

Unmittelbar südlich von Rhinebeck befindet sich **Hyde Park**, das lange Zeit mit den Roosevelts verbunden war – seit dem 19. Jh. eine prominente Familie. Das 615 ha große Anwesen war früher eine Farm. Heute befindet sich hier das **Franklin D. Roosevelt Library & Museum** (☎800-337-

8474; www.fdrlibrary.marist.edu; 511 Albany Post Rd/Rte 9; Eintritt 14 US$; ⌚Mai–Okt. 9–18 Uhr, Nov.–April bis 17 Uhr), das wichtige Leistungen der Präsidentschaft Roosevelts beleuchtet. Normalerweise gibt es auch eine Führung durch das Haus, in dem Roosevelt bis zu seinem Tode lebte und seine Kamingespräche hielt. Die First Lady Eleanor Roosevelt flüchtete vor Hyde Park, vor ihrer Schwiegermutter und manchmal auch vor ihrem Mann in ihr friedliches Cottage **Val-Kill** (☎877-444-6777; www.nps.gov/elro; Eintritt 8 US$; ⌚9–17 Uhr). Gegenüber vom Eingang zur Bibliothek und zum Museum liegt das **Hyde Park Drive-In Movie Theater** (☎845-229-4738; 4114 Albany Post Rd/Rte 9). Gleich nördlich von hier steht die mit 54 Zimmern bestückte **Vanderbilt Mansion** (☎877-559-6777; www.nps.gov/vama; Rte 9; Eintritt 8 US$; ⌚9–17 Uhr), ein spektakuläres Herrenhaus aus der Zeit des Gilded Age mit aufwändigen Beaux-Arts-Elementen. Fast alle der Originalmöbel, die extra aus europäischen Schlössern und Villen importiert wurden, stehen heute noch in dem Landhaus - dem kleinsten Anwesen der Vanderbilts. Den schönsten Blick auf den Hudson River hat man vom Garten und dem durch das Anwesen führenden Bard Rock Trail aus.

In Hyde Park befindet sich auch das berühmte **Culinary Institute of America** (☎845-471-6608; www.ciachef.edu; 1964 Campus Dr), das zukünftige Chefköche ausbildet und auch alle erdenklichen gastronomischen Gelüste befriedigt. Das **Apple Pie Café** (Hauptgerichte 10 US$; ⌚7.30–17 Uhr) ist eines der von Studenten betriebenen Lokale. Es blickt auf einen ruhigen Hof und serviert Gourmet-Sandwiches sowie Kuchenspezialitäten (die sind schnell ausverkauft, und die Auswahl wird gegen Ende hin ziemlich schmal). Wer in Hyde Park gerade eine Führung verpasst hat, kann sich die Wartezeit auf die nächste Führung im **Eveready Diner** (4189 Albany Post Rd/Rte 9; Hauptgerichte 10 US$; ⌚So–Do 5–1 Uhr, Fr & Sa 24 Std.), einer modernisierten Version des klassischen Diners, verkürzen.

Etwas weiter südlich von hier liegt **Poughkeepsie** (puh-*kip*-sie), die größte Ortschaft am Ostufer des Hudson. Berühmt ist das hiesige geisteswissenschaftliche Privatcollege **Vassar**, das bis 1969 ausschließlich Frauen aufnahm. Wegen des atemberaubenden Blicks lohnt sich der Bummel über den **Walkway Over the Hudson** (www.walkway.org; ⌚7 Uhr–Sonnenuntergang). Die ehemalige Highland-Poughkeepsie-Eisenbahnbrücke ist seit 2009 die weltweit längste Fußgängerbrücke und der neueste Park des Bundesstaats. Billige Kettenmotels reihen sich an der Rte 9, südlich der Mid-Hudson Bridge. Empfehlenswerter ist das **Copper Penny Inn** (☎845-452-3045; www.copperpennyinn.com; 2406 Hackensack Rd; Zi. mit Frühstück 140–230 US$; ❄), ein charmantes, heiteres B&B auf einem rund 5 ha großen bewaldeten Grundstück.

Catskills

Gourmet-Restaurants und schicke Boutiquen überschwemmen bereits die charmanten kleinen Orte und die ländliche Atmosphäre der Catskills. Für einige Nicht-New-Yorker ist diese Gegend mit den sanften, waldbedeckten Hügeln und dem malerischen Ackerland noch immer ein Synonym für Ferienorte im sogenannten „Borschtsch-Gürtel". Aber das ist lange vorbei. Nach wirtschaftlich angespannten Zeiten sind die Catskills, deren Berge nicht ganz so hoch sind wie die der Hamptons, jetzt eine beliebte Alternative für mondäne Städter, die sich hier ihren Zweitwohnsitz eingerichtet haben.

WOODSTOCK & UMGEBUNG

Das weltberühmte **Woodstock** stand in den 1960er-Jahren für freie Liebe, Meinungsfreiheit und politischen Aufruhr und ist auch heute noch durch zahlreiche Heilzentren, Kunstgalerien, Cafés und den Mix aus Althippies und jungen Phish-Fans alternativ angehaucht. Das berühmte Woodstock-Musikfestival von 1969 fand jedoch genau genommen in Bethel statt, knapp 65 km südwestlich von hier. Genau vor der Bushaltestelle steht das **Village Green B&B** (☎845-679-0313; 12 Tinker St; Zi. mit Frühstück 135 US$; ❄📶), ein dreistöckiges viktorianisches Haus mit komfortablen Zimmern und Blick auf Woodstocks Hauptplatz. Etwa 800 m südöstlich bereitet das in einem elegant restaurierten Farmhaus untergebrachte **Cucina** (☎845-679-9800; 109 Mill Hill Rd; Hauptgerichte 18 US$; ⌚5 Uhr–open end, Sa & So ab 11 Uhr) raffinierte italienische Gerichte mit saisonalen Produkten und Pizzas mit dünner Kruste zu.

Saugerties liegt 7 Meilen (11 km) östlich von Woodstock und ist nicht annähernd so ruhig, sondern eher großstädtisch. Richtig romantisch kann man aber im einzigartigen **Saugerties Lighthouse** (☎845-247-0656; www.saugertieslighthouse.com; Zi. mit Frühstück 200 US$; ⊙Do–So, Feb. geschl.) nächtigen. Der malerische Leuchtturm von 1869 ist ein Wahrzeichen auf einer kleinen Insel im Esopus Creek und nur mit dem Boot oder zu Fuß vom Parkplatz über einen 800 m langen Weg zu erreichen. Die Zimmer sind immer schon weit im Voraus ausgebucht, aber auch ohne Übernachtung lohnt sich der Spaziergang bis zu dem Leuchtturm.

In dieser Gegend ist ein eigenes Auto so gut wie unerlässlich. Ansonsten betreibt **Adirondack Trailways** (www.trailwaysny.com) Busse, die täglich von NYC nach Kingston (einfache Strecke 25 US$, 2 Std.) fahren, dem Tor zu den Catskills, sowie Busse zu den Catskills und nach Woodstock (einfache Strecke 27 US$, 2 Std. 30 Min.). Abfahrt in NYC ist an der Port Authority. Der Pendlerzug **Metro-North** (www.mta.info/mnr) hält an verschiedenen Stellen im Lower und im Middle Hudson Valley.

Die Region Finger Lakes

Aus der Vogelperspektive sehen die elf langen, schmalen Seen zwischen den sanft geschwungenen Hügeln wie Finger aus – daher der Name der Region. Das Paradies für Outdoor-Aktivitäten erstreckt sich von Albany bis weit in den Westen New Yorks. Man kann hier natürlich prima Bootfahren, Angeln, Radfahren, Wandern und Skilanglaufen. Aber dies ist auch das wichtigste Weinbaugebiet des Bundesstaats: Es gibt hier mehr als 65 Weingüter – das sollte selbst den anspruchsvollsten Weinliebhabern ausreichend Auswahl bieten.

ITHACA & UMGEBUNG

Das idyllische College-Städtchen ist voller Studenten und Althippies, die den traditionellen Uni-Lebensstil mit relaxter Atmosphäre, Lesungen in Cafés, Programmkinos, Grünflächen und gutem Essen schätzen. Das an sich schon sehenswerte Ithaca am Cayuga Lake liegt bequemerweise auf halber Strecke zwischen NYC und den Niagarafällen. Informationen für Reisende erhält man im **Visit Ithaca Information Center** (☎607-272-1313; www.visitithaca.com; 904 E Shore Dr; ⊙Mo–Fr 9–17, Sa ab 10 Uhr).

Die 1865 gegründete **Cornell University** thront auf einem Hügel mit malerischem Blick auf die Stadt darunter. Auf dem schönen Campus findet man eine Mischung aus traditionellen und modernen Gebäuden. Das moderne **Herbert F. Johnson Museum of Fine Art** (☎607-255-6464; www.museum.cornell.edu; University Ave; Eintritt frei; ⊙Di–So 10–17 Uhr) wurde von I.M. Pei entworfen. Das Museum zeigt vor allem asiatische Kunst, hat aber auch präkolumbische, amerikanische und europäische Werke. Gleich östlich des Campuszentrums liegen die **Cornell Plantations** (☎607-255-2400; www.cornellplantations.org; Plantations Rd; Eintritt frei; ⊙Sonnenaufgang–Sonnenuntergang), ein fachmännisch angelegter Kräuter- und Blumengarten mit einer Baumschule. Kinder können im interaktiven **Sciencenter** (☎607-272-0600; www.sciencenter.org; 601 First St; Erw./Kind 7/5 US$; ⊙Di–Sa 10–17, So ab 12 Uhr; 👪) selbst Hand anlegen. An mehreren Wochenenden zwischen Juli und August zeigt Tony Simons, ein Professor der School of Hotel Administration in Cornell, den Anfängern, wie man durchs **Feuer laufen** (www.ithacafirewalks.com; 75 US$/Pers.) kann – in erster Linie ist das eine Frage des Willens.

Die Gegend rund um Ithaca ist für ihre Wasserfälle, Schluchten und prächtigen Parks bekannt. Mitten in der Stadt befindet sich die **Cascadilla Gorge**. Die Schlucht beginnt einige Blocks von den Ithaca Commons entfernt und endet nach einem atemberaubenden, fast senkrechten Anstieg am Performing Arts Center of Cornell. Fährt man auf der Rte 89 8 Meilen (13 km) nach Norden, kommt man zu den spektakulären **Taughannock Falls**, wo das Wasser aus 65 m Höhe in die darunterliegende tiefe Schlucht stürzt. Der **Taughannock Falls State Park** (☎607-387-6739; www.taughannock.com; Rte 89) hat zwei große Wanderwege, schroffe Schluchten, Campingplätze und Hütten. Im **Buttermilk Falls Park** (☎Sommer 607-273-5761, Winter 607-273-3440; Rte 13) gibt es eine beliebte Schwimmstelle am Fuß des Wasserfalls; gleiches gilt für den **Robert Treman Park** (☎607-273-3440; 105 Enfield Falls Rd), einige Kilometer weiter außerhalb der Stadt. Der **Filmore Glen Park** (☎315-497-0130; 1686 Rte 38) liegt 20 Meilen (32 km) nordöstlich von Ithaca außerhalb der Ortschaft Moravia und bietet noch mehr Wanderwege durch Waldgebiet.

Dutzende von Weingütern säumen die Ufer des Cayuga Lake, des Lake Seneca und des Lake Keuka. Zwei empfehlenswerte Weingüter am Cayuga Lake sind **Sheldra-**

PANORAMASTRASSE: ROUTE 28 & UMGEBUNG

Dass man in den Catskills ist, erkennt man daran, dass der schier endlose Asphalt einer dichten grünen Landschaft Platz macht, sobald man die I-87 verlassen hat und auf der Rte 28 ist. Bei der Fahrt über die gewundene Straße im Herzen der Region eröffnet sich ein unglaublicher Blick auf die Berge (etwa 35 davon sind über 1067 m hoch), die je nach Saison und Tageszeit in verschiedene Farben getaucht sind. Der Esopus Creek schlängelt sich durch das Gebiet, und das **Ashokan Reservoir** ist ein hübscher Ort für einen Spaziergang oder eine Spazierfahrt.

Das **Emerson Spa Resort** (☎877-688-2828; www.emersonresort.com; 5340 Rte 28, Mt. Tremper; Zi. Lodge/Inn ab 159/199 US$; ❄@📶🏊) bietet Catskills-Abenteurern zu jeder Jahreszeit eine gute Bleibe mit allem Drum und Dran. Von luxuriösen, im asiatischen Stil eingerichteten Suiten bis hin zu den rustikal-schicken Zimmern in den Blockhütten will das Emerson seinen Gästen gefallen. Die Angestellten helfen gern bei der Organisation von Ausflügen vom Ski- bis zum Kajakfahren. Das Restaurant Phoenix (Hauptgerichte 15–30 US$) ist das wohl beste in der Region. Das bei Einheimischen beliebte Catamount bietet eher Kneipenkost (Hauptgerichte 10 US$) wie Burger und gegrillte Rippchen; dazu gibt's Livemusik und montags Tanzabende. Auf dem Gelände findet man auch das weltweit größte Kaleidoskop und ein Kaleidoskop-Geschäft, das hochwertige Stücke verkauft, sowie ein Café, das auch Sandwiches verkauft.

Einige Kilometer weiter westlich liegt das winzige **Phoenicia** mit nur einer Straße. Hier kann man gut etwas essen oder mit **Town Tinker Tube Rental** (☎845-688-5553; www.towntinker.com; 10 Bridge St; Reifenschlauch 15 US$/Tag) in einem Reifenschlauch die Stromschnellen des Esopus hinabdüsen. Am **Belleayre Beach** (☎845-254-5600; www.belleayre.com; 👪) ist das erfrischende Wasser des nahe gelegenen Pine Hill Lake genau das Richtige für heiße Sommertage; im Winter kann man hier gut Skifahren. Fährt man auf der Rte 28 weiter, gelangt man nach Fleischmann, wo man in dem viktorianischen Haus des professionell betriebenen **River Run B&B** (☎845-254-4884; www.riverrunbedandbreakfast.com; 882 Main St; Zi. ab 89–135 US$; ❄@📶) übernachten kann.

Im nahen Arkville lohnt sich eine Fahrt mit der historischen Panoramabahn **Delaware & Ulster Rail Line** (☎845-586-3877; www.durr.org; Hwy 28; Erw./Kind 12/7 US$; ⏲Juni–Nov. Sa & So 11 & 14 Uhr, zusätzliche Fahrten Juli–Sept. Do & Fr; 👪). Skifahrer sollten im Winter weiter nach Norden fahren; die Rte 23 und 23A führen sie nämlich zum **Hunter Mountain Ski Bowl** (☎518-263-4223; www.huntermtn.com), einem das ganze Jahr über geöffneten Resort mit anspruchsvollen Pisten mit einem Höhenunterschied von 490 m.

Von hier geht's weiter nach **Roxbury**. Dort kann man im gleichnamigen Hotel (☎607-326-7200; www.theroxburymotel.com; 2258 County Hwy 41; Zi. 100–335 US$; ❄📶) absteigen. Die kreativ gestalteten luxuriösen Zimmer orientieren sich an TV-Serien der 1960er- und 1970er-Jahre und tragen wunderliche Namen. Es gibt hier auch ein Spa und gegenüber auf der anderen Straßenseite eine coole Cocktaillounge (Mi–So).

Westlich von Roxbury befindet sich der 42 km lange **Catskill Scenic Trail** (eine gute Karte bekommt man unter www.catskillscenictrail.org). Der überwiegend flache Weg wurde auf einer ehemaligen Bahntrasse angelegt und ist ideal zum Radfahren, Wandern und im Winter zum Skifahren. Wer lieber längere Wanderungen durch dichtes Waldgebiet macht, findet rund um die Ortschaft Stamford mehrere Stellen, die mit dem **Utsayantha Trail System** verbunden sind.

ke Point (☎607-532-9401; www.sheldrakepoint.com; 7448 County Rd), das neben einem schönem Seeblick auch preisgekrönte Weißweine bietet, sowie **Americana Vineyards** (☎607-387-6801; www.americanavineyards.com; 4367 E Covert Rd), dessen **Crystal Lake Café** (Hauptgerichte 11 US$; ⏲Do–So 12–20 Uhr) mit seinen superfrischen Bio-Speisen auch bei den Einheimischen sehr beliebt ist. Ebenfalls an der Rte 89 liegt nahe des Dorfes Interlaken das Restaurant **Creamery** (⏲11–20 Uhr), das neben den üblichen Eisbechern auch köstliche Weinsorbets (4 US$) serviert.

Etwa 44 Meilen (71 km) südwestlich liegt die charmante Ortschaft Corning mit den Corning Glass Works und dem weithin bekannten **Corning Museum of Glass** (☎800-732-6845; www.cmog.org; Erw./Kind 14 US$/frei; ⊙9–20 Uhr; 🚻). In dem gewaltigen Gebäudekomplex finden faszinierende Ausstellungen über die Kunst der Glasherstellung mit Vorführungen und interaktiven Exponaten für Kinder statt.

Schlafen

LP TIPP William Henry Miller Inn B&B $$
(☎607-256-4553; www.millerinn.com; 303 N Aurora St, Ithaca; Zi. mit Frühstück 115–215 US$; ❄📶) Das prächtige, großartige B&B ist nur ein paar Schritte von den Commons entfernt in einem komplett restaurierten historischen Haus untergebracht und bietet luxuriös gestaltete Zimmer – drei davon mit Whirlpool. Das Frühstück ist ein wahrer Festschmaus.

Inn on Columbia INN $$
(☎607-272-0204; www.columbiabb.com; 228 Columbia St, Ithaca; DZ 150 US$; ❄📶) Das ebenfalls empfehlenswerte moderne Haus liegt in einer ruhigen Wohnstraße.

Climbing Vine Cottage HÜTTE $$
(☎607-564-7410; www.climbingvinecottage.com; 257 Piper Rd, Newfield; DZ 150 US$; ❄📶) Bei diesem „Cottage" handelt es sich eher um eine voll möblierte Jurte mit modernen Annehmlichkeiten in einem landschaftlich schön gestalteten Garten abseits der Rte 34 südlich von Ithaca.

Buttonwood Grove Winery HÜTTE $$
(☎607-869-9760; www.buttonwoodgrove.com; 5986 Rte 89; Zi. 135 US$) Bietet vier vollständig möblierte Blockhütten mitten in den Hügeln oberhalb des Lake Cayuga (April–Dez.). Weinverkostungen sind gratis.

Essen

Ein halbes Dutzend Restaurants, u.a. mit japanischer, nahöstlicher, mexikanischer oder spanischer Küche und Sitzbereichen im Freien, säumen die North Aurora St zwischen der East State St und der East Seneca St am Ostende der Commons. Zu den besten gehört das relativ teure **Mercato** (108 N Aurora St; Hauptgerichte 20 US$; ⊙Mo–Do 17–21, Fr & Sa bis 22 Uhr). Der **Ithaca's Farmers Market** (Third St; www.ithacamarket.com; ⊙April–Dez.) gilt als einer der besten Märkte in der Region mit Schwerpunkt auf regionalen Wein und Käse. Termine auf der Website nachschlagen.

Glenwood Pines BURGER $
(Burger 5 US$; ⊙So–Do 11–21.30, Fr & Sa bis 22.30 Uhr) Wenn es nach den Einheimischen geht, hat dieses bescheidene Restaurant an der Rte 89, 4 Meilen (6,4 km) nördlich von Ithaca, nicht nur einen schönen Blick auf den Lake Cayuga, sondern auch die besten Burger.

Moosewood Restaurant VEGETARISCH $$
(215 N Cayuga St; Hauptgerichte 8–18 US$; ⊙11.30–20.30 Uhr) Bekannt für seine kreative, ständig wechselnde vegetarische Speisekarte und die Kochbücher der Gründerin Mollie Katzen.

Yerba Maté Factor Café & Juice Bar SANDWICHES $
(143 The Commons; Hauptgerichte 8 US$; ⊙Mo–Do 9–21, Fr bis 15, So ab 12 Uhr) Das große Restaurant wird von einer recht obskuren Sekte betrieben und befindet sich in einem umgebauten historischen Gebäude an den Ithaca Commons. Gut sind die belgischen Waffeln, die Sandwiches und der Kaffee.

Hazelnut Kitchen AMERIKANISCH $$
(☎607-387-4433; 53 East Main St, Trumansburg; ⊙nur abends) Die Gerichte auf der monatlich wechselnden Speisekarte werden mit Produkten aus der Region zubereitet. Das Lokal liegt 19 km nördlich von Ithaca.

An- & Weiterreise

Shortline Bus (www.coachusa.com) hat häufig Verbindungen nach New York City (53 US$, 4 Std.). Delta Airlines bietet vom **Ithaca Tompkins Regional Airport** (ITH; www.flyithaca.com) Direktflüge nach Detroit, Newark und Philadelphia.

Die Hauptstadtregion

ALBANY

Albany (oder „Smallbany" wie abgebrühte Einheimische zu sagen pflegen) ist gleichermaßen das Synonym für Regierungsfähigkeit als auch für Regierungsunfähigkeit. Touristisch spielt diese Stadt keine Rolle. Wegen seiner geografischen Lage mitten zwischen den Siedlungen und seiner strategischen Bedeutung für den Pelzhandel wurde Albany 1797 zur Hauptstadt des Bundesstaats ernannt. Mehrere Blocks vom Stadtzentrum und den aufdringlich modernen Regierungsgebäuden auf der 40 ha großen Empire State Plaza entfernt, weichen die stattlichen Brownstone-Häuser heruntergekommenen, vernachlässigten Straßen voller Tristesse. In der **Lark St**, nördlich und oberhalb der Innenstadt, gibt es einige Restaurants und Bars, die während des Semesters bei den Studenten sehr beliebt sind.

Östlich der Plaza liegt das **Albany Institute of History & Art** (☎518-463-4478; www.albanyinstitute.org; 125 Washington Ave; Erw./Kind 10/6 US$; ⏲Mi–Sa 10–17, So 12–17 Uhr) mit dekorativen Kunstwerken und Gemälden der Hudson River School.

In Downtown Albany gibt's eine Handvoll Kettenhotels. Eine bessere Wahl ist aber das **74 State** (☎518-434-7410; www.74state.com; 74 State St; Zi. mit Frühstück ab 180 US$; ❄📶), ein erstklassiges Boutiquehotel mitten im Zentrum.

Ein paar Restaurants findet man an der Pearl St und an der Lark St, einem Abschnitt mit Bars und Clubs an der North Pearl St in der Innenstadt. Nach Feierabend drängen sich hier die Angestellten der staatlichen Verwaltung. Wer Albany in all seiner Eleganz und Lobbyistengeschäftigkeit kennenlernen will, geht ins **Jack's Oyster House** (☎518-465-8854; 42 State St; Hauptgerichte 19–25 US$; ⏲11.30–22 Uhr), das Porterhousesteaks und Meeresfrüchte mit französischem Einschlag serviert. Auf der Mittagskarte stehen Burger und Sandwiches (10 US$). Die **Albany Pump Station** (19 Quackenbush Sq; Hauptgerichte 12 US$; ⏲11.30–22 Uhr) hat ihre eigene Kleinbrauerei und eine große, abwechslungsreiche Speisekarte. Im **Justin's** (☎518-436-7008; www.justinsonlark.com; 301 Lark St; ⏲11–1 Uhr) gibt's allabendlich Livejazz, Abendessen und Getränke.

SARATOGA SPRINGS

Anfang des 19. Jhs., in der Blütezeit von Saratoga Springs, als eine Brunnenkur noch gleichbedeutend mit einem Krankenhausaufenthalt war, war dieser Ort nördlich von Albany weltberühmt. Joseph Bonaparte, Napoleons älterer Bruder und König von Spanien, ließ sich beispielsweise hier behandeln. Trotz des Vordringens großer Einzelhandelsketten vermittelt die hiesige Hauptgeschäftsstraße noch immer die künstlerisch angehauchte, ungezwungene Atmosphäre eines College-Städtchens. Heute ist Saratoga Springs zu Recht bekannt für seine Theater, die Pferderennen und das geisteswissenschaftliche Skidmore College.

Das erste Badehaus wurde 1784 errichtet. Einzig erhalten ist noch das **Roosevelt Baths and Spa** (☎866-925-0622; www.rooseveltbathsandspa.com; Spa 40 Min. 25 US$; ⏲9–19 Uhr) im 931 ha großen **Saratoga Spa State Park** (☎518-584-2535; www.saratogaspastatepark.org; 19 Roosevelt Dr; 4 US$/Auto; ⏲Sonnenaufgang–Sonnenuntergang). Das mit Mineralien und Kohlensäure angereicherte Wasser wird unterirdisch von den mehr als 1,6 km entfernten Lincoln Springs hierher gepumpt. Heute wird auch noch kochend heißes Leitungswasser dazugegeben, aber Puristen bestehen darauf, dass das Quellwasser kalt sein muss. Auf dem Parkgelände gibt es auch Golfplätze, Picknickbereiche, einen Schwimmbadkomplex mit Olympiamaßen, Mehrzweckwege, Eisbahnen und das weltberühmte **Saratoga Performing Arts Center** (☎518-587-3330; www.spac.org; 108 Ave of the Pines) mit Orchester-, Jazz-, Pop-, Rock- und Tanzdarbietungen. Von Ende Juli bis September strömen Liebhaber von Pferderennen zum **Saratoga Race Course** (☎518-584-6200; www.saratogaracetrack.com; 267 Union Ave; Eintritt/Clubhouse 3/5 US$), der ältesten Rennbahn für Vollblutpferde.

Es gibt zwar noch andere Campingplätze weiter im Norden am Lake George, aber eine Option ist auch der rund 14 km nördlich in Corinth gelegene **Rustic Barn Campground** (☎518-654-6588; www.rusticbarncampground.com; 4748 Rte 9; Stellplatz/Hütte 26/160 US$) auf einem bewaldeten Grundstück mit Teich und Wanderwegen. Im Ort gibt es jede Menge Gasthäuser und B&Bs. Nicht zu übersehen ist die schöne Fassade des aus dem 19. Jh. stammenden vierstöckigen **Adelphi Hotels** (☎518-587-4688; www.adelphihotel.com; 365 Broadway; Zi./Suite mit Frühstück ab 130/170 US$; ⏲Mai–Okt.; ❄📶🏊). Die Zimmer sind individuell und eigenwillig dekoriert.

Restaurants und Cafés säumen den Broadway und die kleinen Seitenstraßen. Eines davon ist das gemütliche **Mrs. London's** (464 Broadway; Hauptgerichte 10 US$; ⏲7–18, Fr & Sa bis 21, Mo geschl.), in dem ordentliche Backwaren sowie Panini, Suppen und Salate serviert werden. Mit seinen Preisen und seiner Einrichtung wie aus früheren Zeiten gibt es nichts Altmodischeres als den schlichten Diner **Compton's** (457 Broadway; Hauptgerichte 4 US$; ⏲4–14.45 Uhr). Einige Kilometer südlich vom Ort liegt das **PJ's Bar-B-Q** (Rte 9; Hauptgerichte 6 US$;

⌚11–21 Uhr), eine kneipenartige Raststätte, in der man langsam gegarte Rippchen (6 Stück 12 US$) und Sandwiches mit geräucherter Rinderbrust, Hühnchen oder Schweinefleisch bekommt.

Anreise & Unterwegs vor Ort

Adirondacks Trailways (www.trailwaysny.com) und **Greyhound** (www.greyhound.com) fahren von/nach New York City (einfache Strecke 45 US$, 4 Std.). Aus New York City kommende Amtrak-Züge (einfache Strecke 52 US$, 4 Std.) halten hier. Einige große Fluglinien bedienen den 10 Meilen (16 km) nördlich des Zentrums gelegenen **Albany International Airport** (ALB; www.albanyairport.com).

COOPERSTOWN

Für Baseballfans ist das 80 km westlich von Albany gelegene **Cooperstown** eine Kultstätte ihres Nationalsports. Aber die kleinstädtische Atmosphäre und der atemberaubende Blick auf den wunderschönen Ostego Lake machen den Besuch auch für Leute, die den Unterschied zwischen der ERA und dem RBI nicht kennen, lohnenswert.

In der **National Baseball Hall of Fame & Museum** (☎888-425-5633; 25 Main St; www.baseballhall.org; Erw./Kind 19,50/7 US$; ⌚9–17 Uhr, Sommer bis 21 Uhr; 👪) gibt es Ausstellungen, ein Kino, eine Bibliothek und eine interaktive statistische Datenbank. Das **Fenimore Art Museum** (☎888-547-1450; www.fenimoreartmuseum.org; 5798 Lake Rd/Hwy 80; Erw./Kind 12 US$/frei; ⌚10–17 Uhr) in einem alten Steingebäude zeigt eine hervorragende Americana-Sammlung.

Mehrere erschwingliche niedrige Motels säumen die Rte 80 am See außerhalb des Orts. Das **Inn at Cooperstown** (☎607-547-5756; www.innatcooperstown.com; 16 Chestnut St; Zi. mit Frühstück ab 110 US$; ❄📶) ist ein wunderschön restauriertes Landhaus nur wenige Blocks von der Main St entfernt. Im winzigen **Cooperstown Diner** (136½ Main St; Hauptgerichte 8 US$; ⌚6–20 Uhr) werden den Gästen Burger und einfache Hausmannskost serviert.

Die Adirondacks

Majestätisch und wild präsentieren sich die Adirondacks, eine Bergkette mit 42 über 1200 m hohen Gipfeln. Mit ihrer wahrhaft ehrfurchtgebietenden Schönheit stehen die Adirondacks anderen unberührten Gebieten Amerikas in nichts nach. Die 24 281 km² große Park- und Waldfläche, die sich von der Mitte des Bundesstaats New York bis zur kanadischen Grenze erstreckt, umfasst Städte, Berge, Seen, Flüsse und mehr als 3200 km Wanderwege. Hier kann man ganz prima Forellen, Lachse und Hechte angeln. Außerdem gibt's ausgezeichnete Campingplätze. 40 % des Parks gehören zum Adirondack Forest Preserve. So wird die wilde Natur geschützt. Zur Kolonialzeit holten sich die Siedler Biberpelze, Holz und die Rinde der Hemlocktanne aus den Wäldern. Im 19. Jh. wurde es immer beliebter, in der Wildnis Urlaub zu machen, und es wurden Blockhütten, Hotels und große Anwesen errichtet.

LAKE GEORGE, LAKE PLACID & SARANAC LAKE

Vielleicht ist es gut so, dass **Lake George**, das wichtigste Tor zu den Adirondacks, ein kitschiger Touristenort mit all den Zuckerwattebuden, Spielhallen und billigen Souvenirläden ist. Hat man den Ort erst hinter sich gelassen, ist der Kontrast zur Gegend umso verblüffender. Denn eigentlich kommt man nur wegen des 51 km langen Sees mit seinem kristallklaren Wasser und dem bewaldeten Ufer hierher. Beliebte Freizeitaktivitäten sind Schaufelraddampfer-, Parasailing-, Kajak- und Angeltrips.

Der Bundesstaat unterhält auf Lake Georges Inseln traumhaft abgelegene **Campingplätze** (☎800-456-2267; www.dec.ny.gov/outdoor; Stellplatz Zelt 25 US$). Infos über die Wildnis erhält man u. a. im **Adirondack Mountain Club** (☎518-668-4447; www.adk.org; 814 Goggins Rd). Kleine Motels säumen die Hauptstraße von Lake George am nördlichen Ortsrand. Zwei empfehlenswerte Unterkünfte mit Seeblick sind das **Georgian Lakeside Resort** (☎518-668-5401; www.georgianresort.com; Zi. mit Frühstück ab 99 US$; ❄📶🏊) und das kürzlich renovierte **Surfside on the Lake** (☎518-668-2442; www.surfsideonthelake.com; Zi. ab 50 US$; ❄📶🏊). Dutzende weitere Hotels, Pensionen und Hütten gibt's weiter im Norden auf beiden Seiten der Rte 9 im Dorf **Bolton Landing**.

Es ist kaum vorstellbar, dass der kleine Höhenkurort **Lake Placid** zweimal im Zentrum der Aufmerksamkeit der ganzen Welt stand. 1932 und 1980 fanden hier die Olympischen Winterspiele statt. Die Einrichtungen und die Infrastruktur sind natürlich noch erhalten, und so trainieren hier noch immer Spitzensportler. Teile des **Olympischen Sportzentrums** (☎518-523-1420; www.whitefacelakeplacid.com) sind für

INSEKTEN

Mit dem Mai fallen die Kriebelmücken in Scharen über die Adirondacks her und halten vielleicht so manche Traveller fern. Die Mückenplage kann sich bis Ende Juni hinziehen und zu einer wahren Herausforderung werden. Wer kann, bleibt einfach zu Hause, und die Leute draußen experimentieren mit allen möglichen Hausmittelchen, um sich die beißenden Biester vom Leib zu halten.

Besucher zugänglich, so die Eisstadien und eine Skisprunganlage. Außerdem hat man die einmalige Chance, mit einem Profibobfahrer auf einem **Bobschlitten** (70 US$/Tag, ⌚Juni–Juli Do–Mo 10–16 Uhr) zu fahren. Hotels, Restaurants, Buchläden und Geschäfte säumen die grenzstädtisch wirkende Hauptstraße des Orts am Mirror Lake. Skifahrer finden am nahen **Whiteface Mountain** (www.whiteface.com) 80 Pisten mit einem Höhenunterschied von heftigen 1036 m.

Südlich von Lake Placid unterhält der Adirondack Mountain Club (ADK) die **Adirondack Loj** (☎518-523-3441; www.adk.org; B/Zi. mit Frühstück 55/160 US$), ein rustikales Refugium am Ufer des friedvollen Bergsees Heart Lake. Hier gibt's auch Stellplätze für Zelte und Wohnwagen sowie Hütten und kleine Häuschen, in denen man übernachten kann.

Weiter im Norden liegt die Region **Saranac Lake** mit noch mehr Einsamkeit, kleinen Seen und Teichen, alten Wäldern und Feuchtgebieten. Der Ort Saranac Lake war früher einmal ein Kurort für Tuberkulosekranke. Heute hat er etwas von seinem alten Charme verloren. Ganz in der Nähe befindet sich das mit Liebe und Perfektion geführte **Porcupine Inn** (☎518-891-5160; www.theporcupine.com; 350 Park Ave; Zi. mit Frühstück 155–252 US$; ❄📶), ein Herrenhaus im klassischen Adirondackstil. Wer sich auf den Weg zum nahen Moody Pond und Baker Mountain macht, wird mit einer wahrhaft tollen Aussicht belohnt.

ℹ Anreise & Unterwegs vor Ort

Greyhound (www.greyhound.com) und **Adirondack Trailways** (www.trailwaysny.com) bedienen verschiedene Orte in der Region. Wer die Gegend erkunden will, braucht jedoch unbedingt ein Auto.

Die Region Thousand Islands

Downstate New Yorker kennen diese Gegend mit ihren mehr als 1800 Inseln so gut wie gar nicht. Und das liegt teilweise auch daran, dass sie nur ziemlich schwer zugänglich ist. Hier und da ragen winzig kleine Felsen aus dem Wasser, die kaum die Größe eines Badetuchs erreichen. Aber es gibt auch größere Inseln mit Straßen und Ortschaften. Diese Traumlandschaft trennt die USA von Kanada. Der breite, schnell fließende St.-Lorenz-Strom verbindet die Großen Seen mit dem Atlantik. An diesem östlichen Abschnitt machten früher die Superreichen Urlaub, die sich hier große, beachtliche Sommerresidenzen bauten. Auch heute noch ist die Gegend sehr beliebt, denn sie eignet sich ganz ausgezeichnet zum Bootfahren, Campen und sogar zum Tauchen zu alten Schiffswracks.

In **Sackets Harbor** fanden im Krieg von 1812 die bedeutendsten Schlachten statt. Der günstigste Ausgangspunkt für eine Erkundungstour dieser geschichtsträchtigen Region ist der Lake Ontario. Mehrere einladende Restaurants befinden sich an der Straße, die hinunter zum Hafen führt. Dort kann man wunderbar gemütlich am Wasser sitzen.

Das relaxte Dorf **Cape Vincent** mit seinen französischen Wurzeln liegt am Westende des St.-Lorenz-Stroms an der Stelle, an der er in den Lake Ontario mündet. Vom **Tibbetts Point Lighthouse** hat man eine fantastische Sicht auf den See. Auf dem gleichen Grundstück befindet sich ein nettes **Hostel** (☎315-654-3450; www.hihostels.com; B/Zi. 18/40 US$). Im nahe gelegenen **Burnham Point State Park** (☎315-654-2522; Rte 12E; Stellplatz 25 US$) gibt's Campingplätze inmitten von Bäumen am See.

In **Clayton**, 15 Meilen (24 km) in Richtung Osten auf dem Seaway Trail (Rte 12), gibt's mehr als ein Dutzend Jachthäfen und ein paar gute Restaurants. **TI Adventures** (☎315-686-2500; www.tiadventures.com; 1011 State St; Kajak halber Tag 30 US$) verleiht Kajaks und organisiert Wildwassertrips auf dem Black River. Ähnliche Aktivitäten bieten auch zahlreiche andere Unternehmen in Watertown an. Diese recht große Stadt liegt eine halbe Autostunde in Richtung Süden.

In dem für diesen Ort überraschend modernen **Lyric Coffee House** (☎315-686-

4700; 246 James St, Clayton; ⌚8–20, So 9–16 Uhr; 📶) gibt's Kaffeespezialitäten, Eis, Kuchen und Mittagsspecials wie Lasagne.

Weiter östlich liegt **Alexandria Bay** (Alex Bay), ein Ferienort aus den frühen 1920er-Jahren. Auch heute noch zieht dieser Ort auf der amerikanischen Seite viele Besucher an – die Schwesterstadt in Kanada heißt übrigens Gananoque. Der Ort selbst ist zwar etwas heruntergekommen, aber in der Umgebung gibt es genug zu tun: Gokartbahn, Minigolfplatz und ein **Autokino** (www.baydrivein.com; Erw./Kind 5/2 US$; 👪). Außerdem starten hier die Fähren nach Heart Island mit dem **Boldt Castle** (☎315-482-2501; www.boldtcastle.com; Erw./Kind 6,50/4 US$; ⌚Mitte Mai–Mitte Okt. 10–18.30 Uhr). Dieses Schloss steht für die Liebesgeschichte eines New Yorker Hoteliers, der es vom Tellerwäscher zum Millionär gebracht hat. Er baute das Schloss für seine geliebte Frau, die aber leider vor der Fertigstellung verstarb. Der gleiche Hotelier bat seinen Chefkoch, ein neues Salatdressing zu kreieren, das dann unter dem Namen „Thousand Islands" bekannt wurde. Es besteht aus einer unglücklich gewählten Mischung aus Ketchup, Mayonnaise und Würze. **Uncle Sam's Boat Tours** (☎315-482-2611; www.usboattours.com, 45 James St; 2-Länder-Tour Erw./Kind 18,50/9,25 US$; 👪) organisiert mehrmals täglich die empfehlenswerte Zwei-Länder-Tour zur kanadischen und zur amerikanischen Seite des Flusses, die auch zum Boldt Castle führt. Von dort fährt man kostenlos auf einer der halbstündlich verkehrenden Fähren zurück.

Campen ist selbst für die größten Campinghasser die beste Lösung – besonders im **Wellesley Island State Park** (☎518-482-2722; www.nysparks.com; Stellplatz ab 15 US$). Viele Campingplätze befinden sich fast direkt am Wasser, einige haben sogar einen Privatstrand. Die Insel ist nur über die Thousand Islands Bridge zu erreichen (Maut 2,50 US$).

In der Umgebung von Alex Bay gibt es einige teure Unterkünfte, die aber ihr Geld nicht wert sind. Die beste Mittelklasseunterkunft ist wahrscheinlich das **Capt. Thomson's Resort** (☎315-482-9961; www.captthomsons.com; 45 James St; DZ ab 80 US$; ❄📶🏊) direkt am Wasser neben dem Büro von Uncle Sam's Boat Tours.

Jet Blue (www.jetblue.com) fliegt täglich zum Hancock International Airport (SYR) in Syracuse – anderthalb Autostunden weiter südlich. Am Flughafen sind einige der großen Autovermieter mit Büros vertreten. Radfahrer werden den flachen Scenic Byway Trail lieben.

Westliches New York

In den letzten Jahrzehnten hatte die Gegend unter der Abwanderung großer Industrien und dem Wegzug vieler Menschen zu leiden. Die meisten Städte in dieser Region fristen jetzt ein Leben im Schatten der Niagarafälle. Dieses Wunder der Natur zieht jährlich um die 12 Mio. Besucher aus aller Welt an. Buffalo war früher eine boomende Industriestadt am Ende des Eriekanals, der als Verkehrsader zwischen den Great Lakes und dem Atlantik diente. Heute ist die Stadt mit den vielen Künstlervierteln überfüllt mit Restaurants, die kulinarische Highlights servieren.

BUFFALO

Die oft verschmähte Arbeiterstadt ist von langen, kalten Wintern und vielen verlassenen Industriegebäuden geprägt. Aber in Buffalo gibt es auch viele College-Studenten und Mittdreißiger, die in preiswerten Wohnungen leben. Sie verleihen der Stadt eine pulsierende Atmosphäre und genießen die einzigartige, äußerst wohlschmeckende Küche. Die Stadt wurde 1758 von den Franzosen angelegt; ihr Name leitet sich angeblich von *beau fleuve* (schöner Fluss) ab. Buffalos glorreiche Vergangenheit, zunächst als Handelsposten und später als boomendes Produktionszentrum und Umschlagplatz am Ende des Eriekanals, hat Spuren hinterlassen: Es herrscht eine gewisse Nostalgie vor sowie die Hoffnung auf eine Wiederbelebung der Stadt, für die es ambitionierte Pläne gibt. Nach den neuesten soll die medizinische Fakultät der University of Buffalo massiv ausgebaut werden und in die Downtown umziehen. Buffalo liegt ungefähr acht Autostunden von New York City entfernt und weniger als eine Autostunde von Niagara Falls.

Das hilfreiche **Buffalo Niagara Convention & Visitors Bureau** (☎716-218-2922; www.visitbuffaloniagara.com; 617 Main St; ⌚Mo–Fr 10–16, Sa 10–14 Uhr) hat gute Broschüren für Wandertouren und eine großartige Website.

Sehenswertes & Aktivitäten

Architekturfans werden die Stadt lieben (Infos unter www.walkbuffalo.com). Nördlich der Downtown liegt der weitläufige Delaware Park, der von Frederick Law Olmsted angelegt wurde. Das Viertel **Elmwood** erstreckt sich entlang der Elmwood Ave zwischen der Allen St und dem Delaware Park. Hier gibt's jede Menge hippe Cafés, Restaurants, Boutiquen und Buchläden. Die Hertle Ave, das sogenannte „Little Italy" in North Buffalo, bietet ebenfalls einige gute Restaurants und Cafés.

Die Stadt ist sportbesessen. Die Einheimischen leben und sterben mit ihrer Footballmannschaft **NFL Buffalo Bills** (www.buffalobills.com) und ihrem NHL-Eishockeyteam **Buffalo Sabres** (www.sabres.com). Eine entspanntere, aber ebenfalls empfehlenswerte Möglichkeit, sich unter die Sportfans zu mischen, ist der Besuch eines Spiels der **Buffalo Bisons** (www.bisons.com), dem AAA-Baseballteam des Erstligisten New York Mets. Gespielt wird im trendig-traditionellen Baseballstadion im Zentrum der Stadt.

Albright-Knox Art Gallery MUSEUM
(☎716-882-8700; www.albrightknox.org; 1285 Elmwood Ave; Erw./Kind 12/5 US$; ⏲Di–So 10–17, 1. Fr im Monat bis 22 Uhr) Das große Museum zeigt ein paar der besten Werke französischer Impressionisten und amerikanischer Meister.

Burchfield Penney MUSEUM
(☎716-878-6011; www.burchfieldpenney.org; 1300 Elmwood Ave; Erw./Kind 9/5 US$; ⏲Di, Mi, Fr & Sa 10–17, Do bis 21, So 11–17 Uhr) Das moderne Gebäude beherbergt überwiegend Werke amerikanischer Künstler (aus dem Westen New Yorks) vom späten 19. Jh. bis zur Gegenwart.

Frank Lloyd Wright Darwin Martin House FÜHRUNG
(☎716-856-3858; www.darwinmartinhouse.org; 125 Jewett Pkwy; Führung 15–40 US$) Die Führung durch das 1904 im Prairie-Stil erbaute Haus und das benachbarte **Barton House** (118 Summit Ave) beginnt mit einer Videovorführung und der Besichtigung der Ausstellung im Visitor Center nebenan. Die 50 Mio. US$ teuren Restaurierungsarbeiten, mit denen 1992 begonnen wurde, sind fast abgeschlossen. Das Wahrzeichen des Anwesens, die Pergola, wurde 2007 wieder aufgebaut.

Theodore Roosevelt Inaugural National Historic Site MUSEUM
(☎716-884-0095; www.trsite.org; 641 Delaware Ave; Erw./Kind 10/5 US$; ⏲Mo–Fr 9–17, Sa & So 12–17 Uhr) Bei der Führung durch das Ansley-Wilcox-Haus erfährt man alles über Teddys Notvereidigung nach der Ermordung von Präsident William McKinley im Jahr 1901. Es gibt interaktive Exponate für Menschen mit ADHS.

Schlafen

An den Highways rund um die Stadt stehen die üblichen Kettenhotels. Je nach Wetterlage und Tageszeit wirkt das Zentrum wie eine Geisterstadt, empfiehlt sich aber trotzdem wegen seiner geografisch bequemen Lage. Das **Hamptons Inn & Suites** (☎716-855-2223; www.hamptoninn.com; 220 Delaware Ave; Zi. mit Frühstück ab 150 US$; P ❄ @ ≈) bietet große Zimmer und ausgezeichnetes Frühstück.

Mansion on Delaware Avenue B&B $$
(☎716-886-3300; www.mansionondelaware.com; 414 Delaware Ave; Zi. mit Frühstück ab 175 US$; ❄) Das sehr spezielle, großartige Herrenhaus bietet wahren Luxus und einen makellosen Service.

Beau Fleuve B&B $$
(☎800-278-0245; www.beaufleuve.com; 242 Linwood Ave; EZ/DZ mit Frühstück ab 120/135 US$; ❄) Historisches B&B im Viertel Linwood.

Hostelling International – Buffalo Niagara HOSTEL $
(☎716-852-5222; www.hostelbuffalo.com; 667 Main St; B/Zi. 25/60 US$; ❄ @) Für Budgettraveller.

Essen

Kurioserweise gibt's in Buffalo jede Menge Lokale mit einzigartigem, leckerem und preiswertem Essen.

LP TIPP **Anchor Bar** KNEIPE $$
(☎716-883-1134; 1047 Main St; 10 Chicken Wings 11 US$; ⏲Mo–Do 10–23, Fr & Sa 10–1 Uhr) Appetit auf die berühmten frittierten Chicken Wings in würziger Sauce? Dann ist diese Kult-Bar genau das Richtige, denn hier soll diese „Delikatesse" erfunden worden sein. Auf der Karte stehen auch Sandwiches, Burger, Meeresfrüchte, Pizza und Pasta. Motorräder und andere bunt zusammengewürfelte Erinnerungsstücke säumen die Wände. Donnerstag bis Samstag gibt's abends Livemusik.

Ulrich's DEUTSCH $$
(☎716-8; 674 Ellicott St; Hauptgerichte 15 US$; ⏲Mo–Sa 11.15 Uhr–open end) Eine der ältesten Tavernen in Buffalo mit verzogenen Dielen und dunklen Holzwänden. Probieren sollte

man den gehaltvollen deutschen Bratfisch mit Rotkohl, Sauerkraut, Kartoffeln und Gemüse. Zu empfehlen sind auch die hausgemachten Kartoffelpuffer (7 US$) und das Roggenbrot mit Leberwurst und roten Zwiebeln (11 US$

Left Bank FRANZÖSISCH **$$**
(☎716-882-3509; 511 Rhode Island St; Hauptgerichte 10–19 US$; ⏲Mo–Do 17–23, Fr & Sa bis 24, So 11–22 Uhr) In einem schönen 100 Jahre alten Gebäude ist dieses stimmungsvolle Restaurant untergebracht, das große Portionen hausgemachter Ravioli, Grillfleisch und guten Wein serviert.

Betty's MODERN-AMERIKANISCH **$$**
(☎716-362-0633; 370 Virginia St; Hauptgerichte 12 US$; ⏲Di 8–21, Mi–Fr 8–22, Sa 9–22, So 9–15 Uhr) Wer es etwas gediegener mag, findet im Betty's im Viertel Allentown verschiedene Abwandlungen amerikanischer Hausmannskost.

Ebenfalls zu empfehlen:

Duff's KNEIPE **$**
(☎716-834-6234; 3651 Sheridan Dr, Amherst; 10 Chicken Wings 8 US$; ⏲11–23 Uhr) Glaubt man den sachkundigen Einheimischen gibt's hier die besten Chicken Wings.

Bob & John's La Hacienda SANDWICHES, PIZZA **$**
(☎716-836-5411; 1545 Hertel Ave; Sandwich 5 US$, 10 Chicken Wings 9 US$; ⏲11–23 Uhr) Serviert Sandwiches, Buffalo Wings und, manchen Einheimischen zufolge, die beste Pizza in Buffalo.

Ted's FAST FOOD **$**
(☎716-834-6287; Sheridan Ave; Hotdogs 2 US$; ⏲Mo–So 10.30–23 Uhr) Die Spezialität hier sind ellenlange Hotdogs mit allem, was das Herz begehrt.

Chef's ITALIENISCH **$$**
(☎716-856-9187; 291 Seneca St; Hauptgerichte 15 US$; ⏲Mo–Sa 11–21 Uhr) Der seit 85 Jahren bestehende Italiener serviert die typischen Tomatensaucen-Klassiker und ist Kult in Buffalo.

Ausgehen & Unterhaltung

Die Bars an der Chippewa St (auch Chip Strip genannt) sind bis 4 Uhr geöffnet und besonders bei Studenten beliebt. In den Vierteln Elmwood, Linwood und Allentown geht's gemischter zu. Von Juni bis August lockt eine Reihe von **Sommerkonzerten** (☎716-856-3150; www.buffaloplace.com) eine bunte Mischung aus Newcomern und etablierten Künstlern auf die Straßen im Stadtzentrum.

Am Südende von Elmwood gibt's einige Schwulenbars.

Nietzches KNEIPE
(☎716-886-8539; 248 Allen St; ⏲13–2 Uhr) Legendäre Kneipe mit Livemusik.

Allen Street Hardware Cafe LIVEMUSIK
(☎716-882-8843; 245 Allen St; ⏲17–24, Fr & Sa bis 1 Uhr) Hier sorgen die besten Musiker aus der Gegend regelmäßig für ein volles Haus. Es gibt auch ein vollwertiges Speisenangebot.

Eddie Brady's BAR
(97 Genesee St; ⏲17–2 Uhr) Nachbarschafts-Taverne in einem sanierten Gebäude von 1863 im Zentrum.

Anreise & Unterwegs vor Ort

Der **Buffalo Niagara International Airport** (BUF; www.buffaloairport.com) liegt rund 16 Meilen (26 km) östlich der Innenstadt und ist ein regionaler Verkehrsknotenpunkt. Jet Blue Airways bietet ab New York City erschwingliche Flüge hin und zurück. Abfahrt und Ankunft von Bussen ist der **Greyhound-Busbahnhof** (181 Ellicott St). Der Nahverkehrsbus 40 von **NFTA** (www.nfta.com) fährt zum Transit Center auf der amerikanischen Seite der Niagarafälle (1,75 US$, 1 Std.). Vom **Amtrak-Bahnhof** (75 Exchange St) im Stadtzentrum fahren Züge in alle größeren Städte (nach NYC 55 US$, 8 Std.; nach Albany 43 US$, 6 Std.; nach Syracuse 24 US$, 2½ Std.). Der Bahnhof an der Exchange Street ist vor allem nachts etwas zwielichtig; die Einheimischen empfehlen den 6 Meilen (10 km) östlich gelegenen Bahnhof Buffalo-Depew (55 Dick Rd).

NIAGARAFÄLLE & UMGEBUNG

Es ist die Geschichte von zwei Städten und zwei Wasserfällen. Von beiden Seiten der Landesgrenze kann man sich das wahrhaft dramatische Naturspektakel anschauen. Wer all die Flitterwöchner, herzförmigen Whirlpools, Spielhallen, Billigläden und kitschigen Uferpromenaden ignoriert, wird wahrhaft Majestätisches zu Gesicht bekommen. Je dichter man an die Niagarafälle herankommt, umso beeindruckender sehen sie aus und umso feuchter wird die Angelegenheit. Aus gutem Grund besuchen fast alle Leute die kanadische Seite des Wasserfalls, aber man kann auch ganz einfach zwischen beiden Seiten hin und zurück laufen. Die New Yorker Seite wird vom lilafarbenen, gänzlich mit Glas bedeckten Seneca Niagara Casino & Hotel dominiert, das über den umliegenden heruntergekommenen Blocks thront.

Sehenswertes & Aktivitäten

Die Wasserfälle liegen in zwei verschiedenen Städten: Niagara Falls, New York (USA), und Niagara Falls, Ontario (Kanada). Sie liegen sich gegenüber am Niagara River, über den die für Fußgänger und Autos passierbare Rainbow Bridge führt. Der berühmte Landschaftsarchitekt Frederick Law Olmstead half bei der Rettung und Erhaltung der New Yorker Seite der Niagarafälle, die bis in die 1870er-Jahre hinein nur von Industrie und kitschig-bunten Werbetafeln geprägt war.

Vom **Prospect Point Observation Tower** (Eintritt 1 US$, Mo–Do 9.30–17, Fr & Sa bis 19, So bis 18 Uhr) kann man einen Blick auf die **American Falls** und ihren westlichen Teil, die **Bridal Veil Falls**, werfen, die 55 m in die Tiefe stürzen. Überquert man die kleine Brücke nach **Goat Island**, gibt es noch weitere Aussichtspunkte: Terrapin Point bietet einen wunderbaren Blick auf die Horseshoe Falls. Fußgängerbrücken führen zu den Three Sisters Islands in den oberen Stromschnellen. Am Nordende von Goat Island fährt ein Aufzug hinunter zur **Cave of the Winds** (716-278-1730; Erw./Kind 6/4 US$; 9–17 Uhr), wo man sich auf den Fußwegen fast 8 m in die Fälle hineinwagen kann (Regenjacken werden bereitgestellt). Seit 1846 ist die Bootstour **Maid of the Mist** (716-284-8897; www.maidofthemist.com; Tour Erw./Kind 13,50/8 US$; Mai–Sept. Mo–Fr 10–17, Sa & So bis 18 Uhr;) am Fuße der Wasserfälle die äußerst empfehlenswerte Hauptattraktion. Die Boote legen auf der US-amerikanischen Seite am Fuß des Prospect Park Observation Tower und auf der kanadischen Seite am Fuß des Clifton Hill ab.

Adrenalinjunkies können auch eine Tour mit **Whirlpool Jet Boat Tours** (888-438-4444; www.whirlpooljet.com; 1 Std. Erw./Kind 50/42 US$) machen, die in **Lewiston** beginnt. Der charmante Ort liegt 8 Meilen (13 km) nördlich von Niagara Falls und hat auch einige gute Lokale. Einige Kilometer westlich kann man in den **Tanger Outlet Stores** Designerklamotten shoppen.

Nordöstlich von Niagara Falls liegt **Lockport** am westlichen Ende des Eriekanals. Hier gibt es außer einem ausgezeichneten Visitor Center auch noch ein **Museum**. Im Sommer werden hier **Bootstouren** angeboten.

Schlafen & Essen

Einige der landesweiten Hotelketten sind hier vertreten, z. B. Ramada Inn, Howard Johnson, Holiday Inn. Im Vergleich mit der kanadischen Seite ist das Angebot aber verhältnismäßig dünn. In der Nähe der Rainbow Bridge findet man ein paar Restaurants, darunter auch einige indische Imbisse.

LP TIPP **The Giacomo** BOUTIQUEHOTEL **$$**
(716-299-0200; www.thegiacomo.com; 220 First St; Zi. ab 150 US$; P) Das Giacomo befindet sich in einem renovierten Art-déco-Büroturm von 1929 und kann sich in Stil und Komfort problemlos mit den Unterkünften auf der kanadischen Seite messen. Auf den meisten Etagen sind zwar topmoderne Eigentumswohnungen untergebracht, es gibt aber noch drei Dutzend geräumige, luxuriös eingerichtete Zimmer und die Lounge im 19. Stock, die alle einen spektakulären Blick auf die tosenden Wasserfälle bieten. Wenn man berücksichtigt, dass in der Platin-Suite bequem acht Leute unterkommen, ist auch der Preis (500 US$, mind. 2 Übernachtungen) eigentlich in Ordnung.

Praktische Informationen

Bei der **Niagara Tourism & Convention Corporation** (716-282-8992; www.niagara-usa.com; 10 Rainbow Blvd; Juni–15. Sept. 9–19 Uhr, 16. Sept.–31. Mai bis 17 Uhr) auf der amerikanischen Seite gibt es alle möglichen Führer. Ihr kanadisches Pendant befindet sich unweit vom Fuß des **Skylon Tower** (905-356-6061; www.niagarafallstourism.com; 5400 Robinson St; 9–17 Uhr).

Anreise & Unterwegs vor Ort

Die **NFTA** (Niagara Frontier Transportation Authority; www.nfta.com) hat täglich sieben Busse vom Buffalo Airport nach Niagara Falls; Ausschau halten nach dem Bus 210 Metro Link Express (3 US$, 50 Min.). Die Bushaltestelle in Niagara Falls befindet sich an der Ecke First St und Rainbow Blvd (man braucht nicht bis zur Endhaltestelle an der Main St und der Pine St fahren). Ein Taxi kostet rund 75 US$. Der Bus 40 nach Downtown Buffalo fährt von der Ecke Third St und Old Falls Blvd ab (1,75 US$, 1 Std.). Der **Amtrak-Bahnhof** (27th St, an der Lockport Rd) liegt rund 3 km nordöstlich vom Zentrum. Von Niagara Falls aus fahren täglich Züge nach Buffalo (12 US$, 35 Min.), Toronto (38 US$, 3 Std.) und New York City (60 US$, 9 Std.). **Greyhound** (303 Rainbow Blvd) hat seine Zentrale im Daredevil Museum.

GRENZÜBERGANG: KANADISCHE NIAGARAFÄLLE

Wer sagt, er habe die Niagarafälle besucht, meint in der Regel die kanadische Seite, denn das Panorama dort ist einfach unschlagbar. Die kanadischen **Horseshoe Falls** sind breiter und vom Queen Victoria Park besonders fotogen. Bei Dunkelheit werden sie außerdem noch bunt beleuchtet. Die **Journey Behind the Falls** (Erw./Kind 15/7 US$; ⌚Mo–Fr 9–20.30 Uhr) ermöglicht den Zugang zu einem gischtumtosten Aussichtspunkt unter den Fällen. **Niagara on the Lake**, 15 km weiter nördlich, ist eine Kleinstadt voller eleganter B&Bs. Hier findet im Sommer ein berühmtes Theaterfestival statt.

Fast alle großen Hotelketten sind auf der kanadischen Seite gleich mit mehreren Häusern vertreten. Backpacker können in dem leicht chaotischen **HI Niagara Falls Hostel** (☎905-357-0770; www.hostellingniagara.com; 4549 Cataract Ave; B/Zi. mit Frühstück 30/60 US$; ❄📶) absteigen. Das **Skyline Inn** (☎905-374-4444; www.skylineinnniagarafalls.com; 4800 Bender St; Zi. ab 70 US$; P❄@📶) ist eine gute Wahl, wenn man eine Budgetunterkunft abseits des Rummels sucht. Von dort führt ein Fußweg zum **überdachten Wasserpark** auf der anderen Straßenseite. Die River Rd ist übersät mit B&Bs, doch das **Chestnut Inn** (☎905-374-7623; www.chestnutinnbb.com; 4983 River Rd; Zi. ab 90 US$; ❄), ein geschmackvoll dekoriertes Kolonialhaus mit einer Rundumveranda, ist besser als alle anderen.

In und rund um Clifton Hill gibt's unter den Restaurants Touristenfallen wie Sand am Meer. Amerikanisches Essen und Restaurantketten dominieren die kulinarische Landschaft. In der Gegend um die Lundy's Lane findet man haufenweise Billiglokale.

Parken kostet 5 bis 10 US$ pro Tag auf beiden Seiten der Niagarafälle. Die meisten Mittelklassehotels bieten ihren Gästen kostenlose Parkplätze, während die teureren (auf der kanadischen Seite) meistens 10 bis 20 US$ pro Tag für diesen Service berechnen.

Die Überquerung der Rainbow Bridge nach Kanada kostet hin und zurück 3,25 für Autos bzw. 1 US$ für Fußgänger. Auf beiden Seiten warten Zoll- und Einwanderungsstellen. Das Mitführen eines Mietwagens über die Grenze dürfte kein Problem sein (s. S. 704 und S. 706). Man sollte sich aber beim Autoverleiher besser noch einmal vergewissern.

NEW JERSEY

In New Jersey (NJ) gibt es riesige, gediegene Wohnhäuser wie in der Reality-Fernsehserie The *Real Housewives of New Jersey*, Leute, die wie Figuren in einem Fernsehkrimi den breiten, für Jersey typischen Dialekt sprechen, und Machos, die den ganzen Tag im Fitnesscenter, Solarium und Waschsalon an der Jersey Shore verbringen. Der Bundesstaat ist aber mindestens genauso von Hightech-Firmen und Banken-Zentralen geprägt, ganz zu schweigen von reizenden Städtchen, in denen intellektuelle, fortschrittliche Leute leben. Wer die Highways und die Einkaufszentren hinter sich lässt, wird ein anderes, wunderschönes New Jersey kennenlernen, denn der Bundesstaat besteht zu einem Viertel aus Ackerland und hat 204 km an bezaubernden Stränden und charmanten, amüsanten Küstenorten. Und nicht zu vergessen: Hier sind zwei der bedeutendsten Wahrzeichen von New York City angesiedelt – die Freiheitsstatue und Ellis Island.

ℹ Praktische Informationen

NJ.com (www.nj.com) Hier gibt's Nachrichten von allen wichtigen Tageszeitungen aus dem Bundesstaat, darunter der Newark Star-Leger und das Jersey Journal von Hudson County.

New Jersey Monthly (www.njmonthly.com) Monatliches Hochglanzmagazin mit Features zu Sehenswürdigkeiten und Geschichten, die für Besucher von Interesse sein könnten.

New Jersey Department of Environmental Protection (www.state.nj.us/dep/parksandforests) Umfangreiche Informationen zu allen State Parks, Campingmöglichkeiten und historischen Stätten.

ℹ An- & Weiterreise

Die Leute in NJ fahren zwar am liebsten Auto, aber es gibt auch öffentliche Verkehrsmittel:

New Jersey PATH-Züge (www.panynj.gov/path) Zugverbindungen von Lower Manhattan nach Hoboken, Jersey City und Newark.

New Jersey Transit (www.njtransit.com) Betreibt Busse ab der Port Authority in NYC und Züge ab der Penn Station in NYC.

KURZINFOS NEW JERSEY

» **Spitzname** Garden State

» **Bevölkerung** 8,8 Mio.

» **Fläche** 22581 km²

» **Hauptstadt** Trenton (85000 Ew.)

» **Andere Städte** Newark (277000 Ew.)

» **Verkaufssteuer** 7 %

» **Geburtsort von** Musiker Count Basie (1904–1984), Sänger Frank Sinatra (1915–1998), Schauspielerin Meryl Streep (geb. 1949), Musiker Bruce Springsteen (geb. 1949), Schauspieler John Travolta (geb. 1954), Musiker Jon Bon Jovi (geb. 1962), Rapperin Queen Latifah (geb. 1970), Popband Jonas Brothers: Kevin (geb. 1987), Joseph (geb. 1989), Nicolas (geb. 1992)

» **Heimat** des ersten Films (1889), des ersten Baseball-Profispiels (1896), des ersten Autokinos (1933), der Freiheitsstatue

» **Politische Ausrichtung** Gouverneur Chris Christie ist Republikaer, aber traditionell starke demokratische Parlamentsmehrheit

» **Berühmt für** *Jersey Shore* (den Strand selbst und die MTV-Reality-Show), als Schauplatz der Fernsehserie *Die Sopranos*, die musikalischen Anfänge von Bruce Springsteen

» **Anzahl der Weingüter** 36

» **Entfernungen** Newark–NYC 11 Meilen (18 km), Atlantic City–NYC 135 Meilen (217 km)

New York Waterway (www.nywaterway.com) Unterhält Fähren in den Norden New Jerseys.

Nördliches New Jersey

Im Osten erlebt man Jerseys Stadtdschungel, im Westen das genaue Gegenteil: die friedliche, erfrischende Landschaft des Delaware Water Gap und die sanft geschwungenen Kittatinny Mountains.

HOBOKEN & JERSEY CITY

Mit seinem Stadtbild wie aus einer Fernsehserie ist Hoboken ein niedliches kleines Städtchen am Hudson River direkt gegenüber von New York City – und aufgrund seiner billigeren Mieten, die seit mehr als zehn Jahren die Leute anlocken, eine Art sechster Stadtteil von New York. Am Wochenende leben die Bars und Livemusik-Locations auf – besonders das legendäre **Maxwell's** (☎201-653-1703; www.maxwellsnj.com; 1039 Washington St), das seit 1978 aufstrebende Rockbands auf die Bühne bringt. Das Städtchen hat aber auch jede Menge Restaurants an der Hauptgeschäftsstraße Washington St, einige hübsche Wohnstraßen und eine begrünte, sanierte Uferpromenade, die nichts mehr mit dem zu tun hat, was in dem düsteren Film *Die Faust im Nacken* zu sehen ist, der hier gedreht wurde.

Es gibt wohl kein deutlicheres Zeichen für die Veränderungen hier als die vielen Menschen, die jeden Morgen am **Carlo's City Hall Bake Shop** (☎201-659-3671; www.carlosbakery.com; 95 Washington St; ⌚Mo–Mi & So 7–19.30, Do–Sa bis 21 Uhr) Schlange stehen, um die spektakulären Kreationen von Bartolo Jr. „Buddy" Valastro aus der Reality-TV-Serie *Cake Boss* zu bewundern.

Hochhäuser mit Eigentumswohnungen und Büros von Finanzfirmen, die auf der Suche nach niedrigeren Mieten waren, haben aus dem einstigen Arbeiter- und Einwandererviertel das heutige **Jersey City**, eine für soziale Aufsteiger „restaurierte" Gegend mit allen damit verbundenen Vor- und Nachteilen gemacht. Die größte Attraktion hier ist der 486 ha große **Liberty State Park** (☎201-915-3440; www.libertystatepark.org; ⌚6–22 Uhr), in dem vor der Skyline Manhattans Open-Air-Konzerte stattfinden. Außerdem gibt's noch einen tollen Radweg und **Fähren** (☎877-523-9849; www.statuecruises.com) nach Ellis Island und zur Freiheitsstatue. In dem Park ist auch das umfangreiche, moderne **Liberty Science Center** (☎201-200-1000; www.lsc.org; Erw./Kind 15,75/11,50 US$, IMAX & Sonderausstellungen kosten extra; ⌚9–17 Uhr; 👪) untergebracht, das bei Kindern sehr beliebt ist, zumal fast alle Exponate interaktiv sind.

NEWARK

Obwohl viele NYC-Besucher auf dem Newark Liberty International Airport ankommen, bleiben nur wenige eine Zeitlang hier, um sich die Stadt anzuschauen. Lange verband man Newark nur mit den Bildern der Rassenunruhen in den 1960er-Jahren, wodurch es lange tabu war, aber inzwischen ist es weit davon entfernt. Großen Anteil an der Wiederbelebung hat der junge, profilierte und ehrgeizige Bürgermeister Cory

Booker, der seit 2006 im Amt und seit 1970 erst der dritte Bürgermeister der Stadt ist. Kriminalität, Armut und Korruption beeinträchtigen den Ruf der Stadt noch immer, auch wenn es in den wärmeren Monaten tagsüber in den Straßen im Zentrum nur so von Shoppingbegeisterten und Büroangestellten wimmelt.

Brasilianische, portugiesische und spanische Restaurants säumen die Straßen im pulsierenden **Ironbound District** (www.goironbound.com), der nur wenige Blocks von der neoklassizistischen **Penn Station** (mit NJ Transit vom gleichnamigen Bahnhof in NYC erreichbar) entfernt ist. In dem fast wie eine Festung wirkenden Restaurant **Iberia Peninsula** (63-69 Ferry St; Hauptgerichte 15 US$; ⌚11–2 Uhr) kann man sich ein paar Sangria und einen Meeresfrüchte-Teller für zwei (41 US$) genehmigen. Nicht weit von hier befindet sich das **Newark Museum** (☎973-596-6550; www.newarkmuseum.org; 49 Washington St; empfohlene Spende 10 US$; ⌚Mi–Fr 12–17, Sa & So 10–17 Uhr) mit seiner berühmten Tibet-Sammlung. In dem Museum findet im Juni auch das alljährliche Newark Black Film Festival statt. Im 162 ha großen **Branch Brook Park**, der von Frederick Law Olmstead angelegt wurde, stehen im April rund 2700 Kirschbäume in Blüte. Das Kronjuwel der Stadt ist das **New Jersey Performing Arts Center** (☎888-466-5722; www.njpac.org; 1 Center St), in dem nationale Orchesterkonzerte, Opern, Tanzvorführungen, Jazzkonzerte und andere Aufführungen stattfinden. Das Sportzentrum der Stadt ist das **Prudential Center** (www.prucenter.com), auch „The Rock" genannt. Hier spielen die New Jersey Devils, die Eishockeymannschaft der Stadt. Außerdem finden hier auch Basketballbegegnungen und Konzerte statt.

DELAWARE WATER GAP

Der Delaware River windet sich in einer scharfen S-Kurve durch die Kittatinny Mountains von New Jersey. Die traumhaft schöne Gegend hat sich seit dem 19. Jh. zu einem Erholungsgebiet entwickelt. Die **Delaware Water Gap National Recreation Area** (☎570-426-2452; www.nps.gov/dewa) liegt sowohl in New Jersey als auch in Pennsylvania und wurde 1965 unter Naturschutz gestellt. In dieser heute noch unberührten Gegend kann man schwimmen, bootfahren, angeln, campen, wandern und Tiere beobachten – und das alles kaum 115 km östlich von New York City.

Im 13,5 km² großen **Kittatinny Valley State Park** (☎973-786-6445; Eintritt frei) gibt's Seen mit Slipanlagen, Kalkstein-Vorsprüngen und Campingplätzen. Die ehemaligen Bahntrassen wurden zu Wander- und Radwegen umgebaut. Nördlich von hier kann man auch im **High Point State Park** (☎973-875-1471; Fahrzeug werktags/Wochenende 5/10 US$) prima campen und wandern. In 550 m Höhe steht ein Denkmal, von dem aus man einen wundervollen Blick auf die umliegenden Seen, Hügel und Ländereien hat. Die nahe gelegene Ortschaft **Milford** auf der anderen Seite der Grenze in Pennsylvania ist sehr charmant und hat mehrere gute Restaurants.

Princeton & Umgebung

Die Region des zentralen New Jersey wird wegen (natürlich ausschließlich wegen) ihrer Form auf der Landkarte auch „Achselhöhle" genannt. Außerdem gibt's hier noch einige hübsche, wohlhabende Gemeinden wie Princeton an der Ostgrenze zu Pennsylvania und natürlich die Bundeshauptstadt Trenton.

Das kleine Städtchen Princeton, das von einem englischen Quäkermissionar gegründet wurde, hat eine wunderschöne Architektur und einiges an Sehenswertem zu bieten. Die Hauptattraktion ist die **Princeton University** (www.princeton.edu), die Mitglied der Ivy League ist. Das Gebäude wurde Mitte des 18. Jhs. erbaut und war bald eines der größten in den frühen Kolonien. Der 1936 errichtete **Palmer Square** ist ideal zum Shoppen und Flanieren. **Die Historical Society of Princeton** (☎609-921-6748; www.princetonhistory.org; 158 Nassau St; Führung Erw./Kind 7/4 US$) organisiert sonntags um 14 Uhr historische Spaziergänge durch die Stadt, und das **Orange Key Guide Service & Campus Information Office** (☎609-258-3060; www.princeton.edu/orangekey) bietet kostenlose Führungen durch die Uni an.

Wenn im Mai und Juni die Abschlussprüfungen und anschließenden Feiern stattfinden, sind Unterkünfte teuer und rar. Aber sonst sollte es nicht schwierig sein, ein Zimmer in einem der vielen stimmungsvollen Gasthäuser zu bekommen, z. B. im traditionell eingerichteten **Nassau Inn** (☎609-921-7500; www.nassauinn.com; 10 Palmer Sq; Zi. mit Frühstück ab 169 US$; ❄@📶) oder im **Inn at Glencairn** (☎609-497-1737;

www.innatglencairn.com; 3301 Lawrenceville Rd; Zi. mit Frühstück ab 195 US$;), einem renovierten georgianischen Herrensitz, der den Charme der Alten Welt mit modernen Annehmlichkeiten verbindet.

Trenton ist vielleicht nicht die schönste Stadt, dafür aber die Hauptstadt von New Jersey. Hier gibt's verschiedene historische Stätten, ein Museum und einen Bauernmarkt zu besichtigen. Ein Zwischenstopp auf dem Weg nach Philly oder Atlantic City lohnt sich also allemal.

Jersey Shore

Der wohl berühmteste und am meisten geschätzte Teil New Jerseys ist seine fulminante Küste, die von Sandy Hook bis Cape May reicht. Von geschmacklos bis klassisch reiht sich hier ein Ferienort an den anderen (www.visitthejerseyshore.com). Man sieht hier genauso viele Mütter mit Kinderwagen wie Touristen, die stolz ihre Souvenir-Biergläser umklammern. An den Wochenenden im Sommer wimmelt es hier nur so von Leuten, wer aber Anfang Herbst kommt, wird die Strände fast für sich allein haben. Der Zugang zum Strand ist in den Gemeinden verschieden geregelt; die meisten erheben aber vernünftige Gebühren pro Tag. Im Sommer ist es fast unmöglich, eine preiswerte Absteige zu finden. Aber als preisgünstige Alternative kann man sein Zelt in einem State Park oder auf einem privaten Campingplatz aufstellen.

SANDY HOOK & UMGEBUNG

An der äußersten Nordspitze der Jersey Shore befindet sich die **Sandy Hook Gateway National Recreation Area** (732-872-5970; www.nps.gov/gate; abseits der Rte 36; Parken 10 US$/Auto; 7–22 Uhr), ein 11 km langer sandiger Strandwall am Eingang zum New York Harbor. Bei klarer Sicht kann man von seinem Strandtuch aus die Skyline der Stadt erkennen, was die Abgelegenheit nur noch angenehmer macht. An der Meerseite der Halbinsel gibt's breite Sandstrände (darunter auch den einzigen legalen FKK-Strand in NJ am Gunnison Beach) mit weit verzweigten Radwegen dahinter. An der Seite zur Bucht hin kann man prima angeln oder im Watt wandern. In den Backsteingebäuden der ehemaligen Küstenwache **Fort Hancock** (Sa & So 13–17 Uhr) ist ein kleines Museum untergebracht. Der **Sandy Hook Lighthouse** ist der älteste Leuchtturm des Landes und im Rahmen von Führungen zu besichtigen. Auf jeden Fall sollte man Insektenspray dabeihaben, denn nach Einbruch der Dunkelheit setzen einem die Biester ziemlich zu.

Im Nachbarort **Highlands** gibt es einige Meeresfrüchterestaurants am Wasser und auch eine Filiale der berühmten Brooklyner Pizzeria **Grimaldi's** (732-291-1711; 123 Bay Ave; kleine Pizza 14 US$; 15–22, Sa & So ab 12 Uhr), deren Pizza aus dem kohlebefeuerten Ziegelofen so gut wie das Original ist. Die Schnellfähre **Seastreak** (800-262-8743; www.seastreak.com; hin & zurück Erw./Kind 43/16 US$, 1 Std.) fährt von Sandy Hook (und den Highlands) zum Pier 11 in Downtown Manhattan oder zur East 35th St in NYC.

Rund 10 Meilen (16 km) landeinwärts liegt das künstlerisch angehauchte Städtchen **Red Bank** mit einer belebten Hauptstraße voller Läden, Galerien und Cafés. Dank der hiesigen großen mexikanischen Gemeinde gibt es natürlich auch jede Menge Lokale mit authentisch mexikanischer Küche. Mit New Jersey Transit gelangt man nach Red Bank.

LONG BRANCH, ASBURY PARK & OCEAN GROVE

Das sanierte und im Vergleich zu den anderen Küstenorten ziemlich gesichtslose **Long Branch** ist der erste große Strandort südlich der Highlands. Der große Restaurant- und Shoppingkomplex am Wasser lockt die Leute an. Hier findet man wirklich alles von griechischem Essen bis hin zu Strandartikeln. Etwas weiter landeinwärts befindet sich der berühmte **Monmouth Park Race Track** (732-222-5100; www.monmouthpark.com; Haupttribüne/Clubhaus 3/5 US$; Mai–Aug. 11.30–18 Uhr), eine prächtige historische Pferderennbahn für Vollblüter.

Gleich südlich von Long Branch liegt **Deal** mit seinen gewaltigen Häusern, die fast wie Museen wirken und auf jeden Fall sehenswert sind. Sobald man aber den Deal Lake überquert hat und in **Asbury Park** ist, weicht der Luxus, und man sieht verlassene Reihenhäuser und Straßen voller Schlaglöcher. Das Städtchen erlangte in den 1970er-Jahren vorübergehende Berühmtheit, als Bruce Springsteen im Nachtclub **Stone Pony** (732-502-0600; www.stoneponyonline.com; 913 Ocean Ave) auftauchte. Danach ging es mit der Stadt jedoch bergab, bis sie in letzter Zeit ein Comeback erfuhr. Wohlhabende schwule New Yorker haben sich der in Vergessenheit geratenen viktorianischen Wohnblöcke und Ladenzeilen angenommen und sie renoviert. Heute ist die Innenstadt, einschließlich mehrerer Blocks an der Cookman Ave, voller charmanter Läden, Cafés und Restaurants und gehört zu den lebendigsten an der Jersey Shore. Das weitläufige **Antique Emporium of Asbury Park** (☎732-774-8230; 646 Cookman Ave; ⌚Mo–Sa 11–17, So 12–17 Uhr) bietet auf zwei Etagen interessante Antiquitäten. Im trendigen **Restaurant Plan B** (☎732-807-4710; 705 Cookman Ave; Hauptgerichte 10–25 US$; ⌚Di–Do & So 16.30–21, Fr bis 22, Sa bis 23 Uhr) gibt's an den Wochenenden ausgezeichneten Brunch. Am Südende der Uferpromenade liegt das prachtvolle, renovierte **Paramount Theatre** (☎732-897-8810; www.apboardwalk.com/venues; 1300 Ocean Ave) im Art-déco-Stil, in dem Theater- und Musikaufführungen stattfinden.

Die Ortschaft unmittelbar im Süden ist **Ocean Grove** – ein faszinierender Ort zum Herumschlendern. Er wurde im 19. Jh. von Methodisten gegründet und beherbergt die Überreste des Erweckungslagers **Tent City** aus der Zeit nach dem Bürgerkrieg – eine historische Stätte mit 114 großen Zelthütten, die heute als Sommerunterkünfte genutzt werden. Ocean Grove hat eine umwerfende viktorianische Architektur, die bis heute gut erhalten ist. Außerdem gibt es hier ein aus Holz errichtetes Auditorium mit 6500 Sitzplätzen und viele schöne **viktorianische Gasthäuser** mit großen Veranden. Infos findet man unter www.oceangrovenj.com. Einige Kilometer landeinwärts, gleich abseits des Garden State Pkwy, befindet sich das Einkaufszentrum **Premium Outlet**, ein reiner Zweckbau.

VON BRADLEY BEACH NACH SPRING LAKE

In **Bradley Beach** gibt es reihenweise hübsche Sommerhütten und einen wunderschönen Küstenstreifen. Ebenso einladend ist der Strand von **Belmar**, wo es auch eine Uferpromenade mit einigen Imbissbuden und eine Handvoll Restaurants und geschäftige Bars an der Uferstraße gibt. Hier findet Mitte Juli der **New Jersey Sandcastle Contest** (www.njsandcastle.com) statt.

Südlich von hier liegt **Spring Lake**, eine wohlhabende Gemeinde mit sorgsam getrimmten Rasenflächen, prächtigen viktorianischen Häusern direkt am Meer, einem herrlichen Strand und eleganten Unterkünften. Nicht umsonst wurde die Gegend früher „irische Riviera" genannt. Wer auf der Suche nach einer abgelegenen, ruhigen Bleibe ist – und Strandtrubel, wie sonst an der Küste, herrscht hier wirklich nicht –, sollte im hellen, luftigen **Grand Victorian at Spring Lake** (☎449-5327; www.grandvictorianspringlake.com; 1505 Ocean Ave; Zi. ab 79 US$; ❄📶) absteigen.

Von Spring Lake nur 5 Meilen (8 km) landeinwärts liegt das sonderbare **Historic Village at Allaire** (☎732-919-3500; www.allairevillage.org; Erw./Kind 3/2 US$; ⌚Ende Mai–Anfang Sept. Mi–So 12–16 Uhr, zu anderen Zeiten nachfragen), die Reste des im 19. Jh. florierenden Dorfs Howell Works. In den diversen „Werkstätten" sind Darsteller in historischen Kostümen an der Arbeit.

STRÄNDE IM OCEAN COUNTY

Gleich südlich des Manasquan River liegt **Point Pleasant**. Am Nordende der Uferpromenade findet man, nur ein paar Schritte von den Horden am Strand entfernt, kleine eigenwillige Ferienwohnungen. Der südliche Abschnitt der Promenade ist der **Jenkinson's Boardwalk** mit den üblichen Toffee-Läden, Restaurants und Fahrgeschäften. Für Kinder gibt's außerdem ein amüsantes Aquarium und für Erwachsene eine große Bar und ein Restaurant direkt am Strand. Am Jachthafen am Meeresarm findet man ein paar Meeresfrüchterestaurants mit Terrassen über dem Wasser, u.a. die empfehlenswerte **Shrimp Box** (75 Inlet Dr; Sandwich 10 US$, Hauptgerichte 17 US$; ⌚12–22.30 Uhr). Am gleich nördlich in Manasquan gelegenen **Inlet Beach** gibt's das ganze Jahr über die besten Surfwellen der Shore.

Von Point Pleasant erstreckt sich die schmale **Barnegat Peninsula** 35 km weit nach Süden. In der Mitte der Halbinsel liegen die **Seaside Heights**, die durch die MTV-Reality-Serie *Jersey Shore* bekannt sind und im Sommer mit ihren zwei Vergnügungspiers und den unglaublich vielen Ufer-Bars vor allem lärmende Mittzwanziger anlocken. Weil der Strand relativ schmal ist, kann man hier nicht auf Privatsphäre und Ruhe hoffen. Wer in der **Spicy Cantina** (500 Boardwalk; Hauptgerichte 11 US$; ⌚11–24 Uhr) auf der Terrasse im zweiten Stock einen Sitzplatz ergattert, kann bei Drink und Tortilla-Chips aus nächster Nähe die vielen Leute am Strand darunter beobachten. Besser noch ist eine Fahrt mit dem **Sessellift** vom Casino Pier bis zum Nordende der Uferpromenade. Wer keine Lust aufs Meer hat, kann im **Breakwater**

Beach Waterpark (www.casinopiernj.com/breakwaterbeach; Eintritt 25 US$; ⌚Mai–Aug. 10–19 Uhr; 👪) an dem trägen Fluss der Hitze entgehen. Im **Karma** (401 Blvd; ⌚Do–So), dem Nachtclub von Snooki, Sitch und der Gang, tummeln sich protzige Machos und stramme Girls. Hinsichtlich der Absteigen in den vernachlässigten ausgedörrten Straßen hinter der Uferpromenade gibt's nicht viel zu empfehlen. Das Campen auf dem **Surf & Stream Campground** (☎732-349-8919; www.surfnstream.com; 1801 Ridgeway Rd/Rte 571, Toms River; Stellplatz 45 US$) ist eine bequeme Option.

Im südlichen Drittel der Barnegat Peninsula liegt der **Island Beach State Park** (☎732-793-0506; www.islandbeachnj.org; werktags/Wochenende pro Auto 6/10 US$; ⌚8 Uhr–Sonnenuntergang), eine 16 km lange Barriereinsel mit reinen, unberührten Dünen und Feuchtgebieten. Der südlichste Zipfel des Parks ist nur einen Steinwurf von **Long Beach Island** entfernt – sie sind nur durch einen schmalen Meeresarm voneinander getrennt, der zur Bucht im Süden führt. Aber um die langgestreckte Insel mit ihren wunderschönen Stränden und eindrucksvollen Sommerhäusern zu erreichen, muss man den ganzen Weg zurück nach Seaside Heights und dann über die Rte 9 oder den Garden State Pkwy fahren. Der Leuchtturm im **Barnegat Lighthouse State Park** (☎609-494-2016; www.njparksandforests.org; abseits des Long Beach Blvd; ⌚8–16 Uhr) ist ein Wahrzeichen; von dort oben hat man einen schönen Panoramablick. Die Fischerboote legen von der Anlegestelle ab, die 610 m in den Atlantischen Ozean hineinragt. Einige Kilometer südlich der Rte 72, die mitten durch Long Beach Island führt, befindet sich das **Daddy O** (☎609-361-5100; www.daddyohotel.com; 4401 Long Beach Blvd; Zi. 195–375 US$; ❄📶), ein schickes Boutiquehotel mit Restaurant in Strandnähe.

Südliches Jersey

Wenn Leute aus Philly sagen, sie fahren zur Shore, dann meinen sie meistens diesen Abschnitt der Küste. Der Süden des Bundesstaats ist von einem Mix aus Kitsch und Natur geprägt und versinnbildlicht die Extreme New Jerseys am deutlichsten.

PINE BARRENS

Die Einheimischen nennen dieses Gebiet „die Pinelands" und erzählen gern die Sage vom mythischen Ungeheuer „Jersey Devil", das in dem 4000 km² großen Kiefernwald sein Unwesen treiben soll. Die Region umfasst mehrere State Parks und Wälder – ein wahres Paradies für Vogelbeobachter, Wanderer, Camper, Kanufahrer und Naturfreunde. Landeinwärts liegt der **Wharton State Forest** (☎609-561-0024; www.state.nj.us), in dem man gut Kanufahren, aber auch wandern und picknicken kann. Ein guter Ausstatter ist **Micks Pine Barrens Canoe & Kayak Rental** (☎609-726-1515; www.mickscanoerental.com; 3107 Rte 563, Chatsworth; Kajak 43 US$/Tag, Kanu 55 US$), wo man auch Karten und Infos über Bootstouren in der Gegend bekommt. Weiter im Süden liegt an der Küste das 160 km² große **Edwin B. Forsythe National Wildlife Refuge** (☎609-652-1665; www.forsythe.fws.gov; 4 US$/Fahrzeug) mit Buchten, Wäldern, Marschen, Sümpfen und Strandwällen – ein Paradies für Vogelbeobachter.

ATLANTIC CITY

Atlantic City ist zwar nicht Vegas, aber viele verbinden damit Ausschweifungen wie im Film *Hangover*. Allerdings sieht man nicht nur junge ungebundene Leute, denn grauhaarige Rentner und Urlauberfamilien sind hier genauso üblich. In den Kasinos, in die nie ein Sonnenstrahl hineindringt, vergisst man schnell, dass es draußen einen breiten, weißen Sandstrand und auf der anderen Seite nur einige Blocks entfernt zugenagelte Geschäfte gibt. „AC", wie Atlantic City auch genannt wird, war schon Ende des 19. und Anfang des 20. Jhs. für seine großartige Uferpromenade und die Amüsiermeile am Meer bekannt. Aber das in der HBO-Fernsehserie *Boardwalk Empire* dargestellte korrupte AC aus der Zeit der Prohibition in den 1920er-Jahren wurde inzwischen komplett umgekrempelt. Seitdem der Bundesstaat in der Hoffnung auf eine Wiederbelebung des verblassenden Resorts 1977 Spielkasinos legalisierte, gab es ein Auf und Ab. Die in den Bundesstaaten Pennsylvania und New York ständig wachsende Zahl an Kasinos, die sich überwiegend in Besitz von Indianern befinden, stellen die vorherrschende Rolle Atlantic Citys und damit seine Existenz in Frage. Eine Reihe von Nachtclubs und Hotel-Kasinos wie das gewaltige Borgata sorgen wieder für Glanz und Glamour. Das **Pier at Caesars**, ein schickes, in den Atlantik hinausragendes Shoppingcenter, lockt auch viele Gäste aus Übersee an. Und der Expresszug aus NYC hilft AC ebenfalls dabei, dass der Besucherstrom nicht gänzlich abreißt. Wer keine Lust aufs Spielen hat, kann sich an der Uferpromenade amüsieren. Hier gibt's alles von Schmalzgebäck über Go-Kart-Bahnen bis hin zu kitschigen Souvenirläden. Das kleine **Atlantic City Historical Museum** (☎609-347-5839; www.acmuseum.org; Ecke Boardwalk & New Jersey Ave; Eintritt frei; ⏰10–16 Uhr) bietet einen Einblick in die eigenartige Vergangenheit von AC.

Schlafen & Essen

Ein paar Motels und Billigabsteigen säumen die Pacific Ave, einen Block landeinwärts der Uferpromenade. Das beste Kasino-Restaurant ist im Borgata. Gut (und vor allem preiswerter) essen kann man aber auch im „echten" Teil der Innenstadt.

Chelsea BOUTIQUEHOTEL **$**
(☎800-548-3030; www.thechelsea-ac.com; 111 S Chelsea Ave; Zi. ab 80 US$; P❄@📶🏊) Das trendige Hotel mit Art-déco-Möblierung ist kein Kasino. Die Zimmer im Anbau sind nicht ganz so teuer. Hier gibt's auch ein Retro-Diner, ein Steakhaus und einen Cabana Club.

Water Club & Spa BOUTIQUEHOTEL **$$**
(☎609-317-8888; www.thewaterclubhotel.com; 1 Renaissance Way; Zi. ab 119 US$; P❄@📶🏊) Der Club bietet auf 43 Etagen Chic im Boutique-Stil.

Borgata KASINO **$$**
(☎866-692-6742; www.theborgata.com; Zi. 149–400 US$; P❄📶🏊) Ein riesiges Resort im Stil von Las Vegas im Marina District. Geboten werden aufgestylte Zimmer, ein komplettes Wellnessprogramm, eine große Konzerthalle, vier Fünf-Sterne-Restaurants und natürlich ein großartiges Kasino.

Reddings SÜDSTAATENKÜCHE **$**
(1545 Pacific Ave; Hauptgerichte 10 US$; ⏰Mo–Do 11–22, Fr & Sa 7–24 Uhr) Eines der besten Lokale in AC außerhalb der Kasinos. Der Küchenchef und Inhaber kommt aus Harlem. In dem großen, komfortablen Speiseraum werden gute Gerichte der Südstaatenküche serviert, z.B. Hühner-Klößchensuppe und Putensteak.

Kelsey & Kim's Café GRILL **$**
(201 Melrose Ave; Hauptgerichte 9 US$; ⏰7–22 Uhr) Ausgezeichnete Südstaaten-Hausmannskost wie gebratener Wittling, Sandwiches mit gegrillter Rinderbrust und Brathähnchen.

Ausgehen & Unterhaltung

Natürlich sind die Kasinos die Hauptattraktion von AC. Drinnen sind sie praktisch identisch: unentwegtes Klappern und Blinken und unendlich viele Blackjack-, Poker-, Baccara- und Würfeltische.

Hinter den Kasinomauern liegt vor dem Ozean der breite **Boardwalk**, die weltweit erste Uferpromenade dieser Art. Auf ihm kann man wunderbar flanieren oder sich in einem Rollstuhl herumschieben lassen (die Preisliste hängt in jedem Stuhl).

Es lohnt sich ein Blick auf den Veranstaltungskalender des Borgata zu werfen, das einen Comedy Club, einen kleinen Konzertsaal und eine große Musikbühne hat, auf der schon etliche große Stars standen.

Praktische Informationen

Das **Atlantic City Convention & Visitors Bureau** (☎609-348-7100; www.atlanticcitynj.com; 2314 Pacific Ave; ⏰9–17 Uhr) hat eine Filiale mitten am Atlantic City Expwy und eine andere direkt an der Uferpromenade an der Mississippi Ave. Nützliche Infos zu Veranstaltungen, Clubs und Restaurants findet man im **Atlantic City Weekly** (www.atlanticcityweekly.com).

An- & Weiterreise

Air Tran und Spirit Airlines bedienen den kleinen **Atlantic City International Airport** (ACY; www.acairport.com), der 20 Autominuten vom Zentrum entfernt ist. Von diesem Flughafen kann man sämtliche Ziele im südlichen Jersey sowie Philadelphia erreichen.

Zahlreiche Busse fahren nach AC, darunter NJ Transit (einfache Strecke 36 US$, 2½ Std.) und Greyhound (einfache Strecke 25 US$, 2½ Std.) von der Port Authority in New York. Kasinos erstatten oft einen Großteil des Fahrpreises (natürlich in Form von Chips, Münzen oder Coupons), wenn man mit dem Bus direkt bis vor ihre Tür fährt.

Die Züge von **New Jersey Transit** (www.njtransit.com) fahren nur von Philadelphia aus direkt nach Atlantic City (einfache Strecke 10 US$, 1½ Std.). **ACES** (Atlantic City Express Train Service; www.acestrain.com; ⏰Fr–So) bietet einen Doppeldeckerzug zwischen AC und der Penn Station in NYC (ab 29 US$, 2 Std. 40 Min.).

OCEAN CITY & DIE WILDWOODS

Ocean City südlich von Atlantic City ist ein altmodischer Familien-Urlaubsort mit dünenübersäten Stränden, vielen Spielgalerien für Kinder und Themenparks entlang der lebendigen Uferpromenade. Es gibt hier jede Menge relativ preiswerter und altmodischer Motels sowie unzählige Imbissbuden mit Meeresfrüchten. Rund

25 Meilen (40 km) südwestlich von Ocean City an einer langen Landstraße liegt der familienbetriebene **Frontier Campground** (☎609-390-3649; www.frontiercampground.com; Stellplatz 35 US$) mit Stellplätzen, die mit rosa und weiß blühenden Lorbeerrosen umgeben sind.

Weiter im Süden auf dem Weg nach Cape May liegen die drei Orte **North Wildwood**, **Wildwood** und **Wildwood Crest**. Sie sind quasi archäologische Kleinode. Hier gibt's weiß getünchte Motels mit blinkenden Neonschildern, türkisfarbenen Vorhängen und rosafarbenen Türen. Vor allem Wildwood Crest wirkt wie ein kitschiges Stück Amerika der 1950er-Jahre. Man beachte beispielsweise die auffälligen Motel-Werbeschilder wie **Lollipop** an der 23rd Ave und der Atlantic Ave. In der Partystadt Wildwood ist besonders viel los. Hier treffen sich Teenies, Twens und vor allem junge Osteuropäer, die die Restaurants und Läden bevölkern. Der Zugang zu allen Stränden ist kostenlos. Und es gibt auch jede Menge Platz, denn der hiesige Strand ist stellenweise 305 m breit und damit der breiteste in ganz New Jersey. Die 3,2 km lange Strandpromenade ist quasi die Mutter aller Uferpromenaden an der Jersey Shore. Es gibt hier mehrere gewaltige Piers, auf denen sich **Wasserparks** und **Vergnügungsparks** breit machen. Die Achterbahnen und die anderen Rides würden sich fast schon für das Training angehender Astronauten eignen und können locker mit Six Flags Great Adventure mithalten. Die im Dunkeln leuchtende 3D-Minigolfanlage ist ein gutes Beispiel für die sich immer an Superlativen orientierende Uferpromenade von Wildwood. Aber die wohl schönste Fahrt – bei der einem auch nicht schlecht wird – ist die mit der **Tram** (einfache Strecke 2,50 US$; ⏲9–1 Uhr), die von Wildwood Crest nach North Wildwood die ganze Uferpromenade abklappert. An der für die Jersey Shore typischen Pizzeria **Mack & Manco's** an der Uferpromenade gibt's immer lange Schlangen (es gibt noch weitere Filialen an anderen Uferpromenaden von NJ).

Ungefähr 250 kleine Motels (hier gibt's keine Kettenhotels) bieten Zimmer für 50 bis 250 US$. Allerdings beschränkt man die Suche nach einer Unterkunft besser auf die Gegend rund um Wildwood Crest. Das leuchtend bemalte ultra-retro **Caribbean Motel** (☎609-522-8292; www.caribbeanmotel.com; 5600 Ocean Ave; Zi. ab 65 US$; ❄📶🏊) wurde sorgfältig und liebevoll renoviert und wirkt jetzt wie eine Mischung der Fernsehserien *Happy Days* und *Die Jetsons*. Empfehlenswert ist auch das **Pan American Hotel** (☎609-522-6936; www.panamericanhotel.com; 5901 Ocean Ave; Zi. ab 100 US$; ❄📶🏊).

CAPE MAY

Das 1620 gegründete Cape May – der einzige Ort in diesem Staat, in dem die Sonne über dem Meer sowohl auf- als auch untergeht – liegt an der Südspitze von New Jersey und ist der älteste Küstenferienort des Landes. Im Sommer füllen sich die breiten Strände, doch die großartige viktorianische Architektur ist das ganze Jahr über eine Augenweide.

Neben den aufwändig verzierten viktorianischen Häusern prunkt das Städtchen mit Antiquitätenläden und guten Möglichkeiten zum Beobachten von Delphinen, Walen (Mai–Dez.) und Vögeln. Cape May liegt direkt am **Cape May Point State Park** und seinem 48 m hohen **Cape May Lighthouse** (☎609-884-5404; www.capemaymac.org; Erw./Kind 7/3 US$; ⏲Juni–Sept. 10–20 Uhr). Es gibt ein ausgezeichnetes Besucherzentrum und ein Museum mit Ausstellungen über die Flora und Fauna der Gegend. Im nahen **Cape May Bird Observatory** (☎609-884-2736; www.birdcapemay.org; Sunset Blvd; Eintritt 5 US$; ⏲9.30–16.30 Uhr, Di geschl.) kann man einen 1,6 km langen, schönen Rundgang durch das unter Naturschutz stehende Sumpfgebiet machen. Der breite **Sandstrand** am Park (Eintritt frei) und der Strand im Ort sind im Sommer die größte Attraktion. **Aqua Trails** (☎609-884-5600; www.aquatrails.com) bietet Kajaktouren durch die Küstenfeuchtgebiete.

B&Bs gibt's wie Sand am Meer in Cape May. Die meisten sind aber überladen und kitschig. Eine aktuelle Liste findet man unter www.capemaytimes. Das klassische, große **Congress Hall** (☎609-884-8422; www.congresshall.com; 251 Beach Ave; Zi. 100–465 US$; ❄📶🏊) bietet eine Reihe schöner Quartiere mit Blick aufs Meer sowie ein cooles Restaurant mit Bar. Die angeschlossenen Herbergen **Beach Shack** (www.beachshack.com) und das **Star Inn** (www.thestarinn.net) haben Zimmer für jeden Geldbeutel.

Das **Uncle Bill's Pancake House** (Beach Ave an der Perry St; Hauptgerichte 7 US$; ⏲6.30–14 Uhr) lockt mit seiner Größe, der Einrichtung wie in einer Oberschulcafeteria aus den 1950er-Jahren und seinen leckeren

Pfannkuchen schon seit 50 Jahren die Leute an. Man kann aber auch zur Washington Street Mall gehen, einer kopfsteingepflasterten Straße mit Läden und einem halben Dutzend Restaurants.

Wer weiter in Richtung Süden will und dazu nicht erst zurück nach Norden und dann landeinwärts fahren möchte, nimmt die **Cape May-Lewes Ferry** (www.cmlf.com; Auto/Fußgänger 44/8 US$; 1½ Std.) über die Bucht nach Lewes in Delaware nahe Rehoboth Beach.

PENNSYLVANIA

In einem so großen Bundesstaat ist es nicht überraschend, dass die Identität teilweise von der geografischen Lage bestimmt wird. Je weiter nach Westen man kommt, desto mehr nähert man sich dem restlichen Amerika. Philadelphia, das einstige Zentrum des britischen Kolonialreichs und intellektueller und spiritueller Motor seines Untergangs, ist fester kultureller Bestandteil der Ostküste. Die Bewohner von Pittsburgh und West-Pennsylvania (PA) sind stolz, sich selbst als Teil der Stadt oder der unmittelbaren Umgebung zu sehen, und legen Wert darauf, sich von den Ostküstlern und ihrem Arbeiterimage abzuheben. Wenn man von Ost nach West fährt, stellt man fest, dass die Landschaft immer schroffer wird, und schon nach kurzer Zeit verliebt man sich in die unendliche Größe und Vielfalt dieses Bundesstaates. Phillys Independence Park und der historische Bezirk bieten die grandiose Möglichkeit, mehr über die Nation und ihren Ursprung zu erfahren. Auch die nahe gelegenen Schlachtfelder Gettysburg und Valley Forge erlauben eine Reise in die Vergangenheit. Aber sowohl die Stadt als auch der Bundesstaat haben einiges mehr zu bieten als nur die Klischees, die man auf einem Schulausflug erfährt. Umwerfende Wälder und Berge wie die Poconos und der Allegheny National Forest ermöglichen unzählige Outdooraktivitäten. Philly und Pittsburgh sind lebendige Uni-Städte mit einer tollen Musik-, Theater- und Kunstszene. Pennsylvania ist außerdem die Heimat von Frank Lloyd Wrights architektonischem Meisterwerk, der Villa Fallingwater. Hier befinden sich auch das Amish Country und – wie könnte man sie vergessen – die vielen kleinen, künstlerisch angehauchten Orte, die für ein perfektes Wochenende wie geschaffen sind.

KURZINFOS PENNSYLVANIA

» **Spitznamen** Keystone State, Quaker State

» **Bevölkerung** 12,4 Mio.

» **Fläche** 119 244 km²

» **Hauptstadt** Harrisburg (53 000 Ew.)

» **Andere Städte** Philadelphia (1,45 Mio. Ew.), Pittsburgh (313 000 Ew.), Erie (102 000 Ew.)

» **Verkaufssteuer** 6 %

» **Geburtsort von** Schriftstellerin Louisa May Alcott (1832–1888), Tänzerin Martha Graham (1878–1948), Künstler Andy Warhol (1928–1987), Filmstar Grace Kelly (1929–1982), Komiker Bill Cosby (geb. 1937)

» **Heimat** der US-Verfassung, der Freiheitsglocke, der ersten Tageszeitung (1784), der ersten Autowerkstatt (1913), des ersten Computers (1946)

» **Politische Ausrichtung** ein „Swing State" mit republikanischem Gouverneur. Philly ist progressiv, anderswo herrschen bodenständige Demokraten

» **Berühmt für** weiche Brezeln, die Amish, das Philadelphia Cheesesteak, die Pittsburgher Stahlwerke

» **Natur** Hier lebt die größte wilde Wapiti-Herde östlich des Mississippi

» **Entfernungen** Philadelphia–NYC 100 Meilen (160 km), Philadelphia–Pittsburgh 306 Meilen (492 km)

Geschichte

1681 gründete der Quäker William Penn seine Kolonie und ernannte Philadelphia zur Hauptstadt. In seinem „heiligen Experiment" wurden Religionsfreiheit (eine Haltung, die religiöse Minderheiten und Sekten anzog, u. a. die bekannten Mennoniten- und Amish-Gemeinden), eine liberale Regierung und sogar Indianer respektiert. Doch die europäischen Siedler vertrieben diese Gemeinden bald, und Pennsylvania erlangte den Status der wohlhabendsten und bevölkerungsreichsten britischen Kolonie in Nordamerika. Es hatte maßgeblichen Einfluss auf die Unabhängigkeitsbewegung und übernahm – viel später – eine wirtschaftliche Führungsrolle, da hier die Vorräte an Kohle, Eisen und Holz nie knapp waren und der Bundesstaat im Ersten und Zweiten Weltkrieg Rohstoffe und Arbeitsplätze lieferte. In den Nachkriegsjahren schwand Pennsylvanias industrielle Bedeutung. Stadtsanierungsprogramme und Wachstum auf dem Gebiet der Dienstleistungen, der Hightechindustrie und im Gesundheitswesen kurbelten insbesondere in Philadelphia und Pittsburgh die Wirtschaft an.

Philadelphia

Philadelphia ist nur knapp 150 km von NYC entfernt und könnte als dessen kleines Brüderchen angesehen werden, denn hier fühlt man sich eher wie in einer typischen Ostküstenstadt. Nach Meinung vieler bietet Philly alle Vorteile des städtischen Lebens: gute Restaurants, eine blühende Musik- und Kunstszene, Stadtviertel mit ausgeprägten Eigenheiten, weitläufige Parklandschaften und – was vielleicht genauso wichtig ist – relativ erschwingliche Wohnungen. Die erhaltenen älteren Gebäude im historischen Philadelphia vermitteln einen Eindruck davon, wie amerikanische Kolonialstädte mit breiten Straßen und öffentlichen Plätzen einst ausgesehen haben.

Bevor Philadelphia ein Zentrum des Widerstands gegen die britische Kolonialpolitik wurde, war es die zweitgrößte Stadt des britischen Empire (nach London). Zu Beginn des Unabhängigkeitskriegs und auch einige Jahre danach war Philadelphia die Hauptstadt der jungen Nation, bis die Machtzentrale schließlich im Jahr 1790 nach Washington, D.C. umzog. Im 19. Jh. hat New York City dann Philadelphia als Kultur-, Wirtschafts- und Industriezentrum des Landes den Rang abgelaufen. Und obwohl die Stadt seit Jahrzehnten saniert wird, gibt es auch weiterhin in den ehemaligen Arbeiterbezirken noch immer Ecken, die heruntergekommen sind und nichts mit den sorgfältig angelegten Gärten und Parks im historischen Distrikt rund um die Freiheitsglocke und die Independence Hall zu tun haben.

Sehenswertes & Aktivitäten

In Philadelphia ist es relativ schwer, sich zu verlaufen. Die meisten Highlights und Unterkünfte sind zu Fuß oder mit einer kurzen Busfahrt zu erreichen. Straßen von Ost nach West tragen Namen, von Nord nach Süd sind sie nummeriert – Ausnahmen sind lediglich die Broad St und die Front St.

Zum historischen Philadelphia gehören der Independence National Historic Park und die Altstadt, die Old City, die sich in östlicher Richtung bis ans Wasser erstreckt. Westlich des historischen Stadtkerns liegt die Center City, Heimat des Penn Sq und der City Hall. Die Flüsse Delaware und Schuylkill (*skuu*-kill) grenzen an South Philadelphia, wo es einen farbenfrohen italienischen Markt sowie Restaurants und Bars gibt. Die University City westlich vom Schuylkill nennt zwei wichtige Campus und ein großes Museum ihr Eigen. Zum nordwestlichen Philadelphia gehören die eleganten Vorstädte Chestnut Hill und Germantown sowie Manayunk. Hier gibt's viele geschäftige Kneipen und hippe Restaurants. Rund um die South St zwischen S 2nd St, 10th St, Pine St und Fitzwater St stolpert man schließlich über Bars, Restaurants, Musikclubs und Boutiquen, die nichts auf den Mainstream geben. Northern Liberties ist ein wachsendes Viertel mit vielen verschiedenen Cafés und Restaurants.

Independence National Historic Park HISTORISCHE STÄTTE

(☎215-597-1785; www.nps.gov/inde) Zusammen mit der Old City gilt dieser rund 18,2 ha große L-förmige **Park** als „Amerikas geschichtsträchtigster Flecken". Das einstige Zentrum der US-Regierung ist heute das Rückgrat des städtischen Tourismus. Bei einem Spaziergang schlendert man an mehrstöckigen Gebäuden vorbei, in denen der Unabhängigkeitskrieg geplant und später die erste US-Regierung eingesetzt wurde. Außerdem gibt's hier wunderschöne, schattige Rasenflächen, die von Unmengen von Schulkindern und kostümierten Schauspielern bevölkert werden. Die meisten Sehenswürdigkeiten haben täglich von 9 bis 17 Uhr geöffnet, einige sind jedoch montags geschlossen. Bevor man die riesige Independence Hall besichtigen kann, muss man im **Independence Visitor Center** telefonisch oder persönlich einen Termin vereinbaren. Und die Schlange vor der Liberty Bell (Freiheitsglocke) kann manchmal enorm lang sein.

Liberty Bell Center

(Karte S. 142; 6th & Market St) Philadelphias bekanntestes Touristenhighlight. Die Freiheitsglocke erinnert an das 50. Jubiläum der Charter of Privileges, Pennsylvanias

Verfassung, die William Penn 1701 in Kraft setzte. Die Whitechapel Bell Foundry ließ die 943,5 kg schwere Bronzeglocke 1751 im Londoner East End gießen. Die Inschrift auf der Glocke stammt aus dem 3. Buch Mose 25,10 und lautet folgendermaßen: „Proclaim liberty through all the land, to all the inhabitants thereof" (Verkünde Freiheit im ganzen Land für alle seine Bewohner). Die Glocke wurde im Glockenstuhl des Pennsylvania State House, der heutigen Independence Hall, verwahrt und erklang zu wichtigen Ereignissen. Das bemerkenswerteste davon war die erste öffentliche Verlesung der Unabhängigkeitserklärung auf dem Independence Sq. Im 19. Jh. wurde die Glocke jedoch schwer ramponiert. Trotz anfänglicher Reparaturen wurde sie 1846 komplett unbrauchbar, nachdem man sie anlässlich von George Washingtons Geburtstag zum Schwingen gebracht hatte.

National Constitution Center

(Karte S. 142; ☎215-409-6700; www.constitutioncenter.org; 525 Arch St; Erw./Kind 12/8 US$; ⏲Mo–Fr 9.30–17, Sa bis 18, So 12–17 Uhr; 👪) Das sehr empfehlenswerte Center direkt neben dem Visitor Center spielt die Geschichte der Entstehung der US-Verfassung für ein breites Publikum nach. Zu sehen sind auch Exponate, z. B. interaktive Wahlkabinen. In der Signer's Hall kann man die lebensgroßen Bronzestatuen der Verfassungsväter in Aktion bewundern.

Independence Hall

(Karte S. 142; Chestnut St, zw. 5th & 6th St) Dies ist der „Geburtsort" der Vereinigten Staaten. Hier kamen am 4. Juli 1776 die Abgeordneten der 13 Kolonien zusammen, um die Unabhängigkeitserklärung zu verabschieden. Das Gebäude ist ein Meisterwerk georgianischer Architektur und spiegelt die schlichte Linienführung wider, die das Quäker-Erbe in Philadelphia ausmacht. Dahinter befindet sich der **Independence Square**, auf dem die Unabhängigkeitserklärung erstmals öffentlich verlesen wurde.

Weitere Sehenswürdigkeiten

Teil dieser historischen Anlage ist außerdem die **Carpenters' Hall**, die der Carpenter Company, Amerikas ältester Handwerkszunft (1724), gehört. Hier trat der Continental Congress 1774 erstmals zusammen. In der **Library Hall** (Karte S. 142) kann man eine Kopie der Unabhängigkeitserklärung bewundern, die von Thomas Jefferson handschriftlich in einem Brief festgehalten wurde, sowie erste Ausgaben von Darwins *Die Entstehung der Arten* und die Expeditionstagebücher von Lewis und Clark. In der **Congress Hall** (Karte S. 142; S 6th & Chestnut St) versammelte sich der US-Kongress, als Philly die Hauptstadt Amerikas war. In der 1791 fertiggestellten **Old City Hall** (Karte S. 142) befand sich bis 1800 der US Supreme Court. Der Gebäudekomplex **Franklin Court** (Karte S. 142) besteht aus mehreren restaurierten Wohnhäusern. Das interessante unterirdische Museum wurde zu Ehren von Benjamin Franklin errichtet und zeigt seine Erfindungen wie auch viele Details über seine Beiträge (als Staatsmann, Autor und Journalist) zur Gesellschaft. In die 1744 fertiggestellte **Christ Church** (Karte S. 142; N 2nd St) zogen sich George Washington und Franklin zum Gebet zurück.

Die **Philosophical Hall** (Karte S. 142; ☎215-440-3400; www.apsmuseum.org; 104 S 5th St; Eintritt 1 US$; ⏲Do–So So 10–16 Uhr) südlich der Old City Hall ist die Hauptniederlassung der 1743 von Benjamin Franklin gegründeten American Philosophical Society. Mitglieder dieser Gesellschaft waren u. a. Thomas Jefferson, Marie Curie, Thomas Edison, Charles Darwin und Albert Einstein.

Die dem griechischen Parthenon nachempfundene **Second Bank of the US** (Karte S. 142; Chestnut St zw. 4th St & 5th St) ist ein neoklassizistisches Meisterwerk von 1824. Das Gebäude mit der Marmorfassade beherbergte die mächtigste Finanzinstitution der Welt, bis Präsident Andrew Jackson 1836 den Vertrag auflöste. Danach diente es bis 1935 als Philadelphia Customs House. Heute ist hier die **National Portrait Gallery** (Karte S 154; Chestnut St; Eintritt frei; kostenlose Führung 30 Min. Sa & So 12, 15 & 16 Uhr) untergebracht, in der viele Gemälde von Charles Willson Peale, Amerikas bestem Portraitmaler aus der Zeit des Unabhängigkeitskriegs, zu bewundern sind.

OLD CITY

Die Old City wird von der Walnut St, der Vine St, der Front St und der 6th St eingegrenzt und beginnt praktisch dort, wo der Independence National Historical Park aufhört. Society Hill und Old City bilden zusammen das frühe Philadelphia. In den 1970er-Jahren wurde hier kräftig saniert, und viele Lagerhäuser verwandelten sich in Wohnungen, Galerien und Geschäftsräume. Ein Spaziergang durch die idyllische Old City ist ein faszinierendes Erlebnis. Auf

jeden Fall sollte man auch die 2,7 m hohe **Ben-Franklin-Statue** an der Fourth St und der Arch St in Augenschein nehmen.

Elfreth's Alley STRASSE

(Karte S. 142; abseits der 2nd St, zw. Arch St & Race St) Die winzige, kopfsteingepflasterte Gasse gilt als älteste ununterbrochen bewohnte Straße der USA. In den 32 gut erhaltenen Backsteinreihenhäusern wohnen noch immer echte Philadelphier – das sollte man nicht vergessen, wenn man sich hier umschaut. Es lohnt sich auf jeden Fall auch, das **Elfreth's Alley Museum** (Karte S. 142;

215-574-0560; www.elfrethsalley.org; No 126; Führung 5 US$; Di–Sa 10–17, So ab 12 Uhr) zu besuchen, das 1755 von dem Schmied Jeremiah Elfreth erbaut wurde, nach dem auch die Straße benannt ist. Das Haus wurde restauriert und sieht jetzt mitsamt der Einrichtung wieder wie im Jahr 1790 aus.

National Museum of American Jewish History MUSEUM

(Karte S. 142; 215-923-3811; www.nmajh.org; 55 N 5th St; Erw./Kind 12 US$/frei; Di–Fr 10–17, Sa & So bis 17.30 Uhr) Hinter der das Gebäude unverwechselbar machenden, durchsichtigen Fassade des Museums befinden sich

Philadelphia

Highlights
- Mutter Museum B4
- Philadelphia Museum of Art A1
- Philadelpia's Magic Garden E6

Sehenswertes
1. Academy of Natural Sciences Museum C3
2. Chinese Friendship Gate E3
3. City Hall D4
4. Franklin Institute Science Museum B3
5. Independence Seaport Museum H5
6. Joan of Arc Statue A1
7. Pennsylvania Academy of the Fine Arts D3
8. Physick House G5
9. Rodin Museum B2
10. Rosenbach Museum & Library B5

Aktivitäten, Kurse & Touren
11. Spirit of Philadelphia H5

Schlafen
12. Alexander Inn E5
13. Hotel Palomar C4
14. Morris House Hotel F5
15. Rittenhouse 1715 .... C5
16. The Independent Hotel E5

Essen
17. Banana Leaf E3
18. Dim Sum Garden E3
19. Horizons F6
20. Jim's Steaks G6
21. Joe's D4
22. La Viola D5
23. Le Bec-Fin D4
24. Lee How Fook E3
25. Mama Palmas B5
26. Mama's Vegetarian C4
27. Maoz Vegetarian G6
28. Morimoto F4
29. Nanzhou Handdrawn Noodle House E3
30. Parc Brasserie C5
31. Philly Flavors C1
32. Rangoon E3
33. Reading Terminal Market E3
34. Sabrina's Cafe E6
35. Silk City Diner G1
36. South Street Souvlaki F6
37. Supper E6

Ausgehen
38. Franklin Mortgage & Investment Co C4
39. McGillin's Olde Ale House D4
40. Nodding Head Brewery D4
41. Standard Tap G1
42. Tavern on Camac E5
43. Urban Saloon B1
44. Village Whiskey C4

Unterhaltung
45. Chris' Jazz Club D4
46. Kimmel Center for the Performing Arts D5
47. Ortlieb's Jazzhaus G1
48. Pennsylvania Ballet C3
49. Philadelphia Orchestra D5
50. Philadelphia Theatre Company D5
51. Shampoo F2
52. Sisters D5
53. Trocadero Theater E3
54. World Cafe Live A4

topmoderne Stücke zur historischen Rolle der Juden in den USA.

Betsy Ross House HISTORISCHES GEBÄUDE
(Karte S. 142; ☎215-686-1252; www.betsyrosshouse.org; 239 Arch St; empfohlene Spende Erw./Kind 4/3 US$; ⏲10–17 Uhr) In diesem Haus soll die Sattlerin und Näherin Betsy Griscom Ross (1752–1836) die erste US-Fahne genäht haben.

GRATIS **Clay Studio** GALERIE
(Karte S. 142; ☎215-925-3453; www.theclaystudio.org; 139 N 2nd St; ⏲Di–Sa 11–19, So 12–18 Uhr) Zeigt schlichte und ausgefallene Keramikarbeiten. Das Studio ist seit 1974 in der Old City und hat maßgeblich an der wachsenden Galerieszene in der Gegend mitgewirkt.

GRATIS **US Mint** FÜHRUNG
(Karte S. 142; ☎215-408-0110; www.usmint.gov; Arch St, zw. 4th St & 5th St; ⏲Führungen Mo–Fr 9–15 Uhr) Für den Rundgang braucht man mindestens 45 Minuten. Voranmeldung nicht erforderlich.

Arch Street Meeting House VERSAMMLUNGSHAUS
(Karte S. 142; ☎215-627-2667; www.archstreetfriends.org; 320 Arch St; ⏲Mo–Sa 9–17, So 13–17 Uhr) Dies ist das größte Quäker-Versammlungshaus in den USA.

SOCIETY HILL

Das reizende Wohnviertel Society Hill wird von Osten nach Westen von der Front St und der 8th St und von Norden nach Süden von der Walnut St und der Lombard St begrenzt und ist von der Architektur des 18. und 19. Jhs. geprägt. An den kopfsteingepflasterten Straßen stehen hauptsächlich Backsteinreihenhäuser aus dem 18. und 19. Jh. Hier und da ragen mittendrin aber auch moderne Hochhäuser wie die von I.M. Pei entworfenen **Society Hill Towers** auf. Der **Washington Square** war bereits Teil von William Penns ursprünglichem Stadtentwurf. Dieser Platz bietet eine wunderbare Erholungsmöglichkeit vom Sightseeing-Stress.

Physick House HISTORISCHES GEBÄUDE
(Karte S. 138; ☎215-925-7866; 321; 4th St bei der Delancey St; Erw./Kind 5 US$/frei; ⏲Do–Sa 12–16, So 13–16 Uhr) Das Gebäude ist das Haus des Chirurgen Philip Syng Physick. Es wurde 1786 von Henry Hill gebaut, einem Weinimporteur, der dafür Sorge trug, dass die City Tavern stets wohlgefüllt war. Das Physick House ist das einzige erhaltene freistehende Herrenhaus im Federal Stil in Society Hill.

Powel House HISTORISCHES GEBÄUDE
(Karte S. 142; ☎215-627-0364; 244 S 3rd St; Erw./Kind 5/4 US$; ⏲Do–Sa 12–16, So 13–16 Uhr) Das Haus aus dem 18. Jh. war das Zuhause von Samuel Powel, Bürgermeister von Philadelphia in der Kolonialzeit.

CENTER CITY, RITTENHOUSE SQUARE & UMGEBUNG

Diese Gegend ist Philadelphias Zentrum für Kreativität, Handel, Kultur und vieles mehr. Sie ist der Motor der Stadt. Hier gibt's die höchsten Häuser, den Finanzdistrikt, große Hotels, Museen, Konzerthallen, Geschäfte und Restaurants.

Der grüne **Rittenhouse Square** mit seinem Wasserbecken und den schönen Statuen ist der bekannteste der von William Penn angelegten Plätze in der Stadt.

City Hall HISTORISCHES GEBÄUDE
(Karte S. 138; ☎215-686-2840; www.phila.gov; Ecke Broad St & Market St) Das 1901 fertiggestellte Rathaus thront mit einer Höhe von 167 m majestätisch über dem Penn Sq. Es ist das weltweit höchste gemauerte Bauwerk ohne Stahlträger und wird von einer 27 t schweren Statue von William Penn gekrönt. Direkt unterhalb der Statue befindet sich eine **Aussichtsplattform** (Eintritt 5 US$; ⏲9.30–16.15 Uhr), von der aus man einen schönen Blick auf die Stadt hat.

Mutter Museum MUSEUM
(Karte S. 138; ☎215-563-3737; www.collphyphil.org; 19 S 22nd St; Erw./Kind 14/10 US$; ⏲10–17 Uhr) Hier erfährt man alles Wichtige über die Geschichte der Medizin in den USA.

Rosenbach Museum & Library MUSEUM
(Karte S. 138; ☎215-732-1600; www.rosenbach.org; 2010 Delancey Pl; Erw./Kind 10/5 US$; ⏲Di & Fr 12–17, Mi & Do bis 20, Sa & So bis 18 Uhr) Das Museum ist ein Paradies für Leseratten. Hier lagern seltene Bücher und Manuskripte, u.a. James Joyces *Ulysses*. Immer wieder finden auch Sonderausstellungen statt.

BENJAMIN FRANKLIN PARKWAY & MUSEUM DISTRICT

Die Allee ist den Pariser Champs Elysées nachempfunden. Hier konzentrieren sich Museen und weitere Wahrzeichen.

LP TIPP **Philadelphia Museum of Art** MUSEUM
(Karte S. 138; ☎215-763-8100; www.philamuseum.org; Ecke Benjamin Franklin Pkwy & 26th St; Erw./Kind 16 US$/frei; ⏲Di–So 10–17, Fr bis 20.45 Uhr) Dieses Museum ist eines der größten und wichtigsten der USA und zweifellos das Highlight in der Region. Die ausgezeichneten Sammlungen präsentieren asiatische Kunst, Meisterwerke der Renaissance, postimpressionistische Gemälde und moderne Werke von Picasso, Duchamp und Matisse. Die prächtige Freitreppe ist spätestens seit 1976, als Sylvester Stallone im Film *Rocky* die Stufen hinaufrannte, weltbekannt. Freitagabends gibt's Musik, Essen und Wein.

Pennsylvania Academy of the Fine Arts MUSEUM
(Karte S. 138; ☎215-972-7600; www.pafa.org; 118 N Broad St; Erw./Kind 15 US$/frei; ⏲Di–Sa 10–17, So ab 11 Uhr) Prestigeträchtige Akademie, die in ihrem Museum Arbeiten amerikanischer Maler wie Charles Willson Peale und Thomas Eakins zeigt.

Franklin Institute Science Museum MUSEUM
(Karte S. 138; ☎215-448-1200; www2.fi.edu; 222 N 20th St; Erw./Kind 15,50/12 US$; ⏲9.30–17 Uhr; 👪) Das Museum war ein Pionier in der Präsentation wissenschaftlicher Exponate zum Anfassen. Ein Highlight ist das auf Kinder zugeschnittene interaktive Sportcenter.

Academy of Natural Sciences Museum MUSEUM
(Karte S. 138; ☎215-299-1000; www.ansp.org; 1900 Benjamin Franklin Pkwy; Erw./Kind

Philadelphia – Old City

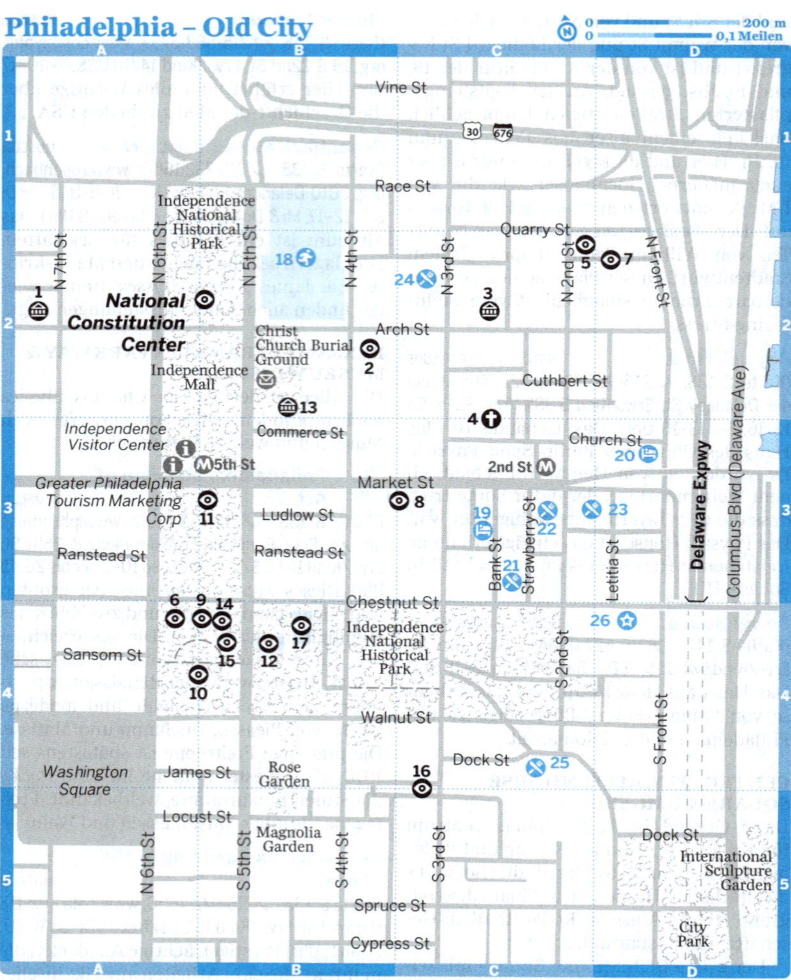

12/10 US$; ⌚Mo–Fr 10–16.30, Sa & So bis 17 Uhr) Hat eine großartige Dinosaurier-Ausstellung, in der man am Wochenende selbst nach Fossilien buddeln kann.

Rodin Museum MUSEUM

(Karte S. 138; ☎215-568-6026; www.rodinmuseum.org; Benjamin Franklin Pkwy & N 22nd St; empfohlene Spende 5 US$; ⌚Di–So 10–17 Uhr) Hier kann man Rodins Werke *Der Denker* und *Die Bürger von Calais* sehen.

SOUTH STREET

Die **South Street** ist eine Art Greenwich Village in Philadelphia. Hier findet man jede Menge Plattenläden, Geschäfte für Künstlerbedarf, winzige Billiglokale, bei Studenten beliebte Läden wie Head- und T-Shirt-Shops mit den entsprechenden Goth-Teenagern.

Philadelphia's Magic Garden GARTEN

(Karte S. 138; ☎215-733-0390; www.philadelphiasmagicgardens.org; 1020 South St; Erw./Kind 5/2 US$; ⌚11–18, Fr & Sa bis 20 Uhr) Dieses versteckte Juwel ist wirklich sehenswert: Philadelphia's Magic Garden ist ein geheimnisvolles Fleckchen voller Kunst des passionierten Mosaikfassadenkünstlers Isaiah Zagar.

Philadelphia – Old City

Highlights
National Constitution Center B2

Sehenswertes
1 African American Museum in Philadelphia A2
2 Arch St Meeting House B2
3 Betsy Ross House C2
4 Christ Church C3
5 Clay Studio C2
6 Congress Hall A4
7 Elfreth's Alley D2
Elfreth's Alley Museum .... (siehe 7)
8 Franklin Court C3
9 Independence Hall B4
10 Independence Square A4
11 Liberty Bell Center B3
12 Library Hall B4
13 National Museum of American Jewish History B2
National Portrait Gallery .... (siehe 17)
14 Old City Hall B4
15 Philosophical Hall B4
16 Powel House C4
17 Second Bank of the US B4

Aktivitäten, Kurse & Touren
Riverboat Queen .... (siehe 7)
18 US Mint B2

Schlafen
19 Apple Hostels of Philadelphia C3
20 Penn's View Hotel D3

Essen
21 Amada C3
Continental .... (siehe 23)
22 Cuba Libre C3
23 Franklin Fountain C3
Han Dynasty .... (siehe 26)
24 La Locanda del Ghiottone C2
25 Zahav C4

Unterhaltung
26 Brasil's D4

SOUTH PHILADELPHIA

Italian Market MARKT

(www.italianmarketphilly.org; S 9th St, zw. Wharton St & Fitzwater St; Di–Sa 9–17, So bis 14 Uhr) Der Markt ist einer der größten Freiluftmärkte des Landes und ein Highlight von South Philadelphia. Hier wird so ziemlich alles verkauft: Gemüse und Käse, hausgemachte Pasta, unglaubliche Backwaren, frische Fische und Fleischwaren von Lamm bis Fasan. Besonders toll ist es hier Mitte Mai, wenn das alljährliche **South Ninth Street Italian Market Festival** stattfindet.

Mummers Museum MUSEUM

(215-336-3050; www.mummersmuseum.com; 1100 S 2nd St; Erw./Kind 3,50/2,50 US$; Mi, Fr & Sa 9.30–16.30, Do bis 21.30 Uhr) Das Museum feiert die Tradition der Verkleidung und der Maskerade. Es spielt eine zentrale Rolle bei der berühmten Mummers Parade, die immer am 1. Januar stattfindet.

CHINATOWN & UMGEBUNG

Die viertgrößte Chinatown in den USA existiert seit den 1860er-Jahren. Zu dieser Zeit schufteten chinesische Einwanderer für Amerikas transkontinentale Eisenbahn und arbeiteten sich von Westen bis nach Philadelphia vor. Noch heute ist Chinatown ein Einwandererzentrum. Neben Menschen, die aus allen Provinzen Chinas stammen, sind hier auch viele Malaysier, Thailänder und Vietnamesen anzutreffen. Aber selbst wenn ein paar von ihnen tatsächlich in Chinatown leben, ist das Viertel durch und durch kommerziell geprägt.

African American Museum in Philadelphia MUSEUM

(Karte S. 142; 215-574-0380; www.aampmuseum.org; 701 Arch St; Erw./Kind 10/8 US$; Di–Sa 10–17, So ab 12 Uhr) Das Museum ist zwar in einem abstoßenden Betongebäude untergebracht, es zeigt aber ausgezeichnete Sammlungen zur afroamerikanischen Geschichte und Kultur.

Chinese Friendship Gate WAHRZEICHEN

(Karte S. 138; N 10th St, zw. Cherry St & Arch St) Der dekorative Bogen wurde 1984 als symbolische Verbindung zwischen Philadelphia und seiner chinesischen Partnerstadt Tianjin erbaut. Das bunte vierstöckige Tor ist das auffälligste Wahrzeichen Chinatowns.

PENN'S LANDING

Zu seinen besten Zeiten war Penn's Landing – die Uferpromenade am Delaware River zwischen Market St und Lombard St – ein äußerst geschäftiges Hafengebiet. Doch allmählich verlagerte sich der Betrieb weiter Richtung Süden. Heute machen sich hier Boote wie die **Riverboat Queen** (Karte S. 142; ☎215-923-2628; www.riverboatqueen fleet.com; Tour ab 15 US$) oder die **Spirit of Philadelphia** (Karte S. 138; ☎866-394-8439; www.spiritcruises.com; Tour ab 40 US$) zu geselligen Flussfahrten auf den Weg. Penn's Landing ist aber auch ein nettes Plätzchen für Spaziergänge am Wasser. Die 2,89 km lange **Benjamin Franklin Bridge** war zum Zeitpunkt ihrer Fertigstellung im Jahr 1926 die längste Hängebrücke der Welt. Sie überspannt den Delaware River und ist auch heute noch ein interessanter Blickfang.

Independence Seaport Museum MUSEUM
(Karte S. 138; ☎215-413-8655; www.philly seaport.org; 211 S Columbus Blvd; Erw./Kind 12/7 US$; ⊙10–17 Uhr) Das Museum widmet sich Philadelphias Rolle als Einwanderungszentrum. Die hiesige Schiffswerft wurde 1995 nach 200 Jahren geschlossen. In der Nähe befindet sich ein begrünter Skulpturengarten.

UNIVERSITY CITY

Das Viertel, das durch den Schuylkill River von Phillys Zentrum getrennt wird, wirkt wie eine große Universitätsstadt. Und das ist ja auch kein Wunder, denn hier sind die Drexel University und die zur Ivy League gehörende, 1740 gegründete **University of Pennsylvania** (meist nur „U Penn" genannt) zu Hause. Der begrünte, quirlige Campus ist perfekt für einen Nachmittagsbummel. Dabei sollte man unbedingt auch den zwei Museen hier einen Besuch abstatten.

University Museum of Archaeology & Anthropology MUSEUM
(☎215-898-4000; www.pennmuseum.org; 3260 South St; Erw./Kind 10/6 US$; ⊙Di & Do–So 10–17, Mi bis 20 Uhr) Zeigt archäologische Schätze aus dem alten Ägypten, Mesopotamien, Mesoamerika, Griechenland, Rom und Nordamerika.

GRATIS **Institute of Contemporary Art** MUSEUM
(☎215-898-7108; www.icaphila.org; 118 S 36th St; ⊙Mi 11–20, Do & Fr bis 18, Sa & So bis 17 Uhr) Genau der richtige Ort, um sich die allerneuesten Werke von Furore machenden Künstlern anzuschauen.

30th St Station HISTORISCHES GEBÄUDE
(☎215-349-2153; 30th St, an der Market St) Auch wenn man keinen Zug erwischen muss, sollte man dem romantischen, neoklassizistischen Bahnhof einen Besuch abstatten, wenn man schon mal hier ist.

FAIRMOUNT PARK

Der Schuylkill River schlängelt sich durch den 3723 ha großen Park, der größer als der New Yorker Central Park und sogar der größte Stadtpark der USA ist. Mit den ersten Sonnenstrahlen des Frühlings wimmelt es hier in jeder Ecke von Leuten, die Ball spielen, joggen, picknicken oder anderen Aktivitäten nachgehen. Jogger lieben die von Bäumen gesäumten 3–16 km langen Wege am Flussufer. Die Parkwege eignen sich auch prima zum Radfahren. **Fairmount Bicycles** (☎267-507-9370; www.fairmountbicycles.com; 2015 Fairmount Ave) vermietet Fahrräder (ganzer/halber Tag 18/30 US$) und hat Infos auf Lager.

Boathouse Row GEBÄUDE
Am Ostufer stehen in der Boathouse Row schöne viktorianische Bootshäuser, die der Gegend ein angenehm altmodisches Flair verleihen. Gegenüber vom Park stehen einige **frühe amerikanische Häuser** (Erw./Kind 5/2 US$), die für die Öffentlichkeit zugänglich sind.

Shofuso Japanese House and Garden GEBÄUDE, GARTEN
(☎215-878-5097; www.shofuso.com; Erw./Kind 6/3 US$; ⊙Mai–Sept. Mi–Fr 10–16, Sa & So 11–17 Uhr) Das malerische Gebäude und Teehaus wurde im traditionellen Stil des 16. Jhs. erbaut. Überall im Park verstreut stehen bemerkenswerte Denkmäler, darunter eines für **Jeanne d'Arc** am östlichen Ende des Parks.

Philadelphia Zoo ZOO
(☎215-243-1100; www.philadelphiazoo.org; 3400 Girard Ave; Erw./Kind 18/15 US$; ⊙9.30–17 Uhr) Der älteste Zoo des Landes hat Tiger, Pumas, Eisbären in Gehegen, die ihren natürlichen Lebensräumen nachempfunden sind.

MANAYUNK

Manayunk ist ein kleiner Wohnbezirk nordwestlich der Stadt mit steilen Hügeln und viktorianischen Reihenhäusern. Der Name des Viertels leitet sich von einem Begriff der amerikanischen Ureinwohner ab und bedeutet „Wo wir zum Trinken hingehen". Hier kann man gut einen Nachmittag oder Abend verbringen. Aber Achtung: Tausende haben an den Wochenenden die gleiche Idee, dann hat man in dieser ansonsten ruhigen Gegend oberhalb des Schuylkill River den Eindruck, auf einer wilden Studentenfete gelandet zu sein. Man ist hier aber nicht dazu verpflichtet nur etwas zu trinken, es ist auch erlaubt, einen Happen zu essen oder zu shoppen. Parkplätze sind an Wochenenden extrem rar, sodass das Fahrrad eine gute Alternative ist – schließlich gibt's hier sogar einen Treidelpfad.

GERMANTOWN & CHESTNUT HILL

Der historische Bezirk Germantown – eine sonderbare Mischung aus verblichener und dennoch sichtbarer Größe – liegt von Phillys Zentrum etwa 20 Autominuten entfernt auf der Septa 23 in Richtung Norden. Hier gibt's eine Handvoll kleiner Museen und ein paar sehenswerte Häuser.

Wissahickon Valley Park PARK
(☎215-247-0417; www.fow.org) Dieser lange, schmale Stadtpark, der zum Fairmount Parksystem gehört, ist einer der besten Orte zum Joggen. Der Park ist eigentlich eine steile, bewaldete Schlucht mit insgesamt 92 km an Wegen.

Cliveden of the National Trust HISTORISCHES GEBÄUDE
(☎215-848-1777; www.cliveden1767.wordpress.com; 6401 Germantown Ave; Eintritt 10 US$; ⏲Do–So 12–16 Uhr) Das Sommerhaus des wohlhabenden Benjamin Chew wurde im Jahr 1760 erbaut und diente 1777 in der Schlacht von Germantown während des Unabhängigkeitskriegs als militärischer Stützpunkt.

Chestnut Hill STADTVIERTEL
(www.chestnuthillpa.com) Das Viertel gleich nördlich von Germantown hat eine kleinstädtisch-idyllische Hauptstraße mit Läden und Lokalen und riesige, historische Wohnhäuser und Villen.

Johnson House HISTORISCHES GEBÄUDE
(☎215-438-1768; www.johnsonhouse.org; 6306 Germantown Ave; Erw./Kind 8/4 US$; ⏲Do & Fr 10–16, Sa ab 13 Uhr) Das Gebäude von 1768 diente als sichere Zwischenstation der Underground Railroad und kann im Rahmen einer Führung besichtigt werden.

Geführte Touren

Ed Mauger's Philadelphia on Foot SPAZIERGÄNGE
(☎215-627-8680; www.ushistory.org/more/mauger; 20 US$/Pers.) Ed Mauger, Historiker und Autor, organisiert thematische Spaziergänge, z. B. zu den Konservativen (Exercise Your Rights), zu den Liberalen (Exercise Your Lefts) und zu bedeutenden Frauen (Women in the Colony).

Mural Tours TROLLEY
(☎215-389-8687; www.muralarts.org/tours; Tour kostenlos–30 US$) Rundfahrten zu den vielen bunten Wandmalereien, von denen es hier mehr gibt als irgendwo sonst im Land.

Philadelphia Trolley Works & 76 Carriage Company TROLLEY
(☎215-389-8687; www.phillytour.com; Erw./Kind ab 25/10 US$) Rundfahrten im Bus oder in der Pferdekutsche durch bestimmte Stadtteile oder auch zu jeder erdenklichen Ecke der Stadt.

Feste & Events

Mummers' Parade KULTUR
(www.mummers.com) Ein für Philly typischer Umzug mit aufwändigen Kostümen, der immer am Neujahrstag stattfindet.

Manayunk Arts Festival KULTUR
(www.manayunk.com) Größte Kunsthandwerksschau im Delaware Valley, bei der jedes Jahr im Juni mehr als 250 Künstler zusammenkommen.

Philadelphia Live Arts Festival & Philly Fringe KULTUR
(www.livearts-fringe.org) Alljährlich im September bekommt das Publikum die allerneuesten Aufführungen zu sehen.

Schlafen

Die meisten Unterkünfte gibt's in und in der Nähe von Center City. Alternativen findet man aber auch in allen anderen Vierteln. Ein Mangel an Unterkünften besteht nicht, aber es sind vorwiegend die üblichen landesweiten Kettenhotels oder B&Bs. Empfehlenswert sind das Lowes, das Sofitel und das Westin. Die meisten Hotels bieten auch irgendeine Art von Parkplatz, in der Regel für 20–45 US$ pro Tag.

Morris House Hotel BOUTIQUEHOTEL $$$
(Karte S. 138; ☎215-922-2446; www.morrishousehotel.com; 225 S 8th St; Zi. mit Frühstück ab 189 US$; ❄📶) Wäre Benjamin Franklin Hotelier gewesen, hätte er bestimmt ein Gebäude wie das Morris House Hotel entworfen. Das vornehm im Kolonialstil eingerichtete Boutiquehotel in einem Gebäude aus der Federal-Ära bietet freundlichen Charme, die Intimität eines eleganten B&B und die Professionalität und den guten Geschmack einer Designer-Herberge des 21. Jhs.

Hotel Palomar BOUTIQUEHOTEL $$
(Karte S. 138; ☎888-725-1778; www.hotelpalomar-philadelphia.com; 117 S 17th St; Zi. ab

149 US$; ❄📶) Das Palomar ist der Newcomer unter den Boutiquehotels in Philadelphia. Es gehört zur Kimpton-Kette und befindet sich in einem ehemaligen Bürogebäude, einige Blocks vom Rittenhouse Sq entfernt. Marmor und dunkles Holz sorgen in den stylish eingerichteten hippen Zimmern für warme Akzente. Es gibt auch Wein und Snacks, im Winter heiße Schokolade, zudem einen Fitnessraum und ein angeschlossenes Restaurant.

The Independent Philadelphia BOUTIQUEHOTEL **$$**
(Karte S. 138; ☎215-772-1440; www.theindependenthotel.com; 1234 Locust St; Zi. mit Frühstück ab 150 US$; ❄📶) Das Independent ist eine weitere gute Option in Center City. Es ist in einem schönen Backsteingebäude im neo-georgianischen Stil mit einem vierstöckigen Atrium untergebracht. Die gemütlichen, hellen Zimmer sind mit Holzböden ausgestattet. Hotelgästen wird der Aufenthalt noch mit kostenlosem Zugang zum Fitnessraum und mit allabendlichem Wein und Käse versüßt.

Rittenhouse 1715 BOUTIQUEHOTEL **$$$**
(Karte S. 138; ☎215-546-6500; www.rittenhouse1715.com; 1715 Rittenhouse Sq; Zi. ab 206 US$; ❄📶) Das elegante Hotel, nur ein paar Schritte vom Rittenhouse Sq entfernt, ist eine erstklassige Wahl. Es befindet sich in einem Herrenhaus von 1911, das die wunderbare Atmosphäre der alten Welt versprüht und doch mit allen modernen Annehmlichkeiten ausgestattet ist – iPod-Anschlüsse, Plasma-TVs und Regenduschen. Nicht zu verachten ist auch das freundliche, aufmerksame Personal.

Penn's View Hotel HOTEL **$$**
(Karte S. 142; ☎215-922-7600; www.pennsviewhotel.com; 14 N Front St, an der Market St; Zi. ab 155 US$; ❄📶) Das Penn's View umfasst drei Gebäude aus dem frühen 19. Jh. mit Blick aufs Ufer des Delaware und ist ideal zur Erkundung der Old City. Die Zimmer in dem idyllischen, charaktervollen, aber nicht übermäßig nostalgischen Hotel sind mit Marmorbädern und modernen Annehmlichkeiten ausgestattet.

Alexander Inn HOTEL **$$**
(Karte S. 138; ☎215-923-1004; www.alexanderinn.com; 12th St & Spruce St; EZ/DZ mit Frühstück ab 120/130 US$; ❄@📶) Für die Lage in Center City hat das Hotel mit professionellen, hilfsbereiten Angestellten ein außergewöhnlich gutes Preis-Leistungs-Verhältnis. Die Zimmereinrichtung ist zwar ziemlich durchschnittlich, aber dass es für den Preis einen Fitnessraum und Frühstück gibt, ist eine Überraschung.

Apple Hostels of Philadelphia HOSTEL **$**
(Karte S. 138; ☎215-922-0222; www.applehostels.com; 32 S Bank St; B 37 US$, Zi. ab 90 US$; @📶) Das makellos saubere Hostel in einem sicheren Viertel in Gehweite zu den großen Sehenswürdigkeiten ist in dieser Preisklasse konkurrenzlos. Alles sieht aus wie aus einem Ikea-Katalog – was aber nicht unbedingt schlecht sein muss. Außerdem gibt es hier freundliche, hilfsbereite Angestellte und Events wie Stadtspaziergänge und Filmabende mit Freibier (Di).

Chamounix Mansion Hostel HOSTEL **$**
(☎215-878-3676; www.philahostel.org; 3250 Chamounix Dr, West Fairmount Park; B 23 US$; ❄@) Das Chamounix wirkt eher wie ein B&B als wie ein Hostel. Es ist aber nur für Leute mit eigenem Auto geeignet, denn es liegt in einer hübschen bewaldeten Gegend in Fairmount Park nördlich der Stadt auf dem Weg nach Manayunk. Trotz des Salons im Stil des 19. Jhs. und der großen Gemeinschaftszimmer sind die Schlafsäle selber recht schlicht, aber sauber.

Essen

Philly ist zu Recht für seine Cheesesteaks bekannt, und keiner sollte die Stadt verlassen, ohne sie probiert zu haben. Die Restaurantszene in Philly hat sich enorm entwickelt – nicht zuletzt dank Starr und Garces, die der Stadt ein paar erstklassige internationale Restaurants beschert haben. Wegen der obskuren Alkoholgesetze in Pennsylvania gestatten viele Restaurants ohne Alkoholausschank, dass man sich seine Getränke selber mitbringt (BYOB).

OLD CITY

Amada SPANISCH **$$**
(Karte S. 138; ☎215-625-2450; 217 Chestnut St; Tapas 6–20 US$; ⏰Mo–Do 11.30–22, Fr bis 24, Sa 17–24, So 16–22 Uhr) Das spanische Tapas-Restaurant war das erste Restaurant, das der renommierte Gastronom Jose Garce in Philly eröffnete. Am Wochenende eine Tischreservierung zu bekommen, ist immer noch schwierig. Die langen Gemeinschaftstische sorgen für eine nette, lustige und laute Stimmung, und die Kombination aus kräftig und traditionell gewürzten Gerichten ist phänomenal.

Cuba Libre KUBANISCH $$
(Karte S. 142; ☎215-627-0666; 10 S 2nd St; Abendessen 13–31 US$; ⏲Mo–Fr 11.30–22, Sa & So ab 10.30, Fr & Sa bis 23.30 Uhr) Das koloniale Amerika könnte nicht ferner sein als in diesem geselligen, mehrstöckigen kubanischen Restaurant mit einer Rumbar. Auf der kreativen, ansprechenden Karte stehen kubanische Sandwiches, mit Guave gewürztes Fleisch vom Grill, herzhafte schwarze Bohnen und Salate mit Räucherfisch.

La Locanda del Ghiottone ITALIENISCH $$
(Karte S. 142; ☎215-829-1465; 130 N Third St; Hauptgerichte 17 US$; ⏲Di–So 17–23 Uhr) Der Name bedeutet „Gasthaus zum Vielfraß", und der Chefkoch Giuseppe und sein Oberkellner Joe tun alles, damit die Gäste dem Namen alle Ehre machen. Anders als all die trendigen Lokale in der Nähe ist der Italiener klein und schlicht gehalten. Aber umso besser sind die Gnocchi, die Crêpes mit Pilzen und die Muscheln. Alkohol selber mitbringen.

Silk City Diner DINER $$
(Karte S. 138; 435 Spring Garden St; Hauptgerichte 13 US$; ⏲16–1, Sa & So ab 10 Uhr) In dem klassisch aussehenden Diner am Rand von Old City und Northern Liberties haben die Cocktails die Milchshakes ersetzt. Ein Besuch im Silk City lohnt sich, weil man hier spätabends noch tanzen kann. Samstags kommen sogar Leute aus Jersey zu den DJ-Abenden. Im Sommer gibt's draußen einen Biergarten.

Franklin Fountain DESSERTS $
(Karte S. 142; 116 Market St; ⏲11–24 Uhr) In dem altmodischen Eiscafé trifft man sich abends – vor allem am Wochenende – zu einem romantischen Date. Superleckere Eisbecher mit Obst aus der Region.

Zahav NAHÖSTLICH $$
(Karte S. 142; ☎215-625-8800; 237 St. James Pl; Hauptgerichte 11 US$; ⏲So–Do 17–22, Fr & Sa bis 23 Uhr) Das Restaurant befindet sich auf dem Gelände der Society Hill Towers und bietet raffinierte Gerichte der modernen israelischen und nordafrikanischen Küche.

CENTER CITY & UMGEBUNG

LP TIPP **Morimoto** JAPANISCH $$$
(Karte S. 138; ☎215-413-9070; 723 Chestnut St; Hauptgerichte 25 US$; ⏲Mo–Fr 11.30–22, Fr & Sa bis 24 Uhr) Vom Speiseraum, der wie ein futuristisches Aquarium aussieht, bis hin zur Speisekarte, die Einflüsse aus aller Welt und gewagte Kombinationen aufweist, ist hier alles ambitioniert und sehr stilvoll. Ein Essen in dem Restaurant des Gewinners aus der TV-Kochshow *Iron Chef* ist wie ein Theatererlebnis.

Le Bec-Fin FRANZÖSISCH $$$
(Karte S. 138; ☎215-567-1000; 1523 Walnut St; Abendessen Festpreis 80–185 US$; ⏲Mo–Fr 11.30–22.30, Sa ab 17.30 Uhr) Das Le Bec-Fin erstrahlt bombastisch im Glanz alter Zeiten und gilt bei vielen Gourmets wegen seiner Lage, der guten Bedienung und der hervorragenden französischen Küche als bestes Restaurant des Landes. Hier erwarten einen ein erstklassiger Service, biedere Gäste und raffinierte Fleisch- und Meeresfrüchtegerichte. Das fünfgängige Mittagessen zu 55 US$ bietet ein gutes Preis-Leistungs-Verhältnis.

Reading Terminal Market MARKT $
(Karte S. 138; Ecke 12th St & Arch St; Gerichte 3–10 US$; ⏲Mo–Sa 8–18, So 9–17 Uhr) Für schmale Geldbeutel ist diese riesige Markthalle toll. Im Angebot sind frischer Amish-Käse, thailändische Desserts, Falafel, Cheesesteaks, Salate, Sushi, Pekingente, hervorragende mexikanische Gerichte und frisch gerösteter Kaffee.

Supper MODERN-AMERIKANISCH $$
(Karte S. 138; ☎215-592-8180; South St; Hauptgerichte 24 US$; ⏲18–23.30 Uhr) Das Supper bezieht seine superfrischen saisonalen Zutaten von der eigenen Farm und verkörpert damit den derzeitigen kulinarischen Trend der Verbindung von Stadt und Land. Es gibt verlockende Vorspeisen und köstliche Kreationen wie knuspriges Enten-Confit mit Pekannuss-Waffeln.

La Viola ITALIENISCH $$
(Karte S. 138; ☎215-735-8630; 253 S 16th St, an der Spruce St; Hauptgerichte 13 US$; ⏲Di–Sa 11–22, So 16–22 Uhr) Das alte und das neue La Viola liegen sich direkt gegenüber. Das alte La Viola ist ein kleines, einfaches Lokal, das neue größer und moderner. Beide bieten gute, erschwingliche Speisen aus frischen Zutaten. Alkohol selber mitbringen.

Parc Brasserie FRANZÖSISCH $$$
(Karte S. 138; ☎215-545-2262; 227 S 18th St; Hauptgerichte ab 23 US$; ⏲7.30–23, Fr & Sa bis 24 Uhr) Das riesige, auf Hochglanz getrimmte Bistro am Rittenhouse Sq bekommt nur Lob und ist prima zum Leute beobachten. Gut und preiswert sind der Brunch und die Mittagsgerichte.

Mama Palmas PIZZERIA **$$**
(Karte S. 138; ☎215-735-7357; 2229 Spruce St; Pizza 10 US$; ⏰Di–Fr 16–22, Sa 11–23, So 14–22 Uhr) Die kleine Pizzeria gleich abseits des Rittenhouse Sq serviert mit die beste im Ziegelofen gebackene dünnkrustige Pizza der Stadt. Den Alkohol muss man selbst mitbringen.

Continental DINER **$$**
(Karte S. 142; 138 Market St; Hauptgerichte 15 US$; ⏰11.30–23, Do–Sa bis 24, Sa & So ab 10 Uhr) Das stylishe Stephen-Starr-Restaurant versteckt sich in einem klassischen Diner. Wie man an den koreanischen Schweine-Tacos und dem Tofu-Tempura sehen kann, ist die Küche alles andere als altmodisch.

Mama's Vegetarian FALAFEL **$**
(Karte S. 138; 18 S 20th St; Sandwich 6 US$; ⏰Mo–Do 11–21, Fr bis 15, So 12–19 Uhr; 🖉) In dem koscheren nahöstlichen Falafel-Lokal nördlich des Stadtzentrums ist immer etwas los.

Joe's PIZZERIA **$**
(Karte S. 138; 122 S 16th St; Stück Pizza 2,25 US$) Im ganzen Viertel bekommt man kaum bessere Pizza-Stücke.

Philly Flavors EISDIELE **$**
(Karte S. 138; 2004 Fairmount Ave, an der 20th St; Eis 2,50 US$; ⏰So–Do 11–23, Fr & Sa bis 24 Uhr) Manche behaupten, dass man hier das beste italienische Eis der ganzen Stadt bekommt.

SOUTH STREET

Jim's Steaks SANDWICHES **$**
(Karte S. 138; 400 South St, an der 4th St; Steak-Sandwich 6–8 US$; ⏰Mo–Do 10–1, Fr & Sa bis 3, So 11–22 Uhr) Wer die langen Schlangen vor dieser Institution in Philly tapfer ertragen hat, wird mit saftigen Cheesesteaks und Riesensandwiches (sowie Suppen, Salaten und Frühstück) belohnt.

Horizons VEGANISCH **$$**
(Karte S. 138; ☎215-923-6117; 611 S 7th St; Hauptgerichte 15–20 US$; ⏰Di–Do 18–22, Fr & Sa 18–23 Uhr; 🖉) Das Horizons ist eines der wenigen Restaurants für veganische Feinschmecker in Philly. Es gibt gesunde, kalorienarme Gerichte mit Soja und Gemüse.

Maoz Vegetarian FALAFELN **$**
(Karte S. 138; 248 South St; Gerichte 6 US$; ⏰So–Do 11–22, Fr & Sa bis 3 Uhr) Der kleine Laden – eine Filiale einer internationalen Kette – ist bekannt für seine frischen Falafeln und immer gut besucht.

CHINATOWN

Rangoon ASIATISCH **$$**
(Karte S. 138; 112 N 9th St; Hauptgerichte 6–15 US$; ⏰So–Do 11.30–21, Fr & Sa bis 22 Uhr) Das birmanische Restaurant in Chinatown bietet eine große Auswahl verlockender Spezialitäten von scharf gewürzten roten Bohnen mit Shrimps und Curry-Hühnchen mit Eiernudeln bis hin zu Kokos-Tofu.

Han Dynasty CHINESISCH **$$**
(Karte S. 142; 108 Chestnut St; Hauptgerichte 15 US$; ⏰11.30–23.30 Uhr) Innovative, scharf gewürzte Suppen und Nudelgerichte in einem eher gehobenen Speiseraum.

Dim Sum Garden CHINESISCH **$**
(Karte S. 138; 59 N 11th St, Hauptgerichte 6 US$; ⏰11.30–22 Uhr) Insgesamt wirkt das winzige Lokal nahe dem Busbahnhof nicht besonders sauber, hat aber mit die leckersten Dampfklöße in der Stadt.

Nanzhou Handdrawn Noodle House CHINESISCH **$**
(Karte S. 138; 927 Race St; Hauptgerichte 6 US$; ⏰11.30–22 Uhr) Serviert sättigende, erschwingliche Nudelsuppen mit Fleisch.

Banana Leaf ASIATISCH **$**
(Karte S. 138; 1009 Arch St; Hauptgerichte 8 US$; ⏰11–1 Uhr) Hat sich auf die malaysische und japanische Küche spezialisiert.

Lee How Fook CHINESISCH **$$**
(Karte S. 138; 219 N 11th St; Hauptgerichte 9–13 US$; ⏰Di–So 11.30–22 Uhr) Ausgezeichnete moderne chinesische Küche.

SOUTH PHILADELPHIA & ITALIAN MARKET

Einheimische Fans debattieren über die legendären Cheesesteak-Lokale wie Bibelgelehrte über das fünfte Buch Mose.

In der Gegend Ecke Washington St und 11th St gibt's unzählige gute vietnamesische Familienrestaurants.

Paradiso ITALIENISCH **$$$**
(☎215-271-2066; 1627 E Passyunk Ave; Hauptgerichte 18–26 US$; ⏰Mo–Do 11.30–22, Fr & Sa bis 24 Uhr) Das Paradiso ist ein elegantes Restaurant in South Phillys Restaurantmeile mit gehobener italienischer Küche. Es gibt z. B. Lammkotelett mit Pistazienkruste, hausgemachte Gnocchi und mit Sardellenbutter glasierte Steaks.

Fond AMERIKANISCH **$$$**
(⏰212-551-5000; 1617 E Passyunk Ave; Hauptgerichte 25 US$; ⏰17.30–22 Uhr) Wer von den

Sandwich-Läden in dem Viertel die Nase voll hat, sollte dieses gehobene Restaurant aufsuchen. Die jungen Köche bereiten kreativ konzeptionierte Fisch-, Fleisch- und Hühnchengerichte mit französischem Einschlag und saisonalen Zutaten zu.

Pat's King of Steaks SANDWICHES $
(1237 E Passyunk Ave, an der S 9th St; Sandwich 7 US$; 24 Std.) Der „König der Steaks" ist typisch Philly und lockt viele Touristen, Angetrunkene, die wohl keinen Schimmer davon haben, wie viel Fett sie gerade verzehren, sowie eingefleischte Stammkunden an.

Tony Luke's Old Philly Style Sandwiches SANDWICHES $
(39 E Oregon Ave; Sandwich 7 US$; Mo–Do 6–24, Fr & Sa bis 2 Uhr) Einige schwören auf das Tony Luke's und seine Schweine- und Rinderbraten-Sandwiches mit scharfem Pfeffer. Es befindet sich am Sportstadion und hat Picknicktische. Bestellt wird draußen durchs Fenster.

South Street Souvlaki GRIECHISCH $
(Karte S. 138; 507 South St; Hauptgerichte 9 US$; Di–Do 12–21.30, Fr & Sa bis 22, So bis 21 Uhr) Einer der besten Griechen der Stadt.

Sabrina's Cafe AMERIKANISCH $
(Karte S. 138; 910 Christian St; Hauptgerichte 9 US$; Di–Sa 8–22, So & Mo bis 16 Uhr) Extrem beliebtes Brunchlokal.

UNIVERSITY CITY

White Dog Cafe MODERN-AMERIKANISCH $$$
(215-386-9224; 3420 Sansom St; Hauptgerichte abends 27 US$; Mo–Do 11.30–21.15, Fr & Sa bis 22, Sa & So ab 10.30 Uhr) Die 27 Jahre alte Institution ist die Art von funkig-gehobenem Restaurant, in das College-Studenten ihre Eltern für ein besonderes Abendessen oder zum Brunch (11 US$) ausführen. Auf der umfangreichen Speisekarte stehen kreative Interpretationen von Fleisch- und Fischgerichten, überwiegend mit Bio-Produkten aus der Region.

Pod ASIATISCH $$$
(215-387-1803; 3636 Sansom St; Hauptgerichte abends 14–29 US$; Mo–Do 11.30–23, Fr bis 24, Sa 17–24, So bis 22 Uhr) Das spacig wirkende Themenrestaurant gehört zum Imperium des Gastronomen Stephen Starr. Serviert werden panasiatische Köstlichkeiten wie Klöße, ein paar der besten Sushis in Philly, eine Vielzahl gewitzter Cocktails und klassische Desserts.

Satellite Coffee Shop CAFÉ $
(701 S 50th St; Sandwich 5 US$; 7–22 Uhr) Das vegetarierfreundliche Café in Cedar Park ist Treffpunkt vieler hipper Leute. Probieren sollte man den Kohl-Smoothie und die veganischen Wraps.

Abyssinia Ethiopian Restaurant ÄTHIOPISCH $
(229 S 45th St; Hauptgerichte 9 US$; 9–24 Uhr) Exzellentes Foul Medammes (über Feuer gekochte Saubohnen) und ein guter Brunch. Empfehlenswert ist die Bar im Obergeschoss.

Fu-Wah Mini Market SANDWICHES $
(819 S 47th St; Hauptgerichte 4,50 US$; 9–21 Uhr) Hier gibt's Riesensandwiches mit Tofu und vietnamesischem Hühnchen.

Lee's Hoagie House SANDWICHES $
(4034 Walnut St; Sandwich 7 US$; Mo–Sa 10–22, So 10.30–21 Uhr) In Sachen Fleisch- und Hühnchen-Sandwiches definitiv die beste Adresse in der Gegend.

Koreana KOREANISCH $
(3801 Chestnut St; Hauptgerichte 7 US$; 11.30–22 Uhr, Mo geschl.) Verköstigt Studenten und andere Menschen, die gern gut und preiswert koreanisch essen wollen. Der Eingang befindet sich am Parkplatz hinter der Shopping Plaza.

Distrito MEXIKANISCH $$
(3945 Chestnut St; Hauptgerichte 9–30 US$; Mo–Fr 11.30–23, Sa 17–23, So bis 22 Uhr) Die Einrichtung in kräftigem Pink und Limettengrün schmälert nicht das leckere modern-mexikanische Essen.

Green Line Café CAFÉ $
(4239 Baltimore Ave; Hauptgerichte 4 US$; 7–23, So 8–20 Uhr) Einer der besseren Orte für einen Kaffee.

MANAYUNK & UMGEBUNG

Trolley Car Diner DINER $$
(7619 Germantown Ave; Hauptgerichte abends 9–20 US$; Mo–Do 7–21, Fr & Sa bis 22 Uhr) Der altmodische Familien-Diner in einem klassischen Art-déco-Gebäude serviert Hausmannskost: Club-Sandwiches, Patty Melts, frittierte Shrimps, Salate und Sandwiches mit hausgemachtem Püree aus weißen Bohnen.

Dalessandro's Steaks SANDWICHES $
(600 Wendover St, Roxborough; Hauptgerichte 6,50 US$; Mo–Sa 11–24, So bis 21 Uhr) Cheesesteak-Fans schwärmen von diesem Lokal.

Chubby's SANDWICHES $
(5826 Henry Ave; Hauptgerichte 6,50 US$; ⌚Mo–Do 11–1, Fr & Sa bis 2, So bis 23 Uhr) Hat die besseren Hühnchen-Sandwiches.

Mama's Pizzeria PIZZA, SANDWICHES $
(426 Belmont Ave, Bala Cynwyd; Sandwich 10 US$; ⌚11–21 Uhr) Noch ein Mitbewerber im Cheesesteak-Wettbewerb. Die hier haben jedenfalls die richtige Größe.

Kildare's Irish Pub KNEIPE $
(4417 Main St; Hauptgerichte 9 US$; ⌚Mo–Sa 11–2, So ab 10 Uhr) Die richtige Adresse für Chicken Wings – ob gegrillt, gebraten oder gebacken.

Ausgehen & Unterhaltung

Bars & Nachtclubs

McGillin's Olde Ale House KNEIPE
(Karte S. 138; 1310 Drury St; ⌚11–2 Uhr) Philadelphias älteste durchgängig betriebene Taverne (seit 1860) hat tolle Buffalo Wings (Di ist Wing Night) und Karaoke-Abende (Mi & Fr).

Standard Tap KNEIPE
(Karte S. 138; Ecke 2nd St & Poplar St; ⌚16–2 Uhr) Diese Bar in Northern Liberties ist einer der Vorreiter der Gastropub-Bewegung und bietet eine große Auswahl an örtlichen Fassbieren sowie Burger und Steaks.

Urban Saloon KNEIPE
(Karte S. 138; 2120 Fairmount Ave; ⌚Mo–Fr 17–2, Sa & So 11–2 Uhr) In der Bar in Fairmount herrscht eine nachbarschaftliche Atmosphäre. Freitags ist Tanzabend, und samstags gibt's einen guten Brunch, bei dem sich auch Kinder wohl fühlen (die Erdnussburger sind zu empfehlen).

Shampoo NACHTCLUB
(Karte S. 138; ☎215-922-7500; www.shampooonline.com; Willow St, zw. N 7th St & 8th St; Grundpreis 7–12 US$; ⌚21–2 Uhr) Schaumpartys, Whirlpools und mit Samt bezogene Sitze – in diesem gigantischen Nachtclub steht einfach alles auf dem Programm. Sehr beliebt sind die Schwulenabende am Freitag und die üblichen Partys für jedermann am Samstag.

Fiume BAR
(45th & Locust St; ⌚18–2 Uhr) Kleine Bar über dem Restaurant Abyssinia Ethiopian in West Philly. Von Donnerstag bis Sonntag gibt's Livemusik.

Brasil's NACHTCLUB
(Karte S. 142; ☎215-413-1700; www.brasilsnightclub-philly.com; 112 Chestnut St; Grundpreis 10 US$; ⌚Mi–Sa 22–2 Uhr) Im Brasil's dröhnen lateinamerikanische, brasilianische und karibische Rhythmen von DJ John Rockwell.

Elena's Soul BAR, LIVEMUSIK
(☎215-724-3043; 4912 Baltimore Ave; ⌚15–2 Uhr) Liveblues, Jazz, Drinks, Essen und Tanz – all das in einer Bar in West Philly.

Village Whiskey BAR
(Karte S. 138; 118 S 20th St; ⌚11.30–23.30, Fr & Sa bis 1 Uhr) Coole Atmosphäre, lange Whiskey-Karte und kreative Küche.

Franklin Mortgage & Investment Co COCKTAILBAR
(Karte S. 138; 112 S 18th St; ⌚17–2 Uhr) Fachgerecht gemixte Drinks mit Rye, Whiskey und Gin in erstklassigem Ambiente.

Local 44 BAR
(4333 Spruce St; ⌚11.30–24 Uhr) Gutes Kneipenessen und tolle Bier-Auswahl.

Gojjo Bar & Restaurant BAR
(4540 Baltimore Ave; ⌚16–2 Uhr) Dieses äthiopische Restaurant hat einen schönen Hinterhof.

Noch mehr empfehlenswerte Adressen in der aufstrebenden Kneipenszene:

Earth Bread & Brewery BRAUEREI
(7136 Germantown Ave; ⌚16.30–24 Uhr, Mo geschl.)

Nodding Head Brewery BRAUEREI
(Karte S. 138; 1516 Sansom St; ⌚11.30–2 Uhr) Die Gegend zwischen der Broad St und der 12th St und der Walnut St und der Pine St, inoffiziell auch „Gayborhood" (Schwulenviertel) genannt, bekam den Zweitnamen Midtown Village. Hier sind bei besonderen Festen die Straßen von oben bis unten mit Regenbogenfahnen geschmückt. Da sich die Locations und die Veranstaltungen ständig ändern, informiert man sich am besten unter www.phillygaycalendar.com.

Tavern on Camac SCHWULENBAR
(Karte S. 138; ☎215-545-0900; 243 S Camac St; ⌚16–2 Uhr) Altbewährte Musical-Melodien, Musik und Spaß gibt's in der Pianobar im Untergeschoss, einer der älteren Schwulenbars in Philly. Die kleine Tanzfläche im Obergeschoss ist immer rappelvoll.

Sisters LESBENBAR
(Karte S. 138; ☎215-735-0735; www.sistersnightclub.com; 1320 Chancellor St; ⌚Di–Sa 17–2, So ab 12 Uhr) Großer Nachtclub mit Restaurant für die Ladys.

Dock Street Brewery & Restaurant BRAUEREI
(701 S 50th St; ⌚15–23, Fr & Sa bis 1 Uhr) Spezialbier und Pizza aus dem Ziegelofen. In West Philly.

Livemusik

Chris' Jazz Club JAZZ
(Karte S. 138; ☎215-568-3131; www.chrisjazzcafe.com; 1421 Sansom St; Grundpreis 10–20 US$) In dem anheimelnden Club stehen lokale Talente und landesweit bekannte Größen auf der Bühne. Von Dienstag bis Freitag ist um 16 Uhr Happy Hour mit Klaviermusik, montags bis samstags spielen gute Bands.

Ortlieb's Jazzhaus JAZZ
(Karte S. 138; ☎215-922-1035; www.ortliebsjazzhaus.com; 847 N 3rd St; Grundpreis Di–Do, Fr 10 US$, Sa 15 US$, So 3 US$) Respektabler Jazz-Schuppen mit einer Hausband, die jeden Dienstag spielt. Auf der Speisekarte stehen leckere Cajun-Gerichte (Hauptgerichte 20 US$).

World Cafe Live LIVEMUSIK
(Karte S. 138; ☎215-222-1400; www.worldcafelive.com; 3025 Walnut St; Grundpreis 10–40 US$) Das World Cafe Live am östlichen Rand von University City hat auf mehreren Etagen Veranstaltungsräume mit einem Restaurant und einer Bar und viele Liveacts. Hier ist auch der Radiosender WXPN zu Hause.

Theater & Kultur

Kimmel Center for the Performing Arts DARSTELLENDE KUNST
(Karte S. 138; ☎215-790-5800; www.kimmelcenter.org; Ecke Broad St & Spruce St) Das Kimmel Center ist Philadelphias aktivstes Zentrum für klassische Musik. Es organisiert zahlreiche Veranstaltungen, darunter auch viele für die im Folgenden aufgeführten Ensembles.

Philadelphia Theatre Company THEATER
(Karte S. 138; ☎215-985-0420; www.philadelphiatheatrecompany.org; Suzanne Roberts Theatre, 480 S Broad St, an der Lombard St) Das Ensemble mit Schauspielern aus der Region zeigt erstklassige moderne Stücke und ist in einem großartigen Theater mitten im Arts District untergebracht.

Pennsylvania Ballet TANZ
(Karte S. 138; ☎215-551-7000; www.paballet.org; 1819 John F Kennedy Blvd) Das exzellente Tanzensemble tritt in der wunderschönen Academy of Music und im benachbarten Merriam Theater auf.

Philadelphia Dance Company TANZ
(☎215-387-8200; www.philadanco.org; 9 N Preston St) Seit fast 40 Jahren präsentiert das im Kimmel Center beheimatete Ensemble Tanztheater auf höchstem Niveau und mischt traditionelles Ballett mit modernen Elementen.

Philadelphia Orchestra KLASSISCHE MUSIK
(Karte S. 138; ☎215-893-1999; www.philorch.org; Ecke Broad St & Spruce St) Das 1900 gegründete Orchester der Stadt macht finanziell schwierige Zeiten durch. Nachdem es im April 2011 Konkurs angemeldet hat, ist seine Zukunft ungewiss.

Trocadero Theater DARSTELLENDE KUNST
(Karte S. 138; ☎215-922-6888; www.thetroc.com; 1003 Arch St; Grundpreis bis 12 US$) In dem viktorianischen Filmtheater aus dem 19. Jh. in Chinatown finden Kunst- und Kulturveranstaltungen statt. Montag ist Kinoabend, und an anderen Abenden tritt eine bunte Mischung aus Musikern, Wortkünstlern und Comedians auf.

Sport

Football ist der Job der **Philadelphia Eagles** (www.philadelphiaeagles.com), die von August bis Januar normalerweise an zwei Sonntagen im Monat im hochmodernen **Lincoln Financial Field** (S 11th St) spielen. Das Baseballteam sind die **Philadelphia Phillies** (www.phillies.mlb.com). Von April bis Oktober spielt das National-League-Team 81 Heimspiele im **Citizen's Bank Park**. Und die **Philadelphia 76ers** (www.nba.com/sixers) spielen Basketball im **Wells Fargo Center** (3601 S Broad St).

ℹ Praktische Informationen

Medien

Philadelphia Daily News (www.philly.com/dailynews) Tageszeitung auf Boulevardblattniveau.

Philadelphia Magazine (www.phillymag.com) Monatliches Hochglanzmagazin.

Philadelphia Weekly (www.philadelphiaweekly.com) Kostenlos überall an Straßenständen erhältiches Alternativblatt.

Philly.com (www.philly.com) Aktuelles, Veranstaltungsinfos und mehr gibt's in der Beilage des *Philadelphia Inquirer.*

WHYY 91-FM (www.whyy.org) Örtliche Filiale des National Public Radio.

Medizinische Versorgung

Pennsylvania Hospital (☎215-829-3000; www.pennhealth.com/hup; 800 Spruce St; ⌚24 Std.)

Touristeninformation

Greater Philadelphia Tourism Marketing Corp (www.visitphilly.com; 6th St, an der Market St) Die hochmoderne gemeinnützige Touristeninformation bietet umfangreiche Infos. Das Begrüßungszentrum befindet sich im selben Gebäude wie das NPS Center.

Independence Visitor Center (☎800-537-7676; www.independencevisitorcenter.com; 6th St, an der Market St; ⏲8.30–17.30 Uhr) Das vom NPS betriebene Center bietet nützliche Stadtführer und Stadtpläne und verkauft Karten für die verschiedenen Touren, die in der Nähe beginnen.

An- & Weiterreise

Auto

Mehrere Interstate Highways führen durch Philadelphia und um die Stadt herum. Von Nord nach Süd folgt die I-95 (Delaware Expwy) dem östlichen Stadtrand entlang des Delaware River und hat mehrere Ausfahrten Richtung Center City. Die I-276 (Pennsylvania Turnpike) verläuft in östlicher Richtung durch den Nordteil der Stadt, überquert den Fluss und bietet Anschluss an den New Jersey Turnpike.

Bus

Greyhound (www.greyhound.com; 1001 Filbert St) und **Peter Pan Bus Lines** (www.peterpanbus.com; 1001 Filbert St) sind die beiden größten Busunternehmen. **Bolt Bus** (www.boltbus.com) und **Mega Bus** (www.us.megabus.com) bieten beliebte und komfortable Alternativen. Greyhound verbindet Philadelphia mit Hunderten von Städten im ganzen Land; Peter Pan und die anderen Busunternehmen konzentrieren sich vor allem auf den Nordosten. Bei Onlinebuchungen kann die Hin- und Rückfahrt nach New York City gerade mal 18 US$ (einfache Strecke 2½ Std.), nach Atlantic City 20 US$ (1½ Std.) und nach Washington, D.C. 28 US$ (4½ Std.) kosten. **NJ Transit** (www.njtransit.com) bringt einen von Philly zu verschiedenen Zielen in New Jersey.

Flugzeug

Der **Philadelphia International Airport** (PHL; www.phl.org; 8000 Essington Ave) liegt 7 Meilen (11,3 km) südlich von Center City und wird von internationalen Fluglinien bedient. Außerdem gibt es Inlandsflüge zu mehr als 100 verschiedenen Zielen in den USA.

Zug

Einer der größten Bahnhöfe des Landes ist die wunderschöne 30th St Station. **Amtrak** (www.amtrak.com) bietet von hier aus Zugverbindungen nach Boston (Regionalzug und Acela-Express einfache Strecke 87–206 US$, 5–5¾ Std.) und Pittsburgh (Regionalzug ab 47 US$, 7¼ Std.). Eine preiswertere (nicht im Vergleich zum Bus), aber langwierige und komplizierte Option für die Fahrt nach NYC ist der Vorstadtzug Septa R7 nach Trenton in New Jersey. Von dort kann man mit **NJ Transit** (www.njtransit.state.nj.us) zur Penn Station in Newark und dann weiter mit NJ Transit zur Penn Station in New York City fahren.

Unterwegs vor Ort

Der Festpreis für ein Taxi vom Flughafen nach Center City beträgt 25 US$. Auch die Regionallinie R1 der Septa bedient den Flughafen. Die R1 (7 US$) hält in University City und an vielen Haltestellen in Center City.

Die Entfernungen in der Innenstadt sind zu Fuß gut zu bewältigen. Mit dem Zug, Bus oder Taxi kommt man relativ einfach auch zu etwas entfernteren Zielen.

Die **Septa** (www.septa.org) betreibt Philadelphias Stadtbusse sowie zwei U-Bahnlinien und eine Straßenbahn. Trotz seines Umfangs und seiner Verlässlichkeit ist das Busliniennetz (120 Buslinien verkehren auf einer Fläche von 412 km^2) nur schwer zu durchschauen. Die einfache Fahrt auf den meisten Strecken kostet 2 US$ (nur passend oder mit Wertmarke zahlbar). In den Fahrkartenverkaufsstellen an vielen U-Bahnhöfen und Umsteigebahnhöfen bekommt man zwei Wertmarken zum ermäßigten Preis von 3,10 US$.Vor allem in City Center bekommt man problemlos ein Taxi. Der Grundpreis beträgt 2,70 US$, danach werden 2,30 US$ pro Meile (1,6 km) fällig. Alle zugelassenen Taxis sind mit Navi ausgestattet, und die meisten akzeptieren auch Kreditkarten.

Der Shuttlebus **Phlash** (www.phillyphlash.com; ⏲9.30–18 Uhr) sieht aus wie eine alte Straßenbahn und pendelt ungefähr alle 15 Minuten zwischen Penn's Landing und dem Philadelphia Museum of Art (einfache Strecke/Tageskarte 2/5 US$).

Rund um Philadelphia

BRANDYWINE VALLEY

Das Brandywine Valley liegt südwestlich von Philadelphia an der Grenze zwischen Pennsylvania und Delaware und ist von einer Mischung aus hügeliger Landschaft, Wäldern, historischen Dörfern, Gärten, Herrenhäusern und Museen geprägt. Die spektakulären **Longwood Gardens** (☎610-388-1000; www.longwoodgardens.org; Rte 1; Erw./Kind 18 US$/frei; ⏲9–17 Uhr, April–Aug. bis 18 Uhr; 👪) in der Nähe des Kennett Sq bieten auf 425 ha Fläche 20 Gewächshäuser mit insgesamt 11 000 Pflanzenarten, sodass immer gerade irgendetwas blüht. Es gibt auch einen Garten für Kinder mit einem

Irrgarten, Feuerwerk und beleuchteten Springbrunnen im Sommer und festlichen Weihnachtslichtern am Ende des Jahres. Der **Brandywine Valley Wine Trail** (www.bvwinetrail.com) ist ein hübscher Weg zwischen einigen Weingütern, die natürlich auch Verkostungen anbieten.

Das **Brandywine River Museum** (☎610-388-2700; www.brandywinemuseum.org; Ecke Hwy 1 & Rte 100; Erw./Kind 10/6 US$; ⏲9.30–16.30 Uhr) bei Chadd's Ford zeigt Paradebeispiele amerikanischer Kunst, darunter auch Arbeiten der Brandywine School von Howard Pyle, N.C. Wyeths und Maxfield Parrish. Eine der berühmtesten Sehenswürdigkeiten in diesem Tal ist das eigentlich in Delaware gelegene **Winterthur** (☎302-888-4600; www.winterthur.org; 5105 Kennett Pike/Rte 52, Winterthur, DE; Erw./Kind 18/5 US$; ⏲Di–So 10–17 Uhr), ein bedeutendes Museum für amerikanische Möbel und dekorative Kunst. Bevor das Museum 1951 der Öffentlichkeit zugänglich gemacht wurde, war es der Landsitz von Henry Francis du Pont.

VALLEY FORGE

Nach ihrer Niederlage in der Schlacht von Brandywine und der Besetzung Philadelphias durch die Briten zogen sich General Washington und die 12 000 Soldaten seiner Kontinentalarmee 1777 nach Valley Forge zurück, das heute als Symbol für Washingtons Zähigkeit und Führungsqualitäten gilt. Der **Valley Forge National Historic Park** (☎610-783-1099; www.nps.gov/vafo; Ecke N Gulph Rd & Rte 23; Eintritt frei; ⏲Park 7 Uhr bis nachts, Welcome Center & Washington's Headquarters 9–17 Uhr) besteht aus gut 14 km² malerischer Landschaft und Freiflächen. Er liegt 20 Meilen (32 km) nordwestlich von Philadelphias Zentrum – ein Andenken an jene 2000 von George Washingtons 12 000 Mann, die an den bitterkalten Temperaturen, Hunger und Krankheiten zugrundegingen, während viele andere desertierten. Ein 35 km langer Radweg am Schuylkill River entlang verbindet Valley Forge mit Philadelphia.

NEW HOPE & LAMBERTVILLE

New Hope, rund 40 Meilen (65 km) nördlich von Philadelphia, und seine Zwillingsstadt Lambertville am anderen Ufer des Delaware River in New Jersey sind zwei pittoreske kleine Städtchen mit künstlerischem Flair gleich weit von Philadelphia und von New York City entfernt. Auf beiden Seiten des Flusses gibt's lange, friedvolle Uferwege, die ideal zum Joggen, Radfahren und Spazierengehen sind. Über den Fluss führt eine Brücke mit einer Spur für Fußgänger, sodass man problemlos hin- und herpendeln kann. Die Ortschaften ziehen viele Schwule an. Die Regenbogenfahnen vor den Geschäften sind ein Beweis für die Schwulenfreundlichkeit der Städte.

Auf dem **Golden Nugget Antique Market** (☎609-397-0811; www.gnmarket.com; 1850 River Rd; ⏲Mi, Sa & So 6–16 Uhr), 1 Meile (1,6 km) südlich von Lambertville, verkaufen viele Händler alles Mögliche von Möbeln bis Kleidung. Eine andere Möglichkeit, ein paar nette Stunden zu verbringen, ist eine Fahrt den Fluss hinunter im Kanu, Kajak, Schlauchboot oder Reifenschlauch. Entsprechende Gerätschaften bekommt man bei **Bucks County River Country** (☎215-297-5000; www.rivercountry.net; 2 Walters Lane, Point Pleasant; ⏲Verleih 9–14.30 Uhr, Rückgabe gegen 17 Uhr), rund 8 Meilen (13 km) nördlich von New Hope an der Rte 32.

Wer gleich ein Wochenende bleiben will, findet in beiden Ortschaften unzählige nette B&Bs. Das **York Street House Bed & Breakfast** (☎609-397-3007; www.yorkstreethouse.com; 42 York St, Lambertville; Zi. mit Frühstück 125–260 US$; ❄📶) ist ein Herrenhaus von 1909 mit gemütlichen Zimmern und großem Frühstück.

Wie wär's mit einem Essen in einer himmlisch renovierten ehemaligen Kirche? Dann ist das **Marsha Brown Creole Kitchen & Lounge** (15 S Main St, New Hope; Hauptgerichte 15–22 US$; ⏲17–22 Uhr) in New Hope das Richtige. Serviert werden Wels, Steaks und Hummer. Man kann aber auch 4 Meilen (6,5 km) Richtung Norden nach Stockton fahren und sich im **Meil's Restaurant** (Ecke Main St & Bridge St; Hauptgerichte 10–15 US$; ⏲So–Do 8–21, Fr & Sa bis 22 Uhr) große Portionen Hausmannskost gönnen.

Pennsylvania Dutch Country

Das Herz des ca. 32 mal 24 km großen Pennsylvania Dutch Country liegt im Südosten Pennsylvanias östlich von Lancaster. Die Religionsgemeinschaften der Amish (*ah*-misch), der Mennoniten und der Brethren sind zusammen unter dem Namen „Plain People" bekannt. Da sie in ihrem Heimatland, der Schweiz, verfolgt wurden, siedelten sich die Täufersekten im frühen 17. Jh. im weltoffenen Pennsylvania

WER NOCH EIN PAAR TAGE ZEIT HAT

Das Städtchen **Bethlehem**, gegründet von einer kleinen Religionsgemeinschaft, später ein Zentrum der Schwerindustrie und heute vom Glücksspiel geprägt, hat sich seinen historischen Charme erhalten. Dort, wo früher die Bethlehem Steel Factory zu finden war, steht heute das gewaltige **Kasino**, das in seiner Gestaltung an seine industrielle Vergangenheit erinnert.

Das Städtchen Easton, die Heimat des Lafayette College, liegt im Lehigh Valley, gleich jenseits der Grenze in New Jersey am Ufer des Delaware River und jeweils nur rund 70 Meilen (113 km) von Philadelphia und New York City entfernt. Kinder können sich in der interaktiven Ausstellung in der **Crayola Factory** (☎610-515-8000; www.crayola.com/factory; 30 Centre Sq; Eintritt mit National Canal Museum 9,75 US$; ⏲Memorial Day–Labor Day 11–17 Uhr; 👪) austoben. Wer in dem Ort übernachten will, findet im **Lafayette Inn** (☎610-253-4500; www.lafayetteinn.com; 525 W Monroe St; Zi. mit Frühstück 125–175 US$; 🅿📶) gemütliche Zimmer und kann einige Blocks vom Zentrum entfernt in der raffinierten toskanischen Trattoria **Sette Luna** (219 Ferry St; Hauptgerichte 15 US$; ⏲11.30–22 Uhr) zu Abend essen.

an. Weil sie deutsche Dialekte sprachen, nannte man sie fälschlicherweise „Dutch“ (abgeleitet von „Deutsch“). Die meisten Dutch-Leute in Pennsylvania leben auf Farmen, ihr Glaube variiert von Gemeinschaft zu Gemeinschaft. Viele verzichten auf elektrischen Strom, die meisten fahren in Pferdewagen durch die Gegend. Das sorgt für einen hübschen Anblick und eine nette Geräuschkulisse. Die Old Order Amish sind die Gläubigsten. Sie tragen dunkle, schlichte Kleidung und leben ein einfaches, an der Bibel orientiertes Leben. Ironischerweise sind genau sie zur Hauptattraktion für Touristen geworden. Schaulustige werden in ganzen Busladungen angekarrt, es gibt die unvermeidlichen Einkaufsstraßen, Niederlassungen von Restaurantketten und Hotels – wenn das alles nicht ein Widerspruch in sich ist! Natürlich geht so viel Kommerzialisierung – in Form von Fast-Food-Restaurants, Mini-Einkaufszentren, großen Kettenläden und Reihenhäusern – nicht spurlos an den Familienfarmen, in denen mehrere Generationen unter einem Dach leben, vorbei. Es braucht also etwas Mühe, damit man die einzigartige Art der Gegend erleben kann. Am besten hält man sich an die vielen Nebenstraßen, die sich durch die Landschaft zwischen Intercourse und Strasburg schlängeln.

Sehenswertes & Aktivitäten

Im äußersten Westen von Amish Country liegt die Stadt **Lancaster** – eine Mischung aus Kunstgalerien, gut erhaltenen Backsteinreihenhäusern und teilweise verfallenen Blocks. Lancaster wurde im September 1777 für kurze Zeit Hauptstadt der USA, als der Kongress hier eine Nacht verbrachte. Der monatliche **First Friday** (www.lancasterarts.com) lockt die freundlichen Einheimischen auf die Straßen, besonders in die künstlerisch angehauchte Prince St mit ihren vielen Galerien.

Intercourse erhielt seinen Namen wahrscheinlich wegen seiner Lage an einer Kreuzung. Die von vielen Touristen besuchten Geschäfte verkaufen Bekleidung, Quilts, Kerzen, Möbel, Bonbons und natürlich auch Souvenirs mit Anspielungen auf den doppeldeutigen Namen (denn *intercourse* bedeutet auch Geschlechtsverkehr). Die **Tanger Outlet Stores** an der Rte 30 locken mit superaktuellen Designerklamotten viele Touristen an.

GRATIS **Heritage Center Museum** MUSEUM
(☎717-299-6440; www.lancasterheritage.com; 13 W King St, Lancaster; ⏲Mo–Sa 9–17, So 10–15 Uhr) Hat eine Sammlung von Gemälden und Möbeln aus dem 18. und 19. Jh. und gibt einen guten Einblick in die Kultur der Amish.

Aaron & Jessica's Buggy Rides TOUR
(☎717-768-8828; 3121 Old Philadelphia Pike; Erw./Kind 10/6 US$; ⏲Mo–Sa 9–17 Uhr; 👪) Veranstaltet eine lustige, 3,2 km lange Tour mit Kommentaren des Amish-Fahrers.

Turkey Hill Experience TOUR
(☎888-986-8784; www.turkeyhillexperience.com; 301 Linden St, Columbia; Erw./Kind 14/11 US$; ⏲10–17 Uhr) Die interaktive Hommage an Kühe und Eiscreme, die diese Firma anbietet, hat Ähnlichkeit mit Hershey's Chocolate World.

Sturgis Pretzel House TOUR
(☎717-626-4354; www.juliussturgis.com; 219 E Main St, Lititz; Eintritt 3 US$; ⊙Mo–Sa 9–17 Uhr) In der ersten Brezelfabrik der USA kann man sich mal im Brezelformen versuchen.

Ephrata Cloister HISTORISCHE STÄTTE
(☎717-733-6600; www.ephratacloister.org; 632 W Main St, Ephrata; Erw./Kind 9/6 US$; ⊙Mo–Sa 9–17, So ab 12 Uhr) Veranstaltet Führungen durch die restaurierten Gebäude einer der ersten religiösen Gemeinden des Landes.

Schlafen

Im Amish Country gibt's jede Menge Gästehäuser sowie B&Bs und am südöstlichen Abschnitt der Rte 462/Rte 30 auch preiswerte Motels. In den Farmhäusern werden Zimmer für 50 bis 100 US$ vermietet. Kinder sind willkommen, das hausgemachte Essen ist im Preis enthalten, und man hat die einzigartige Möglichkeit, das Leben auf einer Farm mitzuerleben.

Fulton Steamboat Inn HOTEL $$
(☎717-299-9999; 1 Hartman Bridge Rd; Zi. ab 100 US$;) Das thematisch am Meer orientierte Hotel mitten auf dem Lande im Amish Country scheint ein Scherz zu sein, auch wenn der Erfinder des Dampfboots in der Nähe geboren wurde. Aber die leicht kitschige Anlage – angefangen von den glänzenden altmodischen Messinglampen bis hin zu den gemalt wirkenden Tapeten – funktioniert. Die Hoteleinrichtung ist eher elegant, und die Zimmer sind geräumig und gemütlich. Von dem praktischerweise an einer Kreuzung gelegenen Hotel kann man Ausflüge zu den Farmen und nach Lancaster machen.

Red Caboose Motel & Restaurant MOTEL $$
(☎888-687-5005; www.redcaboosemotel.com; 312 Paradise Lane, Ronks; Zi. ab 120 US$;) Bei einer Übernachtung in einer dieser großen Güterwagen, die mit TVs und Minikühlschränken ausgestattet sind, fühlt man sich wahrlich nicht wie ein Hobo. Die schlichte Einrichtung ist freilich nicht der Renner. Aber auch wenn man nur wenig Platz hat – die Zimmer sind natürlich nur so breit wie ein Zugwaggon – spricht der Newcomer sowohl Erwachsene als auch Kinder an. Das Motel liegt an einer schönen ruhigen Straße mitten in idyllischer Landschaft und bietet einen kleinen Streichelzoo sowie ein Silo, auf das man hinaufsteigen und die Aussicht genießen kann.

Cork Factory BOUTIQUEHOTEL $$
(☎717-735-2075; www.corkfactoryhotel.com; 480 New Holland Ave; Zi. mit Frühstück ab 125 US$;) In dem früher leerstehenden Backsteinkoloss, nur einige Kilometer nordöstlich von Lancasters Zentrum, ist heute ein hochgestyltes, topmodernes Hotel untergebracht. Beim Sonntagsbrunch im Hotelrestaurant gibt's eine Mischung aus saisonaler neu-amerikanischer Küche und bodenständiger Hausmannskost.

Beacon Hollow Farm HOMESTAY $
(☎717-768-8218; 130 Centreville Rd; Zi. mit Frühstück 95 US$) Die Milchfarm in Gordonville bietet ein gemütliches Cottage mit zwei Schlafzimmern und Bauernfrühstück. Wer will, kann auch Kühe melken.

Landis Farm HOMESTAY $$
(☎717-898-7028; www.landisfarm.com; 2048 Gochlan Rd, Manheim; Zi. mit Frühstück 100 US$) Etwas eleganter und moderner wohnt man in diesem 200 Jahre alten Steinhaus mit Kiefernholzböden und Kabel-TV.

Essen

Wer einmal eines der herzhaften Gerichte des Amish Country in einem der berühmten Familienrestaurants probieren will, muss sich darauf gefasst machen, auf enge Tuchfühlung zu vielen Touristen gehen zu müssen. Bei **Dutch Haven** (2857 Lincoln Hwy/ Rte 30, Ronks; 15 cm großer Pie 7 US$) einen Stopp einlegen, um sich einen klebrig-süßen Shoofly Pie (Streuselkuchen) zu gönnen.

LP TIPP **Bird-in-Hand Farmers Market** MARKT $
(☎717-393-9674; 2710 Old Philadelphia Pike, Bird-in-Hand; ⊙Juli–Okt. Mi–Sa 8.30–17.30 Uhr, zu anderen Zeiten tel. nachfragen) Der Markt hat ein tolles Angebot an leckeren, selbstgemachten Marmeladen, verschiedenen Käsesorten, Brezeln, Trockenfleisch und vielem mehr. Zwei Imbisstheken servieren Mittagsgerichte.

Good 'N Plenty Restaurant AMERIKANISCH $$
(Rte 896, Smoketown; Hauptgerichte 11 US$; ⊙Mo–Sa 11.30–20 Uhr, Jan. geschl.) Zugegeben, hier isst man inmitten ganzer Busladungen von Touristen, und auch der Kardiologe dürfte Einiges einzuwenden haben, aber es macht einfach Spaß, sich an einem der Picknicktische zu einem familiären Mahl (21 US$) niederzulassen. Neben dem Hauptspeisesaal von der Größe eines Footballfelds gibt's noch eine Reihe kleine-

rer Bereiche, in denen man Essen von der Karte bestellt.

Miller's BUFFET **$$**
(Rte 30, Ronks; Hauptgerichte 11 US$; ⌚Mo–Sa 7–20 Uhr) Das Buffet (23 US$) ist einfach unschlagbar. Ansonsten gibt es auch noch die Alternative, à la carte zu bestellen – die Gerichte, die abends serviert werden, sind ebenfalls recht ordentlich. Als Mittelpunkt eines touristischen Ladenkomplexes lockt das Restaurant von Pavillongröße die Massen jedoch vor allem mit seinem Buffet voller typischer Vorspeisen und Desserts der Amish.

Family Cupboard Restaurant & Buffet BUFFET **$$**
(3029 Old Philadelphia Pike; Hauptgerichte 11 US$; ⌚Mo–Do 11–20, Fr & Sa 7–20 Uhr) In dem Lokal in Bird-in-Hand kann man den Busladungen voller Touristen entgehen und köstliche Spezialitäten wie Schinkenhackbraten (ja tatsächlich) und Hähnchen in Bratensaft auf Waffeln genießen.

Lancaster Brewing Co KNEIPE **$$**
(302 N Plum St, Lancaster; Hauptgerichte 9–22 US$; ⌚11.30–22 Uhr) Vom Cork Factory Hotel in Lancaster die Straße hinunter findet sich diese Bar, die junge Stammgäste aus der Nachbarschaft anlockt. Das Essen ist deutlich besser als die übliche Kneipenkost – z.B. Wildschweinkarree und Cranberry-Würstchen –, aber wirklich unschlagbar sind Sonderangebote wie die Chicken Wings (0,35 US$) bei der Wing Night.

Central Market MARKT **$**
(23 N Market St, Lancaster; ⌚Di & Fr 6–16, Sa bis 14 Uhr) Auf dem geschäftigen Markt gibt's lokales Obst und Gemüse, Käse und Fleisch sowie Backwaren und Kunsthandwerk der Amish.

Praktische Informationen

Eine Straßenkarte mitnehmen, sich über Nebenstraßen bewegen und die Hauptstraßen – die Rte 30 und 340 – meiden oder einfach im Winter kommen, wenn sich kaum Touristen blicken lassen. Eine noch bessere Alternative: Sich im **Rails to Trail Bicycle Shop** (☎717-367-7000; www.railstotrail.com; 1010 Hershey Rd, Elizabethtown; Fahrradverleih 25 US$/Tag; ⌚10–18 Uhr) zwischen Hershey und Lancaster ein Fahrrad mieten, etwas Proviant einpacken und auf Tour gehen. Ausführliche Infos gibt's im **Dutch Country Visitors Center** (☎800-723-8824; www.padutchcountry.com; ⌚Mo–Sa 9–18, So bis 16 Uhr) abseits der Rte 30 in Lancaster.

ℹ Anreise & Unterwegs vor Ort

Die Regionalbusse von **RRTA** (www.redrosetransit.com) verbinden alle größeren Ortschaften miteinander, aber fürs Sightseeing ist ein eigenes Auto wesentlich bequemer. Vom **Capitol Trailways & Greyhound Terminal** (Bahnhof Lancaster) fahren Busse nach Philadelphia (15 US$, 2 Std. 40 Min.) und Pittsburgh (71 US$, 8 Std.), vom **Amtrak-Bahnhof** (53 McGovern Ave, Lancaster) Züge von und nach Philadelphia (15 US$, 70 Min.) und Pittsburgh (48 US$, 6 Std.).

South Central Pennsylvania

HERSHEY

Weniger als zwei Autostunden von Philly entfernt ist **Hershey** (www.hersheypa.com) der Lieblingsort aller Kinder – eine Ansammlung von Attraktionen rund um die vielen Versuchungen von Milton Hersheys Schokoladenimperium. Die Krönung ist der **Hershey Park** (☎800-437-7439; www.hersheypark.com; 100 W Hersheypark Dr; Erw./Kind 54/33 US$; ⌚Juni–Aug. 10–22 Uhr, ansonsten unterschiedl. Öffnungstage & -zeiten;), ein Vergnügungspark mit mehr als 60 Rides („Fahrgeschäften"), einem Zoo, einem Wasserpark, diversen Veranstaltungen und häufigem Feuerwerk. Haarnetz und Schürze anlegen, ein paar Eingaben auf dem Computerbildschirm machen, und schon rollt in der **Create Your Own Candy Bar** (15 US$) der selbst kreierte Schokoriegel vom Förderband. Die Attraktion ist Teil von **Hershey's Chocolate World**, einem als Fabrik aufgemachten riesigen Süßigkeitenladen mit Verlockungen wie singenden Figuren und jeder Menge kostenloser Schokolade. Etwas gedämpfter und informativer geht's bei **Hershey Story, The Museum on Chocolate Avenue** (☎717-534-3439; www.hersheymuseum.org; 111 W Chocolate Ave; Erw./Kind 10/7,50 US$; ⌚Sommer 9–19 Uhr, restliche Jahreszeiten bis 17.30 Uhr) zu, wo mit interaktiven Ausstellungsstücken dem Leben und dem faszinierenden Vermächtnis von Mr. Hershey nachgespürt wird; im „Chocolate Lab" kann man seine eigene Süßigkeiten gestalten.

GETTYSBURG

Das ruhige, kleine und geschichtsträchtige Städtchen, 145 Meilen (233 km) westlich von Philadelphia, hat eine der blutigsten Entscheidungsschlachten des Bürgerkriegs erlebt. Und hier hielt Lincoln seine berühmte Gettysburg Address. Die Hauptsehenswürdigkeit der Gegend ist der 21 km² große **Gettysburg National Military Park** (☎717-334-1124; www.nps.gov/gett; 1195 Baltimore Pike (Rte 97); Parkeintritt frei; ⏲April–Okt. 6–22 Uhr, Nov.–März bis 19 Uhr) mit einem großartigen **Museum und Visitor Center** (☎877-874-2578; www.gettysburgfoundation.org; Erw./Kind 10,50/6,50 US$ ⏲8–18 Uhr). Hier kann man sich einen Lageplan mitnehmen, auf der eine Besichtigungstour im eigenen Auto detailliert beschrieben wird. Zu den düsteren Sehenswürdigkeiten gehört das Wheatfield, auf dem nach der Schlacht mehr als 4000 Tote und Verwundete lagen.

Beim alljährlich am ersten Juliwochenende stattfindenden **Civil War Battle Reenactment** (☎717-338-1525; www.gettysburgreenactment.com) stellen Geschichtsfans von Nah und Fern die Schlacht nach und simulieren das historische Lagerleben.

Als Unterkunft bietet sich das stattliche, dreigeschossige viktorianische **Brickhouse Inn** (☎717-338-9337; www.brickhouseinn.com; 452 Baltimore St; Zi. 115–165 US$; ❄📶) an, das gegen 1898 errichtet wurde. Das wundervolle B&B hat charmante Zimmer und eine Außenterrasse. Gettysburgs ältestes Wohnhaus wurde 1776 erbaut und beherbergt heute die **Dobbin House Tavern** (☎717-334-2100; 89 Steinwehr Ave; Hauptgerichte 8–25 US$; ⏲11.30–21 Uhr). Das Restaurant serviert mächtige Sandwiches und aufwändigere Fleisch- und Fischgerichte in kitschig gestalteten Speisesälen.

Nordöstliches Pennsylvania

Im Nordosten Pennsylvanias liegen die berühmten **Poconos** (☎800-762-6667; www.800poconos.com), ein 6215 km² großes Gebiet voller Berge, Bäche, Wasserfälle, Seen und Wälder, die zu jeder Jahreszeit wunderbare Erholung in der Natur versprechen. Zu den idyllischen (aber auch etwas kitschigen) Ortschaften gehört das bezaubernde **Milford**, in dem sich das liebevoll und luxuriös renovierte **Hotel Fauchere** (☎570-409-1212; www.hotelfauchere.com; 401 Broad St; Zi. mit Frühstück ab 215 US$; ❄📶) befindet. In der stilvollen **Bar Louis** (Hauptgerichte 21 US$, Sandwiches 11 US$) des Hotels bekommt man von der jeweiligen Jahreszeit inspirierte Gerichte. Auf der Speisekarte des **Muir House** (☎570-296-6373; 102 State St; Hauptgerichte 21 US$; ⏲Mi–So ab 17.30 Uhr) stehen ein gefüllter Lammburger (19 US$) und Bulgogi in Kopfsalat (12 US$).

Wer Spaß auf dem Wasser haben will, kann sich an **Adventure Sports** (☎570-223-0505; www.adventuresport.com; Rte 209; Kanu/Kajak 40/44 US$ pro Tag; ⏲Mai–Okt. 9–18 Uhr) in Marshalls Creek, Pennsylvania, wenden. Dank mehrerer Start- und Zielpunkte sind unterschiedliche Paddeltouren möglich, von kurzen Halbtagestrips bis zu entspannten, mehrtägigen Unternehmungen. Campen ist unterwegs an vielen Stellen erlaubt. Solche Touren bieten eine gute Gelegenheit, die Schönheit der Gegend wirklich zu erleben.

In einem versteckten Tal ein Stück weiter westlich liegt **Jim Thorpe**. Der kleine Ort wurde nach dem berühmten Sportler und Olympiasieger von 1912 benannt, dessen Gebeine hierher umgebettet wurden, weil die Ortsgewaltigen befanden, man bräuchte eine Attraktion, um den Tourismus anzukurbeln. Thorpe selbst hat den Ort wohl nicht besucht (und kürzlich forderte einer der Söhne Thorpes die Rückführung der Überreste seines Vaters in dessen Heimatstaat Oklahoma und verklagte den Ort). In der Gegend gibt's eine Reihe von Wegen für **Mountainbiker** sowie **Raftingstrecken** (und die dafür erforderlichen Ausrüster).

ABSTECHER

PENNSYLVANIA WILDS

In diesem allgemein und auch passend als Pennsylvania Wilds bezeichneten, wenig besuchten Teil von Central Pennsylvania lebt die größte freilaufende Wapiti-Herde östlich des Mississippi im **Elk State Forest** (www.elkcountryvisitorscenter.com). Weitere lohnende Ziele sind der **Cherry Springs State Park** (www.dcnr.state.pa.us/stateparks/parks/cheerysprings), ein offiziell als Park ohne nächtliche Lichtverschmutzung ausgewiesenes Gebiet, das die besten Möglichkeiten zum Sternegucken im gesamten Nordosten der USA bietet, der **Cherry Springs State Park** (www.dcnr.state.pa.us/stateparks/parks/cheerysprings), der Abschnitt mit dem **Kizua Bridge Skywalk** (www.visitanf.com) des Allegheny National Forest sowie schließlich die **Pine Creek Gorge** (www.visittiogapa.com/canyon) im Tioga State Forest mit ihren Aussichtspunkten und Wasserfällen.

Weiter nördlich, dort, wo der Delaware River nach Westen abknickt und die Grenze zwischen Pennsylvania und New York bildet, liegen unweit der Catskills einige kleine Orte, die hauptsächlich von Arbeitern geprägt sind. Hier sorgt das eine oder andere Bistro fürs leibliche Wohl der Ausflügler aus dem Südosten des Bundesstaats New York. **Lander's River Trips** (☎800-252-3925; www.landersrivertrips.com; Kanu/Kajak/Gummireifen 39/45/26 US$) in Callicoon, NY, und weiter stromabwärts in Narrowsburg, NY, vermietet Kanus, Kajaks und Reifenschläuche. An den Felsen der nahegelegenen **Skinners Falls** lässt sich prima ein ganzer Tag zubringen.

Pittsburgh

Im 19. Jh. war Pittsburgh ein wichtiger Industriestandort, und vielen Amerikanern kommen auch heute noch die rauchenden Schlote von Stahlfabriken und Kohlekraftwerken in den Sinn, wenn sie an Pittsburgh denken. Trotz großer wirtschaftlicher Probleme genießt die Stadt heute den wohlverdienten Ruf, zu den lebenswerteren Großstädten im Land zu gehören. Sie liegt an der Stelle, an der der Monongahela und der Allegheny River in den Ohio münden, und breitet sich längs der Wasserwege aus. Malerische Brücken, die alle auch von Fußgängern benutzt werden können und von denen die Stadt mehr besitzt als jede andere in den USA, verbinden die hügligen Viertel. Wegen der vielen Universitäten wimmelt es von Studierenden, sodass sich Pittsburgh als eine überraschend hippe, kultivierte Stadt mit erstklassigen Museen, vielen Grünflächen und mehreren munteren Stadtvierteln mit lohnenden Restaurants und Bars präsentiert.

Der schottische Einwanderer Andrew Carnegie kam hier durch die Modernisierung der Stahlproduktion zu gewaltigem Reichtum; sein Vermächtnis ist immer noch fest mit der Stadt und ihren vielen Kultur- und Bildungseinrichtungen verbunden. Die Stahlproduktion brach während der Weltwirtschaftskrise ein, erholte sich dann aber, als in den 1930er-Jahren die Massenfertigung von Autos einsetzte. Als in den 1970er-Jahren die Wirtschaft und die örtliche Stahlproduktion erneut Rückschläge zu verkraften hatten, hielt Pittsburghs NFL-Footballteam den Lokalstolz aufrecht: Die Steelers legten eine bemerkenswerte Serie von vier Super-Bowl-Titeln hin – für manche Pittsburgher auch heute noch ein identitätsstiftendes Ereignis. Nach dem Niedergang der Stahlindustrie hat sich Pittsburghs Wirtschaft auf die Bereiche Gesundheitswesen, Technologie und Bildung umgestellt; mehrere Unternehmen, die zu den 500 umsatzstärksten gehören, darunter Alcoa und Heinz, haben in der Stadt ihren Sitz.

Sehenswertes & Aktivitäten

Die Sehenswürdigkeiten liegen über ganz Pittsburgh verstreut. Angesichts der Größe der Stadt lassen sich kaum alle zu Fuß entdecken. Aber wegen der unregelmäßigen Anlage der Straßen hat auch das Autofahren seine Tücken – selbst Einheimische finden sich hier manchmal nicht zurecht. Glücklicherweise sind die öffentlichen Busse recht zuverlässig. Mit großem Campus und munteren Studenten spielen die University of Pittsburgh, die Carnegie-Mellon University, die Duquesne University und mehrere kleinere Colleges eine wichtige Rolle im Leben der Stadt.

Im mystisch klingenden **Golden Triangle**, am Zusammenfluss des Monongahela und Allegheny River, liegt Pittsburghs neu belebte Downtown. Gleich nordöstlich von ihr finden sich am **Strip** Lagerhäuser, Ethno-Food-Läden und Nachtclubs. Etwas weiter nördlich liegt das aufstrebende **Lawrenceville** mit vielen Galerien. Jenseits des Allegheny River befinden sich in **North Side** große Sportstadien und mehrere Museen. Jenseits des Monongahela River führen in **South Side** die Slopes hinauf zum Mt. Washington, während die **Flats** in der E Carson St viele Clubs und Restaurants bieten. Östlich der Downtown liegen das Universitätsviertel **Oakland** und dahinter die eleganten, kleinstädtisch wirkenden Wohnviertel **Squirrel Hill** und **Shadyside**.

Pittsburgh Parks Conservancy PARK
(☎412-682-7275; www.pittsburghparks.org) Beste Möglichkeiten für Outdoor-Aktivitäten fast jeder Art bieten die insgesamt 688 ha umfassenden Grünflächen, die von der Pittsburgh Parks Conservancy verwaltet werden. Sie bestehen aus dem **Schenley Park** (mit Sportplätzen, einem öffentlichen Schwimmbad und einem Golfplatz), dem **Highland Park** (mit Schwimmbad, Tennisplätzen und Radweg), dem **Riverview Park** (mit Sportplätzen und Reitwegen) sowie dem **Frick Park** (mit Wanderwegen,

Sandplätzen für Tennis und einer Rasenfläche für Bowling). In allen Parks gibt's wunderschöne Wege für Jogger, Radler und Inlineskater. **Golden Triangle Bike Rental** (☎412-600-0675; www.goldentrianglebikenblade.com; 600 First Ave; Fahrradverleih 8/30 US$ pro Std./Tag) verleiht Fahrräder und hat Infos zu Radtouren durch die Stadt – es gibt sogar einen durchgehenden Radweg bis nach Washington, D.C., die sogenannte **Great Allegheny Passage** (www.gaptrail.org). Eine weitere erstklassige Adresse für Informationen zum Radfahren, Wandern und Kajakfahren in den Parks der Stadt und in der umliegenden Gegend ist **Venture Outdoors** (☎412-255-0564; www.wpfi.org; 304 Forbes Ave).

DOWNTOWN

Nur in den offiziellen Tourismusbroschüren wird dieses Gebiet als „Golden Triangle" bezeichnet.

Point State Park PARK

Direkt am Wasser an der Spitze des Dreiecks liegt dieser runderneuerte und verschönerte Park, der im Sommer bei Spaziergängern, Radfahrern, Erholungssuchenden und Joggern sehr beliebt ist. Wem das nicht ausreicht, der kann sich an die 17,7 km lange Schotterpiste des **Montour Trail** (www.montourtrail.org) wagen. Man erreicht den Trail, indem man zunächst die 6th St Bridge überquert und dann den asphaltierten Weg am Carnegie Science Center folgt. Im Park erinnert das renovierte **Fort Pitt Museum** (☎412-281-9285; www.heinzhistorycenter.org; 101 Commonwealth Pl; Erw./Kind 5 US$/frei; ⏲10–17 Uhr) an das historische Erbe des Siebenjährigen Krieges in Nordamerika.

Senator John Heinz Pittsburgh Regional History Center MUSEUM

(☎412-454-6000; www.heinzhistorycenter.org; 1212 Smallman St; Erw./Kind mit Sportmuseum 10/5 US$; ⏲10–17 Uhr) Das umgebaute Lagerhaus aus Backstein vermittelt mit seinen Exponaten zum Siebenjährigen Krieg, zu den frühen Siedlern, den Einwanderern und zur Stahl- und Glasindustrie einen guten Einblick in die Vergangenheit der Region. Das Gebäude beherbergt auch das **Western Pennsylvania Sports Museum** (⏲10–17 Uhr; 👪), das Pittsburghs Sporthelden ehrt. Die interaktiven Exponate sind ein Spaß für Kinder und für jene Erwachsene, die nicht einsehen wollen, keine Chance mehr im Profisport zu haben.

August Wilson Center for African American Culture KUNSTZENTRUM

(☎412-258-2700; www.augustwilsoncenter.org; 980 Liberty Ave) Das nach dem preisgekrönten, aus Pittsburgh stammenden Dramatiker benannte Zentrum konzentriert sich auf afroamerikanische Kultur sowie bildende und darstellende Kunst.

SOUTH SIDE & MT. WASHINGTON

South Side ist mit unzähligen Läden, Restaurants und Kneipen so jugendlich, funkig und belebt wie das East Village in New York. In den zehn Blocks zwischen der 10th St Bridge und der Birmingham Bridge gibt es Dutzende von Bars, darunter eine Reihe kleiner Eckkneipen.

LP TIPP **Monongahela & Duquesne Incline** STANDSEILBAHN

(einfache Strecke Erw./Kind 2,25/1,10 US$; ⏲Mo–Sa 5.30–0.45, So ab 7 Uhr) Die historische Standseilbahn (von ca. 1877), die die steilen Hänge des **Mt. Washington** hinauf- und hinunterfährt, bietet besonders nachts einen großartigen Blick auf die Stadt. An der Talstation der Duquesne Incline befindet sich der **Station Square** (Station Sq Dr, an der Fort Pitt Bridge), eine Gruppe schöner, renovierter Bahngebäude, die heute im Wesentlichen als großes Einkaufscenter genutzt werden. Aus dem Talgewusel von South Side sticht das als **South Side Slopes** bezeichnete Viertel heraus – eine faszinierende Ansammlung von Häusern, die gefährlich nah am Abhang zu stehen scheinen und die über steile, kurvenreiche Straßen und Hunderte von Treppen zu erreichen sind.

GRATIS **Society for Contemporary Art** KUNSTZENTRUM

(☎412-261-7003; www.contemporarycraft.org; 2100 Smallman St; ⏲Mo–Sa 10–17 Uhr) Topaktuelle Ausstellungen von Kunst und Kunsthandwerk.

NORTH SIDE

In diesem Stadtteil ist besonders dann viel los, wenn die Sportfans zu einem Spiel der Pittsburgh Steelers in den PNC Park strömen. Anziehungspunkte sind aber auch die vielen Museen.

LP TIPP **Andy Warhol Museum** MUSEUM

(☎412-237-8300; www.warhol.org; 117 Sandusky St; Erw./Kind 15/8 US$; ⏲Di–Do, Sa & So 10–17, Fr bis 22 Uhr) Das Museum ehrt den coolsten Sohn der Stadt, der durch

Pop-Art, avantgardistische Filme, Promi-Freundschaften und Velvet-Underground-Spektakel berühmt wurde. Ausgestellt sind u. a. Warhols Porträts von Berühmtheiten. Im Theater des Museums sind häufig Filme und merkwürdige Performances zu sehen. Bei Pittsburghs schwuler Gemeinde sind die Cocktailabende freitags im Museum sehr beliebt.

Carnegie Science Center MUSEUM

(☎412-237-3400; www.carnegiesciencecenter.org; 1 Allegheny Ave; Erw./Kind 18/10 US$, IMAX & Sonderausstellungen kosten extra; ⏲So–Fr 10–17, Sa bis 19 Uhr;) Ein tolles Technikmuseum für Kinder, das mit seinen innovativen Ausstellungen zu Themen, die vom Weltraum bis zu Süßigkeiten reichen, etwas mehr bietet als die meisten interaktiven Museen seiner Art.

Children's Museum of Pittsburgh MUSEUM

(☎412-322-5058; www.pittsburghkids.org; Allegheny Sq; Erw./Kind 11/10 US$; ⏲Mo–Sa 10–17, So 12–17 Uhr;) Das Museum bietet unzählige interaktive Möglichkeiten. So können Kinder unter die Motorhaube eines echten Autos klettern und sich einige kindgerechte Arbeiten von Warhol anschauen.

Mexican War Streets STADTVIERTEL

Ganz in der Nähe, im Nordwesten, liegt das Stadtviertel der Mexican War Streets. Hier sind die Straßen nach Schlachten und Soldaten aus dem Mexikanisch-Amerikanischen Krieg von 1846 benannt. Die ruhigen, von restaurierten Reihenhäusern mit neoklassizistischen Portalen und gotischen Türmchen gesäumten Straßen laden zu einem friedlichen Spaziergang nach dem Museumsbesuch ein.

National Aviary ZOO

(☎412-323-7235; www.aviary.org; 700 Arch St, Allegheny Sq; Erw./Kind 13/11 US$; ⏲10–17 Uhr;) In der hübschen Anlage sind mehr als 600 exotische und gefährdete Vogelarten zu sehen.

Mattress Factory KUNSTZENTRUM

(☎412-231-3169; www.mattress.org; 500 Sampsonia Way; Erw./Kind 10 US$/frei; ⏲Di–Sa 10–17, So 13–17 Uhr) Hier gibt's einmalige große Kunstinstallationen und häufig auch Performances.

OAKLAND & UMGEBUNG

In diesem Viertel sind die University of Pittsburgh und die Carnegie Mellon University zu Hause. In den Seitenstraßen finden sich viele billige Lokale, Cafés, Läden und Studentenwohnheime.

Carnegie Museums MUSEUM

(☎412-622-3131; www.carnegiemuseums.org; 4400 Forbes Ave; Erw./Kind für beide Museen 15/11 US$; ⏲Di–Sa 10–17, So ab 12 Uhr) Das **Carnegie Museum of Art** (www.cmoa.org) zeigt hervorragende Ausstellungen zum Thema Architektur und Ausstellungen mit impressionistischen, postimpressionistischen und modernen amerikanischen Gemälden. Das **Carnegie Museum of Natural History** (www.carnegiemnh.org) prunkt mit dem vollständigen Skelett eines Tyrannosaurus und Ausstellungen zur Geologie Pennsylvanias sowie zur Vor- und Frühgeschichte der Inuit.

GRATIS **Frick Art & Historical Center** MUSEUM

(☎412-371-0600; www.frickart.org; 7227 Reynolds St; ⏲10–17 Uhr, Mo geschl.) Östlich von Oakland befindet sich in Point Breeze dieses wunderbare Zentrum, in dessen Kunstmuseum einige der niederländischen, französischen und italienischen Gemälde aus der Sammlung Henry Clay Fricks und in dessen Car & Carriage Museum klassische Oldtimer präsentiert werden. Weitere Highlights sind die 2 ha großen Parkanlagen und Clayton (Führung 10 US$), Fricks restauriertes Herrenhaus von 1872.

Phipps Conservatory GARTEN

(☎412-622-6914; www.phipps.conservatory.org; One Schenley Park; Erw./Kind 12/9 US$; ⏲9.30–17, Fr bis 22 Uhr) Die Anlage umfasst ein eindrucksvolles Gewächshaus aus Glas und Stahl und wunderschön angelegte und gepflegte Gärten.

GRATIS **Cathedral of Learning** TURM

(☎412-624-6000; 4200 Fifth Ave; Führung 3 US$; ⏲Mo–Sa 9–15, So ab 11 Uhr) Mitten auf dem U. Pitt Campus erhebt sich der prächtige, 42 Stockwerke hohe, neugotische Wolkenkratzer, der mit 163 m das zweithöchste Universitätsgebäude der Welt ist. In ihm befinden sich auch die eleganten **Nationality Classrooms**, die – im Stil verschiedener Epochen eingerichtet – viele Länder der Welt repräsentieren. Die meisten dieser Seminarräume sind nur im Rahmen einer Führung zu besichtigen.

SQUIRREL HILL & SHADYSIDE

Markenzeichen der beiden Nobelviertel sind breite Straßen, ausgezeichnete Restaurants, Filialen großer Ketten, unabhängige Boutiquen und Bäckereien (unbedingt die Torte mit gebrannten Mandeln probieren, ein klassischer Pittsburgher Nachtisch). In Squirrel Hill lebt Pittsburghs große jüdische Gemeinde. Daher gibt's hier die besten koscheren Restaurants, Metzger und jüdischen Läden der Stadt. Apartmentblocks, Doppelhäuser und bescheidenere Gebäude stehen hier Seite an Seite mit Herrenhäusern, für die dieses Viertel eigentlich bekannt ist.

Im Viertel Shadyside ist in der Walnut St am meisten los. Der mit viel Grün angelegte Campus der **Chatham University** befindet sich zwischen den beiden Stadtvierteln und eignet sich ganz wunderbar für einen Spaziergang.

GROSSRAUM PITTSBURGH

Das ehemals düstere **Lawrenceville** ist jetzt Pittsburghs **Interior Design District**. In der Butler St zwischen der 16th und 62nd St und in der Umgebung gibt's unzählige Geschäfte, Galerien, Studios, Bars und Restaurants, die hauptsächlich von einem hippen Publikum besucht werden. Auch im Nachbarviertel **Garfield**, das Schritt um Schritt luxussaniert wird, kann man in zahlreichen Ethno-Restaurants gut und preiswert essen. **Bloomfield**, ein wahrhaftiges kleines Little Italy, ist vollgestopft mit italienischen Lebensmittelgeschäften und Restaurants. Eine Art Institution ist aber das polnische Restaurant Bloomfield Bridge Tavern. Der Zoo und das Aquarium von Pittsburgh sowie ein Wasserpark sind in der Nähe.

Tour-Ed Mine BERGWERK

(724-224-4720; www.tour-edmine.com; 748 Bull Creek Rd, Tarentum; Erw./Kind 7,50/6,50 US$; Juni–Sept. 10–16 Uhr, Di geschl.) Wer einmal erfahren will, was Klaustrophobie wirklich ist und zudem die Arbeitswelt der Kohlekumpels zumindest ein wenig kennenlernen möchte, sollte an der Führung durch die Zeche teilnehmen, die einen fast 49 m in die Tiefe der Erde führt.

Kennywood Amusement Park VERGNÜGUNGSPARK

(412-461-0500; 4800 Kennywood Blvd, West Mifflin; www.kennywood.com; Erw./Kind 37/24 US$; Juni–Aug. 10.30–22 Uhr) Der Vergnügungspark 12 Meilen (19 km) südöstlich der Downtown ist ein National Historic Landmark mit vier alten Holz-Achterbahnen.

Geführte Touren

LP TIPP **Alan Irvine Storyteller Tours** STADTSPAZIERGANG

(412-521-6406; www.alanirvine.com; Tour 10–15 US$) In einer Führung durch mehrere Stadtviertel erweckt der Historiker die Vergangenheit der Stadt zum Leben.

Burgh Bits & Bites Food Tour STADTSPAZIERGANG

(800-979-3370; www.burghfoodtour.com; Tour 35 US$) Bei diesem Stadtspaziergang kann man auf eine wunderbare Weise die verschiedenen Nationalitäten-Restaurants der Stadt kennenlernen.

Pittsburgh History & Landmarks Foundation SPAZIERGÄNGE

(412-471-5808; www.phlf.org; Station Sq; einige Touren kostenlos, andere ab 5 US$) Stadtspaziergänge und Bustouren zu spezifischen Themen aus den Bereichen Geschichte, Architektur und Kultur.

Feste & Events

Hothouse KULTUR

(www.sproutfund.org/hothouse) Der alljährlich im Sommer stattfindende Abend mit diversen Aufführungen sowie Kunst- und Musikdarbietungen zeigt Pittsburgh von seiner kreativen Seite.

Three Rivers Art Festival KULTUR

(www.3riversartsfes.org) Als kulturelles Aushängeschild der Stadt bringt das zehntägige Event im Juni kostenlose Konzerte, bildende Kunst und Theater hinaus in den Point State Park.

Schlafen

Die meisten Unterkünfte vor Ort sind gewöhnliche Kettenhotels, die sich vor allem rund um Oakland ballen. Über der Downtown thront das Omni Penn Hotel. Wer eine Bleibe mit mehr Charme sucht, wendet sich an die **Pittsburgh Bed & Breakfast Association** (www.pittsburghbnb.com).

Inn on Negley INN $$

(412-661-0631; www.innonnegley.com; 703 Negley Ave; Zi. 180–240 US$; P) Die beiden viktorianischen Gasthöfe in Shadyside wurden inzwischen neu eingerichtet und zu einem Schmuckstück mit geradliniger Ästhetik und trotzdem viel Romantik zusammengelegt. Die Zimmer bieten Himmelbetten, schöne Möbel, Kamine und große Fenster. Einige verfügen auch über Whirlpools.

The Priory INN $$
(☎412-231-3338; www.thepriory.com; 614 Pressley St; Zi. mit Frühstück ab 140 US$; P❄📶) Die in einem früheren katholischen Kloster in North Side, gleich hinter der Veterans Bridge, untergebrachte Unterkunft mischt altmodische Möblierung mit ein paar zeitgenössischen Design-Elementen. Es gibt einen Salon mit Kamin und einen Innenhof, in dem man in den warmen Monaten gut einen Drink nehmen kann. 2011 wurde ein neuer Flügel mit Gästezimmern hinzugefügt. Angeschlossen an das Hotel ist die prächtige Grand Hall, eine frühere Kirche, die heute für Hochzeiten und andere Events genutzt wird.

Inn on the Mexican War Streets INN $$
(☎412-231-6544; www.innonthemexicanwarstreets.com; 604 W North Ave; Zi. mit Frühstück 139–189 US$; P❄📶) Das historische, von schwulen Besitzern geführte Herrenhaus liegt in North Side nahe den Museen und direkt an der Buslinie in Richtung Downtown. Die charmanten Gastgeber servieren ein herzhaftes, hausgemachtes Frühstück. Neben wunderschönen alten Möbeln und einer eleganten Veranda gibt es auch noch eine Martini-Lounge und das Vier-Sterne-Restaurant Acanthus.

The Parador Inn B&B $$
(☎412-231-4800; www.theparadorinn.com; 939 Western Ave; Zi. mit Frühstück 150 US$; P❄📶) Das liebevoll restaurierte Herrenhaus befindet sich in North Side unweit von National Aviary und Heinz Field. Stilistisch präsentiert sich dieses B&B als eine charmante Mischung diverser ästhetischer Einflüsse von viktorianisch bis karibisch. Der Betreiber ist vor Ort und beantwortet gern alle Fragen. Zum Entspannen gibt es öffentliche Räume und einen Garten.

Sunnyledge HOTEL $$$
(☎412-683-5014; www.sunnyledge.com; 5124 Fifth Ave; Zi./Suite 189/275 US$; ❄) Das Sunnyledge bezeichnet sich selbst als „Boutiquehotel“, fällt aber eher in die Kategorie historisch. In dem 1886 errichteten Herrenhaus in Shadyside herrscht eine Atmosphäre traditioneller Eleganz, die zuweilen etwas überzogen wirkt.

Morning Glory Inn INN $$$
(☎412-431-1707; www.gloryinn.com; 2119 Sarah St; Zi. mit Frühstück 145–190 US$, Suite 175–450 US$; ❄📶) Das italienisch angehauchte, aus Backsteinen errichtete viktorianische Stadthaus steht mitten im Zentrum des geschäftigen Viertels South Side. Die Dekoration wirkt insgesamt etwas plüschig, aber dafür kann man hinten auf der charmanten Veranda wunderbar entspannen. Ein weiteres Plus ist das köstliche Frühstück.

Essen

Die meisten Restaurants finden sich in South Side im Umfeld der Carson St. Die örtlichen Chefköche holen sich ihr Fleisch und ihren Käse in den italienischen Läden am Strip.

Southside

Cafe du Jour MEDITERRAN $$$
(1107 E Carson St; Hauptgerichte 15–35 US$; ⏲Mo–Sa 11.30–22 Uhr) Mitten im rauen South Side bietet dieses Café ständig wechselnde mediterrane Gerichte. Besonders gut sind mittags die Suppen und Salate; man sollte versuchen, einen Platz in dem kleinen Hof zu ergattern. Alkohol kann mitgebracht werden.

Dish Osteria Bar MEDITERRAN $$
(☎412-390-2012; 128 S 17th St; Hauptgerichte 18 US$; ⏲Mo–Sa 17–2 Uhr) Das versteckte, anheimelnde Lokal ist bei Einheimischen sehr beliebt. Die einfachen Holztische und -böden lassen kaum vermuten, dass gelegentlich auch extravagante mediterrane Kreationen wie frische Sardinen mit glasierten Zwiebeln oder Fettuccine mit Lammragout auf den Tisch kommen.

Gypsy Café MEDITERRAN $$
(☎412-381-4977; 1330 Bingham St; Hauptgerichte 15 US$; ⏲11.30–24 Uhr) Die farbenfrohen Teppiche und lila Böden und Wände stimmen die Stammgäste hier genauso heiter wie die frischen, saisonalen Gerichte, z.B. eine Platte mit geräucherter Forelle oder ein Eintopf mit Shrimps, Muscheln und Feta. Die Öffnungszeiten können sich ändern, daher vorher anrufen.

Café Zenith VEGETARISCH $$
(86 S 26th St; Hauptgerichte 10 US$; ⏲Do–Sa 11–21, So 11–15 Uhr) In diesem Restaurant in South Side isst man wie in einem Antiquitätenladen und alles, von den Resopal-Tischen bis zu dem, was darauf steht, ist zu verkaufen. Der Sonntagsbrunch (10 US$) und die ausführliche Teekarte sind allerdings topaktuell.

City Grill AMERIKANISCH $$
(2019 E Carson St; Hauptgerichte 10–25 US$; ⏲Mo–Do 11–23, Fr & Sa bis 24, So 16–22 Uhr) Die leckeren Burger dieses Lokals in South Side

gehören nach Meinung der Einheimischen zu den besten vor Ort.

Kessab's NAHÖSTLICH $
(1207 Carson St; Hauptgerichte 6 US$; Mo–Do 10.30–22, Fr & Sa bis 23 Uhr) Das libanesische Restaurant in South Side serviert ein ausgezeichnetes Baba Ghanoush.

Double Wide Grill AMERIKANISCH $$
(2339 E Carson St; Hauptgerichte 16 US$; Mo–Mi 11–22, Do–Sa bis 24, So 10–22 Uhr) Grillgerichte und interessante vegetarische Optionen wie Knetseitan und Kokos-Tofu.

Weitere Stadtviertel

Dinette PIZZERIA $$
(412-362-0202; 5996 Penn Circle South; Pizza 14 US$; 18–23, Fr & Sa bis 24 Uhr) Die zweimalige James-Beard-Award-Halbfinalistin Sonja Finn hat das zwanglose Lokal in Shadyside zu einer angesagten Adresse für die Gourmets aus Pittsburgh gemacht. Fleisch und Gemüse aus der Region werden für den Belag der dünnkrustigen Pizzen verwendet. Die Weinkarte ist ausgezeichnet.

Primanti Bros SANDWICHES $
(18th St, an der Smallman St; Sandwiches 6 US$; 24 Std.) Diese geschäftige Pittsburgher Institution am Strip hat sich auf fettige, aber köstliche heiße Sandwiches spezialisiert – von Knackwurst und Käse bis hin zum „Pitts-Burger Cheesesteak". Weitere Filialen gibt's in Oakland, Downtown und South Side.

Essie's Original Hot Dog Shop FAST FOOD $
(3901 Forbes Ave; Gerichte 3 US$; Mo–Do 10–15.30, Fr & Sa bis 17 Uhr) Der hochgeschätzte, von Einheimischen liebevoll „Dirty Os" oder „The O" genannte Laden in Oakland ist für billige Hotdogs und Riesenportionen knuspriger Fritten bekannt – sehr zu empfehlen nach einem langen Kneipenabend.

Quiet Storm Coffeehouse & Restaurant VEGETARISCH $
(5430 Penn Ave; Hauptgerichte 8 US$; Mo–Do 8–19, Fr bis 22, Sa 10–22, So 10–16 Uhr;) Das vielseitige, von hippen Leuten frequentierte Café in Garfield ist auf vegetarische und vegane Küche spezialisiert. Häufig sorgen Lesungen und Musikveranstaltungen für Unterhaltung.

Pamela's Diner DINER $
(3703 Forbes Ave; Hauptgerichte 6 US$; 7.30–16 Uhr) Die Einheimischen – und auch Präsident Obama – schwören auf das Frühstück in diesem Lokal in Oakland; Obama mochte besonders die crêpesartigen Pfannkuchen. Weitere Filialen befinden sich am Strip, in Shadyside und Squirrel Hill.

Ritter's Diner DINER $
(5221 Baum Blvd; Hauptgerichte 7 US$; 24 Std.) Ein klassisches Billiglokal in Bloomfield, in dem sich die Leute nach einem langen Abend Piroggen holen. Jeder Tisch hat seine eigene Jukebox.

Pho Minh VIETNAMESISCH $
(4917 Penn Ave; Hauptgerichte 7 US$; Mi, Do & So 12–21, Fr & Sa bis 22 Uhr) Das winzige Lokal in Bloomfield liefert ausgezeichnete vietnamesische Nudeln, Suppen und Tofugerichte.

Ausgehen & Unterhaltung

BARS & NACHTCLUBS

Das Nachtleben spielt sich vor allem in South Side und am Strip ab. Die Carson St ist *das* Pflaster für einen Kneipenbummel. Mehrere große, wilde Dance Clubs, die sogenannten „Meatmarkets", ballen sich am Rand des Strip. Die meisten Schwulenbars liegen an einem Abschnitt der Liberty Ave in Downtown. Es gibt viele davon, und immer ist etwas los.

Bloomfield Bridge Tavern KNEIPE
(4412 Liberty Ave; Di–Sa 17.30–2 Uhr) Das einzige polnische Lokal in Little Italy ist eine schmuddelige Kneipe, in der es Bier, ausgezeichnete Piroggen und gelegentlich Auftritte von Indie-Rockbands gibt.

Church Brew Works BRAUEREI
(3525 Liberty Ave; 10.30–22 Uhr) In einem großen früheren Kirchenraum werden hier im Haus gebraute Biere ausgeschenkt – eine Institution in Lawrenceville.

Hofbräuhaus BIERHALLE
(2705 S Water St; 11–23, Fr & Sa bis 2 Uhr) Eine Nachahmung des Münchner Hofbräuhauses; einen Block abseits der Carson.

Gooski BAR
(3117 Brereton St; 15–2 Uhr) Eine Hipster-Bar im Viertel Polish Hill mit billigen Drinks und Jukebox.

Brillo Box Bar BAR
(4104 Penn Ave; Di–Sa 11–2, So ab 18 Uhr) Livemusik, ausgezeichnete Gerichte und ein guter Sonntagsbrunch erwarten einen in diesem beliebten Lokal in Lawrenceville.

Dee's Cafe BAR
(1314 E Carson St; Mo–Sa 12–2, So ab 14 Uhr) Die angesagte Billardbar in Southside hat Pabst vom Fass.

Smokin' Joe's BAR
(2001 E Carson St; ⌚11–2 Uhr) Zu empfehlen wegen des riesigen Biersortiments.

LIVEMUSIK

Shadow Lounge LIVEMUSIK
(☎412-363-8277; www.shadowlounge.net; 5972 Baum Blvd) In den zwei Sälen legen DJs Hip-Hop und House auf, zudem gibt's Auftritte von Indie-Bands, Lesungen und Open-Mike-Nächte.

Rex Theater KONZERTSTÄTTE
(☎412-381-6811; www.rextheater.com; 1602 E Carson St) Das umgebaute Kino in South Side ist eine beliebte Veranstaltungsstätte für tourende Jazz-, Rock- oder Indie-Bands, alles von Edgar Winter bis Ani DiFranco ist hier möglich.

Manchester Craftsman Guild LIVEMUSIK
(☎412-322-0800; www.mcgjazz.org; 1815 Metropolitan St) Im Norden der Stadt finden hier Livekonzerte und Plattenaufnahmen von Jazzmusikern der Spitzenklasse statt.

Club Café LIVEMUSIK
(☎412-431-4950; www.clubcafelive.com; 56-58 S 12th St) In dem Treff in South Side gibt's jeden Abend Livemusik, meistens aus der Kategorie „Liedermacher".

THEATER & KULTUR

Pittsburgh Cultural Trust DARSTELLENDE KUNST
(☎412-471-6070; www.pgharts.org; 803 Liberty Ave) Die Stiftung fördert alle Kunstformen vor Ort, vom Pittsburgh Dance Council und dem PNC Broadway in Pittsburgh bis zu visueller Kunst und Oper; auf der Website stehen Links zu allen wichtigen Kunststätten.

Gist Street Readings DARSTELLENDE KUNST
(www.giststreet.org; 3. OG, 305 Gist St; Lesungen 10 US$) Veranstaltet jeden Monat Lesungen mit einheimischen und landesweit bekannten Schriftstellern. Am besten kommt man gleich bei der Öffnung um 19.15 Uhr, weil der Andrang in der Regel groß ist. Erfrischungen selber mitbringen.

Harris Theater KINO
(☎412-682-4111; www.pghfilmmakers.org; 809 Liberty Ave) Das restaurierte Filmtheater zeigt eine große Palette anspruchsvoller Filme, oft im Rahmen von Filmfestivals. Betreiber ist die Pittsburgh Filmmakers Organization.

SPORT

Pittsburgh ist eine echte Sportstadt. Die Fans sagen, dass sie Schwarz und Gold schwitzen, die Farben des heimischen NFL-Teams der **Steelers**, wenn diese auf dem **Heinz Field** (www.pittsburghsteelers.com) antreten. Ebenfalls in North Side, und zwar direkt am Allegheny River, befindet sich der **PNC Park** (www.pirateball.com), die Heimstätte des Major-League-Baseballteams der Pittsburgh Pirates. In der **Mellon Arena** (www.penguins.nhl.com) gleich östlich von Downtown treiben die NHL Pittsburgh Penguins den Puck übers Eis. Die **Pitt Panthers** (www.pittsburghpanthers.com), das Basketballteam der University of Pittsburgh, stehen beständig ganz oben in der Tabelle und haben eine heißblütige Fangemeinde.

ℹ Praktische Informationen

Infos im Internet

Citysearch (pittsburgh.citysearch.com) Infos zum Nachtleben, zu Restaurants und Shoppinggelegenheiten.

Pittsburgh.net (www.pittsburgh.net) Übersichten, Infos zu Stadtvierteln und Events.

Pop City (www.popcitymedia.com) Wöchentliches Online-Magazin zu Kunst- und Kulturveranstaltungen.

Medien

Pittsburgh City Paper (www.pghcitypaper.com) Kostenloses alternatives Wochenblatt mit Veranstaltungskalender in Sachen Kunst.

Pittsburgh Post-Gazette (www.post-gazette.com) Große Tageszeitung.

Pittsburgh Tribune-Review (www.pittsburghlive.com) Noch eine große Tageszeitung.

Pittsburgh's Out (www.outonline.com) Kostenloses Monatsblatt für Schwule.

WQED-FM: 90,5 Örtliche Filiale des National Public Radio.

WYEP-FM: 91,3 Unabhängiger Lokalsender mit bunter Musikmischung.

Medizinische Versorgung

Allegheny County Health Department (☎412-687-2243; 3333 Forbes Ave) Hat eine Ambulanz.

University of Pittsburgh Medical Center (☎412-647-8762; 200 Lothrop St; ⌚24 Std.) Notaufnahme, hervorragende medizinische Versorgung.

Touristeninformation

Greater Pittsburgh Convention & Visitors Bureau Hauptfiliale (☎412-281-7711; www.visitpittsburgh.com; Suite 2800, 120 Fifth Ave; ⌚Mo–Fr 10–18, Sa bis 16, So bis 15 Uhr) Gibt den *Official Visitors Guide* heraus und versorgt Traveller mit Stadtplänen und Tipps.

An- & Weiterreise

Auto

Pittsburgh ist über die großen Highways leicht zu erreichen: von Norden oder Süden über die I-76 oder I-79, aus Westen über die Rte 22 und aus Osten über die I-70. Die Fahrt mit dem Auto von New York City dauert rund acht, von Buffalo rund drei Stunden.

Bus

Vom **Greyhound-Busbahnhof** (Ecke 11th St & Liberty Ave) nahe dem Strip fahren häufig Busse nach Philadelphia (46 US$, 7 Std.), New York (54 US$, 11 Std.) und Chicago, Illinois (62 US$, 10–14 Std.).

Flugzeug

Am **Pittsburgh International Airport** (PIT; www.pitairport.com), 18 Meilen (29 km) westlich von Downtown, bieten mehrere Fluglinien Direktflüge von und nach Europa, Kanada und zu US-amerikanischen Großstädten.

Zug

Vom **Amtrak-Bahnhof** (1100 Liberty Ave) hinter dem prächtigen ursprünglichen Bahnhof fahren Züge u. a. nach Philadelphia (ab 47 US$, 7–8 Std.) und New York (ab 63 US$, 9–11 Std.).

Unterwegs vor Ort

Der gute öffentliche Bus **28X Airport Flyer** (www.portauthority.org/PAAC.com; einfache Strecke 2,60 US$) fährt alle 20 Minuten vom Flughafen nach Oakland und Downtown. Taxis stehen überall bereit; sie kosten ins Zentrum etwa 40 US$ (plus Trinkgeld). Außerdem gibt's noch Shuttlebusse in dieselbe Richtung (einfache Strecke 15–20 US$/Pers).

Selbst in Pittsburgh herumzufahren, kann frustrierend sein – Straßen enden unvermittelt, Einbahnstraßen sorgen für nervige Fahrten im Kreis, und man muss sich mit den verschiedenen Brücken rumschlagen.

Neben einem umfangreichen Busnetz betreibt die **Port Authority Transit** (www.portauthority.org) auch noch ein kleines Straßenbahnsystem namens „T", das ganz praktisch ist für Fahrten zwischen Downtown und South Side. Je nach Entfernung und Zone bezahlt man für Bus und Bahn bis zu 3 US$.

Taxis kann man telefonisch bei **Yellow Cab Co of Pittsburgh** (☎412-321-8100) bestellen, abgerechnet wird nach Zonen.

Rund um Pittsburgh

Fallingwater (☎724-329-8501; www.fallingwater.org; Erw./Kind 18/12 US$; ⏱10–16 Uhr, Mi geschl.; genaue Termine telefonisch oder online erfragen) ist das absolute Meisterwerk von Frank Lloyd Wright. Es liegt südlich von Pittsburgh an der Rte 381. Das Wochenenddomizil der Familie Kaufmann (Eigentümer des Pittsburgher Kaufhauses) wurde 1939 fertiggestellt. Das Gebäude passt sich nahtlos seiner natürlichen Umgebung an. Das Innere kann nur im Rahmen einer stündlich stattfindenden Führung besichtigt werden – Reservierung empfohlen. Es wird auch eine umfangreichere zweistündige Tour angeboten, bei der Fotografieren erlaubt ist (55 US$; je Tag und Monat unterschiedliche Termine, Reservierung erforderlich). Das recht hübsche, bewaldete Grundstück öffnet seine Pforten um 8.30 Uhr.

Weitaus weniger Besucher kommen zum **Kentuck Knob** (☎724-329-1901; www.kentuckknob.com; Erw./Kind 16/10 US$; ⏱Di–So 10–17, Mi 12–17 Uhr), einer weiteren Schöpfung von Frank Lloyd Wright (1953 entworfen). Das Haus wurde in die Flanke eines Hügels hineingebaut. Es besticht durch natürliche Baumaterialien, ein sechseckiges Design und wabenförmige Oberlichter. Die Tour durch das Gebäude dauert etwa eine Stunde und führt auch durch den Skulpturengarten mit Werken von Andy Goldsworthy, Ray Smith und anderen Künstlern.

Wer etwas länger in der Gegend bleiben will, kann in Farmington im historischen **Summit Inn** (☎724-438-8594; www.summitinnresort.com; 101 Skyline Dr; Zi. ab 120 US$; ❄️📶🏊) auf einem Berg oder im eleganten **Nemacolin Woodlands Resort & Spa** (☎724-329-8555; www.nemacolin.com; 1001 Lafayette Dr; Zi. ab 200 US$) mit Spa, Golfplatz und mehreren Speisesälen übernachten.

Neuengland

Inhalt »

Gut essen

» Simon Pearce (S. 226)
» Mezze Bistro + Bar (S. 208)
» Frank Pepe's (S. 216)
» Costantino's Venda Ravioli (S. 210)
» Black Trumpet Bistro (S. 233)

Schön übernachten

» Omni Parker House (S. 179)
» Carpe Diem (S. 198)
» Willard Street Inn (S. 230)
» Ale House Inn (S. 232)
» Providence Biltmore (S. 209)

Auf nach Neuengland!

Auf der Landkarte sieht Neuengland täuschend klein aus. Natürlich kann man theoretisch innerhalb eines Tages von einem Ende zum anderen fahren. Aber das ist nicht wirklich sinnvoll – dafür warten unterwegs einfach zu viele Verlockungen. Die Großstädte bieten einen lebendigen Mix aus historischen Stätten, Ivy-League-Universitäten und super Restaurants. An der Küste gibt es uralte Fischerdörfer und Sandstrände, die zum Baden einladen. Die nördlichen Bundesstaaten im Landesinneren sind so ländlich und zerklüftet wie die Bergketten, die sie durchziehen. Darum bloß keine Hast! Besucher knacken besser einen Hummer und lassen sich den leckeren Saft über die Finger laufen. Schön ist es auch, ruhige Pfade abzuwandern oder sich auf malerischen Nebenstraßen zu verirren und die überdachten Brücken zu zählen. Wer das Glück hat, im Herbst hierher zu kommen, wird das wohl bunteste Laub bewundern können, das er je gesehen hat.

Reisezeit

Boston

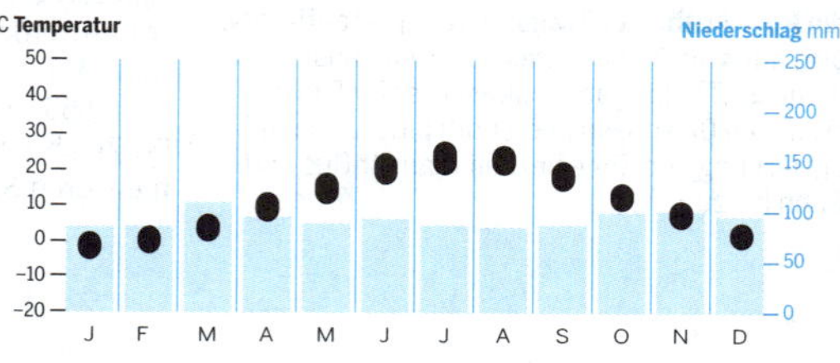

Mai–Juni Wenige Wanderer, keine Menschenmassen; Beginn der Walbeobachtungszeit.

Juli–Aug. Hauptsaison mit Sommerfestivals, warmem Meerwasser und Strandpartys.

Herbst Höhepunkt von Neuenglands Herbstlaubpracht (Mitte Sept.–Mitte Okt.).

Anreise & Unterwegs vor Ort

Neuengland ist leicht zugänglich, intensive Erkundungen vor Ort erfordern aber ein Auto. Als Haupthighways in Nord-Süd-Richtung durchqueren die I-95 (Küste) und die I-91 (Binnenland) die Region zwischen Connecticut und Kanada. Anders als der ländliche Raum sind die größeren Städte gut an öffentliche Verkehrsmittel angebunden. **Greyhound** (www.greyhound.com) hat das größte Busnetz.

Der Northeast Corridor von **Amtrak** (www.amtrak.com) verbindet Boston, Providence, Hartford und New Haven mit N.Y.C. Ansonsten fahren Züge auf Nebenstrecken.

Größter Regionalflughafen ist der **Logan International Airport** (BOS) in Boston. Der **TF Green Airport** (PVD) in Providence (Rhode Island) und der **Manchester Airport** (MHT) in New Hampshire liegen je etwa eine Stunde von Boston entfernt. Diese beiden kleineren und weniger überfüllten Luftkreuze gewinnen auch wegen günstigerer Preise immer mehr an Bedeutung.

PARKS IN NEUENGLAND

Der **Acadia National Park** (S. 250) an Maines zerklüfteter Nordostküste ist der einzige Nationalpark hier. Weite Teile der Wälder, Berge und Küsten Neuenglands sind aber als Naturschutz- oder Erholungsgebiete ausgewiesen.

Der riesige **White Mountain National Forest** (S. 236) reicht nach New Hampshire und Maine hinein. Dieses 3237 km² große Wunderland wartet mit Panoramastrecken, Wanderpfaden, Campingplätzen und Skipisten auf. Die 1619 km² großen Wälder des **Green Mountain National Forest** (S. 224) in Vermont werden vom Appalachian Trail durchquert. Ein weiteres Juwel unter den Naturschutzgebieten ist der 180 km² große Streifen der **Cape Cod National Seashore** (S. 196) mit Dünen und tollen Stränden – ideal zum Schwimmen, Radfahren oder Strandwandern.

Bei New Englands vielen State Parks reicht das Spektrum von grünen Großstadtnischen bis hin zur entlegenen, ungezähmten Wildnis des **Baxter State Park** (S. 255) im nördlichen Maine.

Seafood-Spezialitäten

» **Clam Chowder** Für die sämige Muschelsuppe (*tschaudah*, wie die Bostoner sagen) werden Kartoffeln, Muschelstückchen und -saft in Milch gekocht.

» **Austern** Entweder roh in der halben Schale oder gebraten für weniger Wagemutige; am besten sind die Wellfleet-Austern aus Cape Cod.

» **Sandklaffmuscheln** Die gedünsteten, weichschaligen *steamers* bekommt man in einer Schale salziger Brühe.

» **Clambake** Gedünsteter Hummer, Muscheln und Maiskolben – also eine Art Seafood-Barbecue.

NICHT VERSÄUMEN!

Vor dem Verlassen Neuenglands sollte man unbedingt bei Seafood-Buden am Strand wie dem Lobster Dock (Boothbay Harbor) einen gekochten Hummer geknackt haben.

Kurzinfos

» Größte Städte: Boston (617 600 Ew.), Providence (178 000 Ew.)

» Boston–Acadia National Park: 310 Meilen (499 km)

» Zeitzone: Eastern Standard Time (MEZ –6 Std.)

» US-Bundesstaaten in diesem Kapitel: Massachusetts, Rhode Island, Connecticut, Vermont, New Hampshire, Maine

Schon gewusst?

Zu Neuengland gehören vier der sechs US-Bundesstaaten, in denen gleichgeschlechtliche Ehen legal sind.

Infos im Internet

» Discover New England (www.discoverneweng land.org) nennt Links zu Zielen in der ganzen Region.

» Der Fall Foliage Guide des Yankee Magazine (www.yankeefoliage.com) liefert Vorhersagen zum Herbstlaub und empfiehlt Panoramastrecken.

Highlights

1 Auf **Bostons Freedom Trail** (S. 178) in die Fußstapfen rebellischer Kolonialisten treten

2 In den Dünen der **Cape Cod National Seashore** (S. 196) herumtollen

3 In **Newport** (S. 210) palastartige Villen bewundern und Folk oder Jazz bei Musikfestivals genießen

4 In **Nantucket** (S. 200) durch die Straßen aus der Moby-Dick-Zeit bummeln

5 Dem malerischen **Kancamagus Highway** (S. 235) durch die schroffen White Mountains folgen

6 Auf den Kutschwegen des **Acadia National Park** (S. 250) radeln und wandern

7 Ein Biomittagessen in einem von **Burlingtons** (S. 230) Ökocafés durch Paddeln auf dem Lake Champlain kompensieren

8 Die Waden beim Wandern in den **Green Mountains** (S. 224) trainieren

9 Sich in den **Berkshires** (S. 206) und **Litchfield Hills** (S. 220) vom herrlichen Herbstlaub verzaubern lassen

Geschichte

Als die ersten europäischen Siedler hier ankamen, war Neuengland von den Algonkin-Indianern bewohnt, die in Stämmen zusammenlebten, Mais und Bohnen anbauten, Wild jagten und fischten.

Der englische Kapitän Bartholomew Gosnold landete 1602 in Cape Cod und segelte nach Maine weiter. Aber erst 1614 taufte Kapitän John Smith, der für König James I. die Küstenlinie kartografierte, das Land „Neuengland". Mit der Ankunft der Pilgerväter in Plymouth 1620 begann die Besiedlung des Gebiets durch die Europäer. Im folgenden Jahrhundert wuchsen die Kolonien – oft auf Kosten der Einheimischen.

Obwohl sie der britischen Krone unterstanden, hatten die Neuengländer eine eigene Verwaltung, eigene gesetzgebende Räte und betrachteten sich als unabhängig von England. Um 1770 leitete König George III. daher politische Maßnahmen ein, die die freidenkerischen Kolonisten im Zaum halten sollten, und bürdete ihnen hohe Steuern auf. Da die Kolonisten keine Abgeordneten im britischen Parlament hatten, reagierten sie mit einer Steuerrevolte unter dem Slogan *no taxation without representation* (keine Besteuerung ohne parlamentarische Vertretung). Versuche, die Revolte niederzuschlagen, führten zu den Kämpfen von Lexington und Concord und lösten damit die Amerikanische Revolution aus, die 1776 die USA das Licht der Welt erblicken ließ.

Mit der staatlichen Unabhängigkeit wurde Neuengland zur wirtschaftlichen Macht: In den Häfen boomten Schiffbau, Fischfang und Handel. Die berühmten Yankee Clippers fuhren bis China und Südamerika. In Rhode Island wurde 1793 die erste mit Wasserkraft betriebene Baumwollspinnerei der Vereinigten Staaten in Betrieb genommen. In den folgenden Jahren wurden die Flüsse Neuenglands zu Motoren für die riesigen Fabriken, die Kleidung, Schuhe und Werkzeuge herstellten.

Doch kein Aufschwung dauert ewig. Im frühen 20. Jh. wurden viele der Fabriken in den Süden verlegt. Heutzutage bilden Finanzwesen, Biotechnologie, Tourismus und Bildung die Stützen der Region.

Einheimische Kultur

Neuengländer treten in der Regel eher zurückhaltend auf. Ihre yankeemäßige Redefaulheit unterscheidet sie deutlich beispielsweise von den Kaliforniern mit ihrer lässigen Aufgeschlossenheit, aber diese Schweigsamkeit ist nicht unfreundlich gemeint – man ist hier einfach nur etwas förmlicher.

Insbesondere in ländlichen Gebieten offenbart sich der Stolz der Menschen auf ihren Einfallsreichtum und ihre Selbständigkeit. An Letzterer halten die Neuengländer hartnäckig fest, von den hiesigen Fischern, die den Stürmen des Atlantiks trotzen, bis zu den Kleinbauern in Vermont, die mühsam versuchen, ihre Unabhängigkeit gegen die alles verschlingende US-amerikanische Agrarindustrie zu behaupten.

Zum Glück für diese Bauern und Fischer ist überall in Neuengland das Interesse

NEUENGLAND IN ...

... einer Woche

Den Anfang macht **Boston**: Hier kann man auf dem **Freedom Trail** wandeln, in einem von **North Ends** Bistros gediegen zu Abend essen und die lokalen Highlights erkunden. Danach heißt's die Villen in **Newport** bewundern, die Strände von **Cape Cod** besuchen und per Fähre einen Tagestrip nach **Nantucket** oder **Martha's Vineyard** unternehmen. Die Woche endet mit einem Abstecher zu den **White Mountains** (New Hampshire) im Norden; zurück geht es entlang der Küste von **Maine**.

... zwei Wochen

Genug Zeit für richtige Erkundungen: Zuerst die belebten Städte **Providence, Portland** und **Burlington** besichtigen, danach in **Mystic** in die Seefahrtsgeschichte hineinschnuppern! Auf eine gemütliche Autotour durch die **Litchfield Hills** bzw. **Berkshires** folgt dann Kajakfahren im **Acadia National Park**. Zum Schluss noch hinein in die weite Wildnis von Maine! Dort schwitzt man beim Aufstieg zum nördlichsten Gipfel des **Appalachian Trail** und bringt das Adrenalin beim Rafting auf dem **Kennebec River** in Wallung.

an regional und biologisch hergestellten Produkten sprunghaft gestiegen. Öko liegt voll im Trend – in Bostons Bistros, in den Restaurants in den Kleinstädten hoch im Norden und überall dazwischen.

Ein Ort, wo von der charakteristischen Reserviertheit nichts zu spüren ist, ist die Sportarena. Die Neuengländer sind absolute Sportfanatiker. Bei einem Spiel der Red Sox geht es zu wie einst bei den Gladiatorenkämpfen im Kolosseum – da wird mächtig gejubelt und wüst gepfiffen.

Politisch gesehen gilt Neuengland als liberale Exklave, die sich in wichtigen Fragen progressiv und avantgardistisch gibt. Das zeigt sich etwa bei den Rechten von Homosexuellen oder bei der Reform der Gesundheitsversorgung. Für Präsident Obamas nationalen Plan einer allgemeinen Krankenversicherung in den USA gilt die in Massachusetts geltende Regelung als Modell.

MASSACHUSETTS

Neuenglands bevölkerungsreichster Bundesstaat hat eine große Vielfalt zu bieten, von den bewaldeten Hügeln der Berkshires bis zu den Sandstränden Cape Cods. Fast überall ist Massachusetts bunte Geschichte spürbar: In Plymouth landeten die Pilgerväter, in Boston, wo der Freedom Trail lockt, fielen die ersten Schüsse des Amerikanischen Unabhängigkeitskrieges, und von der alten Hafenstadt Nantucket mit ihren kopfsteingepflasterten Gassen stachen die Walfänger in See. Boston mit seinen Universitäten ist mit Leib und Seele eine Collegestadt und lässt keine Wünsche offen, beispielweise mit seinen Weltklassemuseen oder seinem aufregenden Nachtleben. Provincetown hat eine muntere Schwulengemeinde, und in Northampton findet man die coolsten Cafés diesseits von New York. Martha's Vineyard schließlich ist der perfekte Ort für Familienferien – da braucht man nur die Obamas und die Clintons zu fragen!

KURZINFOS MASSACHUSETTS

» **Spitzname** Bay State

» **Bevölkerung** 6,5 Mio.

» **Fläche** 20 305 km²

» **Hauptstadt** Boston (617 600 Ew.)

» **Weitere Städte** Worcester (181 000 Ew.), Springfield (153 000 Ew.)

» **Verkaufssteuer** 6,25 %

» **Geburtsort von** Erfinder Benjamin Franklin (1706–1790), fünf US-Präsidenten (u. a. J. F. Kennedy, 1917–1963), Schriftsteller Jack Kerouac (1922–1969) und Henry David Thoreau (1817–1862)

» **Heimat** der Harvard University, des Boston Marathon und des Plymouth Rock

» **Politische Ausrichtung** Neuenglands liberalster Bundesstaat

» **Berühmt für** die Boston Tea Party und die erstmalige Anerkennung gleichgeschlechtlicher Ehen in den USA

» **Der am meisten parodierte Akzent** kommt aus Boston: *pahk the cah in Hahvahd Yahd* („Park the car in Harvard Yard")

» **Entfernungen** Boston–Provincetown 145 Meilen (232 km), Boston–Northampton 98 Meilen (157 km)

Geschichte

Seit Ankunft der ersten Kolonisten spielt Massachusetts eine führende Rolle in der amerikanischen Politik. Im 18. Jh. revoltierten die Kolonisten des Staates, angespornt vom blühenden Seehandel, gegen die von Großbritannien auferlegten Handelsbeschränkungen. Bei den Versuchen der Briten, den Aufstand zu unterdrücken, kam es 1770 zu dem Massaker von Boston, das den Widerstand erst richtig anheizte. Aufgebracht über einen neuen Einfuhrzoll auf Tee, überfielen Kolonisten 1773 drei britische Handelsschiffe, die im Hafen lagen, und warfen deren Ladung ins Meer. Diese „Boston Tea Party", eigentlich ein gewalttätiger Steuerprotest, bildete den Auftakt zu den Schlachten des Amerikanischen Unabhängigkeitskriegs.

Im 19. Jh. wurde Massachusetts zum Weltzentrum des Walfangs, der den Inseln Nantucket und Martha's Vineyard beispiellosen Reichtum bescherte. In den Häfen sind auch heute noch die großen Kapitänshäuser jener Zeit zu bestaunen.

ℹ Praktische Informationen

Boston Globe (www.boston.com) Größte Regionalzeitung mit super Website.

Massachusetts Dept. of Conservation and Recreation (☎877-422-6762; www.mass.gov/dcr/recreate/camping.htm) Ermöglicht Campen in 29 State Parks.

Massachusetts Office of Travel & Tourism (☎617-973-8500; www.massvacation.com) Infos zum ganzen Bundesstaat.

Boston

Boston ist eine der ältesten Städte der USA – und zugleich eine der jüngsten. Die Colleges und Universitäten verleihen der historischen Stadt ein jugendliches Erscheinungsbild und sorgen für eine blühende Kunst- und Unterhaltungsszene. Wer nun jedoch glaubt, Boston sei nur was für Intellektuelle, sollte sich einfach mal im Fenway Park auf einen Tribünenplatz setzen, umringt von begeisterten Fans, die den Red Sox zujubeln, und sich eines Besseren belehren lassen.

Geschichte

Als England 1630 die Massachusetts Bay Colony gründete, wurde Boston zu ihrer Hauptstadt erklärt. Boston ist in vielerlei Hinsicht Vorreiter gewesen: 1635 wurde die Boston Latin School, die erste öffentliche Schule in Amerika, gegründet, ein Jahr später die erste Universität des Landes, Harvard. In Boston erschien 1704 die erste Zeitung der Kolonien, 1795 konstituierte sich hier die erste Gewerkschaft der USA, und auch die erste U-Bahn des Staates rollte 1897 in Boston über die Gleise.

Nicht nur die ersten Schlachten des Amerikanischen Unabhängigkeitskriegs wurden hier ausgefochten, auch das erste afroamerikanische Regiment im Amerikanischen Bürgerkrieg stammte aus Boston. Scharenweise kamen europäische Einwanderer hierher, vor allem Iren in der Mitte des 18. Jhs. und Italiener Anfang des 20. Jhs. Sie brachten europäische Einflüsse in die Stadt.

Heute steht Boston in Sachen Hochschulbildung an der Spitze; aus seinen Universitäten sind weltbekannte Unternehmer in den Bereichen Biotechnologie, Medizin und Finanzwesen hervorgegangen.

Sehenswertes & Aktivitäten

Das recht übersichtliche Boston erkundet man am besten zu Fuß: Die meisten Hauptattraktionen liegen im Zentrum bzw. in dessen Nähe und lassen sich so gut abklappern.

Bester Startpunkt ist der Boston Common mit der Touristeninformation und dem Beginn des Freedom Trail. Historische Stätten, ehrwürdige Parks und Promenaden an jeder Ecke machen diesen Park zum eigentlichen Stadtzentrum.

BOSTON COMMON & PUBLIC GARDEN

Boston Common PARK

(Karte S. 180) Der 20,2 ha große Common zwischen Tremont, Beacon und Charles St ist

BOSTON IN ...

... zwei Tagen

Wer den Spuren der US-Gründungsrevolutionäre auf dem **Freedom Trail** folgt, kann unterwegs in der **Bell in Hand Tavern**, der ältesten Kneipe des Landes, etwas Geschichte schnuppern. Der erste Tag endet mit einem leckeren Mahl im **North End**, Bostons „Little Italy".

Mutter hätte einen immer gern in Harvard gesehen, richtig? Tag zwei startet in **Cambridge** mit der Besichtigung des Harvard Sq und der Campus-Attraktionen. Er klingt dann mit einem Galeriebummel inmitten schöner Menschen an der **Newbury Street** aus.

... vier Tagen

Am Morgen des dritten Tages steht eines von Bostons Spitzenmuseen auf dem Programm – entweder das **Museum of Fine Arts** mit amerikanischen Kunstklassikern oder das avantgardistische **Institute of Contemporary Art**. Für einen herrlichen Blick auf die Stadt heißt's dann per Aufzug zum **Prudential Center Skywalk** in den 50. Stock hinauffahren.

Am letzten Tag fahren Literaturfans am besten westwärts nach **Lexington** und **Concord**. Wer andere Interessen hat, kann die kinderfreundliche **Plimoth Plantation** besuchen. Nach der Rückkehr in die Stadt bietet sich der Besuch eines von Bostons renommierten **Theatern** oder eines Spiels der **Red Sox** im Fenway Park an.

seit 1634 das Herz Bostons. Der erste öffentliche Park des Landes war schon Viehweide und Truppenübungsplatz im Amerikanischen Unabhängigkeitskrieg. Zudem wurden hier einst diejenigen gezüchtigt und an den Pranger gestellt, die gegen puritanische Sitten verstoßen hatten. Heute geht's im Park sorglos zu – vor allem am **Froschteich**, wo die Leute an heißen Tagen ihre Füße kühlen und im Winter Schlittschuh laufen.

Public Garden GARTEN
(Karte S. 180) Der fast 10 ha große Public Garden neben dem Common ist eine einladende Oase voller prächtiger Blumen und Schatten spendender Bäume. Mittendrin liegt ein ruhiger See mit altmodischen Tretbooten in Schwanenform: Die **Swan Boats** (www.swanboats.com; Erw./Kind 2,75/1,50 US$; ⌚Mitte April–Mitte Sept. 10–16 od. 17 Uhr; 👪) erfreuen Kinder seit Generationen.

BEACON HILL & DOWNTOWN

Oberhalb des Boston Common thront mit Beacon Hill das geschichtsträchtigste und reichste Viertel der Stadt. Östlich davon liegt Downtown mit einem kuriosen Mix aus kolonialzeitlichen Sehenswürdigkeiten und modernen Bürogebäuden.

GRATIS **State House** HISTORISCHES GEBÄUDE
(Karte S. 180; ☎617-727-3676; Ecke Beacon & Park St; ⌚Mo–Fr 8–17 Uhr) Auf der Spitze des Beacon Hill steht das Kapitol mit der vergoldeten Kuppel, das seit 1798 der Regierungssitz Massachusetts ist. Ehrenamtliche leiten Gratisführungen (10–15.30 Uhr, 40 Min.).

Granary Burying Ground FRIEDHOF
(Karte S. 180; Ecke Tremont & Park St) Auf dem kolonialzeitlichen, schwer geschichtsträchtigen Friedhof von 1660 ruhen einflussreiche Bostoner wie die Revolutionshelden Paul Revere, Samuel Adams und John Hancock.

Faneuil Hall HISTORISCHE STÄTTE
(Karte S. 180; Congress St) Der rote Backsteinbau mit dem berühmten Grashüpfer als „Wetterhahn" auf dem Dach ist ein Wahrzeichen der Stadt, das seit 1740 als Markthalle und öffentliche Versammlungsstätte dient. Zusammen mit Quincy, North und South Market bildet die Halle heute den Faneuil Hall Marketplace, der vor kleinen Läden und Restaurants strotzt.

Museum of Afro-American History MUSEUM
(Karte S. 180; www.afroammuseum.org; 46 Joy St; Erw./Kind 5/3 US$; ⌚10–16 Uhr) Hier werden die Errungenschaften von Bostons afroamerikanischer Gemeinde präsentiert. Zum Museum gehört das angrenzende **African Meeting House**, in dem der ehemalige Sklave Frederick Douglass afroamerikanische Soldaten für den Bürgerkrieg rekrutierte.

Old South Meeting House HISTORISCHES GEBÄUDE
(Karte S. 180; www.oldsouthmeetinghouse.org; 310 Washington St; Erw./Kind 6/1 US$; ⌚9.30–17 Uhr) 1773 führten Kolonisten hier eine hitzige Steuerdebatte und veranstalteten danach die Boston Tea Party.

Old State House HISTORISCHES GEBÄUDE
(Karte S. 180; www.bostonhistory.org; 206 Washington St; Erw./Kind 7,50/3 US$; ⌚9–17 Uhr) Bostons ältestes öffentliches Gebäude aus dem Jahr 1713 zeigt einfache Ausstellungen zum Amerikanischen Unabhängigkeitskrieg.

NORTH END & CHARLESTOWN

Mit seinem Gewirr aus schmalen Gassen erinnert das italienische Viertel North End an die Alte Welt. Hier wartet ein unwiderstehlicher Mix aus farbenfrohen Gebäuden und tollen Restaurants. Die kolonialzeitlichen Attraktionen verteilen sich über den Fluss bis nach Charlestown, wo das älteste US-Kriegsschiff vor Anker liegt.

Paul Revere House HISTORISCHES GEBÄUDE
(Karte S. 180; www.paulreverehouse.org; 19 North Sq; Erw./Kind 3,50/1 US$; ⌚9.30–17.15 Uhr)

GRÜNES BOSTON

Noch bis vor wenigen Jahren durchschnitt die I-93 das Stadtzentrum auf einer klotzigen Konstruktion. Seit 2008 erstreckt sich hier stattdessen ein Grünstreifen, dessen Name die Mutter John F. Kennedys ehrt: Zwischen Chinatown und North End verläuft der gewundene Rose Kennedy Greenway auf renaturiertem Terrain.

Er besteht aus mehreren kleinen, schattigen Parks, die miteinander verbunden sind und Erholung vom urbanen Trubel versprechen. Hierfür sorgen auch viele Springbrunnen, Kunstwerke und Skulpturengärten.

Wo die Straße jetzt ist? Seit dem Abriss der alten Brücke führt sie dank des „Big Dig" (teuerstes Highway-Bauprojekt der US-Geschichte) in unterirdischen Tunneln durch Boston.

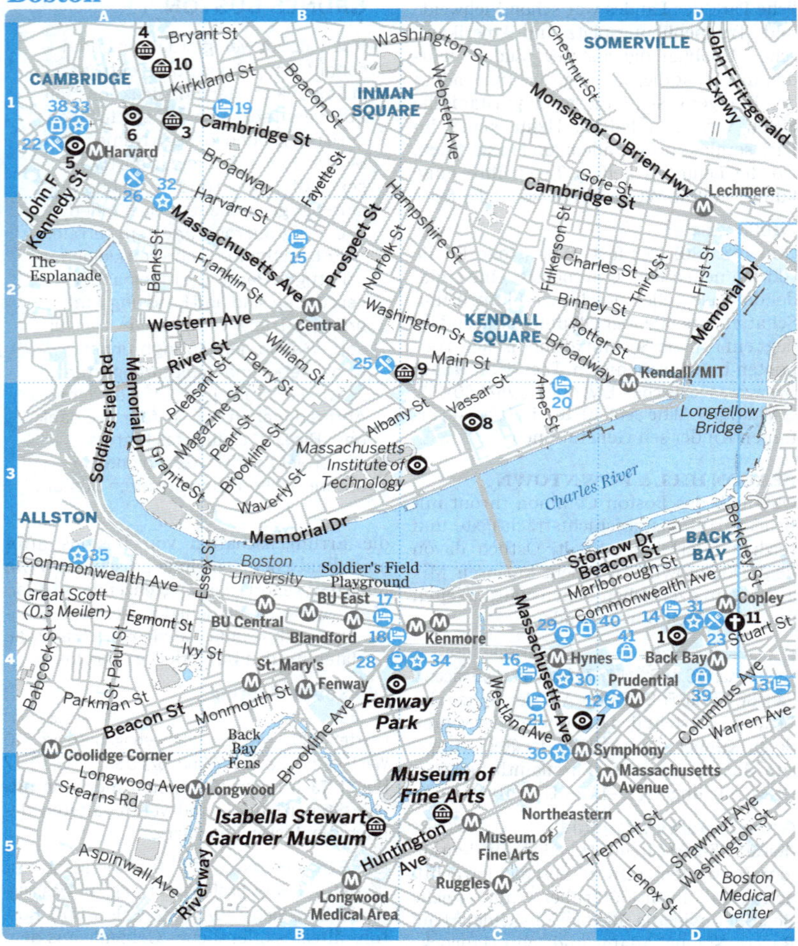

Bostons ältestes erhaltenes Haus aus dem Jahr 1680 ist vor allem als Wohnsitz Paul Reveres berühmt. Letzterer führte die sogenannten Minutemen („Minutenmänner") der Kolonistenmiliz an, die nach ihrer Schnelligkeit im Einsatz benannt waren. Als einst die britischen Soldaten nahten, sprang Revere aufs Pferd, ritt durch die Straßen und warnte laut rufend die Einwohner.

Old North Church KIRCHE

(Karte S. 180; www.oldnorth.com; 193 Salem St; ⌚Juni–Okt. 9–18 Uhr, Nov.–Mai 9–17 Uhr) In jener Schicksalsnacht des 18. April 1775 wurden am Turm der ca. 1723 erbauten Kirche zwei Laternen aufgehängt – das vereinbarte Zeichen für den wartenden Revere, dass die Briten auf dem Seeweg anrückten. Hätten sie den Landweg gewählt, wäre nur eine Funzel angezündet worden.

GRATIS **USS Constitution** KRIEGSSCHIFF

(Karte S. 174; www.history.navy.mil/ussconstitution; Charlestown Navy Yard; ⌚April–Okt. Di–So 10–18 Uhr, Nov.–März Do–So 10–16 Uhr; 👪) Das legendäre Kriegsschiff von 1797 hat begehbare Decks und einen Eichenholzrumpf, dessen Dicke die Kanonenkugeln einfach abprallen ließ – daher der Spitzname „Old

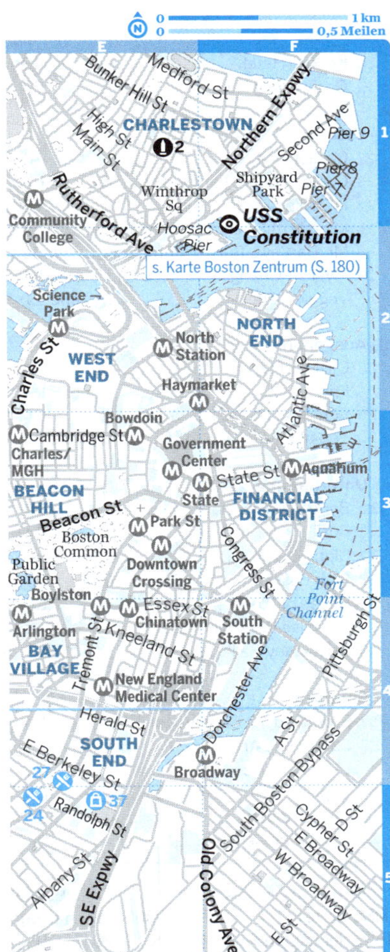

Ironsides" („Alte Eisenhaut"). Familien sollten das Museum besuchen: Dort können sich Kids in Seemannskluft ablichten lassen.

GRATIS **Bunker Hill Monument** DENKMAL
(Karte S. 174; www.nps.gov/bost; Monument Sq; ⌚9–17 Uhr) Der 67,3 m hohe Granitobelisk erinnert an die erste große Schlacht des Amerikanischen Unabhängigkeitskriegs. Wer sich die 294 Stufen hinaufquält, wird mit einer tollen Aussicht belohnt.

BACK BAY

Das gepflegte Viertel westlich des Boston Common protzt mit Prachtbauten, würdevollen Wohnhäusern aus rotbraunem Sandstein und einer schicken Einkaufsmeile (Newbury St).

Copley Square PLATZ
(Karte S. 174) Zu den schönen historischen Bauten am Platzrand zählt die reich verzierte **Trinity Church** (www.trinitychurchboston.org; Ecke Boylston & Clarendon St; Erw./Kind 7 US$/frei; ⌚Mo–Sa 9–17, So 13–18 Uhr), H. H. Richardsons architektonisches Meisterwerk im französisch-romanischen Stil. Gegenüber festigte die klassizistische **Boston Public Library** (www.blp.org; 700 Boylston St; ⌚Mo–Do 9–21, Fr & Sa 9–17 Uhr; 📶) als älteste öffentliche US-Biliothek einst Bostons Ruf als „Athen Amerikas". Besucher können sie mithilfe einer Broschüre auf eigene Faust erkunden. Dabei offenbaren sich Juwelen wie John Singer Sargents Wandgemälde und Skulpturen von Augustus Saint-Gaudens.

Prudential Center Skywalk AUSSICHTSPUNKT
(Karte S. 174; ☎617-859-0648; 800 Boylston St; Erw./Kind 12/8 US$; ⌚10–22 Uhr) Von der Aussichtsplattform im 50. Stock des Wolkenkratzers hat man einen super Rundumblick über die Stadt.

WATERFRONT & SEAPORT DISTRICT

Die Attraktionen in Bostons Uferzone werden immer zahlreicher und sind allesamt über eine ausgewiesene Fußgängerzone namens Harborwalk miteinander verbunden.

Institute of Contemporary Art MUSEUM
(außerhalb der Karte S. 180; ☎617-478-3100; www.icaboston.org; 100 Northern Ave; Erw./Kind 15 US$/frei, Do ab 17 Uhr Eintritt frei; ⌚Di, Mi, Sa & So 10–17, Do & Fr 10–21 Uhr) Das umwerfende Museum zeigt abgefahrene Exponate wie die Straßenkunst von Shepard Fairey. Mit seinem ausladenden Obergeschoss ist das Gebäude selbst ein eindrucksvolles Beispiel für Avantgardismus. Durch die deckenhohen Glasfenster hat man den schönsten Blick auf Bostons Hafen.

New England Aquarium AQUARIUM
(Karte S. 180; ☎617-973-5200; www.neaq.org; Central Wharf; Erw./Kind 22/14 US$; ⌚Mo–Fr 9–17, Sa & So 9–18 Uhr; 👪) Dieser Kindermagnet erstreckt sich rund um ein vier Stockwerke hohes Becken voller Haie und Tropenfische. Sehr beliebt sind auch das coole Pinguinbecken und die hauseigenen **Walbeobachtungen** (Erw./Kind 40/32 US$; ⌚April–Okt.) unter Leitung von Naturkundlern. Die Bootsfahrten führen 48 km weit hinaus

Boston

zum Stellwagen Bank National Marine Sanctuary. Über dem gewaltigen Unterwasserplateau vor Cape Cods Nordspitze lassen sich Buckelwale beobachten.

CHINATOWN, THEATER DISTRICT & SOUTH END

Das übersichtliche Chinatown mit seinen vielen verführerischen Asia-Restaurants ist leicht zu Fuß erkundbar. Im angrenzenden Theater District reihen sich die Spielstätten aneinander. Das weitläufige South End punktet mit blühender Kunstszene, tollen Cafés und einer der landesweit größten Ansammlungen viktorianischer Reihenhäuser.

FENWAY & KENMORE SQUARE

Erstklassige Museen und Amerikas ältestes Baseballstadion machen das Viertel Fenway zu einer eigenständigen Attraktion.

Museum of Fine Arts MUSEUM

(MFA; Karte S. 174; ☎617-267-9300; www.mfa.org; 465 Huntington Ave; Erw./Kind 20/7,50 US$; ⏰Sa–Di 10–16.45, Mi–Fr 10–21.45 Uhr) Das MFA ist seit der Eröffnung des neuen Flügels mit 53 spektakulären Galerien noch besser. Deren „Arts of the Americas“ reichen von präkolumbischer Kunst und Silberarbeiten aus Paul Reveres Werkstatt bis hin zu Gemälden von Winslow Homer. Zu sehen gibt's auch Bilder französischer Expressionisten, ägyptische Mumien u.v.m. Mittwochs ab 16 Uhr kommt man gratis hinein. Kinder bezahlen werktags ab 15 Uhr keinen Eintritt – ebenso ganztägig am Wochenende und im Sommer.

Isabella Stewart Gardner Museum MUSEUM

(Karte S. 174; ☎617-566-1401; www.gardnermuseum.org; 280 The Fenway; Erw./Kind 12 US$/frei;

⌚Di–So 11–17 Uhr) Mrs. Gardner bewohnte einst dieses prächtige Haus im Stil eines venezianischen Palazzos. Von Rembrandts bis hin zu Porträts des Bostoner Malers John Singer Sargent trug sie hier vor 100 Jahren eine große Sammlung zusammen, die man heute besichtigen kann. Allein die Villa mit Hofgarten ist den Eintritt wert. Letzterer entfällt für Frauen, die den Vornamen Isabella tragen!

CAMBRIDGE

Das politisch progressive Cambridge am Nordufer des Charles River beheimatet mit der Harvard University und dem Massachusetts Institute of Technology (MIT) zwei akademische Schwergewichte. Rund 30 000 Studenten sorgen für eine muntere, bunte Atmosphäre. Am zentral gelegenen **Harvard Square** (Karte S. 174) drängen sich Cafés, Buchläden und Straßenkünstler.

Harvard University CAMPUS

(Karte S. 174) Das grüne Gelände säumt die Massachusetts Ave gegenüber der „T"-Haltestelle Harvard. Hier haben u.a. Dutzende Nobelpreisträger und acht US-Präsidenten studiert. Weitere unterhaltsame Details liefern kostenlose Campusführungen unter studentischer Leitung, die am **Harvard University Information Center** (☎617-495-1573; www.harvard.edu/visitors; 1350 Massachusetts Ave; ⌚1-stündige Führungen Mo–Sa 10, 12 & 14 Uhr) beginnen.

Harvard Art Museums MUSEUM

(Karte S. 174; ☎617-495-9400; www.harvardartmuseum.org; 485 Broadway; Erw./Kind 9 US$/frei; ⌚Di–Sa 10–17 Uhr) Es überrascht wohl kaum, dass die reichste und älteste Universität der USA seit ihrer Gründung (1636) auch unglaubliche Kunstsammlungen angehäuft hat. Deren breites Spektrum reicht von islamischen Werken bis hin zu Kreationen Picassos.

WAS ZUM ...?

Wer schon immer mal die ganze Welt durchqueren wollte, kann dies am allereinfachsten im **Mapparium** (Karte S. 174; www.marybakereddylibrary.org; 200 Massachusetts Ave; Erw./Kind 6/4 US$; ⌚Di–So 10–16 Uhr; 👪) der Christian Science Church tun: Hier führt nämlich eine Brücke mitten durch einen riesigen Globus aus buntem Glas.

Harvard Museum of Natural History MUSEUM

(Karte S. 174; ☎617-495-3045; www.hmnh.harvard.edu; 26 Oxford St; Erw./Kind 9/6 US$; ⌚9–17 Uhr; 👪) Zusammen mit dem angeschlossenen **Peabody Museum of Archaeology & Ethnology** zeigt dieses Museum eine exquisite Sammlung von 4000 Glasblumen und hervorragende Ausstellungen zu Amerikas indigenen Kulturen. Der Eintritt gilt für beide Einrichtungen.

Massachusetts Institute of Technology CAMPUS

(MIT; Karte S. 174) An Amerikas führender technischer Hochschule geben Computerfreaks stolz den Ton an. Das **MIT Information Center** (Karte S. 174; ☎617-253-4795; www.mit.edu; 77 Massachusetts Ave; ⌚90-minütige Führungen Mo–Fr 11 & 15 Uhr) veranstaltet kostenlose Campusführungen. Zudem informiert es über Kunstwerke (u.a. Bronzen von Henry Moore) und moderne Architektur (z.B. von Frank Gehry) auf dem Areal.

MIT Museum MUSEUM

(Karte S. 174; www.mit.edu/museum; 265 Massachusetts Ave, Erw./Kind 7,50/3 US$, So 10–12 Uhr Eintritt frei; ⌚10–17 Uhr) Unter den äußerst eindrucksvollen Exponaten sind coole kinetische Skulpturen, die weltgrößte Holografiesammlung und Roboter aus dem MIT-Labor für künstliche Intelligenz.

GROSSRAUM BOSTON

Museum of Science MUSEUM

(Karte S. 180; ☎617-723-2500; www.mos.org; Charles River Dam; Erw./Kind 21/18 US$; ⌚Sa–Do 9–17, Fr 9–21 Uhr, Juli–Aug. längere Öffnungszeiten; 👪) In diesem topmodernen Museum nahe dem MIT beleuchten Hunderte von interaktiven Exponaten die neuesten Technologietrends. Besucher können z.B. in einer maßstabsgetreuen Raumkapsel herumklettern oder sich über Nanotechnologie informieren. Auf Kinder warten jede Menge Mitmachaktionen. Als weitere Attraktion ist das hauseigene **Planetarium** erst kürzlich für mehrere Mio. US$ erweitert worden.

John F. Kennedy Library & Museum MUSEUM

(außerhalb der Karte S. 174; ☎617-514-1600; www.jfklibrary.org; Columbia Point; Erw./Kind 12 US$/frei; ⌚9–17 Uhr) In dem eindrucksvollen, von I. M. Pei entworfenen Gebäude am Boston Harbor dreht sich alles um Kennedy: Kinosäle und Multimedia-Installationen stellen historische Schlüsselereignisse wie die Ku-

START BOSTON COMMON
ZIEL BUNKER HILL MONUMENT
STRECKE 4 KM
DAUER 3 STD.

Stadtspaziergang
Freedom Trail

Entlang des Freedom Trail lässt sich die Geburt der USA nachvollziehen. Die Route ist durch eine Doppelreihe roter Steine im Pflaster markiert und beginnt im 1 **Boston Common**, dem ältesten öffentlichen Park der USA. Nordwärts geht's zuerst zum 2 **State House** mit der vergoldeten Kuppel, das Charles Bulfinch entwarf. Beim Abbiegen von der Park in die Tremont St passiert man die 3 **Park Street Church**, den 4 **Granary Burying Ground** und die 5 **King's Chapel** mit einer der Glocken aus Paul Reveres Werkstatt. Dann der School St folgen – vorbei am Standort von 6 **Bostons erster öffentlicher Schule** (1635) und dem 7 **Old Corner Bookstore**, in dem im 19. Jh. Hawthorne und Emerson verkehrten.

Nur eine Minute südlich der Ecke School und Washington St präsentiert das 8 **Old South Meeting House** Wissenswertes zur Boston Tea Party. Fans der US-Geschichte finden im 9 **Old State House** weitere Exponate zur Revolutionszeit. An der Kreuzung von State, Devonshire und Congress St markiert ein Kopfsteinpflasterring die Stätte des 10 **Massakers von Boston**, bei dem die ersten Amerikaner für die Unabhängigkeit starben. Es folgt die 11 **Faneuil Hall**, schon seit Langem eine öffentliche Markthalle.

Nun geht's die Union St entlang und in die Hanover St, die mit ihren Trattorias das Herz von Bostons italienischem Viertel bildet. Hier isst man zu Mittag und läuft zum North Sq, um das 12 **Paul Revere House** zu besichtigen. Danach führt der Trail zur 13 **Old North Church**, in deren Turm ein Wachposten Revere das Anrücken der Briten signalisierte.

Wer der Hull St weiter gen Nordwesten folgt, findet auf dem 14 **Copp's Hill Burying Ground** weitere Gräber aus der Kolonialzeit. Jenseits der Charlestown Bridge liegt mit der 15 **USS Constitution** das dienstälteste Kriegsschiff der Welt. Nördlich davon markiert das 16 **Bunker Hill Monument** den Schauplatz der ersten Schlacht des Amerikanischen Unabhängigkeitskriegs.

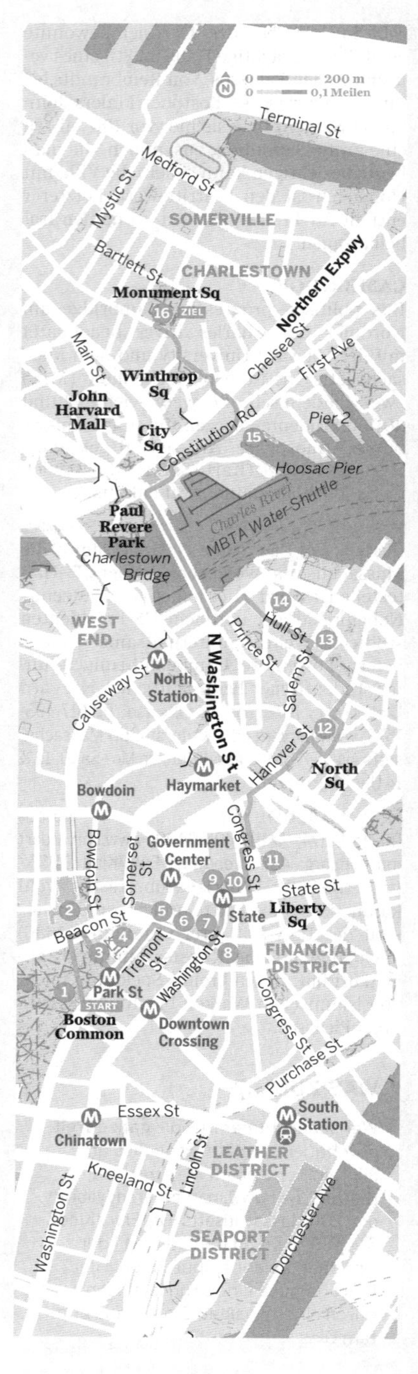

bakrise nach. Um hin zu kommen, nimmt man die Red Line der „T“ bis zur Haltestelle JFK/UMass und steigt dort in den kostenlosen „JFK“-Shuttlebus.

Geführte Touren

Boston Duck Tours ABENTEUERTOUR
(Karte S. 174; ☎617-723-3825; www.bostonducktours.com; Erw./Kind 32/22 US$; ⌚Mitte März–Mitte Nov. 9 Uhr–Sonnenuntergang; 👪) Die ungemein beliebten Trips mit einem Amphibienfahrzeug aus dem Zweiten Weltkrieg führen zunächst durch die Innenstadtstraßen und dann hinaus auf den Charles River. Los geht's am Prudential Center oder am Museum of Science.

Boston By Foot STADTSPAZIERGANG
(☎617-367-2345; www.bostonbyfoot.org; Erw./Kind 12/8 US$; ⌚Mai–Okt.) Die Stadtspaziergänge mit kundigen Führern beginnen an verschiedenen Orten. Sie folgen z. B. dem Freedom Trail; Teilnehmer erkunden dabei interessante Juwelen wie die versteckten Grüfte unter der King's Chapel. Andere Touren sind architektonischen Attraktionen, Stätten literarischen Lebens oder dem italienischen Viertel North End gewidmet.

Freedom Trail Foundation STADTSPAZIERGANG
(Karte S. 180; ☎617-357-8300; www.thefreedomtrail.org; Erw./Kind 12/6 US$; ⌚10.30–17 Uhr; 👪) Führer in kolonialzeitlicher Kluft à la Ben Franklin leiten Freedom-Trail-Spaziergänge (90 Min.), die am Visitor Center im Boston Common beginnen. Hinzu kommt eine Freedom-Trail-Kneipentour am Dienstagabend.

Segway Experience SEGWAYTOUR
(Karte S. 180; ☎617-723-2500; www.mos.org; 1-stündige Tour 65 US$; ⌚10–13 Uhr) Die Segwaytouren vom Museum of Science zum MIT-Campus befriedigen den inneren Technologiefreak mit vielen coolen Highlights. Mindestalter 14 Jahre (Körpergewicht min./max. 45,4/118 kg).

Urban Adventours RADTOUR
(Karte S. 180; ☎617-670-0637; www.urbanadventours.com; 103 Atlantic Ave; Tour 50 US$; ⌚9.30–16.30 Uhr) Radler können dem Freedom Trail folgen, eine Brauerei besichtigen oder Boston bei Nacht erkunden.

GRATIS **Boston National Historical Park Visitors Center** STADTSPAZIERGANG
(Karte S. 180; ☎617-242-5642; www.nps.gov/bost; 15 State St; ⌚9–17 Uhr) Freedom-Trail-Spaziergänge geführt von Park-Rangern.

STADTSPAZIERGÄNGE HERUNTERLADEN

Wer seinen MP3-Player bei Stadtspaziergängen als Audio-Guide nutzen will, kann Routeninfos für Cambridge (www.cambridge-usa.org) und den Harborwalk (www.bostonharborwalk.com) gratis herunterladen.

Feste & Events

Boston Marathon LAUFVERANSTALTUNG
(www.baa.org) Einer der prestigeträchtigsten US-Marathons, bei dem die Läufer ihre 42,16 km am Copley Sq beenden. Austragungstag ist der Patriots Day, den Massachusetts am dritten Aprilmontag feiert.

Fourth of July NATIONALFEIERTAG
(www.july4th.org) Am Unabhängigkeitstag steigt in Boston eine der größten Partys der USA. Das Boston Pops Orchestra gibt ein Gratiskonzert auf der Esplanade; das Feuerwerk wird landesweit im Fernsehen übertragen.

Patron Saints' Feasts RELIGIÖSES FEST
(www.northendboston.com) An Wochenenden im Juli bzw. August ehrt North End seine italienischen Schutzheiligen mit Festessen und Musikveranstaltungen.

Head of the Charles Regatta RUDERWETTKAMPF
(www.hocr.org) Mitte Oktober säumen Menschenmassen an einem Wochenende das Ufer des Charles River, um dem weltgrößten Ruder-Event beizuwohnen.

Schlafen

Obwohl Boston für hohe Hotelpreise berüchtigt ist, sind Online-Rabatte selbst bei Spitzenklasseoptionen drin. Die besten Schnäppchen kann man normalerweise am Wochenende machen. In Downtown und Back Bay gibt's die meisten Hotels; beide Viertel liegen in bequemer Nähe zu Sehenswürdigkeiten und öffentlichen Verkehrsmitteln.

Die **Bed & Breakfast Associates Bay Colony** (☎617-720-0522, www.bnbboston.com; Zi. ab 100 US$) vermittelt B&Bs, Gästezimmer und Apartments, die sich nicht direkt buchen lassen

LP TIPP **Omni Parker House** HISTORISCHES HOTEL $$
(Karte S. 180; ☎617-227-8600; www.omniparkerhouse.com; 60 School St; Zi. 219–419 US$;

Boston Zentrum

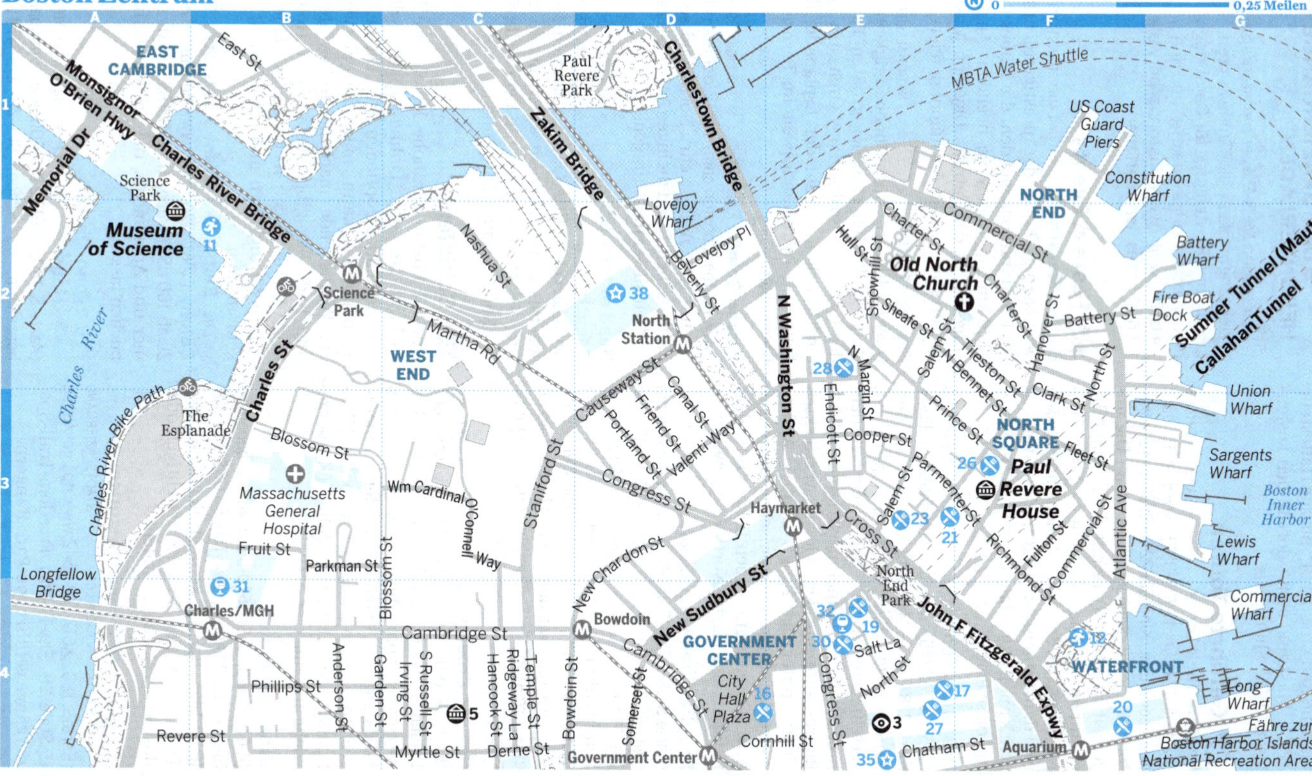

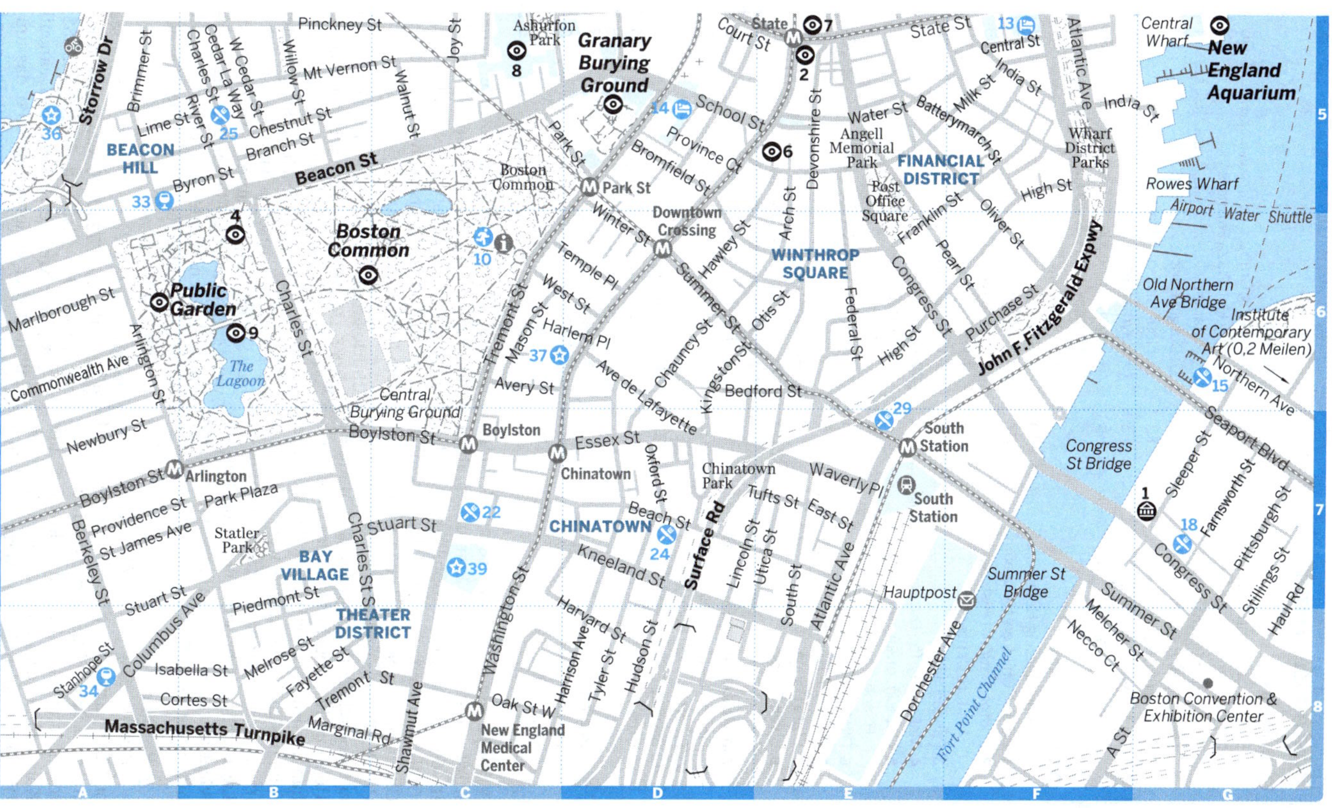

Storrow Dr
Brimmer St
Charles St
Cedar La Way
W Cedar St
River St
Lime St
Willow St
Pinckney St
Mt Vernon St
Walnut St
Chestnut St
Branch St
Joy St
BEACON HILL
Byron St
Beacon St
Ashburton Park
Granary Burying Ground
School St
Province Ct
Bromfield St
Park St
Boston Common
Winter St
Downtown Crossing
Court St
State
Devonshire St
Arch St
Hawley St
State St
Central St
India St
Milk St
Water St
Batterymarch St
Angell Memorial Park
FINANCIAL DISTRICT
Post Office Square
Franklin St
Oliver St
High St
Atlantic Ave
India St
Wharf District Parks
Central Wharf
New England Aquarium
Rowes Wharf
Airport Water Shuttle
Public Garden
The Lagoon
Marlborough St
Commonwealth Ave
Arlington St
Charles St
Tremont St
Temple Pl
West St
Mason St
Harlem Pl
Avery St
Central Burying Ground
Summer St
Otis St
Chauncy St
WINTHROP SQUARE
Federal St
Congress St
Pearl St
Purchase St
High St
John F. Fitzgerald Expwy
Old Northern Ave Bridge
Institute of Contemporary Art (0,2 Meilen)
Northern Ave
Ave de Lafayette
Kingston St
Bedford St
Newbury St
Boylston St
Arlington
Park Plaza
Boylston
Essex St
Chinatown
Oxford St
Chinatown Park
Waverly Pl
South Station
Congress St Bridge
Seaport Blvd
Sleeper St
Farnsworth St
Pittsburgh St
Stillings St
Haul Rd
Congress St
Providence St
St James Ave
Berkeley St
Statler Park
Stuart St
Beach St
CHINATOWN
Surface Rd
Tufts St
East St
Lincoln St
Utica St
South St
Atlantic Ave
BAY VILLAGE
Kneeland St
Stuart St
Columbus Ave
Piedmont St
Charles St S
THEATER DISTRICT
Washington St
Harvard St
Harrison Ave
Tyler St
Hudson St
Hauptpost
Summer St Bridge
Summer St
Melcher St
Necco Ct
Stanhope St
Isabella St
Melrose St
Fayette St
Tremont St
Cortes St
Shawmut Ave
Oak St W
New England Medical Center
Dorchester Ave
Fort Point Channel
A St
Boston Convention & Exhibition Center
Massachusetts Turnpike
Marginal Rd

Boston Zentrum

Highlights
Boston Common ... B6
Granary Burying Ground ... D5
Museum of Science ... A2
New England Aquarium ... G5
Old North Church ... F2
Paul Revere House ... F3
Public Garden ... A6

Sehenswertes
African Meeting House ... (siehe 5)
1 Boston Children's Museum ... G7
2 Boston National Historical Park Visitors Center ... E5
3 Faneuil Hall ... E4
4 Make-Way-for-Ducklings-Statue ... B6
5 Museum of Afro-American History ... C4
6 Old South Meeting House ... E5
7 Old State House ... E5
8 State House ... C5
9 Swan Boats ... B6

Aktivitäten, Kurse & Touren
Boston by Little Feet ... (siehe 3)
10 Freedom Trail Foundation ... C6
11 Segway Experience ... B2
12 Urban Adventours ... F4

Schlafen
13 Harborside Inn ... F5
14 Omni Parker House ... D5

Essen
15 Barking Crab ... G6
16 City Hall Plaza Farmers Market ... D4
17 Durgin Park ... E4
18 Flour Bakery & Cafe ... G7
19 Haymarket ... E4
20 Legal Sea Foods ... F4
21 Modern Pastry Shop ... E3
22 Montien ... C7
23 Neptune Oyster ... E3
24 New Jumbo Seafood ... D7
25 Paramount ... B5
26 Pomodoro ... F3
27 Quincy Market ... E4
28 Regina Pizzeria ... E2
29 South Station Farmers Market ... E7
30 Ye Olde Union Oyster House ... E4

Ausgehen
31 Alibi ... B4
32 Bell in Hand Tavern ... E4
33 Cheers ... A5
34 Club Café ... A8

Unterhaltung
35 BosTix ... E4
36 Hatch Memorial Shell ... A5
37 Opera House ... C6
38 TD Garden ... D2
39 Wang Theatre ... C7

) Wenn Wände reden könnten, würden die hier ganze Romane erzählen: In dem historischen Hotel am Freedom Trail arbeiteten einst Malcolm X und Ho Chi Minh; unter den Gästen waren schon Charles Dickens und John F. Kennedy. Trotz auf Hochglanz polierter Eleganz, dunklem Holz und Kronleuchtern ist das Omni überhaupt nicht snobistisch – T-Shirt-Träger fühlen sich hier genauso wohl wie Leute in Anzug und Krawatte. Zudem könnte die Lage nicht besser sein: Viele von Bostons wichtigsten Sehenswürdigkeiten erreicht man recht fix zu Fuß.

Harding House B&B $
(Karte S. 174; 617-876-2888; www.cambridgeinns.com/harding; 288 Harvard St; Zi. inkl. Frühstück 165–265 US$;) Dieser viktorianische Klassiker mixt Komfort und Kunstsinn in geräumigen, hellen Zimmern. Die alten Holzfußböden verbreiten einen warmen Glanz, während reizende Antikmöbel die einladende Atmosphäre vervollständigen. Als Extras gibt's z.B. Museumspässe und viel Biologisch-Dynamisches auf dem Frühstückstisch.

Charlesmark Hotel BOUTIQUEHOTEL $$
(Karte S. 174; 617-247-1212; www.thecharlesmark.com; 655 Boylston St; Zi. inkl. Frühstück 189–219 US$;) Das fesche Boutiquehotel überzeugt mit unschlagbarer Lage am Copley Sq, fröhlichen Zimmern voller Kunstwerke, italienischen Fliesen und Hightech-Einrichtungen. Läufer aufgepasst: Direkt vor dem Eingang verläuft die Ziellinie des Boston Marathon!

Harborside Inn HOTEL $$$
(Karte S. 180; 617-723-7500; www.harborsideinnboston.com; 185 State St; Zi. 189–269 US$;) Nur wenige Schritte von Faneuil Hall und Ufer entfernt empfängt das umgebaute Lagerhaus aus dem 19. Jh. seine

Gäste mit gemütlichen Zimmern. Die sind jeweils verschieden, verbreiten aber von den freiliegenden Backsteinwänden bis hin zu den Hartholzböden allesamt historisches Ambiente. Wer einen leichten Schlaf hat, nimmt am besten ein innen gelegenes Quartier mit Blick aufs Atrium.

Chandler Inn BOUTIQUEHOTEL **$$**
(Karte S. 174; ☎617-482-3450; www.chandlerinn.com; 26 Chandler St; Zi. 149–179 US$;) Zum Reinschnuppern ins hippe South End empfiehlt sich dieses europäisch anmutende Boutiquehotel mit freundlichem Personal: In nächster Nähe liegen ein paar von Bostons angesagtesten Nightspots. Die kleinen, aber sauberen Zimmer kosten nur einen Bruchteil des Geldes, das man in gesichtslosen Kettenhotels hinlegt.

Hotel Buckminster HOTEL **$$**
(Karte S. 174; ☎617-236-7050; www.bostonhotelbuckminster.com; 645 Beacon St; Zi. 149–189 US$;) Das Hotel am Kenmore Sq wurde 1897 von dem berühmten Architekten Stanford White errichtet. Der Fenway Park liegt nur einen Baseballwurf entfernt. Der betagte Bau bietet nichts Außergewöhnliches, hat aber annehmbare Zimmer mit Einrichtungen für Sparfüchse wie Mikrowellen und Kühlschränke.

HI Boston Hostel HOSTEL **$**
(Karte S. 174; ☎617-536-9455; www.bostonhostel.org; 12 Hemenway St; B inkl. Frühstück 31–48 US$, Zi. inkl. Frühstück 73–132 US$; @) Das ganzjährig geöffnete Superhostel in Back Bay hat Schlafsäle mit nur vier bis sechs Betten. Hinzu kommen viele Extras von Gratisbettwäsche bis hin zu geführten Touren. Vor allem im Sommer füllt sich das Ganze schnell – darum rechtzeitig buchen!

Kendall Hotel BOUTIQUEHOTEL **$$**
(Karte S. 174; ☎617-577-1300; www.kendallhotel.com; 350 Main St; Zi. inkl. Frühstück 129–199 US$;) Quasi am Eingang des MIT-Campus steht diese frühere Feuerwache aus Backstein – einzigartig, erschwinglich und mit typischem Feuerwehr-Vibe ohne Kitsch.

Irving House B&B **$$**
(Karte S. 174; ☎617-547-4600; www.irvinghouse.com; 24 Irving St; Zi. inkl. Frühstück mit Gemeinschaftsbad/eigenem Bad 135/170 US$; @) Eine prima Basis, um Cambridge zu erkunden: Nur ein paar Minuten von der Harvard University entfernt stehen Gästen 44 Zimmer in einer Mischung aus B&B und Hotel zur Verfügung.

Oasis Guest House B&B **$$**
(Karte S. 174; ☎617-267-2262; www.oasisgh.com; 22 Edgerly Rd; EZ/DZ mit Gemeinschaftsbad

BOSTON MIT KINDERN

Das familienfreundliche Boston hat viele öffentliche Toiletten mit Wickelräumen. Zahlreiche Restaurants bieten Kindermenüs und Hochstühle an.

Kinderwagen lassen sich problemlos in der „T" mitnehmen. Die alten Straßen und die überlaufenen Bürgersteige stellen da schon eine größere Herausforderung dar. Schiebende Eltern sollten nicht vergessen: Bostons Bordsteinkanten sind nicht immer abgesenkt und somit teils etwas schwierig zu meistern

Das relativ kleine Stadtgebiet ist günstig für Erkundungen mit der gesamten Familie. Ein guter Startpunkt ist der **Public Garden**: Fans von Robert McCloskeys klassischem Boston-Bilderbuch *Familie Schnack* alias *Straße frei, die Enten kommen* können dort **Bronzestatuen** (Karte S. 180) der berühmten Stockenten bewundern und per Schwanenboot über den See schippern. Im gegenüber liegenden **Boston Common** (S. 172) dürfen die Kleinen ihre Füße im Froschteich kühlen und auf Spielplätzen mit Schaukeln und Klettergerüsten herumtollen.

Das **Boston Children's Museum** (Karte S. 180; ☎617-426-6500; www.bostonchildrensmuseum.org; 300 Congress St; Eintritt 12 US$; ⌚Sa–Do 10–17, Fr 10–21 Uhr) bietet jede Menge Spaß für jüngere Kids, während das **Museum of Science** (S. 177) Kinder aller Altersstufen fasziniert. Zu den Highlights des **New England Aquarium** (S. 175) zählen ein Streichelbecken mit coolen Tieren, Seehundfütterungen und Walbeobachtungen per Boot.

Boston by Little Feet (Karte S. 180; ☎617-367-2345; www.bostonbyfoot.org; 1-stündige Tour 8 US$) heißen kindgerechte Stadtspaziergänge ab der Faneuil Hall, deren Zielpublikum (6–12 Jahre) spaßbetont ein Stück des Freedom Trail erkundet. Auch die schrägen, geselligen **Boston Duck Tours** (S. 179) sind immer eine super Wahl.

99/129 US$, Zi. mit eigenem Bad 179 US$; ❄@📶) Gleich hinter der belebten Mass Ave gibt's hier schnörkellose, schlicht möblierte Zimmer mit ausreichend Komfort. Ein Minuspunkt: Der Straßenlärm kann nerven.

HI Fenway Summer Hostel HOSTEL $
(Karte S. 174; ☎617-267-8599; www.bostonhostel.org/fenway.shtml; 575 Commonwealth Ave; B/Zi. inkl. Frühstück 38/100 US$; ⏲Juni–Aug.; @) Das Hostel am Kenmore Sq dient im Winter als Studentenwohnheim der Boston University. Die Schlafsäle haben jeweils nur drei Betten. In nächster Nähe findet man gute Restaurants und Nightspots.

Essen

Boston hat garantiert etwas für jeden Geschmack: In Chinatown gibt's günstige Asia-Kost, South End wartet mit vielen Cafés auf. Bestes Pflaster zu Sonnenuntergang ist das italienische North End, dessen schmale Straßen vor Trattorias und Ristorantes nur so strotzen.

BEACON HILL & DOWNTOWN

Ye Olde Union Oyster House SEAFOOD $$$
(Karte S. 180; ☎617-227-2750; www.unionoysterhouse.com; 41 Union St; Hauptgerichte 16–28 US$; ⏲11–21.30 Uhr) Im ältesten Restaurant der Stadt (gegr. 1826) genießt man neben den frisch geknackten Austern jede Menge Geschichte: Dies war das Lieblingslokal vieler Bostoner VIPs wie John F. Kennedy, der im oberen Speisesaal sein eigenes Separee hatte. Ruhig die Fleischgerichte ignorieren – hier ist Seafood angesagt!

Durgin Park AMERIKANISCH $$
(Karte S. 180; ☎617-227-2038; 340 Faneuil Hall Marketplace; Hauptgerichte mittags 9–30 US$; ⏲Mo–Sa 11.30–22, So 11.30–21 Uhr; 👪) Wer die Treppen zu dem berühmten Restaurant hinaufsteigt, wird mit guter alter Küche im Stil der Kolonialzeit belohnt. Seit 1827 serviert das Durgin Park typisch neuenglische Gerichte wie Yankee-Schmortopf, Indian Pudding (süßen Maispudding) oder Baked Beans nach Bostoner Art.

Paramount AMERIKANISCH $
(Karte S. 180; www.paramountboston.com; 44 Charles St; Hauptgerichte 5–18 US$; ⏲8–22 Uhr) Das beste Lokal in Beacon Hill hat fruchtige Pfannkuchen, fleischlastige Sandwiches und treue Stammgäste.

Quincy Market FOOD COURT $
(Karte S. 180; nahe Ecke Congress & North St; ⏲Mo–Sa 10–21, So 12–18 Uhr; 📶👪) Für eine schnelle Stärkung beim Erkunden des Freedom Trail empfiehlt sich dieser geschichtsträchtige Markt. Das Angebot der Imbissstände reicht von chinesischem Essen bis hin zu neuenglischer *clam chowder* (sämiger Muschelsuppe).

NORTH END

LP TIPP **Pomodoro** ITALIENISCH $$
(Karte S. 180; ☎617-367-4348; www.pomodoroboston.com; 319 Hanover St; Hauptgerichte 15–25 US$; ⏲Di–Fr 15–23, Sa & So 11–23 Uhr) Dieses gemütliche Lokal für Romantiker serviert einfache, aber perfekt zubereitete Hausmannskost aus Italien. Wer einen Tisch ergattert, kann also North Ends bestes *fra diavolo* mit Meeresfrüchten genießen. Wer nicht reserviert, muss wahrscheinlich warten.

Modern Pastry Shop BÄCKEREI $
(Karte S. 180; www.modernpastry.com; 257 Hanover St; Snacks 2–4 US$; ⏲So–Fr 8–22, Sa 7–24 Uhr) Nicht die größte, aber sicherlich die beste Bäckerei an der Hanover St. Hier gibt's z. B. Schoko-Ganache und dekadente Cannoli, die individuell vor den Augen der Kunden gefüllt werden ... Einfach lecker!

Neptune Oyster SEAFOOD $$$
(Karte S. 180; ☎617-742-3474; www.neptuneoyster.com; 63 Salem St; Hauptgerichte 20–32 US$; ⏲11.30–23 Uhr) Dieses flotte Lokal ist kaum größer als eine Muschel, hat aber die beste Rohfischtheke in ganz North End – ergänzt wird das Ganze durch gute Seafood-Gerichte nach italienischer Art. Wer hierher kommt, will *garantiert* die Austern probieren.

Regina Pizzeria PIZZA $$
(Karte S. 180; www.pizzeriaregina.com; 11 Thatcher St; Pizzas 12–18 US$; ⏲11.30–23.30 Uhr) Tischt North Ends beste Pizza mit dünnem Boden stückweise oder im Ganzen auf.

WATERFRONT & SEAPORT DISTRICT

Flour Bakery & Cafe BÄCKEREI $
(Karte S. 180; www.flourbakery.com; 12 Farnsworth St; kleine Gerichte 3–10 US$; ⏲Mo–Fr 7–19, Sa 8–18, So 9–16 Uhr; 👪) Die wunderbare Biobäckerei mit den erschwinglichen Preisen verkauft neben großartigen Plunderstückchen mit Pekannüssen auch kreativ zubereitete Sandwiches und Pizzas. Hiesiges Motto: „Versüße Dein Leben – beginne mit dem Dessert." Nichts dagegen!

Barking Crab SEAFOOD $$
(Karte S. 180; ☎617-426-2722; www.thebarkingcrab.com; 88 Sleeper St; Hauptgerichte 12–

34 US$; ⌚11.30–22 Uhr; 👪) Die bunt bemalte, stets brummende Bude am Wasser ist eine echte Institution. Hier werden bergeweise dampfende Krabben, original neuenglische *clambakes* (Meeresfrüchte-Barbecues) und die guten alten Fish & Chips im Bierteig serviert.

Legal Sea Foods SEAFOOD $$$
(Karte S. 180; ☎617-227-3115; www.legalseafoods.com; 255 State St; Hauptgerichte 15–32 US$; ⌚Mo–Sa 11–22.30, So 11–22 Uhr) Getreu dem Motto „Was nicht frisch ist, ist nicht legal" bringt das Personal dieses Lokals am Ufer wirklich gebratene, gegrillte und frittierte Meeresfrüchte der Spitzenklasse auf den Tisch. Das wissen die vielen Gäste ausnahmslos zu schätzen.

CHINATOWN, THEATER DISTRICT & SOUTH END

LP TIPP **Myers + Chang** ASIATISCH, FUSION $$
(Karte S. 174; ☎617-542-5200; www.myersandchang.com; 1145 Washington St; Hauptgerichte 10–18 US$; ⌚So–Mi 11.30–22, Do–Sa 11.30–23 Uhr) In dem super angesagten Multikulti-Restaurant haben sich zwei Spitzenköche aus South End zusammengetan. Ergebnis sind facettenreiche Köstlichkeiten, die thailändische, chinesische und vietnamesische Einflüsse mit urban-neuenglischer Küche kombinieren – z. B. Frühlingsrollen mit Shiitakepilzen und Basilikum, über Teeblättern geräucherte Spareribs oder geröstete Muscheln aus dem Wok. Alle Gerichte werden mit würzigen, frischen Kräutern verfeinert und enthalten so weit wie möglich regionale Zutaten. Das Ambiente ist hip und zwanglos.

New Jumbo Seafood CHINESISCH $$
(Karte S. 180; www.newjumboseafoodrestaurant.com; 5 Hudson St; Hauptgerichte 6–30 US$; ⌚So–Do 11–1, Fr & Sa 11–4 Uhr) Dieser Chinatown-Klassiker ist für frische Meeresfrüchte und kantonesische Kost berühmt. Als Dekor dient eine Wand aus Aquarien, in denen sich Hummer, Krabben und Aale tummeln. Die Tagesgerichte zum Mittagessen (5 US$; Mo–Fr bis 15 Uhr) sind supergünstig.

Montien THAI $$
(Karte S. 180; ☎617-338-5600; www.montien-boston.com; 63 Stuart St; Hauptgerichte 10–16 US$; ⌚Mo–Sa 11.30–22.30, So 16.30–22 Uhr; 🌶) Für Leckeres vor dem Kulturerlebnis empfiehlt sich dieses Thai-Restaurant im Herzen des Theaterbezirks. Auf den Tisch kommen wunderbar aromatische Currys und andere pikante Gerichte (u. a. viele vegetarische Optionen). Da das Essen authentisch ist, muss man dem Kellner Bescheid geben, wenn man nicht auf extreme Schärfe steht.

FARMERS MARKETS

Bauernmärkte versorgen mehrere Bostoner Stadtviertel von Mitte Mai bis November mit Obst und Gemüse der Saison. Die ultimative Fundgrube für Frisches ist der **Haymarket** (Karte S. 180; Ecke Blackstone & Hanover St; ⌚Fr & Sa 7–17 Uhr) mit über 100 Straßenständen.

Weitere Märkte:

City Hall Plaza (Karte S. 180; City Hall Plaza; ⌚Mo & Mi 11–18 Uhr)

Copley Square (Karte S. 174; St. James Ave; ⌚Di & Fr 11–18 Uhr)

South Station (Karte S. 180; Dewey Sq; ⌚Di & Do 11.30–18.30 Uhr)

Franklin Café AMERIKANISCH $$
(Karte S. 174; ☎617-350-0010; www.franklincafe.com; 278 Shawmut Ave; Hauptgerichte 16–20 US$; ⌚17.30–1.30 Uhr) Das winzige Lokal in South End kredenzt moderne amerikanische Hausmannkost mit Gourmet-Touch. Fast alle bestellen den Truthahn-Hackbraten mit Zimt-Feigen-Sauce und Schnittlauch-Kartoffelpüree – das ist wohl das berühmteste Gericht in South End. Da es hier nur ein halbes Dutzend Sitzecken und ein paar Barhocker gibt, ist frühes Erscheinen ratsam.

CAMBRIDGE

Veggie Planet VEGETARISCH $
(☎617-661-1513; www.veggieplanet.net; Club Passim, 47 Palmer St; Hauptgerichte 6–12 US$; ⌚11.30–22.30 Uhr; 🌶👪) Kreativität kennt hier keine Grenzen: Einen Block nordwestlich vom Harvard Square strömen Fans von knusprigen Müslis zu diesem Café, um sich an vielfältiger vegetarischer Kost zu laben. Veganer lieben die Tofupizza mit Kokosnuss und Curry; auch üppige Biosalate und leckere hausgemachte Suppen sind zu haben.

Mr. Bartley's Burger Cottage BURGER $
(Karte S. 174; www.mrbartley.com; 1246 Massachusetts Ave; Burger 10–12 US$; ⌚Mo–Sa 11–21 Uhr; 👪) In dieser Institution laben sich Elitestudenten an saftigen Burgern mit seltsamen Namen. Darunter ist z. B. der Yuppie Burger mit Boursin-Frischkäse und Speck. Auch

die Zwiebelringe und die Süßkartoffelpommes sind super.

Casablanca MEDITERRAN $$

(☎617-876-0999; www.casablanca-restaurant.com; 40 Brattle St; Hauptgerichte 10–24 US$; ⌚11.30–23.30 Uhr) Am Harvard Sq treffen sich Filmfans und andere Künstlertypen. Rick's Café als buntes Wandbild schafft das Ambiente für die kreativen mediterranen Köstlichkeiten.

Miracle of Science Bar & Grill KNEIPE $$

(Karte S. 174; www.miracleofscience.us; 321 Massachusetts Ave; Hauptgerichte 6–14 US$; ⌚Mo–Fr 7–1, Sa & So 9–1 Uhr) Die typische Ausstattung eines Highschool-Forschungslabors macht diese Kombination aus Bar und Grillrestaurant bis heute ziemlich hip. MIT-Studenten lieben den Laden.

Ausgehen

Alibi LOUNGE

(Karte S. 180; www.alibiboston.com; 215 Charles St) Der schrägste Ort, um in Boston einen Drink zu nehmen, befindet sich im früheren Charles Street Jail, das inzwischen zum noblen Liberty Hotel umgebaut wurde. Das Loungedekor umfasst eindrucksvolle Überreste aus der Gefängniszeit (z. B. eiserne Zellengitter).

Cask 'n' Flagon SPORTSBAR

(Karte S. 174; www.casknflagon.com; 62 Brookline Ave) Zu den vielen Sportsbars im Umkreis des Fenway Park zählt auch diese ehrwürdige Location, die Scharen begeisterter Fans mit Wänden voller klassischer Red-Sox-Memorabilien empfängt.

Bell in Hand Tavern KNEIPE

(Karte S. 180; www.bellinhand.com; 45 Union St) Gleich nördlich der Faneuil Hall befinden sich zahlreiche Bars an der Union St – so auch die älteste Kneipe der USA, die 1795 eröffnet wurde.

Cheers BAR

(Karte S. 180; www.cheersboston.com; 84 Beacon St) In der Anfangsszene der gleichnamigen TV-Sitcom war die historische Bar nur von außen zu sehen. Dennoch strömen so viele Touristen hierher, dass keiner keinen kennt. Aber wen stört das schon?

Top of the Hub LOUNGE

(Karte S. 174; www.topofthehub.net; 800 Boylston St) Die schicke Restaurantlounge im 52. Stock des Prudential Center bietet u. a. einen schwindelerregenden Blick auf die Stadt.

Sonsie CAFÉ

(Karte S. 174; www.sonsieboston.com; 327 Newbury St) Bei Aussicht auf die belebte, trendige Newbury St treffen sich hier die Schönen zum Sehen-und-Gesehen-Werden. Lust auf Lemontini?

Shays KNEIPE

(www.shayspubandwinebar.com; 58 John F. Kennedy St, Cambridge) Harvards beliebteste Studentenkneipe liegt drei Blocks südlich vom Harvard Sq. Gut besucht, günstig und gemütlich – was will man mehr?

☆ Unterhaltung

Boston hat Unterhaltungsangebote für jeden Geschmack. Das Gratismagazin *Boston Phoenix* informiert über aktuelle Veranstaltungen.

Nachtclubs & Livemusik

Club Passim FOLK

(☎617-492-7679; www.clubpassim.org; 47 Palmer St) Folk-Fans pilgern zum altehrwürdigen

SCHWULEN- & LESBENSZENE IN BOSTON

Massachusetts hat als erster US-Bundesstaat gleichgeschlechtliche Ehen legalisiert. Somit heißt seine Hauptstadt schwule und lesbische Traveller natürlich herzlich willkommen. Obwohl es offen homosexuelle Gemeinden in ganz Boston und Cambridge gibt, schlägt das Herz des Geschehens in South End.

Dort findet man auch die Bastion der Schwulen- und Lesbenszene: Das **Club Café** (Karte S. 180; www.clubcafe.com; 209 Columbus Ave) ist eine gesellige Bar mit Unterhaltungsprogramm. Eine weitere beliebte Szenekneipe in South End heißt **Fritz** (Karte S. 174; www.fritzboston.com; 26 Chandler St) und bezeichnet sich selbst stolz als „Bostons schwule Sportsbar".

Edge Boston (www.edgeboston.com) sowie das schwul-lesbische Wochenblatt **Bay Windows** (www.baywindows.com) versorgen die LGBT-Gemeinde mit Veranstaltungskalendern und Infos zu weiteren Treffs. Das größte Szene-Event namens **Boston Pride** (www.bostonpride.org; Mitte Juni) umfasst einen Umzug, ein Festival und Straßenfeste.

Passim, das nur wenige Gehminuten nordwestlich der Metrostation Harvard Square in Cambridge liegt. Seit den Tagen von Dylan und Baez haben hier viele Folksänger ihre Karriere gestartet.

Paradise Rock Club ROCK
(außerhalb der Karte S. 174; ☎617-562-8800; www.thedise.com; 967 Commonwealth Ave) In dem berühmten urigen Schuppen rocken Topbands ab – z. B. U2, die vor Ort ihr erstes US-Konzert gaben.

Great Scott ROCK
(außerhalb der Karte S. 174; ☎617-566-9014; www.greatscottboston.com; 1222 Commonwealth Ave) Bostons angesagtester Rock- und Indieclub ist so riesig, dass selten unangenehmes Gedränge entsteht.

House of Blues ROCK
(Karte S. 174; ☎888-693-2583; www.hob.com/boston; 15 Lansdowne St) Großer Laden, in dem Bands aus der Region spielen (z. B. J. Geils Band, The Cars, My Chemical Romance).

Berklee Performance Center VERSCHIEDENES
(Karte S. 174; ☎617-747-2261; www.berkleebpc.com; 136 Massachusetts Ave) Eine der besten US-Musikakademien, in der zu Ruhm gelangte Absolventen und andere renommierte Künstler auftreten.

Theater & Kultur

Hatch Memorial Shell PAVILLON
(Karte S. 180; Charles River Esplanade; 👪) Auf der Freilichtbühne am Charles River finden kostenlose Sommerkonzerte statt. Das Highlight und die größte Veranstaltung des hiesigen Musikjahrs (inkl. Feuerwerk) ist der Auftritt des Boston Pops Orchestra am 4. Juli.

Club Oberon EXPERIMENTELLES THEATER
(Karte S. 174; ☎866-811-4111; www.cluboberon.com; 2 Arrow St, Cambridge) Teils Theater, teils Nachtclub: Im wandlungsfähigen Veranstaltungssaal kann die Bühne überall aufgebaut werden, da die Schauspieler mit dem Publikum interagieren.

Wang Theatre THEATER, TANZ
(Karte S. 180; ☎617-482-9393; www.citicenter.org; 270 Tremont St) Eines von Neuenglands größten Theatern bietet Schauspiel und Tanz der Spitzenklasse in einem historischen Prachtbau von 1925.

Symphony Hall MUSIK
(Karte S. 174; ☎888-266-1200; www.bso.org; 301 Massachusetts Ave) Heimat des gefeierten Boston Symphony Orchestra und des Boston Pops Orchestra.

GÜNSTIGE TICKETS

Zum halben Preis verkaufen die **BosTix-Kioske** (www.bostix.org; ⌚Di–Sa 10–18, So 11–16 Uhr) Faneuil Hall (Karte S. 180; Congress St); Copley Sq (Karte S. 174; Ecke Dartmouth & Boylston St) Tickets für Theatervorstellungen und Konzerte, die am selben Tag in Boston stattfinden – allerdings nur gegen Bares (keine Kartenzahlung).

Opera House THEATER
(Karte S. 180; ☎617-880-2442; http://bostonoperahouseonline.com; 539 Washington St) Broadway-Produktionen in einem extravaganten, prachtvoll restaurierten Theater aus den 1920er-Jahren.

Sport

Die Sportmetropole Boston hat mehrere Top-Profimannschaften. Jeweils von April bis September bejubeln Fans seit 1912 die **Boston Red Sox** (☎617-267-1700; www.redsox.com) im **Fenway Park** (Karte S. 174), dem ältesten und legendärsten Baseballstadion der amerikanischen MLB.

TD Garden BASKETBALL, EISHOCKEY
(Karte S. 180; 150 Causeway St) Von Oktober bis April spielen hier die **Boston Celtics** (☎617-523-3030; www.celtics.com) NBA-Basketball. Parallel treten die **Boston Bruins** (☎617-624-2327; www.bostonbruins.com) im NHL-Eishockey an – 2011 gekrönt vom Gewinn des Stanley Cup.

Gillette Stadium AMERICAN FOOTBALL, FUSSBALL
Rund 25 Meilen (40 km) südlich von Boston liegt Foxboro, wo die NFL-Profis der **New England Patriots** (☎800-543-1776; www.patriots.com) American Football spielen (Aug.–Jan.) und sich das MLS-Team **New England Revolution** (☎877-438-7387; www.revolutionsoccer.net) im Fußball beweist (April–Okt.).

🔒 Shoppen

Die Newbury St ist Bostons interessanteste Einkaufsmeile. Armani, Brooks Brothers und Cartier dominieren das noble Ostende, während ganz im Westen unkonventionelle Läden und flippige Buchhändler warten.

Mit **Copley Place** (Karte S. 174; www.shopcopleyplace.com; 100 Huntington Ave) und **Prudential Center** (Karte S. 174; www.prudentialcenter.

com; 800 Boylston St) befinden sich Bostons größte Einkaufszentren beide in Back Bay.

Jake's House BEKLEIDUNG
(Karte S. 174; www.lifeisgood.com; 285 Newbury St;) Die fröhlichen, vor Ort entworfenen T-Shirts und Rucksäcke bezeugen: Das Leben *ist* schön.

Coop BEKLEIDUNG
(thecoop.com; 1400 Massachusetts Ave, Cambridge) Eine Institution am Harvard Sq, die Sweatshirts und alle möglichen Souvenirs mit dem Harvard-Logo sowie Bücher und Musik aus der Region verkauft.

Cambridge Artists' Cooperative KUNSTHANDWERK
(Karte S. 174; www.cambridgeartistscoop.com; 59a Church St, Cambridge) Am Harvard Sq betreiben Kreative aus Cambridge diese mehrstöckige Galerie für Kunsthandwerk.

Bromfield Art Gallery KUNSTHANDWERK
(Karte S. 174; www.bromfieldgallery.com; 450 Harrison Ave) Bostons älteste Kooperative lädt zum Stöbern nach Kunsthandwerk ein.

Praktische Informationen

Geld

Geldautomaten gibt's in ganz Boston (z. B. an den meisten U-Bahnhöfen). Die **Citizens Bank** (www.citizensbank.com) an der State St (53 State St) und der Boylston St (607 Boylston St) tauscht ausländische Währungen um.

Infos im Internet

www.bostoncentral.com Gute Infoquelle für Familien mit Verzeichnissen zu kinderfreundlichen Aktivitäten.

www.cityofboston.gov Offizielle Website der Bostoner Stadtverwaltung mit Links zu Einrichtungen für Besucher.

Internetzugang

Boston Public Library (Karte S. 174; www.bpl.org; 700 Boylston St; Mo–Do 9–21, Fr & Sa 9–17 Uhr) Wenn die 15 Gratis-Internetminuten nicht reichen, kann man sich bei der Buchausleihe einen Besucherausweis holen und sich für eine längere Nutzungsdauer eintragen.

Tech Superpowers & Internet Café (www.techsuperpowers.com; 252 Newbury St; pro 15 Min./Std. 3/5 US$; Mo–Fr 9–19, Sa & So 11–16 Uhr) Hat Computer mit Internetzugang. Entlang der ganzen Newbury St kann man mit dem eigenem Laptop über Gratis-WLAN surfen.

Medien

Boston Globe (www.boston.com) Neuenglands größte Tageszeitung mit Online-Infos.

Boston Phoenix (www.thephoenix.com) Kostenlose alternative Wochenzeitung mit prima Infos in Sachen Kunst und Unterhaltung.

Improper Bostonian (www.improper.com) Freches Gratisblatt, das alle zwei Wochen in Ausgabekästen auf dem Bürgersteig bereitliegt.

Medizinische Versorgung

CVS Pharmacy (617-437-8414; www.cvs.com; 587 Boylston St; 24 Std.) Gegenüber der Boston Public Library.

Massachusetts General Hospital (617-726-2000; www.mgh.org; 55 Fruit St; 24 Std.) Im Westen der Innenstadt.

Post

Hauptpost (Karte S. 180; www.usps.com; 25 Dorchester Ave; 6–24 Uhr) Einen Block südöstlich der South Station; weitere Postfilialen finden sich im Stadtzentrum und nahe dem Harvard Sq.

Touristeninformation

Cambridge Visitor Information Booth (617-497-1630; www.cambridge-usa.org; Harvard Sq; 9–17 Uhr) Mitten auf dem Platz liefert dieser Kiosk alles Wissenwerte zu Cambridge.

Greater Boston Convention & Visitors Bureau (www.bostonusa.com) Unterhält Visitor Centers im Boston Common (Karte S. 180; 617-426-3115; 148 Tremont St; Mo–Fr 8.30–17, Sa & So 9–17 Uhr) und im Prudential Center (Karte S. 174; 800 Boylston St; 9–17 Uhr).

An- & Weiterreise

An- und Abreise gestalten sich in Boston einfach. Bahnhof und Busbahnhof liegen bequem nebeneinander, und der Flughafen ist mit der U-Bahn schnell zu erreichen.

BUS Die **South Station** (Karte S. 180.; 700 Atlantic Ave) ist der Startpunkt für zahlreiche verschiedene Langstreckenbuslinien von **Greyhound** (www.greyhound.com). Darüber hinaus verbinden Fernbusse der **Fung Wah Bus Company** (www.fungwahbus.com) die South Station mit New York City (einfache Strecke 15 US$).

FLUGZEUG Der **Logan International Airport** (BOS; www.massport.com/logan), vom Stadtzentrum aus gesehen direkt auf der anderen Seite des Boston Harbor, wird von großen in- und ausländischen Fluglinien genutzt. Es gibt hier sämtliche Einrichtungen.

ZUG Die Züge der **MBTA Commuter Rail** (www.mbta.com) fahren von der North Station (Karte S. 180) nach Concord und Salem und von der South Station (Karte S. 180.) nach Plymouth und Providence. Der Preis variiert je nach Entfernung und beträgt maximal 8,25 US$.

Der **Amtrak-Bahnhof** (www.amtrak.com) liegt bei der South Station; die Fahrt nach New York

FAHRRAD-SHARING

Seit dem Sommer 2011 stellt Boston im Rahmen von **Hubway** (www.thehubway.com) insgesamt 600 Fahrräder an 60 Kiosken in der ganzen Stadt bereit. Der Umfang soll sich in den nächsten Jahren verzehnfachen. Vorteil des neuen Bikesharing-Angebots: Es ist günstig und praktisch – für 5 US$ kann man einen Drahtesel bei einem Kiosk entriegeln, den ganzen Tag benutzen und an einer anderen Station wieder abgeben. Kehrseite: Auf den schmalen Bostoner Straßen mit nur wenigen Fahrradwegen herrscht große Rücksichtslosigkeit. Wer das Ganze trotzdem ausprobieren will, darf die ersten 30 Minuten gratis radeln.

kostet 67 US$ (4¼ Std.) bzw. 99 US$ mit dem schnelleren Acela Express (3½ Std.).

Unterwegs vor Ort

AUTO & MOTORRAD Große Autovermieter sind am Flughafen und oft auch in der ganzen Stadt vertreten. Achtung: Viele Einbahnstraßen und die veraltete Verkehrsführung machen das Fahren in Boston total verwirrend! Somit empfehlen sich öffentliche Verkehrsmittel. Wer per Mietwagen weiterreist, kann diesen getrost erst am Ende seines Bostonbesuchs abholen.

ZUM/VOM FLUGHAFEN Die wenigen Kilometer zwischen Bostons Zentrum und dem Logan International Airport lassen sich per U-Bahn bewältigen.

TAXI Innerhalb des Stadtgebiets kosten Fahrten mit einem der vielen Taxis 10 bis 25 US$. Taxis lassen sich einfach heranwinken und sind auch vor großen Hotels zu finden. Bei **Metro Cab** (☎617-242-8000) oder **Independent** (☎617-426-8700) können sie telefonisch bestellt werden.

U-BAHN Mit der „T" von 1897 betreibt die **MBTA** (www.mbta.com; Einzelfahrt 2 US$, Tages-/Wochenkarte 9/15 US$; ⌚5.30–0.30 Uhr) die älteste U-Bahn der USA. Deren fünf verschiedenfarbige Linien (Red, Blue, Green, Orange, Silver) erstrecken sich strahlenförmig ab den innerstädtischen Haltestellen Park St, Downtown Crossing und Government Center. „Inbound"-Züge fahren jeweils zu einer der drei Stationen („Outbound" in Gegenrichtung).

Rund um Boston

Die historischen Kleinstädte rund um Boston sind prima Ziele für Tagesausflüge. Besucher ohne eigenes Transportmittel erreichen sie mit den Bussen und Bahnen der MBTA (S. 189).

LEXINGTON & CONCORD

Die 15 Meilen (24 km) nordwestlich von Boston gelegene Kolonialstadt Lexington war der Ort, wo 1775 die erste Schlacht des Amerikanischen Unabhängigkeitskriegs geschlagen wurde. Nach der Schlacht marschierten die britischen Rotröcke 16 km westwärts nach Concord, wo ihnen die Amerikanischen Minutemen (Miliz) an der North Bridge des Ortes die erste Niederlage beibrachten. Einblicke in dieses folgenschwere geschichtliche Ereignis erhält man im **Minute Man National Historic Park** (☎978-369-6993; www.nps.gov/mima; 174 Liberty St, Concord; Eintritt frei; ⌚9–17 Uhr) und entlang des rund 9 km langen **Battle Road Trail**, den man zu Fuß oder per Fahrrad erkunden kann.

Im 19. Jh. war Concord von einer lebendigen Literatengemeinde bevölkert. Neben der **Old North Bridge** befindet sich das **Old Manse** (☎978-369-3909; 269 Monument St; Erw./Kind 8/5 US$), das frühere Wohnhaus des Schriftstellers Nathaniel Hawthorne. Im Umkreis von einer Meile vom Stadtzentrum finden sich das **Ralph Waldo Emerson House** (☎978-369-2236; 28 Cambridge Turnpike; Erw./Kind 7–17 Jahre 8/6 US$), Louisa May Alcotts **Orchard House** (☎978-369-4118; 399 Lexington Rd; Erw./Kind 9/5 US$) und das **Wayside** (☎978-369-6993; 455 Lexington Rd; Erw./Kind 5 US$/frei), Schauplatz von Alcotts Roman *Betty und ihre Schwestern*.

Walden Pond, wo Henry David Thoreau lebte und sein Buch *Walden* schrieb, liegt 3 Meilen (4,8 km) südlich des Stadtzentrums. Man kann das Anwesen mit der Hütte besichtigen und sich von einem Spaziergang rund um den Teich inspirieren lassen. Die oben genannten Autoren liegen allesamt auf dem **Sleepy Hollow Cemetery** (Bedford St) im Stadtzentrum begraben. Zum Walden Pond und zum Friedhof hat man kostenlosen Zutritt. Alle Detailinfos zu den Stätten, einschließlich der jahreszeitlich wechselnden Öffnungszeiten der Autorenhäuser, erfährt man bei der **Concord Chamber of Commerce** (☎978-369-3120; www.concordchamberofcommerce.org; 58 Main St; ⌚10–16 Uhr).

SALEM

Salem, 20 Meilen (32 km) nordöstlich von Boston, verdankt seine unrühmliche Stel-

HEXENJAGD IN SALEM

Anfang 1692 verhielten sich einige junge Frauen in Salem plötzlich seltsam. Teufelswerk? Beim Verhör bezichtigten die Mädchen schließlich unter Zwang die Sklavin Tituba der Hexerei. Tituba wurde gefoltert und belastete weitere Personen. So hagelte es bald alle möglichen Beschuldigungen. Bis zum September hatten 55 Personen „gestanden"; 19 weitere weigerten sich und wurden aufgehängt. Der Wahnsinn endete erst, als sich die Ankläger gegen die Frau des Gouverneurs wandten.

Die ergreifendste Stätte in Salem ist das **Witch Trials Memorial** (Charter St), ein ruhiger Park hinter dem Peabody Essex Museum. Auf schlichten Steinen stehen dort die Namen der Opfer und deren letzte Worte, mit welchen sie die ihnen widerfahrene Ungerechtigkeit beklagten.

Die interessanteste aller Salemer „Hexenstätten" ist das **Witch House** (www.witchhouse.info; 310 Essex St; Erw./Kind 10,25/6,25 US$; ⌚10–17 Uhr): Darin wohnte einst der vorsitzende Richter der Prozesse. Für weitere Details empfiehlt sich Arthur Millers Theaterstück *Hexenjagd* – zugleich eine Parabel auf die antikommunistische US-Senatskampagne in den 1950er-Jahren, bei der Miller auf die Schwarze Liste geriet.

lung in der Geschichte der hysterischen Hexenjagd von 1692, bei der unschuldige Menschen sterben mussten. Die tragischen Ereignisse von damals werden positiv genutzt: Es finden sich Anbieter aller möglichen Hexen-Events, von denen einige seriös sind, andere das damalige Geschehen hingegen nur ausschlachten. Infos zu den Sehenswürdigkeiten vor Ort gibt's bei **Destination Salem** (☎877-725-3662; www.salem.org; 2 New Liberty St; ⌚10–16 Uhr).

Das außergewöhnliche **Peabody Essex Museum** (☎978-745-9500; www.pem.org; East India Sq; Erw./Kind 15 US$/frei; ⌚Di–So 10–17 Uhr) spiegelt Salems Seefahrervergangenheit wider. Das Museum wurde gegründet für die Kunstwerke, Artefakte und Kuriositäten, die die Salemer Händler bei ihren frühen Expeditionen in den Fernen Osten gesammelt hatten. Wie die Exponate beweisen, hatten sie die Taschen voller Geld und einen guten Geschmack. Neben erstklassigen Werken aus China und dem pazifischen Raum besitzt das Museum auch eine exzellente Sammlung von Kunstwerken amerikanischer Ureinwohner.

Salem war einst das Zentrum eines regen Seehandels mit China, und der größte Händler der Stadt war Elias Derby, welcher der erste Millionär der USA wurde. Einen Eindruck von diesen glorreichen Tagen bekommt, wer die Derby St zum Derby Wharf hinuntergeht, der heute den Mittelpunkt der **Salem Maritime National Historic Site** bildet.

PLYMOUTH

Plymouth, die „Heimat Amerikas", zelebriert ihr Erbe als erste europäische Siedlung in der Region. Der **Plymouth Rock**, ein verwitterter Granitfelsen am Hafen, soll die Stelle markieren, an der die Pilgerväter 1620 an Land gingen. Den darf man sich nicht allzu großartig vorstellen: Der Felsen, auf dem Amerika errichtet wurde, ist klein – so winzig, dass die meisten Besucher noch einmal ganz genau hinschauen müssen.

Heute pilgern die Besucher zur **Plimoth Plantation** (☎508-746-1622; www.plimoth.org; MA 3A; Erw./Kind 29.50/19 US$; ⌚März–Nov. 9–17 Uhr; 👪), dem authentischen Nachbau eines Pilgerdorfs von 1627. Alles hier ist den damaligen Verhältnissen nachempfunden: die Häuser, die Feldfrüchte, das über Holzöfen gegarte Essen und sogar die Sprache der kostümierten Führer. Ebenso interessant sind die Wohnstätten der Wampanoag-Indianer, die den Pilgervätern durch den ersten harten Winter halfen. Wer Kinder dabei hat oder sich für Geschichte interessiert, sollte das Dorf unbedingt besuchen. Die Eintrittskarte gilt auch für den Besuch der *Mayflower II,* ein Nachbau des Pilgerschiffs im Plymouth Harbor.

Destination Plymouth (☎508-747-7533; www.visit-plymouth.com; 134 Court St; ⌚8–16 Uhr) liefert ausführliche Infos zu allen Sehenswürdigkeiten, und wer Hunger bekommt, kann diesen in den guten Seafood-Restaurants direkt am Hafen stillen.

Cape Cod

Die Dünen der National Seashore erklimmen, auf dem Cape Cod Rail Trail radeln, Austern in Wellfleet Harbor essen – diese sandige Halbinsel strotzt nur so vor Lokalkolorit. Das „Cape", wie die Einheimischen sagen, gehört mit seinen 643 schimmernden Kilometern Küste zu Neuenglands schönsten Zielen für Strandliebhaber. Die Strände sind aber längst nicht alles: Wer genug von Sonne und Sand hat, kann Künstlerenklaven erkunden, Bootsfahrten unternehmen oder tief in die freigeistige Atmosphäre von Provincetowns Straßen eintauchen.

Die **Cape Cod Chamber of Commerce** (☎508-362-3225; www.capecodchamber.org; MA 132 am US 6, Hyannis; ⌚10–17 Uhr) liefert Infos zur Region.

SANDWICH

Der historische Kern des ältesten Dorfes auf Cape Cod umgibt einen malerischen Schwanenteich, mehrere kleine Museen und eine ca. 1654 erbaute Getreidemühle mit Wasserrad.

Sehenswertes & Aktivitäten

Wer Lust auf Salzwasser hat, fährt hinaus zum **Sandy Neck Beach** (Sandy Neck Rd) hinter der MA 6A. Dieser fast 10 km lange Sandstreifen (Parken 15 US$) ist super zum Strandgutsammeln und für ein erfrischendes Bad.

Sandwich Glass Museum MUSEUM
(☎508-888-0251; www.sandwichglassmuseum.org; 129 Main St; Erw./Kind 5/1,25 US$; ⌚9.30–17 Uhr) Sandwichs Glasbläsererbe aus dem 19. Jh. wird hier kunstvoll präsentiert. Vorführungen finden immer zur vollen Stunde statt.

Heritage Museums & Gardens MUSEUM
(☎508-888-3300; www.heritagemuseumsandgardens.org; Ecke Grove & Pine St; Erw./Kind 12/6 US$; ⌚10–17 Uhr; 👪) Auf dem ca. 31 ha großen Gelände warten eine **Oldtimer-Ausstellung**, Exponate zur Volkskunst und einer der schönsten **Rhododendrongärten**

ABSTECHER

DIE „WALFANGSTADT" NEW BEDFORD

Auf dem Höhepunkt der Walfangzeit war New Bedford der weltgrößte Walfanghafen, in dem Tausende nach Arbeit auf den Schiffen suchten. Auch der Schriftsteller Herman Melville klapperte die örtlichen Kais ab, bevor er zu dem Abenteuer aufbrach, das ihn zu *Moby Dick* inspirierte. Tatsächlich spielen die Anfangsszenen des Romans in New Bedford. Mit seinen Gaslampen und Pflasterstraßen wirkt das Stadtzentrum größtenteils noch wie im Jahr 1841, als Melville auf dem Walfangschiff *Acushnet* anheuerte. Der historische Hafen steht unter dem Schutz des **New Bedford National Historical Park** und erstreckt sich hinter seinem heutigen Pendant vier Blocks weit landeinwärts. Bester Startpunkt ist das **Park Visitor Center** (☎508-996-4095; www.nps.gpv/nebe; 33 Williams St; ⌚9–17 Uhr): Dort warten Karten und ein Kurzfilm als perfekte Vorbereitung fürs Sightseeing.

In nächster Nähe zum Visitor Center steht mit **Seaman's Bethel** die Kapelle, in der Melville und seine Matrosenkollegen vor dem Aufbruch zu den pazifischen Walfanggründen zum Gottesdienst gingen. Im tollen **New Bedford Whaling Museum** (☎508-997-0046; www.whalingmuseum.org; 18 Johnny Cake Hill; Erw./Kind 10/6 US$; ⌚9–17 Uhr) nebenan können Besucher lebensgroße Walskelette bestaunen, auf dem Nachbau eines Walfangschoners (Maßstab 1:2) herumklettern und bewegende Ausstellungen besichtigen. Besonders interessant sind die Exponate zum früheren Sklaven Frederick Douglass, der hier im Alter von 21 Jahren einen Job als Hafenarbeiter ergatterte und New Bedford drei Jahre später als einer der führenden US-Abolitionisten verließ. (Im 19. Jh. hatte die Stadt einen der höchsten Integrationsquotienten Amerikas).

New Bedford ist auch heute noch angeblich der größte Fischereihafen Neuenglands. Die besten Köstlichkeiten aus dem Salzwasser gibt's im **Antonio's** (☎508-990-3636; www.antoniosnewbedford.com; 267 Coggeshall St; Gerichte 10–18 US$; ⌚11.30–21.30 Uhr), wo frisch Gefangenes mit New Bedfords portugiesischem Erbe kombiniert wird. Die leckere Paella mit vielen Schalentieren (u. a. Hummer) stillt auch den größten Hunger.

Um nach New Bedford zu kommen, der I-195 zur MA 18 in Richtung Süden folgen und die Ausfahrt Elm St nehmen. Einen Block oberhalb der Elm St steht ein Parkhaus. Das Visitor Center des Nationalparks liegt nur einen Block weiter südlich.

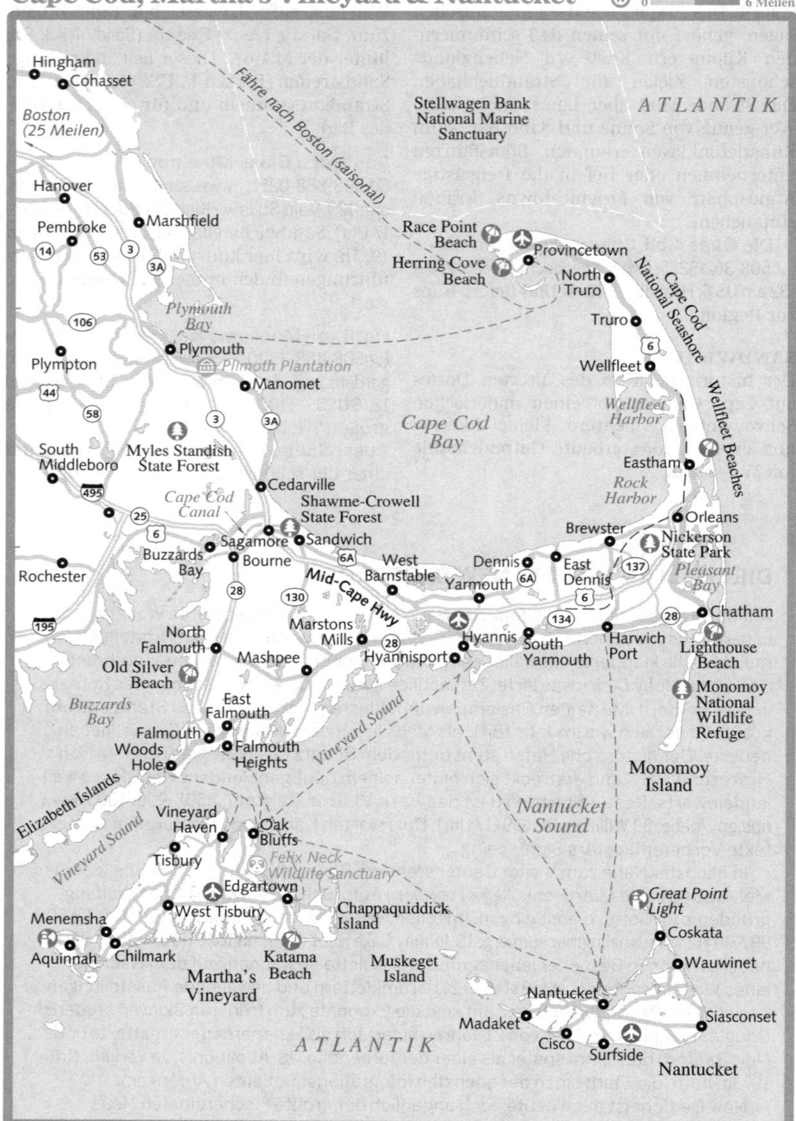

Amerikas. Kinder freuen sich über Fahrten mit dem klassischen **Karussell** von 1912.

Hoxie House HISTORISCHES GEBÄUDE
(☎508-888-1173; 18 Water St; Erw./Kind 3/2 US$; ⏱Mo–Sa 10–17, So 13–17 Uhr) Das älteste Haus auf Cape Cod entstand um 1640.

Cape Cod Canal RADWEG
Am Sandwich Harbor beginnt der Cape Cod Canal, dessen Südufer von einem ca. 10 km langen Weg gesäumt wird. Dieser Weg ist ideal, um ein bisschen Rad zu fahren oder eine kleine Tour auf den Inlineskates zu wagen.

Schlafen & Essen

Belfry Inne & Bistro B&B $$
(☎508-888-8550; www.belfryinn.com; 8 Jarves St; Zi. inkl. Frühstück 189–255 US$; ❄📶) Schon mal in der Kirche eingeschlafen? Dann ist das kreativ umgebaute ehemalige Gotteshaus (heute ein gehobenes B&B) genau das Richtige! In manche Zimmer fällt das Licht durch die originalen Buntglasfenster. Vielleicht wirkt der Erzengel Gabriel über dem Bett aber doch etwas zu schräg? Dann empfehlen sich konventionellere Quartiere in den beiden angeschlossenen Gästehäusern nebenan.

Shawme-Crowell State Forest CAMPING $
(☎508-888-0351; www.reserveamerica.com; MA 130; Stellplatz 14 US$) 285 schattige Stellplätze auf einem 283 ha großen Waldgelände nahe der MA 6A.

Brown Jug CAFÉ $
(www.thebrownjug.com; 155 Main St; Hauptgerichte 6–10 US$; ⏲Di–Sa 9–17, So 12–16 Uhr) Super Sandwiches in Sandwich? Na klar! Dieser schicke Mix aus Weinladen und Café verkauft tolle Salate, Sandwiches und Käseteller. Alternativ kann man im oben gelegenen Feinkostgeschäft seinen Picknickkorb mit Trüffel-Gänseleberpastete, Kaviar und handgemachtem Brot für ein romantisches Mahl im Freien füllen.

Seafood Sam's SEAFOOD $$
(www.seafoodsams.com; 6 Coast Guard Rd; Hauptgerichte 10–20 US$; ⏲11–21 Uhr; 👪) Das familienfreundliche Sams serviert Fish & Chips, Muscheln und Hummer auf Picknicktischen mit Blick auf den Cape Cod Canal und vorbeifahrende Fischerboote.

FALMOUTH

Die zweitgrößte Ortschaft auf Cape Cod punktet vor allem mit spitzenmäßigen Stränden und einem Radweg am Meer.

Sehenswertes & Aktivitäten

LP TIPP **Shining Sea Bikeway** RADWEG
Ein Muss für Radler ist diese herrliche Route (17,2 km) entlang der Westküste von Falmouth. Die flache Strecke mit Aussicht auf Salzwassertümpel und das Meer ist perfekt für Familienausflüge. **Corner Cycle** (☎508-540-4195; www.cyclecorner.com; 115 Palmer Ave; 17 US$/Tag; ⏲9–18 Uhr) verleiht Drahtesel unweit des Radwegs.

Old Silver Beach STRAND
(abseits der MA 28A, North Falmouth; Parken 20 US$; 👪) Falmouths tief eingekerbte Küstenlinie ist ca. 113 km lang. Besonders schön ist der Sandstrand Old Silver Beach mit seinem ruhigen Wasser. Ein Felsensteg, Sandbänke und Gezeitenbecken sorgen für jede Menge spaßige Unterhaltung für den Nachwuchs.

> **WAS ZUM ...?**
>
> **Ben & Bill's Chocolate Emporium** (209 Main St, Falmouth; Eiswaffel 5 US$; ⏲9–23 Uhr) hebt den Hummerwahnsinn auf eine neue Stufe: Hier sind die Schalentiere schon auf die Eiskarte gekrochen und lassen einen das gute, alte Vanilleeis vergessen: Statt der 31 anderen, normalen Sorten kann man an der Theke also eine Kugel Hummereis bestellen.

Schlafen & Essen

Falmouth Heights Motor Lodge MOTEL $$
(☎508-548-3623; www.falmouthheightsresort.com; 146 Falmouth Heights Rd; Zi. inkl. Frühstück ab 149 US$; ❄🏊👪) Der Name täuscht: Das saubere, familiengeführte Haus kann man nicht direkt anfahren – es steht nicht einmal am Highway. Alle 28 Zimmer sind überdurchschnittlich gut. Strand und Vineyard-Fähranleger liegen nur wenige Minuten entfernt.

Casino Wharf FX SEAFOOD $$
(☎508-540-6160; www.casinowharf.weebly.com; 286 Grand Ave; Hauptgerichte 10–30 US$; ⏲11.30–22.30 Uhr) Das Lokal liegt so nah am Wasser, dass die Gäste von der Terrasse aus angeln könnten. Doch wozu die Mühe? Einfach einen Terrassentisch schnappen und losessen! Am Wochenende sorgt oft Livemusik für lebhafte Stimmung.

Clam Shack SEAFOOD $
(227 Clinton Ave; Gerichte 5–15 US$; ⏲11.30–19.30 Uhr) Dieser winzige Seafood-Klassiker steht direkt am Falmouth Harbor. Auf den Picknicktischen der Terrasse hinten landen massenhaft gebratene Meeresfrüchte. Am besten beginnt man mit den großen, saftigen Muscheln mit perfekter Knusperkruste.

HYANNIS

Cape Cods kommerzielles Zentrum ist den meisten Besuchern als Sommerdomizil des Kennedy-Clans bekannt. Fähren verbinden Hyannis mit Nantucket und Martha's Vineyard.

Sehenswertes & Aktivitäten

Die 1,6 km lange Main St eignet sich prima zum Bummeln, Essen, Ausgehen und Shoppen. Der **Kalmus Beach** (Ocean St) ist ein beliebter Windsurfspot, während Studenten am **Craigville Beach** (Craigville Beach Rd) abhängen. An beiden Stränden kostet das Parken 15 US$.

John F. Kennedy Hyannis Museum MUSEUM
(☎508-790-3077; http://jfkhyannismuseum.org; 397 Main St; Erw./Kind 5/2,50 US$; ⏲Mo–Sa 9–17, So 12–17 Uhr) Ehrt den 35. US-Präsidenten mit Fotos, Videos und Ausstellungen.

Hy-Line Cruises HAFENRUNDFAHRT
(☎508-790-0696; www.hylinecruises.com; Ocean St Dock; Erw./Kind 16/8 US$; ⏲Mitte April–Okt.) Die einstündige Hafenrundfahrt an Bord eines altmodischen Dampfers passiert auch den Komplex mit den Wohnhäusern der Kennedys.

Schlafen

LP TIPP **Anchor-In** HOTEL $$
(☎508-775-0357; www.anchorin.com; 1 South St; Zi. inkl. Frühstück 139–259 US$; ❄@☜≋) Die familiengeführte Boutiqueunterkunft unterscheidet sich von all den Kettenhotels am Highway durch helle, luftige Zimmer mit Hafenblick vom Balkon. Praktisch für geplante Tagestrips nach Nantucket: Zum Fähranleger sind's nur ein paar Geminuten.

SHI-Hyannis HOSTEL $
(☎508-775-7990; http://capecod.hiusa.org; 111 Ocean St; B/Zi. inkl. Frühstück 32/99 US$; @☜) Das funkelnde neue Hafenhostel liegt in fußläufiger Entfernung zu den Stränden bzw. Fähren und zur belebten Main St. Es hat nur 44 Betten – daher besser rechtzeitig buchen!

SeaCoast Inn MOTEL $$
(☎508-775-3828; www.seacoastcapecod.com; 33 Ocean St; Zi. inkl. Frühstück 108–158 US$; ❄@☜) Sehr günstig, aber keinesfalls spartanisch: Von Gratis-WLAN bis hin zu Kochecken warten die geräumigen Zimmer mit vielen Extras auf. Dank zentraler Lage erreichen Gäste alles in Hyannis fix zu Fuß.

Essen

Raw Bar SEAFOOD $$
(www.therawbar.com; 230 Ocean St; Hummersandwich 18–25 US$; ⏲11–19 Uhr) Hier gibt's die „Mutter aller Hummersandwiches": Man kriegt hier quasi ein ganzes Schalentier im Brötchen. Genauso toll ist die Aussicht auf den Hyannis Harbor.

Brazilian Grill BRASILIANISCH $$
(680 Main St; Buffet mittags/abends 15/28 US$; ⏲11.30–22 Uhr) Das waschechte *rodízio* feiert die brasilianische Seite von Hyannis. Bei dieser Form des Festessens bauen stattliche Gauchos in Traditionskluft ein herrliches Buffet mit *churrasco* (Grillfleisch am Spieß) auf.

ABSTECHER

WOODS HOLE

Das Nest Woods Hole ist der Standort des größten US-Meeresforschungsinstituts. Vom Erkunden des Titanic-Wracks bis hin zu Klimawandelstudien hat sich die Woods Hole Oceanographic Institution (WHOI, Aussprache *huh-ei*) schon allen möglichen Bereichen gewidmet.

Genaue Einblicke bekommt man auf Gratisführungen, die an der **WHOI-Besucherinformation** (☎508-289-2252; www.whoi.edu; 93 Water St; ⏲75-minütige Führungen Juli & Aug. Mo–Fr 10.30 & 13.30 Uhr) beginnen. Auch das **WHOI Ocean Science Exhibit Center** (15 School St; Eintritt frei; ⏲Mo–Sa 10–16.30 Uhr) lässt einen in die Arbeit der Wissenschaftler hineinschnuppern.

Das **Woods Hole Science Aquarium** (http://aquarium.nefsc.noaa.gov; 166 Water St; Eintritt frei; ⏲Di–Sa 11–16 Uhr; 👪) ist nicht sonderlich auffällig oder effektvoll. Es zeigt aber ungewöhnliche Meeresbewohner, einheimische Fische und den *Homarus americanus* alias Hummer. Kinder freuen sich über die Tiere im Streichelbecken. Am besten kommt man zur Seehundfütterung (11 & 16 Uhr) hierher.

Das **Fishmonger Café** (56 Water St; Hauptgerichte 10–25 US$; ⏲7–21.30 Uhr) jenseits der Zugbrücke setzt die Meeresthematik fort: Bei Rundumblick aufs Wasser bekommt man diverse Gerichte mit Schwerpunkt auf frischem Seafood vorgesetzt.

Um von Falmouths Zentrum aus nach Woods Hole zu kommen, ab der MA28 die Woods Hole Rd gen Süden nehmen!

La Petite France Café CAFÉ $
(www.lapetitefrancecafe.com; 349 Main St; Sandwiches 7 US$; ⊙Mo–Sa 7–15 Uhr) Der Star unter den örtlichen Cafés kredenzt lockere Croissants, super Baguettesandwiches und selbst gekochte Suppen.

BREWSTER

Das waldreiche Brewster auf Cape Cods Buchtseite ist ein guter Ausgangspunkt für Outdoor-Aktivitäten. Der Cape Cod Rail Trail führt genau durch den Ort. Außerdem gibt es super Möglichkeiten zum Campen, Wandern und für Wassersport.

Sehenswertes & Aktivitäten

GRATIS **Nickerson State Park** STATE PARK
(☎508-896-3491; 3488 MA 6A; ⊙Sonnenaufgang–Sonnenuntergang) Die ca. 8 km² große Oase punktet mit kilometerlangen Rad- bzw. Wanderwegen und Sandstränden an acht Teichen.

Jack's Boat Rental
(☎508-349-9808; www.jacksboatrental.com; Leihgebühr 20–40 US$/Std.; ⊙9–18 Uhr) Verleiht Kanus, Kajaks, Stehpaddel-Boards und Segelboote im State Park.

Barbara's Bike
(☎508-896-7231; www.barbsbikeshop.com; Leihgebühr 24 US$/Tag; ⊙9–18 Uhr) Fahrradverleih am Parkeingang.

Cape Cod Museum of Natural History MUSEUM
(☎508-896-3867; www.ccmnh.org; 869 MA 6A; Erw./Kind 8/3,50 US$; ⊙9.30–16 Uhr; 👪) Die Ausstellungen informieren über Cape Cods Fauna. Vom Museum aus führt ein cooler Plankenpfad durch Salzmarschen zu einem entlegenen Strand.

Schlafen

Old Sea Pines Inn B&B $$
(☎508-896-6114; www.oldseapinesinn.com; 2553 MA 6A; Zi. inkl. Frühstück 85–165 US$; @📶) Die frühere Mädchenschule von 1840 ist heute ein B&B mit 21 Zimmern. Alte Beschläge, sepiafarbene Fotos und Badewannen mit Klauenfüßen prägen die schlichte, altmodische Einrichtung; Gäste fühlen sich ein wenig wie bei Oma. Statt TV gibt's eine Veranda mit Schaukelstühlen.

Nickerson State Park CAMPING $
(☎877-422-6762; www.reserveamerica.com; Stellplatz 17 US$) Cape Cods bester Campingplatz mit 418 Stellplätzen mitten im Wald ist oft voll – daher rechtzeitig reservieren!

PANORAMASTRASSE: MA 6A

Wenn man Cape Cod erkundet, empfiehlt es sich, statt des Mid-Cape Hwy (US 6) den kurvigen Old King's Hwy (MA 6A) entlang der Cape Cod Bay zu nehmen. Letzterer ist die längste US-Straße, die am Stück durch einen historischen Bezirk führt. An dessen Rand laden Antiquitätenläden und Kunstgalerien zwischen eleganten, alten Wohnhäusern zum Stöbern ein.

Essen

LP TIPP **Brewster Fish House** SEAFOOD $$
(www.brewsterfish.com; 2208 MA 6A; Hauptgerichte 12–30 US$; ⊙11.30–15 & 17–21.30 Uhr) Hinter der recht unattraktiven Fassade erwarten Gäste einige der besten Seafood-Gerichte auf Cape Cod. Die leckerste Vorspeise ist die Hummercremesuppe, der frische Hummerstücke eine natürliche Süße verleihen. Danach kann man sein Netz bedenkenlos in alle Richtungen auswerfen. Da das Lokal nur elf Tische hat (reservieren ist nicht möglich), empfiehlt sich ein Mittag- oder frühes Abendessen hier – so vermeidet man lange Wartezeiten.

Cobie's MUSCHELN $$
(3256 MA 6A; Take-away 8–23 US$; ⊙10.30–21 Uhr) Der Muschelimbiss an der Straße in praktischer Nähe zum Nickerson State Park serviert gebratene Meeresfrüchte an Picknicktischen im Freien.

CHATHAM

Gehobene Gästehäuser und schicke Läden sind die Markenzeichen des elegantesten Ortes auf Cape Cod. Ein paar von Chathams Hauptattraktionen sind jedoch gratis. Bester Ausgangspunkt für Erkundungen ist die Main St mit coolen Galerien und alten Kapitänshäusern.

Am **Chatham Fish Pier** (Shore Rd) laden Fischer ihren Fang ab, während sich Seehunde auf den nahen Sandbänken in der Sonne aalen. Etwa 1 Meile (1,6 km) südlich der Shore Rd erstreckt sich am **Lighthouse Beach** eine endlose Weite aus Meer und Sandbänken – perfekt für herrliche Strandspaziergänge. Die ca. 31 km² große **Monomoy National Wildlife Refuge** (www.fws.gov/northeast/monomoy) schützt zwei unbewohnte Inseln voller Strandvögel. Bei den Bootstouren von **Monomoy Island Ex-**

cursions (☎508-430-7772; www.monomoyseal cruise.com; 702 MA 28, Harwich Port; 1½-stündige Tour Erw./Kind 35/30 US$) erlebt man das Schutzgebiet aus der Nähe.

Schlafen & Essen

Bow Roof House B&B $$
(☎508-945-1346; 59 Queen Anne Rd; Zi. inkl. Frühstück 100–115 US$) Das heimelige Haus mit sechs Zimmern (erbaut ca. 1780) ist in Sachen Preise und Angebot angenehm altmodisch: Abgesehen von wenigen moderneren Elementen wie den nachträglich eingebauten eigenen Bädern sieht das Ganze fast noch so aus wie zur Kolonialzeit. Ortszentrum und Strand liegen in fußläufiger Entfernung.

Chatham Squire KNEIPE $$
(www.thesquire.com; 487 Main St; Hauptgerichte 8–22 US$; ⌚11.30–22 Uhr) Die lebhafte Kneipe ist Chathams geschäftigster Lokaltreff. Gedünstete Monomoy-Muscheln, rohe Austern und andere einheimische Salzwasserspezialitäten dominieren die Speisekarte. Die Fischer an der Bar sind der Beweis dafür, dass das Seafood fangfrisch ist.

CAPE COD NATIONAL SEASHORE

Die **Cape Cod National Seashore** (www.nps.gov/caco) erstreckt sich auf rund 40 Meilen (65 km) rund um das Outer Cape und nimmt den größten Teil der Küste zwischen Eastham und Provincetown ein. Dank des aus Cape Cod stammenden Präsidenten John F. Kennedy wurde das große, aus unberührten Stränden, Dünen, Salzmarschen und Wäldern bestehende Gebiet in den 1960er-Jahren unter Naturschutz gestellt – gerade noch rechtzeitig, bevor der Bauboom auf der Halbinsel einsetzte. Das **Salt Pond Visitor Center** (☎508-255-3421; Ecke US 6 & Nauset Rd, Eastham; Eintritt frei; ⌚9–17 Uhr) ist der beste Ausgangspunkt: Von hier hat man eine großartige Aussicht, außerdem gibt es Exponate und Filme zur Ökologie des Gebiets sowie umfassende Informationen zu den zahlreichen Rad- und Wanderwegen im Park, die zum Teil direkt am Center beginnen.

Ist das Brett im Gepäck? Der wunderschöne **Coast Guard Beach**, vom Visitor Center gleich die Straße hinunter, lockt Spaziergänger und Surfer gleichermaßen an. Von den Dünen oberhalb des Strandes hat man einen wunderbaren Blick auf die unberührte Nauset Marsh. Der gleich nördlich an den Coast Guard Beach anschließende **Nauset Light Beach** verdankt seinen Namen einem hoch aufragenden Leuchtturm. In seiner Nähe stehen drei weitere klassische Leuchttürme. Parken am Strand kostet 15 US$ pro Tag (Saisonkarte 45 US$); die Parkberechtigungsausweise gelten für alle Strände im Cape Cod National Seashore, einschließlich dessen in Provincetown.

RADELN AUF DEM RAIL TRAIL

Als eine der schönsten Radrouten Neuenglands ist der **Cape Cod Rail Trail** ein Musterbeispiel für das Konzept, alte Bahntrassen in Radwege umzuwandeln. Auf herrlichen 35,4 km entlang eines früheren Schienenstrangs passiert man Moosbeerensümpfe und Teiche mit perfekten Sand- bzw. Badestränden. Unterwegs kann man sehr viele Eindrücke vom alten Cape Cod sammeln und zum Mittagessen oder Sightseeing Abstecher in ruhige Dörfer machen. Von Dennis an der MA 134 führt der Trail bis nach South Wellfleet. Wer nur Zeit für ein Teilstück hat, fährt vom Nickerson State Park (Brewster) zur Cape Cod National Seashore (Eastham). Leihfahrräder gibt's am Wegbeginn in Dennis, im Nickerson State Park und gegenüber vom Salt Pond Visitor Center der National Seashore.

WELLFLEET

Kunstgalerien, Spitzenstrände und die berühmten Wellfleet-Austern locken Besucher in den kleinen Küstenort.

Sehenswertes & Aktivitäten

Wellfleets Strände STRÄNDE
Ein Denkmal am **Marconi Beach** ehrt Guglielmo Marconi, dem von hier aus die erste transatlantische Funkübertragung gelang. Hinter dem Strand erstrecken sich gewellte Dünen. Nebenan bieten **White Crest** und **Cahoon Hollow Beach** erstklassige Surfbedingungen. Der **SickDay Surf Shop** (☎508-214-4158; www.sickdaysurf.com; 361 Main St; Leihbrett halber/ganzer Tag 18/25 US$; ⌚Mo–Sa 9–21 Uhr) vermietet Boards.

Wellfleet Bay Wildlife Sanctuary NATURSCHUTZGEBIET
(☎508-349-2615; www.massaudubon.org; West Rd abseits des US 6; Erw./Kind 5/3 US$; ⌚8.30 Uhr–Sonnenuntergang; 👪) Vogelbeobachter

strömen zu dem 4,45 km² großen Schutzgebiet der Massachusetts Audubon Society. Die hiesigen Wanderwege führen an Prielen, Salzmarschen und Sandstränden vorbei.

Feste & Events

Wellfleet OysterFest ESSEN
(www.wellfleetoysterfest.org) Mitte Oktober steigt auf dem Rathausparkplatz ein äußerst beliebtes Fest, komplett mit Biergarten und Austernwettknacken. Natürlich werden die gesegneten Weichtiere dabei in Unmengen verdrückt.

Schlafen & Essen

Stone Lion Inn of Cape Cod B&B $$
(☎508-349-9565; www.stonelioncapecod.com; 130 Commercial St; Zi. inkl. Frühstück 150–220 US$; ❄📶) Wellfleets beste Unterkunft wirkt historisch, aber keinesfalls kitschig: Kiefernholzböden, Antiquitäten und handgezimmerte Möbel prägen das viktorianische Haus von 1871. Die Lage ist praktisch für Ortserkundungen per pedes.

Mac's Seafood Market MUSCHELN, SEAFOOD $$
(www.macsseafood.com; Wellfleet Town Pier, Take-aways 6–20 US$; ⏱7.30–23 Uhr) Hier gibt's spottbillige Meeresfrüchte frisch vom Markt. Ergänzung zum üblichen Bratfisch sind saftige Austern, die auf nahe gelegenen Sandbänken geerntet werden. Gäste bestellen am Ausgabefenster und futtern an Picknicktischen mit Blick auf den Wellfleet Harbor.

Mac's Shack SEAFOOD $$
(☎508-349-6333; 91 Commercial St; Hauptgerichte 15–30 US$; ⏱16.30–21.45 Uhr) Schickere Version von Mac's Seafood Market und ein richtiges Restaurant.

PB Boulangerie & Bistro FRANZÖSISCHE BÄCKEREI $
(www.pbboulangeriebistro.com; 15 Lecount Hollow Rd; ⏱Mi–So 7–19 Uhr) Unglaubliche Backwaren und handgemachtes Brot.

Ausgehen & Unterhaltung

LP TIPP **Beachcomber** DISKO
(☎508-349-6055; www.thebeachcomber.com; 1120 Cahoon Hollow Rd) „Da Coma" ist der coolste Sommertreff auf ganz Cape Cod. Da die frühere Rettungsschwimmerwache direkt am Cahoon Hollow Beach steht, können Gäste den Surfbetrieb bis Sonnenuntergang beobachten. Abends spielen richtig heiße Bands wie die Wailers oder die Lemonheads auf.

Wellfleet Harbor Actors Theater THEATER
(WHAT; ☎508-349-9428; www.what.org; 2357 US 6) Gefeiertes Theater mit gewagten zeitgenössischen Stücken.

Wellfleet Drive-In AUTOKINO
(☎508-349-7176; www.wellfleetcinemas.com; US 6; 👪) Altmodisches Autokino für nostalgische Abende.

TRURO

Meer und Strände, so weit das Auge reicht: Das schmale Truro quetscht sich zwischen die Cape Cod Bay im Westen und den offenen Atlantik im Osten.

Sehenswertes

Cape Cod Highland Light LEUCHTTURM
(www.capecodlight.org; Light House Rd; Eintritt 4 US$; ⏱10–17.30 Uhr) Der Leuchtturm von 1797 ist der hellste an Neuenglands Küste und punktet mit Panoramablick.

Schlafen

Hostelling International Truro HOSTEL $
(☎508-349-3889; http://capecod.hiusa.org; N Pamet Rd; B inkl. Frühstück 32–42 US$; @) Eine stimmungsvollere Budgetunterkunft findet sich wohl kaum: Die frühere Küstenwachtstation liegt spektakulär mitten in den Stranddünen. Rechtzeitig reservieren!

PROVINCETOWN

Dies ist die Spitze: Auf Cape Cod kann man sich nicht weiter hinauswagen (nicht nur in geografischer Hinsicht). Provincetown ist unwiderstehlich. Vor 100 Jahren erkoren es die ersten unkonventionellen Autoren und Künstler zu ihrem Sommerdomizil. Heute ist der sandige Außenposten das angesagteste schwul-lesbische Reiseziel im ganzen Nordosten. Schriller Trubel auf den Straßen, großartige Kunstgalerien und ausschweifendes Nachtleben prägen das Ortszentrum. Das ist aber noch nicht alles: Die ungezähmte Küste mit den breiten Stränden lädt ebenfalls zur Erkundung ein. Besucher können auch an Walbeobachtungen per Boot teilnehmen, sich bis zum frühen Morgen vergnügen oder durch die Dünen streifen. Was auch immer geplant ist – diese einzigartige Ecke Neuenglands sollte man keinesfalls verpassen!

Sehenswertes & Aktivitäten

Cape Cod National Seashore KÜSTENSCHUTZGEBIET
Das **Province Lands Visitor Center** (www.nps.gov/caco; Race Point Rd; Eintritt frei; ⏱9–17

Uhr) zeigt Ausstellungen zur Dünenökologie. Die Dachterrasse punktet mit Rundblick auf Cape Cods äußerste Ausläufer. Zudem kann man von hier aus prima bis Mitternacht Sternegucken.

Der nahe gelegene **Race Point Beach** ist ein atemberaubender Sandstrand mit donnernder Brandung und welligen Dünen, so weit das Auge reicht. Schwimmer bevorzugen das ruhigere, aber immer noch raue Wasser am **Herring Cove Beach**; hüllenlose Sonnenanbeter (FKK ist offiziell verboten…) halten sich links, Familien rechts. Die Herring Cove in Richtung Westen empfiehlt sich für spektakuläre Sonnenuntergänge.

LP TIPP **Walbeobachtungen** WALBEOBACHTUNG
Provincetown ist der perfekte Ausgangspunkt für Walbeobachtungen: Sein Hafen liegt am nächsten zum Stellwagen Bank National Marine Sanctuary, wo sich Buckelwale im Sommer den Bauch vollschlagen. Die eindrucksvollen Tiere mit Hang zur Wasserakrobatik kommen erstaunlich nahe an die Boote heran – das gibt fabelhafte Fotos. In diesen Gewässern tummeln sich auch viele der letzten 300 Atlantischen Nordkaper, der am stärksten bedrohten Walart des Planeten.

Dolphin Fleet Whale Watch WALBEOBACHTUNG
(☎508-240-3636; www.whalewatch.com; MacMillan Wharf; Erw./Kind 39/31 US$; ⏲April–Okt.; 👪) Veranstaltet während der Hauptsaison bis zu neun Touren pro Tag (jeweils 3–4 Std.).

Pilgrim Monument MUSEUM
(www.pilgrim-monument.org; High Pole Rd; Erw./Kind 7/3,50 US$; ⏲9–17 Uhr) Wer zur Spitze des höchsten Vollgranitbaus (ca. 77 m) der USA hinaufsteigt, hat einen weiten Blick auf Provincetown und die umliegende Küste. Das Denkmal und sein interessantes Museum erinnern an die Pilgerväter, die hier 1620 auf der *Mayflower* ankamen und dann nach Plymouth weiterzogen.

Provincetown Art Association & Museum MUSEUM
(PAAM; www.paam.org; 460 Commercial St; Erw./Kind 7 US$/frei; ⏲Mo–Do 11–20, Fr 11–22, Sa & So 11–17 Uhr) Das sehr gute Museum wurde 1914 zu Ehren der blühenden örtlichen Künstlergemeinde gegründet. Es zeigt die Werke von Kreativen, denen Provincetown während der letzten 100 Jahre als Inspiration diente. Am Freitagabend ist der Eintritt frei.

GALERIEBUMMEL

Provincetown hat zahllose Kunstgalerien. Der beste Bummel beginnt am PAAM und folgt der Commercial St in Richtung Südwesten. Innerhalb der nächsten paar Blocks beherbergt jede zweite Ladenfront eine Galerie, die einen Besuch wert ist.

Radfahren RADFAHREN
Quer durch die Wälder und über die welligen Dünen der Cape Cod National Seashore führend idyllische, insgesamt 13 km lange Radwege zu den Stränden an Herring Cove bzw. Race Point.

Der beste Drahteselverleih heißt **Ptown Bikes** (☎508-487-8735; www.ptownbikes.com; 42 Bradford St; 22 US$/Tag; ⏲9–18 Uhr). Weitere Vermieter säumen die Commercial St im Ortszentrum.

Art's Dune Tours GEFÜHRTE TOUR
(☎508-487-1950; www.artsdunetours.com; 4 Standish St; Erw./Kind 26/17 US$) Einstündige Jeeptouren durch die Dünen.

Whydah Pirate Museum MUSEUM
(www.whydah.org; MacMillan Wharf; Erw./Kind 10/8 US$; ⏲10–17 Uhr) Zeigt geborgene Gegenstände aus einem Piratenschiff, das 1717 vor Cape Cod sank.

Feste & Events

Carnival Week KARNEVAL
(www.ptown.org/carnival.asp; Mitte Aug.) Mardi Gras, Transvestiten und Blumenwagen prägen die ultimative Schwulenparty in dieser schwulen Partystadt. Zehntausende feiern mit.

Schlafen

Provincetown besitzt fast 100 Pensionen, aber kein einziges Kettenhotel verschandelt die Aussicht. Vor allem für Wochenenden sollte man im Sommer rechtzeitig reservieren. Wer einfach so kommt, kann sich an die Handelskammer wenden – sie hat ein aktuelles Verzeichnis der freien Zimmer.

LP TIPP **Carpe Diem** INN $$$
(☎508-487-4242; www.carpediemguesthouse.com; 12 Johnson St; Zi. inkl. Frühstück 175–359 US$; ❄@📶) Lächelnde Buddhas, Orchideenzweige und ein europäisch angehauchtes Spa sorgen hier für elegante Entspannungsatmosphäre. Das Dekor der Zimmer ist jeweils einem anderen schwulen Schriftsteller gewidmet. Beispielsweise

punktet das nach dem Dichter Raj Rao benannte Quartier mit aufwendig bestickten Stoffen und handgefertigten Möbeln im Stil der indigenen Amerikaner.

Christopher's by the Bay B&B **$$**
(☎508-487-9263; www.christophersbythebay.com; 8 Johnson St; Zi. mit Gemeinschaftsbad/eigenem Bad ab 105/155 US$; ❄📶) Der versteckte, einladende Inn an einer ruhigen Seitenstraße bietet ein super Preis-Leistungs-Verhältnis. Die Zimmer im 2. Stock sind am größten und schicksten. Im 3. Stock teilt man sich ein Gemeinschaftsbad bei Aussicht aufs Meer.

Cape Codder PENSION **$**
(☎508-487-0131; www.capecodderguests.com; 570 Commercial St; Zi. mit Gemeinschaftsbad 60–85 US$; 📶) Hier gibt's nur 14 kleine Zimmer und weder TV noch Telefon. Allerdings ist die Unterkunft sauber und für diese Stadt verdammt günstig. Da insgesamt nur vier Gemeinschaftsbäder zur Verfügung stehen, muss man die Zeit für die Körperpflege entsprechend planen.

Race Point Lighthouse LEUCHTTURM **$$**
(☎508-487-9930; www.racepointlighthouse.net; Race Point; Zi. 155–185 US$) Leuchtturm aus dem 19. Jh. mit Zimmern mitten in den Dünen.

Moffett House PENSION **$$**
(☎508-487-6615; www.moffetthouse.com; 296a Commercial St; Zi. mit Gemeinschaftsbad 90–174 US$; ❄📶) Ruhige Pension mit tollem Extra in Form von Gratis-Leihfahrrädern für den ganzen Aufenthalt.

Pilgrim House Hotel BOUTIQUEHOTEL **$$**
(☎508-487-6424; www.thepilgrimhouse.com; 336 Commercial St; Zi. 159–250 US$; ❄📶) Fröhliches, künstlerisches Dekor in schwer partyträchtiger Lage direkt über dem Nachtclub Vixen.

Dunes' Edge Campground CAMPING **$**
(☎508-487-9815; www.dunes-edge.com; 386 US 6; Stellplatz 40 US$; 👪) Famlienfreundlicher Campingplatz in den Dünen.

Essen

Die Commercial St ist der beste Startpunkt: Jedes dritte Gebäude beherbergt hier irgendein Restaurant.

Mews Restaurant & Café BISTRO **$$**
(☎508-487-1500; www.mews.com; 429 Commercial St; Hauptgerichte 12–18 US$; ⊙18–22 Uhr) Lust auf erschwingliche Gourmetküche? Dann ignoriert man das tolle, aber teure Restaurant am besten und geht stattdessen in die Bar im Obergeschoss. Dort warten eine tolle Aussicht, super Martinis und leckere Bistrokost wie Gorgonzola-Burger mit Fleisch vom Angusrind.

Fanizzi's by the Sea FAMILIENRESTAURANT **$$**
(☎508-487-1964; www.fanizzisrestaurant.com; 539 Commercial St; Hauptgerichte 10–25 US$; ⊙11.30–22 Uhr; 👪) Gleichbleibend gutes Essen, herrliche Aussicht aufs Wasser und vernünftige Preise machen das Lokal am östlichen Ende von Provincetown zu einem echten Hit. Von frischen Meeresfrüchten und Salaten bis hin zu Fajitas bietet die lange Karte etwas für jeden Geschmack.

Purple Feather CAFÉ **$**
(www.thepurplefeather.com; 334 Commercial St; Snacks 3–10 US$; ⊙8–24 Uhr; 📶) Das stilvolle Café ist die beste örtliche Option für Snacks. Seine großartigen Panini-Sandwiches und dekadenten Desserts (z. B. Heidelbeereis) sind allesamt selbst gemacht.

Lobster Pot SEAFOOD **$$$**
(☎508-487-0842; www.ptownlobsterpot.com; 321 Commercial St; Hauptgerichte 20–35 US$; ⊙11.30–22 Uhr) Getreu seinem Namen ist das brummende Seafood-Lokal mit Meerblick und *laaaaahmen* Service *die* Adresse für Hummer. Der geringste Betrieb herrscht um die Nachmittagsmitte.

Portuguese Bakery BÄCKEREI **$**
(299 Commercial St; Snacks 2–5 US$; ⊙7–23 Uhr) Portugiesische Traditionsbäckerei mit Linguica-Sandwiches.

Karoo Kafe SÜDAFRIKANISCH **$$**
(www.karookafe.com; 338 Commercial St; Hauptgerichte 8–16 US$; ⊙11–21 Uhr; 🌿) Original südafrikanische Hausmannskost; besonders populär sind die Straußenspießchen.

Spiritus Pizza PIZZERIA **$**
(www.spirituspizza.com; 190 Commercial St; Pizzastück 3 US$; ⊙11.30–2 Uhr) Beliebt für einen späten Imbiss plus Drinks nach dem Club.

Ausgehen & Unterhaltung

BARS

Patio CAFÉ
(www.ptownpatio.com; 328 Commercial St) An Tischen unter Sonnenschirmen serviert das Café im pulsierenden Herzen der Commercial St u. a. Cosmos mit Ingwer und Limette.

Ross' Grill BISTRO
(www.rossgrille.com; 237 Commercial St) 75 offene Weine und ein super Blick aufs Wasser.

NACHTCLUBS

In Provincetown gibt's zahlreiche Schwulenclubs, Travestieshows und Varietés. Auch Heteros müssen nicht schüchtern sein und sind überall willkommen.

Crown & Anchor NACHTCLUB
(www.onlyatthecrown.com; 247 Commercial St) Die Königin der Szene ist ein Multifunktionskomplex mit Nachtclub, Lack-und-Leder-Bar und einem erotischen Varieté, das bis an die Grenzen geht.

Vixen NACHTCLUB
(www.ptownvixen.com; 336 Commercial St) Beliebter Lesbentreff mit allem Drum und Dran – von einer traulichen Weinbar und Comedyshows bis hin zur Tanzfläche.

A-House DISKO
(www.ahouse.com; 4 Masonic Pl) Heiße Wochenenddisko für Schwule.

THEATER

Provincetown hat Theatergeschichte geschrieben. Eugene O'Neill startete hier seine Karriere als Dramatiker. Diverse Stars wie Marlon Brando oder Richard Gere standen auf den hiesigen Bühnen, bevor sie im Kino groß herauskamen.

Provincetown Theater THEATER
(☎508-487-7487; www.provincetowntheater.org; 238 Bradford St) Beheimatet mit den New Provincetown Players das führende Theaterensemble der Stadt.

Shoppen

Das riesige Ladenspektrum an der Commercial St bietet etwas für jeden: Man kriegt hier Kitsch, T-Shirts für Touristen und hochwertiges Kunsthandwerk genauso wie gewagte Mode.

Shop Therapy SEXSPIELZEUG
(www.shoptherapy.com; 346 Commercial St) Unten gibt's Batikklamotten und nicht jugendfreie Autoaufkleber. Der wahre Besuchermagnet aber ist das Sexspielzeug im Obergeschoss – heiß genug, um Prostituierte aus Amsterdam erröten zu lassen. Eltern sollten bedenken: Teenager *werden* reinwollen.

Womencrafts KUNSTHANDWERK
(www.womencrafts.com; 376 Commercial St) Der Name ist Programm: Womencrafts verkauft Schmuck, Töpferwaren, Bücher und Tonträger von weiblichen Künstlern aus den ganzen USA.

WAS ZUM ...?

In einer Stadt voller schräger Attraktionen vermutet man einen versteckten Schatz wohl zu allerletzt in der **Provincetown Public Library** (356 Commercial St; 📶). Der Bau wurde 1860 als Kirche errichtet und 100 Jahre später in ein Museum umgewandelt. Dort war z. B. eine Replik des siegreichen einheimischen Rennschoners *Rose Dorothea* ausgestellt. Nach der Museumspleite machte die Stadt das Gebäude zu einer Bibliothek. Das Boot war aber zu groß, um aus dem oberen Stockwerk entfernt zu werden. So kann es dort immer noch inmitten von Bücherregalen bewundert werden.

Praktische Informationen

Post (www.usps.com; 219 Commercial St)

Provincetown Business Guild (www.ptown.org) Infowebsite mit schwul-lesbischer Ausrichtung.

Provincetown Chamber of Commerce (☎508-487-3424; www.ptownchamber.com; 307 Commercial St; ⏰9–17 Uhr) Hilfreiche städtische Touristeninformation an der MacMillan Wharf.

Provincetown on the Web (www.provincetown.com) Online-Führer mit aktuellem Veranstaltungskalender.

Seamen's Bank (221 Commercial St; ⏰Geldautomat 24 Std.)

Wired Puppy (www.wiredpuppy.com; 379 Commercial St; ⏰6.30–22 Uhr; 📶) Espresso bestellen und gratis im Netz surfen!

An- & Weiterreise

Busse von **Plymouth & Brockton** (www.p-b.com) verbinden Boston mit Provincetown (35 US$, 3½ Std.). Von Mitte Mai bis Mitte Oktober pendelt eine Fähre der **Bay State Cruise Company** (☎877-783-3779; www.baystatecruises.com) zwischen dem World Trade Center Pier in Boston und der MacMillan Wharf (hin & zurück 79 US$, 1½ Std.)

Nantucket

Nantucket war einst die Basis der weltgrößten Walfangflotte. Von seiner facettenreichen Geschichte zeugen die vielen historischen Häuser und die Straßen mit Kopfsteinpflaster. Der Niedergang des Walfangs zur Mitte des 19. Jhs. ließ die Insel jedoch schnell verarmen; die Bevölkerungszahlen gingen zurück. Die prächtigen alten Häuser standen leer, bis reiche Großstädter Nantucket als sommerliches Urlaubsziel schätzen lernten. Seitdem ist gehobener Tourismus der wichtigste örtliche Wirtschaftsfaktor.

Sehenswertes & Aktivitäten

Wer hier an Land geht, betritt den einzigen Ort der USA, der als National Historic Landmark im Ganzen unter Denkmalschutz steht. Beim Umherschlendern wähnt man sich in einem Museum. Bester Startpunkt für Erkundungen ist die Main St: Dort stehen die prächtigsten Villen aus der Walfangzeit nebeneinander.

Nantucket Whaling Museum MUSEUM
(www.nha.org; 13 Broad St; Erw./Kind 17/8 US$; ⏲10–17 Uhr) Diese bewegende Hauptattraktion befindet sich in einer früheren Fabrik für Kerzen aus Walrat (Spermaceti).

Nantuckets Strände STRÄNDE
Ruhiges Wasser und ein Spielplatz machen den **Children's Beach** mitten im Ort Nantucket ideal für Familien. Am **Surfside Beach** 2 Meilen (3,2 km) weiter südlich treffen sich Studenten zum Feiern und Bodysurfen. Den schönsten Sonnenuntergang genießt man 5,5 Meilen (ca. 9 km) westlich der Stadt am sich **Madaket Beach.**

Radfahren RADFAHREN
Kein Besuchsziel auf der Insel liegt weiter als 8 Meilen (13 km) vom Ort Nantucket entfernt. Dank ausgewiesener Radwege auf relativ flachem Terrain lässt sich das Eiland leicht per Drahtesel erkunden. Eine schöne Tour führt zum malerischen Dorf **Siasconset** (alias Sconset), das für Häuser mit üppigem Rosenbewuchs bekannt ist. Ein paar Firmen verleihen Fahrräder (30 US$/Tag) direkt am Fähranleger.

Schlafen

Pineapple Inn B&B $$$
(☎508-228-9992; www.pineappleinn.com; 10 Hussey St; Zi. inkl. Frühstück 200–375 US$; ❄@📶) Das frühere Wohnhaus eines Walfangkapitäns (1838) beherbergt heute zwölf Gästezimmer, die nach einer Komplettrenovierung mit unauffälliger Eleganz punkten. Das Pineapple wird von Gastronomen geleitet und ist zu Recht berühmt für sein Frühstück. Zum Rundum-Romantikfaktor tragen die großen Betten mit Daunendecken bei.

Nesbitt Inn B&B $$
(☎508-228-0156; nesbittinn@comcast.net; 21 Broad St; EZ inkl. Frühstück 105 US$, DZ 125–170 US$) Das Nesbitt ist seit 1872 ein Gästehaus und wirkt etwas abgenutzt. Dafür entschädigen gute Preise und jede Menge altmodischer Charakter. Am schönsten ist das Captain's Quarters: Darin gibt's ein Riesenbad mit einer Klauenfußwanne, und der Blick fällt durch ein Erkerfenster auf die belebte Broad St. Die meisten anderen Zimmer teilen sich Gemeinschaftsbäder.

HI Nantucket HOSTEL $
(☎508-228-0433; http://capecod.hiusa.org; 31 Western Ave; B inkl. Frühstück 32–42 US$; @) Das stimmungsvolle Hostel in einer früheren Rettungsschwimmerstation von 1873 liegt direkt am traumhaften Surfside Beach. Es ist vor Ort als Star of the Sea bekannt und die einzige Budgetunterkunft der Insel – daher rechtzeitig reservieren!

Essen

Centre Street Bistro CAFÉ $$
(www.nantucketbistro.com; 29 Centre St; Gerichte mittags 7–12 US$, abends 20–30 US$; ⏲11.30–21.30 Uhr; 🖉) An Außentischen unter Sonnenschirmen beobachten Gäste des relaxten Cafés den langsam vorbeifahrenden Verkehr. Vom Frühstücksmüsli bis hin zu den warmen Ziegenkäse-Törtchen machen die Eigentümer und Küchenchefs alles selbst.

Brotherhood of Thieves KNEIPE $$
(www.brotherhoodofthieves.com; 23 Broad St; Hauptgerichte 7–25 US$; ⏲11.30–1 Uhr) In freundlichem Kneipenambiente (Backstein und dunkles Holz) genießen Einheimische die besten Burger der Insel – oder auch leckeres, frisches Seafood wie süße Jakobsmuscheln im Nantucket-Style.

Black-Eyed Susan's CAFÉ $$
(www.black-eyedsusans.com; 10 India St; Hauptgerichte 8–30 US$; ⏲tgl. 7–13, Mo–Sa auch 18–22 Uhr) Auf der Veranda kann man z.B. Arme Ritter aus Sauerteig (mit karamellisierten Pekannüsse und Jack-Daniels-Butter) genießen. Abends erntet der fangfrische Fisch mit Kuhbohnen begeisterte Kritiken.

Praktische Informationen

Visitor Services (☎508-228-0925; www.nantucket-ma.gov/visitor; 25 Federal St; ⏲9–17 Uhr) Liefert Touristeninfos und betreibt einen Kiosk am Fähranleger.

Anreise & Unterwegs vor Ort

BUS Vor Ort kommt man problemlos voran: Die Busse von **NRTA Shuttle** (www.shuttlenantucket.com; Einzelfahrt 1–2 US$, Tageskarte 7 US$;

⌚Ende Mai–Sept.) bedienen neben dem ganzen Ort auch Sconset, Madaket und die Strände. Übrigens: Es gibt Radständer – so können Passagiere eine Strecke per Bus absolvieren und später zurückradeln.

FLUGZEUG **Cape Air** (www.flycapeair.com) fliegt ab Boston, Hyannis, Martha's Vineyard und Providence zum Nantucket Memorial Airport (ACK).

SCHIFF/FÄHRE Die Fähren der **Steamship Authority** (☎508-477-8600; www.steamship authority.com; hin & zurück Erw./Kind normale Fähre 35/18 US$, Schnellfähre 67/34 US$) pendeln ganztägig zwischen Hyannis und Nantucket (normale Fähre/Schnellfähre 2¼/1 Std.). Die normale Fähre nimmt auch Autos mit; allerdings soll der stolze Preis (hin & zurück 400 US$) Besucher gezielt davon abhalten, Nantuckets schmale Straßen noch zusätzlich zu verstopfen.

Martha's Vineyard

Die größte Insel Neuenglands ist eine Welt für sich. Hier leben nur 15 500 Leute dauerhaft, aber im Sommer steigt die Zahl der Menschen auf 100 000 an. Die Ortschaften sind bezaubernd, die Strände schön und die von Kochkünstlern geführten Restaurants ausgezeichnet. Für jede Stimmungslage ist gesorgt: Mal diniert man elegant im vornehmen Edgartown, dann vergnügt man sich mit Zuckerwatte und Karussellfahren in Oak Bluffs.

Infos für Besucher gibt's in der **Martha's Vineyard Chamber of Commerce** (☎508-693-0085; www.mvy.com; 24 Beach Rd, Vineyard Haven; ⌚Mo–Fr 9–17). Im Sommer sind zusätzlich Informationskioske an den Fähranlegern geöffnet.

OAK BLUFFS

Die Ortschaft mit Fährhafen bekommen fast alle Besucher als erstes zu Gesicht: Hier legen die meisten Boote an. Im Spaßzentrum der Insel kann man mit einem Eis in der Hand herumschlendern, jahrmarktartige Sehenswürdigkeiten abklappern und später ins Nachtleben eintauchen.

Sehenswertes & Aktivitäten

Campgrounds & Tabernacle GINGERBREAD-HÄUSER

Ab der Mitte des 19. Jhs. war Oak Bluffs das Sommerdomizil einer Erweckungskirche, deren Mitglieder einen Tag am Strand genauso genossen wie den Gottesdienst. So errichteten sie ca. 300 Cottages und verzierten sie mit wunderlichen Mustern im Queen-Anne-Stil, die an die von Lebkuchen *(gingerbred)* erinnern. Die bunt bemalten Häuschen – heute als Campgrounds bekannt – umgeben den **Trinity Park** mit dem **Tabernacle**, wo die Gemeinde seit 1879 Freiluftkonzerten lauscht, singt und feiert.

Flying Horses Carousel HISTORISCHE STÄTTE

(www.mvpreservation.org; Ecke Lake & Circuit Ave; 2 US$/Fahrt; ⌚10–22 Uhr; 👪) Das älteste Pferdekarussell der USA fesselt seit 1876 Kinder jeden Alters. Die altertümlichen Pferde haben Mähnen aus echtem Rosshaar. Wer ihnen bei der nostalgischen Fahrt in die Glasaugen blickt, entdeckt darin tolle kleine Tiere aus Silber.

Radweg RADFAHREN

Ein malerischer Küstenradweg verbindet Oak Bluffs, Vineyard Haven und Edgartown miteinander. Die Route ist größtenteils flach und daher familienfreundlich. Drahtesel verleiht **Anderson's Bike Rental** (☎508-693-9346; 1 Circuit Ave Extension; 18 US$/Tag; ⌚9–18 Uhr) nahe dem Fähranleger.

Schlafen

Nashua House HOTEL $$

(☎508-693-0043; www.nashuahouse.com; 30 Kennebec Ave; Zi. mit Gemeinschaftsbad 69–219 US$; ❄📶) Das alte Vineyard – hier gibt's kein TV, kein Telefon, kein eigenes Bad im Zimmer. Dafür sind die schlichten Quartiere des kleinen Hotels im unmittelbaren Ortszentrum zweckmäßig und blitzsauber.

Narragansett House B&B $$

(☎508-693-3627; www.narragansetthouse.com; 46 Narragansett Ave; Zi. inkl. Frühstück 140–275 US$; ❄📶) Dieses B&B an einer ruhigen Anwohnerstraße besteht aus zwei benachbarten viktorianischen Häusern im Gingerbread-Stil. Das Ganze wirkt altmodisch, aber nicht kitschig. Alle Zimmer haben eigene Bäder – in dieser Preiskategorie keine Selbstverständlichkeit.

Essen

Slice of Life CAFÉ $$

(www.sliceoflifemv.com; 50 Circuit Ave; Hauptgerichte 8–20 US$; ⌚Di–Sa 8–21 Uhr; 🖉) In zwanglosem Ambiente gibt's hier Feinschmeckerkost wie Champignonomeletts, gebratenen Kabeljau mit sonnengetrockneten Tomaten und leckere Desserts.

Giordano's ITALIENISCH $$

(www.giosmv.com; Ecke Circuit & Lake Ave; Hauptgerichte 10–20 US$; ⌚11.30–22.30 Uhr) Das familienfreundliche Lokal (gegr. 1930) ist für seine gebratenen Muscheln berühmt und tischt auch gute handgemachte Pizzas auf.

MV Bakery BÄCKEREI $
(5 Post Office Sq; Backwaren 1–3 US$; ⏲7–17 Uhr) Den ganzen Tag über bekommt man hier günstigen Kaffee, Cannoli und die berühmten Apfel-Beignets. Wer vorbeischauen will, tut das trotzdem am besten zwischen 21 und 24 Uhr: Dann stehen die Leute vor der Hintertür an, um warme Donuts direkt vom Blech zu kaufen.

Ausgehen & Unterhaltung

Offshore Ale Co KLEINBRAUEREI
(www.offshoreale.com; 30 Kennebec Ave) Die beliebte Kleinbrauerei ist der beste Ort für ein abendliches Vineyard-Ale zu irischer Musik oder Livejazz (nur Mo–Fr).

Lampost DISKO
(www.lampostmv.com; Circuit Ave) Dieser Mix aus Bar und Nachtclub ist Vineyards angesagtester Ort zum Abtanzen. Wer hier unerwarteterweise nicht das Gesuchte findet, sollte der Circuit Ave weiter folgen, bis zwei anrüchige, aber nette Kneipen in Sicht kommen. Eine davon heißt Dive Bar, die andere Ritz.

VINEYARD HAVEN

Diese attraktive Kleinstadt lockt Besucher mit einem Hafen voller klassischer Holzsegler und reizvollen Restaurants bzw. Läden an den Straßen an.

Schlafen & Essen

HI Martha's Vineyard HOSTEL $
(☎508-693-2665; http://capecod.hiusa.org; Edgartown–West Tisbury Rd, West Tisbury; B 32–42 US$; @) Das zweckmäßige Hostel 8 Meilen (13 km) von Vineyard Haven entfernt hat 72 Betten – reservieren! Vor der Tür liegen der Radweg und eine Bushaltestelle.

Art Cliff Diner CAFÉ $$
(☎508-693-1224; 39 Beach Rd; Hauptgerichte 7–15 US$; ⏲Do–Di 7–14 Uhr) *Die* Adresse für morgens und mittags: Inhaberin und Küchenchefin Gina Stanley ist Absolventin des prestigeträchtigen Culinary Institute of America. Von den Zitronen-Crêpes bis zu den Fisch-Tacos verleiht sie allen Gerichten das gewisse Etwas. Die Wartezeit lohnt sich!

EDGARTOWN

Am Rand eines schönen Naturhafens empfängt Edgartown seine Besucher mit Patrizier-Flair und viel Seefahrtsgeschichte. Zur Blütezeit des Walfangs lebten hier über 100 Kapitäne, die die prächtigen alten Häuser an den heutigen Straßen bauen ließen.

An der Main St stehen mehrere historische Gebäude, von denen manche im Sommer öffentlich zugänglich sind.

Sehenswertes

Katama Beach STRAND
(Katama Rd) Als einer der besten Inselstrände breitet sich der herrliche, ca. 5 km lan-

WER NOCH EIN PAAR TAGE ZEIT HAT

Die ländliche Westhälfte von Martha's Vineyard ist als **Up-Island** bekannt. Das dortige Hügelland prägen kleine Bauernhöfe und weite Felder, auf denen sich wildlebende Truthähne und Hirsche tummeln. Ein Fest für Auge und Gaumen ist das malerische Fischerdorf **Menemsha**, wo die Fischer ihre Beute fangfrisch an den Hintertüren der Seafood-Lokale abliefern. Direkt vor den Augen der Kunden werden Austern geknackt und Hummer gekocht. Anschließend kann man im Freien auf einer Bank am Hafen speisen.

Die **Aquinnah Cliffs** alias Gay Head Cliffs sind so besonders, dass sie als nationales Naturdenkmal unter Schutz stehen. Diese 46 m hohen Küstenklippen schillern herrlich in allen möglichen Farben, die im Licht des späten Nachmittags besonders schön wirken. Gleich unterhalb der bunten Felsen lädt der **Aquinnah Beach** zum Relaxen ein. Alternativ führt ein 1,6 km langer Küstenspaziergang nordwärts zu einem beliebten FKK-Strand.

Im **Cedar Tree Neck Sanctuary** (www.sheriffsmeadow.org; Indian Hill Rd, West Tisbury; Eintritt frei; ⏲8.30–17.30 Uhr) abseits der State Rd verläuft ein reizvoller Wanderweg (4 km) durch naturbelassene Sümpfe und Wälder zu einem Steilufer mit Aussicht auf Cape Cod. Das **Felix Neck Wildlife Sanctuary** (www.massaudubon.org; Edgartown–Vineyard Haven Rd; Erw./Kind 4/3 US$; ⏲Sonnenaufgang–Sonnenuntergang) der Massachusetts Audubon Society ist ein Paradies für Vogelbeobachter. Insgesamt 6,4 km an Wegen passieren hier u. a. Teiche und Marschland.

ge Katama bzw. South Beach nur 4 Meilen (6,4 km) südlich von Edgartowns Zentrum aus. Direkt am Meer ist die Brandung normalerweise rau, aber zum Land hin warten ein paar geschützte Salzwasserteiche.

Schlafen & Essen

Edgartown Inn PENSION $$
(☎508-627-4794; www.edgartowninn.com; 56 N Water St; Zi. mit Gemeinschaftsbad 100–125 US$, mit eigenem Bad 150–300 US$; ❄) Die günstigste Unterkunft vor Ort vermietet schnörkellose Zimmer in drei benachbarten Häusern. Das älteste davon (1798 errichtet) beherbergte in seinen Anfangstagen auch Nathaniel Hawthorne und Daniel Webster!

Détente FRANZÖSISCH $$$
(☎508-627-8810; www.detentemv.com; 3 Nevin Sq; Hauptgerichte 28–40 US$; ⏲17–22 Uhr) Das kreative französisch angehauchte Menü umfasst z.B. herrlich präsentiertes Gelbflossenthun-Tatar mit Vanille-Litschi-Püree. Einheimisches Biogemüse bzw. Hühnerfleisch und Jakobsmuscheln aus Nantucket stehen oft auf der Karte.

Among the Flowers Café CAFÉ $$
(17 Mayhew Lane; Hauptgerichte 7–20 US$; ⏲8–16 Uhr; ✎) Auf der Gartenterrasse kann man zusammen mit Einheimischen Crêpes, hausgemachte Suppen und Sandwiches vertilgen. Obwohl der Laden alles auf Papptellern serviert, wirkt er etwas affektiert. Im Juli und August gibt's auch Abendessen.

Anreise & Unterwegs vor Ort

Bus

Die **Martha's Vineyard Regional Transit Authority** (www.vineyardtransit.com; 1-/3-Tageskarte 7/15 US$) gewährleistet regelmäßige Busverbindungen zwischen den Inselorten. Auf diese Weise kommt man bequem voran und erreicht sogar so abgelegene Ziele wie die Aquinnah Cliffs.

Schiff/Fähre

Fähren der **Steamship Authority** (☎508-477-8600; www.steamshipauthority.com; hin & zurück Erw./Kind/Auto 16/8,50/135 US$) verbinden Woods Hole regelmäßig mit Vineyard Haven und Oak Bluffs (45 Min.). Passagiere mit eigenem Auto sollten Tickets so früh wie möglich buchen.

Ab Falmouth Harbor schippert eine reine Passagierfähre namens **Island Queen** (☎508-548-4800; www.islandqueen.com; 75 Falmouth Heights Rd; hin & zurück Erw./Kind 18/9 US$) im Sommer mehrmals täglich nach Oak Bluffs.

Von Hyannis aus schickt **Hy-Line Cruises** (☎508-778-2600; www.hylinecruises.com; Ocean St Dock; hin & zurück Erw./Kind normale Fähre 45 US$/frei, Schnellfähre 71/48 US$) jeden Tag eine normale Fähre (1½ Std.) und fünf Schnellfähren (55 Min.) nach Oak Bluffs.

Zentrales Massachusetts

Wer das zentrale Massachusetts zwischen der Großstadt Boston und den schicken Berkshires erkundet, erhält einen Einblick in die weniger touristischen Teile des Bundesstaats. Die Gegend wirkt aber keinesfalls verschlafen – vor allem dank der vielen Colleges, die ihr einen jugendlichen Touch verleihen.

Regionalinfos bekommen Besucher beim **Central Massachusetts Convention & Visitors Bureau** (☎508-755-7400; www.centralmass.org) und beim **Greater Springfield Convention & Visitors Bureau** (☎413-787-1548; www.valleyvisitor.com).

WORCESTER

Worchester erlebte seine Blütezeit im 19. Jh. und wurde durch Industriebetriebe reich, die heute nicht mehr existieren. Nichtsdestotrotz haben die Industriebarone der zweitgrößten Stadt des Bundesstaats ein Erbe in Form von tollen Museen hinterlassen. Das erstklassige **Worcester Art Museum** (☎508-799-4406; www.worcesterart.org; 55 Salisbury St; Erw./Kind 14 US$/frei; ⏲Mi–Fr & So 11–17, Sa 10–17 Uhr) zeigt Werke von bedeutenden französischen Impressionisten und amerikanischen Meistern wie Whistler. Das erstaunliche **Higgins Armory Museum** (☎508-853-6015; www.higgins.org; 100 Barber Ave; Erw./Kind 10/7 US$; ⏲Di–Sa 10–16, So 12–16 Uhr) ist ein Paradies für Fans alter Waffen. Ursprünglich war dies die Privatsammlung eines einheimischen Stahlmagnaten, der ein fantasievolles Zeughaus im Art-déco-Stil errichten ließ, um Tausende von militärischen Sammlerstücken unterzubringen – beispielsweise korinthische Helme aus dem alten Griechenland und über 100 vollständige Rüstungen.

SPRINGFIELD

Das prosaische Springfield ist vor allem als Geburtsort des US-Nationalsports Basketball bekannt. Die **Naismith Basketball Hall of Fame** (☎413-781-6500, www.hoophall.com; 1000 W Columbus Ave; Erw./Kind 17/12 US$; ⏲10–17 Uhr; 👪) südlich der I-91 feiert die Sportart mit Ausstellungen und Memorabilien zu allen großen Stars.

Springfield ist zudem die Heimatstadt des Kinderbuchautors Theodor Seuss Geisel alias Dr. Seuss. Im **Dr. Seuss National Memorial Sculpture Garden** (Ecke State & Chestnut St; Eintritt frei) stehen lebensgroße Bronzeskulpturen von schrägen Seuss-Charakteren wie dem Kater mit Hut.

NORTHAMPTON

Das superhippe Northampton hat die besten Restaurants, das heißeste Nachtleben und die spannendste Straßenszene der Region. Darüber hinaus ist der Ort für seine sehr liberale Einstellung und die offene lesbische Gemeinde bekannt. Das bunte Stadtzentrum ist leicht zu Fuß zu erkunden und bietet jede Menge Cafés, schrille Läden und Kunstgalerien. Alle Infos zum Ort liefert die **Greater Northampton Chamber of Commerce** (413-584-1900; www.explorenorthampton.com; 99 Pleasant St; Mo–Fr 9–17 Uhr).

Der mehr als 50 ha große, von hübschen Gärten gezierte Campus des **Smith College** (www.smith.edu) lohnt einen Spaziergang. Auch unbedingt sehenswert: das **Smith College Museum of Art** (413-585-2760; Elm St an der Bedford Tce; Erw./5/2 US$; Di–Sa 10–16, So 12–16 Uhr) mit seiner eindrucksvollen Sammlung europäischer und nordamerikanischer Gemälde des 19. und 20. Jhs., zu der u.a. Werke von John Singleton Copley, Eastman Johnson und Claude Monet gehören.

Schlafen

Hotel Northampton HISTORISCHES HOTEL **$$**
(413-584-3100; www.hotelnorthampton.com; 36 King St; Zi. ab 180 US$;) Das zentral gelegene Hotel ist seit 1927 Northamptons nobelste Unterkunft. Es wartet mit zeitgenössischem Dekor und 100 gut ausgestatteten Zimmern auf.

Autumn Inn MOTEL **$$**
(413-584-7660; www.hampshirehospitality.com; 259 Elm St/MA 9; Zi. inkl. Frühstück 99–169 US$; @) Trotz des motelartigen Aussehens verbreitet dieses zweistöckige Gebäude nahe dem Smith College ein angenehmes Gasthausambiente. Die Zimmer sind groß und gemütlich.

Essen

Sylvester's FAMILIENRESTAURANT **$**
(www.sylvestersrestaurant.com; 111 Pleasant St; Hauptgerichte 5–10 US$; 7–15 Uhr) Wer den Einheimischen zu diesem schlichten Lokal folgt, bekommt das beste Frühstück in der ganzen Stadt. Hier gibt es überhaupt keine Fertigwaren – alles ist selbst gemacht. Auf den Pfannkuchen landet echter Ahornsirup, zu den Bratkartoffeln gibt's jede Menge Röstzwiebeln, und die Omeletts werden individuell nach Wunsch des Gastes zubereitet.

Paul & Elizabeth's CAFÉ **$$**
(www.paulandelizabeths.com; 150 Main St; Hauptgerichte 8–16 US$; 11.30–21.15 Uhr;) Das hervorragende Café kredenzt innovative vegetarische Speisen und Fisch auf japanische Art. Dabei legt es großen Wert auf frische, regionale Biozutaten.

Green Bean CAFÉ **$**
(241 Main St; Hauptgerichte 6–8 US$; 7–15 Uhr) Farmer aus dem Pioneer Valley versorgen die Küche des niedlichen Cafés mit Zutaten. Ergebnis sind z.B. Biofrühstückseier und saftige, hormonfreie Rindfleischburger zum Mittagessen.

Ausgehen & Unterhaltung

Northampton Brewery BRAUHAUS
(www.northamptonbrewery.com; 11 Brewster Ct) An sonnigen Tagen schlürft halb Northampton seinen Gerstensaft im Dachbiergarten von Neuenglands ältester Kleinbrauerei.

NICHT VERSÄUMEN

DINER IN WORCESTER

Mit dem Diner hat Worcester ein tolles US-Kultsymbol hervorgebracht. In dieser Rustbelt-Stadt verstecken sich solche Lokale dutzendweise hinter Lagerhallen, unter alten Eisenbahnbrücken oder in nächster Nähe zu zwielichtigen Bars. Das **Miss Worcester Diner** (300 Southbridge St; Gerichte 5–8 US$; 6–14 Uhr) von 1948 ist ein echter Klassiker: Es war ursprünglich der Vorführ-Diner der Worcester Lunch Car Company, die in ihrer direkt gegenüber liegenden Fabrik insgesamt 650 Imbissbuden produzierte. Harleys auf dem Bürgersteig und Red-Sox-Krimskrams an den Wänden sorgen hier fürs passende Ambiente. Auf der Karte treten Köstlichkeiten wie Arme Ritter mit Bananenaroma gegen die üblichen Kalorienbomben (Chili-Hotdogs, Brötchen mit Sauce) an. Ein schmackhaftes Stück echtes Amerika!

Calvin Theatre KONZERTHALLE
(☎413-584-0610; www.iheg.com; 19 King St) Hier spielen verschiedene Stars, von angesagten Rock- und Indiebands bis hin zu Comedians.

Diva's DISKO
(www.divasofnoho.com; 492 Pleasant St) Die bekannteste Schwulendisko der Stadt bringt ihr Publikum mit beständig hämmernder House-Musik ins Schwitzen.

Iron Horse Music Hall KONZERTHALLE
(☎413-584-0610; www.iheg.com; 20 Center St) Landesweit gefeierte Folk- und Jazzkünstler spielen hier in traulichem Ambiente.

Haymarket Café CAFÉ
(www.haymarketcafe.com; 185 Main St; 🛜) Northamptons coolster Treff für Künstlertypen und Koffeinjunkies.

AMHERST

Das Zentrum dieser mit dem Auto von Northampton aus schnell erreichbaren Stadt bilden die große **University of Massachusetts** (www.umass.edu) und zwei kleine Colleges, das liberale **Hampshire College** (www.hampshire.edu) und das angesehene **Amherst College** (www.amherst.edu). Über Campusführungen und Veranstaltungen informieren die Einrichtungen selbst; irgendwas ist immer los. Die für eine Collegestadt üblichen Lokale finden sich im Umkreis der Main St im Stadtzentrum.

Das Haus, in dem die Dichterin Emily Dickinson (1830–1886), die „Belle of Amherst", ihr Leben lang wohnte, ist der Öffentlichkeit als **Emily Dickinson Museum** (☎413-542-8161; www.emilydickinsonmuseum.org; 280 Main St; Erw./Kind 8/4 US$; ⌚Mi–So 11–16 Uhr) bekannt und zugänglich. Im Eintrittspreis ist eine 40-minütige Führung inbegriffen.

Die Berkshires

In diesen kühlen, grünen Hügeln verbergen sich ruhige Kleinstädte und viele kulturelle Attraktionen. Seit über 100 Jahren sind die Berkshires ein bevorzugtes Refugium wohlhabender Bostoner und New Yorker. Das gilt nicht nur für die Rockefellers – auch das gesamte Boston Symphony Orchestra verbringt hier die Sommermonate. Das **Berkshire Visitors Bureau** (☎413-743-4500; www.berkshires.org; 3 Hoosac St, Adams; ⌚10–17 Uhr) liefert Informationen über die ganze Region.

GREAT BARRINGTON

Dieses Örtchen hat zweifellos die besten Restaurants der Berkshires. Also nichts wie hin zur Kreuzung von Main St (US 7) und Railroad St im Zentrum: Dort wartet ein kunstvoller Mix aus Galerien und Lokalen mit Köstlichkeiten von Backwaren bis zur Ethno-Küche.

Günstige Gerichte aus lokalen Biozutaten serviert das **Eastern Mountain Cafe** (www.berkshire.coop; 42 Bridge St; Gerichte 6–10 US$; ⌚Mo–Sa 8–19, So 10–17 Uhr; 🌱) im Berkshire Co-op Market. Familien schätzen das **Baba Louie's** (www.babalouiespizza.com; 286 Main St; Pizzas 12–18 US$; ⌚11.30–21.30 Uhr; 👪) wegen seiner Bioholzofenpizzas und der Kindermenüs (6 US$). Das **Allium** (☎413-528-2118; www.alliumberkshires.com; 42 Railroad St; Hauptgerichte 15–28 US$; ⌚17–21.30 Uhr) tischt einfallsreiche, modern-amerikanische Spitzenküche in sehr stilvollem Ambiente auf.

STOCKBRIDGE

In der typisch neuenglischen Kleinstadt scheint die Zeit stehengeblieben zu sein: Hier gibt's keine einzige Ampel. Besucher fühlen sich an die Werke Norman Rockwells (1894–1978) erinnert – kein Wunder: Der populärste Illustrator der US-Geschichte wohnte einst an der Main St und nutzte die Stadt bzw. deren Einwohner als Inspirationsquelle. Im faszinierenden **Norman Rockwell Museum** (☎413-298-4100; www.nrm.org; 9 Glendale Rd/MA 183; Erw./Kind 15/5 US$; ⌚10–17 Uhr) erwachen seine gemalten Americana-Alltagsszenen bei näherer Betrachtung fast zum Leben.

LENOX

Als kulturelles Zentrum der Berkshires ist das elegante Dorf Lenox auch Veranstaltungsort einer der bedeutendsten Konzertreihen der USA: Beim **Tanglewood Music Festival** (☎413-637-5165; www.tanglewood.org; ⌚Ende Juni–Anfang Sept.) treten das Boston Symphony Orchestra und Gastkünstler wie James Taylor oder Yo-Yo Ma unter freiem Himmel auf. Um dieses typische Berkshires-Erlebnis so richtig genießen zu können, holt man sich ein Ticket für die Konzertwiese, breitet dort eine Decke aus und entkorkt eine Flasche Wein.

Shakespeare & Company (☎413-637-1199; www.shakespeare.org; 70 Kemble St) inszenieren den ganzen Sommer über Werke des englischen Dichters. Beim renommierten **Jacob's Pillow Dance Festival** (☎413-243-

9919; www.jacobspillow.org; 385 George Carter Rd; ⌚Juni–Aug.) in Becket gibt's 10 Meilen (16 km) östlich von Lenox modernes Tanztheater zu sehen.

Mount (☎413-551-5111; www.edithwharton.org; 2 Plunkett St am US 7; Erw./Kind 16 US$/frei; ⌚Mai–Okt. 10–17 Uhr) heißt das frühere Anwesen der Schriftstellerin Edith Wharton. Im Rahmen von einstündigen Führungen können Besucher das Haus und dessen inspirierende Gärten besichtigen.

Lenox hat jede Menge charmante Unterkünfte aus früherer Zeit. Am ältesten ist das **Birchwood Inn** (☎413-637-2600; www.birchwood-inn.com; 7 Hubbard St; Zi. inkl. Frühstück 175–335 US$; 📶), das seit 1767 Zimmer vermietet und bis heute mit großer Gastfreundschaft glänzt.

Das **Cornell in Lenox** (☎413-637-4800; www.cornellbandb.com; 203 Main St; Zi. inkl. Frühstück 150–200 US$; @📶) verteilt sich über drei historische Häuser und ist für diesen teuren Ort recht preiswert.

Stilvolle Bistros säumen die Church St im Ortszentrum. Dazu gehört auch das **Bistro Zinc** (☎413-637-8800; www.bistrozinc.com; 56 Church St; Hauptgerichte 15–30 US$; ⌚11.30–15 & 17.30–22 Uhr) mit dem heißen postmodernen Dekor und französisch angehauchter Küche im modern-amerikanischen Stil. Für ein erschwingliches Familienessen empfiehlt sich die **Olde Heritage Tavern** (12 Housatonic St; Hauptgerichte 6–15 US$; ⌚8–22 Uhr), eine peppige Kneipe mit Gerichten von Waffeln bis Steak.

PITTSFIELD

Gleich westlich der Ortschaft Pittsfield liegt mit dem **Hancock Shaker Village** (☎413-443-0188; www.hancockshakervillage.org; US 20; Erw./Kind 17/4 US$; ⌚Mai–Okt. 10–17 Uhr) ein faszinierendes Museum, das die Lebensart der Shaker beleuchtet. Die religiöse Sekte gründete das Dorf 1783. Sie praktizierte Gütergemeinschaft, Werkheiligkeit und das Zölibat. Letzteres ließ die Gruppe schließlich aussterben. Die würdevoll schlichte Handwerkskunst der Shaker hat u. a. Holzmöbel und 20 Bauwerke hervorgebracht. Berühmtestes Beispiel ist die steinerne Rundscheune.

WILLIAMSTOWN & NORTH ADAMS

Inmitten der sanft gewellten Berkshires-Hügel liegt Williamstown, eine neuenglische Collegestadt wie aus dem Bilderbuch. Deren Zentrum bildet der grüne Campus des Williams College. Hier und im benachbarten North Adams warten insgesamt drei hervorragende Kunstmuseen, die jeweils einen separaten Besuch wert sind.

Sehenswertes & Aktivitäten

LP TIPP **Clark Art Institute** MUSEUM
(☎413-458-2303; www.clarkart.edu; 225 South St, Williamstown; Juni–Okt. Erw./Kind 15 US$/frei, Nov.–Mai Eintritt frei; ⌚10–17 Uhr, Sept.–Juni Mo geschl.) Der Schwerpunkt liegt auf der Malerei des 19. Jhs.: Neben vielen Werken französischer Impressionisten (z. B. Renoir) gibt's auch eine gute amerikanische Sammlung zu sehen, die u. a. Bilder Winslow Homers oder John Singer Sargents zeigt.

GRATIS **Williams College Museum of Art** MUSEUM
(☎413-597-2429; www.wcma.org; 15 Lawrence Hall Dr, Williamstown; ⌚Di–Sa 10–17, So 13–17 Uhr) Die Institution stellt Werke bedeutender US-Künstler wie Mary Cassett, Edward Hopper oder Georgia O'Keeffe aus.

Mass MoCA MUSEUM
(☎413-662-2111; www.massmoca.org; 87 Marshall St, North Adams; Erw./Kind 15/5 US$; ⌚Juli & Aug. 10–18 Uhr, Sept.–Juni Mi–Mo 11–17 Uhr; 📶) Mit einer atemberaubenden Fläche von 2 ha ist das zeitgenössische Kunstmuseum landesweit das größte seiner Art – Laufschuhe nicht vergessen! Neben Installationen können hier auch avantgardistische Theater- und Tanzvorstellungen bewundert werden.

Mt. Greylock State Reservation PARK
(☎413-499-4262; www.mass.gov/dcr/parks/mtGreylock; 30 Rockwell Rd, Lanesborough) In dem Park gleich südlich von North Adams führen Pfade hinauf zum höchsten Gipfel von Massachusetts (1064 m). Dort schweift der Panoramablick über mehrere Höhenzüge und an klaren Tagen zudem über fünf verschiedene US-Bundesstaaten. Vor Ort sind Zeltstellplätze, eine rustikale Lodge und Schutzhütten für Rucksackwanderer vorhanden (für Details s. Website).

Feste & Events

Williamstown Theatre Festival THEATER
(☎413-597-3400; www.wtfestival.org; 1000 Main St, Williamstown; Juli & Aug.) Für das erstklassige Festival werden moderne und klassische Stücke oft mit namhaften Besetzungen inszeniert.

Schlafen & Essen

River Bend Farm B&B $$
(☎413-458-3121; www.windsorsofstonington.com/RBF; 643 US 7; Zi. mit Gemeinschaftsbad

inkl. Frühstück 120 US$) Mit echten Antiquitäten und fünf offenen Kaminen versetzt das georgianisch-kolonialzeitliche B&B seine Gäste zurück ins 18. Jh.

Porches B&B $$
(☎413-664-0400; www.porches.com; 231 River St; Zi. inkl. Frühstück 180–250 US$; ❄📶🏊) Die künstlerisch gestalteten Zimmer gegenüber dem Mass MoCA warten mit Fenstertüren, geschmackvoller Farbgebung und vielen Lampen auf.

LP TIPP **Mezze Bistro + Bar** FUSION $$$
(☎413-458-0123; www.mezzerestaurant.com; 777 US 7; Hauptgerichte 18–27 US$; ⏱17–22 Uhr) In dem schicken Restaurant trifft Ost auf West: Küchenchef Joji Sumi mixt modern-amerikanische Küche meisterhaft mit Klassischem aus Frankreich und Japan. Die saisonalen Menüzutaten (Fleisch, Käse, Gemüse) stammen direkt vom Biobauernhof.

Tunnel City Coffee CAFÉ $
(www.tunnelcitycoffee.com; 100 Spring St; Snacks 2–6 US$; ⏱6–18 Uhr; 📶) In dem Studententreff nahe dem Campus des Williams College werden starke Espressos, Snacks und süße Desserts kredenzt.

RHODE ISLAND

Der kleinste Bundesstaat der USA bietet noch mehr auf kleinem Raum, als die nur 400 Meilen (640 km) lange zerklüftete Küste mit ihren tief eingeschnittenen Buchten und den hübschen Stränden vermuten lässt. Providence, die nette Hauptstadt, ist klein und freundlich, aber doch groß genug, um erstklassige Restaurants und Sehenswürdigkeiten zu bieten. Newport, ein Sommerdomizil der wohlhabenderen Schicht, prunkt mit prächtigen Herrenhäusern, hübschen Jachten und Musikfestivals der Weltklasse. Wer sich noch ein bisschen weiter hinaus wagt, erlebt bei der Fahrt mit der Fähre nach Block Island einen perfekten Tag.

Geschichte

Dass Roger Williams (1603–1683) der von ihm 1636 gegründeten Gemeinde den Namen Providence (Vorsehung) gab, zeugt von dem Optimismus, der ihn und seine Anhänger beseelte. Der von den Puritanern als religiöser Abweichler aus Boston vertriebene Williams legte in seiner Kolonie das Recht jedes Einzelnen auf Glaubensfreiheit zugrunde. Er war ein früher Verfechter der Trennung von Religion und Staat, die später ein Grundprinzip der US-Verfassung werden sollte. Als erste der amerikanischen Kolonien schaffte das fortschrittliche, kleine Rhode Island 1774 die Sklaverei ab und erklärte ebenfalls als erste im Jahr 1776 ihre Unabhängigkeit von Großbritannien.

KURZINFOS RHODE ISLAND

» **Spitznamen** Ocean State, Little Rhody

» **Bevölkerung** 1053000 Ew.

» **Fläche** 2706 km²

» **Hauptstadt** Providence (178000 Ew.)

» **Weitere Städte** Newport (24700 Ew.)

» **Verkaufssteuer** 7 %

» **Geburtsort** von Broadway-Komponist George M. Cohan (1878–1942) und Spielzeugheld Mr. Potato Head (erfunden 1952)

» **Heimat** der ersten US-Tennismeisterschaften

» **Politische Ausrichtung** Mehrheitlich Wähler der Demokraten

» **Berühmt** als kleinster US-Bundesstaat

» **Offizieller Wappenvogel** Ein Huhn – warum nicht! Der Rhode Island Red revolutionierte die Geflügelzucht.

» **Entfernungen** Providence–Newport 37 Meilen (59 km), Providence–Boston 50 Meilen (80 km)

ℹ Praktische Informationen

Providence Journal (www.projo.com) Größte Tageszeitung des Bundesstaats.

Rhode Island Parks (www.riparks.com) Ermöglicht Camping in fünf State Parks.

Rhode Island Tourism Division (☎800-250-7384; www.visitrhodeisland.com) Besucherinfos zu ganz Rhode Island.

Providence

Sanierungsmaßnahmen haben die einst trostlose Hauptstadt von Rhode Island in eine der schmucksten Kleinstädte des amerikanischen Nordostens verwandelt. Providence hat heute einen künstlerischen Touch und ist die einzige Großstadt der USA, deren ganzer Kern unter Denkmalschutz steht. Von den historischen Gebäuden im Zentrum bis hin zu den vor Cafés strotzenden Straßen rund um die Brown University lädt hier alles zu näherer Erkundung ein.

Sehenswertes & Aktivitäten

Über Exit 22 geht's von der I-95 zur Innenstadt. Ein kurzer Fußmarsch nach Osten führt zum Universitätsgelände. Rund 1 Meile (1,6 km) westlich vom Zentrum bildet die Atwells Ave den Mittelpunkt des farbenfrohen italienischen Viertels Federal Hill.

Museum of Art MUSEUM
(☎401-454-6500; www.risdmuseum.org; 224 Benefit St; Erw./Kind 10/3 US$, So 10–13 Uhr Eintritt frei; ⏲Di–So 10–17 Uhr) Das Kunstmuseum der Rhode Island School of Design ist wunderbar facettenreich: Seine Sammlung reicht von antiker griechischer Kunst und amerikanischer Malerei des 20. Jhs. bis hin zu Kunsthandwerk.

GRATIS **State House** HISTORISCHES GEBÄUDE
(☎401-222-3983; 82 Smith St; ⏲Mo–Fr 8.30–16.30, Gratisführungen 9, 10 & 11 Uhr) Das Wahrzeichen der Stadt wird von einer der weltgrößten freitragenden Marmorkuppeln bekrönt. Das ausgestellte George-Washington-Porträt von Gilbert Stuart animiert dazu, es mit der Abbildung auf dem 1-US$-Schein zu vergleichen.

GRATIS **Roger Williams Park** PARK
(1000 Elmwood Ave; 👪) Das Gelände beheimatet so viele viktorianische Relikte (u.a. ein klassisches Karussell), dass es der National Trust for Historic Preservation als einen der schönsten Stadtparks der USA bezeichnet. Unter den vielfältigen Attraktionen sind z.B. ein **botanischer Garten** mit vielen Blumen und ein **Zoo** (☎401-785-3510; www.rogerwilliamsparkzoo.org; Erw./Kind 12/8 US$; ⏲9–16 Uhr; 👪) mit Elefanten und Schneeleoparden. Anfahrt ab der Innenstadt: Der I-95 südwärts folgen, dann Exit 17 nehmen!

Culinary Archives & Museum MUSEUM
(☎401-598-2805; www.culinary.org; 315 Harborside Blvd; Erw./Kind 7/2 US$; ⏲Di–So 10–17 Uhr) Das unkonventionelle Museum auf dem Gelände der Johnson & Wales University beherbergt eine halbe Million Exponate zur Geschichte des Essens – von alten Kochbüchern bis hin zu Eisenbahnspeisewagen aus dem frühen 20. Jh. Um hin zu kommen, die I-95 an Exit 18 verlassen, nach rechts in die Allens Ave einbiegen und den Schildern folgen!

Brown University CAMPUS
(www.brown.edu; 71 George St) Am Hang oberhalb der Rhode Island School of Design liegt die Brown University, deren Campus mit viel Ivy-League-Charme zum Spazierengehen einlädt.

Schlafen

Providence Biltmore HISTORISCHES HOTEL $$
(☎401-421-0700; www.providencebiltmore.com; 11 Dorrance St; Zi./Suite ab 159/199 US$; ❄📶) Die Lobby mit den Kronleuchtern dieses historischen Innenstadthotels katapultiert einen zurück in die 1920er-Jahre. Damastbezogene Polsterstühle, vergoldete Spiegel und übergroße Betten setzen das Ambiente in den Zimmern fort.

Edgewood Manor INN $$
(☎401-781-0099; www.providence-lodging.com; 232 Norwood Ave; Zi. inkl. Frühstück 139–299 US$; 📶) Wer sich verwöhnen lassen will, bucht am besten ein Zimmer in diesem eleganten neoklassizistischen B&B am Roger Williams Park. Viele Antiquitäten in Museumsqualität zieren die prächtige Lobby, während die Zimmer mit Marmorbädern und Himmelbetten aus Mahagoni aufwarten.

Christopher Dodge House B&B $$
(☎401-351-6111; www.providence-hotel.com; 11 W Park St; Zi. inkl. Frühstück 149–190 US$; @) Gasbefeuerte Kamine und kuschelige Steppdecken verleihen dem einladenden B&B mit Blick auf das State House eine behagliche Atmosphäre. Ausgebucht? Dann nach dem

WAS ZUM ...?

Wer redet noch von Christo? Providence hat die Welt der öffentlichen Kunstinstallationen mit dem **WaterFire** (www.waterfire.org) erhellt. Schauplatz ist der Fluss, der sich durch das Stadtzentrum schlängelt: Aus dem Wasser ragen fast 100 Kohlebecken empor, die nach Einbruch der Dunkelheit angezündet werden. Dann züngeln Flammen über dem Fluss, während Musik spielt, schwarz gekleidete Gondolieri vorbeistaken und am Ufer eine große Party steigt. Diesen fesselnden Mix aus Kunst und Unterhaltung gibt's von Mai bis September etwa ein Dutzend Mal (meist Sa Sonnenuntergang–1 Uhr).

Schwesterhaus (Mowry-Nicholson House) fragen, das nur einen Block entfernt liegt.

Essen

Providence hat zahllose Spitzenlokale. Ausflüge nach „Klein-Italien" erlauben die Trattorias an der Atwells Ave in Federal Hill. Viele Cafés säumen die Thayer St am Hang oberhalb der Brown University.

LP TIPP **Costantino's Venda Ravioli** FEINKOST $
(www.vendaravioli.com; 265 Atwells Ave; Gerichte 6–14 US$; ⌚Mo–Sa 8.30–18, So 8.30–17 Uhr) Für die schönsten kulinarischen Erlebnisse in Federal Hill sorgen die kleinen Tische vor diesem brummenden Deli. Baumelnde Salamis, knuspriges Brot, alle erdenklichen Antipasti und authentisches *gelato* versetzen Gäste quasi direkt nach Italien.

Meeting Street Café CAFÉ $$
(www.meetingstreetcafe.com; 220 Meeting St; Hauptgerichte 8–15 US$; ⌚8–23 Uhr) Das flotte Café nahe der Brown University empfiehlt sich für üppige Sandwiches und leckere Desserts. Das Fleisch ist hormonfrei, das Gemüse frisch. Die Riesenportionen reichen fast immer für zwei.

Cassarino's ITALIENISCH $$
(☎401-751-3333; www.cassarinosri.com; 177 Atwells Ave; Hauptgerichte 15–20 US$; ⌚Mo–Fr 11.30–22, Sa 12–23 Uhr) Angesichts der guten, erschwinglichen Italo-Kost in Federal Hill würde sich Tony Soprano hier sicher zu Hause fühlen. Bis 15 Uhr gibt's super Mittagsmenüs (10 US$; Mo–Fr).

Caserta Pizzeria PIZZERIA $$
(☎401-621-3618; www.casertapizzeria.com; 121 Spruce St; Pizzas 7–19 US$; ⌚9.30–22.30 Uhr) Das spartanisch eingerichtete Lokal auf der Rückseite von Federal Hill serviert die beste sizilianische Pizza in ganz Rhode Island. Das Geheimnis: die extrem scharfe Sauce.

East Side Pockets MEDITERRAN $
(www.eastsidepocket.com; 278 Thayer St; Hauptgerichte 4–7 US$; ⌚Mo–Sa 10–1, So 10–22 Uhr; ✎) Fabelhafte Falafel und Baklava zu studentenfreundlichen Preisen.

Ausgehen & Unterhaltung

Providence Performing Arts Center THEATER
(☎401-421-2787; www.ppacri.org; 220 Weybosset St) Konzerte, Comedy und Broadway-Musicals in einem wunderschön restaurierten Art-déco-Theater von 1928.

Lupo's Heartbreak Hotel LIVEMUSIK
(☎401-331-5876; www.lupos.com; 79 Washington St) In Providences legendärem Livemusik-Club spielen angesagte Indie- und Rockbands.

Trinity Brewhouse KLEINBRAUEREI
(☎401-453-2337; www.trinitybrewhouse.com; 186 Fountain St; ⌚So–Do 11.30–1, Fr & Sa 12–2 Uhr) Die Kleinbrauerei im Unterhaltungsbezirk produziert super Bier nach britischer Art. Unbedingt das Stout probieren!

AS220 CLUB
(☎401-831-9327; www.as220.org; 115 Empire St; ⌚17–1 Uhr) Alternativer Club mit experimentellen Bands, unkonventionellen Filmen, Poetry-Slams u.v.m. – man weiß nie, was einen hier erwartet.

Shoppen

Boutiquen und abgefahrene Studentenläden säumen die Thayer St nahe der Brown University. In Rhode Islands größtem Einkaufszentrum, dem **Providence Place** (www.providenceplace.com; 1 Providence Place) in der Innenstadt, kann man ganz modern shoppen.

Praktische Informationen

Post (www.usps.com; 2 Exchange Tce)

Providence Visitor Information Center (☎401-751-1177; www.goprovidence.com; Rhode Island Convention Center, 1 Sabin St; ⌚Mo–Sa 9–17 Uhr)

An- & Weiterreise

Autovermieter sind am **TF Green Airport** (PVD; www.pvdairport.com; I-95, Ausfahrt 13, Warwick) vertreten. Rund 20 Minuten südlich der Innenstadt landen dort die Flieger großer US-Fluggesellschaften.

Peter Pan Bus Lines (www.peterpanbus.com) verbindet Providence mit Boston (8 US$, 1¼ Std.) und New York (37 US$, 3½ Std.). Auch Züge der **Amtrak** (www.amtrak.com) pendeln zwischen Providence und anderen Städten im Nordosten.

Von ihrer Drehscheibe an der Kennedy Plaza schickt die **Rhode Island Public Transit Authority** (RIPTA; www.ripta.com; Einzelfahrt/Tageskarte 2/6 US$) altmodische Busse im Trolley-Stil durch ganz Providence. Weitere RIPTA-Busse verbinden die Stadt mit Newport.

Newport

Schon der Name des Städtchens beschwört Bilder von unermesslichem Reichtum und

Herrenhäusern à la *Der große Gatsby* herauf. In den 1890er-Jahren wurde Newport zum bevorzugten Sommerdomizil wohlhabender New Yorker. Diese ließen opulente Villen am Meer errichten, wobei jedes neue Gebäude die bereits stehenden Nachbarn ausstechen sollte. Die Anwesen (alias „Sommer-Cottages") sind so überwältigend, dass die Leute bis heute hierherströmen, nur um sie zu bewundern. Newport ist zudem für legendäre Musikfestivals und eine aktive Seglerszene berühmt.

Sehenswertes & Aktivitäten

Preservation Society of Newport County HERRENHÄUSER
(☎401-847-1000; www.newportmansions.org; 424 Bellevue Ave; alle 5 Häuser Erw./Kind 31/10 US$, nur Breakers 16,50/4 US$, Breakers & 1 weiteres Haus 24/6 US$; ⌚April–Mitte Okt. Breakers 9–17, andere Häuser 10–17 Uhr) Diese Gesellschaft verwaltet fünf von Newports opulentesten Anwesen, die sich je in ca. 90 Minuten besichtigen lassen. In der Nachsaison variieren die Öffnungszeiten (telefonisch erfragen).

Breakers
(44 Ochre Point Ave) Wer nur für eine der Villen Zeit hat, sollte sich diesen extravaganten, mit 70 Zimmern versehenen Megapalast im Stil der italienischen Renaissance ansehen – 1895 erbaut für Cornelius Vanderbilt II., das Oberhaupt der damals reichsten Familie Amerikas.

Rosecliff
(548 Bellevue Ave) Das 1902 erbaute Meisterwerk des Architekten Stanford White ähnelt dem Grand Trianon von Versailles. Der riesige Ballsaal taucht als Hauptkulisse im Film *Der große Gatsby* mit Robert Redford auf.

Marble House
(596 Bellevue Ave) Am Schloss von Versailles orientiert sich auch diese Villa von 1892, die vornehm mit Möbeln im Stile Ludwigs XIV. eingerichtet ist.

Elms
(367 Bellevue Ave) Das Elms von 1901 ist fast identisch mit dem Château d'Asnières bei Paris.

Chateau-sur-Mer
(474 Bellevue Ave) Die viktorianische Villa aus dem Jahr 1852 war das erste von Newports palastartigen „Sommer-Cottages".

Rough Point HERRENHAUS
(www.newportrestoration.com; 680 Bellevue Ave; Eintritt 25 US$; ⌚Di–Sa 9.45–17 Uhr) Doris Duke (1912–1993) war einst das „reichste kleine Mädchen der Welt". Mit nur 13 Jahren erbte sie dieses englisch anmutende Anwesen von ihrem Vater. Doris hegte eine Leidenschaft fürs Reisen und für Kunstsammlungen. Die Villa beherbergt viele ihrer Besitztümer, von Ming-Porzellan bis hin zu Gemälden Renoirs. Das Grundstück ist ähnlich eindrucksvoll.

GRATIS **Cliff Walk** STADTSPAZIERGANG
Grandiose Küstenspaziergänge ermöglicht der 5,6 km lange Cliff Walk hinter den Herrenhäusern. Unterwegs genießt man nicht nur den einst exklusiven Supermeerblick der Superreichen, sondern bewundert auch deren Villen. Der Cliff Walk erstreckt sich zwischen Memorial Blvd und Bailey's Beach. Ein schöner Startpunkt ist die Ruggles Ave nahe dem Breakers.

International Tennis Hall of Fame MUSEUM
(☎401-849-3990; www.tennisfame.com; 194 Bellevue Ave; Erw./Kind 11 US$/frei; ⌚9.30–17 Uhr) Das weltgrößte Tennismuseum befindet sich in dem Club, in dem 1881 die erste Tennismeisterschaft der USA ausgetragen wurde. Für 90 US$ können Besucher die weiße Kluft anlegen und selbst eine Runde auf dem klassischen Rasenplatz spielen.

GRATIS **Fort Adams State Park** PARK
(www.riparks.com; Harrison Ave; ⌚Sonnenaufgang–Sonnenuntergang) Zur größten Küstenfestung der USA (erbaut um 1824) gehören ausgedehnte Rasenflächen am Newport Harbor, die sich prima zum Picknicken eignen. Bei Fort Adams kann man ganz gut baden, noch besser aber am **Easton's Beach** (First Beach; Memorial Blvd) und am **Sachuest Beach** (Second Beach; Purgatory Rd).

Touro Synagogue National Historic Site SYNAGOGE
(☎401-847-4794; www.tourosynagogue.org; 85 Touro St; Erw./Kind 5 US$/frei; ⌚So–Fr 12–14 Uhr) Mit der ältesten Synagoge Amerikas (erbaut um 1763) besichtigt man ein architektonisches Juwel, das perfekt die Balance zwischen Schlichtheit und Prunk wahrt.

Sail Newport SEGELN
(☎401-846-1983; www.sailnewport.org; 60 Fort Adams Rd; Mietboot 64–121 US$/3 Std.; ⌚9–19 Uhr) Die windige Heimat des prestigeträchtigen America's Cup bietet erwartungsgemäß super Segelmöglichkeiten.

Adirondack II BOOTSFAHRT
(☎401-847-0000;www.sail-newport.com;1½-stündige Tour 27–35 US$; ⌚11–19 Uhr) Der Segel-

Region Newport

schoner startet fünfmal täglich an der Bowen's Wharf.

Feste & Events

Da Newports sommerliche Musikveranstaltungen stets sehr stark besucht sind, sollte ein Besuch rechtzeitig geplant werden.

LP TIPP **Newport Folk Festival** MUSIK
(www.newportfolkfest.com; Fort Adams State Park; Tickets 69–77 US$) Bei diesem Festival am letzten Juliwochenende sind schon alle Größen der Folkszene aufgetreten. Das Ganze ist mittlerweile ein echtes Markenzeichen der Stadt.

Newport Jazz Festival MUSIK
(www.newportjazzfest.net; Fort Adams State Park; Tickets 40–100 US$) Mit Namen wie Dave Brubeck oder Wynton Marsalis liest sich die Teilnehmerliste des Newport Jazz Festival wie ein *who is who* der Jazz-Musik. Das Fest steigt normalerwiese an einem Wochenende Anfang August. Genaue Termine stehen auf der Website.

Newport Music Festival MUSIK
(www.newportmusic.org; Tickets 20–40 US$) Im Rahmen dieser Reihe von klassischen Konzerten wird an 17 Tagen im Juli in verschiedenen Herrenhäusern Kammermusik gespielt.

Schlafen

Stella Maris Inn INN $$
(☎401-849-2862; www.stellamarisinn.com; 91 Washington St; Zi. inkl. Frühstück 125–195 US$;) Hier können sich Gäste einen Schaukelstuhl auf der Veranda schnappen und die vorbeigleitenden Segelboote betrachten. Hohe Decken und viel dunkles Holz dominieren das angenehm altmodische Ambiente des früheren Konvents, der ruhig in Laufentfernung vom Stadtzentrum liegt.

Ivy Lodge INN $$$
(☎401-849-6865; www.ivylodge.com; 12 Clay St; Zi. inkl. Frühstück 169–379 US$;) Das prächtige Gebäude nahe Newports opulenten Herrenhäusern ist eine Ode über das gute Leben. Die mit Antiquitäten eingerichteten Zimmer haben meist offene Kamine und teils auch romantische Whirlpools.

Admiral Fitzroy Inn INN $$
(☎401-848-8000; www.admiralfitzroy.com; 398 Thames St; Zi. 145–300 US$;) Dieser hafennahe Inn an der belebten Thames St ist nach dem Admiral benannt, der einst mit Darwin segelte. Entsprechend nautisch ist die Atmosphäre. Die Dachterrasse mit weitem Blick aufs Wasser entschädigt für den Lärm, den Besucher der nahen Bars beim Heimgehen verursachen.

Newport International Hostel HOSTEL $
(☎401-369-0243; www.newporthostel.com; 16 Howard St; B mit Gemeinschaftsbad inkl. Frühstück 35–89 US$; @) Das zentral gelegene Hostel in einem historischen Wohnhaus hat nur eine Handvoll Betten – daher rechtzeitig buchen! Der freundliche Manager gibt viele Tipps für einen tollen und erschwinglichen Aufenthalt in Newport.

Essen

LP TIPP **Mooring** SEAFOOD $$
(☎401-846-2260; www.mooringrestaurant.com; Sayer's Wharf; Hauptgerichte 10–36 US$; ◷11.30–22 Uhr) Die unschlagbare Kombination aus Hafenlage und frischen Meeresfrüchten auf der Karte macht das Mooring zur Topadresse für ein Abendessen am Meer. Falls das Lokal voll sein sollte, einfach den Seiteneingang zur Bar nehmen, sich einen Hocker schnappen und herzhafte Muschelsuppe sowie *a bag of doughnuts* (pikante frittierte Hummerstücke) bestellen!

Salvation Café CAFÉ $$
(☎401-847-2620; www.salvationcafe.com; 140 Broadway; Hauptgerichte 14–25 US$; ◷17–22 Uhr) Dieses unkonventionelle Café punktet mit abgefahrenem, vielfältigem Dekor und einem tollen internationalen Menü. Letzteres reicht von Phat Thai bis hin zu marokkanischem Kräuterlamm und ist meistens perfekt.

Mamma Luisa ITALIENISCH $$
(☎401-848-5257; www.mammaluisa.com; 673 Thames St; Hauptgerichte 14–25 US$; ◷Do–Di 17–22 Uhr) Das gemütliche Restaurant fungiert als Zuflucht vor Newports Touristenscharen. Neben Hauptgerichten mit Fleisch bzw. Fisch serviert es auch Pasta-Klassiker wie Käseravioli mit Ackerbohnen oder Spaghetti *alle vongole*. Oben speist man wie in Omas Esszimmer.

Gary's Handy Lunch DINER $
(462 Thames St; Hauptgerichte 4–8 US$; ◷Sa–Do 5–15, Fr 5–20 Uhr) In dem traditionellen Diner beginnen Newports Arbeiter den Tag mit Kaffee und schlichtem Frühstück.

Wharf Pub KNEIPE $$
(☎401-846-9233; Bowen's Wharf; Hauptgerichte 10–18 US$; ◷11.30–23 Uhr) Zu den Burgern, Sandwiches und frittierten Calamari passt am besten ein Newport Storm Ale. Vernünftige Preise, anständige Portionen und schneller Service.

Ausgehen & Unterhaltung

Newport Blues Café LIVEMUSIK
(☎401-841-5510; www.newportblues.com; 286 Thames St) Vertrauliche Atmosphäre plus eine der besten Blues- und R&B-Szenen diesseits von New York City.

Fastnet BAR
(www.thefastnetpub.com; 1 Broadway) Freundlicher Pub mit anständiger Kneipenkost, Rugby-Liveübertragungen und toller Auswahl von irischen Fassbieren.

Praktische Informationen

Citizens Bank (☎401-847-4411; 8 Washington Sq)

Newport Gateway Transportation & Visitors Center (☎800-976-5122; www.gonewport.com; 23 America's Cup Ave; ◷9–17 Uhr) Newports Touristeninformation gibt einen praktischen Führer aus und ermittelt freie Hotelzimmer.

Post (www.usps.com; 320 Thames St)

An- & Weiterreise

Busse von **Peter Pan Bus Lines** (www.peterpanbus.com) fahren mehrmals täglich nach Boston

WER NOCH EIN PAAR TAGE ZEIT HAT

Block Island liegt 19 km vor dem Rest Rhode Islands im offenen Meer. Die unberührte Insel steht für schlichte Freuden: hügelige Farmen, menschenleere Strände und kilometerlange, ruhige Wander- bzw. Radwege.

Fähren machen in der Hauptsiedlung Old Harbor fest, die sich seit dem Bau ihrer viktorianischen Gingerbread-Häuser im späten 19. Jh. kaum verändert hat. Die Strände beginnen direkt am nördlichen Ortsrand. Rund 2 Meilen (3,2 km) weiter nördlich verläuft der **Clay Head Nature Trail**, der den hohen Lehmklippen über dem Strand folgt und gute Möglichkeiten zur Vogelbeobachtung bietet. Das 40,5 ha große Naturschutzgebiet **Rodman Hollow** am südlichen Inselende wird ebenfalls von interessanten Pfaden durchzogen.

Block Island ist nur 11,2 km lang und super zum Radeln geeignet. Mehrere Anbieter in Fähranlegernähe verleihen Drahtesel (25 US$/Tag). Direkt am Anleger hilft die **Block Island Chamber of Commerce** (☎800-383-2474; www.blockislandchamber.com) bei der Zimmersuche. Achtung: Die vier Dutzend Inselunterkünfte sind im Sommer meist ausgebucht! Oft besteht das Management auf Mindestaufenthalten.

Vom Galilee State Pier in Point Judith schickt **Block Island Ferry** (☎866-783-7996; www.blockislandferry.com; hin & zurück Erw. normale Fähre/Schnellfähre 26/36 US$, Fahrrad hin & zurück 6 US$) Schnellfähren und normale Fähren (30 bzw. 55 Min. jeweils 4- bis 8-mal tgl.) zur Insel. Eine weitere normale Fähre (2 Std., 1-mal tgl.; Juli & Aug.) startet am Fort Adams State Park in Newport. Kinder bezahlen den halben Erwachsenenpreis. Der Fahrplan ist günstig für Tagesausflügler: Morgens geht's los, am späten Nachmittag zurück.

(27 US$, 1¾ Std.). Ab der Touristeninformation rollen viele Busse der staatlichen **RIPTA** (www.ripta.com; Einzelfahrt/Tageskarte 2/6 US$) zu den Herrenhäusern und Stränden sowie nach Providence.

Scooter World (☎401-619-1349; Christie's Landing; 30 US$/Tag; ⏲9–19 Uhr) verleiht Fahrräder.

Strände von Rhode Island

Traveller, die einen Tag am Strand verbringen möchten, sind in den Ortschaften an der Südwestküste von Rhode Island genau richtig – das hier ist nicht umsonst der „Ocean State"!

Der rund 1,5 km lange **Narragansett Town Beach** in Narragansett ist zum Surfen bestens geeignet. Zu den schönsten Stränden des Bundesstaats gehört der nahe gelegene breite **Scarborough State Beach**; er hat einen prächtigen Pavillon und eine einladende Uferpromenade zu bieten. **Watch Hill** an der Südwestspitze des Bundesstaats ist mit seinem Kettenkarussell und dem viktorianischen Ambiente ein nettes Fleckchen, um einmal die Zeit zurückzudrehen. Detaillierte Infos über das gesamte Gebiet gibt's beim **South County Tourism Council** (☎800-548-4662; www.southcountyri.com).

CONNECTICUT

Wegen seiner Lage zwischen dem verführerischen New York City und den urigeren Teilen Neuenglands weiter im Norden streifen die meisten Traveller Connecticut nur. Zugegeben: Der breite Küstenkorridor der I-95 führt weitgehend durch Industriegebiete, aber bei genauerem Hinschauen hält der Bundesstaat doch ein paar nette Überraschungen bereit: Mystic etwa, der Ort am Meer, lockt mit Schifffahrtsattraktionen, die altehrwürdigen Städtchen am Connecticut River bilden eine ganz eigene Welt, und die Litchfield Hills im Nordwesten Connecticuts sind so zauberhaft ländlich wie der Rest Neuenglands.

Namensgebend war der Connecticut River, der sich fast geradlinig durch den Bundesstaat zieht. Das Wort stammt von den Mohikanern, deren *quinnehtukqut* „Ort des langen Flusses" bedeutet.

Geschichte

Im Jahr 1633 errichteten Holländer in der Nähe des heutigen Hartford eine kleine Siedlung, doch erst die englischen Siedler, die sich in den folgenden Jahren zahlreich hier niederließen, formten den Staat Connecticut.

Dank des Fleißes der Bürgerschaft wurde der Yankee-Händler aus Connecticut zu einer feststehenden Figur in der frühen amerikanischen Gesellschaft: Er zog mit dem Planwagen von Ort zu Ort und verkaufte Uhren und andere handwerklich produzierte Geräte. Connecticut spielte auch während der Industriellen Revolution eine führende Rolle: 1798 errichtete Eli Whitney in New Haven eine Fabrik zur Produktion von Feuerwaffen mit austauschbaren Einzelteilen – der Beginn der modernen Massenproduktion.

1810 wurde in Hartford die erste Versicherungsgesellschaft der USA gegründet. In den 1870ern hatte die Stadt das höchste Pro-Kopf-Einkommen in Amerika. Zwei der bedeutendsten US-Literaten, Harriet Beecher Stowe (1811–1896) und Mark Twain (1835–1910), waren 17 Jahre lang in Hartford Nachbarn.

Praktische Informationen

Touristeninformationen findet man am Flughafen Hartford und bei der Einfahrt in den Bundesstaat an I-95 oder I-84.

KURZINFOS CONNECTICUT

» **Spitznamen** Constitution State, Nutmeg State

» **Bevölkerung** 3,6 Mio.

» **Fläche** 12 548 km²

» **Hauptstadt** Hartford (124 775 Ew.)

» **Verkaufssteuer** 6 %

» **Geburtsort** von Sklavereigegner John Brown (1800–1859), Zirkusdirektor P. T. Barnum (1810–1891), Schauspielerin Katharine Hepburn (1909–2003)

» **Heimat** der ersten schriftlichen US-Verfassung, des ersten Dauerlutschers, des Frisbee und des Hubschraubers

» **Politische Ausrichtung** Hang zu den Demokraten

» **Berühmt** als Geburtsort der US-Versicherungswirtschaft und für den Bau des weltweit ersten Atom-U-Boots

» **Sonderbarste Hymne** ist der *Yankee Doodle*, der Patriotismus mit Strichmännchen, Federn und Maccaroni in Verbindung bringt

» **Entfernungen** Hartford–New Haven 40 Meilen (64 km), Hartford–Providence 75 Meilen (120 km)

Connecticut Tourism Division (www.ctvisit.com) Besucherinfos zum ganzen Bundesstaat.

Hartford Courant (www.courant.com) Connecticuts größte Tageszeitung mit Online-Veranstaltungskalender.

Connecticuts Küste

Connecticuts Küste ist vielgestaltig: Den Westzipfel prägen reine „Schlaforte“ mit Pendlerzuganschluss nach New York City. Bei New Haven kommt verstärkt die künstlerische Seite des Bundesstaats durch. In Maritime Mystic an Connecticuts Ostrand dreht sich dann alles um große Schiffe und den Lockruf des Meeres.

NEW HAVEN

Yale ist New Havens Besucherhighlight. Darum nichts wie hin zum New Haven Green, wo sich die ehrwürdigen, mit Efeu bewachsenen Universitätsmauern neben alten Kirchen aus der Kolonialzeit erheben! Im Umkreis des Green verteilen sich die besten Museen und Restaurants auf nur wenige Blocks. Das 1638 gegründete New Haven (129 800 Ew.) ist Amerikas älteste Planstadt. Dank des regelmäßigen Straßenrasters ab dem Green findet man sich sehr leicht zurecht. Die nützliche städtische Touristeninformation heißt **INFO New Haven** (☎203-773-9494; www.infonewhaven.com; 1000 Chapel St; ⏲Mo–Sa 10–21, So 12–17 Uhr).

Sehenswertes & Aktivitäten

Yale University CAMPUS

An dieser prestigeträchtigen Universität haben nicht nur fünf US-Präsidenten studiert, sie beeindruckt auch mit einem schönen Campus voller neugotischer Gebäude. Der beeindruckendste Spitzturm ist der **Harkness Tower**, dessen Glockenspiel den ganzen Tag über immer wieder erschallt. Im **Yale Visitor Center** (☎203-432-2300; www.yale.edu/visitor; 149 Elm St; ⏲Mo–Fr 9–16.30, Sa & So 11–16 Uhr) auf der Nordseite des Green sind Übersichtskarten erhältlich; außerdem führen die Mitarbeiter kostenlose Campusführungen (1 Std.; Mo–Fr 10.30 & 14, Sa & So 13.30 Uhr) durch.

GRATIS **Yale University Art Gallery** MUSEUM

(☎203-432-0600; artgallery.yale.edu; 1111 Chapel St; ⏲Di–Sa 10–17, So 13–18 Uhr) Amerikas ältestes universitäres Kunstmuseum prunkt mit Meisterwerken von amerikanischen Malern wie Winslow Homer, Edward Hopper oder Jackson Pollock. Hinzu kommt eine wunderbare europäische Gemäldesammlung, die auch Vincent van Goghs *Nachtcafé* umfasst.

Peabody Museum of Natural History MUSEUM
(☎203-432-5050; www.yale.edu/peabody; 170 Whitney Ave; Erw./Kind 9/5 US$; ⌚Mo–Sa 10–17, So 12–17 Uhr; 👪) Faszinierende Dinosaurier für Hobbypaläontologen.

GRATIS **Yale Center for British Art** MUSEUM
(☎203-432-2800; ycba.yale.edu; 1080 Chapel St; ⌚Di–Sa 10–17, So 12–17 Uhr) Umfangreichste britische Kunstsammlung außerhalb des Vereinigten Königreichs.

Schlafen

Study at Yale HOTEL $$$
(☎203-503-3900; www.studyhotels.com; 1157 Chapel St; Zi. ab 219 US$; ❄📶) Bereit für einen Verwöhnaufenthalt im Elite-Uni-Stil? Dieses schicke Boutiquehotel in der Campusmitte hat 124 ultramoderne Zimmer mit Federbetten, weichen Ledersesseln, Flachbildfernsehern und iPod-Anschlüssen.

Touch of Ireland Guest House B&B $$
(☎203-787-7997; www.touchofirelandguesthouse.com; 670 Whitney Ave; Zi. inkl. Frühstück 135–150 US$; ❄📶) Das freundliche B&B im Norden der Stadt besitzt eine Stube mit offenem Kamin, in der man sich mit anderen Travellern austauschen kann. Die vier irisch dekorierten Zimmer wirken bodenständig und behaglich.

Essen

LP TIPP **Frank Pepe's** PIZZERIA $$
(☎203-865-5762; www.pepespizzeria.com; 157 Wooster St; Pizzas 7–20 US$; ⌚11.30–22 Uhr) New Havens berühmtestes Restaurant trägt den Namen des italienischen Einwanderers, der vor 100 Jahren die Pizza nach Amerika brachte. Deren Zubereitung ist hier erwartungsgemäß perfekt. Ultimativen Genuss verspricht die Spezialität des Hauses: „weiße" Pizza mit Knoblauch und frischen Muscheln.

Miya's Sushi JAPANISCH $$
(☎203-777-9760; www.miyassushi.com; 68 Howe St; Gerichte 18–40 US$; ⌚Di–Sa 12.30–23 Uhr; 🖉) In dem witzigen Lokal trifft Tokio auf Yale. Serviert werden sensationelles Sushi, leckere vegetarische Gerichte und eine klasse Auswahl von Sake. Das einfalls- und facettenreiche Menü nimmt Rücksicht auf den Artenschutz – bestätigt durch die höchste Auszeichnung des Monterey Bay Aquarium. Am besten beginnt man mit der Kürbis-Miso-Suppe.

Louis' Lunch BURGER $
(www.louislunch.com; 261 Crown St; Hamburger 5,25 US$; ⌚Di & Mi 11–15.45, Do–Sa 12–2 Uhr) New Havens klassischer Burgerladen erfand 1900 das Lieblings-Fast-Food der Amerikaner. Bis heute brutzeln hier Hackfleischfladen auf den senkrechten Originalgrills aus Gusseisen. Im Vergleich zur übrigen Welt hat sich das Lokal seit 100 Jahren nicht verändert – also gar nicht erst nach Ketchup fragen!

Sally's Apizza PIZZERIA $$
(☎203-624-5271; www.sallysapizza.com; 237 Wooster St; Pizzas 7–16 US$; ⌚Di–So 17–22.30 Uhr) Wenn das Pepe's voll ist (und das ist oft der Fall), empfiehlt sich dieses nahe gelegene Restaurant, das eine Verwandte Pepes 1938 eröffnete. Auch hier liegt der Schwerpunkt auf herrlichen Holzofenpizzas mit dünnem Boden.

Unterhaltung

New Havens Theaterszene ist erstklassig. Das kostenlose Wochenblatt *New Haven Advocate* (www.newhavenadvocate.com) enthält einen Veranstaltungskalender.

Toad's Place LIVEMUSIK
(☎203-624-8623; www.toadsplace.com; 300 York St) Die heißeste Musikszene diesseits von New York City: Von Count Basie und Bob Dylan bis hin zu U2 sind in dem legendären Laden schon alle aufgetreten.

Shubert Theater THEATER
(☎203-562-5666; www.shubert.com; 247 College St) Im ehrwürdigen Shubert sieht man Stücke, bevor sie groß herauskommen: Seit 1914 gastieren hier Broadway-Musicals auf Probetour.

Yale Repertory Theatre THEATER
(☎203-432-1234; www.yale.edu/yalerep; 1120 Chapel St)

Long Wharf Theatre THEATER
(☎203-787-4282; www.longwharf.org; 222 Sargent Dr)

An- & Weiterreise

Wer per Zug aus NYC anreist, nimmt statt der Amtrak besser die **Metro North** (www.mta.info; einfache Strecke 14–19 US$). Die verkehrt fast stündlich und ist am günstigsten. **Greyhound Bus Lines** (www.greyhound.com) verbindet New Haven mit vielen Großstädten wie Hartford (18 US$, 1 Std.) oder Boston (37 US$, 4 Std.).

MYSTIC & UMGEBUNG

Mystic kann mit einem spitzenmäßigen Seefahrtsmuseum, einem tollen Aquarium und attraktiven historischen Unterkünften aufwarten. Zweifellos wird die jahrhundertealte Hafenstadt von Sommertouristen überrannt. Allerdings gibt's gute Gründe, warum hier jedermann (u. a. Fans des Films *Pizza Pizza – Ein Stück vom Himmel*; 1988) einen Zwischenstopp einlegt. Also nichts wie runter vom Highway und das Geheimnis lüften – am besten werktags, um dem größten Gedränge zu entgehen! Die **Greater Mystic Chamber of Commerce** (☎860-572-1102; www.mysticchamber.org; 2 Roosevelt Ave; ⏲9–16.30 Uhr) im alten Bahnhof liefert Besucherinfos.

Sehenswertes & Aktivitäten

Mystic Seaport MUSEUM

(☎860-572-5315; www.mysticseaport.org; 75 Greenmanville Ave/CT 27; Erw./Kind 24/15 US$; ⏲9–17 Uhr; 👪) Hier erwacht Amerikas maritime Geschichte zum Leben: Im weitläufigen Nachbau eines Hafendorfs aus dem 19. Jh. spielen kostümierte Darsteller den einstigen Handelsalltag nach. Besucher können an Bord mehrerer historischer Segler gehen. Zu diesen zählt mit der *Charles W. Morgan* von 1841 das weltweit letzte erhaltene Walfangschiff aus Holz. Wer selbst Lust auf eine kleine Seereise hat, kann mit dem Dampfer **Sabino** von 1908 einmal pro Stunde den Mystic River hinaufschippern (5,50 US$/Pers.).

Mystic Aquarium AQUARIUM

(☎860-572-5955; www.mysticaquarium.org; 55 Coogan Blvd; Erw./Kind 26/19 US$; ⏲9–18 Uhr; 👪) Hier sind nicht nur Fische, sondern auch andere Meeresbewohner zuhause – z. B. Pinguine, Seelöwen und sogar ein Belugawal! Und wo sonst können Kinder einen Kuhnasenrochen streicheln?

Foxwoods Resort & Casino KASINO

(☎800-369-9663; www.foxwoods.com; CT 2, Ledyard) Im nahe gelegenen Ledyard zeigt sich, ob einem das Glück hold ist: Mit dem extrem mondänen Kasino betreiben die indigenen Mashantucket Pequot dort die größte Zockerhöhle diesseits von Las Vegas.

Mashantucket Pequot Museum & Research Center MUSEUM

(☎800-411-9671; www.pequotmuseum.org; 110 Pequot Trail an der CT 214, Mashantucket; Erw./Kind 15/10 US$; ⏲Mi–Sa 10–16 Uhr) Das weitläufige Zentrum wird vom Kasino finanziert und umfasst auch die Replik eines amerikanischen Ureinwohnerdorfs aus dem 16. Jh.

Schlafen

Old Mystic Inn B&B $$

(☎860-572-9422; www.oldmysticinn.com; 52 Main St, Old Mystic; Zi. inkl. Frühstück 165–215 US$; 📶) Nahe der Mündung des Mystic River bestimmen hier Himmelbetten, gemütliche Kamine und leckeres Frühstück das romantische Ambiente. Der kolonialzeitliche Gasthof von 1784 diente zwischenzeitlich als Buchladen. So sind seine Zimmer in Anlehnung an US-Schriftsteller wie Henry David Thoreau oder Mark Twain gestaltet.

Whaler's Inn INN $$

(☎860-536-1506; www.whalersinnmystic.com; 20 E Main St; Zi. 139–259 US$; ❄@📶) An der Zugbrücke in Mystics Zentrum wohnt es sich komfortabel: Das Unterkunftsspektrum des Whaler's Inn reicht von traditionell dekorierten Zimmern in einem viktorianischen Haus (erbaut 1865) bis hin zu modernen Quartieren in motelartigen Gebäuden. Idealerweise liegt fast alles in fußläufiger Entfernung.

Essen & Ausgehen

S&P Oyster Co SEAFOOD $$

(☎860-536-2674; www.sp-oyster.com; 1 Holmes St; Hauptgerichte 10–25 US$; ⏲11.30–22 Uhr) An Sommertagen gibt's nichts Besseres, als am Wasser zu essen. Dieses verlässlich gute Seafood-Lokal ist für Austern in halber Schale und Fish & Chips in Riesenportionen berühmt. Es liegt im Ortszentrum östlich der Zugbrücke.

Harp & Hound KNEIPE $$

(☎860-572-7778; www.harpandhound.com; 4 Pearl St; Hauptgerichte 8–15 US$; ⏲11.30–1 Uhr) Diese Kneipe in einem historischen Haus westlich der Zugbrücke ist der richtige Ort, um spätabends einen Humpen irisches Ale zu kippen. Dazu gibt's anständiges Kneipenessen und englischen Fußball im Fernsehen.

Mystic Drawbridge Ice Cream EIS $

(www.mysticdrawbridgeicecream.com; 2 W Main St; Eiswaffel 4 US$; ⏲9–23 Uhr) Mit einem leckeren Eis in der Hand sind Stadtspaziergänge doch immer am schönsten. Die stets gut besuchte Eisdiele verkauft aber nicht nur tolle, selbst hergestellte Eissorten, sondern auch Sandwiches, Salate und diverse Backwaren.

Lower Connecticut River Valley

Am Ufer des Connecticut River geben mehrere kolonialzeitliche Kleinstädte gemächlich ihren ländlichen Charme preis. Informationen zur Region gibt's beim **River Valley Tourism District** (☎860-787-9640; www.visitctriver.com).

ESSEX

Das 1635 gegründete, vornehme Uferstädtchen Essex ist ein guter Ausgangspunkt, um das Flusstal zu erkunden. Elegante Häuser im Federal-Style säumen die Straßen – ein Erbe aus dem 19. Jh., als hier mit Rum und Tabak ein Vermögen gemacht wurde.

Das **Connecticut River Museum** (☎860-767-8269; www.ctrivermuseum.org; 67 Main St; Erw./Kind 6–12 Jahre 8/5 US$; ⏲Di–So 10–17 Uhr) informiert über die Geschichte der Region. Zu sehen ist u.a. der Nachbau des ersten U-Boots der Welt. Das Fahrzeug mit Handkurbelantrieb wurde hier 1776 gebaut.

Am besten erlebt man das Tal bei einer Fahrt mit **Essex Steam Train & Riverboat** (☎860-767-0103; www.essexsteamtrain.com; 1 Railroad Ave; Erw./Kind 17/9 US$, mit Bootsfahrt 26/17 US$; ⏲Öffnungszeiten variieren; 👪). Die alte Dampflok schnauft knapp 10 km durch malerisches Gelände bis Deep River, wo man mit einem Schaufelraddampfer fahren kann, ehe es mit dem Zug zurückgeht.

Das **Griswold Inn** (☎860-767-1776; www.griswoldinn.com; 36 Main St; Zi. inkl. Frühstück 110–305 US$; ❄📶) im Ortszentrum ist ein Wahrzeichen Essex'. Der Gasthof bietet Gästen schon seit 1776 gemütlichen kolonialen Komfort und ist damit eines der ältesten Hotels in Amerika. Sehr gerne kommen die Leute auch hierher, um in historischem Ambiente traditionelle neuenglische Gerichte zu genießen.

OLD LYME

In Old Lyme, nahe der Mündung des Connecticut River, lebten im 19. Jh. an die 60 Schiffskapitäne. Heute ist der Ort wegen seiner Künstlergemeinde bekannt. Anfang des vorigen Jahrhunderts öffnete die Kunstmäzenin Florence Griswold ihr Anwesen für Besuche von Künstlern; viele bezahlten die Miete mit Bildern. In ihrem georgianischen Anwesen, dem heutigen **Florence Griswold Museum** (☎860-434-5542; www.flogris.org; 96 Lyme St; Erw./Kind unter 12 Jahren 9 US$/frei; ⏲Di–Sa 10–17, So 13–17 Uhr), sind 6000 Exponate zu sehen, darunter diverse Gemälde amerikanischer Impressionisten, Skulpturen und Kunsthandwerk.

Die hübscheste Unterkunft ist das **Bee & Thistle Inn** (☎860-434-1667; www.beeandthistleinn.com; 100 Lyme St; Zi. 180–275 US$; 📶), ein tolles niederländisch-koloniales Bauernhaus von 1756. Die Zimmer hier sind mit Antiquitäten und Himmelbetten ausgestattet.

EAST HADDAM

Der kleine Ort am Ostufer des Connecticut River hat zwei faszinierende Sehenswürdigkeiten zu bieten. Das exzentrische **Gillette Castle** (☎860-526-2336; 67 River Rd; Erw./Kind 10/4 US$; ⏲Ende Mai–Mitte Okt. 10–16.30 Uhr) ist ein Herrenhaus aus Stein, das mit seinen vielen Türmchen eher an eine mittelalterliche Burg erinnert. Erbaut wurde es 1919 von dem Schauspieler William Hooker Gillette, der mit seiner Rolle als Sherlock Holmes einst reich und bekannt wurde. Als „Geburtsstätte des amerikanischen Musicals" gilt das klassische **Goodspeed Opera House** (☎860-873-8668; www.goodspeed.org; 6 Main St), ein 1876 errichtetes viktorianisches Theaterhaus, in dem auch heute noch Musicals aufgeführt werden.

WAS ZUM ...?

Auch von Eindrücken übersättigte Museumsfreaks sollten nicht die Nase rümpfen: Mitten in einer Aufbereitungsanlage widmet sich das ausgefallene **Trash Museum** (☎860-757-7765, 211 Murphy Rd, Hartford; Eintritt frei; ⏲Sept.–Juni Mi–Fr 12–16 Uhr, Juli–Aug. Di 10–14, Mi–Fr 10–16 Uhr) der ökologisch korrekten Müllverwertung. Die Connecticut Resources Recovery Authority (CRRA) informiert auf diese Weise über umweltfreundliches Recycling. Museumsmittelpunkt ist eine Besucherplattform mit Blick auf die Müllsortierung. Coole Müllskulpturen und Demo-Komposthaufen mit Regenwürmern beleuchten die grüne Seite des Ganzen. Zudem erfährt man alles über ein CRRA-Programm, das jährlich 1 Mrd. kW Ökostrom aus Abfall erzeugt. Anfahrt: Der I-91 bis zur Ausfahrt 27 folgen, die direkt zur Deponie führt!

Hartford

Connecticuts Hauptstadt ist vor allem als Zentrum des US-amerikanischen Versicherungswesens bekannt – theoretisch nicht unbedingt sehenswert für Touristen. Wer aber hinter die Fassade aus Bürogebäuden schaut, entdeckt einige interessante, einzigartige und uramerikanische Attraktionen. Das **Greater Hartford Welcome Center** (☎860-244-0253; www.enjoyhartford.com; 31 Pratt St; ⏲Mo–Fr 9–17 Uhr) liefert Besucherinfos.

Sehenswertes & Aktivitäten

Mark Twain House & Museum MUSEUM
(☎860-247-0998; www.marktwainhouse.org; 351 Farmington Ave; Erw./Kind 16/10 US$; ⏲Mo–Sa 9.30–17.30, So 12–17.30 Uhr) In seinem früheren Wohnhaus schrieb Samuel Langhorne Clemens alias Mark Twain viele seiner größten Werke (u.a. *Ein Yankee aus Connecticut an König Artus' Hof*). Das Haus selbst – ein viktorianisch-neugotischer Bau mit fantasievollen Giebeln und Türmchen – reflektiert den schrägen Charakter des legendären Schriftstellers.

Harriet Beecher Stowe House MUSEUM
(☎860-522-9258; www.harrietbeecherstowe.org; 77 Forest St; Erw./Kind 9/6 US$; ⏲Di–Sa 9.30–16.30, So 12–16.30 Uhr) Neben dem Twain House steht das frühere Heim Harriet Beecher Stowes, der Autorin von *Onkel Toms Hütte*. Dieses Buch brachte die Amerikaner einst dermaßen gegen die Sklaverei auf, dass Abraham Lincoln der Verfasserin einmal den Beginn des US-Bürgerkriegs zuschrieb.

Wadsworth Atheneum MUSEUM
(☎860-278-2670; www.wadsworthatheneum.org; 600 Main St; Erw./Kind 10 US$/frei; ⏲Mi–Fr 11–17, Sa & So 10–17 Uhr) Amerikas ältestes Kunstmuseum zeigt neben einer herausragenden Sammlung von Gemälden der Hudson River School auch Skulpturen des berühmten Künstlers Alexander Calder (1898–1976) aus Connecticut.

GRATIS **State Capitol** HISTORISCHES GEBÄUDE
(☎860-240-0222; Ecke Capitol Ave & Trinity St; ⏲Mo–Fr 9–15 Uhr) Das Capitol von 1879, das heute von der Öffentlichkeit besichtigt werden darf, mixt dermaßen viele Architekturstile, dass es manchmal als „schönstes hässliches Gebäude der Welt" bezeichnet wird. Unterhalb liegt der fast 15 ha große **Bushnell Park** mit reizenden Gärten, Sommerkonzerten und einem noch funktionstüchtigen Karussell von 1914.

Old State House HISTORISCHES GEBÄUDE
(☎860-522-6766; www.ctosh.org; 800 Main St; Erw./Kind 6/3 US$; ⏲Di–Sa 10–17 Uhr) Die echte Perle unter Connecticuts öffentlichen Gebäuden zählt zu den ältesten State Capitols der USA. Der 1796 errichtete Bau wurde von dem kolonialzeitlichen Stararchitekten Charles Bulfinch entworfen.

Schlafen & Essen

Hilton Hartford HOTEL $$
(☎860-728-5151; www.hilton.com; 315 Trumbull St; Zi. 100–189 US$; ❄@≋) Das am günstigsten gelegene Hotel der Stadt: Hartforts wichtigste Sehenswürdigkeiten lassen sich alle per pedes erreichen. Die betagten, aber komfortablen Zimmer werden durch topmoderne Fitnesseinrichtungen ergänzt. Am Wochenende ist das Hilton ein echtes Schnäppchen, da die Preise dann am niedrigsten sind.

Vaughan's Public House KNEIPE $$
(☎860-882-1560; www.irishpublichouse.com; 59 Pratt St; Kneipenessen 9–16 US$; ⏲11.30–1 Uhr) Auf der Speisekarte des freundlichen Irish Pubs steht alles Mögliche von herzhaften Sandwiches und Salaten bis hin zu Pommes plus Kabeljau in Bierpanade. Während der Happy Hour (15–19 Uhr) fließen die Guinness-Ströme besonders günstig.

Mo's Midtown Restaurant DINER $
(☎860-236-7741; 25 Whitney St; Gerichte 3–7 US$; ⏲Mo–Fr 7–14.30, Sa & So 8–13.30 Uhr) Der klassische Diner serviert super Frühstück für ganz wenig Geld. Zu den Bratkartoffel-Bergen vom Grill gibt's stapelweise Vollkornweizenmehlpfannkuchen mit saisonalen Früchten. Hinzu kommen sensationelle Huevos Rancheros.

An- & Weiterreise

Ab der günstig gelegenen **Union Station** (www.amtrak.com; 1 Union Pl) in Hartfords Zentrum fahren Züge nach New Haven (einfache Strecke 17 US$, 1 Std.), New York City (einfache Strecke 52 US$, 3 Std.) und zu anderen Großstädten im ganzen US-Nordosten.

Litchfield Hills

Seen, Wälder und Weinberge prägen die sanft gewellte Hügellandschaft des nordwestlichen Connecticut. Ruhe Suchende haben hier viele Möglichkeiten. Das **Litch-**

field Hills Connecticut Visitors Bureau (www.litchfieldhills.com) liefert umfassende Informationen zur Region.

LITCHFIELD

Das 1719 gegründete Litchfield wurde im Lauf der Zeit zu einer wohlhabenden Handelsstation an der Postkutschenstrecke von Hartford nach Albany. Viele hübsche Gebäude zeugen noch von jener Ära. Bei einem Spaziergang auf der North St und der South St erblickt man die schönsten, darunter das 1773 errichtete **Tapping Reeve House & Law School** (☎860-567-4501; www.litchfieldhistoricalsociety.org; 82 South St; Erw./Kind 5 US$/frei; ⏲Di–Sa 11–17, So 13–17 Uhr), in dem die erste Juristenakademie der USA ihren Sitz hatte, 129 Kongressmitglieder zählten zu ihren Schülern. Die Eintrittskarte gilt auch für das **Litchfield History Museum** (7 South St).

Der **Haight-Brown Vineyard** (☎860-567-4045; www.haightvineyards.com; 29 Chestnut Hill Rd, an der CT 118; ⏲12–17 Uhr) ist die erste Winzerei des Bundesstaats. Angeboten werden Führungen und Weinproben, und man kann auch auf eigene Faust durch die Weinberge schlendern.

Wanderer kommen in Connecticuts größtem Wildschutzgebiet, dem **White Memorial Conservation Center** (☎860-567-0857; www.whitememorialcc.org; US 202; Eintritt frei; ⏲Sonnenaufgang–Sonnenuntergang), auf ihre Kosten. Es liegt 2,5 Meilen (4 km) westlich der Stadt und bietet 56 km an Wanderwegen mit guten Möglichkeiten, Vögel zu beobachten.

LAKE WARAMAUG

Der Lake Waramaug ist der schönste unter den Dutzenden Seen und Teichen in den Litchfield Hills. Wer der North Shore Rd entlang des Nordufers folgt, kann am **Hopkins Vineyard** (☎860-868-7954; www.hopkinsvineyard.com; 25 Hopkins Rd; ⏲Mo–Sa 10–17, So 11–17 Uhr) einen kleinen Zwischenstopp komplett mit Weinprobe einlegen. Der benachbarte **Hopkins Inn** (☎860-868-7295; www.thehopkinsinn.com; 22 Hopkins Rd, Warren; Zi. ab 130 US$; ❄📶) aus dem 19. Jh. vermietet Gästezimmer mit Seeblick und hat ein renommiertes Restaurant, in dem österreichisch angehauchte Hausmannskost serviert wird. Die Uferstellplätze des **Lake Waramaug State Park** (☎860-868-0220; 30 Lake Waramaug Rd; Stellplatz 17–27 US$) sollten rechtzeitig reserviert werden.

VERMONT

Hausgemachter Käse, eimerweise Ahornsirup, Eiscreme von Ben & Jerry's – hier kommt kaum jemand weg, ohne 5 kg zugenommen zu haben. Zum Glück gibt's in dem Bundesstaat aber auch viele Möglichkeiten, die Kalorien zu verbrennen – beim Wandern in den Green Mountains, beim Paddeln in einem Kajak auf dem Lake Champlain oder im Winter beim Skifahren auf den schneebedeckten Hängen Vermonts.

Vermont ist ländlich im wahrsten Sinne des Wortes: Seine Hauptstadt würde in anderen Staaten kaum als Kleinstadt durchgehen, und selbst in seiner größten Stadt, Burlington, leben gerade einmal bescheidene 42 500 Einwohner. Das Land ist grün und sanft gewellt; 80 % bedecken Wälder, der größte Teil des übrigen Landes wird von Farmen eingenommen, die zu den schönsten überhaupt zählen. Es lohnt sich, sich etwas Zeit für die ruhigen Seitenstraßen und malerischen Dörfer zu nehmen und einfach das Leben zu genießen!

Geschichte

Der Franzose Samuel de Champlain erkundete Vermont 1609 und benannte in seiner bescheidenen Art den größten See hier nach sich.

Vermont spielte eine Schlüsselrolle im Amerikanischen Unabhängigkeitskrieg. 1775 zog Ethan Allen mit der örtlichen Miliz, den Green Mountain Boys, nach Fort Ticonderoga und eroberte es. In späteren Jahren nahm Allen einen freundlicheren Standpunkt gegenüber den Briten ein und erwog sogar, Großbritannien vorzuschlagen, Vermont in den Status eines unabhängigen britischen Staats zu erheben. 1791, zwei Jahre nach Allens Tod, wurde Vermont dann aber als 14. Bundesstaat in die USA aufgenommen.

Der Unabhängigkeitssinn ist in diesem Staat so ausgeprägt wie die Marmoradern, die das Land durchziehen. Lange Zeit war Vermont das Land der Milchbauern, und auch noch heute ist es weitgehend landwirtschaftlich geprägt. Von der Einwohnerzahl her befindet man sich hier im kleinsten Bundesstaat Neuenglands.

ℹ Praktische Informationen

Vermont Dept of Tourism (www.vermontvacation.com) Die Online-Infos sind nach Region, Saison und anderen benutzerfreundlichen Kategorien sortiert.

KURZINFOS VERMONT

» **Spitzname** Green Mountain State

» **Bevölkerung** 625 740 Ew.

» **Fläche** 23 957 km²

» **Hauptstadt** Montpelier (8050 Ew.)

» **Weitere Städte** Burlington (42 500 Ew.)

» **Verkaufssteuer** 6 %

» **Geburtsort von** Mormonenführer Brigham Young (1801–1877), US-Präsident Calvin Coolidge (1872–1933)

» **Heimat** von mehr als 100 überdachten Brücken

» **Politische Ausrichtung** eigenständig mit Hang zu den Demokraten

» **Berühmt** für das Eis von Ben & Jerry's

» **„Schaumigster" Staat** mit den landesweit meisten Kleinbrauereien pro Kopf

» **Entfernungen** Burlington–Bennington 116 Meilen (186 km), Burlington–Portland, Maine 194 Meilen (310 km)

Vermont State Parks (www.vtstateparks.com) Verwaltet 40 State Parks mit Campingmöglichkeiten.

Südliches Vermont

Im südlichen Vermont warten die ältesten Ortschaften des Bundesstaats und die coolen Wanderwege des Green Mountain National Forest auf Besucher. Zudem laden viele malerische Nebenstrecken zu Erkundungen ein.

BRATTLEBORO

Schon mal überlegt, wo der alternative Lebensstil der 1960er-Jahre geblieben ist? In diesem Örtchen am Fluss ist er quietschlebendig. Hierfür sorgen zahllose Kunsthandwerksläden und mehr Batikklamotten pro Kopf als sonstwo in Neuengland.

Sehenswertes & Aktivitäten

Bester Startpunkt ist die Main St. Dort stehen historische Gebäude wie das schmucke Latchis Building im Art-déco-Stil, das ein Hotel und ein Theater beherbergt.

Im Windham County rund um Brattleboro gibt's mehrere **überdachte Brücken**. Straßenkarten für deren Besichtigung verteilt die **Brattleboro Area Chamber of Commerce** (☎802-254-4565; www.brattleborochamber.org; 180 Main St; ⏲Mo–Fr 9–17 Uhr).

Brattleboro Museum & Art Center MUSEUM
(www.brattleboromuseum.org; 10 Vernon St; Erw./Kind 6 US$/frei; ⏲Do–Mo 11–17 Uhr) Zeigt Multimedia-Arbeiten regionaler Künstler.

Schlafen

Forty Putney Road B&B B&B $$
(☎802-254-6268; www.fortyputneyroad.com; 192 Putney Rd; Zi. inkl. Frühstück 179–269 US$; @ 📶) Das zum B&B umgebaute Herrenhaus bietet das volle Programm: elegante Zimmer auf schönem Gelände, Flussblick, Whirlpool, Billard und Feinschmeckerfrühstück. Die bierkundigen Betreiber haben sogar eine Minikneipe, in der man perfekt Vermonts Biere probieren kann.

Latchis Hotel HOTEL $$
(☎802-254-6300; www.latchis.com; 50 Main St; Zi. 95–160 US$; 📶) Gäste des restaurierten Art-déco-Hotels mit den 30 einfach möblierten Zimmern befinden sich mitten im Geschehen.

Essen & Ausgehen

Amy's Bakery Arts Café CAFÉ $
(113 Main St; Gerichte 3–10 US$; ⏲Mo–Fr 8–17, Sa 10–17, So 9–17 Uhr) Die beste Adresse fürs Mittagessen vor Ort. Serviert werden auch super Backwaren, der größte Gästemagnet ist jedoch das gesunde Essen in Form von Salaten und Mozzarella-Sandwiches mit Tapenade.

Brattleboro Food Co-op FEINKOST $
(2 Main St; ⏲Mo–Sa 8–21, So 9–21 Uhr) Natürlich gibt's vor Ort einen spitzenmäßigen Bioladen, der alles Nötige für ein Picknick mit Zutaten aus der Region verkauft.

McNeill's Brewery KNEIPE $
(90 Elliot St; ⏲Mo–Do 17–2, Fr–So 14–2 Uhr) Freundliche Brauereikneipe mit vielen preisgekrönten Bieren.

WILMINGTON & MT. SNOW

Auf halber Strecke zwischen Brattleboro und Bennington liegt Wilmington als Tor zum familienorientierten Skiort **Mt. Snow** (www.mountsnow.com; VT 100). Wenn der Schnee schmilzt, locken die Lifte und die Wege Wanderer und Mountainbiker an. Die **Mt. Snow Valley Chamber of Commerce** (☎802-464-8092; www.visitvermont.com; 21 W

Vermont & New Hampshire

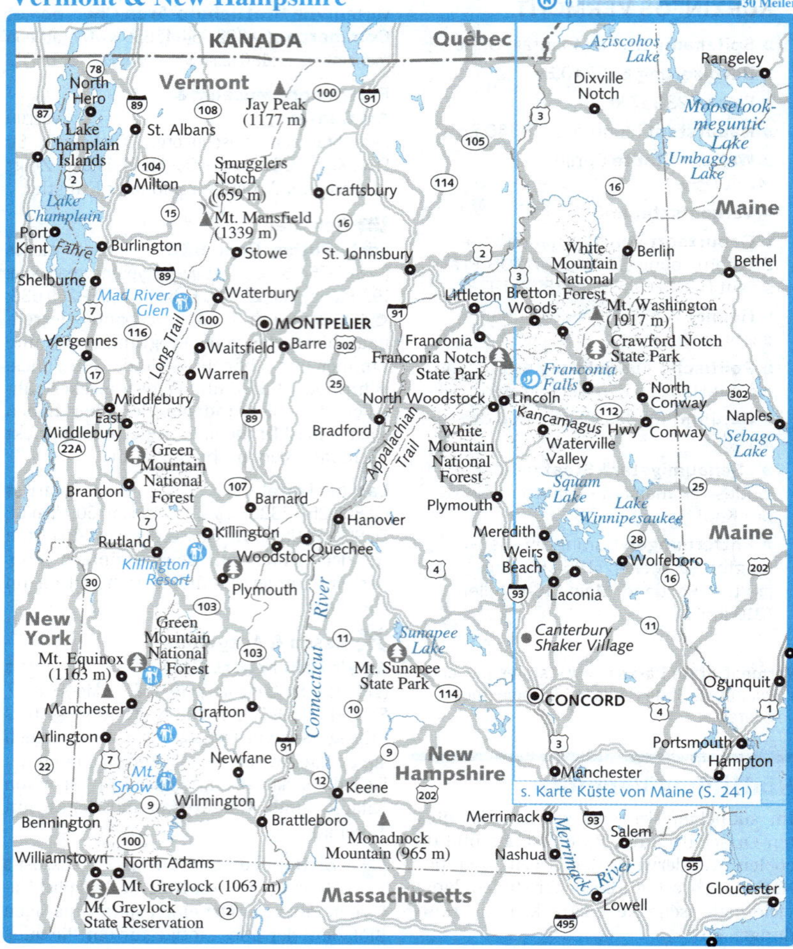

Main St; ⏲10–17 Uhr) informiert über Unterkünfte und Aktivitäten.

Der **Nutmeg Country Inn** (☎802-464-7400; www.nutmeginn.com; 153 VT 9; Zi. inkl. Frühstück 99–205 US$; ❄📶) in Wilmington ist ein Bauernhaus aus dem 18. Jh., das örtliche Gastfreundschaft u.a. mit einem kompletten Landfrühstück zelebriert. Nur auf der Durchreise? Hier gibt's auch eine kleine Bäckerei.

BENNINGTON

Die starke ländliche Prägung des südlichen Vermont zeigt sich z.B. daran, dass Bennington mit nur 15 000 Einwohnern die größte Stadt der Region ist. Im Zentrum säumt ein interessanter Mix aus Cafés und Läden die Main St. Das am Hang gelegene Old Bennington prunkt dagegen mit alten kolonialzeitlichen Häusern und drei überdachten Brücken. Bekrönt wird der Ort durch einen Granitobelisken auf dem Hügel, der an die Schlacht von Bennington (1777) erinnern soll und der kilometerweit sichtbar ist.

1 Meile (1,6 km) nördlich der Innenstadt gibt's Besucherinfos bei der **Bennington Area Chamber of Commerce** (☎802-447-3311; www.bennington.com; US 7; ⏲Mo–Fr 9–17, Sa & So 10–16 Uhr).

Sehenswertes & Aktivitäten

Old First Church HISTORISCHE STÄTTE
(Ecke Monument Ave & VT 9) Die schmucke historische Kirche im Herzen von Old Bennington ist für ihren Friedhof berühmt. Dort sind fünf Gouverneure Vermonts und der Dichter Robert Frost begraben. Letzterer ruht unter der Inschrift *I Had a Lover's Quarrel with the World* („Ich lag im Streit mit der Welt wie ein Liebender").

Bennington Battle Monument HISTORISCHE STÄTTE
(Monument Ave; Erw./Kind 3/1 US$; ⌚Mitte April–Okt. 9–17 Uhr) Von Vermonts höchstem Bauwerk hat man einen unschlagbaren Rundumblick, der über die Landschaft mit den überdachten Brücken hinweg bis hinüber nach New York schweift. Auf den ca. 93 m hohen Obelisken zu kommen, beansprucht die Beine nicht: Ein Aufzug bringt einen kurz und schmerzlos bis ganz nach oben.

Bennington Museum MUSEUM
(☎802-447-1571; www.benningtonmuseum.com; 75 Main St/VT 9; Erw./Kind 10 US$/frei; ⌚Do–Di 10–17 Uhr) Dieses Museum zeigt eine breite Palette von frühem amerikanischen Kunsthandwerk. Highlight ist aber die weltgrößte Sammlung von Werken der berühmten naiven Malerin Anna Mary „Grandma" Moses (1860–1961), die Szenen aus Vermonts bäuerlichem Leben bis zu ihrem 100. Lebensjahr porträtierte.

Schlafen

Henry House B&B **$$**
(☎802-442-7045; www.henryhouseinn.com; 1338 Murphy Rd; Zi. inkl. Frühstück 90–145 US$) 1769 erbaute der US-Revolutionsheld William Henry dieses kolonialzeitliche Wohnhaus. Auf der Veranda kann man vom Schaukelstuhl aus beobachten, wie der Verkehr über eine überdachte Brücke tröpfelt. Das herrliche Haus steht auf friedvollen 10 ha Fläche und hat sich soviel Originalcharakter bewahrt, dass der längst verstorbene Leutnant Henry scheinbar jeden Moment durch den Flur schreiten könnte.

Paradise Inn MOTEL **$$**
(☎802-442-8351; www.theparadisemotorinn.com; 141 W Main St; Zi. 85–145 US$; ❄📶🏊) Attraktive Quartiere in zentraler, aber ruhiger Lage und ein beheizter Freiluftpool tragen zum guten Preis-Leistungs-Verhältnis bei. Der Aufpreis für ein 1.-Klasse-Zimmer mit eigener Minisauna und Whirlpool lohnt sich.

DAS VERMONT FRESH NETWORK

Vermont futtert größtenteils regionale Lebensmittel und hat mit dem **Vermont Fresh Network** sein eigenes Label. Diese Kooperation von Farmern und Küchenchefs ermittelt Restaurants mit Schwerpunkt auf regionalen, nachhaltig produzierten Zutaten. Der grün-weiße, viereckige Aufkleber mit Teller- und Besteckssymbol weist leicht erkennbar darauf hin, dass das jeweilige Lokal seine Eier wahrscheinlich vom benachbarten Bauern bezieht. Unter www.vermontfresh.net gibt's ein vollständiges Verzeichnis von Restaurants mit dieser Kennzeichnung.

Essen & Ausgehen

LP TIPP **Blue Benn Diner** DINER **$**
(☎802-442-5140; 314 North St; Hauptgerichte 5–12 US$; ⌚Mo–Fr 6–16.45, Sa & So 7–15.45 Uhr) Zwar ein klassischer Diner aus den 1950er-Jahren, aber ohne fettige Kalorienbomben: Auf der langen Karte steht neben dem Frühstück, das ganztägig serviert wird, auch Gesundes aus Amerika, Asien und Mexiko – sogar Vegetarisches. Lust auf Pfannentofu mit Shiitakepilzen oder Himbeerpfannkuchen mit Schokosplittern?

Izabella's CAFÉ **$**
(☎802-447-4949; 351 W Main St; Hauptgerichte 6–10 US$; ⌚Di–Fr 8.30–15, Sa 8.30–16 Uhr) Das hippe Café im Stadtzentrum verleiht amerikanischen Standardgerichten einen innovativen Touch. Das saisonal wechselnde Menü besteht aus einheimischen Zutaten. Mit etwas Glück gibt's gerade Apfelküchlein mit Cheddarkäse oder pikante senegalesische Erdnusssuppe.

Madison Brewing Co KNEIPE **$$**
(☎802-442-7397; www.madisonbrewingco.com; 428 Main St; Hauptgerichte 9–20 US$; ⌚11.30–21.30 Uhr; 👪) Eine Kleinbrauerei für die ganze Familie? Jawohl, denn dieses flotte Kneipenrestaurant kredenzt nicht nur selbstgebrautes Kräuterbier und zu Kopf steigende Malz-Ales: Das Speiseangebot reicht von vegetarischen Burgern und saftigen Steaks sogar bis zum Kindermenü.

Shoppen

Bennington Potters TÖPFERWAREN
(www.benningtonpotters.com; 324 County St) Töpferwaren aus Bennington sind beliebte

PANORAMASTRASSE: ÜBERDACHTE BRÜCKEN

Ein 30-minütiger Abstecher ab Bennington führt zu drei überdachten Brücken, die den Wallomsac River im ländlichen Norden des Ortes überspannen. Um dorthin zu gelangen, heißt's gleich nördlich der Touristeninformation nach Westen auf die VT 67A abbiegen. Nach 3,5 Meilen (5,6 km) Murphy Rd geht's an der **Burt Henry Covered Bridge** nach links in die Murphy Rd. Nun ausatmen und runterschalten: Willkommen im Zeitalter der Pferdekutschen! Am anderen Ende der 35,6 m langen Brücke von 1840 hält man sich wieder links. Bald darauf überquert die Murphy Rd die **Paper Mill Bridge**, die nach einer einst benachbarten Papiermühle von 1790 benannt ist (am Fluss sind noch die alten Wasserräder zu sehen). Jetzt nach rechts in die VT 67A einbiegen, dieser 0,5 Meilen (800 m) weit folgen und die Silk Rd zur Rechten nehmen, die nach kurzer Zeit über die **Silk Road Bridge** von ca. 1840 führt. Wer dann auf der Silk Rd nochmal 2 Meilen (3,2 km) weiterfährt und sich an jeder Abzweigung links hält, erreicht schließlich das **Bennington Battle Monument**.

Souvenirs. Besucher können die Werkstatt besichtigen, in der das charakteristisch gesprenkelte Steingut seit über 50 Jahren entsteht. Danach empfiehlt sich der hauseigene Laden.

MANCHESTER

Seit dem 19. Jh. ist Manchester im Schatten des Mt. Equinox ein populäres Sommerrefugium. Die Berglandschaft, das angenehme Klima und der Batten Kill River (Vermonts bester Forellenfluss) ziehen die Urlauber bis heute an.

Der Ort hat zwei sympathische Gesichter: Cafés und gehobene Outlets prägen Manchester Center am Nordende. Im Süden liegt das ehrwürdige Manchester Village mit stattlichen Wohnhäusern, dem vornehmen Hotel Equinox und Bürgersteigen aus Marmor.

Die **Manchester & the Mountains Regional Chamber of Commerce** (☎800-362-4144; www.manchestervermont.net; 5046 Main St, Manchester Center; ⏰Mo–Fr 9–17, Sa 10–17 Uhr) hat Infos für Besucher.

Sehenswertes & Aktivitäten

Gleich östlich von Manchester verläuft der **Appalachian Trail**, der sich in Vermont mit dem **Long Trail** überschneidet. Wanderkarten und Details zu kürzeren Tagesmärschen bekommt man beim **Green Mountain National Forest Office** (☎802-362-2307; 2538 Depot St, Manchester Center; ⏰Mo–Fr 8–16.30 Uhr).

Vom Gipfel des **Mt. Equinox** (1163 m) blickt man auf den Ort. Wer direkt rauffahren will, folgt der VT 7A südlich von Manchester zum **Skyline Drive** (☎802-362-1114; Auto & Fahrer 12 US$, pro weiterer Pers. 2 US$; ⏰Mai–Okt. 9 Uhr–Sonnenuntergang), einer 5 Meilen (8 km) langen, mautpflichtigen Privatstraße.

Hildene HISTORISCHE STÄTTE
(☎802-362-1788; www.hildene.org; 1005 Hildene Rd/VT 7A; Erw./Kind 13/5 US$; ⏰9.30–16.30 Uhr) Dieses Herrenhaus im Stil des Georgian Revival hat 24 Zimmer und liegt gleich südlich von Manchester. Einst war es der Landsitz von Robert Todd Lincoln, dem Sohn des US-Präsidenten Abraham Lincoln. Besucher können das Gebäude mit dem Originalmobiliar der Familie Lincoln im Rahmen einer Führung besichtigen und durch den schönen Garten schlendern. Vor Juni wird dort allerdings nicht viel blühen.

American Museum of Fly Fishing MUSEUM
(www.amff.com; 4104 VT 7A; Erw./Kind 5/3 US$; ⏰Di–Sa 10–16 Uhr) Petrijünger pilgern nach Manchester, um dieses Museum zu besuchen. Ausgestellt sind z. B. Ruten von Ernest Hemingway und anderen berühmten Anglern. Im angrenzenden Hauptgeschäft von **Orvis** kann man sich mit Ausrüstung eindecken, um am **Batten Kill River** auf Forellenfang zu gehen.

BattenKill Canoe KANU- & KAJAKFAHREN
(☎802-362-2800; www.battenkill.com; 6328 VT 7A, Arlington; Leihboot 40–70 US$/Tag; ⏰Mai–Okt. 9.30–17.30 Uhr) Rund 5 Meilen (8 km) südlich von Manchester gibt's hier Leihkanus und -kajaks für Paddeltrips auf dem Batten Kill River.

Schlafen

Aspen Motel MOTEL $
(☎802-362-2450; www.theaspenatmanchester.com, 5669 Main St/VT 7A; Zi. 80–115 US$; ❄📶🏊) Hervorragend und erschwinglich: Dieses familiengeführte Hotel in ruhiger

Lage abseits der Straße, aber praktischerweise in fußläufiger Entfernung zum Manchester Center vermietet 25 komfortable Zimmer.

Equinox RESORT $$$
(☎802-362-4700; www.equinoxresort.com; 3567 Main St; Zi. 289–689 US$;) Manchesters bestes Hotel steht seit 1769 und hat sich trotz Modernisierung seinen netten historischen Charakter bewahrt. Es besitzt 195 Zimmer, einen eigenen Golfplatz (18 Löcher), Restaurants, zwei Pools und ein Luxus-Spa.

Essen

LP TIPP **Up for Breakfast** FRÜHSTÜCK $
(☎802-362-4204; 4935 Main St; Hauptgerichte 6–14 US$; Mo–Fr 7–12.30, Sa & So 7–13.30 Uhr) In einem Obergeschoss des Manchester Center bietet dieses Lokal das beste Frühstück der Stadt an. Von den guten alten Blaubeerpfannkuchen bis hin zu Omeletts mit Räucherlachs und Kapern ist hier alles zu haben.

Ye Olde Tavern AMERIKANISCH $$$
(☎802-362-0611; www.yeoldetavern.net; 5183 Main St; Hauptgerichte 17–28 US$; 17–21.30 Uhr) Am offenen Kamin zu dinieren, fördert die Atmosphäre in dem würdevollen Inn aus den 1790er-Jahren. Auf der Karte stehen kolonialzeitliche Klassiker (z. B. Yankee-Schmorfleisch), aber auch exzellente Enten in reduzierter Portweinsauce.

Spiral Press Café CAFÉ $
(Ecke VT 11 & 7A; Hauptgerichte 6–10 US$; 7–18.30 Uhr;) Dieses Café im Manchester Center gehört zum Northshire Bookstore. Wer Lust auf lockere Croissants, leckere Panini-Sandwiches und prima Latte Macchiato hat, ist hier richtig.

Zentrales Vermont

Das zentrale Vermont mitten in den Green Mountains weist mit den kleinen Städten und großartiger Natur eine typisch neuenglische Landschaft auf. Seine altehrwürdigen Dörfer und Skiorte locken schon seit Generationen Traveller an.

WOODSTOCK & QUECHEE

Woodstock ist eine Vermonter Kleinstadt wie aus dem Bilderbuch: Würdevolle Häuser im Federal- und georgianischen Stil säumen die Straßen, und der Ottauquechee River schlängelt sich unter einer überdachten Brücke hindurch direkt durchs Ortszentrum. Rund 7 Meilen (11,3 km) weiter nordöstlich liegt Quechee (*kwih*-tschih) als Woodstocks kleiner Cousin mitten im üppigen Grünen. Die ganze Gegend lädt zum Runterschalten ein. Besucherinfos erteilt die **Woodstock Area Chamber of Commerce** (☎802-457-3555; www.woodstockvt.com; 61 Central St; Mo–Fr 8.30–16.30 Uhr).

Sehenswertes & Aktivitäten

Der Ottauquechee River hat die eindrucksvolle **Quechee Gorge** ca. 52 m tief in den Fels gegraben. Die 914 m lange Schlucht lässt sich entweder von oben bewundern oder aber von den Wanderwegen aus, die ihren Rand säumen. Am besten Ausgangspunkt, dem **Quechee Gorge Visitor Center** (☎802-295-6852; US 4, Quechee; Mai–Okt. 9–17 Uhr, Nov.–April 10–16 Uhr) östlich der Schlucht, werden Wegekarten ausgegeben.

GRATIS **Marsh-Billings-Rockefeller National Historical Park** PARK
(☎802-457-3368; www.nps.gov/mabi) Der 2,2 km² große Nationalpark auf einem früheren Anwesen der Familie Rockefeller ist in den USA der einzige seiner Art, der die amerikanische Naturschutz- und Landverwaltungsgeschichte beleuchtet. Er liegt nur 1 Meile (1,6 km) nördlich von Woodstocks Zentrum und lädt mit einem Netz schattiger Wege zum Spazierengehen ein.

VINS Nature Center GREIFVOGELZENTRUM
(☎802-359-5000; www.vinsweb.org; US 4, Quechee; Erw./Kind 10,50/8,50 US$; 10–17.30 Uhr;) Etwa 1 Meile (1,6 km) westlich der Schlucht kümmert sich dieses Zentrum um verletzte Weißkopfseeadler und andere Greifvögel. Wer das majestätische Federvieh aus der Nähe bewundert hat, kann anschließend auf dem 19 ha großen Gelände durch die Natur schlendern.

Billings Farm & Museum FARM
(☎802-457-2355; www.billingsfarm.org; VT 12 an der River Rd; Erw./Kind 12/6 US$; Mai–Okt. 10–17 Uhr;) Neben dem Marsh-Billings-Rockefeller National Historical Park zeigt diese Museumsfarm mit voll funktionierendem Milchbetrieb, wie das Farmerleben im 19. Jh. ausgesehen hat.

Schlafen

Ardmore Inn B&B $$
(☎802-457-3887; www.ardmoreinn.com; 23 Pleasant St, Woodstock; Zi. inkl. Frühstück 130–205 US$;) Der sympathische Inn liegt nur fünf Gehminuten von Woodstocks Zen-

trum entfernt. In einem stattlichen neoklassizistischen Gebäude von 1867 werden insgesamt fünf Zimmer mit Marmorböden und vielen Antiquitäten vermietet. Selbst gemachtes, mehrgängiges Frühstück rundet das Paket ab.

Shire Riverview Motel MOTEL $$
(☎802-457-2211; www.shiremotel.com; 46 Pleasant St/US 4; Zi. 98–188 US$; ❄📶) Das preiswerteste Motel in Woodstocks Zentrum punktet mit nettem Kolonialdekor, hilfsbereitem Management und unvergleichlichem Blick auf den Ottauquechee River hinter dem Haus.

Quechee State Park CAMPING $
(☎888-409-7579; www.vtstateparks.com; 5800 US 4, Quechee; Stellplatz/Unterstand 20/27 US$) Der 243 ha große Park am Rand der Quechee Gorge hat sieben Campingunterstände *(lean-tos)* und 45 Stellplätze im Schatten von Kiefern.

Essen

LP TIPP **Simon Pearce** MODERN-AMERIKANISCH $$
(☎802-295-1470; www.simonpearce.com; 1760 Main St, Quechee; Hauptgerichte mittags 13–17 US$, abends 25–32 US$; ⏲11.30–14.45 & 18–21 Uhr) Das Simon Pearce ist nicht nur unschlagbar, wenn es um gehobene Gastronomie geht, sondern auch mittags überraschend günstig. Zuerst schaut man am besten bei den Kunsthandwerkern (Glasbläsern, Töpfern) in den Kellerwerkstätten vorbei. Auf deren Produkten wird im Obergeschoss modern-amerikanische Kreativkost kredenzt. Ein sehr cooles Lokal, das mittels des Wasserfalls vor dem Haus sogar seinen eigenen Strom produziert!

Prince & the Pauper AMERIKANISCH $$$
(☎802-457-1818; www.princeandpauper.com; 24 Elm St; Bistro Hauptgerichte 14–22 US$, Festpreismenü 49 US$; ⏲18–21 Uhr) Mit entbeintem Lammfleisch im Blätterteig tischt dieser neuenglische Klassiker in Woodstocks Zentrum einen echten Hit auf. Die verführerische Bistrokarte mit kleineren Gerichten ist eine Alternative zum herzhaften dreigängigen Festpreismenü.

Osteria Pane e Salute ITALIENISCH $$
(☎802-457-4882; www.osteriapaneesalute.com; 61 Central St; Hauptgerichte 14–21 US$; ⏲Do–Mo 18–22 Uhr) Hier gibt's leckere toskanische Pizzas mit dünnem Boden und Traditionskost wie bei Mama ... falls Letztere aus Italien stammt: Slowfood, aromatische Gewürze und italienische Boutiqueweine.

KILLINGTON

Nur eine einstündige Autofahrt westlich von Woodstock liegt das **Killington Resort** (www.killington.com). Mit 200 Pisten auf sieben Bergen, mehr als 30 Liften und einem Gefälle von fast 960 m ist dieser Skiort Neuenglands Antwort auf Vail. Und dank des weltweit umfangreichsten Kunstschneesystems ist die Saison in Killington eine der längsten im Osten. Im Sommer, wenn der Schnee geschmolzen ist, bevölkern Mountainbikefahrer und Wanderer die Hänge.

Im Gebiet um Killington gibt's über 100 Unterkünfte, von gemütlichen Skihütten bis zu Kettenhotels. Die meisten liegen an der Killington Rd, der 6 Meilen (10 km) langen Straße, die vom US 4 abzweigt und in die Berge führt. Alle Informationen erhält man bei der **Killington Chamber of Commerce** (☎802-773-4181; www.killingtonchamber.com; US 4; ⏲Mo–Fr 10–16.30 Uhr).

MIDDLEBURY

In diesem früheren Fabrikstandort wurden die alten Wassermühlen am Fluss zu einladenden Restaurants und Galerien umgebaut. Nimmt man dann noch den grünen Campus des Middlebury College hinzu, hat man den perfekten Ort, um einen angenehmen Nachmittag zu verbringen. In dem kleinen, aber vielfältigen **Middlebury College Museum of Art** (☎802-443-5007; S Main St; Eintritt frei; ⏲Di–Fr 10–17, Sa & So 12–17 Uhr) kann man eine kurze Reise durch die Welt der Kunst machen, die mit einem ägyptischen Sarkophag beginnt und mit Andy Warhol endet. Infos zur Region gibt's bei der **Addison County Chamber of Commerce** (☎802-388-7951; www.addisoncounty.com; 93 Court St; ⏲Mo–Fr 9–17 Uhr).

Der elegante, unter Denkmalschutz stehende **Inn on the Green** (☎802-388-7512, 888-244-7512; www.innonthegreen.com; 71 S Pleasant St; Zi. mit Frühstück 149–269 US$; @📶), 1803 im Federal-Style errichtet, bietet elf hübsche Zimmer mit Blick auf den Dorfanger. Hier wird man verwöhnt – auf Wunsch wird sogar das Frühstück ans Bett serviert!

Einer Zeitreise in die Vergangenheit kommt ein Besuch des **A&W Drive-In** (1557 US 7; Hauptgerichte 3–6 US$; ⏲11–20 Uhr) gleich: Hier bringen einem die Kellnerinnen wie früher Kräuterbier, Cheeseburger, Zwiebelringe und andere arterienverstopfende Leckereien direkt ans Auto – einige tun das sogar auf Rollschuhen!

Für gutes, erschwingliches Essen bei feinem Flussblick empfiehlt sich das **Storm**

Cafe (www.thestormcafe.com; 3 Mill St; Hauptgerichte 5–22 US$; ⌚Di–Sa 11–18 Uhr). Dort gibt's mittags Standard-Café-Kost (Suppen, Salate, Sandwiches) und abends etwas noblere Gerichte.

WARREN & WAITSFIELD

Zu den Orten Warren und Waitsfield gehören zwei bedeutende Skigebiete westlich der VT 100: **Sugarbush** (www.sugarbush.com) und **Mad River Glen** (madriver.glen.com). Vor Ort finden aktive Traveller u.a. viele Möglichkeiten zum Reiten, Gleitschirmfliegen, Rad-, Kanu- oder Kajakfahren. Die **Mad River Valley Chamber of Commerce** (☎802-496-3409; www.madrivervalley.com; VT 100, Waitsfield; ⌚Mo–Fr 9–17 Uhr) liefert zahllose Details. Ihre Lobby mit Broschüren und Toiletten ist die ganze Woche über rund um die Uhr geöffnet.

Nördliches Vermont

Vermonts üppig grüner Norden beheimatet die reizende Hauptstadt Montpelier, das Skifahrermekka Stowe, die quirlige Universitätsstadt Burlington und die höchsten Berge des Bundesstaats. Die hiesige Landschaft zählt zu den schönsten im Nordosten der USA.

MONTPELIER

Montpelier, die kleinste Bundeshauptstadt der USA, ist ein durch und durch liebenswertes Städtchen voller alter Gebäude, dessen Kulisse von grünen Hügeln gebildet wird. Eigentlich ist Montpelier sogar eher ein Dorf: Wenn man das um 1836 errichtete **State House** (www.vtstatehouse.org; 115 State St; Eintritt frei; ⌚Führungen jeweils zur halben & vollen Stunde Juli–Mitte Okt. Mo–Fr 10–15.30, Sa 11–14.30 Uhr) mit seiner vergoldeten Kuppel durch die Vordertür betreten hat und durch den hinteren Ausgang verlässt, findet man sich mitten auf einem Waldweg wieder. Touristische Infos zu Montpelier gibt's bei der **Vermont Chamber of Commerce** (www.centralvt.com).

Wer zur Essenszeit durch Montpelier fährt, findet an der Kreuzung von State St und Main St mehrere Restaurants. Junkfood gibt's hier allerdings nicht: Montpelier rühmt sich, die einzige US-Bundeshauptstadt ohne eine McDonald's-Filiale zu sein! Das von Schülern des in Montpelier ansässigen New England Culinary Institute betriebene Bäckereicafé **La Brioche** (89 Main St; Snacks 2–7 US$; ⌚Mo–Fr 6.30–17, Sa 7–17 Uhr) verdient für sein französisches Gebäck und seine innovativen Sandwiches eine glatte Eins. Prima ist auch die **Hunger Mountain Co-op** (☎802-223-8000; 623 Stone Cutters Way; Buffet 8 US$; ⌚8–19.30 Uhr), ein toller Bioladen und Deli, wo man an Tischen hoch über dem Flüsschen speist.

STOWE & UMGEBUNG

Stowe mit dem Mt. Mansfield im Hintergrund, dem mit 1339 m höchsten Gipfel von Vermont, zählt zu den besten Skiorten im ganzen Bundesstaat. Hier gibt's alles, was sich Skifahrer wünschen: Langlaufloipen, Abfahrtspisten, einfache Pisten für Anfänger und schwierige Gefälle für Profis. Im Sommer sind hier Radler, Wanderer und Kajakfahrer unterwegs. Unterkünfte und Restaurants gibt's in rauen Mengen an der VT 108/Mountain Rd, die von Stowes Zentrum Richtung Nordwesten zu den Skiresorts führt. Infos erhält man beim **Stowe Visitors Center** (☎802-253-7321; www.gostowe.com; 51 Main St; ⌚Mo–Sa 9–17 Uhr).

Sehenswertes & Aktivitäten

Der 8,4 km lange **Stowe Recreation Path**, ein Weg durchs Grüne, der nordwestlich vom Dorfzentrum am West Branch River entlangläuft, bietet großartige Möglichkei-

PANORAMASTRASSE: VT 100

Die VT 100 führt hinauf ins schroffe Vermonter Bergland und schlängelt sich dabei durch das ländliche Herz des Bundesstaats. Sie ist der Inbegriff einer Landstraße und passiert sanft gewellte Kuhweiden, durchquert winzige Dörfer mit weißen Kirchtürmen und führt an grünen Bergen mit Wanderwegen oder Skipisten vorbei – der perfekte Abstecher für alle, die abschalten, Kiefernduft schnuppern und das typisch beschauliche Vermonter Landleben genießen wollen. Unterwegs warten landwirtschaftliche Verkaufsstände, kleine Gasthöfe in 100 Jahre alten Bauernhäusern, Töpfereien, Dorfläden und behagliche Cafés. Gen Norden führt die Straße von Massachusetts bis nach Kanada. Sie ist mitunter beschaulich, aber nie langweilig – ganz egal, von wo aus man sie befährt.

ten zum Wandern, Joggen, Radfahren und Skaten. Vermonts **Long Trail**, der durch Stowe führt, folgt dem Kamm der Green Mountains und führt einen durch ganz Vermont. Am gesamten Weg gibt's rustikale Hütten, Unterstände und Campingplätze, für die der **Green Mountain Club** (☎802-244-7037; www.greenmountainclub.org; 4711 Waterbury-Stowe Rd, VT 100) verantwortlich zeichnet; bei diesem bekommt man auch alle Infos zum Long Trail und zu kürzeren Tageswanderungen rund um Stowe.

Wenn kein Schnee mehr liegt, sollte man unbedingt auf der VT 108 (die im Winter gesperrt ist) durch das spektakuläre **Smugglers Notch** nordwestlich von Stowe fahren: Auf beiden Seiten dieses engen Passes ragen 300 m hohe Berghänge auf, und unterwegs gibt's viele Stellen, an denen man halten und die atemberaubende Aussicht bestaunen oder einen kleinen Spaziergang unternehmen kann.

Ben & Jerry's Ice Cream Factory GEFÜHRTE TOUR
(☎802-882-1240; www.benjerrys.com; 1281 VT 100, Waterbury; Erw./Kind 3 US$/frei; ⌚9–17.30 Uhr, Sommer längere Öffnungszeiten; 👪) Nach den Betriebsführungen hinter die Kulissen gibt's einen Film über die Hippie-Gründer. Krönung des Ganzen ist eine leckere Kostprobe der neuesten Eissorten.

Stowe Mountain Resort SKIFAHREN
(☎802-253-3000; www.stowe.com; 5781 Mountain Rd) Zentrum der Wintersportaktivitäten ist dieser Ferienort mit seinen zwei Bergspitzen. Auf verschiedenem Terrain gibt's hier Skipisten in allen Schwierigkeitsgraden.

AJ's Ski & Sports SPORTAUSRÜSTER
(☎802-253-4593; www.ajssportinggoods.com; 350 Mountain Rd; ⌚10–18 Uhr) Verleiht Ski bzw. Snowboards (je 29 US$/Tag) und Fahrräder (27 US$/Tag) direkt am Stowe Recreation Path.

Umiak Outdoor Outfitters KANU- & KAJAKFAHREN
(☎802-253-2317; www.umiak.com; 849 S Main St; ⌚9–18 Uhr) Leihboote (Kanu/Kajak pro Tag 50/40 US$) und geführte Flusstrips (45 US$, 2 Std.).

Schlafen

Fiddler's Green Inn INN $$
(☎802-253-8124; www.fiddlersgreeninn.com; 4859 Mountain Rd; Zi. inkl. Frühstück 125 US$; ❄) Dieses Bauernhaus nahe den Skiliften von Stowe stammt aus den 1820er-Jahren. Zum rustikalen Ambiente trägt auch ein offener Feldsteinkamin bei, der in kühlen Nächten bollert. Die sieben schlichten Zimmer sind das Richtige für Outdoor-Fans.

Trapp Family Lodge LODGE $$$
(☎802-253-8511; www.trappfamily.com; 700 Trapp Hill Rd; Zi. ab 270 US$; @📶🏊) Wer auf den Film *Meine Lieder – meine Träume* steht, wird diese Berghütte à la Österreich lieben. Gäste der Erbauer- und Betreiberfamilie Trapp können wandern, langlaufen und die Schneeschuhe ausprobieren.

Best Western Waterbury-Stowe MOTEL $$
(☎802-244-7822; www.bestwesternwaterburystowe.com; VT 100, I-89 Ausfahrt 10; Zi. inkl. Frühstück 109–149 US$; ❄@📶🏊👪) Das familienfreundliche, komfortable Hotel hat einen Spielplatz, überdurchschnittlich gute Fitnesseinrichtungen und ein Atrium mit sonnigem Pool. Zudem liegt es nur eine kurze Fahrt von Ben & Jerry's entfernt.

Smugglers Notch State Park CAMPING $
(☎802-253-4014; 6443 Mountain Rd; Stellplatz/Unterstand 20/27 US$; ⌚Mitte Mai–Mitte Okt.) Die Campingmöglichkeiten am Fuß des Mt. Mansfield findet man 9 Meilen (14,5 km) nordwestlich von Stowes Zentrum an der VT 108.

Essen

LP TIPP **Hen of the Wood** AMERIKANISCH $$$
(☎802-244-7300; www.henofthewood.com; 92 Stowe St, Woodbury; Hauptgerichte 18–32 US$; ⌚Di–Sa 17–22 Uhr) Das angeblich beste Lokal in Vermonts Norden wird von einem Meisterkoch geführt. Es erntet begeisterte Kritiken für innovative Küche, deren Zutaten direkt vom Bauernhof stammen. Da das Ganze in einer historischen Kornmühle untergebracht ist, ist das Ambiente so toll wie das teils herzhafte Essen (z.B. geräucherte Entenbrust mit Schafsmilch-Gnocchi).

Pie-casso PIZZERIA $$
(☎802-253-4411; www.piecasso.com; 1899 Mountain Rd; Hauptgerichte 9–22 US$; ⌚11–21 Uhr) Hier gibt's weit mehr als einfache Pies: Auf der Karte stehen z.B. Biorucola mit Hühnchen, Champignon-Panini und handgemachte Pesto-Pizzas. Mit Bar und Livemusik.

Harvest Market MARKT $
(1031 Mountain Rd; ⌚7–17.30 Uhr) Vor einem Trip in die Hügel empfiehlt sich ein Zwi-

schenstopp an diesem Feinschmeckermarkt. Hier stärkt man sich mit Morgenkaffee, leckeren Backwaren, Sandwiches und Vermonter Käse.

Burlington

Die hippe Universitätsstadt am Ufer des malerischen Lake Champlain zählt zu den Orten, an denen wohl jeder gerne leben würde. Ihre Café- und Clubszene kann mit der viel größerer Städte mithalten, während drumherum gemächliches, freundliches Kleinstadtleben herrscht. Und wo sonst kann man zum Ende der Hauptstraße laufen und dann per Kajak lospaddeln?

Sehenswertes

Vermonts größte Stadt ist recht übersichtlich: Die meisten Cafés und Kneipen finden sich am bzw. rund um den Church St Marketplace, einer von Backstein gesäumten Fußgängerzone auf halbem Weg zwischen der University of Vermont und dem Lake Champlain. An sonnigen Tagen hängt dort halb Burlington ab.

Fleming Museum MUSEUM
(☎802-656-2090; www.uvm.edu/~fleming; 61 Colchester Ave; Erw./Kind 5/3 US$; ⏲Mai–Aug. Di–Fr 12–16, Sa & So 13–17 Uhr, Sept.–April längere Öffnungszeiten) Zur University of Vermont (UVM) gehört ein hübsches Museum im Beaux-Arts-Stil. Dort sind 2000 Exponate zur Kultur der indigenen Amerikaner und US-Kunstwerke von John James Audubon bis Andy Warhol ausgestellt.

Magic Hat Brewery BRAUEREI
(☎802-658-2739; www.magichat.net; 5 Bartlett Bay Rd, South Burlington; ⏲Mo–Sa 10–18, So 12–17 Uhr) Die ungemein beliebte Brauerei abseits des US 7 ist vielleicht die coolste, die man je gesehen hat. Die kostenlosen Betriebsführungen hier schließen natürlich eine Bierprobe ein.

Shelburne Museum MUSEUM
(☎802-985-3346; www.shelburnemuseum.org; US 7, Shelburne; Erw./Kind 20/10 US$; ⏲Mitte Mai–Okt. Mo–Sa 10–17, So 12–17 Uhr) Rund 7 Meilen (11,3 km) südlich von Burlington liegt Shelburne. Dieses Museum vor Ort beherbergt eine unglaublich facettenreiche, fantastische Sammlung auf ca. 18 ha Fläche: amerikanische Volkskunst, neuenglische Architektur, eine Sägemühle der frühen Siedler sowie der Schaufelraddampfer *Ticonderoga*, der einst über den Lake Champlain schipperte. Sicher keine schlechte Gartendeko!

Shelburne Farms FARM
(☎802-985-8686; www.shelburnefarms.org; 1611 Harbor Rd, Shelburne; Erw./Kind 8/5 US$; ⏲9–17 Uhr; 👪) Im 19. Jh. legte Amerikas damaliger Star-Landschaftsarchitekt Frederick Law Olmsted diese klassische Farm an, deren 566 ha einen guten Eindruck vom Vermonter Landleben vermitteln. Besucher können Kühe melken, Hühner füttern und viele Naturpfade abwandern, die über Wiesen und am Lake Champlain entlangführen.

ECHO Lake Aquarium & Science Center AQUARIUM
(☎802-864-1848; www.echovermont.org; 1 College St; Erw./Kind 10,50/8,50 US$; ⏲10–17 Uhr; 👪) Das ECHO am Ufer erfreut Kinder mit quicklebendigen Unterwasserhabitaten und interaktiven Exponaten zu den Naturwundern des Lake Champlain.

Oakledge Park PARK
(Flynn Ave) Nahe dem Südende des Burlington Bike Path liegt dieser Park mit **Strand**, tollem **Baumhaus** (Südende) und der **Burlington Earth Clock** (Nordende), einer coolen Sonnenuhr im Stonehenge-Stil.

Aktivitäten

Bereit für Outdoor-Abenteuer? Dann auf zum Ufer des **Lake Champlain**: Dort kann man z. B. Bootstrips unternehmen oder dem 9 Meilen (14,5 km) langen **Burlington Bike Path** per pedes, Fahrrad oder Inlineskates folgen. Nahe dem Uferende der Main St finden sich Startpunkte und Ausrüster für all diese Aktivitäten innerhalb eines Blocks.

Local Motion FAHRRADVERLEIH
(☎802-652-2453; www.localmotion.org; 1 Steele St; Leihfahrrad 30 US$/Tag; ⏲10–18 Uhr) Hochwertige Leihfahrräder.

WAS ZUM ...?

Sammelwütige aufgepasst: Auf einem Feld zwischen Stadtzentrum und Magic Hat Brewery steht mit dem **weltgrößten Aktenschrank** ein 15,2 m hoher Schrein für nicht zustellbare Briefe. Um ihn zu erreichen, von der US 7/Shelburne Rd westwärts auf die Flynn Ave einbiegen; nach ca. 640 m kommt das Teil rechts neben der 208 Flynn Ave in Sicht.

Waterfront Boat Rentals BOOTSVERLEIH
(☎802-864-4858; www.waterfrontboatrentals.com; Perkins Pier; Leihboot 10–16 US$/Std.; ⏲10–18 Uhr) Vermietet Kanus, Kajaks und Ruderboote.

Lake Champlain Cruises BOOTSFAHRT
(☎802-864-7669; www.lakechamplaincruises.com; 1 King St; 1½-stündige Fahrt Erw./Kind 15/6 US$) Günstige Seekreuzfahrten mit der 35 m langen *Northern Lights*, dem Nachbau eines Dampfers aus dem 19. Jh.

Schlafen

LP TIPP **Willard Street Inn** INN $$
(☎802-651-8710; www.willardstreetinn.com; 349 S Willard St; Zi. inkl. Frühstück 145–235 US$; ❄📶) Marmorböden und ein Wintergartenrestaurant machen den freundlichen Inn zu einer schicken Sache. Nicht weit von der UVM entfernt gibt's hier 14 komfortable Zimmer, die teils mit Seeblick und gasbefeuerten Kaminen aufwarten. Mit dem Feinschmeckerfrühstück beginnt der Tag stilvoll.

Inn at Shelburne Farms INN $$$
(☎802-985-8498; www.shelburnefarms.org; 1611 Harbor Rd, Shelburne; Zi. mit Gemeinschaftsbad 155 US$, mit eigenem Bad 260–465 US$) Urlauben wie ein Millionär: Diese frühere Sommerresidenz der Familie Vanderbilt gehört zu den Shelburne Farms und ist heute ein Inn am Seeufer. Das denkmalgeschützte Herrenhaus hat 24 Zimmer voller Antiquitäten und verströmt die Aura einer vergangenen Zeit.

Lang House B&B $$
(☎802-652-2500; www.langhouse.com; 360 Main St; Zi. inkl. Frühstück 145–245 US$; ❄📶) Kleine Extras wie flauschige Bademäntel und hausgemachtes Frühstück tragen zum Reiz des freundlichen viktorianischen B&B bei. Die Lage zwischen Innenstadt und Universität ist für die Erkundung Burlingtons ideal.

Burlington Hostel HOSTEL $
(☎802-540-3043; www.theburlingtonhostel.com; 53 Main St; B inkl. Frühstück 30 US$; ❄@📶) Von hier aus sind's nur ein paar Minuten bis zu den verschiedenen Aktivitäten an der Church St und am Lake Champlain. Die Schlafsäle (gemischt oder nur für Frauen) bieten insgesamt Platz für 48 Gäste.

North Beach Campground CAMPING $
(☎802-862-0942; www.enjoyburlington.com; 60 Institute Rd; Stellplatz 26 US$; 📶) Der tolle Campingplatz am Rand des Burlington Bike Path hat einen Sandstrand mit Kanu- und Kajakverleih.

Essen

Magnolia Bistro CAFÉ $$
(☎802-846-7446; www.magnoliabistro.com; 1 Lawson Lane; Hauptgerichte 7–12 US$; ⏲Mo–Fr 7–15, Sa & So 8–15 Uhr; 📶) Das Magnolia hat ein Gütesiegel der Green Restaurant Association: Vom Fleisch freilaufender Rinder bis hin zum grünen Blattsalat stammen die Menüzutaten aus nachhaltiger Produktion in der Region. Unter den Spezialitäten des Hauses sind z. B. selbst geräucherter Biolachs oder Vermonter Omelett mit Ahornsirup und Würstchen.

Penny Cluse Café CAFÉ $
(www.pennycluse.com; 169 Cherry St; Hauptgerichte 7–10 US$; ⏲Mo–Fr 6.45–15, Sa & So 8–15 Uhr) Einen Block östlich vom Church St Marketplace labt sich hier eine muntere Studentenschar an frisch gepressten Säften und Gerichten im südwestlichen Stil – darunter Fischtacos oder Omeletts auf Ranchero-Art. Am Wochenende ist der Laden aber keine gute Option, da man dann eventuell über eine Stunde lang auf einen Tisch warten muss.

L'Amante ITALIENISCH $$$
(☎802-863-5200; www.lamante.com; 126 College St; Hauptgerichte 23–30 US$; ⏲Mo–Sa 17–22 Uhr) Das schicke, aber angenehm zwanglose L'Amante ist perfekt für einen denkwürdigen Abend. Auf den Tisch kommen norditalienische Nobelgerichte wie ausgebackene Kürbisblüten mit Trüffelöl oder Schwertfisch mit Safran-Risotto.

Stone Soup CAFÉ $
(www.stonesoupvt.com; 211 College St; Hauptgerichte 5–10 US$; ⏲Mo–Fr 7–21, Sa 9–21 Uhr; ✎📶) Die Schnäppchenpreise täuschen: Das herzhafte, gesunde und meist vegetarische Essen in diesem entspannten Café besteht zu großen Teilen aus Biozutaten. Im Angebot sind Sandwiches und Suppen; außerdem gibt es eine Buffet-Bar mit frischen Salaten plus warmen Gerichten.

August First Bakery & Cafe BÄCKEREI $
(www.augustfirstvt.com; 149 S Champlain St; Sandwiches 5–9 US$; ⏲Mo–Fr 7.30–17, Sa 8–15 Uhr) In dem Bäckereicafé in einem Block Entfernung zum Seeufer werden verführerische Backwaren und dick belegte Sandwiches aus selbst gebackenem Biobrot verkauft.

Muddy Waters CAFÉ $
(184 Main St; Snacks 3–6 US$; ⌚Mo 7.30–18, Di–So 7.30–23 Uhr;) Dieser künstlerisch angehauchte Studententreff lädt gleichermaßen zum Abhängen und Essen ein. Zu kleinen Gerichten (z. B. veganes Chili) wird eine große Getränkeauswahl kredenzt, die von Espresso und Fruchtshakes bis hin zu Vermonter Bieren reicht.

Burlington Farmers Market MARKT $
(www.burlingtonfarmersmarket.org; Ecke St. Paul & Cottage St; ⌚ 8.30–14 Uhr) Einen Block südlich vom Church St Marketplace betreiben einheimische Bauern diesen Freiluftmarkt und bieten erntefrische Obst und Gemüse feil.

Ausgehen & Unterhaltung

Nectar's LIVEMUSIK
(www.liveatnectars.com; 188 Main St) Bis heute spielen hoffnungsvolle Newcomer im Nectar's – wer herkommt, sieht eventuell zukünftige Stars! Auch die Jam-Band Phish begann hier ihre Karriere.

Radio Bean CAFÉ
(www.radiobean.com; 8 N Winooski Ave; ⌚8–2 Uhr;) Dieses Künstlercafé ist ein Treffpunkt der Musikszene. Tagsüber wird hier Fair-Trade-Kaffee verkauft, abends verwandelt sich das Radio Bean in einen traulichen Liveclub, in dem Jazz- und Indie-Bands spielen.

Vermont Pub & Brewery KLEINBRAUEREI
(www.vermontbrewery.com; 144 College St; ⌚So–Mi 11.30–1, Do–Sa 11.30–2 Uhr) Vermonts älteste Kleinbrauerei lockt mit starken Ales und einem belebten Biergarten scharenweise Gäste an. Tipp: Das Dogbite Bitter haut kräftig rein!

Red Square CLUB
(www.redsquarevt.com; 136 Church St) Im stilvollen Soho-Ambiente lauschen Clubber hier Burlingtons bester Roadhouse-Musik – an warmen Abenden ist auch draußen auf der Terrasse was los.

Splash at the Boathouse BAR
(0 College St; ⌚11.30–2 Uhr) Das schwimmende Bootshaus am Ende der College St punktet mit super Aussicht auf den Lake Champlain und ist *der* Ort für einen Sundowner.

Shoppen

Boutiquen und coole Kunsthandwerksläden säumen den Church St Marketplace. Unbedingt das **Frog Hollow Craft Center** (www.froghollow.org; 85 Church St) besuchen: Diese Kollektive verkauft ein paar von Burlingtons besten Handwerksprodukten!

Praktische Informationen

Fletcher Allen Health Care (☎802-847-0000; 111 Colchester Ave; ⌚24 Std.) Vermonts größtes Krankenhaus.

Lake Champlain Regional Chamber of Commerce (☎802-863-3489; www.vermont.org; 60 Main St; ⌚Mo–Fr 8–17 Uhr) Unterhält am Church St Marketplace einen zusätzlichen Besucherkiosk, der rund um die Uhr geöffnet hat.

Post (www.usps.com; 11 Elmwood Ave)

Seven Days (www.7dvt.com) Kostenloses Wochenblatt mit Veranstaltungskalender.

An- & Weiterreise

Zwischen Mitte Juni und Mitte Oktober schippern Fähren von **Lake Champlain Ferries** (☎802-864-9804; www.ferries.com; King St Dock; Erw./Kind/Auto 4,95/2,20/17,50 US$) mehrmals täglich hinüber nach Port Kent im Bundesstaat New York (1 Std.).

NEW HAMPSHIRE

Der „Granite State" ist einfach zum Liebhaben: Die Städte sind klein und sympathisch, die Berge majestätisch und schroff. Das Herz von New Hampshire sind zweifellos die Granitgipfel des White Mountain National Forest. Outdoor-Freaks von überall kommen hierher, um in den höchsten Höhen von Neuengland (am höchsten liegt der Mt. Washington mit 1917 m) im Winter Ski zu fahren, im Sommer zu wandern und im Herbst die fantastische Laubpracht zu genießen. Dem Bundesstaat wird nachgesagt, politisch konservativ zu sein – aber das ist nicht alles. Seine Devise *Live Free or Die* („Frei leben oder sterben") ist tatsächlich auf jedem Autonummernschild zu lesen, aber die Leute sind stolz auf ihre unabhängige Gesinnung, nicht auf Rechtsaußen-Politik.

Geschichte

New Hampshire erhielt seinen Namen 1629 nach der englischen Grafschaft Hampshire und war eine der ersten amerikanischen Kolonien, die 1776 ihre Unabhängigkeit von England erklärten. Während des Industrialisierungsbooms im 19. Jh. stand Manchester an der Spitze und entwickelte eine solche Wirtschaftskraft, dass seine Textilfabriken die größten weltweit wurden.

KURZINFOS NEW HAMPSHIRE

» **Spitznamen** Granite State, White Mountain State

» **Bevölkerung** 1,3 Mio. Ew.

» **Fläche** 23227 km²

» **Hauptstadt** Concord (42700 Ew.)

» **Weitere Städte** Manchester (109600 Ew.)

» **Verkaufssteuer** keine

» **Geburtsort** von Amerikas erstem Astronauten Alan Shepard (1923–1998), *Sakrileg*-Autor Dan Brown (geb. 1964)

» **Heimat** der höchsten Berge im US-Nordosten

» **Politische Ausrichtung** Neuenglands republikanischster Bundesstaat

» **Berühmt** für das Vorrecht, bei den Vorwahlen für die US-Präsidentschaft als erster Bundesstaat abzustimmen; dies verschafft New Hampshire für seine Größe einen gewaltigen politischen Einfluss

» **Extremstes Staatsmotto** *Live Free or Die* („Frei leben oder sterben")

» **Entfernungen** Boston–Portsmouth 60 Meilen (96 km), Concord–Hanover 66 Meilen (105,6 km)

Eine wichtige Rolle in der Weltpolitik spielte New Hampshire im Jahr 1944, als Präsident Franklin D. Roosevelt die Regierungen aus 44 verbündeten Staaten zu einer Konferenz in das abgelegene Bretton Woods einlud, um ein stabiles Währungssystem zu gründen. Im Rahmen der Bretton-Woods-Konferenz wurden die Weltbank und der Internationale Währungsfonds (IWF) ins Leben gerufen.

Im Jahr 1963 fand New Hampshire, lange gerühmt für seine steuerfeindliche Haltung, ein neues Mittel, um Einkünfte zu erzielen: Es war der erste Bundesstaat der USA, in dem eine legale Lotterie aus der Taufe gehoben wurde.

Praktische Informationen

Welcome Centers gibt's an den wichtigsten Grenzübergängen. Das am Südende der I-93 hat täglich rund um die Uhr geöffnet.

New Hampshire Division of Parks and Recreation (☎877-647-2757; www.nhstateparks.org) Ermöglicht Camping in 19 State Parks.

New Hampshire Division of Travel & Tourism Development (☎603-271-2665; www.visitnh.gov) Erteilt wie die Welcome Centers Touristeninfos zu New Hampshire.

Union Leader (www.unionleader.com) Größte Tageszeitung des Bundesstaats.

Portsmouth

Amerikas drittälteste Stadt, Portsmouth (gegr. 1623), trägt ihre Geschichte offen zur Schau. New Hampshires einzige Küstenstadt hat ihre Wurzeln im Schiffsbau; heute gibt sie sich hip, jugendlich und voller Energie: Die alten Frachthallen am Hafen beherbergen inzwischen Boutiquen und Cafés, während die eleganten historischen Wohnhäuser der Werftbarone teilweise zu B&Bs umgebaut wurden.

Sehenswertes & Aktivitäten

Strawbery Banke Museum MUSEUM
(☎603-433-1100; www.strawberybanke.org; Ecke Hancock & Marcy St; Erw./Kind 15/10 US$; ⏲Mai–Okt. 10–17 Uhr) Das bunte, lebendige Geschichtsmuseum umfasst ein ganzes Viertel mit 40 historischen Gebäuden und beleuchtet so die Vergangenheit der Stadt. Besucher können z.B. den alten Gemischtwarenladen besichtigen, Töpfern bei der Arbeit zuschauen und hausgemachtes Eis genießen.

USS Albacore MUSEUM
(☎603-436-3680; http://ussalbacore.org; 600 Market St; Erw./Kind 5/3 US$; ⏲Juni–Mitte Okt. 9.30–17, Mitte Okt.–Mai Do–Mo 9.30–16 Uhr) Inmitten einer musealen Rasenfläche wirkt die 62,5 m lange Albacore wie ein Fisch auf dem Trockenen. Sie lief 1953 im Portsmouth Naval Shipyard vom Stapel und war einst das schnellste U-Boot der Welt.

Isles of Shoals Steamship Company BOOTSFAHRT
(☎603-431-5500; www.islesofshoals.com; 315 Market St; Erw./Kind 28/18 US$; 👪) Mit dem Nachbau einer Fähre aus den 1900er-Jahren kann man gemütliche Hafenrundfahrten unternehmen (Mai–Sept.), die drei Leuchttürme, neun Inseln und zahllose Sehenswürdigkeiten am Ufer passieren. Freitags beinhaltet der Trip ein Hummer-Clambake (Erw./Kind 58/27 US$).

Schlafen

LP TIPP **Ale House Inn** INN $$
(☎603-431-7760; www.alehouseinn.com; 121 Bow St; Zi. 140–239 US$, ❄📶) Ports-

mouths schickste Boutiquebleibe befindet sich in einer atmosphärischen Brauerei (erbaut um 1880). Der historische Charakter des Gebäudes mit Backstein und Holz passt perfekt zum nüchternen, zeitgenössischen Raumdesign. Extras wie iPads in den Zimmern, Gästefahrräder und Gratiskarten für das benachbarte Repertoire-Theater tragen zum Reiz des Hauses bei.

Inn at Strawbery Banke B&B $$
(603-436-7242; www.innatstrawberybanke.com; 314 Court St; Zi. inkl. Frühstück 160–170 US$) Dieses kolonialzeitliche B&B liegt in bequemer Nähe zum Strawbery Banke Museum und zum Stadtzentrum. Es hat freundliche Betreiber, behagliche Zimmer und bietet hausgemachtes Gourmetfrühstück an.

Essen & Ausgehen

An der Kreuzung von Market und Congress St ballen sich Cafés und Restaurants.

LP TIPP **Black Trumpet Bistro** INTERNATIONAL $$$
(603-431-0887; www.blacktrumpetbistro.com; 29 Ceres St; Hauptgerichte 17–35 US$; 17.30–21 Uhr) Das beste Bistro der Stadt wird von einem Meisterkoch geleitet und strotzt nur so vor kultiviertem Ambiente. Serviert wird Einfallsreiches wie frisch geerntete, in Baharat panierte Jakobsmuscheln auf Pastinakenpüree oder Olivenölkuchen mit Tiramisu und Brandy-Espresso. Super Essen, viel Energie und hoher Lärmpegel.

Jumpin' Jay's Fish Café SEAFOOD $$$
(603-766-3474; www.jumpinjays.com; 150 Congress St; Hauptgerichte 20–26 US$; 17.30–22 Uhr) Fischliebhaber reservieren Tische in diesem schicken, modernen Seafood-Lokal. Eine große Auswahl von kurz gebratenem Frischfisch wird hier mit leckeren Saucen verfeinert. Zusätzlich gibt es eine Rohfischbar mit Austern aus der Region.

Breaking New Grounds CAFÉ $
(14 Market St; Snacks 2–5 US$; 6.30–23 Uhr;) Innenstadtcafé, das Koffeingetränke, mächtige Muffins sowie knusprige Croissants anbietet. Von den Freilufttischen aus kann man prima Leute gucken.

Friendly Toast DINER $
(113 Congress St; Hauptgerichte 7–10 US$; So–Do 7–22, Fr & Sa 7–2 Uhr;) In dem Retro-Diner, der ganztägig Frühstück serviert, schafft skurriles Mobiliar das Ambiente für üppige Omeletts, Tex-Mex-Kost und Vegetarisches.

Portsmouth Brewery KLEINBRAUEREI $
(www.portsmouthbrewery.com; 56 Market St; kleine Gerichte 7–12 US$;) Der belebte Laden serviert Spezialbiere (z.B. Smuttynose Portsmouth Lager) zu Snacks wie den besten Fischsandwiches der Stadt.

Praktische Informationen

Greater Portsmouth Chamber of Commerce
(603-436-3988; www.portsmouthchamber.org; 500 Market St; Mo–Fr 8.30–17 Uhr, Lobby 24 Std.) Hat Informationen für Traveller.

Monadnock State Park

Der 965 m hohe **Mt. Monadnock** (www.nhstateparks.org; NH 124; Erw./Kind 4/2 US$) im Südwesten New Hampshires wird von Neuenglands Gipfeln am häufigsten erklommen. Der „alleinstehende Berg" (das bedeutet der Name in der Sprache der Algonkin) ragt relativ weit entfernt von seinesgleichen empor. Wer zum Gipfel hinaufwandert (hin & zurück 8 km), wird daher mit unversperrter Aussicht auf drei US-Bundesstaaten belohnt.

Manchester

Ein paar Colleges und eine Kunstschule bringen Leben in diese alte Textilstadt. Manchester, die größte Stadt New Hampshires, entwickelte sich im 19. Jh. dank der Wasserkraft des Merrimack River zu einem Industriezentrum. Die 1838 aus Backstein errichteten **Amoskeag Mills** erstrecken sich entlang der Commercial St über fast 2 km am Flussufer. Heute sind hier Softwarefirmen und andere Unternehmen der Zukunft untergebracht.

In der Elm St nahe der Grünanlage im Stadtzentrum findet man die Touristeninformation und die meisten Restaurants und Pubs. Besucherinfos gibt's bei der **Greater Manchester Chamber of Commerce** (603-666-6600; www.manchester-chamber.org; 889 Elm St; 9–17 Uhr).

Das Highlight der Stadt ist das **Currier Museum of Art** (603-669-6144; www.currier.org; 201 Myrtle Way; Erw./Kind 10 US$/frei, Sa vormittags freier Eintritt; Mi–Mo Fr 11–17, Sa 10–17 Uhr) mit Werken der amerikanischen Künstler Georgia O'Keeffe und Andrew Wyeth. Zu dem Museum gehört auch das **Zimmerman House** (Führung 15 US$) aus dem Jahr 1950, das einzige von dem berühmten amerikanischen Architekten

ABSTECHER

DAS CANTERBURY SHAKER VILLAGE

Das **Canterbury Shaker Village** (☎603-783-9511; www.shakers.org; 288 Shaker Rd, Canterbury; Erw./Kind 17/8 US$; ⊙Mitte Mai–Okt. 10–17 Uhr) ist eine traditionelle Shaker-Gemeinde aus dem Jahr 1792 und bewahrt als lebendiges Geschichtsmuseum das Erbe dieser Glaubensgemeinschaft. Deren Alltag wird von Schauspielern nachgestellt, während Kunsthandwerker typische Shaker-Gegenstände herstellen und Wanderwege zu Spaziergängen am Teich einladen. Das US-Ökobewusstsein ist hier tief verwurzelt: Seit über 200 Jahren wachsen Gemüse, Heilkräuter und herrliche Blumen in den üppigen Biogärten der Shaker. Wer einmal richtig abschalten will, kann auf der fast 284 ha großen Farm locker einen halben Tag verbringen und dazu etwas Schönes bzw. Gesundes mitnehmen – ein Laden verkauft Shaker-Kunsthandwerk, einen Biobauernhofstand gibt's auch. Hinzu kommt ein tolles Restaurant, das – wie Oma – traditionelle Küche mit frischem Gartengemüse auftischt. Das Dorf liegt 15 Meilen (24 km) nördlich von Concord. Um es zu erreichen, die I-93 an Exit 18 verlassen und den Schildern folgen!

Frank Lloyd Wright (1867–1959) entworfene Wohnhaus in Neuengland, das für die Öffentlichkeit zugänglich ist.

Durch Manchester führen die I-93, der US 3 und der NH 101. Wichtige US-amerikanische Fluglinien fliegen den **Manchester Airport** (MHT; www.flymanchester.com) an, u.a. der Billigflieger Southwest Airlines. Busse von **Greyhound** (www.greyhound.com) verbinden Manchester mit anderen Städten in Neuengland.

Concord

Das geschichtsträchtige Concord kommt erfrischend anders daher. Vor der Tatsache, dass es sich um die Landeshauptstadt handelt, braucht man nicht in Ehrfurcht zu erstarren: Wo in anderen Städten dieser Größenordnung an der Main St ein Rathaus steht, findet man hier eben ein Kapitol. Um dieses Gebäude herum spielt sich das Leben ab; ganz in der Nähe gibt's mehrere Delis und Restaurants.

Unter der goldenen, von einem Adler bekrönten Kuppel des im Jahr 1819 aus New-Hampshire-Granit errichteten **State House** (107 N Main St; Eintritt frei; ⊙Mo–Fr 8–17 Uhr) findet sich der älteste Parlamentssaal in den USA. Hier geht es bemerkenswert entspannt zu, größere Sicherheitsvorkehrungen werden nicht getroffen; man geht einfach hinein, betrachtet in der interessanten Lobby die zerfetzten Fahnen aus dem Bürgerkrieg und begibt sich dann in den 2. Stock hinauf zum Plenarsaal. Im **Museum of New Hampshire History** (☎603-228-6688; www.nhhistory.org; 6 Eagle Sq; Erw./Kind 5,50/3 US$; ⊙Mo–Sa 9.30–17, So 12–17 Uhr, Jan.–Juni Mo geschl.) gegenüber dem State House gibt's ausführliche Informationen über die Geschichte des „Granite State". Im Sommer kann man auch das **Pierce Manse** (☎603-225-4555; www.piercemanse.org; 14 Horseshoe Pond Lane; Erw./Kind 7/3 US$; ⊙Mitte Juni–Mitte Sept. Di–Sa 11–15 Uhr) besichtigen, das Haus von Franklin Pierce (1804–1869), dem einzigen US-Präsidenten aus New Hampshire. Die **Greater Concord Chamber of Commerce** (☎603-224-2508; www.concordnhchamber.com; 40 Commercial St; ⊙Mo–Fr 9–17, Sa 9–15 Uhr) betreibt auf dem Bürgersteig vor dem State House einen Informationskiosk für Besucher.

Lake Winnipesaukee

New Hampshires größter See ist ein beliebtes Sommerziel stadtmüder Familien. Er ist 45 km lang und mit 274 Inseln gesprenkelt. Traveller finden hier Möglichkeiten zum Schwimmen, Bootfahren oder Angeln vor.

WEIRS BEACH

Berühmte Spielhallen, Minigolfplätze und Gokart-Pisten machen Weirs Beach zu einer Art kitschig-kuriosem amerikanischem Vergnügungspark. Infos über das Gebiet gibt's bei der **Lakes Region Chamber of Commerce** (☎603-524-5531; www.lakesregionchamber.org; 383 S Main St, Laconia; ⊙Mo–Fr 8.30–16.30 Uhr).

Mount Washington Cruises (☎603-366-5531; www.cruisenh.com; Kreuzfahrt 27–43 US$) veranstaltet von Weirs Beach aus mit der altmodischen MS *Mount Washington* malerische Fahrten auf dem See (bei den teureren Versionen ist ein Champagner-Brunch dabei). Ein einmaliges Erlebnis ist die zweistündige **Fahrt** (Erw./Kind 4–12 Jahre 24/12 US$) auf der MV *Sophie C,* dem ältesten Postboot der USA, das die Post auf die Inseln im See bringt.

Winnipesaukee Scenic Railroad (☎603-279-5253; www.hoborr.com; Erw./Kind 3–11 Jahre 15/11 US$) bietet Zugfahrten entlang der Küste des Lake Winnipesaukee.

WOLFEBORO

Auf der anderen Seite des Lake Winnipesaukee, weit weg vom schnöden Kommerzkitsch am Weirs Beach, liegt das vornehme Wolfeboro. Es bezeichnet sich selbst als „Amerikas ältester Sommerferienort" und strotzt nur so vor schmucken, alten Gebäuden, die teils öffentlich zugänglich sind. Die **Wolfeboro Chamber of Commerce** (☎603-569-2200; www.wolfeborochamber.com; 32 Central Ave; ⌚Mo–Sa 10–17, So 11–14 Uhr) im alten Bahnhof informiert über alles Erdenkliche, z. B. auch über Mietboote und Strände.

Beim **Great Waters Music Festival** (☎603-569-7710; www.greatwaters.org; Brewster Academy, NH 28; ⌚Juli & Aug.) beschallen Folk-, Jazz- und Blues-Musiker diverse Clubs in ganz Wolfeboro.

Rund 4 Meilen (6,4 km) nördlich der Stadt liegt der bewaldete **Wolfeboro Campground** (☎603-569-9881; www.wolfeborocampground.com; 61 Haines Hill Rd; Stellplatz 30 US$) mit 50 Uferstellplätzen abseits der NH 28.

Der **Wolfeboro Inn** (☎603-569-3016; www.wolfeboroinn.com; 90 N Main St; Zi. inkl. Frühstück 179–259 US$) ist ein Klassiker und seit 1812 die beste Unterkunft vor Ort. Seine Zimmer haben teilweise Balkone mit Seeblick. Zum Inn gehört mit der **Wolfe's Tavern** (90 N Main St; Hauptgerichte 10–24 US$; ⌚8–22 Uhr) eine gemütliche Kneipe, auf deren vielfältiger Karte von Pizza bis Seafood alles Mögliche steht. Der altmodische **Wolfeboro Diner** (5 N Main St; Hauptgerichte 5–10 US$; ⌚7–14 Uhr) trifft mit saftigen Cheeseburgern und schlichtem Frühstück zu fairen Preisen genau ins Schwarze.

White Mountains

Was die Rocky Mountains für Colorado, das sind die White Mountains für New Hampshire. Neuenglands höchster Gebirgszug ist ein Magnet für Abenteurer und bietet unendliche Möglichkeiten für Fans von Sportarten wie Wandern, Kajakfahren oder Skifahren. Doch auch wer die

PANORAMASTRASSE: KANCAMAGUS HIGHWAY

Als eine der schönsten Straßen Neuenglands durchquert der herrliche Kancamagus Hwy (NH 112; 56,3 km) den **White Mountain National Forest** zwischen Conway und Lincoln. Die tollen Wanderwege, malerischen Aussichtspunkte und Bäche (es darf gebadet werden!) der Gegend garantieren Natur pur. Der Highway erreicht seinen höchsten Punkt am **Kancamagus Pass** (874 m) und wird nirgendwo von Einrichtungen oder Siedlungen gesäumt.

Broschüren und Wanderkarten gibt's beim **Saco Ranger District Office** (☎603-447-5448; 33 Kancamagus Hwy; ⌚8–16.30 Uhr) am östlichen Straßenende nahe Conway.

Aus Richtung Conway kommend, erblickt man 6,5 Meilen (10,5 km) westlich der Saco-Rangerstation die **Lower Falls**, die nördlich der Straße zum Baden und Genießen der Aussicht einladen. Kein Kancamangus-Trip wäre komplett ohne die Wanderung zu den atemberaubenden **Sabbaday Falls** (20 Min.). Der Weg dorthin beginnt bei Meilenstein 15 auf der südlichen Straßenseite. Der beste Ort für Elchbeobachtungen ist das Ufer des **Lily Pond**, den man von einem Aussichtspunkt bei Meilenstein 18 direkt im Blick hat. An der Rangerstation Lincoln Woods nahe Meilenstein 29 beginnt jenseits der Fußgänger-Hängebrücke über den Fluss die Wanderung zu den **Franconia Falls** (4,8 km), der besten Badestelle im National Forest mit einer natürlichen Felsrutsche. Entlang des Highways kostet das Parken überall 3 US$ pro Tag bzw. 5 US$ pro Woche. Den anfallenden Betrag einfach an einem der Parkplätze in einen Umschlag stecken – kontrolliert wird nicht.

Der White Mountain National Forest ist ideal für Camper. Der Kancamagus Hwy bietet Zugang zu mehreren Campingplätzen, die von der Forstverwaltung betrieben werden, für die aber meist nicht reserviert werden kann. Ein Verzeichnis gibt's bei der Saco-Ranger-Station.

Landschaft lieber bequem mit dem Auto erleben will, wird nicht enttäuscht: Malerische Straßen winden sich durch die zerklüfteten Berge, die durchzogen sind von Wasserfällen, schroffen Felshängen und tief eingeschnittenen Schluchten.

Infos über die White Mountains erhält man in den Ranger-Stationen, die über den **White Mountain National Forest** (www.fs.fed.us/r9/white) verteilt sind, sowie bei den Chambers of Commerce in den Ortschaften am Weg.

WATERVILLE VALLEY

Waterville Valley im Schatten des Mt. Tecumseh wurde in der zweiten Hälfte des vorigen Jahrhunderts als Ferienort mit Hotels, Eigentumswohnungen, Golfplätzen und Skipisten konzipiert. Man sieht dem Ort an, dass er auf dem Reißbrett entstanden ist, und vielleicht wirkt er etwas zu glatt, aber dafür gibt's zahllose Freizeitangebote für die ganze Familie, u.a. Tennisplätze, eine Eislaufhalle und Radwege. Die ausführlichen Infos bekommt man bei der **Waterville Valley Region Chamber of Commerce** (☎603-726-3804; www.watervillevalleyregion.com; 12 Vintinner Rd, Campton; ⏲9–17 Uhr), an der I-93, Exit 28.

Wie viele andere Skigebiete Neuenglands ist auch das **Skigebiet Waterville Valley** (www.waterville.com) im Sommer für Wanderer und Mountainbiker geöffnet.

MT. WASHINGTON VALLEY

Das Mt. Washington Valley mit den Orten Conway, North Conway, Intervale, Glen, Jackson und Bartlett erstreckt sich ab dem östlichen Ende des Kancamagus Hwy gen Norden. Hier sind diverse Outdoor-Aktivitäten möglich. Als Verkehrsknotenpunkt und größter Ort der Gegend ist North Conway auch ein Outlet-Zentrum, in dem z.B. rustikale Marken wie LL Bean zu haben sind.

Sehenswertes & Aktivitäten

Conway Scenic Railroad ZUG

(☎603-356-5251; www.conwayscenic.com; NH 16, North Conway; Erw. 15–65 US$, Kind 10–50 US$; ⏲Mai–Okt. tgl., April & Nov. Sa & So; 👪) Nostalgie vom Feinsten: Ab North Conway fährt dieser historische Dampfzug durch das Mt. Washington Valley und die spektakuläre Crawford Notch. Absolut atemberaubend – vor allem im Herbst!

Echo Lake State Park PARK

(www.nhstateparks.org; River Rd; Erw./Kind 4/2 US$) Rund 2 Meilen (3,2 km) westlich von North Conway liegt dieser Park abseits des US 302 am Fuß einer steilen Felswand namens White Horse Ledge. Besucher können am See wandern oder baden und für einen Panoramablick zur Kante der 213 m hohen Cathedral Ledge hinauffahren.

Saco Bound KANU- & KAJAKFAHREN

(☎603-447-2177; www.sacobound.com; 2561 E Main/US 302, Conway; Leihboot 26 US$/Tag) Lust auf Wasserabenteuer? Saco Bound verleiht Kanus und Kajaks. Hinzu kommen geführte Touren von gemütlichem Paddeltrips über den See bis hin zu eintägigen Wildwassertrips.

Attitash SKIFAHREN

(☎603-374-2368; www.attitash.com; US 302, Bartlett) Etwa 5 Meilen (8 km) westlich von Glen betreibt dieser Skiort auch Amerikas längste Sommerrodelbahn.

Black Mountain Ski Area SKIFAHREN

(☎603-383-4490; www.blackmt.com; NH 16B, Jackson) Langlaufmekka. Im Sommer werden auch Ausritte angeboten.

Schlafen

Vor allem North Conway besitzt zahlreiche Unterkünfte von Resorthotels bis hin zu behaglichen Inns.

LP TIPP **Wildflowers Inn** B&B $$

(☎603-356-7567; www.wildflowersinn.com; 3486 White Mountain Hwy, North Conway; Zi. inkl. Frühstück 99–269 US$; ❄📶) In dem eleganten viktorianischen Gasthof beginnt der Tag mit einem dreigängigen Gourmetfrühstück. Weitere Pluspunkte: hübsche Zimmer mit bequemen Betten und offenen Kaminen, ein Wohnzimmer mit Pooltisch und eine mächtige Terrasse mit Mega-Aussicht. Die teureren Quartiere sind geräumige Suiten mit Whirlpools für zwei Personen.

Cranmore Inn B&B $$

(☎603-356-5502; www.cranmoreinn.com; 80 Kearsarge St, North Conway; Zi. inkl. Frühstück 89–149 US$; ❄📶🏊) Dieses North-Conway-Wahrzeichen in praktischer Lage ist seit 1863 ein Landgasthof. Heimeliger Komfort und ein gutes Preis-Leistungs-Verhältnis sind hier die Schlüssel zum Erfolg.

North Conway Grand Hotel HOTEL $$

(☎603-356-9300; www.northconwaygrand.com; NH 16, Settlers' Green, North Conway; Zi. 99–229 US$; ❄🏊👪) Das familienfreundliche Hotel bietet alle Schikanen eines Resorts. Die geräumigen Zimmer mit Vollausstattung werden durch Extras wie eine kostenlose DVD-Videothek und Kinderprogramme ergänzt.

White Mountains Hostel HOSTEL $
(☎603-447-1001; www.whitemountainshostel.com; 36 Washington St, Conway; B/Zi. 23/58 US$; 📶) Das Hostel in einem umgebauten Bauernhaus steht abseits vom NH 16 am Rand des White Mountain National Forest. Es hat 45 Betten und liegt für Outdoor-Abenteurer ideal.

Saco River Camping Area CAMPING $
(☎603-356-3360; www.sacorivercampingarea.com; 1550 NH 16, North Conway; Stellplatz 32 US$; 📶🏊) Beheizter Pool plus Leihkanus und -kajaks am Saco River.

Essen & Ausgehen

LP TIPP **Peach's** CAFÉ $
(www.peachesnorthconway.com; 2506 White Mountain Hwy, North Conway; Hauptgerichte 6–10 US$; ⏱7–14.30 Uhr) Dieses schicke Café etwa 0,5 Meilen (800 m) südlich der Chamber of Commerce verströmt echte Kleinstadtatmosphäre. Wer kann schon widerstehen, wenn Waffeln mit Früchten, herzhafte Omeletts und selbst gemachte Suppen in einem behaglichen Wohnzimmer serviert werden?

Flatbread Company PIZZERIA $$
(☎603-356-4470; www.flatbreadcompany.com; 2760 White Mountain Hwy, North Conway; Pizzas 11–20 US$; ⏱11.30–22 Uhr) Diese Pizzeria mit sozialem Verantwortungsbewusstsein verwendet Biogemüse und nitratfreies Fleisch. Zudem spendet sie einen Teil ihres Gewinns für örtliche Umweltprojekte. Im Speiseraum garen die leckeren Knusperpizzas vor den Augen der Gäste in einem holzbefeuerten Lehmofen.

Moat Mountain Smoke House & Brewing Co KNEIPE $$
(☎603-356-6381; www.moatmountain.com; 3378 White Mountain Hwy; Hauptgerichte 8–22 US$; ⏱11.30–23 Uhr) Das Kneipenrestaurant serviert vor allem Rippchen und saftige Burger, braut aber auch eigenes Bier.

Café Noche MEXIKANISCH $$
(www.cafenoche.net; 147 Main St, Conway; Gerichte 10–15 US$; ⏱11.30–21 Uhr) Das gesellige Lokal in Conways Zentrum kredenzt Tex-Mex-Kost mit authentischen Salsas. Die Margarita-Auswahl steigert den Appetit.

Praktische Informationen

Mt. Washington Valley Chamber of Commerce (☎603-356-5701; www.mtwashingtonvalley.org; 2617 White Mountain Hwy, North Conway; ⏱9–17 Uhr) Infos zur ganzen Region.

NORTH WOODSTOCK & LINCOLN

Zwischen Kancamagus Hwy und Franconia Notch State Park passiert man die Zwillingsstädte Lincoln und North Woodstock, die sich gut zum Essengehen oder Übernachten eignen. An der Kreuzung von NH 112 und US 3 liegen die Ortschaften auf beiden Seiten des Pemigewasset River. Am **Loon Mountain** (☎603-745-8111; www.loonmtn.com; Kancamagus Hwy, Lincoln) können Aktivurlauber im Winter Ski oder Snowboard fahren. Im Sommer warten dort MTB-Trails, Kletterwände und New Hampshires längste Seilbahnfahrt. **Alpine Adventures** (☎603-745-9911; www.alpinezipline.com; 41 Main St, Lincoln; Seilrutschentrip 89 US$; ⏱9–16 Uhr) erhöht den Adrenalinpegel noch weiter: Nur an einem Seil hängend flitzt man auf Baumwipfelhöhe fast 610 m weit bergab.

Schlafen

Woodstock Inn INN $$
(☎603-745-3951; www.woodstockinnnh.com; US 3, North Woodstock; Zi. inkl. Frühstück mit Gemeinschaftsbad 78–129 US$, mit eigenem Bad 99–229 US$; ❄📶) Die fünf historischen Häuser im Herzen North Woodstocks beherbergen verschiedene komfortable Zimmer. Einige sind mit Antiquitäten und manche auch mit einem offenen Kamin oder Whirlpool ausgestattet.

Wilderness Inn B&B $$
(☎603-745-3890; www.thewildernessinn.com; Ecke US 3 & NH 112; Zi. inkl. Frühstück 85–165 US$; ❄📶) In dem 100 Jahre alten B&B mit Hartholzböden und Landhausdekor kann man sich mit anderen Gästen am offenen Kamin tummeln. Wer eigene vier Wände will, nimmt das Cottage (175 US$) mit gasbefeuertem Kamin und übergroßem Whirlpool. Das mehrgängige Frühstück ist der Hit.

Essen

LP TIPP **Cascade Coffee House** CAFÉ $
(115 Main St, North Woodstock; Hauptgerichte 4–9 US$; ⏱Mo–Fr 7–15, Sa & So 7–17 Uhr; 📶) Das Café im Zentrum serviert Gebäck, Fruchtshakes und Kaffee aus kleinen Röstereien. Mittags kommen knusprige Panini-Sandwiches und kreative Salate hinzu.

Woodstock Inn Station & Brewery KNEIPE $$
(☎603-745-3951; US 3, North Woodstock; Hauptgerichte 9–23 US$; ⏱11.30–22 Uhr) Verschie-

dene kulinarische Vorlieben in der Familie? Dann empfiehlt sich diese Brauereikneipe, deren herrlich vielfältiges Angebot (Kneipenessen, Steaks, Pizzas, mexikanische Gerichte) alle möglichen Gelüste befriedigt. Livemusik an Sommerwochenenden und ganzjährig schaumige selbst gebraute Ales.

Praktische Informationen

Lincoln-Woodstock Chamber of Commerce (☎603-745-6621; www.lincolnwoodstock.com; Main St/NH 112, Lincoln; ⏲Mo–Fr 9–17 Uhr)

FRANCONIA NOTCH STATE PARK

Der Franconia Notch ist Neuenglands berühmtester Gebirgspass. Ein reißender Fluss hat die schmale Schlucht über Jahrmillionen in den schroffen Granit geschnitten. Direkt durch den Park führt die I-93, die mancherorts eher einer Landstraße als einem Highway ähnelt. Rund 4 Meilen (6,4 km) nördlich von North Woodstock informiert das **Franconia Notch State Park Visitor Center** (☎603-745-8391; www.franconianotchstatepark.com; I-93, Ausfahrt 34A) detailliert über örtliche Wandermöglichkeiten, die von kurzen Naturspaziergängen bis hin zu Tageswanderungen reichen.

Sehenswertes & Aktivitäten

Flume Gorge WANDERN

(www.flumegorge.com; Erw./Kind 13/10 US$; ⏲Mai–Okt. 9–17 Uhr) Eine kühle Route für heiße Tage: Vom Visitor Center des Parks führt eine Wanderstrecke mit Erläuterungen (3,2 km) direkt durch diese atemberaubende Klamm im Granit. Die Schlucht ist bis zu 27,4 m tief, an ihrer schmalsten Stelle aber nur 3,6 m breit. Dort hat man das Wildwasser direkt zu seinen Füßen.

Frost Place HISTORISCHE STÄTTE

(☎603-823-5510; www.frostplace.org; 158 Ridge Rd, Franconia; Erw./Kind 5/3 US$; ⏲Ende Mai–Juni Sa & So 13–17 Uhr, Juli–Mitte Okt. Mi–Mo 13–17 Uhr) Ein paar Kilometer nördlich des Franconia Notch liegt die Farm, auf der der Lyriker Robert Frost (1874–1963) seine berühmtesten Gedichte *The Road Not Taken* („Der nicht gegangene Weg") und *Stopping by Woods on a Snowy Evening* („Abendrast im Winterwald") verfasste. Das Bauernhaus bewahrt die Schlichtheit und Inspiration, die Frosts Leben prägten.

Cannon Mountain Aerial Tramway SEILBAHN

(☎603-823-8800; www.cannonmt.com; I-93, Exit 34B; hin & zurück Erw./Kind 13/10 US$; ⏲Ende Mai–Mitte Okt. 9–17 Uhr; 👪) Flitzt hinauf zu einem 1243 m hohen Gipfel mit atemberaubender Aussicht auf den Franconia Notch und die White Mountains.

Basin Trail WANDERN

Eine nette Kurzwanderung (20 Min.) beginnt am Rastplatz Basin zwischen Exit 34A und 34B. Von dort führt ein 800 m langer Pfad entlang eines hübschen Baches zu einem glazialen Granitbecken.

Echo Lake STRAND

(☎603-823-8800; I-93, Ausfahrt 34C; Erw./Kind 4/2 US$; ⏲10–17.30 Uhr) Highwaynaher Badesee mit Kanu- und Kajakverleih.

Schlafen

Lafayette Place Campground CAMPING $

(☎603-271-3628; www.reserveamerica.com; Stellplatz 25 US$) Viele Wanderer nutzen den beliebten Campingplatz des Franconia Notch State Park als Basisstation. Im Sommer sind die 97 Waldstellplätze schnell ausgebucht – daher rechtzeitig reservieren!

BRETTON WOODS & CRAWFORD NOTCH

Vor 1944 kannte man Bretton Woods eher als ruhiges Refugium wohlhabender Gäste, die im majestätischen Mt. Washington Hotel abstiegen. Als aber Präsident F. D. Roosevelt das Hotel als Tagungsort für jene historische Konferenz auswählte, die nach dem Zweiten Weltkrieg eine neue Wirtschaftsordnung begründen sollte, erlangte der Name der Stadt weltweite Aufmerksamkeit. Die Landschaft mit dem gewaltigen Mt. Washington ist heute so beeindruckend wie damals. Mehr Infos über das Gebiet gibt's bei der **Twin Mountain-Bretton Woods Chamber of Commerce** (☎800-245-8946; www.twinmountain.org; Ecke US 302 & US 3, Twin Mountain).

Das größte Skigebiet in der Region ist die **Bretton Woods Ski Station** (☎603-278-3320; www.brettonwoods.com; US 302) mit Angeboten sowohl zum Abfahrts- als auch Langlauf sowie einer Seilbahn.

Der US 302 verläuft in südlicher Richtung von Bretton Woods zum Crawford Notch (540 m) durch eine eindrucksvolle Berglandschaft mit turmhohen Wasserfällen. Der **Crawford Notch State Park** (☎603-374-2272; www.nhstateparks.org; Erw./Kind 4/2 US$) ist überzogen von einem Netz aus Wanderwegen, darunter kürzere Pfade rund um einen Teich oder zu einem Wasserfall und ein längerer Weg zum Mt. Washington.

Schlafen

Mt. Washington Hotel HOTEL $$$
(☎603-278-1000; www.mountwashingtonresort.com; US 302; Zi. 149–600 US$; @📶🏊) Wenn Wände reden könnten, hätten diese hier allerlei zu erzählen. Die Grande Dame unter den neuenglischen Berghotels wurde 1902 eröffnet. Auf dem 1052 ha großen Gelände gibt's einen Golfplatz mit 27 Löchern, zwölf Tennisplätze mit Lehmboden, zwei beheizte Pools und ein Reitzentrum.

Dry River Campground CAMPING $
(☎603-271-3628; www.reserveamerica.org; US 302; Stellplatz 25 US$; ⏲Ende Mai–Sept.) Gute Einrichtungen und 33 ruhige Stellplätze im Crawford Notch State Park.

MT. WASHINGTON

Von Pinkham Notch (620 m), das am NH 16 ungefähr 11 Meilen (17,6 km) nördlich von North Conway liegt, führen Wanderwege zu den Naturschönheiten des Presidential Range, z. B. zum hoch aufragenden **Mt. Washington** (1917 m), dem höchsten Berg östlich des Mississippi und nördlich der Smoky Mountains. Das Wetter am Mt. Washington ist äußerst launisch und kann von einem Augenblick zum nächsten umschlagen. Wer hier wandern will, muss sich warm anziehen: Auf dem Berg herrschen die kältesten Temperaturen Neuenglands (auf der Bergspitze werden im Sommer durchschnittlich 7 °C gemessen!), und wegen der starken Winde kommt es einem noch kälter vor, als es ohnehin ist. Tatsächlich hält der Mt. Washington den Rekord: Hier wurde Amerikas stärkster Windstoß gemessen – 372 km/h!

Einer der beliebtesten Wege auf den Mt. Washington beginnt am Pinkham Notch Visitor Center des AMV und führt über 6,7 anstrengende Kilometer zum Gipfel; für den Aufstieg braucht man vier bis fünf Stunden, zurück geht's etwas schneller. Wer keine Lust hat, seine Beinmuskulatur zu beanspruchen, kommt per Auto über die **Mt. Washington Auto Road** (☎603-466-3988; www.mountwashingtonautoroad.com; Auto & Fahrer 25 US$, jede weitere Pers. Erw./Kind 8/6 US$; ⏲Mitte Mai–Mitte Okt.) leicht auf den Gipfel (wenn das Wetter mitspielt).

Puristen laufen also, Bewegungsmuffel fahren mit dem Auto, aber Nostalgiker und Schaulustige nutzen die **Mt. Washington Cog Railway** (☎603-278-5404; www.thecog.com; Erw./Kind 4–12 Jahre 62/39 US$, ⏲Mai–Okt.), um den Gipfel zu bezwingen. Seit 1869 zuckelt die Zahnradbahn mit Dampfloks die 5,6 km lange, steile Strecke bergauf. Auf der Fahrt genießt man einen atemberaubenden Ausblick.

Das **Pinkham Notch Visitor Center** (☎603-466-2727; www.outdoors.org; NH 16; ⏲6.30–22 Uhr) des Appalachian Mountain Club (AMC) versorgt Abenteuerlustige mit Infos über das Gebiet. Hier findet man außerdem alles Nötige für eine Wanderung, beispielsweise topografische Wanderkarten und den praktischen *AMC White Mountain Guide*.

Der AMC betreibt auch die angrenzende **Joe Dodge Lodge** (☎603-466-2727; Zi. inkl. HP 75 US$). Auf dem **Dolly Copp Campground** (☎603-466-2713; www.campsnh.com; NH 16; Stellplatz 20 US$), einem USFS-Campingplatz 6 Meilen (9,6 km) nördlich der AMC-Einrichtungen von Pinkham Notch, stehen Travellern 176 einfache Stellplätze zur Verfügung.

Hanover

Der zentrale Anger des typisch neuenglischen Universitätsstädtchens ist an allen vier Seiten von den hübschen Backsteinbauten des Dartmouth College umgeben. Quasi ganz Hanover steht im Zeichen dieser 1769 gegründeten Elitehochschule, die das neuntälteste College der USA ist.

Am Anger beginnt die abschüssige Main St, deren flotte Kneipen, Läden und Cafés auf Studenten abzielen.

Sehenswertes & Aktivitäten

Dartmouth College CAMPUS
In Hanover dreht sich alles um das Dartmouth College – also nichts wie hin! Besucher können an kostenlosen **Campusführungen** (☎603-646-2875; www.dartmouth.edu) unter studentischer Leitung teilnehmen oder mit einer Übersichtskarte des Studiensekretariats auf eigene Faust losziehen. Auf keinen Fall die **Baker-Berry Library** mit dem ausdrucksstarken Wandbildzyklus *Geschichte der amerikanischen Zivilisation* verpassen! Letzterer stammt von dem realitätsliebenden mexikanischen Wandmaler José Clemente Orozco (1883–1949), der während der 1930er-Jahre am Dartmouth College lehrte.

GRATIS **Hood Museum of Art** MUSEUM
(☎603-646-2808; Wheelock St; ⏲Di–Sa 10–17, Mi 10–21, So 12–17 Uhr) Die facettenreiche Sammlung reicht von assyrischen

Steinreliefs aus dem Jahr 883 v.Chr. bis hin zur modernen Kunst der US-Meister Jackson Pollock und Edward Hopper.

Schlafen & Essen

Chieftain Motor Inn MOTEL $$
(☎603-643-2550; www.chieftaininn.com; 84 Lyme Rd/NH 10; Zi. 119–140 US$;) Prima für paddelwütige Übernachtungsgäste: Das rustikale Motel im Norden der Stadt liegt am Fluss, und das Personal verleiht kostenlos Kanus.

Canoe Club Bistro CAFÉ $$
(☎603-643-9660; www.canoeclub.us; 27 S Main St; Hauptgerichte 10–23 US$; ⏲11.30–23.30 Uhr) Das coole Café kredenzt Feines vom Grill – nicht nur Burger und Steaks, sondern auch Köstlichkeiten wie Entenbrust mit Feigen-Portwein-Glasur. Zudem gibt's jeden Abend Livemusik von Akustiksound bis Jazz.

Lou's DINER $
(lousrestaurant.net; 30 S Main St; Hauptgerichte 5–10 US$; ⏲Mo–Fr 6–15, Sa & So 7–15 Uhr) Seit 1947 serviert dieser Studententreff u.a. gute Sandwiches und Backwaren. Hauptmagnet des schlichten Diners ist aber das herzhafte Frühstück, das den ganzen Tag über serviert wird.

Ausgehen & Unterhaltung

Murphy's on the Green KNEIPE
(www.murphysonthegreen.com; 11 S Main St) In dem klassischen Irish Pub diskutieren Studenten und Dozenten bei irischem Ale über gewichtige Themen.

Hopkins Center for the Arts THEATER
(☎603-646-2422;www.hop.dartmouth.edu;Lebanon St) Das „Hop" ist Dartmouths Kulturadresse, wenn es um Streichquartette, modernen Tanz und Schauspiel geht.

Praktische Informationen

Hanover Area Chamber of Commerce (☎603-643-3115; www.hanoverchamber.org; 53 S Main St; ⏲Mo–Fr 9–16 Uhr) Gute erste Anlaufstelle für Besucher.

MAINE

Maine ist Neuenglands Grenzland und so groß, dass die anderen fünf Bundesstaaten der Region daneben winzig wirken. Hinter der scheinbar endlosen Reihe von Sandstränden, schroffen Klippen und ruhigen Häfen an der Küste breitet sich das Meer aus. Altehrwürdige Fischerdörfer und Hummerrestaurants am Ozean sind Maines ganzer Stolz. Doch auch im rauen Binnenland schreien viele Attraktionen – wie reißende Flüsse, dichte Wälder und hohe Berge – danach, erkundet zu werden.

Maines touristisches Angebot ist so spektakulär vielfältig wie die Landschaft: Hier kann man z.B. auf einem eleganten Schoner gemütlich die Küste entlangschippern, bei Raftingtrips durch wilde Stromschnellen flitzen, B&B-Übernachtungen in alten, umgebauten Kapitänshäusern genießen oder in der Gesellschaft von Elchen an einsamen Waldseen zelten.

Geschichte

Man schätzt, dass vor Ankunft der Europäer rund 20000 amerikanische Ureinwohner in Maine lebten. Sie gehörten Stämmen an, die in der Abenaki („Menschen des Sonnenaufgangs")-Konföderation verbunden waren. Im 17. Jh. versuchten Franzosen und Briten Siedlungen in Maine zu etablieren, hatten aber wegen der harten Winter keinen Erfolg damit.

1652 wurde Maine von Massachusetts annektiert, um während des Kriegs mit den

KURZINFOS MAINE

- **Spitzname** Pine Tree State
- **Bevölkerung** 1,3 Mio. Ew.
- **Fläche** 91651 km²
- **Hauptstadt** Augusta (18600 Ew.)
- **Weitere Städte** Portland (66200 Ew.)
- **Verkaufssteuer** 5%
- **Geburtsort** des Dichters Henry Wadsworth Longfellow (1807–1882)
- **Heimat** des Horrorautors Stephen King
- **Politische Ausrichtung** halb demokratisch, halb republikanisch
- **Berühmt** für Hummer, Elche, Heidelbeeren, LL Bean
- **Staatsgetränk** 1884 hat Maine der Welt Moxie geschenkt, den ersten und herbsten Softdrink der USA
- **Entfernungen** Portland–Acadia National Park 160 Meilen (257,5 km), Portland–Boston 150 Meilen (241,4 km)

Küste von Maine

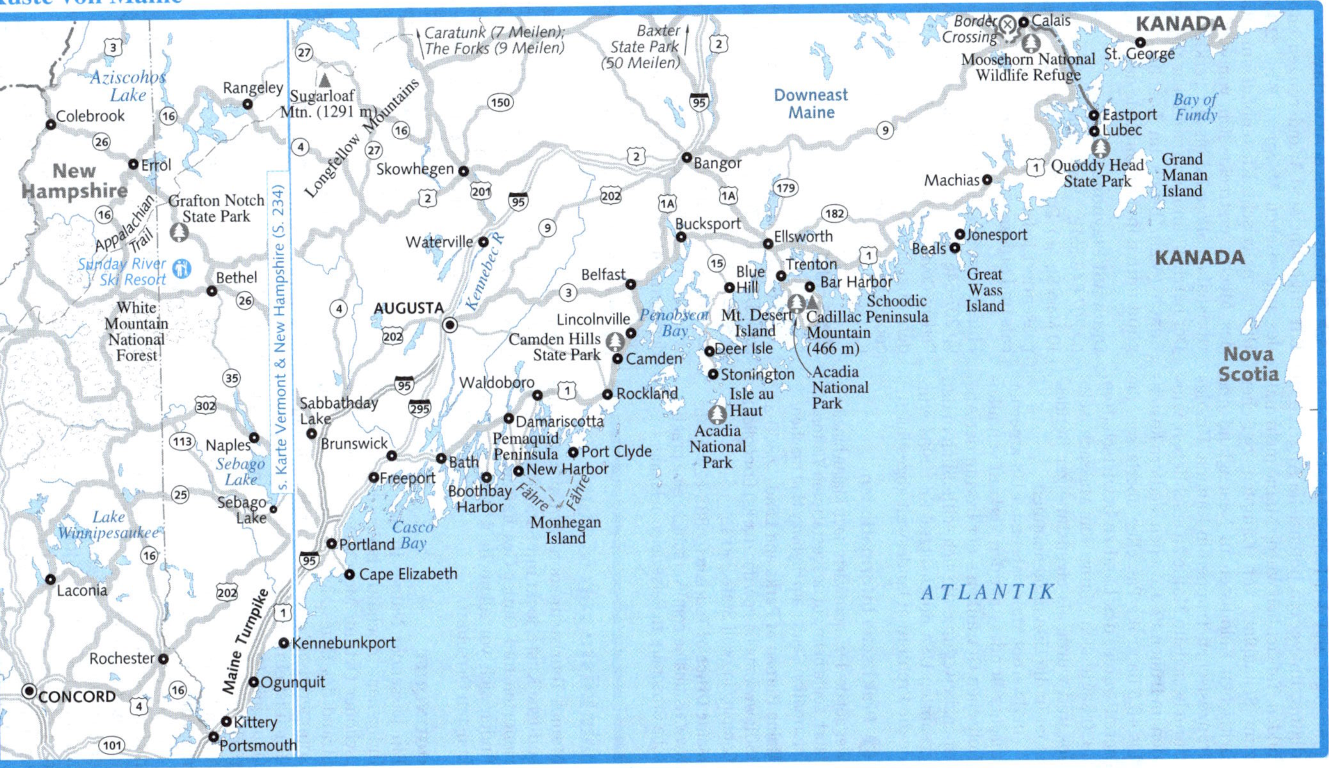

Franzosen und den Indianern eine Verteidigungslinie gegen potenzielle Angriffe zu bilden. Tatsächlich wurde Maine mehrmals zum Schauplatz von Kämpfen zwischen britischen Kolonisten in Neuengland und französischen Truppen in Kanada. Um das dünn besiedelte Maine zu erschließen, wurden im frühen 19. Jh. jenen Siedlern kostenlos 40,5 ha große Parzellen überlassen, die bereit waren, das Land zu bewirtschaften. 1820 sagte sich Maine von Massachusetts los und wurde als eigenständiger Bundesstaat in die USA aufgenommen.

1851 verbot Maine als erster US-amerikanischer Bundesstaat den Verkauf von alkoholischen Getränken – der Beginn der Abstinenzbewegung, die sich schließlich in den gesamten USA durchsetzte. Erst 1934 wurde die Prohibition landesweit abgeschafft.

Praktische Informationen

Wer auf der I-95 nordwärts nach Maine hineinfährt, sollte beim gut ausgestatteten Visitor Information Center am Highway Halt machen.

Maine Bureau of Parks and Land (800-332-1501; www.maine.gov/doc/parks) Ermöglicht Camping in zwölf State Parks.

Maine Office of Tourism (888-624-6345; www.visitmaine.com) Verschickt eine praktische Broschüre zu Reisezielen in Maine.

Südküste von Maine

Maines Touristenregion Nummer eins, die südliche Küste, lockt mit Sandstränden, Ferienorten und Outlet-Geschäften. Letztere finden sich vor allem in Kittery, der südlichsten Ortschaft.

OGUNQUIT

Ein passender Name: In der Sprache der indigenen Abenaki bedeutet Ogunquit „schöner Ort am Meer". Der 4,8 km lange Strand des Ortes zieht schon seit Langem Sommerfrischler an. Der sandige Ogunquit Beach ist ein Barrierestrand zwischen dem Ogunquit River und dem Atlantik. Praktisch – so können Besucher entweder in der kalten Meeresbrandung oder in der wärmeren, ruhigeren Bucht schwimmen!

Unter Neuenglands Badeorten mit den meisten schwulen Urlaubern steht Ogunquit nur Provincetown nach. Der Großteil des Städtchens erstreckt sich entlang der Main St (US 1), die von Restaurants, Läden und Motels gesäumt wird. Für Bootsfahrten und Dinners am Wasser empfiehlt sich die Perkins Cove am südlichen Ortsrand.

Sehenswertes & Aktivitäten

Ein Highlight sind Wanderungen entlang des malerischen **Marginal Way** (2,4 km). Dieser malerische Küstenpfad am „Rand" des Meeres erstreckt sich von der zentrumsnahen Shore Rd bis zur Perkins Cove. Der herrlich familienfreundliche **Ogunquit Beach** (Main Beach im Lokaljargon) beginnt mitten im Ort am Ende der Beach St.

Ogunquit Playhouse THEATER
(207-646-5511; www.ogunquitplayhouse.org; 10 Main St;) Das 1933 eröffente Theater präsentiert jeden Sommer Broadway-Musicals und Stücke für Kinder.

Finestkind Scenic Cruises BOOTSFAHRT
(207-646-5227; www.finestkindcruises.com; Perkins Cove; Erw./Kind ab 16/8 US$;) Unter den angebotenen Bootsfahrten sind z.B. coole Trips, bei denen Hummerkörbe eingeholt werden (50 Min.).

Schlafen

LP TIPP **Gazebo Inn** B&B $$
(207-646-3733; www.gazeboinnogt.com; 572 Main St; Zi. inkl. Frühstück 109–239 US$;) Aufmerksame Inhaber, herzhaftes Frühstück und rustikaler Chic – kein Wunder, dass die Gäste da sehr gern wiederkommen! Die 14 B&B-Zimmer in einem restaurierten Bauernhaus punkten mit freiliegendem Gebälk, gasbefeuerten Kaminen und jeder Menge Platz.

Ogunquit Beach Inn B&B $$
(207-646-1112; www.ogunquitbeachinn.com; 67 School St; Zi. inkl. Frühstück 139–179 US$;) Dieser Favorit unter den schwulen Besuchern von Ogunquit liegt in der Nähe der Main St und des Strandes im Ortszentrum. Die gastfreundlichen Betreiber des netten B&Bs sorgen für kleine Extras wie kostenlose Strandkörbe und eine Videothek.

Pinederosa Camping CAMPING $
(207-646-2492; www.pinederosa.com; 128 North Village Rd, Wells; Stellplatz 30 US$;) Den am nächsten gelegenen Campingplatz findet man 1 Meile (1,6 km) nördlich von Ogunquits Zentrum abseits des US 1.

Essen

Ogunquits Restaurants säumen die Perkins Cove am südlichen Ortsrand und die Main St im Zentrum.

Bread & Roses BÄCKEREI $
(www.breadandrosesbakery.com; 246 Main St; Snacks 3–9 US$; 7–19 Uhr;) Von so einer Bäckerei können die meisten Klein-

städte nur träumen: Hier gibt's himmlische Himbeercroissants, gesunde Salate und perfekt geröstete Panini-Sandwiches – eigentlich zum Mitnehmen. Draußen stehen aber auch ein paar Cafétische.

Lobster Shack SEAFOOD **$$**
(110 Perkins Cove Rd; Hauptgerichte 10–25 US$; 11–20 Uhr) Das gleichbleibend gute Lokal ist etwas für Seafood-Fans, die nicht unbedingt Aussicht brauchen. Auf den Tisch kommt Hummer in allen erdenklichen Variationen (z. B. im Brötchen oder in der Schale).

Barnacle Billy's SEAFOOD **$$$**
(207-646-5575; www.barnbilly.com; 183 Shore Rd; Hauptgerichte 12–35 US$; 11–21 Uhr) Dieses Wahrzeichen an der Perkins Cove ist die beste Adresse, wenn man Hummer mit Aussicht genießen will. Der Hummerpreis (ca. 25–30 US$/Tier) hängt vom Gewicht des Tieres ab.

Praktische Informationen

Ogunquit Chamber of Commerce (207-646-2939; www.ogunquit.org; 36 Main St; Mo–Fr 9–17, Sa & So 10–15 Uhr)

KENNEBUNKPORT

Kennebunkport am Kennebunk River füllt sich im Sommer mit Travellern, die durch die Straßen schlendern, die alten Villen bewundern und den Blick aufs Meer genießen möchten. Eine Fahrt auf der Ocean Ave ist Pflicht: Sie führt am Ostufer des Kennebunk River entlang und folgt dann einer malerischen Strecke an der Atlantikküste; unterwegs passiert man einige der schönsten Anwesen von Kennebunkport, u. a. das Sommerhaus des früheren Präsidenten George H. W. Bush.

Am Westufer des Kennebunk River gibt's drei öffentliche Strände, die unter dem Namen Kennebunk Beach zusammengefasst werden. Das Stadtzentrum bildet das Gebiet um den Dock Sq, der an der ME 9 (Western Ave) östlich der Brücke über den Kennebunk River liegt. Infos für Traveller gibt's bei der **Kennebunk/Kennebunkport Chamber of Commerce** (207-967-0857; www.visitthekennebunks.com; 17 Western Ave; ganzjährig Mo–Fr 10–17 Uhr, Juni–Sept. Sa–So 10–15 Uhr).

Schlafen

Franciscan Guest House PENSION **$$**
(207-967-4865; www.franciscanguesthouse.com; 26 Beach Ave; Zi. inkl. Frühstück 89–159 US$;) Die angemessen schlichte, aber absolut komfortable Pension mit 50 Zimmern auf dem 24 ha großen Waldgelände des Klosters St. Anthony's verspricht beschauliche Ruhe. Dort warten auch Wanderwege und ein Salzwasserpool im Freien.

Colony Hotel HOTEL **$$**
(207-967-3331; www.thecolonyhotel.com; 140 Ocean Ave; Zi. inkl. Frühstück 129–299 US$;) Diese Grand Dame unter den Sommerferienorten gehört zum Jahrgang 1914 und erweckt die Pracht vergangener Zeiten wieder zum Leben. Die 124 altmodischen Zimmer haben historische Rosentapeten und authentisch knarrende Böden. Sie sind allerdings extrem hellhörig. Im oberen Stockwerk ist es am ruhigsten.

Green Heron Inn INN **$$$**
(207-967-3315; www.greenheroninn.com; 126 Ocean Ave; Zi. inkl. Frühstück 190–225 US$;) Der bezaubernde Inn, in dem ein mehrgängiges Frühstück zu haben ist, steht in einem Nobelviertel. Seine zehn gemütlichen Zimmer am Rand einer malerischen Bucht liegen in fußläufiger Entfernung zum Strand und zu mehreren Restaurants.

Essen

Bandaloop BISTRO **$$$**
(207-967-4994; www.bandaloop.biz; 2 Dock Sq; Hauptgerichte 17–27 US$; 17–21.30 Uhr;) Vom Ribeye-Grillsteak bis hin zu gebratenem Tofu in Hanfsamenkruste bietet die kreative Speisekarte das volle Programm. Gekocht wird mit Biozutaten aus heimischem Anbau bzw. lokaler Produktion. Perfekte Vorspeise: die gebratenen Casco-Bay-Miesmuscheln plus Bio-Bier von Peak's.

Hurricane AMERIKANISCH **$$$**
(207-967-9111; www.hurricanerestaurant.com; 29 Dock Sq; Hauptgerichte 10–45 US$; 11.30–21.30 Uhr) Direkt am Wasser gibt's hier prima Essen in tollem Ambiente. Wer es nicht eilig und daher Zeit für ein gemütliches Mittagessen hat, bestellt am besten ein Sauerteig-Sandwich mit handverlesenen Krabben aus Maine. Dazu ein Glas Wein ordern und die Aussicht genießen!

Clam Shack SEAFOOD **$$**
(2 Western Ave; Hauptgerichte 7–20 US$; 11–21.30 Uhr) Das einfache Lokal westlich der Brücke über den Kennebunk River ist zu Recht für seine gebratenen Muscheln berühmt. Highlight sind aber die üppigen

Hummerbrötchen mit saftigen Schalentierstückchen.

Portland

Im 18. Jh. nannte der Dichter Henry Wadsworth Longfellow die Stadt seiner Kindheit ein „Juwel am Meer“. Dank umfassender Sanierungsmaßnahmen erstrahlt das übersichtliche Portland heute wieder in alter Pracht. Der belebte Küstenbereich und die aufstrebende Galerieszene laden ebenfalls zu tollen Erkundungen ein. Auch Feinschmecker kommen nicht zu kurz: Topmoderne Cafés und Restaurants unter der Leitung von Spitzenköchen machen Portland nunmehr zum heißesten Gastro-Pflaster nördlich von Boston.

Die Stadt liegt auf einer hügeligen Halbinsel, die an drei Seiten von Wasser umgeben ist: von Back Cove, Casco Bay und Fore River. Vor Ort findet man sich leicht zurecht. Die Commercial St (US 1A) führt entlang des Ufers durch den Alten Hafen (Old Port). Parallel dazu verläuft die Congress St als Hauptverkehrsachse durch das Zentrum.

Sehenswertes

Alter Hafen STADTVIERTEL

Portlands Herz schlägt im alten Hafen (Old Port), wo salzige Seeluft, Bürgersteige aus Backstein und Straßen unter Gaslaternen zum Spazierengehen animieren. Das Zentrum des restaurierten Uferviertels bilden die Commercial St mit hübschen Häusern aus dem 19. Jh. sowie deren schmale Nebenstraßen, die sich über mehrere Blocks stadteinwärts erstrecken. Einst befanden sich hier die mächtigen Lagerhäuser und Kaufmannsniederlassungen eines geschäftigen Hafens. Inzwischen ist der Seehandel jedoch dem Shopping gewichen. Vor Ort kann man superfrische Seafood verspeisen, vor Ort gebraute Biere schlürfen und zahlreiche Galerien durchstöbern.

Portland Museum of Art MUSEUM

(207-775-6148; www.portlandmuseum.org; 7 Congress Sq; Erw./Kind 10/4 US$, Fr 17–21 Uhr Eintritt frei; Sa–Do 10–17, Fr 10–21 Uhr, Mitte Okt.–Mai Mo geschl.) Maines bestes Kunstmuseum zeigt u.a. Werke der einheimischen Maler Winslow Homer, Edward Hopper und Andrew Wyeth. Zu sehen gibt's auch anständige zeitgenössische Sammlungen, tolle Glaskunst aus Portland und postimpressionistische Werke von Picasso, Monet oder Renoir. Das restaurierte **McLellan House** von 1801 (Preis für die Besichtigung im Eintritt enthalten) wird durch das Museum betreten und ist Pflicht für Fans historischer Wohnhäuser.

Fort Williams Park LEUCHTTURM

(Eintritt frei; Sonnenaufgang–Sonnenuntergang) Lust auf ein Picknick in unschlagbarer Lage? Dann nichts wie hinaus zum Cape Elizabeth, das 4 Meilen (6,4 km) südlich von Portlands Zentrum liegt: In einem 36,4 ha großen Park steht dort mit dem **Portland Head Light** (207-799-2661; www.portlandheadlight.com; 1000 Shore Rd, Cape Elizabeth; Leuchtturmmuseum Erw./Kind 2/1 US$; Juni–Okt. 10–16 Uhr) Neuenglands am häufigsten fotografierter Leuchtturm – erbaut 1791 und damit der älteste von Maines über 60 Leuchttürmen.

Portland Observatory Museum HISTORISCHE STÄTTE

(207-774-5561; www.portlandlandmarks.org; 138 Congress St; Erw./Kind 8/5 US$; Ende Mai–Anfang Okt. 10–17 Uhr) Dieses Museum auf einem Hügel ist interessant für Geschichtsfans. Es wurde 1807 als maritime Signalstation errichtet, die Schiffe in den geschäftigen Hafen dirigierte. Das Observatorium funktionierte somit ähnlich wie die Kontrolltowers heutiger Flughäfen und ist mittlerweile das letzte seiner Art in den USA. Von ganz oben hat man einen atemberaubenden Panoramablick auf die Casco Bay.

Longfellow House HISTORISCHES GEBÄUDE

(207-879-0427; www.mainehistory.org; 489 Congress St; Erw./Kind 12/3 US$; Mai–Okt. Mo–Sa 10–17, So 12–17 Uhr) Hier verbrachte der Dichter Henry Wadsworth Longfellow (1807–1882) seine Kindheit. Das original erhaltene Haus beherbergt sogar noch alle Möbel der Familie. Der Eintritt beinhaltet den Zugang zum benachbarten **Maine Historical Society Museum** mit Ausstellungen zur Geschichte Maines.

Children's Museum of Maine MUSEUM

(207-828-1234; www.childrensmuseumofme.org; 142 Free St; Eintritt 9 US$; Mo–Sa 10–17, So 12–17 Uhr, Sept.–Mai Mo geschl.;) Ein cooles Ziel für Familien neben dem Portland Museum of Art.

Maine Narrow Gauge Railroad Co & Museum ZUG

(207-828-0814; www.mngrr.org; 58 Fore St; Erw./Kind 10/6 US$; Mitte Mai–Okt. 10–16 Uhr,

Nachsaison verkürzte Betriebszeiten;) Immer zur vollen Stunde brechen die historischen Dampfzüge zu Fahrten entlang der Casco Bay auf.

Aktivitäten

Einen ganz anderen Blick auf Portland und die Casco Bay ermöglichen kommentierte Panoramafahrten per Boot, die am Portland Harbor beginnen.

Casco Bay Lines BOOTSFAHRT
(207-774-7871; www.cascobaylines.com; 56 Commercial St; Erw. 13–24 US$, Kind 7–11 US$) Verschiedene Bootstrips (1¾–6 Std.), bei denen man die Küste bei Portland und Inseln in der Casco Bay erkundet.

Maine Island Kayak Company KAJAKFAHREN
(207-766-2373; www.maineislandkayak.com; 70 Luther St, Peaks Island; geführte Tour 70 US$; Mai–Nov.) Wer sich von Casco Bay Lines auf Peaks Island absetzen lässt, kann dort mit diesem Ausrüster eine halbtägige Kajaktour durch die Bucht unternehmen.

Portland Schooner Company BOOTSFAHRT
(207-776-2500; www.portlandschooner.com; 56 Commercial St; Erw./Kind 35/10 US$; Mai–Okt.) Zweistündige Segeltörns an Bord eines eleganten, 100 Jahre alten Holzschoners.

Schlafen

Neben Optionen im Stadtgebiet gibt's südlich von Portland mehrere Kettenhotels in der Nähe des Flughafens.

Morrill Mansion B&B $$
(207-774-6900; www.morrillmansion.com; 249 Vaughan St; Zi. inkl. Frühstück 149–239 US$;) Das frühere Wohnhaus von Charles Morrill (Gründer der Baked-Bean-Marke B&M) ist heute ein B&B mit sieben schicken, gepflegten Zimmern im klassischen Stil. Kleine Extras wie das üppige hausgemachte Frühstück und Kekse am Nachmittag sorgen dafür, dass Gäste sich willkommen fühlen. Nach Last-Minute-Sonderangeboten fragen!

Inn at St. John INN $$
(207-773-6481; www.innatstjohn.com; 939 Congress St; Zi. inkl. Frühstück 79–169 US$;) Das viktorianische Hotel von 1897 beherbergte früher Zugpassagiere, die an der alten Union Station ankamen. Bis heute bewahrt es sich stilvoll seinen historischen Charakter. Ein Nachteil ist die gelegentliche Lärmbelästigung aufgrund der Lage gegenüber von Busbahnhof und Krankenhaus. Gäste mit leichtem Schlaf sollten daher besser ein Zimmer abseits der Congress St verlangen.

La Quinta Inn HOTEL $$
(207-871-0611; www.laquinta.com; 340 Park St; Zi. inkl. Frühstück 75–149 US$;) Von Portlands Kettenhotels hat das günstig gelegene La Quinta mit gepflegten Zimmern das beste Preis-Leistungs-Verhältnis. Gegenüber ist das Baseballstadion der Portland Sea Dogs, die zu den Boston Red Sox gehören.

Portland Harbor Hotel HOTEL $$$
(207-775-9090; www.portlandharborhotel.com; 468 Fore St; Zi. ab 269 US$;) Portlands bestes Hotel versprüht viel historischen Charme. Das fängt schon in der schmucken Lobby an und geht in den klassisch eingerichteten Zimmern mit sonnengoldenen Tapeten und meerblauer Bettwäsche weiter.

Essen

LP TIPP **Green Elephant** VEGETARISCH $$
(207-347-3111; www.greenelephantmaine.com; 608 Congress St; Hauptgerichte 9–13 US$; Di–Sa 11.30–14.30, Di–So auch 17–21.30 Uhr;) Selbst überzeugte Fleischfans sollten unbedingt die sensationelle Vegi-Küche des thailändisch angehauchten Cafés im schicken Zen-Stil probieren. Losgehen könnte es beispielsweise mit knusprigen Wan-Tan-Spinattaschen. Dann folgt eine der exotischen Soja-Kreationen wie „Ente" mit Ingwer und Shiitakepilzen. Im Magen auf jeden Fall noch Platz für den unglaublich leckeren Kuchen mit Schoko-Orange-Mousse lassen!

Hugo's FUSION $$$
(207-774-8538; www.hugos.net; 88 Middle St; Hauptgerichte 24–30 US$; Di–Sa 17.30–21 Uhr) Hohepriester dieses Tempels der Molekularküche ist Rob Evans, der schon den James Beard Award gewonnen hat. Der Spitzenkoch – ausgebildet wurde er im Nobelrestaurant French Laundry (Napa Valley) – mixt kalifornische Einflüsse meisterhaft mit neuenglischen Zutaten. Heraus kommt z. B. herrlicher Hummer mit Pistazienkruste.

Great Lost Bear KNEIPE $$
(www.greatlostbear.com; 540 Forest Ave; Hauptgerichte 8–16 US$; 12–23 Uhr;) Die laute, höhlenartige Restaurant-Bar ist eine echte Institution in Portland. Inmitten von Flohmarktkitsch gibt's hier Dutzende regionaler Fassbiere, saftige Riesenburger und das üb-

liche Kneipenessen. Nicht die langweilige Tex-Mex-Kost bestellen!

Standard Baking Co BÄCKEREI $
(75 Commercial St; Snacks 2–4 US$; ⌚Mo–Fr 7–18, Sa & So 7–17 Uhr) Appetit auf süßes Frühstück? Dann in dieser Old-Port-Bäckerei am besten einfach Schokocroissants und Scones mit Blaubeersahne bestellen! Auch Portlands bestes Biobauernbrot ist hier zu haben.

Portland Lobster Co SEAFOOD $$
(www.portlandlobstercompany.com; 180 Commercial St; Hauptgerichte 10–23 US$; ⌚11–21 Uhr) Hummer im Brötchen, als Eintopf oder großes Hauptgericht dominiert die Karte dieser Bude am Wasser mit Terrasse. Auf Letzterer kann man beim Knacken der Krustentiere die einlaufenden Boote beobachten.

J's Oyster SEAFOOD $$
(www.jsoyster.com; 5 Portland Pier; Hauptgerichte 6–24 US$; ⌚Mo–Sa 11.30–23.30, So 12–22.30 Uhr) In dem beliebten Laden bekommt man die günstigsten Rohaustern in ganz Portland. Vertilgen kann man sie auf einer Terrasse mit Hafenblick. Wer keine Austern mag, nimmt eben die Sandwiches oder die Hauptgerichte mit anderen Meeresfrüchten.

Ausgehen & Unterhaltung

Gritty McDuff's BRAUEREIKNEIPE
(www.grittys.com; 396 Fore St; ⌚11–1 Uhr) Das Brauhaus am Alten Hafen bietet das volle Programm: Hafenblick, tolle Stimmung, gutes Kneipenessen und preisgekrönte Biere. Am besten ein kräftiges Black Fly Stout bestellen und selbst mitfeiern!

Big Easy Blues Club LIVEMUSIK
(www.bigeasyportland.com; 55 Market St) In dem traulichen Club stehen allabendlich Rock-, Jazz- und Bluesbands live auf der Bühne.

Blackstone's BAR
(www.blackstones.com; 6 Pine St) Portlands älteste Schwulenbar ist bis heute prima für einen Drink.

Shoppen

An der Exchange St und der Fore St gibt's viele Galerien.

Edgecomb Potters KUNST
(www.edgecombpotters.com; 49 Exchange St) Spezialist für moderne Skulpturen, Töpfer- und Glaswaren.

Abacus KUNSTHANDWERK
(www.abacusgallery.com; 44 Exchange St) Schmuck, Kunsthandwerk und farbenfrohe Geschenke.

Maine Potters Market TÖPFERWAREN
(www.mainepottermarket.com; 376 Fore St) Kollektiv von Meistertöpfern aus Maine.

Praktische Informationen

Greater Portland Convention & Visitors Bureau (☎207-772-5800; www.visitportland.com; 14 Ocean Gateway Pier; ⌚ganzjährig Mo–Fr 9–17 Uhr, Juli & Aug. auch Sa & So 9–16 Uhr) Verteilt kostenlose Stadtführer.

Maine Medical Center (☎207-662-0111; 22 Bramhall St; ⌚24 Std.)

Portland Phoenix (www.thephoenix.com/portland) Alternative Gratis-Wochenzeitung mit Veranstaltungskalender.

Portland Public Library (www.portlandlibrary.com; 5 Monument Sq; ⌚Mo–Do 10–19, Fr 10–18, Sa 10–17 Uhr; @📶) Kostenloser Internetzugang.

Post (www.usps.com; 400 Congress St; ⌚Mo–Fr 8–19, Sa 9–13 Uhr)

Anreise & Unterwegs vor Ort

Portland International Jetport (IATA-Code PWM; www.portlandjetport.org) Nonstopflüge zu Großstädten im Osten der USA.

Busse von **Greyhound** (www.greyhound.com) und Züge der **Amtrak** (☎800-872-7245; www.amtrak.com) verbinden Portland mit Boston (jeweils einfache Strecke 20–24 US$, ca. 2½ Std.).

Ab der zentralen Haltestelle am Monument Sq (Ecke Elm und Congress St) bedienen die Stadtbusse der **Metro** (www.gpmetrobus.com; Einzelfahrt 1,50 US$) ganz Portland.

Mittlerer Abschnitt der Küste

Im mittleren Abschnitt von Maines Küste treffen Berge und Meer aufeinander. Hier reichen schroffe Halbinseln weit in den Atlantik hinein. Hinzu kommen bezaubernde Küstendörfer und zahllose Möglichkeiten zum Wandern, Segeln oder Kajakfahren.

FREEPORT

Freeport, 16 Meilen (25,6 km) nordöstlich von Portland, kam vor etwa 100 Jahren zu Ruhm und Reichtum, als Leon Leonwood Bean hier einen Laden eröffnete. Er verkaufte Ausrüstung an die Jäger und Fischer, die nach Norden in die Wälder von Maine zogen. Die Qualität seiner Waren brachte Bean treue Kunden ein, und im Lauf der Jahre erweiterte der **LL Bean Store** (www.llbean.com; Main St; ⏲24 Std.) sein Angebot um Sportbekleidung. Auch wenn inzwischen mehr als 100 weitere Geschäfte hinzugekommen sind, bildet der enorm populäre Ausrüster noch immer den Mittelpunkt der Stadt.

Ironischerweise ist Freeport, einst lediglich ein Zwischenstopp für abgehärtete Outdoor-Typen, mittlerweile ein Mekka für Fans von urbanem Shopping geworden: An der Main St (US 1) reihen sich auf 1 Meile Outlets aneinander, in denen von feinem Essgeschirr bis zu Schuhen alles zu haben ist. Infos bekommt man bei der **Freeport Merchants Association** (☎207-865-1212; www.freeportusa.com; 23 Depot St; ⏲Mo–Fr 9–17 Uhr).

Auch wenn „Shoppen bis zum Morgengrauen" das Motto der Stadt sein könnte, muss man sich die Nächte nicht in den Geschäften um die Ohren schlagen: Es gibt vor Ort rund zwei Dutzend Unterkünfte.

Der viktorianische **White Cedar Inn** (☎207-865-9099; www.whitecedarinn.com; 178 Main St; Zi. inkl. Frühstück 150–185 US$; 📶) liegt in praktischer Laufentfernung zu den Läden. Das frühere Wohnhaus des Arktisforschers Donald MacMillan hat sieben stimmungsvolle Zimmer mit Messingbetten und funktionierenden Kaminen.

Gleich südlich von LL Bean verköstigt das **Lobster Cooker** (☎207-865-4349; www.lobstercooker.net; 39 Main St; Hauptgerichte 9–22 US$; ⏲11–19 Uhr) viele Shopper mit üppigen Fischsandwiches, selbst gemachter Seafood-Suppe oder aber gekochtem Hummer.

Die beste Atmosphäre hat das zwanglose **Harraseeket Lunch & Lobster Co** (☎207-865-4888; www.harraseeketlunchandlobster.com; 36 Main St, South Freeport; Hauptgerichte 10–25 US$; ⏲Sept.–Juni 11–19.45 Uhr, Juli & Aug. 11–20.45 Uhr) am Hafen. Rund 3 Meilen (4,8 km) südlich von Freeports Zentrum serviert es beliebte Hummergerichte und gebratenes oder gekochtes Seafood. Gespeist wird an Picknicktischen in unmittelbarer Buchtnähe.

BATH

Bath ist seit der Kolonialzeit für Schiffsbau bekannt, und dieser ist auch heute noch der wichtigste Industriezweig vor Ort. Die **Bath Iron Works**, eine der größten Schiffswerften in den USA, fertigt Stahlfregatten und andere Schiffe für die US Navy an. Sehr interessant ist das **Maine Maritime Museum** (☎207-443-1316; www.mainemaritimemuseum.org; 243 Washington St; Erw./Kind 12/9 US$; ⏲9.30–17 Uhr) südlich der Werft am Kennebec River. Hier erhält man einen Einblick in die jahrhundertealte Schifffahrtsgeschichte des Ortes; dokumentiert ist beispielsweise der Bau des Sechsmastschoners *Wyoming*, des größten Holzschiffs, das jemals in den USA vom Stapel lief.

BOOTHBAY HARBOR

An einem fjordähnlichen Hafen liegt dieses unglaublich malerische Fischerdorf mit seinen engen, gewundenen Straßen, durch die im Sommer die Touristen fluten. Hier sind vor allem Hummeressen und Bootsfahrten angesagt. **Balmy Days Cruises** (☎207-633-2284; www.balmydayscruises.com; Pier 8) veranstaltet einstündige Hafenrundfahrten (Erw./Kind 15/8 US$) und Tagestouren nach Monhegan Island (Erw./Kind 38/25 US$); mit **Cap'n Fish's Boat Trips** (☎207-633-3244; www.mainewhales.com; Pier 1; 👪) kann man auf vierstündige Walbeobachtungstour gehen (Erw./Kind 6–10 Jahre 38/25 US$). **Tidal Transit** (☎207-633-7140; www.kayakboothbay.com; 18 Granary Way) hat dreistündige geführte Kajakfahrten (35–40 US$) in die Küstengewässer mit ihrer reichen Flora und Fauna im Angebot. Informationen für Besucher gibt's bei der **Boothbay Harbor Region Chamber of Commerce** (☎207-633-2353; www.boothbayharbor.com; 192 Townsend Ave; ⏲Mo–Fr 8–17 Uhr).

🛏 Schlafen & Essen

Tugboat Inn — HOTEL **$$**

(☎207-633-4434; www.tugboatinn.com; 80 Commercial St; Zi. inkl. Frühstück 100–240 US$; ❄@📶) Die Flügel des Hotels schweben buchstäblich auf Pfeilern über dem Wasser und bescheren einem den wohl besten Meerblick, der zu Lande überhaupt möglich ist. Von der eigenen Vordertür aus könnte man problemlos angeln. Die schlichten Zimmer sind nichts Besonderes – Highlight ist die Lage.

Topside Inn — B&B **$$**

(☎207-633-5404; www.topsideinn.com; 60 McKown St; Zi. inkl. Frühstück 155–275 US$) Oben auf einem Hügel wurde dieses Kapitänshaus aus dem 19. Jh. zu einem ruhig gelegenen B&B mit 21 komfortablen Zimmern umgebaut. Fans atemberaubender Panoramen bitten die gastfreundlichen Eigentü-

DIE PEMAQUID PENINSULA

Am südlichsten Zipfel der Pemaquid Peninsula liegt mit dem **Pemaquid Point** eine von Maines am wenigsten berührten Naturschönheiten: Tückische Brecher donnern hier gegen zerklüftete vulkanische Felsformationen. Im 2,8 ha großen **Lighthouse Park** (☎207-677-2494; www.bristolparks.org; Pemaquid Point; Erw./Kind 2 US$/frei; ⌚Sonnenaufgang–Sonnenuntergang) oben auf den Klippen brennt im Pemaquid Light von 1827 eine Lampe mit der Kraft von 11 000 Kerzen. Den Star unter Maines 61 verbliebenen Leuchttürmen tragen viele sogar unbewusst bei sich: Sein Abbild ziert die Rückseite von Maines Vierteldollarmünze. Der Aufstieg zur Spitze wird mit einem tollen Blick auf die Küste belohnt. Das **Fishermen's Museum** (⌚Mitte Mai–Mitte Okt. 9–17.15 Uhr) im früheren Turmwärterhaus zeigt zeitgenössische Fotos, alte Fischerausrüstung und Leuchtturmkram. Der Besuch ist im Parkeintritt enthalten. Die Pemaquid Peninsula liegt 15 Meilen (24 km) südlich vom US 1 und ist über die ME 130 erreichbar.

mer am besten um ein Quartier im oberen Stock des Haupthauses.

Gray Homestead CAMPING **$**
(☎207-633-4612; www.graysoceancamping.com; 21 Homestead Rd, Southport; Stellplatz 37 US$) Gäste des Campingplatzes am Meer schlafen 4 Meilen (6,4 km) südlich von Boothbay Harbor beim Rauschen der Brandung ein. Hierher geht's über ME 27 und 238.

Lobster Dock SEAFOOD **$$**
(www.thelobsterdock.com; 49 Atlantic Ave; Hauptgerichte 10–25 US$; ⌚11.30–20.30 Uhr) Boothbay Harbor hat zahllose Hummerrestaurants. Dieses Lokal am Wasser gehört zu den besten und günstigsten. Von reichhaltigem Hummereintopf bis hin zu gekochtem Hummer in der Schale kredenzt es Maines charakteristisches Schalentier perfekt in allen erdenklichen Varianten.

Blue Moon Cafe CAFÉ **$**
(54 Commercial St; Hauptgerichte 5–8 US$ ⌚7.30–14.30 Uhr) Auf der Terrasse des familiengeführten Cafés kann man bei sensationeller Aussicht für 5 US$ frühstücken. Aufgetischt werden Omeletts, Blaubeerpfannkuchen und Sandwiches.

MONHEGAN ISLAND

Diese kleine Insel liegt 14,5 km vor der Küste Maines. Im Sommer kommen Tagesausflügler, Künstler und Naturliebhaber hierher, um sich von der tollen Aussicht und der angenehmen Abgeschiedenheit inspirieren zu lassen. Aufbrausend sind hier die Brandungswellen, die auf die hohen Klippen treffen, ansonsten ist die Insel ruhig, überschaubar und gerade mal 2,5 km lang und weniger als 1 km breit. Infos zur Insel und Links zu Unterkünften findet man auf der Website **Monhegan Island Vistor's Guide** (www.monheganwelcome.com). Normalerweise sind die Unterkünfte im Sommer voll ausgebucht – deshalb im Voraus planen, wenn man mehr als einen Tag hier verbringen will!

Neben den insgesamt 27,5 km langen Wanderwegen gibt es hier auch einen 1824 errichteten **Leuchtturm** mit einem kleinen **Museum**. Letzteres ist in dem früheren Haus des Leuchtturmwärters untergebracht. Außerdem haben hier einige Künstler ihre Ateliers, in die man auch einen Blick hineinwerfen kann.

Die 28 Zimmer des **Monhegan House** (☎207-594-7983; www.monheganhouse.com; EZ/DZ inkl. Frühstück 87/155 US$; 📶) aus den 1870er-Jahren haben zwar nur Gemeinschaftsbäder, aber man hat einen schönen Blick auf das Meer und den Leuchtturm. Das Café hinter dem Monhegan House verkauft Sandwiches, Salate und Eis.

Von Ende Mai bis Mitte Oktober fahren täglich drei Schiffe der **Monhegan Boat Line** (☎207-372-8848; www.monheganboat.com; Rundfahrt Erw./Kind 32/18 US$) von Port Clyde zur Insel Monhegan; im übrigen Jahr einmal täglich. Die **MV Hardy III** (☎800-278-3346; www.hardyboat.com; Rundfahrt Erw./Kind 32/18 US$; ⌚Mitte Juni–Sept.) legt zweimal täglich im New Harbor auf der Ostseite der Pemaquid Peninsula ab und fährt nach Monhegan. Die Schiffe brauchen ungefähr eine Stunde; sie legen früh am Morgen ab und kehren am späten Nachmittag zurück – also genau richtig für einen Tagesausflug!

CAMDEN

Mit einem Hafen voller Segelboote und sanften Hügeln im Hintergrund präsentiert sich Camden als ein echtes Juwel. In dem Heimathafen der zu Recht berühmten

Windjammerflotte des Bundesstaats kommen Schiffsbegeisterte garantiert voll auf ihre Kosten.

Einen fabelhaften Blick auf das malerische Camden und die umliegende Gegend hat, wer die 45-minütige Wanderung auf den Mt. Battie im **Camden Hills State Park** (☎207-236-3109; 280 Belfast Rd/US 1; Erw./Kind 4,50/1 US$; ⏲7 Uhr–Sonnenuntergang), nördlich von Camden, in Angriff nimmt.

Wenn man auf Hummer steht, sollte man sich das **Maine Lobster Festival** (www.mainelobsterfestival.com) auf keinen Fall entgehen lassen. Neuenglands ultimative Hommage an das Schalentier wird jedes Jahr ungefähr Anfang August im nahegelegenen Rockland gefeiert.

Besucherinfos über die Region gibt's bei der **Camden-Rockport-Lincolnville Chamber of Commerce** (☎207-236-4404; www.camdenme.org; 2 Public Landing; ⏲9–17 Uhr) in der Nähe des Hafens.

Schlafen

Camden Maine Stay Inn B&B $$

(☎207-236-9636; www.camdenmainestay.com; 22 High St; Zi. inkl. Frühstück 135–270 US$; 📶) Von dem stattlichen Wohnhaus (erbaut 1802) mit angenehm zeitgenössischem Ambiente sind es nur ein paar Blocks bis zum Wasser und zu mehreren Restaurants. In dieser tollen Lage vermieten die freundlichen Eigentümer acht gut gepflegte Zimmer. Zudem haben sie zahllose Infos zur ganzen Gegend parat.

Whitehall Inn INN $$

(☎207-236-3391; www.whitehall-inn.com; 52 High St; Zi. inkl. Frühstück 119–219 US$; ⏲Mai–Okt.; 📶) Die Lyrikerin Edna St. Vincent Millay wuchs in Camden auf und startete ihre Karriere, indem sie Gästen des 100 Jahre alten Sommerhotels Gedichte vortrug. Die 45 Zimmer mit altmodischem Pensionscharakter verfügen teilweise über Säulenwaschbecken und Klauenfußwannen.

Captain Swift Inn B&B $$

(☎207-236-8113; www.swiftinn.com; 72 Elm St; Zi. inkl. Frühstück 119–245 US$; ❄📶) Arme Ritter mit Crème brûlée? Das ist nur ein kleines Schmankerl in diesem wundervollen B&B. Das 1810 erbaute Haus im Federal-Stil hat acht komfortable Zimmer, die zwar unterschiedlich eingerichtet sind, aber jeweils über Hartholzböden, Himmelbetten und Kamine verfügen.

Camden Hills State Park CAMPING $

(☎207-624-9950; www.campwithme.com; 280 Belfast Rd/US 1; Stellplatz 27 US$; ⏲Mitte Mai–Mitte Okt.) Beliebtes Waldgelände mit 107 Stellplätzen und malerischem, 48 km langem Wanderwegnetz. Im Hochsommer ist Reservierung ratsam.

DIE SEGEL SETZEN

An Bord eleganter Windjammer (mehrmastiger Segelschiffe) spürt man den Wind im Haar und erlebt Geschichte hautnah. In den Häfen von Camden und dem benachbarten Rockland warten historische und nachgebaute Windjammer darauf, Passagiere einen Tag oder länger mit auf hohe See zu nehmen.

Zweistündige Fahrten auf der Penobscot Bay (ca. 35 US$, Juni–Okt.) können in der Regel am selben Tag gebucht werden. An Camdens Kai sollte man nach dem 26,2 m langen Holzgroßsegler **Appledore** (☎207-236-8353; www.appledore2.com) und dem Zweimastschoner **Olad** (☎207-236-2323; www.maineschooners.com) Ausschau halten.

Andere Schoner unternehmen zwei- bis sechstägige Trips mit Tierbeobachtungen (Robben, Wale, Papageientaucher), an die sich Teilnehmer noch lange erinnern werden. Standard-Stationen sind der Acadia National Park, kleine Küstenorte und – zwecks Hummerpicknick – Inseln im offenen Meer.

Die **Maine Windjammer Association** (☎800-807-9463; www.sailmainecoast.com) informiert detailliert gleich über mehrere tolle Optionen. Sie repräsentiert 13 historische Windjammer, die teilweise unter Denkmalschutz stehen. Dazu gehört mit der *Lewis R. French* (gebaut 1871) als Amerikas ältestem Windjammer auch der Großvater aller Handelsschoner. Die Törns (2–6 Tage 400–1000 US$) sind sehr günstig, wenn man bedenkt, dass die Preise Kost und Logis beinhalten. Bei mehrtägigen Fahrten ist Reservierung erforderlich. Im Hochsommer sind die Tarife am höchsten. Im Juni sind die langen Tage, die relativ leeren Häfen und niedrigere Preise die Vorteile, eventuell hat man aber kühles Wetter. Wenn das Laub Ende September seine Herbstfarben annimmt, wirkt die Landschaft am allerschönsten.

Essen

Camden Deli FEINKOST $

(www.camdendeli.com; 37 Main St; Hauptgerichte 6–10 US$; ⏰7–22 Uhr) Das familiengeführte Deli hat eine Dachterrasse mit Blick auf den Camden Harbor. Sein Rundum-Angebot reicht von typischen Maine-Blaubeerpfannkuchen bis hin zu italienischen Sandwiches, die dick mit Salami und Peperoni belegt sind. Von 16 bis 19 Uhr gibt's kostenlose Vorspeisen und Faßbier für 3 US$.

Cappy's SEAFOOD $$

(www.cappyschowder.com; 1 Main St; Hauptgerichte 8–15 US$; ⏰11–23 Uhr; 📶) Als hiesiges Highlight wird die preisgekrönte Muschelsuppe in der Tasse, Schale oder Terrine verkauft. Im Angebot sind auch Burger, frische Fischsandwiches, Hummerbrötchen und gute Backwaren. Anfangen sollte man aber unbedingt mit der reichhaltigen, sämigen Seafood-Suppe.

Waterfront SEAFOOD $$

(☎207-236-3747; www.waterfrontcamden.com; 40 Bayview St; Hauptgerichte 10–28 US$; ⏰11.30–21 Uhr) Dieses Hafenlokal hat sich auf Seafood mit besonderem Pfiff spezialisiert. Direkt am Wasser serviert es Fondue mit einheimischen Felskrabben und Artischocken, Schellfisch auf Cajun-Art oder Hummerrisotto – herrlich!

BLUE HILL

Blue Hill ist ein charmantes Küstenstädtchen mit vielen alten Häusern, in dem zahlreiche Künstler und Kunsthandwerker leben. Beginnen sollte man seine Entdeckungsreise in der Main St und der angrenzenden Union St: Hier befinden sich mehrere gute Galerien, die hochwertige lokal angefertigte Töpferwaren, Skulpturen und Gemälde verkaufen.

Seit 1902 lockt das **Kneisel Hall Chamber Music Festival** (☎207-374-2203; www.kneisel.org; Pleasant St/ME 15; Karten 20–30 US$; ⏰Ende Juni–Ende Aug. Fr–So) mit seiner Konzertreihe im Sommer Gäste aus nah und fern. Infos für Besucher gibt's bei der **Blue Hill Peninsula Chamber of Commerce** (☎207-374-3242; www.bluehillpeninsula.org; 107 Main St; ⏰Mo–Fr 10–16 Uhr).

Hors d'oeuvres am Kaminfeuer am Abend und ein Gourmetfrühstück am Morgen sind nur zwei der Extras, die das **Blue Hill Inn** (☎207-374-2844; www.bluehillinn.com; 40 Union St; Zi. inkl. Frühstück 145–225 US$; ❄⏰📶) seinen Gästen bietet. Seit 1840 ist dieses B&B das Wahrzeichen des Ortes.

Jede Künstlerenklave braucht einen erstklassigen Naturkostladen, und im Fall von Blue Hill übernimmt diese Aufgabe die **Blue Hill Co-op** (http://bluehill.coop; ☎207-374-2165; 4 Ellsworth Rd; Hauptgerichte 5–8 US$; ⏰7–19 Uhr); hier bekommt man auch gute Café-Gerichte wie knuspriges Müsli und Falafel sowie Biokaffee.

Acadia National Park

Der einzige Nationalpark Neuenglands schützt eine unberührte Wildnis voller Berge, steiler Meeresklippen, von starker Brandung umtoster Strände und ruhiger Teiche. Sowohl Freizeitwanderer als auch Adrenalinjunkies haben hier Gelegenheit zu einer Vielzahl von Aktivitäten.

Der Park wurde 1919 auf Land eingerichtet, das John D. Rockefeller dem Nationalparksystem stiftete, um es vor den Interessen der Holzwirtschaft zu schützen. Heute begeht man hier als Wanderer oder Radfahrer immer noch dieselben Wege, auf denen einst Rockefeller ritt oder mit seinem Einspänner fuhr. Der fast 161 km² große Park umfasst den größten Teil der gebirgigen Mount Desert Island und Teile der Schoodic Peninsula sowie der Isle au Haut. Zu den vielen Tierarten, die hier leben, gehören auch Elche, Papageientaucher und Weißkopfseeadler.

Praktische Informationen

Granitfelsen und ein atemberaubender Blick auf die Küste begrüßen einen beim Betreten des **Acadia National Park** (www.nps.gov/acad). Der Park ist das ganze Jahr über geöffnet, wenngleich im Winter die Park Loop Rd gesperrt ist und die meisten Einrichtungen geschlossen sind. Vom 1. Mai bis zum 31. Oktober wird eine Gebühr fällig, die zum Eintritt an sieben aufeinanderfolgenden Tagen berechtigt; sie beträgt für Autos zwischen Mitte Juni und Anfang Oktober 20 US$ (davor & danach 10 US$), und für Fußgänger und Radfahrer 5 US$.

Beginnen sollte man seine Erkundungstour am **Hulls Cove Visitor Center** (☎207-288-3338; ME 3; ⏰Mitte April–Mitte Juni & Okt. 8–16.30 Uhr, Mitte Juni–Aug. 8–18 Uhr, Sept. 8–17 Uhr); von hier aus umrundet die 32 km lange **Park Loop Rd** den östlichen Teil des Parks.

Sehenswertes & Aktivitäten

PARK LOOP ROAD

Auf der Park Loop Rd, der für Besucher wichtigsten Straße durch den Park, gelangt man zu mehreren Highlights des Acadia National Park. Wer Lust auf ein erfrischendes Bad oder einen Spaziergang am längsten Strand des Nationalparks hat, macht am Sand Beach Halt. Etwa 1 Meile (1,6 km) hinter dem Sand Beach erwartet einen das **Thunder Hole**, wo die wilden Wellen des Atlantik mit einer solchen Wucht gegen eine tiefe, enge Felsspalte schlagen, dass es einen regelrechten Donner gibt – ganz besonders laut wird's, wenn das Wasser bei Flut zurückkehrt. Blickt man nach Süden, erkennt man die **Otter Cliffs**, eine von Kletterern heiß geliebte Felswand, die senkrecht aus dem Meer emporsteigt. Am **Jordan Pond** stehen ein 1,6 km langer Naturpfad um die Südseite des Sees und ein 5,6 km langer Rundweg um das gesamte Gewässer zur Auswahl. Wenn man beim Wandern Appetit bekommen hat, kann man sich beim entspannten Nachmittagstee auf dem Rasen des Jordan Pond House erholen. Nahe dem Ende der Park Loop Rd führt eine Seitenstraße hinauf zum Cadillac Mountain.

CADILLAC MOUNTAIN

Den majestätischen Mittelpunkt des Acadia National Park bildet der Cadillac Mountain (466 m), der höchste Küstengipfel in den östlichen USA, zu erreichen über eine 3,5 Meilen (5,6 km) lange Schotterpiste, die von der Park Loop Rd abgeht. Wer das Wandern dem Autofahren vorzieht, kann aus vier **Wanderwegen** aus vier verschiedenen Richtungen wählen. Der Rundblick über den Ozean, die Inseln und die Berge ist zu jeder Tageszeit wunderbar, aber richtig traumhaft wird es hier in der Morgendämmerung, wenn Wagemutige auf die Bergspitze strömen, um den Sonnenaufgang über der Frenchman Bay zu erleben.

NOCH MEHR AKTIVITÄTEN

Kreuz und quer durch den Acadia National Park führen **Wanderwege** von insgesamt fast 200 km Länge. Darunter sind einfache, weniger als 1 km lange Naturwege ohne Anstieg, aber auch Bergstrecken, die über steiles und felsiges Gelände führen. Hervorragend ist der 4,8 km lange Rundweg **Ocean Trail**, der den Sand Beach mit den Otter Cliffs verbindet und einen zu den interessantesten Küstenpunkten im Park bringt. Einen Führer, in dem alle Wanderwege beschrieben sind, erhält man im Vistor Center.

Die insgesamt fast 72 km langen befahrbaren Straßen im Park werden gerne zum **Radfahren** genutzt. Hochwertige Mountainbikes, die zu Beginn jeder Saison ausgetauscht werden, kann man bei **Acadia Bike** (☎207-288-9605; www.acadiabike.com; 48 Cottage St, Bar Harbor; 22 US$/Tag; ⏲8–20 Uhr) mieten.

Ein atemberaubendes Erlebnis ist es, auf den Meeresklippen und den Bergen des Parks zu **klettern**. Die Ausrüstung dafür erhält man bei **Acadia Mountain Guides** (☎207-288-8186; www.acadiamountainguides.com; 228 Main St, Bar Harbor; Halbtagesausflug 75–140 US$; ⏲Mai–Okt.), die Preise beinhalten Führung und Ausrüstung.

Im Park gibt's auch unzählige, **von Rangern geleitete Programme**, z.B. Wanderungen durch die Natur, Vogelbeobachtungstouren und Exkursionen speziell für Kinder. Den täglichen Veranstaltungsplan erhält man im Vistor Center. Informationen zum Kajakfahren und zu weiteren Aktivitäten findet man im Abschnitt zu Bar Harbor.

Schlafen & Essen

Die beiden Waldcampingplätze des Parks verfügen jeweils über fließendes Wasser, Duschen und Grillstellen. Falls sie ausgebucht sein sollten, findet man gleich außerhalb des Acadia National Park noch mehrere kommerzielle Campinggelände.

Nur 1 Meile (1,6 km) vom Park entfernt liegt Bar Harbor mit vielen Restaurants, Inns und Hotels.

Blackwoods Campground CAMPING **$**
(☎877-444-6777; www.recreation.gov; ME 3; Stellplatz 20 US$; ⏲ganzjährig) Der Platz bietet 279 reservierbare Stellplätze rund 5 Meilen (8 km) südlich von Bar Harbor.

Seawall Campground CAMPING **$**
(www.recreation.gov; ME 102A; Stellplatz 14–20 US$; ⏲Ende Mai–Sept.) Die 210 Stellplätze rund 4 Meilen (6,4 km) südlich von Southwest Harbor können größtenteils nicht reserviert werden. Einige weniger Plätze kann man allerdings im Voraus buchen.

Jordan Pond House AMERIKANISCH **$$**
(☎207-276-3316; www.thejordanpondhouse.com; Nachmittagstee 9 US$, Hauptgerichte 10–25 US$; ⏲Mitte Mai–Okt. 11.30–21 Uhr) Für eine unvergessliche Pause am Nachmittag setzt man sich auf den Rasen am Teich und genießt zum Tee warmen Pfitzauf (ein Eiergebäck) mit hausgemachter Erdbeermarmelade. Das einzige Parkrestaurant serviert auch Hummerbrötchen (mittags) und Rippchen (abends).

Anreise & Unterwegs vor Ort

Acht praktische Shuttlebuslinien von **Island Explorer** (www.exploreacadia.com; Fahrten gratis; ⌚Ende Juni–Anfang Okt.) bedienen den ganzen Acadia National Park und das benachbarte Bar Harbor. Dabei verbinden sie Weganfänge, Campingplätze und Unterkünfte miteinander.

Bar Harbor

Der reizvolle Küstenort in nächster Nähe zum Acadia National Park konkurrierte einst mit Newport (Rhode Island) um die Rolle des bevorzugten Sommerferienorts reicher Amerikaner. Viele der alten Villen sind zu einladenden Inns umgebaut worden, während das Städtchen zum Mekka für Outdoor-Fans geworden ist. Direkt vor der Verbindungsbrücke nach Mount Desert Island betreibt die **Bar Harbor Chamber of Commerce** (☎207-288-5103; www.barharbormaine.com; 1201 Bar Harbor Rd/ME 3, Trenton; ⌚Ende Mai–Mitte Okt. 8–18 Uhr, Mitte Okt.–Ende Mai Mo–Fr 8–17 Uhr) ein nützliches Welcome Center.

Sehenswertes & Aktivitäten

Abbe Museum MUSEUM
(☎207-288-3519; www.abbemuseum.com; 26 Mount Desert St; Erw./Kind 6/2 US$; ⌚10–17 Uhr) Hier warten faszinierende Ausstellungen zu den indigenen Stämmen der Region auf Besucher. Unter den Tausenden ausgestellten Artefakten sind einerseits über 1000 Jahre alte Töpferwaren, andererseits aber auch zeitgenössische Holzschnitzereien und Körbe.

Bar Harbor Whale Watch BOOTSFAHRT
(☎207-288-2386; www.barharborwhales.com; 1 West St; Erw. 32–62 US$, Kind 20–32 US$; ⌚Mitt Mai–Okt.; 👪) Zu den vielen verschiedenen Aussichtsfahrten zählen z. B. Touren zur Papageientaucher- oder Walbeobachtung. Unter der Leitung von Rangern geht's außerdem nach Baker Island. Diese fast 53 ha große Insel im Acadia National Park ist nur per Boot erreichbar.

Coastal Kayaking Tours KAJAKFAHREN
(☎207-288-9605; www.acadiafun.com; 48 Cottage St; 2½-/4-stündige Touren 38/48 US$; ⌚8–20 Uhr) Je nach aktuellen Windverhältnissen führen Kajaktrips meist zu den Inseln der Frenchman Bay oder zur Westseite von Mount Desert Island. Diese Firma organisiert maßgeschneiderte Touren mit maximal sechs Kajaks.

Downeast Windjammer Cruises BOOTSFAHRT
(☎207-288-4585; www.downeastwindjammer.com; 27 Main St; Erw./Kind 38/28 US$) Der Viermastschoner *Margaret Todd* bricht dreimal täglich zu stilvollen Törns auf.

Acadian Nature Cruises BOOTSFAHRT
(☎207-288-2386; www.acadiannaturecruises.com; 1 West St; Erw./Kind 27/16 US$; ⌚Mitte Mai–Okt.) Bei den kommentierten Naturlehrfahrten (2 Std.) erblickt man Weißkopfseeadler, Robben und Sehenswürdigkeiten an der Küste.

Schlafen

Bar Harbors großes Unterkunftsangebot reicht von historischen B&Bs bis hin zu den üblichen Kettenhotels.

Holland Inn B&B **$$**
(☎207-288-4804; www.hollandinn.com; 35 Holland Ave; Zi. inkl. Frühstück 95–175 US$; ❄📶) In kurzer fußläufiger Entfernung zum Ortszentrum und zur Küste warten hier neun fröhlich-schlichte Zimmer auf Gäste. Die sehr freundlichen Eigentümer tischen ein herzhaftes Frühstück auf.

Anne's White Columns Inn B&B **$$**
(☎207-288-5357; www.anneswhitecolumns.com; 57 Mount Desert St; Zi. inkl. Frühstück 75–165 US$; ❄) Dieser einstige Versammlungsort der *Ersten Kirche Christi, Wissenschafter* (alias Christian Scientist Church) ist nach den spektakulären Säulen am Eingang benannt. Nippes und viele Blumenmuster verleihen den viktorianischen Zimmern einen schrägen Charme. Nachmittags gibt's einen Empfang mit Wein und Käse – rechtzeitig erscheinen!

Aysgarth Station Inn B&B **$$**
(☎207-288-9655; 20 Roberts Ave; www.aysgarth.com; Zi. inkl. Frühstück 115–155 US$; ❄) An einer ruhigen Seitenstraße vermieten die Besitzer dieses B&Bs von 1895 sechs gemütliche, anheimelnde Quartiere. Unser Tipp: Das „Tan Hill"-Zimmer im 3. Stock punktet mit schöner Aussicht auf den Cadillac Mountain.

Acadia Park Inn MOTEL **$$**
(☎207-288-5823; www.acadiaparkinn.com; ME 3; Zi. inkl. Frühstück 109–169 US$; ❄📶) Das Motel mit den renovierten, gemütlichen Zimmern ist eine prima Basis, wenn man den Nationalpark erkunden möchte: Es liegt nur 2 Meilen (3,2 km) nördlich von dessen Haupteingang.

Aurora Inn MOTEL $$
(☎207-288-3771; www.aurorainn.com; 51 Holland Ave; Zi. 89–169 US$; ❄📶) Günstig im Ort gelegenes Retro-Motel mit zehn einfachen Zimmern.

Essen & Ausgehen

LP TIPP **Cafe This Way** AMERIKANISCH $$
(☎207-288-4483; www.cafethisway.com; 14½ Mount Desert St; Hauptgerichte morgens 6–9 US$, abends 15–24 US$; ⏲Mo–Sa 7–11.30, So 8–13, tgl. auch 17.30–21 Uhr; ✎) Bar Harbors beste Frühstücksadresse begeistert Veganer mit gebratenem Tofu und viel Gemüse. Für Leute, die mit solchen neumodischen Kreationen nichts anfangen können, gibt's Eggs Benedict mit Räucherlachs. Abends kommen anständige Meeresfrüchte auf den Tisch.

McKays AMERIKANISCH $$
(☎207-288-2002; www.mckayspublichouse.com; 231 Main St; Hauptgerichte 10–20 US$; ⏲Di–So 16.30–21.30 Uhr) Das kneipenartige Lokal zählt zu den Restaurants in Maine, die einheimische Biozutaten verwenden, wann immer möglich. Serviert werden Krebsküchlein, Hähnchen vom Bauernhof und die guten alten Fish & Chips im Bierteigmantel.

Trenton Bridge Lobster Pound SEAFOOD $$
(ME 3, Ellsworth; Hummer 10–15 US$; ⏲Mo–Sa 10.30–20 Uhr) Dieses traditionelle Hummerlokal liegt an dem Damm, der Mount Desert Island mit Maines Festland verbindet. Gäste knacken ihre gekochten Schalentiere an Picknicktischen.

Finback Alehouse BISTRO $$
(☎207-288-0233; www.finbackalehouseme.com; 30 Cottage St; Hauptgerichte 10–20 US$; ⏲11–1 Uhr) Die Kreativküche mit Schwerpunkt auf einheimischen Zutaten umfasst z. B. vor Ort „geerntete" Meeresfrüchte oder Burger mit saftigem Sirloin-Fleisch vom Freilandrind. Livemusik am Wochenende.

2 Cats CAFÉ $$
(☎207-288-2808; www.2catsbarharbor.com; 130 Cottage St; Hauptgerichte 8–17 US$; ⏲7–13 Uhr; ✎) Perfekt für Scones und Tee an Regentagen. Serviert auch herrliche Hummer-Omeletts.

Havana LATEINAMERIKANISCH $$$
(☎207-288-2822; www.havanamaine.com; 318 Main St; Hauptgerichte 19–29 US$; ⏲17–22 Uhr) Das elegante Abendrestaurant mit preisgekrönter Weinkarte bringt Lateinamerika nach Maine: Hier gibt's Seafood mit kubanischem Touch.

Downeast Maine

Der mehr als 900 Meilen (1450 km) lange Küstenstreifen, der nordöstlich von Bar Harbor verläuft, ist kaum bewohnt. Hier geht es gemächlicher zu und ist nebliger als im Süden und Westen von Maine. Zu den Highlights gehören die **Schoodic Peninsula**, deren Spitze Teil des Acadia National Parks ist, die Hummerfischerdörfer **Jonesport** und **Beals** sowie **Great Wass Island**, ein Naturreservat mit Wanderwegen und guten Vogelbeobachtungsmöglichkeiten – hier hat man sogar die Chance, Papageientaucher zu sehen.

Machias ist das wirtschaftliche Zentrum dieser Küstengegend. Hier hat auch die University of Maine eine Abteilung. **Lubec** liegt beinahe am östlichsten Punkt der USA. Eine beliebte Beschäftigung von Travellern ist es, den Sonnenaufgang im nahe gelegenen **Quoddy Head State Park** zu beobachten, damit sie hinterher sagen können, sie waren die ersten im Land, die die Sonne gesehen haben.

Calais (*ka*-les) am nördlichen Ende der US 1 bildet eine Zwillingsstadt mit St. Stephen in New Brunswick, Kanada. Im Südwesten von Calais liegt das **Moosehorn National Wildlife Refuge** (moosehorn.fws.gov; US1, Baring; Eintritt frei; ⏲Sonnenaufgang–Sonnenuntergang). Hier gibt's Wanderwege und die Möglichkeit, Weißkopfseeadler zu beobachten – das Wappentier der USA.

Das Landesinnere Maines

Der nur spärlich besiedelte Norden und Westen von Maine ist ein raues Gebiet. Raftingmöglichkeiten, Wanderwege hinauf zum höchsten Berg von Maine und der Skiort Bethel machen die Region bei Abenteurern aber sehr beliebt.

AUGUSTA

1827 wurde das kleine und – offen gestanden – recht unspektakuläre Augusta zu Maines Hauptstadt erklärt. Die **Kennebec Valley Chamber of Commerce** (☎207-623-4559; www.augustamaine.com; 21 University Dr; ⏲Mo–Fr 8.30–17) liefert Lokalinfos. Wer auf der Durchreise ist, sollte einen Blick auf das **State House** (erbaut 1829) aus Granit werfen und dann das benachbarte **Maine**

State Museum (☎207-287-2301; www.mainestatemuseum.org; State House Complex, State St; Erw./Kind 2/1 US$; ⊙Di–Fr 9–17, Sa 10–16 Uhr; 👪) besuchen: Diese faszinierende Schatzkiste zeichnet die Natur- und Kulturgeschichte des Bundesstaats nach.

BANGOR

Als Maine im 19. Jh. durch den Holzhandel zu Wohlstand kam, war Bangor ein blühender Ort. 1911 wurde es jedoch durch einen Flächenbrand zerstört. Das moderne Durchschnittsstädtchen von heute ist wohl am ehesten als Heimat des Horrorautors Stephen King bekannt. Dessen Villa mit Fledermaus- und Spinnennetztor gehört zu den prächtigen Häusern am West Broadway. Nicht zu übersehen ist die **Bangor Region Chamber of Commerce** (☎207-947-0307; www.bangorregion.com; 519 Main St; ⊙Mo–Fr 9–17 Uhr) im Schatten einer 9,4 m (!) hohen Paul-Bunyan-Statue.

SABBATHDAY LAKE

Die einzige aktive amerikanische Shaker-Gemeinde lebt 25 Meilen (40,2 km) nördlich von Portland am Sabbathday Lake. Seit Gründung der Glaubensgemeinschaft im frühen 18. Jh. bewahrt noch eine Handvoll Anhänger die Shaker-Tradition eines einfachen Lebens, der harten Arbeit und der Herstellung feinen Kunsthandwerks. Besucher des **Shaker Museum** (☎207-926-4597; www.shaker.lib.me.us; Erw./Kind 6,50/2 US$; ⊙Ende Mai–Mitte Okt. Mo–Sa 10–16.30 Uhr) können ein paar ihrer Gebäude besichtigen. Um hierher zu kommen, den Maine Turnpike an Exit 63 verlassen und der ME 26 über 8 Meilen (12,8 km) nordwärts folgen!

BETHEL

Die ländliche Gemeinde Bethel an der ME 26 versteckt sich 12 Meilen (19,3 km) östlich von New Hampshire in Maines bewaldeten Hügeln. Hier wartet ein reizvoller Mix aus Berglandschaft, Outdoor-Abenteuern und Unterkünften mit gutem Preis-Leistungs-Verhältnis. Die **Bethel Area Chamber of Commerce** (☎207-824-2282; www.bethelmaine.com; 8 Station Pl; ⊙Mo–Fr 9–17 Uhr) liefert Besucherinfos.

Aktivitäten

Bethel Outdoor Adventure KAJAKFAHREN
(☎207-824-4224; www.betheloutdooradventure.com; 121 Mayville Rd/US 2; Kajak/Kanu pro Tag 45/65 US$; ⊙8–18 Uhr) Diese Firma vermietet Kanus und Kajaks direkt am Ufer des Androscoggin River. Der Preis beinhaltet den Transport flussaufwärts – so kann man im eigenen Tempo zurückpaddeln. Hinzu kommen Leihfahrräder und hauseigene Campingmöglichkeiten. Wer fliegenfischen will, bekommt hier ebenfalls Einweisungen.

Grafton Notch State Park WANDERN
(☎207-824-2912; ME 26) Der Park nördlich von Bethel empfängt Wanderfreudige mit hübscher Berglandschaft, Wasserfällen und einer Vielzahl verschieden langer Pfade.

Sunday River Ski Resort SKIFAHREN
(☎800-543-2754; www.sundayriver.com; ME 26; 👪) Rund 6 Meilen (9,6 km) nördlich von Bethel liegt eines der besten familienfreundlichen Skizentren der Region: Zu Sunday River gehören 120 Pisten und acht miteinander verbundene Berggipfel.

Schlafen & Essen

Chapman Inn B&B $
(☎207-824-2657; www.chapmaninn.com; 2 Church St; B inkl. Frühstück 35 US$, Zi. inkl. Frühstück 89–129 US$; ❄@📶) Das freundliche, zentral gelegene B&B von 1865 erlaubt einen prima Erfahrungsaustausch mit anderen Travellern. Neben zehn Zimmern im Landhausstil hat es auch hostelartige Schlafsäle. Gourmetfrühstück, Billard, zwei Saunen und kostenlose Leihfahrräder tragen zum Wohlfühlfaktor bei.

Sudbury Inn & Suds Pub INN $$
(☎207-824-2174; www.sudburyinn.com; 151 Main St; Zi. inkl. Frühstück 99–159 US$; ❄) Der historische Inn mit 17 Zimmern ist die beste Unterkunft in Bethels Zentrum. Seine Hauskneipe wartet mit Pizza, 29 Fassbiersorten und Liveunterhaltung am Wochenende auf. Ein super Abendrestaurant (Hauptgerichte 18–26 US$) mit Schwerpunkt auf Regionalspezialitäten ist ebenfalls vorhanden.

White Mountain National Forest CAMPING $
(☎877-444-6777; www.recreation.gov; Stellplatz 18 US$) Dies ist der Maine zugehörige Teil des National Forest. Nahe Bethel gibt es mehrere einfache Campingplätze.

CARATUNK & THE FORKS

Wildwasserrafting vom Feinsten bietet der **Kennebec River** unterhalb des Harris Dam, wo das Wasser durch eine dramatische, über 19 km lange Schlucht schießt. Stromschnellen mit Namen wie Whitewasher und Magic Falls versprechen adrenalingeschwängerte abenteuerliche Flussfahrten.

Die benachbarten Dörfer Caratunk und The Forks, südlich von Jackman am US 201 gelegen, sind das Raftingzentrum am Kennebec River. Rafter finden hier tosende Stromschnellen und nervenaufreibende Wasserfälle, aber auch ruhigere Gewässer, in die sich schon Kinder (ab 7 Jahren) trauen dürfen. Für eine ganztägige Raftingtour bezahlt man zwischen 75 und 130 US$ pro Person. Möglich sind auch mehrtägige Pauschaltouren mit Übernachtung im Zelt oder in einer Hütte.

Zuverlässige Veranstalter sind u.a.:

Crab Apple Whitewater RAFTING
(☎800-553-7238; www.crabapplewhitewater.com)

Three Rivers Whitewater RAFTING
(☎877-846-7238; www.threeriverswhitewater.com)

Northern Outdoors RAFTING
(☎800-765-7238; www.northernoutdoors.com)

BAXTER STATE PARK

In einem abgelegenen Waldgebiet im Norden von Maine liegt der **Baxter State Park** (☎207-723-5140; www.baxterstateparkauthority.com; 14 US$/Auto), der den gesamten Mt. Katahdin (1608 m) einschließt – Maines höchsten Berg und den nördlichen Endpunkt des 2160 Meilen (rund 3480 km) langen **Appalachian Trail** (www.nps.gov/appa). In dem riesigen Park mit einer Größe von fast 85 ha herrscht noch die pure Wildnis: keine Elektrizität, kein fließendes Wasser (eigenes Wasser oder einen Filter zum Reinigen des Flusswassers mitbringen!). Die Chancen stehen nicht schlecht, Elche, Rehe und Schwarzbären zu sehen. Im Baxter Park gibt's lange Wanderwege, von denen einige hoch auf den Mt. Katahdin führen. Frühaufsteher mit guter Kondition schaffen den Hin- und Rückweg an einem Tag.

Der Park hat zehn Campingplätze mit 1200 Stellplätzen (30 US$/Tag), die aber schnell belegt sind. Also lieber früh buchen!

In Millinocket südlich des Baxter State Park gibt's Motels, Campingplätze, Restaurants und Outfitter, die sich auf Wildwasser-Rafting und Kajakfahrten auf dem Penobscot River spezialisiert haben. Nähere Informationen sind bei der **Katahdin Area Chamber of Commerce** (☎207-723-4443; www.katahdinmaine.com; 1029 Central St, Millinocket) erhältlich.

Washington, D.C. & Capital Region

Inhalt »

Gut essen

» Minibar at Café Atlantico (S. 278)

» Blue Hill Tavern (S. 294)

» Robert Morris Inn (S. 300)

» Fat Canary (S. 320)

» Local (S. 328)

Schön übernachten

» Hay-Adams (S. 275)

» Bellmoor Inn & Spa (S. 306)

» Colonial Williamsburg Historic Lodging (S. 319)

» Martha Washington Inn (S. 335)

» Greenbrier (S. 341)

Auf nach Washington, D. C.!

Ob man sich nun für Politik interessiert oder nicht, es ist schwer, nicht der Hauptstadt des Landes zu verfallen. Monumentale Wahrzeichen, riesige (und kostenlose) Museen und altehrwürdige Restaurants sind nur ein kleiner Ausschnitt der herrlichen Erlebnisse, die Besucher in der traditionsreichen Capitol Region erwarten. Es gibt Stadtviertel mit Schatten spendenden Laubbäumen und Kopfsteinpflaster zu entdecken, weitläufige Märkte, pulsierende Clubs und grüne Parks – und nicht zu vergessen die „Korridore der Macht".

Jenseits des Beltway bieten die Landschaften in Maryland, Virginia, West Virginia und Delaware zahlreiche Verlockungen. Zerklüftete Berge, rauschende Flüsse, riesige Naturschutzgebiete, glitzernde Strände, historische Dörfer und die sagenhafte Chesapeake Bay bilden die Kulisse für unvergessliche Segeltörns, Wanderungen, Raftings und Zeltausflüge. Oder man sucht sich einfach ein nettes Plätzchen an der Küste und plant den nächsten Seafood-Schmaus.

Reisezeit

Washington, D.C.

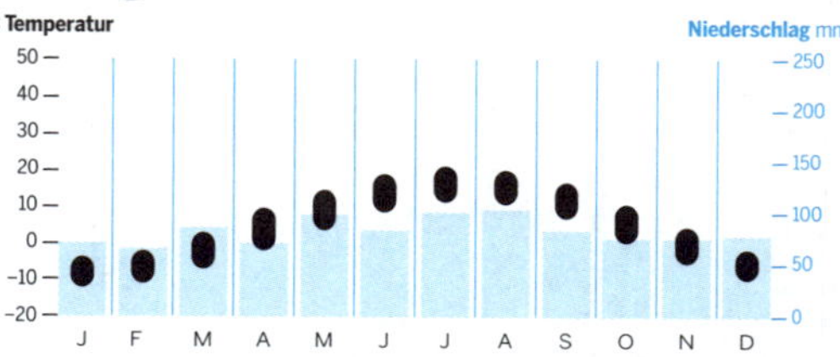

März–April Die Kirschblüte und beliebte Festivals locken die Massen in eine farbenfrohe Stadt.

Juni–Aug. Hochsaison an den Stränden und in den Hotels – hohe Preise und kaum freie Unterkünfte.

Sept.–Okt. Weniger Touristen, niedrigere Preise, angenehmes Klima und herbstliche Farbenpracht.

Unterwegs vor Ort

Die Region hat drei große Flughäfen: Washington Dulles International Airport (IAD), Ronald Reagan Washington National Airport (DCA) und Baltimore/Washington International Thurgood Marshall Airport (BWI). Der Norfolk International Airport (ORF) und der Richmond International Airport (RIC) sind kleinere, lokale Verkehrsknotenpunkte.

Einige Gegenden kann man auch mit dem Zug bereisen. Die Linien betreibt **Amtrak** (www.amtrak.com). Vom D.C. aus sind u.a. zu erreichen: Baltimore, MD; Wilmington, DE; Harpers Ferry, WV; sowie Manassas, Fredericksburg, Richmond, Williamsburg, Newport News und Charlottesville in Virginia.

GUT ZU WISSEN

Im D.C. gibt es eine Menge toller Museen und es ist völlig unmöglich, sie alle zu besichtigen – selbst wenn man zwei Wochen in der Hauptstadt verbringt. Bei einigen Sehenswürdigkeiten wie dem Washington Monument, dem US Holocaust Memorial Museum und dem Ford's Theatre ist die Besucherzahl begrenzt; wer diese nicht verpassen will, sollte das Motto „Der frühe Vogel fängt den Wurm" beherzigen.

Neben dem herrlichen Restaurant des Museum of the American Indian gibt es entlang der Mall kaum Möglichkeiten, um einen Happen zu essen. Tipp: zuerst auf dem Eastern Market vorbeischauen und sich für ein Picknick später am Tage (an der Mall oder rund um das Tidal Basin) versorgen!

Auf ein Auto kann man getrost verzichten ... und sollte dies auch tun: Die Metro ist ausgezeichnet, Autofahren in der Stadt ein teurer Spaß. Wer sein Auto über Nacht abstellen muss, wird mindestens 25 US$ los.

Top Five: Nationalparks

» Der New River Gorge National River (S. 340) ist ein wahres Paradies und zudem die Heimat der Weißwedelhirsche und Schwarzbären. Toll für Rafting-Abenteuer.

» Der spektakuläre Shenandoah National Park (S. 329) in den Blue Ridge Mountains eignet sich herrlich zum Wandern und Campen, z.B. am Appalachian Trail.

» Assateague Island National Seashore (S. 302) und Chincoteague Island (S. 327) bezaubern mit ihrer wunderschönen Küstenlandschaft, in der großartige Blaureiher, Fischadler, Blaukrabben und Wildpferde zu Hause sind.

» Die an das Shenandoah Valley grenzenden George Washington und der Jefferson National Forests (S. 331) schützen mehr als 3385 km² Wälder und Gebirge.

» Die berühmten Schlachtfelder von Virginia sind ebenfalls Teil des Parknetzes. Antietam (S. 303) und Manassas (S. 313) eignen sich am besten, um sich mit den schwärzesten Stunden von Amerika vertraut zu machen.

NICHT VERSÄUMEN!

Liebhaber von Meeresfrüchten finden hier ihr Schlaraffenland vor. Der Maine Avenue Fish Market (S. 278) in D.C. ist legendär. Auch in Baltimore, Annapolis und an Marylands Ostküste gibt's 1A-Seafood.

Kurzinfos

» Bevölkerung: 622 000 (Baltimore), 602 000 (Washington, D.C.), 440 000 (Virginia Beach)

» Entfernungen ab D.C.: Baltimore (64,5 km), Williamsburg (245 km), Abingdon (583 km)

» Zeitzone: Eastern (MEZ –6 Std.)

» Staaten, die in diesem Kapitel behandelt werden: Washington, D.C., Maryland, Delaware, Virginia, West Virginia

Schon gewusst?

» Thomas Jefferson war einer von vielen, die in Virginia Wein herstellten. Heute heimsen die rund über 192 Weingüter Virginias bei den internationalen Preisverleihungen Bestnoten ein.

Infos im Internet

» www.washington.org: aktuelle Events und jede Menge Details zum D.C.

» The Crooked Road (www.thecrookedroad.org): Virginias Heritage Music Trail

» Virginia Wine (www.virginiawine.org): Pflichtlektüre für alle, die eine Route durchs Weinland planen.

Highlights

1. Die **Smithsonian Institution Museums** (S. 265) in Washington besuchen und dann den Sonnenuntergang über dem **Lincoln Memorial** (S. 268) genießen
2. In **Colonial Williamsburg** (S. 319) den Wurzeln der USA auf den Grund gehen
3. Bei einer Kneipentour durch das kopfsteingepflasterte Stadtviertel **Fells Point** (S. 291) in Baltimore die nautische Vergangenheit der Region erforschen
4. Einen Sonntagsausflug auf dem **Skyline Drive** (S. 330) – danach wandert man durch

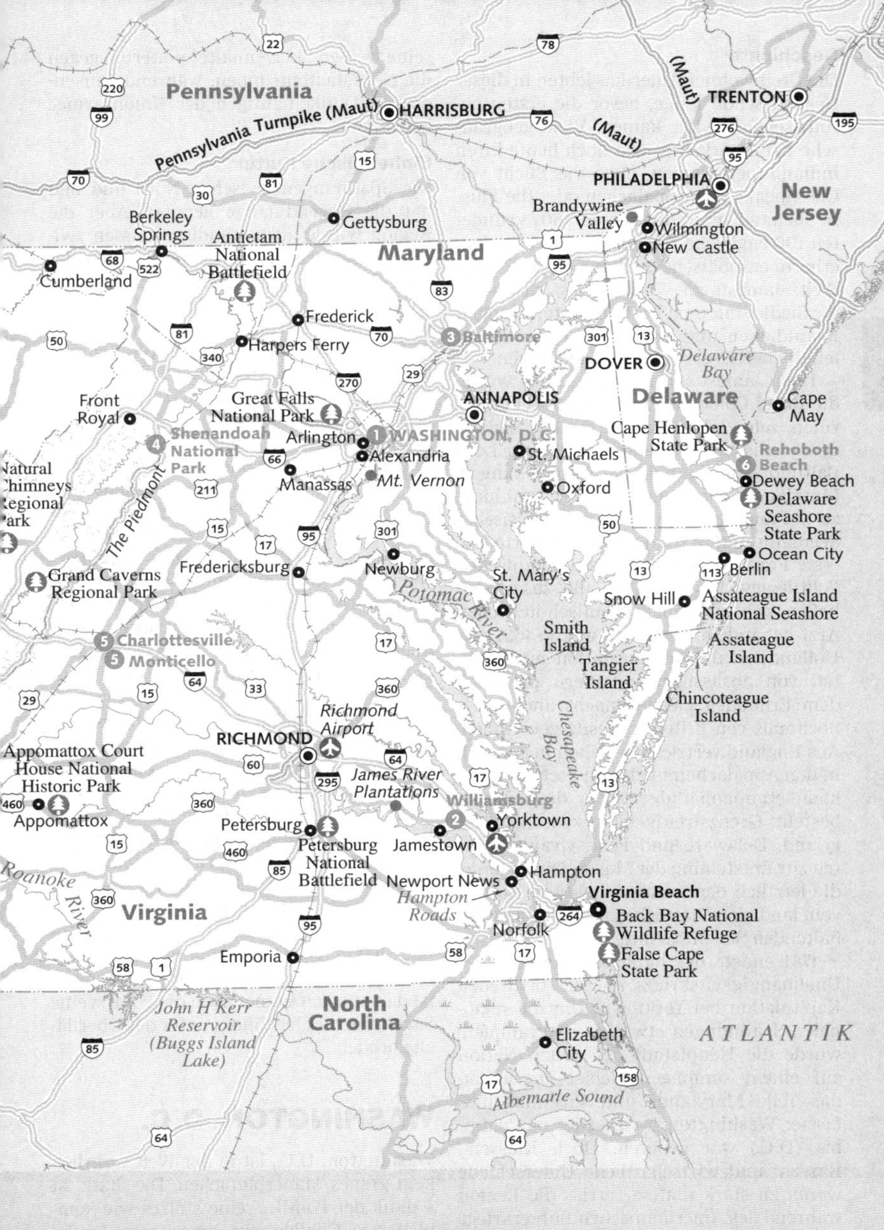

den **Shenandoah National Park** (S. 329) und zeltet unterm Sternenhimmel

5 Im historischen Charlottesville Jeffersons Meisterwerke **Monticello** (S. 326) und die **University of Virginia** (S. 327) bewundern

6 Im familien- und schwulenfreundlichen Resort von **Rehoboth Beach** (S. 306) auf der Promenade bummeln

7 Die Stromschnellen des **New River Gorge National River** (S. 340) meistern

8 Den Rhythmus der Clog-Tänzer bei einem Jamboree in **Floyd, VA** (S. 336), spüren

Geschichte

Die Ureinwohner Amerikas lebten in dieser Gegend schon lange, bevor die ersten europäischen Siedler kamen. Viele geografische Landmarken tragen noch heute ihren indianischen Namen, etwa die Bucht von Chesapeake, die Appalachen oder die Flüsse Shenandoah und Potomac. 1607 gründeten 108 englische Kolonisten die erste dauerhafte europäische Siedlung in der Neuen Welt: Jamestown. Von Anfang an hatten die Siedler mit dem harten Winter, Hunger, Krankheiten und immer wieder auch mit feindlichen Ureinwohnern zu kämpfen.

Doch Jamestown überlebte. 1624 wurde die Royal Colony of Virginia ins Leben gerufen, zehn Jahre später gründete der vor dem englischen Bürgerkrieg geflohene Lord Baltimore eine katholische Kolonie namens Maryland. Es gab eine Stadtversammlung, zu der auch ein schwarzer portugiesischer Seemann und Margaret Brent gehörte, die erste Frau, die in der nordamerikanischen Politik gewählt hat. Und alle zusammen ließen sich von einem spanisch-jüdischen Arzt behandeln. Delaware wurde 1631 von Holländern als Walfangstation eingerichtet, von ansässigen Indianern praktisch dem Erdboden gleichgemacht und später nochmals von Briten in Besitz genommen. Aus England vertriebene Kelten ließen sich in den Appalachen nieder und schufen eine komplett unabhängige Kultur, die bis heute besteht. Grenzstreitigkeiten zwischen Maryland, Delaware und Pennsylvania führten zur Entstehung der Mason-Dixon-Linie, die letztlich den industrialisierten Norden vom landwirtschaftlich geprägten, sklavenhaltenden Süden trennte.

1781 endete der handgreifliche Teil des Unabhängigkeitskriegs mit der britischen Kapitulation bei Yorktown. Um die regionalen Spannungen etwas zu entkrampfen, wurde die Hauptstadt der neuen Nation auf einem sumpfigen Gebiet gegründet, das Teile Marylands und Virginias umfasste: Washington im District of Columbia (D.C.) war geboren. Doch Klassen-, Rassen- und wirtschaftliche Unterschiede waren zu stark und so zerriss die Region während des Amerikanischen Bürgerkriegs an ihren Nähten. Virginia trennte sich von der Union. Und die verarmten Bauern im Westen des Bundesstaates – schon lange aufgebracht gegen die affektierten Plantagenbesitzer – trennten sich von Virginia. Maryland dagegen blieb in der Union, doch seine weißen Sklavenhalter polterten gegen die Nordstaatentruppen, während Tausende von Dunkelhäutigen der Unionsarmee beitraten.

Einheimische Kultur

Die Spannungen zwischen Nord und Süd hat die Gegend lange geprägt. Aber die Region wurde auch ständig zerrissen zwischen dem aristokratischen Anspruch der Oberklasse Virginias, Bergleuten, Seeleuten, Immigrantengemeinden und den stets wechselnden Herrschern von Washington. Seit dem Bürgerkrieg hat sich die regionale Wirtschaft weg von Landwirtschaft und Produktion hin zu Hightech, Dienstleistungen und Bundesverwaltung verschoben.

Viele Schwarze sind als Sklaven oder Flüchtlinge auf der Suche nach Freiheit in die Capital Region gekommen. Heute bilden Afroamerikaner immer noch die präsente Unterschicht der großen Städte, in der Klasse der Benachteiligten konkurrieren sie aber mit lateinamerikanischen Einwanderern, meistens aus Mittelamerika. Am anderen Ende des Spektrums ziehen die Elfenbeintürme der Weltklasseunis und Forschungseinrichtungen – etwa das National Institute of Health – die Intelligenzia der ganzen Welt an. Die Highschools sind oft voll mit Kindern von Wissenschaftlern und Beratern, die bei einigen der angesehensten Denkfabriken des Globus arbeiten.

All das hat sich zu einer Kultur verwoben, die unglaublich vielschichtig ist: anspruchsvoll wie ein Journalistenbuchclub, erdverbunden wie die Bluegrass-Festivals in Virginia und verschmolzen mit dem Herzschlag des urbanen Amerika wie Tupac Shakur, Go-Go, Baltimore Club Housemusic und DC Hardcore Punk. Und dann ist da natürlich immer noch die Politik, eine Sache, die hier beständig unter der Oberfläche brodelt.

WASHINGTON, D.C.

Washington, D.C., ist in der Welt wahrlich kein graues Mauerblümchen. Die Stadt ist – dank der Politik – eine stolzes wie kompliziertes Gebilde mit grandiosen Boulevards, monumentalen Wahrzeichen und idyllischen Ausblicken über den Potomac River. Ihre Museen und historischen Stätten zollen sowohl der Schönheit als auch dem Schrecken vergangener Jahre Tribut. Selbst bei einem nur kurzen Besuch kann man hier in die Welt der Americana eintauchen – von den bewegenden Kunstwerken indigener Maler bis zu den denkwürdigen Moonwalks von Menschen wie Neil Armstrong und Michael Jackson.

Natürlich ist D.C. viel mehr als nur ein Museumsinventar oder der marmorne Hintergrund für Nachrichtensendungen. Besucher werden mit Bäumen gesäumte Stadtviertel und eine lebhafte Theaterszene vorfinden, Restaurants mit Speisen aus aller Herren Länder und eine dicht unter der Oberfläche brodelnde Dynamik. Man kann Märkte erkunden, von denen immer noch neue eröffnen, über die historischen, kopfsteingepflasterten Straßen schlendern oder das reiche Erbe der Afroamerikaner, studieren, die fast 50% der Bevölkerung ausmachen.

Washington ist mehr als nur eine Stadt voller Politiker. Es ist die Heimat von Familien, die ihre Häuser seit Generationen weitervererbt haben, genauso wie von Einwanderern, die erst vor wenigen Jahren aus El Salvador in die USA kamen. Künstler und kreative Typen werden von Washingtons unbestreitbarer intellektueller Energie regelrecht angezogen. Zusammen mit anderen fleißigen und talentierten Menschen bilden sie eine riesige Denkschmiede.

KURZINFOS WASHINGTON, D.C.

» **Spitznamen** D.C., Chocolate City (Schokoladenstadt)

» **Bevölkerung** 602 000 Ew.

» **Fläche** 1769 km²

» **Hauptstadt** Ganz genau!

» **Verkaufssteuer** 5,75%

» **Geburtsort von** Duke Ellington (1899–1974), Marvin Gaye (1939–84), Dave Chappelle (geb. 1973)

» **Heimat der** Redskins, Kirschblüten und von allen drei Säulen der amerikanischen Regierung

» **Politische Ausrichtung** Überwiegend demokratisch

» **Berühmt für** Nationalsymbole, Kriminalität, feiernde Praktikanten, den Kampf um die Anerkennung durch den Kongress

» **Inoffizielles Motto und Nummernschildspruch** Taxation Without Representation (Besteuerung ohne Repräsentation)

» **Entfernungen** nach Baltimore 40 Meilen (64,5 km), nach Virginia Beach 210 Meilen (338 km)

Geschichte

Wie vieles in der amerikanischen Geschichte ist auch die Geschichte des District of Columbia (D.C.) die eines Kompromisses. In diesem speziellen Fall ging es um die Balance zwischen Nord und Süd, um derentwillen die Hauptstadt des Bundes zwischen den jeweiligen Machtzentren errichtet werden sollte. Potenzielle Hauptstädte wie Boston, Philadelphia und Baltimore wurden von den Plantagenbesitzern der Südstaaten als zu industrialisiert abgelehnt. Und so entschied man sich, eine neue Stadt in den Mittelpunkt der 13 Kolonien zu platzieren, und zwar an den Ufern des Potomac River. Maryland und Virginia traten Land ab (das im Falle Virginias im 19. Jh. wieder zurückgegeben wurde).

Der District of Columbia wurde ursprünglich vom Kongress geführt. Während des Krieges von 1812 zündeten die Briten es an, 1846 verlor man den Sklavenhafen Alexandria am Südufer an Virginia (als die Diskussion über die Abschaffung der Sklaverei in der Hauptstadt rumorte). Über die Jahre folgte D.C. dann auseinanderstrebenden Wegen: Marmortempel für die Bundesregierung und Wohnstadt für die Bundesangestellten einerseits, urbanes Ghetto für nach Norden ziehende Afroamerikaner und Immigranten aus Übersee andererseits.

1973 bekam die Stadt endlich einen eigenen Bürgermeister: Walter Washington, einer der ersten afroamerikanischen Bürgermeister einer amerikanischen Großstadt überhaupt. Heute werden D.C.s Einwohner besteuert wie alle anderen Bürger der USA, haben allerdings keinen Sitz im Kongress. Die gebildete Oberschicht ist meilenweit von den vernachlässigten Notleidenden entfernt: Beinahe die Hälfte der Einwohner hat ein Uni-Diplom, aber auch ein Drittel besteht faktisch aus Analphabeten.

Nach der Wahl Barack Obamas zum US-Präsidenten 2008 hat Washington ein etwas cooleres Image bekommen. Nun strömen die New Yorker nach Washington – und nicht mehr umgekehrt. Obama spielt gerne Streetball und ist Stammgast in den Restaurants der Stadt. Das macht ihn zu einer der seltensten Spezies dieser Welt:

Dumbarton Oaks Park
Oak Hill Cemetery
Rock Creek Pkwy NW
California St NW
Massachusetts Ave NW
Mitchell Park
Decatur Pl NW
American Guest House (0,3 Meilen)
Swann St NW
S St NW
Riggs Pl NW
R St NW
Corcoran St NW
Q St NW
16th St NW
Dupont Circle
P St NW
O St NW
N St NW
Scott Circle
M St NW
De Sales St NW
L St NW
Farragut North
Farragut Square
Farragut West
I St NW
H St NW
Lafayette Square
Weißes Haus
East St NW
The Ellipse
C St NW
Constitution Ave NW
Dolcezza (0,1 Meilen); Washington National Cathedral (1,5 Meilen); 2 Amys (1,6 Meilen)
32nd St NW
31st St NW
30th St NW
29th St NW
28th St NW
27th St NW
26th St NW
25th St NW
24th St NW
23rd St NW
22nd St NW
21st St NW
20th St NW
19th St NW
18th St NW
17th St NW
15th St NW
New Hampshire Ave NW
Whitehurst Fwy
Georgetown Waterfront Park
Foggy Bottom/GWU
Pennsylvania Ave NW
Theodore Roosevelt Island
Rock Creek Pkwy
F St NW
G St NW
Virginia Ave NW
United States Navy Bureau of Medicine & Surgery
Albert Einstein Monument
Constitution Gardens
Lincoln Memorial
Reflecting Pool
Daniel French Dr SW
West Potomac Park
Independence Ave SW
George Washington Memorial Pkwy
Arlington Cemetery
W Basin Dr SW
Tidal Basin
Potomac River
Memorial Park
Ohio Dr SW
Jefferson Davis Hwy
Lady Bird Johnson Park
Francis Scott Key Bridge
Boundary Dr
Arlington National Cemetery
York Dr
14th St Bridge

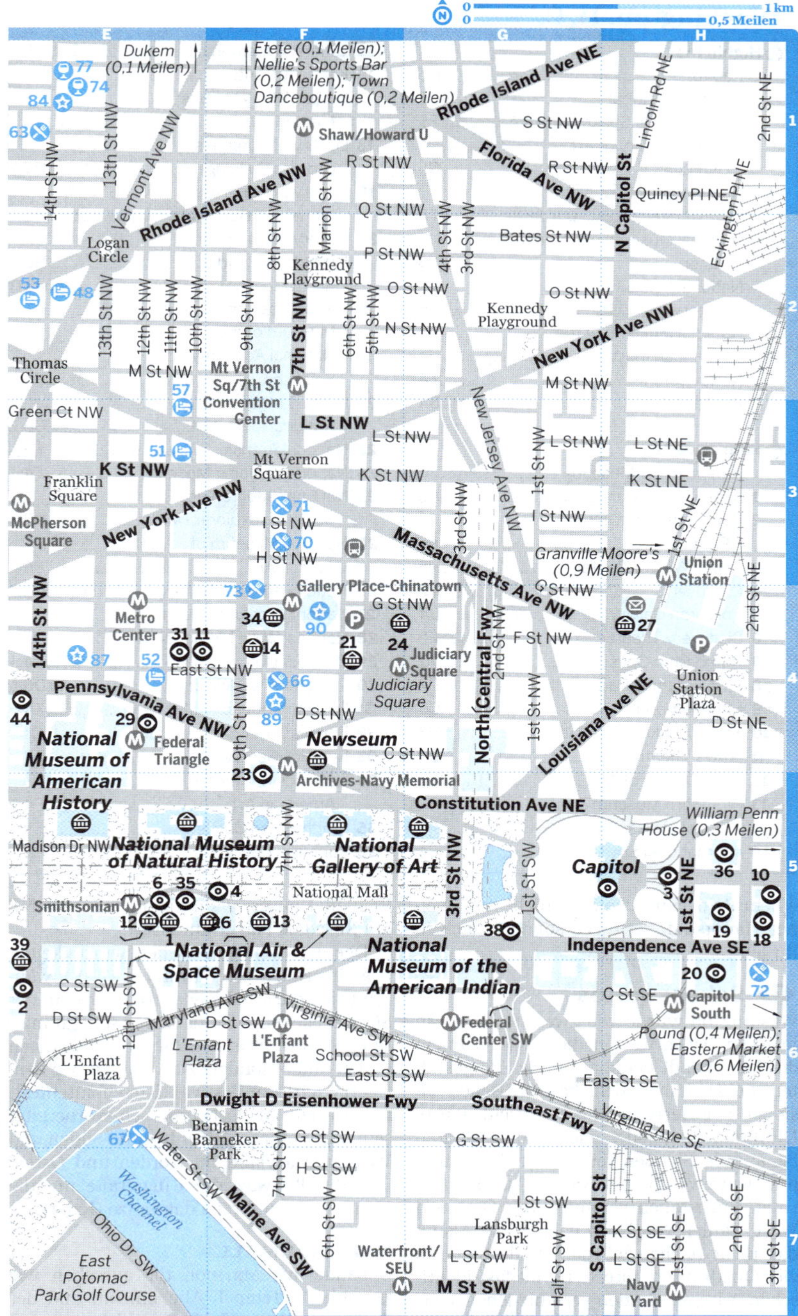

WASHINGTON, D.C. & CAPITAL REGION

Washington, D.C.

Highlights

- Kapitol H5
- Lincoln Memorial B5
- National Air & Space Museum F5
- National Gallery of Art, Ostflügel G5
- National Gallery of Art, Westflügel F5
- National Museum of American History E5
- National Museum of Natural History E5
- National Museum of the American Indian G5
- Newseum F4
- Weißes Haus D4

Sehenswertes

- American Art Museum .... (siehe 34)
- 1 Arthur M Sackler Gallery E5
- 2 Bureau of Engraving & Printing E6
- 3 Capitol Visitor Center H5
- 4 Carousel F5
- 5 Corcoran Gallery D4
- 6 Discovery Theater E5
- 7 Dumbarton Oaks A1
- 8 East Potomac Park D7
- 9 FDR Memorial C6
- 10 Folger Shakespeare Library H5
- 11 Ford's Theatre E4
- 12 Freer Gallery of Art E5
- 13 Hirshhorn Museum & Sculpture Garden F5
- 14 International Spy Museum F4
- 15 Jefferson Memorial D6
- 16 Kennedy Center B4
- 17 Korean War Veterans Memorial C5
- 18 Library of Congress (Adams Building) H5
- 19 Library of Congress (Jefferson Building) H5
- 20 Library of Congress (Madison Building) H6
- Lincoln Museum .... (siehe 11)
- 21 Marian Koshland Science Museum of the National Academy of Sciences F4
- 22 Martin Luther King Jr National Memorial C6
- 23 National Archives F5
- 24 National Building Museum F4
- 25 National Geographic Society's Explorer Hall D2
- 26 National Museum of African Art E5
- National Portrait Gallery .... (siehe 34)
- 27 National Postal Museum H4
- 28 National WWII Memorial D5
- 29 Old Post Office Pavilion E4
- 30 Paddelbootverleih D6
- 31 Peterson House E4
- 32 Phillips Collection C1
- 33 Renwick Gallery D3
- 34 Reynolds Center for American Art F4
- 35 Smithsonian Castle E5
- 36 Supreme Court H5

einem Regierungschef, der nicht nur in einer Hauptstadt residiert, sondern auch in ihr lebt.

Sehenswertes

Washington wurde von zwei Stadtplanern mit dem Ziel entworfen, die Orientierung in der Hauptstadt denkbar einfach zu gestalten. Leider haben sich die städtischen Visionen der Herren völlig vermischt. Pierre L'Enfants diagonale, nach Bundesstaaten benannten Straßen teilen sich den Raum mit Andrew Ellicotts Raster (zur Erinnerung: Buchstaben verlaufen von Ost nach West, Zahlen von Nord nach Süd.). Als ob das nicht reichen würde, ist die Stadt in vier Quadranten unterteilt: mit fast identischen Adressen in den verschiedenen Vierteln – F und 14th NW ist in der Nähe des Weißen Hauses, während F und 14th NE am Rosedale Playground liegt.

Der Großteil der Sehenswürdigkeiten liegt im Nordwestquadranten (NW), während sich die schäbigen Bezirke eher in der Südostecke (SE) befinden. Man sollte immer seine großstädtischen Sinne beisammen haben und besonders zu Anlässen wie dem Cherry Blossom Festival (Kirschblütenfest) auf riesige Menschenmassen vorbereitet sein. Der Potomac River liegt im Süden und Westen, Maryland im Norden und Osten, und der Beltway, die Ringstraße um die Hauptstadt, umkreist das ganze Gedöns.

NATIONAL MALL

Gebäude aus Marmor, die aussehen wie griechische Tempel, Abe Lincoln und der Reflecting Pool, Mahnmale, die an tragi-

37	Textile Museum	B1
38	US Botanic Garden	G5
39	US Holocaust Memorial Museum	E6
40	Vietnam Veterans Memorial	C5
41	Washington Monument	D5
42	Washington Monument Kiosk	D5
43	Watergate Complex	B3
44	White House Visitor Center	E4

Aktivitäten, Kurse & Touren

45	Thompson Boat Center	A3

Schlafen

46	Akwaaba	D1
47	Carlyle Suites	D1
48	Chester Arthur House	E2
49	District Hotel	D2
50	Hay-Adams	D3
51	HI-Washington, DC	E3
52	Hotel Harrington	E4
53	Hotel Helix	E2
54	Hotel Monticello	A3
55	Inn at Dupont Circle (North)	D1
56	Inn at Dupont Circle (South)	C2
57	Morrison-Clark Inn	E3
58	Tabard Inn	D2

Essen

59	Afterwords	C1
60	Baked & Wired	A3
61	Bistro Du Coin	C1
62	Citronelle	A2
63	Cork	E1
64	Dolcezza	C1
65	Georgia Brown's	D3
	Hill Country	(siehe 66)
66	Jaleo	F4
67	Maine Avenue Fish Market	E6
68	Malaysia Kopitiam	C2
69	Martin's Tavern	A2
70	Matchbox Pizza	F3
	Minibar at Café Atlantico	(siehe 89)
71	Ping Pong	F3
72	Sonoma	H6
73	Zaytinya	F4

Ausgehen

74	Bar Pilar	E1
75	Bier Baron	C1
76	Cafe Citron	C2
77	Cafe Saint-Ex	E1
78	Ching Ching Cha	A3
79	Current Sushi	D2
80	Filter	C1
81	JR's	D1
82	Mie N Yu Lounge	A2
83	Russia House	C1

Unterhaltung

84	Black Cat	E1
85	Blues Alley	A2
	Cobalt	(siehe 63)
86	Eighteenth Street Lounge	C2
	Kennedy Center	(siehe 16)
87	National Theatre	E4
88	Science Club	C3
89	Shakespeare Theatre	F4
	Ticketplace	(siehe 29)
90	Verizon Center	F4

sche Konflikte der Vergangenheit erinnern – die Mall ist all dieses und noch viel mehr. Es ist der Ort in den USA, zu dem die Bürger pilgern, um gegen ihre Regierung zu protestieren, Museen zu besuchen und mit den am meisten verehrten Ikonen der Vereinigten Staaten zu kommunizieren. Die 3 km lange Wiese wird am einen Ende vom Lincoln Memorial begrenzt, am anderen vom Capitol Hill. Unterbrochen wird sie vom Reflecting Pool und dem Mahnmal für den Zweiten Weltkrieg. In der Mitte steht das Washington Monument.

Wohl kein anderes Symbol verkörpert besser die nationale Idee, dass Volkes Stimme radikalen Wechsel bewirken kann. Hier hielt Martin Luther Kings 1963 seine berühmte Rede „I Have a Dream", hier fanden die großen Antiglobalisierungsproteste der 1990er-Jahre statt und jedes Jahr versammeln sich die Menschen hier zu Hunderten von Demos. Die Mall, eingerahmt von großartigen Monumenten und Museen und überfüllt mit Touristen, Spaziergängern und Idealisten, wird zum Lautsprecher für jeden Anlass.

Smithsonian Institution Museums

Größe und Anspruch der 19 **Smithsonian Museums** (☎202-633-1000; www.si.edu) mit ihren Galerien und dem Zoo sind enorm. Sie umfassen summa summarum den größten Museums- und Forschungskomplex der Welt – und zu allem Überfluss ist der Eintritt frei! Man kann Wochen damit verbringen, die endlosen Gänge entlangzuwandern und die sagenhaften Schätze, Artefakte, Kunstwerke und Grafiken aus Amerika und aller Welt auf sich wirken zu lassen. Selbst riesige Dinosaurierskelette und Mondfähren gehören zum vielfältigen Inventar des Smithsonian. Der Dank geht an den neugierigen Engländer James Smithson, der zwar die USA nie besucht hat, aber der flügge werdenden Nation 1826 per Testament 500 000 US$ vermachte, um eine „Einrichtung" zu gründen, die „das Wissen vergrößern und verbreiten" sollte.

Das neueste Projekt des Smithsonian befindet sich derzeit noch in Arbeit: das 500 Mio. US$ teuere **National Museum of African American History and Culture** (www.nmaahc.si.edu; Constitution Ave & 14th St NW), das 2015 eröffnet werden soll. Bis dahin kann man die vorläufige Ausstellung im zweiten Stock des National Museum of American History unter die Lupe nehmen.

Sofern nichts anderes angegeben ist, sind alle Museen täglich von 10 bis 17.30 Uhr geöffnet (25. Dez. geschl.); einige haben im Sommer länger offen. Man muss sich auf Warteschlangen und Taschenkontrollen einstellen.

GRATIS **National Air & Space Museum** MUSEUM

(Ecke 6th St & Independence Ave SW) Das beliebteste Smithsonian Museum ist das Air & Space Museum. Die Besuchermassen kommen herbeigeströmt, um den Flieger von den Gebrüdern Wright, Chuck Yeagers *Bell X-1,* Charles Lindberghs *Spirit of St. Louis* und das Kommandomodul von *Apollo 11* zu sehen. Infotainment bieten u.a. ein IMAX-Theater, ein Planetarium oder einen Simulator (jeweils Erw./Kind 9/7,30 US$). Weitere Stücke aus der Luftfahrttechnik befinden sich in Virginia, im Steven F. Udvar-Hazy Center (S. 312). Dort wurde all das untergebracht, was in der Washingtoner Zentrale keinen Platz mehr hatte.

GRATIS **National Museum of Natural History** MUSEUM

(Ecke 10th St & Constitution Ave SW) Das Museum of Natural History ist vor allem bei Kindern beliebt. Es zeigt Dinosaurierskelette, eine archäologische und anthropologische Sammlung, Wunder aus dem Ozean und ungewöhnliche Edelsteine und Mineralien, darunter der Hope Diamanten mit 45 Karat.

GRATIS **National Museum of American History** MUSEUM

(Ecke Constitution Ave & 14th St NW) Im Museum of American History steht vor allem allerlei alltäglicher Krimskrams des amerikanischen Lebens im Mittelpunkt: Synagogen-Schals, Protestschilder und Baumwollentkörnungsmaschinen. Außerdem gibt es eine riesige Vitrine mit dem originalen

DIE CAPITAL REGION IN ...

... einer Woche

Zunächst folgt man am besten der zweitägigen Reiseroute durch Washington, D. C. (S. 269), und verbringt dann einen Tag im unterschätzten **Baltimore** oder dem historischen **Annapolis**, um sich daraufhin zur traumhaften **Ostküste** Marylands und den **Stränden von Delaware** aufzumachen. Anschließend geht es nach Süden, wo man durch den Bridge-Tunnel der Chesapeake Bay fährt und eine Zeitreise durch die Geschichte Virginias unternimmt: ein Besuch im Geburtsort der Nation in **Jamestown** und eine Wanderung durch **Williamsburg** aus dem 18. Jh., gefolgt vom **Appomattox Court House**, Ort der Kapitulation der Armee Nord-Virginias im Bürgerkrieg und heutige Gedenkstätte. Danach führt ein Schwenker nach Norden durch **Richmond,** wo Studenten, Dixie-Aristokraten und Stadtviertel der Afro-Amerikaner ein faszinierendes Ganzes bilden, bevor es wieder zurück nach Washington geht.

... zwei Wochen

In **Charlottesville** lernt man die aristokratische Seele Virginias kennen (und eine gute Restaurant- und B&B-Szene). Danach fährt man durch dessen gebirgiges Rückgrat durch **Staunton, Lexington** und **Roanoke.** Um ein Kostprobe der besten Bluegrass-Musik des Landes zu bekommt, folgt man an einem Wochenende der **Crooked Road.** Die Route führt weiter durch West Virginia. Hier sollte man im **Monongahela National Forest** einen Stopp einlegen, um zu wandern, zu mountainbiken oder Ski zu fahren. Anschließend kann man noch in der **New River Gorge** raften, bevor es über die heiligen Schlachtfelder von **Antietam** zurück nach Washington geht.

Star-Spangled Banner und Kultobjekte wie die Slipper von Dorothy aus *Der Zauberer von Oz* und Kermit der Frosch zu sehen.

GRATIS **National Museum of the American Indian** MUSEUM

(Ecke 4th St & Independence Ave SW) Das Museum of the American Indian bietet eine schöne Einführung zu den Ureinwohnern der amerikanischen Kontinente. Es zeigt eine Sammlung von Kostümen, Video- und Audioaufzeichnungen und kulturelle Artefakte. Man sollte auf keinen Fall das Café Mitsitam im Erdgeschoss versäumen. Die Gerichte aus der Region, die auf der Speisekarte stehen, sind von der Küche der Ureinwohner inspiriert.

GRATIS **Hirshhorn Museum & Sculpture Garden** MUSEUM

(Ecke 7th St & Independence Ave SW; ⌚Museum 10–17.30 Uhr, Garten 7.30 Uhr bis Sonnenuntergang) Im wie ein Donut geformten Hirshhorn Museum & Sculpture Garden ist eine umfangreiche Sammlung moderner Skulpturen untergebracht, die regelmäßig wechselt. Es gibt Werke von Rodin, Henry Moore und Ron Mueck sowie Gemälde von O'Keeffe, Warhol, Man Ray und de Kooning zu sehen.

GRATIS **National Museum of African Art** MUSEUM

(950 Independence Ave SW) Im National Museum of African Art sind Masken, Stoffe und Keramiken aus den Regionen südlich der Sahara ausgestellt, sowie antike und zeitgenössische Kunst des gesamten Kontinents.

GRATIS **Arthur M Sackler Gallery** GALERIE

(1050 Independence Ave SW) In dieser ruhigen Galerie oder der angrenzenden **Freer Gallery of Art** (Ecke Jefferson Dr & 12th St SW) kann man ganz friedlich einen Nachmittag damit verbringen, über antiken Schriftrollen und japanischen Seidenwandschirmen zu grübeln. Die beiden Galerien bilden zusammen das National Museum of Asian Art. Im Freer findet man außerdem – dem Thema nicht ganz entsprechend – über 1300 Werke des amerikanischen Malers James Whistler.

Smithsonian Castle BESUCHERZENTRUM

(1000 Jefferson Dr SW; ⌚8.30–17 Uhr) Das Smithsonian Castle mit seinen roten Türmen ist das Besucherzentrum für alle Museen, selbst aber nicht besonders interessant.

Weitere Museen & Monumente

GRATIS **National Gallery of Art** MUSEUM

(www.nga.gov; Constitution Ave NE, zw. 3rd & 4th Sts NW; ⌚Mo–Sa 10–17, So 11–18 Uhr) Die National Gallery of Art befindet sich in zwei riesigen Gebäuden und beherbergt eine umwerfende Kunstsammlung – über 100 000 Objekte decken einen Zeitraum vom Mittelalter bis in die Gegenwart ab. Der neoklassizistische **Westflügel** beherbergt europäische Kunst bis zum 19. Jh. mit einer ausgezeichneten Auswahl an Werken aus der italienischen Renaissance (einschließlich des einzigen da Vincis auf amerikanischem Boden). Der geometrische **Ostflügel** wurde vom chinesischen Stararchitekten Ieoh Ming Pei entworfen. Hier wird moderne Kunst gezeigt, darunter Werke von Picasso, Matisse, Pollock und ein umfangreiches Mobile von Calder über der Eingangslobby. Ein unterirdischer Gang verbindet die beiden Gebäude.

GRATIS **US Holocaust Memorial Museum** MUSEUM

(www.ushmm.org; 100 Raoul Wallenberg Pl; ⌚10–17.20 Uhr) Für ein umfassendes Verständnis des Holocaust – seiner Opfer, Täter und Zuschauer – ist dieses erschütternde Museum ein Muss. In der Hauptausstellung (nicht für Kinder unter elf Jahren zu empfehlen, die eine ebenfalls im Gebäude befindliche und kostenlose Extra-Ausstellung besuchen können) bekommen die Besucher eine Identitätskarte eines Holocaust-Opfers. Nicht nur diese wird zum Nachdenken anregen, während man einer gewundenen Route in eine höllische Vergangenheit mitten durch Rekonstruktionen von Ghettos, Eisenbahnwagen und Todeslagern folgt und vieles über das Schicksal der ermordeten und gefolterten Juden erfährt. Es wird pro Tag nur eine begrenzte Anzahl von Besuchern eingelassen – man sollte also früh da sein.

GRATIS **Washington Monument** DENKMAL

(⌚Juni–Aug. 9–22 Uhr, Sept.–Mai 9–17 Uhr) Das Washington-Monument ist mit seinen 169,3 m das höchste Gebäude in diesem Stadtteil. Wie man an den Farbtönen der Steine erkennen kann, wurde es in zwei Abschnitten gebaut. Die Tickets kosten nichts, müssen aber am **Kiosk** (15th St, zw. Madison St. & Jefferson Dr SW; ⌚8.30–16.30 Uhr) reserviert werden. Man kann sie aber auch im Voraus bestellen: hierzu beim **National Park Service** (☎877-444-6777; www.recreation.gov; Tickets 1,50 US$) anrufen!

GRATIS **Bureau of Engraving & Printing** WAHRZEICHEN
(www.moneyfactory.gov; Ecke 14th & C Sts SW; ⌚Mo–Fr 8.30–15 Uhr) Im Bureau of Engraving & Printing, der vielleicht verklärtesten Druckerei der Welt, wird die gesamte Papierwährung der USA entworfen. Um die 32 Mio. US$ laufen hier täglich aus der Presse. Am Ticket-Kiosk am Raoul Wallenberg Pl muss man sich zeitig anstellen.

GRATIS **Lincoln Memorial** DENKMAL
(⌚24 Std.) Das westliche Ende der Mall wird von dem Schrein für Abraham Lincoln begrenzt. Friedlich schaut er von seinem neoklassizistischen Domizil mit den dorischen Säulen über den Reflecting Pool. Links von Lincoln kann man die Worte der Gettysburg Address lesen, in der Halle darunter weitere Stücke zum großen Lincoln bestaunen. Auf den Stufen hat Martin Luther King Jr seine berühmte Rede „I Have a Dream" gehalten.

GRATIS **Vietnam Veterans Memorial** DENKMAL
(Constitution Gardens; ⌚24 Std.) Das schwarze, etwas in den Boden eingelassene „V" ist das genaue Gegenstück zum üblichen weißen und glänzenden Marmor Washingtons. Es ist ein Ausdruck der Narbe, die der Vietnamkrieg in der nationalen Seele der USA hinterlassen hat. Das Monument führt noch tiefer in die Erde. Hier sind die Namen der 58 267 gefallenen Soldaten in die dunkle Wand gemeißelt, und zwar in der Reihenfolge, in der sie gestorben sind. Es ist ein feinsinniges und tiefgründiges Monument, was umso mehr überrascht, als es 1981 von der 21 Jahre alten Maya Lin entworfen wurde, die damals noch nicht einmal ihr Grundstudium absolviert hatte.

GRATIS **Korean War Veterans Memorial** DENKMAL
(Constitution Gardens; ⌚24 Std.) Die aufwendig gestaltete Erinnerungsstätte zeigt eine Patrouille von 19 geisterhaften Stahlsoldaten, die an einer Wand mit eingeätzten Gesichtern aus diesem Konflikt vorbeimarschieren. Aus der Entfernung gesehen, verbinden sich die Bilder auf der Wand zu einer Darstellung der koreanischen Berge.

GRATIS **National WWII Memorial** DENKMAL
(17th St, zw. Constitution & Independence Aves; ⌚24 Std.) Das National WWII Memorial nimmt ein Ende des Reflecting Pool ein und steht – was zu kontroversen Diskussionen geführt hat – im Zentrum der Mall, womit es das einzige Kriegsmahnmal ist, dem diese Auszeichnung zuteil wird. Es gedenkt der 400 000 US-Amerikaner, die im Zweiten Weltkrieg ihr Leben verloren, sowie der 16 Mio. GIs, die in dem Krieg kämpften. Bewegende Zitate sind auf dem gesamten Monument verteilt.

Corcoran Gallery MUSEUM
(www.corcoran.org; Ecke 17th St & New York Ave NW; Erw./Kind 10 US$/frei; ⌚Mi–So 10–17, Do 10–21 Uhr) Das älteste Kunstmuseum Washingtons, die Corcoran Gallery, hatte seine liebe Mühe, sich gegen die kostenlose staatliche Konkurrenz um die Ecke zu behaupten. Das hat es aber nicht davon abgehalten, eine der vielfältigsten Sammlungen des Landes zusammenzutragen.

Newseum MUSEUM
(www.newseum.org; 555 Pennsylvania Ave NW; Erw./Kind 22/13 US$) Auch wenn man hier tief in die Tasche greifen muss, ist das umfassende, durch und durch interaktive Nachrichten-Museum seinen Eintrittspreis mehr als wert. Man kann in die wichtigsten Ereignisse der letzten Jahre eintauchen (Fall der Berliner Mauer, 11. September, Hurrikan Katrina) und Stunden damit zubringen, Filme und mit dem Pulitzer-Preis ausgezeichnete Fotos anzuschauen und die bewegenden Arbeiten von Journalisten zu lesen, die bei der Ausübung ihres Jobs getötet wurden.

CAPITOL HILL

Das Kapitol steht – wo sonst? – auf dem Capitol Hill, den Stadtplaner Pierre L'Enfant als Sockel bezeichnete, „der auf ein Monument wartet". Direkt gegenüber stehen die fast ebenso majestätischen Gebäude des Supreme Court und der Library of Congress. Die Capitol Plaza dazwischen wird von Regierungs- und Bürogebäuden des Kongresses gesäumt. Zwischen E Capitol St und Lincoln Park erstreckt sich ein hübsches Wohnviertel. Hier befinden sich die Metrostationen Union Station, Capitol South und Eastern Market.

Capitol WAHRZEICHEN
Seit 1800 versammelt sich hier die Legislative der US-Regierung – also der Kongress –, um die Gesetze der Nation zu verabschieden. Dem Repräsentantenhaus (435 Mitglieder) gehört der Südflügel, dem Senat (100 Mitglieder) der Nordflügel des Gebäudes.

Das **Visitor Center** (www.visitthecapitol.gov; 1st & E Capitol Sts NE; ⌚Mo–Sa 8.30–16.30 Uhr) bietet umfassend Hintergrundinfos zu

WASHINGTON, D.C. IN ...

... zwei Tagen

Das D.C.-Abenteuer beginnt man am besten beim beliebten **Air & Space Museum** und **National Museum of Natural History** an der Mall. Gegen Mittag besucht man das **National Museum of the American Indian** und kann dort die Überlieferungen der Ureinwohner studieren und gleich noch ein super Mittagessen genießen. Anschließend wandert man die **Mall** entlang zum **Lincoln Memorial** und dem **Vietnam Veterans Memorial**. Bevor einen die Kräfte verlassen, geht's zum Abendessen und ein paar Drinks in die **U Street.**

Am nächsten Tag macht man sich zum **US Holocaust Memorial Museum**, der **Arthur M Sackler Gallery** und der **Freer Gallery of Art** auf. Das beleuchtete **Weiße Haus** und das neue **Martin Luther King Jr National Memorial** sieht man sich bei Nacht an. Zum Abendessen geht's dann in das mit Restaurants gesäumte **Penn Quarter.**

... vier Tagen

Der dritte Tag führt auf einen Morgenspaziergang am Potomac River nach **Georgetown**, gefolgt von einer Schaufenstertour und Mittagessen im **Martin's Tavern.** Danach besucht man die herrlichen **Dumbarton Oaks** und macht eine Wanderung durch den **Rock Creek Park**. Abends macht man sich zum Abendessen zum **Dupont Circle** auf und beschließt mit ein paar Drinks in der **Eighteenth Street Lounge** den Tag.

Am vierten Tag wird das **Newseum, Capitol** und die **Library of Congress** besucht. Dann läuft man für eine Mahlzeit zum **Eastern Market.** Am Abend geht's ins künstlerische H Street NE; das **Granville Moore's** ist ein guter Platz, um die Nacht zu beginnen.

dem geschichtsträchtigen Gebäude. Wer im Voraus bucht (über http://tours.visitthe capitol.gov), kann sich auf eine kostenlose Tour durch das Innere des Gebäudes machen, das genauso einschüchternd ist wie das Äußere, wenn auch ein wenig überfüllt mit Büsten, Statuen und persönlichen Erinnerungsstücken von Generationen von Kongressabgeordneten.

Wer den Kongress in Aktion erleben möchte, muss als ausländischer Besucher bei der House Gallery den Reisepass vorzeigen. Die Anhörungen des Kongress-Kommittees sind tatsächlich interessanter. Auf www.house.gov und www.senate.gov stehen der Sitzungsplan und Angaben dazu, ob die Plenarsäle öffentlich zugänglich sind (was oft der Fall ist).

GRATIS **Library of Congress** WAHRZEICHEN
(www.loc.gov; 1st St SE; ⌚8.30-16.30 Uhr Mo-Sa) Um den Europäern zu beweisen, dass auch Amerika Kultur hat, knallte John Adams die größte Bibliothek der Welt auf den Capitol Hill. Das Ziel der LOC ist simpel: Universalität, also die Idee, dass alles Wissen brauchbar ist. Überwältigend in Größe und Design setzen sich barockes Interieur und neoklassizistische Schnörkel vom Hauptlesesaal ab, der eher aussieht wie eine Ameisenkolonie, in der ständig 29 Mio. Bücher gepflegt werden. Das Visitor Center und der Ausgangspunkt für Führungen durch die Lesesäle befinden sich im **Jefferson Building** direkt hinter dem Kapitol.

GRATIS **Supreme Court** WAHRZEICHEN
(www.supremecourt.gov; 1 1st St NE; ⌚Mo–Fr 9–16.30 Uhr) Selbst Nicht-Jurastudenten sind vom Höchsten Gericht der USA beeindruckt. Frühaufsteher können Beweisführungen lauschen (periodisch Okt.–April Mo–Do). Die Dauerausstellungen und die Wendeltreppe mit sieben Schleifen kann man das ganze Jahr über besichtigen.

GRATIS **Folger Shakespeare Library** BIBLIOTHEK
(www.folger.edu; 201 E Capitol St SE; ⌚10–17 Uhr Mo–Sa) Beherbergt die weltweit größte Sammlung von Shakespeare-Material.

GRATIS **National Postal Museum** MUSEUM
(www.postalmuseum.si.edu; 2 Massachusetts Ave NE; ⌚10–17.30 Uhr) Hat die größte Briefmarkensammlung des Planeten und dazu ein altes Postflugzeug und bewegende Kriegsbriefe. Oberhalb des Museums befindet sich eine ordentliche Kleinbrauerei.

GRATIS **US Botanic Garden** GÄRTEN
(www.usbg.gov; 100 Maryland Ave SW; ⌚10–17 Uhr) Heiß, stickig und dank über 4000 verschiedener ausgestellter Pflanzenarten sehr grün.

TIDAL BASIN

Es ist wunderschön, um die künstlich angelegte Bucht zu schlendern und sich die beleuchteten Monumente anzuschauen, deren Lichter über dem Potomac River blinken. Und besonders herrlich sind die Blüten während des Cherry Blossom Festivals (S. 275), dem Kirschblütenfest im Frühling, wenn rund um das Becken eine rosa-weiße Farbenpracht erstrahlt. Die ersten Bäume waren ein Geschenk der Stadt Tokio und wurden 1912 gepflanzt. Ein **Tretbootverleih** (1501 Maine Ave SW; Boot für 2 Pers. 12 US$/Std.) befindet sich im Bootshaus.

GRATIS **Jefferson Memorial** DENKMAL
(900 Ohio Dr SW; ⌚24hr) Das von einer Kuppel gekrönte Denkmal wurde mit den berühmtesten Schriften des Gründervaters versehen – auch wenn Historiker die Veränderungen der Texte kritisieren, die angeblich aus Platzgründen vorgenommen wurden.

GRATIS **FDR Memorial** DENKMAL
(Memorial Park; ⌚24 Std.) Die 3 ha große Gedenkstätte würdigt Franklin D. Roosevelt, den einzigen US-Präsidenten mit mehr als zwei Amtszeiten, sowie die Ära seiner Regierung. Auf einem schönen, durchdachten Pfad werden die Besucher durch die Weltwirtschaftskrise, die Zeit des New Deal und den Zweiten Weltkrieg geführt. Am besten besucht man das Gelände nach Einbruch der Dunkelheit, wenn das Zusammenspiel von Felsen, Brunnen und den Lichtern der Mall einfach zauberhaft ist.

GRATIS **Martin Luther King Jr National Memorial** DENKMAL
(www.mlkmemorial.org) Nach 25 Jahren der Planung und des Spendensammelns wurde das King Jr National Memorial im August 2011 am Ufer des Tidal Basins eröffnet. Es ist die erste Gedenkstätte an der Mall, die sowohl einen Nicht-Präsidenten als auch einen Afro-Amerikaner würdigt. Sie zollt einem der größten Anwälte des Friedens in der Welt einen bewegenden Tribut (anhand von Zitaten aus zahlreichen seiner Reden).

DOWNTOWN

Downtown Washington nahm seinen Anfang in einer Gegend, die man heute als Federal Triangle kennt, und hat sich seither nach Norden und Osten ausgebreitet. Das Viertel umfasst jetzt den Bereich östlich vom Weißen Haus bis zum Judiciary Sq an der 4th St und von der Mall nördlich bis ungefähr zur M St. Öffnungszeiten für die hier aufgeführten Attraktionen sind – sofern nicht anders angegeben – 10 bis 17.30 Uhr.

GRATIS **National Archives** WAHRZEICHEN
(www.archives.gov; 700 Constitution Ave NW; ⌚Mitte März–Anfang Sept. 10–19 Uhr, Anfang Sept.–Mitte März 10–17.30 Uhr) Es ist kaum möglich, nicht zumindest ein bisschen Ehrfurcht zu empfinden, wenn man vor den berühmten Dokumenten in den National Archives steht: der Unabhängigkeitserklärung, der Verfassung und den Bill of Rights (die ersten zehn Verfassungszusätze) sowie einer von vier Kopien der Magna Carta. Sie verdeutlichen in ihrer Gesamtheit dem Besucher, wie radikal dieses „Experiment USA“ in der damaligen Zeit war. Die Public Vaults sind lediglich ein Kratzen an der Oberfläche des gesamten archivierten Materials und sind eine protzige Erwiderung auf die Hauptausstellung.

GRATIS **Reynolds Center for American Art** MUSEUM
(Ecke F & 8th Sts NW) Auf keinen Fall das Reynolds Center for American Art versäumen! Es verbindet die **National Portrait Gallery** (www.npg.si.edu) mit dem **American Art Museum** (http://americanart.si.edu). Ob mit eindringlichen Darstellungen der Armenviertel und des bäuerlichen Mittleren Westens oder mit den Visionen umherziehender Vagabunden – das Center hat sich erfolgreich dazu verpflichtet, den gnadenlosen Optimismus, aber auch das selbstkritische Bild in der US-amerikanischen Kunst einzufangen.

International Spy Museum MUSEUM
(www.spymuseum.org; 800 F St NW; Erw./Kind 18/15 US$; ⌚Sept.–Mitte April 10–18 Uhr, Mitte April–Aug. 9–19 Uhr) Wer in den Bond-Filmen die Szenen mit Q mag, wird das extrem beliebte International Spy Museum lieben. All die Kniffs und Tricks des Geheimdiensts machen das Museum zu einem Paradies für Fans der Spionagegeschichte. Man sollte frühzeitig dran sein.

National Building Museum MUSEUM
(www.nbm.org; 401 F St NW; Erw./Kind 8/5 US$; ⌚ Mo–Sa 10–17, So ab 11 Uhr) Das der Architektur und Stadtplanung gewidmete und unterschätzte Museum befindet sich standesgemäß in einem herrlichen Gebäude aus

dem 19. Jh. Es wurde nach dem Vorbild des Palazzo Farnese in Rom aus der Renaissancezeit gestaltet. Die über vier Stockwerke reichenden, mit Ornamenten verzierten Säulengänge flankieren das herrschaftliche, 96 m breite Atrium, dessen goldene korinthische Säulen 23 m hoch sind. Wechselnde Ausstellungen zu verschiedenen Aspekten des Bauens sind in den an das Atrium grenzenden Räumen untergebracht

GRATIS **Renwick Gallery** MUSEUM
(Ecke 17th St & Pennsylvania Ave NW) Die Renwick Gallery befindet sich in der Nähe des Weißen Hauses in einer stattlichen Villa aus dem Jahr 1859. Hier ist eine ausgezeichnete Sammlung amerikanischen Kunsthandwerks und Stücke ornamentaler Kunst ausgestellt. Zu den Highlights gehören dick aufgetragene Werke wie das außerordentlich kitschige *Game Fish* von Larry Fuente und das himmlische *Bancketje (Banquet)* von Beth Lipman.

GRATIS **Old Post Office Pavilion** AUSSICHTSPUNKT
(www.oldpostofficedc.com; 1100 Pennsylvania Ave NW; ⌚April–Aug. Mo–Sa 10–20, So 12–19 Uhr, Sept.–März Mo–Sa 10–19, So 12–18 Uhr) Wer sich nicht mit den langen Schlangen am Washington Monument herumplagen will, sollte sich zum wenig besuchten Gebäude von 1899 aufmachen, einem Revival des romanischen Stils. Dort hat man von dem 96 m hohen Aussichtsturm einen herrlichen Ausblick über die Innenstadt. Unten gibt's ein Atrium mit Flutlicht und einen internationalen Food Court.

GRATIS **Ford's Theatre** HISTORISCHE STÄTTE
(www.fordstheater.org; 511 10th St NW; ⌚9–16 Uhr) Am 14. April 1856 ermordete John Wilkes Booth hier in einer Loge Abraham Lincoln. Das Theater ist immer noch in Betrieb. Man kann auch eine Führung durch das Theater machen und alles darüber hören, was an dem schicksalhaften Abend im April geschah. Außerdem kann bei der Führung ein frisch restauriertes **Lincoln Museum** besichtigt werden, das sich der Präsidentschaft von Lincoln widmet. Man muss früh dran sein, um ein Ticket zu ergattern, da nur eine begrenzte Anzahl an Besuchern jeden Tag eingelassen wird.

GRATIS **Peterson House** HISTORISCHE STÄTTE
(www.fordstheater.org; 516 10th St NW; ⌚9–17 Uhr) In diesem Haus ist Lincoln am Morgen nach dem Attentat gestorben. Im Jahr 2010 wurde es auf unbestimmte Zeit für eine grundlegende Renovierung geschlossen.

Marian Koshland Science Museum of the National Academy of Sciences MUSEUM
(www.koshland-science-museum.org; Ecke 6th & E Sts NW; Erw./Kind 5/3 US$; ⌚Mi–Mo 10–18 Uhr) Ein großer, familienfreundlicher Komplex mit lehrreichem Spaß zum Anfassen.

DAS WEISSE HAUS & FOGGY BOTTOM

An die Mall grenzt ein großer Park, The Ellipse, an. Am östlichen Ende folgt an der Pennsylvania Ave der Block der Mächtigen. Foggy Bottom wurde nach den Nebeln benannt, die aus einem früher hier ansässigen Gaswerk strömten. Heute residieren in dem gehobenen, wenn auch nicht besonders lebhaften Viertel das State Department (Außenministerium) und die George Washington University, weshalb es hier auch von Studenten und Professoren wimmelt.

Weißes Haus WAHRZEICHEN
Das Weiße Haus hat schon so einiges überstanden: ein Feuer – die Briten haben es 1814 in Brand gesetzt und nur ein Gewitter bewahrte es vor seiner völligen Zerstörung – oder auch Schmähungen wie etwa von Jefferson, der meckerte, es sei groß genug für zwei Kaiser, einen Papst und den Dalai Lama. Obwohl sich die Fassade seit 1924 kaum verändert hat, wurde das Innere häufig umgebaut. Franklin Roosevelt ließ einen Pool anlegen, Truman räumte alles aus und warf kurzerhand vieles der historischen Ausstattung weg (die heutigen Räume sind historische Nachbauten), Jacqueline Kennedy brachte wieder antike Möbel und historische Details zurück, Nixon gab eine Bowling-Bahn in Auftrag, Carter ließ Solarzellen anbringen, die Reagan wieder entfernte, Clinton legte einen Joggingpfad an und George W. Bush sorgte für ein T-Ball-Feld. Autos dürfen nicht mehr auf der Pennsylvania Ave am Weißen Haus vorbeifahren. Darum ist jetzt viel Platz für posierende Schulklassen und rund um die Uhr demonstrierende Friedensaktivisten.

Eine selbstgeführte **Tour** (☎202-456-7041; ⌚Di–Sa 7.30–11 Uhr) bringt einen ins Erdgeschoss und in den ersten Stock, die zweite und dritte Etage sind tabu. Die Tour muss sechs Monate im Voraus gebucht werden. Ausländische Besucher müssen sich entweder über die US-Botschaft ihres Landes oder ihre Botschaft in D.C. anmelden. Wem das zu viel Aufwand ist, kann das **White**

House Visitor Center (www.whitehouse.gov; Ecke 15th St NW & E ST NW; ⏲7.30–16 Uhr) besuchen; es ist zwar nicht ganz das Wahre, aber – hey – hier liegt auch genug offizieller Krempel rum.

Im am Ufer gelegenen **Watergate Complex** (2650 Virginia Ave NW) gibt's Apartments, Läden und die Bürotürme, die Watergate zum Synonym für politische Skandale gemacht haben. Hier brachen Präsident Nixons „Installateure" 1972 in das Hauptquartier des Landesvorstandes der Demokratischen Partei ein und verwanzten die Büros.

ADAMS MORGAN, SHAW & U STREET

Wenn nicht gerade Partyzeit ist in Adams Morgan, ist es garantiert Zeit, sich in einem der äthiopischen oder mittelamerikanischen Diners ein Kateressen zu genehmigen. Das Multikultiviertel (besonders die 18th St) wird an den Wochenenden zum „Sündenpfuhl". Die Metro hält hier nicht gerade mittendrin; am besten Bus 98 nehmen, der zwischen den Metrostationen Adams Morgan und U St pendelt.

Im Osten erstreckt sich Shaw ungefähr vom Thomas Circle bis zum Meridian Hill Park und von der N Capitol St bis zur 15th St NW.

Lincoln Theatre WAHRZEICHEN

(☎202-328-6000; 1215 U St NW) Als das historische Lincoln Theatre 1922 gegründet wurde, war es ein früher Eckpfeiler für die afroamerikanische Renaissance. Stars wie der in Washington geborene Duke Ellington, Louis Armstrong, Ella Fitzgerald, Billie Holiday, Sarah Vaughn u.v.a. haben hier die Bühne erstrahlen lassen. Nach der Ermordung von Martin Luther King Jr. 1968 wurde bei Ausschreitungen der Commercial District verwüstet. Seitdem hat die Gegend einen zweiten Frühling erlebt. Es gibt hier jede Menge ausgezeichnete Restaurants und Bars.

DUPONT CIRCLE

Eine gut betuchte Synthese von schwuler Community und Diplomatenszene – das ist Stadtleben at its best. Super Restaurants, Bars und Cafés, fesselnde Architektur und die spürbare Energie einer lebendigen Nachbarschaft machen Dupont zu einem lohnenden Ziel. Die historischen Herrenhäuser sind größtenteils in Botschaften umgewandelt worden, während die Embassy Row (auf der Massachusetts Ave) mitten durch D.C.s schwules Herz verläuft.

Phillips Collection MUSEUM

(www.phillipscollection.org; 1600 21st St NW; Dauerausstellung Eintritt frei, Sonderausstellungen Erw./Kind 12 US$/frei; ⏲Di–Sa 10–17 Uhr, im Sommer Do bis 20.30, So 11–18 Uhr) Das erste Museum für moderne Kunst im Land (eröffnet 1921) beherbergt eine kleine, aber ausgezeichnete Sammlung europäischer und amerikanischer Arbeiten, z.B. von Gauguin, van Gogh, Matisse, Picasso, O'Keefe, Hopper und vielen anderen Größen. Es ist zum Teil in einer herrlichen, im georgianischen Stil restaurierten Villa untergebracht.

Textile Museum MUSEUM

(www.textilemuseum.org; 2320 S St NW; empfohlene Spende 8 US$; ⏲Di–Sa 10–17, So ab 13 Uhr) Das oft übersehene Textile Museum befindet sich in zwei historischen Villen im Viertel Kalorama und zeigt wunderschön gearbeitete Kreationen aus aller Welt, etwa präkolumbische Webarbeiten, amerikanische Quilts und osmanische Stickereien.

GRATIS **National Geographic Society's Explorer Hall** GALERIE

(1145 17 St NW; ⏲Mo–Sa 9–17, So ab 10 Uhr) Hier kann man wechselnde Ausstellungen zu weltweiten Expeditionen finden.

GEORGETOWN

Tausende der Intelligenten und Schönen – von Georgetown-Studenten über Akademiker in ihren Elfenbeintürmen bis zu Diplomaten – nennen dieses grüne, aristokratische Stadtviertel ihre Heimat. Nachts verstopft der Verkehr die mit Läden überfüllte M St, die sich dann in einen seltsamen Mix aus Highschool-Spazierfahrern und Schickimickis verwandelt.

Einen geschichtlichen Überblick verschafft das **Visitor Center** (☎202-653-5190; 1057 Thomas Jefferson St NW; ⏲Mi–So 9–16.30 Uhr). Kostümierte Führer nehmen Besucher mit auf eine geschichtsschwangere, stundenlange, von Maultieren gezogene Schleppkahntour am **C&O Canal Towpath** (Erw./Kind 8/5 US$; ⏲April–Mitte Aug.).

Dumbarton Oaks GÄRTEN

(www.doaks.org; Ecke Zi. & 31st Sts NW) Das kostenlose Museum stellt in seiner historischen Villa ausgezeichnete byzantinische und präkolumbische Kunst aus. Noch beeindruckender sind die 4 ha großen, schönen, architektonisch angelegten **Gärten** (Erw./Kind April–Okt. 8/5 US$, Nov.–März frei; ⏲Di–So 14–18 Uhr). Wenn im Frühling alles blüht, sind sie einfach atemberaubend. Um den Massen zu entgehen, am besten wochentags kommen.

Georgetown University UNIVERSITÄT
(www.georgetown.edu; 37th & O Sts NW) Bill Clinton war hier auf der Universität. Das gibt einem einen Hinweis auf die Studentenschaft: smartes, hart arbeitendes Partyvolk.

UPPER NORTHWEST D. C.

GRATIS **National Zoological Park** ZOO
(http://nationalzoo.si.edu; 3000 Connecticut Ave NW; ⏲April–Okt. 10–18 Uhr, Nov.–März bis 16.30 Uhr) Dieser 66 ha große Zoo ist die Heimat für 2000 Tiere bzw. 400 verschiedene Arten in ihrer natürlichen Umgebung. Er ist berühmt für seine Riesenpandas Mei Yiang und Tian Tian. Weitere Highlights sind der stolze afrikanische Löwe, asiatische Elefanten und schaukelnde Orang-Utans. Sie schwingen sich in einer Höhe von 15 m an Stahlkabeln und miteinander verbundenen Türmen (die „O-Line") entlang.

Washington National Cathedral KIRCHE
(☎202-537-6200; www.nationalcathedral.org; 3101 Wisconsin Ave NW; empfohlene Spende 5 US$; ⏲Mo–Fr 10–17.30, Sa bis 16.30, So 8–17 Uhr) Die neugotische Kathedrale ist ebenso überwältigend wie ihre europäischen Gegenstücke. Ihre architektonischen Schätze verbinden das Geistliche mit dem Weltlichen. Die bunten Glasfenster sind atemberaubend (toll ist das „Space Window" mit einem eingebetteten Mondstein); um den Darth-Vader-Wasserspeier an der Außenfassade zu entdecken, benötigt man ein Fernglas. Spezielle Führungen tauchen tiefer in das Esoterische ein; vorher anrufen oder online ins Programm schauen.

ANACOSTIA

Für die Fahrt von Georgetown nach Anacostia braucht man etwa 30 Minuten und die Fähigkeit, eine Welt krasser Einkommensunterschiede zu ertragen. Lieblos aneinandergeklatschte rissige Ziegelreihenhäuser bilden nur wenige Meilen von der Mall entfernt eine von Washingtons widersprüchlichen Ansichten. Die starke Bindung der Menschen an ihr Viertel besteht immer noch. Seit zur Baseballsaison 2008 das Nationals Stadium eröffnet wurde – was eine zweischneidige soziale Gentrifizierung mit sich brachte –, strömen noch mehr Touristen hierher. Der Einfluss der Renovierungsdollars ist an manchen geschniegelten Kreuzungen schon sichtbar.

Frederick Douglass National Historic Site WAHRZEICHEN
(www.nps.gov/frdo; 1411 W St SE; ⏲9–16 Uhr) Von 1878 bis zu seinem Tod 1895 hat der Freiheitskämpfer, Schriftsteller und Staatsmann Frederick Douglass in diesem schönen, auf einem Hügel gelegenen Haus gewohnt. Originalmöbel, Bücher, Fotografien und andere persönliche Gegenstände zeichnen ein fesselndes Bild sowohl des privaten wie auch des öffentlichen Lebens dieses großen Mannes. Besichtigen kann man das Haus nur mit einer Führung; unter ☎877-444-6777 anrufen, um die Termine zu erfahren und ein Plätzchen zu reservieren (Reservierungsgebühr pro Ticket 1,50 US$).

GRATIS **Anacostia Community Museum** MUSEUM
(☎202-633-4820; http://anacostia.si.edu; 1901 Fort Pl SE; ⏲10–17 Uhr) Dieses Smithsonian-Museum ist umgeben von der Gemeinde, die es pädagogisch erreichen soll. Es beherbergt gute, wechselnde Ausstellungen zum Leben der Afroamerikaner in den USA. Vorher anrufen, denn das Museum schließt zwischen den Ausstellungen jeweils für etwa einen Monat.

Aktivitäten

Der vom National Park Service (NPS) verwaltete, 7,1 ha große **Rock Creek Park** folgt dem Rock Creek, der sich durch den Nordwesten der Stadt schlängelt. Hier gibt's ewig lange Rad- und Wanderwege, Reitpfade und sogar ein paar Kojoten. Entlang des C&O Canal am Nordufer des Potomac River kann man durch den Park radeln und wandern. Zauberhaft ist auch der 18 km lange **Capital Crescent Trail** (www.cctrail.org); er verbindet Georgetown im Norden mit Silver Spring, MD, und wartet mit einigen prächtigen Flusspanoramen auf. 24 km nördlich von Washington stellt der **Great Falls National Park** (www.nps.gov/grfa; pro Fahrzeug 5 US$) einen herrliches Fleckchen Wildnis dar. Es eignet sich ideal zum Raften oder zum Klettern auf einigen der wunderschönen Klippen, die über den Potomac River hinausragen.

Der **Potomac Heritage National Scenic Trail** (www.nps.gov/pohe) verbindet die Chesapeake Bay mit den Allegheny Highlands; das Wegenetz hat eine Gesamtlänge von 1336 km. Dazu gehören der C&O Towpath (Treidelpfad), der 27 km lange Mt. Vernon Trail (Virginia) und der 121 km lange Laurel Highlands Trail (Pennsylvania).

Thompson Boat Center BOOTSVERLEIH
(☎202-333-9543; www.thompsonboatcenter.com; Ecke Virginia Ave & Rock Creek Pkwy NW; ⏲8–17 Uhr) Am Ende des Rock Creek Park verleiht dieser Anbieter am Potomac River Kanus (12 US$/Std.), Kajaks (pro Std. Einzel/Zweier 10/17 US$) und Fahrräder (pro Std./Tag 7/28 US$).

Big Wheel Bikes FAHRRADVERLEIH
(☎202-337-0254; www.bigwheelbikes.com; 1034 33rd St NW; pro Std./Tag 7/35 US$; ⏲Di–Fr 11–19, Sa & So 10–18 Uhr) Hat ebenfalls gute Leihräder.

Capitol Bikeshare FAHRRADVERLEIH
(☎877-430-2453; www.capitolbikeshare.com) Capitol Bikeshare funktioniert nach einem System, wie es sich bereits in vielen europäischen Städten etabliert hat: Über 1000 Fahrräder verteilen sich auf über 100 Stationen im ganzen D.C. Ein Fahrrad leiht man wie folgt aus: Dauer auswählen (pro 24 Std. 5 US$, pro 5 Tage 15 US$), die Kreditkarte ins Lesegerät stecken und ab geht es. Die ersten 30 Min. sind kostenlos; danach steigen die Preise exponentiell (1,50/3/6 für weitere 30/60/90 Min.). Weitere Infos gibt's telefonisch oder online.

Washington, D.C., mit Kindern

Eine Top-Adresse für Familien ist zweifellos der (kostenlose!) Zoo (S. 273). Die Museen der Stadt bieten Lehrreiches und Unterhaltsames für Kinder jeden Alters. Falls man selbst – oder die Kinder – keine Lust mehr auf Sightseeing im Inneren hat, bieten sich zahlreiche verlockende grüne Oasen an, z.B. der 133 ha große **East Potomac Park** (Ohio Dr SW) südöstlich vom Tidal Basin. Hier gibt es einen Spielplatz, ein Freibad, Minigolf und Picknickmöglichkeiten.

Auf der Website **Our Kids** (www.our-kids.com) gibt's einen Kalender mit kinderfreundlichen Events im D.C., familienfreundliche Restaurants und Unmengen an weiteren Ideen, um aktiv zu sein.

Viele Hotels bieten Babysitting an. Man kann aber auch bei der angesehenen Organisation **Mothers' Aides** (☎703-250-0700; www.mothersaides.com) buchen. Die Preise liegen zwischen 15 und 20 US$ für die Stunde.

THE MALL

Die weiten, offenen Flächen der Mall sind perfekt für den Familienspaß im Freien, sei es um ein Frisbee zu werfen, zu picknicken, eine Fahrt mit dem ältesten **Karussel** (Tickets 2,50 US$) der Welt zu machen oder durch die Museen zu schlendern.

Kids lieben Dinge, die quietschen und/oder andere Dinge zum Quietschen bringen. Beides gibt's bei den Dinosauriern und Insekten im National Museum of Natural History (S. 266). Das Kennedy Center (S. 283) führt unterhaltsame Shows für Knirpse auf, das National Air & Space Museum (S. 266) bietet Mondsteine, IMAX-Filme und einen wilden Flug im Simulator.

Das National Theatre (S. 283) führt Samstag vormittags kostenlose Vorstellung auf, z.B. Puppenspiel oder Stepptanz (Reservierungen erforderlich).

Discovery Theater THEATER
(☎202-633-8700; www.discoverytheater.org; 1100 Jefferson Dr SW; Erw./Kind 6/5 US$) Im Untergeschoss des Ripley Center werden unterhaltsame Shows für junges Publikum aufgeführt.

GREATER D.C.

National Children's Museum MUSEUM
(☎301-686-0225; www.ncm.museum; 112 Waterfront St, National Harbor, MD) Wird seine riesigen Türen 2013 im National Harbor Complex, 16 km südlich der Mall wieder öffnen.

Six Flags America VERGNÜGUNGSPARK
(☎301-249-1500; www.sixflags.com/america; Erw./Kind über 2 Jahre 50/35 US$; ⏲Mai–Okt.) Er befindet sich etwa 15 Meilen (24 km) östlich der Innenstadt in Largo, MD und bietet eine volle Auswahl an Achterbahnen und zahmeren Karussels für die Kids.

☞ Geführte Touren

DC Metro Food Tours STADTSPAZIERGANG
(☎800-979-3370; www.dcmetrofoodtours.com; 27–60 US$/Pers.) Die Spaziergänge führen zu den kulinarischen Hochgenüssen von D.C., erforschen mehrere Stadtviertel und stoppen auf dem Weg immer wieder für einen Bissen. Im Angebot sind der Eastern Market, die U Street, Little Ethiopia, Georgetown und Alexandria, VA.

DC by Foot STADTSPAZIERGANG
(www.dcbyfoot.com) Bei dem kostenlosen Spaziergang erfährt man auf verschiedenen Routen spannende Geschichten und historische Details, u.a. über die National Mall, den Arlington Cemetery und die Ermordung Lincolns. Trinkgeld nicht vergessen!

Old Town Trolley Tours BUS
(☎888-910-8687; www.trolleytours.com; Erw./Kind 35/25 US$) Der offene Bus klappert die

wichtigsten Sehenswürdigkeiten von Washington ab; unterwegs kann man beliebig oft aus- und wieder einsteigen. Weitere Touren des Veranstalters: die abendliche „Monuments by Moonlight"-Tour und die „DC Ducks"-Tour in einem Amphibien-Fahrzeug, das in den Potomac River fährt.

Bike and Roll FAHRRAD
(☎202-842-2453; www.bikethesites.com; Erw./Kind ab 40/30 US$; ⊙März–Nov.) Bietet bei Tag und bei Nacht eine Handvoll von Radtouren durch die Stadt an (außerdem: Kombitouren mit Boot und Fahrrad zum Mt. Vernon).

City Segway Tours SEGWAY
(☎202-626-0017; http://citysegwaytours.com/washington-dc) Eine extrem beliebte und entspannende Möglichkeit, um die wichtigsten Sehenswürdigkeiten an der Mall und im Penn Quarter zu besichtigen (70 US$).

Feste & Events

National Cherry Blossom Festival KULTUR
(www.nationalcherryblossomfestival.org) Von Ende März bis Anfang April. D.C. von der hübschesten Seite.

Smithsonian's Folklife Festival KULTUR
(www.festival.si.edu) Das fröhliche Familienevent findet an zwei Wochenenden im Juni und Juli statt und wartet mit regionaler Volkskunst, Handwerk, Kulinarischem und Musik auf.

Independence Day KULTUR
Es überrascht nicht, dass der Unabhängigkeitstag hier eine große Sache ist. Er wird am 4. Juli mit einer Parade, einem Open-Air-Konzert und einem Feuerwerk über der Mall gefeiert.

Schlafen

B&Bs und private Apartments in der ganzen Stadt findet man am besten bei **Bed & Breakfast Accommodations** (☎877-893-3233; www.bedandbreakfastdc.com).

Wer sein Auto mit nach D.C. bringt, sollte 20 US$ oder mehr für's Parken einplanen (oder man übernachtet in Arlington oder Alexandria, wo man bei einigen Hotels umsonst parken kann). Bei den unten aufgeführten Preisen ist noch nicht die hohe Hotelsteuer von 14,5% für den D.C. enthalten.

CAPITOL HILL

William Penn House HOSTEL $
(☎202-543-5560; www.williampennhouse.org; 515 E Capitol St SE; B inkl. Frühstück ab 40 US$; ❄@) Das freundliche, von Quäkern geführte Gästehaus liegt an einer friedlichen Straße, fünf Blocks östlich vom Kapitol. Es hat einen Garten und bietet saubere, gut gepflegte Schlafsäle, könnte aber mehr Badezimmer vertragen. Neugierige und spirituelle eingestellte Zeitgenossen können früh aus den Federn steigen und sich dem Gottesdienst um 7.30 Uhr anschließen.

DOWNTOWN & RUND UMS WEISSE HAUS

Hay-Adams LUXUSHOTEL $$$
(☎202-638-6600; www.hayadams-dc.com; 800 16th St NW; Zi. ab 379 US$; P❄🛜≋) Eines der tollen Heritage-Hotels der Stadt. Das Hay ist ein schönes, altes Gebäude. Vor allem hat man einen traumhaften Blick auf das Weiße Haus. Es wurde nach den beiden Villen benannt, die hier einst standen (die dem Minister John Hay und dem Historiker Henry Adams gehörten). Sie bildeten den Schnittpunkt der politischen und intellektuellen Elite von Washington. Heute hat das Hotel eine Lobby im Palazzo-Stil und vermutlich die besten Zimmer des Luxus-Genres der alten Schule in der Stadt. Die bauschigen Matratzen sind wie Wolken und werden von Himmelbetten mit goldenen Quasten gekrönt.

Morrison-Clark Inn BOUTIQUEHOTEL $$$
(☎202-898-1200; www.morrisonclark.com; 1015 L St NW; Zi. ab 220 US$; P❄🛜) Das elegante Gasthaus steht auf der Liste der Historic Places. Es umfasst zwei Häuser aus dem Jahr 1864 und ist mit schönen Antiquitäten, Kronleuchtern, Vorhängen in leuchtenden Farben und anderen Stücken ausgestattet, die die Südstaaten aus der Zeit vor dem Bürgerkrieg zum Leben erwecken. Einige Zimmer haben einen eigenen Balkon oder einen dekorativen Marmorkamin. Traumhaftes Personal und eine superzentrale Lage.

Chester Arthur House B&B $$
(☎877-893-3233; www.chesterarthurhouse.com; 1339 14th St NW; Zi. 175-250 US$; ❄🛜) Geführt wird es von einem reizenden Paar mit unglaublichem Reise-Know-how. Es ist eine gute Wahl für diejenigen, die etwas tiefer in Washington eintauchen wollen. Untergebracht wird man in einem von drei Zimmern in einem schönen Reihenhaus am Logan Circle, das mit Antiquitäten und Andenken von den Weltreisen der Gastgeber gefüllt ist.

HI-Washington, DC HOSTEL $
(☎202-737-2333; 1009 11th St NW, in K St; B inkl. Frühstück ab 35 US$; ❄@🛜) Die beste Bud-

getunterkunft vor Ort. Das große, freundlich Hostel zieht ein entspanntes, internationales Publikum an und hat eine Menge Extras: Aufenthaltsräume, einen Pooltisch, kostenlose geführte Touren und Filmnächte, eine Küche und eine Wäscherei.

Hotel Harrington HOTEL $$
(☎202-628-8140; www.hotel-harrington.com; 436 11th St NW; EZ/DZ ab 125/145 US$; ❄📶) Das etwas in die Jahre gekommene Hotel in Familienbesitz ist die erschwinglichste Option in der Nähe der Mall. Es hat kleine, einfache Zimmer, die zwar sauber sind, aber definitiv eine Renovierung vertragen könnten. Hilfsbereites Personal und die tolle Lage machen das Harrington zu einem guten Angebot für Traveller, die auf etwas Komfort verzichten können.

District Hotel HOTEL $$
(☎202-232-7800; www.thedistricthotel.com; 1440 Rhode Island Ave NW; Zi. 120–140 US$; 📶) Hier ist die Heimat von einigen der kleinsten Zimmern im D.C. Das District Hotel hat spartanische Unterkünfte, die aber ganz gemütlich sind, wenn man keine allzu großen Ansprüche stellt. Es befindet sich in einer ordentlichen Lage, Downtown und Dupont sind zu Fuß zu erreichen.

ADAMS MORGAN

American Guest House B&B $$
(☎202-588-1180; www.americanguesthouse.com; 2005 Columbia Rd NW; Zi. 160–220 US$; ❄📶) Das B&B mit seinen zwölf Zimmern verdient für seinen warmen, freundlichen Service, das gute Frühstück und die elegant eingerichteten Zimmer Bestnoten. Das Inventar deckt eine breite Skala ab, von viktorianisch (Zimmer 203) über New-England-Cottage (Zimmer 304) bis zu Liebesnest aus der Kolonialzeit (Zimmer 303). Einige der Zimmer sind recht klein.

Adam's Inn B&B $$
(☎202-745-3600; www.adamsinn.com; 1746 Lanier Pl NW; Zi. mit Gemeinschafts-/eigenem Bad ab 109/139 US$; P❄@) Das Adams liegt an einer hübschen, von Bäumen gesäumten Straße in der Nähe von Adams Morgan. Das Stadthaus hat kleine, aber schön eingerichtete Zimmer; durch die dünnen Wände kann man manchmal die Nachbarn hören.

DUPONT CIRCLE

Carlyle Suites HOTEL $$$
(☎202-234-3200; www.carlylesuites.com; 1731 New Hampshire Ave NW; Zi. ab 220 US$; ❄@📶) Im Innern dieser nur aus Suiten bestehenden Art-déco-Perle findet man große, elegant eingerichtete Zimmer mit knisterndem Leinen, Luxusmatratzen und voll eingerichteter Küche. Das freundliche Personal ist erstklassig. Zu den weiteren Extras gehören die kostenlose Laptop-Benutzung und der Gratiszugang zum Washington Sports Club.

Akwaaba B&B $$
(☎877-893-3233; www.akwaaba.com; 1708 16th St NW; Zi. 150–265 US$; ❄) Das Akwaaba ist Teil einer kleinen Kette von B&Bs, die das afroamerikanische Erbe in den Mittelpunkt stellen. Diese praktisch gelegene Filiale in Dupont hat einzigartig eingerichtete Zimmer in einer Villa aus dem späten 19. Jh. Gästen wird ein freundliches Willkommen und ein ausgezeichnet zubereitetes Frühstück geboten.

Dupont Collection B&B $$
(☎202-467-6777; http://thedupontcollection.com; Zi. 100–260 US$; P❄📶) Brookland Inn (3742 12th St NE); Inn at Dupont Circle North (1620 T St NW); Inn at Dupont Circle South (1312 19th St NW) Wer sich nach einer gemütlichen B&B-Bleibe im Herzen der Hauptstadt sehnt, sollte diese drei ausgezeichneten, denkmalgeschützten Anwesen testen. Am zentralsten liegen die Inns am Dupont North und South; ersteres wirkt wie das moderne Heim eines wohlhabenden Freundes, während letzteres eher das Chintz-und-Spitzenlaken-Feeling vermittelt. Das Brookland liegt im äußersten Nordosten (ist aber mit der Metro erreichbar).

Tabard Inn HOTEL $$
(☎202-785-1277; www.tabardinn.com; 1739 N St NW; Zi. mit Gemeinschafts-/eigenem Bad ab 120/165 US$; P❄📶) Das Tabard Inn belegt ein Trio aus Reihenhäusern aus dem 19. Jh. und hat attraktive, mit Antiquitäten ausgestattete Gästezimmer, die außergewöhnlich verschnörkelt daherkommen. Dafür sorgen eiserne Bettgestellte, Ohrensessel und dekorative Kamine. Außerdem gibt's ein ausgezeichnetes Restaurant mit Garten.

Hotel Helix BOUTIQUEHOTEL $$$
(☎202-462-9001; www.hotelhelix.com; 1430 Rhode Island Ave NW; Zi. ab 240 US$; P❄@📶) Modisch und so leuchtend, als wäre es mit dem Textmarker gekennzeichnet. Das Helix ist verspielt und cool und das perfekte Hotel in der lebhaften, internationalen Umgebung, die das Stadtviertel am Dupont Circle auszeichnet.

DIE SCHÖNSTEN CAFÉS

Tryst CAFÉ $

(2459 18th St NW; 6.30 Uhr–open end;) Das stilvolle Tryst liegt in Adams Morgan und zieht mit seinen Tischen und Sofas am Tag die Laptop-Kundschaft (kostenloses WLAN) und abends eine etwas schwatzhaftere Meute an; es gibt eine frühe Happy-Hour (15–17.30 Uhr), ordentlichen Kaffee, kleine Portionen und Nachtisch und montags bis mittwochs Live-Jazz (ab 20 Uhr).

Baked & Wired CAFÉ $

(1052 Thomas Jefferson St NW; Hauptgerichte 3 US$; Mo–Fr 7–20, Sa & So ab 8 Uhr;) Das Baked & Wired ist ein fröhliches, kleines Georgetown-Café, das traumhaften Kaffee und köstliche Desserts zubereitet; es ist ein herrlicher Platz, um sowohl real als auch virtuell mit Studenten zu schwatzen (WLAN ist natürlich kostenlos).

Ching Ching Cha TEEHAUS $$

(1063 Wisconsin Ave NW; Tee 6–12 US$; 11–21 Uhr) Das luftige Teehaus im Zen-Stil scheint meilenweit von dem Shopping-Wahnsinn an der M Street in Georgetown entfernt zu sein. Hier stoppt man für eine Tasse des außergewöhnlichen Tees (über 70 verschiedene Sorten). Im CCC werden außerdem dampfende Klöße, Süßigkeiten und mittags einfache, aber geschmackvolle Drei-Gänge-Menüs (14 US$) serviert.

Pound CAFÉ $

(621 Pennsylvania Ave SE; Hauptgerichte 5–8 US$; Mo–Sa 7–21.30, So 8–20 Uhr;) Das Pount liegt in Capitol Hill und serviert Kaffee von höchster Qualität in einem eleganten, rustikalen Innenraum (unverputzte Ziegelwände und Holzbalken, originaler Deckenputz, Holzböden und nett beleuchtete Kunstwerke). Die Quesadillas und Panini zum Frühstück, die Specials zum Mittagessen und die Nutella-Latte sind top.

Filter CAFÉ $

(1726 20th St NW; Mo–Fr 7–19, Sa & So ab 8 Uhr;) Das Filter befindet sich an einer ruhigen Straße in Dupont und ist ein Café in Schmuckkästchengröße mit einer winzigen Terrasse davor, einem hippen, laptopsüchtigen Publikum und vor allem tollem Kaffee. Aussies und all die anderen, die auf der Suche nach der perfekten Kaffeekreation sind, bekommen hier einen ordentlichen Flat-White.

GEORGETOWN

Hotel Monticello HOTEL $$$

(202-337-0900; www.monticellohotel.com; 1075 Thomas Jefferson St NW; Zi. ab 220 US$;) Das Hotel Monticello liegt im Herzen von Georgetown und hat geräumige Zimmer mit Kronleuchtern aus Messing und Kristall, nachgemachten Möbeln aus der Kolonialzeit, bequemen Spitzenklasse-Matratzen und geschmackvollen Blumenarrangements. Hilfsbereites Personal.

Essen

Wie man es von einer der internationalsten Städte der Welt erwarten kann, hat Washington eine nicht weniger internationale Gastronomie zu bieten, die für jeden Gaumen das Passende bereithält. U.a. gibt's eine super Auswahl an äthiopischen, indischen, südostasiatischen, französischen und italienischen Restaurants und natürlich auch Lokale, die die guten, altmodischen Gerichte aus den Südstaaten servieren.

CAPITOL HILL

Sonoma INTERNATIONAL $$$

(202-544-8088; 223 Pennsylvania Ave SE; Hauptgerichte 12–38 US$; Mo–Fr 11.30–14.30, Mo–Sa 17–22, So 17–21 Uhr) Das Sonoma mit seiner warmen Beleuchtung ist ein eleganter Ort, um klasse Bistrogerichte mit ein paar tollen Weinen zu genießen (mehr als 50 offene Weine). Auf den Tisch kommen Fisch der Saison, gegrillte Entenbrust, Pizza und Pasta, abends können die Gäste auch bei leckeren, kleinen Portionen, Fleischgerichten und reichhaltigen Käseplatten verweilen. Um dem Namen gerecht zu werden, herrschen Variationen aus Kalifornien vor. Der Service erhält durchwachsene Kritiken.

Granville Moore's MODERN-AMERIKANISCH $$

(1238 H St NE; Hauptgerichte 12–16 US$; So–Do 17–24, Fr & Sa bis 3 Uhr) Das Granville Moore ist einer der Fixpunkte des künstlerischen Atlas District (der entlang der H St NE verläuft). Es preist sich selbst als Gastropub mit belgischem Touch. Tatsächlich bekommt man hier 70 belgische Flaschenbiersorten und mindestens sieben vom Fass. Dazu gibt's gute Kneipengerichte (und empfehlenswerte Muscheln), eine lebhafte Happy Hour und an den meisten Abenden ein gut aufgelegtes Publikum.

Eastern Market MARKT $
(225 7th St SE; ⌚Di–Fr 7–19, Sa bis 18, So 9–17 Uhr) Eines der Symbole von Capitol Hill. Die überdachten Arkaden sind voller köstlicher Produkte, wochentags kann man außerdem gut essen und trinken. Die Krabbenpasteten am Market-Lunch-Stand sind göttlich.

Jimmy T's Place DINER $
(501 E Capitol St SE; Hauptgerichte 6–10 US$; ⌚Di–So 7–15 Uhr) Das Jimmy ist ein Old-School-Treffpunkt des Stadtviertels. Hier versammeln sich die Leute, um die *Post* zu lesen, einen Burger oder ein Omelett zu essen, einen Kaffee zu trinken und mit dem Personal hinter der Theke zu schäkern.

DOWNTOWN & RUND UMS WEISSE HAUS

LP TIPP **Minibar im Café Atlantico** LATEINAMERIKANISCH $$$
(☎202-393-0812; www.cafeatlantico.com; 405 8th St NW; Probiermenü 150 US$; ⌚Di–Sa 18 & 20.30 Uhr) Die Minibar im Atlantico ist ein Eldorado für Feinschmecker. Hier begeistern sich die glücklichen sechs Menschen – ja, es gibt wirklich nur sechs Plätze – an Fleischstückchen in Zuckerwatte und zu Wolken aufgeschäumten Cocktails. Das Probiermenü wird vom Koch zusammengestellt, ist meistens köstlich und nie langweilig. Man sollte ziemlich genau einen Monat im Voraus reservieren.

Maine Avenue Fish Market SEAFOOD $
(1100 Maine Ave SW; ⌚8–21 Uhr) Wer Seafood liebt, sollte diesen weitläufigen und lebhaften Fischmarkt ganz oben auf die Liste der Besichtigungen setzen. Über ein Dutzend Verkäufer bieten einige der leckersten Meeresfrüchte der USA an – und zwar fangfrisch im wahrsten Sinne des Wortes. Riesige Austern (à 6 Stück 7 US$), Krabbenpasteten, Blaukrabben, gedämpfte Krabben und Shrimps zum Pulen und Essen sind nur der Anfang.

Hill Country BARBECUE $$
(www.hillcountrywdc.com; 410 7th St NW; Hauptgerichte 10–20 US$; ⌚8–21 Uhr; 👪) Direkt aus Texas, über ... äh ... Manhattan ist das Hill Country seit seiner Eröffnung 2011 schnell beliebt geworden. Die Ribs, Hähnchen und Würstchen sind alle ordentlich, aber die Ochsenbrust – unbedingt *moist* (feucht) bestellen – ist phänomenal. An den meisten Abenden füllt sich das schneunengroße Lokal mit lautem Geschnatter und es herrscht eine zwanglose Atmosphäre. Das Fleisch (nach Gewicht) und auch Beilagen bestellt man hinten bei den Smokemasters. Dienstags bis samstags spielen die Treppen runter Bands.

Zaytinya MEDITERRAN $$
(☎202-638-0800; 701 9th St NW; Meze 7–11 US$; ⌚1Di–Sa 11.30–23.30, So & Mo bis 22 Uhr) Das schon lange beliebte Zaytinya ist eine der kulinarischen Kronjuwelen von Koch José Andrés. Hier werden in einem langen, schmalen Speisesaal mit hohen Decken und gläsernen Wänden super griechische, türkische und libanesische Meze (kleine Speisen) serviert. Die Happy Hour Specials für 4 US$ (16.30–18.30 Uhr) sind ein gutes Argument, vorbeizuschauen.

Ping Pong ASIATISCH $$
(☎202-506-3740; 900 7th St NW; Dim Sum 5–7 US$; ⌚Mo–Sa 11.30–23, So 11–22 Uhr) Im Ping Pont kann man zu jeder Zeit köstliches Dim Sum genießen. Aber der stilvolle und offene Speisesaal zieht abends die lebhaftesten Massen an. Die Speisekarte aus ganz Asien bietet köstliche gedämpfte Teigtaschen, Schweine-Baozi mit Honigmantel, Meeresfrüchte aus dem Tontopf und andere Leckereien, dazu gibt's tolle Getränke wie Obstwein und Holunderblüten-Saketini-Cocktails.

Matchbox Pizza PIZZERIA $$
(☎202-289-4441; 713 H St NW; Pizza 14–21 US$; ⌚So–Do 11–22.30, Fr & Sa bis 1 Uhr) Eine der beliebtesten Pizzerias Washingtons serviert gefeierte Pizzas mit dünnem Teig (wie die würzige „Fire & Smoke" mit geröstetem Pfeffer und geräuchertem Gouda) und die viel gepriesenen Sliders (Mini-Burger; mit Gorgonzola bestellen). Am Wochenende muss man sich auf ein volles Haus einstellen.

Jaleo SPANISCH $$
(☎202-628-7949; 480 7th St NW; Tapas 7–12 US$, Hauptgerichte abends 16 US$; ⌚Di–Sa 11.30–23.30, So & Mo bis 22 Uhr) Zwischen altmodischen Wandgemälden und in wuseligem Ambiente serviert das Jaleo die vielleicht besten Tapas von Washington. Knoblauchhaltige Gambas al Ajillo (Knoblauch-Shrimps), Rote-Beete-Salat mit Pistazien und hausgemachte Schweinswürstchen mit weißen Bohnen sind die Renner. Die Bar

hat auch eine tolle Happy Hour (Tapas & Sangria 4 US$).

Georgia Brown's SÜDSTAATEN $$
(☎202-393-4499; 950 15th St NW; Hauptgerichte 16–32 US$; ⏲Mo–Do 11.30–22, Fr & Sa 12–23, So 10–14.30 & 17–22 Uhr) Das Georgia Brown's veredelt einfache Zutaten aus den Südstaaten wie Shrimps, Maismehl, Catfish (Welse), Korn und Würstchen zu hoher Kunst. Es werden Gerichte wie gebratene grüne Tomaten gefüllt mit Ziegenkäse und Kräutern oder in süßem Tee mariniertes Brathuhn auf den Tisch gezaubert. Der Jazz-Brunch mit einem unglaublichen Buffet gehört zu den kulinarischen Highlights im D.C.

ADAMS MORGAN, SHAW & U STREET

Busboys & Poets INTERNATIONAL $$
(☎203-387-7638; www.busboysandpoets.com; 2021 14th St NW; Hauptgerichte 8–16 US$; ⏲Mo–Fr 8–24, Sa & So ab 9 Uhr; 📶) Als kultureller Höhepunkt zieht das Busboys (benannt nach einem Gedicht von Langston Hughes) eine bunte Meute an. Sie versammelt sich für Kaffee, Bistrogerichte (Pizza, Burger, Krabbenpasteten) und eine fortlaufende Reihe von Events – Autogrammstunden, Gedichtlesungen, Filmvorführungen.

Etete ÄTHIOPISCH $$
(☎202-232-7600; 1942 9th St NW; Hauptgerichte 10–20 US$; ⏲11.30–23 Uhr; 🖉) In der kleinen Enklave, die manchmal auch „Little Ethiopia" genannt wird, wird authentisches und hochwertiges Essen zubereitet: feuriger *yebeg wat* (würziger Lammeintopf), zarte Golden Tibs (marinierte Rinder-Short-Ribs), jede Menge vegetarische Gerichte und scharfes *injera* (schwammiges Fladenbrot), um all die Saucen aufzusaugen. Der gastronomische Konkurrent **Dukem** (1114 U St NW) befindet sich gleich die Straße rauf.

Cork MODERN-AMERIKANISCH $$
(1720 14th St NW; kleine Gerichte 7–15 US$; ⏲17–1 Uhr) Die dunkle und gemütliche Weinbar schafft die Quadratur des Kreises: Sie ist ein Magnet für Feinschmecker und eine freundliche Kneipe im Kiez. Man bekommt hier über 50 offene Weine, die gut zu den kleinen Gerichten und der Käseauswahl passen.

Pasta Mia ITALIENISCH $$
(1790 Columbia Rd NW; Hauptgerichte 10–15 US$; ⏲Mo–Sa 18.30–22 Uhr) Nicht einmal schlechtes Wetter kann die treue Fangemeinde davon abhalten, sich für die erschwinglichen italienischen Gerichte anzustellen. Es werden keine Kreditkarten und auch keine Reservierungen oder Bestechungen akzeptiert, die einen in der Schlange weiter nach vorne bringen. Hat man einen der Tische mit karierten Decken ergattert, wird man mit riesigen Portionen belohnt.

Diner AMERIKANISCH $$
(2453 18th St NW; Hauptgerichte 8–16 US$; ⏲24 Std.; 👪) Das Diner ist der ideale Platz für ein Late-Night-Frühstück, einen Bloody-Mary-Brunch an (überfüllten) Wochenenden oder jedem beliebigen Zeitpunkt, wenn einem der Sinn nach unaufgeregter, gut gemachter amerikanischer Kost steht (Omeletts, gefüllte Pancakes, Mac'n'Cheese, gegrillte Portobello Sandwiches, Burger und dergleichen). Es ist auch toll für die Kids (es werden sogar ihre hier angefertigten Bilder an der Wand aufgehängt).

Ben's Chili Bowl FAST FOOD $
(1213 U St NW; Hauptgerichte 4–9 US$; ⏲Mo–Do 11–2, Fr & Sa bis 4, So bis 23 Uhr) Das Ben's ist eines der Wahrzeichen von D.C., und zwar seit über 50 Jahren. In dem Old-School-Laden bekommt man Burger, Pommes und die äußerst beliebten, in Chili gebetteten Half-Smokes (Schweins- und Rinderwürstchen).

DUPONT CIRCLE

LP TIPP **Bistro Du Coin** FRANZÖSISCH $$
(☎202-234-6969; 1738 Connecticut Ave NW; Hauptgerichte 12–27 US$; ⏲So–Mi 11.30–23, Do–Sa bis 1 Uhr) Für eine flotte, kulinarische Reise über den Atlantik liefert das lebhafte und beliebte Bistro Du Coin das Richtige. Zum Reiseproviant gehören die leckere Zwiebelsuppe, klassische *Steak-frites* (gegrilltes Steak mit Pommes), Cassoulet, aufgeklappte Sandwiches und neun verschiedene Varianten der berühmten *Moules* (Muscheln). Wer mal richtig dekadent sein will, sollte die *Moules Bretonnes* (mit Hummer) versuchen.

Malaysia Kopitiam MALAYISCH $$
(1827 M St NW; Hauptgerichte 10–15 US$; ⏲12–22 Uhr) Das winzige Restaurant ist ein guter Ort, um sein Malayisch zu perfektionieren. Zu den Spitzenangeboten gehören die *Laksas* (Curry-Nudelsuppen), *Roti Canai* (Fladenbrot mit Hühnchen-Curry) und knuspriger Tintenfisch-Salat. Die Speisekarte mit ihren großen Bildern ist bei der Bestellung eine echte Hilfe.

Afterwords AMERIKANISCH $$
(☎202-387-3825; 1517 Connecticut Ave NW; Hauptgerichte 12–20 US$; ⏲So–Do 7.30–1 Uhr,

Fr & Sa 24 Std.;) Der geschäftige Laden ist kein durchschnittliches Café in einem Buchshop. Hier gibt's jede Menge super Essen an vollen Cafétischen und auf einer Terrasse. Auf der Speisekarte stehen leckere Bistrogerichte und eine umfangreiche Bierauswahl. Damit ist es für die Happy Hour, einen Brunch und jederzeit am Wochenende ein perfektes Ziel.

Dolcezza EIS **$**
(1704 Connecticut Ave NW; Eis 4–7 US$; Mo–Sa 8–23, So bis 20 Uhr;) Die beste Gelateria im D.C. hat über ein Dutzend einzigartige, köstliche Geschmacksrichtungen (z.B. thailändische Kokosmilch, Holunderblütenhonig und Champagner-Mango). Guter Kaffee, eine altertümlich-schicke Einrichtung und kostenloses WLAN. In Georgetown gibt's auch eine Filiale.

GEORGETOWN

Citronelle MODERN-AMERIKANISCH **$$$**
(202-625-2150; 3000 M St NW; Probiermenü ab 105 US$; Di–Sa 18–22 Uhr) Der gefeierte Küchenchef Michel Richard eröffnete dieses Abendrestaurant in Georgetown. Für sein zartes Lammkarree in Jalapeno-Kreuzkümmel-Soße, Wildlachs in Hummer-Safran-Brühe und andere kulinarische Perlen erhält er Bestnoten. Wem das Zehn-Gänge-Menü zu teuer ist, der kann auch in der legereren Lounge à la carte speisen.

Martin's Tavern AMERIKANISCH **$$**
(202-333-7370; 1264 Wisconsin Ave NW; mittags Hauptgerichte 12–15 US$, abends 13–30 US$; ab 11.30 Uhr) Das Martin's ist bei den Georgetown-Studenten und US-Präsidenten der Liebling. Sie alle genießen den altmodischen Speisesaal in diesem Gasthaus und seine schnörkellosen Klassiker wie dicke Burger, Krabbenpasteten und erstklassige Ribs.

Dolcezza EIS **$**
(1560 Wisconsin Ave NW; Eiscreme 4–7 US$; Mo–Sa 12–22, So bis 21 Uhr) Das Dolcezza serviert von einer wöchentlich wechselnden Karte erstaunlich gutes Gelato. Zu den aktuellen Rennern gehören Limone-Koriander, mexikanischer Kaffee und Zitrone-Ricotta-Kardamon.

UPPER NORTHWEST DC

2 Amys PIZZERIA **$**
(3715 Macomb St NW; Hauptgerichte 3–7,25 US$; Di–So 12–14.30, tgl. 17–23 Uhr;) Das 2 Amys liegt ein wenig ab vom Schuss, aber ist doch nur einen Steinwurf von der Washington National Cathedral entfernt. Hier werden einige der besten Pizzas mit dünnem Boden von ganz Washington serviert. Die Pizzas sind mit marktfrischen Zutaten belegt und perfekt in einem Steinofen gebacken. Vorsicht, am Wochenende wird's rappelvoll!

COLUMBIA HEIGHTS & UMGEBUNG

In Columbia Heights und Petworth, nördlich der Green Line, eröffnen immer mehr Restaurants und Bars.

W Domku INTERNATIONAL **$$**
(202-722-7475; 821 Upshur St NW; Hauptgerichte 12–18 US$; Di–Do 18–23, Fr 12–24, Sa 10–24, So 10–22 Uhr) Das W Domku ist eine Perle inmitten eines uninspirierenden Teils von Petworth. Es gibt einen bunten Mix an polnischen, russischen und skandinavischen Gerichten – von Gulasch, Fischeintopf und Graved Lachs bis zu im Haus abgefülltem Aquavit. Die Old-School-Einrichtung und das lässige Flair machen es noch attraktiver.

Palena MODERN-AMERIKANISCH **$$$**
(202-537-9250; 3529 Connecticut Ave NW; Festpreis-Menü ab 75 US$; Di 11.30–14 & 17.30–22, So 10.30–14 Uhr) Das Palena liegt versteckt im Cleveland Park, im Nordwesten an der Red Line. Es ist eines der Feinschmecker-Schwergewichte Washingtons. Red Snapper mit Ramps (wilder Lauch) und Austernpilzen, Artischocken-Risotto und Selleriewurzelsuppe mit Shrimps und Mandeln sind die momentanen Favoriten. Im Voraus reservieren oder in dem zwangloseren Café (Hauptgerichte 14–26 US$) essen.

Ausgehen & Unterhaltung

Im wöchentlich erscheinenden *Washington City Paper* (www.washingtoncitypaper.com) oder der Wochenendausgabe der *Washington Post* (www.washingtonpost.com) gibt's umfangreiche Eventkalender. Praktisch am Old Post Office Pavilion gelegen, verkauft **Ticketplace** (http://culturecapital.tix.com; 407 7th St NW; Mi–Fr 11–18, Sa 10–17 Uhr) Karten für Konzerte und Shows am selben Abend zum halben Preis (nicht telefonisch).

Bars & Nachtclubs

CAPITOL HILL & DOWNTOWN

Hawk & Dove BAR
(329 Pennsylvania Ave SE; ab 10 Uhr) Die exemplarische Bar in Capitol Hill ist der Treffpunkt für Politik-Junkies. Hier gibt's intime Ecknischen, die sich perfekt dazu eignen, bei einem Bierchen den nächsten Skandal im Distrikt zu planen.

SCHWULEN- & LESBENSZENE IN WASHINGTON, D.C.

Eines der Zentren der Szene in Washington konzentriert sich um den Dupont Circle.

Cobalt BAR

(http://cobaltdc.com; 1639 Zi. St NW; So–Do Eintritt frei, Fr & Sa 5–8 US$) Jede Menge Haarstyling-Produkte im Einsatz und durchtrainierte Bodys mit guter Bräune, wenn auch nicht immer echt – das schick gekleidete Publikum zwischen Ende Zwanzig und Dreißig aufwärts kommt wegen der lustigen (aber lauten!) Tanzpartys unterhalb der Woche her. Attraktive Barkeeper, gute DJs und tägliche Getränke-Specials sind weitere Argumente für einen Besuch.

Nellie's Sports Bar BAR

(www.nelliessportsbar.com; 900 U St NW) Auch das unaufgeregte Flair macht das Nellie's zu einem guten Ort, um sich zwischen den netten Leuten zu ein paar leckeren Bissen an der Bar niederzulassen. Zahlreiche Events (z. B. Drag-Bingo-Abende am Dienstag) oder frühe Getränke-Specials. Auf zwölf Plasma-Bildschirmen laufen aktuelle Sportevents; oder man nimmt auf der Dachterrasse Platz und spielt ein Brettspiel.

Town Danceboutique BAR

(www.towndc.com; 2009 8th St NW; So–Do Eintritt frei, Fr & Sa 5–12 US$) Das Town hat ein tolles Sound-System und ebenso tolle DJs. Wer die Hüften schwingen will, ist hier angesichts der zwei Tanzflächen und zahlreicher Räume an der richtigen Adresse. Raucherzone im Freien. An den Wochenenden gibt's lustige Drag-Shows.

JR's BAR

(www.myjrsdc.com; 1519 17th St NW) Die beliebte Schwulenkneipe ist ein toller Platz für die Happy Hour und meistens rappelvoll. Die peinlichen Karaoke-Shows montagabends sind ein Riesenspaß.

Red Palace LIVEMUSIK

(☎202-399-3201; http://redpalacedc.com; 1212 H St NE; ⏲ab 17 Uhr) Das Red Palace ist die Säule der hektischen Szene in der H St. Es hat drei Bars und eine ordentliche Auswahl an Brauhaus-Bieren. In den zahlreichen Räumen kommt ein Mix aus Livebands und Parodieshows auf die Bühne, mit jeder Menge Indie-Rock und experimentellen Sounds.

ADAMS MORGAN, SHAW & U STREET

Marvin LOUNGE

(2007 14th St NW; ⏲17.30–2 Uhr) Das Marvin ist stilvoll, aber schlicht und hat eine Lounge mit gedämpftem Licht und gewölbter Decke. Hier legen DJs für ein gemischtes Publikum Soul und ungewöhnliche Grooves auf. Die Dachterrasse ist in Sommernächten eine beliebte Anlaufstelle, aber auch im Winter, wenn sich die Leute unter bollernden Heizlampen versammeln und Cocktails und belgisches Bier nippen. Außerdem gibt's gute Bistrogerichte.

Cafe Saint-Ex BAR

(1847 14th St NW; ⏲11–1.30 Uhr) Zwischen gerahmten Zeichnungen aus *Le Petit Prince* und Holzpropellern serviert das gemütliche Café, das nach dem französischen Flieger und Kinderbuchautor Antoine de Saint-Exupéry benannt ist, herzhafte Bistrogerichte und an der Bar ein gutes Biersortiment. In der Lounge Gate 54 im unteren Stock legen DJs tolle Grooves auf. An warmen Abenden sind die Tische im Freien herrlich.

Bar Pilar BAR

(1833 14th St NW; ⏲Mo–Fr ab 17, Sa & So ab 11 Uhr) Der sympathische Liebling des Viertels serviert je nach Saison Tapas aus Biozutaten und ausgezeichnete Cocktails auf engstem, nett eingerichtetem Raum. Die senffarbenen Wände und die merkwürdigen Sammlerstücke (Hüte und Erinnerungsstücke an Hemingway) verleihen dem Ganzen einen altmodischen Charme.

Chi-Cha Lounge LOUNGE

(1624 U St NW; ⏲ab 17 Uhr) Man gleitet durch die zweiflügelige Spiegeltür, lässt sich in einem niedrigen Sofa nieder und bestellt eine Wasserpfeife mit fruchtigem Tabak. Zwischen glitzernden Kerzen und einer von hinten beleuchteten Bar nippt die modische Kundschaft an tropischen Cocktails und futtert Tapas.

Madam's Organ LIVEMUSIK

(www.madamsorgan.com; 2461 18th St NW; Gedeck 3–7 US$; ⏲So–Do 17–2, Fr & Sa bis 3 Uhr) Das Organ ist ein sehr beliebter Treff. Das

Publikum ist lebhaft, die Getränke sind günstig, das Innere lädt zum Umherschweifen ein. Dazu gibt's eine Dachterrasse, kostenloses Pool-Billard und jeden Abend spielt eine Band.

Dan's Café BAR

(2315 18th St NW; ⌚So–Do ab 19.30 Uhr) Dan's Kneipe ist angesichts seiner Lage direkt an der Kurze-Röcke-Meile der 18th St gleich noch eine Spur schäbiger. Im Innern der außen kaum als solche erkennbaren Bar erwarten einen dämmrige Beleuchtung, Stammgäste aus der Gegend, Typen, die nach J. Crew aussehen und sich unter das gemeine Volk mischen, und billigen Fusel.

DUPONT CIRCLE

LP TIPP **Eighteenth Street Lounge** LOUNGE

(www.eighteenthstreetlounge.com; 1212 18th St NW; Gedeck 5–15 US$; ⌚Sa & So ab 21.30, Di–Fr ab 17.30 Uhr) Kronleuchter, Samtsofas, antike Tapeten und ein attraktives, tanzverrücktes Publikum schmücken diese Villa mit ihren vielen Stockwerken. Die DJs sind phänomenal. Sie legen Funk, Soul und brasilianische Rhythmen auf. Da Eric Hilton (von Thievery Corporation) der Miteigentümer ist, überrascht das nicht.

Russia House LOUNGE

(1800 Connecticut Ave NW; ⌚Mo–Fr ab 17, Sa & So ab 18 Uhr) Russophile strömen zu dieser verblichenen, eleganten Perle von Dupont mit ihren Messingkronleuchter und lauschigen Räumen mit Kerzenlicht. Die Wodka-Auswahl ist verblüffend. Tolle Location, um sich zu unterhalten und Kaviar zu schlemmen – oder herzhaftere Klassiker wie Pelmeni (Klöße), geschmorter und gefüllter Hase und Schaschlik (Shish Kebab).

Cafe Citron LOUNGE

(1343 Connecticut Ave NW; ⌚Mo–Sa ab 16 Uhr) Das Citron ist eine fröhliche Latino-Lounge mit einem tanzfreudigen Publikum. Es schwingt zu Salsa und Rhythmen aus aller Welt die Hüften und stärkt sich an nie versiegenden Pitchers mit Mojitos und Margaritas. Eintritt wird nicht verlangt; mittwochs gibt's kostenlos Salsaunterricht und montags Flamenco-Shows.

Bier Baron BAR

(1523 22nd St NW; ⌚Do–So ab 11.30, Mo–Mi ab 16.30 Uhr) Seit es Namen und Besitzer gewechselt hat, hat das frühere Brickskeller besseres Essen und einen besseren Service, aber das gleiche dunkle, kneipenähnliche Ambiente und eine anbetungswürdige Auswahl an Flaschenbieren und Bier vom Fass (über 500 verschiedene Sorten!).

Current Sushi LOUNGE

(1215 Connecticut Ave NW; Platz 10–15 US$; ⌚Do–Sa ab 22 Uhr) Der himmlische Club liegt über einem schicken, modernen Sushi-Restaurant und konzentriert sich von Donnerstag- bis Samstagabend auf Tanz. Das gut gekleidete Publikum drängelt sich dann auf der Tanzfläche.

Science Club BAR

(www.scienceclubdc.com; 1136 19th St NW; ⌚ab 17 Uhr) Der Science Club befindet sich in einem Gewirr von Räumen in einem Stadthaus. Er zieht ein gemischtes Publikum aus Einheimischen, Neu-Washingtonern und jungen Geeks an.

GEORGETOWN

Tombs BAR

(1226 36 St, an P St NW; ⌚Mo–Sa ab 11.30, So ab 9.30 Uhr) Wem es bekannt vorkommt, der sollte sich an die Achtziger erinnern – ja, hier wurde *St. Elmo's Fire* gedreht. Heute ist die gemütliche, fensterlose Bar besonders bei Georgetown-Studenten und Lehrbeauftragten beliebt, die zwischen Memorabilien der Crew zechen.

Mie N Yu Lounge LOUNGE

(3125 M St NW; ⌚ab 16 Uhr) Das Mie N Yu treibt den Snobismus und diese Aisa-Fusion-Lounge-Sache etwas zu weit ... und die Getränkepreise sind ähnlich übertrieben. Aber die wilde Deko – z. B. Themenräume wie die Tibet-Lounge, das türkische Zelt und der marokkanische Bazar – schaffen eine farbenfrohe Umgebung für einen Drink.

COLUMBIA HEIGHTS & UMGEBUNG

Red Derby BAR

(3718 14th St NW; ⌚Mo–Do 17–2, Fr bis 3, Sa & So 11–3 Uhr) Das von außen nicht erkennbare Red Derby zieht mit seiner passablen Speisekarte – dicke Burger, Pommes aus Süßkartoffeln und ein Dutzend exotischer Dosenbiere – ein lustiges und buntes Publikum an. Weitere Extras: eine offene Dachterrase (mit Heizlampen), Filme, die an eine Wand projiziert werden, und ein ausgelassener Brunch (Mimosas und Bloody Marys für 2 US$ sorgen für Stimmung). Um den Abend mit einem Paukenschlag zu beginnen, bestellt man am besten ein Shot-and-Schlitz (Herrengedeck) für 5 US$.

Wonderland BAR

(1101 Kenyon St NW; ⌚Mo–Fr 17–2, Sa & So ab 11 Uhr) Das Wonderland liegt in einem

Wohngebiet von Columbia Heights. Es ist nett, aber auch ein wenig eine Spelunke. Davor gibt's eine große Terrasse mit riesigen Holzbänken, die sich ideal für einen warmen Abend eignen. Die Tanzfläche im oberen Stock wird abwechselnd von DJs und Bands beschallt; an den Wochenenden herrscht ordentliches Gedränge.

Looking Glass Lounge BAR
(3634 Georgia Ave NW; ⌚ab 17 Uhr) Der beste Nachtclub von Petworth ist eine kunstvoll gestaltete Kiezkneipe mit einer tollen Jukebox, DJs an den Wochenenden und einer schönen Terrasse im Freien.

Raven BAR
(3125 Mt Pleasant Ave NW; ⌚ab 12 Uhr) Massig Tattoos, günstige Getränke, Grafittis ohne Ende an den Toilettenwänden und eine Attitüde wie ein stinksaures Bandmitglied der Ramones – das ist das Raven. Wer der Kneipe aber etwas Respekt zollt, wird erkennen, dass es wohl kaum eine bessere Bar im D.C. gibt, um ein Bier für 2 US$ abzugreifen.

Livemusik

Black Cat LIVEMUSIK
(www.blackcatdc.com; 1811 14th St NW; ⌚So–Do 20–2, Fr & Sa 19–3 Uhr) Das verschlissene Black Cat ist seit den 1990er-Jahren ein Grundpfeiler der Musikszene im D.C. Hier sind alle Größen der vergangenen Jahre aufgetreten (u.a. White Stripes, die Strokes und Arcade Fire). Wer nicht für die Bands auf der Hauptbühne im oberen Stock 20 US$ löhnen will (oder die kleinere Backstage unten), wählt lieber den Red Room mit seiner Jukebox, Pool-Billard und starken Cocktails.

9:30 Club LIVEMUSIK
(www.930.com; 815 V St NW) Die geräumige Kneipe verteilt sich auf zwei Stockwerke und hat eine Bühne mittlerer Größe (man beobachtet die Action entweder von der Galerie aus oder gesellt sich zur chaotischen Tanzmeute unten. Es geben mitunter ausgezeichnete Bands eine Kostprobe ihres Könnens. Wer gut sehen will, muss früh kommen.

Blues Alley LIVEMUSIK
(www.bluesalley.com; 1073 Wisconsin Ave NW; ⌚ab 20 Uhr) Der stilvolle Jazz-Nachtclub in Georgetown zieht sowohl die großen Namen als auch ein paar schnell zu vergessende Vertreter des seichteren Jazz an. Der Eingang liegt in der Gasse abseits der M St, südlich der Wisconsin Ave.

Verizon Center TREFFPUNKT FÜR KONZERTE
(☎202-628-3200; www.verizoncenter.com; 601 F St NW) D.C.s toller Mix aus Sportarena und Treffpunkt der großen Stars.

Darstellende Künste

Kennedy Center DARSTELLENDE KÜNSTE
(☎800-434-1324; www.kennedy-center.org; 2700 F St NW) Das sagenhafte Kennedy Center liegt auf einem 7 ha großen Gelände am Potomac River und beherbergt eine unglaubliches Spektrum von Aufführungen – auf seinen zahlreichen Bühnen mehr als 2000 pro Jahr. Dazu gehören die Concert Hall (die Heimat des „National Symphony"-Orchesters), das Opera House und das Eisenhower Theater. Auf der Millenium Stage gibt's täglich um 18 Uhr kostenlose Aufführungen.

Wolf Trap Farm Park for the Performing Arts DARSTELLENDE KÜNSTE
(☎703-255-1900; www.wolftrap.org; 1645 Trap Rd, Vienna, VA) Der Open-Air-Park liegt etwa 40 Min. vom Zentrum und beherbergt im Sommer Auftritte des National Symphony und anderer hochkarätiger Musical- und Theatergruppen.

National Theatre THEATER
(☎202-628-6161; www.nationaltheatre.org; 1321 Pennsylvania Ave NW) Washingtons ältestes, durchgehend geöffnetes Theater.

Shakespeare Theatre THEATER
(☎202-547-1122; www.shakespearedc.org; 450 7th St NW) Das führende Shakespeare-Ensemble des Landes führt meisterhaft präsentierte Stücke des großen Dramatikers auf, außerdem auch Werke von George Bernard Shaw, Oscar Wilde, Ibsen, Eugene O'Neill und anderen Größen.

Carter Barron Amphitheatre DARSTELLENDE KÜNSTE
(☎202-426-0486; www.nps.gov/rocr; Ecke 16th St & Colorado Ave NW) Herrlich in einem Wald im Rock Creek Park gelegen. Auf die Bühne kommt ein Mix aus Theater, Tanz und Musik (Jazz, Salsa, Klassik, Reggae). Einige Events sind kostenlos.

Sport

Washington Redskins FOOTBALL
(☎301-276-6800; www.redskins.com) Das Footballteam der Stadt spielt im **FedEx Field** (1600 Fedex Way, Landover, MD; Tickets 40–500 US$), östlich vom D.C. in Maryland. Die Saison dauert normalerweise von September bis Februar.

Washington Nationals BASEBALL
(☎202-675-6287; http://washington.nationals.mlb.com) D.C.s Baseballteam spielt im **Nationals Park** (1500 S Capitol St SE), am Ufer des Anacostia River, im Südosten vom D.C. Die Saison geht von April bis Ende Oktober.

D.C. United FUSSBALL
(☎202-587-5000; www.dcunited.com) D.C. United spielt im **Robert F Kennedy (RFK) Memorial Stadium** (2400 E Capitol St SE). Die Saison geht von März bis Ende Oktober.

Washington Capitals EISHOCKEY
(☎202-397-7328; http://capitals.nhl.com) D.C.s wildes Hockeyteam spielt von Oktober bis Ende April im **Verizon Center** (601 F St NW).

Washington Wizards BASKETBALL
(☎202-661-5050; www.nba.com/wizards) Die NBA-Saison geht von Oktober bis Ende April. Die Heimspiele finden im **Verizon Center** (601 F St NW) statt. D.C.s WNBA-Team, die **Washington Mystics** (☎877-324-6671; www.wnba.com/mystics), gehen hier von Mai bis September ebenfalls auf Körbejagd.

Praktische Informationen

Internetzugang

Kramerbooks (1517 Connecticut Ave NW, Dupont Circle; ⏲So–Do 7.30–1 Uhr, Fr & Sa 24 Std.) In der Bar gibt's einen Computer mit kostenlosem Zugang.

Medizinische Versorgung

CVS Pharmacy (☎202-785-1466; 6 Dupont Circle NW; ⏲24 Std.)

George Washington University Hospital (☎202-715-4000; 900 23rd St NW)

Post

Post (2 Massachusetts Ave NE; ⏲Mo–Fr 9–19, Sa & So bis 17 Uhr)

Touristeninformation

Destination DC (☎202-789-7000; www.washington.org; 901 7th St NW, 4. Stock) Erteilt online, telefonisch oder im praktisch gelegenen Büro in der Innenstadt Unmengen an Auskünften.

Disability Guide (☎301-528-8664; www.disabilityguide.org) Hat praktische Infos zu Museen, Hotels und dem ÖPNV; gibt jährlich auch einen Führer zum barrierefreien Reisen in Washington heraus (online erhältlich, 5 US$) .

International Visitors Information Desk (⏲Mo–Fr 9–17 Uhr) Am Ankunftsterminal im Washington Dulles Airport. Der Schalter wird vom Meridian International Center betrieben und hat mehrsprachiges Personal.

Websites

Online-Besucherinformation (www.washington.org, www.thedistrict.com)

Washington City Paper (www.washingtoncitypaper.com) Kostenlose, trendige Wochenzeitschrift mit einem Verzeichnis von Veranstaltungen und Restaurants.

Washington Post (www.washingtonpost.com) Angesehene Tageszeitung der Stadt (und überregional). Die tägliche Boulevardausgabe *Express* ist gratis. Online-Veranstaltungskalender.

An- & Weiterreise

Bus

Außer Greyhound fahren auch zahlreiche günstige Buslinien nach New York, Philadelphia und Richmond. Die meisten verlangen um die 20 US$ für die einfache Strecke nach NYC (4–5 Std.). Man kann an mehreren Punkten in der Stadt zusteigen; die Haltestelle befinden sich immer an einer Metrostation. Die Tickets müssen in der Regel online gekauft werden. Wenn noch Platz ist, kann man sie aber auch im Bus bekommen.

Bolt Bus (☎877-265-8287; www.boltbus.com; 📶) Bolt Bus ist die beste der preiswerten Optionen. Die Busse starten auf der oberen Ebene der Union Station.

DC2NY (☎202-332-2691; www.dc2ny.com; 20th St & Massachusetts Ave NW)

Greyhound (☎202-589-5141; www.greyhound.com; 1005 1st St NE) Hat Verbindungen in den ganzen USA. Das Terminal befindet sich ein paar Blocks nördlich der Union Station: nach Einbruch der Dunkelheit besser ein Taxi nehmen!

Megabus (☎877-462-6342; www.us.megabus.com; 📶) Fährt vorübergehend an der K & N Capitol Sts NW ab. Zur Sicherheit vorher anrufen.

New Century (☎202-789-8222; www.2001bus.com; 513 St NW)

Peter Pan Bus Lines (☎800-343-9999; www.peterpanbus.com) Bedient den Nordosten der USA und hat einen Terminal gleich gegenüber von Greyhound.

WashNY (☎866-287-6932; www.washny.com; 1333 19th St NW)

Flugzeug

Der **Washington Dulles International Airport** (IAD; ☎703-572-2700) liegt 26 Meilen (42 km) westlich vom Stadtzentrum, der **Ronald Reagan Washington National Airport** (DCA; ☎703-417-8000) 4,5 Meilen (7,3 km) südlich; sie sind die Hauptflughäfen vom D. C. Eine Alternative stellt der **Baltimore/Washington International Thurgood Marshall Airport** (BWI; ☎410-859-7111) dar, 30 Meilen (48 km) gen Nordosten gelegen. Alle drei Flughäfen, besonders aber die beiden erstgenannten, sind wichtige Drehkreuze für Flüge in alle Welt.

Zug

Amtrak (☎800-872-7245; www.amtrak.com) Befindet sich in der herrlichen, kunstvoll gestalteten Union Station. Die Züge fahren zu Zielen im ganzen Land, u. a. nach New York City (ab 76 US$, 3½ Std.), Chicago (ab 106 US$, 18 Std.), Miami (ab 163 US$, 24 Std.) und Richmond, VA (31 US$, 3 Std.).

MARC Train (Maryland Rail Commuter; ☎866-743-3682; www.mtamaryland.com) Die Regionallinie für den Großraum von Washington, D. C., und Baltimore hat regelmäßig Züge nach Baltimore (7 US$, 71 Min.) und andere Städte in Maryland (4–12 US$) im Fahrplan; fährt auch nach Harpers Ferry, WV (15 US$, 80 Min.).

 Unterwegs vor Ort

Vom/Zum Flughafen

Wer über den Baltimore/Washington International Airport an-/abreist, kann zwischen Union Station und dem Stopp am BWI Terminal Züge von MARC Train (6 US$, 40 Min.) als auch von Amtrak (14 US$, 40 Min.) nehmen.

Metrobus 5A (www.wmata.com) Fährt von Dulles zur Metrostation Rosslyn (35 Min.) und ins Zentrum von Washington (L'Enfant Plaza, 48 Min.); startet alle 30 bis 40 Minuten. Für Bus und Metro zahlt man zusammen rund 8 US$.

Metrorail (www.wmata.com) Der National Airport hat seine eigene Metrostation. Die Züge sind schnell und günstig (ca. 2,50 US$).

Supershuttle (☎800-258-3826; www.supershuttle.com) Ein von Tür-zu-Tür-Shuttle, das die Innenstadt von D. C. mit Dulles (29 US$), National (14 US$) und BWI (37 US$) verbindet.

Washington Flyer (www.washfly.com) Fährt alle 30 Minuten von Dulles zur West Falls Church Metro (10 US$).

Öffentliche Verkehrsmittel

Metrorail (☎202-637-7000; www.wmata.com) Eines der besten öffentlichen Verkehrsmittel des Landes bringt Besucher zu den meisten Sehenswürdigkeiten und Hotels, in alle Stadtviertel und auch in die Vororte in Maryland und Virginia. Die Züge nehmen montags bis freitags um 5 Uhr morgens den Betrieb auf (an den Wochenenden um 7 Uhr); der letzte fährt sonntags bis donnerstags gegen Mitternacht, freitags und samstags um 3 Uhr. Fahrkarten gibt's an den Automaten in den Stationen. Sie kosten 1,60 US$ aufwärts (Kinder unter 5 Jahren sind frei). Es sind auch Zeitkarten erhältlich (1 Tag/7 Tage ab 9/33 US$).

Circulator (www.dccirculator.com) Praktische Busrouten, etwa Union Station–Georgetown und zurück. Die einfache Strecke kostet 1 US$.

Metrobus (www.wmata.com) Unterhält Busse in der Innenstadt und den Vororten; das Geld passend parat haben (aktuell 1,70 US$)!

Taxi

Taxiunternehmen sind z. B. **Capitol Cab** (☎202-636-1600), **Diamond** (☎202-387-6200) oder **Yellow Cab** (☎202-544-1212).

MARYLAND

Maryland wird auch oft als „Miniatur-Amerika" beschrieben. Und das mit guten Grund. Der kleine Staat wartet mit ein paar der schönsten Flecken des Landes auf, von den Appalachen im Westen bis zu den weißen Sandstränden im Osten. Eine Mischung aus Nordstaaten-Cleverness und Südstaaten-Bodenständigkeit verleiht dem Staat zwischen den alten Fronten eine ausgewachsene Identitätskrise, wobei Marotten und Traditionen von hüben wie drüben adaptiert werden. Baltimore, die wichtigste Metropole des Bundesstaates, ist eine pfiffige, fordernde Hafenstadt, während die Ostküste künstlerisch angehauchte Stadtemigranten und hart arbeitende Fischer unter einen Hut packt. Die Vororte des D.C. werden dagegen von Regierungsangestellten und anderen Büromenschen bewohnt, die sich nach der Natur sehnen, aber auch von ärmeren Schichten, die auf der Suche nach niedrigen Mieten sind. Trotzdem funktioniert das alles. Köstliche Blaukrabben, Natty-Boh-Bier und die herrliche Landschaft von Chesapeake sind der Klebstoff, der alles miteinander verbindet.

Geschichte

George Calvert gründete Maryland 1634 als Zuflucht für verfolgte englische Katholiken. Dafür kaufte er den einheimischen Piscataway St. Mary's City ab, mit denen er friedlich koexistieren wollte. Puritanische Flüchtlinge entrissen den Piscataway und den Katholiken die Kontrolle und verlagerten das Zentrum nach Annapolis. Die Schikanierung der Katholiken führte zum Tolerance Act, einem lückenhaften, aber wegweisenden Gesetz, das in Maryland jede Form des (christlichen) Gottesdienstes zuließ – zum ersten Mal in Nordamerika.

Diese Verpflichtung zur Diversität hat den Staat schon immer gekennzeichnet, trotz gemischter Einstellungen gegenüber der Sklaverei. Obwohl Maryland während des Bürgerkriegs gespalten war, wurde 1862 bei Antietam eine Invasion der Konföderation gestoppt. Nach dem Krieg nutzte das Land seine schwarze, weiße und zugewanderte Arbeiterschaft, um die Wirtschafts-

KURZINFOS MARYLAND

» **Spitzname** Der „Old Line State" (Alter Grenzstaat), der „Free State" (Freistaat)

» **Bevölkerung** 5,8 Mio. Ew.

» **Fläche** 32134 km²

» **Hauptstadt** Annapolis (36600 Ew.)

» **Verkaufssteuer** 6%

» **Geburtsort vom** Sklavereigegner Frederick Douglass (1818–1895), von Baseballgröße Babe Ruth (1895–1948), Schauspieler David Hasselhoff (geb. 1952), Schriftsteller Tom Clancy (geb. 1947), Schwimmer Michael Phelps (geb. 1985)

» **Heimat von** *The Star-Spangled Banner*, Baltimore Orioles, TV-Crimeshows *The Wire* und *Homicide*

» **Politische Ausrichtung** Stramme Demokraten

» **Berühmt für** Blaukrabben, Lacrosse, Chesapeake Bay

» **Lieblingssport** Tjost (Jousting)

» **Entfernungen** Baltimore–Annapolis 29 Meilen (47 km), Baltimore–Ocean City 147 Meilen (237 km)

kraft zwischen Baltimores Industrien und Werften aufzuteilen; später kamen noch Dienstleistungen für Washington hinzu. All das macht heute den Marylander aus: Der Bundesstaat vermischt Reiche, Arme, Fremde, urbane Weltenbummler und ländliche Dörfchen wie wenige andere.

Baltimore

Baltimore – oder „Bawlmer", wie die Einheimischen sagen – ist eine der wichtigsten Hafenstädte Amerikas. Und eine Stadt voller Widersprüche. Einerseits hat Baltimore etwas von einem hässlichen Entlein, ist eine störrische, aber beherzte Arbeiterstadt, die ihrer großen Vergangenheit nachtrauert. Andererseits verwandelte sich das Entlein in den letzten Jahren in einen Schwan: Erstklassige Museen, trendige Geschäfte, Restaurants mit Speisen aus aller Herren Länder, Boutiquehotels und jede Menge Kultur und Sport zeichnen das moderne Baltimore aus. Sie hat den Schalk im Nacken und kann über sich selbst schmunzeln.

Alles in allem ist Baltimore eine sehr eigenartige Stadt, die Persönlichkeiten wie Billie Holiday und John Waters hervorgebracht hat. Und die weiterhin ihre innige Verbindung zum Wasser pflegt, sei es mit dem an Disneyland erinnernden Inner Harbor, den kopfsteingepflasterten Straßen des Hafenviertels Fells Point oder dem die Hafeneinfahrt bewachenden Fort McHenry, in dem *The Star-Spangled Banner* als Text der amerikanischen Nationalhymne entstanden ist. Eines jedenfalls ist sicher: Baltimore wird ihrem Spitznamen *Charm City* (Bezaubernde Stadt) voll und ganz gerecht.

Sehenswertes & Aktivitäten

HARBORPLACE & INNER HARBOR

Hier starten viele Touristen ihren Rundgang – und beenden ihn leider auch gleich wieder. Das Gebiet um den Inner Harbor wurde umfassend und glanzvoll erneuert. So schimmern hier Glasfassaden, locken klimatisierte Einkaufspassagen und glitzernde Bars, die es irgendwie schaffen, in einer familienfreundlichen Verpackung das maritime Herz der Stadt einzufangen. Aber das ist nur die Spitze des Eisbergs von Baltimore.

LP TIPP **National Aquarium of Baltimore** AQUARIUM

(www.aqua.org; 501 E Pratt St; Erw./Kind 25/20 US$; ⏲So–Do 9–17, Fr bis 20, Sa bis 18 Uhr) Das Aquarium mit seinen sieben Stockwerken und der Glaspyramide auf der Spitze gilt vielen als das beste Amerikas. Es beherbergt 16500 Tiere bzw. 660 Spezies, einen Regenwald auf dem Dach, ein Rochenbecken und ein mehrstöckiges Haifischbecken. Außerdem gibt's eine Rekonstruktion der Umbrawarra Gorge im Northern Territory von Australien, komplett mit 10 m hohem Wasserfalls, Felsklippen und frei umherflatternden Vögeln und herumstreunenden Echsen. Kids lieben die Delfin-Show und das neue 4D Immersions Theater (zusammen 5 US$ extra). Unter der Woche herrscht weniger Andrang.

Baltimore Maritime Museum MUSEUM

(www.baltomaritimemuseum.org; Piers 1, 3 & 5, an der E Pratt St; 1/2/4 Schiffe 11/14/18 US$; ⏲10–17.30 Uhr) Schiffsliebhaber können eine Tour durch vier historische Schiffe machen: einen Kutter der Küstenwache, ein Feuerschiff, ein U-Boot und die **USS Constellation**, eines der letzten Segelschiffe, das als Kriegsschiff von der US Navy (1797) gebaut wurde. Der Eintritt zum Seven Foot Knoll Lighthouse an Pier 5 von 1856 ist frei.

Top of the World Observation Deck AUSSICHTSPUNKT
(www.viewbaltimore.org; 401 E Pratt St; Erw./Kind 5/4 US$; ⌚Mi–Do 10–18, Fr & Sa bis 19, So 11–18 Uhr) Wer die Vogelperspektive von Baltimore genießen möchte, macht sich zur Aussichtsplattform des World Trade Center auf.

DOWNTOWN & LITTLE ITALY

Man kann leicht von Downtown nach Little Italy zu Fuß gehen, sollte dabei aber dem ausgeschilderten Weg genau folgen, da es an einem ungemütlichen Block vorbeigeht.

National Great Blacks in Wax Museum MUSEUM
(www.greatblacksinwax.org; 1601 E North Ave; Erw./Kind 12/10 US$; ⌚Di–Sa 9–17, So 12–17 Uhr) In East Baltimore steht eines der Museen des Landes zur Geschichte der Afroamerikaner mit Exponaten zu Frederick Douglass, Jackie Robinson, Martin Luther King und Barack Obama, aber auch weniger bekannten Persönlichkeiten wie dem Forscher Matthew Henson. Das Museum behandelt auch die Sklaverei, die abstoßende Jim-Crow-Ära und afrikanische Führer – alles auf surreale Weise mit Figuren im Madame Tussaud-Stil erzählt.

Star-Spangled Banner Flag House MUSEUM
(www.flaghouse.org; 844 E Pratt St; Erw./Student 7/5 US$; ⌚Di–Sa 10–16 Uhr) In diesem historischen Haus aus dem Jahr 1793 hat Mary Pickersgill die gigantische Flagge genäht, die zur Inspiration von Amerikas Nationalhymne wurde. Kostümierte Führer und Exponate aus dem 19. Jh. begleiten die Besucher zurück in eine dunkle Zeit während des Krieges von 1812; für Kids gibt's auch eine Entdeckungsausstellung zum Anfassen.

Reginald F Lewis Museum of Maryland African American History & Culture MUSEUM
(www.africanamericanculture.org; 830 E Pratt St; Erw./Student 8/6 US$; ⌚Mi–Sa 10–17, So 12–17 Uhr) Nur wenige Bundesstaaten wurden so stark von ihrer afroamerikanischen Bevölkerung geprägt wie Maryland. Das Museum, gegenüber von einem hier vor dem Bürgerkrieg bestehenden Sklavenmarkt, erzählt eindrucksvoll ihre komplexe Geschichte.

Jewish Museum of Maryland MUSEUM
(www.jewishmuseummd.org; 15 Lloyd St; Erw./Student/Kind 8/4/3 US$; ⌚Di–Do & So 12–16 Uhr) Maryland ist traditionell die Heimat von einer der größten und aktivsten jüdischen Gemeinden des Landes. Und das Museum ist ein toller Ort, um die jüdische Seite Amerikas kennenzulernen. Es beherbergt außerdem zwei der am besten erhaltenen historischen Synagogen der USA.

Babe Ruth Birthplace & Museum MUSEUM
(www.baberuthmuseum.com; 216 Emory St; Erw./Kind 6/3 US$; ⌚10–17 Uhr, bei Heimspielen der Orioles bis 19 Uhr) Das Museum feiert den berühmten Sohn Baltimores, der zufällig auch der beste Baseball-Spieler aller Zeiten war. Vier Blocks weiter östlich werden im **Sports Legends at Camden Yards** (Camden Station, Ecke Camden & Sharp Sts; Erw./Kind 8/4 US$) weitere Sportler aus Maryland geehrt. Die Museen haben die gleichen Öffnungszeiten; Kombitickets kosten 12/5 US$.

B&O Railroad Museum MUSEUM
(☎410-752-2490; www.borail.org; 901 W Pratt St; Erw./Kind 14/8 US$; ⌚Mo–Sa 10–16, So ab 11 Uhr) Die Baltimore & Ohio Railroad war (wahrscheinlich) der erste Personenzug der USA. Das Museum ist ein liebevolles Vermächtnis sowohl der Linie als auch der Eisenbahn in Amerika. Eisenbahnnostalgiker werden sich zwischen mehr als 150 verschiedenen Loks wie im Paradies fühlen. Zugfahrten kosten 3 US$ extra; Infos zum Fahrplan gibt's telefonisch.

Edgar Allan Poe House & Museum MUSEUM
(☎410-396-7932; 203 N Amity St; Erw./Kind 4 US$/frei; ⌚April–Nov. Mi–Sa 12–15.30 Uhr) 1832 bis 1835 lebte in diesem Haus der berühmteste Ziehsohn Baltimores, Edgar Allan Poe, der genial-makabre Dichter und Schriftsteller, der nach dem Gewinn von 50 US$ in einem Kurzgeschichten-Wettbewerb ersten Ruhm erlangte. Nachdem er ein paar Jahre unterwegs gewesen war, kehrte Poe 1849 nach Baltimore zurück, wo er unter mysteriösen Umständen verstarb. Sein Grab befindet sich im nahe gelegenen **Westminster Cemetery** (Ecke W Fayette & Greene Sts; Eintritt frei). Das Poe House liegt in einem Stadtviertel mit hoher Verbrechensrate. Man sollte also besser mit dem Auto oder Taxi kommen; vor dem Besuch anrufen, um die Öffnungszeiten zu überprüfen.

National Museum of Dentistry MUSEUM
(☎410-706-0600; www.dentalmuseum.org; 31 S Greene St; Erw./Student/Kind 7/5/3 US$; ⌚ Mi–Sa 10–16, So 13–16 Uhr) Das interaktive Museum ist eines der ungewöhnlichsten Museen Amerikas. Es zeichnet die Geschichte der Zahnpflege vom alten Ägypten bis heute nach. Man kann sich George Washingtons Zahnersatz (aus Elfenbein, nicht Holz), alte

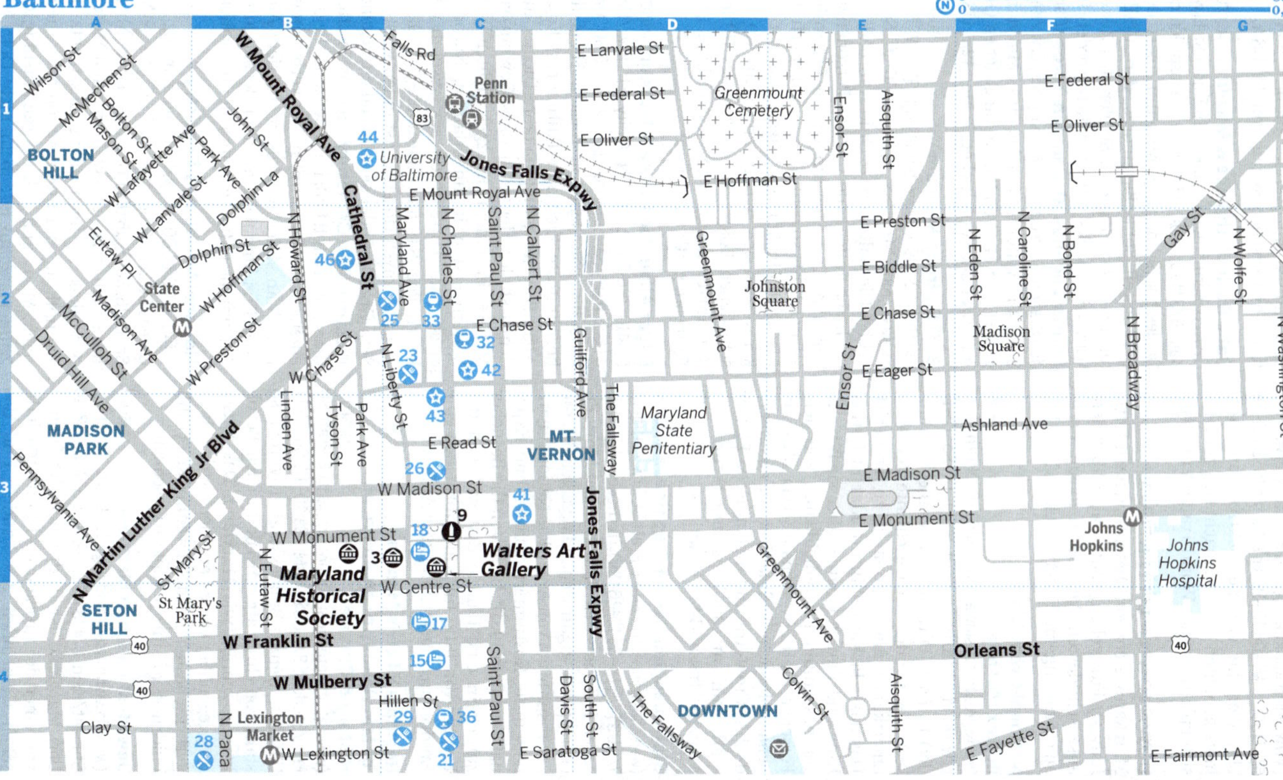
Baltimore
800 m
0,5 Meilen
Wilson St
McMechen St
Bolton St
Mason St
W Lafayette Ave
Park Ave
John St
BOLTON HILL
W Lanvale St
Dolphin La
Eutaw Pl
Dolphin St
W Hoffman St
State Center
Madison Ave
McCulloh St
Druid Hill Ave
W Preston St
MADISON PARK
Pennsylvania Ave
N Martin Luther King Jr Blvd
SETON HILL
St Mary St
St Mary's Park
Clay St
N Paca
Lexington Market
W Lexington St
W Mount Royal Ave
Cathedral St
N Howard St
W Chase St
Linden Ave
Tyson St
Park Ave
N Liberty St
Maryland Ave
N Charles St
Saint Paul St
N Calvert St
Falls Rd
Penn Station
University of Baltimore
E Mount Royal Ave
Jones Falls Expwy
E Chase St
E Read St
MT VERNON
W Madison St
W Monument St
Walters Art Gallery
Maryland Historical Society
N Eutaw St
W Centre St
W Franklin St
W Mulberry St
Hillen St
Davis St
South St
E Saratoga St
The Fallsway
DOWNTOWN
Colvin St
Guilford Ave
E Lanvale St
E Federal St
E Oliver St
E Hoffman St
Greenmount Cemetery
Greenmount Ave
Johnston Square
Maryland State Penitentiary
Ensor St
Aisquith St
E Preston St
E Biddle St
E Chase St
E Eager St
Ashland Ave
E Madison St
E Monument St
Orleans St
E Fayette St
E Fairmont Ave
N Eden St
N Caroline St
N Bond St
Madison Square
N Broadway
Gay St
N Wolfe St
N Washington St
Johns Hopkins
Johns Hopkins Hospital

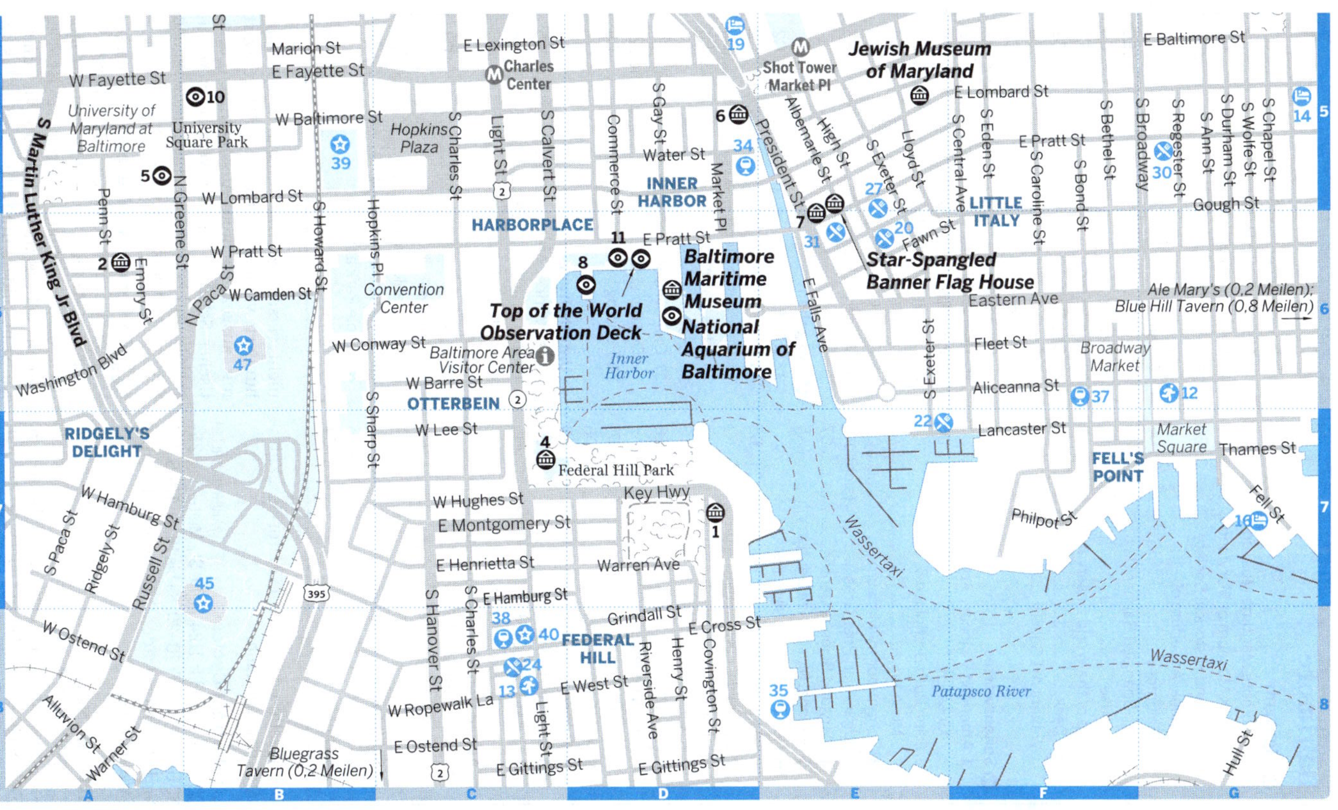
Jewish Museum of Maryland
Star-Spangled Banner Flag House
Baltimore Maritime Museum
National Aquarium of Baltimore
Top of the World Observation Deck
Baltimore Area Visitor Center
LITTLE ITALY
INNER HARBOR
HARBORPLACE
FELL'S POINT
FEDERAL HILL
OTTERBEIN
RIDGELY'S DELIGHT
Inner Harbor
Patapsco River
Wassertaxi
Federal Hill Park
Hopkins Plaza
Convention Center
University Square Park
University of Maryland at Baltimore
Broadway Market
Market Square
Shot Tower Market Pl
Charles Center
Ale Mary's (0,2 Meilen); Blue Hill Tavern (0,8 Meilen)
Bluegrass Tavern (0,2 Meilen)
S Chapel St
S Wolfe St
S Durham St
S Ann St
S Regester St
S Broadway
S Bethel St
S Bond St
S Caroline St
S Eden St
S Central Ave
Lloyd St
S Exeter St
High St
Albemarle St
President St
E Falls Ave
Market Pl
Water St
S Gay St
Commerce St
S Calvert St
Light St
S Charles St
Hopkins Pl
S Howard St
N Greene St
Emory St
Penn St
S Martin Luther King Jr Blvd
Washington Blvd
E Baltimore St
E Lombard St
E Pratt St
Gough St
Fawn St
Eastern Ave
Fleet St
Aliceanna St
Lancaster St
Thames St
Fell St
Philpot St
Hull St
Key Hwy
Warren Ave
E Cross St
Grindall St
Covington St
Henry St
Riverside Ave
E Gittings St
E West St
W Hughes St
E Montgomery St
E Henrietta St
E Hamburg St
S Hanover St
W Ropewalk La
E Ostend St
W Barre St
W Lee St
W Conway St
S Sharp St
E Lexington St
Marion St
E Fayette St
W Baltimore St
W Lombard St
W Pratt St
W Camden St
N Paca St
W Fayette St
W Hamburg St
Russell St
Ridgely St
S Paca St
W Ostend St
Alluvion St
Warner St

Baltimore

Highlights

Baltimore Maritime Museum D6
Jewish Museum of Maryland E5
Maryland Historical Society B3
National Aquarium of Baltimore D6
Star-Spangled Banner Flag House E5
Top of the World Observation Deck D6
Walters Art Gallery C3

Sehenswertes

1 American Visionary Art Museum D7
2 Babe Ruth Birthplace & Museum A6
3 Contemporary Museum C3
Edgar Allan Poes Grab .... (siehe 10)
4 Maryland Science Center C7
5 National Museum of Dentistry A5
6 Port Discovery Children's Museum D5
7 Reginald F Lewis Museum of Maryland African American History & Culture E6
Sports Legends at Camden Yards .... (siehe 47)
8 USS Constellation D6
9 Washington Monument C3
10 Westminster Cemetery B5
11 World Trade Center D6

Aktivitäten, Kurse & Touren

12 Baltimore Ghost Tours G6
13 Light Street Cycles C8

Schlafen

14 Blue Door on Baltimore G5
15 HI-Baltimore Hostel C4
16 Inn at Henderson's Wharf G7
17 Mount Vernon Hotel C4
18 Peabody Court C3
19 Sleep Inn D5

Essen

20 Amicci's E6
21 Cazbar C4
22 Charleston E7
23 City Cafe C2
24 Cross Street Market C8
25 Dukem C2
Faidley's .... (siehe 28)
26 Helmand C3
27 Isabella's E5
28 Lexington Market B4
29 Mekong C4
30 Obrycki's G5
31 Vaccaro's Pastry E6

Ausgehen

32 13th Floor C2
33 Brewer's Art C2
34 Howl at the Moon D5
35 Little Havana E8
36 Mick O'Shea's C4
37 One-Eyed Mike's F6
Owl Bar .... (siehe 32)
38 Pub Dog C8

Unterhaltung

39 1st Mariner Arena B5
40 8x10 .... C8
41 Center Stage C3
42 Grand Central C2
43 Hippo C3
44 Lyric Opera House B1
45 M&T Bank Stadium B7
46 Meyerhoff Symphony Hall B2
47 Oriole Park at Camden Yards B6

Zahnpasta oder Queen Victorias „Zahnbürste“ anschauen.

Light Street Cycles FAHRRADVERLEIH
(☎410-685-2234; 1124 Light St; Miete/Tag 25–50 US$; ⏲ Mo–Fr 10–20, Sa bis 18, So 11–15 Uhr) Verleiht Hybridräder, Mountain-Bikes und Straßenräder.

MT. VERNON

GRATIS **Walters Art Gallery** MUSEUM
(www.thewalters.org; 600 N Charles St; ⏲Mi–So 10–17 Uhr) Diese Galerie sollte man nicht versäumen. Sie umspannt 55 Jahrhunderte von der Antike bis zur Gegenwart mit ausgezeichenten Ausstellungen asiatischer Schätze, seltener, verzierter Manuskripte und Bücher und einer umfassenden Sammlung französischer Maler.

GRATIS **Contemporary Museum** MUSEUM
(www.contemporary.org; 100 W Centre St; ⏲Mi–So 12–17 Uhr) Vielleicht schon so modern, dass es schon wieder „post“ ist – jedenfalls liebt es dieses Museum, in puncto Kunst besonders innovativ zu sein. Zusätz-

lich zu den ausgestellten Stücken im Museum selbst ist es seine Mission, Kunst an die unerwartetsten Plätze der Stadt zu bringen.

Maryland Historical Society MUSEUM
(www.mdhs.org; 201 W Monument St; Erw./Kind 6/4 US$; ⏲Mi–Sa 10–17, So 12–17 Uhr) Mit mehr als 5,4 Mio. Stücken eine der größten Sammlungen der amerikanischen Kultur weltweit. Zu dieser gehört u.a. das Originalmanuskript des *Star-Spangled Banner* von Francis Scott Key. Häufig gibt es hier ausgezeichnete Sonderausstellungen und faszinierende Dauerausstellungen zu sehen, die der maritimen Geschichte von Maryland auf den Grund gehen.

Washington Monument DENKMAL
(699 Washington Pl; empfohlene Spende 5 US$; ⏲Mi–So 10–17 Uhr) Für den schönsten Blick auf Baltimore klettert man die 228 Stufen der 54,3 m hohen dorischen Säule hinauf, die zu Ehren des Gründervaters der USA, George Washington, aufgestellt wurde. Entworfen hat sie Robert Mills, der auch für das Washington Monument in D.C. verantwortlich war. Im Erdgeschoss befindet sich ein Museum, das sich dem Leben Washingtons widmet.

FEDERAL HILL & UMGEBUNG

Auf einem Steilhang oberhalb des Hafens gibt der **Federal Hill Park** seinen guten Namen an das angenehme Viertel weiter, das sich rund um den Cross St. Market erstreckt und nach Sonnenuntergang zum Leben erwacht.

LP TIPP **Fort McHenry National Monument & Historic Shrine** HISTORISCHE STÄTTE
(www.nps.gov/fomc; 2400 E Fort Ave; Erw./Kind 7 US$/frei; ⏲8–16.45, im Sommer bis 19.45 Uhr) Während der Schlacht von Baltimore hat das sternenförmige Fort am 13. und 14. September 1814 erfolgreich einen Angriff der britischen Marine abgewehrt. Nach einer scheinbar endlosen Nacht mit unzähligen Kanonenschlägen sah der Gefangene Francis Scott Key „by dawn's early light" (im ersten Licht des Tages) die immer noch wehende, zerrissene Flagge. Das inspirierte ihn zu *The Star-Spangeld Banner*, das er zur Melodie eines beliebten Trinkliedes verfasste.

American Visionary Art Museum MUSEUM
(AVAM; www.avam.org; 800 Key Hwy; Erw./Kind 16/10 US$; ⏲Di–So 10–18 Uhr) Das AVAM ist die Plattform für Autodidakten (oder „Außenseiterkunst"). Hier wird die ungezügelte Kreativität gefeiert, vollkommen losgelöst von den Ambitionen der Kunstszene. Einige des Arbeiten kommen aus psychiatrischen Anstalten, andere wurden von selbstinspirierten Visionären geschaffen. Ein sehr faszinierendes Museum, das sich durchaus für einen ganzen Nachmittag lohnt.

FELL'S POINT & CANTON

Das einstige Zentrum der berühmten Schiffsbauindustrie von Baltimore ist heute ein historisches Stadtviertel mit kopfsteingepflasterten Straßen und einer hübschen Mischung aus Wohnhäusern des 18. Jhs., Restaurants, Bars und Geschäften. In dem recht bürgerlichen Ambiente wurden verschiedene Kinofilme und Fernsehserien gedreht, allen voran natürlich die Krimiepisoden von *Homicide*. Weiter östlich breiten sich die Straßen des etwas feineren Canton rund um den mit Gras bewachsenen zentralen Platz aus, der von tollen Restaurants und Bars umgeben ist. Vor allem am Wochenende sind Kneipen und Bars der beiden Stadtteile oft rappelvoll.

NORTH BALTIMORE

Der Ausdruck Hon (Honey = Liebchen) als Ausdruck der Zuneigung wurde oft kopiert und nie erreicht und ist eine echte Besonderheit aus Baltimore. Entstanden ist er in **Hampden**, einem Viertel an der absoluten Spitze der hippen Szene. Hier kann man einen faulen Nachmittag damit verbringen, auf der **Avenue** (alias W 36th St) Kitsch, Antiquitäten und tolle Klamotten zu durchstöbern.

Um nach Hampden zu gelangen, fährt man auf der I-83 N, die sich zur 25 N wandelt, und biegt dann rechts auf die Avenue. Die prestigeträchtige **Johns Hopkins University** (3400 N Charles St) befindet sich in der Nähe.

Baltimore Museum of Art MUSEUM
(www.artbma.org; 10 Art Museum Dr, at 31st & N Charles Sts; Dauerausstellung frei; ⏲Mi–Fr 10–17, Sa & So 11–18 Uhr) Mit seiner riesigen Sammlung und dem traumhaften Skulpturen-Garten kann dieses Museum leicht mit seinen südlichen Smithsonian-Vettern mithalten. Die Abteilungen zum frühen Amerika, zu Asien und Afrika sind besonders beeindruckend.

Baltimore mit Kindern

Baltimore liebt Kinder. Das beweisen faszinierende Museen, spaziergängerfreundliche Promenaden am Hafen und familienfreundliche Restaurants. Die meisten Attraktionen für die kleinen Besucher, etwa das National Aquarium of Baltimore (S. 286), befinden sich rund um den Inner Harbor. Auch die historischen Festungsanlagen des Fort McHenry National Monument & Historic Shrine (S. 291) werden von Kids gerne gestürmt.

Port Discovery Children's Museum MUSEUM
(www.portdiscovery.org; Power Plant Live Complex, 35 Market Pl; Eintritt 13 US$; ⊙Mo–Sa 10–17, So 12–17 Uhr) Sich in ein dreistöckiges Dschungel-Baumhaus zu schwingen, eine TV-Show zu produzieren und die Rätsel im Mystery House zu lösen, sind nur ein paar Möglichkeiten, um in dem riesigen Kindermuseum einen spaßigen Nachmittag zu verbringen.

Maryland Zoo in Baltimore ZOO
(www.marylandzoo.org; Druid Hill Park; Erw./Kind 16/11 US$; ⊙10–16 Uhr) Seerosenblatthüpfen, Abenteuer mit der Moorschildkröte Billy und echte Tiere streicheln – all das ist hier an einem Tag möglich. Unter der Woche zahlt man etwas weniger Eintritt.

Maryland Science Center MUSEUM
(www.mdsci.org; 601 Light St; Erw./Kind 15/12 US$; ⊙Mo–Fr 10–17, Sa bis 18, So 11–17 Uhr) Das erstaunliche Center bietet ein dreistöckiges Atrium, Tonnen interaktiver Ausstellungsstücke zu Dinosauriern, dem Weltraum und dem menschlichen Körper und das obligatorische IMAX Kino (4 US$ extra). Die Öffnungszeiten wechseln je nach Jahreszeit, also besser vorher im Netz überprüfen oder anrufen.

Geführte Touren

Baltimore Ghost Tours GEISTER
(☎410-357-1186; www.baltimoreghosttours.com; Erw./Kind 15/10 US$; ⊙März–Nov. Fr & Sa 19 Uhr) Bietet mehrere Spaziergänge, bei denen man die gespenstische und bizarre Seite von Baltimore kennenlernt. Der beliebte Fells Point Ghost Walk startet am Max am Broadway, 731 S Boradway. Es gibt außerdem eine Pubrunde beim Fell's Point Hauntes (20 US$, man muss über 21 sein) und einen Spaziergang rund um Mt. Vernon).

Feste & Events

Preakness PFERDERENNEN
(www.preakness.com) Das Preakness, jeden dritten Sonntag im Mai, ist der zweite Teil des Triple-Crown-Pferderennens.

Honfest KULTUR
(www.honfest.net) Hier sollte man seinen besten „Bawlmerese"-Akzent einstudieren und sich nach Hampden aufmachen. Hier gibt's im Juni Feiern mit Kitsch, Beehive-Frisuren, Strassbrillen und anderen Exzentrizitäten aus Baltimore.

Artscape KULTUR
(www.artscape.org) Amerikas größtes Festival für die freien Künste findet Mitte Juli statt. Auf dem Programm stehen Kunstausstellungen, Livemusik, Theater- und Tanzaufführungen, internationale Spezialitäten u.v.m.

Schlafen

Die meisten stilvollen und erschwinglichen B&Bs befinden sich in den Stadtvierteln Downtown, Canton, Fell's Point und Federal Hill.

Inn at Henderson's Wharf HOTEL $$$
(☎410-522-7777; www.hendersonswharf.com; 1000 Fell St; Zi. ab 209 US$; P❄📶) Eine kostenlose Flasche Wein bei der Ankunft lässt in diesem sagenhaft gelegenen Hotel in Fell's Point vermuten, was man hier erwarten darf. Untergebracht in einem ehemaligen Tabak-Warenlager aus dem 18. Jh., zählt es unstrittig zu den besten Unterkünften der Stadt.

Inn at 2920 B&B $$
(☎410-342-4450, 877-774-2920; www.theinnat2920.com; 2920 Elliott St; Zi. inkl. Frühstück 175–235 US$; ❄@📶) Das Boutique-B&B ist in einem früheren Bordell untergebracht und hat fünf individuelle Zimmer, hochwertiges Bettzeug, schicke Avantgarde-Einrichtung und das feuchtfröhliche Stadtviertel Canton gleich um die Ecke. Die Whirlpools und der grüne Daumen der Besitzer runden das Ganze gelungen ab.

Blue Door on Baltimore B&B $$
(☎410-732-0191; www.bluedoorbaltimore.com; 2023 E Baltimore St; Zi. 140–180 US$; ❄@📶) Das blitzsaubere B&B liegt in einem Reihenhaus aus dem frühen 19. Jh. Es hat drei elegant eingerichtete Zimmer – jedes mit Kingsize-Bett, Badewannen mit Klauenfüßen und separater Dusche – und nette Extras wie einen Brunnen und frische Blumen. Es liegt gleich nördlich von Fell's Point.

Peabody Court HOTEL $$
(☎410-727-7101; www.peabodycourthotel.com; 612 Cathedral St; Zi. ab 120 US$; P❄📶) Das gehobene Hotel mit 104 Zimmern liegt mitten in Mt. Vernon und hat große, elegant einge-

richtete Gästezimmer mit Bädern aus Marmor und einen super Service. Online gibt's oft Schnäppchen.

Sleep Inn HOTEL **$$**
(☎410-779-6166; www.sleepinn.com; 301 Fallsway; DZ/Suite ab 130/150 US$; P❄@📶) Obwohl es Teil einer Kette ist, zielt dieses attraktive, neue Hotel (2011 eröffnet) auf ein Boutique-Feeling ab. Es bietet geräumige Zimmer, hochwertige Matratzen, große Fenster und kunstvolle Details (wie die gerahmten Schwarzweißdrucke auf den Zimmern und einer funktionierenden antiken Schreibmaschine in der Lobby). Es befindet sich in guter Lage, zehn Gehminuten vom Inner Harbor entfernt.

Mount Vernon Hotel HOTEL **$$**
(☎410-727-2000; www.mountvernonbaltimore.com; 24 W Franklin St; DZ 150 US$; P❄📶) Das historische Mount Vernon Hotel von 1907 ist dank der bequemen Old-School-Zimmer und der Lage nahe der Gastroszene an der Charles St ein gute Option. Ein herzhaftes Frühstück versüßen das Ganze noch.

HI-Baltimore Hostel HOSTEL **$**
(☎410-576-8880; www.hiusa.org/baltimore; 17 W Mulberry St; B/DZ inkl. Frühstück 25/65 US$; ❄@📶) Das HI-Baltimore liegt in einer schön restaurierten Villa von 1857 und hat Schlafsäle mit vier, acht und zwölf Betten und ein Doppelzimmer. Das hilfsbereite Management, die gute Lage und der filigrane, klassische Schick machen es zu einem der besten Hostels der Region.

Essen

Baltimore ist eine ethnisch sehr vielfältige Stadt. Sie liegt in einer Region, die reich an großartigten Meeresfrüchte ist und sich sowohl vom bodenständigen Süden als auch den Innovationen des Nordostens kulinarisch inspirieren lässt.

DOWNTOWN & LITTLE ITALY

Charleston SÜDSTAATEN **$$$**
(☎410-332-7373; 1000 Lancaster St; 3/6 Gänge 74/109 US$; ⏲Mo–Sa 17.30–22 Uhr) Das Charleston ist eines der gefeiertsten Restaurants von Baltimore. Es werden in einer vornehmen Umgebung herrlich zubereitete Speisen mit Südstaaten-Akzent serviert. Umfangreiche Weinkarte und super Dessert (stets inklusive).

Vaccaro's Pastry ITALIENISCH **$**
(222 Albemarle St; Nachtisch 7 US$; ⏲So–Do 9–22, Fr & Sa bis 24 Uhr) Der Kaffee und die Desserts von Vacarro's spielen in der ersten Liga Baltimores. Die Cannoli sind legendär, aber auch das Eis und das Tiramisu müssen sich nicht verstecken.

Isabella's PIZZERIA **$$**
(221 S High St; Sandwiches 7–9 US$, Pizza 13–15 US$; ⏲Mo–Sa 11–21, So bis 17 Uhr) Legeres Lokal mit nur vier Tischen. Es lohnt sich jedoch, sich reinzuquetschen, um die ausgezeichneten italienischen Pizzas und die Gourmetsandwiches zu probieren. Die Küche verwendet frische Zutaten vom Markt.

Amicci's ITALIENISCH **$$**
(☎410-528-1096; 231 S High St; Hauptgerichte mittags 8–10 US$, abends 14–18 US$; ⏲So–Do 11–22, Fr & Sa bis 24 Uhr; 🖉) Die lokale Institution serviert traditionelle, italienische Hausmannskost zu fairen Preisen. Meeresfrüchtefans und Vegetarier werden besonders begeistert sein.

MT. VERNON

Helmand AFGHANISCH **$$**
(☎410-752-0311; 806 N Charles St; Hauptgerichte 13–15 US$; ⏲So–Do 17–22, Fr & Sa bis 23 Uhr) Das Helmand steht schon lange hoch im Kurs. Dies dürfte an dem *kaddo borawni* (Kürbis in einer Joghurt-Knoblauch-Soße), den Gemüseplatten und geschmackvollen Hackbällchen aus Rind- und Lammfleisch oder auch der Kardamon-Eiscreme liegen. Faire Preise. Besser etwas Schickeres anziehen.

Cazbar TÜRKISCH **$$**
(☎410-528-1222; 316 N Charles St; mittags Hauptgerichte 8–10 US$, abends 16–20 US$; ⏲Mo–Do 11–24, Fr & Sa bis 2, So 16–24 Uhr) Das Cazbar liegt an einer Ecke der Charles St mit mehreren Restaurants. Es serviert zwischen kräftigen Farben und bunten Lampen leckere türkische Gerichte wie cremigen Hummus und auf Kohle gegrilltes Lamm und anderes Fleisch. Am Wochenende schwingt eine Bauchtänzerin die Hüften und der obere Bereich verwandelt sich freitags und samstags in eine Lounge mit DJs, Wasserpfeifen und einer kleinen Tanzfläche.

City Cafe CAFÉ **$$**
(1001 Cathedral St; Hauptgerichte mittags 10–14 US$, abends 15–29 US$; ⏲Mo–Fr 7.30–22, Sa 10–22, So 10–20 Uhr; 📶) Ein helles, einladendes Café mit zimmerhohen Fenstern, Desserts und Gourmetsandwiches. Im hinteren Speisesaal werden spitzenmäßige Bistrogerichte serviert.

Dukem ÄTHIOPISCH **$$**
(☎410-385-0318; 1100 Maryland Ave; Hauptgerichte 12–16 US$; ⊙11–22.30 Uhr) Köstliche äthiopische Küche wie würziges Hühnchen, Lamm und vegetarische Gerichte, die alle mit Fladenbrot gereicht werden. An manchen Abenden gibt's Livemusik.

Mekong VIETNAMESISCH **$**
(105 W Saratoga St; Hauptgerichte 8–10 US$; ⊙Di–Sa 11–21 Uhr) Ein sehr beliebter, winziger Ort, der erstklassiges Pho (Nudelsuppe mit Rind und Reis) serviert.

Lexington Market FAST FOOD **$**
(400 W Lexington St; ⊙Mo–Sa 9–17 Uhr) Der um 1782 gegründete Lexington Market ist berühmt, wenn auch etwas heruntergekommen. Nicht versäumen sollte man die Krabbenpasteten mit Meeresfrüchten am Stand **Faidley's** (www.faidleyscrabcakes.com).

FEDERAL HILL & UMGEBUNG

Centro Tapas Bar SPANISCH **$**
(☎443-869-6871; 1444 Light St; Tapas 4–10 US$; ⊙Di–Sa 18–22 Uhr) Die Kunden des eleganten Lokals schätzen die leckeren Platten mit Hummerkroketten, gegrilltem Schweinebauch oder gedünsteten Wildpilzen und die guten Flaschenweine. An warmen Abenden kann man auf der hinteren Terrasse essen. Das Tapasmenü am Dienstag ist ein Magnet (3 US$/Stück).

Bluegrass Tavern MODERN-AMERIKANISCH **$$**
(☎410-244-5101; 1500 S Hanover St; Hauptgerichte 12–28 US$; ⊙Di–Mi 17–22, Do–Sa bis 23, So 10–22 Uhr) Warme Holztöne und beste Bourbons bilden den Hintergrund für diese gastfreundliche Bar und das gehobene Restaurant. Es hat eine Hausfleischerei und serviert einzigartige Biere, Cocktails und marktfrische Ware mit Südstaaten-Touch. Super Sonntagsbrunch (frische Donuts).

Cross Street Market MARKT **$**
(1065 Cross St, zw. Light & Charles Sts; ⊙Mo–Sa 7–19 Uhr) Dieser praktisch gelegene Lebensmittelmarkt hat verlockende Stände, die Austern, Krabbenpasteten, Sushi, frisch gebackene Süßigkeiten, Grillhähnchen und jede Menge Obst, Gemüse und Picknickware verkaufen. Bier in großen Flaschen gibt's unweit des Eingangs an der Charles St.

FELL'S POINT & CANTON

LP TIPP **Blue Hill Tavern** MODERN-AMERIKANISCH **$$$**
(☎443-388-9363; 938 S Conkling St; Hauptgerichte 25–31 US$; ⊙Mo–Do 11.30–14.30 & 17–22, Fr bis 23, Sa 17–23, So 16–21 Uhr) Der Speisesaal ist mit blau schimmerndem Stoff und dunklem Holz eingerichtet – eine subtile Kulisse für die gewagten, schmackhaften Gerichte des preisgekrönten Lokals. Zu den momentanen Hits gehören gegrillter Oktopus auf Endivien mit Nelken und zartes, langsam gegartes Lammfilet. Weitere Pluspunkte gibt's für den guten Service, die Weinempfehlungen und die Dachterrasse.

Obrycki's SEAFOOD **$$$**
(☎410-732-6399; 1727 E Pratt St; Hauptgerichte 19–30 US$; ⊙März–Nov. Mo–Do 11.30–22, Fr & Sa bis 23, So bis 21.30 Uhr) Auch wenn ihm etwas ein touristischer Ruf vorauseilt, ist das Obrycki der Platz für Krabbenfans. Es gibt Krabbensuppe, -klöße, -pasteten, gedünstete Krabben und weichschalige Krabben.

HAMPDEN & NORTH BALTIMORE

Cafe Hon DINER **$$**
(1002 W 36th St; Hauptgerichte 7–17 US$; ⊙Mo–Fr 7–21, Sa & So 9–21 Uhr) Um hier zu essen, muss man keine mit Strass besetzte Brillen oder Turmfrisuren aufsetzen, aber es bringt einem schon Punkte auf der Brownie-Skala ein. Die amerikanische Hausmannskost in diesem Vegetarier-freundlichem Diner ist so herzhaft wie die Attidüde des Cafés. Nach dem Abendessen geht's weiter in die Bar Hon nebenan.

PaperMoon Diner DINER **$$**
(227 W 29th St; Hauptgerichte 7–16 US$; ⊙So–Do 7–24, Fr & Sa bis 2 Uhr) Wie ein Traum inmitten eines Kaleidoskops ist dieses vollkommene Baltimore-Diner mit seinen bunten Farben mit Tausenden alter Spielsachen, gruseligen Mannequins und seltsamem Krimskrams eingerichtet. Der echte Magnet ist hier das zu allen Tageszeiten servierte Frühstück – luftiger French Toast, knuspriger Speck und Bagels mit Lachs.

Ausgehen & Unterhaltung

Am Wochenende verwandeln sich Fell's Point und Canton in Mekkas alkoholischer Exzesse, die sogar einem römischen Kaiser peinlich gewesen wären. In Mt. Vernon und North Baltimore geht es etwas zivilisierter zu, doch in keinem Stadtteil muss man auf eine gemütliche Kneipe verzichten. Der Power Plant Live Complex steckt voller Clubs großer Ketten. In Federal Hill sollten Durstige und Hungrige die Cross St ansteuern. Soweit nicht anders erwähnt, ist um 2 Uhr Zapfenstreich.

Bars & Nachtclubs

DOWNTOWN & LITTLE ITALY

Mick O'Shea's PUB

(328 N Charles St; ⌚ab 11.30 Uhr) Irish Pub mit allem, was so dazugehört. Freitags und samstags treten Bands auf.

Howl at the Moon LIVEMUSIK

(22 Market Pl, Power Plant Livecomplex; Gedeck Do/Fr & Sa 5/7 US$; ⌚Mi–Sa ab 19 Uhr) Das Howl sticht aus all den anderen durchschnittlichen Clubs des Power Plant Live heraus, und zwar durch sein innovatives Konzept: Zwei gegeneinander konkurrierende Pianisten und eine Back-Up-Band spielt die Wünsche des Publikums ... und jeder singt mit.

MT. VERNON

LP TIPP **Brewer's Art** BAR

(1106 N Charles St; ⌚Mo–Sa ab 16, So ab 17 Uhr) Die höhlenartige Location hypnotisiert die Sinne mit einer überwältigenden Bierauswahl. Das Gegenstück im oberen Stock serviert in seinem schicken Speisesaal. Respektables Abendessen.

Club Charles BAR

(1724 N Charles St; ⌚ab 18 Uhr) Hipster in der üblichen Uniform aus hautengen Jeans und Old-School-T-Shirts, aber auch Typen aus anderen sozialen Schichten zieht es zu dieser Cocktail-Lounge im Art-déco-Stil aus den 1940er-Jahren. Sie lauschen den guten Vibes und lassen sich günstige Drinks schmecken.

13th Floor COCKTAILBAR

(1 E Chase St; ⌚Mi–Fr ab 17, Sa ab 18 Uhr) Der kultverdächtige, aber etwas in die Jahre gekommene Laden thront über dem Gothic Belvedere Hotel und bietet eine fantastische Aussicht auf Baltimore. Auch im Belvedere versetzt die **Owl Bar** Gäste in die nostalgischen 1950er-Jahre zurück. An einer langen Holzbar nippt das Publikum gemächlich an Martinis.

FEDERAL HILL

Little Havana BAR

(1325 Key Hwy; ⌚ab 11.30 Uhr) Einer guter Ort für den Feierabend und ein toller Platz, um auf der Terrasse am Wasser einen Mojito zu schlürfen. Das umgebaute Warenhaus lockt an warmen, sonnigen Tagen die Massen an (vor allem zum Brunch am Wochenende).

8x10 LIVEMUSIK

(www.the8x10.com; 10 E Cross St; Gedeck 10–20 US$; ⌚ab 19 Uhr) Seit 1983 Baltimores führende Adresse für Livemusik. In der flippigen Konzerthalle, die intim und riesig zugleich wirkt, treten große Stars, aber auch starke, einheimische Talente auf.

Pub Dog KNEIPE

(20 E Cross St; ⌚17–2 Uhr) Bilder der geliebten Hunde schmücken diesen gemütlich Ort (auch wenn lebende Vierbeiner draußen bleiben müssen). Es wird ein köstliches Bier (oder zwei für 4 US$) serviert. Leckere Pizzas und Bistrogerichte.

FELL'S POINT & CANTON

One-Eyed Mike's PUB

(708 S Bond St; ⌚11–2 Uhr) Händeschütteln und ein herzliches Willkommen sorgen dafür, dass sich die Gäste in diesem Lokal mit Piratenthema wie zu Hause fühlen. Mit seiner Zinndecke und allerlei Alte-Welt-Krempel ist es außerdem eine der älteste Tavernen Baltimores. Leckeres und eine nette Terrasse im Freien zum Rauchen.

Ale Mary's BAR

(1939 Fleet St; ⌚Mo–Do ab 16, Fr–So ab 11.30 Uhr) Sein Name wie auch die Einrichtung würdigen die katholischen Wurzeln von Maryland. Kreuze, Rosenkränze und Klosterinventarien sind überall verteilt. Doch der Kitsch-Faktor ist nicht alles. Hier kommt eine lustige, feierfreudige Meute rein und es wird gutes Essen serviert (Krabbenpasteten, Tater Tots und Brotpudding).

Treffpunkte für Schwule & Lesben

Baltimore hat eine bemerkenswert lebhafte, multikulturelle Schwulenszene. Die Clubs kosten 5 bis 10 US$ Eintritt.

Grand Central SCHWULE & LESBEN

(www.centralstationpub.com; 1001 N Charles St; ⌚Mi–So 21–2 Uhr) Das Central ist eigentlich mehr ein ganzer Komplex als nur ein Club und so fantasievoll, dass es allen Stimmungen entgegen kommt – Tanzflächen, Pub und das Sappho's (freier Eintritt für Ladys). Es hat vermutlich die besten Tanzflächen von Baltimore zu bieten.

Hippo SCHWULE

(www.clubhippo.com; 1 W Eager St; ⌚ab 16 Uhr) Das alteingesessene Hippo ist immer noch einer der größten Schwulenclubs der Stadt (auch wenn an manchen Abenden auf der Tanzfläche nichts los ist). Es gibt Themenabende (Gay Bingo, Karaoke, Hip-Hop).

Darstellende Künste & Theater

Das Baltimore Symphony Orchestra tritt in der **Meyerhoff Symphony Hall** (☎410-783-8000; www.bsomusic.org; 1212 Cathedral St) auf, die Baltimore Opera hingegen hat ihre Bühne im **Lyric Opera House** (☎410-685-5086; www.lyricoperahouse.com; 140 W Mt Royal Ave).

Zu den Theaterangeboten gehören die **Center Stage** (☎410-332-0033; www.centerstage.org; 700 N Calvert St), die Shakespeare, Wilde, Miller und zeitgenössische Werke aufführt, und das **Charles Theatre** (☎410-727-3456; www.thecharles.com; 1711 N Charles St), in dem die besten Arthaus-Filme der Stadt laufen.

Sport

Ob Touchdowns, Homeruns, Tore oder Monster-Truck-Shows – Baltimore liebt seinen Sport. Die Stadt spielt engagiert und feiert noch engagierter mit Parkplatz-Partys und Liveübertragungen in zahlreichen Kneipen.

Baltimore Orioles BASEBALL
(☎888-848-2473; www.orioles.com) Die Orioles spielen im **Oriole Park at Camden Yards** (333 W Camden St), dem vermutlich besten Baseballstadion in den USA. Während der Spielzeit (April bis Oktober) werden täglich Touren durch das Stadion angeboten (9 US$).

Baltimore Ravens FOOTBALL
(☎410-261-7283; www.baltimoreravens.com) Die Ravens spielen von September bis Januar im **M&T Bank Stadium** (1101 Russell St).

Homewood Field LACROSSE
(☎410-516-7490; hopkinssports.cstv.com; Homewood Field on University Pkwy) Maryland ist das Zentrum von Lacrosse und seine Bewohner sind vermutlich die fanatischsten Anhänger dieses Sports. Am besten kann man „Lax“ im Johns Hopkins University Homewood Field sehen.

Baltimore Blast HALLENFUSSBALL
(☎410-732-5278; www.baltimoreblast.com) Das National Indoor Soccer League Team spielt von Oktober bis April in der **1st Mariner Arena** (☎410-347-2020; 201 W Baltimore St).

Pimlico PFERDERENNEN
(www.pimlico.com; 5201 Park Heights Ave) Pferderennen werden von April bis Ende Mai großgeschrieben, vor allem in Pimlico, wo das Preakness ausgetragen wird (S. 292). Die Bahn befindet sich etwa 7 Meilen (11 km) nördlich der Innenstadt.

Praktische Informationen

Internetzugang

Enoch Pratt Free Library (400 Cathedral St; ⌚Mo–Mi 10–20, Do–Sa bis 17, So 13–17 Uhr; 📶)

Medien

Baltimore So (www.baltimoresun.com) Tageszeitung der Stadt.

City Paper (www.citypaper.com) Kostenlose alternative Wochenzeitschrift.

Medizinische Versorgung

University of Maryland Medical Center (☎410-328-8667; 22 S Greene St) 24-Stunden-Notaufnahme.

Post

Post (900 E Fayette St)

Touristeninformation

Baltimore Area Visitor Center (☎877-225-8466; http://baltimore.org; 401 Light St; ⌚Mo–Fr 9–18 Uhr) Befindet sich am Inner Harbor. Verkauft den Harbor Pass (Erw./Kind 60/45 US$), mit dem man zu sechs Hauptattraktionen der Region Eintritt hat.

An- & Weiterreise

Der **Baltimore/Washington International Thurgood Marshall Airport** (BWI; ☎410-859-7111, www.bwiairport.com) liegt 10 Meilen (16 km) südlich der Innenstadt und ist über die I-295 zu erreichen.

Zahlreiche Busse von **Greyhound** und **Peter Pan Bus Lines** (☎410-752-7682; 2110 Haines St) verbinden Baltimore mit Washington, D. C. (ca. alle 45 Min., 1 Std., 11–16 US$), und New York (14–35 US$, 12- bis 15-mal tgl., 4½ Std.). Der **BoltBus** (☎877-265-8287; www.boltbus.com; 1610 St Paul St; 📶) hat sieben Busse pro Tag ab/nach NYC (3½ Std., 13–19 US$).

Die **Penn Station** (1500 N Charles St) liegt im Norden von Baltimore. MARC hat wochentags Vorortzüge ab/nach Washington, D. C. (7 US$, 71 Min.). Die Züge von **Amtrak** (☎800-872-7245; www.amtrak.com) bedienen die Ostküste und weiter entfernte Ziele.

Unterwegs vor Ort

Die **Light Rail** (Fahrkarten 1,60 US$; ⌚6–23 Uhr) fährt vom BWI Airport zum Lexington Market und zur Penn Station. Die Züge verkehren alle fünf bis zehn Minuten. MARC Trains verkehrt für 4 US$ an Wochentagen stündlich zwischen der Penn Station und dem BWI Airport. **Super-Shuttle** (☎800-258-3826; www.supershuttle.com) fährt mit Vans für 14 US$ vom BWI Airport zum Inner Harbor. **Maryland Transit Administration** (MTA; www.mtamaryland.com) listet alle ÖPNV-Fahrpläne und Preise in der Region auf.

Baltimore Water Taxi (☎410-563-3901; www.baltimorewatertaxi.com; Inner Harbor; Tagesticket Erw./Kind 10/5 US$) Wassertaxis legen an allen am Wasser gelegenen Attraktionen und Stadtvierteln an.

Annapolis

Annapolis ist so bezaubernd wie die Hauptstadt eines Bundesstaates nur sein kann. Die Gebäude aus der Kolonialzeit, das Kopfsteinplaster, die flackernden Straßenlaternen und Reihenhäuser aus Backstein scheinen einem Roman von Charles Dickens zu entstammen, doch das Ganze ist wirklich echt. Diese Stadt hat ihr historisches Erbe nicht neu geschaffen, sondern tatsächlich bewahrt.

In der traditionsreichen Hafenstadt an der Chesapeake Bay dreht sich immer noch alles um die Schifffahrt – passend zum Stadtmotto *Come Sail Away* (Setzt die Segel!). An der US Naval Academy werden künftige Marineoffiziere ausgebildet, die in ihren weißen Paradeuniformen durch die Stadt schlendern. Segeln ist hier nicht nur eine Freizeitbeschäftigung, sondern ein Lebensstil. Der Hafen ist voller Schiffe jeder Art und Größe. Landratten wissen das großartige Essen zu schätzen und mehr noch ein Bier an der Pier, das – gekühlt vom salzigen Seewind – noch mal so gut schmeckt.

Das **Visitor Center** (www.visitannapolis.org; 26 West St; ⌚9–17 Uhr) befindet sich in der West St. Der Informationskiosk am City Dock ist nur in der Hauptsaison besetzt. Das **Maryland Welcome Center** (☎410-974-3400; 350 Rowe Blvd; ⌚9–17 Uhr) im State House bietet kostenlose Führungen durch das Regierungsgebäude an.

Sehenswertes & Aktivitäten

In Annapolis stehen mehr Gebäude aus dem 18. Jh. als in jeder anderen Stadt der USA. Dazu zählen auch die Wohnhäuser der vier Marylander, die die Unabhängigkeitserklärung unterzeichnet haben.

Das State House bildet eine Art Knotenpunkt, von dem aus man die meisten Attraktionen erreichen kann, darunter das City Dock und das historische Hafenviertel.

US Naval Academy UNIVERSITÄT

Das Undergraduate College der US Navy ist eines der exklusivsten in den USA. Im **Armel-Leftwich Visitor Center** (Gate 1, City Dock-Eingang; Touren Erw./Kind 9,50/7,50 US$; ⌚9–17 Uhr) kann man Touren buchen und in alles eintauchen, was mit der Akademie zu tun hat. An den Wochentagen kann man exakt um 12.05 Uhr beim Exerzieren zusehen. Dann zeigen 4000 Kadettinnen und Kadetten im Hof eine 20-minütige Parade. Einlass erhält man nur mit einem Lichtbildausweis. Wer etwas über die Geschichte der US Navy erfahren will, sollte das **Naval Academy Museum** (118 Maryland Ave; Eintritt frei; ⌚Mo–Sa 9–17, So ab 11 Uhr) ansteuern.

GRATIS **Maryland State House** HISTORISCHE STÄTTE

(25 State Circle; ⌚Mo–Fr 9–17, Sa & So 10–16 Uhr) Das älteste Kapitol eines US-Staats, das ununterbrochen für die Legislative genutzt wurde, steht in Annapolis. Das stattliche State House von 1772 diente 1783/84 auch als Sitz der US-Regierung. Von Januar bis April tagt hier der Senat von Maryland. Die umgedrehte riesige Eichel auf der Spitze der Kuppel symbolisiert übrigens Weisheit. Ins Innere gelangt man nur mit einem Lichtbildausweis.

Hammond-Harwood House HISTORISCHE STÄTTE

(www.hammondharwoodhouse.org; 19 Maryland Ave; Erw./Kind 6/3 US$; ⌚April–Okt. Di–So 12–17 Uhr) Unter den vielen historischen Wohnhäusern in der Stadt ist das HHH von 1774 das sehenswerteste. Es bietet eine sagenhafte Sammlung kunstvoller Dekorationsgegenstände, Möbel, Gemälde u.v.m. aus dem 18. Jh. und zählt zweifelsohne zu den schönsten noch erhaltenen britischen Kolonialhäuser in den USA.

St. John's College UNIVERSITÄT

(www.stjohnscollege.edu; Ecke College Ave & King George St) Am besten macht man durch das Gelände eine Tour auf eigene Faust. Ursprünglich 1696 als King-Williams-Vorschule gegründet, ist sie eine der ältesten Einrichtungen der USA für gehobene Bildung.

Kunta Kinte–Alex Haley Memorial DENKMAL

Am City Dock markiert das Kunta Kinte–Alex Haley Memorial den Punkt, an dem Kunta Kinte – ein Vorfahr von Alex Haley, dem Autor des Bestsellers *Roots* – in Ketten aus Afrika kommend landete. Haley erhielt 1977 für sein Epos den renommierten Pulitzer Price Letters.

William Paca House & Garden HISTORISCHE STÄTTE

(annapolis.org; Erw./Kind 8/5 US$; ⌚Mo–Sa 10–17, So 12–17 Uhr) Ein im 18 Jh. gegründetes Highlight von Annapolis.

Geführte Touren

Four Centuries Walking Tour STADTSPAZIERGANG

(www.watermarkcruises.com; Erw./Kind US$16/10) Ein kostümierter Führer zeigt auf dieser tollen Einführung alles Sehenswerte in Annapolis. Die Tour um 10.30 Uhr startet am Visitor Center, um 13.30 Uhr geht's am Informationskiosk am City Dock los. Bei den Besichtigungspunkten der Touren gibt es winzige Unterschiede, beide führen jedoch vorbei an zahlreichen Gebäuden aus dem 18. Jh. und erzählen von einflussreichen Afroamerikanern und dem Geist der Kolonialzeit, der einfach nicht verschwinden will. Die sich anschließende einstündige **Pirates of the Chesapeake Cruise** (Erw./Kind 16/13 US$; ⏲Ende Mai–Anfang Sept.) bietet jede Menge „Yo Ho"-Spaß, vor allem für Kids.

Watermark Cruises BOOTSFAHRT
(www.watermarkcruises.com; City Dock; 40 Min. Erw./Kind 13/5 US$) Der beste Weg, das maritime Erbe der Stadt zu erkunden, führt über das Wasser. Der Veranstalter Watermark Cruises, der auch die Four Centuries Walking Tour anbietet, hat eine Reihe von Bootstouren mit häufigen Startzeiten.

Woodwind BOOTSFAHRT
(☎410-263-7837; www.schoonerwoodwind.com; 80 Compromise St; Bootsfahrt in der Abenddämmerung Erw./Kind 39/25 US$; ⏲Mai–Okt.) Der traumhafte 23 m lange Schoner bietet zweistündige Rundfahrten tagsüber und in der Abenddämmerung an. Oder man bucht das „Boat & Breakfast"-Angebot (Kabine inkl. Frühstück 295 US$), eine der einmaligsten Unterkünfte der Stadt.

Schlafen

Historic Inns of Annapolis INN $$
(☎410-263-2641; www.historicinnsofannapolis.com; 58 State Circle; Zi. 100–170 US$; ❄📶) Das Historic Inns umfasst drei Boutiquegästehäuser, die sich alle in einem Baudenkmal im Herzen des alten Annapolis befinden: das Maryland Inn, das Governor Calvert House und das Robert Johnson House. Die Gemeinschaftsräume sind mit zeitgenössischen Stücken vollgestellt. In den schönsten Zimmern erwarten einen Antiquitäten, Kamine und eine klasse Aussicht, während die günstigsten klein geraten sind und eine Renovierung vertragen könnten.

1908 William Page Inn B&B $$$
(☎410-263-1506; www.1908-williampageinn.com; 8 Martin St; Zi. inkl. Frühstück 175–235 US$; P❄📶) In puncto Romantik ist das viktorianische B&B schwer zu toppen. Wunderschön eingerichtete, bequeme Zimmer werden durch eine wunderbare Gastfreundschaft und ein köstliches Frühstück gekrönt.

ScotLaur Inn B&B $$
(☎410-268-5665; www.scotlaurinn.com; 165 Main St; Zi. 95–140 US$; P❄📶) Die Betreiber des Chick & Ruth's Delly bieten über ihrem Deli B&B (Bett & Bagel) in zehn einfachen, rosa und blauen Zimmern mit eigenem Bad an.

Country Inn & Suites HOTEL $
(☎410-571-6700; www.countryinns.com; 2600 Housley Rd, at Hwy 450; Zi. ab 86 US$; P❄📶🏊) So zauberhaft, wie eine Kette überhaupt nur sein kann. Außerdem gibt's kostenlose Shuttles in die historische Gegend.

Essen & Ausgehen

Mit der Chesapeake vor der Haustür kann Annapolis mit sagenhaften Meeresfrüchten aufwarten.

Middleton Tavern SEAFOOD $$
(2 Market Space; Hauptgerichte 10–33 US$; ⏲Mo–Sa 11.30–1.30, So ab 10 Uhr) Einer der ältesten Pubs im Land, das durchgehend in Betrieb war. Wie man es von einem Pub am Wasser erwarten kann, stehen auf der Speisekarte einige der frischesten Meeresfrüchte der Gegend. An den meisten Abenden gibt's Livemusik.

49 West CAFÉ $$
(☎410-626-9796; 49 West St; Hauptgerichte mittags 8–10 US$, abends 15–23 US$; ⏲8–23 Uhr) Das kunstvoll verzierte Refugium in Annapolis serviert abwechslungsreiche Speisen – Frühstücksklassiker, Gourmetsandwiches und Salate zum Mittagessen, Seafood und Bistrogerichte abends (gedörrter Thunfisch mit Pesto, mit Mojito glasiertes Huhn). Dazu gibt's gute Weine und Cocktails und an den meisten Abenden Livemusik.

Galway Bay PUB $$
(☎410-263-8333; 63 Maryland Ave; Hauptgerichte 8–15 US$; ⏲Mo–Sa 11–24, So ab 11.30 Uhr) Der Inbegriff einer Bar der Mächtigen. Der von Iren betriebene Pub ist die dunkle Sorte von Rückzugsort, wo politische Deals zu Jameson, Starkbier und köstlichen Meeresfrüchte-Specials über die Bühne gehen.

Chick & Ruth's Delly DINER $
(165 Main St; Hauptgerichte 6–10 US$; ⏲So–Do 6.30–22, Fr & Sa bis 23.30 Uhr) Der Eckpfeiler von Annapolis strotzt vor liebenswerter Schrulligkeit und hat eine riesige Speisekarte. Wert wird vor allem auf Sandwiches und Frühstück gelegt. US-Patrioten können hier ihre Grundschulzeiten nacherleben und wochentags um 8.30 Uhr (am Wochenende um 9.30 Uhr) den Fahneneid schwören.

Annapolis Ice Cream Company EIS $
(196 Main St; Eiscreme 4–5 US$; ⌚11–22 Uhr) Das sahnige Eis wird aus Biozutaten hergestellt – gute Auswahl auch an saisonalen Geschmacksrichtungen. Riesige Portionen.

City Dock Cafe CAFÉ $
(18 Market Space; ⌚6.30–22 Uhr;) Ein Liebling der Einheimischen mit ausgezeichnetem Kaffee und kostenlosem WLAN.

Rams Head Tavern KNEIPE $$$
(www.ramsheadtavern.com; 33 West St; Hauptgerichte 10–30 US$; ⌚ab 11 Uhr) Serviert Kneipengerichte und erfrischende Biere von Kleinbrauereien. Hübsches, mit Eichenholz getäfeltes Ambiente und Livebands auf der Bühne (Tickets 15–55 US$).

Anreise & Unterwegs vor Ort

Greyhound schickt Busse nach Washington, D.C. (1-mal tgl., 16 US$). **Dillon's Bus** (www.dilonbus.com; 5 US$) bietet nur an Wochentagen 26 Pendlerbusse zwischen Annapolis und Washington an, die dort Anschluss zu mehreren Metrolinien haben. **Annapolis Transit** (☎410-263-7964) sorgt für den Nahverkehr.

Kostengünstige **Leihfahrräder** (5 US$/Tag; ⌚9–20 Uhr) bekommt man beim Büro des Hafenmeisters am City Dock.

Eastern Shore

Gleich hinter der Chesapeake Bay Bridge, nur eine kurze Autofahrt von den ausufernden Großstädten Baltimore und Washington entfernt, ist die Landschaft von Maryland nicht wiederzuerkennen. Statt langweiliger Vororte und verstopfter Highways gibt's meilenweit nur noch Sumpfgebiete voller Vögel, friedliche Wasserlandschaften, endlose Maisfelder, feine Sandstrände und freundliche kleine Dörfer. Die flache Küstenebene eignet sich ideal zum Radeln. Trotz des steigenden Zustroms von Yuppies aus der Stadt und Tagesausflüglern hat sich die Ostküste ihren Charme zum großen Teil bewahren können. In dieser Gegend dreht sich alles ums Wasser. Die Menschen der kleinen Küstenorte leben immer noch vom Wasser der Chesapeake Bay und ihren Zuflüssen. Schiffe, Angeln, Krabbenfischen oder Kajakfahren gehören hier zum täglichen Leben. Das ist das echte Amerika.

ST. MICHAELS, TILGHMAN ISLAND & OXFORD

St. Michaels, das hübscheste kleine Dorf an der Ostküste, wird seinem Namen als „Herz und Seele der Chesapeake Bay" mehr als gerecht. Es ist ein Mix aus alten viktorianischen Häusern, idyllischen B&Bs, Boutiquen und Fischerdocks, die noch immer in Betrieb sind. Schauspieler aus Washington mischen sich unter erfahrene Krabbenfischer und besonders an den Wochenenden wimmelt es im Dorf von Seglern, die aus der Stadt geflohen sind. Im Krieg von 1812 hängten die Bewohner Laternen in den benachbarten Wald und verdunkelten die Stadt. Die Kanonen der britischen Schiffe beschossen die Bäume, während St. Michaels der Vernichtung entkam. Das heute als **Cannonball House** (Mulberry St) bekannte Gebäude wurde als einziges getroffen.

Am Leuchtturm widmet sich das **Chesapeake Bay Maritime Museum** (www.cbmm.org; 213 N Talbot St; Erw./Kind 13/6 US$; ⌚Sommer 9–18 Uhr) intensiv dem wechselseitigen Verhältnis zwischen dem größten Meeresarm der USA und dem Menschen an seinem Ufer. Die **Patriot** (☎410-745-3100; www.patriotcruises.com; Navy Point; Erw./Kind 25/13 US$) verlässt mehrmals täglich den Hafen in der Nähe des Crab Claw Dock zu einstündigen, kommentierten Rundfahrten.

Das viktorianische **Parsonage Inn** (☎410-745-8383; www.parsonage-inn.com; 210 N Talbot St; Zi. inkl. Frühstück 150–210 US$; P ❄) aus rotem Backstein bietet blumige Dekadenz (Vorhänge, Bettwäsche), Messingbetten und ein herzliches Willkommen.

Neben dem Maritime Museum kann man im **Crab Claw** (☎410-745-2900; 304 Burns St; Hauptgerichte 15–30 US$; ⌚11–22 Uhr) herrlich direkt am Wasser sitzen. Beim Verzehren der köstlichen gedünsteten Krabben (das Dutzend 36–60 US$) an Picknicktischen bekleckert man sich wunderbar. Alternativ geht man die Treppe hoch und schlemmt Seafood im gehobeneren Ambiente.

Auf dem Hwy 33 gelangt man über eine Zugbrücke auf die winzige **Tilghman Island**, auf der Fischer immer noch aktiv sind und die hiesigen Kapitäne Besucher schon mal auf ihren anmutigen Austernseglern mit auf den Ozean nehmen. Die historische **Rebecca T. Ruark** (☎410-829-3976; www.skipjack.org; 2 Std. Bootsfahrten Erw./Kind 30/15 US$) wurde 1886 gebaut und ist das älteste registrierte Schiff seiner Art.

Oxford ist ein kleines Dorf mit einer Geschichte, die bis in das 17. Jh. zurückreicht. Es bietet eine schöne Reihe von schattigen Straßen und Häusern am Wasser. Obwohl man auch über die US-333 an-

ABSTECHER

PANORAMASTRASSE: MARITIMES MARYLAND

Maryland und die Chesapeake Bay waren schon immer untrennbar miteinander verbunden. In einigen Orten an der Bucht scheint sich der Way of Life in den vergangenen Jahrhunderten kaum verändert zu haben.

150 Meilen (242 km) südlich von Baltimore liegt am Rande der Eastern Shore **Crisfield**, die größte Stadt Marylands, die noch vom Wasser lebt. Infos zu Sehenswürdigkeiten gibt's beim **Visitor Center** (☎410-968-2501; 3 9th St; ⏲Mo–Sa 10–16 Uhr). Die hiesigen Seafood-Gerichte sind erstklassig. Wer aber eine echte Küstenerfahrung braucht, sollte ins legendäre **Watermen's Inn** (☎410-968-2119; 901 W Main St; Hauptgerichte 12–20 US$; ⏲Mi–Fr 11–21, Sa & So ab 8 Uhr) gehen. In einer einfachen, bescheidenen Umgebung kann man den Fang des Tages genießen; ständig wechselnde Speisekarte.

Hier kann man seinen Wagen stehen lassen und ein Schiff zur **Smith Island** (www.visitsmithisland.com) nehmen, der einzigen Siedlung Marylands, die nicht auf dem Festland liegt. Zahlreiche kleine Schiffe machen sich auf den Weg, z. B. die **Captain Jason II** (☎410-425-2771; www.smithislandcruises.com; Erw./Kind hin & zurück 25/13 US$; ⏲Mitte Juni–Sept. 14.30 Uhr); außerhalb der Saison sollte man sich vorher telefonisch nach dem Fahrplan erkundigen. Vor etwa 400 Jahren besiedelten Fischer aus dem Westen Großbritanniens die Insel. Und so spricht die winzige Inselgemeinde immer noch das, was Linguisten als authentischste Variante eines Cornwall-Akzents aus dem 17. Jh. betrachten. Auf der Webseite der Insel findet man Infos zu B&Bs, Restaurants und Aktivitäten auf der Insel. Fähren bringen die Besucher um 15.45 Uhr zurück aufs Festland ... und in die Gegenwart.

reisen kann, lohnt sich von Bellevue aus die Fahrt mit der altmodischen **Fähre** (☎410-745-9023; www.oxfordbellevueferry.com; 1 Auto einfache Strecke/weiterer Passagier/Fußgänger 11/1/3 US$; ⏲April–Nov. 9 Uhr bis Sonnenuntergang). Am schönsten ist das Ganze kurz vor Sonnenuntergang. Dann hat man unvergessliche Ausblicke.

Wenn man schon mal in Oxford ist, sollte man nicht die Chance versäumen, ein Abendessen im gefeierten **Robert Morris Inn** (☎410-226-5111; www.robertmorrisinn.com; 314 N Morris St; Hauptgerichte 17–29 US$; ⏲7.30–10, 12–14.30 & 17.30–21.30 Uhr) einzunehmen. Es liegt in der Nähe des Fährhafens. Preisgekrönte Krabbenpasteten, gegrillte Steinfische aus der Region und Medaillons vom Frühlingslamm passen wunderbar zu den Weinen und werden am besten mit einem Nachtisch wie die Pavlowa mit Beeren komplettiert. Wer danach nicht mehr ins Auto steigen will, kann in einem der historisch gehaltenen Zimmer des Inns übernachten (ab 200 US$).

BERLIN & SNOW HILL

Man stelle sich die typische amerikanische Kleinstadt rund um die charakteristische Hauptstraße vor, das Ganze nur ein bisschen hübscher – dann hat man ein recht gutes Bild von diesem Eastern-Shore-Dörfchen. Die meisten Häuser sind noch gut erhalten oder toll renoviert worden. Wer Antiquitätenläden mag, sollte extra Zeit einplanen, um in den Unmengen an Läden in der Gegend zu stöbern.

Das liebevoll restaurierte **Globe Theater** (☎410-641-0784; www.globetheater.com; 12 Broad St; mittags Hauptgerichte 6–12 US$, abends 11–25 US$; ⏲11–22 Uhr; 📶) in Berlin ist heute Restaurant, Bar, Kunstgalerie und Bühne für Musikveranstaltungen in einem. Die Küche serviert abwechslungsreiche amerikanische Gerichte mit Einflüssen aus aller Welt (Seafood-Burritos, Jerk Chicken Wraps). Der immer noch betriebene **Hair Shop** (17 N Main St) in der Nähe war die Kulisse für den Film *Die Braut, die sich nicht traut* aus dem Jahr 1999.

B&Bs gibt es hier in Hülle und Fülle. Wer nach einer Alternative sucht, sollte das **Atlantic Hotel** (☎410-641-3589; www.atlantichotel.com; 2 N Main St; Zi. 115–245 US$; P ❄) wählen. Die stattliche Unterkunft aus dem „Gilded Age" (ca. 1876–1914) gibt den Gästen das Gefühl einer Zeitreise, ohne all die modernen Annehmlichkeiten außer Acht zu lassen. Im zugehörigen **Drummer's Cafe** (Hauptgerichte mittags 9–14 US$, abends 17–34 US$; ⏲Mo–Sa 11–15 & 17–22, So 10–15 Uhr) werden Spezialitäten aus der Region serviert.

Das ein paar Meilen von Berlin entfernte Snow Hill bietet eine super Lage am idyllischen Pocomoke River. Mit **Pocomoke**

River Canoe Company (☎410-632-3971; 312 N Washington St; Kanu pro Std./Tag 15/40 US$) kann man aufs Wasser gehen. Sie bringen die Gäste sogar den Fluss hinauf, sodass man gemütlich stromabwärts paddeln kann. Das nahe gelegene **Furnace Town** (☎410-632-2032; www.furnacetown.com; Old Furnace Rd; Erw./Kind 5/3 US$; ⊙April–Okt. 10–17 Uhr) an der Rte 12 wirkt wie ein Museum; im 19. Jh. befand sich hier eine Stadt, in der Eisenerz verhüttet wurde. In Snow Hill selbst kann man im **Julia A Purnell Museum** (☎410-632-0515; 208 W Market St; Erw./Kind 2 US$/50 ¢; ⊙April-Okt. Di–Sa 10–16, So ab 13 Uhr) eine ulkige, lohnende halbe Stunde verbringen. Das winzige Gebäude ist so etwas wie die Dachkammer der gesamten Eastern Shore.

Wer in Snow Hill übernachten will, sollte das **River House Inn** (☎410-632-2722; 201 E Market St; www.riverhouseinn.com; Zi. 160–190 US$, Cottage 250–300 US$; P❄📶🏊) versuchen. Es hat einen grünen Hinterhof mit Blick über die malerische Flussbiegung. Das **Palette** (☎410-632-0055; 104 W Market St; Hauptgerichte 18–2 US$; ⊙Di–Mi 11–15, Do–Sa bis 21, So 10–14 Uhr) serviert wechselnde amerikanische Gerichte, die aus regionalen Biozutaten zubereitet werden.

Ocean City

In „O.C." lernt man die Art und Weise, uramerikanisch in einem Strandresort Ferien zu machen, von der scheußlichsten Seite kennen. Hier kann man Rides fahren, die wahlweise das Adrenalin in die Höhe jagen oder Übelkeit hervorrufen, ein T-Shirt mit anzüglichen Sprüchen kaufen und in billigen Themenbars bis zum Umfallen zechen. Das Zentrum der Action ist die 4 km lange Uferpromenade, die von der Flussmündung bis zur 27th St reicht. Der Strand ist zwar recht hübsch, wird aber oft von Horden lüsterner Teenager und lärmender Massen in Beschlag genommen. Die Strände nördlich der Promenade sind viel ruhiger.

Das **Visitor Center** (☎800-626-2326; www.ococean.com; ⊙9–17 Uhr) befindet sich im Tagungszentrum an der Kreuzung Coastal Hwy und 40th St. Es hilft bei der Unterkunftsuche. Im Sommer schwillt die Einwohnerzahl von 7100 auf über 150 000 Menschen an, der Verkehr ist grauenvoll und die Parkplätze ein fast hoffnungsloses Unterfangen.

Schlafen

King Charles Hotel INN $$
(☎410-289-6141; www.kingcharleshotel.com; 1209 N Baltimore Ave, an der 12th St; Zi. 115–170 US$; P❄📶) Dies könnte ein idyllisches Sommer-Cottage sein, doch liegt es nur einen kurzen Fußweg von der Action der Strandpromenade entfernt. Die Zimmer sind schon etwas betagter, aber sauber, es gibt kleine Terrassen und es ist ruhig (die Besitzer mögen keine jungen Partylöwen).

ESSEN IN MARYLAND: BLUE CRABS

An einem Blue-Crab-Imbissstand zu essen, in dem die Kleiderordnung bei Shorts und Flipflops aufhört, ist die ultimative Chesapeake-Bay-Erfahrung. Die Leute in der Gegend nehmen ihre Krabben sehr ernst und können Stunden damit verbringen, über Feinheiten zu diskutieren, etwa wie Krabben geknackt und richtig zubereitet werden oder wo man die besten findet. Aber über eines sind sich die Marylander einig: Es müssen Blaukrabben sein (wissenschaftlicher Name: *Callinectes sapidus*). Diese Art ist hier heimisch und eines der wichtigsten wirtschaftlichen Produkte der Bucht.

Gedünstete Krabben mit Bier und Old-Bay-Gewürz sind simpel zuzubereiten. Einer der besten Imbisse Marylands ist **Jimmy Cantler's Riverside Inn** (458 Forest Beach Rd, Annapolis; ⊙So–Do 11–23, So bis 24 Uhr). Hier wurde das Gericht zu einer Kunstform gesteigert – bei einem Mahl, das normalerweise von einem Maiskolben und eiskaltem Bier begleitet wird, wird man sich mit Sicherheit die Finger einsudeln. Eine weitere guter Adresse ist auf der anderen Seite der Bucht das Crab Claw (S. 299).

Auch wenn Überfischung und Wasserverschmutzung zu einem historischen Tiefstand der Blaukrabbenpopulation geführt hat, haben jüngste Studien ergeben, dass es ein Comeback geben könnte. 2009 lebten Schätzungen zufolge 223 Mio. erwachsene Blaukrabben in der Bucht – eine Steigerung von 70 % gegenüber 2008! Das erste Mal in fast zwei Jahrzehnten hätte in diesem Fall die Anzahl der erwachsenen Blaukrabben das vorläufig gesteckte Ziel von 200 Mio. Tieren übersteigen.

Spinnaker Motel HOTEL $$$
(☎410-289-5444; http://ocmotels.com/spinnaker; Ecke 18th St & Baltimore Ave; Zi. 160–250 US$;) Das Spinnaker ist günstiger als die meisten Strandhotels und hat freundliches Personal, bequeme Betten und Balkone mit Meerblick. Es liegt mitten im Trubel, kann also etwas laut sein.

Essen & Ausgehen

„Surf'n' turf" (Fisch-Fleisch-Kombis) und „All you can eat"-Angebote gibt's hier rund um die Uhr an jeder Ecke. Tanzclubs drängeln sich am Südende der Promenade.

LP TIPP **Liquid Assets** MODERN-AMERIKANISCH $$
(☎410-524-7037; www.la94.com; 94th St & Coastal Hwy; Hauptgerichte 10–26 US$; ⏲11.30–23 Uhr) Ein Rohdiamant ist dieses herrliche Bistro mit Weinshop, das etwas versteckt in einer Einkaufsmeile im nördlichen O.C. liegt. Auf der Speisekarte steht ein erfrischender Mix aus kreativ zubereiteten Meeresfrüchten, gegrilltem Fleisch und Klassikern aus der Region (Carolina Pork BBQ, Ahi Tuna Burger).

Fager's Island MODERN-AMERIKANISCH $$$
(☎410-524-5500; www.fagers.com; 60th St; Hauptgerichte 19–36 US$; ⏲ab 11 Uhr) Das Essen ist mal so, mal so, man kann aber super über die Isle of Wight Bay blicken und an einem Drink nippen. An den Wochenenden sorgen Livebands und DJs dafür, dass die Junggesellinnen in Fahrt kommen.

Seacrets BAR
(www.seacrets.com; Ecke W 49th St & the Bay; ⏲8–2 Uhr) Die mit Rum getränkte, direkt am Wasser stehende Bar im Jamaika-Look scheint direkt aus MTVs *Spring Break* zu stammen. Man kann sich in einem Reifen herumtreiben lassen, dabei an einem Drink nippen und auf O.C.s berühmtestem Straßenmarkt die Leute beobachten.

Anreise & Unterwegs vor Ort

Greyhound (☎410-289-9307; 12848 Ocean Gateway) Busse fahren täglich ab/nach Washington, D. C. (62 US$, 4 Std.), und Baltimore (55 US$, 3½ Std.).

Ocean City Coastal Highway Bus (Tagesticket 3 US$) fährt zwischen 6 und 3 Uhr morgens den ganzen Strand rauf und runter.

Western Maryland

Marylands Rückgrat im Westen besteht aus Bergen. Die Spitzen der Appalachen erreichen Höhen von über 900 m über dem Meeresspiegel, zerklüftete Landschaften und Schlachtfelder des Bürgerkriegs prägen die Täler in der Umgebung. Die Region ist der Outdoor-Spielplatz Marylands, wo man wandern, Ski fahren, klettern und raften kann – und das alles nur eine kurze Autofahrt von Baltimore entfernt.

FREDERICK

Frederick liegt auf halber Strecke zwischen den Schlachtfeldern von Gettysburg, PA, und Antietam und ist ein beliebter Zwischenstopp auf dem Civil War Trail. In dem 50 Blocks großen, historischen Viertel stehen etliche Gebäude aus dem 18. und 19. Jh. in unterschiedlichen Stadien der Renovie-

ABSTECHER

ASSATEAGUE ISLAND

Nur 13 km südlich von Ocean City und doch eine Weltreise entfernt, erstreckt sich die Küste von Assateague Island, eine karge Landschaft aus Sanddünen und wunderschönen, abgeschiedenen Stränden. Auf der unerschlossenen Düneninsel lebt die einzige Wildpferdeherde an der Ostküste. Die Tiere wurden durch das Buch *Misty of Chincoteague* berühmt.

Die Insel ist in drei Abschnitte aufgeteilt. In Maryland befinden sich der **Assateague State Park** (☎410-641-2918; Rte 611; Eintritt/Stellplatz 4/31 US$; ⏲Campingplatz Ende April–Okt. geöffnet) und die **Assateague Island National Seashore** (☎410-641-1441; www.nps.gov/asis; Rte 611; Eintritt/Fahrzeuge/Stellplätze 3/15/20 US$; ⏲Visitors Center 9–17 Uhr). Das National Wildlife Refuge (s. S. 327) liegt in Virginia.

Schwimmen, Sonnenbaden, Vogelbeobachtungen, Kajak- und Kanutouren, Krabbenfischen und Angeln bestimmen das Freizeitprogramm auf der Insel. Auf der Marylander Seite der Insel gibt's keine Versorgungsmöglichkeiten. Essen und Trinken muss selbst mitgebracht werden. Auf keinen Fall sollte man Insektenschutzmittel vergessen – die Moskitos und Bremsen sind bösartige Biester!

rung. Das **Visitor Center** (☎301-600-2888; 151 S East St) liegt gegenüber vom MARC-Train-Bahnhof und ist zehn Gehminuten vom historischen Viertel entfernt.

Das **National Museum of Civil War Medicine** (www.civilwarmed.org; 48 E Patrick St; Erw./Kind 6,50/4,50 US$; ⏰Mo–Sa 10–17 Uhr, So ab 11 Uhr) gibt einen faszinierenden und manchmal gruseligen Einblick in die hygienisch-medizinischen Bedingungen, denen Ärzte und Soldaten im Krieg ausgesetzt waren, zeigt aber auch wichtige medizinische Erkenntnisse, die durch den Konflikt gewonnen wurden.

Hollerstown Hill B&B (☎301-228-3630; www.hollerstownhill.com; 4 Clarke Pl; Zi. 135–145 US$; P❄📶) hat vier sehr musterlastige Zimmer, ein elegantes Billardzimmer und freundliche, kenntnisreiche Gastgeber.

An der von Restaurants gesäumten Market St ist das **Volt** (☎301-696-3658; 228 N Market St; Hauptgerichte 29–40 US$; ⏰12–22 Uhr) eines der schönsten Lokale von Frederick. Für die Speisen werden saisonale und regionale Zutaten verwendet. Der Service ist erstklassig und die Kundschaft treu. Sie kommt selbst aus Washington und von weiter her. Es liegt herrlich in einer Villa aus dem 19. Jh. und man sollte Monate im Voraus reservieren, um das „Table 21"-Erlebnis haben zu dürfen (21 Gänge für 121 US$ werden in der Küche serviert). Das Drei-Gänge-Menü mittags für 25 US$ ist ein tolles Angebot.

Frederick kann man mit **Greyhound** (☎301-663-3311) und **MARC Train** (☎301-682-9716) erreichen; die Stationen befinden sich gegenüber vom Visitor Center an der 100 S East St.

ANTIETAM NATIONAL BATTLEFIELD

Der Ort des blutigsten Tages in der Geschichte Amerikas ist heute äußerst friedvoll, ruhig und eindringlich, ja schlicht, sieht man einmal von den Plaketten und Statuen ab. Am 17. September 1862 kam General Robert E. Lees erster Versuch einer Invasion in den Nordenstaaten hier zum Stehen. Bei diesem militärischen Patt wurden 23 000 Soldaten getötet, verwundet oder als vermisst gemeldet – mehr Opfer als in allen vorangegangenen Kriegen zusammen. Viele der Gräber sind mit deutschen und irischen Namen versehen – sie stehen für Männer, die für ihre neue Heimat starben.

Das **Visitor Center** (☎301-432-5124; State Rd 65; 3-Tage einzeln/Familienpass 4/6 US$; ⏰8.30–18 Uhr, NS bis 17 Uhr) bietet eine Reihe von Büchern und anderen Materialien, um per Auto und zu Fuß das Schlachtfeld selbst zu erkunden.

10 Meilen (16 km) südöstlich von Antietam liegt abseits der I-67 in **Burkittsville** der **Gathland State Park** (☎301-791-4767; Eintritt frei; ⏰8 Uhr bis Sonnenuntergang) mit Zugang zum Appalachian Trail. Burkittsville erlangte als Drehort für *Blair Witch Project* Berühmtheit.

CUMBERLAND

Am Potomac River liegt der Grenzposten Fort Cumberland (nicht zu verwechseln mit der Cumberland Gap zwischen Virginia und Kentucky). Er war für die Pioniere das Tor über die Allegheny Mountains bis nach Pittsburgh und zum Ohio River. Heute ist der Ort ein Spezialist für Erholung in der freien Natur mit ihren Flüssen, Wäldern und Bergen. Die hier aufgeführten Sehenswürdigkeiten sind nur einen kurzen Fußweg von den fußgängerfreundlichen Straßen der Innenstadt von Cumberland entfernt.

👁 Sehenswertes & Aktivitäten

C&O Canal National Historic Park WEG

Das Meisterwerk der Ingenieurskunst wurde entworfen, um parallel zum Potomac River die Chesapeake Bay mit dem Ohio River zu verbinden. Der Bau des Kanals begann 1828, wurde aber 1850 an den Appalachen gestoppt. In dem durch den Park geschützten, 298 km langen Korridor gibt's einen 4 m breiten Treidelpfad zum Wandern und Radeln, der den ganzen Weg von hier bis nach Georgetown in D.C. führt. Das **C&O Canal Museum** (☎301-739-4200; 15 Canal Pl; ⏰9–17 Uhr Mo–Fr) zeigt chronologisch die Bedeutung der Flusshandels für die Geschichte der Ostküste.

Great Allegheny Passage WEG

(GAP; www.atatrail.org) Ein weiterer toller Weg zum Wandern und Radeln führt an dieser Zugstrecke entlang. Er verläuft in nordwestlicher Richtung über 217 km nach Duquesne, PA; unterwegs durchquert man Wälder und kommt an Flüssen und kleinen Städten vorbei. Die GAP ist noch im Werden und soll schließlich die ganze Strecke bis nach Pittsburgh führen. Der Weg startet in der Nähe der Baltimore St und des Kanals und hat hier Verbindung zum C&O Canal Path, 200 m weiter südlich.

Western Maryland Scenic Railroad ZUG

(☎800-872-4650; www.wmsr.com; 13 Canal St; Erw./Kind 30/16 US$; ⏰Mai–Okt. Fr–So, Nov.–

Dez. Sa & So 11.30 Uhr) Vor dem Allegheny County Visitor Center, in der Nähe des Startpunkts des C&O Canal, startet eine Dampflok. Sie fährt durch Wälder und tiefe Schluchten nach Frostburg. Hin und zurück dauert das dreieinhalb Stunden.

Cumberland Trail Connection RADFAHREN (☎301-777-8724; www.ctcbikes.com; 14 Howard St, Canal Pl; halber Tag/Tag/Woche ab 15/25/120 US$; ⏲10–18 Uhr) Praktisch neben dem Startpunkt des C&O Canal gelegen, verleiht dieser Ausrüster Fahrräder (Cruiser, Tourenräder und Mountainbikes) und organisiert auch einen Shuttleservice von überall in Pittsburgh in den D.C. Ein Kanuverleih war in Vorbereitung.

Allegany Expeditions ABENTEUERTOUR (☎301-722-5170; www.alleganyexpeditions.com; 10310 Columbus Ave/Rte 2) Veranstaltet Abenteuertouren, z.B. mit Klettern, Kanufahrten, Langlaufen oder Fliegenfischen.

Essen

Queen City Creamery & Deli DINER $ (☎301-777-0011; 108 Harrison St; Hauptgerichte 6–8 US$; ⏲7–21 Uhr) In dem Laden meint man, 70 Jahre zurückgereist zu sein. Auf den Tisch kommen Shakes und hausgemachtes Vanilleeis, dicke Sandwiches und ein supersättigendes Frühstück.

DEEP CREEK LAKE

Im äußersten Westen liegt der größte Süßwassersee von Maryland. Hier ist zu allen Jahreszeiten etwas los. Während des jährlichen **Autumn Glory Festival** (www.autumngloryfestival.com) im Oktober zieht die tiefrote, kupferne Farbenpracht der Allegheniеs, die durchaus mit dem Indian Summer in Neuengland konkurrieren kann, Tausende von Besuchern an. In McHenry hat das **Garrett County Visitor Center** (☎301-387-4386; www.visitdeepcreek.com; 15 Visitor Center Dr) am Nordende der US 219 Infos zu allen Aktivitäten im Freien, auch zu dem nahe gelegenen Skiresort **Wisp** (☎301-387-4911; www.wispresort.com).

DELAWARE

Delaware ist der zweitkleinste Bundesstaat der USA. Er ist nur knapp 155 km lang und erreicht an der breitesten Stelle gerade mal 56 km. Kein Wunder, dass er im Schatten seiner Nachbarn steht und von den Besuchern der Capital Region gerne übersehen wird. Das ist schade, denn Delaware hat weit mehr zu bieten als Steuerfreiheit und Hühnerfarmen.

Besucher sind angenehm überrascht von den langen, weißen Sandstränden, hübschen Dörfern aus der Kolonialzeit, lieblichen Landschaften und gemütlichen Kleinstädten. Ein ganzer Bundesstaat wartet nur darauf, entdeckt zu werden. Delaware lebt immer noch vom legendären Ruf, als erster Staat die Verfassung der USA unterzeichnet zu haben. Daher auch das neue Motto: *It's Good Being First* (Es ist gut, Erster zu sein).

Geschichte

In der Kolonialzeit war das Land von Delaware Gegenstand eines erbitterten Streits zwischen holländischen, schwedischen und britischen Siedlern. Während Holländer und Schweden eine Gesellschaft aufbauten, in der nach dem Vorbild nordeuropäischer Länder das Bürgertum das Sagen haben sollte, errichteten die Briten eine Aristokratie der Plantagenbesitzer. Dies erklärt zum Teil, warum Delaware bis heute eine für die Mittelatlantikstaaten typische Hybrid-Kultur aufweist.

Den vielleicht größten Moment seiner Geschichte erlebte der kleine Staat am 7. Dezember 1787, als Delaware als Erster die amerikanische Verfassung unterzeichnete und damit der erste Staat der Union wurde. Der Union blieb Delaware während des gesamten Bürgerkrieges treu, obwohl der Staat die Sklaverei befürwortete. Die Wirtschaftskraft Delawares beruhte in dieser Zeit – wie nahezu im gesamten Verlauf seiner Geschichte – auf der chemischen Industrie. 1802 gründete der französische Einwanderer Eleuthère Irénée du Pont eine Fabrik zur Herstellung von Sprengstoff. Heute ist DuPont der zweitgrößte Chemiekonzern der Welt. Im 20. Jh. lockten die niedrigen Steuersätze weitere Firmen an, besonders Kreditkartenunternehmen, und ließen den Staat wachsen und gedeihen.

Strände in Delaware

Die insgesamt 45 km langen Sandstrände am Atlantik sind der beste Grund, in Delaware länger zu verweilen. Wenn nicht anders angegeben, haben alle hier aufgeführten Geschäfte und Dienstleister das ganze Jahr über geöffnet. Alle Preise gelten für die Hochsaison (Juni–Aug.); in der Nebensaison gibt's ordentliche Rabatte.

LEWES

1631 gaben die Niederländer dieser Walfangsiedlung den schönen Namen Zwaanendael (Schwanental), bevor sie prompt von den einheimischen Natnikoe-Indianern massakriert wurden. Als William Penn die Gegend unter seine Kontrolle brachte, änderte er den Namen in Lewes (ausgesprochen Luu-iss). Heute ist es eine attraktive Perle am Wasser mit einem Mix aus englischer und holländischer Architektur.

Das **Visitor Center** (www.leweschamber.com; 120 Kings Hwy; ⌚Mo–Fr 9–17 Uhr) verweist auf Sehenswürdigkeiten wie dem **Zwaanendael Museum** (102 Kings Hwy; Eintritt frei; ⌚Di–Sa 10–16.30, So 13.30–16.30 Uhr). Dort erläutert das nette Personal die holländischen Wurzeln der ältesten Siedlung des US-Staats.

Am **Fisherman's Wharf** (☎302-645-8862; www.fishlewes.com; 7 Anglers Rd) kann man Bootstouren zu Sonnenuntergangsfahrten, Delfinbeobachtungen (Erw./Kind 35/20 US$) und zum Angeln (halber Tag/Tag 45/85 US$) buchen.

Für mehr Action auf dem Wasser kann man auch bei **Quest Fitness Kayak** (☎302-745-2925; www.questfitnesskayak.com; Savannah Rd; Kayak für 2/8 Std. 25/50 US$) Kajaks leihen. Der Laden befindet sich neben dem Beacon Motel und veranstaltet auch malerische Paddeltouren rund um das Kap (Erw./Kind 65/35 US$).

In der kleinen historischen Altstadt findet man Hotels und Restaurants wie das **Hotel Rodney** (☎302-645-6466; www.hotelrodneydelaware.com; 142 2nd St; Zi. 140–250 US$; P❄📶≋). Das zauberhafte Boutiquehotel hat super Bettwäsche und antike Möbel. Auf der anderen Seite des Kanals liegt das **Beacon Motel** (☎302-645-4888; www.beaconmotel.com; 514 Savannah Rd; Zi. 95–190 US$; P❄📶≋). Es hat große, ruhige Zimmer und liegt zehn Gehminuten vom Strand entfernt.

In der 2nd St finden sich zauberhafte Restaurants und Cafés. Das mit Schindeln gedeckte **Striper Bites Bistro** (☎302-645-4657; 107 Savannah Rd; Hauptgerichte mittags 10–12 US$, abends 16–24 US$; ⌚Mo–Sa 11.30 Uhr–open end) liegt an der Zugbrücke über dem Kanal. Es hat sich auf innovative Seafood-Gerichte wie Steinfisch aus Lewes und Fisch-Tacos spezialisiert. Auf der anderen Seite der Zugbrücke liegt das relaxte **Wharf** (☎302-645-7846; 7 Anglers Rd; Hauptgerichte 10–24 US$; ⌚7–1 Uhr) direkt am Wasser (mit Blick auf den Kanal). Es hat eine große Auswahl an Meeresfrüchten und Kneipengerichten. Die ganze Woche gibt's Livemusik.

Cape May–Lewes Ferry (☎800-643-3779; www.capemaylewesferry.com; 43 Cape Henlopen Dr; pro Fahrzeug 36–44 US$, plus je Erw./Kind 10/5 US$) schippert täglich über die Delaware Bay nach New Jersey. Das Fährtterminal liegt 1,5 km von der Innenstadt von Lewes entfernt. Die Fähren sind 90 Minuten unterwegs. Für Fußgänger verkehrt je nach Jahreszeit ein Shuttlebus (4 US$) zwischen dem Terminal, Lewes und Rehoboth Beach. Sonntags bis donnerstags zahlt man weniger. Reservierungen sind zu empfehlen.

KURZINFOS DELAWARE

» **Spitzname** First State

» **Bevölkerung** 900 000

» **Fläche** 6451,6 km²

» **Hauptstadt** Dover (36 000 Ew.)

» **Verkaufssteuer** keine

» **Geburtsort von** Rockmusiker George Thorogood (geb. 1952), Schauspielerin Valerie Bertinelli (geb. 1960), Schauspieler Ryan Phillippe (geb. 1974)

» **Heimat des** Vize-Präsidenten Joe Biden, der Du Pont Familie, von DuPont Chemicals, Kreditkarten-Firmen und jeder Menge Hühnern

» **Politische Ausrichtung** in der Regel demokratisch

» **Berühmt für** steuerfreies Shoppen, schöne Strände

» **Staatsvogel** Blue Hen

» **Entfernungen** Wilmington–Dover 52 Meilen (84 km), Dover–Rehoboth Beach 43 Meilen (69 km)

CAPE HENLOPEN STATE PARK

1,5 km östlich von Lewes stehen in dem gut 16 km² großen herrlichen **Naturpark** (☎302-645-8983) steil aufragende Dünen, Pinienwälder und Sumpfgebiete unter dem Schutz des US-Staates (Eintritt 6 US$ für nicht in Delaware zugelassene Fahrzeuge). Er ist ein Paradies für Vogelbeobachter und Strandläufer. Vom Beobachtungsturm kann man bis zum Cape May sehen. Der Strand von **North Shores** ist besonders bei homosexuellen Pärchen beliebt. Auf dem **Campingplatz** (☎877-987-2757; Stellplatz 30–

RADFAHREN AUF DEM JUNCTION & BREAKWATER TRAIL

Eine fantastische Radtour kann man zwischen Rehoboth und Lewes machen, die der knapp 10 km lange Junction and Breakwater Trail miteinander verbindet. Benannt wurde er nach der ehemaligen Zuglinie, die hier im 19. Jh. verlief. Der ebene, leicht ansteigende Weg im Grünen führt durch bewaldetes und offenes Terrain, durch Sümpfe an der Küste und an Feldern vorbei. Im Visitor Center oder bei **Atlantic Cycles** (www.atlanticcycles.net; 18 Wilmington Ave) in Rehoboth, wo auch günstig Räder geliehen werden können (halber Tag/Tag ab 12/18 US$), gibt's eine Karte. In Lewes kann man sich an **Ocean Cycles** (www.ocean cylces.com; 514 E Savannah Rd) beim Beacon Motel wenden.

32 US$; ⏲März–Nov.) gibt's Plätze am Strand und im Wald.

REHOBOTH BEACH & DEWEY BEACH

Obwohl knapp 200 km entfernt, ist der Rehoboth Beach der Washington, D.C., am nächsten gelegene Strand – und wird deshalb auch als „Sommerhauptstadt der Nation" bezeichnet. Die Stadt wurde 1873 als christliches Ferienlager gegründet, ist heute aber ein Musterbeispiel an Toleranz – familienfreundlich und schwulenfreundlich. Vor allem die lesbische Gemeinde ist sehr groß. Es gibt sogar den als *Poodle Beach* (Pudelstrand) bekannten Schwulenstrand, der sich – wie passend – am Ende der Queen St befindet.

Die Innenstadt von Rehoboth ist eine Mischung aus großartigen viktorianischen Villen und zauberhaften Hexenhäuschen. Bäume säumen die Straßen, in denen sich stilvolle B&Bs und Boutiquen, noble Restaurants und Vergnügungsstätten für die Kleinen aneinanderreihen. Ein gut 1,5 km langer Plankenweg führt am breiten Strand entlang. In der Hauptstraße Rehoboth Ave, die sich von der Strandpromenade bis zum **Visitor Center** (☎302-227-2233; www.beachfun.com; 501 Rehoboth Ave; ⏲Mo–Fr 9–17 Uhr, Sa & So bis 13 Uhr) am Kreisverkehr erstreckt, drängeln sich noch mehr Restaurants und die üblichen schrägen Souvenirläden. Außerhalb der Stadt liegen am vielbefahrenen Highway der Rte 1 zahlreiche Kettenrestaurants, Hotels und die Einkaufsparadiese für Schnäppchenjäger in der Steueroase Delaware.

Nur 3 km südlich des Hwy 1 befindet sich das winzige Städtchen Dewey Beach. Eine ungezügelte (heterosexuelle) Aufreißer-Szene und ein ausschweifendes Nachtleben am Hauptpartystrand haben Dewey den wenig schmeichelhaften Spitznamen *Do Me* eingebracht – hm, was „Tu mir einen Gefallen" hier wohl im übertragenen Sinn bedeuten mag?

Schlafen

Wie überall an der Küste explodieren die Preise in der Hochsaison (Juni–Aug.). Günstige Übernachtungsmöglichkeiten findet man an der Rte 1.

LP TIPP Bellmoor Inn & Spa BOUTIQUEHOTEL **$$$**
(☎800-425-2355; www.thebellmoor.com; 6 Christian St; Zi. ab 260 US$; P ❄ @ 📶) Wenn Geld keine Rolle spielt, empfehlen wir, mit einem Zimmer im luxuriösesten Inn am Rehoboth zu protzen. Mit seiner englischen ländlichen Deko, Kaminen, dem ruhigen Garten und der abgeschiedenen Lage hebt es sich von den 08/15-Strandresorts deutlich ab. Ein Tagesspa mit perfektem Angebot krönt die Annehmlichkeiten.

Hotel Rehoboth BOUTIQUEHOTEL **$$$**
(☎302-227-4300; www.hotelrehoboth.com; 247 Rehoboth Ave; Zi. 290–390 US$; P ❄ @ 📶 🏊) Rehoboths neuestes Boutiquehotel hat sich mit einem tollen Services und luxuriösen Annehmlichkeiten wie dem kostenlosen Shuttle zum Strand einen gut Ruf erarbeitet.

Crosswinds Motel MOTEL **$$$**
(☎302-227-7997; www.crosswindsmotel.com; 312 Rehoboth Ave; Zi. 150–250 US$; P ❄ 📶) Das einfache Motel liegt im Zentrum der Rehoboth Ave. Es hat für den Preis ein tolles Angebot mit willkommenen Annehmlichkeiten (Minikühlschrank, Kaffeemaschine, Flachbild-TV). Zum Strand geht man zwölf Minuten.

Walls Apartments APARTMENTS **$**
(☎302-227-2999; www.crosswindsmotel.com; Ecke Christian St & Rehoboth Ave; Zi. ab 97 US$; P) Der in die Jahre gekommene Komplex mit Hütten und rustikal eingerichteten Apartments liegt toll nur ein paar Blocks vom Strand entfernt. Der Preis ist unschlagbar, die angeschlagenen Möbel und abgewetzten Teppiche schrecken aber die

meisten ab. Noch dazu haben einige der Apartments zwar Badewannen, aber keine Duschen (es gibt aber im Freien Duschen). Nur Bargeldzahlung.

✗ Essen & Ausgehen

Günstige Imbissstände findet man an der Promenade, darunter Favoriten wie die Pommes bei Thrasher, die Pizza bei Grotto und die Saltwater Taffies (Toffeebonbons) bei Dolle. Etwas gediegener kann man in den einladenden Restaurants an der Wilmington Ave essen.

LP TIPP **Planet X** FUSION $$$
(☎302-226-1928; 35 Wilmington Ave; Hauptgerichte 16–33 US$; ⊙ab 17 Uhr; ✎) In dem stilvollen Restaurant erkennt man den asiatischen Einfluss auf der Speisekarte und an der Einrichtung – rote Papierlaternen und Buddhas schmücken die Wände, während die Gäste sich an rotem Thai-Curry mit Riesengarnelen und Krabbenpasteten mit würzigen asiatischen Sesamnudeln erfreuen. Auf der zur einen Seite hin offenen Vorderveranda kann man im Freien zu Abend essen.

Henlopen City Oyster House SEAFOOD $$$
(50 Wilmington Ave; Hauptgerichte 21–26 US$; ⊙ab 15 Uhr) Austern- und Meeresfrüchtefans werden das elegante Lokal nicht verpassen wollen. Eine verlockende, rustikale Bar und wunderschön angerichtete Speisen (z.B. Krabben mit weicher Schale, Bouillabaisse, Hummer Mac'n'Cheese) ziehen die Massen an. Frühzeitig dran sein, es werden keine Reservierungen angenommen! Tolle Biere aus Kleinbrauereien, Cocktails und ausgewählte Weine komplettieren das Ganze. Fazit: ein guter Ort, um am frühen Abend einen Happen und Drink zu sich zu nehmen.

Cultured Pearl JAPANISCH $$$
(☎302-227-8493; 301 Rehoboth Ave; Hauptgerichte 16–33 US$; ⊙16.30 Uhr–open end) Das asiatische Restaurant ist bei den Einheimischen schon lange beliebt. Der Koi-Teich am Eingang und die schöne Dachterrasse verströmen Zen-Feeling. Das Sushi und die Appetizer sind erstklassig. An den meisten Abenden gibt's Livemusik.

Royal Treat EIS $
(4 Wilmington Ave; Eis 3,50 US$; ⊙8–23.20 Uhr) Eisdiele mit Kultcharakter und riesigen Portionen sahniger, leckerer Kreationen. Folgerichtig steht davor immer eine Warteschlange. Das Frühstück ist ebenfalls beliebt.

Starboard RESTAURANT, BAR $$
(2009 Hwy 1, Dewey Beach; Hauptgerichte 6–18 US$; ⊙April–Okt. 9 Uhr–open end) Seit 1960 gehört das Starboard fest zum Inventar von Dewey Beach und ist für einen Brunch die beste Wahl in der Region. Man sollte Edds Del Marva – Eggs Benedict mit Krabbenfleisch – bestellen. Abends verwandelt sich das Starboard in die größte Strandparty der Gegend mit einer Menge Liveunterhaltung.

Dogfish Head KLEINBRAUEREI $$
(www.dogfish.com; 320 Rehoboth Ave; Hauptgerichte 9–23 US$; ⊙12 Uhr–open end) Mit die besten Livegigs an der Eastern Shore und selbst gebrautes Bier – diese Kombination passt einfach!

ℹ Anreise & Unterwegs vor Ort

Der **Jolly Trolley** (einfache Strecke 2–50 US$; ⊙Sommer 8–2 Uhr) verbindet Rehoboth mit Dewey und hält mehrmals auf der Strecke. Leider fahren keine Fernbusse mehr nach Rehoboth.

BETHANY BEACH & FENWICK ISLAND

Einfach mal abschalten? Die Küstenorte Bethany und Fenwick, auf halbem Weg zwischen Rehoboth und Ocean City gelegen, sind als „Quiet Resorts" (ruhige Seebäder) bekannt. Beide sind tatsächlich ultraruhig, fast schon langweilig und sehr familienfreundlich.

Es gibt nur einige wenige Restaurants und noch weniger Hotels. Die meisten Besucher mieten sich in Ferienwohnungen und Strandhütten ein. Eine gute Alternative zum üblichen Meeresgetier sind die butterzarten Rippchen vom Grill und leckeren Sandwiches mit *pulled pork* (einer Art geräuchertem Schweinegeschnetzeltem) bei **Bethany Blues BBQ** (☎302-537-1500; www.bethanyblues.com; 6 N Pennsylvania Ave; Hauptgerichte 14–24 US$; ⊙16.30 Uhr–21 Uhr).

Nord- & Zentral-Delaware

Wilmington verdankt seinen Charme vor allem der Hügellandschaft und den Palästen des Brandywine Valley, vor allem dem hoch aufragenden Anwesen von Winterthur. Dover ist niedlich, sympathisch und gegen später recht lebhaft.

WILMINGTON

Das einzigartige kulturelle Milieu, das u.a. Afroamerikaner, Juden und Immigranten aus der Karibik geprägt haben, und die lebhafte Kunstszene sind gute Argumente für einen Besuch in der Stadt. Das Zentrum des Geschäftsviertels befindet sich an der Market St. Die alten Warenhäuser und andere industrielle Stätten an der Riverfront wurden in Läden, Restaurants und Museen umgemodelt. Das **Visitor Center** (☎800-489-6664; www.visitwilmingtonde.com; 100 W 10th St; ⊙Mo–Fr 9–17 Uhr) befindet sich in der Innenstadt.

Das **Delaware Art Museum** (www.delart.org; 800 S Madison St; Erw./Kind 12/6 US$, So frei; ⊙Mi–Sa 10–16, So ab 12 Uhr) stellt Arbeiten der hiesigen Brandywine School aus, z.B. von Edward Hopper, John Sloan und drei Wyeth-Generationen. Das **Delaware Center for the Contemporary Arts** (☎302-656-6466; www.thedcca.org; 200 S Madison St; Eintritt frei; ⊙Di & Do–Sa 10–17, Mi & So ab 12 Uhr) bringt ein wenig bewusstseinserweiternde Kultur in den Riverfront District. Das **Delaware History Museum** (www.hsd.org; 200 S Madison St; Erw./Kind 6/4 US$; ⊙Mi–Sa 11–16 Uhr) befindet sich in einem Art-déco-Gebäude von Woolworth und belegt, dass der First State viel dafür getan hat, um seinen Spitznamen zu verdienen.

Das beste Hotel des Bundesstaats ist das **Hotel du Pont** (☎302-594-3100; www.hoteldupont.com; Ecke Market & 11th Sts, Zi. 230–460 US$; P❄📶). Es ist luxuriös und hat so viel Klasse, dass es seinen Namensgebern, eine der erfolgreichsten Industriellenfamilien der USA, gerecht wird. Am Fluss liegt die **Iron Hill Brewery** (☎302-472-2739; 710 South Madison St; Hauptgerichte 10–24 US$; ⊙11–23 Uhr). Das geräumige, luftige und mehrstöckige Backsteingebäude war einst ein Warenhaus. Ordentliches Bier von Kleinbrauereien (das saisonale belgische Ale versuchen!) passen gut zu herzhaften Kneipengerichten (Pizza, Sandwiches, in der Pfanne gebratenes Hühnchen, gegrillte Shrimps).

Wilmington kann man mit Greyhound oder den Peter Pan Bus Lines erreichen. Sie fahren nach Washington (20 US$, 3 Std.) und New York (30 US$, 2½ Std.). Beide Buslinien stoppen am **Wilmington Transportation Center** (101 N French St). Die **Züge von Amtrak** (100 S French St) verbinden Wilmington mit Washington (45 US$ 1½ Std.), Baltimore (37 US$, 34 Min.) und New York (56 US$, 1¾Std.)

BRANDYWINE VALLEY

Mit dem Vermögen, das sie in der Chemiebranche anhäufte, verwandelte die französische Einwandererfamilie Du Pont das Brandywine Valley in eine Art amerikanisches Loiretal mit Schlössern und Weingütern, in dem sich bis heute gerne die Reichen und Schönen niederlassen. Beim **Brandywine Valley Tourist Information Center** (☎610-719-1730; www.brandywinevalley.com), außerhalb des Parks von Longwood Gardens in Kennett Square, PA, gelegen, gibt's ausführliche Infos über die drei wichtigsten **Schlösser** und Parks der Gegend: Winterthur, Longwood Gardens und Nemours.

Sehenswertes

Winterthur HISTORISCHE STÄTTE
(☎302-888-4600; www.winterthur.org; Hwy 52; Erw./Kind 18/5 US$; ⊙Di–So 10–17 Uhr) Sechs Meilen (10 km) nordwestlich von Wilmington befindet sich das Landhaus des Industriellen Henry Francis du Pont mit 175 Zimmern und seiner Sammlung von Antiquitäten und amerikanischer Kunst, eine der größten in der Welt.

Hagley Museum MUSEUM
(☎302-658-2400; www.hagley.org; Hwy 141; Erw./Kind 11/4 US$; ⊙9.30–16.30 Uhr) Ein weiterer faszinierender Schrein für das DuPont-Vermächtnis ist das weitläufige Freiluftmuseum. Hier gibt's die Ruinen der echten Du-Pont-Mühle, Handwerkervorführungen und Ausstellungen zu einigen der Erfindungen der DuPont-Firma, z.B. Nylon.

NEW CASTLE

Kopfsteingepflasterte Straßen und wunderschön erhaltene Gebäuden aus dem 18. Jh. prägen das Ortsbild von New Castle, das nahe am Flussufer liegt. Die Umgebung hat dagegen etwas von städtischer Einöde. Zu den Sehenswürdigkeiten gehören das **Old Court House** (⊙Mo geschl.), das Arsenal on the Green, Kirchen und Friedhöfe, die bis ins 17. Jh. zurückreichen, und weitere historische Gebäude.

Das **Terry House B&B** (☎302-322-2505; www.terryhouse.com; 130 Delaware St; Zi. 90–110 US$; P📶) mit seinen fünf Zimmern liegt idyllisch im historischen Viertel. Der Besitzer spielt für seine Gäste Klavier, während sie ein umfangreiches Frühstück genießen.

Ein paar Türen die Straße runter werden in der **Jessop's Tavern** (114 Delaware St; Hauptgerichte 12–22 US$; ⊙11.30–21 Uhr) holländischer Schmorbraten, Pilgrim's Feast (Truthahn aus dem Ofen mit Beilagen), Fish & Chips und andere Kneipengerichte serviert. Der Laden versprüht eine koloniale Atmosphäre – inklusive kostümierter Bedienung, knarrenden Holzböden und antiker Einrichtung.

DOVER

Im Zentrum von Dover findet man stattliche Backsteingebäude und schattige, von Bäumen gesäumte Boulevards – ein faszinierendes Ziel für einen Halbtagesausflug.

Bei einem Spaziergang um das **State House** (25 The Green) stößt man am Ende eines langen Platzes auf das **Visitor Center** (☎302-739-4266; 406 Federal St; ⏲Mo–Sa 8.30–16.30, So ab 13.30 Uhr) und historische Ausstellungen. Hier kann man nach kostenlosen Spaziergängen in die Gegend fragen, die von kostümierten Führern geleitet werden. Es gibt auch kostenlose Touren durch das State House.

Das **Johnson Victrola Museum** (Ecke Bank St & New St; Eintritt frei; ⏲Mi–Sa 9–16.30 Uhr) ehrt den Erfinder der „sprechenden Maschine", Eldridge Johnson. Zu sehen ist auch eine Ausstellung zum Maskottchen von RCA-Records, dem Hund Nipper, der „der Stimme seines Herrn lauscht". Das **Delaware Agriculture Museum and Village** (☎302-734-1618; www.agriculturalmuseum.org; 866 N Dupont Hwy; Erw./Kind 5/3 US$; ⏲Di–Sa 10–15 Uhr) ist ein Living-History-Museum mit einer Nachstellung einer bäuerlichen Gesellschaft aus den 1890er-Jahren.

Südöstlich der Stadt liegt die Dover Air Force Base, die größte Luftwaffenbasis des Landes und der erste Stopp für im Krieg gefallene US-Soldaten. Ihre Ankunft auf amerikanischem Boden findet in aller Stille und ohne öffentliche Zeremonie statt. Besucher können das **Air Mobility Command Museum** (☎302-677-5938; www.amcmuseum.org; Ecke Hwys 9 & 1; Eintritt frei; ⏲Di–So 9–16 Uhr) besichtigen, das alte Flugzeuge und diverse Flugutensilien ausstellt.

NASCAR-Fans in aller Welt kennen den **Dover International Speedway** (☎302-883-6500; doverspeedway.com; 1131 N Dupont Hwy). Er gilt als einer der besten Rundkurse des Landes. Auf der Homepage findet man die Termine der nächsten Rennen und Infos zu den Tickets. Bei der Rennstrecke befindet sich auch Dovers Hauptattraktion, das **Dover Downs Casino** (☎302-674-4600; doverdowns.com; ⏲Mo–Sa 8–4, So ab 12 Uhr), ein riesiger Unterhaltungskomplex mit Spielautomaten, Pferderennen, Hotel, Spa und Konzerthalle.

Das **State Street Inn** (☎302-734-2294; 228 N State St; Zi. 110–135 US$) liegt perfekt in der Nähe des State House. Es hat vier helle Zimmer mit Holzfußböden und antiken Möbeln.

Das **Frazier's** (☎302-674-8875; 9 E Lockerman St; Hauptgerichte 8–19 US$; ⏲ab 11 Uhr) liegt nur einen kurzen Fußweg vom State House entfernt. Das holzgetäfelte Lokal hat auch Tische im Freien mit Blick auf den Fluss, ordentliche Burger, Sandwiches und Meeresfrüchte.

Die nette Kneipe **WT Smithers** (☎302-674-8875; 140 S State St; Hauptgerichte 8–16 US$; ⏲Mo–Sa ab 11 Uhr) zieht einen Mix aus Studenten und Angestellten des State House an, die sich hier mit Buffalowings und leckerem Bier vom Fass den Abend versüßen.

VIRGINIA

Schön, leidenschaftlich, liebenswert – und außerordentlich geschichtsträchtig. Hier wurde Amerika geboren, hier gründeten englische Siedler 1607 die erste dauerhafte Kolonie der Neuen Welt. Bis heute hat der *Commonwealth of Virginia* eine tragende Rolle in fast jedem großen Drama der amerikanischen Geschichte gespielt, sei es während des Unabhängigkeitskriegs, des Bürgerkriegs, in der Bürgerrechtsbewegung oder am 11. September 2001.

So verschiedenartig und vielfältig wie die Geschichte und Bevölkerung Virginias ist auch dessen Landschaft: die Chesapeake Bay und die breiten Sandstrände des Atlantischen Ozeans im Osten, Pinienwälder, Sumpfgebiete und sanfte grüne Hügel der lieblichen Region Piedmont in der Mitte, der raue Gebirgszug der Appalachen und das traumhaft schöne Shenandoah Valley im Westen.

Hier, irgendwo bei Richmond, verläuft die unsichtbare Grenze zwischen Nord und Süd. Man hat sie überschritten, wenn man das gedehnt-schleppende Sprechen hört, mit dem Teller voller Kekse und der typische Schinken aus Virginia offeriert werden. Virginia bietet für jeden etwas, getreu dem Motto „Virginia is for Lovers" (Virginia ist für Liebhaber).

Geschichte

Seit mindestens 5000 Jahren leben Menschen im Gebiet des heutigen Bundesstaats Virginia. Es waren einige Tausend Ureinwohner, die im Mai 1607 mit ansehen mussten, wie Kapitän James Smith mit seiner Mannschaft die Chesapeake Bay hinaufsegelte und Jamestown gründete, die erste dauerhafte englische Kolonie in der Neuen Welt. Die nach der *Virgin Queen*, der jungfräulichen Königin Elisabeth I., benannte Kolonie erstreckte sich ursprünglich über fast die gesamte Ostküste Amerikas. Nachdem 1610 die meisten Siedler auf der Suche nach Gold verhungert waren, entdeckte John Rolfe, der Ehemann von Pocahontas, den wahren Reichtum Virginias: den Tabak.

Aus dem Tabakanbau entstand eine feudale Aristokratie, und viele Sprösslinge des niederen Adels wurden zu Gründungsvätern, nicht zuletzt der hier geborene George Washington. Im 19. Jh. wucherte das auf Sklaverei basierende Plantagensystem unaufhaltsam – und geriet in einen immer schärfer werdenden Widerspruch zur industrialisierten Wirtschaft des Norden. 1861 spaltete sich Virginia schließlich von der Union ab und wurde zum Zentrum des Bürgerkriegs. Nach seiner Niederlage vollführte der Bundesstaat einen kulturellen Drahtseilakt. Es musste sich eine vielschichtige Identität zulegen, zu der ältere Aristokraten, eine ländliche und städtische Arbeiterklasse, Einwanderer und schließlich auch die Bewohner der florierenden technologielastigen Vorstädte im D.C. ihren Beitrag leisteten. Der Staat zehrt von seiner Geschichte, will aber dennoch beim amerikanischen Experiment in der ersten Reihe mitmischen. Während Virginia in den 1960er-Jahren nur widerstrebend die Rassenschranken aufhob, beherbergt es heute eine der ethnisch vielfältigsten Bevölkerungen im ganzen New South.

KURZINFOS VIRGINIA

» **Spitzname** Old Dominion (Altes Herrschaftsgebiet)

» **Bevölkerung** 8 Mio.

» **Fläche** 110 785 km^2

» **Hauptstadt** Richmond (202 000 Ew.)

» **Verkaufssteuer** 5 %

» **Geburtsort von** acht US-Präsidenten, inklusive George Washington (1732–1799), Konföderierten-General Robert E. Lee (1807–1870), Tennis-As Arthur Ashe (1943–1993), Schriftsteller Tom Wolfe (geb. 1931), Schauspielerin Sandra Bullock (geb. 1964)

» **Heimat des** Pentagon, der CIA und mehr Arbeitern in der Technologie-Branche als in jedem anderen Staat

» **Politische Ausrichtung** Republikanisch

» **Berühmt für** Geschichte Amerikas, Tabak, Äpfel und den Shenandoah National Park

» **Staatsgetränk** Milch

» **Entfernungen** Arlington–Shenandoah 113 Meilen (182 km), Richmond–Virginia Beach 108 Meilen (174 km)

Nord-Virginia

Hinter der sperrigen Vorstadtfassade verbirgt sich die für „NOVA" typische Mischung aus Kleinstadtcharme und Großstadtflair: Dörfer aus der Kolonialzeit und Schlachtfelder des Bürgerkriegs wechseln sich ab mit Wolkenkratzern, Einkaufszentren und erstklassigen Kunstveranstaltungen.

Obwohl nur wenige Minuten Fahrtzeit von einem urbanen Ballungsraum entfernt, konnte sich die grüne Oase des **Great Falls National Park** (☎703-285-2965; www.nps.gov/grfa; ⏲7 Uhr–Sonnenuntergang) ihre wilde Ursprünglichkeit bewahren. Der Park ist ein großartiges, sorgfältig gepflegtes Waldgebiet, durch den der Potomac River über wildschäumende Stromschnellen rauscht. Kajaktouren – jedoch nur etwas für erfahrene Paddelcracks –, Klettern, Wandern und Angeln sind beliebte Freizeitunternehmungen.

ARLINGTON

Von Washington aus gleich auf der anderen Seite des Potomac River liegt Arlington County. Es gehörte zwischenzeitlich zum D.C., wurde aber 1847 an Virginia zurückgegeben. In den vergangenen Jahren haben sich die Stadtviertel von Arlington gemausert und einige verlockende Angebote in puncto Essen und Ausgehen entwickelt.

Sehenswertes & Aktivitäten

GRATIS **Arlington National Cemetery** HISTORISCHE STÄTTE
(www.arlingtoncemetery.org; ⏲April–Sept. 8–19 Uhr, Okt.–März 8–17 Uhr). Die bekannteste Sehenswürdigkeit des Countys: Auf dem düsteren Nationalfriedhof ruhen mehr als 300 000 Soldaten und ihre Angehörigen sowie Veteranen aller US-amerikanischen Kriege vom Unabhängigkeits- bis zum Irak-Krieg. Da sich das hügelige Friedhofsgelän-

de über nahezu 2,5 km² erstreckt, empfiehlt es sich, vom Visitor Center aus mit **Tourmobile** (☎202-554-5100; www.tourmobile.com; Erw./Kind 8,50/4,25 US$) zu den Gedenkstätten zu fahren. Die Busse starten beim Visitor Center.

Der Friedhof wurde größtenteils auf dem Grundstück des **Arlington House** angelegt, in dem einst General Robert E. Lee und seine Frau Mary Anna Custis Lee, eine Nachfahrin von Martha Washington, lebten. Während Lee die Armee von Virginia in den Bürgerkrieg führte, konfiszierten die Truppen der Union das Anwesen, um ihre Toten zu begraben. Im **Tomb of the Unknowns** (Grabmal der Namenlosen) ruhen die sterblichen Überreste von nicht identifizierten amerikanischen Soldaten aus den beiden Weltkriegen und dem Korea-Krieg. Soldaten halten an dem Grabmal rund um die Uhr eine Ehrenwache. Die Wachablösung (März–Sept. alle 30 Min., Okt.–Feb. stündl.) ist die ergreifendste Sehenswürdigkeit von Arlington. Eine ewige Flamme brennt auf dem **Grab von John F. Kennedy**. Direkt daneben befinden sich die Gräber seiner Frau Jacqueline Kennedy Onassis und zwei ihrer früh verstorbenen Kinder. Das **Women in Military Service for America Memorial** (☎800-222-2294; www.womensmemorial.org) würdigt in Form eines Museums die Verdienste der 2 Mio. Frauen in den amerikanischen Streitkräften. Weitere interessante Gedenkstätten sind das **Pan Am Flight 103 Cairn** und das **Space Shuttle Challenger Memorial**.

Nördlich des Friedhofs stellt das **Marine Corps War Memorial** (N Meade & 14th Sts) sechs Soldaten dar, die während des Zweiten Weltkriegs auf der japanischen Insel Iwojima die US-amerikanische Flagge hissten. Felix de Weldon gestaltete das Denkmal nach dem weltberühmten Foto des Pressefotografen Joe Rosenthal.

Artisphere KUNSTZENTRUM

(www.artisphere.com; 1101 Wilson Blvd; 📶) Einem komplett anderen Thema widmet sich der schicke, moderne, mehrstöckige Kunstkomplex, der 2011 eröffnet wurde. Hier gibt es exzellente Kunstausstellungen zu sehen und in den zahlreichen Theatern werden Konzerte (viele kostenlos) veranstaltet sowie Filme und experimentelle Theaterstücke gezeigt. Ein Café, ein Restaurant und eine Bar sorgen fürs leibliche Wohl. Von der Rosslyn Metro Station ist es nur ein kurzer Fußweg.

Pentagon GEBÄUDE

Südlich des Arlington Cemetery befindet sich das Pentagon, das größte Bürogebäude der Welt. Für die Öffentlichkeit ist es nicht zugänglich, außerhalb davon kann man jedoch das **Pentagon Memorial** (www.whs.mil/memorial; Eintritt frei; ⏲24 Std.) besichtigen. Die 184 beleuchteten Bänke gedenken

PANORAMASTRASSE: VIRGINIAS LAND DER PFERDE

Etwa 40 Meilen (64 km) westlich von Washington machen die Vorstädte Platz für endlose grüne Farmen, Weinberge, idyllische Dörfer, palastartige Anwesen und Ponys: Willkommen im „Horse Country“, dem Land der Pferde, wo die wohlhabenden Washingtoner ihre Freizeit hoch zu Ross verbringen.

Die folgende Route ist die malerischste Strecke zum Shenandoah National Park. Vom D.C. nimmt man die Rte 50 West nach **Middleburg**, einer Stadt, die mit ihren B&Bs, Tavernen, Weinläden und Boutiquen fast zu niedlich ist, um sie in Worte zu fassen. Die **National Sporting Library** (☎540-687-6542; www.nsl.org; 102 The Plains Rd; ⏲Di–Fr 10–16, Sa ab 13 Uhr) ist ein Museum und Forschungszentrum, das sich Pferden und Pferdesportart wie Fuchsjagden, Dressurreiten, Springreiten und Polo widmet.

Die **Griffin Tavern** (☎540-675-3227; 659 Zachary Taylor Hwy; Hauptgerichte 9–20 US$; ⏲11.30–21 Uhr) ist der Inbegriff eines britischen Pubs mit englischem und irischem Essen und Bier; sie liegt an der Rte 522 und 211 Richtung Flint Hill und Südwesten.

6 Meilen (10 km) die Rte 211 hinunter, gelangt man nach **Little Washington**, eine weitere hübsche Stadt mit einem der schönsten B&B-Restaurants in den USA, dem **Inn at Little Washington** (☎540-675-3800; www.theinnatlittlewashington.com; Ecke Middle & Main Sts; Zi. ab 425 US$). Der Straße weiter folgen bis zum Fuße der Blue Ridge Mountains, wo **Sperryville** mit seinen vielen Galerien und Läden ein Muss für alle Antiquitätenfans ist. Nach weiteren 9 Meilen (14,5 km) erreicht man Thornton Gap, dem am Skyline Dr gelegenen Zugang in den Shenandoah National Park (S. 329).

ABSTECHER

STEVEN F UDVAR-HAZY CENTER

Das **Steven F Udvar-Hazy Center** (☎703-572-4118; ⏱10–17.30 Uhr) ist Teil des Smithsonian National Air & Space Museum und liegt in Chantilly in der Nähe des Dulles Airport. Der riesige Hangar ist mit den überzähligen Flugzeugen und Raumschiffen gefüllt, die nicht in das Museum in Washington gepasst haben. Zu den Highlights gehört das Space-Shuttle *Enterprise*, die B-29 *Enola Gay*, SR-71 *Blackbird* und ein Concorde-Überschallflugzeug. Während der Eintritt zum Museum frei ist, kostet das Parken 15 US$.

der Menschen, die am 11. September 2001 hier ihr Leben ließen. In der Nähe verkörpern die drei hoch aufragenden Säulen des **Air Force Memorial** (☎703-247-5805; www.airforcememorial.org) die Kondensstreifen von Flugzeugjets.

Schlafen & Essen

Dutzende von Hotels, schicken Restaurants und Bars befinden sich an den Clarendon und Wilson Blvds und ballen sich rund um die Metrostationen Rosslyn und Clarendon.

Whitlow's on Wilson AMERIKANISCH **$$**
(☎703-276-9693; 2854 Clarendon Blvd; Hauptgerichte 8–21 US$; ⏱Mo–Fr 11–2, Sa & So ab 9 Uhr) Hier gibt's beim Sonntagsbrunch das beste Menü in der Umgebung, außerdem wochentags Happy Hour Specials und an den Wochenenden Livemusik.

Ray's Hell-Burger BURGER **$**
(1713 Wilson Blvd; Burger ab 7 US$; ⏱Di–So 12–22, Mo ab 17 Uhr) In einer unscheinbaren Einkaufszeile bekommt man vielleicht ein Minimum an Ambiente geboten, dafür aber ist das Ray berühmt für seine 280-g-Burger mit einer Unmenge an Beilagen. Man sollte sie mit Pommes aus Süßkartoffeln bestellen. Obama hat den russischen Präsidenten Medwedew hierhergeführt (sie hatten angeblich Cheddar-Cheeseburger).

Iota LIVEMUSIK
(☎703-522-8340; www.iotaclubandcafe.com; 2832 Wilson Blvd; Gedeck frei–15 US$; ⏱Mo–Fr 7–2, Sa & So ab 9 Uhr; 📶) Arlingtons Spitzenplatz, um jeden Abend einheimische und amerikanische Musiker in Aktion zu sehen und auch noch gutes Essen zu bekommen; hier sind u.a. schon Norah Jones und John Mayer aufgetreten.

ALEXANDRIA

Das zauberhafte Dorf aus der Kolonialzeit liegt 5 Meilen (8 km) und 250 Jahre von Washington entfernt. Früher war es eine salzige Hafenstadt und bei Einheimischen nur als „Old Town" (alte Stadt) bekannt. Heute zeigt sich Alexandria mit kolonialzeitlichen Häusern aus rotem Backstein, kopfsteingepflasterten Straßen, flackernden Gaslaternen und einer Uferpromenade von seiner besten Seite. In der King St reihen sich die Boutiquen, Straßencafés und netten Bars und Restaurants aneinander. Das **Visitor Center** (☎703-838-5005; www.visitalexandriava.com; 221 King St; ⏱9–17 Uhr) erteilt Parkgenehmigungen und gibt vergünstigte Tickets zu den historischen Stätten heraus.

Das 110 m hohe **George Washington Masonic National Memorial** (www.gwmemorial.org; 101 Callahan Dr & King St; Eintritt frei; ⏱9–17 Uhr) ist ein beeindruckender Turm, der nach dem Leuchtturm von Alexandria in Ägpyten gestaltet wurde. Er ist dem ersten Präsidenten der USA gewidmet, der ein Mitglied der mysteriösen Freimaurer gewesen ist. Das **Gadsby's Tavern Museum** (www.gadsbystavernmuseum.us; 134 N Royal St; Erw./Kind 5/3 US$; ⏱Di–Sa 10–17, So & Mo ab 13 Uhr) illustriert das Leben in der Kolonialzeit. Der Pub und das Restaurant sind immer noch in Betrieb; zu den ehemaligen Gästen gehörten George Washington und Thomas Jefferson. Das **Torpedo Factory Art Center** (www.torpedofactory.org; 105 N Union St; Eintritt frei; ⏱Fr–Mi 10–18, Do bis 21 Uhr) liegt in Ufernähe. Die ehemalige Munitionsfabrik beherbergt heute Dutzende von Galerien und Studios.

Das einladende und sonnendurchflutete **Brabo Tasting Room** (1600 King St; Hauptgerichte ca. 15 US$; ⏱Mo–Sa 11.30–23, So bis 22 Uhr) ist ein stilvoller Newcomer in Alexandria. Serviert werden tolle Muscheln, köstliche Tartes und Feinschmecker-Sandwiches, die z.B. mit langsam gegrilltem Angus-Rind und karamelisierten Pilzen belegt sind. Dazu gibt es eine beachtliche Bier- und Weinauswahl. Nebenan bietet das Spitzenrestaurant **Brabo** (☎703-894-3440; Hauptgerichte 28–38 US$; ⏱ab 17.30 Uhr) hervorragende saisonale Speisen der Saison.

Einer der besten Adressen für Seafood in Alexandria ist die kleine, lässige **Hank's Oyster Bar** (1026 King St; Hauptgerichte 6–28 US$; ⏱Di–Do 17.30–21.30, Fr & Sa

11.30–24, So 11–21.30 Uhr). Hier werden täglich Fischspezialitäten, gegrillte Muscheln, Hummerbrötchen, Krabbenpasteten und die berühmte Austern serviert. **Momo Sushi & Cafe** (☎703-299-9092; 212 Queen St; Sushi 10–23 US$; ⏲Mo–Fr 11.30–14.30 & 16–22, Sa 12–22, So 16–22 Uhr) hat nur 13 Plätze, aber super Sushi.

Das Essen ist bescheiden, die Bierauswahl auch – dafür aber kommt der Live-Bluegrass (Fr & Sa ab 20.30 Uhr) im abgewetzten **Tiffany Tavern** (☎703-836-8844; 1116 King St; Hauptgerichte 10–20 US$; ⏲Mo–Do 17–24, Fr & Sa bis 2 Uhr) super an.

Gleich nördlich der Old Town befindet sich unweit der Braddoch Rd Metro Station eine der besten Konzerthallen der USA: das legendäre **Birchmere** (☎703-549-7500; www.birchmere.com; 3701 Mt Vernon Ave; Tickets 25–70 US$). Das abwechslungsreiche Programm beinhaltet Auftritte von Künstlern wie Shawn Colvin und Eric Benét oder Legenden wie Doc Watson und America.

Von Downtown D.C. aus kommend, steigt man an der Metrostation King St Metro Station aus. Ein kostenloser Shuttle überbrückt die Meile von der Metro Station ans Ufer (11.30–22 Uhr, alle 20 Min.).

MOUNT VERNON

Mount Vernon (☎703-780-2000; www.mountvernon.org; Erw./Kind 15/7 US$; ⏲9–17 Uhr, Nov.–Feb. bis 16 Uhr) ist eines der meistbesuchten historischen Heiligtümer der Nation. Hier steht das geliebte Heim von George und Martha Washington. Sie wohnten von ihrer Hochzeit 1759 bis zum Tod von Washington im Jahr 1799 hier. Heute gehört es der Mount Vernon Ladies Association, die es auch betreibt. Das Anwesen bietet einen Einblick in eine Farm des 18. Jhs. und das Leben des Präsidenten als Plantagenbesitzer. Mount Vernon versucht nicht zu verschleiern, dass der Gründervater auch Sklaven hielt; die Besucher können die Sklavenquartiere und den Friedhof besichtigen.

Zu den weiteren Sehenwürdigkeiten gehört Washingtons **Distillery and Gristmill** (www.tourmobile.com; Erw./Kind 4/2 US$; inkl. Mount Vernon Erw./Kind 30/15 US$), knapp 5 km südlich des Anwesens. In den wärmeren Monate kann man eine 40-minütige **Sightseeing Cruise** (Erw./Kind 9/5 US$; ⏲Mai–Aug. Di–So, April & Sept. Sa & So) machen.

Mount Vernon liegt 16 Meilen (26 km) südlich vom D.C. am Mount Vernon Memorial Hwy. Anreise mit öffentlichen Verkehrsmitteln: die Metro bis Huntington nehmen und dann in den Fairfax Connector Bus 101 umsteigen. **Tourmobile** (☎202-554-5100; www.tourmobile.com; Erw./Kind inkl. Eintritt 32/16 US$; ⏲Mitte Juni–Aug.) organisiert vom Arlington National Cemetery aus eintägige Touren nach Mount Vernon. **Grayline** (☎202-289-1995; www.grayline.com; Erw./Kind inkl. Eintritt ab 55/30 US$) verbindet das ganze Jahr über täglich das Anwesen mit der Union Station in Washington.

Mehrere Veranstalter bieten je nach Jahreszeit Bootstouren von Washington und Alexandria aus an; der günstigste ist **Potomac Riverboat Company** (☎703-684-0580; www.potomacriverboatco.com; Erw./Kind inkl. Eintritt 40/20 US$). Eine gesunde Alternative ist eine herrliche Fahrradtour, die von Washington aus am Potomac River entlangführt (29 km ab Roosevelt Island).

MANASSAS

Am 21. Juli 1861 trafen die Soldaten der Union und der Konföderierten in der ersten großen Landschlacht des Bürgerkriegs aufeinander. In Erwartung des sicheren Sieges strömten die Anhänger der Union in Scharen herbei, um beim Picknick die „Erste Schlacht am Bull Run“ (in den Südstaaten bezeichnet als „Erste Schlacht von Manassas“) zu beobachten. Der völlig überraschende Sieg der Konföderierten zerstörte alle Hoffnungen auf ein schnelles Ende des Krieges. Ein gutes Jahr später, im August 1862, trafen die beiden Kriegsparteien am gleichen Ort in der größeren „Zweiten Schlacht von Manassas“ wieder aufeinander. Und wieder gewannen die Südstaatler. Heute ist der **Manassas National Battlefield Park** eine sanft geschwungene, grüne Hügellandschaft, die durch Lattenzäune in struppige Wiesenstücke mit hohem Gras und Wildblumen unterteilt ist. Die Besichtigungstour beginnt man am besten im **Henry Hill Visitor Center** (☎703-361-1339; www.nps.gov/mana; Erw./Kind 3/frei US$; ⏲8.30–17 Uhr), in dem ein Film zur Orientierung gezeigt und Kartenmaterial zum Park verteilt wird.

Täglich fahren Züge von **Amtrak** (www.amtrak.com; einfache Strecke 15–21 US$) und **Virginia Railway Express** (VRE; www.vre.org; einfache Strecke 9 US$; ⏲Mo–Fr) die 50 Minuten von Washingtons Union Station zur historischen Old Town Manassas Railroad Station an der 9431 West St; von hier sind es zum Park knapp 10 km mit dem Taxi. Rund um den Bahnhof von Manassas gibt's zahlreiche Restaurants und Bars, der Rest der Stadt ist allerdings ein Durcheinander von Einkaufszentren und verzweigten Vororten.

Fredericksburg

Fredericksburg ist eine hübsche Stadt mit einem historischen Viertel, das schon fast klischeeartig die typische amerikanische Kleinstadt verkörpert. In den Straßen und der Umgebung des Orts, in dem George Washington aufgewachsen ist, brach einst der Bürgerkrieg aus. Heute bietet die Hauptstraße eine schöne Mischung aus Buchläden, Gaststätten und Cafés.

Sehenswertes

Fredericksburg & Spotsylvania National Military Park HISTORISCHE STÄTTE

Mehr als 13 000 Amerikaner wurden während des Bürgerkriegs in vier Schlachten getötet. Diese wurden in einem Radius von 27 km ausgefochten, die dieser Park abdeckt. Er wird vom NPS verwaltet. Auf keinen Fall sollte man die Begräbnisstätte von Stonewall Jacksons amputiertem Arm in der Nähe des **Fredericksburg Battlefield Visitor Center** (1013 Lafayette Blvd; Eintritt frei, Film 2 US$; 9–17 Uhr) verpassen.

Das **Visitor Center** (www.visitfred.com; 706 Caroline St; 9–17 Uhr) bietet einen zeitlich unbegrenzten Fredericksburg-Pass. Damit kann man neun Sehenswürdigkeiten der Umgebung besichtigen (Erw./Kind 32/10 US$).

James Monroe Museum & Memorial Library HISTORISCHE STÄTTE

(908 Charles St; Erw./Kind 5/1 US$; Mo–Sa 10–17 Uhr, So ab 13 Uhr) Der Namensgeber des Museums war der fünfte Präsident der USA.

Mary Washington House HISTORISCHE STÄTTE

(1200 Charles St; Erw./Kind 5/2 US$; Mo–Sa 11–17, So 12–16 Uhr) Das Heim von George Washingtons Mutter aus dem 18. Jh.

Rising So Tavern HISTORISCHE STÄTTE

(1304 Caroline St; Erw./Kind 5/2 US$; Mo–Sa 10–17, So 12–16 Uhr) Museum mit Bardamen.

Schlafen & Essen

An den historischen Caroline und Williams Sts findet man Dutzende von Restaurants und Cafés.

Richard Johnston Inn B&B $$

(540-899-7606; www.therichardjohnstoninn.com; 711 Caroline St; Zi. 115–225 US$; P) Das gemütliche B&B liegt in einer Backsteinvilla aus dem 18. Jh. und punktet mit seiner Lage, dem Komfort und der Freundlichkeit (vor allem der zwei hier lebenden Scottie-Hunde). Gäste erhalten am Wochenende ein großes Frühstück.

Griffin Bookshop & Cafe CAFÉ $

(106 Hanover St; Mo–Sa 10–18, So bis 17 Uhr;) Das Griffin ist ein toller Ort für Bücherwürmer. Es hat freundliches Personal, kostenloses WLAN, guten Kaffee und Gebäck, eine Terrasse im Freien und eine super Auswahl an Lesestoff.

Kybecca Wine Bar TAPAS $$

(540-373-3338; 400 William St; Tapas 6–21 US$; Mo–Do 17–23, Fr & Sa 15–24, So 11–20 Uhr) Das Kybecca bringt Schwung in die Restaurantszene von Fredericksburg. Es serviert leckere Platten – in Sherry geschmorte Short Ribs, Slider mit Bison und Blauschimmelkäse, gegrillten Thunfisch – und hat eine ausgezeichnete Bier- und Weinauswahl. Es gibt auch Tische an der Straße und donnerstag- bis samstagabends treten Akustikbands auf.

An- & Weiterreise

Züge von **VRE** (11 US$, 1½ Std.) und **Amtrak** (23–33 US$, 1¼ Std.) starten am Bahnhof von Fredericksburg (200 Lafayette Blvd) auch Richtung D. C. **Greyhound** hat Busse ab/nach D. C. (15 US$, 5 tgl., 1½ Std.) und Richmond (18 US$, 3 tgl., 1 Std.). Die **Greyhound Station** (540-373-2103; 1400 Jefferson Davis Hwy) liegt ca. 1,5 Meilen (2,4 km) westlich des historischen Viertels.

Richmond

Schon seit 1780 ist Richmond die Hauptstadt des Bundesstaats Virginia. Hier sprach der große Patriot Patrick Henry während des Unabhängigkeitskriegs den berühmten Satz: „Give me Liberty, or give me Death!" (Gebt mir Freiheit oder gebt mir den Tod!) Weitaus bekannter ist Richmond aber als Hauptstadt der abtrünnigen Konföderation im Bürgerkrieg von 1861 bis 1865. Heute ist Richmond ironischerweise eine ethnisch vielfältige Stadt mit einer lebendigen afroamerikanischen Gemeinde. Natürlich verbirgt sich auch hinter dieser schönen Fassade ein krasses Einkommensgefälle, das dafür sorgt, dass die afroamerikanischen Wohnviertel wesentlich schlechter dastehen als die besseren Wohngegenden im Osten und Westen des Stadtzentrums. Die Stadt kämpft denn auch mit der historischen Verarbeitung ihrer kontroversen Geschichte. Alles in allem ist Richmond eine einladend freundliche, traditionelle Stadt des Südens, die langsam, aber sicher das internationale Flair der Nordostküste annimmt.

Sehenswertes

Der James River teilt Richmond in zwei Hälften, die meisten Sehenswürdigkeiten liegen in der nördlichen. Um den Stadtkern herum gruppieren sich die Wohnviertel, etwa der Fan District südlich der Monument Ave und Carytown im Westen. In der Innenstadt befinden sich beim Court End das Kapitol und einige Museen. An der E Cary St zwischen der 12th und der 15th St liegen im Shockoe Slip umgebaute Warenhäuser mit Geschäften und Restaurants. Unter der wie aufgebockt wirkenden Autobahnüberführung geht's nach Shockoe Bottom. Nördlich des Court End liegt das historische afroamerikanische Stadtviertel Jackson Ward. Man sollte bedenken, dass die Cary St mehr als 8 km lang ist: Der Teil E Cary St gehört zur Innenstadt, W Cary St zu Carytown.

An der **Monument Avenue**, einem von Bäumen gesäumten Boulevard im Nordosten von Richmond, stehen **Statuen** von so verehrten Südstaatenhelden wie J. E. B. Stuart, Robert E. Lee, Matthew Fontaine Maury, Jefferson Davis, Stonwall Jackson und umstrittenerweise dem afroamerikanischen Tennischampion Arthur Ashe.

Das afroamerikanisches Viertel **Jackson Ward** war im 19. Jh. als Little Africa bekannt. Heute wirkt die Gegend, die ein National Historic Landmark District ist, ziemlich rau (und das ist sie auch), doch sie besitzt auch ein tief verwurzeltes kulturelles Erbe.

Der 2 km lange **Canal Walk** am Ufer, zwischen dem James River, dem Kanawha (ka-naw) und dem Haxall Canal, eignet sich wunderbar, viele der Highlights des historischen Richmond zu sehen.

LP TIPP **Museum & White House of the Confederacy** HISTORISCHE STÄTTE
(www.moc.org; Ecke 12th & Clay Sts; Erw./Kind 12/7 US$; ⏲Mo–Sa 10–17, So ab 12 Uhr) Das Museum zeichnet die Geschichte der Konföderierten Staaten Amerikas mit der größten Sammlung des Landes an zivilen und militärischen Memorabilien der Konföderation nach – für alle Geschichtsinteressierten ein Muss. Die angrenzende White House Villa von 1818 war das Heim des CSA-Präsidenten Jefferson Davis.

American Civil War Center at Historic Tredegar MUSEUM
(www.tredegar.org; 500 Tredegar St; Erw./Kind 8/2 US$; ⏲9–17 Uhr) Die in einer Waffenfabrik von 1861 untergebrachte, faszinierende Stätte erforscht die Gründe und den Verlauf des Bürgerkriegs aus der Sicht der Union, der Konföderation und der Afroamerikaner. Das Center gehört zu 13 geschützten Stätten, die zusammen den **Richmond National Battlefield Park** (www.nps.gov/rich) bilden.

GRATIS **Virginia State Capitol** GEBÄUDE
(www.virginiacapitol.gov; Ecke 9th & Grace Sts, Capitol Sq; ⏲Mo–Sa 9–17, So 13–16 Uhr) Das State Capitol wurde von Thomas Jefferson entworfen und 1788 fertiggestellt. Es beherbergt die älteste gesetzgebende Körperschaft der westlichen Hemisphäre, die Virginia General Assembly, die 1619 eingerichtet wurde. Kostenlose Führungen.

Virginia Historical Society MUSEUM
(www.vahistorical.org; 428 N Blvd; Erw./Student 6/4 US$; ⏲Di–Sa 10–17, Sa ab 13 Uhr) Wechselnde und ständige Ausstellungen erforschen die Geschichte des Commonwealth von prähistorischen Zeiten bis zur Gegenwart.

St. John's Episcopal Church KIRCHE
(www.historicstjohnschurch.org; 2401 E Broad St; Touren Erw./Kind 7/5 US$; ⏲10–16, So ab 13 Uhr) An dieser Stelle hat der Hitzkopf Patrick Henry seinen berühmten Schlachtruf („Gebt mir Freiheit oder gebt mir den Tod!") während der rebellischen Second Virginia Convention im Jahr 1775 von sich gegeben. Seine Rede wird im Sommer sonntags um 14 Uhr nachgestellt.

GRATIS **Virginia Holocaust Museum** MUSEUM
(www.va-holocaust.com; 2000 E Cary St; ⏲Mo–Fr 9–17, Sa & So ab 11 Uhr) Das Museum erinnert an eine Dachkammer, die mit Erinnerungsstücken vollgestopft ist. Wie ein Diorama schildert es das Schicksal der Holocaust-Überlebenden, die sich hier nach dem Zweiten Weltkrieg niedergelassen haben. Es ist manchmal etwas kitschig, doch dank der sehr persönlichen Exponate stets beeindruckend. Für Kinder unter elf Jahren nicht geeignet.

Black History Museum & Cultural Center of Virginia MUSEUM
(www.blackhistorymuseum.org; 3 E Clay St; Erw./Kind 5/3 US$; ⏲Di–Sa 10–17 Uhr) Zeigt die Er-

rungenschaften der Afroamerikaner Virginias und eine Sammlung von afrikanischer Kunst, Textilien und Kunstgegenständen.

GRATIS **Virginia Museum of Fine Arts** MUSEUM
(VMFA; www.vmfa.state.va.us; 2800 Grove Ave; ⌚Sa–Mi 10–17, Do & Fr bis 21 Uhr) Das Museum hat eine bemerkenswerte Sammlung europäischer Arbeiten, religiöser Kunst aus dem Himalajagebiet und eine der größten Sammlungen von Fabergé-Eiern, die außerhalb von Russland zu sehen sind. Es gibt auch ausgezeichnete Sonderausstellungen (Eintritt kostenlos–20 US$).

Science Museum of Virginia MUSEUM
(www.smv.org; 2500 W Broad St; Erw./Kind 11/10 US$, inkl. IMAX Erw./Kind 16/15 US$; ⌚Mo–Sa 9.30–17, So ab 11.30 Uhr) Eine interaktive, lehrreiche und unterhaltsame Art, die Kids bei Laune zu halten.

Poe Museum MUSEUM
(www.poemuseum.org; 1914-16 E Main St; Erw./Student 6/5 US$; ⌚Di–Sa 10–17 Uhr, So ab 11 Uhr) Das Museum beeinhaltet eine der weltweit größten Sammlungen mit Manuskripten von und Erinnerungsstücken an den makabren Dichter Edgar Allan Poe, der in Richmond gelebt und gearbeitet hat.

GRATIS **Hollywood Cemetery** FRIEDHOF
(hollywoodcemetery.org; Eintritt Ecke Albemarle & Cherry Sts; ⌚8–17, Sommer bis 18 Uhr) Der ruhige Friedhof liegt oberhalb der Stromschnellen des James River und beherbergt die Gräber von zwei US-Präsidenten (James Monroe & John Tyler), den einzigen Präsidenten der Konföderierten (Jefferson Davis), und 18 000 konföderierter Soldaten. Montags bis samstags gibt's um 10 Uhr kostenlose Führungen zu Fuß.

Schlafen

LP TIPP **Jefferson Hotel** LUXUSHOTEL $$$
(☎804-788-8000; www.jeffersonhotel.com; 101 W Franklin St; Zi. ab 250 US$; P❄📶≋) Das Jefferson ist Richmonds prachtvollstes Hotel und vielleicht eines der schönsten in den USA. Es war die Vision des Tabak-Tycoons und Konföderiertenmajors Lewis Ginter und wurde als Beaux-Arts-Hotel 1895 vollendet. Heute bietet es luxuriöse Zimmer, einen super Service und eines der besten Restaurants von Richmond. Einem Gerücht zufolge hat die sagenhafte, große Treppe in der Lobby als Vorbild für die berühmte Treppe in *Vom Winde verweht* gedient.

Linden Row Inn BOUTIQUE HOTEL $$
(☎804-783-7000; www.lindenrowinn.com; 100 E Franklin St; Zi. inkl. Frühstück 109–159 US$, Suite 239 US$; P❄@📶) Die Perle aus der Antebellum-Ära (bis 1861) hat 70 attraktive Zimmer mit Möbeln aus der viktorianischen Zeit. Das Haus wird von Gebäuden im amerikanischen Greek-Revival-Stil umgeben und steht in einer ausgezeichneten Lage in der Innenstadt. Die herzliche Südstaaten-Gastfreundlichkeit und aufmerksame Extras (kostenlose YMCA-Pässe und kostenloser Shuttleservice in der Stadt) komplettieren das gute Angebot.

Museum District B&B B&B $$
(☎804-359-2332; www.museumdistrictbb.com; 2811 Grove Ave; Zi. 100–195 US$; P❄📶) Das vornehme, in einem Backsteinhaus untergebrachte B&B aus den 1920er-Jahren hat eine praktische Lage unweit der Restaurants und Kneipen von Carytown. Gäste loben die herzliche Atmosphäre. Die Zimmer sind gut gelegen, man kann die große Vorderveranda, den gemütlichen Salon mit Kamin und das ausgezeichnet zubereitete Frühstück genießen – und dazu gibt's abends Wein und Käse.

Berkeley Hotel HOTEL $$
(☎804-780-1300; www.berkeleyhotel.com; 1200 E Cary St; DZ ab 175 US$; P❄📶) Das Vier-Sterne-Hotel im europäischen Stil liegt im Shockoe Slip und hat geräumige Zimmer mit kirschroten Möbeln und liebenswürdigem Personal. Viele Zimmer haben einen schönen Blick über die Innenstadt und es gibt ein gutes Restaurant.

Omni Hotel HOTEL $$$
(☎804-344-7000; www.omnihotels.com; 100 S 12th St; Zi. ab 250 US$; P❄📶≋) In einem Gebäude mit 19 Stockwerken und Blick über den James River untergebracht. Das Spitzenklassehotel hat komfortable Zimmer, jede Menge Annehmlichkeiten (u.a. ein geheiztes Hallenbad) und eine tolle Lage im Herzen von Shockoe Slip.

Holiday Inn Express HOTEL $$
(☎804-788-1600; www.hiexpress.com; 201 E Cary St; Zi. ab 103 US$; P@📶) Das Holiday Inn ist eine der günstigsten Möglichkeiten, um in Downtown Richmond zu übernachten. Die sauberen Zimmer und das hilfsbereite Personal bekommen ordentliche Noten.

Essen

In den kopfsteingepflasterten Straßen von Shockoe Slip und Shockoe Bottom findet man Dutzende von Restaurants. Weiter westlich in Carytown (W Cary St, zwischen dem S Blvd und der N Thompson St) gibt's sogar noch mehr Lokale.

LP TIPP **Millie's Diner** MODERN-AMERIKANISCH $$$
(2603 E Main St; Frühstück & Mittagessen 7–10 US$, Abendessen 20–32 US$; ⌚Di–Fr 11–14.30 & 17.30–22.30, Sa & So 10–15 & 17.30–22.30 Uhr) Frühstück, Mittag- oder Abendessen? Kein Problem, das Millie's hat alles und das auch noch gut. Aber das beste in dieser Institution von Richmond ist der Sonntags-Brunch: Das Devil's Mess – ein aufgeklapptes Omelett mit scharfen Würstchen, Curry, Gemüse, Käse und Avocado – ist legendär.

Julep's MODERN-AMERIKANISCH $$$
(☎804-377-3968; 1719 E Franklin St; Hauptgerichte 18–32 US$; ⌚Mo–Sa 17.30–22 Uhr) Eines der besten Restaurants von Richmond. Es serviert in einem klassischen, altmodischen Speisesaal, der sich kinoreif in einem restaurierten Gebäude von 1817 befindet, dekadente moderne Südstaatengerichte. Man beginnt mit einem Minz-Julep, gebratenen grünen Tomaten oder einer Riesenportion Krabbensuppe, und macht mit sagenhaften Julep-Shrimps und Maisgrütze mit Andouillette-Würstchen weiter.

Tarrants MODERN-AMERIKANISCH $$$
(☎804-225-0035; 1 W Broad St; Hauptgerichte 9–24 US$; ⌚So–Do 11–22, Fr & Sa bis 24 Uhr) Mit seinen altmodischen Holznischen, antikem Zubehör und der kupfernen Decke ist das Tarrants ein warmer und einladender Ort, um bei einem Essen zu verweilen. Zur besten Wahl von der umfangreichen Speisekarte gehören Fisch-Tacos, Pizzas und Krabbenpasteten. Lecker sind auch die gut gemachten Cocktails.

Ipanema Café AMERIKANISCH $$
(917 W Grace St; Hauptgerichte 8–17 US$; ⌚Mo–Fr 11–23, Sa & So ab 17.30 Uhr; 🌱) Dieser „Verschlag" im UG ist bei den Bohemiens und Kunststudenten äußerst beliebt. Er hat eine verlockende Auswahl an veganischen und vegetarischen Gerichten (Tempeh-„Schinken"-Sandwich, Gemüse-Currys, wechselnde Specials), ferner *Moules-frites*, Thunfisch-Sandwiches und einige andere nicht vegetarische Angebote. Die veganischen Desserts sind herausragend.

Edo's Squid ITALIENISCH $$$
(☎804-864-5488; 411 N Harrison St; Hauptgerichte 12–30 US$) Das Edo's ist locker und leicht das beste italienische Restaurant in Richmond. Es bringt köstliche authentische Gerichte wie Aubergine mit Parmesan, scharfe Shrimp-Diavolo-Pasta, täglich wechselnde Specials und natürlich Tintenfisch auf den Tisch. Es kann sehr voll und laut werden.

17th Street Farmers Market MARKT $
(Ecke 17th & E Main Sts; ⌚Do 10–19, Fr 17–21, Sa 10–16, So 9–16 Uhr) Auf dem wuseligen Markt gibt's günstige Imbisse und frische Produkte. Er hat von Anfang Mai bis Ende Oktober geöffnet. Sonntags werden Antiquitäten verkauft.

Ausgehen & Unterhaltung

Lift CAFÉ
(218 W Broad St; ⌚Mo–Fr 7–19, Sa 8–20 Uhr, So 9–19 Uhr; 📶) Teils Kaffeehaus, teils Kunstgalerie serviert das Lift Lattes mit tollem Milchschaum, köstliche Sandwiches und Salate. Hat auch Tische am Straßenrand.

Tobacco Company Restaurant BAR
(☎804-782-9555; www.thetobaccocompany.com; 1201 E Cary St; ⌚ab 11.30 Uhr) Eine Reminiszenz an die Zeit, als Tabak das Zepter schwang. Man kommt wohl eher wegen der Atmosphäre, der Getränke und der Livemusik (Mi–Sa ab 21.30 Uhr) als wegen des Essens in das dreistöckige, bordellartige Restaurant mit Bar.

Capital Ale House BAR
(623 E Main St; ⌚11–1.30 Uhr) Bei den politischen Strebern des nahen State Capitol beliebt. Die zentrumsnahe Kneipe hat eine super Bierauswahl (über 50 Fass- und 250 Flaschenbiere) und ordentliche Kneipengerichte. Der Kühltrog an der Bar hält die Getränke herrlich kalt.

Byrd Theater KINO
(☎804-353-9911; www.byrdtheatre.com; 2908 W Cary St; Tickets 2 US$) Der Preis in dem klassischen Kino von 1928 ist nicht zu schlagen. Es zeigt nicht mehr ganz aktuelle Filme. Vor den Samstagabend-Vorführungen gibt's Wurlitzer-Konzerte.

Richmond Centerstage THEATER
(☎804-592-3400; www.richmondcenterstage.com; 600 E Grace St) 2009 ging in Richmond der Vorhang für die beste Bühne der Region auf. Zu sehen sind Konzerte, Tanz und Theater und Broadway-Produktionen.

Praktische Informationen

Medien

Richmond-Times Dispatch (www2.timesdispatch.com) Tageszeitung.

Medizinische Versorgung

Johnston-Willis Hospital (☎804-330-2000; 1401 Johnston-Willis Dr)

Richmond Community Hospital (☎804-225-1700; 1500 N 28th St)

Post

Post (700 E Main St; ⏰Mo–Fr 7.30–17 Uhr)

Touristeninformation

Richmond Visitor Center (☎804-783-7450; www.visitrichmondva.com; 405 N 3rd St; ⏰9–17 Uhr)

Anreise & Unterwegs vor Ort

Der Preis für ein Taxi zum **Richmond International Airport** (RIC; ☎804-226-3000), 10 Meilen (16 km) östlich der Stadt, liegt etwa bei 26 US$.

Züge von **Amtrak** (☎800-872-7245) stoppen am Hauptbahnhof an der 7519 Staples Mill Rd, 7 Meilen (11,2 km) nördlich der Stadt (von der Innenstadt aus mit Bus 27 zu erreichen). Besser zu erreichende, aber nicht so häufig fahrende Züge halten an der Main Street Station (1500 E Main St) in der Innenstadt.

Greater Richmond Transit Company (GRTC; ☎804-358-4782; www.ridegrtc.com) Stadtbusse (Grundpreis 1,50 US$, kein Wechselgeld).

Busbahnhof Greyhound/Trailways (☎804-254-5910; www.greyhound.com; 2910 N Blvd)

Petersburg

Das kleine Städtchen Petersburg 40 km südlich von Richmond spielte im Bürgerkrieg eine bedeutsame Rolle. Der wichtige Eisenbahnknotenpunkt versorgte die Konföderierten mit Soldaten und Nachschub. 1864/65 belagerten die Streitkräfte der Union zehn Monate lang die Stadt. Die Not der Bewohner während dieser Belagerung, der längsten auf amerikanischem Boden, wird im **Siege Museum** (☎804-733-2404; 15 W Bank St; Erw./Kind 5/4 US$, für Old Blandford Church 11/9 US$; ⏰10–17 Uhr) anschaulich dargestellt. Auf dem Gelände des **Petersburg National Battlefield** (US 36; Fahrzeug/Fußgänger 5/3 US$; ⏰9–17 Uhr) einige Kilometer östlich der Stadt sprengten die Truppen der Union einen Krater in die Schützengräben der Konföderierten und lösten damit die *Battle of the Crater* aus. Diese Kraterschlacht spielt auch eine Rolle in dem Kriegs- und Liebesfilm *Unterwegs nach Cold Mountain*. Das ausgezeichnete **National Museum of the Civil War Soldier** (☎804-861-2408; Erw./Kind 6–12 Jahre 10/5 US$; ⏰9–17 Uhr) im Pamplin Historical Park westlich der Innenstadt erläutert sehr eindringlich das Elend und Leiden der Soldaten auf beiden Seiten. Südlich der Stadt steht die **Old Blandford Church** (☎804-733-2396; 319 S Crater St; Erw./Kind 5/4 US$; ⏰10–17 Uhr), die über die größte Ansammlung von Tiffany-Glasfenstern an einem Ort verfügt. Jedes einzelne der herrlichen Fenster ist einem konföderierten Staat und seinen Kriegsopfern gewidmet. Auf dem Kirchhof liegen mehr als 30 000 Soldaten der Konföderation begraben.

Historic Triangle

Willkommen im „Historischen Dreieck", der Geburtsstätte der Vereinigten Staaten von Amerika. Nirgendwo sonst hat ein so kleines Gebiet eine so entscheidende Rolle für den Verlauf der amerikanischen Geschichte gespielt. In Jamestown, der ersten dauerhaften englischen Siedlung in der Neuen Welt, wurde der Grundstein der Nation gelegt. Das Feuer des Amerikanischen Unabhängigkeitskriegs wurde in Williamsburg entfacht, damals Hauptstadt der britischen Kolonie Virginia. Und in Yorktown schließlich errang Amerika die uneingeschränkte Unabhängigkeit von Großbritannien.

Um der Bedeutung des historischen Dreiecks annähernd gerecht zu werden, sollte man mindestens zwei Tage einplanen. Ein kostenloser Shuttleservice verkehrt täglich zwischen dem Visitor Center von Williamsburg und den Städten Yorktown und Jamestown.

WILLIAMSBURG

Wer in Virginia nur einen historischen Ort besuchen will oder kann, sollte sich für Williamsburg entscheiden. In „Colonial Williamsburg", einem der faszinierendsten und authentischsten Museumsdörfer der Welt, wird Geschichte wirklich gelebt. Es gibt kaum einen besseren Ort, um Kindern Geschichte zu vermitteln. Aber natürlich werden auch die Erwachsenen ihren Spaß haben.

Die heutige Stadt Williamsburg, die von 1699 bis 1780 die Hauptstadt von Virginia war, präsentiert sich recht herrschaftlich. Den Studenten des renommierten College of William & Mary ist es jedoch zu verdanken, dass es auch so etwas wie eine Jugendkultur gibt: lässige Cafés, günstige Kneipen und Modeboutiquen.

Sehenswertes & Aktivitäten

LP TIPP **Colonial Williamsburg** HISTORISCHE STÄTTE
(www.colonialwilliamsburg.org; Erw./Kind 38/19 US$; ⌚9–17 Uhr) Die restaurierte Hauptstadt der größten Kolonie Englands in der Neuen Welt ist ein absolutes Muss für Besucher jeden Alters. Das Museumsdorf ist kein kitschiger, hermetisch abgeriegelter Themenpark. Hier wird gelebt, geatmet, gearbeitet – genau wie in der Zeit um 1700. Auf dem gut 120 ha großen historischen Gelände stehen 88 Originalhäuser aus dem 18. Jh. und mehrere hundert originalgetreue Nachbauten. Sie alle erfüllen noch immer ihren Zweck als Wohnhäuser, Tavernen, Läden oder öffentliche Gebäude. Und überall flattert die britische Flagge. Einwohner und „Darsteller" in ihren zeitgenössischen Kostümen gehen ihrer Tätigkeit als Schmied, Apotheker, Drucker, Bardame, Soldat und Freiheitskämpfer nach. Nur für die obligatorischen Fotos mit den Besuchern kehren sie in die Moderne zurück. Patrioten wie Patrick Henry und Thomas Jefferson stehen in voller Montur auf ihren Seifenkisten vor den Tavernen und halten flammende Reden für Freiheit und Demokratie. Die Kinder sind begeistert von den interaktiven Ausstellungen zum Anfassen. Sie dürfen mitspielen bei Hexenprozessen und Bestrafungen mit Teer und Federn.

Zu den eindrucksvollsten Gebäuden in Colonial Williamsburg gehören das rekonstruierte **Capitol Building** und der **Governor's Palace**, die **Bruton Parish Church** und die **Raleigh Tavern**. Der Rundgang durch das Musemsdorf und der Besuch der Geschäfte und Tavernen ist kostenlos. Für Führungen durch die Gebäude und die meisten Ausstellungen benötigt man eine Eintrittskarte. Vor allem im Sommer ist der Andrang groß, die Warteschlangen sind lang und die Kinder quengelig.

Zum Parken und Kauf von Tickets folgt man den Schildern zum **Visitor Center** (☎757-229-1000; ⌚8.45–17 Uhr), nördlich des historischen Viertels zwischen dem Hwy 132 und der Colonial Pkwy. Hier können sich Kids zeitgenössische Kostüme für 25 US$ pro Tag leihen. Man startet mit einem 30-minütigen Film über Williamsburg und sieht sich eine Ausgabe der *Williamsburg This Week* an. Dort stehen das Programm des Tages und die Events. Die meisten Tagesaktivitäten sind im Eintrittspreis enthalten. Abendevents (Geisterspaziergänge, Hexenprozesse und Kammervorträge) kosten extra, normalerweise ca. 12 US$.

Parken ist kostenlos; Shuttlebusse fahren regelmäßig zum historischen Viertel und zurück. Alternativ kann man den von Bäumen gesäumten Fußweg entlanglaufen. Tickets gibt's auch an der **Merchants Square Information Booth** (⌚9–17 Uhr), am westlichen Ende der Duke of Sloucester St Tickets.

Das 1693 ins Leben gerufeen **College of William & Mary** (www.wm.edu) ist das zweitälteste College des Landes. Mit dem Sir Christopher Wren Building besitzt es das älteste akademische Gebäude in den USA, das ununterbrochen in Gebrauch war. Zu den Absolventen der Schule gehören Thomas Jefferson, James Monroe und der Komödiant Jon Stewart.

GRATIS **Williamsburg Winery** WEINGUT
(☎757-229-0999; www.williamsburgwinery.com; 5800 Wessex Hundred; Touren zum Probieren 10 US$; ⌚11–18 Uhr) 6,5 km südwestlich der Innenstadt produziert das größte Weingut Virginias 60 000 Fässer pro Jahr bzw. 25 Sorten des Göttertrunks. Die Gabriel Archer Tavern auf dem Gelände empfiehlt sich für ein Mittagessen. Es gibt köstliche Sandwiches und Wraps. Man kann auch in dem gehobenen Café Provencal einen Tisch zum Abendessen reservieren (Hauptgerichte mittags/abends ab 10/25 US$; Restaurants geöffnet 11–16 & 18–21 Uhr).

Schlafen

Die **Williamsburg Hotel & Motel Association** (☎800-446 -9244; www.gowilliamsburg.com) beim Visitor Center hilft kostenlos dabei, Unterkünfte zu finden und zu buchen. Wer in Colonial Williamsburg wohnt, bekommt von den Pensionen vergünstigte Eintrittskarten (Erw./Kind 30/15 US$).

Colonial Williamsburg Historic Lodging PENSION $$$
(☎757-253-2277; www.history.org; Zi. 150–270 US$) Wer eine unverfälschte Zeitreise ins 18. Jh. unternehmen will, sollte sich in einem der 26 Originalhäuser innerhalb des historischen Viertels einquartieren. Die Unterkünfte sind in Größe und Stil sehr unterschiedlich; die besseren haben alte Möbel, Himmelbetten und Kamine.

Williamsburg White House B&B $$
(☎757-229-8580; www.awilliamsburgwhitehouse.com; 718 Jamestown Rd; Zi. 150–200 US$;

P❄) Das romantische, wunderschön eingerichtete B&B ist geschmückt mit rot-weiß-blauen Flaggen und liegt gegenüber vom Campus von William & Mary, nur ein paar Blocks zu Fuß von Colonial Williamsburg entfernt.

Williamsburg Inn INN $$$
(☎757-253-2277; www.colonialwilliamsburg.com; 136 E Francis St; Zi. ab 320 US$; P❄📶🏊) Königin Elisabeth II. hat hier zweimal übernachtet. Man kann sich also denken, dass dies ein Palast ist. Die Spitzenunterkunft von Williamsburg zeichnet sich durch nicht allzu koloniale Preise aus, dafür aber wird man in diesem namhaften Resort rund um die Uhr verhätschelt.

Woodlands Hotel HOTEL $$
(☎757-253-2277; www.colonialwilliamsburgresorts.com; 105 Visitor Center Dr; Zi. 110–210 US$; P❄📶🏊👨‍👩‍👧) Gleich neben dem Visitor Center gelegen. Der riesige Komplex vermietet helle, gut ausgestattete Zimmer und hat ausgezeichnete Einrichtungen. Mit zwei Pools, Minigolf und Spielplätzen ist es besonders bei Familien beliebt. Zum kolonialen Viertel ist es ein ruhiger Spaziergang unter Bäumen (800 m).

Governor's Inn HOTEL $
(☎757-253-2277; www.colonialwilliamsburgresorts.com; 506 N Henry St; Zi. 60–110 US$; P❄🏊) Williamsburgs offizielle „Budgetunterkunft" ist – da darf man sich nicht vom Namen täuschen lassen – einfach eine große Schachtel. Aber die Zimmer sind sauber und die Gäste können den Pool und die Einrichtungen des Woodlands Hotel mitbenutzen. Toll gelegen, drei Blocks vom historischen Viertel entfernt.

Williamsburg & Colonial KOA Resorts CAMPINGPLATZ $
(☎800-562-1733; www.williamsburgkoa.com; 4000 Newman Rd, I-64 Exit 234; Stellplatz 22–37 US$, Hütten 52–70 US$; 📶🏊) Zwei Campingplätzen in einem. Super Einrichtungen wie ein Pool, ein Spielzimmer, Filme und eine Wäscherei.

Essen

Am Merchants Sq, direkt neben Colonial Williamsburg, findet man viele Restaurants, Cafés und Kneipen.

Fat Canary MODERN-AMERIKANISCH $$$
(☎757-229-3333; 410 Duke of Gloucester St, Merchants Sq; Hauptgerichte 28–36 US$; ⏲17–22 Uhr) Zum Prassen gibt's im Historic Triangle keinen besseren Ort. Der 1A-Service, die ausgezeichneten Weine und himmlischen Desserts werden nur noch von den sagenhaften saisonabhängigen Gerichten in den Schatten gestellt (aktuelle Favoriten sind in der Pfanne gebratene Jakobsmuscheln mit Austernpilzen, knusprige Wachteln mit Ziegenkäse-Tamales und im Stil des 18. Jhs. zubereitete Schweinskoteletts mit Greyerzer-Brotpudding, Mangoldgemüse, Äpfeln und Speck). Man kann auf der eleganten Terrasse im Freien speisen oder im dezenten Speisesaal.

Cheese Shop DELI $
(410 Duke of Gloucester St, Merchants Sq; Hauptgerichte 6–7 US$; ⏲Mo–Sa 10–20, So 11–18 Uhr) Gleich neben dem Fat Canary. Das Feinschmecker-Deli serviert einige schmackhafte Sandwiches und Antipasti, Baguettes, Gebäck, Wein, Bier und köstlichen Käse.

King's Arms Tavern MODERN-AMERIKANISCH $$
(☎757-229-2141; 416 E Duke of Gloucester St; Hauptgerichte mittags 13–15 US$, abends 31–37 US$; ⏲11.30–14.30 & 17–21 Uhr) Von den vier Restaurants in Colonial Williamsburg ist dieses hier das eleganteste. Es werden klassische amerikanische Gerichte serviert, z.B. Wildpastete (Wild, Kaninchen und Ente, geschmort in Portweinsoße).

Aromas CAFÉ $
(431 Prince George St; Hauptgerichte 5–15 US$; ⏲Mo–Sa 7–22, So 8–20 Uhr; 📶) Einen Block nördlich des Merchants Sq. Das einladende Kaffeehaus hat eine große Auswahl an Gerichten, Wein und Bier. Tische im Freien und gelegentlich Livemusik.

Anreise & Unterwegs vor Ort

Williamsburg Transportation Center (☎757-229-8750, Ecke Boundary & Lafayette Sts) Züge von Amtrak starten hier zweimal am Tag nach Washington (40 US$, 4 Std.), Richmond (20 US$, 50 Min.) und New York (84 US$, 8 Std.). Greyhound Busse fahren fünfmal am Tag nach Richmond (18 US$, 1 Std.). Zu anderen Zielen muss man in Richmond in einen anderen Bus umsteigen.

THEMENPARKS IM TRIANGLE

Knapp 5 km östlich von Williamsburg, befindet sich am Hwy 60 **Busch Gardens** (☎800-343-7946; www.buschgardens.com; Erw./Kind 64/54 US$; ⏲April–Okt.), ein Freizeitpark mit Europa-Thema und ein paar der besten Achterbahnen an der Ostküste. Nur ein Stück die Straße hinunter liegt am Hwy 199 und östlich von Williamsburg das

Water Country USA (☎800-343-7946; www.watercountryusa.com; Erw./Kind 47/40 US$; ⊙Mai–Sept.), ein Paradies für Kinder, die auf den Rutschen, in den Stromschnellen und im Wellenbad Riesenspaß haben werden. Ein Kombiticket für beide Parks und drei Tage kostet 75 US$. An beiden Parks zahlt man 13 US$ fürs Parken.

JAMESTOWN

Dass die erste dauerhafte englische Siedlung in Nordamerika überleben konnte, war ein entsetzlicher Kampf, der für viele in einer Tragödie endete. Am 14. Mai 1607 ließen sich 104 englische Männer und Jungs auf dieser sumpfigen Insel nieder, ausgestattet mit einem Freibrief der Virginia Company of London, nach Gold und anderen Reichtümern suchen zu dürfen. Stattdessen aber fanden sie Hunger und Krankheiten. Im Januar 1608 lebten nur noch etwa 40 Kolonisten. Die Kolonie überlebte diese Hungerzeit dank der Führung von Captain James Smith und der Hilfe der einheimischen Powhatan. 1619 trat das gewählte House of Burgesses zusammen, das damit zur ersten demokratischen Regierung auf dem amerikanischen Kontinent wurde.

Die vom NPS geleitete **Historic Jamestowne** (☎757-856-1200; www.historicjamestowne.org; Erw./Kind 10 US$/frei; ⊙8.30–1.30 Uhr) befindet sich an der eigentlichen Stelle von Jamestown. Den Besuch beginnt man am besten mit dem hiesigen Museum und den Statuen von John Smith und Pocahontas. Die Ruinen des echten Jamestown wurden 1994 wiederentdeckt; Besucher können den Archäologen bei der Arbeit zuschauen.

Kinderfreundlicher ist die vom US-Staat Virginia betriebene **Jamestown Settlement** (☎757-253-4838; www.historyisfun.org; Erw./Kind 16/8 US$, inkl. Yorktown Victory Center 20/10 US$; ⊙9–17 Uhr) mit Rekonstruktionen des James Fort von 1607 und eines Indianerdorfs und maßstabsgetreuen Nachbauten der ersten Schiffe, mit denen die Siedler nach Jamestown gelangten. Ferner gibt's Multimedia-Ausstellungen und kostümierte Führer, die das Leben im 17. Jh. schildern.

YORKTOWN

Am 19. Oktober 1781 kapitulierte hier der britische General Charles Cornwallis vor George Washington, womit auch der amerikanische Unabhängigkeitskrieg endete. An Land waren die Briten der amerikanischen Artillerie unterlegen, auf See durch die Franzosen vom Nachschub abgeschnitten – die Lage war also hoffnungslos. Obwohl Washington mit einer viel längeren Belagerung gerechnet hatte, überwältigte das vernichtende Trommelfeuer Cornwallis, der innerhalb von Tagen aufgab.

Das **Yorktown Battlefield** (☎757-898-3400; inkl. Historic Jamestowne Erw./Kind 10 US$/frei; ⊙9–17 Uhr) wird vom NPS geführt. Hier fand die letzte große Schlacht des amerikanischen Unabhängigkeitskrieges statt. Die Tour beginnt man am besten am Visitor Center, wo man sich den Film zur Orientierung und das ausgestellte originale Zelt von Washington anschaut. Die 11,3 km lange Battlefield Rd Tour führt an den wichtigsten Sehenswürdigkeiten vorbei. Man sollte auf keinen Fall die letzten Abwehrstellungen der Briten an den Schanzen 9 und 10 auslassen.

Das vom US-Staat Virginia geführte **Yorktown Victory Center** (☎757-253-4838; www.historyisfun.org; Erw./Kind 10/5 US$; ⊙9–17 Uhr) ist ein interaktives Living-History-Museum. Es widmet sich originalgetreuen Nachbauten, dem Nacherleben des Unabhängigkeitskriegs und dessen Einfluss auf die Menschen der damaligen Zeit. In dem wiederaufgebauten Zeltlager feuern als Soldaten historisch kostümierte Schauspieler Kanonen ab und erläutern, wie man damals Essen zubereitete und wie die medizinische Versorgung im Feld aussah.

Die heutige Stadt Yorktown ist ein nettes Dorf am Wasser mit Blick über den York River und einer netten Reihe an Läden, Restaurants und Kneipen. In einem stimmungsvollen Haus von 1720 befindet sich das **Carrot Tree** (☎757-988-1999; 411 Main St; Hauptgerichte 10–16 US$; ⊙tgl. 11–15.30, Do–Sa 17–20.30 Uhr). Der gute und preiswerte Laden serviert hochtrabend benannte Gerichte wie das Lord Nelsons BBQ und das Battlefield Beef Stroganoff. Danach kann man sich im **Yorktown Pub** (112 Water St; Hauptgerichte 8–22 US$; ⊙11–24 Uhr) ein Bier genehmigen, in dem an Wochenenden Bands spielen. Eine gehobenere Option ist das **Nick's Riverwalk Restaurant** (☎757-875-1522; 323 Water St; Hauptgerichte mittags 10–16 US$, abends 18–32 US$; ⊙11.30–14.30 & 17–21 Uhr), in dem man am Wasser sitzend moderne amerikanische Küche genießen kann.

PLANTAGEN AM JAMES RIVER

Die prunkvollen Häuser der Aristokratie Virginias, die mit der Sklaverei ihren Reichtum erwarb, verkörpern die Klassengesellschaft der damaligen Zeit. Eine ganze Reihe der herrschaftlichen Anwesen, von denen nur wenige öffentlich zugänglich sind, säumen den malerischen Hwy 5 entlang des Nordufers des Flusses. Von Ost nach West kommt man an folgenden Häusern vorbei:

Sherwood Forest (☎804-829-5377; sherwoodforest.org; 14501 John Tyler Memorial Hwy) Im längsten Holzhaus der USA wohnte John Tyler, der zehnte US-Präsident. Die Besichtigung ist nur nach Voranmeldung möglich und kostet 35 US$ pro Person. Der Park um das Haus und ein rührender Tierfriedhof sind im Rahmen **selbst geführter Touren** (Erw./Kind 10/frei US$; ⌚9–17 Uhr) zugänglich.

Berkeley (☎804-829-6018; www.berkeleyplantation.com; 12602 Harrison Landing Rd; Erw./Kind 11/7,50 US$; ⌚9.30–16.30 Uhr) Das Haus, in dem 1619 das erste offizielle Thanksgiving-Fest gefeiert wurde, war Geburts- und Wohnort von Benjamin Harrison V., einem Unterzeichner der Unabhängigkeitserklärung, und seinem Sohn William Henry Harrison, dem neunten Präsidenten der USA.

Shirley (☎800-232-1613; www.shirleyplantation.com; 501 Shirley Plantation Rd;Erw./Kind 11/7,50 US$; ⌚9–17 Uhr) Das malerische Anwesen am Fluss ist die älteste Plantage (1613) in Virginia und vielleicht das beste Beispiel, wie ein solches Anwesen nach britischem Vorbild tatsächlich ausgesehen hatte. Vorbei an fein säuberlich in Reih und Glied aufgestellten Backsteinhäusern, die als Gesinde- und Wirtschaftsgebäude wie Werkzeugschuppen, Eishaus und Wäscherei dienten, führt der Weg zum großen Haupthaus.

Hampton Roads

Die Region Hampton Roads ist nicht nach Straßen, sondern dem James River, Nansemond River und Elizabeth River benannt, die hier allesamt in die Chesapeake Bay münden. Sie war schon immer eine erstklassige Wohngegend. Die Powhatan-Indianer angelten in den Gewässern ihre Fische und jagten das Wild entlang der wild zerklüfteten Küste von Virginia Tausende von Jahren, bevor John Smith 1607 hier landete. Der gefürchtete Pirat Blackbeard wurde hier enthauptet und sein Kopf auf einer Stange aufgespießt. Während des Unabhängigkeits- und des Bürgerkrieges suchten die Kriegsflotten zweier Kontinente diesen Küstenstreifen heim. Heute ist Hampton Roads wegen permanent verstopfter Straßen berühmt-berüchtigt, bietet aber auch dank eines kulturellen Mischmaschs aus Geschichte, Militaria und Kunst einiges Interessantes.

NORFOLK

Norfolk ist die Heimat des weltgrößten Flottenstützpunkts – und so überrascht es nicht, dass ihm bislang der Ruf einer rauen Hafenstadt voller betrunkener Seeleute vorauseilte. In den vergangenen Jahren hat die Stadt hart daran gearbeitet, dieses Image mithilfe von Bauprogrammen, Gentrifizierungsmaßnahmen und der Konzentration auf eine aufstrebende Kunstszene aufzupolieren. Norfolk ist heute die zweitgrößte Stadt Virginias mit einer bunt gemischten, 243 000 Einwohner zählenden Bevölkerung. Am Ende aber dreht sich doch alles um die US Navy. Das ist beim Anblick der riesigen Kriegsschiffe vor der Küste und dem Heulen der Kampfjets am Himmel auch gar nicht zu vermeiden.

Es gibt zwei Visitor Center: an der **Interstate** (I-64 Exit 273; ⌚9–17 Uhr; 📶) und in **Downtown** (www.visitnorfolktoday.com; 232 E Main St; ⌚Mo–Fr 9–17 Uhr). Im historischen Ghent-Viertel westlich der Stadtmitte treffen sich Künstler, Gourmets und Cappuccino-Liebhaber.

Sehenswertes

Naval Station Norfolk MARINEBASIS

(☎757-444-7955; www.cnic.navy.mil/norfolksta; 9079 Hampton Blvd; Erw./Kind 10/5 US$) Die weltgrößte Marinebasis und einer der betriebsamsten Flugplätze des Landes ist ein Muss für Besucher der Region. Je nachdem, welche Schiffe im Hafen liegen, kann man Flugzeugträger, Zerstörer, Fregatten, Kampflandungsschiffe und U-Boote sehen. Die 45 Minuten langen Bustouren werden von Marineangehörigen durchgeführt und müssen im Voraus gebucht werden (wechselnde Anfangszeiten). Erwachsene benötigen einen Lichtbildausweis. Alternativ kann man sich den Hafen auch von einer zweistündigen, kommentierten Bootsfahrt auf der **Victory Rover** (☎757-627-7406; www.navalbasecruises.com; Erw./Kind 18/10 US$; ⌚März–Dez.) anschauen.

Nauticus MUSEUM

(www.nauticus.org; 1 Waterside Dr; Erw./Kind 12/10 US$; ⌚Mai–Aug. 10–17 Uhr, Di–Sa 10–17 Uhr, Sept.–April So ab 12 Uhr) Das riesige interaktive maritime Museum hat Ausstellungen zur Unterwasserforschung, dem Leben in der Chesapeake Bay und Geschichten über die US Navy. Das Highlight des Museums ist die Möglichkeit, auf den Decks und im Innern der **USS Wisconsin** herumzuklettern. Das 1943 gebaute und 270 m lange Schlachtschiff war eines der größten und letzten Schiffe dieser Art, die die US Navy vom Stapel laufen ließ.

GRATIS **Chrysler Museum of Art** MUSEUM
(www.chrysler.org; 245 W Olney Rd; ⏲Mi 10–21, Do–Sa bis 17, So 12–17 Uhr) Eine traumhafte Umgebung für eine spektakuläre und abwechslungsreiche Sammlung an Kunstwerken vom alten Ägypten bis heute. Dazu gehören Arbeiten von Monet, Matisse, Renoir, Warhol und eine Weltklasse-Sammlung an Glasblaskunstwerken von Tiffany.

GRATIS **MacArthur Memorial** MUSEUM
(www.macarthurmemorial.org; MacArthur Sq; ⏲Mo–Sa 10–17, So ab 11 Uhr) Es beherbergt die letzte Ruhestätte des Helden aus dem Zweiten Weltkrieg, General Douglas MacArthur und seiner Frau Jean. Zum Komplex gehört ein Museum, ein Theater und Ausstellungen mit militärischen und persönlichen Utensilien des Generals.

Schlafen

„Kojen" am Meer gibt's en masse – viele Budget- und Mittelklasseunterkünfte finden sich an der Ocean View Ave (die tatsächlich an die Bucht grenzt).

Page House Inn B&B $$$
(☎757-625-5033; www.pagehouseinn.com; 323 Fairfax Ave; Zi. 150–230 US$; P❄📶) Gegenüber des Chrysler Museum of Art. Das luxuriöse B&B ist ein Grundpfeiler der Eleganz von Norfolk.

Residence Inn HOTEL $$
(☎757-842-6216; 227 W Brambleton Ave; Zi. 140–160 US$; P❄📶🏊) Einen kurzen Fußweg von der Granby St entfernt liegt dieses freundliche Kettenhotel mit Boutiqueflair. Es hat stilvolle und geräumige Zimmer mit kleinen Kochnischen und ausgezeichneten Annehmlichkeiten.

Tazewell Hotel HOTEL $$
(☎757-623-6200; www.thetazewell.com; 245 Granby St; Zi. 100–200 US$; ❄📶) Das Tazewell liegt in einem historischen Gebäude von 1906 und überblickt das Herz der Restaurant- und Kneipenszene der Granby St. Die Zimmer sind klein und einfach – einige könnten eine Renovierung vertragen.

Best Western MOTEL $$
(☎757-583-2621; 1330 E Ocean Ave; Zi. ab 120 US$; P❄📶🏊) Mit Blick über die Chesapeake Bay; eine zuverlässige und bequeme Option.

Essen

Wer Hunger hat, wird sicher in der Granby St und an der Ghent's Colley Ave fündig.

Luna Maya LATEINAMERIKANISCH $$
(☎757-622-6986; 2010 Colley Ave, Ghent; Hauptgerichte 13–19 US$; ⏲Di–Sa 16.30–22 Uhr; 🌶) Das Luna Maya liegt an der mit Restaurants gesäumten Colley Ave in Ghent. In einem stilvollen, rustikalen Raum serviert es leckere lateinamerikanische Pfannengerichte und nicht versiegen wollende Mojitos. Es wird von zwei bolivianischen Schwestern geführt. Zu den Highlights zählt das *Pastel de choclo con chorizo*, ein bolivianischer Maisauflauf mit würzigen Schweinswürstchen.

Press 626 Cafe & Wine Bar MODERN-AMERIKANISCH $$$
(☎757-282-6234; 150 W Main St; Hauptgerichte 19–35 US$; ⏲Mo–Fr 11–23, Sa ab 17, So 10.30–14.30 Uhr; 🌶) Als Vertreter der Slow-Food-Bewegung hat das Press 626 eine kleine, spitzenmäßige Speisekarte (z. B. gebratener Schwertfisch an Polenta mit sonnengetrockneten Tomaten) und dazu köstlichen Käse und Platten für mehrere Personen. Es ist in einem eleganten, umgebauten Haus untergebracht. Die Tische stehen verstreut in warm beleuchteten Räumen oder auf der Terrasse davor. Tolle Weinauswahl.

Todd Jurich's Bistro MODERN-AMERIKANISCH $$$
(☎757-622-3210; Boush & W Main St; Hauptgerichte 19–35 US$; ⏲Mo–Fr 11.30–14.30, Mo–Sa 17.30–22 Uhr) Das preisgekrönte Bistro serviert einfallsreiche Speisen aus der Region, z. B. Virginia-Seebarsch und Riesengarnelen aus Norfolk mit Blattgemüse und Limonen-Confit.

Cutty Sark Marina SEAFOOD $$
(☎757-362-2942; 4707 Pretty Lake Ave; Hauptgerichte 8–15 US$; ⏲Mo–Fr 11.30–14.30, Mo–Sa 17.30–22 Uhr) Für ein echtes Stück Old-School-Maryland macht man sich zu diesem Seafood-Schuppen am Ufer auf, in dem gedünstete Shrimps, hausgemachte Krabbenpasteten und frittierte Meeresfrüchte auf den Tisch kommen. Es liegt vier Blocks südlich von der East Ocean View Ave, nahe des Shore Dr (US 60). In der ehemaligen Werft hocken alte Seebären an der Bar, der Service ist eher nüchtern.

Doumar's DINER $

(1919 Monticello Ave, an der E 20th St, Ghent; Hauptgerichte 2–4 US$; ⌚Mo–Sa 8–23 Uhr) Schon seit 1904 gibt es in dem typisch amerikanischen Diner die legendären Eiswaffeln, die noch heute auf der Originalmaschine gerollt werden. Tolles BBQ.

Ausgehen & Unterhaltung

Elliot's Fair Grounds CAFÉ

(806 Baldwin Ave, Ghent; ⌚Mo–Sa 7–22 Uhr, So ab 8 Uhr;) Das winzige, flippige Café zieht ein buntes Publikum an, von Studenten bis hin zu Matrosen. Auf der Speisekarte stehen auch veganische und koschere Speisen, z. B. Boca-Burger.

Taphouse Grill at Ghent KNEIPE

(931 W 21st St, Ghent) Die warme, kleine Kneipe schenkt gutes Bier von Kleinbrauereien aus; es spielen gute Bands aus der Gegend.

Anreise & Unterwegs vor Ort

Die Region wird vom **Norfolk International Airport** (NIA; ☎757-857-3351), 7 Meilen (11,3 km) nordöstlich der Innenstadt von Norfolk, bedient. **Greyhound** (☎757-625-7500; www.greyhound.com; 701 Monticello Ave) hat Busse nach Virginia Beach (14 US$, 35 Min.), Richmond (28 US$, 2¾ Std.) und Washington (45 US$, 6½ Std.).

Hampton Roads Transit (☎757-222-6100; www.hrtransit.org) deckt die gesamte Region Hampton Roads ab. Die Busse (1,50 US$) fahren von Downtown durch die ganze Stadt und nach Newport News und Virginia Beach. **Norfolk Electronic Transit** (NET; ⌚Mo–Fr 6.30–23, Sa 12–24, So 12–20 Uhr) ist ein kostenloser Busservice, der Norfolks wichtigste Sehenswürdigkeiten in der Innenstadt verbindet, u. a. das Nauticus und das Chrysler Museum.

NEWPORT NEWS & HAMPTON

Die Stadt Newport News ist ein gigantisches Beispiel für das Ausufern der Vorstädte. Nichtsdestotrotz gibt's hier mehrere Attraktionen, vor allem das erstaunliche **Mariners' Museum** (☎757-596-2222; www.marinersmuseum.org; 100 Museum Dr; Erw./Kind 12/7 US$; ⌚Mi–Sa 10–17, So ab 12 Uhr). Es ist eines der größten und umfassendsten Schifffahrtsmuseen der Welt. Das dortige **USS Monitor Center** stellt den ausgeschlachteten Rumpf der aus der Zeit des Bürgerkriegs stammenden *Monitor* aus, eines der ersten gepanzerten Kriegsschiffe der Welt. Zudem gibt's eine originalgetreue Nachbildung des Schiffes zu sehen.

Die lebensnahen Habitate des **Virginia Living Museum** (☎757-595-1900; thevlm.org; 524 J Clyde Morris Blvd; Erw./Kind 17/13 US$; ⌚9–17 Uhr) bieten eine gute Einführung in Virginias Flora und Fauna an Land und im Wasser. Zum Komplex gehören Tiergehege im Freien, ein Vogelhaus, Gärten und ein Planetarium.

Im nahe gelegenen Hampton werden im **Virginia Air & Space Center** (☎757-727-0900; www.vasc.org; 600 Settlers Landing Rd; Erw./Kind 12/10 US$; ⌚Mo–Mi 10–17, Do–So bis 19 Uhr) angehende Piloten begeistert sein von Exponaten wie dem Kommandomodul der *Apollo 11* und einem DC-9 Passagierflugzeug. IMAX-Filme kosten extra.

Virginia Beach

Insgesamt 56 km lange Sandstrände, eine 4,8 km lange befestigte Uferpromenade und Freizeitspaß en masse direkt vor der Haustür – es ist wahrlich keine Überraschung, dass Virginia Beach, die größte Stadt Virginias (438 000 Ew.), auch zu dessen Top-Reisezielen gehört. In den vergangenen Jahren hat die Stadt hart daran gearbeitet, ihren wenig schmeichelhaften Ruf als raue „Redneck Riviera" abzuschütteln. Durch ein 300 Mio. US$ teures Facelifting ist der Strand nun breiter und sauberer als je zuvor. Um die rüpelhaften Betrunkenen in Schach zu halten, wurde die Polizeipräsenz erhöht und die Verwaltung ließ Schilder aufstellen, die zu sittsamem Verhalten ermahnen. Die Delfine, die sich vor der Küste tummeln, interessiert das freilich wenig.

Der Reiz der Stadt ist dennoch begrenzt: uninspirierte Hochhaushotels dominieren den Horizont und überfüllte Strände und verstopfte Straßen zehren an den Nerven.

Die I-264 führt direkt zum **Visitor Center** (☎800-822-3224; www.visitvirginiabeach.com; 2100 Parks Ave; ⌚9–17 Uhr) und zum Strand. Surfen ist am Südende des Strandes, in der Nähe des Rudee Inlet, und an der 14th St am Pier erlaubt.

Sehenswertes

Virginia Aquarium & Marine Science Center AQUARIUM

(www.virginiaaquarium.com; 717 General Booth Blvd; Erw./Kind 21/15 US$; ⌚9–18 Uhr) Das vorbildhaft angelegte Aquarium zählt zu den besten des Landes. Bei einer der vom Aquarium organisierten Bootstouren mit Delfin- (Erw./Kind 21/15 US$, April–Okt.) oder Walbeobachtungen (Erw./Kind 28/24 US$ Jan.–März) kann man mit den Meeressäugern auf Tuchfühlung gehen.

GRATIS **Mt. Trashmore** PARK
(310 Edwin Dr; 7.30–Sonnenuntergang) An der I-64, Exit 17B, erhebt sich die einzige Steigung von Virginia Beach. Sie war eine einfallsreiche Lösung für ein Müllproblem. Heute ist der 67 ha große Park eine erstklassige Location, um zu picknicken oder Drachen steigen zu lassen. Zum Areal gehören zwei Seen, Spielplätze, ein Skatepark und Plätze zum Ausspannen.

Fort Story HISTORISCHE STÄTTE
(Ecke 89th St & Pacific Ave) Die Militärbasis am Cape Henry ist immer noch in Betrieb. Hier steht seit 1791 der **Old Cape Henry Lighthouse** (Erw./Kind 5/3 US$). Von seiner Aussichtsplattform hat man einen sagenhaften Blick auf die Umgebung. Im Sommer zeigt das Fort samstags im **Historic Villages at Cape Henry** (www.firstlandingfoundation.com; Erw./Kind 8/5 US$; Juni–Aug. 14–18 Uhr) ein nachgebautes Indianerdorf und einen Außenposten aus der Kolonialzeit im 17. Jh. Erwachsene benötigen zum Betreten der Basis einen Lichtbildausweis.

First Landing State Park NATURSCHUTZGEBIET
(800-933-7275; 2500 Shore Dr; Eintritt pro Fahrzeug 4–5 US$) Virginias meistbesuchter State Park besteht aus einem 11,7 km² großen Waldgebiet mit insgesamt 32 km langen Wanderwegen und Möglichkeiten zum Campen, Fahrrad- und Kajakfahren, Angeln und Schwimmen.

GRATIS **Edgar Cayce Association for Research & Enlightenment** SPIRITUELLE STÄTTE
(800-333-4499; www.edgarcayce.org; 215 67th St; Mo–Sa 10–20, So 12–18 Uhr) Das Zentrum wurde Anfang des 20. Jhs. von einem selbsternannten Medium gegründet und hat eine umfangreiche Bibliothek mit Buchladen (zum Sortiment gehören Sparten wie „Das Leben nach dem Leben" und „Intuitive Kunst"). Es gibt einen vollen Stundenplan, der auch für spontane Besucher Lesungen und therapeutische Anwendungen wie Massagen, Akkupunktur, Meditation und Darmspülungen bereithält.

Contemporary Arts Center of Virginia MUSEUM
(www.cacv.org; 2200 Parks Ave; Erw./Kind 7/5 US$; Di–Fr 10–17, Sa bis 16, So 12–16 Uhr) In dem neuen, ultramodernen Gebäude werden tolle Sonderausstellungen veranstaltet. Liebevoll wird im Tageslicht eine herausragende Sammlung einheimischer und internationaler Kunstwerke gezeigt.

Back Bay National Wildlife Refuge NATURSCHUTZGEBIET
(www.fws.gov/backbay; pro Fahrzeug/Fußgänger April–Okt. 5/2 US$, Nov.–März frei; Sonnenaufgang–Sonnenuntergang) Das 37,4 km² große Sumpflandreservat für Wildtiere und Zugvögel ist vor allem während der Zugsaison im Dezember atemberaubend.

GRATIS **Great Dismal Swamp National Wildlife Refuge** NATURSCHUTZGEBIET
(Sonnenaufgang–Sonnenuntergang) Das 453 km² große Schutzgebiet mit seiner vielfältigen Flora und Fauna erstreckt sich etwa 30 Meilen (48,3 km) südwestlich von Virginia Beach entlang der Grenze zu North Carolina. Es ist die Heimat von Schwarzbären, Rotluchsen und mehr als 200 Vogelarten.

Schlafen

Angie's Guest Cottage & Hostel HOSTEL $
(757-491-1830; www.angiescottage.com; 302 24th St; B 23–31 US$, EZ/DZ 52/64 US$, Cottages ab 650 US$/Woche; P) Das dem HI-USA angeschlossene Hostel hat fünf Schlafsäle, zwei separate Zimmer und eine Gemeinschaftsküche und liegt nur einen Block vom Strand entfernt.

First Landing State Park CAMPING $
(800-933-7275; dcr.virginia.gov; Cape Henry; Zeltplätze 24–30 US$, Hütten ab 75 US$) Man kann sich keinen hübscheren Campingplatz als diesen hier in einem ufernahen State Park vorstellen, auch wenn die Hütten keinen Meerblick haben.

Cutty Sark Motel MOTEL $$
(757-428-2116; www.cuttysarkvb.com; 3614 Atlantic Ave; Zi. 140–160 US$, Apt. 1000 US$/Woche; P) Die Zimmer im Cutty Sark haben eigene Balkone und Küchennischen. Man sollte aber überprüfen, ob die versprochene Aussicht nicht zum Parkplatz rausgeht.

Essen & Ausgehen

An der Promenade und der Atlantic Ave gibt's keinen Mangel an Restaurants. Die meisten haben vor allem Meeresfrüchte aus der Region auf der Karte. Etliche austauschbare Clubs und Bars finden sich zwischen der 17th und 23th Sts rund um die Pacific Ave und Atlantic Ave.

Catch 31 SEAFOOD $$$
(757-213-3474; 3001 Atlantic Ave; Hauptgerichte 18–35 US$; 7–23 Uhr) Eines der besten Seafood-Restaurants an der Promenade hat

eine schicke Einrichtung und eine beliebte Terrasse. Man kann herrlich Leute beobachten und die Brise vom Ozean genießen. Es ist im Hilton beheimatet.

Mahi Mah's SEAFOOD **$$$**
(☎757-437-8030; www.mahimahs; 615 Atlantic Ave; Hauptgerichte 18–30 US$; ⏲Mo–Fr 17 Uhr–open end, Sa & So ab 7 Uhr) Die Kneipe am Meer befindet sich im Ramada Inn und hat fantastisches Sushi, das für die lahme Bedienung entschädigt. Nach Einbruch der Dunkelheit ist es eines der beliebtesten Lokale am Strand.

Mary's Restaurant DINER **$**
(616 Virginia Beach Blvd; Hauptgerichte 4–9 US$; ⏲6–15 Uhr) Das Mary's ist seit mehr als 40 Jahren eine Institution. Es ist ein herrlicher Ort, um den Tag mit einem leckeren, füllenden und günstigen Frühstück zu beginnen. Die lockeren, klebrigen Chocolate-Chip-Waffeln haben viele Fans gewonnen.

Anreise & Unterwegs vor Ort

Greyhound (☎757-422-2998; www.greyhound.com; 971 Virginia Beach Blvd) hat täglich mehrere Busse nach Richmond (33 US$, 3½ Std.). Sie halten auch in Norfolk und Newport News; nach Washington, Wilmington, NYC und weiter steigt man in Richmond um. Die Busse starten am Circle D Food Mart, 1,5 km westlich der Promenade. **Hampton Roads Transit** unterhält den Virginia Beach Wave Trolley (Fahrkarten 1 US$), der im Sommer die Atlantic Ave entlangfährt.

Piedmont

Die hügelige, grüne Landschaft im Herzen von Virginia trennt die Ebenen an der Küste von der Gebirgskette der Apalachen. Dutzende von Weingütern, Dörfern und stattlichen Anwesen aus der Kolonialzeit prägen das fruchtbare Tal.

CHARLOTTESVILLE

Charlottesville liegt im Schatten der Blue Ridge Mountains und zählt bei Umfragen regelmäßig zu den Orten mit der höchsten Lebensqualität in den USA. Die 45 000 Einwohner zählende Stadt besitzt eine vielfältige Kultur und ist Heimat der University of Virginia, die die alte Südstaaten-Aristokraten genauso wie künstlerisch angehauchte Linksgerichtete anzieht. Der UVA-Campus und die Fußgängerzone in der Innenstadt sind fest in der Hand von Studenten, Pärchen, Professoren und der einen oder anderen Berühmtheit, während am makellos blauen Himmel die Sonne lacht – kurz: „C-Ville" ist eigentlich perfekt.

Das nützliche **Charlottesville Visitor Center** (☎877-386-1103; www.visitcharlottesville.org; 610 E Main St; ⏲9–17 Uhr) liegt im Herzen von Downtown.

MONTICELLO & UMGEBUNG

Monticello (☎434-984-9822; www.monticello.org; Erw./Kind 22/8 US$; ⏲März–Okt. 9–16 Uhr, Nov.–Feb. 9–17 Uhr) ist ein architektonisches Meisterwerk, das Thomas Jefferson, Gründervater und dritter Präsident der USA, selbst entworfen und bewohnt hat. „Nirgendwo anders und in keiner anderen Gesellschaft bin ich so glücklich wie hier. Alle meine Wünsche enden da, wo hoffentlich auch mein Leben endet, in Monticello", schrieb Jefferson, der 40 Jahre lang an seinem Traumhaus baute, bevor es 1809 endlich fertiggestellt war. Heute ist es das einzige Wohngebäude in Amerika, das die Unesco in die Liste des Weltkulturerbes aufnahm. Das im römisch-neoklassizistischen Stil erbaute Herrenhaus war der Mittelpunkt einer 20 km² großen Plantage, auf der 150 Sklaven arbeiteten. Die heutige Verwaltung von Monticello beschönigt weder die Tatsache, dass Jefferson Sklaven hielt, noch den sehr wahrscheinlichen Umstand, dass er der Vater einiger Kinder der Sklavin Sally Hemings war. Die Sklavenhaltung ist ein Teil der schwierigen Vergangenheit eines Mannes, der in der Unabhängigkeitserklärung feststellte, dass „alle Menschen gleich erschaffen wurden". Jefferson und seine Familie liegen in einem kleinen Waldstück in der Nähe des Hauses begraben.

Das Haus kann nur mit einer Führung besichtigt werden; auf eigene Faust kann man das Gelände der Plantage, die Gärten und den Friedhof durchstreifen. Ein Hightech-Ausstellungsgebäude hat 2009 eröffnet und taucht tiefer in die Welt von Jefferson ein. Es gibt Vitrinen zur Architektur, der Aufklärung durch Bildung und der komplizierten Idee der Freiheit. Im **Griffin Discovery Room** dürfen Kinder Modelle der cleveren Erfindungen von Jefferson ausprobieren, etwa den Jefferson-Polygraphen, einem Vorläufer des Kopiergeräts. Vom Visitor Center fahren regelmäßig Shuttles zum Haus auf dem Hügel. Alternativ kann man den Fußweg durch den Wald nehmen.

Auch in der nahe gelegenen **Michie Tavern** (☎434-977-1234; www.michietavern.com; 683 Thomas Jefferson Pkwy; Erw./Kind 9/7 US$; ⏲9–16.20 Uhr) von 1784 werden Führungen

PANORAMASTRASSE: VIRGINIAS EASTERN SHORE

Durch den 17 Meilen (27 km) langen Chesapeake Bay Bridge-Tunnel (Maut 12 US$) geht es zu Virginias abgelegener Zuflucht am Meer, der Eastern Shore, an der sich Fischerdörfer und friedliche, flache Naturschutzgebiete miteinander abwechseln. Eine Fahrt über die Halbinsel dauert gut eine Stunde.

Hinter der windigen Assateague Island (S. 302) liegt versteckt die Stadt **Chincoteague** (schink-o-tieg) auf der Insel gleichen Namens – das Hauptziel von Virginias Eastern Shore. Chincoteague ist berühmt für seine Austern und den Ende Juli stattfindenden Wild Pony Swim. Dabei werden die kleinen Pferdchen, die auf Assateague leben, zur alljährlichen Fohlenauktion über den Kanal getrieben.

Die **Chamber of Commerce** (☎757-336-6161; www.chincoteaguechamber.com; 6733 Maddox Blvd; ⊙Mo–Sa 9–16.30 Uhr) hat Rad- und Wanderkarten, die auch das unglaublich entspannende **Chincoteague National Wildlife Refuge** (8 US$/Fahrzeug; ⊙6–20 Uhr) abdecken, ein wunderschönes Feuchtgebiet und Rastplatz für Zugwasservögel. 8 km weiter westlich von Chincoteague hält man bei der **NASA Wallops Flight Facility** (☎757-824-1344; Eintritt frei; ⊙Do–Mo 10–16 Uhr). Hier kann man gelegentlich einen Raketenabschuss sehen und Ausstellungen über die Arbeit der Einrichtung bestaunen.

angeboten, ebenso im Anwesen von James Monroe, dem **Ash Lawn-Highland** (☎434-293-8000; www.ashlawnhighland.org; Erw./Kind 12/6 US$; ⊙April–Okt. 9–18 Uhr, Nov.–März 11–17 Uhr), das 2,5 Meilen (4 km) östlich von Monticello liegt. Für alle drei Attraktionen gibt's ein Kombiticket für 36 US$. Die Michie Tavern sollte man während der Mittagszeit besuchen. Dann wird im Speiseraum, dem **Ordinary** (Mahlzeiten 17 US$; ⊙11.15–15.30 Uhr), ein Mittagsbuffet mit Köstlichkeiten aus den Südstaaten serviert, z. B. Fried Chicken mit Biscuits.

UNIVERSITY OF VIRGINIA

Der Campus der von Thomas Jefferson gegründeten **University of Virginia** ist einer der schönsten in den USA und ein absolutes Muss. Die größtenteils klassizistischen Gebäude verkörpern zusammen mit dem Campus den Geist des gemeinsamen Lebens und Lernens, den sich Jefferson erträumt hat. Das Zentrum bildet die von Jefferson entworfene **Rotunda** (☎434-924-7969), ein maßstabsgetreuer Nachbau des Pantheons in Rom. Kostenlose Führungen von Studenten durch die Rotunda starten beim Haupteingang täglich um 10, 11, 14, 15 und 16 Uhr. Im **Art Museum** (155 Rugby Rd; Eintritt frei; ⊙Di–So 12–17 Uhr) der UVA kann man eine abwechslungsreiche und interessante Sammlung amerikanischer, europäischer und asiatischer Kunst sehen.

Schlafen

Eine gute Auswahl an Budget- und Mittelklasse-Kettenmotels säumt die Emmet St/US 20 nördlich der Stadt. Wer einen Reservierungsservice sucht, kann **Guesthouses** (☎434-979-7264; www.va-guesthouses.com; Zi. ab 150 US$) versuchen. Die Agentur vermittelt Zimmer in Cottages und B&Bs in Privatunterkünften. An den Wochenenden muss man normalerweise mindestens zwei Nächte bleiben.

Inn at Monticello B&B **$$$**
(☎434-979-3593; www.innatmonticello.com; 1188 Scottsville Rd; Zi. 215 US$; P ❄ 📶) Das viktorianische B&B liegt gegenüber von Monticello und vor dem Hintergrund der hügeligen Landschaft von Piedmont. Jedes der fünf Zimmer der Lodge ist ein gemütliches kleines Vermächtnis an die Herrlichkeit der Kolonialzeit. Ausgezeichnetes Frühstück.

South Street Inn B&B **$$$**
(☎434-979-0200; www.southstreetinn.com; 200 South St; Zi. inkl. Frühstück 160–255 US$; P ❄) Das elegante Gebäude von 1856 liegt im Herzen von Downtown und hat einige Inkarnationen durchlebt, von einem Mädcheninternat über eine Pension bis hin zu einem Bordell. Heute findet man hier Zimmer im historischen Stil mit Antiquitäten und knisternden Kaminen vor. Abends gibt's Wein und Käse.

Alexander House INN **$**
(☎434-327-6447; www.alexanderhouse.us; 1205 Monticello Rd; B/Zi. 30/75 US$; P @ 📶) Das freundliche und lässige Gästehaus hat drei komfortable Zimmer und eine extra Schlafbaracke mit sechs Betten für Budget-Traveller. Die Gäste, die im Haus wohnen, teilen sich das Bad, haben aber freie Verfügung über die Küche, das Wohnzimmer und die

Gemeinschaftsräume. Es liegt im schönen Belmont, einem aufstrebenden Restaurant- und Caféviertel, das nur 15 Gehminuten von der Downtown Mall entfernt ist.

English Inn HOTEL **$$**
(☎434-971-9900; www.englishinncharlottesville.com; 2000 Morton Dr; Zi. inkl. Frühstück 100–160 US$;) Britische Gastfreundschaft und Einrichtung und eine Tudor-Fassade verleihen dem Hotel einzigartige Akzente. Es liegt 2,5 km nördlich der UVA. Unter der Woche ist es günstiger.

White Pig B&B **$$**
(☎434-831-1416; www.thewhitepig.com; 5120 Irish Rd, Schuyler; Zi. 160–185 US$;) Veganer und Vegetarier sollten eine Pilgerfahrt zum White Pig machen, etwa 22 Meilen (35 km) südwestlich von Monticello. Es liegt auf der 69 ha großen Briar Creek Farm. Das B&B/Tierschutzgebiet hat eine der einfallsreichsten veganischen Speisekarten Virginias. Die Zimmer haben einen schönen Blick auf die Wiesen und Gärten und für Gäste gibt's einen Whirlpool.

Essen & Ausgehen

Die Downtown Mall, eine mit Dutzenden von Läden und Restaurant gesäumte Fußgängerzone, ist toll zum Leutebeobachten und an warmen Tagen einem Abendessen im Freien. Abends ziehen die Bars an der University Ave Studenten und Ü-20 an.

Local MODERN-AMERIKANISCH **$$**
(☎434-984-9749; 824 Hinton Ave; Hauptgerichte 11–25 US$; ⏲So–Do 17.30–22, Fr & Sa bis 23 Uhr) Mitten im aufstrebenden Restaurantviertel von Belmont hat das Lokal mit seiner Locavore-Speisekarte (Mac'n'Cheese mit schwarzer Trüffel, gegrillte Ente mit Blutorangen-Gastrique) und der eleganten, warm beleuchteten Einrichtung (unverputzter Backstein, geschmückt mit farbenfrohen Ölgemälden) viele Fans gewonnen. In den wärmeren Monaten kann man an der Straße und auf dem Dach essen. Außerdem gibt's tolle Cocktails.

Blue Moon Diner AMERIKANISCH **$$**
(512 W Main St; Hauptgerichte 10–20 US$; ⏲Mo–Fr 8–22, Sa ab 9, So 9–15 Uhr) Das festliche Diner im Retrostil ist einer der besten Adressen Charlottesvilles für ein Frühstück oder einen Wochenendsbrunch. Es werden köstliche Gerichte mit Zutaten aus der Region serviert. Man bekommt auch Fassbier aus Virginia, hört Classic Rock im Radio und sieht manchmal eine Liveband.

Continental Divide MEXIKANISCH **$$**
(811 W Main St; Hauptgerichte 10–15 US$; ⏲17.30–22 Uhr) Das lustige und legere Lokal hat draußen kein Schild (nach dem „Get in Here"-Neonschild im Fester Ausschau halten). Die Suche wird mit mexikanischen Fusion-Gerichten – Tacos mit langsam gegarten Schweinefleisch, Thunfisch-Tostadas, Nachos mit Bison-Chili – und C-ville's besten Margaritas belohnt.

Zocalo FUSION **$$$**
(☎434-977-4944; 201 E Main St; Hauptgerichte 19–26 US$; ⏲Di–So 17.30–2 Uhr) Das schicke und stilvolle Restaurant mit Bar serviert nette, ausgefallene, lateinamerikanisch inspirierte Gerichte (scharfes Thunfisch-Tar-

VIRGINIAS WEINGÜTER

Als mittlerweile fünftgrößter Weinproduzent der USA gibt es in Virginia inzwischen 192 Weingüter. Viele davon befinden sich in den schönen Hügeln rund um Charlottesville. Besonders angesehen ist Virginia Viognier. Mehr Infos über den Wein aus Virginia stehen auf www.virginiawine.org.

Jefferson Vineyards WEINGUT
(☎434-977-3042; www.jeffersonvineyards.com; 1353 Thomas Jefferson Pkwy, Charlottesville) Bekannt für durchgängig hochwertige Jahrgänge. Das Weingut liegt in den 1774 angelegten Originalweinbergen des Namensgebers.

Keswick Vineyards WEINGUT
(☎434-244-3341; www.keswickvineyards.com; 1575 Keswick Winery Dr, Keswick) Keswick hat für seinen ersten Jahrgang einen Haufen Preise gewonnen und bietet seither eine große Auswahl an Weinen an. Es liegt an der Rte 231.

Kluge Estate WEINGUT
(☎434-977-3895; www.klugeestateonline.com; 100 Grand Cru Dr, Charlottesville) Weinkenner küren den Kluge-Wein regelmäßig zum besten im US-Staat.

tar, mit Chili bestäubte Jakobsmuscheln, mit Achiotte eingeriebenes gegrilltes Schweinefleisch). Für warme Abende gibt's eine Terrasse im Freien und einen knisternden Kamin für den Winter.

Mudhouse CAFÉ $
(213 W Main St; ⏲Mo–Do 7–22 Uhr, Fr & Sa bis 23, So bis 19 Uhr; 📶) Hier macht man es wie die coolen Kids und genießt den erfrischenden Espresso, WLAN und täglich stattfindende Kunst-Happenings.

Splendora's Gelato Cafe EISCREME $
(317 E Main St; ⏲Mo–Sa 9–22, So ab 12 Uhr; 📶) Das Splendora's bereitet köstliches sahniges Gelato mit Sorten wie Pistazie, Haselnuss, Dulce de leche und Nougat.

Christian's Pizza PIZZERIA $$
(118 W Main St; Stücke 2–4 US$, Ganze 10–16 US$; ⏲11–21 Uhr) Das Christian's ist eine Institution von C-ville und liegt in der Downtown Mall. Es werden leckere Pizzas mit dünnem, knusprigem Boden serviert.

South Street Brewery SÜDSTAATEN $$
(106 W South St; Hauptgerichte 9–18 US$; ⏲Mo–Sa ab 17 Uhr) In diesem restaurierten Backstein-Lagerhaus aus dem 19. Jh. bekommt man köstliches Bier aus Kleinbrauereien, gute Südstaaten-Bistrogerichte (Barbecue Schweinefleisch und mit Languste und Pilzen gefüllte Forelle) und hört ab und zu Livebands (momentan mittwochabends ab 22 Uhr). Von der Downtown Mall ist es einen kurzen Fußweg entfernt.

Backyard BAR
(20 Elliewood Ave; ⏲Mo–Sa 11–2 Uhr) Das Backyard ist eine College-Bar mit viel Platz im Freien. An den Wochenenden wird es voll. Es liegt in einer schmalen Seitenstraße der University Ave, in der es einige weitere Restaurants und Cafés gibt.

ℹ Anreise & Unterwegs vor Ort

Amtrak (www.amtrak.com; 810 W Main St) Zweimal täglich fährt ein Zug nach Washington (30 US$, 3 Std.).

Charlottesville Albemarle Airport (CHO; ☎434-973-8342; www.gocho.com) Zehn Meilen (16 km) nördlich der Innenstadt; hier starten nur Regionalflüge.

Greyhound/Trailways Terminal (☎434-295-5131; 310 W Main St) Drei Busse täglich jeweils nach Richmond (20 US$, 1¼ Std.) und Washington (23 US$, 3 Std.).

Trolley (⏲Mo–Sa 6.40–23.30, So 8–17 Uhr) Ein kostenloser Trolley verbindet die W Main St mit der UVA.

APPOMATTOX COURT HOUSE & UMGEBUNG

Im Haus des Farmers McLean in der Stadt Appomattox Court House besiegelte General Robert E. Lee die Kapitulation seiner Nord-Virginia-Armee vor dem Nordstaaten-General Ulysses S. Grant. Damit war der Bürgerkrieg offiziell beendet. Statt auf direktem Weg anzureisen, kann man auch der Route des **Rückzugs von General Lee** (☎800-673-8732; www.varetreat.com) folgen. Sie beginnt in Petersburg an der Southside Railroad Station (Ecke River St und Cockade Alley) und endet in Appomattox, unterwegs windet sie sich durch eine der bezauberndsten Landschaften Virginias, vorbei an 25 Stationen. Da der Weg mitunter schlecht ausgeschildert ist, empfiehlt sich eine ausführliche Straßenkarte. Die Fahrt endet im 688 ha großen **Appomattox Court House National Historic Park** (☎434-352-8987; www.nps.gov/apco; Sommer 4 US$, Sept.–Mai 3 US$; ⏲8.30–17 Uhr), dessen 27 restaurierte Gebäude fast alle zu besichtigen sind.

Shenandoah Valley

Die Einheimischen behaupten, das Shenandoah Valley sei nach dem indianischen Wort für „Tochter der Sterne" benannt worden. Ob's stimmt oder nicht – es ist wirklich Gottes eigenes Land, einer der schönsten Orte in ganz Amerika. Das 320 km lange bezaubernde Tal mit seinen Blue Ridge Mountains, bietet für jeden Geschmack etwas: kleine Städtchen und Weingüter, Schlachtfelder und Tropfsteinhöhlen. Die ehemalige Westgrenze des kolonialen Amerika wurde von schottisch-irischen Pionieren besiedelt, nachdem sie die Einführung der Schafzucht aus dem schottischen Hochland vertrieben hatte. Die Gegend bietet eine Vielzahl von Outdoor-Unternehmungen, man kann z. B. wandern, campen, angeln, reiten und Kanu fahren.

SHENANDOAH NATIONAL PARK

Der **Shenandoah National Park** (☎540-999-3500; www.nps.gov/shen; Wochenpässe pro Auto März–Nov. 15 US$, Dez.–Feb. 10 US$), vielleicht einer der spektakulärsten Nationalparks des ganzen Landes, gleicht zu jeder Jahreszeit einem anderen spontanen Lächeln der Natur: Im Frühjahr und Sommer explodieren die Wildblumen, im Herbst leuchten die Blätter hellrot und orange und im Winter setzt ein kalter, gnadenlos schöner Winterschlaf ein. Während Weißwedelhirsche recht oft zu sehen sind, braucht es etwas Glück, einen Schwarzbären, einen Luchs oder einen wild lebenden Truthahn zu sichten. Der Park liegt nur 75 Meilen (120 km) westlich von Washington. Ganz egal, wie die Reiseplanung aussieht, dieses erstaunliche Wunderland sollte man nicht verpassen.

Sehenswertes & Aktivitäten

Im Park gibt's zwei Visitor Center, **Dickey Ridge** (bei Meile 4,6; Mitte April–Okt. 8.30–17 Uhr) im Norden und **Harry F. Byrd** (bei Meile 51; 31. März–27. Okt. 8.30–17 Uhr) im Süden. Dort bekommt man Karten, *backcountry permits* und Infos zum Reiten, Drachenfliegen, Radfahren (nur auf öffentlichen Wegen erlaubt) und anderen sportiven Aktivitäten. Im Shenandoah gibt's ein mehr als 800 km langes Wanderwegnetz, zu dem u.a. der 163 km lange Appalachian Trail gehört. Die hier beschriebenen Pfade sind von Norden nach Süden aufgelistet.

LP TIPP **Skyline Drive** SCENIC DRIVE

Die 105 Meilen (170 km) lange Straße führt entlang des Rückgrats der Blue Ridge Mountains. Der Skyline Drive definiert neu, was man unter einer Panoramastraße zu verstehen hat. Hinter jeder Kurve eröffnen sich neue imposante Aussichten. Vor lauter Staunen sollte man nicht vergessen, dass die in der Hochsaison stark frequentierte Straße eben auch sehr viele Kurven hat: also langsam fahren (Tempolimit: 35 mph bzw. 56 km/h)!

Old Rag Mountain WANDERN

Ein anstrengender, 13 km langer Rundkurs, der in einer Kletterei über Felsen gipfelt. Man sollte schon körperlich fit sein, um die Tour bewältigen zu können. Der Weg ist dabei Ziel und Belohnung zugleich: Zum Old Rag Mountain hinauf gibt es einige der schönsten Ausblicke Virginias zu bestaunen.

Skyland WANDERN

Es gibt hier vier einfache Wege, von denen keiner länger ist als 2,6 km und die ein paar steilere Abschnitte enthalten. Auf dem Stony Man Trail ist die Wanderung nicht allzu anstrengend - tolle Ausblicke gibt's dennoch.

Big Meadows WANDERN

Durch die sehr beliebte Region führen vier einfache bis mittelschwere Wanderwege. Die Wege Lewis Falls und Rose River verlaufen an den spektakulärsten Wasserfällen des Parks vorbei; der erstgenannte hat zudem Anschluss zum Appalachian Trail.

Bearfence Mountain WANDERN

Der kurze Weg führt zu einem Aussichtspunkt mit sagenhaften 360-Grad-Rundblick. Der Rundweg ist nur 2 km lang, beinhaltet aber eine anstrengende Kletterei über Felsen.

Riprap WANDERN

Drei Wege mit unterschiedlichem Schwierigkeitsgrad. Der Blackrock Trail ist eine einfache, 1,6 km lange Schleife, die fantastische Ausblicke bietet. Alternativ kann man entweder den gemäßigten 5,5 km langen Riprap Trail zum Chimney Rock wandern oder einen Abstecher über den recht anstrengenden 15,8 km langen Rundkurs machen, der Anschluss an den Appalachian Trail hat.

Schlafen & Essen

Im Shenandoah National Park gibt's insgesamt vier **Campingplätze** (877-444-6777; www.recreation.gov): **Mathews Arm** (bei Meile 22,1; Stellplatz 15 US$), **Big Meadows** (bei Meile 51,3; Stellplatz 20 US$), **Lewis Mountain** (bei Meile 57,5; Stellplatz 15 US$, keine Reservierung mögl.) und **Loft Mountain** (bei Meile 79,5; Stellplatz 15 US$). Die meisten Plätze sind von Mitte Mai bis Oktober geöffnet. Wer wild campen möchte, benötigt die kostenlose *backcountry permit*, die es bei den Besucherzentren gibt.

Ein komfortableres Dach über dem Kopf bieten **Skyland Lodge** (bei Meile 41,7; Zi. 87–200 US$), **Big Meadows** (bei Meile 51,2; Zi. 99–159 US$) und **Lewis Mountain** (bei Meile 57,5; Hütte ab 76 US$) an, die jeweils von Anfang März bis Mitte November geöffnet haben. Reservierungen sind telefonisch unter 800-999-4714 oder online unter www.visitshenandoah.com möglich.

Die Lodges Skyland und Big Meadows haben auch Restaurants und Gasthäuser, in denen jeden Abend Livemusik spielt. Big Meadows ist die größte und schönste Ferienanlage des Parks und bietet die meisten Annehmlichkeiten, darunter eine Tankstelle, einen Waschsalon und einen Laden für Campingausrüstung. Wer zelten und/oder längere Wanderungen unternehmen will, sollte auf jeden Fall Proviant mitnehmen.

Anreise & Unterwegs vor Ort

Züge von Amtrak fahren von Washington einmal am Tag nach Staunton im Shenandoah Valley

(66 US$, 4 Std.). Um den Park der Länge und Breite nach wirklich richtig erforschen zu können, braucht man jedoch einen eigenen fahrbaren Untersatz. Das Gebiet ist von mehreren Ausfahrten der I-81 leicht zu erreichen.

FRONT ROYAL & UMGEBUNG

Die nördlichste Spitze des Skyline Dr kommt erst einmal als trister Streifen mit Tankstellen daher. Aber die Hauptstraße ist recht freundlich und in der Nähe gibt's ein paar kühle Höhlen. Man legt am besten am **Visitor Center** (☎800-338-2576; 414 E Main St; ⏲9–17 Uhr) und an der **Shenandoah Valley Travel Association** (☎800-847-4878; www.visitshenandoah.org; US 211 W, I-81 Exit 264; ⏲9–17 Uhr) einen Zwischenstopp ein, bevor es das Tal hinaufgeht.

Front Royals Ruf beruht auf den **Skyline Caverns** (☎540-635-4545; www.skylinecaverns.com; US 340; Erw./Kind 16/8 US$; ⏲Mo–Fr 9–17 Uhr, Sa, So & Sommer bis 18 Uhr), in denen man seltene, weißstachelige Gipsrosen sehen kann – zarte Mineralformationen, die wie Seeigel aussehen. Kindern könnten die Fahrten mit dem Minizug (3, US$) und der Spiegelirrgarten (5 US$) gefallen.

Das **Woodward House on Manor Grade** (☎540-635-7010; www.acountryhome.com; 413 S Royal Ave/US 320; Zi. 110–155 US$, Cottage 225 US$; P 📶) ist ein überladenes B&B mit sieben vergnügten Zimmern und zwei separaten Cottages (mit Kaminen). Während man auf der Terrasse an seinem Kaffee nippt, kann einen auch die belebte Straße unterhalb nicht von der Aussicht auf die Blue Ridge Mountains ablenken.

Das **Element** (☎540-636-9293; jsgourmet.com; 206 S Royal Ave; Hauptgerichte 12–18 US$; ⏲Di–Sa 11–15 & 17–22 Uhr) ist wegen seiner hochwertigen Bistrogerichte ein Liebling der Feinschmecker. Auf der kleinen, wechselnden Abendkarte stehen Specials wie Red Snapper mit Meerrettich-Kruste, mittags Gourmetsandwiches (8–10 US$), Suppen und Salate.

Über dem Element werden im **Apartment 2G** (☎540-636-9293; jsgourmet.com; 206 S Royal Ave; 5 Kurse 50 US$; ⏲Sa ab 18.30 Uhr) samstagabends dekadente Fünfgänge-Menüs serviert. Das Ambiente ist sehr gemütlich, ganz so, als würde man bei einem Freund zu Abend essen. Unbedingt reservieren! Auf der Website stehen weitere kulinarische Happenings.

Das **Soul Mountain Cafe** (☎540-636-0070; 1303 117 E Main St; Hauptgerichte 12–24 US$; ⏲Mo–Sa 12–21, Sa ab 16 Uhr) serviert unter einem großen Bild von Bob Marley leckere, vielfältige Speisen (in der Pfanne gebratener Thunfisch, Barbecue-Schweinefleisch).

Etwa 25 Meilen (40 km) nördlich in der Stadt Winchester befindet sich das **Museum of the Shenandoah Valley** (☎888-556-5799; www.shenandoahmuseum.org; 901 Amherst St; Erw./Student 12/10 US$; ⏲Di–So 10–16 Uhr). Es umfasst ein Museumshaus aus dem 18. Jh., das im Stil der damaligen Zeit eingerichtet ist, einen 2,4 ha großer Garten und eine Multimedia-Ausstellung, die sich mit der Geschichte des Tals beschäftigt. Fürs leibliche Wohl sorgt ein Café.

Wer auf seiner Reiseroute nur Zeit für eine Höhle hat, sollte sich zu den grandiosen **Luray Caverns** (☎540-743-6551; www.luraycaverns.com; I-81 Exit 264; Erw./Kind 23/11 US$; ⏲9–18 Uhr, im Sommer bis 19 Uhr, im Winter bis 16 Uhr), 25 Meilen (40 km) südlich von Front Royal, aufmachen und der „Stalakpfeifen-Orgel" lauschen. Sie wird als das größte Musikinstrument der Welt gepriesen.

GEORGE WASHINGTON & JEFFERSON NATIONAL FORESTS

Die beiden riesigen **Wälder** (www.fs.fed.us/r8/gwj; Stellplatz ca. 12 US$, einfaches Zelten frei) ziehen sich an der gesamten Westgrenze Virginias entlang und umfassen ein mehr als 4045 km² großes, gebirgiges Areal am Rand des Shenandoah Valley. Leichte bis anspruchsvolle Mountainbike- und Wanderwege durchziehen das Gebiet, darunter 530 km des **Appalachian Trail** (www.appalachiantrail.org). Hunderte von mitunter durchaus komfortablen Campingplätzen verteilen sich über die Wälder (meist Mitte Mai–Mitte Sept. geöffnet). Das **USDA Forest Service Headquarters** (☎540-265-5100; 5162 Valleypointe Pkwy; ⏲Mo–Fr 8–16.30 Uhr) am Blue Ridge Pkwy in Roanoke beaufsichtigt in den Bergen Dutzende von Rangerstationen.

STAUNTON & UMGEBUNG

Das hübsche kleine Städtchen hebt sich mit seinem gemütlichen College (Mary Baldwin), den nostalgischen Straßen und verblüffenderweise einem der führenden Shakespeare-Ensembles von der Berglandschaft ab. Das **Visitor Center** (www.visitstaunton.com; 35 S New St; ⏲9–18 Uhr) liegt in der kleinen, historischen Innenstadt.

Das **Frontier Culture Museum** (☎540-332-7850; mit Blick auf I-81 Exit 222; Erw./Student/Kind 10/9/6 US$; Mitte März–Nov. 9–17 Uhr, Dez.–Mitte März 10–16 Uhr) zeigt auf seinem über 40 ha großen Gelände historische Bauernhöfe aus Deutschland, Irland und England, ferner rekonstruierte westafrikanische Wohnhäuser und ein eigenes Areal mit amerikanischen Farmen. Kostümierte Führer machen (mithilfe von meckerndem Vieh) einen super Job, wenn sie zeigen, wie das Leben einst in Virginia ausgesehen hat.

Die **Woodrow Wilson Presidential Library** (www.woodrowwilson.org; 18-24 N Coalter St; Erw./Student/Kind 14/7/5 US$; Mo–Sa 9–17, So ab 12 Uhr) bietet einen wissenschaftlich fundierten Einblick in das Leben des 28. Präsidenten und Begründers des Völkerbundes und beleuchtet die Zeit vor und nach dem Ersten Weltkrieg.

Wer Staunton besucht, sollte keinesfalls abreisen, ohne eine Show im 300 Zuschauer fassenden **Blackfriars Playhouse** (540-851-1733; www.americanshakespearecenter.com; 10 S Market St; Tickets 20–42 US$) gesehen zu haben. Hier tritt die American Shakespeare Center Company in einem erstaunlichen Nachbau des Shakespeare'schen Globe Theater auf.

Wer mitten in der Innenstadt übernachten möchte, macht mit dem komplett in Malvenfarben gehaltenen und extrem gastfreundlichen **Frederick House** (540-885-4220; www.frederickhouse.com; 28 N New St; Zi. inkl. Frühstück 130–240 US$;) nichts falsch. Es besteht aus fünf historischen Gebäuden mit 25 unterschiedlichen Zimmern und Suiten, alle mit eigenem Bad und einige mit alten Möbeln und Terrassen.

In der Nähe liegt das **Miller House** (540-886-3186; www.millerhousebandb.com; 210 N New St; Zi. inkl. Frühstück 155–175 US$;). Es bietet in einem schön restaurierten vikorianischen Haus schöne Gästezimmer mit Kronleuchtern, Himmelbetten und dekorativen Kaminen.

Das **Howard Johnson Express** (540-886-5330; www.hojo.com; 268 N Central Ave; Zi. 58 US$;) ist ein sauberes, preisgünstiges Budget-Angebot, einen kurzen Fußweg vom historischen Viertel entfernt.

In der West Beverley St warten Restaurants und Cafés auf Kundschaft. Das **Zynodoa** (540-885-7775; 115 E Beverley St; Hauptgerichte 21–28 US$; Mi–Sa 17–23.30, So 12–20 Uhr) führt die kulinarische Renaissance von Staunton an und serviert köstliche saisonale Speisen, deren Zutaten aus nachhaltigem Anbau stammen. Aktuelle Empfehlungen sind gegrilltes Ayrshire-Schweinefleisch mit würzigen schwarzen Bohnen und gebratene Weichschalen-Krabben nach Südstaatenart.

Ein weiterer Favorit, bei dem das Essen quasi direkt vom Bauernhof auf den Tisch kommt, ist das **Staunton Grocery** (540-886-6880; 105 W Beverley St; Mittag-/Abendessen Hauptgerichte ab 9/18 US$; Mi–Sa 11–14, Di–Sa 17.30–21 Uhr). Es serviert einfallsreiche Speisen mit Südstaaten-Note (z. B. gegrillten Wels mit Beluga-Linsen und Speck-Vinaigrette).

Das **Split Banana** (7 W Beverley St; Eiscreme ab 3,15 US$; 11–23 Uhr;) ist eine einladende Eisdiele im Retro-Stil mit rund 20 Geschmacksrichtungen. Das Eis italienischer Art ist hausgemacht.

Das **Mrs Rowe's** (540-886-1833; I-81, Exit 222; Hauptgerichte 5–16 US$; Mo–Sa 7–20, so bis 19 Uhr), seit 1947 eine Institution im Tal, bietet Hausmannskost und die Gastfreundlichkeit der Südstaaten.

LEXINGTON & UMGEBUNG

Hier kann man den Südstaatenadel in seiner ganzen Stattlichkeit am besten studieren. Als Kadetten des Virginia Military Institute joggen seine Vertreter an renommierten Akademien der Washington & Lee University vorbei. Am **Visitor Center** (540-463-3777; 106 E Washington St; 9–17 Uhr) kann man kostenlos parken.

Einen der beliebtesten früheren Einwohner von Lexington kann man im **Stonewall Jackson House** (8 E Washington St; Erw./Kind 8/6 US$; Mo–Sa 9–17, So ab 13 Uhr) kennenlernen. Der spätere Konföderierten-General lebte von 1851 bis 1861 in diesem Haus (und tanzte hier Polka), bevor er in den Krieg zog und Geschichte schrieb.

Für die disziplinierten Kadetten des **Virginia Military Institute** (VMI; Letcher Ave; 9–17 Uhr, sofern Campus & Museum geöffnet sind) empfindet man entweder Bewunderung oder Mitleid. Es ist die einzige Universität, die schon ihre gesamte Abschlussklasse in den Krieg geschickt hat (die Gedenktafeln für die gefallenen Studenten sind bewegend und allgegenwärtig). Eine Parade im vollen Ornat findet während des Schuljahres an den meisten Freitagen um 16.30 Uhr statt. Das **George C Marshall Museum** (540-463-7103; Erw./Student 5/2 US$; Di–Sa 9–17, So ab 13 Uhr) der Schule ehrt den Initiator des Marshallplans für den Wiederaufbau Europas nach dem Zweiten Weltkrieg. Im **VMI Cadet Museum**

(☎540-464-7334; Eintritt frei; ⏲9–17 Uhr) sind das ausgestopfte Pferd von Stonewall Jackson und eine amerikanische Flagge ausgestellt, die ein ehemaliger Student während seiner Kriegsgefangenschaft in Vietnam angefertigt hat. Hier wird auch der VMI-Studenten gedacht, die im Krieg gegen den Terror gefallen sind. Für die kostenlosen Campusführungen um 12 Uhr vorher das Museum kontaktieren.

Die mit Kolonnaden geschmückte, 1749 gegründete Washington & Lee University ist eine der besten kleinen Hochschulen in den USA. Im **Lee Chapel & Museum** (☎540-458-8768; ⏲9–16, So ab 13 Uhr) wurde Robert E. Lee beigesetzt, während sein Pferd Traveller draußen begraben ist. Einer der vier konföderierten Banner rund um Lees Gruft weht an einem originalen Flaggenmast: einem Ast, den ein Soldat in eine provisorische Standarte verwandelt hat.

Das **Historic Country Inns** (☎877-283-9680; 11 N Main St; Zi. 110–145 US$, Suite 170–190 US$; P❄) unterhält zwei Inns in der Innenstadt und eines außerhalb der Stadt. Alle Gebäude haben eine historische Bedeutung für Lexington und die meisten Zimmer sind individuell mit Antiquitäten aus der Zeit eingerichtet. Das zauberhafte, ökologisch ausgerichtete **Applewood Inn & Llama Trekking** (☎800-463-1902; www.applewoodbb.com; 242 Tarn Beck Lane; Zi. 155–165 US$; P❄) bietet auf seiner Farm etliche Outdoor-Aktivitäten an. Es liegt zwölf Autominuten südöstlich von Lexington.

Für ein denkwürdiges Essen im **Red Hen** (☎540-464-4401; 11 E Washington St; Hauptgerichte 17–25 US$; ⏲Di–Sa 17.30–21 Uhr) muss man lange im Voraus reservieren. Auf der kreativen Speisekarte stehen die guten Produkte aus der Region (gegrilltes Schweinfilet mit schmackhaftem Bier-Brotpudding und Austernpilzen).

Das **Bistro on Main** (8 N Main St; Hauptgerichte 9–24 US$; ⏲Di–Sa 11.30–14.30 & 17–21 Uhr) ist ein heller, gastfreundlicher Laden mit großen Fenstern auf die Hauptstraße, leckeren Bistrogerichten und einer Bar.

Für ein altmodisches Vergnügen sieht man sich im **Hull's Drive-in** (☎540-463-2621; http://hullsdrivein.com; 2367 N Lee Hwy/US 11; 6 US$/Pers.; ⏲Mai–Okt. Do–So 19 Uhr) einen Film an. Es liegt 5,5 Meilen (9 km) nördlich der Stadt.

NATURAL BRIDGE & FOAMHENGE

Ja, sie ist kitschig. Und ja, die lautstarken Kreationisten, die darauf bestehen, dass die Hand des Allmächtigen sie erschuf, sind in der Überzahl. Doch die 66 m hohe **Natural Bridge** (www.naturalbridgeva.com; bridge Erw./Kind 18/10 US$, Brücke & Höhlen 24/14 US$; ⏲9 Uhr–Sonnenuntergang), 15 Meilen (24 km) von Lexington entfernt, ist schon ziemlich cool. Auch der 16-jährige George Washington war damals schon da und hat sich angeblich mit seinen in den Fels geritzten Initialen verewigt. Einst gehörte die Natural Bridge bzw. das Areal Thomas Jefferson. Man kann auch eine Führung durch die außerordentlich tiefen Höhlen hier machen.

Ein Stück die Straße hinauf gelangt man zu **Foamhenge** (Hwy 11; Eintritt frei), ein unglaublicher, originalgetreuer Nachbau von Stonehenge aus Styropor. Man hat eine schöne Aussicht – und es gibt sogar einen Zauberer vor Ort. Es liegt eine Meile (1,6 km) nördlich von Natural Bridge.

Blue Ridge Highlands & Südwest-Virginia

Die Südwestspitze Virginia ist der raueste Teil des US-Staats. Fährt man auf den Blue Ridge Pkwy oder eine andere Seitenstraße, versinkt man sofort in dunklen Streifen aus Hartriegel und Tannen, durchbrochen von wilden Strömen und weißen Wasserfällen. In den Kleinstädten wehen Konföderiertenflaggen, hinter dem stolzen Banner der Unabhängigkeit gibt es aber auch eine stolze Gastfreundschaft.

BLUE RIDGE PARKWAY

Wo der Skyline Dr endet, beginnt der **Blue Ridge Parkway** (www.blueridgeparkway.org, www.nps.gov/blri). Die Straße ist sehr hübsch und reicht vom südlichen Rücken der Appalachen im Shenandoah National Park bei Meile 0 bis zu North Carolinas Great Smoky Mountains National Park bei Meile 469. Wildblumen blühen im Frühling, die Herbstfarben sind nicht weniger spektakulär – aber Achtung an den nebligen Tagen: Die fehlenden Straßenbegrenzungen machen das Fahren etwas haarig! Es gibt ein paar Dutzend Visitor Centers am Pkwy; jedes einzelne davon ist ein guter Startpunkt für die Reise. Mehr Details stehen auf S. 359.

Sehenswertes & Aktivitäten

Die Palette der Sehenswürdigkeiten am Parkway ist breit gefächert. Hier eine Auswahl, von Norden nach Süden aufgelistet:

Humpback Rocks WANDERN

(Meile 5,8) Man macht eine Tour durch die Farmgebäude aus dem 19. Jh. oder nimmt den steilen Pfad zu den Humpback Rocks, von denen sich ein spektakulärer 360-Grad-Rundblick bietet.

Sherando Lake Recreation Area SCHWIMMEN

(An der Meile 16; ☎540-291-2188) Im George Washington National Forest (S. 331) findet man zwei hübsche Seen (einen zum Baden und einen zum Angeln) mit Wanderwegen und Campingplätzen. Die Rte 664 W führt hierher.

James River & Kanawha Canal HISTORISCHE STÄTTE

(Meile 64) Ein Fußweg führt zu den Kanalschleusen aus dem 19. Jh. Wer Zeit hat, macht einen hübschen Spaziergang am steilen Flussufer entlang.

Peaks of Otter WANDERN

(Meile 86) Es gibt Pfade zu den Gipfeln der Umgebung: Sharp Top, Flat Top und Harkening Hill. Zum Sharp Top fahren auch Shuttles hinauf; die recht anspruchsvolle Wanderung ist hin und zurück 5,6 km lang.

Mabry Mill HISTORISCHE STÄTTE

(Meile 176) Eines der am meisten fotografierten Bauwerke des Staates. Die Mühle kuschelt sich in ein so schönes, grünes Tal, dass man meint, man wäre in das erste Kapitel vom *Herr der Ringe* geraten.

Schlafen

In der Region gibt's neun **Campingplätze** (☎877-444-6777; www.recreation.gov; Stellplatz 16 US$; ⌚Mai–Okt.), vier davon in Virginia. Die gestaffelten Öffnungszeiten der Einrichtungen wechseln jedes Jahr, normalerweise sind sie jedoch von April bis November zugänglich. Zwei vom NPS empfohlene Quartiere, bei denen man ein festes Dach überm Kopf hat, befinden sich am Parkway in Virginia.

Peaks of Otter LODGE $$

(☎540-586-1081; www.peaksofotter.com; Meile 86, 85554 Blue Ridge Pkwy; Zi. 110–140 US$; ❄) Eine hübsche, von einem Holzzaun umgebene Lodge, die sich zwischen die zwei Berge schmiegt, die ihr den Namen gegeben haben. Es gibt ein Restaurant, aber kein öffentliches Telefon oder Handyempfang.

Rocky Knob Cabins HÜTTEN $

(☎540-593-3503; Meile 174, 256 Mabry Mill Rd; Hütte mit Gemeinschaftsbad 65 US$; ⌚Mai–Okt.) Die rustikalen Hütten liegen in einem abgeschiedenen Stück Wald. Man sollte Essen mitbringen, denn die Möglichkeiten zum Essen sind am Parkway begrenzt.

ROANOKE & UMGEBUNG

Roanoke, beleuchtet von einem riesigen Stern auf dem Mill Mountain, ist die größte Stadt im Tal und die selbst ernannte „Hauptstadt der Blue Ridge Mountains". Es gibt eine ganze Menge Sehenswürdigkeiten rund um den im Freien wie drinnen stattfindenden **Historic City Market** (213 Market St; ⌚Mo–Sa 7.30–16.30 Uhr). Der üppige Bauernmarkt ist voller Verlockungen. Infos über die Region erhält man am **Roanoke Valley Visitor Information Center** (☎540-342-6025; www.visitroanokeva.com; 101 Shenandoah Ave NE; ⌚9–17 Uhr) im alten Bahnhof von Norfolk & Western.

Das eindrucksvolle **Taubman Museum of Art** (www.taubmanmuseum.org; 110 Salem Ave SE; Erw./Kind 7/4 US$; ⌚Di–Sa 10–17, Fr bis 20, So 12–17 Uhr) wurde 2008 eröffnet und befindet sich in einem skulpturenartigen Gebäude aus Stahl und Glas, das an das Guggenheim-Museum in Bilbao erinnert (kein Zufall, denn der Architekt Randall Stout war einst ein Mitarbeiter von Frank Gehry). Im Innern findet man eine hervorragende Sammlung an Kunstwerken aus 3500 Jahren (besonders stark vertreten sind amerikanischen Arbeiten aus dem 19. und 20. Jh.).

Das **Center in the Square** (☎540-342-5700; www.centerinthesquare.org; 1 Market Sq; ⌚Di–Sa 10–17 Uhr, So ab 13 Uhr), das momentan für 27 Mio. US$ im großen Stil modernisiert wird, ist das kulturelle Herz der Stadt. Hier findet man ein Wissenschaftsmuseum und Planetarium (Erw./Kind 8/6 US$), ein historisches Museum über die Region (Erw./Kind 3/3 US$) und ein Theater. Das Gebäude des **Harrison Museum of African American Culture** (Eintritt frei) war die erste staatliche Highschool für Afroamerikaner in den USA. Hier werden afroamerikanische Kunst aus der Gegend sowie traditionelle und zeitgenössische afrikanische Kunst ausgestellt.

Etwa 30 Meilen (48 km) östlich von Roanoke liegt das winzige Bedford. Es hat gemessen an der Bevölkerungszahl die größte Anzahl an Kriegstoten im Zweiten Weltkrieg beklagen müssen und wurde deswegen als Standort für das bewegende **National D-Day Memorial** (☎540-586-3329; US 460 & Hwy 122; Erw./Kind 7/5 US$; ⌚10–17

Uhr) auserkoren. Unter einem turmhohen Bogen stürmen inmitten eines Blumengartens Bronzefiguren auf den Strand, unbeeindruckt von den Wasserstrahlen, die den Kugelhagel symbolisieren, der die Soldaten aus Fleisch und Blut damals empfing. Führungen zu Fuß (3 US$) starten jede Stunde zwischen 10.30 und 15.30 Uhr.

Das **Rose Hill** (☎540-400-7785; www.bandbrosehill.com; 521 Washington Ave; Zi. 100–125 US$) ist ein zauberhaftes und gastfreundliches B&B mit drei Zimmern im historischen Viertel von Roanoke.

In der Market St gibt's mehrere Lokale, darunter das sehr beliebte, von einer Familie betriebene **Thelma's Chicken & Waffles** (315 Market St; Hauptgerichte 4–10 US$; ⌚Di–Sa 7–22, So & Mo 10–21 Uhr). Hier werden leckere Klassiker aus den Südstaaten serviert, z.B. Baby-Back-Ribs, Mac'n'Cheese, Hackbraten und, natürlich, Fried Chicken und Waffeln.

MT. ROGERS NATIONAL RECREATION AREA

Für Outdoor-Abenteurer ist dieses hübsche Gebiet ein absolutes Muss. Hier kann man vor der Kulisse uralter Laubbäume und des höchsten Berges des US-Staats wandern, angeln oder langlaufen. Das **Park Headquartes** (☎276-783-5196; Hwy 16, Marion) verteilt Karten und Infoblätter zur Freizeitgestaltung. Der NPS betreibt in der Gegend fünf Campingplätze; im Headquarters kann man Details erfahren.

ABINGDON

Abington ist eine der fotogensten Städte von Virginia. In seinem historischen Viertel haben sich schöne Beispiele der Federal-Style- und viktorianischen Architektur erhalten. Außerdem beherbergt sie in der ersten Augusthälfte das Bluegrass **Virginia Highlands Festival**. Das **Visitor Center** (☎800-435-3440; 335 Cummings St; ⌚9–17 Uhr) hat Ausstellungen zur Geschichte der Gegend.

Das **Fields-Penn 1860 House Museum** (208 W Main St; Erw./Kind 3/2 US$; ⌚Mi 11–16, Do–Sa ab 13 Uhr) widmet sich dem Leben in Virginia im 19. Jh. Das während der Weltwirtschaftskrise gegründete **Barter Theatre** (☎276-628-3991; www.bartertheatre.com; 133 W Main St; Aufführungen ab 20 US$) verdankt seinen Namen der Tatsache, das die Zuschauer die Aufführungen einst mit Lebensmitteln bezahlten (*barter* bedeutet Tauschgeschäft). Schauspieler wie Gregory Peck und Ernest Brognine (und wow, Wayne Knight alias *Seinfelds* „Newman") haben hier laufen gelernt.

Der **Virginia Creeper Trail** (www.vacreepertrail.org) wurde nach der Bahnlinie benannt, die einst auf dieser Strecke verkehrte. Er verläuft über 53 km zwischen Whitetop Station in der Nähe der Grenze nach North Carolina und der Innenstadt von Abingdon. Zahlreiche Ausrüster verleihen Räder, organisieren Ausflüge und betreiben Shuttles, so z.B. der **Virginia Creeper Trail Bike Shop** (☎276-676-2552; www.vacreepertrailbikeshop.com; 201 Pecan St; pro 2 Std./Tag 10/20 US$; ⌚So-Fr 9–18, Sa ab 8 Uhr) in der Nähe des Ausgangspunkts des Wanderwegs.

Das **Martha Washington Inn** (☎276-628-3161; www.marthawashingtoninn.com; 150 W Main St; Zi. ab 225 US$; P ❄ @ ≋) liegt gegenüber vom Barter und ist das beste historische Hotel der Gegend. Es vermietet eine Reihe eleganter Zimmer mit ausgezeichneten Annehmlichkeiten (holzgetäfelte Bibliothek, Whirlpool im Freien, Salzwasserpool, Tennisplätze).

Im **Pop Ellis Soda Shoppe** (217 W Main St; Hauptgerichte 8–11 US$; ⌚Mo 11–16, Di–Sa bis 21 Uhr) reist man in der Zeit zurück. Das herrlich restaurierte Innere ist eine Reminiszenz an die Getränkeautomaten der 1920er-Jahre. Riesige Burger, Wraps und Nachos sind eine schöne Beigabe für selbst gemachte Sodas und Milchshakes.

Das **Zazzy'z** (380 E Main St; Hauptgerichte ca. 5 US$; ⌚Mo–Sa 8–18, So 9–15 Uhr), Café und Buchladen in einem, serviert preisgünstige Quiches, Lasagne und Panini und guten Kaffee.

THE CROOKED ROAD

Als schottisch-irische Fideln und der Reel (Volkstanz) auf afroamerikanische Banjo- und Percussionmusik trafen, wurde die amerikanische Musik der Berge geboren, die sogenannte Old-Time-Music, darunter Country und Bluegrass. Letzteres dominiert immer noch den Blue Ridge and Virgina's Heritage Music Trail, die 250 Meilen (400 km) lange **Crooked Road** (www.thecrookedroad.org). Sie führt an neun Stätten vorbei, die mit dieser Geschichte verbunden sind, obendrein gibt's noch ein tolles Bergpanorama, so weit das Auge reicht. Es lohnt sich auf alle Fälle, diesen Umweg zu machen und sich zu den musikliebenden Fans aller Altersklassen zu gesellen, die bei den festlichen Jamborees mit ihren Schuhen stampfen (viele kommen mit Stepschuhen hierher). Während einer Liveshow kann man die Lebensfreude rüstiger Senioren sehen, die eine Verbindung zu ihren kulturellen Wurzeln suchen, und erlebt zugleich die Generation von Musikern, die das Erbe am Leben erhalten.

FLOYD

Das winzige, postkartenreife Floyd ist nicht mehr als eine Kreuzung zwischen dem Hwy 8 und 221. Doch freitagabends erwacht der **Floyd Country Store** (☎540-745-4563; www.floydcountrystore.com; 206 S Locust St; ⌚Fr 10–23, Sa bis 17.30 Uhr) zum Leben. Start ist jeden Freitag um 18.30 Uhr. Für 5 US$ bekommt man vier Bluegrass-Bands in vier Stunden und die Chance geboten, den überglücklichen Zuschauern dabei zuzuschauen, wie sie ihr nationales Erbe pflegen. Keine Zigaretten, kein Alkohol, aber reichlich Tanzen (im Jig-and-Tap-Stil) und gute Stimmung. An den Wochenenden gibt's in der Umgebung jede Menge Livemusik.

Das **Hotel Floyd** (☎540-745-6080; www.hotelfloyd.com; 120 Wilson St; Zi. 100–160 US$; P❄📶) wurde 2007 mit nachhaltig gewonnenen und hergestellten Materialien und Möbeln errichtet. Es ist eines der grünsten Hotels in Virginia und ein Vorbild in puncto umweltbewusstes Bauen. Jedes der 14 einmaligen Zimmer wurde von Künstlern der Region gestaltet. Acht Meilen (13 km) westlich von Floyd bietet das **Miracle Farm B&B** (☎540-789-2214; www.miraclefarmbnb.com; 179 Ida Rose Lane; Zi. 125–155 US$; P❄📶) herrliche Öko-Hütten in grüner Umgebung.

Wenn nichts mehr geht, macht man sich ins **Oddfella's** (110 N Locust St; Hauptgerichte mittags 7–14 US$, abends 8–21 US$; ⌚Mi–Sa 11–14.30, Do–So 17–21, So 10–15 Uhr) auf. Auf der Speisekarte steht vor allem Tex-Mex, aber auch Bio-Food aus dem Wald – und ein ordentliches, vor Ort gebrautes Bier aus der kleinen Shooting Creek Brewery.

Das **Natasha's Market Cafe** (☎540-745-2450; 227 N Locust St; Hauptgerichte mittags/abends ab 8/16 US$; ⌚Di–Sa 11–15, Do–Sa 17.30–21 Uhr) liegt über dem Bioladen Harvest Moon. Es ist ein heller und fröhlicher Laden, wo Bioprodukte aus der Region auf dem Teller landen.

GALAX

Galax erhebt für sich den Anspruch, die Hauptstadt der Old-Time-Music zu sein. Außerhalb des unmittelbaren Zentrums, das zum National Register of Historic Places gehört, wirkt es aber wie ein ganz normales Dorf. Die Hauptattraktion ist das **Rex Theater** (☎276-236-0329; www.rextheatergalax.com; 113 E Grayson St), eine muffige Schönheit in rotem Samt. Regelmäßig stehen Bluegrass-Bands auf der Bühne, am leichtesten aber kommt man in die kostenlose Liveshow von WBRF 98.1, die freitagabends Massen aus den Bergen lockt.

Um einen Eindruck von den super Outdoor-Möglichkeiten zu bekommen, macht man sich zu einer Wanderung oder Radtour auf dem **New River Trail** auf, einem 92 km langen Weg durchs Grüne entlang einer stillgelegten Bahnstrecke Richtung Norden nach Pulaski. Er verläuft 63 km parallel zum New River.

Tom Barr vom **Barr's Fiddle Shop** (105 S Main St) ist der Stradivari der Berge, ein Meisterhandwerker, der von Fiedel- und Mandolinenanhängern aus der ganzen Welt aufgesucht wird. Die **Old Fiddler's Convention** (www.oldfiddlersconvention.com) findet jedes Jahr in Galax statt und ist eines der besten Old-Time-Music-Festivals der Welt.

Das **Doctor's Inn** (☎276-238-9998; thedoctorsinn virginia.com; 406 W Stuart Dr; Zi. 140–150 US$; P❄📶) ist ein gastfreundliches Gästehaus mit Kammern voller Antiquitäten und ausgezeichnetem Frühstück.

Das **Galax Smokehouse** (101 N Main St; Hauptgerichte 5–14 US$; ⌚Mo–Sa 11–21, So bis 15 Uhr) serviert BBQ-Teller mit süßer Soße im Memphis-Stil.

CARTER FAMILY FOLD

In einem winzigen Dörfchen im Südwesten Virginias, früher als Maces Spring bekannt (heute Teil von Hiltons), findet man einen der geheiligten Geburtsorte der Old-Time-Music. Das **Carter Family Fold** (☎276-386-6054; www.carterfamilyfold.org; AP Carter Hwy/Rte 614; Erw./Kind 7/1 US$; ⌚Sa 19.30 Uhr) führt das musikalische Erbe fort, das mit der talentierten Carter-Familie 1927 begonnen hat. Jeden Samstagabend beherbergt eine Arena für 900 Personen erstklassige Bluegrass- und Gospelbands. Es gibt außerdem ein Museum mit Erinnerungsstücken der Familie und der originalen Blockhütte aus dem 19. Jh., in der A.P. Carter geboren wurde. Da man in der Nähe nicht übernachten kann, ist es das Beste, in Abington (30 Meilen bzw. 48 km östlich), Kingsport (12 Meilen, bzw. 19 km südwestlich) in Tennessee oder Bristol (25 Meilen, bzw. 40 km südöstlich) zu wohnen.

WEST VIRGINIA

Das wilde, wunderbare West Virginia wird von amerikanischen und ausländischen Touristen gleichermaßen oft übersehen. Das liegt wohl daran, dass der Staat anscheinend nicht in der Lage ist, all die negativen Klischees, die mit ihm verbunden sind, zu widerlegen. Das ist jammerschade, muss sich doch West Virginia sicher nicht verstecken. Die ursprünglichen, grün bewaldeten Berge mit rauschenden Wildwasserläufen und schneebedeckten Wintersportorten sind ein wahres Paradies für Outdoor-Aktivisten.

Die Menschen hier halten sich immer noch für die ärmlichen Söhne der einstigen Minenarbeiter – und diese Einstellung ist gar nicht so weit von der Realität entfernt. Aber der Mountain State wird gerade luxussaniert. In diesem Fall ist das eine gute Sache. Im Tal blüht die Kunst und einige Städte bieten eine willkommene Abwechslung von den stetig zunehmenden Unternehmungen in der freien Natur.

KURZINFOS WEST VIRGINIA

» **Spitzname** "Mountain State" (Bergstaat)

» **Bevölkerung** 1,9 Mio.

» **Fläche** 62 791 km^2

» **Hauptstadt** Charleston (52 000 Ew.)

» **Verkaufssteuer** 6 %

» **Geburtsort von** der olympischen Turnerin Mary Lou Retton (geb. 1968), Schriftsteller Pearl S. Buck (1892–1973), Flugpionier Chuck Yeager (geb. 1923), Schauspieler Don Knotts (1924–2006)

» **Heimat von** The National Radio Astronomy Observatory, großen Teilen der amerikanischen Kohle-Industrie

» **Politische Ausrichtung** Republikanisch

» **Berühmt für** Berge, John Denver's „Take Me Home, Country Roads", die Hatfield–McCoy-Fehde

» **Staatsslogan** Wild and Wonderful (Wild und wunderbar)

» **Entfernungen** Harpers Ferry–Fayetteville 280 Meilen (451 km), Fayetteville–Morgantown 148 Meilen (238 km)

Geschichte

Virginia war früher der größte Bundesstaat der USA und erstreckte sich von den Plantagen der Küstenregion bis zu den Bergen, die jetzt West Virginia bilden. Diese waren besiedelt von beinharten Farmern, die ihre unabhängigen Besitzrechte über die Appalachen ausdehnten. Ihren östlichen Verwandten gegenüber waren sie immer ein wenig skeptisch eingestellt – vor allem zu deren Ausbeutung von billiger (d.h. Sklaven-)Arbeitskraft. Und so erklärte das Bergvolk von West Virginia seine Unabhängigkeit, als Virginia versuchte, sich während des Bürgerkriegs von den USA abzuspalten.

Allerdings wurde die konfrontationslustige „Unabhängig um jeden Preis"-Einstellung im späten 19. und frühen 20. Jh. auf die Probe gestellt, als die Minenarbeiter Gewerkschaften gründeten und ihre Arbeitgeber in einer der blutigsten Auseinandersetzungen der amerikanischen Arbeiterbewegung bekämpften. Der seltsame Mix aus einer Allergie gegen sämtliche Autoritäten und besorgtem nachbarschaftlichen Gemeinschaftssinn prägt auch noch das heutige West Virginia, auch wenn das alles gleichmachende Vorstadtleben die regionale Kultur bedroht.

ℹ Praktische Informationen

West Virginia Division of Tourism (☎800-225-5982; www.wvtourism.com) unterhält an den Staatsgrenzen und in **Harpers Ferry** (☎304-535-2482) Touristenbüros. Auf www.adventuresinwv.com findet man Infos zu den unzähligen Outdoor-Aktivitäten im US-Staat.

Viele Hotels und Motels verlangen eine Safe-Gebühr von 1 US$, die beim Auschecken auf Anfrage zurückerstattet wird. Wer also seinen Safe nicht benutzt hat, sollte sich seinen Dollar zurückholen.

Eastern Panhandle

Der zugänglichste Teil des Bundesstaates war immer und wird immer der bergige Rückzugsort für die Leute aus D.C. sein.

HARPERS FERRY

In dieser hübschen Stadt mit steilen kopfsteingepflasterten Straßen, die von den Shenandoah Mountains und dem Zusammenfluss der rauschenden Flüsse Potomac und Shenandoah eingerahmt wird, wird Geschichte lebendig. Der untere Teil der Stadt ist ein Freiluftmuseum mit über einem Dutzend Gebäuden, die man durchwandern kann, um eine Vorstellung vom Leben in einer Kleinstadt des 19. Jhs. zu bekommen. In Ausstellungen wird die Rolle der Stadt als Vorposten zur Expansion gen Westen, in der amerikanischen Industrialisierung und, am berühmtesten, in der Geschichte der Antisklavereibewegung erzählt. 1859 versuchte der alte John Brown, hier einen Sklavenaufstand anzuzetteln und wurde für seine Bemühungen gehängt. Der Vorfall vertiefte die Spannungen zwischen Norden und Süden bishin zu den Schlachten des Bürgerkriegs.

Im **Harpers Ferry National Historic Park Visitor Center** (☎304-535-6029; www.nps.gov/hafe; 171 Shoreline Dr; Fahrzeug/Fußgänger 6/4 US$; ⏲8–17 Uhr) am Hwy 340 bekommt man einen Pass, mit dem man die historischen Gebäude besuchen kann. Hier kann man auch parken und einen kostenlosen Shuttlebus nehmen. Direkt in Harpers Ferry gestaltet sich die Parkplatzsuche extrem schwierig.

Sehenswertes & Aktivitäten

In der Region gibt es tolle Wanderrouten, z.B. den Maryland Heights Trail mit dreistündigen Klettertouren und malerischen Ausblicken, den Loudoun Heights Trail vorbei an Befestigungen aus dem Bürgerkrieg oder den Appalachian Trail. Man kann auch den Treidelpfad am C&O Canal entlangwandern oder -radeln.

Master Armorer's House GEBÄUDE

Eine der Stätten im historischen Viertel mit freiem Eintritt. In diesem Haus von 1858 wird erklärt, wie hier die Gewehrtechnologie entwickelt und die Waffenindustrie revolutioniert wurde.

Appalachian Trail Conservancy WANDERN

(☎304-535-6331; www.appalachiantrail.org; Ecke Washington & Jackson Sts; ⏲April–Okt. Mo–Fr 9–17 Uhr) Das sagenhafte Informationsbüro für Wanderer ist zugleich das Hauptquartier für den 3476 km langen Appalachian Trail.

Storer College Building MUSEUM

Vor langer Zeit war in dem Gebäude eine Schule für befreite Sklaven untergebracht, die sich zu Lehrern ausbilden ließen. Heute zeigt es die afroamerikanische Geschichte der Stadt.

John Brown Museum MUSEUM

(http://johnbrownwaxmuseum.com; 168 High St; Erw./Kind U7/5 US$; ⏲9–16.30 Uhr) Das lächerlich kitschige Museum erzählt die Geschichte von Browns Leben mit Musik, Stimmenaufnahmen und lebensgroßen Wachsfiguren.

River Riders ABENTEUERSPORT

(☎800-326-7238; www.riverriders.com; 408 Alstadts Hill Rd) Der Ort für alle, die raften, Kanu oder Kajak fahren oder mehrtägige Fahradtouren unternehmen wollen. Hat auch Tubing und Leihräder (4 Std./20 US$) im Angebot.

O Be Joyfull WANDERTOUREN

(☎732-801-0381; www.obejoyfull.com; 175 High St; Erw./Kind ab 8/5 US$) Bietet eine Reihe von historischen Spaziergängen durch Harpers Ferry an, z.B. eine gespenstische 90-minütige Abendtour.

Schlafen & Essen

Jackson Rose B&B $$

(☎304-535-1528; www.thejacksonrose.com; 1167 W Washington St; Zi. Wochentag/Wochenende 135/150 US$; ❄📶) Elegante Gärten umgeben die herrliche Backstein-Residenz aus dem 18. Jh. In einem der drei attraktiven Gästezimmer hat Stonewall Jackson während des Bürgerkriegs für kurze Zeit gewohnt. Antike Möbel und alte Kuriositäten sind über das Haus verteilt. Das Frühstück ist ausgezeichnet. Zum historischen Viertel sind es 600 m den Berg hinunter. Kinder unter zwölf Jahren sind nicht erwünscht.

Town's Inn B&B $$

(☎304-702-1872, 877-489-2447; www.thetownsinn.com; 175 & 179 High St; Zi. 70–140 US$; ❄) Das Town's erstreckt sich zwischen zwei benachbarten Residenzen aus der Zeit vor dem Bürgerkrieg und hat unterschiedliche Zimmer, von klein und minimalistisch bis zu zauberhaft und im historischen Stil eingerichtet. Es liegt mitten im historischen Viertel und hat ein Restaurant mit Tischen drinnen und draußen.

HI-Harpers Ferry Hostel HOSTEL $

(☎301-834-7652; www.hiusa.org; 19123 Sandy Hook Rd, Knoxville, MD; B 20 US$; ⏲Mitte April–Mitte Okt.; P❄@📶) Das sympathische Hostel liegt gut 3 km von der Innenstadt entfernt auf der Maryland-Seite des Potomac River und hat jede Menge Annehmlichkeiten zu bieten, etwa eine Küche, eine Wäscherei und einen Aufenthaltsbereich mit Spielen und Büchern.

Canal House AMERIKANISCH $$

(1226 Washington St; Hauptgerichte 7–14 US$; ⏲Mi–Sa 11–15, Do–Sa 17.30–20.30, So 12–18 Uhr;

(♿) Vom historischen Viertel etwa 1,5 km westlich und den Berg hinauf gelegen. Das Canal House, ein von Blumen eingerahmtes Steinhaus, ist dank seiner köstlichen Sandwiches und des freundlichen Services ein Dauerbrenner. Man kann auch draußen sitzen.

Anvil AMERIKANISCH **$$**
(☎304-535-2582; 1270 Washington St; Hauptgerichte mittags 8–12 US$, abends 15–24 US$; ⏲Mi–So 11–21 Uhr) Forellen aus der Region werden mit Honig-Pekannuss-Butter veredelt und in einem eleganten Speisesaal im Federal Style serviert: Das ist Stil im Anvil. Es befindet sich im benachbarten Bolivar.

LP TIPP **Beans in the Belfry** AMERIKANISCH **$$**
(☎301-834-7178; 122 W Potomac St, Brunswick, MD; ⏲Mo–Sa 9–21, So bis 19 Uhr; @📶♿) Über den Fluss in Brunswick, etwa 10 Meilen (16 km östlich), findet man diese umgebaute Kirche aus rotem Backstein. Die Innenräume bestehen aus bunt zusammengewürfelten Sofas und mit Kitsch überladenen Wänden. Auf den Tisch kommen leichte Speisen (Chili, Sandwiches, Quiche), während auf einer winzigen Bühne an den meisten Abenden Folk-, Blues- und Bluegrassbands spielen. Der sonntägliche Jazzbrunch (16 US$) ist ein Hit.

ℹ Anreise & Unterwegs vor Ort

Amtrak (www.amtrak.com) Züge fahren zur Union Station in Washington (1 tgl., 71 Min., 14 US$).
MARC Train (mta.maryland.gov) startet dreimal täglich von Montag bis Freitag (11 US$).

BERKELEY SPRINGS

Der erste Kurort der USA – bereits George Washington hat hier entspannt – ist ein seltsamer Mischmasch aus Spiritualität, Künstlerszene und verhätschelnden Heilzentren. Auf den Straßen von Bath (immer noch der offizielle Name) belächeln sich Farmer mit Konföderiertenflagge im Pickup und Akupunkteure in ihren Batikkitteln gegenseitig.

Die **Roman Baths** (☎304-258-2711; 2 S Washington St; Bad 22 US$; ⏲10–18 Uhr) vom Berkeley Springs State Park sind zwar uninspirierend – die Anwendungen bekommt man in schwach beleuchteten, gefliesten Einzelräumen –, haben aber immer noch das günstigste Spa-Angebot in der Stadt. Tipp: die Wasserflasche am Brunnen vor der Tür mit Zaubertrank füllen! Für ein milderes Programm bucht man auf der anderen Seite des Parks im **Bath House** (☎800-431-4698; www.bathhouse.com; 21 Fairfax St; 1 Std. Massage 75 US$; ⏲10–17 Uhr) eine Anwendung (Massagen, Kurbehandlung, Aromatherapie).

Das **Inn & Spa at Berkeley Springs** (☎304-258-2210; thecountryinnatberkeleysprings.com; Zi. ab 110 US$; P📶), gleich neben dem Park, hat eine große Auswahl an Unterkunftsmöglichkeiten, von hellen und komfortablen Zimmern mit Parkettböden bis hin zu eleganten Suiten. Auf dem Gelände gibt's auch ein gutes Kurbad.

Im **Cacapon State Park** (☎304-258-1022; 818 Cacapon Lodge Dr; Lodge/Hütten ab 85/91 US$) gibt es eine einfache Lodgesowie moderne und rustikale Hütten (mit Kamin), die friedlich im Wald liegen. Der Park befindet sich 9 Meilen (14,5 km) südlich von Berkeley Springs (an der US 522). Man kann wandern, im See schwimmen und Golf spielen.

Das **Tari's** (33 N Washington St; mittags 8–10 US$, abends 15–2 US$; ⏲11–21 Uhr) ist ein lässiger Ort, an dem tagsüber Gourmetsandwiches und Salate und abends herzhaftere Gerichte (Meeresfrüchte, Ribs, Lamm mit Thymiankruste) serviert werden. Für die Haute Cuisine im eleganten, preisgekrönten **Lot 12 Public House** (☎304-258-6264; 117 Warren St; Hauptgerichte 23–30 US$; ⏲Do–So ab 17 Uhr), die halbe Strecke den Hügel hinauf, muss man im Voraus reservieren.

Monongahela National Forest

Fast die gesamte Osthälfte von West Virginia ist auf Landkarten als grüne Parklandschaft verzeichnet, die ganze, atemberaubende Schönheit steht als Nationalwald unter Schutz. Auf 3626 km² umfasst sie wilde Flüsse, Höhlen und den höchsten Berg des US-Staates, den Spruce Knob. Zu dem insgesamt 1368 km langen Wegnetz zählen auch der 200 km lange **Allegheny Trail**, der sich für ausgiebige Wander- und Trekkingtouren eignet, und die 120 km lange, stillgelegte Eisenbahntrasse des **Greenbrier River Trail**, die vor allem bei Radlern bliebt ist.

Elkins an der Westgrenze des Waldes ist für Unternehmungen eine gute Ausgangsbasis. Das **National Forest Service Headquarter** (☎304-636-1800; 200 Sycamore St; Stellplatz 5–30 US$, einfaches Zelten frei) verteilt Freizeitführer zum Wandern, Radfahren und Camping. Bei **Good Energy Foods**

(214 3rd St; ⌚Mo–Sa 9–17.30 Uhr) kann man seine Vorräte an Studentenfutter und Müsliriegeln aufstocken.

Am Südrand des Waldes hat **Cranberry Mountain Nature Center** (☎304-653-4826; Ecke Hwys 150 & 39/55; ⌚Mai–Okt. Do–Mo 9–16.30 Uhr) wissenschaftlich fundierte Informationen über den Wald.

Die surreale Landschaft der **Seneca Rocks**, 35 Meilen (56 km) südöstlich von Elkins gelegen, lockt mit ihren 275 m hohen Sandsteinfelsen zahlreiche Kletterer an. Der **Seneca Shadows Campground** (☎877-444-6777; Stellplatz 11–30 US$; ⌚April–Okt.) befindet sich 1,5 km in östlicher Richtung.

Ein 13 km langer Abschnitt des Allegheny Trail verbindet 30 Meilen (48 km) nordöstlich von Elkins zwei State Parks: das Skigebiet **Canaan Valley Resort** (☎304-866-4121; www.canaanresort.com) und den **Blackwater Falls State Park** (☎304-259-5216; www.blackwaterfalls.com) mit Backcountry-Skitouren. Das südlichere Areal des **Snowshoe Mountain** (☎877-441-4386; www.snowshoemtn.com; Liftpass Erw./Student/Kind 79/76/66 US$) ist das größte Ski- und Snowboard-Resort des US-Staates, das von Frühjahr bis Herbst fest in der Hand von Mountainbikern ist. Zu dem Resort gehört auch ein schönes, alpin inspiriertes Dorf für Fußgänger.

In der Nähe fahren im Sommer und während des farbenprächtigen Indian Summer täglich die Dampfzüge des **Cass Scenic Railroad State Park** (☎304-456-4300; www.cassrailroad.com; Zugtickets ab 18 US$) von einer alten Holzfällerstadt zum Aussichtspunkt auf dem Berggipfel. Übernachten kann man in Cottages (103–122 US$) und alten Güterwaggons (85–119 US$).

Das **National Radio Astronomy Observatory** (☎304-456-2150; www.gb.nrao.edu; Green Bank; Eintritt & Tour frei; ⌚Sommer 9–18 Uhr, übriges Jahres Do–Mo ab 10 Uhr) ist die Heimat des Green-Bank-Teleskops, mit einem Durchmesser von 100 m das größte bewegliche Radioteleskop der Welt. Das Zentrum liegt in der einzigen radiofreien Zone des Landes – im Umkreis von 40 km wird man im Autoradio keinen einzigen Sender reinbekommen.

Südliches West Virginia

Dieser Teil von West Virginia hat sich zum nicht zu unterschätzenden Abenteuerspielplatz an der Ostküste gemausert.

NEW RIVER GORGE NATIONAL RIVER

Der New River ist genau genommen einer der ältesten Flüsse der Welt. Die urzeitliche, bewaldete Schlucht, durch die er fließt, gehört zu den atemberaubendsten in den Appalachen. Der NPS schützt einen Abschnitt des New River, der auf einer Strecke von 80 km 228 Höhenmeter hinunterrauscht; am nördlichen Ende gibt's dicht aneinandergedrängte Stromschnellen bis Klasse V.

Das **Canyon Rim Visitor Center** (☎304-574-2115; ⌚9–17 Uhr), gleich nördlich der eindrucksvollen Brücke über die Schlucht, ist eines von fünf NPS-Centern am Fluss. Hier gibt's Infos zu malerischen Strecken, Ausrüstern für Unternehmungen am Fluss, Klettertouren in den Schluchten, Wanderungen und Mountainbiken sowie Raftings auf dem Gauley River im Norden. Pfade am Rand oder in der Tiefe der Schlucht offenbaren grandiose Ausblicke. Es gibt mehrere einfache und kostenlose Campingplätze.

Von der **Lodge** (☎304-658-5212; www.hawksnestsp.com; Zi. 77–84 US$; ❄📶) am Rand der Schlucht im nahe gelegenen **Hawks Nest State Park** ist der Ausblick nicht weniger faszinierend; von Juni bis Oktober fährt eine Seilbahn hinunter zum Fluss (Mi. geschl.), wo man Bootsrundfahrt unternehmen kann.

Im **Babcock State Park** (☎304-438-3004; www.babcocksp.com; Hütte 77–88 US$, Stellplatz 20–23 US$) kann man wandern, Kanu fahren und reiten, zelten und in Hütten übernachten. Das Highlight des Parks ist die fotogene Glade Creek Grist Mill.

FAYETTEVILLE & UMGEBUNG

Das winzige Fayetteville wird als eine der coolsten Kleinstädte in den USA bezeichnet und dient Abenteuersuchenden am New River als Ausgangspunkt. Am dritten Sonntag im Oktober springen während des **Bridge Day Festival** Hunderte Basejumper von der 267 m hohen New River Gorge Bridge.

Unter den vielen staatlich lizenzierten Rafting-Veranstaltern in der Gegend sticht **Cantrell Ultimate Rafting** (☎800-470-7238; www.ultimaterafting.com; Angebote ab 60 US$) mit seinem Programm heraus. Felskletterer können mit **Hard Rock** (☎304-574-0735; www.hardrockclimbing.com; 131 South Court St; halber/ganzer Tag ab 75/140 US$) Touren unternehmen und Trainingskurse belegen.

Die **Beckley Exhibition Coal Mine** (☎304-256-1747; www.beckleymine.org; Erw./Kind 20/12 US$; ⌚April–Okt. 10–18 Uhr) im nahe

MYSTERIEN AM STRASSENRAND

Im **Mystery Hole** (☎304-658-9101; 16724 Midland Trail, Ansted, WV; Erw./Kind 6/5 US$; ⏲10.30–18 Uhr), einer der größten Straßenrand-Attraktionen der USA, kann man Zeuge davon werden, wie den Gravitätsgesetzen und den Grenzen des guten Geschmacks ein Schnippchen geschlagen wird. Alles in diesem Irrenhaus ist irgendwie schräg! Es liegt 1,5 km westlich vom Hawks Nest State Park. Um zu erfahren, an welchen Tagen geöffnet ist, sollte man vorher anrufen.

gelegenen Beckley ist ein Museum, das sich dem Erbe des Kohlebergbaus in der Region widmet. Besucher können 450 m tief in eine ehemalige Kohlemine einfahren. Man sollte eine Jacke dabei haben – unten ist es kalt!

Das **River Rock Retreat Hostel** (☎304-574-0394; www.riverrockretreatandhostel.com; Lansing-Edmond Rd; B 23 US$; P ❄) liegt weniger knapp 1,5 km nördlich der New River Gorge Bridge und hat einfache, saubere Zimmer und jede Menge Aufenthaltsräume. Der Besitzer Joy Marr ist eine Fundgrube an Informationen zur Region. Gut 3 km südlich der Brücke liegt **Rifrafters Campground** (☎304-574-1065; www.rifrafters.com; Laurel Creek Rd; Stellplatz 12 US$/Pers., Hütten DZ/4BZ 40/80 US$) mit einfachsten Campingmöglichkeiten, gemütlichen Hütten und heißen Duschen und Bädern.

LP TIPP **Pies & Pints** (219 W Maple Ave; Pizza klein/groß 13/22 US$; ⏲11.30–21 Uhr; ✎) bereitet köstliche, einfallsreiche Pizzas zu (z.B mit kubanischer Schweinefleischpastete oder Auberginen mit gegrillten Peperoni). Dazu gibt's eine riesige Bierauswahl. Tipp: das einheimische Bridge Brew Works Lager vom Fass versuchen!

Den Tag beginnt man im **Cathedral Café & Bookstore** (134 S Court St; Hauptgerichte 5–8 US$; ⏲8–16 Uhr; @ ☜) unter bunten Glasfenstern mit Frühstück und Kaffee.

GREENBRIER VALLEY

Inmitten der hoch aufragenden Allegheny Mountains erstreckt sich das atemberaubend schöne Greenbrier Valley. Die Orte im Tal, die sich rund um das kultivierte Künstlerstädtchen Lewisburg befinden, sind bekannt für ihre Thermalquellen. Hauptattraktion des Tals ist denn auch das unglaublich luxuriöse Kurhotel **Greenbrier** (☎800-453-4858; www.greenbrier.com; 300 W Main St, White Sulphur Springs; Zi. ab 279 US$; P ❄ @ ☜ ≋). Die „Königin" unter den Kurbädern des Südens wurde schon 1778 gegründet, um wohlhabende Südstaatler zu kurieren. Im 20. Jh. kam noch eine unterirdische Einrichtung dazu: ein **Atombunker**. Auf dem Höhepunkt des Kalten Krieges baute die US-Regierung in den 1950er-Jahren die riesige Anlage, um im Falle eines Atomkriegs die Regierung und den Kongress in Sicherheit bringen zu können. Erst 1992 brachte die *Washington Post* das bis dahin gut gehütete Staatsgeheimnis ans Licht. Drei Jahre später wurde der Bunker aufgegeben. Heute ist das einzigartige und faszinierende Überbleibsel der jüngsten amerikanischen Geschichte im Rahmen von **Bunker-Führungen** (Erw./Kind 30/15 US$, Jan.–März geschl.) für die Öffentlichkeit zugänglich.

Der Süden

Inhalt »

Schön übernachten

» Ansonborough Inn (S. 367)
» Music City Hostel (S. 391)
» 21c (S. 402)
» Kate Shepard House (S. 433)
» Shack Up Inn (S. 436)

Gut essen

» Husk (S. 368)
» Prince's Hot Chicken (S. 392)
» Cochon (S. 456)
» Doe's Eat Place (S. 438)
» Commander's Palace (S. 457)

Auf in den Süden!

Mehr als jeder andere Teil des Landes besitzt der Süden eine ganz eigene Identität, die sich in einer melodischen Sprechweise, einer komplizierten politischen Vergangenheit und dem Stolz auf eine gemeinsame Kultur aller Südstaaten manifestiert. Mit seinen tief verankerten Wurzeln und einer teils von Entbehrungen geprägten Geschichte leistete der Süden aber auch einen bedeutenden Anteil zur Kultur der gesamten USA, man denke an Schriftsteller wie William Faulkner und Flannery O'Connor, Kulinarisches wie Barbecue, Bourbon und Coca-Cola oder Musikstile wie den Blues und Rock'n'Roll. Die Städte des Südens gehören zu den faszinierendsten des Landes, seien es historische Schönheiten wie New Orleans und Savannah oder moderne Metropolen wie Atlanta und Charlotte.

Eigentliches Highlight der Region ist jedoch die legendäre Gastfreundlichkeit der Südstaatler. Hier liebt man ein gemütliches Schwätzchen ... und wer lange genug bleibt, wird früher oder später zum Abendessen eingeladen.

Reisezeit

New Orleans

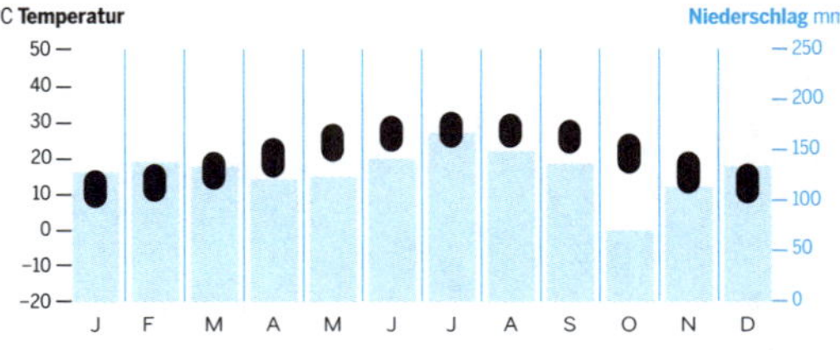

Nov.–Feb. Der Winter ist im Allgemeinen mild und Weihnachten wird mit viel Inbrunst gefeiert.

April–Juni Im grünen, warmen Frühling blühen duftender Jasmin, Gardenien und Tuberosen.

Juli–Sept. Im Sommer ist es oft sehr schwül und die Einheimischen stürmen die Strände.

Die Kultur des Südens verstehen

Die Südstaatler sind seit Langem eine Zielscheibe für Witze ihrer Landsleute: Sie gelten als langsam und als hartgesottene Trinker, sie reden komisch, schrauben die ganze Zeit an ihren Pickups herum und heiraten ihre Cousins und Cousinen. In Wahrheit sind die Menschen hier meist relativ freundlich und entspannt, der affektierte Bauerntölpel bildet eher die Ausnahme. Der Südstaatler von heute kann vieles sein: ein in Mumbai geborener Motelinhaber im ländlichen Arkansas, ein schnell sprechender Investmentbanker in Atlanta oder auch ein flippiger, schwuler Mittzwanziger in der trendigen Midtown von Memphis.

Die Menschen des Südens lieben Sport, aber auch die Künste gedeihen in historischen Städten wie Charleston und Savannah. Collegestädte wie Chapel Hill, Knoxville und Athens sind berühmt für ihre Indiemusikszene. Und nicht zuletzt spielt Religion eine große Rolle. Der sogenannte Bible Belt verläuft direkt durch den Süden: Rund 50 % der Menschen hier bezeichnen sich als evangelikale Christen.

DER SÜDEN FÜR MUSIKLIEBHABER

Die US-amerikanische Musikgeschichte ist die Geschichte der Südstaaten-Musik. Blues, Bluegrass, Jazz, Gospel, Country und Rock'n'Roll haben hier allesamt ihre Ursprünge. Zu den musikalischen Hotspots gehören Nashville, die Heimat der Countrymusik und die wohl stimmungsvollsten Kneipen der Welt, Memphis mit seinen Clubs, in denen Bluesmusiker immer noch grooven, und New Orleans, wo es erstklassigen Jazz, Blues und Zydeco auf die Ohren gibt. Asheville in North Carolina gilt als aufstrebendes Zentrum der Appalachen-Musik, Kentucky als Wiege des Bluegrass.

Typische Gerichte

» Barbecue (in der ganzen Region, besonders in North Carolina und Tennessee)

» Brathähnchen bzw. Fried Chicken (in der ganzen Region)

» Maisbrot (in der ganzen Region)

» Shrimps auf Maisgrütze (South Carolina und Georgia)

» Boudin (Schweinefleisch-Reis-Bällchen; Süd-Louisiana)

» Gumbo/Jambalaya/Étouffée (Eintopf aus Reis sowie Seafood und/oder Fleisch; Süd-Louisiana)

» Po'boy (Sandwich, traditionell mit gebratenen Meeresfrüchten oder Fleisch; Süd-Louisiana)

» Heiße Tamales (mit würzigem Rind oder Schwein gefüllter Maisteig; Mississippi-Delta)

» Collards (meist mit Schinken gekochter Markstammkohl; in der ganzen Region)

» Pekannuspastete, Kokoskuchen, Red Velvet Cake, Süßkartoffelpastete (in der ganzen Region)

» Bourbon (Kentucky)

SCHON GEWUSST?

Der Süden der USA ist mit einem Anteil von 14,3 % an der Gesamtbevölkerung die am schnellsten wachsende Region des Landes.

Kurzinfos

» Spitzname: Dixie

» Die drei größten Städte: Atlanta, Charlotte, Memphis

» Zeitzonen: Eastern, Central

Top-Panoramastraßen

» Blue Ridge Parkway: von North Carolina nach Virginia (www.blueridgeparkway.org)

» Natchez Trace: von Tennessee nach Mississippi (www.nps.gov/natr)

» Hwy 12: Outer Banks in North Carolina

» Country Music Hwy/US 23: Kentucky (countrymusichighway.com)

» Cherokee Foothills Scenic Hwy/SC 11: South Carolina (www.discoversouthcarolina.com)

» Great River Road: von Louisiana nach Minnesota, mit Abschnitten durch Mississippi, Tennessee, Arkansas und Kentucky (www.experiencemississippiriver.com)

Infos im Internet

» www.visitsouth.com

» www.discoversouthcarolina.com

» www.visitnc.com

» www.tnvacation.com

» www.louisianatravel.com

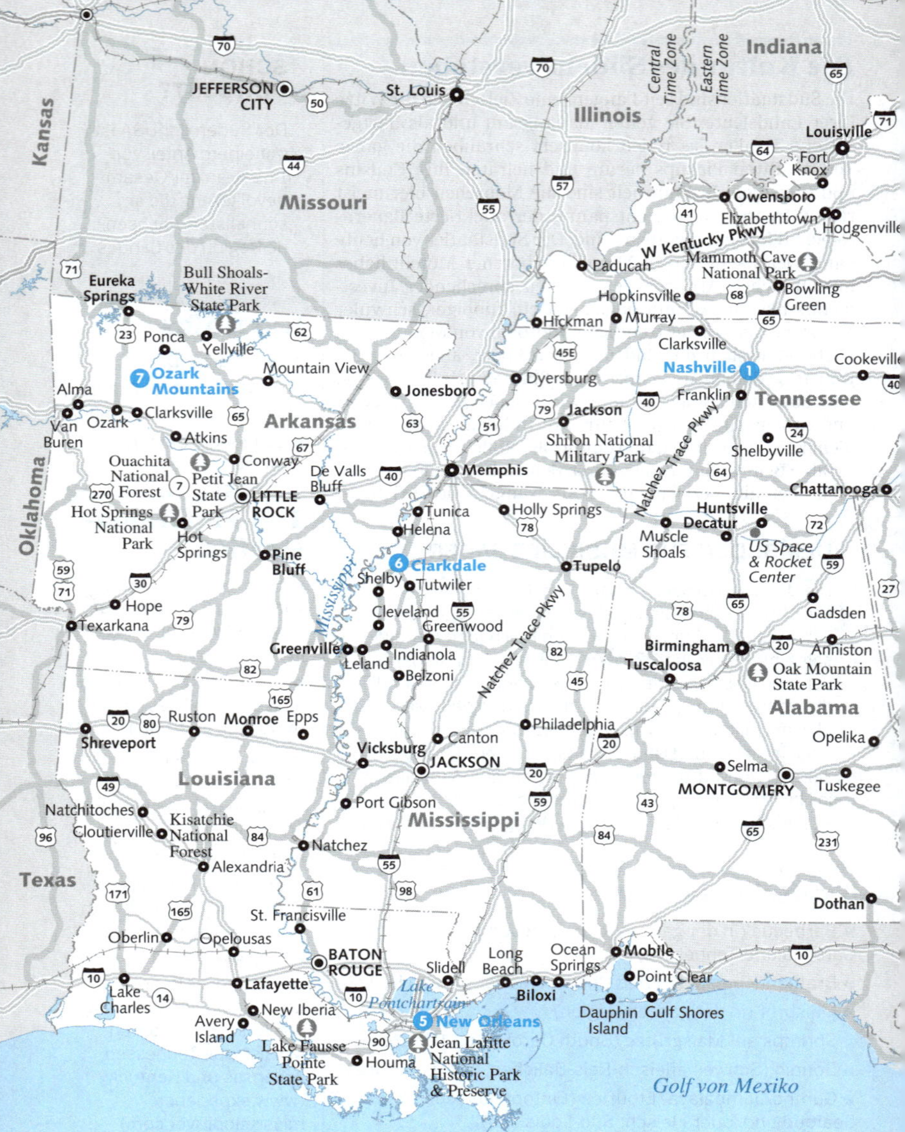

Highlights

1. In **Tootsie's Orchid Lounge** (S. 394) am Lower Broadway in Nashville ein Tänzchen wagen
2. Im großartigen **Great Smoky Mountains National Park** (S. 362) wandern und campen
3. Auf dem windgepeitschten Hwy 12 die **Outer Banks** (S. 347) abfahren und zur Ocracoke Island schippern
4. Die Anwesen aus der Zeit vor dem Bürgerkrieg und die Plantagen von **Charleston** (S. 364) bestaunen
5. In **New Orleans** (S. 443), einer der Gourmet-Hauptstädte

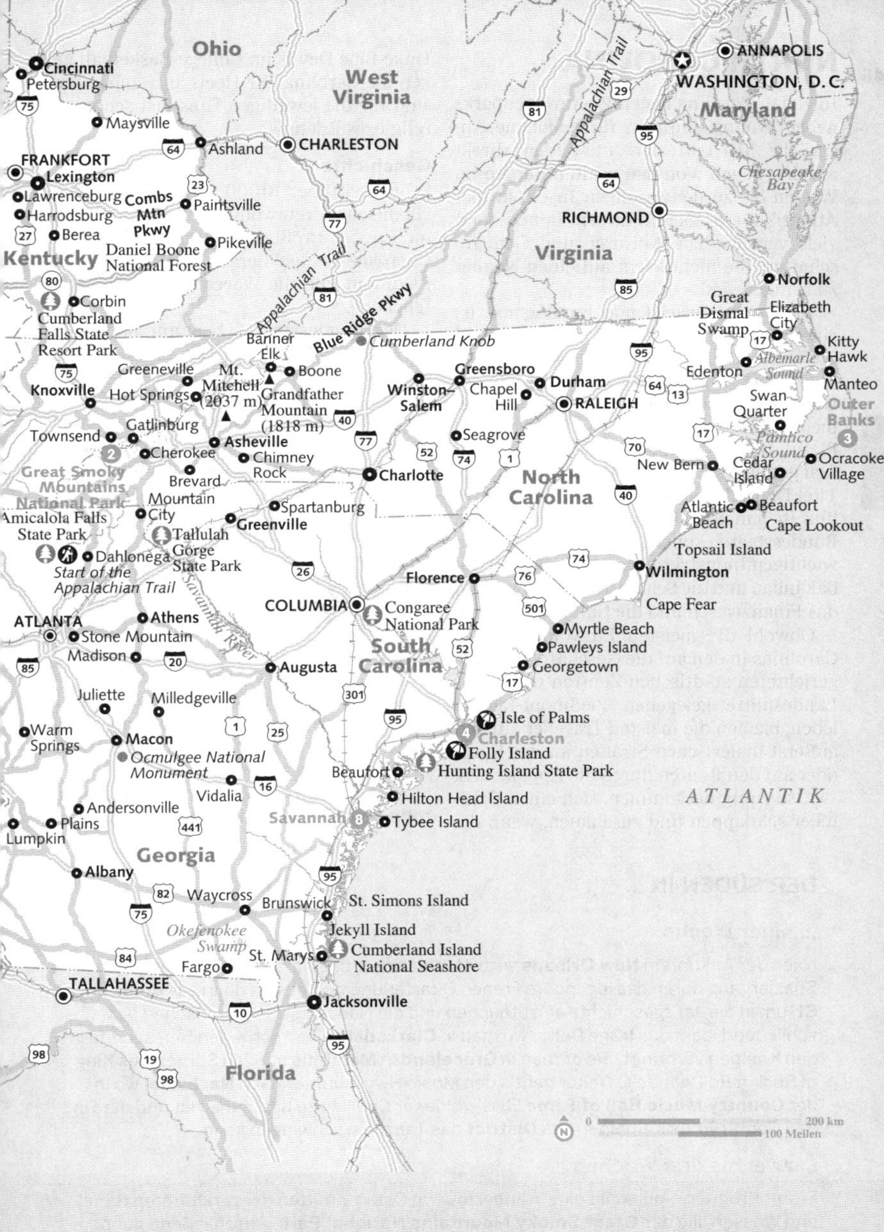

Amerikas, Cajun-Gerichte schlemmen

6 In Clarksdale, Mississippi, ganz tief in die Seele, den unglaublichen Rhythmus, die faszinierende Geschichte und das Erbe des **Delta Blues** (S. 436) eintauchen

7 In Arkansas die Höhlen, Berge, Flüsse und Wälder der **Ozark Mountains** (S. 473), der Heimat des Folk, erkunden

8 Sich im historischen **Savannah** (S. 422) von Spuk- und Mördergeschichten und der für den Süden typischen Gastfreundlichkeit in den Bann ziehen lassen

NORTH CAROLINA

In North Carolina liegen Wohnwagenparks neben Wohnsiedlungen für gehobene Ansprüche, hier trifft der „alte Süden" direkt auf den neuen. Von den uralten Bergen im Westen bis zu den sandigen Inseln an der Atlantikküste leben in diesem Bundesstaat viele verschiedene Kulturen und Gemeinschaften, die nicht leicht auf einen Nenner zu bringen sind.

Der schnell wachsende Bundesstaat ist eine Mischung aus Fortschrittlichkeit und Steinzeit: Asheville wurde vom *Rolling Stone* zur „neuen Freak-Hauptstadt der USA" gekürt, doch nicht eheliche Lebensgemeinschaften waren hier bis 2006 offiziell illegal. Im Gebiet um Raleigh leben prozentual gesehen die meisten Menschen mit dem Titel Dr. phil., gleichzeitig liegt North Carolina in puncto Bildungsniveau unter allen Bundesstaaten konstant auf Platz 48. Zu den wichtigen Industriezweigen gehören der Tabakanbau und die Schweinezucht, aber auch das Finanzwesen und die Nanotechnologie.

Obwohl die meisten Einwohner North Carolinas in den auf die Geschäftswelt ausgerichteten städtischen Zentren der in der Landesmitte gelegenen Piedmont-Region leben, bleiben die meisten Traveller auf den äußerst malerischen Straßen an der Küste oder auf den Routen durch die Appalachen.

Also ruhig herkommen, sich einen Grillteller schnappen und zuschauen, wenn die Duke Blue Devils im College-Basketball gegen die Carolina Tar Heels antreten – Tore sind für die jeweiligen Fans fast schon ein religiöses Erlebnis.

Geschichte

Schon seit über 10 000 Jahren leben amerikanische Ureinwohner in North Carolina. Zu den größten Stämmen zählten die Cherokee in den Bergen, die Catawba im Piedmont und die Waccamaw an der Küstenebene.

Der Bundesstaat – benannt nach dem englischen König Karl I. (lat. Carolus) – war das zweite Gebiet, das die Briten kolonisierten, und die erste Kolonie, die für die Unabhängigkeit von der britischen Krone stimmte. Mehrere wichtige Schlachten des Unabhängigkeitskriegs wurden hier ausgefochten.

Bis weit ins 19. Jh. hinein blieb North Carolina ein verschlafenes, von der Landwirtschaft geprägtes Provinznest, was ihm den Spitznamen „Rip Van Winkle State" eintrug (nach dem Held aus Irvings Erzählung *Rip Van Winkle*). In der Sklavereifrage gespalten – die meisten Einwohner waren schlichtweg zu arm, um sich Sklaven zu halten –, schloss es sich im Bürgerkrieg als letzter Bundesstaat der Sezession an, stellte dann jedoch mehr Soldaten für die konföderierte Armee als jeder andere.

In der Mitte des 20. Jhs. war North Carolina ein Zentrum der Bürgerrechtsbewe-

DER SÜDEN IN ...

... einer Woche

Nach der Ankunft in **New Orleans** vertritt man sich erst einmal die Beine bei einem Spaziergang durch das legendäre French Quarter und begibt sich dann zur **Bourbon St**, um in die Jazzgeschichte einzutauchen und die Nacht zum Tag zu machen. Anschließend lockt das träge Delta, wo man in **Clarksdale** einen schwülen Bluesabend in den Kneipen verbringt, bevor man in **Graceland** in **Memphis** auf den Spuren des King of Rock'n'Roll wandelt. Weiter geht's den Music Hwy hinunter nach **Nashville**, wo in der **Country Music Hall of Fame** Elvis' goldener Cadillac zu bestaunen ist und man in den Countrymusik-Kneipen des **District** das Tanzbein schwingen kann.

... zwei bis drei Wochen

Erster Programmpunkt ist eine Wandertour im Osten inmitten der zerklüfteten Gipfel und Wasserfälle des **Great Smoky Mountains National Park**. Anschließend gönnt man sich in dem künstlerisch angehauchten Gebirgsstädtchen **Asheville** eine erholsame Übernachtung und besichtigt das unverschämt protzige **Biltmore Estate**, Amerikas größtes Privathaus. Danach geht's direkt an die Küste, wo die sandigen Düneninseln der abgelegenen **Outer Banks** zum Entspannen einladen. Ein Stück weiter die Küste hinunter lockt dann **Charleston** mit kulinarischen Köstlichkeiten und wunderschöner Architektur.

gung. So fanden in Greensboro von den Medien stark beachtete Sit-Ins statt und in Raleigh wurde das einflussreiche Student Nonviolent Coordinating Committee (SNCC) gegründet. In der zweiten Hälfte des 20. Jhs. siedelten sich in Charlotte die Finanzindustrie und in der Region Raleigh-Durham Technologie- und Pharmaunternehmen an. Das führte zu einem hohen Bevölkerungszuwachs und zu gesteigerter kultureller Vielfalt.

Praktische Informationen

North Carolina Division of Tourism (919-733-8372; www.visitnc.com; 301 N Wilmington St, Raleigh) Gute Karten und Infomaterial, u. a. der jährlich erscheinende *Official Travel Guide*.

North Carolina State Parks (919-733-4181; www.ncparks.gov) Infos zu den 40 State Parks in North Carolina, in denen man teilweise auch zelten kann (kostenlos–20 US$/Nacht).

KURZINFOS NORTH CAROLINA

» **Spitzname** Tar Heel State

» **Bevölkerung** 9,4 Mio.

» **Fläche** 126 161 km²

» **Hauptstadt** Raleigh (400 000 Ew.)

» **Weitere Städte** Charlotte (730 000 Ew.)

» **Verkaufssteuer** 7 %, plus Übernachtungssteuer von bis zu 6 %

» **Geburtsort von** US-Präsident James K. Polk (1795–1849), Jazzmusiker John Coltrane (1926–1967), NASCAR-Fahrer Richard Petty (geb. 1937), Liedermacherin Tori Amos (geb. 1963)

» **Heimat der** ersten State University der USA, des Biltmore House, der Krispy Kreme Doughnuts

» **Politische Ausrichtung** in ländlichen Gebieten konservativ, in Städten zunehmend liberal

» **Berühmt für** die *The Andy Griffith Show*, den ersten Motorflug, College-Basketball

» **Kosenamen der Einheimischen** Die Menschen in NC werden als „tar heels" (Teerfersen) bezeichnet; wieso, ist unklar, wahrscheinlich aber, weil hier Holzteer produziert wurde ... und wegen der legendären Sturheit der Leute

» **Entfernungen** Asheville–Raleigh 247 Meilen (395 km), Raleigh–Wilmington 131 Meilen (210 km)

Die Küste von North Carolina

Welche der folgenden Aussagen trifft für die Küste von North Carolina nicht zu? A) Vor der Küste liegen windumtoste Düneninseln. B) Man findet Ehrfurcht gebietende Kolonialdörfer, die einst in der Hand von Piraten waren. C) Die entspannten Küstenortschaften wimmeln von kleinen Eisdielen und bodenständigen Motels, die von Ortsansässigen betrieben werden. D) Hier erwarten die Urlauber funkelnde Ferienresorts mit Megamalls und strandbezogenen Kettenrestaurants. Wer auf „D" getippt hat, darf sich zur Belohnung ein Shrimps-Sandwich kaufen. Die Küste von North Carolina ist relativ unerschlossen, sodass selbst die touristischsten Strandorte immer noch Kleinstadtatmosphäre verströmen. Wer auf echte Abgeschiedenheit aus ist, fährt zu den abgelegenen Outer Banks (OBX), wo die Fischer noch immer vom Shrimpsfang leben und die älteren Leute einen archaischen, britisch gefärbten Dialekt sprechen. Wilmington weiter im Süden ist ein Zentrum für Film- und Fernsehproduktionen, und an den umliegenden Stränden tummeln sich Studenten beim Spring Break und Touristen.

OUTER BANKS

Die fragile Kette aus Düneninseln erstreckt sich auf einer Länge von 160 km vor der Küste und ist vom Festland durch verschiedene Meerengen und Wasserstraßen abgetrennt. Die Düneninseln – von Norden nach Süden: Bodie (sprich „Body"), Roanoke, Hatteras und Ocracoke – sind eigentlich lange Sandbänke, die durch Brücken und Fähren miteinander verbunden sind. Rund um die weit im Norden gelegenen ruhigen, schicken Gemeinden **Corolla** (sprich kar-*oll*-ah, nicht wie das Auto), **Duck** und **Southern Shores** gingen früher die Reichen aus den Staaten im Nordosten der USA auf Entenjagd. Die beinahe zusammenhängenden Ortschaften **Kitty Hawk**, **Kill Devil Hills** und **Nags Head** auf Bodie Island sind sehr stark erschlossen und viel touristischer: Man findet hier Imbissbuden, die Bratfisch verkaufen, Bars unter freiem Himmel, Motels und Dutzende Läden für

Badelatschen, Sonnencreme und dergleichen. **Roanoke Island**, westlich von Bodie Island, hat eine reiche koloniale Geschichte und das idyllische Uferörtchen **Manteo** zu bieten. Weiter südlich liegt **Hatteras Island**, ein nationales Küstenschutzgebiet von wilder, windumtoster Schönheit mit ein paar winzigen Dörfern. Am schwanzförmigen Ende der Banks streifen auf der nur per Fähre erreichbaren **Ocracoke Island** Ponys frei umher, während wettergegerbte alte Fischer Austern knacken und Hängematten weben.

Die Fahrt über den kurvenreichen Hwy 12, der den größten Teil der Outer Banks miteinander verbindet, ist einer der großartigsten Trips, den man auf amerikanischen Straßen erleben kann – egal ob im unglaublich trostlosen Winter oder im sonnigen Sommer.

Sehenswertes

Die folgenden Plätze sind von Nord nach Süd geordnet.

Currituck Heritage Park — HISTORISCHES GEBÄUDE

Der sonnenblumengelbe, im Jugendstil errichtete **Whalehead Club** (www.whaleheadclub.org; Corolla; Führung 9 US$; ⌚Sonnenaufgang–Sonnenuntergang) wurde in den 1920er-Jahren als „Jagdhütte" für einen Industriellen aus Philadelphia erbaut und ist das Glanzstück dieses geschniegelten Parks im Dorf Corolla. Man kann auch auf den **Currituck Beach Lighthouse** (www.currituckbeachlight.com; Erw./Kind 7 US$/frei) steigen und das viktorianische Haus des Leuchtturmwärters besichtigen. Im modernen **Outer Banks Center for Wildlife Education** (Eintritt frei; ⌚9–17 Uhr) sieht man einen interessanten Film zur Geschichte des Gebiets und bekommt Infos zu hiesigen Wanderwegen. Außerdem werden Kurse zum Schnitzen von Entenattrappen (zum Angeln) angeboten.

Wright Brothers National Memorial — PARK, MUSEUM

(www.nps.gov/wrbr; Kitty Hawk; Eintritt 4 US$; ⌚9–17 Uhr, Sommer bis 18 Uhr) Die **historische Stätte** befindet sich an den windumtosten Dünen von Kitty Hawk, wo die autodidaktischen Mechaniker Wilbur und Orville Wright am 17. Dezember 1903 den weltweit ersten erfolgreichen Flug mit einem Flugzeug absolvierten – er dauerte zwölf Sekunden. Ein Felsbrocken markiert die Stelle, an der das Flugzeug abgehoben ist. Von dem Hügel in der Nähe, von dem aus die Gebrüder auch vorher schon Gleitflugexperimente unternommen hatten, eröffnet sich ein fantastischer Blick auf das Meer und die Meerenge. Das **Wright Brothers Visitor Center** auf dem Gelände zeigt einen Nachbau der Flugmaschine von 1903 und präsentiert Ausstellungen und Vorträge zur Geschichte der Luftfahrt.

Fort Raleigh National Historic Site — HISTORISCHE GEBÄUDE

30 Jahre vor der Landung der Pilgerväter am Plymouth Rock verschwand Ende der 1580er-Jahre spurlos eine Gruppe von 116 britischen Kolonisten, die sich auf Roanoke Island angesiedelt hatten. Hatte eine Dürre sie vernichtet? Hatten sich die Siedler einem Stamm amerikanischer Ureinwohner angeschlossen? Waren sie bei dem Versuch, wieder nach Hause zu segeln, gekentert? Das Schicksal der „verlorenen Kolonie" ist eines der größten Rätsel in Amerika, und das **Visitor Center** (www.nps.gov/fora; 1401 National Park Dr, Manteo; ⌚9–17 Uhr, Sommer bis 18 Uhr) beflügelt die Fantasie mit Ausstellungen, Artefakten, Karten und einem kostenlosen Film.

Zu den Attraktionen auf der Anlage gehört das **Lost Colony Outdoor Drama** (www.thelostcolony.org; Erw./Kind 20/10 US$; ⌚Juni–Aug. Mo–Sa 20 Uhr): Das beliebte, schon lange laufende Musical des aus North Carolina stammenden Pulitzer-Preisträgers und Bühnenautors Paul Green handelt vom Schicksal der Siedler und ist den ganzen Sommer über im Waterside Theater zu sehen.

Die im Stil des 16. Jhs. angelegten **Elizabethan Gardens** (www.elizabethangardens.org; Erw./Kind 8/5 US$; ⌚Sommer tgl. 9–20 Uhr, verkürzte Öffnungszeiten Herbst–Frühling) umfassen u.a. einen Shakespeare'schen Kräutergarten und wunderschön gepflegte Blumenbeete.

North Carolina Aquarium — AQUARIUM

(www.ncaquariums.com/roanoke-island; 374 Airport Rd, Roanoke Island; Erw./Kind 8/6 US$; ⌚9–17 Uhr; 👪) Tigerhaie durch die düsteren Tiefen gleiten sehen, am Alligatorteich abhängen oder in einem Becken den glitschigen Bauch eines Stachelrochens (dem der Stachel entfernt wurde) berühren – ein toller Ort für Kinder!

Cape Hatteras National Seashore — INSELN

Über rund 110 km erstreckt sich südlich von Nags Head bis zum Südende der Okracoke Island eine fragile Inselkette, die glücklicherweise von übermäßiger Bebauung verschont geblieben ist. Hier lockt die Natur mit Wasservögeln (sowohl Stand- als auch Zugvögel), Sümpfen, Wäldern, Dünen und meilenweiten leeren Stränden. Das 47,5 m hohe, gestreifte **Bodie Island Lighthouse** südlich von Nags Head kann man zwar nicht besteigen, dafür ist es ein tolles Fotomotiv. Weitere Attraktionen von Nord nach Süd:

Pea Island National Wildlife Refuge
(www.fws.gov/peaisland; ⌚9–16 Uhr, Sommer bis 17 Uhr) Am Nordende der Hatteras Island liegt das 23,6 km² große Reservat, das mit Naturpfaden und insgesamt 21 km langen unberührten Stränden ein Paradies für Vogelbeobachter ist.

Chicamacomico Lifesaving Station
(www.chicamacomico.net; Rodanthe Village; Eintritt 6 US$; ⌚April–Okt. Mo–Fr 10–17 Uhr) Die 1874 errichtete Rettungsschwimmerstation war die erste im Bundesstaat und beherbergt heute ein Museum voller Exponate aus der Zeit vor der Entstehung der Küstenwache.

Cape Hatteras Lighthouse
(www.nps.gov/caha; Turmbesteigung Erw./Kind 7/3,50 US$; ⌚9–16.30 Uhr, April–Okt. bis 17.30 Uhr) Der schwarz-weiß gestreifte Bau ist mit einer Höhe von 63,4 m der höchste aus Backsteinen errichtete Leuchtturm der USA und eines der bedeutendsten Wahrzeichen von North Carolina. Wer die 248 Stufen bewältigt, kann einen Blick ins ganzjährig geöffnete Visitor Center werfen.

Graveyard of the Atlantic Museum
(www.graveyardoftheatlantic.com; Hatteras; Eintritt gegen Spende; ⌚10–16 Uhr) In dem Museum dreht sich alles um die nautische Vergangenheit der Outer Banks. Zu sehen sind Ausstellungen über Schiffswracks, Piraten und Strandgut.

Ocracoke Island INSEL

Das **Ocracoke Village** (www.ocracokevillage.com) ist mit der kostenlosen Fähre von Hatteras nach Ocracoke zu erreichen und liegt am südlichen Ende der 14 Meilen (22 km) langen Ocracoke Island. Der schräge kleine Ort ist im Sommer überfüllt und im Winter wie ausgestorben. Die älteren Bewohner sprechen noch den aus dem 17. Jh. stammenden Dialekt, der „Hoi Toide" (so wird „high tide" hier ausgesprochen) genannt wird, und bezeichnen Fremde als *dingbatters* (Spinner). Edward Teach alias Blackbeard, der Pirat, versteckte sich gern in der Gegend, bis er schließlich 1718 hier getötet wurde. Auch ohne Piraten wird es einem sicher nicht langweilig: Man kann am Strand campen und Wildponys beobachten, in einer hiesigen Kneipe ein Fischsandwich verdrücken, einen Motorroller mieten und damit durch die engen Gassen des Dorfes flitzen und den 1823 errichteten **Ocracoke Lighthouse** besuchen, den ältesten Leuchtturm North Carolinas, der immer noch in Betrieb ist.

Die Insel eignet sich bestens für einen Tagesausflug ab Hatteras Island, alternativ kann man dort auch übernachten. Es gibt ein paar B&Bs, einen vom NPS (National Parks Service) betriebenen Campingplatz und zahlreiche Ferienhäuschen. Zudem bietet das **Island Inn** (☎252-928-4351, 877-456-3466; www.ocracokeislandinn.com; 25 Lighthouse Rd, Ocracoke; Zi. ab 99 US$, Villa ab 199 US$; P❄📶🏊), ein prächtiges, aus dem Holz von Schiffswracks erbautes Schindelhaus aus der Zeit um 1900, schäbig-schicke Zimmer mit wild zusammengewürfelten Bettdecken, unheimlichen Ölporträts und Waschbecken mit Sockeln. Die zweistöckigen modernen „Villen" auf der anderen Straßenseite sind hell und versprühen Strandflair.

Gegen den Hunger das Passende parat haben: die **Fig Tree Bakery** (Ocracoke Village; Hauptgerichte 2–6 US$; ⌚Sommer 8–21 Uhr, NS variierende Öffnungszeiten) mit ihrem für die Insel berühmten Feigenkuchen oder das **Howard's Pub** (Ocracoke Village; Hauptgerichte 6–16 US$; ⌚Mo–Do 11–22, Fr & Sa bis 24 Uhr), ein großes, altes, aus Holz errichtetes Gasthaus, das seit den 1850er-Jahren Bier und gebratene Meeresfrüchte serviert.

OUTER BANKS: ORIENTIERUNG

Der Hwy 12, auch Virginia Dare Trail oder einfach Coast Road (Küstenstraße) genannt, verläuft auf der ganzen Länge der Outer Banks stets nur einen Steinwurf vom Atlantik entfernt. Die US 158, oft als „Bypass" bezeichnet, beginnt unmittelbar nördlich von Kitty Hawk und geht bei Roanoke Island in die US 64 über. Orte werden hier üblicherweise in „Mileposts" („Mile" oder MP) angegeben, beginnend mit Meile 0 am Fuß der Wright Memorial Bridge bei Kitty Hawk.

Aktivitäten

Der gleiche Wind, der den Gebrüdern Wright beim Start ihres Doppeldeckers half, schiebt heute Windsurfer, Segler und Drachenflieger an. Weitere beliebte Aktivitäten sind Kajakfahren, Angeln, Radeln, Reitausflüge und Tauchgänge – für all das findet man in den Ferienresorts im Norden beste Voraussetzungen. Die normalerweise ruhigen Küstengewässer kommen zwischen August und Oktober heftig in Bewegung und bieten dann perfekte Bedingungen für Bodysurfer.

LP TIPP **Kitty Hawk Kites** ABENTEUERSPORT
(☎252-441-4124, 877-359-2447; www.kittyhawk.com; 3933 Croatan Hwy, Nags Head; Fahrrad/Kajak pro Tag 25/39 US$) Hat überall auf den Banks Vertretungen und veranstaltet Kiteboard-Kurse für Anfänger (3 Std. 200 US$) und Unterricht für Drachenflieger im Jockey's Ridge State Park (ab 89 US$). Darüber hinaus verleiht das Unternehmen Kajaks, Segelboote, Fahrräder und Inlineskates und bietet vielerlei Touren und Kurse.

Wild Horse Adventure Tours GELÄNDEWAGEN
(☎252-489-2020; wildhorsetour.com; 2-stündige Tour Erw./Kind 44/29 US$) Zum Angebot stehen geführte Geländewagentouren in die Dünen und Seewälder, wo einzigartige wilde Mustang-Ponys über die Outer Banks streifen.

Outer Banks Dive Center TAUCHEN
(☎252-449-8349; www.obxdive.com; 3917 S Croatan Hwy, Nags Head; Wracktauchen 120 US$) Die NAUI-zertifizierten Tauchlehrer bieten alles Mögliche an, von Anfängerkursen bis hin zu geführten Tauchgängen zu den Schiffswracks des Graveyard of the Atlantic.

Schlafen

Im Sommer strömen die Massen zu den Outer Banks und man sollte reserviert haben. In der Region gibt's ein paar klotzige Kettenhotels, aber auch Hunderte kleiner Motels, günstige Zimmer und B&Bs. Infos bekommt man in den Visitor Centers und auf www.outer-banks.com.

LP TIPP **Roanoke Island Inn** B&B $$$
(☎252-473-5511; www.roanokeislandinn.com; 305 Fernando St, Manteo; Zi. ab 198 US$; P❄📶; ⏲April–Nov.) Das große weiße Cottage mit einem versteckten Garten samt Koi-Teich gehört zu den charmantesten Inns im historischen Zentrum Manteos. Gäste können es sich auf den vielen Veranden gemütlich machen, ein Rad leihen und die Insel erkunden oder sich an kühlen Abenden in ihren rustikal-schicken, warm beleuchteten Gästezimmern unter die handgemachten Steppdecken kuscheln.

Sanderling Resort & Spa RESORT $$$
(☎252-261-4111, 877-650-4812; www.thesanderling.com; 1461 Duck Rd, Duck; Zi. 349–459 US$; P❄📶🏊) Die edelste Unterkunft auf den Outer Banks hat äußerst geschmackvolle Zimmer in neutralen Farbtönen mit Terrassen und Flachbildfernsehern, mehrere Restaurants und Bars und ein Spa, das Luxusmassagen mit Meerblick bietet.

Buccaneer Motel MOTEL $$
(☎252-261-2030, 800-442-4412; www.buccaneermotelouterbanks.com; Mile 5 Kitty Hawk; Zi. ab 99 US$; P❄📶🏊) Das Buccaneer, eines von vielen großartigen Retro-Motels an der Coast Rd, bietet zu Schnäppchenpreisen saubere Zimmer mit gefliesten Böden und Piratensäbeln aus Holz an den Türen.

Campingplätze CAMPING $
(☎800-365-2267; www.nps.gov/caha/planyourvisit/campgrounds.htm; Stellplatz 20–23 US$) Der National Park Service betreibt im Sommer auf den Inseln vier Campingplätze mit kalten Duschen und Spültoiletten. Sie liegen am Oregon Inlet, am Cape Pint nahe dem Bodie Island Lighthouse, in Frisco nahe dem Cape Hatteras Lighthouse und in **Ocracoke** (☎800-365-2267; www.recreation.gov) auf Ocracoke Island. Nur in Ocracoke kann man Stellplätze reservieren, ansonsten gilt: Wer zuerst kommt, mahlt zuerst.

Essen & Ausgehen

An der Touristenmeile auf Bodie Island gibt's die meisten Restaurants und das munterste Nachtleben, allerdings ist vieles nur vom Memorial Day bis Anfang Herbst geöffnet.

Awful Arthur's Oyster Bar SEAFOOD $$$
(www.awfularthursobx.com; Mile 6; Hauptgerichte 6–23 US$; ⏲11–22.30 Uhr) In dem einladenden Restaurant mit Bar – die Betonung liegt auf Bar – gehen die Austern weg wie warme Semmeln. Ebenso lecker sind die Krabbensandwiches und der hohe, hausgemachte Lime Pie. Man kann sich ruhig trauen, vor Mittag ein Bier zu bestellen – die Einheimischen tun das auch!

John's Drive-In SEAFOOD, AMERIKANISCH $$
(3716 Virginia Dare Trail, Kitty Hawk; Hauptgerichte 5–13 US$; ⏲Sommer 11–18 Uhr, Frühling

& Herbst verkürzte Öffnungszeiten, Winter geschl.) Die Institution in Kitty Hawk serviert perfekt gebratene Goldmakrelen (*dolphinfishes*) und Streifenbarsch an Picknicktischen im Freien sowie eine riesige Auswahl an Milchshakes.

Jolly Roger ITALIENISCH, AMERIKANISCH **$$$**
(www.jollyrogerobx.com; Mile 6.5, Kill Devil Hills; Hauptgerichte 10–24 US$; ⏲6 Uhr–spät) Die OBX-Institution wirkt mit ihren Lichterketten, Meerjungfrau-Wandmalereien und abendlichen Karaoke-Wettbewerben wie eine Piratenhöhle. Auf den Tisch kommen ein riesiges Südstaaten-Frühstück, gewaltige Portionen Shrimps-Fettuccine sowie spätabends Burger an der Bar.

Rundown Cafe KARIBISCH, INTERNATIONAL **$**
(MP1, Kitty Hawk; Hauptgerichte 6–11 US$; ⏲11.30–21 Uhr, Herbst–Frühling verkürzte Öffnungszeiten) In der großen blauen Strandhütte lassen sich Kiteboarder und Surfer Rundown, einen jamaikanischen Eintopf, oder auch Muschelfleischkroketten, Nachos, Wan-Tan-Taschen und andere internationale Leckereien schmecken.

ℹ Praktische Informationen

Die besten Infoquellen sind die großen Besucherzentren; viele kleinere Center haben nur saisonal geöffnet. Auch die Website www.outerbanks.org ist nützlich. An der gesamten Küste in Manteo gibt es kostenloses WLAN.

Corollas öffentliche Bibliothek (1123 Ocean Trail/Hwy 12) Kostenloser Internetzugang.

Visitor Center (⏲9–17 Uhr) Hatteras (☎252-441-5711; ⏲April–Okt.); Kitty Hawk (☎252-261-4644); Manteo (☎252-473-2138, 877-629-4386); Ocracoke (☎252-928-4531)

ℹ An- & Weiterreise

Zu und auf den Outer Banks verkehren keine öffentlichen Transportmittel. Allerdings bedient die **North Carolina Ferry** (☎800-293-3779; www.outer-banks.com/ferry) mehrere Routen. Es gibt z. B. die kostenlose Autofähre von Hatteras nach Ocracoke (40 Min.), die zwischen 5 und 22 Uhr mindestens einmal pro Stunde ablegt; eine Reservierung ist nicht erforderlich. Fähren verbinden auch etwa alle zwei Stunden Ocracoke mit Cedar Island (einfache Strecke 15 US$, 2¼ Std.) und mit Swan Quarter auf dem Festland (15 US$, 2½ Std.); im Sommer sollte man hier am besten reservieren.

CRYSTAL COAST

Der gesamte südliche Teil der Outer Banks wird „Crystal Coast" genannt – zumindest im Werbematerial der Touristeninformationen. Die Kristallküste ist weniger zerklüftet als die nördlichen Strände und besteht aus mehreren historischen Küstenorten, einer Reihe spärlich besiedelter Inseln und einigen urlauberfreundlichen Stränden.

Ein ziemlich trostloses Stück des US 70 führt an Industrieanlagen und Geschäftsgebäuden vorbei durch **Morehead City**, wo es viele Kettenhotels und -restaurants gibt. Hier sollte man einen Stopp einlegen und bei **El's Drive-In** (3706 Arendell St; Hauptgerichte 3–6 US$; ⏲10.30–22 Uhr) einen Shrimps-Burger essen. In dem legendären Seafood-Restaurant wird einem das Essen ans Auto gebracht.

Die Straße runter liegt das Postkartenidyll **Beaufort** (*bou*-fort). Der drittälteste Ort im Bundesstaat hat eine charmante Fußgängerpromenade und haufenweise B&Bs zu bieten. Der Pirat Blackbeard hielt sich Anfang des 18. Jhs. häufig in dieser Gegend auf. 1996 wurde das Wrack seines Flaggschiffs, der *Queen Anne's Revenge,* auf dem Grund des Beaufort Inlet entdeckt. Artefakte des Schiffs zeigt das **North Carolina Maritime Museum** (www.ncmaritimemuseum.org; 315 Front St; Eintritt frei; ⏲Mo–Sa 9–17 Uhr, So ab 13–17 Uhr), in dem man auch moderne Schiffbauer treffen kann. Blackbeard selber soll im Hammock House an einer Seitenstraße der Front St gewohnt haben. Man kommt nicht ins Haus hinein, nachts aber sollen noch immer die Schreie der ermordeten Frau des Piraten zu hören sein.

Regelmäßig starten von der Uferpromenade in Beaufort kleine Fähren zu den abgelegenen Inseln des **Cape Lookout National Seashore** (www.nps.gov/calo; Fähre 14–25 US$). Zu den Highlights zählen die **Shackleford Banks**, eine unbewohnte Sandbank mit faszinierenden Muscheln und Wildponyherden, und der mit einem Rautenmuster versehene **Cape Lookout Lighthouse**. In manchen Gegenden ist einfaches Campen erlaubt; am coolsten ist das auf **Portsmouth Island**, auf der man durch eine verlassene Siedlung aus dem 18. Jh. streifen und am Strand übernachten kann. Die Überfahrt von Beaufort oder Ocracoke privat organisieren und reichlich Mückenschutzspray mitbringen – die Moskitos sind furchtbar lästig. Es stehen auch rustikale **Hütten** (☎South Core 252-241-6783, North Core 252-732-4424; www.nps.gov/calo; ab 73 US$) mit mehreren Zimmern zur Verfügung, die bei Fischern beliebt sind.

Die **Bogue Banks** liegen gegenüber von Morehead City auf der anderen Seite der Meerenge und sind über den Atlantic Beach Causeway zu erreichen. Dort gibt's mehrere viel besuchte Strandorte wie Atlantic Beach, wo es überall nach Sonnenöl mit Kokosaroma und Donuts duftet. In Pine Knoll Shores ist das **North Carolina Aquarium** (www.ncaquariums.com; 1 Roosevelt Blvd; Erw./Kind 8/6 US$; ⌚9–17 Uhr; 👪) zu Hause; es zeigt eine ultracoole Ausstellung von nachgebauten Schiffswracks, die vor Ort gefunden wurden. Der **Fort Macon State Park** (www.ncparks.gov; Eintritt frei; ⌚Sommer 8–21 Uhr, Winter verkürzte Öffnungszeiten) in Atlantic Beach zieht mit seiner nachgebauten Bürgerkriegsfestung Unmengen Besucher an.

WILMINGTON

Wilmington mag als Ort, der die Zeit vor dem Bürgerkrieg aufleben lässt, nicht so bekannt sein wie Charleston oder Savannah, aber die größte Stadt im östlichen North Carolina punktet mit historischen Vierteln, Gärten voller Azaleen und vielen netten Cafés. Hinzu kommen vernünftige Hotelpreise und ein gemächliches Stadtbild ohne Menschenmassen. All das macht Wilmington zu einem verborgenen Juwel. Abends wird die historische Kulisse der am Ufer gelegenen Downtown zur Spielwiese von Collegestudenten, Touristen und dem einen oder anderen Hollywood-Typen. Die vielen hiesigen Kinos haben der Stadt den Spitznamen „Wilmywood" beschert.

Sehenswertes

Wilmington liegt an der Mündung des Cape Fear River, rund 8 Meilen (13 km) vom Strand entfernt. Das von jeder Menge Boutiquen und Wegen gesäumte **Flussufer** in seinem historischen Antlitz ist wohl die Hauptattraktion der Stadt.

Von morgens bis abends fährt eine **kostenlose Straßenbahn** durch die Altstadt.

LP TIPP Cape Fear Serpentarium SCHLANGENZOO
(www.capefearserpentarium.com; 20 Orange St; Eintritt 8 US$; ⌚Mo–Fr 11–17, Sa & So bis 18 Uhr) Reptilienfans sind hier an der richtigen Adresse. Besucher können u.a. gelbe Greifschwanz-Lanzenottern bestaunen und nachlesen, wie es sich anfühlt, am Biss der Buschmeister zu sterben. Samstags und sonntags um 15 Uhr füttert der exzentrische Herpetologe und Entertainer Dean Ripa seine über 100 Schützlinge mit Mäusen.

Battleship North Carolina HISTORISCHES SCHIFF
(www.battleshipnc.com; Erw./Kind 12/6 US$; ⌚8–17 Uhr, Sommer bis 20 Uhr) Zu dem Schiff gelangt man mit einem Flusstaxi (hin & zurück 5 US$) oder über die Cape Fear Bridge. Das 45 000 t schwere Schiff verdiente sich bei den Pazifikschlachten im Zweiten Weltkrieg 15 Battle Stars, bevor es 1947 außer Dienst gestellt wurde. Heute kann man es besichtigen und dabei auf den Decks umherlaufen.

STRÄNDE RUND UM WILMINGTON

Die Uferstadt Wilmington hat zwar keinen eigenen Strand, viele Sandstrände liegen jedoch nur ein paar Autominuten entfernt. Von Norden nach Süden sind das folgende:

» Surf City: lässiger Strandort mit guten Wellen

» Topsail Beach: sauberer, weißer Sandstrand mit einer Pflegestation für Meeresschildkröten

» Wrightsville Beach: der Wilmington am nächsten gelegene Strand mit zahlreichen Bratfischimbissen, Sonnenbrillenständen und jeder Menge Besucher im Sommer

» Carolina Beach: warmes Wasser, Plankenwege und Sonnenschirme, so weit das Auge reicht

» Kure Beach: beliebter Angelstrand und Standort des North Carolina Aquarium bei Fort Fisher

» Southport: kein Badestrand, jedoch ein idyllischer Ort mit jeder Menge Antiquitätenläden

» Bald Head Island: mit der Fähre von Southport aus zu erreichen; in dem abgeschiedenen Reservat für Meeresschildkröten sind Autos verboten, weshalb man auf ein Golfmobil angewiesen ist

» Caswell Beach: ruhiger Strand mit nahe gelegenem Golfplatz

» Oak Island: der größte Strandort North Carolinas mit drei Piers

Screen Gems Studios FILMSTUDIO
(☎910-343-3433; www.screengemsstudios.com; 1223 N 23rd St; Erw./Kind 12/5 US$; ⏲Sommer Sa & So 12 & 14 Uhr) Bei der unterhaltsamen einstündigen Führung blickt man hinter die Kulissen des Studios, in dem Fernsehserien wie *Dawson's Creek* und *One Tree Hill* gedreht wurden.

Airlie Gardens GARTEN
(www.airliegardens.org; 300 Airlie Rd; Erw./Kind 5/3 US$; ⏲9–17 Uhr, Winter So geschl.) Bei einem Spaziergang unter den Glyzinien kommt man in den Genuss von 27 ha voller wunderschöner Blumenbeete, Seen und Wege.

Schlafen & Essen

An der Market St, gleich nördlich der Innenstadt, gibt es zahlreiche Budgethotels. Viele der Restaurants am Wasser sind oft überfüllt und recht mittelmäßig; ein oder zwei Blocks weiter in die Stadt hinein sind die Lokale und Nachtclubs besser.

Graystone Inn B&B **$$$**
(☎910-763-2000; www.graystoneinn.com; 100 S 3rd St; Zi. inkl. Frühstück 169–379 US$; P ᯤ) Die imposante Villa im Stil der Neorenaissance wurde um die Jahrhundertwende für einen Eisenbahnmagnaten gebaut und hat neun prächtige Gästezimmer mit passendem alten Mobiliar und Badewannen mit Löwenfüßen. Die Action der Innenstadt ist zu Fuß zu erreichen.

Clarendon Inn HOTEL **$$**
(☎910-343-1990; www.clarendoninn.com; 117 S Second St; Zi. ab 99 US$; P ❄ ᯤ) Das nette Clarendon ist eine Mix aus Hotel und B&B. Es hat elf Zimmer, eine exzellente Lage, gemütliche Betten, zahlreiche Engelstatuen und ein gutes Preis-Leistungs-Verhältnis.

Crow Hill MODERN AMERIKANISCH **$$**
(☎910-228-5332; www.crowhillnc.com; 9 Front St; Hauptgerichte 13–20 US$; ⏲Di–So 17–22, Fr & Sa später Abend bis 1 Uhr; Brunch So 10–14 Uhr) Das momentan angesagteste Restaurant der Stadt serviert lokale, saisonale Südstaatenküche wie Krabben aus North Carolina mit Erbsencreme oder Schweinebacken mit gebratenen grünen Tomaten und versprüht mit seinen alten Holztischen und dem Vintage-Dekor ländlichen Schick. Auch das Brunch ist empfehlenswert.

Front Street Brewery BRAUEREIKNEIPE **$**
(www.frontstreetbrewery.com; 9 N Front St; Hauptgerichte 7–14 US$; ⏲So–Mi 11.30–22, Do–Sa bis 2 Uhr) Die zweistöckige Kneipe in der Innenstadt erfreut sich mit ihrer einfachen Kost (saftige Burger, Krabbenpuffer) und dem selbst gebrauten Bier großer Beliebtheit. Jeden Tag zwischen 15 und 17 Uhr gibt es kostenlose Bierverkostungen und Führungen durch die Brauerei.

DER BARBECUE TRAIL

North Carolinas Pulled-Pork-Barbecue ist in der Region eine echte Institution, wobei eine große Rivalität zwischen Verfechtern der östlichen (mit einer dünnflüssigen Essigsauce) und der westlichen Variante (mit einer süßeren, auf Tomaten basierenden Sauce) besteht. Auf der interaktiven **Barbecue-Trail-Karte** (www.ncbbqsociety.com) der North Carolina Barbecue Society sind die besten Adressen für Barbecue-Fans aufgelistet. Einfach beide Versionen probieren und dann Partei ergreifen. (Unser Tipp: Die östliche Variante ist besser. Oder vielleicht doch die aus dem Westen?)

Praktische Informationen

Im **Visitor Center** (☎910-341-4030, 800-222-4757; 505 Nutt St; ⏲Mo–Fr 8.30–17, Sa 9–16, So 13–16 Uhr), einem Lagerhaus aus dem 19. Jh., gibt es einen Stadtplan für Spaziergänge.

Das Triangle

Im Piedmont, der Zentralregion von North Carolina, bilden die Städte Raleigh, Durham und Chapel Hill grob ein gleichseitiges Dreieck. In diesem Gebiet liegen drei Spitzen-Unis – die Duke, die University of North Carolina und die North Carolina State – und ein 28 km² großer Forschungs- und Bürokomplex, der unter dem Namen Research Triangle Park bekannt ist. Dort wird hauptsächlich zu Computer- und Biotechnologie geforscht. Spitzenprogrammierer und bärtige Friedensaktivisten trifft man hier genauso wie engagierte junge Familien. Obwohl die Städte nur wenige Kilometer auseinander liegen, hat jede ihren ureignen Charme. Wer im März herkommt, wird jedoch feststellen, dass einfach alle verrückt sind nach College-Basketball.

Anreise & Unterwegs vor Ort

Der **Raleigh-Durham International Airport** (RDU; ☎919-840-2123; www.rdu.com) ist ein wichtiges Drehkreuz der Luftfahrt und liegt 25 Fahrminuten (15 Meilen/24 km) nordwestlich der Innenstadt von Raleigh. **Carolina Trailways/ Greyhound** (Raleigh: ☎919-834-8275; 314 W Jones St; Durham: ☎919-687-4800; 820 W Morgan St) bedienen Raleigh und Durham. Die **Triangle Transit Authority** (☎919-549-9999; www.triangletransit.org; Erw. 2 US$) unterhält Busse, die Raleigh, Durham und Chapel Hill miteinander sowie alle drei Orte mit dem Flughafen verbinden.

RALEIGH

Raleigh wurde 1792 einzig zu dem Zweck gegründet, Hauptstadt des Bundesstaates zu werden. Heute ist sie eine recht biedere Verwaltungsstadt mit einem Hang zur Modernisierung. Dennoch findet man in der hübschen Innenstadt ein paar nette (und kostenlose) Museen und Galerien und auch die Restaurant- und Musikszene ist auf dem Vormarsch.

Sehenswertes

Das hübsche, 1840 fertiggestellte **State Capitol** an der Edenton St ist eines der besten Beispiele des Greek-Revival-Stils und kann besichtigt werden.

LP TIPP **North Carolina Museum of Art** MUSEUM
(www.ncartmuseum.org; 2110 Blue Ridge Rd; Eintritt frei; ⌚Di–Do & Sa 9–17, Fr 9–21, So 10–17 Uhr) Das lichtdurchflutete Gebäude aus Glas und eloxiertem Stahl ein paar Meilen westlich des Zentrums ist für sich genommen einen Besuch wert und wurde bei seiner Eröffnung 2010 von Architekturexperten aus dem ganzen Land gelobt. Bemerkenswert sind aber auch die umfassende Sammlung, die von antiken römischen Skulpturen über Werke Raffaels bis hin zu Graffiti-Kunst reicht, und der gewundene Skulpturenweg im Freien.

GRATIS **North Carolina Museum of Natural Sciences** MUSEUM
(www.naturalsciences.org; 11 W Jones St; ⌚Mo–Sa 9–17, So 12–17 Uhr) Das moderne, luftige Museum beherbergt Willo, den weltweit einzigen Dinosaurier mit einem – natürlich versteinerten – Herzen. Zu sehen sind außerdem das einzigartige und zugleich unheimliche Skelett eines Acrocanthosaurus, fünf Habitat-Dioramen und viele kunstvoll präparierte Tiere.

GRATIS **North Carolina Museum of History** MUSEUM
(www.ncmuseumofhistory.org; 5 E Edenton St; ⌚Mo–Sa 9–17, So 12–17 Uhr) Das Geschichtsmuseum zeigt diverse Artefakte wie Fotos aus dem Bürgerkrieg, Kunsthandwerk der Cherokee, Kostüme aus dem 19. Jh. und eine Sonderausstellung zu Stockcar-Rennen.

Schlafen & Essen

In der Innenstadt ist es abends und am Wochenende ziemlich ruhig, eine Ausnahme bildet die Gegend um den City Market an der E Martin und der S Person St. Gleich im Nordwesten im Viertel Glenwood South findet man Cafés, Bars und Clubs, rund um die Exit 10 der I-440 und abseits der I-40 unweit des Flughafens gibt es jede Menge Kettenhotels mit moderaten Preisen.

Umstead Hotel & Spa HOTEL **$$$**
(☎919-447-4000; www.theumstead.com; 100 Woodland Pond, Cary; Zi. ab 279 US$; P ❄ @ ≋) Computerchips in den silbernen Abfalleimern ermöglichen es den Pagen, den Müll schnellstmöglich zu beseitigen. Auch darin zeigt sich die Liebe zum Detail, die in diesem schicken neuen Hotel vorherrscht. In einem vorstädtischen, bewaldeten Gewerbepark werden die Gäste in schlichten, geräumigen Zimmern untergebracht und das nach den Zen-Lehren gestaltete Spa wird vor allem von den Chefetagen der Biotech-Unternehmen genutzt.

Poole's Downtown Diner MODERN-AMERIKANISCH **$$**
(www.poolesdowntowndiner.com; 426 S McDowell St; Hauptgerichte 9–15 US$; ⌚Mi–Sa 18–24 Uhr, Brunch Sa 10.30–15 Uhr) In der Kreuzung aus Südstaaten-Diner und Pariser Bistro, dem besten Restaurant der Stadt, sautiert die Chefköchin Ashley Christensen Burger in Entenfett und zaubert die köstlichsten Käsemaccaroni der Welt. Sehr empfehlenswert sind die Edelvarianten klassischer American Pies, z. B. der mit Bananencreme.

Raleigh Times KNEIPE **$**
(www.raleightimesbar.com; 14 E Hargett St; Hauptgerichte 8–11 US$; ⌚11.30–2 Uhr) Die beliebte Kneipe in der Innenstadt serviert gegrillte Nachos und Bier aus North Carolina.

Praktische Informationen

Das **Raleigh Convention & Visitors Bureau** (☎866-724-8687; www.visitraleigh.com; 220 Fayetteville St; ⌚Mo–Sa 10–17 Uhr) hat Karten und Infos.

DURHAM & CHAPEL HILL

Die Rivalität ihrer Basketballteams und eine linksgerichtete Kultur vereinen die 10 Meilen (16 km) voneinander entfernt liegenden Universitätsstädte. Doch hier enden auch schon die Ähnlichkeiten. Chapel Hill ist eine malerische Collegestadt, deren kulturelles Leben von den rund 30 000 Studenten der renommierten University of North Carolina geprägt ist, die 1789 als erste State University der USA gegründet wurde. Die flippige, fortschrittlich denkende Stadt ist bekannt für ihre Indie-Rock-Szene und stolze Hippie-Kultur. Durham, die Straße hinunter, war einst eine düstere, von der Tabak- und Eisenbahnindustrie geprägte Stadt, die in den 1960er-Jahren in eine wirtschaftliche Krise schlitterte, von der sie sich erst vor Kurzem wieder erholen konnte. Im Grunde ist sie noch immer eine typische Südstaaten-Arbeiterstadt, allerdings lockt die renommierte Duke University kreative Geister an, die Durham in ein Zentrum für Feinschmecker, Künstler, Schwule und Lesben verwandelt haben.

In westlicher Richtung liegt die hippe frühere Fabrikstadt **Carrboro**. Die große Wiese vor der Lebensmittel-Kooperative **Weaver Street Market** (www.weaverstreetmarket.com) ist eine Art inoffizielles Ortszentrum mit Livemusik und kostenlosem WLAN.

In Durham gibt's die meiste Action in der hübschen Innenstadt rund um die renovierten Tabaklager aus Backstein. Am Brightleaf Sq und auf dem American Tobacco Campus kann man shoppen und unter freiem Himmel speisen.

Sehenswertes

LP TIPP **Duke Lemur Center** ZOO
(☎919-489-3364; www.lemur.duke.edu; 👪) Die vielleicht coolste und doch am wenigsten bekannte Attraktion in Durham ist das Lemur Center, das den größten Bestand der gefährdeten Feuchtnasenaffen außerhalb deren Heimat Madagaskar beherbergt. Beim Anblick der süßen Wuschelköpfe mit den großen Augen schmilzt wohl jeder dahin. Wer an einer Führung teilnehmen möchte (Mo–Sa, nur nach Vereinbarung), muss sich lange im Voraus telefonisch anmelden.

Duke University UNIVERSITÄT, GALERIE
(www.duke.edu) Die mit dem Tabakvermögen der Familie Duke finanzierte Universität hat einen Ostcampus im georgianischen Stil und einen neugotischen Westcampus mit einer eindrucksvollen, hohen Kapelle aus den 1930er-Jahren. Auch das **Nasher Museum of Art** (2001 Campus Dr; Eintritt 5 US$) und die wunderbaren, 22 ha großen **Sarah P. Duke Gardens** (426 Anderson St; Eintritt frei) sind einen Besuch wert.

University of North Carolina UNIVERSITÄT
(www.unc.edu) Die älteste State University der USA hat einen klassischen, von blühenden Birnenbäumen und prächtigen historischen Gebäuden gesäumten Campus. Der alte Brunnen soll Studenten, die von ihm trinken, Glück bringen.

Durham Bulls Athletic Park ZUSCHAUERSPORT
(www.dbulls.com; 409 Blackwell St; Tickets 7–9 US$; 👪) Hier kann man einen typisch amerikanischen Nachmittag mit Bier und Baseball erleben. Das Minor-League-Team der Durham Bulls, das durch den Film *Annies Männer* (1988) mit Kevin Costner und Susan Sarandon berühmt wurde, spielt von April bis September.

Schlafen

Im nördlichen Durham abseits der I-85 gibt es viele günstige Kettenhotels.

LP TIPP **Inn at Celebrity Dairy** B&B $$
(☎919-742-5176; www.celebritydairy.com; 144 Celebrity Dairy Way; Zi. inkl. Frühstück 90–150 US$; P ❄ 📶) Im ländlichen Chatham County, 30 Meilen (48 km) westlich der Stadt, bietet diese Ziegenmilchfarm B&B-Unterkünfte in einem Farmhaus im Greek-Revival-Stil. Nach dem Frühstück mit Ziegenkäse-Omeletts können Gäste im Stall die meckernden Tiere streicheln, die für die Milch sorgen.

King's Daughters Inn INN $$
(☎919-354-7000; thekingsdaughtersinn.com; 204 N Buchanan Blvd; Zi. inkl. Frühstück ab 165 US$; P ❄ 📶) Das Colonial-Revival-Haus von 1926 beherbergte einst ein Heim für ältere Damen und wurde vor Kurzem in ein umweltfreundliches Inn mit elf eleganten Gästezimmern und einer tollen Sonnenterrasse umgewandelt. Am Rande des Duke-Campus gelegen, ist es bei Gastprofessoren sehr beliebt.

Duke Tower HOTEL $
(☎919-687-4444, 866-385-3869; www.duketower.com; 807 W Trinity Ave; Suite 85 US$; P ❄ 📶 🏊) In Durhams Tabakviertel in der historischen Innenstadt; für die modernen Apartments mit Parkettboden, voll ausgestatteten Küchen und Flachbildfernsehern bezahlt man weniger als für die meisten Hotelzimmer vor Ort.

Essen

Durham und Chapel Hill wurden kürzlich von der Zeitschrift *Bon Appétit* zu „Amerikas Gourmetkleinstädten" ernannt – und das mit gutem Grund: In der Gegend gibt es jede Menge erstklassiger Restaurants jeglicher Couleur. In der Innenstadt Durhams finden sich zahlreiche gute Lokale, Cafés und Bars. Ein Großteil der besseren Restaurants von Chapel Hill liegt an der Franklin St.

LP TIPP **Scratch** BÄCKEREI **$**
(www.piefantasy.com; 111 Orange St, Durham; Hauptgerichte 5–10 US$; ⌚Di–Fr 7.30–16, Sa & So 9–15 Uhr) Phoebe Lawless zaubert in ihrer vielgelobten Bäckerei echte Köstlichkeiten wie grandiose saisonale Pies (mit frischem Lavendel im Frühling und lokaler Muskatellertraube im Herbst) sowie leckere Sandwiches und Salate (empfehlenswert ist der mit Soleiern).

Allen & Son's Barbecue BARBECUE **$**
(6203 Millhouse Rd, Chapel Hill; Hauptgerichte 7–10 US$; ⌚Di–Mi 10–17, Do–Sa bis 20 Uhr) Hinter der Hütte aus Betonwerkstein hackt der Inhaber Keith Allen das Hickory-Holz, auf dem er das saftig-rauchige Schweinefleisch grillt, das viele für das Beste im ganzen Bundesstaat halten. Am besten isst man es auf einem weichen Brötchen mit Krautsalat oben drauf, dazu gibt's *hushpuppies* (frittierte Bällchen aus Maismehl) und ein Stück gefrorener Erdnussbutterkuchen als Beilage.

Watts Grocery MODERNE SÜDSTAATENKÜCHE **$$$**
(☎919-416-5040; 1116 Broad St, Durham; Hauptgerichte 16–23 US$; ⌚11–14.30 & 17.30–22 Uhr) In Durhams flippigstem Lebensmittelladen stammen die Zutaten direkt von Bauernhöfen aus der Region und werden zu hochwertiger Feinkost verarbeitet: So wird in dem luftigen und renovierten Speiseraum beispielsweise mit Bourbon glasierter Schweinebauch mit Zwiebelringen und handgemolkener Buttermilch und das wohl beste Brunch der Stadt mit Maisgrütze, Würstchen und Avocado serviert.

Lantern ASIATISCH **$$$**
(☎919-969-8846; www.lanternrestaurant.com; 243 W Franklin St, Chapel Hill; Hauptgerichte 17–26 US$; ⌚Mo–Sa 17.30–22 Uhr) In Tee geräuchertes Hühnchen und Bentoboxen zum Selbermachen brachten dem modernen asiatischen Lokal zahlreiche James Beard Awards ein.

Sunrise Biscuit Kitchen FRÜHSTÜCK, SÜDSTAATEN **$**
(1305 E Franklin St, Chapel Hill; Hauptgerichte 2–4 US$; ⌚6–14 Uhr) Biscuits mit Brathähnchen und süßem Tee sind wohl eines der besten Frühstücksgerichte der USA und der Grund dafür, dass der großartige Drive-Thru-Imbiss morgens um 7 Uhr brechend voll ist.

Ausgehen & Unterhaltung

Chapel Hill hat eine exzellente Musikszene, so gibt es fast jeden Abend Konzerte. Über das Unterhaltungsangebot informiert das kostenlose Wochenblatt *Independent* (www.indyweek.com).

Fullsteam Brewery BRAUEREIKNEIPE
(www.fullsteam.ag; 726 Rigsbee Ave, Durham) Die Brauerei steht für eine neue Bierkultur der Südstaaten und macht sich mit ihren mehr als außergewöhnlichen Erzeugnissen wie Lagerbier aus Süßkartoffeln und Kaki-Ale landesweit einen Namen. Gemischte Klientel.

Top of the Hill KNEIPE
(100 E Franklin St, Chapel Hill) Die Terrasse im zweiten Stock des Restaurants mit angeschlossener Kleinbrauerei in der Innenstadt ist nach Footballspielen ein beliebter Treffpunkt der reichen und schönen Collegestudenten von Chapel Hill.

Cat's Cradle MUSIK
(www.catscradle.com; 300 E Main St, Carrboro) Seit rund 30 Jahren geht hier die Crème de la Crème der Indie-Musik ein und aus, von Nirvana bis zu Arcade Fire. Für die meisten Veranstaltungen gibt es keine Altersbeschränkung.

Praktische Informationen

Visitor Center Durham (☎919-687-0288, 800-446-8604; www.durham-nc.com; 101 E Morgan St; ⌚Mo–Fr 8.30–17, Sa 10–14 Uhr); Chapel Hill (501 W Franklin St; www.visitchapelhill.org) Informationen und Karten.

Charlotte

Charlotte ist die größte Stadt in North Carolina und nach New York das größte Bankenzentrum der USA. Die Stadt wirkt wie viele suburbanen Megalopolen des New South zersiedelt und stellenweise gesichtslos. Doch obwohl die „Queen City" in erster Linie ein Geschäftszentrum ist, hat sie ein paar gute Museen, einige schöne alte Viertel und viele gute Restaurants zu bieten.

Die geschäftige Tryon St durchquert, gesäumt von Banken, Hotels, Museen und Restaurants, die mit Wolkenkratzern gespickte „Uptown" Charlottes. Die renovierten Textilfabriken im Viertel NoDa (eine Abkürzung für die N Davidson St) und der urige Mix aus Boutiquen und Restaurants in der Gegend um die Plaza Midwood, gleich nordöstlich der Uptown, verströmen eine trendigere Atmosphäre.

Sehenswertes & Aktivitäten

GRATIS **Billy Graham Library** RELIGION
(www.billygrahamlibrary.org; 4330 Westmont Dr; Mo–Sa 9.30–17 Uhr) Wer sich für das Phänomen des Evangelikalismus in den USA interessiert, den wird diese Multimedia-Bibliothek faszinieren (oder auch schockieren). Sie widmet sich dem Leben des evangelikalen Superstars und „Pastor der Präsidenten" Billy Graham, der aus Charlotte stammt. Die 90-minütige Tour beginnt mit einer sprechenden Kuh, die das Evangelium verkündet, und endet mit einem Fragebogen, der danach fragt, ob man nun vom richtigen Weg überzeugt sei.

Mint Museum of Art MUSEUM
(www.mintmuseum.org; 2730 Randolph Rd; Erw./Kind 10/5 US$; Di 10–21, Mi–Sa 10–17, So 12–17 Uhr) Das Museum ist in der imposanten US-Münzprägestätte aus dem 19. Jh. untergebracht. In den gedämpften Räumen sind historische Karten, Gemälde amerikanischer Künstler und eine stattliche Zahl furchterregender blutender Heiligenstatuen aus der spanischen Kolonialzeit zu sehen.

Levine Museum of the New South MUSEUM
(www.museumofthenewsouth.org; 200 E 7th St; Erw./Kind 6/5 US$; Mo–Sa 10–17, So 12–17 Uhr) Das raffinierte Museum beherbergt eine informative Dauerausstellung zu Kultur und Geschichte der Südstaaten nach dem Bürgerkrieg und beschäftigt sich mit Themen wie Pachtfarmen oder Sitzblockaden.

LP TIPP **US National Whitewater Center** ABENTEUERSPORT
(www.usnwc.org; 500 Whitewater Center Pkwy; Tagespass Erw./Kind 49/39 US$, einzelne Aktivitäten 15–25 US$, 3-stündige Baumwipfelpfadtour 89 US$; 10–18 Uhr, Sommer länger) Die großartige 160 ha große Anlage ist eine Mischung aus Natur- und Wasserpark und wartet mit der größten Wildwasseranlage der Welt auf. In ihren Stromschnellen trainieren Kanu- und Kajakfahrer für Olympia, Besucher wiederum können diese im Rahmen geführter Rafting-Trips erkunden. Zum erstklassigen Angebot gehören außerdem Seilrutschen, eine Kletterwand im Freien, mehrere Seilgärten, Paddleboarding, Baumwipfelpfade im umliegenden Wald und kilometerweite Wander- und Mountainbikewege.

Charlotte Motor Speedway RENNSTRECKE
(www.charlottemotorspeedway.com; Führungen 9 US$; Führungen Mo–Sa 9.30–15.30, So 13.30–15.30 Uhr) Auf der 12 Meilen (19 km) nordöstlich der Stadt gelegenen Strecke, die sogar vom Weltall aus zu erkennen ist, finden NASCAR-Rennen statt, die in der Region verwurzelte Leidenschaft der Südstaatler. Für den ultimativen Kick bzw. eine Nahtoderfahrung sorgen bei bis zu 265 km/h die Fahrten in einem echten Stockcar, durchgeführt von **Richard Petty Driving Experience** (800-237-3889; www.1800bepetty.com; Fahrt ab 149 US$).

Schlafen & Essen

Da viele Hotels in der Uptown auf Geschäftsreisende ausgerichtet sind, sinken am Wochenende oft die Preise. Günstigere Kettenhotels liegen entlang der I-85 und der I-77. Die Restaurants und Bars der Uptown werden vor allem von gut betuchten jungen Bankern besucht, die lässigen Pubs und Bistros in NoDa wiederum ziehen eine bunt tätowierte Klientel an.

Duke Mansion B&B **$$**
(704-714-4400; www.dukemansion.com; 400 Hermitage Rd; Zi. ab 179 US$; P) Das stattliche Inn mit weißen Säulen liegt in einer Wohngegend voller Eichen, war im 19. Jh. der Wohnsitz des Tabakmillionärs James B. Duke und hat sich das ruhige, intime Flair eines edlen Privathauses bewahrt. Die meisten Zimmer haben hohe Decken und eine eigene Schlafveranda.

Hotel Sierra HOTEL **$$**
(704-373-9700; www.hotel-sierra.com; 435 E Trade St; Zi. ab 148 US$; P@) Das nagelneue Sierra passt mit seinen supermodernen dunkelgrauen und hellgrünen Farbtönen und einer glänzenden Lobby voller fieberhaft auf ihren Smartphones tippenden Geschäftsleuten wunderbar nach Charlotte.

LP TIPP **Price's Chicken Coop** SÜDSTAATEN **$**
(1614 Camden Rd; Hauptgerichte 5–10 US$; Di–Sa 10–18 Uhr) Das schmuddelige Price ist eine Institution in Charlotte und steht regelmäßig auf der Liste des „Best

Fried Chicken in America". Einfach anstellen, bei der Armee von Köchen in weißen Kitteln ein „Dark Quarter" oder ein „White Half" bestellen und das Ganze draußen (es gibt keine Sitzplätze) verspeisen.

Bar-B-Q King BARBECUE **$**
(2900 Wilkinson Blvd; Hauptgerichte 4–9 US$; ⌚Di–Do 10.30–22.30, Fr & Sa 10–23.30 Uhr) In dem renommierten Retro-Drive-In werden Schweinehackgerichte und leckere Forellensandwiches direkt ans Autofenster serviert.

Rí Rá PUB **$$**
(www.rira.com; 208 N Tryon St; Hauptgerichte 11–19 US$; ⌚11–2 Uhr) In dem viktorianisch gestalteten Irish Pub in der Uptown lässt sich ein nettes gemischtes Publikum Guinness und Fish & Chips schmecken.

Praktische Informationen

Das **Visitor Center** (☎704-331-2700, 800-231-4636; www.charlottesgotalot.com; 330 S Tryon St; ⌚Mo–Fr 8.30–17, Sa 9–15 Uhr) in der Innenstadt gibt Stadtpläne und einen Stadtführer heraus. In der **öffentlichen Bibliothek** (College St) stehen 90 Computer mit kostenlosem Internetzugang zur Verfügung. Über das Unterhaltungsprogramm informiert das alternative Wochenblatt *Creative Loafing* (charlotte.creativeloafting.com).

Anreise & Unterwegs vor Ort

Der **Charlotte Douglas International Airport** (CLT; ☎704-359-4027; www.charmeck.org/depart ments/airport; 5501 Josh Birmingham Pkwy) ist ein Drehkreuz von US Airways mit Direktflügen ab Europa. Sowohl der **Greyhound-Busbahnhof** (601 W Trade St) als auch der Bahnhof von **Amtrak** (1914 N Tryon St) liegen in bequemer Nähe zur Uptown. **Charlotte Area Transit** (www.charmeck.org) betreibt die Stadtbusse und Straßenbahnen; die zentrale Haltestelle befindet sich an der 310 E Trade St.

North Carolina Mountains

Suchende aller Art werden seit Jahrhunderten von diesen alten Bergen magisch angezogen: Die Cherokee kamen wegen der Jagdgründe, schottisch-irische Einwanderer gelangten im 17. Jh. auf der Suche nach einem besseren Leben hierher, Flüchtlinge suchten in den tiefen Wäldern vor dem Gesetz Zuflucht, Kranke lockte die gesunde Bergluft und Naturfreunde zogen hierher, um in der zerklüfteten Landschaft zu wandern.

Zu den Appalachen im westlichen Teil des Bundesstaats gehören die Gebirgsketten der Great Smoky, Blue Ridge, Pisgah und Black Mountains. Die kühlen Hügel erscheinen durch den Bewuchs mit Hemlocktannen, Kiefern und Eichen blaugrün, in den Wäldern leben Pumas, Rehe, Schwarzbären, wilde Truthähne und Virginia-Uhus. Möglichkeiten zum Wandern, Campen, Klettern und Rafting gibt's in Hülle und Fülle und nach jeder Kurve zeigt sich ein neues, atemberaubendes Fotomotiv.

HIGH COUNTRY

Der nordwestliche Teil des Bundesstaats nennt sich „High Country". Die größten Orte hier sind Boone, Blowing Rock und Banner Elk, die alle eine kurze Fahrt vom Blue Ridge Pkwy entfernt liegen. In dem lebendigen Collegestädtchen **Boone** sitzt die Appalachian State University (ASU). **Blowing Rock** und **Banner Elk** sind idyllische Touristenzentren in der Nähe der Winterskigebiete.

Sehenswertes & Aktivitäten

Der Hwy 321 von Blowing Rock nach Boone ist gespickt mit Edelsteinfeldern und anderen Touristenfallen.

Tweetsie Railroad VERGNÜGUNGSPARK
(www.tweetsie.com; Erw./Kind 34/22 US$; 👪) Sehr beliebter Wild-West-Vergnügungspark; die Öffnungszeiten variieren je nach Saison.

Grandfather Mountain WANDERN
(www.grandfather.com; Blue Ridge Pkwy Mile 305; Erw./Kind 15/7 US$; ⌚8–18 Uhr) Der Grandfather Mountain lockt haufenweise Touristen an, die in schwindelerregender Höhe über eine Hängebrücke trippeln. Zudem gibt's elf einsame Wanderwege, wobei man bei den schwierigsten auf Händen und Knien steile Anhöhen hinaufkraxeln muss.

River and Earth Adventures OUTDOOR-AKTIVITÄTEN
(☎828-963-5491; www.raftcavehike.com; 1655 Hwy 105, Boone; Rafting halber/ganzer Tag ab 65/100 US$) Der Veranstalter bietet vielfältige Aktivitäten, von familienfreundlichen Höhlenwanderungen bis zu Raftingtrips in anspruchsvollen Stromschnellen in der Watauga Gorge, und verleiht Fahrräder und Kajaks. Bei den umweltbewussten Guides ist sogar das Mittagessen Bio.

Schlafen & Essen

In Boone gibt's jede Menge Kettenhotels. Private Campingplätze und B&Bs liegen verstreut in den Hügeln.

Mast Farm Inn B&B $$
(☎828-963-5857, 888-963-5857; www.mastfarminn.com; 2543 Broadstone Rd, Blowing Rock; Zi./Cottage ab 99/149 US$; P❄📶) Das restaurierte Farmhaus in dem wunderschönen Dörfchen Valle Crucis strahlt mit seinen alten Holzdielen, Badewannen mit Löwenfüßen und selbst gemachten Sahnebonbons auf dem Nachttisch rustikalen Schick aus. Das angeschlossene Restaurant Simplicity lohnt dank seiner gehobenen Bergküche selbst schon einen Besuch.

Hob Nob Farm Cafe CAFÉ $$
(www.hobnobfarmcafe.com; 506 West King St, Boone; Hauptgerichte 7–14 US$; ⌚Mi–So 10–22 Uhr) In dem bunt bemalten Café lässt sich die Hippie-Klientel Avocado-Tempeh-Sandwiches, Thai-Currys und labberige Burger mir Rindfleisch aus der Gegend schmecken. Brunch bis 17 Uhr.

Knights on Main SÜDSTAATEN $$
(www.knightsonmainrestaurant.com; 870 Main St, Blowing Rock; Hauptgerichte 7–17 US$; ⌚7–20.30, So bis 14.30 Uhr) In dem holzgetäfelten Familiendiner sollte man die Spezialität der Bergküche probieren: Leberhackbraten.

ℹ Praktische Informationen

Das **High Country Visitor Center** (☎828-264-1299, 800-438-7500; www.highcountryhost.com; 1700 Blowing Rock Rd, Boone; ⌚9–17 Uhr) Infos zu Unterkünften und Outdoor-Veranstaltern.

PANORAMASTRASSE: DER BLUE RIDGE PARKWAY

Der eindrucksvolle Blue Ridge Pkwy, während der Weltwirtschaftskrise von Präsident Franklin D. Roosevelt zur Schaffung von Jobs in Auftrag gegeben, führt durch die südlichen Appalachen vom Shenandoah National Park in Virgina (Mile 0) bis zum Great Smoky Mountains National Park (Mile 469 bzw. Km 751). 262 Meilen (420 km) der Strecke winden sich durch eine faszinierende Berglandschaft in North Carolina. Die **Campingplätze und Visitor Centers** (☎877-444-6777; www.blueridgeparkway.org; Stellplatz 16 US$) des National Park Service sind von Mai bis Oktober geöffnet. Der Parkplatz ist nicht gebührenpflichtig. Toiletten und Tankstellen sind auf der Strecke dünn gesät.

Zu den Highlights und Campingplätzen des Parkway gehören:

Cumberland Knob (Mile 217,5) Visitor Center des NPS; ein einfacher Spaziergang führt zum Knob.

Doughton Park (Mile 241,1) Benzin, Verpflegung, Wanderwege und Campingmöglichkeiten.

Blowing Rock (Mile 291,8) Das kleine Touristenstädtchen ist benannt nach einer zerklüfteten, bei Besuchern beliebten Klippe, die eine tolle Aussicht und gelegentliche Aufwinde bietet und ein Rolle in einer indianischen Liebesgeschichte spielt.

Moses H. Cone Memorial Park (Mile 294,1) Hübsches altes Anwesen mit hübschen Spazierwegen und einem Kunsthandwerksladen.

Julian Price Memorial Park (Mile 296,9) Stellplätze.

Grandfather Mountain (Mile 305,1) Sehr beliebt wegen der Fußgänger-Hängebrücke (Mile-high Swinging Bridge) in schwindelerregender Höhe.

Linville Falls (Mile 316,4) Kurze Wanderwege zum Wasserfall, Stellplätze.

Linville Caverns (Mile 317) Kalksteinhöhle mit tollen Felsformationen und unterirdischen Wasserläufen; eine Führung kostet 7 US$.

Little Switzerland (Mile 334) Bergresort alten Stils.

Crabtree Meadows (Mile 339,5) Stellplätze.

Mt. Mitchell State Park (Mile 355,5) Der höchste Gipfel östlich des Mississippi (2037 m) sowie Wanderwege und Stellplätze.

Craggy Gardens (Mile 364) An den Wanderwegen blühen im Sommer unzählige Rhododendren.

Folk Art Center (Mile 382) Verkauf von Kunsthandwerk aus der Gegend.

Mount Pisgah (Mile 408,8) Wanderwege und Stellplätze.

ASHEVILLE

Dieses Juwel aus den goldenen Zwanzigern taucht wie eine Fata Morgana aus dem Dunst der Blue Ridge Mountains auf. Die Stadt war lange ein Ferienziel der Wohlhabenden von der Ostküste, F. Scott Fitzgerald war z. B. ein Fan des Orts. Heute leben hier viele Künstler, aber auch eine Menge Hardcore-Hippies. Die Art-déco-Gebäude in der Innenstadt sehen fast noch genauso aus wie 1930, allerdings gibt's auch viele ausgesprochen moderne Boutiquen, Restaurants sowie Antiquitäten- und Plattenläden. Wer Asheville einmal besucht hat, ertappt sich vielleicht bald beim Durchforsten der Immobilienangebote in der Stadt.

Sehenswertes

Die kompakte Innenstadt lässt sich problemlos zu Fuß erkunden. Die großartigen Shoppingmöglichkeiten reichen von Hippie-Kerzenläden über Vintage-Shops bis hin zu hochwertiger Kunst aus der Gegend. Der düstere, aber coole Westen der Stadt ist gerade schwer angesagt.

LP TIPP **Biltmore Estate** HAUS, GÄRTEN

(www.biltmore.com; Erw./Kind unter 17 Jahren 59/5 US$; ⌚9–16.30 Uhr) Mit 43 Badezimmern, 65 Kaminen und einer Bowlingbahn ist das Anwesen aus dem Gilded Age eine Art amerikanisches Versailles und Ashevilles wichtigste Touristenattraktion. Das größte Privatwohnhaus des Landes wurde 1895 für George Washington Vanderbilt II., den Erben des Schifffahrts- und Eisenbahnvermögens der Vanderbilts, errichtet. Dieser gestaltete es nach dem Vorbild der vielen Schlösser, die er bei seinen Europareisen gesehen hatte. Für die Besichtigung des Anwesens und des 101 ha großen, wunderschön gepflegten Grundstücks kann man gut mehrere Stunden einplanen. Es gibt hier zahlreiche Cafés, einen Souvenirladen von der Größe eines kleinen Supermarkts, ein piekfeines Hotel und eine preisgekrönte Winzerei mit kostenlosen Weinproben.

Chimney Rock Park PARK

(www.chimneyrockpark.com; Erw./Kind 14/6 US$; ⌚8.30–16.30 Uhr) 20 Meilen (32 km) südöstlich von Asheville flattert die Nationalflagge im Wind auf der Spitze des 96 m hohen Granitmonolithen, der dem beliebten Park seinen Namen gab. Ein Aufzug bringt die Besucher hinauf zum Chimney, das eigentliche Highlight ist jedoch die wunderbare Wanderung entlang der Klippen bis zu einem 123 m hohen Wasserfall.

Thomas Wolfe Memorial HAUS

(www.wolfememorial.com; 52 N Market St; Eintritt 1 US$; ⌚Di–Sa 9–17, So 13–17 Uhr) In dem in der Innenstadt gelegenen Haus wuchs Thomas Wolfe, der Autor von *Schau heimwärts, Engel*, auf. Zu sehen sind Artefakte aus seinem kurzen Leben.

Schlafen

Die **Asheville Bed & Breakfast Association** (☎877-262-6867; www.ashevillebba.com) vermittelt B&Bs der Gegend, von viktorianischen Landhäusern bis hin zu Skihütten.

Sweet Peas HOSTEL $

(☎828-285-8488; www.sweetpeashostel.com; 23 Rankin Ave; B/Pod/Zi. 28/35/60 US$; P ❄ @ ☜) Ashevilles neuestes Hostel könnte mit seinen gepflegten Stockbetten aus Stahl und „Pods" mit Etagenbetten aus hellem Holz, Vorhängen und Leselampen einem Ikea-Katalog entsprungen sein. Die loftähnliche Unterkunft ist offen gestaltet und manchmal recht laut, was auch an der Kneipe im unteren Stock liegt. Fehlende Privatsphäre und Ruhe werden jedoch von Stil, Sauberkeit, Geselligkeit und der unschlagbaren Lage im Zentrum wettgemacht.

Grove Park Inn Resort & Spa RESORT $$

(☎828-252-2711; www.groveparkinn.com; 290 Macon Ave; Zi. ab 135 US$; P ❄ ☜ ≋) Der 1913 im Stil der Arts & Craft Movement errichtete Steinbau schmiegt sich an einen Hang wie die Burg eines Koboldkönigs. In dem Minidorf gibt es 510 pompös eingerichtete Zimmer, vier Restaurants, viele Geschäfte und eine unterirdische Wellnessgrotte mit Steinbecken und eingebautem Wasserfall.

Campfire Lodgings CAMPING $$

(☎828-658-8012; www.campfirelodgings.com; 116 Appalachian Village Rd; Stellplatz 38 US$, Jurte ab 115 US$; P ❄ ☜) Wenn doch nur jede Jurte einen Flachbildfernseher hätte ... Hier nächtigen die Gäste wie die weltweit modernsten Nomaden in einem voll möblierten Rundzelt an einem Hügelhang mit atemberaubender Aussicht. Es gibt auch Hütten und Stellplätze.

Lion and the Rose B&B $$$

(☎828-546-6988; www.lion-rose.com; 276 Montford Ave; Zi. 135–225 US$; P ❄ ☜) Ein prachtvoller Bau im Queen-Anne-Stil in einem historischen Viertel, ein großartiger englischer Garten, Dekor in schlichter Eleganz, freundliche Besitzer und ein noch freundlicherer kleiner Foxterrier sind die Zutaten für ein perfektes B&B.

Bon Paul & Sharky's Hostel HOSTEL $
(☎828-350-9929; www.bonpaulandsharkys.com; 816 Haywood Rd; Stellplatz 15 US$/Pers., B/Zi. 24/65 US$; P ❄ @ ≈) Die herzliche Atmosphäre des Cottages im hippen Wohnviertel West Asheville erinnert an ein Studentenwohnheim, zudem gibt's nette Extras wie Kickertische, Fahrräder für Gäste und einen Hinterhof, in dem man zelten kann.

Essen

Asheville hat kulinarisch gesehen einiges zu bieten, so kommen viele Besucher nur wegen des Essens hierher.

LP TIPP **Admiral** MODERN-AMERIKANISCH $$$
(☎828-252-2541; www.theadmiralnc.com; 400 Haywood Rd; Hauptgerichte 17–26 US$; ⏲Mo–Sa 17–23 Uhr) Auf den ersten Blick wirkt der Betonbunker wie eine kleine Spelunke – das wollen sie einen zumindest glauben lassen. Das bewusst unauffällige Admiral in West Asheville gehört jedoch zu den besten Restaurants für moderne amerikanische Küche des Bundesstaates, wenn nicht sogar des ganzen Landes und serviert wild kreative und gewagte Gerichte wie Entenbrust mit Pimento Cheese (pikante Käsecreme), Tartar mit Sriracha-Aioli (scharfe Chilisauce) und Bananen-Nutella-Marshmallow-Kuchen mit Tempura-Äpfeln. Wer eine Woche vorher telefonisch reserviert, ergattert mit ein wenig Glück einen Tisch.

French Broad Chocolate Lounge BÄCKEREI, DESSERTS $
(frenchbroadchocolates.com; 10 S Lexington; Snacks 2–6 US$; ⏲11–23, Fr & Sa bis 24 Uhr) Delikate Bioschokolade in Geschmacksrichtungen wie Masala Chai und Orangenfenchel, riesige Stücke Ahornkuchen mit Rauchsalz, kleine Gläser voll „flüssigem Trüffel" und Stout-Bier aus der Gegend mit Vanilleeis – noch Wünsche?

Salsa's KARIBISCH $$
(www.salsas-asheville.com; 6 Patton Ave; Hauptgerichte 9–17 US$; ⏲11.30–14.30 & 17.30–21 Uhr) Das winzige, bunt gestrichene Lokal serviert fantastische, kreative Latino-Fusion-Küche, z. B. Lamm-Empanadas mit Ziegenkäse und Bananensalsa oder Teigröllchen mit Krabbenfleisch, Jalapeños, Safran, Fenchel und Ei.

Rosetta's Kitchen VEGETARISCH $
(rosettaskitchen.com; 116 N Lexington Ave; Hauptgerichte 7–10 US$; ⏲Mo–Do 11–23, Fr & Sa bis 3, So bis 21 Uhr; ✎) Eine Institution bei den Rastalockenträgern von Asheville, in der man sich auch noch nachts um 2 Uhr den Bauch mit Erdnussbuttertofu – sieht eklig aus, schmeckt köstlich – vollschlagen kann.

Tupelo Honey MODERNE SÜDSTAATENKÜCHE $$
(☎828-255-4863; www.tupelohoney.com; 12 College St; Hauptgerichte 9–22 US$; ⏲9–22 Uhr) Das beliebte, alteingesessene, gemütliche Bistro serviert moderne Südstaatenküche wie Schweinekotelett mit Pfirsichsalsa. Besonders empfehlenswert sind die Süßkartoffelpfannkuchen zum Frühstück.

Grove Arcade SELBSTVERSORGER
(Page Ave) In dem massiven Bau im gotischen Stil gibt es ausgefallene Lebensmittelläden, Obst und Gemüse.

Ausgehen & Unterhaltung

Im Zentrum von Asheville gibt es alle möglichen Bars und Cafés, von Studentenkneipen bis hin zu winzigen Hippieläden mit Wasserpfeifen und Sojasprossen im Angebot. West Asheville verströmt eine entspanntere Kleinstadtatmosphäre.

LP TIPP **Southern** BAR
(www.southernkitchenandbar.com; 41 N Lexington Ave) Fantastische neue Bar mit erstklassigem Südstaaten-Kneipenessen (getrüffelte russische Eier, Hühnchen mit Waffeln), einer luftigen Terrasse und einer langen Bar, die originelle Retro-Cocktails und lokale Biersorten serviert.

Jack of the Wood PUB
(jackofthewood.com; 95 Patton Ave) In dem keltischen Pub kommt man bei einer Flasche Biobier wunderbar mit der Stammkundschaft um die 20 und 30 ins Gespräch.

Asheville Pizza & Brewing Company BRAUEREI, KINO
(www.ashevillebrewing.com; 675 Merrimon Ave; Kino 3 US$; ⏲Kino 13, 16, 19 & 22 Uhr) In dem kleinen Theater der einzigartigen Brauerei können sich Gäste Filme ansehen.

Orange Peel LIVEMUSIK
(www.theorangepeel.net; 101 Biltmore Ave; Tickets 10–25 US$) In der lagerhausähnlichen Location treten namhafte Indie- und Punk-Bands auf.

Grey Eagle LIVEMUSIK
(www.thegreyeagle.com; 185 Clingman Ave; Tickets 8–15 US$) Bluegrass und Jazz.

Praktische Informationen

Das neue **Visitor Center** (☎828-258-6129; www.exploreasheville.com; 36 Montford Ave; ⏲9–17 Uhr) befindet sich an der Exit 4C der I-240.

In der **öffentlichen Bibliothek** (67 Haywood Ave) gibt es Computer mit kostenlosem Internetzugang.

Anreise & Unterwegs vor Ort

Asheville Transit (www.ashevilletransit.com; Tickets 1 US$) betreibt 24 Buslinien (Mo–Sa 6–23.30 Uhr). Vom **Asheville Regional Airport** (AVL; ☎828-684-2226; www.flyavl.com), 20 Minuten südlich der Stadt, landen und starten eine Handvoll Direktflüge, u. a. ab/nach Atlanta, Charlotte und New York. **Greyhound** (2 Tunnel Rd) sitzt gleich nordöstlich vom Ortszentrum.

GREAT SMOKY MOUNTAINS NATIONAL PARK

Mehr als 10 Mio. Besucher kommen pro Jahr in den majestätischen Park, der eines der artenreichsten Gebiete der Erde ist. Tiefe, dunkle Fichtenwälder, sonnige, mit Gänseblümchen und Wilden Möhren bedeckte Weiden und breite, kaffeebraune Flüsse prägen die Landschaft, in der Naturfreunde unzählige Möglichkeiten zum Wandern, Campen, Reiten, Radfahren und Fliegenfischen vorfinden. Der in North Carolina liegende Teil des Nationalparks ist weniger frequentiert als der Tennessee-Teil, sodass man selbst in der touristischen Spitzenzeit im Sommer große Bewegungsfreiheit genießt. Infos zu dem in Tennessee liegenden Abschnitt des Nationalparks gibt's auf S. 398.

Die Newfound Gap Rd (Rd/Hwy 441) ist die einzige Durchfahrtsstraße durch den Great Smoky Mountains National Park. Sie windet sich durch die Berge von Gatlinburg in Tennessee bis nach Cherokee und zum geschäftigen **Oconaluftee Visitor Center** (☎865-436-1200; Hwy 441) im Südosten, das Campinggenehmigungen erteilt. Der Oconaluftee River Trail ist einer von nur zwei Wanderwegen im Nationalpark, auf dem Hunde (an der Leine) mitgenommen werden dürfen. Er beginnt am Besucherzentrum und folgt dem Flusslauf für 2,4 km.

Zu den Sehenswürdigkeiten in der Nähe zählt die **Mingus Mill** (Besichtigung auf eigene Faust kostenlos; ⏲15. März–1. Dez. 9–17 Uhr), 2 Meilen (3,2 km) westlich von Cherokee, eine Mühle aus dem Jahr 1886, die noch immer Weizen und Mais mahlt. Auf dem Gelände befindet sich auch das **Mountain Farm Museum**, ein restaurierter Bauernhof aus dem 19. Jh. mit Scheune, Schmiede und Räucherkammer (in letzterer hängen echte Schweinsköpfe!). Alles hier stammt von Originalgebäuden aus verschiedenen Teilen des Parks. Ein paar Kilometer weiter liegt der einzige ganzjährig geöffnete Campingplatz in North Carolina, der **Smokemont Campground** (www.nps.gov/grsm; Zelt/Stellplatz 20 US$).

Im Osten erwartet einen das abgelegene **Cataloochee Valley** mit mehreren historischen Bauten, die zugänglich sind. In den Wäldern leben viele Wapiti-Hirsche und Schwarzbären.

SÜDWESTLICHES NORTH CAROLINA

Die westlichste Ecke des Bundesstaats ist mit einer Parklandschaft bedeckt, in der winzige Bergdörfer liegen. Das geschichtsträchtige Gebiet blickt auf eine traurige Vergangenheit zurück: In den 1830er-Jahren wurden viele der damals hier lebenden Cherokee vertrieben und mussten über den „Pfad der Tränen" nach Oklahoma ziehen. Einige konnten dabei flüchten; ihre Nachfahren bilden den „Eastern Band of the Cherokee". Ungefähr 12 000 von ihnen bewohnen heute das knapp 227 km² große Reservat Qualla Boundary am Rand des Great Smoky Mountains National Park.

In Qualla Boundary liegt das reizlose Städtchen **Cherokee** mit Souvenirgeschäften, die Indianerkitsch verkaufen, Fast-

TAGESWANDERUNGEN IN DEN SMOKIES

Im Folgenden eine Auswahl von kurzen Wanderstrecken im North-Carolina-Teil des Great Smoky Mountains National Park:

Big Creek Trail Der Weg führt eine angenehme, 3,2 km lange Strecke zu den Mouse Creek Falls; man kann noch 4,8 km weiter bis zu einem Campingplatz im Hinterland wandern. Der Ausgangspunkt des Weges liegt nahe der I-40 am nordöstlichen Rand des Parks.

Boogerman Trail Der mittelschwere, 11 km lange Rundkurs, der an alten Bauernhöfen vorbeiführt, ist über die Cove Creek Rd zu erreichen.

Chasteen Creek Falls Dieser 6,4 km lange Rundweg beginnt am Smokemont Campground und führt an einem kleinen Wasserfall vorbei.

Shustack Tower Der Weg startet an dem gewaltigen Fontana Dam. Nach einem 5,6 km langen Aufstieg gelangt man zu einem alten Feuerwachturm mit traumhaften Ausblicken.

Food-Läden und dem **Harrah's Cherokee Casino** (www.harrahs.com). Die eigentliche Attraktion ist das moderne **Museum of the Cherokee Indian** (www.cherokeemuseum.org; Ecke Hwy 441 & Drama Rd; Erw./Kind 10/6 US$; ⌚9–17 Uhr) mit seiner informativen Ausstellung über den „Pfad der Tränen" und den schaurig-realistischen Dioramen.

Südlich von Cherokee befindet sich der **Pisgah National Forest** und der unmittelbar angrenzende **Nantahala National Forest** mit insgesamt mehr als 4000 km² dichtem Hartholzwald, windumtosten kahlen Waldgipfeln und einigen der besten Wildwasserstrecken des Landes. Teile des Appalachian Trail führen durch die beiden Waldgebiete. Zu den Highlights im Pisgah gehören ein blubberndes Bad im Dorf **Hot Springs** (www.hotspringsnc.org), die natürliche Wasserrutsche am **Sliding Rock** und der 48 km lange **Art Loeb Trail**, der an dem aus Buch und Film bekannten Cold Mountain entlangführt. Im Nantahala gibt's mehrere Badeseen und Dutzende tosende Wasserfälle, die teilweise leicht über den **Mountain Waters Scenic Byway** zu erreichen sind.

Vornehme Unterkünfte findet man in **Brevard**, einem hübschen Bergdorf mit haufenweise B&Bs am Ostrand des Pisgah National Forest, oder gleich nördlich des Nantahala National Forest im idyllischen **Bryson City**, einem idealen Ausgangspunkt für Outdoor-Abenteuer. Hier befindet sich das riesige und sehr empfehlenswerte **Nantahala Outdoor Center** (☎828-488-2176, 828-586-8811; www.noc.com; 13077 Hwy 19/74; geführte Raftingtrips 37–177 US$), das sich auf nasse, wilde Raftingtrips auf den Flüssen Nantahala, French Broad, Pigeon und Ocoee spezialisiert hat und u.a. Fahrräder und Kajaks verleiht. Angeschlossen sind auch eine Lodge und ein Restaurant. Die **Great Smoky Mountain Railroad** (☎800-872-4681; www.gsmr.com; Fahrt durch die Nantahala Gorge Erw./Kind 53/31 US$) veranstaltet ab dem Bahnhof Bryson City idyllische Eisenbahnfahrten durch das spektakuläre Flusstal.

SOUTH CAROLINA

Wenn man die Grenze nach South Carolina überquert, fühlt man sich in die Vergangenheit zurückversetzt. Wer die Ostküste hinunterreist, ist in South Carolina im Tiefen Süden angekommen: Hier ist die Luft wärmer, der Akzent ausgeprägter und man klammert sich entschieden an alte Traditionen.

Vom silbrigen Sand der Atlantikküste zieht sich der Bundesstaat westwärts über die Küstenebene und aufwärts über das Piedmont bis hinein in die Blue Ridge Mountains. Die meisten Traveller bleiben an der Küste mit ihren hübschen Städten aus der Zeit vor dem Bürgerkrieg und den palmengesäumten Stränden hängen. Doch im Hinterland gibt es eine große Zahl verschlafener, alter Städtchen, wilde, nicht erschlossene State Parks und gespenstisch düstere Sümpfe, die nur darauf warten, mit dem Kanu erkundet zu werden.

KURZINFOS SOUTH CAROLINA

» **Spitzname** Palmetto State

» **Bevölkerung** 4,5 Mio.

» **Fläche** 77982 km²

» **Hauptstadt** Columbia (130000 Ew.)

» **Weitere Städte** Charleston (120000 Ew.)

» **Verkaufssteuer** 5%, plus Übernachtungssteuer von bis zu 10%

» **Geburtsort von** Jazzmusiker Dizzy Gillespie (1917–1993), Bürgerrechtler Jesse Jackson (geb. 1941), Boxer Joe Frazier (1944–2011), *Wheel-of-Fortune*-Moderatorin Vanna White (geb. 1957)

» **Heimat** der ersten öffentlichen Bibliothek (1698), des ersten Museums (1773) und der ersten Eisenbahn (1833) in den USA

» **Politische Ausrichtung** gehört zu den zehn konservativsten Bundesstaaten der USA

» **Berühmt für** die ersten Schüsse im Amerikanischen Bürgerkrieg, abgefeuert in Charlestons Fort Sumter

» **Geruchsintensivstes Fest** Das Chitlin' Strut Festival in Salley feiert eine zweifelhafte Delikatesse der Südstaaten namens Chitterlings oder Chitlins, ein Gericht aus Schweineinnereien

» **Entfernungen** Columbia–Charleston 115 Meilen (184 km), Charleston–Myrtle Beach 97 Meilen (155 km)

Auf den Inseln im Ozean kann man die weichen Gesänge der Gullah hören. Sie pflegen eine Kultur und Sprache, die von ehemaligen Sklaven begründet wurde. Über die Jahrhunderte hinweg hielten ihre Nachkommen an vielen westafrikanischen Traditionen fest.

Ob man ein romantisches Wochenende im vornehmen, nach Gardenien duftenden Charleston verbringen oder lieber eine Woche am bunten, geschmacklosen Myrtle Beach Spaß haben will – South Carolina ist auf alle Fälle ein liebenswertes und erschwingliches Reiseziel.

Geschichte

Im Gebiet des heutigen South Carolina lebten mehr als 28 verschiedene Indianerstämme. Viele gehörten dem Volk der Cherokee an, das in den 1830er-Jahren über den „Pfad der Tränen" gewaltsam umgesiedelt wurde.

Die Engländer gründeten die Kolonie Carolina im Jahr 1670, die ersten Siedler kamen vom britischen Vorposten Barbados, sodass die damals „Charles Towne" genannte Hafenstadt einen karibischen Touch erhielt.

Um die Küstensümpfe in Reisfelder zu verwandeln, wurden westafrikanische Sklaven ins Land verschleppt. Mitte des 18. Jhs. war das Land tief gespalten: Im „Lowcountry" herrschte eine Schicht Sklaven haltender Aristokraten, im ländlichen „Backcountry" siedelten arme Bauern aus Schottland, Irland und Deutschland.

South Carolina war der erste Staat, der sich von der Union abspaltete; die erste Schlacht des amerikanischen Bürgerkriegs wurde bei Fort Sumter im Hafen von Charleston geschlagen. Am Ende des Krieges war ein großer Teil des Bundesstaates verwüstet.

Im 20. Jh. lebte der Bundesstaat vorrangig vom Baumwoll- und Textilhandel. Auch heute noch ist South Carolina ein relativ armer Agrarstaat, auch wenn die Tourismusindustrie an der Küste Zuwachs verzeichnet.

ℹ Praktische Informationen

South Carolina Department of Parks, Recreation & Tourism (☎803-734-1700 www.discoversouthcarolina.com; 1205 Pendleton St, Room 505, Columbia) Versendet den offiziellen Ferienführer *South Carolina Smiles*.

South Carolina State Parks (☎888-887-2757; www.southcarolinaparks.com) Die hilfreiche Website listet Aktivitäten und Wanderwege auf, außerdem kann man Campingplätze reservieren (Preise variieren).

Charleston

Liebe Damen, Twinset und Perlen herausgekramt, die Herren mögen bitte in den Seersucker-Anzug schlüpfen, und los geht's: Zur Stärkung gönnt man sich ein Glas Sherry, dann lässt man sich einfach vom Charme der Südstaaten einwickeln. In einer Stadt wie Charleston kann man herumschlendern, die Architektur aus der Antebellum-Ära – also der Zeit vor dem Bürgerkrieg – bewundern und dabei immer wieder innehalten, um den Duft des blühenden Jasmins einzusaugen. Und zum Abschluss des Tages genießt man dann ein ausgiebiges Dinner auf der Veranda. Hier ist alles durch und durch romantisch und wohin man blickt, sitzen errötende Bräute auf den Stufen bezaubernder Kirchen.

Charleston ist eines der beliebtesten Touristenziele im Südosten der USA und wurde elf Jahre in Folge zur „Best-Mannered City in America" gekürt. In der Hochsaison vermischt sich der Duft von Gardenien und Heckenkirschen mit dem Geruch der Pferde, die Tag und Nacht die unzähligen Kutschen über das Kopfsteinpflaster ziehen. Nebensaison ist hier im Winter; dann ist das Wetter milder, Charleston nicht so überlaufen und die Zeit reif für einen Besuch.

Geschichte

Schon lange vor dem Unabhängigkeitskrieg war Charles Towne (nach Karl II., engl. Charles II., benannt) einer der geschäftigsten Häfen an der Ostküste und das Zentrum der Reis anbauenden und exportierenden Kolonie. Beeinflusst von Westindien und Afrika, Frankreich und anderen europäischen Ländern entstand hier eine kosmopolitische Stadt, die oft mit New Orleans verglichen wurde.

Die ersten Schüsse des Bürgerkriegs fielen bei Fort Sumter im Hafen von Charleston. Als nach dem Krieg mit der Abschaffung der Sklaverei die arbeitsintensiven Reisplantagen unrentabel wurden, verlor die Stadt an Bedeutung. Doch ein großer Teil der historischen Stadtbauten blieb zur Freude der alljährlich 4 Mio. Touristen erhalten.

Sehenswertes & Aktivitäten

HISTORISCHES VIERTEL

Im Viertel südlich der Beaufain St und der Hasell St befinden sich die meisten Herrenhäuser aus der Antebellum-Ära sowie Geschäfte, Bars und Cafés. An der äußersten Südspitze der Halbinsel stehen die Vorkriegsgebäude von Battery.

Gateway Walk KIRCHEN

Wegen seiner vielen Gotteshäuser wird das traditionell multikulturelle Charleston auch „Holy City" genannt. Hier fanden verfolgte Hugenotten, Baptisten und Juden Zuflucht. Der Gateway Walk, ein kaum bekannter Parkweg zwischen der Archdale St und der Philadelphia Alley, verbindet vier der schönsten historischen Kirchen der Stadt miteinander: die **St. John's Lutheran Church** mit ihren weißen Säulen, die neugotische **Unitarian Church**, die ursprünglich 1681 geweihte, eindrucksvolle, romanische **Circular Congregational Church** und die **St. Philip's Church** mit ihrem malerischen Turm und einem Friedhof aus dem 17. Jh., von dem einst ein Teil für „Fremde und durchreisende Weiße" reserviert war.

Gibbes Museum of Art GALERIE

(www.gibbesmuseum.org; 135 Meeting St; Erw./Kind 9/7 US$; ⌚Di–Sa 10–17, So 13–17 Uhr) Das Museum beherbergt eine ansehnliche Sammlung von Kunstwerken aus den Südstaaten und den ganzen USA. Am besten verbindet man einen Besuch mit einem zweistündigen **Stadtspaziergang** (www.oldcharlestontours.com; Führung 20 US$), der am Museum sowie weiteren künstlerisch bedeutenden Attraktionen vorbeiführt.

Old Slave Mart Museum MUSEUM

(www.nps.gov/nr/travel/charleston/osm.htm; 6 Chalmers St; Erw./Kind 7/5 US$; ⌚Mo–Sa 9–17 Uhr) Hier, wo einst Männer, Frauen und Kinder aus Afrika verschachert wurden, erinnert heute ein Museum an South Carolinas schändliche Vergangenheit. Die textlastige Ausstellung beleuchtet die Schicksale der Sklaven. Die wenigen Artefakte wie etwa Fußfesseln sind besonders schaurig.

Old Exchange & Provost Dungeon HISTORISCHES GEBÄUDE

(www.oldexchange.com; 122 E Bay St; Erw./Kind 8/4 US$; ⌚9–17 Uhr; 👪) Kids lieben dieses Verlies, das 1771 als Zollhaus erbaut und später als Kerker für Piraten genutzt wurde. Die Führungen werden von kostümierten Guides geleitet.

Kahal Kadosh Beth Elohim SYNAGOGE

(www.kkbe.org; 90 Hasell St; Führungen Mo–Do 10–12 & 13.30–15.30, Fr 10–12 Uhr) In der ältesten ohne Unterbrechung genutzten Synagoge der USA gibt's kostenlose Führungen nach Vereinbarung.

NICHT VERSÄUMEN

CHARLESTONS REIZE

» In einem alten Lagerhaus im **Wreck of the Richard & Charlene** (S. 368) gebratene Shrimps essen

» Die tollen bemalten Häuser der **Rainbow Row** (S. 365) bestaunen

» Auf dem **Gateway Walk** (S. 365) an alten Kirchhöfen voller Blumen vorbeischlendern

» Im **Middleton Place** (S. 372) einen Eindruck vom Leben der Südstaaten-Aristokratie im 19. Jh. gewinnen

» Von der **Dachterrasse des Vendue Inn** (S. 370) aus den orangeroten Sonnenuntergang über dem Fluss bewundern

City Market MARKT

(Market St) Straßenhändler verkaufen auf dem historischen Markt, dem lebendigen Zentrum des Viertels, kitschige Souvenirs.

White Point Park GARTEN

In dem schattigen Park kann man sich auf eine Bank setzen und über eine Karriere als knickriger, reicher Seefahrer und Händler nachdenken.

Rainbow Row STADTVIERTEL

Beim White Point Park um die Ecke liegt die Rainbow Row, ein Abschnitt der unteren E Bay St, der wegen seiner bunten Häuser ein besonders beliebtes Fotomotiv ist.

HISTORISCHE WOHNHÄUSER

Etwa ein halbes Dutzend majestätische historische Wohnhäuser können von Besuchern besichtigt werden. Ermäßigte Kombitickets laden zu einer großen Tour ein, eines oder zwei der Häuser reichen vielen jedoch aus. Die meisten sind montags bis samstags von 10 bis 17 Uhr sowie sonntags von 13 bis 17 Uhr geöffnet und bieten alle halbe Stunde Führungen an. Der Eintritt kostet 10 US$.

Heyward-Washington House HISTORISCHES GEBÄUDE

(www.charlestonmuseum.org; 87 Church St) Das 1772 errichtete Haus gehörte Thomas Heyward Jr., einem Unterzeichner der Unabhängigkeitserklärung. Ausgestellt sind ein paar schöne Beispiele von in Charleston gefertigten Mahagonimöbeln und die einzige erhaltene historische Küche der Stadt.

Nathaniel Russell House HISTORISCHES GEBÄUDE
(www.historiccharleston.org; 51 Meeting St) 1808 errichtete ein Mann aus Rhode Island, der in Charleston als „König der Yankees" bekannt war, dieses Haus im Federal Style. Bemerkenswert sind vor allem die fantastische, freitragende Wendeltreppe und der üppige englische Garten.

Joseph Manigault House HISTORISCHES GEBÄUDE
(www.charlestonmuseum.org; 350 Meeting St) Das dreistöckige Haus war einst das Glanzstück eines französischen Hugenotten und Reisplantagenbesitzers. Besonders sehenswert ist der winzige neoklassizistische Tempel im Garten.

Aiken-Rhett House HISTORISCHES GEBÄUDE
(www.historiccharleston.org; 48 Elizabeth St) Die einzige erhaltene städtische Plantage vermittelt faszinierende Einblicke in das Leben in der Antebellum-Ära und das Schicksal der Sklaven.

MARION SQUARE

Der 4 ha große Park beherbergte einst das Waffenarsenal des Bundesstaates und ist heute mit seinen verschiedenen Monumenten und einem exzellenten Bauernmarkt am Samstag quasi die Wohnstube von Charleston.

Charleston Museum MUSEUM
(www.charlestonmuseum.org; 360 Meeting St; Erw./Kind 10/5 US$; ⌚Mo–Sa 9–17, So ab 13 Uhr) Das 1773 gegründete Museum ist das angeblich älteste des Landes und zeigt Exponate aus verschiedenen Epochen der langen und ereignisreichen Stadtgeschichte, von prähistorischen Walskeletten über Plaketten von Sklaven bis hin zu Waffen aus dem Bürgerkrieg.

Children's Museum of the Lowcountry MUSEUM
(www.explorecml.org; 25 Ann St; Eintritt 7 US$; ⌚Di–Sa 10–17, So 13–17 Uhr; 👪) Hier gibt es acht interaktive Ausstellungsbereiche; in einem 9 m langen Nachbau eines Garnelenfischerboots können die Kids mal Kapitän spielen.

AQUARIUM WHARF

Der Aquarium Wharf umgibt den hübschen Liberty Sq. Hier kann man prima umherschlendern und dabei zusehen, wie Schlepper Schiffe in den siebtgrößten Containerhafen der USA ziehen. Zudem starten Ausflugsboote zu Besichtigungstouren nach Fort Sumter.

Fort Sumter HISTORISCHE STÄTTE
Die ersten Schüsse im amerikanischen Bürgerkrieg fielen im Fort Sumter, einer fünfeckigen Insel im Hafen. Von 1863 bis 1865 wurde die Festung der Konföderierten von Union-Truppen beschossen, bis nur noch Trümmer übrig blieben. Originale Geschütze und Befestigungsanlagen machen die ereignisreiche Geschichte lebendig. Die Insel ist nur im Rahmen einer Bootstour (☎843-883-3123; www.nps.gov/fosu; Erw./Kind 17/10 US$; ⌚Führungen Sommer 9.30, 12 & 14.30, im Winter seltener) zugänglich. Touren starten auch am Patriot's Point in Mt. Pleasant am anderen Flussufer.

South Carolina Aquarium AQUARIUM
(www.scaquarium.org; 100 Aquarium Wharf; Erw./Kind 20/13 US$; ⌚9–17 Uhr; 👪) Das riesige exzellente Aquarium zeigt das vielfältige Le-

FESTE & EVENTS IN CHARLESTON

Lowcountry Oyster Festival Im Januar verspeisen Austernliebhaber bei dem Fest in Mt. Pleasant über 29 t der salzigen Schalentiere.

Charleston Food & Wine Festival Die recht neue Veranstaltung im März lockt Starköche und gutbetuchte Gourmets an.

Spoleto USA Das 17-tägige Kunst- und Theaterfestival im Mai ist das größte Event in Charleston. In der ganzen Stadt finden Opern-, Theater- und Musicalaufführungen statt und auf den Straßen verkaufen Stände Kunsthandwerk und Essen.

Charleston Harbor Fest Im Juni gehen alte Großsegler im Stadthafen vor Anker. Zum Angebot gehören Touren und Segelkurse.

MOJA Arts Festival Bei dem afroamerikanischen Kulturfest stehen im September zwei Wochen lang Poetry Jams und Gospelkonzerte auf dem Programm.

ben in den Gewässern des Bundesstaates, von Ottern aus den Blue Ridge Mountains bis zu den Unechten Karettschildkröten aus dem Atlantik. Highlight ist der 13 m große Great Ocean Tank, in dem es von Haien und fremdartig aussehenden Kugelfischen nur so wimmelt.

Arthur Ravenel Jr. Bridge BRÜCKE

Die knapp 5 km lange Arthur Ravenel Jr. Bridge, ein Triumph zeitgenössischer Ingenieurskunst, zieht sich über den Cooper River wie ein riesiges Saiteninstrument. Die Brücke hat eine autofreie Spur, auf der aktive Charlestoner am Wochenende oft joggen oder Rad fahren. Fahrräder verleiht die **Charleston Bicycle Company** (☎843-407-0482; www.charlestonbicyclecompany.com; 334 M E Bay St; Fahrrad 27 US$/Tag).

Geführte Touren

Eine Auflistung aller in Charleston angebotenen Stadtspaziergänge, Kutschfahrten sowie Bus- und Bootstouren könnte locker ein Buch füllen. Umfangreiche Infos hält das Visitor Center bereit.

Culinary Tours of Charleston KULINARISCHE TOUR

(☎800-918-0701; www.culinarytoursofcharleston.com; 2½-stündige Tour 42 US$) Bei der Führung durch Charlestons Restaurants und Märkte kommen Teilnehmer in den Genuss von Maisgrütze, Pralinen, Grillfleisch und mehr.

Adventure Harbor Tours BOOTSFAHRT

(☎843-442-9455; www.adventureharbortours.com; Morris-Island-Tour Erw./Kind 55/25 US$, „Off-the-beaten-path"-Tour Erw./Kind 75/40 US$) Veranstaltet unterhaltsame Touren zur unbewohnten Morris Island, die sich wunderbar zum Muschelnsammeln eignet, und originelle „Off-the-beaten-path"-Geschichtstouren durch den Hafen.

Charleston Footprints STADTSPAZIERGANG

(☎843-478-4718; www.charlestonfootprintss.com; 2-stündige Tour 20 US$) Hochgelobte Stadtführung zu Charlestons historischen Sehenswürdigkeiten.

Olde Towne Carriage Company PFERDEKUTSCHE

(☎843-722-1315; www.oldetownecarriage.com; 20 Anson St; 45-minütige Fahrt Erw./Kind 20/12 US$) Die Kutscher unterhalten ihre Passagiere bei diesen beliebten Fahrten durch die Stadt mit anschaulichen Erklärungen.

Schlafen

Eine Übernachtung im historischen Zentrum ist natürlich am reizvollsten, dafür aber auch am teuersten, vor allem am Wochenende und in der Hauptsaison. Die hier angegebenen Preise beziehen sich auf die Hauptsaison (Frühjahr & Frühsommer). In den Kettenhotels an den Highways kann man wesentlich günstiger übernachten. Ein Hotelparkplatz in der Innenstadt kostet in der Regel zwischen 15 und 20 US$ pro Nacht; Unterkünfte am Stadtrand bieten oft kostenlose Parkplätze.

In der Stadt gibt es jede Menge bezaubernde B&Bs, die mit Südstaatenfrühstück und der für die Region typischen Gastfreundlichkeit aufwarten, jedoch schnell belegt sind. Am besten wendet man sich an eine Agentur wie **Historic Charleston B&B** (☎843-722-6606; www.historiccharlestonbedandbreakfast.com; 57 Broad St).

LP TIPP **Ansonborough Inn** HOTEL $$$

(☎800-522-2073; www.ansonboroughinn.com; 1 Maiden Ln; Zi. 149–290 US$; ❄📶) Das Atrium mit poliertem Kiefernholz, frei liegenden Balken und Ölgemälden mit maritimen Motiven verleiht dem heimeligen Hotel im historischen Viertel das Flair eines alten Segelschiffs. Witzige neoviktorianische Details wie Glasaufzüge mit persischen Teppichen und ein winziger britischer Pub offenbaren einen gewissen Sinn für Humor. Die riesigen Gästezimmer mit ihren abgewetzten Ledersofas, hohen Decken und Flachbildfernsehern prägt ein Mix aus Alt und Neu.

Battery Carriage House Inn B&B $$$

(☎843-727-3100; www.batterycarriagehouse.com; 20 S Battery; Zi. ab 219 US$; P❄📶) Hinter Eisentoren verbirgt sich dieses abgeschiedene Juwel mit elf Zimmern und einem Garten voller Rosen und kunstvoll zurechtgestutzten Hecken, der zu einer gemütlichen Tasse Tee einlädt. Nachts soll übrigens der Geist eines Gentleman durch die im viktorianischen Stil gehaltenen Zimmer wandeln ...

Restoration on King HOTEL $$$

(☎843-518-5100; www.restorationonking.com; 75 Wentworth St; Zi. 299–499 US$; ❄📶) Charlestons neueste Unterkunft bietet einen echten Kontrast zu den für die Stadt typischen, mit Antiquitäten vollgestopften Traditionshotels. Die 16 sehr modernen Luxussuiten wirken mit ihren unverputzten Backsteinwänden, dem schicken glänzenden Stahl und wunderschönen Spa-Bädern wie Privatapartments. Gegen Aufpreis gibt's einen Balkon.

Vendue Inn INN **$$$**
(843-577-7970; www.vendueinn.com; 19 Vendue Range; Zi. inkl. Frühstück 145–255 US$;) Das kleine Boutiquehotel im French Quarter in der Innenstadt ist in einem trendigen Mix aus frei liegenden Backsteinwänden und exzentrischen Antiquitäten gestaltet. Die Zimmer verfügen über tolle Extras wie tiefe Badewannen und Gaskamine. Noch toller ist allerdings die Bar auf dem Dach.

NotSo Hostel HOSTEL **$**
(843-722-8383; www.notsohostel.com; 156 Spring St; B/Zi. 23/60 US$; P@) Am nördlichen Rand der Innenstadt wurden in drei klapprigen alten Häusern Schlafsäle und Privatzimmer eingerichtet und auf den Veranden Hängematten aufgespannt. Während des gemeinsamen Frühstücks gibt das freundliche Personal gerne Auskunft über die Gegend. Der neue Anbau in der Nähe eignet sich mit seinen Doppelbetten und dem ruhigen Flair bestens für Pärchen.

Mills House Hotel HOTEL **$$**
(843-577-2400; www.millshouse.com; 115 Meeting St; Zi. ab 189 US$;) Die großartige Grande Dame, die bereits 150 Jahre auf dem Buckel hat, wurde für 11 Mio. US$ zu einer der opulentesten Unterkünfte in der Gegend aufgemöbelt. Vergoldete Aufzüge bringen die Gäste von der riesigen Marmorlobby zu den 214 pompös gestalteten Zimmern. In dem exklusiven, holzgetäfelten Restaurant Barbados Room scheint das British Empire weiterzuleben.

1837 Bed & Breakfast B&B **$$**
(843-723-7166, 877-723-1837; www.1837bb.com; 126 Wentworth St; Zi. inkl. Frühstück 109–195 US$; P) Hier wohnt man wie bei einer exzentrischen, nach Antiquitäten verrückten Tante. Das 1837 verfügt über neun charmant überdekorierte Zimmer, u.a. drei in der alten Backsteinremise.

Palmer Pinckney Inn INN **$$$**
(843-722-1733; www.pinckneyinn.com; 19 Pinckney St; Zi. 150–300 US$; P) Das kaugummirosa bemalte „Single House" – derartige schmale Häuser sind charakteristisch für Charleston – beherbergt fünf süße Gästezimmer und liegt versteckt in einer Seitengasse im historischen Viertel.

James Island County Park CAMPING **$**
(843-795-7275; www.ccprc.com; 871 Riverland Dr; Stellplatz ab 25 US$, Cottage für 8 Pers. 159 US$) Der Campingplatz südwestlich der Stadt bietet einen Shuttleservice in die Innenstadt an. Vorab reservieren!

Anchorage Inn INN **$$**
(843-723-8300; www.anchoragecharleston.com; 26 Vendue Range; Zi. ab 99 US$;) Unter Charlestons heimeligen Inns im historischen Viertel dürfte dieses hier mit das beste Preis-Leistungs-Verhältnis haben. Die kleinen, dunklen Zimmer erinnern an Schiffskojen, sind dabei jedoch sehr vornehm.

Essen

Charleston gehört zu den Gourmetzentren des Landes – es gibt genug gute Restaurants für eine dreimal so große Stadt. Die klassischen Lokale sind auf raffinierte Meeresfrüchtegerichte mit französischem Touch spezialisiert, während viele aufstrebende moderne Restaurants innovative Südstaatenküche mit Fokus auf der kulinarischen Vielfalt der Region servieren, von Austern über Reis mit Heirloom-Tomaten bis hin zu Heritage Pork. Samstags findet ein großartiger **Bauernmarkt** (Marion Sq; April–Okt. Sa 8–13 Uhr) statt.

LP TIPP **Husk** MODERNE SÜDSTAATENKÜCHE **$$$**
(843-577-2500; www.huskrestaurant.com; 76 Queen St; Hauptgerichte 22–26 US$; Mo–Sa 11.30–14.30, tgl. 17.30–22 Uhr, Brunch So 10–14.30 Uhr) Das Husk ist das geistige Kind von Küchenchef Sean Brock, einem Star der Gourmetszene, und galt als der neue Stern der Südstaatenküche, als es Ende 2010 seine Tore öffnete. Und das mit gutem Grund: Ausnahmslos alle Zutaten stammen aus dem Süden, von der Georgia-Maissuppe mit Jalapeño-Marmeladen-Haube über Cooper-River-Austern, die mit Yuzu verfeinert wurden, bis hin zu lokalem Schweineschmalz mit süchtig machenden Sesamröllchen. Die Kulisse, eine zweistöckige Villa, besticht durch schlichte Eleganz, die angeschlossene feuchtfröhliche Bar (s. „Ausgehen") ist einfach grandios.

Wreck of the Richard & Charlene SEAFOOD **$$$**
(www.wreckrc.com; 106 Haddrell St; Hauptgerichte 12–25 US$; So–Do 17.30–20.30, Fr & Sa bis 21.30 Uhr) Der Laden ist praktisch unauffindbar, aber nicht aufgeben! In dem nicht ausgeschilderten Lagerhaus – in der Vorstadt Mt. Pleasant eine Schotterstraße mit Blick über den Shem Creek entlang – bekommt man nach Meinung vieler die besten gebratenen Meeresfrüchte des Bundes-

LOWCOUNTRY-KÜCHE

Die traditionelle Lowcountry-Küche ist typisch für die Küste von South Carolina und Georgia. Die meeresfrüchtelastigen Südstaatengerichte sind von westafrikanischen Einflüssen geprägt. Leckere Beispiele sind:

» She-Crab Soup: cremige, mit Sherry verfeinerte Krebsfleischsuppe

» Lowcountry Boil/Frogmore Stew: Eintopf aus Krebsfleisch, Garnelen, Austern und anderen Meeresfrüchten, Mais und Kartoffeln; beliebtes Picknickessen

» Country Captain: Currygericht mit Hühnchen, das von britischen Kapitänen von Indien in die Stadt gebracht wurde

» Perlau: dem Pilaw ähnliches Reisgericht mit Fleisch

» Shrimp and Grits: Garnelen und Maisgrütze; traditionelles Frühstück der Fischer von Charleston, heute aber auch ein typisches Hauptgericht

» Hoppin' John: mitunter scharfes Gericht mit Reis und Bohnen

» Benne Wafers: Sesamplätzchen

staates. Die Wartezeit lässt sich in einem der Plastikstühle mit gekochten Erdnüssen versüßen. Perfekt abgerundet wird das Ganze durch den Limetten-Brotpudding. Nur Barzahlung.

O-Ku JAPANISCH **$$$**
(☎843-737-0112; www.o-kusushi.com; 463 King St; Hauptgerichte 16–29 US$; ⌚Mo–Fr 11.30–14, So–Do 17–22.30, Fr & Sa bis 24 Uhr) Das neue, sehr angesagte Restaurant hat einen großen Raum mit hohen Decken, schwarzes Dekor und Spiegel. Trendbewusste Szenegänger lassen sich originelle Sushi-Variationen wie frittierte Kartoffelrolle, japanische Imbisse wie Kurobuta-Schwein an Grapefruitpüree und üppige Meeresfrüchtegerichte schmecken. Die Bento-Box zum Mittagessen (10 US$) ist eine echtes Schnäppchen.

FIG MODERNE SÜDSTAATENKÜCHE **$$$**
(☎843-805-5900; www.eatatfig.com; 232 Meeting St; Hauptgerichte 28–32 US$; ⌚Mo–Do 17.30–22.30, Fr–So bis 23 Uhr) In dem rustikal-schick gestaltetem Speisesaal lassen sich Gourmets kreative, moderne Südstaatenküche wie knusprige Pig's Trotters (Schweinshaxen – natürlich aus der Region und nicht hormonverseucht) mit Selleriewurzel-Remoulade kredenzen.

Glass Onion MODERNE SÜDSTAATENKÜCHE **$$**
(☎843-225-1717; www.ilovetheglassonion.com; 1219 Savannah Hwy; Hauptgerichte 12–19 US$; ⌚Mo–Sa 11–21 Uhr) Das flippige Diner voller Kunst, in West Ashley jenseits der Brücke gelegen, lockt erfahrene Feinschmecker an, die sich dienstagabends in Charlestons neuester Adresse für kreative Südstaatenklassiker Brathähnchen schmecken lassen. Der perfekte Mittagsstopp auf dem Weg zu den Plantagen am Ashley River.

S.N.O.B. MODERNE SÜDSTAATENKÜCHE **$$$**
(☎843-723-3424; www.mavericksouthernkitchens.com; 192 E Bay St; Hauptgerichte 18–34 US$; ⌚Mo–Fr 11.30–15, tgl. 17.30 Uhr–open end) Der neckische Name – die Abkürzung steht für „Slightly North Of Broad" (d.h. etwas nördlich der Broad St) – spiegelt die relaxte Haltung des erstklassigen Restaurants wider, das wegen seiner facettenreichen Speisekarte hochgelobt wird. Zu den Köstlichkeiten gehören selbst geräucherter Lachs und sautierte Taubenbrust auf Käsegratin.

Gullah Cuisine SÜDSTAATEN **$**
(1717 Hwy 17 N, Mt. Pleasant; Hauptgerichte 7–11 US$; ⌚9–15 & 17–21.30 Uhr) Das schmucklose Vorstadtcafé wirkt unauffällig, serviert jedoch die beste, westafrikanisch geprägte Gullah-Küche in ganz South Carolina. Empfehlenswert ist das Mittagsbuffet mit rotem Reis, Okra-Gumbo (Eintopf), Ochsenschwanzsuppe und Bratfisch – ein Abendessen wird dann unnötig sein.

Hominy Grill MODERNE SÜDSTAATENKÜCHE **$$**
(www.hominygrill.com; 207 Rutledge Ave; Hauptgerichte 7–18 US$; ⌚Mo–Fr 7.30–21, Sa & So 9–15 Uhr) Das gemütliche Café versteckt sich in einem alten Barbierladen und bringt moderne, vegetarierfreundliche Lowcountry-Küche auf den Tisch. Der schattige Patio lädt zum Brunch ein.

Gaulart & Maliclet FRANZÖSISCH **$$**
(www.fastandfrench.org; 98 Broad St; Hauptgerichte 8–15 US$; ⌚Mo 8–16, Di–Do 8–22, Fr–So bis 22.30 Uhr) Einheimische drängen sich um die Gemeinschaftstische in dem winzigen Bistro, das als „Fast & French" bekannt ist, und lassen sich französischen Käse und Würstchen sowie die Abendmenüs (15 US$) mit Brot, Suppe, einem Hauptgericht und Wein schmecken.

Ausgehen

Die lauen Abende in Charleston sind wie geschaffen für einen erfrischenden Cocktail oder ein Blueskonzert. Veranstaltungstipps gibt's im Wochenblatt *Charleston City Paper* und in der „Preview"-Beilage der Freitagsausgabe des *Post & Courier*.

LP TIPP Husk Bar BAR
(462 King St) Die intime, lässige Bar mit Backstein und altem Holz ist an das exzellente neue Restaurant Husk (s. „Essen") angeschlossen und mixt historische Cocktails wie den Monkey Gland (Gin, Orangensaft, Himbeersirup). Sehr cool.

Rooftop at Vendue Inn BAR
(23 Vendue Range) Die zweistöckige Dachbar bietet den besten Blick auf die Innenstadt, ihre große Beliebtheit beweist das. Nachmittags kann man Nachos genießen, spätabends Bluesbands lauschen.

Belmont BAR
(511 King St) In der unprätentiösen neuen Lounge im 1930er-Stil in einer schmalen Ladenfront auf der King St nippen junge Hipster an ihrem exklusiven Bourbon.

Blind Tiger KNEIPE
(36–38 Broad St) Gemütliche, atmosphärische Kneipe mit einer Decke aus gestanztem Zinn, einer Bar aus verschlissenem Holz und gutem Kneipenessen.

Closed for Business KNEIPE
(535 King St) Charlestons beste Auswahl an Biersorten und lärmig-geselliges Kneipenambiente.

Shoppen

Im historischen Viertel findet man jede Menge überteuerte Souvenirläden und Trödelmärkte, die King St ist daher die bessere Wahl. Auf dem unteren Abschnitt gibt's Antiquitäten, auf dem mittleren zahlreiche tolle Boutiquen und auf dem oberen trendige Designer- und Geschenkläden. Der zentrale Abschnitt der Broad St wird wegen der vielen Kunstgalerien auch „Gallery Row" genannt.

Shops of Historic Charleston Foundation GESCHENKE
(108 Meeting St) Hier stehen von den historischen Bauten der Stadt inspirierte Schmuckstücke, Einrichtungsgegenstände und Möbel zur Auswahl, beispielsweise Ohrringe, die dem gusseisernen Geländer des Aiken-Rhett House nachempfunden sind. Die Charleston-Kerze duftet nach Hyazinthe, Jasmin und Tuberose.

Carolina Antique Maps & Prints STADTPLÄNE, KUNST
(91 Church St) In dem vollgestopften kleinen Laden, der sich in einer Wohngegend versteckt, gibt es alte Stadtpläne von Charleston und Magnolienblütendrucke.

Charleston Crafts Cooperative KUNSTHANDWERK
(161 Church St) Das Geschäft hat eine teure und gute Auswahl von zeitgenössischem Kunsthandwerk aus South Carolina, z.B. Korbwaren aus Mariengras, handgefärbte Seidenwaren und Holzschnitzereien.

Blue Bicycle Books BÜCHER
(420 King St) Exzellenter Buchladen mit einer tollen Auswahl an Literatur zur Geschichte und Kultur der Südstaaten.

Praktische Informationen

In der gesamten Innenstadt von Charleston gibt es kostenloses WLAN.

Charleston City Paper (www.charlestoncity paper.com) Das alternative Wochenblatt erscheint immer mittwochs und liefert gute Infos zu Veranstaltungen und Restaurants.

Hauptpolizeiwache (☎843-577-7434; 180 Lockwood Blvd)

Öffentliche Bibliothek (68 Calhoun St) Kostenloser Internetzugang.

Post & Courier (www.charleston.net) Charlestons Tageszeitung.

Post (83 Broad St)

University Hospital (MUSC; ☎843-792-2300; 171 Ashley Ave; ⌚24 Std.) Notaufnahme.

Visitor Center (☎843-853-8000; www.charlestoncvb.com; 375 Meeting St; ⌚8.30–17 Uhr) Hilft bei der Suche nach Unterkünften und Touren, zudem kann man sich in dem renovierten geräumigen Lagerhaus ein halbstündiges Video zur Geschichte von Charleston ansehen.

Anreise & Unterwegs vor Ort

Der **Charleston International Airport** (CHS; ☎843-767-7009; www.chs-airport.com; 5500 International Blvd) liegt 12 Meilen (19 km) außerhalb der Stadt in North Charleston. Von hier starten täglich 124 Flüge zu 17 Zielen.

Der **Greyhound-Busbahnhof** (3610 Dorchester Rd) und der **Amtrak-Bahnhof** (4565 Gaynor Ave) befinden sich ebenfalls in North Charleston.

CARTA (www.ridecarta.com; Ticket 1,75 US$) betreibt die Stadtbusse in ganz Charleston. Die kostenlosen DASH-Straßenbahnen fahren ab dem Visitor Center vier Rundstrecken.

CHARLESTONS BESTE BÄCKEREIEN

Das europäisch geprägte Charleston wartet mit einigen der besten Bäckereien außerhalb Europas auf.

Wildflour Pastry BÄCKEREI $

(73 Spring St; Gebäck 1–3 US$; ⌚Di–Fr 6.30–16, Sa 8–15, So 8–13 Uhr) Auf der zunehmend gentrifizierten Spring St zaubert diese niedliche Bäckerei grandiose Nutella-Himbeer-Taschen, Marmeladengebäck und Streusel-Muffins.

Sugar Bakeshop BÄCKEREI $

(59 Cannon St; Gebäck 1–3 US$; ⌚Mo–Fr 11–18, Sa 12–17 Uhr) Donnerstags gibt's in der winzigen Bäckerei Lady-Baltimore-Törtchen, eine traditionelle Spezialität der Südstaaten mit Trockenfrüchten und Zuckerguss.

Baked BÄCKEREI $

(160 E Bay St; Gebäck 1–5 US$; ⌚7.30–19 Uhr; 📶) Der Laden im historischen Viertel überzeugt mit herzhaftem Karamellkuchen, Red Velvet Whoopie Pies, hausgemachten Marshmallows; er punktet überdies mit vielen Tischen und kostenlosem WLAN.

Macaroon Boutique BÄCKEREI $

(45 John St; Türe Makronen 7 US$; ⌚Di–Sa 8.30–18, So bis 16 Uhr) Perfekte goldene Croissants und Beutel voll knusprig-weicher Makronen erinnern an Paris. Kein Sitzbereich.

Rund um Charleston

MT. PLEASANT

Jenseits des Cooper River liegen das Wohn- und Ausflugsviertel Mt. Pleasant, ursprünglich ein Sommerrefugium der Einwohner Charlestons, und die schmalen Barriereinseln **Isle of Palms** und **Sullivan's Island**. Trotz des zunehmenden Verkehrs und der wachsenden Zahl von Einkaufszentren hat die Stadt immer noch einen gewissen Charme, insbesondere im historischen Zentrum, dem **Old Village**. Einige gute Seafood-Restaurants finden sich am Ufer des **Shem Creek**. Hier kann man bei Sonnenuntergang prima sitzen, dinieren und zuschauen, wie die eingelaufenen Fischerboote ihren Fang ausladen. Außerdem lassen sich Kajaks leihen, um die Flussmündung zu erkunden.

Zum **Patriot's Point Naval & Maritime Museum** (www.patriotspoint.org; 40 Patriots Point Rd; Erw./Kind 18/11 US$; ⌚9–18.30 Uhr) gehört die USS *Yorktown,* ein gigantischer Flugzeugträger, der im Zweiten Weltkrieg wertvolle Dienste leistete. Man kann das Flugzeugdeck des Schiffs, die Brücke und die Bereitschaftsräume besichtigen und erfahren, wie die Besatzung früher an Bord lebte. Außerdem gibt's hier ein kleines Museum, ein U-Boot, einen Zerstörer, einen Kutter der Küstenwache und ein nachgebautes Basislager aus dem Vietnamkrieg zu sehen. Man kann von hier aus eine Bootstour nach Fort Sumter machen.

Nur 7 Meilen (11 km) von Charleston entfernt liegt am Hwy 17 N die **Boone Hall Plantation** (☎843-884-4371; www.boonehallplantation.com; 1235 Long Point Rd; Erw./Kind 19,50/9,50 US$; ⌚Mo–Sa 9–17, So 12–17 Uhr), die sich brüstet, die am häufigsten fotografierte Plantage Amerikas zu sein. Sie ist berühmt für die magische Avenue of Oaks, die 1743 von Thomas Boone angelegt wurde. Boone Hall ist immer noch eine Plantage, allerdings haben Erdbeeren, Tomaten und Christbäume die Baumwolle als wichtigstes Produkt längst abgelöst.

In der Nähe von Boone Hall nimmt die **Charles Pinckney National Historic Site** (1254 Long Point Rd; Eintritt frei; ⌚9–17 Uhr) 11 ha der Snee Farm ein, einer einst gewaltigen Plantage, die dem Politiker Charles Pinckney gehörte. Das zum Museum umgewandelte Landhaus aus den 1820er-Jahren birgt archäologische und historische Ausstellungen. Mehrere Spazierwege schlängeln sich zwischen den Magnolien hindurch.

ASHLEY RIVER PLANTATIONS

Die drei spektakulären Plantagen sind die 20-minütige Fahrt ab Charleston wert. Sie alle an einem Tag zu besichtigen, ist recht stressig, zwei lassen sich jedoch gut bewältigen, wobei man für jede ein paar Stunden einplanen sollte. Die Ashley River Rd, auch SC 61 genannt, erreicht man von der Innenstadt Charlestons aus über den Hwy 17.

LP TIPP **Middleton Place** PLANTAGE (www.middletonplace.org; 4300 Ashley River Rd; Gärten Erw./Kind 22/10 US$, Führung Gebäude zzgl. 12 US$; ⏲9–17 Uhr) Der 1741 angelegte, weitläufige Landschaftspark der Plantage ist der älteste in den USA. 100 Sklaven waren hier zehn Jahre lang damit beschäftigt, für ihren wohlhabenden Besitzer, den Politiker Henry Middleton, das Land zu terrassieren und geometrisch präzise gezogene Kanäle auszuheben. Die prachtvolle Anlage besticht durch eine Mischung aus klassisch-formalen französischen Gärten und romantischen Wäldchen, die von gefluteten Reisfeldern und Weiden mit seltenen gezüchteten Nutztieren (Kutschfahrten kosten 15 US$) gesäumt werden. Zum Gelände gehört außerdem eine tolle **Pension** (Zi. inkl. Plantageneintritt ab 209 US$), deren modernistische Glasboxen mit Blick auf den Ashley River einen tollen Kontrast zu dem historischen Plantagenhaus bilden. Auch wer nicht über Nacht bleibt, sollte erwägen, im hochgelobten **Café** (Mittagessen 11–13 US$, Abendessen 23–32 US$; ⏲tgl. 11–15 & Di–So 18–20 Uhr) ein traditionelles Lowcountry-Mittagessen mit Garnelencremesuppe und Bohnen zu probieren.

Magnolia Plantation HAUS, GÄRTEN (www.magnoliaplantation.com; 3550 Ashley River Rd; Erw./Kind 15/10 US$, Führung Gebäude zzgl. 8 US$; ⏲8–17.30 Uhr) Die Magnolia Plantation befindet sich auf einem 202 ha großen Anwesen, das seit 1676 im Besitz der Familie Drayton ist. Selbst wer mit Geschichte nichts am Hut hat, wird hier seinen Spaß haben. Die Plantage ist im Grunde eine Art Themenpark, inklusive Trolleyfahrten durch die Natur, Bootstouren, eines Spazierwegs durch den Sumpf, eines Streichelzoos, eines Freiluftcafés voller herumstolzierender Pfauen und Führungen durch das Haus. Sehr interessant sind die rekonstruierten Hütten der Sklaven, die sich einst um den Indigo, die Baumwolle, den Mais und das Zuckerrohr kümmerten.

Drayton Hall HISTORISCHES GEBÄUDE (www.draytonhall.org; 3380 Ashley River Rd; Erw./Kind 13/8 US$; ⏲9–16.30 Uhr, Winter verkürzte Öffnungszeiten) Das palladianische Landhaus wurde 1738 aus Backstein errichtet und überstand als einziges Bauwerk am Ashley River den Unabhängigkeitskrieg, den Bürgerkrieg und das große Erdbeben von 1886. Die Führungen durch das leere Haus werden vor allem Geschichts- und Architekturbegeisterten gefallen.

Lowcountry

Gleich nördlich von Charleston beginnt der südliche Abschnitt von South Carolinas Küste. Geprägt wird sie von einem Wirrwarr aus Inseln, die durch Meeresarme und Gezeitensümpfe vom Festland abgeschnitten sind. Hier leben die Gullah, Nachfahren westafrikanischer Sklaven, in kleinen Gemeinden. Quasi vor ihrer Haustür entstehen immer mehr Resorts und Golfplätze. Die Landschaft reicht von gepflegten Stränden mit austerngrau schimmerndem Sand bis zu wilden, moosbedeckten Küstenwäldern.

CHARLESTON COUNTY SEA ISLANDS

Folgende Orte sind nicht länger als eine Fahrtstunde von Charleston entfernt.

Der rund 8 Meilen (13 km) südlich von Charleston gelegene **Folly Beach** eignet sich wunderbar für einen sonnigen Strandtag. Im **Folly Beach County Park** (Auto/Fußgänger 7 US$/frei; ⏲10–18 Uhr) an der Westseite gibt es öffentliche Umkleidebereiche und Strandkörbe, die man mieten kann. Das andere Ende der Insel ist bei Surfern beliebt.

Auf **Kiawah Island** unmittelbar südöstlich von Charleston gibt es jede Menge exklusive Ferienwohnungen und Golfplätze. Die nahe gelegene, ampelfreie **Edisto Island** (sprich *ed*-is-toh) ist ein einfacher Ferienort ohne eine einzige Ampel für Familien; an der Südspitze lockt der **Edisto Beach State Park** (Eintritt US$5; Stellplatz ab 17 US$, möblierte Hütte ab 70 US$) mit einem wunderschönen einsamen Strand, Wanderwegen mit Schatten spendenden Eichen und Campingplätzen.

Zwischen Kiawah und Edisto liegt die landwirtschaftlich geprägte **Wadmalaw Island** mit der **Charleston Tea Plantation** (www.charlestonteaplantation.com; 6617 Maybank Hwy; Trolley-Tour 10 US$, Fabrikführung kostenlos; ⏲10–16, So 12–16 Uhr), der einzigen noch bewirtschafteten Teeplantage Amerikas. Besucher können mit dem Trolley durch die Felder fahren oder im Souvenirladen hübsch verpackte Teesorten wie Plantation Peach oder Island Green kaufen.

BEAUFORT & HILTON HEAD

Der südlichste Küstenabschnitt von South Carolina ist bei gut betuchten Golfern und B&B-Liebhabern beliebt, sein schrulliger Charme zieht aber auch andere Besucher an.

Das reizende Kolonialstädtchen **Beaufort** (sprich bju-fart) auf Port Royal Island dient oft als Drehort für Hollywoodfilme, die in den Südstaaten spielen. Antebellum-Häuser und von Louisianamoos überzogene Magnolien säumen die Straßen im historischen Viertel. In der Innenstadt am Flussufer gibt's jede Menge gemütliche Cafés und Galerien. Das romantischste einer Handvoll von B&Bs in der Stadt ist das **Cuthbert House** (☎843-521-1315; www.cuthberthouseinn.com; 1203 Bay St; Zi. ab 169 US$; 📶), ein prächtiges weißes Herrenhaus mit weißen Säulen, das an *Vom Winde verweht* erinnert. Auf der Bay St gibt es einige niedliche Bistros, wer jedoch authentische lokale Küche sucht, ist beim **Sgt White's** (1908 Boundary St; Hauptgerichte 6–12 US$; ⊙Mo–Fr 11–15 Uhr) Richtung Landesinnere richtig, wo ein pensionierter Marineoffizier saftige gegrillte Rippchen, Kohl und Maisbrot serviert.

Südlich von Beaufort absolvieren auf Parris Island jedes Jahr rund 20 000 junge Männer und Frauen das Bootscamp des **Marine Corps Recruit Depot**, das durch Stanley Kubricks Film *Full Metal Jacket* zu zweifelhaftem Ruhm kam. Das faszinierende **Museum** (Eintritt frei; ⊙10–16.30 Uhr) des Stützpunkts zeigt alte Uniformen und Waffen. Am besten kommt man zu den Friday Graduations, wenn die frisch gebackenen Marines stolz an ihren winkenden Familien und Freunden vorbeistolzieren.

Östlich von Beaufort verbindet der Sea Island Pkwy (Hwy 21) eine Reihe sumpfiger, ländlicher Inseln miteinander. Zu diesen zählt auch die **St. Helena Island**, die als Herz des Gullah-Landes gilt. Das **Penn Center** (www.penncenter.com; Erw./Kind 5/2 US$; ⊙Mo–Sa 11–16 Uhr) war eine der ersten Schulen des Landes für befreite Sklaven, beherbergt ein kleines Museum zur Kultur der Gullah und ist eine gute Infoquelle für weitere Erkundungstouren. Fährt man die Straße weiter entlang, gelangt man zum **Hunting Island State Park** (☎843-838-2011; www.huntingisland.com; Erw./Kind 5/3 US$; Stellplatz/Hütte ab 17/107 US$) mit nebelverhangenen Küstenwäldern, Gezeitenlagunen und einem menschenleeren, schneeweißen Strand. Im Marschland, einem Traum für jeden Naturliebhaber, wurden die Vietnamkrieg-Szenen von *Forrest Gump* gedreht. Die hiesigen Campingplätze sind im Sommer schnell belegt.

Die schicke **Hilton Head Island** am Port Royal Sound ist die größte Dünеninsel in South Carolina und einer der besten Golf-Spots der Welt. Hier gibt es Dutzende Golfplätze, viele davon in abgeschlossenen, schicken Privatsiedlungen, den sogenannten „Plantations". Im Sommer sieht man vor lauter Verkehr und Ampeln auf dem Hwy 278 zwar kaum den Wald (oder auch nur einen Baum), dafür kann man in den grünen Naturschutzgebieten und an den breiten weißen Stränden Rad fahren. An der Zufahrt zur Insel bietet das **Visitor Center** (⊙9.30–17 Uhr) ein kleines Museum, Infos zu Unterkünften und Golfplätze.

NICHT VERSÄUMEN

BOWEN'S ISLAND RESTAURANT

Eine lange unbefestigte Straße durch das Marschland des Lowcountry nahe dem Folly Beach führt zu einer unbemalten Holzhütte, die eines der besten Seafood-Lokale des Südens beherbergt – also ran ans Austernmesser und losschlürfen! Kaltes Bier und freundliche Einheimische sorgen für gute Stimmung. Das Restaurant befindet sich in der 1870 Bowen's Island Rd und ist dienstags bis samstags von 17 bis 22 Uhr geöffnet.

Die Nordküste

Die Küstenlinie zwischen der Grenze zu North Carolina und der Stadt Georgetown ist als Grand Strand bekannt. Auf 60 Meilen (ca. 100 km) reihen sich Fast-Food-Läden, Strandresorts und Souvenirshops aneinander. Was einst ein relaxtes Sommerziel für die Arbeiterklasse war, ist heute einer der am stärksten erschlossenen Landstriche im gesamten Land. Ob man nun in einem Monsterresort unterkommt oder im Zelt in einem staatlichen Park übernachtet – um den Aufenthalt zu genießen, braucht man nur ein Paar Badelatschen, eine Margarita und ein paar Münzen für den Flipper.

MYRTLE BEACH

Die einen mögen es, die andern hassen es: Myrtle Beach bedeutet Sommerurlaub auf amerikanische Art.

DIE KULTUR DER GULLAH

In vielen Städten der USA ist das kulturelle Erbe der Europäer, die sie begründeten, unverkennbar. Afrikanische Einflüsse hingegen haben sich in diesem Maße nur auf abgelegenen Inseln vor der Küste von Georgia und South Carolina erhalten. Von der westafrikanischen Küste (Sierra Leone, Senegal, Gambia, Angola) wurden Sklaven über den Atlantik in eine Region gebracht, die mit ihren sumpfigen Küsten, tropischer Vegetation und heißen feuchten Sommern ihrer Heimat überraschend ähnlich war.

Diese Afroamerikaner konnten sich viele ihrer Traditionen bewahren, auch nach Ende der Sklaverei und bis weit ins 20. Jh. hinein. Die so entstandene Gullah- (bzw. Geechee-)Kultur besitzt eine eigene Sprache, ein auf dem Englischen basierendes Kreol mit afrikanischen Wörtern und Satzstrukturen, und bewahrt viele Traditionen wie das Erzählen von Geschichten oder in der Kunst, der Musik und im Kunsthandwerk. Die Gullah-Kultur wird jährlich auf dem energetischen **Gullah Festival** (www.gullahfestival.org) in Beaufort gefeiert. Bis zu 70000 Menschen kommen am letzten Maiwochenende zusammen, um Musik zu hören und Tänze und Kunsthandwerk wie die berühmten Gullah-Körbe aus Mariengras zu sehen. Zudem werden traditionelle Gerichte serviert, z. B. gebratener Seehecht, kandierte Yamswurzeln und Okra-Gumbo.

Radfahrer nutzen das Fehlen einer Helmpflicht aus, um den ergrauenden Pferdeschwanz im Wind flattern zu lassen, Teenager im Bikini spielen Pac-Man und essen Hotdogs in verrauchten Arkaden, und ganze Familien rösten auf dem weißen Sand wie Hähnchen auf dem Grill.

North Myrtle Beach ist praktisch eine eigene Ortschaft. Hier geht es etwas entspannter zu; außerdem hat der Ort eine eigene Kultur, die auf dem „Shag" beruht – nein, das ist hier kein vulgärer Ausdruck für Sex, sondern schlicht ein bestimmter Tanz, der an den Jitterbug erinnert und hier in den 1940er-Jahren erfunden wurde.

Für Naturliebhaber ist das alles nichts, aber dank der riesigen Shopping Malls, zahllosen Minigolfplätzen, Wasserparks, Daiquiri-Bars und T-Shirt-Shops kann man schon gut einen draufmachen.

Sehenswertes & Aktivitäten

Der Strand selbst ist ganz hübsch – breit, warm und voller Sonnenschirme. Am Ocean Blvd am Strand gibt's jede Menge Hamburgerstände und zweitklassige Souvenirläden. Am Hwy 17 wiederum findet man zahlreiche **Minigolfanlagen**, die u.a. mit animierten Dinosaurierfiguren und künstlichen Vulkanen verziert sind, die leuchtend pinkfarbenes Wasser spucken.

Die verschiedenen Vergnügungsparks mit integrierten Shoppingmalls sind rund um die Uhr gut besucht.

Brookgreen Gardens GÄRTEN
(www.brookgreen.org; Erw./Kind 12/6 US$; ⏲9.30–17 Uhr) Die zauberhaften Gärten liegen 16 Meilen (26 km) südlich der Stadt am Hwy 17 S. Auf der 36 km² großen Reisplantage, die in ein subtropisches Gartenparadies verwandelt wurde, findet sich die größte Sammlung amerikanischer Skulpturen des Landes.

Wonderworks MUSEUM
(www.wonderworksonline.com; Tickets Erw./Kind ab 23/15 US$; ⏲10–22 Uhr; 👪) Ein auf den Kopf gestelltes Gebäude beherbergt dieses neue interaktive Museum mit Freizeitparkelementen, das perfekt in die fast schon anstrengende Spaßkultur von Myrtle Beach passt. Zum Programm gehören Seilparks, Lasergames und verschiedene piepende und blinkende „wissenschaftliche" Exponate wie eine Schwereloskammer.

Broadway at the Beach EINKAUFSZENTRUM, AREAL
(www.broadwayatthebeach.com; 1325 Celebrity Circle) Das Herz von Myrtle Beach bietet Geschäfte, Restaurants, Nachtclubs, Fahrgeschäfte und ein IMAX-Kino.

Family Kingdom VERGNÜGUNGSPARK
(www.family-kingdom.com; Tageskarte 35 US$; 👪) Ein altmodischer Vergnügungs- und Wasserpark mit Meerblick. Die Öffnungszeiten variieren je nach Jahreszeit; im Winter ist die Anlage geschlossen.

Schlafen

Die Preise in den Hunderten von Hotels vor Ort, die von familienbetriebenen Retro-Pensionen bis zu großen Resortanlagen reichen, variieren je nach Saison erheblich: Ein und dasselbe Zimmer kann im Januar 30 US$

und im Juli über 150 US$ kosten. Die folgenden Preise gelten in der Hochsaison.

Serendipity Inn INN $$
(☎800-762-3229; www.serendipityinn.com; 407 71st Ave N; Zi. inkl. Frühstück 89–109 US$; P ❄ 📶 🏊) Das intime, spanisch angehauchte Inn kommt im auf Resorts eingestellten Myrtle Beach einem B&B am nächsten und liegt abseits des Trubels der Stadt an einer ruhigen Seitenstraße. Die Zimmer mit Blumenmustern und Nippes sind nicht gerade schick, aber gemütlich.

Myrtle Beach State Park CAMPING $$
(☎843-238-5325; www.southcarolinaparks.com; Stellplatz Zelt & Wohnmobil 21–25 US$, Hütte & Apt. 65–176 US$; P 📶 🏊 👪) Die meisten Campingplätze sind auf Familienurlauber mit Wohnmobilen ausgerichtet. Wer zelten möchte, ist in diesem stattlichen Park mit seinen schattigen Stellplätzen an der richtigen Adresse. Er liegt 3 Meilen (5 km) südlich des Zentrums von Myrtle Beach.

Breakers RESORT $$
(☎800-952-4507; www.breakers.com; 2006 N Ocean Blvd; Zi. 112–195 US$; P ❄ 📶 🏊 👪) Das alteingesessene Megaresort hat drei Türme mit sommergelben Suiten und ein paar Extras, die man wohl nur in Myrtle Beach findet, z. B. einen als Piratenschiff aufgemachten Pool und eine entsprechend dekorierte Bar.

WAS ZUM ...?

Ja, das da an der Grenze zwischen North und South Carolina ist in der Tat ein riesiger Sombrero, der über die I-95 ragt. *Bienvenidos* am **South of the Border**, einem von Mexiko inspirierten Monument des amerikanischen Kitschs. Was in den 1950er-Jahren als Verkaufsstand für Feuerwerk begann (Pyrotechnik ist in North Carolina verboten), hat sich zu einer Mischung aus Raststätte, Souvenirmeile, Motel und (heute weitgehend stillgelegtem) Vergnügungspark entwickelt, die auf Hunderten Reklametafeln von einem schrecklich klischeehaften Zeichentrick-Mexikaner namens Pedro angepriesen wird. Einfach anhalten, ein paar Fotos schießen und Toffees und einen Schlüsselanhänger kaufen, der Wasser lässt, wenn man ihn zusammendrückt.

Essen

Die zahllosen Restaurants sind meistens riesig und eher Durchschnitt – man denke an Buffets so lang wie Bowlingbahnen und rund um die Uhr geöffnete Donut-Läden. Ironischerweise bekommt man vor Ort kaum gute Meeresfrüchte; die Einheimischen fahren dafür in das nahe gelegene Fischerdorf **Murrells Inlet**.

Prosser's BBQ SÜDSTAATEN $$
(3750 Business Hwy 17; Buffet mittags/abends 7,50/13 US$; ⏲6–20.30 Uhr; 👪) Von den Restaurants auf Murrells Inlet ist das Prosser's das beste. Die Anfahrt lohnt sich auf jeden Fall: Gäste erwartet ein großes Buffet mit gebratenem Fisch und Hähnchen, Süßkartoffeln, Maccaroni mit Käse und in Essig mariniertem Schweinefleisch. Die Öffnungszeiten variieren je nach Saison.

Duffy Street Seafood Shack SEAFOOD $$
(www.duffyst.com; 202 Main St, North Myrtle Beach; Hauptgerichte 8–20 US$; ⏲19 Uhr–spät) Das Lokal versprüht typisches Kneipen-Flair: Die Erdnussschalen landen gern mal auf dem Boden und es gibt eine Happy Hour, zu der man Shrimps für 0,30 US$ pro Stück bekommt.

Ausgehen & Unterhaltung

LP TIPP **Fat Harold's Beach Club** TANZ
(www.fatharolds.com; 212 Main St, North Myrtle Beach) Ergrauende Strandkönige zu Doo-Wop und Rock'n'Roll abtanzen zu sehen, ist durchaus unterhaltsam. Die Institution in North Myrtle nennt sich selbst „Home of the Shag". Jeden Dienstag um 19 Uhr gibt's kostenlosen Unterricht in diesem Tanzstil.

Carolina Opry MUSICALS
(☎843-913-1400; www.thecarolinaopry.com; 8901a Business 17 N; ⏲Mo–Sa 20 Uhr) Tickets für die glamourösen Musicals und Varieté-Shows gibt's ab 35 US$.

Praktische Informationen

Chapin Memorial Library (400 14th Ave N) Internetzugang.

Visitor Center (☎843-626-7444, 800-496-8250; www.myrtlebeachinfo.com; 1200 N Oak St; ⏲Mo–Fr 8.30–17, Sa 10–14 Uhr) Jede Menge Karten und Broschüren.

Anreise & Unterwegs vor Ort

Der starke Verkehr auf dem Hwy 17 Business/Kings Hwy kann nervig sein. Um diesem aus dem Weg zu gehen, bleibt man am besten auf der Umgehungsstraße des Hwy 17 oder nimmt den

Hwy 31/Carolina Bays Pkwy, der parallel zum Hwy 17 zwischen dem Hwy 501 und dem Hwy 9 verläuft.

Der **Myrtle Beach International Airport** (MYR; ☎843-448-1589; 1100 Jetport Rd) liegt innerhalb der Stadtgrenzen, ebenso der **Greyhound-Bahnhof** (511 7th Ave N).

RUND UM MYRTLE BEACH

Fährt man 15 Minuten die I-17 hinunter, gelangt man zur **Pawleys Island**. Der schmale Streifen mit seinen pastellfarbenen Küstencottages scheint Welten entfernt von dem in Neonlicht erstrahlenden Myrtle Beach. Hier kann man nicht viel mehr unternehmen als Kajak fahren und angeln. Nach weiteren 15 Minuten kommt man zum lieblichen **Georgetown**, der drittältesten Stadt in South Carolina. Dort kann man an der Front St zu Mittag essen und die fotogene Ladenzeile aus dem 19. Jh. mit Blick aufs Wasser bewundern ... oder auch gleich geruhsam weiterfahren zum Francis Marion National Forest.

Columbia

Die Hauptstadt South Carolinas ist ein ruhiger Ort mit breiten, schattigen Straßen und einer altmodischen Innenstadt, wo in den als Familienbetriebe geführten Gemischtwarenhandlungen immer noch Pillbox-Hüte in den Schaufenstern liegen. Die University of South Carolina sorgt für jugendlichen Schwung – und wenn es im Basketball einen Sieg gibt, lassen es die Collegestudenten in den Bars am Rand des Campus gar ordentlich krachen. Obwohl Columbia ein netter Zwischenstopp ist, machen es die meisten Besucher wie die Truppen von General Sherman: Sie ziehen zur Küste weiter.

An der Westfassade des großartigen, mit korinthischen Säulen verzierten **State House** (www.scstatehouse.gov;1100 Gervais St; Eintritt frei; ⌚Mo–Fr 9–17, Sa ab 10–17 Uhr) markieren Bronzesterne die Stellen, wo Geschosse der Union-Truppen einschlugen.

Das **South Carolina State Museum** (www.museum.state.sc.us; 301 Gervais St; Erw./Kind 7/3 US$; ⌚Di–Sa 10–17, So 13–17 Uhr) ist in dem 1894 errichteten Gebäude einer Textilfabrik untergebracht, die zu den ersten elektrisch betriebenen Fabriken der Welt gehörte. Die Ausstellungen zu Wissenschaft, Technologie sowie zur Kultur- und Naturgeschichte des Bundesstaates sorgen an einem verregneten Tag für Abwechslung.

Essen und Unterhaltung findet man an der Gervais St in Vista, einem hippen, bei jungen Berufstätigen sehr angesagten Vier-

UNTERWEGS IN DEN SÜMPFEN SOUTH CAROLINAS

Tannin (Gerbstoff, der aus vermoderndem pflanzlichen Material austritt) färbt Gewässer tintenschwarz, bleiche Zypressenstümpfe ähneln den Oberschenkelknochen vorweltlicher Riesen und trockenes Louisianamoos dem grauen Haar von Hexen – nichts ist mit den Eindrücken vergleichbar, die man bei einer Wanderung oder Kanufahrt durch die gespenstischen Sümpfe South Carolinas sammelt. Fast wähnt man sich in einem Gruselroman.

Ungefähr 45 Minuten von Charleston entfernt erstreckt sich der **Beidler Forest** (www.beidlerforest.com; 336 Sanctuary Rd, Harleyville; ⌚Di–So 9–17 Uhr; Erw./Kind 8/4 US$), ein unheimlicher, 728 ha großer Zypressensumpf. Die Audubon Society, die ihn verwaltet, veranstaltet hier an den Wochenenden im Frühjahr Kanutouren (Erw./Kind 30/15 US$).

In der Nähe von Columbia liegt der 89 km² große **Congaree National Park** (www.nps.gov/cong; 100 National Park Rd, Hopkins; ⌚8.30–17 Uhr), Amerikas größter zusammenhängender alter Überschwemmungswald. Hier findet man Campingmöglichkeiten und kann an kostenlosen, von Rangern geführten Kanutrips teilnehmen (vorab reservieren; ☎803-776-4396). Tagesausflügler können auch einfach auf dem 3,9 km langen Plankenweg spazieren.

Der zwischen Charleston und Myrtle Beach gelegene **Francis Marion National Forest** (5821 Hwy 17 N, Awendaw) umfasst ein 1048 km² großes Gebiet mit tanninschwarzen Bächen, Campingplätzen und Wanderwegen, darunter der 67 km lange Palmetto Trail, der alten Holzfällerrouten folgt. **Nature Adventures Outfitters** (☎843-568-3222; www.natureadventuresoutfitters.com; halber Tag Erw./Kind 55/39 US$) mit Sitz in Charleston veranstaltet Kajak- und Kanutrips.

tel mit renovierten Lagerhäusern. Wer Lust auf Kaffee und günstige internationale Gerichte verspürt, mischt sich in Five Points, wo die Harden St, die Greene St und die Devine St auf die Saluda Ave treffen, unter die USC-Studenten. Das beliebte, neue **Pawley's Front Porch** (www.pawleys5pts.com; 827 Harden St; Hauptgerichte 7–10 US$; ⌚11.30–22 Uhr) serviert Pimento-Cheese-burger (Burger mit Käse, Mayonnaise und Cayennepfeffer), Columbias Antwort auf New Yorks Pizza oder Chicagos Hotdogs.

An der I-26 gibt's zahlreiche Kettenhotels. In Five Points versucht sich das **Inn at Claussen's** (☎803-765-0440; www.theinnatclaussens.com; 2003 Greene St; Zi. 112–154 US$; 📶) mit seinen 28 Zimmern als Boutiquehotel im Art-déco-Stil – mit mäßigem Erfolg.

TENNESSEE

Die meisten Bundesstaaten haben eine offizielle Hymne, Tennessee hat sieben. Und das ist kein Zufall: Tief in der Seele Tennessees lebt die Musik. Hier traf der Folk der schottisch-irischen Bergbewohner im Osten auf die Bluesrhythmen der Afroamerikaner im Mississippidelta des Westens – heraus kam die moderne Countrymusik, die Nashville so berühmt machte.

Die drei geografischen Regionen – auf der Fahne von Tennessee von drei Sternen symbolisiert – sind von einer jeweils ganz eigenen Schönheit: Die von lilafarbenem Heidekraut bedeckten Gipfel der Great Smoky Mountains weichen den üppig grünen Täler des Zentralplateaus um Nashville und schließlich den heißen, schwülen Niederungen bei Memphis.

In Tennessee kann man morgens auf schattigen Gebirgspfaden wandern und abends in einer Kneipe in Nashville ein Tänzchen wagen oder aber mit dem Geist Elvis' durch die Straßen von Memphis ziehen.

Die Leute in Tennessee sind ... nun ja ... ziemlich extrovertiert: In Kirchen auf dem Land sprechen die Schlangenbeschwörer immer noch in Zungen, während in den modernen Städten die Plattenbosse ihre Sonnenbrille auch bei Nacht nicht absetzen.

Geschichte

Spanische Siedler waren die ersten Europäer, die 1539 Tennessee erkundeten, im 17. Jh. befuhren dann französische Händler die Flüsse. Pioniere aus Virginia errichteten bald eine eigene Siedlung und kämpften im Unabhängigkeitskrieg gegen die Briten. Als 16. Bundesstaat trat Tennessee, das seinen Namen von der Cherokee-Siedlung Tanasi hat, 1796 den Vereinigten Staaten bei.

Wie viele andere Stämme in Tennessee wurden auch die Cherokee in der Mitte des 19. Jhs. brutal vertrieben und mussten über den „Pfad der Tränen" gen Westen ziehen.

Tennessee war der vorletzte Südstaat, der sich im Amerikanischen Bürgerkrieg von der Union abspaltete. Viele wichtige Schlachten wurden hier ausgefochten. Unmittelbar nach dem Krieg gründeten sechs Veteranen der Konföderiertenarmee aus dem Ort Pulaski den berüchtigten Ku-Klux-Klan, um die nun befreiten Schwarzen erneut zu entrechten und zu terrorisieren.

Wichtige Wirtschaftszweige sind heute die Textil-, die Tabak- und die chemische Industrie, die Rinderzucht und (vor allem in Nashville und Memphis) der Tourismus, der jährlich Hunderte von Millionen einbringt.

KURZINFOS TENNESSEE

» **Spitzname** Volunteer State

» **Bevölkerung** 6,3 Mio.

» **Fläche** 106 752 km²

» **Hauptstadt** Nashville (630 000 Ew.)

» **Weitere Städte** Memphis (650 000 Ew.)

» **Verkaufssteuer** 7 %, plus Gemeindesteuern von bis zu 15 %

» **Geburtsort von** Trapper Davy Crockett (1786–1836), Soul-Diva Aretha Franklin (geb. 1942), Sängerin Dolly Parton (geb. 1946)

» **Heimat von** Graceland, Grand Ole Opry, der Jack Daniel's Distillery

» **Politische Ausrichtung** erzkonservativ, mit liberalen Enklaven in urbanen Gegenden

» **Berühmt für** den „Tennessee Waltz", Countrymusik, die Tennessee Walking Horses

» **Merkwürdigstes Gesetz** In Tennessee ist es verboten, aus fahrenden Fahrzeugen auf Wildtiere zu schießen – die Ausnahme sind Wale

» **Entfernungen** Memphis–Nashville 213 Meilen (341 km), Nashville–Great Smoky Mountains National Park 223 Meilen (357 km)

Praktische Informationen

Department of Environment & Conservation (☎888-867-2757; www.state.tn.us/environment/parks) Die übersichtliche Website informiert übers Campen (0–27 US$ oder mehr pro Nacht), Wandern und Angeln in den über 50 State Parks in Tennessee.

Department of Tourist Development (☎615-741-2159, 800-462-8366; www.tnvacation.com; 312 8th Ave N, Nashville) Unterhält Welcome Centers an den Staatsgrenzen.

Memphis

Memphis zieht nicht nur Touristen an. Heerscharen von Musikfans pilgern her, um andächtig dem Hämmern der Bluesgitarren an der Beale St zu lauschen, Barbecue-Liebhaber schlagen sich den Bauch mit rauchigem Schweinefleisch und Rippchen voll und Elvis-Fans fliegen aus London, Reykjavik oder Osaka ein, um ihrem King vor seinem Altar in Graceland zu huldigen. Man könnte Tage damit verbringen, die Museen und historischen Stätten abzuklappern und zwischendurch an einem Grilllokal Halt zu machen – und wäre damit voll zufrieden.

Lässt man aber all die Lichter und Touristenbusse hinter sich, erlebt man ein völlig anderes Memphis. Die Stadt, benannt nach der Hauptstadt des Alten Ägypten, präsentiert sich grotesk marode, was zugleich schmerzt und anzieht. Die Armut greift immer mehr um sich: Viktorianische Villen stehen neben verfallenen „Shotgun Houses" (schmalen, besonders im Süden beliebten Familienhäusern), Collegegebäude liegen im Schatten unheimlicher, stillgelegter Fabriken und ganze Viertel scheinen von Kopubohnen- und Heckenkirschsträuchern nahezu gänzlich überwuchert zu sein.

Doch Memphis' Charme einer wilden Stadt am Fluss wird aufgeschlossene Besucher bezaubern: Wer die Augen offen hält, findet so seltsame Museen, schrullige Restaurants (Lust auf gegrillte Spaghetti?), gespenstische Friedhöfe und verrückte Spelunken wie kaum sonst wo in den USA.

Geschichte

Im amerikanischen Bürgerkrieg war Memphis von Union-Truppen besetzt. Verheerender als der Krieg wirkte sich aber der Zusammenbruch des Baumwollhandels in der Nachkriegszeit aus. Nachdem zudem eine Gelbfieberepidemie ausbrach und die meisten weißen Einwohner aus der Stadt flohen, musste Memphis seinen Bankrott erklären. Unter Führung des Exsklaven Robert Church sorgte die afroamerikanische Gemeinde für eine Wiederbelebung der Stadt. Anfang des 20. Jhs. war die Beale St der Brennpunkt des sozialen und städtischen Lebens der schwarzen Gemeinde und wurde zu einem frühen Zentrum des Blues. In den 1950er- und 1960er-Jahren machten örtliche Plattenfirmen Aufnahmen von Blues-, Soul-, R'n'B- und Rockabilly-Künstlern wie Al Green, Johnny Cash und Elvis Presley, was Memphis einen festen Platz in der amerikanischen Musikbranche bescherte.

Sehenswertes & Aktivitäten

DOWNTOWN

LP TIPP National Civil Rights Museum MUSEUM
(www.civilrightsmuseum.org; 450 Mulberry St; Erw./Kind 13/9,50 US$; ⌚Sept.–Mai Mo & Mi–Sa 9–17, So 13–17 Uhr, Juni–Aug. bis 18 Uhr) Das ergreifende National Civil Rights Museum fünf Blocks südlich der Beale St ist im Lorraine Motel untergebracht, in dem Martin Luther King am 4. April 1968 einem Attentat zum Opfer fiel. Umfassende Exponate, eine detaillierte Chronik und ein Audioguide dokumentieren den immer noch währenden Kampf der Afroamerikaner für Freiheit und Gleichheit. Kings Errungenschaften und seine Ermordung dienen als Aufhänger für einen Einblick in die Bürgerrechtsbewegung, ihre Vorläufer und ihren unauslöschlichen Einfluss auf das Leben der Amerikaner. Die türkisfarbene Fassade des Motels aus den 1950er-Jahren und zwei Innenräume wurden weitgehend so belassen, wie sie zur Zeit der Ermordung Kings aussahen. Schon für sich genommen dürfen sie als historische Pilgerstätten gelten.

GRATIS Peabody Ducks ENTENPARADE
(www.peabodymemphis.com; tgl. 11 & 17 Uhr; 👪) Jeden Tag Punkt 11 Uhr watscheln fünf Enten in Begleitung eines rotgewandeten Duckmaster vom vergoldeten Fahrstuhl des Peabody Hotel über einen roten Teppich zum Springbrunnen in der Marmorlobby, wo sie den Tag über herumplanschen. Um 17 Uhr geht's wieder zurück in ihr Penthouse zur verdienten Nachtruhe. Die sogenannte Entenparade geht auf einen alkoholgeschwängerten Streich in den 1930er-Jahren zurück und ist eine echte Memphis-Tradition, die täglich jede Menge Zuschauer anzieht – am besten sichert man sich schon früh einen Platz (vom Mezzanin ist die Sicht am besten).

Mud Island PARK, MUSEUM

(www.mudisland.com; Park kostenlos; 125 N Front St; ⌚April–Okt. Di–So 10–17 Uhr, Juni–Aug. verlängerte Öffnungszeiten; 👪) Mud Island, eine kleine, in den Mississippi hineinragende Halbinsel, ist die beliebteste Grünfläche in der Innenstadt von Memphis. Der obere Abschnitt ist ein Wohngebiet, im unteren erstreckt sich der wunderbare **Mud Island River Park**, zu dem eine Monorail (4 US$ bzw. im Eintrittspreis zum Museum inkl.) und eine Fußgängerbrücke führen. Im Park kann man joggen, Fahrräder leihen oder in einem maßstabsgetreu angefertigten Modell des Mississippi waten, das sich in den ebenfalls nachgebauten Golf von Mexiko ergießt. In diesem befinden sich immerhin 4,9 Mio. l Wasser – genug, um darauf mit dem Tretboot herumzupaddeln. Das **Mississippi River Museum** (Erw./Kind 8/5 US$; ⌚April–Mai & Sept.–Okt. 10–17 Uhr, Juni–Aug. 18 Uhr, Mo geschl.) zeigt eine interessante maßstabsgetreue Rekonstruktion eines Paketschiffs und andere historische Exponate

GRATIS **Center for Southern Folklore** KUNSTZENTRUM

(☎901-525-3655; www.southernfolklore.com; 119 S Main St; ⌚Mo–Sa 11–18 Uhr, Winter bis 17 Uhr) Das gepflegte Gemeindezentrum bietet ein Café, eine Kunsthandwerksgalerie sowie häufig stattfindende (kostenlose!) Musikdarbietungen und Filmvorführungen.

BEALE STREET

In der Fußgängerzone an der Beale St ist rund um die Uhr etwas los. Hier gibt's Spritzkuchen, Bier zum Mitnehmen und Musik ohne Ende. Auf Einheimische trifft man eher selten, Besucher allerdings lieben die feucht-fröhliche Partystimmung.

Memphis Rock 'n' Soul Museum MUSEUM

(www.memphisrocknsoul.org; Ecke Lt George W Lee Ave & 3rd St; Erw./Kind 11/8 US$; ⌚10–19 Uhr) Im Museum des Smithsonian neben dem FedEx Forum wird untersucht, wie sich im Mississippidelta die Musik der Afroamerikaner mit der Musik der Weißen mischte und ein neuer Sound entstand. Bei der Audiotour gibt's über 100 Songs auf die Ohren.

Gibson Beale Street Showcase FABRIKFÜHRUNG

(www.gibson.com; 145 Lt George W Lee Ave; Eintritt 10 US$, kein Einlass für Kinder unter 5 Jahren; ⌚Führung Mo–Sa 11–16, So 12–16 Uhr) Bei den faszinierenden 45-minütigen Führungen durch die riesige Fabrik, die zu jeder vollen Stunde beginnen, bekommen Teilnehmer zu sehen, wie Meister ihres Fachs massive Holzblöcke in die legendären Gibson-Gitarren verwandeln.

Orpheum Theatre THEATER

(www.orpheum-memphis.com; 203 S Main St) Das Theater erstrahlt nach seiner Restaurierung wieder im alten Glanz der Tage im Jahr 1928. Heute zeigt es große Comedy- und Broadwayshows. Doch Vorsicht: Der Geist eines kleinen Mädchens mit Zöpfen namens Mary soll zwischen den Auftritten kichernd umherspuken! Führungen kann man telefonisch buchen (☎901-525-7800).

A Schwab's HISTORISCHER LADEN

(163 Beale St; ☎Mo–Sa 9–17 Uhr) Der originale Kurzwarenladen verkauft auf drei Etagen Voodoo-Pulver, Schlipse für 1 US$ und Schnapsgläser mit Elvis-Motiven.

ÖSTLICH DER DOWNTOWN

LP TIPP **Sun Studio** STUDIOFÜHRUNG

(www.sunstudio.com; 706 Union Ave; Erw./Kind 12 US$/frei; ⌚10–18 Uhr) Von draußen wirkt das angestaubte Musikstudio eher unscheinbar, doch hier startete der amerikanische Rock'n'Roll Anfang der 1950er-Jahre seinen Siegeszug. Damals begann Sam Phillips vom Sun Studio damit, Platten von Blueskünstlern wie Howlin' Wolf, B.B. King und Ike Turner aufzunehmen, danach folgte die Rockabilly-Dynastie mit Jerry Lee Lewis, Johnny Cash, Roy Orbison und, natürlich, dem King of Rock'n'Roll, dessen Karriere 1953 hier begann. Heute kann man im Rahmen 40-minütiger Führungen durch das winzige Studio Originalbänder von legendären Aufnahmesessions anhören. Die witzigen Guides, oft selbst Musiker, haben eine Menge Anekdoten auf Lager. Man kann sich in dem alten Aufnahmestudio genau an der Stelle fotografieren lassen, wo Elvis einst stand – die Stelle ist mit einem „X" markiert –, oder eine CD des „Million Dollar Quartet" erwerben, einer spontanen Jamsession von Elvis, Johnny Cash, Carl Perkins und Jerry Lee Lewis, die 1956 im Sun Studio aufgenommen wurde.

Der kostenlose Shuttlebus des Studios fährt ab 11.15 Uhr stündlich auf einem Rundkurs zwischen dem Sun Studio, der Beale St und Graceland.

Pink Palace Museum & Planetarium MUSEUM, PLANETARIUM

(www.memphismuseums.org; 3050 Central Ave; Erw./Kind 9,75/6,25 US$, ⌚Mo–Sa 9–17,

So 12–17 Uhr) Das Gebäude wurde 1923 als Wohnhaus für Clarence Saunders, dem Gründer der Supermarktkette Piggly Wiggly, errichtet und 1996 als natur- und kulturhistorisches Museum der Öffentlichkeit zugänglich gemacht. Zu sehen sind Fossilien, Exponate zum Bürgerkrieg und eine Rekonstruktion des originalen Piggly Wiggly von 1916, dem ersten SB-Laden der Welt.

Children's Museum of Memphis MUSEUM
(www.cmom.com; 2525 Central Ave; Eintritt 10 US$; ⌚9–17 Uhr; 👪) Hier können sich Kids inmitten von Flugzeugcockpits, Webstühlen und Wasserrädern so richtig austoben.

OVERTON PARK

Bei der Poplar Ave in Midtown liegt der von stattlichen Häusern gesäumte Overton Park, eine 845 ha große hügelige Oase inmitten der oft tristen Stadt. Ist die Beale St Memphis' Herz, so ist der Overton Park seine Lunge.

Memphis Zoo ZOO
(www.memphiszoo.org; 2000 Prentiss Pl; Erw./Kind 15/10 US$; ⌚März–Okt. 9–16 Uhr, Nov.–Feb. bis 16 Uhr; 👪) In der nordwestlichen Ecke des Parks liegt dieser erstklassige Zoo. Die Pandas Ya Ya und Le Le sind die Stars auf einem 16 Mio. US$ teuren Ausstellungsge-

Memphis

lände über chinesische Tiere und Lebensräume. Außerdem leben hier alle möglichen Arten von Affen, Eisbären, Pinguinen, Adlern, Seelöwen etc. – es gibt kaum ein Tier, das hier nicht zu finden ist.

Brooks Museum of Art GALERIE
(www.brooksmuseum.org; 1934 Poplar Ave; Erw./Kind 7/3 US$; ⌚Mi–Sa 10–16, Do bis 20, So 11–17 Uhr) Am westlichen Rand des Parks zeigt das renommierte Kunstmuseum eine ausgezeichnete Dauerausstellung, die von Renaissanceskulpturen über Impressionisten (z. B. Renoir) bis hin zu abstrakten Expressionisten (z. B. Robert Motherwell) reicht.

Levitt Shell AMPHITHEATER
(www.levittshell.org) Auf der historischen Bühne gab Elvis 1954 sein erstes Konzert. Heute finden in der modern wirkenden weißen Muschel im Sommer kostenlose Konzerte statt.

SÜDLICH DER DOWNTOWN

LP TIPP **Graceland** ELVIS' ANWESEN
(☎901-332-3322, 800-238-2000; www.elvis.com; Elvis Presley Blvd/US 51; Führung nur im Haus Erw./Kind 31/14 US$, komplette Führung 35/17 US$; ⌚Mo–Sa 9–17, So bis 16 Uhr, Winter verkürzte Öffnungszeiten & Di geschl.) Wer nur auf Durchreise in Memphis ist, sollte zumindest hier einen Stopp einlegen: am grandios kitschig-bizarren Zuhause des King of Rock 'n' Roll.

Elvis Presley wurde zwar in Tupelo, Mississippi, geboren, war im Grund jedoch ein Sohn der Stadt Memphis. Er wuchs in einer Sozialwohnung im Viertel Lauderdale Courts auf, wurde in den Clubs der Beale St vom Blues inspiriert und im Sun Studio an der Union Ave entdeckt. Im Frühjahr 1957 kaufte der erst 22-jährige, aber schon berühmte Elvis für 100 000 US$ eine Kolonialvilla namens Graceland. Priscilla Presley, die 1973 von Elvis geschieden wurde, öffnete 1982 das Anwesen für Besichtigungstouren. Heute kommen Millionen, um dem King die Ehre zu erweisen und die berüchtigte Einrichtung zu bestaunen. Elvis selbst ließ Graceland 1974 umbauen: Mit seiner 4,60 m langen Couch, einem künstlichen Wasserfall, gelben Vinylwänden und grünen, flauschigen Teppichen an der Decke könnte es einem pompösen Einrichtungskatalog aus den Siebzigern entsprungen sein. Drei Jahre später, am 16. August 1977, starb Elvis an Herzversagen in seinem Badezimmer im Obergeschoss. Noch heute trauern Heerscharen von Fans an seinem Grab neben dem Pool im hinteren Bereich des Anwesens.

Die Führung beginnt bei der mit viel Hightech ausgestatteten Visitor Plaza auf der anderen Seite des schäbigen Elvis Presley Blvd. Wer in der Hochsaison vorab bucht, kann ohne Wartezeit direkt an einer Führung teilnehmen. Wer Graceland selbst erkunden möchte, bekommt einen Audioguide, auf dem die Stimmen von Elvis, Priscilla und Lisa Marie zu hören sind. Für alle, die das ganze Anwesen sehen möchten, gibt's ein Paketangebot; alternativ bezahlt man für die jeweiligen Attraktionen einzeln Eintritt, z. B. für mehrere Kleidungsmuseen, ein Automuseum und zwei spezialgefertigte Flugzeuge (in der *Lisa Marie*, einer Convair 880, gibt es ein blau-goldenes Privatbad). Die Parkgebühr beträgt 10 US$.

Graceland liegt 9 Meilen (14,5 km) südlich der Stadt am US 51, der auch als Elvis

Memphis

Sehenswertes
- 1 A Schwab's ... B4
- 2 Center for Southern Folklore ... B3
- 3 Gibson Beale Street Showcase ... B4
- 4 Memphis Rock 'n' Soul Museum ... B4
- 5 Mississippi River Museum ... A1
- 6 National Civil Rights Museum ... A5
- 7 Orpheum Theater ... B3
- Peabody Ducks ... (siehe 9)

Schlafen
- 8 Inn at Hunt Phelan ... D4
- 9 Peabody Hotel ... B3
- 10 Sleep Inn at Court Square ... B2
- 11 Talbot Heirs ... B3

Essen
- 12 Arcade ... A5
- 13 Charlie Vergos' Rendezvous ... C2
- 14 Dyer's ... C4
- 15 Gus's World Famous Fried Chicken ... A4

Ausgehen
- 16 Silky O'Sullivan's ... B4

Unterhaltung
- 17 Rum Boogie ... B3

Shoppen
- Lansky Brothers ... (siehe 9)

Presley Blvd bekannt ist. Kein Auto? Dann nimmt man in der Innenstadt die Buslinie 43 oder steigt in den kostenlosen Shuttle des Sun Studio.

Stax Museum of American Soul Music MUSEUM
(www.staxmuseum.com; 926 E McLemore Ave; Erw./Kind 12/9 US$; ⏲März–Okt. Mo–Sa 10–17, So 13–17 Uhr, Nov.–März Mo geschl.) Lust auf Funk? Dann auf zur „Soulsville USA“, wo auf dem Gelände des alten Aufnahmestudios Stax heute ein 1580 m² große Museum untergebracht ist. Das ehrwürdige Studio war in den 1960er-Jahren das Epizentrum des Soul, als Otis Redding, Booker T. und die MGs oder auch Wilson Pickett ihre Platten aufnahmen. Besucher können tief in die Geschichte des Souls eintauchen, Fotos, Exponate aus den 1960ern, bunte Kostüme aus den 1970ern und den Superfly Cadillac von Isaac Hayes, Baujahr 1972, mit Florteppichen und einer 24-karätigen Goldauflage an der Außenseite zu sehen.

Full Gospel Tabernacle Church KIRCHE
(www.algreenmusic.com; 787 Hale Rd; ⏲Messe So 11.30 & 16 Uhr) Wer an einem Sonntag in der Stadt ist, sollte seine besten Hosen anziehen und die Sonntagsmesse in der Kirche in South Memphis besuchen, wo Prediger und Soullegende Al Green einem gewaltigen Chor vorsteht. Besucher sind willkommen und belegen in der Regel etwa die Hälfte der Kirchenbänke. Einfach in die „Hallelujahs“ einstimmen, aber nicht vergessen, eine kleine Spende zu hinterlassen (ca. 1 US$ ist o.k.). Green ist zwar nicht jedes Wochenende vor Ort, der Gottesdienst ist jedoch immer ein faszinierendes Erlebnis.

Geführte Touren

LP TIPP **American Dream Safari** AUTO
(☎901-527-8870; www.americandreamsafari.com; Stadtspaziergang 15 US$/Pers., Autotour 125 US$/Fahrzeug) Tad Pierson, der regelrecht süchtig nach Südstaatenkultur ist, zeigt Tourteilnehmern wahlweise zu Fuß oder in seinem pinken Cadillac eine unkonventionelle, persönliche Seite von Memphis in Form von Juke Joints, Gospelkirchen und unheimlichen zerfallenen Gebäuden. Zu diesem interessanten Angebot gehören außerdem Tagesausflüge ins Delta und spezielle Fotoführungen.

Memphis Rock Tours AUTO
(☎901-359-3102; www.shangrilaprojects.com; Tour für 2 Pers. 75 US$) Witzige, maßgeschneiderte Touren zu Musikstätten und lokalen Restaurants.

Blues City Tours BUS
(☎901-522-9229; www.bluescitytours.com; Erw./Kind ab 24/16 US$) Verschiedene Stadtrundfahrten im Bus, u.a. eine Elvis-Tour.

Memphis Riverboats BOOTSFAHRT
(☎901-527-5694, 800-221-6197; www.memphisriverboats.net; Erw./Kind ab 20/10 US$) Sightseeing- und Dinnerfahrten auf dem Mississippi.

Feste & Events

International Blues Challenge MUSIK
(www.blues.org) Gefördert von der Blues Foundation treten hier immer im Januar oder Februar vor einer Jury Blueskünstler gegeneinander an.

Memphis in May KULTUR
(www.memphisinmay.org) Im Mai wird freitags, samstags und sonntags immer etwas geboten, etwa das Beale St Music Festival, ein Grillwettbewerb oder, als großes Finale, die Sonnenuntergangssinfonie.

Mid-South Fair VOLKSFEST
(www.midsouthfair.org) Seit 1856 lockt die Mischung aus Vergnügungspark und Landwirtschaftsausstellung jede Menge Besucher an.

Schlafen

Günstige bis superbillige Kettenhotels liegen bei der Exit 279 der I-40 am gegenüberliegenden Flussufer in West Memphis, Arkansas. Während des Festes Memphis in May schießen die Preise durch die Decke.

DOWNTOWN

LP TIPP **Talbot Heirs** PENSION $$
(☎901-527-9772, 800-955-3956; www.talbothouse.com; 99 S 2nd St; Suite ab 130 US$; ❄📶) Die fröhliche Pension versteckt sich im zweiten Stock an einer geschäftigen Straße in der Innenstadt und gehört zu Memphis' bestgehüteten, unverwechselbarsten Geheimnissen. Die Suiten erinnern eher an Ein-Zimmer-Apartments als an Hotelzimmer und sind mit orientalischen Teppichen, witziger lokaler Kunst und Küchen mit Snacks ausgestattet. Die Gastgeber Tom und Sandy informieren gerne über die besten Restaurants und Bars in der Gegend. Parken kostet 10 US$.

Peabody Hotel HOTEL $$$
(☎901-529-4000; www.peabodymemphis.com; 149 Union Ave; Zi. ab 209 US$; ❄📶🏊) Im sa-

genumwobensten Hotel des Mississippidelta nächtigt seit den 1860er-Jahren das Who's Who der Südstaaten-Noblesse. Der heutige 13-stöckige Bau im Stil der italienischen Renaissance stammt aus den 1920er-Jahren. Das Peabody ist weiterhin ein gesellschaftlicher Treffpunkt mit einem Spa, Geschäften, mehreren Restaurants und einer wunderbar atmosphärischen Lobby-Bar aus Marmor und Gold. Der tägliche Marsch der im Springbrunnen der Lobby ansässigen Stockenten (S. 378) ist eine legendäre Tradition in Memphis.

Inn at Hunt Phelan B&B **$$**
(☎901-525-8225; www.huntphelan.com; 533 Beale St; Zi. ab 155 US$; P❄📶) Draußen liegen hässliche Lagerhäuser und verlassene Grundstücke, drinnen erwartet Gäste jedoch ein original aristokratisches Herrenhaus aus dem Jahr 1828. Beim Springbrunnen im Innenhof kann man abends kostenlose Cocktails genießen, danach den 1,8 ha großen Garten erkunden und sich anschließend im Himmelbett ausruhen oder zuvor noch die Bars an der Beale St, direkt die Straße hinunter, unsicher machen.

Sleep Inn at Court Square HOTEL **$$**
(☎901-522-9700; www.sleepinn.com; 400 N Front St; Zi. ab 110 US$; ❄📶) Der kompakte Stuck-Bau gehört zu den besten günstigeren Unterkünften in der Innenstadt und bietet hübsche, luftige Zimmer mit Flachbildfernsehern. Parken kostet 12 US$.

MIDTOWN

LP TIPP **Pilgrim House Hostel** HOSTEL **$**
(☎901-273-8341; 1000 S Cooper St; B/Zi. 15/30 US$; P❄@📶) Ja, das Hostel im trendigen Midtown-Viertel Cooper-Young ist tatsächlich in einer Kirche untergebracht. Aber nein, niemand versucht hier zu missionieren. Die aufgeschlossenen jungen Angestellten laden einen höchstens zu einem Bier die Straße hinunter ein (im Hostel ist Alkohol verboten). Die internationalen Gäste spielen Karten und plaudern im sonnigen, offenen Gemeinschaftsbereich im IKEA-Look. Die wenigen Schlafsäle und Privatzimmer sind sauber. Jeder Gast muss täglich eine kleine Aufgabe übernehmen, z. B. den Müll rausbringen.

RUND UM GRACELAND

Heartbreak Hotel HOTEL **$$**
(☎901-332-1000, 877-777-0606; www.elvis.com/epheartbreakhotel/; 3677 Elvis Presley Blvd; DZ ab 112 US$; P❄@📶🏊) In dem einfachen Hotel am Ende der Lonely St gegenüber von Graceland dreht sich alles um Elvis. Richtig schön kitschig sind die Themensuiten, z. B. die monströse, mit rotem Samt ausgeschlagene Burnin'-Love-Suite.

Memphis Graceland RV Park & Campground CAMPING **$**
(☎901-396-7125; www.elvis.com; 3691 Elvis Presley Blvd; Stellplatz/Hütte ab 23/42 US$; P📶🏊) Der Campingplatz neben Graceland wird von Elvis Presley Enterprises betrieben. Wer hier zeltet oder in einer der schlichten Blockhütten mit Gemeinschaftsbad übernachtet, hält also Lisa Marie im Geschäft.

Days Inn Graceland MOTEL **$**
(☎901-346-5500; www.daysinn.com; 3839, Elvis Presley Blvd; Zi. ab 85 US$; P❄📶) Mit seinem gitarrenförmigen Pool, Elvis-TV rund um die Uhr und neonfarbenen Cadillacs auf dem Dach sticht das Days Inn das benachbarte Heartbreak Hotel in puncto Elvis-Kult mühelos aus. Die Gästezimmer sind sauber, aber unspektakulär.

Essen

Die Einheimischen streiten sich darüber, welche Schweinehacksandwiches und marinierten Rippchen denn nun die besten von Memphis sind. Überall in der Stadt gibt es Grillrestaurants, wobei die mit der hässlichsten Fassade oft die beste Küche servieren. Die Beale St wird von verschiedenen Lokalen gesäumt, die Barbecues und Rustikales zubereiten, von denen jedoch nur wenige ihr Geld bzw. die vielen Gäste wert sind. Der South Main Arts District und Midtowns Viertel Cooper Young wiederum locken hippe junge Einheimische zum Abendessen oder zu einem Drink.

DOWNTOWN

LP TIPP **Gus's World Famous Fried Chicken** HÄHNCHEN **$**
(☎901-527-4877; 310 S Front St; Hauptgerichte 5–9 US$; ⏰So–Do 11–21, Fr & Sa bis 22 Uhr) Brathähnchen-Fans aus aller Welt träumen nachts von dem zarten, goldbraun gebratenen Hähnchen, das in diesem Betonbau in der Innenstadt serviert wird. An betriebsamen Abenden wartet man manchmal über eine Stunde, von der sich allerdings jede einzelne Sekunde lohnt.

Alcenia's SÜDSTAATEN **$**
(alcenias.com; 317 N Main St; Hauptgerichte 6–9 US$; ⏰Di–Fr 11–17, Sa 9–15 Uhr) Gibt es noch etwas, das süßer ist als Alcenia's be-

kannter „Ghetto Juice“, ein Fruchtgetränk, das den Blutzuckerspiegel in die Höhe schnellen lässt? Ja, und zwar die Besitzerin Betty Joyce „B.J.“ Chester-Tamayo, die Gästen gerne mal einen Kuss auf die Stirn drückt. Das witzige, kleine, rot-goldene Café serviert ein täglich wechselndes Mittagsmenü, beispielsweise knusprig gebratenes Hähnchen und Seewolf, superzarten würzigen Kohl und exquisite Sahnetorte.

Charlie Vergos' Rendezvous BARBECUE $$
(901-523-2746; www.hogsfly.com; 52 S 2nd St; Hauptgerichte 7–18 US$; Di–Do 16.30–22.30, Fr & Sa 11–23 Uhr) In einer Seitengasse hinter der Union Ave versteckt sich dieses berühmte Kellerlokal, das jede Woche verblüffende 5 t seiner ausgezeichneten marinierten Rippchen an den Mann bringt. Der freundliche Service und mit allerlei Andenken gepflasterte Wände machen ein Essen zu einem Erlebnis. Wartezeit einplanen!

Arcade DINER $
(www.arcaderestaurant.com; 540 S Main St; Hauptgerichte 6–8 US$; 7–15 Uhr & Fr abends) In dem Retro-Diner, dem ältesten in Memphis, hat Elvis einst gegessen. Noch heute sind die Süßkartoffelpuffer und Cheeseburger echte Publikumsmagneten.

Dyer's FAST FOOD $
(www.dyersonbeale.com; 205 Beale St; Hauptgerichte 6–8 US$; So–Do 11–1, Fr & Sa bis 5 Uhr) Dass das Dyer's seine legendären Burger seit 1912 in demselben (immer wieder gefilterten) Fett frittiert, scheint um 3 Uhr morgens nach einer durchzechten Nacht auf der Beale St nicht mehr ganz so eklig.

ÖSTLICH DER DOWNTOWN

LP TIPP **Cozy Corner** BARBECUE $$
(www.cozycornerbbq.com; 745 N Pkwy; Hauptgerichte 5–16 US$; Di–Sa 10.30–17 Uhr, Sommer verlängerte Öffnungszeiten) In dem wunderbar hässlichen Kultlokal fläzt man sich in eine der abgewetzten Sitznischen aus Vinyl und verschlingt die Spezialität des Hauses: ein ganzes Brathähnchen. Auch die Rippchen und Chicken Wings sind grandios, ganz zu schweigen vom himmlisch fluffigen Süßkartoffelkuchen, einem klassischen Südstaatendessert.

Restaurant Iris MODERNE SÜDSTAATENKÜCHE $$$
(901-590-2828; www.restaurantiris.com; 2146 Monroe Ave; Hauptgerichte 23–34 US$; Mo–Sa 17–22, Brunch 3. So im Monat) Küchenchef Kelly English wurde kürzlich – vollkommen verdient – für den James Beard Award nominiert. Seit der Eröffnung des Iris 2008 hat er bereits einige Auszeichnungen eingeheimst und unzählige Feinschmecker mit seiner modernen kreolischen Küche beglückt. Zur originellen Speiseauswahl gehören das „Knuckle Sandwich“, auf das mit Estragon verfeinerter Hummer landet, oder das mit Austern gefüllte Steak. Das Restaurant ist in einem Häuschen mit Turm in einer Wohngegend in der Midtown untergebracht und wirkt deshalb sehr unauffällig.

Sweet Grass SÜDSTAATEN $$
(901-278-0278; www.sweetgrassmemphis.com; 937 S Cooper St; Hauptgerichte 16–23 US$; Di–So 17.30–spät, So 11–14 Uhr) Das schicke neue Bistro in der Midtown bringt hochklassige moderne Low-County-Küche, die meeresfrüchtelastige Küche der Küste von South Carolina und Georgia, auf den Tisch. Sehr beliebt sind Garnelen mit Maisbrei, ein klassisches Fischer-Frühstück.

Bar-B-Q Shop BARBECUE $$
(www.dancingpigs.com; 1782 Madison Ave; Hauptgerichte 9–16 US$; 11–20.45 Uhr) Schweinehack auf gegrilltem Texas-Toast und gegrillte Spaghetti (einfach mal probieren!) gehören zu den Spezialitäten des einladenden Lokals, in dessen weitläufigem holzgetäfelten Speiseraum jede Menge Familien tafeln.

Payne's Bar-B-Q BARBECUE $
(1762 Lamar Ave; Hauptgerichte 4–6 US$; Di–Sa 11–18.30 Uhr) Unserer Meinung nach bekommt man in der umgebauten Tankstelle das beste Schweinehacksandwich der Stadt – einfach probieren und selber entscheiden!

Ausgehen & Unterhaltung

Viele Restaurants und Bars in Memphis verbinden Essen, Drinks und Musik miteinander – da verwandelt sich eine Mahlzeit ganz schnell in eine Party! Die Beale St ist die beste Adresse, wenn man Blues, Country, Rock und Jazz live erleben möchte. Der Eintritt in den meisten Clubs ist frei oder kostet nur ein paar Dollar. In der Beale St geht's früh los und die Bars sind den ganzen Tag über geöffnet. In anderen Vierteln füllen sich die Clubs erst gegen 22 Uhr. Zapfenstreich ist um 3 Uhr, an ruhigeren Abenden schließen manche Bars auch früher. Bei hippen Einheimischen ist das Viertel Cooper-Young angesagt, wo es von Margarita-Bars bis zu Irish Pubs wirklich alles gibt. Welche Veranstaltungen gerade anstehen, erfährt man online beim Memphis Flyer (www.memphisflyer.com).

Bars

Earnestine & Hazel's BAR

LP TIPP (531 S Main St) Der zweite Stock der tollen Bar ist voller rostiger Bettroste und Badewannen mit Löwenfüßen – Überbleibsel aus seiner Vergangenheit als Bordell (hier soll es spuken!). Wer die knarrenden Treppen hochsteigt, trifft am Wochenende auf Nate, einen vornehmen Gentleman, der an der Bar ausschenkt und Gästen gerne Geschichten aus Memphis' Vergangenheit erzählt, während er ein Miller Lite serviert. Der Soul Burger, das einzige Gericht, das die Bar serviert, ist legendär. Nach Mitternacht steigt der Stimmungspegel.

Cove BAR

(www.thecovememphis.com; 2559 Broad Ave) Weit vom Trubel auf der Beale St entfernt serviert die angesagte neue Bar mit maritimem Ambiente Retro-Cocktails (Sidecar, Singapore Slings) und raffinierte Snacks (Austern in der Schale, Pommes mit frischen Sardellen). Beliebter Treffpunkt der Einheimischen.

Silky O'Sullivan's BAR

(silkyosullivans.com; 183 Beale St) In der riesigen verrückten Kneipe in der Beale St schlürft eine partyhungrige junge Meute ihre Drinks aus gelben Plastikbechern, während im Innenhof Ziegen grasen.

Livemusik

Wild Bill's BLUES

(1580 Vollentine Ave; ⌚Fr & Sa 22 Uhr–open end) Vor Mitternacht herrscht in der winzigen, düsteren Spelunke tote Hose. Dann jedoch macht es sich die einheimische Klientel – die Fremde auch gerne mal anstarrt – mit einem Bier und einer Portion Chicken Wings gemütlich und genießt einen der besten Blues-Acts in Memphis. Lohnt sich wegen der mitreißenden, sehr authentischen Jams.

Hi-Tone Cafe LIVEMUSIK

LP TIPP (www.hitonememphis.com; 1913 Poplar Ave) Unauffällige kleine Bar nahe dem Overton Park und eine der besten Adressen für Konzerte lokaler Bands und Indie-Acts.

Young Avenue Deli LIVEMUSIK

(www.youngavenuedeli.com; 2119 Young Ave) Die beliebte Adresse in der Midtown bietet Essen, Billard, Livemusik und eine hippe, entspannte, junge Klientel.

Rum Boogie BLUES

(www.rumboogie.com; 182 Beale St) In dem riesigen, beliebten und lauten Club in der Beale St mit Cajun-Dekor sorgt jeden Abend die hauseigene Bluesband für gute Stimmung.

Minglewood Hall KONZERTHALLE

(www.minglewoodhall.com; 1555 Madison) Der neue Komplex ist in einer ehemaligen Brotfabrik untergebracht und umfasst eine Konzerthalle, ein Tattoostudio und ein Café.

Shoppen

In der Beale St gibt es jede Menge geschmacklose Souvenirläden, Cooper-Young wiederum ist die richtige Adresse für Boutiquen und Buchläden.

Lanksy Brothers BEKLEIDUNG

(149 Union Ave) Der rund 60 Jahre alte Herrenausstatter im Peabody Hotel versorgte einst Elvis mit seinen zweifarbigen Hemden. Heute gibt es hier Herrenkleidung im Retrostil, Geschenke und Frauenmode.

Burke's Book Store BÜCHER

(936 S Cooper St) Wunderbar chaotischer, 122 Jahre alter Buchladen mit Schwerpunkt auf Südstaaten-Literatur.

Memphis Flea Market MARKT

(777 Walnut Grove Rd, beim Agricenter) Über 1000 Stände verkaufen auf dem Flohmarkt Antiquitäten und Krimskrams. Er wird auch „The Big One" genannt und findet am dritten Wochenende jedes Monats statt.

Praktische Informationen

Fast alle Hotels und viele Restaurants bieten kostenloses WLAN.

Commercial Appeal (www.commercialappeal.com) Tageszeitung.

Hauptpost (555 S 3rd St)

Memphis Flyer (www.memphisflyer.com) Das kostenlose Wochenblatt erscheint donnerstags und informiert über das Unterhaltungsangebot.

Öffentliche Bibliothek (33 S Front St; ⌚Mo–Fr 10–17 Uhr) Computer mit kostenlosem Internetzugang.

Polizei (☎901-545-2677; 545 S Main St)

Regional Medical Center (☎901-545-7100; 877 Jefferson Ave) Hat die einzige Traumata-Abteilung für schwere Fälle in der Region.

Tennessee State Visitor Center (☎901-543-5333, 888-633-9099; www.memphistravel.com; 119 N Riverside Dr; ⌚Nov.–März 9–17 Uhr, April–Okt. bis 18 Uhr) Hat Broschüren über den ganzen Bundesstaat auf Lager.

Anreise & Unterwegs vor Ort

Der **Memphis International Airport** (MEM; ☎901-922-8000; www.memphisairport.org;

2491 Winchester Rd) liegt 12 Meilen (19 km) südöstlich der Innenstadt und ist über die I-55 zu erreichen. Ein Taxi ins Zentrum kostet etwa 30 US$. Die **Memphis Area Transit Authority** (www.matatransit.com; 444 N Main St; Fahrt 1,50 US$) betreibt die Stadtbusse; die Linien 2A und 32A fahren zum Flughafen.

An der Main St und an der Front St im Zentrum fahren historische **Trolleys** (1 US$, alle 12 Min.) der MATA. **Greyhound** (www.greyhound.com; 203 Union Ave) befindet sich direkt in der Innenstadt, ebenso die **Central Station** (www.amtrak.com; 545 S Main St), der Bahnhof der Amtrak.

Shiloh National Military Park

„Kein Soldat, der an der zweitägigen Schlacht von Shiloh beteiligt war, wollte später jemals wieder kämpfen", erklärte ein Veteran, der jenen blutigen Kampf von 1862, der hier in den wunderschönen Feldern und Wäldern tobte, miterlebt hatte. 3400 Soldaten bekämpften sich auf Leben und Tod, bis schließlich die Truppen der Konföderierten von den Union-Truppen zurückgeschlagen wurden.

Der **Shiloh National Military Park** (www.nps.gov/shil; 5 US$/Auto; ⌚Park Sonnenaufgang–Sonnenuntergang, Visitor Center 8–17 Uhr) liegt gleich nördlich der Grenze zu Mississippi nahe der Ortschaft Crump, Tennessee. Im Visitor Center gibt es Karten, einen Videofilm über die Schlacht und eine Audiotour.

Der weitläufige Park lässt sich nur mit dem Auto erkunden. Zu den Attraktionen entlang der Strecke gehören der Shiloh National Cemetery, der Ausblick auf den Cumberland River, wo die Verstärkung der Union an Land ging, sowie verschiedene Denkmäler und Stätten.

Nashville

Mal angenommen, man ist ein hoffnungsfroher Countrysänger und kommt nach tagelangem Trampen mit nichts als einer ramponierten Gitarre im Gepäck in der Innenstadt von Nashville an. Man sieht die Neonlichter des Lower Broadway, atmet tief die rauch- und biergeschwängerte Luft ein und spürt das Vibrieren der vielen Stiefel, die in den überfüllten Kneipen den Boden malträtieren. Und dann wird man sich sagen: „Ich hab's geschafft!"

Für Countryfans und Möchtegern-Liedermacher aus aller Welt ist eine Reise nach Nashville die Pilgerfahrt schlechthin. Songs, in denen es um Trucks, eine Flasche Schnaps, ein nichtsnutziges Weib oder einen toten Jagdhund geht, kommen aller Wahrscheinlichkeit nach aus Nashville. Seit den 1920er-Jahren zieht die Stadt Musiker an, die das Country-Genre weiterentwickelt haben vom „Hillbilly" des frühen 20. Jhs. über den glatten „Nashville-Sound" der 1960er-Jahre bis zum punkigen Alternative Country der Neunziger.

Nashville bietet viele Attraktionen, die einen auf Trab halten – von der Country Music Hall of Fame und dem ehrwürdigen Grand Ole Opry House bis zu rauen Bluesbars, historischen Gebäuden und großen Sportveranstaltungen. Daneben gibt's hier freundliche Menschen, eine lebhafte Studentenszene, ausgezeichnetes Brathähnchen und ein einmaliges Angebot kitschiger Souvenirs.

Geschichte

1925 wurde der Flusshafen bekannt für die live im Radio übertragene Musiksendung *Barn Dance*, die später den Spitznamen *Grand Ole Opry* erhielt. Nashville gewann an Popularität, ernannte sich selbst zur „Welthauptstadt des Country" und in der Music Row schossen Plattenstudios wie Pilze aus dem Boden.

Heute ist Nashville die Stadt mit der zweitgrößten Bevölkerungszahl in Tennessee, hat mehr als ein Dutzend Colleges und Universitäten und lebt hauptsächlich von Musik, Tourismus, Medizin und dem Verlagswesen.

Sehenswertes & Aktivitäten

Nashville liegt auf einer Anhöhe am Cumberland River, auf deren höchstem Punkt sich das State Capitol befindet.

DOWNTOWN

Das historische Geschäftsviertel in der 2nd Ave N war in den 1870er- und 1880er-Jahren das Zentrum des Baumwollhandels. Damals wurden die meisten der hiesigen viktorianischen Lagerhäuser gebaut, die bemerkenswerte Fassaden aus Gusseisen und Mauerwerk aufweisen. Heute bildet dieses Gebiet mit seinen Läden, Restaurants, Kellerkneipen und Nachtclubs das Zentrum des **District**. Zwei Blocks westlich befindet sich die **Printers Alley**, eine schmale, kopfsteingepflasterte Gasse, die seit den 1940er-Jahren für ihr Nachtleben berühmt ist. Der Riverfront Park am Ufer des Cumberland River ist eine landschaftlich schön gestaltete Promenade, an der auch **Fort Nashborough**, eine aus den 1930er-Jahren stammende Replik der ursprünglichen Wehranlage, liegt.

LP TIPP **Country Music Hall of Fame & Museum** MUSEUM
(www.countrymusichalloffame.com; 222 5th Ave S; Erw./Kind 22/15 US$; ⌚9–17 Uhr), „Honor Thy Music" (Ehre deine Musik) ist der Leitsatz im monumentalen Museum, in dem die fast religiöse Bedeutung des Country für die Seele Nashvilles zum Ausdruck kommt. In den Schaukästen sind unzählige Artefakte zu sehen, z.B. das Cocktailkleid von Patsy Cline, die Gitarre von Johnny Cash, der goldene Cadillac von Elvis und das Jahrbuchfoto von Conway Twitty (als dieser noch Harold Jenkins hieß). Schriftstücke dokumentieren den Ursprung des Country, über Computer mit Touchscreens hat man Zugang zu Musikaufnahmen und Fotos aus den riesigen Archiven der Country Music Foundation; außerdem gibt's Kabinen, in denen man sich Musikstücke anhören kann. Die angebotene, von aktuellen Country-Musikern gesprochene und mit Musik hinterlegte **Audiotour** (zusätzlich 5 US$) vermittelt einen Haufen Fakten. Vom Museum aus startet auch die **Studio-B-Führung** (Erw./Kind 13/11 US$, 1 Std.), bei der es per Shuttle zu dem berühmten Aufnahmestudio Music Row der Radio Corporation of America (RCA) geht. Hier spielte u.a. Elvis „Are You Lonesome Tonight?" und Dolly Parton „I Will Always Love You" ein.

Ryman Auditorium HISTORISCHES GEBÄUDE
(www.ryman.com; 116 5th Ave N; Self-Guided Tour Erw./Kind 13/6,50 US$, inkl. Backstage 17/10,50 US$; ⌚9–6 Uhr) Das ist die sogenannte „Mother Church of Country Music". Hier sind schon alle großen Unterhaltungskünstler des 20. Jhs. aufgetreten – von Martha Graham bis Elvis, von Katherine Hepburn bis Bob Dylan. Das hoch aufragende Backstein-Tabernakel wurde 1890 von dem wohlhabenden Flusskapitän Thomas Ryman als Haus für religiöse Veranstaltungen erbaut. Von einem der 2000 Sitze aus einer Show zu folgen, hat auch heute noch etwas von einer spirituellen Erfahrung. Hier hatte auch das *Grand Ole Opry* 31 Jahre lang sein Zuhause, bis es 1974 in den Opryland-Komplex etwas außerhalb umzog. Inzwischen findet das *Opry* aber in den Wintermonaten wieder im Ryman statt.

NICHT VERSÄUMEN

NASHVILLES HIGHLIGHTS

» Im altehrwürdigen **Grand Ole Opry** (S. 389) Künstler beim Singen, Tanzen und Fiedeln bestaunen

» Um 3 Uhr morgens im **Prince's Hot Chicken** (S. 392) ein höllisch scharfes Brathähnchen verputzen

» In der **Tootsie's Orchid Lounge** (S. 394), der Großmutter alle Musikkneipen, mächtig auf den Putz hauen

» In **Katy K's Ranch Dressing** (S. 391) nach traditionellen Cowboystiefeln stöbern

» In der riesigen **Country Music Hall of Fame** (S. 387) Elvis' goldenen Caddy und andere Schätze bewundern

Tennessee State Capitol HISTORISCHES GEBÄUDE
(Charlotte Ave; Führung kostenlos; ⌚Führung Mo–Fr 9–16 Uhr) Am nordöstlichen Rand der Downtown erhebt sich das im Jahr 1845 im Greek-Revival-Stil errichtete Gebäude aus Kalkstein und Marmor. Gebaut wurde es von Sklaven, Strafgefangenen und europäischen Handwerkern. An der Rückseite führen steile Stufen hinab zur **Tennessee Bicentennial Mall**, deren Außenmauern historische Fakten zur Geschichte Tennessees schmücken, und zum großartigen, täglich stattfindenden **Bauernmarkt**.

GRATIS **Tennessee State Museum** MUSEUM
(www.tnmuseum.org; 5th Ave, zw. Union St & Deaderick St; ⌚Di–Sa 10–17, So 13–17 Uhr) Das interessante, unprätentiöse Museum ist was für Geschichtsfans und wirft einen Blick auf die Vergangenheit des Bundesstaates. Zu sehen gibt's Kunsthandwerk der Ureinwohner, eine Blockhütte in Originalgröße und skurrile historische Exponate wie den Hut, den Präsident Andrew Jackson bei seiner Antrittsrede trug.

Frist Center for the Visual Arts GALERIE
(www.fristcenter.org; 919 Broadway; Erw./Kind 10 US$/frei; ⌚Mo, Di, Mi & Sa 10–17.30, Do & Fr bis 21, So 13–17 Uhr) Das prächtige renovierte Postgebäude beherbergt Wechselausstellungen, die von amerikanischer Volkskunst bis hin zu Picasso ein breites Spektrum abdecken.

Nashville

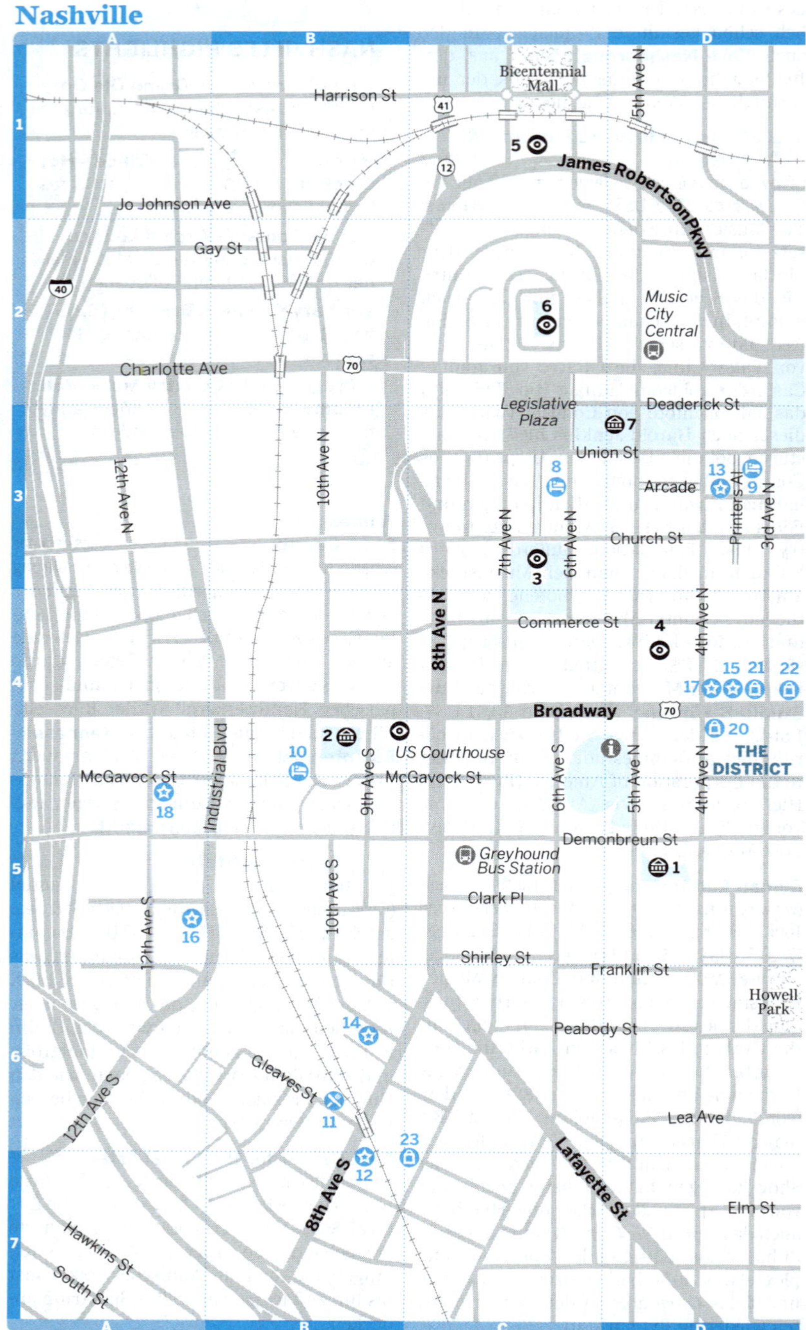
A
B
C
D
1
2
3
4
5
6
7
Bicentennial Mall
Harrison St
5th Ave N
5
James Robertson Pkwy
Jo Johnson Ave
Gay St
6
Music City Central
Charlotte Ave
Legislative Plaza
Deaderick St
7
Union St
8
13
9
Arcade
Printers Al
3rd Ave N
12th Ave N
10th Ave N
7th Ave N
6th Ave N
Church St
3
Commerce St
4
4th Ave N
8th Ave N
15
21
22
17
Broadway
2
20
10
US Courthouse
THE DISTRICT
McGavock St
18
Industrial Blvd
9th Ave S
6th Ave S
5th Ave N
4th Ave N
Demonbreun St
Greyhound Bus Station
1
10th Ave S
Clark Pl
12th Ave S
16
Shirley St
Franklin St
Howell Park
Peabody St
14
Gleaves St
11
12th Ave S
Lea Ave
23
12
8th Ave S
Lafayette St
Elm St
Hawkins St
South St

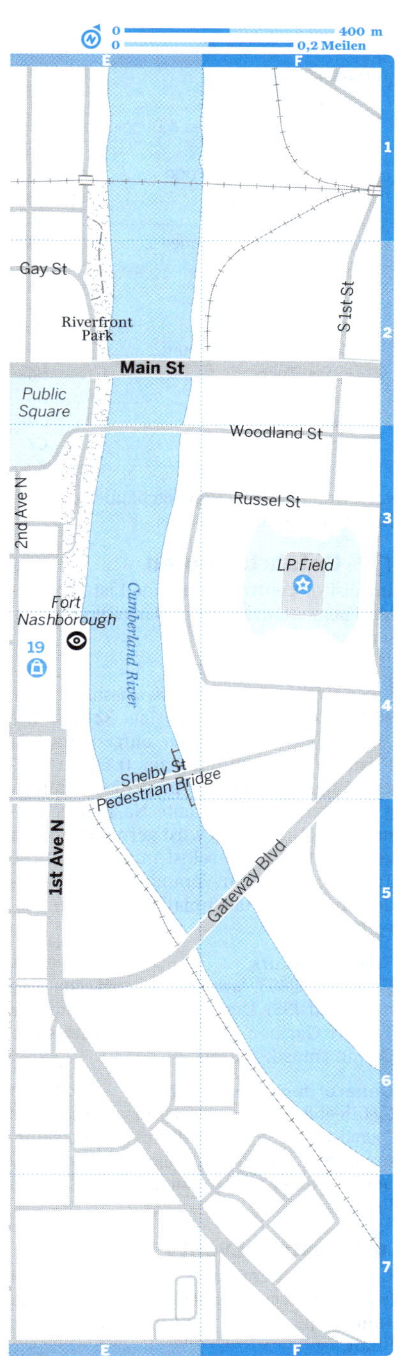

MIDTOWN

Entlang der West End Ave thront – beginnend an der 21st Ave – die angesehene **Vanderbilt University**, die 1883 von dem Eisenbahnmagnaten Cornelius Vanderbilt gegründet wurde. Auf dem 134 ha großen Campus tummeln sich rund 12 000 Studenten, die die Kultur der Midtown entscheidend mitprägen.

Parthenon PARK, GALERIE

(www.parthenon.org; 2600 West End Ave; Erw./Kind 6/4 US$; ⏲Di–Sa 9–16.30 Uhr & Sommer So) Ja, im **Centennial Park** steht tatsächlich ein Nachbau des Athener Parthenon. Ursprünglich 1897 für Tennessees Centennial Exposition errichtet und 1930 auf Wunsch der Bevölkerung wieder aufgebaut, beherbergt die maßstabsgetreue Gipskopie des Originals von 438 v. Chr. heute ein Kunstmuseum mit einer Sammlung amerikanischer Gemälde und einer 12,80 m hohen Statue der griechischen Göttin Athene.

Music Row STADTVIERTEL

Der Abschnitt der 16th und 17th Ave unmittelbar westlich der Innenstadt ist Sitz der Produktionsfirmen, Agenten, Manager und Promoter, die das Geschäft der Countrymusik in Nashville am Leben halten. Viel zu sehen gibt es hier nicht, dafür aber kann man in einem der kleineren Tonstudios selbst einen Song einspielen (ca. 25–100 US$/Std.).

MUSIC VALLEY

Die suburbane Touristenzone, rund 10 Meilen (16 km) nordöstlich der Downtown, ist über den Hwy 155/Briley Pkwy, Exit 11 oder 12B, sowie per Bus zu erreichen.

Grand Ole Opry House FÜHRUNG, MUSEUM

(☎615-871-6779; www.opry.com; 2802 Opryland Dr; Führung Erw./Kind 17,50/12,50 US$) Das unauffällige moderne Backsteingebäude, in dem von März bis November freitags und samstags die *Grand Ole Opry* stattfindet, beherbergt 4400 Sitzplätze. Täglich finden Backstage-Führungen statt, die bis zu zwei Wochen im Voraus reserviert werden müssen. Auf der anderen Seite der Plaza erzählt ein kleines **Museum** (Eintritt frei; ⏲März–Dez. 10.30–18 Uhr) anhand von Wachsfiguren, bunten Kostüme und Dioramen die Geschichte des Opry.

Gibson Bluegrass Showcase GITARRENFABRIK

(www.gibson.com; 161 Opry Mills Dr; ⏲Mo–Sa 10–21.30, So bis 19 Uhr) Hinter Glas kann man bei der Fertigung von Banjos, Mandolinen und Resonatorgitarren zuschauen.

Nashville

Sehenswertes
1 Country Music Hall of Fame & Museum ... D5
2 Frist Center for the Visual Arts ... B4
3 Public Library ... C3
4 Ryman Auditorium ... D4
5 Tennessee Bicentennial Mall ... C1
6 Tennessee State Capitol ... C2
7 Tennessee State Museum ... D3

Schlafen
8 Hermitage Hotel ... C3
9 Indigo Nashville Downtown ... D3
10 Union Station Hotel ... B4

Essen
11 Arnold's ... B6

Unterhaltung
12 Basement ... B7
13 Bourbon Street Blues & Boogie Bar ... D3
14 Mercy Lounge ... B6
15 Robert's Western World ... D4
Ryman Auditorium ... (siehe 4)
16 Station Inn ... A5
17 Tootsie's Orchid Lounge ... D4
18 Whiskey Kitchen ... A5

Shoppen
Boot Country ... (siehe 22)
19 Charlie Daniels Museum ... E4
20 Ernest Tubb ... D4
21 Gruhn Guitars ... D4
22 Hatch Show Print ... D4
23 Third Man Records ... C7

PLANTAGEN

Hermitage MUSEUM, GÄRTEN
(www.thehermitage.com; 4580 Rachel's Lane; Erw./Kind 18/12 US$; April–Okt. 8.30–17 Uhr, Okt.–März 9–16.30 Uhr) Das frühere Wohnhaus von Andrew Jackson, dem siebten Präsidenten der USA, liegt 15 Meilen (24 km) östlich der Innenstadt. Die 405 ha große Plantage gewährt Einblicke in das Leben eines Hobby-Landwirts aus dem 19. Jh. im Mid-South. Bei der Führung durch das Backsteinhaus im Federal Style, heute ein möbliertes Hausmuseum mit kostümierten Darstellern, sieht man auch Jacksons originale Blockhütte von 1804 und die alten Sklavenquartiere. (Jackson setzte sich sein Leben lang für die Beibehaltung der Sklaverei ein und besaß selbst zeitweilig bis zu 150 Sklaven, von deren Geschichte eine Sonderausstellung handelt.) Auf dem hübschen Anwesen mit idyllischem Garten kann man wunderbar spazieren gehen – dem Highway in der Nähe einfach keine Beachtung schenken!

Belle Meade Plantation HISTORISCHES GEBÄUDE
(www.bellemeadeplantation.com; 5025 Harding Pike; Erw./Kind 16/8 US$; Mo–Sa 9–17, So 11–17 Uhr) 6 Meilen (9,6 km) westlich von Nashville begann hier die Familie Harding-Jackson Anfang des 19. Jhs. mit der Zucht von Vollblütern. Jedes Pferd, das in den letzten fünf Jahren das Kentucky Derby gewonnen hat, stammt von dem stattlichen Hengst Bonnie Scotland ab, der in Belle Meade gezüchtet wurde und 1880 starb. Das Herrenhaus von 1853 ist für Besucher zugänglich, ebenso diverse interessante Nebengebäude, z. B. das Modell einer Sklavenhütte.

Geführte Touren

Im Visitor Centre gibt es eine Liste der vielen Thementouren, die in Nashville angeboten werden.

LP TIPP **NashTrash** BUSTOUR
(615-226-7300; www.nashtrash.com; 900 8th Ave N; 1½-stündige Tour 32 US$) Die „Jugg Sisters" mit ihren aufgedonnerten Frisuren veranstalten eine trashige Vergnügungstour, bei der man die schlüpfrigen Seiten der Geschichte Nashvilles kennenlernt. Unterwegs wird gerne ordentlich gebechert (Alkohol selbst mitbringen). Die Touren müssen im Voraus reserviert werden und sind manchmal für Monate ausverkauft.

Tommy's Tours BUSTOUR
(615-335-2863; www.tommystours.com; Touren ab 40 US$) Der witzige Einheimische Tommy Garmon führt sehr unterhaltsame Countrymusik-Touren.

General Jackson Showboat BOOTSFAHRT
(615-458-3900; www.generaljackson.com; Touren ab 46 US$) Veranstaltet Ausflugsfahrten unterschiedlicher Länge auf dem Cumberland River, einige auch mit Musik und Essen.

Feste & Events

CMA Music Festival MUSIK
(www.cmafest.com) Lockt jedes Jahr im Juni Zehntausende von Countryfans in die Stadt.

Tennessee State Fair VOLKSFEST
(www.tennesseestatefair.org) Neun Septembertage voller Schweinerennen, Multitreiben und Kuchenbackwettbewerben.

Schlafen

Billige Kettenmotels gibt's überall in der Downtown, an der I-40 und an der I-65. Im Music Valley findet man verschiedene familienfreundliche Mittelklasseunterkünfte.

DOWNTOWN

LP TIPP **Union Station Hotel** HOTEL $$$
(☎615-726-1001; www.unionstationhotelnashville.com; 1001 Broadway; Zi. ab 209 US$; P ❄ 📶) Die hoch aufragende, neoromanische Steinburg war zu den Glanzzeiten des Zugverkehrs ein Bahnhof, heute beherbergt sie das prächtigste Hotel der Innenstadt. Die gewölbte Lobby ist in Pfirsich- und Goldtönen gehalten und hat eingelegte Marmorböden und eine Buntglasdecke. Die geschmackvollen, modernen Zimmer verfügen über Flachbildfernseher und tiefe Badewannen. Parken kostet 20 US$.

Hermitage Hotel HOTEL $$$
(☎615-244-3121, 888-888-9414; www.thehermitagehotel.com; 231 6th Ave N; Zi. ab 259 US$; P ❄ 📶) Nashvilles erstes millionenschweres Hotel war bei seiner Eröffnung 1910 der Hit bei der Schickeria. Die palastartige Lobby schmücken dicke Wandbehänge und ornamentale Verzierungen. Die luxuriösen Zimmer sind mit weichen Betten und Mahagonimöbeln eingerichtet. Parken kostet 20 US$.

Indigo Nashville Downtown HOTEL $$
(☎877-846-3446; www.ichotelsgroup.com; 301 Union St; Zi. ab 139 US$; P ❄ 📶) Die meisten Mittelklasseunterkünfte der Downtown sind graue Standardhotels für Geschäftsleute. Eine Ausnahme ist das neu eröffnete Indigo mit seiner modernen hohen Lobby, futuristischen Lila- und Grüntönen und schicken Fototapeten mit Nashvilles Sehenswürdigkeiten. Parken kostet 20 US$.

WEST END

LP TIPP **Music City Hostel** HOSTEL $
(☎615-692-1277; www.musiccityhostel.com; 1809 Patterson St; B/Zi. 25/70 US$; P ❄ @ 📶) Die niedrigen Backsteinbungalows sind alles andere als malerisch, dafür ist Nashvilles einziges Hostel lebendig und einladend. Ferner punktet es mit einem Fahrradverleih, einer Gemeinschaftsküche, einem Internetcomputer und kostenlosem WLAN. Man trifft viele junge Leute aus

VIVA NASHVEGAS!

Das grelle, glitzernde Nashville ist stolz auf seinen Spitznamen NashVegas. Also rein in die strassbesetzten Cowboystiefel und auf geht's zu einer Erkundungstour durch den bizarren, wilden Teil der Stadt!

Der „Outlaw"-Countrystar Willie Nelson verkaufte all seine Besitztümer, um Anfang der 1990er-Jahre seine Steuerschulden in Höhe von 16,7 Mio. US$ begleichen zu können. Zu sehen sind sie im **Willie Nelson Museum** (www.willienelsongeneralstore; McGavock Pike, Music Valley; Eintritt 10 US$; ⌚8.30–21 Uhr), das genauso gut „Museum für alles von Willie Nelson bis auf seine gebrauchte Zahnbürste" heißen könnte. Ein Stück die Straße hinauf gelangt man zum **Music City Wax Museum** (2515 McGavock Pike; Eintritt 3 US$; ⌚8–22 Uhr) mit unheimlich leichenhaft wirkenden Wachsfiguren von verstorbenen und lebenden Größen des Country-Geschäfts.

Am Dienstagabend liefern **Doyle and Debbie** im Station Inn (S. 394) in ihrer Show eine kultige Parodie eines abgehalfterten Countrymusik-Duos ab.

In der Printer's Alley, einst das Zuhause all des Lasters in NashVegas, wurde zwar ordentlich aufgeräumt, aber zumindest eine Bar preist noch **Nacktkaraoke** an. Mehr sagen wir dazu nicht ...

Ebenfalls in der Downtown befindet sich das **Charlie Daniels Museum** (110 2nd Ave N; Eintritt frei; ⌚9 Uhr–spät), das weniger ein Museum als ein Souvenirgeschäft ist, in dem alles Mögliche verhökert wird – von Lufterfrischern mit Schinkenduft bis zu T-Shirts mit dem Porträt des Sängers Daniels (*The Devil Went Down to Georgia*), auf dem er aussieht wie ein panierter Weihnachtsmann.

In dem schrulligen Viertel rund um die 12th Ave S bietet **Katy K's Ranch Dressing** (2407 12th Ave S) bauschige Perücken, klassische Cowboystiefel und handgefertigte Cowboykrawatten feil. Die Besitzerin stattete früher Drag Queens in New York aus.

ABSTECHER

DIE JACK DANIEL'S DISTILLERY

Dass die **Jack Daniel's Distillery** (www.jackdaniels.com; Rte 1, Lynchburg; Führung kostenlos; ⏲9–16.30 Uhr) ausgerechnet in einer „trockenen" Gemeinde steht, ist schon komisch. Da die lokalen Gesetze den Verkauf harter alkoholischer Getränke innerhalb der Gemeindegrenzen verbieten, bekommt man in der Brennerei nicht einmal eine noch so kleine Kostprobe des berühmten Whiskys. Dafür gibt's eine einstündige kostenlose Führung, bei der die Teilnehmer zumindest ausgiebig an dem goldenen Trank schnuppern dürfen. Jack Daniel's ist die älteste registrierte Brennerei in den USA: Schon seit 1866 wird hier Whisky tropfenweise durch eine 3 m dicke Schicht Holzkohle gefiltert und anschließend in Eichenfässern gereift. Die Brennerei befindet sich abseits des Hwy 55 in dem winzigen Städtchen Lynchburg, in dem man freimütig zugibt, dass Besucher entweder wegen der Destillerie kommen oder sich schlicht verfahren haben.

aller Welt, die Spaß haben wollen, und so gut wie jeden Abend startet irgendjemand eine Jamsession im Hof. Viele der unterhaltsamen Bars in West End sind zu Fuß zu erreichen.

Hutton Hotel HOTEL $$$
(☎615-340-9333; www.huttonhotel.com; 1808 West End Ave; Zi. ab 189 US$; P❄@📶) Nashvilles neuestes Hotel ist zugleich das schickste der Stadt. Mit bambusgetäfelten Wänden und großen Sitzsäcken gibt es sich ganz im Stil des Modernismus der Jahrhundertmitte. Die rost- und schokoladenfarbenen Zimmer haben kleine Kaktusgärten und umweltfreundliche Details.

1501 Linden Manor B&B $$
(☎615-298-2701; www.nashville-bed-breakfast.com; 1501 Linden Ave; Zi. ab 125 US$; P❄📶🏊) Das Ehepaar, dem dieses gelbe viktorianische Cottage gehört, hat es mit Antiquitäten ausgestattet, die es von diversen Weltreisen mitgebracht hat: z. B. mit persischen Teppichen, asiatischen Holzschnitzereien und alten Grammofonen. Zum Frühstück gibt's in dem sonnigen Speisesaal hausgemachtes Egg Soufflé, darüber hinaus kann man jederzeit in die „nie leer werdende Keksdose" greifen.

MUSIC VALLEY

Gaylord Opryland Hotel RESORT $$$
(☎615-889-1000, 866-972-6779; www.gaylordhotels.com; 2800 Opryland Dr; Zi. ab 199 US$; P❄@📶🏊) Das gewaltige Hotel hat 2881 Zimmer – eine Welt für sich! Warum einen Fuß nach draußen setzen, wenn man im Hotel und seinen drei großen Glasatrien auf einem künstlichen Fluss Tretboot fahren, unter einem künstlichen Wasserfall im Wintergarten Sushi essen, in einer nachgebauten Ortschaft aus dem 19. Jh. Cowboykrawatten kaufen oder in einer Antebellum-Villa einen Scotch nippen kann?

Nashville KOA Kampground CAMPING $
(☎615-889-0282, 800-562-7789; www.koa.com; 2626 Music Valley Dr; Stellplatz 39 US$, Hütte ab 60 US$, Lodge 129 US$; P📶🏊) Der bei Wohnmobilcampern beliebte, gepflegte Platz abseits der Straße bietet auch Stellflächen für Zelte, Hütten, Lodges mit Kochnischen sowie einen Pool, ein Spielzimmer und eine Snackbar.

Essen

Das klassische Nashville-Gericht heißt *meat-and-three*: eine deftige Portion Brathähnchen, Hackbraten oder anderes Fleisch mit drei hausgemachten Beilagen. Viele der Restaurants sind echte Touristenfallen, die man besser meiden sollte.

LP TIPP **Prince's Hot Chicken** HÜHNCHEN $
(123 Ewing Dr; Hauptgerichte 4–8 US$; ⏲Di–Do 12–22, Fr & Sa 12–4 Uhr) Hier bekommt man Nashvilles einzigartigen Beitrag zum kulinarischen Universum: mit Cayenne-Pfeffer eingeriebenes „scharfes Hähnchen", perfekt saftig gebraten und mit sauren Gurken auf einer Scheibe Weißbrot serviert. Das winzige, unscheinbare Prince's in einer Einkaufsstraße im Norden ist eine lokale Legende – Instanzen wie die *New York Times* oder *Bon Appétit* haben es mit Komplimenten überhäuft. Das Hähnchen gibt's mild, mittelscharf, scharf und extrascharf. Wer es einmal probiert hat, wird einer regelrechten Sucht verfallen.

City House MODERNE SÜDSTAATENKÜCHE $$$
(☎615-736-5838; cityhousenashville.com; 1222 4th Ave N; Hauptgerichte 9–24 US$; ⏲Mi–Mo 17–22 Uhr) Das unbeschilderte Backstein-

gebäude in Nashvilles gentrifizierter Germantown beherbergt eines der besten Restaurants für moderne Südstaatenküche. Das Essen wird in einer offenen Küche in dem lagerähnlichen Innenraum zubereitet und ist eine kreative Mischung aus italienischer und Südstaatenküche, beispielsweise Hühnchenleber mit Marmelade aus roten Zwiebeln, Pizza mit hausgeräuchertem Schweinebauch oder Rootbeer-Torte mit Buttermilchcreme. Zudem wird die hohe Kunst des Cocktailmixens zelebriert: Wie wär's mit einem Kubric (Tennessee-Whisky, Birnen-Brandy, Ginger Ale)?

Arnold's SÜDSTAATEN **$**
(605 8th Ave S; Hauptgerichte 5–8 US$; ⌚Mo–Fr 6–14.30 Uhr) Das Arnold's ist der King des *meat-and-three*. Am besten schnappt man sich ein Tablett und mischt sich unter die Collegestudenten, Müllmänner und Countrystars. Spezialität des Hauses sind saftige Roastbeef-Scheiben, gebratene grüne Tomaten, Maisbrot und leckerer Schokoladencremekuchen, der in großen Stücken serviert wird. Südstaatenküche par excellence!

Family Wash KNEIPE **$$**
(www.familywash.com; 2038 Greenwood Ave; Hauptgerichte 9–15 US$; ⌚Di–Sa 18–24 Uhr) In dem Gastropub in East Nashville kann man einen köstlichen Shepherd's Pie mit geröstetem Knoblauch essen, dazu ein Bier trinken und zuschauen, wie der Barkeeper einen Plausch mit den Stammkunden hält und Kids auf dem Fußboden mit Spielzeugautos spielen. An den meisten Abenden gibt's auf der kleinen Bühne ab 21 Uhr Livemusik.

Monell's SÜDSTAATEN **$$**
(www.monellstn.com; 1235 6th Ave N; All You Can Eat 16 US$; ⌚Mo 10.30–14, Di–Fr 10.30–14 & 17–20.30, Sa 8.30–13 & 17–20.30, So 8.30–16 Uhr) In einem alten Backsteinhaus gleich nördlich des District liegt das für seine bodenständige Südstaatenküche beliebte Monell's. Gespeist wird in einer großen Runde, d.h. man sitzt mitten unter Fremden und verteilt das Essen direkt am Tisch. Das ist Nashville! Und keine Sorge: Man wird seine Nachbarn mit Namen kennen, noch bevor man den gebratenen Wels aufgegessen hat.

Marché Artisan Foods BISTRO **$$**
(www.marcheartisanfoods.com; 1000 Main St; Hauptgerichte 9–16 US$; ⌚Di–Sa 8–21, So bis 16 Uhr) Das luftige Bistro im zunehmend nobler werdenden East Nashville hat vegetarierfreundliche Gerichte mit französischem und italienischem Einschlag, die mit saisonalen einheimischen Produkten zubereitet werden. Einfach einmal auf ein Zimt-Brioche zum Frühstück oder hausgemachte Gnocchi mit süßem Mais zum Abendessen hereinschneien!

Pancake Pantry FRÜHSTÜCK **$**
(www.pancakepantry.com; 1796 21st Ave S; Hauptgerichte 5–9 US$; ⌚6–15 Uhr) Seit über 50 Jahren stehen Gäste in dem beliebten Frühstückslokal für hoch aufgestapelte, in allen Varianten zubereitete Pfannkuchen an. Besonders lecker ist der mit Süßkartoffeln.

Elliston Place Soda Shop DINER **$**
(2111 Elliston Pl; Hauptgerichte 3–6 US$; ⌚Mo–Sa 7–19 Uhr) Seit den 1930ern lassen sich hier Vandy-Studenten Coke aus dem Automaten und *meat-and-three* schmecken. Das Dekor hat sich seither kaum verändert.

Ausgehen & Unterhaltung

Nashvilles Nachtleben würde auch einer dreimal so großen Stadt zur Ehre gereichen. Es dürfte schwer sein, einen Ort zu finden, an dem es keine Livemusik gibt. Ob Collegestudenten, Partygänger, dänische Backpacker oder Tagungsteilnehmer – sie alle machen das Stadtzentrum unsicher, wo der unter Neonlichtern funkelnde Broadway wie Las Vegas im Countrystil wirkt. In den Bars und Veranstaltungsorten westlich und südlich der Downtown tummeln sich eher Einheimische. Viele Bars findet man im Umkreis der Vanderbilt University. Sperrstunde ist um 3 Uhr – wenn richtig was los ist, bleiben die meisten Bars auch bis dahin geöffnet.

Bars & Nightclubs

Cafe Coco CAFÉ, BAR
(www.cafecoco.com; 210 Louise Ave; ⌚24 Std.) Das Café in einem verfallenen alten Haus

ABSTECHER

FRANKLIN

Ungefähr 20 Meilen (32 km) südlich von Nashville liegt abseits der I-65 das historische Städtchen **Franklin** (www.historicfranklin.com) mit seinem charmanten Zentrum und einigen hübschen B&Bs. **Puckett's Grocery** (www.puckettsgrocery.com; 120 4th Ave S; Hauptgerichte 10–20 US$; ⌚So–Do 6–18 Uhr, Fr & Sa open end) serviert gebratenen Wels zu Bluegrass-Musik.

gleich hinter dem Elliston Pl wirkt wie ein besonders abgefahrenes Studentenverbindungshaus, in dem rund um die Uhr etwas los ist. Die Gäste, die meisten davon Twens, mampfen im vorderen Raum Sandwiches und Kuchen, rauchen im großen Hof, nehmen an der Bar einen Drink oder hämmern in den alten Schlafzimmern auf ihre Laptops (kostenloses WLAN) ein.

Whiskey Kitchen KNEIPE
(www.whiskeykitchen.com; 118 12th Ave S) In Gulch, einem aufstrebenden Stadtteil mit renovierten Lagerhäusern nahe der Downtown, bietet der Gastropub moderne Südstaatenküche und eine endlos lange Whisky-Karte. Die trendige Adresse ist meistens gut besucht.

Rumours Wine and Art Bar BAR
(www.rumourswinebar.com; 2404 12th Ave S) Die hippe, aber erdverbundene Bohème-Bar im Viertel 12th Ave S lädt zu einem entspannten Glas Malbec ein.

Tribe BAR
(www.tribenashville.com; 1517 Church St) Das superfreundliche Tribe ist vor allem in der Schwulenszene beliebt, heißt aber jeden willkommen, der Lust auf einen Martini, Musikvideos oder durchtanzte Nächte hat.

Livemusik

In Nashville gibt es unvergleichlich viele Möglichkeiten, Livemusik zu hören. Neben den großen Veranstaltungsorten geben auch in verrauchten Kneipen, Collegebars, Kaffeehäusern und Biocafés viele talentierte Country-, Folk-, Bluegrass-, Südstaatenrock- und Bluesmusiker für ein Trinkgeld einen Gig. Vielerorts kommt man montags bis freitags – und auch sonst, wenn man früh genug erscheint – kostenlos rein.

LP TIPP **Tootsie's Orchid Lounge** KNEIPE
(☎615-726-7937; www.tootsies.net; 422 Broadway) Im Tootsie's, der beliebtesten Kneipe im Stadtzentrum, herrscht sieben Tage pro Woche Tanzstimmung. In den 1960er-Jahren förderte Clubbesitzerin und Kneipenmutter „Tootsie" Bess Talente wie Willie Nelson, Kris Kristofferson und Waylon Jennings. Heute stehen aufstrebende Countrymusiker auf den zwei winzigen Bühnen und nicht selten kommen große Stars auf spontane Jamsessions vorbei.

Grand Ole Opry MUSICALS
(☎615-871-6779; www.opry.com; 2802 Opryland Dr, Music Valley; Erw. 28–88 US$, Kind 18–53 US$)

DAS BESTE EIS AM STIEL ALLER ZEITEN

Einheimische wissen, welches Ziel sie an einem schwülen Tennessee-Nachmittag ansteuern müssen: Das **Las Paletas Gourmet Popsicles** (2907 12th Ave S; ⏲Di–Sa 12–19, So bis 17 Uhr), ein toller kleiner Laden, verkauft erfrischendes Eis am Stil in kreativen Geschmacksrichtungen, z. B. Schokolade-Wasabi, Hibiskus und Olivenöl.

Die ganze Woche über kann man hier eine Reihe von Countrymusik-Events erleben. Eine Pflichtveranstaltung ist aber das *Grand Ole Opry,* eine aufwendige Show, die immer dienstag-, freitag- und samstagabends dem klassischen Nashville-Country Tribut zollt. Von November bis Februar finden die Shows im Ryman statt.

Bluebird Cafe CLUB
(☎615-383-1461; www.bluebirdcafe.com; 4104 Hillsboro Rd; Eintritt: frei–15 US$; ⏲Shows 18 & 21.30 Uhr) Auch wenn das Café in einer Einkaufsstraße im Außenbezirk South Nashville liegt, sind auf seiner winzigen Bühne schon einige der besten traditionellen Liedermacher des Country aufgetreten, z. B. Steve Earle, Emmylou Harris und die Cowboy Junkies. Das Bluebird war zudem die Kulisse für den Film *The Thing Called Love – Die Entscheidung fürs Leben* (1993) mit Sandra Bullock und River Phoenix. Wer will, kann montags beim Open-Mic-Abend sein eigenes Talent unter Beweis stellen.

Robert's Western World KNEIPE
(www.robertswesternworld.com; 416 Broadway) Das alteingesessene Robert's ist in der Gegend sehr beliebt und hat Stiefel, Bier und Burger auf Lager. Die Musik beginnt gegen 11 Uhr und geht die ganze Nacht durch. Am Wochenende heizt die hauseigene Band Brazilbilly ab 22 Uhr ein.

Station Inn CLUB
(☎615-255-3307; www.stationinn.com; 402 12th Ave S) Das unscheinbare Steingebäude südlich der Downtown bietet den besten und authentischsten Bluegrass der Stadt. Die Doyle-and-Debbie-Show (s. S. 391) am Dienstagabend sollten sich Fans nicht entgehen lassen.

Ryman Auditorium VERANSTALTUNGSORT
(☎Tickets 615-458-8700, Informationen 615-889-3060; www.ryman.com; 116 5th Ave) Eine

ausgezeichnete Akustik, der historische Charme und die vielen Sitzplätze sichern dem Ryman nach wie vor den Status einer der wichtigsten Veranstaltungsstätten der Stadt. Im Winter läuft hier das *Opry*.

Bourbon Street Blues & Boogie Bar BLUES
(www.bourbonstreetblues.com; 220 Printer's Alley) Gäste der Bar in der Printer's Alley werden von niedrigen Wänden, romantischem Blues und jeder Menge Mardi-Gras-Perlenketten in Empfang genommen.

Keine Lust mehr auf Country?

Basement CLUB
(www.thebasementnashville.com; 1604 8th Ave S) Unterhalb von Grimey's Records; stimmungsvoller Alternative Rock und Folk.

Mercy Lounge CLUB
(www.mercylounge.com; 1 Cannery Row) Eine alte, aus Backstein errichtete Konservenfabrik beherbergt den Club mit künstlerisch angehauchten Rock-'n'-Roll-Shows.

Exit/In CLUB
(www.exitin.com; 2208 Elliston Pl) In dem 1971 eröffneten Club am Elliston Pl wird Indie-Rock, Hip-Hop und mehr gespielt.

Shoppen

Auf dem Lower Broadway gibt es jede Menge Plattenläden, Cowboystiefelgeschäfte und Souvenir-Shops, allerdings sind die Preise anderswo günstiger. Das Viertel 12th Ave South ist die richtige Adresse für trendige Boutiquen und klassische Läden. Unbedingt einen Besuch wert ist das berühmte Katy K's Ranch Dressing (S. 391).

LP TIPP **Hatch Show Print** KUNST, SOUVENIRS
(316 Broadway) Das Hatch, eine der ältesten Plakatdruckereien in den USA, stellte bereits für die frühen Vaudeville-Veranstaltungen seine berühmten Plakate her. Seitdem produzierte das Unternehmen Werbegrafiken und Plakate für fast jeden Countrystar.

COWBOYSTIEFEL ZU SCHNÄPPCHENPREISEN

Bestickte Cowboystiefel aus Leder, die inoffizielle Uniform Nashvilles, sind das Souvenir der Stadt schlechthin – dutzende Geschäfte verkaufen auf dem Lower Broadway überteuerte Exemplare an Touristen. Wer sich jedoch auskennt, geht zu **Boot Country** (304 Broadway). Wer dort einen Artikel kauft, bekommt zwei weitere umsonst; das gilt für das gesamte Sortiment, von Alligatorfiguren bis hin zu rustikalen Cowboystiefeln.

Ernest Tubb MUSIKLADEN
(417 Broadway) Der Laden mit der riesigen Neongitarre ist die beste Adresse für Country- und Bluegrass-Platten und hat lange Öffnungszeiten.

Third Man Records MUSIKLADEN
(623 7th Ave S) Musikliebhaber werden von diesem winzigen, neuen Musikladen mit Aufnahmestudio, der von dem Frontmann der White Stripes Jack White betrieben wird, begeistert sein.

Elder's Bookstore BUCHLADEN
(2115 Elliston Pl) Das ausgezeichnete Antiquariat existiert schon seit den 1930er-Jahren.

Gruhn Guitars MUSIKINSTRUMENTE
(400 Broadway) Renommiertes Geschäft für Musikinstrumente mit fachkundigem Personal.

Opry Mills Mall EINKAUFSZENTRUM
(⏲Mo–Sa 10–21.30, So bis 19 Uhr) Neben dem Opry; die riesige Outlet-Mall beherbergt ein IMAX-Kino, Themenrestaurants und jede Menge Markengeschäfte.

Praktische Informationen

In der Downtown und im Centennial Park gibt es kostenloses WLAN, ebenso in fast allen Hotels sowie vielen Restaurants und Cafés.

InsideOut (www.insideoutnashville.com) Das Wochenblatt informiert über die hiesige Schwulen- und Lesbenszene.

Nashville Scene (www.nashvillescene.com) Kostenloses alternatives Wochenblatt mit Infos zum Unterhaltungsangebot.

Nashville Visitors Information Center (☎615-259-4747; www.visitmusiccity.com; 501 Broadway, Sommet Center; ⏲8.30–17.30 Uhr) Im Glasturm; bietet kostenlose Stadtpläne und gute Online-Infos.

Öffentliche Bibliothek (www.library.nashville.org; 615 Church St) Kostenloser Internetzugang.

Polizei-Hauptwache (☎615-862-8600; 310 1st Ave S)

Post (1718 Church St)

Tennessean (www.tennessean.com) Lokale Tageszeitung.

Vanderbilt University Medical Center (☎615-322-5000; 1211 22nd Ave S)

Anreise & Unterwegs vor Ort

Der **Nashville International Airport** (BNS; ☎615-275-1675; www.nashintl.com), 8 Meilen (13 km) östlich der Stadt, ist kein wichtiger Verkehrsknotenpunkt. Der MTA-Bus 18 verbindet den Flughafen mit der Downtown; der **Gray Line Airport Express** (www.graylinenashville.com; einfache Strecke/hin & zurück 12/20 US$; ⏲5–23 Uhr) fährt alle großen Hotels im Zentrum und in West End an. Taxis bringen einen gegen einen Fixpreis von 25 US$ in die Downtown oder nach Opryland.

Greyhound (1030 Charlotte Ave) befindet sich in der Downtown. Die **Metropolitan Transit Authority** (www.nashvillemta.org; Ticket 1,60 US$) betreibt Stadtbusse ab **Music City Central** (400 Charlotte Ave). Zum Music Valley fahren Express-Busse.

Östliches Tennessee

Dolly Parton, die berühmteste Persönlichkeit aus dem Osten Tennessees, liebt ihre Heimatregion so sehr, dass sie einst Lieder über junge Frauen schrieb, die für den falschen Glanz der Großstadt die nach Heckenkirschen duftenden Smoky Mountains verlassen haben und das am Ende immer bereuen. Das Glück war ihr hold – sie machte damit Karriere.

Das östliche Drittel des Bundesstaats ist eine überwiegend ländliche Region mit kleinen Ortschaften, sanften Hügeln und Flusstälern. Hier fühlt man sich dank der freundlichen Leute, des herzhaften Essens und des ländlichen Charmes wie zu Hause.

In den üppigen, mit Heidekraut bewachsenen Great Smoky Mountains lässt es sich prima wandern, campen und raften. Die beiden wichtigsten städtischen Regionen, Knoxville und Chattanooga, sind entspannte Ortschaften am Fluss mit vielen munteren Collegestudenten und einer spannenden Musikszene.

CHATTANOOGA

In den 1960er-Jahren genoss Chattanooga den zweifelhaften Ruf, die „dreckigste Stadt Amerikas" zu sein. Man schämte sich dafür, beseitigte die unübersehbare industrielle Verschmutzung und erweckte das Zentrum wieder zum Leben. Heute gilt die Stadt als eine der grünsten des Landes: Sie hat kilometerlange, viel genutzte Uferwege, kostenlose Busse mit Elektroantrieb und Fußgängerbrücken über den Tennessee River. Darüber hinaus bietet sie hervorragende Möglichkeiten zum Felsklettern, Wandern, Radfahren und für Wassersport, was sie als eine der besten Ziele für Outdoorfans in den Südstaaten auszeichnet.

Im 19. und 20. Jh. war die Stadt ein wichtiger Knotenpunkt des Schienenverkehrs, daher der Begriff *Chattanooga Choo-Choo*, der ursprünglich den Personenzug der Cincinnati Southern Railroad von Cincinnati nach Chattanooga bezeichnete und später als Titel eines weltberühmten Songs von Glen Miller (1941) diente.

Der Bluff View Art District an der High St und an der E 2nd St bietet erlesene Geschäfte und Restaurants mit Blick auf den Fluss.

PANORAMASTRASSE: NATCHEZ TRACE PARKWAY

Ungefähr 25 Meilen (40 km) südwestlich von Nashville findet man abseits des Hwy 100 den Natchez Trace Pkwy, der über 444 Meilen (714 km) in südwestlicher Richtung nach Natchez in Mississippi führt. Der hiesige nördliche Abschnitt ist einer der schönsten der gesamten Strecke – nicht zuletzt wegen der Bäume, die ein Blätterdach über die gewundene Straße spannen. An der Strecke gibt's drei einfache Campingplätze, auf denen man kostenlos übernachten kann, sofern etwas frei ist (Reservierung nicht möglich). Ein Halt am **Loveless Cafe** nahe dem Anfang des Parkway, einem Rasthaus aus den 1950er-Jahren, lohnt sich: Das Wahrzeichen ist berühmt für seine Kekse mit hausgemachter Marmelade, Landschinken und gewaltigen Portionen Brathähnchen nach Südstaatenart.

Sehenswertes & Aktivitäten

Der **Coolidge Park** am North Shore bietet sich für einen Spaziergang am Fluss an. Es gibt ein Karussell, beliebte Spielfelder und eine 15 m hohe Kletterwand, die an einem der Träger der **Walnut Street Bridge** angebracht ist.

Lookout Mountain OUTDOORAKTIVITÄTEN
(www.lookoutmtnattractions.com; 827 East Brow Rd; Erw./Kind 46/24 US$; 👪) Einige der ältesten und bekanntesten Attraktionen von Chattanooga liegen 6 Meilen (9,6 km) außerhalb der Stadt. Im Eintrittspreis enthalten sind der Incline Railway, der einen Steil-

hang hinauf auf die Bergspitze fährt, der weltweit höchste unterirdische Wasserfall, die Ruby Falls, sowie Rock City, ein Garten mit einem Felsen, von dessen Spitze man einen dramatischen Ausblick genießt. Die Öffnungszeiten variieren je nach Saison. Der Berg ist zudem beliebt bei Gleitschirmfliegern; Kurse werden im **Lookout Mountain Flight Park** (☎800-688-5637; www.hanglide.com; 7201 Scenic Hwy, Rising Fawn, GA; Einführung & Tandemflug 199 US$) angeboten.

Tennessee Aquarium AQUARIUM
(www.tnaqua.org; 1 Broad St; Erw./Kind 25/15 US$; ⌚10–18 Uhr; 👪) Die Glaspyramide, die auf den Uferklippen thront, beherbergt das weltweit größte Süßwasseraquarium. Mit dem Hochgeschwindigkeitskatamaran kann man eine zweistündige Fahrt durch die Tennessee River Gorge (Erw./Kind 29/22 US$) unternehmen. Wenn man schon mal hier ist, bietet sich ein Besuch des angeschlossenen **IMAX-Kinos** (Erw./Kind 8,50/7 US$) an.

Outdoor Chattanooga OUTDOORAKTIVITÄTEN
(☎423-643-6888; www.outdoorchattanooga.com) Unter der Fußgängerbrücke, die in die Downtown führt, sieht man das grasbewachsene „lebendige Dach" der städtischen Agentur für Freizeitaktivitäten. Sie veranstaltet Wandertouren, Kajakfahrten und Radtouren – Termine telefonisch erfragen oder auf der Website nachlesen. Sie ist auch eine gute Infoquelle für Outdooraktivitäten und Wandertipps.

Hunter Museum of American Art GALERIE
(www.huntermuseum.org; 10 Bluff View; Erw./Kind 10/5 US$; ⌚Mo, Di & Do–Sa 10–17, Mi & So 12–17 Uhr) Östlich des Aquariums liegt die ebenso eindrucksvolle Glaslobby dieses Museums, das eine fantastische Sammlung aus dem 19. und 20. Jh. zeigt. Die Fußgängerbrücke aus Glas ist nur etwas für Schwindelfreie.

Schlafen & Essen

Rund um die I-24 und die I-75 findet man viele Budgethotels.

Chattanooga Choo-Choo Holiday Inn HOTEL $$
(☎423-266-5000; www.choochoo.com; 1400 Market St; Zi. ab 145 US$, Eisenbahnwagen ab 179 US$; P❄@📶≋) Der prächtige alte Bahnhof wurde in ein geschäftiges Hotel mit 48 echten viktorianischen Eisenbahnwagon-Zimmern, einer Retro-Bar im Gilded-Age-Stil und mehreren Geschäften verwandelt. Die Standardzimmer und Suiten in separaten Gebäuden sind sauber, aber gewöhnlich.

Stone Fort Inn B&B $$
(☎423-267-7866; www.stonefortinn.com; 120 E 10th St; Zi. ab 120 US$; P❄📶) Unverputzte Backsteinwände und ein Stilmix aus Antiquitäten, alter Coke-Art und kitschig-coolen Hirschköpfen machen dieses Boutiquehotel im Zentrum zur hippsten Adresse der Stadt.

Raccoon Mountain Campground CAMPING $
(☎423-821-9403; www.raccoonmountain.com; 319 W Hills Dr; Stellplatz ab 18 US$) Der dem Zentrum am nächsten gelegene Campingplatz am Fuß der hübschen gleichnamigen Höhlen, die besichtigt werden können, hat schattige Stellplätze und gepflegte Einrichtungen.

LP TIPP **Zarzour's** SÜDSTAATEN $
(1627 Rossville Ave; Hauptgerichte 5–8 US$; ⌚Mo–Fr 11–15.30 Uhr) „Hier werden Sie wie ein Teil der Familie behandelt", sagt die Kellnerin in diesem winzigen holzgetäfelten Diner, Chattanoogas ältestem Restaurant. „Allerdings mögen wir unsere Familie nicht sonderlich!" Das ist natürlich nicht ernst gemeint (hoffen wir zumindest), doch diese Art von schwarzem Humor machen das Zarzour's zu etwas Besonderem. Ach ja, die grandiosen Hamburger Steaks, gebackenen Spaghetti und der klassischen Lemon-Icebox-Pie sind natürlich auch Argumente für einen Besuch.

Big River Grille & Brewing Works KNEIPE $$
(222 Broad St; Hauptgerichte 9–20 US$; ⌚So–Do 11–24, Fr & Sa bis 2 Uhr) In dem Lagerhaus in der Downtown mit großer Terrasse lässt sich das gut gelaunte Publikum Bier und gehobene Kneipenkost wie Burger, Calamares und Barbecue Chicken Pizza schmecken.

Praktische Informationen

Das große, moderne **Visitor Center** (☎423-756-8687, 800-322-3344; www.chattanoogafun.com; 215 Broad St; ⌚8.30–17.30 Uhr) hat freundliches Personal.

Anreise & Unterwegs vor Ort

Chattanoogas kleiner **Flughafen** (CHA; ☎423-855-2202; www.chattairport.com; 1001 Airport Rd) liegt gleich östlich der Stadt. Der **Greyhound-Busbahnhof** (960 Airport Rd) befindet sich die Straße hinunter.

Mit den kostenlosen **Elektrobussen** in der Innenstadt erreicht man die meisten Sehenswürdigkeiten der Downtown. Das Visitor Center hat entsprechende Streckenpläne auf Lager.

KNOXVILLE

Wegen seiner vielen Textilfabriken war Knoxville einst als „Welthauptstadt der Unterwäsche" bekannt. Heute sind hier die University of Tennessee und eine florierende Kunst- und Musikszene ansässig. Den **Market Square** in der Innenstadt säumen prächtige, leicht baufällige Gebäude aus dem 19. Jh. sowie hübsche Straßencafés mit Schatten spendenden Birnbäumen. Die meisten Restaurants und der größte Teil des Nachtlebens sind in den künstlerisch angehauchten, renovierten Lagerhäusern der **Old Town** auf der Gay St zu Hause.

Das **Visitor Center** (☎865-523-7263, 800-727-8045; www.knoxville.org; 301 S Gay St; ⊙Mo–Sa 9–17, So 13–17 Uhr) befindet sich in der Innenstadt. Zur Mittagszeit findet hier das bekannte **Blue Plate Special** (www.wdvx.com; Eintritt frei; ⊙Mo–Sa 12 Uhr) statt, ein Livekonzert, das WDVX, Knoxvilles renommierter Radiosender für Country und Roots Music, organisiert.

Das optische Zentrum der Stadt ist die **Sunsphere**; die auf einem Turm thronende goldene Kugel ist das wichtigste Überbleibsel der Weltausstellung von 1982. Ein Aufzug fährt nach oben zur (meist menschenleeren) Aussichtsplattform mit Panoramablicken auf Knoxville und einer altmodischen Ausstellung zu den Bürgertugenden der Stadtbewohner.

Unübersehbar ist auch der massive, orangefarbene Basketball, der die **Women's Basketball Hall of Fame** (www.wbhof.com; 700 Hall of Fame Dr; Erw./Kind 8/6 US$; ⊙Sommer Mo–Sa 10–17 Uhr, Winter Di–Sa 11–17 Uhr) kennzeichnet. Sie gibt Einblicke in die Sportgeschichte, angefangen bei der Zeit, als Frauen noch in langen Kleidern spielen mussten.

GREAT SMOKY MOUNTAINS NATIONAL PARK

Die Cherokee nannten dieses Gebiet Shaconage (shah-*ko*-na-dschi), was soviel bedeutet wie „Land des blauen Rauchs" – der Name bezieht sich auf den lilafarbenen Nebel, der über den uralten Gipfeln liegt. Die Südlichen Appalachen sind einer der ältesten Gebirgszüge der Welt; auf vielen Quadratkilometern erstreckt sich kühler, feuchter Laubwald

Der 2110 km² große Park ist der meistbesuchte des Landes. Zwar können die wichtigsten Verkehrswege und Attraktionen überlaufen sein, doch laut Statistik entfernen sich 95% aller Besucher kaum weiter als 100 m von ihren Autos. Es ist also kein großes Problem, die Massen hinter sich zu lassen.

Anders als in den meisten anderen Nationalparks muss man für den Great Smoky keinen Eintritt zahlen – und das wird sich auch in Zukunft nicht ändern: In der Gründungsurkunde ist dies festgeschrieben als Bedingung für die Spende der Familie Rockefeller in Höhe von 5 Mio. US$. An einem der Visitor Center kann man sich eine Karte des Parks und die kostenlose Parkzeitung *Smokies Guide* holen. Weitere Infos über den Teil des Parks, der in North Carolina liegt, gibt's auf S. 362.

Die Reste der aus dem 19. Jh. stammenden Siedlung bei **Cades Cove** gehören zu den größten Sehenswürdigkeiten des Nationalparks, wie auch der starke Verkehr auf der Rundstraße im Sommer zeigt.

Am **Mt. LeConte** verlaufen ein paar der besten Wanderwege, zudem gibt es hier die (neben den Campingmöglichkeiten) einzige Unterkunft des Parks: die **LeConte Lodge** (☎865-429-5704; www.leconte-lodge.com; Hütte 79 US$/Pers.). Allerdings erreicht man die rustikalen Hütten, in denen es keinen Strom gibt, nur nach einem 13 km langen Marsch bergauf. Außerdem sind sie sehr begehrt und müssen bis zu einem Jahr im Voraus reserviert werden. Abendessen und Frühstück kosten 37 US$. Mit dem Auto direkt zu erreichen sind dagegen die schwindelerregenden Höhen des **Clingmans Dome**, des dritthöchsten Bergs östlich von Mississippi, auf dem ein futuristischer Aussichtsturm steht.

Bei zehn erschlossenen Campingplätzen mit rund 1000 Stellplätzen könnte man meinen, ein Fleckchen für ein Zelt sei problemlos zu finden. Weit gefehlt, zumindest in der betriebsamen Sommersaison, in der Vorabplanung angesagt ist. Manche Stellplätze kann man **reservieren** (☎800-365-2267; www.nps.gov/grsm), bei anderen gilt: Wer zuerst kommt, mahlt zuerst. Die Campinggebühr beträgt zwischen 14 und 23 US$ pro Nacht. Von den zehn Plätzen im Park sind lediglich Cades Cove und Smokemont ganzjährig geöffnet, die übrigen nur von März bis Oktober.

Eine tolle Option ist außerdem **Wildcampen** (☎Reservierungen 865-436-1231), für das eine kostenlose Genehmigung vonnöten ist. Für Reservierungen und Genehmigungen sind die Rangerstationen und Visitor Center zuständig.

Praktische Informationen

Im Park gibt es drei Besucherzentren: das **Sugarlands Visitor Center** (865-436-1291; 8–16.30 Uhr, Frühling & Sommer verlängerte Öffnungszeiten) am Nordeingang nahe Gatlinburg, das **Cades Cove Visitor Center** (877-444-6777; 9–16.30 Uhr, Frühling & Sommer verlängerte Öffnungszeiten) nach der Abzweigung vom Hwy 441 auf halber Strecke der Cades Cove Loop Rd in der Nähe des Eingangs in Gatlinburg und das Oconaluftee Visitor Center (S. 362) am Südeingang bei Cherokee (North Carolina).

GATLINBURG

Das furchtbar kitschige Gatlinburg liegt am Eingang zum Great Smoky Mountains National Park und betört die Wanderer mit dem Duft von Buttertoffee und Zuckerwatte. Touristen kommen her, um mit den Skiliften zu fahren, sich Unterhosen mit der Konföderiertenflagge darauf zu kaufen, in einer der vielen Hochzeitskapellen zu heiraten und auf ländlich gestalteten Anlagen Minigolf zu spielen. Ob man es nun mag oder nicht, das gesamte Dorf ist eine typisch amerikanische Attraktion am Straßenrand.

Das Unterhaltungsprogramm in Gatlinburg reicht von Ripley's-Franchise-Attraktionen (ein „Believe it or Not!"-Kuriositätenmuseum, ein Spiegelkabinett, ein Geisterhaus, ein riesiges Aquarium) über das wohl einzigartige **Salt and Pepper Shaker Museum** (www.thesaltandpeppershakermuseum.com; Winery Sq; Erw./Kind 3 US$/frei; 10–16 Uhr) bis hin zu einer malerischen, 3 km langen **Luftseilbahn** (Erw./Kind 11/8,50 US$), die zum bayerisch angehauchten Skiresort Ober Gatlinburg führt. Danach locken ein paar kostenlose hochprozentige Kostproben in der **Ole Smoky Moonshine Distillery** (www.olesmokymoonshine.com; 903 Parkway; 10–22 Uhr), der ersten legalen Produktionsstätte für illegal gebrannten Schnaps – irgendwie unlogisch, oder? Den krönenden Abschluss bildet dann eine Runde in einem riesigen Hamsterball (kein Witz!) bei **Zorb** (www.zorb.com; 203 Sugar Hollow Rd, Pigeon Forge; 37 US$) und schon neigt sich ein typischer Tag in Gatlinburg seinem Ende zu.

10 Meilen (16 km) von Gatlinburg entfernt Richtung Norden liegt **Pigeon Forge** (www.mypigeonforge.com), ein wirklich ziemlich geschmackloser Komplex mit mehreren Motels, Outlet-Malls, diversen Countrymusikschuppen und einigen Restaurants, die allesamt im Windschatten von **Dollywood** entstanden sind.

> **DOLLYWOOD**
>
> **Dollywood** (www.dollywood.com; 1020 Dollywood Lane; Erw./Kind 57/46 US$; April–Dez.) ist eine Hommage an die Schutzheilige von East Tennessee, die langhaarige, großbrüstige Countrysängerin Dolly Parton – von dieser selbst erschaffen. Der Park bietet Fahrgeschäfte und Attraktionen im Appalachen-Stil, von der Mystery-Mine-Achterbahn über ein Reservat für Weißkopfseeadler bis zu einer kleinen Pseudo-Kapelle, benannt nach dem Arzt, der Dolly auf die Welt brachte.

KENTUCKY

Angesichts einer Wirtschaft, die auf Bourbon-Whisky, Pferderennen und Tabak basiert, könnte man meinen, Kentucky mache Las Vegas den Ruf als Hort der Sünde streitig. Nun, ja und nein. Auf jede whiskylastige Bar in Louisville kommt eine „trockene Gemeinde", wo man nichts Stärkeres bekommt als Ginger Ale. Und auf jede Pferderennbahn kommt ein katholisches Kloster oder eine Southern-Baptists-Kirche.

Kentucky ist voller merkwürdiger Gegensätze. Der Bundesstaat, an einer geografischen wie kulturellen Wegscheide gelegen, verbindet die Freundlichkeit des Südens, die ländliche Grenzlandgeschichte des Westens, die Industrie des Nordens und den aristokratischen Charme des Ostens miteinander.

Jede Ecke des Bundesstaats ist eine Augenweide. Im Frühling blühen auf den Weiden im zentralen Kentucky winzige himmelblaue Blumen, denen der Staat seinen Beinamen „Bluegrass State" verdankt. Es gibt nur wenige Sehenswürdigkeiten, die so herzzerreißend schön sind wie die sanften Sandsteinhügel des Pferdelands, in dem die Vollblutzucht ein viele Millionen Dollar schweres Geschäft ist. Selbst die Berge, die oft als „Hillbilly Country" belächelt werden, leuchten in bunten Farben und haben eine Menge Kultur zu bieten.

Geschichte

In der Mitte des 18. Jhs. kämpften britische und französische Truppen um die Herr-

KURZINFOS KENTUCKY

» **Spitzname** Bluegrass State

» **Bevölkerung** 4,3 Mio.

» **Fläche** 102 896 km²

» **Hauptstadt** Frankfort (28 000 Ew.)

» **Weitere Städte** Louisville (600 000 Ew.), Lexington (300 000 Ew.)

» **Verkaufssteuer** 6 %

» **Geburtsort von** dem 16. US-Präsidenten Abraham Lincoln (1809–1865), „Gonzo"-Journalist Hunter S. Thompson (1937–2005), Boxer Muhammad Ali (geb. 1942), Schauspielerin Ashley Judd (geb. 1968)

» **Heimat des** Kentucky Derby, der Louisville Slugger, des Bourbon

» **Politische Ausrichtung** vorwiegend konservativ, in ländlichen Gegenden erzkonservativ

» **Berühmt für** Pferde, Bluegrass-Musik, Brathähnchen, Höhlen

» **Schräge Ortsnamen** Monkeys Eyebrow, Chicken Bristle, Shoulderblade, Hippo, Petroleum

» **Entfernungen** Louisville–Lexington 77 Meilen (123 km), Lexington–Mammoth Cave National Park 135 Meilen (216 km)

schaft über Kentucky: Beide Länder hatten den Wert des fruchtbaren Landes erkannt, das einst den Ureinwohnern als Jagdgebiet gedient hatte.

Der legendäre Trapper Daniel Boone bahnte sich einen Weg durch die Cumberland Gap und 1775 begannen die Briten, über die Appalachen vorzudringen. Im Unabhängigkeitskrieg wurde das Land zum Schauplatz einer Schlacht, bei der die Shawnee-Indianer auf Seiten der britischen Krone kämpften.

Wenngleich Kentucky ein Staat von Sklavenbesitzern gewesen ist, war es während des Amerikanischen Bürgerkriegs ziemlich zerrissen: 30 000 Mann kämpften für die Konföderierten, 64 000 für die Union. Sowohl der US-Präsident Abraham Lincoln als auch der Konföderierten-Präsident Jefferson Davis stammten aus Kentucky.

Nach dem Krieg baute Kentucky seine Wirtschaft auf Eisenbahnen, Tabak und Kohlebergbau auf. Heute steht die idyllische Pferdezucht im Mittelpunkt, wie das Motto „Unbridled Spirit" (Ungezügelter Geist) verrät.

Praktische Informationen

Die Grenze zwischen den Zeitzonen Eastern Standard und Central Standard verläuft mitten durch Kentucky.

Kentucky State Parks (800-255-7275; www.parks.ky.gov) Infos zum Wandern, Höhlenwandern, Angeln, Campen etc. in den 52 State Parks in Kentucky. Die sogenannten „Resort Parks" haben im Vergleich zu den „Recreation Parks" gehobenere Unterkünfte zu bieten, z. B. Lodges.

Kentucky Travel (502-564-4930, 800-225-8747; www.kentuckytourism.com) Verschickt eine detaillierte Broschüre über die Attraktionen des Bundesstaats.

Louisville

Das hübsche, unterschätzte Louisville (oder Louahvul, wie die Einheimischen sagen) ist vor allem für das Kentucky Derby bekannt. Die größte Stadt Kentuckys, die während der Erschließung des Westens ein wichtiges Verschiffungszentrum am Ohio River war, besticht noch heute mit einer lebendigen, von der Arbeiterklasse geprägten Atmosphäre, Billard-Eckkneipen, Punkrock-Bars und Chili-Drive-Ins. Hier kann man gut einen oder zwei Tage damit verbringen, sich die Museen anzuschauen, durch die alten Viertel zu schlendern und Bourbon zu trinken.

Sehenswertes

Das aus der viktorianischen Zeit stammende Viertel **Old Louisville** gleich südlich des Stadtzentrums ist eine Spazierfahrt oder einen Bummel wert. Bemerkenswert ist **St. James Court** jenseits der Magnolia Ave mit seinem herrlich charmanten, mit Gaslampen beleuchteten Park. Zudem gibt es mehrere wunderbare **historische Häuser** (www.historichomes.org), die man im Rahmen von Führungen besichtigen kann, u.a. das alte Shotgun House von Thomas Edison.

LP TIPP **Churchill Downs** RENNBAHN (www.churchilldowns.com; 700 Central Ave) Am ersten Samstag im Mai wirft sich Amerikas Oberschicht in Nadelstreifenanzüge und setzt superschräge Hüte auf, um derart gewappnet die „zwei großartigsten Minuten im Pferdesport" zu erleben: das Kentucky Derby. Nach dem Rennen singen die Menschenmassen „My Old Kentucky Home" und schauen zu, wie das siegreiche

Ross mit Rosen überschüttet wird. Danach steigt dann die eigentliche Party. Und die dauert länger als zwei Minuten ...

Um ehrlich zu sein, ist das Rennen eigentlich „nur" eine Unterbrechung der Party: Schon zwei Wochen vor dem großen Event beginnt das **Kentucky Derby Festival** (www.kdf.org), zu dem auch ein Ballonwettrennen und das größte Feuerwerk Nordamerikas gehören.

Die meisten Sitzplätze für das Derby werden auf Einladung vergeben oder sind schon Jahre vorab reserviert. Wer am Tag des Derbys früh da ist, darf für 40 US$ in den Paddock (keine Sitzplätze) – der ist praktisch eine einzige Partyzone und so überlaufen, dass man kaum etwas vom Rennen sieht. Jedoch kein Grund zu verzagen: Von April bis November finden zur Vorbereitung auf die Großereignisse viele aufregende Rennen statt, bei denen ein Sitzplatz in den Downs für 3 US$ zu haben ist.

Kentucky Derby Museum
(www.derbymuseum.org; Gate 1, Central Ave; Erw./Kind 13/5 US$; ⏲Mo–Sa 8–17, So ab 11–17 Uhr) Auf dem Gelände ist auch dieses Museum zu Hause, das Ausstellungen zur Geschichte des Derbys zeigt, einen Einblick in das Leben der Jockeys gewährt und eine Zusammenstellung der berühmtesten Pferde präsentiert. Es gibt eine 360°-Panoramashow zum Rennen und Führungen, bei denen man mal hinter die Kulissen schauen und einen Blick in die Quartiere der Jockeys und in die edlen VIP-Sitzbereiche werfen kann (10 US$).

Louisville Slugger Museum MUSEUM
(www.sluggermuseum.org; 800 W Main St; Erw./Kind 10/5 US$; ⏲Mo–Sa 9–17, So 12–17 Uhr; 👪) Der 36 m große Baseballschläger, der am Gebäude dieses Museums lehnt, ist nicht zu übersehen. Hillerich & Bradsby Co. stellen hier seit 1884 den berühmten Louisville-Slugger-Schläger her. Der Eintrittspreis umfasst eine Fabrikführung, die Besichtigung einer Baseball-Ausstellung mit Exponaten wie dem Schläger von Babe Ruth, einen Fängerkorb und einen kostenlosen Minischläger. Markenschläger werden in der Lobby verkauft. Sonntags pausiert die Fertigung, im Winter auch samstags.

Muhammad Ali Center KULTURZENTRUM
(www.alicenter.org; 144 N 6th St; Erw./Kind 9/4 US$; ⏲Mo–Sa 9.30–17, So 12–17 Uhr) Das Zentrum ist ein Geschenk an die Stadt von ihrem berühmtesten Sohn. Während der selbst geführten Besichtigung kann man sich einen faszinierenden Film über Alis Leben und Videos von seinen berühmten Kämpfen anschauen. Daneben gibt's Ausstellungen zu Rassentrennung und Menschenrechtsfragen, die den freimütigen Mann quälten, der einst als „Lippe von Louisville" bekannt war.

Frazier International History Museum MUSEUM
(www.fraziermuseum.org; 829 W Main St; Erw./Kind 12/9 US$; ⏲Mo–Sa 9–17, So 12–17 Uhr) Das für die mittelgroße Stadt erstaunlich ambitionierte, hochmoderne Museum dokumentiert 1000 Jahre Regionalgeschichte mittels Dioramen von grausamen Schlachten und kostümierten Darstellern, die Schwertkämpfe und hitzige Debatten nachstellen.

Speed Art Museum MUSEUM
(www.speedmuseum.org; 2035 S 3rd St; Erw./Kind 10/5 US$; ⏲Di, Mi & Fr 10–17, Do bis 21, So 12–17 Uhr) Das hübsche neoklassizistische Gebäude beherbergt über 12 000 Kunstwerke, von klassischen Skulpturen bis zu Cocktailgläsern aus Kentucky.

Schlafen

An der I-264 in der Nähe des Flughafens gibt es mehrere Kettenhotels. Über die

NICHT VERSÄUMEN

INTERNATIONAL BLUEGRASS MUSIC MUSEUM

Der aus Kentucky stammende Bill Monroe gilt als Gründervater des Bluegrass. Seine Band, die Blue Grass Boys, gab der Musikrichtung ihren Namen. Die Wurzeln des Bluegrass liegen in der traditionellen Musik der Bergbewohner, in die das schnelle Tempo afrikanischer Lieder und die Synkopen des Jazz Eingang fanden. Jeder Banjozupfer und Fiedelfan wird die historischen Exponate im **International Bluegrass Music Museum** (www.bluegrass-museum.org; 107 Daviess St; Eintritt 5 US$; ⏲Di–Sa 10–17, So 13–16 Uhr) in Owensboro zu schätzen wissen. In dem hübschen Städtchen am Ohio River, das ungefähr 100 Meilen (160 km) westlich von Louisville liegt, findet im Juni das **ROMP Bluegrass Festival** (www.bluegrass-museum.org/riverofmusic) statt.

vielen recht günstigen, historischen B&Bs der Stadt informiert www.louisvillebedand breakfast.org.

LP TIPP **21c** HOTEL $$$
(☎502-217-6300; www.21chotel.com; 700 W Main St; Zi. ab 240 US$; P ❄ ☎) Das Hotel, das zugleich als Museum für zeitgenössische Kunst dient, würde überall aus dem Rahmen fallen, im gediegenen Louisville ist es aber quasi eine Welt für sich. Videokameras filmen die Gäste vor dem Aufzug und werfen ihre verzerrten Abbilder auf eine Wand. In den Fluren baumeln sonderbare, aus Scheren gefertigte Kronleuchter, in der Lobby stehen anzügliche Skulpturen, die selbst hartgesottene Reiseführerautoren erröten lassen. Die urbanen, loftähnlichen Zimmer haben iPod-Anschlüsse und einen Minikühlschrank mit allen Zutaten für einen Mint Julep und das Hotelrestaurant namens Proof on Main gehört zu den hippsten Südstaaten-Bistros der Stadt. Parken kostet 18 US$.

Central Park B&B B&B $$
(☎502-638-1505; www.centralparkbandb.com; 1353 S 4th St; Zi. inkl. Frühstück 135–195 US$; P ❄ ☎) In der Steinvilla von 1884, die über dem Central Park von Old Louisville thront, nächtigen Gäste wie im Gilded Age. Kronleuchter, Buntglas und jede Menge riesige Blumengestecke verströmen viktorianische Pracht.

Brown Hotel HOTEL $$$
(☎502-583-1234; www.brownhotel.com; 335 West Broadway; Zi. ab 250 US$; P ❄ ☎) Opernstars, Königinnen und Ministerpräsidenten sind schon über die Marmorböden dieses legendären Hotels in der Downtown geschritten. Dank einer Renovierung erstrahlt es mit seinen 293 komfortablen Zimmern und der schicken Bar wieder im alten Glanz der 1920er-Jahre. Parken kostet 18 US$.

Essen

Im Viertel Highlands rund um die Bardstown Rd und Baxter Rd gibt es von Einheimischen betriebene Cafés und Bars. Die „Fourth Street Live" in der Downtown ist ein recht künstlich wirkendes Unterhaltungsviertel mit ein paar Geschäften und Restaurants. Es gibt interessantere Ecken in der Gegend, es lohnt also, sich ein wenig umzuschauen.

610 Magnolia MODERNE SÜDSTAATENKÜCHE $$$
(☎502-636-0783; www.610magnolia.com; 610 W Magnolia Ave; 3-/4-Gänge-Menü 50/60 US$; ⏲Do–Sa 18–22 Uhr) In dem schicken Bistro trifft Skandinavien auf Kentucky. Es ist an nur drei Abenden geöffnet und Louisvilles angesagtestes und zugleich am schwersten auffindbares Restaurant (es gibt kein Schild, einfach nach der Zahl 610 Ausschau halten). Saisonale Zutaten aus der Region verbinden sich mit internationalen Einflüssen zu großartigen Kreationen wie knusprigem Schweinebauch mit Chili, Sashimi mit Bourbon-Soja-Sauce und Süßkartoffel-Brotpudding.

Lynn's Paradise Cafe DINER $$
(www.lynnsparadisecafe.com; 984 Barret Ave; Hauptgerichte 7–15 US$; ⏲Mo–Fr 7–22, Sa & So 8–22 Uhr; 👪) Vor dem psychedelisch bunten Diner, in dem rund um die Uhr Frühstück serviert wird, steht eine 3 m hohe Teekanne. Sehr empfehlenswert sind die hausgemachten Kekse mit Sorghum-Butter oder die Hot-Brown-Sandwiches, ein Louisville-Klassiker, der in den 1920er-Jahren im Brown Hotel erfunden wurde.

Doc Crow's Southern Smokehouse & Raw Bar SÜDSTAATEN, BARBECUE $$
(doccrows.com; 127 W Main St; Hauptgerichte 7–18 US$; ⏲Mo–Do 11–22, Fr & Sa bis 23 Uhr) In der renovierten Brennerei mit stylishen unverputzten Backsteinwänden und altem Holz aus den 1880er-Jahren lassen sich Louisvilles Hipsters Bourbon, Austern und hausgeräucherte BBQ-Rippchen schmecken.

DIE GEISTERKLINIK

Das verlassene Waverly Hills Sanatorium thront wie die Burg eines verrückten Königs über Louisville. Einst beherbergte es die Opfer einer Tuberkulose-Epidemie Anfang des 20. Jhs. Die Leichname der verstorbenen Patienten wurden über eine Rutsche in den Keller befördert – kein Wunder, dass es in dem Gebäude spuken soll. Wer auf Geisterjagd gehen möchte, kann sich einer nächtlichen **Führung** (☎502-933-2142; www.therealwaverlyhills.com; 2-stündige Führung/2-stündige Geisterjagd/Übernachtung 22/50/100 US$; ⏲März–Aug.) anschließen. Wahrhaft Furchtlose können hier sogar die Nacht verbringen. Viele Besucher sprechen hinterher von dem unheimlichsten Ort, an dem sie je gewesen sind.

Ausgehen & Unterhaltung

In dem kostenlosen Wochenblatt *Leo* (www.leoweekly.com) ist das Konzert- und Unterhaltungsangebot aufgelistet. In dem Gebiet der Highlands gibt es jede Menge Kneipen.

Old Seelbach Bar BAR
(www.seelbachhilton.com; 500 4th St) Die elegante Bar im historischen Seelbach Hilton lädt zu einem gepflegten Bourbon ein.

Holy Grale KNEIPE
(www.holygralelouisville.com; 1034 Bardstown Rd) Eine von Bardstowns neuesten und interessantesten Bars ist in einer alten Kirche untergebracht. Neben gehobener Kneipenkost (Wachteleier mit Scotch, Kimchee-Hotdogs) kommt ein Dutzend deutscher, belgischer und japanischer Biersorten auf den Tisch.

Rudyard Kipling BAR, MUSIK
(www.therudyardkipling.com; 422 W Oak St) Die einheimischen Bohème-Szene schätzt die Kneipe in Old Louisville wegen seiner intimen Indie-Bluegrass-Shows und der Kentucky-Kneipenküche (den „Snappy Cheese" probieren!).

Actors Theatre of Louisville THEATER
(www.actorstheatre.org; 504 W Main St) Das renommierte Theater bietet eine große Bandbreite: von Shakespeare über moderne Musicals bis hin zu mit dem Pulitzer-Preis ausgezeichneten Stücken.

ABSTECHER

NATIONAL CORVETTE MUSEUM

Ein Hoch auf Amerikas beliebtesten Sportwagen, die Chevrolet Corvette aus Kentucky! Autoliebhaber wird das futuristische **National Corvette Museum** (www.corvettemuseum.com; I-65, exit 28, Bowling Green; Erw./Kind 10/5 US$; ⌚8–17 Uhr) in Bowling Green begeistern, das 80 Corvette-Modelle und begehbare Dioramen voller Erinnerungsstücke beherbergt (die „Main Street" stellt beispielsweise das Corvette-verrückte Amerika der Fünfziger nach). Das nahe gelegene **Bowling Green Assembly Plant** (www.bowlinggreenassemblyplant.com; ⌚Führungen Mo–Do 8.30, 11.30, 12.45 & 14 Uhr) kann im Rahmen von Führungen besichtigt werden; entweder bucht man mindestens neun Tage im Voraus online oder schaut 45 Minuten vor Führungsbeginn vorbei und hofft auf einen freien Platz.

Praktische Informationen

Öffentliche Bibliothek (301 York St) In der Innenstadt; kostenloses Internet.

Visitor Center (☎502-582-3732, 888-568-4784; www.gotolouisville.com; 301 S 4th St; ⌚Mo–Sa 10–18, So 12–17 Uhr) Beherbergt eine kostenlose Ausstellung über Colonel Sanders, die große Ikone Kentuckys und Gründer von KFC.

Anreise & Unterwegs vor Ort

Der **International Airport von Louisville** (SDF; ☎502-367-4636; www.flylouisville.com) liegt 5 Meilen (8 km) südlich der Stadt an der I-65. Dorthin gelangt man mit einem Taxi (ca. 18 US$) oder dem Stadtbus 2. Der **Greyhound-Busbahnhof** (720 W Muhammad Ali Blvd) befindet sich gleich westlich vom Zentrum. Die Stadtbusse (1,50 US$) der **TARC** (www.ridetarc.org; 1000 W Broadway) fahren ab dem Betriebsbahnhof Union Station.

Bluegrass Country

Wer an einem sonnigen Tag durch das Bluegrass Country im Nordosten Kentuckys fährt, ahnt, was sich die alten Griechen unter dem Elysium, dem Paradies, vorstellten. Auf den grünen, schimmernden Hügeln, die mit Teichen, Pappeln und hübschen Landhäusern übersät sind, grasen Pferde. Die einst wilden Wald- und Wiesengebiete sind seit fast 250 Jahren ein Zentrum der Pferdezucht, und es heißt, aufgrund der natürlichen Sandsteinvorkommen sei das Gras in der Region besonders nährstoffreich. Die wichtigste Stadt in der Gegend ist Lexington, auch bekannt als die „Welthauptstadt der Pferde".

LEXINGTON

In Lexington gibt's Häuser, die Millionen Dollar kosten, ja sogar Pferde, für die ebenfalls Sümmchen mit etlichen Nullen fällig werden, und selbst das Gefängnis sieht aus wie ein Country-Club. Die einst wohlhabendste und kultivierteste Stadt westlich der Allegheny Mountains, die auch „Athen des Westens" genannt wurde, ist heute Sitz der University of Kentucky und das Zentrum der Vollblutzucht. In der kleinen Innenstadt gibt's ein paar hübsche viktorianische Viertel, die meisten Attraktionen liegen aber vor den Toren der Stadt.

EINE GLAUBENSFRAGE?

Fast 50 % der Amerikaner glauben nicht an die Evolutionsgeschichte – das ist eine Tatsache. Das erklärt auch die Beliebtheit von Petersburg, in dessen Nähe Kentuckys neues, millionenschweres **Creation Museum** (www.creationmuseum.org; 2800 Bullittsburg Church Rd; Erw./Kind 25/15 US$; ⌚Mo–Sa 10–18, So 12–18 Uhr) zu finden ist. Besucher erwartet eine interaktive Führung durch eine biblische Interpretation der Erdgeschichte. Naturwissenschaftlich denkende Menschen werden wohl nur den Kopf schütteln – doch selbst diese werden zugeben müssen, dass die begehbare Arche Noah, die animatronischen Dinosaurier, die nach Ansicht der Kreationisten Zeitgenossen der frühen Menschen waren, und die Zebra-Esel-Hybride namens Zesel im Streichelzoo einen gewissen Unterhaltungswert haben.

Sehenswertes & Aktivitäten

Die meisten Attraktionen Lexingtons haben mit Pferden oder den vielen historischen Häusern und Anwesen der Stadt zu tun.

LP TIPP **Headley-Whitney Museum** MUSEUM
(www.headley-whitney.org; 4435 Old Frankfort Pike; Erw./Kind 10/7 US$; ⌚Di–Fr 10–17, Sa & So 12–17 Uhr) Das wunderschöne alte Museum beherbergt die Privatsammlung eines Schmuckdesigners, des verstorbenen George Headley. Zu sehen sind Edelsteinschmuckstücke, handgefertigte Puppenhäuser und eine sehr bizarre Garage, die zu einer Muschelgrotte umgebaut wurde.

Kentucky Horse Park MUSEUM, PARK
(www.kyhorsepark.com; 4089 Iron Works Pkwy; Erw./Kind 16/8 US$; ⌚Mitte März–Okt. tgl. 9–17 Uhr, Nov.–Mitte März Mi–So; 👪) Gleich nördlich von Lexington liegt dieses 4,9 km² große Pferdesportzentrum mit lehrreichem Themenpark. Pferde aus 50 verschiedenen Zuchtlinien leben hier und wirken bei besonderen Liveshows mit. Zur Anlage gehört außerdem das internationale **Museum of the Horse** mit hübschen Dioramen rund ums Thema Pferd – man wird dem winzigen prähistorischen Eohippus genauso wie den Postexpress-Ponys begegnen. Wer in der richtigen Jahreszeit vorbeischaut, kann auch **reiten** (22 US$). Das angrenzende **American Saddlebred Museum** konzentriert sich auf Amerikas erste registrierte Zuchtlinie und ist etwas für eingefleischte Pferdefans.

Keeneland Race Course RENNBAHN
(www.keeneland.com; 4201 Versailles Rd; Tickets 5 US$) Hier finden im April und Oktober Pferderennen statt, zudem werden das ganze Jahr über Pferde verkauft. Von März bis November kann man den Champions von Sonnenaufgang bis 10 Uhr beim Training zuschauen.

Red Mile RENNBAHN
(www.theredmile.com; 1200 Red Mile Rd) Auf der Bahn werden Trabrennen ausgetragen, bei denen die Jockeys in zweirädrigen, von Pferden gezogenen Sulkys sitzen. Die Rennen finden im Herbst statt, Übertragungen von Rennen aus aller Welt und die Möglichkeit zum Wetten gibt's aber das ganze Jahr über.

Thoroughbred Center FÜHRUNG
(www.thethoroughbredcenter.com; 3380 Paris Pike; Erw./Kind 15/8 US$; ⌚Führungen April–Okt. Mo–Sa 9 Uhr, Nov.–März Mo–Fr) Die meisten Farmen sind nicht für Besucher zugänglich; auf dieser hier kann man jedoch im Rahmen einer Führung durch die Ställe sowie über die Trainingsbahnen und Koppeln Rennpferde hautnah erleben.

Mary Todd-Lincoln House HISTORISCHES GEBÄUDE
(www.mtlhouse.org; 578 W Main St; Erw./Kind 9/4 US$; ⌚Mo–Sa 10–15 Uhr) In dem Haus von 1806 sind Gegenstände aus der Kindheit der späteren First Lady und aus ihren Jahren als Gattin Abraham Lincolns zu sehen.

Waveland HISTORISCHES GEBÄUDE
(http://parks.ky.gov/findparks/histparks/wl; 225 Waveland Museum Lane; ⌚9–16 Uhr) Plantage aus dem 19. Jh.

Ashland HISTORISCHES GEBÄUDE
(www.henryclay.org; 120 Sycamore Rd; Erw./Kind 9/4 US$; ⌚Di–Sa 10–16, So 13–16 Uhr) Das italienisch angehauchte Anwesen des Staatsmanns Henry Clay (1777–1852) liegt 1,5 Meilen (2,4 km) östlich des Zentrums.

Whispering Woods REITEN
(☎502-570-9663; www.whisperingwoodstrails.com; 265 Wright Lane; Wanderritt 25 US$/Std.; ⌚März–Nov.) Die geführten Ausritte im ländlichen Georgetown müssen telefonisch gebucht werden.

Schlafen & Essen

Im Zentrum rund um die Main St und Limestone St gibt's mehrere Cafés und Bars mit Sitzbereichen im Freien. Ein studentenfreundliches Nachtleben findet man an der S Limestone gegenüber vom UK Campus.

Kentucky Horse Park CAMPING $
(☎859-259-4257, 800-370-6416; www.kyhorsepark.com; 4089 Iron Works Pkwy; Stellplatz mit/ohne Strom ab 29/19 US$;) Der ganzjährig geöffnete Campingplatz hat 260 befestigte Stellplätze, Duschen, Waschküchen, einen Lebensmittelladen, Spielplätze, etc. Auch einfache Zeltplätze sind vorhanden.

Gratz Park Inn HOTEL $$
(☎859-231-1777; www.gratzparkinn.com; 120 W 2nd St; Zi. ab 179 US$; P) Das Hotel mit seinen 40 Zimmern liegt an einer ruhigen Straße im Zentrum und wirkt mit seinen Mahagonimöbeln und den europäischen Ölgemälden in wuchtigen Bilderrahmen wie ein vornehmer Jagdclub. Das angeschlossene Restaurant Jonathan's serviert feine regionale Küche.

LP TIPP **Holly Hill Inn** MODERNE SÜDSTAATENKÜCHE $$$
(☎859-846-4732; www.hollyhillinn.com; 426 N Winter St, Midway; 3-/5-Gänge-Abendmenü 35–55 US$; ganzjährig Do–Sa 17.30–22, So 11–14 Uhr, Frühling & Sommer auch Fr & Sa 11–14 Uhr) Gleich westlich von Lexington in der Ortschaft Midway betreibt ein Ehepaar dieses elegante, renommierte Restaurant in einem alten Farmhaus. In umgebauten Schlafzimmern und Salons werden deftige regionale Gerichte wie Lamm mit Schalotten-Ravioli und Egg Custard (aus Eiern vom Bauernhof) mit Farnknospen serviert.

Horse & Barrel KNEIPE $$
(101 N Broadway; Hauptgerichte 10–15 US$; ab 17 Uhr) Die Kneipe gehört zum DeSha's Restaurant und erfreut sich mit seinen über 70 Bourbon-Sorten bei Einheimischen großer Beliebtheit.

Praktische Informationen

Karten und Infos über die Gegend gibt's im **Visitor Center** (☎859-233-7299, 800-845-3959; www.visitlex.com; 301 E Vine St; Mo–Fr 8.30–17, Sa 10–16 Uhr). Die **öffentliche Bibliothek** (140 E Main St; Di–Fr 10–17, Sa & So 12–17 Uhr;) bietet kostenlosen Internetzugang und WLAN für Laptopbesitzer.

Anreise & Unterwegs vor Ort

Westlich der Stadt liegt der **Blue Grass Airport** (LEX; ☎859-425-3114; www.bluegrassairport.com; 4000 Terminal Dr), von wo aus ungefähr ein Dutzend Inlandflüge starten. **Greyhound** (477 W New Circle Rd) hält 2 Meilen (3 km) außerhalb des Zentrums. **Lex-Tran** (www.lextranonthemove.org) betreibt die Stadtbusse (die Linie 6 fährt zum Greyhound-Busbahnhof).

FRANKFORT

Frankfort ist eine Bilderbuch-Kleinstadt mit viel rotem Backstein und viktorianischen Häuschen. Die winzige Hauptstadt Kentuckys liegt 26 Meilen (42 km) westlich von Lexington am Ufer des Kentucky River. Es gibt ein paar bemerkenswerte historische Gebäude, u.a. das **Old State Capitol** (Eintritt frei; Di–Sa 10–17 Uhr), in dem von 1827 bis 1910 das Parlament tagte. In der Nähe befindet sich das hübsche **Kentucky History Center** (www.history.ky.gov; 100 W Broadway St; Eintritt frei; Di–Sa 8–16 Uhr), das einen Einblick in die Geschichte des Bundesstaats gewährt. Auf dem **Frankfort Cemetery** (E Main St) ist das Grab von Daniel Boone zu finden.

Zentrales Kentucky

Der Bluegrass Pkwy führt von der I-65 im Westen bis zur Rte 60 im Osten, mitten durch einige der üppigsten Weidelandschaften Kentuckys.

Ungefähr 40 Meilen (64 km) südlich von Louisville liegt **Bardstown**, die „Welthauptstadt des Bourbon". Der historische Stadtkern erwacht im September beim **Kentucky Bourbon Festival** (www.kybourbonfestival.com) zum Leben. Gutes Essen, Bourbon und Zimmer hat die düstere, aus Sandstein erbaute **Old Talbott Tavern** (☎502-348-3494; www.talbotts.com; 107 W Stephen Foster Ave; Zi. ab 59 US$; P) zu bieten, die seit Ende des 18. Jhs. Gäste wie Abraham Lincoln und Daniel Boone willkommen heißt.

Wenn man dem Hwy 31 in südwestlicher Richtung folgt und an der Monks Rd links abbiegt, gelangt man zur asketisch schönen **Abbey of Gethsemani**, einem Trappistenkloster, in dem einst der berühmte katholische Denker Thomas Merton lebte; im **Souvenirladen** (Mo–Fr 9–17 Uhr) bekommt man Karamellbonbons, die die Mönche selber machen. Fährt man auf dem Hwy 31 weiter, erreicht man **Hodgenville** und die **Geburtsstätte Abraham Lincolns** (www.nps.gov/abli; Eintritt frei; 8–16.45 Uhr, Sommer bis 18.45 Uhr), die Replik eines griechischen Tempels rund um eine alte Holzhütte. Nach weiteren zehn Minuten Fahrt erwartet einen Knob Creek,

DER BOURBON TRAIL

Der weiche, karamellfarbene Bourbon-Whisky wurde wahrscheinlich erstmals um 1789 herum im Bourbon County nördlich von Lexington destilliert. Heute werden 90 % aller Bourbons hier im Bundesstaat Kentucky produziert (kein anderer Bundesstaat darf diesen Namen auf ein Flaschenetikett drucken). Ein guter Bourbon muss mindestens 51 % Mais enthalten und zwei Jahre oder länger in innen angekohlten Eichenfässern lagern. Während ihn die meisten Kenner pur oder mit etwas Wasser trinken, liebt man in den Südstaaten den Cocktail Mint Julep aus Bourbon, Zuckersirup und zerstoßener Minze.

Das **Oscar Getz Museum of Whiskey History** (www.whiskeymuseum.com; 114 N 5th St; Spende erwünscht; ⏲Mo–Sa 10–16, So 12–16 Uhr) in Bardstown erzählt die Geschichte des Bourbon. Zu sehen sind u. a. Brennkessel, die früher von Schwarzbrennern verwendet wurden.

Die meisten Destillerien Kentuckys liegen in der Nähe von Bardstown und Frankfort und veranstalten kostenlose Führungen. Infos liefert Kentuckys offizielle **Bourbon Trail Website** (wwwkybourbontrail.com); sie listet allerdings nicht jede Brennerei auf.

In der Nähe von Bardstown:

Heaven Hill (www.bourbonheritagecenter.com; 1311 Gilkey Run Rd, Bardstown) Hier gibt's keine Betriebsbesichtigung, dafür aber das interaktive Bourbon Heritage Center mit einem Probierstübchen in einem riesigen Fass.

Jim Beam (www.jimbean.com; 149 Happy Hollow Rd, Clermont) In der größten Bourbon-Brennerei des Landes kann man einen Film über die Familie Beam sehen und ein paar Kostproben nehmen.

Maker's Mark (www.makersmark.com; 3350 Burks Spring Rd, Loretto) Die restaurierte viktorianische Destillerie ist praktisch ein Bourbon-Themenpark. Es gibt eine alte Getreidemühle und einen Souvenirshop, in dem man seine persönliche Whiskyflasche mit rotem Wachs versiegeln lassen kann.

Tom Moore (www.1792bourbon.com; 300 Barton Rd, Bardstown) In dieser kleinen Brennerei, der einzigen direkt in Bardstown, wird der edle 1792 Ridgemont Reserve hergestellt.

In der Nähe von Frankfort/Lawrenceburg:

Buffalo Trace (www.buffalotrace.com; 1001 Wilkinson Blvd, Frankfort) Die älteste kontinuierlich produzierende Brennerei der USA bietet empfehlenswerte Führungen und kostenlose Proben an.

Four Roses (www.fourroses.us; 1224 Bonds Mills Rd, Lawrenceburg) Die malerische Brennerei am Fluss erinnert an eine spanische Mission und bietet kostenlose Verkostungen.

Wild Turkey (www.wildturkey.com; Hwy 62 E, Lawrenceburg) Brennmeister Jimmy Russell stellt seit 1954 besonders dunklen Bourbon her. Die Brennerei ist eher funktionell als schön.

Woodford Reserve (www.woodfordreserve.com; 7855 McCracken Pike, Versailles) Die an einem Bach gelegene, historische Stätte erstrahlt wieder im alten Glanz des 19. Jhs. In der Brennerei kommen noch immer altmodische Kupferkessel zum Einsatz.

wo Lincoln seine Kindheit verbracht hat. Dort gibt's auch Wanderwege.

Das **Shaker Village at Pleasant Hill** (www.shakervillageky.org; 3501 Lexington Rd, Harrodsburg; Erw./Kind 15/5 US$; ⏲10–17 Uhr) liegt etwa 40 km südwestlich (30 Minuten). Hier lebte bis ins frühe 20. Jh. eine freichristliche Shaker-Gemeinde. Zu bewundern sind 14 makellos restaurierte Gebäude, umgeben von Butterblumenwiesen und gewundenen steinigen Wegen. Es gibt auch eine Herberge, ein Restaurant und einen Souvenirladen, in dem das berühmte Shaker-Kunsthandwerk verkauft wird.

Das für seine Folklorekunst bekannte **Berea** liegt 40 Meilen (64 km) südlich von

Lexington. Im **Kentucky Artisan Center** (www.kentuckyartisancenter.ky.gov; Ausfahrt 77 am Hwy 75; ⌚8–20 Uhr) gibt's eine breites Angebot von Kunsthandwerk und Essen.

DANIEL BOONE NATIONAL FOREST

Das 2861 km² große Waldgebiet mit seinen zerklüfteten Schluchten und den der Erdanziehung trotzenden Sandsteinbögen umfasst den größten Teil der Gebirgsausläufer der Appalachen im östlichen Kentucky. Im Wald gibt's viele regional und bundesstaatlich verwaltete Gebiete; die **Hauptrangerstation** (☎859-745-3100; www.fs.fed.us/r8/boone) befindet sich in Winchester.

Fährt man von Lexington gen Südosten, erreicht man nach einer Stunde das Gebiet der **Red River Gorge**. Die hiesigen Klippen und natürlichen Bogenformationen bilden einen der besten Kletterspots des Landes. **Red River Outdoors** (☎859-230-3567; www.redriveroutdoors.com; 415 Natural Bridge Rd, Slade; ganztägige geführte Klettertour 115 US$) bietet geführte Klettertouren an. Für 2 US$ kann man im Dörfchen Slade hinter **Miguel's Pizza** (1890 Natural Bridge Rd, Slade; Hauptgerichte 10–14 US$; ⌚Mo–Do 7–22, Fr & Sa bis 23 Uhr) sein Zelt aufschlagen. Der an die Red River Gorge angrenzende **Natural Bridge State Resort Park** (☎606-663-2214; www.parks.ky.gov; 2135 Natural Bridge Rd, Slade) ist vor allem wegen der 24 m hohen, der Schwerkraft spottenden Bogenformation aus Sandstein bemerkenswert. Der familienfreundliche Park bietet Campingmöglichkeiten, mehrere kürzere Wanderwege und einen See mit einer Insel, die „Hoedown Island" genannt wird und auf der manchmal Aufführungen des Volkstanzes Clogging stattfinden.

Weiter südlich liegt der **Cumberland Falls State Resort Park** (☎606-528-4121; Eintritt frei; Zeltplatz 22 US$/ Lodge Zi. 69 US$), einer der wenigen Orte der Erde, wo man einen Mondregenbogen sehen kann, der manchmal bei Nacht im Herbstnebel zu erkennen ist. In dem Park gibt es eine rustikale Lodge und Campingplätze. Von hier aus kann man einen Ausflug zum **Natural Arch Scenic Area** nebenan machen, um den 27,4 m hohen Sandsteinbogen zu bewundern und auf dem halben Dutzend Trails zu wandern. In der nahe gelegenen Ortschaft **Corbin** befindet sich die Keimzelle der Fast-Food-Kette Kentucky Fried Chicken mit einer wenig schönen lebensgroßen Statue des Colonel.

MAMMOTH CAVE NATIONAL PARK

Im **Mammoth Cave National Park** (www.nps.gov/maca; Ausfahrt 53 der I-65; ⌚8.45–17.15 Uhr) befindet sich das größte Höhlensystem der Erde mit mehr als 620 km kartierten Gängen. Die Mammoth Cave ist mindes-

ABSTECHER

„CAVE COUNTRY" – TOLLE HÖHLEN EN MASSE

Zu Anfang des letzten Jahrhunderts war die Mammoth Cave zu einer so beliebten Attraktion geworden, dass die Besitzer kleinerer Höhlen in der Gegend Touristen gerne mal erzählten, die Mammoth Cave sei überflutet oder gesperrt, um ihnen so den Besuch ihrer eigenen Höhlen schmackhaft zu machen. Die daraus folgenden Auseinandersetzungen wurden als „Cave Wars" bekannt. Heute sieht man immer noch viele Anschlagtafeln, die zum Besuch anderer Höhlen rund um die Mammoth Cave verlocken sollen. Die folgenden lohnen tatsächlich einen Abstecher:

Cub Run Cave (www.cubruncave.net; Eintritt 14 US$; ⌚9.30–16.30 Uhr, Winter verkürzte Öffnungszeiten) Eine der „jüngsten" Höhlen; sie wurde 1950 entdeckt und wartet mit jeder Menge farbenprächtiger Formationen auf.

Diamond Caverns (1-stündige Führung Erw./Kind 16/8 US$) Führungen durch die weiten Höhlenkathedralen voller Stalaktiten und mit perlenförmigem Sinterüberzug.

Hidden River Cave (www.cavern.org; Eintritt 15 US$; ⌚9–17 Uhr) Hier gibt's ein Höhlenmuseum und eine einstündige Führung, die auch an den Ruinen eines Wasserkraftwerks aus der Zeit um 1900 vorbeiführt. Im Sommer lassen sich besondere Abenteuertouren abseits der üblichen Pfade arrangieren (vorab buchen).

Lost River Cave (www.lostrivercave.com; Eintritt 15 US$; ⌚9–18 Uhr, Winter verkürzte Öffnungszeiten) Bietet eine familienfreundliche, 25-minütige Bootsfahrt auf einem unterirdischen Strom an, außerdem gibt es 3,2 km lange Wanderwege.

tens dreimal so groß wie jede andere bekannte Höhle und birgt gewaltige Felskathedralen, scheinbar bodenlose Abgründe und seltsame wellenförmige Felsformationen. Die Höhlen wurden in prähistorischer Zeit als Mineralsammelstellen genutzt, später lieferten sie Salpeter für Schießpulver und dienten auch einmal als Hospital für Schwindsüchtige. Erste Touristen kamen um 1810, seit den 1830er-Jahren werden Höhlenführungen angeboten. Das Gebiet wurde 1926 zum Nationalpark erklärt, der heute fast 2 Mio. Besucher jährlich anzieht.

Die einzige Möglichkeit, die Höhlen zu besichtigen, sind die ausgezeichneten, von Rangern **geführten Touren** (☎800-967-2283; Erw. 5–48 US$); man sollte diese im Voraus buchen, vor allem im Sommer. Das Tourangebot reicht von einfachen Spaziergängen bis zu anstrengenden, einen ganzen Tag dauernden Höhlenwanderungen. Besonders interessant ist die Geschichtstour.

Neben den Höhlen gibt's im Park Wege in einer Gesamtlänge von 113 km, die sich hervorragend zum Wandern, Reiten und Moutainbiken eignen. Drei Campingplätze haben sanitäre Anlagen, aber weder Strom noch Wasseranschlüsse (12–30 US$), auf zwölf Campingplätzen im Hinterland kampiert man kostenlos und direkt neben dem Visitor Center bringt das **Mammoth Cave Hotel** (☎270-758-2225; www.mammothcavehotel.com; Zi. 89 US$, Cottage ab 79 US$; P ❄) seine Gäste in Standard-Hotelzimmern und im Frühjahr und Sommer in rustikalen Cottages unter. In der Nähe des Visitor Center findet man eine Tankstelle und einen Gemischtwarenladen, aber wir empfehlen, bis zur schäbigen Cave City weiterzufahren und in einem der gigantischen Betontipis des **Wigwam Village Inn** (☎270-773-3381; www.wigwamvillage.com; 601 N Dixie Hwy, Cave City; Wigwam 40–70 US$; P ❄) zu übernachten – echter amerikanischer Kitsch aus dem Jahr 1937.

GEORGIA

Georgia, der größte Staat östlich des Mississippis, ist von Landstrich zu Landstrich sehr unterschiedlich und in vielfacher Hinsicht ein Konzentrat dessen, was man im Süden so finden kann. Eine wilde Landschaft und kulturelle Extreme prägen Georgia: Rechte Republikaner stehen dem Idealismus der Liberalen gegenüber, Kleinstädte verschwinden im Moloch der Großstädte, im Norden ragen die Berge bis in die Wolken und erzeugen reißende Ströme und in den Küstenmarschen mit dem wogenden Riedgras wimmelt es nur so von Winkerkrabben.

Atlanta ist die Hauptstadt und der Verkehrsknotenpunkt der Region, eine weit ausgedehnte Metropole mit freundlichen Wohnvierteln neben den Zentralen multinationaler Konzerne wie UPS und Coca-Cola. Man sollte seine Reise in der Stadt, die auch als „the ATL" bezeichnet wird, beginnen. Dann verfällt man auf der Fahrt quer durchs Land dem Zauber von Savannahs Lebenseichen, dem der Meeresfrüchte, der alten Landhäuser und der schwülen Nächte. Nun ist es nicht mehr weit bis zu den Barriereinseln vor der Küste. Den Smoking braucht man auf Jekyll Island, Wanderstiefel auf Cumberland Island.

Geschichte

Dauerhaft von Engländern besiedelt ist das Gebiet seit 1733, als James Edward Oglethorpe Savannah gründete. Zur Zeit des Unabhängigkeitskriegs bestand fast die Hälfte der Bevölkerung aus Sklaven. Zwei entscheidende Schlachten tobten hier später: die von Chickamauga, wo die Unionstruppen geschlagen wurden, und jene um Atlanta, das von den Unionstruppen erobert und niedergebrannt wurde.

Im 20. Jh. rückte der Staat gleich durch mehrere verschiedene Ereignisse ins Rampenlicht: durch den ungeheuer populären und sehr erfolgreich verfilmten Roman *Vom Winde verweht*, durch Reverend Martin Luther King und die Bürgerrechtsbewegung, durch Jimmy Carter, den 39. Präsidenten der USA, und schließlich durch den Aufstieg Atlantas zum globalen Medien- und Geschäftszentrum, der seinen Höhepunkt mit den Olympischen Sommerspielen von 1996 erreichte.

ℹ Praktische Informationen

Touristen erhalten Infos über den gesamten Bundesstaat beim **Georgia Department of Economic Development** (☎800-847-4842; www.exploregeorgia.org), über die State Parks informiert das **Georgia Department of Natural Resources** (☎800-864-7275; www.gastateparks.org), wo man sich auch nach Campingmöglichkeiten und Aktivitäten in den Parks des ganzen Bundesstaats erkundigen kann. Es gibt 41 Parks, die Plätze nur für Zelte und nur für Wohnmobile (25–28 US$/Nacht) bieten. In den meisten Parks stehen sanitäre Anlagen zur Verfügung.

KURZINFOS GEORGIA

» **Spitzname** Peach State

» **Bevölkerung** 9,7 Mio.

» **Fläche** 153952 km²

» **Hauptstadt** Atlanta (5,2 Mio. Ew. in der Metropolregion)

» **Weitere Städte** Savannah (136286 Ew.)

» **Verkaufssteuer** 7%

» **Geburtsort von** Baseballlegende Ty Cobb (1886–1961), US-Präsident Jimmy Carter (geb. 1924), Bürgerrechtler Martin Luther King (1929–1968), Sänger Ray Charles (1930–2004)

» **Heimat von** Coca-Cola, dem verkehrsreichsten Flughafen der Welt, dem größten Aquarium der Welt

» **Politische Ausrichtung** generell konservativ; Atlanta wählt mal so, mal so

» **Berühmt für** Pfirsiche

» **Schrägstes Gesetz** Esel dürfen nicht in Badewannen gehalten werden

» **Entfernungen** Atlanta–St. Marys 343 Meilen (549 km), Atlanta–Dahlonega 75 Meilen (120 km)

Das bequemste Transportmittel für Georgia ist das Auto. In Atlanta gibt es zwar das Bahnnetz MARTA, aber dessen Betriebszeiten sind eingeschränkt. Mutige Zeitgenossen wagen sich auch mit dem Fahrrad auf die Straßen der Stadt. Die I-75 verläuft von Norden nach Süden mitten durch den US-Staat, die I-20 in Ost-West-Richtung.

Auf Übernachtungspreise schlägt Georgia eine Hotelsteuer in Höhe von 6% auf.

Atlanta

Atlanta, die „Hauptstadt des Südens“, hat – inklusive Vororte – über 5 Mio. Einwohner und wächst dank in den Süden ziehender Yankees und Zuwanderer aus dem Ausland geradezu explosiv weiter. Zwei glitzernde Attraktionen des 21. Jhs. – das Georgia Aquarium und die World of Coca-Cola – und Riesenpandas im Zoo machen die Stadt auch zum Touristenziel. Zudem finden sich hier ein paar erstklassige Restaurants, viele Zeugnisse des Amerikanischen Bürgerkriegs, kilometerlange Wanderwege und eine Menge afroamerikanische Geschichte.

Ohne natürliche Grenzen, die seine Ausbreitung hemmen könnten, wächst Atlanta unaufhörlich weiter – manchmal in die Höhe, meist aber in die Breite. Das Wuchern der Vororte hat Atlanta in eine gigantische Stadt verwandelt. Weil man hier zunehmend vom Auto abhängig ist, gibt es extrem viel Verkehr und Umweltverschmutzung.

Trotz all der Vorstädte ist Atlanta eine hübsche Stadt mit Bäumen und eleganten Wohnhäusern. Die voneinander abgegrenzten Stadtviertel wirken wie freundliche Kleinstädte. In Atlanta, das „zum Hassen viel zu beschäftigt ist“, sind ethnische Spannungen selten. Schließlich ist man stolz darauf, dass der Bürgerrechtsvorkämpfer Martin Luther King hier zuhause war!

Geschichte

Das 1837 als Eisenbahnknotenpunkt entstandene Atlanta wurde zu einem wichtigen Transport- und Munitionszentrum der Konföderierten. Als General William T. Sherman mit seinen Union-Truppen 1864 durch Georgia fegte, wurden mehr als 90% der Gebäude Atlantas zerstört.

Nach dem Bürgerkrieg wurde Atlanta zum Inbegriff des New South. Zu diesem Konzept gehörten die Aussöhnung mit dem Norden, die Förderung einer industrialisierten Landwirtschaft sowie ein fortschrittliches, geschäftsorientiertes Erscheinungsbild. Die Rassentrennung endete hier im Vergleich zu anderen Städten des Südens relativ problemlos, und Präsident John F. Kennedy pries diesen Übergang als Modell für andere Gemeinden, die noch vor der Aufgabe der Integration standen.

Für die Olympischen Sommerspiele von 1996 putzte sich die Stadt fein heraus und CNN strahlte ihr Bild in alle Welt aus. Die Leute nahmen Notiz von ihr, die Umzugswagen rollten über die Freeways heran, und überall schossen neue Wohnungen wie Pilze aus dem Boden. Seitdem kommt die Entwicklungsenergie der Stadt dem Zentrum und der Midtown zugute, die beide in den letzten Jahren aufgeblüht sind. Georgias Hauptstadt ist dank seiner heißen Hip-Hop- und R&B-Szene auch als „Motown des Südens“ bekannt geworden.

Sehenswertes & Aktivitäten

DOWNTOWN

Seit ein paar Jahren versuchen Stadtplaner und Politiker, den Stadtkern lebendiger und lebenswerter zu gestalten, was u.a. durch verschiedene Attraktionen geglückt ist.

Atlanta

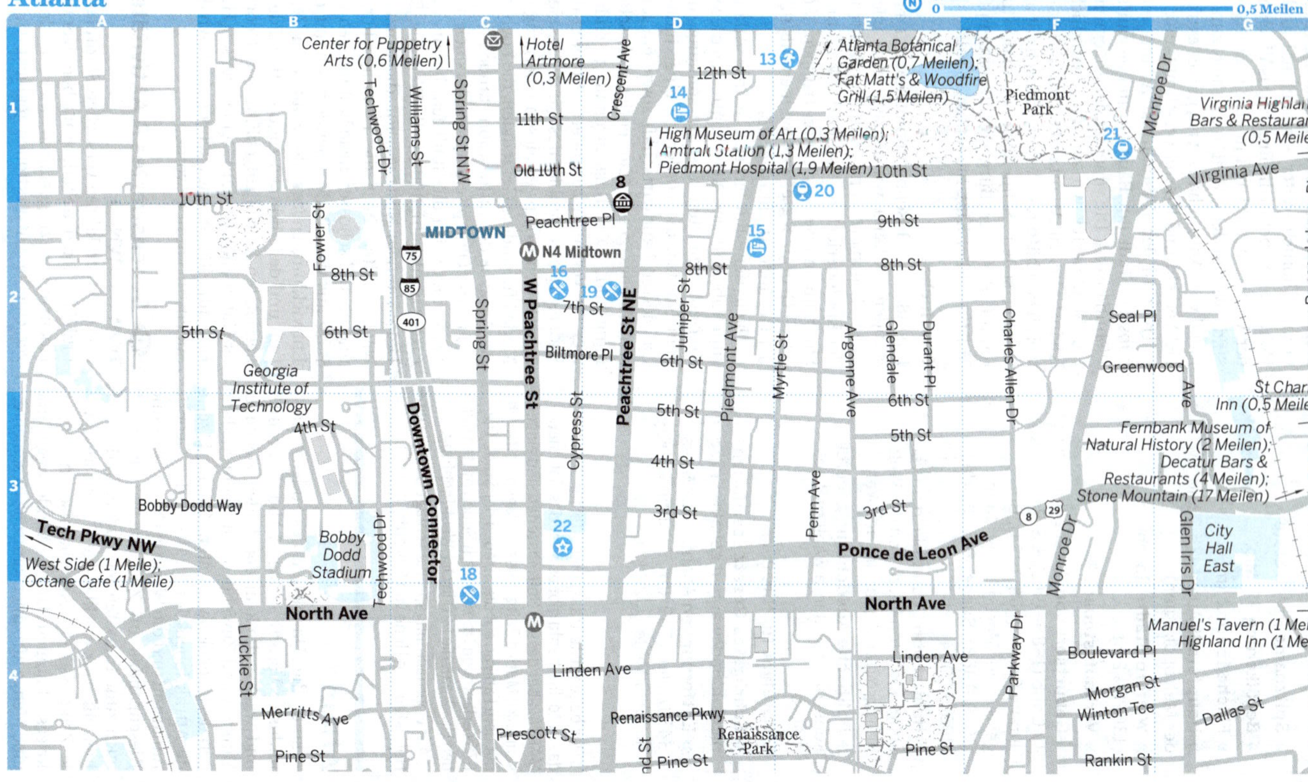
0 1 km
0 0,5 Meilen
Center for Puppetry Arts (0,6 Meilen)
Hotel Artmore (0,3 Meilen)
Atlanta Botanical Garden (0,7 Meilen); Fat Matt's & Woodfire Grill (1,5 Meilen)
Piedmont Park
Virginia Highlands Bars & Restaurants (0,5 Meilen)
High Museum of Art (0,3 Meilen); Amtrak Station (1,3 Meilen); Piedmont Hospital (1,9 Meilen)
MIDTOWN
N4 Midtown
Georgia Institute of Technology
Bobby Dodd Stadium
Tech Pkwy NW
West Side (1 Meile); Octane Cafe (1 Meile)
St Charles Inn (0,5 Meilen)
Fernbank Museum of Natural History (2 Meilen); Decatur Bars & Restaurants (4 Meilen); Stone Mountain (17 Meilen)
City Hall East
Manuel's Tavern (1 Meile); Highland Inn (1 Meile)
Renaissance Park
Peachtree St NE
W Peachtree St
Downtown Connector
Ponce de Leon Ave
North Ave
Spring St
Spring St NW
Williams St
Techwood Dr
Crescent Ave
12th St
11th St
Old 10th St
10th St
9th St
8th St
7th St
6th St
5th St
4th St
3rd St
Peachtree Pl
Fowler St
Biltmore Pl
Cypress St
Juniper St
Piedmont Ave
Myrtle St
Argonne Ave
Glendale
Durant Pl
Charles Allen Dr
Penn Ave
Monroe Dr
Virginia Ave
Ponce de Leon Pl
Seal Pl
Greenwood Ave
Glen Iris Dr
Bobby Dodd Way
Luckie St
Merritts Ave
Pine St
Prescott St
Linden Ave
Renaissance Pkwy
Parkway Dr
Boulevard Pl
Morgan St
Winton Tce
Dallas St
Rankin St
75
85
401
8
29
13
14
15
16
18
19
20
21
22
23
A
B
C
D
E
F
G
1
2
3
4

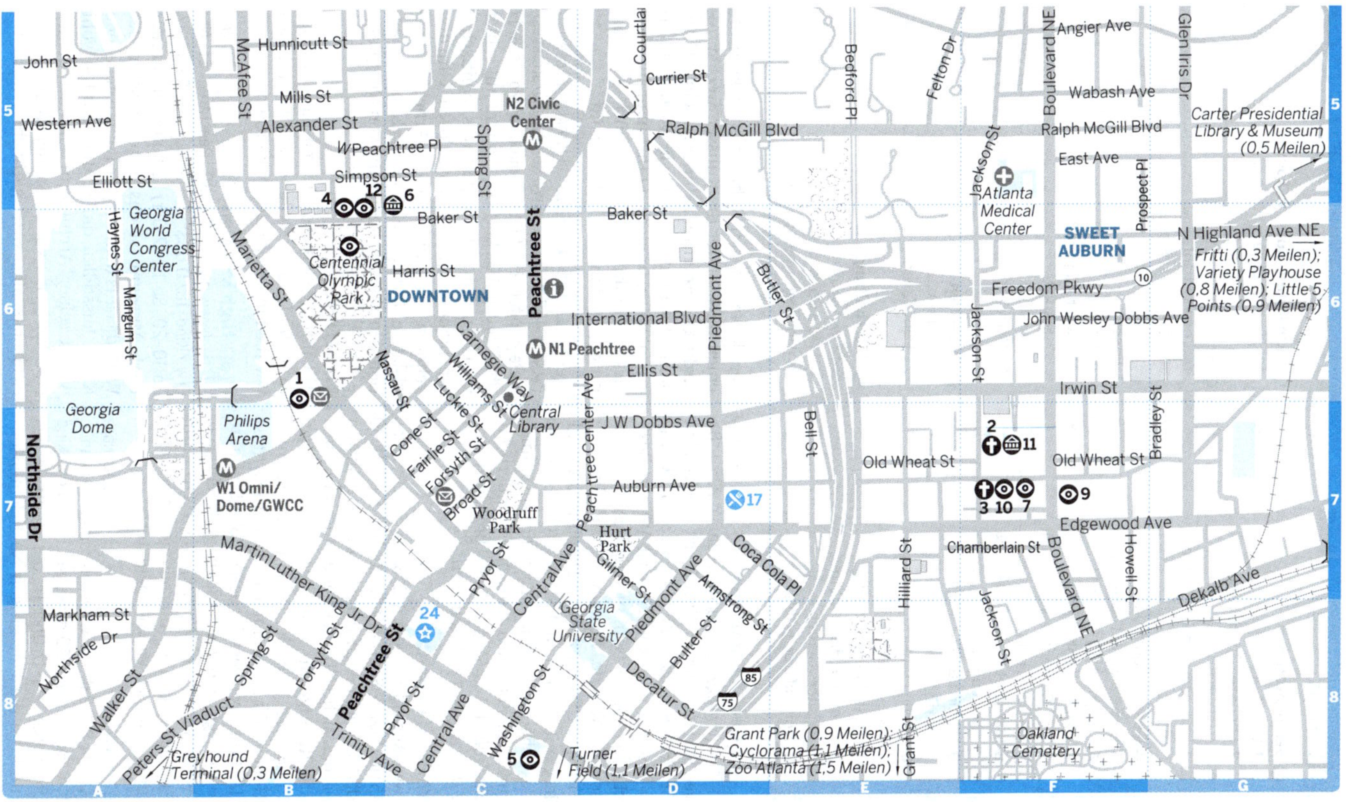
Carter Presidential Library & Museum (0,5 Meilen)
N Highland Ave NE
Fritti (0,3 Meilen); Variety Playhouse (0,8 Meilen); Little 5 Points (0,9 Meilen)
Glen Iris Dr
Angier Ave
Wabash Ave
Ralph McGill Blvd
East Ave
Prospect Pl
SWEET AUBURN
Freedom Pkwy
John Wesley Dobbs Ave
Irwin St
Bradley St
Old Wheat St
Edgewood Ave
Howell St
Dekalb Ave
Boulevard NE
Atlanta Medical Center
Jackson St
Chamberlain St
Oakland Cemetery
Felton Dr
Hilliard St
Grant St
Bedford Pl
Bell St
Butler St
Coca Cola Pl
Armstrong St
Grant Park (0,9 Meilen); Cyclorama (1,1 Meilen); Zoo Atlanta (1,5 Meilen)
Currier St
Piedmont Ave
Courtland
Baker St
International Blvd
Ellis St
J W Dobbs Ave
Auburn Ave
Butler St
Decatur St
Gilmer St
Hurt Park
Georgia State University
Turner Field (1,1 Meilen)
Peachtree Center Ave
N1 Peachtree
N2 Civic Center
Peachtree St
Central Library
Carnegie Way
Williams St
Luckie St
Forsyth St
Fairlie St
Cone St
Broad St
Woodruff Park
Central Ave
Pryor St
Washington St
Spring St
DOWNTOWN
Harris St
Simpson St
W Peachtree Pl
Nassau St
Centennial Olympic Park
Hunnicutt St
Mills St
Alexander St
McAfee St
Marietta St
Philips Arena
W1 Omni/Dome/GWCC
Martin Luther King Jr Dr
Trinity Ave
Greyhound Terminal (0,3 Meilen)
Peters St Viaduct
Elliott St
Georgia World Congress Center
Mangum St
Haynes St
Georgia Dome
Markham St
Northside Dr
Walker St
John St
Western Ave

Atlanta

Sehenswertes
1 CNN Center ... B6
2 Ebenezer Baptist Church (Neubau) ... F7
3 Ebenezer Baptist Church (Original) ... F7
4 Georgia Aquarium ... B5
5 Georgia State Capitol ... C8
6 Imagine It! Children's Museum of Atlanta ... C5
7 King Center for Non-Violent Social Change ... F7
8 Margaret Mitchell House & Museum ... D1
9 Martin Luther King Jr. Birthplace ... F7
10 Martin Luther King Jr. Gravesite ... F7
11 Martin Luther King Jr. National Historic Site Visitors Center ... F7
12 World of Coca-Cola ... B6

Aktivitäten, Kurse & Touren
13 Skate Escape ... E1

Schlafen
14 Loews Atlanta ... D1
15 Stonehurst Place ... D2

Essen
16 Ecco ... C2
17 Sweet Auburn Curb Market ... D7
18 Varsity ... C4
19 Vortex Bar & Grill ... D2

Ausgehen
20 Blake's ... E1
21 Park Tavern ... F1

Unterhaltung
22 Fox Theatre ... C3
23 MJQ Concourse ... G3
24 Underground Atlanta ... C8

LP TIPP **Georgia Aquarium** AQUARIUM
(www.georgiaaquarium.com; 225 Baker St; Erw./Kind 25/19 US$, mit Delphin-Show 38/26 US$; So–Fr 10–17, Sa 9–18 Uhr;) Das weltweit größte Aquarium ist Atlantas Besuchermagnet. Es ist immer gut besucht, dafür sorgen Walhaie, Belugawale und die neue, 110 Mio. US$ teure AT&T Dolphin Tales Gallery mit Theater und Show (13,50 US$), bei der Schauspieler und Tiertrainer zusammen mit majestätischen Großen Tümmlern ein Spektakel à la Vegas meets Broadway und *Fluch der Karibik* abliefern.

World of Coca-Cola MUSEUM
(www.woccatlanta.com; 121 Baker St; Erw./Kind 15/10 US$; So–Do 10–18.30, Fr & Sa 9–18.30 Uhr) Direkt neben dem Georgia Aquarium ist das sich selbst feiernde Museum genau das Richtige für Fans der koffeinhaltigen Limo und brutaler Kommerzialisierung. Höhepunkt in geschmacklicher Hinsicht ist das Probieren verschiedener Coke-Produkte aus der ganzen Welt, zudem gibt's ein paar Werke von Andy Warhol, einen 4-D-Film, Einblicke in die Unternehmensgeschichte und unendlich viel Werbematerial.

CNN Center FERNSEHSENDER
(404-827-2300; www.cnn.com/tour/atlanta; 1 CNN Center; 50-minütige Tour Erw./Kind 15/10 US$; 9–17 Uhr) In der Zentrale des rund um die Uhr tätigen Nachrichtensenders kann man im Rahmen einer Führung einen Blick hinter die Kulissen werfen. Allerdings werden Teilnehmer zu sehr auf Abstand gehalten, als dass sie wirklich interessant wäre. Immerhin fährt man auf einer riesigen Rolltreppe über einen Food Court hinweg und in das Center hinauf.

Georgia State Capitol HISTORISCHES GEBÄUDE
(404-463-4536; www.sos.ga.gov/archives/state_capitol; 214 State Capitol; Mo–Fr 8–17 Uhr, Führung 11.30 Uhr) Das Kapitol mit seiner goldenen Kuppel ist Atlantas politisches Machtzentrum. Zur kostenlosen Führung gehören ein Film über die Arbeit der Legislative und ein Blick in die Kommunikationszentrale der Regierung von Georgia.

MIDTOWN

Mit ihren vielen großartigen Bars, Restaurants und Kulturtreffs wirkt die Midtown wie die hippere zweite Downtown.

LP TIPP **High Museum of Art** GALERIE
(www.high.org; 1280 Peachtree St NE; Erw./Kind 18/11 US$; Di–Mi, Fr & Sa 10–17, Do 10–20, So 12–17 Uhr) Atlantas modernes High Museum ist das erste Museum der Welt, das aus dem Pariser Louvre geliehene Kunst ausstellen durfte und lohnt sowohl wegen seiner Architektur als auch seiner erstklassigen Exponate einen Besuch. Das eindrucksvolle, weiß getünchte, mehrstö-

ckige Gebäude beherbergt eine Dauerausstellung mit faszinierenden Möbelstücken aus dem späten 19. Jh., unzähligen europäischen und amerikanischen Sammlungen, zeitgenössischen Werken und Volkskunst aus Georgia.

Atlanta Botanical Garden GÄRTEN
(☎404-876-5859; www.atlantabotanicalgarden.org; 1345 Piedmont Ave NE; Erw./Kind 18,95/12,95 US$; ⊙Di–So 9–17 Uhr, April–Okt. bis 19 Uhr) In der nordwestlichen Ecke des Piedmont Park liegt der eindrucksvolle, 12 ha große botanische Garten mit einem japanischen Garten, verschlungenen Wegen und dem faszinierenden Fuqua Orchid Center.

Margaret Mitchell House & Museum HISTORISCHES GEBÄUDE
(www.margaretmitchellhouse.com; 990 Peachtree St, bei der 10th St; Erw./Kind 13/10 US$; ⊙Mo–Sa 10–17.30, So 12–17.30 Uhr) Das Haus ist eine Gedenkstätte für die Autorin von *Vom Winde verweht*. Mitchell schrieb ihr Epos in der kleinen Kellerwohnung dieses historischen Gebäudes, allerdings sind keinerlei persönlichen Gegenstände von ihr zu sehen.

Piedmont Park PARK
(www.piedmontpark.org) Mitten in der Midtown erstreckt sich dieser herrliche weitläufige Stadtpark, der Schauplatz vieler Kultur- und Musikfestivals ist. Zudem gibt es wunderbare Radwege, einen samstäglichen Biomarkt, eine beliebte Auslauffläche für Hunde und hübsche Naturgebiete.

Skate Escape RADFAHREN
(☎404-892-1292; www.skateescape.com; 1086 Piedmont Ave NE) Verleiht Fahrräder (ab 6 US$/Std.), Inlineskates (6 US$/Std.), Tandems (12 US$/Std.) und Mountainbikes (25 US$/3 Std.).

SWEET AUBURN

In der Auburn Ave schlug zu Beginn des 20. Jhs. das wirtschaftliche und kulturelle Herz der afroamerikanischen Gemeinschaft. Heute sind hier allerlei Sehenswürdigkeiten Martin Luther King gewidmet, dem berühmtesten Sohn Auburns, der hier predigte und seine letzte Ruhestätte fand.

Alle Attraktionen zu Martin Luther King sind nur ein paar Blocks zu Fuß von der Station King Memorial der MARTA (Metropolitan Atlanta Rapid Transit Authority) entfernt.

Martin Luther King Jr. National Historic Site HISTORISCHE STÄTTE
Die historische Stätte erinnert an das Leben, die Arbeit und das Erbe des Bürgerrechtsaktivisten. Das Zentrum nimmt mehrere Blocks ein. Es lohnt sich, im exzellenten, betriebsamen **Visitor Center** (www.nps.gov/malu; 450 Auburn Ave NE; Eintritt frei; ⊙9–17 Uhr, Sommer bis 18 Uhr) vorbeizuschauen, das einen Lageplan sowie Broschüren über die Stätten und Ausstellungen auf Lager hat.

DAS KURZE LEBEN EINES ANWALTS FÜR DIE BÜRGERRECHTE

Martin Luther King Jr., die bedeutendste Figur der amerikanischen Bürgerrechtsbewegung, wurde 1929 als Sohn eines Predigers in Atlanta geboren. Seine Herkunft prägte ihn: Er folgte nicht nur seinem Vater als Pfarrer der Ebenezer Baptist Church, sondern ließ auch eine deutliche Kanzelrhetorik in seine politischen Reden einfließen.

1955 führte King den „Busboykott" in Montgomery, Alabama, an. Nach einem Jahr des Boykotts hob der Oberste Gerichtshof der USA die Gesetze auf, die Rassentrennung in Bussen vorschrieben. Von diesem Moment an fungierte King als inspirierende Stimme der Bürgerrechtsbewegung mit moralischem Gewicht.

Dass er im Kampf um die Durchsetzung der Gleichheit aller Bürger vor dem Gesetz den Einsatz von Gewalt ablehnte, lässt seinen Tod umso tragischer erscheinen: 1968 wurde King auf dem Balkon eines Hotels in Memphis erschossen, vier Jahre, nachdem er den Friedensnobelpreis erhalten hatte, und fünf Jahre nach seiner Washingtoner „I Have a Dream"-Rede.

King bleibt eine der anerkanntesten und respektiertesten Persönlichkeiten des 20. Jhs. Zehn Jahre führte er eine Bewegung an, um ein System der rechtlichen Diskriminierung zu beenden, das seit der Entstehung des Landes gegolten hatte. Die Martin Luther King Jr. National Historic Site und das King Center for Non-Violent Social Change in Atlanta huldigen dem Erbe seiner moralischen Vision, seiner Fähigkeit, Menschen zu inspirieren, und seiner andauernden Wirkung auf das Grundgefüge der US-amerikanischen Gesellschaft.

King Center for Non-Violent Social Change MUSEUM
(www.thekingcenter.org; 449 Auburn Ave NE; ⌚9–17 Uhr, Sommer bis 18 Uhr) Gegenüber dem Visitor Center hält dieses Zentrum weitere Infos zu Kings Leben und Arbeit parat. Gezeigt werden auch ein paar Dinge aus seinem persönlichen Besitz, u.a. seine Friedensnobelpreismedaille. Seine **Grabstätte** liegt zwischen der Kirche und dem Zentrum. Sie ist von einem langen, spiegelnden Wasserbecken umgeben und kann jederzeit besichtigt werden. Hier beginnen auch die 30-minütigen Führungen zum **Martin Luther King Jr. Birthplace** (501 Auburn Ave; Eintritt frei), bei denen gilt: Wer zuerst kommt, mahlt zuerst.

GRATIS **Ebenezer Baptist Church** KIRCHE
(www.historicebenezer.org; 407 Auburn Ave NE; ⌚Führungen Mo–Sa 9–18, So 13.30–18 Uhr) In dieser Kirche waren King, sein Vater und sein Großvater Pastoren, zudem wurde hier 1974 Kings Mutter ermordet. 2011 wurden millionenschwere Restaurationsarbeiten abgeschlossen; nun sehen der Balkon der Kirche, der Parkettboden, die Kirchenbänke, die Kanzel, die Altarmöbel, die Buntglasfenster und das Taufbecken wieder aus wie in den Jahren 1960 bis 1968, als King hier als Hilfspastor seines Vaters tätig war. Besucher können sich die Kirche in Eigenregie ansehen. Die Sonntagsmesse findet nun in der neuen Ebenezer Church gegenüber statt.

SCHWULEN- & LESBENSZENE IN ATLANTA

Atlanta – von manchen auch „Hotlanta" genannt – ist einer der wenigen Orte in Georgia und wohl in den gesamten Südstaaten mit einer offen sichtbaren, aktiven Schwulen- und Lesbenszene. Midtown ist das Zentrum der Schwulenszene; das Epizentrum verteilt sich um den Piedmont Park und die Kreuzung von 10th St und Piedmont Ave. In der Ortschaft Decatur, östlich der Downtown von Atlanta, gibt's eine recht große lesbische Community. News und Infos liefert die Tageszeitung *Southern Voice* (www.sovo.com) oder www.gayatlanta.com.

Das **Atlanta Pride Festival** (www.atlantapride.org) ist ein jährlich stattfindendes großes Fest der schwulen und lesbischen Community der Stadt. Es findet Ende Juni im und um den Piedmont Park statt und zieht Besucher aus dem ganzen Land an.

GRANT PARK

Grant Park PARK
(www.grantpark.org) Der Park am Rand des Stadtzentrums ist eine große grüne Oase und beherbergt den **Zoo Atlanta** (www.zooatlanta.org; Erw./Kind 19/14 US$; ⌚Mo–Fr 9.30–17.30, Sa & So bis 18.30 Uhr; 👪) mit Flamingos, Elefanten, Kängurus und einem einsamen Tiger. Der ganze Stolz des Zoos sind aber die Pandas, deren niedliche Babys einen förmlich dahinschmelzen lassen. Man muss jedoch Wartezeiten in Kauf nehmen, um sie zu sehen.

Geschichtsfans finden an der Südseite des Grant Park das **Cyclorama Building** mit dem riesigen Wandgemälde *Battle of Atlanta*, das die Geschichte der Schlacht darstellt.

LITTLE FIVE POINTS & EAST ATLANTA

Die beiden Stadtviertel liegen dicht beieinander, aber meilenweit entfernt von den vornehmen Empfindlichkeiten Mainstream-Atlantas. Es sind junge, hippe Viertel mit alternativem Touch. Der wichtigste Ort ist bei beiden die Hauptstraße, die **Euclid Ave** in L5P und die **Flat Shoals Ave** in East Atlanta – in beiden gibt's populäre Musiktreffs, das Variety Playhouse bzw. das EARL. In diesen Vierteln befinden sich die meisten schrillen Boutiquen; große Kettenläden sind dagegen in der Moreland Ave ansässig, die die Grenze zwischen beiden Vierteln bildet. Beide Stadtteile lassen sich gut zu Fuß erkunden und in beiden sind jede Menge Restaurants zu Hause.

VIRGINIA-HIGHLAND

Atlantas schickstes Viertel ist voller wunderhübscher (sehr teurer) Häuser und schöner (ebenfalls sehr teurer) Boutiquen. Die Highland Ave führt mitten durch den Stadtteil und bietet sich für einen netten Spaziergang an.

POINTS EAST & DECATUR

LP TIPP **Carter Presidential Library & Museum** BIBLIOTHEK, MUSEUM
(☎404-865-7100; www.jimmycarterlibrary.org; 441 Freedom Pkwy; Erw./Kind 8 US$/frei; ⌚Mo–Sa 9–16.45, So 12–16.45 Uhr) Auf einem Hügel über dem Stadtzentrum zeigt das Museum

ATLANTA MIT KINDERN

Atlanta bietet jede Menge Aktivitäten, die die Kids unterhalten, begeistern und ihnen – vielleicht gegen ihren Willen – etwas beibringen.

Fernbank Museum of Natural History MUSEUM
(☎404-929-6300; www.fernbankmuseum.org; 767 Clifton Rd NE; Erw./Kind 17,50/15,50 US$; ⌚Mo–Sa 10–17, So 12–17 Uhr; 👪) Es gibt sicherlich bessere naturhistorische Museen, dafür ist das Fernbank mit seiner neuen Naturequest-Ausstellung besonders kinderfreundlich. Es ist der Welt der Natur gewidmet, wobei die Bandbreite von Seemuscheln bis zu Riesenechsen reicht. Zudem ist ein **IMAX-Kino** (Erw./Kind 13/12 US$) angeschlossen.

Center for Puppetry Arts MUSEUM
(www.puppet.org; 1404 Spring St NW; Museum 8,25 US$; ⌚Di–Fr 9–15, Sa 9–17, So 11–17 Uhr; 👪) Das Wunderland für Besucher aller Altersgruppen ist zweifellos eine der einmaligsten Attraktionen Atlantas. Das Museum beherbergt einen Schatz an Puppen, von denen manche auch angefasst werden dürfen. Die Vorstellungen des Puppentheaters kosten extra.

Stone Summit KLETTERN
(www.ssclimbing.com; 3701 Presidential Pkwy; Erw./Kind 12/10 US$; ⌚Mo & Mi 6–22, Di & Do–Fr 11–22, Sa 10–20, So 12–18 Uhr; 👪) Die größte Kletterhalle des Landes eignet sich besonders für Anfänger und Kinder, also die Familie eingepackt und hoch die Wände!

Imagine It! Children's Museum of Atlanta MUSEUM
(www.childrensmuseumatlanta.org; 275 Olympic Centennial Park Dr NW; Eintritt 12,50 US$; ⌚Mo–Fr 10–16, Sa & So bis 17 Uhr; 👪) Das interaktive Museum richtet sich an Kinder bis acht Jahre. Erwachsene kommen hier nur in Begleitung eines Kindes rein.

Ausstellungen zur Präsidentschaft Jimmy Carters (1977–1981), u.a. eine Nachbildung des Oval Office. Auch Carters Nobelpreis ist hier ausgestellt. Besonders hübsch ist der idyllische japanische Garten im hinteren Bereich.

Feste & Events

Atlanta Jazz Festival MUSIK
(www.atlantafestivals.com) Das einen Monat dauernde, von der Stadt gesponserte Festival erreicht seinen Höhepunkt mit den Livekonzerten im Piedmont Park am Memorial-Day-Wochenende Ende Mai.

Atlanta Pride Festival KULTUR
(www.atlantapride.org) Ende Juni.

National Black Arts Festival KULTUR
(☎404-730-7315; www.nbaf.org) Künstler aus dem ganzen Land kommen zu diesem afroamerikanischen Musik-, Theater-, Literatur- und Filmfestival nach Atlanta, das im Juli an verschiedenen Veranstaltungsorten steigt.

Schlafen

Die Preise in den Hotels der Downtown schwanken stark, je nachdem, ob gerade ein großer Kongress in der Stadt stattfindet. Abseits des Zentrums sinken die Hotelpreise am Wochenende, im Zentrum hingegen bezahlt man dann mehr. Wer Geld sparen möchte, steigt in einem der vielen Kettenhotels an der Marta-Strecke außerhalb der Innenstadt ab und fährt zum Sightseeing mit dem Zug in die Stadt.

St Charles Inn B&B $$
(☎404-875-1001; www.thesaintcharlesinn.com; 1001 St Charles Ave NE; Zi. inkl. Frühstück 115–215 US$; P❄@📶) Das einladende, gemütliche B&B liegt ideal nur ein paar Schritte von den Geschäften und Restaurants der Highland Ave und 15 Minuten von allen anderen Attraktionen entfernt – es ist das netteste, das wir gefunden haben. Es gibt sieben Kamine und manche der Zimmer haben Whirlpools. Die herzlichen Betreiber, ein junges hippes Pärchen, geben gerne Restaurant- und Ausgehtipps.

Hotel Artmore BOUTIQUEHOTEL $$
(☎404-876-6100; www.artmorehotel.com; 1302 W Peachtree St; Zi. 99–209 US$; ❄@📶) Das flippige Art-déco-Juwel punktet mit seinem exzellenten Service, einem wunderbaren, zu einem Glas Wein einladenden Garten mit Feuerstelle und einer großartigen Lage gegenüber der Arts Center Marta Station

auf ganzer Linie. Das eindrucksvolle Gebäude im spanisch-mediterranen Stil aus dem Jahr 1924 wurde 2009 umfassend renoviert und präsentiert sich nun als künstlerisch angehauchtes Boutiquehotel, das diskreten Trendsettern als urbaner Zufluchtsort dient. Parken kostet 18 US$.

Stonehurst Place B&B **$$$**
(☎404-881-0722; www.stonehurstplace.com; 923 Piedmont Ave NE; Zi. 159–399 US$; P❄@📶) Das elegante, 1896 von der Familie Hinman errichtete B&B strahlt fast schon Pariser Chic aus, bietet alle erdenklichen Annehmlichkeiten und ist in puncto Wasserversorgung und Heizsystem rundum umweltfreundlich ausgestattet. Gäste mit dem nötigen Kleingeld bekommen mitten in der Midtown ein unvergessliches Übernachtungserlebnis geboten.

Highland Inn INN **$$**
(☎404-874-5756; www.thehighlandinn.com; 644 N Highland Ave; EZ/DZ/Suite inkl. Frühstück 100/121/130 US$; P❄📶) Die in die Jahre gekommene Pension im europäischen Stil ist wunderbar mitten in Virginia-Highland gelegen. Das verwohnte, aber saubere Hotel ist bei tourenden Musikern beliebt und versprüht mit seiner eigenen Musiklocation, der Ballroom Lounge im unteren Stock, jede Menge Charakter.

Loews Atlanta BUSINESSHOTEL **$$**
(☎404-745-5000; ww.loewshotels.com; 1065 Peachtree St; Zi. ab 189 US$; ❄@📶) Atlantas neuestes Boutique/-Businesshotel ist smart und modern, gehört zur Loews-Kette und bietet mitten im Herzen des Kunstzentrums der Midtown, ein paar Gehminuten vom Woodruff Arts Center und Fox Theatre entfernt, jede Menge Annehmlichkeiten. Nach anstrengenden Konferenzen sorgt das angeschlossene Exhale Spa für Erholung. Zeitgenössische Kunst wie kunstvolle Deckenbemalungen verströmen modernes Bohème-Flair.

Essen

Nach New Orleans bietet Atlanta die beste Restaurantszene des Südens und die Essenskultur ist fast schon eine Art Obsession. Feinschmecker dürfen sich auf Gourmetburger, Fassbier und Fusionküche par excellence freuen, zudem hat sich der Trend zu allerfrischsten Zutaten durchgesetzt. Auch viele kultverdächtige gastronomische Einrichtungen der USA stammen aus Atlanta, z.B. Krispy Kreme und Waffle House.

DOWNTOWN, MIDTOWN & NORTH

Woodfire Grill MODERN AMERIKANISCH **$$$**
(☎404-347-9055; www.woodfiregrill.com; 1782 Cheshire Bridge Rd; Hauptgerichte 28–36 US$; ⏲Di–Do 17.30–22, Fr & Sa bis 23 Uhr) Kevin Gillespie, Finalist der sechsten Staffel von *Top Chef* und passionierter Bartträger, schwingt in diesem großartigen Restaurant den Kochlöffel, das mit seinem guten Preis-Leistungs-Verhältnis und dem tollen Service eines der besten kulinarischen Erlebnisse der Stadt verspricht. Die Speisekarte ist übersichtlich, dafür spiegeln die Fünf- (65 US$) und Sieben-Gänge-Probiermenüs (85 US$) hohe Kochkunst und Slow-Food-Mentalität wider. Man stelle sich eine großartig gebratene grüne Tomate mit scharfer Bacon-Aioli, Chili-Anguslende in Kumin-Orangen-Vinaigrette und über Holz gegrillte Wachtel mit Honigkruste vor, alles natürlich perfekt zubereitet und angerichtet.

Ecco EUROPÄISCH **$$$**
(☎404-347-9555; www.ecco-atlanta.com; 40 7th St NE; Hauptgerichte 19–25 US$; ⏲So–Do 17.30–22, Fr & Sa bis 23 Uhr) Das durch und durch ökologisch nachhaltig betriebene Ecco wurde 2006 vom Magazin *Esquire* zum besten neuen Restaurant des Landes gekürt. Zweifellos kann man sich hier ein Festessen kredenzen lassen, es gibt jedoch auch Tapas und Snacks (4–14 US$), die das Budget weniger belasten. Ausgesprochen lecker sind beispielsweise der gebratene Ziegenkäse mit Honig und schwarzem Pfeffer oder das in Chili geschmorte Schwein mit Knoblauch und hausgemachten Pappardelle.

Fat Matt's Rib Shack BARBECUE **$$**
(www.fatmattsribshack.com; 1811 Piedmont Ave NE; Sandwiches ab 3,95 US$; ⏲Mo–Fr 11.30–23.30, Sa bis 0.30, So 13–23.30 Uhr) Hier wird zwei großen Südstaaten-Traditionen die Ehre erwiesen, dem Barbecue und dem Blues. Besonders empfehlenswert ist der Brunswick Stew, eine leckere Beilage, die sich wohl am besten als Suppe mit Grillfleisch beschreiben lässt.

Varsity FAST FOOD **$**
(www.thevarsity.com; 61 North Ave, at Spring St; Hot Dog ab 1,35 US$; ⏲Mo–Do 10–23.30, Fr & Sa bis 0.30 Uhr) Das größte Drive-in-Restaurant der Welt ist seit 1928 eine Institution in Atlanta. Im Grunde ist es nicht mehr als ein glorifizierter Fast-Food-Imbiss, der immer gerammelt voll ist.

WEST SIDE

Miller Union MODERNE SÜDSTAATENKÜCHE $$$
(☎404-685-3191; www.millerunion.com; 999 Brady Ave; Hauptgerichte 19–26 US$; ⏰Di–Sa 11.30–14.30 & Mo–Do 17–22, Fr & Sa 17–23 Uhr) Ein früherer Viehhof wurde in Atlantas aufregendsten Newcomer verwandelt. Maßvolle Zurückhaltung wird mit moderner Südstaatenküche kombiniert – und das trifft bei den Einheimischen voll ins Schwarze. Chefkoch Steven Satterfield verwandelt bodenständige Gerichte wie Ei in Selleriecreme zu echten Delikatessen.

Bocado AMERIKANISCH $$
(www.bocadoatlanta.com; 887 Howell Mill Rd; Hauptgerichte mittags 8–11 US$; ⏰Mo–Fr 11–14, Mo–Sa 17–22 Uhr) Der Name bedeutet im Spanischen/Portugiesischen/Italienischen ungefähr so viel wie Mundvoll, Häppchen oder Bissen – dabei zeigen die wunderbar kreativen Sandwiches und Salate aus frischen Zutaten dieses Newcomers der West Side wahre kulinarische Größe. Ein echter Gaumenschmaus sind geröstete Poblano (eine Chilisorte) und Pimento-Cheese-Sandwich mit Speck und gebratenen grünen Tomaten.

SWEET AUBURN

Sweet Auburn Curb Market MARKT $
(www.sweetauburncurbmarket.com; 209 Edgewood Ave SE; Hauptgerichte 5–9 US$; ⏰Mo–Sa 8–18 Uhr) Der kleine Markt hat zahllose Lebensmittelstände, ferner gibt es auch warme Gerichte, Biokaffee und italienische Delikatessen. Besonders empfehlenswert ist Bell Street Burritos mit seinen frischen, üppigen Burritos, die an San Franciscos Mission District erinnern.

LITTLE FIVE POINTS

Vortex Bar & Grill BURGER $
(www.thevortexbarandgrill.com; 438 Moreland Ave; Burger ab 6,45 US$; ⏰So–Do 11–24, Fr & Sa bis 3 Uhr) In dem rustikalen Lokal treffen sich alternative Hipster, texanische Touristen und Morehouse-College-Studenten. Auf den Tisch kommt eine große Auswahl an Gourmetburgern, die vegetarische Schwarze-Bohnen-Suppe ist jedoch auch nicht zu verachten. Es gibt eine weitere Filiale in der Midtown (878 Peachtree St). Eintritt ab 18 Jahre.

VIRGINIA-HIGHLAND & INMAN PARK

LP TIPP **Goin' Coastal** SEAFOOD $$$
(www.goincoastalseafood.com; 1021 Virginia Ave NE; Hauptgerichte 18–26 US$; ⏰Mo–Do 17–22, Fr 10–22, Sa & So 11.30–23 Uhr) Südstaaten-Restaurants gibt's in Atlanta wie Sand am Meer, gute Meeresfrüchte sind hingegen eher rar gesät. Das ändert sich mit diesem lässigen Seafood-Lokal im Herzen der Highlands, das von ein paar coolen Anglerkumpels betrieben wird. Neben dem Fang des Tages werden leckere Klassiker wie Hummer-Tacos (18 US$), Meerforelle (24 US$) und jede Menge leckere Beilagen (cremige Maisgrütze, Jalapeño-Maisbrot-Pudding) serviert. Hier kommen nur Biofisch und Pflanzen aus Hydrokultur auf den Tisch, die in hochmodernen städtischen Farmen in recycelten Schiffscontainern mit wiedergewonnenem Wasser bewässert werden. Futuristisch und fulminant lecker!

Fritti PIZZERIA $$
(www.frittirestaurant.com; 309 N Highland Ave NE; Pizza 10–15 US$; ⏰11.30–15 & 17.30–23, Fr & Sa bis 24, So 12.30–22 Uhr) Die klassische Pizza Napoletana kommt hier aus einem 18 000 US$ teuren, knapp 6 t schweren, bis zu 593 °C heißen Uno-Forno-Backsteinofen. Dieser wurde Stein für Stein von *dem* Stefano Ferrara, Neapels Pizzagott, aus ausschließlich italienischen Materialien, darunter Vulkanasche vom Vesuv, gebaut. Backzeit: 45 Sekunden. Das Fritti macht wahrlich keine halben Sachen!

DECATUR

Das Örtchen Decatur, 6 Meilen (9,6 km) östlich der Downtown, hat sich über die Jahre zu einer alternativen Bohème-Enklave entwickelt und ist mittlerweile eine echte Gourmetadresse.

LP TIPP **Leon's Full Service** FUSION $$
(www.leonsfullservice.com; 131 E Ponce de Leon Ave; Hauptgerichte 11–19 US$; ⏰Mo 17–1, Di–Do & So 11.30–1, Fr & Sa bis 2 Uhr) Der Laden wirkt, als hätten sich ein paar Indierocker zusammengetan und sich eine Speisekarte mit ihren Lieblingsgerichten und -bieren zusammengestellt. Zwar achtet das Publikum ganz extrem auf die Coolness, doch das Essen ist wirklich lecker (geschmorte Rinderbrust in schwarzer Pfeffersauce, Pommes Frites mit Spezialsaucen etc.). Zu Recht eines der angesagtesten Lokale in Decatur.

Farm Burger BURGER $
(www.farmburger.net; 410b W Ponce de Leon Ave; Burger ab 6 US$; ⏰So–Do 11.30–22, Fr & Sa 11.30–22 Uhr) Mit Mariengras gefütterte Farmrinder aus der Region sind das Gebot der Stunde in diesem Gourmetburger-

imbiss, dem aktuellen Pionier in Atlantas fortwährendem Burger-Kampf. Für 6 US$ kann man sich seine eigene Kreation aus unorthodoxen Zutaten wie Ochsenschwanzmarmelade, gerösteteten Rindermark und Pimento Cheese (einem Südstaatenklassiker) zusammenstellen; zudem gibt's eine täglich wechselnde Karte.

Taqueria del Sol MEXIKANISCH $
(359 W. Ponce de Leon Ave; Tacos 2,39 US$; ⏲Mo–Fr 11–14 & Di–Do 17.30–21, Sa 12–15 & Fr & Sa 17.30–22 Uhr) Tacos mit geräuchertem Schwein oder Brathähnchen und köstliche Garnelencremesuppe sind die Highlights dieses Restaurants, in dem mexikanische Einflüsse und Südstaatenküche eine unwiderstehliche Fusion eingehen.

Ausgehen

Brick Store Pub BAR
(www.brickstorepub.com; 125 E Court Sq) Bierfans werden von Atlantas bester Bierauswahl begeistert sein. Serviert werden 17 sorgfältig ausgewählte Sorten (teils echte Geheimtipps!), zudem gibt es oben eine separate Bar für belgisches Bier. Das Erfolgsrezept: eine riesige Auswahl und besonders coole Stimmung.

Park Tavern BAR
(www.parktavern.com; 500 10th Street NE) Die Kleinbrauerei mit Restaurant ist vielleicht nicht die hippste Adresse, überzeugt dafür aber mit ihrer Terrasse am Rand des Piedmont Park, eine der schönsten Kulissen der Stadt für einen entspannten Nachmittag am Wochenende.

Euclid Avenue Yacht Club BAR
(1136 Euclid Ave) Die richtige Adresse, um sich vor einer Show im nahen Variety Playhouse noch einen Drink zu genehmigen.

Octane CAFÉ
(www.octanecoffee.com; 1009-B Marietta St; Sandwiches 4–6 US$; ⏲Mo–Do 7–23, Fr bis 24, Sa & So 8–23 Uhr; 📶) Das in kühlem Schick gestaltete Café nahe dem Georgia-Tech-Campus ist genau das Richtige für Koffein-Junkies. Es werden nur Produkte aus dem Direkthandel verwendet.

Manuel's Tavern BAR
(www.manuelstavern.com; 602 N Highland Ave) Alteingesessener Polit-Treff, in dem Diskutierfreudige bei einem Bier debattieren.

Blake's SCHWULE & LESBEN
(www.blakesontheparkatlanta.com; 227 10th St NE) Das Blake's am Piedmont Park feiert sich als „Atlantas beliebteste Schwulenbar seit 1987".

Unterhaltung

Mit viel Livemusik und zahlreichen Kulturevents bietet Atlanta das Nachtleben einer Großstadt. Infos und Links zur Musik-, Tanz- und Theaterszene der Stadt bietet die Website der **Atlanta Coalition of Performing Arts** (www.atlantaperforms.com). Auf der Website des **Atlanta Music Guide** (www.atlantamusicguide.com) wiederum findet man einen aktuellen Veranstaltungskalender für Livemusik, eine Seite mit Veranstaltungsorten der Stadt und Links zum Online-Ticketverkauf.

Theater

Woodruff Arts Center KUNSTZENTRUM
(www.woodruffcenter.org; 1280 Peachtree St NE, Höhe 15th St) In dem Kunstzentrum sind neben dem High Museum das Atlanta Symphony Orchestra und das Alliance Theatre zu Hause.

Fox Theatre THEATER
(www.foxtheatre.org; 660 Peachtree St NE) In dem spektakulären Filmpalast von 1929 mit verspielter maurisch-ägyptischer Deko finden Broadwayshows und Konzerte statt. Der Zuschauerraum hat über 4500 Plätze.

Livemusik & Nachtclubs

Die Eintrittspreise für folgende Läden ändern sich von Abend zu Abend. Veranstaltungskalender und Ticketpreise gibt's auf den jeweiligen Websites.

EARL LIVEMUSIK
(www.badearl.com; 488 Flat Shoals Ave) Die Lieblingsbar von Indie-Fans – ein verrauchtes Restaurant mit erstaunlich gutem Essen und zugleich eine Bar und ein gut besuchter Livemusiktreff.

Eddie's Attic LIVEMUSIK
(www.eddiesattic.com; 515b N McDonough St, Decatur) Eine der besten Adressen der Stadt für Live-Folk und akustische Musik. Sieben Tage die Woche sorgen aufstrebende Künstler in der rauchfreien Bar für Stimmung.

MJQ Concourse CLUB
(☎404-870-0575; 736 Ponce de Leon Place NE) Der in einer ehemaligen Garage untergebrachte Club liegt bei der jungen, modebewussten Indie-Generation voll im Trend. Hinter dem einklappbaren Garagentor erwartet einen eine Art hipper Geräteschuppen – geht's noch cooler?

Variety Playhouse LIVEMUSIK
(www.variety-playhouse.com; 1099 Euclid Ave NE) Eine gut geführte Konzert-Location mit vielen tollen Events. Hier treten tourende Musiker aller Stilrichtungen auf.

Sport

Karten für Sportveranstaltungen gibt's bei **Ticketmaster** (☎404-249-6400; www.ticketmaster.com).

Atlanta Braves BASEBALL
(☎404-522-7630; www.atlantabraves.com; Tickets 8–90 US$) Das Major-League-Baseball-Team spielt auf dem Turner Field. Die Marta/Braves-Shuttles, die zum Stadion verkehren, fahren 90 Minuten vor Spielbeginn am **Underground Atlanta** (www.underground-atlanta.com; Ecke Peachtree St & Alabama St; ⏲Mo–Sa 10–21, So 11–18 Uhr) bei der Steve Polk Plaza ab.

 Praktische Informationen

Infos im Internet

Access Atlanta (www.accessatlanta.com) Gute Website mit News zu Atlanta und Infos zu anstehenden Events.

Atlanta Travel Guide (www.atlanta.net) Offizielle Website des Atlanta Convention & Visitors Bureau mit ausgezeichneten Links zu Läden, Restaurants, Hotels und anstehenden Events.

Internetzugang

Central Library (www.afpls.org; 1 Margaret Mitchell Sq; ⏲Mo–Sa 9–21, So 14–18 Uhr) Viele Filialen der Bibliothek bieten wie die Zentrale 15-minütige kostenlose Internet-Sessions.

Medien

Atlanta (www.atlantamagazine.com) Monatsmagazin für lokale Themen, Kunst und Essen.

Atlanta Daily World (www.atlantadailyworld.com) Älteste kontinuierlich herausgegebene afroamerikanische Tageszeitung (seit 1928).

Atlanta Journal-Constitution (www.ajc.com) Atlantas wichtigste Tageszeitung mit gutem Reiseteil am Sonntag.

Creative Loafing (www.clatl.com) Das kostenlose alternative Wochenblatt, das immer mittwochs erscheint, liefert heiße Tipps zu Musik, Kunst und Theater.

Notfall & Medizinische Versorgung

Atlanta Medical Center (www.atlantamedcenter.com; 303 Pkwy Dr NE)

Atlanta Police Department (☎404-614-6544; www.atlantapd.org)

Emory University Hospital (www.emoryhealthcare.org; 1364 Clifton Rd NE)

Piedmont Hospital (www.piedmonthospital.org; 1968 Peachtree Rd NW)

Post

Allgemeine Infos gibt's unter ☎800-275-8777.

Post CNN Center (190 Marietta St NW); Little Five Points (455 Moreland Ave NE); North Highland (1190 N Highland Ave NE); Phoenix Station (41 Marietta St NW)

Touristeninformation

Atlanta Convention & Visitors Bureau (☎404-521- 6600; www.atlanta.net; 233 Peachtree St; ⏲Mo–Fr 9–17 Uhr) Online-Stadtführer, Restaurantführer und Links zu Infos für schwule und lesbische Reisende auf sechs Sprachen. Auf der Website kann man auch den lohnenden CityPass für 69 US$ kaufen, der den Eintritt für fünf Sehenswürdigkeiten beinhaltet.

 An- & Weiterreise

Atlantas riesiger Flughafen, der **Hartsfield-Jackson International Airport** (ATL; www.atlanta-airport.com), liegt 12 Meilen (19 km) südlich der Downtown. Der Verkehrsknotenpunkt bedient alle internationalen Hauptstrecken. Er ist, gemessen an der Zahl der Passagiere, der größte Flughafen der Welt.

Die **Greyhound-Haltestelle** (232 Forsyth St) liegt neben der MARTA-Station Garnett. Zu den Zielen gehören Nashville, TN (5 Std.), New Orleans, LA (10½ Std.), New York (20 Std.), Miami, FL (16 Std.), und Savannah, GA (4¾ Std.).

Der **Amtrak-Bahnhof** (1688 Peachtree St NW, at Deering Rd) liegt direkt nördlich der Innenstadt.

 Unterwegs vor Ort

Die Züge der **Metropolitan Atlanta Rapid Transit Authority** (MARTA; www.itsmarta.com; Ticket 2,50 US$) fahren vom Flughafen in die Innenstadt und zurück. Es gibt auch ein paar für Besucher weniger nützliche Linien, die hauptsächlich von Pendlern genutzt werden. Einzeltickets werden nicht mehr verkauft; jeder Kunde muss eine Breeze Card (1 US$) erwerben, die je nach Bedarf aufgeladen wird.

Der Shuttleservice und die Autovermietungen haben Büros im Flughafen; sie befinden sich auf der Etage der Gepäckausgabe.

Wer mit dem Auto in Atlanta unterwegs ist, braucht starke Nerven. Ständig hängt man im Stau fest und ebenso leicht verfährt man sich. Eine Straßenkarte ist daher unerlässlich.

North Georgia

Die südlichen Ausläufer der Appalachen ragen knapp 65 km weit in den äußersten

Norden Georgias hinein und schaffen eine prächtige Gebirgslandschaft mit reißenden Flüssen, die sich stark vom restlichen Georgia unterscheidet. Die Farben des Herbstes sind hier erst spät zu sehen; ihren Höhepunkt erreicht die Pracht im Oktober.

Man sollte ein paar Tage einplanen, um die lokalen Sehenswürdigkeiten zu besuchen, etwa die 366 m tiefe **Tallulah Gorge** (www.gastateparks.org/TallulahGorge), die Berglandschaft und die Wanderwege im **Vogel State Park** (www.gastateparks.org/Vogel), den **Unicoi State Park** (www.gastateparks.org/Unicoi) und die interessante Sammlung von Volkskunst aus den Appalachen im **Foxfire Museum** (www.foxfire.org; Erw./Kind 6/3 US$; ⏲Mo–Sa 8.30–16.30 Uhr) in Mountain City.

DAHLONEGA

Dahlonega war 1828 die Stätte des ersten Goldrauschs in den USA. Heute boomt hier nur noch der Tourismus. Der Ort ist von Atlanta aus leicht zu erreichen und ein fantastisches Ausflugsziel in den Bergen.

Schon ein Spaziergang über den historischen Hauptplatz ist ein Erlebnis. Viele ausgefallene Läden werben um die Gunst und das Geld der Touristen. Das **Visitor Center** (☎706-864-3513; www.dahlonega.org; 13 S Park St; ⏲Mo–Fr 9–17.30, Sa 10–17 Uhr) liefert viele Infos zu den Attraktionen und Aktivitäten in der Gegend (z.B. Wandern, Kanu- und Kajakfahren, Raften, Mountainbiken).

Im **Amicalola Falls State Park** (☎706-265-4703; www.amicalolafalls.com), 18 Meilen (29 km) westlich von Dahlonega am Hwy 52, finden sich die 222 m hohen **Amicalola Falls**, Georgias höchster Wasserfall. Der Park bietet eine spektakuläre Landschaft, eine Lodge und ausgezeichnete Wege für Wanderer und Mountainbiker.

Hier kann man so wunderbar **Rad fahren** (www.cyclenorthgeorgia.com), dass sogar Lance Armstrong hier trainierte. **Dahlonega Wheelworks** (www.wheelworksga.com; 24 Alicia Lane; ⏲Mo, Di, Do, Fr 11–18, Mi 13.30–18, Sa 9–17 Uhr) ist ein hübsches Fahrradgeschäft vor Ort, das Mountainbikes und Räder vermietet, Fahrradführer hat und täglich Radtouren organisiert. Der 56 km lange **Three Gap** ist eine spektakuläre, aber anstrengende Radstrecke in den Bergen.

In der Nähe von Dahlonega gibt's eine Reihe von Weingütern, die ein paar wirklich leckere Tropfen herstellen. Besonders reizvoll ist ein entspannter Spaziergang in den prächtigen Weinbergen. Das hübsche Weingut **Frogtown Cellars** (www.frogtownwine.com; 700 Ridge Point Dr; ⏲So–Fr 12–17, Sa bis 18, So 12.30–17 Uhr) hat eine großartige Terrasse, auf der man die edlen Tropfen probieren und dazu Paninis verspeisen kann. Es gehört zu den besten Weinproduzenten der Ostküste.

Das **Crimson Moon Café** (24 N Park St; Hauptgerichte 8–15 US$; ⏲Mo 11–15, Mi bis 21, Do–Fr bis 22, Sa 8–13, So 8–20 Uhr) bietet wunderbare Südstaaten-Klassiker aus Biozutaten und intime Livekonzerte.

Am Hwy 19 in der Nähe des Three Gap Loop liegt das **Hiker Hostel** (☎770-312-7342; www.hikerhostel.com; 7693 Hwy 19N; B/Zi. 17/40 US$; P❄@📶), dessen Inhaber passionierte Radfahrer und Outdoorsportler sind. Das recht neue, wunderbar gepflegte Hostel bietet Schlafsäle mit schicken Vorhängen, die für eine gewisse Privatsphäre sorgen, und serviert herzhaftes Frühstück. Einziger Nachteil sind die manchmal nicht gemachten Betten in den Privatzimmern.

Zentrales Georgia

Im zentralen Georgia findet man das, was es in der Metropole Atlanta, dem gebirgigen Norden oder dem von Sümpfen durchzogenen Süden von Savannah nicht gibt – rustikales Südstaatenflair.

ATHENS

Athens ist ein geselliges, künstlerisch interessiertes und lässiges Collegestädtchen ungefähr 70 Meilen (113 km) östlich von Atlanta. Es ist bekannt für sein äußerst populäres Footballteam (die University of Georgia Bulldogs), eine weltweit renommierte Musikszene, aus der Gruppen wie B-52, R.E.M. und Widespread Panic hervorgingen, und eine blühende Restaurantkultur. Die Universität hält Athens kulturmäßig auf dem Laufenden und sorgt für einen nie versiegenden Nachschub an jungen Barbesuchern und Konzertgängern. In der hübschen, zu Fuß zu bewältigenden Innenstadt gibt es jede Menge hippe Restaurants, Bars und Geschäfte.

Für eine umfassende Tour durch die Musikgeschichte der Gegend empfiehlt sich der Lonely Planet Band *The Carolinas, Georgia & the South Trips*.

👁 Sehenswertes & Aktivitäten

State Botanical Garden of Georgia GÄRTEN
(www.uga.edu/~botgarden; 2450 S Milledge Ave; Eintritt gegen Spende 2 US$; ⏲8–18 Uhr, Sommer

bis 20 Uhr) Mit gewundenen Pfaden unter freiem Himmel und der soziohistorischen Ausrichtung macht der wunderbare botanische Garten dem in Atlanta Konkurrenz. Schilder informieren Besucher über die eindrucksvolle Pflanzensammlung, die jede Menge seltene und bedrohte Arten umfasst, zudem gibt's insgesamt knapp 8 km lange erstklassige Waldwanderwege.

Georgia Museum of Art MUSEUM
(www.georgiamuseum.org; 90 Carlton St; Eintritt gegen Spende von 3 US$; ⏲Di–Mi, Fr & Sa 10–17, Do bis 21, So 13–17 Uhr) Nach einer 20 Mio. US$ teuren Erweiterung umfasst das moderne, exzellente Kunstmuseum nun eine 4800 m² große Ausstellungsfläche mit neuen Galerien und einem Skulpturengarten im Freien.

Schlafen & Essen

In Athens gibt's keine große Auswahl an Unterkünften. Am Ortseingang an der W Broad St findet man ein paar typische Kettenmotels.

LP TIPP **Hotel Indigo** BOUTIQUEHOTEL $$
(☎706-546-0430; www.indigoathens.com; 500 College Ave; Zi. Wochenende/werktags ab 159/139 US$; P ❄ @ ≈) Athens' erstes und bitter nötiges Boutiquehotel gehört zur Indigo-Kette und wurde als erstes der 4500 InterContinental-Hotels weltweit mit dem goldenen LEED-Zertifikat für nachhaltige Architektur ausgezeichnet. Diese spiegelt sich in den umweltfreundlichen Aufzügen, Spezialparkplätzen für Hybrid-Fahrzeuge und einem Baustoff wider, der zu 30 % aus recycelten Materialen besteht. Zudem fühlt sich das Öko-Schick-Hotel mit seinen 130 Zimmer der Region verpflichtet, d.h.: Jittery Joe's anstatt Starbucks, R.E.M.-Buster mit recycelten Holzrahmen usw.

BUCK MANOR

Einer Musiklegende von Athens ganz nah ist man im **Buck Manor**, einem farbenprächtigen viktorianischen Haus im Second-Empire-Stil in der 748 Cobb St. Hier lebte R.E.M.-Gitarrist Peter Buck bis zur Scheidung von seiner Frau Barrie. Zudem wurden hier das Musikvideo zum R.E.M.-Song *Nightswimming* sowie ein Werbevideo für *Out of Time* aufgenommen. Nirvana übernachtete in dem Haus, als die Band 1991 im 40 Watt Club auftrat.

Foundry Park Inn & Spa INN $$
(☎706-549-7020; www.foundryparkinn.com; 295 E Dougherty St; Zi. 130–150 US$; P ❄ @ ≈) Die gehobene Unterkunft liegt inmitten einer hübschen Anlage, zu der die restaurierte Confederate-Eisengießerei, ein hauseigenes Spa, ein Restaurant und das Melting Point, eine gemütliche Konzertlocation, gehören.

LP TIPP **Five & Ten** AMERIKANISCH $$$
(☎706-546-7300; www.fiveandten.com; 1653 S Lumpkin St; Hauptgerichte 18–29 US$; ⏲So–Do 17.30–22, Fr & Sa bis 23, So 10.30–14.30 Uhr) Weil es Wert auf erstklassige Zutaten legt, gehört das Five & Ten zu den besten Restaurants der Südstaaten. Auf der bodenständigen Speisekarte findet man Kalbsbries, selbst gemachte Pasta und „Frogmore Stew" (Kartoffel-Mais-Eintopf mit Würstchen). Man muss reservieren.

Farm 255 AMERIKANISCH $$
(www.farm255.com; 255 W Washington St; Hauptgerichte 12–21 US$; ⏲Di–Do 17.30–22, Fr & Sa bis 22.30, So 11–14 & 17.30–21.30 Uhr) Das stilvolle, lichtdurchflutete Bistro bezieht sein Fleisch und Gemüse größtenteils vom eigenen 12 ha großen Biobauernhof Blue Moon Farms außerhalb von Athens. „Frisch" heißt hier das Schlüsselwort.

Grit VEGETARISCH $
(www.thegrit.com; 199 Prince Ave; Hauptgerichte 5–8 US$; ⏲Mo–Fr 11–22, Sa & So 10–15 & 17–22 Uhr;) Der Pionier unter den vegetarischen Restaurants wird vom R.E.M.-Frontmann Michael Stipe betrieben und serviert Tofu-Reuben (gegrilltes Weizen-Sandwich) oder Schwarzaugenbohnen-Burger.

Grill DINER $
(www.thegrit.com; 171 College Ave; Hauptgerichte 5–8 US$; ⏲24 Std.) Das alteingesessene Diner ist die Rettung für hungrige, angetrunkene Nachtschwärmer, die sich hier über Pommes Frites mit Feta-Dip hermachen.

Ausgehen & Unterhaltung

In Athens' kompakter Innenstadt gibt es fast 100 Bars und Restaurants, für Unterhaltung ist also gesorgt. Das kostenlose Wochenblatt *Flagpole* (www.flagpole.com) informiert über aktuelle Events.

Trappeze Pub PUB
(www.trappezepub.com; 269 W Washington St; Bier vom Fass 4–8 US$; ⏲Mo–Sa 11–2, So bis 24 Uhr) Gerstensaftliebhaber haben die Auswahl aus 35 Fass- und 260 Flaschenbieren.

Serviert werden sie von Barkeepern, die sich wie Sommeliers über ihren heiligen Trank auslassen. Zudem gibt's überdurchschnittlich gute Kneipenküche – Lust auf in Unibroue Ephemere mariniertes Pulled Pork?

40 Watt Club LIVEMUSIK
(www.40watt.com; 285 W Washington St) Der Club bietet Lounges, eine Tiki-Bar, PBR-Bier für 2 US$, eine Bühne, auf der Indie-Rock gespielt wird, und große Namen – kein Wunder, dass der Laden eine Legende ist!

Manhattan Cafe BAR
(337 N Hull St) Das alternative Café setzt sich mit verrückter Beleuchtung, wild zusammengewürfelten recycelten Möbeln und urbanem Flair von den meisten Bars der Downtown ab.

Praktische Informationen

Das **Athens Welcome Center** (706-353-1820; www.athenswelcomecenter.com; 280 E Dougherty St; Mo–Sa 10–17, So 12–17 Uhr) residiert in einem historischen Haus aus der Zeit vor dem Bürgerkrieg an der Ecke der Thomas St. Hier gibt's Karten und Infos zu Touren in der Umgebung – u. a. zu einer Bürgerkriegstour und einem Stadtspaziergang zur Musikgeschichte von Athens.

Savannah

Diese großartige historische Stadt ist wie eine Südstaatenschönheit, die unter ihrem Rock Hotpants trägt. Hier dreht sich alles um die prächtige Architektur aus der Antibellum-Ära (d.h., der Zeit vor dem Bürgerkrieg) und die ausgelassenen Partys der Studenten des hiesigen Savannah College of Art & Design. Die Stadt liegt am Ufer des Savannah River, rund 18 Meilen (29 km) hinter der Küste inmitten von Sümpfen und riesigen, von Louisianamoos bedeckten Eichen des Lowcountry. Mit Stolz und Anmut trägt Savannah seine Vergangenheit zur Schau in Gestalt von prachtvollen Herrenhäusern, Baumwolllagern, wunderschönen Plätzen und kolonialzeitlichen öffentlichen Gebäuden. Anders als die Schwesterstadt Charleston in South Carolina, die sich ihr Ansehen als würdevolles und elegantes kulturelles Zentrum bewahrt hat, ist Savannah nicht aufgemotzt – man nannte sie schon eine „hübsche Frau mit schmutzigem Antlitz".

Sehenswertes & Aktivitäten

Der Central Park von Savannah ist eine weitläufige, rechteckige Grünfläche namens **Forsyth Park**. Der wunderschöne Springbrunnen des Parks ist ein beliebtes Fotomotiv.

Owens-Thomas House HISTORISCHES GEBÄUDE
(www.telfair.org; 124 Abercorn St; Erw./Kind 15/5 US$; Mo 12–17, Di–Sa 10–17, So 13–17 Uhr) Die 1819 von dem britischen Architekten William Jay fertiggestellte Villa ist ein wunderschönes Beispiel der für ihre Symmetrie bekannten Regency-Architektur. Die Führung ist ein bisschen chaotisch, vermittelt aber interessante Fakten über die Sklavenquartiere, die mit „gespensterblauer" Farbe – hergestellt aus zerstoßenem Indigo, Buttermilch und zerriebenen Austernschalen – gestrichen wurden. Und wär hätte es gedacht: Dieses Haus hatte fast 20 Jahre vor dem Weißen Haus fließendes Wasser.

Jepson Center for the Arts GALERIE
(JCA; www.telfair.org; 207 W York St; Ermäßigungsticket Erw./Kind 20/5 US$; Mo, Mi, Fr & Sa 10–17, Do 10–20, So 12–17 Uhr;) Das mittlerweile über fünf Jahre alte Zentrum wirkt für Savannahs Verhältnisse ziemlich futuristisch und legt seinen Schwerpunkt auf die Kunst des 20. und 21. Jhs. Die Werke sind kleinformatig, aber durchaus spannend, zudem gibt es einen netten interaktiven Bereich für Kinder. Wer sich das Multivenue-Ticket für 20 US$ kauft, erhält in den zugehörigen Museen Telfair und Owens-Thomas House ermäßigten Eintritt.

Mercer-Williams House HISTORISCHES GEBÄUDE
(www.mercerhouse.com; 429 Bull St; Erw./Kind 12,50/8 US$) Obwohl Jim Williams, der Kunsthändler aus Savannah, den Kevin Spacey in dem Film *Mitternacht im Garten der Lüste* spielte, bereits 1990 gestorben war, wurde sein berüchtigtes Wohnhaus erst 2004 zum Museum. Das Obergeschoss, in dem Williams' Familie auch heute noch lebt, ist für die Öffentlichkeit nicht zugänglich, das Erdgeschoss hingegen ist der Traum eines jeden Innenarchitekten.

Telfair Museum of Art MUSEUM
(www.telfair.org; 121 Barnard St; Ermäßigungsticket Erw./Kind 20/5 US$; Mo 12–17, Di–Sa 10–17, So 13–17 Uhr) Neben Silberwaren aus dem 19. Jh. und einem kolossalen Ölgemälde, das eine Szene aus dem Hundertjährigen Krieg darstellt, zeigt das Museum auch Sylvia Shaws berühmte Skulptur *Bird Girl* (1936), die auf dem Cover des Romans *Mitternacht im Garten der Lüste* abgebildet war.

Cathedral of St. John the Baptist KIRCHE
Die eindrucksvolle Kathedrale wurde 1896 fertiggestellt, zwei Jahre später durch einen Brand zerstört und 1912 wiedereröffnet. Eindrucksvolle Buntglasfenster aus Österreich, die Christi Himmelfahrt darstellen, und kunstvolle Holzschnitzarbeiten aus Bayern, die den Leidensweg Christi zeigen, schmücken das Gotteshaus.

Ralph Mark Gilbert Civil Rights Museum MUSEUM
(460 Martin Luther King Jr Blvd; Erw./Kind 8/4 US$; ⌚Di–Sa 9–17 Uhr) Das Museum widmet sich der lokalen Geschichte der Rassentrennung, die in Schulen, Hotels, Krankenhäusern, im Berufsleben und sogar an Imbisstheken ihr Unwesen trieb. Levy's Lunch Counter dramatisiert und beeindruckt zugleich.

Schlafen

Zur Freude der Gäste ist es in den Hotels und B&Bs in Savannah zur Mode geworden, abends Hors d'œuvres und Wein zu servieren. In den recht teuren Unterkünften am Fluss herrscht großer Andrang.

Bohemian Hotel BOUTIQUEHOTEL **$$$**
(☎912-721-3800; www.bohemianhotelsavannah.com; 102 West Bay St; Zi. Wochenende/werktags 319/229 US$; P ❄ @ 📶) Das neue Hotel am Flussufer soll eigentlich maritimes Flair versprühen, wird jedoch eher von seinen gotischen Korridoren und einem gewissen Kerker-Schick geprägt, was ihm viel besser zu Gesicht steht. Die tolle mittelalterliche Atmosphäre wird lediglich von den etwas dunklen Gästezimmern getrübt. Kleine Details wie Treibholz und Austern-Kerzenleuchter sorgen für das gewisse Etwas. Und der persönliche Service lässt vergessen, dass man sich in einem Hotel mit immerhin 75 Zimmern befindet. Die Ausblicke, besonders von der Dachterrassenbar Rocks, sind traumhaft. Parken kostet 21 US$.

Thunderbird Inn MOTEL **$**
(☎912-232-2661; www.thethunderbirdinn.com; 611 W Oglethorpe Ave; Zi. 99 US$; P ❄ 📶) Das renovierte Motel von 1964 im Vintage-Schick erinnert an eine Mischung aus Palm Springs und Vegas und bezeichnet sich selbst in der im Sixties-Look gehaltenen Lobby als „Hippstes Hotel in Savannah". Im Vergleich zu all den anderen langweiligen B&Bs ist es tatsächlich eine kleine Oase, der der neue Anstrich aus ruhigen Farben und Kunstwerke von Studenten der SCAD (Savannah College of Art and Design) gut zu Gesicht steht. Das Hotel befindet sich gleich außerhalb des Touristenviertels, gegenüber vom Greyhound-Busbahnhof. Zum Frühstück gibt's Krispy-Kreme-Donuts!

Mansion on Forsyth Park HOTEL **$$$**
(☎912-238-5158; www.mansiononforsythpark.com; 700 Drayton St; Zi. Wochenende/werktags 249/199 US$; ❄ @ 📶 🏊) Das 1672 m² große, schicke Hotel in erstklassiger Lage bietet Luxus pur – allein die grandiosen Bäder sind den Preis schon fast wert. Das Beste an diesem Hotel-Spa sind die umwerfenden, über 400 Kunstwerke von lokalen und internationalen Künstlern an den Wänden und in den Fluren. Parken kostet 20 US$.

Green Palm Inn B&B **$$**
(☎912-447-8901; www.greenpalminn.com; 548 E President St; Zi. ab 149–189 US$; P ❄ 📶) Das hübsche B&B in einer Querstraße vom Green Sq bietet Platz für bis zu neun Gäste. Gemütliches Ambiente, sehr gepflegte Zimmer und hilfsbereites, freundliches Personal.

Bed & Breakfast Inn B&B **$$**
(☎912-238-0518; www.savannahbnb.com; 117 W Gordon St; Zi. werktags/Wochenende ab 159/179 US$; P ❄ 📶) In unmittelbarer Nähe zu Savannahs architektonisch gesehen umstrittensten Platz (Monterrey) liegt das beliebte, etwas abgenutzte B&B mit erfrischenden, einzigartigen und sauberen Zimmern. Es liegt in einer Straße mit Reihenhäusern von 1850, ist leicht zu Fuß zu erreichen und seine Zimmer verteilen sich auf sechs Gebäude.

Savannah Pensione PENSION **$**
(☎912-236-7744; www.savannahpensione.com; 304 E Hall St; B 23 US$, Zi. 45–60 US$; ❄ 📶) Die einfache Unterkunft wurde 15 Jahre lang als Hostel betrieben, bis der Besitzer schließlich genug von Backpackern hatte, die die historischen Treppen seiner italienischen Villa von 1894 hoch- und runtertrampelten – irgendwie verständlich. Die schlichte Pension erinnert noch immer ein wenig an ein Hostel und bedient eine echte Marktlücke: Die Schlafsäle (23 US$) bieten Gruppen ab drei Personen Platz (man muss sich untereinander kennen).

Azalea Inn B&B **$$$**
(☎912-236-2707; www.azaleainn.com; 217 E Huntingdon St; Zi. ab 200 US$; P ❄ 📶 🏊) Das in einer ruhigen Straße gelegene Azalea verfügt über hübsche Zimmer und einen kleinen

Savannah

Pool hinterm Haus. Ein Highlight ist das von Kunststudenten gemalte Wandbild im Speisesaal.

Essen

LP TIPP **Mrs Wilkes'** SÜDSTAATEN **$$**

(www.mrswilkes.com; 107 W Jones St; Mittagessen 16 US$; ⏲Mo–Fr 11–14 Uhr) Manche stehen schon morgens um 8 Uhr für diese Institution der Südstaatenküche Schlange (keine Reservierung möglich!). Zur Mittagszeit wird dann den Gästen, die wie eine große Familie an Tischen sitzen, ein Festessen kredenzt: Brathühnchen, Rindereintopf, Fleischbällchen, Käsekartoffeln, Blattkohl, Schwarzaugenbohnen, Mac 'n' Cheese, Steckrüben, kandierte Süßkartoffeln, Kürbis-Kasserolle, Maisgrütze, Gebäck und süßer Tee. Das Ganze wirkt wie eine Verschmelzung von Thanksgiving und Letztem Abendmahl!

Olde Pink House MODERNE SÜDSTAATENKÜCHE **$$$**

(☎912-232-4286; 23 Abercorn St; Hauptgerichte 25–31 US$; ⏲So–Mo 17–22.30, Di–Do 11–22.30, Fr & Sa 11–23 Uhr) Es mag hippere, trendbewusstere Restaurants in Savannah geben, dafür macht diesem National Landmark von 1771 am Reynolds Sq in Sachen Es-

Savannah

Highlights
Jepson Center for the Arts B2
Mercer-Williams House B4
Owens-Thomas House C2
Telfair Museum of Art B2

Sehenswertes
1 Cathedral of St. John the Baptist C3
2 Ralph Mark Gilbert Civil Rights Museum A4

Schlafen
3 Azalea Inn C5
4 Bed & Breakfast Inn B4
5 Bohemian Hotel A1
6 Green Palm Inn D2
7 Mansion on Forsyth Park C5
8 Savannah Pensione C5

Essen
9 Angel's BBQ B3
10 Cha Bella D2
11 Lady & Sons B1
12 Mrs Wilkes' B4
13 Olde Pink House C1
14 Vinnie Van GoGo's A1

Ausgehen
15 Abe's on Lincoln C2
16 Gallery Espresso B3
17 Lulu's Chocolate Bar A2

Unterhaltung
18 Lucas Theatre for the Arts C2

Shoppen
19 Savannah Bee Company B2
20 ShopSCAD C4

sen und Erfahrung niemand etwas vor. In romantisch-historischem Flair werden die Spezialität des Haus – knuspriger Butt – und jede Menge Südstaaten-Köstlichkeiten serviert. Der Service ist zwanglos und professionell, die dunkle, gemütliche Bar im Untergeschoss lädt zu einem Cocktail ein. Was will man mehr?

Angel's BBQ BARBECUE $
(www.angels-bbq.com; 21 West Oglethorpe Lane; Pulled-Pork-Sandwich 6 US$; ⌚Di 11.30–15, Mi–Sa bis 18 Uhr) Das einfach-rustikale Angel's versteckt sich in einer ruhigen Straße und serviert Pulled-Pork-Sandwiches und Pommes Frites mit Meersalz, die keine Wünsche offenlassen. Zudem gibt es eine eindrucksvolle Auswahl an hausgemachten Saucen, u.a. mit höllisch scharfer Bhut-Jolokia- und Chiltepin-Chili.

Cha Bella AMERIKANISCH $$$
(102 E Broad St; Brunch 15,95 US$, Hauptgerichte abends 17–32 US$; ⌚Di–Do 17.30–21, Fr & Sa bis 22, So 17.30–21 Uhr) Das einladende Restaurant hat sich regionaler, hübsch angerichteter Küche verschrieben, verwendet Bioprodukte und hat dank einer hübschen Veranda samt Schaukeln auch ein nettes Ambiente. Zu empfehlen sind das Garnelen-Risotto und das frische Fischmenü.

Lady & Sons SÜDSTAATEN $$
(☎912-233-2600; www.ladyandsons.com; 102 W Congress St; Buffet 14–18 US$; ⌚Mo–Do 11–21, Sa & So bis 22 Uhr) Savannahs kulinarische Altmeisterin Paula Deen hat ein regelrechtes Monster geschaffen und dabei, so sagen manche, ihre Magie eingebüßt. Ihre ländliche Küche ist wirklich köstlich, allerdings ist es schon recht bizarr, dass man fürs Mittagessen um 9.30 Uhr und fürs Abendessen um 15.30 Uhr vorbeischauen muss, um sich auf einer Liste einzutragen. Bei dem Prozedere bleibt das Südstaaten-Flair ziemlich auf der Strecke.

Vinnie Van GoGo's PIZZERIA $
(www.vinnievangogo.com; 317 W Bryan St; Stück Pizza ab 2,50 US$; ⌚Mo–Do 16–23, Fr & Sa 12–24, So 12–23.30 Uhr) Die Pizzeria lockt mit ihrer neapolitanischen Steinofenpizza jede Menge Kundschaft an.

Ausgehen

Rocks on the Roof BAR
(102 West Bay St; ⌚ab 11 Uhr) Die weitläufige Dachterrassenbar im neuen Bohemian Hotel ist genau das, was Savannah noch fehlte: eine luftige, knallrote Bar mit Indie-Musik und toller Aussicht auf den Fluss, die am besten von den Plätzen in der nordwestlichen Ecke zu genießen ist. Donnerstags bis samstags sorgt Livemusik für Stimmung.

Lulu's Chocolate Bar CAFÉ
(www.luluschocolatebar.net; 42 Martin Luther King Jr Blvd) Die bezaubernde, schicke Bar lässt den Zuckerspiegel in die Höhe schnellen und serviert Martinis und Desserts. Spezialität des Hauses sind die himmlischen Lulutini, eine Sünde aus reiner Schokolade.

Gallery Espresso CAFÉ
(www.galleryespresso.com; 234 Bull St; ⌚Mo–Fr 7.30–22, Sa & So 8–23 Uhr) Savannahs bestes Café lässt zusammen mit dem Sentient die Konkurrenz im gesamten Süden alt aussehen. Das Gallery ist gemütlicher, praktischer gelegen, hat eine tolle Teeauswahl sowie leichte Snacks und verführerische Desserts.

Sentient Bean CAFÉ
(www.sentientbean.com; 13 E Park Ave; ⌚7–22 Uhr; 📶✍) Das Biocafé legt Wert auf Qualität und Geselligkeit. Geboten werden vegane Gerichte, Kaffee aus Bio-Anbau, Livemusik und andere Bühnenshows.

Abe's on Lincoln BAR
(17 Lincoln St) Hier kann man mit den Einheimischen einen drauf machen.

☆ Unterhaltung

Wormhole LIVEMUSIK
(www.wormholebar.com; 2307 Bull St; 📶) Hier erwartet einen eine breite Alternative-Music-Szene. Die Kneipe mit Bühne liegt zwar in einem etwas schäbigen Stadtteil, zeigt Besuchern aber, wie das alternative Savannah tickt

Lucas Theatre for the Arts THEATER
(☎912-525-5040; www.scad.edu/venues/lucas; 32 Abercorn St) In dem historischen Gebäude von 1921 gibt's Konzerte (z. B. von Gitarrist Jonny Lang), Theatervorstellungen *(Guys and Dolls)* und Filme *(Der Tag, an dem die Erde stillstand)*.

Shoppen

Savannah Bee Company ESSEN
LP TIPP (www.savannahbee.com; 104 W Broughton St) Das über die Landesgrenzen hinaus bekannte Honigparadies ist ein Pflichtstopp in Savannah. Den wunderschönen Laden füllen alle erdenklichen Honigsorten (man darf auch probieren), Seife, Honigkaffee und einzigartige Kunstwerke und Haushaltsgeräte.

ShopSCAD KUNST & KUNSTHANDWERK
(www.shopscadonline.com; 340 Bull St; ⌚Mo–Mi 9–17.30, Do–Fr bis 20, Sa 10–20, So 12–17 Uhr) Alles in der witzigen, kitschigen Boutique stammt von Studenten und Absolventen des renommierten Kunstcollege von Savannah.

E Shaver, Bookseller BUCHLADEN
(326 Bull St; ⌚Mo–Sa 9.30–17 Uhr) Jede Menge Literatur zu lokaler und regionaler Geschichte.

ℹ Praktische Informationen

Candler Hospital (www.sjchs.org; 5353 Reynolds St)

CVS Pharmacy (Ecke Bull St & W Broughton St)

Main Library (www.liveoakpl.org; 2002 Bull St; ⌚Mo–Di 9–20, Mi–Fr bis 18, So 14–18 Uhr; 📶) Kostenloser Interzugang, auch via WLAN.

Post Historic District (118 Barnard Street; ⌚Mo–Fr 8–17 Uhr); Hauptpost (1 E Bay St; ⌚Mo–Fr 8–17.30, Sa 9–13 Uhr)

Savannah Chatham Metropolitan Police (☎912 651-6675; www.scmpd.org; Ecke E Oglethorpe Ave & Habersham St)

Visitor Center (☎912-944-0455; www.savannahvisit.com; 301 Martin Luther King Jr Blvd; ⌚Mo–Fr 8.30–17, Sa & So 9–17 Uhr) Das in einem restaurierten Bahnhof aus den 1860er-Jahren untergebrachte Zentrum hat ausgezeichnete Infos, u. a. über Dienstleistungen und Stadtrundfahrten per Kutsche oder Bus. Viele privat organisierte Stadtführungen starten hier. Im neuen Visitor Center beim Forsyth Park gibt es zudem einen kleinen Infostand für Touristen.

ℹ Anreise & Unterwegs vor Ort

Der **Savannah/Hilton Head International Airport** (SAV; www.savannahairport.com) liegt ungefähr 5 Meilen (8 km) westlich der Downtown abseits der I-16. Das Visitor Center betreibt Shuttles, die zwischen dem Flughafen und den Hotels im historischen Viertel verkehren (hin & zurück 25 US$).

Greyhound (610 W Oglethorpe Ave) fährt nach Atlanta (ca. 5 Std.), Charleston, SC (ca. 2 Std.) und Jacksonville, FL (2½ Std.).

Der **Amtrak-Bahnhof** (2611 Seaboard Coastline Dr) liegt ein paar Kilometer westlich des historischen Viertels.

Ein Auto ist nicht vonnöten. Wer eins hat, stellt es am besten irgendwo ab und geht zu Fuß oder schließt sich einer Tour an. Umweltfreundlich und unterhaltsam ist auch eine Rundfahrt mit einem Fahrradtaxi von **Savannah Pedicab** (☎912-232-7900; www.savannahpedicab.com; 30/60 Min. 25/45 US$, ganzer Tag 150 US$).

Chatham Area Transit (CAT; www.catchacat.org) betreibt Stadtbusse mit Hybridmotoren, die mit altem Bratfett laufen; dazu gehört ein kostenloses Shuttle, das durch das historische Viertel fährt und in der Nähe von fast allen größeren Attraktionen hält.

Brunswick & die Golden Isles

Georgia ist mit einer wunderschönen Inselkette entlang der Küste gesegnet. Die Inseln haben jeweils ihren ganz eigenen

Charme und bieten Urlaubserlebnisse von rustikal bis luxuriös.

Das 1733 gegründete **Brunswick** ist eine Stadt mit einer großen Shrimpsfangflotte und einem historischen Zentrum im Schatten von üppigen Lebenseichen. Den charmanten Ort könnte man leicht verpassen, wenn man auf der I-95 oder dem Golden Isle Pkwy (US Hwy 17) vorbeirauscht. Während des Zweiten Weltkriegs bauten die Brunswick-Werften 99 Transportschiffe der Liberty-Klasse für die Marine. Heute erinnert ein ca. 7 m großes Modell im **Mary Ross Waterfront Park** (Bay St) an die Schiffe und ihre Erbauer.

Wer gerne einmal in kleinen, naturnahen Baumhäusern auf einer umweltfreundlichen, nachhaltig bewirtschafteten Anlage übernachten möchte, ist in dem International Youth Hostel **Forest Hostel** (☎912-264-9738; www.foresthostel.com; Hwy 82; 25 US$/Pers.; P) an der richtigen Adresse. Es liegt 10 Meilen (16 km) außerhalb von Brunswick und kann nur telefonisch reserviert werden. Klimaanlage und Heizung gibt's keine.

Das **Brunswick-Golden Isles Visitors Bureau** (☎912-265-0620; www.bgivb.com; Hwy 17, St Simons Causeway; ⌚Mo–Fr 8.30–17 Uhr) hat Unmengen von nützlichen Infos über die Golden Isles auf Lager.

ST. SIMONS ISLAND

Die für ihre Golfplätze, Resorts und majestätischen Lebenseichen berühmte **St. Simons Island** ist die größte und am besten erschlossene Insel der Golden Isles. Sie liegt 75 Meilen (120 km) südlich von Savannah und nur 5 Meilen (8 km) von Brunswick entfernt. Die Südhälfte ist eine dicht besiedelte Wohn- und Erholungsgegend, die Nordhälfte und die angrenzenden Inseln **Sea Island** (www.explorestsimonsisland.com) und **Little St. Simons** präsentieren sich als Küstenwildnis inmitten einer gezeitenabhängigen Mündung.

JEKYLL ISLAND

Jekyll Island ist eine 4000 Jahre alte Düneninsel mit insgesamt 16 km Strand. Im späten 19. und frühen 20. Jh. war die Insel ein exklusives Refugium für Millionäre, heute ist sie ein ungewöhnlicher Mix aus Wildnis, denkmalgeschützten historischen Gebäuden, modernen Hotels und riesigem Campingplatz (mit WLAN). Hier kommt man leicht herum: mit dem Auto, per Fahrrad oder hoch zu Ross. Die Parkgebühr auf der Insel beträgt pro Tag 5 US$. Das schicke **Jekyll Island Club Hotel** (☎800-535-9547; www.jekyllclub.com 371 Riverview Dr; DZ/Suite 209/319 US$; P❄@📶🏊) spielt auf der Insel eine große Rolle – eine prima Adresse für einen Drink nach einem Seafood-Gericht bei Sonnenuntergang im nahe gelegenen Uferrestaurant **Latitude 31** (☎www.latitude31andrahbar.com; Hauptgericht 14–23 US$; ⌚Di–So ab 11.30), das sich direkt am Kai befindet. Eine hinreißende neue Attraktion ist das **Georgia Sea Turtle Center** (www.georgiaseaturtlecenter.org; Hopkins Rd; Erw./Kind 6/4 US$; ⌚So–Di 9–17, Mo 10–14 Uhr; 👪), ein Naturschutzzentrum und Schildkrötenhospital, in dem Besucher die gepanzerten Patienten besichtigen können.

CUMBERLAND ISLAND & ST. MARYS

Ein unberührtes Paradies, ein Backpackertraum, ein Ziel für Tagesausflüge oder längere Aufenthalte – kein Wunder, dass die Carnegie-Dynastie sich vor langer Zeit für Cumberland als Landsitz entschied. Der größte Teil dieser südlichsten Barriereinsel gehört heute zum **Cumberland Island National Seashore** (www.nps.gov/cuis; Eintritt 4 US$). Fast die Hälfte des 147,4 km² großen Gebiets besteht aus Marschen, Sumpfebenen und Prielen. Zum Ozean hin gibt's 26 km weißen Sandstrand, den man möglicherweise ganz für sich alleine hat. Maritimer Wald prägt das Inselinnere. Erstaunlich sind die Ruinen des Carnegie-Anwesens **Dungeness**, genauso wie die wilden Truthähne, winzigen Winkerkrabben und wunderschönen Schmetterlinge. Auch Wildpferde gibt's auf der Insel, sie lassen sich häufig blicken.

Öffentlich zugänglich ist die Insel nur von der urigen, gemütlichen Ortschaft **St. Marys** (www.stmaryswelcome.com) aus: Am hiesigen Dock auf dem Festland legt eine komfortable **Fähre** (☎912-882-4335; Erw./Kind 20/14 US$; ⌚Abfahrt 9 & 11.45 Uhr) ab. Man sollte unbedingt weit im Voraus reservieren; Passagiere müssen spätestens 30 Minuten vor der Abfahrt beim **Visitor Center** (☎912-882-4336; ⌚8–16.30 Uhr) einchecken. Von Dezember bis Februar verkehrt die Fähre dienstags und mittwochs nicht.

St. Marys ist auf Touristen eingestellt, die Cumberland besuchen. In dem winzigen grünen Dörfchen gibt es eine Reihe komfortabler B&Bs, darunter das hübsche **Emma's Bed and Breakfast** (☎912-822-4199; www.emmasbedandbreakfast.com; 300 W Conyers St; Zi. ab 129 US$; P❄📶) an einer ruhigen Seitenstraße der Hauptstraße. Es ist zum Glück nicht mit dem üblichen Südstaatenkitsch dekoriert und hat hilfsbereites Personal. In der Wochenmitte gibt's manchmal Rabatte. Mitten im Rummel am Fährhafen lässt sich im ziemlich ramponierten **Riverview Hotel** (☎912-882-3242; www.riverviewhotelstmarys.com; 105 Osborne St; Zi. ab 79 US$; P❄📶) Geld sparen.

Die einzige private Unterkunft auf Cumberland Island ist das **Greyfield Inn** (☎904261-6408; www.greyfieldinn.com; Zi. mit VP 395–595 US$), eine Villa aus dem Jahr 1900, in der man mindestens zwei Nächte übernachten muss. Zelten kann man am **Sea Camp Beach** (☎912-882-4335; Stellplatz 4 US$/Pers.) unter wunderschönen Lebenseichen.

Auf der Insel gibt es weder Geschäfte noch Mülleimer. Am besten isst man vorher oder nimmt Proviant mit ... und seinen Abfall selbstverständlich wieder mit zurück.

OKEFENOKEE NATIONAL WILDLIFE REFUGE

Seit 1937 ist das **Okefenokee National Wildlife Refuge** (www.fws.gov/okefenokee) ein nationales Naturschutzgebiet. Es umfasst 1603 km² in einer riesigen, untertassenförmigen Senke, die einst Teil des Meeresbodens war. In dem Sumpf leben schätzungsweise 9000 bis 15000 Alligatoren, 234 Vogel-, 49 Säugetier- und 60 Amphibienarten. Der **Okefenokee Swamp Park** (www.okeswamp.com; US 1 South, Waycross; Erw./Kind 12/11 US$; ⌚9–17.30 Uhr) verwaltet rund 12 km² des Naturschutzgebiets, wo Bären und Alligatoren in Gefangenschaft leben und man den Sumpf per Kanu oder auf einer Bootstour erkunden kann. Die ultimative Erfahrung ist ein mehrtägiger Kanutrip auf den insgesamt 193 km langen Wasserwegen, die den Sumpf durchziehen. Wer Interesse an einem solchen Trip hat, sollte sich mit dem **Okefenokee National Wildlife Refuge Wilderness Canoe Guide** (☎912-496-7836; www.fws.gov/okefenokee) des US Fish & Wildlife Service in Verbindung setzen. Es werden auch geführte Bootsausflüge angeboten, wenn der Wasserstand hoch genug ist.

ALABAMA

Alabama ist besessen von zwei Themen: Football und ethnische Gegensätze. Darüber diskutieren die Südstaatler unaufhörlich. Einer der legendärsten Footballtrainer, Paul „Bear" Bryant, stammte aus Alabama. Und hier lebte auch Jefferson Davis, der 1861 zum ersten Präsidenten der Konföderation gewählt wurde – der Auftakt des Amerikanischen Bürgerkriegs.

In den 1950er- und 1960er-Jahren bahnte Alabama den Weg für den Triumph der Bürgerrechte im ganzen Land. Aber die Kämpfe und der Fortschritt hatten ihren Preis: Seither muss sich der Bundesstaat erwehren gegen sein Erbe und seinen Ruf, ein Land der Rebellen, der Ausgrenzung und Diskriminierung und starrsinniger Politiker zu sein. Eine Erkundungstour durch Alabama vermittelt einen umfassenden Einblick in die ethnischen Konflikte in der Geschichte der USA.

Alabama bietet eine überraschend vielfältige Landschaft – von Gebirgsausläufern im Norden über eine raue Stadt in der Mitte bis hin zur subtropischen Golfküste unten im Süden. Besucher kommen her, um das architektonische Erbe aus der Zeit vor dem Bürgerkrieg zu bestaunen, um in Mobile

KURZINFOS ALABAMA

» **Spitzname** The Heart of Dixie

» **Bevölkerung** 4,7 Mio.

» **Fläche** 135776 km²

» **Hauptstadt** Montgomery (224119 Ew.)

» **Weitere Städte** Birmingham (212237 Ew.)

» **Verkaufssteuer** 4 %, plus bis zu 11 % Gemeindesteuern

» **Geburtsort von** Schriftstellerin Helen Keller (1880–1968), Bürgerrechtsaktivistin Rosa Parks (1913–2005), Musiker Hank Williams (1923–1953)

» **Heimat des** US Space & Rocket Center

» **Politische Ausrichtung** Republikaner-Hochburg – Alabama hat seit 1976 nicht mehr demokratisch gewählt

» **Berühmt für** Rosa Parks und die Bürgerrechtsbewegung

» **Härteste Rivalität** University of Alabama versus Auburn University

» **Entfernungen** Montgomery–Birmingham 91 Meilen (146 km), Mobile–Dauphin Island 38 Meilen (61 km)

den landesweit ältesten Mardi Gras zu erleben und um etwas über die Kämpfe der Bürgerrechtsbewegung zu erfahren. Und jeden Herbst tragen die Crimson Tide von der University of Alabama und die Tigers von der Auburn University eines der heißblütigsten Matches im College-Football aus.

Geschichte

Alabama gehörte zu den ersten Staaten, die sich im Bürgerkrieg von der Union abspalteten, Montgomery war denn auch die erste Hauptstadt der Konföderation. Alabama verlor rund 25 000 Soldaten im Krieg und der Wiederaufbau verlief langsam und schmerzvoll.

Die Rassentrennung und die Jim-Crow-Gesetze hielten sich, bis Mitte des 20. Jhs. die Bürgerrechtsbewegung für eine Aufhebung der Diskriminierung in allen Bereichen kämpfte, vom öffentlichen Busverkehr bis hin zu den privaten Universitäten – Forderungen, denen sich der Gouverneur George Wallace widersetzte. Einer der vielleicht berühmtesten Momente in der Geschichte der Bürgerrechtsbewegung war, als sich eine Afroamerikanerin namens Rosa Parks weigerte, ihren Sitzplatz für einen weißen Fahrgast zu räumen, und verhaftet wurde. Die darauf folgende Welle der Empörung sorgte für eine Wende hin zu einer Gleichberechtigung aller Ethnien. Es gab heftige Repressionen und Feindseligkeiten, aber die Bundesgesetze und das Wahlrecht setzten sich schließlich durch. Auf politischer Ebene führte die Reform dazu, dass Dutzende afroamerikanische Bürgermeister und Abgeordnete gewählt wurden.

Praktische Informationen

Alabama Bureau of Tourism & Travel (334-242-4169, 800-252-2262; www.alabama.travel) Verschickt Reiseführer und hat eine Website mit zahlreichen Angeboten für Touristen. Die Broschüre *100 Dishes To Eat in Alabama Before You Die* ist ein Muss für alle Feinschmecker.

Alabama State Parks (888-252-7272; www.alapark.com) In Alabama gibt es 23 Parks mit verschiedenen Campingplätzen, von einfach (12 US$) bis zu Wohnwagenstellplätzen mit Stromanschlüssen (26 US$). Am Wochenende und an Feiertagen sollte man vorab reservieren.

Birmingham

Birminghams bewegte Vergangenheit ist nicht zu übersehen. Die Gewalttätigkeiten gegen die Bürgerrechtsbewegung, die der Stadt den Beinamen „Bombingham“ eintrugen, liegen zwar Jahrzehnte zurück, aber die unsichtbaren Grenzen zwischen den Rassen bestehen noch immer – lebendige Zeugen der Geschichte der Stadt. Inzwischen hat sich Birmingham zu einer mittelgroßen Arbeiterstadt weiterentwickelt, in der sich Besucher wohlfühlen: Es gibt ein erstaunlich großes Kulturangebot und die Bürgerrechtsbewegung wurde in das touristische Angebot integriert.

Sehenswertes & Aktivitäten

In den Art-déco-Gebäuden im angesagten **Five Points South** sind Läden, Restaurants und Nachtlokale untergebracht. Ebenso bemerkenswert ist das malerische Geschäftsviertel von **Homewood** in der 18th St S.

LP TIPP **Birmingham Civil Rights Institute** MUSEUM
(www.bcri.org; 520 16th St N; Erw./Kind 12/3 US$, So frei; Di–Sa 10–17, So 13–17 Uhr) Bewegende Ton-, Video- und Fotodokumente erzählen die Geschichte der Rassendiskriminierung in den USA – vom Ersten Weltkrieg und der Bürgerrechtsbewegung bis hin zu ethnischen und Menschenrechtsfragen von heute – und beleuchten die komplexen und erschreckenden Seiten von Birminghams Geschichte. Kürzlich wurden 2,5 Mio US$ in die Verschönerung der Exponate und eine neue umfangreiche Ausstellung über die Bombenangriffe in der 16th Street Baptist Church im Jahr 1963 investiert.

16th Street Baptist Church KIRCHE
(www.16thstreetbaptist.org; Ecke 16th St & 6th Ave N; Spende 5 US$; Führungen Di–Fr 10–16, Sa 10–13 Uhr) In den 1950er- und 1960er-Jahren wurden in der Kirche Versammlungen und Proteste abgehalten. Als 1963 Mitglieder des Ku-Klux-Klans einen Bombenanschlag auf die Kirche verübten und dabei vier Mädchen ermordeten, wurde die Stadt von einem Strom gesellschaftlicher Veränderungen erfasst. Heute dient die wieder aufgebaute Kirche als Gedenkstätte und Gotteshaus (Gottesdienst So um 10.45 Uhr).

Vulcan Park PARK
(www.visitvulcan.com; 1701 Valley View Dr; 7–22 Uhr) Dank der weltweit größten gusseisernen Statue ist der Park von überall in der Stadt sichtbar und bietet fantastische Ausblicke für lau – lediglich der **Aussichtsturm** (Erw./Kind 6/4 US$; Mo–Sa ab 10, So ab 13 Uhr) kostet etwas.

GRATIS **Birmingham Museum of Art** GALERIE (www.artsbma.org; 2000 Rev Abraham Woods Jr Blvd; ⌚Di–Sa 10–17, So 12–17 Uhr) Das Museum beherbergt eine Sammlung von Werken aus Asien, Afrika, Europa und Amerika. Besonders bemerkenswert sind die Arbeiten von Rodin, Botero und Dalí im Skulpturengarten.

Schlafen

Redmont Hotel HISTORISCHES HOTEL $$
(☎205-324-2101; www.theredmont.com; 2101 5th Ave N; Zi. ab 129 US$; ❄@📶) Den Kampf mit dem Tutwiler um das beste Hotel der Stadt hat das Redmont aus den 1920er-Jahren für sich entscheiden, seitdem es kein Hampton Inn mehr ist. Klavier und Kronleuchter in der Lobby verleihen der gesamten Anlage ein historisches Flair. Kürzlich durchgeführte Renovierungsmaßnahmen verpassten den Deluxe-Zimmern ein modernes Antlitz; auch die große Dachterrassenbar ist nicht zu verachten.

Hotel Highland HOTEL $$
(☎205-271-5800; www.thehotelhighland.com; 1023 20th St S; Zi. ab 119 US$; P❄@📶) Das farbenfrohe, leicht schräge, moderne Hotel direkt neben dem lebendigen Viertel Five Points kombiniert Komfort mit einem gutes Preis-Leistungs-Verhältnis. Die Zimmer sind etwas weniger hell und flippig als die Lobby, für die man abends fast schon eine Sonnenbrille braucht. Im Preis ist ein kontinentales Frühstück enthalten.

Cobb Lane Bed and Breakfast B&B $
(☎205-918-9090; www.cobblanebandb.com; 1309 19th St S; Zi. ab 89 US$; P❄📶) Das B&B war wohl als traditionelles Südstaaten-B&B geplant, präsentiert sich jedoch mit seinem riesigen ausgestopften Pfau über dem Kamin und zahlreichen Porzellanpuppen wie eine kitschig berüschte Südstaaten-Miss.

Essen & Ausgehen

Für eine so kleine Südstaaten-Stadt hat das studentisch geprägte Birmingham eine große Auswahl an Cafés und Restaurants für jeden Geldbeutel und Geschmack zu bieten.

LP TIPP **Hot & Hot Fish Club** SEAFOOD $$$
(www.hotandhotfishclub.com; 2180 11th Court South; Hauptgerichte 29–36 US$; ⌚Di–Sa 17.30–22.30 Uhr) Das grandiose Restaurant in Southside Birmingham, eines der besten im Süden, überzeugt mühelos jeden Kritiker. Küchenchef Chris Hastings war drei Jahre hintereinander Finalist in dem Wettbewerb „James Beard Best Chef in the South"; seine täglich variierende, saisonale Speisekarte (inklusive Cocktails) ist wirklich unübertrefflich. Die Limonade mit Vanilleschote und Sweet-Tea-Wodka ist der wohl beste Cocktail der Welt! Der schönste Platz im Haus ist zweifellos die lange Cheftheke, wo Hastings mit den Gästen plaudert, während seine wunderbaren Sous-Chefs seine Rezepte in kulinarische Meisterwerke verwandeln.

Rib-It-Up BARBECUE $
(830 1st Ave North; Hauptgerichte 4–11 US$; ⌚Mo–Do 10.30–21, Fr & Sa bis 24 Uhr) Das Grillrippchen-Sandwich ist wirklich der Hammer. Was man noch wissen sollte? O. k., das Viertel ist zwar nicht das beste, dafür ist das Barbecue wirklich authentisch.

Garage Café CAFÉ $
(www.garagecafe.us; 2304 10th Ter S; Sandwiches 7 US$; ⌚So–Mo 15–24, Di–Sa 11–2 Uhr) Tagsüber werden hier Suppen und Sandwiches serviert, die man selbst zusammenstellen kann, abends amüsiert sich die bunt zusammengewürfelte Kundschaft bei einem Bier, das in großer Auswahl vorhanden ist und lauscht der Livemusik. Und das Ganze findet in einem Garten voller Schrott, Antiquitäten, Tonstatuen und mit einem Spülbecken statt.

J Clyde BIERKNEIPE $$
(www.jclyde.com; 1312 Cobb Lane S; Hauptgerichte 8–18 US$; ⌚Mo 15–24, Di–Do & So bis 2, Fr bis 4 Uhr) Über 40 Biersorten vom Fass, hunderte aus der Flasche und ein paar traditionell britische, naturbelassene Ales – mehr hat keine Bar in Alabama Gerstensaftliebhabern zu bieten. Die Kneipe befindet sich an der charmanten Cobb Lane in Five Points und serviert außerdem gute Kneipenkost.

Lucy's Coffee and Tea CAFÉ
(www.lucyscoffeeandtea.com; 2007 University Blvd; Hauptgerichte 6–10 US$; ⌚Mo–Fr 7–17 Uhr) Das künstlerisch angehauchte Café neben der University of Alabama-Birmingham ist nicht weit von Five Points entfernt – die richtige Adresse für einen schnellen Espresso und solide Paninis am Mittag.

Unterhaltung

LP TIPP **Gip's Place** LIVEMUSIK
(www.myspace.com/gipsjukejoint; 3101 Ave C, Bessemer) Die provisorische Hütte mit Blechdach steht in einem Hinterhof in einem zwielichtigen Viertel in Bessemer. Um den Laden, einen der wenigen authen-

tischen Juke Joint jenseits von Mississippi, zu finden, muss man die Einheimischen fragen. Gip, tagsüber ein Totengräber, öffnet nur samstags, doch dann drängeln sich hier jede Menge Bluesfans. Getränke muss man offiziell selbst mitbringen; das ist allerdings nicht nötig, da meistens kostenloser, schwarzgebrannter Schnaps herumgereicht wird. Möglich macht dies ein gesetzliches Schlupfloch in Alabama, nach dem dieser verschenkt, aber nicht verkauft werden darf.

Praktische Informationen

Greater Birmingham Convention & Visitors Bureau (☎205-458-8000, 800-458-8085; www.sweetbirmingham.com; 2200 9th Ave N; ⌚Mo–Fr 8.30–17 Uhr) Touristeninformation.

Anreise & Unterwegs vor Ort

Der **Birmingham International Airport** (BHM; www.flybirmingham.com) liegt ungefähr 5 Meilen (8 km) nordöstlich der Downtown.

Greyhound (☎205-253-7190; 618 19th St N), nördlich der Innenstadt, steuert verschiedene Städte an, u. a. Huntsville, Montgomery, Atlanta, GA, Jackson, MS, und New Orleans, LA (10 Std.). Vom **Amtrak-Bahnhof** (☎205-324-3033; 1819 Morris Ave) im Stadtzentrum verkehren täglich Züge nach New York und New Orleans.

Die **Birmingham Transit Authority** (www.bjcta.org; Erw. 1,25 US$) betreibt die Stadtbusse.

ABSTECHER

AVE MARIA GROTTO

50 Meilen (80 km) nördlich von Birmingham befindet sich auf dem Gelände des einzigen Benediktinerklosters in Alabama die eindrucksvolle Anlage **Ave Maria Grotto** (www.avemariagrotto.com; 1600 St. Bernard Dr, Cullman; Erw./Kind 7/4,50 US$; ⌚9–18 Uhr). Sie ist das Werk eines Mannes, Bruder Joseph Zoettl, der in rund 35 Jahren von Hand aus Sandstein und Zement Miniaturausgaben der bedeutendsten religiösen Gebäude der Welt anfertigte. Die 125 Stücke lassen eine unglaubliche Liebe zum Detail und Kunstfertigkeit erkennen, ganz egal, wie man über Religion denkt. Künstlerisch betrachtet ist das Ganze ein kleines Wunder, schließlich waren die Modelle einfach nur Bruder Josephs Hobby.

Rund um Birmingham

Nördlich von Birmingham liegt das Raumfahrtzentrum Huntsville. Als Sitz des US-Raumfahrtprogramms lockte es nach seinem Senkrechtstart internationale Unternehmen aus dem Raumfahrtsektor an.

Das **US Space & Rocket Center** (www.spacecamp.com/museum; I-565, Ausfahrt 15; Erw./Kind Museum 20/15 US$, mit IMAX 28/22 US$; ⌚9–17 Uhr; 👪) ist eine Kombination aus Wissenschaftsmuseum und Themenpark – ein prima Ort für Kinder oder jung gebliebene Erwachsene. In dem Zentrum gibt's IMAX-Filme, Ausstellungen, Fahrgeschäfte und Videopräsentationen.

Östlich von Huntsville findet man in Scottsboro das berüchtigte **Unclaimed Baggage Center** (☎256-259-1525; www.unclaimedbaggage.com; 509 W Willow St; ⌚Mo–Fr 9–18, Sa 8–18 Uhr). Es lockt Leute von weit her an, die von Flugreisenden verlorene und nie abgeholte Gegenstände zu Schnäppchenpreisen erwerben.

Die Gegend hat auch die US-amerikanische Musikszene nachhaltig geprägt: Die kitschig-coole **Alabama Music Hall of Fame** (www.alamhof.org; 617 Hwy 72 W, Tuscumbia; Erw./Kind 8/5 US$; ⌚Mo–Sa 9–17 Uhr, Sommer So 13–17 Uhr) ist Hank Williams und Lionel Richie gewidmet.

Montgomery

Hier nahm 1955 die Bürgerrechtsbewegung ihren Anfang, als die afroamerikanische Näherin Rosa Parks sich in einem städtischen Bus weigerte, ihren Sitzplatz einem Weißen zu überlassen. Der anschließende Busboykott ließ die Bewegung im ganzen Land aktiv werden. Die Stadt erinnert an diese Geschehnisse mit einem Museum, das neben dem wunderbaren Shakespeare-Programm der Hauptgrund für einen Besuch ist.

Alabamas Hauptstadt wirkt wie eine verschlafene Kleinstadt mit einem noch verschlafeneren Zentrum, doch auch die schönen Künste und die Volkskunst haben in Montogomery eine Stimme, etwa in Gestalt des tollen Shakespeare-Festivals und des Museums, das der Countrylegende Hank Williams gewidmet ist.

Sehenswertes & Aktivitäten

Civil Rights Memorial Center MAHNMAL
(www.civilrightsmemorialcenter.org; 400 Washington Ave; Erw./Kind 2 US$/frei; ⌚Mo–Fr

9–16.30, Sa 10–16 Uhr) Das runde, von Maya Lin entworfene und sehr bewegende Mahnmal erinnert an 40 Märtyrer der Bürgerrechtsbewegung, die aus unzähligen sinnlosen Gründen ermordet wurden – viele der Fälle wurden bis heute nicht aufgeklärt. Das bekannteste Opfer ist Martin Luther King, doch auch viele Unbekannte, sowohl Weiße als auch Afroamerikaner, ließen ihr Leben. Und so erinnert das Denkmal an eines der düstersten Kapitel US-amerikanischer Geschichte.

Rosa Parks Museum MUSEUM
(http://montgomery.troy.edu/rosaparks/museum; 251 Montgomery St; Erw./Kind 6/4 US$; ⊙Mo–Fr 9–17, Sa 9–15 Uhr; 👪) In Gedenken an Mrs. Parks, die im Oktober 2005 starb, zeichnet das Museum mithilfe einer raffinierten Videopräsentation die Rassenkonflikte und den Busboykott nach.

Scott & Zelda Fitzgerald Museum MUSEUM
(919 Felder Ave; Spende Erw./Kind 5/2 US$; ⊙Mi–Fr 10–14, Sa & So 13–17 Uhr) Das Gebäude, in dem 1931/32 das Schriftstellerehepaar lebte, zeigt heute Erstausgaben, Übersetzungen und Originalkunstwerke der beiden, u. a. ein geheimnisvolles, mit Bleistift gezeichnetes Selbstporträt von Zelda.

Hank Williams Museum MUSEUM
(www.thehankwilliamsmuseum.com; 118 Commerce St; Erw./Kind 8/3 US$; ⊙Mo–Fr 9–16.30, Sa 10–16, So 13–16 Uhr) Das Museum zollt dem aus Alabama stammenden Pionier des Country Tribut, der ganz lässig Hillbilly-Musik mit afroamerikanischem Blues mischte.

Schlafen & Essen

Montgomery ist zwar nicht gerade für seine Restaurants und Unterkünfte berühmt, ein paar gute Adressen gibt es dennoch. Die Eröffnung des neuen Gastro- und Unterhaltungsdistrikts Alley ist ein wichtiger Schritt hin zu einer lebendigeren Innenstadt.

Lattice Inn B&B $
(☎334-262-3388; www.thelatticeinn.com; 1414 S Hull St; Zi. ab 90 US$; P❄@🛜🏊) Das hübsche kleine B&B im Garden District ist zweifellos eine gute Alternative zu den Kettenhotels in der Downtown und den Randgebieten der Stadt. Es ist zwar nichts Besonderes, dafür aber gut geführt, herzlich und einladend.

Butterfly Inn B&B $$
(☎334-230-9708; www.butterflyinn.net; 135 Mildred St; Zi. 96–126 US$; P❄) Montgomerys erstes B&B unter afroamerikanischer Leitung ist hübsch und gemütlich. Das eigentliche Highlight ist jedoch das Isaiah's Restaurant, das für seinen Zitronen-Pfeffer-Seewolf (8,75 US$), Pfirsichpastete und andere Köstlichkeiten bekannt ist.

Dreamland BBQ BARBECUE $
(www.dreamlandbbq.com; 101 Tallapoosa St; Hauptgerichte 8–11 US$; ⊙So–Do 11–21, Sa bis 22 Uhr) Der Laden gehört zwar zu einer Kette, allerdings zu einer aus Alabama – und so sind die Rippchen, Schweinehack-Sandwiches und der traditionelle Bananenpudding allesamt grandios. Das Lokal gehört zur Alley, dem Herzstück der neugestalteten Innenstadt.

Farmer's Market Cafe SÜDSTAATEN $
(315 N McDonough St; Gerichte ohne/mit Tee ab 7,50/6,75 US$; ⊙Mo–Fr 5.30–14 Uhr) Die überdimensionale Cafeteria in der Innenstadt serviert gottesfürchtige Südstaaten-Hausmannskost zu fairen Preisen. Besonders günstig ist die Fleisch-/Gemüse-Combo nach Wahl, sehr lecker außerdem die Maisgrütze-Kasserolle.

Chris' Hot Dog FAST FOOD $
(www.chrishotdogs.com; 138 Dexter Ave; Hot Dog 2,15 US$; ⊙Mo–Do & Sa 10–19, Fr bis 20 Uhr) Das schräge Hot-Dog-Lokal ist seit 1917 eine Institution in Montgomery und gehörte zu den Lieblingskneipen von Hank Williams.

Praktische Informationen

Montgomery Area Visitor Center (☎334-262-0013; www.visitingmontgomery.com; 300 Water St; ⊙Mo–Sa 8.30–17 Uhr) Touristeninformation und nützliche Website.

Anreise & Unterwegs vor Ort

Der **Montgomery Regional Airport** (MGM; www.montgomeryairport.org; 4445 Selma Hwy) liegt rund 15 Meilen (24 km) vom Zentrum entfernt und wird täglich ab Atlanta, Charlotte, Cincinnati, Houston und Memphis angeflogen. Auch **Greyhound** (☎334-286-0658; 950 W South Blvd) fährt die Stadt an. Für den städtischen Busverkehr ist das **Montgomery Area Transit System** (www.montgomerytransit.com; Tickets 1 US$) zuständig.

Selma

Am 7. März 1965, dem „Blutigen Sonntag", berichteten die Medien darüber, wie die Miliz von Alabama und Hilfskräfte in der Nähe der Edmund Pettus Bridge Afroamerikaner und weiße Sympathisanten zusammenschlugen und mit Tränengas einnebelten. Angeführt von Martin Luther King Jr. marschierte die Menge in die Landeshauptstadt Montgomery, um für das Wahlrecht zu demonstrieren – dies war der Höhepunkt der zwei Jahre andauernden Gewalttätigkeiten, die erst endeten, als Präsident Johnson das Wahlrechtsgesetz von 1965 unterzeichnete. Heute ist Selma eine ruhige Kleinstadt mit nur wenigen Attraktionen. Diese aber vermitteln einen ausgezeichneten Überblick über die Wahlrechtsproteste, die im Zentrum der Bürgerrechtsbewegung standen

Selmas wichtigste Sehenswürdigkeit, das **National Voting Rights Museum** (www.nvrm.org; 1012 Water Ave; Erw./Senior & Student 6/4 US$; ⌚Mo–Fr 9–17, Sa 10–15 Uhr) nahe der Edmund Pettus Bridge, ehrt die „Fußsoldaten" der Bürgerrechtsbewegung, die unbesungenen Helden, die für die Freiheit marschierten.

Mobile

Zwischen Mississippi und Florida liegt die einzige wirkliche Küstenstadt Alabamas: Mobile (mo-*biel*), eine Hafenstadt mit Grünflächen, schattigen Boulevards und historischen Vierteln. Zum Frühlingsanfang leuchten überall Azaleen, im Februar wird der **Mardi Gras** (www.mobilemardigras.com) gefeiert – seit fast 200 Jahren. Dann geht's in Mobile genauso lustig zu wie in New Orleans, nur in kleinerem Maßstab. Im historischen Viertel der Dauphin St findet man viele Bars und Restaurants.

Die **Government St** nahe der Downtown mit ihren prächtigen Häusern und dem Blätterdach lädt zu einer Spazierfahrt ein. Weitere Herrenhäuser gibt's im **Leinkauf Historic District**.

Die **USS Alabama** (www.ussalabama.com; 2703 Battleship Pkwy; Erw./Kind 12/6 US$; ⌚April–Sept. 8–18 Uhr, Okt.–März 8–16 Uhr) ist ein 210 m langer Koloss, der im Zweiten Weltkrieg neun große Seeschlachten unbeschadet überstand. Schon wegen ihrer gewaltigen Größe lohnt sich die Besichtigung. Und wenn man schon mal hier ist, kann man auch gleich noch ein U-Boot anschauen und staunend vor Militärflugzeugen stehen. Parken kostet 2 US$.

Das **Kate Shepard House** (☎251-479-7048; www.kateshepardhouse.com; 1552 Monterrey Pl; Zi. 160 US$; P❄📶) ist ein reizendes, geschmackvoll restauriertes B&B im Queen-Anne-Stil und wird von der herzlichen Gastgeberin Wendy James geleitet. Hier ist einfach alles perfekt, vor allem das köstliche French Toast mit Pekannus-Praline.

Der baufällige **Callaghan's Irish Social Club** (www.callaghansirishsocialclub.com; 916 Charleston St; Burger 7–9 US$; ⌚Mo 11–21, Di & Mi 11–22, Do–Sa 11–23 Uhr) serviert die leckersten Burger der Stadt und wird immer wieder zu einer der besten Bars des Landes gekürt. Das Gebäude aus den 1920er-Jahren, das einst einen Fleischmarkt beherbergte, steht im Viertel Oakleigh und ist nicht zu verfehlen.

ABSTECHER

DAUPHIN ISLAND

Zu Alabama gehört eine Insel? Ja, aber viele vergessen sie, weil am Horizont lauter Ölbohrplattformen zu sehen sind. Ein Ausflug lohnt sich dennoch. Die Insel 22,5 km lang und 2,8 km breit, ist als Vogelschutzgebiet ausgewiesen. Von ihrer Gesamtlänge sind 9,6 km öffentlich zugänglich, ein 12,9 km langer Abschnitt befindet sich in Privatbesitz. Obwohl es eine ganze Menge Strandurlaubskitsch gibt und das Wasser nicht gerade türkis schimmert, ist es ganz hübsch hier. Man findet himmlische weiße Strände und vernünftige Preise vor. Die Insel erreicht man von Norden über den Hwy 193 und von Osten mit der **Fähre** (☎251-861-3000; www.mobilebayferry.com) ab Fort Morgan.

Hilfreiche Karten und Infos gibt's bei der **Dauphin Island Chamber of Commerce** (☎251-861-5524; www.dauphinislandcoc.com).

Größte Attraktion ist das **Dauphin Island Bird Sanctuary** (☎251-861-2120; www.coastalbirding.org), das mit die besten Gelegenheiten zur Vogelbeobachtung im gesamten Südosten der USA bietet. Zudem gibt's nur über Wanderwege erreichbare, nicht überlaufene Strände, naturkundliche Schautafeln zu Flora und Fauna sowie mehrere Kilometer Wanderwege, die kreuz und quer durchs Gelände führen.

MISSISSIPPI

Mississippi ist einer der missverstandensten (und zugleich am meisten mythologisierten) US-Staaten, ein Land prächtiger Landstraßen, schäbiger Juke Joints, knusprig gebratener Welse, hoch geschätzter Schriftsteller und hektargroßer Baumwollfelder. Die meisten geben sich damit zufrieden, über Mississippi die Nase zu rümpfen, ohne jemals dort gewesen zu sein. Lange wurde der Staat wegen seiner beschämenden Bürgerrechtsgeschichte, der miesen Wirtschaftslage und schlechter Bildungschancen verachtet. Ein Aufenthalt hier vermittelt aber eine Ahnung vom wahren Süden, zu finden irgendwo zwischen der Niederlage der Konföderierten bei Vicksburg, dem literarischen Erbe von Faulkner im lesewütigen Oxford, dem Geburtsort des Blues im Mississippidelta und der bescheidenen Herkunft des aus Tupelo stammenden Elvis Presley.

Geschichte

Wer lang genug in Mississippi bleibt, wird die Leute von einer Zeit erzählen hören, als die Baumwolle alles beherrschte. Damit sind die Jahre um 1860 gemeint, als Mississippi der führende Baumwollproduzent des Landes und einer der zehn reichsten Staaten der USA war. Der Bürgerkrieg ruinierte Mississippis Wirtschaft, die folgende Periode des Wiederaufbaus und der Neuorganisation wirkte traumatisierend. Auch die rassistische Vergangenheit des US-Staates – von der Sklaverei bis zur Zeit der Bürgerrechtsbewegung – hat tiefe Narben hinterlassen. Zu den bekanntesten Vorfällen gehören die Ausschreitungen, die ausbrachen, als James Meredith 1962 als erster afroamerikanischer Student an der University of Mississippi immatrikuliert werden sollte.

Heute ist Mississippi zwar immer noch arm, die Menschen aber haben begriffen, dass es sich lohnt, den Blues des Delta zu feiern, eine der reichsten und eigenständigsten Kunstformen Amerikas. Und sie wissen, dass Mississippi überproportional viele berühmte Schriftsteller hervorgebracht hat. Und so hat der Staat eine Tourismusindustrie entwickelt, in der (neben den Ufercasinos) das stolze kulturgeschichtliche Erbe im Mittelpunkt steht.

ⓘ Praktische Informationen

Mississippi Division of Tourism Development (☎601-359-3297; www.visitmississippi.org) Hat eine Liste der Touristeninformationen.

Mississippi Wildlife, Fisheries & Parks (☎1-800-467-2757; www.mississippistateparks.reserveamerica.com) Campen kostet je nach Ausstattung 11 bis 22 US$. In manchen Parks werden auch Hütten vermietet.

Tupelo

Wenn man nicht gerade leidenschaftlicher Elvis-Fan ist oder den Natchez Trace Pkwy unsicher machen will, wird man sich wohl nicht allzu lange in Tupelo aufhalten wollen. Wer den King auch nur ein bisschen mochte, wird einen Nachmittag hier sicher nicht bereuen.

Die **Geburtsstätte Elvis Presleys** (www.elvispresleybirthplace.com; 306 Elvis Presley Blvd; Erw./Kind 12/6 US$; ⏲Mo–Sa 9–17.30, So 13–17 Uhr) liegt östlich der Downtown abseits des Hwy 78. In der 6 ha großen Parkanlage befinden sich die Zwei-Zimmer-Hütte, in der Elvis als Kind lebte, ein Museum, in dem persönliche Gegenstände ausgestellt sind, eine bescheidene Kapelle und ein riesiger Souvenirladen.

Oxford

Oxford ist eine erfrischend kultivierte Kleinstadt, geschäftig und wohlhabend. Sie wurde von Kolonisten nach der englischen Stadt benannt, weil man hoffte, dass hier eine Universität entstünde, die soviel Ruhm erlangen würde wie der Namensvetter in England. Die University of Mississippi (Ole Miss) wurde 1848 eröffnet und bestimmt den Lebensrhythmus in Oxford. (Man weiß, dass eine Stadt intellektuell ausgerichtet ist, wenn ihr berühmtester Sohn ein Literaturgigant wie William Faulkner ist. Fast ebenso wichtig ist der ehemalige Ole-Miss-Quarterback Archie Manning: Die Geschwindigkeitsbegrenzung auf dem Campus liegt bei 18 Meilen pro Stunde, weil Manning immer diese Nummer trug.)

Das gesellschaftliche Leben Oxfords findet rund um „The Square" (Courthouse Sq) statt, eine Reihe von Blocks im Zentrum, in denen viele Läden und Restaurants untergebracht sind.

Sehenswertes & Aktivitäten

Rowan Oak HISTORISCHES GEBÄUDE
(nahe der Old Taylor Rd; www.rowanoak.com; Erw./Kind 5 US$/frei; ⏲Di–Sa 10–16, So 13–16 Uhr) Literaturfans eilen schnurstracks zum wunderschönen, aus den 1840er-Jahren

KURZINFOS MISSISSIPPI

» **Spitzname** The Magnolia State
» **Bevölkerung** 2,9 Mio.
» **Fläche** 121 487 km²
» **Hauptstadt** Jackson (173 514 Ew)
» **Weitere Städte** Biloxi (45 670 Ew.)
» **Verkaufssteuer** 7 %
» **Geburtsort von** Schriftstellerin Eudora Welty (1909–2001), den Musikern Robert Johnson (1911–1938) und Elvis Presley (1935–1977), Puppenspieler Jim Henson (1936–1990)
» **Heimat des** Blues
» **Politische Ausrichtung** traditionell konservativ, gab allerdings seit dem Zweiten Weltkrieg Kandidaten von Drittparteien mehr Stimmen als jeder andere Bundesstaat
» **Berühmt für** Baumwollfelder
» **Kitschigstes Souvenir** Eine Elvis-Presley-Lunchbox aus Tupelo
» **Entfernungen** Jackson–Clarksdale 187 Meilen (299 km), Jackson–Ocean Springs 176 Meilen (282 km)

stammenden Wohnsitz von William Faulkner. Er war der Autor sehr vieler brillanter und tiefgründiger Romane, deren Schauplatz Mississippi ist; sein Werk wird alljährlich im Juli mit einer Tagung in Oxford gewürdigt. Besucher können Rowan Oak, wo Faulkner von 1930 bis zu seinem Tod 1962 lebte, auf eigene Faust erkunden. Die Angestellten können einem den Weg zu **Faulkners Grabstelle** auf dem St. Peter's Cemetery nordöstlich des Square weisen.

Square Books KULTURELLES GEBÄUDE
(www.squarebooks.com; 160 Courthouse Sq; Mo–Do 9–21, Fr & Sa bis 22, So 9–18 Uhr) Das Geschäft ist einer der großen, unabhängigen Buchläden Amerikas und das Epizentrum der lebendigen literarischen Szene Oxfords. Autoren auf Lesereise machen hier gerne Halt. Oben gibt's ein Café und einen Balkon, außerdem findet sich eine sehr große Abteilung über Faulkner.

GRATIS **University of Mississippi Museum** MUSEUM
(University Ave, at 5th St; www.museum.olemiss.edu; Di–Sa 10–18 Uhr) Das Museum zeigt Kunstwerke, Folklorekunst, eine Konföderierten-Uniform und naturwissenschaftliche Instrumente, z.B. ein Mikroskop und einen Elektromagneten aus dem 19. Jh.

Schlafen & Essen

Am billigsten schläft man in den Kettenhotels am Stadtrand; die anderen Optionen haben mehr Charakter. Eine Reihe hochwertiger Restaurants findet man am Square.

Inn at Ravine B&B $$
(662-234-4555; www.oxfordravine.com; 53 County Rd 321; Zi. ab 100 US$; P ❄ 📶) Wer am idyllischen, grünen Stadtrand Oxfords nächtigen möchte, ist in den zwei Gästezimmern im B&B-Stil über dem hübschen Ravine und in der Hütte genau richtig.

(5) Twelve B&B $$
(662-234-8043; www.the512oxford.com; 512 Van Buren Ave; Zi. ab 115 US$; P ❄ 📶) Das frühere Oliver Britt House hat ein neues Management und verfügt über sechs Zimmer. Außen ist es im Stil der Antebellum-Zeit gehalten, innen eher modern. Hier gibt's Südstaatenfrühstück, und die Läden und Restaurants am Square sind zu Fuß zu erreichen.

LP TIPP **Ravine** AMERIKANISCH $$$
(662-234-4555; www.oxfordravine.com; 53 County Rd 321; Hauptgerichte 16–32 US$; Mi–Do 18–21, Fr & Sa bis 22, So 10.30–14 & 18–21 Uhr; 📶) Das unprätentiöse, gemütlich-elegante Restaurant liegt 3 Meilen (4,8 km) außerhalb der Stadt am Waldrand. Chefkoch Joel Miller holt sich seine Zutaten und Kräuter aus dem hauseigenen Garten und verwertet möglichst nur regional und biologisch angebautes Obst und Gemüse. Das Ergebnis ist ein großartiges kulinarisches Erlebnis.

Taylor Grocery SEAFOOD $$
(www.taylorgrocery.com; 4 County Rd 338 A, Taylor; Gerichte 9–15 US$; Do–Sa 17–22, So bis 21 Uhr) Bei diesem grandiosen rustikalen Restaurant, das sich auf Welse spezialisiert hat, muss man mit Wartezeiten rechnen – sogar auf dem Parkplatz. Den Wels gibt's gebraten oder gegrillt und wer einen Stift dabei hat, kann sich an der Wand verewigen. Das Lokal liegt an der Old Taylor Rd, etwa 7 Meilen (11 km) in südlicher Richtung von der Innenstadt entfernt.

Bottletree Bakery BÄCKEREI $
(923 Van Buren; Zimtschnecke 3,75 US$; Di–Fr 7–16, Sa 9–16, So 9–14 Uhr; 📶) Tellergroße, süße, klebrige Zimtschnecken sind die Vi-

sitenkarte der Bäckerei. Es gibt aber auch Sandwiches, Espresso und „Humble Pie", eine Art Pastete.

✩ Unterhaltung

Proud Larry's LIVEMUSIK
(www.proudlarrys.com; 211 S Lamar Blvd) In der kultigen Musikstätte am Square geben sich oft bekanntere Namen auf der Durchreise die Ehre.

Rooster's Blues House BLUES
(www.roostersblueshouse.com; 114 Courthouse Sq) Ebenfalls am Square; am Wochenende gibt's stimmungsvolle Bluesmusik.

Mississippidelta

Das Mississippidelta ist einer der mythischsten Orte in den USA, eine malerische, landwirtschaftlich genutzte weite Ebene voller Geschichte. Seine landestypische Küche gehört zu den großen Volkskünsten Amerikas und auch der andere Exportschlager der Region, der Blues, spielt beim Essen eine Rolle. Der in Greenville geborene David L. Cohn (*God Shakes Creation*) beschrieb die Region folgendermaßen: „Das Delta beginnt in der Lobby des Peabody Hotels in Memphis und endet an der Catfish Row in Vicksburg."

CLARKSDALE

Wenn es einen Grund gibt, hierher zu kommen, dann die Liebe zur Musik. Clarksdale hat einen gut geschmierten, auf Bluesfans ausgerichteten Tourismussektor und bedient auch wohlhabende Gäste. Aber was Clarksdale wirklich einzigartig macht, sind seine Einwohner: Sie vergöttern Musik. Kein Wunder also, dass Bluesbands mit klangvollen Namen noch immer am Wochenende ausgerechnet in Clarksdale auftreten und es hier von Musikmuseen nur so wimmelt. Die Kleinstadt im Mississippidelta mit ihren kleinen Musikkneipen hat eine schwierige Vergangenheit und steckt noch immer voller Widersprüche – hier gibt es Reichtum und Armut, weiße Kultur, schwarze Kultur und die Kultur des Blues.

Sehenswertes & Aktivitäten

Delta Blues Museum MUSEUM
(www.deltabluesmuseum.org; 1 Blues Alley; Erw./Kind 7/5 US$; Mo–Sa 9–17 Uhr) Das Museum zeigt eine kleine, aber begeisternde und gut sortierte Sammlung von Erinnerungsstücken, darunter Charlie Musselwhites Harmonika und B.B. Kings Gitarre Lucille. Der Schrein für die Delta-Legende Muddy Waters wird gerade um eine 650 m² große Ausstellungsfläche erweitert, zudem gibt's einheimische Kunstwerke und einen Souvenirshop.

Rock N' Roll & Blues Heritage Museum MUSEUM
(901-605-8662; www.blues2rock.com; 113 E Second St; Eintritt 5 US$; Fr–So 11–17 Uhr) Theo, ein herzlicher Niederländer und Bluesfanatiker, stellt in dem Museum seine eindrucksvolle Privatsammlung an Platten, Memorabilien und anderen Gegenständen aus, die die Geschichte des Rock'n'Roll und Blues in den 1970er-Jahren erzählen. Zu sehen sind alle möglichen seltsamen und interessanten Exponate, u.a. Habseligkeiten von Muddy Waters. Wenn Theo nicht zu beschäftigt ist, erzählt er gerne faszinierende Geschichten zu seiner Sammlung. Nach Vereinbarung auch außerhalb der offiziellen Öffnungszeiten geöffnet.

Feste & Events

In Clarksdale finden zwei große Blues-Festivals statt.

Juke Joint Festival MUSIK
(www.jukejointfestival.com) Bei dem im April stattfindenden Festival geht es eher um die Veranstaltungsorte als um große Künstler.

Sunflower River Blues & Gospel Festival MUSIK
(www.sunflowerfest.org) Im August; hier treten berühmtere Stars als beim Juke auf.

Schlafen & Essen

LP TIPP **Shack Up Inn** INN $$
(662-624-8329; www.shackupinn.com; Zi. 65–165 US$; P) Das selbst ernannte „Beer & Breakfast" auf der Hopson Plantation liegt 2 Meilen (3,2 km) südlich an der Westseite des Hwy 49 und versprüht jede Menge Bluesflair. Gäste kommen in umgebauten Pächterhütten oder in einer kreativ renovierten, ehemaligen Baumwollverarbeitungshalle unter. Die Hütten haben überdachte Veranden und sind mit alten Möbeln und Musikinstrumenten ausgestattet. Die alte Verpflegungsstation, die mit Kirchenbänken bestückte Juke Joint Chapel, ist eine stimmungsvolle Location für Livemusikveranstaltungen. Die ganze Anlage strotzt nur so vor authentischer Bluesatmosphäre und Südstaaten-Charme – vielleicht eine der coolsten Unterkünfte überhaupt.

EIN STREIFZUG DURCH DIE JUKE POINTS

Der Begriff „Juke" wird zurückgeführt auf das westafrikanische Wort aus der Gullah-Sprache (einer Kreolsprache auf Grundlage des Englischen, die von isoliert lebenden Afroamerikanern in den USA gesprochen wird). Es bedeutet so viel wie „übel" oder „liederlich" und passt demnach perfekt für die Straßenkneipen im Mississippidelta, in denen gottlose Musik, gewagte Tänze, Trinkgelage und – in einigen Fällen – Prostitution an der Tagesordnung waren. Der Begriff „Jukebox" kam in Mode, als Schallplatten in automatischen Plattenwechslern aufgelegt wurden, die die Livemusiker in diesen Läden (und auch in Cafés und Bars) nach und nach verdrängten.

Die meisten Juke Joints sind Clubs in afroamerikanischen Vierteln; Ausländer sieht man eher selten und meistens hängen in den Spelunken nur Männer ab. Es gibt kaum Läden, in die einheimische Frauen, allein oder in der Gruppe, ohne Begleitung gehen würden – hartnäckiges „Interesse" ist an der Tagesordnung.

Einen Einblick in die Juke-Joint-Szene bekommt man im von Morgan Freeman betriebenen **Ground Zero** (www.groundzerobluesclub.com; 0 Blues Alley, Clarksdale; ⏲Mo–Di 11–14, Mi & Do bis 23, Fr & Sa bis 2 Uhr), einem großen, freundlichen, etwas kitschigen Saal mit jeder Menge Graffitis und einer von Tischen umgebenen Tanzfläche. Im Gegensatz dazu wirkt das **Red's** (☎662-627-3166; 395 Sunflower Ave, Clarksdale), das üblicherweise am Freitag- und Samstagabend geöffnet ist, auf Außenstehende zunächst wenig vertrauenserweckend; dennoch ist es eines der besten Jukes in Clarksdale. Wenn die Feuerstelle qualmt, bestellen, was auch immer da brutzelt!

Riverside Hotel HISTORISCHES HOTEL **$**
(☎662-624-9163; ratfrankblues@yahoo.com; 615 Sunflower Ave; Zi. mit/ohne Bad 70/65 US$; ❄) Man sollte sich nicht von der schäbigen Fassade abschrecken lassen, denn dahinter lebt jede Menge Bluesgeschichte. Hier starb Bessie Smith, als das Gebäude noch ein Krankenhaus beherbergte. Heute gibt's saubere, gepflegte Zimmer, die den Spirit des Blues atmen. Seit 1944 wird das Hotel von einer Familie betrieben, damals war es das „Black Hotel" der Stadt. Rat, der charmante Sohn des Besitzers, hat jede Menge Geschichten und Gastfreundlichkeit auf Lager.

Rust SÜDSTAATEN **$$**
(218 Delta Ave; Hauptgerichte 12–26 US$; ⏲Mi–Do 18–21, Fr & Sa bis 22 Uhr) Das Rust sticht angenehm aus der ansonsten recht eintönigen Innenstadt hervor und ist mit seiner gehobenen Südstaatenküche (gegrilltes Rindersteak mit Chili-Senf, gebratene grüne Tomaten mit Zitronencremesauce) und dem schrottig-schicken Dekor hoffentlich zukunftsweisend.

Madidi SÜDSTAATEN **$$$**
(☎662-627-7770; www.madidires.com; 164 Delta Ave; Hauptgerichte 24–36 US$; ⏲Di–Sa 18–21 Uhr) Das gehobene Lokal ist so attraktiv und stilvoll wie sein Mitbegründer Morgan Freeman. Auf der Karte stehen u.a. in Buttermilch gegarte Wachteln, geschmorte Rinder-Short-Ribs und Pilzrisotto. Reservierung erforderlich.

Hick's FAST FOOD **$**
(305 S State St; Hauptgerichte 2–8,50 US$; ⏲Mo–Do 11–18, Fr & Sa bis 22 Uhr) Das Lokal am Stadtrand scheint schon immer dagewesen zu sein. Es serviert die besten scharfen Delta-Tamales der Stadt (halbes Dutzend 5 US$) sowie das beste Pulled Pork.

Shoppen

Cat Head Delta Blues & Folk Art KUNST & KUNSTHANDWERK
(252 Delta Ave; ⏲Mo–Sa 10–17 Uhr) Der freundliche, sehr geschäftstüchtige Roger Stolle aus St. Louis betreibt das bunte, gut sortierte Blues-Kaufhaus. Die Regale sind vollgestopft mit Büchern, Porträtkrügen, einheimischer Kunst und Bluesplatten. Stolle scheint alle und jeden im Delta zu kennen; Infos holt man sich lieber hier als bei der Chamber of Commerce.

RUND UM CLARKSDALE

Für eine derartig arme und flache Region birgt das Delta eine erstaunlich große Zahl von skurrilen kleinen und geschichtsträchtigen Ortschaften voller Restaurants und Spielsalons.

Die größte Stadt im Delta ist **Greenville**, das ungefähr auf halber Strecke zwischen Clarksdale und Vicksburg liegt. Bei der großen Flutkatastrophe von 1927

ABSTECHER

DOE'S EAT PLACE

Das mit dem James Beard Award dekorierte, mitten in einem armen Viertel gelegene **Doe's Eat Place** (☎662-334-3315; www.doeseatplace.com; 502 Nelson St, Greenville; Steaks 35–55 US$; ⊙Mo–Sa 17.30–21 Uhr) ist die wohl teuerste Kneipe, der man jemals begegnen wird. Die erstklassigen Steaks sind dafür unvergesslich, ebenso wie das Ambiente des altmodischen Familienrestaurants mit offener Küche in der Mitte. Früher mussten die Gäste Kindern einen Dollar in die Hand drücken, damit sie auf die Autos aufpassen; heute steht vor dem Lokal ein Wachmann. Das in dritter Generation betriebene Restaurant, eine Art kulinarische Verwirklichung des amerikanischen Traums, geht auf das Jahr 1941 zurück. Damals gab es vor dem Haus eine Honky-Tonk-Bar für eine rein afroamerikanische Kundschaft und ein Restaurant im hinteren Bereich, das weißer Klientel Steaks servierte. Früh kommen oder reservieren!

brach der hiesige Deich. Heute findet man hier ein paar Kasinoboote, aber nicht viel mehr. Allerdings steigt in Greenville nahe der Kreuzung von Hwy 454 und Hwy 1 im September das **Mississippi Delta Blues & Heritage Festival** (www.deltablues.org).

Östlich von Greenville führt der Hwy 82 aus dem Delta hinaus. Das **Highway 61 Blues Museum** (www.highway61blues.com; 307 N Broad St; ⊙Nov.–Feb. Di–Sa 10–16 Uhr, März–Okt. Mo–Sa 10–17 Uhr) widmet den einheimischen Bluesmusikern sechs kompakte Ausstellungsräume. Das Highlight eines Besuchs ist Pat Thomas, Sohn des legendären Bluesmusikers James „Son Ford" Thomas, dessen Präsenz, Musik und Spontansketche man nicht so schnell vergisst. **Leland** (www.lelandms.org) ist im Juni Gastgeber des **Highway 61 Blues Festival** und Anfang Mai des **Crawfish Festival**.

Es lohnt sich, einen Zwischenstopp in dem winzigen Deltastädtchen **Indianola** einzulegen, um das faszinierende und moderne **B.B. King Museum and Delta Interpretive Center** (www.bbkingmuseum.org; 400 Second St; Erw./Student/Kind 10/5 US$/frei; ⊙Di–Sa 10–17, So–Mo 12–17 Uhr, Nov.–März Mo geschl.) zu besuchen. Es liegt am Hwy 82 zwischen Greenville und Greenwood und steckt voller interaktiver Exponate, Videopräsentationen und einer verblüffenden Zahl von Artefakten zum Blues und zu B.B. King. Sie beleuchten hervorragend die Geschichte und das Erbe des Blues und machen damit die Seele des Deltas erlebbar.

Greenwood ist eine ärmliche Deltakleinstadt mit nur einem opulent gestalteten Block – dank der Investition der Viking Range Corporation (die Firma für gehobenen Küchenbedarf hat hier ihre Zentrale). Besucher sind in der Regel wohlhabende Geschäftsleute oder gutbetuchte Urlauber, die sich im touristischen Wahrzeichen Greenwoods, dem von Viking betriebenen **Alluvian** (☎662-453-2114; www.thealluvian.com; 318 Howard St; Zi. inkl. Frühstück 195–340 US$; P❄@📶), verwöhnen lassen. Das Luxushotel verfügt über ein erstklassiges Spa, ein Gourmetrestaurant namens Giardina's (auch „Gardinia's ausgesprochen) und eine grandios ausgestattete Kochschule. Wer einmal in Luxus schwelgen möchte, ist hier richtig, auch wenn manche meinen, diese Oase des Reichtums bilde einen schreienden Kontrast zur Armut der Umgebung.

Alternativ kann man 3 Meilen (4,8 km) nördlich von Greenwood in den **Tallahatchie Flats** (☎662-453-1854; www.tallahatchieflats.com; 58458 County Rd 518; Hütte 65–85 US$; P❄) übernachten. Die Hütten sind den ländlichen Häusern nachempfunden, die einst in der Gegend standen, werden nun an Besucher vermietet und bieten Platz für zwei bis vier Personen.

VICKSBURG

Vicksburg war aufgrund seiner Lage auf einem hohen Felsvorsprung über dem Mississippi im Amerikanischen Bürgerkrieg von besonderer strategischer Bedeutung. Der Ort wird daher vor allem Geschichtsfans interessieren. General Ulysses S. Grant belagerte die Stadt 47 Tage lang, bis sie sich am 4. Juli 1863 ergab und die Union fortan die Herrschaft über Nordamerikas größten Fluss übernahm.

Sehenswertes & Aktivitäten

Die größten Sehenswürdigkeiten sind leicht von der Ausfahrt 4B (Clay St) der I-20 zu erreichen. Die alte, geruhsame Innenstadt umfasst mehrere kopfsteingepflasterte Straßenblocks entlang der Washington St, **historische Museumshäuser** ballen sich im Garden District. An Vicksburgs Uferabschnitt des **Mississippi** findet man Kasinos. Am Wasser unten befinden sich ein Block mit Wandbildern zur Geschichte der Region und der **Children's Art Park**.

Das riesige Schlachtfeld im **National Military Park** (www.nps.gov/vick; Clay St; pro Auto/Pers. 8/4 US$; ⏲Okt.–März 8–17 Uhr, April–Sept. bis 19 Uhr), nördlich der I-20 gelegen, ist Vicksburgs Hauptattraktion für alle Besucher, die sich für die Geschichte des Bürgerkriegs interessieren. Eine 16 Meilen (26 km) lange Fahrt führt an Infotafeln vorbei, auf denen Ereignisse während der Schlacht und Schlüsselszenen erklärt werden. Im Souvenirladen des Visitor Center kann man sich eine Audiotour (Kassette od. CD) kaufen, alternativ macht man sich mit der kostenlos vor Ort erhältlichen Karte auf, wobei man mindestens zwei Stunden einplanen sollte. Auch mit dem Rad lässt sich das Gelände prima erkunden. Einheimische wandern und joggen in dem malerischen Park auch gerne. Auf dem Friedhof liegen etwa 17 000 Soldaten der Union begraben und in einem Museum ist das gepanzerte Kanonenboot USS *Cairo* zu sehen. Im Mai und Juli werden **Bürgerkriegsschlachten** nachgestellt.

Schlafen & Essen

Corners Mansion B&B $$
(☎601-636-7421; www.thecorners.com; 601 Klein St; Zi. inkl. Frühstück 125–170 US$; P❄📶) Das Beste an diesem B&B von 1873 im Old-South-Look ist, dass man vom Schaukelstuhl aus auf den Yazoo River und den Mississippi blickt. Der Garten und das Südstaaten-Frühstück sind auch nicht ohne.

Battlefield Inn HOTEL $
(☎601-638-5811; www.battlefieldinn.org; 4137 N I-20 Frontage Rd; Zi. inkl. Frühstück ab 85 US$; P❄📶🏊) Nur einen Katzensprung vom National Military Park entfernt und direkt neben dem Battlefield Museum. Das Hotel hat eine Karaokebar, einen Pool mit Bar und ein paar Kanonen. Bis auf das vage *„Vom Winde verweht“*-Flair unterscheidet es sich kaum von den umliegenden Kettenhotels.

Walnut Hills SÜDSTAATEN $$
(www.walnuthillsms.net; 1214 Adams St; Hauptgerichte 8–25 US$; ⏲Mo–Sa 11–21, So 11–14 Uhr) Das Essen hier versetzt einen in alte Zeiten zurück, zumindest zwischen 11 und 14 Uhr – denn dann wird in dem Lokal in familiärer Atmosphäre gemeinsam an runden Tischen gespeist. Unter den sehr leckeren, bodenständigen Südstaatengerichten ist das „Blue-Plate-Special“ (9 US$) ganz besonders zu empfehlen.

Highway 61 Coffeehouse CAFÉ $
(www.61coffee.blogspot.com; 1101 Washington St; ⏲Mo–Fr 7–17, Sa 9–17 Uhr; 📶) In dem überraschend guten Kaffeehaus treten samstagnachmittags gelegentlich Musiker auf, es serviert Fair-Trade-Kaffee und ist ein kleines Zentrum der Kunstszene.

Praktische Informationen

Visitor Center (☎601-636-9421; www.visitvicksburg.com; 3300 Clay St; ⏲März–Okt. Mo–Sa 8–17 & So 10–17 Uhr, Nov.–Feb. Mo–Sa bis 19 & So 10–17 Uhr) Hat sehr nützliche, kostenlose Karten auf Lager, auf denen die malerischen Strecken in die Stadt hinein und aus ihr heraus eingezeichnet sind.

Jackson

Mississippis Hauptstadt ist zugleich seine größte Stadt. Auch Jackson musste schmerzlich erfahren, dass Menschen – sofern sie ein Auto besitzen – bevorzugt außerhalb der Stadt in den schicken Vororten leben. Das Ergebnis: Die Innenstadt, wenn auch prächtig und sehr gepflegt, wirkt wie ausgestorben. Jackson befindet sich auf einem erloschenen Vulkan, was die meisten Einheimischen nicht einmal wissen. Man findet in der Stadt so interessante Gegenden wie den flippigen Fondren District sowie einige gut gestaltete Museen und historische Stätten, die einen Einblick in die Kultur des Bundesstaats gewähren. Alles in allem lohnt sich Jackson also für einen Zwischenstopp.

Sehenswertes

GRATIS **Mississippi Museum of Art** GALERIE
(www.msmuseumart.org; 380 South Lamar St; ⏲Di–Sa 10–17, So 12–17 Uhr) Das fantastische Museum ist die Attraktion Jacksons schlechthin. Die Sammlung von Kunstwerken aus Mississippi, zu sehen in der Dauerausstellung „The Mississippi Story“, ist schlichtweg großartig. Zum Zeitpunkt der Recherchen wurde an einer Grünfläche in der Innenstadt gearbeitet, die eine Bühne für Kammerorchester und Livemusik bekommen soll.

GRATIS **Old Capitol Museum** MUSEUM
(http://mdah.state.ms.us/museum; 100 State St; ⏲Di–Sa 9–17, So 13–17 Uhr) Das Kapitol im Greek-Revival-Stil war von 1839 bis 1903 Sitz der Regierung und wurde 2009

umfangreich renoviert. Heute beherbergt es ein exzellent gestaltetes Museum, das sich der Geschichte Mississippis von prähistorischer Zeit bis in die Moderne widmet.

Eudora Welty House HISTORISCHES GEBÄUDE
(☎601-353-7762; www.mdah.state.ms.us/welty; 1119 Pinehurst St; ⊙Führung Di–Fr 9, 11, 13 & 15 Uhr) Wer sich für Südstaatenliteratur interessiert, sollte sich für eine Führung durch das Welty House anmelden. Die mit dem Pulitzer-Preis ausgezeichnete Autorin lebte über 75 Jahre in dem Haus, das im Tudor-Revival-Stil gestaltet wurde und sich heute dank detailgetreuer, historischer Restaurierung als Prunkstück präsentiert.

Smith Robertson Museum MUSEUM
(www.jacksonms.gov/visitors/museums/smithrobertson; 528 Bloom St; Erw./Kind 4,50/1,50 US$; ⊙Mo–Fr 9–17, Sa 10–13, So 14–17 Uhr) Das Museum befindet sich in der ersten öffentlichen Schule Mississippis für afroamerikanische Kinder, die auch der Schriftsteller Richard Wright besuchte. Es bietet Einblicke in die schmerzvolle und konfliktreiche afroamerikanische Geschichte in Mississippi.

Mississippi Children's Museum MUSEUM
(www.mississippichildrensmuseum.com; 2148 Riverside Dr; Eintritt 8 US$; ⊙Di–Sa 9–17, So 13–18 Uhr;) Jacksons brandneues Kindermuseum öffnete im Dezember 2010 und gehört zu den besten des Landes. Viele der Exponate widmen sich nachhaltigem Handel und dem Mississippi und erweitern spielerisch den Horizont der Kleinen. Mit dem Klettergerüst in Form eines Verdauungstrakts, der in einer überdimensionalen Toilette endet, hat man es vielleicht etwas zu gut gemeint.

Schlafen & Essen

Der Fondren District entwickelt sich zu einem angesagten künstlerischen Stadtviertel, an dessen stark befahrener Hauptstraße tolle Restaurants, Kunstgalerien und Cafés zu finden sind. Die Farish St, eine baufällige Straße in der Innenstadt voller Bluesgeschichte, wurde zu Redaktionsschluss gerade neu gestaltet; u.a. wird ein B.B.-King-Bluesclub errichtet.

Old Capitol Inn BOUTIQUEHOTEL $$
(☎601-359-9000; www.oldcapitolinn.com; 226 N State St; Zi. inkl. Frühstück ab 99 US$;) Das Boutiquehotel in der Nähe einiger Museen und Restaurants ist ein echtes Schnäppchen. Es hat 24 komfortable, moderne Zimmer, die individuell möbliert sind. Von der Dachterrasse mit Whirlpool blickt man über den Hof und den Pool. Im Preis inbegriffen sind ein deftiges Südstaaten-Frühstück und ein Snack mit Wein und Kaffee am frühen Abend. Der aufmerksame Service zeigt sich in Details wie einem handgeschriebenen Wetterbericht, der den Gästen aufs Zimmer gebracht wird.

Fairview Inn INN $$
(☎601-948-3429; www.fairviewinn.com; 734 Fairview St; EZ/DZ inkl. Frühstück ab 139/154 US$;) Wer in kolonialem Ambiente übernachten möchte, ist in den 18 Zimmern des Fairview Inn richtig, das sich der Bewahrung der Bräuche und Traditionen der Südstaaten verschrieben hat. Dazu gehört auch ein typisches Frühstück mit Maisgrütze und Speck, zudem gibt's ein voll ausgestattetes Spa.

Two Sisters Kitchen SÜDSTAATEN $$
(707 N Congress St; Buffet Wochenende/werktags 14,80/12,50 US$; ⊙So–Fr 11–14 Uhr) Das bodenständige Lokal ist in einem historischen Gebäude von 1903 untergebracht und serviert großartige Südstaatenküche. Zu den Highlights gehören gebratene Okraschoten, Cheese Grit und ein legendäres Brathähnchen. Die Gäste stehen oft bis auf die Straße Schlange und im „All you can eat"-Angebot sind Salat und Dessert enthalten.

Walker's Drive-In SÜDSTAATEN $$$
(www.walkersdrivein.com; 3016 N State St; Hauptgerichte abends 28–32 US$; ⊙Mo–Fr 11–14 & Di–Sa ab 17.30 Uhr) Das tolle Restaurant nennt sich zwar Drive-Inn, ist aber eigentlich ein aufgepepptes Diner mit köstlichen Südstaatengerichten. Zudem gibt's himmlische gegrillte Austern mit Brie und köstliche Fischgerichte. Die Weinkarte ist ebenfalls großartig, ebenso wie der Service.

High Noon Cafe VEGETARISCH
(2807 Old Canton Rd; Hauptgerichte 9–11 US$; ⊙11.30–14 Uhr;) Keine Lust mehr auf Pulled Pork und Catfish (Welsartige)? Das vegetarische Biocafé im Lebensmittelladen Rainbow Co-op im Fondren District, das außerdem einen kostenlosen Internetzugang hat, serviert Rote-Beete-Burger, Portabello-Reuben-Sandwiches und andere Köstlichkeiten. Zudem kann man sich mit gesunden Lebensmitteln eindecken.

Unterhaltung

LP TIPP **F Jones Corner** BLUES
(www.fjonescorner.com; 303 N Farish St; ⊙Di–Fr 11–14, Do–Sa 10 Uhr–open end) Wenn

alle anderen die Schotten dicht machen, strömen Nachtschwärmer jeder Couleur und Glaubensrichtung zu diesem bodenständigen Club an der Farish St, um bis zum Morgengrauen wunderbar authentischen Musikern aus dem Delta zuzuhören. Vor 1 Uhr ist hier nichts los.

119 Underground BLUES
(www.underground119.com; 119 S President St; ⌚Mi–Do 16–24, Fr 16–2, Sa 18–2 Uhr) Der schräge, äußerst coole Nachtclub serviert zu Blues, Jazz und Bluegrass exzellente Gerichte (die Südstaaten-Fusion-Küche ist von den ausgeprägten Reisen und dem Garten im Hinterhof des Küchenchefs geprägt) . Auch die kreative Cocktails sind nicht von schlechten Eltern (sehr lecker: der Robert Johnson mit Sweet-Tee-Wodka und frischem Zitronensaft).

ℹ Praktische Informationen

Convention & Visitors Bureau (☎601-960-1891; www.visitjackson.com; 111 E Capitol St, Suite 102; ⌚Mo–Fr 8–17 Uhr) Kostenlose Infos.

ℹ An- & Weiterreise

Jackson liegt an der Kreuzung der I-20 mit der I-55 und ist so leicht zu erreichen. Der internationale **Flughafen** (JAN; www.jmaa.com) liegt 10 Meilen (16 km) östlich der Downtown. Busse von **Greyhound** (☎601-353-6342; 300 W Capitol St) fahren nach Birmingham (Alabama), Memphis (Tennessee) und New Orleans (Louisiana). Der Amtrak-Zug *City of New Orleans* hält am hiesigen Bahnhof.

Natchez

Das schrille Natchez ist eine kleine kosmopolitische Enklave in Mississippi, in der die unterschiedlichsten Leute zusammenkommen – von schwulen Blockhüttenrepublikanern über intellektuelle Linke bis hin zum einfachen, bodenständigen Volk. Das auf einem Felsvorsprung oberhalb des Mississippi gelegene Natchez ist die älteste Stadt am Fluss und lockt Touristen an, die sich für den Amerikanischen Bürgerkrieg und Architektur interessieren – 668 Häuser aus der Antebellum-Zeit schmücken die älteste Siedlung am Mississippi, die New Orleans um immerhin zwei Jahre schlägt. Hier endet (bzw. beginnt) der malerische, 444 Meilen (714,4 km) lange Natchez Trace Pkwy (S. 396), die Hauptattraktion für Radfahrer und Erholungssuchende im Bundesstaat.

Das große, gut organisierte **Visitor and Welcome Center** (☎601-446-6345; www.visitnatchez.org; 640 S Canal St; Führung Erw./Kind 12/8 US$; ⌚Mo–Sa 8.30–17, So 9–16 Uhr) hält großartige Besucherinfos und jede Menge Tipps zu lokalen Attraktionen bereit und zeigt eine kleine Ausstellung zur Geschichte der Region. Hier starten auch die Führungen durch die historische Innenstadt und zu den Herrenhäusern aus der Antebellum-Zeit. Letztere kann man im Frühjahr und Herbst besichtigen, wenn die meisten Besucher kommen.

Wer schon immer Lust verspürte, in einem der historischen Häuser zu übernachten, in denen sonst die Räume mit Seilen abgesperrt, sind, sollte das **Historic Oak Hill Inn** (☎601-446-2500; www.historicoakhill.com; 409 S Rankin St; Zi. inkl. Frühstück ab 125 US$; P❄📶) ansteuern. Man nächtigt in einem Originalbett von 1835 und speist von altem Pariser Porzellan unter Waterford-Kronleuchtern aus dem Jahr 1850. Das klassische B&B entführt seine Gäste in das aristokratische Leben der Antebellum-Ära. Die höchst professionellen Angestellten komplettieren das Paket, zudem ist die Unterkunft schwulenfreundlich. Die gemütlich eingerichteten Hütten von **Sunset View Guest Cottages** (☎601-870-2662; www.asunsetview.com; 26 Cemetery Rd; Cottage 165–195 US$; P❄📶) bieten traumhafte Ausblicke auf den Mississippi. Vom **Mark Twain Guesthouse** (☎601-446-8023; www.underthehillsaloon.com; 33 Silver St; Zi. ohne Bad 65–85 US$; ❄📶) aus kann man Steine direkt in den Mississippi werfen; die drei Zimmer, zwei davon mit Ausblick, befinden sich über dem **Under the Hill Saloon**, einer guten lokalen Kneipe.

Budgetunterkünfte gibt's nur begrenzt, aber im **Natchez State Park** (www.mississippistateparks.reserveamerica.com; 230 Wickcliff Rd B; Stellplatz 13–24 US$, Wohnmobilstellplatz 18 US$, Hütte 77–87 US$) kann man campen. Der Zeltplatz liegt 1 Meile (1,6 km) östlich vom Parkway am Hwy 61, 10 Meilen (16 km) nördlich von Natchez. Der Park beherbergt auch den Emerald Mound, den zweitgrößten, von amerikanischen Ureinwohnern errichteten Zeremonienhügel in den USA.

Wer Lust auf Südstaatenküche hat, ist im **Pig Out Inn** (www.pigoutinnbbq.com; 116 S Canal St; Pulled-Pork-Sandwich 4,75 US$; ⌚Mo–Sa 11–21, So bis 15 Uhr) richtig, das die angeblich besten Rippchen der Stadt serviert. Im **Natchez Coffee Co.** (509 Franklin St; Hauptgerichte 5–8 US$; ⌚Mo–Fr 7–18, Sa & So 8–17 Uhr; 📶) kommen Kaffeegetränke und leckere, leichte Snacks auf den Tisch.

Golfküste

Die Golfküste Mississippis ist quasi der Hinterhof von New Orleans. Traditionell prägt der Fischfang die hiesige Wirtschaft, die dann aber in den 1990er-Jahren einen Boom erlebte, als sich große Kasinos im Las-Vegas-Stil neben den verschlafenen Fischerdörfern ansiedelten. Zwei Schicksalsschläge setzten der Region jedoch böse zu: Gerade als die Kasinos in Biloxi nach dem Hurrikan Katrina 2005 wieder aufgebaut waren, suchte 2010 infolge des Blowout auf der Deepwater Horizon eine Ölpest die Golfküste heim. Die Barriereinseln vor Mississippi waren allerdings dafür verantwortlich, dass ein großer Teil des Öls Richtung New Orleans und Alabama abtrieb, sodass Biloxi und Gulfport größtenteils verschont blieben. Zu Redaktionsschluss hatten sich die Besucherzahlen dort wieder auf 75% des Niveaus vor dem Unglück eingependelt. Den Reiz der Region machen die hübsch angelegten Strände aus, zudem kann man hier mit Menschen aller Couleur Blackjack spielen, seien es Vietnamesen mit Südstaatenakzent, irische Fischer oder der Geldadel und Umweltschützer aus der Großstadt. Was sie eint, ist ihr großes Engagement für die von Schicksalsschlägen geschüttelte Region.

Eine Liste mit neu oder wieder eröffneten Geschäften gibt's auf der Website des **Mississippi Gulf Coast Convention & Visitors Bureau** (☎228-896-6699; www.gulfcoast.org; 2350 Beach Blvd, Biloxi).

Ocean Springs ist einer der coolsten Orte an Mississippis Küste. Das **Visitor Center** (☎228-875-4424; www.oceanspringschamber.com; 1000 Washington St; ⌚Mo–Fr 9–16 Uhr) befindet sich am Anfang der Washington St, wo außerdem eine Menge hübscher Geschäfte, Restaurants und Cafés zu finden sind.

Das **Walter Anderson Museum** (www.walterandersonmuseum.org; 510 Washington St; Erw./Kind 10/5 US$; ⌚Mo–Sa 9.30–16.30, So 12.30–16.30 Uhr) ist ein Highlight der Stadt, vielleicht sogar des ganzen Bundestaats. Der engagierte Künstler Anderson liebte die Natur an der Golfküste. Er musste in seinem Leben viele Höhen und Tiefen hinnehmen, nicht zuletzt in Liebesdingen – daraus schöpfte er jedoch Inspiration und Kraft, sein Talent voll zu entfalten. Nach seinem Tod fand man in seiner Strandhütte alle Wände mit faszinierenden Gemälden bedeckt, die jetzt im Museum zu sehen sind.

Hotels säumen den Highway. Alternativ kann man im gemütlichen, relaxten **Oak Shade B&B** (☎888-875-4711; www.oakshade.net; 1017 La Fontaine Ave; Zi. 95–140 US$; P ❄ 📶) mit einem hübschen Hof übernachten, wo man wie ein Freund der Familie aufgenommen wird. Marian, die freundliche, gelassene Besitzerin, hilft gerne bei der Ausflugsplanung. Einen schönen Campingplatz samt Visitor Center gibt es außerhalb der Stadt, im **Gulf Islands National Seashore Park** (www.nps.gov/guis; Camping 16–20 US$).

LOUISIANA

„Die Vergangenheit ist niemals tot. Sie ist noch nicht einmal vergangen." Wer durch Louisiana reist, wird William Faulkner uneingeschränkt Recht geben. An jeder Straßenecke verbirgt sich Nostalgisches aus längst vergangenen Zeiten und Erinnerungen an ausgestandene Entbehrungen. All dies lässt ein dynamisches Heimatgefühl entstehen: Die Einheimischen sind in ihrem Staat verwurzelt und stehen zu dem, was das Land so einzigartig macht. Afroamerikanische Cowboys spannen sich Waschbretter vor die Brust und trommeln im einzigartig klingenden Zydeco-Stil, in den Sümpfen lauern Alligatoren, auf die französischsprachige Cajuns Jagd machen. Es existieren verschiedene Kulturen nebeneinander, die aber alle ihre Liebe zu gutem Essen und zum Tanzen vereint.

Die vorwiegend protestantischen Bewohner der sanft geschwungenen Hügel und der Pinienwälder des Norden von Louisiana haben viel mit den anderen Südstaatlern gemein. Eine andere Welt tut sich hingegen in den Sümpfen Südlouisianas und in den lasterhaften Straßen von New Orleans auf: Durch die schwülwarme Luft wabert so viel Jazz und afrokaribische Musik, dass man dem Verlangen, einfach einmal loszulassen, bestimmt nicht widersteht.

Geschichte

Das Gebiet des unteren Mississippi war von der Mississippi-Hügelbaukultur geprägt, bis um 1592 die Europäer erschienen und die Ureinwohner mit der üblichen Kombination – ausbrechende Seuchen, Knebelverträge, offene Feindseligkeit – dezimierten.

Das Land wurde dann zwischen Frankreich, Spanien und Großbritannien hin und her gespielt. Nach dem Amerikanischen Unabhängigkeitskrieg ging das gesamte Gebiet 1803 durch den berühmten Louisiana Purchase in den Besitz der USA über. 1812 wurde Louisiana dann zum US-Bundesstaat.

Schaufelraddampfer zogen ein pulsierendes Handelsnetz über den Kontinent. New Orleans wurde zu einem wichtigen Seehafen und die auf Sklavenarbeit beruhende Plantagenwirtschaft Louisianas hielt den regen Export von Reis, Tabak, Indigo, Zuckerrohr und besonders von Baumwolle am Leben. Nach dem Bürgerkrieg wurde Louisiana 1868 wieder in die Union aufgenommen. In den folgenden 30 Jahren sah der Bundesstaat politisches Gerangel, die Wirtschaft stagnierte und die afroamerikanische Bevölkerung wurde nach wie vor diskriminiert.

In den 1920er-Jahren blühten die Industrie und der Tourismus, aber bis heute hält sich die Tradition einer unorthodoxen und zuweilen rücksichtslosen Politik. Rassendiskriminierung und Wirtschaftsfragen sind immer noch Ursachen politischer Konflikte, die etwa beim Wiederaufbau nach dem Wüten von Hurrikan Katrina 2005 offen zutage traten (S. 445). Der verheerende Wirbelsturm und die anschließende Überflutung haben den Süden Louisianas nachhaltig verändert. Die Einheimischen haben mühsam ihren Weg bewältigt, der von Wiederaufbau, der Rückkehr obdachlos gewordener Menschen, der Wiederherstellung von Feuchtgebieten und der Einmischung von außen gekennzeichnet ist. Mancherorts war der Wiederaufbau erfolgreich, in anderen, vor allem ärmeren Gebieten geht der Prozess jedoch quälend langsam vonstatten.

Praktische Informationen

Im ganzen Bundesstaat verteilen sich an den Hauptstraßen insgesamt 16 Welcome Center. Man kann sich auch an das **Louisiana Office of Tourism** (☎225-342-8119; www.louisianatravel.com) wenden.

Louisiana State Parks (☎877-226-7652; www.crt.state.la.us/parks; Stellplatz einfach/Premium 1/18 US$) In Louisiana gibt es 22 State Parks, in denen man campen kann. Manche Parks haben auch Lodges und Hütten. Reservieren kann man übers **Internet** (www.reserveamerica.com) und telefonisch; ansonsten einfach vorbeikommen und schauen, ob etwas frei ist.

KURZINFOS LOUISIANA

» **Spitznamen** Bayou State, Pelican State, Sportsman's Paradise

» **Bevölkerung** 4,5 Mio.

» **Fläche** 110 236 km²

» **Hauptstadt** Baton Rouge (229 553 Ew.)

» **Weitere Städte** New Orleans (343 829 Ew.)

» **Verkaufssteuer** 4 %, plus Stadt- und Gemeindesteuern

» **Geburtsort von** Jazz, Naturforscher John James Audubon (1785–1851), Trompeter Louis „Satchmo" Armstrong (1901–1971), Schriftsteller Truman Capote (1924–1984), Musiker Antoine „Fats" Domino (geb. 1928), Popstar Britney Spears (geb. 1981)

» **Heimat der** Tabascosauce, des Kochs Emeril Lagasse

» **Politische Ausrichtung** eine Republikaner-Hochburg mit gelegentlichen linken Ausreißern

» **Berühmt für** Drive-Thru-Margaritas

» **Offizielles Staatsreptil** Alligator

» **Entfernungen** New Orleans–Lafayette 137 Meilen (219 km), New Orleans–St. Francisville 112 Meilen (180 km)

New Orleans

In Werbebroschüren wird New Orleans stets „The Big Easy" genannt – und bis zu einem gewissen Grad nimmt die Stadt wirklich alles leicht. Nur selten sieht man sonst in Amerika irgendwelche Leute mitten im Verkehr einfach rechts ranfahren, um mit einem Bekannten zu plaudern. Und noch seltener Autofahrer dahinter, die das gelassen hinnehmen und das Hindernis einfach umfahren.

Auch wenn es darum geht, das Leben zu genießen, sind die Leute hier voll dabei. Noch ein Bier? Nee, Junge, lieber noch 'nen Schnaps! Einen Burger? Da gehört noch Erdnussbutter und Schinken drauf. Eine Ofenkartoffel mit Sauerrahm auch gleich noch dazu – und weil's so schön ist, auch noch etwas Krebsfleisch.

An der Mündung des Mississippi geht's um drei Dinge. Mit den beiden ersten – Mitmachen und Genießen – hat man's nicht schwer: Schinken mit braunem Zucker statt Haferflocken zum Frühstück, statt einem kleinen Bier einen Doppelten, Sex am Morgen statt rechtzeitig im Büro zu sein (gängige Ausrede: „Die Bahn war schon weg."). Das Wichtigste aber ist Offenheit. Sich auf alles einzulassen und von allem zu lernen, ist das Wesen dieser Stadt. Soziale Spannungen, ethnische Grenzen und Einkommensunterschiede bereiten Schwierigkeiten, aber die großartige kreolische Maxime, alle Einflüsse aufzunehmen und daraus etwas Besseres zu kreieren, wird bewahrt. Ihr ist so einiges zu verdanken: der Jazz, die Nouveau Louisiana Cuisine, Geschichtenerzähler – von den afrikanischen *griots* über die Rapper aus Seventh Ward bis zu Tennessee Williams –, französische Stadthäuser, nur ein paar Blocks entfernt von den in Myrten und Bougainvillea getauchten Villen in Foghorn Leghorn, und schließlich die Mardi-Gras-Feiern, die ausgelassenes Heidentum und Katholizismus miteinander verquicken. Nicht vergessen: mitmachen und genießen! Das Ganze funktioniert nur, wenn man sich der „Kreolisierung" mit allen Sinnen hingibt.

New Orleans mag es leicht nehmen, aber es greift zu. Nicht nur den kleinen Finger, sondern stets gleich die ganze Hand!

Geschichte

Nouvelle Orléans wurde 1718 von Jean-Baptiste Le Moyne de Bienville als französischer Vorposten gegründet. Die ersten Siedler stammten aus Frankreich, Kanada und Deutschland, die Franzosen verschleppten zudem Tausende afrikanischer Sklaven ins Land. Die Stadt wurde zu einem zentralen Hafen des Sklavenhandels; aufgrund örtlicher Gesetze konnten sich einige Sklaven jedoch ihre Freiheit verdienen und als *les gens de couleur libres* (freie farbige Menschen) eine anerkannte Stellung in der kreolischen Gesellschaft erlangen.

Für die Gebäude des French Quarter, wie man sie heute sieht, sind hauptsächlich die Spanier verantwortlich, hatten doch die Brände der Jahre 1788 und 1794 einen großen Teil der früheren französischen Architektur vernichtet. Der Zustrom von Angloamerikanern nach dem Louisiana Purchase führte dazu, dass die Stadt um den Central Business District (CBD), den Garden District und Uptown erweitert wurde. Bis 1840 war New Orleans zur viertgrößten Stadt der USA herangewachsen, in der mehr als 100 000 Menschen lebten.

New Orleans überstand den Amerikanischen Bürgerkrieg unbeschadet, da die Stadt sich früh und kampflos den Unionstruppen ergeben hatte. Da nun aber die Plantagen nicht mehr mit Sklavenkraft betrieben werden konnten, siechte die Wirtschaft dahin. In den frühen Jahren des 20. Jhs. schlug in New Orleans die Geburtsstunde des Jazz. Viele der Flüsterkneipen und Wohnhäuser der Begründer des Jazz sind zwar verwahrlost oder zerstört, doch 1994 wurde der NPS der historisch-kulturellen Verpflichtung schließlich gerecht, indem er den New Orleans Jazz National Historical Park einrichtete. Dieser widmet sich den Ursprüngen und der Entwicklung der bekanntesten, originär amerikanischen Musikrichtung. In den 1950er-Jahren fasste dann auch die Öl- und die petrochemische Industrie Fuß, neben der der Tourismus das zweite lebenswichtige Standbein der hiesigen Wirtschaft wurde.

Als der Hurrikan Katrina 2005 aufs Festland traf, hatte er sich eigentlich schon auf Kategorie 3 abgeschwächt. Dennoch brachen die Deiche von New Orleans an über 50 Stellen. Etwa 80 % der Stadt wurde überflutet, mehr als 1800 Menschen starben, die ganze Stadt musste evakuiert werden. Heute leben hier 70 % weniger Menschen als vor Katrina. Mittlerweile wurde New Orleans jedoch größtenteils wieder aufgebaut und auch die Touristen sind zurück.

Sehenswertes & Aktivitäten

FRENCH QUARTER

Das French Quarter prägen eine elegante, karibisch-koloniale Architektur, üppige Gärten und schmiedeeiserne Kunst. Es ist das touristische Zentrum von New Orleans. Leider geht sein Flair durch die zwielichtige Bourbon St fast etwas unter, am besten sieht man einfach über sie hinweg. Das „Vieux Carré" (Altes Viertel, 1722 erstmals geplant) ist das kulturelle Epizentrum, die ruhigeren Nebenstraßen und Gassen erinnern an die Vergangenheit und vermitteln jede Menge Lebensfreude.

Der **Jackson Square** ist das Herz des Viertels. Mit seinen Müßiggängern, Kartenlegern, Künstlern und Schaustellern, Kathedralen, Büros und Geschäften würde er auch in Paris eine gute Figur abgeben – zweifelsohne gehört er zu den großartigsten Grünflächen der USA. Prunkstück des Platzes ist die von Gilberto Guillemard entworfene **St. Louis Cathedral**, die eines der schönsten Beispiele französischer Kirchenarchitektur in den USA darstellt.

Louisiana State Museum MUSEUM
(http://lsm.crt.state.la.us; Erw./Kind pro Gebäude 6 US$/frei; ⏲Di–So 10–16.30 Uhr) Das berühmte Museum ist an mehreren Standorten im ganzen Bundesstaat vertreten. Zu den Highlights gehört das **Cabildo** (701 Chartres St) von 1911 links der Kathedrale, ein Museum im alten Rathaus, das sich Louisiana widmet; in dem Gebäude fand auch die Gerichtsverhandlung im Fall Plessy gegen Ferguson statt, bei der die Rassentrennung für gesetzlich zulässig erklärt wurde. Die Besichtigung der vielen Exponate nimmt locker einen halben Tag in Anspruch (unbedingt ansehen sollte man sich das Upright Piano von 1875 im 3. Stock!). Die restliche Zeit kann man im Schwestergebäude verbringen, dem rechts von der Kathedrale stehenden **Presbytère** (751 Chartres St; 👪) von 1813. Dort zu sehen sind ein ausgezeichnetes **Mardi-Gras-Museum**, das Kostüme, Umzugswagen und Flitterschmuck zeigt, und die neue, bewegende Ausstellung **Katrina & Beyond**, die die Zeit vor und nach dem verheerenden Sturm zeigt und die Auswirkungen der Katastrophe auf die Stadt eindrucksvoll vermittelt.

Historic New Orleans Collection MUSEUM
(www.hnoc.org; 533 Royal St; Eintritt frei, Führung 5 US$; ⏲Di–Sa 9.30–16.30, So 10.30–16.30 Uhr) Verteilt auf mehrere kunstvoll restaurierte Gebäude zeigt das Museum sorgfältig zusammengestellte Exponate. Der Schwerpunkt liegt auf Material aus den Archiven, u. a. werden die Originalurkunden des Louisiana Purchase ausgestellt. Drei separate Führungen – durch das Haus, zur Architektur und durch den Innenhof sowie zur Geschichte – finden um 10, 11, 14 und 15 Uhr statt; die erstgenannte ist die interessanteste.

Old Ursuline Convent HISTORISCHES GEBÄUDE
(1112 Chartres St; Erw./Kind 5/3 US$; ⏲Führung Mo–Sa 10–16 Uhr) 1727 kamen zwölf Ursulinerinnen nach New Orleans, um sich in dem „miserablen kleinen Hospital" der französischen Garnison um die Kranken zu kümmern und die jungen Mädchen in der Kolonie zu unterrichten. Zwischen 1745 und 1752 baute die französische Kolonialarmee dann dieses Kloster, das heute das älteste Gebäude im Mississippital und das einzig erhaltene französische Bauwerk im Quarter ist. Zur

DAS NEUE NEW ORLEANS

New Orleans is back! Das „Katrina Tattoo", das an Tausenden Gebäuden die Stelle markierte, bis zu der im Jahr 2005 das Wasser anstieg, ist allmählich verblasst und so langsam verabschiedet sich „The Storm" in die Geschichtsbücher. Die Stadt überstand bereits frühere Überschwemmungen, Brände, Epidemien, Ölkatastrophen und die Indianapolis Colts und so konnte sie auch Katrina nicht in die Knie zwingen. Natürlich sieht man immer noch mit Rescue Codes markierte Häuser und es ist noch jede Menge Aufbauarbeit zu leisten, dennoch: Das Leben geht weiter in der „Who Dat Nation", besonders im Gebiet „Sliver by the River", das sich von den Blocks in Riverbend in einer Kurve längs der Uptown und der Magazine St bis hinein ins CBD, das French Quarter und das Faubourg Marigny erstreckt.

Es gibt auch neue Hotspots, beispielsweise die Art Gallery Row an der St. Claude Ave, die neu gestaltete Oak St in Riverbend und das Viertel Tremé, bekannt aus der gleichnamigen HBO-Fernsehserie. Tausende Neuankömmlinge, die liebevoll YURPs – Young, Urban Rebuilding Professionals (sogar mit eigener Website: www.nolayurp.com) – genannt werden, wie auch etliche Heimkehrer verhalfen der im Schlamm versunkenen Stadt wieder auf die Beine. Auch in den am stärksten betroffenen Stadtteilen, Ninth Ward, Gentilly, Lakeview und Broadmoor, sorgen idealistische junge Menschen, die Grundstücke kaufen und neue Geschäfte eröffnen, für neues Leben.

New Orleans war stets eine Verheißung für die Außenseiter Amerikas. Gesellschaft leisten ihnen Unternehmer, Technikfreaks und Schauspieler. Das neu entstandene „Silicon Bayou" und der „Hollywood South" – hier werden oft vier Filme gleichzeitig gedreht – stellen die Stadtplaner vor neue Aufgaben. Brad Pitts Kampagne „Make It Right" (S. 449) verwandelte große Teile von Lower Ninth Ward in ein beispielhaft nachhaltiges Stadtviertel mit retro-futuristischem Flair, dessen Häuser einen mühelos zum Staunen bringen.

New Orleans

500 m
0,25 Meilen
FAUBOURG MARIGNY
FRENCH QUARTER
THE TREMÉ
Elysian Fields Av
Esplanade Av
McShane Pl
N Rampart St
S Rampart St
N Claiborne Av
S Claiborne Av
Canal St
Tulane Av
St Roch Av
Frenchmen St
Touro St
Pauger St
Kerlerec St
Mandeville St
Franklin Av
Port St
Burgundy St
Royal St
Chartres St
Decatur St
N Peters St
Dauphine St
Washington Sq Park
Bicycle Michael's
Old US Mint
Esplanade
Ursulines
Dumaine
Toulouse
Bienville
French Market
Jackson Sq
Woldenberg Park
Moonwalk
Wilkinson St
Barracks St
Governor Nicholls St
Bourbon St
Dumaine St
St Ann St
Orleans Av
St Peter St
Toulouse St
St Louis St
Conti St
Bienville St
Iberville St
Basin St
Basin St Visitor's Center
State Supreme Court
St Charles Av
University Pl
Baronne St
Elk Pl
Saratoga St
Crozat St
Tremé St
Marais St
N Villere St
N Robertson St
S Robertson St
S Villere St
Cleveland St
St Claude Av
Ursulines Av
St Philip St
Louis Armstrong Park
Louis Armstrong Statue
Park-haupt-eingang
St Louis Cemetery No 2
N Derbigny St
N Roman St
N Prieur St
N Johnson St
N Galvez St
N Miro St
N Tonti St
S Derbigny St
S Roman St
S Prieur St
S Johnson St
Palmyra St
Lafitte Av
Galvez St
Gravier St
Perdido St
La Salle St
S Villere St
LAvrgne St
Delaronde St
Degas House (0,7 Meilen);
Le Musée de F. P. C. (0,7 Meilen);
Carousel Gardens (2,1 Meilen);
City Park (2,1 Meilen);
Dooky Chase (0,1 Meilen)
Mimi's in the Marigny (0,2 Meilen)
Bywater (0,4 Meilen)
Medical Center of Lousiana (0,2 Meilen)

Poydras Av
Sugarbowl Dr
Louisiana Superdome
New Orleans Centre
Hyatt Regency
Girod St
New Orleans Arena
Union Passenger Terminal
Greyhound Terminal
CENTRAL CITY
Freret St Market (1,4 Meilen)
Martin Luther King Jr Blvd
Gravier St
Union St
Perdido St
Common St
Camp St
Magazine St
Natchez St
Poydras St
Loyola Av
S Rampart St
O'Keefe St
Lafayette St
Baronne St
Carondelet St
St Charles Av
Lafayette Sq
Church St
Julia St
Constance St
Piazza D'Italia
Girod St
Notre Dame St
Fulton St
S Peters St
Commerce St
Convention Center Blvd
Convention Centre Blvd
Harrah's Canal Casino
Spanish Plaza
Canal St Wharf
Fähre nach Algiers
Poydras
Riverwalk Mall
flussabwärts
flussaufwärts
Mississippi
ALGIERS
Bermuda St
Powder St
Simon Bolivar St
Howard Av
Ogden Museum of Southern Art
National World War II Museum
Robert E Lee Monument
Clio St
Erato St
Oretha Castle-Haley Blvd
Pontchartrain Expwy
Andrew Higgins Dr
St Joseph St
N Diamond St
WAREHOUSE DISTRICT
Ernest N Morial Convention Center
Poeyfarre St
Tchoupitoulas St
Poe Dr
Calliope St
John Churchill Chase St
Calliope
Port of New Orleans Pl
LOWER GARDEN DISTRICT
Baronne St
Carondelet St
Uptown (2 Meilen); The Columns (2,3 Meilen); St Joe's (2,4 Meilen); Tulane University (2,5 Meilen); Audubon Park (2,8 Meilen)
Marquette House International Hostel (0,6 Meilen)
Thalia St
Prytania St
Melpomene St
St Charles Av
Camp St
Erato St
Thalia St
Constance St
Annunciation St
S Peters St
Thalia
Greater New Orleans Bridge (Maut)
Tipitina's (2,9 Meilen)
Blaine Kern's Mardi Gras World (2,7 Meilen)

New Orleans

Anlage, die Besucher auf eigene Faust erkunden können, gehören mehrere Wechselausstellungen und die schöne St. Mary's Chapel.

1TREMÉ

Das älteste afroamerikanische Viertel der Stadt blickt auf eine bewegte Geschichte zurück.

Der **Louis Armstrong Park** (⌚9–22 Uhr) umfasst den **Congo Square**, ein kulturelles Wahrzeichen Amerikas. Die heute mit Backsteinen gepflasterte, offene Fläche war der einzige Ort, an dem sich Sklaven versammeln und die Musik ihrer Heimat spielen durften – eine Praxis, die in den meisten anderen Sklavenhaltergesellschaften verboten war. Die Erhaltung dieses musikalischen Erbes bildete die Grundlage für die Entstehung des Jazz. Bei unserem Besuch war der Square wegen kontrovers diskutierter Umbauarbeiten gesperrt.

Backstreet Cultural Museum MUSEUM
(www.backstreetmuseum.org; 1116 St Claude Ave; Eintritt 8 US$; ⌚Di–Sa 10–17 Uhr) Das Museum zeigt die afroamerikanische Facette der charakteristischen Bräuche von New Orleans und wie sich diese im Alltag manifestieren. Der Begriff „Backstreet" bezieht sich auf „Back o' Town", also die „Rückseite" von New Orleans, auf der die armen Viertel der Schwarzen liegen. Wer sich für Mardi-Gras-Indianer (Afroamerikaner, die sich als Indianer kostümieren) interessiert, Second-Line-Paradetänzer und Aktivitäten von Hilfs- und Freizeitvereinen (Bürgervereinigungen der hiesigen schwarzen Gemeinde), sollte hier vorbeischauen.

Le Musée de FPC MUSEUM
(Free People of Color Museum; www.lemuseedefpc.com; 2336 Esplanade Ave; Erw./Kind 10/5 US$; ⌚Mi–Sa 11–16 Uhr oder nach Vereinbarung) Das neu eröffnete Museum ist in einer hübschen Greek-Revival-Villa von 1859 im Upper Tremé untergebracht. Es zeigt eine 30 Jahre alte Sammlung von Artefakten, Dokumenten, Möbeln und Kunstwerken, die die Geschichte einer vergessenen Subkultur erzählen, die „Free People of Color" vor dem Bürgerkrieg. Die kleine, aber faszinierende Ausstellung umfasst Originaldokumente von Sklaven, die die Freiheit erlangten, entweder durch *coartación* (Kauf ihrer Freiheit) oder als Belohnung für besonders gute Dienste.

St. Louis Cemetery No 1 FRIEDHOF
(Basin St; ⌚Mo–Sa 9–15, So bis 12 Uhr; 👪) Auf dem Friedhof liegen die meisten frühen kreolischen Einwohner begraben. Der hohe Grundwasserspiegel machte überirdische Begräbnisse erforderlich. Die Leichen wurden daher in Familiengräbern beigesetzt, die man heute noch sieht. Hier befindet sich auch das vermeintliche Grab der Voodoo-Königin Marie Laveau, das von faszinierten Anhängern mit einem „XXX" gekennzeichnet wurde – das Graffiti darf auf Wunsch der Familie, der das Grab gehört, nicht weiter verschönert werden.

New Orleans African American Museum of Art, Culture & History MUSEUM
(www.thenoaam.org; 1418 Governor Nicholls St; Erw./Student/Kind 7/5/3 US$; ⌚Mi–Sa 11–16 Uhr) Das schön gestaltete Museum zeigt in einer Reihe gepflegter kreolischer Häuser Wechselausstellungen lokaler Künstler und Installationen zur Sklaverei und zur afroamerikanischen Geschichte.

St. Augustine's Church KIRCHE
(☎504-525-5934; www.staugustinecatholicchurch-neworleans.org; 1210 Governor Nicholls St) Die Kirche aus dem Jahr 1824 ist das zweitälteste katholische Gotteshaus für Afroamerikaner in den USA. Viele Jazz-Begräbnisprozessionen beginnen hier. Sonntags findet eine Messe statt, Führungen müssen jedoch telefonisch vereinbart werden. Wegen Katrina ist die Kirche immer noch unterbesetzt und meist geschlossen.

FAUBOURG MARIGNY, BYWATER & NINTH WARD

Nördlich des French Quarter liegen die kreolischen Vororte (*faubourgs*, eigentlich „Viertel") Marigny und Bywater. Marigny ist das Herz der Schwulenszene von New Orleans. Die **Frenchman St**, die mitten durch das Zentrum des Viertels führt, ist ein großartiger Teil der Stadt mit Livemusik an jeder Ecke und erinnert an die Bourbon St, bevor dort die Stripclubs und Daiquiri-Bars das Zepter übernahmen. Im trendigeren Bywater lebt eine buntes Völkchen aus Weißen, Schwarzen, Arbeitern und Künstlern, das urbane Coolness pflegt. Viele Neuankömmlinge haben sich hier angesiedelt und den hübschen Reihen aus Shotgun-Häusern gepflegte Eleganz und eine gewisse Flippigkeit verliehen.

Make It Right STADTVIERTEL
(www.makeitrightnola.org; N Clairborne Höhe Tennessee St) Im Rahmen von Brad Pitts zukunftsweisendem grünen Bauprojekt „Make It Right" in Lower Ninth Ward wurden in dem durch Katrina zerstörten Gebiet Häuser im *Jetsons*-Stil errichtet. Zu Redaktionsschluss waren bereits rund 75 nachhaltige, gegen Stürme gesicherte Häuser entstanden, 45 davon wurden mit dem Platin-LEED-Zertifikat für nachhaltige Architektur ausgezeichnet. Sie geben dem Viertel ein wunderbar kaleidoskopisches Antlitz, das in krassem Kontrast zu den Bildern steht, die nach Katrina um die Welt gingen. Der US Green Building Council bezeichnete den Stadtteil als „größtes, grünstes Viertel von Einfamilienhäusern in den USA".

Musicians' Village STADTVIERTEL
(www.nolamusiciansvillage.com; btwn North Roman, Alvar St & North Johnson St) Das 3 ha große Gelände umfasst 81 Häuser, die überwiegend für Musiker erbaut wurden und eine lebendige Komponente in der kulturellen und wirtschaftlichen Landschaft der Stadt darstellen. Wer das Viertel besucht, sollte nicht vergessen, dass dies eine Wohngegend ist. Die Bewohner könnten also verständlicherweise empfindlich reagieren, wenn man sie oder ihre Häuser ohne Erlaubnis fotografiert oder auch einfach nur aus dem Auto steigt. Die bunt bemalten Häuser verleihen dem gesamten umliegenden Viertel ein freundlicheres Antlitz.

CBD & WAREHOUSE DISTRICT

Das CBD und der Warehouse District umfassen das Geschäftsviertel, das nach dem Louisiana Purchase entstand. Heute sind mehrere exzellente Museen die Stars im Warehouse District; viele Kunstgalerien in der Julia St veranstalten am ersten Samstagabend im Monat Vernissagen.

LP TIPP **National World War II Museum** MUSEUM

(www.nationalww2museum.org; 945 Magazine St; Erw./Student/Kind 18/9 US$/frei, mit Film 23/12/5 US$; ⌚9–17 Uhr) Das große, bewegende Museum wird auch bei denjenigen die Neugier wecken, die sich kaum oder gar nicht für die Geschichte des Zweiten Weltkriegs interessieren. Es analysiert nuanciert und gründlich den größten Krieg des 20. Jhs. Besonders bemerkenswert ist die **D-Day-Ausstellung**, die wohl ausführlichste ihrer Art im Land. Der neue 4-D-Film *Beyond All Boundaries* mit der Erzählstimme von Tom Hanks wird auf einer 36 m breiten, runden Leinwand im ebenfalls neuen **Solomon Victory Theater** gezeigt – ein lautes, stolzes und grandioses Spektakel, das die 5 US$ mehr als wert ist. Das legere Diner **American Sector** (Hauptgerichte 9,50–18 US$) von Chefkoch John Besh komplettiert einen wunderbaren Museumstag.

Ogden Museum of Southern Art MUSEUM

(www.ogdenmuseum.org; 925 Camp St; Erw./Student/Kind 10/8/5 US$; ⌚Mi–Mo 10–17, Do 18–20 Uhr) Dieses Museum, eines der wohl besten der Stadt, ist schön, lehrreich und bodenständig zugleich. Der aus New Orleans stammende Unternehmer Roger Houston Ogden hat eine der schönsten Sammlungen von Südstaatenkunst überhaupt zusammengetragen, die viel zu groß ist, um sie für sich allein zu behalten. In den riesigen Sälen sind impressionistische Landschaftsbilder, ausgefallene Volkskunst und moderne Installationen zu sehen. Donnerstags von 18 bis 20 Uhr gibt's für 10 US$ Livemusik.

Blaine Kern's Mardi Gras World MUSEUM

(www.mardigrasworld.com; 1380 Port of New Orleans Pl; Erw./Kind 19,95/12,95 US$; ⌚Führung 9.30–16.30 Uhr; 👪) Die kunterbunte Anlage verspricht eine Menge Spaß. Sie zeigt eine große Auswahl der prächtigsten Wagen von Mardi-Gras-Paraden. Das ganze Jahr über kann man hier die Fahrzeuge bewundern und sehen, wie neue entstehen. Auf einen veralteten Film zur Geschichte des Mardi Gras und ein Stück King Cake folgt eine Führung durch die gigantischen Werkstätten, in denen Künstler ausgefallene Wagen für die Marching Clubs von New Orleans, für die Universal Studios und für Disney World bauen.

Aquarium of the Americas AQUARIUM

(www.audubonistitute.org; 1 Canal St; Erw./Kind 19,95/12,95 US$; ⌚10–17 Uhr; 👪) Das Aquarium stellt eine facettenreiche Auswahl an maritimen Lebensräumen nach. Ausschau nach dem seltenen weißen Alligator halten! Mit einem Kombiticket kann man auch das IMAX-Kino nebenan oder den Audubon Zoo in der Uptown besuchen.

Insectarium MUSEUM, GARTEN

(www.audubonistitute.org; 423 Canal St; Erw./Kind 15,95/10,95 US$; ⌚10–17 Uhr; 👪) Das kinderfreundliche Lehrzentrum ist eine wahre Freude für zukünftige Entomologen. Besonders schön ist der japanische Garten voller Schmetterlinge.

Canal Street Ferry FLUSS

(Fußgänger & Radfahrer/Auto frei/1 US$; ⌚6.15–0.15 Uhr) Die Fähre legt am Kai der Canal St ab und bietet eine flotte, eindrucksvolle Fahrt über den Mississippi zum hübschen historischen Viertel Algiers und zurück.

GARDEN DISTRICT & UPTOWN

Die wichtigste architektonische Trennlinie in New Orleans verläuft zwischen den eleganten Stadthäusern der Kreolen und Franzosen im Nordosten und den pracht-

NEW ORLEANS MIT KINDERN

Viele der tagsüber geöffneten Attraktionen von New Orleans eignen sich wunderbar für Kinder, z. B. die Audubon Zoological Gardens, das Aquarium of the Americas (S. 450) und die Mardi Gras World (S. 450).

Carousel Gardens VERGNÜGUNGSPARK

(www.neworleanscitypark.com; Eintritt 3 US$; ⌚Frühling & Herbst 11–18 Uhr, Do 10–16, Fr 10–22, Sa 11–22 Uhr, Sommer 11–18 Uhr; 👪) Das Karussell von 1906 ist ein echtes Juwel unter den alten Fahrgeschäften im City Park.

Louisiana Children's Museum MUSEUM

(www.lcm.org; 420 Julia St; Eintritt 8 US$; ⌚Di–Sa 9.30–16.30, So 12–16.30 Uhr, Sommer Mo 9.30–16.30 Uhr; 👪) Großartige interaktive Exponate und ein Bereich für Kleinkinder. Kinder unter 16 dürfen nur in Begleitung eines Erwachsenen rein.

vollen Herrenhäusern der Amerikaner, die sich nach dem Louisiana Purchase hier angesiedelt haben. Die riesigen Gebäude, die fast wie Plantagen anmuten, findet man vor allem im Garden District und in der Uptown. Prächtige Eichen thronen über der St. Charles Ave, die mitten durch das Viertel läuft und auf der eine charmante **Straßenbahn** (Fahrt 1,25 US$;) fährt. Die **Magazine St** mit ihren Boutiquen und Galerien ist die beste Shoppingmeile der Stadt.

Weiter westlich erstrecken sich am weitläufigen **Audubon Park** die beiden benachbarten Campus der **Tulane University** und der **Loyola University**. Die Tulane University wurde 1834 als medizinisches College gegründet und sollte helfen, die immer wieder auftretenden Cholera- und Gelbfieberepidemien einzudämmen. Heute kann man auf dem grünen Campus ein wenig durchatmen und in den Universitäten finden zudem viele Konzerte und Vorträge statt.

Audubon Zoological Gardens ZOO
(www.auduboninstitute.org; 6500 Magazine St; Erw./Kind 15/10 US$; Di–So 10–17 Uhr) Der Zoo gehört zu den besten des Landes und umfasst den faszinierenden **Louisiana Swamp** voller Alligatoren, Rotluchse, Bären und Schnappschildkröten.

CITY PARK & MID-CITY

New Orleans Museum of Art MUSEUM
(www.noma.org; 1 Collins Diboll Circle; Erw./Kind 10/6 US$; Di–Do, Sa & So 10–17, Fr bis 21 Uhr) Im Park befindet sich dieses elegante, 1911 gegründete Museum, das mit seinen Sonderausstellungen und Galerien im Obergeschoss einen Besuch lohnt. Es zeigt Kunst aus Afrika, Asien – die Sammlung von Schnupftabakflaschen der Qing-Dynastie ist besonders bemerkenswert –, Ozeanien und von amerikanischen Ureinwohnern. Der **Skulpturengarten** (Eintritt frei; Sa–Do 10–16.30, Fr bis 20.45 Uhr) präsentiert auf einem üppig bewachsenen, sorgsam gepflegten Gelände zeitgenössische Werke.

City Park PARK
(www.neworleanscitypark.com) Die **Canal-Straßenbahn** fährt vom CBD zum City Park. Der 4,8 km lange und 1,6 km breite, üppig mit Trauerweiden und Louisianamoos bewachsene City Park wartet mit Museen, Gärten, Wasserläufen, Brücken, Vögeln und dem ein oder anderen Alligator auf. Er ist der fünftgrößte Stadtpark der USA (größer als der Central Park in New York) und New Orleans' schönste grüne Lunge.

Fair Grounds PARK
(1751 Gentilly Blvd, zw. Gentilly Blvd & Fortin St) Neben regelmäßigen Pferderennen findet auf den Fair Grounds im Frühjahr das große New Orleans Jazz & Heritage Festival statt.

Kurse

New Orleans School of Cooking KOCHEN
(504-525-2665; www.neworleansschoolofcooking.com; 524 St Louis St; 23–27 US$) Kochvorführungen, keine Kurse zum Mitmachen. Die Menüs wechseln täglich. Zum Abschluss bekommt man Kreationen wie Gumbo, Jambalaya und Pralinen kredenzt, während die charismatischen Köche Anekdoten aus der Stadtgeschichte erzählen.

Wine Institute of New Orleans (WINO) KOCHEN
(504-324-8000; www.winoschool.com; 610 Tchoupitoulas St; Kurse ab 35 US$) Das „Institut" veranstaltet Kurse zur Weinverkostung, Essenszubereitung und dergleichen und wendet sich sowohl an Laien als auch an Profis der Wein- und Spirituosenindustrie. Es gibt außerdem eine Weinbar mit 120 verschiedenen Sorten und einen Verkauf.

New Orleans GlassWorks & Printmaking Studio KUNST
(504-529-7279; www.neworleansglassworks.com; 727 Magazine St; Kurse 75–125 US$) Hier kann man sich als Glasbläser oder Kunstdrucker versuchen. In dem zweistündigen Kurse „Wine and Design" gestalten Teilnehmer ihre eigenen Weingläser. Die Gebühren variieren ja nach dem aktuellen Erdgaspreis.

Geführte Touren

Touren, wohin man schaut! Das riesige Angebot findet man im *New Orleans Official Visitors Guide*. Einige Veranstalter bieten jetzt Touren an, bei denen man den Spuren der Katrina-Schäden folgt bzw. die Wiederaufbaumaßnahmen besichtigt. Das Jean Lafitte National Historic Park & Preserve Visitor Center (S. 459) veranstaltet kostenlose Führungen durch das French Quarter; los geht's um 9.30 Uhr, Tickets gibt's ab 9 Uhr.

Confederacy of Cruisers RADFAHREN
(504-400-5468; www.confederacyofcruisers.com; Tour 45 US$) Rein in den Sattel: Die äußerst informativen, entspannten Radtouren führen durch New Orleans' „Anti-Disneyland-Viertel" – Faubourg Marigny, Esplanade Ridge, Tremé – und beinhalten

oft einen Stopp in einer Bar und unterwegs gelegentlich eine mit Jazz untermalte Beerdigungsprozession.

Friends of the Cabildo SPAZIERGANG
(☎504-523-3939; 1850 House Museum Store, 523 St Ann St; Erw./Student/Kind 15/10 US$/frei; ⏲Führungen Di–So 10 & 13.30 Uhr) Die ehrenamtlichen Mitarbeiter veranstalten die besten Stadtspaziergänge durch das Viertel.

Feste & Events

New Orleans findet immer einen Grund zum Feiern – ob Shrimps und Petroleum oder Mirliton (eine Kürbisart). Im Folgenden gibt's lediglich eine kleine Auswahl, weitere Infos liefert die Seite www.neworleanscvb.com.

Mardi Gras KULTUR
Im Februar oder Anfang März; der „fette Dienstag“ bildet den orgiastischen Abschluss der Karnevalssaison.

St. Patrick's Day KULTUR
Am 17. März und dem diesem Datum am nächsten gelegenen Wochenende veranstalten die Iren Paraden und hantieren mit Salatköpfen.

St. Joseph's Day – Super Sunday KULTUR
Am 19. März und dem nächstgelegenen Sonntag ziehen Gruppen von Mardi-Gras-Indianern mit Federschmuck und Trommlern durch die Straßen. Der Umzug am Super Sunday beginnt normalerweise gegen 12 Uhr am Bayou St. John und der Orleans Ave, hat aber keine festgelegte Route.

Tennessee Williams Literary Festival LITERATUR
(www.tennesseewilliams.net) Im März wird an fünf Tagen mit Lesungen, Aufführungen und Festen des Schriftstellers und seiner Werke gedacht.

French Quarter Festival MUSIK
(www.fqfi.org) Am zweiten Aprilwochenende; kostenlose Konzerte auf verschiedenen Bühnen.

Jazz Fest MUSIK
Das weltberühmte Fest der Musik, des Essens, des Kunsthandwerks und des guten Lebens findet am letzten Wochenende im April und am ersten im Mai statt.

Southern Decadence SCHWULE & LESBEN
(www.southerndecadence.net) Ein großes Schwulen-, Lesben- und Transsexuellenfest inklusive Leder-Party am Labor-Day-Wochenende (1. Wochenende im Sept.).

Schlafen

Die Preise sind während des Mardi Gras und Jazz Fest am höchsten und sinken in den heißen Sommermonaten. Es empfiehlt sich, früh zu buchen und sich online oder telefonisch nach Sonderangeboten umzuschauen. Die Steuer für Unterkünfte beträgt 13 %, hinzu kommen 1 bis 3 US$ pro Person und Übernachtung. Das Parken im Quarter kostet 15 bis 25 US$ pro Tag.

LP TIPP **Columns** HISTORISCHES HOTEL $$
(☎504-899-9308; www.thecolumns.com; 3811 St Charles Ave; Zi. inkl. Frühstück Wochenende/werktags ab 160/120 US$; ❄📶) Die imposante, im italienischen Stil erbaute Villa von 1883 im Garden District ist in der Nebensaison ein echtes Schnäppchen (ab 99 US$), kann jedoch auch in der Hauptsaison mit einem guten Preis-Leistungs-Verhältnis überzeugen. Das elegant-legere Hotel wartet mit allerlei außergewöhnlichen Details auf, z. B. einem Treppenaufgang mit Buntglasfenstern, hübschen Marmorkaminen und kunstvollen Holzschnitzereien. Das wunderbare Gesamtpaket komplettieren eine einladende Bar und eine hübsche Veranda im 2. Stock mit Blick auf die von Eichen gesäumte St. Charles Ave. New Orleans in seiner schönsten Form!

Loft 523 BOUTIQUEHOTEL $$$
(☎504-200-6523; www.loft523.com; 523 Gravier St; Zi. Neben-/Hauptsaison 79/299 US$; @📶) Der hippe, industriell-minimalistische Stil der 16 Zimmer im Loft 523 bringen frischen Wind nach New Orleans. Die Fortuny-Lampen sind schlappe 5000 US$ wert, über den riesigen Betten und polierten Betonböden drehen sich kreiselförmige Ventilatoren und die ovalen Badewannen versprechen himmlische Entspannung. Die Details nachhaltigen Handelns – die Schlüssel bestehen aus Mais, angebrochene Hygieneartikel werden Bedürftigen geschickt – sind das Tüpfelchen auf dem i. Der Sommertarif von 79 US$ ist fast schon geschenkt.

Prytania Park Hotel HOTEL $
(☎504-524-0427; www.prytaniaparkhotel.com; 1525 Prytania St; Zi. ab 49–69 US$; P❄📶) Die Anlage aus drei separaten, freundlichen Hotels in guter Lage bietet ein tolles Preis-Leistungs-Verhältnis. Das auf Traveller mit kleinerem Budget ausgerichtete Prytania Park's hat saubere, kleine Zimmer mit Flachbildfernsehern. Das **Prytania Oaks** (Zi. 79–109 US$) ist schicker, das **Queen**

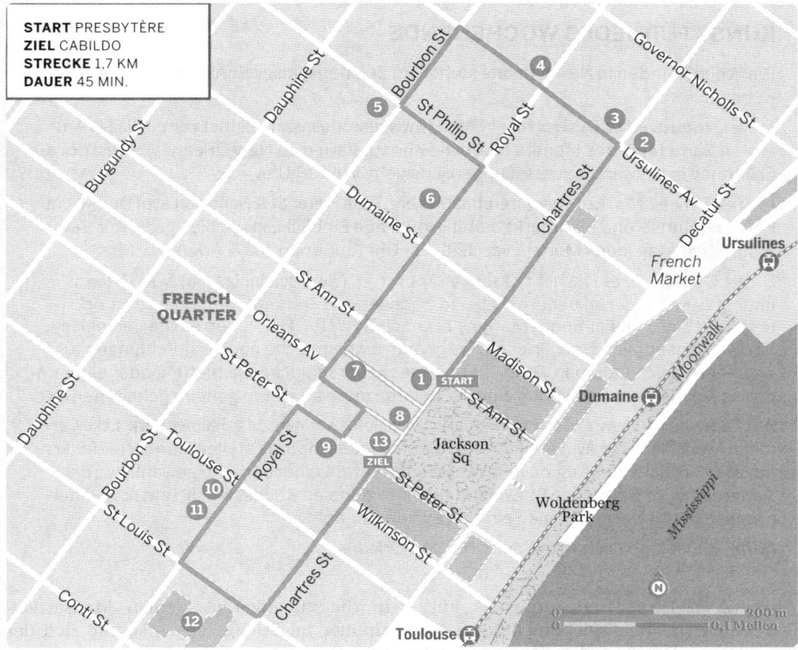

Stadtspaziergang

French Quarter

Die Tour beginnt am 1 **Presbytère** am Jackson Sq. Von dort geht es die Chartres St hinunter bis zur Ecke Ursulines Ave und dem dortigen 2 **Old Ursuline Convent**.

Direkt gegenüber (Chartres St Nr. 1113) verbindet das 1826 errichtete 3 **Beauregard-Keyes House** kreolische und amerikanische Stilelemente. Weiter geht es auf der Ursulines Ave zur Royal St. Der Sodabrunnen in der 4 **Royal Pharmacy** ist ein Relikt aus den glücklichen Zeiten als Brauseladen.

Weiter geht es auf der Ursulines Ave und dann nach links in die Bourbon St. 5 **Lafitte's Blacksmith Shop**, das verfallene, einstöckige Gebäude an der Kreuzung mit der St. Philip St, ist eine kleine, nette Kneipe und ein National Historic Landmark. Über die St. Philip St geht's zurück zur Royal St und anschließend nach rechts.

In puncto Postkartenmotive in New Orleans hat die Royal St die Nase vorn. Gusseiserne Balkone zieren die Gebäude, Blumen in Fülle schmücken die Fassaden.

Das 6 **Cornstalk Hotel** (Nr. 195) erhebt sich hinter einem der meistfotografierten Zäune überhaupt. An der Orleans Ave blühen im 7 **St. Anthony's Garden** hinter der 8 **St. Louis Cathedral** stattliche Magnolien und tropische Pflanzen.

Man folgt der hübschen Pirate's Alley, geht rechts die Cabildo Alley entlang und folgt rechts die St. Peter St wieder zur Royal St. Tennessee Williams lebte 1946 und 1947 im 9 **Avart-Peretti House** (St. Peter St Nr. 632), als er *Endstation Sehnsucht* schrieb.

Nun biegt man links in die Royal St ab. An der Ecke Royal St/Toulouse St stehen zwei Häuser aus den 1790er-Jahren von Jean François Merieult. Der 10 **Court of Two Lions** in der Royal St 541 öffnet sich zur Toulouse St; direkt nebenan befindet sich die 11 **Historic New Orleans Collection.**

Im nächsten Block folgt das wuchtige 12 **State Supreme Court Building** von 1909, in dem viele Szenen von Oliver Stones Film *JFK – Tatort Dallas* gedreht wurden.

Schließlich geht es die St. Louis St weiter bis zur Chartres St und dort nach links. Wenn man sich dem Jackson Sq nähert, erblickt man auch schon das 13 **Cabildo**, den fast identischen Zwilling des Presbytère.

KUNST FÜR JEDES WOCHENENDE

Die Wochenenden in New Orleans stehen im Zeichen lokaler Kunst und ebensolcher Künstler.

New Orleans Arts District Art Walk (www.neworleansartsdistrict.com; Julia St) Am ersten Samstag jedes Monats feiern die Kunstgalerien im New Orleans Art District die Eröffnung ihrer Monatsausstellungen. Los geht's um 18 Uhr.

Freret Street Market (www.freretmarket.org; Ecke Freret St & Napoleon Ave) Der Mix aus Bauern-, Kunst- und Flohmarkt bietet großartige Einblicke in die hiesige Kultur. Am ersten Samstag jedes Monats von 12 bis 17 Uhr (außer im Juli & Aug.).

Saint Claude Arts District Gallery Openings (www.scadnola.com) New Orleans' neuestes Kunstviertel beherbergt eine wachsenden Zahl von Kunstgalerien und erstreckt sich von Faubourg Marigny bis nach Bywater. Hier leben einige der vielseitigsten Künstler von New Orleans. Fragt man Einheimische nach Empfehlungen fürs Wochenende, landet man vielleicht bei einer Feuerschluckerdarbietung oder einer improvisierten Kunstinstallation einer Künstlergruppe an einem geheim gehaltenen Ort.

Art Market of New Orleans (www.artscouncilofneworleans.org; Palmer Park, Ecke Carrolton Ave & Claiborne Ave) Am letzten Samstag jedes Monats stellen Hunderte der kreativsten Künstler der Region ihre Werke aus, die von einer Jury ausgewählt wurden. Außerdem gibt's typische Spezialitäten der regionalen Küche, Musik und ein Kinderprogramm. An warmen Tagen ein echtes Vergnügen!

Dank an Lindsay Glatz, Arts Council of New Orleans

Anne (Zi. 99–119 US$) ein exquisites, kürzlich renoviertes Boutiquehotel mit Antiquitäten-Dekor. Der Komplex liegt nahe dem Quarter, Garden District und der Uptown und eignet sich für jeden Geldbeutel. Parken ist kostenlos, ebenso der Eintritt für den St. Charles Ave Atheltic Club.

Lamothe House HISTORISCHES B&B **$$$**
(504-947-1161; www.lamothehouse.com; 621 Esplanade Ave; Zi. inkl. Frühstück 109–189 US$, Suite inkl. Frühstück 209–399 US$;) Blau- und Grüntöne bringen frischen Wind in die prächtigen Zimmer der Villa von 1839, die mit Vergoldungen, Rokoko-Schnitzereien und kunstvollen Ölgemälden verziert ist. Die schlichteren Zimmer in den Anbauten eignen sich für Familien und der weitläufige Garten lädt zu entspannten Stunden ein.

Degas House HISTORISCHES HOTEL **$$**
(504-821-5009; www.degashouse.com; 2306 Esplanade Ave; Zi. inkl. Frühstück ab 199 US$; P) Als Edgar Degas, der berühmte französische Impressionist, Anfang der 1870er-Jahre die Familie seiner Mutter besuchte, wohnte er in diesem Haus, das 1852 im italienischen Stil erbaut worden war. Die kunstvoll gestalteten Zimmer erinnern mit Reproduktionen von Arbeiten und Möbeln aus jener Zeit an den Aufenthalt des Malers. Die Suiten haben Balkone und Kamine, in die günstigeren, kleinen Mansardenzimmer im Dachgeschoss konnte sich der Künstler einst zurückziehen.

Cornstalk Hotel B&B **$$$**
(504-523-1515; www.cornstalkhotel.com; 915 Royal St; Zi. 115–250 US$;) Hinter der berühmten gusseisernen Umzäunung steht ein elegantes, altmodisches B&B, das den Trubel der Straße vergessen lässt. Die luxuriösen, sauberen Zimmer sind echte Schmuckstücke, die Teppiche werden einmal im Monat gesäubert. Begrenzte Parkmöglichkeiten.

Hotel Maison de Ville HISTORISCHES HOTEL **$$$**
(504-561-5858; www.hotelmaisondeville.com; 727 Toulouse St;) Zu Redaktionsschluss führten die neuen Besitzer gerade Umbauarbeiten im Garten durch und renovierten die Zimmer (ehemalige Sklavenunterkünfte), die Fassade und die Balkone. Die ein bis zwei Schlafzimmer umfassenden Audubon Cottage Suites liegen inmitten eines grünen Landschaftsgartens und dienten einst John J. Audubon bei seinem Aufenthalt in der Stadt als Quartier, in dem er lebte und malte. Der Pool aus dem späten 18. Jh. gilt als der älteste im Quarter. Das Hotel soll 2012 wiedereröffnet werden, ganz zur Freude aller, die die Gemütlichkeit, die Gastfreundlichkeit und den Charme der Südstaaten zu schätzen wissen.

Le Pavillon HISTORISCHES HOTEL $$$
(☎504-581-3111; www.lepavillon.com; 833 Poydras Ave; Zi. 129–299 US$, Suite 199–499 US$; ❄📶🏊) Das 1907 im europäischen Stil errichtete, elegante Hotel hat eine großzügige Marmorlobby, schicke, moderne Zimmer und einen tollen Pool auf dem Dach. Die dekadenten Suiten könnten dazu verleiten, für immer hierzubleiben. Wer ein „Queen"-Zimmer bucht, sollte um ein Erkerzimmer bitten. Parken kostet 25 US$.

India House Hostel HOSTEL $
(☎504-821-1904; www.indiahousehostel.com; 124 S Lopez St; B/DZ 20/55 US$; @📶🏊) In dem Hostel in der Mid-City herrscht gesellige Partystimmung. Ein großer Pool und der wunderbare Innenhof verleihen den drei verwohnten alten Häusern, die einfache, aber nette Schlafsäle beherbergen, Atmosphäre. Das Management und die Praktikanten aus den Niederlanden sind herzlich und hilfsbereit, die anderen Angestellten manchmal etwas unfreundlich. Viele der Privatzimmer sind eigentlich Schlafsäle mit etwas mehr Intimsphäre – wer also ein Doppelzimmer möchte, sollte nachfragen.

Marquette House International Hostel HOSTEL $
(☎504-523-3014; www.neworleansinternationalhostel.com; 2249 Carondelet St; B 17–25 US$, EZ/DZ ab 53/66 US$; ⏲Büro 7–12 & 17–22 Uhr; P❄) Weitläufige Anlage mit Schlafsälen und Privatzimmern (inkl. Kühlschränken und Mikrowellen) in der Nähe vom Garden District. Die zweckmäßigen, aber sicher nicht luxuriösen Zimmer werden durch den üppigen Garten aufgewertet, in dem man sich erholen und andere Gäste kennenlernen kann.

Essen

Louisiana hat die wohl bedeutendste einheimische kulinarische Tradition in den USA. Das liegt nicht so sehr an der (sehr hohen!) Qualität des Essens, sondern an der Geschichte der Gerichte, die teilweise älter sind als die meisten amerikanischen Bundesstaaten. Die Einwohner von New Orleans essen nicht, um zu leben, sondern leben, um zu essen – trotz der sinkenden Bevölkerungszahl nach Katrina stieg die Zahl der Restaurants um 15%!

FRENCH QUARTER

GW Fins SEAFOOD, CAJUN $$$
(☎504-581-3467; www.gwfins.com; 808 Bienville St; Hauptgerichte 26–36 US$; ⏲So–Do 17–22, Fr & Sa bis 22.30 Uhr) Im Fins liegt der Schwerpunkt auf Fisch. Der kommt frisch gefangen und so zubereitet auf den Tisch, dass der Geschmack des Meeres akzentuiert, nicht aber überdeckt wird. Die Gerichte sind keineswegs alltäglich, so gibt's z.B. auf Holz gegrillten Mangroven-Snapper, Schafskopf-Meerbrasse mit Parmesankruste und Bourbon-Vanille-Kartoffelbrei. Für New-Orleans-Standards ist die Küche fast leicht und bietet eine willkommene Abwechslung von dem vielen Jambalaya.

Bayona MODERN AMERIKANISCH $$$
(☎504-525-4455; www.bayona.com; 430 Dauphine St; Hauptgerichte 27–32 US$; ⏲Mo–Fr 11.30–14 & Mo–Do 18–22, Fr & Sa 18–23 Uhr) Wer sein Geld im Quarter gut investieren möchte, ist im Bayona richtig. Die Küche ist facettenreich, aber nicht chaotisch, stilvoll, aber nicht zu steif, innovativ, aber nicht abgehoben. Auf der täglich wechselnden Speisekarte findet man Fisch, Geflügel und Wild sowie Klassiker und Tagesmenüs (jeweils etwa vier), die als verfeinerte Hausmannskost zunächst überraschen, doch dann voll und ganz überzeugen.

Green Goddess FUSION $$
(www.greengoddessnola.com; 307 Exchange Pl; Hauptgerichte 7–17 US$; ⏲Mo & Mi 11.30–15.30 Uhr, Do–So 11–15.30 & 18 Uhr–spät) Das an einer ruhigen Allee abseits des Quarter gelegene Green Goddess schwimmt nicht einfach nur auf der in New Orleans so angesagten Fusion-Welle mit (Lust auf einen Blaubeer-Basilikum-Pfeffer-Jalapeño-Martini?), sondern ist mit seinen internationalen Einflüssen ein echtes Gottesgeschenk, wenn man genug von roten Bohnen mit Reis hat. Der gegrillte Cheddar-Käse mit irischem Porter und Birnenbutter ist zwar auch nichts für die Linie, verspricht aber ein einzigartiges kulinarisches Erlebnis.

Coop's CAJUN, KREOLISCH $$
(1109 Decatur St; Hauptgerichte 8–17,50 US$; ⏲11–3 Uhr) Das als Kneipe verkleidete ländliche Cajun-Lokal eignet sich bestens für eine günstige, wunderbar sättigende Mahlzeit. Empfehlenswerte Cajun-Köstlichkeiten sind z.B. Jambalaya mit Kaninchen und Würstchen oder rote Bohnen mit Reis. Für unter 15 US$ kann man sich hier so richtig den Magen vollschlagen.

Central Grocery ITALIENISCH $$
(923 Decatur St; halbes/ganzes Muffuletta 7,50/14,50 US$; ⏲Mo–Sa 9–17 Uhr) Ein sizilianischer Einwanderer erfand hier 1906 das

weltberühmte *muffuletta*-Sandwich, einen runden, ausgehöhlten Brotlaib, groß wie ein Gullydeckel, gefüllt mit Schinken, Salami, Provolone und mariniertem Salat mit Oliven. Noch heute wird es hier am besten zubereitet.

Yo Mama's BURGER **$**
(www.yomamasbarandgrill.com; 727 St Peters St; Burger 6,50–10,50 US$; ⏲11–3 Uhr) Hier gibt's Schinkenburger mit Erdnussbutter. Klingt komisch? Nun ja, das Ganze sieht aus wie ein Cheeseburger, das oben drauf ist allerdings kein geschmolzener Cheddar ... Die Kreation schmeckt tatsächlich, irgendwie passt die klebrige Süße der Erdnussbutter wunderbar zu dem dunklen Grillfleisch. Schinkenburger mit Erdnussbutter – ein echtes New-Orleans-Original!

Croissant d'Or Patisserie CAFÉ **$**
(617 Ursulines Ave; Backwaren 1,50–5,75 US$; ⏲Mo & Mi–So 6.30–15 Uhr) In dieser alten, makellos sauberen Patisserie beginnen viele Einwohner des Quarter ihren Tag. Einfach eine Zeitung mitbringen, Kaffee und ein Croissant bestellen und genießen. Am Eingang fällt das Emailleschild über der Tür ins Auge, auf dem „Ladies Entrance" steht, ein Überbleibsel aus voremanzipatorischen Zeiten, das heute natürlich keine Bedeutung mehr hat.

Clover Grill DINER **$**
(900 Bourbon St; Hauptgerichte 3–8 US$; ⏲24 Std.) Ein Schwulen-Imbiss? Jawohl! Das ist schon ziemlich schräg, schließlich sieht der Laden ansonsten haargenau wie ein Diner aus den 1950er-Jahren aus. Aber es ist ein echt amerikanisches Erlebnis, wenn sich zu plärrender Discomusik eine abgetakelte Drag-Queen und ein betrunkener Clubgänger wie Primadonnen anfauchen.

Café du Monde CAFÉ **$**
(800 Decatur St; Beignets 2,14 US$; ⏲24 Std.; 👪) Das Café du Monde wird überschätzt, aber für alle, die dennoch hin wollen, hier die nötigen Angaben: Der Kaffee ist ordentlich, die viereckigen, mit Zucker bestreuten Beignets sind nicht immer gleich gut und die Atmosphäre, nun ja, abstoßend: Gäste werden wie Nummern behandelt, man versucht, Bob und Fran zu überschreien, die gerade lautstark und mit unmöglicher Betonung „Jambalaya" bestellen, und ein Straßenmusikant gibt eine grausige Version von John Lennons „Imagine" zum Besten. Immerhin ist der Laden durchgehend geöffnet.

TREMÉ

Willie Mae's Scotch House SÜDSTAATEN **$$**
(2401 St Ann St; Brathähnchen 10 US$; ⏲Mo–Sa 11–19 Uhr) Das Brathähnchen im Willie Mae's ist ohne Frage sehr lecker. Das beste des Planeten ist es aber sicher nicht, obschon die James Beard Foundation es 2005 zum „amerikanischen Klassiker" erkor.

Dooky Chase SÜDSTAATEN **$$**
(2301 Orleans Ave; Buffet 17,95 US$; ⏲Di–Fr 11–15 Uhr) Ray Charles schrieb *Early in the Morning* über das Dooky, hiesige Anführer der Bürgerrechtsbewegung nutzten den Laden in den 1960er-Jahren als inoffizielles Hauptquartier und selbst Bush und Obama haben die gehobene, ziemlich teure Südstaatenküche bereits probiert!

FAUBOURG MARIGNY & BYWATER

Bacchanal CAFÉ **$$**
(www.bacchanalwine.com; 600 Poland Ave; Hauptgerichte 8–14 US$, Käse ab 5 US$/Stück; ⏲11–24 Uhr) Hier heißt es eine Flasche Wein bestellen, sich von den Angestellten hinter der Theke wahre Käse-Kunstwerke anrichten lassen und es sich dann in dem zugewachsenen Hinterhof auf rostigen Garten- oder wackligen Faltstühlen gemütlich machen. Gelegentlich treten auch Musiker auf. Zudem gibt es in dem erstklassigen Wein-&-Käse-Café mit Hillbilly-Flair eine kleine, aber innovative Speisekarte.

Elizabeth's CAJUN, KREOLISCH **$$$**
(www.elizabeths-restaurant.com; 601 Gallier St; Hauptgerichte 16–26 US$; ⏲Di–Sa 8–14.30 & 18–22, So 8–14.30 Uhr) Das Elizabeth's erinnert an eine Spelunke, ist ziemlich dunkel und vielleicht ein wenig zu cool. Das Essen ist manchmal etwas simpel und einfach, steht jedoch in Sachen Geschmack der besten Haute Cuisine New Orleans in nichts nach. Unbedingt probieren, egal zu welcher Tageszeit, sollte man „Praline Bacon", der in braunem Zucker und unglaublich gutem Öl gebraten ist.

CBD & WAREHOUSE DISTRICT

LP TIPP **Cochon** MODERNE CAJUN-KÜCHE **$$$**
(☎504-588-2123; www.cochonrestaurant.com; 930 Tchoupitoulas St; Hauptgerichte 19–25 US$; ⏲Mo–Fr 11–22, Sa 17.30–22 Uhr) Die großartige Brasserie des mit dem James Beard Award ausgezeichneten Donald Link serviert wunderbar kreative, gehobene Südstaatenküche. Das hausgemachte Louisiana-*cochon* (innen wunderbar saftiges, außen perfekt knuspriges Pulled Pork)

ist das vielleicht am besten zubereitete Schweinefleisch, das man jemals probieren wird – es sei denn, man isst hier zweimal. Beim Mac 'n' Cheese sorgt Speck für den besonderen Geschmack. Link verbindet furchtlos einfache Küche mit außergewöhnlicher Extravaganz und verwandelte so sein Lokal in ein unheimlich beliebtes kulinarisches Paradies, das zudem noch Hochprozentiges ausschenkt. Man muss reservieren.

Butcher CAJUN, SÜDSTAATEN **$$**
(www.cochonbutcher.com; 930 Tchoupitoulas St; Sandwiches 9–12 US$; ⏲Mo–Do 10–22, Fr & Sa bis 23, So bis 16 Uhr) Beim Cochon um die Ecke gibt's in dem ebenfalls von Küchenchef Donald Link betriebenen Delikatessenladen mit Bar hausgemachtes Rauchfleisch zu fairen Preisen. Zu den köstlichen Sandwich-Varianten gehören Pork-Cuban, Pulled Pork im Carolina-Stil, Cochon-Muffaletta und Buckboard-Bacon-Melt, zudem gibt's Pancetta Mac 'n' Cheese und Speck-Praline. Hier versteht jemand sein Handwerk!

GARDEN DISTRICT & UPTOWN

LP TIPP **Commander's Palace** MODERN KREOLISCH **$$$**
(☎504-899-8221; www.commanderspalace.com; 1403 Washington Ave; Hauptgerichte abends 28–45 US$; ⏲Mo–Fr 11.30–14, Sa bis 13, So 10.30–13.30 & Mo–Sa 18.30–22 Uhr) Es ist kein Zufall, dass einige der bekanntesten Köche der Stadt und des ganzen Landes ihre Karriere in der großartigen Grande Dame New Orleans mitten im wunderschönen Garden District begonnen haben (Paul Prudhomme, Emeril Lagasse). Chefkoch Tory McPhails (den Namen sollte man sich merken!) hat z.B. den Appetitanreger „Shrimp-and-Tasso" mit jeder Menge scharfer Louisiana-Sauce kreiert, der wie auch sein auf Holz gegrilltes Schweinefleisch in die oberste Gourmet-Liga gehört. Die ausgezeichnete kreolischer Küche wird von einem sachkundigen, freundlichen Service begleitet. Mittags gibt's Martinis (0,25 US$), Schildkrötensuppe (8 US$) oder eine Spezialität zum Festpreis. Shorts sind nicht erlaubt.

Boucherie MODERNE SÜDSTAATENKÜCHE **$$**
(☎504-862-5514; www.boucherie-nola.com; 8115 Jeannette St; großer Teller 12–15 US$; ⏲Di–Sa 11–15 & 17.30–21 Uhr) Gibt es etwas Besseres als einen Krispy-Kreme-Donut? Ja, den Krispy-Kreme-Brotpudding der Boucherie. Der schwere Pudding wird wunderbar locker, wenn man ihn mit Honig glasiert und in Sirup taucht – einfach köstlich! Abends empfehlen sich die süßen, lecker gegrillten Shrimps-Maisküchlein, der gebackene, wunderbar intensive Knoblauchparmesan und die butterzarte geräucherte Wagyu-Rinderbrust. Die fairen Preise machen das Gesamtpaket perfekt.

Mat and Naddie's MODERN KREOLISCH **$$$**
(☎504-861-9600; www.matandnaddies.com; 937 Leonidas St; Hauptgerichte 22–29 US$; ⏲Mo–Fr 11–14, Do–Sa & Mo 17.30–21.30 Uhr) In einem wundervollen schmalen Haus am Ufer, dessen hintere Terrasse hübsch mit Lichterketten geschmückt ist, bietet das M&N's eine umfangreiche, innovative, originelle Karte: Wie wär's mit Käsekuchen mit Artischocken, sonnengetrockneten Tomaten und geröstetem Knoblauch, in Sherry marinierter, gegrillter Wachtel mit Waffeln oder Süßkartoffelpie mit Pekannuss? Die Kombination aus hochwertigen Speisen und kulinarischem Mut trägt die Handschrift wahrhaft innovativer Köche.

Cowbell AMERIKANISCH **$$**
(www.cowbell-nola.com; 8801 Oak St; Hauptgerichte 10–14 US$; ⏲Di–Sa 11.30–15 & Di–Do 17–22, Fr & Sa bis 23 Uhr) Das stylishe Lokal ist in einer ehemaligen Tankstelle in Riverbend untergebracht und serviert eine einfache Küche, deren Biozutaten keine so furchtbaren Dinge enthält wie Hormone, Pestizide und anderen Müll, der Essen nach Pappe schmecken lässt – so die Worte des Besitzers. Der Burger aus Biofleisch ist wirklich lecker, die ausgesuchten Speisen wie Fisch-Tacos (von der Golfküste), gegrillter Käse und Biohühnchen mit Zitrone werden in äußerst coolem Ambiente in einer ländlichen Gourmet-Hütte mit Aluminium-Fassade serviert.

Domilise's Po-Boys KREOLISCH **$$**
(5240 Annunciation St; Po'boy 9–13 US$; ⏲Mo–Mi & Fr 10–19, Sa 10.30–19 Uhr) In dem verfallenen weißen Schuppen am Fluss gibt's Dixie-Bier aus Wisconsin, Angestellte, die hier schon seit Jahrzehnten arbeiten, und mit die besten Po' boys (traditionelles Louisiana-Sandwich) der Stadt. Zum Essen wird einem nicht allzu viel Zeit gelassen und am Wochenende muss man oft warten; nur Barzahlung.

Ausgehen

New Orleans ist eine Stadt zum Ausgehen. Von der Bourbon St sollte man sich fernhalten, denn die besten Bars Amerikas findet man in anderen Stadtteilen. Ruhiger und gesitteter geht's entlang der Frenchmen St in Faubourg Marigny zu.

Die meisten Bars öffnen jeden Tag, viele bereits gegen Mittag. Richtig los geht's gegen 22 Uhr – und dann kann man oft die ganze Nacht feiern. Wenn nicht gerade Livemusik gespielt wird, ist der Eintritt frei. Mit Schnaps- oder Biergläsern durch die Straßen zu laufen, ist verboten, deswegen bekommen Kneipentourer in den Bars geschlossene Plastikbecher.

Spotted Cat LIVEMUSIK
(www.spottedcatmusicclub.com; 623 Frenchmen St) Retro-Coolness durchdringt die exzellente Bar in der Frenchman St, die aus der Fernsehserie *Tremé* bekannt ist. Jeden Abend gibt's Hipster-Jazz, Eintritt wird nur für spezielle Veranstaltungen verlangt.

Mimi's in the Marigny BAR
(2601 Royal St; ⌚bis 5 Uhr) Die wunderbare, zweistöckige Bar (Billard unten, Musik oben) bietet exzellente spanische Tapas (5–8 US$), an den meisten Abenden lässigen Livejazz und DJ-Musik am Wochenende (Swamp Pop und Retro Soul wechseln sich jeden Freitag ab).

Tonique BAR
(www.bartonique.com; 820 Rampart St) Wer sich einen Drink im Quarter (zumindest an dessen Peripherie) genehmigen möchte, ist in dieser professionellen Cocktail-Bar an der richtigen Adresse. Coole Nachtschwärmer genießen hier den wohl besten Sazerac der Stadt.

St Joe's BAR
(5535 Magazine St) Einladende, religiös angehauchte Bar in der Uptown mit leckeren Heidelbeer-Mojitos (Gott sei gepriesen!), coolem Hinterhof und freundlichem Ambiente.

R Bar BAR
(1431 Royal St) Eine Mischung aus Kneipe und Nachbarschaftstreff; ein Bier mit Schnaps kostet 5 US$.

☆ Unterhaltung

Was wäre New Orleans ohne die ortstypische Livemusik? Am Wochenende ist fast immer für jeden Geschmack etwas dabei – Jazz, Blues, Brassbands, Country, Dixieland, Zydeco, Rock oder Cajun. Tagsüber kann man oft kostenlos den Auftritten lauschen. Veranstaltungshinweise findet man im *Gambit* (www.bestofneworleans.com), *Offbeat* (www.offbeat.com) oder auf www.nolafunguide.com.

Three Muses JAZZ
(www.thethreemuses.com; 536 Frenchman St; ⌚Mi–Do & So–Mo 16–22, Fr & Sa bis 2 Uhr) Der Newcomer konnte sowohl kulinarisch als auch musikalisch sofort überzeugen, schließlich trifft hier ein exzellenter Soundtrack auf Gourmet-Küche, die in für die Frenchman St ungewöhnlich intimer Atmosphäre serviert wird. Zwischen den Auftritten und den verschiedenen Gängen gibt's tolle Kunst von Künstlern aus der Umgebung zu bewundern. Herrlicher Ausgangspunkt!

Preservation Hall JAZZ
(www.preservationhall.com; 726 St Peter St; ⌚20–23 Uhr) Als veritables Museum für traditionellen Jazz und Dixieland ist die Preservation Hall eine echte Pilgerstätte. Aber wie bei vielen Andachtsstätten müssen die Gläubigen auch hier Opfer bringen: Es gibt keine Klimaanlage, die Zahl der Plätze ist begrenzt und Erfrischungen gibt's auch nicht – man darf Wasser mitbringen, das war's aber auch schon.

Snug Harbor JAZZ
(www.snugjazz.com; 626 Frenchmen St) Im Marigny. Der beste Veranstaltungsort für zeitgenössischen Jazz hat immer erstklassige Musik und viele interessante Shows im Programm. Wer sich den Eintritt für die Auftritte (15–25 US$) sparen möchte, kann das Ganze unten in der Bar auf sich wirken lassen.

Maple Leaf Bar LIVEMUSIK
(☎504-866-9359; 8316 Oak St) Riverbends ganzer Stolz; besonders heiß wird es in der intimen Atmosphäre unter der übertünchten Zinndecke am späten Abend. Montags gibt sich Papa Grows Funk, dienstags die Rebirth Brass Band die Ehre.

Tipitina's LIVEMUSIK
(www.tipitinas.com; 501 Napoleon Ave) In dem legendären Club in der Uptown trifft sich stets ein munteres Publikum. In dem Musikmekka treten neben örtlichen Größen des Jazz, Blues, Soul und Funk auch Bands auf, die durch die USA touren.

Vaughan's LIVEMUSIK
(800 Lesseps St) In der großartigen Bar in Bywater tritt donnerstagabends der ausgezeichnete Trompeter und Lokalmatador Kermit Ruffins auf.

Shopping

Faulkner House Books BUCHLADEN
(www.faulknerhousebooks.net; 624 Pirate's Alley; ⌚10–17.30 Uhr) Der belesene Besitzer dieses früheren Wohnhauses von William Faulkner verkauft seltene Erstausgaben und Neuerscheinungen.

Maple Street Book Shop BUCHLADEN
(www.maplestreetbookshop.com; 7523 Maple St; ⌚Mo–Sa 9–19, So 11–17 Uhr) Wichtiger unabhängiger Buchladen in der Uptown mit angeschlossenem Geschäft für Secondhand-Bücher direkt daneben.

Praktische Informationen

Gefahren & Ärgernisse

In New Orleans geschehen viele Gewaltverbrechen und die sicheren Viertel liegen dicht an dicht mit den Ghettos. Zu Fuß sollte man nicht zu weit nördlich von Faubourg Marigny und Bywater unterwegs sein (am besten nur bis zur St. Claude Ave vorwagen); auch südlich der Magazine St (vor allem hinter der Laurel St) und zu weit nördlich der Rampart St (Lakeside) vom French Quarter in Richtung Tremé ist es nicht gerade sicher. Am besten hält man sich an Orten auf, wo viele Menschen sind, vor allem nachts, und nimmt nach Einbruch der Dunkelheit ein Taxi. Im Quarter werden Touristen oft von Strichern angesprochen – einfach ignorieren und weitergehen! Dennoch besteht kein Grund, paranoid zu werden. Wie auch anderswo ereignen sich Gewaltverbrechen meistens unter Leuten, die sich kennen.

Infos im Internet & Medien

Gambit Weekly (www.bestofneworleans.com) Kostenloses Wochenblatt zu Musik, Kultur und Politik mit Kleinanzeigen.

NOLA Fun Guide (www.nolafunguide.com) Tolle Website mit aktuellen Infos zu Konzerten, Vernissagen etc.

Offbeat Magazine (www.offbeat.com) Kostenloses Monatsblatt, das auf Musik spezialisiert ist.

Times-Picayune (www.nola.com) New Orleans' Tageszeitung mit Veranstaltungskalender und der Freitagsbeilage „Lagniappe", einem noch umfassenderen Eventguide.

WWOZ 90.7 FM (www.wwoz.org) Spielt u. a. Musik aus Louisiana.

Internetzugang

Eine recht gute WLAN-Abdeckung gibt's im CBD, im French Quarter, im Garden und im Lower Garden District und in der Uptown. Auch fast jedes Café in der Stadt hat WLAN. Mit Ausweis kann man in den Bibliotheken kostenlos ins Netz.

Zotz (8210 Oak St; 4 US$/30 Min.; ⌚19–1 Uhr; 📶) Schrilles, von Tulane-Studenten frequentiertes Internetcafé im Viertel Riverbend. Der Biokaffee stammt aus fairem Handel.

Notfall & Medizinische Versorgung

Medical Center of Louisiana (www.mclno.org; 2021 Perdido St; ⌚24 Std.) Hat eine Notaufnahme.

Post

Post Lafayette Sq (610 S Maestri Pl; ⌚Mo–Fr 8.30–16.30 Uhr); Hauptpost (701 Loyola Ave; ⌚Mo–Fr 7–19, Sa 8–16 Uhr) Briefe mit der Adresse „General Delivery, New Orleans, LA 70112" landen bei der Hauptpost. Seit Katrina werden Briefkästen in abgelegenen Gegenden nicht immer zuverlässig geleert.

Touristeninformation

Die offizielle städtische Website für Besucher lautet www.neworleansonline.com.

Jean Lafitte National Historic Park and Preserve Visitor Center (☎504-589-2636; www.nps.gov/jela; 419 Decatur St; ⌚9–17 Uhr) Wird vom NPS betrieben und bietet Ausstellungen zur Lokalgeschichte, Stadtführungen und täglich Livemusik. Im Parkbüro selbst gibt's nicht viel, aber an den meisten Wochentagen finden musikalische Bildungsprogramme statt. Viele Parkranger sind Musiker und erfahrene Dozenten; sie informieren in ihren Vorträgen über Strömungen, kulturelle Veränderungen, regionale Stilrichtungen, Mythen, Legenden und Spieltechniken des Jazz.

Basin St. Visitor's Center (☎504-293-2600; www.neworleanscvb.com; 501 Bason St; ⌚9–17 Uhr) Die interaktive Touristeninformation des CVB ist im ehemaligen Frachtzentrum der Southern Railway untergebracht und hält jede Menge nützliche Infos und Karten sowie einen Film bereit, der einen historischen Überblick zeigt; zudem zeigt es eine kleine Eisenbahnausstellung. Das Zentrum befindet sich neben dem St. Louis Cemetery No 1.

Louisiana Visitor's Center (☎504-566-5661; www.louisianatravel.com; 529 St Ann St; ⌚8.30–17 Uhr) Jede Menge kostenlose Infos, Stadtpläne zu New Orleans und Karten zum Bundesstaat.

An- & Weiterreise

Der **Louis Armstrong New Orleans International Airport** (MSY; www.flymsy.com; 900 Airline Hwy) 11 Meilen (18 km) westlich der Stadt wickelt hauptsächlich Inlandsflüge ab.

Im **Union Passenger Terminal** (☎504-299-1880; 1001 Loyola Ave) ist der Sitz von **Greyhound** (☎504-525-6075; ⌚5.15–13 & 14.30–18 Uhr); regelmäßig fahren Busse nach Baton Rouge (18–23 US$, 2 Std.), Memphis, TN (63–79 US$, 11 Std.) und Atlanta, GA (84–106 US$, 12 Std.). **Amtrak** (☎504-528-1610; ⌚Ticketverkauf 5.45–22 Uhr) nutzt ebenfalls das Union Passenger Terminal; die Züge fahren nach Jackson, MS; Memphis, TN; Chicago, IL; Birmingham, AL; Atlanta, GA; Washington, D.C.; New York City; Los Angeles, CA; und Miami, FL.

Unterwegs vor Ort

Auto & Motorrad

Um die Viertel jenseits des Quarter zu erkunden, bietet sich ein Auto an; allerdings gestaltet sich die Parkplatzsuche als schwierig. In Parkhäusern zahlt man rund 13 US$ für die ersten drei Stunden und 30 bis 35 US$ für 24 Stunden.

Zum/Vom Flughafen

Es gibt Infoschalter an den Terminals A und B auf dem Flughafen. Der **Airport Shuttle** (☎866-596-2699; www.airportshuttleneworleans.com; einfache Strecke 20 US$/Pers.) fährt zu den Hotels in der Innenstadt. **Jefferson Transit** (☎504-364-3450; www.jeffersontransit.org; Erw. 2 US$) betreibt die Airport Route E2. Der Bus nimmt Passagiere vor Eingang 7 im Obergeschoss des Flughafens auf, hält am Airline Hwy (Hwy 61) auf dem Weg in die Stadt und endet an der Ecke Tulane Ave/Loyola Ave. Nach 19 Uhr fährt der Bus nur bis zur Kreuzung Tulane Ave/Carrollton Ave in Mid-City; von dort muss man 8 km durch eine heruntergekommene Gegend marschieren, bis man ins CBD kommt, wo man in einen Bus der Regional Transit Authority (RTA) umsteigen kann – bestenfalls eine sehr umständliche Angelegenheit, vor allem wenn man Gepäck mit sich herumschleppt.

Taxis in die Innenstadt kosten 33 US$ für eine oder zwei Personen, für jeden zusätzlichen Mitfahrer werden 14 US$ extra berechnet.

Öffentliche Verkehrsmittel

Die **Regional Transit Authority** (RTA; www.norta.com) betreibt das lokale Busnetz. Die Preise für Busse und Straßenbahnen (Streetcars) liegen bei 1,25 US$, zu denen beim Umsteigen noch 0,25 US$ kommen; Expressbusse kosten 1,50 US$. Man muss den Fahrpreis passend zahlen. RTA Visitor Passes kosten für einen bzw. drei Tage 5 bzw.12 US$.

Die RTA hat auch drei Straßenbahnlinien. Die historische St.-Charles-Straßenbahn fährt aufgrund der durch den Hurrikan verursachten Schäden am Gleisbett in Uptown nur eine kurze Schleife im CBD. Die Canal-Straßenbahn bedient die Strecke die Canal St hinauf zum City Park und hat eine Nebenstrecke in der Carrollton Ave. Die Riverfront-Route führt 3,2 km den Fluss entlang, von der Old US Mint über die Canal St bis zum flussaufwärts gelegenen Convention Center und wieder zurück.

Taxis werden von **United Cabs** (☎504-522-9771; www.unitedcabs.com) oder **White Fleet Cabs** (☎504-822-3800) betrieben.

PARKEN IN NEW ORLEANS

Seit Katrina wurden viele Buslinien in New Orleans eingestellt, besonders im French Quarter, wo gar keine mehr verkehren. Einheimische parken oft trotz der (veralteten) Parkverbotsschilder auf den nicht mehr genutzten Spuren für Busse. Die Praxis birgt ein gewisses Restrisiko, vor allem wenn ein Verkehrspolizist einen schlechten Tag erwischt hat, im Allgemeinen bekommt man jedoch keine Probleme.

Fahrräder verleiht **Bicycle Michael's** (☎504-945-9505; www.bicyclemichaels.com; 622 Frenchmen St; 35 US$/Tag; ⌚Mo, Di & Do–Sa 10–19, So bis 17 Uhr) im Faubourg Marigny.

Rund um New Orleans

Wer das wilde, bunte N'awlins verlässt, findet sich urplötzlich in einer Welt aus Sümpfen, Bayous, Plantagenherrenhäusern aus der Zeit vor dem Bürgerkrieg und verschlafenen kleinen Gemeinden wieder. Diese weniger bekannte Gegend verspricht interessante Abenteuer abseits der ausgetretenen Pfade.

DAS NORDUFER

Trabantenstädte säumen das Nordufer des **Lake Ponchartrain**. Nördlich von Mandeville erreicht man das idyllische Dorf **Abita Springs**, das im späten 19. Jh. wegen seiner Heilquellen beliebt war. Heute sprudelt das Quellwasser zwar immer noch aus einem Brunnen mitten im Dorf, aber die flüssigen Hauptattraktionen hat jetzt der **Abita Brew Pub** (☎985-892-5837; www.abitabrewpub.com; 7201 Holly St; Führung kostenlos; ⌚Di–Fr 11–21, Sa bis 22 Uhr): Hier kann man aus zehn Fassbiersorten wählen, die 1 Meile (1,6 km) westlich in der **Abita Brewery** (www.abita.com; 166 Barbee Rd; Führung kostenlos; ⌚Führungen Mi–Fr 14, Sa 11, 12, 13 & 14 Uhr) gebraut werden.

Weitere Labsal findet man am Hwy 1082 in den **Ponchartrain Vineyards** (www.pontchartrainvineyards.com; 81250 Old Military Rd; ⌚Verkostung Mi–So 12–16 Uhr), wo die feinsten Weine Louisianas – angenehmerweise nicht so klebrig-süß wie die meisten anderen Südstaatentropfen – produziert werden. Weiter südlich lohnt es sich in **Covington**, den abgefahrenen Antiquitätenläden einen Besuch abzustatten.

Der 50 km lange **Tammany Trace Trail** (www.tammanytrace.org) verbindet die Orte am Nordufer, beginnend mit Covington, durch Abita Springs hindurch und zum **Fontainebleau State Park**, der am Seeufer in der Nähe von Mandeville liegt; Endstation ist Slidell. Die umfunktionierte alte Bahntrasse bietet sich für eine nette Radtour an, bei der man die Zentren aller Ortschaften passiert. Fahrräder vermietet der **Old Mandeville Café and Kickstand Bike Rental** (www.kickstand.bz; 690 Lafitte St; ⌚Mo–Sa 8–16 Uhr, So 10–16 Uhr) in Mandeville.

BARATARIA PRESERVE

Der Abschnitt des **Jean Lafitte National Historical Park & Preserve** südlich von New Orleans liegt unweit der Ortschaft Marrero; er bildet den einfachsten Zugang zu dem dichten Sumpfland, das Louisianas Hauptstadt umgibt. Die insgesamt 13 km langen Plankenwege bieten beeindruckende Erlebnisse: Man gelangt mühelos in die üppigen, fruchtbaren Sümpfe hinein, wo man Alligatoren und andere faszinierende Tiere und Pflanzen beobachten kann. In dem Schutzgebiet leben z. B. Biberratten, Baumfrösche und Hunderte Vogelarten. Bei den interessanten, von Rangern geführten Spaziergängen erfährt man etwas über die vielen Ökosysteme, die zusammen das bilden, was gemeinhin „Feuchtgebiet" genannt wird.

Am **NPS Visitors Center** (☎504-589-2330; www.nps.gov/jela; Hwy 3134; Eintritt frei; ⌚9–17 Uhr; 👪), 1 Meile (1,6 km) westlich des Hwy 45 nahe der Ausfahrt Barataria Blvd, kann man eine Karte mitnehmen oder sich einer geführten Wanderung oder Kanufahrt anschließen (meistens Sa vormittags & jeden Monat zur Vollmondnacht; vorab telefonisch reservieren). Im Center sind informative Ausstellungen und ein 25-minütiger Dokumentarfilm über Sumpfhabitate zu sehen. Kanus oder Kajaks für die Teilnahme an einer Tour oder zum Paddeln auf eigene Faust verleiht **Bayou Barn** (☎504-689-2663; www.bayoubarn.net; Kanu 20 US$/Pers., 1er-Kajak 25 US$/Tag; ⌚Do–So 10–18 Uhr), zu finden am Bayou de Familles direkt vor dem Parkeingang.

DIE RIVER ROAD

Prächtige Plantagenherrenhäuser sprenkeln das Ost- und Westufer des Mississippi zwischen New Orleans und Baton Rouge.

SUMPFTOUREN

Wer nicht auf den Wasserwegen unterwegs war, hat Louisiana nicht wirklich kennengelernt. Am einfachsten geht das im Rahmen einer geführten Tour in die Sümpfe. Man kann diese von New Orleans aus arrangieren oder sich direkt bei den Sümpfen an einen lokalen Veranstalter wenden.

Annie Miller's Son's Swamp & Marsh Tours TOUR
(☎985-868-4758; www.annie-miller.com; 3718 Southdown Mandalay Rd, Houma; Erw./Kind 15/10 US$; 👪) Der Sohn der legendären Sumpfführerin Annie Miller tritt in die Fußstapfen seiner Mutter.

Westwego Swamp Adventures TOUR
(☎504-581-4501; www.westwegoswampadventures.com; 501 Laroussini St, Westwego; Erw./Kind mit Transfer 49/24 US$; 👪) Einer der Anbieter, der New Orleans am nächsten ist; die Teilnehmer werden auf Wunsch im Quarter abgeholt.

Die Plantagen erwirtschafteten großen Reichtum, zunächst mit Indigo, dann mit Baumwolle und Zuckerrohr; viele sind für die Öffentlichkeit zugänglich. Die meisten Führungen behandeln das Leben der Plantagenbesitzer, die restaurierten Gebäude und die kunstvollen Gärten des Antebellum-Louisiana, klammern aber die Geschichte der Sklaven aus, die eigentlich den Großteil der Menschen auf den Plantagen ausmachten. Mit dem Auto lässt sich die Gegend problemlos erkunden, zudem werden organisierte Touren angeboten.

Auf der **Laura Plantation** (www.lauraplantation.com; 2247 Hwy 18; Erw./Kind 18/5 US$; ⌚10–16 Uhr) in Vacherie am Westufer wird die anschaulichste und informativste Führung geboten. Die beliebte Tour wird ständig erweitert und arbeitet dabei mittels gründlicher Forschungen und schriftlicher Zeugnisse von kreolischen Frauen, die die Plantage über Generationen hinweg führten, Unterschiede im Leben der Kreolen, Anglo- und Afroamerikaner in der Antebellum-Ära heraus.

Die **Oak Alley Plantation** (www.oakalleyplantation.com; 3645 Hwy 18; Erw./Kind 18/4,50 US$; ⌚9–16.40 Uhr), ebenfalls in

Vacherie, beeindruckt mit dem Blätterdach von 28 majestätischen Lebenseichen, die die Auffahrt zu dem prächtigen Greek-Revival-Herrenhaus säumen. Der Anblick lässt sich noch besser mit einem frischen Minz-Julep (6 US$) genießen. Die Führung ist recht steif, dafür gibt es Cottages für Gäste (130–170 US$) und ein Restaurant.

Eine Plantagenbesichtigung kombiniert man am besten mit einem Besuch des **River Road African American Museum** (www.africanamericanmuseum.org; 406 Charles St; Museum 4 US$; ⌚Mi–Sa 10–17, So 13–17 Uhr), 25 Meilen (40 km) entfernt in Donaldsonville. Das ausgezeichnete Museum erinnert an die Geschichte der Afroamerikaner in den ländlichen Gemeinden am Mississippi.

BATON ROUGE

1699 nannten französische Entdeckungsreisende die Gegend *baton rouge* (roter Stab), als sie auf einen rot gefärbten Pfosten aus Zypressenholz stießen. Diesen hatten die Ureinwohner der Bayagoula und Houma in den Boden gerammt, um ihre Jagdgründe abzugrenzen. Die einst verschlafene Hauptstadt Lousianas verzeichnete nach Katrina ein beträchtliches Bevölkerungswachstum, da obdachlos gewordene Menschen aus New Orleans sich hier dauerhaft niederließen. Für die meisten Besucher sind hauptsächlich die Louisiana State University (LSU) und die Southern University von Interesse; letztgenannte war zur Zeit der Rassentrennung die größte, rein afroamerikanische Universität des Landes.

Sehenswertes & Aktivitäten

GRATIS **Louisiana State Capitol** HISTORISCHES GEBÄUDE
(⌚Di–Sa 9–16 Uhr) Der über der Stadt thronende Art-déco-Wolkenkratzer ist ein absolutes Muss. Er wurde auf dem Höhepunkt der Weltwirtschaftskrise für 5 Mio. US$ gebaut und ist die auffälligste Hinterlassenschaft des populistischen Gouverneurs „Kingfish" Huey Long. Die **Aussichtsterrasse** im 27. Stock bietet Traumblicke, die stilvolle Eingangshalle ist ähnlich eindrucksvoll. Jede Stunde finden kostenlose Führungen statt.

Louisiana Arts & Science Museum MUSEUM
(www.lasm.org; 100 S River Rd; Erw./Kind 7/6 US$, mit Planetarium-Show 9/8 US$; ⌚Di–Fr 10–15, Sa 10–17, So 13–16 Uhr; 👪) Das Museum zeigt interessante Installationen zu Kunst und Naturgeschichte sowie Planetarium-Shows. Wer ein bisschen Bewegung braucht, kann sich auf dem hübschen **Fußgänger- und Fahrradweg** am Mississippi die Beine vertreten; er führt über 4 km von der Uferpromenade der Innenstadt bis zur LSU.

GRATIS **Old State Capitol** HISTORISCHES GEBÄUDE
(www.crt.state.la.us/tourism/capitol; 100 North Blvd; ⌚Di–Sa 9–16 Uhr) Das neugotische, rosafarbene Gebäude erinnert an ein Märchenschloss – es fehlt nur, dass Gouverneur Bobby Jindal sein langes Haar aus einem Fenster herunterbaumeln lässt. Es beherbergt Ausstellungen über die bewegte politische Vergangenheit des Bundesstaats.

LSU Museum of Art MUSEUM
(www.lsumoa.com; 100 Lafayette St; Erw./Kind 5 US$/frei; ⌚Di–Sa 10–17, Do bis 20, So 13–17 Uhr) Auf der anderen Straßenseite zeigt das Museum eine kleine Ausstellung; Highlight ist der Teil über Louisianas Vergangenheit und Gegenwart.

Dixie Landin & Blue Bayou VERGNÜGUNGSPARK
(www.bluebayou.com; Erw./Kind 35/28 US$; 👪) Gleich östlich der Stadt liegt an der I-10 und der Highland Rd der bei Kindern beliebte Vergnügungs- und Wasserpark; die Öffnungszeiten stehen auf der Website.

Schlafen & Essen

Stockade Bed & Breakfast B&B $$$
(☎225-769-7358; www.thestockade.com; 8860 Highland Rd; Zi. inkl. Frühstück 135–215 US$; P❄📶) Kettenhotels säumen die I-10, doch das wunderbare B&B mit fünf geräumigen, gemütlichen und eleganten Zimmern verspricht einen sehr viel netteren Aufenthalt. Es liegt 3,5 Meilen (5 km) südöstlich der LSU, nur einen Katzensprung von mehreren großartigen Restaurants der Gegend entfernt. Am Wochenende, besonders in der Footballsaison, sollte man reserviert haben.

Schlittz & Giggles BAR, PIZZERIA $$
(www.schlittz.com; 301 3rd St; Pizza 10–22 US$; ⌚Mo–Do 11–24, Fr–So bis 3 Uhr; 📶) Das Essen lässt den seltsamen Namen der Pizzeria und Bar in der Innenstadt vergessen. Studenten lassen sich die knusprig dünnen Pizzastücke (3–3,50 US$) und fabelhaften Paninis schmecken, während sich in der Bar ältere Einheimische treffen.

Buzz Café CAFÉ $
(www.thebuzzcafe.org; 340 Florida St; Gerichte 7–9 US$; ⌚Mo–Fr 7.30–14 Uhr; 📶) Das flippi-

NICHT VERSÄUMEN

DER PERFEKTE PO'BOY

Louisianas besten Po'boy gibt es überraschenderweise nicht in New Orleans, sondern unter einer Überführung der I-10 in Baton Rouge. **Georges** (www.georgesbr.com; 2943 Perkins Rd; Gerichte 5–12 US$; ⌚So–Do 11–22.30, Fr & Sa bis 23 Uhr), eine dunkle Bar mit bis zur Decke gestapelten Rechnungen, bietet eine Speisekarte zum Niederknien, die u. a. 13 verschiedene Po'boys enthält. Sei es die exotische Variante mit scharfem gegrillten Schweinefleisch oder die klassische mit Shrimps: Die für Louisiana typischen Sandwiches versprechen allesamt ein köstlich-knuspriges Geschmackserlebnis. Wer sich nicht zwischen diesen und den ebenso grandiosen Cheeseburgern entscheiden kann, nimmt einfach den Cheeseburger Po'boy.

ge Café ist in einem historischen Gebäude untergebracht und serviert wunderbaren Kaffee, originelle Wraps und Sandwiches.

☆ Unterhaltung

Varsity Theatre LIVEMUSIK
(www.varsitytheatre.com; 3353 Highland Rd; ⌚20–2 Uhr) Im Varsity vor den Toren der LSU wird auch oft unter der Woche abends Livemusik gespielt. Im zugehörigen Restaurant lässt sich ein lautes studentisches Publikum die große Bierauswahl schmecken.

Boudreaux and Thiboudeux LIVEMUSIK
(www.bandtlive.com; 214 3rd St) In dem Club in der Downtown gibt's donnerstags bis samstags Livemusik und oben eine tolle Terrassenbar.

ℹ Praktische Informationen

Visitor Center (☎800-527-6843; www.visitbatonrouge.com; 358 3rd St; ⌚8–17 Uhr) Die Zweigstelle in der Innenstadt hat Stadtpläne, Broschüren zu lokalen Attraktionen und Veranstaltungskalender auf Lager.

Capital Park Visitor Center (☎225-219-1200; www.louisianatravel.com; 702 River Rd N; ⌚8–16.30 Uhr) In der Nähe des Visitor Center; hat ein noch größeres Angebot.

ℹ Anreise & Unterwegs vor Ort

Baton Rouge liegt 80 Meilen (128 km) westlich von New Orleans an der I-10. Der **Baton Rouge Metropolitan Airport** (BTR; www.flybtr.com) befindet sich nördlich der Stadt abseits der I-110. Busse von **Greyhound** (☎225-383-3811; 1253 Florida Blvd, an der N 12th St) fahren regelmäßig nach New Orleans, Lafayette und Atlanta, GA. Für die Stadtbusse ist **Capitol Area Transit System** (CATS; www.brcats.com) zuständig.

ST. FRANCISVILLE

Nördlich von Baton Rouge waren und sind das hübsche Städten St. Francisville und die umliegenden Plantagen beliebte Rückzugsorte vor der Hitze des Deltas. Im Jahrzehnt vor dem Bürgerkrieg lebten hier reiche Plantagenbesitzer; viele ihrer Herrenhäuser sind noch erhalten. Die idyllischen, von Bäumen gesäumten Straßen, die vielen historischen Häuser und Kirchen, Galerien und Antiquitätenläden sind zweifellos einen Abstecher wert.

Sehenswertes & Aktivitäten

Bei einem Spaziergang entlang der historischen **Royal St** lassen sich die in Wohnhäuser umgebauten Gebäude und Villen aus der Antebellum-Ära bewundern. Im Visitor Center gibt es Broschüren zu Touren in Eigenregie.

Myrtles Plantation HISTORISCHES GEBÄUDE
(☎225-635-6277, 800-809-0565; www.myrtlesplantation.com; 7747 US Hwy 61 N; ⌚9–16.30 Uhr, Führungen Fr & Sa 18, 19 & 20 Uhr) Das B&B ist besonders bemerkenswert, denn hier soll es spuken – aus zweiter Hand wurde uns bestätigt, dass da was dran sein soll. An den Wochenenden werden denn auch abends „Mystery Tours" (nach Reservierung) angeboten. Es könnte also ganz lustig sein, in einem der Zimmer (ab 115 US$) Kontakt mit dem Jenseits aufzunehmen.

Schlafen & Essen

LP TIPP **3-V Tourist Court** HISTORISCHES INN $$
(☎225-721-7003; 5689 Commerce St; 1-/2-Bett-Hütte 80/130 US$; P❄📶) Das Inn, das in den 1930er-Jahren seine Pforten öffnete, gehört zu den landesweit ältesten Motels und wurde in das National Register of Historic Places aufgenommen. Die fünf einfachen Unterkünfte verfügen über Zimmer mit historischer Deko und Einrichtung, denen kürzlich mit modernen Betten, neuem Parkettboden und Flachbildfernsehern ein moderneres Antlitz verliehen wurde.

Shadetree Inn Bed and Breakfast B&B $$
(☎225-635-6116; www.shadetreeinn.com; Ecke Royal St & Ferdinand St; Zi. ab 175 US$; P❄📶) Am Rand des historischen Viertels und

eines Vogelschutzgebiets. Das wunderbar gemütliche B&B wartet mit einem prachtvollen, mit Blumen übersäten Garten voller Hängematten und geräumigen Zimmern in rustikalem Schick auf. Das kontinentale Deluxe-Frühstück, das man sich im Zimmer servieren lassen kann, ist – ebenso wie eine Flasche Wein oder Champagner – im Preis inbegriffen.

Magnolia Café CAFÉ **$$**
(www.themagnoliacafe.com; 5687 Commerce St; Hauptgerichte 7–12 US$; ⌚So–Mi 10–16, Do–Sa bis 21 Uhr) Der gesellige Treffpunkt war einst ein Naturkostladen samt Werkstatt für VW-Busse. Heute wird hier gegessen, geplaudert und freitagabends zu Livemusik getanzt. Zu empfehlen ist der Garnelen-Po'boy.

Birdman Coffee and Books CAFÉ **$**
(Commerce St; Hauptgerichte 5–6,50 US$; ⌚Mo–Fr 7–17, Sa & So 8–17 Uhr; 📶) Direkt vor dem Magnolia Café bietet das Birdman typisches Südstaatenfrühstück (gelbe Maisgrütze, Süßkartoffelpfannkuchen usw.) und Kunst aus der Gegend.

ℹ Praktische Informationen

Touristeninformation (☎225-635-4224; www.stfrancisville.us; 11757 Ferdinand St) Hält nützliche Infos über die zahlreichen Plantagen in der Gegend bereit, die besichtigt werden können. In vielen gibt's auch B&Bs.

Cajun Country

Willkommen in einem wirklich einzigartigem Gebiet der USA. Benannt wurde es nach den französischen Siedlern, die 1755 von den Briten aus Akadien (heute Nova Scotia, Kanada) vertrieben worden waren und nun neben amerikanischen Ureinwohnern und Kreolen lebten. Die Bezeichnung „Acadian" wurde zu „Cajun" verballhornt. Die qualvolle Reise nach Louisiana und der Kampf ums Überleben in den Sümpfen sind auch heute noch eine Quelle des kulturellen Stolzes der modernen Cajuns und erklären ihre Zähigkeit und ihren Gleichmut.

Die Cajuns sind die größte französischsprachige Minderheit in den USA – man hört die Sprache im Radio und die Bewohner der Gegend sprechen mit französischem Akzent. Lafayette ist zwar der Knotenpunkt des Cajun Country, aber richtig lernt man es draußen auf den Wasserstraßen kennen, in den Dörfern und den Schuppen am Straßenrand. Schlechtes Essen gibt's hier nicht: Jambalaya (Reis mit Tomaten, Wurst und Shrimps) und Krebs-Étoufée (dicker Eintopf, eine Spezialität der Cajun-Küche) werden voller Stolz und mit Ruhe und viel Cayenne-Pfeffer zubereitet. Und wer hier nicht fischt, tanzt wahrscheinlich gerade. Da darf man nicht Zaungast bleiben: *Allons dansons* („Lasst uns tanzen")!

LAFAYETTE

Zunächst wirkt Lafayette wie eine x-beliebige amerikanische Stadt, doch das Zentrum ist ein wirkliches kleines Juwel, besonders wenn man mal was springen lassen möchte. Seltsamerweise ist die äußerst lebendige lokale Musikszene noch relativ unbekannt. Rund um die Universitätsstadt spielen an den meisten Abenden Bands vor einem sehr gut gelaunten und äußerst entspannten Publikum, das schwoft, sich amüsiert und die Show genießt. In der kompakten, historischen Innenstadt laden einige der besten Restaurants und Bars in Louisiana außerhalb von New Orleans zu kulinarischen Genüssen und dem einen oder anderen Gläschen ein, zudem gibt es eine faszinierende hippe Retro-Biker-Kultur zu entdecken.

👁 Sehenswertes & Aktivitäten

Acadiana Center for the Arts GALERIE
(☎337-233-7060; www.acadianacenterforthearts.org; 101 W Vermilion St; Erw./Kind/Student 5/2/3 US$; ⌚Di–Fr 10–17, Sa bis 18 Uhr) Im Herzen der Innenstadt betreibt das Kunstzentrum drei schicke Galerien und veranstaltet dynamische Theatervorführungen, Vorträge und besondere Events.

University Art Museum MUSEUM
(museum.louisiana.edu; 710 E St Mary Blvd; Erw./Jugendl. 5/3 US$; ⌚Di–Do 9–17, Fr 9–12, Sa 10–17 Uhr) Gleich südlich vom Girard Park beherbergt das schicke Museum sorgfältig gestaltete, informative Ausstellungen.

Vermilionville KULTURELLER KOMPLEX
(www.vermilionville.org; 300 Fisher Rd; Erw./Student 8/5 US$; ⌚Di–So 10–16 Uhr; 👪) Entlang eines Bayous in der Nähe des Flughafens erstreckt sich dieses idyllische, halb restaurierte, halb nachgebaute Cajun-Dorf aus dem 19. Jh. Freundliche kostümierte Guides erläutern die Geschichte der Cajuns, der Kreolen und der amerikanischen Ureinwohner; sonntags spielen lokale Bands. Zum Angebot gehören außerdem geführte **Bootstouren** (☎337-233-4077; Erw./Student 12/8 US$; ⌚März–Mai & Sept.–Nov. Di–Sa 10.30 Uhr) auf dem Bayou Vermilion.

Acadian Cultural Center GRATIS MUSEUM
(www.nps.gov/jela; 501 Fisher Rd; ⌚8–17 Uhr) Das beste NPS-Museum im Cajun Country befindet sich neben dem Vermilionville.

Feste & Events

Beim großartigen, kostenlosen **Festival International de Louisiane** (www.festivalinternational.com) im April, dem größten Gratis-Musikfestival dieses Kalibers der USA, stehen fünf Tage lang regionale und internationale Künstler im Mittelpunkt.

Schlafen & Essen

Kettenhotels (DZ ab 65 US$) reihen sich nahe den Exits 101 und 103 von der I-10 aneinander. In der Jefferson St im Zentrum gibt es eine gute Auswahl an Bars und Restaurants, die von Sushi bis hin zu mexikanischer Küche ein breites Spektrum anbieten.

Blue Moon Guest House LP TIPP PENSION $
(☎337-234-2422, 877-766-2583; www.bluemoonguesthouse.com; 215 E Convent St; B 18 US$, Zi. 73–94 US$; P❄@📶) Ein echtes kleines Juwel Louisianas: Das gepflegte alte Haus beherbergt eine gehobene Unterkunft im Hostel-Stil, einen kurzen Fußmarsch vom Zentrum entfernt. Wer hier übernachtet, landet automatisch auf der Gästeliste für den beliebtesten Treff Lafayettes für bodenständige Livemusik; die Party steigt im Hinterhof. Die freundlichen Besitzer, eine voll ausgestattete Küche und Geselligkeit fügen sich zu einem einzigartigen musikalischen Urlaubsflair zusammen, das auch Backpacker mit schmalem Geldbeutel anlockt. Während des Festivals ziehen die Preise stark an.

Buchanan Lofts BOUTIQUE-APARTMENTS $$
(☎337-534-4922; www.buchananlofts.com; 403 S Buchanan; Zi. pro Nacht/Woche ab 100/600 US$; P❄@📶) Wenn sie nicht so groß wären, würden die hippen Lofts wunderbar nach New York City passen. Die sehr geräumigen Apartments sind mit Küchenzeilen sowie moderner Kunst und Dekor ausgestattet, die der freundliche Besitzer von seinen vielen Reisen mitgebracht hat. Die Optik bestimmen unverputzte Backsteinwände, Parkettböden und kleine Details wie Trommeln, die das industrielle Design auflockern.

Johnson's Boucanière LP TIPP CAJUN $
(1111 St John St; Hauptgerichte 5–8 US$; ⌚Do–Fr 10–17, Sa 7–15 Uhr) Das wiedereröffnete, 70 Jahre alte ländliche Familienrestaurant für geräucherte Spezialitäten lohnt die Anfahrt mit seinem *boudin* (Würstchen aus Schweinefleisch und Reis nach Cajun-Art) oder dem wunderbaren Sandwich mit geräucherter Brust vom Schwein und Räucherwürstchen. Das schicke, mit Aluminium verkleidete Häuschen mit Veranda und unverkennbarem Räucherduft ist nicht zu verfehlen.

French Press FRÜHSTÜCK $$
(www.thefrenchpresslafayette.com; 214 E Vermillion; Frühstück 6–10,50 US$; ⌚Di–Do 7–14, Fr 7–14 & 17.30–21, Sa 9–14 & 17.30–21, So 9–14 Uhr; 📶) Der neue Laden mischt französische mit Cajun-Elementen und serviert in moderner Caféatmosphäre leckere Frühstückvariationen wie ein großartiges Sandwich, deftige Maisgrütze mir Cheddar, bekömmliches Biomüsli, schwarze Bohnen und Eggs Benedict auf Krabbenküchlein sowie exzellenten Kaffee aus der Kaffeepresse.

Pamplona Tapas Bar TAPAS $$
(www.pamplonatapas.com; 631 Jefferson St; Tapas ab 4 US$; ⌚Di–Do 11–14 & 17–20, Fr bis 23, Sa 17–23 Uhr; 📶) Das etwas schickere Lokal bietet ausgezeichnete Tapas (z. B. Datteln im Speckmantel auf Blauschimmelkäse, mit Chorizo gefüllte Pilze) und eine geniale Auswahl an spanischen Weinen (Glas 6–11 US$).

Old Tyme Grocery CAJUN $
(218 W St Mary St; Po'boys 6–10 US$; ⌚Mo–Fr 9–22, Sa 9–19 Uhr) Stadtbekannte Po'boys.

Unterhaltung

Über das Unterhaltungsprogramm informieren das kostenlose Wochenblatt *Times* (www.thetimesofacadiana.com) und der *Independent* (www.theind.com).

Blue Moon Saloon LIVEMUSIK
(www.bluemoonpresents.com; 215 E Convent St; Eintritt 5–8 US$) Der intime Veranstaltungsort auf der hinteren Veranda der zugehörigen Pension repräsentiert Louisiana in Reinform: gute Musik, nette Leute und leckeres Bier. Was will man mehr?

Lafayette ist für seine alten Tanzsäle bekannt, in denen Spaß, Tanz und regionales Essen geboten werden. Zu den besten Adressen für Cajun-Musik und Tanz gehören:

Mulate's TANZ
(325 Mills Ave, Breaux Bridge) Auf dem Weg nach Breaux Bridge.

Randol's TANZ
(www.randols.com; 2320 Kaliste Saloom Rd, Lafayette; ⌚So–Do 17–22, Fr & Sa bis 23 Uhr) Südlich der Stadt.

Prejean's TANZ
(www.prejeans.com; 3480 NE Evangeline Thruway/I-49, North Lafayette) 2 Meilen (3,2 km) nördlich der Stadt.

Praktische Informationen

Visitor Center (☎337-232-3737, 800-346-1958; www.lafayettetravel.com; 1400 NW Evangeline Thruway; Mo–Fr 8.30–17, Sa & So 9–17 Uhr)

An- & Weiterreise

Von der Exit 103A der I-10 führt der Evangeline Thruway (Hwy 167) ins Stadtzentrum. Busse von **Greyhound** (☎337-235-1541; 315 Lee Ave) fahren von einer Haltestelle neben dem CBD mehrmals täglich nach New Orleans (3½ Std.) und Baton Rouge (1 Std.). Der *Sunset Limited* von **Amtrak's** (133 E Grant St) fährt dreimal pro Woche nach New Orleans.

CAJUN WETLANDS

1755 schuf *le Grande Dérangement,* „die große Vertreibung" der ländlichen französischen Siedler aus Akadien durch die Briten, eine heimatlose Bevölkerung von Akadiern, die jahrzehntelang nach einem Ort suchten, an dem sie sich wieder niederlassen konnten. 1785 kamen sieben Flüchtlingsschiffe in New Orleans an. Im frühen 19. Jh. hatten sich 3000 bis 4000 Akadier in den Sümpfen südwestlich von New Orleans angesiedelt. Ureinwohner wie die Attakapas lehrten sie, vom Fischfang und von Fallenstellerei zu leben. Und noch heute spielen Wasserwege in ihrem Alltag eine große Rolle.

Östlich und südlich von Lafayette bildet das **Atchafalaya Basin** das faszinierende Herz der Cajun Wetlands. Im **Atchafalaya Welcome Center** (☎337-228-1094; Butte La Rose; 8.30–17 Uhr) an der Exit 121 der I-10 lernt man, in den dichten Dschungel vorzudringen, der die Sümpfe, Seen und Bayous vor Besuchern schützt. Zudem erfährt man alles über das Campen am **Indian Bayou**, die Erkundung der **Sherburne Wildlife Management Area** und des traumhaft gelegenen **Lake Fausse Pointe State Park**.

11 Meilen (17,6 km) östlich von Lafayette kann man in dem verschlafenen, Krebsfleisch liebenden Örtchen **Breaux Bridge** im intellektuellen **Café des Amis** (www.cafedesamis.com; 140 E Bridge St; Hauptgerichte 14–24 US$; Di 11–14, Mi & Do bis 21, Fr & Sa 7.30–21.30, So 8–14 Uhr) entspannen, die schrillen Werke örtlicher Künstler bewundern und am Wochenende üppige Frühstücksgerichte verdrücken, manchmal sogar mit Untermalung von Zydeco-Musik. Guten Kaffee, freundliche Leute und WLAN hat das **Fly's Coffee House** (109 N Main St; So–Do 7–18, Fr & Sa bis 19 Uhr; WLAN) zu bieten.

Das freundliche **Tourist Center** (☎337-332-8500; www.breauxbridgelive.com; 318 E Bridge St; Mo–Fr 8–16, Sa bis 12 Uhr) hilft bei der Vermittlung der vielen B&Bs vor Ort. Eines davon ist das gepflegte **Maison des Amis** (☎337-507-3399; www.maisondesamis.com; 111 Washington St; Zi. 100–125 US$; P ❄ WLAN) direkt am Bayou Teche. In der ersten Maiwoche gibt's ein besonderes Highlight, das von viel Musik, Tanz und leckeren Cajun-Gerichten geprägte **Crawfish Festival** (www.bbcrawfest.com).

Das winzige **St. Martinville** (www.stmartinville.org), 15 Meilen (24 km) südöstlich von Lafayette gelegen, hat einiges zu bieten. Im Ortszentrum nur einen Block vom Bayou entfernt informiert das **African American Museum & Acadian Memorial** (www.acadianmemorial.org; Erw./Kind 3 US$/frei; 10–16 Uhr) über die Diasporakulturen der Cajuns und Afroamerikaner.

1 Meile (1,6 km) nördlich vom Zentrum erläutert die **Longfellow-Evangeline State Historic Site** (www.lastateparks.com; 1200 N Main St; Erw./Kind 4 US$/frei; 9–17 Uhr) die Geschichte der Kreolen und Akadier und veranstaltet Führungen auf einem restaurierten kreolischen Bauernhof mit zugehörigem Wohnhaus.

ABSTECHER

TABASCO ISLAND

Von New Iberia geht's gen Südwesten auf dem Hwy 329 durch die Zuckerrohrfelder zur grünen, hübschen **Avery Island** (Eintritt 1 US$/Auto), Heimat von **McIlhenny Tabasco** (☎337-365-8173; Führungen kostenlos; 9–16 Uhr) und eines ausgezeichneten **Wildreservats** (Erw./Kind 8/5 US$; 9–17.30 Uhr). Die schönen, gepflegten Wege rund um die Insel führen über einen Salzstock, der sich 13 km tief ins Erdinnere erstreckt. Auch wenn es hier leicht nach Tabasco riecht, tummeln sich Alligatoren und Reiher in dem sonnigen Schutzgebiet. Mittagessen mitbringen und Insektenschutz nicht vergessen.

Im Tabasco-Geschäft kann man mit Tabasco verfeinerte Lebensmittel probieren, z. B. süß-scharfe Eiscreme oder Jalapeño-Soda.

CAJUN PRAIRIE

Tanzende Cowboys, wo gibt's denn so was? Hier! Die Cajuns und afroamerikanischen Siedler in dem höher gelegenen, trockeneren Gelände nördlich von Lafayette entwickelten eine um Viehhaltung und Farmwirtschaft zentrierte Kultur und noch immer bestimmt der Cowboyhut das Bild. Die Gegend ist zudem ein Zentrum der Cajun- und Zydeco-Musik (und damit des Akkordeonspiels) sowie der Krebszucht.

Das verschlafene **Opelousas** liegt am Hwy 49. In seiner historischen Innenstadt befindet sich das esoterische **Museum & Interpretive Center** (315 N Main St; Eintritt frei; ⌚Mo–Sa 9–17 Uhr), das eine Puppensammlung zeigt.

Die besten Zydeco-Treffs im Cajun-Land sind das **Slim's Y-Ki-Ki** (www.slimsykiki.com; Hwy 182 N), ein paar Meilen weiter nördlich an der Hauptstraße gegenüber dem Piggly Wiggly gelegen, und die **Zydeco Hall of Fame** (11154 Hwy 190) 4 Meilen (6,5 km) westlich von Lawtell; an den meisten Wochenenden finden dort Veranstaltungen statt. Tanzschuhe mitbringen und ins Getümmel stürzen!

Plaisance nordwestlich von Opelousas richtet im August das familienfreundliche **Southwest Louisiana Zydeco Festival** (www.zydeco.org) aus.

In **Eunice** (www.eunice-la.com) findet am Samstagabend das „Rendez-Vous des Cajuns" im **Liberty Theater** (200 Park Ave; Eintritt 5 US$) statt, das im örtlichen Radio übertragen wird. Bei **KBON** (www.kbon.com; 109 S 2nd St) 101.1 FM sind den ganzen Tag über Besucher willkommen, die sich die große Wall of Fame anschauen können, auf der Musiker, die hier auftraten, ihre Unterschriften hinterlassen haben. Zwei Blocks weiter lockt das **Cajun Music Hall of Fame & Museum** (www.cajunfrenchmusic.org; 230 S CC Duson Dr; Eintritt frei; ⌚Di–Sa 9–17 Uhr) hartgesottene Musikliebhaber. Das vom NPS geführte **Prairie Acadian Cultural Center** (Ecke 3rd St & Park Ave; Eintritt frei; ⌚Di–Fr 8–17, Sa bis 18 Uhr) präsentiert interessante Ausstellungen zum Leben in den Sümpfen und zur Cajun-Kultur und zeigt viele Dokumentarfilme zur regionalen Geschichte.

Wer möchte, kann sich nun im zentral gelegenen **Potier's Cajun Inn** (☎337-457-0440; 110 W Park Ave; Zi. ab 55 US$; P❄) und seinen geräumigen, bodenständigen und gemütlichen Apartments im Cajun-Stil mit Küchenzeile erholen. Das **Ruby's Café** (221 W Walnut Ave; Gerichte 7 US$; ⌚Mo–Fr 6–14 Uhr) mit 1950er-Jahre-Flair serviert beliebte Mittagsgerichte, im netten **Café Mosiac** (202 S 2nd St; Gerichte 3–4,50 US$;) wiederum gibt's Waffeln und Grill-Sandwiches.

Obwohl **Mamou** einen großen Namen hat, lockt de facto nur **Fred's Lounge** (420 6th St; ⌚Sa 8–13.30 Uhr) Besucher an. Samstagvormittags werden hier Livekonzerte von Cajun-Bands und charmante Country-Walzer geboten.

Cane River Country

Im zentralen Teil Louisianas liegt die Wegscheide der beiden unterschiedlichen Kulturen, politischen Ansichten und Religionen. Während entlang des Cane River die zweisprachigen französischen Katholiken und Franko-Afroamerikaner leben, ist das Gebiet nördlich davon die Heimat einsprachiger, überwiegend protestantischer Bewohner. Der Hwy 119 schlängelt sich am Cane River entlang. Am Wegrand sieht man Einheimische, die im stillen Wasser angeln oder im Schaukelstuhl auf der Veranda den Tag verdösen.

Die **Melrose Plantation** (☎318-379-0055; I-49, Ausfahrt 119; Erw./Kind 10/4 US$; ⌚Di–So 12–16 Uhr) ist ein Komplex interessanter Gebäude, die von einer Familie freier Afroamerikaner unter Leitung von Marie Therese Coincoin errichtet wurden. Am Anfang des 20. Jhs. gehörte das Anwesen Cammie Henry, die im Yucca House von 1796 Künstler und Schriftsteller wie William Faulkner und Sherwood Anderson beherbergte. Das Africa House ist im kongolesischen Stil errichtet und birgt ein 15 m großes, fröhliches Wandbild zum Plantagenleben. Geschaffen hat es Clementine Hunter, die berühmte Volkskunstmalerin. Hunter war Landarbeiterin und Köchin auf der Melrose Plantation, ehe sie im Alter von 50 Jahren zur Palette griff. Das nahe **Kate Chopin House** (243 Hwy 495, Cloutierville) war das Wohnhaus der Autorin, als sie *Das Erwachen* schrieb.

NATCHITOCHES

Das historische Natchitoches etwas weiter nördlich (das seltsamerweise *näk*-e-desch ausgesprochen wird) prägt französische Architektur. Der Ort liegt malerisch an beiden Ufern des Cane River und ist die älteste ständig bewohnte Siedlung im Gebiet des Louisiana Purchase. 1988 wurde hier der Hollywood-Blockbuster *Magnolien aus Stahl* gedreht. Im **Visitor Bureau** (☎800-

259-1714; www.natchitoches.net; 781 Front St; 9–17 Uhr) gibt's Infos über Führungen durch Herrenhäuser der kreolischen Plantagenbesitzer und zu den vielen B&Bs vor Ort.

Probieren sollte man die Natchitoches-Fleischpasteten; das Rezept stammt aus dem 19. Jh., als junge Afroamerikaner die knusprigen Teile an den Straßenecken verkauften. Noch heute sind sie sehr beliebt; die im **Lasyone's** (www.lasyones.com; 622 Second St; Fleischpastete 4 US$; Mo–Sa 7–15 Uhr) gelten als die besten. Das Lokal serviert auch Krebspasteten und andere Südstaatengerichte.

Wer nicht in einem der B&Bs vor Ort absteigen will, ist im **Church Street Inn** (318-238-8890; www.churchstinn.com; 120 Church St; Zi. inkl. Frühstück ab 99 US$; P) mit seinen 20 gemütlichen Zimmern gut aufgehoben. Von hier ist es nicht weit ins Zentrum; auf dem Gemeinschaftsbalkon kann man Yoga machen.

Nur eine kurze Autofahrt von Natchitoches entfernt, liegt mitten in dem dicht bewaldeten und dünn besiedelten Teil Louisianas der wunderschöne, hauptsächlich mit Sumpfkiefern und Harthölzern bewachsene, 2427 km² große **Kisatchie National Forest** (318-473-7160; www.fs.fed.us/r8/kisatchie). Die Wege sind zwar nicht besonders gepflegt, da sie fast nur in der Jagdsaison benutzt werden, aber man findet dennoch gute Möglichkeiten zum Mountainbiken, Wandern, Baden und für Ausflüge. Besonders schön ist es hier in der Zwischensaison. Im Sommer Insektenschutzmittel nicht vergessen!

Nördliches Louisiana

Die ländlichen, von der Ölförderung geprägten Ortschaften am „Baptistischen Bibelgürtel" lassen keinen Zweifel aufkommen, dass der Norden von Louisiana und New Orleans nicht unterschiedlicher sein könnten. Selbst im wirtschaftlichen Zentrum Shreveport im äußersten Nordwesten des Bundesstaats zeigt sich, dass die Region sich nach Jahrzehnten des Niedergangs noch immer nicht vollständig neu definiert hat.

Captain Henry Shreve säuberte eine 265 km lange Passage des Red River von alten Holzstämmen und Gehölz und gründete 1839 die Flusshafenstadt **Shreveport**. Nach Ölfunden erlebte diese im frühen 20. Jh. einen Boom, dem nach dem Zweiten Weltkrieg ein jäher Absturz folgte. Für etwas Wiederbelebung sorgten dann riesige, an Las Vegas erinnernde Kasinos und ein Unterhaltungskomplex am Ufer. Das **Visitor Center** (318-222-9391, 800-458-4748; www.shreveport-bossier.org; 629 Spring St; Mo–Fr 8–17, Sa 10–14 Uhr) liegt in der Downtown. Rosenliebhaber sollten sich unbedingt das **Gardens of the American Rose Center** (www.ars.org; 8877 Jefferson Paige Rd; Erw./Kind 5,50/4,50 US$; Mo–Sa 9–17, So 13–17 Uhr) anschauen, das aus mehr als 65 Einzelgärten besteht – nach deren Vorbild kann man dann zu Hause sein Glück als Rosenzüchter versuchen. Die Anlage erreicht man über die Exit 5 der I-20. Seinen Hunger kann man im **Columbia Cafe** (www.columbiacafe.com; 3030 Creswell St; Hauptgerichte 8–17 US$; Di–Fr 7–22, Sa 10–22, So 10–14 Uhr) stillen, entweder draußen auf der Terrasse oder drinnen inmitten von Werken hiesiger Künstler. Serviert wird unkomplizierte, moderne amerikanische Fusion-Küche mit kreativen Elementen, z.B. leckere Büffel-Burger.

Am Hwy 557 befindet sich in der Nähe von Epps rund 50 Meilen (80 km) nordöstlich von Monroe die **Poverty Point State Historic Site** (www.crt.state.la.us; 6859 Hwy 577, Pioneer; Erw./Kind 4 US$/frei; 9–17 Uhr) mit bemerkenswerten Erdwällen und Aufschüttungen am früheren Lauf des Mississippi. Vom zweistöckigen Aussichtsturm aus kann man die sechs konzentrischen Ringe der Anlage deutlich erkennen. Um 1000 v.Chr. lag hier das Zentrum einer Kultur, die aus Hunderten Gemeinschaften bestand und Handelsbeziehungen bis zu den Großen Seen im Norden unterhielt.

ARKANSAS

Genau in der Mitte der USA, zwischen dem Mittleren Westen und den Südstaaten, versteckt sich Arkansas, ein verkanntes Juwel der USA. Die verwitterten Hänge der Ozarks und der Ouachita (wasch-*ie*-ta) Mountains, reißende, klare Flüsse, nicht weniger klare Seen und zinnenartige Felsvorsprüngen aus Granit und Kalkstein ziehen die Besucher in ihren Bann. Im gesamten Bundesstaat gibt es außerordentlich schön gestaltete State Parks und schmale, einsame Straßen, die durch dichte Wälder führen und aus dem Nichts überraschende Ausblicke auf sanfte Wiesen mit weidenden Pferden eröffnen. Die ländlichen Ortschaften Mountain View und Eureka Springs ver-

KURZINFOS ARKANSAS

» **Spitzname** Natural State

» **Bevölkerung** 2,9 Mio.

» **Fläche** 134856 km²

» **Hauptstadt** Little Rock (193524 Ew.)

» **Weitere Städte** Fayetteville (77143 Ew.)

» **Verkaufssteuer** 6 %, plus 2 % Besucherabgabe und Gemeindesteuern

» **Geburtsort von** General Douglas MacArthur (1880–1964), Musiker Johnny Cash (1932–2003), Ex-Präsident Bill Clinton (geb. 1946), Schriftsteller John Grisham (geb. 1955), Schauspieler Billy Bob Thornton (geb. 1955)

» **Heimat von** Wal-Mart

» **Politische Ausrichtung** Wie große Teile des Südens verwandelte sich der Staat in Opposition zur Bürgerrechtsbewegung der 1960er-Jahre zu einer Republikaner-Hochburg.

» **Berühmt für** Football-Fans mit dem Kampfschrei „Calling the Hogs!"

» **Offizielles Musikinstrument** Fiedel

» **Entfernungen** Little Rock–Eureka Springs 182 Meilen (291 km), Eureka Springs–Mountain View 123 Meilen (197 km)

sprühen zudem urigen Charme. Man sollte sich also nicht von den Klischees über Arkansas – Wal-Mart und hinterwäldlerische Kultur – abschrecken lassen, so sagte ein Einheimischer treffenderweise: „Man kann über Arkansas sagen, was man will, doch in jedem Fall ist es ein Naturparadies."

Geschichte

Die Caddo, die Osage und die Quapaw hatten hier dauerhafte Siedlungen, als der Spanier Hernando de Soto das Gebiet Mitte des 16. Jhs. besuchte. Der Franzose Henri de Tonti gründete 1686 die erste weiße Siedlung. Nach dem Louisiana Purchase von 1803 wurde Arkansas US-Territorium und Farmer zogen mit ihren Sklaven in das Delta, um dort Baumwolle anzubauen. Ärmere Einwanderer aus den Appalachen besiedelten das Ozark- und das Ouachita-Plateau.

In dem Grenzland herrschte bis zum Bürgerkrieg Gesetzlosigkeit. Der Wiederaufbau war schwierig; erst nach 1870 ging es mit dem Ausbau des Eisenbahnnetzes etwas aufwärts. Die ethnischen Spannungen eskalierten 1957 nach dem berühmten Vorfall an der Central High School in Little Rock (S. 469).

Der Bundesstaat weist eines der niedrigsten Pro-Kopf-Einkommen in den USA auf. Im Delta leben viele arme Afroamerikaner, in den Ozarks viele arme Weiße.

Praktische Informationen

Arkansas State Parks (☎888-287-2757; www.arkansasstateparks.com) Die 52 State Parks in Arkansas werden tadellos verwaltet. In 30 gibt's Campingplätze (Stellplatz für Zelt od. Wohnmobil 13–30 US$, je nach Ausstattung), manche haben gar Lodges oder Hütten. Sie sind sehr beliebt – oft, vor allem an Wochenenden und in den Ferien, muss man vorab reserviert haben und mehrere Nächte bleiben.

Department of Parks & Tourism (☎501-682-7777; www.arkansas.com; 1 Capitol Mall, Little Rock) Verschickt einen Urlaubsplaner. Nach dem ausgezeichneten, jährlich erscheinenden *State Parks Guide* sowie dem *Adventure Guide* fragen!

Little Rock

Die Downtown von Little Rock wurde in den letzten Jahrzehnten von Parkplätzen und mieser Stadtplanung regelrecht erdrückt, blüht aber mit dem wachsenden River Market District nun wieder etwas auf. Jenseits des Flusses erstreckt sich North Little Rock, eine wachsende Enklave mit Läden und Restaurants, die sich entlang eines weitläufigen Parks erstreckt. Die konservative Stadt hat viel zu bieten, aber man muss wissen, wo man suchen muss.

Sehenswertes

Die beste Gegend für einen Stadtbummel ist der **River Market District** (www.rivermarket.info) mit Läden, Galerien, Restaurants und Pubs in der W Markham St und der President Clinton Ave am Flussufer. In der **Ottenheimer Market Hall** (zw. S Commerce St & S Rock St; ⏲Mo–Sa 7–18 Uhr) befinden sich Imbissstände und Läden.

Hillcrest Neighborhood im westlichen Little Rock mit seinen Cafés und flippigen Läden ist ein kleiner Sammelplatz der hiesigen Gegenkultur.

GRATIS **Little Rock Central High School** HISTORISCHE STÄTTE
(www.nps.gov/chsc; 2125 Daisy Bates Dr; ⏲9.30–16.30 Uhr, Führungen Mitte Aug.–Anfang Juni

Mo–Fr 9 & 13.15 Uhr) Little Rocks fesselndste Attraktion ist der Ort, an dem 1957 die Spannungen zwischen Schwarzen und Weißen eskalierten und das Land für immer verändern sollten: 1954 hatte der Oberste Gerichtshof die Rassentrennung an öffentlichen Schulen aufgehoben. Dennoch wurde einer Gruppe afroamerikanischer Schüler, Little Rock Nine genannt, der Zugang zur damals nur von Weißen besuchten Highschool verwehrt. Hierzu hatte der Gouverneur von Arkansas eigens die ihm unterstellte Nationalgarde aufmarschieren lassen. Erst durch das Eingreifen einer 1200 Mann starken Einheit der 101st Airborne Battle Group erhielten sie Zutritt ins Gebäude. Der Vorgang war ein Schlüsselereignis in der Geschichte der Bürgerrechtsbewegung. Heute ist die Schule sowohl National Historic Site als auch eine funktionierende, wunderschöne Highschool. Das schicke neue Visitor Center arbeitet die Ereignisse auf und erläutert deren Einfluss auf die Bürgerrechtsbewegung. Die Guides sind großartig, darunter Spirit Trickey, deren Mutter zu den neun Schülern gehörte.

William J. Clinton Presidential Center BIBLIOTHEK
(www.clintonlibrary.gov; 1200 President Clinton Ave; Erw./Kind 7/3 US$, mit Audioguide 10/6 US$; ⌚Mo–Sa 9–17, So 13–17 Uhr) Das Zentrum beherbergt die größte Archivaliensammlung der amerikanischen Präsidentschaftsgeschichte – 80 Mio. Seiten Dokumente und 2 Mio. Fotos. Zu sehen gibt's zudem einen maßstabgetreuen Nachbau des Oval Office, Exponate zu allen Lebensstationen Clintons sowie Geschenke von berühmten Besuchern (etwa ein Gelbes Trikot von Lance Armstrong). Der gesamte Komplex wurde nach umweltverträglichen Standards errichtet.

GRATIS **Old State House Museum** MUSEUM
(www.oldstatehouse.com; 300 W Markham St; ⌚Mo–Sa 9–17, So 13–17 Uhr) Das Gebäude war von 1836 bis 1911 das Kapitol des Bundesstaats und birgt eindrucksvoll restaurierte Plenarsäle und Ausstellungen zur Geschichte und Kultur von Arkansas.

Riverfront Park PARK
Gleich nordwestlich der Downtown breitet sich der Riverfront Park am Arkansas River aus. Täglich nutzen Fußgänger und Radfahrer den wunderbaren Stadtpark zur Erholung. Unübersehbar ist die **Big Dam Bridge** (www.bigdambridge.com; 👪), die größte eigens für Fußgänger und Radler erbaute Brücke in den USA; sie verbindet das 27 km lange Fußgänger- und Radwegenetz von Little Rock und North Little Rock. Dieses stellt nun dank der Renovierung der einstigen Rock Island Railroad Bridge (heute Clinton Presidential Park Bridge genannt) durch die Clinton Foundation einen kompletten Rundweg dar. Um den Riverfront Park richtig zu genießen, kann man bei **River Trail Rentals** (☎501-374-5505; www.rivertrailrentals.com; 200 S Olive St; ab 16/30 US$ pro 4 Std./Tag; ⌚Mo–Di nach Absprache, Mi–Fr 10–19, Sa 7–19, So 11–18 Uhr) ein Fahrrad oder Tandem ausleihen; außerhalb der Öffnungszeiten sind Vorbestellungen möglich. **Chainwheel** (☎501-224-7651; www.chainwheel.com; 10300 Rodney Parham Rd; ⌚Mo–Fr 10–18, Sa bis 17 Uhr) wiederum ist der beste Fahrradladen der Stadt, der je nach Verfügbarkeit auch hochwertigere Straßenräder und Mountainbikes vermietet.

Schlafen & Essen

Weil Regierungsvertreter und Tagungsteilnehmer das Hauptpublikum sind, mangelt es in der Innenstadt an günstigeren Hotels, zudem schwanken die Preise gewaltig. Mehrere Budgetmotels gibt es an den Interstates.

Capital Hotel BOUTIQUEHOTEL **$$**
(☎501-374-7474, 888-293-4121; www.capitalhotel.com; 111 W Markham St; Zi. ab 160 US$; P❄@📶) Ein 1872 errichtetes, vierstöckiges Bankgebäude mit gusseiserner Fassade – ein fast ausgestorbenes architektonisches Merkmal – wurde in das prächtige Capital Hotel verwandelt, das eine der besten Adressen von Little Rock ist. Es gibt einen wunderbaren Mezzanin im Freien für den Genuss von Cocktails (und leider auch von Zigaretten) und imposante Aufzüge, die größten hydraulischen Lifte in Arkansas, die die Gäste blitzschnell transportieren. Der Küchenchef im Ashley, einem von zwei hoteleigenen Restaurants, gewann 2011 den Preis „People's Choice Best New Chef for the Midwest" von *Food & Wine* – wir sind hier zwar nicht im Mittleren Westen, das tut dem Geschmack jedoch keinen Abbruch.

Rosemont HISTORISCHES B&B **$$**
(☎501-374-7456; www.rosemontoflittlerock.com; 515 W 15th St; Zi. inkl. Frühstück ab 99 US$; P❄📶) Das restaurierte Bauernhaus aus den 1880er-Jahren versprüht unweit des Gouverneurshauses gemütlichen Südstaatencharme. Die Besitzer vermieten außerdem einen Block entfernt ein paar historische Cottages (ab 160 US$).

House PUB $$
(www.facebook.com/TheHouseInHillcrest; 722 N Palm St; Hauptgerichte 9–14 US$; ⌚Mo–Sa 7–18 Uhr; ⌚Mo–Fr 11–14 Uhr; 📶) Arkansas' erstes Gastropub wird von trendbewussten Bewohnern von Hillcrest geführt und bietet eine umfangreiche Auswahl, die von Burgern über Gegrilltes bis hin zu thailändischer und griechischer Küche reicht (gibt es irgendwo auf dem Planeten bessere Pommes aus Süßkartoffeln?!).

Homer's DINER $
(www.homersrestaurant.com; 2001 East Roosevelt; Hauptgerichte 2–7 US$; ⌚Mo–Fr 7–14 Uhr) Das Lokal liegt recht abgelegen beim Flughafen im Industriegebiet und serviert klassische ländliche Küche. Hier sitzen Zigarre rauchende Geschäftsleute neben Jägern in Overalls, Air-Force-Officer auf Ausgang neben Pläne schmiedenden, hochrangigen Politikern – allein wegen des Lokalkolorits lohnt ein Besuch.

Acadia SÜDSTAATEN $$$
(www.acadiahillcrest.com; 3000 Kavanaugh Blvd; Hauptgerichte abends ab 18–24 US$; ⌚Mo–Fr 11–14 & Mo–Sa 17.30–22 Uhr; 📶) Im Viertel Hillcrest; auf der abgestuften, mit blinkenden Lichtern beleuchteten Terrasse des wunderbaren Acadia werden köstliche Südstaatengerichte wie geräucherter Gouda Mac 'n' Cheese serviert. Das Mittagessen ist ein echtes Schnäppchen (Hauptgerichte 9–12 US$).

Flying Fish SEAFOOD $$
(511 President Clinton Ave; Gerichte 5,50–17 US$; ⌚11–22 Uhr) Die Idee stammt aus East Texas, der Catfish, der in dem bodenständigen, ein paar Gehminuten von der Clinton Library entfernt liegenden Meeresfrüchtelokal serviert wird, ist jedoch ein Klassiker. Es gibt ihn gegrillt, am leckersten (und fettigsten ...) ist er jedoch immer noch gebraten mit Pommes Frites und Hushpuppies. Kann denn Essen Sünde sein?

River City CAFÉ $
(www.rivercityteacoffeeandcream.com; 2715 Kavanaugh Blvd; ⌚Mo–Sa 17.30–22 Uhr) Wunderbares Tee- und Kaffeehaus in Hillcrest. Den Espresso gibt's für unschlagbare 0,75 US$!

Praktische Informationen

Visitor Center (☎501-371-0076, 877-220-2568; www.littlerock.com; 615 E Capitol Ave; ⌚Mo–Sa 9–17, So 13–17 Uhr) In der Curran Hall von 1842.

Anreise & Unterwegs vor Ort

Der **Little Rock National Airport** (LIT; ☎501-372-3439; www.lrn-airport.com) liegt gleich östlich der Innenstadt. Der **Greyhound-Busbahnhof** (☎501-372-3007; 118 E Washington St) in North Little Rock bietet Verbindungen nach Hot Springs (1–2 Std.), Memphis, TN (2½ Std.), und New Orleans, LA (18 Std.). Die Amtrak nutzt die **Union Station** (☎501-372-6841; 1400 W Markham St). **Central Arkansas Transit** (CAT; ☎501-375-6717; www.cat.org) betreibt das örtliche Busnetz. Eine Straßenbahn fährt auf einem Rundkurs in der W Markham St und in der President Clinton Ave (Erw./Kind 1,35 /0,60 US$).

Hot Springs

Es ist schon erstaunlich, dass sich im kleinen Hot Springs mit seinen Einkaufsmalls, Vorstädten mit Minigolfanlagen und der erstickenden Downtown zur Ferienzeit die New Yorker Elite des organisierten Verbrechens versammelte. Vor allem in den 1930er-Jahren war die Stadt ein Treff für Glücksspieler, Schwarzbrenner, Prostituierte, Stinkreiche und gefährliche Typen. Aber hier schlossen konkurrierende Gangs auch Waffenstillstände, und man ließ die Gangster ihr Geld in Ruhe ausgeben. Als das Glücksspiel schließlich verboten wurde, ging es mit der lokalen Wirtschaft bergab.

Hot Springs hat sich zwar noch immer nicht ganz davon erholt, aber die Heilquellen ziehen seit eh und je Menschen an, einst Ureinwohner, heute Touristen. Aufwendig restaurierte Badehäuser, in denen es noch traditionelle Anwendungen gibt, reihen sich in der Bathhouse Row hinter schattenspendenden Magnolien auf der Ostseite der Central Ave.

Sehenswertes & Aktivitäten

Hinter der Bathhouse Row führt eine Promenade rund um einen Hügel durch den Park, wo einige Quellen erhalten sind, und ein Wegenetz überzieht die Hügel von Hot Springs. Leider sind nur zwei der historischen Badehäuser der Bathhouse Row in Betrieb, doch zum Zeitpunkt der Recherchen prüfte der NPS gerade deren erneute Inbetriebnahme, wobei in einem eine Kleinbrauerei unterkommen soll.

Gangster Museum of America MUSEUM
(www.tgmoa.com; 510 Central Ave; Erw./Kind 10/4 US$; ⌚So–Do 10–18, Fr & Sa bis 19 Uhr) Das Museum zeigt die faszinierende dunkle Seite von Hot Springs und dokumentiert die

sündigen Zeiten voll überschwänglichem Luxus der kleinen Stadt im Nirgendwo. Zu den Highlights gehören Original-Spielautomaten, die immer noch Geld ausspucken, und weitere Glücksspiel-Ausstattung.

Que Paw Baths SPA
(www.quapawbaths.com; 413 Central Ave; Thermalbad 18 US$, mit 25-minütiger Massage 50 US$; Mo & Mi 10–18, Do–Sa 10–19, So 10–15 Uhr) Wem es im Buckstaff Bathhouse etwas zu rustikal zugeht, der kann sich im kürzlich umgebauten, moderneren Qua Paw mit seinen hübsch renovierten Thermalbädern, Öko-Behandlungen und dem nachhaltigen Konzept verwöhnen lassen.

GRATIS **NPS Visitor Center** MUSEUM
(501-620-6715; 369 Central Ave; 9–17 Uhr) Das NPS Visitor Center ist im Fordyce Bathouse von 1915 in der Bathhouse Row untergebracht. Das zugehörige **Museum** informiert über die Geschichte des Parks, der zuerst eine Freihandelszone der Ureinwohner und zur Jahrhundertwende ein Kurbad europäischer Art war.

Hot Springs Mountain Tower OUTDOORAKTIVITÄTEN
(Erw./Kind 7/4 US$; Nov.–Feb. 9–17 Uhr, März–15. Mai & Labor Day–Okt. bis 18 Uhr, 16. Mai–Labor Day bis 21 Uhr) Auf der Spitze des Hot Springs Mountain bietet der 65 m hohe Turm eine spektakuläre Aussicht auf die umliegenden Berge, die mit Hornsträuchern, Hickorys, Eichen und Kiefern bewachsen sind und im Frühjahr und Herbst ihre volle Pracht entfalten.

Schlafen & Essen

Kettenmotels säumen die Highways rund um die Stadt. Im Visitor Center gibt's eine Liste mit Ferienhäusern am See und B&Bs. An der Touristenmeile Central Ave servieren einige Restaurants mittelmäßiges Essen.

Alpine Inn INN $
(501-624-9164; www.alpine-inn-hot-springs.com; 741 Park Ave/Hwy 7 N; Zi. 55–90 US$; P) Die freundlichen schottischen Betreiber des Inns haben das alte Motel nahe der Bathhouse Row einer umfassenden Renovierung unterzogen. Die sehr gepflegten, thematisch gestalteten Zimmer verfügen über neue Flachbildfernseher, gemütliche Betten und zum Teil auch über Küchenzeilen. Unser Favorit ist das Mackintosh-Zimmer, eine Hommage an den schottischen Architekten.

Arlington Resort Hotel & Spa HISTORISCHES HOTEL $
(501-623-7771; www.arlingtonhotel.com; 239 Central Ave; EZ/DZ ab 79/89 US$, mit Mineralbädern 139 US$; P) Das imposante historische Hotel thront über der Bathhouse Row und erinnert an seine eigene Glanzzeit. Die prächtige Lobby stimmt auf das historische Thermalbad im Haus und die in die Jahre gekommenen Zimmer ein, zudem sorgt eine kleine Starbucks-Filiale für ordentlichen Kaffee. Am Wochenende wird manchmal Foxtrott live gespielt.

Cajun Boilers CAJUN, SEAFOOD $$
(www.cajunboilers.com; 2806 Albert Pike Rd; Hauptgerichte 8–20 US$; Mo–Sa 11–22, So bis 21 Uhr) Das betriebsame Meeresfrüchtelokal am Lake Hamilton, ein paar Kilometer von der Bathhouse Row entfernt, serviert in einem Patio unter freiem Himmel die berühmte Krebssuppe, gebratenen und gegrillten Catfish und Shrimp-Étouffée. Man gelangt entweder mit dem Auto oder mit dem Boot hierher.

McClard's BARBECUE $$
(www.mcclards.com; 505 Albert Pike; Hauptgerichte 4–15 US$; Di–Sa 11–20 Uhr) Das Grilllokal südwestlich des Zentrums war zwar die Lieblingsadresse des Knaben Bill Clinton, dennoch sind die Meinungen über die Rippchen, geschmorten Bohnen und den cremigen Krautsalat geteilt.

Praktische Informationen

Visitor Center (501-321-2277, 800-772-2489; www.hotsprings.org; 629 Central Ave; 9–17 Uhr, Juni–Aug. bis 19 Uhr) Infos zur Stadt sowie eine Karte mit den Clinton-Stätten.

An- & Weiterreise

Greyhound (501-623-5574; 1001 Central Ave) hat Verbindungen nach Little Rock (1½ Std., 3-mal tgl.).

Rund um Hot Springs

Der wilde, schöne **Ouachita National Forest** (501-321-5202; Welcome Center 100 Reserve St, Hot Springs; 8–16.30 Uhr) lockt mit seinen vielen Seen Jäger, Angler, Mountainbiker und Freizeitkapitäne an. Die schmalen Straßen durch die Berge führen zu lauschigen Plätzchen und grandiosen Aussichtspunkten. Durch das Gebiet verlaufen gleich zwei ausgewiesene National Forest Scenic Byways: der Arkansas Scenic

Hwy 7 und der Talimena Scenic Byway, der sich über die Gebirgszüge von Arkansas bis nach Oklahoma erstreckt. Im Welcome Center darf man übrigens keine Fotos machen, da es sich um ein staatliches Gebäude handelt.

In und rund um das winzige, nahe gelegene Schutzgebiet **Hot Springs National Park** (www.nps.gov/hosp) spucken 47 Quellen täglich 3,8 Mio. l 62 °C heißes Wasser aus. Besucher kommen hierher, um es zu trinken oder darin zu baden.

Clinton-Fans können in **Hope** stoppen, wo der Ex-Präsident seine ersten sieben Lebensjahre verbrachte. Außer dem schicken **Hope Visitor Center & Museum** (www.hopearkansas.net; 100 E Division St; ⌚Mo–Fr 8.30–17, Sa ab 9, So 13–16 Uhr) im alten Bahnhof und dem **President Bill Clinton First Home Museum** (www.clintonchildhoodhomemuseum.com; 117. S. Hervey St; Eintritt frei; ⌚8.30–16.30 Uhr), das nun vom National Park Service betrieben wird, gibt's aber nicht viel zu sehen.

Wer sich einmal als Diamantensucher versuchen will, stattet dem **Crater of Diamonds State Park** (www.craterofdiamondsstatepark.com; 209 State Park Rd; ⌚8–17 Uhr) einen Besuch ab. In dem dortigen **Diamantenfeld** (Erw./Kind 7/4 US$) wurden bereits Diamanten von 3 bis 40 Karat gefunden und noch heute werden Funde verzeichnet.

Arkansas River Valley

Der Arkansas River schlägt eine Schneise von Oklahoma nach Mississippi. Er und seine Nebenflüsse laden zum Angeln und Kanufahren ein, am Ufer kann man außerdem zelten.

Die sehr gepflegten Wege im **Petit Jean State Park** (☎501-727-5441; www.petitjeanstatepark.com; 👪) westlich von Morrilton führen an einem 29 m hohen Wasserfall inmitten üppigen Grüns vorbei, an romantischen Grotten, fantastischen Aussichtspunkten und dichten Wäldern. Übernachten kann man in einer rustikalen Steinlodge, ordentlichen **Hütten** (100–175 US$/Nacht) und auf Campingplätzen. Ein weiterer wunderbarer Park ist der **Mount Magazine** (☎479-963-8502; www.mountmagazinestatepark.com; 16878 Hwy 309 S, Paris) mit einem insgesamt 22,5 km langen Wegenetz rund um den höchsten Gipfel im Bundesstaat. Outdoorfans finden hier erstklassige Möglichkeiten zum Gleitschirmfliegen, Klettern und Wandern.

Der spektakuläre, von Sonnenhut und Lilien gesäumte **Highway 23/Pig Trail Byway** führt durch den **Ozark National Forest** in die Berge hinauf – eine ausgezeichnete Route nach Eureka Springs in den Ozark Mountains.

Mit der **Arkansas and Missouri Railway** (www.arkansasmissouri-rr.com; Erw./Kind ab 35/18 US$; ⌚April–Sept. Fr & Sa) kann man eine 113 km lange Fahrt durch die Boston Mountain Range von **Van Buren** nach **Winslow** und zurück unternehmen.

Ozark Mountains

Vom nordwestlichen und zentralen Arkansas bis hinein nach Missouri erstrecken sich die **Ozark Mountains** (☎870-404-2741; www.ozarkmountainregion.com). Die alte Gebirgskette war einst von Meer umgeben und ist nun ziemlich verwittert. Hier gibt's grüne Berge, nebelverhangene Felder und malerische Nebenstraßen; dramatische Karstformationen umgeben funkelnde Seen und erstrecken sich an gewundenen Flüssen entlang. Einige Ortschaften setzen allzu sehr auf kitschige Hillbilly-Kultur, kratzt man aber an dieser Oberfläche, kommen einzigartige Traditionen ans Licht: akustischer Folk und Gerichte wie hausgemachte Hushpuppies und gebratener Catfish.

MOUNTAIN VIEW

Ein Abstecher auf der US 65 nach Osten oder eine Fahrt auf dem Hwy 5 bringen einen in dieses schräge Städtchen, das für seine Tradition zwanglosen Musizierens auf dem Courtsquare bekannt ist. Die schleichende Kommerzialisierung fordert auch hier ihren Tribut: Das **Visitor Information Center** (☎870-269-8068; www.yourplaceinthemountains.com; 107 N Peabody Ave; ⌚Mo–Sa 9–16.30 Uhr) vermarktet den Ort als „Welthauptstadt des Folk" – immerhin ist es nicht allzu weit hergeholt dank jeder Menge Live-Folk und bizarrer Festivals wie den **Championship Outhouse Races** (meist in der letzten Oktoberwoche), bei denen Teams hart darum kämpfen, ihre Klohäuschen auf Rädern ins Ziel zu bringen. Hübsche Sandsteingebäude in der Innenstadt, eines der letzten Drive-in-Kinos in Arkansas, tolle Parks sowie spontane Darbietungen von traditioneller Musik aus den Bergen und Gospel- und Bluegrass-„Hootenannies" (Jam-Sessions und Folk-Partys) auf dem **Courtsquare** beim Stone

County Courthouse (insbesondere samstagabends) und auf den Veranden in der ganzen Stadt sorgen für einen unterhaltsamen Aufenthalt.

Der **Ozark Folk Center State Park** (www.ozarkfolkcenter.com; Auditorium Erw./Kind 10/6 US$; ⌚Mi–Sa 10–17 Uhr) gleich nördlich des Ortes bietet Handwerksvorführungen, einen traditionellen Kräutergarten und ab 19 Uhr Livemusik für ein begeistertes, älteres Publikum.

Die spektakulären **Blanchard Springs Caverns** (☎888-757-2246; abseits des Hwy 14; Erw./Kind 10,50/5,50 US$, anspruchsvolle Höhlentour 75 US$; ⌚April–Sept. 9–18 Uhr; ♿), 15 Meilen (24 km) nordwestlich von Mountain View, wurden von einem unterirdischen Strom ausgewaschen und können es mit den Höhlen im Carlsbad Caverns National Park im südöstlichen New Mexico aufnehmen. Sie sind ein weiteres, wenig bekanntes Juwel von Arkansas. Es gibt drei geführte Touren des Forest Service; die leichteste ist behindertengerecht, die anspruchsvollste eine drei- bis vierstündige Höhlenwanderung für Hartgesottene. Das einladende, historische **Wildflower B&B** (☎870-269-4383; www.wildflowerbb.com; 100 Washington; Zi. inkl. Frühstück ab 89 US$; P ❄ 📶) von 1918 steht direkt am Courtsquare und hat eine Veranda mit Schaukelstühlen und gemütliche Zimmer, die unter der Woche 20 US$ billiger sind. Das Frühstück ist ein kleines Highlight, besonders die Guaven-Plunder und gebackenen Kartoffelpuffer. **Tommy's Famous Pizza and BBQ** (Ecke Carpenter St & W Main St; Pizza 5,50–24 US$, Hauptgerichte 6,40–13,20 US$; ⌚ab 15 Uhr) wird von den freundlichsten Hinterwäldler-Hippies überhaupt geführt. Die Grillpizza mit Pulled Pork ist eine Spezialität des Hauses.

EUREKA SPRINGS

Unweit der nordwestlichen Ecke des Bundestaats liegt in einem tiefen Tal das künstlerisch angehauchte, eigenwillige wie wunderbare Eureka Springs, einer der coolsten Orte des Südens. Viktorianische Gebäude säumen verwinkelte Gassen und die erdverbundenen Einheimischen heißen jeden willkommen. So gilt die Stadt als eine der schwulenfreundlichsten Ortschaften in den Ozarks und ist die einzige demokratische Enklave in einer tief republikanischen Region. Kunstgalerien und kitschige Shops, kommerzialisierte Countrymusik und die 21 m hohe Statue des **Christ of the Ozarks** buhlen um die Gunst der Besucher. Wer sich von den Einheimischen erzählen lässt, wer gerade in der nächsten Kneipe spielt oder wo man schwimmen gehen kann, gewinnt einen ganz besonderen Eindruck von diesem originellen Ort. Man kann hier auch wunderbar wandern, Rad fahren und reiten. Zudem stören keinerlei Ampeln oder rechtwinklig schneidende Querstraßen eine Erkundungstour durch den historischen Ort.

Das **Visitor Center** (☎479-253-8737; www.eurekaspringschamber.com; 516 Village Circle, Hwy 62 E; ⌚9–17 Uhr) informiert über Unterkünfte, Aktivitäten, Touren und örtliche Attraktionen wie das muntere **Blues Festival** (www.eurekaspringsblues.com) Ende Mai. Die alte **ES & NA Railway** (www.esnarailway.com; 299 N Main St; Erw./Kind 13,50/6,75 US$; ⌚April–Okt. Di–Sa) tuckert dreimal täglich (samstags viermal) auf einer einstündigen Tour durch die Ozarks.

Die **Thorncrown Chapel** (☎479-253-7401; www.thorncrown.com; 12968 Hwy 62 West; Spende erwünscht; ⌚April–Nov. 9–17 Uhr, März & Dez. 11–16 Uhr) ist ein prächtiges Gotteshaus mit einer Menge Glas. Sage und schreibe 424 Fenster sitzen in der 14,6 m hohen Holzkonstruktion – da betet es sich so schön wie in freier Natur. Die Kirche steht in dem Wald gleich außerhalb des Dorfs. Die kunstvolle **Queen Anne Mansion** (www.thequeenannemansion.com; 115 W Van Buren; Erw./Kind 15/9 US$, Führung 25/15 US$), ursprünglich 1891 in Carthage, Missouri, errichtet, öffnete 2010 nach fünfjährigen millionenschweren Restaurationsarbeiten seine Pforten. Das Haus schmücken wunderschöne Möbel und historische Originalstücke – ein Pflichtstopp für alle, die sich für Architektur und Antiquitäten interessieren.

Wenn der Geldbeutel es zulässt, sollte man die billigen Motels am Rand des Canyons links liegen lassen und sich im Ortszentrum ein Quartier suchen. Inmitten der historischen Downtown verwöhnt einen das superkomfortable, historische **New Orleans Hotel and Suchness Spa** (☎479-253-8630; www.neworleanshotelandspa.com; 63 Spring St; Zi. 84–204 US$; P ❄ 📶). Gäste wohnen hier wie in der guten alten Zeit und können dazu noch ein Spa genießen. In den Wäldern vermieten die **Treehouse Cottages** (☎479-253-8667; www.treehousecottages.com; 165 W Van Buren St; ab 145 US$; P ❄ 📶) mit Whirlpools ausgestattete Baumhäuser, die fast schon Cottages auf Stelzen darstellen.

Direkt auf der anderen Straßenseite liegt das **Bubba's BBQ** (www.bubbasbarbecueeure

NICHT VERSÄUMEN

SCHÖNER RUNDWEG

Die Innenstadt von Eureka Springs ist für sich genommen schon wunderschön, das eigentliche Highlight der Stadt wird jedoch leicht übersehen: Der faszinierende **Historic Loop**, ein 5 km langer Weg, führt durch das historische Zentrum und benachbarte Stadtteile, vorbei an über 300 vor 1910 errichteten viktorianischen Häusern, von denen jedes einzelne ein wahres Schmuckstück ist. Die Gegend kann mit jedem anderen restaurierten historischen Stadtkern in den USA mithalten.

Traveller ohne eigenen fahrbaren Untersatz haben diverse Alternativen: die Broschüre *Six Scenic Walking Tours* beim Visitor Center in Eureka Springs, ein Leihfahrrad von **Adventure Mountain Outfitters** (☎479-253-0900; www.adventuremountain outfitters.com; 151 Spring St, Eureka Springs; halber Tag 50 US$; ⊙Mi–Sa 9–17 Uhr) oder die Red Line der **Eureka Trolley** (www.eurekatrolley.org; Erw./Kind 5/1 US$; ⊙Jan.–April & Nov.–Dez. 9–17 Uhr, Mai–Okt. So bis 20 Uhr).

kasprings.com; 166 W Van Buren St; Hauptgerichte 5,50–13 US$; ⊙Mo–Sa 11–21 Uhr), ein echtes Südstaatengrilllokal, in dem recht viele Touristen einkehren. Das **Mud Street Café** (www.mudstreetcafe.com; 22 G S Main St; Hauptgerichte 9–13 US$; ⊙Do–Di 8–15 Uhr) in der Innenstadt wird für seinen Kaffee und das Frühstück gelobt. Im **Stone House** (www.eurekastonehouse.com; 89 S Main St; Käseplatte 25–47 US$; ⊙Mi–Sa 13–22 Uhr) liest sich die Auswahl an Käseplatten wie hohe Dichtkunst. Serviert werden aromatische europäische und amerikanische Käsesorten sowie rund 30 verschiedene Weinsorten (werden nur im Glas ausgeschenkt; 8–15 US$).

BUFFALO NATIONAL RIVER

Der 217 km lange Fluss, ein weiteres wenig beachtetes Juwel in Arkansas, fließt an dramatischen Felsklippen vorbei durch den unberührten Wald der Ozarks. Der obere Abschnitt bietet die meisten Stromschnellen, im unteren fließt er gemütlicher und eignet sich ideal für eine Floßfahrt. Der **Buffalo National River** (☎870-741-5443; www.nps.gov/buff) hat zehn **Campingplätze** (☎877-444-6777; www.recreation.gov; Stellplatz Zelt/Wohnmobil 10/20 US$) und drei ausgewiesene Schutzgebiete, von denen man das am leichtesten zugängliche über das **Tyler Bend Visitor Center** (☎870-439-2502; ⊙8.30–16.30 Uhr) erreicht, 11 Meilen (17,7 km) nördlich von Marshall am Hwy 65 gelegen. Dort gibt es außerdem eine Liste mit renommierten Anbietern für Rafting- und Kanutouren in Eigenregie – die beste Art, den Park zu erkunden und die immensen Kalksteinklippen zu bestaunen.

Die Spuren menschlicher Besiedlung lassen sich hier zwar etwa über 10 000 Jahre zurückverfolgen, aber in diesem wilden, von der Natur großzügig ausgestatteten Gebiet in den Ozarks leben selbst die Siedler von heute isoliert und als Selbstversorger. Die Menschen entwickelten einen eigentümlichen Dialekt, ein einmaliges Kunsthandwerk und eine eigene Musik. Dank der 1972 erfolgten Ausweisung des Buffalo River als nationales Schutzgebiet ist der Fluss einer der wenigen unverschmutzten und frei fließenden Ströme im Land.

Arkansasdelta

Rund 120 Meilen (193 km) östlich von Little Rock folgt die Great River Rd dem Westufer des Mississippi durch das Arkansasdelta. Die frühere Bluestown **Helena** ist heute ein trübseliges Nest – außer an den drei Tagen im Oktober, wenn zum **Arkansas Blues & Heritage Festival** (www.bluesandheritagefest.com; Eintritt frei) Bluesmusiker und 100 000 Fans die Downtown stürmen.

Das ganze Jahr über lohnt sich für Blues- und Geschichtsfans der Besuch im **Delta Cultural Center** (☎870-338-4350; www.deltaculturalcenter.com; 141 Cherry St; Eintritt frei; ⊙Di–Sa 9–17 Uhr), zu dem zwei Gebäude, der Bahnhof und das Visitor Center gehören. Das Museum zeigt zahllose Blues-Memorabilia, u.a. die Gitarren von Albert King und Rosetta Tharpe sowie ein signiertes Taschentuch von John Lee Hooker.

Von hier wird auch die am längsten bestehende Blues-Radiosendung, *King Biscuit Time,* ausgestrahlt (Mo–Fr 12.15 Uhr). Bei *Delta Sounds* (Mo–Fr 13 Uhr) treten oft Livemusiker auf. Ansonsten spielt in Helena aber nigendwo die Musik.

Florida

Inhalt »

Gut essen

» Senora Martinez (S. 494)
» Sustain (S. 494)
» Café Solé (S. 513)
» Floridian (S. 521)
» Refinery (S. 526)

Schön übernachten

» Pelican Hotel (S. 492)
» Biltmore Hotel (S. 492)
» Dickens House (S. 528)
» Pillars (S. 498)
» Everglades International Hostel (S. 504)

Auf nach Florida!

Florida ist fast das ganze Jahr über mit Sonnenschein gesegnet, und man könnte es mit einer Treibhaus-Orchidee vergleichen: auffällig und sexy lockt die subtropische Halbinsel mit strahlend weißen Stränden, die von blaugrünen Wassern gestreichelt und bei Sonnenuntergang in grelle Neonfarben getaucht werden. Surreal, exzentrisch und mit einem gewissen Witz – Florida ist ein fantasiereiches, sumpfiges Wunderland Schwindel erregender Vergnügen, von Alligatoren, Meerjungfrauen und Mickey Mouse bis hin zum hedonistischen, kunstbeflissenen Promi-Spielplatz Miami.

Floridas Strände sind sein Aushängeschild, und man könnte an jedem Tag des Jahres einen anderen besuchen und hätte noch immer nicht alle gesehen. Aber der Bundesstaat hat noch viel mehr zu bieten: die prähistorischen Everglades, Orlandos Themenparks, die Augenweide South Beach, den nächtlichen Karneval von Key West und die Korallenriffe vor Key Largo. Florida bietet die Möglichkeit, vor dem alltäglichen Leben zu fliehen.

Reisezeit

Miami

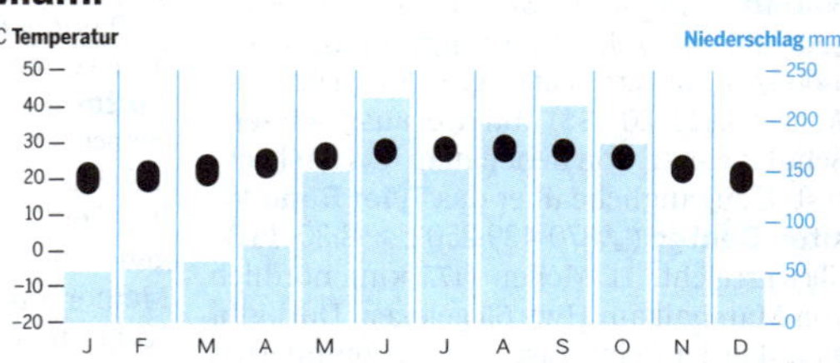

Feb.–April Wenn die Winterzeit zu Ende geht, ist Hochsaison im Süden – und Spring-Break-Zeit!

Juni–Aug. In den heißen Monaten ist an den Stränden und in den Themenparks im Norden Saison.

Sept.–Okt. Tolle Nebensaison mit weniger Touristen, kühleren Temperaturen und warmem Wasser.

Frühjahrstraining

Jeden März halten 13 Major-League-Baseballteams ihr Frühjahrstraining in Stadien in Zentral- und Südflorida ab. Dies bedeutet etwa 240 Freundschaftsspiele in 30 Tagen und eine Pilgerreise für zahlreiche Fans, die sich den Stars und zukünftigen Hall-of-Fame-Mitgliedern in den intimen Stadien bis auf Anspuck- und Autogrammentfernung nähern können. Mehr auf www.floridagrapefruitleague.com.

AMERIKAS BESTE STATE PARKS

Zu den Highlights eines Besuchs in Florida gehören die Begegnungen mit seinen bizarren, schönen Landschaften und der Vielfalt seiner exotischen Kriechtiere, Wandermeeresvögel und Wildtiere. Glücklicherweise macht es Florida seinen Besuchern mit einem der besten State-Park-Netze der USA leicht, ihnen zu begegnen. Es ist der erste und einzige Bundesstaat, der zweimal die Auszeichnung „National Gold Medal Award for Excellence" (1999 und 2005) bekommen hat, und auch 2011 stand Florida wieder im Finale.

Die 160 State Parks des Bundesstaates erstrecken sich über atemberaubende, mannigfaltige Landschaften, die mächtigen Korallenriffen (John Pennekamp), Tausenden von Alligatoren (Myakka River), Kalkstein-Karstgebieten (Paynes Prairie) und kristallklaren Quellen (Wakulla Springs) ein Zuhause bieten. Natürlich ist Florida aber auch dank der hohen Qualität seiner Strände legendär, zu denen erstklassige Strandparks wie Grayton Beach, Fort DeSoto, Honeymoon Island und die St.-Joseph-Halbinsel zählen.

Eine komplette Liste gibt's bei **Florida State Parks** (www.floridastateparks.org). Wer nach Tipps zu Wildtierbeobachtungen (was, wann und wie) sucht, findet sie zusammen mit Informationen zu Themen wie Bootstouren, Jagen und Angeln bei **Florida Fish & Wildlife Commission** (http://myfwc.com).

Grünes Florida

Noch bis vor Kurzem war Florida nicht unbedingt für seinen Umweltschutz und seinem Ökotourismus bekannt, aber genau das ändert sich gerade sehr schnell. Hier einige Quellen zu lokalen Umweltprojekten und nachhaltigem Reisen:

» Department of Environmental Protection (DEP; www.dep.state.fl.us) Staatlich geführte Agentur, die sich um Umwelt- und Nachhaltigkeitsfragen kümmert.

» Green Lodging Program (www.dep.state.fl.us/greenlodging) Programm des DEP, das Unterkünfte anerkennt, die sich Umweltschutz und Nachhaltigkeit verschrieben haben.

» Florida Sierra Club (http://florida.sierraclub.org) Ehrenwerte Outdoor-Freiwilligen- und -Interessengruppe.

» Florida Surfrider (http://florida.surfrider.org) Gemeinnützige Organisation, die sich dem Schutz von Amerikas Stränden widmet; elf Ortsgruppen in Florida.

CARL HIAASEN

Die einzigartige, schwarzhumorige Florida-Vision des Schriftstellers Carl Hiaasen liefert eine brüllend komische Mischung aus Außenseitern und mörderischen Machern. Einen guten Einstieg bieten *Der Reinfall* (für Erwachsene), *Eulen* (für Kinder) und *Paradise Screwed* (ausgewählte Kolumnen).

Kurzinfos

» Bevölkerung: Miami 399 460, Miami-Dade County 2,5 Mio.

» Miami–Key West: 160 Meilen (257 km), Miami–Orlando: 235 Meilen (378 km)

» Zeitzonen: Eastern Time (Ostflorida), Central Time (westlicher Panhandle)

Kinderkram

Sie möchten eine Babyausrüstung leihen? Oder Babynahrung und Windeln ans Hotel geliefert bekommen? Oder brauchen Sie vielleicht einen Babysitter?

» Baby's Away (www.babysawayrentals.com)

» Babies Travel Lite (www.babiestravellite.com)

» Kids' Nite Out (www.kidsniteout.com)

Infos im Internet

» Visit Florida (www.visitflorida.com) ist die offizielle Tourismuswebsite des Bundesstaates.

» My Florida (www.myflorida.com) ist das offizielle Portal der Regierung.

Golf von Mexiko

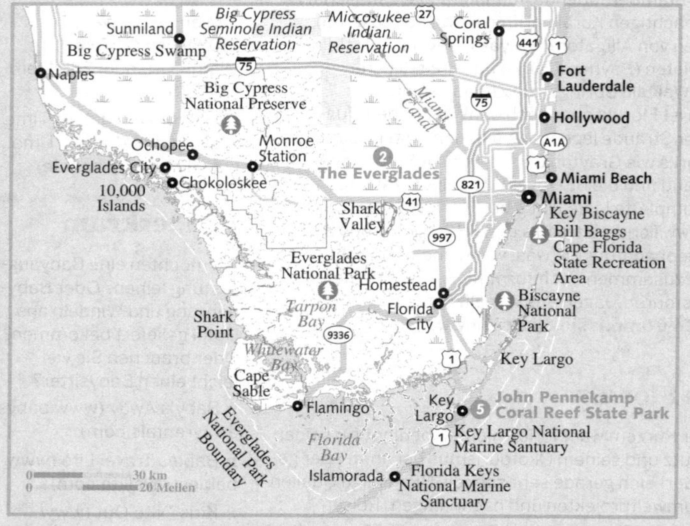

Highlights

1. Über die grellbunten Kunstwerke in **Miamis Museen und Galerien** (S. 482) staunen
2. In den **Everglades** (S. 501) zwischen Alligatoren und Sumpfgras paddeln
3. Sich von der Nostalgie und dem Nervenkitzel in **Walt Disney World** (S. 537) mitreißen lassen
4. Sich in **Key West** (S. 510) Sonnenuntergangs-Party auf dem Mallory Square stürzen
5. Im größten Korallenriff der USA im **John Pennekamp** (S. 506) schnorcheln und tauchen

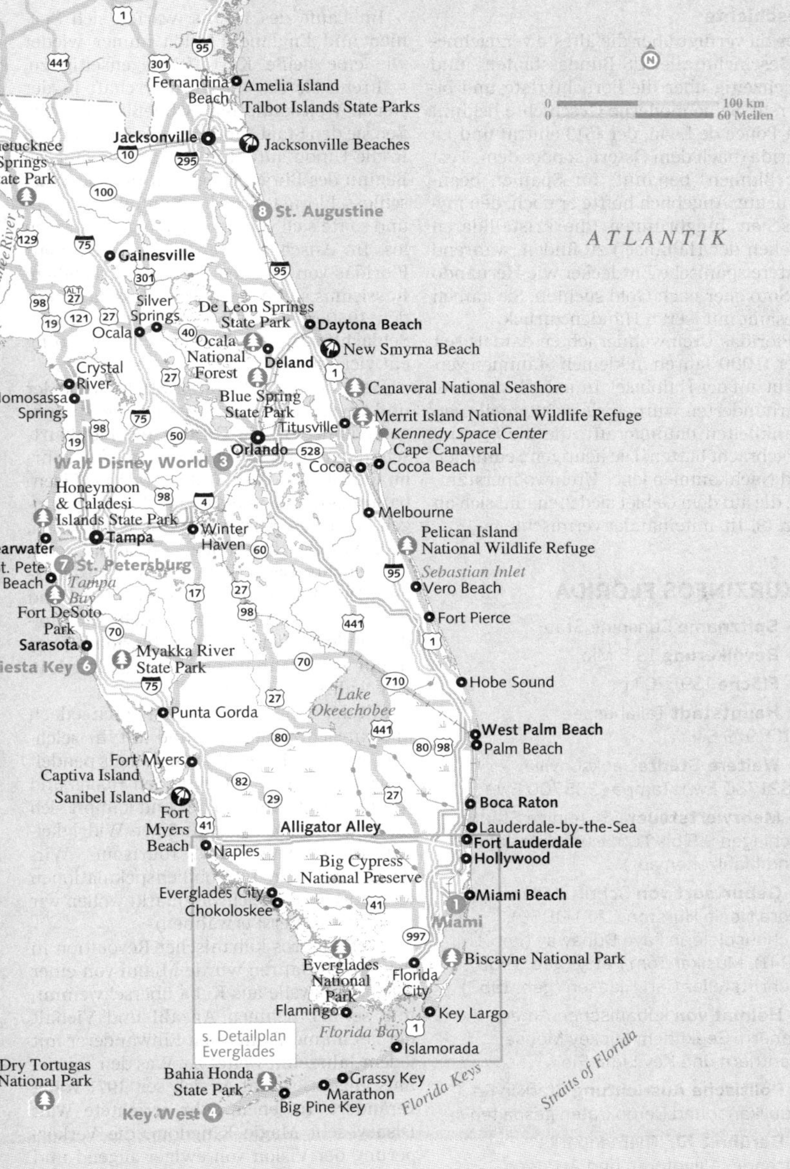

6 An den Puderzucker-Sandstränden von **Siesta Key** (S. 529) in Sarasota entspannen

7 Im **Salvador Dalí Museum** (S. 528) in St. Petersburg über den Symbolismus des Halluzinogenen Toreros grübeln

8 Zwischen den historischen spanischen Gebäuden von **St. Augustine** (S. 519) wie ein Pirat knurren

9 Eine Spritztour durch die lebenslustigen Strandstädte und ruhigen, seidenweichen Sandstrände des **Panhandle** (S. 543) machen

Geschichte

Florida verfügt über die älteste verzeichnete Geschichte aller US-Bundesstaaten – und gleichzeitig über die berüchtigtste und bizarrste. Seine moderne Geschichte beginnt mit Ponce de León, der 1513 eintraf und La Florida (nach dem Osterfest oder dem „Fest der Blumen" benannt) für Spanien beanspruchte. Angeblich hoffte er noch, den mythischen Jungbrunnen (die kristallklaren Quellen der Halbinsel) zu finden, während spätere spanische Entdecker wie Hernando de Soto eher nach Gold suchten. Sie kamen allesamt mit leeren Händen zurück.

Floridas Ureinwohner lebten damals seit über 11 000 Jahren in kleinen Stämmen verstreut auf der Halbinsel. Innerhalb von zwei Jahrhunderten wurden sie größtenteils von Krankheiten dahingerafft, die die Spanier mitgebracht hatten. Die heutigen Seminolen sind Nachkommen jener Ureinwohnerstämme, die auf dem Gebiet siedelten und sich ab dem 18. Jh. miteinander vermischten.

KURZINFOS FLORIDA

» **Spitzname** Sunshine State

» **Bevölkerung** 18,8 Mio.

» **Fläche** 139 670 km²

» **Hauptstadt** Tallahassee (168 979 Ew.)

» **Weitere Städte** Jacksonville (821 780 Ew.), Tampa (335 700 Ew.)

» **Mehrwertsteuer** 6 % (einige Städte schlagen 9,5 bis 11,5 % für Unterkunft und Mahlzeiten auf)

» **Geburtsort von** Schriftstellerin Zora Neale Hurston (1891–1960), Schauspielerin Faye Dunaway (geb. 1941), Musiker Tom Petty (geb. 1950), Schriftsteller Carl Hiaasen (geb. 1953)

» **Heimat von** kubanischen Amerikanern, Seekühen, Mickey Mouse, Rentnern und Key Lime Pie

» **Politische Ausrichtung** Stark in Republikaner und Demokraten gespalten

» **Berühmt für** Themenparks, Strände, Alligatoren und Art déco

» **Bedeutende lokale Erfindung** gefrorenes Orangensaftkonzentrat (1946)

» **Fahrentfernungen** Miami nach Key West 257 km (160 Meilen), Miami nach Orlando 378 km (235 Meilen)

Im Laufe des 18. Jhs. warfen sich Spanien und England Florida immer wieder wie eine heiße Kartoffel gegenseitig zu, während sie um die Vorherrschaft in der Neuen Welt kämpften. Schließlich überließen sie den Staat Amerika, das Florida 1845 in die Union aufnahm. 16 Jahre später, zu Beginn des Bürgerkriegs von 1861 bis 1865, schloss Florida sich der Konföderation an und sagte sich von den Vereinigten Staaten los. Im Anschluss wurde die Gesellschaft Floridas von sozialem wie institutionellem Rassismus so tief gespalten, dass es sich in den 1950er- und 1960er-Jahren zu einem Schlachtfeld der Bürgerrechtsbewegung entwickelte.

Unterdessen arbeiteten Stadtentwickler und Spekulanten hart daran, die sumpfige Halbinsel in ein Ferien- und Landwirtschaftsparadies zu verwandeln. Zur Jahrhundertwende des 20. Jhs. war es Eisenbahnmagnaten wie Henry Flagler gelungen, Floridas Küstenlinie zu erschließen, während ein irrwitziger Kanal-Bauboom die Feuchtgebiete immer weiter austrocknete. Der Wahnsinn nahm seinen Lauf, und in den 1920er-Jahren verwandelte die rapide Landerschließung in Südflorida Miami in nur zehn Jahren von einer Sandbank in eine wahre Metropole.

Mit der Großen Depression brach jedoch alles in sich zusammen, und mit ihr zeichnete sich ein Muster ab: Seit damals pendelt Florida zwischen mitreißenden Hochs und brutalen Tiefs hin und her und kämpft sich tapfer durch die unbeständigen Widrigkeiten von Einwanderung, Tourismus, Wirbelstürmen und Immobilienspekulationen (den florierenden Schwarzmarkt wollen wir hier gar nicht erst erwähnen).

Nach Castros kubanischer Revolution in den 1960er-Jahren wurde Miami von einer Flüchtlingswelle aus Kuba überschwemmt, und seither nehmen Anzahl und Vielfalt der lateinamerikanischen Einwanderer mit jedem Jahrzehnt weiter zu. Was den Tourismus angeht, so hat er sich seit 1971 völlig verändert: In jenem Jahr errichtete Walt Disney sein Magic Kingdom, die Verkörperung der Vision von ewiger Jugend und eine vollendete Fantasie, die Florida von Anfang an perfekt zu vermarkten und verkaufen wusste.

Einheimische Kultur

Florida ist einer der vielfältigsten Staaten der USA. Grob gesagt spiegelt sich in Nordflorida die Kultur der amerikanischen

Südstaaten wider, während Südflorida inzwischen so viele kubanische, karibische und mittel- und südamerikanische Flüchtlinge aufgenommen hat, dass es bereits als „Hauptstadt Lateinamerikas" bezeichnet wird. Den „typischen Floridianer" gibt's also nicht, und so ziemlich das Einzige, was den Staat überhaupt vereint, ist, dass die meisten Menschen hier eigentlich von ganz woanders stammen. Auch wenn diese Tatsache bereits zu einer Reihe von Konflikten geführt hat, ist doch meistens Toleranz die Regel. Die Mehrheit der Einwohner Floridas kann sich nach Lust und Laune in ihren selbstgewählten Gemeinden einrichten, ganz gleich, ob sie nun Schwule, Rentner, Kubaner, Haitianer, Biker, Evangelikale, nascar-verrückte große Jungs oder kosmopolitische Intellektuelle aus der Kunstwelt sind.

Anreise & Unterwegs vor Ort

Der **Miami International Airport** (MIA; www.miami-airport.com) ist neben Orlando, Tampa und Fort Lauderdale eines der internationalen Tore Floridas. Die Flughäfen von Fort Lauderdale und Miami liegen etwa 30 Minuten voneinander entfernt; es ist fast immer billiger, nach Fort Lauderdale zu fliegen. Miami verfügt außerdem über den geschäftigsten Kreuzfahrthafen der Welt.

Greyhound (www.greyhound.com) bietet weitreichende Verbindungen im gesamten Bundesstaat an. Die Züge *Silver Meteor* und *Silver Star* von **Amtrak** (www.amtrak.com) verkehren täglich zwischen New York und Miami.

Die Mietwagenpreise in Florida schwanken oft sehr stark, aber man sollte mit mindestens 300 bis 350 US$ pro Woche für einen normalen Mittelklassewagen rechnen.

SÜDFLORIDA

In Südflorida zeigt sich die ganze Vielfalt des Staates in einem lebendigen Potpourri all dessen, was Florida so wild und anziehend macht, allen voran der multikulturelle Umschlagplatz Miami und die niveauvollen, reichen Strandgemeinden, die sich von Fort Lauderdale bis Palm Beach Richtung Norden erstrecken. In starkem Kontrast dazu stehen die Strände an sich, die von der subtropischen Wildnis der Everglades begrenzt werden, während die Spitze des Staates in einer Ellipse lebensfroher Inseln ausläuft, die ihren Höhepunkt in Key West und seiner „Alles ist möglich"-Einstellung finden.

Miami

Miami bewegt sich in einem völlig anderen Rhythmus als der gesamte Rest der USA. Pastellfarbene, subtropische Schönheit und lateinamerikanische Sinnlichkeit sind hier allgegenwärtig: von den zigarrenrauchgeschwängerten Tanzläden, in denen Auswanderer aus Havanna zu Son und Bolero tanzen, bis zu den exklusiven Nachtclubs, in denen brasilianische Models in Stilettos ihre Hüften zu lateinamerikanischem Hip-Hop schütteln. Egal, ob man auf das hippe Volk der Avantgarde-Galerien trifft oder an den gestählten, perfekten Körpern vorbeiflaniert, die am South Beach schauliegen – irgendwie wirken hier alle wahnsinnig kunstvoll gestellt. Nebenbei servieren Straßenverkäufer und Restaurants die

FLORIDA IN ...

... einer Woche

Die Reise beginnt in **Miami** mit drei vollen Tagen, um die Museen und Galerien, das Art-déco-Viertel, Little Havana und die South-Beach-Szene zu erkunden. Ein Tagesausflug mit Kajaktour durch die **Everglades** ist Pflicht, und auch **Coral Castle** sollte man nicht verpassen. Anschließend geht es für drei Tage in die Keys: schnorcheln im **John Pennekamp Coral Reef State Park**, Tarpone angeln in **Islamorada** und auf **Key West** mal richtig ausspannen!

... zwei Wochen

Ein oder zwei Tage in den Themenparks in **Orlando** stehen an, danach genießt man in **Tampa** die feine Küche und das Nachtleben von Ybor City. Im Salvador Dalí Museum in **St. Petersburg** wartet eine surreale Erfahrung, bevor man ein paar **Strände der Tampa Bay Area** besucht. Die Reise endet schließlich mit je einem Tag in **Sarasota** und seinem atemberaubenden Ringling Museum Complex und an den Traumstränden von **Siesta Key**.

Düfte und Gewürze aus der Karibik, Kuba, Argentinien oder Haiti. Auf Touristen kann die Stadt ebenso berauschend wirken wie ein eiskalter Mojito.

Miami ist eine eigene Welt, eine internationale Stadt, deren Tempo, Interessen und Inspirationen oft von weit entfernten Ufern angespült werden. Über die Hälfte der Bevölkerung stammt aus Lateinamerika, und mehr als 60% sprechen hauptsächlich Spanisch. Tatsächlich betrachten viele Einwohner Nordfloridas das einwandererreiche Miami gar nicht als einen Teil des Staates, und viele Menschen in Miami, besonders die Kubaner, sehen das genauso.

Sehenswertes

Der Großraum Miami ist eine weitläufige Metropole und umfasst auch die Vororte Coral Gables und Coconut Grove sowie die Viertel Little Havana und Little Haiti. Miami selbst liegt auf dem Festland, Miami Beach vier Meilen östlich auf der anderen Seite der Biscayne Bay.

Die Innenstadt von Miami ist größtenteils in ein normales Gittersystem unterteilt, in dem die Flagler St die wichtigste Ost-West-Achse darstellt, die 2nd Ave die Hauptschlagader von Nord nach Süd. Nördlich von Downtown (entlang der NE 2nd Ave, von der 17th St bis zur 41st St) sind Wynwood und der Design District die wichtigsten Zentren in Sachen Kunst, Kulinarisches und Nachtleben. Gleich nördlich liegt auch Little Haiti.

Wer Little Havana besuchen möchte, wendet sich auf der SW 8th St, auch Calle Ocho genannt, nach Westen; sie durchstößt das Herz dieses Viertels (und wird später zum Tamiami Trail/Hwy 41). Gleich südlich von Little Havana warten Coconut Grove und Coral Gables.

South Beach ist eigentlich der südliche Teil von Miami Beach und reicht von der 5th St Richtung Norden bis zur 21st St; die Washington Ave ist seine kommerzielle Arterie.

Näheres zu Südflorida gibt's im Lonely Planet *Miami & the Keys*.

MIAMI BEACH

Miami Beach hat ein paar der besten Strände des ganzen Landes zu bieten und lockt mit weißem Sand und warmem, türkisblauem Wasser, das es locker mit den Bahamas aufnehmen kann. Was den Miami-Film angeht, den jeder im Kopf hat – Art-déco-Hotels, Models auf Inlineskates, junge Prachtkerle mit strammer Brust und schicken Autos –: Der läuft am **Ocean Drive** (von der 1st bis zur 11th St), dem der Strand nur als Kulisse für vorbeistolzierende Pfauen dient. Diese geballte Mischung aus Wellen, Sonnenschein und exhibitionistischer Schönheit hat South Beach (oder „SoBe") weltberühmt gemacht.

Abends kann man den **Española Way** entlangschlendern, eine stark europäisch angehauchte Promenade voller Restaurants und Cafés. Nur ein paar Blocks nördlich wird die **Lincoln Road** (zwischen Alton Rd und Washington Ave) zur Fußgängerzone bzw. zum Freiluft-Laufsteg, damit auch wirklich jeder die fabelhaft attraktiven Kreaturen von SoBe gebührend bewundern kann.

LP TIPP Art Deco Historic District — STADTVIERTEL

Der gut erhaltene, pastellfarbene Art Deco Historic District schreit förmlich „Miami". Nirgendwo sonst auf der Welt findet man so viele Art-déco-Gebäude auf einem Haufen: die Straßen rund um den Ocean Dr und die Collins Ave werden von geschätzten 1200 gesäumt. Bei einem Abstecher ins **Art Deco Welcome Center** (Karte S. 484; 305-531-3484; www.mdpl.org; 1200 Ocean Dr; 9.30–19 Uhr) erfährt man alles zu Touren und erhält nähere Informationen.

Wolfsonian-FIU — MUSEUM

(Karte S. 484; www.wolfsonian.org; 1001 Washington Ave; Erw./Kind 5/3,50 US$; Do 11–21, Fr & Sa bis 18, So 12–17 Uhr) Eine faszinierende Sammlung, die von Transport, Urbanisierung, Industriedesign und Werbung bis zur Politpropaganda vom späten 19. bis zur Mitte des 20. Jhs. reicht.

Bass Museum of Art — MUSEUM

(abseits Karte S. 484; www.bassmuseum.org; 2121 Park Ave; Erw./Kind 8/6 US$; Mi–So 12–17 Uhr) Das beste Kunstmuseum in Miami Beach verfügt über eine verspielt-futuristische Fassade, und die Sammlung ist auch nicht von schlechten Eltern: Sie reicht von religiöser europäischer Kunst aus dem 16. Jh. bis zu Gemälden der Renaissance.

World Erotic Art Museum — MUSEUM

(Karte S. 484; www.weam.com; 1205 Washington Ave; Erw. ab 18 Jahre 15 US$; 11–22, Fr & Sa bis 24 Uhr) Unbeeindruckt von SoBes nacktem Fleisch? Nun, irgendetwas wird in dieser erstaunlich umfangreichen Sammlung ungezogener und erotischer Kunst ganz sicher Aufmerksamkeit erregen – hier stellen

Großraum Miami

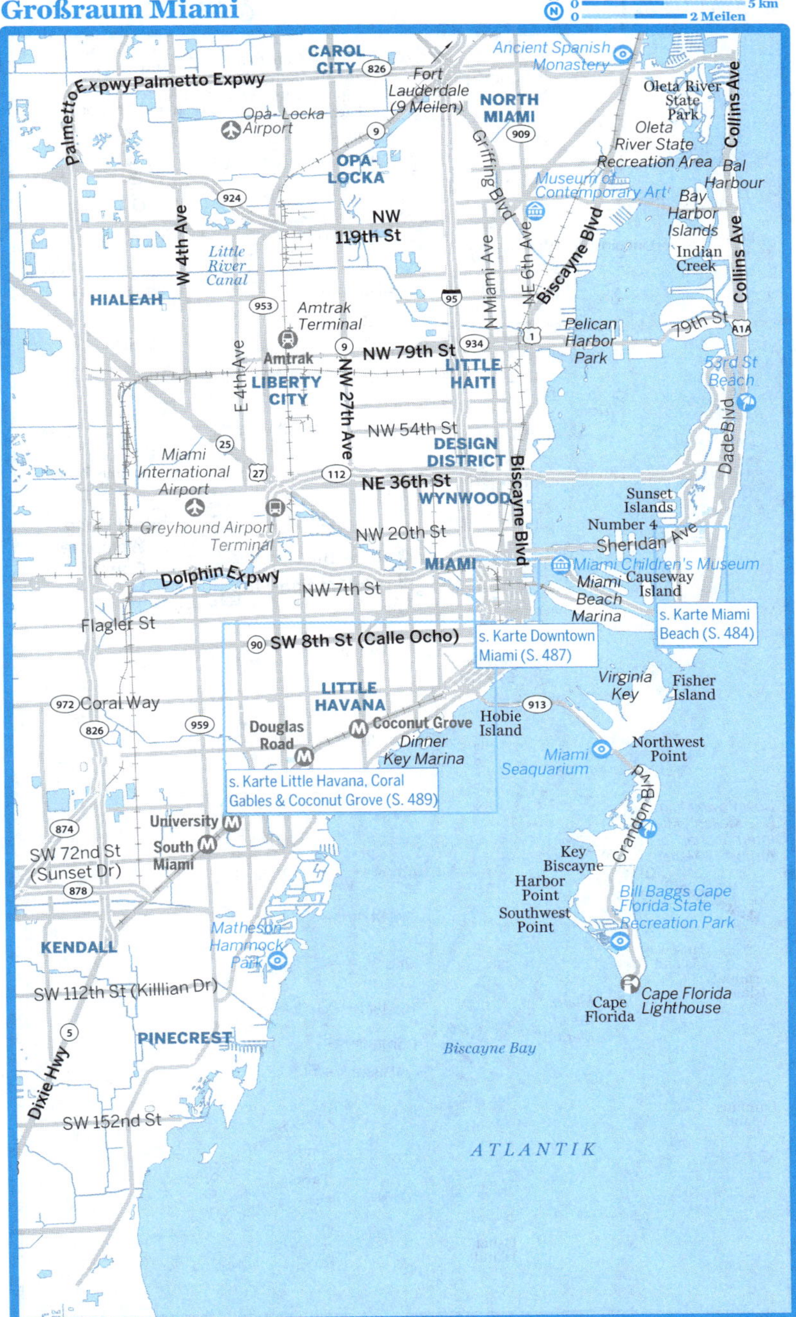

Miami Beach

0 400 m
0 0,2 Meilen
Miami Beach Convention Center
Bass Museum of Art, Miami City Ballet (0,2 Meilen)
Collins Ave
Lincoln Rd Mall
Lincoln Rd
South Beach
Island View Park
Belle Isle
Sheridan Ave
Collins Canal
Biscayne Bay
City Park
Flamingo Park
Lummus Park & Public Beach
Art Deco Welcome Center
Wolfsonian-FIU
MIAMI BEACH
The Promenade
Downtown Miami (2,2 Meilen); Miami International Airport (8 Meilen)
Miami Beach Dr (5th St)
Causeway Island
Terminal Island
Miami Beach Marina
Pier M
Ocean Beach Park
Pier Park
ATLANTIK
Lummus Island
South Pointe Park
Boardwalk Pier
Government Cut
Fisher Island
Biscayne Bay

Miami Beach

Highlights
Art Deco Welcome Center D3
Wolfsonian-FIU C4

Sehenswertes
1 World Erotic Art Museum C3

Aktivitäten, Kurse & Touren
2 Boucher Brothers Watersports C6
3 Fritz's Skate Shop C2
4 Miami Beach Bicycle Center C5

Schlafen
5 Beachcomber Hotel D3
6 Cadet Hotel D1
7 Clay Hotel & Miami Beach International Hostel C2
8 Hotel St Augustine C5
9 Kent Hotel D3
10 Lords Hotel C3
11 Pelican Hotel D4

Essen
12 11th Street Diner C3
13 Front Porch Cafe D3
14 Jerry's Famous Deli D2
15 Osteria del Teatro D2
16 Pizza Rustica C4
17 Puerto Sagua C4
18 Tap Tap C5

Ausgehen
19 Abbey Brewery B2
20 Abraxas C5
21 B Bar D3
22 Mansion C3
23 Nikki Beach Club C6
24 Room C6
25 Skybar D1
26 Twist C3
27 Zeke's Roadhouse C2

Unterhaltung
28 Colony Theatre B2
29 Fillmore Miami Beach at Jackie Gleason Theater C1
30 Jazid C3
31 New World Center C1

Shoppen
32 Books & Books B2

sogar die Möbel alle möglichen Körperteile und Positionen dar.

DOWNTOWN MIAMI

Abgesehen von der Sportarena und dem Arsht Center, dem Zentrum für darstellende Künste, ist Downtown nicht gerade ein Touristenmagnet. Immerhin hat die **Metro-Dade Cultural Center Plaza** (Karte S. 487; 101 W Flagler St) zwei lohnenswerte Museen zu bieten; ein Kombiticket für beide kostet 10 US$.

History Miami MUSEUM
(Karte S. 487; www.historymiami.org; Erw./Kind 8/5 US$; ⏲Di–Fr 10–17, Sa & So bis 12 Uhr) Südfloridas komplexe, aufregende Geschichte steckt voller Seminolen-Krieger, Schmuggler, Piraten, Landräuber, Touristen und lateinamerikanischer Einwanderer und wird hier kurz und bündig und lebendig erzählt.

Miami Art Museum MUSEUM
(MAM; Karte S. 487; www.miamiartmuseum.org; Erw./Kind 8 US$/frei, 2. Sa frei; ⏲Di–Fr 10–17, Sa & So ab 12 Uhr) Dieses von Philip Johnson entworfene Gebäude beherbergt Wechselausstellungen mit internationaler Kunst aus der Zeit nach dem Zweiten Weltkrieg. 2013 soll es in den Bicentennial Park umziehen.

LITTLE HAVANA

Sobald die SW 8th St sich von Downtown entfernt, wird sie zur **Calle Ocho** (*kah-je oh-tscho* ausgesprochen; spanisch für „achte Straße“). Dann weiß man, dass man sich in Little Havana befindet, der auffälligsten Gemeinde kubanischer Amerikaner in den gesamten USA. Trotz der kulturellen Denkmäler ist dies aber kein kubanischer Themenpark: Das Viertel ist und bleibt eine sehr lebendige Einwandererenklave, auch wenn seine Einwohner inzwischen zugegebenermaßen eher aus Mittelamerika stammen. Mit die beste Zeit für einen Besuch ist der letzte Freitag im Monat zum **Viernes Culturales** (www.viernesculturales.com; ⏲18–23 Uhr) oder „Kulturellen Freitag“, wenn bei einem Straßenfest lateinamerikanische Künstler und Musiker auftreten.

LP TIPP **Máximo Gómez Park** PARK
(Karte S. 489; Ecke Calle Ocho & SW 15th Ave) Hier kann man das alte Kuba genießen. Der Park ist auch als „Domino Park“ bekannt, und wenn man die Alten beim Spielen beobachtet, weiß man auch, warum.

MIAMI IN …

… zwei Tagen

Am ersten Tag liegt der Fokus auf South Beach, ein Nachmittag zum Sonnenbaden und Schwimmen verbindet sich wundebar mit einem Bummel durch den **Art Deco Historic District** und einem Besuch des **Wolfsonian-FIU**, in dem alles erklärt wird. Am Abend wird im **Tap Tap** die haitianische Küche probiert, und danach klingt der Tag mit edlen Cocktails in der **Skybar** aus oder man genießt im **Room** ein entspanntes Bierchen. Wer abends noch mal ein bisschen aufdrehen möchte, kann einen Abstecher ins **World Erotic Art Museum** machen, das am Wochenende bis Mitternacht geöffnet ist. Am nächsten Morgen wartet in der Calle Ocho in **Little Havana** kubanische Musik, anschließend wird im **Versailles** bei klassischer kubanischer Küche die Atmosphäre vertieft. Danach schlendert man durch die **Vizcaya Museum & Gardens** und kühlt sich beim Planschen im **Venetian Pool** wieder ab. Der Tag wird beschlossen mit einem Abendessen und Cocktails im **Senora Martine**

… vier Tagen

Nach dem Zwei-Tages-Plan geht es am dritten Tag in die **Everglades**, wo eine Kajaktour ansteht. Am letzten Tag stehen dann in **Wynwood** und im **Design District** Kunst und Design auf dem Programm, und noch mehr davon gibt's im **Miami Art Museum** oder dem **Museum of Contemporary Art**. Am Abend wird mit den Hipstern im **Electric Pickle** gefeiert oder ein bisschen Livemusik genossen: Rock im **Tobacco Road** oder lateinamerikanische Rhythmen im **La Covacha**.

Cuba Ocho GALERIE
(Karte S. 489; ☎305-285-5880; cubaocho.com; 1465 SW 8th St; ⏲9–18 Uhr) Cuba Ocho ist das Schmuckstück des Little Havana Art District und dient als kubanisches Gemeindezentrum, Kunstgalerie und Forschungsstation. Einfach mal schauen, welche Events und Darbietungen gerade auf dem Programm stehen!

El Crédito Cigars ZIGARREN
(Karte S. 489; ☎305-858-4162; 1106 SW 8th St) Einer der beliebtesten Zigarrenläden in ganz Miami; hier kann man zusehen, wie die *tabaqueros* sie von Hand rollen.

GRATIS **Bay of Pigs Museum & Library** BIBLIOTHEK
(Karte S. 489; www.bayofpigsmuseum.org; 1821 SW 9th St; ⏲Mo–Sa 9–16 Uhr) Geschichtscracks können einen Abstecher hierher machen, um mehr über die unglückselige Kuba-Invasion zu lernen und die Brigade 2506 zu würdigen.

DESIGN DISTRICT, WYNWOOD & LITTLE HAITI

Diese beiden trendigen Gegenden nördlich von Downtown sind der lebende Beweis dafür, dass SoBe ganz und gar nicht das Monopol auf „Hipness" hält. Noch vor 25 Jahren waren die Viertel so gut wie ausgestorben, haben sich inzwischen aber zu wahren Bastionen für Kunst und Design entwickelt. Der **Design District** (Karte S. 483; www.miamidesigndistrict.net) ist ein Mekka für Innenarchitekten und das Zuhause Dutzender Galerien, zeitgenössischer Möbel, Ausstellungsräume und Designerateliers. Gleich südlich des Design Districts liegt **Wynwood**, ein bemerkenswerter Kunstbezirk mit unzähligen Galerien und Kunststudios, die in verlassenen Fabriken und Lagerhäusern untergebracht sind.

Little Haiti, die Heimat der haitianischen Flüchtlinge Miamis, wird von bunt gestrichenen Häusern, Märkten und *botanicas* (Voodoo-Läden) dominiert.

Little Haiti Cultural Center GALERIE
(☎305-960-2969; www.miamigov.com/LHCulturalcenter; 212 NE 59th Tce; ⏲9–17 Uhr) In Miami lebt die weltweit größte Gemeinde von *Ayisens* (Haitianern) außerhalb von Haiti, und dieses Kulturzentrum ist der richtige Ort, wenn man mehr über ihre Geschichte erfahren möchte. Am besten stimmt man seinen Besuch auf die **Big Night in Little Haiti** (www.bignightlittlehaiti.com) ab, ein allmonatliches Straßenfest, das an jedem dritten Freitag von 18 Uhr bis 22 Uhr stattfindet.

CORAL GABLES & COCONUT GROVE

Wer eher nach gemächlicherem Tempo und europäischerem Flair sucht, wird Richtung Landesinneres fündig. Coral Gables wurde

Downtown Miami

0 400 m
0 0,2 Meilen
Gibson Park
NW 12th St
North-South Expwy
NW 1st Ave
N Miami Ave
NE 13th St
NE 12th St
Bicentennial Park
Adrienne Arsht Center of the Performing Arts (0,1 Meilen)
NE 11th St
11th St
Greyhound Miami Downtown Terminal
NE 10th St
Bicentennial Park
NE 9th St
Park West
NE 8th St
Freedom Tower
American Airlines Arena
Port of Miami (0,6 Meilen)
NW 5th Ave
NW 4th Ave
NW 1st Ct
Overtown
NE 7th St
Port Blvd
NE 6th St
95
NW 2nd Ave
Arena/ State Plaza
College North
Bayside Marketplace
Metromover
Marina
NE 4th St
NW 4th St
Biscayne Blvd
NW 3rd St
NE 3rd St
College/ Bayside
Lummus Park
Government Center
Government Center
NE 2nd St
Bayfront Park
Miami River
SW N River Dr
NW 3rd Ct
Miami Art Museum
Metro-Dade Cultural Center Plaza
1st St
NE 1st St
Pepper Fountain
SE 2nd Ave
Historical Museum of Southern Florida
W Flagler St
E Flagler St
SW 1st St
Miami Ave
SE 1st St
SW 2nd St
Knight Center
Third St
SW 2nd St
SE 3rd St
José Martí Riverfront Park
Riverwalk
SW 4th Ave
Miami River
Miami River Bridge
5th St
SE 5th St
SE 6th St
Brickell Park
Brickell Key Dr
Brickell Key
Little Havana (0,2 Meilen)
Tobacco Road
SW 7th St
S Miami Ave
8th St
Azul
SW 8th St (Tamiami Trail)
SW 1st Ct
SW 9th St
Brickell Ave
Brickell Bay Dr
SW 3rd Ave
SW 2nd Ave
SW 10th St
SW 11th St
10th St Promenade
SW 11th St
Brickell
Biscayne Bay
SW 13th St (Coral Way)
North-South Expwy
Financial District
SW 15th Rd
S Miami Ave

GALERIEN IN WYNWOOD

In Wynwood, Miamis hippem Testgelände für Avantgarde-Kunst, füllen „Wypster" (Wynwood-Hipster) Dutzende von Galerien mit ihren „Guerilla"-Installationen, neuen Wandgemälden, Graffitis und anderen undurchschaubaren Werken. Das Viertel ist ungefähr durch die NW 20th und NW 37th St im Süden und Norden bzw. durch die N Miami Ave und die NW 3rd Ave im Osten und Westen begrenzt.

Am besten lernt man die Szene auf einem der **Wynwood and Design District Arts Walks** (www.artcircuits.com) kennen, die jeden zweiten Samstag im Monat zwischen 19 und 22 Uhr stattfinden und auch Musik, Essen und Wein bieten.

» **PanAmerican Art Projects** (www.panamericanart.com; 2450 NW 2nd Ave; ⌚Di–Fr 9.30–17.30, Sa ab 12 Uhr) Zeigt Werke von Künstlern aus Europa, China und vom amerikanischen Kontinent.

» **Art Modern Gallery** (www.artmoderngallery.com; 175 NW 23rd St; ⌚Mo–Sa 12–16.30 Uhr) Überraschung! Hier liegt der Fokus auf moderner und zeitgenössischer Kunst und Popart.

» **Curator's Voice Art Projects** (www.curatorsvoiceartprojects.com; 2509 NW 2nd Ave; ⌚Mo–Fr 9.30–17.30, Sa ab 12 Uhr) Ein großer, eleganter Ausstellungsraum für die Avantgarde.

in den frühen 1920er-Jahren von George Merrick als „Modellvorort" entworfen und gleicht einem Dorf im mediterranen Stil, das die **Miracle Mile** (Karte S. 489) umringt, ein vier Blocks langer Abschnitt des Coral Way zwischen der Douglas und LeJeune Rd mit vielen Läden und Restaurants.

LP TIPP Vizcaya Museum & Gardens — HISTORISCHES GEBÄUDE

(Karte S. 489; www.vizcayamuseum.org; 3251 S Miami Ave; Erw./Kind 12/5 US$; ⌚Mi–Mo 9.30–16.30 Uhr) Diese Villa im italienischen Renaissance-Stil ist die bauliche Entsprechung eines Fabergé-Eis und Miamis märchenhafteste Residenz. Die 70 Zimmer sind mit jahrhundertealten Möbeln und Kunst bestückt, und zu dem rund 12 ha großen Anwesen gehören wunderschöne architektonische Gärten und florentinische Pavillons.

Biltmore Hotel — HISTORISCHES GEBÄUDE

(Karte S. 489; www.biltmorehotel.com; 1200 Anastasia Ave) In architektonischer Hinsicht kommt dieses wunderbare Gebäude, das einst eine von Al Capone geführte Flüsterkneipe beherbergte, den Kronjuwelen von Coral Gables gleich. Selbst wenn man nicht hier absteigt, kann man nachmittags auf eine Tasse Tee vorbeischauen oder sich abends einen Drink an der Bar bestellen und den Pool bestaunen.

Venetian Pool — SCHWIMMBAD

(Karte S. 489; www.coralgablesvenetianpool.com; 2701 DeSoto Blvd; Erw./Kind 11/7,35 US$; ⌚10–16.30 Uhr) „Schwimmbad" beschreibt diesen von Quellen gespeisten Traumpool noch nicht mal annähernd; er entstand, indem man den Steinbruch auffüllte, aus dessen Kalksteinen Coral Gables erbaut wurde. Mit Wasserfällen, Grotten und italienischem Flair sieht er aus wie ein Ferienhaus für reiche Meerjungfrauen. Ein Blick durch die gusseisernen Gitterzäune reicht da nicht – unbedingt eintauchen!

Lowe Art Museum — MUSEUM

(Karte S. 489; www.lowemuseum.org, 1301 Stanford Dr; Erw./Student 10/5 US$; ⌚Di–Sa 10–16, So ab 12 Uhr) Die grandiose Sammlung des Lowe stellt die unterschiedlichsten Geschmäcker zufrieden, aber besonders stark sind asiatische, afrikanische und südpazifische Kunst und Archäologie vertreten, und die präkolumbische bzw. mesoamerikanische Sammlung ist einfach atemberaubend.

GROSSRAUM MIAMI

Museum of Contemporary Art — MUSEUM

(MoCA; Karte S. 483; www.mocanomi.org; 770 NE 125th St; Erw./Student 5/3 US$; ⌚Di & Do–Sa 11–17, Mi 13–21, So 12–17 Uhr) Nördlich von Downtown wartet das MoCA mit häufig wechselnden Ausstellungen mit Schwerpunkt auf internationalen, nationalen und aufstrebenden Künstlern auf.

Ancient Spanish Monastery — KIRCHE

(Karte S. 483; ☎305-945-1461; www.spanishmonastery.com; 16711 W Dixie Hwy; Erw./Kind 8/4 US$; ⌚Mo–Sa 10–16, So ab 11 Uhr) Dieses Kloster ist angeblich das älteste Gebäude der westlichen Hemisphäre. Es wurde 1141 in Segovia, Spanien, erbaut und von William

Little Havana, Coral Gables & Coconut Grove

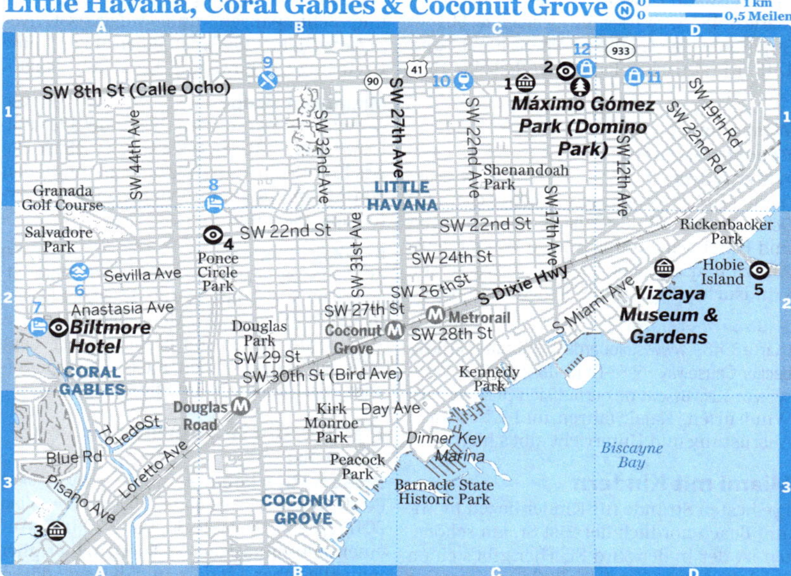

Little Havana

Highlights

Biltmore Hotel ... A2
Máximo Gómez Park (Domino Park) ... C1
Vizcaya Museum & Gardens ... D2

Sehenswertes

1 Bay of Pigs Museum & Library ... C1
2 Cuba Ocho ... C1
3 Lowe Art Museum ... A3
4 Miracle Mile ... B2
5 Sailboards Miami ... D2

Aktivitäten, Kurse & Touren

6 Venetian Pool ... A2

Schlafen

7 Biltmore Hotel ... A2
8 Hotel St Michel ... B1

Essen

9 Versailles ... B1

Ausgehen

10 Hoy Como Ayer ... C1

Shoppen

Books & Books ... (siehe 4)
11 El Crédito Cigars ... D1
12 Little-Havana-To-Go ... C1

Randolph Hearst hierhertransportiert. Öffnungszeiten vorab telefonisch bestätigen lassen!

KEY BISCAYNE

Bill Baggs Cape Florida State Recreation Park PARK

(Karte S. 483; www.floridastateparks.org/capeflorida; 1200 S Crandon Blvd; Auto/Fahrrad 8/2 US$; ⌚8 Uhr–Abenddämmerung) Ruhige Strände und atemberaubende Sonnenuntergänge gibt's gleich auf der anderen Seite des Rickenbacker Causeway (Gebühr 1 US$) in Key Biscayne, wo man auch die Promenaden und Radwege dieses Strandparks findet. Vom Südufer des Parks erhascht man einen Blick auf **Stiltsville**, sieben bunte Häuser, die auf Pfählen über dem flachen Wasser der Biscayne Bay schweben.

Aktivitäten

Radfahren & Inlineskaten

Skaten oder Radfahren auf dem Ocean Dr in South Beach – das ist Miami. Die Strecke über den Rickenbacker Causeway nach Key Biscayne ist aber auch schön.

Fritz's Skate Shop RADFAHREN

(Karte S. 484; ☎305-532-1954; www.fritzmiamibeach.com; 1620 Washington Ave; ⌚10–22 Uhr) Leihausrüstung und kostenloser Inliner-Unterricht (So 10.30 Uhr).

Miami Beach Bicycle Center RADFAHREN
(Karte S. 484; www.bikemiamibeach.com; 601 5th St; pro Std./Tag 8/24 US$; ⏲Mo–Sa 10–19, So bis 17 Uhr) Praktischer Fahrradverleih im Herzen von SoBe.

Wassersport

Boucher Brothers Watersports WASSERSPORT
(Karte S. 484; www.boucherbrothers.com; 161 Ocean Dr; ⏲10.30–16.30 Uhr) Leihausrüstung und Unterricht zu unzähligen Wasserspaß-Aktivitäten: Kajak fahren, Wasserski, Windsurfen, Parasailing, Jetskis und Boote.

Sailboards Miami WASSERSPORT
(Karte S. 489; www.sailboardsmiami.com; 1 Rickenbacker Causeway; ⏲Fr–Di 10–18 Uhr) Das Wasser vor Key Biscayne eignet sich perfekt zum Windsurfen, Kajak fahren und Kitesurfen. Ausrüstung und Unterricht gibt's hier.

Miami mit Kindern

Die besten Strände für Kinder liegen in Miami Beach nördlich der 21st St, am schönsten ist der in der 53rd St: Hier gibt's einen Spielplatz und öffentliche Toiletten, und der Dünenstrand reicht bis zur 73rd St. Richtung Süden ist der Matheson Hammock Park (Karte S. 483) mit ruhigen, künstlich angelegten Lagunen eine gute Alternative.

Miami Seaquarium AQUARIUM
(Karte S. 483; ☎305-361-5705; www.miamiseaquarium.com; 4400 Rickenbacker Causeway; Erw./Kind 38,95/29,95 US$; ⏲9.30–18, letzter Einlass 16.30 Uhr) Dieser 15 ha große Meerespark auf Key Biscayne ist viel mehr als ein gewöhnliches Aquarium: Hier werden auch Delfine, Seekühe und Meeresschildkröten wieder aufgepäppelt und große Tiershows präsentiert, und außerdem kann man mit Delfinen schwimmen.

Miami Children's Museum MUSEUM
(www.miamichildrensmuseum.org; 980 MacArthur Causeway; Eintritt 15 US$; ⏲10–18 Uhr) Dieses interaktive Museum befindet sich zwischen Downtown Miami und Miami Beach und lockt mit spaßigen Musik- und Kunststudios und ein paar „Arbeitswelt"-Erfahrungen mit großen Markennamen, die dem Ganzen einen etwas konzernmäßigen Touch verleihen.

Jungle Island ZOO
(www.jungleisland.com; 1111 Parrot Jungle Trail, abseits MacArthur Causeway; Erw./Kind 33/25 US$; ⏲10–17 Uhr) In Jungle Island auf Watson Island wimmelt es nur so von tropischen Vögeln, Alligatoren, Orang-Utans und Schimpansen, und (aufgepasst, *Napoleon-Dynamite*-Fans) einen Liger, eine Kreuzung aus Löwe und Tiger, gibt's auch.

Miami Metrozoo ZOO
(www.miamimetrozoo.com; 12400 SW 152nd St; Erw./Kind 16/12 US$; ⏲9.30–17.30, letzter Einlass 16 Uhr) Ein riesiger Zoo ganz im Süden von Miami, mit sämtlichen exotischen Arten aus Asien und Afrika.

Monkey Jungle ZOO
(www.monkeyjungle.com; 14805 SW 216th St; Erw./Kind 30/24 US$; ⏲9.30–17, letzter Einlass 16 Uhr) Der Slogan „Wo Menschen in Käfigen stecken und Affen frei herumrennen" sagt alles, was man wissen muss. Unvergesslicher Spaß; ebenfalls im Süden Miamis.

Geführte Touren

Miami Design Preservation League SPAZIERGANG
(☎305-531-3484; geführte Touren Erw./Kind 20 US$/frei; ⏲Fr–Mi 10.30, Do 18.30 Uhr) Auf einem 90-minütigen Spaziergang erfährt man alles über Art déco und die legendären Gebäude der Stadt. Die Touren beginnen am Art Deco Welcome Center (Karte S. 484), 1200 Ocean Dr, Miami Beach.

Dr. Paul George SPAZIERGANG, RADFAHREN
(☎305-375-1621; www.hmsf.org/programs-adult.htm; Touren 25–42 US$) Der außergewöhnliche Historiker Dr. Paul George führt faszinierende Rad-, Boots-, Bus- und Spaziertouren durch die Stadt, teilweise mit Schwerpunkt auf Stiltsville. Online gibt's das komplette Angebot.

South Beach Bike Tours RADFAHREN
(☎305-673-2002; www.southbeachbiketours.com; Halbtagstour 59 US$/Pers.) Dreistündige Touren auf zwei Rädern durch South Beach.

Feste & Events

Calle Ocho Festival KULTUR
(www.carnavalmiami.com) Das riesige Straßenfest im März ist der Höhepunkt des Carnaval Miami, bei dem die lateinamerikanische Kultur zehn Tage lang gefeiert wird.

Winter Music Conference MUSIK
(www.wmcon.com) Dieses Dance- und Elektro-Festival findet jeden März statt.

Goombay Festival KULTUR
(www.goombayfestivalcoconutgrove.com) Die riesige Party feiert jeden Juni in Coconut Grove die Kultur der Bahamas.

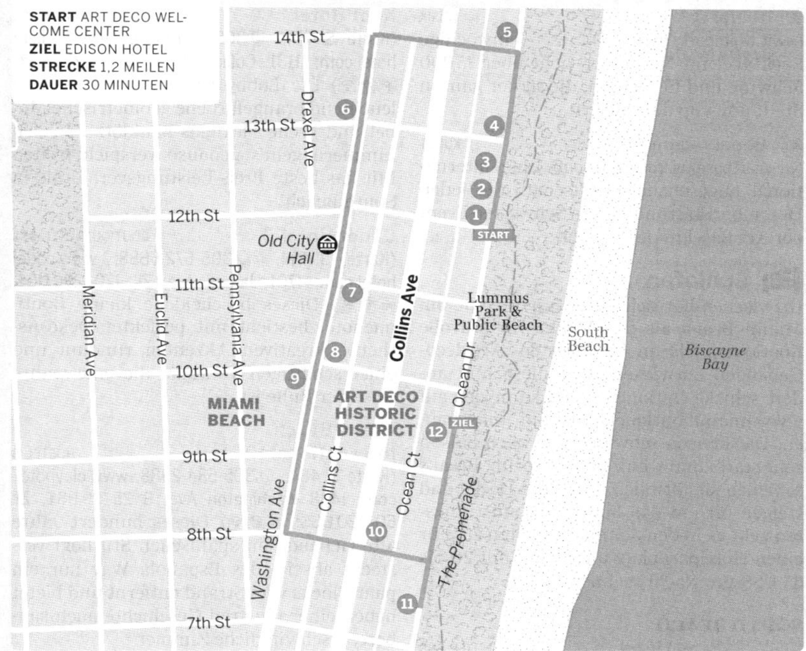

Stadtspaziergang

Art-déco-Zauber

Für den Art Deco Historic District gibt's ausgezeichnete Angebote für geführte und in Eigenregie zu absolvierende Stadtspaziergänge. Wer nur auf die Schnelle die Highlights abklappern will, hält sich an den hier empfohlenen kurzen Routenvorschlag. Los geht's am 1 **Art Deco Welcome Center** an der Kreuzung von Ocean Dr und 12th St – hineingehen, dann weiß man, was unter Art déco zu verstehen ist. Nun folgt man dem Ocean Dr nach Norden. Zwischen der 12th und 14th St tauchen drei klassische Beispiele von Hotels im Art-déco-Stil auf: das 2 **Leslie** mit für diesen Stil typischen „Augenbrauen" und der Kastenform, das 3 **Carlyle**, das in dem Film *The Birdcage – Ein Paradies für schrille Vögel* zu sehen war, sowie das anmutige 4 **Cardozo Hotel** mit seinen schnittigen abgerundeten Kanten. An der 14th St einen Blick in das 5 **Winter Haven Hotel** werfen und die wunderbaren Terrazzoböden bewundern, danach links in die 14th St abbiegen und dieser bis zur Washington Ave folgen; dort geht's wieder links. An der 13th St erblickt man das 6 **US Post Office**, in dem die Kuppeldecke und die marmornen Tische zu bewundern sind – man kann ja mal versuchen, in die Kuppel hinaufzuflüstern. Zwei Blocks weiter sieht man zur Linken das 7 **11th St Diner**, ein glänzender Pullmanwagen aus Aluminium, das zu einer Mittagspause einlädt. An der 10th St befinden sich das 8 **Wolfsonian-FIU**, ein ausgezeichnetes Museum mit vielen Schätzen aus der Art-déco-Ära, und gegenüber das wundervoll restaurierte 9 **Hotel Astor**. An der 8th St biegt man links ab und läuft weit nach Osten bis zur Collins Ave. An der Ecke erblickt man 10 **The Hotel**, das ehemalige Tiffany Hotel, dessen Art-déco-Spitze noch immer in Neonbuchstaben den alten Namen verkündet. Jetzt wieder auf den Ocean Dr und dann rechts zum 11 **Colony Hotel** mit dem berühmten Neonschriftzug. Wieder zurück, erblickt man einen halben Block hinter der 9th St das 12 **Edison Hotel** aus dem Jahr 1935, eine weitere Schöpfung der Art-déco-Legende Henry Hohauser.

White Party MUSIK
(www.whiteparty.net) Dieses einwöchige Spektakel im November zieht über 15000 Schwule und Lesben an, die in der ganzen Stadt nonstop durchfeiern.

Art Basel Miami Beach KUNST
(www.artbaselmiamibeach.com) Eine international angesehene Kunstschau, die jeden Dezember stattfindet – ein Schwester-Event der Art Basel in der Schweiz.

Schlafen

Inzwischen hat sich ein richtiger Hype um Miami Beach als das Mekka für stilvolle Boutiquehotels in renovierten Art-déco-Gebäuden entwickelt. Wer diese und andere schicke Optionen sucht, kann sich auf www.miamiboutiquehotels.com umschauen. Die Preisen schwanken je nach Saison sehr stark, und während des Spring Breaks schießen sie förmlich durch die Decke und steigen oft um das Fünffache; am ruhigsten geht es in den Sommermonaten zu. Für einen Hotelparkplatz muss man mit 20 bis 35 US$ pro Nacht rechnen.

SOUTH BEACH

LP TIPP **Pelican Hotel** BOUTIQUEHOTEL $$$
(KarteS. 484; ☎305-673-3373; www.pelicanhotel.com; 826 Ocean Dr; Zi. 225–345 US$; ❄📶) Der Name und die Art-déco-Fassade lassen nichts Ungewöhnliches vermuten, aber die Innenarchitekten sind hier mit grandiosen Mottos wie „Beste-Freude-Haus", „Zebra-Look" und „Ich Tarzan, Du eitle Jane" komplett durchgedreht.

LP TIPP **Hotel St. Augustine** BOUTIQUEHOTEL $$$
(Karte S. 484; ☎305-532-0570; www.hotelstaugustine.com; 347 Washington Ave; Zi. 180–280 US$; P❄📶) Das Holz ist blonder als Barbie und vereint sich mit der strahlend sauberen Inneneinrichtung zu einer der elegantesten und dabei atemberaubend modernsten Unterkünfte in South Beach. Eine ebenso hippe wie gemütliche Ausnahmeerscheinung.

Lords Hotel BOUTIQUEHOTEL $$
(Karte S. 484; ☎877-448-4754; www.lordsouthbeach.com; 1120 Collins Ave; Zi. 120–240 US$, Suite 330–540 US$; P❄📶🏊) Dieser cremefarbene Knalleffekt von einem Hotel ist das Epizentrum der Schwulenszene von South Beach. Die Zimmer sind zitronengelb dekoriert und mit Pop-Art abgerundet. Das Lord ist hip, aber frei von Attitüden.

Kent Hotel BOUTIQUEHOTEL $$
(Karte S. 484; ☎305-604-5068; www.thekenthotel.com; 1131 Collins Ave; Zi. 79–220 US$; P❄📶) Die Lobby ist der Hit: rosa- und leuchtend orangefarbene geometrische Möbel und grelle Plexiglas-Bauklötze. In den Zimmern geht's genauso verspielt weiter. Mit das beste Preis-Leistungsverhältnis in South Beach!

Cadet Hotel BOUTIQUEHOTEL $$$
(Karte S. 484; ☎305-672-6688; www.cadethotel.com; 1701 James Ave; Zi. 170–280 US$; ❄📶🏊) Dieses bescheidene kleine Boutiquehotel besticht mit perfekter Deko-Ästhetik, kreativen Akzenten rundum und einer schattigen Veranda, die eine wahre Oase der Ruhe ist.

Miami Beach International Hostel HOSTEL $
(Karte S. 484; ☎305-534-2988; www.clayhotel.com; 1438 Washington Ave; B 25–29 US$, Zi. 60–120 US$; ❄@📶) Dieses hundert Jahre alte Gebäude im spanischen Stil liegt versteckt abseits des Española Way nur ein paar Blocks vom Strand entfernt und bietet neben einer illustren Geschichte auch saubere, erschwingliche Zimmer.

Beachcomber Hotel HOTEL $$
(Karte S. 484; ☎305-531-3755; www.beachcombermiami.com; 1340 Collins Ave; Zi. 89–189 US$; P❄@) Das Beachcomber erstrahlt außen in Hellgrün, und im Inneren warten 20 gemütliche Zimmer.

NÖRDLICHES MIAMI BEACH

LP TIPP **Circa 39** BOUTIQUEHOTEL $$
(☎305-538-3900; www.circa39.com; 3900 Collins Ave; Zi. 90–150 US$; P❄@🏊) Wer den Stil von South Beach liebt, seine Attitüde aber hasst, trifft im Circa auf Gleichgesinnte. Es vereint die vielleicht abgefahrenste Lobby in ganz Miami mit hippen Zimmern in Eisblau und Weiß und einer einladenden Atmosphäre. Die Web-Preise sind phänomenal.

CORAL GABLES

LP TIPP **Biltmore Hotel** HOTEL $$$
(Karte S. 489; ☎305-913-3158; www.biltmorehotel.com; 1200 Anastasia Ave; Zi. 240–400 US$; P❄📶🏊👪) Dieses Hotel aus dem Jahr 1926 ist als National Historic Landmark denkmalgeschützt und eine wahre Luxus-Ikone. Die Standardzimmer sind vielleicht ein bisschen klein, aber die Gemeinschaftsräume sind geradezu palastar-

tig, und der fabelhafte Pool ist der größte Hotelpool der USA.

Hotel St. Michel HOTEL **$$**
(Karte S. 489; ☎305-444-1666; www.hotelstmichel.com; 162 Alcazar Ave; Zi. 125–220 US$; P ❄ ☜ ♿) In diesem geräumigen Haus mit nur 28 Zimmern in Coral Gables könnte man dank der aufwendigen Parkettböden und dem Alte-Welt-Charme beinahe meinen, man sei in Europa.

Essen

Floridas internationalste Stadt verfügt auch über eine internationale Restaurantszene.

SOUTH BEACH

LP TIPP **Tap Tap** HAITIANISCH **$$**
(Karte S. 484; ☎305-672-2898; www.taptaprestaurant.com; 819 5th St; Hauptgerichte 9–20 US$; ⏲Mo–Do 12–23, Fr & Sa bis 24 Uhr) In diesem tropisch-psychedelischen, haitianischen Restaurant speist man unter bunten Wandmalereien von Papa Legba und genießt die genauso bunte, fröhliche Fusion-Küche aus Westafrika, Frankreich und der Karibik: Die scharfe Kürbissuppe, die Ziege mit Curry und das *mayi moulen*, die charakteristische Beilage aus Maismehl, sollte man probieren!

LP TIPP **Osteria del Teatro** ITALIENISCH **$$**
(Karte S. 484; ☎305-538-7850; http://osteriadelteatromiami.com; 1443 Washington Ave; Hauptgerichte 16–31 US$; ⏲Mo–Do 18–23, Fr–So bis 1 Uhr) In einem der ältesten italienischen Restaurants hält man sich am besten an die Spezialgerichte, dann kann man nichts falsch machen. Oder noch besser, man lässt die freundlichen italienischen Kellner bestellen und sich rundum verwöhnen – die liegen garantiert nie falsch.

Puerto Sagua KUBANISCH **$**
(Karte S. 484; ☎305-673-1115; 700 Collins Ave; Hauptgerichte 6–17 US$; ⏲7.30–2 Uhr) Ran an die Theke in diesem beliebten kubanischen Diner und kurzentschlossen ebenso authentische wie köstliche und erschwingliche Gerichte bestellt, z. B. *ropa vieja* (Rindergeschnetzeltes), schwarze Bohnen und *arroz con pollo* (Reis mit Hühnchen) – und dazu gibt's den vielleicht besten kubanischen Kaffee der Stadt.

11th St Diner DINER **$**
(Karte S. 484; www.eleventhstreetdiner.com; 1065 Washington Ave; Hauptgerichte 8–16 US$; ⏲24 Std.) Das Art-déco-Diner ist in einem glänzenden Pullman-Wagen untergebracht und rund um die Uhr geschäftig. Bei Nachtschwärmern, die gerade aus den Clubs nach Hause taumeln, ist es besonders beliebt.

Pizza Rustica PIZZERIA **$**
(Karte S. 484; www.pizza-rustica.com; 863 Washington Ave; Stück 3–5 US$; ⏲11–18 Uhr) Die großen quadratischen Stücke sind eine komplette Mahlzeit – wenn man hungrig durch die Gegend läuft, gibt's nichts Besseres. In der 1447 Washington Ave und der 667 Lincoln Rd sind weitere Filialen.

Jerry's Famous Deli FEINKOST **$$**
(Karte S. 484; www.jerrysfamousdeli.com; 1450 Collins Ave; Hauptgerichte 9–18 US$; ⏲24 Std.)

ESSEN IN MIAMI: EIN HAUCH LATEINAMERIKA

Dank seiner langen Einwanderergeschichte ist Miami inzwischen zur Legende geworden, wenn es um authentische kubanische, haitianische, brasilianische und lateinamerikanische Küche geht. Kubanisches Essen ist eine Mischung aus karibischen, afrikanischen und lateinamerikanischen Einflüssen, und durch die gegenseitige, äußerst fruchtbare Fremdbestäubung dieser Traditionen haben sich unzählige kreative, köstliche Gourmet-Fusionen entwickelt, die manchmal als „nuevo Latino", „nouvelle Floridian" oder „floribische" Küche bezeichnet werden.

Für eine erste Kostprobe kubanischen Essens stellt man sich am besten an einer kubanischen *loncheria* (Imbissbude) an und bestellt ein *pan cubano:* ein gegrilltes Baguette mit Butter, Schinken, Schweinebraten, Käse, Senf und Essiggurken. Zum Abendessen gibt's dann das klassische *ropa vieja:* geschnetzeltes Bauchsteak mit Tomaten und Paprika, und dazu gebratene Kochbananen, schwarze Bohnen und gelber Reis.

Weitere Leckereien, die man unbedingt versuchen sollte, sind haitianische *griots* (mariniertes, gebratenes Schweinefleisch), jamaikanisches „Jerk Chicken", brasilianisches Barbecue, *gallo pinto* (rote Bohnen mit Reis) aus Mittelamerika und *batidos* (milchige, sehr erfrischende Fruchtsmoothies aus Lateinamerika).

Das Jerry's macht alles – von gegrillten Pastrami-Sandwiches über chinesischen Hühnersalat bis hin zu Fettuccine Alfredo – und das den ganzen Tag. Und im großen Stil: Die riesigen Portionen werden in einem weitläufigen, offenen Art-déco-Raum serviert.

Front Porch Cafe AMERIKANISCH $$
(Karte S. 484; ☎305-531-8300; 1418 Ocean Dr; Hauptgerichte 10–18 US$; ⏲7–23 Uhr) Schnappen Sie sich auf der vorderen Terrasse des Penguin Hotel einfach einen Stuhl und freuen Sie sich über das großartige Frühstück, die riesigen Portionen und die vernünftigen Preise – und alles mit Blick aufs Meer.

DOWNTOWN MIAMI

Azul FUSION $$$
(Karte S. 487; ☎305-913-8288; 500 Brickell Key Dr; Hauptgerichte 30–72 US$; ⏲Mo–Sa 19–23 Uhr) Auf Brickell Key kann man sich in diesem grandiosen Restaurant mit phänomenaler asiatischer Fusion-Küche richtig verwöhnen lassen. Neben der umfangreichen Weinkarte und dem Blick übers Wasser auf Downtown bietet das Azul auch den besten Service in ganz Miami.

LITTLE HAVANA

Versailles KUBANISCH $
(Karte S. 489; ☎305-444-0240; 3555 SW 8th St; Hauptgerichte 5–20 US$; ⏲8–2 Uhr) *Das* kubanische Restaurant der Stadt darf man nicht verpassen. Sein großer Speisesaal im Cafeteria-Stil bietet Platz für alle.

DESIGN DISTRICT & WYNWOOD

LP TIPP **Senora Martinez** FUSION $$$
(☎305-573-5474; www.sramartinez.com; 4000 NE 2nd Ave; Hauptgerichte 13–30 US$; ⏲Di–So 12–15, Di–Do 18–23, Fr & Sa bis 24, So bis 22 Uhr; ✍) Eines der aufregendsten Edelrestaurants in Miami: Das Senora Martinez geht mit seinem schlichtweg köstlichen Essen an experimentelle Grenzen. Die Speisekarte ist äußerst vielfältig – genau wie Miami selbst.

Sustain AMERIKANISCH $$$
(☎305-424-9079; www.sustainmiami.com; 3252 NE 1st Ave; Hauptgerichte 13–30 US$; ⏲11.30–15 & 17–22.30 Uhr; ✍) Das Sustain ist eines der führenden – und erschwinglicheren – Restaurants in Miami, die mit lokalen Bioerzeugnissen arbeiten. Der hübsche Speisesaal und die fantastische Küche machen einen Besuch hier zu einem Erlebnis, das Fleischessern und Vegetariern gleichermaßen gefällt.

Ausgehen & Unterhaltung

Nachts erwacht Miami erst richtig zum Leben. Irgendwo ist immer was geboten, meist bis in die frühen Morgenstunden: Viele Bars haben bis 3 Uhr oder sogar 5 Uhr geöffnet. Veranstaltungskalender und Galerie-, Bar- und Clubbewertungen gibt's unter www.cooljunkie.com, www.miaminights.com und www.beachedmiami.com.

Bars

Im Ocean Dr gibt's Bars bis zum Abwinken; bei einem Spaziergang zur Happy Hour finden sich massig Drinks zum halben Preis.

LP TIPP **Room** BAR
(Karte S. 484; www.theotheroom.com; 100 Collins Ave) Diese dunkle, stimmungsvolle Boutique-Bierkneipe ist ein echtes Juwel: hip und höllisch sexy, aber dabei total entspannt. Wie der Name schon sagt, ist der Laden recht klein und schnell voll.

Abraxas BAR
(Karte S. 484; 407 Meridian Ave) Das Abraxas ist in einem klassischen Art-déco-Gebäude zuhause und könnte nicht freundlicher sein. Es liegt versteckt in einer Wohngegend in South Beach, fühlt sich nie überfüllt an und serviert fantastisches Bier aus allen Ecken der Welt.

Zeke's Roadhouse BAR
(Karte S. 484; 625 Lincoln Rd) Großartige, umfangreiche Bierauswahl zu günstigen Preisen. Die Tische im Freien in der Lincoln Rd sind auch nicht übel.

Electric Pickle BAR
(www.electricpicklemiami.com; 2826 N Miami Ave) Wynwoods kunstbeflissene Hipster werden in diesem zweistöckigen Mekka für Jazzfans zu glamourösen Clubbern. Das Pickle ist sexy, wunderschön und niveauvoll.

Abbey Brewery BAR
(Karte S. 484; www.abbeybrewinginc.com; 1115 16th St) Der einzige Brauerei-Pub in South Beach ist zum Bersten voll mit freundlichen Menschen, die Grateful Dead lauschen und sich bei ausgezeichnetem hausgebrauten Bier entspannen.

B Bar BAR
(Karte S. 484; Betsy Hotel, 1440 Ocean Ave) Diese Kellerbar unter dem Betsy Hotel zieht das übliche Publikum schöner, angesagter, SoBe-tastischer Gäste an und bietet unge-

wöhnliches Amüsement: Die seltsam tief hängende, reflektierende Decke wogt in Wellenbewegungen, wenn man sie berührt.

Nachtclubs

Wer seine Chancen erhöhen möchte, in einen der großen Nachtclubs eingelassen zu werden, sollte vorher anrufen und sich auf die Gästeliste setzen lassen. Wenn man ein paar bildhübsche, gut gekleidete Damen dabeihat, kann das auch nicht schaden (es sei denn, man will in eine Schwulenbar). Die Clubs und Läden mit Livemusik in South Beach kosten 20 bis 25 US$ Eintritt, anderswo nur die Hälfte.

Bardot CLUB
(☎305-576-5570; www.bardotmiami.com; 3456 N Miami Ave) Das Bardot in Wynwood ist eine aufreizende Vision dekadenter Exzesse, aber trotzdem ist die glamouröse Szene hier entspannter als in SoBe.

Skybar CLUB
(Karte S. 484; ☎305-695-3900; Shore Club, 1901 Collins Ave) Auf der Terrasse kann man im Freien an einem schicken Cocktail nippen – die sind viel zu teuer zum Runterstürzen. Wenn man „jemand" ist, kann man natürlich auch drinnen im Red Room für VIPs Platz nehmen. Beide sind in luxuriös-marokkanischem Stil gehalten und eignen sich hervorragend zum Leute gucken.

Twist CLUB
(Karte S. 484; ☎305-538-9478; www.twistsobe.com; 1057 Washington Ave) Dieser (kostenlose) Schwulentreff hat ordentlich Durchhaltevermögen und bietet für alle von allem ein bisschen, einschließlich Tanz, Travestieshows und Go-Go-Tänzern.

Nikki Beach Club CLUB
(Karte S. 484; ☎305-538-1111; www.nikkibeach.com; 1 Ocean Dr; Eintritt ab 25 US$) In dieser schicken Freiluft-Strandbar direkt auf dem Sand kann man sich auf einem der Betten räkeln oder es sich in seinem eigenen Tipi gemütlich machen.

Mansion CLUB
(Karte S. 484; ☎305-532-1525; www.mansionmiami.com; 1235 Washington Ave; Eintritt ab 20 US$; ⊙Do–So) *War das Lindsay Lohan?* Stellen Sie sich schon mal darauf ein, dass sie an der Samtabsperrung eine Weile warten dürfen, und werfen Sie sich Ihren schicksten Fummel über, wenn Sie in diesen grandiosen, exklusiven Megaclub eingelassen werden wollen, der seinem Namen („Prachtvilla") alle Ehre macht.

Livemusik

La Covacha LIVEMUSIK
(☎305-594-3717; www.lacovacha.com; 10730 NW 25th St, Doral) Sehr beliebter, touristenfreier, extrem hipper Latino-Club für aufstrebende Bands und DJs. Ziemlich weite Anfahrt.

Tobacco Road BAR
(Karte S. 487; ☎305-374-1198; www.tobacco-road.com; 626 S Miami Ave) Altmodische Kneipe, ca. Jahrgang 1912; Blues, Jazz und spontane Jamsessions berühmter Rocker.

Hoy Como Ayer LIVEMUSIK
(Karte S. 489; ☎305-541-2631; www.hoycomoayer.us; 2212 SW 8th St) Authentische kubanische Musik.

Jazid LOUNGE
(Karte S. 484; ☎305-673-9372; www.jazid.net; 1342 Washington Ave) Jazz in einer von Kerzenlicht erhellten Lounge; oben heizen DJs mit Soul und Hip-Hop ein.

Churchill's BAR
(☎305-757-1807; www.churchillspub.com; 5501 NE 2nd Ave) Das Beste, was die Indie- und Punkszenen zu bieten haben – und Übertragungen britischer Fußballspiele.

Theater & Kultur

Adrienne Arsht Center for the Performing Arts DARSTELLENDE KÜNSTE
(abseits Karte S. 487; ☎305-949-6722; www.arshtcenter.org; 1300 Biscayne Blvd) Zeigt Jazz aus aller Welt und bietet Theater, Tanz, Musik, Comedy und vieles mehr.

New World Center KLASSISCHE MUSIK
(Karte S. 484; ☎305-673-3330; www.nws.edu; 500 17th St) Das neue Zuhause der renommierten New World Symphony ist eines der schönsten Gebäude in ganz Miami.

Colony Theater DARSTELLENDE KÜNSTE
(Karte S. 484; ☎305-674-1040; www.mbculture.com; 1040 Lincoln Rd) In diesem renovierten Art-déco-Theater aus dem Jahr 1934 wird alles gezeigt, von Broadway-Produktionen über Ballett bis hin zu Filmen.

Miami City Ballet TANZ
(abseits Karte S. 484; ☎305-929-7000; www.miamicityballet.org; 2200 Liberty Ave) Eines der besten Ballettensembles der USA.

Fillmore Miami Beach im Jackie Gleason Theater DARSTELLENDE KÜNSTE
(Karte S. 484; ☎305-673-7300; www.gleasontheater.com; 1700 Washington Ave) Miami Beachs beste Adresse für Broadway-Shows, große Stars und das Miami City Ballet.

Sport

Miami kann sich über Profiteams in allen vier wichtigen US-Mannschaftssportarten freuen.

Miami Dolphins FOOTBALL
(www.miamidolphins.com; Sun Life Stadium, 2269 Dan Marino Blvd; Tickets ab 35 US$) Die NHL-Footballsaison dauert von August bis Dezember.

Florida Marlins BASEBALL
(www.marlins.mlb.com; Sun Life Stadium, 2269 Dan Marino Blvd; Tickets ab 15 US$) Die MLB-Baseballsaison beginnt im Mai und endet im September.

Miami Heat BASKETBALL
(Karte S. 487; www.nba.com/heat; American Airlines Arena, 601 Biscayne Blvd; Tickets ab 20 US$) Die NBA-Basketballsaison dauert von November bis April.

Florida Panthers EISHOCKEY
(954-835-7000; http://panthers.nhl.com; Bank Atlantic Center, 1 Panther Pkwy, Sunrise; Tickets ab 15 US$) Die NHL-Eishockeysaison beginnt Mitte Oktober und endet Mitte April.

Shoppen

In den Boutiquen in South Beach, rund um die Collins Ave zwischen der 6th und 9th St, und in der Shoppingmeile der Lincoln Rd kann man nach Designer-Unikaten fahnden. Einzigartige Stücke findet man auch in Little Havana und im Design District.

Bal Harbour Shops SHOPPINGMEILE
(www.balharbourshops.com; 9700 Collins Ave) Miamis eleganteste Shoppingmeile.

Bayside Marketplace SHOPPINGMEILE
(Karte S. 487; www.baysidemarketplace.com; 401 Biscayne Blvd) Lebhafter, touristischer Shopping- und Vergnügungsbezirk am Hafen.

Little-Havana-to-Go KUBANISCH
(Karte S. 489; www.littlehavanatogo.com; 1442 SW 8th St/Calle Ocho) Authentische kubanische Waren und Klamotten.

Books & Books BÜCHER
(www.booksandbooks.com; 927 Lincoln Rd) Der beste unabhängige Buchladen in Florida; sein ursprünglicher Standort war 265 Aragon Ave, im Bal Harbour Shops gibt's noch eine Filiale.

Praktische Informationen

Gefahren & Ärgernisse

Ein paar Gegenden gelten in Miami nachts als gefährlich: Little Haiti, einige Abschnitte des Flussufers und des Biscayne Blvd und das Gebiet unterhalb der 5th St in South Beach. In Downtown sollte man rund um den Greyhound-Busbahnhof und die Barackensiedlungen in der Nähe von Dämmen, Brücken und Überführungen Vorsicht walten lassen.

Geld

Die Bank of America hat überall in Miami und Miami Beach Filialen. Bei **Amex** (www.amex.com; 100 N Biscayne Blvd; Mo–Fr 9–17 Uhr) in Downtown Miami kann man Geld wechseln.

Infos im Internet

Art Circuits (www.artcircuits.com) Insidertipps zu Kunstevents; Karten mit Galerien zu einzelnen Stadtvierteln.

Mango & Lime (www.mangoandlime.net) Der beste örtliche Blog rund ums Thema Essen.

Miami Beach 411 (www.miamibeach411.com) Toller Allgemeinführer für Besucher von Miami Beach.

Internetzugang

Die meisten Hotels bieten (genau wie Starbucks) WLAN-Zugang an, und in Bibliotheken gibt's kostenlose Internetterminals.

Medien

El Nuevo Herald (www.elnuevoherald.com) Tageszeitung auf Spanisch, vom Miami Herald herausgegeben.

Miami Herald (www.miamiherald.com) Die wichtigste englischsprachige Tageszeitung der Stadt.

Miami New Times (www.miaminewtimes.com) Bissige, alternative Wochenzeitung.

Medizinische Versorgung

Mount Sinai Medical Center (305-674-2121, 24-std. medizinische Hotline für Besucher 305-674-2222; 4300 Alton Rd) Die beste Notaufnahme der Gegend.

Notfall

Beach Patrol (305-673-7714)

Touristeninformation

Greater Miami & the Beaches Convention & Visitors Bureau (305-539-3000; www.miamiandbeaches.com; 701 Brickell Ave, 27th fl; Mo–Fr 8.30–17 Uhr)

Miami Beach Chamber of Commerce (305-672-1300; www.miamibeachchamber.com; 1920 Meridian Ave; Mo–Fr 9–17 Uhr)

An- & Weiterreise

Der **Miami International Airport** (MIA; www.miami-airport.com) liegt 9,5 km (6 Meilen) westlich von Downtown und ist mit dem **Super-**

Shuttle (☎305-871-8210; www.supershuttle.com) erreichbar, das bis South Beach etwa 26 US$ kostet.

Greyhound fährt sämtliche Großstädte in Florida an. Die wichtigsten Busbahnhöfe sind der **Flughafen-Terminal** (☎305-871-1810; 4111 NW 27th St) und der **Terminal in Downtown Miami** (☎305-374-6160; 1012 NW 1st Ave).

Amtrak (☎305-835-1222; 8303 NW 37th Ave) hat einen eigenen Bahnhof in Miami. Das Pendlernetz **Tri-Rail** (☎800-874-7245; www.tri-rail.com) erstreckt sich über Miami (mit kostenlosem Transfer zum Verkehrsverbund von Miami) und den MIA, Fort Lauderdale und seinen Flughafen sowie West Palm Beach inklusive Flughafen (11,55 US$ hin & zurück).

 Unterwegs vor Ort

Metro-Dade Transit (☎305-891-3131; www.miami dade.gov/transit) unterhält das örtliche Verkehrsnetz aus Metrobus und Metrorail (2 US$) sowie die kostenlose Einschienenbahn **Metromover** in Downtown.

Fort Lauderdale

Fort Lauderdale war einst als Spring-Break-Partyhochburg bekannt, aber genau wie die betrunkenen Teenager, die früher am Strand abhingen, ist die Stadt inzwischen erwachsen geworden und hat sich weiterentwickelt. Heute ist sie ein stilsicherer, niveauvoller Ort, der eher für seine Museen, die Wasserstraßen im venezianischen Stil, Jachten und Freiluft-Cafés bekannt ist als für Wet-T-Shirt-Contests und Biermeter. Außerdem ist die Stadt ein beliebtes Ziel für Schwule und Lesben, genau wie der Großteil des restlichen Südfloridas. Und natürlich ist der Strand noch genauso schön wie eh und je.

Alles rund um die Gegend gibt's bei der **Touristeninformation** (☎954-765-4466; www.sunny.org; 100 E Broward Blvd, Suite 200).

Sehenswertes & Aktivitäten

Fort Lauderdale Beach & Promenade STRAND

Fort Lauderdales Promenade – ein breiter, von Palmen gesäumter Weg aus Ziegelsteinen, der sich an den Strand und den A1A schmiegt – ist ein wahrer Magnet für Jogger, Inlineskater, Spaziergänger und Radfahrer. Der weiße Sandstrand selbst ist einer der saubersten und besten des ganzen Landes; er erstreckt sich über sieben Meilen bis nach Lauderdale-by-the-Sea und verfügt über ausgewiesene familien-, schwulen- und lesben- sowie hundefreundliche Bereiche. Bootsfahrten, Tauchen, Schnorcheln und Angeln sind äußerst populär.

Museum of Art MUSEUM

(www.moaflnsu.org; 1 E Las Olas Blvd; Erw./Kind 10/7 US$; ⌚11–18, Mi bis 20, So 12–17 Uhr) Mit diesem Museum besitzt Florida ein wirklich üppiges Ausnahmehaus, das eine beeindruckende Sammlung moderner Meister (Picasso, Matisse, Warhol) sowie kubanische, afrikanische und südamerikanische Kunst zeigt.

Museum of Discovery & Science MUSEUM

(www.mods.org; 401 SW 2nd St; Erw./Kind 11/9 US$; ⌚Mo–Sa 10–17, So 12–18 Uhr) Hier wird man von einer knapp 16 m hohen kinetischen Skulptur begrüßt, und zu den spaßigen Ausstellungen gehören „Gizmo City" und „Runways to Rockets" – perfekt für kleine Raketenforscher. Außerdem gibt's eine Ausstellung zu den Everglades und ein IMAX-Kino.

Fort Lauderdale Antique Car Museum MUSEUM

(www.antiquecarmuseum.org; 1527 Packard Ave; Erw./Kind 8/5 US$; ⌚Mo–Fr 9–15 Uhr) Nostalgische Autofans sollten unbedingt mal vorbeirollen: Hier warten 22 Packard-Oldtimer und jede Menge Auto-Memorabilien.

Bonnet House HISTORISCHES WOHNHAUS

www.bonnethouse.org; 900 N Birch Rd; Erw./Kind 20/16 US$, nur Anlage 10 US$; ⌚Di–Sa 10–16, So ab 11 Uhr) Während man durch die herrlich grünen, subtropischen Gärten dieses 14 ha großen Anwesens schlendert, sieht man vielleicht sogar eines der hier wohnhaften Totenkopfäffchen.

Gondola Man GONDELFAHRT

(☎877-926-2467; www.gondolaman.com; Fahrt 125 US$) Erkunden sie das „Venedig Amerikas" auf einer romantischen Gondelfahrt auf den Wasserstraßen der Reichen und Schönen.

Wassertaxi WASSERTAXI

(www.watertaxi.com; Tagespass Erw./Kind 20/12 US$) Die beste inoffizielle Stadttour gibt's an Bord eines der Wassertaxis, deren Fahrer sehr lebhafte Kommentare zum Besten geben, während sie durch die Kanäle und Wasserstraßen Fort Lauderdales fahren. Online gibt's Anlegestellen und Strecken.

Schlafen

Das Gebiet rund um die Rio Mar St im Süden bis zur Vistamar St im Norden und vom

SCHWULEN- & LESBENSZENE IN FORT LAUDERDALE

Sicher, South Beach in Miami ist ein Mekka für Schwule und Lesben, aber Fort Lauderdale ist seinem Nachbarn im Süden schon seit einiger Zeit dicht auf den Fersen. Außerdem ist die Szene in Lauderdale verglichen mit South Beach weniger exklusiv und orientiert sich doch eher Richtung Regenbogenflagge.

Darüber hinaus hat Fort Lauderdale mehrere Dutzend Schwulenbars und -clubs, ebenso viele schwul-lesbische Pensionen und ein paar stockschwule Wohngegenden zu bieten, darunter auch **Victoria Park**, das etablierte Schwulenviertel, und **Wilton Manors**, das die Szene erst kürzlich für sich entdeckt hat und das ein buntes Nachtleben bietet.

Zwei Orte, die sich ausschließlich an ein schwules Publikum richten – und die beide rein zufällig in die FKK-Kategorie fallen –, sind das stilvolle **Schubert Resort** (☎954-763-7434; www.schubertresort.com; 855 NE 20th Ave; Suite 99–309 US$; P ❄ @ 📶 🏊) sowie **Pineapple Point** (☎888-844-7295; www.pineapplepoint.com; 315 NE 16th Tce; Zi. 199–279 US$, Suite 299–399 US$; P @ 📶 🏊), eine intime Pension, die versteckt in einer ruhigen Wohngegend liegt.

Näheres zur örtlichen Schwulenszene gibt's unter www.gayftlauderdale.com. Auch das wöchentliche Hochglanzmagazin *Hot Spots* (www.hotspotsmagazine.com) und die unglaublich umfangreichen Quellen www.jumponmarkslist.com und www.sunny.org/glbt widmen sich dem schwul-lesbischen Leben in Südflorida.

Hwy A1A im Osten bis zum Bayshore Dr im Westen verfügt über die größte Unterkunftsdichte in allen Preiskategorien. Näheres gibt's bei **Superior Small Lodgings** (www.sunny.org/ssl).

LP TIPP **Pillars** B&B **$$$**
(☎954-467-9639; www.pillarshotel.com; 111 N Birch Rd; Zi. 179–520 US$; P ❄ 📶 🏊) Von der Harfe in der Sitzecke bis zu den privaten Balkonen und den intimen Candle-Light-Dinnern für zwei – in diesem winzigen Boutique-B&B stecken Stil und guter Geschmack selbst im letzten Detail. Nur einen Block vom Strand weg und mit Blick auf den vielleicht besten Sonnenuntergang der Stadt.

Riverside Hotel HOTEL $$
(☎954-467-0671; www.riversidehotel.com; 620 E Las Olas Blvd; Zi. 143–200 US$; P ❄ 📶 🏊) Dieses Fort-Lauderdale-Wahrzeichen in fabelhafter Lage auf dem Las Olas bietet drei Zimmerarten: modernere Zimmer im neueren Turm, renovierte Zimmer im ursprünglichen Gebäude und die altmodischeren, „klassischen" Zimmer.

Shell Motel MOTEL $
(☎954-463-1723; www.sableresorts.com; 330 Bayshore Dr; Zi./Suite ab 85/150 US$; P 📶 🏊) Eines von sechs bescheidenen Motels desselben Unternehmens: Dieses Haus im netten Old-Florida-Stil bietet helle, saubere Zimmer rund um einen kleinen Pool, aber man kann sich auch eine der großzügigen Suiten gönnen.

✕ Essen

LP TIPP **Gran Forno** ITALIENISCH **$**
(www.granforno.com; 1235 E Las Olas Blvd; Hauptgerichte 6–12 US$; ⏲Di–So 7.30–19 Uhr) Der beste Platz zum Mittagessen in Downtown Fort Lauderdale: Die herrliche altmodische Bäckerei mit Café im mailändischen Stil serviert knuspriges Gebäck, blubbernde Pizzas und dicke, goldbraune Ciabatta-Scheiben gefüllt mit Schinken, gegrillten Paprika, Pesto und anderen Köstlichkeiten.

Rustic Inn SEAFOOD **$$$**
(☎954-584-1637; www.rusticinn.com; 4331 Ravenswood Rd; Hauptgerichte 14–45 US$; ⏲10.30–22.45, So bis 21 Uhr) Hungrige Einheimische bewaffnen sich an den langen, mit Zeitungspapier gedeckten Tischen dieses chaotischen, lauten Krebslokals mit Holzwerkzeugen, um der blau-goldenen, in Knoblauch getränkten Taschenkrebse Herr zu werden.

Casablanca Cafe MEDITERRAN **$$$**
(☎954-764-3500; 3049 Alhambra St; Hauptgerichte 10–38 US$; ⏲So–Di 11.30–1, Mi–Sa bis 2 Uhr) In diesem Haus im marokkanischen Stil sollte man versuchen, einen Tisch auf dem Balkon oben zu ergattern, um die mediterran inspirierten Gerichte und den klassischen Florida-Meerblick zu genießen. Mittwoch bis Sonntag gibt's Livemusik.

11th Street Annex AMERIKANISCH **$**
(http://twouglysisters.com; 14 SW 11th St; Mittagessen 9 US$; ⏲Mo–Fr 11.30–14 Uhr) Dieses net-

te kleine Cottage liegt ein bisschen ab vom Schuss und tischt auf, was immer den „zwei hässlichen Schwestern" gerade einfällt: Makkaroni und Käse mit Brie, Hühner-Confit oder Schokoladenkuchen mit saurer Sahne. Das meiste Gemüse stammt aus dem hauseigenen Garten.

Cafe Sharaku ASIATISCH-FUSION $$$
(☎954-563-2888; www.cafesharaku.com; 2736 N Federal Hwy; Hauptgerichte 25–32 US$; ⊙Di–Fr 11.30–15, Di–So 17.30–22 Uhr) Einheimische Schlemmermäulchen raunen sich den Namen dieses exquisiten Bistros mit 18 Plätzen nur ganz leise zu, aber die Katze ist bereits aus dem Sack: Das Sharaku ist ein fabelhafter Gourmettempel mit grandiosen Fisch- und Meeresfrüchtekreationen.

Ausgehen & Unterhaltung

Bars haben am Wochenende in der Regel bis 4 Uhr, unter der Woche bis 2 Uhr geöffnet. Man kann auf dem **Riverwalk** (www.goriverwalk.com) am New River entlang zum Freiluft-Einkaufszentrum **Las Olas Riverfront** (SW 1st Ave at Las Olas Blvd) schlendern, wo man Läden, Restaurants, ein Kino und jede Menge Unterhaltung findet.

Elbo Room BAR
(www.elboroom.com; 241 S Fort Lauderdale Beach Blvd) Das Elbo Room ist auch im Film *Where the Boys Are* zu sehen und klammert sich noch immer an seinen etwas zweifelhaften Ruf als eine der ältesten, verruchtesten Bars der Gegend.

Lulu's Bait Shack BAR
(www.lulusbaitshack.com; 17 S Fort Lauderdale Beach Blvd) Das Lulu's am Meeresufer lockt seine Gäste mit Eimern voll Bier, Schüsseln voller Muscheln und Drinks in Goldfischgläsern.

Voodoo Lounge NACHTCLUB
(www.voodooloungeflorida.com; 111 SW 2nd Ave; ⊙Mi–So 22–4 Uhr) Ein riesiger Nachtclub – sonntags gibt's Drag-Queens, Latino-Partys oder andere Motto-Events.

Anreise & Unterwegs vor Ort

Der **Fort Lauderdale-Hollywood International Airport** (FLL; www.fll.net) wird von 35 Airlines angeflogen, einige bieten auch Direktflüge aus Europa. Ein Taxi vom Flughafen in die Innenstadt kostet etwa 20 US$.

Der **Greyhound-Busbahnhof** (☎954-764-6551; 515 NE 3rd St am Federal Hwy) liegt vier Blocks vom Broward Central Terminal entfernt und bietet täglich diverse Verbindungen. Der **Bahnhof** (200 SW 21st Tce) wird von **Amtrak** (☎800-872-7245; www.amtrak.com) und **Tri-Rail** (www.tri-rail.com) genutzt und bietet Verbindungen nach Miami und Palm Beach.

Für Fahrten zwischen Downtown, dem Strand, Las Olas und dem Riverfront kann man sich einen **Sun Trolley** (www.suntrolley.com; pro Fahrt 0,50 US$) ranwinken.

Palm Beach & Umgebung

In Palm Beach dreht sich nicht alles nur um Jachten und prächtige Villen – aber fast. In dieser Gegend, 72 km (45 Meilen) nördlich von Fort Lauderdale, erbaute auch der Eisenbahnbaron Henry Flagler seinen Winterwohnsitz, und sie ist das Zuhause von Donald Trumps **Mar-a-Lago** (Ecke Southern & S Ocean Blvd). Mit anderen Worten: Wer nach Mittelklassetourismus und Florida-Kitsch sucht, sollte weiterfahren. Nähere Informationen und Karten der Gegend gibt's beim **Convention & Visitor Bureau** (☎800-544-2756; www.palmbeachfl.com; 1555 Palm Beach Lakes Blvd) des Palm Beach County in West Palm Beach.

BOCA RATON

Dieser malerische Küstenlandstrich liegt auf halber Strecke zwischen Fort Lauderdale und Palm Beach und ist größtenteils eine Wohngegend, die von umfangreicher Bebauung verschont geblieben ist. Einen wunderbaren Einstieg bietet eine Wanderung über den erhöhten Holzsteg im **Gumbo Limbo Nature Center** (www.gumbolimbo.org; 1801 N Ocean Blvd; Eintritt auf Spendenbasis; ⊙Mo–Sa 9–16, So ab 12 Uhr), ein wunderschönes geschütztes Feuchtgebiet; die Aufzuchtstation für Meeresschildkröten ist ebenfalls einen Besuch wert. Ein weiterer guter Grund für einen Zwischenstopp ist das grandiose **Boca Raton Museum of Art** (www.bocamuseum.org; 501 Plaza Real, Mizner Park; Erw./Kind 8/4 US$; ⊙Di–Fr 10–17, Sa & So ab 12 Uhr) mit seiner Dauerausstellung zeitgenössischer Werke von Picasso, Matisse, Warhol und vielen anderen. Das Museum befindet sich im **Mizner Park** (www.miznerpark.org; Ecke US 1 & Mizner Blvd), einem schicken Freiluft-Einkaufszentrum mit Läden, Restaurants und regelmäßig kostenlosen Konzerten.

PALM BEACH

Palm Beach und West Palm Beach liegen 48 km (30 Meilen) nördlich von Boca Raton. Die beiden Städte haben die traditio-

FLORIDAS SEMINOLEN

Wer mehr über Floridas Seminolen-Völker erfahren möchte, begibt sich am besten ins **Ah-Tah-Thi-Ki Museum** (☎877-902-1113; www.ahtahthiki.com; Big Cypress Seminole Indian Reservation, Clewiston; Erw./Kind & Senior 9/6 US$; ⌚9–17 Uhr), 17 Meilen nördlich der I-75 und westlich von Fort Lauderdale. Das Museum steht inmitten eines Zypressenhains, durch den ein Lehrpfad führt; ein Besuch hier steht also von Beginn an im Zeichen des Umweltschutzes und der Aufklärung. Zu den Dauerausstellungen gehören auch Dioramen, die Szenen aus dem traditionellen Leben der Seminolen zeigen, ein altmodisches, „lebendiges Dorf" und ein nachgebauter Zeremonienplatz. Die Wechselausstellungen sind noch wissenschaftlicher aufgearbeitet, und insgesamt leistet das Museum erstklassige Arbeit bei der Darstellung der seminolischen Geschichte und des heutigen Stammeslebens.

nelle Küstentradition auf den Kopf gestellt: Palm Beach, die Strandstadt, ist exklusiver, West Palm Beach auf dem Festland dagegen jünger und lebendiger. Da Palm Beach – besonders während der „gesellschaftlichen Hochsaison" im Winter – eine Enklave der Superreichen ist, begnügen sich die meisten Touristen mit einem Schaufensterbummel entlang der treffend benannten **Worth Avenue** (www.worth-avenue.com) mit ihren Villen und Boutiquen direkt am Wasser.

Das prächtige **Flagler Museum** (www.flagler.org; 1 Whitehall Way; Erw./Kind 18/10 US$; ⌚Di–Sa 10–17, So ab 12 Uhr) ist eines der faszinierenden Museen des Landes und im Whitehall Mansion untergebracht, dem 1902 erbauten Wintersitz des Eisenbahnmagnaten. Der üppige Palast hat 55 Zimmer und ist ein beeindruckendes Beispiel für die Opulenz des Vergoldeten Zeitalters.

Flaglers prachtvolles Strandhotel **Breakers** (☎561-655-6611; www.thebreakers.com; 1 S County Rd; Zi. 270–1250 US$; P❄@🛜🏊) stammt aus dem Jahr 1896 und wurde der Villa Medici in Rom nachempfunden. Es ist eine eigene, superluxuriöse Welt mit zwei Golfplätzen, zehn Tennisplätzen, einem mediterranen Strandclub mit drei Pools und einer Fülle von Restaurants.

Das **Michelle Bernstein's** (☎561-540-6440; www.omphoy.com; 2842 S Ocean Blvd; Hauptgerichte 29–38 US$; ⌚17.30–22 Uhr) im trendigen Omphoy Hotel ist der jüngste Außenposten der berühmten Chefköchin aus Miami. Hier kann man Gourmetgerichte der Nouvelle-Floridian-Küche genießen, die großen Wert auf lokale Erzeugnisse aus Südflorida legt. Oder man entspannt in der Resopalstil-Umgebung bei Egg Cream und einem kalorienarmen Mittagessen am Tresen des **Green's Pharmacy** (151 N County Rd; Hauptgerichte 4–13 US$; ⌚Mo–Sa 7–15, So bis 14 Uhr).

WEST PALM BEACH

Henry Flagler entwickelte West Palm Beach ursprünglich als Arbeitergemeinde zur Unterstützung von Palm Beach, und tatsächlich arbeitet West Palm auch heute noch härter, ist dafür aber auch ein bisschen ruppiger und einfach cooler und entspannter. Kurz und gut: Diese Stadt macht einfach Spaß.

Floridas größtes Museum, das **Norton Museum of Art** (www.norton.org; 1451 S Olive Ave; Erw./Kind 12/5 US$; ⌚Di–Sa 10–17, Do bis 21, So ab 11 Uhr), beherbergt eine umfangreiche Sammlung amerikanischer und europäischer moderner Meister und Impressionisten sowie einen großen Buddha-Kopf, der über eine beeindruckende Ausstellung mit asiatischer Kunst wacht. Wer das mag, wird den **Ann Norton Sculpture Garden** (www.ansg.org; 253 Barcelona Rd; Eintritt 7 US$; ⌚Mi–So 10–16 Uhr) unter freiem Himmel lieben. Die feine Skulpturensammlung steht verstreut in herrlich grünen Gärten und ist ein echtes West-Palm-Schmuckstück.

Wer mit Kindern reist, kann sie auf eine **Lion Country Safari** (www.lioncountrysafari.com; 2003 Lion Country Safari Rd; Erw./Kind 26,50/19,50 US$; ⌚9.30–17.30 Uhr) mitnehmen, die erste käfigfreie Safari des Landes, bei der man durch ein 200 ha großes Gelände fährt, auf dem sich 900 Tiere frei bewegen können.

Die lässigste Unterkunft der Stadt ist das **Hotel Biba** (☎561-832-0094; www.hotelbiba.com; 320 Belvedere Rd; Zi. Sommer/Winter 79/129 US$; P❄🛜🏊). Seine auffällige Retro-Fassade in Melonengrün sieht aus wie ein niedliches Motel aus den 1950ern, aber die Zimmer sind in einem modernen Boutiquestil gehalten, der perfekt nach SoBe in Miami passen würde.

Ein Großteil des Geschehens spielt sich rund um **CityPlace** (www.cityplace.com; 700

S Rosemary Ave) ab, ein Freiluft-Einkaufszentrum, das aussieht wie ein europäisches Dorf mit plätschernden Springbrunnen und jeder Menge Restaurants und Unterhaltungsmöglichkeiten. In der Clematis St reihen sich außerdem mehrere gute Bars, Livemusik-Clubs und Restaurants aneinander, und darüber hinaus finden beim **Clematis by Night** (www.clematisbynight.net; ⌚Do 18–21.30 Uhr) jeden Donnerstag nette Konzerte unter freiem Himmel statt. Wer Hunger hat, kann einen Abstecher zur **Rocco's Tacos & Tequila Bar** (www.roccostacos.com; 224 Clematis St; Hauptgerichte 12–19 US$; ⌚11.30–23, Di & Mi bis 24, Do–Sa bis 1 Uhr) machen, ein angesagtes *nuevo*-mexikanisches Restaurant mit abgefahrener Einrichtung, Guacamole auf den Tischen und 175 verschiedenen Sorten Tequila – kein Wunder, dass es hier so laut ist!

Der **Palm Beach International Airport** (PBI; www.pbia.org) fertigt die große Welle seiner winterlichen Zugvögel in bewundernswerter Weise ab; er liegt 2,5 km westlich von West Palm Beachs Stadtzentrum. Der **Tri-Rail-Bahnhof** (☎800-875-7245; 201 S Tamarind Ave) in Downtown dient auch als **Amtrak-Bahnhof** (☎561-832-6169).

Everglades

Im Gegensatz dazu, was man vielleicht gehört hat, sind die Everglades gar kein Sumpf – oder zumindest nicht nur. Am besten lässt sich ihr komplexes Landschaftsgefüge als nasse Prärie bezeichnen: eine Graslandschaft, die zufällig die meiste Zeit des Jahres überflutet ist. Sie ist aber auch kein stehendes Gewässer. Während der Regenzeit kriecht ein breiter Fluss, der sich über den gesamten Horizont erstreckt, unendlich langsam unter dem rauschenden Sumpfgras durch die höher aufragenden Zypressen und Hartholzgewächse des Sumpfes in Richtung Ozean. Wahr ist allerdings, dass es in den Everglades vor Alligatoren nur so wimmelt – und vielleicht liegen hier auch wirklich ein paar Leichen, wie *CSI: Miami* uns glauben machen will. Die Schönheit der Everglades liegt jedoch weder in diesen Furcht einflößenden Details noch in ihrer geologischen Dramatik, sondern vielmehr im zeitlosen, langsamen Flügelschlag des Amerikanischen Graureihers, der seit der Jurazeit mit derselben Anmut über sein weites, unvermutet sanftes Zuhause gleitet.

Dies ist auch einer der Gründe, warum es viel befriedigender ist, die Everglades zu Fuß, mit dem Fahrrad, Kanu oder Kajak (und mit einem Zelt) zu erkunden als mit einem lauten, vibrierenden Propellerboot. In dieser einzigartigen subtropischen Wildnis gibt es eine unglaubliche Vielfalt wundervoller Kreaturen zu entdecken: Alligatoren, Flaschennasendelfine, Seekühe, Schmuckreiher, Reiher, Amerikanische Schlangenhalsvögel, Weißkopfseeadler und Fischadler. Über mehrere gut zugängliche Eingänge, für die sich die paar Stunden Umweg wirklich lohnen, ist auch das sanfte Herz der Everglades leicht zu erreichen.

In den Everglades herrschen zwei Jahreszeiten: die Regenzeit im Sommer und die Trockenzeit im Winter. Der Winter dauert von Dezember bis April und ist die beste Zeit für einen Besuch: Das Wetter ist angenehm mild, und es gibt haufenweise wilde Tiere zu sehen. Im Sommer – von Mai bis Oktober – ist es hier unerträglich heiß, feucht und insektenverseucht, und die Nachmittage werden häufig von Gewitterstürmen verhagelt. Sobald sich das Wasser ausbreitet, verschwinden auch die Tiere zusehends.

EVERGLADES NATIONAL PARK

Auch wenn die Geschichte der Everglades bis in prähistorische Zeiten zurückreicht, wurde der Park erst 1947 gegründet. Er gilt als der am meisten bedrohte Nationalpark der USA, aber seit der Comprehensive Everglades Restoration Plan in Kraft trat, wurden einige der Schäden, die durch Entwässerung und Bebauung angerichtet wurden, bereits wieder behoben.

Der Park verfügt über drei Hauptzugänge und Bereiche: Man erreicht ihn im Süden entlang der Rte 9336, die durch Homestead und Florida City zum Ernest Coe Visitor Center und schließlich nach Flamingo führt; über den Tamiami Trail/Hwy 41 im Norden nach Shark Valley und entlang der Golfküste in der Nähe von Everglades City.

An den Haupteingängen des Parks stehen Besucherzentren zur Verfügung, in denen Karten und Campinggenehmigungen und Informationen der Ranger erhältlich sind. Man muss die Eintrittsgebühr (pro Auto/Fußgänger 10/5 US$ für 7 Tage) nur einmal für alle Zugangspunkte bezahlen.

Selbst im Winter ist es beinahe unmöglich, den Moskitos zu entgehen, aber im Sommer sind sie besonders unerbittlich: unbedingt starkes Insektenschutzmittel

DIE RETTUNG DER EVERGLADES

Für den Großteil der Menschheitsgeschichte waren die Everglades eine reine, beinahe komplett unbewohnte Wildnis. Die Sehnsucht nach einer Besiedelung Südfloridas ließ bei Gouverneur Napoleon Bonaparte Broward im Jahr 1900 jedoch die Vision eines „Imperiums der Everglades" entstehen. Broward setzte ein Kanalbauvorhaben in Gang, das 70 Jahre andauerte, die Hälfte des Sumpfgebiets entwässerte und einen 100 Meilen langen, lebendigen Fluss de facto von seiner Quelle, dem Lake Okeechobee, abschnitt.

Die aufblühenden Städte und Vorstädte sowie die aufkeimende Landwirtschaft Südfloridas saugten das Süßwasser gierig in sich auf und verschmutzten es mit ihrem Abfall, was man als die Niere der Halbinsel bezeichnen könnte: die lebendigen Feuchtgebiete, die dabei helfen, Floridas Grundwassersystem sauber zu halten. Diese Entwicklung musste gestoppt werden, da sie sonst letzten Endes zum Tod der Everglades geführt und Südflorida völlig unbewohnbar gemacht hätte.

Marjory Stoneman Douglas, die den Everglades den berühmten Beinamen „Fluss aus Gras" gab, schlug in den 1940ern beinahe im Alleingang Alarm, und 1947 wurden die Everglades schließlich als Nationalpark geschützt, wenn zu Anfang auch nur aus Umweltschutzgründen und nicht aufgrund der Schönheit ihrer Natur. Dies war jedoch erst der erste Schritt.

Wir spulen also vor bis heute: Im Jahr 2000 wurde der **Comprehensive Everglades Restoration Plan** (CERP; www.evergladesplan.org) verabschiedet, ein 30-jähriges Vorhaben zur Wiederauffüllung der Kanäle, Entfernung der Dämme und Wiederherstellung des Wasserstroms. Politische Streitigkeiten und die hohen Kosten (15 Mrd. US$ und mehr) verlangsamen den Fortschritt jedoch immer wieder. Da die verfügbaren finanziellen Mittel nur einen Bruchteil dessen betragen, was eigentlich nötig wäre, stellen einige die Zukunft des größten, ambitioniertesten Umweltprojektes der USA bereits in Frage.

Unter www.theevergladesstory.org kann man sich einen Überblick über die Geschichte der Everglades verschaffen.

einpacken! Auch Alligatoren sind häufig anzutreffen. Und so offensichtlich das auch klingen mag: Man darf wirklich niemals die Tiere füttern! Erstens ist es illegal und zweitens eine zuverlässige Möglichkeit, einen Angriff zu provozieren. Auch vier giftige Schlangenarten nennen die Everglades ihr Zuhause – zur Sicherheit macht man einen großen Bogen um sämtliche Schlangen und trägt lange, dicke Socken und hohe Schnürstiefel.

Sehenswertes & Aktivitäten

Shark Valley Visitor Center PARK

(☎305-221-8776; Tamiami Trail; ⏲8.30–18 Uhr) Wer von Miami aus nur einen Kurzbesuch machen möchte, kommt am besten hierher. Auf der ausgezeichneten zweistündigen **Tram-Tour** (☎305-221-8455; www.sharkvalleytramtours.com; Erw./Kind 18,25/11,50 US$) entlang der 15 Meilen (24 km) langen Asphaltstraße sieht man im Winter unzählige Alligatoren und jede Menge vorbeiziehende Reiher und Ibisse. Der Audiokommentar der Park-Ranger ist ebenso informativ wie unterhaltsam und bietet einen umfassenden Überblick über die Everglades und ihre Bewohner. Auf der Hälfte der Strecke befindet sich ein 15 m hoher Aussichtsturm, ein hässlicher Betonklotz, von dem sich jedoch ein grandioses Panorama über den „Fluss aus Gras" bietet. Die Straße ist so flach wie ein Pfannkuchen und eignet sich hervorragend für eine **Radtour** (Verleih 7,50 US$/Std.), auf der man so oft und so lange anhalten kann, wie man möchte. Unbedingt Wasser mitnehmen!

Ernest Coe Visitor Center PARK

(☎305-242-7700; www.nps.gov/ever; Hwy 9336; ⏲8–17 Uhr) Wer einen ganzen Tag in den Everglades verbringen kann, sollte in diesem Besucherzentrum starten. Es zeigt ausgezeichnete Ausstellungen in Museumsqualität und hält jede Menge Infomaterial zu verschiedenen Aktivitäten bereit: Von der Straße aus hat man Zugang zu zahlreichen kurzen Wanderungen und unzähligen erstklassigen Strecken für Kanutouren. Telefonisch kann man nach dem Zeitplan für das Programm fragen, das die Ranger anbieten, darunter auch die zweistündige „Sumpftour". Die meisten Aktivitäten starten am nahen **Royal Palm Visitor Center** (☎305-242-7700; Hwy 9336; ⌚8–16.15 Uhr), wo auch zwei kurze Wanderwege beginnen. Der Anhinga Trail bietet sich für tolle Natur- und Tierbeobachtungen an – besonders für Alligatoren im Winter – und der Gumbo-Limbo ist die richtige Wahl für Pflanzen- und Baumliebhaber.

Flamingo Visitor Center PARK
(☎239-695-2945; ⌚8–16.15 Uhr) Von Royal Palm führt der Hwy 9336 über 38 Meilen (61 km) durch das Herz des Parks, bis er schließlich das abgeschiedene Flamingo Visitor Center erreicht, das Karten zu Kanu- und Wandertouren bereithält. Wie es momentan mit den Einrichtungen aussieht, sollte man jedoch vorab telefonisch klären: Die ehemalige Flamingo Lodge wurde 2005 von Wirbelstürmen zerstört, und zur Zeit der Recherche war die **Flamingo Marina** (☎239-695-3101) wegen Renovierung geschlossen. Sie sollte jedoch bald wiedereröffnen und Bootstouren durchs Hinterland sowie einen Kajak-/Kanuverleih für Touren in Eigenregie entlang der Küste anbieten.

Gulf Coast Visitor Center PARK
(☎239-695-3311; 815 Oyster Bar Lane, abseits Hwy 29, Everglades City; ⌚9–16.30 Uhr) Wer mehr Zeit hat, sollte darüber nachdenken, die Nordwestecke der Everglades zu besuchen, wo die Mangroven und Wasserstraßen der **10000 Islands** zu unglaublichen Kanu- und Kajaktouren einladen und man sich einer großartigen Bootstour anschließen kann, auf der man vielleicht sogar Delfine sieht. Das Besucherzentrum befindet sich neben dem Hafenbereich; hier kann man Ausrüstung leihen (13 US$/Std.) und sich eine der geführten Bootstouren aussuchen (ab 25 US$). In Everglades City gibt's auch private Touranbieter, die Campingtrips in die 10000 Islands organisieren.

Schlafen

Im Everglades National Park gibt's zwei **Campingplätze** (☎877-444-6777; www.recreation.gov; Zeltplatz Nov–Apr 16 US$, Nebensaison frei) mit einigen Einrichtungen. Am besten sind die Plätze des **Long Pine Key** (☎305-242-7873), die nach dem „Wer zuerst kommt, mahlt zuerst"-Prinzip vergeben werden. Zeltplätze im **Flamingo** muss man vorab reservieren. Beide Plätze verfügen über Wasser, Toiletten und Grillmöglichkeiten; im Flamingo gibt's außerdem kalte Duschen und Strom. Im Sommer ist es so irrsinnig heiß und nass, dass man kostenlos zelten darf.

Wildcampen (Genehmigung 10 US$, plus 2 US$/Pers. & Nacht) ist überall im Park möglich, an Stränden ebenso wie an Land und auf *chickees* (überdachten Holzplattformen über dem Wasser); man braucht aber eine Genehmigung vom Besucherzentrum.

Rund um die Everglades

Von Miami kommend bietet sich das Städtchen Homestead an der Ostseite des Parks als gutes Basislager an, besonders, wenn man zu den Keys unterwegs ist.

BISCAYNE NATIONAL PARK

Gleich südlich von Miami (und östlich von Homestead) liegt dieser Nationalpark, der nur zu 5% aus Land besteht. Die 95% Wasser gehören zum **Biscayne National Underwater Park** (☎305-230-1100; www.nps.gov/bisc, www.biscayneunderwater.com), ein ebenso vielfältiges wie lebendiges Ökosystem, das einen Teil des drittgrößten Korallenriffs der Welt sowie Seekühe, Delfine und Meeresschildkröten beherbergt. Im **Dante Fascell Visitor Center** (☎305-230-7275; 9700 SW 328th St, Homestead; ⌚8.30–17 Uhr) gibt's allgemeine Parkinformationen. Der Park bietet außerdem einen Kanu-/Kajakverleih, Schnorchel- und Tauchausflüge und beliebte dreistündige Touren mit einem Glasbodenboot an; alles vorab reservieren!

HOMESTEAD & FLORIDA CITY

Homestead und Florida City sehen zwar nicht nach besonders viel aus, aber sie bieten einige der größten Highlights der Everglades. Am meisten erwärmt ohne Frage der **Everglades Outpost** (☎305-247-8000; www.evergladesoutpost.org; 35601 SW 192nd Ave, Homestead; Eintritt 20 US$; ⌚Sa & So 10–16 Uhr, Mo–Fr auf Anfrage) das Herz der Besucher; er kümmert sich um vernachlässigte und misshandelte Wildtiere, darunter auch Gibbons, Wölfe, Kobras und zwei majestätische Tiger.

Robert Is Here (☎305-246-1592; www.robertishere.com; 19200 SW 344th St, Homestead; ⌚Nov–Aug 8–19 Uhr) ist nicht einfach nur ein Hofladen, sondern eine kitschige Old-Florida-Institution inklusive Streichelzoo, Livemusik und verflixt guten Milchshakes.

Rund um Homestead und Florida City herrscht kein Mangel an Kettenmotels;

die Rt 1 Krome Ave ist eine gute Anlaufstelle. Wem es nichts ausmacht, in Hostels zu übernachten, ist mit dem **Everglades International Hostel** (☎305-248-1122; www.evergladeshostel.com; 20 SW 2nd Ave, Florida City; Camping/B/Zi. 18/28/75 US$; P❄@📶) gut bedient. Die Zimmer sind preiswert, die Atmosphäre ist freundlich, und die Gartenanlage hinten ist – wow! Das Hostel ist das reinste Naturwunder und veranstaltet mit die besten Everglades-Touren überhaupt. Wer sich lieber richtig verwöhnen lassen möchte und es etwas persönlicher mag als in den Kettenhotels, kann sich ein Zimmer im historischen **Redland Hotel** (☎305-246-1904; www.redlandhotel.com; 5 S Flagler Ave, Homestead; Zi. 83–150 US$; P📶) buchen. Die bescheidene, altmodische Hauptstraße in Homestead, die Krome Ave, ist das Herz der Restaurant- und Shoppingszene.

TAMIAMI TRAIL

Der Tamiami Trail/Hwy 41 beginnt in Miami und folgt dem Nordrand des Everglades National Park bis nach Naples.

Das erste Anzeichen dafür, dass man die Stadt hinter sich gelassen hat, ist das **Pit BBQ** (16400 SW 8th St; Hauptgerichte 4–9 US$; ⏲11–23.30 Uhr) zwischen Shark Valley und Miami: Es ist eine unerschütterliche Bastion der Countrymusik und Konföderierten-Flaggen – und wahnsinnig kitschig.

Am Eingang von Shark Valley in den Everglades befindet sich das **Miccosukee Village** (☎305-552-8365; www.miccosukee.com; Dorf/Propellerbootfahrt 8/10 US$; ⏲9–17 Uhr), ein ebenso informatives wie unterhaltsames Freiluftmuseum zur Miccosukee-Kultur. Hier kann man eine Tour durch die traditionellen Wohnhäuser machen, Vorführungen (von Tanz bis Alligatorenringen) besuchen, mit einem Propellerboot fahren und durch die Souvenirläden mit Kunsthandwerk bummeln.

20 Meilen (32 km) westlich von Shark Valley liegt das **Oasis Visitor Center** (☎239-695-1201; ⏲9–16.30 Uhr) der 2950 km² großen **Big Cypress National Preserve** (www.nps.gov/bicy). Gute Ausstellungen und kurze Wanderungen machen mit Natur und Umwelt der Gegend vertraut, und Abenteuerlustige können sich an einen Abschnitt des **Florida National Scenic Trail** (www.floridatrail.org) wagen, der über 31 Meilen durch Big Cypress führt.

Eine halbe Meile östlich des Besucherzentrums kann man der **Big Cypress Gallery** (☎941-695-2428; www.clydebutcher.com; 52388 Tamiami Trail; ⏲Mi–Mo 10–17 Uhr) einen Besuch abstatten, die Arbeiten von Clyde Butcher zeigt; seine großformatigen Schwarzweißfotografien zeigen die Region in all ihrer Schönheit.

Im winzigen Städtchen **Ochopee** findet man das kleinste Postamt des Landes. Wem das noch nicht Grund genug für einen Zwischenstopp ist, der kann in den exzentrischen **Skunk Ape Research Headquarters** (☎239-695-2275; www.skunkape.info; 40904 Tamiami Trail E; ⏲7–19 Uhr) Halt machen, die sich der Suche nach Bigfoots legendärem, wenn auch strenger riechenden Everglades-Cousin widmet. Die Leute hier sind ziemlich verrückt, meinen es aber ganz ernst. **Everglades Adventure Tours** (☎800-504-6554; www.evergladesadventuretours.com; Touren ab 69 US$) gehört ebenfalls zum Skunk-Ape-Hauptquartier und bietet kompetente Sumpfwanderungen, „Safaris", Propellerboot-Touren und, am allerbesten, Ausflüge mit dem Stocherkahn an.

Gleich östlich von Ochopee wartet schließlich der ultimative Sumpfschuppen im Stil der 1950er-Jahre, das **Joanie's Blue Crab Cafe** (☎239-695-2682; 39395 Tamiami Trail; Hauptgerichte 9–15 US$; ⏲Mi–Mo 10–17 Uhr) mit offenem Gebälk, bunten Schellack-Picknicktischen und einem echten Sumpfabendessen inklusive Alligator-Nuggets und frittierten Leckereien.

WAS ZUM ...?

„Hier werden Sie Zeuge unglaublicher Errungenschaften", verspricht die Inschrift an der rauen Steinmauer. Das ist eine Untertreibung. Das **Coral Castle** (www.coralcastle.com; 28655 S Dixie Hwy, Homestead; Erw./Kind 12/7 US$; ⏲8–18, Sa & So bis 20 Uhr) steht für Südfloridas seltsame, etwas verrückte Seite und ist ein einzigartiges Denkmal unerfüllter Liebe. Aber gut, was soll ein Lette, der am Altar sitzengelassen wurde, auch anderes tun, als nach Florida zu ziehen und – unentdeckt und mitten in der Nacht – von Hand eine Felsformation zu meißeln, zu der auch ein „Thronzimmer", eine Sonnenuhr, ein Steinzaun und eine steinerne Drehtür gehören, die sich Ingenieure bis heute nicht erklären können?

EVERGLADES CITY

Diese kleine Stadt am Rand des Parks eignet sich prima als Basislager zur Erkundung der Region 10 000 Islands. Das **Everglades City Motel** (☎239-695-4244; www.evergladescitymotel.com; 310 Collier Ave; Zi. ab 80 US$; ❄📶) lockt mit großen, renovierten Zimmern und ist außergewöhnlich preiswert, und das ungeheuer freundliche Personal organisiert auf Wunsch jede Tour. Gleiches gilt für das **Ivey House Bed & Breakfast** (☎239-695-3299; www.iveyhouse.com; 107 Camellia St; Lodge 74–120 US$, Inn 99–209 US$; ❄📶). Hier kann man entweder in der einfachen Lodge absteigen oder eines der etwas schickeren Inn-Zimmer wählen und dann bei **North American Canoe Tours** (☎941-695-3299/4666; www.evergladesadventures.com; Touren 25–65 US$; ⊙Nov–Mitte Apr) eine der besten Natur-Touren der Region buchen. Am besten mal nach den aktuellen Übernachtung-plus-Tour-Paketen fragen!

JT's Island Grill & Gallery (☎239-695-3633; 238 Mamie St, Chokoloskee; Hauptgerichte 5–16 US$; ⊙Ende Okt–Mai 11–15 Uhr) liegt etwa eine Meile südlich und serviert köstliches Mittagessen in einem restaurierten Gemischtwarenladen aus dem Jahr 1890 – Retro-Kitsch und jede Menge Charme.

Zum Abendessen geht's dann ins **Seafood Depot** (☎239-695-0075; 102 Collier Ave; Hauptgerichte 14–33 US$; ⊙10.30–21 Uhr), ein Hafen für Freunde gebratener Meeresfrüchte und genau der richtige Ort, wenn man mal Alligator oder Froschschenkel kosten möchte – einfach in Tabasco tauchen und reinbeißen.

Florida Keys

Bevor Henry Flagler 1912 seine Eisenbahnstrecke fertigstellte, die die Keys mit dem Festland verband, war diese über 200 km lange Inselkette nichts weiter als eine Reihe von Hügeln im Wasser, die nur mit dem Boot erreichbar waren (da überrascht es auch wenig, dass sich die frühe Wirtschaft der Insel auf Piratentum, Schmuggel, Schiffsraub und Fischerei gründete). Flaglers Eisenbahn wurde 1935 durch einen Wirbelsturm zerstört, aber was von ihren Brücken noch übrig war, ermöglichte 1938 die Fertigstellung des Overseas Hwy. Heute strömen die Menschen in Scharen vom Festland hierher, um sich mit einem Bad in den verführerischen, jadegrünen Wassern zu verwöhnen und die entspannte Lebensart der Inseln, die tollen Angelmöglichkei-

DIE SANFTERE ART DES WILDNIS-TOURISMUS

Wer Floridas Natur erkunden und seinen Wildtieren begegnen möchte, sollte die folgenden Richtlinien berücksichtigen.

» **Propellerboote und Sumpfbuggys** Zur Erkundung von Feuchtgebieten sind Propellerboote besser geeignet als Buggys mit ihren großen Reifen, aber den geringsten Schaden richten nach wie vor nichtmotorisierte (und geräuschlose) Kanus und Kajaks an.

» **Wilde Delfine** Gerettete, in Gefangenschaft lebende Delfine sind bereits an Menschen gewöhnt. Laut Landesgesetz ist es jedoch illegal, wilde Delfine im Meer zu füttern, zu verfolgen oder zu berühren.

» **Schwimmen mit Seekühen** Seekühe stehen bundesweit auf der Liste der geschützten Tierarten, und für alle, die in ihrer Nähe schwimmen, gilt: schauen, aber nicht anfassen. Das Stichwort lautet „passives Beobachten".

» **Füttern von Wildtieren** Kurz und gut: nein! Wenn wilde Tiere sich an den Menschen gewöhnen, führt das in der Regel zum Tod des Tieres, sei es durch einen Unfall oder durch aggressives Verhalten.

» **Niststätten von Meeresschildkröten** Es ist per Bundesgesetz verboten, sich nistenden Meeresschildkröten oder geschlüpften Jungtieren auf dem Weg ins Meer zu nähern. Auf Warnschilder an Stränden achten! Wer eine nistende Schildkröte sieht, hält Abstand und fotografiert nicht mit Blitz.

» **Korallenriff-Etikette** Niemals das Korallenriff berühren! So einfach ist das. Korallenpolypen sind lebende Organismen. Durch das Berühren oder Abbrechen einer Koralle entstehen offene Wunden, die zu Infektionen und Krankheiten führen können.

ten und die idyllischen Schnorchel- und Tauchplätz zu genießen.

Normalerweise werden die Inseln in die Upper Keys (Key Largo bis Islamorada), die Middle Keys und die Lower Keys (ab Little Duck Key) unterteilt. Sie verlaufen jedoch nicht einfach irgendwo im Nichts, sondern feiern ihr großes Finale am Ende des Highways in Key West – dem dramatischen, wunderbar ungezähmten, wilden Höhepunkt der Keys mit einem großen Herz für alles Verrückte.

Viele Adressen auf den Keys werden anhand ihrer Entfernung zu den Meilenmarkierungen (MM) angegeben, die bei MM126 in Florida City beginnen und bis MM0 in Key West heruntergezählt werden. Manchmal ist als Zusatz auch „oceanside" (Südseite des Highways) oder „bayside" (Nordseite) angegeben.

Im **Florida Keys & Key West Visitors Bureau** (☎800-352-5397; www.fla-keys.com) oder unter www.keysnews.com gibt's nähere Informationen.

KEY LARGO

Die Upper Keys reichen von Key Largo bis Islamorada und sind mit touristischen Läden und Motels überfüllt. Anfangs sieht man das Wasser vom Highway aus überhaupt nicht mehr, aber dann – zack – ist man auf einmal in Islamorada, und plötzlich ist das Wasser überall.

Key Largo wird in Filmen und Liedern seit Langem romantisiert, da kann man schon mal einen Schock bekommen, wenn man hier eintrifft und nichts dergleichen vorfindet: kein Bogart, keine Bacall, keine Sade mit Liebeskummer. Nein, Key Largo ist wirklich nicht sonderlich beeindruckend: eine verschlafene kleine Insel und Stadt mit mittelmäßiger Aussicht – zumindest, wenn man nur auf dem Highway bleibt und seinen Kopf immer über Wasser hält. Wer auf Nebenstraßen abbiegt, begegnet durchaus den legendären Besonderheiten der Insel, und wer unter Wasser abtaucht, erlebt das atemberaubendste Korallenriff der gesamten kontinentalen USA.

Karten und Broschüren gibt's bei der **Chamber of Commerce** (☎305-451-4747; www.keylargo.org; MM 106 bayside; ⌚9–18 Uhr).

Sehenswertes & Aktivitäten

John Pennekamp Coral Reef State Park PARK

(☎305-451-6300; www.pennekamppark.com; MM 102.5 oceanside; Auto/Fußgänger oder Fahrrad 8/2 US$; ⌚8 Uhr–Sonnenuntergang) Dieser Park bietet neben einem Holzsteg durch Mangrovenwälder auch ein nettes Aquarium, aber als erster Unterwasserpark der USA liegt sein eigentlicher Schatz unter dem Meer: ein riesiges Korallenriff, das einer Fülle von Meeresbewohnern (und der oft fotografierten Jesus-Statue Christ of the Deep) ein Zuhause bietet.

Es gibt zahlreiche Möglichkeiten, das Riff zu besuchen, z. B. auf einer zweieinhalbstündigen **Glasbodenboot-Tour** (Erw./Kind 24/17 US$; ⌚9.15, 12.15 & 15 Uhr) an Bord eines hochmodernen, 11 m langen Katamarans. Bei einem **Schnorchelausflug** (Erw./Kind 30/25 US$) oder einem **Tauchausflug** (☎305-451-6322; 60 US$) mit zwei Tanks kann man direkt ins Riff eintauchen; Halbtagestouren werden täglich angeboten und beginnen normalerweise um 9 Uhr und 13 Uhr. Man kann sich aber auch ein **Kanu oder Kajak** (pro Std. Einer/Zweier 12/17 US$) leihen und in Eigenregie eine Tour durch das knapp 5 km weite Netz aus Wasserstraßen machen. Näheres zum Bootsverleih erfährt man telefonisch direkt beim Park.

Florida Bay Outfitters KAJAK FAHREN

(☎305-451-3018; www.kayakfloridakeys.com; MM 104 bayside; Kajakverleih pro halber Tag 40 US$) Diverse geführte Kajaktouren und -verleih.

Horizon Divers TAUCHEN

(☎305-453-3535; www.horizondivers.com; 100 Ocean Dr, nahe MM 100 oceanside; Schnorchel-/Scuba-Ausflüge 50/80 US$) Freundliches Team, das einen Verleih, Tauchtouren und Scuba-Unterricht anbietet.

Schlafen

Neben Luxusresorts hat Key Largo auch eine Menge fröhliche, freundliche Motels und Campingplätze zu bieten.

Largo Lodge HOTEL $$

(☎305-451-0424; www.largolodge.com; MM 102 bayside; Cottage 125–195 US$; P) Diese sechs charmanten, sonnigen Hütten mit Privatstrand – seit den 1950ern in Familienbesitz – sind von Palmen, tropischen Blumen und zahlreichen zwitschernden Vögeln umgeben und versetzen ihre Gäste in das Florida der guten alten Zeit zurück.

Key Largo House Boatel HAUSBOOT $$

(☎305-766-0871; www.keylargohouseboatel.com; Shoreland Dr, MM 103.5 oceanside; Hausboot ab 75–150 US$) Diese fünf Hausboote sind ein echtes Schnäppchen. Das größte ist unglaublich geräumig und bietet sechs Personen bequem Platz. Die Boote liegen direkt am Dock, man muss sich also keine Sorgen machen, dass man zu weit vom Land (oder Getränkenachschub) entfernt sein könnte. Die Wegbeschreibung kann man telefonisch erfragen.

Kona Kai Resort & Gallery HOTEL $$$
(☎305-852-7200; www.konakairesort.com; MM 97.8 bayside; Zi. 199–369 US$; P❄📶🏊) Dieser intime Zufluchtsort verfügt über elf luftige Zimmer und Suiten (mit kompletter Küche). Alle sind ebenso hell wie gemütlich, aber ein paar versprühen doch einen etwas zu altmodischen Charme. Dafür gibt's haufenweise Aktivitäten und einen eigenen Strand.

John Pennekamp Coral Reef State Park CAMPING $
(☎800-326-3521; www.pennekamppark.com; Stellplatz 32 US$) Hier kann man auf einem der 47 Zeltplätze direkt am Korallenriff neben den Fischen schlafen. Campen ist äußerst beliebt, also unbedingt weit im Voraus buchen!

Essen & Ausgehen

LP TIPP **Key Largo Conch House** FUSION $$
(☎305-453-4844; www.keylargocoffeehouse.com; MM 100.2 oceanside; Hauptgerichte 8–25 US$; ⌚7–22 Uhr) Das ist das perfekte Insel-Feeling: Muschelarchitektur, tropisches Grün, ein Papagei und Krebs- und Muschelgerichte, die einem den Abschied vom Festland ganz leicht machen.

Mrs Mac's Kitchen AMERIKANISCH $$
(MM 99.4 bayside; Hauptgerichte 7–18 US$; ⌚Mo–Sa 7–21.30 Uhr) Dieser hübsche Diner am Straßenrand ist mit rostigen Nummernschildern dekoriert und serviert große Highway-Klassiker wie Burger und Fisch.

Fish House SEAFOOD $$
(☎305-451-4665; www.fishhouse.com; MM 102.4 oceanside; Hauptgerichte 12–28 US$; ⌚11.30–22 Uhr) Der Name ist Programm: Hier gibt's Fisch, Fisch, und noch mehr Fisch, und frischer geht's nicht. Die wichtigste Entscheidung: gebraten, gekocht, geschwärzt, gegrillt oder *jerked* (mit jamaikanischer Sauce)?

Alabama Jack's BAR
(http://alabamajacks.com; 58000 Card Sound Rd; Hauptgerichte 5–25 US$; ⌚11–19 Uhr) Diese angesagte Freiluft-Bar in der Nebenstraße zwischen Key Largo und Florida City lockt eine bunte, alkoholdurstige Gästeschar aus echten Keys-Originalen an. Die grandiosen frittierten Muscheln sind ein Muss!

ISLAMORADA

Auf Islamorada – eigentlich eine lange Kette mehrerer Inseln (von MM90 bis MM74) – wird's endlich hübsch; Epizentrum ist Upper Matecumbe Key. Diverse kleine Strandbuchten sind leicht zu erreichen und laden zu malerischen Zwischenstopps ein. Die **Chamber of Commerce** (☎305-664-4503; www.islamoradachamber.com; MM 83.2 bayside; ⌚Mo–Fr 9–17, Sa & So 10–15 Uhr) ist in einem alten roten Güterwagen untergebracht und hält Informationen zur Region bereit.

Sehenswertes & Aktivitäten

Islamorada wird gern als „Sportfischerei-Hauptstadt der Welt" bezeichnet und ist ein wahres Anglerparadies. Tatsächlich muss man sich für die meisten Highlights hier ins oder aufs Meer begeben.

LP TIPP **Robbie's Marina** HAFEN
(☎305-664-9814; www.robbies.com; MM 77.5 bayside; ⌚8–18 Uhr) Dieser Hafen ist eine beliebte Highway-Attraktion und deckt das gesamte Spektrum der Bootsaktivitäten ab: Angelcharter, Jetski, Partyboote, Ökotouren, Schnorcheltrips, Kajakverleih und vieles mehr (von hier aus kann man auch die Inselparks der Region besuchen). Und auch wer nicht aufs Meer will: Man sollte zumindest anhalten und den irrsinnig riesigen Tarpun vom Dock aus füttern (3 US$ pro Eimer, 1 US$ fürs Zugucken) und über den Flohmarkt und durch die Touristenläden bummeln und nach kitschigem Meeres-Modeschmuck fahnden.

Indian Key Historic State Park INSEL
(☎305-664-2540; www.floridastateparks.org/indiankey; ⌚8 Uhr–Sonnenuntergang) Diese friedliche kleine Insel liegt ein paar hundert Meter vor der Küste und beherbergt die baufälligen, bröckelnden Grundmauern einer Siedlung aus dem 19. Jh., die während des Zweiten Seminolenkrieges von amerikanischen Ureinwohnern zerstört wurde. Ein ziemlich nachdenklich machender Spaziergang; nur per Kajak oder Boot zugänglich.

Lignumvitae Key State Botanical Park INSEL
(☎305-664-2540; www.floridastateparks.org/lignumvitaekey; ⌚Do–Mo 9–17 Uhr) In diesem Inselpark (bayside) mit unberührten tropischen Wäldern und dem Matheson House

aus dem Jahr 1919 kommt man sich vor, als sei man ganz alleine – mit einer Zillion Moskitos – und kann die Abgeschiedenheit eines Schiffbrüchigen genießen. Robbie's Marina bietet einen Bootsverleih und Bootstouren hierher an.

Florida Keys History of Diving Museum MUSEUM
(www.divingmuseum.org; MM 83; Erw./Kind 12/6 US$; ⏲10–17, Mi bis 19 Uhr) Diese Sammlung mit Tauchzubehör aus aller Welt, darunter auch Tauch-„Anzüge" und technische Ausrüstung aus dem 19. Jh., sollte man nicht verpassen. Das charmant-exzentrische Museum ist ein typisches Beispiel für die Skurrilität der Keys.

Theater of the Sea DELFINBEGEGNUNG
(☎305-664-2431; www.theaterofthesea.com; MM 84.5 bayside; Erw./Kind 27/19,45 US$; ⏲9.30–16 Uhr) Delfine und Seelöwen treten hier in intimer Umgebung ganz nahe an den Zuschauern auf, und für eine Zusatzgebühr kann man sie sogar treffen oder mit ihnen schwimmen.

Windley Key Fossil Reef Geological State Site PARK
(☎305-664-2540; www.floridastateparks.org/windleykey; MM 85.5 oceanside) In diesem Steinbruch mit 2,5 m hohen Wänden versteinerter Korallen kann man die geologische Geschichte Schicht für Schicht zurückverfolgen.

GRATIS **Anne's Beach** STRAND
(MM 73.5 oceanside) Der beste öffentliche Strand der Gegend, mit schattigen Picknicktischen und hellem Sandstreifen.

Schlafen & Essen

Casa Morada BOUTIQUEHOTEL $$$
(☎305-664-0044; www.casamorada.com; 136 Madeira Rd, nahe MM 82.2; Suite Sommer 239–459 US$, Winter 299–659 US$; P❄📶🏊) Hier erwartet die Gäste ein willkommener Hauch South-Beach-Niveau, gepaart mit entspanntem Keys-Stil. Die schicke Bar ist bei Sonnenuntergang der perfekte Ort am Wasser.

Ragged Edge Resort RESORT $$
(☎305-852-5389; www.ragged-edge.com; 243 Treasure Harbor Rd; Apt. 69–259 US$; P❄🏊) In diesem fröhlich-unprätentiösen Komplex am Meer, nahe MM86.5, kann man direkt vor den Docks schwimmen. Er verfügt über zehn makellose, äußerst beliebte Wohnstudios und Apartments und ein herrlich komatöses Flair.

Long Key State Recreation Area CAMPING $
(☎305-664-4815, 305-326-3521; www.floridastateparks.org/longkey; MM 67.5; Stellplatz 38,50 US$) Wer einen der 60 begehrten Zeltplätze auf diesem schattigen, 390 ha großen Campingplatz am Meer ergattern möchte, sollte so weit wie möglich im Voraus buchen.

Midway Cafe CAFÉ $
(80499 Overseas Hwy; Hauptgerichte unter 5 US$; ⏲Do–Di 7–15, So bis 14 Uhr) Die reizenden Menschen dieses mit Kunst gefüllten Cafés rösten ihre eigenen Bohnen und backen Köstlichkeiten, die allein schon einen Besuch wert sind. Hier kann man sein Keys-Abenteuer mit einer freundlichen Tasse Kaffee krönen.

Morada Bay AMERIKANISCH $$$
(☎305-664-0604; www.moradabay-restaurant.com; MM 81.6 bayside; Mittagessen 10–15 US$, Abendessen 21–29 US$; ⏲11.30–22 Uhr) Man schnappt sich einen Tisch unter einer der Palmen auf dem weißen Sandstrand, schlürft zu den frischen Meeresfrüchten einen Rum-Cocktail und genießt diese herrlich entspannte karibische Erfahrung in vollen Zügen. Die allmonatliche Vollmondparty sollte man auch nicht verpassen!

Hog Heaven BAR $$
(☎305-664-9669; MM 83 oceanside; Hauptgerichte 10–18 US$; ⏲11–3.30 Uhr) Von Sandwiches und Salaten bis zu Seafood-Nachos und T-Bone-Steaks: Die vielfältige Karte ist der Hit. Am besten kommt man während der Happy Hour (16–20 Uhr) und spricht vorher ab, wer fahren muss, denn die Drinks gibt's dann praktisch kostenlos.

GRASSY KEY

Wer nach Grassy Key in den Middle Keys reist, hat eine sehr lebhafte Runde Insel-Hopping hinter sich, die mit dem größten Hüpfer über die **Seven Mile Bridge** endet, einen der längsten Deiche der Welt.

Das ruhige Grassy Key war einst das dorfähnliche Herz der Keys. Heute ist der Hauptgrund für einen Aufenthalt hier das **Dolphin Research Center** (☎305-289-1121; www.dolphins.org; MM 59 bayside; Erw./Kind 20/15 US$, Schwimmprogramm 180–650 US$; ⏲9–16 Uhr). Von all den Orten auf den Keys, an denen man mit Delfinen schwimmen kann, ist das Zentrum schon allein deshalb der meistbevorzugte, weil die Delfine das Gelände auch verlassen dürfen und hinter den Kulissen viel in meeresbiologische Forschung investiert wird.

MARATHON

Marathon ist die größte Stadt zwischen Key Largo und Key West und liegt etwa auf halber Strecke; sie eignet sich prima als Basislager und ist ein wichtiges Zentrum für die kommerzielle Fischerei und Hummerboote. Informationen zur Region gibt's bei der **Touristeninformation** (☎305-743-5417; www.floridakeysmarathon.com; MM 53.5 bayside; ⊙9–17 Uhr).

Sehenswertes & Aktivitäten

Crane Point Museum MUSEUM
(www.cranepoint.net; MM 50.5 bayside; Erw./Kind 12,50/8,50 US$; ⊙Mo–Sa 9–17, So ab 12 Uhr) In diesem 25 ha großen Schutzgebiet kann man der Zivilisation entfliehen und sich voll und ganz auf das umfangreiche Netz aus Wanderwegen und Mangrovenwäldern, den erhöhten Holzsteg und das Haus im Bahamas-Stil des 20 Jhs. konzentrieren, das eine echte Rarität ist. Kindern werden die Piraten- und Wrackausstellungen gefallen, und auch der begehbare Korallenriff-Tunnel und das Vogelkrankenhaus sind sehr beliebt.

Turtle Hospital TIERASYL
(☎305-743-2552; www.turtlehospital.org; 2396 Overseas Hwy; Erw./Kind 15/7,50 US$; ⊙9–18 Uhr) Am besten ruft man vorher an und vergewissert sich, dass das Krankenhauspersonal auch da ist. Dieses Asyl wird mit viel Liebe betrieben, und die Begegnungen mit den verletzten und kranken Meeresschildkröten, die hier liebevoll gepflegt werden, gehen wirklich zu Herzen.

Pigeon Key National Historic District INSEL
(☎305-743-5999; www.pigeonkey.net; Erw./Kind 12/9 US$; ⊙Touren 10, 11.30, 13 & 14.30 Uhr) Diese winzige Insel liegt auf der Marathon-Seite der Seven Mile Bridge und diente einst als Lager für die Arbeiter, die in den 1930ern beim Bau des Overseas Hwy schufteten. Man kann eine Tour durch die historischen Gebäude machen oder einfach am Strand sonnenbaden und schnorcheln. Im Eintrittspreis ist auch die Fahrt mit der Fähre enthalten. Außerdem lockt hier die für den Verkehr gesperrte **Old Seven Mile Bridge**, die heute als „längste Anglerbrücke der Welt" dient.

Sombrero Beach STRAND
(Sombrero Beach Rd, nahe MM 50 oceanside) Einer der wenigen weißen, mangrovenfreien Strände der Keys; eignet sich prima zum Schwimmen.

Marathon Kayak KAJAK FAHREN
(☎305-395-0355; www.marathonkayak.com; 6363 Overseas Hwy/MM 50 oceanside) Kajakunterricht und dreistündige geführte Öko-Touren (ab 45 US$/Pers.).

Schlafen & Essen

Seascape MOTEL **$$**
(☎305-743-6212; 1275 76th St, zw. MM 51 & 52; Zi. ab 125 US$; P❄📶🏊👨‍👧) Der klassische, bescheidene Luxus dieses B&Bs zeigt sich in den neun Zimmern, die alle ein ganz eigenes Flair haben, vom altmodischen Cottage bis zur schicken Boutique-Unterkunft. Das Seascape bietet außerdem einen Pool in Meeresnähe und Kajaks für seine Gäste, und Frühstück ist inklusive.

Siesta Motel MOTEL **$**
(☎305-743-5671; www.siestamotel.net; MM 51 oceanside; Zi. 75–105 US$; P❄📶👨‍👧) Dies ist eine der günstigsten, saubersten Unterkünfte der Keys inmitten einer freundlichen Wohngegend in Marathon, und den großartigen Service gibt's noch obendrauf.

Keys Fisheries SEAFOOD **$**
(☎305-743-4353; 35th St, nahe MM 49 bayside; Hauptgerichte 7–16 US$; ⊙11.30–21 Uhr) Hier muss man nur die Möwen vom Picknicktisch auf der Terrasse verscheuchen, um frische Meeresfrüchte in authentischer Dock-Atmosphäre zu genießen. Der „Hummer Reuben" ist der Stoff, aus dem Legenden sind.

Hurricane AMERIKANISCH **$$**
(www.hurricaneblues.com; MM 49.5 bayside; Hauptgerichte 12–19 US$; ⊙11–24 Uhr) Das Hurricane ist nicht nur eine der beliebtesten Bars in Marathon, es bietet auch eine ausgezeichnete Karte mit kreativen, von Südflorida inspirierten Köstlichkeiten, z.B. mit Krebsfleisch gefüllten Schnapper oder „Conch Sliders" (Muschelfrikadellen) mit karibischen Gewürzen.

Wooden Spoon AMERIKANISCH **$**
(MM 51 oceanside; Hauptgerichte 3–9 US$; ⊙7–15 Uhr) Das beste Frühstück weit und breit wird von reizenden Südstaaten-Ladys serviert, die bestens Bescheid wissen. Die Brötchen sind luftig-locker, die Würstchensoße köstlich und die Maisgrütze butterig und cremig.

LOWER KEYS

Die Lower Keys (MM 46 bis MM 0) sind eine stramme Bastion traditioneller Muschel-Kultur in all ihrer Vielfalt. Die **Chamber of Commerce** (☎305-872-2411; www.lowerkeyschamber.com; MM 31 oceanside; ⏰Mo–Fr 9–17, Sa bis 15 Uhr) befindet sich auf Big Pine Key.

Einer der meistgerühmten Strände Floridas – und dank seines flachen, warmen Wassers sicher auch einer der besten der Keys – ist im **Bahia Honda State Park** (www.bahiahondapark.com; MM 36.8 oceanside; pro Auto/Fahrrad 5/2 US$; ⏰8 Uhr–Sonnenuntergang) zu finden, einem 212 ha großen Park mit Wanderwegen, Ranger-Programmen und Leihausrüstung für Wassersport. Hier kann man an einigen der besten Korallenriffe abseits von Key Largo schnorcheln.

Langsam fahren! Neben dem Highway in Big Pine Key liegt ein 340 km² großes Wildschutzgebiet, das **National Key Deer Refuge**. Wer mehr über diese bedrohte Zwerghirschart und die Wanderwege, auf denen man die Tiere sehen kann, erfahren möchte, kann sich an die **Touristeninformation** (☎305-872-2239; www.fws.gov/nationalkeydeer; MM30.5 bayside; ⏰Mo–Fr 8–17 Uhr) im Big Pine Shopping Center wenden oder einfach dort vorbeischauen; die Key-Weißwedelhirsche sind in der Morgen- bzw. Abenddämmerung am besten zu beobachten.

Looe Key (floridakeys.noaa.gov) ist ein Meeresschutzgebiet vor der Küste, in dem es von bunten Tropenfischen und Korallen nur so wimmelt; wer eine Schnorchel- oder Tauchtour machen möchte, kann sich an das **Looe Key Dive Center** (☎305-872-2215; www.diveflakeys.com; MM 27.5 oceanside; schnorcheln/tauchen 44/84 US$) auf Ramrod Key wenden; im Schutzgebiet sind auch Wracktauchgänge möglich.

Wer übernachten möchte, kann im grandiosen **Bahia Honda State Park** (☎800-326-3521; Zeltplatz/Hütte 36/160 US$) zelten; wären da nicht die Sandmücken, wäre er perfekt. Außerdem stehen sechs beliebte Hütten am Wasser zur Verfügung. Alles muss man weit im Voraus buchen! Ein völlig anderes Erlebnis bieten die vier herrlich gemütlichen Zimmer des **Deer Run Bed & Breakfast** (☎305-872-2015; www.deerunfloridabb.com; 1997 Long Beach Dr, Big Pine Key, nahe MM 33 oceanside; Zi. 235–355 US$; ❄≋). Diese staatlich zertifizierte Öko-Lodge ist ein vegetarisches B&B und ein wunderbar skurriler Ort, und die Besitzer sind ausgesprochen hilfsbereit und erheben dabei nie den moralischen Zeigefinger.

Die riesige Krabbenstatue, die die Ankunft in der **Good Food Conspiracy** (☎305-872-3945; MM 30 oceanside; Hauptgerichte 7–10 US$; ⏰Mo–Sa 7.30–19, So 11–17 Uhr) markiert, ist nicht zu übersehen. Hier gibt's gesundes Hippie-Essen und dazu die klassischen Fotomotive der Keys.

Die Besitzer des **No Name Pub** (☎305-872-9115; N Watson Blvd, nahe MM 30.5 bayside; Hauptgerichte 8–20 US$; ⏰11–23 Uhr) 1,5 Meilen (2,4 km) nördlich des US 1 auf Big Pine Key wissen, wie sie sich ihren Ruhestand finanzieren werden: mit den geschätzt 60 000 Ein-Dollar-Noten, die ihre Kunden bisher an die Wände getackert haben. Hier kann man Pizza, Bier und das verrückte Ambiente genießen.

KEY WEST

Auch wenn einige Teile von Big Pine Key wunderbar in Floridas ländlichen Panhandle passen würden – das verrückte, kultivierte, schwulenfreundliche Key West gibt's kein zweites Mal. Es ist eine exzentrische Grenzstadt, die auf ihre ganz eigene Art durchgeknallt und verrückt ist und ihren Spleen nur zu gerne hegt und pflegt. Vielleicht ist das Ganze ja auch eine Laune der Geografie: In Key West endet tatsächlich die Landkarte der kontinentalen USA, es liegt näher an Kuba als am Rest von Amerika und heißt als Hafen alle möglichen und unmöglichen Typen von Weltenbummlern willkommen. Vielleicht stimmt auch ein örtliches Sprichwort, das besagt: „Sie haben die USA einmal kräftig durchgeschüttelt, und die ganzen Irren sind nach unten durchgerutscht."

Künstler, Aussteiger, Homosexuelle und Freigeister haben Key West längst zu ihrem Zuhause gemacht. Hier ist es unmöglich, Hoch- und Popkultur voneinander zu trennen: Auf der einen Seite stehen teure Kunstgalerien, Literaturfestivals, karibische Villen und Hemingways Erbe, auf der anderen SM-Fetisch-Paraden, taumelnde Verbindungsstudenten kurz vorm Blackout und Frauen in den 30ern, die alle Hemmungen mitsamt ihren BHs über Bord werfen.

Key West hieß ursprünglich „Cayo Hueso" – spanisch für „Knocheninsel" – und verdankte seinen Namen all den Skeletten, die die frühen Entdecker überall am Strand fanden. Heutzutage strömen die Menschen in Scharen nach Key West, um Sonne zu tanken, die entspannte Atmosphäre und den einen oder anderen Drink zu genießen und ihre innere Uhr auf „Inselzeit" umzustellen.

Sehenswertes

Key West hat mehr als nur ein paar historische Wohnhäuser, Gebäude und Stadtteile (wie etwa das bunte Bahama Village) zu bieten; die Stadt lässt sich prima zu Fuß erkunden, und eine Entdeckertour lohnt sich wirklich. Natürlich muss man auch ein Foto am **Südlichsten Punkt der USA** machen, auch wenn darum ein riesiges Tamtam gemacht wird. Nur so viel: Die blaurote Boje markiert nicht mal annähernd den südlichsten Punkt auf Key West.

LP TIPP **Mallory Square** PLATZ

Der Sonnenuntergang auf dem Mallory Sq am Ende der Duval St ist eine bizarre Attraktion erster Güte: Hier versammeln sich all die verschiedenen Energien, Subkulturen und Eigenarten, die das Leben auf den Keys ausmachen – all die Hippies, traditionalistischen Südstaatler, Ausländer und Touristen – und treten in den Schein einer von Fackeln erhellten, verspielt-durchgeknallten (aber familientauglichen) Straßenparty. Jongleure, Feuerschlucker, tollkühne Akrobaten und Hunde auf dem Hochseil sind mit dabei – und nach Sonnenuntergang wird's erst richtig verrückt.

Duval Street STRASSE

Die Einwohner von Key West empfinden eine Art Hassliebe für die berühmteste Straße ihrer Insel. Die Duval, die Hauptschlagader von Old Town Key West, ist eine Vergnügungsmeile mit zahlreichen Bars, „Kitsch as Kitsch can" und wirklich unerhörtem Benehmen, die trotzdem noch jede Menge Spaß macht. Wenn die Nacht sich dem Ende neigt, hat man mit dem „Duval Crawl" eine der besten Kneipentouren des Landes erlebt.

Hemingway House HAUS

(☎305-294-1136; www.hemingwayhome.com; 907 Whitehead St; Erw./Kind 12,50/6 US$; ⏲9–17 Uhr) Ernest Hemingway lebte von 1931 bis 1940 in diesem spanischen Kolonialhaus – hier schrieb, trank und angelte er, wenn auch nicht immer in dieser Reihenfolge. Touren starten alle halbe Stunde, und während man den ehrenamtlichen Führern lauscht, die Seemannsgarn über Papa spinnen, sieht man sein Arbeitszimmer, seinen ungewöhnlichen Pool und die Nachkommen seiner sechszehigen Katzen, die in der Sonne, auf den Möbeln und überall sonst faulenzen.

GRATIS **Florida Keys Eco-Discovery Center** MUSEUM

(☎305-809-4750; http://eco-discovery.com/ecokw.html; 35 East Quay Rd; ⏲Di–Sa 9–16 Uhr) Dieses ausgezeichnete Naturzentrum vereint all die Pflanzen, Tiere und Lebensräume, die das einzigartige Ökosystem der Keys bilden, an einem Ort und präsentiert sie auf frische, zugängliche Weise. Ein toller Ort für Kinder und einen Blick aufs große Ganze!

Key West Cemetery FRIEDHOF

(Ecke Margaret & Angela St) Dieses dunkle, verlockende gotische Labyrinth liegt im Herzen der Stadt. Die Mausoleen werden von berühmten Grabinschriften aufgelockert, beispielsweise: „Ich hab dir doch gesagt, dass ich krank bin."

Key West Butterfly & Nature Conservatory TIERSCHUTZGEBIET

(☎305-296-2988; www.keywestbutterfly.com; 1316 Duval St; Erw./Kind 12/8,50 US$; ⏲9–17 Uhr) Auch wenn man sich eher marginal für Schmetterlinge interessiert, wird man garantiert über die schiere Menge an Tieren staunen, die hier herumflattern.

Museum of Art & History at the Custom House MUSEUM

(☎305-295-6616; www.kwahs.com/customhouse; 281 Front St; Erw./Kind 7/5 US$; ⏲9.30–16.30 Uhr) Diese interessante Sammlung erzählt eine etwas entspanntere, weniger abenteuerliche Geschichte von Key West. Sie zeigt Volks- und internationale Kunst und historische Ausstellungen im beeindruckenden ehemaligen Zollhaus.

Fort East Martello Museum & Gardens MUSEUM

(☎305-296-3913; www.kwahs.com/martello.htm; 3501 S Roosevelt Blvd; Erw./Kind 7/5 US$; ⏲9.30–16.30 Uhr) In dieser Festung sind interessante historische Artefakte und einige fabelhafte Volkskunstwerke von Maria Sanchez sowie „Müll"-Skulpturen von Stanley Papio zu sehen. Der berühmteste Bewohner des Martello ist „Robert the Doll" – eine echt unheimliche, angeblich von einem Geist besessene Puppe aus dem 19. Jh., die in einem Glaskasten aufbewahrt wird, damit sie kein Unheil anrichtet.

Aktivitäten

Fort Zachary Taylor STRAND

(www.floridastateparks.org/forttaylor; pro Auto/Fußgänger 6/2 US$; ⏲8 Uhr–Sonnenuntergang) In Key West gibt's drei Stadtstrände, aber die sind nichts Besonderes; die meisten Besucher sieht Bahia Honda. Da das geklärt ist: Fort Zachary Taylor bietet den besten Strand auf Key West, mit weißem Sand, guten Bademöglichkeiten und ein paar Schnorchelplätzen in Ufernähe. Für Picknicks und Sonnenuntergänge ist er wirklich toll.

Dive Key West TAUCHEN
(☎305-296-3823; www.divekeywest.com) Um Key West gibt's keine tollen Riffs, an denen man tauchen könnte, aber dafür warten ein paar Wracks, z. B. das riesige Wrack eines Schiffs aus dem Zweiten Weltkrieg, das 2009 absichtlich hier versenkt wurde. Dive Key West arrangiert Trips.

Subtropic Dive Center TAUCHEN
(☎305-296-9914; www.subtropic.com) Organisiert Tauchausflüge zu Schiffswracks

Charter Boat Key West ANGELN
(www.charterboatkeywest.com) Angel- und Bootscharter.

Reelax Charters KAJAK FAHREN
(☎305-304-1392; www.keyskayaking.com; MM 17 Sugarloaf Key Marina; Kajaktrips 200 US$) Organisiert geführte Kajaktouren vom nahen Sugarloaf Key.

Jolly II Rover BOOTSFAHRT
(☎305-304-2235; www.schoonerjollyrover.com; Ecke Greene & Elizabeth St, Schooner Wharf; Tour 39 US$) Trip auf einem Piratenschiff.

Geführte Touren

Sowohl der **Conch Tour Train** (☎305-294-5161; Erw./Kind 29/26 US$; ⏲9–16.30 Uhr) als auch der **Old Town Trolley** (☎305-296-6688; Erw./Kind 29/26 US$; ⏲9–16.30 Uhr) bieten Touren an, die am Mallory Sq starten. Die Fahrt in einem luftigen, offenen Wagon des Conch Train dauert 90 Minuten, Kommentar inklusive. Der Trolley hält an zwölf Stopps in der ganzen Stadt, und man kann beliebig aus- und wieder zusteigen.

Original Ghost Tours GEISTER
(☎305-294-9255; www.hauntedtours.com; 423 Fleming St; Erw./Kind 15/10 US$; ⏲20 & 21 Uhr) Wird die Pension, in der man übernachtet, von Geistern heimgesucht? Wahrscheinlich. Warum soll man sich vor Robert the Doll in East Martello fürchten? Lieber nicht fragen!

Festivals & Events

Auf Key West findet jeden Tag bei Sonnenuntergang eine Party statt, aber die Einwohner brauchen ohnehin keine Ausrede, um richtig auszuflippen.

Conch Republic Independence Celebration KULTUR
(www.conchrepublic.com) Eine zehntägige Feier zur Unabhängigkeit der Conch Republic, die jeden April stattfindet. Man wetteifert um eines der (erfundenen) öffentlichen Ämter und schaut sich ein Dragqueenrennen an.

Hemingway Days Festival KULTUR
(www.hemingwaydays.net) Inklusive Stierrennen, Speerfisch-Turnier und Doppelgänger-Wettbewerb sowie literarischen Veranstaltungen; Ende Juli.

Fantasy Fest KULTUR
(www.fantasyfest.net) Während dieses wilden, zehntägigen Halloween-trifft-Karneval-Events Ende Oktober schießen die Zimmerpreise in astronomische Höhen.

Schlafen

Übernachten ist in Key West generell ziemlich teuer – besonders im Winter und ganz besonders während spezieller Events, wenn die Zimmerpreise um das Dreifache steigen können. Wer nicht vorab bucht, endet möglicherweise auch in dem langen Stau zurück aufs Festland.

In New Town finden sich mehrere Kettenmotels, aber man muss schon in Old Town absteigen, um das wahre Key West zu erleben. Bei der **Key West Innkeepers Association** (www.keywestinns.com) gibt's weitere Pensionen, und schwulenfreundlich sind eigentlich alle.

Curry Mansion Inn HOTEL $$$
(☎305-294-5349; http://currymansion.com; 511 Caroline St; Zi. Winter 240–365 US$, Sommer 195–285 US$; P❄📶🏊) In einer Stadt voller stattlicher Herrenhäuser aus dem 19. Jh. ist das Curry Mansion vielleicht das schönste. Es bietet eine angenehme Mischung verschiedener amerikanisch-aristokratischer Elemente, und die hellen Zimmer im Florida-Stil inklusive Himmelbetten sind einfach wunderbar. Auf der Veranda kann man die sanfte Brise inmitten herrlicher Bougainvilleas genießen.

Mermaid & the Alligator PENSION $$$
(☎305-294-1894; www.kwmermaid.com; 729 Truman Ave; Zi. Winter 218–298 US$, Sommer 148–198 US$; P❄@📶🏊) Weit im Voraus buchen: Mit nur neun Zimmern übersteigt der Charme dieses Hauses seine Kapazitäten bei Weitem. Es steckt randvoll mit gesammelten Schätzen von den Reisen der Besitzer und versprüht ein kosmopolitisches Flair, das gleichzeitig europäisch und Zen ist.

L'Habitation PENSION $$
(☎305-293-9203; www.lhabitation.com; 408 Eaton St; Zi. 109–179 US$; ❄📶) In diesem

wunderschönen klassischen Keys-Cottage heißen die freundlichen, zweisprachigen Besitzer ihre Gäste auf Englisch oder Französisch willkommen. Die hübschen Zimmer erstrahlen in hellen tropischen Farben, die Lampen sehen aus wie zeitgenössische Kunstwerke, und die Tagesdecken sind lustig bunt.

Big Ruby's Guesthouse HOTEL **$$$**
(☎305-296-2323; www.bigrubys.com; 409 Appelrouth Lane; Zi. 195–305 US$; P❄📶🏊) Dieses Hotel richtet sich ausschließlich an eine schwule Klientel. Die Fassade verspricht den eleganten Charme einer klassischen Conch-Villa, aber die Zimmer erstrahlen in zeitgenössischer Eleganz. Das Sahnehäubchen ist der FKK-Lagunenpool, und Frühstück ist inklusive.

Caribbean House PENSION **$**
(☎305-296-0999; www.geocities.com/caribbeanhousekw; 226 Petronia St; Zi. ab 85 US$; P❄@) Diese Pension im Herzen des Bahama Village bietet winzige, aber saubere, gemütliche und wunderbar fröhliche Zimmer. Addiert man das kostenlose Frühstück und die freundlichen Gastgeber dazu, bekommt man eine echte Key-West-Rarität: ein Schnäppchen.

Key Lime Inn HOTEL **$$**
(☎800-559-4430; www.historickeywestinns.com; 725 Truman Ave; Zi. 99–229 US$; P📶🏊) Diese gemütlichen Cottages liegen verstreut in der Kulisse eines tropischen Hartholzwäldchens. Im Inneren erstrahlen die wunderbar kühlen Zimmer in satterem Grün als jede Jade-Mine, und die Korbmöbel und winzigen Flachbildfernseher sorgen dafür, dass man nie wieder gehen möchte.

Essen

Theoretisch darf man die Insel erst wieder verlassen, wenn man die „Conch Fritters" (frittierte Muscheln) oder den Key Lime Pie – Key-Limetten, gezuckerte Kondensmilch, Eier und Zucker auf einem knusprigen Keksboden – probiert hat.

LP TIPP **Café Solé** FRANZÖSISCH **$$$**
(☎305-294-0230; www.cafesole.com; 1029 Southard St; Mittagessen 5–11 US$, Abendessen 25–32 US$; ⏲17.30–22 Uhr) Muschel-Carpaccio mit Kapern? Gelbschwanzfisch-Filet und Foie gras? Ja, bitte! Dieses allseits gefeierte Restaurant ist für sein gemütliches Gartenterrassen-Ambiente und seine innovative Küche bekannt, die es seinem in Frankreich ausgebildeten Koch zu verdan-

ABSTECHER

DRY TORTUGAS

110 km westlich der Keys liegt der **Dry Tortugas National Park** (☎305-242-7700; www.nps.gov/drto) mitten im Golf. Er ist der am schwersten zugängliche Nationalpark Amerikas und nur mit dem Boot oder per Flugzeug erreichbar. Aber er belohnt die Mühen, die man mit der Anreise auf sich genommen hat, mit atemberaubenden Schnorchel- und Tauchplätzen, tollen Vogelbeobachtungsmöglichkeiten und einem grandiosen Sternenhimmel.

Ponce de León nannte das Gebiet nach den unzähligen Meeresschildkröten hier Las Tortugas (Die Schildkröten); da es an Trinkwasser mangelte, setzten die Seeleute noch ein „trocken" davor. Aber dies ist mehr als nur eine hübsche kleine Inselkette ohne Trinkwasser. Das nie fertiggestellte **Fort Jefferson** aus der Zeit des Bürgerkriegs verfügt über einen erstaunlichen sechseckigen Mittelbau aus roten Ziegelsteinen, der sich auf **Garden Key** aus den smaragdgrünen Wassern erhebt; hier gibt's auch eine Touristeninformation und 13 **Zeltplätze** (3 US$/Pers. & Nacht). Man sollte weit im Voraus reservieren und alles mitbringen, was man braucht, einschließlich Wasser – allerdings kann man mit den kubanisch-amerikanischen Fischerbooten um den einen oder anderen Hummer feilschen.

Man erreicht die Festung mit der Expressfähre **Yankee Freedom II** (☎305-294-7009; www.yankeefreedom.com), die zwischen Garden Key und dem Historic Seaport (am Nordende der Margaret St) verkehrt. Eine Hin- und Rückfahrt kostet 165/120 US$ für Erwachsene/Kinder. Vorab reservieren! Frühstück, Picknick zum Mittagessen, Schnorchelausrüstung und eine Tour durch die Festung sind inklusive.

Key West Seaplanes (☎305-294-0709; www.seaplanesofkeywest.com) nimmt bis zu zehn Passagiere an Bord. Ein vierstündiger Ausflug kostet 250/190 US$ pro Erwachsenem/Kind; eine achtstündige Tour 515/365 US$. Eine Woche im Voraus buchen!

ken hat. Er experimentiert gekonnt mit den Insel-Zutaten.

Mo's Restaurant KARIBISCH **$$**
(http://salsalocakeywest.com; 1116 White St; Hauptgerichte 11–16 US$; ⏲Mo–Sa 11–22 Uhr) Wem schon bei den Worten „karibische Hausmannskost" das Wasser im Munde zusammenläuft, sollte keine Zeit mehr verschwenden: Die Gerichte sind hauptsächlich haitianisch und einfach köstlich.

Blue Heaven AMERIKANISCH **$$$**
(☎305-296-8666; http://blueheavenkw.homestead.com; 729 Thomas St; Abendessen 19–38 US$; ⏲8–15 & 17–22 Uhr) Eines der skurrilsten Restaurants der Insel (und das will schon was heißen), in dem man in einem Innenhof im Freien zwischen einer Hühnerschar speist. Im Blue Heaven warten die amüsierten Gäste gerne auf die gut zubereiteten, à la Südstaaten gebratenen Interpretationen der klassischen Keys-Küche.

Camille's FUSION **$$**
(☎305-296-4811; 1202 Simonton St; Mittagessen 4–13 US$, Abendessen 14–25 US$; ⏲8–22 Uhr; 🖉) In diesem netten Restaurant von nebenan genießen einheimische Familien in entspannter Atmosphäre gesunde, leckere Gerichte. Die Messer im Camille's sind immer perfekt geschliffen, und die kreative Karte reicht von French Toast mit Schokolikör bis zu köstlichem Hühnersalat.

El Siboney KUBANISCH **$$**
(900 Catherine St; Hauptgerichte 10–16 US$; ⏲11–21.30 Uhr) Key West liegt nur 145 km von Kuba entfernt – näher als in diesem unglaublichen, etwas raubeinigen Eckrestaurant kann man echtem kubanischem Essen in den ganzen USA im wahrsten Sinne des Wortes nicht kommen. Nur Barzahlung!

Conch Town Café SEAFOOD **$**
(801 Thomas St; Hauptgerichte 5–18 US$; ⏲11.30–19.30 Uhr) Viele lassen diesen Imbiss mit seinen Plastikgartenmöbeln und rauem Inselcharme links liegen. Ein Fehler: Hier werden köstliche frittierte Muscheln (*cracked conch*) mit saurer Limettenmarinade serviert, bei deren Genuss sich einem alles zusammenzieht.

Ausgehen

Man könnte Key West auch einfach als eine einzige schwimmende Bar bezeichnen. In der Duval St kann man bis 3 Uhr morgens, wenn die meisten Läden schließen, von Bar zu Bar ziehen.

LP TIPP **Green Parrot** BAR
(www.greenparrot.com; 601 Whitehead St) Diese raubeinige Kantine gibt's schon länger als jede andere Bar auf der Insel (seit 1890). Eine fantastische Kneipe, die eine lebendige Mischung aus Einheimischen und Touristen anlockt, und die seltsame Einrichtung wurde über 100 Jahre lang zusammengesammelt. Männer sollten unbedingt mal aufs Klo gehen.

La Te Da VARIETÉ
(www.lateda.com; 1125 Duval St) Wenn man die Dragqueens sieht, weiß man, dass man an der richtigen Adresse ist: Hier warten drei Bars und ein Varieté-Theater, das für seine Travestieshows berühmt ist.

Porch BAR
(429 Caroline St) Im Porch kann man den Studentenbars in der Duval St entfliehen: Hier servieren kompetente Barkeeper Biersorten kleiner Brauereien. Klingt zivilisiert, und für Key-West-Verhältnisse ist es das auch fast.

Garden of Eden BAR
(224 Duval St) In dieser FKK-Dachbar kann man es Adam und Eva gleichtun und darf sogar auf das Feigenblatt verzichten.

Captain Tony's Saloon BAR
(www.capttonyssaloon.com; 428 Greene St) Tony's Saloon war bereits ein Eishaus, ein Leichenschauhaus und eine Stammkneipe von Hemingway und wurde um den alten Galgenbaum der Stadt erbaut. Zur kunterbunten Einrichtung gehören auch abgelegte BHs und signierte Dollarscheine.

Virgilio's JAZZ
(www.virgilioskeywest.com; 524 Duval St) Gott sei Dank für ein bisschen Abwechslung. Diese Stadt braucht dringend eine dunkle, von Kerzen erleuchtete Martini-Bar, in der man bei gutem Jazz und Salsa entspannen kann. Eingang in der Appelrouth Lane.

801 Bourbon Bar SCHWUL
(www.801bourbon.com; 801 Duval St) Hier können die Jungs sich richtig amüsieren.

Aqua SCHWUL-LESBISCH
(www.aquakeywest.com; 711 Duval St) Sämtliche Geschlechter.

Pearl's Rainbow LESBISCH
(www.pearlsrainbow.com; 525 United St) Lesbische Poolbar.

Praktische Informationen

Eine tolle Quelle zur Reiseplanung ist www.fla-keys.com/keywest. In der Stadt hält das **Key**

West Chamber of Commerce (☎305-294-2587; www.keywestchamber.org; 510 Greene St; ⏲Mo–Sa 8–18.30, So bis 18 Uhr) Karten und Broschüren bereit.

Schwule und Lesben können sich beim **Gay & Lesbian Community Center** (☎305-292-3223; http://lgbtcenter.com; 513 Truman Ave) über die Szene informieren.

ℹ Anreise & Unterwegs vor Ort

Am einfachsten reist man auf Key West und den restlichen Keys mit dem Auto, aber der Verkehr auf der einzigen Hauptverbindungsstraße, dem US 1, kann in der Hochsaison im Winter nervtötend sein. **Greyhound** (☎305-296-9072; www.greyhound.com; 3535 S Roosevelt Blvd) fährt von Downtown Miami über den US Hwy 1 auf die Keys.

Von vielen Großstädten werden auch häufig Flüge zum **Key West International Airport** (EYW; www.keywestinternationalairport.com) angeboten, die meisten mit Zwischenstopp in Miami. Alternativ kann man von Fort Myers oder Miami auch mit dem Express-Katamaran anreisen; Fahrpläne und Preise gibt's telefonisch bei **Key West Express** (☎888-539-2628; www.seakeywestexpress.com).

In Key West sind Fahrräder das bevorzugte Transportgerät (in der Duval St gibt's mehrere Verleihs; 10 US$/Tag). **City Transit System** (www.kwtransit.com; Tickets 2 US$) unterhält ein praktisches Busnetz mit übersichtlichem Farbsystem in Downtown und auf den Lower Keys.

ATLANTIKKÜSTE

Floridas Ostküste besticht durch Kontraste: Astronautentraining und Kennedy Space Center stehen den Pflasterstraßen der ältesten Stadt des Landes, St. Augustine, gegenüber. Die brüllend laute, ovale Nascar-Rennstrecke ist das krasse Gegenteil der unberührten Strände und von Küste zu Küste verlaufenden Wasserstraßen der Canaveral National Seashore. In Jacksonville wird gerockt, auf Amelia Island lässt man Steine hüpfen, und am Cocoa Beach jagt man den Wellen hinterher.

Space Coast

Das Gebiet rund um Titusville, Cocoa Beach und Melbourne wird auch Space Coast genannt, da hier die NASA ihr Zuhause hat, aber der Name könnte sich genauso gut auf die unzähligen Meilen unberührter Strände und geschützter Nationalparks beziehen, die sich über schier unendliche Weiten erstrecken. An der Space Coast wurde in den 1960er-Jahren die Fernsehserie *Bezaubernde Jeannie* gedreht, und hier befindet sich auch das echte Kennedy Space Center, das über ein riesiges Besucherzentrum verfügt. Der Cocoa Beach ist mit den besten Wellen in ganz Florida ein echter Surfermagnet. Nähere Informationen für Touristen gibt's beim **Florida's Space Coast Office of Tourism** (☎321-433-4470; www.space-coast.com; 430 Brevard Ave, Cocoa Village; ⏲Mo–Sa 8–17 Uhr).

👁 Sehenswertes & Aktivitäten

Kennedy Space Center Visitor Complex MUSEUM
(☎321-449-4444;www.kennedyspacecenter.com; Erw./Kind 41/31 US$; ⏲9–17.30 Uhr) Houston, wir haben eine Attraktion. Vermutlich war es aufgrund der Nähe zu Orlando unvermeidlich, dass das Space Center irgendwann seinen eigenen Vergnügungspark bauen würde, und inzwischen ist der Start der **Shuttle Launch Experience** offiziell geglückt. Dieser realistische Simulator erreicht eine – vertikale – Höchst-„Geschwindigkeit" von 17500 Meilen pro Stunde (28 000 km/h) und wurde von Astronauten entworfen. Man hat wirklich das Gefühl, mit dem Spaceshuttle abzuheben – nur, dass einem der tränenreiche Abschied erspart bleibt.

In der Eintrittskarte zum Komplex sind auch eine zweistündige Bustour, ein 45-minütiger IMAX-Film, spektakuläre Bühnenshows sowie Ausstellungen zur frühen Geschichte der Raumfahrt und Begegnungen mit Astronauten enthalten. Außerdem berechtigt sie zum Besuch der **Astronaut Hall of Fame**, wo man den G-Kräfte-Trainingssimulator und weitere Attraktionen erleben kann.

Zusatzoptionen gibt's jede Menge, es kommt eben ganz darauf an, wie weit man seine persönliche Astronauten-Erfahrung treiben möchte (alles erfreut sich großer Beliebtheit, also unbedingt vorab buchen!). **Discover KSC** (Erw./Kind 21/15 US$) beinhaltet auch den Besuch der riesigen Spaceshuttle-Fertigungshalle, während **Cape Canaveral: Then & Now** (Erw./Kind 21/15 US$) eine umfassende geführte Tour bietet, die auch das Air Force Space & Missile Museum einschließt. Unermüdliche Raumfahrtfans können auch ein **Mittagessen mit einem Astronauten** (Erw./Kind 44/33 US$) buchen oder sich mit der **Astronaut Training Experience** (Ticket 145 US$) auf einen

Raumflug vorbereiten – für den Fall, dass sich doch mal die Gelegenheit bietet.

Im Jahr 2011 beendete die NASA ihr Spaceshuttle-Programm für unbestimmte Zeit, daher kann man auch keine Shuttlestarts im Kennedy Space Center mehr beobachten. Dies könnte außerdem zu einer Umstrukturierung der Ausstellungen und Besuchereinrichtungen führen und eine neue Rolle für das Kennedy Space Center in der nächsten Phase des US-Raumfahrtprogramms bedeuten.

GRATIS **Merritt Island National Wildlife Refuge** NATURSCHUTZGEBIET
(www.merrittisland.com; SR 402, Titusville; Besucherzentrum Mo–Fr 8–16.30, Sa & So 9–17 Uhr, Apr–Okt So geschl.) Dieses unberührte, rund 560 km² große Schutzgebiet ist einer der besten Vogelbeobachtungsorte des Landes, besonders von Oktober bis Mai (frühmorgens und nach 16 Uhr). Hier leben außerdem mehr bedrohte und gefährdete Tierarten in den Sümpfen, Marschen und Hartholzwäldern als irgendwo sonst in den kontinentalen USA. Am besten sieht man die Tiere vom Black Point Wildlife Dr aus.

Canaveral National Seashore PARK
(386-428-3384; www.nps.gov/cana; Erw./Kind 3 US$/frei; Okt–März 6–18, Apr–Sept bis 20 Uhr) Diese 24 Meilen (39 km) ursprünglicher, windumtoster Strände sind der längste unbebaute Strandstreifen an Floridas Ostküste. Zu ihnen gehören der familienfreundliche **Apollo Beach** mit sanfter Brandung am Nordende, der herrlich weite **Klondike Beach** in der Mitte – ein Favorit aller Camping- und Naturfreunde – und der **Playalinda Beach** am Südende, eine echte Surfer-Hochburg.

Auf den Inseln und zwischen den Mangroven der **Mosquito Lagoon**, die sich an die Westseite der Düneninsel schmiegt, wimmelt es von wilden Tieren. Am Cocoa Beach kann man sich ein Kajak ausleihen. Ranger bieten an den meisten Sonntagen **Pontonbootstouren** (20 US$/Pers.) ab der Touristeninformation an. Von Juni bis August führen Ranger außerdem Gruppen auf eine nächtliche **Tour zu Brutstätten der Meeresschildkröten** (Erw./Kind 8–16 Jahre 14 US$/frei; 7–23.30 Uhr); Reservierung erforderlich!

Wassersport

An den Stränden der Region kann man prima surfen, und darüber hinaus locken Banana River, die Indian River Lagoon und die Mosquito Lagoon Menschen in Scharen an, die sich bei allen möglichen Wassersportarten austoben möchten.

Island Watercraft Rental BOOTFAHREN
(321-454-7661; www.islandwatercraftrentals.com; 1872 E 520 Causeway, Cocoa Beach) Verleihen Ponton- (250 US$/halber Tag), Angel- (90 US$/2 Std.) und Motorboote (225 US$/halber Tag) sowie LKW-Reifenschläuche und Wasserski.

Ron Jon's Surf Shop SURFEN, BOOTFAHREN
(321-799-8888; www.ronjons.com; 4151 N Atlantic Ave, Cocoa Beach) Diese lokale Legende verleiht alles, was mit Wasser zu tun hat, von Strandrädern mit fetten Reifen (15 US$/Tag) bis zu Surfbrettern (30 US$/Tag); der Laden ist auch riesig.

Schlafen

Das charmante Cocoa Beach bietet die meisten Unterkünfte, aber auch die meisten Ketten. Wer es lieber etwas ruhiger und individueller mag, ist in Vero Beach genau richtig.

Beach Place Guesthouses APARTMENT $$$
(321-783-4045; www.beachplaceguesthouses.com; 1445 S Atlantic Ave, Cocoa Beach; Suite 195–350 US$;) Ein himmlisch entspannter Ort in der wilden Partyszene am Strand von Cocoa Beach: Diese erholsame, zweistöckige Pension liegt in einer Wohngegend und bietet geräumige Suiten mit Hängematten und eine wunderschöne Terrasse, und alles nur ein paar Schritte von Dünen und Strand entfernt

Fawlty Towers MOTEL $
(321-784-3870; www.fawltytowersresort.com; 100 E Cocoa Beach Causeway, Cocoa Beach; Zi. 90–114 US$; P) Hinter der auffälligen, knallrosa Fassade dieses Motels liegen relativ nüchterne Zimmer in unschlagbarer Strandlage; es gibt einen ruhigen Pool und eine Tiki-Bar.

South Beach Place MOTEL $$
(772-231-5366; www.southbeachplacevero.com; 1705 S Ocean Dr, Vero Beach; Suite pro Tag 125–175 US$, pro Woche 700–1050 US$;) Hier erlebt man Old Florida mit Facelifting: Dieses geschmackvolle, helle Motel mit zwei Stockwerken in Vero Beach befindet sich in einer besonders ruhigen Ecke gleich gegenüber vom Strand. Die Ein-Zimmer-Suiten sind mit einer kompletten Küche ausgestattet.

Essen

Fat Snook SEAFOOD $$$
(☎321-784-1190; http://thefatsnook.com; 2464 S Atlantic Ave, Cocoa Beach; Hauptgerichte 21–34 US$; ⏲17–22 Uhr) Das winzige Fat Snook ist eine wahre Oase der feinen Küche, auch wenn es sich in einem eher uninspirierten Gebäude versteckt, aber die Einrichtung ist von minimalistischer Coolness. Ja, doch, in Sachen Essen herrscht hier schon ein gewisser Snobismus, aber weil es so wahnsinnig gut schmeckt, scheint das niemanden zu stören.

Slow and Low Barbecue BBQ $$
(306 N Orlando Ave, Cocoa Beach; Hauptgerichte 8–20 US$; ⏲11–24 Uhr) Nach einem Tag am Strand gibt's nichts Befriedigenderes als eine riesige Platte mit gegrillten Rippchen, gebratenen Okras, Rübstiel und gebratenen Süßkartoffeln. Happy Hour gibt's jeden Tag und von Donnerstag bis Sonntag auch Livemusik.

Simply Delicious CAFÉ $
(125 N Orlando Ave, Cocoa Beach; Hauptgerichte 6–12 US$; ⏲Di–Sa 8–15, So bis 14 Uhr) Dieses kleine gelbe Haus auf dem südlichen Abschnitt des A1A kann man nicht verpassen – ein typisch amerikanisches, gemütliches Café: Hier gibt's keinen Schnickschnack, nichts Trendiges, einfach nur herrliche Köstlichkeiten.

Maison Martinique FRANZÖSISCH $$$
(☎772-231-5366; Caribbean Court Boutique Hotel, 1601 S Ocean Dr, Vero Beach; Hauptgerichte 18–35 US$; ⏲17–22 Uhr) Dieses Restaurant in Vero Beach serviert außergewöhnliche französische Küche mit erstklassigem Service in intimer Umgebung. An warmen Abenden kann man neben dem kleinen Pool essen; wer es gerne etwas lässiger mag, kann auch in der Pianobar oben vorbeischauen.

An- & Weiterreise

Von Orlando über den Hwy 528, der später auf den Hwy A1A trifft, nach Osten fahren. **Greyhound** (www.greyhound.com) bietet Verbindungen von West Palm Beach und Orlando nach Titusville. **Vero Beach Shuttle** (☎772-267-0550; www.verobeachshuttle.com) unterhält ein Flughafenshuttle.

Daytona Beach

Daytona trägt in typischer Florida-Manier gerne mal dick auf und brüstet sich als „berühmtester Strand der Welt". Nun, das stimmt nicht wirklich, aber wie dem auch sei, sein Ruhm ist ohnehin weniger auf seine Qualität zurückzuführen als auf das Ausmaß der Partys, die der weitläufige Strand bereits gesehen hat. Ganz vorn dabei: Spring Break und Nascar.

Daytona war und ist nach wie vor ein beliebtes Familienziel und hat sich ein paar seiner Retro-Karnevalsattraktionen aus den 1950er-Jahren erhalten. Bis vor Kurzem fand hier außerdem das ultimative Spring-Break-Spektakel *Girls Gone Wild* statt. Mittlerweile hat die Stadt in Sachen betrunkener Rüpeleien und geschmackloser Outfits jedoch einen Gang heruntergeschaltet, und der Spring Break ist hier auch nicht mehr das, was er mal war – auch wenn er nach wie vor unglaubliche Massen anlockt.

Keinen Gang heruntergeschaltet (Wortspiel beabsichtigt!) hat hingegen der Nascar-Zirkus, der hier 1947 das Licht der Welt erblickte. Schon 1902 veranstalteten Pioniere der Automobilindustrie Beschleunigungsrennen auf dem harten Sand am Strand, um ihre Erfindungen zu testen. Daraus entwickelten sich die Stockcarrennen, die irgendwann zu einer offiziellen Serie wurden und auf den Daytona International Speedway umzogen.

SURFEN AN DER SPACE COAST

Die 110 km Strände entlang der Space Coast, von New Smyrna nach Sebastian Inlet, bieten Surfern die besten Wellen. Der zehnfache Weltmeister Kelly Slater wurde in Cocoa Beach geboren, das nach wie vor das Epizentrum der Surfergemeinde ist. Alles rund um die lokale Surfszene und Brandungsvorhersagen gibt's bei **Florida Surfing** (www.floridasurfing.com) und **Surf Guru** (www.surfguru.com).

Die **Ron Jon Surf School** (☎321-868-1980; www.cocoabeachsurfing-school.com; 3901 N Atlantic Ave; pro Std. 50–65 US$) in Cocoa Beach gibt's schon seit Ewigkeiten; sie bietet Unterricht für alle Alters- und Erfahrungsklassen an und veranstaltet das Ron Jon Easter Surf Festival, das größte in ganz Florida.

Heute steigt die Bewohnerzahl während der **Speed Weeks** im Februar um das Fünffache an, und im Frühling und Herbst donnern eine halbe Million Biker bei diversen Motorrad-Events durch die Stadt. Man sollte wissen, dass die lokale Verkehrspolizei nur allzu vertraut mit der vor Ort weit verbreiteten Geschwindigkeitssucht und daher besonders wachsam ist.

Das **Daytona Beach Convention & Visitors Bureau** (☎386-255-0415; www.daytonabeach.com; 126 E Orange Ave; ⌚Mo–Fr 9–17 Uhr) hält eine sehr gute Liste mit Unterkünften bereit. Schwule und Lesben können sich unter www.gaydaytona.com einen Überblick verschaffen.

Sehenswertes & Aktivitäten

Daytona Beach STRAND

(5 US$/Auto) Dieser absolut flache Sandstreifen diente der Stadt einst als Rennstrecke. Auch heute kann man noch immer auf gewissen Abschnitten fahren, muss sich aber an das strenge Tempolimit von 10 mph (16 km/h) halten; man kann sich auch ein Quad, ein Strandfahrrad oder ein Liegerad ausleihen. Wer eher für Wassersport ist, findet ebenfalls zahlreiche Verleihs.

Daytona International Speedway RENNSTRECKE

(☎800-748-7467; www.daytonaintlspeedway.com; 1801 W International Speedway Blvd; Tickets ab 20 US$) Der Heilige Gral unter den Rennstrecken hat ein ziemlich vielfältiges Rennprogramm. Die Ticketpreise steigen bei den großen Rennen rapide an, allen voran das **Daytona 500** im Februar, aber wenn keine Rennen stattfinden, kann man kostenlos durch die riesige Zuschauertribüne schlendern. Außerdem führen zwei **Tram-Touren** (Tickets 15–22 US$) über die Rennstrecke, durch die Boxengasse und den Bereich hinter den Kulissen (wer rechtzeitig kommt, kriegt noch Tickets). Echte Fans können sich die **Richard Petty Driving Experience** (☎800-237-3889; www.drivepetty.com) gönnen und entweder als Beifahrer über die Strecke rasen (135 US$) oder sich an einem ganzen Tag zum Fahrer schulen lassen (2200 US$); das Programm gibt's online.

Museum of Arts & Sciences MUSEUM

(www.moas.org; 1040 Museum Blvd; Erw./Student 13/7 US$; ⌚Di–Sa 9–17, So ab 11 Uhr) Von allem ein bisschen – eine wunderbare Mischung, die von kubanischer Kunst über Coca-Cola-Relikte bis hin zu einem 4 m großen Riesenfaultierskelett reicht.

Marine Science Center AQUARIUM

(www.marinesciencecenter.com; 100 Lighthouse Dr; Erw./Kind 5/2 US$; ⌚Di–Sa 10–16, So ab 12 Uhr) Meeresschildkröten nisten an den Stränden von Daytona, und diese Aufzuchtstation kümmert sich um kranke und verletzte Tiere. Jede Menge Meeresvögel gibt's hier aber auch.

Ponce de León Inlet Lighthouse LEUCHTTURM

(www.ponceinlet.org; 4931 S Peninsula Dr; Erw./Kind 5/1,50 US$; ⌚Winter 10–18 Uhr, Sommer bis 21 Uhr) 6 Meilen (9,5 km) südlich von Daytona Beach kann man die 203 Stufen erklimmen, die zur Spitze von Floridas höchstem Leuchtturm führen.

Daytona Beach Drive-In Church KIRCHE

(www.driveinchurch.net; 3140 S Atlantic Ave; ⌚Gottesdienste So 8.30 & 10 Uhr) Im autoverrückten Daytona sind Autos eine eigene Religion, und in diesem ehemaligen Autokino kann heute einen Auto-Gottesdienst besuchen.

Schlafen

In Daytona gibt's zahlreiche Unterkünfte in allen Preis- und Stilklassen. Während spezieller Events schnellen die Preise in die Höhe, und es kann dann nicht schaden, weit im Voraus zu buchen.

LP TIPP **August Seven Inn** B&B **$$**

(☎386-248-8420; www.jpaugust.net; 1209 S Peninsula Dr; Zi. 99–155 US$; P❄📶≋) Die freundlichen Besitzer dieses hübschen B&Bs haben das ganze Haus mit antiken Möbeln aus der Zeit der Jahrhundertwende und stilvollen Art-déco-Akzenten eingerichtet und so einen ruhigen Hafen abseits des in Daytona üblichen Nascar- und Spring-Break-Rummels geschaffen.

Tropical Manor RESORT **$$**

(☎386-252-4920; www.tropicalmanor.com; 2237 S Atlantic Ave; Zi. 88–315 US$; P❄📶≋) Diese makellose Strandunterkunft erinnert an ein verspieltes Schlaraffenland in Pastellfarben. Es sind verschiedene Zimmerarten verfügbar, von Motelzimmer über Wohnstudios bis hin zu großen Suiten und Cottages.

Sun Viking Lodge RESORT **$$**

(☎386-252-6252; www.sunviking.com; 2411 S Atlantic Ave; Zi. 80–285 US$; P❄📶≋👪) Die meisten Zimmer haben eine Küchenzeile, könnten jedoch eine Renovierung vertragen – aber egal. Für Familien ist es ideal:

zwei Pools, eine 18 m lange Wasserrutsche, Strandzugang, Shuffleboard, jede Menge Aktivitäten und ein Wikinger-Motto!

Shores RESORT $$$
(☎386-767-7350; www.shoresresort.com; 2637 N Atlantic Ave; Zi. 120–320 US$; P ❄ ≋) Eine der elegantesten Optionen in Daytona: Die gestreiften Wände dieses schicken Boutiqueresorts am Strand sind handgemalt, und ein Spa mit Rundumservice und ein elegantes Farbkonzept gibt's auch noch.

Essen & Ausgehen

Dancing Avocado Kitchen MEXIKANISCH $
(110 S Beach St; Hauptgerichte 6–11 US$; ⏱Mo–Sa 8–16 Uhr; ✎) Frische, gesunde, köstliche mexikanische Gerichte, z. B. riesige Burritos und Quesadillas, dominieren die Karte dieses vegetarisch orientierten Cafés, aber die Spezialität des Hauses, das leckere gegrillte Avocado-Sandwich, ist einfach der Hit!

Rose Villa EUROPÄISCH $$$
(☎386-615-7673; www.rosevillaormond.com; 43 West Granada Blvd, Ormond Beach; Hauptgerichte 18–32 US$; ⏱Di–Do 17–22, Fr & Sa bis 23 Uhr) Dieses hübsche Bistro ist beinahe noch ein Geheimtipp und in einem renovierten viktorianischen Haus ein paar Meilen nördlich von Daytona untergebracht. Die charmant-altmodische Karte könnte man als „europäisch" bezeichnen – Kalbskoteletts in Sahnesauce, schottischer Lachs mit Kapernbutter – und die Retro-Einrichtung ist einfach bezaubernd.

Pasha Middle East Cafe NAHÖSTLICH $
(www.pashacafedaytona.com; 919 W International Speedway Blvd; Hauptgerichte 5–14 US$; ⏱Mo–Sa 10–19, So 12–18 Uhr) In diesem entspannten, familiengeführten Café mit Feinkostladen genießt man köstliche Falafel, Kebabs, Hummus, Tabbouleh und – natürlich – süßes Baklava.

Aunt Catfish's on the River SÜDSTAATENKÜCHE $$
(☎386-767-4768; www.auntcatfishontheriver.com; 4009 Halifax Dr, Port Orange; Hauptgerichte 8–25 US$; ⏱11.30–21 Uhr) In Butter schwimmende Meeresfrüchte nach Südstaatenart und Seewolf mit Cajun-Gewürzen machen dieses Restaurant so unglaublich beliebt.

Unterhaltung

Daytonas Nachtleben besteht hauptsächlich aus rockigen Biker-Bars (die meisten entlang der Main St) und Nachtclubs mit hoher Drehzahl (rund um den Seabreeze Blvd).

Razzles CLUB
(www.razzlesnightclub.com; 611 Seabreeze Blvd) Aus dem angesagtesten Nachtclub der Stadt dröhnt es permanent.

Froggy's Saloon BAR
(www.froggyssaloon.com; 800 Main St) Hier ist das ganze Jahr über Biker-Treffen; die Leber gibt man am besten an der Garderobe ab.

Anreise & Unterwegs vor Ort

Der **Daytona Beach International Airport** (DAB; www.flydaytonafirst.com) liegt gleich östlich des Speedway, und vom **Greyhound-Busbahnhof** (www.greyhound.com; 138 S Ridgewood Ave) gibt's Verbindungen zu Zielen in ganz Florida.

Daytona liegt in der Nähe der Kreuzung zweier wichtiger Florida-Interstates: Die I-95 ist die schnellste Route nach Jacksonville (90 Meilen; 145 km) und Miami (260 Meilen; 418 km), und über die I-4 erreicht man in einer Stunde Orlando.

Busse von **Votran** (www.votran.com; Erw./Kind 1,25 US$/frei) fahren durch die ganze Stadt.

St. Augustine

Das erste dies, das älteste das ... St. Augustine wurde 1565 von den Spaniern gegründet, was bedeutet, dass es randvoll mit altersbezogenen Superlativen ist. Touristen strömen in Scharen hierher, um durch die alten Straßen zu schlendern, und Pferdekutschen ziehen klappernd an den Einwohnern der Stadt vorbei, die in ihren Kostümen jenen alten Zeiten entsprungen zu sein scheinen und sich über den gesamten National Historic Landmark District verteilen – seines Zeichens die älteste dauerhaft bewohnte Siedlung der USA.

Manchmal schreit St. Augustine seinen Besuchern förmlich „Hey, guckt mal, wie uralt wir sind!" entgegen, aber trotzdem driftet es nie in den Plastikkitsch der Themenparks ab. Schließlich sind die Gebäude und Denkmäler nun einmal echt, und die schmalen Gassen mit ihren unzähligen Cafés sind wirklich charmant. Wenn man durch die Pflasterstraßen bummelt oder an jener Stelle steht, an der Juan Ponce de León 1513 landete, wird die historische Distanz mit einem Mal ganz klein, und gelegentlich jagen einem diese besonderen

Momente sogar einen leichten Schauer über den Rücken.

Die größte **Touristeninformation** (☎904-825-1000; www.floridashistoriccoast.com; 10 Castillo Dr; ⏲8.30–17.30 Uhr) zeigt einen 45-minütigen Film zur Geschichte der Stadt. Alles Weitere findet man auf der Homepage der Stadt unter www.ci.st-augustine.fl.us.

Sehenswertes & Aktivitäten

Die beiden Henry-Flagler-Gebäude der Stadt sollte man nicht verpassen.

Lightner Museum MUSEUM
(☎904-824-2874; www.lightnermuseum.org; 75 King St; Erw./Kind 10/5 US$; ⏲9–17 Uhr) Flaglers ehemaliges Hotel Alcazar ist heute das Zuhause dieses wunderbaren Museums, das von allem ein bisschen zeigt: von aufwendigen Möbeln aus dem Vergoldeten Zeitalter bis zu einer Murmelsammlung und einer Ausstellung mit Zigarrenschachtel-Etiketten.

Hotel Ponce de León HISTORISCHES GEBÄUDE
(74 King St; Touren Erw./Kind 7/1 US$; ⏲Führungen stündlich 10–15 Uhr) Auf der anderen Straßenseite steht dieses hübsche ehemalige Hotel, das in den 1880er-Jahren erbaut wurde und heute das schönste Studentenwohnheim der Welt beherbergt, das zum Flagler College gehört. Man kann sich einer geführten Tour anschließen (nur im Sommer), aber zumindest sollte man kurz in die Lobby gehen und einen kostenlosen Blick ins Innere werfen.

Spanish Quarter Museum HISTORISCHE GEBÄUDE
(☎904-825-6830; 53 St George St; Erw./Kind 7/4 US$; ⏲9–16.45 Uhr) In diesem Nachbau des St. Augustine aus der spanischen Kolonialzeit kann man sehen, wie die Dinge im 18. Jh. funktioniert haben. Alles ist bis ins letzte Detail nachempfunden, inklusive Handwerkern, die Schmiedekunst, Lederarbeiten und andere alte Gewerbe vorführen.

Pirate & Treasure Museum MUSEUM
(www.thepiratemuseum.com; 12 S Castillo Dr; Erw./Kind 12/7 US$; ⏲9–20 Uhr) Eine bunte Mischung aus Themenpark und Museum: Hier wird alles gefeiert, was auch nur im Entferntesten mit Piraten zu tun hat, und es gibt echte historische Schätze (und echtes Gold), animatronische Piraten, donnernde Kanonen und eine Schatzsuche für die Kleinen.

Castillo de San Marcos National Monument FESTUNG
(www.nps.gov/casa; zw. San Marcos Ave & Matanzas River; Erw./Kind 6 US$/frei; ⏲8.45–17.15 Uhr) Diese unglaublich fotogene Festung ist ein weiteres stimmungsvolles Monument der Langlebigkeit: Sie ist die älteste gemauerte Festung des Landes und wurde 1695 von den Spaniern fertiggestellt. Parkranger führen stündlich Touren durch die Anlage und feuern fast jedes Wochenende donnernde Kanonen ab.

Älteste Gebäude HISTORISCHE GEBÄUDE
Das **González-Alvarez House** (www.oldesthouse.com; 14 St Francis St; Erw./Student 8/4 US$; ⏲9–17 Uhr) ist das älteste Haus in den USA und steht in einer seit dem frühen 17. Jh. besiedelten Gegend. Im **Oldest Wooden School House** (www.oldestwoodenschoolhouse.com; 14 St George St; Erw./Kind 3/2 US$; ⏲Mo–Sa 10–16.30, So ab 11 Uhr) tummeln sich heute animatronische Lehrer und Schüler, und ein Verlies gibt's hier auch!

Fountain of Youth HISTORISCHE STÄTTE
(www.fountainofyouthflorida.com; 11 Magnolia Ave; Erw./Kind 10/6 US$; ⏲9–17 Uhr) Man muss schon den Ironiemodus einschalten, wenn man diesen „archäologischen Park" betritt, um sich einen Becher ewiger Jugend (mit leicht bitterem Nachgeschmack) einzuverleiben. Die Legende besagt, dass der spanische Entdecker Juan Ponce de León 1513 hier an Land gegangen sei und es durchaus für möglich gehalten habe, in dieser Süßwasserquelle den sagenumwobenen Jungbrunnen gefunden zu haben.

Anastasia State Recreation Area PARK
(☎904-461-2033; 1340 Hwy A1A; Auto 8 US$) Hierher entfliehen die Einheimischen den touristischen Massen. Der Park lockt mit einem wirklich wunderbaren Strand, einem Campingplatz (Stellplatz 28 US$) und Leihausrüstung für alle möglichen Wassersportarten.

Geführte Touren

LP TIPP **St. Augustine City Walks** STADTSPAZIERGANG
(☎904-540-3476; www.staugustinecitywalks.com; Touren 14–45 US$) Äußerst unterhaltsame Stadtspaziergänge aller Art, von albern bis hochseriös.

Old Town Trolley Tours BUS
(☎904-829-3800; www.trolleytours.com; 167 San Marco Ave; Erw./Kind 23/10 US$) Kommentierte Hop-on/hop-off-Bustouren.

St. Augustine Sightseeing Trains ZUG
(☎904-829-6545; www.redtrains.com; 170 San Marco Ave; Erw./Kind 22/9 US$) Kommentierte Hop-on/hop-off-Zugtouren.

Schlafen

St. Augustine ist ein beliebtes Wochenendziel; freitags und samstags können die Zimmerpreise um bis zu 30 % steigen. Günstige Motels und Kettenhotels säumen die San Marco Ave in der Nähe der Kreuzung am US Hwy 1. Auf der Website www.staugustineinns.com sind über zwei Dutzend B&Bs verzeichnet.

LP TIPP **At Journey's End** B&B $$
(☎904-829-0076; www.atjourneysend.com; 89 Cedar St; Zi. 129–219 US$; P ❄ 📶 👪) Dieses tier-, kinder- und schwulenfreundliche Haus verzichtet angenehmerweise auf die altbackene Einrichtung, die viele B&Bs in St. Augustine „ziert". Es ist mit einer schicken Mischung aus antiken und modernen Möbeln ausgestattet und wird von einem freundlichen Team geführt. Frühstück inklusive.

Casa Monica HOTEL $$$
(☎904-827-1888; www.casamonica.com; 95 Cordova St; Zi. 179–779 US$; P ❄ 📶 🏊) Dieses 1888 erbaute Haus ist das Luxushotel der Stadt: Türmchen und Springbrunnen unterstreichen die spanisch-maurische Burgatmosphäre. Die Zimmer sind üppig ausgestattet und bieten gusseiserne Betten und jede erdenkliche Annehmlichkeit.

Casa de Solana B&B $$
(☎877-824-3555; www.casadesolana.com; 21 Aviles St; Zi. 129–249 US$; P 📶) Gleich neben der Fußgängerzone der Aviles St liegt im ältesten Teil der Stadt dieses unglaublich charmante kleine B&B, das seinem Dekor aus dem frühen 19. Jh. durchweg treu bleibt. Die Zimmer sind ein bisschen klein, aber Preis und Lage machen die Unterkunft zu einem echten Schnäppchen.

Pirate Haus Inn HOSTEL $
(☎904-808-1999; www.piratehaus.com; 32 Treasury St; B 20 US$, Zi. 50–95 US$; P ❄ 📶) Sie ist nicht besonders schick, aber die Lage dieser familienfreundlichen Hostel-Pension im europäischen Stil ist unschlagbar. Inklusive Piraten-Pfannkuchen-Frühstück.

Essen & Ausgehen

St. Augustines Restaurantszene ist nicht zu verachten, aber hier gibt's auch jede Menge überteuerte Touristenfallen.

LP TIPP **Floridian** MODERN-AMERIKANISCH $$
(☎904-829-0655; www.thefloridianstaug.com; 39 Cordova St; Hauptgerichte 12–20 US$; ⏰Mi–Mo 11–15 & 17–21, Fr & Sa bis 22 Uhr) Auch wenn diesem neuen Vom-Hof-direkt-auf-den-Tisch-Restaurant trendige, bierernste Slow-Food-Moral aus allen Poren quillt, schmeckt das Essen einfach so phänomenal lecker, dass man sich gar nicht daran stören kann. Die Besitzer kochen höchstpersönlich und servieren innovative Neo-Südstaaten-Kreationen in einem ultracoolen Speisesaal.

Spanish Bakery BÄCKEREI $
(www.thespanishbakery.com; 42 ½ St George St; Hauptgerichte 3–5,50 US$; ⏰9.30–15 Uhr) Durch den Torbogen gelangt man in den mit Tischen überfüllten Innenhof dieser winzigen, stuckverzierten Bäckerei, in der Empanadas, Würstchen im Teigmantel und andere Konquistadoren-Lieblingsgerichte gezaubert werden. Nicht zögern, die Leckereien sind schnell ausverkauft!

Casa Maya MEXIKANISCH $$
(17 Hypolita St; Hauptgerichte 6–18 US$; ⏰tgl. 10–15.30, Mi-So 17.30–21 Uhr; 🥕) Flotter Jazz erfüllt die von Jasmin beschattete Terrasse dieses köstlichen, vegetarierfreundlichen Maya- (oder nordmittelamerikanischen) Restaurants. Die Hibiskus-Sangria ist ein Muss!

Collage INTERNATIONAL $$$
(☎904-829-0055; www.collagestaug.com; 60 Hypolita St; Hauptgerichte 26–36 US$; ⏰ab 17.30 Uhr) In diesem teureren Restaurant fühlt man sich Welten vom geschäftig-touristischen Downtown entfernt. Die Karte wird von Meeresfrüchten bestimmt und für ihren subtilen Touch globaler Geschmackserlebnisse begeistert gefeiert.

Scarlett O'Hara's PUB $
(www.scarlettoharas.net; 70 Hypolita St; Hauptgerichte 5–14 US$; ⏰11–1 Uhr) Den Reifrock sollte man zuhause lassen – dieser eher raubeinige Laden ist der richtige Ort für ein Bier und klassisches Pubessen.

Taberna del Gallo BAR
(53 St George St; ⏰Do–Sa 14–21.30, So 12–19 Uhr) Diese steinerne Taverne aus dem Jahr 1736 wird nur von flackernden Kerzen erhellt, und am Wochenende kann man die Seemannslieder mitsingen.

AIA Ale Works PUB
(www.alaaleworks.com; 1 King St; ⏰So–Do 11–23.30, Fr & Sa bis 24 Uhr) Wer braucht bei

köstlich gebrautem Bier wie diesem noch ein historisches Ambiente?

Anreise & Unterwegs vor Ort

Der **Greyhound-Busbahnhof** (☎904-829-6401; 1711 Dobbs Rd) liegt ein paar Meilen vom Herz des Geschehens entfernt. Wenn man es aber erst mal nach Old Town geschafft hat, kann man fast überall zu Fuß hingehen.

Jacksonville

Sind wir schon da? Sind wir schon raus? Schwer zu sagen: Jacksonville erstreckt sich über sage und schreibe 2176 km², was es flächenmäßig zur größten Stadt der kontinentalen USA macht (einzig geschlagen von Anchorage, Alaska). Der Jacksonville Beach, vor Ort auch als „Jax Beach" bekannt, liegt 17 Meilen (27 km) östlich des Stadtzentrums: Hier findet man weißen Sand und den Großteil des Geschehens. Näheres gibt's unter www.visitjacksonville.com.

Sehenswertes & Aktivitäten

LP TIPP Cummer Museum of Art & Gardens MUSEUM
(www.cummer.org; 829 Riverside Ave; Erw./Student 10/6 US$; ⏲Di 10–21, Mi-Sa bis 17, So 12–17 Uhr) Dieses attraktive Museum ist Jacksonvilles wichtigste Kulturstätte und zeigt eine wirklich ausgezeichnete Sammlung mit amerikanischen und europäischen Gemälden, asiatischer dekorativer Kunst und Antiquitäten.

Museum of Science & History MUSEUM
(www.themosh.org; 1025 Museum Circle; Erw./Kind 10/8 US$; ⏲Mo–Fr 10–17, Sa bis 18, So 13–18 Uhr) Kinder im Schlepptau? Dieses Museum bietet Dinosaurier, ein Planetarium und lehrreiche Ausstellungen zu Jacksonvilles Kultur- und Naturgeschichte.

GRATIS Anheuser-Busch Brewery BRAUEREI
(www.budweisertours.com; 111 Busch Dr; ⏲Mo–Sa 10–16 Uhr) Touren sind kostenlos (und es gibt Freibier, wenn man über 21 ist).

Jacksonville Museum of Modern Art MUSEUM
(www.mocajacksonville.org; 333 N Laura St; Erw./Kind 8/5 US$; ⏲Di–Sa 10–16, Do bis 21, So ab 12 Uhr) Die Werke in diesem ultramodernen Haus gehen weit über die Malerei hinaus: Hier kann man sich zwischen zeitgenössischen Skulpturen, Drucken, Fotografien und Filmen verlieren.

Schlafen & Essen

Die billigsten Zimmer findet man entlang der I-95 und I-10, wo die günstigeren Ketten versammelt sind. Die Preise für Strandunterkünfte steigen „naturgemäß" im Sommer oft an.

Inn at Oak Street B&B $$
(☎904-379-5525; www.innatoakstreet.com; 2114 Oak St; Zi. 120–165 US$; P❄📶) Dieses dreistöckige Giebeldach-Haus wurde 1902 erbaut und ist heute ein friedliches B&B mit unzähligen kleinen Luxusdetails und einer tollen Aussicht auf den St. Johns River. Attraktiv, unkompliziert und inklusive Gourmet-Frühstück.

Riverdale Inn B&B $$
(☎904-354-5080; www.riverdaleinn.com; 1521 Riverside Ave; Zi. 120–220 US$; P❄📶) Im frühen 20. Jh. war dies eines der etwa 50 Herrenhäuser an der Riverside. Nur zwei von ihnen sind erhalten geblieben, und in diesem hier sind die Gäste herzlich eingeladen, die hübschen Zimmer inklusive Frühstück zu genießen.

LP TIPP Clark's Fish Camp SÜDSTAATEN-KÜCHE $$
(www.clarksfishcamp.com; 12903 Hood Landing Rd; Hauptgerichte 13–22 US$; ⏲Mo–Fr 17.30–21.30, Sa & So ab 11.30 Uhr) Hier genießt man Floridas traditionelle „Cracker-" Südstaatenküche: Alligatoren, Schlangen, Seewolf und Froschschenkel. Dabei sitzt man zwischen einer surrealen Tierschau, bestehend aus „Amerikas größter privater Taxidermie-Sammlung". Dieser Sumpf-Schuppen ist wirklich unvergesslich! Er liegt ein ganzes Stück südlich von Downtown Jacksonville.

Aix MEDITERRAN $$$
(☎904-398-1949; www.bistrox.com; 1440 San Marco Blvd; Hauptgerichte 14–28 US$; ⏲Mo–Do 11–22, Fr bis 23, Sa 17–23, So 17–21 Uhr) Elegante kulinarische Experten genießen in diesem schönen Bistro mediterrane Fusion-Gerichte. Die Speisekarte quillt über vor globalen Geschmacksexplosionen. Reservierungen empfohlen!

River City Brewing Company SEAFOOD $$$
(☎904-398-2299; www.rivercitybrew.com; 835 Museum Circle; Hauptgerichte 18–30 US$; ⏲Mo–Sa 10–15 & 17–22, So 10.30–14.30 Uhr) Der perfekte Ort für ein gemütliches heimisches Bier und edle Meeresfrüchte inklusive Blick aufs Wasser.

 Unterhaltung

Jacksonville Landing EINKAUFSZENTRUM
(www.jacksonvillelanding.com; 2 Independent Dr) Downtown; mit zahlreichen Restaurants, Läden, Bars und kostenlosem Freiluft-Unterhaltungsprogramm.

Freebird Live LIVEMUSIK
(☎904-246-2473; www.freebirdlive.com; 200 N 1st St; ⊙20–2 Uhr) Am Strand; rockige Musikkneipe und das Zuhause der Band Lynyrd Skynyrd.

ℹ Anreise & Unterwegs vor Ort

Der **Jacksonville International Airport** (JAX; www.jia.aero) liegt nördlich der Stadt; hier gibt's auch Leihwagen. **Greyhound** (www.greyhound.com; 10 N Pearl St) fährt zahlreiche Städte an, und **Amtrak** (☎904-766-5110; www.amtrak.com; 3570 Clifford Lane) bietet Zugverbindungen aus Nord und Süd. Die **Jacksonville Transportation Authority** (www.jtafla.com) unterhält eine Einschienenbahn und **Stadtbusse** (Fahrpreis 1 US$).

Amelia Island & Umgebung

Die Einwohner hier versichern ungefragt, dass Amelia Island genauso alt ist wie das prahlerische St. Augustine – sie können es nur nicht beweisen. Leider gibt's hier keinen Ponce de Léon und keine Gedenktafel, und so müssen sie sich damit begnügen, auf einer hübschen kleinen Insel mit einem etwas vermoosten südlichen Charme zu leben, deren Shrimp-Fangstädtchen 40 Blocks historischer Gebäude und romantischer B&Bs zu bieten hat. Im **Visitor Center** (☎904-261-3248; www.ameliaisland.org 102 Centre St; ⊙Mo–Sa 11–16, So ab 12 Uhr) gibt's Karten zu Spaziergängen und mehr.

Im **Amelia Island Museum of History** (www.ameliamuseum.org; 233 S 3rd St; Erw./Student 7/4 US$; ⊙Mo–Sa 10–16, So 13–16 Uhr) erfährt man alles über die doch recht komplexe Geschichte der Insel, auf der bereits acht verschiedene Landesflaggen wehten – angefangen mit der französischen im Jahr 1562. Im Eintrittspreis sind die Führungen (11 & 14 Uhr) enthalten. Mit der **Old Towne Carriage Co** ☎904-556-2662; www.ameliacarriagetours.com; Erw./Kind 15/7,50 US$) oder **Amelia Island Carriages** (☎904-556-2662; Erw./Kind 15/7 US$) kann man auch halbstündige Kutschfahrten unternehmen. Für alle, die lieber reiten als mit der Kutsche fahren, bietet **Kelly's Seahorse Ranch** (☎904-491-5166; www.kellyranchinc.com; 60 US$/Std.; Mindestalter 13 Jahre) Ausritte am Strand an.

Das Nordende der Insel nimmt der mit Louisianamoos überwachsene **Fort Clinch State Park** (☎904-277-7274; 2601 Atlantic Ave; Fußgänger/Auto 2/6 US$; ⊙8 Uhr–Sonnenuntergang) ein. Hier gibt's Strände, Campingmöglichkeiten (26 US$), Fahrradwege und ein eindrucksvolles **Fort** (⊙9–17 Uhr) aus der Bürgerkriegszeit, in dem am ersten Wochenende jedes Monats historische Szenen nachgespielt werden. Amelia Island gehört zu den **Talbot Islands State Parks** (☎904-251-2320; ⊙8 Uhr–Sonnenuntergang), zusammen mit der unberührten Küste von **Little Talbot Island** (Auto 5 US$) und dem „Boneyard Beach" des **Big Talbot Island State Park** (Auto 3 US$), wo silbrige Baumskelette für eine dramatische Atmosphäre sorgen. Beide Inseln mit ihren Parks liegen südlich von Amelia Island und sind über den First Coast Hwy zu erreichen.

Vom Herbst bis zum Frühling sind surfbare Brandungen an den Stränden keine Seltenheit, besonders am Main Beach. Der **Pipeline Surf Shop** (☎904-277-3717; 2022 1st Ave) verleiht Bretter und Neoprenanzüge und gibt Unterricht.

Die **Elizabeth Pointe Lodge** (☎904-277-4851; www.elizabethpointelodge.com; 98 S Fletcher Ave; Zi. 215–460 US$; P❄📶) in Fernandina Beach sieht mit ihrem Nantucket-Stil aus wie das alte Haus eines Seekapitäns: Rundum-Veranda, freundlicher Service und wunderschön eingerichtete Zimmer. Ebenfalls am Strand befinden sich auch das viktorianisch-gotische **Fairbanks House** (☎904-277-0500; www.fairbankshouse.com; 227 S 7th St; Zi. 175–265 US$; P❄📶), ein stimmungsvolles Herrenhaus, das auch gut der Alterswohnsitz von Indiana Jones sein könnte, sowie das **Hoyt House** (☎904-277-4300; www.hoythouse.com; 804 Atlantic Ave; Zi. 185–240 US$; P❄📶🏊), ein weiteres charmantes B&B mit üppigem Frühstück und Pool (eine echte Seltenheit unter den B&Bs auf Amelia).

In der Innenstadt von Fernandina Beach isst man am besten. Die kleinen, aber feinen Vorspeisen und Hauptgerichte passen wunderbar zum Ambiente des winzigen, stilsicheren **29 South** (☎904-277-7919; www.29southrestaurant.com; 29 S 3rd St; Hauptgerichte 18–28 US$; ⊙Di–Sa 11.30–14.30, Mo–Sa 17.30–21.30, So 10–14 Uhr), ein Gourmet-Bistro, das Neo-Südstaatenküche serviert. Ein weiteres kulinarisches Highlight ist das

Merge (☎904-277-8797; 510 S 8th St; Gerichte 20–26 US$; ⌚ab 17 Uhr), das ausgezeichnete Meeresfrüchte mit lokalen Zutaten auftischt. Lässig-leger geht's im **Café Karibo & Karibrew** (www.cafekaribo.com; 27 N 3rd St; Hauptgerichte 8–24 US$; ⌚Di–So 11–21, Mo bis 15 Uhr) zu, das auf der einen Seite ein zweistöckiges Café ist, auf der anderen eine gemütliche lokale Brauereikneipe.

Fernandina schlägt St. Augustine immerhin in einer einzigen „Das älteste"-Kategorie: Hier findet man Floridas älteste Bar, den **Palace Saloon** (www.thepalacesaloon.com; 113 Centre St) mit Schwingtüren, Samtstoffen und dem absolut tödlichen Pirate's Punch.

WESTKÜSTE

Jeden Abend küsst die orangefarbene Sonne das silbern glitzernde, tiefblaue Wasser entlang der scheinbar endlosen weißen Pulverstrände der Golfküste, bevor sie in ihr Bett im Westen entschwindet. Die Düneninseln der Westküste sind der Traum eines jeden Florida-Promoters: Sie sind nicht nur weniger kommerziell zugepflastert als ihre Gegenstücke an der Atlantikküste, sie haben auch nach wie vor nichts von ihrer reichen kulturellen Vielfalt, ihren kulinarischen Hochgenüssen und ihrer natürlichen Schönheit eingebüßt. Wer nach Meerjungfrauen und Flamencotänzern, Seekühen und Alligatoren mit weit aufgerissenen Mäulern, einem Zirkus und Salvador Dalí sucht, der kann seine Suche jetzt abbrechen.

Tampa

Von außen betrachtet wirkt Floridas drittgrößte Stadt furchtbar business-mäßig, fast so, als sei dies ihre wahre Natur. Aber Tampa überrascht: Seinem Flussufer wurde neues Leben eingehaucht, und heute ist es ein strahlend grüner Streifen, der mit interessanten kulturellen Einrichtungen durchzogen ist, und der historische Stadtteil Ybor City hält tagsüber die Kubanische-Zigarrenindustrie der Stadt aufrecht, während er sich spätabends in die Nachtszene mit den heißesten Bars und Nachtclubs an der Golfküste verwandelt. Südtampa unterdessen lockt mit einer modernen Restaurantszene, die sogar Gourmets aus Orlando und Miami anzieht.

Sehenswertes

DOWNTOWN TAMPA

Abgesehen vom Zoo sind sämtliche Attraktionen Tampas rund um seine attraktive Grünfläche, den **Riverwalk** (www.thetampariverwalk.com), zu finden.

LP TIPP **Florida Aquarium** AQUARIUM
(☎813-273-4000; www.flaquarium.org; 701 Channelside Dr; Erw./Kind 20/15 US$; ⌚9.30–17 Uhr) Tampas ausgezeichnetes Aquarium gehört zu den besten des ganzen Bundesstaates. Der der Natur nachempfundene Sumpf ist wirklich clever angelegt, und man kann an Reihern und Ibissen vorbeispazieren, während sie durch die Mangrovenhaine streifen. Das bunte Programmangebot lässt die Besucher mit Fischen (und Haien) schwimmen oder eine Katamaran-Ökotour in die Tampa Bay unternehmen.

Lowry Park Zoo ZOO
(www.lowryparkzoo.com; 1101 W Sligh Ave; Erw./Kind 24/19 US$; ⌚9.30–17 Uhr) Tampas Zoo liegt nördlich von Downtown. Hier kommt man den Tieren ganz nahe – näher geht's nicht: Er bietet mehrere Freiflug-Volieren, Kamelreiten, Giraffenfütterungen, ein Wallaby-Gehege und eine Nilpferd-„Begegnung".

Tampa Museum of Art MUSEUM
(www.tampamuseum.org; 120 W Gasparilla Plaza; Erw./Kind 10/5 US$; ⌚Mo–Do 11–19, Fr bis 20, Sa & So bis 17 Uhr) 2010 konnte das Museum sein neues, freitragendes Zuhause endlich beziehen. Die sechs Galerien balancieren griechische und römische Antiquitäten, zeitgenössische Fotografien, neue Medien und großartige Wanderausstellungen.

Tampa Bay History Center MUSEUM
(www.tampabayhistorycenter.org; 801 Old Water St; Erw./Kind 12/7 US$; ⌚10–17 Uhr) Dieses erstklassige Geschichtsmuseum zeigt die Geschichte der Seminolen-Völker und „Cracker"-Pioniere (die ersten weißen Siedler) der Region sowie der kubanischen Gemeinde und Zigarrenindustrie Tampas. Die kartografische Sammlung begeistert.

Henry B Plant Museum MUSEUM
(www.plantmuseum.com; 401 W Kennedy Blvd; Eintritt 10 US$; ⌚Di–Sa 10–17, So ab 12 Uhr) Die silbernen Türme von Henry B. Plants Tampa Bay Hotel aus dem Jahr 1891 glänzen noch immer majestätisch. Heute ist das Gebäude Teil der University of Tampa, aber in einem Bereich wurde die luxuriös ver-

goldete, spätviktorianische Welt des Hotels originalgetreu nachempfunden.

Glazer Children's Museum KINDERMUSEUM (www.glazermuseum.org; 110 W Gasparilla Plaza; Erw./Kind 1–12 Jahre 15/9,50 US$; ⏲Mo–Fr 10–17, Sa bis 18, So 13–18 Uhr) Man findet nirgends bessere kreative Kinderspielplätze als in diesem einfallsreichen Museum, das aussieht, als sei es in einen Farbkasten gefallen. Das Personal ist äußerst hilfsbereit, und es gibt jede Menge coolen Spaß; der Curtis Hixon Park nebenan eignet sich hervorragend für ein Picknick und hat auch einen Spielplatz.

YBOR CITY

Der historische Stadtteil Ybor City aus dem 19. Jh. sieht aus wie das uneheliche Kind von Key West und Little Havana in Miami, und in seinen Pflasterstraßen wartet eine nostalgische Mischung aus gusseisernen Balkonen, kugelrunden Straßenlaternen, Einwanderergeschichten, Multikulti-Küche, Zigarren und einem hippen, wilden Nachtleben. Das kunterbunte, jugendliche Ybor (*ie*-bor) City versprüht seinen lässigen, leicht schmuddeligen Charme in sämtlichen Ecken.

Die **Touristeninformation** (www.ybor.org; 1600 E 8th Ave; ⏲Mo–Sa 9–17, So ab 12 Uhr) ist selbst ein ausgezeichnetes kleines Museum. Die Hauptschlagader – entlang der 7th Ave (La Septima) zwischen 14th und 21st St – platzt vor Restaurants, Bars, Geschäften und Zigarrenläden fast aus allen Nähten.

Ybor City Museum State Park MUSEUM (www.ybormuseum.org; 1818 E 9th Ave; Eintritt 4 US$; ⏲9–17 Uhr) Dieses verstaubte, altmodische Geschichtsmuseum konserviert eine längst vergangene Ära mit Häusern der Zigarrenarbeiter und wunderbaren Fotografien. Am besten ist der Museumsladen; man kann sich Expertentipps in Sachen Zigarren holen und sich der **geführten Tour** (☎813-428-0854; Tour 8 US$; ⏲Sa 10.30 Uhr) eines echten Zigarrenmachers mit Doktortitel anschließen.

BUSCH GARDENS & ADVENTURE ISLAND

Nein, Tampas großer Vergnügungspark taucht nicht so tief in die Thematik ein wie Disney World oder Universal in Orlando, aber auch **Busch Gardens** (www.buschgardens.com; 10000 McKinley Dr; Erw./Kind 80/70 US$) stillt die Adrenalinsucht seiner Besucher mit riesigen Achterbahnen und Wildwasserbahnen, die sich durch einen afrikanischen Wildpark schlängeln, zuverlässig. Musik, Vorführungen und interaktive 4D-Filme runden das ohnehin schon volle Tagesprogramm ab. Die Öffnungszeiten, die sich je nach Saison ändern, findet man auf der Website.

Das benachbarte **Adventure Island** (www.adventureisland.com; 10001 McKinley Dr; Erw./Kind 43/39 US$; ⏲Mitte März–Aug. tgl., Sept.–Okt. nur am Wochenende) ist ein riesiger Wasserpark mit jeder Menge Rutschen und Fahrgeschäften. Online gibt's Ermäßigungen und Kombitickets.

SEEKÜHE & MEERJUNGFRAUEN

Allem Anschein nach verwechselten Floridas spanische Entdecker Seekühe mit Meerjungfrauen, dabei ist es gar nicht so schwierig, sie auseinanderzuhalten. Meerjungfrauen sind die wunderschönen, langhaarigen Geschöpfe mit der hübschen Schwanzflosse im Unterwassertheater in **Weeki Wachee Springs** (www.weekiwachee.com; 6131 Commercial Way, Weeki Wachee; Erw./Kind 25/17 US$; ⏲10–16 Uhr). Ihre graziösen Adagios und die Show *The Little Mermaid* (3-mal tgl.) gehören zu Floridas wunderbar kitschigem Unterhaltungsprogramm (nur 45 Minuten nördlich von Tampa).

Die liebenswerten, 450 kg schweren Seekühe sind die, die in den kristallklaren Becken im **Homosassa Springs Wildlife State Park** (www.floridastateparks.org/homosassasprings; Erw./Kind 13/5 US$; ⏲9–17.30, letzter Einlass 16 Uhr) an ihren Salatblättern knabbern; hier gibt's sogar einen Unterwasser-Aussichtspunkt (20 Minuten nördlich von Weeki Wachee).

Leider kann man mit den Meerjungfrauen nicht schwimmen, mit den Seekühen aber schon. Ein paar Meilen nördlich, in der King's Bay im **Crystal River National Wildlife Refuge** (www.fws.gov/crystalriver; 1502 SE Kings Bay Dr; ⏲Besucherzentrum Mo–Fr 8–16 Uhr), hält das Besucherzentrum eine Liste mit fast 40 Anbietern bereit, die den Spaniern viel Herzschmerz erspart hätten, hätte es sie damals schon gegeben.

Schlafen

In der Fowler Ave und im Busch Blvd (Hwy 580) in der Nähe von Busch Gardens reihen sich massenweise Kettenhotels aneinander.

LP TIPP **Gram's Place** HOSTEL $
(☎813-221-0596; www.grams-inn-tampa.com; 3109 N Ola Ave; B 23 US$, Zi. 25–70 US$; ❄@) Das Gram's ist so charismatisch wie ein alternder Rockstar: Dieses winzige Hostel heißt seine internationalen Gäste, die Charme und Charakter perfekter Bettwäsche jederzeit vorziehen, herzlich willkommen. Der in den Boden eingelassene Whirlpool und die Jamsessions am Samstagabend sind grandios.

Tahitian Inn HOTEL $$
(☎813-877-6721; www.tahitianinn.com; 601 S Dale Mabry Hwy; Zi. 100–170 US$; P❄@🛜) Dieses familiengeführte Hotel mit Rundumservice bietet frischen Boutiquestil zu Mittelklassepreisen. Netter Pool und Flughafen-Transfer.

Don Vicente de Ybor Historic Inn HISTORISCHES HOTEL $$
(☎813-241-4545; www.donvicenteinn.com; 1915 Republica de Cuba; Zi. 130–200 US$; P❄🛜) Das Don Vicente aus dem Jahr 1895 ist schon ein wenig verblasst und beschwört die goldenen Zeiten von Ybor City wieder herauf. Leider strahlen die Zimmer weniger Wärme und Dramatik aus als die stimmungsvollen Gemeinschaftsbereiche mit Alte-Welt-Charme. Frühstück inklusive.

Essen

Zur besten Essenszeit sollte man sich in Ybor City aufhalten, in Südtampas SoHo (South Howard Ave) oder im aufstrebenden Seminole Heights.

LP TIPP **Columbia Restaurant** SPANISCH $$$
(☎813-248-4961; www.columbiarestaurant.com; 2117 E 7th Ave; Hauptgerichte 17–28 US$; ⌚Mo–Do 11–22, Fr & Sa bis 23, So 12–21 Uhr) In diesem überschwänglichen Restaurant, das zweimal pro Abend Flamenco-Shows veranstaltet, sollte man auf jeden Fall vorab reservieren, wenn man die robuste, klassisch spanische Küche und die Mojitos und Sangria mit hoher Drehzahl genießen möchte. Wie eine iberische Zeitmaschine in die Alte Welt.

Refinery FUSION $$
(☎813-237-2000; www.thetamparefinery.com; 5137 N Florida Ave; Hauptgerichte 12–18 US$; ⌚Di–Do 17–22, Fr & Sa bis 23, So 11–15 Uhr; ✍) Dieses bodenständige Gourmet-Lokal verspricht große Portionen ohne Überheblichkeit und hält dieses Versprechen mit verspielten, köstlichen, hyperlokalen Gerichten, die den nachhaltigen Anspruch klug mit dem Punk-Charakter vereinen.

La Teresita SPANISCH $
(www.lateresitarestaurant.com; 3246 W Columbus Dr; Hauptgerichte 5–7 US$; ⌚Mo–Mi 5–24, Do–Sa 24 Std., So bis 22 Uhr) An der hufeisenförmigen Theke dieser kubanischen Cafeteria (das Restaurant kann man links liegen lassen) kann man das „echte" Tampa erleben und spanisches Soulfood bestellen, beispielsweise Steaks vom Grill, Kochbananen, neongelben Reis und schwarze Bohnen.

Bern's Steak House STEAK $$$
(☎813-251-2421; www.bernssteakhouse.com; 1208 S Howard Ave; Hauptgerichte 25–60 US$; ⌚ab 17 Uhr) Dieses legendäre, landesweit bekannte Steakhaus ist nicht einfach nur ein Restaurant, sondern ein eigenes Event. Daheim macht man sich schick, hier bestellt man dann Kaviar und das im eigenen Hause trocken abgehangene Rind (Dry Aged Beef) und vergisst auch nicht, um eine Tour durch den Keller und die Küchen zu bitten. Und unter keinen Umständen das Dessert auslassen!

Sidebern's FUSION $$$
(☎813-258-2233; www.sideberns.com; 2208 W Morrison Ave; Hauptgerichte 29–40 US$; ⌚Mo–Do 17–22, Fr & Sa bis 23 Uhr; ✍) Keine Lust auf Steak? Diese trendige Alternative zum Bern's serviert innovative, urbane Gourmetküche aus lokalen Erzeugnissen. Perfekter Service.

Restaurant BT FUSION $$$
(☎813-258-1916; www.restaurantbt.com; 2507 S MacDill Ave; Mittagessen 10–13 US$, Abendessen 23–34 US$; ⌚Mo–Sa 11.30–14.30 & 17.30–22, Fr & Sa bis 23 Uhr) Chefköchin Trina Nguyan-Batley hat ihre High-Fashion-Vergangenheit mit ihrer vietnamesischen Herkunft kombiniert und daraus diesen ultraschicken Tempel der nachhaltigen Gourmet-Gastronomie geschaffen.

Ausgehen & Unterhaltung

Was das Nachtleben angeht, ist Ybor City die Partyhochburg, aber auch SoHo und Seminole Heights sind absolut hip und angesagt. Tampa Bays alternative Wochenzeitung **Creative Loafing** (www.cltampa.com) listet alle Events und Bars auf. Ybor City

STRÄNDE IN UND UM TAMPA BAY

Die Düneninseln der Gegend rund um Tampa Bay sind mit einigen der besten Strände in ganz Florida gesegnet, ganz egal, ob man „beste" als „wunderschön und unendlich einsam" oder als „Familienspaß und dröhnende Strandpartys" definiert. Nähere Informationen gibt's unter www.tampabaybeaches.com und www.visitstpeteclearwater.com. Hier ein paar der Highlights von Nord nach Süd:

» **Honeymoon & Caladesi Island** Zwei der schönsten Strände Floridas; das unberührte, selten besuchte Caladesi Island ist nur per Fähre erreichbar.

» **Clearwater Beach** In der Idylle des weißen Sandstrands finden wilde Spring-Break-Partys statt; riesige Ressorts erfüllen sämtliche Wünsche der Besuchermassen.

» **St. Pete Beach** Dieser breite Strand ist das Epizentrum für Aktive jeden Alters; jede Menge Hotels, Bars und Restaurants.

» **Pass-a-Grille Beach** Bei Tagesausflüglern aus der Stadt am beliebtesten; extrem lang und mit zahlreichen Unterkünften (keine Ressorts); im Bilderbuchdörfchen kann man essen gehen.

» **Fort DeSoto Park** Der North Beach ist einer der schönsten weißen Sandstrände Floridas; ideal für Familien. Weitläufiger Park mit Fahrrad- und Kajakverleih, Angelpier und Café.

ist darüber hinaus das Zentrum des homo-, bi- und transsexuellen Lebens in Tampa; Näheres gibt's bei **GaYbor District Coalition** (www.gaybor.com) und **Gay Tampa** (www.gaytampa.com).

LP TIPP **Skipper's Smokehouse** LIVEMUSIK (www.skipperssmokehouse.com; Ecke Skipper Rd & Nebraska Ave; Eintritt 5–25 US$; ⌚Di–So 11–24 Uhr) Das Skippers wirkt, als sei es gerade von hoher See hergeblasen worden. In dem beliebten, unprätentiösen Open-Air-Club werden Blues, Folk, Reggae und Rockabilly aus den Alligatorensümpfen gespielt. Anfahrtsbeschreibung online.

Straz Center for the Performing Arts DARSTELLENDE KÜNSTE (☎813-229-7827; www.strazcenter.org; 1010 MacInnes Pl) Dieser riesige Komplex mit mehreren Veranstaltungsräumen bietet das komplette Spektrum darstellender Künste: Broadwayshows auf Tournee, Popkonzerte, Opern, Ballett, Theater und vieles mehr.

Praktische Informationen

Medien

Im Großraum Tampa Bay gibt's zwei große Tageszeitungen.

St. Petersburg Times (www.tampabay.com)

Tampa Tribune (www.tampatrib.com)

Touristeninformation

Tampa Bay Convention & Visitors Bureau (☎813-223-1111; www.visittampabay.com; 615 Channelside Dr; ⌚Mo–Sa 9.30–17.30, So 11–17 Uhr) Die Touristeninformation bietet gute kostenlose Karten und jede Menge Informationen. Über die Website kann man auch Hotels buchen.

Anreise & Unterwegs vor Ort

Am **Tampa International Airport** (TPA; www.tampaairport.com; 5503 W Spruce St) gibt's Leihwagenfirmen. **Greyhound** (www.greyhound.com; 610 E Polk St) bietet zahlreiche Verbindungen an. Züge fahren vom **Amtrak-Bahnhof** (www.amtrak.com; 601 Nebraska Ave) nach Miami im Süden und bis Jacksonville im Norden. **Hillsborough Area Regional Transit** (HART; www.gohart.org; einfache Fahrt/Tagespass 1,75/3,75 US$) verbindet Downtown und Ybor City mit Bussen und altmodischen Straßenbahnen.

St. Petersburg

St. Petersburg ist so etwas wie das künstlerische, jugendlichere Familienmitglied der Bay Area und bietet entlang seines Hafens auch eine kompaktere Touristengegend, die sich besser zu Fuß erkunden lässt. Wer gerne in einer kulturellen Stadt absteigen möchte, die nur einen Katzensprung von den ausgezeichneten Stränden der Region entfernt liegt, ist in St. Pete goldrichtig.

Karten und weiteres Infomaterial gibt's bei der **Chamber of Commerce** (☎727-821-4069; http://pleasure.stpete.com; 100 2nd Ave N; ⌚Mo–Fr 9–17 Uhr).

Sehenswertes

Der Großteil des Geschehens spielt sich rund um die Central Ave, zwischen 8th Ave und Bayshore Dr, ab, die auf den Hafen und den Touristenpier zuführt.

St. Petersburg Museum of Fine Arts MUSEUM
(www.fine-arts.org; 255 Beach Dr NE; Erw./Kind 17/10 US$; ⌚Mo–Sa 10–17, So ab 12 Uhr) Die Sammlung des Dalí-Museums (s. Kasten unten) ist vielleicht tiefsinniger, aber die des Museum of Fine Arts ist unglaublich umfangreich: Sie zeigt Antiquitäten aus aller Welt und folgt der Entwicklung der Kunst durch fast alle Zeitalter.

Florida Holocaust Museum MUSEUM
(www.flholocaustmuseum.org; 55 5th St S; Erw./Kind 14/8 US$; ⌚10–17, Do bis 20 Uhr) Die unaufdringlichen Ausstellungen dieses Holocaust-Museums, eines der größten des ganzen Landes, zeigen die Geschehnisse aus der Mitte des 20. Jhs. mit bewegender Direktheit.

Chihuly Collection GALERIE
(www.chihulycollectionstpete.com; 400 Beach Dr; Erw./Kind 15/12 US$; ⌚Mo–Sa 10–18, So ab 12 Uhr) Die Galerien dieses Hauses sind ein wahres Loblied auf Chihulys Glaskunst und wurden speziell für seine dramatischen Installationen entworfen.

Schlafen

LP TIPP **Dickens House** B&B $$
(☎727-822-8622; www.dickenshouse.com; 335 8th Ave NE; Zi. 130–230 US$; P❄@📶) In diesem leidenschaftlich renovierten und künstlerisch inspirierten Haus warten fünf aufwendig eingerichtete Zimmer auf Besucher. Der fröhliche, schwulenfreundliche Besitzer zaubert ein hervorragendes Gourmet-Frühstück.

Ponce de Leon BOUTIQUEHOTEL $$
(☎727-550-9300; www.poncedeleonhotel.com; 95 Central Ave; Zi. 110–150 US$; P❄@📶) Ein Boutiquehotel mit spanischem Flair im Herzen der Downtown. Die grandiosen Wandgemälde, die kühle Designer-Einrichtung und das heiße Bar-Restaurant sind echte Highlights – was man vom ziemlich weit entfernten Parkplatz nicht gerade behaupten kann.

Renaissance Vinoy Resort LUXUSHOTEL $$$
(☎727-894-1000; www.vinoyrenaissanceresort.com; 501 5th Ave NE; Zi. 250–310 US$; P❄@📶🏊) Das Vinoy aus dem Jahr 1925 ist St. Petes korallenrosafarbene Grande Dame; sie wurde kürzlich renoviert und erstrahlt nun in üppiger Pracht. Die Online-Angebote für die Nebensaison sind einen Blick wert, und eigentlich lohnt sich das Resort schon allein wegen des wunderschönen Pools.

NICHT VERSÄUMEN

SALVADOR-DALÍ-MUSEUM

Das theatralische Äußere des neuen **Dalí-Museums** (☎727-823-3767; www.thedali.org; 1 Dali Blvd; Erw./Kind 6–12 Jahre 21/7 US$, Do nach 17 Uhr 10 US$; ⌚Mo–Mi 10–17, Do bis 20, Fr & Sa bis 17.30, So 12–17.30 Uhr) wurde 2011 enthüllt und verheißt Großes: Aus einer Wunde in einem riesigen weißen Schuhkarton ergießt sich das über 20 m hohe geodätische Atrium Glass Enigma. Noch besser ist aber, was den Besucher im Inneren erwartet: Genau so sollte ein modernes Kunstmuseum aussehen, oder zumindest eines, dass das Leben, die Kunst und den Einfluss eines revolutionären Künstlers zeigen möchte.

Das neue Dalí-Museum wurde speziell für die Ausstellung aller 96 Ölgemälde der Sammlung sowie „Schlüsselarbeiten aller Perioden und sämtlicher Medien" entworfen: Gemälde, Drucke, Skulpturen, Fotografien, Manuskripte und sogar Filme, alle in chronologischer Reihenfolge arrangiert und im Kontext erklärt. Kostenlose Führungen von Dozenten und Audioguides helfen dabei, den reichen Symbolismus Dalís monumentaler Werke zu entschlüsseln, und das Museum ist so beliebt, dass es bis zu 3000 Besucher täglich anlockt.

Auch wenn man die tropfenden Uhren und den gezwirbelten Schnurrbart ein bisschen albern findet, schafft es dieses beeindruckende Museum – so etwas wie die Kronjuwelen unter Floridas kulturellen Einrichtungen –, seinen Besuchern Salvador Dalís leidenschaftlichen, wagemutigen Intellektualismus und seinen visionären, vorausschauenden „Surrealismus" näherzubringen.

Essen & Ausgehen

Abends kann man sich auf die Central Ave zwischen der 2nd und 3rd St sowie auf den Hafenbereich konzentrieren. Viele Restaurants verwandeln sich später am Abend in lebendige Bars.

LP TIPP **Ceviche** TAPAS $$
(☎727-209-2302; www.ceviche.com/1828; 95 Central Ave; Tapas 5–13 US$, Hauptgerichte 15–23 US$; ⏲So & Mo 17–22, Di–Sa bis 24 Uhr) Schwungvolles Ambiente ist alles, und das Ceviche hat davon reichlich: fröhliches spanisches Flair und köstliche, kreative Tapas in großzügigen Portionen. Man kann den Abend unten im sinnlichen, höhlenartigen Flamenco Room ausklingen lassen; donnerstag- und samstagabends gibt's hier live Flamencomusik.

Bella Brava ITALIENISCH $$
(☎727-895-5515; www.bellabrava.com; 204 Beach Dr NE; Mittagessen 7–10 US$, Abendessen 14–20 US$; ⏲11.30–22, Fr & Sa bis 23, So 15–21 Uhr) Das Bella Brava hat in bester Lage an der Hafenkreuzung festgemacht und ist auf zeitgenössische norditalienische Küche spezialisiert, die man an den Tischen auf dem Bürgersteig genießen kann.

Garden MEDITERRAN $$
(☎727-896-3800; www.thegardendtsp.com; 217 Central Ave; Mittagessen 7–10 US$, Abendessen 14–20 US$; ⏲Mo–Sa 11–22, Fr & Sa bis 2, So 10–14 Uhr) Das Garden serviert in einem hübsch versteckten Innenhof mediterran inspirierte Salate und Pasta. Am Wochenende gibt's Livejazz und DJs.

AnnaStella Cajun Bistro CAJUN $
(☎727-498-8978;www.annastellacajunbistro.com; 300 Beach Dr N; Gerichte 6–15 US$; ⏲So–Do 8–22, Fr & Sa bis 23 Uhr; 📶) Hier kann man ein echtes Cajun-Frühstück oder -Mittagessen inklusive Hafenblick genießen; das Gumbo ist großartig, die Beignets herrlich frisch.

Unterhaltung

Jannus Live KONZERTE
(www.jannuslive.com; 16 2nd St N; Tickets 15–30 US$) Sehr beliebter Veranstaltungsort für Open-Air-Konzerte in einem intimen Innenhof; nationale und lokale Bands beschallen von hier aus die Innenstadt.

Anreise & Unterwegs vor Ort

Der **St. Petersburg-Clearwater International Airport** (PIE; www.fly2pie.com) wird von diversen großen Airlines angeflogen. **Greyhound** (☎727-898-1496; www.greyhound.com; 180 9th St N) bietet u. a. Verbindungen nach Tampa.

Die **Pinellas Suncoast Transit Authority** (PSTA; www.psta.net; Fahrpreis 2 US$) unterhält Stadtbusse und den Suncoast Beach Trolley, der die Strände von Clearwater bis Pass-a-Grille verbindet. Der **Looper Trolley** (www.loopertrolley.com; Fahrpreis 0,25 US$) klappert alle Sehenswürdigkeiten in Downtown auf einer 30-minütigen Schleife ab; Kommentar inklusive.

Sarasota

Sarasota ist eine ebenso freundliche wie wohlhabende Bastion der schönen Künste mit einer besonderen Schwäche für das Scheinwerferlicht der Theaterbühne. Diese Entwicklung ist auf John Ringling zurückzuführen, der die Stadt 1911 als Winterquartier für seinen berühmten Zirkus wählte. Heute zählt der Ringling Museum Complex zu den Highlights der Region, und Sarasota platzt vor Kunst und Opern- und Theateraufführungen beinahe aus den Nähten. An der **Touristeninformation** (☎941-957-1877; www.sarasotafl.org; 701 N Tamiami Trail; ⏲Mo–Sa 10–17 Uhr) gibt's Informationen und Karten.

Sarasota wäre aber nicht halb so beliebt, wenn es nicht auch mit traumhaften weißen Sandstränden locken könnte. Der **Lido Beach** liegt am nächsten und verfügt über kostenlose Parkplätze, aber der Sand des 5 Meilen (8 km) entfernten **Siesta Key** (www.siestakeychamber.com) ist so fein wie Puderzucker – mit Sicherheit einer der besten und beliebtesten Strände Floridas, und Siesta Village ist eine lebendige, familienfreundliche Strandstadt.

Das **Mote Aquarium** (☎941-388-4441; www.mote.org; 1600 Ken Thompson Pkwy; Erw./Kind 17/12 US$; ⏲10–17 Uhr) ist ein führendes Hai-Forschungszentrum, das Begegnungen mit Haien, Seekühen, Meeresschildkröten, Rochen und vielen anderen Tieren aus nächster Nähe bietet, und außerdem kann man eine von Meeresbiologen geführte Sea-Life-Bootsfahrt buchen.

Die **Marie Selby Botanical Gardens** (www.selby.org; 811 S Palm Ave; Erw./Kind 17/6 US$; ⏲10 –17 Uhr) können sich der weltweit größten wissenschaftlichen Orchideen- und Bromelien-Sammlung rühmen und bieten ein ebenso entspannendes wie faszinierendes botanisches Erlebnis.

Der **Myakka River State Park** (www.myakkariver.org; pro Auto 6 US$; ⏲8 Uhr–Sonnenunter-

RINGLINGS ERBE: KUNST, ARCHITEKTUR & DER ZIRKUS

Zirkusdirektor John Ringling war ein begeisterter Kunstsammler mit großbürgerlichen Ambitionen, der völlig abgebrannt starb. Anstatt seine Kunst oder sein Anwesen zu verkaufen, hinterließ er jedoch beides dem Bundesstaat Florida.

Heute zählt der 27 ha große **Ringling Museum Complex** (☎941-359-5700; www.ringling.org; 5401 Bayshore Rd; Erw./Kind 25/10 US$; ⏲10–17.30, Do bis 20 Uhr) zu den Hauptattraktionen der Golfküste und ist mindestens einen Tag wert. Der 30-minütige Film im historischen **Asolo Theater** aus dem 18. Jh. bietet eine gute Einführung, bevor man eine Tour durch Ringlings venezianisch-gotisches Herrenhaus **Ca d'Zan** macht. Zum dramatisch überbordenden Renaissance- und Barockdekor gehören auch meisterhafte Deckengemälde; die geführten Touren gewähren einen Einblick in den extravaganten Wohnbereich im 2. Stock.

Noch eindrucksvoller ist das **John & Mabel Ringling Museum of Art**, das randvoll mit imposanter, leidenschaftlicher religiöser und mythologischer Kunst aus dem 14. bis 18. Jh. ist. Ein Flügel widmet sich zeitgenössischen Ausstellungen, und 2012 soll der neue von James Turrell entworfene „Sky Space" eröffnen.

Last but not least lockt das **Circus Museum**, das eigentlich aus mehreren einzelnen Museen besteht. Es zeigt einstige Sensationen aus Ringlings Wanderzirkus und erzählt die Geschichte des Zirkus von Jahrmarktattraktionen bis zum Cirque de Soleil, aber das Herz des Museums ist der wahrhaft epische Nachbau des kompletten Zirkus der Ringling Bros. in Aktion – ebenso aufregend wie die Zirkusshow selbst!

gang) liegt etwa eine halbe Stunde von der Innenstadt entfernt. Hier kann man mit dem Kajak oder Propellerboot zwischen Hunderten von Alligatoren hindurchfahren und sich über die besten Wanderwege und Campingmöglichkeiten der Region freuen; eine Anfahrtsbeschreibung und Zeitpläne der Touren gibt's online.

Alles zu Kunstausstellungen und Darbietungen findet man bei der **Arts and Cultural Alliance** (www.sarasotaarts.org). Die allumfassende **Van Wezel Performing Arts Hall** (☎941-953-3368; www.vanwezel.org; 777 N Tamiami Trail) zeigt jegliche Form von Darbietungen, und das **Asolo Repertory Theatre** (☎941-351-8000; www.asolorep.org; 5555 N Tamiami Trail) verfügt über ein regional gefeiertes Theaterensemble.

Schlafen & Essen

Nicht nur Downtown Sarasota und Siesta Village verfügen über ein lebendiges Nachtleben, auch der **St. Armands Circle** auf Lido Key hat jede Menge stilvolle Läden und Restaurants zu bieten.

LP TIPP **Hotel Ranola** BOUTIQUEHOTEL $$
(☎941-951-0111; www.hotelranola.com; 118 Indian Pl; Zi. 180–190 US$; P ❄ @) In den neun Zimmern hat man das Gefühl, im Designer-Apartment in einem Brownstone-Haus abgestiegen zu sein: unkonventionell und mühelos künstlerisch, aber mit echter, funktionstüchtiger Küche. Urban, trendig und in Fußentfernung zu Downtown Sarasota.

Sunsets on the Key APARTMENTS $$$
(☎941-312-9797; www.sunsetsonthekey.com; 5203 Avenida Navarre; Apt. 230–340 US$; P ❄ ᯤ 🏊 👪) Diese acht ordentlichen, makellos sauberen Apartments in Siesta Village werden wie ein Hotel geführt.

Owen's Fish Camp SÜDSTAATEN-KÜCHE $$
(☎941-951-6936; www.owensfishcamp.com; 516 Burns Lane; Hauptgerichte 9–20 US$; ⏲16–22, Fr & Sa bis 23 Uhr) Dieser ironisch-hippe Schuppen in Downtown serviert teurere Versionen klassischer Südstaaten-Küche im Florida-Stil. Der Schwerpunkt liegt auf Meeresfrüchten, und der Laden brummt.

Broken Egg FRÜHSTÜCK $
(www.thebrokenegg.com; 140 Avenida Messina; Hauptgerichte 7–14 US$; ⏲7.30–14.30 Uhr) Diese Frühstücks-Institution im Diner-Stil auf Siesta Key ist für ihre riesigen Pancakes und Cheddar-Fritten bekannt und allmorgendlich ein geselliger Treffpunkt.

Fort Myers

Das bodenständige, weitläufige Fort Myers steht ein wenig im Schatten der wunderschönen Strände und teureren, kulturell besser aufgestellten Städte rundum. Dank des jüngsten Faceliftings erstrahlt der Bezirk am Flussufer (entlang der 1st St zwischen

Broadway und Lee St) jedoch in neuem Licht und lockt mit attraktiven Ziegelhäusern, in denen eine Reihe netter Restaurants und Bars warten. Näheres gibt's unter www.fortmyers.org.

Fort Myers' Aushängeschild sind die **Edison & Ford Winter Estates** (www.edisonfordwinterestates.org; 2350 McGregor Blvd; Erw./Kind 20/11 US$; ⌚9–17.30 Uhr). Der berühmte Erfinder Thomas Edison erbaute im Jahr 1885 hier ein Winterhaus inklusive Labor, und der Automobilmagnat Henry Ford wurde 1916 sein Nachbar. Das ausgezeichnete Museum widmet sich vorwiegend dem überwältigenden Einfluss von Edisons Genie, und die Wohnhäuser der beiden sind ein herrlich friedliches Vergnügen, vor allem die wunderbar angelegten Gärten.

Von November bis März ist ein Besuch im **Lee County Manatee Park** (www.leeparks.org; 10901 State Rd 80; Parken pro Std./Tag 1/5 US$; ⌚Park ganzjährig 8 Uhr–Sonnenuntergang, Besucherzentrum Nov–März 9–16 Uhr) eine der einfachsten Möglichkeiten, überwinternde Seekühe zu sehen: Dieser Abwasserkanal eines Wasserkraftwerks ist heute ein Tierschutzgebiet. Der Park ist am Hwy 89 ausgeschildert und liegt 6,5 Meilen (10,5 km) von der Innenstadt entfernt.

Wer sich einen mühelosen Einblick in die Feuchtgebiete Südfloridas verschaffen möchte, kann über einen 2 km langen Holzsteg durch das Schutzgebiet **Six Mile Cypress Slough Preserve** (www.leeparks.org/sixmile; 7791 Penzance Blvd; Parken pro Std./Tag 1/5 US$; ⌚Sonnenaufgang–Sonnenuntergang) schlendern.

Fort Myers Beach

Fort Myers Beach, 15 Meilen (24 km) südlich von Fort Myers, ist ein 7 Meilen (11 km) langer Küstenstreifen feinsten Pulversands, der sich auf Estero Island erstreckt, während eine der typisch aktiven, partyhungrigen Florida-Strandstädte über ihn wacht. Familien ziehen Fort Myers Beach oft vor, da es erschwinglicher ist als die benachbarten Küstenstädte, und Studenten mögen den Ort, weil die Bars hier lauter und wilder sind. Weitere Informationen rund um Fort Myers Beach gibt's unter www.fortmyersbeachchamber.org.

Die einzige Attraktion ist der Strandspaß, und der ist wirklich klasse, aber im nahen **Lovers Key State Park** (www.floridastateparks.org/loverskey; Auto/Fahrrad 8/2 US$; ⌚Sonnenaufgang–Sonnenuntergang) kann man obendrein hübsche Muscheln sammeln und auf ruhigen Inseln und Kanälen (die auch von Seekühen besucht werden) wandern bzw. Kajak fahren.

Das makellose, gut geführte **Edison Beach House** (☎239-463-1530; www.edisonbeachhouse.com; 830 Estero Blvd; Zi. 200–335 US$; ❄📶🏊👪) liegt perfekt in unmittelbarer Nähe zum Herz des Geschehens (dem sogenannten Times-Square-Bezirk) und ist trotzdem sehr entspannt und echt gemütlich, und komplette Küchen gibt's auch noch. Etwas trendigeren Charme versprüht das unkonventionelle B&B **Mango Street Inn** (☎239-233-8542; www.mangostreetinn.com; 126 Mango St; Zi. 145–165 US$; ❄📶) in ruhigerer Strandlage. Wer sich hier eines der sechs Zimmer sichert, kommt in den Genuss des grandiosen Frühstücks eines Kochs, der sein Handwerk unter Cajuns gelernt hat.

Sanibel & Captiva Island

Diese beiden kleinen Düneninseln sehen aus wie ein Angelhaken, der versucht, Fort Myers zu ködern, und liegen am anderen Ende eines 2 Meilen langen Damms (Gebühr 6 US$). Die Inseln sind zwar teurer, aber trotzdem unprätentiös und locken mit einem perfekt geplanten Küstenstreifen, der überraschend grün und unbebaut wirkt. Auf den idyllischen, angenehmen Zufluchtsorten ist das Fahrrad das bevorzugte Transportmittel, das Muschelnsammeln ist legendär und ein romantisches Abendessen immer nur eine Reservierung entfernt. Die **Sanibel & Captiva Islands Chamber of Commerce** (☎239-472-1080; www.sanibel-captiva.org; 1159 Causeway Rd, Sanibel; ⌚9–17 Uhr; 📶) gehört zu den nützlichsten Touristeninformationen der Gegend und hilft gerne auch bei der Suche nach einer Unterkunft.

Abgesehen von seinen wirklich fantastischen Stränden bietet Sanibel das 2500 ha große **JN „Ding" Darling National Wildlife Refuge** (www.fws.gov/dingdarling; MM2 Sanibel-Captiva Rd, Sanibel; Auto/Fahrrad 5/1 US$; ⌚Besucherzentrum 9–17, Schutzgebiet Sa–Do 7–19 Uhr), ein großartiges Schutzgebiet, das einer grandiosen Vielfalt von Meeresvögeln und Wildtieren ein Zuhause bietet. Es verfügt über ein ausgezeichnetes Naturzentrum, den 5 Meilen (8 km) langen Wildlife Drive, kommentierte Tram-Touren und einfache

Kajak-Plätze in der Tarpon Bay. Wer eine Tour buchen oder ein Boot ausleihen möchte, kann sich an **Tarpon Bay Explorers** (☎239-472-8900; www.tarponbayexplorers.com; 900 Tarpon Bay Rd, Sanibel) wenden.

Das **Bailey-Matthews Shell Museum** (www.shellmuseum.org; 3075 Sanibel-Captiva Rd, Sanibel; Erw./Kind 7/4 US$; ⏲10–17 Uhr) könnte man mit dem Schmuckkästchen einer Meerjungfrau vergleichen; es zeigt die Naturgeschichte des Meeres mit umfangreichen Muschelsammlungen aus aller Welt, die einen ganz neidisch machen. Wer sich ein Fahrrad oder einen anderen fahrbaren Untersatz ausleihen möchte, ist bei **Billy's Rentals** (☎239-472-5248; www.billysrentals.com; 1470 Periwinkle Way, Sanibel; Fahrrad pro 2 Std./Tag ab 5/15 US$; ⏲8.30–17 Uhr) richtig.

Das **'Tween Waters Inn** (☎239-472-5161; www.tween-waters.com; 15951 Captiva Dr, Captiva; Zi. 160–215 US$, Suite 220–405 US$; P❄@🛜🏊👪) auf Captiva ist ein entspanntes Resort mit Rundumservice und einer Auswahl preisgünstiger Unterkünfte; nach einem renovierten Zimmer fragen! Neben einem großen Pool, Tennisplätzen und einem Spa wartet sein Hafenbereich mit diversen Kajakverleihs, geführten Touren und Bootsfahrten auf.

Wer es gerne etwas persönlicher mag, kann in einem der fünf Zimmer des **Tarpon Tale Inn** (☎239-472-0939; www.tarpontale.com; 367 Periwinkle Way, Sanibel; Zi. 150–260 US$; ❄@🛜👪) absteigen, einer charmanten Pension inklusive Hängematten, aber ohne Frühstück.

Stattdessen kann man den Tag im **Over Easy Cafe** (www.overeasycafesanibel.com; 630 Tarpon Rd, Sanibel; Hauptgerichte 8–13 US$; ⏲7–14.30 Uhr) beginnen, der ersten Adresse für erstklassiges Frühstück im Diner-Stil. Für romantische Gourmets ist das **Sweet Melissa's Cafe** (☎239-472-1956; www.sweetmelissascafe.net; 1625 Periwinkle Way, Sanibel; Tapas 11–14 US$, Hauptgerichte 26–34 US$; ⏲Mo–Fr 11.30–14.30, allabendlich ab 17 Uhr) eine ausgezeichnete Wahl mit kreativer, entspannter Raffinesse.

Wer mit Kindern reist, kann sich schon mal auf einen Besuch des spektakulär kitschigen **Bubble Room** (www.bubbleroomrestaurant.com; 15001 Captiva Dr, Captiva; Mittagessen 10–15 US$, Abendessen 20–30 US$; ⏲11.30–15 & 16.30–21 Uhr) einstellen, ein turbulentes Feuerwerk aus Retro-Cartoons, Superhelden, Weihnachten und Filmstars des Goldenen Zeitalters.

Naples

Naples ist die Antwort der Golfküste auf Palm Beach: eine makellos saubere, reiche Stadt mit großem Selbstbewusstsein und den ursprünglichsten, entspanntesten Stadtstränden des ganzes Bundesstaates. Auch wenn die Stadt ausgesprochen familienfreundlich ist, lockt sie doch hauptsächlich romantische Besucher an, die sich für feine Künste und feines Essen, Trend-Cocktails, topmodische Boutiquen und traumhafte Sonnenuntergänge interessieren. Nähere Informationen zur Stadt gibt's unter www.napleschamber.org.

Das niveauvolle **Naples Museum of Art** (www.thephil.org; 5833 Pelican Bay Blvd; Erw./Kind 8/4 US$; ⏲Di–Sa 10–16, Okt.–Juni So ab 12 Uhr) präsentiert eine lohnenswerte Sammlung klug ausgestellter Exponate. Das **Naples Nature Center** (www.conservancy.org; 14th Ave N & Goodlette-Frank Rd; Erw./Kind 10/5 US$; ⏲Mo–Sa 9–16.30 Uhr) wiederum ist eines der besten Naturschutzzentren Floridas. Es wurde kürzlich renoviert und bietet nun ein LEED-zertifiziertes Gelände und fantastische Ausstellungen.

Wer inmitten der Gegend rund um die 5th Ave in Downtown nach glänzendem Luxus im mediterranen Stil sucht, wird im historischen **Inn on 5th** (☎239-403-8777; www.innonfifth.com; 699 5th Ave S; Zi. 320–500 US$; ❄@🛜🏊) fündig. Das hübsche, helle **Lemon Tree Inn** (☎239-262-1414; www.lemontreeinn.com; 250 9th St S, Höhe 3rd Ave S; Zi. 130–200 US$; ❄@🛜🏊👪), ein preiswertes Mittelklassehotel in guter Lage, ist ebenfalls eine gute Wahl.

Gute Restaurants gibt's zuhauf. Besonders gut isst man im **Cafe Lurcat** (☎239-213-3357; www.cafelurcat.com; 494 5th Ave; Mittagessen 14–18 US$, Abendessen 25–40 US$; ⏲So–Do 17–21.30, Fr & Sa bis 22 Uhr), einem sinnlichen Restaurant auf mehreren Ebenen inklusive lebendiger Bar (allabendlich bis 23 oder 24 Uhr geöffnet), sowie im etwas abgeschiedeneren **IM Tapas** (☎239-403-8272; http://imtapas.com; 965 4th Ave N; Tapas 9–21 US$; ⏲ab 17.30 Uhr), in dem ein Team aus Mutter und Tochter spanische Tapas serviert, die es locker mit Madrid aufnehmen können.

ZENTRALFLORIDA

Ein Jahrhundert lang strömten die Touristen im Wesentlichen aus zwei Gründen nach Florida: wegen seiner weißen Sandstrände und seinem blaugrünen Wasser (und der Resorts, in denen man sie erleben kann) und um einen Blick in die Everglades zu werfen, in denen es von Alligatoren nur so wimmelt. Walt Disney änderte das, als er 1971 sein Magic Kingdom eröffnete. Heute ist Orlando die Vergnügungspark-Hauptstadt der Welt, und World Disney World Floridas Hauptattraktion.

Orlando

Genau wie Las Vegas ist Orlando inzwischen beinahe eine reine Fantasiewelt, ein Ort, an den man kommt, wenn man sich vorstellen möchte, man sei woanders: in Hogwarts vielleicht oder in Cinderellas Märchenschloss, im antiken Jerusalem, in der Welt des Dr. Seuss oder auf einer Safari in Afrika. Und genau wie die Kasinos in Vegas arbeiten auch Orlandos Themenparks hart daran, den Adrenalinspiegel ihrer Besucher konstant hoch zu halten, denn deren Vergnügen ist das Einzige, was hier zählt. Aber auch außerhalb der Themenparks kann Orlando mit seiner Popkultur-Unterhaltung inklusive Cartoonfiguren und -kostümen genauso aufgedreht sein.

Trotz alledem gibt's hier aber auch eine echte Stadt zu entdecken – eine Stadt mit Schatten spendenden Bäumen in natürlichen Parks, Kunstmuseen, Orchestern und Restaurants, in denen man Goofy nicht ständig fünf geben muss. Und direkt außerhalb der Stadt können Floridas Natur und Tierwelt, besonders seine kristallklaren Quellen, ebenso eindrucksvoll und bizarr sein, dass selbst Ripley es sich nicht kurioser hätte erträumen können.

Sehenswertes & Aktivitäten

DOWNTOWN & LOCH HAVEN PARK

Das trendige Thornton Park verfügt über mehrere gute Restaurants und Bars, während Loch Haven Park eine Ansammlung kultureller Einrichtungen beherbergt.

Orlando Museum of Art MUSEUM
(☎407-896-4231; www.omart.org; 2416 N Mills Ave; Erw./Kind 8/5 US$; ⏲Di–Fr 10–16, Sa & So ab 12 Uhr) Zeigt amerikanische und afrikanische Kunst sowie einzigartige Wanderausstellungen.

Mennello Museum of American Art MUSEUM
(☎407-246-4278; www.mennellomuseum.org; 900 E Princeton St; Erw./Kind 4 US$/frei; ⏲Di–Sa 10.30–16.30, So ab 12 Uhr) Präsentiert die bunte Volkskunst von Earl Cunningham sowie Wanderausstellungen.

Orlando Science Center MUSEUM
(☎407-514-2000; www.osc.org; 777 E Princeton St; Erw./Kind 15/10 US$; ⏲Do–Di 10–17 Uhr) Niedrigschwellige, interaktive Wissenschaft für die ganze Familie.

Harry P Leu Gardens PARK
(www.leugardens.org; 1920 N Forest Ave; Erw./Kind 7/2 US$; ⏲9–17 Uhr) In diesem 20 ha großen, friedlichen Zufluchtsort, eine Meile östlich von Loch Haven Park, kann man dem grellen Hochglanz entfliehen.

INTERNATIONAL DRIVE

Der International Drive (I-Dr) ist schon beinahe ein eigener Vergnügungspark inmitten all des Hochspannungsspaßes: Er liegt zwischen den großen Themen-, Wild- und Wasserparks und versucht, mit kleineren Attraktionen gegen die großen anzubrüllen, z. B. mit Ripley's Believe It or Not, dem auf dem Kopf stehenden WonderWorks oder einer Fallschirmsprungsimulation in einer Halle. Außerdem säumen Kettenrestaurants und -hotels diese lebendige Hauptschlagader.

Universal Orlando Resort THEMENPARK
(☎407-363-8000; www.universalorlando.com; 1000 Universal Studios Plaza; Tagesticket für 1/2 Parks 82/112 US$, 4 Tage 140/150 US$; ⏲ab 9 Uhr) Universal Orlando ist kleiner und fußgängerfreundlicher als Walt Disney World, und man findet sich auch besser zurecht – eben alles, was man sich von Disney auch wünschen würde. Zu Universal gehören zwei Themenparks, ein Wasserpark, drei Hotels und ein Unterhaltungsbezirk. Dieser Megakomplex ist zwar genauso konsequent durchgestylt wie Disney, aber er ersetzt Schneewittchen und die sieben Zwerge durch Spiderman, die Simpson und – seit 2010 zur Freude aller – Harry Potter.

Wer auf der Suche nach altmodischem Amüsement ist, sich hemmungslos die Lunge aus dem Hals kreischen und sein schallendes Lachen über alle Dächer schicken möchte, kann die zahlreichen Welten von **Islands of Adventure** erkunden und seinen Adrenalinspiegel auf einer Achterbahn nach der anderen in die Höhe jagen. Marvel Super Hero Island ist randvoll mit Comicfiguren und bietet ein überbordendes Feuerwerk für die Sinne. Im Jurassic Park tummeln sich muntere Dinos, und neben-

Großraum Orlando & Themenparks

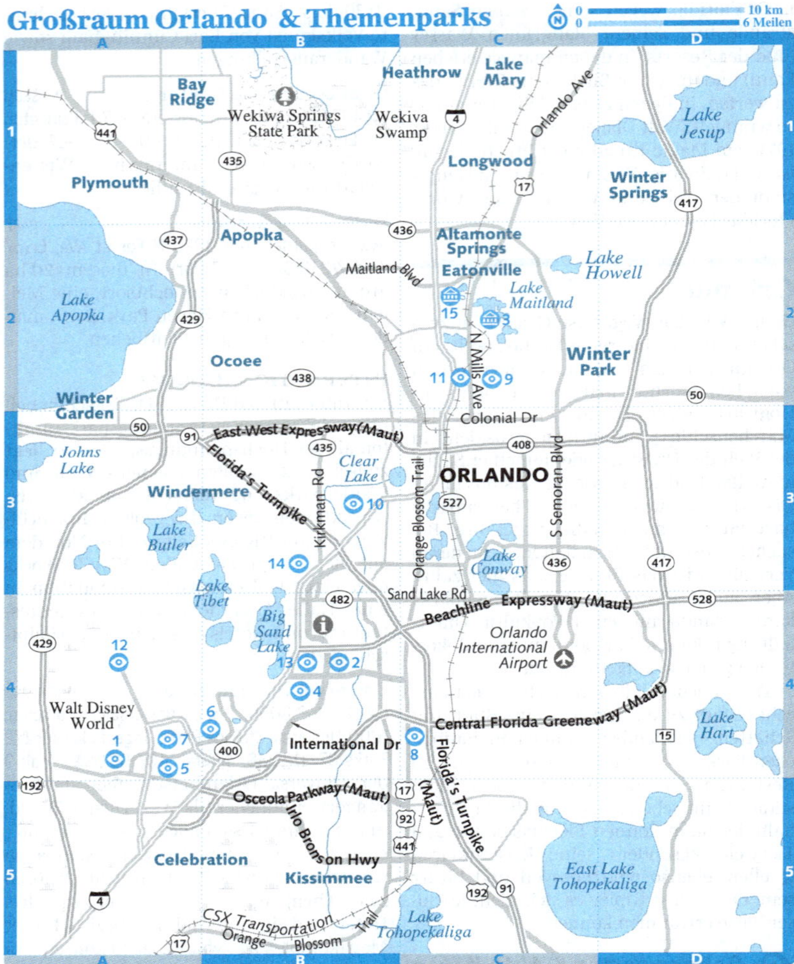

an warten die pseudo-mythische Welt des Lost Continent und die kinderfreundlichen Attraktionen Toon Lagoon und Seuss Landing. Aber am berühmtesten ist, natürlich, die Wizarding World of Harry Potter, in der Hogwarts und Hogsmeade bis ins kleinste, übermütig-lustige Detail zum Leben erweckt wurden.

Die zentrale Frage in den **Universal Studios** ist: Will man Filme am eigenen Leib erleben? *Zurück in die Zukunft* reisen? Vor dem weißen Hai, der Mumie, den Aliens aus *Men in Black* oder dem Wirbelsturm aus *Twister* fliehen? Sind Lucille Ball, Shrek, die Simpsons oder Coco, der neugierige Affe, lustig? Die rasanten Attraktionen der Universal Studios, in denen man sich wie auf einem Studiogelände in Hollywood vorkommt, bauen meist auf Simulationen und sind Kino- und TV-Legenden gewidmet.

Online kann man die verschiedenen Ticketoptionen vergleichen, die auch Extras wie „Express Plus“ zur Umgehung der Warteschlangen und ein Abendessen einschließen; Gäste des Hotelresorts kommen außerdem in den Genuss netter Vergünstigungen in den Parks.

SeaWorld VERGNÜGUNGSPARK

(☎407-351-3600; www.seaworld.com; 7007 SeaWorld Dr; 2-Tages-Ticket 72 US$; ⊙ab 9 Uhr)

Großraum Orlando & Themenparks

Sehenswertes

Eine typische Florida-Mischung aus Meeresbewohner-Show und Achterbahnen: SeaWorld ist sowohl das Heim von Shamu, dem Killerwal, als auch von Kraken, der Achterbahn ohne Boden. Auch wenn die Fahrgeschäfte zweifellos Nervenkitzel bieten, üben die Begegnungen aus nächster Nähe mit diversen Meeresbewohnern (Mantarochen, Haie, Pinguine, Belugas) sowie die ausgezeichneten Delfin-, Seelöwen- und Killerwal-Shows doch die größte Anziehungskraft aus. Am besten informiert man sich vor dem Besuch online über Show- und Fütterungszeiten und plant seinen Tag dann entsprechend.

Online findet man außerdem alles Weitere zu Kombitickets für Discovery Cove und Aquatica.

Discovery Cove WASSERPARK
(☎407-370-1280; www.discoverycove.com; 6000 Discovery Cove Way; Eintritt 129–169 US$, inkl. Delfinschwimmen 199–319 US$; ⏲8.30–17.30 Uhr) Die Besucherzahlen im Discovery Cove sind begrenzt, um zu gewährleisten, dass das Flair eines exklusiven tropischen Resorts erhalten bleibt, das mit Stränden, einem Riff mit unzähligen Fischen und einer Voliere lockt. Hier gibt's weder Nervenkitzel durch Höchstgeschwindigkeit noch kreischendes Gebrüll, sondern nichts als himmlische Entspannung und die Möglichkeit, mit Delfinen zu schwimmen. Der Preis hat's ganz schön in sich, aber dafür ist alles inklusive: das Mittagsbuffet, Bier, Handtücher, Parken und sogar ein Tagespass für SeaWorld.

Aquatica WASSERPARK
(☎407-351-3600; www.aquaticabyseaworld.com; Eintritt 42 US$) Orlandos jüngster Wasserpark ist neuer, sauberer und schöner als die anderen, aber letzten Endes bietet er dieselbe Mischung aus ruhigen Flüssen, Spritz-Zonen, Wellenbecken und rasanten Rutschen, nach der alle suchen.

Holy Land Experience THEMENPARK
(☎407-872-2272; www.holylandexperience.com; 4655 Vineland Rd; Erw./Kind 6–12 Jahre 35/20 US$; ⏲Mo–Sa 10–18 Uhr) Dies ist eine ernsthafte Nachbildung des antiken Jerusalem aus biblischen Zeiten, was es zu einem Themenpark macht, allerdings ohne Achterbahnen und Popkultur-Sarkasmus; gleich nördlich des I-Dr.

WINTER PARK

Winter Park liegt am Nordrand von Orlando und ist eine freundliche Collegestadt mit einigen außergewöhnlichen Museen und einer entspannten Innenstadt.

Charles Hosmer Morse Museum of American Art MUSEUM
(www.morsemuseum.org; 445 N Park Ave; Erw./Kind 5 US$/frei; ⏲Di–Sa 9.30–16, So ab 13 Uhr) International bekannt, mit der umfassendsten Tiffany-Glas-Sammlung der Welt; atemberaubendes Herzstück ist das Innere einer Kapelle.

GRATIS **Zora Neale Hurston National Museum of Fine Arts** MUSEUM
(www.zoranealehurstonmuseum.com; 227 E Kennedy Blvd, Eatonville; ⏲Mo–Fr 9–16, Sa 11–13 Uhr) Dieses Museum im benachbarten Eatonville (Anfahrtsbeschreibung online) ist der aus Florida stammenden Romanschriftstellerin Zora Neale Hurston gewidmet; Wechselausstellungen afro-amerikanischer Künstler.

GROSSRAUM ORLANDO

Gatorland VERGNÜGUNGSPARK
(www.gatorland.com; 14501 S Orange Blossom Trail/Hwy 17; Erw./Kind 23/15 US$; ⏲9–17 Uhr) In diesem kleinen, albern-kitschigen Park reist man sozusagen nach Old Florida zu-

rück: Hier dreht sich alles um Alligatoren, egal ob beim Alligatoren-Ringen, Alligatoren-Springen, Alligatoren-Füttern (mit Hotdogs) oder anderen grandiosen, zum Kreischen schönen Sensationen.

Legoland THEMENPARK
(http://florida.legoland.com; 1 Legoland Way, Winter Haven; Erw./Kind 65/55 US$; ⊙10–17 Uhr) Floridas jüngster Themenpark liegt in Winter Haven und war zur Zeit der Recherche noch nicht eröffnet. Genau wie sein kalifornischer Cousin wurde auch Legoland Florida Stein für Stein und maßstabsgetreu erbaut, inklusive Fahrgeschäften und Spaß zum Selberbauen – ein wahres Paradies für alle Besucher unter zwölf.

Schlafen

Auch außerhalb von Walt Disney World stehen in Orlando zahlreiche Unterkünfte zur Verfügung. Die meisten sind rund um den I-Dr, den US 192 in Kissimmee und die I-4 zu finden. **Reserve Orlando** (www.reserveorlando.com) ist eine zentrale Buchungsagentur, und im **Universal Orlando Resort** (☎407-363-8000; Zi. & Suite ab 270 US$) gibt's drei empfehlenswerte Hotels.

EO Inn & Spa BOUTIQUEHOTEL **$$**
(☎407-481-8485; www.eoinn.com; 227 N Eola Dr; Zi. 139–229 US$; P ❄ 📶 🏊) Dieses schicke, aber unaufdringliche Boutiquehotel in Downtown blickt nahe Thornton Park auf den Lake Eola. Die Zimmer in neutralen Farben überzeugen durch schlichte Eleganz.

Courtyard at Lake Lucerne B&B **$$**
(☎407-648-5188; www.orlandohistoricinn.com; 211 N Lucerne Circle E; Zi. 99–225 US$; P ❄ 📶 👪) Dieses hübsche historische B&B mit bezauberndem Garten und edlem Frühstück besticht mit geräumigen Art-déco-Suiten und schönen antiken Möbeln im ganzen Haus. Leider steht es direkt unter zwei Highway-Überführungen.

Veranda Bed & Breakfast B&B **$$**
(☎407-849-0321; www.theverandabandb.com; 115 N Summerlin Ave; Zi. 110–270 US$; P ❄ 📶 🏊) Ideal, wenn man durch Thornton Park oder Lake Eola schlendern möchte: Dieses B&B im europäischen Stil lockt mit großen antiken Betten und ist ein wunderbarer Zufluchtsort vor all dem Trubel.

Barefoot'n in the Keys MOTEL **$$**
(☎407-397-1144; www.barefootn.com; 2750 Florida Plaza Blvd; Suite 80–300 US$; @ 🏊 👪) Saubere, helle, großzügige Suiten in einem gelben, sechsstöckigen Gebäude. Entspannt, freundlich und nahe an Disney: eine tolle Alternative zu den üblichen Ketten.

Essen

Rund um den I-Dr finden sich massenweise Ketten; ein etwa eine halbe Meile langer Abschnitt der Sand Lake Rd trägt dank seiner etwas teureren Lokale inzwischen den Beinamen „Restaurant Row".

Dessert Lady Café CAFÉ **$**
(☎407-999-5696; 120 W Church St; Hauptgerichte 5–10 US$; ⊙Di–Do 11.30–23, Fr bis 24, Sa 16–24 Uhr) Dieses Café präsentiert sich mit Bordell-Atmosphäre und Bistro-Karte. Es serviert *pulled-pork sliders* (Belegte Brötchen mit Schweinefleisch), Hühnchensalat, Suppen und Quiches, die perfekt zu den sündigen Desserts passen, z. B. Früchteauflauf oder Bourbon Pecan Pie.

Graffiti Junktion American Burger Bar BURGER **$$**
(900 E Washington St, Thornton Park; Hauptgerichte 12–25 US$; ⊙11–1, So bis 24 Uhr) In diesem mit Graffiti in Neonfarben bedeckten Treff dreht sich alles um Coolness und riesige Burger, die auf Wunsch mit Spiegeleiern, Artischockenherzen, Chilis, Avocados und vielem mehr „gepimpt" werden.

Ravenous Pig AMERIKANISCH **$$$**
(☎407-628-2333; 1234 Orange Ave, Winter Park; Hauptgerichte 14–29 US$; ⊙Di–Do 11.30–14 & 17.30–21.30, Fr & Sa bis 22.30 Uhr) Über dieses geschäftige, angesagte Restaurant spricht ganz Orlando. Es serviert Designer-Cocktails und kreative, köstliche Variationen von Shrimps and Grits oder Hummer-Tacos. Reservierung empfohlen!

Yellow Dog Eats BBQ **$$**
(☎407-296-0609; www.yellowdogeats.com; 1236 Hempel Ave, Windermere; Hauptgerichte 10–20 US$; ⊙11–21 Uhr) In einem alten Gemischtwarenladen mit Blechdach untergebracht und äußerst skurril – nicht gerade das typische Grillrestaurant. Die ausgezeichneten Schwarzen Bohnen nach kubanischer Art und das „Florida Cracker" (langsam gegartes Schweinefleisch mit Gouda, Speck und gebratenen Zwiebeln) sollte man versuchen. Ziemlich weite Anfahrt; Wegbeschreibung online.

Dandelion Communitea Café VEGETARISCH **$**
(☎407-362-1864; http://dandelioncommunitea.com; 618 N Thornton Ave; Hauptgerichte

5–10 US$; ⏲Mo–Sa 11–22, So bis 17 Uhr; ✎) Unschlagbar knackig-frisch und definitiv Bio – dieser Stützpfeiler des kreativen, nachhaltigen Vegetarismus und Verfechter lokaler Erzeugnisse ist unsagbar köstlich und versprüht ein tolles Gemeinschaftsgefühl. Hin und wieder gibt's tolle Events.

 Ausgehen & Unterhaltung

Orlando Weekly (www.orlandoweekly.com) ist die beste Quelle für Unterhaltungstipps. In Downtown ist jede Menge los; der angesagte Bar-Distrikt liegt rund um die Orange Ave zwischen Church und Jefferson St.

Auf dem **CityWalk** (www.citywalkorlando.com) der Universal Studios findet man viele Kinos, Restaurants, Clubs und große Shows.

Social LIVEMUSIK
(www.thesocial.org; 54 N Orange Ave) Tolle Livemusik.

Latitudes BAR
(www.churchstreetbars.com; 33 W Church St) Dachbar mit Inselfeeling; unten warten zwei weitere Bars.

Wall St Plaza BAR
(www.wallstplaza.net; 25 Wall St Plaza) Acht Themenbars, auch Livemusik, alle rund um denselben Platz.

Parliament House SCHWUL
(www.parliamenthouse.com; 410 N Orange Blossom Trail) Legendäres Schwulenresort mit Travestieshows und sechs Bars.

 Praktische Informationen

Im **Official Visitor Center** (☎407-363-5872; www.visitorlando.com; 8723 International Dr; ⏲8.30–18.30 Uhr) in Orlando gibt's Informationen zur Stadt, gute mehrsprachige Führer und Karten. Schwule und Lesben können sich auf www.orlando.gaycities.com umschauen. Tipps zu den Themenparks finden sich unter www.themeparkinsider.com.

 Anreise & Unterwegs vor Ort

Vom **Orlando International Airport** (MCO; www.orlandoairports.net) fahren Busse und Taxis zu allen wichtigen Touristenzielen. **Mears Transportation** (☎407-423-5566; www.mearstransportation.com) bietet Shuttles für 20 bis 30 US$ pro Person an. **Greyhound** (www.greyhound.com; 555 N John Young Pkwy) fährt zahlreiche Städte an. **Amtrak** (www.amtrak.com; 1400 Sligh Blvd) bietet täglich Verbindungen nach Miami sowie New York City im Norden.

Lynx (www.golynx.com; Fahrt/Tagespass 2/4,50 US$) unterhält Orlandos Busnetz. Busse von **I-Ride Trolley** (www.iridetrolley.com; Erw./Kind 1 US$/frei; ⏲8–22.30 Uhr) fahren den I-Dr entlang.

Zur Orientierung: Der I-4 ist die wichtigste Nord-Süd-Verbindung, auch wenn er verwirrenderweise mit „east" und „west" angegeben wird. Wer nach Norden möchte, folgt dem I-4 east (Richtung Daytona); wer nach Süden möchte, dem I-4 west (Richtung Tampa). Die wichtigsten Ost-West-Verbindungen sind der Hwy 50 und der Hwy 528 (Bee Line Expressway), der zum Orlando International Airport führt.

Walt Disney World Resort

Walt Disney World (WDW; http://disneyworld.disney.go.com) erstreckt sich über 16 ha und ist das größte Themenpark-Resort der Welt. Es umfasst vier separate Themenparks, zwei Wasserparks, eine riesige Sportanlage, fünf Golfplätze, zwei Dutzend Hotels, 100 Restaurants und zwei Shoppingmeilen mit Ausgehviertel – so klein ist die Welt dann wohl doch nicht. Manchmal fühlt es sich geradezu lächerlich überfüllt und kommerziell an, aber selbst ohne Kinder bleibt man nicht lange gegen Disneys hochansteckende Begeisterung und warmherzige Nostalgie immun. Natürlich sind die Erwartungen hoch, und auch der selbsterklärte „glücklichste Ort der Welt" kann seine Versprechen nicht immer halten. Trotzdem passiert es jedes Mal: Cinderella verzaubert die kleinen Prinzessinnen, der Jedi-Ritter der Familie bezwingt Darth Maul, und man selbst ist in der kitschigen Bahn durch unseren winzigen Planeten doch beinahe zu Tränen gerührt und von all dem Zauber ganz hingerissen.

Sehenswertes & Aktivitäten

Wann immer keine Schule ist – im Sommer und während der anderen Ferien –, ist WDW am überfülltesten. Im Januar und Februar, Mitte September bis Oktober und Anfang Dezember hat man die wenigsten Mit-Besucher. Im Spätherbst ist das Wetter in der Regel am besten, während die heißen Sommermonate von häufigen Schauern betroffen sind, wodurch eine hohe Luftfeuchtigkeit herrscht.

Magic Kingdom THEMENPARK
Wer an WDW denkt, stellt sich automatisch das Magic Kingdom vor, vom legendären Cinderella-Schloss über den Space Mountain und das Haunted Mansion bis hin zu Pirates of the Caribbean (jetzt inklusive Johnny Depps Jack Sparrow). Das Feuer-

werk lässt die nächtliche **Main Street, USA** in funkelndem Glanz erstrahlen – hier erlebt man die Disney-Mythologie in all ihrer Pracht und Herrlichkeit, und die Fahrgeschäfte und Shows zielen direkt auf kleine Kinder und deren Eltern und Großeltern ab.

Disney Hollywood Studios THEMENPARK

Unter allen Themenparks versprühen die ehemaligen Disney-MGM Studios den geringsten Charme. Allerdings bieten sie zwei der aufregendsten Attraktion in WDW: den unberechenbaren Fahrstuhl im **Twilight Zone Tower of Terror** und den **Rock 'n' Roller Coaster** mit Aerosmith-Motto. Möchtegernsänger können ihr Glück bei der American Idol Experience versuchen (die US-Version von DSDS), Kinder können sich in der Jedi Training Academy einschreiben, und darüber hinaus stellen einige Shows den Menschen Walt Disney vor und zeigen, wie seine Filme gemacht sind.

Epcot THEMENPARK

Epcot ist eine Abkürzung für „Experimental Prototype Community of Tomorrow" und spiegelte Disneys Vision einer Hightech-Stadt wider, als es 1982 eröffnete. Es ist in zwei Hälften unterteilt: **Future World** mit Fahrgeschäften und vom Konzern gesponserten interaktiven Ausstellungen und **World Showcase**, das einen interessanten Einblick in die Kultur von elf Ländern bietet. Epcot ist viel entspannter und unaufgeregter als die anderen Parks und bietet mit die besten Restaurants und Einkaufsmöglichkeiten. Auch ein paar der Fahrgeschäfte hier gehören zu den WDW-Highlights, z.B. Soarin' und Mission: Space. Das interaktive Turtle Talk with Crush ist das reinste Vergnügen.

Animal Kingdom THEMENPARK

Diese manchmal etwas surreale Mischung aus afrikanischer Safari, Zoo, Fahrgeschäften, kostümierten Figuren, Shows und Dinosauriern hat ein ganz eigenes Flair. Am besten sind die Tierbegegnungen und die Shows, und das Herzstück ist das 45 ha große **Kilimanjaro Safaris**. Im legendären **Tree of Life** findet die lustige Show „It's Tough to Be a Bug!" statt, und **Expedition Everest** und **Kali River Rapids** sorgen für den größten Nervenkitzel.

Tickets

Die einfache Logik hinter den Ticketoptionen ist: Je länger man bleibt, desto weniger bezahlt man (pro Tag). Die Tickets berechtigen zum Besuch eines Parks an einem Tag und reichen von einem bis zehn Tagen. Erwachsene zahlen 82 bis 262 US$, Kinder zwischen drei und neun Jahren 74 bis 239 US$. Ab dem sechsten Tag beträgt der Preis nur noch 50% eines einfachen Tagestickets usw. Am besten besorgt man sich die Tickets vorab, um die Warteschlangen am Eingang zu umgehen.

Weitere Extras sind (gegen Aufpreis) erhältlich, z.B. ermäßigte Pässe für andere Disney-Attraktionen, eine Nicht-Verfalls-Option (für ungenutzte Tage) und, am empfehlenswertesten, der Park Hopper (56 US$), der zum Besuch aller vier WDW-Parks an einem Tag berechtigt. Näheres zu den Ticketpaketen gibt's online.

Alles zu Ermäßigungen findet man unter www.mousesavers.com und www.undercovertourist.com.

Schlafen

WDW verfügt über 24 familienfreundliche Unterkünfte, von Campingplätzen bis zu Luxusresorts, und Disney-Gäste erhalten tolle Vergünstigungen (erweiterte Parköffnungszeiten, günstigere Abendessen, kostenloser Transport, Flughafenshuttles). Die Preise variieren je nach Saison, und insgesamt gibt's 20 verschiedene Saisons! Disneys umfassende Website listet alle Preise und Einrichtungen für jede Unterkunft auf. Die unten angegebenen ungefähren Preise gelten für die Hochsaison.

Die meisten Annehmlichkeiten bietet eine der großzügigen **Deluxe Villas** (Villas 540–1600 US$), die einzigen Unterkünfte mit kompletter Küche und eigener Waschmaschine mit Trockner. Am anderen Ende der Skala liegt der **Campingplatz** (Stellplatz 70–100 US$, Hütte 360 US$), der perfekt in Schuss ist und jede Menge Aktivitäten bietet. Die **Value Resorts** (Zi. 120–150 US$) sind (neben Camping) die günstigste Option; die Qualität lässt sich mit einfachen Kettenhotels vergleichen, und sie sind (und das ist eine Warnung!) besonders bei Schulklassen beliebt.

Beim Vergleich der Unterkünfte sollte man vor allem auf die Nähe zu den Parks achten, die man besuchen möchte; die Zimmerqualität ist leider bei allen – außer in der Handvoll Luxusresorts – eher durchschnittlich. Viele Besucher ziehen die Hotels des Deluxe Resort im Epcot vor (Boardwalk Inn, Beach Club und Yacht Club, Swan and Dolphin); sie liegen alle in Laufentfernung zum Epcot, den Hollywood Studios und Disney's Boardwalk.

Essen

Das Essen in den Themenparks reicht von gut bis furchtbar; die interessantesten Gerichte werden in Epcots World Showcase serviert. Am besten ist das Essen in den Restaurants, aber man sollte immer reservieren, da es sonst unmöglich sein kann, einen Platz zu finden. Bei der **zentralen Reservierungsstelle** (☎407-939-3463) kann man bis zu 180 Tage im Voraus einen Platz zum Abendessen reservieren.

Disney bietet drei Dinner-Shows (ein hawaiianisches Luau, ein Barbecue im Country-Stil und eine Varieté-Show) und etwa 15 unglaublich beliebte „Character Meals", bei denen man mit seiner Lieblingsfigur essen kann (Details gibt's auf der Website). Am besten bucht man sie sofort, wenn sich das 180-Tage-Fenster öffnet. Am gefragtesten ist **Cinderella's Royal Table** (Erw. 33–45 US$, Kind 24–28 US$) im Schloss des Magic Kingdom, bei dem man mit Disney-Prinzessinnen speist.

Sci-Fi Dine-In Theater AMERIKANISCH
(Hollywood Studios; Hauptgerichte 11–21 US$) Man speist in einem Cadillac und schaut sich dabei Science-Fiction-Streifen an.

California Grill AMERIKANISCH
(Contemporary Resort; Hauptgerichte 15–38 US$) Heißbegehrte Plätze mit tollem Blick auf das Feuerwerk im Magic Kingdom.

O'Hana HAWAIIANISCH
(Polynesian Resort; Hauptgerichte 15–30 US$) Großartiges südpazifisches Dekor und interaktives Luau-Treiben mit polynesischem Motto.

Boma BUFFET
(Animal Kingdom Lodge; Erw./Kind Frühstück 17/10 US$, Abendessen 27/13 US$) Afrikanisch inspiriertes Restaurant mit angenehmem Ambiente und einem Buffet, das ein paar Stufen über den anderen steht.

Victoria and Albert AMERIKANISCH
(Grand Floridian; Festpreis 125–200 US$) Ein echtes, romantisches Sakko- und Schlips-Gourmetrestaurant inklusive Kristallkelchen - äußerst stilvoll, keine Kinder (unter zehn Jahren).

Unterhaltung

Neben den Themenpark-Events wie den Paraden und dem Feuerwerk im Magic Kingdom oder der Lichtershow im Epcot hat Disney noch zwei weitere Unterhaltungsbezirke zu bieten: Downtown Disney und Disney's Boardwalk, die mit Restaurants, Bars, Musik, Filmen, Läden und Shows locken.

Cirque du Soleil ZIRKUS
(☎407-939-7600; www.cirquedusoleil.com; Erw. 76–132 US$, Kind 61–105 US$; ⏲Di–Sa 18 & 21 Uhr) Die beste Liveshow in Disney World; atemberaubend dramatische Akrobatik.

House of Blues LIVEMUSIK
(☎407-934-2583; www.houseofblues.com) In diesem Haus treten auch große Stars auf; der Gospel Brunch am Sonntag ist der Hit.

DisneyQuest SPIELHALLE
(1 Tag 36–42 US$; ⏲So–Do 11.30–22, Fr & Sa bis 23 Uhr) Virtual Reality und Videospiele auf fünf Stockwerken.

ESPN's Wide World of Sports Complex ZUSCHAUERSPORT
(www.espnwwos.disney.go.com) In dieser 90 ha großen Sportanlage finden Hunderte von Amateur- und Profisportveranstaltungen statt.

Anreise & Unterwegs vor Ort

Die meisten Hotels in Kissimmee und Orlando – und alle Disney-Unterkünfte – bieten kostenlosen Transport nach WDW an. In den disneyeigenen Resorts ist außerdem der kostenlose Transport vom Flughafen inbegriffen. Alle vier Parks sind über die I-4 zu erreichen, Parken kostet 14 US$. Der Parkplatz am Magic Kingdom ist riesig, und man kann mit einer Tram zum Eingang fahren.

In WDW steht ein umfassendes Netz aus Einschienenbahnen, Booten und Bussen zur Verfügung, die Besucher zu den verschiedenen Parks, Hotels und Unterhaltungsbezirken bringen. Man kann sich in den jeweiligen Resorts oder bei der Besucherinformation eine Transportkarte mitnehmen; Disneys offizielle **Telefon-Apps** (http://m.disneyworld.go.com) sind ebenfalls hilfreich.

Rund um Orlando

Gleich nördlich von Orlando warten einige der besten Florida-Abenteuer, besonders was das Schwimmen, Schnorcheln und Kajak fahren in seinen kristallklaren, 22 °C warmen natürlichen Quellen angeht. Am nächsten liegt der **Wekiwa Springs State Park** (☎407-884-2008; www.floridastateparks.org/wekiwasprings; Auto/Stellplatz 6/24 US$) mit 20 km Wanderwegen, einem von einer Quelle gespeisten Badeloch, netten Campingmöglichkeiten und dem ruhigen Wekiva River, der auf der Liste der „Wild and Scenic Rivers" steht; bei **Nature Adventures** (☎407-884-4311; www.canoewekiva.com; Leihkajak 15–20 US$) kann man sich ein Kajak leihen.

Der **Blue Spring State Park** (☎386-775-3663; www.floridastateparks.org/bluespring; Auto/Stellplatz 6/24 US$) ist auch bei überwinternden Seekühen beliebt, und zweistündige Bootstouren schippern den St. John's River entlang. Gleich nördlich von Deland bietet der **De Leon Springs State Park** (☎386-985-4212; www.floridastateparks.org/deleonsprings; Auto 6 US$; ⌚8 Uhr–Abenddämmerung) einen riesigen Badebereich, noch mehr Kajakmöglichkeiten sowie Touren zu Ponce de Leóns angeblichem Jungbrunnen.

Kenner des „Old Florida" sollten **Silver Springs** (www.silversprings.com; Erw./Kind unter 10 Jahren 30/25 US$; ⌚10–17 Uhr) in der Nähe von Ocala nicht verpassen, in dem das Glasbodenboot erfunden wurde und der noch heute ein wunderbar altmodischer Natur-Themenpark ist.

Wer wirklich in die raue Wildnis flüchten möchte, sollte sich in den **Ocala National Forest** (http://fs.usda.gov/ocala) aufmachen, der Dutzende von Campingplätzen, Hunderte Kilometer Wanderwege und 600 Seen bietet. Wandern, Rad fahren, Kanu fahren und campen kann man nirgendwo in Florida besser. Auf der Website gibt's Näheres zu Touristeninformationen sowie Beschreibungen.

FLORIDA PANHANDLE

Wenn man all die großartigen Dinge nimmt, die den Tiefen Süden ausmachen – freundliche Menschen, gelassenes Schneckentempo, von Eichen gesäumte Landstraßen, Unmengen frittierter Köstlichkeiten – und dann noch Hunderte Kilometer schneeweißer Strände, Dutzende glasklarer natürlicher Quellen und all die frischen Austern dazunimmt, die man schlürfen kann, dann hat man es: den fantastischen, extrem unterschätzten Florida Panhandle.

Tallahassee

Floridas Hauptstadt liegt zwischen sanft aufragenden Hügeln, ihre Straßen werden von hohen Blätterdächern geschützt: eine ruhige, freundliche Stadt. Geografisch wie kulturell ist es Atlanta näher als Miami und dabei viel südstaatentypischer als der Großteil des Bundesstaates, den es verwaltet. Trotz der beiden großen Universitäten der Stadt (Florida State und Florida Agricultural and Mechanical University) und ihres Status' als Regierungszentrum bietet es nicht viel, was Besucher mehr als einen oder zwei Tage hier halten könnte.

Nähere Informationen gibt's bei der **Touristeninformation** (☎850-413-9200; www.visittallahassee.com; 106 E Jefferson St; ⌚Mo–Fr 8–17 Uhr).

Sehenswertes & Aktivitäten

Mary Brogan Museum of Art & Science MUSEUM
(www.thebrogan.org; 350 S Duval St; Erw./Kind 7,50/5 US$; ⌚Mo–Sa 10–17, So ab 13 Uhr) Dieses Museum gehört zum Smithonian und verbindet auf wunderbare Weise ein kinderfreundliches, interaktives „Forschungszentrum" mit dem Kunstmuseum von Tallahassee.

GRATIS **Museum of Florida History** MUSEUM
(www.museumoffloridahistory.com; 500 S Bronough St; ⌚Mo–Fr 9–16.30, Sa ab 10, So ab 12 Uhr) Hier wird Floridas Geschichte in unterhaltsamen Ausstellungen mit frischen Ideen erzählt: von Mastodon-Skeletten über Floridas Paleo-Indiander und spanische Schiffswracks bis hin zu Bürgerkrieg und Blechbüchsentourismus.

Mission San Luis HISTORISCHE STÄTTE
(www.missionsanluis.org; 2020 W Mission Rd; Erw./Kind 5/2 US$; ⌚Di–So 10–16 Uhr) Die knapp 25 ha große Stätte einer Mission der Spanier und Appalachen aus dem 17. Jh. wurde großartig wieder aufgebaut, besonders das hoch aufragende Council House (Versammlungshaus). Die guten Touren sind im Eintritt inbegriffen und bieten einen faszinierenden Einblick in das Leben vor 300 Jahren.

GRATIS **Florida Capitol Buildings** HISTORISCHES GEBÄUDE
Alt und neu Seite an Seite. Das heutige **Florida State Capitol** (Ecke Pensacola & Duval St; ⌚Mo–Fr 8–17 Uhr) ist, mit einem Wort, hässlich, aber seine Aussichtsterrasse lohnt sich. Das **Historic Capitol** (www.flhistoriccapitol.gov; 400 S Monroe St; ⌚Mo–Fr 9–16.30, Sa ab 10, So ab 12 Uhr) nebenan stammt von 1902 und ist entschieden charmanter als sein Nachfolger. Im Inneren zeigt das **Florida Legislative Research Center and Museum** (www.flrcm.com) interessante Staats- und Kulturausstellungen, darunter auch

eine über die berüchtigte Präsidentschaftswahl des Jahres 2000.

Schlafen & Essen

Ketten sind hinter den Ausfahrten der I-10 und entlang der Monroe St zwischen I-10 und Downtown zu finden.

Hotel Duval HOTEL $$
(☎850-224-6000; www.hotelduval.com; 415 N Monroe St; Zi. ab 119 US$; P❄≋🛜) Tallahassees schickste Unterkunft. Das neue Hotel hat 117 Zimmer und setzt auf neo-modernistisches Design. Die Lounge-Bar auf dem Dach ist an den meisten Abenden bis 2 Uhr geöffnet, und das Shula's, ein edles Ketten-Steakhaus, befindet sich nahe der Lobby.

Governor's Inn HOTEL $$
(☎850-681-6855; www.thegovinn.com; 209 S Adams St; Zi. 129–149 US$; P❄🛜) Dieses warme, einladende Hotel in perfekter Innenstadtlage bietet alles, von Einzelzimmern bis zu Loft-Suiten auf zwei Ebenen und jeden Tag eine Cocktail-Happy-Hour.

Catfish Pad SEAFOOD $
(www.catfishpad.com; 4229 W Pensacola St; Hauptgerichte 4–11 US$; ⏲Mo–Sa 11–15 & 17–21 Uhr) In diesem heimeligen Meeresfrüchte-Restaurant kommt kein Zweifel auf, dass man sich in den Südstaaten befindet. Wir empfehlen den Wels im Maismehlmantel mit Maisgrütze und hinterher eine Tasse süßen Tee. Lecker!

Reangthai THAILÄNDISCH $$
(☎850-386-7898; reangthai.com; 2740 Capital Circle NE; Hauptgerichte 13–20 US$; ⏲Di–Fr 11–14, Mo–Sa 17–22 Uhr) Im Reangthai ist man trotz des Fußgängerzonencharmes goldrichtig: Es serviert die Art scharfer, fischsauciger Geschmacksexplosionen, vor denen so viele Thai-Restaurants in Amerika zurückschrecken.

Andrew's Downtown ITALIENISCH $$
(☎850-222-3444; www.andrewsdowntown.com; 228 S Adams St; Hauptgerichte 9–36 US$; ⏲11.30–22 Uhr) Der politische Sehen-Und-Gesehen-Werden-Treff in Downtown. Er hat zwei Stockwerke: Das Grillrestaurant unten serviert entspannte Burger und Bier, oben gibt's teurere, neo-toskanische Gerichte.

Unterhaltung

Bradfordville Blues Club LIVEMUSIK
(☎850-906-0766; www.bradfordvilleblues.com; 7152 Moses Lane, abseits Bradfordville Rd; Tickets 15–20 US$; ⏲Fr & Sa 20–2 Uhr) Am Ende einer unbefestigten Straße, die von Tiki-Fackeln beleuchtet wird, findet man in dieser versteckten Kaschemme ein Lagerfeuer, das unter Virginia-Eichen flackert. Hier treten ausgezeichnete nationale Blueskünstler auf.

Anreise & Unterwegs vor Ort

Der **Tallahassee Regional Airport** (TLH; www.talgov.com/airport) liegt 5 Meilen (8 km) südwestlich der Innenstadt abseits des Hwy 263. Der **Greyhound-Busbahnhof** (www.greyhound.com; 112 W Tennessee St, Höhe Duval St) ist mitten in Downtown. **Star Metro** (www.talgov.com/starmetro; Fahrpreis 1,25 US$) unterhält das lokale Busnetz.

Apalachicola & Umgebung

Langsam, entspannt und perfekt erhalten: Apalachicola ist eines der unwiderstehlichsten, romantischsten Dörfer des Panhandle. Die im Schatten von Eichen liegende Stadt schmiegt sich an den Rand einer breiten Bucht, die für ihre Austern berühmt ist. Auch dank ihrer jüngsten Welle frischer Bistros, Kunstgalerien, ausgefallener Boutiquen und historischer B&Bs stellt sie einen äußerst beliebten Zufluchtsort dar.

Nähere Informationen zur Stadt gibt's auf der Website www.apalachicolabay.org. Wer die Natur erleben möchte, begibt sich auf die unberührte **St. Vincent Island** (www.fws.gov/saintvincent) mit ihren schimmernden Dünen, Pinienwäldern und Feuchtgebieten, in denen es vor Wildtieren nur so wimmelt. Der benachbarte **St. George Island State Park** (www.floridastateparks.org/stgeorgeisland; Auto 6 US$) bietet 9 Meilen (15 km) traumhafter, unbebauter Strände. In der Stadt kann man Angelcharter und Bootsfahrten durch die wilde Natur buchen.

Bei einer Nacht im **Coombs House Inn** (☎850-653-9199; www.coombshouseinn.com; 80 6th St; Zi. 129–269 US$; P❄🛜), einem eindrucksvollen viktorianischen Haus, das zu einem opulenten, luxuriösen B&B umgebaut wurde, ist Romantik garantiert. In **Papa Joe's Oyster Bar & Grill** (www.papajoesoysterbar.com; 301b Market St; Hauptgerichte 8–18 US$; ⏲11.30–22 Uhr) kann man die berühmten Schalentiere der Stadt frisch geschält, gebacken oder gebraten genießen.

Panama City Beach

Es ist unmöglich, Panama City Beach für etwas anderes zu halten als das, was es ist:

eine typische, turbulente Florida-Strandstadt. Spring-Break-Studenten und Sommerurlauber strömen in Scharen an die wunderschönen weißen Sandstrände und genießen das kunterbunte Amüsement, während über Meilen hinweg eine Reihe Hochhaus-Hotels nach der anderen darauf besteht, die Aussicht zu versauen. Näheres gibt's bei der **Touristeninformation** (☎850-233-5070; www.visitpanamacitybeach.com, www.pcbeach.org; 17001 Panama City Beach Pkwy; ⏲8–17 Uhr).

Das Gebiet rund um Panama City Beach ist bei Wracktauchern sehr bekannt und bietet Dutzende natürlicher, historischer und künstlicher Riffe. **Dive Locker** (☎850-230-8006; www.divelocker.net; 106 Thomas Dr; ⏲Mo–Sa 8–18 Uhr) bietet Tauchgänge ab 90 US$ an, Ausrüstung inklusive. Vom **Museum of Man in the Sea** (www.manthesea.org; 17314 Panama City Beach Pkwy; Erw./Kind 5 US$/frei; ⏲Di–So 10–16 Uhr), das die Geschichte des Tauchens erzählt, kann man sich inspirieren lassen.

Der **St. Andrews State Park** (www.floridastateparks.org/standrews; Auto 8 US$) ist ein friedlicher Zufluchtsort mit Wanderwegen, Badestränden, Tieren und Pflanzen. **Shell Island** liegt direkt vor der Küste und lockt mit fantastischen Schnorchelplätzen; im Sommer fährt alle 30 Minuten ein **Shuttle** (www.shellislandshuttle.com; Trip plus Ausrüstung 22 US$).

Schlafen

Im Sommer ist an den Stränden des Panhandle Hochsaison. In Panama City gibt es eine riesige Menge Unterkünfte; wer die Spring-Break-Massen vermeiden möchte, sollte nach dem Stichwort „familienfreundlich" Ausschau halten.

Wisteria Inn MOTEL **$$**
(☎850-234-0557; www.wisteria-inn.com; 20404 Front Beach Rd; Zi. ab 109 US$; P ❄ ≋) Dieses nette kleine Motel mit 15 Zimmern und freundlichem Karibik-Motto lockt mit Mimosa-Happy-Hour am Pool und „Nur für Erwachsene"-Politik, die Spring Breaker abschreckt.

Beachbreak by the Sea MOTEL **$**
(☎850-234-3870; www.beachbreakbythesea.com; 15405 Front Beach Rd; DZ 79–169 US$; P ❄ ≋) Das Beachbreak ist eine erfrischende, vierstöckige Alternative in einem Meer aus Hochhäusern: Hier gibt's schlichte Motelzimmer in zentraler Strandlage, Frühstück ist inklusive.

Essen & Ausgehen

Pineapple Willy's KARIBISCH **$$**
(www.pwillys.com; 9875 S Thomas Dr; Hauptgerichte 15–22 US$; ⏲11 Uhr–open end) Wer in luftiger Umgebung am Strand speisen möchte, sollte um einen der Tische auf dem Restaurant-Pier bitten. Berühmt für seine legendären Drinks und die Spezialität des Hauses: Jack Daniels Barbecue Ribs.

Firefly NOUVELLE CUISINE **$$$**
(☎850-249-3359; www.fireflypcb.com; 535 Beckrich Rd; Hauptgerichte 22–36 US$; ⏲17–22 Uhr) Dieses atmosphärisch dichte, edle Restaurant lockt mit kreativen Meeresfrüchten und der coolen Library Lounge. Immerhin gut genug für den Präsidenten – Obama hat 2010 hier gegessen.

Tootsie's Orchid Lounge HONKY TONK
(www.tootsies.net; Pier Park; ⏲10 Uhr–open end) Ihm fehlt zwar der verstaubte Charme des Nashville-Originals, aber da die Country-Livemusik nie abreißt, ist für stetes Stiefelstampfen gesorgt.

Anreise & Unterwegs vor Ort

Der **Panama City International Airport** (PFN; www.iflybeaches.com) wird von ein paar großen Airlines angeflogen. Der **Greyhound-Busbahnhof** (www.greyhound.com; 917 Harrison Ave) befindet sich in Panama City, und der recht begrenzte **Bay Town Trolley** (www.baytowntrolley.org; Fahrpreis 1,50 US$) verkehrt nur an Werktagen zwischen 6 und 20 Uhr.

Pensacola & Pensacola Beach

Pensacola und seine zugehörige Strandstadt heißen Besucher willkommen, die von Westen her anreisen. Seine wunderschönen, schneeweißen Strände und seine Toleranz gegenüber den Spring-Break-Gelagen sichern Pensacola dauerhafte Beliebtheit. Außerdem verfügt die Stadt über eine lebendige Militärkultur und eine Innenstadt im spanischen Stil. An der **Touristeninformation** (☎850-434-1234; www.visitpensacola.com, www.visitpensacolabeach.com; 1401 E Gregory St; ⏲8–17 Uhr; @) gibt's Karten.

Die Region hatte in den letzten Jahren einige Wunden zu lecken: 2005 gab Hurricane Ivan sein Bestes, um den Ort dem Erdboden gleichzumachen, und 2010 verschmutzte die durch die Deepwater Horizon verursachte Ölpest die Strände am Golf von Mexiko mit Teerklumpen. Heute sind

PANORAMASTRASSE: HIGHWAY 30A

Entlang der Panhandle-Küste kann man den wichtigsten Highway (Hwy 98) zwischen Panama City Beach und Destin getrost verlassen und stattdessen auf eine der bezauberndsten Routen in ganz Florida ausweichen: den Scenic Hwy 30A. Dieser 18 Meilen (29 km) lange Straßenabschnitt schmiegt sich an einen Landstrich, der aufgrund seiner beinahe fluoreszierenden, juwelengrünen Wasser, die an glitzernd weiße Strände feinster Quarzkristalle branden, auch Smaragdküste genannt wird.

Neben dem Scenic Hwy 30A warten ursprüngliche, wilde Parklandschaften wie der **Grayton Beach State Park** (www.floridastateparks.org/graytonbeach; 357 Main Park Rd, Santa Rosa Beach; Auto 5 US$), der als einer der schönsten, unberührtesten Strände Floridas gilt. Etwa 15 mehr oder weniger skurrile Gemeinden klammern sich an die Küste, einige künstlerisch und unkonventionell, andere bis ins letzte Detail durchgeplante Urlaubsorte mit perfekt durchgestylter Architektur. Das interessanteste, surrealste unter ihnen ist das kleine Dörfchen **Seaside** (www.seasidefl.com), eine pastellfarbene Stadt, die in den 1980er-Jahren als Modellort des New Urbanism gefeiert wurde.

Seaside ist eine derart idealisierte Vision, dass der Ort 1998 völlig unverändert als Kulisse für den Film *Die Truman Show* diente, der von einem Mann erzählt, dessen „perfektes Leben" nichts weiter ist als eine Fernsehsendung. Variationen desselben Themas finden sich in WaterColor, Alys Beach und Rosemary Beach.

Gute Internetquellen sind www.30a.com und www.visitsouthwalton.com.

jedoch alle Strände des Panhandle wieder vom Öl befreit und die Gebäude und Straßen in Pensacola repariert. Die Region freut sich darauf, neue Besucher zu begrüßen!

Sehenswertes & Aktivitäten

2007 wurde vor der Küste von Pensacola absichtlich ein 280 m langer Flugzeugträger versenkt, um das größte künstliche Riff der Welt zu schaffen. Die **USS Oriskany** trägt nun den Beinamen „Great Carrier Reef" und liegt in 65 m Tiefe auf Sand. **MBT Divers** (☎850-455-7702; www.mbtdivers.com; 3920 Barrancas Ave) ist nur eines von zahlreichen Unternehmen und bietet für 150 US$ Zwei-Tank-Tauchgänge zur Oriskany sowie diverse Chartertouren an.

Historic Pensacola Village HISTORISCHE GEBÄUDE
(www.historicpensacola.org; Zaragoza St, zw. Tarragona & Adams St; Erw./Kind 6/3 US$; ⌚Di–Sa 10–16, Touren 11, 13 & 14.30 Uhr) Mit diesem Dorf, einer autarken Enklave historischer Häuser und Museen, ruft Pensacola: „Nimm dies, St. Augustine!" Die Eintrittskarte ist eine Woche lang gültig und schließt eine geführte Tour sowie den Besuch sämtlicher Gebäude ein.

GRATIS **National Museum of Naval Aviation** MUSEUM
(www.navalaviationmuseum.org; 1750 Radford Blvd; ⌚9–17 Uhr) Die Pensacola Naval Air Station (NAS) ist sowohl das Zuhause dieses Museums – eine Sammlung von Militärflugzeugen, bei der einem der Mund offen stehen bleibt – als auch der Eliteinheit **Blue Angels** (www.blueangels.navy.mil). Zwischen März und November kann man den Blue Angels an den meisten Dienstagen und Mittwochen um 8.30 Uhr dabei zuschauen, wie sie ihre todesverachtende Flugschau üben.

Pensacola Museum of Art KUNSTMUSEUM
(www.pensacolamuseumofart.org; 407 S Jefferson St; Erw./Kind 5 US$/frei; ⌚Di–Fr 10–17, Sa ab 12 Uhr) Im ehemaligen Gefängnis der Stadt (1908) ist heute ein hübsches Kunstmuseum untergebracht, das eine beeindruckende, stetig wachsende Sammlung großer Künstler des 20. und 21. Jhs. zeigt, die von Kubismus über Realismus und Popart bis zu Volkskunst reicht.

Gulf Islands National Seashore PARK
(www.nps.gov/guis; 7 Tage Fußgänger & Radfahrer/Auto 3/8 US$; ⌚Sonnenaufgang–Sonnenuntergang) Wer die wunderschönen weißen Sandstrände der Gegend genießen möchte, kann dies im leicht erreichbaren Pensacola Beach oder an der benachbarten Gulf Islands National Seashore tun, die zu einem 150 Meilen (241 km) langen Streifen mit unbebauten Stränden gehört. Am besten macht man es sich am ruhigen, familienfreundlichen Strand im **Naval Live Oaks** gemütlich, und wer zum **Fort Pickens** hinausfährt, kann die bröckelnen Ruinen dieser Festung aus dem 19. Jh. erkunden.

Schlafen

Pensacola Victorian B&B B&B $$
(☎850-434-2818; www.pensacolavictorian.com; 203 W Gregory St; Zi. 85–125 US$; P❄📶) Dieses stattliche Queen-Anne-Gebäude von 1892 hat vier sehr hübsch eingerichtete Gästezimmer. Uns gefiel besonders Suzanne's Room mit Hartholzboden, blauen Toile-de-Jouy-Mustern und frei stehender Badewanne.

New World Inn HOTEL $$
(☎850-432-4111; www.newworldlanding.com; 600 S Palafox St; Zi. ab 109 US$; P❄📶) Wer einen Blick unters Dach dieser ehemaligen Kartonfabrik wirft, entdeckt überraschend hübsche Zimmer mit sensationellen Betten und echten Teppichen (ein absoluter Strandstadt-Luxus).

Paradise Inn MOTEL $$
(☎850-932-2319; www.paradiseinn-pb.com; 21 Via de Luna Dr; Zi. 100–200 US$; P❄📶) Dieses zartgelbe Motel gegenüber vom Strand ist dank seiner beliebten Bar und seines Grills (wer es ruhig möchte, sollte nach einem der Zimmer am anderen Ende des Parkplatzes fragen!) eine äußerst lebendige, fröhliche Unterkunft. Die Zimmer sind klein, aber sauber, mit gefliesten Böden und hell gestrichenen Wänden.

Essen & Ausgehen

LP TIPP **Joe Patti's** SEAFOOD $
(www.joepattis.com; 534 South B St, Höhe Main St; ⏲Mo–Do & Sa 7–18, Fr bis 19 Uhr) In diesem beliebten Seafood-Emporium gibt's dockfrischen Fisch und Meeresfrüchte, fertige Picknick-Pakete und Sushi.

Dharma Blue INTERNATIONAL $$
(☎850-433-1275; www.dharmablue.com; 300 S Alcaniz St; Hauptgerichte 9–21 US$; ⏲Mo–Sa 11–16 & 17–21.30 Uhr) Viele Einheimische halten das Dharma Blue für das beste Restaurant der Gegend. Die bunte Karte reicht von gebratenen grünen Tomaten bis zu köstlichem Sushi.

Jerry's Drive-In AMERIKANISCH $
(2815 E Cervantes St; Hauptgerichte 7–12 US$; ⏲Mo–Fr 10–22, Sa ab 7 Uhr) Dies ist zwar kein Drive-In mehr, und Jerry ist auch nicht mehr der Besitzer, aber dieses Fast-Food-Restaurant ist trotzdem immer proppenvoll – wahrscheinlich, weil man wohl nirgendwo billiger essen kann. Nur Barzahlung möglich!

WAS ZUM …?

Jeden April versammeln sich die Einheimischen entlang der Staatsgrenze zwischen Florida und Alabama auf Perdido Key, um einer altehrwürdigen Tradition nachzugehen: dem **Interstate Mullet Toss** (Interstaatlicher Meeräschen-Weitwurf). Außer um eine prima Ausrede für eine Party geht es darum, herauszufinden, wer seine (tote) Meeräsche am Weitesten nach Alabama rüberwerfen kann. Das Event wird von der **Flora-Bama Lounge, Package and Oyster Bar** (www.florabama.com; 17395 Perdido Key Dr; ⏲Mo–Do 10–22 Uhr, Fr–So open end) veranstaltet, einer legendären Raststätte, die auch einen Besuch lohnt, wenn keine Fische fliegen.

Peg Leg Pete's SEAFOOD $$
(☎850-932-4139; 1010 Fort Pickens Rd; Hauptgerichte 8–20 US$; ⏲11–22 Uhr) Roh? Rockefeller? Casino? In diesem beliebten Strandlokal mit Livemusik und Piratendekor werden die Austern nach Wunsch zubereitet.

McGuire's Irish Pub IRISCH $$
(www.mcguiresirishpub.com; 600 E Gregory St; Hauptgerichte 11–30 US$; ⏲11 Uhr–open end) Diese scheunenartige Kneipe verspricht „Prasserei, Trinkgelage und Ausschweifungen" und liefert alle drei. Am besten hält man sich an die Steaks und Burger, und an den Tierköpfen oder mit Dollarnoten geschmückten Wänden darf man sich nicht stören. Wer bis spät bleibt, kann sich schon mal aufs Mitsingen einstellen.

LP TIPP **Seville Quarter** CLUB
(www.sevillequarter.com; 130 E Government St; ⏲11 Uhr–open end) Dieser riesige Unterhaltungskomplex nimmt einen ganzen Häuserblock ein und umfasst sieben separate Restaurants, Bars und Musikclubs. Die Einrichtung erinnert an H.G. Wells und könnte auch aus den 1890ern stammen.

Anreise & Unterwegs vor Ort

Der **Pensacola Regional Airport** (PNS; www.flypensacola.com) liegt 5 Meilen (8 km) nördlich der Downtown und wird auch von großen Airlines angeflogen. Der **Greyhound-Busbahnhof** (www.greyhound.com; 505 W Burgess Rd) befindet sich 9 Meilen (14,5 km) nördlich der Innenstadt.

Die Großen Seen

Inhalt »

Gut essen

- » Zingerman's Roadhouse (S. 616)
- » Terry's Turf Club (S. 605)
- » Slows Bar BQ (S. 612)
- » Next (S. 574)
- » Bryant-Lake Bowl (S. 643)

Schön übernachten

- » Inn on Ferry Street (S. 611)
- » Hotel Burnham (S. 568)
- » Arbor House (S. 632)
- » Lighthouse B&B (S. 653)
- » Inn Serendipity (S. 633)

Auf an die Großen Seen!

Man sollte sich nicht von den endlosen Maisfeldern täuschen lassen, denn dahinter verstecken sich Surfstrände und tibetische Tempel, autofreie Inseln und grün flackerndes Polarlicht. Der Mittlere Westen hat den Ruf, in der langweiligen Mitte von nirgendwo zu sein, aber die Nationalparks, die fünfspurigen Straßen in den Städten und die Orte Hemingways, Dylans und Vonneguts sprechen dagegen.

Stadtcowboys sollten mit Chicago und seiner Skyline anfangen. Milwaukee hält die Bier- und Harleyfackel hoch, während Minneapolis das Leuchtfeuer der Jazzmusik über die Maisfelder schickt. Und Detroit? Detroit rockt!

Die Großen Seen sind riesige Meere im Landesinneren. Sie punkten mit Stränden, Dünen und Badeorten, Milchfarmen und Obstgärten durchziehen die Region und liefern die Zutaten für leckere Kuchen und Eiscreme. Und selbst wo der Mittlere Westen nicht mehr so viel zu bieten hat, warten noch ein paar äußerst skurrile Attraktionen wie das fleischlastige Spam Museum oder das größte Garnknäuel der Welt.

Reisezeit

Chicago

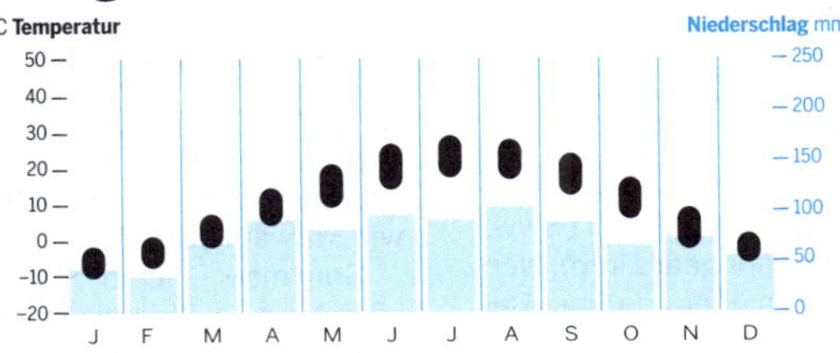

Jan. & Feb. Ski- und Schneemobilfahrer treffen sich auf den Pisten.

Juli & Aug. Endlich warm! Volle Biergärten, brummende Strände und jede Menge Feste.

Sept. & Okt. Angenehme Temperaturen, reiche Ernte und Zwischensaison-Schnäppchen.

NICHT VERSÄUMEN!

Nur im Mittleren Westen kann man in Käsebruch (*cheese curds*, Wisconsin), Pfannenpizza (Chicago) und Zucker-Creme-Torte (Indiana) schwelgen.

Kurzinfos

» Drehscheiben: Chicago (2,8 Mio. Ew), Minneapolis (372 800 Ew.)

» Chicago–Minneapolis: 400 Meilen (644 km)

» Chicago–Detroit: 285 Meilen (659 km)

» Zeitzone: Eastern (IN, OH, MI), Central (IL, WI, MN)

» Staaten, die in diesem Kapitel behandelt werden: Illinois, Indiana, Ohio, Michigan, Wisconsin, Minnesota

Schon gewusst?

Die Großen Seen enthalten 20 % des weltweiten bzw. 95 % des amerikanischen Süßwasservorkommens.

Infos im Internet

» Midwest Microbrews (www.midwestmicrobrews.com): Schaumige Fakten

» Great Lakes Information Network (www.great-lakes.net): Umweltneuigkeiten

» Changing Gears (www.changinggears.info): Neue Storys über den Rust Belt

Anreise & Unterwegs vor Ort

Der O'Hare International Airport (ORD) in Chicago ist das wichtigste Luftdrehkreuz. Auch Detroit (DTW), Cleveland (CLE) und Minneapolis (MSP) haben große Flughäfen.

Mit einem Auto kommt man am besten herum, vor allem wenn man die Route 66 oder Nebenstraßen erkunden will. Im Norden von Illinois, in Indiana und Ohio sollte man auf Mautstraßen (z. B. I-80, I-90) genug Kleingeld dabeihaben.

Greyhound (www.greyhound.com) verbindet viele kleine und große Städte der Region. Der Newcomer **Megabus** (www.megabus.com/us) bietet eine effiziente Alternative zwischen den wichtigsten Städten an den Großen Seen. Megabus hat keine Busbahnhöfe (man steigt an verschiedenen Straßenecken ein und aus). Alle Fahrkarten müssen im Voraus online gekauft werden (kein Verkauf beim Fahrer).

Knotenpunkt des Amtrak-Eisenbahnnetzes ist Chicago. Von hier fährt mindestens einmal täglich ein Zug nach San Francisco *(California Zephyr)*, Seattle *(Empire Builder)*, New York City *(Lake Shore Limited)*, New Orleans *(City of New Orleans)* und San Antonio *(Texas Eagle)*. Regionalzüge steuern Milwaukee (7-mal tgl.) und Detroit (3-mal tgl.) an.

Zwei Auto-/Personenfähren fahren über den Lake Michigan und kürzen so deutlich die Strecke zwischen Wisconsin und Michigan ab. Der **Lake Express** (www.lake-express.com) verkehrt zwischen Milwaukee und Muskegon, die **SS Badger** (www.ssbadger.com) zwischen Manitowoc und Ludington.

TOP FIVE: AKTIVURLAUB

» Boundary Waters (S. 653): Kanufahren und dabei Wölfe und Elche beobachten

» Wisconsin's Rails to Trails (S. 628): Vorbei an Kühen durch Ackerland strampeln

» Apostle Islands (S. 637): Kajaktouren durch Seehöhlen

» New Buffalo (S. 618): Surfen lernen

» Isle Royale (S. 625): Wandern und zelten in der Wildnis

Bevor es losgeht

Es erspart Ärger, im Sommer die Unterkunft früh zu buchen, besonders in Urlaubsorten wie der Mackinac Island oder der North Shore in Minnesota. Gleiches gilt für Städte wie Milwaukee und Chicago, in denen oft Festivals steigen.

Gourmets, die in Spitzenrestaurants wie dem Alinea oder Next in Chicago speisen möchten, müssen sechs bis acht Wochen im Voraus einen Tisch bestellen.

Wer mit einem netten Stellplatz auf einem Campingplatz am Strand liebäugelt, sollte ihn reservieren. Bei den meisten State Parks geht das gegen eine kleine Gebühr auch online.

Insektenschutzmittel nicht vergessen, das ist vor allem in den Northwoods nötig. Im Frühjahr können die Kriebelmücken und im Sommer die Moskitos brutal sein.

Geschichte

Zu den ersten Bewohnern der Region gehörten die Hopewell (um 200 v.Chr.) und die Moundbuilder des Mississippi (um 700 n.Chr.). Beide hinterließen mysteriöse Erdhügel, die als Gräber ihrer Führer und vielleicht auch als Tribut für ihre Gottheiten dienten. Man kann in Cahokia, Illinois, und in Mound City im Südosten Ohios Überreste davon sehen.

Die Moundbuilder-Kulturen begannen um 1000 n.Chr. an Bedeutung zu verlieren und innerhalb der nächsten Jahrhunderte kamen die Miami, die Shawnee und die Winnebago zum Zug.

Französische Voyageure (Pelzhändler) kamen im frühen 17. Jh. hier an und richteten Missionen und Forts ein. Die Briten tauchten kurz danach auf. Die Rivalität zwischen beiden führte zum Französischen und Indischen Krieg (Siebenjähriger Krieg, 1756–1763). Danach übernahmen die Briten die Kontrolle des gesamten Landes östlich des Mississippi. Nach dem Unabhängigkeitskrieg wurde das Gebiet der Großen Seen zum nordwestlichen Territorium der USA und bald darauf in Staaten aufgeteilt.

Nachdem in der Region ein beeindruckendes Netzwerk aus Kanälen und Schienen errichtet worden war, kam es zwischen den Neuankömmlingen und der indigenen Bevölkerung Amerikas bald zu Konflikten. Dazu gehören die Schlacht von Tippecanoe in Indiana 1811, der blutige Black-Hawk-Krieg von 1832 in Wisconsin, Illinois und Umgebung, in dessen Folge die Einheimischen gezwungen wurden, sich westlich des Mississippi anzusiedeln, und der Sioux-Aufstand von 1862 in Minnesota.

Während des späten 19. Jhs. und des frühen 20. Jhs. schoss die Industrie empor und wuchs, angeheizt durch die Ressourcen Kohle und Eisen sowie den einfachen Transport über die Seen, schnell an. Die Arbeitsplätze zogen riesige Wellen von Einwanderern aus Irland, Deutschland, Skandinavien und Süd- und Osteuropa an. Noch Jahrzehnte nach dem Bürgerkrieg wanderte zudem eine große Zahl von Afroamerikanern aus dem Süden in die städtischen Zentren ein.

Während des Zweiten Weltkriegs und der 1950er-Jahre florierte die Region. Dann folgten 20 Jahre sozialer Unruhen und wirtschaftlicher Stagnation. Die produzierende Industrie wurde schwächer und die Städte des *rust belt* (Rostgürtel) wie Detroit und Cleveland wurden von hoher Arbeitslosigkeit heimgesucht. Es setzte der *white flight* ein, d.h., weiße Familien der Mittelschicht flohen in die Vorstädte).

Die 1980er- und 1990er-Jahre brachten eine Wiederbelebung der Städte. Die Bevölkerung der Region wuchs, vor allem durch Einwanderer aus Asien und Mexiko. Das Wachstum in den Dienstleistungs- und Hightechsektoren sorgte für eine ökonomische Balance. Aber die verarbeitende Industrie wie die Autoherstellung und die Stahlproduktion spielte immer noch eine große Rolle. Dies hatte zur Folge, dass mit Beginn der Wirtschaftskrise 2008 die Städte an den großen Seen diese zuerst und am stärksten zu spüren bekamen.

KURZINFOS ILLINOIS

» **Spitznamen** Prairie State, Land of Lincoln

» **Bevölkerung** 12,9 Mio.

» **Fläche** 149 960 km²

» **Hauptstadt** Springfield (116 500 Ew.)

» **Weitere Städte** Chicago (2,8 Mio. Ew.)

» **Verkaufssteuer** 6,25 %

» **Geburtsort von** Schriftsteller Ernest Hemingway (1899–1961), Zeichner Walt Disney (1901–1966), Jazzmusiker Miles Davis (1926–1991), Schauspielers Bill Murray (geb. 1950)

» **Heimat der** Maisfelder, des Startpunkts der Route 66

» **Politische Ausrichtung** Demokraten in Chicago, Republikaner im südlichen Teil

» **Berühmt für** Wolkenkratzer, den Corn Dog, alles was mit Abraham Lincoln zu tun hat

» **Offizieller Snack** Popcorn

» **Entfernungen** Chicago–Milwaukee 92 Meilen (148 km), Chicago–Springfield 200 Meilen (321 km)

Einheimische Kultur

Die US-Staaten an den Großen Seen werden zum Mittleren Westen gezählt – diese Bezeichnung stammt übrigens noch aus dem 19. Jh., als man nach einer begrifflichen Abgrenzung von der Ostküste und dem Wilden Westen suchte. Die Region ist

Highlights

1. In **Chicago** (S. 550)Wolkenkratzer, Museen, Festivals und Essen auf sich wirken lassen
2. An der **Gold Coast** (S. 617) in Michigan am Strand liegen, Beeren essen und surfen
3. Für die klappernden Pferdekutschen im **Amish Country** (S. 592 & S. 599) langsamer fahren
4. An einem Freitagabend in **Milwaukee** (S. 626) Fisch grillen und Polka tanzen
5. Durch die **Boundary Waters** (S. 653) paddeln und unterm Sternenhimmel schlafen
6. Vor der Kulisse von **Detroit** (S. 607) am Fluss entlangradeln
7. Auf der **Route 66** (S. 583) im Schneckentempo durch Illinois zuckeln und leckere Pasteten verputzen

0 200 km
0 100 Meilen
KANADA
Québec
Ontario
Thunder Bay
Grand Portage
Isle Royale National Park
Lake Superior
Copper Harbor
Keweenaw Peninsula
Porcupine Mountains Wilderness State Park
Houghton
Pictured Rocks National Lakeshore
Tahquamenon Falls
Sault Ste. Marie
Ottawa National Forest
Marquette
Naubinway
Iron Mountain
St. Ignace
Mackinaw City
Mackinac Island
Manitoulin Island
Lake Nipissing
Georgian Bay
Lake Michigan
Washington Island
Leelanau Peninsula
Petoskey
Boyne City
Charlevoix
Nicolet National Forest
Manitou Islands
Leland
Empire
Frankfort
Traverse City
Wausau
Door Peninsula
Sleeping Bear Dunes National Lakeshore
Huron National Forest
Lake Huron
Lake Simcoe
Green Bay
Saginaw Bay
Central Time Zone
Eastern Time Zone
TORONTO
Oshkosh
Ludington
Hamilton
Michigan
Port Huron
Muskegon
Grand Rapids
Flint
London
Milwaukee
MADISON
Gold Coast
Holland
LANSING
Detroit
Saugatuck/Douglas
Dearborn
New York
Monroe
Racine
Erie
Lake Michigan
Kalamazoo
Ann Arbor
Lake Erie
Madison
Chicago
Middlebury
Toledo
Bass Islands
Pelee Island
Kelleys Island
Pennsylvania
East Chicago
South Bend
Cleveland
Indiana Dunes State Park
Auburn
Akron
Canton
Indiana
Peoria
Marion
Bloomington
Fairmount
Ohio
Atlanta
COLUMBUS
Champaign
SPRINGFIELD
INDIANAPOLIS
Dayton
Yellow Springs
Lancaster
Terre Haute
Marietta
Athens
Nashville
Columbus
Cincinnati
Chillicothe
Route 66
River
Bloomington
Covington
West Virginia
Madison
Ohio River
Vincennes
Wabash
Huntington
Charleston
FRANKFORT
Louisville
New Harmony
Lexington
Harmonie State Park
Kentucky
Shawnee National Forest
Cypress Creek National Wildlife Refuge
Cairo
Paducah
Virginia

das solide, gefühlvolle Herz der USA. Die Leute hier zucken angesichts des kecken Geglitzers der Ostküste und des flockigen Sexappeals der Westküste nur mit den Schultern. Stattdessen sind sie glücklich, in der im wahrsten Sinne des Wortes platten Mitte zu sein. Es ist keine Überraschung, dass der Autor Ernest Hemingway aus dieser Gegend des Landes stammte, wo man selten ein Wort verschwendet.

Hätte der Mittlere Westen ein Mantra, so wäre das: hart arbeiten, in die Kirche gehen und sich auf dem Pfad der Tugend halten ... außer es findet eine Sportveranstaltung statt. Dann ist es o.k., sich dick mit Körperfarbe zu beschmieren und die Haare knallrot zu färben (oder welche Farbe auch immer das Team vorschreibt). Baseball, Football, Basketball und Eishockey sind alle wahnsinnig beliebt. Die großen Städte haben für jede dieser Sportarten ein Profiteam.

Musik prägte schon immer die Kultur der Region. Der elektrische Blues von Muddy Waters und Chess Records wurde in Chicago geboren. Motown Records startete mit dem Soulsound in Detroit. Alternative Rock lässt beide Städte vibrieren (man denke an Wilco in Chicago, White Stripes in Detroit) und kommt genauso aus Minneapolis (Replacements, Hüsker Dü) und Dayton, Ohio (Guided By Voices, Breeders).

Die Region hat mehr Facetten zu bieten, als Außenstehende meinen könnten. Einwanderer aus Mexiko, Afrika, dem Nahen Osten und Asien haben im ganzen Mittleren Westen ihre Gemeinschaften etabliert, meist in den Städten, wobei sie besonders die lokale Restaurantszene bereichern.

ILLINOIS

Chicago mit seiner in den Himmel ragenden Architektur und den Museen der Superlative, mit seinen Restaurants und Musikclubs dominiert den ganzen US-Staat. Aber wenn man sich etwas weiter wagt, entdeckt man Hemingways Heimatstadt der „weiten Wiesen und beschränkten Gemüter", hier und da verstreute Schreine für Abe Lincoln, den Helden der Region, und an der Route 66 reihen sich Drive-in-Kinos sowie Verkaufsbuden für Corn Dogs und Kuchen aneinander. Außerdem haben in Illinois noch ein Zypressensumpf und eine prähistorische Stätte mit Weltkulturstatus ihren Auftritt.

Praktische Informationen

Illinois Bureau of Tourism (www.enjoyillinois.com)

Verkehrsinformationen für Illinois (www.gettingaroundillinois.com)

Illinois State Park Information (www.dnr.illinois.gov) Der Eintritt in die State Parks ist kostenlos. Stellplätze kosten 6 bis 35 US$; bei einigen kann man reservieren (www.reserveamerica.com; 5 US$).

Chicago

Die Liebe zu Chicago ähnelt der „Liebe zu einer Frau mit gebrochener Nase: Man kann leicht einen hübscheren Liebling finden, aber nie einen aufrichtigeren." Der Schriftsteller Nelson Algren hätte es nicht besser sagen können in seinem Werk *Chicago: City on the Make*. Diese Wolkenkratzer-Stadt hat etwas, das bezaubert. Nun ja, vielleicht nicht gerade während des sechs Monate dau-

DIE GROSSEN SEEN IN...

... fünf Tagen

Die ersten beiden Tage braucht man für **Chicago**. Am dritten Tag fährt man in etwa eineinhalb Stunden nach Milwaukee, um dort intellektuelle und weniger intellektuelle Kultur zu genießen. Dann nimmt man die Fähre nach Michigan und verbringt den vierten Tag am Strand in **Saugatuck.** Über die **Indiana Dunes** oder **Indiana's Amish Country** geht's zurück nach Chicago.

... zehn Tagen

Nach zwei Tagen in **Chicago** verbringt man den dritten Tag in **Madison** und Umgebung, wo es recht Eigenartiges zu bewundern gibt. Am vierten und fünften Tag besucht man die **Apostle Islands**. Dann geht's für einige Tage zur Upper Peninsula, wo es **Marquette** und die **Pictured Rocks** zu besichtigen gilt. Danach stehen die **Sleeping Bear Dunes** und die Weingüter rund um **Traverse City** auf dem Programm. Zurück fährt man über **Saugatuck** mit seinen Galerien, Kuchen und Stränden.

Großraum Chicago

0 4 km
0 2 Meilen
ROGERS PARK
Morse
Loyola Park
Warren Park
Loyola
N Lincoln Ave
W Devon Ave
Leather Archives & Museum
Granville
W Peterson Ave
Thorndale
Rosehill Cemetery
Bryn Mawr
O'Hare International Airport (10 Meilen)
East River Park
W Foster Ave
LINCOLN SQUARE
UPTOWN
Kedzie
Kimball
Damen
Irving Park
Francisco
Rockwell
Western
W Irving Park Rd
Addison
Horner Park
N Western Ave
N Milwaukee Ave
Belmont
s. Karte Andersonville & Wrigleyville (S. 564)
Logan Square
LOGAN SQUARE
W Diversey Ave
N Clark St
Diversey Harbor
Fullerton Beach
W Fullerton Ave
BUCKTOWN
N Clybourn Ave
Lake Michigan
California
Clybourn Station (Metra)
Western
Damen
W North Ave
WICKER PARK
HUMBOLDT PARK
Nelson Algren's House
W Division St
Division
UKRAINIAN VILLAGE
Chicago
Grand
W Grand Ave
Pulaski
Garfield Park
Ashland
California
Grand
W Lake St
United Center
West Loop
Kedzie
Western
Medical Center
Pulaski
Kedzie-Homan
Polk
Racine
LITTLE ITALY
W Roosevelt Rd
National Museum of Mexican Art
MUSEUM CAMPUS
Kildare
Pulaski
Central Park
Kedzie
18th St
s. Karte Downtown Chicago (S. 554)
PILSEN
Cermak-Chinatown
W Cermak Rd
California
Western
Hoyne
CHINATOWN
S State St
27th St Station (Metra)
Halsted
BRONZEVILLE
Ashland
E 31st St
Sox-35th St
35th St-Bronzeville-IIT
Sanitary Drainage and Ship Canal
US Cellular Field
35th St/Archer
BRIDGEPORT
90
Adlai Stevenson Expwy
W Pershing Rd
Indiana
Oakland Park
S Archer Ave
W 43rd St
43rd St
Burnham Park
KENWOOD
47th St Station (Metra)
Kedzie
W 47th St
E 47th St
47th St
51st-53rd St Station (Metra)
Western
55th-56th-57th St Station (Metra)
Pulaski
Sherman Park
51st St
HYDE PARK
W 55th St
W Garfield Blvd
Garfield
Robie House
Museum of Science & Industry
Midway
W 59th St

ernden Winters, wenn die „windige Stadt" unter eisigen Schneeböen leidet. Man sollte also besser im Mai kommen, wenn es warm ist und alle zu den Festen im Freien, den Baseballstadien, den Stränden am See und den Biergärten eilen – wow, dann ist Chicago nicht zu toppen. Und das ist wörtlich gemeint, denn hier steht der Willis Tower, das höchste Gebäude der USA (zumindest noch so lange, bis das One World Trade Center in New York fertiggestellt ist).

Neben der beeindruckenden Architektur gibt es in Chicago auch noch mexikanische, polnische, vietnamesische und andere Viertel verschiedener Kulturen, in denen man wunderbar bummeln kann. Jeden Abend brummen die Blues-, Jazz- und Rockclubs. Und schließlich ist Chicago auch eine Stadt der Feinschmecker – die Schlangen vor den Hotdog-Buden sind genauso lang wie die vor nordamerikanischen Top-Restaurants.

Sorry, aber es muss mal gesagt werden: Die Windy City mit ihren besonnenen, kultivierten Ungeheuerlichkeiten versetzt einen wirklich in Erstaunen.

Geschichte

Im späten 17. Jh. gaben die Potawatomi der einst sumpfigen Gegend den Namen „Checagou" – wilde Zwiebel. Ein Tag von zentraler Bedeutung für die Stadt war der 8. Oktober 1871. An diesem Tag stieß einer Legende zufolge die Kuh einer gewissen Mrs. O'Leary eine Laterne um und entfachte so den großen Brand von Chicago. Das Feuer zerstörte die ganze Innenstadt und machte 90 000 Menschen obdachlos.

„Verdammt" sagten sich die Stadtplaner, „wir hätten nicht alles aus Holz bauen sollen. Es ist leicht entzündbar." Also setzten sie beim Wiederaufbau Stahl ein und schufen Platz für gewagte, neue Konstruktionen, wie den ersten Wolkenkratzer der Welt, der ab 1885 in den Himmel ragte. Weitere sollten folgen.

In den 1920er-Jahren beherrschte Al Capones Gang mehr oder weniger die Stadt und korrumpierte das politische System. Seitdem hat die Stadtverwaltung immer wieder Probleme gehabt und seit 1970 wanderten 30 Mitglieder des Stadtrats ins Gefängnis.

Seit den letzten 50 Jahren steht Chicago unter der Herrschaft der Daleys, nämlich von Richard J. Daley, der von 1955 bis 1976 Bürgermeister war, und seinem Sohn Richard M. Daley, der von 1989 bis 2011 das gleiche Amt innehatte.

CHICAGO IN ...

... zwei Tagen

Am ersten Tag sollte man auf eine **architektonische Entdeckungstour** gehen, sich die Wolkenkratzer der Stadt ansehen und die Aussicht vom **John Hancock Center** genießen. Danach betrachtet man, wie sich die Skyline in „The Bean" spiegelt, und lässt sich im **Millennium Park** von den „menschlichen" Wasserspeiern des Crown Fountain bespritzen. Hungrig geworden von der Lauferei? Dann gibt's nichts Besseres als eine Pfannenpizza bei **Giordano's**.

Der zweite Tag ist der Kultur gewidmet: dem **Art Institute of Chicago** oder dem **Field Museum of Natural History**. Nach einem Bummel durch die Boutiquen in **Wicker Park** geht man dort auch noch schick essen. Abends geht's dann in Al Capones Gin-Kneipe **Green Mill**, wo Jazz gespielt wird.

... vier Tagen

Nachdem man das Zwei-Tages-Programm absolviert hat, leiht man sich am dritten Tag ein Fahrrad, hält am **North Avenue Beach** den Zeh in den Lake Michigan und radelt mit Zwischenstopps am Zoo und am Konservatorium durch den **Lincoln Park**. In der Baseball-Saison geht es dann direkt weiter zum **Wrigley Field** zu einem Spiel der Cubs. Ein verrauchter Bluesclub wie **Buddy Guy's Legends** ist der perfekte Abschluss des Abends (oder Start in den neuen Tag).

Am vierten Tag sucht man sich ein Stadtviertel zum Essen, zum Shoppen und um Kultur in sich aufzusaugen: Wandgemälde und Gerichte mit Mole-Sauce in **Pilsen**, Pagoden und vietnamesische Sandwiches in **Uptown** oder Obama und die Skulptur Nuclear Energy im **Hyde Park.** Zu guter Letzt besucht man eins der 200 Theater von Chicago oder schaut sich in **Second City** eine Komödie an.

ONLINE-TICKETS & DISCOUNT-KARTEN

Für die meisten Sehenswürdigkeiten, u. a. für das Art Institute, das Shedd Aquarium und den Willis Tower, kann man die Eintrittskarte online kaufen. Der Vorteil ist, dass man mit Sicherheit reinkommt und vor allem auch die Schlangen an den Ticketschaltern umgeht. Der Nachteil ist, dass man eine Servicegebühr von 1,50 bis 4 US$ pro Ticket (manchmal auch pro Bestellung) zahlen muss und dass die Schlange vor dem Vorverkaufsschalter manchmal genauso lang ist wie an dem normalen Schalter. Unsere Empfehlung: Im Sommer und für große Ausstellungen sollte man sich die Eintrittskarte online besorgen, ansonsten ist das nicht zwingend nötig.

In Chicago gibt's auch ein paar Ermäßigungskarten, mit denen man ebenfalls lange Schlangen umgehen kann:

» **Go Chicago Card** (www.gochicagocard.com) Man bezahlt einen einmaligen Betrag und hat dann freien Eintritt in unbegrenzt viele Sehenswürdigkeiten; es gibt Karten für einen, zwei, drei, fünf oder sieben aufeinanderfolgende Tage.

» **CityPass** (www.citypass.com) Mit dieser Karte kommt man an neun Tagen in fünf Top-Attraktionen der Stadt, z. B. das Shedd Aquarium und den Willis Tower. Diese Alternative ist für diejenigen interessant, die die Stadtbesichtigung etwas lockerer angehen lassen wollen.

Sehenswertes

Die Hauptattraktionen Chicagos liegen im Zentrum oder in dessen Nähe. Aber auch Ausflüge in abgelegenere Viertel wie Pilsen und Hyde Park lohnen sich.

Chicagos Straßen sind im Schachbrettmuster angelegt und nummeriert. Die Kreuzung Madison St und State St im Loop bildet das Zentrum. Wenn man von hier aus in Richtung Norden, Süden, Osten oder Westen geht, hat man jedes Mal eine Meile zurückgelegt, wenn die Hausnummern um 800 größer geworden sind. Ein Beispiel: Nach der Chicago Ave (800 N) kommt die North Ave (1600 N) und dann die Fullerton Ave (2400 N), d. h., dass man 3 Meilen (4,8 km) nördlich des Stadtzentrums ist.

Wer die Stadt bis in die kleinste Ecke erkunden will, sollte sich die Guides *Chicago* oder *Chicago Encounter* von Lonely Planet besorgen.

THE LOOP

Stadtzentrum und Bankenviertel sind nach den Schienen der Hochbahn benannt, die die Straßen wie eine Schlinge umgeben. Hier herrscht tagsüber ordentlich Betrieb, doch abends ist nur im Millennium Park und im Theater District, in der Nähe der Kreuzung von N State St und W Randolph St, etwas los.

GRATIS **Millennium Park** PARK

(Karte S. 554; www.millenniumpark.org; Welcome Center, 201 E Randolph St; ⌚6–23 Uhr; 👪) Der am Seeufer prunkende Millennium Park ist eine wahre Schatztruhe, die prall gefüllt ist mit Sehenswürdigkeiten. Hier befindet sich Frank Gehrys 37 m hohe geschwungene, muschelartige Konstruktion aus Metallbändern und bildet das Zentrum einer Art Freilichtgalerie für modernes Design. Hierzu gehört auch die 15 m hohe **Crown Fountain** von Jaume Plensa: Aus einer Videoinstallation mit Bildern von Einheimischen sprudelt ein Wasserstrahl – und zwar immer direkt aus dem projizierten Mund, ganz wie bei traditionellen Wasserspeiern. Außerdem gibt's hier die von Gehry entworfene **BP Bridge**, die über den Columbus Dr führt und einen herrlichen Blick auf die Skyline bietet, und den **McCormick Tribune Ice Rink**, auf dem sich im Winter Schlittschuhläufer (und im Sommer Restaurantgäste) unter freiem Himmel tummeln. Die neueste Installation ist die **Nichols Bridgeway**, die vom Park zur zweiten Etage des zeitgenössischen Skulpturengartens im Art Institute führt (Brücke kostenlos).

Zum größten Anziehungspunkt des Parks ist aber The Bean geworden – die 110 t schwere, wie ein Silbertropfen geformte, superglatte Skulptur von Anish Kapoor heißt offiziell **Cloud Gate**. Kaum ein Besucher kann dieser spielerischen Kunst widerstehen, die einen planschen an der Crown Fountain herum, die anderen können sich nicht zurückhalten, über die glatte Fläche des Cloud Gate zu streichen.

Im Sommer gibt's im **Pritzker Pavilion** des Millennium Park, das eine fantastischen Akustik aufweist, um die Mittagszeit

Downtown Chicago

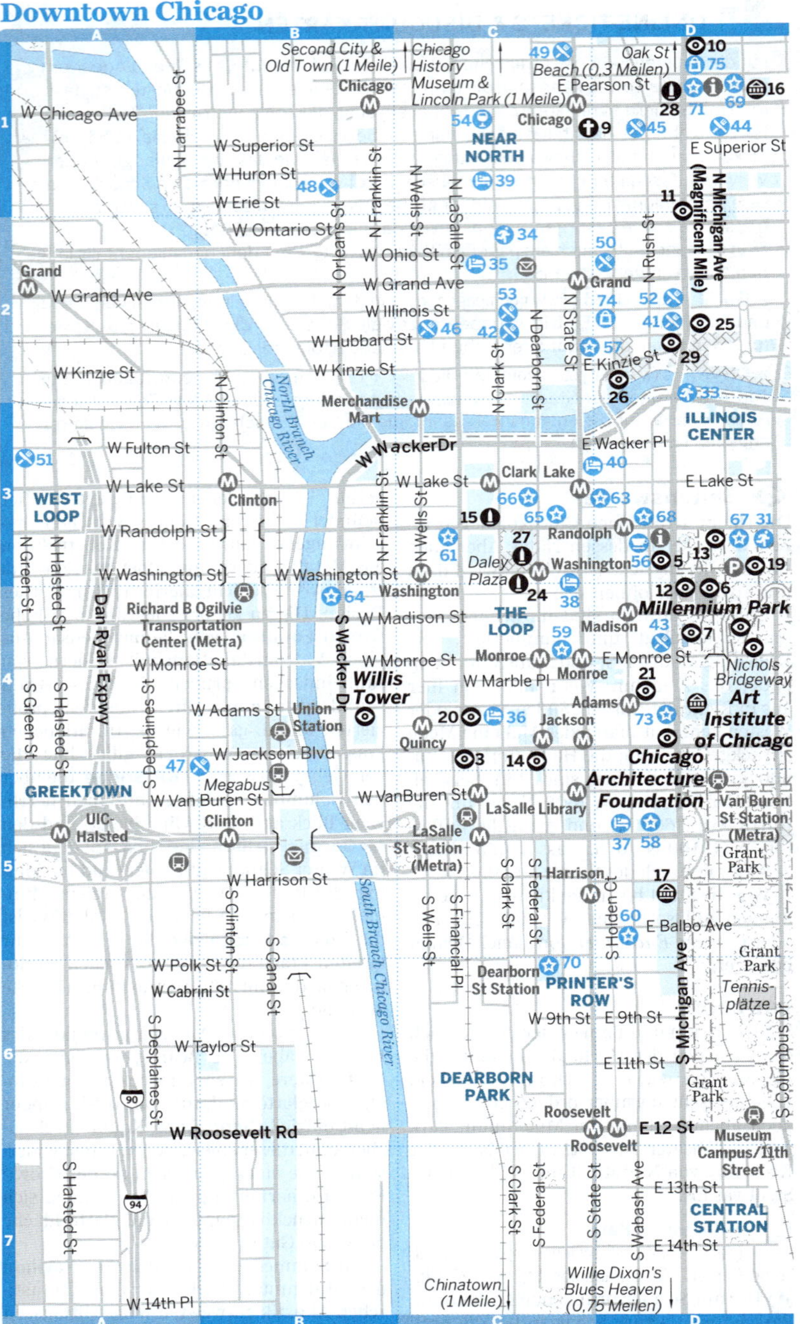

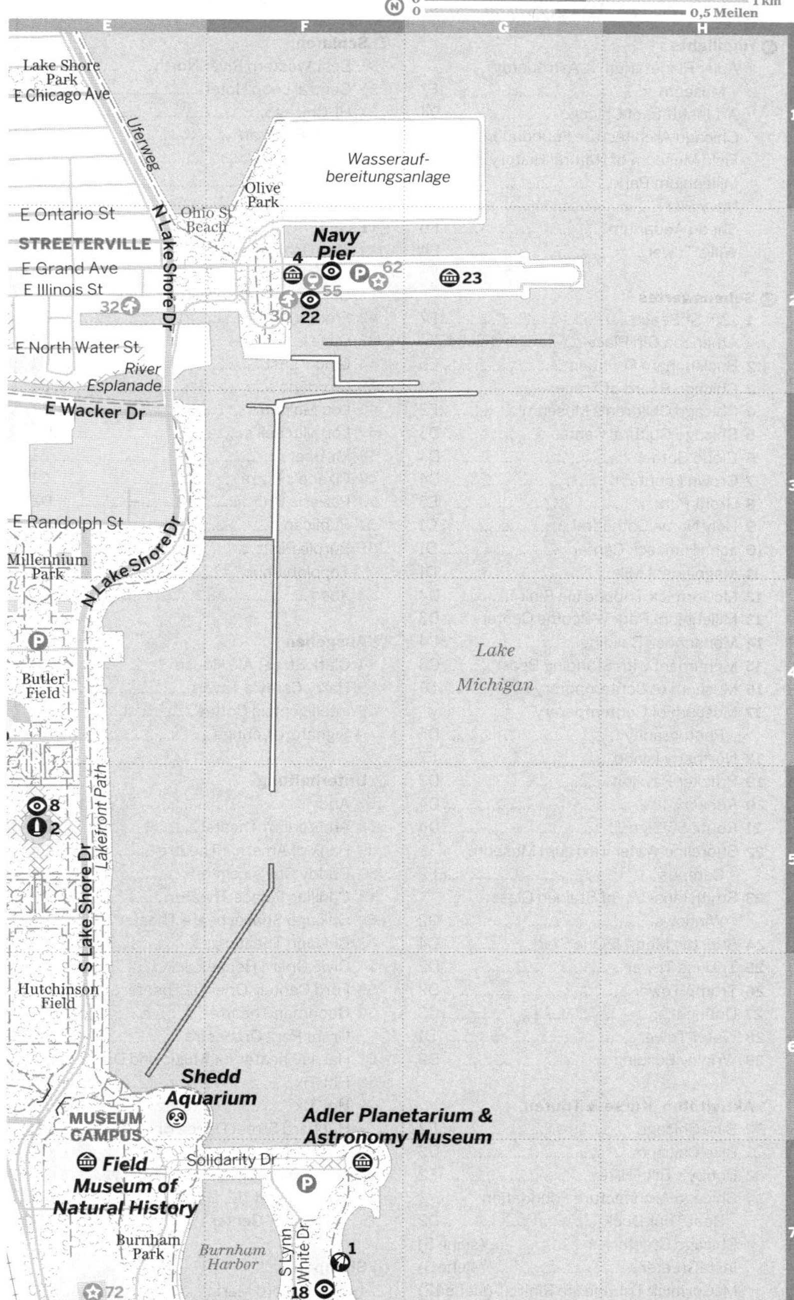
0 1 km
0 0,5 Meilen
Lake Shore Park
E Chicago Ave
Uferweg
Wasserauf-bereitungsanlage
Olive Park
E Ontario St
Ohio St Beach
N Lake Shore Dr
STREETERVILLE
Navy Pier
E Grand Ave
E Illinois St
E North Water St
River Esplanade
E Wacker Dr
E Randolph St
Millennium Park
N Lake Shore Dr
Butler Field
Lake Michigan
Lakefront Path
S Lake Shore Dr
Hutchinson Field
Shedd Aquarium
MUSEUM CAMPUS
Adler Planetarium & Astronomy Museum
Field Museum of Natural History
Solidarity Dr
Burnham Park
Burnham Harbor
S Lynn White Dr

Downtown Chicago

Highlights

Adler Planetarium & Astronomy Museum ... F7
Art Institute of Chicago ... D4
Chicago Architecture Foundation ... D4
Field Museum of Natural History ... E7
Millennium Park ... D4
Navy Pier ... F2
Shedd Aquarium ... E6
Willis Tower ... B4

Sehenswertes

1 12th St Beach ... F7
American Girl Place ... (siehe 75)
2 Buckingham Fountain ... E5
3 Chicago Board of Trade ... C4
4 Chicago Children's Museum ... F2
5 Chicago Cultural Center ... D3
6 Cloud Gate ... D4
7 Crown Fountain ... D4
8 Grant Park ... E5
9 Holy Name Cathedral ... C1
10 John Hancock Center ... D1
11 Magnificent Mile ... D1
12 McCormick Tribune Ice Rink ... D4
13 Millennium Park Welcome Center ... D3
14 Monadnock Building ... C4
15 Monument with Standing Beast ... C3
16 Museum of Contemporary Art ... D1
17 Museum of Contemporary Photography ... D5
18 Northerly Island ... F7
19 Pritzker Pavilion ... D3
20 Rookery ... C4
21 Route 66 Sign ... D4
22 Shoreline Water Taxi zum Museum Campus ... F2
23 Smith Museum of Stained Glass Windows ... G2
24 Sun, the Moon & One Star ... C4
25 Tribune Tower ... D2
26 Trump Tower ... D2
27 Untitled ... C3
28 Water Tower ... D1
29 Wrigley Building ... D2

Aktivitäten, Kurse & Touren

30 Bike Chicago ... F2
31 Bike Chicago ... D3
32 Bobby's Bike Hike ... E2
33 Chicago Architecture Foundation Boat Tour Dock ... D2
Chicago Greeter ... (siehe 5)
InstaGreeter ... (siehe 5)
McCormick Tribune Ice Rink ... (siehe 12)
34 Weird Chicago Tours ... C2

Schlafen

35 Best Western River North ... C2
36 Central Loop Hotel ... C4
37 HI-Chicago ... D5
38 Hotel Burnham ... C3
39 Hotel Felix ... C1
40 Wit ... C3

Essen

41 Billy Goat Tavern ... D2
Cafecito ... (siehe 37)
Chicago's Downtown Farmstand ... (siehe 68)
42 Frontera Grill ... C2
43 Gage ... D4
44 Gino's East ... D1
45 Giordano's ... D1
46 Lou Malnati's ... C2
47 Lou Mitchell's ... B4
48 Mr Beef ... B1
49 Pizano's Pizza ... C1
50 Pizzeria Uno ... D2
51 Publican ... A3
52 Purple Pig ... D2
Topolobampo ... (siehe 42)
53 Xoco ... C2

Ausgehen

54 Clark Street Ale House ... C1
55 Harry Caray's Tavern ... F2
56 Intelligentsia Coffee ... D3
Signature Lounge ... (siehe 10)

Unterhaltung

57 Andy's ... C2
58 Auditorium Theater ... D5
59 Bank of America Theatre ... C4
60 Buddy Guy's Legends ... D5
61 Cadillac Palace Theater ... C3
62 Chicago Shakespeare Theater ... F2
63 Chicago Theater ... D3
64 Civic Opera House ... B4
65 Ford Center/Oriental Theater ... C3
66 Goodman Theatre ... C3
Grant Park Orchestra ... (siehe 13)
67 Harris Theater for Music and Dance ... D3
68 Hot Tix ... D3
69 Hot Tix ... D1
Hubbard Street Dance Chicago ... (siehe 67)
70 Jazz Showcase ... C6
71 Lookingglass Theatre Company ... D1
72 Soldier Field ... E7
73 Symphony Center ... D4

Shoppen

74 Jazz Record Mart ... D2
75 Water Tower Place ... D1

und um 18.30 Uhr kostenlose Konzerte. Es lohnt sich, abends mit einem Picknickkorb und einer Flasche Wein vorbeizuschauen und der Musik zu lauschen – montags gibt's Neue Musik, donnerstags Jazz und Weltmusik und an den meisten anderen Tagen Klassik. Auf dem Great Lawn findet jeden Samstag kostenloser Unterricht statt (Yoga um 8, Pilates um 9 und Tanz um 10 Uhr). Und im Family Fun Tent finden täglich zwischen 10 und 15 Uhr kostenlose Aktivitäten für Kids statt. Auch werden täglich kostenlose Führungen (Welcome Center; ⌚11.30 & 13 Uhr) angeboten. Wer will kann den Park auch auf eigene Faust anhand einer Route erkunden, die im Internet heruntergeladen werden kann.

Theoretisch ist der Millennium Park Teil der nordwestlichen Ecke des Grant Park (s. rechte Spalte).

Art Institute of Chicago MUSEUM

(Karte S. 554; ☎312-443-3600; www.artic.edu/aic; 111 S Michigan Ave; Erw./Kind 18 US$/frei; ⌚10.30–17, Sa 10.30–20 Uhr; 👪) Das Art Institute ist das zweigrößte Museum der USA und beherbergt Schätze und Meisterwerke aus der ganzen Welt, u.a. eine grandiose Sammlung impressionistischer und postimpressionistischer Malerei. Im zweiten Stock des Modern Wing, der von natürlichem Licht durchflutet ist, hängen Werke von Picasso und Miró.

Auch wer nur die Highlights abklappern will, sollte zumindest zwei Stunden einkalkulieren. Kunstliebhaber werden sehr viel länger brauchen. Am Empfang nach kostenlosen Vorträgen und Besichtigungen fragen. Gut zu wissen: Der Garten mit zeitgenössischen Skulpturen im zweiten Stock kostet keinen Eintritt. Er bietet einen tollen Blick über die Stadt und ist über die moderne Fußgängerbrücke Nichols Bridgeway direkt mit dem Millennium Park verbunden.

Willis Tower WOLKENKRATZER

(Karte S. 554; ☎312-875-9696; www.the-skydeck.com; 233 S Wacker Dr; Erw./Kind 17/11 US$; ⌚April–Sept. 9–22 Uhr, Okt.–März 10–20 Uhr) Hä, Willis Tower? Ja, genau! Bis Mitte 2009 hieß der Wolkenkratzer noch Sears Tower. Doch dann kaufte der Versicherungskonzern Willis Group Holdings die Namensrechte. Aber egal, wie der Wolkenkratzer nun heißt, er ist mit 443 m das derzeit höchste Gebäude Amerikas – einen Titel, den er 2013 an das neue One World Trade Center in New York verlieren wird. Das freilich wird nichts an der großartigen Aussicht vom Skydeck im 102. Stock ändern, das die Besucher über den Wolken schweben lässt.

Man betritt das Gebäude vom Jackson Blvd, fährt mit dem Fahrstuhl hinunter zum Wartebereich, wo man die Sicherheitskontrolle passiert und den Eintritt bezahlt. Die Wartezeit kann an geschäftigen Tagen – d.h., im Sommer freitags bis sonntags von 11 bis 16 Uhr – bis zu einer Stunde betragen. Ein oberflächlicher Film verkürzt die Zeit bevor es in nur 70 Sekunden nach oben geht. Wer will kann auf die Ledge mit Glasfußboden treten und das Gefühl genießen, mitten in der Luft zu stehen und senkrecht nach unten blicken zu können. Wer zur Aussicht auch noch einen Drink genießen möchte, für den ist das Gold Coast's John Hancock Center (S. 559) die bessere Wahl.

GRATIS **Chicago Cultural Center** KULTURZENTRUM

(Karte S. 554; ☎312-744-6630; www.chicagoculturalcenter.org; 78 E Washington St; ⌚Mo–Do 8–19, Fr 8–18, Sa 9–18, So 10–18 Uhr; 📶) Das einen ganzen Block einnehmende Beaux-Arts-Gebäude bietet Kunstausstellungen, ausländische Filme und wochentags um 12.15 Uhr auch Konzerte mit Jazz und Weltmusik. Hier befindet sich auch die größte Tiffany-Glaskuppel der Welt, Chicagos Haupttouristeninformation und eine Galerie mit Werken von Schriftstellern aus Chicago wie Nelson Algren und Studs Terkel.

Grant Park PARK

(Karte S. 554; Michigan Ave zw. 12th St & Randolph St; ⌚6–23 Uhr) Im Grant Park finden Mega-Events wie das Taste of Chicago, Blues Fest und Lollapalooza statt. Der **Buckingham Fountain** (Ecke Congress Pkwy & Columbus Dr) ist die Hauptattraktion im Grant Park. Mit einer Kapazität von knapp 6 Mio. l ist er einer der größten Springbrunnen weltweit. Die Wasserfontänen schießen von Mitte April bis Mitte Oktober zwischen 10 und 23 Uhr jeweils zur vollen Stunde in die Höhe, abends wird das Ganze noch durch farbige Lichter und Musik untermalt.

Public Artworks DENKMÄLER

(Karte S. 554) Chicago hat über die Jahrzehnte einige öffentliche Skulpturen in Auftrag gegeben, über die manch einer vielleicht nur den Kopf schütteln kann. Zum Triumvirat des Staunens im Loop gehören u.a.:

Untitled

(50 W Washington St) Pablo Picassos Werk, das alle nur „den Picasso" nennen.

Sun, the Moon and One Star
(69 W Washington St) Joan Mirós Werk, das einfach nur „Mirós Chicago" heißt.

Monument with Standing Beast
(100 W Randolph St) Jean Dubuffets Kreation, die jeder als „Snoopy in a Blender" kennt.

Route 66 Sign
(Adams St zw. Michigan Ave & Wabash Ave) Achtung Route-66-Freaks: Die Mother Road beginnt in Chicago! Das dazugehörige Schild steht auf der Nordseite der Adams St, wenn man nach Westen zur Wabash Ave fährt.

SOUTH LOOP

Der South Loop, zu dem der südliche Teil der Innenstadt und der Grant Park gehört und der kurz vor dem Verfall stand, ist inzwischen zum Mittelpunkt der Stadtentwicklung geworden. Auf dem Museum Campus am Seeufer südlich des Grant Parks befinden sich drei Top-Sehenswürdigkeiten.

Field Museum of Natural History MUSEUM
(Karte S. 554; ☎312-922-9410; www.fieldmuseum.org; 1400 S Lake Shore Dr; Erw./Kind 15/10 US$; ⏲9–17 Uhr; 👪) Das gigantische Field Museum beherbergt bis auf eine Küchenspüle beinahe alles – Käfer, Mumien, Edelsteine und Bushman, den ausgestopften Affen. Der Superstar der Sammlung ist Sue, der größte *Tyrannosaurus rex*, der je gefunden wurde. Sue hat sogar ihren eigenen Andenkenladen. Sonderausstellungen wie der 3D-Film kosten extra.

Shedd Aquarium AQUARIUM
(Karte S. 554; ☎312-939-2438; www.sheddaquarium.org; 1200 S Lake Shore Dr; Erw./Kind 29/20 US$; ⏲Juni–Aug. 9–18 Uhr, Sept.–Mai 9–17 Uhr; 👪) Zu den Hauptattraktionen des von Kindern heiß geliebten Shedd Aquarium gehören das Oceanarium mit seinen Belugawalen und schelmischen Weißstreifendelfinen sowie das Haifischbecken: Gerade einmal 12 cm Plexiglas trennen die Besucher von den rund zwei Dutzend grimmig dreinschauenden Meeresbewohnern. Das 4D-Kino und die seltsame Wassershow kosten extra (jeweils ca. 4 US$).

Adler Planetarium & Astronomy Museum MUSEUM
(Karte S. 554; ☎312-922-7827; www.adlerplanetarium.org; 1300 S Lake Shore Dr; Erw./Kind 12/8 US$; ⏲Juni–Aug. 9.30–18 Uhr, Sept.–Mai 10–16 Uhr; 👪) Weltraumfans werden im Adler jede Menge Spaß haben. Es gibt Teleskope, durch die man sich die Sterne anschauen kann, 3D-Vorträge, in denen man alles über Supernovae erfährt und die Ausstellung Planet Explorers, in der Kids eine Rakete „abschießen" können. Von der Treppe zum Adler hat man einen Traumblick auf Chicagos Skyline (hier geben sich auch gern Verliebte ein Stelldichein).

BERÜHMTE LOOP-ARCHITEKTUR

Seit der Zeit, als Chicago der Welt den ersten Wolkenkratzer präsentierte, lebt die Stadt in puncto Architektur und modernem Design auf großem Fuß. Im Loop kann man fantastisch umherschlendern und die ambitionierten Entwürfe bestaunen.

Die **Chicago Architecture Foundation** (Karte S. 554; www.architecture.org) organisiert geführte Spaziergänge u. a. zu den folgenden Gebäuden:

» **Chicago Board of Trade** (Karte S. 554; 141 W Jackson Blvd) Eine Art-déco-Perle aus 1930. Im Inneren tauschen manische Händler Zukunft gegen Optionen. Draußen auf der Spitze des Gebäudes kann man die riesige Statue der Ceres, der Göttin der Landwirtschaft, bewundern.

» **Rookery** (Karte S. 554; 209 S LaSalle St) Das Rookery aus dem Jahr 1888 sieht von außen wie eine Festung aus. Aber das Bürogebäude ist innen dank der Instandsetzung des Innenhofs durch Frank Lloyd Wright leicht und luftig. Hier pflegten Tauben zu rasten, daher der Name.

» **Monadnock Building** (Karte S. 554; 53 W Jackson Blvd) Architekturpilger bekommen beim Anblick des Monadnock Building bestimmt weiche Knie, denn eigentlich handelt es sich hier um zwei Gebäude in einem. Der nördliche Bau ist mit seinem traditionellen Design aus dem Jahre 1891 der ältere. Der südliche ist die neuere, moderne Hälfte und entstand zwei Jahre später. Wer sieht den Unterschied? Das Monadnock ist seinem ursprünglichen Zweck getreu ein Bürogebäude.

Weitere Sehenswürdigkeiten rund um den Museum Campus sind:

12th Street Beach STRAND
(Karte S. 554) Südlich vom Planetarium führt ein Pfad zu diesem schönen, abgelegenen, halbmondförmigen Strand.

Northerly Island PARK
(Karte S. 554; 1400 S Lynn White Dr) Hier finden im Sommer Konzerte berühmter Künstler statt (die man vom 12th St Beach hören kann). Außerdem gibt's Wanderwege und gute Möglichkeiten, Vögel zu beobachten.

GRATIS **Museum of Contemporary Photography** MUSEUM
(Karte S. 554; ☎312-663-5554; www.mocp.org; Columbia College, 600 S Michigan Ave; ⊙Mo–Sa 10–17, Do 10–20, So 12–17 Uhr) Kleines Museum, das den Besuch lohnt.

NEAR NORTH

Im Loop wird das Vermögen gemacht, in Near North wird es ausgegeben. Hier gibt's Geschäfte, Restaurants und Unterhaltung en masse.

GRATIS **Navy Pier** SEEUFER
(Karte S. 554; ☎312-595-7437; www.navypier.com; 600 E Grand Ave; ⊙10–22 Uhr, Fr & Sa 10–24 Uhr; 👪) Der 800 m lange Navy Pier ist Chicagos am häufigsten besuchte Attraktion. Hier befinden sich ein 45 m hohes Riesenrad (6 US$/Fahrt), ein IMAX-Kino, ein Biergarten und ausgefallene Kettenrestaurants. Die Einheimischen rümpfen zwar die Nase, weil sie es zu kommerziell finden, aber der Blick vom Ufer und die kühle Brise sind nur schwer zu toppen. Das im Sommer mittwochs (21.30 Uhr) und samstags (22.15 Uhr) stattfindende Feuerwerk ist auch nicht zu von schlechten Eltern.

Das Chicago Children's Museum (S. 567) und das wunderschöne **Smith Museum of Stained Glass Windows** (Karte S. 554; ☎312-595-5024; Festival Hall; Eintritt frei; ⊙10–22 Uhr, Fr & Sa 10–24 Uhr) befinden sich ebenfalls am Pier, ferner auch mehrere Anbieter von Bootstouren. Mit dem **Shoreline Water Taxi** (Karte S. 554; www.shorelinesightseeing.com; ⊙Ende Mai–Anfang Sept. 10–19 Uhr) kommt man auf witzige Art zum Museum Campus (Erw./Kind 7/4 US$).

Magnificent Mile STRASSE
(Karte S. 554; www.themagnificentmile.com; N Michigan Ave) Die Mag Mile, die viel gepriesene, exklusive Shoppingmeile, erstreckt sich auf der Michigan Ave zwischen Fluss und Oak St. Hier kann man bei Bloomingdales, Neiman's und Saks seinen Geldbeutel erleichtern.

Tribune Tower WOLKENKRATZER
(Karte S. 554; 435 N Michigan Ave) Im Vorbeischlendern lohnt ein genauer Blick auf den gotischen Turm. In den unteren Wänden sind Elemente des Taj Mahal, des Parthenon und anderer berühmter Gebäude eingearbeitet.

Trump Tower WOLKENKRATZER
(Karte S. 554; 401 N Wabash Ave) Donalds 414 m hoher Turm ist zwar Chicagos zweithöchstes Gebäude, Architekturkritiker mokieren sich aber über sein „zahnstocherähnliches" Aussehen.

Wrigley Building WOLKENKRATZER
(Karte S. 554; 400 N Wabash Ave) Die weiße Terrakottafassade des von dem Kaugummihersteller errichteten Gebäudes strahlt so weiß wie die Zähne der Doublemint-Zwillinge.

GOLD COAST

Die Gold Coast ist seit mehr als 125 Jahre die Adresse der Reichen.

John Hancock Center WOLKENKRATZER
(außerhalb der Karte S. 554; ☎888-875-8439; www.hancockobservatory.com; 875 N Michigan Ave; Erw./Kind 15/10 US$; ⊙9–23 Uhr) Nichts wie hinauf auf Chicagos dritthöchsten Wolkenkratzer. In vieler Hinsicht ist der Blick von hier oben besser als vom Willis Tower, steht doch das Hancock Center dichter am See und außerdem etwas nördlicher. Wer Nachhilfe in der Geschichte der Stadt benötigt, sollte das Observatorium im 93. Stock aufsuchen und dort dem vorsintflutlichen Audio Guide lauschen (Eintritt). Wer schon alles weiß, fährt direkt in die Signature Lounge im 95. Stock, wo die Aussicht umsonst ist, sofern man sich auch etwas zu trinken bestellt (6–14 US$).

Museum of Contemporary Art MUSEUM
(Karte S. 554; ☎312-280-2660; www.mcachicago.org; 220 E Chicago Ave; Erw./Kind/Student 12/7 US$; ⊙Di 10–20, Mi–So 10–17 Uhr) Dieses Museum kann man als freches, rebellisches Geschwisterchen des Art Institute sehen. Gezeigt werden Sammlungen minimalistischer und surrealistischer Kunst sowie Buchkunstsammlungen. Ständige Ausstellungen zeigen Werke von Franz Kline, Rene Magritté, Cindy Sherman und Andy Warhol.

Original Playboy Mansion GEBÄUDE
(1340 N State St) Hugh Hefner begann hier damit, seine Ganztagespyjamas zu tragen, nachdem der Stress der Magazinherstellung und das heftige Partyfeiern ihn davon abhielten, sich anzuziehen. In dem Gebäude sind heute Eigentumswohnungen, aber nach einem Besuch kann man immer noch damit angeben: „Ich bin im Playboy Mansion gewesen." Wenn das nichts ist! In der Astor St, ein Block weiter östlich, kann man zwischen den Blocks 1300 und 1500 noch mehr Herrenhäuser in Augenschein nehmen.

Water Tower HISTORISCHES BAUWERK
(Karte S. 554; Ecke Chicago Ave & Michigan Ave) Der 47 m hohe Turm mit seinen Zinnen ist ein Wahrzeichen der Stadt: Er hat als einziges Bauwerk in der Innenstadt das große Feuer von 1871 überlebt.

Oak Street Beach STRAND
(außerhalb der Karte S. 554; 1000 N Lake Shore Dr) Hier am Rand der Innenstadt wimmelt es nur so von schönen Körpern.

LINCOLN PARK & OLD TOWN

Der Lincoln Park (außerhalb der Karte S. 554) ist Chicagos größte Grünfläche und mit knapp 500 ha am Seeufer eine städtische Oase. „Lincoln Park" heißt auch das angrenzende Stadtviertel. Hier wie dort ist Tag und Nacht jede Menge los: Die Leute joggen, führen Hunde aus, schieben Kinderwagen durch die Gegend und fahren auf der Suche nach einem Parkplatz in ihren Autos im Kreis herum.

Die Old Town liegt am Südwestende des Lincoln Park. Die Kreuzung der North Ave und der Wells St bildet das Epizentrum. Von hier breiten sich Restaurants, Bars und die Second City aus.

GRATIS **Lincoln Park Zoo** ZOO
(☎312-742-2000; www.lpzoo.org; 2200 N Cannon Dr; ⌚Nov.–März 10–16.30 Uhr, April–Okt. 10–17 Uhr, Juni–Aug. Sa & So 10–18.30 Uhr; 👪) Der Zoo mit seinen Gorillas, Löwen, Tigern und anderen exotischen Tieren ist bei Familien äußerst beliebt. Man sollte auf keinen Fall die Regenstein African Journey, das Primate House und den Nature Boardwalk verpassen – das sind echte Highlights.

GRATIS **Lincoln Park Conservatory** GARTEN
(☎312-742-7736; 2391 N Stockton Dr; ⌚9–17 Uhr) In dem hervorragenden Treibhaus von 1891, unweit des Zoo-Nordeingangs gelegen, werden Palmen, Farne und Orchideen gehegt und gepflegt. Im Winter bieten konstante 24 °C eine fantastische Zuflucht vor den eisigen Winden draußen.

North Avenue Beach STRAND
(1600 N Lake Shore Dr; 👪) An Chicagos beliebtestem Sandstreifen mit unzähligen Einrichtungen herrscht eine Stimmung wie in Südkalifornien. Man kann Fahrräder, Kajaks, Volleybälle und Liegestühle ausleihen und in dem lockeren Strandhaus etwas

DAS CHICAGO VON AL CAPONE

Die Stadt möchte ihre Gangster-Vergangenheit lieber vergessen, weshalb es auch keine Broschüren oder Ausstellungen über die berüchtigten Stätten gibt. Wer die folgenden, keineswegs als zwielichtig geltenden Orte besucht, braucht also etwas Fantasie.

In der Nähe der **Holy Name Cathedral** (Karte S. 554; 735 N State St) wurden zwei Morde verübt. 1924 wurde der Boss der North Side, Dion O'Banion, in seinem Blumenladen (738 N State St) erschossen, nachdem er Al Capone in die Quere gekommen war. O'Banions Nachfolger, Hymie Weiss, erging es nicht besser. Er wurde 1926 auf dem Weg zur Kirche von Kugeln, die aus einem Fenster in der 740 N State St abgefeuert wurden, tödlich getroffen.

An der **St. Valentine's Day Massacre Site** (2122 N Clark St, Lincoln Park) reihten Capones Schergen in Polizeiuniform sieben Mitglieder der Gang von Bugs Moran an der Wand einer Garage auf, die sich früher hier befand, und durchsiebten sie mit Kugeln. Die Garage wurde 1967 abgerissen.

1934 lockte die „Lady in Red" John Dillinger ins **Biograph Theater** (2433 N Lincoln Ave, Lincoln Park). Er wurde davor vom FBI erschossen.

In der Flüsterkneipe im Keller der schicken Jazzbar **Green Mill** (S. 576) war eine von Capones Lieblingskneipen.

Capone's Chicago Home (7244 S Prairie Ave) befindet sich auf der South Side in einer etwas zwielichtigen Gegend, also aufgepasst. Das Haus wurde hauptsächlich von seiner Frau Mae, seiner Mutter und anderen Verwandten bewohnt.

NICHT VERSÄUMEN

BIERE AUS DEM MITTLEREN WESTEN

Den deutschen Einwanderern sei Dank! Im Mittleren Westen gibt's gute Biere. Klar, Budweiser und Miller haben hier ihren Hauptsitz, aber von denen soll nicht die Rede sein. Viel interessanter sind die Kleinbrauereien in dieser Gegend. Augen auf: Wenn es die folgenden Sorten vom Fass gibt, sollte man nicht lange zögern.

» **Bell's** Kalamazoo, MI

» **Capital** Madison, WI

» **Founder's** Grand Rapids, MI

» **Goose Island** Chicago, IL

» **Great Lakes** Cleveland, OH

» **Lakefront** Milwaukee, WI

» **New Holland** Holland, MI

» **Summit** St Paul, MN

» **Three Floyds** Munster, IN

» **Two Brothers** Warrenville, IL

essen und trinken. Der Strand befindet sich 2 Meilen (3,2 km) nördlich des Loop.

Chicago History Museum MUSEUM
(außerhalb der Karte S. 554; ☎312-642-4600; www.chicagohistory.org; 1601 N Clark St; Erw./Kind 14 US$/frei; ⌚Mo–Sa 9.30–16.30, So 12–17 Uhr) Multimedia-Shows decken alle Meilensteine in der Stadtgeschichte ab, vom Großen Feuer bis hin zur Democratic Convention 1968. (Während des Kongresses, bei dem der Präsidentschaftskandidat der Demokraten gekürt wurde, kam es zu gewalttätigen Auseinandersetzungen zwischen Antikriegsdemonstranten und der Polizei.) Auch Präsident Lincolns Sterbebett kann man sich hier anschauen und es gibt (in der Kinderabteilung) die Möglichkeit, ein Chicago Hotdog mit Garnitur zu „werden". Also Eltern, flugs die Kamera zücken.

LAKE VIEW & WRIGLEYVILLE

Diese Stadtviertel nördlich vom Lincoln Park kann man am besten genießen, wenn man die Halsted St, Clark St, Belmont Ave oder Southport Ave mit all den Restaurants, Bars und Geschäften entlang schlendert. Das mit Efeu bewachsene **Wrigley Field** (Karte S. 564; 1060 W Addison St) ist nach dem Kaugummi-Magnaten benannt und die Heimat der viel geliebten, aber ewig verlierenden Chicago Cubs. Wenn sie gerade spielen, kann man umsonst zusehen, indem man in der Sheffield Ave durch das „Astloch" linst, eine Öffnung so groß wie ein Garagentor. Ticket-Infos s. S. 577.

ANDERSONVILLE & UPTOWN

Die beiden Viertel im Norden (Karte S. 564) eignen sich gut für einen kulinarischen Bummel. Andersonville ist eine alte schwedische Enklave rund um die Clark St, wo sich altmodische, europäisch angehauchte Geschäfte mit neuen Gourmetrestaurants, funky Boutiquen, Trödelläden und schwul-lesbischen Bars mischen. Hin kommt man, indem man mit der CTA Red Line bis zur Haltestelle Berwyn fährt und dann etwa 1,5 km nach Westen geht.

In Uptown weiter im Süden herrscht eine völlig andere Szene. Man muss mit der Red Line bis zur Haltestelle Argyle fahren und schon ist man mitten drin in „Little Saigon" mit den kleinen Restaurants, in denen vorwiegend Pho serviert wird.

WICKER PARK, BUCKTOWN & UKRAINIAN VILLAGE

Diese drei Viertel (Karte S. 551) westlich vom Lincoln Park – einst Wohnviertel für Menschen aus der Arbeiterklasse, Immigranten aus Mitteleuropa und alternative Schriftsteller – sind jetzt extrem in. Unzählige Modeboutiquen, hippe Plattenläden, Secondhand-Shops und Cocktaillounges sind wie Pilze aus dem Boden geschossen, besonders um die Kreuzung Milwaukee/North/Damen Ave. Auch auf der Division St wird gern gebummelt. Sie wurde früher „Polish Broadway" genannt, weil sie von Polka-Bars gesäumt war. Heute haben hier nette Cafés und clevere Geschäftsleute die Oberhand. Viel Sehenswertes gibt's nicht, wenn man mal vom **Nelson Algren's House** (Karte S. 551; 1958 W Evergreen Ave) absieht, in dem der namensgebende Autor mehrere mutige Romane über das Leben in Chicago geschrieben hat. Das Wohnhaus ist in Privatbesitz, man kann es sich nur von außen anschauen. Man erreicht das Viertel mit der CTA Blue Line; an der Station Damen (zum Algren's House) oder Division aussteigen.

LOGAN SQUARE & HUMBOLDT PARK

Als die Künstler und hippen Typen durch überhöhte Immobilienpreise gezwungen waren, Wicker Park zu verlassen, zogen sie Richtung Westen in die Latino-Viertel

Logan Square und Humboldt Park (Karte S. 551). Besucher finden hier kleine, coole Restaurants, Brauereikneipen und Musikclubs vor. Hin geht's mit der CTA Blue Line bis Logan Square oder California.

NEAR WEST SIDE & PILSEN

Direkt westlich des Loop liegt, nun ja, der **West Loop** (Karte S. 554). Mit den schicken Restaurants, Clubs und Galerien, die zwischen den Fleischverarbeitungsfabriken hervorlugen, ähnelt er dem Meatpacking District in New York City. Die W Randolph St und der W Fulton Market sind die Hauptadern. Ganz in der Nähe liegt an der S Halsted St beim W Jackson Blvd **Greektown** (außerhalb der Karte S. 554). Die Viertel etwa 2 km westlich des Loop sind am besten mit dem Taxi zu erreichen.

Im Südwesten befindet sich die Enklave **Pilsen** (Karte S. 551) mit ihrem bunten Mix aus Kunstgalerien, mexikanischen Bäckereien, hippen Cafés und Wandgemälden an den Häusern. Man nimmt die CTA Pink Line bis zur 18th St und schon ist man mittendrin.

GRATIS **National Museum of Mexican Art** MUSEUM

(Karte S. 551; ☎312-738-1503; www.nationalmuseumofmexicanart.org; 1852 W 19th St; ⌚Di–So 10–17 Uhr) Das Museum ist das größte lateinamerikanische Kunstmuseum der USA. Die bunte Dauerausstellung zeigt klassische Gemälde, glänzende goldene Altäre, eine an Skeletten reiche Volkskunstabteilung und farbenfrohe Perlarbeiten.

Pilsen Mural Tours STADTSPAZIERGANG

(☎773-342-4191; 1½-stündige Touren 100 US$/Gruppe) Der ortsansässige Künstler Jose Guerrero leitet die sehr empfehlenswerten Touren, bei denen man mehr über die traditionelle Kunstform der Wandmalerei erfährt. Vorher anrufen.

CHINATOWN

Den Charme von Chinatown (außerhalb der Karte S. 554) kann man am besten genießen, wenn man von Bäckerei zu Bäckerei geht, Maronenkuchen und Mandelkekse knabbert und *Hello-Kitty*-Artikel kauft. Die Wentworth Ave südlich der Cermak Rd ist das Herz des Einzelhandels in der alten Chinatown. Chinatown Sq entlang der Archer Ave, nördlich von Cermak gelegen, ist das neuere Geschäftsviertel. In zehn Minuten ist man mit dem Zug vom Loop hier: die CTA Red Line bis zur Haltestelle Cermak-Chinatown nehmen!

HYDE PARK & SOUTH SIDE

South Side ist der Oberbegriff für die vielen Chicagoer Viertel, die südlich der 25th St liegen; zu ihnen gehören auch die ärmsten Viertel der Stadt. Hyde Park und das angrenzende Kenwood sind die Stars der South Side. Sie rückten durch den hier lebenden Barack Obama ins Rampenlicht. Wenn nicht anders angegeben, erreicht man die folgenden Sehenswürdigkeiten mit den Zügen der Metra Electric Line ab der Station Millennium in der Innenstadt; bis zur Haltestelle 55th-56th-57th St fahren.

InstaGreeter (www.chicagogreeter.com/instagreeter) bietet kostenlose, einstündige Spaziergänge an; los geht's am **Hyde Park Art Center** (5020 S Cornell Ave; ⌚Juni–Anfang Okt. Sa 10–15 Uhr). Auch mehrere geführte Radtouren (S. 563) führen zu den hiesigen Highlights.

Obama Sights GEBÄUDE

Wegen der extremen Sicherheitsmaßnahmen ist es nicht möglich, sich **Obamas Haus** (5046 S Greenwood Ave) von Nahem anzusehen. Man kann aber gegenüber vom Hyde Park Blvd versuchen, einen Blick auf das roten Herrenhaus im georgianischen

DIE WALLFAHRT DER BLUESFANS

Von 1957 bis 1967 war in dem unscheinbaren Gebäude in 2120 S Michigan Ave das bahnbrechende Blueslabel Chess Records untergebracht. Muddy Waters, Howlin' Wolf und Bo Diddley haben hier ihre Songs eingespielt und mit ihren Sick Licks und ihrem aufgeheizten Sound dem Rock'n'Roll den Weg geebnet. Chuck Berry und die Rolling Stones kamen kurz danach. Das Studio heißt heute **Willie Dixon's Blues Heaven** (☎312-808-1286; www.bluesheaven.com; 2120 S Michigan Ave; Besichtigung 10 US$; ⌚Mo–Fr 11–16, Sa 12–14 Uhr), benannt nach dem Bassisten, der die meisten Chess-Hits geschrieben hat. Besichtigt werden können der Empfangsbereich – Minnie Ripperton arbeitete an der Rezeption – und das Hauptstudio. Kostenlose Blueskonzerte finden im Sommer donnerstags um 18 Uhr im Garten statt. Das Haus steht in der Nähe von Chinatown und ist ca. 1,5 km vom Museum Campus entfernt.

Stil zu erhaschen. Noch besser ist der Besuch bei Obamas Friseur Zariff. In seinem **Hyde Park Hair Salon** (5234 S Blackstone Ave) kann man sich den von kugelsicherem Glas umgebenen Frisierstuhl des Präsidenten anschauen. Die Metra Electric Line bis zur 51st-53rd St nehmen.

University of Chicago UNIVERSITÄT
(5801 S Ellis Ave) Die Professoren und Studenten in den geheiligten Hallen der U of C haben mehr als 80 Nobelpreise eingeheimst. Die Wirtschaftswissenschaftler und Physiker legen Wert darauf, dass die meisten Preisträger aus ihren Reihen stammen. Und nicht zuletzt begann hier auch das Nuklearzeitalter. Enrico Fermi und seine Mitarbeiter vom Manhattan Project bauten einen Reaktor und starteten am 2. Dezember 1942 die erste kontrollierte Kettenreaktion. Die **Nuclear Energy Skulptur** (S Ellis Ave zw. E 56th St & E 57th St) von Henry Moore markiert den Punkt, an dem dieses Ereignis stattfand.

Museum of Science & Industry MUSEUM
(Karte S. 551; ☎773-684-1414; www.msichicago.org; 5700 S Lake Shore Dr; Erw./Kind 15/10 US$; ⏲Juni–Aug. 9.30–17.30 Uhr, Sept.–Mai verkürzte Öffnungszeiten) Vorsicht: Der riesige Spiel-Palast kann mit seinen glitzernden Ausstellungsstücken selbst bei den gelassensten Zeitgenossen eine Reizüberflutung verursachen. Zu den Highlights zählen in einer Ausstellung unter der Erde ein deutsches U-Boot aus dem Zweiten Weltkrieg (Führung durchs Innere 8 US$ extra) und die Ausstellung „Science Storms“ mit einem simulierten Tornado.

Robie House ARCHITEKTUR
(Karte S. 551; ☎708-848-1976; www.gowright.org; 5757 S Woodlawn Ave; Erw./Kind 15/12 US$; ⏲Do–Mo 11–16 Uhr) Von den vielen Gebäuden, die Frank Lloyd Wright in Chicago entworfen hat, ist keines berühmter oder einflussreicher als das Robie House. Weil die horizontalen Linien des Gebäudes der flachen Prärielandschaft des Mittleren Westens ähneln, heißt der Stil dieses Bauwerks auch Prärie-Stil. Im Inneren befinden sich 174 Buntglasfenster und -türen, die man im Rahmen der einstündigen geführten Touren bewundern kann (Häufigkeit der Touren je nach Saison).

Aktivitäten

In den 552 Parks von Chicago verstecken sich u.a. Golfplätze, Eisbahnen und Schwimmbäder. Sie dürfen kostenlos oder für wenig Geld benutzt werden, die notwendige Ausrüstung kann man sich meistens direkt vor Ort leihen. Nähere Infos gibt's beim **Chicago Park District** (www.chicagoparkdistrict.com); für **Golf-Infos** (☎312-245-0909; www.cpdgolf.com) steht ein gesonderter Service zur Verfügung.

Radfahren

Die 30 km lange Strecke am See eignet sich fantastisch dazu, um sportliche Betätigung mit einer Stadterkundung zu verknüpfen. Zwei Unternehmen verleihen Räder. Pro Stunde zahlt man ca. 10 US$, pro Tag 35 US$ (inkl. Helm & Schloss). Beide Anbieter organisieren auch zwei- bis vierstündige geführte, themenbezogene Touren (35–60 US$, inkl. Fahrrad), z.B. „Am Seeufer“, „Bier und Pizza“ oder die (sehr empfehlenswerte!) „Obama-Tour“. Die **Active Transportation Alliance** (www.activetrans.org) veröffentlicht eine Liste mit den Radevents in der Stadt.

Bike Chicago RADFAHREN
(Karte S. 554; ☎888-245-3929; www.bikechicago.com; 239 E Randolph St; ⏲Mo–Fr 6.30–20, Sa & So 8–20 Uhr, Nov.–März Sa & So geschl.) Das ist schon fast ein Großunternehmen mit mehreren Filialen. Die Hauptniederlassung ist im Millennium Park, eine weitere am Navy Pier.

Bobby's Bike Hike RADFAHREN
(Karte S. 554; ☎312-915-0995; www.bobbysbikehike.com; 465 N McClurg Ct; ⏲Juni–Aug. 8.30–19 Uhr, Dez.–Feb. geschl.) Ein strebsamer Newcomer am Ogden Slip bei den River East Docks.

Wassersport

Chicago hat mehr als 30 Strände, wer also ins Wasser springen, eine Sandburg bauen oder auch nur in der Sonne faulenzen will, hat genügend Auswahl. Im Sommer werden alle Strände von Rettungsschwimmern überwacht. Infos über die Wasserqualität bekommt man beim **Chicago Park District** (www.chicagoparkdistrict.com). Der **North Avenue Beach** (S. 560) und der **Oak Street Beach** (außerhalb der Karte S. 554) befinden sich in der Nähe der Innenstadt und sind entsprechend überlaufen. Schwimmen kostet einige Überwindung – das Wasser ist bis in den Juli hinein knackig kalt.

Eislaufen

Wenn die Temperaturen purzeln, geht's auf dem **McCormick Tribune Ice Rink** (Karte S. 554; ☎312-742-5222; www.millenniumpark.org; 55

Andersonville & Wrigleyville

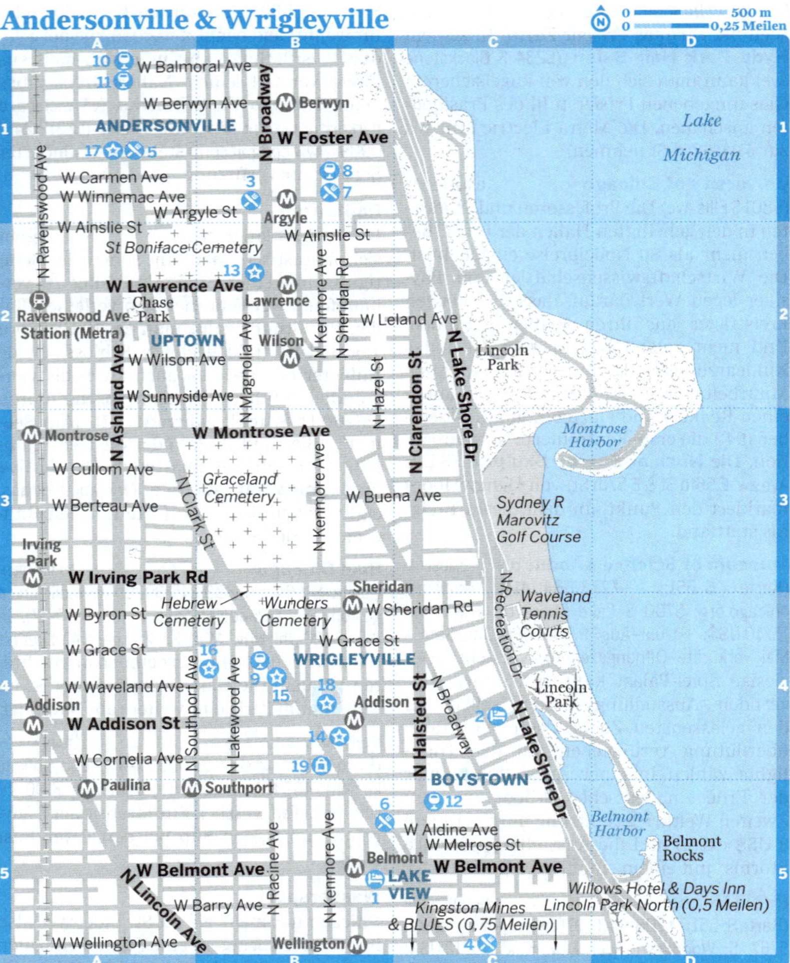

N Michigan Ave; Schlittschuhleihgebühr 10 US$; ⏱Ende Nov.–Feb.) im Millennium Park heiß her.

Chicago ganz anders

Natürlich werden die Freunde daheim höflich zuhören, wenn man berichtet, wie es oben auf dem Willis Tower war. Es wird ihnen aber die Kinnlade runterfallen, wenn man von seiner Zechtour mit Roller Babes erzählt und darüber berichtet, wie man seine Cornhole-Strategie (s. rechte Spalte) verfeinert hat. Chicago bietet neben den normalen Sehenswürdigkeiten eine herrliche Auswahl an Skurrilitäten.

Cornhole SPIEL

(www.chicagoleaguesports.com) Wer hier an etwas Unanständiges denkt, liegt falsch. Es ist von einer Beschäftigung die Rede, bei der maisgefüllte Beutel (auch Beanbags genannt) in eine abgeschrägte Kiste mit einem Loch geworfen werden. Ja, Cornhole ist ein Spiel! In vielen Bars treffen sich Vereine und richten Turniere aus.

International Museum of Surgical Science MUSEUM

(☎312-642-6502; www.imss.org; 1524 N Lake Shore Dr; Erw./Kind 15/7 US$, Di Eintritt frei; ⏱Di–Sa 10–17, So 12–17 Uhr) Das Museum

Andersonville & Wrigleyville

beherbergt eine Ausstellung zum Thema Aderlass und eine schöne Sammlung von „Steinen“ (z. B. Nieren- und Gallensteine). Die Hämorrhoiden-Instrumente ermahnen einen dazu, dass man schön viele Ballaststoffe essen sollte. Das Museum ist im Bezirk Gold Coast, etwa 1,5 km nördlich der Gegend mit dem Water Tower.

Windy City Rollers PUBLIKUMSSPORT
(www.windycityrollers.com; UIC Pavilion, 525 S Racine Ave; Tickets 20–40 US$) Der derbe Sport des Roller Derby entstand 1935 in Chicago. Und die toughen Damen zeigen einem hier, wie es funktioniert – blaue Flecken inklusive. Die Wettkämpfe finden einmal im Monat im UIC Pavilion westlich des Loop statt (die Blue Line bis Racine nehmen).

Leather Archives & Museum MUSEUM
(Karte S. 551; ☎773-761-9200; www.leatherarchives.org; 6418 N Greenview Ave; Eintritt 10 US$; ⏲Do & Fr 11–19, Sa & So 11–17 Uhr) Wer wusste, dass Ben Franklin gerne ausgepeitscht wurde und Ägyptens Königin Hatschepsut einen Fetisch für Füße hatte? Dieses Museum enthüllt in seiner Ausstellung Fakten rund um Leder, Fetisch und SM-Subkulturen. Das Museum befindet sich 8 Meilen (13 km) nördlich vom Loop und 1,5 Meilen (2,5 km) nördlich von Andersonville.

Weird Chicago Tours BUSTOUR
(www.weirdchicago.com) Führt zu spleenigen und gruseligen Orten.

Chic-A-Go-Go FERNSEHSHOW
(www.roctober.com/chicagogo) Die über Kabelfernsehen zu empfangende Tanzshow ist nicht nur was für Kids. Auch Erwachsene können mit Miss Mia und Ratso das Tanzbein schwingen.

Geführte Touren

Im Rahmen von geführten Touren kommt man aufs Wasser und in abgelegenere Stadtviertel. Viele Veranstalter gewähren bei Onlinebuchung einen Rabatt. Touren im Freien finden meistens nur von April bis November statt, andernfalls ist es angegeben. Infos über Fahrradausflüge stehen auf S. 563.

Wer geführte Touren nicht mag, kann die Stadt mit gratis downloadbaren Audio Guides erkunden. So gibt es z. B. eine von Buddy Guy erzählte **Chicago Blues Tour** (www.downloadchicagotours.com/bluesmedia) oder die **Chicago Movie Tour** (www.onscreenillinois.com), die u. a. zu berühmten Schauplätzen von Filmen wie *Die Unbestechlichen* führt.

GRATIS **Chicago Greeter** STADTSPAZIERGANG
(Karte S. 554; ☎312-744-8000; www.chicagogreeter.com; ⏲ganzjährig) Der Veranstalter bringt Traveller mit einem Einheimischen zusammen, der den Besucher dann auf eine individuelle zwei- bis vierstündige Tour mitnimmt, die auf bestimmte Themenbereiche (z. B. Architektur, Geschichte, Schwulen- und Lesbenszene) oder Stadtviertel abgestimmt ist. Dabei geht man zu Fuß und/oder benutzt die öffentlichen Verkehrsmittel; sieben Tage im Voraus buchen.

GRATIS **InstaGreeter** STADTSPAZIERGANG
(Karte S. 554; www.chicagogreeter.com/instagreeter; 77 E Randolph St; ⏲ganzjährig Fr–So 10–16 Uhr) Bei InstaGreeter muss man nicht

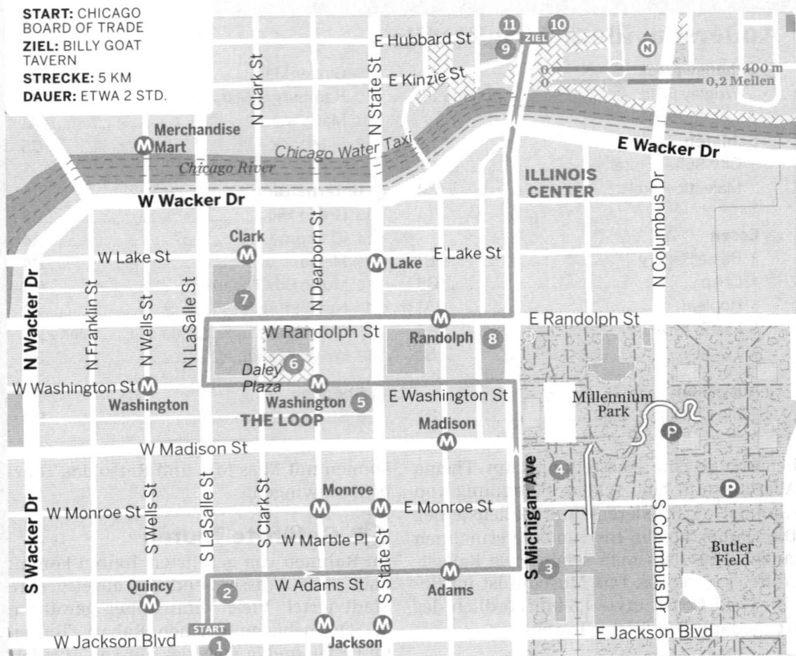

Stadtspaziergang

The Loop

Diese Tour schwingt sich mitten durch den Loop und zeigt Chicagos berühmte Kunst und Architektur mit einem Besuch bei Al Capones Zahnarzt als Zugabe.

Start ist beim 1 **Chicago Board of Trade**, wo in einem coolen Art-déco-Gebäude Typen in Technicolor-Mänteln mit Mais (oder so etwas) handeln. Im nahen 2 **Rookery** kann man über Frank Lloyd Wrights Gestaltung des Atriums staunen.

Weiter geht's auf der Adams St zum 3 **Art Institute**, einer der beliebtesten Sehenswürdigkeiten der Stadt. Die Löwenstatuen an der Vorderfront sind ein klassisches Motiv für ein Erinnerungsfoto. Von hier aus geht man ein paar Blocks zum avantgardistischen 4 **Millennium Park** mit *The Bean*, „menschlichen" Wasserspeiern und anderen zeitgenössischen Kunstwerke.

Man bleibt auf der Washington St bis zum 5 **Hotel Burnham**. Es befindet sich im Reliance Building, einem Vorläufer des modernen Wolkenkratzers. Im heutigen Zimmer 809 hat einst Capones Zahnarzt gebohrt. Gleich westlich davon steht auf der Daley Center Plaza ein von Mr. Abstrakt persönlich entworfenes Werk: Picassos 6 **Untitled**. Vogel, Hund, Frau? Das darf jeder für sich selbst entscheiden, bevor es auf der Clark St mit dem 7 **Monument with Standing Beast** zu einer weiteren Skulptur geht, die Kopfzerbrechen bereitet.

Anschließend geht's auf der Randolph St durchs Theaterviertel. Ein kurzer Blick in das 8 **Cultural Center** lohnt, um im Café eine Limonade und vielleicht ein kostenloses Konzert zu genießen. Erfrischt? Dann weiter auf der Michigan Ave und über den Chicago River. Nördlich der Brücke kommt man am strahlenden 9 **Wrigley Building** und dem gotischen 10 **Tribune Tower** vorbei, der einem die Augen übergehen lässt.

Abschließend steigt man in den Untergrund zur 11 **Billy Goat Tavern**. In der traditionellen Chicago-Absteige wurden die Cubs mit einem Fluch belegt: Der Besitzer der Kneipe, Billy Sianis, wollte einst mit seiner Lieblingsziege das Wrigley Field betreten. Dem stinkenden Tier wurde der Eintritt verwehrt, weshalb Sianis das Baseballteam verfluchte. Und das wohl mit Erfolg ...

CHICAGO MIT KINDERN

Chicago ist eine Stadt, wie Kinder sie mögen. **Time Out Chicago Kids** (www.timeoutchicagokids.com) und **Chicago Parent** (www.chicagoparent.com) sind unentbehrliche Info-Quellen. Die besten Adressen für die Kleinen sind:

» **Chicago Children's Museum** (Karte S. 554; ☎312-527-1000; www.chicagochildrensmuseum.org; 700 E Grand Ave; Eintritt 12 US$, Do abends Eintritt frei; ⌚10–17, Do bis 20 Uhr) In dem pädagogischen Kindermuseum am Navy Pier kann man klettern, graben und planschen; danach kann man den trubeligen Pier selbst erkunden und Riesenrad und Karussell fahren.

» **Chicago Children's Theatre** (☎773-227-0180; www.chicagochildrenstheatre.org) Das beste Kindertheaterensemble des ganzen Landes. Die Aufführungen finden in verschiedenen Locations statt.

» **American Girl Place** (Karte S. 554; www.americangirl.com; 835 N Michigan Ave; 👪) In diesem mehrstöckigen Mädel-Palast schlürfen junge Ladies Tee und lassen ihren Puppen eine neue Frisur verpassen.

» **Chic-A-Go-Go** (www.roctober.com/chicagogo) Während der Aufnahmen für die TV-Show wird richtig gegroovt. Chic-A-Go-Go ist eine Art Kinderversion von *Soul Train*. Auf der Website sind die nächsten Termine und Orte angegeben.

Noch mehr Aktivitäten für Kids:

» **North Avenue Beach** (S. 560)

» **Field Museum of Natural History** (S. 558)

» **Shedd Aquarium** (S. 558)

» **Lincoln Park Zoo** (S. 560)

» **Art Institute of Chicago** (S. 557)

» **Museum of Science & Industry** (S. 563)

im Voraus buchen. Vom Besucherzentrum des Chicago Cultural Center kann man spontan an einstündigen Führungen teilnehmen. Im Sommer hat InstaGreeter samstags auch Filialen in Second City und im Hyde Park Art Center (S. 564).

LP TIPP **Chicago Architecture Foundation** BOOTSFAHRT, STADTSPAZIERGANG
(Karte S. 554; ☎312-922-3432; www.architecture.org; 224 S Michigan Ave; geführte Touren 5–40 US$) Die erstklassigen Bootsfahrten (35 US$) starten in der Michigan Ave am River Dock, der beliebte Spaziergang „Rise of the Skyscraper" (16 US$) geht in der Michigan Ave im Stadtzentrum los. Auf dem Programm der wochentags stattfindenden Mittagstouren (5 US$) stehen einzelne Denkmäler.

Wateriders KAJAKFAHREN
(☎312-953-9287; www.wateriders.com; 950 N Kingsbury St; 2½-stündige geführte Touren 50–60 US$) Kajaktouren auf dem Chicago River durch eine Schlucht aus Glas und Stahl. Die täglich stattfindenden „Ghost and Gangster"-Touren führen dagegen zu berühmt-berüchtigten Orten. Los geht's westlich des Stadtzentrums in der Nähe der Stelle, wo die Chicago Ave auf den Fluss trifft.

Chicago History Museum BOOTSFAHRT, STADTSPAZIERGANG
(außerhalb der Karte S. 554; ☎312-642-4600; www.chicagohistory.org; geführte Touren 15–45 US$) Hat u.a. Pub Crawls, Kajakausflüge und Friedhofsspaziergänge im Programm. Diverse Treffpunkte und Anfangszeiten.

Weird Chicago Tours BUSTOUR
(Karte S. 554; ☎888-446-7859; www.weirdchicago.com; Ecke Clark St & Ontario St; 3-stündige geführte Touren 30 US$; ⌚Do–Sa 19, Sa & So 15 Uhr) Diese Touren führen ins Rotlichtviertel und zu Orten, an denen Verbrechen geschahen und Geister ihr Unwesen treiben sollen. Abfahrt vorm Hard Rock

Chicago Food Planet Tours STADTSPAZIERGANG
(☎212-209-3370; www.chicagofoodplanet.com; 3-stündige geführte Touren 45 US$) Auf diesen Touren werden Wicker Park, Near North oder Chinatown abgegrast. Diverse Treffpunkte und Zeiten.

Chicago Rocks Tour BUSTOUR
(www.chicagorockstour.com; 3½-stündige geführte Touren 28 US$) Für Musikfreaks: Locations, Sounds und Storys der Smashing Pumpkins, Wilco und anderer Bands aus Chicago von den 1980er-Jahren bis heute. Diverse Treffpunkte und Zeiten.

Feste & Events

In Chicago ist zwar das ganze Jahr etwas los, die großen Feste finden aber im Sommer statt. Die folgenden Events finden, falls nicht anders angegeben, am Wochenende im Stadtzentrum statt. **Explore Chicago** (www.explorechicago.org/specialevents) hat Infos über Termine und sonstige Details.

GRATIS **St. Patrick's Day Parade** KULTUR
(www.chicagostpatsparade.com; ⌚Mitte März) Die hiesige Gewerkschaft der Installateure färbt den Chicago River kleeblattgrün. Danach folgt ein großer Umzug.

GRATIS **Blues Festival** MUSIK
(www.chicagobluesfestival.us; ⌚Anfang Juni) Das größte kostenlose Bluesfestival der Welt. Drei Tage lang gibt's die Musik, die Chicago berühmt gemacht hat.

GRATIS **Taste of Chicago** ESSEN
(www.tasteofchicago.us; ⌚Ende Juni–Anfang Juli) Zehntägiges Festival rund ums Essen im Grant Park mit vielen Bands.

GRATIS **SummerDance** MUSIK
(www.chicagosummerdance.org; 601 S Michigan Ave; ⌚Anfang Juli–Mitte Sept. Do–Sa 18, So 16 Uhr) Bands spielen Rumba, Samba und Weltmusik. Vorher gibt's lustige Tanzkurse. Ort des Geschehens ist der Spirit of Music Garden im Grant Park.

Pitchfork Music Festival MUSIK
(www.pitchforkmusicfestival.com; Tageskarte 45 US$; ⌚Mitte Juli) Indie-Bands geben drei Tage lang im Union Park ihr Bestes.

Lollapalooza MUSIK
(www.lollapalooza.com; Tageskarte ca. 100 US$; ⌚Anfang Aug.) Dreitätiges Mega-Event; im Grant Park treten bis zu 130 Bands auf acht Bühnen auf.

GRATIS **Jazz Festival** MUSIK
(www.chicagojazzfestival.us; ⌚Anfang Sept.) Spitzenmusiker der US-Jazzszene spielen am Labor-Day-Wochenende.

Schlafen

Eine Unterkunft in Chicago ist nicht gerade billig. Um die Reisekosten zu senken, bucht man die Zimmer am besten über Websites wie Priceline oder Hotwire (als Location „River North" oder „Mag Mile" eingeben). An Wochenenden oder wenn in der Stadt große Veranstaltungen stattfinden, ist die Auswahl an Unterkünften noch knapper – man sollte also im Voraus buchen, um unliebsame Überraschungen zu vermeiden. Die angegebenen Preise sind die normalen Zimmerpreise unter der Woche im Sommer, also zur Hauptsaison. Es kommen dann noch Steuern von 15,4 % hinzu.

B&B-Unterkünfte sind eine gute Alternative. Infos dazu gibt's bei der **Chicago Bed & Breakfast Association** (www.chicago-bed-breakfast.com; Zi. 125–250 US$), der 18 Häuser angeschlossen sind. Bei vielen B&Bs muss man mindestens zwei oder drei Nächte bleiben. Empfehlenswert ist es auch, sich zur Ferienzeit eine Wohnung zu mieten. Vermittler sind **Vacation Rental By Owner** (www.vrbo.com) und **Craigslist** (www.chicago.craigslist.org).

Die Hotels im Loop liegen praktisch in der Nähe des Grant Parks, der Museen und des Geschäftsviertels, doch nachts ist hier ziemlich tote Hose. Die Unterkünfte in den Vierteln Near North und Gold Coast sind beliebt, weil es von hier aus zu den Restaurants, Kneipen und Clubs, Läden und Unterhaltungslocations nicht weit ist. Die Zimmer in Lincoln Park, Lake View und Wicker Park sind interessant, weil sie oft billiger sind als diejenigen im Zentrum und nahe am pulsierenden Nachtleben liegen.

Wenn nichts anderes angegeben ist, ist WLAN kostenlos. Parkplätze kosten in Chicago ein Vermögen: pro Nacht etwa 45 US$ in der Stadt und 22 US$ etwas außerhalb.

LOOP & NEAR NORTH

LP TIPP **Hotel Burnham** HOTEL **$$$**
(Karte S. 554; ☎312-782-1111; www.burnhamhotel.com; 1 W Washington St; Zi. ab 189 US$; P ⊖ ❄ @ ⓦ) Die Besitzer des Burnham prahlen damit, dass in keinem anderen Hotel Chicagos so viele Gäste wieder kommen. Und die Gründe dafür sind ganz offensichtlich. Die Unterkunft im Loop befindet sich in einem Wahrzeichen aus den 1890er-Jahren, dem Reliance Building (dem Vorläufer des modernen Wolkenkratzers). Die äußerst elegante Ausstattung wirft selbst Architekturfreaks um. Die hellen, cremefarbenen Zimmer sind mit Mahagonischreibtischen und Chaiselongues eingerichtet. Jeden Abend gibt's eine Happy Hour, in der kostenlos Wein ausgeschenkt wird.

SCHWULEN- & LESBENSZENE IN CHICAGO

Chicago hat eine bunte Schwulen- und Lesbenszene. Infos gibt's in **Gay Chicago** (www.gaychicagonews.com), der **Windy City Times** (www.windycitymediagroup.com) und im **Pink Magazine** (www.pinkmag.com).

Auf der Website der **Chicago Area Gay & Lesbian Chamber of Commerce** (www.glchamber.org) gibt's einen Leitfaden für Touristen. Chicago Greeter (s. S. 565) bietet individuell zugeschnittene Sightseeing-Touren an.

Die meisten Bars und Clubs gibt's in Wrigleyville in der N Halsted St zwischen Belmont Ave und Grace St. Diese Gegend ist auch als Boystown bekannt. Andersonville alias Girls' Town wartet ebenfalls mit vielen Locations auf. Hier ein paar heiße Tipps:

Big Chicks BAR
(Karte S. 564; www.bigchicks.com; 5024 N Sheridan Rd;) Trotz des Namens besuchen sowohl Männer als auch Frauen das Big Chicks, wo an Wochenenden DJs auflegen und Kunstausstellungen stattfinden. Gleich nebenan ist das Biorestaurant **Tweet** (www.tweet.biz; 5020 N Sheridan Ave; Mi–Mo 9–15 Uhr;) mit einem fantastischen Wochenendbrunch.

Sidetrack CLUB
(Karte S. 564; www.sidetrackchicago.com; 3349 N Halsted St) Das riesige Sidetrack lockt mit Tanzmusik und Shows – ein toller Ort, um Leute zu beobachten.

Hamburger Mary's BAR
(Karte S. 564; www.hamburgermarys.com/chicago; 5400 N Clark St) Auf der Terrasse werden Kabarett, Karaoke, Burger und Alkohol geboten. In dieser In-Location verbringt man mit Sicherheit eine gute Zeit.

Chance's Dances TANZ
(www.chancesdances.org) Organisiert schwule Tanzpartys in diversen Clubs der Stadt.

Pride Parade FEST
(www.chicagopridecalendar.org; Ende Juni) Die Pride Parade führt durch die Boystown und zieht mehr als 450 000 Feierwütige an.

North Halsted Street Market Days FEST
(www.northalsted.com; Anfang Aug.) Wildes Event in der Boystown mit Straßenfest und bunten Kostümen.

Hotel Felix HOTEL $$
(Karte S. 554; 312-447-3440; www.hotelfelixchicago.com; 111 W Huron St; Zi. 139–189 US$;) Die 2009 eröffnete Unterkunft in Near North hat 225 Zimmer auf zwölf Etagen. Es ist das erste Hotel im Zentrum, das mit einem LEED-Zertifikat für Umweltfreundlichkeit ausgezeichnet wurde (in Silber, um genau zu sein). Die erdfarbenen, modern eingerichteten Zimmer sind zwar klein, aber praktisch geschnitten und gemütlich. Für Hybrid-Autos ist das Parken kostenlos.

HI-Chicago HOSTEL $
(Karte S. 554; 312-360-0300; www.hichicago.org; 24 E Congress Pkwy; B inkl. Frühstück 29–38 US$;) Chicagos bestes Hostel ist vorbildhaft. Es liegt zentral im Loop und bietet viele Annehmlichkeiten wie einen Infostand mit Personal, kostenlose, von Freiwilligen geführte Touren und Rabattkarten für Museen und Shows. Die einfachen Schlafsäle mit Bad haben sechs bis zwölf Betten.

Best Western River North HOTEL $$
(Karte S. 554; 312-467-0800; www.rivernorthhotel.com; 125 W Ohio St; Zi. 159–219 US$;) Gepflegte Zimmer, Betten mit Ahornholzfurnier, kostenloser (!) Parkplatz, ein Hallenbad und Sonnendeck mit Blick über die Stadt. Kurz: Perfekte Bleibe in Near North.

Wit HOTEL $$$
(Karte S. 554; 312-467-0200; www.thewithotel.com; 201 N State St; Zi. ab 229 US$;) Traumhafte Zimmer, eine Dachterrasse mit Bar und ein Kino ziehen hippe Urlauber und Geschäftsleute in das elegante, mit viel grünem Glas designte Wit. WLAN kostet pro Tag 10 US$ (in der Lobby kommt man für lau ins Internet).

Central Loop Hotel HOTEL $$
(Karte S. 554; ☎312-601-3525; www.centralloophotel.com; 111 W Adams St; Zi. 119–179 US$; P❄@📶) Wenn man in den Genuss eines Pauschalangebots kommt, hat dieses kleine Businesshotel wirklich gute Preise. Die Betreiber haben noch eine ähnliche Unterkunft, die Club Quarters in 75 E Wacker Dr.

LAKEVIEW & WICKER PARK/ BUCKTOWN

Willows Hotel HOTEL $$
(außerhalb der Karte S. 564; ☎773-528-8400; www.willowshotelchicago.com; 555 W Surf St; Zi. inkl. Frühstück 169–229 US$; P⊖❄📶) Das kleine, stylishe Willows hat einen goldenen Stern in Sachen Architektur verdient. Die schicke, kleine Lobby bietet eine gute Rückzugsmöglichkeit mit dick gepolsterten Sesseln am Kamin. In den 55 Zimmern in Pfirsich-, Creme- und Hellgrüntönen fühlt man sich fast wie in einem französischen Landhaus aus dem 19. Jh. Das Hotel befindet sich einen Block nördlich des Geschäftszentrums, dort wo der Broadway, die Clark St und die Diversey St aufeinander treffen.

Wicker Park Inn B&B $$
(☎773-486-2743; www.wickerparkinn.com; 1329 N Wicker Park Ave; Zi. inkl. Frühstück 149–199 US$; ⊖❄📶) Das Backstein-Reihenhaus ist nur ein paar Schritte von Chicagos angesagtester Bar- und Restaurantszene entfernt. Die sonnigen, in Pastellfarben gehaltenen Zimmer sind zwar nicht riesig, haben aber Parkettböden und kleine Schreibtische. Auf der gegenüberliegenden Straßenseite gibt's zwei Apartments mit Küche. Die Unterkunft befindet sich ca. 800 m südöstlich der CTA-Blue-Line-Haltestelle Damen.

Days Inn Lincoln Park North HOTEL $$
(außerhalb der Karte S. 564; ☎773-525-7010; www.lpndaysinn.com; 644 W Diversey Pkwy; Zi. inkl. Frühstück 120–180 US$; P⊖❄@📶) Das gepflegte Kettenhotel im Lincoln Park ist bei Familien und tourenden Indie-Bands gleichermaßen beliebt, denn der Service ist gut und es gibt Vergünstigungen wie der kostenlose Besuch des Fitnessstudios. Die Parks und Strände am Seeufer sind leicht zu Fuß zu erreichen und mit dem Bus ist man in 15 Minuten im Zentrum. Das Hotel steht direkt an der geschäftigen Kreuzung der Straßen Broadway, Clark und Diversey.

Longman & Eagle INN $$
(☎773-276-7110; www.longmanandeagle.com; 2657 N Kedzie Ave; Zi. 75–200 US$; ⊖❄📶) Bevor man in die altmodisch eingerichteten Zimmer im ersten Stock kommt, muss man in dem mit einem Michelin-Stern aus-

ESSEN IN CHICAGO: DIE HEILIGE DREIFALTIGKEIT

Chicago hat drei heiß geliebte Spezialitäten. An erster Stelle steht die Pfannenpizza, eine Pizza mit einem 5 bis 7 cm hohen Rand, die mit einem dicken geschmolzenen Belag überzogen. Ein Stück macht schon fast so satt wie eine ganze Mahlzeit. In den folgenden Lokalen, die alle täglich etwa von 11 bis 22 Uhr geöffnet sind, kostet eine große Pizza durchschnittlich 20 US$:

» **Pizzeria Uno** (Karte S. 554; www.unos.com; 29 E Ohio St) Hier wurde 1943 die Pfannenpizza erfunden. Die Filiale Due befindet sich einen Block weiter nördlich.

» **Gino's East** (Karte S. 554; www.ginoseast.com; 162 E Superior St) Während man auf seine Pizza wartet, kann man sich hier an den Wänden verewigen.

» **Lou Malnati's** (Karte S. 554; www.loumalnatis.com; 439 N Wells St) Für seinen Butterteig berühmt.

» **Giordano's** (Karte S. 554; www.giordanos.com; 730 N Rush St) Perfekt gewürzte Tomatensauce.

» **Pizano's** (Karte S. 554; www.pizanoschicago.com; 864 N State St) Oprahs Lieblingspizzeria.

Ebenso legendär ist der Chicagoer Hotdog – ein Wiener Würstchen, das durch den „Garten gezogen wurde" (soll heißen, mit Zwiebeln, Tomaten, Salat, Paprika, Peperoni und Mixed Pickles oder Variationen davon, aber auf keinen Fall mit Ketchup). Das wird in ein Mohnbrötchen gepackt. Bei Hot Doug's (S. 573) gibt's die Echten.

Die Stadt ist außerdem bekannt für ihre pikanten, triefenden italienischen Rindfleischsandwiches, die es nur in Chicago gibt. Mr. Beef (S. 572) setzt dabei den höchsten Standard.

gezeichneten Restaurant im Erdgeschoss einchecken. Die sechs Zimmer mit Holzfußböden sind etwas hellhörig, wenn man aber vor dem Schlafengehen seinen Whiskey-Gutschein an der Bar einlöst, wird das wohl nicht weiter stören. Hin kommt man mit der Blue Line bis zum Logan Sq, dann die Kedzie Ave einen Block nach Norden laufen.

Die Eigentümer des Willows Hotel haben zwei weitere, ähnlich gestaltete Unterkünfte gleicher Preisklasse im Lake-View-Viertel:

City Suites Hotel HOTEL **$$**
(Karte S. 564; ☎773-404-3400; www.chicagocitysuites.com; 933 W Belmont Ave) Im City Suites in der Nähe der Haltestelle Belmont der CTA Red/Brown Line ist es etwas lauter als in den anderen Hotels.

Majestic Hotel HOTEL **$$**
(Karte S. 564; ☎773-404-3499; www.majestic-chicago.com; 528 W Brompton Ave) Das Majestic befindet sich weiter östlich in Richtung See und ist damit etwas abgelegener.

Essen

Jahrelang haben Feinschmecker Chicagos Küche als rückständig und fleischlastig abgetan. Doch dann passierte etwas Seltsames: Die Stadt gewann mehrere James-Beard-Preise und Gourmet-Magazine wie *Saveur* lobten die Restaurantszene der Stadt als eine der besten der USA. Und das Tolle daran: Selbst die Besten sind recht erschwinglich. Sie sind fantasievoll, locker und gleichzeitig traditionell. Es wird auch eine fantastische ethnische Küche geboten, vor allem wenn man das Stadtzentrum verlässt und nach Pilsen oder Uptown fährt.

LTH Forum (www.lthforum.com) und **Chicago Gluttons** (www.chicagogluttons.com) bieten Hilfe für alle diejenigen, die sich nicht entscheiden können, in welches Restaurant sie nun gehen sollen.

LOOP & SOUTH LOOP

Die meisten Lokale im Loop sind auf die Massen von Büroangestellten eingestellt, die hier zu Mittag essen.

Cafecito KUBANISCH **$**
(Karte S. 554; www.cafecitochicago.com; 26 E Congress Pkwy; Sandwiches 4–6 US$; ⏲Mo–Fr 6–21, Sa & So 10–18 Uhr; 📶) Das zur Jugendherberge gehörende Cafecito ist perfekt für hungrige und durstige Traveller. Serviert werden köstliche kubanische Sandwiches, die mit in Knoblauch und Zitrone mariniertem Schweinebraten und Schinken belegt sind. Zum Frühstück gibt's starken Kaffee und herzhafte Eiersandwiches.

Gage KNEIPE **$$$**
(Karte S. 554; ☎312-372-4243; www.thegagechicago.com; 24 S Michigan Ave; Hauptgerichte 16–32 US$; ⏲11–23, Fr 11–24 Uhr) Dieser Gastropub serviert fantasievolles, irisch angehauchtes Kneipenessen wie Fish'n'Chips in Guinness-Bierteig und Pommes mit Currysauce. Außerdem gibt's viele gute Whiskeys und Biere, die ausgezeichnet zum Essen passen.

Lou Mitchell's FRÜHSTÜCK **$**
(www.loumitchellsrestaurant.com; 565 W Jackson Blvd; Hauptgerichte 6–11 US$; ⏲Mo–Sa 5.30–15, So 7–15 Uhr) Eine Reliquie der Route *66*, direkt westlich des Loop an der Union Station gelegen. Kellnerinnen der alten Garde servieren Eier mit zwei Eigelben und dick geschnittenes Toastbrot. Man muss oft Schlange stehen, die Wartezeit wird aber durch kostenlose Donuts und Milk Duds versüßt.

NEAR NORTH

In den Straßen von Near North reiht sich ein Restaurant an das nächste.

Frontera Grill MEXIKANISCH **$$$**
(Karte S. 554; ☎312-661-1434; www.rickbayless.com; 445 N Clark St; Hauptgerichte 18–30 US$; ⏲Di–Fr mittags, Di–Sa abends, Sa Brunch) Vielleicht hat schon mal jemand im Fernsehen gesehen, wie Chefkoch Rick Bayless Pfeffersauce und andere teuflisch scharfe mexikanische Kreationen zusammenrührt. Die üblichen Tacos gibt's hier nicht – Bayless verwendet saisonale, nachhaltig angebaute Zutaten für seine aromatischen Gerichte. Kein Wunder, dass es zu den Lieblingsrestaurants von Präsident Obama gehört. Das dazugehörige **Topolobampo** in einem Nebenraum ist eleganter, teurer und zu ähnlichen Zeiten geöffnet.

Xoco MEXIKANISCH **$$**
(Karte S. 554; www.rickbayless.com; 449 N Clark St; Hauptgerichte 8–13 US$; ⏲Di–Do 8–21, Fr & Sa 8–22 Uhr) In dem mexikanischen Straßenlokal von Rick Bayless neben dem Frontera Grill gibt's warme *churros* (spiralförmige Teigkrapfen) zum Frühstück, *tortas* (Sandwiches) mit Fleisch zum Mittagessen und reichhaltige *caldos* (Suppen) zum Abendessen.

Billy Goat Tavern BURGER **$**
(Karte S. 554; www.billygoattavern.com; UG, 430 N Michigan Ave; Burgers 4–6 US$; ⏲Mo–Fr 6–2, Sa & So 10–2 Uhr) Die Reporter der *Tribune* und

VON DER FARM DIREKT AUF DEN TELLER

Wo bekommt man Bio-Lebensmittel aus der Gegend?

» Auf dem **Green City Market** (www.chicagogreencitymarket.org; 1790 N Clark St; ⌚Mitte Mai–Ende Okt. Mi & Sa 7–13 Uhr) am Südende von Lincoln Park werden alte Gemüsesorten, selbst gemachte Pies u. v. m. verkauft. Es gibt auch Kochvorführungen.

» **Chicago's Downtown Farmstand** (Karte S. 554; www.chicagofarmstand.com; 66 E Randolph St; ⌚Di–Fr 11–19, Sa 11–16 Uhr) verkauft selbst gemachten Honig, Gebäck sowie Obst und Gemüse. Freitagmittags treffen sich hier Farmer auf einen Plausch.

» **Clandestino** (www.clandestinodining.com; Menüs mit mehreren Gängen 65–100 US$) ist ein alternatives „Gemeinschaftsrestaurantprojekt", in dem Küchenchef Efrain Cuevas an unterschiedlichen Orten wie Galerien oder Lofts Biogerichte serviert. Man trägt sich in die Mailingliste ein und sichert sich einen Platz, sobald man eine Einladung zu einem Event bekommt.

der *Sun-Times* futtern seit Jahrzehnten im Billy Goat. Einfach einen „Cheezborger" und ein Schlitz bestellen und sich dann die mit Zeitungen voll gekleisterten Wände anschauen und das Neueste über die Chicago Cubs Curse erfahren.

Purple Pig MEDITERRAN **$**
(Karte S. 554; ☎312-464-1744; www.thepurplepigchicago.com; 500 N Michigan Ave; Snacks 7–9 US$; ⌚So–Do 11.30–24, Fr & Sa 11.30–1 Uhr; ✎) Das Pig's mit seiner tollen Lage auf der Magnificent Mile, der vielfältigen Fleisch- und Vegie-Karte, den vielen erschwinglichen Vinos und den langen Öffnungszeiten ist ein Publikumsliebling. Die in Milch geschmorte Schweineschulter ist göttlich.

Mr. Beef SANDWICHES **$**
(666 N Orleans St; Sandwiches 4–7 US$; ⌚Mo–Do 8–19, Fr 8–17, Sa 10.30–15.30 & 22.30–5 Uhr) Eine der Spezialitäten Chicagos, das italienische Rindfleischsandwich, ist so aufgebaut: dünn geschnittenes, langsam gegartes Roastbeef wird in Bratensauce und *giardiniera* (würziges, eingelegtes Gemüse) getunkt und dann auf ein riesiges Brötchen gewuchtet. Mr. Beef serviert an seinen Tischen im Picknickstil die besten der Stadt. Etwa vier Blocks östlich vom Hotel Felix.

LINCOLN PARK & OLD TOWN

In den Hauptadern Halsted St, Lincoln St und Clark St wimmelt es von Restaurants und Bars. Die Parkplatzsuche ist ein Martyrium, aber die Stationen North und Fullerton der CTA Red Line sind mitten im Geschehen.

Alinea NEU-AMERIKANISCH **$$$**
(☎312-867-0110; www.alinea-restaurant.com; 1723 N Halsted St; mehrgängige Probiermenüs 150–225 US$; ⌚Mi–So 17.30–21.30 Uhr) Superstar Grant Achatz ist der Mann, der sich hinter der „Molekular-Küche" im Alinea verbirgt. Wer einen der begehrten Plätze ergattern konnte, sollte sich auf ein 12- bis 24-Gänge-Menü einer bewusstseinsverändernden Hightech-Küche einstellen. Es gibt Gerichte, die aus einer Zentrifuge herausströmen oder in eine Kapsel gepresst wurden. Das *Restaurant Magazine* hat das Alinea zum besten Nordamerikas gekürt; so früh wie möglich reservieren.

Wiener's Circle AMERIKANISCH **$**
(☎773-477-7444; 2622 N Clark St; Snacks 3–6 US$; ⌚So–Do 10.30–16, Fr & Sa 10.30–5 Uhr) Es ist für sein wildes, unflätiges Ambiente ebenso berühmt wie für seine Hotdogs vom Grill und die Cheddar-Pommes. Das Wiener's Circle ist *der* Ort, um noch spätabends seinen Heißhunger zu stillen. Es hilft, wenn man nicht mehr ganz nüchtern ist, bevor man hineingeht.

LAKE VIEW & WRIGLEYVILLE

Die genussträchtige Straßen heißen Clark, Halsted, Belmont und Southport. Parken ist so gut wie aussichtslos, man sollte also mit der CTA Red Line bis Addison (Wrigleyville) oder mit der Brown Line bis zu den Haltestellen Belmont oder Southport fahren.

Crisp ASIATISCH **$**
(Karte S. 564; www.crisponline.com; 2940 N Broadway; Hauptgerichte 7–12 US$; ⌚Di–Do & So 11.30–21, Fr & Sa 11.30–22.30 Uhr) In dem heiteren Café mit Musik aus der Konserve wird preiswerte, leckere koreanische Fusion-Küche serviert. Die Schale mit „Bad Boy Buddha", eine Variante von *bi bim bop* (Gemüse mit Reis), ist die billigste Mittagsmahlzeit, die man in Chicago bekommen kann.

Mia Francesca ITALIENISCH $$

(Karte S. 564; ☎773-281-3310; www.miafrancesca.com; 3311 N Clark St; Hauptgerichte 13–27 US$; ⊙So–Do 17–22, Fr & Sa 17–23 Uhr) In der Chicagoer Restaurantkette wimmelt es nur so von Stammgästen. In dem einfachen Ambiente werden italienische Klassiker wie Linguine mit Meeresfrüchten, Spinatravioli und Kalbsmedaillons in Pilzsauce serviert.

ANDERSONVILLE & UPTOWN

Nach „Little Saigon" kommt man mit der CTA Red Line, Haltstelle Argyle. Wer in die europäischen Cafés will, muss eine Station weiter nach Berwyn fahren.

Hopleaf EUROPÄISCH $$

(Karte S. 564; ☎773-334-9851; www.hopleaf.com; 5148 N Clark St; Hauptgerichte 10–17 US$; ⊙Mo–Do 17–23, Fr & Sa 17–24, So 16–22 Uhr) Die gemütliche, stets volle Bierstube im europäischen Stil serviert geräucherte Rinderbrust à la Montréal, Sandwiches mit Cashew-Butter und Feigenmarmelade. Die Spezialität des Hauses sind aber Fritten mit Miesmuscheln in Biersauce. Außerdem gibt's hier 200 verschiedene Biere und lange Warteschlangen.

Ba Le Bakery VIETNAMESISCH $

(Karte S. 564; ☎773-561-4424; 5016 N Broadway; Sandwiches 3–5 US$; ⊙7.30–20 Uhr) Ba Le serviert *banh mi* genannte Sandwiches à la Saigon. Sie bestehen aus gedünstetem Schweinefleisch, Shrimpkuchen oder Fleischbällchen auf frischem Baguette und werden vor den Augen der Kunden zubereitet.

WICKER PARK, BUCKTOWN & UKRAINIAN VILLAGE

In diesen Stadtvierteln öffnen fast täglich neue, hippe Restaurants. Hin kommt man mit der CTA Blue Line bis Damen.

Handlebar Bar & Grill INTERNATIONAL $$

(☎773-384-9546; www.handlebarchicago.com; 2311 W North Ave; Hauptgerichte 9–14 US$; ⊙Mo–Do 10–24, Fr & Sa 10–2, So 10–23 Uhr; ✎) Hier treffen sich vor allem einheimische Radfahrer. Auf der vegetarierfreundlichen Speisekarte stehen die unterschiedlichsten Gerichte (z. B. westafrikanischer Erdnuss-Eintopf). Im Sommer kann man im Innenhof dank der tollen Bierauswahl prima zechen.

Big Star Taqueria MEXIKANISCH $

(www.bigstarchicago.com; 1531 N Damen Ave; Tacos 3–4 US$; ⊙11.30–2 Uhr) Der Laden ist immer voll, aber verdammt, es lohnt sich wirklich, auf die Tacos mit Schweinebauch in Tomaten-*guajillo*-Sauce (Chili) und die Lammschulter mit *queso fresco* (Frischkäse) zu warten. Fantastische Whiskey-Auswahl. Keine Kreditkarten.

LOGAN SQUARE & HUMBOLDT PARK

An der Kreuzung der Blvds Milwaukee, Logan und Kedzie gibt's etliche Restaurants und Bars. Mit der CTA Blue Line zur Station Logan Square oder California fahren.

LP TIPP **Hot Doug's** AMERIKANISCH $

(☎773-279-9550; www.hotdougs.com; 3324 N California Ave; Hauptgerichte 3–8 US$; ⊙Mo–Sa 10.30–16 Uhr) Doug lässt Hotdog-Träume wahr werden. Er serviert Hotdogs auf verschiedene Arten (polnisch, mit Bratwürstchen, auf Chicago-Art) und unterschiedlich zubereitet (gegrillt, frittiert, gedünstet). Noch Fragen? Doug erklärt einem alles. Für Feinschmecker bereitet er auch „Haute Dogs" zu, z. B. aus Schweinefleisch mit Blauschimmelkäse und Kirschsahnesauce. Super, aber nur im Auto gut zu erreichen. Keine Kreditkarten.

Bonsoiree NEU-AMERIKANISCH $$$

(☎773-486-7511; www.bonsoireechicago.com; 2728 W Armitage Ave; Menüs mit mehreren Gängen 60–90 US$; ⊙Di–Sa 17–22, So 17–21 Uhr) Das Bonsoiree fing eigentlich als Club im Keller an. Samstags finden hier noch immer Events für geladene Gäste statt (auf der Website kann man sich auf die Mailing-Liste eintragen). Ansonsten ist ein Abendessen im Bonsoiree eine lockere Angelegenheit mit mehreren Gängen – die Küchenchefs überraschen mit kreativ zubereiteter Hausmannskost (oft mit japanischem Touch). Für ein derart gutes Restaurant geht es hier

IMBISS AUF RÄDERN

Jetzt gibt es die LKW-Imbissstände endlich auch in Chicago. Appetit auf eine Tortilla-Suppe, die von einem Gentleman mit mexikanischer Ringkampfmaske serviert wird? Das Tamale Spaceship machts möglich. Weitere beliebte Trucks sind der Gaztro-Wagon (indisch angehauchte „Naan-wiches") und Meatyballs Mobile („Globes of Goodness"). Die meisten LKWs twittern ihre Standorte. Der **Tribune's Food Blog** (www.twitter.com/@tribstew/chicago-food-trucks) bringt sie alle unter einen Hut.

ungewöhnlich entspannt zu – man kann sogar seine eigenen Getränke mitbringen.

NEAR WEST SIDE & PILSEN

Greektown erstreckt sich entlang der S Halsted St (mit der Blue Line bis UIC-Halsted fahren). Das mexikanische Pilsen hat sein Zentrum rund um die W 18th St (die Pink Line bis 18th nehmen). Im West Loop gibt's in der Randolph St und der Fulton Market St mehrere stylishe Lokale (ein Taxi aus der Innenstadt hierher kostet 10 US$).

Next VERSCHIEDENES $$$
(☎312-226-0858; www.nextrestaurant.com; 953 W Fulton Market; Menü mit mehreren Gängen 100 US$; ⏲Mi–So 17.30–21.30 Uhr) Die Tickets für Grant Achatzs 2011 eröffnetes West-Loop-Restaurant sind die gefragtesten Chicagos. Wer im Next Essen will, braucht unbedingt ein solches Ticket, denn es dient als Zeitmaschine. Los ging es hier mit einem typisch Pariser Acht-Gänge-Menü im Stil des Jahres 1906. Aber alle drei Monate wird alles komplett umgeworfen: Neue Ära, neues Menü, neues Dekor. Wer ein Ticket haben möchte, sollte sich so früh wie möglich auf der Website auf die Warteliste setzen. Die Preise variieren je nach Datum, Uhrzeit und Menü (an Wochentagen kostet es frühabends weniger als zur Hauptessenszeit an den Wochenenden). Bezahlen muss man übrigens bei Buchung. Mit etwas Glück bekommt man über Twitter (@next restaurant) Last-Minute-Plätze.

Don Pedro Carnitas MEXIKANISCH $
(1113 W 18th St; Tacos 1,50–2 US$; ⏲Mo–Fr 6–18, Sa 5–17, So bis 15 Uhr) In dem einfachen Fleischladen in Pilsen wird man von einem Mann mit einer Machete begrüßt. Er wartet auf den Befehl der Gäste, ein paar Stücke vom Schweinebraten abzuhacken, die er dann zusammen mit Zwiebeln und Koriander in eine frische Tortilla wickelt. Nur Barzahlung.

Publican AMERIKANISCH $$$
(☎312-733-9555; www.thepublicanrestaurant.com; 837 W Fulton Market; Hauptgerichte 16–30 US$; ⏲Mo–Do 15.30–22.30 Fr & Sa 15.30–23.30, So 10–14 & 17–22 Uhr) Das wie eine elegante Bierhalle aussehende Publican hat sich auf Austern, Schinken und feine Biere spezialisiert – die Produkte stammen von kleinen Familienbauernhöfen und Kleinbrauereien.

Ausgehen

In den langen Wintermonaten wärmen sich die Chicagoer gern in Bars auf. Diese schließen in der Regel um 2 Uhr, aber einige haben auch bis 4 oder 5 Uhr geöffnet. Im Sommer werben viele Bars mit ihren Biergärten.

THE LOOP & NEAR NORTH

Restaurants wie das Gage, die Billy Goat Tavern und das Purple Pig (s. Essen) eignen sich auch wunderbar für einen Drink.

Signature Lounge LOUNGE
(Karte S. 554; www.signatureroom.com; John Hancock Center, 875 N Michigan Ave; ⏲ab 11 Uhr) Hier hat man den Blick wie vom Hancock Observatory, ohne aber dessen Eintrittspreis zahlen zu müssen. Mit dem Fahrstuhl in den 95. Stock fahren, ein Getränk bestellen und den Blick über die Stadt genießen! Ladys aufgepasst: Auf keinen Fall den Blick aus der Damentoilette verpassen.

Clark Street Ale House BAR
(Karte S. 554; 742 N Clark St; ⏲ab 16 Uhr) Einfach den Slogan auf dem alten Werbeschild beherzigen: „Stop & Drink Liquor!" Die Kleinbrauereien des Mittleren Westens stehen hier im Mittelpunkt. Ein Probiertablett mit drei Biersorten kostet 5 US$.

Intelligentsia Coffee CAFÉ
(Karte S. 554; www.intelligentsia.com; 53 E Randolph St; ⏲Mo–Fr ab 6, Sa & So ab 7 Uhr) Der Kettenladen röstet die Bohnen selbst und braut

SELBST IST DER TRAVELLER: WIE MAN EINE ECHTE CHICAGOER BAR FINDET

Wir können leider nicht alle Kneipen der Stadt aufführen, wir können aber Tipps geben, wie man auf eigene Faust eine typische Kneipe mit Persönlichkeit findet. Man sollte auf Folgendes achten:

» Ein „Old Style"-Bierschild vor der Tür

» Ein abgenutztes Dartbrett und/oder ein alter Billardtisch

» Stammkunden mit Baseballcaps der Cubs, White Sox oder Bears auf dem Kopf

» Bierflaschen, die in Eiskübeln serviert werden

» Sport im TV (das Gerät ist ein Zenith von 1974 und nicht so ein schicker Flachbildschirm).

VERBILLIGTE TICKETS

Die landesweit tätige Ticketagentur **Goldstar** (www.goldstar.com) verkauft Tickets für alle Arten von Veranstaltungen zum halben Preis, so auch für Theateraufführungen, Sportveranstaltungen und Konzerte. Am besten fährt man, wenn man sich mindestens drei Wochen im Voraus anmeldet: Goldstar gibt die Plätze recht lange vor den jeweiligen Veranstaltungen heraus.

Theaterkarten für den gleichen Tag bekommt man zum halben Preis bei **Hot Tix** (www.hottix.org). Man kann sie online oder an den Schaltern im **Chicago Tourism Center** (Karte S. 554; 72 E Randolph St) und im **Water Works Visitor Center** (Karte S. 554; 163 E Pearson St) kaufen.

echt starken Kaffee. Das Personal gewann neulich die US Barista Championship.

Harry Caray's Tavern BAR
(Karte S. 554; www.harrycaraystavern.com; 700 E Grand Ave; ⌚ab 11 Uhr) Der Durststiller am Navy Pier hat gute Biere und ein kleines „Museum" mit Sportandenken.

OLD TOWN & WRIGLEYVILLE

LP TIPP **Old Town Ale House** BAR
(www.oldtownalehouse.net; 219 W North Ave; ⌚Mo–Sa ab 8, So ab 12 Uhr) Unprätentiöser, beliebter Klassiker mit schönen und nicht so schönen Gästen, die ihre Biere unter der Aufsicht nackter Politiker (keine Angst, es sind Gemälde) trinken. Die Kneipe befindet sich gegenüber der Second City.

Gingerman Tavern BAR
(Karte S. 564; 3740 N Clark St; ⌚Mo–Fr ab 15, Sa & So ab 12 Uhr) Billardtische, eine gute Bierauswahl und gepiercte und tätowierte Stammgäste heben den Gingerman wohltuend von den umliegenden Sportsbars in Wrigleyville ab.

WICKER PARK, BUCKTOWN & UKRAINIAN VILLAGE

Map Room KNEIPE
(www.maproom.com; 1949 N Hoyne Ave; ⌚Mo–Fr ab 6.30, Sa ab 7.30, So ab 11 Uhr; 📶) In dieser Taverne tummeln sich Traveller aus aller Herren Länder, kunstsinnige Typen trinken tagsüber Kaffee und abends eines der 200 Biere, die auf der Karte stehen. Dienstags um 19 Uhr gibt's kostenloses Ethno-Essen.

Danny's BAR
(1951 W Dickens Ave) Das gemütliche Danny's mit seinem schummrigen und leicht abgewetzten Ambiente eignet sich perfekt für ein Gespräch bei einem Glas Bier. Das schmuddelige Kunstflair wird noch durch Lyriklesungen und gelegentlich am Plattenteller stehende DJs unterstrichen.

Matchbox BAR
(770 N Milwaukee Ave; ⌚ab 16 Uhr) Anwälte, Künstler und Faulenzer quetschen sich hier für einen Retro-Cocktail rein. Die Bar ist so klein wie eine – na logisch – Streichholzschachtel. Es gibt nur 10 Barhocker. Wer keinen ergattert, steht an der hinteren Wand. Die Matchbox befindet sich am einsamen Nordwestrand des Zentrums, in der Nähe der Blue-Line-Haltestelle Chicago.

WEST LOOP

Aviary COCKTAILBAR
(www.twitter.com/@aviarycocktails; 955 W Fulton Market; ⌚Mi–So ab 18 Uhr) Die Bar von Grant Achatz neben dem Next (s. S. 574) ähnelt mehr dem Alinea, seinem anderen Restaurant. In der Lounge werden einmalige Drinks gemixt, z. B. Buttered Popcorn (nomen est omen!). Das Angebot ändert sich häufig, ebenso wie die 19 verschiedenen Eissorten. Ein Drink kostet um die 16 US$.

☆ Unterhaltung

Es lohnt sich, einen Blick in den **Reader** (www.chicagoreader.com) und **Time Out Chicago** (www.timeoutchicago.com) zu werfen.

Livemusik

Blues und Jazz besitzen in Chicago tiefe Wurzeln, Indie-Rockclubs gibt's an fast jeder Ecke. Der Grundpreis beträgt zwischen 5 und 20 US$.

BLUES

Buddy Guy's Legends BLUES
(Karte S. 554; www.buddyguys.com; 700 S Wabash Ave) Hier gibt's die Top-Acts der Stadt. Buddy Guy, die hiesige Ikone, schaut im Allgemeinen im Januar hier vorbei.

Kingston Mines BLUES
(www.kingstonmines.com; 2548 N Halsted St) Irgendjemand steht immer auf einer der beiden Bühnen. Der laute, heiße, schwitzige und meist überfüllte Veranstaltungsort liegt verkehrsgünstig in Lincoln Park.

BLUES BLUES
(www.chicagobluesbar.com; 2519 N Halsted St) Der alte Club gegenüber vom Kingston Mi-

nes zieht ein etwas älteres Publikum an, das die knisternden, elektrisierenden Momente in sich aufsaugt.

Rosa's BLUES
(www.rosaslounge.com; 3420 W Armitage Ave; ⏲So, Mo & Mi geschl.) Rosa's ist der einzige Laden, wo hiesige Talente auf hingebungsvolle Fans treffen. Er liegt in einem etwas zwielichtigen Block am Logan Sq.

Lee's Unleaded Blues BLUES
(www.leesunleadedblues.com; 7401 S South Chicago Ave; ⏲Mo–Do geschl.) Tief versteckt in South Side liegt Lee's echte Juke Joint (Spelunke). Sie wird vor allem von Leuten aus der Gegend besucht, die in ihren besten Klamotten kommen und bis zum Morgengrauen jammen.

JAZZ

Green Mill JAZZ
(Karte S. 564; www.greenmilljazz.com; 4802 N Broadway) Das zeitlose Green Mill ist bekannt wie ein bunter Hund, war es doch Al Capones Lieblingskneipe (die Tunnel unter der Bar, in denen er seinen Alkohol versteckte, sind noch immer da). Man kann es förmlich spüren, wie sein Geist einen dazu drängt, noch einen Martini zu trinken. Einheimische und nationale Künstler treten an sechs Tagen in der Woche auf; die Sonntage sind für den landesweit gefeierten Poetry Slam reserviert.

Jazz Showcase JAZZ
(Karte S. 554; www.jazzshowcase.com; 806 S Plymouth Court) Dieser Wahnsinnsraum ist die Top-Location für amerikanische Jazzer.

Andy's JAZZ
(Karte S. 554; www.andysjazzclub.com; 11 E Hubbard St) Das Andy's ist erschwinglich und in allen Belangen vielfältig – angefangen beim Publikum jeden Alters bis zum Musikmix aus Swing, Bop und Afropop.

ROCK & FOLK

Hideout LIVEMUSIK
(www.hideoutchicago.com; 1354 W Wabansia Ave) Diese schwer zu findende Location versteckt sich hinter einer Fabrik am Rand von Bucktown. Aber die Suche lohnt sich, denn in den beiden Räumen wird Indie-Rock und alternative Country-Musik präsentiert. Die Betreiber haben aus diesem Outsider einen Schuppen mit Underground-Atmosphäre gemacht, in dem man sich wie in Großmutters Partykeller fühlt. Hier ist jeden Abend etwas los – von Musikevents bis zu Veranstaltungen wie Bingo, Lesungen etc.

Metro LIVEMUSIK
(Karte S. 564; www.metrochicago.com; 3730 N Clark St) Das Metro und sein lauter Rock sind legendär. Es treten lokale Bands auf dem Sprungbrett zum Ruhm auf, aber auch bekannte Größe, die nach „intimer" Atmosphäre suchen.

Empty Bottle LIVEMUSIK
(www.emptybottle.com; 1035 N Western Ave) In dem schmuddeligen In-Club gibt's ausgefallenen Indie-Rock und Jazz. Montags ist der Eintritt frei (und ein Pabst kostet 1,50 US$).

Double Door LIVEMUSIK
(www.doubledoor.com; 1572 N Milwaukee Ave) In diesem ehemaligen Spirituosenladen gibt's Alternative Rock auf die Ohren.

Theater

Chicago hat seinen Ruf als herausragende Theaterstadt zu Recht. Viele Produktionen schaffen es von hier auf den Broadway. Die Top-Ensembles der Stadt sind:

Steppenwolf Theatre THEATER
(☎312-335-1650; www.steppenwolf.org; 1650 N Halsted St) Der Drama-Club von Hollywoodstars wie Malkovich und Sinise. Das Theater liegt 2 Meilen (3,2 km) nördlich des Loop in Lincoln Park.

Goodman Theatre THEATER
(Karte S. 554; ☎312-443-3800; www.goodmantheatre.org; 170 N Dearborn St) Bekannt für moderne und klassische amerikanische Stücke.

Noch mehr erstklassige Ensembles:

Chicago Shakespeare Theater THEATER
(Karte S. 554; ☎312-595-5600; www.chicagoshakes.com; 800 E Grand Ave) Wills Komödien und Tragödien; am Navy Pier.

Lookingglass Theatre Company THEATER
(Karte S. 554; ☎312-337-0665; www.lookingglasstheatre.org; 821 N Michigan Ave) Viel Improvisation, oft auch mit akrobatischen Einlagen.

Neo-Futurists THEATER
(Karte S. 564; ☎773-275-5255; www.neofuturists.org; 5153 N Ashland Ave) Originelle Stücke, die einen gleichzeitig zum Nachdenken und zum Lachen bringen.

Traumhaft alte Theater, in denen Ensembles auf Tournee gastieren, befinden sich hauptsächlich in der State St und der Randolph St. Karten für die meisten Theater bekommt man bei **Broadway in Chicago**

(☎800-775-2000; www.broadwayinchicago.com).

Auditorium Theater THEATER
(Karte S. 554; 50 E Congress Pkwy)

Bank of America Theatre THEATER
(Karte S. 554; 18 W Monroe St)

Cadillac Palace Theater THEATER
(Karte S. 554; 151 W Randolph St)

Chicago Theater THEATER
(Karte S. 554; 175 N State St)

Ford Center/Oriental Theatre THEATER
(Karte S. 554; 24 W Randolph St)

Comedy

Chicago ist die Geburtsstätte der Improvisations-Comedy und noch immer kommen die Besten der Szene aus dieser Stadt.

Second City COMEDY
(außerhalb der Karte S. 554; ☎312-337-3992; www.secondcity.com; 1616 N Wells St) Die Besten der Besten – hier feilten Bill Murray, Stephen Colbert, Tina Fey u.v.a. an ihrem scharfen, beißenden Witz. Tipp: Nach der letzten Vorstellung (außer freitagabends) kann man sich hier kostenlos eine improvisierte Comedy anschauen.

iO Improv COMEDY
(Karte S. 564; ☎773-880-0199; www.ioimprov.com; 3541 N Clark St) Noch ein gutes Haus für Improvisations-Comedy.

Zuschauersport

Chicago Cubs BASEBALL
(www.cubs.com) Die Cubs haben die World Series zum letzten Mal 1908 gewonnen. Dennoch strömen ihre Fans noch immer unverdrossen in das bezauberndste aller Baseballstadien. Das **Wrigley Field** (Karte S. 564; 1060 W Addison St) stammt aus dem Jahre 1914 und ist bekannt für sein efeuumranktes Spielfeld und die klassische Neonreklame am Eingang. Preiswerte Tickets bekommt man mit etwas Glück über das Internet oder zwei bis drei Stunden vor Spielbeginn am Kassenhäuschen. Anfahrt: mit der CTA Red Line bis Addison; das Stadion liegt 4,5 Meilen (7 km) nördlich des Loop.

Chicago White Sox BASEBALL
(www.whitesox.com) Die Sox in South Side sind die Rivalen der Cubs. Sie spielen in der moderneren „Zelle“, dem **US Cellular Field** (Karte S. 551; 333 W 35th St). Die Karten bekommt man hier in der Regel billiger und einfacher als am Wrigley Field; montagabends gibt's alles zum halben Preis. Man nimmt die CTA Red Line bis zu Haltestelle Sox-35th St; das Stadion befindet sich 4,5 Meilen (7 km) südlich des Loop.

Chicago Bulls BASKETBALL
(www.nba.com/bulls) Ist Derrick Rose der neue Michael Jordan? Um das herauszufinden, geht man ins **United Center** (Karte S. 551; 1901 W Madison St), wo die Bulls Körbe werfen. Es liegt ca. 2 Meilen (3,2 km) westlich des Loop. An Spieltagen gibt's CTA-Sonderbusse (Nr. 19). Zu Fuß sollte man besser nicht zum Stadion gehen.

Chicago Blackhawks EISHOCKEY
(www.chicagoblackhawks.com) Die Sieger des Stanley Cups in 2010 ziehen immer ein großes Publikum an. Sie teilen sich das United Center mit den Bulls.

Chicago Bears FOOTBALL
(www.chicagobears.com) Die Bears, Chicagos NFL-Mannschaft, kämpfen im **Soldier Field** (Karte S. 554; 425 E McFetridge Dr) um den Sieg. Das Stadion erkennt man an seiner einer fliegenden Untertasse ähnelnden Architektur. Laute, bierselige Partystimmung.

Clubs

Die Clubs in Near North und West Loop sind riesig und luxuriös (hier ist Aufbrezeln angesagt). In den Clubs in Wicker Park-Ukrainian Village geht's legerer zu.

Late Bar CLUB
(www.latebarchicago.com; 3534 W Belmont Ave; ⌚Di–Sa) Die von zwei DJs betriebene Late Bar mit ihrem New-Wave-Ambiente zieht Menschen jeder Couleur an. Die Bar liegt in einem tristen Abschnitt des Logan Sq und ist folglich einfach mit der Blue Line, Haltestelle Belmont, zu erreichen.

Smart Bar CLUB
(Karte S. 564; www.smartbarchicago.com; ⌚Mi–Sa) Seit eh und je beliebter, unprätentiöser Tanzclub. Gehört zum Metro Rock Club.

Darkroom CLUB
(www.darkroombar.com; 2210 W Chicago Ave) In diesem Club mit seinen Elektro-Beats ist jeder willkommen – vom Gothic- bis zum Reggae-Fan. Im Ukrainian Village.

Darstellende Künste

GRATIS **Grant Park Orchestra** KLASSISCHE MUSIK
(Karte S. 554; ☎312-742-7638; www.grantparkmusicfestival.com) Das beliebte Orchester veranstaltet im Sommer kostenlose Klassikkonzerte im Millennium Park.

Symphony Center KLASSISCHE MUSIK
(Karte S. 554; ☎312-294-3000; www.cso.org; 220 S Michigan Ave) Das Chicago Symphony Orchestra spielt in dem von Daniel Burnham entworfenen Saal.

Civic Opera House OPER
(☎312-332-2244; www.lyricopera.org; 20 N Wacker Dr) Die renommierte Lyric Opera of Chicago tritt in diesem prächtigen Haus ein paar Blocks westlich des Loop auf.

Hubbard Street Dance Chicago TANZ
(☎312-850-9744; www.hubbardstreetdance.com) Chicagos hervorragendes Tanzensemble zeigt im **Harris Theater for Music and Dance** (Karte S. 554; www.harristheaterchicago.org; 205 E Randolph St) sein Können.

Shoppen

Der Sirenengesang für Shopper erklingt vor allem in der N Michigan Ave, der Magnificent Mile. Der **Water Tower Place** (Karte S. 554; 835 N Michigan Ave) gehört hier zu den großen mehrstöckigen Einkaufszentren. Etwas weiter entfernt bevölkern Boutiquen die Viertel Wicker Park/Bucktown (Indie & Vintage), Lincoln Park (schick), Lake View (alternativ) und Andersonville (von jedem etwas).

Chicago Architecture Foundation Shop SOUVENIRS
(Karte S. 554; www.architecture.org/shop; 224 S Michigan Ave) Wolkenkratzer-Poster, Frank-Lloyd-Wright-Notizblöcke, Wolkenkratzer-Modelle und vieles für Menschen mit Häuserfaible.

Strange Cargo BEKLEIDUNG
(Karte S. 564; www.strangecargo.com; 3448 N Clark St) Retro-Laden mit kitschigen T-Shirts, auf die das Antlitz von Ditka, Obama und anderen berühmten Chicagoern aufgebügelt wurde.

Jazz Record Mart MUSIK
(Karte S. 554; www.jazzmart.com; 27 E Illinois St) Laden für Jazz- und Blues-CDs und Vinyl-Scheiben.

Quimby's BÜCHER
(www.quimbys.com; 1854 W North Ave) Ground Zero für Comics, Magazine und Underground; in Wicker Park.

Praktische Informationen

Geld

In der Innenstadt findet man jede Menge Geldautomaten, vor allem rund um die Chicago Ave und die Michigan Ave. Geld tauscht man am besten im Terminal 5 des Flughafens O'Hare International oder im Loop bei folgenden Stellen:

Travelex (☎312-807-4941; 19 S LaSalle St; ⏲Mo–Fr)

World's Money Exchange (☎312-641-2151; 203 N LaSalle St; ⏲Mo–Fr)

GRATIS

Das offizielle Stadtportal namens **Explore Chicago** (www.explorechicago.org) twittert (twitter.com/explorechicago), was es jeden Tag so alles umsonst gibt. Man kann sich auch ausgezeichnete Karten und Führer der einzelnen Viertel kostenlos herunterladen.

Infos im Internet

Chicagoist (www.chicagoist.com) Witzige Berichterstattung, Essen, Kunst und Events.

Gaper's Block (www.gapersblock.com) Aktuelles, Events und Tratsch.

Huffington Post Chicago (www.huffingtonpost.com/chicago) Mischmasch aus allen nur erdenklichen Quellen.

Internetzugang

In vielen Bars, Restaurants und im Chicago Cultural Center gibt's kostenloses WLAN. Ebenso im:

Harold Washington Library Center (www.chipublib.org; 400 S State St; ⏲Mo–Do 9–21, Fr & Sa 9–17, So 13–17 Uhr) In diesem fantastischen, mit Büchern und Kunst vollgestopften Gebäude gibt's überall WLAN und im 2. Stock Internet-Terminals (am Empfang sind Tagespässe erhältlich).

Medien

Chicago Reader (www.chicagoreader.com) Kostenlose, alternative Zeitung mit umfassenden Kunst- und Unterhaltungsrubriken.

Chicago Sun-Times (www.suntimes.com) Täglich erscheinende Boulevardzeitung und Konkurrenzblatt der *Tribune*.

Chicago Tribune (www.chicagotribune.com) Die seriöse Tageszeitung der Stadt; ihre jüngere, abgespeckte Version heißt *RedEye*.

Time Out Chicago (www.timeoutchicago.com) Wochenmagazin mit umfassendem Veranstaltungskalender.

Notfall & Medizinische Versorgung

Northwestern Memorial Hospital (☎312-926-5188; 251 E Erie St) Angesehenes Krankenhaus in der Innenstadt.

Stroger Cook County Hospital (☎312-864-1300; 1969 W Ogden Ave) Öffentliches

Krankenhaus für Patienten mit geringem Einkommen; 2,5 Meilen (4 km) westlich des Loop.

Walgreens (☎312-664-8686; 757 N Michigan Ave; ⏲24 Std.) Auf der Mag Mile.

Post

Post Fort Dearborn (540 N Dearborn St); Hauptpost (433 W Harrison St; ⏲7.30–24 Uhr)

Touristeninformation

Das **Chicago Office of Tourism** (☎312-744-2400; www.explorechicago.org) unterhält zwei gut sortierte Besucherzentren mit Auskunftsschalter, Ticketverkauf, Café und kostenlosem WLAN.

Chicago Cultural Center Visitors Center (77 E Randolph St; ⏲Mo–Do 8–19, Fr 8–18, Sa 9–18, So 10–18 Uhr)

Water Works Visitors Center (163 E Pearson St; ⏲Mo–Do 8–19, Fr 8–18, Sa 10–18, So 10–16 Uhr)

 An- & Weiterreise

Bus

Greyhound (☎312-408-5800; www.greyhound.com; 630 W Harrison St) Die Hauptstation liegt zwei Blocks südwestlich der Haltestelle Clinton der CTA Blue Line. Es fahren regelmäßig Busse nach Cleveland (7½ Std.), Detroit (7 Std.), Minneapolis (9 Std.) und in kleine US-Städte.

Megabus (Karte S. 554; www.megabus.com/us; südöstliche Ecke Canal St & Jackson Blvd) fährt nur größere Städte im Mittleren Westen an. Auf diesen Strecken sind die Preise oft niedriger als bei Greyhound, und das bei höherer Qualität und Zuverlässigkeit. Die Haltestelle befindet sich bei der Union Station.

Flugzeug

Chicago Midway Airport (MDW; außerhalb der Karte S. 551; www.flychicago.com) Der kleinere Flughafen wird hauptsächlich von Inlandsgesellschaften wie Southwest benutzt. Die Flüge sind oft günstiger als von O'Hare.

O'Hare International Airport (ORD; außerhalb der Karte S. 551; www.flychicago.com) Chicagos Hauptflughafen zählt zu den verkehrsreichsten der Welt. Hier befinden sich die Hauptniederlassung von United Airlines und der Knotenpunkt von American. Die meisten nicht amerikanischen Fluglinien und internationalen Flüge nutzen Terminal 5 (außer Lufthansa und Flüge aus Kanada).

Zug

Chicagos zeitlose **Union Station** (Karte S. 554; 225 S Canal St) ist der Knotenpunkt für landesweite und regionale **Amtrak-Züge** (☎800-872-7245; www.amtrak.com). Die Züge fahren u. a. nach:

DETROIT (5½ Std., 3-mal tgl.)

MILWAUKEE (1½ Std., 7-mal tgl.)

MINNEAPOLIS/ST. PAUL (8 Std., 1-mal tgl.)

NEW YORK (20½ Std., 1-mal tgl.)

SAN FRANCISCO (EMERYVILLE) (53 Std., 1-mal tgl.)

ST. LOUIS (5½ Std., 5-mal tgl.)

Unterwegs vor Ort

Auto & Motorrad

Achtung: Das Parken in Parkhäusern und auf öffentlichen Straßen/Parkplätzen ist teuer. Wenn sich eine Fahrt ins Zentrum nicht vermeiden lässt, kann man sein Glück in der **East Monroe Garage** (www.millenniumgarages.com; Columbus Dr zw. Randolph St & Monroe St; 24 US$/Tag) versuchen. In der Rush Hour herrscht in Chicago ein fast schon abartiger Verkehr.

Fahrrad

Chicagos Radwegnetz hat eine Gesamtlänge von 193 km. Kostenlose Fahrradkarten bekommt man beim städtischen **Transportation Department** (www.chicagobikes.org). Fahrradparkplätze gibt es haufenweise; der größte – mit Duschen – ist das **McDonalds Cycle Center** (www.chicagobikestation.com; 239 E Randolph St) im Millennium Park. Und noch etwas: Abschließen oder abschreiben – man hat die Wahl! Infos zu Fahrradverleihs stehen auf S. 563.

Vom/Zum Flughafen

CHICAGO MIDWAY AIRPORT liegt 11 Meilen (17,7 km) südwestlich des Loop und ist mit der CTA Orange Line (2,25 US$) zu erreichen. Andere Möglichkeiten sind Shuttlebusse (24 US$/Pers.) und Taxis (30–40 US$).

O'HARE INTERNATIONAL AIRPORT liegt 17 Meilen (27,4 km) nordwestlich des Loop. Eine Fahrt mit der CTA Blue Line (2,25 US$) ist der billigste und oft auch schnellste Weg vom/zum O'Hare, sofern einen der recht lange Fußmarsch von den Terminals zur Haltestelle nicht abschreckt. Airport-Express-Shuttlebusse verkehren zwischen dem Flughafen und den Hotels in der Innenstadt (29 US$/Pers.). Ein Taxi zum/vom Zentrum kostet ca. 45 US$.

Öffentliche Verkehrsmittel

Die **Chicago Transit Authority** (CTA; www.transitchicago.com) betreibt das städtische Bus- und Zugnetz, inklusive Hoch- und Untergrundbahn (alias El). Die CTA-Busse fahren von frühmorgens bis spätabends in jede Ecke der Stadt. Zwei der acht farblich markierten Bahnlinien – die Red Line und die Blue Line zum O'Hare International Airport – fahren rund um die Uhr, die anderen täglich von ca. 5 bis 24 Uhr. Tagsüber muss man selten länger als 15 Minuten auf einen Zug warten. Kostenlose Linienpläne gibt's an allen Bahnhöfen.

Der Standardpreis für Bahnfahrten beträgt 2,25 US$, für Busfahrten 2 US$. Umsteigen kostet 0,25 US$. In Bussen kann man eine Fahrkarte (die sogenannte Transit Card) benutzen oder passend zahlen (dann kostet das 2,25 US$). Im Zug gilt nur die Transit Card, die auf den Bahnhöfen an Automaten erhältlich ist. Mit Tageskarten (1/3 Tage 5,75/14 US$) kann man ordentlich Geld sparen. Man bekommt sie allerdings nur an den Flughäfen, in einigen Drogerien und Wechselstuben.

Die **Metra Pendlerzüge** (www.metrarail.com) fahren auf zwölf Strecken in die Außenbezirke; los geht's von vier Stationen rund um den Loop: LaSalle St Station, Millennium Station, Union Station und Richard B Ogilvie Transportation Center (ein paar Blocks nördlich der Union Station). Einige der Strecken werden täglich befahren, andere dagegen nur wochentags in den Hauptverkehrszeiten. Metra-Fahrten kosten zwischen 2,25 und 8,50 US$. Das Wochenendticket gibt's für 7 US$.

Die Busse von **PACE** (www.pacebus.com) verbinden die Vorstädte mit den öffentlichen Verkehrsmitteln in der Stadt.

Taxi

Im Loop, nördlich von Andersonville und nordwestlich von Wicker Park/Bucktown gibt es haufenweise Taxis. Der Grundpreis beträgt 2,25 US$, pro Meile kommen 1,80 US$ und pro zusätzlichem Fahrgast 1 US$ dazu. Es wird ein Trinkgeld von 15 % erwartet. Außerhalb der Stadtgrenzen kostet der Spaß eineinhalb mal so viel. Empfehlenswerte Taxiunternehmen sind:

Flash Cab (☎773-561-1444)

Yellow Cab (☎312-829-4222)

Rund um Chicago

OAK PARK

Oak Park liegt 10 Meilen (16 km) westlich des Loop und ist leicht mit einem CTA-Zug zu erreichen. Der Ort hat zwei berühmte Söhne hervorgebracht: den Schriftsteller Ernest Hemingway, der hier geboren ist, und den Architekten Frank Lloyd Wright, der hier von 1889 bis 1909 lebte und arbeitete.

In den 20 Jahren, die Wright in Oak Park verbrachte, hat er viele Häuser entworfen. Beim **Visitor Center** (☎888-625-7275; www.visitoakpark.com; 158 N Forest Ave; ⏲10–17 Uhr) kann man eine Karte (4 US$) kaufen, auf der die architektonischen Sehenswürdigkeiten verzeichnet sind. Um auch in eines der von Wright entworfenen Häuser einen Blick werfen zu können, muss man das **Frank Lloyd Wright Home & Studio** (☎708-848-1976; www.gowright.org; 951 Chicago Ave; Erw./Kind 15/12 US$; ⏲11–16 Uhr) aufsuchen. Die Touren finden je nach Jahreszeit unterschiedlich oft statt, im Sommer alle 20 Minuten, im Winter einmal pro Stunde. Das Studio bietet auch Spaziergänge und Audio Guides durch den Ort an.

Obwohl Hemingway Oak Park als ein „Dorf mit weiten Wiesen und beschränkten Gemütern" bezeichnet hat, ehrt ihn die Stadt noch immer im **Ernest Hemingway Museum** (☎708-848-2222; www.ehfop.org; 200 N Oak Park Ave; Erw./Kind 10/8 US$; ⏲So–Fr 13–17, Sa 10–17 Uhr). Im Eintrittspreis ist auch der Besuch von **Hemingway's Birthplace** (339 N Oak Park Ave) auf der gegenüberliegenden Straßenseite enthalten.

Von Chicagos Innenstadt fährt man mit der CTA Green Line bis zur Endhaltestelle Harlem, die etwa vier Blocks vom Visitor Center entfernt ist. Der Zug fährt durch ein paar trostlose Viertel und erreicht schließlich Oak Parks weite Wiesen.

EVANSTON & NORTH SHORE

Evanston liegt 14 Meilen (22,5 km) nördlich des Loop und ist mit der CTA Purple Line zu erreichen. Der Ort hat einen kompakten Stadtkern mit alten Häusern drumherum. Hier befindet sich die Northwestern University.

Jenseits von Evanston liegen am nördlichen Seeufer Chicagos Vorstädte, die Ende des 19. Jhs. bei den Wohlhabenden in Mode kamen. Eine 30-Meilen-Fahrt (48 km) auf der Sheridan Rd führt durch mehrere schmucke Städtchen bis zum sehr wohlhabenden Lake Forest. Zu den Attraktionen gehören hier das **Baha'i House of Worship** (www.bahai.us/bahai-temple; 100 Linden Ave, Wilmette; Eintritt frei; ⏲6–22 Uhr), eine strahlendweise, architektonische Schönheit, und der **Chicago Botanic Garden** (☎847-835-5440; www.chicagobotanic.org; 1000 Lake Cook Rd, Glencoe; Eintritt frei; ⏲8 Uhr–Sonnenuntergang) mit Wanderwegen, 255 hier beheimateten Vogelarten und an den Wochenenden Kochvorführungen von bekannten Chefköchen. Parken kostet 20 US$.

Weiter landeinwärts befindet sich das **Illinois Holocaust Museum** (☎847-967-4800; www.ilholocaustmuseum.org; 9603 Woods Dr, Skokie; Erw./Kind 12/6 US$; ⏲Mo–Fr 10–17, Do 10–20, Sa & So 11–16 Uhr). Neben ausgezeichneten Filmaufnahmen von Überlebenden des Zweiten Weltkriegs zeigt das Museum nachdenklich stimmende Kunstwerke über den Völkermord in Armenien, Ruanda, Kambodscha und anderen Ländern.

Galena & Nördliches Illinois

Der Höhepunkt des Norden von Illinois ist der hügelige Nordwesten. Hier prägen Pappeln, grasende Pferde und kurvige Straßen, die entlang der alten Postkutschenrouten führen, die Gegend um Galena.

Auf dem Weg passiert man Union. Im dortigen **Illinois Railway Museum** (☎815-923-4000; www.irm.org; US 20 bis Union Rd; Erw. 8–12 US$, Kind 4–8 US$ je nach Jahreszeit; ⏲April–Okt. wechselnde Öffnungszeiten) geraten Eisenbahnfans angesichts der 80 ha voller Lokomotiven sicherlich in Ekstase.

GALENA

Galena breitet sich über bewaldete Berghänge in der Nähe des Mississippi aus und liegt inmitten von hügeligem Ackerland, auf dem hier und da Scheunen zu sehen sind. Der Ort mit seinen perfekt erhaltenen Straßen aus der Zeit des Bürgerkriegs zieht massenhaft Chicagoer an. Galena wird zwar manchmal als Ort für „Frischverheiratete oder Scheintote" bezeichnet, aber all die B&Bs, Buttertoffee- und Antiquitätenläden sind ein Beweis dafür, dass man dieses Kleinstadtjuwel gern besucht. Rote Backsteinhäuser im Greek Revival, Gothic Revival und Queen Anne Style reihen sich in den Straßen aneinander. Sie stammen aus Galenas Blütezeit Mitte des 19. Jhs., als Bleiminen der Stadt Reichtum bescherten. Ein Abstecher hierher lohnt sich: Man kann in aller Ruhe Kajak fahren, Feinschmeckertouren unternehmen und über kurvige Nebenstraßen fahren.

Das **Visitor Center** (☎877-464-2536; www.galena.org; 101 Bouthillier St; ⏲9–17 Uhr) östlich des Flusses befindet sich in einem ehemaligen Eisenbahndepot von 1857. Es ist ein guter Ausgangspunkt für Erkundungstouren. Also das Auto auf dem Parkplatz abstellen (5 US$/Tag), eine Karte holen und los geht's.

Die elegante, alte Main St schlängelt sich entlang des Hügels und durch den historischen Stadtkern. Zu den vielen Sehenswürdigkeiten zählt das **Ulysses S Grant Home** (☎815-777-3310; www.granthome.com; 500 Bouthillier St; Erw./Kind 4/2 US$; ⏲Mi–So 9–16.45 Uhr, Nov.–März verkürzte Öffnungszeiten), das die ortsansässigen Republikaner dem siegreichen General nach Ende des Bürgerkriegs schenkten. Grant lebte hier bis er der 18. Präsident der Vereinigten Staaten wurde. Im prächtigen, italienischen **Belvedere Mansion** (☎815-777-0747; www.belvederemansionandgardens.com; 1008 Park Ave; Erw./Kind 13 US$/frei; ⏲So–Fr 11–16, Sa 11–17 Uhr, Mitte Nov.–Mitte Mai geschl.) hängen die grünen Vorhänge aus dem Film *Vom Winde verweht*.

Outdoorfreaks sollten **Fever River Outfitters** (☎815-776-9425; www.feverriveroutfitters.com; 525 S Main St; ⏲10–17 Uhr, Anfang Sept.–Ende Mai Di–Do geschl.) einen Besuch abstatten. Hier kann man sich Kanus, Kajaks, Stand-Up-Paddle-Boards, Fahrräder und Schneeschuhe leihen. Es werden auch geführte Touren angeboten, beispielsweise zweistündige Kajakausflüge (45 US$/Pers. inkl. Ausrüstung) auf den Seitenarmen des Mississippi. Im Rahmen einer kulinarischen Tour mit **Learn Great Foods** (☎866-240-1650; www.learngreatfoods.com; geführte Touren 50–125 US$) kann man Büffelfarmen, Käsereien und Kräuterfarmen besichtigen. Die Exkursionen finden zu unterschiedlichen Zeiten statt, also online das Programm und die Zeiten abrufen.

In Galena gibt's jede Menge B&Bs der alten Garde. Die meisten kosten 100–200 US$ und sind an den Wochenenden oft ausgebucht. Auf der Website des Besucherzentrums stehen Kontaktadressen. Wer den Präsidenten Grant und Lincoln nacheifern will, übernachtet in den gut eingerichteten Zimmern des **DeSoto House Hotel** (☎815-777-0090; www.desotohouse.com; 230 S Main St; Zi. 128–200 US$; ⊖❄📶) von 1855. Das **Grant Hills Motel** (☎877-421-0924; www.granthills.com; 9372 US 20; Zi. 70–90 US$; ⊖❄📶≋) ist eine schlichte Unterkunft 1,5 Meilen (2,5 Km) östlich der Stadt mit schönem Blick auf die Landschaft und einem Platz zum Hufeisenwerfen.

111 Main (☎815-777-8030; www.oneelevenmain.com; 111 N Main St; Hauptgerichte 16–24 US$; ⏲11–22 Uhr) bereitet Hackbraten, Schweinefleisch mit Kartoffelpüree und andere Klassiker des Mittleren Westens zu. Er werden nur Zutaten aus der Region verarbeitet. Das **Victory Cafe** (www.victorycafes.com; 200 N Main St; Hauptgerichte 5–11 US$; ⏲6–15 Uhr) ist ideal, wenn man zum Frühstück Appetit auf Biscuit-and-Gravy oder zum Mittagessen auf ein Sandwich hat. Die **VFW Hall** (100 S Main St) bietet eine hervorragende Gelegenheit, Seite an Seite mit Kriegsveteranen ein preiswertes Bier zu schlürfen und fernzusehen. Schüchternheit ist hier fehl am Platz: Auf dem Schild draußen steht schließlich, dass jeder willkommen ist.

QUAD CITIES

Südlich von Galena erstreckt sich an einem schönen Abschnitt der **Great River Road** (www.greatriverroad-illinois.org) der malerische **Mississippi Palisades State Park** (☎815-273-2731), der von Kletterern, Wanderern und Campern gleichermaßen geschätzt wird. Infomaterial gibt's am Parkeingang.

Weiter flussabwärts liegen die **Quad Cities** (www.visitquadcities.com) – Moline und Rock Island in Illinois und Davenport und Bettendorf am anderen Flussufer in Iowa. Es lohnt sich, hier eine Pause einzulegen. Rock Island hat eine hübsche Innenstadt (rund um die 2nd Ave und die 18th St) mit ein paar Cafés und einer lebhaften Kneipen- und Musikszene. Am Stadtrand befindet sich die **Black Hawk State Historic Site** (www.blackhawkpark.org; 1510 46th Ave; ⏲Sonnenaufgang–22 Uhr), ein riesiger Park mit Wanderwegen entlang dem Rock River. Das dazugehörige **Hauberg Indian Museum** (☎309-788-9536; Watch Tower Lodge; Eintritt frei; ⏲Mi–So 9–12 & 13–17 Uhr) erzählt die tragische Geschichte des Sauk-Häuptlings Black Hawk und seines Volkes.

Auf **Rock Island**, einer Insel im Mississippi, befanden sich während des Bürgerkriegs ein Waffenlager und ein Kriegsgefangenenlager. Jetzt gibt es dort ein beeindruckendes **Waffenmuseum** (⏲Di–So), einen Bürgerkriegsfriedhof und ein Visitor Center, von dem man einen guten Blick auf die Schiffe hat. Der Eintritt ist frei, man sollte aber seinen Pass mitnehmen, da die Insel noch immer eine aktive Militäreinrichtung ist.

Moline ist der Stammsitz von John Deere, dem international bedeutenden Landmaschinenhersteller. Im Zentrum gibt es außerdem den **John Deere Pavilion** (www.johndeerepavilion.com; Eintritt frei; 1400 River Dr; ⏲Mo–Fr 9–17, Sa 10–17, So 12–16 Uhr; 👪) mit einer bei Kindern sehr beliebten Ausstellung.

Springfield & Zentrales Illinois

Alle Sehenswürdigkeiten im zentralen Illinois haben mit Abraham Lincoln oder der Route 66 zu tun. Sie sind über die ganze Region verteilt, die ansonsten nur flaches Farmland ist. Arthur und Arcola östlich von Decatur sind die Zentren der Amish.

SPRINGFIELD

Die kleine Hauptstadt des Bundesstaates ist ziemlich besessen von Abraham Lincoln, der hier von 1837 bis 1861 als Anwalt tätig war. Viele der Attraktionen befinden sich in der Innenstadt, sind zu Fuß zu erreichen und kosten wenig oder nichts.

Sehenswertes & Aktivitäten

GRATIS **Lincoln Home & Visitor Center** HISTORISCHE STÄTTE
(☎217-492-4150; www.nps.gov/liho; 426 S 7th St; ⏲8.30–17 Uhr) Zuerst muss man sich im Besucherzentrum des National Park Service eine Eintrittskarte besorgen. Lincolns Haus mit seinen zwölf Zimmern steht direkt gegenüber auf der anderen Straßenseite. Man kann durch das ganze Haus marschieren, in dem Abe und Mary Lincoln von 1844 bis zu ihrem Umzug ins Weiße Haus im Jahre 1861 lebten. Überall sind Ranger, die Hintergrundinfos geben und Fragen beantworten können.

Lincoln Presidential Library & Museum MUSEUM
(☎217-558-8844; www.presidentlincoln.org; 212 N 6th St; Erw./Kind 12/6 US$; ⏲9–17 Uhr; 👪) Das Museum hat die umfangreichste Lincoln-Sammlung der Welt. Zu sehen sind hier sowohl echte Artefakte, z.B. sein Rasierspiegel und seine Aktenmappe, als auch abgefahrene Ausstellungsstücke wie an Disneyprodukte erinnernde Hologramme, die Kinder recht spannend finden.

GRATIS **Lincoln's Tomb** FRIEDHOF
(1441 Monument Ave; ⏲9–17 Uhr, Sept.–Mai So & Mo geschl.) Nachdem Lincoln ermordet wurde, brachte man seinen Leichnam zurück nach Springfield, wo er in diesem beeindruckenden Grab auf dem Oak Ridge Cemetery, 1,5 Meilen (2,4 km) nördlich des Stadtzentrums, beigesetzt wurde. Dass die Nase der Lincoln-Büste so glänzt, beweist, dass viele Besucher hierher kommen und mit einer sanften Berührung ihre Hochachtung ausdrücken.

GRATIS **Old State Capitol** HISTORISCHE STÄTTE
(☎217-785-9363; www.oldstatecapitol.org; Ecke 5th St & Adams St; ⏲9–17 Uhr, Sept.–Mai So & Mo geschl.) Geschwätzige Dozenten führen die Besucher durch das Gebäude und erzählen Lincoln-Storys – beispielsweise wie er hier 1858 seine berühmte „House Divided"-Rede hielt. Empfohlene Spende 4 US$.

ABSTECHER

ROUTE 66: GET YOUR KICKS IN ILLINOIS

Amerikas „Mutter aller Straßen" beginnt in Chicago in der Adams St, direkt westlich der Michigan Ave. Bevor es los geht, sollte man im Lou Mitchell's Diner (S. 571) in der Nähe der Union Station noch einmal auftanken. Schließlich sind es 300 Meilen (483 km) von hier bis zur Grenze von Missouri.

Leider wurde der größte Teil der Route 66 in Illinois durch die I-55 ersetzt, aber es sind vereinzelt noch Abschnitte der alten Straße vorhanden, die oft parallel zur Interstate verlaufen. Ausschau nach den braunen „Historic Route 66"-Schildern halten, sie halten einen auf Kurs.

Der erste Stopp ragt 60 Meilen (ca. 100 km) südlich bei Wilmington aus den Maisfeldern. Hier kann man einen fast 9 m großen Astronauten aus Glasfaser bewundern, der vor dem **Launching Pad Drive In** (810 E Baltimore St; Burger 2–6 US$; ⏲11–17.30 Uhr) Wache hält. Von der I-55 an der Joliet Rd abfahren und dem Hwy 53 in Richtung Süden bis in die Stadt folgen.

Nach weiteren 45 Meilen (72 km) erreicht man Pontiac und die **Route 66 Hall of Fame** (☎815-844-4566; 110 W Howard St; Eintritt frei; ⏲Mo–Fr 9–17, Sa 10–16 Uhr) mit all ihrem Nippes und den alten Fotos. Dann fährt man 50 Meilen (80 km) weiter nach Shirley und zur **Funk's Grove** (☎309-874-3360; www.funksmaplesirup.com; ⏲Öffnungszeiten je nach Jahreszeit, telefonisch erfragen), wo man auf der hübschen Ahornsirupfarm (Landschaftsschutzgebiet) aus dem 19. Jh. einen Zwischenstopp einlegt (Exit 154).

Nach weiteren 10 Meilen (16 km) erreicht man das Dörfchen Atlanta. Im **Palms Grill Cafe** (☎217-648-2233; 110 SW Arch St; Hauptgerichte 4–9 US$; ⏲So–Do 8–17, Fr & Sa 8–20 Uhr) lächeln einen aus einem Glasschrank dicke Stachelbeertorten, Trauben-Sauerrahm-Torten und leckere Pies an. Auf der gegenüberliegenden Straßenseite kann man sich mit **Tall Paul**, einer himmelhohen Statue von Paul Bunyan mit einem Hotdog in der Hand, fotografieren lassen.

Springfield, die Hauptstadt des Bundesstaates, erreicht man nach 50 Meilen (80 km). Sie bietet drei Sehenswürdigkeiten: Das **Shea's Gas Station Museum** (s. unten), das **Cozy Dog Drive In** (S. 584) und das **Route 66 Drive In** (s. unten).

Ein großes Stück der alten Route 66 verläuft weiter südlich parallel zur I-55 durch Litchfield, wo man im **Ariston Cafe** (www.ariston-cafe.com; S Old Rte 66; Hauptgerichte 7–15 US$; ⏲Di–Fr 11–21, Sa 16–22, So 11–20 Uhr) aus 1924 ein paniertes Beefsteak verputzen und mit Einheimischen plaudern kann. Bevor man über die Grenze nach Missouri fährt, sollte man noch einen Umweg machen und bei Exit 3 von der I-270 abfahren. Dann folgt man dem Hwy 203 nach Süden, biegt an der ersten Ampel rechts ab und fährt Richtung Westen zur **Chain of Rocks Bridge** (⏲9 Uhr–Sonnenuntergang) von 1929. Die 1,5 km lange Brücke über den Mississippi ist nur für Fußgänger und Radfahrer passierbar. Sie hat eine Krümmung von 22° (was der Grund für viele Unfälle und schließlich ihre Sperrung für Autos war).

Mehr Infos erhält man bei der **Route 66 Association of Illinois** (www.il66assoc.org) oder beim **Illinois Route 66 Scenic Byway** (www.illinoisroute66.org). Detaillierte Streckenbeschreibungen gibt's unter www.historic66.com/illinois.

Zu den Attraktionen in Springfield ohne Bezug zu Lincoln gehören:

Shea's Gas Station Museum MUSEUM
(☎217-522-0475; 2075 Peoria Rd; Eintritt 2 US$; ⏲Di–Fr 8–16, Sa 8–12 Uhr) Der 80-jährige Bill Shea zeigt hier seine berühmte Sammlung von Zapfsäulen und Schildern der alten Route 66.

Route 66 Drive In KINO
(☎217-698-0066; www.route66-drivein.com; 1700 Recreation Dr; Erw./Kind 7/4 US$; ⏲Juni–Aug. tgl., Mitte April–Mai & Sept. Wochenenden) Aktuelle Filmhits unterm Sternenhimmel.

Schlafen & Essen

Statehouse Inn HOTEL $$
(☎217-528-5100; www.thestatehouseinn.com; 101 E Adams St; Zi. inkl. Frühstück 95–155 US$; P ❄ @ ☜) Die Betonfassade wirkt trist, doch innen ist das Statehouse elegant. Die Zimmer haben bequeme Betten und große Bäder. In der Lobby befindet sich eine im Retrostil eingerichtete Bar.

Inn at 835 B&B $$
(☎217-523-4466; www.innat835.com; 835 S 2nd St; Zi. inkl. Frühstück 130–200 US$; P ❄ ☎) Das historische Herrenhaus bietet zehn Zimmer mit Himmelbetten und frei stehende Badewannen mit Krallenfüßen.

Cozy Dog Drive In DINER $
(www.cozydogdrivein.com; 2935 S 6th St; Hauptgerichte 2–4 US$; ⊙Mo–Sa 8–20 Uhr) In diesem legendären Lokal an der Route 66 wurde der Corn Dog geboren. Neben dem frittierten Hauptgericht am Stiel gibt's hier allerlei Andenken und Nippes.

D'Arcy's Pint KNEIPE $
(www.darcyspintonline.com; 661 W Stanford Ave; Hauptgerichte 6–12 US$; ⊙Mo–Do 11–22, Fr & Sa 11–23 Uhr) In dieser Kneipe macht man das beste „Hufeisen" der Stadt – eine Spezialität der Region: Ein mit Käse überbackenes Sandwich mit gebratenem Fleisch und Pommes. D'Arcys liegt 4 Meilen (6,5 km) südlich des Stadtzentrums.

Praktische Informationen

Springfield Convention & Visitors Bureau (www.visitspringfieldillinois.com) Hier ist ein praktischer Führer erhältlich.

Anreise & Unterwegs vor Ort

Vom **Amtrak-Bahnhof** (☎217-753-2013; Ecke 3rd St & Washington St) im Stadtzentrum fahren täglich fünf Züge nach St. Louis (2 Std.) und Chicago (3½ Std.).

PETERSBURG

Als Lincoln 1831 nach Illinois kam, arbeitete er zunächst als Büroangestellter, Verkäufer und Postmeister im Grenzdorf New Salem, bevor sein Jurastudium begann und nach Springfield zog. In Petersburg, 20 Meilen (32 km) nordwestlich von Springfield, liegt die **Lincoln's New Salem State Historic Site** (☎217-632-4000; www.lincolnsnewsalem.com; Hwy 97; empfohlene Spende Erw./Kind 4/2 US$; ⊙9–17 Uhr, Mitte Sept.–Mitte April Mo & Di geschl.), wo das Dorf mitsamt Gebäuden rekonstruiert wurde. Außerdem gibt's geschichtliche Ausstellungen und Vorführungen in historischen Kleidern. Das Ganze ist recht informativ und unterhaltsam.

Südliches Illinois

8 Meilen (13 km) östlich von St. Louis erwartet die Reisenden in der Nähe von Collinsville eine Überraschung: die **Cahokia Mounds State Historic Site** (☎618-346-5160; www.cahokiamounds.org; Collinsville Rd; empfohlene Spende Erw./Kind 4/2 US$; ⊙Visitor Center 9–17 Uhr, Gelände 8 Uhr–Sonnenuntergang) steht als Unesco-Weltkulturerbe auf einer Stufe mit Stonehenge, der Athener Akropolis und den ägyptischen Pyramiden. Cahokia schützt die Reste der größten prähistorischen Stadt Nordamerikas (20 000 Ew. mit Vororten) aus dem Jahr 1200. Die 65 Erdhügel, einschließlich des Monk's Mound und des „Woodhenge" Sonnenkalenders, bieten keinen übermäßig spektakulären Anblick, doch die Anlage als solche ist auf jeden Fall einen Besuch wert. Wer von Norden auf der I-255 kommt, nimmt Exit 24, wer auf der I-55/70 von St. Louis kommt, nimmt Exit 6.

Nördlich von St. Louis wartet der Hwy 100 zwischen **Grafton** und **Alton** mit den vielleicht idyllischsten 15 Meilen (24 km) der ganzen Great River Road auf. Wenn man die windumtosten Klippen langfährt, sollte man unbedingt einen Abstecher ins klitzekleine **Elsah** (www.elsah.org) machen, ein Dörfchen mit Steinhäusern aus dem 19. Jh., Wood Buggy Shops (Wagenwerkstätten aus Holz) und Bauernhäusern.

Eine Ausnahme vom üblichen flachen Farmland des US-Staats ist die grüne Region im äußersten Süden, die vom hügeligen **Shawnee National Forest** (☎618-253-7114; www.fs.usda.gov/shawnee) und von Felsformationen durchsetzt ist. In der Region gibt's zahlreiche State Parks und Erholungsgebiete, in denen man gut wandern, schwimmen, fischen und Kanu fahren kann, vor allem rund um **Little Grassy Lake** und **Devil's Kitchen**. Und wer käme auf die Idee, dass es hier Sümpfe wie in Florida gibt, original mit kargen Zypressen und quakenden Ochsenfröschen? Aber im **Cypress Creek National Wildlife Refuge** (☎618-634-2231; www.fws.gov/midwest/cypress creek) ist es ganz genau so.

Union County in der Nähe der Südspitze des US-Staats hat Weingüter und Obstgärten zu bieten. Auf dem 35 Meilen (56,4 km) langen **Shawnee Hills Wine Trail** (www.shawneewinetrail.com), der zwölf Weingüter miteinander verbindet, kann man den Saft probieren.

INDIANA

Der Bundesstaat kommt beim Rennen Indy 500 so richtig auf Touren, ansonsten geht es in Indiana, dem Land der Maisstoppeln, eher gemächlich zu: man isst Kuchen im Amish Country, meditiert in den tibetischen Tempeln in Bloomington und bewundert die großartige Architektur im kleinen Columbus. Nur fürs Protokoll: Die Einwohner Indianas werden seit den 1830er-Jahren „Hoosiers" genannt. Keiner weiß genau, wo der Spitzname eigentlich herkommt. Einer Theorie zufolge wurden die ersten Siedler, wenn sie an eine Tür klopften, mit der Frage „Who's here?" konfrontiert, woraus dann bald „Hoosier" wurde. Über dieses Thema sollte man am besten mit Einheimischen bei einem traditionellen Schweinefleisch-Sandwich diskutieren.

Praktische Informationen

Verkehrsinformationen für Indiana (800-261-7623; www.trafficwise.in.gov)

Indiana State Park Information (800-622-4931; www.in.gov/dnr/parklake) Der Parkeintritt kostet pro Tag zu Fuß oder mit dem Fahrrad 2 US$, mit einem Fahrzeug 5 bis 10 US$. Campingstellplätze, die man auch reservieren kann, schlagen mit 6 bis 39 US$ zu Buche (866-622-6746; www.camp.in.gov).

Indiana Tourism (888-365-6946; www.visitindiana.com)

KURZINFOS INDIANA

- » **Spitzname** Hoosier State
- » **Bevölkerung** 6,4 Mio.
- » **Fläche** 94327 km²
- » **Hauptstadt** Indianapolis (785 600 Ew.)
- » **Verkaufssteuer** 7 %
- » **Geburtsort von** Schriftsteller Kurt Vonnegut (1922–2007), Schauspieler James Dean (1931–1955), Talkmaster David Letterman (geb. 1947), Rocker John Mellencamp (geb. 1951), King of Pop Michael Jackson (1958–2009)
- » **Heimat von** Farmern, Mais
- » **Politische Ausrichtung** normalerweise republikanisch
- » **Berühmt für** das Autorennen Indy 500, Basketball-Fanatismus, Schweinefiletsandwiches
- » **Offizieller Kuchen** Sugar Cream Pie
- » **Entfernungen** Indianapolis–Chicago 185 Meilen (298 km), Indianapolis–Bloomington 53 Meilen (85 km)

Indianapolis

Das adrette Indy ist die Hauptstadt des Bundestaates und ein wunderbarer Ort, um Autorennen anzuschauen oder selbst eine Runde auf der berühmten Rennstrecke zu drehen. Das Kunstmuseum und der White River State Park haben ebenfalls manches zu bieten, genauso wie die Viertel Mass Ave und Broad Ripple, in denen man toll essen und ausgehen kann. Fans von Kurt Vonnegut kommen hier voll auf ihre Kosten.

Viele der ersten von Autobauern eröffneten Läden in der Stadt wurden durch die Detroiter Riesenkonzerne ins Abseits gedrängt. Sie hinterließen aber ein bleibendes Vermächtnis – eine 4 km lange Teststrecke, die 1911 zum Austragungsort des ersten Autorennens „Indianapolis 500" wurde (Durchschnittsgeschwindigkeit 120 km/h).

Sehenswertes & Aktivitäten

Zentrum des Geschehens ist der Monument Circle. Der White River State Park mit seinen vielen Attraktionen befindet sich ca. 1 km weiter westlich. Das Viertel Broad Ripple mit der College Ave und der 62nd St liegt 7 Meilen (11 km) nördlich.

Indianapolis Motor Speedway MUSEUM
(317-492-6784; www.indianapolismotorspeedway.com; 4790 W 16th St) Der Speedway, die Heimat der Indianapolis 500, ist Indys Top-Attraktion. Das **Hall of Fame Museum** (Erw./Kind 5/3 US$; 9–17 Uhr) beherbergt 75 Rennwagen (u.a. einige Siegerautos) und eine 500 Pfund schwere Tiffany-Trophäe und bietet eine Runde auf der Bahn (5 US$ extra) an. O.k., man fährt mit dem Bus und verbrennt bei 60 km/h sicher keinen Gummi – Spaß macht's trotzdem.

Das große Rennen selbst findet am letzten Wochenende im Mai (Memorial Day) vor 450000 durchgeknallten Fans statt. **Tickets** (317-484-6700, 800-822-4639; www.imstix.com; 30–150 US$) sind nur schwer zu bekommen. An Karten für die Qualifikation und das Training kommt man schon eher, außerdem sind sie billiger.

Weitere Rennen auf dem Speedway sind das NASCAR **Brickyard 400** Ende Juli und der **Motorcycle Grand Prix** Ende August. Die Rennstrecke liegt ca. 6 Meilen (10 km) nordwestlich des Stadtzentrums.

White River State Park PARK
Der große White River State Park (http://inwhiteriver.wrsp.in.gov) liegt am Rand des

Zentrums und hat ein paar Sehenswürdigkeiten zu bieten. Das **Eiteljorg Museum of American Indians & Western Art** (☎317-636-9378; www.eiteljorg.org; 500 W Washington St; Erw./Kind 8/5 US$; ⏲Mo–Sa 10–17, So 12–17 Uhr), ein Lehmziegelbau, zeigt Flechtarbeiten, Gefäße und Masken der amerikanischen Indianer sowie eine Sammlung wunderbarer realistischer und romantischer Westerngemälde, darunter Werke von Frederic Remington und Georgia O'Keeffe.

Dass dieses Land sich sehr für den Hochschulsport begeistert, verrät die **NCAA Hall of Champions** (☎800-735-6222; www.ncaahallofchampions.org; 700 W Washington St.; Erw./Kind 6–18 Jahre 5/3 US$; ⏲Di–Sa 10–17, So 12–17 Uhr, Mo im Sommer). In interaktiven Ausstellungen kann man kostenlos Körbe werfen oder à la Michael Phelps auf einen Startblock klettern. Die meisten Hoosiers treiben sich wohl bei der Basketballabteilung herum, denn die Leute hier lieben diesen Sport über alles.

Weitere Highlights des Parks sind ein atmosphärisches **Minor-League-Baseballstadion**, ein **Zoo**, **Spazierwege am Kanal**, **Gärten**, ein **Wissenschaftsmuseum** und eine **Militärgedenkstätte**.

GRATIS **Indianapolis Museum of Art** MUSEUM
(☎317-920-2660; www.imamuseum.org; 4000 Michigan Rd; ⏲Di–Sa 11–17, Do & Fr 11–21, So 12–17 Uhr; 📶) Das Museum beherbergt eine sagenhafte Sammlung europäischer Kunst (besonders Turner und einige Post-Impressionisten), afrikanischer Stammeskunst, Kunst aus dem Südpazifik und chinesischer Arbeiten. Das Museum gehört zu den **Oldfields – Lilly House & Gardens** (⏲Si–Sa 11–17, So 12–17 Uhr), dem 10 ha großen Besitz der Pharmafamilie Lilly, und dem **Fairbanks Art & Nature Park** (⏲Sonnenaufgang–Sonnenuntergang), der auf 40 ha Waldgelände Skulpturen und Audioinstallationen präsentiert.

GRATIS **Kurt Vonnegut Memorial Library** MUSEUM
(www.vonnegutlibrary.org; 340 N Senate Ave; ⏲Do–Di 12–17 Uhr) Der Schriftsteller Kurt Vonnegut ist in Indy geboren und aufgewachsen. Das bescheidene Museum huldigt ihn mit Exponaten wie seiner Schreibmaschine, Pall-Mall-Zigaretten und einer Purple Heart Medaille aus dem Zweiten Weltkrieg. Unbedingt ansehen sollte man sich auch das Gemälde mit den Tralfamadorianern (aus *Schlachthof 5*) und die vielen Ablehnungsschreiben von Verlegern. Die meisten Artefakte haben Vonneguts Kinder dem Museum vermacht.

Monument Circle DENKMAL, MUSEUM
(1 Monument Circle) Am Monument Circle im Stadtzentrum steht das beeindruckende, 87 m hohe **Soldiers & Sailors Monument**. Wer ein bizarres (eingeengtes) Erlebnis haben will, nimmt den Aufzug (2 US$) bis ganz nach oben. Unter dem Denkmal befindet sich das **Civil War Museum** (Eintritt frei; ⏲Mi–So 10.30–17.30 Uhr). Dort wird der Konflikt und Indianas Stellung bei der Abschaffung der Sklaverei feinsäuberlich beleuchtet. Ein paar Blocks weiter nördlich steht das **World War Memorial** (Ecke Vermont St & Meridian St), ein klobiges, aber beeindruckendes Monument.

Indiana Medical History Museum MUSEUM
(☎317-635-7329; www.imhm.org; 3045 W Vermont St; Erw./Kind 5/1 US$; ⏲Do–Sa 10–16 Uhr) Ein Führer begleitet die Besucher durch jahrhundertealte Pathologie-Laboratorien. Das Highlight – vor allem für Zombies – ist der Raum voller in Gefäßen konservierter Gehirne. Außerdem kann man durch einen Garten mit Heilkräutern spazieren. Das Museum befindet sich ein paar Kilometer westlich des White River Park.

GRATIS **Indianapolis Hiking Club** WANDERN
(www.indyhike.org) Wer hätte gedacht, dass man in Indy wandern kann. Der Club veranstaltet kostenlose 8 bis 12 km lange Wanderausflüge u.a. rund ums Zentrum, nach Broad Ripple oder zum felsigen Eagle Creek Park. Auf der Website stehen Zeiten und Treffpunkte.

Feste & Events

Den ganzen Mai über feiert die Stadt mit dem **500 Festival** (www.500festival.com; Tickets ab 7 US$) das Autorennen Indy 500. Zu den Events gehören eine Parade der Rennfahrer und eine Gemeinschaftsparty auf der Rennbahn.

Schlafen

Die Hotels sind in den Rennwochen im Mai, Juli und August teurer als sonst und in der Regel ausgebucht. Zu den nachstehend aufgeführten Preisen kommen noch 17 % Steuer dazu. An der I-465, der Autobahn um Indianapolis, gibt's preiswerte Motels.

Indy Hostel HOSTEL $
(☎317-727-1696; www.indyhostel.us; 4903 Winthrop Ave; Wochentag/Wochenende B 26/29 US$, Zi. 58/64 US$; P❄@📶) Das kleine, freund-

liche Hostel hat vier Schlafsäle mit vier bis sechs Betten. Einer ist Frauen vorbehalten, die anderen sind gemischt. Es gibt auch ein paar Privatzimmer. Der Monon Trail (Wander-/Radweg) führt am Hostel vorbei. Es liegt in Broad Ripple, ist also ein ganzes Stück von der Innenstadt entfernt (Anfahrt mit Bus 17).

Conrad Indianapolis HOTEL $$$
(☎317-713-5000; www.conradindianapolis.com; 50 W Washington St; Zi. ab 250 US$;) Das Conrad ist Indys Nummer eins. Die Perle mit 241 Zimmern befindet sich ganz in der Nähe der Sportstätten. Wellness-Behandlungen, riesige Plasma-TVs und Telefone im Bad sind Teil des Angebots. WLAN kostet 14 US$, Parken 33 US$.

Stone Soup B&B $$
(☎866-639-9550; www.stonesoupinn.com; 1304 N Central Ave; Zi. inkl. Frühstück 85–145 US$;) In dem weitläufigen Haus mit Buntglasfenstern und vielen Antiquitäten gibt's neun Zimmer. Die preiswerteren haben kein eigenes Bad.

Hampton Inn HOTEL $$
(☎317-261-1200; www.hamptondt.com; 105 S Meridian St; Zi. inkl. Frühstück 139–169 US$;) Nett aussehende Gemeinschaftsbereiche, vornehme Betten und eine Spitzenlage in der Innenstadt machen das Kettenhotel zu einer guten Wahl. Parken kostet 15 US$.

Essen

Wenn der Magen knurrt, ist die **Massachusetts Ave** (www.discovermassave.com) im Zentrum genau das Richtige. Im 7 Meilen (11 km) nördlich gelegenen Stadtteil **Broad Ripple** (www.discoverbroadripple.com) gibt's Kneipen, Cafés und Lokale aus aller Herren Länder.

Mug 'N' Bun AMERIKANISCH $
(www.mug-n-bun.com; 5211 W 10th St; Hauptgerichte 3–5 US$; ⏲So–Do 10–21, Fr & Sa 10–22 Uhr) Die geeisten Krüge sind mit leckerem selbstgebrautem Root Beer gefüllt, die Brötchen mit Burgern, Chilidogs und saftigem Schweinefilet belegt. Auch die gebratenen Makkaroni mit Käse sind lecker. In diesem altmodischen Drive-in in der Nähe des Speedway wird man – wie könnte es auch anders sein – im Auto bedient.

Shapiro's Deli FEINKOST $$
(☎317-631-4041; www.shapiros.com; 808 S Meridian St; Hauptgerichte 8–15 US$; ⏲6.45–20 Uhr;) Hier kann man ein dickes Sandwich mit Corned Beef oder gepfefferter Pastrami auf hausgemachtem Brot futtern und das Ganze dann mit riesigen Stücken Schokoladenkuchen oder Obsttorte abrunden.

INDIANA FOODWAYS

In welchen Restaurants gibt's Schweinefilet und Sugar Cream Pie? Wo finden Bauernmärkte und Spare-Rips-Feste statt? Nach welchem Rezept macht man den besten Maispudding? Die **Indiana Foodways Alliance** (www.indianafoodways.com) weiß alles in puncto Essen in Indianapolis.

Bazbeaux PIZZERIA $$$
(www.bazbeaux.com; 329 Massachusetts Ave; große Pizzas 19–23 US$; ⏲So–Do 11–22, Fr & Sa 11–23 Uhr) Das bei Einheimischen beliebte Lokal bietet eine bunte Auswahl an Pizzas, beispielsweise die „Tchoupitoulas" mit Cajun-Shrimps und Innereienwurst. Auf der ungewöhnlichen Speisekarte stehen außerdem Muffaletta-Sandwiches, Strombolis (gerollte Pizzas) und belgisches Bier.

City Market MARKT $
(www.indycm.com; 222 E Market St; ⏲Mo–Fr 6–15, Sa 10–16 Uhr) Auf dem alten, 1886 angelegten Marktplatz gibt's Ethno-Imbisse sowie Obst- und Gemüsestände. Ideal für ein schnelles Mittagessen.

Ausgehen & Unterhaltung

Im Stadtzentrum und in der Mass Ave gibt's einige gute Kneipen; in Broad Ripple viele.

Bars & Nachtclubs

Slippery Noodle Inn BAR
(www.slipperynoodle.com; 372 S Meridian St) Das Noodle in der Innenstadt ist die älteste Bar des Bundesstaates und hat als Bordell, Schlachthaus, Gangsterhöhle und Underground-Station schon so einiges erlebt. Derzeit ist es einer der besten Bluesclubs des Landes. Es gibt jeden Abend Livemusik und es ist preiswert.

Rathskeller BIERKNEIPE
(www.rathskeller.com; 401 E Michigan St) Im Sommer kann man draußen im Biergarten deutsches Bier genießen, wenn der Winter zuschlägt, drinnen in der Bierhalle. Es gibt ein Probiertablett mit sechs Bieren zum Kennenlernen. Der Rathskeller befindet sich im historischen Athenaeum-Gebäude in der Nähe der Mass Ave.

Plump's Last Shot BAR
(6416 Cornell Ave) Bobby Plump lieferte die Grundidee für den Kultfilm *Hoosiers.* Er war der Junge, der in letzter Sekunde punktete und so in den 1950er-Jahren seiner kleinen Schule den Sieg in der Basketballmeisterschaft des Staates über eine „Großstadt"-Schule verschaffte. Die Bar ist über und über mit Erinnerungsstücken rund um den Sport geschmückt. Manchmal lässt sich Bobby auch höchstpersönlich hier blicken. Plump's Last Shot befindet sich in einem großen Haus in Broad Ripple. Hier kann man super Leute beobachten und auf der hundefreundlichen Terrasse ein paar kühle Drinks genießen.

Zuschauersport

Autorennen sind nicht die einzigen begehrten Events. Die NFL-Football-Mannschaft der Colts spielt unter dem riesigen einklappbaren Dach des **Lucas Oil Stadium** (☎317-262-3389; www.colts.com; 500 S Capitol Ave). Die Pacers aus der NBA werfen ihre Körbe im **Conseco Fieldhouse** (☎317-917-2500; www.pacers.com; 125 S Pennsylvania St).

Shoppen

Ein typisches Indy-Souvenir ist eine Speedway-Flagge oder ein Trikot der Colts. In der **New Day Meadery** (www.newdaymeadery.com; 1102 E Prospect St; ⌚Di–Fr 14–21, Sa 12–21, So 12–16 Uhr) kann man sich bei Imkern eine Flasche Honigwein kaufen. Bevor man sich entscheidet, sollte man in der Probierstube die Honigprodukte testen (8 Proben kosten 5 US$).

Praktische Informationen

Medien

Gay Indy (www.gayindy.org) Aktuelles für Schwule und Lesben, Veranstaltungskalender.

Indianapolis Star (www.indystar.com) Die Tageszeitung der Stadt.

Nuvo (www.nuvo.net) Kostenlose, wöchentlich erscheinende, alternative Zeitung mit Infos über die Kunst- und Musikszene.

Notfall & Medizinische Versorgung

Indiana University Medical Center (☎317-274-4705; 550 N University Blvd)

Touristeninformation

Indianapolis Convention & Visitors Bureau (☎800-323-4639; www.visitindy.com) Über die Website kann man sich eine kostenlose App über die Stadt herunterladen und sich Gutscheine ausdrucken.

Anreise & Unterwegs vor Ort

Der moderne **Indianapolis International Airport** (IND; www.indianapolisairport.com; 7800 Col H Weir Cook Memorial Dr) befindet sich 16 Meilen (26 km) südwestlich der Stadt. Der Washington Bus (8) pendelt zwischen Flughafen und Innenstadt (1,75 US$, 50 Min.), der Green Line Bus ist jedoch schneller (7 US$, 20 Min.). Ein Taxi vom Flughafen ins Stadtzentrum kostet ca. 35 US$.

Greyhound (☎317-267-3076; www.greyhound.com) teilt sich mit Amtrak die **Union Station** (350 S Illinois St). Es fahren oft Busse nach Cincinnati (2 Std.) und Chicago (3½ Std.). **Megabus** (www.megabus.com/us) hält an der 200 E Washington St und ist oft preiswerter. Mit Amtrak benötigt man für die gleiche Strecke fast die doppelte Zeit. Außerdem kostet die Zugfahrt (unsinnigerweise) mehr.

IndyGo (www.indygo.net; Fahrkarte 1,75 US$) unterhält Stadtbusse. Bus 17 fährt nach Broad Ripple. An den Wochenenden sind die Busse nur sehr vereinzelt unterwegs.

Wer ein Taxi braucht, ruft **Yellow Cab** (☎317-487-7777) an.

Bloomington & Zentrales Indiana

Bluegrass, architektonische Highlights, tibetische Tempel und James Dean zogen und ziehen ihre Furchen in die Äcker dieser Gegend.

FAIRMOUNT

Die kleine Stadt, die man auf dem Hwy 9 in Richtung Norden erreicht, ist die Geburtsstadt von James Dean, dem Inbegriff von Coolness. Fans des früh verstorbenen Schauspielers sollten sich direkt zum **Historical Museum** (☎765-948-4555; www.jamesdeanartifacts.com; 203 E Washington St; Eintritt frei; ⌚Mo–Sa 10–17, So 12–17 Uhr, März–Nov.) begeben, in dem man die Bongotrommeln von Dean und andere Exponate sehen kann. Hier bekommt man auch den kostenlosen Plan, der zu allen Sehenswürdigkeiten führt, etwa zum Farmhaus, in dem Jimmy aufgewachsen ist, und zu seinem mit rotem Lippenstift bedeckten Grabstein. Im Museum werden Dean-Poster, Zippo-Feuerzeuge und andere Erinnerungsstücke verkauft. Außerdem finanziert es das jährliche **James Dean Festival** (Eintritt frei; Ende Sept). Dann strömen sage und schreibe 50 000 Fans für vier Tage voller Musik und Lustbarkeiten in die Stadt. Die ein paar Blocks entfernt liegende private **James Dean Gal-**

lery (☎765-948-3326; www.jamesdeangallery.com; 425 N Main St; Eintritt frei; ⌚9–18 Uhr) zeigt weitere Erinnerungsstücke.

COLUMBUS

Wenn man an die architektonisch großartigen Städte der USA denkt – Chicago, New York, Washington, D.C. –, kommt einem nicht gerade Columbus, Indiana, in den Sinn. Das wäre aber durchaus angebracht. Das von Indianapolis aus 40 Meilen (65 km) an der I-65 in Richtung Süden gelegene Columbus ist geradezu ein Museum für technisches Design. Seit den 1940er-Jahren haben die Stadt und die führenden Unternehmen einige der weltbesten Architekten, darunter Eero Saarinen, Richard Meier und I.M. Pei, mit Entwürfen von öffentlichen und privaten Gebäuden beauftragt. Im **Visitor Center** (☎812-378-2622; www.columbus.in.us; 506 5th St; ⌚März–Nov. Mo–Sa 9–17 Uhr, So 12–17 Uhr, Dez.–Feb. geschl.) bekommt man eine Karte für einen Stadtrundgang (3 US$). Wer will, kann auch eine Stadtrundfahrt machen (Erw./Student/Kind 12/7/3 US$). Sie beginnt montags bis freitags um 10 Uhr, samstags um 10 und um 14 Uhr und sonntags um 13 Uhr. Die mehr als 70 wirklich bemerkenswerten Gebäude sind zwar über eine ziemlich große Fläche verteilt (man braucht also ein Auto), in der Innenstadt können jedoch rund 15 verschiedene Werke auch zu Fuß besichtigt werden. Das ebenfalls im Zentrum gelegene Hotel Indigo (☎812-375-9100; www.hotelindigo.com; 400 Brown St; Zi. ab 135–180 US$; ❄📶🏊) bietet die in einem Kettenhotel üblichen modernen hellen Zimmer und einen weißen wolligen Hund, der als Empfangsbeauftragter fungiert (und sogar eine eigene E-Mail-Adresse hat).

Ein paar Blocks weiter kann man es sich im altehrwürdigen **Zaharakos** (www.zaharakos.com; 329 Washington St; ⌚Mo–Fr 8–20, Sa & So 9–20 Uhr), einer Kneipe von 1909, auf einem Barhocker bequem machen, mit Wilma und ihren Kollegen plauschen und einen oder mehrere Drinks genießen.

NASHVILLE

Wer von Columbus auf dem Hwy 46 in Richtung Westen fährt, kommt in dieses Städtchen aus dem 19. Jh., in dem es überall Antiquitäten gibt und das sich mittlerweile in ein lebendiges Touristenzentrum verwandelt hat. Im **Visitor Center** (☎800-753-3255; www.browncounty.com; 10 N Van Buren St; ⌚Mo–Do 10–17, Fr & Sa bis 18, So 10.30–16 Uhr; 📶) bekommt man Karten und Online-Gutscheine.

Außer als Ort, in dem man viele Galerien besichtigen kann, dient Nashville auch als Ausgangspunkt für den **Brown County State Park** (☎812-988-6406; www.browncountystate_park.com; Stellplätze 13–26 US$, Hütten ab 72 US$), einem 6350 ha großen Eichenwäldchen mit Wanderwegen, die Wanderern, Mountainbikern und Reitern die grüne hügelige Landschaft der Gegend nahebringen.

Von den B&Bs der Gegend ist das zentral gelegene **Artists Colony Inn** (☎812-988-0600; www.artistscolonyinn.com; 105 S Van Buren St; Zi. inkl. Frühstück 112–170 US$; 🚭📶) dank seiner schicken Zimmer zu erwähnen. Im **Speisesaal** (Hauptgerichte 8–15 US$; ⌚So–Do 7.30–20, Fr & Sa bis 21 Uhr) werden typische Gerichte aus der Region serviert, beispielsweise Wels und Schweinelendchen.

Mit seinem Namensvetter Nashville in Tennessee teilt das Nashville in Indiana die Vorliebe für Countrymusik. In mehreren Locations treten regelmäßig Bands auf. Das Tanzbein schwingen kann man in **Mike's Music & Dance Barn** (☎812-988-8636; www.thedancebarn.com; 2277 Hwy 46; ⌚Do–Mo). Das 5 km nördlich der Stadt gelegene **Bill Monroe Museum** (☎812-988-6422; 5163 Rte 135 N, Bean Blossom; Erw./Kind 4 US$/frei; ⌚9–17 Uhr, Nov.–April Di–Mi geschl.) huldigt den Bluegrass-Helden.

BLOOMINGTON

Die Indiana University befindet sich im lebendigen, liebenswerten Bloomington, 53 Meilen (ungefähr 85 km) auf dem Hwy 37 südlich von Indianapolis. Mittelpunkt der Stadt ist der Courthouse Sq, der von einer Reihe von Restaurants, Bars, Buchläden und der historischen Fassade der Fountain Sq Mall umgeben ist. Fast alles ist zu Fuß erreichbar. Das **Bloomington CVB** (www.visitbloomington.com) bietet einen Führer zum Download an.

Auf dem weitläufigen Campus befindet sich das **Art Museum** (☎812-855-5445; www.indiana.edu/~iuam; 1133 E 7th St; Eintritt frei; ⌚Di–Sa 10–17, So 12–17 Uhr, Sommer verkürzte Öffnungszeiten), das von I.M. Pei entworfen wurde und eine hervorragende afrikanische Sammlung sowie europäische und amerikanische Gemälde zeigt.

Das farbenfrohe, mit Gebetsfahnen behängte **Tibetan Mongolian Buddhist Cultural Center** (☎812-336-6807; www.tibetancc.com; 3655 Snoddy Rd; Eintritt frei; ⌚Sonnenaufgang–Sonnenuntergang) plus Stupa und das **Dagom Gaden Tensung Ling Monastery** (☎812-339-0857; www.dgtlmonastery.org; 102 Clubhouse Dr; Eintritt frei; ⊙9–18 Uhr) verweisen auf die bedeutende Präsenz von Tibetern in Bloomington. Beide Einrichtungen bieten kostenlosen Unterricht und Meditationssitzungen an. Auf der Website findet man Wochenpläne.

Für all jene, die Mitte April ankommen und sich darüber wundern, dass 20000 Menschen mehr als normalerweise in der Stadt rumhängen: Der Grund ist das **Little 500** (www.iusf.indiana.edu; Eintrittskarte 25 US$). Bei diesem Radrennen fahren Amateure mit Ein-Gang-Schwinn-Rädern 200 Runden um einen 400 m langen Kurs. Lance Armstrong nannte es „das coolste Event, an dem ich je teilgenommen habe." Entlang der N Walnut St in der Nähe des Hwy 46 gibt es preiswerte Unterkünfte. Das **Grant Street Inn** (☎800-328-4350; www.grantstinn.com; 310 N Grant St; Zi. inkl. Frühstück 149–229 US$; @☎) vermietet in einem viktorianischen Gebäude mit Anbau in der Nähe vom Campus 24 Zimmer.

Für eine so kleine Stadt bietet Bloomington eine atemberaubende Vielfalt an unterschiedlichen fremdländischen Küchen. Man bekommt alles – von birmanischen über eritreische bis hin zu mexikanischen Gerichten, vor allem an der Kirkwood Ave und der E 4th St. **Anyetsang's Little Tibet** (☎812-331-0122; www.anytesangs.com; 415 E 4th St; Hauptgerichte 9–13 US$; ⊙11–21.30 Uhr, Mi–Mo) serviert Spezialitäten aus dem Himalaja. Die Kneipen an der Kirkwood Ave in der Nähe der Universität sind auf Studenten ausgerichtet. **Nick's English Hut** (423 E Kirkwood Ave) schenkt Drinks nicht nur für Studenten und Professoren aus, sondern bediente früher auch schon Kurt Vonnegut, Dylan Thomas und Barack Obama.

Südliches Indiana

Der Süden Indianas ist wegen seiner schönen Hügel, Höhlen und Flüsse und seiner bewegten Geschichte völlig anders als der industrialisierte, flache Norden.

DER OHIO RIVER

Der Teil des 1580 km langen Ohio River, der sich in Indiana befindet, bildet die Südgrenze des Bundesstaates. Vom winzigen Dorf Aurora in der Südostecke des Staates aus winden sich die Hwys 56, 156, 62 und 66, die zusammen als **Ohio River Scenic Route** bezeichnet werden, durch eine abwechslungsreiche Landschaft.

Wer aus Richtung Osten kommt, macht am besten in dem kleinen **Madison** Station. In der gut erhaltenen Mustersiedlung am Fluss aus der Mitte des 19. Jh. stehen zahlreiche architektonische Schönheiten vornehm am Straßenrand. Im **Visitor Center** (☎812-265-2956; www.visitmadison.org; 601 W First St; ⊙Mo–Fr 9–17, Sa 10–15, So 11–17 Uhr) gibt's eine Broschüre mit einem Stadtrundgang, der an sehenswerten Gebäuden vorbeiführt.

Rund um Madison gibt's Motels und mehrere B&Bs. In der Main St wechseln sich Restaurants und Antiquitätengeschäfte ab. In dem großen, waldigen **Clifty Falls State Park** (☎812-273-8885; Stellplatz Zelt & Wohnmobil 10–26 US$) am Hwy 56, ein paar Kilometer westlich der Stadt, gibt's Campingmöglichkeiten, Wanderwege, Aussichtspunkte und Wasserfälle.

Im **Falls of the Ohio State Park** (☎812-280-9970; www.fallsoftheohio.org; 201 W Riverside Dr) in Clarksville gibt's komischerweise überhaupt keine Wasserfälle, sondern nur Stromschnellen, dafür aber 386 Mio. Jahre alte Gesteinsschichten mit Fossilien. Im **Interpretive Center** (Erw./Kind 5/2 US$; ⊙Mo–Sa 9–17, So 13–17 Uhr) wird alles genau erklärt. Seinen Durst löschen kann man in New Albany, Heimat von **New Albanian Brewing Company Public House & Pizzeria** (www.newalbanian.com; 3312 Plaza Dr; ⊙Mo–Sa 11–24 Uhr). Man kann auch über die Brücke nach Louisville, Kentucky, fahren, wo rauchiger Bourbon auf Kunden wartet.

Der landschaftlich schöne Hwy 62 führt nach Westen in die Lincoln Hills und zu den Kalksteinhöhlen Südindianas. Der Besuch der **Marengo Cave** (☎812-365-2705; www.marengocave.com; ⊙9–18 Uhr, Sept.-Mai 9–17 Uhr), am Hwy 66 in Richtung Norden gelegen, ist ein echtes Highlight. Angeboten werden Führungen von 40 Minuten (Erw./Kind 13,50/7 US$) oder 70 Minuten (15/7,50 US$) und eine Kombi-Tour (21/11 US$); vorbei geht's an Stalagmiten und anderen alten Formationen. Derselbe Veranstalter betreibt im nahe gelegenen Milltown auch **Cave Country Canoes** (www.cavecountrycanoes.com; ⊙Mai–Okt.). Im Angebot sind Halbtagestouren (23 US$), Ganztagestouren (26 US$) und mehrtägige Ausflüge auf dem idyllischen Blue River; nach Flussottern und den seltenen Schlammteufeln Ausschau halten.

4 Meilen (6,5 km) südlich von Dale befindet sich an der I-64 das **Lincoln Boyhood National Memorial** (☎812-937-4541; www.nps.gov/libo; Erw./Kind 3 US$/frei; ⌚8–17 Uhr), wo der junge Abe von seinem siebten bis zu seinem 21. Lebensjahr wohnte. Im Eintrittspreis enthalten ist auch der Besuch einer ziemlich abgelegenen, funktionstüchtigen **Pionierfarm** (⌚April–Sept. 8–17 Uhr).

NEW HARMONY

Im Südwesten bildet der Wabash River die Grenze zwischen Indiana und Illinois. Gleich daneben, etwas südlich der I-64, liegt das faszinierende **New Harmony**. Weil hier zwei der ersten alternativen Kommunen zu leben versuchten, lohnt sich ein Abstecher. Zu Beginn des 19. Jhs. schuf die deutsche Sekte der Harmonisten hier eine fortschrittliche Stadt, während sie auf das Jüngste Gericht wartete. Später kaufte sie der britische Utopist Robert Owen. Wer sich dafür interessiert, der erfährt im eckigen **Atheneum Visitors Center** (☎812-682-4474; www.usi.edu/hnh; 401 N Arthur St; Ecke North St & Arthur St; ⌚9.30–17 Uhr) Genaueres und kann dort auch eine Wanderkarte mitnehmen.

Noch heute verströmt New Harmony den Geist der Kontemplation, wenn nicht sogar einen Hauch von einer „anderen Welt". Und das kann man auch an den neueren Attraktionen des Ortes erkennen: Da findet man z.B. die tempelartige Roofless Church und das Labyrinth, einen Irrgarten, der die Suche des Menschen symbolisieren soll. In der Stadt gibt es ein paar Pensionen. Campen kann man im **Harmonie State Park** (☎812-682-4821; Stellplatz 11–27 US$). Im **Main Cafe** (508 Main St; Hauptgerichte 4–7 US$; ⌚Mo–Fr 5.30–13 Uhr) bekommt man ein Mittagessen aus Schinken, Bohnen und Vollkornbrot. Unbedingt noch Platz für den Kokos-Sahne-Kuchen lassen!

Nördliches Indiana

Durch das nördliche Indiana führen die mautpflichtigen Interstates I-80/I-90, die immer voller LKWs sind. Auf der parallel verlaufenden US 20 geht's langsamer voran. Sie ist billiger, aber nicht wirklich schöner.

INDIANA DUNES

Die **Indiana Dunes National Lakeshore** (☎219-926-7561; www.nps.gov/indu; Eintritt frei, Stellplatz Zelt & Wohnmobil 15 US$), die sich über 34 km Länge an der Küste des Lake Michigan erstreckt, ist an Sommertagen bei Sonnenhungrigen aus Chicago und South Bend äußerst beliebt. Neben den Stränden ist die Gegend auch für ihren Pflanzenreichtum bekannt: Hier gedeiht wirklich alles, vom Kaktus bis zur Kiefer. Die Dünen und Wälder sind von Wanderwegen durchzogen, die neben anderen Highlights auch an einem Torfmoor, einer noch immer bewirtschafteten Farm aus den 1870er-Jahren und an einer Graureiher-Kolonie vorbeiführen. Die Düne Mt. Baldy sollte man unbedingt erklimmen. Dummerweise liegen diese Naturschönheiten in direkter Nähe zu Fabriken mit qualmenden Schloten, die man aus vielen Richtungen sehen kann. Im **Dorothy Buell Visitor Center** (☎219-926-7561; Hwy 49; ⌚Juni–Aug. 8.30–18.30 Uhr, Sept.–Mai 8.30–16.30 Uhr) gibt's Infos über Strände und von Rangern geführte Spaziergänge und Aktivitäten, ferner sind Wander-, Rad- und Vogelbeobachtungskarten erhältlich. Über das **Porter County Convention & Visitors Bureau** (www.indianadunes.com) kann man auch vorab Führer buchen.

Der **Indiana Dunes State Park** (☎219-926-1952; www.dnr.in.gov/parklake; 10 US$/Auto, Stellplatz Zelt & Wohnmobil 17–28 US$) ist ein 850 ha großes abgelegenes Plätzchen am Ufer innerhalb der National Lakeshore. Er befindet sich am Ende des Hwy 49 in der Nähe von Chesterton. Der Park hat mehr Einrichtungen zu bieten, ist dafür aber auch stärker reglementiert und voller (außerdem muss man für Fahrzeuge Eintritt bezahlen). Im Winter tummeln sich hier Skilangläufer, im Sommer Wanderer. Sieben Wege führen im Zickzack durch die Landschaft; Nr. 4 auf den Mt. Tom belohnt mit einem schönen Blick auf die Skyline von Chicago.

Mit Ausnahme von ein paar Imbissbuden am Strand findet man in den Parks nicht viele Möglichkeiten, etwas Essbares zu bekommen. Deshalb lohnt sich ein Halt beim gemütlichen, italienischen **Lucrezia** (☎219-926-5829; www.lucreziacafe.com; 428 S Calumet Rd; Hauptgerichte 17–27 US$; ⌚So–Do 11–22, Fr & Sa 11–23 Uhr) in Chesterton.

Die Dünen sind von Chicago aus leicht im Rahmen eines Tagesauflugs zu erreichen. Mit dem Auto braucht man eine Stunde. Der **South Shore Metra Train** (www.nictd.com) fährt in der Innenstadt an der Millennium Station ab und benötigt ca. 75

Minuten bis zu den Haltestellen Dune Park oder Beverly Shores (Achtung: beide Stationen sind etwa 2,5 km vom Strand entfernt). Wer hier übernachten will, kann sein Zelt aufstellen (Campingplätze an der National Lakeshore 15 US$, Zelt- und Wohnmobilstellplätze im State Park 17–28 US$).

In der Nähe der Grenze zu Illinois bieten die Stahlstädte **Gary** und **East Chicago** die trostlosesten Stadtlandschaften überhaupt. Eine Fahrt mit dem Zug (Amtrak od. South Shore Line) durch diese Städte bringt einem die Schattenseite der Industrialisierung ziemlich nahe.

SOUTH BEND

South Bend ist die Heimat der **University of Notre Dame**. Schon gewusst, dass Menschen in einigen Städten sagen „Football sei hier eine Religion"? Und damit meinen sie Notre Dame mit dem *Touchdown Jesus*, der über das 80000 Besucher fassende Stadion wacht (es ist ein Wandgemälde des auferstandenen Christus mit erhobenen Armen – eine Pose, die stark der eines Schiedsrichters ähnelt, der einen Touchdown anzeigt). Den Rundgang über den schönen Campus, auf dem sich u.a. eine Replik der Grotte von Lourdes findet, beginnt man am besten beim **Visitor Center** (www.nd.edu/visitors; 111 Eck Center). Das **Studebaker National Museum** (☎574-235-9714; www.studebakermuseum.org; 201 S Chapin St; Erw./Kind 8/5 US$; ⌚Mo–Sa 10–17, So 12–17 Uhr) in Zentrumsnähe wird zwar nicht von allzu vielen Touristen besucht, ist aber dennoch einen Zwischenstopp wert. Hier kann man einen wundervollen Packard von 1956 und andere klassische Schönheiten bestaunen.

AMISH COUNTRY

Östlich von South Bend, bei **Shipshewana** und **Middlebury**, befindet sich die drittgrößte Amish-Gemeinde der USA. Man hört das Getrappel von Pferden, die Karren über die Straßen ziehen, und sieht, wie Männer mit langen Bärten die gepflegten Felder von Hand pflügen. Orientierung verschaffen die Karten vom **Elkhart County CVB** (☎800-517-9739; www.amishcountry.org). Noch besser ist es, wenn man sich einfach eine kleine Landstraße zwischen den beiden Orten aussucht und ihr folgt. Man sieht oft Familien, die auf ihren Veranden Kerzen aus Bienenwachs, Quilts und frisches Obst und Gemüse verkaufen. Die Produkte sind sicher hochwertiger als diejenigen, die man in den Touristenshops und Restaurants an der Hauptstraße bekommt. Sonntags ist hier fast alles geschlossen.

Village Inn (☎574-825-2043; 105 S Main St; Hauptgerichte 3–7 US$; ⌚Mo–Fr 5–20, Sa 5–14 Uhr) in Middlebury verkauft richtig gute Pies. Frauen in pastellfarbenen Kleidern mit Häubchen fangen um 4.30 Uhr mit dem Backen der Blätterteigwaren an. Wer nach 12 Uhr kommt, sieht oft nur noch Krümel in den Auslagen.

AUBURN

Fans von Oldtimern sollten – kurz vor der Grenze zu Ohio – auf der I-69 gen Süden nach Auburn fahren, wo die Cord Company in den 1920er- und 1930er-Jahren die beliebtesten Autos der USA baute. Das **Auburn Cord Duesenberg Museum** (☎260-925-1444; www.automobilemuseum.org; 1600 S Wayne St; Erw./Kind 10/6 US$; ⌚9–17, Do 9–20 Uhr) zeigt in herrlichen Art-déco-Räumen eine fantastische Sammlung alter Roadsters. Nebenan im **National Automotive and Truck Museum** (☎260-925-9100; www.natmus.org; 1000 Gordon Buehrig Pl; Erw./Kind 7/4 US$; ⌚9–17 Uhr) kann man die altmodischen Anlagen bewundern.

OHIO

O.k., Zeit für ein Ohio-Quiz: Im Buckeye State kann man erstens auf einer Farm den Amish bei der Butterherstellung zusehen, zweitens in einem Inselresort feiern bis zum Umfallen, drittens sich in einer der schnellsten Achterbahnen der Welt die Seele aus dem Leib schreien, viertens in einer Molkerei einen traumhaft cremigen Milkshake schlürfen oder fünftens eine riesige, mysteriöse Schlangenskulptur untersuchen, die in die Erde gebaut wurde. Und die richtige Antwort lautet ... Eins bis Fünf. Die Einwohner hier fühlen sich verletzt, wenn Besucher denken, dass man in diesem Bundesstaat nur über Kühe stolpern kann. Also los, man sollte Ohio eine Chance geben. Zusätzlich zum bereits Genannten kann man in Cincinnati ein *five-way* (s. S. 605) futtern und in Cleveland abrocken.

ℹ Praktische Informationen

Ohio Division of Travel and Tourism (☎800-282-5393; www.discoverohio.com)

Verkehrsinformationen für Ohio (www.buckeyetraffic.org)

Ohio State Park Information (☎614-265-6561; www.ohiodnr.com/parks) Der Eintritt in State Parks ist kostenlos, in einigen gibt's

WLAN gratis. Zelt- und Wohnmobilstellplätze kosten zwischen 10 und 36 US$. Reservierungen sind möglich (☎866-644-6727; www.ohio.reserveworld.com; Gebühr 8,25 US$).

Cleveland

Geht in Cleveland nun die Post ab oder nicht? Das ist hier die Frage. Wenn man bedenkt, dass Cleveland mal eine Industrie- und Arbeiterstadt war, hat sie wirklich hart daran gearbeitet, damit diese Frage mit ja beantwortet werden kann. Der erste Schritt war, die Sache mit dem städtischen Verfall bzw. dem brennenden Fluss unter Kontrolle zu kriegen – der Cuyahoga River war früher derart verschmutzt, dass er tatsächlich brannte. Erledigt! Im zweiten Schritt musste eine würdige Attraktion in die Stadt gebracht werden: die Rock and Roll Hall of Fame. Erledigt! Der dritte Schritt bestand darin, Essen in der Stadt zu servieren, das nicht nur aus Steaks und Kartoffeln bestand. Erledigt! Kann sich Cleveland jetzt den Schweiß von der Stirn wischen? Ja, mehr oder weniger. Mehrere Gegenden in der Innenstadt sind noch immer trostlos, obwohl es schon recht nette Ecken gibt.

KURZINFOS OHIO

» **Spitzname** Buckeye State

» **Bevölkerung** 11,5 Mio.

» **Fläche** 116 096 km²

» **Hauptstadt** Columbus (733 200 Ew.)

» **Weitere Städte** Cleveland (444 300 Ew.), Cincinnati (332 250 Ew.)

» **Verkaufssteuer** 5,5 %

» **Geburtsort vom** Erfinder Thomas Edison (1847–1931), Schriftsteller Toni Morrison (geb. 1931), Unternehmer Ted Turner (geb. 1938), Regisseur Steven Spielberg (geb. 1947)

» **Heimat von** Kühen, Achterbahnen, den Flugpionieren Wright

» **Politische Ausrichtung** Wechselwähler

» **Berühmt für** das erste Flugzeug, das erste Profi-Baseball-Team, den Geburtsort von sieben amerikanischen Präsidenten

» **Rocksong des Bundesstaates** Hang On Sloopy

» **Entfernungen** Cleveland–Columbus 142 Meilen (229 km), Columbus–Cincinnati 108 Meilen (174 km)

Sehenswertes & Aktivitäten

Das Zentrum von Cleveland ist der Public Sq mit seinem auffallenden Terminal Tower. Die meisten Sehenswürdigkeiten befinden sich im Zentrum am See und am University Circle (die Gegend rund um die Case Western Reserve University, die Cleveland Clinic und andere Institutionen).

DOWNTOWN

Anfang 2012 hat das **Greater Cleveland Aquarium** (www.greaterclevelandaquarium.com) an den Flats seine Pforten geöffnet. Leider konnten wir keinen Blick ins Innere werfen.

Rock and Roll Hall of Fame & Museum MUSEUM

(☎216-781-7625; www.rockhall.com; 1 Key Plaza; Erw./Kind 22/13 US$; ⌚ganzjährig 10–17.30, Mi 10–21 Uhr, Juni–Aug. Sa 10–21 Uhr) Clevelands Top-Attraktion ist mehr als nur eine Sammlung von Erinnerungsstücken, auch wenn hier Jimi Hendrix' Stratocaster, Keith Moons Plateauschuhe und Ray Charles' Sonnenbrille ausgestellt sind. Interaktive Exponate zeichnen die Geschichte und den sozialen Kontext der Rockmusik und der Menschen nach, die sie geschaffen haben. Doch warum ist dieses Museum ausgerechnet in Cleveland? Weil es die Heimatstadt von Alan Freed ist, des DJs, der den Begriff „Rock'n'Roll" Anfang der 1950er-Jahre populär gemacht hat. Und weil die Stadt schwer darum gekämpft und viel Geld dafür ausgegeben hat. Man sollte sich auf größere Menschenmassen einstellen (besonders bis ca. 13 Uhr). Im Sommer wartet draußen der Johnny-Cash-Bus. Auf den Touren erfährt man einiges über das Leben des Man in Black.

Great Lakes Science Center MUSEUM

(☎216-694-2000; www.glsc.org; 601 Erieside Ave; Erw./Kind 11/9 US$; ⌚10–17 Uhr; 👪) Das Center ist eines der zehn Museen des Landes mit NASA-Zugehörigkeit. Es beherbergt aber nicht nur Raketen und Mondsteine, sondern es informiert auch über die Umweltweltprobleme des Sees. Das Windrad und die Solarzellen vor dem Gebäude liefern 6 % des Strombedarfs des Museums.

William G Mather MUSEUM

(☎216-574-6262; http://wgmather.nhlink.net; 305 Mather Way; Erw./Kind 7/5 US$; ⌚Juni–Aug.

tgl. 11–17 Uhr, Mai, Sept. & Okt. nur Fr–So, Nov.–April geschl.) Den gigantischen Frachter, der in ein Dampfschiffmuseum umgewandelt wurde, kann man gut allein erkunden. Er liegt neben dem Science Center, wo es auch die Eintrittskarten gibt.

USS Cod MUSEUM
(☎216-566-8770; www.usscod.org; 1089 E 9th St; Erw./Kind 7/4 US$; ⏲Mai–Sept. 10–17 Uhr) Das geschichtsträchtige U-Boot *USS Cod* war im Zweiten Weltkrieg im Einsatz. Während man sich die Geschichten über das Leben an Bord anhört, kann man im Boot umherklettern und über Leitern die engen Räume erkunden.

OHIO CITY & TREMONT

West Side Market MARKT
(www.westsidemarket.org; Ecke W 25th St & Lorain Ave; ⏲Mo & Mi 7–16, Fr & Sa 7–18 Uhr) Auf dem Markt im europäischen Stil wimmelt es nur so von Händlern mit ihren Obst- und Gemüsepyramiden. Außerdem bekommt man hier ungarische Wurst, mexikanisches Fladenbrot und polnische Piroggen.

Christmas Story House & Museum DREHORT
(☎216-298-4919; www.achristmasstoryhouse.com; 3159 W 11th St; Erw./Kind 8/6 US$; ⏲Do–Sa 10–17, So 12–17 Uhr) Wer erinnert sich noch an den beliebten Film *Fröhliche Weihnachten* von 1983, in dem sich Ralphie eine Red Ryder BB Pistole wünscht? Das Originalhaus komplett mit Beinlampe befindet sich in Tremont. Dieser Ort ist nur etwas für echte Fans.

UNIVERSITY CIRCLE

Mehrere Museen und Sehenswürdigkeiten liegen relativ dicht beieinander am University Circle, 5 Meilen (8 km) östlich des Zentrums. Kein eigenes Auto? Dann kann man den Bus der HealthLine bis Adelbert nehmen.

GRATIS **Cleveland Museum of Art** MUSEUM
(☎216-421-7340; www.clevelandart.org; 11150 East Blvd; ⏲Di–So 10–17, Mi & Fr 10–21 Uhr) Das Kunstmuseum mit seiner ausgezeichneten Sammlung europäischer Gemälde und seiner afrikanischen, asiatischen und amerikanischen Kunst ist der Star der hiesigen Museen. Es wird gerade einem riesigen Ausbau unterzogen, der 2013 fertiggestellt sein soll. Im 1. Stock kann man fantastische Arbeiten von Impressionisten, Picasso und Surrealisten bewundern.

Cleveland Botanical Garden GARTEN
(☎216-721-1600; www.cbgarden.org; 11030 East Blvd; Erw./Kind 8,50/3 US$; ⏲Di–Sa 10–17, So 12–17, Juni–Aug. Mi bis 21 Uhr) Hier kann man einen Nebelwald wie in Costa Rica und eine Wüstenlandschaft wie in Madagaskar bestaunen. Im Winter gibt's ganz in der Nähe eine Eisbahn. Schlittschuhe kann man sich für 3 US$ leihen. Die Parkgebühr kostet zwischen 5 und 10 US$ pro Tag und beinhaltet den Eintritt in alle hiesigen Museen.

Lakeview Cemetery GARTEN
(☎216-421-2665; www.lakeviewcemetery.com; 12316 Euclid Ave; ⏲7.30–19.30 Uhr) Einen Besuch lohnt auch das „kultige Freiluftmuseum" jenseits des Circle weiter östlich. Hier ruhen Präsident Garfield und John Rockefeller sowie der Comicautor Harvey Pekar und der Verbrechensbekämpfer Eliot Ness.

Schlafen

Die angegebenen Preise beziehen sich auf den Sommer, also auf die Hauptsaison. Die Steuer von 16,25 % ist nicht enthalten. Schlichte Motels gibt's im Südwesten von Clevelands Zentrum in der Nähe des Flughafens. An der Ausfahrt W 150th der I-71 (Exit 240) befinden sich mehrere Unterkünfte für unter 100 US$.

Brownstone Inn B&B **$$**
(☎216-426-1753; www.brownstoneinndowntown.com; 3649 Prospect Ave; Zi. inkl. Frühstück 89–139 US$; P ❄ @ 📶) Das B&B in dem viktorianischen Stadthaus hat einen ganz eigenen Charakter. Alle fünf Zimmer haben ein eigenes Bad und Bademäntel zum Wohlfühlen. Außerdem bekommt man eine Einladung zum abendlichen Aperitif. Die Unterkunft liegt zwischen Innenstadt und University Circle – ein Niemandsland, wo man zu Fuß nichts unternehmen kann.

University Circle B&B B&B **$$**
(☎866-735-5960; www.ucbnb.com; 1575 E 108th St; Zi. inkl. Frühstück 110–145 US$; P ❄ 📶) Das B&B mit seinen vier Zimmern liegt im Herzen des University Circle und damit in Laufnähe zu den Museen. Bei Akademikern beliebte Unterkunft. Zwei Zimmer teilen sich jeweils ein Bad.

Hilton Garden Inn HOTEL **$$**
(☎216-658-6400; www.hiltongardeninn.com; 1100 Carnegie Ave; Zi. 110–169 US$; P ❄ @ 📶 🏊) Die Unterkunft ist zwar nicht besonders nobel, bietet aber ein gutes Preis-Leistungs-Verhältnis und bequeme Betten. Es gibt mit WLAN ausgerüstete Arbeitsplätze und

Minikühlschränke. Der Baseball-Park befindet sich ganz in der Nähe. Parken kostet 16 US$.

Holiday Inn Express HOTEL $$
(216-443-1000; www.hiexpress.com; 629 Euclid Ave; Zi. inkl. Frühstück 115–180 US$; P ❄ @) Das Kettenhotel in einem ehemaligen Bankgebäude ist recht o.k. Es befindet sich praktischerweise in der Ausgehmeile der E 4th St. Parken kostet 14 US$.

Essen

Es gibt eine größere Restaurantauswahl als man eigentlich in einer Rust-Belt-Stadt erwartet. TV-Köche von Anthony Bourdain bis Guy Fieri haben in dieser Stadt ihre Shows aufgenommen und über das hiesige Angebot geschwärmt.

DOWNTOWN

Im Warehouse District, zwischen W 6th St und W 9th St, gibt's jede Menge angesagte Restaurants. Östlich des Zentrums und abseits der Touristenmeilen liegt die Asiatown (begrenzt von der Payne Ave und der Clair Ave sowie von der E 30th St und der 40th St). Hier findet man etliche chinesische, vietnamesische und koreanische Lokale.

Lola AMERIKANISCH $$$
(216-621-5652; www.lolabistro.com; 2058 E 4th St; Hauptgerichte 22–31 US$; Mo–Fr 11.30–14.30, Mo–Do 17–22, Fr & Sa 17–23 Uhr) Michael Symon ist bekannt für seine Piercings, seine Fernsehauftritte im Food Channel und seine zahlreichen Auszeichnungen. Der Junge aus der Region hat Cleveland mit Lola bei Feinschmeckern beliebt gemacht. Die günstigen Mittagsgerichte lohnen sich am meisten, z.B. das Muschelceviche mit Kokos und Limetten oder der Publikumshit: ein mit Ei und Käse überbackenes Bologna-Sandwich.

OHIO CITY & TREMONT

In den Stadtvierteln Ohio City und Tremont, die südlich des Zentrums an der I-90 liegen, haben viele neue Restaurants aufgemacht. Das außergewöhnliche **Crop Bistro** (www.cropbistro.com), das viel Wert auf Nachhaltigkeit legt, hat vor Kurzem in der Nähe vom West Side Market seine Pforten geöffnet.

West Side Market Cafe CAFÉ $
(216-579-6800; 1995 W 25th St; Hauptgerichte 6–9 US$; Mo–Do 7–16, Fr & Sa 7–18, So 9–15 Uhr) Wer gutes Frühstück und Mittagessen und preiswerte Fisch- und Hühnchengerichte schätzt, ist hier genau richtig. Das Café befindet sich im West Side Market, wo es jede Menge bereits zubereitete Gerichte gibt – einfach ideal für ein Picknick oder einen Ausflug im Auto.

Sokolowski's University Inn OSTEUROPÄISCH $$
(216-771-9236; www.sokolowskis.com; 1201 University Rd; Hauptgerichte 7–15 US$; Mo–Fr 11–15, Fr 17–21, Sa 16–21 Uhr) Die riesigen Portionen würden selbst den hungrigsten Stahlarbeiter satt machen. Hier ist Selbstbedienung angesagt – also ein Tablett schnappen und dicke Piroggen, Kohlrouladen und andere polnische Kalorienbomben draufstapeln.

Lolita AMERIKANISCH $$
(216-771-5652; www.lolitarestaurant.com; 900 Literary Rd; Hauptgerichte 9–17 US$; Di–Do 17–23, Fr & Sa 17–1, So 16–21 Uhr) Die Light-Version vom Lola (Innenstadt) serviert Schinken aus Iowa, Muscheln und neapolitanische Pizzas, dazu gibt's ein kühles Blondes aus der Region. Zur Happy Hour geht's richtig rund mit Gerichten für 5 US$ (17–18.30 Uhr und nach 21.30 Uhr oder so).

South Side AMERIKANISCH $$
(216-937-2288; 2207 W 11 St; Sandwiches 9–11 US$, Hauptgerichte 14–19 US$; 11–2 Uhr;) Sportler aus der Gegend, Elektriker in Arbeitsklamotten und alles dazwischen finden sich in diesem schicken Tremont-Etablissement ein, um am geschwungenen Granittresen einen Drink zu nehmen. Auch spätabends bekommen sie noch etwas zu essen, z.B. ein Zackenbarsch-Sandwich, ein vegetarisches Reuben-Sandwich oder einen Kobe-Burger.

LITTLE ITALY & COVENTRY

Die beiden Viertel eignen sich perfekt zum Auftanken, wenn man im University Circle unterwegs ist. Little Italy liegt näher dran, es befindet sich an der Mayfield Rd unweit des Lake View Cemetery (nach dem Rte-322-Schild Ausschau halten). Eine andere Möglichkeit ist das lockere Coventry Village etwas weiter östlich an der Mayfield Rd.

Presti's Bakery BÄCKEREI $
(www.prestisbakery.com; 12101 Mayfield Rd; Snacks 2–6 US$; Mo–Do 6–21, Fr & Sa 6–22, So 6–16 Uhr) Hier sollte man die beliebten Sandwiches, Strombolis (gerollte Pizzas) und göttlichen Backwaren probieren.

Tommy's INTERNATIONAL $
(216-321-7757; www.tommyscoventry.com; 1823 Coventry Rd; Hauptgerichte 6–10 US$;

⏲So–Do 9–21, Fr 9–22, Sa 7.30–22 Uhr; ☑) Aus der Küche kommen vorwiegend Tofu, Seitan und die anderen herkömmlichen vegetarischen Verdächtigen. Es stehen aber auch mehrere Gerichte mit Fleisch auf der Karte.

Ausgehen

Die Action im Zentrum konzentriert sich auf den jungen, testosterongesteuerten Warehouse District (etwa W 6th St) und auf die Amüsierschuppen rund um die E 4th St. Auch Tremont hat ein riesiges Angebot an schicken Bars. Die meisten Locations haben bis 2 Uhr geöffnet.

Great Lakes Brewing Company BRAUEREI
(www.greatlakesbrewing.com; 2516 Market Ave; ⏲Mo–Sa) Great Lakes hat mit seinen selbstgebrauten Bieren schon viele Preise eingeheimst. Ein weiteres Schmankerl historischer Natur: Hier kam es zwischen Eliot Ness und einigen Kriminellen zu einer Schießerei. Der Barkeeper ist bestimmt gern bereit, die Einschusslöcher zu zeigen.

Major Hoopples BAR
(1930 Columbus Rd; ⏲Mo–Sa) Die nette Bar bietet eine der besten Aussichten auf die Skyline von Cleveland. Auf den Brückenpfeiler hinterm Haus werden Filme und Sportevents projiziert.

Johnny's Little Bar BAR
(www.johnnyscleveland.com; 614 Frankfort Ave) Ungezwungene, kleine Bar im Warehouse District. Der Eingang ist schwer zu finden – er befindet sich in der Frankfort Ave, einer Nebenstraße.

Unterhaltung

Gordon Square Arts District (www.gordonsquare.org) An der Detroit Ave zwischen W 56th St und W 69th St, ein paar Kilometer westlich des Stadtzentrums, gibt's nette Theater, Livemusik-Locations und Cafés.

Livemusik

Was so alles in der Stadt los ist, steht im *Scene* (www.clevescene.com) und freitags im *Plain Dealer* (www.cleveland.com).

LP TIPP **Happy Dog** LIVEMUSIK
(www.happydogcleveland.com; 5801 Detroit Ave) Fetzige Musik, Wiener Würstchen und 50 Toppings für die Würstchen – von gourmetmäßig (mit Trüffeln) bis ... ähm ... weniger gourmetmäßig (mit Erdnussbutter und Marmelade). Das Happy Dog befindet sich beim Gordon Sq.

Grog Shop LIVEMUSIK
(☎216-321-5588; www.grogshop.gs; 2785 Euclid Hts Blvd) Aufstrebende Rocker greifen in dem Schuppen in Coventry in die Saiten.

Beachland Ballroom LIVEMUSIK
(www.beachlandballroom.com; 15711 Waterloo Rd) In der Location östlich der Innenstadt treten angesagte junge Bands auf.

Zuschauersport

Cleveland ist eine ernst zu nehmende Sportstadt mit drei modernen Anlagen im Zentrum. Was immer man auch tut oder sagt, man sollte keinesfalls den Namen „LeBron" erwähnen (das ist der Basketballer, der abtrünnig wurde und nach Miami wechselte).

Progressive Field BASEBALL
(www.indians.com; 2401 Ontario St) Hier spielen die Indians (alias „The Tribe"). Die gute Sicht macht das Stadion zu einer tollen Location, um sich ein Spiel anzuschauen.

Quicken Loans Arena BASKETBALL
(www.nba.com/cavaliers; 1 Center Ct) Die Cavaliers spielen in der „Q" Basketball. Sie fungiert auch als Veranstaltungsort für Events.

Cleveland Browns Stadium FOOTBALL
(www.clevelandbrowns.com; 1085 W 3rd St) Heimat des NFL-Teams der Browns.

Darstellende Künste

Severance Hall KLASSISCHE MUSIK
(☎216-231-1111; www.clevelandorchestra.com; 11001 Euclid Ave) Hier spielt das gefeierte Cleveland Symphony Orchestra (Aug.–Mai). Die Severance Hall befindet sich unweit der Museen am University Circle. Im Sommer tritt das Orchester im 22 Meilen (35 km) weiter südlich gelegenen Blossom Music Center im Cuyahoga Valley National Park auf.

Playhouse Square Center THEATER
(☎216-771-4444; www.playhousesquare.com; 1501 Euclid Ave) In dem eleganten Zentrum werden Theateraufführungen, Opern und Ballet gezeigt. Über die Website kommt man an die „Smart Seats" für 10 US$.

Praktische Informationen

Infos im Internet

Cool Cleveland (www.coolcleveland.com) Angesagte Kunst- und Kulturevents.

Ohio City (www.ohiocity.org) Restaurants, Bars und Kneipen in den einzelnen Bezirken.

Tremont (www.restoretremont.com) Restaurants, Bars, Kneipen und Galerien in den einzelnen Bezirken.

Internetzugang

An vielen öffentlichen Orten Clevelands gibt's kostenloses WLAN, u. a. in der Tower City und im University Circle.

Medien

Gay People's Chronicle (www.gaypeoples chronicle.com) Kostenlose Wochenzeitung mit Veranstaltungskalender.

Plain Dealer (www.cleveland.com) Clevelands Tageszeitung.

Scene (www.clevescene.com) Wöchentlich erscheinendes Unterhaltungsblatt.

Notfall & Medizinische Versorgung

MetroHealth Medical Center (☎216-778-7800; 2500 MetroHealth Dr)

Touristeninformation

Cleveland Convention & Visitors Bureau (www.positivelycleveland.com) Offizielle Website; mit Twitter ist man immer auf dem neuesten Stand.

Visitor Center (☎216-875-6680; 100 Public Sq, Suite 100; ⌚Mo–Fr 9–17 Uhr, Juni–Aug. Sa 10–15 Uhr) Im Higbee Building. Personal und Computer helfen bei der Zimmersuche und -reservierung. Hier sind auch Gutscheine erhältlich.

Anreise & Unterwegs vor Ort

Der **Cleveland Hopkins International Airport** (CLE; www.clevelandairport.com; 5300 Riverside Dr) liegt 11 Meilen (18 km) südwestlich des Stadtzentrums und ist mit dem Zug der Red Line (2,25 US$) zu erreichen. Ein Taxi in die Innenstadt kostet ca. 30 US$.

Vom Stadtzentrum aus fährt **Greyhound** (☎216-781-0520; 1465 Chester Ave) oft nach Chicago (7½ Std.) und New York City (13 Std.). **Megabus** (www.megabus.com/us) fährt ebenfalls nach Chicago und ist häufig preiswerter. Wo die Busse genau starten, erfährt man im Internet.

Amtrak (☎216-696-5115; 200 Cleveland Memorial Shoreway) fährt einmal täglich nach Chicago (7 Std.) und New York City (13 Std.).

Die **Regional Transit Authority** (RTA; www.riderta.com; Fahrkarte 2,25 US$) betreibt den Red-Line-Zug, der sowohl zum Flughafen als auch nach Ohio City fährt, sowie den Health-Line-Bus, der von der Innenstadt die Euclid Ave entlang zu den Museen im University Circle fährt. Die Tageskarte kostet 5 US$.

Um ein Taxi zu bekommen, sollte man **Americab** (☎216-429-1111) anrufen.

Rund um Cleveland

60 Meilen (96 km) südlich von Cleveland liegt **Canton**, der Gründungsort der NFL und die Heimat der **Pro Football Hall of Fame** (☎330-456-8207; www.profootballhof.com; 2121 George Halas Dr; Erw./Kind 21/15 US$; ⌚Sept.–Mai 9–17 Uhr, übriges Jahr 9–20 Uhr), ein Footballschrein und ein Muss für Fans. Das Gebäude ist an dem footballförmigen Turm von der I-77 aus leicht zu erkennen.

Das hübsche **Oberlin**, eine altmodische Collegestadt mit sehenswerten Bauwerken von Cass Gilbert, Frank Lloyd Wright und Robert Venturi, liegt westlich von Cleveland. Weiter Richtung Westen, unmittelbar südlich der I-90, befindet sich das winzige **Milan**, der Geburtsort von Thomas Edison. Sein Geburtshaus wurde im Stil von 1847 restauriert und beherbergt nun ein kleines **Museum** (☎419-499-2135; www.tomedison.org; 9 Edison Dr; Erw./Kind 7/4 US$; ⌚Di–Sa 13–17 Uhr, Winter verkürzte Öffnungszeiten, Jan. geschl.). Wer schon immer mal wissen wollte, wie eine Glühbirne oder ein Fonograf funktionieren, ist hier goldrichtig.

Wenn man noch weiter nach Westen fährt, kommt man nach **Clyde**, das an der US 20 inmitten von Ackerland liegt und sich selbst als berühmteste Kleinstadt der USA bezeichnet. Der Grund dafür ist Sherwood Andersons Buch von 1919 namens *Winesburg, Ohio*. Die nicht besonders be-

ABSTECHER

EISWEIN

Zwar heimst Kanada in puncto Eiswein den ganzen Ruhm ein, aber auch Ohio hat einige „eisige Trauben" in petto. Auf den **Debonne Vineyards** (☎440-466-3485; www.debonne.com; 7743 Doty Rd; Verkostung mit 8 Weinen 6 US$; ⌚Mo & Di 12–18, Mi & Fr 12–23, Do & Sa 12–20, So 13–18 Uhr) in Madison, 40 Meilen (64 km) nordöstlich von Cleveland, kann man an Führungen teilnehmen und den süßen Wein mit Melonen- und Aprikosennote probieren. In der Gegend gibt's noch weitere Eisweinerzeuger, denn das hiesige Klima – ein langer Herbst, gefolgt von einem Winter mit Frost, der aber die Reben nicht tötet – bietet gute Bedingungen. Auf der Website der **Wine Growers of the Grand River Valley** (www.wggrv.com) erfährt man, wo man seinen Eiswein-Durst löschen kann.

eindruckten Bewohner hatten nicht lange gebraucht, um herauszufinden, welche Stadt hinter dem fiktiven Titel steckte. Es lohnt sich, dem **Clyde Museum** (☎419-547-7946; www.clydeheritageleague.org; 124 W Buckeye St; Eintritt frei; ⊙April–Sept. Do 13–16 Uhr oder nach Anmeldung) in der alten Kirche mit seinen Ausstellungsstücken über Anderson und der Bibliothek ein paar Häuser weiter einen Besuch abzustatten.

Erie Lakeshore & Islands

Im Sommer ist dieses herrliche Erholungsgebiet eine der überlaufensten – und teuersten – Gegenden von Ohio. Die Saison dauert von Mitte Mai bis Mitte September, danach macht alles dicht. Unterkünfte sollte man unbedingt im Voraus buchen.

Sandusky war lange ein Hafen und fungiert jetzt als Sprungbrett zu den Erie Islands und als Welthauptstadt der Achterbahnen (s. Kasten S. 598). Im **Visitor Center** (☎419-625-2984; www.shoresandislands.com; 4424 Milan Rd; ⊙Mo–Fr 8–20, Sa 9–18, So 9–15 Uhr) gibt's Infos über Unterkünfte und Fährverbindungen. Die Straßen in die Stadt hinein sind von jeder Menge Kettenhotels gesäumt.

BASS ISLANDS

Im Krieg von 1812 traf Admiral Perry in der Schlacht auf dem Eriesee in der Nähe der **South Bass Island** auf die feindliche englische Flotte. Sein Sieg sorgte dafür, dass das gesamte Land südlich der Großen Seen zu den USA kam und nicht zu Kanada. Aber an einem warmen Sommerwochenende ist die Geschichte im überlaufenen Put In Bay fast vergessen. Die wichtigste Stadt der Insel mit all ihren Restaurants und Geschäften ist dann der Platz für Partys. Etwas jenseits des Trubels findet man ein Weingut und Möglichkeiten zum Campen, Angeln, Kajakfahren und Schwimmen.

Eine einzigartige Attraktion ist die 107 m hohe dorische Säule, die auch als **Perry's Victory and International Peace Memorial** (www.nps.gov/pevi; Eintritt 3 US$; ⊙10–19 Uhr) bekannt ist. Man kann zur Aussichtsplattform hinaufklettern, von wo aus man das Schlachtfeld und an schönen Tagen Kanada sehen kann.

Die **Chamber of Commerce** (☎419-285-2832; www.visitputinbay.com; 148 Delaware Ave; ⊙Mo–Fr 10–16, Sa & So 10–17 Uhr) hat Infos über Aktivitäten und Unterkünfte. Das **Ashley's Island House** (☎419-285-2844; www.ashleysislandhouse.com; 557 Catawba Ave; Zi. mit Gemeinschaftsbad/eigenem Bad ab 70/100 US$; ❄📶) ist ein B&B mit 13 Zimmern. Ende des 19. Jhs. haben hier Marineoffiziere übernachtet. Der **Beer Barrel Saloon** (www.beerbarrelpib.com; Delaware Ave; ⊙11–1 Uhr) hat jede Menge Platz zum Trinken – der Tresen ist 124 m lang.

Auf der Insel gibt's Taxis und Tourbusse, aber Radeln macht mehr Spaß. Es gibt zwei Fährunternehmen, die regelmäßig zwischen dem Festland und den Inseln verkehren (20 Min.). **Jet Express** (☎800-245-1538; www.jet-express.com) fährt fast stündlich mit Personenfähren direkt von Port Clinton nach Put In Bay (einfache Fahrt Erw./Kind 14/2 US$). Sie starten auch in Sandusky (18/5 US$) und halten unterwegs auf der Kelleys Island. Das Auto kann man auf den Parkplätzen an den Anlegern abstellen (10 US$/Tag). Die Autofähren von **Miller Boatline** (☎800-500-2421; www.millerferry.

NICHT VERSÄUMEN

DIE RASENDEN ACHTERBAHNEN VON CEDAR POINT

Der **Cedar Point Amusement Park** (☎419-627-2350; www.cedarpoint.com; Erw./Kind 47/21 US$; ⊙10–22 Uhr, Nov.–Mitte Mai geschl.) heimst regelmäßig Auszeichnungen als weltbester Vergnügungspark ein. Dafür sind die Adrenalinjunkies verantwortlich, die nicht von den 17 Achterbahnen lassen können. In dem Top Thrill Dragster, einer der höchsten und schnellsten Achterbahnen der Welt, dreht sich einem der Magen um. Sie klettert fast 130 m in den Himmel und stürzt dann mit einer Geschwindigkeit von ca. 200 km/h in die Tiefe, während der Maverick eine Neigung von 95° hat (das ist steiler als senkrecht hinunter) und über acht Kuppen schießt. Wem diese beiden und die 15 anderen Bahnen nicht genug sind, kann in der Umgebung einen schönen Strand, einen Wasserpark und jede Menge altmodische Attraktionen aufsuchen (wie wär's mit Zuckerwatte?). Der Vergnügungspark ist ca. 6 Meilen (10 km) von Sandusky entfernt. Parken kostet 10 US$.

com) legen alle 30 Minuten in Catawba ab (einfach Fahrt Erw./Kind 6,50/1,50 US$, Auto 15 US$). Das ist die billigste Variante. Sie fahren auch zur **Middle Bass Island** und bieten so von South Bass einen schönen Tagesausflug an, auf dem man ausgiebig Natur und Ruhe genießen kann.

KELLEYS ISLAND

Die ruhige, grüne Kelleys Island ist ein besonders bei Familien beliebter Wochenenderholungsort. Hier gibt es schöne Gebäude aus dem 19. Jh, Piktogramme, die Indianer hinterlassen haben, einen schönen Strand und eiszeitliche Gletscherriefen, die die Landschaft zerfurchen. Selbst die alten Kalksteinbrüche sind hübsch.

Die **Chamber of Commerce** (☎419-746-2360; www.kelleysislandchamber.com; Seaway Marina Bldg; ⌚9.30–16 Uhr) am Fähranleger informiert über Unterkünfte und Aktivitäten – besonders beliebt sind hier Wandern, Campen, Kajakfahren und Angeln. Im Village, dem kleinen Einkaufszentrum der Insel, kann man essen, trinken, shoppen und Fahrräder leihen. Ein Drahtesel ist die perfekte Art, die Insel zu erkunden.

Die Fähren von **Kelleys Island Ferry** (☎419-798-9763; www.kelleysislandferry.com) starten in dem winzigen Nest Marblehead (einfache Fahrt Erw./Kind 9,50/6 US$, Auto 15 US$). Die Überfahrt dauert etwa 20 Minuten, die Abfahrt erfolgt stündlich (im Sommer häufiger). **Jet Express** (☎800-245-1538; www.jet-express.com) legt in Sandusky ab (einfache Fahrt Erw./Kind 14/4 US$, keine Autos) und fährt weiter nach Put In Bay auf South Bass Island (Insel-Hopping einfache Fahrt 20/6 US$, keine Autos).

PELEE ISLAND

Pelee, die größte der Erie Islands, gehört zu Kanada. Auf der traumhaft grünen, ruhigen Insel, auf der auch Wein angebaut wird, kann man wunderbar Vögel beobachten. Die Fähre von **Pelee Island Transportation** (☎800-661-2220; www.ontarioferries.com) fährt von Sandusky nach Pelee (einfache Fahrt Erw./Kind 13,75/6,75 US$, Auto 30 US$) und weiter zum Festland von Ontario. Infos zu Unterkünften und Reiseplanung gibt's unter www.pelee.org.

Amish Country

In den ländlichen Counties Wayne und Holmes, kaum 80 Meilen (130 km) südlich von Cleveland, ist die größte Amish-Gemeinde der USA beheimatet. Ein Besuch bei ihnen ist wie eine Reise mit der Zeitmaschine in eine vorindustrielle Zeit.

Als Nachkommen von konservativen deutsch-schweizerischen religiösen Splittergruppen, die im 18 Jh. nach Amerika auswanderten, halten sich die Amish immer noch mehr oder weniger an deren *Ordnung* (Lebensstil). Viele – wenn auch nicht alle – befolgen die Regeln, nach denen es verboten ist, Strom, Telefone und motorisierte Fahrzeuge zu benutzen. Sie tragen traditionelle Kleidung, bewirtschaften ihr Land mit Pflug und Maultieren und fahren mit Pferdekutschen zur Kirche.

Leider wird die ansonsten so friedliche Szenerie oft von einer Menge Reisebusse gestört. Viele Amish freuen sich über den Geldsegen, das bedeutet aber nicht, dass man sie deshalb auch fotografieren darf – für Amish sind Fotos üblicherweise tabu. Die Straßen hier sind eng und kurvenreich, deshalb sollten Besucher vorsichtig und langsam fahren. Außerdem muss man hinter einer Kurve jederzeit mit einer langsam dahinzuckelnden Kutsche rechnen. Viele Geschäfte sind sonntags geschlossen.

Sehenswertes & Aktivitäten

Kidron an der Rte 52 ist ein guter Ausgangspunkt. Etwas weiter südlich liegt **Berlin**, das Zentrum der Gegend mit unzähligen Krimskrams-Läden. **Millersburg** ist die größte Stadt der Region; hier gibt's fast mehr Antiquitätengeschäfte als Amish. Die US 62 verbindet die beiden „geschäftigen" Orte.

Weiter ab vom Schuss gelangt man auf der Rte 557 oder der County Rd 70 durch die ländliche Gegend ins winzige **Charm**, das ca. 5 Meilen (8 km) südlich von Berlin liegt.

Lehman's KAUFHAUS
(www.lehmans.com; 4779 Kidron Rd, Kidron; ⌚Mo–Sa 8–18 Uhr) Lehman's muss man einfach gesehen haben. Der Hauptversorger der Amish-Gemeinde verkauft in einer fast 3000 m² großen Scheune modern aussehende Geräte, die ohne Strom funktionieren – Taschenlampen zum Aufziehen, Holzöfen und Fleischwölfe mit Handkurbel.

GRATIS **Kidron Auction** MARKT
(www.kidronauction.com; 4885 Kidron Rd, Kidron; ⌚Do ab 10 Uhr) Wer donnerstags in der Gegend ist, sollte sich in die von Lehman's bis zum Viehstall reichende Schlange von Kutschen einreihen. Um 10

Uhr wird Heu versteigert, um 11 Uhr Kühe und um 13 Uhr Schweine. Rund um den Stall findet ein Flohmarkt statt, auf dem sich Leute tummeln, die keine muhende Ware brauchen. Ähnliche Auktionen gibt's in Sugarcreek (Mo & Fr), Farmerstown (Di) und Mt. Hope (Mi).

GRATIS **Heini's Cheese Chalet** KÄSEREI
(☎800-253-6636; www.heinis.com; 6005 Hwy 77, Berlin; kostenlose Besichtigung; ⏲Mo–Sa 8.30–17 Uhr) Heini's produziert mehr als 70 Käsesorten. Hier lernt man, wie Amish-Farmer ihre Kühe mit der Hand melken und die Milch ganz ohne Maschinen kühlen, bevor sie sie ausliefern. Danach kann man die unterschiedlichen Käsesorten probieren und das kitschige Wandgemälde bewundern, das die „Geschichte der Käseherstellung" darstellt. Wer den Käser in Aktion sehen will, muss wochentags (außer Mi) vor 11 Uhr hier sein.

Hershberger's Farm & Bakery FARM
(☎330-674-6096; 5452 Hwy 557, Millersburg; ⏲Bäckerei ganzjährig Mo–Sa 8–17 Uhr, Farm Mitte April–Okt. ab 10 Uhr; 👪) 25 verschiedene Pies, hausgemachte Eistüten und auf dem Markt frisches Obst und Gemüse. Wer will kann hier auch Tiere streicheln (umsonst) und auf Ponys reiten (3 US$).

Yoder's Amish Home FARM
(☎330-893-2541; www.yodersamishhome.com; 6050 Rte 515, Walnut Creek; Besichtigung Erw./Kind 11/7 US$; ⏲Mitte April–Ende Okt. Mo–Sa 10–17 Uhr; 👪) In der für Besucher zugänglichen Amish-Farm kann man einen Blick in die Wohnräume und die Schule mit nur einem Klassenzimmer werfen und mit einer Pferdekutsche durch die Gegend fahren.

Schlafen & Essen

Hotel Millersburg HISTORISCHES HOTEL $$
(☎330-674-1457; www.hotelmillersburg.com; 35 W Jackson St, Millersburg; Zi. 79–149 US$; ❄📶) Das 1847 als Postkutschenstation errichtete Hotel hat 26 einfache Zimmer, einen modernen Speisesaal und eine Kneipe (einer der wenigen Orte im Amish Country, wo man Bier bekommt).

Guggisberg Swiss Inn HOTEL $$
(☎330-893-3600; www.guggisbergswissinn.com; 5025 Rte 557, Charm; Zi. inkl. Frühstück 100–150 US$; ❄📶👪) Die 24 sauberen, kleinen, hellen Zimmer sind mit Leichtholzmöbeln eingerichtet. Auf den Betten liegen dicke Quilts. Auf dem Gelände befinden sich eine Käserei und Ställe für Reitpferde.

Boyd & Wurthmann Restaurant AMERIKANISCH $
(☎330-893-3287; Main St, Berlin; Hauptgerichte 5–10 US$; ⏲Mo–Sa 5.30–20 Uhr) Einheimische wie Touristen wissen die radkappengroßen Pancakes zu schätzen, die 23 verschiedenen Pies, die dicken Sandwiches und die Spezialitäten der Amish, u.a. paniertes Fleisch. Nur Barzahlung.

Praktische Informationen

Holmes County Chamber of Commerce (www.visitamishcountry.com)

Columbus

Ohios Hauptstadt ist wie das Blind Date, das die eigene Mutter arrangiert hat – durchschnittlich, zurückhaltend, solide und nett. Vor allem aber ist die Stadt freundlich zur Brieftasche. Das ist dem Einfluss der 55 000 Studenten der Ohio State University (OSU), der zweitgrößten der USA, zu verdanken. In den letzten Jahren ist auch die schwul-lesbische Gemeinde immer größer geworden.

Sehenswertes & Aktivitäten

German Village STADTVIERTEL
(www.germanvillage.com) Das überraschend große deutsche Dorf liegt 800 m südlich der Innenstadt und ist ganz aus Backstein erbaut. In dem restaurierten Stadtviertel aus dem 19. Jh. gibt's Bierhallen, Kopfsteinpflasterstraßen und Gebäude im italienischen und Queen-Anne-Stil.

Short North STADTVIERTEL
(www.shortnorth.org) Direkt nördlich des Zentrums befindet sich Short North. Der sanierte Abschnitt der High St mit modernen Galerien, Restaurants und Jazzbar ist einen Bummel wert.

Wexner Center for the Arts KUNSTZENTRUM
(☎614-292-3535; www.wexarts.org; Ecke 15th St & N High St; Eintritt 5 US$; ⏲Di, Mi & So 11–18, Do–Sa 11–20 Uhr) Das Kunstzentrum des Campus bietet topaktuelle Kunstausstellungen, Filme und Veranstaltungen.

Schlafen & Essen

Im German Village und in Short North warten gute Restaurants. Im **Arena District** (www.arenadistrict.com) gibt's etliche Kettenhotels der Mittelklasse und Brauereikneipen. Rund um die Uni und in der N High St ab 15th Ave findet man so ziemlich alles – von mexikanisch bis äthiopisch und Sushi.

Short North B&B B&B $$
(614-299-5050; www.columbus-bed-breakfast.com; 50 E Lincoln St; Zi. inkl. Frühstück 129–149 US$;) Das B&B mit den sieben gepflegten Zimmern liegt nur einige wenige Schritte vom gleichnamigen Viertel entfernt.

Red Roof Inn HOTEL $$
(614-224-6539; www.redroof.com; 111 E Nationwide Blvd; Zi. inkl. Frühstück 85–139 US$;) Die Unterkunft im Arena District ist eine der besten dieser Kette. Parken kostet 10 US$.

Schmidt's DEUTSCH $$
(614-444-6808; www.schmidthaus.com; 240 E Kossuth St; Hauptgerichte 8–15 US$; So & Mo 11–21, Di–Do 11–22, Fr & Sa 11–23 Uhr) In diesem Restaurant im German Village kann man gutes deutsches Essen wie Würstchen und Schnitzel in sich reinschaufeln. Unbedingt Platz für die riesigen Windbeutel lassen. Von Mittwoch bis Samstag gibt es Blasmusik live.

Skillet AMERIKANISCH $$
(614-443-2266; www.skilletruf.com; 410 E Whittier St) Das winzige Restaurant in German Village serviert einfache Speisen aus regionalen Produkten.

North Market MARKT $
(www.northmarket.com; 59 Spruce St; Mo 9–17, Di–Fr 9–19, Sa 8–17, So 12–17 Uhr) Farmer bieten auf diesem Markt Obst, Gemüse und Fertiggerichte an. Hier gibt's auch Jenis berühmtes Eis.

Unterhaltung

Die ganze Stadt ist sportbesessen.

Ohio Stadium FOOTBALL
(800-462-8257; www.ohiostatebuckeyes.com; 411 Woody Hayes Dr) Die Ohio State Buckeyes locken ein fantastisches Publikum in das legendäre, hufeisenförmige Ohio Stadium. Die Spiele finden normalerweise samstags im Herbst statt.

Nationwide Arena HOCKEY
(614-246-2000; www.bluejackets.com; 200 W Nationwide Blvd) Die Columbus Blue Jackets schlagen in diesem großen Stadion in der Innenstadt den Puck.

Crew Stadium FUSSBALL
(614-447-2739; www.thecrew.com) Das beliebte Profi-Fußballteam der Columbus Crew spielt von März bis Oktober in diesem Stadion nördlich der I-71 und 17th Ave.

Praktische Informationen

Medien

Alive (www.columbusalive.com) Kostenlose Wochenzeitung mit Veranstaltungskalender.

Columbus Dispatch (www.dispatch.com) Tageszeitung.

Outlook (www.outlookmedia.com) Monatlich erscheinende Zeitschrift für Schwule und Lesben.

Touristeninformation

Columbus Convention & Visitors Bureau (866-397-2657; www.experiencecolumbus.com)

An- & Weiterreise

Der **Port Columbus Airport** (CMH; www.port-columbus.com) befindet sich 10 Meilen (16 km) östlich der Stadt. Ein Taxi in die Innenstadt kostet etwa 25 US$.

Die Busse von **Greyhound** (614-221-4642; www.greyhound.com; 111 E Town St) fahren mindestens sechsmal täglich nach Cincinnati (2 Std.) und Cleveland (2½ Std.). Der oft günstigere **Megabus** (www.megabus.com/us) rollt mehrmals täglich nach Cincinnati und Chicago. Genauere Infos findet man auf der Website.

Athens & Südöstliches Ohio

Charakteristisch für die Südostecke Ohios sind die Waldgebiete, die sanft geschwungenen Ausläufer der Appalachen und die verstreuten Farmen.

Über die lieblichen Hügel südöstlich von Columbus und rund um Lancaster kommt man nach **Hocking County**. Die wunderschöne Gegend mit ihren Bächen und Wasserfällen, Sandsteinfelsen und höhlenartigen Formationen ist zu jeder Jahreszeit einen Besuch wert. Kilometerlange Wanderwege laden im **Hocking Hills State Park** (740-385-6165; 20160 Hwy 664; Stellplatz/Hütten ab 24/130 US$) zum Wandern und Flüsse zu Kanutouren ein. Zudem hat der Park jede Menge Campingplätze und Blockhütten. Die **Old Man's Cave** ist zum Wandern besonders schön. Mit **Hocking Valley Canoe Livery** (740-385-8685; www.hockinghillscanoeing.com; 31251 Chieftain Dr; 2-stündige geführte Touren 42 US$; April–Okt) in der Nähe von Logan kann man bei Mondlicht oder im Schein von Fackeln Kanu fahren. Mit geführten Kletter- und Abseiltouren sorgt **Earth-Water-Rock: Outdoor Adventures** (740-664-5220; www.ewroutdoors.com; Halbtages-Tour 85–110 US$) für Adrenalinschübe; Anfänger sind willkommen.

Athens (www.athensohio.com) an der Kreuzung von US 50 und US 33 ist ein hervorragender Ausgangspunkt, wenn man die Region erkunden will. Es liegt zwischen bewaldeten Hügeln und beherbergt die Ohio University (deren Campus die halbe Stadt ausmacht; nicht zu verwechseln mit der OSU). Studentencafés und Kneipen säumen die Courts St, die Hauptstraße von Athens. Die nahe gelegene **Village Bakery & Cafe** (www.dellazona.com; 268 E State St; Hauptgerichte 4–8 US$; ⏲Di–Sa 7.30–20, So 9–14 Uhr) verwendet für ihre Pizzas, Suppen und Sandwiches Biogemüse und -fleisch und Käse vom Bauernhof.

Südlich von Columbus lag einst das Siedlungsgebiet des faszinierenden alten Volkes der Hopewell, das zwischen 200 v. Chr. und 600 n. Chr. riesige geometrische Erdformationen und Grabhügel errichtet hat. Eine sehr gute Einführung bekommt man im **Hopewell Culture National Historical Park** (☎740-774-1126; www.nps.gov/hocu; Hwy 104 nördlich der I-35; Eintritt frei; ⏲Juni–Aug. 8.30–18 Uhr, Sept.–Mai bis 16.30 Uhr). Er befindet sich 5 km nördlich von Chillicothe. Nachdem man im Visitor Center vorbeigeschaut hat, erkundet man die unterschiedlich geformten Zeremonienhügel in der 5 ha großen mysteriösen Totenstadt namens **Mound City**. Der **Serpent Mound** (☎937-587-2796; www.ohiohistory.org; 3850 Hwy 73; 7 US$/Fahrzeug; ⏲Juni–Aug. Fr–So 10–17 Uhr) südwestlich von Chillicothe und 6,5 km nordwestlich von Locust Grove ist vielleicht die faszinierendste Stätte von allen. Die riesige, lang gestreckte Schlange misst über 400 m und ist die größte Erdskulptur der USA.

Dayton & Yellow Springs

In Dayton gibt's zwar Sehenswürdigkeiten zum Thema Luftfahrt, aber das kleine Yellow Springs (18 Meilen/29 km nordöstlich an der US 68) hat in puncto Unterkünften und Restaurants sehr viel mehr zu bieten.

Sehenswertes & Aktivitäten

GRATIS **National Museum of the US Air Force** MUSEUM
(☎937-255-3286; www.nationalmuseum.af.mil; 1100 Spaatz St; ⏲9–17 Uhr) Das Museum befindet sich auf der Wright-Patterson Air Force Base, 6 Meilen (10 km) nordöstlich von Dayton. Es gibt eine Menge zu entdecken, von einer Ausstellung über die Wright Brothers und einem Sopwith Camel (Doppeldecker aus dem Ersten Weltkrieg) bis hin zu einem Stealth Bomber. Auf keinen Fall sollte man den Anbau mit seiner Sammlung von Präsidentenflugzeugen verpassen. Ein kostenloser Shuttlebus bringt einen rüber zum Hangar (für dessen Betreten man den Reisepass oder Führerschein vorlegen muss). Für den Besuch sollte man mindestens drei Stunden einplanen.

Carillon Historical Park HISTORISCHE STÄTTE
(☎937-293-2841; www.daytonhistory.org; 1000 Carillon Blvd; Erw./Kind 8/5 US$; ⏲Mo–Sa 9.30–17, So 12–17 Uhr) Zu den weiteren Wrights-Attraktionen gehören der Wright Flyer III Doppeldecker von 1905 und ein Nachbau der Werkstatt der beiden Brüder.

GRATIS **Dayton Aviation Heritage National Historical Park** HISTORISCHE STÄTTE
(☎937-225-7705; www.nps.gov/daav; 16 S Williams St; ⏲8.30–17 Uhr) In diesem Park befindet sich der Wright Cycle Company Complex, wo Wilbur und Orville Fahrräder und ihre Flugideen entwickelten.

Schlafen & Essen

Die folgenden Unterkünfte und Restaurants sind in Yellow Springs beheimatet, wo man das bodenständige Ohio am besten kennenlernen kann.

Morgan House B&B $$
(☎937-767-1761; www.arthurmorganhouse.com; 120 W Limestone St; Zi. inkl. Frühstück 90–125 US$;) Die sechs gemütlichen Zimmer mit Bad haben superweich bezogene Betten. Das Frühstück besteht aus Bioprodukten und fair gehandeltem afrikanischem Kaffee.

LP TIPP **Young's Jersey Dairy** AMERIKANISCH $$
(☎937-325-0629; www.youngsdairy.com; 6880 Springfield-Xenia Rd) Young's ist eine bewirtschaftete Milchfarm mit zwei Restaurants: **Golden Jersey Inn** (Hauptgerichte 9–15 US$; ⏲Mo–Fr mittags & abends, Sa & So auch morgens) serviert Gerichte wie Huhn in Buttermilch. Im **Dairy Store** (Sandwiches 3,50–6,50 US$; ⏲So–Do 7–23, Fr & Sa 7–24 Uhr) gibt's Sandwiches, traumhaftes Eis und die besten Milchshakes von Ohio. Auf dem Gelände gibt es auch einen Minigolfplatz und Baseball-Schlagkäfige. Wer will, kann beim Melken der Kühe zusehen.

Winds Cafe AMERIKANISCH $$$
(☎937-767-1144; www.windscafe.com; 215 Xenia Ave; Hauptgerichte 18–25 US$; ⏲Di–Sa 11.30–14 & 17–22, So 10–15 Uhr) Vor 30 Jahren war es

eine Hippie-Genossenschaft. Jetzt ist aus dem Winds ein gehobener Gourmet-Liebling geworden. Aus der Küche kommen je nach Saison u.a. Crêpes mit Spargel und Feigensauce oder Heilbutt mit Rhabarber.

Cincinnati

Cincinnati liegt am Ufer des Ohio River. Die Stadt überrascht mit ihrer Schönheit, ihren Musikclubs in verwunschenen Herrenhäusern, ihren kurvigen Straßen hinauf zum Mt. Adams und ihren Einwohnern mit ihrer unverhohlenen Begeisterung für das *five-way* (s. Kasten S. 605). Bei all den vielen Möglichkeiten sollte man nicht vergessen, sich auch ein Baseballspiel anzusehen, am Ufer entlangzuspazieren und fantastische Neonreklamen zu bewundern.

Sehenswertes & Aktivitäten

Montags sind viele Sehenswürdigkeiten geschlossen.

DOWNTOWN

National Underground Railroad Freedom Center MUSEUM
(☎513-333-7500; www.freedomcenter.org; 50 E Freedom Way; Erw./Kind 12/8 US$; ⏲Di–Sa 11–17 Uhr) Cincinnati war eine wichtige Zwischenstation der Underground Railroad, eines Netzwerks, das Sklaven zur Flucht gen Norden verhalf, und damit ein Zentrum der Antisklaverei-Bewegung, die von Einwohnern wie Harriet Beecher Stowe angeführt wurde. Das Freedom Center erzählt ihre Geschichten. Anhand von Exponaten erfährt man, wie die Sklaven in den Norden fliehen konnten und wie moderne Sklaverei in heutiger Zeit aussieht. Für die Besichtigung kann man sich eine kostenlose iPhone-App herunterladen.

Findlay Market MARKT
(www.findlaymarket.org; 1801 Race St; ⏲Di–Fr 9–18, Sa 8–18, So 10–16 Uhr) Der Findlay Market, der sowohl einen Innen- als auch einen Außenbereich hat, bringt Grün in die etwas verfallene Gegend am Nordrand der Innenstadt. Wer Obst und Gemüse, Fleisch, Käse oder Backwaren braucht, ist hier genau richtig. Die belgischen Waffeln sind himmlisch.

Rosenthal Center for Contemporary Arts MUSEUM
(☎513-721-0390; www.contemporaryartscenter.org; 44 E 6th St; Erw./Kind 7,50/4,50 US$, Mo abends Eintritt frei; ⏲Mo 10–21, Mi–Fr 10–18, Sa & So 11–18 Uhr) Das Zentrum präsentiert moderne Kunst in einem avantgardistischen Gebäude, das von der irakischen Architektin Zaha Hadid entworfen wurde. Sowohl das Äußere als auch die ausgestellten Kunstwerke sind für das traditionelle Cincy geradezu revolutionär.

Fountain Square PLATZ
(www.myfountainsquare.com; Ecke 5th St & Vine St; 📶) Der Fountain Square ist das Herz der Stadt, ein öffentlicher Platz mit einer Eisbahn im Winter, Schachtischen, Konzerten, einer Reds-Ticketbude und dem originellen, alten Springbrunnen „Spirit of the Waters".

Ein netter Spaziergang am Ufer führt durch Parks und über folgende Brücken:

Roebling Suspension Bridge BRÜCKE
(www.roeblingbridge.org) Die elegante Brücke von 1876 war ein Vorläufer von John Roeblings berühmter Brooklyn Bridge in New York. Es ist cool, über die Brücke zu laufen und die Autos zum „Singen" zu bringen. Sie verbindet Cincinnati mit Covington, Kentucky (s. S. 604).

Purple People Bridge BRÜCKE
(www.purplepeoplebridge.com) Diese Fußgängerbrücke führt vom Sawyer Point, einem netten Park mit skurrilen Monumenten

NICHT VERSÄUMEN

AMERICAN SIGN MUSEUM

Das **American Sign Museum** (☎513-258-4020; www.signmuseum.net; 2515 Essex Pl; Erw./Kind 10 US$/frei; ⏲Sa 10–16 Uhr oder nach Absprache) liegt etwas abseits und ist nur schwer zu finden, der dort versteckte blinkernde, glitzernde Schatz und die mit Glühbirnen übersäten Leuchten machen den Aufwand aber dicke wett. Der enthusiastische Betreiber Tod Swormstedt führt die Besucher gern in der Halle herum, wo man beim Anblick der alten Drive-In-Neonschilder, der schwerfälligen Dschinns, von Frisch's Big Boy und all den anderen nostalgischen Gegenständen feuchte Augen bekommen wird. Für alle, die gern in Schätzen aus der Vergangenheit stöbern, ist dieses Museum ein absolutes Muss. Es befindet sich im Essex-Gebäude der Künstlerateliers, 3 Meilen (5 km) nördlich des Stadtzentrums, direkt westlich der I-71.

und fliegenden Schweinen, nach Newport, Kentucky (s. unten).

COVINGTON & NEWPORT

Covington und Newport in Kentucky sind quasi Vororte von Cincinnati. Sie liegen direkt gegenüber der Innenstadt auf der anderen Flussseite. Newport im Osten ist für seinen riesigen Restaurant- und Shoppingkomplex **Newport on the Levee** (www.newportonthelevee.com) bekannt. Covington liegt im Westen. In dem Viertel **Main-Strasse** (www.mainstrasse.org) mit seinen Backsteinreihenhäusern aus dem 19. Jh. gibt's viele tolle Restaurants und Bars. Herrenhäuser aus der Zeit vor dem Sezessionskrieg säumen den Riverside Dr und am Ufer liegen alte Raddampfer.

Newport Aquarium AQUARIUM
(☎859-491-3467; www.newportaquarium.com; One Aquarium Way; Erw./Kind 22/15 US$; ⏲Juni–Aug. 9–19 Uhr, Sept.–Mai 10–18 Uhr) In Newports großem, beliebtem Aquarium kann man watschelnde Pinguine, den Rundkopf-Geigenrochen Sweet Pea und viele Fische mit rasierklingenscharfen Zähnen bewundern.

MT. ADAMS

Es ist vielleicht etwas weit hergeholt, Mt. Adams, direkt östlich des Zentrums, mit Montmartre in Paris zu vergleichen. Aber die hügelige Enklave aus dem 19. Jh. mit ihren engen, gewundenen Gassen, viktorianischen Stadthäusern, Galerien, Bars und Restaurants ist sicher eine angenehme Überraschung. Die meisten Besucher steigen nur auf den Hügel, um sich mal umzusehen und einen Drink zu nehmen.

Vom Zentrum aus nimmt man die E 7th St bis zur Gilbert Ave, geht nach Nordwesten zur Elsinore Ave und dann den Berg rauf zu den Seen, Wegen und Kulturangeboten im Eden Park. Vom Hof der in der Nähe gelegenen **Immacula Church** (30 Guido St) hat man einem grandiosen Blick auf die Stadt.

GRATIS **Cincinnati Art Museum** MUSEUM
(☎513-721-5204; www.cincinnatiartmuseum.org; 953 Eden Park Dr; ⏲Di–So 11–17 Uhr) Die Sammlung deckt über 6000 Jahre ab; der Schwerpunkt liegt auf alter Kunst aus dem Nahen Osten und Europa. Ein Flügel ist Werken von Künstlern aus der Region gewidmet. Parken kostet 4 US$.

GRATIS **Krohn Conservatory** GARTEN
(☎513-421-4086; www.cincinnatiparks.com/krohn-conservatory; 1501 Eden Park Dr; ⏲Di–So 10–17 Uhr) In dem riesigen Gewächshaus kann man einen Regenwald, Wüstenflora und je nach Jahreszeit sagenhafte Blumenarrangements bewundern (Extra-Eintritt 3–6 US$).

WEST END

Cincinnati Museum Center MUSEUM
(☎513-287-7000; www.cincymuseum.org; 1301 Western Ave; Erw./Kind 12,50/8,50 US$; ⏲Mo–Sa 10–17, So 11–18 Uhr; 👪) Der Museumskomplex 2 Meilen (3,2 km) nordwestlich vom Zentrum befindet sich in dem Union Terminal von 1933, einem noch immer von Amtrak benutzten Art-déco-Juwel. Im Inneren kann man fantastische Wandbilder aus Rookwood-Fliesen bewundern. Das Museum of Natural History & Science richtet sich hauptsächlich an Kinder und hat u.a. eine Kalksteinhöhle mit echten Fledermäusen zu bieten. Ein historisches Museum, ein Kindermuseum und ein Omnimax-Kino runden das Angebot ab. Die Eintrittskarte ist für alles gültig. Parken kostet 6 US$.

Geführte Touren

Architreks STADTSPAZIERGANG
(☎513-421-4469; www.cincinnati-walks.org; Spaziergänge Erw./Kind 15/5 US$; ⏲Mai–Okt.) Geführte Stadtspaziergänge durch verschiedene Stadtviertel, u.a. durch die Innenstadt, Mt. Adams und Northside. Unterschiedliche Zeiten und Startpunkte.

Feste & Events

Oktoberfest ESSEN
(www.oktoberfestzinzinnati.com; ⏲Mitte Sept.) Deutsches Bier, Bratwürstchen und viel Rummel.

Midpoint Music Festival MUSIK
(www.mpmf.com; ⏲Ende Sept.) Indie-Bands treten in verschiedenen Locations auf. Die 3-Tages-Karte kostet 49 US$.

Schlafen

Mit 11,3% ist die Hotelsteuer in Kentucky deutlich niedriger als in Cincinnati, wo man 17% hinblättern muss. Die Steuer ist in den im Folgenden genannten Preisen nicht enthalten.

Am Flussufer in Kentucky gibt's einige Kettenhotels der Mittelklasse. Hier schont man zwar den Geldbeutel (niedrigere Steuer, kostenloses Parken), muss dafür aber entweder ein paar Kilometer laufen oder einige Stationen mit dem Bus fahren, wenn man ins Zentrum von Cincy will.

Das **Greater Cincinnati B&B Network** (www.cincinnatibb.com) stellt Links zu Unterkünften auf der anderen Flussseite in Kentucky auf seine Website.

Cincinnatian Hotel HOTEL **$$$**
(☎513-381-3000; www.cincinnatianhotel.com; 601 Vine St; Zi. 160–260 US$; P ⊖ ❄ ≋) Das Cincinnatian befindet sich in einem prachtvollen viktorianischen Gebäude von 1882. In den geräumigen Zimmern gibt's flauschige Handtücher, Bettwäsche so sanft wie Seide und riesige runde Badewannen. An den Wochenenden sind die Zimmer billiger. Parken kostet 28 US$.

Best Western Mariemont Inn HOTEL **$$**
(☎513-271-2100; www.mariemontinn.com; 6880 Wooster Pike; Zi. 150–209 US$; P ⊖ ❄ ≋) Wer Lust auf etwas Ungewöhnliches abseits des Trubels hat, fühlt sich in dieser Lodge im Tudor-Stil mit dicken Balken an den Decken und Kamin in jedem Zimmer bestimmt wohl. Die Unterkunft befindet sich an einem Platz in einem ruhigen Viertel 10 Meilen (16 km) nordöstlich des Zentrums.

Residence Inn Cincinnati Downtown HOTEL **$$$**
(☎513-651-1234; www.marriott.com; 506 E 4th St; Zi. inkl. Frühstück 199–299 US$; P ⊖ ❄ @ ≋) Herzlich willkommen in Cincys ersten neuem Innenstadthotel in 30 Jahren. Die glänzenden Zimmer sind eigentlich Suiten mit voll eingerichteter Küche. Parken kostet 20 US$.

Holiday Inn Express HOTEL **$$**
(☎859-957-2320; www.hiexpress.com; 109 Landmark Dr; Zi. inkl. Frühstück 125–180 US$; P ❄ @ ≋ ≈) Gutes Kettenhotel am Flussufer. Es befindet sich ca. 1 km östlich von Newport on the Levee.

NICHT VERSÄUMEN

CHILI FIVE-WAY

Keine Angst – bei diesem Erlebnis kann man seine Kleidung anbehalten, wenngleich man wahrscheinlich den Gürtel lockern muss. Ein *five-way* hat in Cincinnati mit Chili zu tun, einer hiesigen Spezialität. Es besteht aus einer Fleischsauce (gewürzt mit Schokolade und Zimt), die über Spaghetti und Bohnen gegossen und dann mit Käse und Zwiebeln garniert wird. Man kann das Gericht zwar auch als *three-way* (ohne Zwiebeln und Bohnen) oder *four-way* (ohne Zwiebeln oder Bohnen) bekommen, aber man sollte sich auf das volle Programm konzentrieren – denn das Leben ist schließlich ein Abenteuer! **Skyline Chili** (www.skylinechili.com; 643 Vine St; Gerichte 3,50–7,50 US$; ⊙Mo–Fr 10.30–20, Sa 11–16 Uhr) hat bei seinen Anhängern Kultstatus. Es gibt überall in der Stadt Filialen; diese hier ist im Zentrum beim Fountain Sq.

Essen

Außer im Zentrum gibt's am Flussufer in Kentucky und in Northside (nördlich der Kreuzung von I-74 und I-75, 5 Meilen bzw. 8 km nördlich des Zentrums) jede Menge Restaurants.

LP TIPP **Terry's Turf Club** BURGER **$$**
(☎513-533-4222; 4618 Eastern Ave; Hauptgerichte 8–15 US$; ⊙Mo–Mi 16–24, Do 11–24, Fr & Sa 11–2.30, So 12–22 Uhr) Echte Burger-Fans würden sich für Terry's fette Frikadellen die Beine in den Bauch stehen. Die Burger mit Wein-Wildpilz-Sauce sind der Hammer, aber auch die mit Rosmarin-Knoblauch, Wasabi, rotem Curry und Ingwer sind nicht von schlechten Eltern. Und für Vegetarier gibt's leckere Pilz-Burger. Terry's Hang zum Außergewöhnlichen spiegelt sich auch im Dekor wider – viel Neon und witzige Schilder, fast wie in Las Vegas. Terry's liegt 7 Meilen (11 km) östlich des Zentrums und ist über den Columbia Pkwy zu erreichen.

Hathaway's DINER **$**
(☎513-621-1332; Carew Tower, 441 Vine St; Hauptgerichte 5–8 US$; ⊙Mo–Fr 6.30–16, Sa 8–15 Uhr) Das Hathaway's füttert seit über 30 Jahren hungrige Geschäftsleute. Weder die alten Tische noch die Schürze tragenden Kellnerinnen haben sich in dieser Zeit geändert. Zum Frühstück sollte man das *goetta* (Schweinefleisch, Haferflocken, Zwiebeln und Kräuter) probieren – eine Spezialität von Cincy. Naschkatzen werden die Milchshakes mögen.

Honey AMERIKANISCH **$$**
(☎513-541-4300; www.honeynorthside.com; 4034 Hamilton Ave; Hauptgerichte 15–23 US$; ⊙Di–Do 17–21, Fr & Sa 17–22, So 11–14 Uhr; ✎) An den robusten Holztischen wird bei gedämpfter Beleuchtung saisonale Hausmannskost wie kreolischer Hackbraten oder Erbsen-Ravioli serviert. Der Brunch erfreut sich äußerster Beliebtheit. Das i-Tüpfelchen ist veganes *goetta*.

Otto's CAFÉ $$$
(☎859-491-6678; www.ottosonmain.com; 521 Main St; Sandwiches 8–11 US$, Hauptgerichte 19–23 US$; ⌚Mo 11–15, Di–Sa 11–22, So 10–21 Uhr) In dem Bistro in Covington gibt's mittags *hot brown* (eine hiesige Spezialität aus Fleisch und Käse) und dicke Sandwiches, abends Shrimps, Maisgrütze und Wein.

Graeter's Ice Cream EISCREME $
(www.graeters.com; 511 Walnut St; Kugeln 2,50–5 US$; ⌚Mo–Fr 6.30–21, Sa 7–21, So 11–19 Uhr) Eisige Köstlichkeiten mit teils riesigen Schokostückchen. Es gibt Filialen in der ganzen Stadt.

Ausgehen

Mt. Adams und Northside sind vielbesuchte Amüsierviertel.

Blind Lemon BAR
(www.theblindlemon.com; 936 Hatch St) Ein Gang führt in diese stimmungsvolle, ehemalige Flüsterkneipe in Mt. Adams. Im Sommer kann man es sich auch in dem Innenhof gemütlich machen. Im Winter befindet sich dort eine Feuerstelle. Jeden Abend wird Livemusik geboten.

Motr Pub BAR
(www.motrpub.com; 1345 Main St) In dieser Bar in dem düsteren, mal mehr, mal weniger – zurzeit mehr – beliebten Bezirk Over-the-Rhine am Nordrand des Stadtzentrums treffen sich künstlerisch angehauchte Typen auf ein Hudepohls (hiesiges Bier) und schauen sich Rockumentarys an.

Comet BAR
(www.cometbar.com; 4579 Hamilton Ave; ☎) Das zwanglose Comet in Northside hat die beste Jukebox der Stadt und das beste Kneipenessen. Unbedingt den Burrito probieren.

City View Tavern BAR
(www.cityviewtavern.com; 403 Oregon St) In der anspruchslosen Kneipe oben in Mt. Adams liegt einem die funkelnde Stadt zu Füßen.

☆ Unterhaltung

Einen Veranstaltungskalender findet man in kostenlosen Zeitschriften wie *CityBeat*.

Sport

Great American Ballpark BASEBALL
(☎513-765-7000; www.cincinnatireds.com; 100 Main St) Cincinnati ist die Heimat des erstklassigen Baseball-Profiteams der Reds und dank des modernen Stadions am Fluss ein toller Platz, um sich ein Spiel anzuschauen.

Paul Brown Stadium FOOTBALL
(☎513-621-3550; www.bengals.com; 1 Paul Brown Stadium) Die Profi-Footballmannschaft der Bengals hat in diesem Stadion ein paar Blocks westlich des Ballpark ihre Heimat.

LiveMusik

Southgate House LIVEMUSIK
(☎859-431-2201; www.southgatehouse.com; 24 E 3rd St) In diesem Herrenhaus von 1814, in dem es spuken soll, treten bekannte und weniger bekannte, tourende und einheimische Bands auf. In diesem Haus in Newport wurde übrigens auch die Tommy Gun (Maschinenpistole) erfunden.

Northside Tavern LIVEMUSIK
(☎513-542-3603; www.northside-tavern.com; 4163 Hamilton Ave) Hier spielen Bands aus der Gegend. Der Eintritt ist immer frei.

Darstellende Künste

Music Hall KLASSISCHE MUSIK
(☎513-721-8222; www.cincinnatiarts.org; 1241 Elm St) In der akustisch einmaligen Music Hall spielen das Sinfonie- und das Poporchester. Es finden auch Opern- und Ballettaufführungen statt. Allerdings ist die Gegend nicht die beste – also vorsichtig sein und möglichst nah am Gebäude parken!

Aronoff Center THEATER
(☎513-621-2787; www.cincinnatiarts.org; 650 Walnut St) Im modernen Aronoff treten tourende Ensembles auf.

ℹ Praktische Informationen

Medien

Cincinnati Enquirer (www.cincinnati.com) Tageszeitung.

CityBeat (www.citybeat.com) Kostenlose, alternative Wochenzeitung mit gutem Veranstaltungskalender.

Rainbow Cincinnati (www.gaycincinnati.com) Neuigkeiten und Adressen für Schwule und Lesben.

Touristeninformation

Cincinnati USA Regional Tourism Network (☎800-344-3445; www.cincinnatiusa.com) Die Besucherbroschüre kann man telefonisch bestellen. Auch online gibt's viele Infos.

ℹ Anreise & Unterwegs vor Ort

Der **Cincinnati/Northern Kentucky International Airport** (CVG; www.cvgairport.com) liegt in Kentucky, 13 Meilen (21 km) südlich. Ins Zentrum kommt man mit dem TANK-Bus (1,75 US$) ab Terminal 3. Ein Taxi kostet etwa 30 US$.

Die Busse von **Greyhound** (☎513-352-6012; www.greyhound.com; 1005 Gilbert Ave) fahren täglich nach Indianapolis (2½ Std.) und Columbus (2 Std.). Die Busse des oft preiswerteren und schnelleren Unternehmens **Megabus** (www.megabus.com/us) fahren die gleiche Strecke und überdies auch nach Chicago (6 Std.). Abfahrt im Zentrum von Cincy, Ecke 4th St und Race St.

Amtrak (☎513-651-3337; www.amtrak.com) fährt auf dem Weg nach Chicago (9½ Std.) und Washington, DC (14½ Std.) dreimal pro Woche in den **Union Terminal** (1301 Western Ave) ein. Die Züge starten mitten in der Nacht.

Metro (www.go-metro.com; Fahrkarte 1,75 US$) betreibt innerstädtische Busse und hat Anschluss an die Busse der **Transit Authority of Northern Kentucky** (TANK; www.tankbus.org; Fahrkarte 1–1,75 US$).

MICHIGAN

Mehr, mehr, mehr – Michigan ist der Bundesstaat der Superlative im Mittleren Westen. Hier gibt es mehr Strände als an der Atlantikküste. Mehr als die Hälfte des Staates ist von Wäldern bedeckt. Und in Michigan werden mehr Kirschen und Beeren in Torten geschaufelt als irgendwo sonst in den USA. Noch dazu ist Detroit die draufgängerischste Stadt im Mittleren Westen – und das ist in diesem Fall durchaus positiv zu verstehen. Natürlich ist die Arbeitslosenrate in Michigan höher als in irgendeinem anderen Staat, aber wir schweifen ab...

Michigan hat erstklassigen Grundbesitz zu bieten und ist umgeben von vier der fünf Großen Seen (Lake Superior, Lake Michigan, Lake Huron und Lake Erie). Inseln sprenkeln die Küste – Mackinac, Beaver und Isle Royale sind Spitzenziele für Besucher. Weitere Highlights sind die Surfstrände, farbige Sandsteinklippen und Sanddünen, auf denen man wandern kann.

Der Staat besteht aus zwei Hälften: die größere Lower Peninsula, die wie ein Fausthandschuh geformt ist und die kleinere, weniger bevölkerte Upper Peninsula, die wie ein Schlappen aussieht. Sie sind durch die atemberaubende Mackinac Bridge miteinander verbunden, die die Straits of Mackinac (*mac*-in-ao) überspannt.

Praktische Informationen

Verkehrsinformationen für Michigan (☎800-381-8477; www.michigan.gov/mdot)

Michigan State Park Information (☎800-447-2757; www.michigan.gov/stateparks) Wer mit dem Auto in einen Park fahren will, benötigt eine Genehmigung (Tag/Jahr 8/29 US$). Stellplätze kosten 16 bis 33 US$; Reservierungen sind möglich (www.midnrreservations.com; Gebühr 8 US$). In einigen Parks gibt es WLAN.

Travel Michigan (☎800-644-2489; www.michigan.org)

KURZINFOS MICHIGAN

» **Spitznamen** Great Lakes State, Wolverine State

» **Bevölkerung** 10 Mio.

» **Fläche** 250 504 km²

» **Hauptstadt** Lansing (114 300 Ew.)

» **Weitere Stadt** Detroit (871 100 Ew.)

» **Verkaufssteuer** 6%

» **Geburtsort von** Unternehmer Henry Ford (1863–1947), Regisseur Francis Ford Coppola (geb. 1939), Musiker Stevie Wonder (geb. 1950), Sängerin Madonna (geb. 1958), Google-Mitbegründer Larry Page (geb. 1973)

» **Heimat von** Autofabriken, Süßwasserstränden

» **Politische Ausrichtung** vorwiegend demokratisch

» **Berühmt für** Autos, Cornflakes, Sauerkirschen, Motown-Musik

» **Reptil des Bundesstaats** Zierschildkröte

» **Entfernungen** Detroit–Traverse City 255 Meilen (410 km), Detroit–Cleveland 168 Meilen (270 km)

Detroit

Jeder Amerikaner, dem man erzählt, dass man einen Besuch in Detroit plant, wird skeptisch dreinblicken. „Warum?" wird er fragen und sofort von zahllosen Morden, verbarrikadierten, vollgemüllten Gebäuden und den unglaublich vielen Zwangsversteigerungen erzählen, auf denen man Häuser schon für 1 US$ kaufen kann. „Detroit ist ein Dreckskaff. Dort wird man ermordet."

Aber auch wenn dies einen wahren Kern besitzt und die Stadt ein wenig das Gefühl eines ausgebombten, apokalyptischen Orts vermittelt, so sind es doch gerade diese Qualitäten, die eine rohe städtische Energie anheizen, die man sonst nirgendwo findet. Künstler, Unternehmer und junge Leute ziehen in diese Stadt mit dem Heimwerker-

0 500 m
0 0,25 Meilen
Detroit Institute of Arts
Museum of Contemporary Art Detroit
Eastern Market
MIDTOWN & CULTURAL CENTER
GREEKTOWN
New Center (1 Meile)
Wayne State University
Heidelberg Project (1,25 Meilen)
Corktown (0,1 Meilen)
Detroit Receiving Hospital
Tolan Park
Cass Park
Lafayette Plaisance
Cobo Center
Hart Plaza
Transit Windsor
Riverwalk
Detroit River
Detroit Windsor Tunnel (Maut)
MICHIGAN (USA)
ONTARIO (KANADA)
Woodward Ave
Lodge Fwy
Fisher Fwy
Grand River Ave
Michigan Ave
Gratiot Ave
Jefferson Ave
Warren Ave
Mack Ave
Martin Luther King Jr Blvd
Megabus

Detroit

Highlights
Detroit Institute of Arts C1
Eastern Market D4
Museum of Contemporary Art Detroit C2

Sehenswertes
1 Campus Martius C6
2 Hart Plaza C6
3 Renaissance Center C7
4 Wright Museum of African American History C1

Aktivitäten, Kurse & Touren
5 Wheelhouse Bikes D7

Schlafen
6 Ft Shelby Doubletree Hotel B6
7 Hilton Garden Inn C5
8 Inn on Ferry Street C1
9 Westin Book Cadillac B6

Essen
10 Avalon International Breads B2
11 Cass Cafe B2
12 Foran's Grand Trunk Pub C6
13 Good Girls Go to Paris Crepes C1
14 Lafayette Coney Island B6
15 Laikon Cafe C6

Ausgehen
16 Bronx B2
17 D'Mongo's B5
18 Honest John's B3

Unterhaltung
19 Cliff Bell's Jazz Club B5
20 Comerica Park C5
21 Detroit Opera House C5
22 Ford Field C5
23 Fox Theatre B5
24 Joe Louis Arena B7
25 Magic Stick C2
Majestic Theater .... (siehe 25)
26 PJ's Lager House A5
27 Puppet ART/Detroit Puppet Theater C5
28 St Andrew's Hall C6

Shoppen
29 John King Books A6
30 People's Records B4
31 Pure Detroit C6

Flair. Sie verwandeln leer stehende Parzellen in städtische Bauernhöfe und verlassene Gebäude in Hostels und Museen. Und all das findet auch in der lauten, harten Musikszene von „D" ihren Niederschlag.

Geschichte

Der Forschungsreisende Antoine de La Mothe Cadillac gründete Detroit im Jahre 1701. Doch das Glück kam in den 1920er-Jahren, als Henry Ford mit der Autoproduktion begann. Er hat das Auto nicht erfunden, auch wenn das manch US-Amerikaner vielleicht meint, aber er hat die Arbeit am Montageband und die Massenproduktionstechniken perfektioniert. Das Resultat war das Model T, das erste Auto der USA, das sich die Mittelklasse leisten konnte.

Detroit wurde schnell die Welthauptstadt der Autoindustrie. General Motors (GM), Chrysler und Ford hatten und haben alle ihren Hauptsitz in der Nähe von Detroit. Die 1950er-Jahre waren die Blütezeit der Stadt, als die Einwohnerzahl die Zwei-Millionen-Grenze überschritt und Motown-Musik durch die Luft waberte. Doch 1967 wurde die Stadt und ihre Industrie von Rassenunruhen erschüttert und in den 1970er-Jahren dann durch die Konkurrenz der japanischen Autokonzerne. Detroit erlebte eine Ära des Niedergangs, in dessen Folge die Stadt zwei Drittel ihrer Einwohner verlor.

In der Mitte der 2000er-Jahre erholte sich die Stadt zwar etwas, doch die globale Wirtschaftskrise von 2008/09 traf die Autoindustrie hart. GM und Chrysler meldeten Insolvenz an und Tausende Arbeiter und Angestellte verloren ihren Job. Und so ist die Stadt momentan in einer „Umstrukturierung" begriffen.

Sehenswertes & Aktivitäten

Das Renaissance Center am Fluss und die Hart Plaza liegen im Herzen der Innenstadt. Die Woodward Ave ist der Hauptboulevard der Stadt und führt von hier aus in Richtung Norden nach Midtown (wo sich das Cultural Center mit seinen Museen und die Wayne State University befinden) und weiter zu dem architektonisch vielseitigen New Center (das 1,6 km entfernt ist). Corktown mit seinen vielen Bars liegt westlich des Zentrums. Die Mile Roads sind die wichtigsten von Osten nach Westen verlaufenden Verkehrsadern von Detroit. Die 8 Mile bildet die Grenze zwischen der Stadt und den Vororten. Auf der anderen Seite des Detroit River liegt Windsor in Kanada.

Die meisten Sehenswürdigkeiten sind montags und dienstags geschlossen.

MIDTOWN & CULTURAL CENTER

Detroit Institute of Arts MUSEUM

(☎313-833-7900; www.dia.org; 5200 Woodward Ave; Erw./Kind 8/4 US$; ⊙Mi & Do 10–16, Fr 10–22, Sa & So 10–17 Uhr) Die Crème de la crème in der Museumslandschaft der Stadt. Es wird vor allem wegen seiner Sammlung amerikanischer Kunst gelobt. Das Herzstück ist das Wandgemälde *Detroit Industry* von Diego Rivera, das einen ganzen Raum ausfüllt und die Geschichte der Arbeiterschaft in der Stadt reflektiert.

GRATIS Museum of Contemporary Art Detroit MUSEUM

(MOCAD; ☎313-832-6622; www.mocadetroit.org; 4454 Woodward Ave; ⊙Mi–So 11–17, Do & Fr 11–20 Uhr) Das MOCAD wurde 2006 in einem verlassenen, mit Graffiti übersäten Autohaus eröffnet. Heizlampen hängen von der Decke über seltsamen Ausstellungsstücken, die alle paar Monate ausgetauscht werden.

Wright Museum of African American History MUSEUM

(☎313-494-5800; www.maah-detroit.org; 315 E Warren Ave; Erw./Kind 8/5 US$; ⊙Di–Sa 9–17, So 13–17 Uhr) Dieses Museum bietet weniger als sein beeindruckendes Äußeres verspricht. Der Besuch lohnt sich aber dennoch. Das Modell eines dunklen, knarrenden Sklavenschiffs mit angeketteten Sklaven in Originalgröße lässt einen erschaudern.

NEW CENTER

Motown Historical Museum MUSEUM

(☎313-875-2264; www.motownmuseum.com; 2648 W Grand Blvd; Erw./Kind 10/8 US$; ⊙Di–Sa 10–18, Juli & Aug. auch Mo) Mit einem Kredit von 800 US$ gründete Berry Gordy 1959 in dieser unscheinbaren Häuserzeile Motown Records – und legte damit den Grundstein für Karrieren von Stars wie Stevie Wonder, Diana Ross, Marvin Gaye und Michael Jackson. Das Label zog zwar 1972 nach Los Angeles um, doch man kann noch immer das bescheidene Studio A besuchen und sich anschauen, wo die Stars ihre ersten Hits aufgenommen haben. Die Besichtigungstour dauert ca. eineinhalb Stunden, wobei man hauptsächlich alte Fotos bestaunt und den Geschichten des Führers lauscht. Das Museum befindet sich 2 Meilen (3,2 km) nordwestlich von Midtown.

Model T Automotive Heritage Complex MUSEUM

(☎313-872-8759; www.tplex.org; 461 Piquette Ave; Erw./Kind 10 US$/frei; ⊙Mi–Fr 10–16, Sa 9–16, April–Nov. 12–16 Uhr) In dieser denkmalgeschützten Fabrik produzierte Henry Ford das erste Model T in Serie. Im Eintrittspreis ist die Besichtigung der Produktionsstätte und des „Versuchsraums" enthalten. Und natürlich kann man hier auch unzählige Oldtimer bewundern. Das Museum liegt ca. 1 Meile (1,6 km) nordöstlich des Detroit Institute of Arts.

ZENTRUM & UMGEBUNG

In der lebhaften **Greektown** (rund um die Monroe St) gibt's Restaurants, Bäckereien und ein Kasino.

Riverwalk & Dequindre Cut STADTSPAZIERGANG, RADTOUR

(www.detroitriverfront.org) Der tolle, fast 5 km lange Weg erstreckt sich am Ufer des aufgewühlten Detroit River – von der Hart Plaza im Westen bis zur Mt. Elliott St im Osten. Er führt vorbei an mehreren Parks, Freilufttheatern, Flussschiffen und Angelstellen und soll schließlich auf der **Belle Isle** mit ihren vielen Stränden enden (zurzeit muss man noch über die Jefferson Ave gehen). In der Nähe der Orleans St zweigt auf halber Strecke der 2,5 km lange Dequindre Cut Greenway gen Norden vom Riverwalk ab. Über ihn erreicht man den Eastern Market.

Wheelhouse Bikes FAHRRADVERLEIH

(☎313-656-2453; www.wheelhousedetroit.com; 1340 E Atwater St; 2 Std. 15 US$; ⊙Mo–Sa 11–20, So 11–17 Uhr) Die Stadt lässt sich ganz wunderbar auf dem Fahrrad erkunden. Wheelhouse verleiht robuste Drahtesel (inkl. Helm und Schloss) an der Rivard Plaza am Riverwalk. An den Wochenenden werden geführte Touren (35 US$ inkl. Fahrrad) durch verschiedene Stadtviertel und zu architektonischen Highlights angeboten.

Eastern Market MARKT

(www.detroiteasternmarket.com; Gratiot Ave & Russell St) Jeden Samstag füllen die Verkäufer mit Obst und Gemüse, Gewürzen und Blumen die großen Markthallen. Montags bis freitags kann man durch Fachgeschäfte wie eine tolle Erdnussrösterei bummeln und sich in den Cafés und Ethno-Lokalen in der Russell St und der Market St stärken.

Renaissance Center GEBÄUDE
(RenCen; www.gmrencen.com; 330 E Jefferson Ave;) GMs glitzernder, in den Himmel ragender Hauptsitz ist ein netter Ort, um (im „Wintergarden") etwas zu essen, an der einstündigen Gratisführung (Mo–Fr 12 & 14 Uhr) teilzunehmen oder am Fluss zu schlendern.

Hart Plaza PLATZ
(Ecke Jefferson Ave & Woodward Ave) Hier finden an den Sommerwochenenden viele kostenlose Festivals und Konzerte statt. Wenn man nun schon mal dort ist, sollte man sich unbedingt die Skulptur der mächtigen Faust von Joe Louis anschauen.

Campus Martius PLATZ
(www.campusmartiuspark.org; 800 Woodward Ave) Ein weiterer angesagter Treffpunkt in der Innenstadt. Im Winter gibt's hier eine Eisbahn, im Sommer Picknicktische, Konzerte und Filme.

People Mover EINSCHIENENBAHN
(www.thepeoplemover.com; Fahrkarte 0,50 US$) Als Massenverkehrsmittel ist die auf einer 5 km langen Schleife fahrende Hochbahn rund um die Innenstadt ziemlich unpraktisch. Als Touristenattraktion bietet sie aber einen tollen Blick auf die Stadt und den Fluss.

GRATIS **Heidelberg Project** KUNSTINSTALLATION
(www.heidelberg.org; 3600 Heidelberg St; Sonnenaufgang–Sonnenuntergang) Mit Punkten übersäte Straßen, mit Farbklecksen in Technicolor bedeckte Häuser, seltsame Skulpturen in den Höfen – nein, das ist kein LSD-Trip, sondern eine Kunstinstallation, die sich über das ganze Stadtviertel erstreckt. Es ist das geistige Kind des Straßenkünstlers Tyree Guyton, der seine heruntergekommene Gemeinde verschönern wollte – wohl auch, weil dieser der zweifelhafte Ruhm zuteilwurde, das wirtschaftlich schwächste Stadtviertel der USA zu sein. Die Heidelberg St ist über die Gratiot Ave zu erreichen; das Projekt erstreckt sich über die Gegend zwischen Ellery St und Mt Elliott St.

Geführte Touren

Preservation Wayne STADTSPAZIERGANG
(313-577-7674; www.preservationwayne.org; geführte Touren 2,5 Std. 10–15 US$; Mai–Sept. Di 17.30 & Sa 10 Uhr) Spaziergänge mit Schwerpunkt auf Architektur durch das Zentrum, Midtown und andere Stadtviertel. Unterschiedliche Startpunkte.

Feste & Events

North American International Auto Show AUTOS
(www.naias.com; Tickets 12 US$; Mitte Jan.) Mitte Januar gibt's im Cobo Center zwei Wochen lang Autos en masse zu sehen.

Movement Electronic Music Festival MUSIK
(www.movement.us; Tageskarte 40 US$; Ende Mai) Am Memorial-Day-Wochenende findet auf der Hart Plaza das weltweit größte Elektronic-Music-Festival statt.

Schlafen

Sofern nicht anders angegeben, kommen zu den hier genannten Preisen (je nach Größe und Standort der Unterkunft) noch 9 bis 15 % Steuern hinzu.

In den Vororten von Detroit gibt's erschwingliche Motels zuhauf. Wenn man am Metro Airport ist, einfach beim Verlassen des Flughafens den Schildern zur Merriman Rd folgen, wo man eine große Auswahl an Unterkünften hat.

LP TIPP **Inn on Ferry Street** INN $$
(313-871-6000; www.innonferrystreet.com; 84 E Ferry St; Zi. inkl. Frühstück ab 149 US$; P) Die 40 Zimmer verteilen sich auf ein paar viktorianische Herrenhäuser ganz in der Nähe des Kunstmuseums. Die preiswerteren Zimmer sind ziemlich klein, haben aber herrlich flauschige Betten. Die größeren Zimmer sind mit antiken Holzmöbeln eingerichtet. Das gesunde warme Frühstück und der kostenlose Shuttle ins Stadtzentrum sammeln weitere Pluspunkte.

Detroit Hostel HOSTEL $
(248-807-2131; www.hosteldetroit.com; 2700 Vermont St; B 18–27 US$, Zi. 40–45 US$; P@) Freiwillige haben dieses alte Gebäude wieder zum Leben erweckt, Recyclingmaterial und Spenden für die bunt zusammengewürfelte Einrichtung gesammelt und das Haus 2011 schließlich für die Öffentlichkeit geöffnet. Es gibt einen Schlafsaal mit zehn Betten, zwei mit zwei Betten und fünf Privatzimmer, vier Gemeinschaftsbäder, drei Gemeinschaftsküchen und hinterm Haus einen Kräutergarten. Buchen kann man nur online (mindestens 24 Stunden im Voraus). Parken kostet 10 US$ pro Tag, Leihfahrräder ebenfalls. Das Hostel liegt an einer verlassenen Straße in Corktown in der Nähe von mehreren guten Bars und Restaurants.

Ft. Shelby Doubletree Hotel HOTEL $$
(313-963-5600, 800-222-8733; http://doubletree1.hilton.com; 525 W Lafayette Blvd; Suite 126–169 US$;) Der Newcomer befindet sich in einem alten Beaux-Arts-Gebäude in der Innenstadt. Alle Zimmer sind Suiten, die sowohl im Wohnbereich als auch im Schlafzimmer HDTV und kostenloses WLAN bieten. Parken kostet 20 US$. Es gibt einen kostenlosen Shuttle-Service durch die Innenstadt.

Westin Book Cadillac HOTEL $$$
(313-442-1600; www.bookcadillacwestin.com; 1114 Washington Blvd; Zi. Wochenende/Wochentag ab 179/299 US$;) „The Book" öffnete 2008 seine Tore. Das Hotel, das in einem denkmalgeschützten Gebäude aus 1924 untergebracht ist, mauserte sich schnell zur Top-Adresse der Stadt. Es bietet alle Annehmlichkeiten, die man von einem eleganten Hotel mit 453 Zimmern erwartet. WLAN in den Zimmern kostet 8 US$ pro Tag, Parken 25 US$.

Essen

In zwei nahe gelegenen Vororten gibt's ebenfalls viele hippe Restaurants und Bars: in dem zu Fuß erreichbaren, schwulenfreundlichen Ferndale an der 9 Mile Rd und Woodward Ave und in Royal Oak, direkt nördlich von Ferndale zwischen der 12 Mile Rd und der 13 Mile Rd gelegen.

MIDTOWN & CULTURAL CENTER

Good Girls Go to Paris Crepes CRÊPERIE $
(877-727-4727; www.goodgirlsgotopariscrepes.com; 15 E Kirby St; Hauptgerichte 5–8 US$; Mo–Mi 9–16, Do 9–20, Fr & Sa 9–22, So 9–17 Uhr) Das französisch angehauchte Café mit roten Wänden serviert süße (Heath Bar und Ricotta) und herzhafte (Ziegenkäse und Feige) Crêpes.

Cass Cafe CAFÉ $$
(313-831-1400; www.casscafe.com; 4620 Cass Ave; Hauptgerichte 8–15 US$; Mo–Do 11–23, Fr & Sa 11–1, So 17–22 Uhr;) Das Cass ist eine alternative Kunstgalerie mit Bar und Restaurant, in dem Suppen, Sandwiches und vegetarische Köstlichkeiten wie Linsen-Walnuss-Burger aus der Küche kommen. Die Bedienung ist nicht immer gut drauf.

Avalon International Breads BÄCKEREI $
(313-832-0008; www.avalonbreads.net; 422 W Willis St; Hauptgerichte 5–9 US$; Di–Sa 6–18, So 8–16 Uhr) Bodenständige Typen Detroits versammeln sich im Avalon um den Ofen. Das frisch gebackene Brot (z. B. mit Frühlingszwiebeln und Dill oder rustikal italienisch) ist eine tolle Basis für ein Sandwich.

ZENTRUM

Foran's Grand Trunk Pub KNEIPE $$
(313-961-3043; www.grandtrunkpub.com; 612 Woodward Ave; Hauptgerichte 7–12 US$; 11–2 Uhr) Diese Kneipe mit der gewölbten Decke und dem langen, schmalen Raum befindet sich in einem ehemaligen Bahnhof. Hier gibt's normales Kneipenessen (Sandwiches, Burger und Shepherd's Pie), das aus Zutaten aus der Gegend wie Avalon-Brot und Obst und Gemüse vom Eastern Market zubereitet wird. Es gibt 18 Michigan-Biere vom Fass.

Lafayette Coney Island AMERIKANISCH $
(313-964-8198; 118 Lafayette Blvd; Snacks 2,50–4 US$; Mo–Do 7.30–16, Fr & Sa 7.30–17, So 9.30–16 Uhr) Der „Coney" – ein Hotdog mit Chili und Zwiebeln – ist eine Detroiter Spezialität. Wenn die Gier zuschlägt (und das wird sie mit Sicherheit), dann ist man im Lafayette richtig. Außer dem Coney stehen auf der minimalistischen Speisekarte noch Burger, Fritten und Bier. Nur Barzahlung.

Laikon Cafe GRIECHISCH $$
(313-963-7058; 569 Monroe St; Hauptgerichte 9–14 US$; So–Do 11–22, Fr & Sa 11–24 Uhr, Di geschl.) Schon seit Jahrzehnten serviert Koch und Besitzer Kostas in seinem gemütlichen griechischen Old-School-Restaurant Gerichte wie Lamm und flambierten Käse.

CORKTOWN & MEXICANTOWN

In Mexicantown, an der Bagley St 3 Meilen (5 km) westlich des Zentrums, gibt's mehrere preiswerte mexikanische Restaurants.

LP TIPP **Slows Bar BQ** BARBECUE $$
(313-962-9828; www.slowsbarbq.com; 2138 Michigan Ave; Hauptgerichte 10–18 US$, halbes Rippenstück 19 US$; So & Mo 11–22, Di–Do 11–23, Fr & Sa 11–24 Uhr;) Mmm, in Corktown gibt's langsam gegartes Barbecue wie in den Südstaaten. Fleischliebhaber können sich über die gemischte Platte mit Bruststück, Pulled Pork und Hühnerfleisch hermachen. Vegetarier finden auch so einiges – von frittierten Okraschoten bis hin zu Sandwiches mit Fleischersatz. Überdies gibt es 21 Qualitätsbiere vom Fass.

Ausgehen

LP TIPP **Bronx** BAR
(4476 2nd Ave;) Außer einem Billardtisch, gedämpfter Beleuchtung und ein

paar Jukeboxen mit satter Rock- und Soul-Musik gibt's in Detroits bester Kneipe nicht allzu viel. Aber genau so mögen die Hipster, Müßiggänger und Rocker ihre Bar (die Mitglieder der Band White Stripes hingen hier früher rum). Sie mögen außerdem die dicken Burger, die bis spät in die Nacht serviert werden, wie auch die gute Auswahl an preiswerten Bieren.

Honest John's BAR
(www.honestjohnsdetroit.com; 488 Selden St; ⏲7–2 Uhr; 📶) Einen John gibt's hier wirklich und er ist eine Institution in Detroit, genau wie seine bescheidene Bar, in der sich Polizisten, Krankenschwestern und andere hart arbeitende Menschen aus der Gegend nach Schichtende auf ein Bier treffen.

D'Mongo's BAR
(www.cafedmongos.com; 1439 Griswold St; ⏲Fr 18–2 Uhr) Es ist eigentlich schade, dass diese Retro-Kneipe, in der Rippchen draußen auf dem Grill brutzeln und Jazz- oder Country-Bands auftreten, nur freitags geöffnet ist.

☆ Unterhaltung

Livemusik

Der Grundpreis beträgt zwischen 5 und 15 US$.

Magic Stick & Majestic Theater LIVEMUSIK
(www.majesticdetroit.com; 4120-4140 Woodward Ave) Im Magic Stick sind die White Stripes und Von Bondies groß geworden. Im Majestic Theater nebenan gibt's größere Shows. Zum Komplex gehören eine Bowlingbahn, ein Billardcenter, eine Pizzeria und ein Café. Irgendein cooles Event findet hier jeden Abend statt.

PJ's Lager House LIVEMUSIK
(www.pjslagerhouse.com; 1254 Michigan Ave) Dieser Punk-/Underground-Club in Corktown ist düster, hat aber Atmosphäre. Fast jeden Abend treten hier Bands oder DJs auf.

Cliff Bell's Jazz Club LIVEMUSIK
(www.cliffbells.com; 2030 Park Ave; ⏲Di–So) Mit dem dunklen Holz, dem Kerzenlicht und dem Art-déco-Dekor beschwört das Bell's die Eleganz der 1930er-Jahre herauf. Allabendlich ziehen Jazzbands aus der Region und Dichterlesungen ein junges, gemischtes Publikum an.

Baker's Keyboard Lounge LIVEMUSIK
(www.bakerskeyboardlounge.com; 20510 Livernois Ave; ⏲Di–So) Jeder, von Miles Davis über Thelonious Monk bis hin zu Nina Simone, ist schon mal in diesem selbsternannten „ältesten Jazzclub der Welt" im Nordwesten von Detroit aufgetreten.

St. Andrew's Hall LIVEMUSIK
(www.facebook.com/standrewshall; 431 E Congress St) Die alte Kirche ist eine bekannte, alternative Location für Bands. Im Untergeschoss befindet sich das Shelter, ein kleinerer Musik-/Tanzclub.

Darstellende Künste

Puppet ART/Detroit Puppet Theater THEATER
(☎313-961-7777; www.puppetart.org; 25 E Grand River Ave; Erw./Kind 10/5 US$; 👪) In dem Theater mit 70 Plätzen präsentieren in der ehemaligen Sowjetunion ausgebildete Puppenspieler wunderschöne Shows. In einem kleinen Museum kann man Puppen aus diversen Kulturen bewundern. Die Shows finden normalerweise samstagnachmittags statt.

Detroit Opera House OPER
(☎313-237-7464; www.motopera.com; 1526 Broadway) Grandioses Innendesign, erstklassige Ensembles und viele bekannte afrikanische Interpreten.

VON MOTOWN ZUR ROCK CITY

Motown Records und Soul haben Detroit in den 1960er-Jahren bekannt gemacht. Der hämmernde Punkrock der Stooges und von MC5 war in den 1970er-Jahren die Antwort auf den glatten Sound. 1976 erhielt Detroit durch einen Song von Kiss den Namen „Rock City" (zu Detroits Glück wurde der Song allerdings von der Rückseite, *Beth*, in den Schatten gestellt). In jüngster Zeit hat härterer Rock – auch als Whiplash Rock'n'Roll bekannt – die Stadt an die vorderste Front der Musikszene geführt. Zu den Stars aus Detroit gehören die White Stripes, Von Bondies und Dirtbombs. Rap (dank Eminem) und Techno sind weitere bekannte Musikrichtungen aus Detroit. Viele Musikfreaks glauben, dass die Trostlosigkeit der Stadt für die wunderbar wütende Soundexplosion verantwortlich ist. Wer sollte das bestreiten? Was in der Stadt alles los ist, erfährt man in den kostenlosen Broschüren *Metro Times* und *Real Detroit Weekly* sowie in Blogs wie „Motor City Rocks" (www.motorcityrocks.com).

Fox Theatre THEATER
(☎313-983-6611; 2211 Woodward Ave) Sagenhaft restauriertes Theater von 1928, in dem große, tourende Show-Ensembles gastieren.

Zuschauersport

Comerica Park BASEBALL
(www.detroittigers.com; 2100 Woodward Ave; 👪) Im Comerica, einem der am besten ausgestatteten Stadien der Liga, spielen die Detroit Tigers Profi-Baseball. Der Park ist besonders kinderfreundlich, er beherbergt ein kleines Riesenrad und ein Karussell (jeweils 2 US$/Fahrt).

Joe Louis Arena HOCKEY
(www.detroitredwings.com; 600 Civic Center Dr) Die sehr beliebten Red Wings spielen in dieser Arena Profi-Eishockey. Wer während der Play-offs eine Karte ergattert, kann hier den seltsamen Brauch sehen, dass ein Oktopus auf das Spielfeld geworfen wird.

Ford Field FOOTBALL
(www.detroitlions.com; 2000 Brush St) In dem überdachten Stadion in der Nähe des Comerica Park kämpfen die Lions um den Sieg.

Palace of Auburn Hills BASKETBALL
(www.nba.com/pistons; 5 Championship Dr) Der Palace beherbergt die Pistons, ein Profi-Basketballteam. Er liegt etwa 30 Meilen (48 km) nordwestlich des Stadtzentrums. Hin kommt man über die I-75 bis Exit 81.

Shoppen

Pure Detroit SOUVENIRS
(www.puredetroit.com; 500 Griswold St; ⏲Mo–Sa 10.30–17.30 Uhr) Die von Künstlern aus der Region für Pure Detroit gestalteten Produkte spiegeln die Kultur der Stadt wider – schnelle Autos und Rockmusik. Verkauft werden Handtaschen aus recycelten Sicherheitsgurten, coole Kapuzen-Shirts und Pewabic-Keramiken. Das Geschäft befindet sich in dem denkmalgeschützten und mit Mosaiken übersäten Guardian Building (das allein schon den Besuch lohnt).

People's Records MUSIK
(3161 Woodward Ave; ⏲Mo–Sa 10–18 Uhr) Der Laden, der einem DJ gehört, ist für jeden Plattensammler der Vinyl-Himmel auf Erden. Das Spezialgebiet sind gebrauchte 45er-Schallplatten, wobei man zwischen mehr als 80 000 Jazz-, Soul- und R&B-Alben wählen kann.

John King Books BÜCHER
(www.rarebooklink.com; 901 W Lafayette Blvd; ⏲Mo–Sa 9.30–17.30 Uhr) Der riesige, nach alten Büchern muffelnde Gebrauchtbuchladen lädt zum Stöbern ein.

Praktische Informationen

Die Gegend zwischen den Sportarenen im Norden bis zur Willis Rd ist recht ausgestorben und sollte nach Einbruch der Dunkelheit gemieden werden.

Infos im Internet

DetroitYES (www.detroityes.com) Die als „Touren" organisierten Bilder offenbaren die Seele der Stadt.

Forgotten Detroit (www.forgottendetroit.com) Eine Website, die den Ruinen, d. h. im Verfall befindlichen Gebäuden, gewidmet ist.

Model D (www.modeldmedia.com) Das wöchentliche Onlinemagazin informiert über lokale Entwicklungen und hat einen nach Stadtteilen geordneten Restaurantführer und Veranstaltungskalender.

Internetzugang

In vielen Cafés und Bars sowie in der Lobby des Renaissance Center gibt's WLAN.

Medien

Between the Lines (www.pridesource.com) Kostenlose Wochenzeitung für Schwule und Lesben.

Detroit Free Press (www.freep.com) Tageszeitung.

Detroit News (www.detnews.com) Tageszeitung.

Metro Times (www.metrotimes.com) Kostenlose, alternative Wochenzeitung mit dem besten Veranstaltungskalender.

Real Detroit Weekly (www.realdetroitweekly.com) Noch eine kostenlose Wochenzeitung mit Veranstaltungskalender.

Notfall & Medizinische Versorgung

Detroit Receiving Hospital (☎313-745-3000; 4201 St Antoine St)

Touristeninformation

Detroit Convention & Visitors Bureau (☎800-338-7648; www.visitdetroit.com)

Anreise & Unterwegs vor Ort

Der **Detroit Metro Airport** (DTW; www.metroairport.com), ein Knotenpunkt von Delta Airlines, liegt ca. 20 Meilen (32 km) südwestlich von Detroit. Um vom Flughafen in die Stadt zu kommen, stehen nur wenige Möglichkeiten zur Verfügung. Man kann für ca. 45 US$ ein Taxi nehmen oder in den SMART-Bus 125 (2 US$) steigen, der aber eine bis anderthalb Stunden bis ins Zentrum braucht.

Greyhound (☎313-961-8005; 1001 Howard St) fährt in mehrere Städte in Michigan und weiter. **Megabus** (www.megabus.com/us) startet täglich ab/nach Chicago (5½ Std.); die Busse fahren im Zentrum (Ecke Cass Ave & Michigan Ave) und an der Wayne State University (Ecke Cass Ave & Warren Ave) los.

Amtrak (☎313-873-3442; 11 W Baltimore Ave) fährt dreimal täglich nach Chicago (5½ Std.). Man kann auch gen Osten aufbrechen – nach New York (16½ Std.) oder zu anderen Zielen an der Strecke –, muss aber zuerst mit dem Bus nach Toledo fahren.

Transit Windsor (☎519-944-4111; www.citywindsor.ca/001209.asp) betreibt den Tunnel Bus nach Windsor, Kanada. Er kostet 3,75 $ (amerikanische od. kanadische Dollar). Los geht's an der Mariner's Church (Ecke Randolph St und Jefferson Ave) in der Nähe der Einfahrt in den Detroit-Windsor-Tunnel sowie an anderen Orten im Zentrum. Reisepass nicht vergessen.

Infos über den People Mover stehen auf S. 611.

Wer ein Taxi braucht, kann **Checker Cab** (☎313-963-7000) anrufen.

Rund um Detroit

In unmittelbarer Umgebung von Detroit locken atemberaubende Americana und gute Restaurants.

DEARBORN

Dearborn liegt 10 Meilen (16 km) westlich von Downtown Detroit und beherbergt einen der schönsten Museumskomplexe der USA. Das **Henry Ford Museum** (☎313-982-6001; www.thehenryford.org; 20900 Oakwood Blvd; Erw./Kind 5–12 Jahre 15/11$; ⏲9.30–17 Uhr) zeigt einen faszinierenden Reichtum an Gegenständen aus der US-Geschichte, etwa den Stuhl, auf dem Lincoln bei seiner Ermordung saß, die Limousine, in der Kennedy ermordet wurde, das wie ein Hot Dog aussehende Wienermobile von Oscar Mayer (Gelegenheit zum Fotografieren nutzen!) und den Bus, in dem Rosa Parks sich weigerte, ihren Sitz abzutreten. Aber keine Sorge, man bekommt hier auch Oldtimer zu sehen. Parken kostet 5 US$. Das angrenzende Freilichtmuseum **Greenfield Village** (Erw./Kind 22/16 US$; ⏲Mitte April–Okt. täglich 9.30–17 Uhr, Nov. & Dez. Fr–So 9.30–17 Uhr) zeigt historische Gebäude, die aus dem ganzen Land hierher gebracht, wiederaufgebaut und restauriert wurden, darunter Thomas Edisons Labor aus Menlo Park und die Flugzeugwerkstatt der Gebrüder Wright. Man kann außerdem noch eine **Rouge Factory Tour** (Erw./Kind 15/11 US$; ⏲Mo–Sa 9.30–15 Uhr) dranhängen und dort, wo Ford erstmals seine Massenproduktionstechniken perfektioniert hat, F-150 Trucks vom Band rollen sehen.

Die drei Sehenswürdigkeiten gehören nicht zusammen, aber man kann für Henry Ford und Greenfield Village ein Kombiticket (Erw./Kind 32/24 US$) kaufen. Für den Besuch des Museumskomplexes sollte man mindestens einen vollen Tag einplanen.

Dearborn hat den höchsten Bevölkerungsanteil von Menschen mit arabischen Wurzeln im Land. So überrascht es nicht, dass das **Arab American National Museum** (☎313-582-2266; www.arabamericanmuseum.org; 13624 Michigan Ave; Erw./Kind 6/3 US$; ⏲Mi–Sa 10–18, So 12–17 Uhr) hier steht – ein nobles Konzept, in einem hübschen, hell gefliesten Gebäude, allerdings nicht besonders aufregend, sofern man sich nicht für Jamie Farrs Skript der Fernsehserie *M*A*S*H** begeistert. Die vielen arabischen Imbisse, die die Michigan Ave säumen, vermitteln ein angenehmeres Feeling der Kultur. Das höhlenartige **La Pita** (www.lapitadearborn.com; 22681 Newman St; Sandwiches 4–5 US$, Hauptgerichte 10–19 US$; ⏲Mo–Sa 10–23, So 11–22 Uhr) ist eine Institution. Es liegt einen Block südlich der Michigan Ave, in einem der vielen Einkaufszentren der Straße versteckt.

ANN ARBOR

40 Meilen (64 km) westlich von Detroit liegt das liberale, intellektuelle Ann Arbor mit der University of Michigan. Die kleine Innenstadt, die direkt an den Campus grenzt, ist voller Coffeeshops, Buchläden, Brauereikneipen und unabhängiger Plattenläden. Der Ort ist auch ein Mekka für Feinschmecker, die sich bei „Zingerman's" treffen.

Sehenswertes & Aktivitäten

GRATIS **University of Michigan Museum of Art** MUSEUM
(☎734-764-0395; www.umma.umich.edu; 525 S State St; ⏲Di–Sa 10–17, So 12–17 Uhr) Das große, gewagte Kunstmuseum auf dem Campus beeindruckt mit seinen Sammlungen von asiatischen Keramikgegenständen, Tiffany-Glas und Werken deutscher Expressionisten.

Ann Arbor Farmers Market MARKT
(www.a2gov.org/market; 315 Detroit St; ⏲Mai–Dez. Mi & Sa 7–15 Uhr, Jan.–April nur Sa) Ange-

OLDTIMER IN MICHIGAN

Mehr noch als Sanddünen, Strände und Mackinac Island Fudge ist Michigan ein Synonym für Autos. Diese Verbindung hatte in den letzten Jahren zwar nicht gerade positive Folgen, aber dennoch hat der US-Staat seiner ruhmreichen Vergangenheit gleich mit mehreren Automuseen Denkmäler gesetzt. Die folgenden Sammlungen sind nur wenige Autostunden von der Motor City entfernt.

Henry Ford Museum (S. 615) Dieses Museum in Dearborn quillt förmlich über von Oldtimern, unter denen sich auch das allererste Auto befindet, das Henry Ford je gebaut hat. Im benachbarten Greenfield Village kann man in einem Model T fahren, das 1923 vom Fließband rollte.

Automotive Hall of Fame (☎313-240-4000; www.automotivehalloffame.org; 21400 Oakwood Blvd, Dearborn; Erw./Kind 8/4 US$; ⌚Mi–So 9–17 Uhr) Das interaktive Museum neben dem Henry Ford Museum konzentriert sich auf Menschen hinter berühmten Autos wie Ferdinand Porsche und Soichiro Honda.

Walter P. Chrysler Museum (☎248-944-0001; www.chryslerheritage.com; 1 Chrysler Dr, Auburn Hills; Erw./Kind 8/4 US$; ⌚Di–Sa 10–17, So 12–17 Uhr) Dieses Museum im Chrysler-Hauptsitz (Exit 78 der I-75) zeigt 70 Schönheiten, u. a. seltene Modelle von Dodge, DeSoto, Nash und Hudson.

Gilmore Car Museum (☎269-671-5089; www.gilmorecarmuseum.org; 6865 Hickory Rd, Hickory Corners; Erw./Kind 10/8 US$; ⌚Mo–Fr 9–17, Sa & So 9–16 Uhr, Nov.–April geschl.) Der Museumskomplex nördlich von Kalamazoo am Hwy 43 besteht aus 22 Scheunen, in denen 120 Oldtimer stehen, darunter 15 Rolls Royce, deren ältester ein Silver Ghost von 1910 ist.

RE Olds Transportation Museum (☎517-372-0529; www.reoldsmuseum.org; 240 Museum Dr, Lansing; Erw./Kind 5/3 US$; ⌚ganzjährig Di–Sa 10–17 Uhr, April–Okt. So 12–17 Uhr) 20 Oldtimer stehen in der alten Lansing City Bus Garage, darunter das erste Oldsmobile, das 1897 gebaut wurde.

sichts der Vielzahl der umliegenden Obstgärten und Farmen ist es nicht verwunderlich, dass hier von Mixed Pickles über Cidre bis hin zu Kisten mit Pilzen zum Selberernten so ziemlich alles angeboten wird. Der Markt befindet sich im Stadtzentrum in der Nähe von Zingerman's Deli.

Zingerman's Bakehouse KOCHKURS
(www.bakewithzing.com; 3723 Plaza Dr) Das Bakehouse gehört zu Zingermans Genusstempel und bietet die beliebten „bake-cations" an. Die Kurse dauern von zwei Stunden (Kekse backen) bis zu einer Woche (Kuchen und Torten backen).

Essen & Ausgehen

LP TIPP **Zingerman's Roadhouse** AMERIKANISCH $$
(☎734-663-3663; www.zingermansroadhouse.com; 2501 Jackson Ave; Burger 12–15 US$, Hauptgerichte 17–27 US$; ⌚Mo–Do 7–22, Fr 7–23, Sa 9–23, So 9–21 Uhr) Zwei Worte: Donut-Eisbecher. Das Dessert mit Bourbon-Karamell-Sauce ist ein Hochgenuss, genauso wie die traditionellen amerikanischen Gerichte wie Grütze à la Carolina, Schweinekoteletts auf Iowa-Art und Massachusetts-Austern. Und das Beste: Alles sind Bioprodukte. Das Restaurant liegt 2 Meilen (3,2 km) westlich des Zentrums.

Zingerman's Delicatessen FEINKOST $$
(☎734-663-3354; www.zingermansdeli.com; 422 Detroit St; Sandwiches 10–16 US$; ⌚7–22 Uhr) In diesem Laden in der Innenstadt begann der Gourmet-Wahnsinn. In Z's Deli werden Bioprodukte und Spezialitäten aus der Region auf riesige Sandwiches geladen.

Arbor Brewing Company BRAUEREI
(www.arborbrewing.com; 114 E Washington St) Hier sollte man hausgemachtes Bier wie beispielsweise das frische Sacred Cow IPA probieren.

Unterhaltung

Wer zufällig an einem Wochenende im Herbst hier ankommt und sich fragt, warum 110 000 Menschen – was mehr oder weniger ziemlich genau der gesamten Bevölkerung von Ann Arbor entspricht – ins Stadion der Universität strömen, so lautet die Antwort: Football. Es ist so gut wie unmöglich, ein Ticket zu ergattern, besonders wenn es gegen den Erzrivalen Ohio State geht. Man kann es aber trotzdem beim **U of M Ticket Office** (☎734-764-0247; www.mgoblue.com/ticketoffice) sein Glück probieren.

Blind Pig LIVEMUSIK

(www.blindpigmusic.com; 208 S 1st St) Auf dieser geschichtenumwobenen Bühne rockten so ziemlich alle, von John Lennon über Nirvana bis zu den Circle Jerks.

Ark LIVEMUSIK

(www.a2ark.org; 316 S Main St) Im Ark werden Acoustic und Folk geboten.

Praktische Informationen

Vom Zentrum aus sind mehrere B&Bs zu Fuß zu erreichen. Die Hotels liegen meist etwa 5 Meilen (8 km) außerhalb. Besonders viele findet man an der State St. Details stehen auf der CVB-Website.

Ann Arbor Convention & Visitors Bureau (www.annarbor.org)

Lansing & Zentrales Michigan

Michigans Herzstück liegt im Zentrum der Lower Peninsula. Hier wechseln sich fruchtbare Farmen und von Schnellstraßen durchzogene städtische Gebiete ab.

LANSING

Das kleine Lansing ist die Hauptstadt des Bundesstaates. Ein paar Meilen weiter östlich liegt East Lansing mit der Michigan State University. Das **Greater Lansing CVB** (www.lansing.org) bietet Infos zu beiden Orten.

Zwischen Lansings Zentrum und der Universität verläuft der **River Trail** (www.lansingrivertrail.org), der sich über 11 km an Michigans längstem Fluss, dem Grand River, entlangzieht. Der befestigte Weg ist bei Radfahrern, Joggern und Inlineskatern beliebt und verbindet einige Sehenswürdigkeiten, darunter ein Kindermuseum, den Zoo und eine Fischtreppe.

In der Innenstadt bietet das **Michigan Historical Museum** (☎517-373-3559; www.michigan.gov/museum, 702 W Kalamazoo St; Eintritt frei; ⌚Mo–Fr 9–16.30, Sa 10–16, So 13–17 Uhr) 26 ständige Ausstellungen, darunter eine begehbare Nachbildung der UP Kupfermine. Das **RE Olds Transportation Museum** (s. Kasten S. 616) wird Autofans gefallen.

In den Hotels im Zentrum von Lansing steigen viele Politiker und Lobbyisten ab, weshalb die Unterkünfte hier ziemlich teuer sind. Empfehlenswert ist das **Wild Goose Inn** im Osten von Lansing (☎517-333-3334; www.wildgooseinn.com; 512 Albert St; Zi. inkl. Frühstück 139-159 US$;), ein B&B mit sechs Zimmern, das einen Block vom Campus der Michigan State University entfernt liegt. Alle Zimmer haben einen Kamin, die meisten auch einen Whirlpool.

Das **Kewpee's** (www.kewpees.com; 118 S Washington Sq; Hauptgerichte 3–7 US$; ⌚Mo–Fr 8–18, Sa 11–14 Uhr) am Kapitol füttert schon seit mehr als 85 Jahren die Hungrigen mit Olivenburgern und knusprigen Zwiebelringen. Das **Golden Harvest** (☎517-485-3663; 1625 Turner St; Hauptgerichte 7–9 US$; ⌚Mo–Fr 7–14.30 Uhr, Sa/So ab 8 Uhr) ist ein lautes „Punk trifft auf Hippie"-Lokal, das zum Frühstück Bubba-Sandwiches (Würstchen mit Armem Ritter) und herzhafte Omeletts serviert; nur Barzahlung. Im Norden des Unigeländes der Michigan State University gibt es Restaurants, Kneipen und Bars in Hülle und Fülle.

GRAND RAPIDS

Michigans zweitgrößte Stadt, Grand Rapids, ist bekannt für die Herstellung von Büromöbeln, ihren konservativen holländisch-reformierten Glauben und die Tatsache, dass es von dort aus nur 30 Meilen (50 km) bis zur Gold Coast am Lake Michigan sind. Das **Grand Rapids CVB** (www.visitgrandrapids.org) bietet Kartenmaterial und alle Infos, die man braucht.

Das **Gerald R. Ford Museum** (☎616-254-0400; www.fordlibrarymuseum.gov; 303 Pearl St NW; Erw./Kind 7/3 US$; ⌚9–17 Uhr) im Zentrum ist dem einzigen Präsidenten aus Michigan gewidmet (eigentlich wurde er unter einem anderen Namen in Nebraska geboren). Ford hatte sein Amt angetreten, nachdem Richard Nixon und zuvor dessen Vizepräsident Spiro Agnew unehrenhaft die politische Bühne verlassen hatten. Das Museum erläutert dieses faszinierende Kapitel der amerikanischen Geschichte sehr ausführlich – sogar die Werkzeuge, die beim Watergate-Einbruch benutzt wurden, sind ausgestellt! Ford starb 2006 und wurde auf dem Gelände des Museums begraben.

Die 48 ha großen **Frederik Meijer Gardens** (☎616-957-1580; www.meijergardens.org; 1000 E Beltline NE; Erw./Kind 12/6 US$; ⌚Mo–Sa 9–17, Di bis 21, So 11–17 Uhr) zeigen beeindruckende Blüten sowie Skulpturen von Auguste Rodin, Henry Moore und anderen. Die Gartenanlage liegt 5 Meilen (8 km) östlich vom Zentrum an der I-196.

Wer in Grand Rapids nur Zeit für einen kleinen Zwischenstopp hat, sollte die **Founders Brewing Company** (www.foundersbrewing.com; 235 Grandville Ave SW; Sandwiches 6–8 US$; ⌚Mo–Sa 11–2, So 15–2 Uhr; 📶) besuchen. Das rostfarbene Dirty Bastard Ale schmeichelt der Kehle; zum Neutralisieren des Alkohols gibt's Sandwiches mit Fleisch oder Gemüse.

Der Lake Michigan

Das Ufer des Lake Michigan wird nicht umsonst Gold Coast genannt. Michigans 500 km lange Westküste bietet endlose Strände, Dünen, Weingüter, Obstgärten und kleine Städte mit unzähligen B&Bs, die im Sommer boomen und im Winter im Schnee versinken. Gut zu wissen: Alle hier genannten State Parks akzeptieren **Reservierungen für Stellplätze** (☎800-447-2757; www.midnrreservations.com; Gebühr 8 US$) und verlangen, sofern nicht anders angegeben, eine Genehmigung für Fahrzeuge (Tag/Jahr 8/29 US$).

HARBOR COUNTRY

Das Harbor Country besteht aus einer Gruppe von acht kleinen Städten am See gleich hinter der Grenze zu Michigan (und eignet sich perfekt für einen Tagesausflug von Chicago aus). Logisch, hier gibt's Strände, Weingüter und Antiquitätenläden. Aber das ist nicht alles, es gibt auch noch ein paar große Überraschungen. In der **Harbor Country Chamber of Commerce** (www.harborcountry.org) sind alle wichtigen Infos erhältlich.

Zunächst: Surfen! Ja, ehrlich, man kann auf dem Lake Michigan surfen, und die in einem VW-Bus herumkurvenden Leute vom **Third Coast Surf Shop** (☎269-932-4575; www.thirdcoastsurfshop.com; 22 S Smith St; ⌚Mitte Mai–Mitte Sept. 10–18 Uhr) zeigen einem, wie das geht. Neoprenanzüge, Surfbretter, Skimboards und Paddleboards werden gestellt (die Leihgebühr beträgt pro Tag zwischen 20 und 35 US$). Anfänger können am öffentlichen Strand von Juni bis Mitte September einen eineinhalbstündigen **Kurs** (inkl. Ausrüstung 55–75 US$) teilnehmen. Der Surfshop ist in New Buffalo, der größten Stadt im Harbor Country.

Three Oaks ist die einzige Gemeinde im Harbor Country, die im Landesinneren liegt (6 Meilen, bzw. 9,6 km, landeinwärts auf der US 12). Hier trifft Green Acres auf Greenwich Village – eine coole Mischung aus Farmen und Kunst. Tagsüber sollte man sich bei der **Dewey Cannon Trading Company** (☎269-756-3361; www.applecidercentury.com; 3 Dewey Cannon Ave; Fahrrad 15 US$/Tag; ⌚So–Fr 10–16, Sa 10–21 Uhr) ein Fahrrad leihen und über die nur wenig befahrenen Landstraßen vorbei an Obstgärten und Weingütern radeln. Abends kann man sich dann im Theater von Three Oaks eine provokante Aufführung oder im Kino einen Arthaus-Film anschauen.

Hungrig? Bei **Redamak's** (www.redamaks.com; 616 E Buffalo St; Burger 5–10 US$; ⌚März–Okt. 12–22.30 Uhr) in New Buffalo gibt's leckere in Wachspapier eingewickelte Cheeseburger, würzige Spiralpommes und kaltes Bier.

SAUGATUCK & DOUGLAS

Saugatuck ist einer der beliebtesten Ferienorte an der Gold Coast. Er ist bekannt für eine große Künstlergemeinde, viele B&Bs und eine schwulenfreundliche Atmosphäre. Die Zwillingsstadt Douglas liegt etwa 2 km weiter südlich. Die beiden Städte gehen fast nahtlos ineinander über. Im **Saugatuck/Douglas CVB** (www.saugatuck.com) gibt's Karten und mehr.

Die beste Unternehmung in Saugatuck ist zugleich auch die preiswerteste. Man springt auf die **Saugatuck Chain Ferry** (am Ende der Mary St; einfache Fahrt 1 US$; ⌚Ende Mai–Anfang Sept. 9–21 Uhr) und lässt sich über den Kalamazoo River schippern. Auf der anderen Seite angekommen, geht man am Dock nach links und erreicht schon bald den **Mt. Baldhead**, eine 60 m hohe Sanddüne. Wer die Treppen hinaufschnauft, bekommt eine grandiose Aussicht geboten und kann an der Nordseite wieder zum wunderschönen **Oval Beach** runterrasen.

In der Innenstadt gibt's rund um die Water St und die Butler St Galerien und Läden en masse. Antiquitäten und Trödel findet man auf dem Blue Star Hwy, der von Saugatuck 20 Meilen (32 km) nach Süden führt. Einen saftigen Zwischenstopp bieten die Farmen an diesem Straßenabschnitt – dort kann man selbst Heidelbeeren pflücken.

In den 100 Jahre alten viktorianischen Häusern von Saugatuck verstecken sich zahlreiche niedliche B&Bs, die meist zwischen 125 und 300 US$ pro Nacht kosten. Empfehlenswert ist das **Bayside Inn** (☎269-857-4321; www.baysideinn.net; 618 Water St; Zi. inkl. Frühstück 150–280 US$; 📶) in Saugatuck, ein ehemaliges Bootshaus am

Wasser mit zehn Zimmern, oder die retro-coole **Pines Motorlodge** (☎269-857-5211; www.thepinesmotorlodge.com; 56 Blue Star Hwy; Zi. incl Frühstück 129–189 US$; 📶) in Douglas mit von Tannen gesäumten Zimmern.

In puncto Essen verdient **Wicks Park Bar & Grill** (☎269-857-2888; www.wickspark.com; 449 Water St; Hauptgerichte 11–25 US$; ⏱11.30–22 Uhr) eine Erwähnung: Es liegt hübsch an der Kettenfähre und hat Livemusik. Die Einheimischen treffen sich gern in der **Saugatuck Brewing Company** (www.saugatuckbrewing.com; 2948 Blue Star Hwy; ⏱So–Do 11–23, Fr & Sa 11–24 Uhr) auf ein vor Ort gebrautes Bier. Zum Nachtisch kann man in **Crane's Pie Pantry** (☎269-561-2297; www.cranespiepantry.com; 6054 124th Ave; ⏱Mai–Okt. Mo–Sa 9–20, So 11–20 Uhr, Nov.–April verkürzte Öffnungszeiten) ein Riesenstück Torte verdrücken oder in den umliegenden Obstgärten Äpfel und Pfirsiche pflücken. Crane's ist in Fennville: 3 Meilen (4,8 km) auf dem Blue Star Hwy gen Süden fahren, dann 4 Meilen (6,4km) auf dem Hwy 89 ins Landesinnere.

HOLLAND

Holland (www.holland.org) liegt 11 Meilen (18 km) nördlich von Saugatuck und ist über den US 31 zu erreichen. Und wie könnte es anders sein, hier gibt es viele kitschige Tulpen, Windmühlen und Clogs. Aber in dem Ort versteckt sich auch eine ausgezeichnete Brauerei und ein Ökohotel. Ganz praktisch: Sie liegen nur einen Block auseinander, sodass man in dem **New Holland Brewing Company Pub** (www.newhollandbrew.com; 66 E 8th St; ⏱ab 11 Uhr) ruhig ein paar Dragon's Milk Ales kippen kann, bevor man rüber in das mit der goldenen LEED-Plakette ausgezeichnete **City Flats Hotel** (☎616-796-2100; www.cityflatshotel.com; 61 E 7th St; Zi. 119–219 US$; 📶) stolpert.

MUSKEGON & LUDINGTON

Diese beiden Orte sind die Startpunkte für die zwei Fähren, die über den See schippern und so eine Abkürzung von Michigan nach Wisconsin bilden. Der **Lake Express** (☎866-914-1010; www.lake-express.com; ⏱Mai–Okt.) verkehrt zwischen Muskegon und Milwaukee (einfache Strecke Erw./Kind/Auto 95/28/101 US$, 2½ Std.). Die ältere **SS Badger** (☎888-337-7948; www.ssbadger.com; ⏱Mitte Mai–Mitte Okt.) pendelt zwischen Ludington und Manitowoc (einfache Strecke Erw./Kind/Auto 70/24/59 US$, Auto/Fahrrad 77/6 US$, 4 Std.).

WEINSTRASSE

Zwischen New Buffalo und Saugatuck liegen ein Dutzend Weingüter. Für den **Lake Michigan Shore Wine Trail** (www.lakemichiganshorewinetrail.com) gibt's eine Karte zum Download, in der die Weingüter und Probierstuben verzeichnet sind. Diese sind auch meistens am Highway ausgeschildert.

Beide Orte haben nicht viel zu bieten, doch der **Muskegon Luge & Sports Complex** (☎231-744-9629; www.msports.org; 442 Scenic Dr) mit seiner großartigen Rodelbahn und seinen Langlaufloipen ist ein echter Hit (auch im Sommer nutzbar). Außerhalb der Stadtgrenzen liegt der **Ludington State Park** (☎231-843-8671; Stellplätze 16–29 US$, Hütten 45 US$; ⏱ganzjährig) an der M-116. Er ist einer der größten State Parks Michigans und eine beliebte Zuflucht am See. Er bietet ein tolles Wegenetz, einen renovierten Leuchtturm, den man besichtigen kann (oder in dem man als ehrenamtlicher Leuchtturmwärter auch leben kann) und kilometerlange Strände.

SLEEPING BEAR DUNES NATIONAL LAKESHORE

Der Nationalpark erstreckt sich nördlich von Frankfort bis kurz vor Leland an der Leelanau Peninsula. Für Infos sollte man am **Visitor Center** (☎231-326-5134; www.nps.gov/slbe; 9922 Front St; ⏱Juni–Aug. 8.30–18, Sept.–Mai bis 16 Uhr) des Parks in Empire anhalten. Dort gibt's auch Wanderkarten und Zufahrtsgenehmigungen (Woche/Jahr 10/20 US$).

Zu den Attraktionen hier gehört der berühmte **Dune Climb** am Hwy 109. Erst stapft man die 60 m hohe Düne hinauf und dann kann man entweder wieder runter rennen oder rollen. Wer unbedingt seine Beinmuskeln strapazieren will, kann sich den ganzen Weg bis zum Lake Michigan weiterkämpfen. Der eineinhalbstündige Marsch (einfache Strecke) ist anstrengend, man sollte Wasser mitnehmen. Es gibt jedoch auch viele einfachere Wanderstrecken, die man am Visitor Center erfragen kann. Wenig Zeit oder die Kondition zu Hause gelassen? Der 7 Meilen (11 km) lange einspurige **Pierce Stocking Scenic Drive** hat jede Menge Picknickplätze und ist die einfachere Methode, atemberaubende Blicke auf den See zu erhaschen.

WANDERKARTEN

Eine Wanderung durch die Wälder kann man wunderbar mit **Michigan Trail Maps** (www.michigantrailmaps.com), einer kostenlosen Website mit mehr als 100 Wegbeschreibungen, planen. Zunächst sucht man nach Gegend, Weglänge oder Aktivität (z. B. Vogelbeobachtung), dann lädt man sich das Gewünschte herunter und kann die ausgezeichneten Karten als PDF drucken. Dies klappt zurzeit aber nur mit den Wegen auf der Lower Peninsula, die der Upper Peninsula sind noch in Arbeit.

Nach Verlassen des Parks geht's ins kleine **Leland** (www.lelandmi.com), wo man in einem der Restaurants am Wasser einen Happen essen kann. Man sollte auch ein wenig in der stimmungsvollen Fishtown mit ihren verwitterten Hütten und Läden umherlaufen. Hier legen auch die Boote zu den Manitou Islands (s. Kasten S. 621) ab.

TRAVERSE CITY

Michigans „Hauptstadt der Kirschen" ist die größte Stadt in der nördlichen Hälfte der Lower Peninsula. Ihr Stadtgebiet breitet sich zwar ziemlich weit aus, aber es ist dennoch eine schöne Basis, von der aus man die Sleeping Bear Dunes, die Weingüter der Mission Peninsula, die Obstgärten mit Selbstbedienung und weitere Sehenswürdigkeiten der Region erkunden kann.

Im **Visitor Center** (☎231-947-1120; www.traversecity.com; 101 W Grandview Pkwy; ⏲Mo–Fr 9–17, Sa 9–15 Uhr) in der Innenstadt gibt's Karten und eine Broschüre für eine selbst geführte Gourmet-Tour (auch online erhältlich; auf der Website „Things to Do" anklicken). Auch **Learn Great Foods** (☎866-240-1650; www.learngreatfoods.com; geführte Touren 50–125 US$) hat geführte Touren im Angebot. Einmal pro Woche geht's zu Farmern oder Fischern auf der Leelanau Peninsula, wo es dann ein Abendessen im Grünen gibt.

Eine Autofahrt zu den Weingütern ist ein Muss. Von Traverse City aus geht's auf dem Hwy 37 20 Meilen (32 km) nach Norden bis zum Ende der mit Reben und Kirschbäumen bepflanzten Old Mission Peninsula. Dann hat man die Qual der Wahl: Das **Chateau Grand Traverse** (www.cgtwines.com; ⏲Mo–Sa 10–19, So 10–18 Uhr) und das **Chateau Chantal** (www.chateauchantal.com; ⏲Mo–Sa 11–20, So 11–17 Uhr) schenken angenehm schmeckenden Chardonnay und Pinot Noir aus. Die **Peninsula Cellars** (www.peninsulacellars.com; ⏲10–18 Uhr) in einem alten Schulhaus stellen gute Weißweine her; hier ist es nicht so überlaufen. Wer eine Flasche kauft, sollte sie am Strand vom Lighthouse Park öffnen und den Wein genießen, während die Wellen die Zehen umspielen. Die Weingüter sind ganzjährig geöffnet, haben im Winter aber verkürzte Öffnungszeiten.

Während des **Traverse City Film Festivals** (www.traversecityfilmfest.org; ⏲Ende Juli) geht's hier zu wie in Hollywood. Dann kommt nämlich der Gründer (und gebürtige Michiganer) Michael Moore her und zeigt sechs Tage lang Dokus, internationale Streifen und „einfach nur tolle Filme".

Rund um Traverse City säumen Dutzende Strände, Resorts, Motels und Wassersportanbieter die US 31. An den Wochenenden sind die Unterkünfte oft voll und teurer. Auf der Website des Visitor Center sind die verschiedenen Übernachtungsmöglichkeiten aufgelistet. Die meisten Resorts mit Blick auf die Bucht kosten pro Nacht zwischen 150 und 250 US$. Die oben genannten Weingüter Chantal und Grand Traverse fungieren auch als B&Bs. Sie gehören der gleichen Preisklasse an.

Im **Park Shore Resort** (☎877-349-8898; www.parkshoreresort.com; 1401 US 31 N; Zi. inkl. Frühstück Wochentag/Wochenende ab 150/190 US$; ❄📶🏊) können die Gäste Jetskis leihen und es sich allabendlich am Lagerfeuer gemütlich machen. Die Motels auf der anderen Seite der US 31 (und nicht am Wasser) haben moderatere Preise, z. B. das **Mitchell Creek Inn** (☎231-947-9330; www.mitchellcreek.com; 894 Munson Ave; Zi./Cottage ab 60/125 US$; 📶) in der Nähe des Strands vom State Park.

Nach einem erlebnisreichen Tag in der Sonne kann man sich im beliebten **Folgarelli's** (☎231-941-7651; www.folgarellis.net; 424 W Front St; Sandwiches 6–9 US$; ⏲Mo–Fr 9.30–18.30, Sa 9.30–17.30, So 11–16 Uhr) mit einem Sandwich stärken und im **7 Monks Taproom** (www.7monkstap.com; 128 S Union St) belgische und einheimische Biere genießen.

CHARLEVOIX & PETOSKEY

In den beiden Städten gibt's mehrere Hemingway-Sehenswürdigkeiten. Außerdem haben Michigans Reiche hier ihre Sommerresidenzen. In beiden Innenstädten gibt's Gourmet-Restaurants und edle Shops. In den Häfen dümpeln unzählige Yachten.

ABSTECHER

MANITOU ISLANDS

Wer auf der Suche nach einem Abenteuer in der Wildnis ist, fährt auf die Manitou Islands. Sie sind Teil der Sleeping Bear Dunes National Lakeshore. **Manitou Island Transit** (☎231-256-9061; www.manitoutransit.com) kann bei der Planung von Campingtrips auf North Manitou oder von Tagesausflügen nach South Manitou helfen. Kajakfahren und Wandern sind hier sehr beliebte Aktivitäten, besonders der 11 km lange Weg zum Valley of the Giants, ein geheimnisvoller Zedernhain auf South Manitou. **Fähren** (hin & zurück Erw./Kind 32/18 US$, 1½ Std.) starten in Leland von Mai bis Mitte Oktober siebenmal pro Woche.

In Petoskey kann man in dem schönen historischen **Stafford's Perry Hotel** (☎231-347-4000; www.staffords.com; Bay at Lewis St; Zi. 129–259 US$; ❄@☜) übernachten. Der **Petoskey State Park** (☎231-347-2311; 2475 Hwy 119; Stellplatz Zelt & Wohnmobil 27–29 US$; ⏲ganzjährig) mit seinem herrlichen Strand liegt in Richtung Norden am Hwy 119. Man sollte nach den Petoskey-Steinen Ausschau halten; sie haben ein wabenförmiges Muster und bestehen aus alten Korallen. Von hier geht's weiter auf dem Hwy 119, der auch als **Tunnel of Trees Scenic Route** bekannt ist. Die Panoramastraße schlängelt sich auf ihrem Weg zu den Straits of Mackinac gen Norden durch dichte Wälder und an steilen Klippen entlang.

Straits of Mackinac

Dieses Gebiet zwischen den beiden Halbinseln Michigans blickt auf eine lange Tradition zurück, was Befestigungsanlagen und Süßwarenläden betrifft. Die autofreie Insel Mackinac Island ist der größte Touristenmagnet Michigans.

Eine der spektakulärsten Sehenswürdigkeiten hier ist die 5 Meilen (8 km) lange **Mackinac Bridge** (auch „Big Mac" genannt), die die Straits of Mackinac überspannt. Die Mautgebühr von 3,50 US$ ist jeden einzelnen Cent wert, weil es einen solch unglaublichen Blick auf zwei der Großen Seen, zwei Halbinseln und Hunderte von Inseln in Michigan kein zweites Mal gibt.

Zur Erinnerung: Obwohl es anders geschrieben wird, spricht man es *mäck*-in-o.

MACKINAW CITY

Südlich der Mackinac Bridge an der I-75 liegt das Touristennest Mackinaw City, das in erster Linie als Ausgangspunkt zur Mackinac Island dient, aber auch ein paar interessante Sehenswürdigkeiten zu bieten hat.

Direkt neben der Brücke (das Visitor Center ist unter der Brücke) befindet sich **Colonial Michilimackinac** (☎231-436-5564; www.mackinacparks.com; Erw./Kind 10,50/6,50 US$; ⏲Juni–Aug. 9.30–17 Uhr, Mai & Sept.–Mitte Okt. bis 17 Uhr) mit seinen rekonstruierten Befestigungsanlagen – ein National Historic Landmark, das die Franzosen 1715 errichteten. Etwa 3 Meilen (5 km) südöstlich der Stadt an der US 23 liegt **Historic Mill Creek** (☎231-436-4226; www.mackinacparks.com; Erw./Kind 8/4,75 US$; ⏲Juni–Aug. 9–17.30 Uhr, Mai & Sept.–Mitte Okt. bis 16.30 Uhr) mit einer Sägemühle aus dem 18. Jh., historischen Ausstellungsstücken und naturkundlichen Wanderwegen. Mit dem Kombiticket für beide Sehenswürdigkeiten und das Fort Mackinac (S. 622) wird's billiger.

Wer kein Quartier auf Mackinac Island bekommt – was die erste Wahl sein sollte –, kann in einem der Motels an der I-75 und der US 23 in Mackinaw City übernachten. Die meisten kosten über 100 US$ pro Nacht. Das **Days Inn** (☎231-436-8961; www.daysinnbridgeview.com; 206 N Nicolet St; Zi. inkl. Frühstück 115–170 US$; ❄☜≋) ist empfehlenswert.

ST. IGNACE

St. Ignace, die zweitälteste Siedlung Michigans, wurde 1671 von Père Jacques Marquette als Mission gegründet. Es liegt am Nordende der Mackinac Bridge und ist ein weiteres Sprungbrett zur Mackinac Island. Sobald man die Brückenmaut gezahlt hat, kommt man am riesigen Visitor Center (☎906-643-6979; I-75N; ⏲Sommer 8–18 Uhr, übriges Jahr 9–17 Uhr) vorbei, in dem es Regale voller Broschüren mit Infos über Michigan gibt.

MACKINAC ISLAND

Mackinac Island ist das touristische Juwel Michigans. Hin geht's entweder ab Mackinaw City oder St. Ignace mit der Fähre. Die Lage der Insel am Übergang zwischen dem Lake Michigan und dem Lake Huron machte sie zu einem wertvollen Hafen für den nordamerikanischen Pelzhandel – und zu einem Ort, um den Briten und Amerikaner mehrmals gegeneinander kämpfen.

Das wichtigste Jahr in der Geschichte dieser 810 ha großen Insel war 1898 – das Jahr, in dem die Autos von der Insel verbannt wurden, um den Tourismus anzukurbeln. Heute werden alle Ausflüge mit Pferden oder dem Fahrrad gemacht; sogar die Polizei benutzt auf ihren Patrouillen durch die Stadt Drahtesel. Besonders an Sommerwochenenden fallen Horden von Touristen, die von den Insulanern Fudgies genannt werden, über die Insel her. Doch wenn am Abend die letzte Fähre abgelegt hat und mit ihr auch die letzten Tagesausflügler verschwunden sind, offenbart sich der wahre Reiz der Insel und man driftet in eine andere, gemächlichere Zeit.

Das **Visitor Center** (☎800-454-5227; www.mackinacisland.org; Main St; ⌚9–17 Uhr) am Arnold Line Ferry Dock hat Wander- und Fahrradkarten. 80% der Insel steht als State Park unter Schutz. Zwischen November und April hat so gut wie alles geschlossen.

Sehenswertes & Aktivitäten

Die Uferstraße der Insel, Hwy 185, ist der einzige Highway Michigans, auf dem keine Autos fahren dürfen. Am besten lässt sich die unglaubliche Kulisse der 13 km langen Straße genießen, wenn man mit dem Fahrrad unterwegs ist. Dazu bringt man entweder sein eigenes Fahrrad mit oder leiht sich für 8 US$ pro Stunde eines bei einem der vielen Geschäfte.

Die beiden schönsten Sehenswürdigkeiten sind kostenlos: **Arch Rock**, ein riesiger Kalksteinbogen, der 45 m über dem Lake Huron thront, und **Fort Holmes**, das andere Fort der Insel. Wer will, macht einen Ausflug zum **Grand Hotel**, das sich einer Veranda rühmt, die fast bis nach Detroit reicht. Wenn man nicht im Grand übernachtet (min. 235 US$/Nacht & Pers.), muss man leider 10 US$ berappen, um die Veranda betreten zu dürfen. Am besten bewundert man sie aus der Ferne.

Fort Mackinac HISTORISCHE STÄTTE
(☎906-847-3328; www.mackinacparks.com; Erw./Kind 10,50/6,50 US$; ⌚Juni–Aug. 9.30–18 Uhr, Mai & Sept.–Mitte Okt. 9.30–16.30 Uhr; 👪) Fort Mackinac thront auf einem Kalksteinfelsen in der Nähe der Innenstadt. Es wurde 1780 von den Briten errichtet und ist eines der am besten erhaltenen Forts des Landes. Kostümierte Darsteller sowie Kanonen- und Gewehrschüsse (alle 30 Min.) gefallen vor allem den Kids. Man sollte im Teezimmer einen Happen essen. Von den Tischen im Außenbereich hat man einen unbezahlbaren Blick auf die Innenstadt und die Straits of Mackinac.

Das Ticket für das Fort gilt auch für fünf weitere Museen der Stadt in der Market St, z.B. für das Dr. Beaumont Museum (hier führte der Arzt seine berühmten Experimente am Verdauungstrakt durch) und für

AUF DEN SPUREN HEMINGWAYS

Mehrere Schriftsteller haben Verbindungen zu Michigans Nordwesten, aber keiner ist so berühmt wie Ernest Hemingway, der die Sommer seiner Jugend hier im Ferienhaus seiner Eltern am Walloon Lake verbrachte. Fans von Hemingway fahren oft durch die Gegend, um die Orte zu besichtigen, die in seine Werke Eingang gefunden haben.

Die erste Station ist die Horton Bay. Wenn man auf der US 31 nach Norden fährt, passiert man Charlevoix mit seinem Jachthafen und biegt dann gen Osten in die Boyne City Rd ab. Weiter geht's am Lake Charlevoix bis zum **Horton Bay General Store** (☎231-582-7827; www.hortonbaygeneralstore.com; 05115 Boyne City Rd; ⌚Ende Mai–Anfang Sept.). Hemingway-Fans werden das Gebäude an der hohen, falschen Fassade aus der Kurzgeschichte *Oben in Michigan* erkennen. Wer in Hemingway-Büchern schmökern will oder auf der Suche nach einem Hemingway-Souvenir ist, sollte dem **Red Fox Inn Bookstore** (05156 Boyne City Rd; ⌚Ende Mai–Anfang Sept.) nebenan einen Besuch abstatten.

Im ebenfalls am Hwy 31 gelegenen Petoskey kann man im **Little Traverse History Museum** (☎231-347-2620; www.petoskeymuseum.org; 100 Depot Ct; Erw./Kind 2/1 US$; ⌚Juni–Mitte Okt. Mo–Fr 10–16, Sa 13–16 Uhr) eine Hemingway-Sammlung bewundern, u.a. ein paar seltene Erstausgaben, die der Autor für einen Freund 1947 signiert hat. Danach kann man den **City Park Grill** (☎231-347-0101; www.cityparkgrill.com; 432 E Lake St; ⌚Mo–Fr 11.30–23, Sa & So 11.30–24 Uhr), Hemingways Stammlokal, besuchen.

Die **Michigan Hemingway Society** (www.michiganhemingwaysociety.org) hat weitere Infos für Touren auf eigene Faust. Sie organisiert auch jedes Jahr an einem Wochenende das **Hemingway Festival** (⌚Mitte Okt.).

den Benjamin Blacksmith Shop. Das **Mackinac Art Museum** (Erw./Kind 5/3,50 US$), der Newcomer unter den hiesigen Museen, beherbergt indianische und andere Kunst.

Schlafen

An den Sommerwochenenden sind die Zimmer lange im Voraus ausgebucht. Von Juli bis Mitte August ist Hauptsaison. Auf der Website des Visitor Centers gibt's eine Liste mit Unterkünften. Campen ist auf der ganzen Insel verboten.

Die meisten Hotels und B&Bs verlangen für zwei Personen mindestens 180 US$. Vom Zentrum aus zu Fuß zu erreichende Ausnahmen sind u.a.:

Bogan Lane Inn B&B $$
(906-847-3439; www.boganlaneinn.com; Bogan Lane; Zi. inkl. Frühstück 85–125 US$; ganzjährig;) Vier Zimmer, Gemeinschaftsbad.

Cloghaun B&B B&B $$
(906-847-3885; www.cloghaun.com; Market St; Zi. inkl. Frühstück 110–195 US$; Mitte Mai–Ende Okt.;) Elf Zimmer, davon einige mit Gemeinschaftsbad.

Hart's B&B B&B $$
(906-847-3854; www.hartsmackinac.com; Market St; Zi. inkl. Frühstück 150–180 US$; Mitte Mai–Ende Okt.;) Acht Zimmer, alle mit Bad.

Essen & Ausgehen

Die bekanntesten Lokale auf der Insel sind Fudge-Shops. Widerstand ist zwecklos, denn sie benutzen Ventilatoren, um damit den verlockenden Duft auf die Huron St zu befördern. Hamburger- und Sandwichläden gibt's in der Innenstadt en masse.

JL Beanery Coffeehouse CAFÉ $
(906-847-6533; Huron St; Hauptgerichte 6–13 US$; 7–19 Uhr;) In dem Café am Wasser kann man Zeitung lesen, an einem dampfenden Kaffee nippen und dabei auf den See blicken. Leckeres Frühstück, Sandwiches und Suppen.

Horn's Bar BURGER, MEXIKANISCH $$
(906-847-6154; www.hornsbar.com; Main St; Hauptgerichte 10–19 US$; 11–2 Uhr) Horn's Saloon serviert amerikanische Burger und mexikanische Gerichte bei allabendlicher Liveunterhaltung.

Village Inn AMERIKANISCH $$$
(906-847-3542; www.viofmackinac.com; Hoban St; Hauptgerichte 18–23 US$; 8–22 Uhr) In dem ganzjährig geöffneten Lokal werden die Gäste mit „Weißfisch auf Holz", gebratenem Barsch und anderen frisch im See gefangenen Fischen, aber auch mit Fleisch- und Pastagerichten verwöhnt. Es gibt einen Außenbereich und eine Bar.

Anreise & Unterwegs vor Ort

Drei Fährgesellschaften – **Arnold Line** (800-542-8528; www.arnoldline.com), **Shepler's** (800-828-6157; www.sheplersferry.com) und **Star Line** (800-638-9892; www.mackinacferry.com) – verkehren sowohl von Mackinaw City als auch von St. Ignace. Alle berechnen denselben Preis: Hin & zurück kostet es pro Erwachsener/Kind/Fahrrad 22/11/8 US$. Wer online bucht, spart ein paar Dollar. Die Fähren fahren von Mai bis Oktober mehrmals täglich; die Arnold Line ist je nach Witterungsverhältnissen auch länger in Betrieb. Die Fahrt dauert ca. 15 Minuten. Wer erst einmal auf der Insel ist, kommt per Pferdekutsche an jeden gewünschten Ort oder leiht sich ein Fahrrad.

Upper Peninsula

Die Upper Peninsula (UP) ist eines der Highlights im Mittleren Westen. Sie ist wild und einsam, 90% des Landes sind von Laubwäldern bedeckt. Nur 45 Meilen (72 km) Fernstraße durchqueren die Wälder, auf die sich eine Hand voll Städte verteilen. Marquette ist mit 20000 Einwohnern die größte. Zwischen den Orten befinden sich endlos lange Uferstreifen am Lake Huron, Lake Michigan und Lake Superior, malerische kleine Straßen und – Pasteten. Die Rezepte für die Pot Pies mit Fleisch und Gemüse wurden vor 150 Jahren von Bergarbeitern aus Cornwall mitgebracht.

Hier oben im Norden betritt man eine andere Welt. Die Bewohner der UP, die auch „Yoopers" genannt werden, sehen sich selbst nicht so recht als Michiganer – sie haben in der Vergangenheit sogar schon damit gedroht, sich unabhängig zu machen.

SAULT STE. MARIE & TAHQUAMENON FALLS

Sault Ste. Marie (Sault wird „suu" ausgesprochen) wurde 1668 gegründet und ist die älteste Stadt Michigans bzw. die drittälteste Stadt der USA. Sie ist durch ihre Schleusen bekannt, die 300 m lange Frachter die verschiedenen Wasserniveaus der Seen hoch- und runterhieven. Das **Soo Locks Park & Visitors Center** (Eintritt frei; Mitte Mai–Mitte Okt. 9–21 Uhr) befindet sich in der Innenstadt in der Portage Ave (I-75, Exit 394 und dann nach links). Dort gibt es Ausstellungen, Videovorführungen und Beobachtungsdecks, von denen aus man sehen kann, wie die Schiffe die rund 6,5 m Höhenunterschied zwischen dem Lake Superior und dem Lake Huron überwinden. Kneipen und Cafés säumen die Portage Ave. Im **Sault CVB** (www.saultstemarie.com) sind Unmengen Infos und Broschüren erhältlich.

Die Top-Attraktion der östlichen UP liegt eine Autostunde westlich von Sault Ste. Marie und ist über die Hwys 28 und 123 zu erreichen. Das Wasser der herrlichen **Tahquamenon Falls** hat eine Färbung, die an Tee erinnert. Diese haben die Wasserfälle den Nadeln der flussaufwärts stehenden Hemlocktannen zu verdanken. Die Upper Falls im **Tahquamenon Falls State Park** (906-492-3415; 8 US$/Auto) sind 60 m breit und stürzen sich 15 m in die Tiefe. Sie begeistern so ziemlich jeden Schaulustigen, so auch Henry Wadsworth Longfellow, der sie in seinem Lied von *Hiawatha* erwähnte. Die Lower Falls sind eine Reihe kleinerer Wasserfälle, die man wunderbar in einem Ruderboot erkunden kann. In dem großen State Park gibt es Camping- (Stellplatz Zelt & Wohnmobil 16–23 US$) und tolle Wandermöglichkeiten – und als i-Tüpfelchen eine Brauereikneipe unweit des Parkeingangs.

Nördlich des Parks, jenseits des kleinen Orts Paradise, befindet sich das faszinierende **Great Lakes Shipwreck Museum** (888-492-3747; www.shipwreckmuseum.com; 18335 N Whitefish Point Rd; Erw./Kind 13/9 US$; Mai–Okt. 10–18 Uhr), in dem man Gegenstände bewundern kann, die von gesunkenen Schiffen stammen. Dutzende Schiffe – darunter auch die *Edmund Fitzgerald*, über die Gordon Lightfoot sang – sind den übervollen Schifffahrtsstraßen und dem oft stürmischen Wetter zum Opfer gefallen, was der Gegend so nette Spitznamen wie „Schiffswrackküste" und „Friedhof der Großen Seen" einbrachte. Auf dem Gelände befinden sich außerdem ein Leuchtturm, den Präsident Lincoln in Auftrag gab, und ein Vogelobservatorium, an dem 300 Spezies vorbeiziehen. Wer den nebeligen Ort für sich allein haben möchte, kann im **Whitefish Point Light Station B&B** (888-492-3747; Zi. 150 US$; Mitte April–Mitte Nov.) übernachten. Hier gibt's fünf Zimmer in dem ehemaligen Quartier der Küstenwache.

PICTURED ROCKS NATIONAL LAKESHORE

An dem wunderschönen Lake Superior liegt die **Pictured Rocks National Lakeshore** (www.nps.gov/piro), eine Reihe schroffer Klippen und Höhlen aus roten und gelben Sandstein, den blaue und grüne Mineralstoffe in ein gestreiftes Farbenmeer verwandelt haben. Die Rte 58 (Alger County Rd) führt 52 langsame Meilen (84 km) durch den Park – von **Grand Marais** im Osten nach **Munising** im Westen. Die Hauptsehenswürdigkeiten (von Osten nach Westen) sind: **Au Sable Point Lighthouse** (zu erreichen über einen 5 km langen Rundwanderweg, der an Schiffswracks vorbeiführt), der mit Achaten übersäte **Twelvemile Beach**, die **Chapel Falls** mit zahlreichen Wanderwegen und der **Miners Castle Overlook** mit seiner guten Aussicht

Mehrere Boote starten in Munising. **Pictured Rock Cruises** (906-387-2379; www.picturedrocks.com; 100 W City Park Dr; 2½-stündige geführte Touren Erw./Kind 35/10 US$) legt am Pier in der Stadt ab und schippert an der Küste entlang zum Miners Castle. **Shipwreck Tours** (906-387-4477; www.shipwrecktours.com; 1204 Commercial St; 2-stündige geführte Touren Erw./Kind 30/12 US$) fährt in Glasbodenbooten zu gesunkenen Schonern.

Die **Grand Island** (www.grandislandmi.com) gehört zum Hiawatha National Forest und ist in null Komma nichts von Munising aus mit der **Grand Island Ferry** (906-387-3503; hin & zurück Erw./Kind 15/10 US$; Ende Mai–Mitte Okt.) zu erreichen. Die Insel sollte man dann mit einem geliehenen Mountainbike (25 US$/Tag) erkunden. Es gibt auch ein Fähre-Bus-Pauschalangebot (22 US$). Der Fähranleger befindet sich am Hwy 28, ca. 4 Meilen (6 km) westlich von Munising.

In Munising gibt's eine Vielzahl von Motels wie das ordentliche **Alger Falls Motel** (906-387-3536; www.algerfallsmotel.com; E9427 Hwy 28; Zi. 50–70 US$;). Im **Falling Rock Cafe & Bookstore** (906-387-3008; www.fallingrockcafe.com; 104 E Munising Ave; Hauptgerichte 5–9 US$; So–Fr 9–20, Sa 9–22 Uhr;) bekommt man Sandwiches und Livemusik.

Empfehlenswert ist auch der Aufenthalt im winzigen Grand Marais am Ostrand des Parks. Nachdem man sich in der rustikalen **Lake Superior Brewing Company** (906-494-2337; N14283 Lake Ave; Hauptgerichte 7–13 US$; 12–23 Uhr) mit einem Weißfisch-Sandwich und ein paar Bieren für die kommenden Taten gestärkt hat, kann man es sich im **Hilltop Cabins and Motel** (906-494-2331; www.hilltopcabins.net; N14176 Ellen St; Zi. & Hütte 75–150 US$;) gemütlich machen.

MARQUETTE

Von Munising aus führt der Hwy 28 nach Westen und nah am Lake Superior entlang. Auf dem wunderschönen Straßenabschnitt kommt man an jeder Menge Stränden, Parks und Rastplätzen vorbei, die dazu einladen, anzuhalten und die Landschaft zu genießen. Nach 45 Meilen (72 km) erreicht man Marquette, eine Stadt mit unglaublich großem Freizeitangebot in der Natur – und wahnsinnig viel Schnee. Bei der Einfahrt in die Stadt sollte man an dem Holzgebäude halten. Das hier untergebrachte **Visitors Center** (☎906-249-9066; www.marquettecountry.org; 2201 US 41; ⏲9–17 Uhr) bietet Broschüren, in denen die Wasserfälle und Wanderwege der Region verzeichnet sind.

Einen Panoramablick gibt's entweder auf der einfachen Tour den **Sugarloaf Mountain Trail** entlang oder auf der härteren Variante, dem **Hogsback Mountain Trail**, auf dem man sich in der Wildnis wähnt. Beide sind über die County Rd 550 nördlich von Marquette zu erreichen. Wer in der Stadt bleibt, klettert auf die hohen Klippen des **Presque Isle Park**, um den Sonnenuntergang zu genießen. Das **Noquemanon Trail Network** (www.noquetrails.org) ist für Mountainbike-Fahrer und Langläufer sehr zu empfehlen.

Marquette ist der ideale Ausgangspunkt, um die zentrale UP ein paar Tage lang zu erkunden. Für Traveller mit kleiner Reisekasse empfiehlt sich das **Value Host Motor Inn** (☎906-225-5000; www.valuehostmotorinn.com; 1101 US 41 W; Zi. inkl. Frühstück 55–65 US$; ❄📶), das einige Kilometer westlich der Stadt liegt. Das **Landmark Inn** (☎906-228-2580; www.thelandmarkinn.com; 230 N Front St; Zi. 139–229 US$; ❄📶) im Ortszentrum ist in einem historischen Gebäude am Seeufer untergebracht und kann sogar mit ein paar Geistern aufwarten.

Im **Jean Kay's Pasties & Subs** (www.jeankayspasties.com; 1635 Presque Isle Ave; Snacks 4–6 US$; ⏲Mo–Fr 11–21, Sa & So 11–20 Uhr) sollte man unbedingt die Spezialität der Region, eine Pastete mit Gemüse und Fleisch, probieren. In einer Wellblechhütte am Ende der Main St befindet sich **Thill's Fish House** (☎906-226-9851; 250 E Main St; Snacks 4–9 US$; ⏲Mo–Fr 8–17.30, Sa 8–16 Uhr), Marquettes letzter Fischereibetrieb, der täglich seinen frischen Fang an Land bringt. Man sollte unbedingt die geräucherte Weißfischwurst probieren. **UpFront and Company** (www.upfrontandcompany.com; 102 E Main St; Hauptgerichte 13–19 US$; ⏲Mo–Fr 11–22, Sa 14–22 Uhr, Winter Mo geschl.) bringt für die Pizza den Holzofen, für herzhaftes Bier die Zapfhähne und für Livemusik die Verstärker in Gang.

> **WAS ZUM ...?**
>
> Vorsicht vor Big Gus, der weltgrößten Kettensäge. Und Big Ernie, dem weltgrößten Gewehr. Kitsch en masse gibt's im **Da Yoopers Tourist Trap and Museum** (☎800-628-9978; www.dayoopers.com; Eintritt frei; ⏲Mo–Sa 9–19, So 11–18 Uhr, je nach Jahreszeit wechselnde Öffnungszeiten), das 15 Meilen (24 km) westlich von Marquette am Hwy 28/41, hinter Ishpeming, liegt. In dem Laden gibt's Mitbringsel, die es nur auf der UP gibt, z. B. einen Elchschlips aus Polyester oder ein Windglockenspiel aus Bierdosen.

ISLE ROYALE NATIONAL PARK

Im **Isle Royale National Park** (www.nps.gov/isro; Tagesgebühr 4 US$; ⏲Mitte Mai–Okt.) gibt es weder Autos noch Straßen. So ist die 545 km² große Insel im Lake Superior mit Sicherheit der richtige Ort, wenn man auf der Suche nach Frieden und Ruhe ist. Hierher kommen im ganzen Jahr weniger Besucher als in den Yellowstone National Park an einem Tag. Das bedeutet, dass einem die Elche und Wölfe, die durch den Wald schleichen, ganz allein gehören.

Durch die Insel zieht sich ein insgesamt 265 km langes Netz von Wanderwegen, die Dutzende von Campingplätzen am Superior und an den Seen im Inselinneren miteinander verbinden. Für dieses Abenteuer in der Wildnis muss man mit Zelt, Campingkocher, Schlafsäcken, Essen und einem Wasserfilter ausgerüstet sein. Wenn nicht, ist man ein Weichei, kann dann aber in der **Rock Harbor Lodge** (☎906-337-4993; www.isleroyaleresort.com; Cottage 229–254 US$; ⏲Ende Mai–Anfang Sept.) übernachten.

Vom Anleger vor der **Hauptverwaltung des Parks** (800 E Lakeshore Dr) in Houghton startet die **Ranger III** (☎906-482-0984) dienstags und freitags um 9 Uhr für eine sechs Stunden lange Bootstour (hin & zurück Erw./Kind 120/40 US$) nach Rock Harbor am Ostende der Insel. Der **Royale Air Service** (☎877-359-4753; www.royaleair-service.com) hat einen schnelleren Trip im Angebot und fliegt in nur 30 Minuten vom Houghton County Airport nach Rock Harbor (hin & zurück 290 US$). Man kann auch die 50 Meilen (80 km) auf der Keweenaw Peninsula nach Copper Harbor hinauffahren (eine wunderschöne Fahrt) und dort an Bord der **Isle Royale Queen** (☎906-289-4437; www.isleroyale.com) gehen. Sie startet um 8 Uhr zu ihrer dreistündigen Überfahrt (hin & zurück Erw./Kind 130/65 US$). In der Hauptsaison von Ende Juli bis Mitte August fährt sie normalerweise täglich. Wer ein Kajak oder Kanu mit auf die Fähre nehmen will, muss dafür hin & zurück 40 bis 50 US$ extra zahlen und die Überfahrt lange im Voraus buchen. Auch in Grand Portage, Minnesota (S. 653), kann man an Bord der Isle Royale gehen.

PORCUPINE MOUNTAINS WILDERNESS STATE PARK

Durch den größten State Park Michigans ziehen sich insgesamt 145 km an Wanderwegen. Der Park gehört zu den Natur-Highlights der Upper Peninsula und ist viel leichter zu erreichen als Isle Royale. Die sogenannten „Porkies" sind so steil, dass die zu Beginn des 19. Jhs. vorbeiziehenden Holzfäller die Region weitestgehend in Ruhe gelassen haben. Deshalb hat der Park das größte Stück unberührten Waldes zwischen den Rocky Mountains und den Adirondacks.

Von Silver City aus fährt man auf dem Hwy 107 Richtung Westen zum **Porcupine Mountains Visitors Center** (☎906-885-5275; www.porcupinemountains.com; 412 S Boundary Rd; ⌚Mitte Mai–Mitte Okt. 10–18 Uhr). Hier bekommt man die Zufahrtserlaubnis (Tag/Jahr 8/29 US$) und die Genehmigungen für das Hinterland (1–4 Pers. 14 US$/Nacht). Wer auf dem Hwy 107 bis ganz ans Ende fährt und dann zum 100 m hohen Aussichtspunkt hochkraxelt, hat einen atemberaubenden Blick auf den **Lake of the Clouds**.

Auch im Winter ist in den Porkies etwas los: Es gibt eine Skipiste (mit 240 m Höhenunterschied) und 42 km Loipen; nach den Bedingungen und den Preisen erkundigt man sich am besten direkt im **Skigebiet** (☎906-289-4105; www.skitheporkies.com).

Der Park vermietet **rustikale Hütten** (☎906-885-5275; www.mi.gov/porkies; Hütte 60 US$), die ideal für ein Abenteuer in der Wildnis sind, da man erst einmal 1,5 bis 6,5 km wandern, das Wasser selbst erhitzen und ein Plumpsklo benutzen muss. **Sunshine Motel & Cabins** (☎906-884-2187; www.ontonagon.net/sunshinemotel; 24077 Hwy 64; Zi. 60 US$, Hütten 66–104 US$), 3 Meilen (4,8 km) westlich von Ontonagon, ist eine weitere gute Unterkunft.

WISCONSIN

Wisconsin is(s)t Käse und stolz darauf. Die Kühe des US-Staats geben Milch für knapp 1,1 Mrd. kg Cheddar, Gouda und andere duftende Köstlichkeiten – ein Viertel aller Laibe, die in den USA entstehen. Auf den hiesigen Nummernschildern steht mit Würde „Dairy State" (Staat der Molkereien). Die Leute hier nennen sich sogar selbst „Käseköpfe" und betonen das noch, indem sie zu besonderen Gelegenheiten – vor allem bei den Footballspielen der Green Bay Packers – seit neuestem Schaumgummihüte in der Form von Käsestücken tragen.

An die Sache mit dem Käse muss man sich also gewöhnen, denn es kann gut sein, dass man länger bleibt. Wisconsin hat unendlich viel zu bieten: schroffe Klippen und die Leuchttürme von Door County, Kajaktouren durch die Brandungshöhlen im Apostle Islands National Lakeshore, das Cow Chip Throwing entlang der US 12 (S. 634) und viel Bier, Kunst und Feste in Milwaukee und Madison.

ℹ Praktische Informationen

Travel Green Wisconsin (www.travelgreenwisconsin.com) Bestätigt Unternehmen ihre Umweltfreundlichkeit. Eingestuft wird nach Abfallreduzierung, Energieeffizienz und sieben weiteren Kategorien.

Wisconsin B&B Association (www.wbba.org)

Wisconsin Department of Tourism (☎800-432-8747; www.travelwisconsin.com) Produziert eine Menge kostenloser Führer zu Themen wie Vogelbeobachtung, Radeln, Golf und Landstraßen. Eine kostenlose App gibt's auch.

Verkehrsinformationen für Wisconsin (☎511; www.511wi.gov)

Wisconsin Milk Marketing Board (www.eatwisconsincheese.com) In der kostenlosen Karte *A Traveler's Guide to America's Dairyland* sind alle Käsereien des Bundesstaates verzeichnet.

Wisconsin State Park Information (☎608-266-2181; www.wiparks.net) Für Parkbesuche benötigt man eine Fahrzeugerlaubnis (Tag/Jahr 10/35 US$). Stellplätze kosten zwischen 12 und 25 US$; **Reservierungen** (☎888-947-2757; www.wisconsinstateparks.reserveamerica.com; Gebühr 10 US$) sind möglich.

Milwaukee

Milwaukee ist cool, aber aus irgendeinem Grund will das keiner zugeben. Ja, der Ruf als Arbeiterstadt mit Brauereien, Bowlingbahnen und Polkahallen eilt ihr noch voraus, doch Sehenswürdigkeiten wie das von Calatrava entworfene Kunstmuseum, das hammerharte Harley-Davidson Museum und die eleganten Restaurant- und Shoppingviertel haben aus der größten Stadt Wisconsins einen überraschend starken Ort gemacht. Im Sommer sorgen fast jedes Wochenende Feste am See für Stimmung. Und wo sonst auf dieser Welt kann man schon rasende Würste sehen?

Geschichte

Deutsche waren in den 1840er-Jahren die ersten Siedler in Milwaukee. Viele von ihnen gründeten kleine Brauereien, doch erst ein paar Jahrzehnte später wurde der Gerstensaft durch die Einführung der Brautechnologie in großem Maßstab ein wichtiger Industriezweig der Stadt. In den 1880er-Jahren, als Schlitz, Blatz, Miller und 80 weitere Brauereien hier ihr Bier produzierten, bekam Milwaukee seine Spitznamen „Brew City" (Brauereistadt) und „Nation's Watering Hole" (Kneipe der Nation). Heute sind nur noch Miller und ein paar Kleinbrauereien übrig geblieben.

KURZINFOS WISCONSIN

» **Spitznamen** Badger State, America's Dairyland

» **Bevölkerung** 5,7 Mio.

» **Fläche** 169 644 km²

» **Hauptstadt** Madison (223 400 Ew.)

» **Weitere Stadt** Milwaukee (573 360 Ew.)

» **Verkaufssteuer** 5 %

» **Geburtsort von** Schriftstellerin Laura Ingalls Wilder (1867–1957), Architekt Frank Lloyd Wright (1867–1959), Malerin Georgia O'Keeffe (1887–1986), Schauspielers Orson Welles (1915–85), Gitarrenbauer Les Paul (1915–2009)

» **Heimat der** als „Cheesehead" bekannten Packer-Fans, von Milchhöfen, Wasserparks

» **Politische Ausrichtung** überwiegend demokratisch

» **Berühmt für** Brauereien, traditionell hergestellten Käse, die landesweit erste Anerkennung von Schwulenrechten

» **Offizieller Tanz** Polka

» **Entfernungen** Milwaukee–Minneapolis 336 Meilen (541 km), Milwaukee–Madison 80 Meilen (129 km)

Sehenswertes & Aktivitäten

Der Lake Michigan liegt östlich der Stadt, sein Ufer ist von Parks gesäumt. Der Riverwalk führt an beiden Seiten des Milwaukee River in die Innenstadt.

Harley-Davidson Museum & Plant MUSEUM, GEFÜHRTE TOUR
(☎877-436-8738; www.h-dmuseum.com; 400 W Canal St; Erw./Kind 16/10 US$; ⏲9–18 Uhr, Mai–Okt. Do 9–20 Uhr, übriges Jahr verkürzte Öffnungszeiten) 1903 bauten und verkauften die beiden Schulfreunde William Harley und Arthur Davidson ihr erstes Motorrad. Ein Jahrhundert später sind die großen Maschinen ein Symbol für den Stolz amerikanischer Fabrikanten. Das Harley-Davidson Museum huldigt den Bikes in einem großen Industriegebäude unmittelbar südlich der Innenstadt. Hunderte von Motorrädern geben einen Überblick über die verschiedenen Stilrichtungen im Laufe der Jahrzehnte. Man kann u. a. die Maschinen von Elvis und Evel Knievel bewundern und sich – im Erdgeschoss, hinter dem Design Lab – sogar selbst auf ein Bike setzen. Wer gar keine Ahnung hat: Kurzunterricht gibt's auch (am Vordereingang). Selbst Nicht-Motorradfahrer werden ihre Freude haben.

Ein weiteres Highlight für Motorradfreaks ist die **Harley-Davidson Plant** (☎877-883-1450; www.harley-davidson.com; W156 N9000 Pilgrim Rd; kostenlose 30 minütige Besichtigung; ⏲9–14 Uhr) im Vorort Menomonee Falls, 20 Autominuten nordwestlich des Zentrums. Hier werden die Motoren gebaut. Mittwochs und freitags gibt's längere Besichtigungen. Die sind Teil eines Pauschalpakets, das man im Museum kaufen kann (38 US$/Pers., inkl. Besichtigung, Museumseintritt und Busfahrt zwischen Museum und Fabrik). Offene Schuhe sind nicht erlaubt.

Milwaukee Art Museum MUSEUM
(☎414-224-3200; www.mam.org; 700 N Art Museum Dr; Erw./Kind 14/12 US$; ⏲10–17, Do 10–20 Uhr, Sept.–Mai Mo geschl.; 📶) Selbst wer sonst nicht gern ins Museum geht, wird von diesem Museum am Seeufer begeistert sein. Das Highlight ist eine flügelartige Ergänzung von Santiago Calatrava, die sich jeden Tag um 10 Uhr und um 12 Uhr sowie bei Museumsschluss öffnet und wieder schließt – ein unglaublicher Anblick. Es gibt außerdem grandiose Kunstgalerien, Volkskunst

und Werke von Außenseitern sowie eine recht ansehnliche Sammlung mit Gemälden von Georgia O'Keeffe.

GRATIS **Miller Brewing Company** BRAUEREI
(☎414-931-2337; www.millercoors.com; 4251 W State St; ⊙Mo–Sa 10.30–15.30 Uhr, im Sommer bis 16.30 Uhr) Pabst und Schlitz sind längst weggezogen, aber Miller bewahrt Milwaukees Biererbe. Man sollte sich den Legionen von Trinkern anschließen, die für die kostenlosen Besichtigungstouren anstehen. Auch wenn das in Massen produzierte Bier vielleicht nicht jedermanns Lieblingssorte ist, beeindruckt die Fabrik doch allein durch ihre Größe. Man besichtigt das Verpackungswerk, wo pro Minute 2000 Dosen (!) abgefüllt werden, und das Lagerhaus, in dem 500 000 Kästen auf ihren Transport warten. Am Ende kommt dann eine großzügige Verkostung in Form von drei Proben in voller Größe. Ausweis nicht vergessen.

Lakefront Brewery BRAUEREI
(☎414-372-8800; www.lakefrontbrewery.com; 1872 N Commerce St; 1-stündige Besichtigung 7 US$; ⊙Mo–So) Die sehr beliebte Lakefront Brewery am Flussufer gegenüber der Brady St bietet nachmittags Besichtigungen an, der beste Zeitpunkt für einen Besuch ist jedoch freitagabends. Dann werden Fische gebraten, man kann 16 verschiedene Biere probieren und einer Polka-Band lauschen.

AUF ZWEI RÄDERN DURCH WISCONSIN

Wisconsin hat unglaublich viele stillgelegte Bahnlinien in asphaltierte Radwege umgewandelt. Sie führen über Hügel, durch alte Tunnel, über Brücken und an Wiesen vorbei. Wo auch immer man im US-Staat gerade ist, eine schöne Strecke ist bestimmt nicht weit. Infos gibt's im **Department of Tourism's Bike Path Directory** (www.travelwisconsin.com/bike_path_and_touring_directory.aspx). Der **400 State Trail** (www.400statetrail.org) und der **Elroy-Sparta Trail** (www.elroy-sparta-trail.com) stehen auf der Liste ganz oben.

Räder kann man in den Orten am Anfang der Strecken leihen, Streckennutzungsgenehmigungen (Tag/Jahr 4/20 US$) sind in den Geschäften der Region und an den Kästen am Beginn der Strecken erhältlich.

Die Anfangszeiten der Besichtigungstouren variieren, aber es gibt normalerweise mindestens eine um 14 und eine um 15 Uhr.

Sprecher Brewing Company BRAUEREI
(☎414-964-2739; www.sprecherbrewery.com; 701 W Glendale Ave; Besichtigung 4 US$; ⊙Mo–Fr 16, Sa & So 12–14 Uhr) Zur Besichtigung der Kleinbrauerei gehören auch ein Museum mit Erinnerungsstücken aus lange nicht mehr existierenden Brauereien und ein Biergarten mit Blasmusik. Die Brauerei liegt 6 Meilen (ca. 10 km) nördlich des Stadtzentrums. Reservierung erforderlich.

Discovery World at Pier Wisconsin MUSEUM
(☎414-765-9966; www.discoveryworld.org; 500 N Harbor Dr; Erw./Kind 17/13 US$; ⊙Di–Fr 9–17, Sa & So 10–17 Uhr; 👪) Das Wissenschafts- und Technikmuseum am Seeufer begeistert mit seinen Süß- und Salzwasseraquarien vor allem Kinder – man darf Haie und Störe berühren. Außerdem liegt hier im Hafen noch ein Dreimast-Schoner, den man erkunden kann (5 US$ extra). Erwachsenen werden die Gitarren und die Soundanlagen des in Wisconsin geborenen Les Paul gefallen.

Lakefront Park PARK
Der an den Lake Michigan grenzende Park eignet sich toll zum Spazierengehen, Radfahren und Inlineskaten. Hier befindet sich auch der Bradford Beach, an dem man wunderbar schwimmen und faulenzen kann.

Feste & Events

Summerfest MUSIK
(www.summerfest.com; Tageskarte 15 US$; ⊙Ende Juni–Anfang Juli) Dieses Fest wird als das „größte Musikfest der Welt" bezeichnet. Und tatsächlich bevölkern an elf Tagen Hunderte von Rock-, Blues-, Jazz-, Country- und Alternativ-Bands die zehn Bühnen. Dann geht auf dem Festivalplatz am See wahrhaft die Post ab.

Weitere beliebte Veranstaltungen, die an Sommerwochenenden im Stadtzentrum stattfinden:

PrideFest KULTUR
(www.pridefest.com; ⊙Mitte Juni)

Polish Fest KULTUR
(www.polishfest.org; ⊙Ende Juni)

German Fest KULTUR
(www.germanfest.com; ⊙Ende Juli)

Irish Fest KULTUR
(www.irishfest.com; ⊙Mitte Aug.)

WAS ZUM ...?

Es heißt, dass der **Bronze Fonz** (Ostseite des Riverwalk, direkt südlich der Wells St im Zentrum) die am häufigsten fotografierte Sehenswürdigkeit in Milwaukee ist. Fonz, alias Arthur Fonzarelli, war in den 1970er-Jahren eine Figur in der TV-Serie *Happy Days*, die in der Stadt spielte. Hat seine blaue Hose nun ein „Igitt" oder ein „Olala" verdient?

Schlafen

Die hier genannten Preise beziehen sich auf den Sommer, also die Hauptsaison, für die man im Voraus buchen sollte. Die Steuer (15,1%) ist in den hier angegebenen Zimmerpreisen nicht enthalten. Leute mit kleiner Reisekasse können in einem der preiswerten Kettenhotels weiter im Süden in der Howell Ave unweit des Flughafens übernachten.

Comfort Inn & Suites Downtown Lakeshore HOTEL **$$**
(☎414-276-8800; www.choicehotels.com; 916 E State St; Zi. inkl. Frühstück 110–170 US$; P ⊖ ❄ ᯤ) Wer hier eincheckt, schläft in den gleichen modernen Zimmern wie tourende Indie-Bands. Das Frühstücksbuffet, die Lage in Seenähe und der Shuttlebus zu den Sehenswürdigkeiten sammeln weitere Pluspunkte. Parken kostet 10 US$.

County Clare Irish Inn INN **$$**
(☎414-272-5273; www.countyclare-inn.com; 1234 N Astor St; Zi. inkl. Frühstück 129–179 US$; P ⊖ ❄ ᯤ) Eine weitere tolle Unterkunft am Seeufer. In den Zimmern mit Himmelbett, weiß getäfelten Wänden und Whirlpool fühlt man sich wie in einem irischen Cottage. Parken ist kostenlos. Und natürlich gehört auch eine Kneipe dazu, in der Guinness ausgeschenkt wird.

Iron Horse Hotel HOTEL **$$$**
(☎888-543-4766; www.theironhorsehotel.com; 500 W Florida St; Zi. ab 189–259 US$; P ❄ ᯤ) Das Boutiquehotel in der Nähe des Harley Museums ist auf Motorradfreaks zugeschnitten. Für Bikes gibt's überdachte Parkplätze. In den meisten der loftartigen Zimmer sind die Pfosten-Riegel-Konstruktionen und das frei liegende Mauerwerk der ehemaligen Bettenfabrik sichtbar. Parken kostet 25 US$.

Aloft HOTEL **$$**
(☎414-226-0122; www.aloftmilwaukeedowntown.com; 1230 Old World Third St; Zi. 129–179 US$; P ⊖ ❄ ᯤ) Die Milwaukee-Filiale ähnelt mit seinem kompakten, industriellen Aussehen denen anderer Hotels dieser Kette. Es liegt weiter im Landesinneren und ist für Festival-Besucher nicht ganz so praktisch. Aber dafür ist es nicht weit von all den Restaurants in der Old World Third St und den Bars in der Water St entfernt (und somit leider etwas laut). Parken kostet 23 US$.

Essen

Gute Plätze, um was zu essen, sind die deutsch orientierte N Old World 3rd St im Zentrum, die elegante East Side bei der University of Wisconsin-Milwaukee, die angesagte italienisch angehauchte Brady St an der Kreuzung mit der N Farwell Ave und Third Ward an der N Milwaukee St südlich der I-94, wo es viele Kneipen mit gutem Essen gibt.

Der Bratfisch am Freitagabend ist eine wichtige Tradition, die überall in Wisconsin und in ganz Milwaukee gepflegt wird. In der Lakefront Brewery (s. S. 628) wird der Fisch mit selbst Gebrautem und einer Polkaband komplettiert.

Eine weitere Spezialität aus Milwaukee ist Frozen Custard: eine Art Eiscreme, aber sämiger und reichhaltiger. **Leon's** (www.leonsfrozencustard.us; 3131 S 27th St; ⏲11–24 Uhr) und **Kopp's** (www.kopps.com; 5373 N Port Washington Rd, Glendale; ⏲10.30–23.30 Uhr) sind beliebte Custard-Adressen.

Roots Restaurant and Cellar AMERIKANISCH **$$$**
(☎414-374-8480; www.rootsmilwaukee.com; 1818 N Hubbard St; kleine Gerichte 8–15 US$, Hauptgerichte 19–36 US$; ⏲Mo–Do 17–21, Fr & Sa 17–22, So 10–14 & 17–21 Uhr; ✎) Die Slow-Food-Köche bieten ihren Gästen zwei Optionen an. In dem schickeren, teureren Hauptspeisesaal im Obergeschoss werden Hauptgerichte wie gegrillter Buntbarsch mit Sojasauce serviert. Im Erdgeschoss werden kleinere Gerichte wie Seafood-Wurst-Corndogs angeboten. Auf der Terrasse mit der tollen Aussicht kann man ganz wunderbar einen Cocktail genießen. Das Restaurant befindet sich gegenüber der Brady St am anderen Flussufer.

Distil AMERIKANISCH **$$**
(☎414-220-9411; www.distilmilwaukee.com; 722 N Milwaukee St; Hauptgerichte 10–20 US$; ⏲Mo–Sa ab 17 Uhr) Im dunklen, kupferfarbenen Distil lautet die Devise „selbst gemacht". Auf der Speisekarte stehen Käse, Wurstwaren (und auch Burger) – das Fleisch kommt von

den Kühen des Betreibers. Und zum Essen gibt's von Barkeepern geschüttelte Corpse Revivers und Sidecars.

Milwaukee Public Market MARKT $
(www.milwaukeepublicmarket.org; 400 N Water St; ⌚Mo–Fr 10–20, Sa 8–19, So 10–18 Uhr; 📶) Auf diesem Markt im Third Ward gibt's vorwiegend vorgekochte Speisen, Käse, Schokolade, Bier und Frozen Custard. Man kann alles mit nach oben nehmen und dort an Tischen verputzen. Überdies gibt es hier WLAN und Gebrauchtbücher für 1 US$.

Ausgehen & Unterhaltung

Bars

Mehrere Bars schenken Bier vom Fass aus, vor allem rund um die N Water St und die E State St in der Innenstadt, im Third Ward und in der Brady St zwischen Astor St und Farwell St. Sie haben bis 2 Uhr geöffnet.

LP TIPP **Palm Tavern** BAR
(2989 S Kinnickinnic Ave; ⌚Mo–Sa ab 17, So ab 19 Uhr) In der gemütlichen, jazzigen Bar in dem netten Viertel Bay View gibt's eine Riesenauswahl an (vor allem belgischen) Bieren und schottischen Single-Malts.

Von Trier BAR
(www.vontriers.com; 2235 N Farwell Ave) Das alteingesessene deutschstämmige Von Trier ist sehr beliebt. Hier gibt's gutes Bier vom Fass, einen Biergarten und Gratis-Popcorn.

Kochanski's Concertina Beer Hall BAR
(www.beer-hall.com; 1920 S 37th St; ⌚Mi–So; 📶) Im kitschigen Kochanski's gibt's Polkamusik live und Bier vom Fass, von Schlitz-Bier über polnische Biere bis hin zu Fassbieren aus Wisconsin. 5 Meilen (8 km) südwestlich der Innenstadt.

Sport

Miller Park BASEBALL
(www.milwaukeebrewers.com; 1 Brewers Way) Die Brewers spielen im tollen Miller Park Baseball. Es hat ein einfahrbares Dach, echtes Gras und rennende Würstchen (s. Kasten S. 625). Der Miller Park liegt in der Nähe der S 46th St.

Bradley Center BASKETBALL
(www.nba.com/bucks; 1001 N 4th St) Hier werfen die NBA Milwaukee Bucks ihre Körbe.

Praktische Informationen

Infos im Internet

On Milwaukee (www.onmilwaukee.com) Website mit aktuellen Verkehrs- und Wetterinfos sowie Berichte über Restaurants und Veranstaltungen.

Internetzugang

Im Stadtteil East Side in der Nähe der University of Wisconsin-Milwaukee gibt's mehrere Coffeeshops mit kostenlosem WLAN.

Medien

Milwaukee Journal Sentinel (www.jsonline.com) Die Tageszeitung der Stadt.

Quest (www.quest-online.com) Unterhaltungsblatt für Schwule und Lesben.

Shepherd Express (www.expressmilwaukee.com) Kostenlose alternative Wochenzeitung.

Notfall & Medizinische Versorgung

Froedtert Hospital (☎414-805-3000; 9200 W Wisconsin Ave)

Touristeninformation

Milwaukee Convention & Visitors Bureau (☎800-554-1448; www.visitmilwaukee.org)

Anreise & Unterwegs vor Ort

Der **General Mitchell International Airport** (MKE; www.mitchellairport.com) liegt 8 Meilen (13 km) südlich des Stadtzentrums. Hin kommt man mit Bus 80 (2,25 US$) oder im Taxi (30 US$).

Die **Lake Express Fähre** (☎866-914-1010; www.lake-express.com) fährt von der Innenstadt – das Terminal befindet sich ein paar Kilometer südlich des Stadtzentrums – nach Muskegon, Michigan. So kommt man bequem an die mit Stränden gesäumte Gold Coast Michigans. Details s. S. 619.

Die Busse von **Greyhound** (☎414-272-2156; 433 W St Paul Ave) fahren regelmäßig nach Chicago (2 Std.) und Minneapolis (7 Std.). **Badger Bus** (☎414-276-7490; www.badgerbus.com; 635 N James Lovell St) fährt nach Madison

AMERIKAS BOWLING-HAUPTSTADT

Wer in Milwaukee ist, wird wahrscheinlich auch mal bowlen. In der Stadt gab es mal mehr als 200 Bowlingbahnen, von denen sich viele noch in alten Kneipen verstecken. **Landmark Lanes** (www.landmarklanes.com; 2220 N Farwell Ave; 2,50–3,50 US$/Spiel; ⌚Mo–Do 17–1.30, Fr–So 12–1.30 Uhr; 📶) hat 16 abgenutzte Bahnen in dem historischen Oriental Theater von 1927. Eine Spielhalle, drei Bars und billiges Bier runden das Ganze ab.

WAS ZUM...?

Natürlich sieht man nach ein paar Bierchen im Stadion merkwürdige Dinge. Aber bildet man sich nun die Gruppe riesiger Würste, die rund um den Miller Park sprintet, wirklich nur ein? Nein! Mitte des sechsten Innings laufen die berühmten „Rennenden Würste" (fünf verkleidete Personen) auf das Feld, um den Fans einzuheizen. Wer sich mit Würstchen nicht auskennt – es sind eine Bratwurst, eine polnische und eine italienische Wurst, ein Hotdog und eine Chorizo, die hier um den Beliebtheitsgrad kämpfen.

(19 US$, 2 Std.), **Megabus** (www.megabus.com/us) schickt Expressbusse nach Chicago (2 Std.) und Minneapolis (6 Std.) und ist oft preiswerter als Greyhound.

Amtrak (☎414-271-0840; 433 W St Paul Ave) fährt siebenmal täglich mit dem *Hiawatha*-Zug ab/nach Chicago (22 US$, 1½ Std.); einsteigen kann man in der Innenstadt (Amtrak und Greyhound teilen sich einen Bahnhof) oder am Flughafen.

Das **Milwaukee County Transit System** (www.ridemcts.com; Fahrkarte 2,25 US$) betreibt Regionalbusse. Bus 31 fährt zur Miller Brewery, Bus 90 zum Miller Park.

Wer ein Taxi braucht, wendet sich an **Yellow Cab** (☎414-271-1800).

Madison

Madison bekommt viel Lob zu hören – es ist die Stadt, in der man am besten umherschlendern oder auf der Straße radeln kann. Sie ist am vegetarier-, schwulen- und umweltfreundlichsten und überhaupt: Sie ist die rundum freundlichste Stadt der USA. Sie versteckt sich auf einer schmalen Landenge zwischen dem Mendota Lake und dem Monona Lake und ist eine nette Mischung aus einer kleinen, grünen Hauptstadt eines US-Staats und einer liberalen, gelehrten Unistadt. Seit Jahren schon gibt's hier eine beeindruckende Gourmet-/Locavorenszene.

Sehenswertes & Aktivitäten

Die State St verläuft vom State Capitol nach Westen zur University of Wisconsin. Die lange Straße ist gesäumt von Coffeeshops, die fair gehandelten Kaffee anbieten, abgestellten Fahrrädern und nach Weihrauch duftenden Läden, in denen Hacky Sacks und wallende indische Röcke verkauft werden.

Dane County Farmers Market MARKT
(www.dcfm.org; Capitol Sq; ⏲Ende April–Anfang Nov. Sa 6–14 Uhr) Samstags verwandelt sich der Capitol Sq zu einem der größten Märkte der USA. Er ist bekannt für seine traditionellen Käsesorten, die wie die Brote von den 150 Anbietern selbst produziert werden. Auch das Gemüse und die Blumen stammen aus eigenem Anbau.

GRATIS **State Capitol** GEBÄUDE
(☎608-266-0382; ⏲Mo–Fr 8–18, Sa & So 8–16 Uhr) Das Herz der Stadt wird von dem x-förmigen Capitol, dem größten außerhalb von Washington, D.C., beherrscht. Besichtigungen finden an den meisten Tagen stündlich statt. Man kann aber auch auf eigene Faust nach oben auf die Besucherterrasse gehen und die Aussicht genießen. In der letzten Zeit spielten sich im Capitol Demokraten und Republikaner gegeneinander aus.

GRATIS **Museum of Contemporary Art** MUSEUM
(☎608-257-0158; www.mmoca.org; 227 State St; ⏲Di–Do 12–17, Fr 12–20, Sa 10–20, So 12–17 Uhr) Das gläserne Museum beherbergt u.a. Werke von Diego Rivera, Claes Oldenburg und Cindy Sherman. Die Exponate werden mehrmals im Jahr ausgetauscht, sodass man nie genau weiß, was man sehen wird. Außerdem gibt's auf dem Dach eine begrünte Terrasse und eine Martini-Lounge. Das Museum ist verbunden mit dem **Overture Center for the Arts** (www.overturecenter.com; 201 State St), in dem viele Veranstaltungen – Jazz, Oper, Tanz und anderen darstellende Künste – geboten werden.

Machinery Row RADFAHREN
(☎608-442-5974; www.machineryrowbicycles.com; 601 Williamson St; Fahrrad 20 US$/Tag; ⏲Mo–Fr 9–21, Sa 9–19, So 10–19 Uhr) Es wäre eine Schande, die Stadt zu verlassen, ohne eine Radeltour auf den fast 200 km langen Radwegen gemacht zu haben. In dem Geschäft in der Nähe des Hostels und guter Wege bekommt man Räder und Karten.

Rutabaga Paddlesports WASSERSPORT
(☎608-223-9300; www.rutabaga.com; 220 W Broadway; Miete halber/ganzer Tag 25/40 US$; ⏲Mo–Fr 10–20, Sa 10–18, So 11–17 Uhr) Wer auf den Seen paddeln will, bekommt hier Kanus und Kajaks. Der Laden liegt 5 Meilen (8 km) südöstlich des Capitol Sq direkt am Wasser.

GRATIS **Arboretum** GARTEN
(☎608-263-7888; http://uwarboretum.org; 1207 Seminole Hwy; ⌚7–22 Uhr) Das 500 ha große Arboretum auf dem Campus ist voller Flieder.

Feste & Events

GRATIS **World's Largest Brat Fest** ESSEN
(www.bratfest.com; ⌚Ende Mai) Auf diesem Fest am Memorial-Day-Wochenende werden 208 000 Bratwürste verdrückt, zudem gibt's Bands und Rummel.

Great Taste of the Midwest Beer Festival ESSEN
(www.mhtg.org; Tickets 50 US$; ⌚Anfang Aug.) Die Tickets für diesen Event, bei dem 120 Brauereien ihre Elixiere ausschenken, sind in Windeseile ausverkauft.

Schlafen

Erschwingliche Motels gibt's an den I-90/I-94 (ca. 6 Meilen/10 km vom Stadtzentrum entfernt), Hwys 12/18 und an der Washington Ave.

LP TIPP **Arbor House** B&B $$
(☎608-238-2981; www.arbor-house.com; 3402 Monroe St; Zi. inkl. Frühstück Wochentag 110–175 US$, Wochenende 150–230 US$; 📶) Das Arbor House war Mitte des 19. Jhs. eine alte Taverne. Jetzt ist es ein B&B, das mit Windenergie und energiesparenden Geräten arbeitet und vegetarisches Frühstück serviert. Es liegt ungefähr 3 Meilen (5 km) südwestlich vom State Capitol und ist gut mit öffentlichen Verkehrsmitteln zu erreichen. Die Besitzer verleihen Mountainbikes.

HI Madison Hostel HOSTEL $
(☎608-441-0144; www.hiusa.org/madison; 141 S Butler St; B 22–27 US$, Zi. 57 US$; P@📶) Das hell gestrichene Steinhaus mit 33 Betten befindet sich in einer ruhigen Straße und ist nur ein paar Schritte vom State Capitol entfernt. Die Schlafsäle sind nach Männlein und Weiblein getrennt. Bettzeug gibt's gratis. Unten gibt's ein costa-ricanisches Restaurant, was abends recht praktisch ist. Parken kostet 7 US$.

University Inn HOTEL $$
(☎608-285-8040, 800-279-4881; www.universityinn.org; 441 N Frances St; Zi. 89–129 US$; P❄@📶) Die Zimmer sind schön, wenn auch nichts Besonderes. Der größte Pluspunkt dieser Unterkunft ist die Lage gleich bei der Action der State St und der Universität. Am Wochenende sind die Preise am höchsten.

Essen & Ausgehen

Neben Lokalen mit Pizzas, Sandwiches und preiswertem Bier gibt es in der State St ein Sammelsurium an Restaurants mit Gerichten aus aller Welt. Viele haben einladende Terrassen. Bei einem Spaziergang über die Williamson („Willy") St entdeckt man Cafés, Knödelläden und laotische und thailändische Lokale. Die Bars sind bis 2 Uhr geöffnet. Die Zeitung **Isthmus** (www.thedailypage.com) mit Veranstaltungskalender gibt's kostenlos.

LP TIPP **The Old Fashioned** AMERIKANISCH $$
(☎608-310-4545; www.theoldfashioned.com; 23 N Pinckney St; Hauptgerichte 8–16 US$; ⌚Mo & Di 7.30–22.30, Mi–Fr 7.30–2, Sa 9–14, So 9–22 Uhr) Mit seinem dunklen Holzdekor erinnert das Old Fashioned an einen Supper Club aus einer anderen Zeit im Mittleren Westen. Auf der Speisekarte stehen so ziemlich alle Spezialitäten, die Wisconsin zu bieten hat, u.a. Zander, Käsesuppe und Würstchen. Es gibt sogar einen Tisch mit Relish für diejenigen, die wissen, was auf ein Supper-Club-Sandwich alles draufkommt. Kopfzerbrechen kann es bereiten, sich für eines der 150 verschiedenen, in diesem Bundesstaat gebrauten Flaschenbiere zu entscheiden. Also sollte man ein Probiertablett mit vier oder acht kleinen Gläsern nehmen, so lernt man wenigstens ein paar von Wisconsins 30 Fassbieren kennen.

Graze & L'Etoile AMERIKANISCH $$$
(☎608-251-0500; www.letoile-restaurant.com; 1 S Pinckney St; Kneipe Hauptgerichte 16–22 US$, Restaurant Hauptgerichte 29–42 US$; ⌚Kneipe Mo–Sa morgens, mittags & abends, So Brunch, Restaurant Mo–Sa abends) 30 Jahre lang hat Odessa Piper, eine Pionierin des Slow Food, im L'Etoile gekocht. Jetzt hat Küchenchef Tory Miller diesen Job übernommen und bereitet saisonale Gerichte aus Zutaten frisch vom Bauernmarkt. Auch der Gastropub nebenan steht unter seiner Leitung. Hier kommt Hausmannskost wie Brathähnchen und Waffeln, Muscheln und *frites* sowie Burger aus der Küche.

Food Trucks VERSCHIEDENES $
(Hauptgerichte 1–8 US$; 🖉) Madisons Flotte ist wirklich beeindruckend. In den traditionelleren Imbissständen auf Rädern rund ums Capitol gibt's Gegrilltes, Burritos, Gerichte aus dem Südwesten und Chinesisches. Auch die King-St-Ecke ist gut bestückt. Die Trucks am Ende der State St beim Campus haben außergewöhnlichere

Speisen im Angebot: Ostafrikanisches, Jamaikanisches, Indonesisches, Veganes.

Himal Chuli ASIATISCH $$
(☎608-251-9225; 318 State St; Hauptgerichte 8–15 US$; ⏰Mo–Do 11–21, Fr & Sa 11–22, So 12–20 Uhr; 🖉) Das nette, gemütliche Himal Chuli serviert hausgemachte nepalesische Gerichte, darunter auch viel Vegetarisches.

Ian's Pizza PIZZERIA $
(☎608-257-9248; www.ianspizza.com; 115 State St; Stück 3,50 US$; ⏰11–2 Uhr) Die verdammt leckeren Pizzas (die mit Makkaroni und Käse ist der Renner), Tacos mit Guacamole, Grillhähnchen und 20 weiteren leckeren Snacks sind vor allem nachts sehr gefragt.

Memorial Union AMERIKANISCH
(www.union.wisc.edu/venue-muterrace.htm; 800 Langdon St) Das Union auf dem Campus ist der Treffpunkt in Madison. Auf der schönen Terrasse direkt am See gibt's Bier aus Kleinbrauereien, kostenlose Livemusik und montags kostenlose Filme. Drinnen im Eisladen bekommt man Riesentüten mit Eis aus Milch von der universitätseigenen Milchhandlung.

Shoppen

Fromagination (☎608-255-2430; www.fromagination.com; 12 S Carroll St; ⏰Mo–Fr 9.30–18, Sa 9–16 Uhr) ist auf seltene, selbst gemachte Käsesorten aus der Region spezialisiert. Wer es nicht schafft, samstags den Bauernmarkt zu besuchen, bekommt hier viele der dort angebotenen Käsesorten. Unbedingt auch etwas Käsebruch kaufen, der quietscht so schön beim Draufbeißen.

Praktische Informationen

Madison Convention & Visitors Bureau (www.visitmadison.com)

Anreise & Unterwegs vor Ort

Badger Bus (www.badgerbus.com) fährt vom Memorial Union nach Milwaukee (19 US$, 2 Std.), **Megabus** (www.megabus.com/us) nach Chicago (4 Std.) und Minneapolis (4½ Std.).

Taliesin & Südliches Wisconsin

In diesem Teil von Wisconsin gibt's einige der schönsten Landschaften, vor allem im hügeligen Südwesten. Architekturfans kommen in Taliesin, der Frank-Lloyd-Wright-Stätte schlechthin, auf ihre Kosten, wie auch in Racine, wo noch zwei seiner Arbeiten stehen. Die Molkereien in dieser Gegend produzieren ganz schön viel Käse.

RACINE

Racine ist eine unauffällige Industriestadt 30 Meilen (48 km) südlich von Milwaukee. Hier gibt's zwei der wichtigsten Werke von Frank Lloyd Wright zu sehen. Bei beiden muss man die 45-minütigen Besichtigungstouren im Voraus buchen. Das **Johnson Wax Company Administration Building** (☎262-260-2154; 1525 Howe St; Eintritt frei; ⏰Touren Fr 11.45 & 12.45, Sa 12 Uhr) datiert von 1939. Im Inneren befindet sich ein sagenhafter Raum mit hohen, trichterförmigen Säulen. Die zweite Sehenswürdigkeit ist das **Wingspread** (☎262-681-3353; www.johnsonfdn.org; 33 E Four Mile Rd; Eintritt frei; ⏰Di–Fr 9.30–14.30 Uhr) am See. Es ist das letzte und größte von Wrights Präriehäusern.

GREEN COUNTY

In dieser ländlichen Region gibt's die höchste Konzentration von Käsereien in den USA – **Green County Tourism** (www.greencounty.org) stellt sie einem vor. Monroe ist ein schöner Ort, um schon mal mit dem Schnuppern anzufangen. Dann immer der Nase nach zu **Roth Käse** (657 Second St; ⏰Mo–Fr 9–18, Sa & So 10–17 Uhr), ein Laden mit Fabrik, in der man von einem Beobachtungsdeck (nur unter der Woche vormittags) die Käser in Aktion erleben und in „Schnäppchenkisten" nach Käse stöbern kann. Im **Baumgartner's** (www.baumgartnercheese.com; 1023 Sixteenth Ave; Sandwiches 4–7 US$; ⏰8–23 Uhr), einer alten Schweizer Taverne am Marktplatz, kann man in ein Sandwich mit frischem Limburger und rohen Zwiebeln beißen. Abends schaut man sich dann im Autokino einen Film an und klettert danach im **Inn Serendipity** (☎608-329-7056; www.innserendipity.com; 7843 County Rd P; Zi. inkl. Frühstück 110–125 US$) ins Bett. Das B&B mit zwei Zimmern wird mit Wind- und Sonnenenergie betrieben und steht auf einer 2 ha großen Biofarm in Browntown, etwa 10 Meilen (16 km) westlich Monroe.

Mehr Infos über lokale Molkereien und Werksbesichtigungen stehen im **A Traveler's Guide to America's Dairyland** (www.eatwisconsincheese.com).

SPRING GREEN

40 Meilen (64 km) westlich von Madison und 3 Meilen (5 km) südlich der kleinen Stadt Spring Green liegt **Taliesin**. Hier ver-

ABSTECHER

DIE KURIOSE US 12

An der US 12 bündeln sich ungewöhnliche Sehenswürdigkeiten, die man alle im Rahmen eines Tagesausflugs von Madison in Richtung Norden besuchen kann.

Verlässt man die Stadt gen Westen (auf der University Ave), sollte man zunächst am **National Mustard Museum** (☎800-438-6878; www.mustardmuseum.com; 7477 Hubbard Ave; Eintritt frei; ⏲10–17 Uhr) im Vorort Middleton anhalten. Es ist der Leidenschaft eines Mannes zu verdanken, dass es in diesem Gebäude 5200 Senfsorten und verrückte, würzige Erinnerungsstücke gibt. Humor mit ironischem Unterton, vor allem wenn CMO (Chief Mustard Officer) Barry Levenson vor Ort ist und die Besuchern bespaßt.

Nach etwa 20 weiteren Meilen (32 km) auf der US 12 erreicht man den Ort Prairie du Sac. Hier findet alljährlich das **Cow Chip Throw** (www.wiscowchip.com; Eintritt frei; ⏲1. Wochenende im Sept.) statt, bei dem 800 Sportsleute getrocknete Kuhfladen so weit wie möglich zu schleudern versuchen. Der Rekord liegt bei 75,6 m!

Nach weiteren 7 Meilen (11 km) kommt **Dr. Evermor's Sculpture Park** (www.worldofevermor.com; Eintritt frei; ⏲Mo & Do–Sa 9–17, So 12–17 Uhr). Der Doktor schweißt alte Rohre, Vergaser und andere Metallstücke zu einer surrealen Welt futuristischer Vögel, Drachen und anderer bizarrer Kreaturen zusammen. Das Prunkstück ist das riesige, mit einem Ei gekrönte Forevertron, das im *Guinness-Buch der Rekorde* einmal als größte Schrottskulptur der Welt geführt wurde. Der Eingang ist schwer zu finden. In der Nähe der Badger Army Ammunition Plant weist ein kleines Schild in eine Einfahrt auf der anderen Straßenseite.

Baraboo, ca. 45 Meilen (72 km) nordwestlich von Madison, war früher das Winterquartier des Ringling Brothers Circus. Im **Circus World Museum** (☎608-356-8341; www.wisconsinhistory.org/circusworld; 550 Water St; Erw./Kind Sommer 15/8 US$, Winter 7/3,50 US$; ⏲Sommer 9–18 Uhr, Winter verkürzte Öffnungszeiten; 👪) zeigt eine nostalgische Sammlung von Wagen, Plakaten und Equipment aus der Blütezeit des Zirkus. Im Sommer beinhaltet der Eintritt auch Vorführungen von Clowns, Tieren und Akrobaten.

Noch einmal 12 Meilen (knapp 20 km) weiter kommt man zum **Wisconsin Dells** (☎800-223-3557; www.wisdells.com; 👪), einem Megacenter mit kitschiger Unterhaltung: u.a. 21 Wasserparks, Wasserskivorführungen und Superminigolfplätze. Der Park bildet einen irrwitzigen Kontrast zu der natürlichen Schönheit der Gegend mit den vom Wisconsin River geschaffenen Kalksteinformationen. Diese richtige Sehenswürdigkeit kann man am besten auf einer Bootsfahrt oder auf einer Wanderung im Mirror Lake State Park oder im Devil's Lake State Park genießen.

brachte Frank Lloyd Wright fast sein ganzes Leben und hier steht auch seine Schule für Architektur. Der Ort ist zu einem viel besuchten Pilgerziel für Fans und Anhänger geworden. Das Haus wurde 1903, die Hillside Home School 1932 und das **Visitor Center** (☎608-588-7900; www.taliesinpreservation.org; Hwy 23; ⏲Mai–Okt. 9–17.30 Uhr) 1953 erbaut. Diverse geführte Touren (16–80 US$) haben unterschiedliche Teile des Komplexes zum Thema. Für die längeren Touren sollte man sich vorher anmelden. Die einstündige Hillside Tour (16 US$) gibt eine gute Einführung in Wrights Werk.

Ein paar Kilometer weiter südlich von Taliesin befindet sich das **House on the Rock** (☎608-935-3639; www.thehouseontherock.com; 5754 Hwy 23; Erw./Kind 12,50/7,50 US$; ⏲Mai–Aug. 9–18 Uhr, übriges Jahr 9–17 Uhr, Nov.–April Di–Do geschl.), eine der am stärksten frequentierten Attraktionen Wisconsins. Alex Jordan errichtete das Gebäude 1959 auf einem Felssporn (einige sagen, es zeige dem Nachbarn Frank Lloyd Wright den „Stinkefinger"). Das Haus wurde unglaublich fantasievoll ausstaffiert, u.a. mit dem weltgrößten Karussell, surrenden Musikautomaten, witzigen Puppen und durchgeknallter Volkskunst. Es ist in drei Bereiche unterteilt, mit jeweils eigenen Besichtigungstouren. Besucher mit Durchhaltevermögen können das ganze Haus erkunden (4 Std.; Erw./Kind 28,50/15,50 US$).

In Spring Green gibt es ein B&B im Zentrum und sechs Motels am Hwy 14 nördlich der Stadt. Das kleine **Usonian Inn** (☎877-876-6426; www.usonianinn.com; E 5116 Hwy 14; Zi. 85–135 US$; 🚭❄📶) wurde von einem Studenten Wrights entworfen. Mehr Optionen findet man unter www.springgreen.com.

Sandwiches oder kreative Tagesangebote wie Süßkartoffeleintopf gibt's im **Spring Green General Store** (www.springgreengeneralstore.com; 137 S Albany St; Hauptgerichte 5–7 US$; ⌚Mo–Fr 9–18, Sa 8–18, So 8–16 Uhr).

Das **American Players Theatre** (☎608-588-2361; www.playinthewoods.org) führt in einem Amphitheater unter freiem Himmel am Wisconsin River klassische Stücke auf.

Den Mississippi entlang

Der Mississippi bildet den größten Teil der Westgrenze Wisconsins. Die **Great River Road** (www.wigreatriverroad.org) verläuft parallel zum Fluss und führt durch einige supermalerische Abschnitte – diese ausgeschilderte Route folgt dem Old Man River von Minnesota bis zum Golf von Mexiko.

Von Madison fährt man auf der US 18 gen Westen und trifft dann in **Prairie du Chien** auf die River Road (alias Hwy 35). Nördlich des Orts liegt am Flussufer der Schauplatz der letzten Schlacht im blutigen Black-Hawk-Krieg. Auf Tafeln wird ein Teil der Geschichte erzählt, die mit der Schlacht von Bad Ax endete, bei der Indianer niedergemetzelt wurden, als sie versuchten, über den Mississippi zu fliehen.

Bei Genoa führt der Hwy 56 20 Meilen (32 km) landeinwärts nach **Viroqua** (www.viroquatourism.com), dem Mekka des Forellenangelns. Das nette Städtchen ist umgeben von Biofarmen und Rundscheunen. Wer Landwirte kennenlernen und deren Produkte probieren möchte, ist in der **Viroqua Food Cooperative** (www.viroquafood.coop; 609 Main St; ⌚Mo–Sa 7–21, So 9–20 Uhr) genau richtig.

Wieder Richtung Mississippi und 18 Meilen (29 km) flussaufwärts liegt **La Crosse** (www.explorelacrosse.com). In dem historischen Zentrum gibt's zahlreiche Restaurants und Kneipen. Vom Grandad Bluff aus bietet sich ein wunderbarer Blick auf den Fluss. Er liegt östlich der Stadt an der Main St (die zur Bliss Rd wird); man fährt die Bliss Rd hinauf und biegt dann rechts in die Grandad Bluff Rd ab. Das **größte Six-Pack der Welt** (3rd St S) befindet sich ebenfalls in diesem Ort. Die „Dosen" sind eigentlich Lagertanks der City Brewery und fassen genug Bier, um eine Person 3351 Jahre lang täglich mit einem Six-Pack zu versorgen (so oder so ähnlich steht es auf dem Schild).

Infos zu Sehenswürdigkeiten am weiteren Verlauf der Straße gibt's im Abschnitt „Südliches Minnesota" (S. 649).

Door County & Östliches Wisconsin

Das felsige, mit Leuchttürmen übersäte Door County zieht im Sommer die Massen an – und im verdammt frostigen Winter kommen dann die durchgeknallten Footballfans nach Green Bay.

GREEN BAY

Green Bay (www.greenbay.com) ist eine schlichte Industriestadt, die auch als sagenumwobene „gefrorene Tundra" bekannt ist und in der die Green Bay Packers Super Bowls gewinnen. Der Verein ist der einzige in der NFL, der nicht profitorientiert ist und einer Gemeinde gehört. Vielleicht ist es der Besitzerstolz, der die Fans so treu macht (und sie sogar Käseecken aus Schaumgummi auf dem Kopf tragen lässt).

Es ist zwar nahezu unmöglich, ein Ticket für ein Spiel zu ergattern, aber man bekommt eine Ahnung von der Stimmung, wenn man bei einer Parkplatzparty vor dem Spiel mitfeiert. Die Unmengen Alkohol, die hier im Spiel sind, haben Green Bay den Ruf als „Alkoholikerstadt mit einem Footballproblem" eingehandelt. An spielfreien Tagen lohnt sich der Besuch der **Green Bay Packer Hall of Fame** (☎920-569-7512; www.lambeaufield.com; Erw./Kind 10/5 US$; ⌚Mo–Sa 9–18, So 10–17 Uhr) beim Lambeau Field, die vollgepackt ist mit Memorabilien und Filmen, die bestimmt jeden Footballfan faszinieren.

Im **National Railroad Museum** (☎920-437-7623; www.nationalrrmuseum.org; 2285 S Broadway; Erw./Kind 9/6,50 US$; ⌚Mai–Sept. Mo–Sa 9–17, So 11–17 Uhr, Jan.–April Mo geschl.) stehen einige der größten Lokomotiven, die je in den riesigen Güterbahnhof von Green Bay eingefahren sind. Im Sommer werden auch Zugfahrten (2 US$) angeboten.

Das minimalistische **Bay Motel** (☎920-494-3441; www.baymotelgreenbay.com; 1301 S Military Ave; Zi. 52–75 US$; 📶) ist 1 Meile (1,6 km) vom Lambeau Field entfernt. Im Gastropub **Hinterland** (☎920-438-8050; www.hinterlandbeer.com; 313 Dousman St) kann man in rustikal-schicker Atmosphäre ein Bier trinken.

DOOR COUNTY

Man muss wirklich zugeben, dass das Door County mit seiner felsigen Küste, den malerischen Leuchttürmen, den Kirschgärten und den kleinen Dörfern aus dem 19. Jh. verdammt hübsch ist. Das County nimmt eine schmale Halbinsel ein, die beinahe 100 km weit in den Lake Michigan hineinragt. Die Halbinsel kann man auf zwei Highways umfahren. Der Hwy 57 verläuft am Lake Michigan entlang und führt durch Jacksonport und Baileys Harbor – dieser Teil gilt als die landschaftlich schönere, „ruhige Seite". Wer den Hwy 42 nimmt, kommt an Green Bay vorbei und (von Süden nach Norden) durch Egg Harbor, Fish Creek, Ephraim und Sister Bay; diese Seite ist actionreicher. Es fahren keine öffentlichen Busse hierher und von November bis April hat die Hälfte der Geschäfte geschlossen.

Sehenswertes & Aktivitäten

Das County ist übersät mit Parks. Der größte ist der an der Bucht gelegene **Peninsula State Park** mit Wander- und Radwegen entlang der Klippen und einem Strand, vor dem man Kajak fahren und Segeln kann. Im Winter werden die Wege von Langläufern und Schneeschuhwanderern in Beschlag genommen. Der abgelegene **Newport State Park** am Seeufer bietet Wanderwege, Campingmöglichkeiten und Einsamkeit, der **Whitefish Dunes State Park** eine Dünenlandschaft und einen breiten Strand (Achtung: Brandungsrückströme). Im benachbarten **Cave Point Park** kann man Meereshöhlen besichtigen und Kajak fahren. Sportausrüstung gibt's bei:

Bayshore Outdoor Store (☎920-854-9220; www.kayakdoorcounty.com; Sister Bay)

Nor Door Sport & Cyclery (☎920-868-2275; www.nordoorsports.com; Fish Creek)

Schlafen & Essen

Auf der Seite der Bucht gibt's die meisten Unterkünfte. Die angegebenen Preise gelten für Juli und August, also für die Hauptsaison. Viele Unterkünfte verlangen einen Mindestaufenthalt. In vielen Restaurants wird Fish Boil serviert, eine regionale Spezialität, die von skandinavischen Holzfällern erfunden wurde und in einem Feuerkessel mit Weißfisch, Kartoffeln und Zwiebeln zubereitet wird. Als Nachtisch sollte man nicht den berühmten Kirschkuchen verpassen.

Egg Harbor Lodge INN $$
(☎920-868-3115; www.eggharborlodge.com; Egg Harbor; Zi. 159–199 US$;) Alle Zimmer haben Seeblick. Gäste können sich kostenlos Fahrräder ausleihen.

Julie's Park Cafe and Motel MOTEL $
(☎920-868-2999; www.juliesmotel.com; Fish Creek; Zi. 82–106 US$;) Saubere, günstige Unterkunft am Peninsula State Park.

SO SPRICHT MAN HIER

Man kann es ruhig zugeben, dass man keine Ahnung hat, wie Städtenamen wie Prairie du Chien und Lac du Flambeau ausgesprochen werden. Aber keine Angst: **Miss Pronouncer** (www.misspronouncer.com) sagt einem, wie man die Worte in Wisconsin ausspricht. Auf der Website sind 190 Städte, 1260 Dörfer und jede Menge Namen berühmter Einheimischer zu finden. So kann man ganz ohne Hemmungen von seinem Besuch in Rio *(rei-o)* oder im Chequamegon *(scheh-wom-agän) erzählen*.

Peninsula State Park CAMPING $
(☎920-868-3258; Stellplatz Zelt & Wohnmobil 17–25 US$; Fish Creek) Fast 500 Stellplätze und jede Menge Einrichtungen.

JJ's KNEIPE $$
(☎920-854-4513; jjslapuerta.com; Sister Bay; Hauptgerichte 9–16 US$; ⏲11–2 Uhr, im Winter So–Di geschl.) In der legeren Kneipe, die zu einem mexikanischen Restaurant gehört, tummeln sich viele junge Bootstypen.

Village Cafe AMERIKANISCH $
(☎920-868-3342; www.villagecafe-doorcounty.com; Egg Harbor; Sandwiches 6,50–8,50 US$, Hauptgerichte 14–16 US$; ⏲7–20 Uhr) Leckeres Frühstück, Mittag- und Abendessen.

Praktische Informationen

Door County Visitors Bureau (☎800-527-3529; www.doorcounty.com) Broschüren über Kunstgalerien, Fahrradtouren und Leuchttürme.

Apostle Islands & Nördliches Wisconsin

Der dünn besiedelte Norden mit seinen Wäldern und Seen wird im Sommer gern zum Rudern und Angeln und im Winter zum Ski- und Snowmobilfahren aufgesucht. Das hiesige Highlight sind aber die felsigen, windumtosten Apostle Islands.

NORTHWOODS & LAKELANDS

Nicolet National Forest ist ein riesiges Waldgebiet und hervorragend für Freizeitgestaltung an der frischen Luft geeignet. Das kleine **Langlade** ist ein Zentrum für Wildwassersport. **Wolf River Guides** (☎715-882-3002; www.wolfriverguides.com) bietet halbtägigen Unterricht im Kajakfahren an, gefolgt von einer halbtägigen Tour auf dem Wasser (110 US$/Pers.). In der **Wolf River Lodge** (☎715-882-2182; www.wolfriverlodge.com; Zi. inkl. Frühstück 100 US$; ❄) kann man dann trocknen, wieder warm werden und seine Erfolge in der zugehörigen Bar feiern.

Nördlich davon liegt am Hwy 13 in Phillips der **Concrete Park** (www.friendsoffredsmith.org; Eintritt frei; ⌚Sonnenaufgang–Sonnenuntergang) des Volkskünstlers und pensionierten Holzfällers Fred Smith mit über 200 seltsamen, lebensgroßen Skulpturen.

In Richtung Westen am Hwy 70 kommen Mountainbiker im **Chequamegon National Forest** ganz besonders auf ihre Kosten: auf insgesamt 480 km geht's quer durchs Gelände. Infos zur Fahrradverleihern und Radwegekarten gibt's bei **The Chequamegon Area Mountain Bike Association** (www.cambatrails.org). Die Saison erreicht Mitte September mit dem **Chequamegon Fat Tire Festival** (www.cheqfattire.com) ihren Höhepunkt. Dann radeln 1700 Frauen und Männer mit strammen Waden 65 mörderische Kilometer durch den Wald. Die Stadt **Hayward** (www.haywardareachamber.com) ist ein guter Ausgangspunkt.

APOSTLE ISLANDS

Die 21 zerklüfteten Apostle Islands im Lake Superior an der Nordspitze von Wisconsin sind ein Highlight des US-Staates. Auf die Inseln kommt man von **Bayfield** (www.bayfield.org) aus, einem belebten Urlaubsort mit hügeligen Straßen, viktorianischen Häusern, Apfelplantagen und weit und breit keinem einzigen Fast-Food-Restaurant.

Im **Apostle Islands National Lakeshore Visitor Center** (☎715-779-3397; www.nps.gov/apis; 410 Washington Ave; ⌚Juni–Sept. 8–16.30 Uhr, Okt.–Mai Sa & So geschl.) gibt's Campinggenehmigungen (10 US$/Nacht) und Infos zu Paddel- und Wandertouren. Auf den bewaldeten Inseln gibt es keine Einrichtungen, man kann sie nur zu Fuß erkunden.

Mehrere Veranstalter bieten saisonabhängige Bootsausflüge rund um die Inseln an, auch Kajakfahrten sind sehr beliebt. Für eine geführte Paddeltour durch Felsbögen und Höhlen ist **Living Adventure** (☎715-779-9503; www.livingadventure.com; Hwy 13; Halbtages-/Ganztagestour 59/99 US$; ⌚Juni–Sept.) zu empfehlen; Anfänger sind willkommen. Wer lieber einen Motor als seine Arme einsetzen möchte, kann bei **Apostle Islands Cruise Service** (☎715-779-3925; www.apostleisland.com; ⌚Mitte Mai–Mitte Okt.) vorbeischauen. Das Boot legt um 10 Uhr vom Bayfield's City Dock ab und schippert auf einer dreistündigen kommentierten Tour zu Höhlen und Leuchttürmen (Erw./Kind 40/24 US$).

Die bewohnte **Madeline Island** (www.madelineisland.com) eignet sich für einen schönen Tagesausflug. Man erreicht sie in 20 Minuten mit der **Fähre** (☎715-747-2051; www.madferry.com) ab Bayfield (hin & zurück Erw./Kind/Fahrrad/Auto 12/6/6/24 US$). In dem gut zu Fuß zu erkundenden Ort La Pointe gibt es ein paar Quartiere mittlerer Preisklasse und Restaurants. Es werden Bustouren angeboten und man kann sich Fahrräder und Mopeds mieten – alles befindet sich in der Nähe des Fähranlegers. Im **Big Bay State Park** (☎715-747-6425; Stellplatz Zelt & Wohnmobil 15–17 US$, Fahrzeug 10 US$) gibt es einen Strand und Wanderwege.

In Bayfield selbst findet man jede Menge B&Bs und Gasthäuser. Im Sommer sollte man seine Unterkunft aber rechtzeitig reservieren. Unter www.bayfield.org sind Optionen aufgelistet. Die meisten Zimmer im schlichten **Seagull Bay Motel** (☎715-779-5558; www.seagullbay.com; 325 S 7th St; Zi. 75–105 US$; 🚭📶) haben Sonnendecks; nach denen mit Seeblick fragen. Teurer wird's im **Pinehurst Inn** (☎877-499-7651; www.pinehurstinn.com; 83645 Hwy 13; Zi. inkl. Frühstück 119–199 US$; 🚭📶), einem klimaneutralen B&B mit acht Zimmern und Solaranlage.

Das umweltbewußte **Big Water Cafe** (www.bigwatercoffee.com; 117 Rittenhouse Ave; Hauptgerichte 5–10 US$; ⌚Sommer 7–20 Uhr, Winter 8–16 Uhr) serviert Sandwiches, Käse von Bauernhöfen aus der Region und Bier aus lokalen Kleinbrauereien. Das kitschi-

PANORAMASTRASSE: HIGHWAY 13

Hinter Bayfield folgt der Hwy 13 einem schönen Abschnitt des Lake Superior. Er führt vorbei am Ojibwa-Ort **Red Cliff** und am Festlandteil der Apostle Islands, an dem es auch einen Strand gibt. Im winzigen **Cornucopia**, das ganz und gar wie ein Badeort wirkt, sind die Sonnenuntergänge großartig. Die Straße verläuft weiter durch eine zeitlose Landschaft mit Wäldern und Farmen und stößt dann auf die US 2, die bei Superior in die Zivilisation zurückführt.

ge **Maggie's** (☎715-779-5641; www.maggies-bayfield.com; 257 Manypenny Ave; Hauptgerichte 7–16 US$; ⌚So–Do 11.30–21, Fr & Sa 11.30–22 Uhr) mit Flamingo-Thema ist genau der richtige Ort, um Seeforellen und Whitefish zu probieren. Pizzas und Burger gibt's auch.

Die **Big Top Chautauqua** (☎888-244-8368; www.bigtop.org) mit Musicals und Konzerten bekannter Künstler ist das wichtigste Sommerevent der Region. Termine und Preise telefonisch erfragen.

MINNESOTA

Ist Minnesota wirklich das Land der 10000 Seen, mit denen es immer wirbt? Aber sicher doch! Tatsächlich hat sich der Bundesstaat aber in seiner typisch bescheidenen Art sogar unter Wert verkauft – es sind nämlich 11842 Seen. Für Traveller ist das eine tolle Nachricht. Unerschrockene Outdoor-Freaks können ihre Paddel in die Boundary Waters tauchen. Dort bietet die Nacht einen Teppich aus Sternen und als Wiegenlied das Heulen der Wölfe. Wer die ausgetretenen Pfade noch weiter hinter sich lassen will, kann zum Voyageurs National Park fahren, in dem es mehr Wasser als Straßen gibt. Wem das alles zu weit weg ist, der kann sich an die Zwillingsstädte Minneapolis und St. Paul halten, wo man auf Schritt und Tritt auf etwas Cooles oder Kulturelles stößt. Und wer etwas aus der mittleren Schublade sucht – z.B. eine Kreuzung aus Großstadt und großen Wäldern – wird von dem spektakulären, mit Frachtern gefüllten Hafen von Duluth begeistert sein.

ℹ Praktische Informationen

Verkehrsinformationen für Minnesota (☎511; www.511mn.org)

Minnesota Office of Tourism (☎888-868-7476; www.exploreminnesota.com)

Minnesota State Park Information (☎888-646-6367; www.mnstateparks.info) Wer mit einem Fahrzeug in die Parks will, benötigt eine Genehmigung (Tag/Jahr 5/25 US$). Stellplätze kosten 12 bis 25 US$; **Reservierungen** (☎866-857-2757; www.stayatmnparks.com; Gebühr 8,50 US$) sind möglich.

Minneapolis

Minneapolis ist die größte Stadt der Prärie – und dank des wachsenden Reichtums auch diejenige, die die meiste Kultur zu bieten hat: protzige Kunstmuseen, wilde Rockclubs, Biorestaurants sowie Ethno-Lokale und genug Theater, um den Spitznamen Mini-Apple zu verdienen (gleich hinter dem Big Apple). Hier ist immer was los, sogar im Winter. Aber das Verhalten der Bewohner hat sich dem ganzen Überfluss nicht angepasst. In Minneapolis werden Obdachlose in den Coffeeshops noch immer nett behandelt, sind die Busse tadellos sauber und sagen die Arbeitnehmer zu jedem „Have a nice day", egal ob es regnet die Sonne scheint oder gar schneit. Die Nettigkeit von Minnesota ist schon legendär, Minneapolis ist diesbezüglich aber die Nummer eins.

Geschichte

Holzhandel bescherte der Stadt ihren ersten Boom. Mitte des 19. Jhs. entstanden wasserbetriebene Sägemühlen entlang des Mississippi. Auch der Weizen aus der Prärie musste verarbeitet werden und so sorgten bald Getreidemühlen für das nächste große Geschäft. Ende des 19. Jhs. wuchs die Bevölkerungszahl dank der unzähligen Einwanderer, die vor allem aus Skandinavien und Deutschland in die Stadt kamen. Das

KURZINFOS MINNESOTA

» **Spitznamen** North Star State, Gopher State

» **Bevölkerung** 5,3 Mio.

» **Fläche** 225174 km²

» **Hauptstadt** St. Paul (273500 Ew.)

» **Weitere Stadt** Minneapolis (372 800 Ew.)

» **Verkaufssteuer** 6,88 %

» **Geburtsort von** Schriftsteller F. Scott Fitzgerald (1896–1940), Musiker Bob Dylan (geb. 1941), den Filmemachern Joel (geb. 1954) und Ethan Coen (geb. 1957)

» **Heimat der** Holzfällerlegende Paul Bunyan, von Spam, Amerikanischem Zander, von Hmong- und Somali-Immigranten

» **Politische Ausrichtung** überwiegend demokratisch

» **Berühmt für** Nettigkeit, witzigen Akzent, Schnee, 10000 Seen

» **Offizieller Muffin** Blaubeere

» **Entfernungen** Minneapolis–Duluth 153 Meilen (246 km), Minneapolis–Boundary Waters 245 Meilen (394 km)

nordische Erbe von Minneapolis ist noch heute deutlich erkennbar, wobei die Zwillingsstadt St. Paul eher deutsch und irisch-katholisch geprägt ist.

Sehenswertes & Aktivitäten

Der Mississippi River verläuft nordöstlich der Innenstadt. Trotz des Namens liegt Uptown in Wirklichkeit südwestlich von Downtown mit der Hauptachse Hennepin Ave. St. Paul, die Zwillingsstadt von Minneapolis, liegt 10 Meilen (16 km) östlich.

Die meisten Sehenswürdigkeiten sind montags geschlossen; viele haben donnerstags verlängerte Öffnungszeiten.

DOWNTOWN & LORING PARK

Nicollet Mall STRASSE

Die Nicollet Mall ist der fußgängerfreundliche Abschnitt der Nicollet Ave im Herzen des Zentrums. Hier reihen sich Läden, Bars und Restaurants aneinander. Sie ist vielleicht am berühmtesten dafür, dass Mary Tyler Moore (bekannt aus dem Fernsehen der 1970er-Jahre) hier in der Eröffnungssequenz ihrer Show ihren Hut in die Luft geworfen hat. Die kitschige **MTM-Statue** (8th St S & Nicollet Mall) zeigt das Mädel, wie sie genau das tut. Von Mai bis November findet in der Mall jeden Donnerstag ein **Bauernmarkt** (www.mplsfarmersmarket.com; ⌚6–18 Uhr) statt.

GRATIS **Minneapolis Sculpture Garden** GARTEN

(726 Vineland Pl; ⌚6–24 Uhr) In dem 4,5 ha großen Garten neben dem Walker Art Center stehen unzählige zeitgenössische Werke, z.B. das oft fotografierte *Spoonbridge & Cherry* von Claes Oldenburg. Das Cowles Conservatory mit seinen exotischen Treibhauspflanzen befindet sich ebenfalls auf dem Gelände. Eine hübsche Fußgängerbrücke über die I-94 verbindet den Garten mit dem reizvollen Loring Park.

Walker Art Center MUSEUM

(☎612-375-7622; www.walkerart.org; 725 Vineland Pl; Erw./Kind 10 US$/frei, Do abends Eintritt frei; ⌚Di–So 11–17, Do 11–21 Uhr) Das erstklassige Zentrum beherbergt eine sehr gute, Dauerausstellung mit Kunst und Fotos aus dem 20. Jh., darunter Werke großer amerikanischer Maler und fantastische Pop Art.

RIVERFRONT DISTRICT

Der **St. Anthony Falls Heritage Trail** am Nordrand des Stadtzentrums bzw. am Ende der Portland Ave ist ein empfehlenswerter 3,2 km langer Weg, der neben seiner interessanten Geschichte (Hinweistafeln beachten) auch den besten Zugang zum Ufer des Mississippi bietet. Von der autofreien **Stone Arch Bridge** hat man einen tollen Blick auf die Kaskaden der **St. Anthony Falls**. In der Main St SE am Nordufer des Flusses gibt es eine Reihe sanierter Gebäude mit Restaurants und Bars. Von hier geht's runter zum **Water Power Park**, wo man die schäumende Gischt auf der Haut spüren kann. Im Mill City Museum ist eine kostenlose Karte mit Wegen erhältlich.

Auf keinen Fall sollte man sich das kobaltblaue Guthrie Theater (s. S. 645) nebenan entgehen lassen und unbedingt auf dessen **Endless Bridge** gehen, ein im Nichts endender Fußweg mit Blick über den Fluss. Theaterkarte braucht man dafür nicht – das Ganze ist als öffentlicher Platz gedacht. Doch eine Theatervorstellung lohnt sich allemal, hat doch das Guthrie eines der besten Ensembles des Mittleren Westens. Nebenan befindet sich der **Gold Medal Park** mit seinem spiralförmigen Weg.

Mill City Museum MUSEUM

(☎612-341-7555; www.millcitymuseum.org; 704 2nd St S; Erw./Kind 10/5 US$; ⌚Di–Sa 10–17, So 12–17 Uhr, Juli & Aug. Mo geöffnet) Das Gebäude, in dem sich das Museum befindet, ist tatsächlich eine ehemalige Mühle. Zu den Highlights gehören eine Fahrt in einem acht Stockwerke hohen Getreideaufzug („Flour Tower"), Betty-Crocker-Ausstellungsstücke und eine Backstube. Das Ganze ist etwas öde, wenn man nicht gerade brennend an der Geschichte des Getreidemahlens interessiert ist. Der **Mill City Farmer's Market** (www.millcityfarmersmarket.org; ⌚Mitte Mai–Mitte Okt. Sa 8–13 Uhr) findet in der zum Museum gehörenden Eisenbahnhalle statt. Kochvorführungen beginnen um 10 Uhr.

NORTHEAST

Northeast, das wegen seiner Lage zum Fluss so heißt, ist das ehemalige osteuropäische Arbeiterviertel. Heute leben und arbeiten hier Städter und Künstler. Diese schätzen Kneipen, in denen neben Pabst auch Biere aus Kleinbrauereien ausgeschenkt werden, genauso wie Boutiquen, die direkt neben Wurstherstellern ihre Ökowaren verkaufen. Hunderte von Kunsthandwerkern und Galerien haben sich in den historischen Industriegebäuden niedergelassen. Sie laden jeden ersten Donnerstag im Monat zu einem Besuch ein – dann veranstaltet die **Northeast Minneapolis Arts Association**

Minneapolis

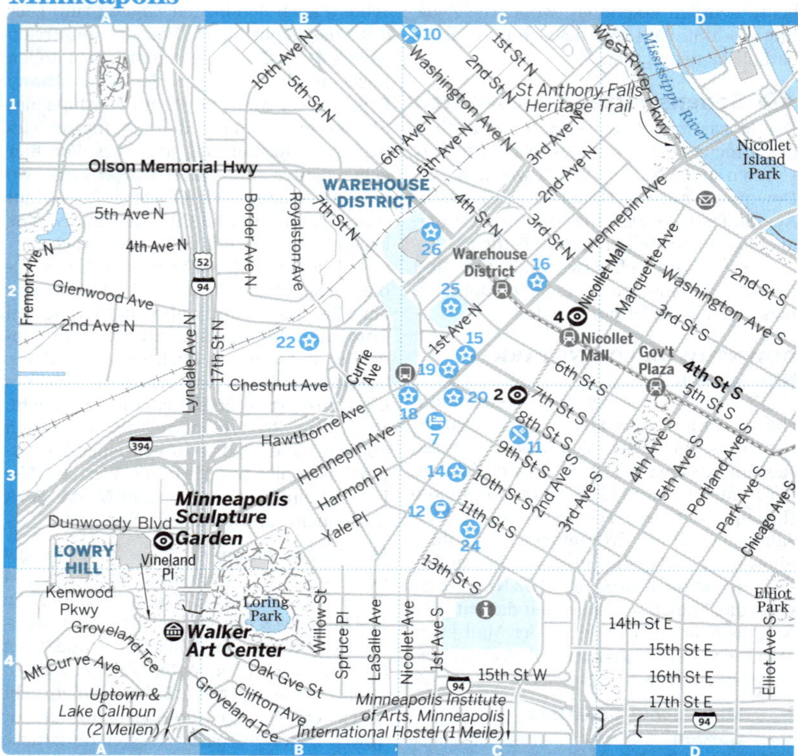

(www.nemaa.org) einen Spaziergang durch die Galerien. Zentren sind u.a. die 4th St NE und die 13th Ave NE.

UNIVERSITY AREA

Die **University of Minnesota** liegt am Fluss südöstlich des Zentrums von Minneapolis. Mit über 50000 Studenten ist sie eine der größten Unis der USA. Der größte Teil des Campus befindet sich im Bezirk **East Bank**.

In **Dinkytown** an der 14th Ave SE und der 4th St SE gibt es jede Menge Studentencafés und Buchläden. Ein kleiner Teil der Uni liegt auf der **West Bank** des Mississippi, in der Nähe der Kreuzung 4th St S und Riverside Ave. In dieser Gegend befinden sich ein paar Restaurants, einige Studentenkneipen und das Zuhause einer große Somali-Gemeinde.

GRATIS **Weisman Art Museum** MUSEUM
(☎612-625-9494; www.weisman.umn.edu; 333 E River Rd; ⏲Di–Fr 10–17, Do bis 20, Sa & So 11–17 Uhr) Das Weisman, das in einer von dem Architekten Frank Gehry entworfenen, geschwungenen Silberstruktur untergebracht ist, zählt zu den Highlights der Uni (und der Stadt). Zum Zeitpunkt der Recherchen war es wegen Erweiterungsarbeiten geschlossen, müsste aber in der Zwischenzeit seine Tore wieder geöffnet haben. Auf der doppelt so großen Ausstellungsfläche und in fünf neuen Galerien kann man dann noch mehr amerikanische Kunst, Keramik und Papierwerke bewundern.

UPTOWN, LYN-LAKE & WHITTIER

Diese drei Stadtviertel befinden sich südlich der Innenstadt.

Uptown ist die Gegend um die Kreuzung von Hennepin Ave S und Lake St. Hier, wo Punk- und Yuppieläden und Restaurants aufeinandertreffen, ist bis spät in die Nacht was los. **Lyn-Lake** liegt östlich von Uptown und die Atmosphäre ist hier ähnlich urban und cool. Die Lyndale St und die Lake St bilden das Zentrum (womit auch der Name erklärt wäre, oder?).

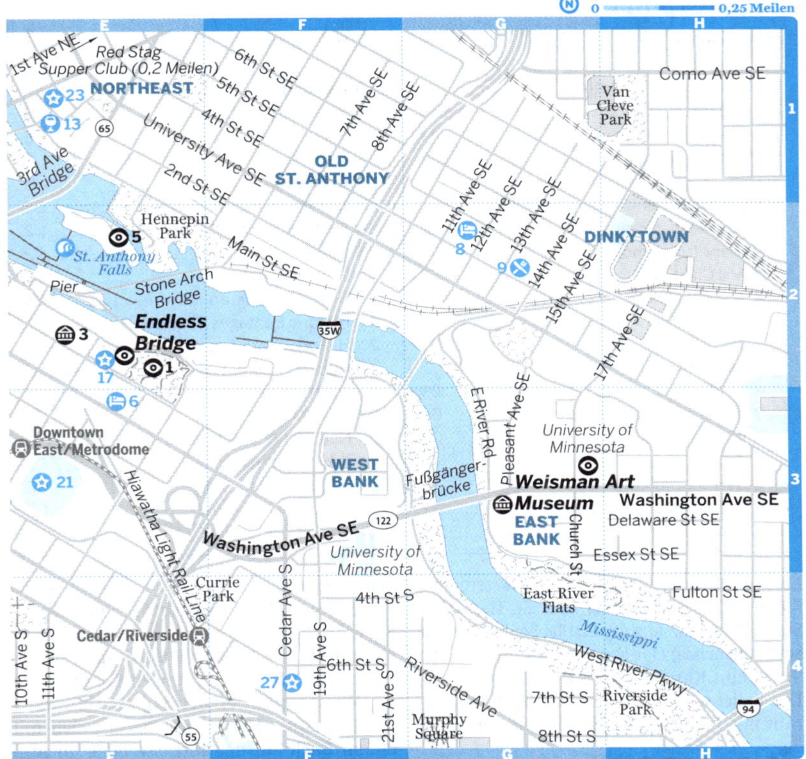

Uptown ist ein guter Ausgangspunkt für die **Chain of Lakes**: Lake Calhoun, Lake of the Isles, Lake Harriet, Cedar Lake und Brownie Lake. Man könnte fast meinen, dass sich ganz Minneapolis pausenlos am Wasser amüsiert – aber man ist ja auch in der „Stadt der Seen". Radwege (die im Winter als Loipen dienen) schlängen sich um die Seen, auf denen man im Sommer Boot fahren und im Winter Schlittschuh laufen kann.

Der Lake Calhoun mit Einrichtungen en masse liegt südlich der Lake St. Etwas weiter um den Lake Calhoun rum befindet sich der Thomas Beach, ein beliebter Badestrand. Der lockere Hidden Beach (East Cedar Beach) am Cedar Lake war einst ein FKK-Ziel, heute aber lassen die meisten Bikini oder Badehose an.

Minneapolis Institute of Arts GRATIS — MUSEUM
(☎612-870-3131; www.artsmia.org; 2400 3rd Ave S; ⏲Di–Sa 10–17, Do bis 21, Sa 11–17 Uhr) Dieses Museum beherbergt einen wahrhaft enormen Querschnitt durch die Kunstgeschichte. Die moderne und zeitgenössische Sammlung ist umwerfend, aber auch die Prairie School und die asiatischen Galerien sind Highlights. Die am Eingang erhältlichen Broschüren helfen dabei, dass man bei knapper Zeit wenigstens das Allerwichtigste sieht. Das Museum befindet sich 1 Meile (1,6 km) südlich des Convention Center und ist über die 3rd Ave S zu erreichen.

Calhoun Rental — RADFAHREN
(☎612-827-8231; www.calhounbikerental.com; 1622 W Lake St; halber/ganzer Tag 25/35 US$; ⏲April–Okt. Mo–Fr 10–19, Sa 9–20, So 10–20 Uhr) Der Laden in Uptown, ein paar Blocks westlich des Lake Calhoun, verleiht Fahrräder (inkl. Helm, Schloss & Fahrradkarte). Man braucht eine Kreditkarte und einen Führerschein. Freitags bis sonntags werden zwei- bis vierstündige Radtouren (39–49 US$) am Wasser angeboten; im Voraus reservieren.

Minneapolis

Highlights
- Endless Bridge ... E2
- Minneapolis Sculpture Garden ... A3
- Walker Art Center ... A4
- Weisman Art Museum ... G3

Sehenswertes
1. Gold Medal Park ... E2
2. Mary Tyler Moore Statue ... C3
3. Mill City Museum ... E2
4. Nicollet Mall ... C2
5. Water Power Park ... E2

Schlafen
6. Aloft ... E3
7. Le Meridien Chambers Hotel ... C3
8. Wales House ... G2

Essen
9. Al's Breakfast ... G2
10. Bar La Grassa ... C1
11. Hell's Kitchen ... C3

Ausgehen
12. Brit's Pub ... C3
13. Wilde Roast Cafe ... E1

Unterhaltung
14. Dakota Jazz Club ... C3
15. First Avenue & 7th St Entry ... C2
16. Gay Nineties ... C2
17. Guthrie Theater ... E2
18. Historic Orpheum Theatre ... C3
19. Historic Pantages Theatre ... C2
20. Historic State Theatre ... C3
21. Hubert H Humphrey Metrodome ... E3
22. Lee's Liquor Lounge ... B2
23. Nye's Polonaise Room ... E1
24. Orchestra Hall ... C3
25. Target Center ... C2
26. Target Field ... C2
27. Triple Rock Social Club ... F4

Lake Calhoun Kiosk WASSERSPORT
(612-823-5765; Ende der Lake St; 11–17 US$/Std.; Ende Mai–Aug. 10–20 Uhr, Sept. & Okt. nur am Wochenende) Der Kiosk am Ende der Lake St verleiht Kanus, Kajaks und Paddelboote. Das beliebte Plätzchen hat auch ein Restaurant mit Terrasse und eine Segelschule.

Feste & Events

Art-A-Whirl MUSIK
(www.nemaa.org; Mitte Mai) Das fetzige Galerie-Wochenende mit Musik in Northeast läutet den Frühling ein.

Minneapolis Aquatennial KULTUR
(www.aquatennial.org; Mitte Juli) Zehn Tage lang werden die allgegenwärtigen Seen mit Umzügen, Strandpartys und Feuerwerk gefeiert.

Holidazzle KULTUR
(www.holidazzle.com; Dez.) Im ganzen Dezember gibt's in der Innenstadt Umzüge, bunte Lichter und jede Menge gute Stimmung.

Schlafen

B&Bs bieten das beste Preis-Leistungs-Verhältnis – sie kosten so wenig wie Budgethotels, haben aber die solide Qualität von Mittelklassehotels. Zu den Zimmerpreisen müssen noch 13,4% Steuern hinzugerechnet werden.

Wales House B&B $
(612-331-3931; www.waleshouse.com; 1115 5th St SE; Zi. ohne/mit Gemeinschaftsbad, inkl. Frühstück ab 65/75 US$; P) In dem fröhlichen B&B mit zehn Zimmern übernachten oft Wissenschaftler der nahen University of Minnesota. Hier kann man es sich mit einem Buch auf der Terrasse oder im Aufenthaltsraum vor dem Kamin gemütlich machen. Mindestaufenthalt zwei Nächte.

Le Meridien Chambers Hotel HOTEL $$$
(612-767-6900; www.lemeridienchambers.com; 901 Hennepin Ave S; Zi. 189–289 US$; P) Ist es eine Kunstgalerie? Nein, ein Hotel! Oder doch eher beides. Im ganzen Haus sind 200 Kunstwerke verteilt (darunter Damien Hirsts schwimmender Stierkopf an der Rezeption). Außerdem gibt es 60 minimalistisch eingerichtete Zimmer mit luxuriösen Extras wie Fußbodenheizung im Bad. Parken kostet 28 US$, WLAN 13 US$ pro Tag.

Aloft HOTEL $$
(612-455-8400; www.alofthotels.com/minneapolis; 900 Washington Ave S; Zi. 109–149 US$; P@) Die kompakten, effizient designten Zimmer sprechen vor allem Jüngere an. In der geselligen Lobby gibt's Brettspiele, eine Cocktail-Lounge und eine rund um die Uhr geöffnete Snackbar. Ein winziger Pool und ein einfacher Fitness-Raum sind ebenfalls im Angebot. Parken kostet 15 US$.

Evelo's B&B B&B $
(☎612-374-9656; 2301 Bryant Ave S; Zi. mit Gemeinschaftsbad, inkl. Frühstück 75–95 US$;) Die drei Zimmer in dem viktorianischen Haus mit viel glänzendem Holz knarren und versprühen jede Menge Charme. Es liegt günstig zwischen Walker Art Center und Uptown.

Minneapolis International Hostel HOSTEL $
(☎612-522-5000; www.minneapolishostel.com; 2400 Stevens Ave S; B 28–34 US$, Zi. ohne/mit Bad 60/81 US$; @) Das gemütliche Hostel neben dem Minneapolis Institute of Arts hat antike Möbel, Holzfußböden und flauschige Quilts. Die 48 Betten kommen ganz unterschiedlich daher – es gibt Schlafsäle nur für Männer mit 15 Betten genauso wie Privatzimmer mit Bad. Das Hostel ist nicht leicht zu finden, es gibt kein Schild am Eingang (das Haus ist ein Baudenkmal). Reservierung empfohlen.

Essen

In Minneapolis hat sich eine großartige Restaurantszene entwickelt. In den meisten Restaurants werden überwiegend Zutaten aus regionalem und nachhaltigem Anbau verwendet.

DOWNTOWN & NORTHEAST

In der Nicollet Mall gibt's Lokale en masse.

Bar La Grassa ITALIENISCH $$$
(☎612-333-3837; www.barlagrassa.com; 800 Washington Ave N; Pasta 12–24 US$, Hauptgerichte 16–45 US$; ⊙Mo–Do 17–24, Fr & Sa 17–1, So 17–22 Uhr) Küchenchef Isaac Becker erhielt 2011 den James-Beard-Preis „Best in the Midwest". Man darf also Großes von den kleinen Gerichten – frische Pasta, Bruschetta und Secondi – erwarten. Das Restaurant befindet sich ca. 1 Meile (1,6 km) nordwestlich des Stadtzentrums.

Hell's Kitchen AMERIKANISCH $$
(☎612-332-4700; www.hellskitcheninc.com; 80 9th St S; Hauptgerichte 10–20 US$; ⊙Mo–Mi 6.30–21, Do & Fr 6.30–2, Sa 7.30–2, So 7.30–21 Uhr;) Wer die Treppe zum teuflischen Hell's hinuntersteigt, den erwarten temperamentvolle Kellner, die typische Gerichte aus Minnesota servieren, z.B. Sandwiches mit Zander, Schinkenspeck, Salat und Tomate, Bison-Burger und Zitronen-Ricotta-Pfannkuchen. Die Happy Hour (15–18 Uhr) an der Bar ist ein super Deal. An den Wochenenden mutiert das Restaurant spätabends zu einem Club mit DJs am Plattenteller.

Red Stag Supper Club AMERIKANISCH $$$
(☎612-767-7766; www.redstagsupperclub.com; 509 1st Ave NE; Bargerichte 8–13 US$, Hauptgerichte 18–27 US$; ⊙Mo–Fr 11–2, Sa & So 9–2 Uhr) Das Aussehen einer Blockhütte mit sichtbaren Holzbalken täuscht über die LEED-zertifizierte Architektur des Red Stag hinweg. Sandwiches mit Rucola und Pinienkernen aus regionalem Anbau, gebratener Stint, Räucherforelle und die Cassoulet schmeicheln dem Gaumen. Dienstagabends gibt es gute Angebote.

UNIVERSITY AREA

Preisgünstige Lokale drängeln sich in der Campusgegend bei der Washington Ave und der Oak St.

Al's Breakfast FRÜHSTÜCK $
(☎612-331-9991; 413 14th Ave SE; Hauptgerichte 4–8 US$; ⊙Mo–Sa 6–13, So 9–13 Uhr) Das ultimative Minicafé: 14 Barhocker stehen an einer winzigen Theke. Immer wenn ein Kunde reinkommt, nehmen die anderen ihre Teller und machen Platz für den Neuankömmling. Die dicken Obstpfannkuchen sind der Renner. Nur Barzahlung.

UPTOWN, LYN-LAKE & WHITTIER

Vietnamesische, griechische, afrikanische und andere Restaurants mit internationaler Küche reihen sich an der Nicollet Ave S zwischen der Franklin Ave (in der Nähe des Minneapolis Institute of Arts) und der 28th St – auch „Eat Street" genannt – aneinander. In der Lake St in Uptown gibt's viele schicke Bars und Cafés.

LP TIPP **Bryant-Lake Bowl** AMERIKANISCH $$
(☎612-825-3737; www.bryantlakebowl.com; 810 W Lake St; Sandwiches 7–9 US$, Hauptgerichte 11–16 US$; ⊙8–12.30 Uhr;) Das BLB ist eine Mischung aus Arbeiter-Bowlingbahn und Gourmetlokal. Kunstvoll angerichtete Käseplatten, Mock-Duck-Brötchen, Zanderfilet im Maismehlmantel und Biohaferflocken zergehen im Mund. Abgerundet wird das Ganze durch eine große Bierauswahl. Im zugehörigen Theater gibt's immer eine verrückte oder schräge Aufführung.

Peninsula ASIATISCH $$
(☎612-871-8282; www.peninsulamalaysiancuisine.com; 2608 Nicollet Ave S; Hauptgerichte 9–15 US$; ⊙So–Do 11–22, Fr & Sa 11–23 Uhr;) Malaysische Gerichte wie *achat* (scharfer Gemüsesalat mit Erdnussdressing), chinesisches Fondue mit rotem Curry, würzige Krabben und Fisch im Bananenblatt ver-

wöhnen in diesem zeitgenössischen Restaurant den Gaumen.

Uptown Cafeteria & Support Group AMERIKANISCH $$
(☎612-877-7263; www.uptowncafeteria.com; 3001 Hennepin Ave; Hauptgerichte 13–22 US$; ⏲Mo–Fr 11.30 Uhr–open end, Sa & So 9 Uhr–open end; 📶🥗) Die In-Location in Uptown mit toller Dachterrasse serviert verdammt gute Hausmannskost, z. B. Hühnerpastete und Hackbraten.

Ausgehen

Die Bars sind bis 2 Uhr geöffnet. Happy Hour ist meist von 15 bis 18 Uhr.

Brit's Pub KNEIPE
(www.britspub.com; 1110 Nicollet Mall) Ein als Bowlingbahn dienender Rasen deckt das Dach vom Brit's. Das und die riesige Auswahl an Scotch, Portwein und Bier werden einen zu Leistungen in diesem Sport beflügeln, die man nicht für möglich gehalten hätte.

Grumpy's BAR
(www.grumpys-bar.com/nordeast; 2200 4th St NE) Grumpy's ist eine klassische Kneipe in Northeast mit preiswertem, aber gutem Bier und Terrasse. Unbedingt dienstags die Spezialität „Hot Dish" für 1 US$ probieren.

Unterhaltung

Mit seinen vielen Studenten und einer blühenden Kunstszene hat Minneapolis ein lebhaftes Nachtleben zu bieten. Was aktuell los ist, steht in *Vita.MN* (www.vita.mn) und *City Pages* (www.citypages.com).

Livemusik

Minneapolis rockt; irgendwie scheint jeder Mitglied einer Band zu sein. Prince und Post-Punk-Bands wie Hüsker Dü und die Replacements haben hier ihre ersten Erfahrungen gesammelt.

First Avenue & 7th St Entry LIVEMUSIK
(www.first-avenue.com; 701 1st Ave N) Hier wurde der Grundstein der Musikszene von Minneapolis gelegt und noch immer ziehen Topbands ein großes Publikum an. Draußen kann man sich die Sterne all der Bands ansehen, die hier schon auf der Bühne standen.

Nye's Polonaise Room LIVEMUSIK
(www.nyespolonaise.com; 112 E Hennepin Ave) Freitags und samstags sorgt die World's Most Dangerous Polka Band für Stimmung. Ein herrlicher Spaß, der noch größer ist, wenn man einen Oldie findet, der einen durch den Raum wirbelt.

Triple Rock Social Club LIVEMUSIK
(www.triplerocksocialclub.com; 629 Cedar Ave) Ein beliebter Punk-/Alternative-Club.

Lee's Liquor Lounge LIVEMUSIK
(www.leesliquorlounge.com; 101 Glenwood Ave) Rockabilly- und alternative Country-Bands hauen hier in die Saiten.

Dakota Jazz Club LIVEMUSIK
(www.dakotacooks.com; 1010 Nicollet Mall) Das Dakota ist eine klassische Location, in der Jazzgrößen auftreten.

Theater & Darstellende Künste

Die Stadt mit ihren mehr als 100 Theatergruppen wird nicht umsonst Mini-Apple genannt. Das Guthrie und andere Veran-

MINNEAPOLIS MIT KINDERN

Achtung: Viele der Top-Sehenswürdigkeiten für die Kleinen liegen in St. Paul, in der Mall of America und in Fort Snelling. Abgesehen davon gibt es noch:

» **Minnesota Zoo** (☎952-431-9500; www.mnzoo.org; 13000 Zoo Blvd; Erw./Kind 18/12 US$; ⏲Sommer 9–18 Uhr, Winter 9–16 Uhr; 👪) Der angesehene Zoo befindet sich in dem Vorort Apple Valley, 20 Meilen (32 km) südlich der Stadt. Über 400 Arten leben hier in Gehegen, die den jeweiligen Lebensräumen nachempfunden sind. Schwerpunkt sind Tiere aus kälteren Klimazonen. Parken kostet 5 US$.

» **Valleyfair** (☎952-445-7600; www.valleyfair.com; 1 Valleyfair Dr; Erw./Kind 42/10 US$; ⏲Mitte Mai–Aug. ab 10 Uhr, Sept. & Okt. nur am Wochenende, unterschiedliche Schließzeiten; 👪) Sollten die Karussells in der Mall of America nicht ausreichen, kann man in diesen riesigen Vergnügungspark fahren. Er liegt 25 Meilen (40 km) südwestlich in Shakopee. Parken kostet 10 US$.

» **Children's Theatre Company** (☎612-874-0400; www.childrenstheatre.org; 2400 3rd Ave S; 👪) Das Theater ist so gut, dass es einen „Tony" als „herausragendes Regionaltheater" bekommen hat.

SCHWULEN- & LESBENSZENE IN MINNEAPOLIS

Minneapolis hat mit die größte Schwulen-, Lesben-, Bisexuellen- und Transsexuellenszene (GLBT) der ganzen USA, die hier weitgehende Rechte haben. Die umfassende Website der **Minneapolis Convention & Visitors Association** (www.glbtminneapolis.org) informiert über Events, Nachtleben, Neuigkeiten aus der Szene und Attraktionen. Auch das kostenlose, alle zwei Wochen erscheinende Magazin *Lavender* (www.lavendermagazine.com), das es in den Cafés der Stadt gibt, ist recht informativ.

Gay Nineties (www.gay90s.com; 408 Hennepin Ave S) versorgt Nachtschwärmer mit Infos über Tanz, Essen und Dragshows für Schwule und Heteros. Das **Wilde Roast Cafe** (www.wilderoastcafe.com; 65 Main St SE) am Fluss bietet klasse Backwaren und ein viktorianisches Ambiente à la Oscar Wilde – *Lavender* zeichnet es als „bestes Café" aus.

Zum **Pride Festival** (www.tcpride.com; ⌚Ende Juni), einem der größten in den USA, kommen rund 400 000 Feierwütige.

staltungsorte verhökern Restkarten 15 Minuten vor Spielbeginn für 15 bis 30 US$.

Guthrie Theater THEATER
(☎612-377-2224; www.guthrietheater.org; 818 2nd St S) Das absolute Spitzenensemble in Minneapolis mit gigantischer Bühne, um das auch zu beweisen.

Pantages Theatre, State Theatre & Orpheum Theatre THEATER
(☎612-339-7007; www.hennepintheatretrust.org) Diese klassischen Paläste sind die Hauptbühnen für Broadway Shows und tourende Künstler. Die Theater stehen in einer Reihe in der Hennepin Ave S und haben die Hausnummern 710, 805 bzw. 910.

Brave New Workshop Theatre THEATER
(☎612-332-6620; www.bravenewworkshop.com; 2605 Hennepin Ave S) Etabliertes Theater in Uptown für Operetten, Revuen und Satiren.

Orchestra Hall KLASSISCHE MUSIK
(☎612-371-5656; www.minnesotaorchestra.org; 1111 Nicollet Mall) Sagenhafte Akustik für Konzerte des bejubelten Minnesota Symphony Orchestra.

Sport

Die Einwohner von Minnesota vergöttern ihre Teams. Achtung: Eishockey wird in St. Paul gespielt (s. S. 646).

Target Field BASEBALL
(www.minnesotatwins.com; 3rd Ave N zw. 5th St N & 7th St N) Das neue Stadion für das Twins-Profibaseballteam ist überdurchschnittlich und legt viel Wert auf Speisen und Getränke aus der Region.

Hubert H. Humphrey Metrodome FOOTBALL
(www.vikings.com; 900 5th St S) Das Profifootballteam der Vikings spielt in dem an ein Marshmallow erinnernden 'Dome (dessen Dach 2010 unter der Schneelast zusammenbrach).

Target Center BASKETBALL
(www.nba.com/timberwolves; 600 1st Ave N) Hier spielen die Timberwolves Profibasketball.

ℹ Praktische Informationen

Infos im Internet

Ask the Minneapolitan (www.asktheminneapolitan.wordpress.com) Szeneführer mit Infos über Kunst, Shows, Konzerte und Festivals.

Minneapolis Bicycle Program (www.ci.minneapolis.mn.us/bicycles) Fahrradkarten und viel Wissenswertes rund ums Fahrrad.

Notfall & Medizinische Versorgung

Fairview/University of Minnesota Medical Center (☎612-273-6402; 2450 Riverside Ave)

Internetzugang

Minneapolis Public Library (www.hclib.org; 300 Nicollet Mall; ⌚Di & Do 10–20, Mi, Fr & Sa 10–18, So 12–17 Uhr) Moderne Einrichtung mit kostenlosem Internetzugang und WLAN.

Medien

City Pages (www.citypages.com) Kostenloses Wochenblatt mit Veranstaltungskalender.

Pioneer Press (www.twincities.com) Tageszeitung von St. Paul.

Star Tribune (www.startribune.com) Tageszeitung von Minneapolis.

Vita.MN (www.vita.mn) Kostenloses Wochenblatt der *Star Tribune* mit Veranstaltungskalender.

Touristeninformation

Minneapolis Convention & Visitors Association (☎612-767-8000; www.minneapolis.org) Gutscheine, Karten, Führer und Fahrradwege online.

Anreise & Unterwegs vor Ort

Bus

Greyhound (☎612-371-3325; 950 Hawthorne Ave) fährt regelmäßig nach Milwaukee (7 Std.), Chicago (9 Std.) und Duluth (3 Std.).

Die Expressbusse von **Megabus** (www.megabus.com/us) fahren nach Milwaukee (6 Std.) und Chicago (8 Std.) und sind oft preiswerter als die Konkurrenz von Greyhound. Sie starten sowohl in der Innenstadt als auch an der Universität. Die Website verrät die genauen Orte.

Fahrrad

Minneapolis gehört zu den „besten Fahrradstädten" der USA. Es gibt ein 135 km langes Radwegnetz und ein großes Bike-Share-Programm. **Nice Ride** (www.niceridemn.com; April–Okt.) hat in der ganzen Stadt 1000 Räder und 80 SB-Stationen. Nutzer zahlen an der Station oder online einen Mitgliedsbeitrag (Tag/Monat 5/30 US$) und einen kleinen Betrag pro halbstündiger Nutzung (die ersten 30 Minuten sind gratis). Die Räder können an jeder Station zurückgegeben werden. Auf S. 641 stehen Infos zu herkömmlichen Fahrradverleihern (was die bessere Option ist, wenn man Radtouren machen will und den Drahtesel nicht nur als reines Verkehrsmittel ansieht).

Flugzeug

Der **Minneapolis-St. Paul International Airport** (MSP; www.mspairport.com) liegt zwischen den beiden Städten in Richtung Süden. Hier hat Delta Airlines seinen Sitz und bietet Direktflüge ab/nach Europa an.

Am billigsten kommt man mit der Hiawatha-Stadtbahn (normale/Rush-Hour-Fahrkarte 1,75/2,25 US$, 25 Min.) nach Minneapolis. Bus 54 (normale/Rush-Hour-Fahrkarte 1,75/2,25 US$, 25 Min.) fährt nach St. Paul. Ein Taxi kostet ca. 45 US$.

Öffentlicher Nahverkehr

Metro Transit (www.metrotransit.org; normale/Rush-Hour-Fahrkarte 1,75/2,25 US$) fährt regelmäßig mit Bussen in der ganzen Stadt umher. Außerdem gibt's die ausgezeichnete Hiawatha-Stadtbahn, die zwischen der Innenstadt und der Mall of America verkehrt. Expressbus 94 (normale/Rush-Hour-Fahrkarte 2,25/3 US$) verbindet Minneapolis mit St. Paul. Er fährt an der Südseite der 6th St N ab, unmittelbar westlich der Hennepin Ave. Tageskarten (6 US$) gibt's an jedem Bahnhof oder beim Busfahrer.

Taxi

Wer ein Taxi braucht, ruft bei **Yellow Cab** (☎612-824-4444) an.

Zug

Der **Amtrak-Bahnhof** (☎651-644-6012; 730 Transfer Rd) an der University Ave SE liegt zwischen Minneapolis und St. Paul. Es fahren täglich Züge nach Chicago (8 Std.) und Seattle (37 Std.). Die Fahrt Richtung Osten nach La Crosse (3 Std.) in Wisconsin ist traumhaft. Sie führt am Mississippi River entlang und Fahrgäste können sicher mehr als einmal Adler in der Luft schweben sehen.

St. Paul

St. Paul ist kleiner und ruhiger als seine Zwillingsstadt Minneapolis und hat sich mehr historischen Charakter bewahrt. Man kann das ehemalige Revier von F. Scott Fitzgerald durchforsten, die Wege am mächtigen Mississippi erkunden oder eine laotische Suppe schlürfen.

Sehenswertes & Aktivitäten

Innenstadt und Cathedral Hill bieten die meiste Action. In Cathedral Hill gibt's ganz unterschiedliche Geschäfte, traumhafte viktorianische Herrenhäuser aus dem Gilded Age und natürlich die große Kirche, der diese Gegend ihren Namen zu verdanken hat. Die Museen befinden sich im Stadtzentrum. Insider-Tipp: Es gibt eine Abkürzung zwischen den beiden Vierteln, einen Fußweg, der an der Westseite des Hill House beginnt und im Stadtzentrum endet.

Das wiederbelebte Viertel **Harriet Island** befindet sich südlich der Innenstadt an der Wabasha St. Hier kann man herrlich herumschlendern. Es gibt einen Park, einen Uferweg, Konzertbühnen und einen Fischereihafen.

F. Scott Fitzgerald Sights & Summit Avenue — STRASSE

F. Scott Fitzgerald, der Autor von *Der Große Gatsby*, ist St. Pauls berühmtester Sohn. Er ist in der Wohnung im Pullman-Stil mit der Adresse **481 Laurel Avenue** geboren. In **599 Summit Avenue**, einem Sandsteinhaus vier Blocks weiter, lebte Fitzgerald als *Diesseits vom Paradies* veröffentlicht wurde. Beide Häuser sind in Privatbesitz. Von hier schlendert man weiter entlang der Summit Ave in Richtung Kathedrale und bewundert die viktorianischen Häuser, die diese Straße säumen. Literaturfreaks sollten sich im Visitor Center die Karte *Fitzgerald Homes and Haunts* besorgen.

GRATIS Landmark Center — MUSEUM

(www.landmarkcenter.org; 75 W 5th St; Mo–Fr 8–17, Do 8–20, Sa 10–17 Uhr, So 12–17 Uhr) Das 1902 errichtete Landmark Center mit seinen Türmchen war früher das Gerichtsgebäude. Hier wurden Gangster wie Alvin „Creepy" Karpis verurteilt; auf Schildern in den einzelnen Räumen steht, wem hier der Prozess gemacht wurde. Neben dem Visitor Center beherbergt das Gebäude auch noch mehrere kleine Museen. Im 1. Stock zeigt das **Schubert Club Museum** (☎651-292-3267; www.schubert.org; ⏲So–Fr 12–16 Uhr) eine feine Sammlung alter Klaviere und Cembali – auf einigen haben Mozart, Beethoven und ähnliche Berühmtheiten musiziert. Ferner kann man alte Manuskripte und Briefe von berühmten Komponisten bewundern. Der Club veranstaltet von Oktober bis April donnerstags um 12 Uhr kostenlose Kammermusikkonzerte. Ein Drechselmuseum befindet sich ebenfalls in diesem Stockwerk (Eintritt frei).

GRATIS **Mississippi River Visitors Center** INFORMATIONSZENTRUM
(☎651-293-0200; www.nps.gov/miss; ⏲So–Do 9.30–17, Fr & Sa 9.30–21 Uhr) Das Besucherzentrum des National Park Service befindet sich in der Lobby des Wissenschaftsmuseums. Hier sollte man sich unbedingt die Tourenkarte mitnehmen und sich erkundigen, welche kostenlosen, von Rangern geführten Wander- und Fahrradtouren angeboten werden. Die meisten finden im Sommer mittwochs, donnerstags und samstags um 10 Uhr statt. Im Winter werden Eisfischen und Schneeschuhwanderungen organisiert.

Science Museum of Minnesota MUSEUM
(☎651-221-9444; www.smm.org; 120 W Kellogg Blvd; Erw./Kind 11/8,50 US$; ⏲9.30–21.30 Uhr, Winter verkürzte Öffnungszeiten) Hier gibt's die üblichen interaktiven Ausstellungsstücke für Kids und ein Omnimax-Kino (5 US$ extra). Die Erwachsenen können sich im dritten Stock an den Quacksalbereien der „fragwürdigen medizinischen Vorrichtungen" ergötzen.

St. Paul Curling Club WINTERPORT
(www.stpaulcurlingclub.org; 470 Selby Ave; ⏲Okt.–Mai ab 11 Uhr) Wer mit den Sitten nördlicher Gefilde nicht vertraut ist, dem sei gesagt, dass Curling ein Wintersport ist, bei dem man einen radkappengroßen Granitsteine über eine Eisfläche in ein Zielfeld schlittern muss. Die netten Leute hier haben nichts dagegen, wenn man zuschauen möchte. Vielleicht wird man oben in der Bar sogar zu einem Labatt's eingeladen.

Cathedral of St. Paul KIRCHE
(www.cathedralsaintpaul.org; 239 Selby Ave; ⏲So–Fr 7–19, Sa 7–21 Uhr) Die Kathedrale wurde nach dem Vorbild des Petersdoms in Rom errichtet und herrscht vom Hügel aus über die Stadt.

James J. Hill House HISTORISCHES GEBÄUDE
(☎651-297-2555; www.mnhs.org/hillhouse; 240 Summit Ave; Erw./Kind 8/5 US$; ⏲Mi–Sa 10–15.30, So 13–15.30 Uhr) Das luxuriöse Herrenhaus des Eisenbahnmagnaten lohnt den Besuch. Die Schönheit aus dem Gilded Age Zeitalter hat fünf Stockwerke und 22 Kamine.

Geführte Touren

Down In History Tours STADTSPAZIERGANG
(☎651-292-1220; www.wabashastreetcaves.com; 215 S Wabasha St; 45-minütige Touren 6 US$; ⏲Do 17, Sa & So 11 Uhr) Die Tour führt durch die unterirdischen Höhlen von St. Paul, die die Gangster von damals als Kneipen benutzten. Am witzigsten ist es donnerstagabends, wenn in den Höhlen eine Swingband spielt (Eintritt 7 US$).

Feste & Events

St. Paul Winter Carnival KULTUR
(www.winter-carnival.com; ⏲Ende Jan) Zehntägiges Fest mit Eisskulpturen, Eislaufen und Eisfischen.

Schlafen

Eine größere Auswahl an Unterkünften gibt's in Minneapolis.

Covington Inn B&B $$
(☎651-292-1411; www.covingtoninn.com; 100 Harriet Island Rd; Zi. inkl. Frühstück 150–235 US$; P ⊖ ❄) Das B&B mit vier Zimmern befindet sich in Harriet Island auf einem Schleppschiff auf dem Mississippi. Während man seinen Morgenkaffee genießt, kann man den Verkehr auf dem Fluss vorbeigleiten sehen.

Holiday Inn HOTEL $$
(☎651-225-1515; www.holiday-inn.com/stpaulmn; 175 W 7th St; Zi. 99–169 US$; P ⊖ ❄ ᯤ ≋) Die Zimmer haben die Qualität, die man von einem Holiday Inn erwartet. Pluspunkte sammeln die Lage gleich beim RiverCentre (Kongresszentrum), ein kleiner Pool und ein Irish Pub. Parken kostet 15 US$.

Essen & Ausgehen

In der Grand Ave zwischen Dale St und Victoria St reihen sich Cafés, Lebensmittelläden und Ethno-Lokale aneinander. Auch rund um die Kreuzung Selby Ave und Western Ave N gibt's witzige Locations.

Mickey's Dining Car DINER $
(www.mickeysdiningcar.com; 36 W 7th St; Hauptgerichte 4–9 US$; ⏲24 Std.) Mickey's ist ein Klassiker in der Innenstadt. Es ist die Art von Lokal, in dem die nette Kellnerin die Kunden „Honey" nennt und zufriedene Stammgäste am Tresen an ihrem Kaffee nippen und Zeitung lesen. Das Essen scheint ebenfalls zeitlos: Burger, Malzbier und Apfelkuchen.

WA Frost & Company AMERIKANISCH $$
(☎651-224-5715; www.wafrost.com; 374 Selby Ave; Snacks 9–16 US$, Hauptgerichte 18–34 US$; ⏲Mo–Fr 11–13.30, Sa & So 10.30–14, tgl. 17–22 Uhr) Der efeubewachsene, baumbeschattete und mit Lichtern geschmückte Innenhof, der einem Roman von Fitzgerald entsprungen zu sein scheint, ist der perfekte Ort für ein Glas Wein, Bier oder Gin. Für die Gerichte wie die kunstvoll zubereitete Käseplatte, das glasierte Tofusteak und die Ente mit Kardamomglasur verwendet das Restaurant viele Zutaten aus der Region.

Hmongtown Marketplace ASIATISCH $
(www.hmongtownmarketplace.com; 217 Como Ave; Hauptgerichte 5–8 US$; ⏲8–20 Uhr) In den Twin Cities gibt es Amerikas größte Enklave von Hmong-Einwanderern. Im schlichten Food Court dieses Markts werden ihre vietnamesischen, laotischen und thailändischen Lieblingsgerichte serviert. Das West Building suchen und dann in den hinteren Teil gehen, wo scharfer Papayasalat, Rinderrippchen, Klebreis und Nudelsuppe verkauft werden. Dann noch über den Markt schlendern, auf dem man Zahnprothesen reparieren lassen und einen Kakadu oder einen Messinggong kaufen kann.

Happy Gnome KNEIPE
(www.thehappygnome.com; 498 Selby Ave; ⏲ab 11.30 Uhr; 📶) Hier gibt's 70 Biere vom Fass, die man auch gut auf der Terrasse der ehemaligen Feuerwache genießen kann. Die Kneipe befindet sich gegenüber des Parkplatzes vom St. Paul Curling Club.

ST. PAUL MIT KINDERN

Neben dem Science Museum of Minnesota (s. S. 647) mit den Lasershows und dem Omnimax-Kino mögen Kinder auch folgenden Orte:

» **Minnesota Children's Museum** (☎651-225-6000; www.mcm.org; 10 W 7th St; Eintritt 9 US$; ⏲Mo–Do 9–16, Fr & Sa 9–20, So 9–17 Uhr; 👪) Das Museum bietet das übliche Sortiment interaktiver Aktionen. Ferner kann auch ein riesiger Ameisenhaufen durchwühlt werden. In der interkulturellen „One World" können die Kleinen einkaufen und wählen.

» **Minnesota History Center** (☎651-259-3000; www.minnesotahistorycenter.org; 345 W Kellogg Blvd; Erw./Kind 10/5 US$, Di abends Eintritt frei; ⏲Di 10–20, Mi–Sa 10–17, So 12–17 Uhr; 👪) Die „A–Z"-Schatzsuche und ein Güterwagen, auf den man klettern darf, bringen Kindern die Geschichte näher.

☆ Unterhaltung

Fitzgerald Theater THEATER
(☎651-290-1221; www.fitzgeraldtheater.org; 10 E Exchange St) Hier nimmt Garrison Keillor seine Radioshow *Prairie Home Companion* auf.

Ordway Center for Performing Arts KLASSISCHE MUSIK
(☎651-224-4222; www.ordway.org; 345 Washington St) Kammermusik und die Minnesota Opera füllen die Hallen.

Xcel Energy Center EISHOCKEY
(www.wild.com; 199 Kellogg Blvd) Das Wild Profihockeyteam läuft im Xcel.

Shoppen

Common Good Books BUCHLADEN
(www.commongoodbooks.com; 165 Western Ave N; ⏲10–22 Uhr, So 10–20 Uhr) Garrison Keillors heller Buchladen im UG versteckt sich unter einem Coffeeshop. Die Regale sind übervoll mit Romanen und Naturbüchern von Autoren aus dem Mittleren Westen – von denen viele möglicherweise oben im Café auf ihren Laptops herumhämmern (auf der Liste am Eingang stehen alle Romane, die hier von Stammgästen geschrieben wurden).

ℹ Praktische Informationen

Visitor Center (☎651-292-3225; www.visitstpaul.com; 75 W 5th St; ⏲Mo–Sa 10–16, So 12–16 Uhr) Im Landmark Center. Hier bekommt man Karten und Infos über Stadtspaziergänge auf eigene Faust.

ℹ Anreise & Unterwegs vor Ort

St. Paul hängt am gleichen Verkehrsnetz wie Minneapolis; Details s. S. 646. Die Greyhound-Busse, die Minneapolis bedienen, halten in der Regel auch in **St. Paul** (☎651-222-0507; 166 W University Ave).

Rund um Minneapolis-St. Paul

Mall of America EINKAUFSZENTRUM, VERGNÜGUNGSPARK
(www.mallofamerica.com; bei der I-494 an der 24th Ave; Mo–Sa 10–21.30, So 11–19 Uhr) Die Mall of America im Vorort Bloomington in der Nähe des Flughafens ist das größte Shoppingcenter der USA. Richtig, es ist nur ein Einkaufszentrum mit den üblichen Geschäften, Kinos und Lokalen. Aber es gibt darin auch noch eine Hochzeitskapelle. Und eine **Minigolfanlage** (952-883-8777; 2. Stock; Eintritt 8 US$) mit 18 Bahnen. Und den Vergnügungspark **Nickelodeon Universe** (952-883-8600; www.nickelodeonuniverse.com) mit 24 Karussells, darunter ein paar Achterbahnen, die einen zum Kreischen bringen. Einfach durchlaufen kostet nichts. Ein Armband, mit dem man den ganzen Tag beliebig oft Karussell fahren kann, kostet 30 US$. Für Einzelfahrten bezahlt man zwischen 3 und 6 US$. Und zu guter Letzt gibt es da auch noch das große Aquarium **Minnesota Sea Life** (952-883-0202; www.sealifeus.com; Erw./Kind 20/16 US$), in dem Kinder Haie und Stachelrochen berühren dürfen. Es gibt Kombitickets, mit denen man ein paar Taler sparen kann. Von der Innenstadt kommt man mit der Hiawatha-Stadtbahn hin.

Fort Snelling HISTORISCHE STÄTTE
(612-726-1171; www.historicfortsnelling.org; Ecke Hwy 5 & Hwy 55; Erw./Kind 10/5 US$; Juni–Aug. Di–Sa 10–17, So 12–17 Uhr, Sept. & Okt. nur Sa) Östlich des Shoppingcenters befindet sich Fort Snelling, das älteste Gebäude des Bundesstaates. Es wurde 1820 als Außenposten an der Grenze im abgelegenen Northwest Territory errichtet. Führer in Kostümen aus der damaligen Epoche zeigen restaurierte Gebäude und spielen das Leben der Pioniere nach.

Southern Minnesota

Einige Highlights des malerischen Südostens kann man in kurzen Fahrten von den Zwillingsstädten aus erreichen. Besser plant man aber einige Tage für einen Trip ein. Dann folgt man den Flüssen und hält in einigen der historischen Städte und Nationalparks.

Genau östlich von St. Paul befindet sich am Hwy 36 das touristische **Stillwater** www.ilovestillwater.com) am unteren St. Croix River. Die alte Holzfällerstadt bietet dem Besucher restaurierte Gebäude aus dem 19. Jh., Bootstouren auf dem Fluss und Antiquitätenläden. Außerdem ist es offiziell eine „Booktown" (Bücherstadt). Diese Ehre wurde weltweit nur wenigen kleinen Städten zuteil, die eine außergewöhnlich große Zahl von Antiquariaten und Buchläden beherbergen. Und dazu gibt's in der Stadt auch noch jede Menge historische B&Bs.

Das größere **Red Wing** liegt an der US 61 Richtung Süden. Es ist eine ähnliche, aber nicht so interessante restaurierte Stadt. Und das, obwohl es seine berühmten „Red Wing"-Schuhe (eigentlich eher robuste Boots) und Töpferware mit Salzglasur zu bieten hat.

Der hübscheste Teil der Region des **Mississippi Valley** beginnt südlich von hier. Um das Tal abzufahren und das Beste zu sehen, muss man zwischen Minnesota und Wisconsin auf der Great River Road hin- und herpendeln.

Von Red Wing aus überquert man auf der US 63 den Fluss. Bevor es aber am Wasser weiter gen Süden geht, sollte man einen Käse-Abstecher machen. Dazu fährt man 12 Meilen (19 km) auf der US 63 in Wisconsin gen Norden, bis man auf die US 10 trifft, wo man dann rechts abbiegt und nach ein paar Kilometern die „Cheese Curd Capital" Ellsworth erreicht. In der **Ellsworth Cooperative Creamery** (715-273-4311; www.ellsworthcheesecurds.com; 232 N Wallace St;

WAS ZUM...?

Achtung: Das **größte Garnknäuel der Welt** (320-693-7544; www.darwintwineball.com; 1st St; Eintritt frei; 24 Std.) kann man in Darwin, 62 Meilen (100 km) westlich von Minneapolis an der US 12, bewundern. Genauer gesagt, es ist das „größte, das von einer einzigen Person gemacht wurde" – Francis A. Johnson hat das 7900 kg schwere Stück im Verlauf von 29 Jahren auf seiner Farm hergestellt. Man kann es sich in dem Pavillon in der Stadt anschauen. Noch besser ist ein Besuch des **Museums** (April–Sept 13–16 Uhr, Okt.–März nach Vereinbarung) nebenan, wo man sich im Souvenirladen ein Starter-Kit für ein eigenes Knäuel kaufen kann.

⌚Mo–Fr 8–17, Sa 8–14 Uhr) wird Käsebruch/Frischkäse für A&W und Dairy Queen hergestellt. Wer superfrische Produkte probieren will, sollte gegen 11 Uhr hier sein.

Wenn man wieder am Fluss auf dem Wisconsin Hwy 35 ist, verläuft ein großer Teil der Straße an den Klippen rund um **Maiden Rock**, **Stockholm** und **Pepin**. Man sollte auch seiner Nase folgen und den hiesigen Bäckereien und Cafés einen Besuch abstatten.

Weiter Richtung Süden geht's wieder über den Fluss nach **Wabasha** in Minnesota. Die Stadt hat ein historisches Zentrum und eine große Population von Weißkopfseeadlern, die sich hier im Winter versammeln. Wer mehr über diese Tiere wissen will, geht ins **National Eagle Center** (☎651-565-4989; www.nationaleaglecenter.org; 50 Pembroke Ave; Erw./Kind 8/5 US$; ⌚So–Do 10–17, Fr & Sa 9–18 Uhr).

Weiter landeinwärts nach Süden kommt man ins Bluff Country mit seinen Kalksteinklippen, der geologischen Hauptattraktion von Südost-Minnesota. Das schöne **Lanesboro** fungiert als Zentrum für Fahrradtouren auf stillgelegten Bahntrassen und Kanuausfahrten. 7 Meilen (11 km) westlich befindet sich an der County Rd 8 (telefonisch um eine Anfahrtsbeschreibung bitten) das **Old Barn Resort** (☎507-467-2512; www.barnresort.com; B/Zi. 25/50 US$, Stellplatz Zelt/Wohnmobil 28/36 US$; ⌚April–Mitte Nov.; 🏊). Das idyllische Hostel ist gleichzeitig Campingplatz, Restaurant und Ausrüster. Das sehr gastfreundliche **Harmony**, das Zentrum einer Amish-Gemeinde, liegt südlich von Lanesboro.

SPAM MUSEUM

In der Nähe der Kreuzung der I-35 und der I-90 in Süd-Minnesota steht das **Spam Museum** (☎800-588-7726; www.spam.com; 1101 N Main St; Eintritt frei; ⌚Mo–Sa 10–17, So 12–17 Uhr; 👪) einsam und verlassen in Austin und widmet sich diesem merkwürdigen konservierten Fleisch – Spam eben (von Spiced Ham, gewürzter Schinken). Hier erfährt man, wie die blauen Dosen ganze Armeen ernährten, hawaiianisches Grundnahrungsmittel wurden und ganze Legionen von Haiku-Dichtern inspirierten. Außerdem kann man hier mit dem Personal (auch „Spambassadors" genannt) plauschen, das Fleisch kostenlos probieren und sogar dabei helfen, das süße Schweinewunder in Dosen zu quetschen.

Duluth & Northern Minnesota

In den Norden Minnesotas kommt man, „um ein bisschen zu angeln und ein paar Gläschen zu kippen", wie es sinngemäß ein Einwohner zusammenfasste.

DULUTH

Am äußersten westlichen Ende der Großen Seen liegt Duluth (mit dem Nachbar Superior, Wisconsin). Der Ort besitzt einen der geschäftigsten Häfen des Landes. Die atemberaubende Lage der Stadt, die in einen Steilhang hineingebaut wurde, ist ausgezeichnet dafür geeignet, den sich ständig wandelnden Lake Superior in Aktion zu erleben. Das Wasser, die Wanderwege und die herrliche Natur haben die Gegend zu einem Hotspot für Outdoorfreaks gemacht.

👁 Sehenswertes & Aktivitäten

Das Hafenviertel ist einzigartig. Am besten macht man einen Bummel auf dem Lakewalk und im Canal Park, wo sich auch die meisten Sehenswürdigkeiten befinden. Ausschau nach der Aerial Lift Bridge halten: Deren Fahrbahn hebt sich jährlich etwa 1000-mal, um Schiffe in den Hafen zu lassen.

Maritime Visitors Center MUSEUM
(☎218-720-5260; www.lsmma.com; 600 Lake Ave S; Eintritt frei; ⌚Juni–Aug. 10–21 Uhr, Sept.–Mai verkürzte Öffnungszeiten) Auf dem Computerdisplay im Museum erfährt man, wann die großen Schiffe hier vorbeiziehen. Das hervorragende Center zeigt auch Ausstellungsstücke rund um die Schifffahrt auf den Großen Seen und Schiffswracks.

William A. Irvin MUSEUM
(☎218-722-7876; www.williamairvin.com; 350 Harbor Dr; Erw./Kind 10/8 US$; ⌚Juni–Aug. 9–18 Uhr, Mai, Sept. & Okt. 10–16 Uhr) Und da man gerade beim Thema Schifffahrt ist, sollte man sich auch den mächtigen, 185 m langen Great-Lakes-Frachter anschauen.

Great Lakes Aquarium AQUARIUM
(☎218-740-3474; www.glaquarium.org; 353 Harbor Dr; Erw./Kind 14,50/8,50 US$; ⌚10–18 Uhr; 👪) Dieses Aquarium ist eines der wenigen Süßwasseraquarien des Landes. Zu den Highlights gehören die tägliche Fütte-

DYLAN IN DULUTH

Meistens werden Hibbing und die Iron Range mit Bob Dylan in Zusammenhang gebracht, was aber nichts daran ändert, dass er in Duluth geboren ist. In der Superior St und der London St gibt's braun-weiße Schilder mit der Aufschrift **Bob Dylan Way** (www.bobdylanway.com), die auf die Orte hinweisen, die etwas mit der Songwriter-Legende zu tun haben (z. B. das Arsenal, wo er Buddy Holly live sah und beschloss, Musiker zu werden). **Dylans Geburtsort** (519 3rd Ave E) auf einem Hügel ein paar Blocks nordöstlich des Stadtzentrums muss man aber alleine ausfindig machen. Dylan lebte bis zu seinem sechsten Lebensjahr im obersten Stockwerk, danach zog die Familie nach Hibbing um. Es handelt sich um ein (nicht gekennzeichnetes) Privathaus, das man sich von der Straße aus ansehen kann.

rung der Stachelrochen um 14 Uhr und die Otterbecken.

Vista Fleet BOOTSFAHRT

(☎218-722-6218; www.vistafleet.com; 323 Harbor Dr; Erw./Kind 16/8 US$; ⏲Mitte Mai–Okt.) Jeder fährt gern Boot, oder? Die zweistündigen Hafenrundfahrten sind jedenfalls extrem beliebt. Los geht's am Anleger neben der *William A. Irvin* im Canal Park.

Leif Erikson Park PARK

(Ecke London Rd & 14th Ave E) Dieser Park ist ein nettes Plätzchen am Seeufer mit einem Rosengarten, einem Nachbau von Leifs Wikingerschiff und im Sommer freitagabends mit kostenlosem Kino unterm Sternenhimmel. Wer vom Canal Park den Lakewalk (ca. 2,5 km) entlanggeht, kann sich damit rühmen, den Superior Trail (S. 654) entlanggewandert zu sein, zu dem dieser Pfad gehört.

University of Minnesota Duluth's Outdoor Program OUTDOORAKTIVITÄTEN

(☎218-726-6134, 218-726-7128; www.umdrsop.org; 154 Sports & Health Center; Miete 20–40 US$/Tag) In der Uni kann man sich Kajaks, Campingausrüstung und sonstige Gerätschaften ausleihen. Es werden auch Kletter-, Paddelboard- und Snowkiting-Programme angeboten. Anfänger sind herzlich willkommen.

Spirit Mountain SKIFAHREN

(☎218-628-2891; www.spiritmt.com; 9500 Spirit Mountain Pl; Erw./Kind 47/37 US$ pro Tag; ⏲So–Do 9–20 Uhr, Mitte Nov.–März Fr & Sa 9–21 Uhr) Skifahren und Snowboarden sind im Winter ein beliebter Zeitvertreib. Im Sommer ist die neue Zip-Line angesagt. Der Berg liegt 10 Meilen (16 km) südlich von Duluth.

Enger Park PARK

(Skyline Pkwy) Wer einen spektakulären Blick auf die Stadt und den Hafen genießen will, klettert auf den Felsenturm im Enger Park, der sich ein paar Kilometer südwestlich des Golfplatzes befindet.

Schlafen

In Duluth gibt's zahlreiche B&Bs. Im Sommer kosten die Zimmer mindestens 125 US$. **Duluth Historic Inns** (www.duluthbandb.com) hat Verzeichnisse. Im Sommer sind die Unterkünfte schnell ausgebucht, dann muss man sein Glück jenseits der Grenze in Superior, Wisconsin, versuchen (wo es auch billiger ist).

Fitger's Inn HOTEL $$

(☎218-722-8826; www.fitgers.com; 600 E Superior St; Zi. inkl. Frühstück 99–209 US$;) Die Unterkunft am Lakewalk in einer ehemaligen Brauerei bietet 62 geräumige Zimmer, die alle leicht unterschiedlich eingerichtet sind. Die teureren Zimmer haben einen tollen Blick aufs Wasser. Der kostenlose Shuttleservice zu den Sehenswürdigkeiten ist recht praktisch.

Willard Munger Inn INN $$

(☎218-624-4814, 800-982-2453; www.mungerinn.com; 7408 Grand Ave; Zi. inkl. Frühstück 70–136 US$;) Das Munger Inn ist in Familienbesitz und hat viele verschiedenartige Zimmer zu bieten (von Budgetzimmern bis zu Suiten mit Jacuzzi). Auch Aktivurlauber finden hier alles, was das Herz begehrt: Wander- und Fahrradwege direkt vor der Haustür, kostenlose Benutzung der Räder und Kanus und eine Feuerstelle. Die Unterkunft liegt in der Nähe des Spirit Mountain.

Essen & Ausgehen

Die meisten Restaurants und Bars haben im Winter verkürzte Öffnungszeiten. In Ufernähe unweit des Canal Park gibt's Restaurants aller Preisklassen.

DeWitt-Seitz Marketplace VERSCHIEDENES $$

(www.dewittseitz.com; 394 Lake Ave S) In diesem Gebäude am Canal Park gibt's mehrere Lokale, u.a. das vegetarierfreundliche

Taste of Saigon (So–Do 11–20.30, Fr & Sa 11–21.30 Uhr;), das hippiemäßige **Amazing Grace** (7–22 Uhr) und das **Northern Waters Smokehaus** (Mo–Sa 10–21, So 11–17 Uhr), in dem Biolachs und -weißfisch serviert werden (genau das Richtige für ein leckeres Picknick).

Chester Creek Cafe CAFÉ $$
(218-723-8569; www.astccc.net; 1902 E 8th St; Hauptgerichte 7–14 US$; Mo–Sa 7–21, So 7.30–20 Uhr;) Das urige Chester Creek mit seinen Sitznischen aus Kiefernholz serviert Omeletts, Reuben-Sandwiches mit Tempeh, thailändisches Tofu-Curry und Fisch- und Fleischgerichte. Das Restaurant liegt in Uninähe, ca. 2 Meilen (3,2 km) von der Innenstadt entfernt.

Pizza Luce PIZZERIA $$
(218-727-7400; www.pizzaluce.com; 11 E Superior St; große Pizzas 20–22 US$; So–Do 8–1.30, Fr & Sa 8–2.30 Uhr;) Hier gibt's Frühstück und Gourmetpizzas mit Zutaten aus der Region. Das Lokal hat Verbindung zur regionalen Musikszene und oft Bands zu Gast. Alkohollizenz ist vorhanden.

Fitger's Brewhouse BRAUEREI
(www.fitgersbrewhouse.net; 600 E Superior St; ab 11 Uhr) In der zum Hotelkomplex gehörenden Brauereikneipe kann man Livemusik und kühles Bier genießen. Am besten bestellt man sich das Probiertablett mit sieben verschiedenen Bieren (7 Minigläser 7 US$).

LP TIPP **Thirsty Pagan** BRAUEREI
(www.thirstypaganbrewing.com; 1623 Broadway St; ab 16 Uhr) Das Lokal liegt zwar recht weit weg – über die Brücke in Superior, Wisconsin (10 Autominuten) –, lohnt aber dennoch wegen der fruchtigen Biere und der von Hand belegten Pizzas den Besuch.

Shoppen

Electric Fetus MUSIK
(218-722-9970; www.electricfetus.com; 12 E Superior St; Mo–Fr 9–21, Sa 9–20, So 11–18 Uhr) Umwerfende Auswahl an CDs, Schallplatten sowie Kunst und Kunsthandwerk aus der Region, u.a. Dylan-Songs und T-Shirts. Gegenüber von Pizza Luce.

Praktische Informationen

Duluth Visitors Center (800-438-5884; www.visitduluth.com; Harbor Dr; Sommer 9.30–19.30 Uhr) Saisonal geöffnete Touristeninformation gegenüber vom Vista Dock.

Anreise & Unterwegs vor Ort

Greyhound (218-722-5591; 4426 Grand Ave) fährt mehrmals täglich nach Minneapolis (20–36 US$, 3 Std.).

NORTH SHORE

Der Hwy 61 (s. unten) ist die Hauptverkehrsader an der North Shore. Er führt auf seinem Weg nach Kanada am Lake Superior entlang und an mehreren State Parks, Wasserfällen, Wanderwegen und kleinen Städtchen vorbei. Weil hier an den Wochenenden, im Sommer und im Herbst viel los ist, sollte man seine Unterkunft im Voraus buchen.

In **Two Harbors** (www.twoharborschamber.com) gibt's ein Museum, einen Leuchtturm und ein B&B – die beiden zuletzt genannten

PANORAMASTRASSE: HIGHWAY 61

Der Hwy 61 beschwört unzählige Bilder herauf. Der aus dieser Region stammende Bob Dylan hat ihm 1965 mit seinem wütenden Album *Highway 61 Revisited* ein Denkmal gesetzt. Es handelt sich um den berühmten „Blues Highway", der bis New Orleans (s. S. 36) am Mississippi entlangführt. Im Norden von Minnesota, wo er dem Ufer des Lake Superior folgt, verbindet man mit der Straße rote Klippen und von Wäldern gesäumte Strände.

Das ist aber nur die halbe Geschichte – es sind noch ein paar Erklärungen notwendig. Der Blues Highway ist eigentlich die US 61, die unmittelbar nördlich der Twin Cities beginnt. Der Hwy 61 ist eine landschaftlich schöne Staatsstraße, die in Duluth beginnt. Um die Sache noch komplizierter zu machen, gibt es zwischen Duluth und Two Harbors zwei weitere Straßen mit der Nummer 61: eine vierspurige Schnellstraße und den zweispurigen „Old Hwy 61" (auch North Shore Scenic Drive genannt, der als London Rd in Duluth beginnt). Wie dem auch sei, den Hwy 61 sollte man nicht versäumen. Hinter Two Harbors verwandelt er sich in ein landschaftlich berauschende Route, die an der kanadische Grenze endet (bzw. dort ihre Fortsetzung findet). Weitere Infos gibt's auf der Website www.superiorbyways.com unter North Shore Scenic Drive.

sind identisch. Wer eines der vier Zimmer im **Lighthouse B&B** (☎218-834-4814; www.lighthousebb.org; Zi. inkl. Frühstück 135–155 US$) ergattern kann, verbringt eine Nacht in einzigartiger Atmosphäre. Ganz in der Nähe kann man bei **Betty's Pies** (www.bettyspies.com; 1633 Hwy 61; Sandwiches 5–9 US$; ⏲7–21 Uhr, Mai verkürzte Öffnungszeiten) in einer aus fünf Schichten bestehenden Schokoladentorte und anderen Köstlichkeiten schwelgen.

Zu den Highlights an der Strecke nördlich von Two Harbors gehören die Gooseberry Falls, Split Rock Lighthouse und Palisade Head. Etwa 110 Meilen (177 km) von Duluth entfernt liegt das kleine **Grand Marais** (www.grandmarais.com). Die Künstlerstadt eignet sich hervorragend als Ausgangsbasis für Ausflüge in die Boundary Waters und in die Umgebung. Infos und Genehmigungen für die Boundary Waters gibt's in der **Gunflint Ranger Station** (☎218-387-1750; ⏲Mai–Sept. 7–17 Uhr) direkt südlich der Stadt.

Do-it-yourself-Enthusiasten können in der **North House Folk School** (☎218-387-9762; www.northhousefolkschool.com; 500 Hwy 61) lernen, wie man Boote baut, Angelköder anbringt und Bier braut. Die Liste der angebotenen Kurse ist phänomenal – genauso wie der zweistündige Segelausflug auf dem Wikingerschiff *Hjordis* (Erw./Kind 45/35 US$). Im Voraus buchen.

Übernachten kann man in Grand Marais auf Campinglätzen, in Resorts und Motels, z.B. im **Harbor Inn** (☎218-387-1191; www.bytheharbor.com; 207 Wisconsin St; Zi. 115–135 US$; 📶) in der Stadt oder in der rustikalen **Naniboujou Lodge** (☎218-387-2688; www.naniboujou.com; 20 Naniboujou; Zi. 95–115 US$), die 14 Meilen (22 km) nördlich der Stadt liegt und von unzähligen Wanderwegen umgeben ist. **Sven and Ole's** (☎218-387-1713; www.svenandoles.com; 9 Wisconsin St; Sandwiches 6–8 US$; ⏲11–20, Do–Sa bis 21 Uhr) ist ein klassisches Sandwich- und Pizzalokal; Bier gibt's im Pickled Herring Pub nebenan. Das umweltfreundliche **Angry Trout Cafe** (☎218-387-1265; www.angrytroutcafe.com; 416 Hwy 61; Hauptgerichte 19–25 US$; ⏲Mai–Mitte Okt. 11–20.30 Uhr) war früher eine Anglerhütte, jetzt wird hier frischer Seefisch gegrillt.

Der Hwy 61 führt dann an die kanadische Grenze zum **Grand Portage National Monument** (☎218-475-0123; www.nps.gov/grpo; Eintritt frei; ⏲Mitte Mai–Mitte Okt. unterschiedliche Öffnungszeiten), wo die ersten Reisenden noch ihre Kanus um die Stromschnellen des Pigeon River herumtragen mussten. Hier befand sich einmal das Zentrum eines ausgedehnten Handelsimperiums. Der Besuch des rekonstruierten Handelspostens von 1788 und des Ojibwe-Dorfs ist sicher kein Zeitverschwendung. Zum **Isle Royale National Park** im Lake Superior kommt man von Mai bis Oktober täglich mit der **Fähre** (☎218-475-0024; www.isleroyaleboats.com; Tagesausflug Erw./Kind 53/30 US$). Der Park ist auch von Michigan aus zu erreichen; s. S. 625.

BOUNDARY WATERS

Von Two Harbors führt der Hwy 2 ins Landesinnere zur legendären **Boundary Waters Canoe Area Wilderness (BWCAW)**. In dieser unberührten Landschaft kann man auf über 1000 Seen und Flüssen paddeln. Auch wenn problemlos ein Tagesausflug möglich ist, entscheiden sich die meisten dafür, mindestens für eine Nacht ihr Zelt aufzuschlagen. Wer bereit ist, sich darauf einzulassen und eine Weile mit dem Kanu zu paddeln, lässt die Massen bald hinter sich. Da wird aus dem Campen ein wunderbares Erlebnis in der Abgeschiedenheit, bei dem man mit den heulenden Wölfen, den am Zelt knabbernden Elchen und dem grünlichen Polarlicht am Nachthimmel allein ist. Anfänger sind willkommen und jeder kann sich in den Lodges und bei den Sportartikelgeschäften der Region die notwendige Ausrüstung besorgen. Wer die Nacht hier verbringen will, benötigt eine **Genehmigung** (☎877-550-6777; www.recreation.gov; Erw./Kind unter 18 Jahre 16/8 US$, plus 12 US$ Reservierungsgebühr). Auch tagsüber braucht man eine Erlaubnis, die aber nichts kostet; man bekommt sie an den Kiosken am BWCAW-Eingang oder der Rangerstation. Infos gibt's im **Superior National Forest** (☎218-626-4300; www.fs.fed.us/r9/forests/superior/bwcaw); auf der Website stehen nützliche Tipps für die Reiseplanung. Man sollte versuchen, im Voraus zu planen, denn die Genehmigungen sind nach Quoten geregelt und gelegentlich schon alle vergeben.

Viele behaupten, dass man zur BWCAW am besten über die ansprechende Stadt **Ely** (www.ely.org) kommt. Diese liegt im Nordosten der Iron Range Region, wo es Unterkünfte, Restaurants und jede Menge Sportgeschäfte gibt.

Das **International Wolf Center** (☎218-365-4695; www.wolf.org; 1369 Hwy 169; Erw./Kind 8,50/4,50 US$; ⏲10–17 Uhr, Mitte Okt.–Mitte Mai So–Do geschl.) hat faszinierende Exponate und organisiert Ausflüge, auf denen man Wölfe beobachten kann. Gegenüber vom Wolf Center auf der anderen Seite des Highways befindet sich die **Kawishiwi Ranger Station** (☎218-365-7600; 1393 Hwy 169; ⊙Mai–Sept. 7–16.30 Uhr), wo man Tipps von BWCAW-Experten zum Campen und Kanufahren, Ausflugstipps und die notwendigen Genehmigungen bekommt.

Im Winter wird es hier „rutschig" – Ely ist eine bekannte Hundeschlittenstadt. Ausrüster wie **Wintergreen Dogsled Lodge** (☎218-365-6022; www.dogsledding.com; 4-stündige Tour 125 US$) bieten Tourpakete an.

IRON RANGE DISTRICT

Die rot gefärbten Berge der Region sind eigentlich eher Hügel. Der Iron Range District in Minnesota besteht aus den Mesabi und Vermillion Ranges. Sie verlaufen nördlich und südlich vom Hwy 169, etwa von Grand Rapids Richtung Nordosten bis nach Ely. In den 1850er-Jahren hat man hier Eisen gefunden. Und in manchen Zeiten wurden drei Viertel des Eisenerzes des Landes in diesen riesigen offenen Tagebaugruben gewonnen. Besucher können die Minen noch in Betrieb sehen und die karge, raue Schönheit der Gegend entlang des Hwy 169 erkunden.

In **Calumet** führt der **Hill Annex Mine State Park** (☎218-247-7215; 880 Gary St; Führungen Erw./Kind 10/6 US$; ⊙Mi–Sa 9–17 Uhr) perfekt ins Thema ein. Es gibt Touren durch die offenen Minen und ein Ausstellungszentrum. Die Touren finden nur im Sommer mittwochs bis samstags jeweils um 12.30 und 15 Uhr statt; eine Fossilientour gibt's auch (10 Uhr).

In **Hibbing** gibt's sogar eine noch größere Mine. Den **Aussichtspunkt** (Eintritt frei; ⊙Mitte Mai–Mitte Sept. 9–17 Uhr) nördlich der Stadt sollte man auf keinen Fall verpassen. Er überblickt die fast 5 km lange Mine Hull-Rust Mahoning. Als kleines Kind und Teenager lebte Bob Dylan in der 2425 E 7th Ave. Die **Hibbing Public Library** (☎218-362-5959; www.hibbing.lib.mn.us; 2020 E 5th Ave; ⊙Mo–Do 9–20, Fr bis 17 Uhr) hat eine schön gemachte Ausstellung zu Dylan. Sie gibt einen kostenlosen Plan mit einem Spaziergang aus (auch online erhältlich), der an verschiedenen Dylan-Locations vorbeiführt, etwa dem Ort von Bobbys Bar-Mizwa. Bei **Zimmy's** (531 E Howard St; Hauptgerichte 14–20 US$; ⊙11–1 Uhr) gibt's noch mehr Erinnerungsstücke sowie Drinks und rustikales Essen. Wer ein Bett sucht, kann es im **Hibbing Park Hotel** (☎218-262-3481; www.hibbingparkhotel.com; 1402 E Howard St; Zi. 88–93 US$; ❄📶🏊) versuchen.

In **Soudan** befindet sich die einzige **Untertagemine** (☎218-753-2245; www.soudan.umn.edu; 1379 Stuntz Bay Rd; Erw./Kind 5–12 Jahre 10/6 US$; ⊙Ende Mai–Anfang Sept. 10–16 Uhr) der Region. Man sollte sich warm anziehen. Nach einem Brand mussten die Touren 2011 ausfallen, 2012 sollten sie aber wieder stattfinden.

GRÜNE & INDIANISCHE BETRIEBE

In der Liste von **Green Routes** (www.greenroutes.org) stehen nachhaltig und von Gemeinden geführte Lokale, Unterkünfte, Läden und Tourveranstalter, darunter auch viele in indianischem Besitz. Die meisten Angaben beziehen sich auf Minnesota, es sind aber auch Unternehmen in benachbarten US-Staaten wie Wisconsin und South Dakota aufgelistet.

SUPERIOR HIKING TRAIL

Der 330 km lange **Superior Hiking Trail** (www.shta.org) verläuft entlang dem Seeufer über einen Bergrücken zwischen Two Harbors und der kanadischen Grenze. Dabei führt er an dramatischen Aussichtspunkten aus rotem Fels und gelegentlich an einem Elch oder Schwarzbär vorbei. Alle 8 bis 16 km gibt es einen Parkplatz mit Zugang zum Trail – einfach ideal für Tageswanderungen. Der **Superior Shuttle** (☎218-834-5511; www.superiorhikingshuttle.com; ab 17 US$; ⊙Mitte Mai–Mitte Okt. Fr–So) macht das Leben noch einfacher, sammelt er doch Wanderer an 17 Haltestellen entlang der Strecke auf. Wer mehrere Tage unterwegs ist, kann unter 81 Campingplätzen und mehreren Lodges wählen. Auf der Trail-Website findet man Infos. Der ganze Weg ist kostenlos, Reservierungen oder Genehmigungen sind nicht erforderlich. Ein ca. 60 km langer Abschnitt des Wegs führt an Duluth vorbei; er soll 2012 mit Two Harbors verbunden werden.

VOYAGEURS NATIONAL PARK

Im 17. Jh. begannen franko-kanadische Pelzhändler, sogenannte Voyageure, die Großen Seen und die nördlichen Flüsse mit dem Kanu zu erforschen. Der **Voyageurs National Park** (www.nps.gov/voya) schützt einen Teil der Wasserstraßen, die sie benutzten und die zur Grenze zwischen den USA und Kanada wurden.

Hier oben dreht sich alles ums Wasser. Die meisten Gebiete des Parks sind nur zu Fuß oder mit dem Motorboot zu erreichen (die Gewässer sind meistens zu breit oder zu wild, um sie mit dem Kanu zu befahren, wenngleich Kajaks immer beliebter werden). Ein paar Zugangsstraßen führen zu Campingplätzen und Lodges an oder in der Nähe des Lake Superior, aber sie werden meistens von Menschen benutzt, die ihre eigenen Boote zu Wasser lassen.

Die Visitor Centers sind mit dem Auto zu erreichen und gute Startpunkte für einen Trip. 12 Meilen (19 km) östlich von International Falls am Hwy 11 befindet sich das **Rainy Lake Visitor Center** (☎218-286-5258; ⌚Ende Mai–Sept. 9–17 Uhr, Okt.–Mai Mo & Di geschl.), das Hauptbüro des Parks. Hier führen einen die Ranger zu Fuß oder mit dem Boot. Nur in der Saison geöffnet sind die Visitor Centers am **Ash River** (☎218-374-3221; ⌚Juni–Sept. 9–17 Uhr) und am **Kabetogama Lake** (☎218-875-2111; ⌚Ende Mai–Sept. 9–17 Uhr). In diesen Gebiete gibt's Ausrüster, Verleiher und Dienstleistungen sowie kleinere Buchten zum Kanufahren.

Ziemlich beliebt ist hier oben eine Fahrt auf einem **Hausboot**. Ausrüster wie **Ebel's** (☎888-883-2357; www.ebels.com; 10326 Ash River Trail, Orr) und **Voyagaire Houseboats** (☎800-882-6287; www.voyagaire.com; 7576 Gold Coast Rd, Crane Lake) helfen einem weiter. Ein Boot kostet 275 bis 700 US$ pro Tag Miete, je nach Bootsgröße. Auch Anfänger sind willkommen, sie werden in die Geheimnisse der Hausboote eingewiesen.

Zum Übernachten stehen nur Campingplätze oder Resorts zur Auswahl. Das **Kettle Falls Hotel** (☎218-240-1724; www.kettlefallshotel.com; Zi./Cottage inkl. Frühstück 80–160 US$; ⌚Mai–Mitte Okt.) mit seinen zwölf Zimmern und Gemeinschaftsbad ist eine Ausnahme. Es liegt in der Mitte des Parks und ist nur mit dem Boot zu erreichen. Man kann mit den Besitzern vereinbaren, dass sie einen abholen (hin & zurück 45 US$/Pers.). Im **Nelson's Resort** (☎800-433-0743; www.nelsonsresort.com; 7632 Nelson Rd; Hütten ab 180 US$) in Crane Lake kann man wandern, angeln und unter dem blauen Himmel relaxen. Mit Sicherheit findet man hier eine abgelegene, raue Gegend vor. Wer aber wilde Pflanzen und Tiere in ihrer ganzen Schönheit sucht, Kanu fahren und im Wald zelten will, ist in den Boundary Waters besser dran.

BEMIDJI & CHIPPEWA NATIONAL FOREST

Diese Region steht für Unternehmungen im Freien und Sommerspaß. Es gibt jede Menge Campingplätze und Cottages und fast jeder hier ist ein passionierter Angler.

Der **Itasca State Park** (☎218-266-2100; www.mnstateparks.info; am Hwy 71 N; 5 US$/Fahrzeug, Stellplatz Zelt & Wohnmobil 16–25 US$) ist ein Highlight der Region. Man kann zwischen den winzigen Quellflüssen des mächtigen Mississippi herumlaufen, ein Kanu oder Fahrrad mieten, Wanderwege erkunden und zelten. Das Blockhaus des **HI Mississippi Headwaters Hostel** (☎218-266-3415; www.mississippiheadwatershostel.org; B 24–27 US$, Zi. 80–130 US$; 🚭📶) befindet sich im Park. Im Winter variieren die Öffnungszeiten, man tut also gut daran, vorher anzurufen. Wer Luxus mit rustikaler Note sucht, kann in der altehrwürdigen **Douglas Lodge** (☎866-857-2757; Zi. 75–130 US$; 📶) übernachten. Sie untersteht der Parkleitung, hat auch Hütten und zwei schöne Speisesäle.

Am Westrand des Waldes, etwa 30 Meilen (48 km) von Itasca entfernt, liegt das nette **Bemidji**, eine alte Holzfällerstadt mit gut erhaltenem Stadtkern. Außerdem steht hier eine riesige Statue des Holzfällers Paul Bunyan und seines treuen blauen Ochsen Babe. Im **Visitor Center** (☎800-458-2223; www.visitbemidji.com; 300 Bemidji Ave N; ⌚Juni–Aug. Mo–Fr 8–17, Sa 10–16, So 11–14 Uhr, Sept.–Mai Sa & So geschl.) kann man Pauls Zahnbürste bewundern. Im **Taber's Log Cabins** (☎218-751-5781; www.taberslogcabins.com; 2404 Bemidji Ave N; Hütte 69–79 US$; ⌚Mai–Okt.; 📶) kann man am See übernachten und angeln.

› Den Osten der USA verstehen

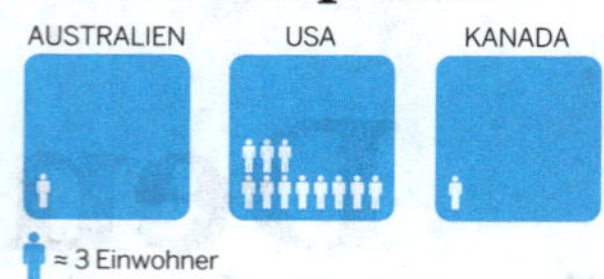

Der Osten der USA aktuell

» Haushaltseinkommen New Hampshire (2008–2010): 66 300 US$

» Haushaltseinkommen Mississippi (2008–2010): 36 850 US$

» Bevölkerungsdichte New York City: 10 356/km²

» Bevölkerungsdichte Maine: 17/km²

» Jährliche Käseproduktion in Wisconsin: 1,1 Mio. t

» Zahl der leerstehenden Häuser in Florida (2010): 1,5 Mio.

Wirtschaftliche Nöte

Der Osten hat wie der Rest des Landes wirtschaftlich ein paar harte Jahre hinter sich. Alles begann 2007 mit dem Zusammenbruch des Immobilienmarkts und weitete sich auf den Bankensektor aus, wodurch einige Kreditinstitute in die Knie gezwungen wurden. Darauf folgte die größte Finanzkrise seit der Weltwirtschaftskrise. 2009 verabschiedete der Kongress ein 800 Mrd. US$ schweres Konjunkturpaket, was viele US-Bürger für nicht sehr erfolgreich hielten. Wissenschaftler gehen aber davon aus, dass die Maßnahme die Rezession abgeschwächt hat.

Die Auswirkungen der stagnierenden Wirtschaft trafen einige Staaten im Osten besonders hart. Den Immobilienmarkt in Florida überfluteten Objekte aus Zwangsversteigerungen; 2010 standen 18 % aller Häuser leer. Michigan hat seit Anfang der Rezession aufgrund seiner wirtschaftlichen Abhängigkeit von der gebeutelten Automobilindustrie eine der höchsten Arbeitslosenzahlen in den USA (über 11 %). Viele weitere Wirtschaftsräume im Rust Belt des Mittleren Westens – im Norden von Ohio, Indiana und Illinois – haben das Schwächeln der verarbeitenden Industrie genauso gespürt, sodass die Staaten dieses Gebiets wie Florida die höchsten Zwangsversteigerungsraten im Land aufweisen.

Politische Aufspaltung

Verlorene Arbeitsplätze, überbewertete Hypotheken und wenig Aussicht auf Besserung: Die Zeit der Tea Party war gekommen. Sie ist nach den berühmt-berüchtigten Vorfällen in Bosten 1773 benannt, als Patrioten britischen Tee aus Protest gegen eine Steuer ins Meer warfen. Die Partei der aktuellen Tea Party entstand aus einer populistischen Bewegung der konservativen Republikaner, die die hohen Steuern und Regierungsausgaben anprangern. Vor allem die staatlichen Hilfsmaß-

Top-Bücher

Wer die Nachtigall stört (1960) Harper Lees pulitzerprämierter Roman über Rassismus im Alabama der 1930er.

Picknick mit Bären (1999) Der Humorist Bill Bryson versucht, den Appalachian Trail abzuwandern.

Die Verschwörung der Idioten (2011) John Kennedy Tooles Erzählung über eine Arbeitssuche.

Walden (1854) Thoreaus Erzählung über das einfache Leben.

Der Orchideendieb (1998) Die Journalistin Susan Orlean verliert in den Sümpfen den Kopf.

Top-Rockmusik

Highway 61 Revisited Bob Dylan

My City was Gone Pretenders

Atlantic City Bruce Springsteen

Sweet Home Alabama Lynyrd Skynard

No Sleep Till Brooklyn Beastie Boys

Religionen
(% der Bevölkerung)

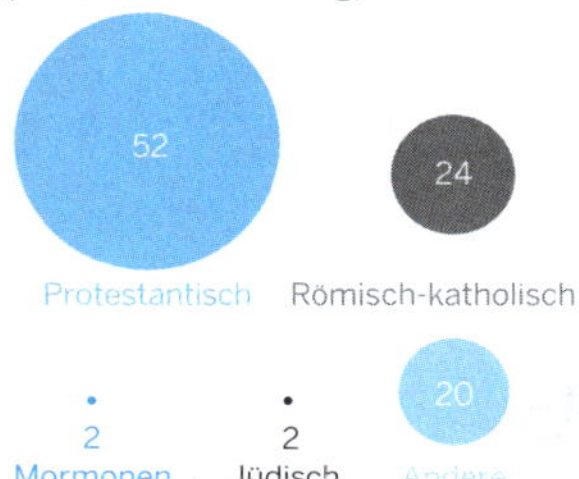

Gäbe es nur 100 Leute in den USA, wären ...

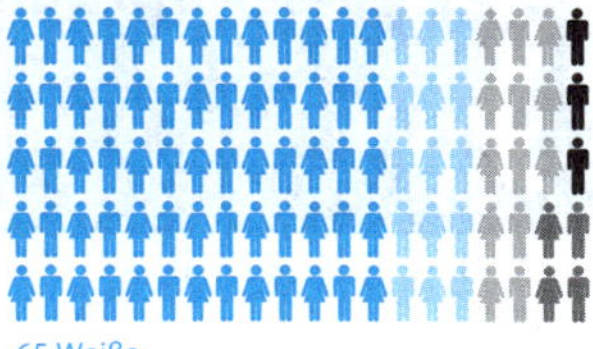

65 Weiße
15 Hispanics
13 Afroamerikaner
4 asiatische Amerikaner
3 Angehörige anderer Ethnien

nahmen (für Banken und die Autoindustrie) und Obamas Gesundheitsreform *(„Obamacare“)* nähren ihren Zorn.

Die Tea Party und ihre Mitstreiter sind nun auch in den traditionell liberalen Osten vorgedrungen. Das dramatischste Beispiel ist der Sitz im Senat von Massachusetts, den die Partei 2010 gewann. Diesen Sitz hatte Ted Kennedy beinahe 50 Jahre inne; er galt als den Demokraten sicher – bis der Brummifahrer und Republikaner Scott Brown ihn eroberte.

Die Region spaltet sich immer mehr. 2011 rückte Wisconsin ins Blickfeld, als der republikanische Gouverneur Scott Walker (mit Unterstützern der Tea Party) und Gewerkschafter des öffentlichen Dienstes sich um Löhne und das Recht auf Tarifverhandlungen stritten. Trotz der Proteste setzte sich Walker durch, die daraus folgende Verbitterung führte aber zu einem Abwahlverfahren gegen viele Abgeordnete. Walker kann 2012 abgewählt werden – im Jahr der Präsidentschaftswahlen.

Zurück zur Normalität

Hurrikan Katrina hat einem großen Teil der Golfküste ein neues Gesicht gegeben. Die Einheimischen mussten viel wieder aufbauen, die obdachlos Gewordenen kehrten zurück, Feuchtgebiete wurden wiederhergestellt – alles mit Unterstützung von außen. Obwohl die Wiederbelebung der Region in einigen Gegenden schon Erfolge aufweisen kann, z.B. in New Orleans, das nun neue städtebauliche Dimensionen zeigt, geht es anderswo, vor allem in ärmeren Gebieten, nur schleppend voran.

Im April 2010 musste die Golfküste wieder einen Schlag hinnehmen: die Ölpest im Golf von Mexiko, ausgelöst von der Deepwater Horizon. Etwa 580 Mio. l Rohöl ergossen sich ins Meer, bevor es British Petroleum gelang, das Leck abzudichten. Das Ausmaß des Schadens für die Fauna und die Fischgründe lässt sich bisher noch nicht abschätzen.

Top-Filme

Vom Winde verweht (1939) Saga über die Bürgerkriegsära in den Südstaaten.

Mr. Smith geht nach Washington (1939) Jimmy Stewart bekommt einen Crashkurs in Politik und Korruption.

Die Unbestechlichen (1987) Eliot Ness jagt Al Capone im Chicago der Gangsterära.

Gangster in Key Largo (1948) Bogart und Bacall in Florida.

Do the Right Thing (1989) Der Schmelztiegel N.Y.C. kocht in einem Brooklyner Block über.

Top-Blues

Take the A Train Ella Fitzgerald

Georgia on My Mind Ray Charles

Cross Road Blues Robert Johnson

Potato Head Blues Louis Armstrong

Geschichte

Die für Europäer fremde Neue Welt war seit eh und je die Heimat von Tausenden indigener Stämme. Tragischerweise kamen mit den Europäern auch Krankheiten, die die Ureinwohner dezimierten, bevor sie in jahrzehntelangen Kriegen von ihrem Land vertrieben wurden.

Die ersten Kolonien mussten hart ums Überleben kämpfen. Bis zum 17. Jh. hatten die britischen Kolonialherren aber dann im heutigen Virginia und Massachusetts Fuß gefasst. Von nun an florierten die Kolonien dank der Sklaven und der Plantagenwirtschaft. Um 1776 hatten die Kolonisten ein Bewusstsein über ihre Eigenständigkeit entwickelt und kämpften um ihre Autonomie. Washington, Adams, Jefferson, Franklin & Co. legten die Grundsteine für die amerikanische Demokratie.

Als sich im 19. Jh. der auf Sklavenwirtschaft basierende Süden von der Union abspaltete, stand es schlecht um die noch junge Nation. Abraham Lincoln sah keinen anderen Ausweg und führte sein Land in einen blutigen, vier Jahre währenden Bürgerkrieg. Die Republik überlebte – und was noch wichtiger war, die Sklaverei wurde abgeschafft. Doch auch wenn der Norden beim Wiederaufbau des Südens half, so heilten die Wunden noch lange nicht. Befreite Schwarze fühlten sich bald entrechtet und die Devise „getrennt, aber gleich" wurde zur Rechtfertigung offenkundiger Diskriminierung. Amerika war tief gespalten.

Schon bald überschattete der Erste Weltkrieg den Rassenkampf, der dann in den „Wilden Zwanzigern" von dem wirtschaftlichen Aufschwung in den Hintergrund gedrängt wurde. Die guten Zeiten dauerten aber nicht an. Mit dem Ausbruch der Weltwirtschaftskrise *(Great Depression)* im Jahre 1929 kollabierten Banken, Farmen und Geschäfte, Millionen Menschen wurden arbeitslos. Roosevelts New Deal trug dazu bei, die Nation aus der Krise zu führen. Doch die nächste warf schon ihren dunklen Schatten voraus: Faschistische und totalitäre Regime in Europa und Japan brachen erneut einen Weltkrieg vom Zaun, an dem die USA mit 16 Mio. amerikanischen Soldaten beteiligt waren.

Kolonialstätten

- St. Augustine, Florida
- Williamsburg, Virginia
- Jamestown, Virginia
- Plymouth, Massachusetts
- North End, Boston
- Philadelphia
- Annapolis, Maryland
- Charleston, South Carolina

ZEITLEISTE

40 000–20 000 v. Chr.

Die ersten Völker des amerikanischen Kontinents wandern über eine Landbrücke, die sich zwischen Sibirien und Alaska erstreckt, aus Zentralasien ein (der Meeresspiegel ist zu jener Zeit niedriger als heute).

7000 v. Chr.–100 n. Chr.

Die „Archaische Periode" ist von einem nomadenhaften Lebensstil als Jäger und Sammler gekennzeichnet. Am Ende der Periode werden Mais, Bohnen und Kürbisse angebaut und Siedlungen sind etabliert.

1492

Der italienische Forschungsreisende Christopher Kolumbus „entdeckt" Amerika. Aus der falschen Annahme heraus, er hätte Indien erreicht, gibt er den indigenen Völkern den Namen „Indianer".

In den boomenden 1950er-Jahren entstanden überall in den Vororten Einfamilienhäuser, die Städte wurden mit breiten Autobahnen verbunden. Begleitet wurde der Aufschwung von der ständigen Angst vor einer atomaren Zerstörung, der eskalierende Kalte Krieg forderte in den Stellvertreterkriegen in Korea und Vietnam abermals viele Opfer.

Attentate (auf John F. Kennedy, Martin Luther King, Robert F. Kennedy), Unruhen, ein verheerender und unpopulärer Krieg, politische Korruption (Watergate) und die sexuelle Revolution sorgten dafür, dass es in den stürmischen 1960er- und 1970er-Jahren nicht langweilig wurde – eine Zeit bedeutsamer Änderungen, in der sich nicht zuletzt die Afroamerikaner Siege in der Bürgerrechtsfrage teuer erkämpften.

In den 1980er-Jahren zogen die Weißen in die Vororte, während die Städte verfielen und die Gesellschaft in mehrere Schichten zerbrach. Mit den 1990er-Jahren kamen auch die guten Zeiten zurück – Friede, Wohlstand, Haushaltsüberschüsse und eine wachsende Hightech-Branche. Das 21. Jh. begann unheilvoll mit den Terroranschlägen auf das World Trade Center und das Pentagon, es folgten zwei kostspielige, noch immer anhaltende Kriege im Irak und in Afghanistan sowie eine tief greifende Rezession.

Die ersten Bewohner

Zu den bedeutendsten prähistorischen Kulturen Nordamerikas gehörten die Mound Builders, die von ca. 3000 v. Chr. bis 1200 n. Chr. die Flusstäler am Ohio River und am Mississippi bewohnten. Cahokia (S. 584) in Illinois war mit 20000 Menschen einst die größte präkolumbische Metropole Nordamerikas. Überall im Osten der USA sind ähnliche Erdhügel zu finden, u.a. am Natchez Trace (S. 39) in Mississippi.

Als die Europäer zum ersten Mal amerikanischen Boden betraten, lebten unterschiedliche Gruppen von Ureinwohnern in Amerika: die Wampanoag in Neuengland, die Calusa in Südflorida und die Shawnee im Mittleren Westen. 200 Jahre später waren sie alle verschwunden. Die europäischen Entdecker hatten Krankheiten im Gepäck, gegen die die indigene Bevölkerung keine Abwehrkräfte besaß. Mehr als alle anderen Faktoren – also Krieg, Sklaverei oder Hunger – dezimierten Epidemien die Bevölkerung der Ureinwohner, und zwar um etwa 50 bis 90%.

Die Europäer

1492 reiste der italienische Entdecker Christopher Kolumbus im Dienste Spaniens gen Westen. Auf der Suche nach dem Seeweg nach Ostindien fand er die Bahamas. Mit dem Traum von Gold folgten schnell weitere spanische Entdecker: Cortés eroberte große Teile des heutigen Mexiko, Pizarro nahm Peru ein und Ponce de León reiste auf der Suche nach dem Jungbrunnen durch Florida. Derweil erforschten die Franzo-

Ende der 1580er-Jahre, also noch vor Jamestown oder Plymouth Rock, errichtete auf Roanoke, North Carolina, eine Gruppe von 116 britischen Männern und Frauen eine Kolonie. Als ein Versorgungsschiff drei Jahre später zurückkam, waren alle Siedler spurlos verschwunden. Das Schicksal der „Verlorenen Kolonie" ist bis heute eins der größten Mysterien Amerikas.

VERLORENE KOLONIE

Mitte 16. Jh.

Spanier gründen die ersten Kolonien auf amerikanischem Boden, darunter das heute noch existierende St. Augustine in Florida. Andere Neugründungen werden später wieder aufgegeben.

1607

Die erste englische Kolonie, die Jamestown-Siedlung im heutigen Virginia, wird auf sumpfigem Marschland gegründet. Die ersten Jahre sind hart und viele sterben an Krankheiten oder verhungern.

1620

Die *Mayflower* landet mit 102 englischen Pilgern an Bord in Plymouth. Sie haben sich in die Neue Welt aufgemacht, um religiöser Verfolgung zu entkommen. Die Wampanoag retten sie vorm Verhungern.

1626

Niederländische Kaufleute kaufen Indianern die Insel Manhattan ab und gründen die Stadt Nieuw Amsterdam. Nach der Annexion durch die Engländer 1664 bekommt sie den Namen New York.

sen Kanada und den Mittleren Westen, Holländer und Engländer segelten an der Ostküste Nordamerikas entlang.

Auf dem Hintergrund der Staatengründung der USA, die sich vor allem im Norden abspielte, vergisst man schnell, dass St. Augustine in Florida die erste neuzeitliche Stadt auf nordamerikanischen Boden war; 1565 wurde sie von den Spaniern gegründet und besiedelt. Weiter nördlich an der Küste errichteten englische Adlige 1607 Jamestown (S. 321), die erste dauerhafte englische Siedlung. Frühere Siedlungen hatten ein schlechtes Ende genommen und auch Jamestown widerfuhr beinahe das gleiche Schicksal. Die Kolonisten hatten sich einen Sumpf ausgesucht und ihre Felder zu spät bestellt, sodass viele an Krankheiten und Hunger elend dahinsiechten. Retter in der Not waren die indigenen Stämme der Region, dank deren Hilfe die Siedler den ersten Winter überlebten.

Für Jamestown und Amerika war 1619 ein Schlüsseljahr. Die Kolonie gründete das House of Burgesses, eine repräsentative Versammlung von Bürgern, die über die Gesetze in der Region entscheiden sollte. Im gleichen Jahr traf die erste Schiffsladung mit 20 Sklaven ein.

Das Folgejahr erwies sich als nicht weniger bedeutsam. Eine Schiffsladung radikal religiöser Puritaner ging dort an Land, wo später Plymouth, Massachusetts (S. 190), entstehen sollte. Die Pilgerväter waren auf der Flucht vor der religiösen Verfolgung der „korrupten" Kirche von England. In der neuen Welt sahen sie die gottgegebene Möglichkeit, eine neue Gesellschaft zu erschaffen, die ein leuchtendes Vorbild an Religion und Moral werden sollte. Sie unterzeichneten den „Mayflower-Vertrag", einen der wegweisenden Texte der amerikanischen Demokratie, in dem sie sich der Einhaltung einer selbst erlassenen Ordnung unterwarfen.

Im 18. Jh. boomte die Walfangindustrie in Neuengland – vor allem in der Gegend um Massachusetts. Buzzards Bay, Nantucket Island und New Bedford waren die Hauptzentren. New Bedford verfügte über eine Walfangflotte von mehr als 300 Schiffen. 10 000 Menschen hatten direkt oder indirekt mit dem Walfang zu tun und erzielten einen Gewinn von über 12 Mio. US$.

Kapitalismus & Kolonialismus

In den nächsten zwei Jahrhunderten wetteiferten die europäischen Mächte um ihre Position und das Territorium in der Neuen Welt. Dabei wurden Nord- und Südamerika zum Nebenschauplatz europäischer Politik und Kriege. Nachdem es der British Royal Navy gelungen war, den Atlantik zu beherrschen, profitierte England immer stärker von seinen Kolonien und konsumierte gierig die Früchte seiner Arbeit – süßen Tabak aus Virginia, Zucker und Kaffee aus der Karibik.

Im 17. und 18. Jh. wurde in Amerika die Sklaverei langsam zu einer formellen Einrichtung legalisiert, um so die Plantagenwirtschaft zu unterstützen. Um 1800 war jeder fünfte „Amerikaner" ein Sklave.

In der Zwischenzeit überließen es die Briten den amerikanischen Kolonisten weitgehend, sich selbst zu regieren. Treffen in den Städten und repräsentative Versammlungen wurden zur Regel. Hier diskutierten die Bürger der Region (d.h. weiße Männer mit Besitz) die Probleme der Gemeinschaft und stimmten über Gesetze und Steuern ab.

1675

Jahrzehntelang leben die Pilgerväter und die einheimischen Stämme in relativer Eintracht nebeneinander, bis 1675 ein tödlicher Konflikt ausbricht: der Indianeraufstand „King Philip's War".

1756–1763

Im Siebenjährigen Krieg in Nordamerika ist Frankreich England unterlegen und zieht sich aus Kanada zurück. Großbritannien kontrolliert nun einen Großteil des Territoriums östlich des Mississippis.

1773

Boston Tea Party: Aus Protest gegen die britische Teesteuer verkleiden sich die Einwohner Bostons als Mohawaks, besetzen Schiffe der East India Company und werfen deren Teeladungen über Bord.

1775

Paul Revere reitet von Bosten nach Westen, um die Minutemen-Miliz der Kolonie vor der Ankunft der Briten zu warnen. Einen Tag später bricht der Amerikanische Unabhängigkeitskrieg aus.

Dennoch bekam das Königreich Großbritannien 1763 – gerade war der Siebenjährige Krieg zu Ende gegangen – langsam zu spüren, wie kraftraubend es ist, ein Imperium zu regieren. Seit einem Jahrhundert kämpften sie nun gegen Frankreich, über die ganze Welt verstreute Kolonien galt es zu verwalten und zu lenken. Es wurde Zeit, in der Bürokratie aufzuräumen und die finanziellen Lasten aufzuteilen.

Die Kolonien indes hatten so viel Selbstbewusstsein entwickelt, dass sie gegen Steuern und englische Politik protestierten. 1773 erreichte der Protest mit der Boston Tea Party einen ersten Höhepunkt. Die Briten schlugen nun mit aller Härte zu, schlossen den Hafen von Boston und erhöhten ihre militärische Präsenz. 1774 versammelten sich Vertreter aus zwölf Kolonien im Ersten Kontinentalkongress in der Independence Hall in Philadelphia (S. 137), wo sie ihre Beschwerden vortrugen und sich auf den unausweichlich bevorstehenden Krieg vorbereiteten.

Revolution & Republik

Im April 1775 gerieten in Massachusetts britische Truppen in ein Geplänkel mit bewaffneten Kolonisten – der Amerikanische Unabhängigkeitskrieg hatte begonnen. George Washington, ein wohlhabender Farmer aus Virginia, wurde zum Kommandeur der amerikanischen Armee gewählt. Das Problem war nur, dass Washington Schießpulver und Geld fehlten (die Kolonisten wehrten sich sogar dann gegen Steuern, wenn sie für ihr eigenes Militär benötigt wurden); ferner stellten seine Truppen eine kunterbunte Mischung aus schlecht bewaffneten Bauern, Jägern und Kaufleuten dar, die regelmäßig desertierten und auf ihre Farmen zurückkehrten, da sie keinen Sold erhielten. Dagegen verkörperten die britischen Redcoats das mächtigste Militär der Welt. Improvisation war daher das oberste Gebot des unerfahrenen Washington – mal zog er sich weise zurück, mal griff er „unfein" aus dem Hinterhalt an. Im Winter 1777/78 wäre die amerikanische Armee bei Valley Forge in Pennsylvania (S. 153) beinahe verhungert.

In der Zwischenzeit versuchte der Zweite Kontinentalkongress in Worte zu fassen, wofür man eigentlich kämpfte. Im Januar 1776 veröffentlichte Thomas Paine den populären *Common Sense,* in dem er sich leidenschaftlich für die Unabhängigkeit von England einsetzte. Bald schien die Unabhängigkeit nicht nur logisch, sondern galt als edel und notwendig. Am 4. Juli 1776 wurde dann ein Schlussstrich gezogen und die Unabhängigkeitserklärung unterzeichnet, die zu großen Teilen von Thomas Jefferson verfasst worden war. In der Gründungsurkunde verkündeten die 13 Kolonien ihre Loslösung von der Monarchie und ihr Recht, als unabhängige, republikanische Staaten zu handeln.

Um aber auf dem Schlachtfeld erfolgreich zu sein, benötigte General Washington Hilfe und nicht nur patriotische Gefühle. 1778 überrede-

WASHINGTON

Der Legende nach soll George Washington so ehrlich gewesen sein, dass er, nachdem er als Kind den Kirschbaum seines Vaters gefällt hatte, zugab: „Ich kann nicht lügen. Ich war es, mit meiner Kinderaxt."

1776

Am 4. Juli unterzeichnen die Kolonien die Unabhängigkeitserklärung. Zu den Männern, die an der Ausarbeitung des Dokuments beteiligt waren, zählen John Hancock, Benjamin Franklin und Thomas Jefferson.

1787

Die Constitutional Convention in Philadelphia arbeitet die amerikanische Verfassung aus. Die Machtverhältnisse zwischen dem Präsidenten, dem Kongress und der Judikative sind ausgeglichen.

1791

Die Bill of Rights wird als Zusatzartikel zur Verfassung verabschiedet. Sie umreißt Bürgerrechte wie die Rede-, Versammlungs-, Religions- und Pressefreiheit sowie das Recht, Waffen zu tragen.

1803–1806

Präsident Jefferson schickt Meriwether Lewis und William Clark gen Westen. Unter der Führung einer Stammesangehörigen der Schoschonen begeben sie sich auf die Reise von St. Louis zum Pazifischen Ozean.

DER AFROAMERIKANISCHE KAMPF UM GLEICHHEIT

Es ist unmöglich, die Geschichte Amerikas zu verstehen, ohne die großen Kämpfe und mühsam errungenen Siege der Afroamerikaner von allen Seiten zu betrachten.

Sklaverei

Zwischen 1600 und 1800 wurden ca. 600 000 Sklaven von Afrika nach Amerika gebracht. Die Überlebenden der Horrortransporte auf den vollgestopften Schiffen – die Sterblichkeitsrate betrug manchmal 50 % – wurden auf Sklavenmärkten verkauft (1638 kostete ein afrikanischer Mann 27 US$). Für die meisten Sklaven endete ihre Reise auf den Plantagen im Süden, wo die Bedingungen meist äußerst brutal waren – Auspeitschen und Brandmarkung standen auf der Tagesordnung.

Alle (weißen) Menschen sind gleich geschaffen

Viele der Gründungsväter – George Washington, Thomas Jefferson und Benjamin Franklin – besaßen Sklaven, obwohl sie diese Praxis eigentlich verurteilten. Die Bewegung zur Abschaffung der Sklaverei formierte sich erst in den 1830er-Jahren, lange nach der Unabhängigkeitserklärung, in der es überschwänglich hieß, „alle Menschen sind gleich geschaffen", was letztendlich leere Versprechungen waren.

Endlich frei

Obwohl einige Revisionisten den Amerikanischen Bürgerkrieg als einen Kampf um die Rechte der Bundesstaaten beschreiben, so sind sich doch die meisten Gelehrten darüber einig, dass es im Wesentlichen um die Sklaverei ging. Nach dem Sieg der Union am

te Benjamin Franklin die Franzosen – die stets bereit waren, England eins auszuwischen –, sich mit den Revolutionären zu verbünden. Sie beschafften die Truppen, das Material und die Seemacht und trugen zum Sieg bei. 1781 kapitulierten die Briten bei Yorktown in Virginia. Zwei Jahre später wurden die „Vereinigten Staaten von Amerika" mit dem Frieden von Paris offiziell anerkannt.

Anfangs konnte der lose Bund der aufsässigen, zänkischen Staaten kaum „vereinigt" genannt werden. Also trafen sich die Gründerväter erneut in Philadelphia und entwarfen 1787 eine neue, verbesserte Verfassung. Die amerikanische Regierung erhielt ein stärkeres föderales Zentrum, es wurde die Gewaltenteilung festgeschrieben und – um den Einzelnen vor dem Missbrauch staatlicher Macht zu schützen – 1791 schließlich noch die *Bill of Rights* verabschiedet.

So tief greifend die Ereignisse auch waren, die Verfassung änderte nichts an den wirtschaftlichen und sozialen Verhältnissen. Reiche Landbesitzer behielten ihren Besitz, zu dem auch die Sklaven gehörten.

1812

Der Krieg von 1812 beginnt mit Schlachten gegen die Briten und die Ureinwohner Amerikas im Gebiet der Großen Seen. Aber auch nach dem Frieden von Gent von 1815 gehen die Kämpfe an der Golfküste weiter.

1861–1865

Der Amerikanische Bürgerkrieg zwischen dem Norden und dem Süden bricht aus. Das Kriegsende vom 9. April 1865 wird eine Woche später von der Ermordung Präsident Lincolns überschattet.

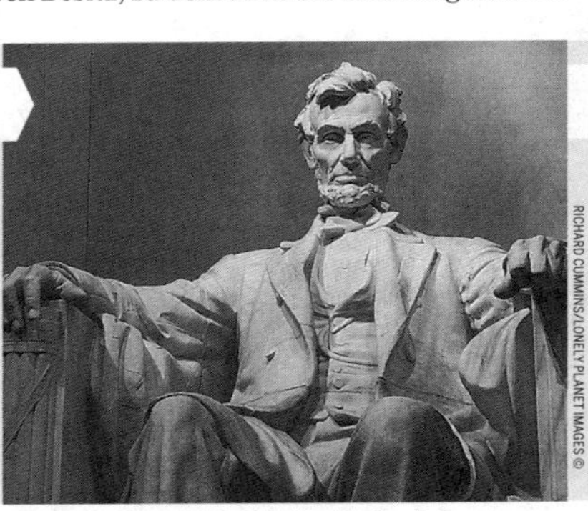

» Lincoln Memorial (S. 268), Washington, D.C.

Antietam verfasste Lincoln die Emanzipations-Proklamation, durch die alle Schwarzen in den besetzten Gebieten befreit wurden. Afroamerikaner unterstützten die Unionsbemühungen – bei Kriegsende dienten mehr als 180000 in der Armee.

Jim-Crow-Gesetze

Während der Reconstruction (1865–1877) sahen Bundesgesetze den Schutz der Bürgerrechte der befreiten Schwarzen vor. Die seit Jahrhunderten bestehenden Vorurteile und die daraus resultierende Verbitterung im Süden waren Auslöser für eine Gegenreaktion. In den 1890er-Jahren entstanden die Jim-Crow-Gesetze, die ihren Namen der stereotypisierten, diskriminierenden Darstellung eines Schwarzen in den Minstrel-Shows verdanken. Die Afroamerikaner wurden entrechtet und die amerikanische Gesellschaft war tief gespalten.

Bürgerrechtsbewegung

Anfang der 1950er-Jahre war in den afroamerikanischen Gemeinden der Kampf um Gleichheit voll im Gange. Als sich die mutige Rosa Parks weigerte, ihren Sitzplatz für einen weißen Fahrgast zu räumen, löste dies den Montgomery-Bus-Boykott aus. Es gab Sitzblockaden in Snackbars, die Schwarze nicht betreten durften, Martin Luther King organisierte in Washington, D.C., große Demonstrationen und Protestfahrten von „Freiheitsfahrern" sollten zu einem Ende der Rassentrennung in Bussen führen. Das Engagement von Millionen hat sich gelohnt: 1964 verabschiedete Präsident Johnson das Bürgerrechtsgesetz, das der Diskriminierung und der Rassentrennung ein Ende setzen sollte.

Die Ureinwohner Amerikas wurden von der Nation und die Frauen von der Politik ausgeschlossen. Diese offensichtlichen Diskrepanzen und Ungerechtigkeiten wurden durchaus wahrgenommen. Sie waren das Resultat pragmatischer Kompromisse (z. B. um die von der Sklavenarbeit abhängigen Südstaaten zur Zustimmung zu bewegen) und der allgemeinen Überzeugung von der Unausweichlichkeit der Situation.

Louisiana Purchase & der Zug gen Westen

Als das 19. Jh. über die junge Nation hereinbrach, war Optimismus angesagt. Die Landwirtschaft wurde industrialisiert, die Handelsbilanz der USA wuchs, genauso wie die Nation selbst: 1803 kaufte Thomas Jefferson Land von Napoleon Bonaparte. Der Louisiana Purchase bezog sich auf New Orleans und etwa 15 der heute westlich des Mississippis gelegenen Bundesstaaten.

Die Beziehungen zwischen den USA und Großbritannien blieben – trotz regen Handels – gespannt, 1812 erklärten die Vereinigten Staa-

1870

Freie schwarze Männer erhalten das Stimmrecht; die Jim-Crow-Gesetze, die im Süden unter den Befürwortern der Rassentrennung auftauchen, diskriminieren die Schwarzen im Endeffekt aber.

1880–1920

Millionen von Einwanderern strömen aus Europa und Asien nach Amerika und läuten das Zeitalter der Städte ein. New York, Chicago und Philadelphia entwickeln sich zu globalen Industrie- und Handelszentren.

1896

Im Fall *Plessy vs. Ferguson* entscheidet der Oberste Gerichtshof, dass „getrennte, aber gleiche" öffentliche Einrichtungen für Schwarze und Weiße legal sind, da die Verfassung nur politische Gleichheit garantiert.

1908

In Detroit, MI, wird das erste Model-T-Auto (auch als „Tin Lizzy", „Blechliesel", bekannt) gebaut. Der Erfinder des Fließbands, Henry Ford, verkauft bald jährlich über 1 Mio. Automobile.

Erstklassige historische Museen

» Henry Ford Museum/Greenfield Village, Detroit

» National Civil Rights Museum, Memphis

» New Bedford Whaling Museum, Massachusetts

» National Museum of the American Indian, Washington, D.C.

ten England erneut den Krieg. Der Konflikt endete nach zwei Jahren ohne einen großen Sieger. Die Briten gaben ihre Forts auf, während die Vereinigten Staaten ihren Schwur erneuerten, sich aus den *entangling alliances,* den verwickelten Bündnissen in Europa, rauszuhalten.

In den 1830er- und 1840er-Jahren schwappte eine Welle nationalistischen Eifers und von Träumereien von einer kontinentalen Expansion durchs Land. Viele Amerikaner waren der Meinung, es sei eine *manifest destiny,* eine offensichtliche Bestimmung, dass die ganzen Nation ihnen gehören solle. Das Indian Removal Act von 1830 sollte ein Hindernis aus dem Weg räumen: Das Land westlich des Mississippis wurde zu „Indianerland" erklärt – in dieses sollten die amerikanischen Ureinwohner ziehen und so die fruchtbaren Täler in östlichen Bundesstaaten wie Georgia und Alabama für Siedlungen und Kapitalismus räumen. Viele Stämme – unter ihnen die Seminolen in Florida – weigerten sich, ihre Heimat freiwillig aufzugeben. Die amerikanische Regierung beschwatzte, bedrohte und bestach die Indianer; sie sollten Verträge unterzeichnen und mit der Regierung zusammenarbeiten. Wenn all das nichts brachte, wurde Waffengewalt eingesetzt.

In der Zwischenzeit beseitigte der Bau der Eisenbahn ein weiteres Hindernis und verband die Farmer im Mittleren Westen und Westen mit den Märkten an der Ostküste. Als die neuen Staaten Teil der USA wurden, zeichnete sich eine quälende Frage ab: Würden sie Sklavenstaaten oder freie Staaten sein? Die Zukunft einer ganzen Nation hing von der Antwort auf diese Frage ab.

Der Amerikanische Bürgerkrieg

Die Verfassung der USA hatte der Sklaverei kein Ende gesetzt. Sie hatte vielmehr dem Kongress die Macht gegeben, die Sklaverei in den neuen Staaten zu erlauben (oder zu verbieten). Es gab lange Diskussionen, die an Schärfe gewannen, als sich abzeichnete, dass die Sklavenfrage zum Spielball des Machtkampfs zwischen dem industrialisierten Norden und dem landwirtschaftlichen Süden geworden war.

Seit der Gründung der USA dominierten Politiker aus dem Süden in der Bundesregierung und verteidigten die Sklaverei als „natürlich und gottgegeben" (was ein Journalist 1856 in einem Leitartikel der *New York Times* als „Irrsinn" bezeichnete). Die Pro-Sklaverei-Lobby im Süden erzürnte die Sklavereigegner (Abolitionisten) im Norden. Doch auch viele Politiker aus dem Norden befürchteten, dass sich die Beendigung der Sklaverei durch einen bloßen Federstrich als fatal erweisen könnte. Sie setzten sich für eine Begrenzung der Sklaverei ein, die so langfristig im Wettbewerb mit der Industrie und der freien Arbeit dahinwelken solle, ohne dass ein gewaltsamer, von allen Seiten gefürchteter Sklavenaufstand angefacht würde. Tatsächlich versuchte der radikale Sklavengeg-

1914

Der Panamakanal verbindet nun den Atlantik mit dem Pazifik. Die USA bekamen das Recht zum Bau des Kanals, weil sie in Panama eine Revolte über dessen Unabhängigkeit von Kolumbien angezettelt hatten.

1917

Unter Präsident Woodrow Wilson treten die USA in den Ersten Weltkrieg ein. Es werden 4,7 Mio. Soldaten mobilisiert, von denen 110 000 fallen. Insgesamt fordert der Krieg 9 Mio. Todesopfer.

1919

Prohibition: Die Abstinenzbewegung bewirkt die 18. Verfassungsänderung. Das Verbot von Alkohol ist jedoch ein Fehlschlag und führt zur Blüte des organisierten Verbrechens. 1933 wird die Änderung aufgegeben.

1920er-Jahre

Angestoßen durch die Abwanderung von Schwarzen in die Städte im Norden, regt die Harlem Renaissance eine Blütezeit der Literatur, Kunst und Musik an. Bedeutende Persönlichkeiten: Du Bois und Hughes.

ner John Brown 1859 erfolglos, bei Harpers Ferry (S. 337) einen solchen Aufstand anzuzetteln.

Es ließ sich nicht bestreiten, dass die Sklaverei ein lukratives Geschäft war. 1860 gab es über 4 Mio. Sklaven in den USA, die meisten schufteten auf Plantagen in den Südstaaten. Dort wurde mehr als 75% der weltweit produzierten Baumwolle angebaut, was über die Hälfte des gesamten Exports der USA ausmachte. Die Wirtschaft des Südens stützte also die Wirtschaft der Nation – und dafür brauchte sie Sklaven. Die Präsidentschaftswahl 1860 sollte zu einer Abstimmung über dieses Thema werden. Es gewann ein junger Politiker aus Illinois, der sich für die Begrenzung der Sklaverei einsetzte: Abraham Lincoln.

Die Südstaaten konnten diese Begrenzung nur schwer akzeptieren. Als Präsident Lincoln sein Amt antrat, fielen elf Staaten von der Union ab und bildeten die Konföderierten Staaten von Amerika. Lincoln sah sich der größten Krise der Nation gegenübergestellt und musste zwischen Pest und Cholera wählen: Entweder er akzeptierte die Abtrennung der Südstaaten und somit die Auflösung der Union oder er führte Krieg, um die Union zu erhalten. Er entschied sich für Letzteres.

Im April 1861 griffen die Konföderierten Fort Sumter in Charleston in South Carolina an. In den nächsten vier Jahren folgte dann das grausamste Gemetzel, das die Welt bis dahin gesehen hatte. Mehr als 600 000 Soldaten – nahezu eine ganze Generation junger Männer – kamen ums Leben. Die Plantagen und Städte im Süden waren geplündert und niedergebrannt (besonders schlimm hatte es Atlanta getroffen). Das industrielle Potenzial des Nordens erwies sich als entscheidender Vorteil, dessen Sieg war jedoch nicht vorherzusehen. Er musste in zahlreichen blutigen Schlachten erst erkämpft werden.

Je länger die Kämpfe andauerten, desto mehr kam Lincoln zu der Überzeugung, dass ein Sieg ohne die vollständige Abschaffung der Sklaverei nutzlos sei. 1863 erweiterte er in seiner Emanzipations-Proklamation die Kriegsziele, zu denen nun die Befreiung aller Sklaven zählte. Im April 1865 kapitulierte der General der Konföderierten, Robert E. Lee, vor dem Unionsgeneral Ulysses S. Grant in Appomattox in Virginia. Die Union war gerettet – aber zu welchem Preis?

Der Amerikanische Bürgerkrieg im Film

» *Der Amerikanische Bürgerkrieg* (Dokumentarfilm), Ken Burns

» *Glory*, Edward Zwick

» *Gods & Generals*, Ronald Maxwell

» *Gettysburg*, Ronald Maxwell

» *Vom Winde verweht*, Victor Fleming

Weltwirtschaftskrise, New Deal & Zweiter Weltkrieg

Im Oktober 1929 begannen Investoren – beunruhigt über eine lahmende Weltwirtschaft – ihre Aktienpakete zu verkaufen. Dies löste eine Panik aus: Jeder, der Aktien besaß, versuchte, sie so schnell wie möglich loszuwerden. Der Aktienmarkt kollabierte und die amerikanische Wirtschaft stürzte ein wie ein Kartenhaus.

1929

Der Krach an der New Yorker Börse als Folge von Überproduktion und Spekulationsfieber löst letztlich die Weltwirtschaftskrise aus. In der Folge verlieren Millionen von Amerikanern Job und Vermögen.

1933–1938

Der New Deal von Präsident Franklin D. Roosevelt bekämpft die hohe Arbeitslosigkeit infolge der Weltwirtschaftskrise. Er begründet damit eine US-amerikanische Sozialpolitik.

1941–1945

Der Zweite Weltkrieg: Amerika setzt 16 Mio. Soldaten ein, von denen 400 000 fallen. Insgesamt fordert der Krieg doppelt so viele zivile wie militärische Todesopfer.

1948–1951

Der Marshallplan lässt 12 Mrd. US$ nach Europa fließen, die die Erholung vom Zweiten Weltkrieg unterstützen sollen. Der Plan soll außerdem den Sowjet-Einfluss eindämmen und die US-Wirtschaft ankurbeln.

DER NEW DEAL

Die USA erreichten ihren bisherigen historischen Tiefpunkt während der Weltwirtschaftskrise: Um 1932 war fast ein Drittel aller amerikanischen Werktätigen arbeitslos. Das Bruttoinlandsprodukt fiel um 50 %, Hunderte von Banken mussten schließen und ganze Landstriche schienen in enormen Staubstürmen zu verschwinden.

1932 gewann Franklin D. Roosevelt spielend die Wahlen. Die Wähler hatten seinem Versprechen, Amerika mit dem New Deal aus der Krise zu führen, Glauben geschenkt. So begann – unter der Herrschaft eines der beliebtesten Präsidenten – die fortschrittlichste Ära in der Geschichte des Landes.

Roosevelt machte sich unverzüglich ans Werk. In den ersten 100 Tagen seiner Präsidentschaft kümmerte er sich um die Rettung des angeschlagenen Bankensystems und schuf den Einlagensicherungsfonds. Die Staaten erhielten eine Direkthilfe in Höhe von 500 Mio. US$ und ein Fünftel aller Hausbesitzer blieben vor der Zwangsvollstreckung verschont. Ferner entstanden neue Arbeitsplätze. So schuf Roosevelt den Civilian Conservation Corps und gab 250 000 jungen Männern Jobs in Parks und Wäldern, in denen 2 Mrd. Bäume gepflanzt wurden. Auch gründete er die Works Progress Administration (WPA), über die weitere 600 000 Menschen Arbeit in den verschiedensten Projekten im ganzen Land fanden – überall entstanden neue Tunnel, Dämme, Kraftwerke, Wasserwerke, Autobahnen, Schulen und Rathäuser.

Der New Deal umfasste aber nicht nur Maßnahmen zur Verbesserung der Infrastruktur. Etwa 5000 Künstler – darunter der berühmte mexikanische Maler Diego Rivera – wurden angeheuert, um Wandgemälde und Skulpturen in öffentlichen Räumen zu schaffen, von denen viele noch heute vorhanden sind. Über 6000 Schriftsteller schrieben im ganzen Land mündliche Überlieferungen und volkstümliche Erzählungen nieder, stellten ethnografische Studien an und zeichneten die Fakten auf.

Verängstigte Banken riefen ihre Kredite zurück, die Menschen konnten Rechnungen nicht mehr begleichen und die Banken brachen zusammen. Millionen Menschen verloren ihre Häuser, Farmen, Geschäfte und Ersparnisse, 33 % der amerikanischen Arbeiterschaft verloren ihre Jobs. Man musste für Brot anstehen, in den Städten entstanden Barackenlager und im Central Park in New York eines der größten Camps.

1932 wurde der Demokrat Franklin D. Roosevelt zum Präsidenten gewählt. Sein Versprechen, die USA mit dem „New Deal" aus der Krise zu führen, löste er mit durchschlagendem Erfolg ein. Als 1939 in Europa erneut ein Krieg ausbrach, war die isolationistische Stimmung in Amerika so stark wie eh und je. Doch dem unglaublich populären Präsidenten Roosevelt, der 1940 als bislang einziger Präsident für eine dritte Amtszeit gewählt wurde, war schon bald klar, dass die USA nicht einfach zuschauen konnten, wie faschistische und totalitäre Regime den Sieg davontrugen. Im Juli 1941 entsandten die USA erste Einheiten nach Europa,

1954

Der Oberste Gerichtshof befindet, dass die Rassentrennung in öffentlichen Schulen dem Gleichheitsprinzip widerspreche. Der Kampf für integrierte Schulen dient der Bürgerrechtsbewegung als Katalysator.

1963

Am 22. November wird Präsident John F. Kennedy in aller Öffentlichkeit von Lee Harvey Oswald erschossen, während er in einer Wagenkolonne über die Dealey Plaza in Dallas, Texas, fährt.

1965–1975

Die Beteiligung der USA am Vietnamkrieg spaltet die Nation: Neben 58 000 amerikanischen fordert der Krieg auch 4 Mio. vietnamesische und 1,5 Mio. laotische und kambodschanische Todesopfer.

1969

Amerikanische Astronauten landen auf dem Mond und erfüllen Präsident Kennedys utopisch anmutendes Versprechen von 1961, dieses Ziel innerhalb der folgenden zehn Jahre zu erreichen.

zunächst um den Schiffsverkehr nach England zu schützen. Roosevelt musste hierzu einen launischen Kongress zum Eingreifen überzeugen.

Am 7. Dezember 1941 startete Japan einen Überraschungsangriff auf den hawaiianischen Militärstützpunk Pearl Harbor. 2000 Amerikaner kamen ums Leben, mehrere Schlachtschiffe wurden versenkt. Der amerikanische Isolationismus verwandelte sich über Nacht in Wut und Roosevelt bekam die von ihm gewünschte Unterstützung. Am 11. Dezember 1941 erklärten Deutschland und Italien den USA den Krieg, die sich ihrerseits dem Kampf der Alliierten gegen Hitler und die Achsenmächte anschlossen. Entschlossen und unter Einsatz ihrer nahezu gesamten industriellen Stärken traten sie in den Krieg ein.

Die Kämpfe im Pazifischen Raum und in Europa hielten die USA fast vier Jahre in Atem. In Europa versetzten die Amerikaner am 6. Juni 1944 den Deutschen mit ihrer massiven Invasion am D-Day den entscheidenden Schlag, der im Mai 1945 zur bedingungslosen Kapitulation Deutschlands führte. Japan kämpfte indes unbeirrt weiter. Daher entschloss sich im August 1945 der neu gewählte Präsident Harry Truman – angeblich aus Sorge darüber, eine amerikanische Invasion in Japan könne zu einem beispiellosen Gemetzel werden – zum Abwurf von Atombomben auf Hiroshima und Nagasaki. Die im geheimen Manhattan-Projekt der Regierung entwickelten Bomben verwüsteten die beiden Städte und töten über 200 000 Menschen. Nur Tage später kapitulierte auch Japan. Das Atomzeitalter hatte begonnen.

PERILOUS FIGHT

The Perilous Fight: America's World War II in Color (2003) ist eine bahnbrechende Dokumentation, die bis dahin unbekanntes Filmmaterial über die Kämpfe des US-Militärs im Ausland enthält und sich auf die militärischen Aktionen im Pazifikkrieg sowie die Kriegsanstrengungen an der Heimatfront konzentriert.

Rote Angst, Bürgerrechte & Vietnamkrieg

In den Jahrzehnten nach dem Zweiten Weltkrieg genossen die Vereinigten Staaten zwar einen noch nie dagewesenen Wohlstand, erlebten aber auch eine wenig friedliche Zeit.

Im Krieg noch Verbündete, lieferten sich die kommunistische Sowjetunion und die kapitalistischen USA bald einen Wettlauf um die Weltherrschaft. Die Supermächte trugen Stellvertreterkriege wie den Koreakrieg (1950–1953) und den Vietnamkrieg (1959–1975) aus und nur die drohende Gefahr eines mit Atomwaffen ausgetragenen Konflikts verhinderte den direkten Krieg.

Unterdessen erlebte die amerikanische Heimat, die durch den Zweiten Weltkrieg nicht unmittelbar beeinträchtigt worden war und durch ihn sogar ihre Industrie ausbauen konnte, eine Zeit des wachsenden Wohlstands. In den 1950er-Jahren verließen die Menschen in Scharen die Innenstädte und zogen in die Vororte, in denen immer mehr erschwingliche Einfamilienhäuser entstanden. Die Amerikaner fuhren mit preisgünstigen Autos und billigem Benzin über nagelneue Autobahnen. Sie genossen die Bequemlichkeiten, glotzten wie wild TV, waren viel beschäftigt und lösten einen wahren „Babyboom" aus.

1973

In der Sache *Roe vs. Wade* erklärt der Oberste Gerichtshof Abtreibungen für rechtmäßig. Bis heute bleibt diese Entscheidung umstritten und spaltet die Gesellschaft.

1980er-Jahre

Die Finanzinstitutionen, die unter Präsident Reagan eine Deregulierung erfahren hatten, spekulieren – und verlieren. Zurück bleibt eine Rechnung von 125 Mrd. US$, die die Regierung übernehmen muss.

1989

Der Fall der 1961 errichteten Berliner Mauer markiert das Ende des Kalten Krieges zwischen den USA und der UdSSR. Die USA sind nun die letzte verbleibende Supermacht.

1990er-Jahre

Das World Wide Web gibt 1991 sein Debüt, das die Welt der Kommunikation neu definiert. Die überbewerteten Technologie-Aktien sorgen für einen gigantischen Boom … und eine gigantische Pleite.

Bürgerrechte im Film

» *Dann war mein Leben nicht umsonst – Martin Luther King*, Sidney Lumet

» *Mississippi Burning – Die Wurzel des Hasses*, Alan Parker

» *Das Attentat*, Rob Reiner

» *Black Like Me*, Carl Lerner

» *Der lange Weg*, Richard Pearce

Die Stadt Woodstock, NY, verlieh dem legendären Rockfestival 1969 zwar seinen Namen, das Event aber fand in dem nahe gelegenen Dörfchen Bethel statt. Der Milchbauer Max Yasgur stellte den Organisatoren dafür sein Luzerne-Feld zur Verfügung. Der Dreitagespass kostete im Vorverkauf 18 US$ (sonst 24 US$).

Doch an dem Wohlstand hatte nur die weiße Mittelschicht Anteil. Die Afroamerikaner blieben außen vor, arm und unerwünscht. Unter Berufung auf den Abolitionisten Frederick Douglass (19. Jh.) versuchte die Southern Christian Leadership Coalition (SCLC) des afroamerikanischen Predigers Martin Luther King (S. 413), der Rassentrennung ein Ende zu setzen und „Amerikas Seele zu retten" – d.h., eine Gerechtigkeit herzustellen, die nicht nach Hautfarben unterscheidet, und die Gleichberechtigung der Rassen und gleiche, faire Chancen für alle zu schaffen.

Anfang der 1950er-Jahre predigte und organisierte King – überwiegend im Süden – den gewaltlosen Widerstand in Form von Bus-Boykotten, Märschen und Sitzblockaden. Weiße Polizisten gingen oft mit Wasserwerfern und Schlagstöcken gegen die Proteste vor und die Demonstrationen eskalierten mitunter zu handfesten Ausschreitungen. Doch mit dem Civil Rights Act von 1964 setzte die afroamerikanische Bewegung eine Gesetzgebung in Gang, mit der die bis dahin gültigen rassistischen Gesetze aufgehoben wurden und der Grundstein für eine gerechtere und gleichberechtigte Gesellschaft gelegt wurde.

Derweil brachten die 1960er-Jahre weitere soziale Umbrüche: Der Rock 'n' Roll löste eine Jugendrebellion aus und von Drogen berauschte Jugendliche erlebten Visionen in Technicolor. 1963 wurde Präsident John F. Kennedy in Dallas ermordet, es folgten 1968 die tödlichen Anschläge auf seinen Bruder Senator Robert Kennedy und auf Martin Luther King (in Memphis). Das Vertrauen der Amerikaner in ihre Oberhäupter und die Regierung wurde durch die Bombenanschläge und die Brutalität des Vietnamkriegs, den sie im Fernsehen verfolgten, weiter erschüttert. In der Folge kam es im ganzen Land zu Studentenprotesten.

Richard Nixon, der 1968 u.a. für sein Versprechen zum Präsidenten gewählt wurde, den Krieg zu einem „ehrenvollen Ende" zu führen, verstärkte stattdessen den Einsatz der USA und bombardierte heimlich Laos und Kambodscha. 1972 sorgte dann die Watergate-Affäre für Aufregung: Unermüdliche Journalisten belasteten „Tricky Dick" im Zusammenhang mit einem Einbruch in das Hauptquartier der Demokratischen Partei in Washington. 1974 erklärte Nixon als erster US-Präsident der Geschichte seinen Rücktritt.

In den stürmischen 1960er- und 1970er-Jahren erlebte Amerika die Sexuelle Revolution, die Frauenbewegung und weitere den Status quo in Frage stellende Ereignisse. Zu den Meilensteinen zählen 1969 die Stonewall-Unruhen in Greenwich Village, NYC: Gäste der Schwulenkneipe Stonewall Inn hatten sich einer Polizeirazzia widersetzt. Das Ereignis markiert den Beginn der Schwulenbewegung, die für Gleichberechtigung und das Ende der Diskriminierung von Homosexuellen eintrat. Ein paar Monate später antworteten die Hippies und das Woodstock Festival mit Rock, Love & Peace auf den Vietnamkrieg.

2001

Am 11. September entführen al-Qaida-Terroristen vier Linienflugzeuge und steuern zwei von ihnen in die New Yorker WTC-Türme und eines ins Pentagon. Fast 3000 Menschen werden getötet.

STEVEN GREAVES/LONELY PLANET IMAGES ©

» Gedenkfeier in New York

2003

Unter Berufung auf Beweise dafür, dass der Irak Massenvernichtungswaffen besitzt, startet Präsident George W. Bush einen Präventivkrieg, der über 4000 Amerikaner das Leben kosten wird.

2005

Am 29. August trifft der Hurrikan Katrina die Küste von Mississippi und Louisiana und überflutet New Orleans. Über 1800 Menschen kommen ums Leben, die Schäden werden auf über 220 Mrd. US$ beziffert.

Pax Americana & Krieg gegen den Terror

1980 versprach der Präsidentschaftskandidat Ronald Reagan, republikanischer Gouverneur von Kalifornien und ehemaliger Schauspieler, dafür zu sorgen, dass die Amerikaner wieder stolz auf ihr Land sein könnten. Der leutselige Reagan gewann die Wahl fast schon im Vorbeigehen. Seine Wahl verursachte einen Rechtsruck in der amerikanischen Politik.

Militärausgaben und Steuersenkungen führten im Bundeshaushalt zu einem enormen Defizit, das Reagans Nachfolger George H. W. Bush das Regieren schwer machte. Trotz des Siegs im Golfkrieg, durch den Kuwait 1991 von den irakischen Besatzern befreit wurde, zog Bush bei der Präsidentschaftswahl 1992 gegenüber dem aus den Südstaaten stammenden Demokraten Bill Clinton klar den Kürzeren. Clintons Glück war, dass der Internet-Boom der 1990er-Jahre während seiner Amtszeit so richtig in Fahrt kam und eine „New Economy" zu verheißen schien. Die US-Wirtschaft beseitigte ihre Defizite, erzielte einen Überschuss und Clinton war Präsident in Zeiten des längsten amerikanischen Wirtschaftsbooms.

2000 gewann George W. Bush, der älteste Sohn von George H. W. Bush, ganz knapp die Präsidentschaftswahlen. Florida war das Zünglein an der Waage. Doch die dortige Auszählung der Stimmen endete in einem Fiasko: fehlerhafte Wahlzettel, bereinigte Wählerlisten und eigenartige Straßensperren am Wahltag – und all das unter der Aufsicht von Jeb Bush, dem Gouverneur von Florida und Bruder von George W. 2004 gewann „Dubya" die Präsidentschaftswahlen erneut. Seine Amtszeit war gekennzeichnet durch Steuersenkungen und steigende Haushaltsdefizite sowie von einer moralisch-religiös motivierten Kampagne für „Familienwerte".

Die katastrophalen Terroranschläge am 11. September 2001 vereinten die Amerikaner hinter ihrem Präsidenten, der Rache schwor und dem „Terror den Krieg" erklärte. Nur kurze Zeit später marschierten amerikanische Truppen in Afghanistan ein, um dort ohne Erfolg al-Qaida-Drahtzieher zu fassen. 2003 griff Bush dann den Irak an und stürzte den amerikafeindlichen Diktator Saddam Hussein. Inzwischen ist der Irak im Bürgerkrieg versunken.

Nach Skandalen und Versäumnissen – wie Fotos von Folterungen im Abu-Ghraib-Gefängnis in Bagdad, das miese Krisenmanagement beim Hurrikan Katrina und die Unfähigkeit, den Irakkrieg zu beenden – erreichten Bushs Umfragewerte in der zweiten Hälfte seiner Amtszeit einen historischen Tiefstand. Die Amerikaner sehnten einen Wandel herbei und wählten 2008 den politischen Newcomer Barack Obama, den ersten afroamerikanischen Präsidenten Amerikas.

Ronald Reagan brach den „Fluch des Tecumseh". Tecumseh war ein Krieger vom Volk der Shawnee in Ohio, der von William Henry Harrison 1811 in der Schlacht bei Tippecanoe geschlagen wurde. Seine Rache war ein Fluch: Harrison sollte 1840 zum Präsident gewählt werden und würde während seiner Amtszeit sterben. Das gleiche Schicksal sollten fast alle Präsidenten erleiden, die 1860, 1880 und in der Folge alle 20 Jahre danach in dieses Amt gewählt werden. Und tatsächlich: Harrison starb. Auch Lincoln und Kennedy gehörten zu den Verfluchten.

2008–2009

Die Börse bricht aufgrund des Missmanagements führender amerikanischer Finanzinstitutionen zusammen. Die Krise greift auf die ganze Welt über.

2010

Die schlimmste Naturkatastrophe in den USA ereignet sich mit der Explosion einer Tiefseebohrinsel vor Louisiana. Dabei werden elf Arbeiter getötet und ca. 5 Mio. Barrel Öl ergießen sich in den Golf von Mexiko.

2011

Spezialeinheiten der Navy Seals töten am 2. Mai den al-Qaida-Führer Osama bin Laden in seinem Versteck in Pakistan. In der USA wird die Ermordung des Terrorchefs frenetisch gefeiert.

2011

Aktivisten in New York starten die Occupy Wall Street, um gegen wirtschaftliche und soziale Ungerechtigkeit zu protestieren. Die Bewegung schwappt weltweit auf alle Großstädte über.

Lebensart

Der Osten der USA ist eine überwältigende Mischung aus Akzenten und Rhythmen, aus Großstadtbrokern und Kleinstadtfarmern, aus Universitätsstudenten und sonnenhungrigen Rentnern, aus Yankees und Südstaatlern.

Multikulti

Von Beginn an waren die Städte im Osten eine Art „Schmelztiegel" – sie haben die lange und stolze Tradition, Neuankömmlinge aus aller Welt freundlich willkommen zu heißen. Und so verwundert es überhaupt nicht, dass diese Region so vielfältig ist.

Im Nordosten sind seit dem 19. Jh. irische und italienische Viertel feste Bestandteile der Städte. In Chicago machen die Latinos (vorwiegend aus Mexiko) rund ein Viertel der Bevölkerung aus. In den oberen Staaten der Region der Großen Seen liegt die größte Enklave von Einwanderern aus Somalia und des Hmong-Volkes in den USA – dies spiegelt die lange Geschichte der Eingliederung von Flüchtlingen in dieser Region wider. Die größte Minderheit in Florida sind die Kubaner. Die ersten von ihnen kamen nach Castros Revolution in den 1960er-Jahren in Miami an und bilden heute eine politisch mächtige Gemeinschaft. Auf der Flucht vor dem Krieg in ihrem Land kamen in den 1980er-Jahren auch Nicaraguaner hierher, deren Zahl mittlerweile auf 100 000 gestiegen ist. Das Stadtviertel Little Haiti trägt mit 70 000 Haitianern einiges zur bunten Mischung bei. Der Süden steht für eine ganz eigene Kultur: Über die Hälfte aller Afroamerikaner lebt hier. Und all diese Beispiele sind natürlich nur Puzzleteilchen eines komplexen Ganzen.

Radiomoderator Terry Gross aus Philadelphia interviewt Amerikaner aus allen Gesellschaftsschichten, vom Rockstar bis zum Umweltaktivisten oder Atomwissenschaftler. Die Interviews gibt's auch online unter www.npr.org/freshair.

TERRY GROSS

Der Osten kann sich, genau wie der Rest des Landes, nie wirklich entscheiden, ob der ständige Zustrom von Neuankömmlingen letztendlich seine Rettung sein oder die Gesellschaft bis zur Belastungsgrenze strapazieren wird. „Einwanderungsreform" war über ein Jahrzehnt lang Modewort in Washington. Manche finden, dass das gegenwärtige System zu nachsichtig mit den illegalen Einwanderern umgeht (von denen es im Vergleich zu 470 000 legalen Einwanderern 11 Mio. gibt) und dass unrechtmäßig in den USA lebende Einwanderer ausgewiesen und ihre Arbeitgeber mit Bußgeldern bestraft werden sollten. Andere Amerikaner wiederum finden die Regeln zu hart und sind der Meinung, dass Einwanderer, die schon seit vielen Jahren im Land arbeiten, das Gesetz achten und ihren Beitrag zur Gesellschaft leisten, eine Amnestie verdient haben. Trotz mehrerer Anläufe hat es der Kongress bislang nicht geschafft, ein umfassendes Paket zu verabschieden, das sich mit der illegalen Einwanderung auseinandersetzt.

Religion

Schon seit die Pilgerväter Anfang des 16. Jhs. in Massachusetts eintrafen, ist die Trennung von Kirche und Staat ein grundlegender Teil des Rechtssystems im Land. Und die Religion jener Siedler – der Protestantismus – ist im Osten der USA auch heute noch die am weitesten verbreitete Glaubensrichtung.

Der Begriff „Protestantismus" deckt ein breites Feld von Bekenntnissen ab. Diese lassen sich in zwei Hauptströmungen einteilen: Den evangelikalen Protestantismus, bei dem die Baptisten den größten Anteil ausmachen sowie den moderaten Mainline-Protestantismus, zu dem Gemeinschaften wie die Lutheraner, die Methodisten und die Presbyterianer gehören. Die Zahl der Kirchgänger ist bei den Evangelikalen weitaus größer und ist in den letzten Jahren sogar noch weiter gestiegen. Stärkster Motor ist die baptistische Kirche: Ihr gehören ein Drittel aller Protestanten und beinahe ein Fünftel aller erwachsenen US-Amerikaner an. Im Süden sind die Zahlen am höchsten. Im Gegensatz dazu verzeichnen die Lutheraner (die vor allem in Minnesota und Wisconsin sowie in North und South Dakota zu finden sind) und andere Mainline-Richtungen einen Rückgang der Kirchenmitglieder.

Die zweithäufigste Religion im Osten ist der Katholizismus. Neuengland ist die am stärksten katholisch geprägte Region im Land und die Mid-Atlantic-Staaten setzen die Reihe fort. Mit einem katholischen Bevölkerungsanteil von 64% ist Rhode Island der Staat mit den meisten Glaubensanhängern dieser Konfession. Die älteste Erzdiözese der USA ist Baltimore, sie wurde 1789 gegründet. Auch die Staaten mit einem hohen Latino-Anteil (wie Florida und Illinois) verzeichnen einen hohen Prozentsatz an Katholiken.

Das Judentum ist im Osten der USA weit verbreitet. Sowohl in Südflorida als auch im Großraum New York sind etwa 12% der Bevölkerung jüdischen Glaubens. Gerade New York ist ein bedeutendes Zentrum des orthodoxen Judentums und der Ort auf der Welt, an dem nach Tel Aviv die meisten Juden leben.

Sonstige Religionsgruppen im Osten des Landes sind beispielsweise Amerikaner muslimischen Glaubens, welche vor allem in den Großräumen New York, Chicago und Detroit vermehrt anzutreffen sind. Außerdem größere Gemeinschaften amerikanischer Hindus, die in New York und New Jersey oder in anderen großen Städten wie Chicago, Washington, D.C. und Atlanta leben.

PRAIRIE HOME

Jede Woche schalten 4 Mio. Amerikaner die altmodische Rundfunksendung *A Prairie Home Companiona* des aus dem Mittleren Westen stammenden Entertainers Garrison Keillor im Radio ein. Die Show mit Livemusik, Sketchen und Geschichten ist auch online auf http://prairiehome.publicradio.org zu hören.

Lebensstil

Allgemein gesprochen hat der Osten der USA einen der höchsten Lebensstandards der Welt, wobei es zwischen den einzelnen Regionen schockierende Unterschiede gibt. An der Spitze der Liste findet sich New Hampshire mit einem durchschnittlichen Haushaltseinkommen

STAATEN MIT CHARAKTER

Regionale Klischees in den USA werden nun, dank einer Studie von 2008, die den Titel „Die Geographie der Persönlichkeit" trägt, von soliden Daten gestützt. Forscher haben über eine halbe Million Informationen aus den Persönlichkeitstest einzelner US-Bürger ausgewertet und nachgeforscht, wo auf der Karte sich bestimmte Charakterzüge häufen. Und das sprichwörtliche „Minnesota nice" scheint sich zu bestätigen – die „angenehmsten" Zeitgenossen leben im Mittleren Westen, in den Great Plains und im Süden: Diese Staaten haben bei Freundlichkeit und Miteinander am besten abgeschnitten. Und die Neurotiker unter den Staaten? Die sind vor allem im Nordosten zu finden. New York hat es dabei jedoch nicht, wie man vielleicht meinen könnte, auf den ersten Platz geschafft. Diese „Ehre" wird West Virginia zuteil. Viele der aufgeschlossenen Staaten liegen im Westen. Kalifornien, Nevada, Oregon und Washington sind hinsichtlich der Offenheit für neue Ideen alle auf den vorderen Plätzen gelandet – obwohl sie immer noch Washington, D.C. und New York hinterherhinken.

SPORTSTÄTTEN MIT KULTSTATUS

» **Yankee Stadium, NYC** Der sagenumwobene Baseballplatz der Bronx; geschichtsträchtig und vom Geist von Babe Ruth umweht.

» **Lambeau Field, Green Bay** Das Stadion des NFL-Teams der Packers; aufgrund der irrsinnigen, eisigen Kälte gerne auch The Frozen Tundra genannt.

» **Fenway Park, Boston** Der älteste Baseballpark des Landes; 1912 erbaut; Heimat des „Grünen Monsters" (wie die ziemlich große grüne Mauer am linken Spielfeldrand genannt wird).

» **Wrigley Field, Chicago** Noch so ein Park, in dem Bälle umhergeworfen werden (von 1914), mit von Efeu bedeckten Mauern, einer klassischen Neon-Anzeigetafel und ringsherum Kneipen wie zu guten alten Zeiten.

» **Madison Square Garden, NYC** Hier, im „Mekka des Basketballs", geht's nicht nur um das Dribbling der Knicks: Hier boxte schon Ali und Elvis rockte die Menge.

» **Joe Louis Arena, Detroit** Das ist die Spielstätte des knallharten Profi-Eishockeyteams der Red Wings – und hier kann man der seltsamen Tradition des Oktopuswerfens beiwohnen.

» **Churchill Downs, Louisville** Edle Hüte, Minze-Juleps und die „großartigsten zwei Minuten des Sports": Das beschreibt die Rennbahn des Kentucky Derbys eigentlich ziemlich treffend.

» **Indianapolis Motor Speedway, Indianapolis** Mit über 270 km/h rasen die Rennwagen beim Indy 500 an den Zuschauern vorbei, die auch partytechnisch sehr erprobt sind.

von 66300 US$ (ermittelt anhand eines Dreijahresdurchschnitts zwischen 2009 und 2011). Mississippi dagegen liegt mit 36850 US$ genau am anderen Ende der Skala. Diese Beträge sind nicht nur der jeweils höchste bzw. niedrigste Wert in der Region, sondern im ganzen Land. Sie bestätigen jenes Schema, das besagt, dass die Haushalte im Nordosten, gefolgt von denen im Mittleren Westen und im Süden, am meisten verdienen. Die Gehälter schwanken aber auch nach ethnischer Zugehörigkeit. Afroamerikaner und Latinos verdienen weniger als Weiße und Asiaten (laut den Daten einer Volkszählung 34000 bzw. 38000 US$ im Vergleich zu 52000 bzw. 66000 US$).

Beinahe 87% aller US-Amerikaner haben einen High-School-Abschluss und etwa 30% machen nach vier Jahren auf dem College einen Bachelor-Abschluss. Das universitäre Leben (mit Cafés, Buchhandlungen und fortschrittlicher Denkweise) ist insbesondere im Nordosten recht ausgeprägt, wo die acht Universitäten der Ivy League (eine Liga im US-amerikanischen Hochschulsport) angesiedelt sind. Hinzu kommen die „Little Ivies" (ein selbst initiierter Zusammenschluss von zwölf Elite-Colleges der Liberal Arts) und die „Seven Sisters" (die höchstrangigen Frauen-Colleges, die noch in einer Zeit gegründet wurden, als die Ivy League nur für Männer zugänglich war). Allein rund um Boston gibt es 50 Einrichtungen für weiterführende Bildung.

Ein Haus wird typischerweise von einem Ehepaar mit zwei Kindern bewohnt. Normalerweise arbeiten beide Elternteile, und 28% von ihnen tun dies länger als 40 Stunden pro Woche. Scheidungen sind nichts Ungewöhnliches – 40% der ersten Ehen gehen in die Brüche, wobei sowohl Eheschließungen als auch Scheidungen in den letzten 30 Jahren rückgängig sind. Alleinerziehende Väter oder Mütter machen 9% aller Haushalte aus.

Während zwar etliche US-Bürger regelmäßig ins Fitnessstudio gehen, laufen, Fahrrad fahren oder joggen, treiben gemäß den Centers for

Wichtige Websites über Sport

» Baseball: www.mlb.com

» Basketball: www.nba.com

» Eishockey: www.nhl.com

» Football: www.nfl.com

» Fußball: www.mlssoccer.com

» Nascar: www.nascar.com

Disease Control (CDC) aber auch ganze 50 % in ihrer Freizeit überhaupt keinen Sport. Gesundheitswissenschaftler vermuten, dass die fehlende Bewegung und die Vorliebe der Amerikaner für süßes und fettiges Essen Schuld an den erhöhten Zahlen von Fettleibigkeit und Diabetes sind. Die Ernährungsgewohnheiten sind im Süden am schlechtesten. Mississippi, Alabama, West Virginia, Tennessee und Louisiana führen – mit einem Drittel aller Bewohner – die Übergewichtsstatistik an.

Rund 26 % aller US-Amerikaner nutzen ihre Freizeit für ehrenamtliche Arbeit oder einen anderen guten Zweck. Führend sind hierbei nach Angaben der Corporation for National and Community Service die Menschen aus dem Mittleren Westen, gefolgt von jenen im Westen, Süden und Nordosten. Umweltbewusstes Verhalten ist inzwischen auch im Mainstream angekommen: Über 75 % der Amerikaner betreiben zu Hause Recycling und die meisten großen Supermarktketten – selbst Wal-Mart – haben inzwischen Bio-Lebensmittel im Sortiment.

Sport

Was die Amerikaner – mal blau angemalt, mal mit Schaumgummi-Käseecken auf dem Kopf – wirklich vereint, ist der Sport. Im Frühjahr und Sommer findet fast jeden Tag ein Baseballspiel statt. Im Herbst und Winter wird Football geschaut und während der kurzen, kalten Tage im Winter hält Basketball die US-Bevölkerung in Atem. Das sind die drei wichtigsten Sportarten, aber vor allem im Süden sind mittlerweile auch Autorennen im Kommen und sogar Fußball – vorrangig Major League Soccer (MLS) – findet immer mehr Anhänger. Außerdem hat Eishockey, das früher nur in den nördlichen Klimazonen populär war, heute im ganzen Osten des Landes eine große Fangemeinde.

Baseball

Trotz hoher Gehälter und Dopingvorwürfen sogar gegen die allergrößten Stars bleibt Baseball der beliebteste amerikanische Nationalsport. Er mag vielleicht nicht so viele Zuschauer auf einmal vor die Fernsehgeräte locken wie Football (und damit auch für weniger Werbeeinnahmen sorgen), in einer Baseballsaison finden aber auch nicht nur 16 Spiele statt (wie beim Football), sondern gleich 162.

Außerdem ist ein Baseballspiel im Fernsehen längst nicht so attraktiv – es geht viel mehr darum, live dabei zu sein. Für viele gibt es nichts Schöneres, als an einem sonnigen Tag mit einem Bier und einem Hot Dog in der Hand auf der offenen Tribüne des Stadions zu sitzen, sich beim Seventh-Inning-Stretch die Beine zu vertreten und mit der gesamten Menschenmenge in ein einträchtiges „Take Me Out to the Ballgame“ einzustimmen. Die Play-Offs im Oktober sorgen immer noch für Aufregung und überraschende Siege. Die beliebtesten Teams sind nach wie vor die New York Yankees, die Boston Red Sox und die Chicago Cubs, selbst wenn sie einfach unterirdisch spielen (die Cubs haben seit über 100 Jahren keinen Sieg in der World Series mehr vorzuweisen).

Karten sind relativ günstig – in den meisten Stadien kostet ein Sitzplatz im Schnitt 25 US$ – und für viele Spiele sind sie auch leicht zu bekommen. Für Spiele der Minor League bezahlt man sogar nur die Hälfte, und hier geht es meist noch lustiger zu, da sich die Zuschauer stark einbringen, gelegentlich Hühner oder Hunde über das Spielfeld rennen und der Ball nicht immer dort ankommt, wo er sollte. Mehr Infos dazu gibt's auf www.minorleaguebaseball.com.

Football

Football wird extrem wichtig genommen, er ist körperbetont und ein ganz großes Geschäft. Mit der kürzesten Saison und der geringsten An-

TAILGATE

Selbst Footballspiele der College- und Highschool-Teams werden mit viel Pomp und Gloria gefeiert, mit Cheerleadern, Marschkapellen, Maskottchen, Hymnen und den obligatorischen Ritualen vor und nach dem Spiel, zu denen auch das „Tailgate“ gehört – eine Wahnsinnsparty mit Bier und (tragbaren) Barbecue-Grills auf den Parkplätzen vor den Spielstätten.

Der Super Bowl kostet die USA 800 Mio. US$ an verlorener Produktivität, weil Angestellte anstatt zu arbeiten über das Spiel diskutieren, Wetten abschließen oder im Internet nach einem neuen Fernseher suchen.

zahl an Spielen unter den großen Sportarten kochen in jedem Match die Emotionen hoch wie in einer riesigen Schlacht. Jeder Punkt zählt und eine unglückliche Verletzung kann die Chancen eines Teams auf die Play-off-Runde für eine ganze Saison zunichte machen.

Football ist außerdem der härteste Sport, da die Spiele im Herbst und Winter bei Regen, Graupel und Schnee ausgetragen werden. Einige der denkwürdigsten Spiele aller Zeiten wurden bei Temperaturen unter dem Gefrierpunkt durchgeführt. Die Fans der Green Bay Packers sind allerdings eine Klasse für sich, was das Aushalten von schlechtem Wetter betrifft. Ihr Stadion in Wisconsin, das Lambeau Field, war Austragungsort des berüchtigten Ice Bowl, eines Meisterschaftsspiels gegen die Dallas Cowboys im Jahr 1967, bei dem die Temperaturen bis auf -25 °C fielen – im Wind waren es gefühlte -44 °C.

Der frenetisch gefeierte Super Bowl ist das Finale der Profiliga und findet immer Ende Januar oder Anfang Februar statt. Die Bowl Games (wie z. B. der Sugar Bowl in New Orleans oder der Orange Bowl in Miami) sind Spiele um die College-Meisterschaft, die rund um Neujahr ausgetragen werden.

Basketball

Die Baskeballteams mit den meisten Fans sind heute die Chicago Bulls (der Michael-Jordan-Effekt hält noch immer an), die Detroit Pistons (ein wilde Truppe, die schon mal für Randale sorgt), die Miami Heat (Heimverein von Lebron James, dem meist geliebten – und meist gehassten – Spieler der League) und die New York Knicks (wo Woody Allen und andere Promis am Spielfeldrand zusehen).

Auch Basketball auf College-Ebene zieht Millionen von Fans an, besonders im Frühjahr, wenn die March Madness in vollem Gange ist. Höhepunkt dieser Play-offs ist die Runde der Final Four, in der die letzten vier Teams um die Meisterschaft spielen. Außenseitererfolge und andere überraschende Wendungen begeistern die Massen ebenso wie die Profiliga. Die Spiele werden auf vielen Fernsehsendern übertragen und kurbeln natürlich auch das Geschäft mit Wetten kräftig an: Das ist die Zeit, in der die Buchmacher von Las Vegas ihre Brötchen verdienen.

Essen & Trinken

In der Küche des Ostens sind unzählige Esskulturen miteinander verschmolzen und jede Region hat ihre ganz eigenen Spezialitäten. Und wenn es um alkoholische Getränke geht, ist der Osten der USA der berauschendste Teil des Landes.

Regionale Besonderheiten

NYC: Paradies für Gourmets

Es heißt, in New York City könne man sein ganzes Leben lang jeden Abend in einem anderen Restaurant essen und wäre immer noch nicht überall gewesen. Das dürfte wahr sein, denn dem Restaurantführer **Zagat** (www.zagat.com) zufolge gibt es in den fünf Bezirken 23 000 Restaurants (so, jetzt schnell mal selbst nachrechnen). Dank der riesigen Zahl der in der Stadt lebenden Einwanderer und des Einflusses der 49 Mio. Touristen jährlich nimmt New York den Titel als beste Restaurant-Stadt der USA für sich in Anspruch. In den so unterschiedlichen Stadtvierteln werden authentische italienische Küche und dünnkrustige Pizzas serviert; hier bekommt man alle Arten von asiatischen Gerichten, französischer *haute cuisine* und klassische jüdische Feinkost, von Bagels bis zu aufgetürmten Pastrami-Roggenbrot-Sandwiches. Auch exotischere Küchen finden sich hier, von äthiopisch bis slawisch.

NYC gilt als teuer, doch davon sollte man sich nicht abschrecken lassen: Der *Zagat* sagt, dass eine durchschnittliche Mahlzeit inklusive Drink, Steuern und Trinkgeld 42 US$ kostet. Das ist zwar nicht geschenkt, doch verglichen mit anderen Weltstädten kann Essengehen in New York ein Schnäppchen sein.

Durch den schwachen Dollar ist ein gelegentlicher Besuch in einem noblen Restaurant hier preiswerter als in Städten wie London, Paris und Tokio. In den beliebten Restaurants der Sterneköche immer vorher anrufen, um zu reservieren, und fragen, ob es eine Kleiderordnung gibt und auch einen sehr frühen oder eher späten Termin zum Essen akzeptieren.

Neuengland: Muschelparty und Hummerspezialitäten

Neuengland beansprucht für sich, die besten Meeresfrüchte des Landes zu haben – wer wollte dem widersprechen? Der Nordatlantik bietet Venus- und Miesmuscheln, Austern und riesige Hummer sowie Maifisch, Blaubarsch und Kabeljau. Daraus kann ein wunderbarer *chowder* (Eintopf) werden, für den jedes noch so kleine Meeresfrüchtelokal sein eigenes Rezept hat, das bei *chowder*-Festen und Kochwettbewerben immer wieder auf dem Prüfstand steht. Eine andere Tradition ist das *clambake* (Muschelessen am Strand), bei dem Schalentiere mit in Alufolie gewickeltem Mais, Hühnchen und Würstchen unter der Erde im Feuer geröstet werden. Überall gibt es frittierte Venusmuschelstücke im Teigmantel und Hummerbrötchen (Hummerfleisch mit Mayonnaise im Brötchen). Vermont stellt hervorragenden Käse her, in Massachusetts werden Cranberries geerntet (die dort zu Thanksgiving allgegenwärtig sind) und aus den Wäldern von Neuengland kommt der Ahornsirup. Immer noch nicht satt? An der Küste von Maine stehen überall Hummerbuden, Bostons Spezialität sind gebackene Bohnen und dunkles

Festivals für Feinschmecker

» Maine Lobster Festival, Rockland, ME

» Kentucky Bourbon Festival, Bardstown, KY

» National Buffalo Wing Festival, Buffalo, NY

» Crawfish Festival, Breaux Bridge, LA

Brot und die Einwohner von Rhode Island gießen Kaffeesirup in die Milch und lieben die traditionellen *johnnycakes* (Maismehl-Brote).

Mittelatlantikstaaten: Cheesesteaks, Crabcakes und Scrapple

Die Mittelatlantikstaaten teilen sich eine lange Küste von New York bis hinunter nach Virginia und eine Fülle an Apfel-, Pfirsich- und Beerenfarmen. New Jersey ist für seine Tomaten berühmt, New Yorks Long Island hingegen für seine Kartoffeln. Die *blue crabs* (Blaukrabben oder auch Blauen Schwimmkrabben) der Chesapeake Bay bringen einen ins Schwärmen, genauso wie die aufgetürmten Teller mit *chicken pot pie* (Hühnerfleischpastete), Nudeln und dem an Hackbraten erinnernden *scrapple* im Pennsylvania Dutch Country. In Philadelphia locken die „Philly"-*cheesesteakes* (Käsesteaks), Brötchen mit dünnen, sautierten Rindfleischscheiben, Zwiebeln und geschmolzenem Käse. Von den Finger Lakes im Staat New York, aus dem Hudson Valley und aus Long Island kommen die passenden Weine zu diesen prächtigen Mahlzeiten.

Sonderbare regionale Spezialitäten

» Scrapple – Braten aus Schweinefleischstückchen und Maismehl (ländliches Pennsylvania)

» Lutefisk – gelaugter Trockenfisch (Minnesota)

» Deep fried cheese curds – frittierter, in Teig gehüllter Käsebruch (Wisconsin)

» Beef on Weck – Roastbeefscheiben im Kümmelbrötchen (Westliches New York)

» Horseshoe Sandwich – Toast mit Schinken, Fleisch und Pommes in Käsesauce (Illinois)

» Spiedie – mariniertes Fleisch im Baguette (Binghamton, NY)

Der Süden: Barbecue, Biscuits und Gumbo

Kein Region ist so stolz auf ihr Essen wie der Süden mit seiner langen Tradition an englischen, französischen, afrikanischen, spanischen und indianischen Einflüssen, die in die Küche Eingang gefunden haben. Eine der wichtigsten Quellen des regionalen Stolzes ist das langsam gegarte Barbecue, bei dem es so viele Fleisch- und Saucenvariationen wie Städte im Süden gibt. Grillhähnchen und Wels sind hier außen knusprig und innen feucht. Als Beilagen kommen lockere heiße *biscuits* (eine Art Brötchen), Maisbrot, Süßkartoffeln, Blattkohl und vor allem *grits* (gekochte Grütze aus grob gemahlenem Mais) auf den Teller – alles mit viel Butter, versteht sich. In hohen Ehren stehen Dessertrezepte für Torten mit vielen Schichten und Pasteten aus Pekannüssen, Bananen und Zitrusfrüchten. Das Ganze wird mit süßem, gekühltem Tee (ohne Alkohol) oder einem kühlen *Mint Julep* (einem Cocktail mit Bourbon) hinuntergespült.

Louisiana ist der kulinarische Höhepunkt der Region. Der Staat ragt mit seinen beiden wichtigsten Küchen heraus. Die Cajun-Küche ist in der Bayou-Bucht zu Hause, sie kombiniert einheimische Gewürze wie Sassafras und Chilipfeffer mit der ländlichen französischen Küche. Die kreolische Küche ist städtischer geprägt und hat ihr Zentrum in New Orleans. Flotte Gerichte wie Shrimp-Remoulade, der Krabbensalat *crabmeat ravigote* und *gumbo* (Eintopf mit Hühnerfleisch, Schalentieren und/oder Würstchen und Okra) werden Hungrige begeistern.

Mittlerer Westen: Burger, Bacon und Bier

Im Mittleren Westen wird viel und mit Leidenschaft gegessen. Die Portionen sind riesig, dies ist schließlich ein landwirtschaftliches Gebiet, wo kräftiges Essen gebraucht wird, um die Arbeit zu bewältigen. Weit verbreitet sind hier amerikanische Klassiker wie Schmorbraten, Hackbraten, Steak und Schweinekotelett. In den Städten in der Nähe der Großen Seen stehen außerdem Amerikanischer Zander, Barsch und andere Süßwasserfische auf der Karte. Dazu gibt's in der Regel ein schönes kühles Bier. Chicago sticht kulinarisch hervor: Nirgendwo in der Region kann man besser essen als hier, ob nun in winzigen schlichten Lokalen oder gleich daneben in einem der vielen Spitzenrestaurants, die zu den berühmtesten des Landes zählen. Eine andere tolle Möglichkeit, die Spezialitäten des Mittleren Westens zu probieren, sind die Jahrmärkte auf dem Land. Hier reicht das Angebot von Bratwurst über Fettgebackenes bis hin zu gegrilltem Mais am Stiel. Und das Essen in den Diners und Familienrestaurants – besonders in den Städten – ist von den verschiedenen Einflüssen der osteuropäischen, skandinavischen, lateinamerikanischen und asiatischen Einwanderer geprägt.

Esskultur

Zum Frühstück lieben die Amerikaner ihre Eier und Schinken, Waffeln und *hash browns* (ähnlich wie Kartoffelpuffer, besser gesagt, eine Art Schweizer Rösti) und dazu ein großes Glas Orangensaft. Vor allem lieben sie aber eine dampfende Tasse Kaffee. Nach einem kleinen Snack am Vormittag haben die meisten amerikanischen Angestellten in der Pause nur Zeit für ein Sandwich, einen schnellen Burger oder einen herzhaften Salat. Gelegentlich, wenn auch selten, sieht man jemanden, der mittags ein Glas Wein oder Bier zum Essen trinkt, doch die Zeiten der „drei Martinis zum Mittagessen“ sind vorbei. Abends essen die Amerikaner unter der Woche eine reichlichere Mahlzeit, angesichts der zeitlichen Belastung in Familien mit zwei Berufstätigen kann das aber auch etwas zum Mitnehmen oder ein Fertiggericht sein.

Abends wird oft zeitig gegessen, in der Regel zwischen 18 und 20 Uhr. In Kleinstädten kann es schwierig sein, nach 20.30 oder 21 Uhr noch etwas zu essen zu bekommen. Dinnerpartys beginnen meistens gegen 18.30 oder 19 Uhr mit einem Cocktail, gefolgt vom Essen. Bei einer Einladung ist es höflich, pünktlich zu sein und möglichst innerhalb von 15 Minuten vor oder nach der angegebenen Zeit einzutreffen. Die Amerikaner sind für ihre ungezwungenen Tischsitten bekannt, in der Regel warten sie aber, bis alle Gäste ihr Essen haben.

Thanksgiving ist wohl der einzige Feiertag (am letzten Donnerstag im November), an dem sich die meisten Amerikaner über das Menü einig sind: Gebratener Truthahn, Füllung, Kartoffelbrei, Cranberrysauce und Kürbispastete. Doch schon bei den Vorspeisen und Beilagen teilen sich die Geister, denn diese können auch lateinamerikanische, afrikanische oder hawaiianische Anklänge haben.

Kochkurse

Die folgenden Kochschulen (dabei handelt es sich aber nur um eine ganz kleine Auswahl) bieten Kochkurse für enthusiastische Amateurköche:

Kitchen Window (www.centralmarket.com) Die Kochschule in Minneapolis veranstaltet Marktbesuche und Restauranttouren sowie Kurse rund ums Backen, zum Grillen im Freien und zur Küche aus aller Welt.

Chopping Block Cooking School (www.thechoppingblock.net) In Chicaco kann man den meisterlichen Umgang mit dem Messer erlernen und die „Weinkönigin“ treffen.

Cookin' Cajun Cooking School (www.cookincajun.com) Leckerbissen der Cajun- und kreolischen Küche in New Orleans.

Heat and Spice Cooking School (http://heatandspice.com) Kurse für vegetarisches Kochen, Grillen, Küche im Stil von New Orleans, „Floribbean“-Küche und Weltklasse-Cuisine in Chicago.

International Culinary Center (www.internationalculinarycenter.com) Dieses kulinarische Zentrum beherbergt in New York City das French Culinary Institute und die Italian Culinary Academy.

Natural Gourmet Cookery School (www.naturalgourmetschool.com) Die Kochschule liegt in NYC und konzentriert sich auf vegetarische und gesunde „flexitarische“ Küche.

Getränke

Bier

Nach der Gründung der amerikanischen Getränkeindustrie in Milwaukee ersannen deutsche Einwanderer im 19. Jh. Wege, um das Bier in rauen Mengen herzustellen und nach ganz Amerika zu liefern. Noch heute kommt etwa 80 % des Inlandsbiers aus dem Mittleren Westen.

Obwohl die beliebten amerikanischen Biersorten allgegenwärtig sind, werden sie im Ausland seit Langem wegen ihres niedrigen Alkoholgehalts und „leichten“ Geschmacks verspottet. Das mit großem Abstand beliebteste Bier, amerikanisches Lager, ist der komplette

VEGETARISCH ESSEN

In allen großen Städten gibt es mehr als genug Restaurants für Vegetarier und Veganer, in Kleinstädten und in den ländlichen Gebieten abseits der Küste ist das jedoch nicht immer der Fall. In diesem Reiseführer wurden die Restaurants mit einem großen Angebot an Gerichten für Vegetarier oder Veganer mit dem Symbol ✎ gekennzeichnet. Weitere Restaurants finden sich im Online-Verzeichnis auf www.happycow.net. Hier eine kleine Auswahl an Lieblingslokalen, wenn einen die Lust auf vegetarisches Essen überkommt:

» **Green Elephant**, Portland, ME (S. 245)

» **Veggie Planet**, Cambridge, MA (S. 185)

» **Counter**, NYC (S. 95)

» **Blossom**, NYC (S. 96)

» **Moosewood Restaurant**, Ithaca, NY (S. 119)

» **Mama's Vegetarian**, Philadelphia (S. 148)

» **Café Zenith**, Pittsburgh (S. 162)

» **Grit**, Athens, Georgia (S. 421).

Gegensatz zu den starken europäischen Bieren, sein relativ niedriger Alkoholgehalt liegt zwischen 3 und 5 %. Doch egal, was die Kritiker sagen, sein Verbrauch steigt immer weiter, Wein und Spirituosen liegen abgeschlagen dahinter.

Dank des kometenhaften Aufstiegs der Kleinbrauereien und der handwerklichen Bierherstellung ist der Biermarkt dabei, sich neu zu erfinden (und zu veredeln, wie mancher sagen würde). Der Anteil der über 1500 Kleinbrauereien in den USA am Inlandsverkauf betrug 2010 schon 11 %. Fast überall in den Regionen ist es inzwischen möglich, „lokales" Bier zu trinken, denn auch in Groß- und Kleinstädten, in denen man das nicht erwarten würde, entstehen Kleinbrauereien. Einige Restaurants haben heute Bier-„Sommeliers", andere veranstalten Bier-Dinner, wo die Gäste probieren können, wie Bier aus Kleinbrauereien zu verschiedenen Gerichten schmeckt. Und für die Statistik: In Vermont gibt es die meisten Kleinbrauerein pro Kopf.

In vielen Gegenden des Südens steht „Coke" für Softdrinks aller Art, sodass bei der Bestellung eine Präzisierung erforderlich sein kann – bei der Bestellung einer Coke fragt der Kellner möglicherweise „Which kind?" (Was für eine?). Im Mittleren Westen werden Softdrinks „Pop" genannt, an der Ostküste „Soda". Da soll einer schlau draus werden.

Wein

Etwa 20 % aller Amerikaner trinken regelmäßig Wein. Der größte Teil des einheimischen Weins kommt aus den Staaten an der Westküste, vor allem aus Kalifornien. Im Osten führt New York die Weinproduktion an und steht bei der Zahl der Produzenten landesweit auf dem vierten Platz. Das interessanteste Gebiet hier ist die Region der Finger Lakes, wo jede Menge Riesling sowie guter Chardonney, Gewürztraminer und Eiswein angebaut wird. Mit 192 Weingütern ist Virginia der fünftgrößte weinproduzierende Bundesstaat, die meisten befinden sich in den schönen Hügeln rund um Charlottesville. Besonders bemerkenswert ist der Virginia Viognier (ein exotischer Weißwein). Auch die Westküste Michigans wartet mit einer vom Wein gesegneten Landschaft auf, seine Weinbauern sind bekannt für ihre Sortenvielfalt von saftigem Cabernet Franc bis zu Schaumweinen der Spitzenklasse. All diese idyllischen Regionen haben ganze Wirtschaftszweige des Weinverkostungs- und B&B-Tourismus entstehen lassen.

Wein ist in den USA in der Regel nicht billig, denn im Gegensatz zu einigen europäischen Ländern gilt er hier als Luxus und nicht als Alltagsprodukt. In Spirituosenläden oder Weinhandlungen bekommt man aber eine sehr ordentliche Flasche amerikanischen Wein bereits für 10 bis 12 US$.

Spirituosen

Aus dem Osten der USA kommen viele edle hochprozentige Getränke. Die weltweit bekannteste amerikanische Whiskeymarke ist nach wie vor Jack Daniels, und auch die älteste, ununterbrochen bestehende Brennerei in den USA, die seit 1870 in Lynchburg, Tennessee, in Betrieb ist, gehört zu Jack Daniels. Bourbon, der aus Mais hergestellt wird, ist die einzige aus den USA stammende Spirituose. In Kentucky werden 95 % der Weltproduktion hergestellt, der größte Teil davon in den sieben Brennereien im Zentrum des Staates. Die 225 Meilen (362 km) lange Rundtour zu den Whiskey-Destillerien ist als Bourbon Trail bekannt, und Autotouren zu den Destillerien mit Besuch und Verkostung haben sich zu einer guten Alternative zu den Touren im kalifornischen Napa Valley entwickelt.

Die Cocktails wurden passenderweise vor dem Bürgerkrieg in New Orleans erfunden. Der erste Cocktail war der Sazerac, eine Mischung aus Roggenwhiskey oder Weinbrand, einfachem Sirup, Bitterstoffen und einem Schuss Absinth. Zu den amerikanischen Cocktails, die im späten 19. und frühen 20. Jh. in den Bars kreiert wurden, zählen solche Klassiker wie der Martini, der Manhattan und der Old-Fashioned.

Die Retro-Cocktail-Welle

In den amerikanischen Großstädten ist es richtig cool geworden, zu feiern wie 1929, nämlich mit Retro-Cocktails aus der mehr als 100 Jahre zurückliegenden Zeit des Alkoholverbots. Die gute alte Prohibition: Anstatt eine Nation von Abstinenzlern hervorzubringen, scheint sie eine Kultur gestärkt zu haben, in der das Verbotene attraktiv wurde – es war ein gutes Gefühl, böse zu sein, und sogenannte ehrenwerte Bürger trafen sich heimlich in „speakeasies", um Schnaps aus Schwarzbrennereien, „moonshine" genannt, zu trinken und zu Hot Jazz zu tanzen.

Zurück ins 21. Jh.: Es besteht zwar keine Gefahr, dass die Prohibition wieder eingeführt wird, doch in vielen Bars in der Region herrscht wieder der Geist der wilden Zwanziger und der gesetzwidrigen Dreißiger. Die Cocktails sind von alten Rezepten auf der Basis natürlicher und hausgemachter Zutaten inspiriert und verwenden Ingredienzien wie Spirituosen aus kleinen Brennereien, geschlagenes Eiweiß, handgeschnittenes Eis und frische Früchte. Sie werden liebevoll von geschniegelten Barkeepern gemixt, die ihren Beruf als eine Mischung aus Kunst und Wissenschaft betrachten.

Retro-Cocktailbars

- » The Aviary, Chicago
- » Tonique, New Orleans
- » Franklin Mortgage & Investment Co, Philadelphia
- » Weather Up, NYC
- » Mulberry Project, NYC
- » On the Rocks, NYC
- » Alibi, Boston

Kunst & Architektur

Musik

Blues

Ein Muss für Musikfans

- » Sun Studio, Memphis
- » Rock and Roll Hall of Fame, Cleveland
- » Preservation Hall, New Orleans
- » B. B. King Museum, Indianola, MS

Willie Dixon hat es vielleicht am besten beschrieben: „Der Blues ist die Wurzel, alles andere sind die Früchte." Seiner Meinung nach liegt der Ursprung der amerikanischen Musik im Blues und der wiederum entstand im Süden. Dort entwickelte sich dieses Genre aus den Arbeitsliedern oder „Schreien" der schwarzen Sklaven und dem „Frage-Antwort"-Schema ihrer religiösen Gesänge. Der Blues ist also eine Adaption afrikanischer Musik.

Um die 1920er-Jahre war der Delta-Blues das Sinnbild des Sounds. Von Memphis bis nach Mississippi sangen Musiker zu den Klängen der Slide-Gitarre leidenschaftliche, schwermütige Lieder. Fahrende Bluesmusiker und insbesondere Bluessängerinnen konnten im Süden mit ihrer Kunst Geld verdienen und wurden berühmt. Zu den Pionieren gehören Robert Johnson, W. C. Handy, Ma Rainey, Huddie Ledbetter (alias Lead Belly) und Bessie Smith, die einige für die beste Bluessängerin aller Zeiten halten.

Nach dem Zweiten Weltkrieg zogen viele Musiker gen Norden nach Chicago, das ein Zentrum afroamerikanischer Kultur wurde. Dort erfuhr dieses Genre eine Wende – die elektrische Gitarre hielt Einzug. Eine neue Generation von Musikern wie Muddy Waters, Buddy Guy, B. B. King und John Lee Hooker drehten die Verstärker auf und ihre kreischenden Gitarren legten den Grundstein für den Rock'n' Roll.

Jazz

Ende des 18. Jhs. trafen sich die Sklaven auf dem Congo Square in New Orleans zum Singen und Tanzen. Deshalb gilt dieser Ort als Geburtsstätte des Jazz. Hier schauten sich die ehemaligen Sklaven von den gemischtrassigen Kreolen der Stadt – die selbst eher an europäischer Gesellschaftsmusik interessiert waren – ab, wie man Blas- und Saiteninstrumente beherrscht, um damit ihre eigene afrikanisch beeinflusste Musik zu machen. Die gegenseitige Beeinflussung hatte eine stetige, fruchtbare Entwicklung innovativer Sounds zur Folge.

Die erste Variante davon war der Ragtime, der seinen Namen durch den „zerhackten" Stil seiner synkopischen afrikanischen Rhythmen bekam. Es folgte der Dixieland-Jazz, dessen Zentrum das berühmt-berüchtigte Rotlichtviertel Storyville in New Orleans war. 1917 wurde Storyville dicht gemacht und die Musiker zerstreuten sich in alle Winde. Der Trompetenstar Louis Armstrong zog nach Chicago und gab für die nächsten Jahrzehnte den Ton an.

Die 1920er- und 1930er-Jahre wurden als das „Jazz Age“ bekannt. Harlem in New York City war das Zentrum, wo Duke Ellington und Count Basie ihren Big-Band-Swing präsentierten. In den 1950er- und 1960er-Jahren interpretierten Miles Davis, John Coltrane und andere den Sound auf eine neue Art, das Ergebnis war Cool, Free und Avantgarde Jazz. NYC, New Orleans und Chicago sind bis heute die Metropolen des Jazz.

Country

Die frühen schottischen, irischen und englischen Einwanderer brachten ihre eigenen Instrumente und Volkslieder mit nach Amerika. Daraus entstand in den abgelegenen Appalachen mit der Zeit die Fidel-Banjo-Hillbilly- oder „Country“-Musik. Davon unterschied sich die „Western“-Musik im Südwesten durch Stahlgitarren und größere Bands. In den 1920er-Jahren schlossen sich diese Stile zur „Country and Western Music“ zusammen, die in Nashville ihre Heimat fand, besonders als die Show *Grand Ole Opry* 1925 anfing, die Musik im Radio zu übertragen.

Den Zuhörern schwirrten Worte wie „cry a tear in your beer“ im Kopf herum und Countrymusik wurde zum Big Business. Singer-Songwriter wie Shania Twain, Tim McGraw und Taylor Swift haben Millionen an Platten verkauft. Später ist hieraus Bluegrass, Rockabilly und Alternative-Country entstanden. Der Süden ist bis heute die stiefeltragende Hochburg dieses Genres.

Die besten Musikfestivals

- » Winter Music Conference, Miami, März
- » New Orleans Jazz Festival, April
- » Bonnaroo, Manchester, TN, Juni
- » Lollapalooza, Chicago, August

Rock 'n' Roll

Die meisten sagen, der Rock 'n' Roll sei 1954 an dem Tag geboren, an dem Elvis Presley das Sun Studio von Sam Philips betrat und „That's All Right“ aufnahm. Anfangs fragten sich die Radiosender, warum ein weißer Junge vom Land schwarze Musik singt und ob sie das überhaupt senden sollten. Erst 1956 gelang Presley mit „Heartbreak Hotel“ der große Durchbruch und in mancher Hinsicht wirkt sich der Rock 'n' Roll noch heute auf die Musikszene Amerikas aus.

Musikalisch gesehen war Rock 'n' Roll eine Mischung aus gitarrendominiertem Blues, schwarzem Rhythm 'n' Blues (R 'n' B) und weißer Country and Western Music. Der R 'n' B entwickelte sich in den 1940er-Jahren aus Swing und Blues und war damals als „Rassenmusik“ bekannt. Mit dem Rock 'n' Roll verwandelten weiße (und einige afroamerikanische) Musiker diese „Rassenmusik“ in etwas, das weiße Jugendliche ohne Einschränkungen annehmen konnten – was sie auch taten.

Der Rock 'n' Roll wurde umgewandelt in psychedelische Klänge von Grateful Dead und Jefferson Airplane und in die elektrischen Klagelaute von Janis Joplin, Jimi Hendrix, Bob Dylan und Patti Smith. Seitdem steht Rock für Musik und Lifestyle, hin und her gerissen zwischen Genusssucht und Ernsthaftigkeit, Kommerzialisierung und Authentizität. Woodstock veranschaulichte 1969 die Szene – ein kleines Stückchen Land in Upstate New York wurde zur Legende.

Ende der 1970er-Jahre entstanden der Punk, angeführt von den Ramones und den Dead Kennedys, und der Arbeiter-Rock von Bruce Springsteen (der ganze Stolz von New Jersey). Es dauerte nicht lange, bis ein neuer Sound aufkam: Rap, das Sprachrohr der „Outlaws“. Im Osten fand er in New York und in Detroit guten Nährboden. Jay Z und Eminem sind derzeit führend.

Literatur

Der „Große amerikanische Roman“ hat die Phantasie mehr als 150 Jahre angeregt. Edgar Allan Poe schrieb in den 1840er-Jahren gruselige Shortstories. Ihm ist auch die Erfindung von Kriminal- und Horrorgeschichten sowie von Sciencefiction zuzuschreiben. Vierzig Jahre später erfand Samuel Clemens, alias Mark Twain, die Literatur neu. Twain schrieb umgangssprachlich, liebte „große Geschichten" und warf mit Absurditäten um sich, was ihn beim Alltagsleser äußerst beliebt machte. Der Roman *Die Abenteuer des Huckleberry Finn* (1884) wurde zum Inbegriff der amerikanischen Erzählung: Geleitet von einem ersten Aufbegehren gegen seinen Vater, macht sich Huck auf die Suche nach Authentizität und Selbsterkenntnis. Kulisse ist der Mississippi.

Große amerikanische Romane

» *Fiesta*, Ernest Hemingway

» *Der große Gatsby*, F. Scott Fitzgerald

» *Schall und Wahn*, William Faulkner

» *Menschenkind*, Toni Morrison

Die „Lost Generation" verhalf der amerikanischen Literatur Anfang des 20. Jhs. zu ihrem Höhepunkt. Die Autoren dieser Generation siedelten nach dem Ersten Weltkrieg nach Europa über und schrieben über die wachsende Entfremdung. Der unverblümt schreibende, aus dem Mittleren Westen stammende Ernest Hemingway ist mit seinem sparsamen, stilisierten Realismus das beste Beispiel für diese Ära. F. Scott Fitzgerald aus Minnesota schilderte in seinen Romanen die innere Leere der High Society an der Ostküste. Nach seiner Rückkehr aus Europa beschrieb William Faulkner die sozialen Brüche der Gesellschaft des Südens in komplexer, sarkastischer Prosa. Während der Harlem Renaissance in New York setzten sich Afroamerikaner wie der Dichter Langston Hughes und die Romanautorin Zora Neale Hurston mit rassistischen Stereotypen auseinander.

Nach dem Zweiten Weltkrieg brachten amerikanische Schriftsteller noch stärker regionale und ethnische Unterschiede zum Ausdruck, unternahmen verschiedene stilistische Experimente und verhöhnten oft bissig die Werte der amerikanischen Mittelklasse. Die Autoren der Beat Generation der 1950er-Jahre, allen voran Jack Kerouac, Allen Ginsberg und William S. Burroughs, waren besonders schwer verdaulich.

Heute spiegelt die Literatur eine zunehmend breitgefächerte Palette an Meinungen wider. Toni Morrison, Amy Tan, Ana Castillo und Sherman Alexie haben Bestseller geschrieben und sich kritisch zu den Problemen der Afroamerikaner, der Amerikaner asiatischer und mexikanischer Herkunft und der amerikanischen Ureinwohner geäußert.

Film & Fernsehen

Das Studiosystem hatte eigentlich in Manhattan seinen Ursprung, wo Thomas Edison – der Begründer der Filmindustrie – versuchte, mit seinen Patenten ein Monopol zu schaffen. Dies veranlasste viele Unabhängige, in einen Vorort von Los Angeles zu ziehen, wo sie im Fall rechtlicher Probleme schnell nach Mexiko fliehen konnten: Und so wurde Hollywood geboren.

Die meisten Filme werden heute noch immer an der Westküste gedreht, aber auch New York kann mit zahlreichen Film- und Fernsehstudios aufwarten. ABC, CBS, NBC, CNN, MTV und HBO gehören zu New Yorks Top-Sendern und viele Zuschauer kommen eigens hierher, um David Letterman, Dr. Oz oder beliebte Talk-Shows live mitzuerleben. Zahlreiche Filmemacher und Schauspieler ziehen New York sogar der Westküste vor – Robert DeNiro, Spike Lee und vor allem Woody Allen: also Augen auf beim Stadtbummel. Weitere Filmstädte sind u. a. Miami, Chicago und wer hätte es gedacht: Wilmington in North Carolina. Hier gibt es so viele Filmstudios, dass die Stadt den Spitznamen „Wilmywood" zu Recht verdient hat.

Als YouTube, Blip.tv und dergleichen zum ersten Mal auf der Bildfläche der TV-Industrie erschienen sind, haben die Sender darauf mit der Erfindung trendiger und endloser Seriendramen sowie billig produzierter, „drehbuchloser" Reality-Shows reagiert. Was im Jahr 2000 mit *Survivor* begann, führen die Kandidaten und „Schauspieler" von *American Idol, Project Runway* und *The Jersey Shore* bis heute auf Gedeih und Verderb fort.

DAS GOLDENE ZEITALTER DES AMERIKANISCHEN FERNSEHENS

Bis zum 21. Jh. zielte Kabelfernsehen auf ein ganz spezielles Nischenpublikum ab und produzierte anspruchsvolle, komplexe Dramen, die die meisten risikoscheuen Hollywood-Produktionen übertrafen. Und das Ergebnis? Einige sagen, dass es nicht die Mitte des 20. Jhs. sondern die 2000er-Jahre waren, die als „Goldenes Zeitalter" des amerikanischen Films anzusehen sind. Im Osten der USA spielen u. a.:

» *Die Sopranos:* Mafia, Mörder und Ehe in New Jersey gepaart mit vielen Besuchen in der Praxis eines Psychologen.

» *The Wire:* Politiker, Polizei, Drogenhandel auf den Straßen von Baltimore.

» *Dexter:* Kann ein Serienkiller Moral haben? Ein Kriminalpolizist mit einem großen Geheimnis beweist, dass die Antwort „Ja" lauten muss.

» *Tremé:* New Orleans in Großaufnahme – das historische afroamerikanische Viertel versucht seinen Wiederaufbau nach dem Hurrikan Katrina.

» *30 Rock:* O. k., diese Serie läuft nicht über Kabel, sondern über einen regulären Fernsehsender. Rock 30 ist das geistige Kind der Comedy-Queen Tina Fey und basiert auf ihrer langjährigen Arbeit als Autorin für *Saturday Night Live*.

Theater

Eugene O'Neill verhalf dem amerikanischen Schauspiel mit seiner Trilogie *Trauer muss Elektra tragen* (1931) erstmals zu breitem Ansehen. Im Stück wird ein tragischer griechischer Mythos nach Neuengland in die Zeit nach dem Bürgerkrieg verlegt. O'Neill war der erste große amerikanische Dramatiker und ist für viele noch immer der beste.

Nach dem Zweiten Weltkrieg beherrschten zwei Dramatiker die Szene: Arthur Miller, der bekanntermaßen Marilyn Monroe heiratete und über so ziemlich alles schrieb – von der Desillusionierung eines Vertreters der Mittelklasse (*Tod eines Handlungsreisenden,* 1949) bis zur geistigen Haltung des Mobs in den Hexenprozessen von Salem (*Hexenjagd,* 1953) –, und Tennessee Williams, dessen explosive Arbeiten *Die Glasmenagerie* (1945), *Endstation Sehnsucht* (1947) und *Die Katze auf dem heißen Blechdach* (1955) sich tief in die Psyche der Menschen aus den Südstaaten eingruben.

Edward Albee verlieh den 1960er-Jahren eine gesunde Dosis Absurdität. David Mamet und Sam Shepard bereicherten die Literatur in den 1970er- und 1980er-Jahren um ein paar ungehobelte, kernige Typen. In neuerer Zeit schreibt der mit dem Pulitzer-Preis ausgezeichnete Tracy Letts Familiendramen, die oft mit denen von O'Neill verglichen werden. Und so schließt sich der Kreis.

Die Shows auf den Bühnen am Broadway haben Kultstatus. In der Spielzeit 2010/2011 wurden auf dieser berühmten Meile Theaterkarten für mehr als eine Milliarde Dollar verkauft – ein neuer Rekord, selbst angesichts so teurer Produktionen wie „Spiderman: Turn Off the Dark", die schlechte Kritiken erhielt und künstlerische Fehden auslöste. Aber nicht nur der Broadway strahlt. Auch regionale Theater wie das Steppenwolf in Chicago, das Guthrie in Minneapolis und viele andere bringen Neues auf die Bühne und junge Bühnenautoren sorgen dafür, dass das auch so bleibt.

Die besten Museen für moderne Kunst

» Museum of Modern Art, NYC

» Whitney Museum of American Art, NYC

» Salvador Dalí Museum, St. Petersburg, FL

» Andy Warhol Museum, Pittsburgh

Malerei

Nach dem Zweiten Weltkrieg entstand in den USA die erste wirklich eigene Kunstrichtung: der abstrakte Expressionismus. New Yorker Maler wie Jackson Pollock, Franz Kline, Mark Rothko und andere experimentierten mit freien, gegenstandslosen Formen. Pollock z.B. schuf Tropfbilder, indem er Farbe auf große Leinwände schüttete und spritzte.

Darauf folgte die Pop-Art. Künstler schöpften Inspiration aus Cartoons und Verpackungen. Andy Warhol war der große Meister (oder auch der Papst des Pop, wie er manchmal genannt wurde). Danach kam der Minimalismus und in den 1980er- und 1990er-Jahren war alles erlaubt – jeder Stil konnte seinen Platz in der Kunstwelt finden. New York ist und bleibt das Zentrum der Welt der Kunstschaffenden. Diese Stadt beeinflusst den Kunstgeschmack nicht nur in den USA, sondern auf dem ganzen Globus.

Architektur

Der Willis Tower (ehemals Sears Tower) in Chicago ist seit 1972 das höchste Gebäude der USA. Er soll aber 2014 von dem neuen One World Trade Center in New York City abgelöst werden.

1885 entwarf eine Gruppe von Konstrukteuren in Chicago den ersten Wolkenkratzer. Er reichte zwar nicht ganz bis an die Wolken, aber sein Stahlskelett bildete den Grundstein für die moderne Architektur.

Ungefähr zur gleichen Zeit verwirklichte ein anderer Architekt aus Chicago eher Horizontales. Frank Lloyd Wright schuf einen neuen Gebäudestil, verabschiedete sich von traditionellen Elementen und historischen Anspielungen und entwickelte das Konzept der organischen Architektur. Er entwarf Gebäude, die sich in die Landschaft des Mittleren Westens einfügten, d.h. Häuser mit tiefliegenden, horizontalen Linien. Wrights „Präriehäuser" wurden später sogar zu einer ganzen Architekturrichtung.

Europäische Architekten nahmen Wrights Ideen auf und als die Vertreter des Bauhaus Nazi-Deutschland verließen, kamen ihre Ideen in abgewandelter Form in die USA zurück und wurden als Internationaler Stil, eine frühe Form der modernen Architektur, bekannt. Einer der bedeutendsten Architekten war Ludwig Mies van der Rohe. Seine kastenförmigen, aus Metall und Glas bestehenden Riesen kennzeichneten vor allem die Skyline von Chicago und New York City. Mit dem später aufkommenden Postmodernismus hielten Farbe, Art-deco- und Jugendstilelemente sowie andere historische Bezüge wieder Einzug ins Design der Hochhäuser.

Heute sehen sich Architekten von dem „grünen Gewissen" herausgefordert. Ihrer Kreativität sind keine Grenzen gesetzt, sie verändert die Skylines und bestimmt so mit, wie Amerikaner über ihr bebautes Umfeld denken.

Natur & Umwelt

Ob man nun Alligatoren, Wale, Manatis oder Elche sehen möchte: Die Küsten, Berge, Sümpfe und Wälder im Osten der USA bieten zahlreiche Beobachtungsmöglichkeiten.

Geografie

Zum Osten mit seinen gemäßigten Laubwäldern gehört auch die niedrige Bergkette der uralten Appalachen, die parallel zum Atlantik verläuft. Zwischen Gebirge und Küste liegt die bevölkerungsreichste und städtischste Region des Landes – insbesondere natürlich der Korridor zwischen Washington, D.C. und Boston, MA.

Vier der Großen Seen (Great Lakes) liegen auf der Grenze zwischen den USA und Kanada. Als Teil des Kanadischen bzw. Laurentischen Schilds bilden die insgesamt fünf Seen den größten Süßwasserspeicher der Erde (fast 20% der weltweiten Vorräte).

Geologen glauben, dass die Appalachen vor ca. 460 Mio. Jahren die höchsten Berge der Welt waren – höher sogar als der heutige Himalaja.

Südwärts, entlang der Ostküste, wird das Klima immer feuchter und wärmer. Und schließlich erreicht man die Sümpfe Südfloridas; westlich davon schwappt der Golf von Mexiko an die Südküste der USA.

Die gewaltigen Interior Plains westlich der Appalachen erstrecken sich flach bis zu den Rocky Mountains. Die östlichen Ebenen auf früherem Meeresboden unterteilen sich grob in den nördlichen „Maisgürtel" und den südlichen „Baumwollgürtel". Sie sind Amerikas Brotkorb und speisen ihr Wasser in den mächtigen Mississippi ein. Letzterer bildet zusammen mit dem Missouri das viertlängste Flusssystem der Welt, das nur von Nil, Amazonas und Jangtsekiang übertroffen wird.

Im Westen weichen dann die Rocky Mountains und die südwestlichen Wüsten irgendwann dem Pazifik.

Landsäugetiere

Elche

Im ganzen Norden der Region knabbern Elche an den Büschen – vor allem in Maine, New Hampshire, Vermont, Upstate New York sowie den nördlichen Wäldern zwischen Michigan, Minnesota und Wisconsin. Elche gehören zur Gattung der Hirsche, sind aber weitaus größer. Der mächtige Rumpf auf dünnen „Ballerinabeinen" sorgt bei den Bullen für ein Gesamtgewicht von bis zu 544 kg. Die Elche ernähren sich von vegetarischer Kost aus Blättern und Zweigen. Trotz ihrer seltsamen Gestalt sind Elche sehr flink: Sie erreichen zu Lande bis zu 56 km/h und können so schnell schwimmen wie sich ein Zweimannkanu fortbewegt.

Jeden Sommer wächst den Bullen ein imposantes Geweih, das im November wieder abgeworfen wird. Elche suchen in See- oder Flussnähe nach Nahrung, sind allgemein nicht aggressiv und posieren oftmals sogar für Fotos. Dennoch: Sie sind unberechenbar und sollten daher keinesfalls erschreckt werden. Während der Brunft (Sept.) macht die potenzielle Kampfeslust der Bullen stets einen ausreichenden Sicherheitsabstand erforderlich.

VERHEERENDE NATURKATASTROPHEN

Erdbeben, Buschbrände, Tornados, Hurrikans und Blizzards: Die USA haben etliche Naturkatastrophen erlebt. Hier ein paar aktuelle Beispiele, die im Bewusstsein der Nation verhaftet sind:

Hurrikan Katrina Den 29. August 2005 wird New Orleans nicht so schnell vergessen: Ein gewaltiger Hurrikan fegte über den Golf von Mexiko und traf Louisiana mit voller Wucht. Als die Deiche brachen, wurden 80 % der Stadt überflutet; 1836 Menschen kamen um. Amerikas bislang kostspieligste Naturkatastrophe (geschätzter Gesamtschaden: 100 Mrd. US$) klingt in den ergreifenden Bildern der zerstörten Metropole und dem Zorn über das mangelhafte Krisenmanagement der Regierung nach.

Tornado Alley Im April 2011 erlebten die USA die heftigste Tornadoserie ihrer aufgezeichneten Geschichte: Drei Höllentage lang wüteten mehr als 300 bestätigte Tornados über 21 Bundesstaaten hinweg – erstaunlicherweise nur wenige Wochen nach der zweitgrößten Tornadoserie der US-Historie. Am Ende gab es über 300 Todesopfer und Schäden in Höhe von 10 Mrd. US$.

Hurrikan Irene Am 27. und 28. August 2011 verwüstete ein Monstersturm die US-Ostküste zwischen Florida und Neuengland. Betroffen waren 15 Bundesstaaten – bis nach Pennsylvania im Landesinneren. In NYC wurde evakuiert und die historische Entscheidung getroffen, den öffentlichen Nahverkehr ganz einzustellen. Über 7,4 Mio. Haushalte waren ohne Strom, während Flüsse über die Ufer traten und mindestens 45 Menschen starben. Der Gesamtschaden wurde auf 7 Mrd. US$ geschätzt.

East Coast Earthquake Am 23. August 2011 erschütterte ein seltenes Erdbeben der Stärke 5,8 die östlichen USA. Obwohl sich das Epizentrum in Mineral (Virginia) befand, zitterte von Maine bis South Carolina der Boden spürbar. Das stärkste Erdbeben in Virginia seit 1897 verursachte zwar keine ernsthaften Schäden, demolierte aber drei Türme der National Cathedral in Washington, D. C.

Schwarzbären

Trotz abnehmender Bestände bevölkern Schwarzbären bis heute den Großteil der Region. Dies gilt vor allem für die Adirondacks, die Great Smoky Mountains und die nördlichen Wälder des Mittleren Westens. Die Männchen können sich bis zu 2 m hoch aufrichten und bringen bis zu 250 kg auf die Waage – allerdings je nach Jahreszeit: Im Herbst wiegen sie bis zu 30 % mehr als im Frühjahr direkt nach dem Winterschlaf. Obwohl Schwarzbären gelegentlich auch Fleisch fressen, ernähren sie sich in der Regel von Beeren und Pflanzen. Diese äußerst anpassungsfähigen und neugierigen Tiere können in sehr kleinen Revieren überleben. Aufgrund des Waldschwunds tapsen sie heute manchmal aber auch durch naturnah gelegene Wohngebiete.

Die besten Möglichkeiten zur Tierbeobachtung

» **Adler** Wabasha, Minnesota

» **Alligatoren, Manatis, Krokodile & Meeresschildkröten** Everglades, Florida

» **Elche** Baxter State Park, Maine

» **Wale** Provincetown, Massachusetts

Panther

Der klägliche Rest einer Panther-Population leckt im Everglades National Park (Florida) an seiner Beute. Vor Ankunft der Europäer pirschten schätzungsweise 1500 Großkatzen durch den Bundesstaat. Nach Auszahlung der ersten Panther-Prämie (1832; 5 US$/Fell) wurden sie für die nächsten 130 Jahre gnadenlos gejagt. Trotz des Jagdstopps im Jahr 1958 war es für die Tiere zu spät, um aus eigener Kraft überleben zu können: Ohne Nachzuchtprogramm (gestartet 1991) wäre der Florida-Panther heute ausgestorben. Mit nur ca. 120 registrierten Exemplaren ist die Art aber noch längst nicht aus dem Schneider.

Wölfe & Kojoten

Die wenigen Wölfe des US-Ostens ziehen vor allem durch die Boundary Waters in Minnesota. Die kühlen Nadelwälder der Region sind ihr Hauptrevier und zudem die Heimat des International Wolf Center (www.wolfcenter.org; Ely, MN). Ein weiteres kleines Rudel lebt im Isle Royale National Park (Michigan). Wölfe können zwar ebenso listig und grimmig wie im Märchen sein, greifen aber nur selten Menschen an. Draußen in der Wildnis hört man sie eventuell den Mond anheulen.

Der Kojote ähnelt in seinem Aussehen dem Wolf, ist mit einem Gewicht von 7 bis 20 kg aber nur etwa halb so groß. Auch wenn er eigentlich ein Symbol des Südwestens ist, kommt er auch im Osten der USA häufig vor – sogar in den Großstädten: Vor Kurzem besuchte ein Kojote im größten Mittagstrubel einen Chicagoer Sandwich-Shop.

Der US-Osten hat insgesamt zwölf Nationalparks, drei National Preserves (quasi Nationalparks mit Jagd- bzw. Bergbaugenehmigung) und 27 Historic Parks (landesgeschichtlich bedeutsame Areale). Der National Park Service (www.nps.gov) liefert Details.

Hirsche

Weißwedelhirsche bevölkern die ganzen östlichen USA. Eine winzige Unterart lebt ausschließlich auf den Florida Keys: Die Key-Weißwedelhirsche sind höchstens 92 cm groß, leichter als ein zehnjähriger Junge und vor allem auf Big Pine Key zu Hause.

Reptilien

Alligatoren & Krokodile

Amerikanische Alligatoren gleiten vor allem in Florida und Louisiana durch die Sümpfe. Über diese wachen sie seit mehr als 200 Mio. Jahren – ausgestattet mit riesiger Schnauze und wachsamen Augen und so gut getarnt, dass sich die Wasseroberfläche kaum einmal kräuselt.

In Louisiana leben knapp 2 Mio. Alligatoren. Vorrangig auf die Seen, Flüsse und Golfplätze Zentral- bzw. Südfloridas verteilen sich weitere 1,5 Mio. In den Everglades lassen sich die Tiere wohl am besten beim Lauern beobachten. Alligatoren sind Spitzenprädatoren, die den Rest der Nahrungskette dominieren. Während Dürreperioden und der Trockenzeit werden ihre „Wohnteiche" (*gator holes*) zu lebenswichtigen Wasserspeichern für das ganze Ökosystem der Feuchtgebiete. Alligatoren können ca. 30 Jahre alt, bis zu 4,3 m lang und 454 kg schwer werden. Offiziell gelten sie nicht mehr als gefährdet, stehen aber weiterhin unter speziellem Schutz, da sie dem immer noch bedrohten Amerikanischen Krokodil stark ähneln.

Letzteres ist innerhalb Nordamerikas nur in Südflorida zuhause (ca. 1500 Tiere) und bevorzugt Salzwasser. Von Alligatoren unterscheiden sich Amerikanische Krokodile durch ihr „Lächeln": Aus der vergleichsweise spitzeren Krokodilschnauze stehen die Zähne deutlich hervor.

Schöne Landschaften abseits der Touristenpfade

- » Congaree National Park, SC: Sumpfgebiete
- » Ouachita National Forest, AK: Berge und Quellen
- » Cape Henlopen State Park, DE: Dünen und Feuchtgebiete
- » Monongahela National Forest, WV: Flüsse

Meeresschildkröten

Innerhalb der kontinentalen USA legen die meisten Meeresschildkröten in Florida ihre Eier ab – vor allem an den südlichen Atlantikstränden und den Golfstränden, wo jedes Jahr drei Hauptarten über 80 000 Nester graben. Der Großteil sind Unechte Karettschildkröten, gefolgt von Suppen- und Lederschildkröten; früher wurden auch Echte Karettschildkröten und Atlantik-Bastardschildkröten gesichtet. Alle fünf Spezies sind gefährdet oder vom Aussterben bedroht. Mit bis zu 3 m Länge und 907 kg Gewicht ist die Lederschildkröte am größten.

Während der Nistzeit (Mai–Okt.) legen Meeresschildkröten ca. 80 bis 120 Eier pro Nest. Nachdem die Eier etwa zwei Monate lang im Sand gebrütet haben, schlüpfen die Jungen alle zugleich und machen sich auf den Weg zum Meer. Im Gegensatz zu den Mythen um diesen Aufbruch müssen sie sich dabei aber nicht am Mond orientieren.

Schlangen

Zuerst die schlechte Nachricht: Mit Diamant-, Zwerg-, Canebrake- und Waldklapperschlange leben vier Klapperschlangenarten östlich des

Mississippi. Die bis zu 2,1 m lange Diamantklapperschlange ist am größten und aggressivsten. Nordamerikanische Kupferköpfe, Wassermokassin- und Korallenottern sind weitere regionale Giftschlangen-Spezies. Die genannten Arten tummeln sich vor allem an der Süd- und der mittleren Atlantikküste.

Und jetzt die gute Nachricht: Begegnungen mit Giftschlangen sind selten. Beweis gefällig? Der Great Smoky Mountain National Park mit 10 Mio. Besuchern pro Jahr hat in seiner über 70-jährigen Geschichte keinen einzigen tödlichen Schlangenbiss verzeichnet.

Meeressäuger & Fische

Die Florida Keys sind das beste Revier für Fans herrlicher Korallenriffe und lebhafter Tropenfische.

Wale & Delfine

Der beste Walbeobachtungsspot im Osten der USA liegt vor Massachusetts: Das Stellwagen Bank National Marine Sanctuary ist ein Sommerfutterplatz der Buckelwale. Diese wundersamen Geschöpfe sind durchschnittlich 15 m lang und 36 t schwer – eine gewaltige Masse, die sie beim spielerischen Auftauchen über die Wasseroberfläche wuchten müssen. Zudem kommen Buckelwale überraschend nahe an Boote heran und geben somit tolle Fotomotive ab. Viele der 300 letzten Atlantischen Nordkaper (die bedrohteste Walart der Welt) ziehen durch dieselben Gewässer. Beobachtungstrips per Boot starten in Boston, Plymouth, Provincetown und Gloucester (Massachusetts).

Vor Floridas Küste leben mehrere Delfinarten. Bei Weitem am stärksten vertreten sind die sehr geselligen und intelligenten Großen Tümmler, die sich regelmäßig entlang der ganzen Halbinsel blicken lassen. Große Tümmler werden auch am häufigsten in Gefangenschaft zur Schau gestellt.

Gibt es ihn oder gibt es ihn nicht? *Stalking the Ghost Bird: The Elusive Ivory-Billed Woodpecker in Louisiana* (2008; Mike Steinberg) erzählt, was passiert, wenn Kajakfahrer den „ausgestorbenen" Elfenbeinspecht gesichtet haben wollen und so für Wirbel im Bayou sorgen.

Manatis

Floridas Küste ist die Heimat der seltsamen, sanften Manatis (Rundschwanz-Seekühe), die zwischen Süßwasserflüssen und dem Meer pendeln. Diese wendigen und ausdrucksvollen Tiere (ca. 3 m lang, 450 kg schwer) sind eigentlich relativ faul: Sie verbringen den Großteil des Tages damit, auszuruhen und eine Menge zu fressen – 10 % ihres Körpergewichts nehmen sie täglich zu sich. Im Winter ziehen sie zu Floridas Thermalquellen und zu Ablaufkanälen von Kraftwerken. Im Sommer schwimmen sie zurück ins Meer und lassen sich dann auch in den Küstengewässern Alabamas, Georgias oder South Carolinas beobachten.

Manatis sind seit 1893 geschützt und standen 1967 auch auf der ersten Regierungsliste der bedrohten Arten. Früher jagte man sie wegen ihres Fleisches, das besser als Filet Mignon schmecken soll. Heute gehören Kollisionen mit Booten zu den Haupttodesursachen bei Manatis und machen ca. 20 % aus. Derzeit gibt es etwa 3800 Tiere.

Vögel

Der Weißkopf-Seeadler ist seit 1782 das US-Wappentier. Nordamerikas einzigartige Adler können über 2 m Flügelspannweite erreichen. Zur Winterzeit kann man die Vögel sehr gut entlang des Mississippi in Minnesota, Wisconsin und Illinois beobachten. Im Sommer bevölkern sie Florida überall dort, wo es fischreiche Gewässer und hohe Bäume zum Fressen und Nisten gibt. Diese Adler stehen heute glücklicherweise nicht mehr auf der Liste der bedrohten Spezies: Durch eine bemerkenswerte Arterholung sind aus mageren 417 Brutpaaren (1963) inzwischen 9750 in den „unteren" 48 US-Bundesstaaten geworden. Weitere 30 000 Weißkopf-Seeadler leben in Alaska.

Nashornpelikane gehören zu den größten Vogelarten der Region und halten sich im Winter (Okt.–April) dort auf. Braunpelikane tauchen als einzige Pelikanart nach ihrer Nahrung. Sie sind ganzjährig an der Golfküste und überall in Florida anzutreffen.

Pflanzen & Bäume

Die Wildblumenblüte im Frühling und farbenfrohes Herbstlaub sind Neuenglands Charakteristika. Der Great Smoky Mountains National Park beheimatet alle fünf östlichen Waldformen (Rottannen, Hemlocktannen, Kiefern-Eichen-Mischwald, Northern und Cove Hardwood) mit über 100 einheimischen Baumarten.

Die Everglades in Florida sind mit ihren Mooren, Sümpfen und Küstenprärien das letzte subtropische Wildnisgebiet der USA. Dieses lebenswichtige, bedrohte Habitat vereint Süß- und Salzwasser u.a. mit Mangroven, Zypressen, Seegräsern, Tropenpflanzen, Kiefern oder Harthölzern.

Praktische Informationen

Allgemeine Informationen

Aktivitäten

In puncto Aktivitäten hat der Osten der USA einiges zu bieten: Man kann wandern, trekken, Rad fahren, Kajak fahren, raften und surfen. Genaueres dazu steht in den einzelnen Kapiteln. Weitere Infoquellen sind:

American Canoe Association (www.americancanoe.org) Der Kanu-und Kajakverband veröffentlicht den *Paddler* (www.paddlermagazine.com), hat eine Datenbank mit Wasserwanderwegen und organisiert Kurse.

American Hiking Society (www.americanhiking.org) Links zu örtlichen Wanderclubs; legt zusammen mit Freiwilligen neue Wege an.

American Whitewater (www.americanwhitewater.org) Diese Gruppe kümmert sich um den Erhalt der Flüsse Amerikas; Links zu örtlichen Paddelclubs.

Appalachian Trail Conservancy (www.appalachiantrail.org) Details zu dem berühmten Wanderweg.

Backpacker (www.backpacker.com) Das beste Backpacker-Magazin Amerikas bedient Neulinge und Cracks gleichermaßen.

Fish & Wildlife Management Offices (www.fws.gov/offices/statelinks.html) Links zu den für Angel- und Naturangelegenheiten zuständigen Verwaltungsdienststellen; Infos über örtliche Angelvorschriften und -genehmigungen.

National Park Service (www.nps.gov) Karten und Infos zu Aktivitäten in den verschiedenen Nationalparks.

Ski Resorts Guide (www.skiresortsguide.com) Umfassender Skiortführer mit Infos zu Unterkünften, herunterladbaren Pistenkarten u. v. m.

Surfer (www.surfermag.com) Reiseberichte zu fast allen Surfspots und Breaks in den USA.

Arbeiten im Osten der USA

Saisonjobs in Badeorten, Themenparks und Skigebieten sind meist problemlos zu haben. Leider werden diese Dienstleistungsjobs aber schlecht bezahlt.

Wer sich als Ausländer mit einem normalen Touristenvisum in den USA aufhält, dem ist es ausdrücklich untersagt, eine bezahlte Arbeit anzunehmen. Tut man es dennoch und wird erwischt, so wird man unverzüglich abgeschoben. Außerdem sind Arbeitgeber verpflichtet zu prüfen, ob ihre Angestellten eine Arbeitserlaubnis haben – andernfalls müssen sie mit Geldstrafen rechnen. Besonders Südflorida ist bekannt dafür, dass Ausländer hier illegal arbeiten, und die Vertreter der Einwanderungsbehörden kennen kein Erbarmen.

Um als Ausländer legal in den USA arbeiten zu können, muss man bereits vor der Abreise ein Arbeitsvisum beantragen. Austauschstudenten benötigen ein J1-Visum. Die folgenden Organisationen helfen bei der Visabeschaffung:

American Institute for Foreign Study (AIFS; ☎866-906-2437; www.aifs.com)

Au Pair in America (☎800-928-7247; www.aupairinamerica.com)

Council on International Educational Exchange (CIEE; ☎800-407-8839; www.ciee.org)

InterExchange (☎212-924-0446; www.interexchange.org) Camp- und Au-pair-Programme.

Studieren in den USA (☎0900-1850-055; www.in-usa-studieren.de)

Travelworks (☎02506-8303-0; www.travelworks.de)

Für befristete Tätigkeiten oder Festanstellungen brauchen alle, die nicht studieren, die Unterstützung eines amerikanischen Arbeitgebers (der ein Visum der Kategorie H beschafft). Solche Visa sind jedoch schwer zu bekommen.

Botschaften & Konsulate

Neben den folgenden Botschaften in Washington, D.C.

Maße & Gewichte

Gewichte Unze (*ounce*, Abk. oz, 28,35 gr), Pfund (*pound*, Abk. lb, 453 gr), Tonne (*ton*, Abk. t, 907,18 kg)

Flüssigkeitsmaße Unze (*ounce*, Abk. oz, 30 ml), US-Pint (*pint*, 473 ml), US-Quart (*quart*, 0,95 l), US-Gallone (*gallon*, Abk. gal, 3,79 l)

Längenmaße Fuß (*foot*, Abk. ft, 30,48 cm), Yard (*yard*, Abk. yd, 91,44 cm), Meile (*mile*, Abk. mi, 1,609 km)

Radio & Fernsehen

Radionachrichtensender National Public Radio (NPR, am unteren Ende der UKW-Skala)

Fernsehsender ABC, CBS, NBC, FOX, PBS (frei empfangbare Sender)

Wichtige Kabelkanäle CNN (Nachrichten), ESPN (Sport), HBO (Filme), Weather Channel (Wetter)

Rauchen

Seit 2011 herrscht in der Hälfte der Bundesstaaten im Osten, im District of Columbia und in vielen Gemeinden absolutes Rauchverbot in Restaurants, Bars und an Arbeitsstätten.

Video & DVD

» NTSC-Norm (inkompatibel mit PAL und SECAM)
» DVDs, Regionencode 1 (nur USA und Kanada)

Währung

US-Dollar (US$)

Zeitungen & Zeitschriften

Landesweite Zeitungen *New York Times, Wall Street Journal, USA Today*

Mainstream-Nachrichtenmagazine *Time, Newsweek, US News & World Report*

Regionale Zeitungen *Washington Post, Boston Globe, Miami Herald, Chicago Tribune*

(vollständige Liste s. www.embassy.org), unterhalten die meisten Länder UN-Botschaften in New York City. Einige Länder haben auch Konsulate in größeren Städten. Die Gelben Seiten *(Yellow Pages)* helfen weiter.

Deutschland (☎202-298-4000; www.germany.info; 2300 M St NW, 20037 Washington, D.C.)

Kanada (☎202-682-1740; www.canadainternational.gc.ca; 501 Pennsylvania Ave NW, 20001 Washington, D.C.)

Mexiko (☎202-728-1600; embamex.sre.gob.mx/eua; 1911 Pennsylvania Ave NW)

Österreich (☎202-895-6700; www.austria.org; 3524 International Court NW, 20008 Washington, D.C.)

Schweiz (☎202-745-7900; www.swissemb.org; 2900 Cathedral Ave NW, 20008 Washington, D.C.)

Ermäßigungen

Mit diesen Ausweisen kann man bei Museen, Unterkünften und einigen Transportmitteln (u.a. Amtrak) ungefähr 10 % sparen:

American Association of Retired Persons (AARP; ☎888-687-2277; www.aarp.org; Jahresmitgliedschaft Amerikaner/Ausländer 16/28 US$) Interessengemeinschaft für Traveller ab 50 Jahren.

American Automobile Association (AAA; www.aaa.com) Für Mitglieder des AAA und dessen Partnerorganisationen in Europa.

International Student Identity Card (ISIC; www.isic.org) Für Studierende jedes Alters. Die **International Youth Travel Card** (IYTC; 22 US$) bietet Nichtstudenten unter 26 Jahren die gleichen Vorteile.

Student Advantage Card (www.studentadvantage.com) Für US-amerikanische und ausländische Reisende.

Essen

Besondere Restaurants sind in diesem Buch mit LP-Tipp gekennzeichnet. Sie sind in der Reihenfolge der Empfehlungen des Autors aufgelistet. Die Preise beziehen sich im Allgemeinen auf ein durchschnittliches Hauptgericht am Abend und sind in die folgenden Kategorien unterteilt: $ (unter 10 US$), $$ (10–20 US$) und $$$ (über 20 US$). In diesen Preisen sind weder die Kosten für Getränke, Vorspeisen, Desserts oder Steuern noch Trinkgelder enthalten.

Weitere Details zum Essen und Ausgehen im Osten stehen auf S. 677.

Feiertage & Ferien

An den folgenden landesweiten Feiertagen sind Banken, Schulen und Behörden (inkl. Postämter) geschlossen. Verkehrsmittel, Museen und andere Service-Einrichtungen arbeiten an diesen Tagen nach dem Sonntagsplan. Feiertage, die auf ein Wochenende fallen, werden gewöhnlich am folgenden Montag nachgeholt.

Neujahr 1. Januar

Martin Luther King Jr. Day Dritter Montag im Januar

Presidents' Day Dritter Montag im Februar

Ostern März oder April

Memorial Day Letzter Montag im Mai

Independence Day 4. Juli

Labor Day Erster Montag im September

Columbus Day Zweiter Montag im Oktober

Veterans' Day 11. November

Thanksgiving Vierter Donnerstag im November

Weihnachten 25. Dezember

Fotos & Video

Herkömmliche Filme sind in Drogerien und Fotofachgeschäften erhältlich. Speicherkarten für Digitalkameras gibt's überall bei Ladenketten wie Best Buy und Target.

Wenn man Personen fotografieren oder filmen will, sollte man vorher höflich fragen (Straßenkünstler erwarten einen kleinen Obolus). In Amish-Gemeinden ist das Fotografieren von Höfen und Kutschen im Allgemeinen o. k. (trotzdem vorher fragen!), das Fotografieren von Personen aber nicht.

Weitere Tipps für tolle Fotos enthält der Lonely Planet Band *Travel Photography.*

Frauen unterwegs

Ob allein oder in Gruppen reisend: Frauen bekommen im Osten der USA meist keine besonderen Probleme. Auch gibt es einige ausgezeichnete Quellen, die für alleinreisende Frauen interessant sein dürften.

Die Community-Website www.journeywoman.com liefert neben Travel-Tipps von Frauen für Frauen auch Links zu anderen Infoquellen. Die kanadische Regierung (www.voyage.gc.ca) veröffentlicht die nützliche, kostenlos herunterladbare Broschüre *Her Own Way*; s. deren Website unter „Publications".

Auch die beiden folgenden landesweit tätigen Interessenverbände könnten hilfreich sein:

National Organization for Women (NOW; ☎202-628-8669; www.now.org)

Planned Parenthood (☎800-230-7526; www.plannedparenthood.org) Empfehlungen zu Kliniken im ganzen Land.

In puncto Sicherheit gelten für alleinreisende Frauen und Männer zwar dieselben Vorsichtsmaßnahmen, Frauen werden aber öfter unerwünscht angemacht oder belästigt.

Opfer sexueller Übergriffe sollten sich erst an eine Hotline für Vergewaltigungsopfer wenden und danach die **Polizei** (☎911) anrufen. Telefonbücher enthalten Verzeichnisse mit örtlichen Anlaufstellen für Vergewaltigungsopfer. Außerdem steht die **National Sexual Assault Hotline** (☎800-656-4673; www.rainn.org) rund um die Uhr zur Verfügung. Alternativ kann man auch direkt die Notaufnahme eines Krankenhauses aufsuchen. Die Polizei geht manchmal etwas unsensibel mit Vergewaltigungsopfern um. Spezielle Hilfszentren oder Krankenhäuser setzen sich für die Opfer ein und fungieren als Schnittstelle zu anderen Gemeindeeinrichtungen, so auch zur Polizei.

Freiwilligenarbeit

Gelegenheiten zur Freiwilligenarbeit gibt es im Osten der USA jede Menge. Sich freiwillig einzubringen, ist eine gute Sache, um Land und Leute auf eine Art und Weise kennenzulernen, wie es kaum möglich ist, wenn man die USA einfach nur durchreist.

In Großstädten gibt's jede Menge Gelegenheiten, bei spontanen Engagements für gemeinnützige Organisationen Einheimische kennenzulernen. Als Quellen empfehlen sich die Veranstaltungsverzeichnisse in alternativen Zeitschriften und die nach Sparten sortierten Gratis-Anzeigen auf der Website **Craigslist** (www.craigslist.org). Das staatliche Internetportal **Serve.gov** (www.serve.gov) sowie die privaten Plattformen **Idealist.org** (www.idealist.org) und **VolunteerMatch** (www.volunteermatch.org) veröffentlichen Datenbanken, die man kostenlos nach kurz- und langfristigen Freiwilligenjobs im ganzen Land durchsuchen kann.

Offiziellere Freiwilligenprogramme, vor allem solche, die speziell auf ausländische Traveller abzielen, kosten meist eine Gebühr von 250 bis 1000 US$. Der genaue Betrag hängt von Dauer und Leistungsumfang ab

(z. B. Unterkunft, Essen). In keinem Fall sind die Anreisekosten enthalten.

Empfehlenswerte Organisationen sind:

Green Project (504-945-0240; www.thegreenproject.org) Unterstützt New Orleans' grünen und nachhaltigen Wiederaufbau nach dem Hurrikan Katrina.

Habitat for Humanity (800-422-4828; www.habitat.org) Der Schwerpunkt liegt auf der Errichtung erschwinglicher Unterkünfte für Hilfsbedürftige. Besonders im Süden wird hart gearbeitet.

Sierra Club (415-977-5500; www.sierraclub.org) „Freiwilligenferien", in denen die Teilnehmer an Renaturierungsarbeiten mitwirken und Wanderwege instand halten, u. a. auch in Nationalparks und Naturschutzgebieten.

Volunteers for Peace (802-540-3060; www.vfp.org) Mehrwöchige Freiwilligenprojekte, die Handwerk und internationalen Austausch fördern.

Wilderness Volunteers (928-556-0038; www.wildernessvolunteers.org) Einwöchige Einsätze, die der Pflege von Nationalparks und Outdoor-Erholungsgebieten dienen. Im Osten kann man u. a. in Minnesota, Vermont, Maine und Arkansas helfen.

World Wide Opportunities on Organic Farms, USA (949-715-9500; www.wwoofusa.org) Vertritt mehr als 1000 Biobauernhöfe in allen 50 Bundesstaaten, die Freiwilligenarbeit mit Kost und Logis entlohnen. Es sind kurz- und längerfristige Aufenthalte möglich.

Gefahren & Ärgernisse

Die Hurrikansaison dauert an der Atlantikküste und am Golf von Mexiko von Juni bis November, aber von Ende August bis Oktober ist die Sturmhauptsaison. Nur relativ wenige Stürme erreichen die Ostküste mit der Stärke eines Hurrikans, aber wenn sie kommen, können die Zerstörungen katastrophal sein. Reisende sollten Warnungen und Evakuierungsanordnungen ernst nehmen.

Die Tornadosaison im Landesinneren des Mittleren Westens und im Süden dauert von März bis Juli. Es ist aber unwahrscheinlich, Opfer eines Tornados zu werden.

Wenn Naturkatastrophen drohen, sollte man die Nachrichten im Radio und Fernsehen aufmerksam verfolgen. Weitere Infos zu Stürmen und wie man sich darauf vorbereiten sollte, bekommt man beim **National Weather Service** (www.nws.noaa.gov).

STAATLICHE REISEINFORMATIONEN

» **Deutschland** (www.auswaertiges-amt.de/DE/Laenderinformationen/LaenderReiseinformationen_node.html)

» **Österreich** (www.bmeia.gv.at/aussenministerium/buergerservice/reiseinformation.html)

» **Schweiz** (www.eda.admin.ch/eda/de/home/travad.html)

» **USA** (www.travel.state.gov)

Geld

Wechselkurse und Kosten s. S. 19.

Die meisten Amerikaner führen im Alltag keine großen Bargeldbeträge mit sich. Sie verlassen sich auf Kredit- und Bankkarten sowie auf Geldautomaten. Man sollte aber nicht ausschließlich auf Kreditkarten setzen, denn einige Automaten (vor allem die an Tankstellen) akzeptieren keine ausländischen Karten. Kleinere Läden nehmen Scheine eventuell nur bis zu einem Wert von 20 US$.

Geldautomaten

» Bei den meisten Banken, in Einkaufszentren, Flughäfen, Lebensmittelläden und Supermärkten stehen Geldautomaten rund um die Uhr zur Verfügung.

» Pro Transaktion wird üblicherweise eine Gebühr von 2,50 US$ oder mehr fällig, die sich eventuell noch um die Gebühren der eigenen Bank erhöht.

» Ausländer sollten sich bei der eigenen Bank genau über die Nutzungsbedingungen der Geldautomaten informieren. Die Wechselkurse an Automaten sind selten besser oder schlechter als anderswo.

Geldwechsel

» Fremdwährungen tauscht man am besten bei Banken um. Große Stadtfilialen bieten meist einen Devisenservice an, auf dem Land kann sich der Geldwechsel etwas schwieriger gestalten.

» Die schlechtesten Kurse gibt's an den Wechselschaltern an Flughäfen und in Touristenzentren. Unbedingt zuerst nach anfallenden Gebühren und Zuschlägen fragen!

» **Travelex** (877-414-6359; www.travelex.com) gehört zu den größeren Wechselunternehmen, **American Express** (800-528-4800; www.americanexpress.com) bietet mitunter aber bessere Konditionen.

Kreditkarten

Die bekannten Kreditkarten werden fast überall akzeptiert. Für das Mieten eines Autos oder Reservierungen per Telefon sind sie so gut wie immer ein Muss. Visa und MasterCard sind die gängigsten. Bei Verlust oder Diebstahl einer Karte ist die entsprechende Gesellschaft sofort telefonisch zu benachrichtigen:

American Express (☎800-528-4800; www.americanexpress.com)

MasterCard (☎800-627-8372; www.mastercard.com)

Visa (☎800-847-2911; www.visa.com)

Steuern

» Die Verkaufssteuersätze variieren je nach Bundesstaat und Bezirk. Details enthalten die „Kurzinfo"-Kästen zu den einzelnen Staaten.

» Die Übernachtungssteuer für Hotels ist von Stadt zu Stadt unterschiedlich. Näheres hierzu steht in den Abschnitten „Schlafen" bei den einzelnen Städten.

Trinkgeld

Trinkgelder sind ein Muss und sollten nur bei extrem schlechtem Service nicht gegeben werden.

Barkeeper 10 bis 15 % des Rechnungsbetrags, mindestens 1 US$ pro Getränk.

Concierge Einfache Auskünfte sind gratis. Für Tischreservierungen in letzter Minute, Tickets für fast ausverkaufte Shows etc. sollte man bis zu 20 US$ geben.

Gepäckträger am Flughafen und Hotelpagen 2 US$ pro Gepäckstück, mindestens 5 US$ pro Gepäckwagen.

Parkservice Mindestens 2 US$ bei Rückgabe der Autoschlüssel.

Restaurantkellner und Zimmerservice 15 bis 20 %, sofern das Trinkgeld nicht bereits in der Rechnung enthalten ist.

Taxifahrer 10 bis 15 % des Fahrpreises auf den nächsten vollen Dollarbetrag aufrunden.

Zimmermädchen Pro Übernachtung 2 bis 4 US$ unter der dafür vorgesehenen Karte hinterlegen.

Gesundheit

Da im Osten wie auch in den ganzen USA die Hygienestandards sehr hoch sind, stellen Infektionskrankheiten kaum ein Problem dar. Impfungen sind nicht vorgeschrieben, und Leitungswasser kann bedenkenlos getrunken werden.

Alle benötigten Medikamente sollten in ihrer eindeutig beschrifteten Originalverpackung mitgenommen werden. Außerdem kann es nicht schaden, einen vom Hausarzt unterschriebenen und datierten Brief mitzuführen, in dem alle Angaben zum Gesundheitszustand und zu verordneten Medikamenten (inkl. internationaler Freinamen) aufgelistet sind.

Versicherung

Die Vereinigten Staaten bieten vielleicht die beste medizinische Versorgung weltweit. Das Problem ist nur, dass eine Behandlung extrem teuer sein kann. Deshalb ist es absolut notwendig, eine Auslandskrankenversicherung abzuschließen, wenn die eigene Krankenversicherung die medizinische Versorgung im Ausland nicht abdeckt. Weitere Infos über Versicherungen stehen auf der **Lonely Planet Website** (www.lonelyplanet.com).

Es ist auch wichtig, zu wissen, ob die eigene Versicherung die in Anspruch genommenen medizinischen Leistungen direkt bezahlt oder erst später erstattet.

Medizinische Versorgung

» Bei einem medizinischen Notfall empfiehlt es sich, die Notaufnahme des nächsten Krankenhauses aufzusuchen.

» Falls es nicht ganz so schlimm ist, kann man auch in einem nahe gelegenen Krankenhaus anrufen und sich an einen niedergelassenen Arzt verweisen lassen. Da kostet die Behandlung in der Regel weniger als in der Notaufnahme.

» Spezialisierte, profitorientierte Unfallstationen können zwar gute Dienste leisten, sind mitunter aber auch die teuerste Option.

» Apotheken sind gut sortiert. Es kann aber vorkommen, dass bestimmte Arzneimittel, die zu Hause rezeptfrei erhältlich sind, in den USA nur gegen Rezept abgegeben werden.

» Wenn die Versicherung die Rezepte nicht bezahlt, können diese entsetzlich teuer werden.

Infektionskrankheiten

Die meisten schweren Infektionskrankheiten werden durch Moskitostiche, Zecken- oder Tierbisse übertragen. Weitere Details sind in den **Centers for Disease Control** (www.cdc.gov) erhältlich.

Giardiasis Darminfektion. Kein Wasser aus Seen, Teichen, Bächen und Flüssen trinken!

Lyme-Krankheit Kommt hauptsächlich im Nordosten vor. Sie wird im späten Frühling und im Sommer von Zecken übertragen. Nach einem Aufenthalt in freier Natur sollte man sich gründlich nach Zecken absuchen.

West-Nil-Virus Übertragung durch Stechmücken im Spätsommer und Frühherbst. Der beste Schutz sind langärmlige Hemden oder Jacken, lange Hosen, Hüte und geschlossenes Schuhwerk statt Sandalen. Freiliegende Hautpartien und die Kleidung mit einem guten Insektenschutzmittel einreiben, am besten mit einem, das DEET enthält!

Gesundheitsrisiken

Hitzeschäden Dehydrierung gehört zu den Hauptursachen für Hitzeschäden. Anzeichen sind Erschöpfung, Kopfschmerzen, Übelkeit und schweißnasse Haut. Erkrankte Personen auf den Rücken legen, die Beine hoch lagern, kühle, nasse Kleidungsstücke auf der Haut platzieren und viel Flüssigkeit zuführen!

Unterkühlung kann vor allem in den nördlichen Regionen zu einem Problem werden. Den ganzen Körper einschließlich Kopf und Hals bedeckt halten! Anzeichen einer Hypothermie sind: Stolpern, undeutliche Aussprache, ungeschicktes Herumfingern und Reizbarkeit.

Internetzugang

» Der Osten der USA ist gut vernetzt. Fast alle Unterkünfte und viele Restaurants und Geschäfte stellen ihren Kunden einen schnellen Internetzugang zur Verfügung. In diesem Buch kennzeichnet das Symbol @ die Orte, die Gästecomputer mit Internetzugang bieten. 📶 bedeutet, dass WLAN kostenlos oder gegen Gebühr benutzt werden kann.

» In den meisten Cafés kommt man recht günstig ins Internet.

» In den meisten Bibliotheken gibt's öffentlich zugängliche Terminals (deren Nutzung jedoch zeitlich begrenzt ist) und WLAN. Wer außerhalb des jeweiligen Bundesstaates wohnt, muss manchmal einen kleinen Obolus entrichten.

» Folgende Websites listen WLAN-Hotspots (sowie Infos zu Ausrüstung und Zugang) auf: **Wi-Fi Alliance** (www.wi-fi.org) und **Wi-Fi Free Spot** (www.wififreespot.com).

» Wer seinen eigenen Laptop mit in die USA bringt, sollte sich ein Universalnetzteil und einen Steckeradapter besorgen. Man sollte vorab auch checken, ob die Modemkarte in den USA funktioniert.

Öffnungszeiten

In diesem Band gelten – sofern nicht anders angegeben – die folgenden Öffnungszeiten als üblich:

Banken Mo–Do 8.30–16.30, Fr 8.30–17.30 Uhr (einige Banken auch Sa 9–12 Uhr)

Bars So–Do 17–24, Fr & Sa 17–2 Uhr

Einkaufszentren 9–21 Uhr

Geschäfte Mo–Sa 10–18, So 12–17 Uhr

Nachtclubs Do–Sa 22–2 Uhr

Post Mo–Fr 9–17 Uhr

Supermärkte 8–20 Uhr, einige 24 Std.

Post

Der **US Postal Service** (USPS; ☎800-275-8777; www.usps.com) ist verlässlich und günstig. 1st Class Mail (Briefe, Pakete) innerhalb der USA kostet bis zu einem Gewicht von 28 g (1 oz) 0,44 US$ (jede weitere Unze 0,20 US$), Standardpostkarten kosten 0,29 US$. Luftpostkarten und -briefe nach Kanada und Mexiko kosten 0,80 US$ (bis zu 1 oz), in alle anderen Länder 0,98 US$.

Rechtsfragen

Bußgelder für Ordnungsvergehen (z. B. im Straßenverkehr) können von den ertappten Sündern nicht an Ort und Stelle gezahlt werden. Der Ordnungshüter wird alle Optionen für die Zahlung erklären. In der Regel muss man dann den Betrag innerhalb von 30 Tagen überweisen.

Wer verhaftet wird, kann die Aussage verweigern (aber Achtung: Nie vom Polizisten entfernen!) und hat Anspruch auf einen Anwalt. Das Rechtssystem sieht vor, dass man so lange als unschuldig gilt, bis die Schuld nachgewiesen ist. Allen Verhafteten ist gesetzlich ein Telefonat gestattet. Wer weder Anwalt noch Verwandte hat, sollte die eigene Botschaft oder das Konsulat anrufen. Deren Nummer wird auf Anfrage von der Polizei ermittelt.

Drogen & Alkohol

» In den meisten Orten ist es verboten, mit einem alkoholischen Getränk in der Hand durch die Straßen zu laufen. New Orleans und die Beale St in Memphis sind rühmliche Ausnahmen.

» Es ist überall gängige Praxis, dass man seinen Ausweis vorlegen muss, um nachzuweisen, dass man alt genug ist, um Alkohol trinken zu dürfen.

» In einigen Bundesstaaten – besonders im Süden – gibt es „trockene" Landkreise, in denen der Verkauf von Alkohol untersagt ist.

» Die Alkoholgrenze im Blut liegt in allen Bundesstaaten bei 0,8 ‰. Fahren unter dem Einfluss von Alkohol oder Drogen ist ein schweres Verbrechen und wird mit hohen Bußgeldern und gelegentlich sogar mit Gefängnis geahndet.

» Der Besitz von illegalen Betäubungsmitteln wie Kokain, Ecstasy, LSD, Heroin, Haschisch oder mehr als einer Unze Marihuana ist eine schwere Straftat und kann mit langen Haftstrafen geahndet werden.

Reisen mit Behinderung

Reisen im Osten der USA ist relativ einfach. Die meisten öffentlichen Gebäude sind für Rollstuhlfahrer zugänglich und auch die Toiletten sind behindertengerecht gestaltet. Öffentliche Verkehrsmittel sind im Allgemeinen barrierefrei, und Telefongesellschaften bieten eine Vermittlungszentrale für Schwerhörige an. In vielen Banken sind die Geldautomaten auch in Braille beschriftet. Bordsteinrampen sind überall vorhanden, und an vielen verkehrsreichen Kreuzungen gibt's akustische Signale. Die meisten Kettenhotels verfügen über behindertengerechte Suiten. Dennoch ist es immer ratsam, vorab telefonisch nach vorhandenen Einrichtungen zu fragen.

Viele Nationalparks, einige State Parks und Erholungsgebiete lassen sich auf rollstuhlgerechten, asphaltierten oder befestigten Pfaden oder Bohlenwegen erkunden.

Mehrere Organisationen sind auf Hilfe für Reisende mit Behinderungen spezialisiert:

Access-Able Travel Source (www.access-able.com) Allgemeine Reise-Website mit nützlichen Tipps und Links.

Flying Wheels Travel (☎507-451-5005; http://flyingwheelstravel.com) Reisebüro mit umfassendem Service, das sich auf Reisen für Gehandicapte spezialisiert hat.

Mobility International USA (www.miusa.org) Berät in Sachen Mobilität und hat Austauschprogramme zur Weiterbildung.

Travelin' Talk Network (www.travelintalk.net) Wird von denselben Leuten betrieben wie Access-Able Travel Source; ist ein globales Netzwerk von Dienstleistern.

Wheelchair Getaways (☎800-642-2042; www.wheelchairgetaways.com) Vermietet landesweit behindertengerechte Vans.

Schwule & Lesben

Im Großen und Ganzen ist der Nordosten die toleranteste und der Süden die intoleranteste Region des amerikanischen Ostens. In den Großstädten gibt es seit Langem schwulenfreundliche Gemeinden.

Allgemeine Einstellung

Die meisten amerikanischen Großstädte haben offene GLBT-Gemeinden, die nicht im Verborgenen agieren müssen und mit denen man leicht in Kontakt kommt. Viele Stadtporträts dieses Führers enthalten Kästen oder Passagen mit Szenetipps.

Inwieweit Schwule und Lesben akzeptiert werden, ist sehr unterschiedlich. Mancherorts ist Toleranz ein Fremdwort, anderswo wird sie geübt, solange sexuelle Präferenzen nicht offensichtlich zur Schau gestellt werden. Bigotterie existiert in den USA leider immer noch. In ländlichen und extrem konservativen Gegenden sollte man sich lieber bedeckt halten, denn Gewalt und Beschimpfungen sind hier keine Seltenheit. Im Zweifelsfall sollte die Devise *don't ask, don't tell* gelten. Obwohl stark umstritten, sind gleichgeschlechtliche Ehen jetzt in ein paar (meist im Nordosten gelegenen) Bundesstaaten erlaubt.

Hotspots

Manhattan ist viel zu überfüllt und zu kosmopolitisch, als dass sich jemand darum scheren würde, wer mit wem Händchen hält. Fire Island auf Long Island ist das Strand-Schwulenmekka. Weitere tolerante Städte an der Ostküste sind Boston, Philadelphia, Washington, D.C., Provincetown in Massachusetts und Rehoboth Beach in Delaware. Selbst Maine kann mit einem Badeort für Schwule aufwarten: Ogunquit.

Im Süden liegt das ewig heiße „Hotlanta". In Florida florieren in Miami und in der „Conch Republic" auf Key West schwule Gemeinden, und auch Fort Lauderdale könnte für sonnengebräunte Boys und Girls interessant sein. In New Orleans kommt jeder auf seine Kosten. Im Mittleren Westen fühlen sich schwule und lesbische Reisende in Chicago und Minneapolis am wohlsten.

Infos im Internet

Advocate (www.advocate.com) Website mit News aus Geschäftswelt, Politik, Kunst, Unterhaltung und Tourismus.

Damron (www.damron.com) Veröffentlicht klassische schwul-lesbische Reiseführer, die aber von Werbepartnern beeinflusst werden und teilweise etwas veraltet sind.

Gay Travel (www.gaytravel.com) Dutzende von amerikanischen Reisezielen.

Gay Yellow Network (www.gayyellow.com) Gelbe Seiten mit Verzeichnissen für über 30 US-Städte. Auch als App fürs Smartphone erhältlich (GLYP).

OutTraveler (www.outtraveler.com) Nützliche Online-Stadtführer und Berichte über diverse Städte in den USA und anderswo.

Purple Roofs (www.purpleroofs.com) Landesweite Infos über schwulenfreundliche oder von Homosexuellen geführte B&Bs und Hotels.

Strom

In den USA gibt es Wechselstrom 110/120 V; für die meisten nicht in den USA hergestellten Elektrogeräte braucht man einen Adapter. S. auch Schaubilder S. 701.

Telefon

Auf dem US-amerikanischen Telefonmarkt konkurrieren regionale Gesellschaften, Anbieter von Ferngesprächen und diverse Mobilfunkfirmen. Insgesamt ist das Netz effektiv. Festnetz- oder Handyverbindungen sind meist günstiger als Gespräche von Hotelapparaten oder Münzfernsprechern.

Handys

Die meisten US-amerikanischen Handynetze sind

nicht mit dem in Europa und Asien benutzten GSM 900/1800-Standard kompatibel (nur einige wenige kompatible Geräte funktionieren). G3-Telefone wie das iPhone verursachen keinerlei Probleme – aber man sollte auf jeden Fall auf die Roaminggebühren achten, vor allem beim Herunterladen von Daten! Vorab sollte man sich unbedingt beim jeweiligen Provider nach den Nutzungsbedingungen erkundigen.

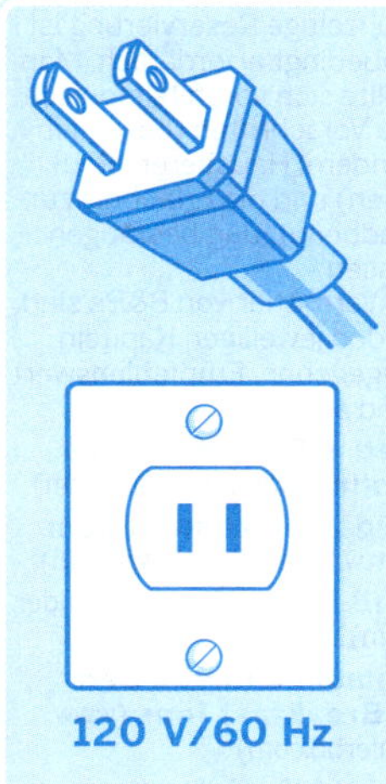

Es ist eventuell günstiger, sich für die USA eine Prepaid-SIM-Card anzuschaffen (beispielsweise von AT&T) und ins eigene Handy einzusetzen. So bekommt man eine amerikanische Handynummer inklusive Mailbox. **Planet Omni** (www.planetomni.com) und **Telestial** (www.telestial.com) bieten solche Karten inklusive Leihhandys an.

Man kann sich auch ein preiswertes Prepaid-Handy ohne Vertrag mit amerikanischer Nummer und erweiterbarer Minuten-Flatrate kaufen. Virgin Mobile, T-Mobile, AT&T und andere Provider bieten Handys schon für 20 US$ an, 400 Minuten kosten ca. 40 US$. Elektronikläden wie **Best Buy** (www.bestbuy.com) verkaufen solche Handys und internationale SIM-Karten.

In ländlichen Gegenden im Osten (insbesondere in den Bergen und in Nationalparks) gibt's keinen Empfang. Man sollte sich also vom Provider eine Karte geben lassen, in der die Funklöcher verzeichnet sind.

Internettelefonie

Dienste wie **Skype** (www.skype.com) und **Google Voice** (www.google.com/voice) können vor allem internationale Telefonate recht billig machen. Weitere Infos zu diesem Thema gibt's auf den jeweiligen Websites.

Münztelefone & Telefonkarten

» Münztelefone stehen in allen größeren Städten, werden aber immer seltener.

» Ortsgespräche kosten 0,50 US$.

» Prepaid-Telefonkarten sind in Lebensmittelgeschäften, Supermärkten und Apotheken erhältlich.

» AT&T verkauft eine landesweit gültige Telefonkarte.

Vorwahlen

Amerikanische Telefonnummern bestehen aus einer dreistelligen Regionalvorwahl und einer siebenstelligen Anschlussnummer. Bei Anrufen innerhalb derselben Region reicht normalerweise die siebenstellige Anschlussnummer aus. Dennoch muss in manchen Ecken mittlerweise die komplette zehnstellige Nummer auch bei Ortsgesprächen gewählt werden. Wer mit der siebenstelligen Nummer nicht durchkommt, sollte es also mit der zehnstelligen Variante versuchen.

» Die ☎1 ist die Vorwahl für Ferngespräche in den USA und die Vorwahl vor kostenlosen Servicenummern (800, 888, 877, 866). Einige gebührenfreie Nummern funktionieren nur in den USA.

» Wer aus dem Ausland in den USA anrufen will, wählt zuerst die internationale Ländervorwahl (☎1) (die gleiche Nummer wie für Kanada, obwohl zwischen den beiden Ländern Auslandsgebühren anfallen).

» Um aus den USA ins Ausland anzurufen, wählt man zuerst die ☎011, dann die jeweilige Ländervorwahl, die Ortsvorwahl und schließlich die eigentliche Anschlussnummer. Kanada ist die Ausnahme: Auf die ☎1 folgen die Ortsvorwahl und die Nummer.

» Die Vermittlung internationaler Gespräche erreicht man unter ☎00.

» Die landesweite Telefonauskunft ist unter der Nummer ☎411 zu erreichen.

» Unter ☎800-555-1212 erhält man Auskunft über diverse gebührenfreie Nummern.

Touristeninformation

Das Internetportal der Bundesregierung, **Tour the US** (www.usa.gov/visitors/travel.shtml), bietet Links zu den Websites von allen Touristeninformationen im Osten der

USA sowie zu Anbietern von Freizeit- und Outdoor-Aktivitäten wie Museen, historische Stätten, Panoramastraßen und Nationalparks.

Die meisten Städte unterhalten Convention and Visitor Bureaus (CVB) oder Chambers of Commerce, die teilweise als Touristeninformation fungieren. Diese erwähnen häufig nur Unternehmen, die Mitglied des CVB oder der Handelskammer sind – und das sind nicht unbedingt alle Hotels und Restaurants der jeweiligen Stadt. Gute unabhängige Optionen werden also vielleicht nicht angegeben.

In diesem Buch sind die Touristeninformationen und Visitor Centers in den Regionenkapiteln verzeichnet. Hier ein paar nützliche Websites:

New York State Tourism (www.iloveny.com)

Visit Florida (www.visitflorida.com)

Washington, DC (www.washington.org)

Unterkunft

Außergewöhnlich schöne Unterkünfte sind in diesem Buch mit [LP] gekennzeichnet. Aber auch alle anderen empfohlenen Unterkünfte erfüllen innerhalb der jeweiligen Kategorie einen bestimmten Qualitätsstandard. Sie sind in der Reihenfolge der Empfehlungen des Autors aufgelistet.

Außer in der absoluten Nachsaison und in Billigunterkünften ist es immer ratsam zu reservieren.

PREISE

Die in diesem Band genannten Preise beziehen sich auf Doppelzimmer in der Hauptsaison und enthalten keine Steuern. Letztere betragen zwischen 10 und 15 % – manchmal sogar mehr. Bei der Buchung am besten immer fragen, ob die Steuer schon enthalten ist.

Preiskategorien sind $ (unter 100 US$), $$ (100–200 US$) oder $$$ (über 200 US$).

Saison

» In der Hauptsaison von Mai bis September sind die Preise am höchsten.

» Ausnahmen sind Florida und die Skigebiete im Norden. Hier ist es im Winter am vollsten und teuersten.

Annehmlichkeiten

» In den meisten Unterkünften gibt's WLAN in den Zimmern. In Budgetquartieren und Mittelklassehotels ist dieser Service im Allgemeinen kostenlos, in Spitzenklassehotels muss man oft ein paar Dollar dafür hinblättern.

» In vielen der kleineren Unterkünfte, vor allem in B&Bs, darf nicht geraucht werden. In den Hotels der Ketten Marriott und Westin herrscht absolutes Rauchverbot. Alle anderen Häuser haben Nichtraucherzimmer. In diesem Führer bedeutet das Nichtraucherzeichen (🚭), dass in allen Zimmern dieses Quartiers Rauchverbot herrscht.

» Klimaanlagen sind fast überall Standard.

Preisnachlässe

Nachlässe bei Online-Buchung bekommt man mit etwas Glück, wenn man die in diesem Buch angegebenen Websites aufruft. Auch die folgenden üblichen Verdächtigen haben oft Schnäppchen im Angebot:

Expedia (www.expedia.com)

Hotels.com (www.hotels.com)

Hotwire (www.hotwire.com)

Priceline (www.priceline.com)

Travelocity (www.travelocity.com)

B&Bs & Pensionen

Diese Unterkünfte befinden sich in kleinen, gemütlichen Häusern mit Gemeinschaftsbädern (am günstigsten) oder aber in romantischen, historischen Gebäuden und Herrenhäusern mit eigenem Bad und jeder Menge Antiquitäten (am teuersten). In den gediegeneren Häusern sind Kinder nicht immer gern gesehen. Einige B&Bs und Pensionen fordern an Wochenenden einen Mindestaufenthalt von zwei oder drei Übernachtungen. Eine frühzeitige Reservierung ist unbedingt erforderlich. Man sollte sich vorab telefonisch die Vorschriften (bezüglich Kindern, Haustieren, Rauchen) und die Erlaubnis zur Badbenutzung bestätigen lassen.

Vermittler von B&Bs sind in den jeweiligen Kapiteln angegeben. Empfehlenswert sind auch:

Bed & Breakfast Inns Online (www.bbonline.com)

BedandBreakfast.com (www.bedandbreakfast.com)

BnB Finder (www.bnbfinder.com)

Pamela Lanier's Bed & Breakfast Inns (www.lanierbb.com)

Select Registry (www.selectregistry.com)

Camping

In National und State Parks gibt es drei Kategorien:

» **Primitive Campingplätze** *(primitive)* Kostenlos bis 10 US$/Nacht, keinerlei Einrichtungen

» **Einfache Campingplätze** *(basic)* 10 bis 20 US$, mit Toiletten, Trinkwasser, Feuerstellen und Picknicktischen

» **Gehobene Campingplätze** *(developed)* 20 US$ und mehr, mit zahlreichen Annehmlichkeiten wie Duschen, Grillplätzen, Stellplätzen für Wohnmobile, Strom etc.

Stellplätze in Nationalparks und auf staatlichen Plätzen sollte man unter **www.recreation.gov** (☎518-

UNTERKÜNFTE ONLINE BUCHEN

Unter hotels.www.lonelyplanet.de/usa/ gibt's weitere Unterkunftsbewertungen und unabhängig recherchierte Infos von Lonely Planet Autoren – inklusive Empfehlungen zu den besten Adressen. Außerdem kann online gebucht werden.

885-3639, 877-444-6777; www.recreation.gov) reservieren. Länger als 14 Tage darf man im Allgemeinen nicht bleiben, die Plätze können bis zu sechs Monate im Voraus gebucht werden. In einigen State Parks sind Stellplätze über **ReserveAmerica** (www.reserveamerica.com) buchbar.

Die meisten privaten Plätze sind für Wohnmobile (Wohnwagen) ausgelegt. Es gibt aber immer auch einen kleinen Bereich für Zelte. Diese Plätze bieten unzählige Annehmlichkeiten, u. a. Swimmingpools, Münzwaschmaschinen, Lebensmittelläden und Bars. **Kampgrounds of America** (KOA; ☎406-248-7444; www.koa.com) ist ein landesweites Netzwerk privater Campingplätze. Die auf diesen Plätzen angebotenen Kamping Kabins haben Klimaanlagen und Küchen.

Hostels

Hostelling International USA (HI-USA; ☎301-495-1240; www.hiusa.org; jährlicher Mitgliedsbeitrag Erw./Kind/Senior 28/frei/18 US$) betreibt mehrere Hostels im Osten der USA. Die meisten haben nach Geschlechtern getrennte Schlafsäle, ein paar Doppelzimmer, Gemeinschaftsbäder und eine Gemeinschaftsküche. Eine Übernachtung im Schlafsaal kostet zwischen 21 und 45 US$. Wer nicht Mitglied bei HI ist, muss etwas mehr für die Übernachtung bezahlen. Reservierungen sind möglich.

Im Osten der USA gibt es auch viele unabhängige Hostels, die nicht HI-USA angehören. Siehe hierzu auch:

Hostels.com (www.hostels.com)

Hostelworld.com (www.hostelworld.com)

Hostelz.com (www.hostelz.com)

Hotels

Die Zimmer aller Hotelkategorien sind normalerweise mit Telefon, Kabel-TV, Internetzugang und Bad ausgestattet. Ein einfaches kontinentales Frühstück ist im Preis enthalten. Viele Mittelklassehotels bieten Minibars, Mikrowellen, Haartrockner und Swimmingpools, Spitzenklassehotels darüber hinaus Zimmerservice, Fitnessräume, Businesscenter, Spas, Restaurants und Bars.

In diesem Reiseführer haben wir versucht, unabhängige Hotels besonders hervorzuheben. In einigen Städten sind aber Kettenhotels die beste und manchmal auch die einzige Übernachtungsmöglichkeit. Im Folgenden einige Hotelketten:

Best Western (☎800-780-7234; www.bestwestern.com)

Comfort Inn (☎877-424-6423; www.comfortinn.com)

Hampton Inn (☎800-426-7866; www.hamptoninn.com)

Hilton (☎800-445-8667; www.hilton.com)

Holiday Inn (☎888-465-4329; www.holidayinn.com)

Marriott (☎888-236-2427; www.marriott.com)

Super 8 (☎800-800-8000; www.super8.com)

Motels

Motels unterscheiden sich von Hotels dadurch, dass die Zimmer einen Parkplatz vor der Tür haben. Zu finden sind sie vor allem in der Nähe von Autobahnausfahrten und an den Zufahrtsstraßen in die Städte. Viele Motels sind Familienbetriebe; Frühstück ist fast nie im Preis enthalten und als Annehmlichkeiten gibt's nicht mehr als ein Telefon und einen Fernseher (vielleicht sogar mit Kabelanschluss). Auch wenn die meisten Zimmer keinen Preis für besonderes Design gewinnen würden, sind sie doch meistens sauber und gemütlich und bieten ein gutes Preis-Leistungs-Verhältnis. Wer unsicher ist, sollte sich das Zimmer vor dem Einchecken zeigen lassen.

Resorts

Vor allem in Florida gibt es Resorts wie Sand am Meer. Geboten werden Fitness und Sport, Pools, Spas, Restaurants, Bars u. v. m. Viele haben auch einen Babysitterservice. Einige Resorts nehmen eine extra „Resort-Gebühr" – also am besten fragen, ob die im Preis enthalten ist.

Versicherung

Eine Krankheit, ein Autounfall oder ein Diebstahl kommen den Betroffenen in den USA teuer zu stehen. Deshalb sollte man sich gut absichern, bevor es losgeht. Details zu Autoversicherungen stehen auf S. 708, Infos zu Krankenversicherungen auf S. 698. Wer sich für den Fall, dass Gegenstände aus dem Auto gestohlen werden, absichern will, sollte eventuell vor der Abreise bei seiner Haftpflichtversicherung eine zusätzliche Auslandsreiseversicherung abschließen.

Weltweit gültige Reiseversicherungen gibt's u. a. auf der **Lonely Planet Website** (www.lonelyplanet.com) unter „Insurance". Versicherungsabschlüsse, Verlängerungen und das Geltendmachen von Ansprüchen sind jederzeit online möglich – selbst wenn man bereits unterwegs ist.

Visa

Die Einreisebedingungen ändern sich ständig. Aktuelle Informationen bekommt man beim **US State Department** (www.travel.state.gov/visa) oder beim amerikanischen Konsulat.

Visa Waiver Program & ESTA

Dank des amerikanischen Visa Waiver Program benötigen Bürger aus 36 Ländern – inklusive Deutschland, Österreich und der Schweiz – für Aufenthalte von bis zu 90 Tagen kein Visum mehr (Verlängerungen sind nicht möglich), wenn sie im Besitz eines maschinenlesbaren Reisepasses sind und eine Registrierungsbestätigung durch das **Electronic System for Travel Authorization** (ESTA; www.cbp.gov/esta) erfolgt ist. Diese Registrierung muss spätestens 72 Stunden vor der Einreise vorgenommen werden. Die Bearbeitungs- und Genehmigungsgebühr beträgt 14 US$.

Kurz gesagt: Bei der ESTA wird verlangt, dass vor der Einreise in die USA bestimmte Informationen (Name, Anschrift, Passdaten usw.) online registriert werden. Danach erhält man dann eine von drei möglichen Antworten: „Authorization Approved" (kommt normalerweise innerhalb von Minuten; diese Antwort kriegt so ziemlich jeder), „Authorization Pending" (in diesem Fall muss man nach grob 72 Stunden noch mal online gehen und den Status überprüfen) oder „Travel not Authorized" (das bedeutet, dass dem Antrag nicht stattgegeben wurde und ein Visum beantragt werden muss).

Eine einmal erteilte Einreisegenehmigung ist zwei Jahre gültig. Achtung: Wer einen neuen Pass bekommt oder seinen Namen ändert, muss sich neu registrieren! Es wird zwar alles elektronisch gespeichert und ist mit den Passdaten verlinkt, aber dennoch ist es eine gute Idee, einen Ausdruck der ESTA-Genehmigung im Gepäck zu haben.

Wer ein Visum benötigt, wendet sich an das amerikanische Konsulat im Heimatland.

Abstecher nach Kanada

Es ist verlockend einfach, einen Ausflug über die Grenze nach Kanada zu machen. Bei der Wiedereinreise werden Nicht-US-Bürger aber der vollen Einreiseprozedur unterzogen. Beim Überschreiten der Grenze stets den Pass mitführen!

Bürger der meisten westlichen Länder brauchen kein Visum für die Einreise nach Kanada. Es ist also wirklich kein Problem, die kanadische Seite der Niagarafälle zu besuchen oder einen Abstecher nach Quebec zu machen. Wer per Bus aus Kanada in die USA einreist, könnte eingehend überprüft werden. Weitere Infos stehen unter dem Abschnitt Grenzübergänge auf S. 706.

Zeit

Der Osten erstreckt sich über zwei Zeitzonen: die Eastern Standard Time und die Central Standard Time, die eine Stunde voneinander abweichen. Die Trennungslinie führt durch Indiana, Kentucky, Tennessee und Florida. Wenn es nach Eastern Standard Time 12 Uhr mittags ist, ist es nach Central Time 11 Uhr (und nach MEZ 18 Uhr).

Im Osten wird – wie fast im ganzen Land – zwischen Sommer- und Winterzeit (DST – *Daylight Saving Time*) unterschieden. Am zweiten Sonntag im März werden die Uhren eine Stunde vorgestellt. Am ersten Novembersonntag wandern die Zeiger dann wieder eine Stunde zurück.

Und Achtung: Für US-Datumsangaben gilt die Reihenfolge Monat/Tag/Jahr. So wird z. B. der 8. Juni 2013 zu 6/8/13!

Zoll

Eine vollständige Liste der US-amerikanischen Zollbestimmungen und -vorschriften findet man im offiziellen Internetportal von **US Customs and Border Protection** (www.cbp.gov).

Jeder Besucher darf zollfrei folgende Mengen einführen:

» 1 l Alkohol (Pers. über 21 Jahren)

» 100 Zigarren und 200 Zigaretten (Pers. über 18 Jahren)

» Geschenke und Einkäufe im Wert von 100 US$

» Beträge von mehr als 10 000 US$ in US- oder ausländischer Währung müssen deklariert werden.

Auf das Einschmuggeln illegaler Drogen ins Land stehen hohe Strafen. Obst, Gemüse und sonstige Lebensmittel müssen beim Zoll angegeben werden (was langwierige Durchsuchungen zur Folge hat) oder vor dem Verlassen des Terminals im Ankunftsbereich entsorgt werden.

Verkehrsmittel & -wege

AN- & WEITERREISE

Flüge, Touren und Autos kann man auf www.lonely planet.de/bookings buchen.

Einreise

In die USA einzureisen ist recht unkompliziert:

» Kommt man mit dem Flieger in den USA an, muss man am ersten Flughafen, auf dem man landet, die Einwanderungs- und Zollformalitäten erledigen, selbst wenn man zu einem anderen Ziel weiterfliegt.

» Der Einwanderungsbeamte kontrolliert Reisepass und Formulare und registriert Einreisende mithilfe des Programms **US-VISIT** (www.dhs.gov/us-visit) des Heimatschutz-Ministeriums. Die meisten Besucher (außer momentan kanadische und einige mexikanische Staatsbürger) müssen für Ihre Registrierung ein digitales Foto von sich machen lassen und ihre elektronischen Fingerabdrücke (ohne Tinte) abgeben. Das Ganze dauert weniger als eine Minute.

» Wer die Einreiseformalitäten hinter sich gebracht hat, holt sein Gepäck und passiert den Zoll. Wer nichts zu verzollen hat, dessen Gepäck wird höchstwahrscheinlich nicht durchsucht, sicher kann man sich dessen aber nicht sein.

» Informationen über Visabestimmungen für einen USA-Besuch, darunter auch über das sogenannte Electronic System for Travel Authorization (ESTA), das mittlerweile von allen Bürgern aus Ländern, die am Visa Waiver Program (VWP) teilnehmen und somit kein Visum benötigen, vor der Ankunft verlangt wird, finden sich auf S. 704.

REISEN & KLIMAWANDEL

Der Klimawandel stellt eine ernste Bedrohung für unsere Ökosysteme dar. Zu diesem Problem tragen Flugreisen immer stärker bei. Lonely Planet sieht im Reisen grundsätzlich einen Gewinn, ist sich aber der Tatsache bewusst, dass jeder seinen Teil dazu beitragen muss, die globale Erwärmung zu verringern.

Fast jede Art der motorisierten Fortbewegung erzeugt CO_2 (die Hauptursache für die globale Erwärmung), doch Flugzeuge sind mit Abstand die schlimmsten Klimakiller – nicht nur wegen der großen Entfernungen und der entsprechend großen CO_2-Mengen, sondern auch, weil sie diese Treibhausgase direkt in hohen Schichten der Atmosphäre freisetzen. Die Zahlen sind erschreckend: Zwei Personen, die von Europa in die USA und wieder zurück fliegen, erhöhen den Treibhauseffekt in demselben Maße wie ein durchschnittlicher Haushalt in einem ganzen Jahr.

Die englische Website www.climatecare.org und die deutsche Internetseite www.atmosfair.de bieten sogenannte CO_2-Rechner. Damit kann jeder ermitteln, wie viele Treibhausgase seine Reise produziert. Das Programm errechnet den zum Ausgleich erforderlichen Betrag, mit dem der Reisende nachhaltige Projekte zur Reduzierung der globalen Erwärmung unterstützen kann, beispielsweise Projekte in Indien, Honduras, Kasachstan und Uganda.

Lonely Planet unterstützt gemeinsam mit Rough Guides und anderen Partnern aus der Reisebranche das CO_2-Ausgleichs-Programm von climatecare.org. Alle Reisen von Mitarbeitern und Autoren von Lonely Planet werden ausgeglichen. Weitere Informationen gibt's auf www.lonelyplanet.com.

» Der Pass muss nach der geplanten Ausreise aus den USA noch mindestens sechs Monate lang gültig sein.

Flugzeug

Flughäfen

Die größten internationalen Flughäfen im Osten der USA:

Atlanta **Hartsfield-Jackson International** (ATL; www.atlanta-airport.com)

Boston **Logan International** (BOS; www.massport.com/logan)

Chicago **O'Hare International** (ORD; www.flychicago.com)

Charlotte **Charlotte/Douglas International** (CLT; www.charlotteairport.com)

Miami **Miami International** (MIA; www.miami-airport.com)

Minneapolis-St. Paul **Minneapolis-St. Paul International** (MSP; www.mspairport.com)

New York **John F. Kennedy International** (JFK; www.panynj.gov)

Newark **Liberty International** (EWR; www.panynj.gov)

Orlando **Orlando International** (MCO; www.orlandoairports.net)

Washington, D.C. **Dulles International** (IAD; www.metwashairports.com/dulles)

Tickets

Unter der Woche (besonders Di & Mi) sind die Flüge meist günstiger. Beim Buchen sollte man auch immer die Reiseroute im Hinterkopf haben. Manche Angebote für Reisen innerhalb der USA gibt's nur im Ausland in Verbindung mit einem internationalen Flugticket. Manchmal gibt's Ermäßigungen, wenn man beim Kauf des Flugtickets gleich noch ein Auto mietet.

Auf dem Landweg

Auto & Motorrad

» Um die Grenze zwischen Kanada und den USA mit dem Auto oder Motorrad zu überqueren, benötigt man die Zulassungspapiere für das Fahrzeug, einen Haftpflichtversicherungsnachweis und seinen einheimischen Führerschein.

» Gemietete Fahrzeuge können normalerweise ein- und ausgeführt werden. Um Ärger mit den Grenzbeamten zu vermeiden, sollte dies allerdings im Mietvertrag drinstehen.

» Wer alle nötigen Papiere beisammen hat, für den ist der Grenzübergang normalerweise schnell und einfach. Es kann aber vorkommen, dass sich die US-amerikanischen oder kanadischen Behörden für eine sehr gründliche Fahrzeugdurchsuchung entscheiden.

Bus

Greyhound (www.greyhound.com) und sein kanadisches Gegenstück **Greyhound Canada** (www.greyhound.ca) betreiben zusammen das größte Busnetz Nordamerikas. Bei Direktverbindungen zwischen US-amerikanischen und kanadischen Großstädten muss an der Grenze normalerweise das Fahrzeug gewechselt werden. Bis die Zoll- und Einreiseformalitäten erledigt sind, vergeht gut eine Stunde. Die meisten internationalen Fernbusse bieten an Bord kostenloses WLAN.

Megabus (www.megabus.com) bietet auch internationale Routen (zw. Toronto und New York City, und Toronto und Philadelphia) an. Diese Verbindungen sind oft günstiger als die Greyhound-Angebote. Tickets können nur online gekauft werden.

Grenzübergänge

Im Osten der USA gibt es über 30 offizielle Grenzübergänge nach Kanada, und zwar von Maine, New Hampshire, Vermont, New York, Michigan und Minnesota aus. Nach Kanada einzureisen ist relativ einfach; die Wiedereinreise zurück in die USA kann da schon eher problematisch werden, wenn man nicht alle Dokumente beisammen hat (s. Kasten S. 707). Die **US Customs and Border Protection** (Zoll- und Grenzschutzbehörde; http://apps.cbp.gov/bwt) informiert über die aktuellen Wartezeiten an den wichtigsten Grenzübergängen. Einige Grenzposten sind rund um die Uhr geöffnet, die Mehrzahl allerdings nicht.

Außer während der Stoßzeiten (also am Wochenende und in der Ferienzeit, vor allem im Sommer) muss man kaum länger als 30 Minuten anstehen. Starker Betrieb herrscht vor allem an folgenden Grenzübergängen:

» Detroit, MI–Windsor, ON

» Buffalo, NY–Niagara Falls, ON

» Calais, ME,–St. Stephen, NB

Wie an jeder Grenze ist es ratsam, alle Papiere bereitzuhalten, höflich zu sein und sich Witze oder Smalltalk mit den US-Grenzbeamten zu verkneifen.

Zug

Züge von **Amtrak** (www.amtrak.com) und **VIA Rail**

INTERNATIONALE GREYHOUND-BUSVERBINDUNGEN & PREISE

STRECKE	PREIS CA. (US$)	DAUER (STD.)	HÄUFIGKEIT (AM TAG)
Boston–Montréal	80–120	7–9½	bis zu 8-mal
Detroit–Toronto	60–90	5–6	bis zu 5-mal
New York–Montréal	75–105	8–9	bis zu 2-mal

UNTERWEGS NACH KANADA

Aus dem Osten der USA gelangt man ganz leicht über die Grenze nach Kanada, was vor allem an den Niagarafällen nichts Außergewöhnliches ist. Hier ein paar Dinge, die man bei einem Grenzübertritt mitführen sollte:

» Jeder, der die Grenze passieren will – mit Ausnahme von US-Bürgern, die sich mit einem anderen zugelassenen Dokument ausweisen können – muss seinen Reisepass dabeihaben und vorzeigen.

» EU-Bürger und Schweizer brauchen für einen Aufenthalt von bis zu 180 Tagen kein Visum für die Einreise nach Kanada. Aktuelle Infos erhält man bei **Citizenship and Immigration Canada** (CIC; www.cic.gc.ca).

» Bei der Wiedereinreise in die USA müssen sich alle der gesamten Einreiseprozedur unterziehen. Informationen zum USA-Visa finden sich auf S. 704.

» Näheres zu Übernachtungsmöglichkeiten und Restaurants auf der kanadischen Seite der Niagarafälle gibt's im Kasten auf S. 127.

» Für Infos darüber, was es nördlich der Grenze zu sehen und zu erleben gibt, empfiehlt sich der deutschsprachige Band *Kanada* oder der englische Band *Discover Canada* von Lonely Planet.

Canada (www.viarail.ca) verkehren täglich zwischen Montreal und New York (11 Std.), und zwischen Toronto und New York über die Niagara Falls (insgesamt 14 Std.). Der Zoll kontrolliert nicht beim Einsteigen in den Zug, sondern erst an der Grenze.

Übers Meer

Mehrere Städte an der Ostküste werden von Kreuzfahrtschiffen angelaufen, darunter auch New York City, Boston, New Orleans und Charleston, SC. In den Häfen Floridas liegen die meisten Schiffe vor Anker, allen voran Miami, gefolgt von Port Canaveral und Port Everglades (Fort Lauderdale).

Auch Frachtschiffe laufen die Häfen im Osten der USA an. Sie bieten für gewöhnlich Platz für drei bis zwölf Passagiere und sind im Gegensatz zu Kreuzfahrtschiffen weitaus weniger komfortabel. Dafür vermitteln sie einen salzgeschwängerten Eindruck vom Leben auf hoher See.

Details zu den ständig wechselnden Frachterrouten gibt's hier:

Cruise & Freighter Travel Association (www.travltips.com)

Freighter World Cruises (www.freighterworld.com)

UNTERWEGS VOR ORT

Auto & Motorrad

Für maximale Flexibilität und Bequemlichkeit, und, um mobil zu sein und um die Umgebung der Städte zu erkunden, ist ein Auto oder Motorrad unerlässlich.

Automobilclubs

» Die **American Automobile Association** (AAA; ☎800-874-7532; www.aaa.com) hat gegenseitige Kooperationsabkommen mit diversen internationalen Automobilclubs (z. B. dem ADAC; Mitgliedsausweis nicht vergessen). Wer bei der AAA oder in einem der Partnerverbände Mitglied ist, kommt in den Genuss von Reiseversicherung, Straßenkarten, einem Gebrauchtwagen-Begutachtungsservice und einem ausgedehnten Netz regionaler Zweigstellen. Allerdings steht die AAA politisch gesehen auf der Seite der Fahrzeugindustrie.

» Eine umweltbewusstere Alternative ist der **Better World Club** (☎866-238-1137; www.betterworldclub.com), der 1 % seiner Einnahmen für die Beseitigung von Umweltbelastungen spendet, seine Dienstleistungen auf Wunsch auf umweltverträglicher Basis durchführt und auch politisch eher für Umweltfragen eintritt.

» Beide Organisationen bieten den riesigen Vorteil eines 24-Stunden-Pannendienstes, den Mitglieder überall in den USA in Anspruch nehmen können. Hinzu kommen Hilfe bei der Routenplanung, kostenlose Karten, Reisebürodienste, Autoversicherung und diverse Rabatte (z. B. bei Hotelzimmern, Mietwagen oder Sehenswürdigkeiten).

Mit dem eigenen Auto reisen

Detaillierte Informationen zum Grenzübergang mit einem eigenen Auto finden sich auf S. 706. Wer nicht gerade vorhat, in den USA zu leben, sollte nicht einmal dran denken, das eigene Auto von zu Hause mitzunehmen.

Führerschein

Besucher in den USA dürfen bis zu zwölf Monate legal mit ihrem nationalen Führerschein ein Auto lenken. Sehr nützlich ist allerdings ein internationaler Führerschein (International Driving Permit; IDP), mit dem man bei Verkehrskontrollen weniger Verständigungsprobleme haben dürfte. Dies gilt vor allem, wenn der Führerschein keine englischsprachigen Erläuterungen enthält. In Deutschland und der Schweiz wird die IDP von den Straßenverkehrsbehörden (Führerscheinstelle) ausgestellt und ist drei Jahre lang gültig, in Österreich ist er bei den Automobilclubs (z. B. ÖAMTC) zu beantragen und ein Jahr gültig. Deutsche und Österreicher müssen außerdem auch den EU-Führerschein im Scheckkartenformat besitzen. Auch wer einen internationalen Führerschein hat, muss stets auch den nationalen dabeihaben.

Wer die USA mit dem Motorrad bereist, benötigt einen internationalen Führerschein, der speziell zum Motorradfahren berechtigt.

Benzin

Tankstellen sind überall zu finden und viele haben rund um die Uhr geöffnet. In Kleinstädten öffnen sie oft nur von 7 bis 20 oder 21 Uhr. Eine US-Gallone (3,79 l) kostet etwa 3 bis 4 US$. An vielen Tankstellen muss vor der Spritentnahme bezahlt werden.

Versicherung

Autofahrer sind gesetzlich dazu verpflicht, eine Versicherung zu haben. Hat man keine, muss man mit rechtlichen Konsequenzen rechnen und steht im Falle eines Unfalls ganz schnell vor dem finanziellen Ruin.

» Autovermietungen bieten Haftpflichtversicherungen an, die bei Unfällen Personen- und Sachschäden an Dritten abdecken.

» Wer einen Collision Damage Waiver (CDW) abschließt, muss der Autovermietung bei Schäden am Fahrzeug nur einen Teil des Schadens oder gar nichts bezahlen.

ENTFERNUNGSTABELLE (MEILEN)

	Atlanta	Boston	Chicago	New Orleans	New York City	Orlando	Philadelphia	Savannah
Boston	1110							
Chicago	720	985						
New Orleans	470	1530	930					
New York City	915	215	790	1370				
Orlando	440	1320	1160	650	1110			
Philadelphia	800	310	760	1230	95	995		
Savannah	250	1040	960	630	830	280	730	
Washington, DC	685	440	700	1140	230	880	140	600

» Durch all diese zusätzlichen Versicherungskosten erhöht sich der Preis für einen Mietwagenpreis pro Tag um 10 bis 30 US$.

» Manche Kreditkartenunternehmen bieten bei einer Mietdauer von maximal zwei Wochen einen Versicherungsschutz an, der Schäden am Mietwagen abdeckt. Dafür muss der komplette Mietpreis mit der Kreditkarte bezahlt werden und das CDW-Angebot der Autovermietung abgelehnt werden. Unbedingt die Bedingungen der Kreditkartenunternehmen für die USA prüfen.

Mieten

AUTO

Um in den USA ein Auto zu mieten, ist die Voraussetzung für gewöhnlich ein Mindestalter von 25 Jahren. Zudem braucht man einen gültigen Führerschein (s. S. 707) und eine gängige Kreditkarte.

Einige Autoverleiher vermieten ihre Wagen gegen einen Aufpreis auch an 21- bis 24-Jährige.

Für ein Mittelklassefahrzeug werden etwa 30 bis 75 US$ pro Tag fällig. Kindersitze sind gesetzlich vorgeschrieben (unbedingt schon beim Buchen mitreservieren) und kosten um die 12 US$ am Tag.

Manche nationale Unternehmen, darunter auch Avis, Budget und Hertz, verfügen auch über eine „grüne Flotte" aus Hybridautos (z. B. Toyota Prius, Honda Civic), wobei ein spritsparendes Auto in der Miete oft sehr viel teurer ist.

In diesem Reiseführer werden auch gute unabhängige Autovermietungen aufgeführt. Im Internet bei **Car Rental Express** (www.carrentalexpress.com) werden unabhängige Unternehmen in verschiedenen US-amerikanischen Städten bewertet und verglichen, was vor allem bei der Suche nach günstigen Angeboten für längere Mietvorhaben sehr praktisch ist.

Die wichtigsten Autovermietungen der USA:

Alamo (☎877-222-9075; www.alamo.com)

Avis (☎800-230-4898; www.avis.com)

Budget (☎800-527-0700; www.budget.de)

Dollar (☎800-800-3665; www.dollar.com)

Enterprise (☎800-261-7331; www.enterprise.com)

Hertz (☎800-654-3131; www.hertz.com)

National (☎877-222-9058; www.nationalcar.com)

Rent-a-Wreck (☎877-877-0700; www.rentawreck.com)

Thrifty (☎800-847-4389; www.thrifty.com)

MOTORRAD & WOHNMOBILE

Wer davon träumt, einmal in seinem Leben mit einer Harley durch die USA zu fahren, der wird bei **Eagle-Rider** (☎888-900-9901; www.eaglerider.com) mit Büros in allen großen Städten der USA fündig. Zudem gibt's hier auch andere Abenteuer-Fahrzeuge. Man muss allerdings wissen, dass so ein Mietmotorrad und die Versicherung dazu sehr teuer sind.

Auf Wohnmobile und Camper spezialisierte Unternehmen sind:

Adventures on Wheels (☎866-787-3682; www.wheels9.com)

Cruise America (☎800-671-8042; www.cruiseamerica.com)

Recreational Vehicle Rental Association (www.rvra.org) Mit zahlreichen Infos und Tipps rund ums Thema Wohnmobil und Hilfe bei der Suche nach Mietstationen.

Straßenzustand & Gefahren

Obwohl die Straßen in den USA allgemein ganz gut in Schuss sind, sollte man bedenken:

» Im Winter besteht generell Gefahr durch Eis und starke Schneefälle. Viele Straßen und Brücken sind dann eventuell vorübergehend gesperrt. Auf der Website der **Federal Highway Administration** (www.fhwa.dot.gov/trafficinfo/index.htm) finden sich Links zu Straßenbedingungen und Baustellen in allen Bundesstaaten.

» Im Winter und in abgelegenen Gegenden benötigt man unbedingt Allwetter- oder Winterreifen und eine entsprechende Notfallausrüstung, falls man irgendwo liegen bleibt.

» Wo wilde Tiere oft die Straße überqueren, werden Verkehrsteilnehmer durch Schilder gewarnt. Diese sollte man vor allem nachts sehr ernst nehmen.

Verkehrsregeln

Hier einige Grundregeln:

» In den USA fährt man auf der rechten Straßenseite; überholt wird links.

» Die Höchstgeschwindigkeit auf den meisten Interstate Highways (Autobahnen) beträgt 65 bzw. 70 mph (104 bzw. 112 km/h); in manchen Bundesstaaten im Osten sind es 75 mph (120 km/h). In Stadtgebieten gilt eine Höchstgeschwindigkeit von 55 mph (88 km/h). Hier immer auf die Schilder achten. In der Stadt selbst liegt die Grenze zwischen 15 und 45 mph (24 und 72 km/h).

» In allen Bundesstaaten herrscht Gurt- und Kindersitzpflicht. Einen Helm müssen Motorradfahrer nur in manchen Staaten tragen.

» An roten Ampeln darf rechts abgebogen werden, wenn man zuvor vollständig angehalten hat. Ausgenommen hiervon sind Kreuzungen mit entsprechenden Verbotsschildern und New York City. Dort ist es illegal, bei Rot abzubiegen.

» An Kreuzungen mit vier gleichrangigen Straßen hat das Auto, das die Kreuzung zuerst erreicht, Vorfahrt. Kommen mehrer Fahrzeuge gleichzeitig an, gilt rechts vor links.

» Einsatzfahrzeugen (d.h. Polizei, Feuerwehr oder Krankenwagen) macht man Platz, indem man schnell aber sicher eine Gasse bildet.

» In immer mehr Bundesstaaten ist es verboten, während des Fahrens mit dem Handy am Ohr zu telefonieren. Freisprecheinrichtungen oder Ähnliches sind okay; ansonsten zum Telefonieren einfach kurz anhalten.

» Die Promillegrenze für Fahrer liegt bei 0,08 %. Wer unter dem Einfluss von Alkohol und/oder Drogen ein Fahrzeug lenkt, muss mit harten Strafen rechnen.

» In manchen Bundesstaaten ist es verboten, „offene Alkoholbehältnisse" im Auto mitzuführen, egal ob sie leer sind oder nicht.

Bus

Greyhound (☎800-231-2222; www.greyhound.com) ist Marktführer unter den Langstreckenbussen und unterhält ein umfangreiches Liniennetz in den USA und auch von/nach Kanada. Die Busse sind im Allgemeinen zuverlässig, recht sauber und komfortabel, haben Klimaanlage, leicht zurückklappbare Sitze und Toiletten an Bord, manche Busse bieten außerdem WLAN. Rauchen an Bord ist verboten. Während es für kürzere Strecken einen Express-Service gibt, halten die meisten Busse alle 50 bis 100 Meilen (80 bis 160 km), um neue Passagiere aufzunehmen. Auf Langstrecken gibt's Imbisspausen und Stopps wegen der Fahrerwechsel.

Weitere Anbieter:

Bolt Bus (☎877-265-8287; www.boltbus.com) Schnelle, günstige Verbindungen zwischen größeren Städten im Nordosten, darunter NYC, Boston, Philadelphia, Baltimore, Newark und Washington, D.C. An Bord gibt's WLAN.

Megabus (☎877-462-6342; www.megabus.com) Größter Konkurrent von Bolt Bus, mit Verbindungen zwischen den wichtigsten Städten im Nordosten und dem mittleren Westen. Knotenpunkte sind NYC und Chicago. Hier gibt es teilweise sehr günstige Tickets; nur online buchbar.

Peter Pan Buslines (☎800-343-9999; www.peterpanbus.com) Fährt 54 Ziele im Nordosten an; die nördlichste Stadt ist Concord, NH, die südlichste ist Washington, D.C.

Trailways (☎703-691-3052; www.trailways.com) Vor allem im mittleren Westen und in den Mittelatlantikstaaten; kann bei Langstrecken nicht immer mit Greyhound mithalten, die Preise für kürzere Strecken sind aber teilweise günstiger.

Buspässe

Der **Discovery Pass** (www.discoverypass.com) von Greyhound gestattet während seiner Gültigkeitsdauer von sieben (246 US$), 15 (356 US$), 30 (456 US$) oder 60 (556 US$) aufeinanderfolgenden Tagen sowohl in den USA als auch in Kanada beliebig viele Fahren. Die Pässe können an ausgewählten Greyhound-Terminals bis zu zwei Stunden vor Reiseantritt oder online mindestens 14 Tage im Voraus gebucht werden.

Preise

» Generell gilt: Je früher man bucht, desto weniger bezahlt man.

» Bei Bolt Bus und Megabus kosten die ersten Tickets, die für eine Strecke verkauft werden, 1 US$.

» Wer auch mit Greyhound günstiger fahren möchte, der kauft sein Ticket mindestens sieben Tage im Voraus (bei 14 Tagen im Voraus spart man sogar noch mehr).

» Mit Familie oder Freunden unterwegs? Mit den Companion-Angeboten von Greyhound fahren bis zu drei zusätzliche Reisende für die Hälfte mit, wenn das Ticket mindestens drei Tage im Voraus gekauft wird.

Reservierungen

Bei Greyhound und Bolt Bus können Tickets telefonisch oder online sowie an den Terminals gekauft werden. Megabus verkauft seine Tickets nur online und im Voraus. Sitzplatzreservierungen gibt es normalerweise nicht: Wer zuerst kommt, mahlt zuerst. Greyhound empfiehlt seinen Passagieren, eine Stunde vor der Abfahrt vor Ort zu sein, um sich einen Platz zu sichern.

GREYHOUND INLANDSVERBINDUNGEN & PREISE

STRECKE	PREIS CA. (US$)	DAUER (STD.)	HÄUFIGKEIT (AM TAG)
Boston–Philadelphia	30–55	7–10	9-mal
Chicago–New Orleans	120–155	25½–27	3-mal
New York–Chicago	85–125	18–22½	5-mal
Washington, D.C.–Miami	135–170	27–29	5-mal

Fahrrad

Regionale Fahrradtouren sind sehr beliebt und kurvige Nebenstraßen und malerische Küstenabschnitte bieten hervorragende Voraussetzungen dafür. In vielen Städten (darunter New York City, Chicago, Minneapolis und Boston) gibt es auch ausgeschilderte Radwege. Im gesamten Osten der USA ist es leicht, ein Fahrrad zu mieten. Infos dazu finden sich in den jeweiligen Regionenkapiteln. Zudem ist Folgendes zu beachten:

» Für Radfahrer gelten dieselben Verkehrsregeln wie für Kraftfahrzeugführer. Das bedeutet aber nicht, dass Letztere auch immer die Vorfahrt gewähren.

» In manchen Bundesstaaten und Städten besteht Helmpflicht (auch wenn es nicht gesetzlich vorgeschrieben ist). Diese gilt meist für Kinder unter 18 Jahren. Auf der Website des **Bicycle Helmet Safety Institute** (www.bhsi.org/mandator.htm) findet man eine ausführliche, sorgfältig geführte Liste mit den Regelungen für jeden Bundesstaat.

» Der **Better World Club** (☎866-238-1137; www.betterworldclub.com) bietet einen Pannenhilfeservice an. Die Mitgliedschaft kostet 40 US$ im Jahr, hinzu kommt eine einmalige Anmeldegebühr von 12 US$. Dafür wird man im Falle einer Panne zweimal kostenlos aufgegabelt.

» Bei der **League of American Bicyclists** (www.bikeleague.org) gibt's allgemeine Tipps und Listen mit Fahrradclubs und Werkstätten vor Ort.

Fahrradtransport

Wer sein eigenes Fahrrad mitbringt, sollte sich beim **International Bicycle Fund** (www.ibike.org) über Vorschriften für den Lufttransport erkundigen und dort auch weitere Informationen einholen. Fahrräder können in Flugzeugen zwar normal aufgegeben werden, müssen aber meist in Transportboxen verpackt werden. Zudem fallen oft hohe Zusatzkosten (über 200 US$) an. In Amtrak-Zügen und Greyhound-Bussen können Fahrräder innerhalb der USA problemlos und meist viel günstiger mitgenommen werden.

Mieten

In den meisten touristischen Orten und Städten können Fahrräder ausgeliehen werden. Die Regionenkapitel nennen entsprechende Adressen. Der Mietpreis beläuft sich meist auf 20 bis 30 US$ pro Tag. Der Preis beinhaltet einen Helm und ein Schloss. Die meisten Anbieter verlangen zudem eine Kreditkartenkaution von etwa 200 US$.

Kaufen

Ein Fahrrad zu kaufen ist genauso einfach, wie es vor der Abreise wieder loszuwerden. Fachhändler haben zwar in puncto Auswahl und Service bei neuen Rädern die Nase vorn, aber normale Sportgeschäfte und Großhändler sind oft günstiger. Noch besser kauft man natürlich ein gebrauchtes Rad. Die besten Schnäppchen finden sich auf Flohmärkten, bei Garagenverkäufen, in Secondhandshops oder in den kostenlosen Kleinanzeigen auf der Website von **Craigslist** (www.craigslist.org).

Flugzeug

Fliegen ist zwar meist teurer, als mit dem Bus, Zug oder Auto zu fahren. Wer allerdings nur wenig Zeit hat, für den ist das Flugzeug die richtige Wahl.

Fluggesellschaften im Osten der USA

Fliegen in den USA ist im Allgemeinen sehr sicher (viel sicherer, als auf den Highways des Landes unterwegs zu sein). Detaillierte Infos zu allen Fluggesellschafen finden sich auf **Airsafe.com** (www.airsafe.com).

Die wichtigsten nationalen Fluggesellschaften sind:

AirTran Airways (☎800-247-8726; www.airtran.com) Airline mit Sitz in Atlanta; bedient vorwiegend den Süden, den mittleren Westen und den Osten der USA.

American Airlines (☎800-433-7300; www.aa.com) Landesweite Flüge.

Continental Airlines (☎800-523-3273; www.continental.com) Landesweite Flüge.

Delta Air Lines (☎800-221-1212; www.delta.com) Landesweite Flüge.

Frontier Airlines (☎800-432-1359; www.frontierairlines.com) Airline mit Sitz in Denver; landesweite Flüge.

JetBlue Airways (☎800-538-2583; www.jetblue.com) Direktverbindungen zwischen Städten im Osten und Westen der USA, zudem Florida und New Orleans.

Southwest Airlines (☎800-435-9792; www.southwest.com) Flüge auf US-amerikanischem Festland.

Spirit Airlines (☎800-772-7117; www.spiritair.com) Airline mit Sitz in Florida; fliegt viele der US-amerikanischen Umschlagflughäfen an.

United Airlines (☎800-864-8331; www.united.com) Landesweite Flüge.

US Airways (☎800-428-4322; www.usairways.com) Landesweite Flüge.

Virgin America (☎877-359-8474; www.virginamerica.com) Flüge zwischen den Städten der Ost- und Westküste und Las Vegas.

Es gibt auch kleinere regionale Fluggesellschaften:

Cape Air (☎866-227-3247; www.flycapeair.com) Fliegt mehrere Ziele in Neuengland an, darunter auch Cape Cod, Martha's Vineyard und Nantucket; auch beliebt für die Florida-Verbindung zwischen Fort Myers und Key West.

Nantucket Air (☎800-635-8787; www.nantucketairlines.com) Flüge von Cape Cod nach Nantucket.

New England Airlines (☎800-243-2460; www.block-island.com/nea) Fliegt von Westerly, RI, nach Block Island.

Royale Air Service (☎877-359-4753; www.royaleairservice.com) Flüge nach Rock Harbor im Isle Royale National Park; Abflug vom Houghton County Airport in Upper Peninsula, MI.

Flugpässe

Für Traveller, die auf ihrer Reise voraussichtlich viel fliegen werden, bietet sich der North American Airpass an. Diesen Flugpass gibt es nur für Reisende, die nicht in den USA oder anderen nordamerikanischen Ländern ihren Wohnsitz haben, und nur in Verbindung mit einem internationalen Flugticket. Die Bedingungen und Kostenstrukturen sind etwas kompliziert, jeder Pass berechtigt aber zu einer bestimmten Anzahl von Inlandsflügen (zwischen zwei und zehn), die meist innerhalb von 60 Tagen angetreten werden müssen. Zwei der größten Allianzen von Fluggesellschaften, die Flugpässe anbieten, sind **Star Alliance** (www.staralliance.com) und **One World** (www.oneworld.com).

Geführte Touren

Hunderte von Anbietern haben geführte USA-Touren aller Art im Programm, meist mit einer bestimmten Region oder verschiedenen Städten als Schwerpunkt. In den Regionenkapiteln informiert der Abschnitt „Geführte Touren" jeweils über lokale Optionen.

Empfehlenswerte Anbieter sind:

American Holidays (☎01-673-3840; www.americanholidays.com) Unternehmen mit Sitz in Irland, das sich auf Touren durch Nordamerika spezialisiert hat.

Backroads (☎510-527-1555, 800-462-2848; www.backroads.com) Hat eine Reihe von Aktiv-, Multisport- und Outdoor-Reisen im Programm, mit Angeboten für jedes Fitnesslevel und jeden Geldbeutel.

Contiki (☎866-266-8454; www.contiki.com) Sightseeing-Busreisen für partyerprobte 18- bis 35-Jährige.

Gray Line (☎800-966-8125; www.grayline.com) Wer wenig Zeit hat, bekommt hier ein umfassendes Angebot an Standard-Sightseeingtouren durchs ganze Land.

Green Tortoise (☎415-956-7500, 800-867-8647; www.greentortoise.com) Dieser Anbieter von budgetorientierten Abenteuerreisen für unabhängige Traveller ist bekannt für seine Busse mit Etagenbetten. Die meisten Touren führen durch den Westen, es gibt aber auch einige Angebote quer durchs ganze Land, die auch im Osten der USA Halt machen.

North America Travel Service (☎020-7569-6710; www.northamericatravelservice.co.uk) Veranstalter von Luxusreisen mit Sitz in Großbritannien.

Road Scholar (☎800-454-5768; www.roadscholar.org) Mit dieser bewährten gemeinnützigen Organisation können Junggebliebene ab 55 Jahren lehrreiche Studienreisen in alle 50 Staaten unternehmen.

Trek America (☎800-873-5872; www.trekamerica.com) Touren in Kleingruppen für aktive, abenteuerlustige Outdoorfans zwischen 18 und 38 Jahren.

Nahverkehr

Mit Ausnahme von großen Städten ist der Nahverkehr selten eine komfortable Option für Reisende. Dennoch sind die öffentlichen Verkehrsmittel meist günstig, sicher und zuverlässig. Infos zu Fahrpreisen und andere Details finden sich in den Regionenkapiteln im Abschnitt „Unterwegs vor Ort" der jeweiligen Städte. Zudem erreicht man in über der Hälfte aller Bundesstaaten unter ☎511 eine Hotline, die alle Fragen zum Nahverkehr vor Ort beantworten kann.

Bus

Die meisten Städte haben ein zuverlässiges städtisches Busverkehrsnetz, das allerdings oft am Pendlerverkehr orientiert ist und abends und am Wochenende seinen Betrieb stark einschränkt. Der Fahrpreis liegt zwischen 1 und 3 US$ pro Strecke, manchmal ist die Fahrt sogar kostenlos.

Fahrrad

Manche Städte sind fahrradfreundlicher als andere, die meisten haben aber zumindest ein paar ausgewiesene Radwege. Die Mitnahme von Fahrrädern ist in öffentlichen Verkehrsmitteln normalerweise erlaubt. Mehr Infos über das Mieten von Fahrrädern und zum Radfahren in der Region finden sich auf S. 710.

Straßen- & U-Bahn

Die größten Straßen- und U-Bahnnetze finden sich in New York, Chicago, Boston, Philadelphia, Washington, D.C., und Chicago. Andere Städte verfügen meist über kleinere Verkehrsnetze mit ein oder zwei Linien, die vorrangig im Stadtzentrum verkehren.

Taxi

Taxis in den USA sind mit Taxametern ausgestattet. Der Startpreis liegt bei etwa 2,50 US$, für jede weitere Meile kommen 1,50 bis 2 US$ hinzu. Fürs Warten und die Mitnahme von Gepäck muss man einen Aufpreis bezahlen und es wird ein Trinkgeld in Höhe von 10 bis 15 % des Fahrpreises erwartet. Dort, wo viel los ist, sind Taxis überall zu finden; ansonsten kann man sich aber auch einfach telefonisch eins bestellen.

Schiff/Fähre

Im Osten der USA gibt es mehrere zuverlässige und nebenbei auch noch landschaftlich schöne Fährverbindungen. Die meisten der Fähren nehmen auch Autos mit, dafür ist aber eine rechtzeitige Reservierung notwendig. Infos zu Fahrpreisen und weitere Details finden sich in den Regionenkapiteln. Zu den beliebtesten Fährverbindungen in der Region gehören:

Nordosten

Bay State Cruise Company (☎877-783-3779; www.baystatecruises.com) Fährverbindungen zwischen Boston und Provincetown.

Block Island Ferry (☎866-783-7996; www.blockislandferry.com) Fährverbindungen von Narragansett und Newport, RI, nach Block Island.

Lake Champlain Ferries (☎802-864-9804; www.ferries.com) Fährverbindungen zwischen Burlington, VT, und Port Kent, NY.

Staten Island Ferry (☎718-876-8441; www.siferry.com) Pendlerfähren zwischen Staten Island und Manhattan, NY.

Steamship Authority (☎508-477-8600; www.steamshipauthority.com) Fährverbindungen von Cape Cod, MA, nach Martha's Vineyard und Nantucket.

Great Lakes

Arnold Line (☎800-542-8528; www.arnoldline.com), **Shepler's** (☎800-828-6157; www.sheplersferry.com) und **Star Line** (☎800-638-9892; www.mackinacferry.com) bieten Passagierfähren nach Mackinac Island, MI, an. Alle drei legen sowohl in Mackinaw City als auch in St. Ignace, MI, ab.

Lake Express (www.lake-express.com) Überquert den Lake Michigan zwischen Milwaukee, WI, und Muskegon, MI.

SS Badger (www.ssbadger.com) Überquert den Lake Michigan zwischen Manitowoc, WI, und Ludington, MI.

Süden

North Carolina Ferry System (☎800-293-3779; www.outer-banks.com/ferry) Fährverbindungen zu und zwischen den Outer Banks.

Trampen

Trampen in den USA kann gefährlich sein und ist deshalb nicht zu empfehlen. Zudem gibt es so viele schaurige Geschichten, dass auch Autofahrer davor zurückschrecken, Tramper mitzunehmen. Auf Freeways ist das Trampen verboten.

Zug

Amtrak (☎800-872-7245; www.amtrak.com) Bietet überall in den USA ein flächendeckendes Eisenbahnnetz, darunter auch mehrere Fernverkehrsstrecken, die das ganze Land von Ost nach West durchqueren. Noch häufiger sind Verbindungen von Nord nach Süd. Es werden alle größeren Städte der USA und auch einige der kleineren angefahren. Manche Orte sind durch die Thruway-Busse von Amtrak ans Schienennetz angebunden.

» Im Vergleich zu anderen Reisemöglichkeiten sind Züge meist weder die schnellste noch die günstigste oder praktischste Alternative. Sie können eine Reise aber zu einem entspannten und malerischen Erlebnis machen, bei dem man auch leicht andere Traveller kennenlernt.

» Am verkehrsreichsten ist der nordöstliche Korridor, wo der Hochgeschwindigkeitszug Acela Express Boston, MA, mit Washington, D.C. (über New York City, Philadelphia und Baltimore) verbindet.

» Auch die Strecken zwischen NYC und Niagara Falls, Chicago und Milwaukee, und Chicago und St. Louis sind stark frequentiert.

» Außer im Acela Express gibt's in den Zügen kein kostenloses WLAN.

» Rauchen ist in allen Zügen untersagt.

» Viele Großstädte wie z. B. NYC, Chicago und Miami haben ihre eigenen Pendlerzüge. Diese sind schneller, verkehren häufiger und legen kürzere Distanzen zurück als die normalen Züge.

Zugklassen

» Die Coach Class bietet einfache, aber eigentlich recht bequeme Liegesitze mit Kopfstützen. Auf manchen Strecken ist eine Sitzplatzreservierung möglich.

AMTRAK-PREISBEISPIELE

STRECKE	PREIS EINFACHE STRECKE (US$)	DAUER (STD.)	HÄUFIGKEIT (AM TAG)
Chicago–New Orleans	115	19½	1-mal
New York–Chicago	120	20½	1-mal
Washington, D.C.–Miami	163	24	2-mal
Boston–New York	68	3½–4	11–19-mal

» Die Business Class ist vor allem auf kürzeren Strecken im Nordosten verfügbar. Die Sitze sind breiter und es sind Laptopanschlüsse vorhanden. Zudem gibt es Sitzplatzreservierung und Ruhewägen (also keine Handys etc.).

» Die First Class gibt's nur in Zügen des Acela Express. Dort bekommt man zu allen anderen Annehmlichkeiten noch eine Mahlzeit an den Platz serviert.

» Die Sleeper Class wird bei Nachtfahrten angeboten. In den Schlafwägen gibt es einfache Schlafabteile (*roomettes* genannt), Schlafzimmer mit kleinem Bad und Schlafsuiten für vier Personen mit zwei Bädern. Die Fahrpreise der Sleeper Class enthalten auch Mahlzeiten im Speisewagen. Die dort angebotenen Gerichte sind, wenn nicht im Ticket enthalten, sehr teuer.

» Sofern in Pendlerzügen ein Bordservice angeboten wird, besteht dieser aus Sandwiches und einer Snackbar. Es ist empfehlenswert, in allen Zügen seine eigene Verpflegung mitzubringen.

Preise

Für einfache Strecken, Hin- und Rückfahrt und Zugreisen gibt es bei Amtrak verschiedene Angebote. Dabei gibt es die üblichen Ermäßigungen für Senioren (15 %), Schüler und Studenten (um die 20 %) und Kinder (50 % wenn sie von einem zahlenden Erwachsenen begleitet werden). Wer Mitglied im AAA ist bezahlt 10 % weniger. Die „Weekly Specials" sind nur im Internet erhältlich. Auf bestimmten Strecken mit geringer Nachfrage kann man gute Rabatte bekommen.

Allgemein gilt: Je früher man bucht, desto günstiger fährt man. Für viele Standardermäßigungen muss man mindestens drei Tage im Voraus buchen.

Amtrak Vacations (☎800-268-7252; www.amtrakvacations.com) hat Reisepakete im Angebot, die Mietwagen, Hotels und diverse Attraktionen beinhalten. Mit den Air-and-Rail-Paketen kann man eine Strecke mit der Bahn zurücklegen und für den Rückweg in einen Flieger steigen.

Reservierungen

Reservierungen sind (zwischen elf Monaten vor Reisebeginn und dem Tag der Abreise selbst) jederzeit möglich. In den meisten Zügen steht nur eine begrenzte Anzahl an Plätzen zur Verfügung und manche Strecken sind besonders gefragt, vor allem im Sommer und in der Ferienzeit. Dann empfiehlt es sich, so früh wie möglich zu reservieren. Dies erhöht auch die Chancen auf Ermäßigungen.

Zugpässe

» Der USA Rail Pass von Amtrak gilt 15 (389 US$), 30 (579 US$) bzw. 45 (749 US$) Tage und berechtigt zum Befahren von entsprechend acht, zwölf oder 18 „Segmenten" in der Coach Class.

» Ein Segment ist nicht dasselbe wie eine einfache Fahrt. Wenn man auf einer Strecke mehrere Züge nutzt (z. B. bei einer Fahrt von New York nach Miami mit Umsteigen in Washington, D.C.), so verbraucht man auf dieser einfachen Strecke zwei Segmente seines Zugpasses.

» Reservierungen am besten telefonisch (USA ☎800-872-7245, von außerhalb der USA ☎215-856-7953) und so früh im Voraus wie möglich. Jedes Reisesegment muss einzeln gebucht werden.

» Die reservierte(n) Fahrkarte(n) bekommt man dann unter Vorlage des Rail Pass in den Amtrak-Geschäftsstellen.

» Die letzte Zugstrecke muss 180 Tage nach Kauf des Zugpasses zurückgelegt worden sein.

» Nicht gültig sind die Zugpässe im Acela Express, in Autozügen, in Anschlussbussen von Thruway und auf den in Kooperation mit Via Rail Canada angebotenen Teilstrecken von Amtrak-Routen im Hoheitsgebiet Kanada.

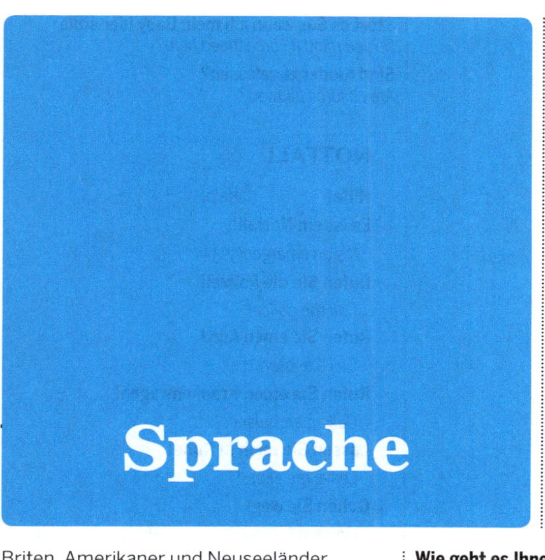

Sprache

NOCH MEHR ENGLISCH?

Weitere Informationen zum Englischen und praktische Redewendungen finden sich im *Reise-Sprachführer Englisch* von Lonely Planet.

Briten, Amerikaner und Neuseeländer, deutsche Geschäftsleute und norwegische Wissenschaftler, der indische Verwaltungsbeamte und die Hausfrau in Kapstadt – fast jeder scheint Englisch zu sprechen. Und wirklich: Englisch ist die am weitesten verbreitete Sprache der Welt (wenn's auch nur den zweiten Platz für die am meisten gesprochene Muttersprache gibt – Chinesisch ist die Nr. 1).

Und selbst die, die nie Englisch gelernt haben, kennen durch englische Musik oder Anglizismen in Technik und Werbung immer ein paar Wörter. Ein paar Brocken mehr zu lernen, um beim Smalltalk zu glänzen, ist nicht schwer. Hier sind die wichtigsten Wörter und Wendungen für die fast perfekte Konversation in fast allen Lebenslagen aufgelistet:

KONVERSATION & NÜTZLICHES

Wer einen Fremden nach etwas fragt, sollte die Frage oder Bitte auf jeden Fall mit einer höflichen Entschuldigung einleiten („Excuse me, …").

Hallo.	*Hello.*
Guten …	*Good …*
Tag	*day*
Tag (nachmittags)	*afternoon*
Morgen	*morning*
Abend	*evening*
Auf Wiedersehen.	*Goodbye.*
Bis später.	*See you later.*
Tschüss.	*Bye.*
Wie geht es Ihnen/dir?	*How are you?*
Danke, gut.	*Fine. And you?*
Und Ihnen/dir?	*… and you?*
Wie ist Ihr Name?/ Wie heißt du?	*What's your name?*
Mein Name ist …	*My name is …*
Wo kommen Sie her?/ Wo kommst du her?	*Where do you come from?*
Ich komme aus …	*I'm from …*
Wie lange bleiben Sie/ bleibst du hier?	*How long do you stay here?*
Ja.	*Yes.*
Nein.	*No.*
Bitte.	*Please.*
Danke/Vielen Dank.	*Thank you (very much).*
Bitte (sehr).	*You're welcome.*
Entschuldigen Sie, …	*Excuse me, …*
Entschuldigung.	*Sorry.*
Es tut mir leid.	*I'm sorry.*
Verstehen Sie (mich)?	*Do you understand (me)?*
Ich verstehe (nicht).	*I (don't) understand.*
Könnten Sie …?	*Could you please …?*
bitte langsamer sprechen	*speak more slowly*
das bitte wiederholen	*repeat that*
das bitte aufschreiben	*write it down*

FRAGEWÖRTER

Wer?	*Who?*
Was?	*What?*
Wo?	*Where?*
Wann?	*When?*
Wie?	*How?*
Warum?	*Why?*
Welcher?	*Which?*
Wie viel/viele?	*How much/many?*

GESUNDHEIT

Wo ist der/die/das nächste ...?
Where's the nearest ...?

Apotheke	*chemist*
Zahnarzt	*dentist*
Arzt	*doctor*
Krankenhaus	*hospital*

Ich brauche einen Arzt.
I need a doctor.

Gibt es in der Nähe eine (Nacht-)Apotheke?
Is there a (night) chemist nearby?

Ich bin krank.	*I'm sick.*
Es tut hier weh.	*It hurts here.*
Ich habe mich übergeben.	*I've been vomiting.*
Ich habe ...	*I have ...*
Durchfall	*diarrhoea*
Fieber	*fever*
Kopfschmerzen	*headache*
(Ich glaube,)	*(I think)*
Ich bin schwanger.	*I'm pregnant.*
Ich bin allergisch gegen	*I'm allergic to ...*
Antibiotika	*antibiotics*
Aspirin	*aspirin*
Penizillin	*penicillin*

MIT KINDERN REISEN

Ich brauche ...	*I need a/an ...*
Gibt es ...?	*Is there a/an ...?*
einen Wickelraum	*baby change room*
einen Babysitter	*babysitter*
einen Kindersitz	*booster seat*
eine Kinderkarte	*children's menu*
einen Kinderstuhl	*highchair*
(Einweg-)Windeln	*(disposable) nappies*
ein Töpfchen	*potty*
einen Kinderwagen	*stroller*

Stört es Sie, wenn ich mein Baby hier stille?
Do you mind if I breastfeed here?

Sind Kinder zugelassen?
Are children allowed?

NOTFALL

Hilfe! *Help!*

Es ist ein Notfall!
It's an emergency!

Rufen Sie die Polizei!
Call the police!

Rufen Sie einen Arzt!
Call a doctor!

Rufen Sie einen Krankenwagen!
Call an ambulance!

Lassen Sie mich in Ruhe!
Leave me alone!

Gehen Sie weg!
Go away!

PAPIERKRAM

Name	*name*
Staatsangehörigkeit	*nationality*
Geburtsdatum	*date of birth*
Geburtsort	*place of birth*
Geschlecht	*sex/gender*
(Reise-)Pass	*passport*
Visum	*visa*

SHOPPEN & SERVICE

Ich suche ...
I'm looking for ...

Wo ist der/die/das (nächste) ...?
Where's the (nearest) ...?

Wo kann ich ... kaufen?
Where can I buy ...?

Ich möchte ... kaufen.
I'd like to buy ...

Wie viel (kostet das)?
How much (is this)?

Das ist zu viel/zu teuer.
That's too much/too expensive.

Können Sie mit dem Preis heruntergehen?
Can you lower the price?

Ich schaue mich nur um.
I'm just looking.

Haben Sie noch andere?
Do you have any others?

Können Sie ihn/sie/es mir zeigen?
Can I look at it?

mehr	*more*
weniger	*less*
kleiner	*smaller*
größer	*bigger*

Nehmen Sie ...?	*Do you accept ...?*
Kreditkarten	*credit cards*
Reiseschecks	*traveller's cheques*
Ich möchte ...	*I'd like to ...*
Geld umtauschen	*change money*
einen Scheck einlösen	*cash a cheque*
Reiseschecks einlösen	*change traveller's cheques*

Ich suche ...	*I'm looking for ...*
einen Arzt	*a doctor*
eine Bank	*a bank*
die ... Botschaft	*the ... embassy*
einen Geldautomaten	*an ATM*
das Krankenhaus	*the hospital*
den Markt	*the market*
ein öffentliches Telefon	*a public phone*
eine öffentliche Toilette	*a public toilet*
die Polizei	*the police*
das Postamt	*the post office*
die Touristeninformation	*the tourist information*
eine Wechselstube	*an exchange office*

Wann macht er/sie/es auf/zu?
What time does it open/close?

Ich möchte eine Telefonkarte kaufen.
I want to buy a phone card.

Wo ist hier ein Internetcafé?
Where's the local Internet cafe?

Ich möchte ...	*I'd like to ...*
ins Internet	*get Internet access*
meine E-Mails checken	*check my email*

UHRZEIT & DATUM

Wie spät ist es?	*What time is it?*
Es ist (ein) Uhr.	*It's (one) o'clock.*
Zwanzig nach eins	*Twenty past one*
Halb zwei	*Half past one*
Viertel vor eins	*Quarter to one*
morgens/vormittags	*am*
nachmittags/abends	*pm*

jetzt	*now*
heute	*today*
heute Abend	*tonight*
morgen	*tomorrow*
gestern	*yesterday*
Morgen	*morning*
Nachmittag	*afternoon*
Abend	*evening*

Montag	*Monday*
Dienstag	*Tuesday*
Mittwoch	*Wednesday*
Donnerstag	*Thursday*
Freitag	*Friday*
Samstag	*Saturday*
Sonntag	*Sunday*

Januar	*January*
Februar	*February*
März	*March*
April	*April*
Mai	*May*
Juni	*June*
Juli	*July*
August	*August*
September	*September*
Oktober	*October*
November	*November*
Dezember	*December*

UNTERKUNFT

Wo ist ...?	*Where's a ...?*
eine Pension	*bed and breakfast guesthouse*
ein Campingplatz	*camping ground*
ein Hotel/Gasthof	*hotel*
ein Privatzimmer	*room in a private home*
eine Jugendherberge	*youth hostel*

Wie ist die Adresse?
What's the address?

Ich möchte bitte ein Zimmer reservieren.
I'd like to book a room, please.

Für (drei) Nächte/Wochen.
For (three) nights/weeks.

Ein Zimmer reservieren

(per Brief, Fax oder E-Mail)

An ...	*To ...*
Vom ...	*From ...*
Datum	*Date*

Ich möchte reservieren ...
I'd like to book ...

auf den Namen ...	*in the name of ...*
vom ... bis zum ...	*from ... to ...*

(Bett-/Zimmeroptionen s. „Unterkunft")

Kreditkarte	*credit card*
Nummer	*number*
gültig bis	*expiry date*

Bitte bestätigen Sie Verfügbarkeit und Preis.	*Please confirm availability and price.*

Haben Sie ein ...?	*Do you have a ... room?*
Einzelzimmer	*single*
Doppelzimmer	*double*
Zweibettzimmer	*twin*

Wieviel kostet es pro Nacht/Person?
How much is it per night/person?

Kann ich es sehen?
May I see it?

Kann ich ein anderes Zimmer bekommen?
Can I get another room?

Es ist gut, ich nehme es.
It's fine. I'll take it.

Ich reise jetzt ab.
I'm leaving now.

VERKEHRSMITTEL & -WEGE

Öffentliche Verkehrsmittel

Wann fährt ... ab?
What time does the ... leave?

das Boot/Schiff	*boat/ship*
die Fähre	*ferry*
der Bus	*bus*
der Zug	*train*

Wann fährt der ... Bus?
What time's the ... bus?

erste	*first*
letzte	*last*
nächste	*next*

Wo ist der nächste U-Bahnhof?
Where's the nearest metro station?

Welcher Bus fährt nach ...?
Which bus goes to ...?

U-Bahn	*metro*
(U-)Bahnhof	*(metro) station*
Straßenbahn	*tram*
Straßenbahnhaltestelle	*tram stop*
S-Bahn	*suburban (train) line*

Eine ... nach (Miami).
A ... to (Miami).

einfache Fahrkarte	*one-way ticket*
Rückfahrkarte	*return ticket*
Fahrkarte 1. Klasse	*1st-class ticket*
Fahrkarte 2. Klasse	*2nd-class ticket*

Der Zug wurde gestrichen.
The train is cancelled.

Der Zug hat Verspätung.
The train is delayed.

Ist dieser Platz frei?
Is this seat free?

Muss ich umsteigen?
Do I need to change trains?

Sind Sie frei?
Are you free?

Was kostet es bis ...?
How much is it to ...?

Bitte bringen Sie mich zu (dieser Adresse).
Please take me to (this address).

Private Transportmittel

Wo kann ich ein ... mieten?
Where can I hire a/an ...?

Ich möchte ein ... mieten.
I'd like to hire a/an ...

Auto	*car*
Fahrzeug mit Automatik	*automatic*
Fahrzeug mit Schaltung	*manual*
Allradfahrzeug	*4WD*

Schilder

Danger	*Gefahr*
No Entry	*Einfahrt verboten*
One-way	*Einbahnstraße*
Entrance	*Einfahrt*
Exit	*Ausfahrt*
Keep Clear	*Ausfahrt freihalten*
No Parking	*Parkverbot*
No Stopping	*Halteverbot*
Toll	*Mautstelle*
Cycle Path	*Radweg*
Detour	*Umleitung*
No Overtaking	*Überholverbot*

Motorrad	*motorbike*
Fahrrad	*bicycle*

Wieviel kostet es pro Tag/Woche?
How much is it per day/week?

Wo ist eine Tankstelle?
Where's a petrol station?

Benzin	*petrol*
Diesel	*diesel*
Bleifreies Benzin	*unleaded*

Führt diese Straße nach ...?
Does this road go to ...?

Wo muss ich bezahlen?
Where do I pay?

Ich brauche einen Mechaniker.
I need a mechanic.

Das Auto hat eine Panne.
The car has broken down.

Ich habe einen Platten.
I have a flat tyre.

Das Auto/Motorrad springt nicht an.
The car/motorbike won't start.

Ich habe kein Benzin mehr.
I've run out of petrol.

WEGWEISER

Können Sie mir bitte helfen?
Could you help me, please?

Ich habe mich verirrt.
I'm lost.

Wo ist (eine Bank)?
Where's (a bank)?

In welcher Richtung ist (eine öffentliche Toilette)?
Which way's (a public toilet)?

Wie kann ich da hinkommen?
How can I get there?

Wie weit ist es?
How far is it?

Können Sie es mir (auf der Karte) zeigen?
Can you show me (on the map)?

links	*left*
rechts	*right*
nahe	*near*
weit weg	*far away*
hier	*here*
dort	*there*
an der Ecke	*on the corner*
geradeaus	*straight ahead*
gegenüber ...	*opposite ...*
neben ...	*next to ...*
hinter ...	*behind ...*
vor ...	*in front of ...*

Norden	*north*
Süden	*south*
Osten	*east*
Westen	*west*

Biegen Sie ... ab.	*Turn ...*
links/rechts	*left/right*
an der nächsten Ecke	*at the next corner*
bei der Ampel	*at the traffic lights*

Schilder

Police	*Polizei*
Police Station	*Polizeiwache*
Entrance	*Eingang*
Exit	*Ausgang*
Open	*Offen*
Closed	*Geschlossen*
No Entry	*Kein Zutritt*
No Smoking	*Rauchen verboten*
Prohibited	*Verboten*
Toilets	*Toiletten*
Men	*Herren*
Women	*Damen*

ZAHLEN

0	*zero*
1	*one*

2	*two*
3	*three*
4	*four*
5	*five*
6	*six*
7	*seven*
8	*eight*
9	*nine*
10	*ten*
11	*eleven*
12	*twelve*
13	*thirteen*
14	*fourteen*
15	*fifteen*
16	*sixteen*
17	*seventeen*
18	*eighteen*
19	*nineteen*
20	*twenty*
21	*twentyone*
22	*twentytwo*
23	*twentythree*
24	*twentyfour*
25	*twentyfive*
30	*thirty*
40	*fourty*
50	*fifty*
60	*sixty*
70	*seventy*
80	*eigthy*
90	*ninety*
100	*hundred*
1000	*thousand*
2000	*two thousand*
100 000	*hundred thousand*
eine Million	*one million*

Hinter den Kulissen

WIR FREUEN UNS ÜBER EIN FEEDBACK

Post von Travellern zu bekommen, ist für uns ungemein hilfreich – Kritik und Anregungen halten uns auf dem Laufenden und helfen, unsere Bücher zu verbessern. Unser reiseerfahrenes Team liest alle Zuschriften ganz genau, um zu erfahren, was an unseren Reiseführern gut und was schlecht ist. Wir können solche Post zwar nicht individuell beantworten, aber jedes Feedback wird garantiert schnurstracks an die jeweiligen Autoren weitergeleitet, rechtzeitig vor der nächsten Nachauflage.

Wer uns schreiben will, erreicht uns über **www.lonelyplanet.de/kontakt**.

Hinweis: Da wir Beiträge möglicherweise in Lonely Planet Produkten (Reiseführer, Websites, digitale Medien) veröffentlichen, ggf. auch in gekürzter Form, bitten wir um Mitteilung, falls ein Kommentar nicht veröffentlicht oder ein Name nicht genannt werden soll. Wer Näheres über unsere Datenschutzpolitik wissen will, erfährt das unter www.lonelyplanet.com/privacy.

DANK DER AUTOREN

Karla Zimmerman

Vielen Dank an Denis Agar, Lisa Beran, Marie Bradshaw, Sarah Chandler, Sasha Chang, Lisa DiChiera, Jim DuFresne, Ruggero Fatica, Jill Hurwitz, Joe Kelley, Julie Lange, Katie Law, Kari Lydersen, den McCabe-Clan, Amanda Powell, Kristin Reither, Betsy Riley, Tamara B. Robinson, Jim und Susan Stephan sowie die CVBs in Chicago und Cleveland. Am meisten danke ich Eric Markowitz, dem besten Partner fürs Leben der Welt, der all meine verrückten Autotouren gelassen hinnimmt.

Jeff Campbell

Zuerst einmal: Danke, Regis und Suki, ihr habt mir das hier leicht gemacht! Für ihre Tipps zu Florida danke ich Anne Higgins, Ali DeLargy, Kathleen Ogle, Michelle Kratochvil (und Judi!), Ed in St. Petersburg und Bruce in Tampa. Darby, James, Karen und Sohn William: Danke für eure Gesellschaft in Cayo Costa und tolle Ratschläge! Wie immer geht unendlicher Dank an meine Kinder, Jackson und Miranda, und meine Frau Deanna für ihre Liebe und Unterstützung und dafür, dass sie sich nicht an meiner Bräune gestört haben.

Ned Friary & Glenda Bendure

Wir möchten allen danken, die uns Tipps gegeben und uns ihre Lieblingsorte verraten haben, besonders Gretchen Grozier, Bob Prescott, Steve Howance, Julie Lipkin, Ken Merrill, Bill O'Neill und Bryan Lantz, und natürlich den vielen Travellern, die wir unterwegs trafen.

Michael Grosberg

Rebecca Tessler ist immer in meinem Herzen. Ein besonderes Dankeschön geht an Carly Neidorf für ihre Begleitung und Unterstützung auf und abseits der Straße und für ihre Navigationskünste, an Radie Kaighin-Shields und Annie Humphrey für ihre Hilfe bei Pittsburgh, an Caitlin Larussa und Olwyn Conway für Tipps zu West-Philly und an meine Eltern für ihre Hinweise zu Philly sowie an all meine Freunde in N.Y.C., die mir bei Mahlzeiten und Drinks zu Recherchezwecken Gesellschaft leisteten.

Emily Matchar

Ich möchte Suki Gear und dem restlichen Team von Lonely Planet danken. Danke auch an Kerry Crawford, die ihre umfangreichen Kenntnisse über Memphis mit mir geteilt hat, an Julie Montgomery für ihre goldrichtigen Empfehlungen zu Charleston, an Meg, Maggie, Daniel und alle anderen Freunde und/oder Twitterer für ihre hervorragenden Tipps. Besonderer Dank gilt Leslie Jamison, die mich ermutigte, mich um Mitternacht in die Discos von Memphis zu wagen, und an Jamin

Asay, meinen Partner auf Reisen und im Leben, für sein unermüdliches Kartenlesen und ... tja, alles andere.

Kevin Raub

Besonderen Dank schulde ich meiner Frau Adriana Schmidt Raub, deren zweite Meinung sich in Georgia und New Orleans als von unschätzbarem Wert erwies. Außerdem danke ich Jason und Jennifer Hatfield, Dave und Aynsley Corbett, Jeff Fenn, Adam Skolnick, Tracy und Jeff Knapp, Fran Raub, Americas Coffee Shop in Lafayette, Leah Simon, J.R. und Pam Rivera, das Shack Up Inn, Liz Carroll, Marika Cackett, Heidi Flynn Barnett, Vickie Ashford, Rachel Rosenberg, Kelly Norris, Wendy James, Erica Backus, Jason und Bianca Raub, Tom McDermott und Grace Wilson.

Regis St. Louis

Dank an Suki und meine Ko-Autoren, denen es so fantastisch gelungen ist, den Band auf die Beine zu stellen. Ich danke auch Eve und ihren Freunden für ihre Spitzentipps zu Washington und den Krishna-Freunden in New Vrindaban für einen magischen Besuch. Ich umarme Cassandra, Magdalena und Genevieve, weil sie mich auf der Autotour in den Süden begleiteten. Und schließlich danke ich der Kaufmann-Gang dafür, dass wir uns ihrem Urlaub am Wrightsville Beach anschließen durften.

QUELLENNACHWEIS

Die Klimakartendaten stammen von Peel MC, Finlayson BL & McMahon TA (2007) *Updated World Map of the Köppen-Geiger Climate Classification, Hydrology and Earth System Sciences*, 11, 163344.

Foto auf S. 8, oben: Crown Fountain © Jaume Plensa; Titelfoto: Lincoln Memorial, Washington, D.C.; Dennis Johnson/LPI. Viele der Fotos in diesem Reiseführer können bei Lonely Planet Images (www.lonelyplanetimages.com) lizensiert werden.

ÜBER DIESES BUCH

Dies ist die 1. deutschsprachige Auflage von *USA Osten*, basierend auf der 1. englischsprachigen Auflage von *Eastern USA* aus der Feder von Karla Zimmerman. Karla recherchierte und schrieb dieses Buch zusammen mit Glenda Bendure, Jeff Campbell, Ned Friary, Michael Grosberg, Emily Matchar, Kevin Raub und Regis St. Louis. Dieser Reiseführer wurde vom Lonely Planet Büro Oakland in Auftrag gegeben und von den folgenden Personen produziert:

Verantwortliche Redakteurin Jennye Garibaldi
Leitende Redakteure Pete Cruttenden, Alison Ridgway
Leitender Kartograf Mark Griffiths
Leitende Layoutdesignerin Lauren Egan
Redaktion Anna Metcalfe, Martine Power, Angela Tinson
Kartografie Alison Lyall
Layoutdesign Chris Girdler, Jane Hart
Redaktionsassistenz Paul Harding, Alan Murphy, Saralinda Turner
Layoutassistenz Frank Deim, Jacqui Saunders
Umschlagrecherche Naomi Parker
Interne Bildrecherche Sabrina Dalbesio

Dank an Ryan Evans, Justin Flynn, Gina Tsarouhas

Register

ABKÜRZUNGEN

AL Alabama
AR Arkansas
CT Connecticut
DC District of Columbia
DE Delaware
FL Florida
GA Georgia
IL Illinois
IN Indiana
LA Louisiana
MA Massachusetts
MD Maryland
ME Maine
MI Michigan
MN Minnesota
MS Mississippi
NC North Carolina
NH New Hampshire
NJ New Jersey
NY New York
OH Ohio
PA Pennsylvania
RI Rhode Island
SC South Carolina
TN Tennessee
VA Virginia
VT Vermont
WI Wisconsin
WV West Virginia

A

B

Verweise auf Karten **000**
Verweise auf Fotos **000**

C

D

E

Verweise auf Karten **000**
Verweise auf Fotos **000**

F

G

H

I

J

K

O

Verweise auf Karten **000**
Verweise auf Fotos **000**

P

Q

R

S

Verweise auf Karten **000**
Verweise auf Fotos **000**

Y

Z

Empfehlungen von Lonely Planet:

 Das empfiehlt unser Autor

 Hier bezahlt man nichts

Nachhaltig und umweltverträglich

Unsere Autoren haben diese Einrichtungen gewählt, weil man dort großen Wert auf Nachhaltigkeit legt: etwa durch die Förderung einheimischer Gemeinschaften oder Hersteller, durch eine umweltverträgliche Bewirtschaftung oder durch ein Engagement im Naturschutz.

Mit diesen Symbolen sind wichtige Kategorien leicht zu finden:

Sehenswertes, Strände, Aktivitäten, Kurse, Touren, Feste & Events, Schlafen, Essen, Ausgehen, Unterhaltung, Shoppen, Praktisches/Transport

Diese Symbole bieten wertvolle Zusatzinformationen:

Telefonnummer, Öffnungszeiten, Parkplatz, Rauchen verboten, Klimaanlage, Internetzugang, WLAN, Schwimmbecken, vegetarische Speisen, Speisekarte auf Englisch, familienfreundlich, tierfreundlich, Bus, Fähre, Metro, Subway/Skyway, Straßenbahn, Zug

Diese Abkürzungen werden in den Kapiteln „Schlafen" verwendet:

B	Bett im Schlafraum	DZ	Doppelzimmer	4BZ	Vierbettzimmer
Zi.	Zimmer	2BZ	Zweibettzimmer	FZ	Familienzimmer
EZ	Einzelzimmer	3BZ	Dreibettzimmer	Apt.	Apartment

Die Reihenfolge spiegelt die Bewertung durch die Autoren wider.

Kartenlegende

Sehenswertes
buddhistisch, christlich, Denkmal, hinduistisch, islamisch, jüdisch, Museum/Galerie, Ruine, Schloss, Strand, Weingut/Weinberg, Zoo, andere Sehenswürdigkeit

Aktivitäten, Kurse & Touren
Kanu/Kajak fahren, Schwimmbecken, Ski fahren, surfen, tauchen/schnorcheln, wandern, windsurfen, andere/r Aktivität/Kurs/Tour

Schlafen
Camping, Unterkunft

Essen
Lokal

Ausgehen
Bar/Kneipe, Café

Unterhaltung
Unterhaltung

Shoppen
Shoppen

Praktisches
Bank, Botschaft/Konsulat, Internetzugang, Krankenhaus/Arzt, Polizei, Post, Telefon, Toilette, Touristeninformation, andere Einrichtung

Verkehrsmittel
Bus, Einschienenbahn, Fähre, Fahrrad, Flughafen, Grenzübergang, Metro, Parkplatz, Seilbahn/Gondelbahn, Straßenbahn, Taxi, Tankstelle, Zug, anderes Verkehrsmittel

Verkehrswege
Mautstraße, Autobahn, Hauptstraße, Landstraße, Verbindungsstraße, sonstige Straße, unbefestigte Straße, Platz/Promenade, Treppe, Tunnel, Fußgängerüberführung, Stadtspaziergang, Abstecher vom Stadtspaziergang, Pfad

Geografisches
Aussichtspunkt, Berg/Vulkan, Hütte/Unterstand, Leuchtturm, Oase, Park, Pass, Picknickplatz, Wasserfall

Städte
Hauptstadt (Staat), Hauptstadt (Bundesland/Provinz), Großstadt, Kleinstadt/Ort

Grenzen
Internationale Grenze, Bundesstaat/Provinz, umstrittene Grenze, Region/Vorort, Meerespark, Klippen, Mauer

Gewässer
Fluss/Bach, periodischer Fluss, Sumpf/Mangrove, Riff, Kanal, Wasser, Trocken-/Salz-/periodischer See, Gletscher

Gebietsformen
Friedhof, Friedhof (christlich), Highlight (Gebäude), Park/Wald, Sehenswürdigkeit (Gebäude), Sportgelände, Strand/Wüste

DIE LONELY PLANET STORY

Ein ziemlich mitgenommenes altes Auto, ein paar Dollar in der Tasche und eine Vorliebe für Abenteuer – 1972 war das alles, was Tony und Maureen Wheeler für die Reise ihres Lebens brauchten, die sie durch Europa und Asien bis nach Australien führte. Die Tour dauerte einige Monate, und am Ende saßen die beiden – pleite, aber voller Inspiration – an ihrem Küchentisch und schrieben ihren ersten Reiseführer *Across Asia on the Cheap*. Innerhalb einer Woche hatten sie 1500 Exemplare verkauft. Lonely Planet war geboren.

Heute hat der Verlag Büros in Melbourne, London und Oakland und mehr als 600 Mitarbeiter und Autoren. Und alle teilen Tonys Überzeugung: „Ein guter Reiseführer sollte drei Dinge tun: informieren, bilden und unterhalten." Und an diesem Grundsatz änderte sich auch nichts, als 2011 BBC Worldwide alleiniger Inhaber von Lonely Planet wurde.

DIE AUTOREN

Karla Zimmerman

Leitende Autorin, Die Großen Seen Karla hat immer östlich des Mississippi gelebt, wo sich alles um Baseballstadien, Brauereien und Torten dreht. Wenn sie nicht gerade in Chicago ist, um Spiele der Cubs zu sehen – na gut, eigentlich um für Zeitschriften, Bücher und Websites zu schreiben –, dann ist sie auf Erkundungstour. Für diesen Auftrag hat sie sich in Minnesota im Curling versucht, in Michigan auf die perfekte Welle gewartet, in Wisconsin Käsebruch probiert und in Ohia eine fast schon peinliche Menge Milchshakes getrunken. Karla hat für mehrere Lonely Planet Reiseführer über die USA, Kanada, die Karibik und Europa geschrieben. Auf www.mykindoftownandaround.blogspot.com bloggt sie über ihre Reisen.

Jeff Campbell

Florida Jeff Campbell ist der Großenkel eines Pioniers aus Florida, der dort Kiefern rodete, Phosphate förderte und Straßen asphaltierte. Er erinnert sich, in seiner Jugend am See nach Alligatoren Ausschau gehalten und im Jahr ihrer Eröffnung mit der Space-Mountain-Achterbahn gefahren zu sein. Als Erwachsener ist er seit 2000 Reiseautor für Lonely Planet. Er war der Leitende Autor von *Florida* sowie von drei Ausgaben von *USA* und anderen USA-Titeln.

Ned Friary & Glenda Bendure

Neuengland Ned und Glenda grüßen aus Cape Cod, wo sie seit den 1980er-Jahren zu Hause sind. Ihre Lieblingsbeschäftigungen sind Schwimmen im Ozean, lange Fahrradfahrten und Autotouren in Neuengland. Der Höhepunkt ihrer letzten Tour war der Aufstieg auf den Gipfel des Acadia Mountain im Acadia National Park, wo die überwältigenden Ausblicke sie daran erinnert haben, wie unglaublich vielfältig Neuengland eigentlich ist. Sie haben viel über die Region geschrieben und sind Ko-Autoren der Lonely Planet Reiseführer *New England* und *Discover USA's Best National Parks*.

Michael Grosberg

New York, New Jersey & Pennsylvania Als Kind verbrachte Michael diverse Familienurlaube damit, kreuz und quer durch New York, New Jersey und Pennsylvania zu ziehen, und durch seine große Familie in N.Y.C. kennt er die Viertel dieser Stadt so gut, als wäre er dort aufgewachsen. Nach mehreren langen Reisen auf andere Kontinente und vielen Jobs – einige davon im Ausland – kam er nach N.Y.C. zurück, um ein Aufbaustudium zu machen und lehrte an New Yorker Colleges Literatur. Er hat in drei der fünf New Yorker Stadtbezirke gewohnt und lässt keine Gelegenheit aus, ins Auto zu steigen und die so unterschiedlichen Bundesstaaten zu besuchen.

Emily Matchar

Der Süden Emily stammt aus North Carolina und lebt dort noch heute. Sie arbeitet in Chapel Hill (wenn sie nicht gerade irgendwo auf dem Globus rumturnt). Sie hat zwar keinen Südstaaten-Akzent, doch sie weiß, wie man Schweine räuchert, einen Pick-up kurzschließt und eine köstliche Kokostorte backt. Sie schreibt für verschiedene amerikanische Zeitschriften und Zeitungen über Kultur, Essen und Reisen und war als Autorin an einem Dutzend Lonely Planet Bänden beteiligt.

Kevin Raub

Der Süden Kevin Raub wurde zwar in Indiana geboren, wuchs aber in Atlanta auf und begann seine Karriere als Musikjournalist in New York, wo er für Zeitschriften wie *Men's Journal* und *Rolling Stone* arbeitete. Das Rock 'n' Roll-Leben forderte seinen Tribut, darum benötigte er einen längeren Urlaub und machte sich auf nach Brasilien. Die Reise für dieses Buch, in dem er über Georgia, Alabama, Mississippi, Arkansas und Louisiana geschrieben hat, glich einer Heimkehr. Wie es ein Autoaufkleber ausdrückt, über den er seit Jahren nachdenkt: *Hoosier by Birth, Southern by the Grace of God* („Gebürtig aus Indiana, Südstaatler durch Gottes Gnade")! Kevins Website ist www.kevinraub.net.

Regis St. Louis

Washington, D.C. & Capital Region Regis wurde ebenfalls in Indiana geboren und wuchs in einer schläfrigen Kleinstadt am Fluss auf, wo er von den Verlockungen der Großstadt träumte. 2001 zog er nach New York, das diese Verlockungen und vieles mehr zu bieten hatte. Er hat auch in San Francisco und Los Angeles gelebt und bei Reisen quer durch die USA per Zug, Bus und Auto entlegene Ecken des Landes besucht. Zu den schönsten Erinnerungen von der letzten Reise zählen die Suche nach der Bluegrass-Szene im ganzen Süden Virginias, das gemeinsame Singen mit Krishna-Jüngern in West Virginia und die Krabben-Schlemmerei in Maryland. Regis war an mehr als 30 Lonely Planet Führern als Autor beteiligt, darunter *Washington, DC* und *New York City*.

Lonely Planet Publications,

Locked Bag 1, Footscray,
Melbourne, Victoria 3011,
Australia

Verlag der deutschen Ausgabe:
MAIRDUMONT, Marco-Polo-Str. 1, 73760 Ostfildern,
www.mairdumont.com,
lonelyplanet@mairdumont.com

Chefredakteurin deutsche Ausgabe: Birgit Borowski
Übersetzung: Julie Bacher, Berna Ercan, Tobias Ewert, Karen Gerwig, Laura Leibold, Britt Maaß, Marion Matthäus, Frauke Sonnabend
Redaktion: Julia Berger, Frank J. Müller, Annegret Hägele, Olaf Rappold, Katrin Sterba, Verena Stindl (red.sign, Stuttgart)
Redaktionsassistenz: Dr. Dirk Mende, Karin Rappold, Thomas Tilsner
Satz: Neslihan Tatar-Akbiyik, Katrin Sterba (red.sign, Stuttgart)

USA Osten

1. deutsche Auflage Oktober 2012, übersetzt von *Eastern USA 1st edition*, April 2012 Lonely Planet Publications Pty

Printed in China

Foto S. 8, oben: Crown Fountain © Jaume Plensa; Titelfoto: Lincoln Memorial, Washington, D.C., Dennis Johnson/LPI